第 4 版

民法原論

池 元 林 著

弘 文 社

제 4 판 머리말

먼저 이 책에 큰 사랑을 보내주신 독자 여러분께 깊이 감사드린다.

개인적으로는 제3판을 출간한 후 30여 년의 전임생활을 마쳐서 조금은 한가해졌기에 이 책을 처음부터 끝까지 비판적으로 읽고 다듬었다.

3판이 출간된 후 지난 2년 여 동안 수많은 판례가 쌓였고 법률의 개정도 적지 않았는데, 이들을 반영하려고 애썼다. 그리고 불필요하거나 중복된 부분을 정리하여 독자들의 부담을 줄이려 노력한 결과 80면 정도 분량을 줄일 수 있었다.

이번 판을 준비하면서도 홍문사 식구들의 도움을 많이 받았다. 깊이 감사드린다.

2024. 10.
지 원 림

제 3 판 머리말

이 책에 대하여 큰 사랑을 주신 독자 여러분께 머리 숙여 감사드린다.

이 책의 제2판을 출간한 지 3년이 조금 지났기에, 그 동안의 법률이나 판례 등을 반영하는 당연한 작업에 더하여 원고의 처음부터 끝까지 전부를 다시 검토하였다. 그 과정에서 적지 않은 오류를 바로잡았고, 필자의 입장이 바뀐 것도 반영하였다. 특기할 것은 제2판에서 책의 분량을 줄이기 위하여 판례의 다수를 그 번호만 각주에 소개하였으나, 이번 판에서는 독자들의 편의를 도모하였다는 점이다. 즉 판례의 요지를 인용함에 그치지 않고 판례가 어떤 맥락에서 어떤 의미를 가지는지를 파악할 수 있도록 사실관계나 쟁점의 대강을 가능한 한 많이 소개하려고 애썼다. 그리고 중요한 판례는 직접 소개하지만, 나머지는 그 취지만 설명하고 민법판례(2021. 박영사)로 넘긴다.

교정을 마치고 머리말을 쓰면서 진한 아쉬움을 느끼는 것은 언제나와 같다. 앞으로도 책이 좀 더 나은 모습을 갖추도록 노력할 것을 약속드린다. 아울러 한결같이 많은 도움을 주신 홍문사 식구들께 깊이 감사드린다.

2022. 8.
지 원 림

제 2 판 머리말

우선 이 책을 낸 후 2년 가까운 시간이 지나는 동안 분에 넘치는 사랑을 주신 독자 여러분께 머리 숙여 감사드린다.

그 사이에도 어김없이 수많은 판례가 쏟아져 나왔고, 초판의 잘못된 부분들이 더러 보이기에, 이들을 반영하여 제2판을 출간한다. 차제에 불요불급한 부분을 생략하고 설명의 방식을 바꾼 부분도 적지 않다.

교정을 마치고 머리말을 쓰려고 하니 마음에 들지 않은 부분이 한두 군데가 아니다. 앞으로 힘닿는 대로 고쳐나갈 것을 약속드린다. 아울러 이번 판을 준비하는 과정에서도 많은 도움을 주신 홍문사 식구들에게 깊이 감사드린다.

2019. 8.

지 원 림

머 리 말

1. 민법강의가 과분한 사랑을 받고 있음에도 새로 이 책을 쓰게 된 이유를 먼저 밝혀야 할 것 같다.

우선 나름대로는 민법강의라는 한 권의 책에 많은 내용을 담으려고 애썼으나, 초학자에게는 그 내용이 버겁고, 공부한 바를 정리하기에 적절하지 않다는 비판도 받았다. 어떤 실무가는 crammed book이라고 평하였는데, 속상하지만 반박하기 어려운 지적이 아닐 수 없다(돌이켜 생각하면 적절한 비판에 고맙기까지 하다).

이러한 사정에 더하여 민법강의의 개정이 쏟아지는 정보의 반영만으로도 허덕일 수밖에 없음을 고려하여, 그와 별도로 학계와 실무계가 공유하는 것들(이른바 Gemeingut)을 소재로 현재의 민법을 "제대로" 그리고 "어렵지 않게" 이해하게 하는 교재를 준비하겠다고 감히 용기를 내었다(솔직히 그 배후에는 그 동안 상당한 시간이 지났으니 민법에 대한 이해가 조금은 깊어졌을 것이라는 희망 내지 자기기만도 없지 않다).

2. 이 책을 준비하기 시작할 당시의 의도(아니면 과욕?)를 밝히는 것이 책을 읽음에 도움이 될 것이다.

첫째, "원론(原論)"이란 근본이 되는 이론을 기술한 책을 말한다. 이 책의 제목을 감히 원론으로 한 것도 민법의 기본원리를 기술하고자 함에 있다. 혼자서 읽고 민법의 원리를 이해할 수 있는 책을 목표로 하였는데, 그 목표의 일부라도 달성되었기를 바랄 뿐이다.

둘째, 민법이 취하는 판덱텐체계는 일상의 생활이나 분쟁의 사안과 유리된 추상적인 구성이다. 게다가 민법은 기본적이고 당연한 것을 생략하는 규정방식을 따르고 있다. 따라서 민법이 이해하기 어려운 것은 어쩌면 부득이한 것일지도 모른다. 이러한 점들 때문에 이 책은 판덱텐체계를 유지하면서 가급적 실제의 사안과 가깝게 재구성하고, 아울러 개개의 제도의 기능을 고려하여 관련되는 제도들을 한꺼번에 설명함으로써 좀 더 현장감 있게 민법을 이해할 수 있도록 시도하였다. 계약을 둘러싼 법률관계를 묶어서 살펴보고 특히 동시이행의 항변권과 위험부담 그리고 담보책임을 채무불이행과 관련하여 기술하며 사무관리를 위임에 이어서 설명한 것 등은 —기존의 체계에 익숙한 독자들에게 다소 낯설 수도 있지만— 이를 위한 배려로 이해해 주기 바란다.

셋째, 분쟁의 발단으로서 이해의 충돌 그리고 분쟁의 해결이나 예방을 위한 이해관계의 조정을 염두에 두고 기술하였다. 개개의 법제도와 관련하여 "무엇이" "왜" 문제되는지 그리고 "어떻게" 해결되어야 하는지에 주안을 두고 설명하였다. 아울러 다른 제도와의 관련성도 가능한 한 언급하려고 애썼다. 사변적인 논의는 절제하고, 학설의 논의도 과감하게 생략하되 새로운 방향을 제시하거나 판례에 대하여 비판적인 안목을 키울 수 있는 것은 가급적 빠짐없이 소개하려고 했다.

넷째, 과잉의욕으로 보일지도 모르지만, 상법 등 관련 실체법 그리고 절차법의 내용도 민법의 이해를 위하여 필요하다고 생각되는 범위에서 소개하였다.

이 책의 지향을 좀 더 구체적으로 말하면 다음과 같다: ① 법률가는 법의 현재의 모습을 정확하게 이해함은 물론이고 나아가 그러한 모습을 비판적으로 검토할 수 있는 식견을 갖추어야 한다. 민법을 학습함에 있어서도 민법이라는 규범의 전체상을 파악함과 동시에 그 전체상에 속한 개개의 제도들을 적확하게 습득하는 과정이 필수적이다. 즉 숲과 나무를 동시에 보아야 한다. 개개의 법제도를 이해함에 있어서도 이론적 측면에서뿐만 아니라 그 제도가 실제의 분쟁현실에서 어떻게 작동하는지 그리고 다른 제도와 어떻게 관련되는지 하는 기능적 측면도 염두에 두어야 한다. 나아가 선도적인 법률가가 되기 위해서는 민법의 현재의 모습을 제대로 이해하여야 할 뿐 아니라, 필요하다면 그에 대하여 비판하고 다른 모습을 제시할 수 있는 능력을 배양해야 한다. 그러기 위해서 가령 불필요한 학설의 대립이라든지 이른바 일회성 판결 등은 과감하게 건너뛰고, 주로 제도의 취지와 이해의 조정을 중심으로 서술하고자 하였다. ② 다만 통합적 이해가 필요한 부분은, 특히 그것이 실제로 빈번하게 발생하는 것이라면, 비교적 소상하게 다루었다. 여기서도 제도의 취지와 이해의 조정을 다시 한 번 현장감 있게 기술하고자 하였다.

한정된 지면에 박이정(博而精)을 추구하였지만, 그 목표가 얼마나 달성되었는지는 독자들의 평가에 따를 수밖에 없다.

3. 민법강의와 마찬가지로 이 책을 준비하면서 많은 분들의 큰 도움을 받았다.

우선 李好珽 선생님께서는 매사에 천방지축이던 저자를 학문의 길로 이끌어 주셨을 뿐만 아니라 학자로서 그리고 인간으로서의 바른 자세를 가르쳐 주신 그야말로 닮고 싶은 사표(師表)이시다. 선생님의 올곧은 성품이 내뿜는 향기는 시간이 지날수록 더욱 진해진다. 선생님께서 언제까지나 건강하셔서 바른 길로 인도해 주시길 간절히 기원하면서 감사와 존경의 뜻을 표한다.

아울러 중앙대학교 명예교수이신 權寧卨 선생님께서 민법강의에 이어 이 책의 題字를 써 주셨다. 선생님의 훌륭한 제자 덕분에 이 책이 담고 있는 내용보다도 훨씬 더 품위 있는 것으로 되었다. 선생님께 머리 숙여 감사드린다.

그리고 앞에서도 밝힌 바와 같이 이 책은 민법학계의 공유재산을 기초로 한 것이므로, 그를 형성함에 기여하신 학계와 실무계의 모든 분들께 감사의 뜻을 표한다. 그런데 특히 민법강의의 초고를 읽고 오류를 잡아주신 외우(畏友) 李元一 변호사(전 서울고등법원부장판사)와 국민대학교 安京姬 교수께서 이번에도 이 책의 초고를 읽고 바로잡아야 할 부분들을 많이 지적해 주셨다. 나아가 성균관대학교 李璉基 교수께서도 이 책의 방향에 대하여 날카롭고 비판적인 시각을 제시해 주셨다. 이분들께 깊은 감사를 올린다.

그 밖에 제자인 법무법인 율촌의 황병훈 변호사와 아들 지성민 법무관도 초고를 읽고 독자의 입장에서 적절한 제안을 해주었다. 이들에게도 고맙다는 뜻을 전한다.

끝으로 홍문사의 임권규 사장님과 이경희 주간님의 독촉과 도움이 없었다면 이 책은 세상에 나오지 못했을 것이다. 언제나와 같이 홍문사의 모든 식구들께 감사드린다.

4. 이 책을 탈고하고 나니 몇 가지 진한 아쉬움이 남는다.

첫째, 당초 책의 체계를 분쟁을 중심으로 전면적으로 재구성하고 싶었으나, 급격한 변화로 인한 충격을 고려하여 기본적으로는 민법의 체계를 전제로 하되, 기능적인 점을 고려하여 다소 조정하였다.

둘째, 민법의 근본이 되는 이론을 기술한다는 "원론"이라는 이름을 붙이면서 가족법(특히 상속법)을 빼는 것이 적절한지에 대한 고민이 많았으나, 이 부분에 대한 공부가 부족함을 깨닫고 일단 제외하기로 하였다. 앞으로 힘닿는 대로 이 부분도 공부하여 보완하도록 할 예정이다.

5. 집필을 마치고 교정을 보면서 이 책이 여전히 읽기 쉽지 않다는 점을 확인할 수 있었는데, 쉽게 이해할 수 있도록 책을 쓰기에는 아직 내공이 부족함을 인정하지 않을 수 없다. 많은 분들의 도움에도 불구하고 남아 있는 오류는 전적으로 저자의 몫일 수밖에 없다. 날은 벌써 저무는데, 갈 길은 아직 멀기만 하다.

그렇지만 제 나름대로 애썼기에 이 책이 독자들의 민법에 대한 이해에 조금이나마 도움이 되기를 감히 바란다.

2017. 9.

지 원 림

차 례

CHAPTER 1

민법총칙

CHAPTER 2
계 약 법

CHAPTER 3
불법행위 및 부당이득

CHAPTER 4
채권총론

CHAPTER 5
물 권 법

법령 약어표

가등기담보법	가등기담보 등에 관한 법률
가맹사업법	가맹사업거래의 공정화에 관한 법률
가족관계등록법	가족관계의 등록 등에 관한 법률
공간정보관리법	공간정보의 구축 및 관리 등에 관한 법률
공유수면법	공유수면 관리 및 매립에 관한 법률
공유재산법	공유재산 및 물품 관리법
공익법인법	공익법인의 설립 · 운영에 관한 법률
공장저당법	공장 및 광업재단 저당법
국가계약법	국가를 당사자로 하는 계약에 관한 법률
국토계획법	국토의 계획 및 이용에 관한 법률
금융실명법	금융실명거래 및 비밀보장에 관한 법률
노동조합법	노동조합 및 노동관계조정법
대부업법	대부업 등의 등록 및 금융이용자 보호에 관한 법률
도시정비법	도시 및 주거환경 정비법
동산채권담보법	동산 · 채권 등의 담보에 관한 법률
방문판매법	방문판매 등에 관한 법률
보증인보호법	보증인 보호를 위한 특별법
부동산실명법	부동산 실권리자명의 등기에 관한 법률
부정경쟁방지법	부정경쟁방지 및 영업비밀보호에 관한 법률
상가임대차법	상가건물 임대차보호법
소송촉진법	소송촉진 등에 관한 특례법
시설미성년후견법	보호시설에 있는 미성년자의 후견 직무에 관한 법률
실화책임법	실화책임에 관한 법률
약관법	약관의 규제에 관한 법률
언론중재법	언론중재 및 피해구제 등에 관한 법률
의료분쟁조정법	의료사고 피해구제 및 의료분쟁 조정 등에 관한 법률
자동차손배법	자동차손해배상 보장법
자본시장법	자본시장과 금융투자업에 관한 법률
자산유동화법	자산유동화 등에 관한 법률
장기이식법	장기등 이식에 관한 법률
전자문서법	전자문서 및 전자거래 기본법
전자상거래법	전자상거래 등에서의 소비자보호에 관한 법률
집합건물법	집합건물의 소유 및 관리에 관한 법률

채무자회생법	채무자의 회생 및 파산에 관한 법률
토지보상법	공익사업을 위한 토지 등의 취득 및 보상에 관한 법률
특정동산저당법	자동차 등 특정동산 저당법
특정범죄가중법	특정범죄 가중처벌 등에 관한 법률
표시광고법	표시 · 광고의 공정화에 관한 법률
하도급법	하도급거래 공정화에 관한 법률
환경오염피해구제법	환경오염피해 배상책임 및 구제에 관한 법률

CHAPTER 1

민법총칙

제 1 장 민법 서론

제 1 절 민법의 의의 및 법원

Ⅰ. 민법이란 무엇인가? [1001]

1. 시민사회와 민법

가. 사회규범으로서 민법

민법(民法)이 무엇인지에 대하여 다양한 관점에서 접근할 수 있는데, 여기서는 시민사회에서 발생하는 이해의 충돌을 조정하기 위한 기준을 제시함으로써 분쟁을 예방·해결하기 위한 사회규범이라고 정의하기로 한다.

이렇게 본다면 모든 사람의 일생에 걸쳐 언제나 적용되는 유일한 법으로서 민법은 인생이라는 게임에 적용될 「규칙」인데, 일상에서 시민 각자의 이기적인 행동의 허용한계를 정하는[1] 준칙으로서 「행위규범」이자 분쟁을 해결하는 기준인 「재판규범」이다.

나. 민법의 적용대상 [1002]

(1) 권리와 의무라는 개념을 통하여 세상을 바라보는 「기술」로서 민법은 법(질서)의 일부인데, 민법의 적용대상을 간략하게 살펴본다.

(2) 일정한 정책목표를 실현하기 위한 공권력의 행사를 규율대상으로 하는 공법(公法)의 영역에서 법은 국민의 생명, 자유, 재산 등의 법익을 지키기 위하여 공권력의 행사에 제한을 가한다. 따라서 근거규정이 없으면 공권력의 행사가 허용되지 않는다. 반면 민법을 포함한 사법(私法)은 공권력의 행사와 무관한 사인들 사이의 대등한 관계를 다루는데, 자유주의·개인주의의 이념에 기하여 시민 각자의 법률관계를 그의 자율에 맡기고 법의 개입을 최소화한다. 즉 강행규정이나 사회질서에 위반되지 않는 한 당사자의 의사가 관철된다.

(3) 민법은 사법의 일반법(一般法)으로서 모든 시민에게 의미를 가지는 법률관계를 규율한다. 반면 영리를 목적으로 하는 상인의 활동 또는 특수한 세일즈기법이 사용되는 방문판매 등의 특수한 영역은 그 영역의 특성을 고려한 특별법에 의하여 규율되고,[2] 특별법에 규정이 없으면 일반법인 민법이 적용된다(상법 제1조 참조): 특별법(特別法) 우선의 원칙.

(4) 민법의 적용대상인 법률관계는 우선 의식주에 필요한 재화나 용역과 관련하여 ① 내 것을 내 마음대로 처분하거나 사용·수익할 수 있도록 하는 제도로서 소유(所有), ② 남의 것을 얻을 수 있는 일반적 수단으로서 계약(契約), ③ 내 것에 대한 침해를 구제받기 위한 전제로서 (상대

---

1) 예를 들어 책임법은 위법한 가해행위로 인하여 불이익을 입은 이에게 손해배상청구권을 부여하는데, 시각을 달리하면 인간의 공동생활에서 불가피한 가해행위가 법적으로 어디까지 허용되는지에 대한 기준을 제시한다.

2) 누구나 매매계약을 체결하고(사서 쓰던 물건을 중고로 되파는 등 매수인과 매도인의 지위가 호환될 수도 있다) 이는 민법의 규율대상이지만, 상인의 매매나 방문판매 등 당사자나 상황이 특수한 매매에 대해서는 특별법(상법, 방문판매법)이 적용된다.

방의) 책임(責任)이라는 세 기둥으로 구성되는데, 이들을 다루는 부분을 재산법이라 한다. 그 밖에 ④ 부부나 친자와 같은 비타산적인 인적 결합으로서 가족(家族)을 다루는 부분을 가족법이라고 하는데, 재산법과 더불어 전체로서 민법을 구성한다.[3]

[1003] 다. 민법의 사회적 기능

(1) 민법은 시민 각자의 자아실현을 가능하게 하는 법적 기반이자 동시에 분쟁을 해결 · 예방하고 거래를 촉진하는 사회규범으로서, 앞에서 본 소유, 계약, 책임, 가족 등의 개념을 매개로 하여 시민사회의 구성원리로 기능한다. 이 점을 강조하여 민법을 「사회의 기본법」 또는 민사헌법(民事憲法)이라고 표현하기도 한다.

(2) 한편 (민)법이 「살아있는 법」으로서 기능하기 위해서는 피적용자(受規者)들의 법의식을 반영해야 한다. 그런데 (민)법은 수입품으로 우리의 역사 및 전통과 단절되어 있다.[4] 다른 한편 우리는 예의와 염치를 중시하던 전통 때문에 엄격한 법의 적용(권리의 주장)에 대하여 다소 냉소적이었다. 민법의 실효성(實效性)을 높이기 위하여 법의 제 · 개정, 해석 및 적용에 이러한 사정을 고려/반영해야 한다.

[1004] 2. 법체계 안에서의 민법

(1) 민법이라 하면 우선 민법이라는 이름의 법률이 떠오르는데, 이를 흔히 「민법전」이라고 한다. 그런데 법체계 안에서 민법이라 할 때 이에 한정되지 않고, 부동산등기법, 가족관계등록법 등 민법전에 부속하는 법률이나 주택임대차법, 이자제한법, 약관법 등 민법전을 보충하거나 수정하는 법률도 포함한다.

(2) 이처럼 형식적 의미에서 민법은 민법전을 지칭하지만, 실질적 의미에서 민법은 —앞에서 본 것처럼— 일반사법(一般私法), 즉 사인들 사이의 일상적인 생활관계를 규율하는 법을 말한다.

[1005] Ⅱ. 민법은 어떤 모습으로 존재하는가?

1. 서 설

(1) 법관은 헌법과 법률에 의하여 심판해야 한다(헌법 제103조). 그런데 법관이 민사에 관하여 재판을 할 때 적용할 기준, 즉 실질적 의미의 민법의 존재형식/인식근거를 민법의 법원(法源)이라 한다.[5]

법원으로 의식적으로 문장의 형식으로 표현된 성문법원(成文法源)과 그렇지 않은 불문법원(不文法源)이 있고, 불문법원으로 관습법, 판례법 및 조리 등이 거론된다.

(2) 제1조는 ① 민법의 법원으로 일단 「법률과 관습법 그리고 조리」를 열거하고, ② 이들의 적용순서에 관하여, 법률=제정법이 1차적으로 적용되고, 제정법이 없는 경우에 관습법이 적용되며, 관습법조차 없으면 조리에 따르도록 규정한다.

3) 흔히 가족법의 일부라고 하는 상속법은 「재산」의 승계가 일정한 범위의 「친족」에게 이루어진다는 점에서 재산법과 가족법에 걸쳐 있다고 이해해야 한다.

4) 법의 역사에서 다른 나라 법의 수용, 즉 계수(繼受)는 일반적인 현상이지만, 우리의 경우에 근대(민)법을 자발적으로 수용한 것이 아니라 일본에 의하여 강제적으로 의용(依用)되었다.

5) 법의 생성연원을 법원이라 하기도 한다.

2. 민 법 전 [1006]

(1) 민법이라는 이름의 법률, 속칭 민법전(民法典)[6]은 우리나라에서 가장 방대한 법률인데, 1958년 제정 · 공포되어 1960년부터 시행되고 있다.

(2) 민법전은 총칙, 물권, 채권, 친족, 상속의 5편으로 구성되는데, 이러한 구성방식을 「판덱텐체계」라 한다.[7] 이 체계의 특징은 「개념을 통한 추상화」에 있고, 그 점이 총칙(總則)의 모습으로 나타난다. 달리 말하자면 추상화를 통하여 공통적/일반적인 규정들을 「총칙」으로서 앞에 두고(前置), 개별적이고 특수한 규정들(各則)이 그 뒤를 잇는다.[8]

(3) 판덱텐체계의 장점으로 체계적이고 논리정연하다는 점과 함께 같은 내용을 반복해서 규정하지 않아도 된다는 점(이른바 조문의 경제)을 들 수 있다. 반면 법전의 체계나 내용이 실제의 생활사실이나 분쟁의 특수성을 사상(捨象)하여 추상화됨에 따라 비전문가인 일반인이 접근하고 이해하기 어렵다는 단점도 가진다. 민법은 여기서 나아가 개념이나 원칙 등 기본법리를 당연한 것으로 전제하여 생략하는 입법방식을 취한다.[9] [1007]

이러한 단점을 극복하기 위하여 특히 법률행위와 같은 추상적 개념에 관하여 매매 등 구체적 거래를 염두에 두고 이해관계의 충돌까지 상정하며 이해해야 한다. 법전을 거꾸로, 즉 각칙부터 먼저 읽는 것도 가능하고 유용한 방법이다. 이 책도 이러한 사정을 고려하여 민법전의 체계는 유지하되 가능한 범위 내에서 생활친화적으로 재구성하고 나아가 민법전의 여기저기에 흩어져 있는 관련제도들을 체계를 흩트리지 않는 한도에서 한꺼번에 살핀다.

3. 관 습 법 [1008]

(1) 사회에서 어떤 사항에 관하여 같은 행동이 반복될 때 이를 관행(慣行)이라고 한다. 관행은 사람들이 사회를 이루기 시작한 때부터 「사회」규범으로서 기능하였고, 지금도 마찬가지이다.

(2) 민법은 제1조에서 관행이 법규범, 즉 관습법(慣習法)으로 될 수 있음을 밝히는데, 우선 문제되는 것은 관행이 「법」규범으로 되기 위해서는 어떤 요건이 갖추어져야 하는지 하는 점인데, 관습법이 성립하기 위한 요건은 다음과 같다. [1009]

① 어떤 관행이 사회규범의 차원을 넘어 법규범으로 되기 위하여 법적 확신을 얻어야 한다. 여기서 법적 확신(法的 確信)이란 관행을 따르는 것이 법을 지키는 것이라고 누구나 느끼는 상태를 말한다. 그런데 관행이 법적 확신을 얻었는지 및 언제 취득하였는지는 법원의 판단에 따라야 하고, 법원의 재판에 의하여 관습법의 존재 및 그 내용이 확인되면, 관행이 법적 확신을 취득한 때로 소급하여 관습법이 성립하였다고 인정된다. 한편 관행의 법적 구속력에 대하여 확신이 없어지면 관습법의 효력이 부정되어야 한다.

② 그러한 관행이 헌법을 최상위규범으로 하는 전체 법질서에 반하지 않는 것으로서 정당성과 합리성을 갖추어야 한다.[10] 따라서 관습법으로 승인되었더라도, 사회를 지배하는 기본이념이

---

6) 흔히 방대한 법률을 부를 때 「典」이라는 표현을 덧붙인다.

7) 독일민법에서 연유하는데, 이와 다른 구성체계로 프랑스민법은 로마법대전의 institutiones(법학입문)에 따라 인(人), 물(物), 재산의 취득방법으로 구성된다.

8) 이러한 체계는 민법전 전체뿐만 아니라 개개의 편에서도 유지된다. 가령 제3편 채권은 제1장 총칙과 제2장부터 제5장까지의 각칙으로 구성되고, 제2장 계약은 다시 제1절 총칙과 제2절부터 제15절까지의 각칙으로 나누어 규정한다.

9) 이러한 사정들에 비추어 민법은 「전문가를 위한 법전」이라고 할 수 있다.

나 사회질서의 변화로 인하여 적용해야 할 때의 전체 법질서에 부합하지 않게 되면, 법규범으로서의 효력이 부정될 수밖에 없다.

[1010] (3) 법원으로서 관습법의 효력에 관하여 두 가지를 본다.

① 관습법과 성문법의 관계에 관하여, 관습법이 성문법과 대등한 효력을 가지고 나중에 성립한 관습법은 —신법 우선의 원칙에 따라— 성문법을 개폐(改廢)할 수 있다는 대등적=변경적 효력설도 유력하지만, 제1조의 법문에 따라 관습법은 성문법에 규정이 없는 경우에 보충적으로 적용된다고 할 것이다(보충적 효력설).[11] 판례도 보충적 효력을 가진다는 입장이다.[12] 다만 상법 제1조에 따라 상사에 관하여 상관습법이 민법규정에 우선하는데, 이는 특별법 우선의 원칙에 따라 이해될 수 있다.[13]

② "법률에 규정이 없으면 관습법에 의하"도록 하는 제1조와 달리 제106조는 "법령 중의 선량한 풍속 기타 사회질서에 관계없는 규정과 다른 관습이 있는 경우에 당사자의 의사가 명확하지 아니한 때에는 그 관습에 의한다"고 하는데, 여기서의 관습을 사실인 관습(事實인 慣習)이라고 한다. 관습법과 사실인 관습의 관계에 관하여 의논이 분분하지만, 관습법은 법률행위에 「적용」되는 법원인 반면, 사실인 관습은 그에 앞서 법률행위의 내용을 확정하기 위한 기준이다. 이처럼 법률행위 내용의 확정에 관하여 사실인 관습은 제106조에 의하여 이미 임의규정을 제치고 존중받고 있기 때문에([2123] 참조), 사실인 관습이 관습법으로 발전할 여지가 없을 뿐만 아니라 그럴 필요도 없다. 즉 당사자의 의사가 명확하지 않은 경우에 —강행규정에 위반되지 않고 당연히 당사자들에 공통되는— 사실인 관습에 의하여 의사표시를 해석하고, 그럼에도 불구하고 공백이 있으면 임의규정 또는 —그것도 없으면— 관습법이 적용된다고 이해해야 한다. 판례도 사실인 관습은 관습법과 구별된다는 입장이다.[14]

[1011] 4. 기 타

(1) 조리(條理)[15]란 사물의 본성, 자연의 이치 또는 법의 일반원리를 말한다. 제1조가 열거함을 들어 조리가 법원이라는 입장도 있지만, 그렇게 볼 것은 아니다.

(2) 재판은 사인들 사이의 개별적 분쟁에 대한 공적 판단인데, 영미법과 달리 우리나라에서 판례는 법원이 아니다.[16] 다만 동종사건에 관하여 같은 내용의 재판이 내려질 개연성[17]이 있고, 특히 최고법원인 대법원의 재판은 「사실상의 구속력」을 가진다. 나아가 재판이 (원래의 사명인) 개별적 분쟁의 해결에 그치지 않고 사회의 변화에 대응하는 법발전에 기여하기도 하는데, 이러한 현상을 「법관에 의한 법형성」이라고 한다. 이러한 사정 때문에 민법이 실제로 어떻게 운용되는지

10) 여성의 종중원자격에 관한 대판(전) 2005.7.21. 2002다1178([1518]에 소개된) 참조.

11) 사회변화에의 대처라는 관점에서 입법론으로 변경적 효력설을 취하는 것은 별개의 문제이다.

12) 대판 1983.6.14. 80다3231: "관습법의 제정법에 대한 열후적, 보충적 성격".

13) 참고로 상법학에서 민법은 상법의 법원이 아니라는 입장이 일반적이다.

14) 앞의 80다3231 판결: "관습법은 바로 법원으로서 […] 법령에 저촉되지 않는 한 법칙으로서의 효력이 있는 것이며, 이에 반하여 사실인 관습은 법령으로서의 효력이 없는 단순한 관행으로서 법률행위의 당사자의 의사를 보충함에 그치는 것이다."

15) 사전적으로: 말이나 글 또는 일이나 행동에서 앞뒤가 들어맞고 체계가 서는 갈피.

16) 법원조직법 제8조에 따라 상급법원의 재판이 "해당 사건에 관하여" 기속력을 가질 뿐이고, 선례(先例)가 일반적으로 법적 구속력을 가지지는 않는다.

17) 그 이유로 재판이 일반적으로 합리적 근거에 입각하는 점, 평등의 원칙에 따른, 같은 내용의 사안에 대한 같은 내용의 재판의 요청, 상급심의 파기를 면하려는 하급심법원의 태도 및 법적 안정성의 요청 등을 들 수 있다.

를 알기 위하여 판례를 살펴보아야 한다.

다만 판례가 중요하다고 해서 그에 맹목적으로 매달려서는 안 된다. 즉 법의 흠결을 메우는 경우,[18] 복수의 가능성 중 어느 하나에 의탁(依託)하는 경우,[19] 규정의 의미 및 적용범위를 명확하게 하는 경우[20] 등에서 판례가 중요한 의미를 가진다. 그런데 판례의 의미를 제대로 이해하기 위해서는 조문에 대한 정확한 이해가 선행되어야 함을 잊지 말아야 한다.

(3) 주장이나 가설을 뜻하는 학설도 법원이 아니다. 무익(無益)하거나 심지어 유해(有害)한 학설도 없지 않다. 그리고 통설, 다수설, 유력설 등이 무엇을 지칭하는지가 반드시 분명하지는 않으며, 학설이 바뀌기도 한다. 한편 다수의 학자들이 따르는 주장이 옳지 않을 가능성은 낮지만, 주장자가 적더라도 분쟁해결의 올바른 지침을 제공하는 학설(이른바 유력설)은 주목할 필요가 있다. 이러한 사정들을 감안하여 이 책에서는 다수설을 중심으로 기술하되 결론을 바꿀 수 있는 (의미 있는) 소수설도 소개하기로 한다.

제 2 절 민법에 대한 기초적 이해

Ⅰ. 민법의 기본원리 [1012]

1. 총 설

민법은 시민사회의 복잡한 이해관계를 조정하기 위한 기준인데, 이해관계의 조정은 대개 일정한 가치체계에 따라 이루어진다.

민법전 어디에도 그러한 가치체계에 대한 명문규정이 없지만, 사적 영역에서 시민 각자는 자기의 사사(私事)를 자유롭게 결정할 수 있어야 하고, 이것이 민법을 관통하는 기본원리이다. 즉 근대시민혁명을 통하여 신분에 따른 구속 및 형식성의 강조에서 벗어나 자유주의 · 개인주의에 기한 시장경제질서가 자리 잡았는데(헌법 제119조 제1항 참조), 그에 따라 시민 각자의 자유는 그의 의사에 기해서만 제한될 수 있고, 권리와 의무는 시민 각자의 의사에 기하여 발생한다는 원칙이 확립되었다: 사적자치(私的自治)의 원칙. 다만 자유의 무제한적 관철은 사회적으로 바람직하지 못한 결과를 초래할 수 있으므로, 이 원칙도 다소의 수정을 받을 수밖에 없다.

2. 사적자치의 「원칙」 [1013]

가. 사적자치의 의의 및 근거

(1) 민법의 토대를 이루는 사적자치의 원칙에 따라, 시민 각자는 자기의 법률관계를 자기의 의사에 따라 스스로 결정 · 처리할 수 있고, 국가나 법질서는 여기에 직접적으로 개입하거나 간섭하면 안 된다. 이 원칙은 시장경제체제 하에서 사회질서의 중요한 요소로 개인의 자유를 보장하는데, 법에 선재(先在)하면서도 법에 의하여 구현된다.

18) 예컨대 대상청구권을 인정한 대판 1992.5.12. 92다4581 · 4598.
19) 가령 변제자대위와 후순위저당권자대위 사이의 우열을 정한 대판 1994.5.10. 93다25417.
20) 대표적으로 제108조 제2항에서 제3자의 범위를 한정하는 대판 2000.7.6. 99다51258.

(2) 자유주의 · 개인주의에 터 잡은 시장경제질서 하에서 자유로운 경쟁이 보장되고, 그 틀 안에서 시민 각자의 법률관계의 형성은 그의 몫으로 남겨진다. 즉 시민 각자는 자기의 인생관 · 사회관을 바탕으로 사회공동체 안에서 자기의 생활관계를 자기의 의사에 따라 스스로 결정하여 형성할 수 있고, 의사활동에 대하여 책임을 진다: 자유와 책임의 조응(照應).[1]

(3) 헌법 제10조가 규정하는 행복추구권이 이 원칙의 근거를 이룬다. 나아가 당사자의 의사가 임의규정에 우선함을 밝히는 제105조도 이 원칙의 실정법적 근거라 할 수 있다.

[1014] **나. 사적자치의 내용 및 발현형태**

(1) 사적자치의 원칙은 자기결정 · 자기형성과 자기책임을 그 내용으로 한다.[2]

그런데 사적자치는 법질서가 허용하는 범위에서만 인정된다. 즉 법률관계 변동의 계기인 당사자의 의사는 법질서의 승인이 있어야 법적으로 실현될 수 있다. 이 점을 제105조가 간접적으로 규정한다.

(2) 앞에서 본 재산법의 세 기둥은 기본적으로 각자의 자유를 보장하고 실현하기 위한 제도로서 사적자치와 관련된다. 즉 ① 자유로운 삶의 물적 기반을 이루는 소유권의 존중, ② 의사에 기한 권리변동을 가능케 하는 계약자유, ③ 책임의 근거를 가해자의 의사작용에서 찾는 과실책임이 사적자치의 중요한 발현형태인데,[3] 자세한 내용은 관련되는 부분에서 보기로 한다.

[1015] **3. 사적자치의 수정과 그 한계**

가. 서 언

유럽 여러 민법전들의 영향으로 자유주의적 세계관 위에 서 있는 민법은 합리적으로 판단하고 행동하며 자기의 이익을 지킬 수 있는 이성적 존재(이를 실재하는 인간과 대비하여 「인격」이라고 한다)를 상정하고, 시민 각자에게 가능한 한 더 많은 자유를 부여함을 이상으로 삼으며,[4] 사사(私事)에 대한 경찰국가적 간섭을 배격한다.

그런데 「모든 인간이 법적으로는 물론 사회적 · 경제적으로도 평등하고 자기의 이익을 스스로 지킬 수 있다」는 전제가 현실적이지 않고, 사용자와 근로자, 제조자와 소비자 등 그렇지 않은 장면도 빈번하다. 뿐만 아니라 사적자치 외에도 실질적 등가성의 유지, 신뢰의 보호 등 사법의 영역에서 고려되어야 하는 일련의 가치들이 있는데, 사적자치는 이들과 조화되어야 한다. 특히 계약법에서 자율과 형평, 재산법에서 사익과 공익, 책임법에서 전보와 예방 등 상충되는 가치들 사이의 조화가 요청된다. 이러한 상황 하에서 모든 국민에게 인간다운 생활을 보장해 주기 위하여 개인 상호간의 법률관계를 사적자치에만 맡겨둘 수는 없어서, 법질서의 직 · 간접적인 개입이 필요하다.[5]

---

1) 바꾸어 말하면, 자기결정과 자기책임에 기하여 다른 사람들과 관계를 자율적으로 형성하는 시민을 상정하고 그들을 지원함이 자유주의 민법의 소임이다.

2) 대판(전) 2014.8.21. 2010다92438의 다수의견: "개인은 자신의 자유로운 선택과 결정에 따라 행위하고 그에 따른 결과를 다른 사람에게 귀속시키거나 전가하지 아니한 채 스스로 이를 감수하여야 한다는 '자기책임의 원칙'이 개인의 법률관계에 대하여 적용되고, 계약을 둘러싼 법률관계에서도 당사자는 자신의 자유로운 선택과 결정에 따라 계약을 체결한 결과 발생하게 되는 이익이나 손실을 스스로 감수하여야 할 뿐 일방당사자가 상대방당사자에게 손실이 발생하지 아니하도록 하는 등 상대방당사자의 이익을 보호하거나 배려할 일반적인 의무는 부담하지 아니함이 원칙"이다.

3) 단체의 자치와 혼인의 자유도 같다. 나아가 소송에서 절차의 개시, 심판의 대상, 절차의 종결을 당사자의 처분에 맡기는 처분권주의(處分權主義)도 사적자치의 소송법적 반영이다.

4) 과실책임주의도 과실이 없는 한 무엇이든 할 수 있다는 의미에서 자유를 보장하는 원리이다.

나. 수정의 구체적인 모습 [1016]

(1) 소유자는 법률의 범위 안에서만 소유권을 행사할 수 있는데(제211조), 특히 부동산소유권이 특별법에 의하여 제한되는 경우가 적지 않다([5234] 참조).

(2) 사회구성원리로서 계약이 제대로 작동하기 위하여 당사자들의 교섭력의 대등과 자유로운 경쟁이라는 여건[6]이 조성되어야 하는데, 현실적으로 이러한 환경이 갖추어지기는 어렵다. 여기서 경제적 약자를 보호하기 위하여, 특히 「실질적으로」 당사자들의 대등한 지위를 보장하기 위하여 계약자유를 제한하는 강행법규들이 등장하였다([2010] 참조).

(3) 책임법의 영역에서도 피해자의 보호와 손해의 공평한 분담을 위하여 과실책임의 원칙이 상당한 수정을 받는다([3007] 참조).

다. 수정의 한계 [1017]

사적자치의 원칙을 수정한다는 미명 하에 사적자치의 본질을 부정해서는 안 된다([2011] 참조). 사회 전반에 걸친 규제완화의 요청에 따라 사적 영역에 대한 국가의 간섭도 일정한 한계를 가질 수밖에 없다. 요컨대 사적자치의 원칙에 대한 제약은 필요한 경우에 한하여 필요의 정도에 상응하여 이루어져야 하고(「비례의 원칙」), 그 경우에도 직접적인 개입은 자제되어야 한다(헌법 제37조 제2항도 참조).[7]

4. 신뢰보호 [1018]

가. 정적 안전과 동적 안전

(1) 민법은 권리를 기준으로 법률관계를 규율한다. 그런데 권리자의 보호만 강조하면 민법의 또 다른 소임인 거래의 촉진이 저해될 수 있다. 여기서 권리자의 보호(구체적 타당성)라는 정적 안전(靜的 安全)과 제3자의 보호(법적 안정성)를 위한 동적 안전(動的 安全) 사이의 긴장관계가 발생한다. 이러한 상황을 고려하여 거래법의 영역에서 예외적으로 권리의 외관을 신뢰한 이가 보호되기도 한다.

(2) 권리자 아닌 이가 권리자인 듯한 외관을 갖춘 경우에, 그 외관을 신뢰한 제3자의 보호는 권리자의 불이익(권리의 상실 또는 제약)으로 귀결된다. 즉 신뢰보호(信頼保護)와 권리자의 희생은 동전의 양면이다. 여기서 권리자와 제3자(계약에서는 상대방뿐만 아니라 그와 거래한 제3자를 포함하여)의 이해가 조절되어야 한다.

나. 신뢰의 보호[8] [1019]

(1) 선의취득(제249조), 표현대리(제125조, 제126조, 제129조), 선의의 제3자 보호(제108조 제2항 등) 등이 신뢰보호에 관한 대표적인 제도들이다.[9]

---

5) 공공복리가 사적자치에 우선한다는 견해도 있지만, 이는 전체주의적 발상으로 우리 법질서와 모순될 뿐만 아니라 원칙과 예외를 혼동하였다고 평가되어야 한다.

6) 경제학에서 말하는 「완전시장」에 상응한다.

7) 대판(전) 2007.11.22, 2002두8626: 계약자유에 대한 "제한 내지 규제는 계약자유의 원칙이라는 시민법원리를 수정한 것이기는 하나 시민법원리 그 자체를 부정하는 것은 아니며, 시민법원리의 결함을 교정함으로써 그것이 가지고 있던 본래의 기능을 회복시키기 위한 것"이다.

8) 대륙법계의 권리외관법리(權利外觀法理) 또는 영미법계의 금반언(禁反言, estoppel)의 법리를 신뢰보호의 근거로 들 수 있다.

9) 유추를 통하여 이들 규정의 적용범위를 확대하는 것은 부동산거래에서 등기의 공신력을 인정하는 결과로 되는 등 입법자의 결단에 반할 수 있다는 점에서 신중해야 한다.

[1020] (2) 신뢰보호의 일반적 요건을 본다.

① 실제의 권리관계와 일치하지 않는 일정한 외관(外觀)이 존재해야 한다. 그리고 권리자의 희생을 정당화하기 위하여 일정한 귀책요소가 있어야 한다.[10] 외관의 작출(作出)이 그 전형적인 예인데, 외관을 방치한 경우에는 장기간 방치하는 등 외관의 작출에 버금가는 상태라고 평가될 수 있어야 한다.

② 상대방 또는 제3자의 보호가치 있는 신뢰(信賴)가 존재해야 한다. 보호가치는 보통 선의(善意), 즉 외관과 실제의 불일치에 대한 부지(不知)로 충분하다. 그에 더하여 과실이나 중과실이 없을 것을 요구하기도 하는데, 그렇다면 보호범위가 좁아지고, 그 결과 권리자가 더 보호된다. 요컨대 개별사안의 특성에 따라 이익조정의 분기점이 다를 수 있다.

③ 나아가 신뢰에 기한 제3자의 자기결정, 즉 어떤 재산적 조치가 있어야 한다.

④ 신뢰보호는 외관과 실제의 불일치라는 흠을 메울 뿐이고, 그것을 제외한 나머지 유효요건을 갖추어야 한다. 특히 효력규정이나 사회질서 등을 위반한 경우에 신뢰보호는 뒤로 물러날 수밖에 없다.

[1021] (3) 신뢰보호의 효과를 본다.

❶ 선의취득처럼 완전한 권리를 취득할 수 있고, ❷ 제108조 제2항 등 일정한 요건을 갖춘 제3자에게 법률행위의 효력 없음을 주장할 수 없도록 하는 경우에도 신뢰가 적극적으로 보호된다. 그런데 ❶에서 상대방이나 제3자의 신뢰보호가 인정되면 그 후의 이해관계인은 선 · 악의를 따지지 않고 보호된다. 반면 ❷에서 선의의 제3자(A)에 이어서 새로운 이해관계를 가진 악의자(B)가 나타난 경우의 효과에 관하여, 신뢰의 보호가치를 개별적으로 따지는 상대적 구성[11]과 신뢰보호의 요건을 한 번 충족하면 족하다는 절대적 구성[12]을 생각할 수 있고, 학설은 일반적으로 앞의 구성을 취하는 것으로 보인다. 그런데 권리자의 추급이 A의 선의 때문에 좌절된 이상, 그 후 악의인 B가 등장하더라도 이미 확정된 법률관계에 영향을 미치지 않는다고 보아야 한다. 절대적 구성에 찬동한다.[13]

한편 ❸ 신뢰이익의 배상(제535조 참조) 등을 통하여 신뢰가 소극적으로 보호되는 경우도 있고, 나아가 ❹ 선의점유자의 과실수취권(제201조 제1항)과 같은 한시적 보호가 주어지기도 한다. 이러한 단계는 제3자의 보호가치와 외관에 대한 권리자의 귀책요소를 형량한 결과라 할 수 있다.

[1022] Ⅱ. 민법의 기본개념들

1. 법률관계

(1) 인간의 생활관계 중 법에 의하여 규율되는 관계를 법률관계(法律關係)라 한다. 사회규범으로서 종교나 관습이 중요한 역할을 하는 시대와 지역도 있(었)으나, 현대사회에서 인간의 생활

---

10) 제249조가 동산소유권의 선의취득을 인정하면서도 소유자의 관여가 없는 경우에 제250조와 제251조에 따라 반환청구가 가능하도록 한 것도 이러한 맥락에서 이해되어야 한다. 다만 제470조처럼 거래의 안전을 위한 입법자의 결단으로 귀책요소가 생략될 수 있다.

11) 보호가치 없는 B에 대해서는 권리자의 추급이 허용된다.

12) 일단 A의 신뢰가 보호되면 보호가치 없는 B에 대해서도 권리자의 추급이 허용되지 않는다. 영미법에서는 이를 엄폐물의 법칙(shelter rule)이라 한다.

13) 채권양도금지특약과 관련하여 대판 2015.4.9. 2012다118020도 절대적 구성을 취하였는데([4233] 참조), 실종선고의 취소, 선의의 제3자 보호, 사해행위 취소 등과 관련해서도 마찬가지로 보아야 한다.

관계는 대부분 법에 의하여 규율된다.

(2) 법률관계는 권리와 의무로 구성되는데, 그들의 단순한 집합체가 아니라 그 원천을 이룬다. 특히 계약관계에서 당사자들이 명시적으로 정하지 않은 의무(대표적으로 부수의무)가 발생할 수 있다.

(3) 법률관계와 구별되는 것으로 호의관계(好意關係)가 있다. [1023]

① 호의관계는 일정한 법률효과를 향한 「법적 구속의사」 없이 행하여지는 생활관계(예: A가 B를 파티에 초대하고 B가 초대를 받아들인 경우)로, 법적으로 규율되지 않는다. 법적 구속의사가 있는지는 의사해석의 문제인데, 행위의 동기와 목적 및 그 행위가 당사자들에 대하여 가지는 경제적 또는 법적 의미가 중요한 판단요소이다.

② 호의관계에서 법적 구속의사가 결여되어 있으므로, 의사에 기한 법률관계, 즉 이행청구권이나 그를 전제로 하는 채무불이행의 문제가 발생하지 않는다.[14] 다만 호의에 기한 약속이라도 법률관계로 고양되면[15] 그 위반에 대하여 법적 보호를 구할 수 있고, 나아가 법률의 규정에 의한 손해배상청구권이 발생할 수 있다.[16]

2. 권리와 의무 [1024]

가. 개 념

(1) 법률관계는 사람과 사람의 관계 또는 사람과 물건 기타 재화의 관계로 나타나지만, 궁극적으로 사람과 사람의 관계이다.[17] 그런데 법률관계는 법에 의하여 구속되는 이와 보호받는 이의 관계로 나타나는바, 앞의 지위를 「의무」, 뒤의 지위를 「권리」라고 한다.

(2) 권리(權利)는 일정한 이익을 누릴 수 있도록 법이 주는 힘이다(「권리법력설」).

① 이러한 이익의 대상을 권리의 객체[18]라 하는데, 권리의 종류에 따라 다르다. 물권의 객체는 물건인 반면(예외로서 채권 그 밖의 권리에 관한 제345조 이하, 제371조 참조), 채권의 객체는 채무자의 일정한 행위(급부)인데,[19] 민법은 이 중 물권의 객체인 물건에 관해서만 총칙적 규정(제98조 이하)을 둔다.

한편 「법적 힘」으로서 권리는 특정성을 요건으로 하는데 목적/객체에 관한 것이다. 즉 대인권/청구권인 채권에서 상대방이 특정인이어야 하는 반면, 대물권/지배권인 물권은 특정의 물건을 대상으로 한다.

② 이러한 이익을 누릴 수 있는 지위를 「권리의 주체」라고 하는데, 제6장에서 다룬다.

(3) 흔히 권리와 혼용되지만 엄밀한 의미에서 권리와 구별되는 개념들을 본다.

① 권한(權限)이란 대리권이나 대표권처럼 다른 이를 위하여 그에게 일정한 법률효과를 발생

---

14) 앞의 예에서 B는 파티에 참석할 수 있는 법적 권리를 가지지 않고, A는 법적으로가 아니라 사회적·사교적으로 B를 파티에 참석시켜야 할 뿐이다. 따라서 A가 파티를 열지 않거나 B의 참석을 거절하더라도 A의 채무불이행이 성립되지 않으며, B는 A에게 손해배상을 청구할 수 없다.

15) 예: LEET 시험일에 수험장까지 자동차로 데려다주겠다고 약속하고도 이를 지키지 않은 경우.

16) 앞의 예에서 A가 상한 음식을 제공하여 배탈이 난 경우에 B는 A에게 불법행위에 기한 손해배상을 청구할 수 있다.

17) 앞의 관계는 특정인과 다른 특정인 사이의 관계이고, 뒤의 관계 역시 특정인의 ―특정의 물건을 매개로 한― 다른 모든 이들에 대한 관계이다.

18) 민법은 이를 (권리의) 목적(目的)이라고 표현한다. 물권에 관하여 제191조, 제260조, 제371조 등, 채권에 관하여 제373조 이하 등 참조.

19) 채권의 목적인 급부가 일정한 물건에 관한 행위인 경우에 그 대상물을 「채권의 목적물」이라고 한다.

케 하는 행위를 할 수 있는 법률상의 지위나 자격(제114조 제1항 참조)을 말한다.

② 권능(權能)이란 권리의 내용을 이루는 개개의 법률상의 힘을 말하는데, 소유권의 내용인 사용 · 수익권능과 처분권능(제211조 참조)이 그 예이다.

③ 권원(權原)이란 일정한 법률상 또는 사실상의 행위를 함을 정당화하는 법률상의 원인을 말한다(제256조 단서 참조).

[1025] (4) 일정한 행위를 하거나 하지 않아야 할 법률상의 구속을 의무(義務)라 한다. 일반적으로 의무는 권리의 반대지위로서 권리에 대응하지만, 언제나 권리와 의무가 상응하지는 않는다(예: 권리만 있고 의무는 없는 취소권이나 해제권).

한편 그것을 준수하지 않으면 부담자 자신에게 일정한 불이익이 가해질 뿐이고 상대방이 그 이행을 강제하거나 그 위반에 대하여 손해배상을 청구할 수 없는 지위를 책무(責務. 간접의무라고도 한다)라 한다. 즉 책무는 자신에게 돌아올 불이익을 피하기 위한 것이라는 점에서 보통의 의무와 다르다. 손해배상에서 피해자의 주의의무(제396조. [2431] 참조) 외에 청약자의 승낙연착에 대한 통지의무(제528조 제2항)가 책무의 대표적인 예이다.

[1026] **나. 사권의 분류**

(1) 사인에 대한 권리인 사권(私權)은 그 내용을 이루는 주된 이익이 경제적 가치를 가지는지에 따라 재산권(財産權)과 비재산권(특히 인격권)으로 나뉘는데, 재산권은 일반적으로 거래의 목적이지만, 비재산권은 그렇지 않다.[20] 한편 비재산권 중 상속권이나 부양청구권 등은 경제적 가치를 가지지만, 이러한 가치가 권리자의 인격이나 가족관계와 불가분적으로 관련된다는 점에서 경제적 가치만을 목적으로 하는 재산권과 본질을 달리한다.

재산권이 침해된 경우에 그로 인한 경제적 불이익을 메꾸어 주는 방식(손해배상)의 해결이 가능하고 일반적이지만, 비재산권에 대한 침해에서는 그렇지 않다.

(2) 흔히 사권은 작용(효력)에 따라 지배권, 청구권, 형성권 및 항변권으로 나뉜다고 하지만, 같은 평면에서 다루어질 것은 아니다. 먼저 지배권과 청구권은 권리의 일반적 효과의 추상(抽象)에 기한 범주로서 뒤에서 물권과 채권과 관련하여 살펴본다. 반면 형성권은 권리자의 일방적 의사표시에 의하여 법률관계의 변동을 일으키는 권리로서 단독행위와 관련하여 다루어져야 한다([1060] 참조). 한편 항변권은 청구권의 행사에 대항할 수 있는 권리로서 채권의 효력과 관련하여 검토한다([4016] 참조).

(3) 그 밖의 분류를 본다.

① 귀속이나 행사가 특정한 권리주체에게 전속하는 권리를 일신전속권(一身專屬權)이라 한다. 일신전속권으로, 고도로 인격적이기 때문에 상속성(과 양도성)이 부정되는 귀속상의 일신전속권(제1005조 단서 참조)[21]과 권리자 자신이 직접 행사하지 않으면 의미가 없기 때문에 대리 또는 대위의 대상이 될 수 없는 행사상의 일신전속권(제404조 제1항 단서 참조)의 두 가지가 있다.

② 원본채권 · 이자채권과 같이 복수의 권리가 주종관계에 있는 경우에, 종된 권리는 주된

---

20) 가령 저작권 중 양도 등이 가능한 저작재산권과 달리 저작인격권은 일신전속적이어서 저작재산권의 양도에도 불구하고 저작자에게 남는다(저작권법 제14조).

21) 일신전속권이라는 범주가 선험적으로 존재하는 것이 아니라, 일신전속적이기 때문에 상속성이 부정되는 특성을 「일신전속성」으로 표현한 것이다. 행사상의 일신전속권도 마찬가지이다.

권리에 의존하고 법률적 운명을 같이한다(제183조 참조).

다. 사권의 경합 [1027]

(1) 하나의 생활사실이 여러 법률규정(권리근거규정)에 포섭되어 동일한 목적을 가지는 복수의 권리가 발생하는 경우가 있다.

(2) 경합의 모습으로 다음 두 가지가 있다. 먼저 ① 권리의 발생근거인 법규들이 특별법과 일반법의 관계에 있거나 하나의 법규가 다른 법규의 효과를 제한하는 경우에 앞의 법규만 적용된다. 이를 법조경합(法條競合)이라 한다.[22] 반면 ② 수개의 권리가 독립하여 존재하고, 권리자는 그중 어느 권리든 행사할 수 있으며, 시효 등으로 인하여 어느 한 권리가 소멸하더라도 다른 권리를 행사할 수 있는 경우도 있는데, 이를 청구권경합(請求權競合)이라고 한다.

(3) 특히 채무불이행에 기한 손해배상청구권과 불법행위에 기한 손해배상청구권의 관계가 어떠한지에 관하여 학설상 다툼이 심한데, 판례는 양자가 청구권경합의 관계에 있다고 본다([3012] 참조). 청구권이 경합하는 경우에, 처분권주의에 따라 원고는 소송물[23]을 특정해야 한다.

3. 물권과 채권 [1028]

가. 서 언

법률효과를 기준으로[24] 재산권은 —그 발생원인과 관계없이— 대세효를 가지는 물권과 그렇지 않은 채권으로 나뉜다. 그런데 물권이 지배권의 전형이고, 채권은 청구권의 대표적인 예이다. 여기서는 지배권과 청구권이라는 관점에서 물권과 채권을 살펴본다.

나. 물 권 [1029]

(1) 지배권(支配權)의 전형으로서 물권(物權)은 물건을 직접 지배하여 이익을 누릴 수 있는 권리인데, 지배의 내용은 법률이 허용하는 범위 내에서 물건의 사용·수익 및 처분에 미친다(제211조 참조).

(2) 지배권으로서 물권의 내용을 본다. [1030]

① 인격이 없는 물건에 대한 권리로서 물권은 객체인 물건을 「직접」 지배함을 내용으로 한다. 여기서 직접 지배란 권리의 내용인 이익을 실현하기 위하여 권리자 아닌 이의 행위나 동의를 요하지 않는다는 의미이며, 이 점에서 채권과 구별된다.[25]

그런데 반드시 물건을 현실적으로 지배해야 하는 것은 아니고, 저당권처럼 현실적 지배를 수반하지 않는 관념적인 물권도 있다.

② 「직접 지배」라는 속성에 따라 물권의 실현 자체는 법적으로 거의 문제되지 않는다. [1031]

한편 사람의 행위를 목적으로 하는 채권들이 경합하는 경우에 그들 사이의 우열은 1차적으

---

22) 예를 들어 공무원의 직무상 불법행위에 기한 책임에 대하여 특별법인 국가배상법 제2조가 적용되고, 일반법인 제756조의 적용이 배제된다.

23) 소송의 객체 내지 심판의 대상을 소송물(訴訟物)이라 하는데, 절차의 개시, 진행 및 종료에서 표준으로 된다. 민사소송법은 이를 "소송의 목적이 되는 권리·의무"(제25조 제2항, 제65조 등) 또는 "청구"(제25조 제1항, 제253조 등)라고 표현한다.
판례는 실체법상의 권리 또는 법률관계를 소송물로 보는 구소송물이론을 취하는데, 이에 의하면 채무불이행으로 인한 손해배상청구와 불법행위로 인한 손해배상청구는 별개의 소송물이다.

24) 재산법을 물권법과 채권법으로 나누는 것도 법률효과를 고려한 결과이다. 이와 달리 친족법과 상속법은 법률요건에 따른 분류이다.

25) 임차권처럼 물건의 용익을 목적으로 하는 채권도 있는데, 그 용익은 채무자를 매개하여 이루어지는 반면, 물권인 전세권은 다른 이의 매개 없이 물건에 직접 미친다.

로 행위자인 채무자의 선택에 달려있는데, 물건에 대한 권리인 물권이 경합하는 경우에 그러한 방식은 불가능하다. 따라서 복수의 물권 사이의 우열은 외부적 질서에 따라 객관적으로 결정되어야 하고, 그 결과 어떤 물건에 물권이 존재하면 그와 양립할 수 없는 물권은 성립할 수 없다. 이러한 성질을 배타성(排他性)이라고 한다. 즉 하나의 물건을 목적으로 하는, 내용적으로 상충하는 물권들이 양립할 수 없고,[26] 먼저 성립한 권리가 우선하며,[27] 우선하는 물권을 가진 이는 물권의 실현을 방해하는 이를 상대로 방해의 제거를 청구할 수 있다.

이처럼 지배권의 객체는 특정의 독립한 것이어야 하고, 그 내용인 이익은 권리자에게 배타적으로 귀속(할당)되는데, 특정한 이에 대해서만 주장할 수 있고 다른 이를 구속하지는 않는 채권(상대권)과 달리, 물권은 누구에 대해서도 주장할 수 있고 누구의 침해로부터도 보호되는 절대권(絕對權. 대세권이라고도 한다)이다.[28] 달리 말하면 물권은 권리자를 제외한 모든 이에게 그 대상인 물건에 관하여 불가침의무(不可侵義務)를 지운다.

여기서 잠재적 이해관계인, 즉 이미 존재하는 물권과 양립할 수 없는 권리를 취득할 수 있는 제3자(예: 어떤 물건을 사거나 담보로 잡으려는 이)를 보호하기 위하여 어떤 물건에 대하여 누가 어떤 내용의 물권을 가지는지를 대외적으로 알릴 필요가 있다: 공시(公示)의 원칙.

[1032] ③ 물권자에게는 강력한 구제수단이 주어진다.

먼저 배타성에 기한 물권적 청구권이 인정된다. 즉 물권의 실현이 방해되는 경우에 방해의 원인을 지배하는 이에 대하여 그가 누구이든 상관없이 현존하는 침해로서 「방해」의 제거를 청구할 수 있다(제213조, 제214조). 특히 목적물이 누군가에게 인도되더라도 물권자는 점유자에 대하여 권리내용의 실현을 청구할 수 있는데, 이를 추급력(追及力)이라고 한다.

나아가 과거의 침해로서 「손해」에 대하여 불법행위에 기한 손해배상 및/또는 부당이득반환을 청구할 수 있는데, 특히 불법행위와 관련하여 —불가침의무 때문에— 가해행위의 위법성 및 가해자의 과실이 추정된다.

④ 물권은 그 성질상 당연히 양도성을 가진다(예외: 제292조, 제361조).

[1033] **다. 채 권**

(1) 채권(債權)은 대표적 청구권(請求權)으로, 그에 기하여 특정의 채권자가 특정의 채무자에 대하여 일정한 행위(작위 또는 부작위. 흔히 「급부」라고 한다)를 청구할 수 있다. 여기서 특정한 사람에 대한 의무를 「채무」라 하고, 그 반대의 지위를 「채권」이라 한다.

[1034] (2) 물권과의 비교를 통하여 청구권으로서 채권에 관하여 살펴본다.[29]

① 채권은 채권자가 채무자에 대하여 일정한 급부(예: 대금의 지급이나 물건의 인도)를 청구할 수 있는 권리로, 이행을 통하여 채권자가 만족을 얻으면 소멸한다. 따라서 채무자가 채무내용에 좇은 이행을 하지 않는 경우에 채권자가 어떤 조치를 취할 수 있는지(어떻게 이행을 확보할 것인지, 의무의 불이행에 어떻게 대비할 것인지 등)가 채권법의 주된 관심사이다.

---

26) 복수의 저당권은 —순위를 달리함에 따라 내용적으로 상충하지 않으므로— 모두 성립할 수 있다.

27) 부동산의 이중매매에서, 사회질서에 위반되지 않는 한 복수의 매수인 모두가 재산권이전청구권(제568조)이라는 채권을 가지지만, 등기를 먼저 마친 매수인「만」이 소유권을 취득한다.

28) 예를 들어 임차인은 임차부동산의 양수인에게 임차권으로 대항할 수 없지만(「매매는 임대차를 깨뜨린다」), 전세권자는 전세부동산의 양수인에 대해서도 전세권을 주장할 수 있다.

29) 채권에 대한 물권의 우선효에 관하여 [5009]와 [5010] 참조.

② 양립할 수 없는 채권이 수개 존재할 수 있고, 복수의 채권자들은 —채권 성립의 선후와 관계없이— 평등하게 다루어진다: 「채권자 평등의 원칙」. 즉 물권과 달리 채권에는 배타성이 인정되지 않는다. 나아가 채권은 채무자에 대해서만 주장할 수 있는 상대권(相對權. 대인권이라고도 한다)으로, 다른 이를 구속하지 않는다.30)

③ 이처럼 상대적인 권리에 불과하지만, 예외적으로31) 채권의 침해로 불법행위가 성립할 수 있다(제3자의 채권침해).

한편 채권인 임차권도 대항요건을 구비하면 제3자에게 대항할 수 있는 등 법정책적으로 채권에 대세효(절대권에 특유한 효력인)가 부여되기도 하는데,32) 이 경우에는 —잠재적 이해관계인을 위한— 「공시」가 필요하다.

④ 채권의 양도성을 제한하던 시대도 있었으나, 현재는 양도성이 인정된다(제449조).

4. 신의성실의 원칙 [1035]

가. 기본법리

(1) 제2조는 법률관계의 당사자 각자가 권리를 행사하거나 의무를 이행할 때 사회공동체의 일원으로서 신의와 성실에 따라 행동해야 한다는 추상적 법원칙을 선언한다. 즉 상대방의 정당한 이익을 배려하여 형평에 어긋나거나 신의를 저버리는 내용 또는 방법으로 권리를 행사하거나 의무를 이행해서는 안 되는데,33) 법질서 전체를 관통하는 이 일반원칙을 신의성실(信義誠實)의 원칙, 줄여서 「신의칙」이라 한다.

그런데 이러한 행위준칙은 사회도덕을 넘어선 법적 차원의 요청이므로, 제2조에서의 「신의」나 「성실」도 법적 차원에서 파악되어야 한다.34)

(2) 신의칙은 형식적인 법적 지위와 상대방의 역할기대 사이의 충돌을 조정하는 역할을 수행한다. 우선 ① 특별결합관계에 있는 당사자들의 권리와 의무의 내용을 구체적으로 정할 수 있게 한다. 채무자의 부수의무가 이러한 「보충기능」의 산물이다. ② 모든 권리 또는 법적 지위에 내재된 한계를 이루기도 한다. 권리남용을 포함하여 부당한 권리행사의 항변이라는 사례군은 이러한 「한정기능」에 기한 것이다. ③ 형식적인 법적 지위의 수정을 가능케 하는데, 행위기초론(사정변경의 원칙)은 이러한 「수정기능」이 작동한 예이다. ④ 법관에 의한 법형성도 신의칙을 통하여 이루어진다. 다만 이러한 「수권기능(授權機能)」이 법관에게 일반적으로 새로운 법을 만들어 내는 권한을 부여하지는 않음에 주의해야 한다.

(3) 신의칙에는 일정한 제약이 따른다. [1036]

① 현존하는 법규에 담긴 입법자의 평가를 존중해야 한다. 따라서 법률의 적용이 사안의 특수성 때문에 당사자 일방 또는 쌍방을 명백히 불공평하게 하는 경우에만 최후의 비상수단(ultima

30) A가 B의 부동산을 빌려 쓰는데 C가 그 부동산을 무단으로 점거한 경우에, A가 전세권자라면 C에 대한 방해배제청구를 할 수 있는 반면, 임차인이라면 그렇지 않다. 물론 대항력 있는 임차권이라면 사정이 달라지고, 제205조에 기하여 점유보유청구를 할 수 있으며, B의 권리를 대위행사할 수 있음은 별개의 문제이다.

31) 물권의 침해와 달리 위법성 및 귀책사유가 문제됨에 관하여 [3061] 참조.

32) 전세권(제303조)은 그 내용에서 임차권인 이른바 채권적 전세와 실질적으로 다르지 않음에도 물권으로 정해졌고, 지식재산권도 법정책적으로 물권에 준하는 보호를 받는다.

33) 대판 1989.5.9. 87다카2407.

34) 특히 소멸시효의 남용([1404] 이하 참조)처럼 적법함에도 불구하고 초래될 수 있는 부적절한 결과를 수정 또는 제한하는 기능과 관련하여 그러하다.

ratio)으로 제2조에 기한 이익조정이 행하여질 수 있다.

② 법률행위의 효력과 관련하여, 당사자의 행태가 신의칙에 반하더라도 신의칙을 적용함으로써 강행규정에 반하는 결과가 초래된다면 신의칙을 적용할 수 없다. 강행규정의 취지를 몰각할 우려가 있기 때문이다.[35]

[1037] (4) 신의성실의 원칙은 강행법규적 성질을 가지므로, 당사자의 주장이 없더라도 법원이 직권으로 그 위반 여부를 판단할 수 있다.[36]

(5) 신의성실의 원칙은 모든 법역에 적용된다.[37]

(6) 제2조는 —제103조와 더불어— 그 내용이 추상적이고 불확정적인 일반조항(一般條項, 백지조항이라고도 한다)의 대표적인 예이다. 즉 어떤 행동이 신의성실에 합치하는지를 명확하게 밝히지 않는다.[38] 그래서 법적 안정성 내지 예측가능성을 확보하기 위하여 제2조는 구체화되어야 하는데, 구체화를 위한 기준으로 다른 규정에 표현된 법률적 평가(즉 입법자의 가치판단)와 거래관행 및 법공동체에서 「일반적으로 승인된 가치」 등을 들 수 있다.

[1038] **나. 신의칙의 구체적 내용 1: 계약상 의무에 대한 영향**

(1) 계약내용의 확정에 신의칙이 기여할 수 있다. 계약당사자들이 계약체결 당시 그들에게 중요한 의미를 가지는 현재 또는 장래의 사정들을 충분히 고려하지 않았기 때문에 그들 사이의 약정이 불충분하다면 보충적 계약해석([2128] 참조)이 행하여질 수 있는데, 이때 신의칙이 근거이자 기준으로 된다.

(2) 계약상 의무의 확장에도 신의칙이 영향을 미친다. ① 계약체결 전에도 신의칙에 기하여 당사자들이 일정한 의무를 지는데, 그 유책적 위반은 손해배상의무를 발생시킨다(제535조 참조). ② 계약관계 존속 중에 당사자들은 계약의 이행을 가능케 하고 피할 수 있는 손해로부터 상대방을 보호하기 위하여 필요한 행동을 할 의무, 즉 계약상의 부수의무를 부담한다([2514] 참조). ③ 계약관계가 종료된 후에도 일정한 의무를 질 수 있다.[39]

(3) 신의칙은 채무의 이행단계에서도 작동한다. 즉 명문규정이 없더라도 채무자는 신의칙상 급부를 일정한 시간에 일정한 장소에서 일정한 방법으로 제공해야 하거나 제공해서는 안 된다. 나아가 신의칙은 급부의 지연이나 부족 등에 대하여 채권자가 어느 정도까지 양해해야 하는지,[40] 역으로 형식적으로 기준을 충족하지만 실질적으로는 그렇지 못한 경우에 채권자를 어느 정도로 배려해야 하는지 등에 대한 기준이 된다.

(4) 그 밖에 계약의 내용이나 효력이 사후적으로 수정될 수 있다는 사정변경의 원칙도 신의

---

35) 대판 1996.11.22. 86다37084. 구체적인 예로 법정대리인의 동의 없이 신용구매계약을 체결한 미성년자가 나중에 법정대리인의 동의가 없었음을 들어 의사표시를 취소하는 것이 신의칙에 위배된다고 할 수 없다고 한 대판 2007.11.16. 2005다71659 · 71666 · 71673(판례, 〈1-1-2〉).
한편 이에 대한 예외로 강행규정인 근로기준법에 위반한 노사합의에 대하여 신의칙을 적용한 대판(전) 2013.12.18. 2012다89399(판례, 〈1-1-2〉)도 참조.

36) 대판 1989.9.29. 88다카17181.

37) 민사소송에도 신의칙이 적용되는데(민사소송법 제1조 제2항), 그 발현형태로 판결의 편취 등 소송상태의 부당형성, 소송상의 금반언, 소권의 실효, 소권의 남용 등.

38) 일반조항은 입법자들이 사안의 특수성을 반영하거나 어떤 사항에 대한 법공동체의 사회적 평가의 변화에의 적응성을 높일 목적에서 의도적으로 법률의 구속력을 완화한 경우로 이해할 수 있다.

39) 이를 여후효(餘後效)라고 하는데, 임대차의 종료로 병원을 이전한 경우에 임차인이 종전의 건물에 이전안내문을 일정기간 부착하는 것을 인용할 의무가 그 예이다.

40) 가령 금전채무의 이행에서 부족액이 미미한 경우에, 부족이 생기게 된 원인, 당사자들의 성실의 정도(채무자 및/또는 채권자가 부족사실을 알았거나 알 수 있었는지 등), 당사자들의 이해의 균형 등을 고려하여 그 효과(예컨대 계약해제의 가부)를 결정해야 한다.

칙에 기한 것이다([2131] 이하 참조).

다. 신의칙의 구체적 내용 2: 권리행사에 대한 영향 [1039]

(1) 신의성실의 원칙은 권리를 —그것이 채권이든 물권이든 형성권이든 가리지 않고— 한계 짓는 작용을 한다. 즉 신의칙에 어긋나는 권리행사는 허용되지 않는다. 다만 권리행사는 원칙적으로 정당한 것으로 인정되어야 하고, 극히 예외적인 경우에만 부당한 권리행사의 항변이 허용되어야 한다.

부당한 권리행사의 유형으로 제2조 제2항이 규정하는 권리남용 외에 과거의 행동과 모순되는 행위 및 그 하부유형으로서 뒤늦은 권리의 행사가 있는데, 이 중 권리의 실효는 소멸시효와 관련하여 살펴본다.

(2) 먼저 권리남용(權利濫用)을 본다. [1040]

① 권리를 —계약 또는 법률이 보호하는 이익을 실현하기 위해서가 아니라— 그 목적에 반하게 이용하는 경우를 권리남용이라고 하는데, 이 경우 권리 본래의 효과가 발생하지 않는다.

그런데 가령 소유자의 토지인도청구(제213조)가 권리남용에 해당하여 좌절되더라도, 소유권 자체가 부정되지는 않고 침해자의 불법점유가 적법한 권원에 기한 것으로 전환되지도 않으므로, 토지의 계속사용에 따른 손해배상이나 부당이득의 문제는 남는다. 한편 권리남용으로 인하여 상대방에게 손해가 발생한 경우에 불법행위가 성립할 수도 있다.

② 권리남용의 요건을 본다. 권리남용이 성립하려면 객관적으로 ⓐ 권리[41]의 존재, ⓑ 권리의 행사로 볼 수 있는 행위[42] 및 ⓒ 권리자의 이익과 그로 인하여 침해되는 상대방의 이익 사이에 불균형이 있어야 함에 대해서는 의문이 없다. [1041]

그런데 ⓓ 권리자가 자기에게 이익이 없음에도 오직 상대방을 해치거나 고통을 가할 목적으로 권리를 행사해야 하는지 하는 「주관적 요건」에 관하여, 판례는 그러한 요건이 필요하다는 입장이다. 즉 권리남용에 해당하려면, 주관적으로 권리행사의 목적이 상대방에게 고통을 주고 손해를 입히려는 데 있을 뿐 권리를 행사하는 이에게 아무런 이익이 없어야 하고, 권리의 행사에 의하여 권리자가 얻는 이익보다 상대방이 입을 손해가 현저히 크더라도 그러한 사정만으로 권리남용이 인정되지 않는다고 한다.[43] 다만 주관적 요건은 정당한 이익을 결여한 권리행사로 보이는 객관적 사정에 의하여 「추인」될 수 있다는 입장이다.[44] 그러나 학설은 대체로 판례의 태도에 반대한다.

생각건대 권리의 행사는 원칙적으로 정당하고(「자기의 권리를 행사하는 이는 그 누구를 해치는 것이 아니다」), 공익을 가장한 경제적 효율성으로 그를 제한해서는 안 된다.[45] 원래 허용되(어야 하)는 권리행사가 왜 이 경우에만 허용되지 않아야 하는지를 사안의 구체적 사정에 비추어 검토해야 하는데,[46] 주관적 요소도 —객관적 요소와 「상관적」으로— 고려되어야 한다.[47] 따라서 극

41) 본래적 의미의 권리뿐만 아니라 법적 지위를 포함한다. 대리권 남용에 관한 [1260] 이하 참조.
42) 예외적으로 친권의 불행사도 권리남용에 해당할 수 있다. 친권의 남용을 친권상실사유로 규정하는 제924조 참조.
43) 대판 1988.12.27. 87다카2911; 대판 2006.11.23. 2004다44285.
44) 대판 1993.5.14. 93다4366.
45) 대판 2024.4.4. 2022다239131 · 239148: "일단 유효하게 성립한 계약상 책임을 공평의 이념 및 신의칙과 같은 일반원칙에 의하여 제한하는 것은 자칫하면 사적자치의 원칙이나 법적 안정성에 대한 중대한 위협이 될 수 있으므로 신중을 기하여 가능한 한 예외적으로 인정하여야 한다."

히 예외적인 경우에 부당한 권리행사의 항변이 허용되어야 하고, 특히 권리자에게 정당한 이익이 긍정되는 경우에 권리남용이 인정되어서는 안 된다. 이렇게 본다면 주관적 요건은 「권리자의 정당한 이익의 결여」로 치환(置換)될 수 있다.[48]

[1042] ③ 권리남용에 관한 중요한 재판례들을 본다. ⓐ 대판 2001.11.13. 99다32899는, 확정판결의 내용이 실체적 권리관계에 배치되는 경우에, 그 확정판결에 기한 집행이 현저히 부당하고 상대방으로 하여금 그 집행을 수인하도록 하는 것이 정의에 반함이 명백하여 사회생활상 용인할 수 없다고 인정되면 그 집행은 권리남용으로서 허용되지 않는다고 하였다.[49] ⓑ 대판 2021.10.14. 2021다242154: "어떤 토지가 개설경위를 불문하고 일반 공중의 통행에 공용되는 도로, 즉 공로가 되면 그 부지의 소유권 행사는 제약을 받게 되며, 이는 소유자가 수인하여야만 하는 재산권의 사회적 제약에 해당한다. 따라서 공로부지의 소유자가 이를 점유 · 관리하는 지방자치단체를 상대로 공로로 제공된 도로의 철거, 점유 이전 또는 통행금지를 청구하는 것은 법질서상 원칙적으로 허용될 수 없는 '권리남용'이라고 보아야 한다." ⓒ 상속분쟁을 자신에게 유리하게 해결하기 위하여 이미 해소된 혼인관계를 부활시킬 목적으로 행한 혼인무효심판청구를 권리남용을 이유로 배척한 대판 1987.4.28. 86므130도 참조.

[1043] (3) 모순행위(矛盾行爲)에 관하여 본다.

① 권리자의 권리행사가 그의 종전의 행동과 모순되는 경우에 그러한 권리행사는 허용되지 않는다. 상대방의 신뢰를 보호하기 위한 이 원칙을 모순행위 금지의 원칙 또는 금반언(禁反言)의 원칙이라고 한다(이 원칙이 법정된 예로 제452조 제1항 참조).

② 모순행위에 해당하여 유효성이 부정되기 위해서는 ⓐ 객관적으로 모순되는 행태와 그에 대한 귀책요소 및 ⓑ 선행하는 행동에 기하여 야기된 상대방의 보호가치 있는 신뢰와 그에 기한 후속조치가 필요한데, 모순의 정도와 신뢰의 보호가치의 정도를 「상관적」으로 고려해야 한다. 판례도 신의성실의 원칙에 위배된다는 이유로 권리의 행사를 부정하기 위해서는 상대방에게 신의를 공여하였다거나 객관적으로 보아 상대방이 신의를 가짐이 정당한 상태에 있어야 하고, 이러한 상대방의 신의에 반하여 권리를 행사하는 것이 정의관념에 비추어 용인될 수 없는 정도의 상태에 이르러야 한다고 하여[50] 같은 입장이다.

[1044] ③ 모순행위에 관한 중요한 재판례들을 본다. ⓐ 근저당권자가 담보로 제공된 건물에 대한 담보가치를 조사할 당시 대항력을 갖춘 임차인이 그 사실을 부인하고 임차보증금에 대한 권리주장을 않겠다는 내용의 확인서를 작성해 준 후 건물에 대한 경매절차에 참가하여 배당요구를 하거나[51] 본인의 지위를 단독상속한 무권대리인이 본인의 지위에서 상속 전에 행한 무권대리행위의 추인을 거절하는[52] 등이 모순행위의 전형적인 사례이다. 반면 ⓑ 상속개시 전에 상속포기약정을

46) 소유권에 기한 토지인도청구가 권리남용에 해당하는지의 판단기준에 관한 대판 2021.11.11. 2020다254280 참조.

47) 다만 상계권의 남용에 주관적 요건을 따지지 않음에 관하여 대판 2003.4.11. 2002다59481 참조.

48) 토지소유권에 기한 지상물 철거청구사안을 검토한 講義, [1037] 참조.

49) 확정판결의 집행이 권리남용에 해당되는 경우에 집행채무자는 청구이의의 소에 의하여 집행의 배제를 구할 수 있고(대판 2009.5.28. 2008다79876), 이처럼 집행의 배제를 구할 수 있을 정도라면 그러한 판결금채권에 기한 다른 권리의 행사도 허용될 수 없다(대판 2014.2.21. 2013다75717: 채권자취소권의 행사를 부정한 사례). 참고로 확정판결에 기한 강제집행이 경료된 경우에, 재심의 소에 의하여 확정판결이 취소되지 않은 이상 부당이득의 성립은 부정된다.

50) 대판 2007.11.29. 2005다64552.

51) 대판 1997.6.27. 97다12211. 대판 2016.12.1. 2016다228215도 참조.

52) 대판 1994.9.27. 94다20617([1338]에 소개된) 참조.

하였음에도 상속개시 후에 상속권을 주장하거나[53] 송전선이 토지 위를 통과함을 알고서 토지소유권을 취득한 이가 그 송전선 철거청구 등 권리행사를 하는[54] 경우에 신의칙에 반하는 권리의 행사라 할 수는 없다고 하였다.

Ⅲ. 민법의 적용과 해석 [1045]

1. 민법의 적용

(1) 일반적 · 추상적 당위명제인 법규로부터 규율대상인 개개의 사안에 대한 개별적 · 구체적 당위명제를 이끌어내는 작업을 (민)법의 적용(適用)이라고 한다.

(2) 법의 적용은 3단논법에 의한다. 즉 실제로 발생한 개별적이고 구체적인 생활사실, 즉 사안(事案)을 소전제로 하여 이를 추상적 법규범인 대전제에 포섭시켜 결론으로서 재판 또는 처분을 도출한다.

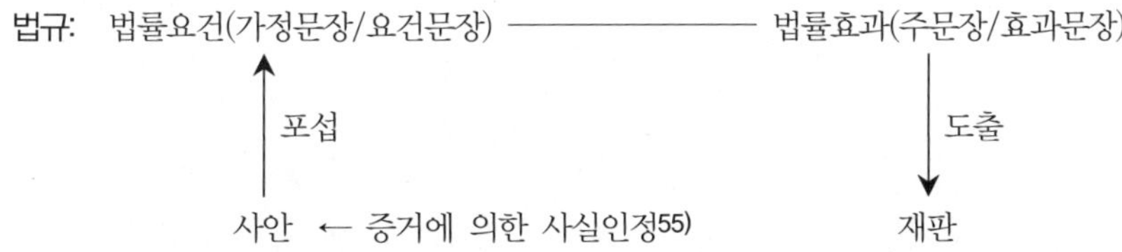

그런데 실제의 과정이 언제나 간단하지는 않고, 대개 일정한 법률효과를 발생시킬 수 있는 일련의 규범군 전부를 대상으로 사안이 각 규범의 요건을 충족하는지를 검토해야 한다. 이러한 과정의 반복(「법규와 사안 사이의 점진적 수렴」)을 통하여 가장 적합한 법규정을 찾는데, 개개 법규정의 요건 및 효과의 숙지를 통하여 그 과정을 줄일 수 있는 실력을 길러야 한다.

2. 민법의 해석 [1046]

(1) 법규범의 존재 자체나 그 내용이 명확하지 않은 경우가 적지 않다. 여기서 재판의 대전제를 준비하는 작업으로, 법규 및 그 구성요소인 낱말이나 개념 등의 의미내용을 명확히 하는 것을 법의 해석(解釋)이라 한다.

(2) 해석은 법원(法源)에 포함된(즉 현존하는) 법규범을 찾아내거나 그 의미를 명확하게 하는 모습으로 이루어진다. 특히 성문법원으로서 법률을 해석할 때 당연히 ① 법률의 규정이 가지는 사전적 의미에서 출발하여(문리해석), ② 규정의 취지나 그 규정이 현재 사회에서 가지는 의미 등을 고려해야 한다(의미해석).[56] 이때 ③ 당해 규정이 법체계 전체와 모순되지 않게 통일적으로 해석해야 한다.

(3) 법획득의 방법으로 해석, 즉 법문의 가능한 의미 안에서 법을 발견하는 법발견(法發見) [1047]

53) 대판 1998.7.24. 98다9021. 상속개시 전의 포기는 유효하지 않다.

54) 대판 1995.8.25. 94다27069 참조.

55) 사실의 확정은 증거에 의해야 하는데(증거재판주의. 민사소송법 제288조 참조), 증명의 부담을 더는 방법으로 추정과 의제(간주)가 있다.

56) 법률의 의미를 밝히기 위한 방법으로, 입법이유서나 국회속기록 등을 통하여 입법자의 의사를 탐구하는 역사적 · 주관적 방법, 현재의 법률의 의미를 탐구하는 객관적 방법, 법제도나 법률이 지향하는 목적에 따른 목적론적 방법, 법률의 근저에 놓인 이익의 평가에 입각한 이익평가적 방법, 법질서 또는 법률 안에서 당해 규정이 차지하는 위치에 입각한 체계적 방법 및 외국법과의 비교에 의한 비교법적 방법 등이 있다.

외에 그 범위를 벗어나 법의 흠결을 보충하는 법형성(法形成)이 있다.

이러한 측면에서 축소해석(縮小解釋)과 목적론적 축소(目的論的 縮小)가 구별되어야 한다. 축소해석은 법문의 가능한 의미 안에 포섭될 수 있는 법발견으로 해석의 범주에 속하는 반면, 목적론적 축소는 법률의 입법취지에 비추어 지나치게 넓게 파악된 법문을 그 목적에 맞게 줄이는 법형성으로[57] 해석의 범주를 벗어난다.

확장해석(擴張解釋)과 해석의 범주를 벗어나는 유추(類推)도 구별되어야 한다.[58] 유추에는 두 종류가 있는데, 법률유추(法律類推)란 하나의 법규에서 출발하여 거기에 묵시된 일반적 규범을 그 법규가 직접 규율하지 않는 사안에 적용하는 것을 말하고, 법유추(法類推. 총괄유추라고도 한다)란 복수의 법규에서 출발하여 거기에 공통적으로 묵시된 일반적 규범을 그 법규들 중 어느 것에 의해서도 직접 규율되지 않은 사안에 적용하는 것을 말한다.[59] 흔히 적용할 법규범이 존재하지 않는 경우에 유추 등에 의하여 법규범을 창조하는 것도 해석에 포함된다고 하지만, 이는 해석의 한계를 넘어서는 것일 뿐만 아니라(해석을 가장한 법창조?) 삼권분립의 정신에 반할 수 있기 때문에 신중해야 한다.[60]

57) 법률행위의 무효/취소로 대항할 수 없는 제3자의 범위를 한정하는 것이 목적론적 축소의 예이다. [1228] 이하 참조.

58) 목적론적 축소는 "다른 것은 다르게"라는 요청에 따라 법규의 적용범위를 축소하는 반면, 유추는 "같은 것은 같게"라는 요청에 기하여 법규의 적용범위를 확장한다.

59) 유추의 한계에 관하여 대판 2020.4.29. 2019다226135: "유추를 위해서는 법적 규율이 없는 사안과 법적 규율이 있는 사안 사이에 공통점 또는 유사점이 있어야 한다. 그러나 이것만으로 유추적용을 긍정할 수는 없다. 법규범의 체계, 입법의도와 목적 등에 비추어 유추적용이 정당하다고 평가되는 경우에 비로소 유추적용을 인정할 수 있다."

60) 법형성의 한계에 관하여 대판 2016.8.24. 2014다9212 참조.

제 2 장 권리의 변동 총설

제 1 절 개 관

1. 권리변동의 모습 [1048]

(1) 권리의 변동(權利의 變動)이란 권리의 발생 · 변경 · 소멸을 총칭하는 개념이다.

(2) 먼저 권리의 발생을 본다.

① 권리의 발생으로, 현존하는 권리를 다른 이로부터 넘겨받는 승계취득(承繼取得. 상대적 발생)과 그렇지 않은 원시취득(原始取得. 절대적 발생)이 있다. 그런데 승계취득에서 후주(後主)는 전주(前主)가 가지던 것 이상의 권리를 넘겨받지 못하므로(「누구도 자기가 가지는 것 이상을 남에게 넘겨줄 수 없다」) 권리에 부담이 붙은 경우에 그 부담도 승계하는 반면, 동산의 선의취득(제249조)과 같은 원시취득에서는 그렇지 않다(예외에 관한 [5221]도 참조).

② 승계취득은 매매나 상속 등에 의하여 전주가 가지던 권리가 그대로(즉 동일성을 유지하면서) 승계되는 이전적 승계와 소유자로부터 저당권을 설정받는 경우처럼 전주의 권리내용의 일부만 승계하는 설정적 승계로 나뉜다. 그리고 이전적 승계 중 당사자의 의사에 기한 승계를 양도(讓渡)라 한다.

③ 이전적 승계는 다시 개별적 취득원인에 기하여 개개의 권리를 취득하는 특정승계(예: 매매에 의한 소유권 취득)와 전주가 가지던 다수의 권리들을 포괄적으로 취득하는 포괄승계(예: 상속, 회사의 합병 등에 의한 소유권 취득)로 나뉜다. 그런데 물권의 특정승계에서 공시가 요구되는 반면, 포괄승계의 경우에는 그렇지 않다(제187조 참조).

(3) 권리의 변경이란 권리가 동일성을 유지하면서 그 주체, 내용 또는 작용이 변경되는 것을 말한다. 이 중 주체의 변경은 이전적 승계에 해당하고, 내용변경의 예로 저당권 피담보채무의 이율변경이나 제한물권의 설정을 들 수 있고, 작용의 변경으로 대항력의 취득이나 저당권의 순위변경 등이 있다.

(4) 권리의 소멸로, 기존의 권리가 완전히 없어지는 절대적 소멸(예: 권리의 포기나 목적물 멸실에 따른 소유권의 소멸)과 권리가 타인에게 이전되어 종래의 주체가 권리를 잃는 상대적 소멸(예: 매매에 의한 소유권 상실)이 있다.

2. 권리변동의 원인 [1049]

가. 법률요건과 법률효과

(1) 가언명제(假言命題. 조건명제라고도 한다)의 형식을 취하는 법규범의 특성상 일정한 원인이 있어야 그 결과로 법률관계의 변동이 일어난다. 즉 법률관계(및 그 구성요소로서 권리 · 의무)의 변동이 일어나려면 일정한 전제조건이 갖추어져야 한다. 이러한 전제조건을 법률요건(法律要件)이라

하고, 일정한 법률요건에 따라 발생하는 법률관계의 변동, 즉 권리 · 의무의 발생 · 변경 · 소멸이 법률효과(法律效果)이다.

(2) 증명책임의 소재와 관련하여 법률요건은 권리의 존재를 주장하는 이가 증명책임을 지는 적극요건과 권리의 존재를 다투는 상대방이 증명해야 하는 소극요건으로 나뉘고, 대개 본문과 단서 또는 원칙과 예외의 형식으로 나타난다.[1] 그런데 법률행위의 효력이 발생하기 위하여 적극요건 전부가 충족되어야 하는 반면, 소극요건 중 어느 하나라도 충족되면 그 효력이 발생하지 않는다.

보 론 증명책임(證明責任)에 관하여

㉠ 재판은 사실을 확정하고 그에 법규를 적용하는 과정으로 이루어진다. 그리고 자백한 사실(민사소송법 제150조에 따른 의제자백을 포함하여)과 현저한 사실을 제외하고(같은 법 제288조 참조. 법률상 추정의 경우에도 같다) 사실의 확정은 증거에 의한다. 그런데 소송상 증명을 요하는 사실(「요증사실」)의 존부가 확정되지 않아서 그 사실을 요건으로 하는 법규의 적용이 부정됨으로써 자기에게 유리한 법률효과를 얻을 수 없는 당사자 일방의 불이익을 (객관적) 증명책임이라 한다.[2]

㉡ 증명책임의 소재[3]에 관하여 명문규정(제437조, 자동차손배법 제3조 단서 등)을 두지 않는 대부분의 경우에 증명책임의 분배에 관하여 학설과 판례는 법률요건분류설(규범설이라고도 한다)을 따른다. 그에 의하면 법규의 부적용에 따른 불이익은 법규가 적용되면 유리한 법률효과를 얻을 당사자에게 돌아가므로(「의심스러운 경우에는 주장자에게 불리하게」), 각 당사자는 자기에게 유리한 법규의 요건사실에 대한 증명책임을 진다. 즉 권리의 존재를 주장하는 이가 권리근거규정의 요건사실(청구원인사실)에 대하여 증명책임을 진다. 반면 권리의 존재를 다투는 상대방이 반대규정의 요건사실(항변사실)에 대하여 증명책임을 지는데, 이러한 사실로 권리장애사실, 권리저지사실 및 권리소멸사실이 있다.

㉢ 한편 변론주의에 따라 재판에 필요한 사실과 증거의 수집은 당사자의 권능과 책임에 맡겨져 있다. 따라서 어떤 법률효과의 판단에 직접 필요한 요건사실(「주요사실」)이 당사자의 주장을 통하여 소송에 현출되지 않으면, 법원은 이를 재판의 기초로 할 수 없어서 유리한 법률효과의 발생이 인정되지 않는다. 이러한 불이익을 주장책임(主張責任)이라고 한다. 그런데 주요사실은 반드시 주장책임을 지는 당사자가 진술해야 하는 것은 아니고 어느 당사자든 진술하였으면 된다.[4] 즉 당사자 중 어느 쪽이라도 변론에서 진술하면 그 당사자에게 불리하더라도 재판의 기초로 삼을 수 있다: 「주장공통의 원칙」.

[1050] **나. 법률사실**

(1) 법률요건을 구성하는 개개의 사실을 법률사실(法律事實)이라 한다. 하나의 법률사실이 그 자체로 법률요건을 구성하기도 하지만(예: 사망에 따른 상속의 개시), 보통 다수의 법률사실이 결합하여 하나의 법률요건을 구성한다.

(2) 개략적으로 보면: 법률사실은 ① 사람의 정신작용에 기한 용태(容態)와 그렇지 않은 사건(事件. 예: 사람의 생사, 시간의 경과)으로 나뉜다; ② 용태로, 인간의 의사가 외부로 표현되는 외부

---

1) 예를 들어 착오에 의한 의사표시의 취소에서 제109조 제1항 본문이 규정하는, 착오가 존재하고 그 착오가 법률행위의 내용의 중요부분에 관한 것이어야 한다는 점은 취소권이 발생하기 위한 적극요건이고, 취소하려는 표의자가 그에 대한 증명책임을 진다. 반면 단서가 규정하는, 표의자에게 중대한 과실이 없어야 한다는 점은 취소권의 발생을 저지하는 소극요건으로, 취소의 효력을 다투는 상대방이 그에 대한 증명책임을 진다.

2) 여기서 증명은 법관의 심증이 확신의 정도에 달하게 하는 것을 말하고, 확신이란 자연과학이나 수학의 증명과 같이 반대의 가능성이 없는 절대적 정확성을 말하는 것은 아니지만 통상인의 일상생활에 있어 진실하다고 믿고 의심하지 않을 정도의 고도의 개연성을 말하는데, 막연한 의심이나 추측을 하는 정도에 이르는 것만으로 부족하다(대판 2012.4.13. 2011다1828).

3) 증명책임의 소재는 당사자들 사이의 이해를 조절하는 기능을 담당하는데, 같은 표현대리라도 제125조, 제126조 및 제129조에서 이해충돌의 원인 및 모습이 다르다는 점이 선의 및 무과실에 대한 규정형식의 차이, 종국적으로는 증명책임의 소재로 귀결된다.

4) 대판 2002.2.26. 2000다48265 등.

적 용태로서 행위(行爲. 작위와 부작위를 포함한다)와 내심의 의식에 지나지 않는 내부적 용태가 있다; ③ 행위는 법이 허용하는지에 따라 적법행위와 위법행위(예: 불법행위, 채무불이행)로 나뉜다; ④ 내부적 용태로, 일정한 사실에 관한 관념 또는 의식이 있는지에 관한 관념적(觀念的) 용태(예: 선의, 악의)와 일정한 의사를 가지는지의 내심적 과정을 의미하는 의사적(意思的) 용태(예: 소유의 의사)가 있다.

(3) 인간의 의사를 외부로 표현하는 「행위」 중 법이 가치 있는 것으로 평가하여 허용하는 것을 적법행위(適法行爲)라 한다.

① 적법행위로 의사표시(意思表示)와 준법률행위(準法律行爲)가 있다. 일정한 법률효과의 발생을 원하는 내심의 의사를 외부로 표시하는 의사표시에 기하여 그 의사에 따른 법률효과가 발생한다. 반면 준법률행위에서도 일정한 효과가 발생하지만, 그 효과는 법률의 규정에 따른 것으로 행위자가 그 효과를 원하였는지 여부를 따지지 않는다.

② 준법률행위로 표현행위(表現行爲. 「법률행위와 유사한 행위」라고도 한다)와 사실행위(事實行爲)가 있다. 표현행위는 일정한 의식내용을 외부로 표현한다는 점에서 의사표시와 유사한데, 의사표시를 설명할 때 함께 살펴본다([1066] 참조). 반면 사실행위는 법률효과를 발생시키려는 의사 없이 또한 어떤 법률효과가 발생하는지에 대한 인식과 무관하게 오직 사실적 결과의 발생만을 목적으로 하는 행위로서 사법적으로 의미 있는 것을 말하는데, 유실물 습득(제254조), 무주물 선점(제252조), 가공(제259조) 등이 그 예이다.

다. 인식의 귀속 [1051]

선·악의나 과실(過失)의 유무 등 어떤 사실에 대한 주관적 인식에 따라 법률효과가 달라지는 경우가 적지 않은데, 대리처럼 인식의 주체와 효과귀속의 주체가 분리되는 경우에 누구의 인식을 기준으로 판단해야 하는지가 문제로 된다. 이것이 인식귀속(認識歸屬)의 문제이다.

구체적으로 ① 소멸시효나 제척기간의 기산(제766조 제1항, 제146조, 제573조, 제575조 제3항, 제582조, 제406조 제2항 등), ② 상대방의 무권리/무권한에 대한 인식(제249조, 제470조, 572조 등), ③ 자신의 무권리/무권한에 대한 인식(제201조, 제748조 등), ④ 하자 등에 대한 인식(제559조 제1항, 제584조, 제669조 등) 등에서 누구의 인식을 기준으로 하는지가 문제된다. 그 밖에 특별손해에 관한 예견이나 예견가능성(제393조 제2항)에서도 인식귀속이 문제될 수 있다.

그런데 대리에 관한 제116조와 이행보조자에 관한 제391조 등이 명시적으로 인식귀속의 기준을 제시하지만, 문제는 이에 그치지 않는다. 특히 효과귀속의 주체가 법인 또는 인식주체와는 별개의 자연인인 경우에 누구의 인식을 기준으로 하는지에 따라 법률효과가 달라질 수 있다. 이 중 법인에 관해서는 [1469]에서 살펴보기로 하고, 인식주체와 효과귀속의 주체가 별개의 자연인인 경우에 그들 사이의 관계에 따라 법률효과가 결정되어야 한다.[5]

---

5) 가령 수인의 가해행위가 공동불법행위에 해당하는 경우에 그들 중 누구라도 특별한 사정에 대한 예견(가능성)이 있었다면 그들 모두가 특별손해에 대하여 배상책임을 진다(주관적 관련공동설의 입장).

제2절 법률행위 기초이론

제1관 총 설

[1052] (1) 개념이나 원칙에 관하여 규정하지 않는 민법의 입법방식은 생략된 개념이나 원칙의 보충을 요구하는데, 특히 법률행위법에서 이해관계의 충돌이 왜 생기고 어떻게 조정되는지에 대한 적확한 이해가 긴요하다.

(2) 법률행위개념은 19세기 독일보통법학이 이룩한 추상화/개념화의 산물인데, 정치한 이론은 연구자의 몫으로 미루고, 여기서는 법률행위가 사적자치의 실현수단이라는 점을 이해하고, 의사에 따라 법률관계가 형성되는 모습만 살펴본다.

(3) 전통적인 법률행위론은 자기의 사무를 스스로 처리할 수 있는 존재로서 「완전한」 인간(이를 인격(人格)이라고 한다)을 상정하여 그에게 자유를 부여하고(사적자치), 그렇지 못한 제한능력자를 배려할 뿐이다. 그러나 정보력을 포함하는 교섭력의 관점에서 보았을 때 이러한 인간상이 거래계의 실제와 부합한다고 하기 어려운데,[1)] 법률행위에 관한 논의에서 이에 대한 배려도 있어야 한다.

제2관 법률행위

Ⅰ. 기초이론

[1053] (1) 법률행위(法律行爲)는 의사에 따른 법률효과를 발생시키는 행위로서, 의사표시를 불가결의 요소로 하는 법률요건이다.[1)] 그런데 법률행위가 효력을 가지는 것은 당사자가 그것을 원하였기 때문이고, 그 근거는 결국 의사표시, 그중에서도 의사로 귀결된다. 이 점에서 법률행위(또는 그 요체로서 의사표시)는 사적자치의 법적 실현수단으로, 법기술적 의미를 가짐에 그치는 것이 아니라 사상적 · 철학적 의미도 가진다.

그런데 사적자치는 법질서에 선재(先在)하면서도 법질서를 통하여 실현되는데, 법질서의 도움을 받으려면 법률행위의 내용이 법질서에 반하지 않아야 한다. 요컨대 법률행위는 법질서가 승인하는 한도에서만 허용된다.

[1054] (2) 법률의 규정에 따른 권리변동을 제외하면, 사적자치를 기본원리로 삼는 민법의 영역에서 시민 각자는 자기의 의사에 기하여 법률관계를 자유롭게 형성할 수 있다. 법률관계의 내용을 분명하게 하기 위하여 (내심의) 의사가 객관화(표시)되어야 하는데, 이를 「의사표시」라고 한다.

그런데 ❶ 유언이나 권리의 포기 등 다른 이의 이해(利害)와 무관한 권리변동에서 의사표시만 있으면 곧바로 그에 따른 효과가 발생한다(다만 제1112조 이하 및 제371조 제2항 등의 제한 참조). 그러나 권리의 변동은 대개 다른 이와 관련된다. 우선 ❷ 취소나 해제처럼 다른 이의 입장을 고려할 필요는 없지만 그에게 알려주는 정도의 배려가 필요한 경우가 있는데, 상대방 있는 의사표

1) 특히 소비자거래에서 상품이나 서비스에의 강한 의존성 및 정보력이나 교섭력의 격차는 일상에서 자주 접할 수 있는 현상이다.

1) 어떤 물건을 사려는 K의 의사와 그 물건을 팔려는 V의 의사가 합치되면 계약이라는 법률행위가 성립하여 K의 대금지급의무와 V의 재산권이전의무가 발생한다(제568조).

시에서 효력발생요건인 도달(제111조 제1항)은 이러한 요청에 기한 것이다. 그런데 일반적으로는 ❸ 다른 이의 권리를 취득하려는 경우처럼 권리의 변동에 그의 의사도 필요하다. ❶이나 ❷처럼 하나의 의사표시로 권리변동이 일어나는 경우를 「단독행위」라 하고, ❸과 같이 복수의 의사표시를 요하는 경우를 「계약」이라 한다. 그런데 계약과 단독행위는 당사자의 의사에 기하여 권리취득이나 의무부담, 즉 법률관계의 변동을 일으키는 요건이라는 점에서 공통되는데, 이들을 통일적 · 체계적으로 설명하기 위한 도구개념으로 추상화된 것이 바로 법률행위이다.

(3) 총칙개념으로 법률행위는 계약뿐만 아니라 단독행위도 포함하며, 채권/채무를 발생시키 [1055] 는 것뿐만 아니라 물권의 이전을 목적으로 하는 것도 이에 속한다. 이처럼 추상도가 높은 개념일수록 포섭범위가 넓어지지만, 그에 반비례하여 그 내용을 이해하기 어려워진다. 그런데 실제로 법률행위라는 개념은 계약을 중심으로 형성되었다. 따라서 조문이나 책을 읽을 때 법률행위를 계약, 그중에서도 매매로 바꾸어 이해하더라도 크게 문제되지 않는다.

Ⅱ. 법률행위의 종류 [1056]

1. 계약과 단독행위

가. 일 반 론

(1) 법률행위는 그 구성요소인 의사표시의 수 및 방향에 따라 계약과 단독행위로 나뉘는데, 계약이 「합의」를 요하는 다면적 행위인 반면, 단독행위는 일방적 행위이다. 이 중 다면적 법률행위를 먼저 살펴본다.

(2) 계약(契約)이란 복수의 당사자가 서로 상대방에 대하여 내용적으로 일치하는 의사표시를 함으로써 성립하는 법률행위를 말한다.

법률행위의 종개념(種概念)으로서 계약에 매매나 임대차 등 채권관계의 발생 · 변경 · 소멸을 내용으로 하는 채권계약(제527조 이하 참조) 외에 저당권 설정과 같은 물권법상의 계약(흔히 물권적 합의라고 한다), 채권양도 등 준물권계약 나아가 혼인이나 상속재산 분할협의와 같은 가족법상의 계약도 포함된다. 그런데 채권계약을 제외한 나머지 경우에 대개 내용형성의 자유가 제한된다.

(3) 다면적 행위 중 단체와 관련하여 검토할 것들이 있다. [1057]

① 계약은 서로 대립하는 의사의 합치로 성립하고 계약의 당사자들은 통상 상반되는 이해관계를 가지는 반면, 사단법인의 설립행위는 같은 방향의 의사의 합치로 성립하고 당사자들이 공동의 목적을 위하여 협력하는 등 계약과 사회적 · 경제적 의미를 달리한다. 이러한 차이 때문에 같은 방향의 여러 의사표시가 합치함으로써 성립하는 법률행위를 합동행위(合同行爲)라고 하는 것이 다수설이지만, 특수한 계약이라는 입장도 유력하다. 그런데 이러한 행위에 제108조와 제124조가 적용되지 않는다는[2] 학설의 대체적 입장에 비추어(제108조는 적용된다는 주장도 있지만) naming의 차이에 불과하다([1452] 참조).

② 한편 단체의사의 결정행위를 결의(決議)라 하는데, 이 역시 계약과 다르다. 집단적 법률행위로서 결의는 정관 등에 다른 정함이 없는 한 다수결에 의하고, 단체의 구성원 전원을 구속한

2) 예를 들어 사단법인의 설립에 참여하는 수인 중 1인의 의사표시가 무효라도 설립행위 자체의 효력은 유지된다.

다. 그런데 집단적 법률관계의 기초를 이룬다는 성질 때문에 결의에서 내심의 의사가 아니라 표시를 기준으로 효력 유무를 판정해야 하고, 따라서 거기에 의사표시의 하자에 관한 제107조 이하는 (유추)적용될 수 없다.[3] 나아가 노동조합과 사용자(단체) 사이에 체결되는 단체협약도 조합원을 구속한다(노동조합법 제35조도 참조).

[1058] **나. 단독행위**

(1) 단독행위(單獨行爲)란 행위자의 의사표시만으로 성립하는 법률행위를 말하는데(제136조 참조), 형성권의 행사와 유언이 그 대표적인 예이다.

(2) 단독행위는 상대방의 수령을 요하는 경우(예: 동의, 채무면제, 상계, 추인, 취소, 해제, 해지)와 그렇지 않은 경우(예: 권리의 포기, 유언, 재단법인 설립행위)로 나뉘는데,[4] 이 분류는 다른 이의 입장을 고려해야 하는지를 기준으로 한 것으로, 의사표시의 효력발생시기(제111조 참조) 및 법률행위의 해석([2119] 참조)과 관련하여 의미를 가진다.

[1059] (3) 계약과 달리 단독행위에는 일정한 제약이 따른다.

① 계약은 당사자들의 합의에 기한 것이어서 그들의 자유영역에 속하는 반면, 단독행위는 상대방에게 의사에 기하지 않은(심지어는 의사에 반하는) 법률효과를 발생케 하므로 법률의 규정 또는 사전의 약정이 있어야 허용된다. 다만 권리의 포기처럼 타인의 권리 · 의무에 영향을 주지 않는 단독행위는 자유롭게 할 수 있지만, 그에도 제371조와 같은 제한이 따른다. 한편 합의해제나 상계합의와 같이 단독행위의 목적인 결과를 합의에 의하여 형성함은 사적자치의 원칙에 따라 당연히 허용된다.

② 상대방지위의 불안정을 고려하여 단독행위에는 조건이나 기한을 붙이지 못한다(제493조 제1항 후문 참조).

[1060] **다. 형 성 권**

(1) 권리자의 일방적 의사표시에 의하여 법률관계의 변동(즉 권리의 발생 · 변경 · 소멸)을 일어나게 할 수 있는 법적 지위를 형성권(形成權)이라고 한다. 그런데 취소권이나 해제권처럼 일방적 의사표시만으로 법률관계가 변동되는 경우도 있지만, 채권자취소권과 같이 법원에 청구하여 확정된 판결로써 행사할 수 있는 경우도 있는데,[5] 요건의 구비 여부에 대한 공권적 판단을 통하여 분쟁의 소지를 없애고 아울러 다수의 이해관계인들 사이의 법률관계를 획일적으로 정리하려는 취지에 기한 것이다. 나아가 임차인의 부속물매수청구권(제646조)처럼 일방적으로 계약을 성립시킬 수 있는 지위도 형성권에 속한다.

(2) 형성권이 행사되면 기존의 법률관계가 변동되므로 다른 이의 법적 지위에 중대한 영향을 미친다. 따라서 형성권의 행사에 조건이나 기한을 붙이지 못하고(제493조 제1항 후문 참조), 철회와도 친하지 않다(제543조 제2항, 제382조 제2항, 제383조 제2항). 그리고 그 행사로 법률관계의 변동이 발생하므로 형성권은 행사에 의하여 소멸하고, 법이 정하는 형성권의 행사기간은 제척기간이다. 뿐만 아니라 형성권은 법률관계 당사자의 지위에서 주어지므로 형성권만의 이전은 허용되

3) 회생계획안에 대한 동의 또는 부동의의 의사표시에 제107조 이하가 적용될 수 없다고 한 대결 2014.3.18. 2013마2488 참조.

4) 상속의 포기 등 관청의 수령을 요하는 의사표시도 후자에 속한다.

5) 법률관계의 변동을 요구하는 소를 형성의 소(形成의 訴)라 하는데, 소로써만 행사할 수 있는 형성권(형성소권(形成訴權)이라고 한다)을 실현하는 소로서 법률에 규정이 있는 경우에만 허용된다.

지 않는다.

(3) 형성권이 재판상 행사되었는데 소가 취하되거나 부적법하여 각하되는 경우에 실체법상의 효력이 어떠한지에 관하여 논란이 있는데,[6] ① 소장 부본의 송달에 의하여 형성권이 이미 행사되었다면, 그 후 소의 취하나 각하에도 불구하고 실체법상의 효력에는 영향이 없다고 해야 한다. 판례의 입장도 같다.[7] 다만 ② 상계권의 소송상 행사에서, 상계항변 자체가 조건부로 이루어지기 때문에, 법원의 실체적 판단이 있기 전에 소가 취하되면 실체법상으로도 상계의 효과가 발생하지 않고([4059] 참조), 재판상 이혼권(제840조) 등 형성소권의 경우에도 같다.

2. 그 밖의 분류 [1061]

가. 의무부담행위와 처분행위

(1) 의무부담행위(義務負擔行爲)란 당사자에게 일정한 의무(그 반면으로 상대방의 채권적 청구권)를 발생시키는 법률행위를 말하는데, 매매계약과 같은 채권행위가 그 전형적인 예이다. 의무부담행위는 당사자에게 일정한 청구권과 그에 상응하는 의무를 발생시킬 뿐이므로 이행의 문제가 남고, 따라서 의무부담행위만으로 현존하는 권리의 변동이 일어나지는 않는다.

(2) 반면 처분행위(處分行爲)란 현존하는 권리의 변동(즉 권리의 이전, 물적 부담의 설정, 권리의 소멸, 권리내용의 변경 등)을 직접 일으키는 법률행위를 말한다. 물권의 변동을 일으키는 물권행위(예: 소유권의 양도나 제한물권의 설정)가 대표적인 예이지만, 물권 외의 권리의 변동을 일으키는 준물권행위(예: 채권양도나 채무면제)도 있다. 처분행위는 이행이라는 문제를 남기지 않는다.

(3) 현존하는 권리의 변동을 일으키는 처분행위가 유효하려면 처분행위자에게 처분권한과 처분능력이 있어야 한다([5093]도 참조). 반면 의무부담행위는 행위자에게 처분권한이 없더라도 유효하게 성립할 수 있다. 즉 타인 소유의 물건에 관해서도 의무부담행위인 매매계약을 유효하게 체결할 수 있다(제569조 참조).

나. 요식행위와 불요식행위[8] [1062]

(1) 구성요소인 「의사표시」가 일정한 방식에 따라 행해져야 하는 법률행위를 요식행위(要式行爲)라 하고, 그렇지 않은 행위를 불요식행위라고 한다. 요식행위에서 방식이 갖추어지지 않으면 법률행위가 성립하지 않아서(「부존재」) 유효 여부를 따질 여지가 없다.

(2) 계약자유의 한 내용으로 방식의 자유가 인정되므로, 민법상 불요식행위가 기본값이다. 그러나 —당사자의 합의에 의하여 방식이 요구되는 경우 외에— 당사자의 신중한 의사결정을 위하여 또는 법률관계의 명확화를 통한 거래의 안전과 신속을 위하여 일정한 방식이 요구되기도 한다(예: 보증계약, 유언, 법인의 설립행위, 어음행위 등).

(3) 요식행위와 불요식행위는 —계약의 성립과 관련된 구분으로— 효력의 측면에서 다르지 않다. 다만 서면에 의하지 않은 증여의 경우에 각 당사자는 증여계약을 해제할 수 있으므로(제555조) 그 효력이 약하다. 그 밖에 서면에 의하지 않은 경우에 증명과 관련하여 사실상의 불이익

6) 민사소송법학에서 권리행사의 성질의 관점에서 병존설, 양성설, 소송행위설 등이 대립한다.

7) 대판 1982.5.11. 80다916은, 소장 부본의 송달에 의하여 해제의 의사표시가 묵시적으로 행사되었다면 소 취하 등은 해제권 행사의 효력에 아무런 영향을 미치지 않는다고 하였다. 경매신청에 의하여 근저당권이 확정된 후에 경매신청이 취하되더라도 마찬가지이다([5479]에 소개된 대판 2002.11.26. 2001다73022).

8) 요물계약에 관하여 [2044] 참조.

을 입을 여지가 있다([2043] 참조).

[1063] 다. 기 타

(1) 자기의 재산을 감소시키고 타인의 재산을 증가케 하는 행위가 출연행위(出捐行爲)이고, 그렇지 않은 행위가 비출연행위이다. 출연행위는 ① 자기의 출연에 대하여 상대방으로부터 그에 대응하는 출연, 즉 대가(對價)를 받을 것을 목적으로 하는 유상행위와 그렇지 않은 무상행위로 나뉜다([2456] 참조). 그리고 출연은 대개 그것을 정당화하는 법률상의 원인(causa)에 기하여 행해지는데, ② 원인이 출연의 조건 또는 내용으로 되어 있는지에 따라 유인행위와 무인행위가 나뉜다.9)

[1064] (2) 재산의 관리를 위한 소유권이전으로서 신탁행위(信託行爲)를 본다.

① 신탁법상의 신탁은, 신탁을 설정하는 이("위탁자")와 신탁을 인수하는 이("수탁자") 사이의 신임관계에 기하여 위탁자가 수탁자에게 특정의 재산(영업이나 저작재산권의 일부를 포함한다)을 이전하거나 담보권의 설정 또는 그 밖의 처분을 하고, 수탁자로 하여금 일정한 이("수익자")의 이익 또는 특정의 목적을 위하여 그 재산의 관리, 처분, 운용, 개발 그 밖에 신탁목적의 달성을 위하여 필요한 행위를 하게 하는 법률관계를 말한다(신탁법 제2조). 그리고 이러한 법률관계를 설정하는 행위, 즉 위탁자와 수탁자 간의 계약, 위탁자의 유언 또는 위탁자의 선언이 신탁행위이다(같은 법 제3조). 그런데 신탁재산은 수탁자의 고유재산과 분리되는 별도의 특별재산으로, 수익자의 보호를 위하여 상계, 강제집행, 도산, 상속 등에서 특별한 취급을 받는다(같은 법 제22조 이하).

② 반면 추심을 위한 채권양도처럼 일정한 경제적 목적을 위하여 신탁자가 수탁자에게 일정한 권리를 이전하고, 수탁자는 그 목적의 범위 안에서만 권리를 행사할 의무를 지는 법률관계를 「민법상 신탁」이라 한다. 수탁자는 대외적으로 권리자의 지위를 가지지만, 신탁자에 대해서는 그렇지 않다는 점에서 신탁법상의 신탁과 구별된다. 명의신탁도 이에 해당한다.

제3관 의사표시

[1065] Ⅰ. 총 설

1. 의사표시의 의의

(1) 사적자치를 기본으로 삼는 사법의 영역에서 시민 각자는 자기의 의사에 따라 법률관계를 형성할 수 있다. 그런데 그 법률관계는 대개 다른 이에게도 영향을 미치므로 그 의사를 이해관계인에게 알리는 것이 필요하다(제111조 제1항 참조). 이처럼 법률관계 형성의 요체인 의사를 외부로 표시하는 것을 의사표시(意思表示)라 한다.1)

(2) 단독행위처럼 「의사표시=법률행위」인 경우가 있고, 민법전 자체가 의사표시와 법률행위를 혼용하기도 하며, 양자를 구분할 실익도 그다지 크지 않다.2) 그러나 개념적으로는 의사표시

9) 출연행위를 유인으로 할 것인지 아니면 무인으로 할 것인지는 입법정책의 문제인데, 민법에서 유인인지 무인인지가 가장 날카롭게 대립되는 것은 채권행위와 물권행위의 관계이다([5095] 참조).

1) 의사표시를 한 이를 표의자(表意者)라 하고, 의사표시가 특정인에게 대한 것인 경우에 그 특정인을 상대방이라고 한다.

2) 착오취소의 대상을 제109조는 "의사표시"라 하는 반면, 제141조는 취소된 "행위"라고 하는데, 취소의 대상이 어느 것인지에 따른 결과의 차이는 없다.

와 법률행위가 구별되어야 한다. 즉 일정한 법률효과의 발생을 원하는 의사가 외부로 객관화되는 ① 의사표시가 있고, 그것을 불가결의 요소로 하는 ② 법률행위가 성립하여야 비로소 표의자가 원한 효력이 발생한다.

(3) 정보화사회로의 이행(移行), 특히 ChatGPT 등 이른바 생성형 AI가 보여주는 바와 같이 과학기술의 획기적 발전에 따라 의사표시론이 재조명되기도 한다. 그런데 AI에게 법인격을 부여할 것인지가 많이 논의되지만, 현재의 법상황에서는 그에 앞서 AI를 통한 행위가 누구에게 귀속(귀책)되어야 하는지에 대한 사회적 합의가 시급히 이루어져야 할 것이다.

[참 고] 과학기술의 발전에 따라 일상화된 전자거래에서의 의사표시를 본다.

㉠ 전자거래란 재화나 용역을 거래할 때 그 전부 또는 일부가 전자문서 등 전자적 방식으로 처리되는 거래를 말하고, 전자문서란 정보처리시스템에 의하여 전자적 형태로 작성·변환되거나 송신·수신 또는 저장된 정보를 말한다(전자문서법 제2조).

㉡ 전자문서는 다른 법률에 특별한 규정이 있는 경우를 제외하고는 전자적 형태로 되어 있다는 이유로 문서로서의 효력이 부인되지 않는다.[3] 보증에 관하여 [4198] 참조.

2. 표현행위 [1066]

(1) 준법률행위 중 표현행위(表現行爲)는 일정한 의식내용을 다른 이에게 전달한다는 점에서 의사표시와 유사하다([1051] 참조).

(2) 표현행위로 세 가지가 있다. ① 의사의 통지(意思의 通知)는 내심의 의도를 외부로 알리는 행위인데, 최고(제15조, 제131조, 제552조 등)가 그 대표적인 예이다. ② 관념의 통지(觀念의 通知)는 일정한 사실을 외부로 알리는 것으로 채권양도의 통지(제450조), 승낙연착의 통지(제528조 제1항)가 이에 속한다. ③ 감정의 표시(感情의 表示)는 일정한 감정을 외부로 나타내는 것으로 용서(제556조 제2항)가 그 예이다.

(3) 의사표시와 표현행위(특히 의사의 통지)는 일정한 의식내용을 외부로 표현한다는 점에서 유사하지만, 근거와 효과에서 서로 다르다. 즉 의사표시에서 당사자가 원한(의욕한) 법률효과가 발생하고, 그 효과는 「당사자가 원하였기 때문에」 발생한다. 반면 표현행위에서는 —당사자가 원하였는지를 따지지 않고— 「법률의 규정에 따른 효과」가 발생하는데, 그 근거도 바로 법률의 규정이다.[4]

(4) 이러한 차이에도 불구하고 양자는 의식내용을 기점으로 하여 일정한 법률효과가 발생한다는 점에서 유사하므로, 표현행위에도 행위능력이 필요하고, 성질이 허용하는 한 의사표시에 관한 규정을 유추할 것이다. 판례의 입장도 같다.[5]

---

3) e-mail에 의한 해고통지도 해고사유 등을 서면통지하도록 규정한 근로기준법 제27조의 입법취지를 해치지 않는 범위 내에서 구체적 사안에 따라 서면에 의한 해고통지로서 유효할 수 있다고 한 대판 2015.9.10. 2015두41401 및 상법 제366조 제1항에서 정한 "전자문서"에 전자우편은 물론 휴대전화 문자메시지·모바일 메시지 등까지 포함된다고 한 대결 2022.12.16. 2022그734 참조.

4) 예를 들어 최고(催告)의 효과에 관하여 제15조, 제544조 등(제387조도 참조)이 규정하는데, 명문규정이 없는 경우에는 최고하였더라도 그러한 효과가 발생하지 않는다.

5) 관념의 통지인 채권양도통지에 대리에 관한 규정이 유추된다고 한 대판 1997.6.27. 95다40977·40984와 도달에 관한 규정이 유추된다고 한 대판 1983.8.23. 82다카439 참조.

[1067] ## Ⅱ. 의사표시론

1. 의사표시의 구성요소

가. 개　　관

(1) 의사표시의 구성요소에 관하여 다수설은, 의사표시가 성립하는 과정을 심리학적으로 분석·관찰하여, 어떤 동기에 기하여 일정한 법률효과의 발생을 목적으로 하는 의사(「효과의사」)가 결정된 후, 이 의사를 외부(타인)에 알리기 위하여 발표하려는 의사(「표시의사」)에 매개되어 일정한 행위로서 외부에 나타난다(「표시행위」)고 하고, 이 중 의사표시의 본체를 이루는 것은 표시행위라고 한다.[6)]

(2) 다수설은 정상적인 경우를 전제로 하지만, 의사표시의 구성요소는, 의사표시가 정상적으로 이루어지지 않은 「병리적 사안」에서 사후적으로 의사표시를 내용으로 하는 법률행위의 효과를 정하는 기준이라는 점을 감안하여 검토되어야 한다.

아래에서는 병리적 사안의 해결이라는 관점에서 의사표시의 구성요소를 재구성한다.

[1068] #### 나. 주관적 요소로서 의사

(1) 먼저 어떤 경우에도 의사표시의 필수적인 요소로서 행위의사(行爲意思)가 존재해야 한다. 이는 인간의 의사작용으로서 「행위」를 여타의 「행동」과 구별하는 1차적인 기준이다. 의사결정의 자유를 완전히 박탈할 정도의 폭력(「절대적 강박」)에 의하여 또는 최면상태에서 어떤 서면에 날인한 경우처럼 행위의사가 흠결되었다면, 의사표시의 존재 자체를 인정할 수 없다: 「부존재」.

(2) 의사표시의 주관적 요소로 표시의식(表示意識)[7)]과 효과의사가 있다. 그런데 표시의식과 효과의사는 「일반적·추상적인 것 : 개별적·구체적인 것」의 관계에 놓이고, 후자는 당연히 전자를 포함한다. 이렇게 이해하면 의사표시의 구성요소 및 효력을 둘러싼 논의가 간명하게 되고, 효과의사 외에 표시의식을 따로 논할 실익도 없다.

[1069] (3) 구체적인 법률효과의 발생을 의욕하는 효과의사(效果意思)에 관하여 다툼이 심하다.

① 효과의사의 내용에 관하여, 법이 법률효과를 줄 가치가 있다고 인정하는 사실적 효과를 향한 것이라는 사실적 효과설과 의사표시는 법률관계의 형성행위이므로 효과의사는 법률효과의 의욕일 수밖에 없다는 법률효과설이 대립하는데, 판례는 법률효과설을 따른다고 할 수 있다.[8)] 그런데 법률행위에서 의미 있는 것은 경제적·사실적 효과가 아니라 법적 효력의 발생 및 그에 기한 자기구속이라는 점에 비추어 법률효과설을 따라야 한다.

② 의사표시의 요소가 되는 것은 「표시상의 효과의사」라는 것이 다수설의 입장이고 판례도 같은 입장이다.[9)] 그러나 표시상의 효과의사는 내심의 효과의사를 알 수 없을 때 추단되는 (2차적

---

6) 싫증이 나거나 아이가 태어나서 큰 차로 바꿔야 한다는 등의 이유에 기하여(동기의 형성) 자기가 타던 자동차를 중고로 팔려는 이는 받을 가격을 정한 다음(효과의사의 결정), 그 차의 사진과 함께 가격을 온라인 중고자동차시장에 올린다(표시행위). 다수설은 ㉠ 의사표시는 이처럼 「동기 → 효과의사 → 표시행위」의 과정을 거치는데, 그중 의사표시를 구성하는 것은 효과의사와 표시행위만이고, 동기 자체는 의사표시의 내용이 아니며, ㉡ 상대방으로서는 표시행위만 볼 수 있으므로 표시행위가 의사표시의 본체를 이룬다는 입장이다.

7) 효과의사를 외부로 발표하려는 의사, 즉 무언가 법적으로 의미 있는 행위를 한다는 의식으로, 표시의사라고도 한다.

8) 가령 대판 2008.6.12. 2008다7772·7789: "제3자가 금융기관이 정한 여신제한 등의 규정을 회피하여 타인으로 하여금 제3자 명의로 대출을 받아 이를 사용하도록 할 의사가 있었다거나 그 원리금을 타인의 부담으로 상환하기로 하였더라도, 특별한 사정이 없는 한 이는 소비대차계약에 따른 경제적 효과를 타인에게 귀속시키려는 의사에 불과할 뿐, 그 법률상의 효과까지도 타인에게 귀속시키려는 의사로 볼 수는 없으므로 제3자의 진의와 표시에 불일치가 있다고 보기는 어렵다."

9) "의사표시의 요소가 되는 것은 표시행위로부터 추단되는 효과의사 즉 표시상의 효과의사이고 표의자가 가지고 있던 내심적 효과의

인) 것에 불과하므로 내심의 효과의사가 의사표시의 요소라고 해야 한다.[10)]

③ 정리하자면, 권리나 의무의 발생, 변경 또는 소멸이라는 법률효과의 출발점이자 요체가 당사자의 「의사」이다. 따라서 효과의사는 법률효과와 관련해서만 의미를 가지고, 나아가 사적자치의 실현이라는 관점에서 본다면 추단되는 것이 아니라 표의자가 실제로 가진 의사가 고려되어야 한다. 결국 효과의사는 일정한 「법률효과」와 결부되고, 당사자의 의사를 실현하는 수단이라는 점에서 「내심의 효과의사」라고 해야 한다.

한편 표의자가 원한 사실적 효과를 포함하여 효과의사 형성 이전에 그 계기로 된 심리과정을 동기(動機)라 한다. 의사표시의 내용을 이루지 않는 동기가 의사표시의 효력에 영향을 미칠 수 없지만, 상대방의 이익을 해치지 않는 범위 내에서라면 고려되어도 무방할 것이다.[11)]

다. 객관적 요소로서 표시 [1070]

(1) 의사표시는 1차적으로 표의자의 내심의(실재하는) 의사를 외부로 밝힘으로써 사적자치를 구현한다. 다른 한편 상대방에게 알리기 위한 의사전달(communication)의 수단이기도 하므로(제111조 제1항 참조), 표의자의 의사가 잘못 표시되었더라도 표시에 대한 상대방의 정당한 신뢰 및 그에 기한 상대방의 자기결정(재산적 처분)을 보호하기 위하여 표시된 대로의 효과가 발생할 수 있는데, 이때 표시는 「표의자」의 귀책가능성으로서 기능한다. 여기서 표시가 자기의 진의와 다름을 주장하는 표의자와 표시를 신뢰한 상대방 사이의 이해충돌이 의사표시의 본질론으로 나타난다.

(2) 표시는 명시적으로뿐만 아니라 묵시적으로도 행하여질 수 있다. 명시적 표시는 효과의사의 표현을 1차적 목적으로 하는 반면, 묵시적 표시에서는 효과의사가 직접적으로 표현되지 않고 다른 표시, 행위 또는 사정으로부터 추측된다.

(3) 명시적 표시는 생략하고 묵시적 표시에 관하여 좀 더 살펴본다.[12)] [1071]

① 묵시적 의사표시는 침묵에 의한 경우와 추단적 행위에 의한 경우로 나눌 수 있다.

② 일반적으로 침묵(沈黙)은 법적 표시가치를 가지는 표시행위가 아니며, 따라서 동의도 거절도 아니다. 다만 당사자 사이의 약정이나 거래관행에 따라 침묵이 표시효(表示效)를 가지는 예외적인 경우에 침묵도 묵시적 의사표시일 수 있다. 즉 침묵은 특별한 사정이 있는 경우에만 의사표시로 되며, 이 경우 침묵은 원칙적으로 동의를 의미한다(상법 제53조도 참조).

그리고 상대방의 최고에 대한 제한능력자측의 침묵을 추인으로 보는 경우(제15조 제1항 참조)에, 이러한 효과는 행위자에게 행위의사조차 없더라도 법률에 의하여 의제되는데, 이를 의제된 법률행위(擬制된 法律行爲)라 한다. 의제된 법률행위의 효과는 행위자의 의사와 무관하므로, 의사와 표시의 불일치, 특히 착오는 그 성질상 문제되지 않는다.

③ 매도청약과 함께 송부된 지로용지를 이용하여 매매대금을 지급하는 행위처럼 1차적으로

사가 아니"라고 한 대판 2002.6.28. 2002다23482.

10) 약관법 제5조 제1항이 「객관적」 해석을 강조하는 것은 그 밖의 경우에 내심의 효과의사를 밝히는 「주관적」 해석을 해야 함을 전제한다고 이해할 수도 있다.

11) 동기가 사회질서나 착오와 관련되는 경우에 그 취급에 관하여 다툼이 심한데, 우선 [1093] 참조.

12) 절차법적으로 묵시적 의사표시를 근거지우는 구체적 사실의 증거법적 성질에 관하여, 개개의 구체적 사실이 주요사실이라는 주요사실설과 구체적 사실들을 종합하여 추인되는 의사표시가 주요사실이고 그 근거인 구체적 사실은 간접사실에 불과하다는 간접사실설이 대립하는데, 실무는 후자의 입장이다. 간접사실만으로 임대차계약이 묵시적으로 해지되었다고 본 원심을 경험칙에 위반한 위법이 있다고 한 대판 1993.3.23. 92다39334 · 39341 참조.

다른 목적을 추구하지만 그로부터 행위자의 의사를 추측케 하는 행위를 추단적 행위(推斷的 行爲)라 한다. 그런데 추단적 행위에 대하여 행위자는 이의(異議)를 제기할 수 있지만, 이의가 이의자 자신의 선행행위와 모순되어서는 안 된다. 그리고 의사실현(意思實現. 제532조)은 추단적 행위라고 이해되어야 한다([2046] 참조).

[1072] 2. 의사표시의 효력발생

가. 서 설

의사표시는 표의자가 사적자치를 실현하는 수단이다. 그런데 단독행위처럼 상대방의 의사를 고려할 필요가 없는 경우에도 상대방은 대개 일정한 이해관계를 가진다. 여기서 이해관계인으로서 상대방의 보호 내지 배려가 검토되어야 한다. 그러기 위하여 의사표시가 상대방에게 알려져야 한다([1054] 참조).

[1073] 나. 의사표시의 효력발생시기

(1) 상대방 없는 의사표시에서 표의자가 의사를 표명한 때에 그 효력이 발생하는데, 이를 표백주의(表白主義)라 한다. 다만 유언은 요식행위이므로 제1065조 이하의 방식을 준수하여야 비로소 유언이 성립하고, 사인행위(死因行爲)이므로 유언자의 사망시에 효력이 발생한다.

반면 상대방 있는 의사표시에서 표시행위에 의하여 효과의사가 외부에서 알 수 있는 상태로 됨으로써 충분한 것이 아니라 표시행위가 상대방에게 전달되어야 한다. 상대방 있는 의사표시의 효력이 언제 발생하는지는 의사표시의 부도달 또는 연착의 경우에 표의자와 상대방 중 누가 그에 따른 위험/불이익을 부담할 것인지와 관련하여 실천적 의미를 가진다.[13]

[1074] (2) 상대방 있는 의사표시의 효력발생시기를 본다.

① 상대방 있는 의사표시는 보통 「표의자에 의한 표백(表白. 의사의 표명) → 발신(발송) → 상대방에의 도달 → 상대방의 요지(了知: "깨달아 앎". 知得이라고도 한다)」의 단계를 거친다. 마주 앉은 상대방에게 말로 하는 의사표시(대화자간의 의사표시. 전화를 통한 경우도 이에 속한다)에서 이러한 일련의 과정이 거의 동시에 이루어지지만, 우편으로 상대방에게 의사표시를 하는 경우(격지자간의 의사표시)에 위의 네 단계가 분명하게 드러난다. 그러면 이들 중 어느 시기에 의사표시가 효력을 발생한다고 할 것인가?

② 민법은 도달주의(到達主義)를 채택하여 상대방에게 도달된 때에 의사표시가 그 효력을 발생한다고 한다(제111조 제1항).[14] 이처럼 도달주의를 기본값으로 삼은 것은 상대방도 그에 대하여 이해관계를 가지기 때문이다. 다만 정책적 고려에 기하여 예외적으로 발신주의가 인정되기도 한다(제531조, 상법 제52조, 제53조, 제67조 등). 그리고 제111조는 임의규정이므로, 당사자들이 효력발생시기를 달리 정할 수 있다.

③ 도달(到達)이란 사회관념상 상대방이 의사표시의 내용을 알 수 있는 객관적 상태에 놓이는 것을 말한다. 즉 상대방이 (효력발생의 단초로서) 표의자의 의사를 확인할 수 있어야 하는데, 의

13) 참고로 혼인이나 상속포기 등에서 가정법원에 대한 신고가 있어야 하는데, 신고로 족한 것이 아니라 그 수리가 있어야 한다. 그런데 이들이 상대방 있는 의사표시는 아니다.

14) 취소의 의사표시가 담긴 반소장 부본이 제척기간 내에 송달되어야 적법하게 취소권을 행사하였다고 볼 것이라고 한 대판 2008.9.11. 2008다27301 · 27318. 보험계약 해지에 관한 대판 2000.1.28. 99다50712도 같은 취지이다.

사표시가 상대방의 사회적 지배범위 내로 들어감으로써 상대방이 「일반적 · 객관적으로」 그 내용을 알 수 있는 상태가 되면 충분하고(그 점에서 탄력적 개념이다), 상대방이 그 내용을 알았을 것까지 요구하지는 않는다. 따라서 상대방이 의사표시의 내용을 확인하지 않은 채 그 수령을 거절하였더라도 그가 통지의 내용을 알 수 있는 객관적 상태에 있는 때에 의사표시는 도달된 것으로 보아야 한다.[15] 한편 상대방이 특정되지 않는 경우에 의사표시가 요지(了知)할 수 있는 상태(광고의 게재 등)에 놓이면 된다.

④ 도달주의를 채택한 결과 ⓐ 의사표시의 불착(不着) 또는 연착의 위험/불이익을 표의자가 부담한다. 즉 의사표시의 효력발생을 주장하는 표의자가 도달에 대한 증명책임을 지고,[16] 상대방이 의사표시의 수령을 거절하였다면 수령거절사실을 증명해야 한다. ⓑ 의사표시가 상대방에게 도달하여 그 효력이 발생하면, 더 이상 그 의사표시를 철회할 수 없다. 즉 표의자는 그 의사표시에 구속된다. ⓒ 의사표시 발신 후의 사정변경은 의사표시에 영향을 미치지 않는다(제111조 제2항).[17]

다. 기 타 [1075]

(1) 도달주의의 반면으로 의사표시의 내용을 알 수 있는 능력, 즉 의사표시의 수령능력(受領能力)이 요구된다. 그런데 표의자는 의사표시가 제한능력자에게 도달했음을 주장할 수 없지만, 제한능력자측에서 의사표시의 도달 및 효력발생을 주장하는 것은 무방하다(제112조 본문 참조). 한편 법정대리인이 제한능력자에의 도달을 안 후에는 표의자가 의사표시의 도달을 주장할 수 있다(같은 조 단서).

(2) 표의자가 과실 없이 상대방을 알지 못하거나 상대방의 소재를 알지 못하는 경우에, 도달이 없다는 이유로 의사표시가 효력을 발생할 수 없다면 부당하다. 여기서 법은 공시송달(公示送達)에 의하여 의사표시의 효력을 발생시킬 수 있도록 한다(제113조).

3. 의사표시의 본질론 [1076]

(1) 의사표시에서 대개 의사와 표시가 합치되는데, 이러한 경우에 의사표시의 본질에 관한 논의가 별다른 의미를 가지지 않는다.

반면 의사와 표시가 일치하지 않거나 의사가 자유롭게 형성되지 않았다면 「의사에 따른」 법률관계의 형성은 공염불에 그친다. 이러한 경우에 표의자로서는 내심의 의사가 흠결되었거나 자유롭게 형성되지 않았음을 들어 법률행위의 효력이 발생하지 않음을 주장할 것이다. 그런데 그 주장이 받아들여지면 표시라는 외관을 신뢰한 상대방 또는 제3자는 예기치 않은 불이익을 입을 수 있다. 이러한 상반된 이해관계가 의사주의(意思主義)와 표시주의(表示主義)의 대립으로 나타난다.

[참 고] 표시주의가 표의자의 내심의 효과의사를 무시하고 표시만 고려하는 입장이라고 오해해서

15) 정당한 사유 없이 해제통지의 수령을 거절한 경우에 도달을 인정한 대판 2008.6.12. 2008다19973. 상대방이 부당하게 등기취급 우편물의 수취를 거부함으로써 우편물의 내용을 알 수 있는 객관적 상태의 형성을 방해한 경우에, 그 사정만으로 발송인의 의사표시의 효력을 부정할 수 없고, 이 경우 의사표시의 효력발생시기는 수취거부시라고 한 대판 2020.8.20. 2019두34630도 참조.

16) 이러한 증명책임을 완화하는 방법으로 내용증명 및 배달증명이 있다(우편법 시행규칙 제25조 제1항 제4호 참조).

17) 가령 승낙의 의사표시를 발신한 후 승낙자가 사망하였는데 그 의사표시가 승낙기간 내에 청약자에게 도달하였다면 계약은 유효하게 성립하고, 승낙자의 상속인이 계약상의 권리 · 의무를 상속한다.

는 안 된다. 표시주의는 상대방(또는 그와 거래한 제3자)의 신뢰를 보호하기 위한 이론인데(이러한 맥락에서 표시주의를 「신뢰주의」라고도 한다), 여기서 신뢰는 외관으로부터 추단되는 표의자의 내심의(실재하는) 의사에 관한 것이다. 요컨대 내심의 의사를 알 수 없는 상대방의 입장에서 표시로부터 표의자의 의사를 추단한다는 의미를 가질 뿐이다. 그리고 표시주의도 표의자의 사적자치를 존중하는 한도에서 표시에 의미를 부여하는데, 표의자의 내심의 의사를 알 수 있다면 그 한도에서 표시의 의미는 뒤로 물러날 수밖에 없다. falsa demonstratio non nocet 원칙([2118] 참조)이 일반적으로 수용되는 것도 이 때문이다.

[1077] (2) 의사표시의 본질에 관한 논의를 간략하게 정리한다.

① 의사표시는 표의자의 입장에서 사적자치를 실현하는 수단이지만, 사회적 관점에서 보면 의사소통의 방법이기도 하다.

② 사법이 개인의 법률관계 형성에 의사표시를 요구하는 것은 개인의 의사에 권리형성력(權利形成力)을 부여하는 정신적 근본방향의 표현이다. 따라서 당사자의 의사가 법률효과의 1차적 근거여야 하고, 이때 표시로부터 추단되는 객관화된 의사가 아니라 표의자의 실제의 (자유로운) 의사가 그 요체이다. 다른 한편 사회적 (의사소통)행위이기도 한 의사표시에서 상대방도 의사표시에 이해관계를 가진다는 점을 제111조와 제112조가 밝힌다.

③ 이처럼 표의자의 보호와 상대방의 보호가 모두 고려되어야 한다면 절충적 입장이 불가피하다. 다만 절충적 입장도 무엇을 기본으로 삼는지에 따라 결과가 달라진다. 그런데 수령을 요하는 의사표시에서 상대방의 보호는 신뢰를 보호한다는 것이고, 여기서 신뢰는 표시로부터 추단되는 표의자의 내심의(실재하는) 의사에 대한 것이다. 이러한 사정을 고려한다면 1차적으로 표의자의 입장을 고려하되, 그의 보호가치가 부정된다면 상대방의 보호가치가 인정되는 한도에서 상대방의 입장을 고려해야 한다.

④ 결론적으로 의사와 표시의 불일치에서 ⓐ 상대방이 표의자의 진의를 정확하게 이해하였거나(예: falsa demonstratio non nocet 원칙이 적용되어야 하는 경우) ⓑ 상대방이 거래상 기대되는 주의를 기울였더라면 표의자의 진의를 정확하게 이해할 수 있었던(예: 상당한 교섭과정을 거친 후에 표의자가 잘못 표기한 경우) 경우에 표의자의 진의에 따른 효력이 발생하고, 그렇지 않은 경우에는 표시된 대로의 효력이 발생하지만, 이때에도 표의자는 착오 등을 이유로 취소할 수 있다.

제 3 장 법률행위의 효력

제 1 절 총 설

1. 개 관 [1078]

(1) 법률행위가 성립하면 그 「효력」으로서 당사자들에게 구속력이 발생한다. 이것이 원칙이다. 그런데 일정한 요건이 갖추어지지 않으면 효력 발생이 부정되기도 한다.

(2) 의사의 합치에 의하여 계약이 성립하면, 「의사표시를 한 이에 대하여」 「즉시」 그 효력이 발생한다. 이에 대한 예외로 대리와 부관이 있다.[1)]

2. 법률행위의 요건 [1079]

가. 개 관

법률행위가 효력(效力), 즉 당사자가 원한 효과를 발생시키기 위해서는 일정한 요건이 갖추어져야 한다. 강학상 이를 성립요건과 유효요건(효력발생요건)으로 나누는데, 전자는 법률행위의 「존재」가 인정되기 위한 요건으로, 이를 결하면 법률행위 자체가 존재하지 않는다(「부존재」). 반면 후자는 법률행위의 존재를 전제로 「효력」을 발생시키기 위한 요건으로, 이를 결하면 당사자가 원한 바가 이루어지지 않는다(「무효」).

성립요건이나 유효요건을 갖추지 못한 법률행위에 기하여 급부가 행하여진 경우에, 급부한 이는 부당이득으로 그 반환을 구할 수 있다(제741조).

나. 성립요건 [1080]

(1) 성립요건은 법률행위에 기한 청구에서 「권리근거사실」로서 청구원인을 이루고, 법률행위의 효력을 주장하는 이가 성립요건 전부의 존재에 대한 증명책임을 진다.

(2) 모든 법률행위에 공통적으로 요구되는 일반적 성립요건으로, 행위의 주체로서 당사자와 법률행위의 불가결한 요소로서 의사표시가 있어야 한다.[2)]

(3) 그 밖에 개개의 법률행위에 관하여 요구되는 특별성립요건이 있는데, 유언의 방식(제1060조), 법인 설립에서 주무관청의 허가(제32조) 등이 그 예이다.

다. 유효요건 [1081]

(1) 법률행위가 성립하더라도 유효요건을 갖추지 않으면 그 효력이 발생하지 않는다.

(2) 일반적 유효요건이란 「권리장애사실」(성립한 법률행위의 구속에서 벗어날 수 있게 하는 무효사유)의 부존재를 말한다. 유효요건에 관하여 법률행위의 효력발생을 저지하려는 이가 증명책임

1) 그 밖에 제3자를 위한 계약은 당사자와 관련된 예외이고, 유언에서 유언자의 사망도 효력발생시기에 관한 예외이다.

2) 흔히 법률행위의 내용으로서 목적을 따로 들기도 하지만, 의사표시에 포함되고, 다만 유효요건의 분류와 관련하여 의미를 가질 수 있다.

을 진다.

(3) 한편 개개의 법률행위에 관하여 법률의 규정 또는 당사자의 특약에 의하여 요구되는 특별유효요건도 있는데, 대리권의 존재(제114조 이하), 조건의 성취나 기한의 도래(제147조 이하) 등이 그 예이다. 그런데 일반적 유효요건이 소극요건인 반면, 특별유효요건은 적극요건으로 효력의 발생을 주장하는 이가 증명책임을 진다.

제 2 절 법률행위의 무효사유

제 1 관 개 관

[1082] (1) 법률행위가 성립하면 그 효력이 발생하지만, 그렇지 않은 경우도 있다. 그런데 성립요건은 적극적 요건(권리근거사실의 존재)으로 전부가 구비되어야 하는 반면, 일반적 유효요건은 권리장애사실의 부존재로 어느 한 사유라도 존재하면 효력의 발생이 부정된다.

(2) 법률행위를 통한 사적자치의 실현은 시민 각자가 자기의 의사에 따라 법률관계의 내용을 자유롭게 형성할 수 있고 법질서가 이를 승인함으로써 보장된다. 그러나 이를 방해하는 무효사유가 있는데, 이를 ① 절차적 고장사유로서 의사표시의 흠, ② 내용적 한계로서 강행규정이나 사회질서의 위반 그리고 ③ 정책적 배려(의사의 지배가능성을 결한 이의 보호)로서 행위능력의 결여로 나눌 수 있다.

①은 의사표시의 무결성(無缺性. 흠 없음)에 관한 것으로, 의사와 표시가 일치해야 하고, 의사형성과정에 외부의 부당한 영향이 있어서는 안 된다.[1)]

②는 법률행위의 내용/목적, 즉 법률행위를 통하여 발생시키려는 법률효과가 법질서의 승인을 받을 자격을 갖추었는지에 관한 것이다. 그 판단의 전제로서 법률행위 성립 당시 법률행위의 내용이 확정되어 있거나 확정가능한 것이어야 하고(확정성) 그 실현이 가능해야 하는데(가능성), 이 중 확정성은 계약성립의 요건으로서 합의의 범위 및 그 해석의 문제로, 그리고 가능성은 불능의 문제로 넘기기로 한다.

③과 관련하여 당사자에게 각종의 능력, 즉 권리능력, 의사능력 및 행위능력이 있어야 하는데, 권리능력은 제6장에서 권리주체의 문제로 따로 검토한다.

제 2 관 착오에 의한 의사표시

[1083] **Ⅰ. 총 설**

1. 착오론의 실질적 쟁점

(1) 착오 때문에 표시가 표의자의 의사와 일치하지 않는 경우에, 표의자는 그 구속에서 벗어

---

1) 흔히 (의사와 표시가 불일치하는) 의사의 흠결(欠缺)과 (의사의 형성과정에 하자가 있는) 하자(瑕疵) 있는 의사표시를 나누지만, 양자의 구별이 적절하지도 긴요하지도 않다. 즉 의사표시가 정상적으로 이루어지지 않아서, 법률행위의 구속력으로부터 벗어날 수 있다는 점에서 공통된다.

나려 할 것인데, 진의 아닌 의사표시나 허위표시와 달리 여기서는 의사와 표시가 불일치함을 알지 못하는 표의자를 보호할 필요가 있다. 그래서 민법은 일정한 요건 하에 표의자가 취소를 통하여 착오에 기한 의사표시를 소급적으로 무효화함으로써 의사표시의 구속으로부터 벗어날 수 있도록 한다. 즉 의사표시의 「잠정적/유동적 유효」에서 출발하되 표의자는 취소를 통하여 그 효력을 제거할 수 있는데, 법률행위의 내용의 중요부분과 중대한 과실이라는 요건을 통하여 취소가능성을 제한함으로써 상대방의 이익, 즉 신뢰를 보호한다.[1] 이렇게 본다면 사법에서 이론적으로 가장 어려운 문제의 하나인 착오론(錯誤論)의 요체는, 어떤 경우에 착오를 이유로 한 취소권이 발생하여 표의자가 표시와 다른 자기의 내심의 효과의사를 주장할 수 있는가 하는 점이다.

(2) 일상에서 착오는 "착각을 하여 잘못함" 또는 "사람의 인식과 객관적 사실이 일치하지 않고 어긋나는 일"을 의미하는데, 동기의 착오가 그 전형적인 예이다. 반면 제109조가 예정하는 착오는 표의자가 알지 못한 채 의사와 다르게 표시한 경우(「의사의 무의식적 흠결」)를 말한다. 여기서 일상에서 자주 문제되는 동기의 착오를 어떤 경우에 제109조에 포섭할 것인지도 중요한 문제로 되는데, 다수설과 판례는 동기가 표시되어 상대방에게 알려지면 된다는 입장이다([1093] 참조).

2. 제109조의 적용범위 [1084]

(1) 제109조는 모든 사법상의 의사표시에 적용되고, 준법률행위 중 표현행위(특히 의사의 통지)에 대해서도 유추된다.

(2) 그러나 예외도 있다.

① 먼저 표의자의 의사가 절대적으로 존중되어야 하고, 다른 이의 의사로 대체 또는 보충될 수 없고 되어서도 안 되는 친족법상의 행위에서 착오는 고려되지 않는다. 친족법상의 행위에서 착오는 주로 성상의 착오에 해당하는데, 동기가 표시되었더라도 특칙(제816조 제2호, 제884조 제2호 등)이 없는 한 취소는 허용되지 않는다. 나아가 취소가 허용되더라도 제109조 제1항 단서는 적용되지 않는다고 해야 한다.

② 화해에 관하여 제733조의 특칙이 존재한다.

③ 「가정적 의사」가 인정되는 경우에 그 성질상 착오가 문제되지 않는다. 특히 의제된 의사표시에서 침묵의 의미에 관한 착오는 취소권을 발생시키지 않고, 보충적 해석에서도 같다. 이러한 경우에 표의자의 의사가 아니라 법률이 법률효과를 정하므로 의사와 표시의 불일치를 논할 여지가 없다.

(3) 한편 공법상의 행위[2] 및 소송행위[3]에 대하여 제109조가 적용되지 않는다.

---

1) 이상적으로는 계약의 체결에서 각 당사자가 계약내용에 대한 정확한 이해를 전제로 자유로운 판단을 하고 그 판단이 상대방에게 정확하게 전달되어야 한다. 그러나 계약상대방, 계약내용 등에 대한 오해가 있을 수 있고 판단이 제대로 전달되지 않을 수도 있다. 이 경우 표의자가 계약의 효력을 부정하고자 함은 인지상정이지만, 이해관계를 달리하는 상대방의 입장에서 오해나 오전달이 표의자의 일방적 사정에 불과할 뿐만 아니라 보통 그러한 사정을 알 수 없으므로 표의자의 주장을 반박하려 한다(상대방도 계약을 물리는 데 동의한다면 분쟁으로 나아가지 않는다). 법은 표의자와 상대방의 이해의 조정이라는 관점에서 착오취소의 요건을 정한다.

2) 대판 1956.3.29. 4288민상448.

3) 대판 1997.10.24. 95다11740. 한편 대판 2020.10.15. 2020다227523 · 227530은 "소취하합의의 의사표시 역시 민법 제109조에 따라 법률행위의 내용의 중요부분에 착오가 있는 때에는 취소할 수 있을 것"이라고 하였는데, 소취하합의를 사법계약(항변권발생설)으로 파악하는 입장(대판 1981.12.8. 80다2817)에 따른 것이다.

[1085] Ⅱ. 착오취소의 요건

1. 개 관

(1) 착오취소의 요건을 제109조 제1항이 규정하는데, 먼저 본문이 「법률행위 내용의 중요부분에 착오가 있을 것」을 요구하여 취소의 대상을 한정한다. 이 요건은 계약에 기한 이행청구에서 항변(급부이득의 반환을 구하는 경우에는 청구원인)으로서 착오취소의 적극적 요건인데, 그에 대한 증명책임이 표의자에게 있다. 그런데 동기착오를 염두에 두고 이 요건을 ① 착오의 존재와 ② 법률행위의 내용의 중요부분의 둘로 나누어 살펴본다. 한편 단서에 따라 ③ 표의자에게 중대한 과실이 없어야 하는데, 표의자의 주관적 용태를 통하여 보호가치 없는 취소를 배제한다. 이 요건은 착오취소에 대한 재항변으로서 예외적/소극적 요건으로, 상대방이 증명책임을 진다.

그 밖에 착오취소를 배제하는 사유가 없어야 하는데, 그러한 사유로 ⓐ 취소권 배제의 합의(다만 약관법 제11조 제1호 참조), 취소권의 포기 또는 실효(失效), ⓑ 사후의 사정변경으로 취소주장이 신의칙에 반하는 경우,[4] ⓒ 상대방의 양해, ⓓ 자발적인 위험인수(危險引受) 등을 들 수 있다.

[1086] (2) 상대방이 표의자의 착오를 유발한 경우에, 이 점은 착오취소의 요건 전부에 영향을 미치고, 판례의 입장도 같다. 우선 동기의 착오와 관련하여 타인의 기망행위로 인한 경우 또는 동기가 상대방에 의하여 제공되거나 유발된 경우에, 동기의 표시 여부와 무관하게 취소를 인정한다.[5] 법률행위의 내용의 중요부분이라는 요건도 따지지 않는다.[6] 나아가 중대한 과실이 존재하지 않는다는 판단의 근거로 된다.[7]

착오취소의 요건은 표의자와 상대방 사이의 이해관계를 조절하기 위한 기준인데, 표의자의 (동기)착오를 유발한 상대방의 보호가치가 부정된다는 점에서 판례의 태도는 충분히 수긍될 수 있다.[8]

[1087] (3) 착오취소의 한계에 관하여 본다.

① 해석(解釋)이 착오에 앞선다. 비록 진의가 의사표시에 제대로 나타나지 않았더라도, 상대방이 표의자의 진의를 알고 있었기 때문에 표시된 바가 아니라 실제로 의욕된 바가 의사표시의 내용이라는 점이 해석을 통하여 밝혀진다면, 착오의 존재가 부정되므로 취소권은 배제된다(예: falsa demonstratio non nocet 원칙이 적용되는 경우).

② 무효와 취소의 이중효에 기하여 매매계약이 적법하게 해제된 후라도 착오취소가 허용됨에 관하여 [1197] 참조.

③ 착오취소와 하자담보책임의 경합에 관하여 [2490] 이하 참조.

---

4) 계약성립 당시에 착오가 있었으나 그 후 착오로 인한 불이익이 소멸하였다면 신의성실의 원칙상 취소는 허용될 수 없다고 한 대판 1995.3.24. 94다44620 참조.

5) 대판 1996.7.26. 94다25964; 대판 1990.7.10. 90다카7460 등.

6) 대판 1997.8.26. 97다6063 등. 공사도급계약과 관련된 이행보증보험계약이나 지급계약보증보험에서 보험사고인 채무불이행이 있는지를 판단하는 기초인 공사계약 체결일이나 실제 착공일, 공사기간 등에 대하여 수급인측에서 허위로 고지한 경우에 관한 대판 2002.7.26. 2001다36450도 참조.

7) 대판 1997.9.30. 97다26210은, 매매계약 후 건물이 건축선을 침범한 사실을 알았으나 매도인이 법률전문가의 자문을 얻어 문제없다고 말하여 이를 믿고 매매계약을 해제하지 않고 대금을 지급한 사안에서, 상대방이 착오를 유발한 점을 중대한 과실 부존재의 판단자료로 삼았다. 대판 1994.6.10. 93다24810도 동지.

8) 오히려 상대방에게 귀책사유가 있다면 제750조에 기한 손해배상책임이 인정될 수 있고, 나아가 (동기)착오의 유발이 상대방의 고의에 기한 경우에 사기취소와의 경합이 문제될 수 있다.

2. 착오의 존재 [1088]

가. 착오의 개념 및 유형

(1) 착오의 개념에 관하여 다수설과 판례[9]는 의사와 표시의 무의식적 불합치라고 한다.

(2) 착오의 유형을 본다. [1089]

① 제109조는 표시에 상응하는 의사가 결여된 경우를 예정하는데, 이를 흔히 행위착오(行爲錯誤)라 한다. 오담(誤談) 등 효과의사의 형성 자체에 문제가 없지만 표시를 잘못한 경우인 표시착오와 $와 €의 가치가 같다고 오해하여 $ 대신 €라고 표시한 경우처럼 효과의사의 형성 자체에 문제가 있지만 표시는 제대로 한 경우인 내용착오가 그 전형적인 예이다.[10]

② 제109조가 행위착오/동기착오를 명시적으로 구별하지는 않는다. 그러나 제109조가 적용 [1090] 되기 위하여 법률행위의 「내용」에 착오가 있어야 하는데, 동기 자체가 법률행위의 내용으로 되지는 않는다([1069] 참조). 따라서 제109조는 행위착오를 전제하는 것으로 이해할 것이다.

그런데 「동기의 착오」가 일상에서 자주 발생하는데, 이를 법외(法外)에 방치하는 것은 적절하지 않다. 한편 제109조에서 동기착오(動機錯誤)를 배제하지 않는다면 취소가 인정되는 범위가 넓어져서 상대방의 기대에 반하는 결과로 될 수 있는 반면, 배제한다면 표의자의 보호보다 거래안전을 중시하는 결과로 이어진다. 그래서 동기착오가 제109조에 포섭될 수 있는지를 둘러싸고 논란이 많다.

[참 고] 그 밖의 유형들을 본다.

㉠ 표시기관(表示機關)의 착오란, 사자(使者) 또는 기계를 통하여 의사표시를 하였는데 중개적 표시기관이 잘못하여 표의자의 진의와 다른 의사표시를 한 경우로, 표시착오의 한 유형으로 보아야 한다.

㉡ 동일성(同一性)의 착오란, 보증계약에서 주채무자를 같은 이름의 다른 사람으로 착각한 경우처럼 법률행위에 관계되는 사람 또는 객체의 동일성에 관한 착오를 말하는데, 내용착오의 한 유형으로 볼 것이다.

㉢ 계산(計算)의 착오란, 공사대금 등을 계산하면서 표의자가 계산 자체를 잘못하거나 계산의 기초가 된 사정에 관하여 잘못 안 경우를 말한다. 그런데 표의자가 계산의 기초를 표시하지 않고 잘못된 총액, 즉 계산결과만 표시하였다면 동기의 착오인 반면, 당사자들이 계산결과가 아니라 시세 또는 일정한 계산방식에 합의하였다면 계산결과는 중요하지 않아서 정확한 계산이 다시 행해져야 하고, 계산결과와 계산방식이 동등한 비중으로 합의되었다면 다의성으로 인하여 합의에 이르지 못했다고 할 것이다.

㉣ 기명날인(記名捺印) 또는 서명(署名)의 착오란, 어떤 이가 자기의 의사와 다른 내용을 담은 법률문서를 읽지 않거나 제대로 이해하지 않은 채 기명날인 또는 서명하는 경우를 말한다. 그런데 ⓐ 문서를 읽었음에도 그 내용을 잘못 이해한 경우에, 그 내용이 진의와 일치하지 않는다면 내용의 착오가 존재한다.[11] 반면 ⓑ 자기 스스로 작성하였거나 구술에 의하여 작성된 문서를 읽지 않고 서명한 경우에는 표시상의 착오로 된다.[12] 한편 ⓒ 법률행위의 내용이 사전에 협의된 바와 다르게 서면화되었음을 당사자 쌍방이 공히 간과하고 이에 서명한 경우에, 당사자 쌍방의 합치된 효과의사에

9) 대판 1985.4.23. 84다카890 등.

10) 표시착오에서 표의자가 사용하고자 하지 않은 표시부호가 사용된 반면, 내용착오에서는 표의자가 사용하고자 했고 실제로 사용한 표시부호의 의미를 잘못 이해한 것이라는 점에서 구별될 수 있지만, 양자가 명확하게 구별되지 않는 경우가 있을 뿐만 아니라 구별이 긴요한 것도 아니다.

11) 대판 2005.5.27. 2004다43824는 표시상의 착오라는 입장이다.

12) 대판 2013.9.26. 2013다40353 · 40360.

따라 구두로 합의된 바가 효력을 가지며(falsa demonstratio non nocet 원칙)[13] 착오는 문제되지 않는다. 참고로 어떤 문서에 서명한 이가 자신이 문서의 내용을 모른다는 것을 알면서 서명하였다면 착오가 존재하지 않는다(위험의 자발적 인수).

[1091] 나. 동기의 착오

(1) 동기착오의 개념을 본다.

① 어떤 이의 인식과 인식의 대상인 사실 사이의 불일치로서 동기의 착오는, 표시에 대응하는 내심의 의사가 존재하지만 내심의 의사를 결정할 때의 동기 또는 의사를 결정하는 과정에 착오가 있는 경우, 즉 의사형성과정의 착오로, 의사결정에 영향을 미친다.[14]

동기착오의 대상에 현재의 사실뿐만 아니라 장래의 불확실한 사실도 포함된다.[15] 그런데 (장래의 불확실한) 사실 자체에 대하여 오인한 것이 아니라 「장래의 미필적 사실의 발생에 대한 기대나 예상」이 빗나간 것에 불과한 경우에 이를 착오로 볼 것은 아니다.[16]

[1092] ② 이론적으로 행위착오와 동기착오가 구별되어야 하고 구별이 가능하지만, 실제로는 그렇게 간단하지 않은데, 성상의 착오를 본다.

성상(性狀)의 착오(성질의 착오라고도 한다)란 법률행위에 관계되는 사람 또는 물건의 성질에 관한 착오를 말한다.[17] 학설은 대체로 성상의 착오를 동기의 착오로 보아 표시를 요한다는 입장이다. 그리고 동일성의 착오에서 사람이나 객체 자체가 표의자가 생각한 것과 다름에 반하여, 성상의 착오에서는 사람 또는 객체가 표의자가 생각한 것과 다른 성질을 갖는다는 점에서 양자는 구별되지만, 예술품의 진위에 관한 착오에서처럼 (동기착오인) 성상의 착오와 (행위착오인) 동일성의 착오가 언제나 명확하게 구별되지 않는다고 한다.

생각건대 성상이 가지는 의미는 거래마다 다르므로 일률적으로 착오취소의 허용 여부를 결정할 것은 아니다. 문제는 동일성의 착오에 버금갈 정도로 중요한 성상에 착오가 있음에도 표시가 없어서 착오취소가 허용되지 않을 수 있다는 점인데, 성상의 착오를 동기착오로 보더라도, 성상이 법률행위의 주체 또는 객체의 내재적 · 본질적 속성이고 당해 거래에 중요한 것이라면, 당사자들이 당연히 고려하였을 것이므로 묵시적 표시(포섭)를 인정할 수 있고, 그러한 입론을 통하여 수긍할 만한 결과를 도출할 수 있을 것이다.

[1093] (2) 동기착오가 제109조에 포섭되기 위한 요건을 본다.

① 다수설은, 동기의 착오가 고려되지 않지만, 동기가 표시되어 상대방이 알고 있으면 의사표시의 내용으로 되므로 그러한 경우에 동기의 착오는 고려되는 착오로 된다고 한다.[18]

---

13) 대판 1993.10.26. 93다2629 · 2636([2118]에 소개된) 참조.

14) 동기착오는 계약목적물의 속성에 관한 것(예: 개발예정지구라고 소문난 곳의 토지를 시가 상승을 기대하고 매입한 경우)부터 당사자의 개인적 사정에 속한 것(예: 결혼기념일을 착각하여 식당을 예약한 경우)에 이르기까지 다양한 스펙트럼을 가진다.
판례상 문제된 동기착오의 예로, 사고로 인한 입원치료비채무에 대한 연대보증에서 사고경위(대판 1979.3.27. 78다2493)나 치료대상인 질병(대판 1981.9.8. 81다98) 또는 특허발명 실시계약에서 특허의 유효성(대판 2014.11.13. 2012다42666 · 42673) 등에 관하여 착각한 경우를 들 수 있다.

15) 장래 부과될 양도소득세 등의 세액을 착오한 경우에 관한 대판 1994.6.10. 93다24810 참조.

16) 대판 2007.8.23. 2006다15755; 대판 2010.5.27. 2009다94841. 장래의 예측이 빗나감에 따른 위험은 표의자가 감수해야 한다는 대판 2020.5.14. 2016다12175도 참조.

17) 여기서 사람의 성질은 연령, 성별과 같은 신체적 · 정신적 성질뿐만 아니라 전문지식, 자산 등의 법적 · 사실적 관계 및 가족관계 같은 주변적 상황도 포함한다. 물건의 성질도 질료(質料), 진품성 등 물건이 가지는 자연적 속성뿐만 아니라 관련법규에 의한 토지의 건축가능성처럼 사용가능성 또는 가치에 영향을 미치는 사실적 또는 법률적 관계도 포함한다.

18) 표시 여부를 따지지 않고 제109조에 포섭될 수 있다는 입장과 표시만으로 동기가 법률행위의 내용으로 되지 않는다는 입장 등이 소수설로 주장된다.

② 판례는, 동기를 의사표시의 내용으로 삼을 것을 상대방에게 표시하여 의사표시의 해석상 동기가 법률행위의 내용으로 되어야 동기착오를 이유로 의사표시를 취소할 수 있다고 하는데, 동기가 법률행위의 내용으로 되기만 하면 충분하고 당사자들 사이에 별도로 그 동기를 의사표시의 내용으로 삼기로 하는 합의까지 있어야 하는 것은 아니다.[19]

③ 동기의 착오에서 관건(關鍵)은 어떤 경우에 동기가 법률행위의 「내용」으로 되는가 하는 점이다. 그런데 동기 자체는 효과의사 결정의 동인(動因)에 지나지 않아서 법률행위의 내용은 아니고, 따라서 동기의 착오는 내용의 착오가 아니다. 나아가 동기를 고려한다면 거래의 안전이 침해될 우려가 있을 뿐만 아니라[20] 동기에 관한 판단은 거래계에서 당사자 각자가 부담할 일반적 위험에 속한다. 따라서 동기의 착오가 일반적으로 고려되어서는 안 된다. 그러나 이러한 입장을 일관한다면 표의자의 보호에 공백이 생길 수 있는데, 동기가 표시되거나(묵시적 표시를 포함한다) 상대방에게 알려진 경우에 표의자를 보호할 필요가 있다.[21] 즉 동기가 계약교섭의 대상으로 되는 등 객관화되었다면, 그에 관한 착오도 「확장(擴張)된 내용」의 착오로 되어 취소권을 부여할 수 있다고 할 것이다. 나아가 동기가 상대방에 의하여 제공되었거나 유발된 경우에, 동기의 표시 여부와 무관하게 취소가 인정되어야 한다([1086] 참조).

다. 착오의 존재에 관한 판단 [1094]

(1) 착오의 존재 여부는 의사표시 당시를 기준으로 판단한다.

(2) 대리인에 의한 법률행위에서 착오의 유무는 대리인을 표준으로 판단한다(제116조).

3. 법률행위의 내용의 중요부분 [1095]

가. 의 의

(1) 법률행위의 내용의 중요부분에 관한 착오에 한하여 취소를 허용하는 것은, 법률행위의 구속을 유지시키는 것이 부적절한 경우에만 취소를 허용하겠다는 취지에 기한 것으로, 표의자이익 보호의 한계를 이룬다.

(2) 법률행위의 내용의 중요부분의 의미를 살펴본다.

① 법률행위의 「내용」이란 법률행위의 목적, 즉 당사자가 그 법률행위를 통하여 발생시키려는 법률효과를 의미한다. 반면 법률행위를 하게 된 사회적 · 경제적 목적, 즉 동기는 법률행위의 내용으로 되지 않으므로 비록 동기에 착오가 있더라도 제109조에 기하여 취소할 수 없고, 다만 동기가 객관화되었다면 그에 관한 착오도 내용에 관한 착오로 다루어질 수 있음은 앞에서 보았다.

② 법률행위의 내용의 중요부분에 착오가 있다고 함은 의사표시에 의하여 달성하려는 법률효과의 중요한 부분에 착오가 있는 것을 말한다.

③ 이 요건은 계약에 기한 이행청구에서 항변(급부이득의 반환을 구하는 경우에는 청구원인)으로서 착오취소의 적극적 요건인데, 그에 대한 증명책임이 표의자에게 있다.[22]

---

19) 대판 2000.5.12. 2000다12259 등.

20) 표의자로서는 사실에 대한 잘못된 인식(오해 또는 오인)을 근거로 법률행위의 구속에서 벗어나려 하지만, 표의자가 어떤 목적을 가지고 어떤 인식에 기하여 의사표시를 하였는지 알 수 없는 상대방에게는 부당한 결과로 된다.

21) 판례의 태도에 대하여 표시를 기준으로 동기착오가 고려되는지를 판단하는 것이 용이하지 않다는 비판이 있지만, 묵시적 표시라는 개념의 유연한 운용을 통하여 합리적인 결론에 도달할 수 있다.

22) 착오를 이유로 의사표시를 취소하는 이가 착오가 의사표시에 결정적 영향을 미쳤다는 점을 증명해야 한다는 대판 1999.4.23. 98다

[1096] **나. 법률행위의 내용의 중요부분의 판단**

(1) 법률행위의 내용의 중요부분에 관한 착오인지는 표의자의 주관적 의도와 일반인의 객관적 판단이라는 두 측면에서 검토되어야 한다.[23)]

① 주관적으로 착오가 없었다면 표의자가 그 의사표시를 하지 않았으리라고 인정되어야 하는데, 착오와 의사표시 사이에 인과관계(因果關係)가 존재해야 한다는 의미이다. 인과관계가 결여되었음에도 취소를 통하여 표의자를 보호할 필요는 없기 때문이다.[24)]

② 객관적으로 표의자의 입장에 섰더라면 「합리적으로 판단하는 제3자」도 그러한 의사표시를 하지 않았으리라고 인정될 정도로 중요한 것이어야 하는데, 착오가 객관적으로 현저(顯著)해야 한다는 의미이다. 즉 표의자에 의하여 추구된 목적을 고려하여 합리적으로 판단할 때 표시와 의사의 불일치가 객관적으로 현저해야 한다.[25)] 현저하지 않음에도 상대방에게 불이익을 지우면서까지 표의자를 보호함은 적절하지 않기 때문이다. 그런데 표의자가 착오로 인하여 경제적 불이익을 입지 않은 경우에 현저성을 인정하기 어렵다.[26)]

[1097] (2) 이러한 정식화에도 불구하고 법률행위의 내용의 중요부분에 착오가 있는지는 개개의 사안에서 주관적 · 객관적 표준을 좇아 구체적 사정에 따라 가려야 하고, 추상적 · 획일적으로 이를 가릴 수는 없다.[27)]

[1098] (3) 중요부분의 착오에 관하여 주목할 만한 재판례들을 본다.

① 실무상 많이 문제되는 것은 보증계약에서 주채무자의 신용상태에 관한 착오이다. 그런데 보증계약에서 주채무자의 신용 유무는 보증행위의 중요부분이라고 할 수 없다. 보증은 주채무자의 무자력위험(無資力危險)을 인수하는 제도이기 때문이다. 그리고 주채무자의 신용상태는 보증을 할 것인지를 결정하기 위한 동기에 불과하여 보증계약의 내용을 이루지 못한다. 따라서 보증인이 주채무자의 변제자력 또는 다른 담보의 가치에 관하여 착오하였더라도 보증의사표시를 취소할 수 없다고 해야 한다.

그런데 판례의 주류[28)]는 「신용」보증계약에서 주채무자의 신용상태에 대한 보증인의 착오를 이유로 한 보증의사표시의 취소를 용인하였다. 여기서는 채권자가 주채무자의 신용상태에 관하여 잘못 작성된 거래상황확인서를 보증인이 될 이에게 통지하는 바람에 그가 이를 신뢰하여 신용보증계약을 체결하였는데, 주채무자의 신용상태에 대한 보증인의 착오를 유발한 채권자의 보호가치가 부정된다.[29)] 따라서 이를 보증계약 일반으로 확장할 수는 없다.

[1099] ② 거래목적물의 시가(時價)에 관한 착오는 취소권을 부여하지 않는다. 시가 자체가 변동할

45546. 대판 2018.10.25. 2016다239345도 동지.

23) 앞의 98다45546 판결.

24) 근저당권설정계약 또는 보증계약 체결시 형식상 채무자의 동일성에 착오가 있음에도 중요부분의 착오가 아니라고 한 대판 1986.8.19. 86다카448(판례, ⟨2-2-1⟩) 참조.

25) 대판 2003.4.11. 2002다70884. 보험계약의 중요사항에 관한 착오와 관련하여 "보험계약을 체결하지 않았거나 아니면 적어도 동일한 내용으로 보험계약을 체결하지 않았을 것이 명백하다면"이라고 설시한 대판 2018.4.12. 2017다229536도 참조.

26) 주채무자의 차용금반환채무를 보증할 의사로 공정증서에 연대보증인으로 서명 · 날인하였으나 주채무자의 기존의 구상금채무 등에 관한 준소비대차계약의 공정증서였던 경우에, 보증인의 착오가 중요부분의 착오가 아니라고 한 대판 2006.12.7. 2006다41457. 대판 1999.2.23. 98다47924도 참조.

27) 대판 1985.4.23. 84다카890. 가령 사람의 동일성에 관한 착오는 그가 누구인지를 중시하는 법률행위(예: 증여, 고용)에서 중요부분의 착오인 반면, 현실매매처럼 상대방이 누구인지가 중요하지 않으면 동일성의 착오는 중요부분의 착오가 아니다.

28) 대판 1987.7.21. 85다카2339; 대판 1996.7.26. 94다25964 등. 이와 다른 취지의 판결로 대판 1987.11.10. 87다카192 참조.

29) 참고로 신용보증계약은 보증인과 주채무자 사이의 제3자를 위한 계약으로, 채권자는 수익자이다.

뿐만 아니라 목적물의 평가는 거래에서 일반적인 위험으로, 표의자가 그 위험을 상대방에게 전가해서는 안 되기 때문이다. 판례도 부동산매매에서 시가에 관한 착오는 매매하려는 의사를 결정할 때의 동기의 착오에 불과할 뿐, 법률행위의 중요부분에 관한 착오라고 할 수 없다고 한다.[30] 나아가 환율(換率)의 착오도 동기의 착오로 다룬다.[31]

[참 고] 대판 1998.2.10. 97다44737은 "매매대금은 매매계약의 중요부분인 목적물의 성질에 대응하는 것이기는 하나 분량적으로 가분적인 데다가 시장경제 하에서 가격은 늘 변동하는 것이어서, 설사 매매대금액 결정에 있어서 착오로 인하여 다소간의 차이가 나더라도 보통은 중요부분의 착오로 되지 않"는다고 하면서도, 정당한 평가액을 기준으로 「무려 85%나 과다하게」 평가되어 가격 차이의 정도가 현저할 뿐만 아니라, 매수인(X)은 지방자치단체로서 법령에 따라 정당하게 평가된 금액을 기준으로 협의매수를 하고 협의가 성립되지 않으면 수용 등의 절차를 거쳐 사업에 필요한 토지를 취득하도록 되어 있어서 동기의 착오가 없었다면 그처럼 과다하게 잘못 평가된 금액을 기준으로 협의매수계약을 체결하지 않았으리라는 점은 명백하고, 따라서 매수대금액 결정의 동기는 협의매수계약내용의 중요한 부분을 이루고 있어서, X의 착오는 중요부분의 착오에 해당한다고 보아, 과다하게 평가된 금액에 해당하는 부분을 취소하였다. 그런데 사안의 특수성[32]이 고려된 결과로 보이는 이 판결의 판지를 일반화할 것은 아니다.

③ 그 밖에 주목할 만한 재판례를 본다.

ⓐ 사람의 동일성에 관한 착오는 의사표시의 상대방뿐만 아니라 제3자를 위한 계약에서 제3자, 보증계약에서 주채무자[33]와 관련될 수도 있다.

ⓑ 토지의 현황 · 경계에 관한 착오가 매매계약의 중요부분의 착오로 인정된 예로 농지인 줄 알고 매입하였으나 상당부분이 하천을 이루고 있거나[34] 하천부지인 경우[35] 등.[36]

ⓒ 목적물의 수량 등에 관한 착오는 중요부분의 착오에 해당한다.[37] 그러나 건물 및 그 부지를 현상대로(즉 특정물로서) 매수하였다면, 부지의 지분이 다소 부족하더라도 판례는 이를 중요부분의 착오로 보지 않는다.[38]

4. 착오자에게 중대한 과실이 없을 것 [1100]

(1) 인간의 불완전성을 고려하여 착오가 과실에 의한 것이라도 취소를 허용함으로써 표의자를 보호할 필요가 있지만, 착오가 중대한 과실에 기한 경우에까지 취소를 허용한다면 표의자의 이익만 보호하는 결과로 된다. 그래서 제109조 제1항 단서는 착오가 표의자의 중대한 과실에 기한 경우에 취소권을 배제한다. 이 요건은 착오취소의 소극요건(항변사유)에 해당하여, 상대방이 그에 대한 증명책임을 진다.[39]

30) 대판 1992.10.23. 92다29337. 그에 대한 예외로 뒤의 97다44737 판결 참조.
31) 대판 1990.11.23. 90다카3659.
32) X는 용지보상업무를 위탁받아 감정평가기관의 잘못된 감정결과에 기하여 토지의 매수에 임하였다는 등.
33) 대판 1993.10.22. 93다14912(판례, 〈2-2-1〉) 참조. 근저당권설정계약에서 채무자의 동일성에 관한 착오는 중요부분의 착오라고 한 대판 1995.12.22. 95다37087도 참조.
34) 대판 1968.3.26. 67다2160.
35) 대판 1974.4.23. 74다54.
36) 토지의 경계(소유권의 귀속)에 관한 착오는 특단의 사정이 없는 한 법률행위의 중요부분에 관한 착오라고 한 대판 1993.9.28. 93다31634 · 31641(판례, 〈2-2-1〉)도 참조.
37) 대판 1997.8.22. 97다13023 참조. 이 경우에 담보책임을 물을 수 있는지에 관하여 [2472] 참조.
38) 대판 1984.4.10. 83다카1328 · 1329. 대판 1969.5.13. 69다196는 특정토지 전부를 매수한 경우에도 중요부분에 해당하지 않는다고 하였다.

(2) 「중대한 과실」이란 표의자의 직업, 행위의 종류, 목적 등에 비추어 당해 행위에 일반적으로 요구되는 주의를 현저하게 결한 것을 말한다.[40] 중대한 과실의 유무는 개개의 사안에서 보통인이 베풀어야 할 주의를 표준으로 객관적으로 판단되지만, 표의자의 직업 등 개인사정이 당해 거래에 영향을 주는 경우(예: 예금거래에서 은행원의 착오)에 그것도 고려해야 한다.[41]

판례는, 공장 경영을 위하여 건물을 임차하면서 그 건물에 공장을 신설하는 것이 가능한지를 확인하지 않은 경우에 중과실을 인정한 반면,[42] 매수인이 중개업자의 말을 믿어 다른 점포를 매매계약의 목적물이라고 오인한 경우에 중과실을 부정하였다.[43]

[1101] (3) 표의자에게 중대한 과실이 있다고 하여 언제나 취소권이 배제되는 것은 아니다.

① 상대방이 악의인 경우에 —표의자와 상대방의 보호가치의 형량에 따라— 제109조 제1항 단서의 적용이 배제되어야 한다.[44]

② 상대방에 의하여 (동기)착오가 유발된 경우에 표의자에게 중대한 과실이 없다고 추단할 수 있음에 관하여 [1086] 참조.

[1102] Ⅲ. 착오의 효과

1. 일반적 효과

가. 서 언

착오의 효과를 무효라고 한 의용민법과 달리 제109조는 취소할 수 있다고 한다. 그런데 무효 대신 취소를 택한 것은 —표시수령자의 신뢰를 보호하기 위해서가 아니라— 표의자에게 유·무효의 선택권을 부여하기 위해서이다.

나. 취소가능성

(1) 표의자는 착오에 의한 의사표시를 취소할 수 있다(제109조 제1항). 취소가 행하여진 후에야 비로소 법률행위가 처음부터 무효인 것으로 보므로(제141조 본문), 착오에 의한 의사표시도 일단 유효하다. 다만 표의자는 진의와 부합하지 않는 표시를 취소함으로써 자기의 진의를 관철할 수 있다.

(2) 이처럼 취소할 수 있는 지위를 취소권(取消權)이라 하는데, 형성권에 속한다.

[1103] 다. 취소의 효과

(1) 착오를 이유로 의사표시가 취소되면, 소급효(遡及效)가 인정되어 그 의사표시를 요소로 하는 법률행위는 처음부터 무효인 것으로 의제된다(제141조 본문. [1207] 참조).

---

39) 대판 2005.5.12. 2005다6228.

40) 대판 2000.5.12. 2000다12259 등. 참고로 대판 2020.3.26. 2019다288232는 매매목적물의 경계에 관한 착오를 다루면서 담보책임에 관한 대판 1985.11.12. 84다카2344를 인용하며 "토지매매에서 특별한 사정이 없는 한 매수인에게 측량을 하거나 지적도와 대조하는 등의 방법으로 매매목적물이 지적도상의 그것과 정확히 일치하는지 여부를 미리 확인하여야 할 주의의무가 있다고 볼 수 없다"고 하였다,

41) 중과실을 넓게 인정하면 거래의 안전이 보장되지만 표의자의 보호는 뒤로 물러난다.

42) 대판 1992.11.24. 92다25830·25847. 대판 1993.6.29. 92다38881도 참조.

43) 대판 1997.11.28. 97다32772·32789.

44) 상대방이 표의자의 착오를 알면서 이를 이용한 경우에 중대한 과실에도 불구하고 취소가 허용된다는 대판 2014.11.27. 2013다49794. 나아가 대판 2023.4.27. 2017다227264: 제109조 제1항 단서는 "표의자의 상대방의 이익을 보호하기 위한 것이므로, 상대방이 표의자의 착오를 알고 이를 이용한 경우에는 착오가 표의자의 중대한 과실로 인한 것이라고 하더라도 표의자는 의사표시를 취소할 수 있다."

그런데 착오자는 취소에 의하여 의사표시(를 요소로 하는 법률행위)를 「폐기」할 수 있을 뿐이고, 「수정」하지는 못한다.[45)]

(2) 제109조 제2항이 착오취소에서 거래의 안전을 꾀함에 관하여 [1222] 이하 참조.

2. 신뢰이익의 배상문제 [1104]

(1) 과실로 착오에 빠져 의사표시를 한 표의자가 착오를 이유로 의사표시를 취소하면, 선의 · 무과실인 상대방으로서는 취소로 인하여 뜻하지 않은 손해를 입는다. 그래서 그 손해를 배상케 하는 것이 상대방 보호를 위한 적절한 조치일 수도 있다.

(2) 경과실이 있음에도 표의자가 착오를 이유로 의사표시를 취소하고 그 결과 법률행위가 효력을 잃는 경우에, 상대방이 신뢰이익(信賴利益)의 배상을 청구할 수 있는지에 관하여, 제535조의 유추에 의하여 이를 긍정하는 견해와 부정하는 견해가 대립하는데, 대판 1997.8.22. 97다13023은, 법이 규정하는 취소권을 행사하는 것은 위법하지 않음을 근거로 착오취소에서 착오자의 손해배상의무를 부정하였다.

(3) 생각건대 착오취소의 상대방이 입은 예기치 못한 손해는 착오자에 기인하는 것으로 그가 부담해야 하므로, 착오자의 신뢰이익에 대한 배상책임을 인정하는 것이 바람직하다고 할 여지가 있다. 그러나 제109조 제1항 단서에 무중과실요건(無重過失要件)을 규정한 입법자의 의도는 그러한 책임을 부정하였던 것이 아닌가 짐작된다. 따라서 해석론으로 착오자의 신뢰이익배상책임을 인정하는 것은 무리이지만, 착오취소의 요건으로 상대방의 입장을 고려하지 않는 현행법이 결과적으로 표의자에게 보다 유리한 점에 비추어 입법론으로 고려되어야 할 것이다.

Ⅳ. 공통의 동기착오 [1105]

1. 서 설

계약당사자 쌍방의 착오는 착오의 내용이 같은 경우와 다른 경우로 나눌 수 있는데, 쌍방의 착오의 내용이 다르면 지금까지 살펴본 바에 따라 제109조를 적용하면 충분하다.

그러면 잘못 알려진 외환이나 증권의 시세에 관한 착오처럼 쌍방의 (동기)착오의 내용이 같은 경우에도 제109조를 적용할 것인가? 이러한 공통의 동기착오에도 제109조를 적용한다면, ① 당사자의 일방만이 동기를 표시한 경우에 상대방의 취소권이 부정되고, ② 당사자 일방에게만 중과실이 있는 경우에 그의 취소권이 부정된다. 그러나 이처럼 당사자 일방에게만 취소권을 부여함으로써 계약의 효력을 선택할 수 있도록 하는 것은 적절하지 않다. 그러면 어떤 법리에 의하여 공통의 동기착오를 해결할 것인가?

2. 학설 및 판례의 태도와 평가 [1106]

(1) 이에 관한 학설은 크게 보아 두 가지이다. 즉 ① 공통의 착오로 인하여 불리하게 된 당사자에게 해제권/해지권을 인정하지만, 반대당사자가 그러한 착오가 없었으면 합의하였을 내용에

45) 법률행위의 일부에 관한 착오에서도, 그 법률행위가 수정되는 것이 아니라 착오에 기하여 취소된 부분이 무효로 될 뿐이다. 일부취소에 관하여 [1203] 참조.

대하여 양해한 경우에는 해제/해지가 허용되지 않아야 한다는 행위기초론(行爲基礎論)과 ② 공통의 착오가 없었으면 당사자들이 어떻게 정하였을지에 따라 계약내용을 수정하되, 당사자들의 가정적 의사가 일치하지 않으면 계약이 불성립한 것으로 보아야 한다는 보충적 해석론(補充的 解釋論)이 그것이다.

(2) 판례는 보충적 해석에 의해야 한다는 입장이다.[46] 즉 대판 2006.11.23. 2005다13288 (판례, 〈2-2-2〉): "계약당사자 쌍방이 계약의 전제나 기초가 되는 사항에 관하여 같은 내용으로 착오가 있고 이로 인하여 그에 관한 구체적 약정을 하지 아니하였다면, 당사자가 그러한 착오가 없을 때에 약정하였을 것으로 보이는 내용으로 당사자의 의사를 보충하여 계약을 해석할 수 있는바, 여기서 보충되는 당사자의 의사는 당사자의 실제의사 또는 주관적 의사가 아니라 계약의 목적, 거래관행, 적용법규, 신의칙 등에 비추어 객관적으로 추인되는 정당한 이익조정의사를 말한다."[47]

(3) 두 해결가능성 사이의 실질적 차이는 그다지 크지 않지만, (주관적) 행위기초라는 불확정 개념에 의하기보다 계약의 보충적 해석을 통하여 실제와 다른 상황을 전제하지 않았다면 원했을 당사자의 가정적 의사를 탐구하여, 양자가 일치하면 일치하는 의사대로 계약이 수정되는 것으로, 양자가 일치하지 않으면 계약이 불성립하는 것으로 보는 것이 보다 간명한 해결방법이라고 생각된다. 판례의 입장에 찬동한다.

제 3 관 비진의표시와 허위표시

[1107] Ⅰ. 진의 아닌 의사표시

1. 의 의

(1) 농담이나 거짓말(예: A가 B에게 장난으로 MTB를 주겠다고 한 경우) 등 자기의 진의와 다른 의사표시를 표의자 스스로 알면서 하는 경우를 진의 아닌 의사표시(眞意 아닌 意思表示. 비진의표시 또는 심리유보(心裡留保)라고도 한다)라 한다(제107조).

(2) 표의자가 의사와 다른 표시를 「알면서」 하였다는 점에서 착오와 달리 표의자의 보호가 문제되지 않고, 상대방의 보호가치만이 문제된다. 따라서 제107조 제1항은 진의 아닌 의사표시를 유효로 하되, 상대방의 보호가치가 부정되는 경우에 표의자의 불이익으로 상대방을 보호하는 결과를 방지하기 위하여 무효로 한다.[1)]

(3) 제107조의 적용범위를 본다.

① 상대방 없는 의사표시에도 특히 제1항 단서가 적용되는지에 관하여 견해가 나뉘는데, 이 경우에 「직접적으로」 보호되어야 할 신뢰가 없기 때문에 부정할 것이다. 즉 표의자는 자기의 진

46) 종래 공통의 동기착오의 특성을 고려하지 않은 채 제109조를 적용한 것으로 보인다. 가령 토지소유자와 주위토지통행권자가 모두 경계선에 관하여 착오한 경우에 관한 대판 1989.7.25. 88다카9364.

47) 대판 2023.8.18. 2019다200126도 동지. A 회사가 국가와 장기공급계약을 상한가 개산(槪算)방식으로 체결하면서 그 당시 부가가치세 과세대상이던 부분에 대한 부가가치세만 예정계약금액에 포함시켰는데, 그 후 법령 개정으로 부가가치세 면세대상 중 일부가 과세대상으로 변경된 경우에, 부가가치세 증액분이 계약금액에 포함되는 것으로 해석함이 타당하다고 한 대판 2014.11.13. 2009다91811도 참조.

1) 예컨대 사직할 의사 없이 홧김에 또는 회사의 방침에 따라 사직서를 제출한 경우에, 상대방이 그러한 사정을 알았거나 알 수 있었는지에 따라 유효 여부가 결정된다. 대판 1991.7.12. 90다11554 참조.

의와 일치하지 않는 표시의 효력을 부인할 수 있다고 할 것이다.

② 공법행위[2]와 본인의 의사가 절대적으로 존중되어야 하는 친족법상의 행위[3] 및 거래의 안전이 중시되는 주식인수의 청약(상법 제302조 제3항) 등에는 제107조가 적용되지 않는다.

2. 요 건 [1108]

가. 의사표시의 존재

우선 일정한 효과의사를 추단할 만한 행위가 있어야 한다. 배우의 대사처럼 당사자가 법률효과의 발생을 원하지 않음이 명백하다면 의사표시 자체가 존재하지 않는다. 다만 상대방이 진의 아님을 이해하리라고 기대하며 하는 의사표시, 즉 희언(戱言. 실없이 농담으로 하는 말)도 의사표시이다.

나. 표시와 진의의 불일치

(1) 여기서 진의(眞意)는 표의자가 원한 바를 법적 관점에서 파악한 법적 효과(사실적 · 경제적 효과가 아니라)를 말하고,[4] 그러한 법률효과를 원하는 표의자의 생각으로서 내심의 효과의사라고 이해해야 한다.[5]

[참 고] 진의 아닌 의사표시(내지 허위표시)는 다른 이의 명의로 대출을 받는 차명대출(借名貸出)과 관련하여 많이 문제되는데,[6] 대판 2008.6.12. 2008다7772 · 7789([1069]에 소개된)는 유효로 본 반면, 대판 2001.5.29. 2001다11765는 무효라고 하였다.[7] 그런데 앞의 판결은 금융기관과 명의대여자 사이에 「당해 대출에 따르는 법률상의 효과를 실제 차주에게 귀속시키고 명의대여자에게는 그 채무부담을 지우지 않기로 하는 약정 내지 양해」가 없었음을 판단의 근거로 들고 있어서,[8] 금융기관의 양해, 즉 「제3자에 대해서는 채무자로서의 책임을 지우지 않을 의도」가 있었던 뒤의 판결과 사안을 달리한다.

(2) 나아가 표시된 의사와 진의가 불일치해야 한다.

다. 표의자가 그러한 사실을 알고 있어야 한다.

이 점에서 착오와 구별되는데, 진의 아닌 의사표시를 하게 된 이유나 동기는 불문한다.

3. 효 과 [1109]

가. 개 관

알면서 진의 아닌 의사표시를 한 표의자의 보호가치가 부정됨에 따라, 상대방의 보호가치를

---

2) 공무원의 사직서 제출에 제107조가 적용되지 않는다고 한 대판 1997.12.12. 97누13962.

3) 상대방의 신뢰가 보호가치 있는 것이라고 하여 자기의 진의에 반하는 결과를 강요하는 것은 친족법상의 행위와 어울리지 않는다. 예컨대 결혼을 원하는 집요한 스토커를 따돌리기 위하여 「알았다」고 한 경우에, 약혼의 성립을 인정할 수 없고 인정해서도 안 된다.

4) 대판 1997.7.25. 97다8403(판례, 〈2-2-3〉) 및 통정허위표시에 관한 뒤의 98다17909 판결 참조.

5) 판례도 같은 입장으로 읽힌다. 가령 대판 2003.4.25. 2002다11458: "진의 아닌 의사표시에 있어서의 '진의'란 특정한 내용의 의사표시를 하고자 하는 표의자의 생각을 말하는 것이지 표의자가 진정으로 마음속에서 바라는 사항을 뜻하는 것은 아니므로 표의자가 의사표시의 내용을 진정으로 마음속에서 바라지는 아니하였다고 하더라도 당시의 상황에서는 그것이 최선이라고 판단하여 그 의사표시를 하였을 경우에는 이를 내심의 효과의사가 결여된 진의 아닌 의사표시라고 할 수 없다."

6) 또 다른 사례군인 근로계약관계, 특히 일괄사표 또는 중간퇴직에 관하여 講義, [1116] 참조.

7) 이러한 경우에 형식상 주채무자(A)가 실질적인 주채무자(S)를 위하여 보증인이 될 의사가 있었다는 등의 특별한 사정이 없는 한 A에게 보증의 의사가 있는 것으로 볼 수는 없다고 한 대판 1996.8.23. 96다18076도 참조.

8) 같은 취지의 판결로 앞의 97다8403 판결 외에, 은행이 동일인 여신한도의 제한을 회피하기 위하여 실질적 채무자(S) 아닌 제3자(A)와 A를 채무자로 하는 소비대차계약을 체결한 경우에, A가 그 원리금을 S의 부담으로 상환하기로 했더라도, 특별한 사정이 없는 한 이는 소비대차계약에 따른 「경제적인 효과」를 타인에게 귀속시키려는 의사에 불과할 뿐이어서 통정허위표시에 해당하지 않는다고 한 대판 1998.9.4. 98다17909 등.

기준으로 의사표시의 유효 여부를 정한다. 즉 제107조 제1항은 상대방의 주관적 인식을 고려하여 「기본값으로서 유효, 예외적으로 무효」를 규정하는데, 비진의표시라도 일단 유효하여 표시된 대로의 효력이 발생한다.

[1110] 나. 예 외

(1) 상대방이 표의자의 진의 아님을 알았거나 알 수 있었다면, 그 의사표시는 무효이다(제107조 제1항 단서). 이때 진의 아닌 의사표시의 무효를 주장하는 이가 상대방의 악의 또는 과실에 대한 증명책임을 진다.9)

(2) 상대방이 표의자의 진의 아님을 알았거나 알 수 있었는지는 의사표시의 내용을 안 때를 기준으로 판단한다. 그리고 대리행위에서 진의 아닌 의사표시인지 그리고 상대방이 진의 아님을 알았거나 알 수 있었는지는 대리인을 표준으로 정한다(제116조).

(3) 진의 아닌 의사표시의 무효는 선의의 제3자에게 대항하지 못한다(제107조 제2항). 이에 관하여 [1222] 이하 참조.

(4) 선의 · 무과실의 상대방이 무효를 주장할 수 있는가? 이론적으로 상대방의 변심을 허용할 이유가 없으므로 반대해야 하지만, 당사자들 모두가 효력의 발생을 원하지 않음에 비추어 논의의 실익은 의문이다.

[1111] Ⅱ. 통정한 허위의 의사표시

1. 의 의

가. 개 념

(1) 강제집행을 피하기 위하여 가장이혼을 하고 재산 대부분을 배우자에게 양도하는 경우(❶)나 자녀에게 재산을 증여하면서 증여세를 피하기 위하여 매매로 가장하는 경우(❷)처럼 상대방과 짜고서 하는, 자기의 진의와 다른 의사표시를 통정한 허위의 의사표시(通情한 虛僞의 意思表示) 또는 줄여서 허위표시라 한다. 그리고 허위표시를 포함하는 법률행위를 가장행위(假裝行爲)라고 한다.

(2) 위의 경우들에서 표시에 상응하는 의사가 없으므로 무효라고 해야 한다. 그런데 단순히 일정한 외관을 만들기 위한 ❶에서 이러한 결론에 대하여 의문이 없다.10)

반면 ❷에서는 「무상」임에도 「유상」으로 표시되었지만, 당사자들 사이에 재산권 이전의 합의는 존재하므로, 매매로서 무효라도 증여로서 유효할 수 있다. 이처럼 가장행위 속에 실제로 다른 행위를 할 의사가 감추어진 경우에, 그 감추어진 행위를 은닉행위(隱匿行爲)라고 한다. 그런데 은닉행위(앞의 예에서 증여)의 효력에 대해서는 당연히 그 행위 자체에 관한 규정이 적용되어야 한다.

(3) (명의)신탁에서 권리를 —대외적으로— 이전하려는 신탁자의 진의가 존재하므로 (명의)신탁행위는 —허위표시를 포함하는— 가장행위가 아니다. 따라서 (명의)신탁행위가 당연히 무효인

9) 대판 1992.5.22. 92다2295.

10) 채권의 우선변제를 받을 목적으로 기존채권을 임대차보증금으로 하는 주택임대차계약을 체결한 경우에 대항요건을 갖추었더라도 대항력을 부여할 수 없다고 한 대판 2002.3.12. 2000다24184 · 24191 참조.

것은 아니다.[11] 한편 다른 사람을 내세워 법률행위를 하되 그에 따른 권리 · 의무를 자기에게 귀속되도록 하는 행위를 「허수아비행위」라 하는데, 허수아비가 법률상 당사자로서 대외적으로 권리를 취득하고 의무를 부담하므로 허위표시로 볼 것은 아니다.[12]

나. 제108조의 적용범위 [1112]

(1) 허위표시는 상대방과 통정하여 이루어지므로, 제108조는 상대방 없는 단독행위에는 적용되지 않는다. 특히 상속의 포기처럼 관청에 대한 신고를 요하는 의사표시에는 적용되지 않는다(다른 공동상속인과의 통모가 있었더라도).

(2) 본인의 의사가 절대적으로 존중되어야 하는 친족법상의 행위에 대하여 제108조가 적용되지 않지만, 가장의 혼인신고나 입양신고는 제815조 제1호와 제883조 제1호에 의하여 각 무효로 된다. 나아가 소송행위나 공법행위에도 제108조가 적용되지 않는다.

2. 요 건 [1113]

가. 개 관

제108조가 적용되기 위해서는 ① 의사표시의 존재, ② 표시와 진의의 불일치, ③ 상대방과의 통정이라는 세 요건이 갖추어져야 한다.

이 중 ①과 ②는 비진의표시에서와 다르지 않다.

나. 진의와 다른 표시를 함에 관하여 상대방과의 통정이 있을 것 [1114]

(1) 진의와 다른 표시를 함에 관하여 상대방과 통정해야 한다. 여기서 통정(通情)이란 표의자와 상대방이 짜고 한다는 뜻이고, 표의자나 상대방이 단순히 이를 인식하는 것만으로 부족하다. 즉 가장행위의 당사자들이 짜고 진의와 다른 의사표시의 외관을 형성해야 한다. 의사표시의 상대방이 복수라면, 통정은 모든 상대방과의 사이에서 있어야 한다.

(2) 이 요건은 허위표시의 무효를 주장하는 이가 증명해야 하는데, 이를 증명하기가 쉽지 않아서 간접사실이나 보조사실에 의하여 추정되는 것이 보통이다.[13]

(3) 대리인이 대리권의 범위 안에서 본인의 이름으로 의사표시를 하면서 상대방과 통정하여 진의와 다른 표시를 한 경우에, 그 의사표시는 허위표시로서 무효이고(제116조 제1항 참조), 본인은 제3자에 해당하지 않기 때문에 제108조 제2항에 의한 보호를 받지 못한다.

(4) 허위표시의 이유나 동기는 불문한다.

3. 효 과 [1115]

(1) 알면서 진의와 다른 의사표시를 한 표의자뿐만 아니라 그와 통정한 상대방 역시 보호가치가 없으므로 진의와 일치하지 않은 표시에 따른 효과가 발생하지 않는다. 즉 무효이고(제108조 제1항), 누구든지 그 무효를 주장할 수 있다.

그러나 일정한 경우에 법률행위의 효력이 발생한다. ① 선의의 제3자에 대해서는 무효로 대

---

11) 부동산실명법 제4조에 따라 명의신탁약정이 무효로 되는 것은 별론으로 하고.

12) 이러한 유형은 건설회사가 건축용 토지를 매입하면서 종종 이용하는데, 부동산거래에서 허수아비행위는 계약명의신탁에 해당하여 부동산실명법 제4조 제2항 단서에 따라 유효 여부가 정해진다.

13) 동거하는 부부간에 남편이 아내에게 토지를 매도하고 소유권이전등기까지 경료함은 이례에 속하는 일로 가장매매라고 추정하는 것이 경험칙에 비추어 타당하다고 한 대판 1978.4.25. 78다226 참조.

항하지 못한다(제108조 제2항. [1222] 이하 참조). ② 당사자들의 진의가 일치되고 표시가 진의와 다를 뿐인 경우에 falsa demonstratio non nocet 원칙에 따라 진의에 따른 법률효과가 발생한다([2118] 참조). 나아가 앞서 본 것처럼 ③ 가장행위로서 무효라도 은닉행위로서 유효할 수 있다.

한편 허위표시는 당사자의 합의에 의하여 철회될 수 있다. 그런데 법률행위의 외관이 제거되어야 철회가 유의미하고, 외관이 잔존하는 한 제3자에 대하여 제108조 제2항이 적용된다.

(2) 가장행위에 기한 의무를 이행할 필요가 없으며, 이미 그에 기하여 권리변동의 요건이 갖추어졌더라도 그 권리변동은 무효이다. 다만 증여를 매매로 가장하여 마쳐진 소유권이전등기는 실체관계에 부합하는 등기로 유효하다.

한편 가장행위에 기하여 급부한 당사자는 부당이득 또는 소유권에 기하여 그 반환을 청구할 수 있으며, 허위표시 자체가 불법은 아니기 때문에[14] 제746조는 적용되지 않는다.

[1116] (3) 앞서 본 ❶처럼 가장행위의 목적이 집행면탈에 있는 경우에 또 다른 구제수단인 사해행위 취소와의 관계가 문제되는데, 다수설은 채권자취소권을 행사할 수 있다고 한다. 판례도 채무자의 법률행위가 가장행위에 해당하여 무효라도 사해행위 취소의 대상일 수 있고, 사해행위 취소의 대상인 법률행위라도 허위표시의 요건을 갖추었다면 무효라고 한다.[15]

이 문제는 사해행위 취소의 대상인 법률행위는 그 자체로 유효해야 한다는 점과 관련되는데, 가장행위로서 무효이지만 은닉행위로서 유효할 수 있고(「유효」의 의미에 관한 [4106]도 참조), 허위표시임을 근거로 한 무효가 선의의 제3자에게 대항할 수 없는 상대적인 것이어서,[16] 채권자취소권을 행사할 실익이 있다. 한편 수익자 등이 사해행위 취소의 대상인 법률행위가 무효임을 들어 취소채권자에게 대항하는 것은 신의칙에 반한다. 나아가 통정의 증명이 어렵다는 점도 피할 수 있다. 판례의 입장에 찬동한다.

제4관 사기 · 강박에 의한 의사표시

[1117] Ⅰ. 총 설

1. 의 의

법률행위의 유효요건으로서 사기(詐欺)나 강박(强迫)은 남을 속이거나 위협하여 그로 하여금 속은 또는 겁을 먹은 상태에서 의사표시를 하게 하는 것을 말하고, 이러한 불법한 수단에 의하여 유발된 의사표시는 표의자의 「자기」 결정에 기한 것이 아니므로, 의사표시를 한 이가 이를 취소할 수 있다(제110조 제1항).[1] 사적자치의 실질적 실현은 시민 각자의 자유롭고 자발적인 의사결정을 전제로 하기 때문이다. 요컨대 의사형성과정에 대한 위법한 간섭을 이유로 법률행위의 효력을 부정하기 위한 제도가 사기 · 강박을 이유로 한 취소로, 계약상의 이행청구에 대하여 항변사유를 이

14) 강제집행을 면할 목적으로 허위의 근저당권설정등기를 경료하는 행위의 반사회성을 부정한 대판 2004.5.28. 2003다70041 참조.

15) 대판 1998.2.27. 97다50985. 대판 2012.7.26. 2012다30861 등도 동지. 허위의 근저당권에 기하여 배당이 이루어진 경우에, 배당채권자는 채권자취소의 소로써 통정허위표시를 취소하지 않았더라도 그 무효를 주장하여 그에 기한 채권의 존부, 범위, 순위에 관한 배당이의의 소를 제기할 수 있다고 한 대판 2001.5.8. 2000다9611도 참조.

16) 채권자취소소송에서도 선의의 수익자 및 전득자는 보호되지만, 제108조의 선의와 제406조의 선의는 그 대상을 달리하므로, 양 조문의 보호범위가 반드시 일치하는 것은 아니다.

1) 법률행위의 성립과정에서 불법적 방법이 사용되고 그 점이 의사표시의 형성에 영향을 미친 경우에, 의사표시의 하자를 이유로 그 효력을 논의할 수 있을지언정 반사회질서의 법률행위로서 무효라고 할 수는 없다고 한 대판 1996.4.26. 94다34432도 참조.

룬다.

2. 사기 · 강박의 효과 [1118]

(1) 사기 또는 강박에 기하여 의사표시를 한 표의자는 그 의사표시를 취소할 수 있다(제110조 제1항).[2)]

(2) 사기 · 강박에 의한 의사표시가 취소되면, 그 의사표시를 요소로 하는 법률행위가 소급적으로 무효로 된다(제141조).

(3) 사기나 강박에 의한 의사표시의 취소는 선의의 제3자에게 대항하지 못한다(제110조 제3항. [1222] 이하 참조).

3. 제110조의 적용범위 [1119]

가. 인접제도와의 관계

(1) 사기나 강박에 의한 의사표시가 불법행위의 성립요건을 충족하면, 표의자의 취소권과 손해배상청구권(제750조)이 경합한다. 그런데 양 제도는 그 취지를 달리하므로 사기나 강박을 당한 이가 취소권과 손해배상청구권 모두를 행사할 수 있다.[3)] 취소권을 행사한 후에라도 전보되지 않은 손해가 있으면 손해배상을 청구할 수 있지만, 취소에 기하여 부당이득을 반환받은 한도에서 손해배상의 범위가 감축됨은 당연하다.[4)]

(2) 착오취소와의 관계를 본다. 사기에 의한 의사표시는 타인의 기망행위에 의하여 표의자가 [1120]
착오에 빠진 상태에서 한 의사표시이므로 그 의사표시에 (동기)착오가 개재되며, 따라서 착오취소와의 경합이 문제될 수 있다. 그런데 착오와 사기는 인정근거 및 요건을 달리하는 별개의 제도이므로, 표의자는 어느 쪽이든 요건을 증명하여 의사표시를 취소할 수 있다.[5)]

[참 고] 대판 2005.5.27. 2004다43824(판례, 〈2-2-4〉): "사기에 의한 의사표시[…]에는 의사와 표시의 불일치가 있을 수 없고, 단지 의사의 형성과정 즉 의사표시의 동기에 착오가 있는 것에 불과하며, 이 점에서 고유한 의미의 착오에 의한 의사표시와 구분되는데, […] 기명날인의 착오(또는 서명의 착오)[…]가 제3자의 기망행위에 의하여 일어난 것이라 하더라도 그에 관하여는 사기에 의한 의사표시에 관한 법리, 특히 상대방이 그러한 제3자의 기망행위사실을 알았거나 알 수 있었을 경우가 아닌 한 의사표시자가 취소권을 행사할 수 없다는 민법 제110조 제2항의 규정을 적용할 것이 아니라, 착오에 의한 의사표시에 관한 법리만을 적용하여 취소권 행사의 가부를 가려야 할 것"이다.

신원보증서류에 서명날인한다는 착각에 빠진 상태로 연대보증의 서면에 서명날인한 사안에 관한 이 판결은 제3자의 기망행위에 의하여 표시상의 착오가 유발되었다면 착오취소가 사기취소를 배제하는 듯한 판시를 했으나, 표시상의 착오가 타인의 기망에 의하여 유발된 경우에, 표의자가 제109조에 의하여 취소하는 외에 제110조에 의하여 취소하는 것을 배제할 이유는 없다. 오히려 타인의 기망에 의해 유발된 동기착오의 경우에 제109조의 요건이 충족되는지를 따지지 않고 취소를 허용

2) 대판 2017.4.7. 2014다234827은, 보험계약자의 고지의무 위반이 사기에 해당하는 경우에, 보험자는 보험계약의 무효, 해지 또는 취소를 선택적으로 주장할 수 있다고 하였다.

3) 대판 2006.10.12. 2004다48515는, 아파트분양자가 아파트단지 인근에 쓰레기매립장이 건설예정인 사실을 분양계약자에게 고지하지 않은 사안에서 "고지의무 위반은 부작위에 의한 기망행위에 해당하므로 원고들로서는 기망을 이유로 분양계약을 취소하고 분양대금의 반환을 구할 수도 있고 분양계약의 취소를 원하지 않을 경우 그로 인한 손해배상만을 청구할 수도 있다"고 하면서, 분양 후 아파트의 시가가 상승하여 분양가격을 상회함에도 쓰레기매립장 건설을 고려한 아파트의 가치하락액 상당을 분양계약자의 손해액으로 보았다.

4) 대판 1993.4.27. 92다56087 참조.

5) 대판 1985.4.9. 85도167. 대판 2003.11.13. 2001다33000도 참조. 다수설의 입장도 같다.

하는 것이 제110조의 취지이고, 따라서 보호되는 착오의 범위가 제109조보다 넓은데, 표의자는 적용조문을 선택할 수 있다. 그렇다면 위 판결은 제110조 제2항의 적용을 피하고자 했을 뿐이라고 이해할 것이다.

[1121] (3) 매매목적물에 흠이 있음에도 이를 속이고 매도한 경우에, 사기취소와 매도인의 담보책임이 경합한다. 즉 매수인 겸 피기망자는 양자를 모두 주장할 수 있다. 다만 피기망자가 의사표시를 취소하였다면, 더 이상 담보책임(매매계약의 유효를 전제로 하는)을 물을 수 없음은 당연하다.

[1122] **나. 적용의 한계**

사기 · 강박에 의한 의사표시에 관하여 친족법에 특칙이 있는데(제816조 제3호, 제823조 등), 그 한도에서 제110조의 적용이 배제된다.[6] 그 밖의 경우에 친족법상의 법률행위에 대한 제110조의 적용이 배제되는지는 개개의 법률행위의 특성을 고려하여 판단할 것이다.

나아가 제110조는 소송행위에 적용되지 않는다.[7]

[1123] Ⅱ. 취소의 요건

1. 개 관

(1) 제110조를 이유로 의사표시를 취소하기 위해서는 ① 기망/강박이 있어야 한다는 당연한 요건에 더하여, ② 그것이 고의에 기한 것으로 ③ 사회적으로 허용되는 범위를 넘어서는 위법한 간섭이어야 하고, ④ 기망/강박과 의사표시 사이에 인과관계가 존재해야 한다.[8] 한편 기망/강박이 제3자에 의한 것이라면 ⑤ 의사표시의 상대방이 그 사실을 알았거나 알 수 있었어야 한다는 요건이 추가된다.

(2) 이 중 사기와 강박에 공통되는 ②와 ④를 먼저 살펴본다.

②와 관련하여, 표의자를 기망/강박하려는 고의와 기망/강박에 기하여 의사표시를 하게 하려는 고의, 즉 2단계의 고의가 있어야 한다. 그중 어느 한쪽에 고의가 결여되었다면, 의사표시를 취소할 수 없다.

④에 관하여 본다. 기망/강박과 착오/외포(畏怖. 강박에 의하여 겁을 먹은 상태) 사이에 그리고 착오/외포와 의사표시 사이에 인과관계가 존재해야 한다.[9] 그런데 여기의 인과관계는 주관적인 것으로 족하다. 즉 기망/강박당한 표의자의 인식을 기준으로 원인 · 결과의 관계(기망/강박이 없었더라면 의사표시를 하지 않았을 관계)가 있으면 된다.[10]

---

6) 상속의 포기 · 승인에 제110조가 적용될 수 있음에 관하여 제1024조 제2항 참조.

7) 대판 1997.10.10. 96다35484.

8) 착오취소와 달리 표의자에게 경제적 불이익이 발생하였는지([1096] 참조)는 문제되지 않는다.

9) 예를 들어 기망이 불발되어 착오에 빠지지 않았다면, 표의자가 기망자의 의도대로 의사표시를 하였더라도 취소권이 발생하지 않는다.

10) ②와 ④는 서로 조응한다. 즉 사기나 강박에 의한 의사표시에서 다른 이가 「조종」한 대로 의사가 형성되어 표시된 경우에, 그것이 조종당한 표의자의 의사표시라고 보기 어렵다는 점에 취소의 근거가 있으므로, 조종하는 이에게 이중의 고의가 있어야 하고, 표의자의 입장에서는 조종한 대로 의사가 형성되어 표시되었다는 인과관계가 필요하다.

2. 사기에 특유한 요건 [1124]

가. 기망행위

(1) 기망행위(欺罔行爲)란 표의자에게 사실과 다른 그릇된 관념을 가지게 하거나 이를 유지 또는 강화하는 일체의 행위를 말한다.

(2) 작위에 의한 적극적 기망행위뿐만 아니라 부작위, 특히 침묵도 기망행위를 구성할 수 있다. 그런데 부작위에 의한 기망은 위법성요건과 관련하여 문제되는데, 고지 또는 설명의무가 인정되고 이를 이행하지 않아서 (동기)착오를 유발하는 한도에서 취소사유로 된다.

나. 기망행위의 위법성 [1125]

(1) 시장경제질서 하에서 상대방의 부지 또는 착각을 이용하여 이득을 취하는 것 자체가 금지되지 않지만, 신의칙 및 거래관념에 비추어 용인될 수 있는 범위를 넘는 기망행위는 위법한 것으로 평가된다.

(2) 기망행위의 위법성은 개별적 · 구체적으로 판단되어야 한다. 판례에 의하면, 거래상대방이 일정한 사정에 관한 고지를 받았더라면 거래를 하지 않았을 것임이 경험칙상 명백한 때 인정되는 「신의칙상의 고지의무」를 위반한 경우[11]에 위법성이 인정되는 반면, 다소의 과장광고(표시광고법 제3조 제1항 및 제10조 참조)[12]나 「교환계약에서 시가에 대한 묵비」의 경우[13]에 특별한 사정이 없는 한 위법성이 부정된다.

3. 강박에 특유한 요건 [1126]

가. 강박행위

(1) 강박행위(强迫行爲)란 장차 해악이 초래될 것임을 고지하여 공포심을 일으키는 행위를 말하는데, 해악이란 피강박자에게 불리한 것을 말하며, 그 종류나 방법은 불문한다.[14]

(2) 여기서 강박은 의사결정의 자유가 「제한」된 상태를 전제한다. 이와 달리 의사결정의 자유가 「박탈」된 상태에서 한 의사표시는 행위의사가 결여되었기 때문에 무효이다.[15] 이러한 상태를 초래하는 것을 「절대적 강박」이라 하는데, 단순한 불법적 해악의 고지로 상대방으로 하여금 공포를 느끼도록 하는 정도가 아니고, 표의자로 하여금 의사결정을 스스로 할 수 있는 여지를 완전히 박탈한 상태에서 의사표시가 이루어져 단지 법률행위의 외관이 만들어진 것에 불과한 정도

---

11) 아파트분양자가 아파트단지 인근에 쓰레기매립장이 건설예정이라는 사정을 분양계약자에게 고지할 신의칙상의 의무를 부담한다고 한 대판 2006.10.12. 2004다48515. 대판 2010.2.25. 2009다86000도 참조.

12) 대판 2009.4.23. 2009다1313. 다만 상품의 선전 · 광고에서 거래의 중요한 사항에 관하여 신의성실의 의무에 비추어 비난받을 만한 방법으로 허위로 고지한 경우가 기망에 해당한다. 가령 대판 2001.5.29. 99다55601 · 55618은, 용도가 특정된 특수시설을 분양받을 경우에 운영을 어떻게 하고 수익은 얼마나 될 것인지와 같은 사항은 투자자들의 책임과 판단 하에 결정될 성질의 것이므로, 상가를 분양하면서 그곳에 첨단 오락타운을 조성하고 전문경영인에 의한 위탁경영을 통하여 일정수익을 보장한다는 취지의 광고를 했다고 하여 이로써 상대방을 기망하여 분양계약을 체결하게 했다거나 상대방이 계약의 중요부분에 관하여 착오를 일으켜 분양계약을 체결하게 된 것이라 볼 수 없다고 하였다. 대판 2010.4.29. 2009다97864도 참조.
　기망행위의 위법성은 특히 과장광고에서 많이 문제되는데, 표시광고법 제3조 제1항은 허위 · 과장의 표시 · 광고, 기만적인 표시 · 광고, 부당하게 비교하는 표시 · 광고, 비방적인 표시 · 광고 등 소비자를 속이거나 소비자로 하여금 잘못 알게 할 우려가 있는 표시 · 광고행위로서 공정한 거래질서를 저해할 우려가 있는 행위를 금지하고, 제10조는 부당한 표시 · 광고행위를 함으로써 피해를 입은 이에 대한 사업자의 무과실의 손해배상책임을 지운다.

13) 대판 2002.9.4. 2000다54406 · 54413: "당사자 일방이 알고 있는 정보를 상대방에게 사실대로 고지하여야 할 신의칙상의 주의의무가 인정된다고 볼 만한 특별한 사정이 없는 한, 어느 일방이 교환목적물의 시가나 그 가액 결정의 기초가 되는 사항에 관하여 상대방에게 설명 내지 고지를 할 주의의무를 부담한다고 할 수 없"다. 교환계약에서 당사자들이 이해상반의 지위에 있음을 근거로 한다.

14) 생명이나 신체 등 비재산적 법익에 대한 것일 수도 있다.

15) 대판 1998.2.27. 97다38152 참조.

의 것이어야 한다.[16]

[1127] ### 나. 강박행위의 위법성

(1) 강박의 수단이 위법하거나 강박행위를 통하여 추구하는 목적이 위법하면 강박행위의 위법성이 인정된다. 즉 강박행위가 위법하기 위해서는 강박행위 당시의 거래관념과 제반 사정에 비추어 해악의 고지로써 추구하는 이익이 정당하지 않거나 강박의 수단으로 상대방에게 고지하는 해악의 내용이 법질서에 위배되는 경우 또는 해악의 고지가 거래관념상 그 해악의 고지로써 추구하는 이익의 달성을 위한 수단으로 부적당한 경우에 해당해야 한다.[17]

(2) 나아가 수단과 목적이 정당하더라도 양자를 「상관적」으로 고찰하여 정당하지 않으면 강박행위의 위법성이 인정될 수 있다. 여기서 목적과 수단을 상관적으로 고찰한다는 것은, 목적이 정당하더라도 수단 등이 부당한 경우 또는 정당한 권리행사라도 부정한 목적으로 남용된 때에는 위법성이 인정될 수 있다는 의미이다.[18]

[1128] ## 4. 제3자의 사기 · 강박

(1) 의사표시의 상대방이 아니라 제3자가 부당한 간섭을 하는 경우도 드물지 않다. 주위에 혐오시설이 들어설 것이라는 제3자(D)의 거짓말에 속아서 V가 그 소유의 토지를 K에게 헐값에 매도한 경우에, 손해가 발생하였다면 V는 거짓말을 한 D를 상대로 불법행위로 인한 손해배상을 구할 수 있다.[19] 나아가 V가 사기를 이유로 자기의 의사표시를 취소할 수 있는지는 의사결정의 자유를 침해당한 V뿐만 아니라 그의 의사표시를 믿은 K의 입장도 고려하여 정해야 한다.[20] 여기서 제110조 제2항은 상대방의 보호가치를 기준으로 부당한 간섭을 한 D와 의사표시의 상대방 K가 분리됨에 따른 이해관계를 조절한다. 즉 K가 그러한 사실을 알았거나 알 수 있었다면 V는 자기의 의사표시를 취소할 수 있다. 이러한 경우에 K의 신뢰는 보호가치 없는 것이기 때문이다.

[1129] (2) 의사표시에서 제3자는 표의자(그의 포괄승계인을 포함하여)와 상대방 외의 이를 말한다. 그러나 제110조 제2항에서는 보호가치 있는 경우에만 상대방을 보호하겠다는 규정취지를 고려하여 제3자의 범위를 제한해야 한다. 기망/강박을 한 제3자와 의사표시의 상대방이 법적으로는 별개이지만 책임 내지 이익을 함께하는 관계(이른바 「한통속」)에 있다고 보이는 경우에도 제110조 제2항을 적용하면 표의자에게 지나치게 불리하기 때문이다(강박의 경우에도 같다[21]). 즉 상대방의 대리인처럼 「사회경제적 관점」에서 상대방과 동일시할 수 있는 이의 기망 또는 강박에 대하여 상대방이 선의 · 무과실이라도 제110조 제2항이 아니라 제1항을 적용해야 한다.[22] 간접대리에서 본인, 제3자를 위한 계약에서 수익자(제539조) 등도 마찬가지로 볼 것이다.

---

16) 대판 2003.5.13. 2002다73708 · 73715.

17) 대판 2000.3.23. 99다64049. 참고로 대판 1996.12.23. 95다40038: "국가기관이 헌법상 보장된 국민의 기본권을 침해하는 위헌적인 공권력을 행사한 결과 국민이 그 공권력의 행사에 외포되어 자유롭지 못한 의사표시를 하였다고 하더라도 그 의사표시의 효력은 의사표시의 하자에 관한 민법의 일반원리에 의하여 판단되어야 하고, 그 강박행위의 주체가 국가공권력이고 그 공권력 행사의 내용이 기본권을 침해하는 것이라고 하여 그 강박에 의한 의사표시가 항상 반사회성을 띠게 되어 당연히 무효로 된다고는 볼 수 없다."

18) 예를 들어 부정행위에 대한 고소 · 고발은 정당한 권리행사로서 위법하지 않지만, 부정한 이익의 취득을 목적으로 하는 경우에 위법성이 인정될 수 있다. 대판 2008.9.11. 2008다27301 · 27318; 대판 1992.12.24. 92다25120 참조.

19) 대판 1998.3.10. 97다55829 참조.

20) 이와 달리 매수인(K)이 거짓말을 하였다면 그의 보호가치가 부정되므로 표의자인 매도인(V)의 보호만 고려하면 된다. 즉 기망을 한 K는 당연히 사기취소를 감수해야 한다.

21) 의용민법 제96조 제2항은 강박에 대하여 이러한 제한을 인정하지 않았다.

22) 대판 1999.4.23. 98다60828 · 60835.

반면 상대방이 사용자책임을 져야 할 관계에 있는 피용자에 지나지 않는 이 등을 상대방과 동일시할 수는 없다.[23]

(3) 상대방의 선·악의 또는 과실의 유무는 상대방이 의사표시의 내용을 안 때를 기준으로 판단한다. 그리고 상대방의 악의 또는 과실에 대한 증명책임은 당연히 취소를 주장하는 이가 부담한다. 그런데 제110조 제2항은 그 성질상 상대방 없는 의사표시(예: 유언, 소유권의 포기)에는 적용되지 않는다.

제 5 관 강행규정 위반

I. 총 설

(1) 의사표시의 흠에 관한 논의를 마치고, 이제 법질서의 승인과 관련된 (무효)사유로 넘어간다. [1130]

(2) 법률행위가 유효하기 위하여 그 목적이 적법해야 한다. 강행규정에 위반되는 내용의 법률행위는 무효인데, 이 점을 제105조가 임의규정과 관련하여 간접적으로 규정한다.

(3) 법률행위의 유효요건으로 목적의 적법을 요구하는 것은 법률행위의 효력근거로서 법질서의 승인과 관련된다([1053] 참조). 요컨대 강행규정(효력규정)은 사적자치의 허용한계를 이룬다. 효력규정 위반으로 인하여 법률행위가 무효인 경우에, 당사자의 추인이 있더라도 유효로 될 수 없고, 나중에 효력규정이 폐지되거나 변경되더라도 무효라는 효과에 영향을 미치지 않는다.

II. 강행규정 [1131]

1. 강행규정의 의의

(1) 법령 중에는 당사자의 의사에 의한 적용배제를 예정하는 것과 일정한 행위를 강제하고 그것의 위반을 허용하지 않는 것이 있는데, 전자가 임의규정(任意規定)이고, 후자가 강행규정(强行規定)이다. 임의규정은 —사적자치의 반영으로— 당사자들의 자기형성이 없는 경우에 보충적으로 적용됨을 예정한(바꾸어 말하면 당사자들에게 이탈의 가능성을 열어둔. 제105조 참조) 규정들로, 이해관계 조정의 「기본값」을 정한다. 반면 강행규정은 사회공동체의 유지 등 공공의 이익을 위한 규정들로, 당사자들의 의사에 기해서도 적용을 배제할 수 없어서 사적자치의 한계를 이룬다.

(2) 당사자의 의사에 의하여 적용을 배제할 수 없는 강행규정은 다시 —일정한 행위를 규제하는 목표가 어디에 있는지에 따라— 유효성(有效性)통제에까지 나아가는 효력규정(效力規定)과 적법성(適法性)통제에 그치는 단속규정(團束規定)으로 나뉜다. 즉 효력규정은 일정한 행위 자체를 금지하는 반면, 단속규정은 그러한 행위를 특정한 단면에서만 금지한다.[1]

---

23) 대판 1998.1.23. 96다41496.

1) 식품의 판매 등을 하려면 허가를 받도록 한 식품위생법처럼 행정상·형사상 제재를 통하여 일정한 행위를 「특정한」 단면에서 통제(금지 또는 제한)함으로써 행정목적을 달성할 수 있다면, 굳이 위반행위의 사법적 효력까지 부정할 것은 아니다. 이러한 경우를 단속법규라 한다. 반면 위반행위의 사법적 효력까지 부정되는 경우를 효력규정이라고 한다.

[1132] ## 2. 효력규정의 판단

가. 판단기준

(1) 법률행위의 내용/목적에 관한 「흠」의 하나로 강행규정을 논의할 때 법률행위의 효력과 직접적으로 관련되는 효력규정 위반만이 문제된다. 그런데 사인의 자유영역의 한계를 정하는 효력규정과 단속규정의 구별은 당해 규정의 해석문제이다.

(2) 우선 제339조나 부동산실명법 제4조처럼 일정한 행위를 금지하고 그에 위반되는 행위의 사법상 효력을 명시적으로 부정하는 규정이나 광업법 제7조 등과 같이 일정한 자격을 갖춘 이에게만 영업을 허용하는 규정 등이 효력규정임은 분명하다.

(3) 그런데 처벌규정을 통한 간접적 제한도 적지 않다. 이런 경우에 그 규정의 입법목적과 보호법익, 위반의 중대성, 위반에 따른 경제적 이익의 귀속이 사회관념상 수긍될 수 있는지 여부, 규정 위반이 법률행위의 당사자나 제3자에게 미치는 영향, 위반행위에 대한 사회경제적 · 윤리적 평가, 이와 유사하거나 밀접한 관련이 있는 행위에 대한 법의 태도 등을 종합적으로 고려하여 위반행위의 효력을 결정해야 하는데,[2] 1차적으로 법령에 의한 제한이 일반적인 것인지 아니면 특수한 단면만 규제하기 위한 것인지를 기준으로 삼아야 한다.

판례에 나타난 단속규정의 중요한 예로, 중간생략등기를 금지하는 부동산등기특별조치법 제2조 제2항,[3] 비실명금융거래를 금지하는 금융실명법 제3조 제1항,[4] 개업공인중개사 등이 중개의뢰인과 직접거래를 하는 행위를 금지하는 공인중개사법 제33조 제6호[5] 등.

[1133] ### 나. 효력규정의 예

(1) ① 법질서의 기본구조에 관한 규정(예: 능력에 관한 규정, 법인제도), ② 제3자 내지 사회일반의 이해에 직접 영향을 미치는 규정(대부분의 물권법규정), ③ 거래의 안전을 위한 규정(특히 유가증권제도), ④ 경제적 약자를 보호하기 위한 사회정책적 규정(예: 제104조, 제608조, 주택임대차법 등의 민사특별법), ⑤ 가족관계의 질서에 관한 규정(대부분의 친족법규정) 등이 효력규정으로 이해된다.

(2) 판례에 나타난 효력규정의 중요한 예로, 농지의 임대를 금지한 농지법 제23조(당연히 예외사유에 해당하지 않는 경우에 한하여),[6] 변호사 아닌 이의 법률상담 등의 행위를 금지하는 변호사법 제109조,[7] 의료인이나 의료법인 등 비영리법인 아닌 이의 의료기관 개설을 금지하는 의료법 제33조 제2항,[8] 부동산중개수수료의 상한을 정하는 공인중개사법의 관련규정,[9] 증권회사 등의 부당한 권유행위를 금지하는 자본시장법 제55조,[10] 타인의 생명보험에 관한 상법 제731조,[11] 공

2) 대판 2018.10.12. 2015다256794. 대판 2010.12.23. 2008다75119; 대판 2021.4.29. 2017다261943도 참조.

3) 대판 1993.1.26. 92다39112.

4) 대판 2001.12.28. 2001다17565.

5) 대판 2017.2.3. 2016다259677.

6) 대판 2017.3.15. 2013다79887 · 79894. 다만 특별한 사정이 없는 한 농지임대인이 임대차기간 동안 임차인의 권원 없는 점용을 이유로 손해배상을 청구한 데 대하여 임차인이 불법원인급여의 법리를 이유로 반환을 거부할 수는 없다고 하였다.

7) 대판 1990.5.11. 89다카10514. 대판 2014.7.24. 2013다28728도 참조.

8) 대판 2003.4.22. 2003다2390 · 2406; 대판 2011.1.13. 2010다67890.

9) 관련법령에서 정한 한도를 초과하는 부동산중개수수료약정이 무효라고 한 대판(전) 2007.12.20. 2005다32159. 대판 2010.12.23. 2008다75119는, 중개수수료에 관한 제한규정은 강행규정으로, 공인중개사자격이 없는 이가 중개사무소 개설등록을 하지 않은 채 부동산중개업을 한 경우에도 적용된다고 하였다.

10) 구 증권거래법 제52조에 따라 손실보전약정이 무효일 뿐만 아니라 손실보전약정을 전제로 일정기간 법적 조치 등을 취하지 않기로

공건설임대주택의 임대보증금과 임대료의 상한을 정한 규정[12] 등.

3. 효력규정 위반의 효과 [1134]

(1) 효력규정을 위반하는 법률행위는 무효이다. 추인에 의해서도 유효로 될 수 없고([1214] 참조), 상대방이 선의 · 무과실이라도 표현대리법리가 적용될 여지는 없다.[13] 반면 단속규정을 위반한 경우에, 그로 인한 제재를 받을 수 있음은 별론으로 하고, 그 행위의 사법상 효력이 부정되지 않는다.

(2) 효력규정 위반에 따른 무효는 절대적이어서, 선의의 제3자에게도 대항할 수 있다.

(3) 법률행위의 일부가 강행규정에 위반되는 경우에, 그 효과에 관한 규정(예: 주택임대차법 제4조 제1항)이 없으면 강행규정 자체의 취지를 고려하여 효력 여부를 결정해야 하고,[14] 나아가 일부무효의 법리(제137조)가 적용된다.

(4) 법률행위가 효력규정 위반 때문에 무효인 경우에, 그에 기한 이행이 있기 전이라면 이행할 필요가 없다. 한편 이미 이행이 있었다면 급부한 것이 (급부)부당이득에 해당하여 그 반환을 청구할 수 있지만(제741조), 제746조가 적용될 수도 있다([3263] 참조).

Ⅲ. 탈법행위 [1135]

1. 의 의

효력규정을 직접 위반하지 않지만 회피수단을 통하여 그 규정이 금지하는 결과를 실질적으로 실현하는 행위를 탈법행위(脫法行爲)라 한다.[15]

2. 효 과 [1136]

학설은 일반적으로 탈법행위가 무효라고 하지만,[16] 탈법행위라고 하여 언제나 무효인 것은 아니고, 강행규정의 취지에 따라 그 효력을 판단할 것이다. 즉 강행규정이 특정의 「수단 · 형식」을 금지하는지 아니면 특정한 「결과」를 금지하는지에 따라, 앞의 경우에 탈법행위가 유효한 반면, 뒤의 경우라면 무효라고 해야 한다.

하는 약정도 무효라고 한 대판 2003.1.24. 2001다2129 참조.

11) 대판 2010.2.11. 2009다74007.

12) 대판 2022.5.26. 2020다253515.

13) 대판 2016.5.12. 2013다49381.

14) 대판 2015.4.9. 2013다35788은, 세무대리를 할 수 있는 사람을 세무사자격을 가진 이로 제한하는 세무사법을 위반하여 세무사와 세무사자격이 없는 사람 사이에 이루어진 세무대리의 동업 및 이익분배약정은 무효이고, 나아가 그와 같이 무효인 약정을 종료시키면서 「기왕의 출자금의 단순한 반환을 넘어」 동업으로 인한 경제적 이익을 상호 분배하는 내용의 정산약정을 하였다면 이 또한 강행법규인 세무사법의 입법취지를 몰각시키는 것으로서 무효라고 하였다. 의사와 의사 아닌 이가 각 재산을 출자하여 함께 의료기관을 개설하여 운영하고 의료기관의 운영 및 손익 등이 의료인 아닌 이에게 귀속되도록 하는 동업약정은 강행법규인 의료법을 위반하여 무효이고 의료기관 운영과 관련하여 얻은 이익이나 취득한 재산, 부담하게 된 채무 등의 귀속주체는 의사 개인이라고 한 대판 2014.9.26. 2014다30568도 참조.

15) 예를 들어 공무원연금의 수급권은 대통령령으로 정하는 금융기관의 담보에 공여할 수 있으나 그 밖의 경우에 이를 담보로 제공하지 못한다(공무원연금법 제32조 참조). 이러한 제한을 회피하기 위하여 채권자에게 연금이 입금되는 예금통장과 인장을 교부하여 연금 추심의 대리권을 수여하면서 원금과 이자가 완제(完濟)될 때까지 추심위임을 해제하지 않는다는 특약을 함으로써 연금수급권을 담보로 제공하는 것과 동일한 결과를 거둘 수 있다. 또한 질권의 유치적 효력을 확보하려는 제332조와 제330조를 회피하기 위하여 동산의 양도담보에서 제189조가 이용된다.

16) 다만 앞의 연금수급권 담보제공의 예에서 계약 전부를 무효로 할 것은 아니고 불해제 또는 해제권 포기의 특약만 무효이며, 따라서 채무자는 언제든지 위임을 해제하고 연금증서의 반환을 청구할 수 있다고 한다.

제6관 사회질서 위반

[1137] ### I. 총 설

1. 민법 제103조

(1) 사회적으로 허용되어서는 안 되는 내용의 법률행위임에도 금지규정이 없다고 하여 이를 외면/방치하는 것은 「법질서의 자기부정」에 해당한다. 이러한 경우에 법관에게 그 효력을 부인할 수 있는 권한을 부여하는 것이 제103조이다. 즉 강행규정을 위반하지 않더라도 법률행위의 내용이 "선량한 풍속 기타 사회질서"에 반하면 무효이다(제103조). 효력규정이 개개의 특정행위의 효력을 부인하는 반면, 사회질서(社會秩序)는 일반적 · 포괄적인 법의 근본이념에 의한 통제라는 점에 차이가 있다.[1)]

(2) 제103조가 규정하는 선량한 풍속(善良한 風俗)은 사회의 건전한 도덕관념을 말하는데, 「공정하게 사고하는 이」의 도덕관념을 기준으로 판단해야 하고 법관의 개인적 소신을 기준으로 삼아서는 안 된다. 한편 사회질서란 사회의 평화와 질서를 유지하기 위하여 국민이 지켜야 할 공공적 질서를 말하는데, 선량한 풍속의 상위개념이다.

[1138] (3) 사회질서라는 개념은 사회의 윤리규범에 기하여 법률행위의 효력을 거부하기 위한 기준이다. 구체적으로 무엇이 이에 해당하는지는 그 시대, 그 사회의 지배적 윤리의식에 따라 정해진다. 요컨대 사회질서는 현재 우리 사회에서 지켜져야 할 당위로서 공정하고 합리적인 시민들의 법적 · 도덕적 직관을 전제로 하는, (특정사상을 가진 이가 아니라) 누가 보더라도 부당하다고 할 내용의 법률행위를 규제하는 법적 기준이다.

그런데 선량한 풍속 기타 사회질서는 「부단히 변천하는 가치관념」으로서 어느 법률행위가 이에 위반되어 무효인지는 유효로 인정될 경우의 부작용, 거래자유의 보장 및 규제의 필요성, 사회적 비난의 정도, 당사자 사이의 이익균형 등 제반 사정을 종합적으로 고려하여 사회통념에 따라 합리적으로 판단해야 한다.[2)]

(4) 제103조를 통하여 도덕의 일부가 법의 영역에 포섭된다. 나아가 제103조는 헌법이념의 실천원리로도 기능한다. 특히 이 조문을 통하여 헌법의 기본가치들이 사법관계에 대하여 간접적으로 효력을 발휘한다(「기본권의 대사인적 효력」).[3)] 다른 한편 경제적 공서(經濟的 公序. 공정한 거래의 확보 · 실현을 위한)의 중요성이 커짐에 따라, 경제력이나 정보력 등의 격차 때문에 대등한 지위에서 교섭할 수 없는 상황이 일상화되고 극심해지는 경우(이른바 「갑질」)에 사회질서가 이를 완화하기 위한 도구로 쓰일 수 있다.[4)] 한편 수정란(受精卵)의 매매 등 새로운 반사회질서의 유형이 등

---

1) 형법의 영역에서 죄형법정주의에 따라 법률이 없으면 처벌도 없지만(조세법률주의도 다르지 않다), 사법의 영역에서 효력규정이 없다고 하여 사적자치가 무한정 허용되지는 않는다.

2) 대판(전) 2015.7.23. 2015다200111.

3) 대판 2011.1.27. 2009다19864: "기본권규정은 그 성질상 사법관계에 직접 적용될 수 있는 예외적인 것을 제외하고는 사법상의 일반원칙을 규정한 민법 제2조, 제103조, 제750조, 제751조 등의 내용을 형성하고 그 해석기준이 되어 간접적으로 사법관계에 효력을 미치게 된다." 대판(전) 2010.4.22. 2008다38288도 동지.

4) 대판 2023.2.23. 2022다287383: "법률행위의 일방당사자로서 경제력의 차이로 인하여 우월한 지위에 있는 사업자가 그 지위를 이용하여 자기는 부당한 이득을 얻고 상대방에게 과도한 반대급부 내지 부당한 부담을 지우는 것으로 이를 강제하는 것이 사회적 타당성이 없다고 평가할 수 있는 경우 역시 이에 해당하여 무효가 된다. […] 경제적 지위에서 우위에 있는 당사자와의 관계에서 상대방의 계약상 의무와 그 위반에 따른 손해배상책임에 관하여 구체적이고 상세한 규정을 두는 등 계약상 책임의 요건과 범위 및 절차 등을 정한 경우, 그 취지는 계약상 책임의 부과절차의 객관성 · 공정성을 확보하기 위한 것이므로, 이러한 요건과 절차에 따르지 않은 채 상대방에게 이를 초과하는 책임을 추궁하는 것은 비록 그것이 계약상 별도의 약정에 기한 것이더라도 달리 그 합리성 · 필요

장하면 그에 관한 입법이 이루어질 때까지 제103조에 의하여 규율되어야 한다.

이러한 사정에 비추어 사회질서가 사적자치의 「실질적인」 실현을 돕기 위한 방편으로 이해되고 운용되어야 하고, 원치 않는 결과를 배제하거나 원하는 결과를 조작하기 위한 수단으로 남용되어서는 안 된다.

2. 사회질서 위반의 판단기준 [1139]

(1) 어느 법률행위가 사회질서에 반하는지는 법률행위 당시를 기준으로 판단한다.[5] 따라서 사후의 사정변경에 의하여 기존의 반사회성이 치유되거나 역으로 새삼스레 반사회적으로 되는 것은 아니다.

(2) 자신의 법률행위가 사회질서에 반함을 행위자가 인식해야 하는지에 관하여 논의가 있는데, 일률적으로 판단할 것은 아니다. 즉 법률행위의 내용 자체가 사회질서에 반하는 경우에 당사자의 인식을 문제 삼을 필요가 없는 반면, 그렇지 않은 경우에는 적어도 사회질서에 반하게 만드는 사정을 인식하고 있어야 할 것이다.[6]

(3) 법률행위가 사회질서에 위반되어 무효라는 점에 대한 증명책임은 이를 주장하는 이에게 있다. 한편 당사자가 주장하지 않았음에도 법원이 직권으로 판단할 수는 없다는 것이 판례의 입장인데,[7] 제103조가 법관에게 금지규정에 갈음할 수 있는 부정적 평가권한을 부여한다는 점을 고려할 때, 개개의 사안에서 법률행위 내용의 반사회성이 분명하게 드러남에도 변론주의를 고집하는 것이 바람직한지에 대하여 의문이 없지 않다.[8]

3. 사회질서 위반의 모습 [1140]

가. 일 반 론

(1) 제103조의 법문은 법률행위의 「내용」이 반사회적일 것을 요구하지만,[9] 판례는 적용범위를 확장하여 "민법 제103조에 따라 무효로 되는 반사회질서행위는 법률행위의 목적인 권리의무의 내용이 선량한 풍속 기타 사회질서에 위반되는 경우, 그 권리의무의 내용 자체는 반사회질서적인 것이 아니라고 하여도 법률적으로 이를 강제하거나 그 법률행위에 반사회질서적인 조건 또는 금전적 대가가 결부됨으로써 반사회질서적 성격을 띠는 경우, 표시되거나 상대방에게 알려진 법률행위의 동기가 반사회질서적인 경우 등을 포괄하는 개념이"라고 한다.[10]

(2) 뒤에서 따로 살펴보는 동기의 불법을 제외하고, 사회질서 위반의 모습을 정리한다. [1141]

성을 인정할 만한 사유가 존재하지 않는 한 경제적 지위의 남용에 따른 부당한 이익의 취득 및 부담의 강요로서 민법 제103조에 위반되어 무효로 볼 여지가 있다." 업무상 재해로 인한 사망 등 일정한 사유가 발생하는 경우에 조합원의 직계가족 등을 채용하기로 하는 내용의 단체협약이 사회질서에 반하지 않는다고 한 대판(전) 2020.8.27. 2016다248998도 참조.

5) 대판 2001.11.9. 2001다44987.

6) 당사자들이 「통정」하여 「단속규정」을 위반하는 법률행위를 한 경우에 사회질서 위반에 해당한다고 한 대판 1993.7.27. 93다2926 참조.

7) 대판 1974.9.24. 74다815 등.

8) "신의성실의 원칙에 반하는 것 또는 권리남용은 강행규정에 위배되는 것이므로 당사자의 주장이 없더라도 법원은 직권으로 판단할 수 있다"고 한 대판 1995.12.22. 94다42129도 참조.

9) 법률행위의 성립과정에서 불법적 방법이 사용되고 그 불법이 의사표시의 형성에 영향을 미친 경우에, 의사표시의 하자를 이유로 그 효력을 논의할 수 있을지언정 반사회질서의 법률행위로서 무효라고 할 수는 없다고 한 대판 1996.4.26. 94다34432; 대판 2002.12.27. 2000다47361도 참조.

10) 대판 2023.2.23. 2022다287383. 대출 및 연대보증이 선불금 수령 및 그 전제로서 윤락행위의 권유 또는 알선이라는 동일한 목적을 위하여 대출과 상호 불가분의 관계에서 행하여진 행위이고 채권자가 이 점에 대하여 알았던 경우에, 연대보증은 윤락행위 관련법규정의 취지 등에 비추어 반사회질서의 법률행위라고 한 대판 2009.9.10. 2009다37251도 참조.

① 법률행위의 중심목적이 반사회성을 띠는 경우(예: 살인 등 범죄행위를 내용으로 하는 계약)

② 사회질서에 반하는 조건.[11] 이에 대해서는 제151조 제1항이 우선적용된다.

③ 법률적으로 강제됨으로써 사회질서에 반하게 되는 경우(예: 혼인을 하지 않을 것을 약속하고, 이에 위반하면 위약금을 지급하기로 하는 경우)

④ 금전적 이익과 관련됨으로써 사회질서에 반하게 되는 경우. 특히 형사사건에서의 성공보수약정에 관하여 대판(전) 2015.7.23. 2015다200111(판례, 〈2-2-8〉): "구속영장청구 기각, 보석 석방, 집행유예나 무죄판결 등과 같이 의뢰인에게 유리한 결과를 얻어내기 위한 변호사의 변론활동이나 직무수행 그 자체는 정당하다 하더라도, 형사사건에서의 성공보수약정은 수사 · 재판의 결과를 금전적인 대가와 결부시킴으로써, 기본적 인권의 옹호와 사회정의의 실현을 사명으로 하는 변호사직무의 공공성을 저해하고, 의뢰인과 일반 국민의 사법제도에 대한 신뢰를 현저히 떨어뜨릴 위험이 있으므로, 선량한 풍속 기타 사회질서에 위배되는 것으로 평가할 수 있다."[12][13]

[1142] **나. 동기의 불법**

(1) 법률행위의 내용 자체는 사회질서에 반하지 않지만, 동기(動機), 즉 의사표시를 하게 된 연유에 반사회적 요소가 포함되어 있는 경우에, 법률행위의 효력은 어떻게 되는가? 이는 동기에 포함된 반사회성이 법률행위의 효력에 영향을 미치는지, 미친다면 어떤 요건이 갖추어져야 하는지의 문제이다.

(2) 동기의 불법에 관하여 다수설은 동기의 착오와 마찬가지로 동기가 표시되거나 상대방에게 알려진 경우에 한하여 제103조가 적용된다고 하는 반면, 반대설도 적지 않다. 판례는 동기가 표시되거나 상대방에게 알려진 경우에 제103조를 적용한다.[14]

(3) 생각건대 내심의 동기가 사회질서에 반하더라도 이는 도덕적 비난의 대상일 뿐이다. 그러나 법률행위를 통하여 달성하려는 사실상의 목적이 사회질서에 반한다는 점을 외부에서 인식가능하게 되었음에도 불구하고 법이 이를 외면하는 것은 적절하지 않다. 이처럼 동기는 법률행위의 「내용」이 아니므로 동기에 반사회성이 포함되었다고 해서 법률행위가 무효로 되지는 않지만, 그것이 표시되어(묵시적 표시를 당연히 포함한다) 법률행위의 내용으로 되면,[15] 법률행위를 무효로 만든다고 할 것이다.

[1143] Ⅱ. 사회질서 위반의 유형

1. 일반조항과 유형화

(1) 그 내용이 일의적(一義的)으로 정해지지 않은 조항을 일반조항(一般條項)이라 하는데, 제103조는 제2조와 더불어 그 대표적인 예이다. 일반조항은 유연하고 탄력적인 적용요건을 특징으

---

11) 살인할 생각을 포기할 것을 조건으로 한 증여처럼 당연한 행위를 하지 않을 것을 조건으로 하기 때문에 사회질서에 반하는 경우도 포함한다.

12) 참고로 성공보수는 성공의 정도에 따라 의뢰인이 변호사에게 지급하는 보수인데, 종래 판례는 민 · 형사를 가리지 않고 성공보수약정이 유효함을 전제로 부당하게 과다한 경우의 감액에 초점을 맞추었지만(형사사건에 관한 대판 2009.7.9. 2009다21249 참조), 앞의 2015다200111 판결은 형사사건에 한하여 성공보수약정을 무효화하였다.

13) 소송에서의 증언의 대가를 약정한 경우에 관한 대판 1999.4.13. 98다52483(판례, 〈2-2-8〉)도 참조.

14) 대판 2001.2.9. 99다38613 등.

15) 「확장된 내용」에 관한 [1093] 참조.

로 하며, 제103조도 사회질서가 어떤 의미를 가지는지를 구체적으로 밝히지 않는다. 그래서 일반조항의 내용을 구체화하고 한계를 명확하게 함으로써 법적 안정성을 확보하기 위하여 판례를 통한 구체화·유형화가 필요하고 유용하다.

(2) 제103조가 규정하는 사회질서는 기본적으로 「지금 우리 사회」의 근간을 유지하고 개인의 권리와 자유를 보장하기 위한 도구개념인데, 시대에 따라 문제영역이나 비중이 바뀔 수 있다. 특히 최근 정치적·도덕적 관점(즉 국가·사회·가족적 차원에서 질서의 유지)에서 경제적 관점(경제적 약자의 보호와 경쟁질서의 유지 등 시장환경의 규제)으로 중심이 옮겨가고 있다.[16)]

사회질서에 관한 재판례의 유형화도 이러한 변용이나 포섭의 가능성을 염두에 두어야 하지만, 아래에서는 「일단」 전통적인 입장에 따라 살펴본다.

2. 사회질서에 관한 재판례의 유형화 [1144]

가. 정의관념에 반하는 행위

(1) 범죄 기타 부정행위를 유발하거나 조장하는 행위[17)]는 무효이다.

(2) 동거생활의 종료를 해제조건으로 하는 증여계약은, 부첩관계의 종료에 지장을 주는 조건이 붙은 행위로서 사회질서에 반하여 무효이다.[18)]

(3) 불법적인 대가지급약속[19)]도 사회질서에 반하여 무효이다.[20)]

(4) 이중매매에 관해서는 뒤에서 따로 보기로 한다.

나. 가족질서/윤리적 질서에 반하는 행위 [1145]

(1) 부첩계약[21)]이나 장래의 부첩관계를 승인하는 합의[22)] 등 인륜에 반하는 행위는 사회질서에 반한다.

(2) 재산적 이익의 공여가 불륜관계의 유지나 촉진과 결합되면 무효이지만, 첩의 생활유지와 자녀의 양육 등을 목적으로 한 금전지급은 유효하다.[23)]

다. 개인의 자유를 지나치게 제한하는 행위 [1146]

(1) 어떤 일이 있어도 이혼하지 않겠다는 각서를 써 주는 경우처럼 신분상의 의사결정을 구속하는 내용의 의사표시는 무효이다.[24)]

(2) 윤락행위 등 성적 자기결정권을 침해하는 것을 내용으로 하는 계약도 사회질서에 반한다.[25)]

---

16) 이른바 「경제적 공서」는 거래당사자들 사이의 이해조정이나 건전한 거래환경의 구축(담합의 배제) 등 공정한 거래의 확보·실현이라는 방향성을 가지는데, 규제적 공서 못지않게 후견적 공서(특히 이른바 「갑질」의 방지)도 중시된다.

17) 도박자금에 제공할 목적으로 이루어진 대차계약을 무효라고 한 대판 1973.5.22. 72다2249.

18) 대판 1966.6.21. 66다530.

19) 변호사법을 위반하여 변호사 아닌 이가 승소를 조건으로 그 대가로 소송당사자로부터 소송물 일부를 양도받기로 한 약정(대판 1990.5.11. 89다카10514), 공무원의 직무에 관하여 청탁하고 보수로 돈을 지급하기로 한 약정(대판 1995.7.14. 94다51994) 등.

20) 수사기관에서 참고인으로 자신이 잘 알지 못하는 내용에 대하여 허위의 진술을 한 대가로 작성된 각서에 기한 급부의 약정을 무효라고 한 대판 2001.4.24. 2000다71999도 참조.

21) 대판 1960.9.29. 4293민상302.

22) 대판 1967.10.6. 67다1134.

23) 대판 1980.6.24. 80다458. 나아가 부정행위를 용서받는 대가로 손해를 배상함과 아울러 가정에 충실하겠다는 서약의 취지에서 아내에게 부동산을 양도하되 부부관계가 유지되는 동안에는 아내가 임의로 처분할 수 없다는 제한을 붙인 약정은 사회질서에 반하는 것이라고 볼 수 없다(대판 1992.10.27. 92므204·211).

24) 대판 1969.8.19. 69므18.

25) 영리를 목적으로 윤락행위를 하도록 권유·유인 등의 행위를 하는 이가 영업상 관계있는 윤락행위를 하는 이에 대하여 가지는 채권

[1147] (3) 위약벌의 약정은 손해배상액의 예정과 그 내용이 다르므로 손해배상액의 예정에 관한 제398조 제2항을 유추하여 감액할 수 없지만, 의무의 강제에 의하여 얻어지는 채권자의 이익에 비하여 약정된 위약벌이 과도하게 무겁다면 전부 또는 일부가 사회질서에 반하여 무효로 된다는 것이 판례의 입장이다.[26] 그런데 과도한 위약벌을 규제해야 한다는 목표 자체에 대해서는 의문이 없지만, 제103조를 통한 위약벌의 「감액」이 적절하고 가능한지에 대하여 법교의학적 관점에서 의문이 없지 않고, 특히 하나의 위약벌이 어느 범위에서 사회질서에 반하는지를 논하는 것은 적절하지 않다.[27]

[참 고] 대판 1997.6.24. 97다2221은, 도급인의 지위에 있는 행정기관이 일방적으로 공사의 완공이 불가능할 정도의 공기단축을 요구하여 수급인으로 하여금 부득이 이에 응하게 한 경우에, 그 단축된 준공기한 위반을 이유로 지체상금을 물게 하는 것은 사회질서에 위반하여 무효라고 하였는데, 이 판결은 위약금약정의 유효범위에 관한 것(「준공에 절대적으로 필요한 최소한의 기간에 해당하는」 지체상금부분에 한하여 무효라고 하였다)으로 위약벌의 감액과 논점을 달리한다.

[1148] (4) 당사자 일방이 독점적 내지 우월한 지위를 악용하여 자기는 부당한 이득을 얻으면서 상대방에게 과도한 반대급부나 부담을 지우는 법률행위는 반사회적인 것으로서 무효이다.[28] 이른바 경제적 공서가 작동된 예로 볼 수 있다.[29][30]

[1149] **라. 생존의 기초가 되는 재산의 처분행위**[31]

[1150] **마. 지나치게 사행적인 행위**

(1) 지나치게 사행적인 행위는 사회질서에 반하여 무효인데, 도박자금에 제공할 목적으로 금전을 대여하는 행위도 마찬가지이다.[32]

그런데 어떤 행위의 결과인 이익이나 불이익이 장래의 불확실한 사실에 의존한다고 해서 그

은 계약의 형식에 관계없이 무효라고 한 대판 2004.9.3. 2004다27488·27495. [3263]도 참조.

26) 대판(전) 2022.7.21. 2018다248855·248862의 다수의견: "위약벌의 약정은 채무의 이행을 확보하기 위하여 정하는 것으로서 손해배상액의 예정과 그 내용이 다르므로 손해배상액의 예정에 관한 민법 제398조 제2항을 유추적용하여 그 액을 감액할 수 없다. 위와 같은 현재의 판례는 타당하고 그 법리에 따라 거래계의 현실이 정착되었다고 할 수 있으므로 그대로 유지되어야 한다."

27) 앞의 2018다248855·248862 판결에서도 대법관 6인이 제398조 제2항을 유추적용해야 한다는 반대의견을 개진하였다. 위약벌약정이 통상 금전지급의 형태로 이루어지는데, 이때 급부의 목적물이 가분일 뿐이고, 법률행위로서 위약벌약정 자체가 가분적인 것은 아니어서, 「법률행위의 가분성」을 요건으로 하는 일부무효의 법리를 적용해서는 안 된다. 관련하여 대판 2016.1.28. 2015다239324는, 당사자가 약정한 위약벌의 액수가 과다하다는 이유로 법원이 계약의 구체적 내용에 개입하여 약정의 전부 또는 일부를 무효로 하는 것은 사적자치의 원칙에 대한 중대한 제약이 될 수 있고, 스스로가 한 약정을 이행하지 않겠다며 계약의 구속력에서 이탈하고자 하는 당사자를 보호하는 결과가 될 수 있으므로 가급적 자제해야 하고, 이러한 견지에서 위약벌약정이 공서양속에 반하는지를 판단할 때에는, 당사자 일방이 독점적 지위 내지 우월한 지위를 이용하여 체결한 것인지 등 당사자의 지위, 계약의 체결경위와 내용, 위약벌약정을 하게 된 동기와 경위, 계약위반과정 등을 고려하는 등 신중을 기해야 하고, 단순히 위약벌 액수가 많다는 이유만으로 섣불리 무효라고 판단할 일은 아니라고 하였다.

28) 대판 1996.4.26. 94다34432.

29) 이자제한법이 부활되기 전에 현저하게 고율의 이자를 약정한 경우에 관한 대판(전) 2007.2.15. 2004다50426([2704]에 소개된) 참조. 사용자와 근로자 사이의 경업금지약정이 사회질서에 위반되는지의 판단기준에 관한 대판 2010.3.11. 2009다82244 및 거래상 지위의 남용이 공정거래법상 불공정거래행위에 해당하는 것과 별개로 사회질서에 반하여 무효로 될 수 있다고 한 대판 2017.9.7. 2017다229048도 참조.

30) 그 밖에 해외연수 등에 따른 의무복무약정과 관련하여 대판 2008.10.23. 2006다37274: "근로자가 일정기간 동안 근무하기로 하면서 이를 위반할 경우 소정 금원을 사용자에게 지급하기로 약정하는 경우, 그 약정의 취지가 약정한 근무기간 이전에 퇴직하면 그로 인하여 사용자에게 어떤 손해가 어느 정도 발생하였는지 묻지 않고 바로 소정 금액을 사용자에게 지급하기로 하는 것이라면 이는 명백히 구 근로기준법(2007. 4. 11. 법률 제8372호로 전문 개정되기 전의 것) 제27조에 반하는 것이어서 효력을 인정할 수 없다. 또, 그 약정이 미리 정한 근무기간 이전에 퇴직하였다는 이유로 마땅히 근로자에게 지급되어야 할 임금을 반환하기로 하는 취지일 때에도, 결과적으로 위 조항의 입법목적에 반하는 것이어서 역시 그 효력을 인정할 수 없다. 다만, 그 약정이 사용자가 근로자의 교육훈련 또는 연수를 위한 비용을 우선 지출하고 근로자는 실제 지출된 비용의 전부 또는 일부를 상환하는 의무를 부담하기로 하되 장차 일정기간 동안 근무하는 경우에는 그 상환의무를 면제해 주기로 하는 취지인 경우에는, 그러한 약정의 필요성이 인정된다."

31) 예를 들어 사찰이 그 존립에 필요불가결한 재산을 증여하는 행위는 제103조에 반하여 무효이다. 대판 1991.8.27. 90다19848 참조.

32) 대판 1973.5.22. 72다2249.

행위가 언제나 무효인 것은 아니다. 즉 선물거래나 옵션거래가 조건부 법률행위로서 유효하다는 점에 대해서는 의문이 없고,[33] 나아가 복권과 같이 법률이 허용하는 경우에도 사회질서에 반하지 않는다.

(2) 보험과 같은 위험인수계약 또는 실패를 감수할 것을 내용으로 하는 모험계약 등도 사회 질서에 반하는 것은 아니다. 그러나 보험계약이 이득편취의 수단으로 악용되는 경우에 판례는 반사회성을 인정한다. 즉 당초부터 오로지 보험사고를 가장하여 보험금을 취득할 목적으로 생명보험계약을 체결한 경우[34] 또는 다수의 보험계약을 통하여 보험금을 부정취득할 목적으로 보험계약을 체결한 경우[35]에 이러한 보험계약은 사회질서에 반하여 무효라고 하였다. [1151]

Ⅲ. 사회질서 위반의 효과 [1152]

1. 법률행위의 무효

(1) 사회질서에 반하는 사항을 내용으로 하는 법률행위는 무효이다(제103조). 즉 당사자가 그 법률행위에 의하여 발생시키려고 한 법률효과(즉 효력)의 발생이 부정된다.[36]

(2) 법률행위의 일부만이 사회질서에 반하는 경우에도 원칙적으로 법률행위 전부가 무효로 된다(제137조 참조).

(3) 사회질서 위반에 따른 무효는 절대적이어서, 선의의 제3자에게도 대항할 수 있다.[37]

(4) 법률행위가 사회질서에 반하여 무효인 경우에 추인의 법리가 적용될 수 없다.[38] 다만 과도한 위약벌임에도 위약이 있은 후에 자의로 이행하겠다고 약속하는 경우처럼 제103조가 당사자 일방의 이익을 보호하기 위해서만 작동하고 그 당사자가 자의로 추인하는 경우에 그 효력을 부정할 이유는 없다([1214] 참조).

2. 부당이득의 반환과 제746조 [1153]

(1) 법률행위가 사회질서에 반하여 무효인 경우에, 그에 기한 이행이 있기 전이라면 이행할 필요가 없다.

(2) 법률행위가 무효인 경우에 이행을 한 당사자는 급부한 것을 부당이득으로 반환청구할 수 있지만(제741조), 제103조 위반으로 인한 무효에서는 제746조에 의하여 반환청구가 배제된다. 급여를 한 이는 원인행위가 무효라 하여 상대방에게 부당이득반환청구를 할 수 없음은 물론 급여한 물건의 소유권이 여전히 자기에게 있다고 하여 소유권에 기한 반환청구도 할 수도 없고,[39] 따라서 급여한 물건의 소유권은 「반사적으로」 급여를 받은 상대방에게 귀속된다.

---

33) 당사자들은 특히 확률을 고려하여 계약의 내용을 정할 수 있다.

34) 대판 2000.2.11. 99다49064.

35) 대판 2005.7.28. 2005다23858. 부정취득의 목적을 추인할 자료에 관하여 대판 2017.4.7. 2014다234827도 참조.

36) 판례는 제103조를 소송행위에도 적용한다. 가압류집행이 사회질서에 반하는 경우에 관한 대판 1997.8.29. 96다14470 참조.

37) 예컨대 甲 부동산의 이중매매가 사회질서에 반하는 경우에, 제2매매계약은 절대적으로 무효이므로, 甲을 제2매수인(K)으로부터 다시 취득한 제3자(D)는 설사 K가 甲의 소유권을 유효하게 취득한 것으로 믿었더라도 그 계약이 유효하다고 주장할 수 없다. 대판 1996.10.25. 96다29151 참조.
이러한 경우에 D는 K에 대하여 타인의 권리를 매도함에 따른 담보책임을 물을 수 있을 뿐이지만(제570조 참조), D가 甲을 시효취득할 수 있음은 당연히 별개의 문제이다.

38) 대판 1973.5.22. 72다2249.

39) 대판(전) 1979.11.13. 79다483([3268]에 소개된).

(3) 제746조가 적용됨에 따라 정의관념에 반하는 결과가 보호되는 모순상황이 발생하는데, 이러한 결과를 피하기 위하여 예외가 인정된다.

① 제103조가 특히 법률행위 당사자 일방의 이익을 보호하기 위하여 작동하는 경우에 그 당사자는 제746조 단서의 유추에 의하여 급부한 것의 반환을 구할 수 있어야 한다. 이러한 논리는 이른바 불법비교설로 연결된다.[40]

② 이중매매의 경우에도 판례가 예외를 인정함에 관하여 [1159] 참조.

[1154] Ⅳ. 이중매매와 사회질서 위반

1. 사회질서에 반하는 이중매매의 요건

가. 쟁점의 정리

A가 그 소유의 甲 부동산에 관하여 X와 매매계약을 체결하고 매매대금을 전부 지급받았으나 아직 소유권이전등기를 마치지 않은 상태에서 다시 Y와 甲에 관한 매매계약을 체결한 경우를 통하여 쟁점을 정리한다(두 계약 모두에 다른 무효사유는 없다고 전제한다).

① 채권은 배타성이 없어서 동일한 내용의 채권이 동시에 여러 개 성립할 수 있으므로, A와 Y의 매매계약 자체는 유효하다.

② 그러나 A가 X와 Y 모두에게 이행을 통하여 만족을 줄 수는 없고, X와 Y 중 먼저 등기를 마친 이가 甲의 소유권을 취득한다(제186조).

③ Y 앞으로 소유권이전등기가 마쳐졌다면, X로서는 A에 대하여 재산권이전청구권의 이행불능으로 인한 손해배상책임을 물을 수 있다(해제나 대상청구권의 행사도 가능하다). Y의 행위가 제3자의 채권침해에 해당한다면 Y에 대해서도 불법행위에 기한 손해배상책임을 물을 수 있다([3064] 참조).

④ Y 앞으로 소유권이전등기가 마쳐진 경우에 X가 甲의 소유권을 취득할 방법은 없을까? A와 Y의 매매계약이 무효라면 물권행위의 유인성([5095] 참조)에 따라 등기에도 불구하고 Y는 소유권을 취득하지 못한다. 이 경우 X는 A의 등기말소청구권을 대위행사하여 Y 명의의 등기를 말소한 후 A를 상대로 소유권이전등기를 청구하여 甲의 소유권을 취득할 수 있다.

⑤ 이처럼 X가 甲의 소유권을 취득하기 위해서는 A와 Y의 매매계약을 무효로 만들어야 하는데, 다른 무효사유가 없는 한 제103조를 원용하는 수밖에 없다.

[1155] 나. 사회질서 위반으로 되기 위한 요건

(1) 사회질서 위반의 유형 중 이중매매와 관련되는 것은 정의관념에 반하는 행위이고, 앞의 예에서 A의 이중매매행위가 형법상 배임죄(예외적으로 횡령이 문제되는 경우를 제외하면)에 해당해야 한다.

그런데 A의 배임이 성립하려면 우선 A가 X와의 계약에 기한 구속으로부터 벗어날 수 없어야 한다. 즉 X와의 계약에 관하여 약정 또는 법정의 해제사유가 없고,[41] 중도금이 지급되는 등[42]

40) 사회통념상 허용되는 한도를 초과하는 고율의 이자를 지급한 경우에 그 이자의 반환을 구할 수 있다고 한 대판(전) 2007.2.15. 2004다50426([2704]에 소개된) 참조.

41) X와의 계약이 해제되면, 해제의 소급효에 따라 Y와의 계약의 반사회성이 문제될 여지가 없다.

계약금의 배액상환에 의한 계약의 해소가 불가능한 상태에 이르러야 한다(제565조 참조). 이러한 상태에 이른 후 A가 Y 앞으로 소유권이전등기를 마쳐야 비로소 배임죄가 문제된다.

[참 고] 배임죄의 성립 여부에 관한 재판례

㉠ 이중매매의 반사회성을 인정하기 위하여 매도인의 배임죄가 성립해야 하는데, 이에 관하여 주목할 만한 재판례가 적지 않다.

ⓐ 우선 동산의 이중양도에 관한 대판(전) 2011.1.20. 2008도10479, 대물변제예약 목적물의 처분에 관한 대판(전) 2014.8.21. 2014도3363, 양도담보목적물의 처분에 관한 대판(전) 2020.2.20. 2019도9756, 저당권을 설정하기로 한 부동산의 처분에 관한 대판(전) 2020.6.18. 2019도14340, 저당권이 설정된 「동산」의 임의처분 및 권리이전에 등기 · 등록을 요하는 동산의 이중양도에 관한 대판(전) 2020.10.22. 2020도6258, 동산채권담보법에 따른 동산담보권이 설정된 동산의 처분에 관한 대판(전) 2020.8.27. 2019도14770, 특정동산저당법이나 공장저당법에 따라 저당권이 설정된 동산의 처분에 관한 대판(전) 2020.10.22. 2020도6258, 자동차 등에 관하여 양도담보설정계약을 체결한 채무자가 이를 타에 처분한 경우에 관한 대판(전) 2022.12.22. 2020도8682 등은 각 배임죄의 성립을 부정하였다. 이러한 경우에 —제103조가 작동할 근거가 결여됨에 따라— 이중매매는 무효로 되지 않는다.

ⓑ 반면 「부동산의 이중매매」에 관하여 대판(전) 2018.5.17. 2017도4027의 다수의견은 배임죄가 성립할 수 있다는 종전의 입장을 유지하였다.[43)]

㉡ 이상과 관련하여 대판(전) 2017.7.20. 2014도1104의 다수의견이 "형사재판에서 배임죄의 객관적 구성요건요소인 손해 발생 또는 배임죄의 보호법익인 피해자의 재산상 이익의 침해 여부를 판단할 때에는 종래의 대법원 판례를 기준으로 하되 구체적 사안별로 타인의 사무의 내용과 성질, 임무위배의 중대성 및 본인의 재산상태에 미치는 영향 등을 종합하여 신중하게 판단하여야 한다"고 한 점을 무겁게 받아들여야 한다.

(2) A의 배임이 성립한다고 해서 곧바로 A와 Y의 매매계약이 무효로 되는 것은 아니다. 즉 [1156]
A에게 반사회성이 있다는 사유만으로 A와는 별개의 독자적 이해관계를 가지는 Y에게 무효라는 불이익을 지울 수는 없고, Y에게도 A의 반사회성에 버금가는 정도의 책임귀속사유가 있어야 비로소 그 계약이 사회질서 위반으로 무효로 된다.

① 먼저 판례는 이중매매의 행위태양을 기준으로 책임귀속 여부를 따진다. 즉 제2매수인이 이중으로 양도할 것을 권유하는 등 양도인의 배임행위에 적극 가담(積極 加擔)한 경우에, 이중매매는 무효라고 한다.[44)] 그런데 적극 가담을 인정하려면 목적물이 제1매수인에게 양도된 사실을 제2매수인이 안다는 것만으로 부족하고,[45)] 적어도 양도인의 배임행위에 공모 내지 협력하거나 매매에 따른 소유권이전의무의 존재사실을 알면서 제2매매행위를 요청하거나 유도하여 계약에 이르게 하는 정도가 되어야 하며,[46)] 단순한 이중매매의 권유는 이에 해당하지 않는다.[47)]

---

42) 대판 2020.5.14. 2019도16228 참조.

43) 서면으로 부동산증여의 의사를 표시한 증여자가 그 부동산을 제3자에게 처분하여 등기를 하는 행위가 배임죄를 구성한다고 한 대판 2018.12.13. 2016도19308도 참조.
한편 부동산의 이중매매에서 선매수인에게 소유권이전의무를 이행한 것을 후매수인에 대한 관계에서 임무위배라고 할 수는 없다(대판 2009.2.26. 2008도11722).

44) 양도인 자신의 범죄행위가 없음에도 무효로 되기도 함(뒤의 94다37349 판결 참조)에 비추어 「적극 가담」이 이중매매에 한하여 문제되는 것은 아니고, 직접 범법행위를 하지 않은 이의 반사회성을 판단하는 기준이라고 할 수 있다.

45) 대판 2009.3.26. 2006다47677: "배임행위의 실행행위자와 거래하는 상대방의⋯] 관여의 정도가 [⋯] 법질서 전체적인 관점에서 볼 때 거래상대방이 반대편에서 독자적으로 거래에 따르는 위험을 피하고 합리적인 이익을 보호하기 위하여 필요한 조치를 요구하는 등 [⋯] 사회적 상당성을 갖추고 있다고 평가할 수 있는 경우에는, 비록 거래상대방이 그 계약의 체결에 임하는 실행행위자의 행위가 배임행위에 해당할 수 있음을 알거나 알 수 있었다 하더라도 그러한 사정만으로 그 계약을 반사회적 법률행위에 해당한다고 보아 무효라고 할 수는 없다."

한편 양도인 자신의 범죄행위가 없음에도 무효로 되기도 한다.[48] 예컨대 제3자가 피상속인으로부터 토지를 매수하였다는 사실을 알면서 그 사실을 모르는 상속인(A)을 기망하여 결과적으로 A로 하여금 토지를 이중으로 양도하게 했다면, 매수인(B)의 적극적인 기망행위에 의하여 이루어진 A와의 토지매매계약은 반사회적 법률행위로 무효이다.[49] 다만 이러한 경우에 제746조 단서가 적용되어 A는 B에 대하여 부당이득반환청구권 및 물권적 청구권을 행사할 수 있다는 점에서 통상의 이중매매와 다르다.

② 나아가 판례는 이중양도의 목적물 자체에 착안하여 목적물의 객관적 상태만 보더라도 이미 타인이 이를 양수하여 사용하고 있음을 제3자가 쉽게 알 수 있는 경우(학교 교정으로 사용되는 토지, 저수지, 교회의 부지 등)에도 이중양도는 무효라고 한다.[50]

[1157] (3) 이상의 법리가 적용되는 것은 주로 이중매매이지만, 매도된 부동산을 증여한 경우,[51] 매도된 부동산 위에 근저당권을 설정한 경우,[52] 채무담보를 위한 가등기 및 본등기를 경료한 경우,[53] 점유취득시효가 완성된 후에 부동산의 소유권을 이전한 경우,[54] 상속재산의 협의분할[55] 등에서도 마찬가지이다.

[1158] 2. 사회질서에 반하는 이중매매의 효과

가. 무효와 불법원인급여

(1) 앞의 예에서 A와 Y의 매매계약이 무효라면 이미 이행된 급부(Y 명의의 소유권이전등기 및 A에 대한 대금지급)는 부당이득으로 반환되어야 하지만(제741조), 무효원인이 사회질서 위반에 있으므로 불법원인급여에 해당하여 그 반환이 부정되고(제746조) 나아가 소유권에 기한 물권적 청구로서 반환청구도 배제된다.[56] 따라서 A는 스스로 Y에 대하여 甲의 반환 및 소유권이전등기의 말소를 청구할 수 없다. 이처럼 A의 등기말소청구가 봉쇄됨에 따라 Y가 반사적으로 甲의 소유권을 취득하는 결과로 된다.

(2) 한편 X는 등기를 갖추지 못하여 아직 소유자가 아니므로, Y에 대하여 직접 소유권이전

---

46) 대판 1994.3.11. 93다55289.

47) 이러한 입장을 대표하는 것으로 대판 2009.9.10. 2009다23283: "어떠한 부동산에 관하여 소유자가 양도의 원인이 되는 매매 기타의 계약을 하여 일단 소유권양도의 의무를 짐에도 다시 제3자에게 매도하는 등으로 같은 부동산에 관하여 소유권양도의 의무를 이중으로 부담하고 나아가 그 의무의 이행으로, 그러나 제1의 양도채권자에 대한 양도의무에 반하여, 소유권의 이전에 관한 등기를 그 제3자 앞으로 경료함으로써 이를 처분한 경우에, 소유자의 그러한 제2의 소유권양도의무를 발생시키는 원인이 되는 매매 등의 계약이 소유자의 위와 같은 의무위반행위를 유발시키는 계기가 된다는 것만을 이유로 이를 공서양속에 반하여 무효라고 할 것이 아님은 물론이다. 그것이 공서양속에 반한다고 하려면, 다른 특별한 사정이 없는 한 상대방에게도 그러한 무효의 제재, 보다 실질적으로 말하면 나아가 그가 의도한 권리취득 자체의 좌절을 정당화할 만한 책임귀속사유가 있어야 한다. 제2의 양도채권자에게 그와 같은 사유가 있는지를 판단함에 있어서는, 그가 당해 계약의 성립과 내용에 어떠한 방식으로 관여하였는지(당원의 많은 재판례가 이 문제와 관련하여 제시한 "소유자의 배임행위에 적극 가담하였는지" 여부라는 기준은 대체로 이를 의미한다)를 일차적으로 고려할 것이고, [···] 법률행위로 인한 부동산물권변동에 등기를 요구하는 민법 제186조의 입법취지 등에 비추어 보면, 제2의 양도채권자가 소유자가 같은 부동산에 대하여 이미 다른 사람에 대하여 소유권양도의무를 지고 있음을 그 채권발생의 원인이 되는 계약 당시에 알고 있었다는 것만으로 당연히 위와 같은 책임귀속이 정당화될 수는 없다."

48) 대리에서 본인이 이중매매에 관한 사정을 몰랐거나 반사회성을 야기한 것이 아니라도 반사회성이 인정될 수 있다는 대판 1998.2.27. 97다45532 참조.

49) 대판 1994.11.18. 94다37349.

50) 대판 1983.4.26. 83다카57 참조.

51) 대판 1982.2.9. 81다1134.

52) 대판 1998.2.10. 97다26524; 대판 2002.9.6. 2000다41820.

53) 대판 1991.7.26. 91다8104.

54) 대판 1995.6.30. 94다52416 참조.

55) 대판 1996.4.26. 95다54426 · 54433.

56) 대판(전) 1979.11.13. 79다483.

등기의 말소를 구할 수 없지만([5136] 참조), A의 배임행위에 적극 가담함으로써 X의 A에 대한 채권을 침해한 Y의 행위가 X에 대하여 불법행위를 구성하므로([3064] 참조), Y에 대하여 손해배상을 청구할 수 있다.

나. 제1매수인의 대위청구 [1159]

(1) 판례는 앞의 예에서 Y의 이중매매가 사회질서에 위반되어 무효라면, X가 A를 대위하여 Y에게 그 명의의 소유권이전등기의 말소를 청구할 수 있다고 한다.[57] 그리고 Y 명의의 등기가 말소되면 X가 A에 대하여 매매계약에 기한 등기청구권을 행사할 수 있다.[58]

(2) 이러한 판례의 입장이 사회 일반의 정의관념에 부합하지만, A의 등기말소청구가 허용되지 않음에도 X가 A를 대위할 수 있다는 점을 이론적으로 어떻게 설명할 것인지에 관하여 논란이 많다.[59]

그런데 앞의 79다483 판결이 금지하고자 한 바는 「반사회적 행위를 한」 A가 「부당이득에 갈음하여」 물권적 청구로서 등기의 말소를 구함에 있을 뿐이라고 한정해야 하고, 그렇다면 A의 반사회성과 무관하고 독자적인 이해관계를 가지는 X에게까지 금지가 미치지는 않는다고 해야 한다. 요컨대 제746조에 의하여 A의 말소등기청구권의 「존재」 자체가 부정되는 것이 아니라 그 「행사」가 제한될 뿐이다.[60] 결국 Y 명의의 등기의 말소청구권을 A 자신이 행사할 수 없지만, A의 「반사회성」과 무관한 X의 대위행사까지 금지되는 것은 아니다.

Ⅴ. 불공정한 법률행위 [1160]

1. 의　　의

(1) 상대방의 궁박, 경솔 또는 무경험을 이용하여 자기의 급부에 비하여 현저하게 균형을 잃은 반대급부를 하게 함으로써 부당한 재산적 이익을 얻는 행위를 불공정한 법률행위 또는 폭리행위(暴利行爲)라 한다. 상대방의 약점을 이용하여 폭리를 취함을 규제하기 위하여[61] 제104조는 이러한 행위를 무효로 하는데, 소비자문제나 노동문제 등 교섭력의 불평등에 따른 사회적 문제에 대한 법적 대응수단으로 기능할 수 있다.[62]

(2) 불공정한 법률행위는 반사회질서행위의 아종(亞種)이고, 제104조는 제103조의 예시규정으로 보아야 한다.[63] 따라서 제104조의 요건을 갖추지 못한 경우에도 제103조에 의하여 무효로 될 수는 있다.[64]

---

57) 대판 1983.4.26, 83다카57. 나아가 X가 Y를 상대로 Y 명의의 등기의 말소를 "직접 청구할 수는 없다는 것은 형식주의 아래서의 등기청구권의 성질에 비추어 당연하"고, "매도인이 매수인에게 목적부동산을 매도한 사실을 알고서 수증자가 매도인으로부터 증여를 원인으로 하여 소유권이전등기를 함으로써 매도인의 매수인에 대한 배임행위에 가담한 결과에 이르렀다면, 이는 실체관계에 부합하는 유효한 등기가 될 리가 없고 반사회질서의 행위로서 무효"라고 하였다.

58) 대위에 기한 소유권이전등기 말소소송과 병합될 수 있다.

59) 이에 관하여 제746조의 적용범위를 제한하는 입장, 채권자취소권에 관한 제406조의 유추를 주장하는 입장, 불법행위에 기한 원상회복청구로 해결하려는 입장 등이 있으나 어느 것이나 만족스럽지 못하다.

60) 앞의 79다483 판결은 제746조가 제103조와 함께 "사회적 타당성이 없는 행위를 한 사람을 보호할 수 없다는 법의 이념을 실현하려고 하는 것"이라고 한다. 수익자의 임의반환이 유효함도 이 때문이다.

61) 대판 1994.11.8, 94다31969.

62) 무상행위의 유효성이 인정됨에도 폭리행위를 무효로 하는 제104조는, 상대방의 열악한 처지를 기화로 이득을 취해서는 안 된다는 「소극적 교전규칙」을 밝혔다는 점에서 의미를 가진다.

63) 대판 1965.11.23, 65사28 등 판례의 입장도 같다.

64) 고율의 이자약정의 효력을 부정한 대판(전) 2007.2.15, 2004다50426 참조.

(3) 폭리행위를 규제하는 규정으로 제104조 외에 대물반환의 예약에 관한 제607조, 제608조가 있고, 약관법이나 할부거래법 등 소비자보호에 관한 법률에서도 그 예를 찾아볼 수 있다.

(4) 불공정한 법률행위는 급부와 반대급부 사이의 현저한 불균형을 그 요소로 하므로, 증여 등 대가적 의미의 출연이 없는 무상행위에 제104조의 적용이 없다.[65] 그리고 경매에 의한 재산권의 이전에도 제104조가 적용되지 않는다.[66]

[1161] ## 2. 요 건

가. 상대방의 궁박, 경솔 또는 무경험의 이용

(1) ① 궁박(窮迫)이란 급박한 곤궁을 의미하고, 상대방이 궁박상태에 있었는지는 그의 신분과 상호관계, 그가 처한 상황의 절박성의 정도, 계약의 체결을 둘러싼 협상과정 및 거래를 통한 그의 이익, 그가 당해 거래를 통해 추구하고자 한 목적을 달성하기 위한 적절한 대안의 존재 여부 등 여러 상황을 종합하여 구체적으로 판단해야 한다.[67] 그런데 궁박은 경제적 곤궁에 한정되지 않고, 정신적 또는 신체적 원인에 기인하는 것도 포함한다.[68] ② 경솔(輕率)은 신중함의 결여를 의미하고, ③ 무경험(無經驗)이란 특정영역에서의 경험부족이 아니라 거래 일반에 대한 경험부족을 뜻한다.[69]

그런데 이들 중 어느 하나만 갖추어지면 충분하다.[70]

(2) 대리인에 의한 법률행위에서 경솔과 무경험은 행위와 관련되므로 대리인을 기준으로 판단하지만, 궁박상태에 있었는지는 효과의 귀속과 관련되므로 본인을 기준으로 판단해야 한다.[71]

(3) 제104조는 약자적 지위에 있는 이의 궁박, 경솔 또는 무경험을 이용한 폭리행위를 규제하려는 데 그 목적이 있으므로, "인하여"라는 법문에도 불구하고 상대방의 그러한 사정을 알면서 이를 이용하려는 폭리행위의 악의가 있어야 한다.[72]

[1162] ### 나. 급부와 반대급부 사이의 현저한 불균형

(1) 여기서 급부와 반대급부는 해당 법률행위에서 정한 급부와 반대급부를 의미한다.[73]

(2) 급부와 반대급부 사이의 현저한 불균형은 단순히 양자의 차액 또는 시가와의 배율로 판

---

65) 대판 2000.2.11. 99다56833.

66) 대결 1980.3.21. 80마77 참조.

67) 대판 2010.7.15. 2009다50308. 나아가 대판 2024.3.12. 2023다301712: "당사자가 계약을 지키지 않는 경우 얻을 이익이 이로 인해 입을 불이익보다 크다고 판단하여, 그 불이익의 발생을 예측하면서도 이를 감수할 생각으로 계약에 반하는 행위를 함으로써 계약상대방과의 관계에서 그가 주장하는 급박한 곤궁상태에 이르렀다면, 이와 같이 그가 자초한 상태를 민법 제104조의 궁박이라고 인정하는 것은 엄격하고 신중하게 이루어져야 한다."

68) 대판 1996.6.14. 94다46374도 수사기관에 30시간 이상 불법구금된 상태가 이에 해당한다고 보았다.

69) 이들 전부에 관하여 대판 2002.10.22. 2002다38927 참조.

70) 대판 1993.10.12. 93다19924.

71) 앞의 2002다38927 판결. 다만 정신적 또는 신체적 궁박의 경우에는 그렇지 않다고 해야 한다.

72) 대판 1991.7.9. 91다5907; 앞의 2002다38927 판결 등 판례의 입장도 같다. 이러한 상태를 이용한다는 인식만 있으면 충분하다는 견해도 유력하다.

73) 앞의 2023다301712 판결: "여기에서 급부와 반대급부는 해당 법률행위에서 정한 급부와 반대급부를 의미하므로, 궁박 때문에 법률행위를 하였다고 주장하는 당사자가 그 법률행위의 결과 제3자와의 계약관계에서 입었을 불이익을 면하게 되었더라도, 특별한 사정이 없는 한 이러한 불이익의 면제를 곧바로 해당 법률행위에서 정한 상대방의 급부로 평가해서는 안 된다. 이를 상대방의 급부로 평가한다면, 당사자가 그 불이익을 입는 것보다 해당 법률행위에서 정한 반대급부를 이행하는 것이 경제적으로 유리하다고 보아 그 법률행위를 한 대부분의 경우에 그 불이익을 포함한 급부의 객관적 가치가 반대급부의 객관적 가치를 초과하여, 그 이유만으로 당사자의 궁박 여부와 관계없이 법률행위의 불공정성이 부정되는 부당한 결과가 발생할 수 있기 때문이다. 이러한 불이익은 급부와 반대급부 사이의 객관적 가치 차이가 사회통념상 현저하게 균형을 잃은 정도에 이르렀는지, 또는 당사자가 궁박한 상태에 있었는지를 판단할 때 고려할 수 있을 뿐이다."

단할 것은 아니고 개별사안에서 일반인의 사회통념에 따라 결정하는데, 당사자의 주관적 가치가 아닌 거래상의 객관적 가치에 의해야 하고, 피해당사자의 궁박·경솔·무경험의 정도도 상관적으로 고려되어야 한다.[74)75)]

다. 기 타 [1163]

(1) 불공정법률행위에 해당하는지는 법률행위시를 기준으로[76)] 급부와 반대급부의 객관적 가치를 비교 평가해서 판단할 문제이고, 당초의 약정대로 계약이 이행되지 않음에 따라 발생할 수 있는 문제는 채무불이행의 효과로 다루어져야 한다.[77)]

(2) 폭리행위에 대한 증명책임은 무효를 주장하는 이에게 있고,[78)] 급부와 반대급부 사이에 현저한 불균형이 있다고 하여 곧바로 당사자의 궁박, 경솔 또는 무경험에 기인하는 것으로 추인되지는 않는다.[79)]

3. 효 과 [1164]

(1) 앞의 요건이 구비되면 법률행위는 무효이다.

① 판례는 추인에 의해서도 유효로 될 수 없다고 하지만,[80)] 피해자가 궁박 등의 상태에서 벗어난 후 자의로 효력을 부여하려고 하는 경우에 추인을 부정할 이유는 없다([1214] 참조).

② 판례는 무효행위의 전환(제138조)에 의하여 폭리행위의 「일부」가 유효할 수 있다는 입장이지만, 검토를 요한다.

[참 고] 대판 2010.7.15. 2009다50308(판례, 〈2-2-13〉): "매매계약이 약정된 매매대금의 과다로 말미암아 민법 제104조에서 정하는 '불공정한 법률행위'에 해당하여 무효인 경우에도 무효행위의 전환에 관한 민법 제138조가 적용될 수 있다. 따라서 당사자 쌍방이 위와 같은 무효를 알았더라면 대금을 다른 액으로 정하여 매매계약에 합의하였을 것이라고 예외적으로 인정되는 경우에는, 그 대금액을 내용으로 하는 매매계약이 유효하게 성립한다. 이때 당사자의 의사는 매매계약이 무효임을 계약 당시에 알았다면 의욕하였을 가정적(假定的) 효과의사로서, 당사자 본인이 계약체결시와 같은 구체적 사정 아래 있다고 상정하는 경우에 거래관행을 고려하여 신의성실의 원칙에 비추어 결단하였을 바를 의미한다. 이와 같이 여기서는 어디까지나 당해 사건의 제반 사정 아래서 각각의 당사자가 결단하였을 바가 탐구되어야 하는 것이므로, 계약 당시의 시가와 같은 객관적 지표는 그러한 가정적 의사의 인정에 있어서 하나의 참고자료로 삼을 수는 있을지언정 그것이 일응의 기준이 된다고

---

74) 대판 2010.7.15. 2009다50308.

75) 판례가 현저한 불균형이 있다고 본 예로, 정상적으로 받을 수 있는 손해배상액의 8분의 1만 받고 합의서를 작성해 준 경우(대판 1979.4.10. 78다2457), 1,300만 원 이상의 채권을 포기하는 대신 현금 45만 원을 받고 제3자에 대한 부채 216만 원을 인수시키는 약정을 맺은 경우(대판 1992.4.14. 91다23660) 및 시가 2억 2,000만 원 상당인 임야에 대하여 더 이상 권리주장을 하지 않는 대가로 7억 5,000만 원을 받기로 약정한 경우(대판 1995.4.11. 94다17000) 등.
한편 이른바 KIKO 사건에서 대판(전) 2013.9.26. 2012다13637은 단순히 콜옵션(call option. 기초자산을 정해진 시기에 미리 정한 가격으로 매수할 수 있는 권리)과 풋옵션(put option. 시장가격에 관계없이 특정상품을 정해진 시기에 미리 정한 가격으로 매도할 수 있는 권리)의 이론가를 비교하여 키코 통화옵션계약이 불공정하거나 환 헤지(hedge)에 부적합한지를 판단할 수는 없다는 등의 이유로 통화옵션계약이 불공정행위에 해당하지 않는다고 하였다.

76) 환매권 양도약정에 관한 대판 1984.4.10. 81다239. 대물변제예약에 기한 양도담보의 경우에 대물변제의 효력이 발생할 변제기를 기준으로 삼은 대판 1965.6.15. 65다610도 참조.

77) 대판 2013.9.26. 2010다42075. 대판(전) 2013.9.26. 2011다53683·53690도, A가 B 은행 등과 체결한 키코(KIKO) 통화옵션계약의 구조는 환율변동의 확률적 분포를 고려하여 쌍방의 기대이익을 대등하게 한 것이므로 계약체결 후 시장환율이 당초 예상과 달리 변동함으로써 결과적으로 쌍방의 이익에 불균형이 생겼더라도 그 때문에 계약 자체가 현저하게 불공정하게 체결되었다고 볼 수 없다고 하였다.

78) 대판 1991.5.28. 90다19770.

79) 대판 1969.12.30. 69다1873. 추인이 인정된 예로 대판 1977.12.13. 76다2179 참조.

80) 대판 1994.6.24. 94다10900.

도 쉽사리 말할 수 없다. 이와 같이 가정적 의사에 기한 계약의 성립 여부 및 그 내용을 발굴·구성하여 제시하게 되는 법원으로서는 그 '가정적 의사'를 함부로 추단하여 당사자가 의욕하지 아니하는 법률효과를 그에게 또는 그들에게 계약의 이름으로 불합리하게 강요하는 것이 되지 아니하도록 신중을 기하여야 한다."

이 판결은 과다한 매매대금의 감액을 폭리행위의 「일부무효」로 해결하기 어려워서(행위의 가분성이라는 요건 때문에) 「전환」으로 우회한 것으로 보이는데, 감액 전과 감액 후를 다른 「행위」로 볼 수 있는지에 대하여 법교의학적 의문이 없지 않다.[81]

③ "매매계약과 같은 쌍무계약이 [···] '불공정한 법률행위'에 해당하여 무효라고 한다면, 그 계약으로 인하여 불이익을 입는 당사자로 하여금 위와 같은 불공정성을 소송 등 사법적 구제수단을 통하여 주장하지 못하도록 하는 부제소합의 역시 다른 특별한 사정이 없는 한 무효"이다.[82]

(2) 제103조 위반과 마찬가지로 폭리행위에 해당하여 법률행위가 무효로 된 경우에, 아직 이행이 없었다면 이행할 필요가 없다. 그런데 이미 이행을 한 경우에, 불법원인이 폭리행위자측에만 있으므로, 피해자는 제746조 단서에 따라 급부한 것의 반환을 구할 수 있는 반면, 폭리행위자는 같은 조 본문에 의하여 급부한 것의 반환을 청구할 수 없다.

제7관 제한능력자의 법률행위

[1165] Ⅰ. 총 설

1. 민법상의 능력

(1) 민법상의 능력으로 ① 권리를 가질 수 있고 의무를 부담할 수 있는 추상적 지위 내지 자격인 「권리능력」, ② 자기가 하는 행위의 의미를 알 수 있는 정신적 판단능력으로서 「의사능력」, ③ 유효하게 법률행위를 할 수 있는 지위를 말하는 「행위능력」[1] 및 ④ 위법행위에 대하여 책임을 질 수 있는 (정신적) 상태를 의미하는 「책임능력」이 논의된다. 이 중 권리능력은 권리주체와 관련하여 그리고 책임능력은 불법행위와 관련하여 각 살펴보기로 하고, 여기서는 법률행위의 효력과 관련되는 의사능력 및 행위능력을 검토한다.

(2) 능력에 관한 규정은 강행규정이다.

[1166] 2. 의사능력

(1) 사람이기만 하면 누구나 스스로 권리를 취득하고 의무를 부담할 수 있다(제3조). 그런데 사적자치 및 그 핵심적 내용인 자기결정이 제대로 구현되기 위하여 행위자는 자기가 하는 행위의 의미를 알 수 있어야 하는데,[2] 이 점을 밝히는 것이 의사능력의 문제이다. 즉 의사능력(意思能力)이란 자기가 하는 행위의 의미나 결과를 정상적인 인식력과 예기력을 바탕으로 합리적으로 판단하여 자기의 의사를 결정할 수 있는 정신적 능력을 말한다.

81) 이 사건에서는 토지소유자가 선행하는 조정결정에 대하여 감사의 뜻을 표한 점에 비추어 금반언의 법리에 의하여 같은 결론에 이를 수 있다.

82) 앞의 2009다50308 판결. 반면 법률행위가 무효인 경우에 대비하기 위한 관할합의나 중재합의는 무효로 되지 않는다.

1) 흔히 단독으로 유효하게 법률행위를 할 수 있는 능력이라고 한다.

2) 영유아나 고도의 정신질환을 앓는 이들은 상속 등 법률의 규정에 의하여 권리를 취득하고 의무를 부담할 수 있지만, 그들에게 재산의 관리를 맡길 수는 없다.

의사능력의 유무는 「구체적인 법률행위와 관련하여 개별적으로」 판단되는데,[3] 7 내지 10세 정도의 정신능력조차 갖추지 못하였다면 「일반적으로」 의사능력이 결여되었다고 본다.[4]

한편 법인에서는 그 성질상 의사능력이 문제되지 않는다.

(2) 명문규정은 없지만 의사능력 없는 이의 행위는 무효라고 해야 한다.[5] 사적자치를 원칙으 [1167]
로 하는 법률행위의 영역에서 의사가 법률효과 발생의 근거인데, 정상적 판단능력이 결여된 의사무능력자의 법률행위를 「의사에 기한」 행위라고 보아 그에 따른 법률효과를 부여할 수 없기 때문이다.

(3) 법률행위 당시 정상적 판단능력이 결여된 상태에 있음에도 가정법원으로부터 (성년 또는 한정)후견개시의 심판을 받지 않았다면, 나중에 그러한 심판을 받더라도 행위능력을 문제삼아 심판 전의 법률행위를 취소할 수 없지만,[6] 이러한 경우에도 의사무능력을 이유로 한 무효주장은 할 수 있다.

한편 가정법원의 (성년 또는 한정)후견개시의 심판이 없었으나 의사능력이 「지속적으로」 결여된 이[7]를 보호하기 위하여 제한능력자에 관한 규정들(제135조 제2항, 제141조 단서 등)이 유추되어야 한다. 대판 2009.1.15. 2008다58367([1210]에 소개된)도 제141조 단서를 유추하여 의사무능력자의 부당이득 반환범위를 현존이익으로 제한하였다.[8]

3. 행위능력 [1168]

가. 개 념

(1) 자연인에 관하여 행위능력(行爲能力)이란 유효하게 법률행위를 할 수 있는 (정신적) 상태를 말하는데, 의사능력과 달리 획일적으로 판단된다. 민법상 단순히 능력이라고만 하면 이는 행위능력을 의미한다.

보 론 소송능력(訴訟能力)에 관하여

㉠ 행위능력에 대응하는 절차법상 개념이 소송능력인데, 당사자 또는 보조참가인으로서 유효하게 소송행위를 하거나 소송행위를 받기 위하여 갖추어야 할 지위를 말한다.

㉡ 소송능력의 유무는 민법 기타 실체법의 행위능력을 기준으로 결정된다(민사소송법 제51조. 제한능력자의 소송능력에 관한 같은 법 제55조도 참조).

㉢ 소송능력은 소송요건이자 개개의 소송행위의 유효요건이므로 소송무능력자의 및/또는 그에 대한 소송행위는 무효이다. 한편 소송계속 중 당사자가 소송능력을 상실한 경우에, 소송대리인이 없으면(같은 법 제238조 참조) 소송절차가 중단된다(같은 법 제235조 전문. 법정대리인의 사망 또는 법정대리권의 소멸의 경우에도 같다).

(2) 앞에서 본 것처럼 의사능력의 유무는 개개의 법률행위와 관련하여 구체적으로 판단되는

3) 어떤 법률행위가 일상적 의미만 이해해서는 알기 어려운 특별한 법률적 의미나 효과를 가지는 경우에 의사능력이 인정되기 위해서는 그 행위의 일상적 의미뿐만 아니라 법률적 의미나 효과에 대해서도 이해할 수 있어야 한다(대판 2006.9.22. 2006다29358). 지적장애를 가진 사람에게 의사능력이 있는지를 판단하는 기준에 관한 대판 2022.5.26. 2019다213344도 참조.

4) 대판 2002.10.11. 2001다10113 참조.

5) 의사무능력을 이유로 법률행위의 무효를 주장하는 측이 증명책임을 부담한다(대판 2022.12.1. 2022다261237).

6) 성년후견제도가 도입되기 전의 대판 1992.10.13. 92다6433 참조.

7) 의사무능력자를 위한 특별대리인의 선임에 관하여 규정하는 민사소송법 제62조의2도 이러한 상태를 전제한 것으로 이해해야 한다.

8) 반면 대판 2010.5.27. 2009다44327은 교통사고로 인하여 심신상실의 상태에 빠진 이의 보험금청구에서 소멸시효의 정지에 관한 제179조의 준용 또는 유추를 섣불리 인정해서는 안 된다고 하였는데, 신의칙을 통하여 제179조가 유추된 경우와 결론을 달리하지는 않았다.

데, 의사능력이 「일반적으로」 결여된 이를 결여에 대한 증명의 부담으로부터 해방시켜 보호할 필요가 있다. 다른 한편 민법은 일상에서 게임의 규칙으로 기능하는데, 게임을 하면서 의사능력이 일반적으로 결여된 이의 핸디캡을 고려하지 않는다면 형식적 평등에도 불구하고 실질적으로 공정하다고 할 수 없다. 여기서 민법은 객관적 · 획일적 기준에 의하여 독자적으로 유효하게 법률행위를 할 수 있는 「행위능력자」와 그렇지 않은 「제한능력자」를 나누고, 제한능력자가 독자적으로 법률행위를 한 경우에, 그에게 의사능력이 있었는지를 묻지 않고 제한능력을 이유로 법률행위를 취소할 수 있도록 한다.

(3) 민법상 제한능력자로 ① 연령에 의하여 획일적으로 정해지는 미성년자와 ② 가정법원의 후견개시의 심판을 받은 피성년후견인 · 피한정후견인[9]이 있다.

(4) 행위능력제도의 적용범위를 본다. ① 개념 자체가 보여주는 것처럼 행위능력제도는 법률행위에 관한 것이지만, 의사의 통지나 관념의 통지 등의 표현행위에 대해서는 (유추)적용된다([1066]도 참조). ② 가족법상의 행위에 대해서는 특별규정들(제801조, 제807조, 제869조, 제1061조 내지 제1063조 등) 때문에 적용이 제한된다. ③ 성질상 정신적 판단능력을 따질 여지가 없는 법인에서 행위능력은 대표권이라는 자격의 문제로 된다.[10]

[1169] **나. 제도의 취지 및 개선**

(1) 행위능력제도는 사리를 판단할 능력이 충분하지 않은 이가 거래 등에서 입을 수 있는 손해를 방지하기 위한 것으로, 제한능력자의 「보호」를 목적으로 한다. 행위능력제도가 —법률행위의 효력에 영향을 미칠 수 있는 당사자의 상태를 상대방이 확인할 수 있게 함을 들어— 거래안전의 보호에도 기여한다는 주장도 있지만, 행위능력자라도 의사능력의 결여를 증명하여 법률행위의 무효를 주장할 수 있는 점, 취소시 선의의 제3자를 보호하는 규정을 두지 않은 점, 제한능력자의 반환범위에 관한 특칙(제141조 단서) 등을 고려한다면, 그렇게 「오해」할 것은 아니다.[11] 실제로 제한능력자의 상대방은 제한능력자 쪽에서 취소할 것인지를 조기에 확정하도록 촉구할 수 있고(제15조), 나아가 선의라면 스스로 계약의 구속으로부터 벗어날 수 있다는 점(제16조)에 의하여 보호될 뿐이다. 따라서 행위능력제도는 본질적으로 「제한능력자의 이익을 보호하기 위한 것」이라고 이해되어야 한다. 즉 제한능력자측에게 취소권을 부여함으로써 상대방의 이익, 나아가 거래의 안전이 침해될 위험이 있지만, 민법은 이러한 위험을 감수하면서 정신적 능력이 불완전한 제한능력자를 보호하기 위하여 결단을 내린 것이다. 판례의 입장도 같다.[12]

요컨대 행위능력제도가 독자적으로 법률행위를 할 수 없다는 의미의 「금지/제한」이 아니라, 취소에 의하여 법률행위의 구속으로부터 벗어날 수 있도록 하고 판단능력을 보충하는 법정대리인을 두는 등 제한능력자에게 일정한 「배려/보호」(제141조 단서, 제135조 제2항도 참조)를 주기 위한 법제도이다.

---

9) 피한정후견인이 제한능력자인지에 관하여 논란이 있는바, [1184] 참조.

10) 법인에서 행위능력의 결여는 무권대리에 준하여 처리된다.

11) 개인정보 보호의 요청 때문에 상대방이 함부로 공부의 내용을 확인할 수 없는 반면, 제한능력자로서는 공부상의 기재로 증명의 부담을 덜게 된다.

12) 대판 2007.11.16. 2005다71659 · 71666 · 71673: "행위무능력자제도는 사적자치의 원칙이라는 민법의 기본이념, 특히, 자기책임원칙의 구현을 가능케 하는 도구로서 인정되는 것이고, 거래의 안전을 희생시키더라도 행위무능력자를 보호하고자 함에 근본적인 입법취지가 있"다.

(2) 종래의 행위능력제도에 대하여 획일적 · 정형적이어서 탄력성이 떨어지고, 재산이 없거나 법정대리인이 없는 행위무능력자에게는 실익이 없다는 등의 문제점이 지적되었고, 정신적 또는 육체적 사정 때문에 재산을 관리하거나 신상에 관한 사무를 처리하기 어려운 성년자에게 행위능력을 전면적으로 제약할 것이 아니라 법원의 후견적 개입을 통하여 탄력적으로 행위능력을 부여할 수 있도록 하는 성년후견제도를 도입하자는 주장이 있었으며, 2013년 민법개정에서 반영되어 시행되고 있다([1178] 참조).

Ⅱ. 미성년자 [1170]

1. 서 설

(1) 미성년자(未成年者)란 19세에 달하지 않은 사람을 말한다(제4조). 그리고 연령은 출생일을 산입하여 역(曆)에 의하여 계산한다(제158조).

(2) 미성년자를 제한능력자로 한 것은 일반적으로 그들이 아직 정신적으로 성숙되지 않았기 때문이다. 미성년자는 나이를 기준으로 객관적 · 획일적으로 정해지는데, 정신능력이 나이에 비하여 뛰어나더라도 법원의 선고 등에 의하여 행위능력자로 될 수 없다.

(3) 미성년자의 능력제한에 대한 일반적 예외는 19세가 이르기 전에 혼인을 하는 경우이다. 즉 미성년자라도 18세에 이르면 부모의 동의를 얻어 혼인할 수 있는데(제807조), 제826조의2는 「혼인하면 성년으로 된다」는, 혼인에 의한 성년의제제도(成年擬制制度)를 채택하였다.[13] 여기서 혼인은 법률혼에 한한다.

2. 미성년자의 행위능력 [1171]

가. 기본법리

(1) 미성년자는 독자적으로 유효하게 법률행위를 할 수 없고, 법률행위를 하려면 법정대리인의 동의를 얻어야 하며(제5조 제1항 본문), 동의를 얻지 않고 한 행위를 미성년자나 그의 법정대리인이 취소할 수 있다(제2항). 동의(나 허락)는 묵시적이라도 무방하고, 법정대리인의 동의가 인정되면 더 이상 행위능력을 문제삼아 미성년자의 법률행위를 취소할 수 없다.

(2) 법정대리인의 동의에 대한 증명책임은 법률행위가 유효하다고 주장하는 상대방에게 있다.[14] 그런데 미성년자가 법정대리인의 동의 없이 행한 법률행위인지는 명의를 기준으로 형식적으로 판단할 것이 아니라 실질적으로 판단해야 한다.

나. 예 외 [1172]

(1) 미성년자 보호라는 제도의 취지에 반하지 않는 범위 내에서 예외가 인정된다. 즉 아래에서 개별적으로 살펴보는 것들 외에 ① 대리행위(제117조 참조), ② 17세에 달한 미성년자의 유언(제1061조 참조), ③ 무한책임사원의 그 사원자격에 기한 행위(상법 제7조[15]), ④ 제한능력을 이유로 하는 취소(제140조) 등도 미성년자가 단독으로 할 수 있다. 그 밖에 피성년후견인에 관한 제10

---

13) 혼인한 미성년자는 부모의 친권에서 벗어나 행위능력자로 되어, 독자적으로 유효하게 법률행위를 할 수 있다.
14) 대판 1970.2.24, 69다1568.
15) 다만 회사의 무한책임사원이 되기 위해서는 법정대리인의 허락을 얻어야 한다.

조 제4항도 유추되어야 할 것이다.

(2) 미성년자는 단순히 권리만 얻거나 의무만 면하는 행위를 독자적으로 할 수 있다(제5조 제1항 단서). 미성년자에게 불이익을 줄 우려가 없기 때문인데, 어떤 행위가 이에 해당하는지는 경제적 관점이 아니라 법적 효과를 기준으로 판단한다. 부양하지 않는 친권자를 상대로 한 부양료 청구,[16] 부담 없는 증여를 받는 행위, 시효중단을 위한 최고 등은 이에 해당하지만, 경제적으로 유리한 매매계약을 체결하는 것은 이에 해당하지 않는다.[17]

[1173] (3) 미성년자는 용돈 등 법정대리인이 범위를 정하여 처분을 허락한 재산을 임의로 처분할 수 있다(제6조). 여기서의 "처분"은 사실적 처분(예: 재산의 소비)뿐만 아니라 법률적 처분(예: 재산권의 양도)도 포함한다. 처분허락은 묵시적으로도 가능하지만,[18] 재산 전부의 처분에 대한 허락처럼 행위능력제도의 취지에 반할 정도의 포괄적 허락은 허용되지 않는다. 여기서의 처분은 처분행위 자체뿐만 아니라 처분의 원인이 되는 법률행위 나아가 처분행위에 따른 후속조치를 포함한다고 할 것이다.

[1174] (4) 법정대리인으로부터 허락을 받은 특정한 영업에 관하여 미성년자는 성년자와 동일한 행위능력을 가지며(제8조 제1항), 이 범위에서 법정대리인의 대리권은 소멸한다(민사소송법 제55조 제1항도 참조). 여기서 영업이란 널리 영리를 목적으로 하는 독립적 · 계속적 사업을 말하고, 상업은 물론 농업이나 자유업도 포함한다.[19] 법정대리인이 영업을 허락하려면 영업의 종류를 특정해야 하는데, 모든 종류의 영업에 대한 포괄적 허락이나 하나의 영업종류의 일부에 대한 허락은 허용되지 않는다. 그리고 영업의 허락은 특별한 방식을 요하지 않지만(다만 상업등기에 관한 상법 제6조, 제37조 참조), 후견인이 동의하기 위해서는 후견감독인의 동의가 있어야 한다(제950조 제1항 제1호). 영업의 허락이 있었음에 대한 증명책임은 행위가 유효함을 주장하는 상대방이 진다.

(5) 임금청구도 미성년자가 단독으로 할 수 있다(근로기준법 제68조).[20]

[1175] **다. 동의나 허락의 취소 또는 제한**

(1) 미성년자가 법률행위를 하기 전에 법정대리인은 자기가 준 동의나 처분허락을 취소할 수 있다(제7조). 여기의 취소에는 —미성년자가 법률행위를 하기 전에만 허용되므로— 소급효가 인정될 여지가 없다.[21]

(2) 법정대리인은 미성년자에게 준 영업의 허락을 취소 또는 제한할 수 있다(제8조 제2항). 여기서 제한은 허락한 복수의 영업종류 중 일부를 제외하는 것으로 일부취소를 의미한다. 그런데 영업허락의 취소 또는 제한은 미성년자와 거래한 선의의 제3자에게 대항할 수 없다(같은 항 단서).

---

16) 대판 1972.7.11, 72므5.

17) 채무의 변제를 받는 것은 그 결과 채권이 소멸되기 때문에 독자적으로 하지 못한다고 하는 견해도 있지만, 변제가 표현행위에도 해당하지 않아서([2150] 참조) 행위능력제도의 적용범위를 벗어나므로, 변제수령자가 제한능력자라는 점만을 들어 변제를 취소할 수 없다. 변제가 법률행위로 이루어지는 경우에, 그 행위 자체를 제한능력을 이유로 취소할 수 있음은 당연히 별개의 문제이다.

18) 대판 2007.11.16, 2005다71659 · 71666 · 71673은, 미성년자가 월 소득범위 내에서 신용구매계약을 체결한 경우에, 스스로 얻고 있던 소득에 대하여 법정대리인의 묵시적 처분허락이 있어서 위 신용구매계약은 처분허락을 받은 재산범위 내의 처분행위에 해당한다고 보았다.

19) 직업도 포함하는지에 관하여 견해의 대립이 있지만, 근로기준법 제67조에 비추어 부정할 것이다.

20) "친권자나 후견인은 미성년자의 근로계약을 대리할 수 없다"는 근로기준법 제67조 제1항을 근거로 근로계약의 체결 역시 미성년자가 법정대리인의 동의 없이 할 수 있다는 견해도 있지만, 이 규정은 법정대리인에 의한 근로계약의 「대리」만 금지할 뿐이고, "사용자는 18세 미만인 자에 대하여는 그 연령을 증명하는 가족관계기록사항에 관한 증명서와 친권자 또는 후견인의 동의서를 사업장에 갖추어 두어야 한다"는 같은 법 제66조에 비추어 근로계약은 법정대리인의 동의를 얻어 미성년자 자신이 체결해야 한다.

21) 그래서 취소의 법적 성질은 철회에 해당한다는 견해가 일반적이다.

그리고 법정대리인이 후견인이라면, 친권자가 행한 영업의 허락을 취소 또는 제한하기 위하여 후견감독인의 동의를 받아야 한다(제945조).

3. 법정대리인 [1176]

가. 법정대리인으로 되는 이

(1) 1차적으로 친권자가 법정대리인으로 된다(제911조). 부모 중 누가 친권자로 되는지에 관하여 제909조와 제909조의2 참조.

(2) 미성년자에게 부모가 없거나 부모가 친권을 행사할 수 없는 경우에, 2차적으로 후견인이 법정대리인으로 된다. 후견인은 지정후견인(제931조), 선임후견인(제932조)의 순으로 된다.

나. 법정대리인의 권한 [1177]

(1) 법정대리인은 미성년자의 법률행위에 대한 동의 또는 처분이나 영업의 허락을 줄 수 있는데(제5조 제1항, 제6조, 제8조 제1항), 예견할 수 있는 범위 내에서 포괄적으로 동의 또는 허락할 수 있다. 동의나 허락은 법정대리인의 단독행위로, 미성년자나 그 상대방 어느 쪽에 대해서도, 그리고 명시적으로도 묵시적으로도 행하여질 수 있다.

(2) 법정대리인은 미성년자를 대리하여 재산상 법률행위를 할 권한을 가지는데(제920조, 제938조), 제한능력자를 위하여 영업을 하기 위해서는 등기를 해야 한다(상법 제8조 제1항).

대리권은 동의 또는 처분허락을 준 행위에 대해서도 행사할 수 있지만, 영업허락의 경우에 그렇지 않음은 앞에서 보았다. 한편 친권자인 부모는 공동대리의 제한을 받으며(제909조 제2항), 근로계약처럼 미성년자 본인의 행위를 목적으로 하는 채무를 부담하는 경우(제920조 단서) 또는 친권자와 미성년자의 이해가 상반되는 경우(제921조. 제949조의3도 참조)에 친권자의 대리권이 제한된다. 그런데 대리행위가 상행위라면 법정대리인의 대리권에 대한 제한은 선의의 제3자에게 대항하지 못한다(상법 제8조 제2항).

(3) 법정대리인은 미성년자가 독자적으로 한 법률행위를 취소할 수 있다(제140조). 그런데 친권의 행사는 부모가 공동으로 해야 하지만, 취소는 친권자 각자가 단독으로 할 수 있다.

Ⅲ. 피성년후견인과 피한정후견인 [1178]

1. 성년후견제도 개관

(1) 2011년 도입된 성년후견제도는 질병, 장애, 노령 등에서 비롯된 정신적 제약으로 자기의 재산이나 신상에 관한 사무를 처리할 능력이 결여되거나 부족한 사람의 의사결정이나 사무처리를 돕기 위한 법제도로서, 피후견인의 의사 및 현존능력의 존중을 전제로 성년의 제한능력자를 효율적으로 보호함을 목적으로 한다.

성년후견제도는 ① 후견은 필요한 경우에 필요한 한도에서 행해져야 한다는 필요성과 비례성, ② 피후견인 본인의 위임이나 임의후견이 우선하고, 그에 의한 보호가 미흡한 경우에 법정후견이 활용된다는 보충성, ③ 피후견인이 속한 사회의 다른 구성원과 대등하고 조화롭게 살 수 있도록 제도가 운용되어야 한다는 정상화 등을 그 이념으로 한다.

(2) 성년후견법은, 후견계약에 기한 임의후견제도([1251] 이하 참조)를 도입함으로써 법정후견에 보충적 성격을 부여한 점, 피후견인이 독자적으로 할 수 있는 행위의 범위를 넓힌 점, 법정후견을 세분하고 가정법원의 관여를 전제로 탄력성을 도모한 점, 법정후견인제도를 폐지한 점, 신상에 관한 결정 등 비법률행위적 영역에까지 후견인의 권한이 미칠 수 있게 한 점, 법인에게도 후견인자격을 부여하고 지방자치단체의 장을 후견개시심판의 청구권자에 포함한 점, 후견감독기관으로 친족회에 갈음하여 후견감독인제도를 도입한 점,[22] 후견등기를 통한 공시제도를 도입한 점 등의 특징을 가진다.

[1179] ## 2. 피성년후견인

가. 피성년후견인의 의의

(1) 피성년후견인이란 질병, 장애, 노령 그 밖의 사유로 인한 정신적 제약으로 사무를 처리할 능력이 지속적으로 결여된 사람으로서 가정법원으로부터 성년후견개시의 심판을 받은 이를 말한다(제9조).

(2) 성년후견개시의 요건을 본다.

① 실질적 요건으로 질병, 장애, 노령 그 밖의 사유로 인한 정신적 제약으로 사무를 처리할 능력이 "지속적으로 결여"되어야 한다.[23] 가정법원은 성년후견개시의 심판을 할 때 본인의 정신상태에 관하여 의사에게 감정을 시켜야 하지만, 본인의 정신상태를 판단할 만한 다른 충분한 자료가 있으면 그렇지 않다(가사소송법 제45조의2 제1항).[24]

② 절차적 요건으로 본인, 배우자, 4촌 이내의 친족, 미성년후견인, 미성년후견감독인, 한정후견인, 한정후견감독인, 특정후견인, 특정후견감독인, 검사 또는 지방자치단체의 장의 청구가 있어야 한다.[25] 검사나 지방자치단체의 장이 청구권자에 포함된 것은 다른 청구권자가 없거나 있더라도 청구하려 하지 않는 경우(예: 무연고자인 경우) 등에 대비하여 공익의 대표자로서 청구할 수 있도록 한 것이다.

가정법원은 성년후견개시의 심판을 할 때 본인의 의사를 고려해야 한다(제9조 제2항).

③ 위의 요건들이 충족되면 가정법원은 성년후견개시의 심판을 하고, 지체 없이 후견등기사무를 처리하는 이에게 후견등기부에 등기(후견등기법 제20조 참조)할 것을 촉탁해야 한다(가사소송법 제9조).

[1180] ### 나. 피성년후견인의 행위능력

(1) 피성년후견인의 법률행위는 취소할 수 있다(제10조 제1항). 성년후견인의 동의가 있었더라도 취소할 수 있는데, 취소권자는 피성년후견인 또는 성년후견인이다(제141조).

(2) 이에 대하여 일정한 예외가 인정된다.

---

22) 다만 법정후견에서는 임의기관이므로, 후견감독인의 동의 등을 요하는 경우에, 후견감독인이 없다면 후견인이 제한 없이 권한을 행사할 수 있다고 해야 하는데, 그로 인한 보호의 공백은 분명 문제로 남는다.

23) 예컨대 뇌사상태에 있거나 고도의 인지장애증상을 보이는 경우.

24) 가정법원은 청구의 취지와 원인, 본인의 의사, 성년후견제도와 한정후견제도의 목적 등을 고려하여 어느 쪽의 보호를 주는 것이 적절한지에 따라 한정후견의 개시를 청구하였더라도 성년후견을 개시할 수 있고(역도 가능하다), 피성년후견인이나 피한정후견인이 될 이의 정신상태를 판단할 만한 다른 충분한 자료가 있는 경우에 의사의 감정이 없더라도 성년후견이나 한정후견을 개시할 수 있다고 한 대결 2021.6.10. 2020스596 참조.

25) 제959조의20 제1항에 따라 임의후견인 또는 임의후견감독인도 청구할 수 있다. 이 점은 한정후견이나 특정후견에서도 다르지 않다.

① 가정법원이 취소할 수 없는 피성년후견인의 법률행위의 범위를 정한 경우에 그 한도에서 행위능력을 가지는데(제10조 제2항), 이 규정을 통하여 본인의 현존능력을 감안한 탄력성이 확보된다. 그 범위는 본인, 배우자, 4촌 이내의 친족, 성년후견인, 성년후견감독인, 검사 또는 지방자치단체의 장의 청구에 의하여 가정법원이 변경할 수 있다(제3항). 취소할 수 없는 법률행위의 범위는 후견등기부에 공시된다(후견등기법 제25조 참조).

② 일용품의 구입 등 일상생활에 필요하고 대가가 과도하지 않은 법률행위는 성년후견인이 취소할 수 없다(제10조 제4항). 피성년후견인의 자기결정권과 현존능력을 존중하고 아울러 거래안전도 고려한 예외로, 피성년후견인 자신도 취소할 수 없다고 해야 한다.

③ 피성년후견인의 법률행위라도 성년후견인이 추인하면 유효로 되고(제143조), 타인의 대리행위는 의사능력이 갖추어진 경우에 한하여 피성년후견인이 단독으로 할 수 있다(제117조 참조).

④ 그 밖에 피성년후견인의 신상에 관하여 그의 상태가 허용하는 범위에서 피성년후견인이 단독으로 결정할 수 있고(제947조의2 제1항), 가족법상의 행위에 관해서는 성년후견인의 동의를 받아 피성년후견인이 스스로 유효한 법률행위를 할 수 있는 경우가 있으며(제802조, 제808조 제2항, 제835조, 제873조, 제902조), 특히 유언은 의사능력이 회복된 때에 한하여 독자적으로 할 수 있다(제1063조).

다. 능력보충기관 [1181]

(1) 피성년후견인의 법정대리인으로 되는 이는 성년후견인인데(제938조 제1항), 가정법원은 성년후견개시의 심판을 할 때 직권으로 성년후견인을 선임해야 한다(제929조, 제936조 제1항). 후견감독인에 관한 제940조의2 이하 및 제950조도 참조.

(2) 성년후견인은 피성년후견인의 법률행위에 대한 동의권을 가지지 않고,[26] 대리권과 취소권만 가진다. 성년후견인의 대리권은 포괄적이지만 가정법원에 의한 제한을 받는데(제10조 제2항 및 제938조 제2항 참조), 법원이 취소할 수 없도록 정한 행위에 관해서는 성년후견인이 대리권을 가지지 않는다.

라. 성년후견의 종료 [1182]

(1) 성년후견개시의 원인이 소멸된 경우에, 가정법원은 본인, 배우자, 4촌 이내의 친족, 성년후견인, 성년후견감독인, 검사 또는 지방자치단체의 장의 청구에 의하여 성년후견종료의 심판을 해야 한다(제11조). 가정법원이 피성년후견인에 대하여 한정후견개시의 심판을 할 때에도 종전의 성년후견의 종료심판을 해야 한다(제14조의3 제2항).

(2) 성년후견종료의 심판은 장래에 향하여 효력을 가진다. 따라서 심판이 있기 전에 행하여진 피성년후견인의 법률행위는 취소될 수 있다.

3. 피한정후견인 [1183]

가. 피한정후견인의 의의

(1) 피한정후견인이란 질병, 장애, 노령 그 밖의 사유로 인한 정신적 제약으로 사무를 처리할

26) 사무처리능력의 「지속적 결여」라는 요건 때문에 동의가 무의미하다. 한편 제947조의2 제3항에서의 동의는 비법률행위적 영역에 한정된다.

능력이 부족한 사람으로서 가정법원으로부터 한정후견개시의 심판을 받은 이를 말한다(제12조).

(2) 한정후견개시의 요건을 본다.

① 실질적 요건으로 질병, 장애, 노령 그 밖의 사유로 인한 정신적 제약으로 사무를 처리할 능력이 "부족"해야 한다. 성년후견개시원인인 결여보다는 정신적 제약이 경미한 상태를 말한다. 이때에도 원칙적으로 의사의 감정을 거쳐야 한다(가사소송법 제45조의2 제1항).

② 절차적 요건으로 본인, 배우자, 4촌 이내의 친족, 미성년후견인, 미성년후견감독인, 성년후견인, 성년후견감독인, 특정후견인, 특정후견감독인, 검사 또는 지방자치단체의 장의 청구가 있어야 한다(제959조의20 제1항도 참조). 가정법원은 한정후견개시의 심판을 할 때 본인의 의사를 고려해야 한다(제12조 제2항, 제9조 제2항).

③ 위의 요건들이 충족되면 가정법원은 한정후견개시의 심판을 해야 한다. 후견등기는 성년후견에서와 같다.

[1184] **나. 피한정후견인의 행위능력**

(1) 한정후견이 개시되면 피한정후견인의 행위능력이 제한된다. 즉 가정법원은 한정후견인의 동의를 받아야 하는 행위의 범위를 정할 수 있고(제13조 제1항), 후견등기부에 공시된다(후견등기법 제25조 참조). 동의를 요하는 행위를 동의 없이 하였다면 그 법률행위를 취소할 수 있다(제13조 제4항). 그리고 본인, 배우자, 4촌 이내의 친족, 한정후견인, 한정후견감독인, 검사 또는 지방자치단체의 장의 청구에 의하여 가정법원이 그 범위를 변경할 수 있다(제2항).

[참 고] 피한정후견인의 행위능력이 「일반적으로」 제한되는 것은 아니다. 그리고 피성년후견인은 단독으로 법률행위를 할 수 없지만 가정법원이 예외를 허용할 수 있는 반면, 피한정후견인은 행위능력을 가지지만 가정법원이 동의유보를 통하여 능력을 제한할 수 있고, 동의유보가 있어야 비로소 그 범위에서 피한정후견인의 행위능력이 제한된다고 이해할 수도 있다(양자는 독자적으로 할 수 있는 행위의 범위 또는 방향성에 차이가 있다).

그러나 「상황독립적」인 약자로서 사무를 처리할 능력이 지속적으로 부족한 피한정후견인은 일반적인 보호를 요하므로, 독자적으로 한 법률행위의 구속으로부터 벗어날 수 있어야 하고, 그렇다면 피한정후견인은 제한능력자로서 「보호」받아야 한다(민사소송법 제55조 제2항도 참조). 한편 한정후견개시의 심판을 할 때 법원이 「직권으로」 한정후견인을 선임해야 함에 비추어 동의유보를 동반하지 않는 한정후견개시심판은 현실적으로 상정하기 어렵다. 만일 피한정후견인이 제한능력자가 아니라면, 제135조 제2항이나 제141조 단서의 적용도 배제되어 피한정후견인에게 불리할 수 있는데, 이것이 제도 도입의 취지는 아닐 것이다.

(2) 여기에도 몇 가지 예외가 있다. ① 가정법원이 동의를 요하는 것으로 정한 범위 밖의 행위를 피한정후견인이 독자적으로 할 수 있음은 당연하다. 나아가 타인의 대리행위, 근로계약의 체결과 임금의 청구 등도 피한정후견인이 독자적으로 할 수 있으며, 일용품의 구입 등 일상생활에 필요하고 그 대가가 과도하지 않은 법률행위는 취소할 수 없다(제13조 제4항 단서). ② 한정후견인의 동의를 요하는 행위에 대하여 피한정후견인의 이익을 해칠 염려가 있음에도 한정후견인이 동의를 하지 않는 경우에, 피한정후견인은 한정후견인의 동의에 갈음하는 가정법원의 허가를 받아서 단독으로 할 수 있다(제3항). ③ 동의를 요하는 행위라도 한정후견인이 추인하면 유효로 된다. ④ 피한정후견인의 행위능력 제한은 가족법상의 행위에 미치지 않는다. 다만 피한정후견인의

신상결정 등에 관해서는 제947조의2가 한정후견사무를 정하는 제959조의6에 의하여 준용됨에 따라 성년후견에서와 다르지 않다.

다. 능력보충기관 [1185]

(1) 피한정후견인의 제한된 행위능력을 보충하기 위하여 가정법원은 한정후견개시의 심판을 할 때 직권으로 한정후견인을 선임해야 한다(제959조의2, 제959조의3 제1항). 후견감독인에 관하여 제959조의5 참조.

(2) 한정후견인은 —동의를 요하는 범위에서— 동의권과 대리권 및 취소권을 가진다. 그런데 대리권을 수여하는 가정법원의 심판이 있어야 그 범위에서 대리권을 행사할 수 있다(제959조의4 제1항).

라. 한정후견의 종료

(1) 한정후견개시의 원인이 소멸된 경우에, 가정법원은 본인, 배우자, 4촌 이내의 친족, 한정후견인, 한정후견감독인, 검사 또는 지방자치단체의 장의 청구에 의하여 한정후견종료의 심판을 해야 한다(제14조). 가정법원이 피한정후견인에 대하여 성년후견개시의 심판을 할 때에도 종전의 한정후견을 종료하는 심판을 해야 한다(제14조의3 제1항).

(2) 한정후견종료의 심판은 장래에 향하여 효력을 가진다.

4. [보론] 특정후견 [1186]

가. 피특정후견인의 의의

(1) 피특정후견인이란 질병, 장애, 노령 그 밖의 사유로 인한 정신적 제약으로 일시적 후원 또는 특정한 사무에 관한 후원이 필요한 사람으로서 가정법원으로부터 특정후견개시의 심판을 받은 이를 말한다(제14조의2).

(2) 특정후견의 요건을 본다.

① 실질적 요건으로 질병, 장애, 노령 그 밖의 사유로 인한 정신적 제약으로 일시적인 또는 특정한 사무에 관한 "후원"이 필요해야 한다. 성년후견이나 한정후견에서 제약이 지속적 · 포괄적이어야 함에 반해서, 여기서의 제약은 일시적 · 한정적인 것이다. 가정법원은 특정후견개시의 심판을 할 때 의사나 그 밖의 적당한 이의 의견을 들어야 한다(가사소송법 제45조의2 제2항).

② 절차적 요건으로 본인, 배우자, 4촌 이내의 친족, 미성년후견인, 미성년후견감독인, 검사 또는 지방자치단체의 장의 청구가 있어야 한다(제959조의20 제1항도 참조). 그런데 특정후견은 본인의 의사에 반하여 할 수 없지만(제14조의2 제2항), 그렇다고 하여 적극적인 동의를 요하는 것은 아니다.

③ 위의 요건들이 충족되면 가정법원은 특정후견의 심판을 해야 한다(후견등기법 제20조, 제25조 제1항 제7호도 참조).

나. 피특정후견인의 행위능력 [1187]

특정후견의 심판을 하는 경우에 가정법원은 특정후견의 기간 또는 사무의 범위를 정해야 하는데(제14조의2 제3항), 특정후견의 심판이 있더라도 피특정후견인의 행위능력이 제한되지는

않는다.[27]

다. 특정후견인

(1) 가정법원은 피특정후견인의 후원을 위하여 필요한 처분을 명할 때 그 처분의 하나로 피특정후견인을 후원하거나 대리하기 위한 특정후견인을 선임할 수 있다(제959조의8, 제959조의9 제1항). 후견감독인에 관하여 제959조의10 참조.

(2) 피특정후견인의 후원을 위하여 필요하다고 인정되면 가정법원은 기간이나 범위를 정하여 특정후견인에게 대리권을 수여하는 심판을 할 수 있고(제959조의11 제1항), 특정후견인은 그 한도에서 대리권을 가진다.[28] 그리고 특정후견의 심판에 의하여 피특정후견인의 행위능력이 제한되지 않는다고 보아야 하므로, 특정후견인은 취소권 및 동의권을 가지지 않는다.

라. 특정후견의 종료

(1) 가정법원이 심판에서 정한 기간이 도과하거나 특정사무의 처리가 종료되면 특정후견은 그 효력을 잃는다. 가정법원이 피특정후견인에 대하여 성년후견개시 또는 한정후견개시의 심판을 할 때에도 종전의 특정후견을 종료하는 심판을 해야 한다(제14조의3 제1항, 제2항).

(2) 특정후견종료의 심판은 장래에 향하여 효력을 가진다.

[1188] Ⅳ. 제한능력자의 상대방 보호

1. 상대방 보호의 필요성

(1) 제한능력자의 법률행위는 취소될 수 있다(유동적 유효. [1195] 참조). 그런데 취소권자가 제한능력자측으로 한정되므로(제140조 참조) 제한능력자와 거래한 상대방(이하 "G"라 한다)은 제한능력자측의 결정을 기다려야 한다.[29] 이에 더하여 법률행위가 취소되면 부당이득을 반환해야 하는데, 제한능력자는 선·악의를 불문하고 이익이 현존하는 한도에서만 반환의무를 부담한다(제141조 단서). 제한능력자와 거래하였다는 이유만으로 G를 이러한 불리한 지위에 장기간 방치하는 것은 바람직하지 않다.

(2) 제141조 단서를 차치하면 G의 불안정한 지위는 취소 일반에 관한 현상이다. 그래서 법은 법률행위의 취소에 관한 일반적 제도로 취소권의 행사기간(제146조)과 법정추인(제145조)을 규정한다. 그러나 행사기간 자체가 장기일 뿐만 아니라 법정추인도 예외적이어서, G는 여전히 불리한 지위에서 벗어나지 못한다. 여기서 법은 행위능력제도의 취지를 해치지 않는 범위에서 제한능력자 보호에 따른 「날벼락」을 맞을 수 있는 G를 배려하기 위한 특칙을 둔다.

[1189] 2. 확답을 촉구할 권리

가. 의 의

(1) G는 제한능력자측에 대하여 취소할 수 있는 행위를 추인할 것인지의 확답을 촉구할 수

---

27) 제한능력자의 상대방 보호에 관한 규정들(제15조 이하) 앞에 위치한다는 규정의 체계 및 후견등기법의 규정내용(특히 제25조 제7호) 등을 고려하여 피특정후견인도 제한능력자라고 새길 여지도 있지만, 그에 동의하기 어려움에 관하여 講義, [1181] 참조.

28) 성년후견이나 한정후견에서와 달리 피후견인의 신상결정 등에 관한 권한을 가지지는 않는다.

29) 이는 취소나 추인이 있기까지 G로서는 법률행위의 유효와 무효 모두에 대비해야 함을 의미한다.

있고, 이에 대한 응답이 없으면 법률이 정하는, 취소 또는 추인의 효과가 발생한다. G가 일방적으로 「유동적」인 상태에서 벗어날 수 있도록 하는 이러한 수단을 확답촉구권(確答促求權) 또는 종래의 용어례에 따라[30] 최고권(催告權)이라고 하는데, 형성권의 일종이다.[31]

(2) 촉구한 G의 의도와 관계없이 그 효과가 법률규정에 의하여 결정된다는 점에서 확답촉구의 법적 성질은 「의사의 통지」이다([1066] 참조).

나. 확답촉구의 요건

(1) G는 ① 문제의 취소할 수 있는 행위를 적시하고, ② 1월 이상의 유예기간을 정하여 ③ 추인하겠는지에 대한 확답을 촉구해야 한다(제15조 제1항). G의 선 · 악의는 문제되지 않는다.

(2) 확답촉구는 추인할 수 있는 이에게 해야 한다(제140조, 제143조). 따라서 제한능력자는 능력자로 된 후에만 확답촉구의 상대방일 수 있고(제15조 제1항), 능력자로 되지 못한 경우에는 법정대리인에게 해야 한다(제2항).

다. 확답촉구의 효과 [1190]

(1) 제한능력자측의 확답, 즉 추인 또는 취소가 있으면 그에 따른 효과가 발생하는데, 이는 추인 또는 취소라는 의사표시의 효과이고, 확답촉구 자체의 효과가 아니다. 반면 제한능력자측이 유예기간(확답촉구가 도달한 때부터 기산한다) 내에 확답을 발송하지 않은 경우에, G의 의도와 관계없는, 확답촉구 자체의 「법정된」 효과가 발생한다.

(2) 확답촉구(에 대한 침묵)의 효과는 ① 제한능력자가 능력자로 된 후에 확답촉구를 받았다면 추인한 것으로 보고(제15조 제1항), ② 법정대리인이 확답촉구를 받았는데 그가 단독으로 추인할 수 있었다면 역시 추인한 것으로 보지만(제2항), ③ 추인을 하려면 특별절차(예: 후견감독인의 동의)를 밟아야 하는데 유예기간 내에 그 절차를 밟은 확답을 발하지 않으면 취소한 것으로 본다(제3항). ①, ②의 경우에 확답촉구의 상대방이 취소할 수 있음에도 유동적 상태를 제거하기 위한 아무런 조치를 취하지 않은 것으로부터 현재의 유효상태에 대한 이의가 없다는 의사를 추측하여 추인을 의제한 반면(이를 「의제된 법률행위」라 한다), 추인의 상대방이 독자적으로 추인할 수 없는 ③의 경우에는 확답촉구를 받고도 아무런 조치를 취하지 않는 것으로부터 유동적 유효상태를 확정적으로 유효하게 만들지 않겠다는 의사를 추측한 것이다.

3. 철회 · 거절권 [1191]

(1) G가 제한능력자측에 대하여 확답촉구를 하더라도 취소할 수 있는 행위의 효력은 여전히 제한능력자측에 좌우될 뿐만 아니라 G가 행위의 효력발생을 원하지 않는 경우에는 확답촉구가 적절한 보호책이 될 수 없다. 그래서 민법은 철회나 거절을 통하여 G가 스스로 법적 구속으로부터 벗어날 수 있도록 한다.[32] 그런데 철회권이나 거절권은 제한능력자의 법률행위가 유동적인 상태에서 그 상태를 벗어날 수 있게 할 뿐이어서, 제한능력자측의 추인이 있기 전에만 철회나 거절이 가능하다.

30) 제15조를 제외한 나머지 조문에서는 최고라는 용어가 그대로 사용된다. 제131조, 제552조 외에 특히 개정 후의 제952조가 그러하다.
31) 법률행위의 효력을 조기에 확정할 수 있다는 의미에서.
32) 확답촉구권은 —제한적이기는 하지만— G가 법률행위의 효력발생을 원하는 경우에 유용한 반면, 철회권과 거절권은 그 효력발생을 원하지 않는 경우에 의미를 가진다.

(2) G는 제한능력자측의 추인이 있기 전까지 자기의 의사표시를 철회(撤回)할 수 있는데, 법정대리인뿐만 아니라 제한능력자에게도 철회할 수 있다(제16조 제1항 본문, 제3항). 다만 G는 선의여야 한다. 즉 계약 당시 상대방이 제한능력자임을 알았다면(즉 보호가치가 부정된다면) G의 철회권이 인정되지 않는다(제1항 단서).

G가 자기의 의사표시를 철회하면, 계약은 처음부터 없었던 것으로 되어 제한능력자측에서 더 이상 추인할 수 없다.

(3) 제한능력자의 (상대방 있는) 단독행위에 대하여 G는 제한능력자측의 추인이 있기 전까지 제한능력자나 그 법정대리인에 대하여 제한능력자의 의사표시를 거절(拒絕)할 수 있다(제16조 제2항, 제3항). 철회와 달리 G의 선·악의는 문제되지 않는다.[33)]

G가 제한능력자의 의사표시를 거절하면, 그 단독행위는 그 효력을 잃는다(무효).

[1192] 4. 취소권의 배제

가. 개 관

(1) 제한능력자가 자기를 능력자로 믿게 하거나 법정대리인의 동의/허락이 있는 것으로 믿게 하려고 속임수를 쓴 경우에, G는 사기를 이유로 자기의 의사표시를 취소하거나(제110조 제1항) 손해가 있으면 불법행위에 의한 손해배상(제750조)을 구할 수 있다. 민법은 나아가 보호가치 없는 제한능력자로부터 취소권을 박탈함으로써 G가 당초 예기한 대로의 효과를 발생케 하여 거래의 안전을 보호한다(제17조).

(2) 아래의 요건이 충족되면 제한능력자측의 취소권이 배제된다. 즉 제한능력자 본인뿐만 아니라 법정대리인 기타의 취소권자도 제한능력을 이유로 의사표시를 취소할 수 없다.[34)]

[1193] 나. 요 건

(1) 제한능력자가 자기를 능력자로 믿게 하거나 법정대리인의 동의/허락이 있는 것으로 믿게 하려고 했어야 한다(제17조 제1항, 제2항). 그런데 법정대리인의 동의/허락이 있는 것으로 믿게 한 것은 당연히 미성년자와 피한정후견인의 경우에 한한다.

(2) 제한능력자가 "속임수"[35)]를 썼어야 한다. 여기서 속임수란 기망을 의미하는데, 그 정도에 관하여 판례[36)]는 적극적 기망수단(예: 주민등록증의 변조, 법정대리인의 동의서 위조)을 요한다고 하는 반면, 학설은 대체로 적극적인 기망수단 외에 상당한 정도와 방법으로 오신을 유발하거나 강하게 하는 것도 포함되며 경우에 따라 단순한 침묵도 속임수에 해당한다고 한다. 그런데 속임수는 적극적 기망이어야 하고, 특히 단순한 침묵은 속임수에서 제외되어야 하지만, 행위능력제도의 취지에 반하지 않는 한도에서 G의 오신을 강화하는 등의 특수한 사정이 있는 경우에 예외적으로 침묵도 속임수에 포함시켜 거래의 안전을 도모할 수 있을 것이다.

속임수에 대한 증명책임은 상대방이 진다.[37)]

33) 제한능력자의 단독행위에서 G는 소극적 지위를 가질 뿐이다.
34) 그 밖의 사유에 기한 취소 등이 허용됨은 당연하다.
35) 종전에는 사술(詐術)이라고 하였다.
36) 대판 1971.12.14. 71다2045.
37) 앞의 71다2045 판결.

(3) G가 오신(誤信)했어야 한다. 즉 제한능력자의 속임수에 의하여 G가 제한능력자를 능력자로 믿거나 법정대리인의 동의/허락이 있다고 믿었어야 한다. 오신에 대한 G의 과실 유무는 문제되지 않는다.

(4) G가 그러한 오신에 기하여 제한능력자와 법률행위를 했어야 한다. 즉 오신과 법률행위 사이에 인과관계가 있어야 한다.

제 3 절 법률행위의 무효와 취소

제 1 관 기본법리

1. 서 설 [1194]

(1) 법률행위가 성립하면 그 효력이 발생하지만, 지금까지 살펴본 무효사유 중 어느 하나라도 있으면, 법률행위는 당사자가 원한 효과를 발생시킬 수 없다. 이처럼 법에 의하여 효력부여가 거부되는 경우를 통틀어 넓은 의미에서 무효(無效)라 할 수 있다.

(2) 무효라고 할 때 이는 법률행위의 효력(效力)이 발생하지 않는다는 것이고, 여기서 효력은 법률효과 중 특히 「의사표시의 내용에 따른」 법률효과만을 가리킨다(제550조 및 제568조 참조).[1)]

2. 무효와 취소 [1195]

가. 개 념

(1) 성립한 법률행위의 효력이 거부되는 경우(넓은 의미의 무효)로, 법률행위를 무효로 할 권리를 가진 이가 그 권리를 행사함으로써 비로소 무효로 되는 「취소」와 처음부터 효력이 발생하지 않는 「무효」의 두 가지가 있다.

(2) 좁은 의미에서 무효(無效)란 법률행위가 성립한 때부터 그 효력이 발생하지 않는다고 확정된 것을 말한다.

민법상 무효사유로 의사무능력([1167] 참조), 강행규정 위반(제105조 참조), 사회질서 위반(제103조), 불공정한 법률행위(제104조), 진의 아닌 의사표시(제107조 제1항 단서), 허위표시(제108조 제1항), 무권대리행위(제130조), 원시적 불능(제535조 참조) 등.

(3) 법률행위의 취소(取消)란 유효하게 성립한 법률행위의 효력을 특정인의 의사표시에 의하여 행위시에 소급하여 무효로 하는 것을 말한다. 여기서 취소할 수 있는 지위를 취소권(取消權)이라 하는데, 형성권에 속한다. 그리고 취소할 수 있는 행위는 일단 유효하지만, 취소에 의하여 비로소 무효로 되는데, 이러한 상황을 유동적(流動的)/잠정적 유효라고 표현한다. 반면 취소권이 그 행사 전에 소멸하면(추인 또는 제척기간의 경과 등에 의하여) 법률행위는 확정적으로 유효로 된다.

그런데 법률행위의 취소에 관한 제140조 이하는 제한능력 또는 의사표시의 흠(착오나 사기 · 강박)을 이유로 하는 취소(제5조 제2항, 제10조, 제13조, 제109조, 제110조)에 한하여 적용된다.[2)]

1) 법률행위가 무효라고 하여 아무런 「효과」도 없는 것은 아니다. 원시적 불능의 경우에 제535조에 따라 신뢰이익 배상책임이 발생하는 것처럼 법률행위가 무효라도 법률이 정하는 그 밖의 법률효과가 발생할 수 있다. 그러나 이는 당사자가 원한 효과가 아니다.

한편 취소는 이미 발생한 법률행위의 효력을 소급적으로 소멸케 한다는 점에서 법률행위의 효력이 발생하기 전에 그 발생을 저지하는 철회(撤回)와 구별된다(제527조, 제134조, 제1108조 참조).

[1196] **나. 무효와 취소의 이동(異同)**

(1) 무효인 법률행위는 처음부터 당연히 효력이 발생하지 않는 반면, 취소할 수 있는 법률행위는 취소에 의하여 비로소 효력이 부정되고, 취소가 있기 전에는 유효하다. 이러한 차이에도 불구하고 법률행위의 효력이 부정된다는 점, 그것도 취소에 소급효가 인정되므로 법률행위의 효력이 처음부터 발생하지 않은 것으로 된다는 점(제141조 참조)에서 본질적 차이는 없다.[3] 한편 무효의 경우에 아무런 행위를 요하지 않는다고 하지만 무효 자체가 직권탐지사항은 아니기 때문에 소송에서는 변론주의[4]에 따라 당사자가 이를 주장해야 한다.

(2) 법기술적 관점에서 무효와 취소의 차이를 본다. 먼저 ① 무효인 행위는 누구도 효력 없음을 주장할 수 있는 반면, 취소할 수 있는 행위는 제140조에 규정된 취소권자만이 그 효력을 소멸시킬 수 있다. ② 취소할 수 있는 행위는 일단 유효하다가 취소에 의하여 소급적으로 무효로 되는 불확정한 상태의 것이다. 따라서 법률관계를 조기에 안정시키기 위하여 제146조가 취소권의 행사기간을 제한한다. 반면 무효인 법률행위에서는 이러한 기간제한이 문제되지 않는다. ③ 무효인 행위도 취소할 수 있는 행위도 모두 추인의 대상이지만 그 의미가 다르고, 법정추인도 취소할 수 있는 행위에만 관련된다.

(3) 어떤 사유를 무효사유로 하고 어떤 사유를 취소사유로 할 것인지는 입법정책의 문제이다.[5] 그런데 취소는 당사자 일방을 보호하기 위하여 그에게 선택권을 줄 필요가 있는 경우에 실질적인 의미를 가지는데, 상대방의 불안정한 지위를 고려하여 취소권의 행사 및/또는 소급효에 제약을 가한다.

[1197] **다. 무효와 취소의 이중효**

어느 법률행위가 무효사유와 취소사유를 모두 포함하는 경우(예: 제한능력자가 의사무능력상태에서 한 법률행위)에, 양 사유의 관계가 문제된다. 그런데 무효란 법률행위의 「효력」발생이 저지되었음을 의미할 뿐, 무효인 법률행위라고 해서 아무 것도 없는 상태는 아니므로, 당사자는 무효에 따른 효과(제535조 참조)를 제거하기 위하여(경우에 따라서는 무효인지 여부가 확실하지 않은 경우에 법률관계를 명확하게 하기 위하여) 무효인 법률행위를 취소할 수 있다. 이를 무효와 취소의 이중효(二重效)라고 한다. 판례도 이를 인정한다.[6]

---

2) 민법은 그 밖의 여러 곳에서 취소라는 용어를 쓰지만(예: 제11조, 제14조, 제22조, 제29조, 제38조, 제406조, 제816조, 제828조, 제838조, 제854조, 제884조, 제861조, 제978조), 이들의 경우에 제140조 이하가 그대로 적용되지는 않는다.

3) 다만 부당이득반환청구권의 행사시기 및 그에 따른 「소멸시효」의 기산점은 무효와 취소에서 다르다.

4) 변론주의(辯論主義)는 소송자료, 즉 사실과 증거의 수집 및 제출의 책임을 당사자에게 맡기고, 당사자가 수집하여 변론에 제출한 소송자료만을 재판의 기초로 삼아야 한다는 원칙이다(이와 달리 당사자가 주장하지 않은 사실도 법원이 스스로의 책임과 직권으로 수집하여 판결의 기초로 삼아야 하는 경우를 직권탐지주의라 한다). 그런데 변론주의의 적용대상인 사실은 권리의 발생이나 소멸 등 법률효과의 판단에 직접 필요한 주요사실을 말한다. 반면 주요사실의 존재를 추인케 하는 간접사실은 변론주의의 적용대상이 아니다(따라서 자백이 성립하지 않는다).

5) 착오가 의용민법에서 무효사유였으나, 현행법에서는 취소사유이다.

6) 대판 1991.8.27. 91다11308은, 매매계약이 적법하게 해제된 후에도 계약해제의 효과로서 발생하는 손해배상책임을 지는 등의 불이익을 면하기 위하여 취소권을 행사할 수 있다고 하였는데, 선의의 제3자가 보호되는 상대적 무효/취소와 관련해서도 이중효가 중요한 의미를 가질 수 있다.

3. 취소의 당사자와 방법 [1198]

가. 취소의 당사자

(1) 제140조는 취소권자를 한정적으로 열거한다: "제한능력자, 착오로 인하거나 사기 · 강박에 의하여 의사표시를 한 자, 그의 대리인 또는 승계인".

이들을 개별적으로 본다. ① 제한능력자도 독자적으로(즉 법정대리인의 동의 없이) 법률행위를 취소할 수 있다. ② 착오로 인하거나 사기 · 강박에 의하여 의사표시를 한 이는 자기의 의사표시를 취소할 수 있다. ③ 여기서 대리인은 제한능력자나 착오로 또는 사기 · 강박에 의하여 의사표시를 한 이의 대리인을 말하며, 임의대리인과 법정대리인을 가리지 않는다. 그런데 제한능력자의 법정대리인은 제한능력자의 취소권을 대리행사하는 것이 아니라 능력보충기관으로서 고유의 취소권을 가지는 반면, 임의대리인이 취소권을 행사하기 위해서는 본인의 수권이 있어야 한다. ④ 승계인은 포괄승계인인지 특정승계인인지를 묻지 않지만, 취소권만의 승계는 인정되지 않는다.

그런데 하나의 취소원인에 기하여 2인 이상이 취소권을 가지는 경우[7]에, 그중 누구라도 취소하면 취소의 효력이 발생한다. 제146조의 제척기간과 관련해서도 한 사람의 취소권이 소멸하면(제144조 제2항 참조) 다른 이의 취소권도 소멸한다고 보아야 한다.

(2) 취소할 수 있는 법률행위의 상대방이 있으면 그 상대방에 대하여 취소해야 한다(제142조). 상대방이 그 행위로 취득한 권리를 양도하였더라도 양수인이 아니라 원래의 상대방에 대하여 취소해야 한다. 법률행위의 상대방이 복수라면 취소의 의사표시도 상대방 모두에게 행해져야 하는데, 상대방의 일부에 대해서만 취소의 의사표시가 행하여졌다면 취소의 효력이 없다.[8]

한편 상대방 없는 단독행위에서 취소의 의사를 적당한 방법으로 외부에 알리기만 하면 된다. 다만 상대방 없는 단독행위에 기하여 직접 법적 이익을 취득한 이가 있다면, 그 이에 대하여 취소가 행해져야 할 것이다.

나. 취소의 방법 [1199]

(1) 취소권은 형성권(形成權)이므로, 취소권자는 일방적 의사표시에 의하여 취소권을 행사할 수 있는데, 조건을 붙일 수 없다(제493조 제1항 후문 참조). 그리고 취소의 의사표시가 특별한 방식을 요하지 않는데, 취소를 전제로 부당이득의 반환을 구하는 소장 부본의 송달과 같이 묵시적으로 행하여질 수도 있다.[9]

(2) 취소의 의사표시에 취소원인이 진술되어야 하는지에 관하여 판례는 부정적이다.[10] 그러나 복수의 취소원인이 경합하는 경우에, 당해 취소의 의사표시가 어떤 취소원인에 기한 것인지를 상대방이 인식할 수 있어야만 상대방 보호에 소홀함이 없을 것임에 비추어 검토를 요한다.[11]

---

7) 예: 제한능력자의 법률행위에 대하여 제한능력자와 법정대리인이 각자 취소권을 갖는 경우.

8) 다만 취소의 의사표시를 받은 일부의 상대방에 대하여 법률행위의 효력이 부인될 수 있다면 그 한도에서 취소의 효력이 발생한다고 할 것이다.

9) 「취소한다」라는 표현이 사용되지 않았더라도 해석을 통하여 표의자의 의사표시로부터 착오 등을 이유로 의사표시의 효력을 소급적으로 배제하려는 의사가 드러나면 된다.

10) 취소원인의 진술이 없더라도 취소의 의사표시는 유효하다고 한 대판 2005.5.27. 2004다43824 참조. 다만 대판 2002.9.24. 2002다11847: "강박을 이유로 증여의 의사표시를 취소함에 있어서는 그 상대방에 대하여 적어도 그 의사표시 자체에 하자가 있으므로 이를 취소한다거나 또는 강박에 의한 증여이니 그 목적물을 반환하라는 취지가 어느 정도 명확하게 표명되어야 한다."

11) 가령 제한능력을 이유로 한 취소는 절대적 효력이 있는 반면, 사기를 이유로 한 취소는 선의의 제3자에게 대항하지 못한다는 점에 차이가 있는데, 취소의 상대방이나 제3자로서 어느 사유에 기한 취소인지를 알 수 있어야 한다. 같은 취지에서 제한능력자가 사기를 이유로 취소를 한 후에라도 선의의 제3자에게 대항하기 위하여 제한능력을 이유로 취소할 수 있다고 보아야 한다.

[1200] ## 4. 일부무효와 일부취소

가. 일부무효의 개념

(1) 무효사유가 법률행위의 일부에만 존재하더라도 법률행위 전부가 무효이지만, 당사자 쌍방이 법률행위 당시 일부무효임을 알았다면 나머지 부분만으로 법률행위를 하였을 것으로 인정되는 때에는 나머지 부분은 유효하다(제137조). 이러한 민법의 태도는, 법률행위의 일부에 관해서라도 무효사유가 존재하면 효력 부여를 전면적으로 거부하는 「기본값」과 당사자의 가정적 의사에 기하여 나머지 부분(잔부)에 대하여 효력을 부여하는 「예외」의 관계로 이해될 수 있지만, 입법론으로는 효력유지의 관점에서 검토를 요한다.

(2) 제137조 단서에 의하여 잔부가 유효한 경우에, 무효로 탈락된 부분은 보충적 해석으로 메꾸어진다.

(3) 일부무효의 법리는 복수의 계약이 체결되었는데 그 계약 전부가 경제적, 사실적으로 일체로서 행하여져서 하나의 계약인 것과 같은 관계에 있는 경우에도 적용되는데,[12] 계약 전부가 일체로서 하나의 계약인 것과 같은 관계에 있는 것인지는 계약체결의 경위와 목적 및 당사자의 의사 등을 종합적으로 고려하여 판단해야 한다.[13]

[1201] ### 나. 잔부(殘部)유효의 요건

(1) 제137조 단서가 적용되어 잔부가 유효하려면, ① 하나의 법률행위, ② 법률행위의 가분성 및 ③ 당사자의 가정적 의사의 세 요건이 충족되어야 한다. 잔부의 유효를 주장하는 이가 ①과 ②를 증명해야 하고, 「가정적 의사」는 증명이 아니라 탐구의 대상이다.

(2) 우선 하나의 법률행위가 있어야 한다. 법률행위가 하나인지는 법률행위 당시의 당사자의 의사에 의하여 판단한다.[14] 복수의 법률행위가 상호 밀접한 관련성을 가지는 경우(예컨대 금전소비대차와 근저당권설정계약 또는 보증계약)에도 일체성이 인정된다.

(3) 하나의 법률행위가 가분적이어야 한다. 여기서 가분성(분할가능성)은 무효부분이 떨어져 나가더라도 나머지 부분이 독립한 법률행위로 존재할 수 있음을 의미하며, 나머지 부분의 독립성은 법률행위의 목적을 고려하여 결정한다. 법률행위의 가분성은 법률행위의 내용, 당사자 또는 기간과 관련하여 인정될 수 있다.[15]

(4) 무효부분이 없더라도 법률행위를 하였을 것이라는 요건은 당사자의 가정적(假定的) 의사에 의하여 결정된다. 여기서 가정적 의사는 실재하는 의사가 아니라 법률행위의 일부가 무효임을 법률행위 당시에 알았다면 당사자 쌍방이 원했을 의사를 말하므로, 법률행위 당시를 기준으로 당사자들이 추구하는 목적 등을 고려하여 당사자가 일부무효인 사정을 알았더라면 어떤 합의를 하였을 것인지를 탐구해야 한다.[16]

---

12) 대판 2023.2.2. 2019다232277.

13) 대판 2022.3.17. 2020다288375: 아파트 조성사업을 하는 지역주택조합의 가입계약과 안심보장증서상 환불보장약정이 일체로서 체결된 것으로 본 사례.

14) 임대차와 매매처럼 전혀 별개의 행위라도 자기 소유의 건물에서 식료품가게를 운영하던 A가 B에게 가게를 임대하고 가게의 상품을 전부 매도하였다면 일체성을 인정할 수 있다.

15) 여러 개의 물건을 총액으로 매수한 경우에도, 그 총액이 개개의 물건의 가격에 기초하여 결정되었다면 가분적일 수 있다.

16) A, B, C가 동업계약을 체결하였는데 C에 관한 부분이 무효인 경우에, A와 B가 C의 출자를 전제로 계약을 체결하였다면 그 무효가 동업계약 전부의 무효를 결과지울 것인 반면, C의 참여가 A와 B에게 그다지 중요하지 않다면 동업계약은 A와 B 사이에서 유효할 것이다.

그런데 가정적 의사를 탐구할 때 「잔부유효」가 계약의 수정이라는 결과로 귀결되지는 않는지를 신중하게 고려해야 한다. 즉 합리적인 제3자의 입장에서 납득할 수 있는 상당한 기준이 있다면 그것을 넘는 부분을 무효로 하더라도 문제될 것이 없다(제398조 제2항도 참조).[17] 반면 수용가능한 기준이 없다면 가정적 의사의 탐구에 엄격해야 한다.[18]

다. 일부무효법리의 적용한계 [1202]

(1) 제137조는 임의규정이므로, 효력규정에 위반되지 않는 범위에서 당사자의 명시적 또는 묵시적 약정이 있으면 그에 의한다.[19]

(2) 일부무효의 효과를 정하는 규정(제415조, 제591조 제1항, 제651조 제1항 등)이 있으면 그에 따른 효과가 주어지고, 제137조가 적용되지 않는다. 그리고 계약이 무효인 경우에 그에 포함된 위약금약정이나 부제소특약도 무효이다.[20]

(3) 법률행위의 일부가 효력규정에 위반되어 무효인 경우에, 당해 효력규정의 취지를 고려해야 한다. 즉 나머지 부분을 무효로 한다면 당해 효력규정의 취지에 명백히 반하는 결과가 초래되는 때에는 나머지 부분까지 무효가 된다고 해서는 안 된다.[21]

(4) 복수의 계약이 주종관계에 있다면 주된 계약(예: 소비대차)의 실효는 당연히 종된 계약(예: 대여금채권을 위한 보증)의 실효를 초래하지만(제100조 제2항의 유추), 그 밖의 경우에 어느 한 계약이 무효나 취소 등으로 실효되면 제137조의 유추에 의하여 다른 계약의 운명이 결정되어야 한다.[22]

라. 일부취소 [1203]

(1) 일부취소란, 법률행위의 일부에 취소사유가 있는 경우에 취소권자가 그 부분만 취소하는 것을 말한다.

(2) 일부무효와 마찬가지로 법률행위의 일부를 취소하려면 ① 일체로서 법률행위가 ② 가분적이고,[23] ③ 그 법률행위의 일부에 취소사유가 존재해야 한다. 그 밖에 ④ 나머지 부분을 유지하려는 당사자의 의사가 있어야 하지만, (실재하는 의사가 없더라도) 가정적 의사가 인정되면 되고,

---

17) 제608조와 관련하여 제607조가 정하는 기준을 넘어서는 부분에 관하여 정산의무를 인정한 판례의 태도([2710] 참조)는 이러한 맥락에서 이해할 수 있다.

18) 대판 2010.7.15. 2009다50308([1164]에 소개된) 참조.

19) 대판 2010.3.25. 2009다41465는. 복수의 당사자 사이에 합의가 있었는데 그중 한 당사자(A)의 의사표시가 무효인 경우에, 나머지 당사자들이 처음부터 A의 의사표시가 무효라도 자신들은 약정내용대로 이행하기로 하였다면 무효부분을 제외한 나머지 부분만을 유효로 하겠다는 것이 당사자의 의사라고 보아야 하므로, 그 당사자들 사이에서는 가정적 의사가 무엇인지 가릴 것 없이 무효부분을 제외한 나머지 부분은 그대로 유효하다고 했다.

20) 앞의 2009다50308 판결. 반면 무효인 경우에 대비하기 위한 관할조항이나 중재조항은 유효하다.

21) 대판 2010.7.22. 2010다23425; 대판 2022.5.26. 2020다253515. 회사가 직원들을 유상증자에 참여시키면서 퇴직시 출자손실금을 전액 보전해 주기로 약정한 경우에, 위 손실보전약정이 무효라는 이유로 신주인수계약까지 무효로 되지는 않는다고 한 대판 2007.6.28. 2006다38161 · 38178도 참조.

22) 가령 종된 행위가 무효인 경우에는 제137조가 적용되는데, 대판 2004.6.11. 2003다1601은, 담보제공약정이 효력규정에 위반하여 무효라도, 그와 일체로 이루어진 대출약정까지 무효로 된다고는 할 수 없다고 하였다.
그에 앞서 조건의 법리가 적용될 수 있음은 물론이다. 일부취소에 관한 대판 2013.5.9. 2012다115120: “여러 개의 계약이 체결된 경우에 […] 각 계약이 전체적으로 경제적, 사실적으로 일체로서 행하여진 것으로 그 하나가 다른 하나의 조건이 되어 어느 하나의 존재 없이는 당사자가 다른 하나를 의욕하지 않았을 것으로 보이는 경우 등에는, 하나의 계약에 대한 기망취소의 의사표시는 법률행위의 일부무효이론과 궤를 같이하는 법률행위 일부취소의 법리에 따라 전체 계약에 대한 취소의 효력이 있다.” 임차권의 양수인 X가 양도인 Y의 기망행위를 이유로 Y와 체결한 임차권양도계약 및 권리금계약을 각 취소 또는 해제한다고 주장한 사안에서, 권리금계약은 임차권양도계약과 결합하여 전체가 경제적 · 사실적으로 일체로 행하여진 것으로서, 어느 하나의 존재 없이는 당사자가 다른 하나를 의욕하지 않았을 것으로 보이므로 권리금계약부분만 따로 떼어 취소할 수 없다고 한 사례이다.

23) 착오취소와 관련하여 대판 2020.5.14. 2016다12175: “하나의 계약에 포함되어 있는 개별약정이 다수의 법률행위로 분리된 것으로 보아야 하는지는 당사자에게 주관적으로 이러한 약정을 다수의 법률행위로 분리할 수 있는 것으로 하겠다는 의사의 합치가 있는지, 이러한 약정이 객관적으로 다수의 법률행위로 분리될 수 있는지 여부 등을 종합적으로 고려하여 결정하여야 한다.”

판례의 입장도 같다.[24]

(3) 일부취소가 있으면 그 부분만이 소급적으로 무효로 되고 나머지 부분은 유효하지만, 당사자의 가정적 의사에 의하여 법률행위 전부가 무효로 될 수 있다.[25][26]

[1204]
5. 유동적 무효

(1) 법률행위의 무효 중 추인 등에 의하여 행위시에 소급하여 유효로 될 수 있는 경우를 유동적(流動的) 무효라 하고, 그렇지 않은 일반적인 경우를 확정적 무효라 한다. 유동적 무효는 취소할 수 있는 행위의 유동적 유효([1195] 참조)와 대비된다.

[1205] (2) 유동적 무효의 법리는 구 국토이용관리법[27]상의 규제구역에 속하는 토지의 거래에 관한 재판례에 의하여 주목받기 시작하였으나, 그에 앞서 무권대리행위의 효력 역시 유동적 무효에 속한다.[28] 나아가 일정한 행위를 하기 위하여 허가를 받아야 한다는 강행규정을 위반한 양도계약의 경우에도 판례는 유동적 무효의 법리를 적용한다.[29][30]

---

24) 대판 1998.2.10. 97다44737; 대판 1999.3.26. 98다56607.

25) 제137조의 입장과 반대이지만, 「일부」만에 대한 취소사유를 주장하는 당사자의 의사를 고려하여 이렇게 새겨야 할 것이다.

26) A가 지능이 박약한 B를 꾀어 돈을 빌려주어 유흥비로 쓰게 하고 실제 준 돈의 두 배 가량을 채권최고액으로 하여 자기의 아내 C 앞으로 근저당권을 설정한 사안에서, A의 기망을 이유로 한 B의 근저당권설정계약 취소의 의사표시가 금전소비대차계약을 포함한 전체에 대한 취소의 효력이 있다고 한 대판 1994.9.9. 93다31191 참조.

27) 이 법은 2003년 국토계획법이 시행됨에 따라 폐지되었고, 국토계획법의 관련규정은 다시 2017년 부동산거래신고법 제11조가 아래의 판례법리를 수용함에 따라 삭제되었다.

28) 대판 1995.6.16. 94다53563 참조.

29) 사찰재산의 양도계약에 관한 대판 2001.2.9. 99다26979 참조.

30) 토지거래허가와 법률행위의 효력에 관한 재판례를 본다.
㉠ 대판(전) 1991.12.24. 90다12243은 구 국토이용관리법상의 토지거래허가를 받지 않은 토지거래계약에 관하여 이른바 유동적 무효의 법리를 채택하였는데, 그 요지는 다음과 같다: ⓐ 토지거래허가를 받기까지 거래계약은 「미완성」의 법률행위로서 물권적 효력은 물론 채권적 효력도 발생하지 않지만, 허가를 받으면 그 계약이 소급하여 유효하게 되므로 허가 후 새로 계약을 체결할 필요가 없다; ⓑ 토지거래허가는 허가 전의 유동적 무효상태에 있는 법률행위의 효력을 완성시켜 주는 인가(認可)의 성질을 가진다; ⓒ 거래계약의 당사자들 사이에 그 계약이 효력 있는 것으로 완성될 수 있도록 서로 협력할 의무가 인정되고, 이 협력의무의 이행을 소구할 수 있다; ⓓ 토지거래허가를 받기 전에는 거래계약의 효력이 없으므로 대금지급이 없었음을 이유로 계약을 해제할 수 없다.
㉡ 유동적 무효가 확정적 무효로 되는 사유로 ⓐ 토지거래허가를 배제하거나 잠탈하는 내용의 계약인 경우(대판 2010.6.10. 2009다96328), ⓑ 관할관청의 불허가처분이 확정된 경우, ⓒ 당사자의 일방 또는 쌍방이 허가신청절차협력의무를 포함하여 이행거절의사를 명백히 표시하거나(대판 1995.12.26. 93다59526) 거래계약의 존속을 더 이상 바라지 않는 경우(대판 2010.8.19. 2010다31860 · 31877) 등이 있다. 그런데 거래계약이 확정적으로 무효로 되는 데 대하여 책임 있는 이도 계약의 무효를 주장할 수 있다(대판 1997.7.25. 97다4357 · 4364).
㉢ 유동적 무효상태의 법률관계를 본다. ⓐ 유동적 무효상태에서 물권적 효력은 물론 채권적 효력도 발생하지 않으므로, 각 당사자는 상대방에 대하여 이행청구를 할 수 없으며(대판 1992.9.8. 92다19989), 이행청구권이 부인됨에 따라 채무불이행에 기한 손해배상청구나 계약해제도 인정될 여지가 없다(손해배상에 관한 대판 1994.1.11. 93다22043 및 해제에 관한 대판 1995.1.24. 93다25875). 다만 약정해제권의 행사는 가능하다(계약금계약에 관한 대판 1997.6.27. 97다9369). 한편 허가조건부 소유권이전등기청구도 허용되지 않는다(앞의 90다12243 판결). ⓑ 당사자들 사이에서 그 계약이 효력 있는 것으로 완성될 수 있도록 서로 협력할 의무가 인정되고, 이 협력의무의 이행을 소구할 수 있다. 그런데 협력의무의 이행을 청구할 때 대금채무에 관하여 이행제공을 할 필요가 없고, 따라서 매매대금의 이행제공이 없었음을 이유로 협력의무의 이행을 거절할 수 없다(대판 1996.10.25. 96다23825). 허가신청에 대한 협력을 구할 수 있는 권리는 채권자대위권(앞의 96다23825 판결. 보전의 필요성에 관하여 대판 2013.5.23. 2010다50014도 참조)이나 처분금지가처분(대판 1998.12.22. 98다44376)의 피보전권리가 된다. 그런데 매수인이 협력의무를 이행하지 않고 그 매매계약을 일방적으로 철회함으로써 매도인에게 손해를 입힌 경우에, 매수인은 「협력의무 불이행과 인과관계 있는」 손해를 배상해야 하고(대판 1995.4.28. 93다26397), 토지거래허가를 받기 위한 협력 자체를 이행하지 않거나 허가신청에 이르기 전에 매매계약을 철회하면 상대방에게 일정한 손해액을 배상하기로 하는 약정을 유효하게 체결할 수 있다(대판 1998.3.27. 97다36996). 한편 매도인과 매수인 및 제3자 사이에 제3자가 매수인의 지위를 이전받는다는 취지의 합의를 한 경우에, 그와 같은 합의는 매도인과 매수인 사이의 매매계약에 대한 관할관청의 허가가 있어야 비로소 효력이 발생하고, 허가가 없는 이상 3당사자 사이의 합의만으로 유동적 무효상태의 매매계약의 매수인지위가 매수인으로부터 제3자에게 이전하고 제3자가 매도인에 대하여 직접 토지거래허가 신청절차협력의무의 이행을 구할 수 없다(대판 1996.7.26. 96다7762). ⓒ 유동적 무효상태에서는 이미 지급한 계약금의 반환을 부당이득으로 청구할 수 없고(대판 1993.6.22. 91다21435), 확정적으로 무효로 되어야 비로소 부당이득으로 그 반환을 구할 수 있다(대판 1997.11.11. 97다36965 · 36972). ⓓ 토지거래허가구역 지정이 해제되거나 허가구역 지정기간이 만료된 후 재지정을 하지 않은 경우에, 더 이상 관할 행정청으로부터 토지거래허가를 받을 필요 없이 확정적으로 유효하게 되어 거래당사자는 그 계약에 기하여 바로 토지의 소유권 등 권리의 이전 또는 설정에 관한 이행청구를 할 수 있고, 상대방도 반대급부를 청구할 수 있다(대판(전) 1999.6.17. 98다40459). 계약체결 후 허가구역 지정이 해제되거나 허가구역 지정기간 만료 이후 재지정을 하지 않은 경우라도 이미 확정적으로 무효로 된 계약이 유효로 되는 것이 아니라는 대판 2019.1.31. 2017다228618도 참조.

제 2 관 당사자 사이의 법률관계

Ⅰ. 일반적 효과 [1206]

1. 효력의 불발생

가. 개 관

(1) 법률행위가 무효이거나 취소되면 당사자가 원한 법률효과가 발생하지 않는다. 따라서 그 법률행위에 따른 법률효과를 침해하는 것처럼 보이는 위법행위나 채무불이행이 있더라도 손해배상을 청구할 수 없다.[1] 다만 원시적 불능을 이유로 하는 무효의 경우에, 제535조에 따라 신뢰이익의 손해를 배상해야 한다. 나아가 무효인 약정에 기한 이행에 갈음하여 새로운 약정의 형식을 취하여 일부를 가감했더라도 이행청구는 허용되지 않고 부당이득의 문제가 남을 뿐이다.[2]

(2) 채권행위에만 무효/취소의 원인이 있고 그 이행으로 이미 물권행위가 행하여진 경우에, 채권행위의 실효가 ―그 자체로 유효한― 물권행위에 어떤 영향을 미치는지를 따지는 「물권행위의 유인 · 무인의 문제」에 관하여 [5095] 참조.

나. 취소의 소급효 [1207]

(1) 취소가 있으면 그 법률행위는 처음부터 무효인 것으로 본다(제141조 본문). 따라서 유동적으로 발생하였던 효력은 발생하지 않았던 것으로 의제된다.

(2) 취소의 소급효는 법률행위의 효력이 사후적으로 부정됨에 따라 그때까지의 잠정적인 상태를 정리하기 위한 법기술이다. 그런데 고용이나 조합 등 급부가 계속적으로 제공되는 법률관계에서도 취소의 소급효를 관철한다면, 이미 행하여진 급부를 청산하는 과정에서 불공평이 발생할 수 있으므로, 이러한 경우에 당사자의 이익을 해치지 않는 한도에서(특히 급부와 반대급부 사이의 등가성이 유지됨을 전제로) 「해지」의 법리를 유추하여 취소의 소급효를 제한해야 한다. 판례도 "근로계약의 무효 또는 취소를 주장할 수 있다 하더라도 근로계약에 따라 그동안 행하여진 근로자의 노무제공의 효과를 소급하여 부정하는 것은 타당하지 않으므로 이미 제공된 근로자의 노무를 기초로 형성된 취소 이전의 법률관계까지 효력을 잃는다고 보아서는 아니 되고, 취소의 의사표시 이후 장래에 관하여만 근로계약의 효력이 소멸된다고 보아야 한다"고 하여 같은 입장이다.[3]

2. 부당이득 [1208]

가. 일반적 효과

(1) 무효/취소로 인하여 법률행위가 효력을 잃은 경우에, 그 행위에 기한 채무는 처음부터 발생하지 않은 것으로 의제되므로, 아직 이행하지 않은 채무를 이행할 필요가 없다. 반면 이미 이행한 부분은 부당이득(제741조)으로 반환되어야 한다. 즉 채권이 이행의 법률상 원인을 이루는데, 무효/취소로 인하여 채권이 발생하지 않은 것으로 다루어지므로 이행은 법률상 원인 없는 것으로 되어 부당이득(급부이득)을 구성한다. 따라서 상대방에게 이행한 것의 반환을 청구할 수

1) 대판 2003.3.28. 2002다72125.
2) 대판 2011.1.13. 2010다67890.
3) 대판 2017.12.22. 2013다25194 · 25200(판례, 〈2-3-2〉).

있다.

무효(넓은 의미의)는 계약상 이행청구에 대하여 항변사유이지만, 부당이득으로 이미 이행한 것의 반환을 구하는 경우에 청구원인사실을 이룬다.[4)]

(2) 급부이득의 반환에 부당이득 일반의 법리, 즉 원상회복의 방법에 관한 제747조와 반환범위에 관한 제748조가 적용되지만, 아래에서 살펴볼 예외도 있다. 쌍무계약이 무효이거나 취소된 경우에 반환의무 상호간에 동시이행관계가 인정됨에 관하여 [2318] 참조.

[1209] **나. 제한능력자의 반환범위**

(1) 제한능력을 이유로 법률행위를 취소한 경우에 "제한능력자는 그 행위로 인하여 받은 이익이 현존하는 한도에서 상환(償還)할 책임을 진다"(제141조 단서). 즉 제한능력자는 취소된 행위에 의하여 받은 이익이 현존하는 한도에서 상환하면 되는데, 제한능력자가 악의라도 현존이익만 반환하면 된다는 점에서 제141조 단서는 제748조 제2항에 대한 특칙을 이룬다.

(2) "받은 이익이 현존"한다는 것은 취소된 행위에 의하여 얻은 이익이 그대로 있거나 변형되어 잔존함을 말하고, 받은 것을 이미 소비하였다면 이익은 현존하지 않는다. 다만 수령한 돈을 채무변제나 생활비 등으로 썼다면 원래 감소되어야 할 재산이 감소되지 않았다는 의미에서 현존하는 것으로 보아야 한다. 이를 「지출의 절약」이라 하는데, 절약한 만큼을 현존이익으로 반환해야 한다.

(3) 이익이 현존하는지 여부 및 현존이익의 범위는 취소시를 기준으로 판단한다. 취소한 때에 부당이득반환의무가 생기고 그 범위도 그때 객관적으로 확정되기 때문이다. 따라서 취소 후의 낭비는 제141조 단서에 의하여 보호되지 않는다.

이익의 현존에 대한 증명책임의 소재에 관하여 다툼이 있는데, 다수설은 공평을 근거로 이익이 현존하는 것으로 추정되며, 따라서 제한능력자측이 현존이익 없음을 증명해야 한다는 입장이고, 판례의 입장도 같다.[5)]

[1210] (4) "민법 제141조 단서는 부당이득에 있어 수익자의 반환범위를 정한 민법 제748조의 특칙으로서 무능력자의 보호를 위해 그 선의·악의를 묻지 아니하고 반환범위를 현존이익에 한정시키려는 데 그 취지가 있으므로, 의사능력의 흠결을 이유로 법률행위가 무효가 되는 경우에도 유추적용되어야 할 것"이다.[6)] 그런데 의사능력의 「지속적인」 결여에도 불구하고 (성년 또는 한정)후견개시의 심판을 받지 않은 경우에 한하여 제141조 단서를 유추할 것이고, 이를 —개별적·구체적으로 판단되어야 하는— 의사능력 결여의 일반으로 확장해서는 안 된다.

[1211] **다. 불법원인급여**

제746조 본문은 사회질서에 반하여 무효인 경우에 부당이득의 반환을 제한하는데, 자세한 것은 [3261] 이하 참조.

---

4) 즉 이 경우에는 원고가 무효사실을 주장하고 증명해야 한다([3215] 참조).

5) 대판 2005.4.15. 2003다60297·60303·60310·60327.

6) 대판 2009.1.15. 2008다58367: 의사무능력자가 자기 소유의 부동산에 근저당권을 설정해 주고 금융기관으로부터 금원을 대출받아 이를 제3자에게 대여한 경우에, 금융기관은 대출거래약정 등의 무효에 따른 원상회복으로서 「현존이익인 위 채권의 양도」를 구할 수 있다고 한 사례.

Ⅱ. 하자의 치유 [1212]

1. 서 설

유효요건이 결여된 경우에 당사자가 원한 법률효과가 발생하지 않지만, 하자가 치유되어 효력이 발생하는 경우도 있다.[7] 아래에서 이들을 살펴본다.

그런데 이행청구에서 (넓은 의미에서) 무효라는 점이 항변사유인 반면, 아래에서 보는 추인이나 전환 등은 재항변사유이다.

2. 추 인 [1213]

가. 서 언

(1) 추인(追認)은 불완전한 법률행위를 나중에 보충하여 완전하게 하는 일방적 의사표시로서, 사후적인 효력부여행위라 할 수 있다. 따라서 추인의 종착지는 언제나 법률행위의 유효인데, 출발지의 상태가 어떠한지에 따라 추인의 의미(법적 성질)가 다르고 소급효가 인정되는지도 다르다.

(2) 민법상 추인으로, 법률행위의 효력이 발생하지 않는 것으로 확정된 것을 「장래에 향하여」 유효하게 하는 ① 무효행위의 추인(제139조)과 잠정적으로 효력 있는 행위를 「확정적 · 소급적으로」 유효하게 하는 ② 취소할 수 있는 행위의 추인(제143조) 및 유동적으로 무효인 행위의 효력을 소급적으로 발생하게 하는 ③ 무권대리행위의 추인(제133조)에 더하여 판례가 인정하는 ④ 무권리자의 처분행위에 대한 추인([1349] 및 [1350] 참조)이 있다. 아래에서는 이 중 무효행위의 추인과 취소할 수 있는 행위의 추인을 본다.

나. 무효행위의 추인 [1214]

(1) 취소할 수 있는 행위에서 취소권자는 유 · 무효 사이에서 선택할 수 있고, 추인은 그중 유효를 선택하는 것이다. 반면 무효인 법률행위는 그 효력이 발생하지 않음이 확정된 것이어서, 당사자가 임의로 유효한 것으로 추인할 수 없다. 그러나 당사자가 무효임을 알고 추인한 경우에, 그때부터 새로운 법률행위를 한 것으로 보더라도 문제될 것이 없다. 이 점을 제139조가 규정한다.

(2) 법률행위가 무효임을 알고 추인해야 하는데, 이에 대한 증명책임은 새로운 법률행위의 성립을 주장하는 측에서 부담한다.[8] 추인의 의사표시가 묵시적으로 행하여질 수 있는데, 묵시적 추인이 되기 위해서는 본인이 처하게 된 법적 지위를 충분히 이해하고 그럼에도 진의에 기하여 행위의 결과가 자기에게 귀속된다는 것을 승인한 것으로 볼 만한 사정이 있어야 한다.[9] 무효행위의 추인은 무효사유가 종료된 후에 해야 하고,[10] 당연히 새로운 법률행위로서 유효해야 하는데, 새로운 행위가 요식행위라면 방식도 갖추어야 한다.

한편 효력규정 또는 사회질서 위반의 법률행위가 추인에 의하여 유효로 될 수 없다.[11] 다만 무효가 당사자 일방의 보호를 위해서만 작동하는 경우에 그 당사자의 진의에 기한 추인이 있다면

7) 그 밖에 선의취득, 취득시효의 완성, 제한능력자에 대한 상대방의 최고에 따른 추인의제 등 법률규정에 의하여 효력이 발생할 수도 있다.
8) 대판 1992.5.12. 91다26546.
9) 대판 2014.3.27. 2012다106607.
10) 대판 1997.12.12. 95다38240.
11) 대판 2002.3.15. 2001다77352 · 77369.

유효로 된다고 할 것이다. 판례의 입장도 같다.[12)]

[1215] (3) 무효인 법률행위에 대하여 당사자가 무효임을 알고 추인하면 그때부터 새로운 법률행위를 한 것으로 의제될 뿐이고, 추인에 소급효가 인정되지 않는다.[13)] 그러나 당사자간의 합의에 의한 채권적·소급적 추인을 부정할 이유는 없다.[14)]

한편 판례는 입양 등의 신분행위의 경우에 그 내용에 맞는 신분관계가 실질적으로 형성되어 당사자 쌍방이 이의 없이 신분관계를 계속해 왔다면 「소급적 추인」을 인정한다.[15)]

[1216] **나. 취소할 수 있는 행위의 추인**

(1) 취소할 수 있는 행위의 추인은 취소하지 않겠다는 취소권자의 의사표시로, 취소권의 포기이다. 추인이 있으면 취소할 수 있는 행위를 더 이상 취소할 수 없고, 행위는 확정적으로 유효로 된다(제143조).

(2) 추인의 요건을 본다. ① 추인은 취소권의 포기이므로, 취소할 수 있는 행위임을 알고 추인해야 한다.[16)] ② 추인은 추인권자(즉 취소권자)가 "취소의 원인이 소멸된 후"에 해야 하고, 그렇지 않다면 그 효력이 없다(제144조 제1항).[17)]

한편 취소된 법률행위의 추인은 무효행위의 추인에 관한 제139조에 의하는데, 여기서도 당초의 의사표시의 성립과정에 존재하였던 취소의 원인이 종료된 후일 것이 요구된다.[18)]

(3) 추인은 취소할 수 있는 법률행위의 상대방에 대한 의사표시로 하는데(제143조 제2항, 제142조), 상대방에게 도달해야 그 효력이 생긴다(제111조 제1항). 묵시적 추인도 가능하다.

(4) 법률행위가 가분인 경우에 일부추인이 가능하고, 복수의 취소원인이 있는 경우에 다른 취소사유를 알지 못한 채 어느 한 사유에 대하여 추인하였다면 나머지 취소사유에 기한 취소권이 소멸하지 않는다고 해야 한다.

[1217] 3. 취소권의 소멸

가. 법정추인

(1) 민법은 추인할 수 있은 후 당사자 사이에 일정한 사유가 있기만 하면 당연히 추인한 것으로 보는데, 이것이 법정추인(法定追認)이다(제145조). 법정추인은 ―추인을 「의제」함에 따라― 실제로 취소권 소멸의 한 모습이다. 즉 아래의 요건이 충족되면 취소권이 소멸하는데, 추인에 대한 의사의 유무 또는 취소권의 존재에 대한 인식 여부를 묻지 않는다.

---

12) 법인의 대표자가 한 매매계약이 반사회적 법률행위에 해당하여 무효라도, 무효의 원인이 소멸된 후 본인인 법인의 진정한 의사로 무효임을 알고 추인한 때에는 새로운 법률행위로 그 효력이 생길 수 있다고 한 대판 2013.11.28. 2010다91831.

13) 무효인 가등기를 유용키로 한 약정은 그때부터 유효하다고 한 대판 1992.5.12. 91다26546도 참조.

14) 허위표시의 당사자들이 추인을 하면서 그들 사이에서는 행위시부터 유효한 것으로 함으로써 과실의 취득과 공과금의 부담 등에 관하여 행위시부터 양수인에게 이전한 것으로 다룰 수 있다.

15) 사실혼관계의 당사자 일방이 모르는 사이에 혼인신고가 이루어진 후 쌍방당사자가 혼인에 만족하고 부부생활을 계속한 경우에 관한 대판 1965.12.28. 65므61 및 양자의 책임으로 돌릴 수 없는 사유로 일시 단절되었던 양친자관계가 회복된 경우에 입양에 갈음하는 출생신고를 묵시적으로 추인한 것으로 볼 수 있다고 한 대판 2020.5.14. 2017므12484 참조.
반면 무효인 신고행위에 상응하는 신분관계가 실질적으로 형성되어 있지 않다면 추인의 의사표시만으로 소급효를 인정할 수 없음은 당연하다. 대판 2004.11.11. 2004므1484 참조.

16) 대판 1997.5.30. 97다2986.

17) 따라서 제한능력자는 능력자로 된 후에 추인할 수 있고, 착오나 사기·강박에 의한 표의자는 착오 또는 사기·강박의 상태에서 벗어난 후가 아니면 추인할 수 없다.
반면 제2항이 후견인이나 법정대리인의 추인에 이러한 제한이 적용되지 않는다고 하는데, 그 유효범위는 제한능력을 이유로 하는 취소에 한정되어야 한다. 즉 후견인이나 법정대리인이 기망당한 경우에 제144조 제2항 때문에 취소가 배제되어서는 안 된다.

18) 대판 1997.12.12. 95다38240.

(2) 법정추인사유는 다음과 같다: ① 전부나 일부의 이행,19) ② 이행의 청구, ③ 경개, ④ 담보의 제공,20) ⑤ 취소할 수 있는 행위로 취득한 권리의 전부나 일부의 양도,21) ⑥ 강제집행.22)

그런데 추인을 「추정」하는 많은 입법례와 달리 추인으로 의제하는 제145조의 해석론으로 법정추인사유를 제한적으로 새겨야 한다. 따라서 상대방의 이행을 수령하거나 강제집행을 받는 등 수동적인 경우도 법정추인을 인정하는 학설의 일반적 입장에 동의하기 어렵다.

(3) 앞에서 든 사유가 "추인할 수 있는 후"에, 즉 취소의 원인이 종료된 후에 발생해야 한다(제145조 본문). 제144조 제2항에 관하여 [1216]도 참조.

나아가 취소권자가 위의 행위를 하면서 "이의를 보류"하지 않았어야 한다(제145조 단서).

나. 취소권의 행사기간 도과 [1218]

(1) 취소할 수 있는 법률행위의 유동적 상태([1195] 참조)를 취소권자만이 종식시킬 수 있다. 여기서 법은 법률관계를 조기에 확정함으로써 상대방이나 이해관계 있는 제3자가 불안정한 지위에서 벗어날 수 있도록 하기 위하여 취소권의 행사기간을 한정한다.

(2) 취소권은 "추인할 수 있는 날로부터 3년 내에, 법률행위를 한 날로부터 10년 내"에 행사해야 한다(제146조). 여기서 「추인할 수 있는 날」이란 취소원인의 종료로 취소권 행사에 대한 장애가 없어져서 취소권자가 취소의 대상인 법률행위를 추인할 수도 있고 취소할 수도 있는 상태로 된 때를 가리킨다.23)

그런데 미성년자가 법률행위를 한 경우에, 그가 성년에 이른 날부터 3년,24) 법정대리인이 미성년자의 법률행위를 안 날부터 3년, 법률행위를 한 날부터 10년 중 어느 것이든 먼저 경과하면 취소권을 행사할 수 없다.

(3) 제146조가 규정하는 취소권의 행사기간은 소멸시효기간이 아니라 제척기간이지만, 그 기간 내에 소 제기가 있어야 하는 것은 아니고 재판 외에서 행사되더라도 무방하다.25)

4. 무효행위의 전환 [1219]

가. 의 의

무효행위의 전환(轉換)이란, ① 당사자들이 원한 甲 행위로서는 무효이지만 乙 행위의 유효요건을 갖추고 있고 ② 당사자가 甲 행위의 무효를 알았더라면 乙 행위를 하였으리라고 인정되는 경우에, 무효인 甲 행위 대신 乙 행위로서의 효력을 인정하는 것을 말한다(제138조). 유언방식에 관한 제1071조는 제138조가 구체화된 예이다.26)

---

19) 상대방의 이행을 수령한 경우를 포함한다는 것이 학설의 일반적 입장이다.

20) 채권자로서 담보를 제공받는 경우를 포함한다는 것이 학설의 대체적 입장이다.

21) 부당이득반환청구권처럼 취소함으로써 비로소 발생하는 장래의 채권의 양도는 당연히 제외된다.

22) 채무자로서 집행을 받는 경우에 관하여 견해의 대립이 있으나, 소송상의 이의주장을 포기한 것으로 보아 이에 포함된다는 것이 학설의 일반적 입장이다.

23) 대판 1998.11.27. 98다7421: 강박에 의한 증여 후 증여를 원인으로 한 소유권이전등기를 하기로 제소전 화해를 하여 화해조서에 기하여 소유권이전등기가 경료된 경우에, 증여의 취소에 관한 제척기간의 기산점은 제소전 화해조서를 취소하는 준재심사건 판결의 확정일이라고 한 판결.

24) 한정치산선고가 취소된 경우에 그날부터 기산한다는 대판 1997.6.27. 97다3828도 참조.

25) 대판 2008.9.11. 2008다27301 · 27318: "민법 제146조에 규정된 취소권의 존속기간은 제척기간이라고 보아야 할 것이지만, 그 제척기간 내에 소를 제기하는 방법으로 권리를 재판상 행사하여야만 되는 것은 아니고, 재판 외에서 의사표시를 하는 방법으로도 권리를 행사할 수 있다고 보아야 한다." 취소의 효과로 발생하는 청구권의 소멸에 관하여 [1411] 참조.

26) 임금지급에 갈음하여 사용자가 제3자에 대한 채권을 근로자에게 양도하기로 하는 약정이 근로기준법에 위반되어 무효이지만, 「임금지급을 위하여 한 것」으로서 효력을 가질 수 있다고 한 대판 2012.3.29. 2011다101308도 참조.

그런데 가정적 의사와 관련된 일반적 문제로서, 효력유지의 관점에서 전환 또는 일부무효가 허용되더라도, 법관이 당사자 일방 또는 쌍방의 당초의 의사와 일치하지 않는(심지어는 그에 반하는) 법률효과를 강요하는 결과로 될 수 있다는 점에서 신중해야 하고,27) 나아가 강행규정 위반으로 무효인 경우에 그 규정의 취지를 고려해야 한다.28)

[1220] **나. 요　　건**

(1) 무효행위의 전환은 일단 성립한 법률행위가 무효인 경우에 비로소 문제되므로, 법률행위가 성립하지 않은 경우에는 인정될 여지가 없다. 그런데 단독행위의 전환이 인정되는지에 관하여 학설이 대립하는데, 단독행위를 굳이 배제할 이유는 없다(제1071조 참조).

(2) 당사자가 그 무효를 알았더라면 다른 법률행위를 할 것을 원했으리라고 인정되어야 한다. 이러한 전환의사(轉換意思)는 가정적 의사로 족한데, 전환의 시점이 아니라 행위시점을 기준으로 판단한다. 한편 당사자들이 별도의 약정을 하였다면, 그것이 우선함은 당연하다.

[1221] (3) 다른 법률행위, 즉 대체행위(代替行爲)의 유효요건을 갖추어야 한다. 그런데 대체행위가 불요식행위인 경우(예: 무효인 지상권설정계약의 임대차로의 전환)에는 별 문제가 없으나, 요식행위인 경우가 문제되는바, 그 형식을 완화하면 요식행위로 한 입법취지에 반하게 되는지에 따라 결정되어야 한다.

판례는, 혼인 외 출생자를 혼인중의 출생자로 신고한 경우에 그 신고는 친생자출생신고로서 무효이지만 인지신고의 효력을 가지고,29) 상속인 중 일부의 상속포기가 무효인 경우에 상속재산의 협의분할이 있었다고 보았다.30)

> [참　고] 판례는 종래 타인의 자녀를 자기의 자녀로 출생신고를 한 경우에, 그 신고는 출생신고로서 무효이지만 입양신고로서 유효하다고 했다.31) 다만 이러한 효과가 발생하기 위해서는 당연히 대체행위로서의 유효요건을 구비해야 하는데,32) 2012년 민법 개정에 따라 미성년자를 입양할 때 가정법원의 허가를 받아야 하므로(제867조), 앞으로는 미성년자의 출생신고에 대하여 입양신고로의 전환이 인정되기 어렵다.

제3관　제3자에 대한 파급효

[1222] **1. 서　　설**

가. 쟁점의 정리

(1) 대판 1996.4.26. 94다12074의 사안은 다음과 같다: ① A 소유의 甲 부동산에 관하여 B

---

27) [1164]의 대판 2010.7.15. 2009다50308 참조.

28) 대판 2022.5.26. 2020다253515: 무효행위의 전환에서 "다른 법률행위를 하였을 것인지에 관한 당사자의 의사는 그 법률행위가 강행법규 위반으로 무효인 점을 고려하더라도 당시에 무효임을 알았다면 의욕하였을 것으로 평가할 수 있는 가정적 효과의사로서, 당사자가 법률행위 당시와 같은 구체적 사정 아래 있다고 상정하는 경우에 거래관행을 고려하여 신의성실의 원칙에 비추어 결단하였을 바를 의미한다. 이는 그 법률행위의 경위, 목적과 내용, 무효의 사유 및 강행법규의 입법취지와 위반의 경위 등을 두루 고려하여 판단할 것이나, 그 결과가 한쪽 당사자에게 일방적인 불이익을 주거나 거래관념과 형평에 반하는 것이어서는 안 됨은 물론, 이러한 전환을 허용하는 것이 강행법규의 입법취지 및 그 위반행위에 대한 제재의 의미를 전적으로 부정하거나 무력화시키는 것이어서는 안 된다."

29) 대판 1971.11.15. 71다1983.

30) 대판 1989.9.12. 88누9305.

31) 대판(전) 1977.7.27. 77다492.

32) 대판 2004.11.11. 2004므1484 참조.

명의로 매매예약을 원인으로 하여 소유권이전등기청구권 보전을 위한 가등기가 마쳐졌다; ② A로부터 X 앞으로 매매를 원인으로 한 소유권이전등기가 마쳐졌다; ③ 위 가등기에 기하여 B 앞으로 매매를 원인으로 한 소유권이전의 본등기가 마쳐지고, X 명의의 소유권이전등기가 직권으로 말소되었다([5139] 참조); ④ 그 후 B로부터 Y 앞으로 매매를 원인으로 한 소유권이전등기가 마쳐졌다; ⑤ 그런데 B 명의의 가등기 및 소유권이전의 본등기는 A가 그 재산을 도피 또는 은닉할 목적으로 B와 통정하여 마친 것이다.

(2) 이 사안에서 A와 B 사이의 매매는 가장행위로서 무효이므로, B는 자기명의의 이전등기에도 불구하고 甲의 소유권을 취득하지 못한다(물권행위의 유인성). 그리고 등기에 공신력이 인정되지 않으므로 Y는 무권리자 B로부터 甲의 소유권을 취득할 수 없다. 한편 A로부터 甲의 소유권을 취득한 X가 물권적 청구권을 행사하여 B 및 Y 명의 등기의 말소와 함께 직권으로 말소된 자기명의 등기의 회복등기를 구할 수 있다.

이러한 경우에 Y로서는 시효취득과 같은 별개의 권리취득원인이 없다면 일반적 구제수단에 의하여 보호된다. 즉 추탈담보책임에 기하여 매매의 해제 및 손해배상을 구할 수 있는데, 이때 B의 무자력위험을 Y가 부담해야 한다.[1]

(3) 그런데 B가 함부로 甲을 Y에게 처분한 경우와 달리, 이 사안에서는 A와 B 사이에 매매계약이 있었고, 그 계약은 통상 유효하므로 Y로서는 B의 소유자로서의 지위에 대하여 별다른 의문을 가지지 않았을 것이다. 이러한 상황에서 Y를 보호하기 위하여 무효/취소의 효과를 제한할 필요가 있다(동적 안전의 보호).

나. 상대적 무효/취소 [1223]

(1) 법률행위가 무효이거나 취소된 경우에 누구든지 또한 누구에 대해서도 그 효력의 불발생을 주장할 수 있지만, 법은 일정한 경우(제107조 내지 제110조)에 선의의 제3자에 대하여 그 효력 없음을 주장하지 못하도록 하여 제3자를 보호한다. 이를 「상대적 무효/취소」라 한다.

(2) 앞의 예에서 A와 B 사이의 매매가 무효이므로 X(A)의 이익과 Y(B)의 이익의 충돌에서 기본적으로 진정한 권리자인 X가 보호되어야 한다. 그러나 Y의 입장에서는 B가 甲의 소유자라는 외관을 신뢰한 반면, 그러한 허위의 외관을 A의 탓으로 돌릴 수 있다. 이러한 사정 때문에 허위의 외관을 진실로 믿은 Y에 대하여 믿은 대로의 법률효과를 부여함으로써 거래의 안전을 보호하는(그에 따른 불이익[2]을 A에게 지우는) 제도가 상대적 무효/취소이다.

이처럼 일반적 구제를 넘어 완전한 소유권의 취득이라는, 신뢰에 대한 직접적/적극적 보호를 주는 근거로 권리외관법리를 들 수 있는데, 제도의 운영에서 무효 또는 취소를 주장하는 진정한 권리자와 제3자 사이의 이해충돌의 합리적 조정을 도모할 필요가 있다([1019] 참조).

(3) 상대적 무효/취소는 특히 부동산거래에서 공신의 원칙에 갈음하여 거래의 안전을 보호한다는 의미를 가진다. 한편 효력규정이나 사회질서의 위반으로 인한 무효 또는 제한능력을 이유로 하는 취소의 경우에 선의의 제3자를 보호하는 규정이 없는데, 효력규정이나 사회질서 또는 행위능력제도에 관한 입법적 결단 등이 신뢰보호의 한계로 기능하기 때문이다.

---

1) 그 밖에 채무불이행책임이나 불법행위책임도 검토될 수 있다.
2) B에 대한 손해배상채권이나 부당이득반환청구권을 가지지만, 무자력 등의 사유로 그 실효성이 확보되지 않을 수 있다.

[1224] ## 2. 상대적 무효/취소의 일반적 내용

가. 개 관

상대적 무효/취소는 「무효/취소를 선의의 제3자에게 대항하지 못한다」는 모습으로 규정된다. 이와 관련하여 ① 제3자, ② 선의 및 ③ 대항불능의 3가지가 설명되어야 하는데, 논리적으로 ①이 우선 검토되어야 하지만, 설명의 편의상 나머지를 먼저 살펴본다.

[1225] ### 나. 제3자의 선의

(1) 의사표시가 무효이거나 취소할 수 있다는 사정이 선·악의의 대상이다.

제3자가 보호되기 위하여 —제107조 제2항, 제108조 제2항, 제109조 제2항, 제110조 제3항의 법문대로— 선의이면 족하고 무과실까지 요구되지는 않는다. 판례의 입장도 같다.[3]

(2) 제3자의 선·악의를 판단하는 시기는 법률상 새로운 이해관계를 맺은 때[4]이다.

(3) 제3자의 선의가 추정되므로 무효를 주장하는 이가 제3자의 악의를 증명해야 한다는 것이 다수설과 판례[5]의 입장이다. 물론 조문의 형식에 비추어 제3자가 자신의 선의를 증명해야 할 것으로 보이지만, 뒤에서 보는 것처럼 목적론적 축소에 의하여 제3자의 범위를 한정하는 이상, 조문의 형식과 무관하게 의사표시의 흠과 무관한 제3자의 선의를 추정하는 입장이 이해될 수 있다.

[1226] (4) 제3자는 악의이지만 그로부터의 전득자가 선의인 경우에 「외관에 대한 신뢰의 보호」라는 제도의 취지가 전득자에게 적용되지 않을 이유가 없다.[6]

한편 제3자는 선의이지만 전득자가 악의인 경우에, 제3자의 선의 때문에 권리자의 추급이 좌절되면 그에 따라 법률관계가 고정되고, 그 후의 경과에 의하여 영향을 받지 않는다고 해야 한다([1021] 참조).[7]

[1227] ### 다. 대항불능

(1) 상대적 무효/취소에서 「대항하지 못한다」는 것은 의사표시가 무효임을 또는 취소로 인하여 소급적으로 실효되었음을 제3자에게 「주장」하지 못한다는 뜻이다.[8] 즉 의사표시가 무효이거나 취소되더라도 선의의 제3자에 대한 관계에서는 표시된 대로의 효력이 생기고, 따라서 제3자의 권리기반을 소멸시킬 수 없다. 결국 제3자에 대한 관계에서 의사표시의 무효/취소에 따른 처분권한의 결여 등의 하자가 치유된다.[9]

---

3) 대판 2004.5.28. 2003다70041; 대판 2006.3.10. 2002다1321. 다만 입법론으로는 권리자와 제3자 쌍방의 이익을 형량하여 무과실을 요구할 것인지를 결정해야 할 것이다. 가령 허위표시와 강박에 의한 의사표시에서 외관에 대한 표의자의 기여 및 상대방의 보호가치가 현저히 다른데, 이러한 차이를 제3자의 보호요건에서 고려할 필요가 있다.

4) 가장채권의 양도에서라면 양도통지시가 아니라 양도계약시.

5) 가장매매의 매수인으로부터 부동산 위의 권리를 취득한 제3자는 특별한 사정이 없는 한 선의로 추정되므로, 허위표시를 한 부동산 양도인이 제3자에 대하여 소유권을 주장하려면 제3자의 악의를 증명해야 한다고 한 대판 1970.9.29. 70다466; 대판 1978.12.26. 77다907. 가장전세권설정계약에 관한 대판 1998.9.4. 98다20981도 참조.

6) 대판 2013.2.15. 2012다49292: 전세권설정계약이 통정허위표시에 해당하여 무효인 경우에 "선의의 제3자가 보호될 수 있는 법률상 이해관계는 위 전세권설정계약의 당사자를 상대로 하여 직접 법률상 이해관계를 가지는 경우 외에도 그 법률상 이해관계를 바탕으로 하여 다시 위 전세권설정계약에 의하여 형성된 법률관계와 새로이 법률상 이해관계를 가지게 되는 경우도 포함된다."

7) 이와 달리 악의의 전득자가 보호되지 않는다고 한다면, 제3자 보호규정에 의하여 보호되어야 하는 제3자가 전득자에 대하여 담보책임을 부담하는 결과로 된다.

8) 「대항할 수 있다」란 결과적으로는 상충하는 이익들 사이에서 우위를 차지할 수 있다는 의미이다.

9) 이에 따른 법률관계를 구체적으로 본다. X 소유의 甲 부동산에 관한 X와 Y의 매매계약이 상대적 무효인데, Y 명의의 등기가 마쳐진 후 ㉠ 甲이 선의의 Z에게 전매되어 소유권이전등기를 마친 경우에, Z에 대해서는 X와 Y 사이의 계약이 유효한 것으로 다루어진다. 다만 X와 Y 사이에서 위 매매는 무효여서 Y가 X에 대하여 목적물반환의무를 부담하지만, Z에게 속한 甲을 반환할 수 없으므로 그 가액을 반환해야 하는데, Y가 무자력이라면 그 위험은 X가 부담한다. 한편 ㉡ 甲에 선의의 Z를 위한 저당권이 설정된 경우에, X는 Y로부터 저당권의 부담이 있는 소유권을 회복할 수밖에 없는데, 진정명의 회복을 위한 소유권이전등기([5130] 참조)에 의한다. Y가 저당권의 부담에 해당하는 부분을 가액으로 반환해야 함은 당연하다.

당사자 및 그의 포괄승계인뿐만 아니라 당사자의 채권자나 특정승계인도 선의의 제3자 및/또는 전득자에 대하여 허위표시의 무효를 주장하지 못한다.

(2) 선의의 제3자에게 대항하지 못하도록 하는 상대적 무효/취소는 「의사표시」의 무효/취소로부터 제3자를 보호하기 위한 제도일 뿐이고, 제3자 명의의 등기가 다른 사유(예: 제3자의 기망으로 의사표시가 취소된 경우)로 인하여 원인무효인 경우에도 제3자가 보호되는 것은 아니다.

(3) 선의의 제3자가 무효를 주장할 수 있는지에 관하여 학설은 대체로 상관없다는 입장이다. 즉 제3자가 대항불능을 원용할 수도 있고, 그렇지 않고 자기의 계약상대방에 대하여 계약상의 책임(특히 담보책임)을 물을 수도 있다고 한다. 그러나 선의의 제3자가 무효를 주장하는 것은 그의 당초 의도와 모순되는 결과를 가져오므로, 신의칙상 허용되지 않는다고 해야 한다.

3. 제3자 [1228]

가. 기본법리

(1) 상대적 무효/취소에서 거래의 안전을 위하여 제3자가 예외적으로 보호되지만, 무효 또는 취소를 주장하는 권리자의 보호를 위하여 예외의 지나친 확대를 막을 필요가 있다. 따라서 「당사자와 포괄승계인을 제외하고 남은 이들」을 의미하는 일반적인 용어례와 달리 제3자의 범위를 제한해야 하는데, 목적론적 축소([1047] 참조)의 한 예이다. 예를 들어 A와의 가장행위에 기한 B의 법적 지위(외관)를 기초로 C가 별개의 원인에 기하여 새로운 법적 지위를 취득하였고 B의 지위가 그 필수적 전제(대개 처분권한의 존재)인 경우에 한하여 C가 제108조 제2항에 의하여 보호된다고 해야 한다.10)

(2) 판례도 상대적 무효/취소에서 제3자를 무효인 또는 취소된 의사표시의 당사자 및 포괄승계인이 아니면서 「그 의사표시에 의하여 외형상 형성된 법률관계를 토대로 실질적으로 새로운 법률상 이해관계를 가지게 된 이」로 한정한다.11)

(3) 상대적 무효/취소에서 보호받는 제3자에 해당한다는 사실은 제3자 자신이 주장하고 증명해야 한다.

나. 개별적 검토 [1229]

(1) 가장양수인으로부터 목적부동산을 양수한 이,12) 가장양수인으로부터 저당권을 설정받은 이,13) 가장근저당권의 양수인, 가장저당권의 실행에 의하여 부동산을 경락받은 이, 가장양수인으로부터 소유권이전등기청구권 보전을 위한 가등기를 경료받은 이14) 등이 제3자의 전형적인 예이고, 나아가 가장채권을 가압류한 이,15) 임대차보증금반환채권에 대하여 압류 및 추심명령을 받은, 가장양수인의 채권자16) 등도 제3자에 해당한다.

---

10) B와 C 사이의 의무부담행위 자체는 B의 지위와 무관하게 유효하지만(제569조 참조), 그와 별도로 B의 외관상 지위를 기초로 자기의 권리취득을 신뢰한 C를 「A에 대해서도」 보호함에 상대적 무효/취소의 취지가 있다.

11) 허위표시에 관한 대판 2000.7.6. 99다51258.
참고로 종래 제108조 제2항 소정의 제3자를 「허위표시에 의하여 외형상 형성된 법률관계를 토대로 허위양수인과 새로운 법률원인으로 이해관계를 갖게 된 이」(대판 1982.5.25. 80다1403) 또는 「허위표시에 의하여 외형상 형성된 법률관계를 기초로 하여 새로운 이해관계를 갖게 된 이」(대판 1983.1.18. 82다594)라고 했다.

12) 대판 1996.4.26. 94다12074.

13) 대판 2008.3.13. 2006다29372 · 29389; 대판 1998.9.4. 98다20981. 가장전세권에 저당권이 설정된 경우에 관한 판결들이다.

14) 대판 1970.9.29. 70다466.

15) 근저당권부 채권에 관한 대판 2004.5.28. 2003다70041, 전세권부 채권에 관한 대판 2010.3.25. 2009다35743.

반면 가장양수인의 일반채권자, 채권의 가장양수인으로부터「추심을 위하여」채권을 양수한 이, 채권의 가장양도에서 채무자,[17] 대리인의 허위표시에서 본인(대표에서도 같다), 제3자를 위한 계약에서 제3자,[18] 저당권 등 제한물권이 가장포기된 경우에 기존의 후순위 제한물권자, 계약이전을 받은 이[19] 등은 제3자에 해당하지 않는다.

[1230] (2) 제3자의 범위에 관하여 주목할 만한 재판례를 살펴본다.

① 가장소비대차의 대주(貸主)가 파산한 경우에 파산관재인은 제3자에 해당하고,[20] 파산관재인의 선의 여부는 총 파산채권자를 기준으로 정한다고 한다.[21]

[1231] ② 가장소비대차에 기한 채무의 보증인도 제3자에 해당하여 보증채무를 이행한 후 주채무자에 대하여 구상할 수 있지만,[22] 신의칙상 보증채무를 부담하지 않음을 주장할 수 있는 범위 내에서「연대보증인들에 대한」구상은 제한된다고 한다.[23]

한편 보증보험계약의 사기취소에 관하여 [4186] 참조.

[1232] ③ 취소에도 불구하고 말소등기가 경료되지 않은 상태에서 이해관계를 가진 이는 보호되는가? 이는 제3자가 언제까지 이해관계를 가져야 하는지 하는 시간적 한계와 관련되는데, 다른 요건들이 충족된다면 —취소에도 불구하고— 제거되지 않은 외관에 대한 신뢰가 보호되어야 한다. 판례의 입장도 같다.[24]

[1233] ④ 제3자로부터 권리를 양수한 전득자도 보호되는가? 이는 특히 제3자가 악의이고 전득자가 선의인 경우에 문제되는데, 학설은 대체로 이를 긍정하고, 판례도 같은 입장임은 [1226]에서 보았다.

[1234] ⑤ 그 밖에 문제되는 경우들을 본다.

ⓐ 가장채권의 양수인도 제3자에 해당할 수 있다.[25] 이와 관련하여 가장양도의 목적물에

---

16) 대판 2014.4.10. 2013다59753.

17) 가장양수인 또는 전부채권자의 이행청구에 대한 관계에서: 대판 1983.1.18. 82다594.

18) 제3자를 위한 계약의 수익자도 제548조 제1항 단서 소정의 제3자에 해당한다는 대판 2021.8.19. 2018다244976에 관하여 [2550] 참조.

19) 대판 2004.1.15. 2002다31537 참조. 계약인수에서 인수인은 당사자로 되기 때문이다.

20) 대판 2003.6.24. 2002다48214: "파산관재인은 파산선고에 따라 파산자와 독립하여 그 재산에 관하여 이해관계를 가지게 된 제3자로서의 지위도 가지게 되며, 따라서 파산자가 상대방과 통정한 허위의 의사표시를 통하여 가장채권을 보유하고 있다가 파산이 선고된 경우 그 가장채권도 일단 파산재단에 속하게 되고, 파산선고에 따라 파산자와는 독립한 지위에서 파산채권자 전체의 공동의 이익을 위하여 직무를 행하게 된 파산관재인은 그 허위표시에 따라 외형상 형성된 법률관계를 토대로 실질적으로 새로운 법률상 이해관계를 가지게 된 민법 제108조 제2항의 제3자에 해당한다." 회생절차개시결정이 있은 후의 관리인이 상계금지특약에 관한 제492조 제2항 단서의 제3자에 해당한다고 한 대판 2024.5.30. 2019다47387도 참조.
그런데 파산관재인이 외형상 법률관계를「토대로」「새로운」이해관계를 가지게 된 것인지에 대하여 의문이 없지 않다.

21) 대판 2006.11.10. 2004다10299. 따라서 파산채권자 모두가 악의로 되지 않는 한, 파산관재인이 개인적으로 파산선고 전에 가장소비대차임을 알았더라도 파산관재인이 악의자에 해당한다고 할 수 없다. 파산채권자의 보호를 위한 입론이지만, 이러한 경우에「선의」라는 요건의 의미가 상실되었다.

22) 대판 2000.7.6. 99다51258(판례, 〈2-3-7〉).

23) 앞의 99다51258 판결에 대한 환송 후 판결인 대판 2006.3.10. 2002다1321(판례, 〈2-3-7〉).

24) 대판 1975.12.23. 75다533: "사기에 의한 법률행위의 의사표시를 취소하면 취소를 주장하는 자와 양립되지 아니하는 법률관계를 가졌든 것이 취소 이전에 있었던가는 가릴 필요 없이 사기 및 그 취소사실을 몰랐던 모든 제3자에게 대항하지 못한다."
참고로 대판 2020.1.30. 2019다280375는, A가 부동산(甲) 관리를 위해 B에게 매매예약을 원인으로 소유권이전등기청구권 가등기를 마쳐주었고, 그 후 B가 제기한 가등기에 기한 본등기의 이행을 구하는 소송이 공시송달로 진행된 결과 B의 승소판결이 선고되어 외형상 확정되었으나, A가 추완항소를 제기하여 가등기의 등기원인인 매매예약이 A와 B의 통정허위표시에 의한 것으로 무효라는 이유로 제1심판결을 취소하고 B의 청구를 기각하는 판결이 선고·확정되었는데, 甲에 관하여 B가 A의 추완항소 이전에 발급받았던 송달증명원 및 확정증명원을 가지고 확정판결을 원인으로 지분소유권이전등기를 마쳤고, B의 남편 C가 재산분할을 원인으로 지분소유권이전등기를 마쳤으며, 그 후 D와 E가 甲에 관하여 매매를 원인으로 지분소유권이전등기를 순차로 마친 사안에서, 甲에 관한 B 명의의 본등기는 A와 B 사이의「허위가등기 설정이라는 통정허위표시 자체에 기한 것이 아니라」이러한 통정허위표시가 철회된 후 B가 항소심판결에 의해 취소·확정되어 소급적으로 무효가 된 제1심판결에 기초하여 일방적으로 마친 원인무효의 등기라고 봄이 타당하고, C 내지 그 후 지분소유권이전등기를 마친 이들에게 신뢰의 대상이 될 수 있는 외관은 B 명의의 가등기가 아니라 단지 B 명의의 본등기일 뿐이라는 점에서도 이들은 B 명의의 허위가등기 자체를 기초로 하여 새로운 법률상 이해관계를 맺은 제3자의 지위에 있다고 볼 수 없다고 하였다.

대한 (가)압류채권자가 제3자에 해당하는지가 문제될 수 있는데, 가장채권을 (가)압류한 이와 달리 볼 이유가 없고, 해제와 관련하여 제3자에 속한다는 취지의 판결이 있다.[26]

ⓑ 토지의 가장양수인이 토지 위에 건물을 지어 타인에게 임대한 경우에 임차인이 제3자에 해당하는지는, 토지와 건물이 별개의 부동산이어서 토지에 관하여 형성된 외관에 대한 신뢰가 존재하지 않지만 건물은 부지이용권을 전제로 한다는 사정 때문에 음미를 요하는데, 판례는 해제와 관련하여 보호되지 않는다는 입장이다.[27]

(3) A 소유 부동산(甲)에 관하여 A와 B의 매매(❶)와 B와 C의 매매(❷)가 연쇄되어 있고 ❶ [1235]
이 무효이거나 취소된 경우를 상정하여 제3자 C의 지위를 살펴보자.

B가 아직 등기를 마치지 않았다면, 그는 채권을 가질 뿐이어서 ❶의 실효가 C의 지위에 영향을 미치지 않는다. 즉 甲의 소유권을 이전해 줄 B의 의무는 ❶의 실효와 무관하다(제569조 참조). 한편 C가 등기를 마치지 않았다면 B에 대한 채권을 취득하였을 뿐인 C로서 A에게 그 채권을 주장할 수 없고(채권의 상대효), B가 처음부터 또는 소급적으로 무권리자라는 점은 C의 지위에 아무런 영향을 미치지 않는다. 반면 처분행위가 유효하기 위해서는 처분권한이 있어야 하는데([5093] 참조), ❶이 실효됨에 따라 B가 소유권을 잃는다면 그 점은 ❷에 영향을 미친다. 즉 무권리자인 B로부터 C가 甲의 소유권을 취득할 수 없다.[28] 이처럼 채권적 지위를 넘는 이해관계를 가지는 단계에 이르면 C의 지위는 B의 지위에 의존한다.

따라서 앞에서 본 판례의 정식화에 B와 C 모두가 제3자효를 위한 요건[29]을 갖추어야 한다는 점이 추가되어야 한다. 즉 선의의 제3자를 보호하는 규정이, 실효된 법률행위가 제3자에 대한 관계에서는 유효한 것처럼 다루어지도록 함으로써 거래안전을 보호하지만, 권리자의 희생을 최소화하기 위하여 제3자와 그의 거래상대방이 모두 채권적 지위 이상의 지위를 갖추어야 한다.

그런데 해제와 달리[30] 여기서는 제3자가 공시방법을 갖출 필요가 없다는 견해도 유력하지 [1236]
만, ① 법률행위의 실효라는 관점에서 해제와 무효/취소를 달리 볼 이유가 없고, ② 권리자로부터 반환청구를 당할 때까지 제3자효의 요건, 특히 등기를 갖추지 않더라도 보호받을 수 있다면, 공시방법으로서 등기의 의미가 반감된다. 따라서 앞의 예에서 B와 C 모두가 제3자효를 위한 요건을 갖추어야 C가 보호된다고 해야 한다.[31][32]

---

25) 대판 2011.4.28. 2010다100315 참조. 해제에서의 제3자에 관하여 대판 2003.1.24. 2000다22850은 입장을 달리하는데, 해제권의 박탈이라는 점에서 이해될 수 있음에 관하여 [2548] 및 [4245] 참조.

26) 대판 2005.1.14. 2003다33004; 대판 2000.4.21. 2000다584 등.

27) 대판 1991.5.28. 90다카16761 참조.

28) C가 대항력 있는 임차권을 취득하였더라도 ❶의 실효에 따라 B의 소유권이 부정된다면 C의 대항력은 무의미하다.

29) 부동산물권의 취득을 위한 등기 등 성립요건뿐만 아니라 대항요건 나아가 가등기나 가압류를 포함하여.

30) 해제에서 제548조 제1항 단서에 의하여 보호받기 위해서는 공시방법이나 대항요건을 갖추어야 한다(대판 2005.1.14. 2003다33004). 그 밖에 제1015조 단서에 의한 보호를 받기 위해서도 등기, 인도 등을 요한다는 대판 2020.8.13. 2019다249312(판례, 〈8-5-16〉)도 참조.

31) 다만 취소 후 말소등기가 있기 전에 이해관계를 맺은 이도 보호된다는 점을 고려하여 제3자효를 위한 요건은 물권적 청구권을 행사하기 전에 갖추면 족하다고 할 것이다.

32) 이와 관련된 판례의 입장을 본다. ㉠ 대판 1997.12.26. 96다44860은, 부동산의 양도계약이 사기에 의한 의사표시에 해당하는 경우에 공시방법인 소유권이전등기를 마친 기망행위자와 사이에 새로운 법률원인을 맺어 이해관계를 갖게 된 사람만이 제110조 제3항에서의 제3자에 해당한다고 할 수는 없다고 하였는데, 교환계약의 목적물을 양도담보로 제공하면서 기망자 명의의 등기가 생략된 경우에 관한 판결로, 이른바 단축된 급부([2216] 참조)의 사안으로 이해할 수 있다. ㉡ 대판 2011.4.28. 2010다100315는, 가장채권의 양수인도 제3자에 해당할 수 있음을 전제로 그 채권을 행사하기 위해서는 제450조에 따른 대항요건을 갖추어야 한다고 했는데, 이 판결의 취지가 제3자에 해당하기 위하여 대항요건을 갖추어야 한다는 것인지 아니면 그 채권을 행사하기 위하여 대항요건이 요구된다는 것인지가 분명하지는 않다.

제 4 장 법률행위의 대리

제 1 절 대리법 서론

[1237] ### 1. 대리의 의의

(1) 사전적 의미에서 대리는 "남을 대신하여 일을 처리함 또는 그런 사람"을 뜻하지만, 민법에서는 남을 대신하여 의사표시를 하거나 받는 경우만을 지칭한다. 즉 대리(代理)란 타인(대리인)이 본인의 이름으로 의사표시를 하거나 의사표시를 수령함으로써 그 법률효과가 직접 본인에게 귀속되도록 하는 제도를 말한다.1) 대리제도는, 대리인이 의사표시를 하거나 수령하지만 그 효과는 표의자 아닌 이에게 직접 귀속된다는 점에서 「법률행위의 효과는 의사표시를 한 이(즉 표의자)에게 귀속된다」는 법리에 대한 예외를 이룬다.

(2) 일상에서 대리가 담당하는 중요한 기능을 본다: ① 제한능력자나 부재자 등 정신적 또는 물리적 이유로 자기의 재산을 관리하기 위한 법률행위를 할 수 없는 이들이 있는데, 다른 이가 이들을 대신하여 계약을 체결하는 등 그 재산을 관리할 수 있도록 하는 제도가 대리이다. 이때의 대리는 「법정대리」로, 사적자치를 「보충」한다. ② 스스로 법률행위를 할 수 있지만, 시간이나 장소 등의 제약 때문에 그렇게 하지 못하거나 전문가의 도움을 받으려는 이가 다른 이를 시켜 계약을 체결하도록 하되 그 효과는 자신에게 귀속시킬 수 있다. 이때의 대리는 「임의대리」로, 사적자치를 「확장」한다.

[참 고] 대리에서 의사표시를 하거나 수령한 이와 그 효과가 귀속되는 이가 분리되는 현상이 일어난다. 이러한 현상을 이론적으로 설명하기 위하여 독일보통법시대에 대리의 본질이 무엇인지에 관하여 본인행위설, 공동행위설 및 대리인행위설이 주장되었다. 그러나 본인행위설이나 공동행위설은 대리제도의 발전과정에서 「법률행위의 효과는 의사표시를 한 이에게 귀속된다」는 법리에 대한 예외를 설명하기 위하여 주장된 이론으로, 대리제도가 확립된 이상 논의의 실익이 없다. 결국 대리인을 표준으로 하여 대리행위의 하자를 결정한다는 제116조 제1항에 비추어 민법상 대리인행위설만이 입론가능하다. 즉 대리에서 행위자는 대리인이며, 대리의사에 따라 그 행위의 효과가 본인에게 귀속된다고 이해하면 충분하다.

[1238] ### 2. 대리의 기본구조

(1) 의사표시를 한 이에게 그 의사표시를 내용으로 하는 법률행위의 효력이 귀속된다. 이것이 원칙이다. 그러나 법률행위를 성립시키는 이와 계약의 효력이 미치는 이가 분리되기도 하는데, 이것이 바로 법률행위의 대리이다.2)

1) 예를 들어 주택을 구입하려는 A가 주택매수에 관한 권한을 C에게 주고, C가 어떤 주택의 소유자 B와 매매계약을 체결하면, 매매에 따른 권리와 의무는 직접 A와 B 사이에 생긴다.

2) 대리에는 세 당사자가 등장하는데, A를 대리하여 C가 B로부터 어떤 부동산을 매수한 경우에, A를 본인, C를 대리인, B를 상대방이라고 한다. 이 경우 실제로 계약을 체결한 이는 C이지만, 계약의 효과는 B와 C 사이에서가 아니라 A와 B 사이에서 발생한다(B에 대하여 재산권이전청구권을 가지는 이도 대금지급의무를 지는 이도 C가 아니라 A이다). 이처럼 대리에서는 행위의 주체와 효과귀속

(2) 대리인이 한 행위의 효과가 본인에게 미치기 위하여 ① 대리인에게 그 행위에 관한 대리권이 있고, ② 본인을 위한 것임을 상대방에게 표시해야 하는데(제114조), 대리에 특유한 문제는 위 두 요건 중 어느 것이 결여된 경우에 발생한다. 흔히 대리의 법률관계를 3면관계[3]로 파악하는데, ①과 관련되는 대리권의 문제가 특히 중요하다.

3. 대리의 종류와 인정범위 [1239]

가. 대리의 종류

(1) 발생근거에 따라 임의대리와 법정대리가 나뉜다. 임의대리(任意代理)는 본인의 의사에 기하여 대리권이 주어지는 경우를 말한다(제128조: "법률행위에 의하여 수여된 대리"). 반면 법정대리(法定代理)는 본인의 의사와 무관하게 대리권이 주어지는 경우를 총칭하는데, 법률의 규정에 기한 경우뿐만 아니라 법원의 선임이나 지정권자의 지정에 의한 경우도 법정대리이다.

[참 고] 타인의 재산을 관리하는 이를 재산관리인(財産管理人)이라 하는데, 본인의 위임에 기하여 관리하는 경우는 임의대리인 반면, 법률의 규정에 따라 당연히 재산관리권을 가지는 경우(제916조, 제920조, 제949조)나 법원의 선임으로 재산을 관리하는 경우(제22조, 제25조, 제1023조, 제1040조, 제1047조, 제1053조, 제1096조)는 법정대리에 해당한다.

이 구별은 대리인의 복임권(제120조, 제122조), 대리권의 소멸(제128조) 등과 관련하여 의미를 가진다.

(2) 정당한 대리권을 가진 경우를 유권대리(有權代理)라 하고, 대리권 없이 대리행위를 하는 경우가 무권대리(無權代理)이다. 무권대리는 다시 표현대리(제125조, 제126조, 제129조)와 협의의 무권대리(제130조 내지 제136조)로 나뉜다.

(3) 그 밖에 능동대리(적극대리)는 본인을 위하여 제3자에게 의사표시를 하는 대리이고(제114조 제1항), 수동대리(소극대리)는 본인을 위하여 제3자의 의사표시를 수령하는 대리이다(제2항). 특별한 사정이 없는 한 대리인은 본인을 위하여 의사표시를 하거나 수령할 수 있다.

나. 대리가 인정되는 범위 [1240]

(1) 대리는 의사표시를 요소로 하는 법률행위에 한하여 인정된다(제114조 참조). 그런데 법률행위 중에는 대리가 허용되지 않는 경우도 있는데, 이를 「대리에 친하지 않은 행위」라 하고, 혼인이나 유언 등 본인의 의사가 절대적으로 존중되어야 하는(즉 타인의 의사로 갈음해서는 안 되는) 친족법상의 법률행위가 대개 이에 속한다(예외: 제869조 제2항).

(2) 준법률행위 중 의사의 통지(예: 최고)나 관념의 통지(예: 채권양도의 통지)와 같은 표현행위에 대하여 의사표시에 관한 규정이 유추되고, 대리도 가능하다([1066] 참조). 반면 사실행위에 관해서는 대리가 허용되지 않으며, 제3자의 협력이 있더라도 그것은 대리가 아니라 대행 또는 보조행위이다.

(3) 불법행위에 관하여 대리가 성립할 여지가 없다. 대리인이 동시에 본인의 피용자라면 대리인의 불법행위에 대하여 본인이 손해배상책임을 질 수도 있지만, 이는 제756조가 적용된 결과

의 주체가 분리되는 현상이 일어난다.

3) 대리의 법률관계는 A와 C 사이의 「대리권(의 존부)」, B와 C 사이의 「대리행위(의 유효 여부)」 및 A와 B 사이의 「대리의 효과(의 귀속)」라는 세 측면에서 검토되어야 한다.

일 뿐이다.

[1241] ## 4. 인접제도

가. 간접대리

(1) 위탁매매(상법 제101조)처럼 타인의 계산으로 그러나 자기의 이름으로 법률행위를 하고 그 효과는 행위자 자신에게 생기되 나중에 그가 취득한 권리를 내부적으로 타인(간접본인)에게 이전하는 관계가 간접대리(間接代理)이다.

(2) 간접대리인이 자기의 이름으로 법률행위를 하고 그 효과도 간접대리인에게 발생한다는 점[4]에서 간접대리는 대리와 다르다.

보 론

위탁매매인과 상대방 사이에 물건 또는 유가증권의 매매계약이 체결되면, 그 효과는 위탁매매인에게 직접 귀속된다(상법 제102조).

따라서 위탁자는 상대방에게 이행청구나 불이행에 따른 손해배상을 청구할 수 없다. 그러나 위탁자는 위탁매매인을 대위할 수 있는 외에 상법 제105조에 따라 위탁매매인에게 그 이행을 청구할 수 있다: 법정의 무과실책임으로서 위탁매매인의 「이행담보책임」.

나아가 상법 제103조는 위탁매매인 또는 위탁매매인의 채권자에 대한 관계에서 위탁물을 위탁자의 소유로 보므로,[5] 그 한도에서 위탁자는 위탁매매인 파산시 환취권을 가지고(채무자회생법 제407조), 위탁매매인의 채권자의 강제집행에 대하여 제3자이의의 소(민사집행법 제48조)를 제기할 수 있다.

[1242] ### 나. 사 자

(1) 본인에 의하여 완성된 의사표시를 전달하거나(전달기관) 본인이 정한 효과의사를 상대방에게 표시함으로써 표시행위의 완성에 협력하는(표시기관) 이가 사자(使者)인데, 어느 쪽이든 본인이 효과의사를 결정한다는 점에서 대리와 다르다.[6] 따라서 대리인에게 행위능력이 없더라도(제117조 참조) 의사능력은 있어야 하지만, 사자에게는 의사능력이 없더라도 무방하다. 그리고 법률행위의 요건, 특히 의사표시의 하자 유무가 대리에서 대리인을 표준으로 결정되는 반면(제116조), 사자의 경우에는 본인을 표준으로 결정된다. 그러나 실제로 사자와 대리인의 구별이 쉽지 않은 경우도 적지 않다.

(2) 전달기관인 사자가 의사표시를 잘못 전달하였다면 의사표시의 부도달이 문제된다.

반면 표시기관인 사자가 본인의 의사표시를 다르게 전달한 경우에, ① 사자가 선의라면 전달된 의사표시는 유효하고, 본인은 착오를 이유로 의사표시를 취소할 수 있다. ② 사자가 「의도적으로」 표의자의 말을 달리 전달하였다면, 본인의 의사를 전달한 것이 아니라 스스로 의사표시를 한 것이기 때문에, 의사표시는 본인에 대하여 효력이 없다. 이 경우 표현대리규정을 적용 내

---

4) 취득한 권리가 간접본인에게 이전되어야 함은 그들 사이의 내부관계에 불과하다.

5) 위탁매매인이 자기의 채무를 담보하기 위하여 채권자에게 위탁매매로 취득한 채권을 양도한 경우에, 위탁매매인은 위탁자에 대한 관계에서는 위탁자에 속하는 채권을 무권리자로서 양도한 것으로 특별한 사정이 없는 한 위탁자에 대하여 효력이 없다고 한 대판 2011.7.14. 2011다31645 참조.

6) 다만 대판 2024.1.4. 2023다225580: "대리인도 본인의 지시에 따라 행위를 하여야 하는 이상(민법 제116조 제2항), 법률행위의 체결 및 성립 여부에 관한 최종적인 결정권한이 본인에게 유보되어 있다는 사정이 대리와 사자를 구별하는 결정적 기준이나 징표가 될 수는 없다. 그 구별은 의사표시 해석과 관련된 문제로서, 상대방의 합리적 시각, 즉 본인을 대신하여 행위하는 자가 상대방과의 외부적 관계에서 어떠한 모습으로 보이는지 여부를 중심으로 살펴보아야 하고, 이러한 사정과 더불어 행위자가 지칭한 자격·지위·역할에 관한 표시내용, 행위자의 구체적 역할, 행위자에게 일정한 범위의 권한이나 재량이 부여되었는지 여부, 행위자가 그 역할을 수행함에 필요한 전문적인 지식이나 자격의 필요 여부, 행위자에게 지급할 보수나 비용의 규모 등을 종합적으로 고려하여 합리적으로 판단하여야 한다."

지 유추할 수 있다는 것이 다수설 및 판례[7]의 입장이다. ③ 권한 없는 사자에 대해서는 무권대리에 관한 제130조 이하를 유추할 수 있을 것이다.

[참 고] 그 밖의 것들을 본다.

㉠ 대표기관의 행위에 의하여 직접 법인이 권리를 취득하고 의무를 부담한다는 점에서 대표(代表)는 대리와 유사하다(제59조 제2항 참조). 그러나 대표기관은 법인의 기관으로서 그의 행위가 그 자체로 법인의 행위로 평가되고, 대표의 권한은 대리에서처럼 법률행위에 국한되지 않으며 사실행위나 불법행위에서도 문제된다.

㉡ 점유매개관계를 통하여 타인으로 하여금 점유하게 한 이(X)는 간접으로 점유권을 가지는데, X의 점유를 간접점유(間接占有)라 한다(제194조). 이를 대리점유라고도 하는데(제332조), 점유는 의사표시와 무관한 법률사실이므로 대리와 구별된다.

제 2 절 대리권

제1관 총 설

1. 대리권의 개념 및 법적 성질 [1243]

(1) 대리인이 한 또는 수령한 의사표시의 효과가 본인에게 귀속되기 위하여 대리인에게 본인을 위하여 일정한 행위를 할 수 있는 지위나 자격이 주어져야 한다. 이러한 지위나 자격을 대리권(代理權)이라고 한다.

(2) 대리권의 법적 성질에 관하여 연혁적으로 형성권설, 부정설, 자격설 등이 주장되었으나, 자격설이 현재 지배적 입장이다. 즉 대리권은 권리가 아니라 일종의 권한(權限)이다.

2. 절차법적 의미 [1244]

대리권의 존재는 대리행위의 효과가 본인에게 귀속되기 위한 요건(권리근거사실)으로서 법률행위의 특별효력요건이다. 따라서 대리행위의 효과를 주장하는 상대방이 대리권의 존재에 대한 증명책임을 부담한다.[1]

제2관 임의대리권

Ⅰ. 대리권의 발생 [1245]

1. 수권행위

가. 의 의

제128조는 임의대리를 "법률행위에 의하여 수여된 대리"라 하여 법정대리와 구별하는데, 임의대리권은 본인이 대리인으로 될 이에게 대리권을 수여함으로써 비로소 발생한다. 이처럼 본인

7) 대판 1962.2.8. 4294민상192.
1) 대판 1994.2.22. 93다42047.

이 다른 이에게 대리권을 수여하는 행위를 수권행위(授權行爲)라고 한다.

[1246] 나. 수권행위의 법적 성질

(1) 수권행위는 상대방[1] 있는 단독행위이다.[2] 단독행위설을 취하면, 대리인이 제한능력자라도 그 흠이 수권행위의 효력에 영향을 미치지 않기 때문에, 대리에 관한 거래의 안전을 도모할 수 있는 실익도 있다.

[1247] (2) 수권행위는 본인과 대리인으로 될 이 사이의 기초적 내부관계를 발생케 하는 행위(예: 위임. 이하 줄여서 "원인행위"라 한다)와 별개의 독립된 행위로, 양자는 개념적으로 구별되어야 한다: 「수권행위의 독자성」. 물론 수권행위와 원인행위가 합체되어 행하여지는 경우가 흔하지만, 위임에서 수임인의 행위의 효과가 일단 수임인에게 귀속되고 이를 위임인에게 인도 또는 이전해야 하므로(제684조), 대리인이 한 행위의 효과가 직접 본인에게 귀속되도록 하기 위하여 위임과는 별도로 대리권 수여행위가 필요하다.

그런데 대리인이 타인인 본인의 법률관계를 처리한다는 점에서, 본인과 대리인의 구체적 법률관계가 어떠하든, 대리에는 언제나 「위임적 요소」가 포함된다.[3] 나아가 그들 사이의 관계는 강한 신뢰를 기초로 한다. 따라서 명문규정이 없더라도 대리인은 본인의 이익을 배려해야 하고, 자기나 다른 이의 이익을 위하여 본인에게 불리한 행위를 해서는 안 된다.

[1248] (3) 원인행위와 개념상 구별되는 수권행위가 유인행위인지 아니면 무인행위인지[4]에 관하여 학설이 대립한다. 그런데 제128조 전문이 "법률행위에 의하여 수여된 대리권은 그 원인된 법률관계의 종료에 의하여 소멸한다"고 하여 수권행위가 원인된 법률관계에 종속함을 규정하는 점 및 당사자의 의사[5]에 비추어 수권행위는 「유인행위」라고 해야 한다.

그런데 원인행위의 소급적 실효가 이미 행하여진 대리행위에 어떤 영향을 미치는지가 다시 문제되는데, 상대방으로서는 본인에 대한 청구(대리권의 존재 또는 표현대리의 성립을 전제로 한 이행청구)와 대리인에 대한 청구(제135조에 기한 책임추궁)를 예비적으로 또는 선택적으로 병합(소의 주관적 병합: 민사소송법 제70조)할 수 있으므로, 실제로 크게 문제되지는 않는다.[6]

[1249] 다. 수권행위의 방식

(1) 수권행위는 불요식행위이지만, 대리권의 존재 및 범위를 명확하게 하기 위하여 보통 위임장을 작성·교부하는 방식으로 행하여진다.[7] 수권행위가 묵시적으로 행하여질 수 있지만,[8] 제

1) 본인이 대리행위의 상대방으로 될 제3자에게 특정인을 대리인으로 한다는 의사표시(또는 통지)를 하는 것도 가능하다는 입장도 있으나(이 입장은 이른바 외부적 수권을 인정한다), 수권행위는 대리권을 취득하는 직접당사자인 대리인으로 될 이에 대한 의사표시로써 행하여지는 것으로 새겨야 한다(제111조 제1항 참조).

2) 수권행위를 단독행위로 새기더라도 그로 인하여 대리인으로 될 이가 불이익이나 구속을 받지 않는다. 그가 거절할 수 있기 때문이다. 대개 타인의 양해 하에 수권이 이루어지기 때문에, 거절은 가상(假像)의 문제에 불과하다.

3) 대리권의 존재와 범위를 증명하는 서면을 「위임장」이라고 하는 관행도, 의용민법에 따른 것이지만 이러한 사정과도 관련된다.

4) 즉 본인과 대리인으로 될 이 사이의 기초적 내부관계인 위임 등이 무효이거나 취소 또는 해제되어 실효되면, 수권행위(그 자체로는 흠 없는)도 영향을 받아 효력을 잃는지 여부.
다만 원인행위와 수권행위가 합체되어 행하여지는 것이 보통이고, 이러한 경우에 기초적 내부관계의 실효원인이 수권행위에도 공통되므로 수권행위의 유인·무인이 문제되는 경우는 실제로 그다지 많지 않다.

5) 위임사무의 처리를 위하여 대리권을 수여하였는데, 위임계약을 취소하는 위임인은 당연히 대리권 수여도 실효됨을 원한다고 볼 것이다.

6) 상대방이 본인과 무권대리인 중 일방만을 상대로 소를 제기한 경우에, 그 상대방은 소송고지(민사소송법 제84조)를 통하여 참가적 효력을 확보할 필요가 있다.

7) 참고로 소송대리권의 존재와 범위는 소송위임장, 회사등기사항증명서 등의 서면으로 증명해야 한다(민사소송법 제89조 제1항).

8) 대리권 수여가 추단되는 예로 사무처리의 위탁과 관련하여 본인의 인장을 교부하는 경우(다만 대판 2008.9.25. 2008다42195는, 인감도장 및 인감증명서는 대리권을 인정할 수 있는 자료에 지나지 않고 이에 의하여 당연히 피고에게 원고를 대리하여 양도담보부 금

125조와 관련하여 신중해야 한다.

(2) 거래계에서 대리인의 성명, 대리권의 내용 등 위임장의 필요사항 중 일부를 공백으로 두는 백지위임장(白紙委任狀)이 교부되는 경우가 있다. 그런데 ① 대리인의 성명이 공란인 경우에, 그것은 위임장을 교부받은 이로부터 전전하여 타인이 소지할 수 있음을 예정하므로, 정당한 소지인이 성명란에 자기의 이름을 기입하면 그와의 사이에 위임계약과 함께 수권행위가 성립하지만, 정당하지 않은 소지인에 의한 부당보충의 경우에 제125조의 표현대리가 문제될 수 있다. 한편 ② 대리권의 내용을 공란으로 남겼는데 대리인이 본인으로부터 위탁받지 않은 사항을 보충하였다면, 그 대리인은 본래 일정범위의 대리권은 부여받았으므로 권한을 넘은 표현대리(제126조)가 검토될 수 있다.[9]

라. 수권행위의 하자 [1250]

(1) 대리에서 행위자는 대리인이므로 대리행위의 하자 유무는 대리인을 기준으로 결정됨(제116조 제1항)과 달리, 단독행위로서 수권행위의 하자는 본인을 기준으로 판단한다. 그리고 대리인은 제한능력자라도 무방하지만(제117조), 수권행위에서 본인은 행위능력자여야 하므로 본인이 제한능력자라면 수권행위를 취소할 수 있다.

(2) 수권행위 자체가 소급적으로 실효되면 수권행위에 기초한 대리행위는 소급적으로 무권대리행위로 되는데, 이 경우 상대방은 본인에 대한 청구(대리행위의 유효주장)와 대리인에 대한 청구(제135조에 기한 책임추궁)를 예비적으로 또는 선택적으로 병합할 수 있지만(민사소송법 제70조), 그로 인한 불이익은 —제한능력을 이유로 하는 취소의 경우를 제외하고— 종국적으로 본인에게 귀속되어야 한다.

2. [보론] 후견계약 [1251]

가. 개 관

(1) 대리권은 —본인의 단독행위인 수권행위가 아니라— 본인과 대리인 사이의 계약에 의해서도 발생할 수 있다. 아래에서는 이 중 후견계약을 본다.

(2) 본인이 질병, 장애, 노령 그 밖의 사유로 인한 정신적 제약으로 사무를 처리할 능력이 부족한 상황에 있거나 부족하게 될 상황에 대비하여 자신의 재산관리 및 신상보호에 관한 사무의 전부 또는 일부를 다른 이에게 위탁하고 그 위탁사무에 관하여 대리권을 수여하는 것을 내용으로 하는 계약을 후견계약(後見契約)이라 한다(제959조의14 제1항). 요보호인의 사적자치에 터 잡은 후견계약이 존재하면 법정후견은 개시되지 않는다(제959조의20 제1항): 「임의후견의 우선성」(또는 법정후견의 보충성).

(3) 후견계약에 기한 대리는 임의대리이지만, 후견감독인 선임(제959조의14 제3항 참조)을 통하여 가정법원의 후견적 간섭의 여지를 남겨두고 있다는 점에 특색이 있다. 그 때문에 후견계약

전소비대차계약을 체결하거나 위 계약에 대한 공정증서 작성을 촉탁할 대리권이 인정되는 것은 아니라고 하였다). 방치 등 "사실상의 용태에 의하여" 대리권 수여가 추단되는 경우도 있다고 한 대판 2016.5.26. 2016다203315도 참조.

9) 참고로 대판 2013.8.22. 2011다100923: "일반적으로 문서의 일부가 미완성인 상태로 서명날인을 하여 교부한다는 것은 이례에 속하므로 그 문서의 교부 당시 백지상태인 공란부분이 있었고 그것이 사후에 보충되었다는 점은 작성명의인이 증명하여야 한다. 그러나 일단 문서의 내용 중 일부가 사후 보충되었다는 사실이 증명이 된 다음에는 그 백지부분이 정당하게 위임받은 권한에 의하여 보충되었다는 사실은 그 백지부분의 기재에 따른 효과를 주장하는 당사자가 이를 증명할 책임이 있다."

에 임의대리의 법리가 그대로 적용되지는 않는다.

[1252] **나. 후견계약의 성립**

(1) 후견계약은 임의후견을 받을 본인과 임의후견인으로 될 이 사이의 합의로 성립하는데, 계약의 일반적 성립요건과 유효요건을 갖추어야 한다. 특히 본인은 후견계약이 가지는 의미와 결과를 합리적으로 이해할 수 있는 정도의 정신능력을 갖추어야 한다.

한편 임의후견인의 자격에 관해서는 별도의 제한이 없다(다만 제959조의17 제1항 참조).

(2) 후견계약은 공정증서로 체결해야 하는(제959조의14 제2항) 요식행위이다. 임의후견인은 본인이 통제할 수 없는 상태에서 재산관리 및 신상보호에 관한 사무를 처리하므로, 본인의 의사를 확인할 수 있는 방편으로 방식이 요구된다. 그리고 후견계약은 등기에 의하여 공시되어야 한다(후견등기법 제26조).

(3) 임의후견감독인의 선임 전이라면 본인 또는 임의후견인은 언제든지 공증인의 인증을 받은 서면으로 후견계약의 의사표시를 철회할 수 있다(제959조의18 제1항).

[1253] **다. 후견계약의 효력**

(1) 임의후견인은 본인이 선임하는 임의대리인이다. 그리고 임의후견에서 필수기관에 해당하는 임의후견감독인은 본인에 갈음하여 대리인(즉 임의후견인)을 감독한다.

임의후견인의 임무는 후견계약의 내용에 따른다. 그리고 가정법원, 임의후견인, 임의후견감독인 등은 후견계약을 이행·운영할 때 본인의 의사를 최대한 존중해야 한다(제959조의14 제4항).

(2) 후견계약은 가정법원이 임의후견감독인을 선임한 때부터 그 효력이 발생하는데(제959조의14 제3항), 임의후견감독인의 선임은 법정조건이다(가사소송법 제9조도 참조). 그런데 본인이 피성년후견인, 피한정후견인 또는 피특정후견인인 경우에 가정법원은 임의후견감독인을 선임하면서 종전의 성년후견, 한정후견 또는 특정후견의 종료심판을 해야 하지만, 성년후견 또는 한정후견 조치의 계속이 본인의 이익을 위하여 특별히 필요하다고 인정하면 가정법원은 임의후견감독인을 선임하지 않는데(제959조의20 제2항), 이 경우에는 후견계약의 효력이 발생하지 않는다(제959조의17 제1항도 참조).

(3) 임의후견이 개시되었다는 사실만으로 피임의후견인의 행위능력이 제한되지는 않는다.

[1254] **라. 후견계약의 종료**

(1) 임의후견감독인 선임 후에는 정당한 사유가 있는 때에만 본인 또는 임의후견인이 가정법원의 허가를 받아 후견계약을 종료할 수 있다(제959조의18 제2항). 그리고 임의후견감독인 선임 후 임의후견인이 현저한 비행을 하거나 그 밖에 임무에 적합하지 아니한 사유가 있게 된 경우에, 가정법원은 임의후견감독인, 본인, 친족, 검사 또는 지방자치단체의 장의 청구에 의하여 임의후견인을 해임할 수 있다(제959조의17 제2항).

(2) 앞에서 본 사유에 기한 종료는 소급효를 가지지 않는다. 그런데 임의후견인의 대리권 소멸은 등기하지 않으면 선의의 제3자에게 대항할 수 없다(제959조의19). 등기 전에는 이 규정에 의하여 제3자가 보호되는 반면, 등기 후에는 제129조가 적용될 여지가 없다.

Ⅱ. 대리권의 범위 [1255]

1. 기본법리

가. 수권행위의 해석

임의대리권의 범위는 수권행위의 해석에 의하여 결정되는데, 수권행위(위임장)의 문언, 대리인과 본인의 관계, 대리의 목적인 사항의 성질, 거래관행 등을 고려해야 한다.10)

나. 민법 제118조 [1256]

(1) 대리권이 존재하는 것은 분명하지만 그 범위가 명확하지 않은 경우에 보충규정으로서 제118조가 적용되는데, 법정대리에 「준용」되기도 한다(예: 제25조).11)

(2) 권한을 정하지 않은 대리인은 처분행위를 할 수 없고, 이른바 관리행위(管理行爲)까지만 허용된다. 즉 ① 보존행위(保存行爲)는 아무런 제한 없이 할 수 있다(제118조 제1호). 여기서 보존행위란 재산의 현상을 유지하기 위한 행위(예: 소멸시효의 중단, 부패하기 쉬운 물건의 처분)를 말한다. ② 이용·개량행위를 할 수 있지만, 대리의 목적인 물건이나 권리의 성질을 변하지 않는 범위에서만 허용된다(제2호). 여기서 이용행위란 수익을 꾀하는 행위(예: 물건을 임대하거나 금전을 이자부로 대여하는 행위)를 말하고, 개량행위는 사용가치나 교환가치를 증가시키는 행위(예: 무이자의 금전소비대차를 이자부로 하는 경우)를 말한다. 성질의 변경이 있는지는 거래관념에 따라 판단해야 하는데, 예금을 주식으로 바꾼다거나 은행예금을 찾아 개인에게 빌려주는 행위 등은 할 수 없다.

2. 대리권의 제한 [1257]

가. 개 관

(1) 대리인은 대리행위에서 "본인을 위한 것임"을 표시해야 하는데(제114조), 이것이 「본인의 이익을 위하여」라는 의미는 아니어서([1276] 참조), 결과적으로 본인에게 불리한 대리행위라도 그 효과가 본인에게 귀속된다. 그러나 대리인이 한 행위의 효과가 본인에게 귀속된다는 점에서 대리에는 언제나 위임적 요소가 포함되므로([1247] 참조), 위임에 기한 대리뿐만 아니라 대리 일반에서 대리인에게 선관주의의무(제681조 참조)가 요구되고, 나아가 본인과 대리인 사이의 강한 신뢰관계에 따라 본인의 이익을 배려해야 할 충실의무(忠實義務)까지 인정된다. 따라서 대리인은 본인의 이익을 해치는 행위를 해서는 안 된다.

(2) 명의 자체를 기준으로 형식적으로 판단하더라도 본인의 이익을 해칠 여지가 있다고 평가되는 자기계약이나 쌍방대리가 제124조에 의하여 규율되는 것은 바로 이러한 취지에 기한 것이다. 나아가 본인에게 불이익을 입힐 의도로 대리권을 행사한 남용의 경우도 충실의무 위반이라는

---

10) 대리권의 범위에 관하여 주목할 만한 재판례를 본다. ㉠ 임의대리권은 그에 부수하여 필요한 한도에서 상대방의 의사표시를 수령하는 권한(수령대리권)을 포함한다(대판 1994.2.8. 93다39379). ㉡ 부동산소유자로부터 매매계약을 체결할 대리권을 수여받은 대리인은 매매계약에서 정한 바에 따라 중도금이나 잔금을 수령할 수 있다(앞의 93다39379 판결). 그리고 매매계약의 체결 및 이행에 관하여 「포괄적으로」 대리권을 수여받은 대리인은 상대방에 대하여 약정된 매매대금지급기일을 연기해 줄 권한도 가진다(대판 1992.4.14. 91다43107). ㉢ 반면 계약체결에 관한 대리권을 수여받은 대리인이 수권된 법률행위를 하면 그것으로 대리의 원인된 법률관계는 목적을 달성하여 종료하고, 법률행위에 의하여 수여된 대리권은 원인된 법률관계의 종료에 의하여 소멸하므로(제128조), 계약을 체결한 대리인이 체결된 계약의 해제 등 일체의 처분권과 상대방의 의사를 수령할 권한까지 가진다고 볼 수는 없다(대판 2008.6.12. 2008다11276. 금전소비대차 내지 그를 위한 담보권설정계약을 체결할 권한을 수여받은 대리인에게 본래의 계약관계를 해제할 대리권까지 있다고 볼 수 없다고 한 대판 1993.1.15. 92다39365도 참조). 부동산을 매수할 권한을 수여받은 대리인이 매수한 부동산을 처분할 대리권도 가진다고는 볼 수 없고(대판 1991.2.12. 90다7364), 예금계약의 체결을 위임받은 이가 가지는 대리권에 예금을 담보로 하여 대출을 받거나 이를 처분할 수 있는 대리권이 당연히 포함되어 있는 것은 아니다(대판 1995.8.22. 94다59042).

11) 법정대리에서는 근거규정의 해석을 통하여 대리권의 범위가 결정되므로, 제118조가 「적용」되지 않는다.

점에서 실질적으로 이와 다르지 않으므로 제2조 제2항에 기하여 그 효력이 부정되어야 한다.

[1258] 나. 자기계약 및 쌍방대리의 금지

(1) 대리인이 본인을 대리하면서 다른 한편 자기 자신이 상대방으로서 계약을 체결하는 것이 자기계약(自己契約)이고, 동일인이 하나의 법률행위에 관하여 당사자 쌍방의 대리인으로서 대리행위를 하는 것을 쌍방대리(雙方代理)라고 한다.[12)]

자기계약과 쌍방대리는 행위의 외형상 충실의무에 반하므로 금지된다(제124조).[13)]

(2) 본인의 이익을 보호한다는 금지의 취지에 반하지 않는 경우에까지 자기계약이나 쌍방대리를 금지할 필요는 없다. 따라서 ① 본인이 자기계약 또는 쌍방대리를 허락하는 경우에 그 대리행위는 유효하다(제124조 본문).[14)] ② 이미 확정된 법률관계를 단순히 결제할 뿐 새로운 이해관계를 창설하는 것이 아닌 「채무의 이행」에 관해서는 자기계약 또는 쌍방대리가 허용된다(예: 주식의 매수인이 매도인의 명의개서 대리인으로 되는 경우). 다만 채무의 이행이라도 새로운 이해관계를 생기게 하는 대물변제(제466조)나 경개(제500조)의 경우에 자기계약 또는 쌍방대리가 허용되지 않는다.

(3) 앞의 예외에 해당하지 않는 한 자기계약 또는 쌍방대리는 무권대리로서 본인에 대하여 그 효력이 없다. 그런데 이러한 제한은 본인의 이익을 위한 것이므로 본인이 사후에 추인하면 유효로 되고 더 이상 대리권의 제한은 문제되지 않는다.

[1259] (4) 자기계약 · 쌍방대리의 금지는 임의대리와 법정대리 모두에 적용된다. 그런데 이에 대하여 특칙들이 있다. ① 친권자와 그 자녀 사이 또는 친권에 따르는 수인의 자녀 사이에 이해가 충돌하는 경우에, 친권자는 그 자녀 또는 수인의 자녀 각자의 특별대리인의 선임을 법원에 청구해야 하고(제921조), 이 규정은 후견인에게 준용된다(제949조의3). ② 대리에 관한 규정이 준용되는(제59조 제2항) 법인의 대표에서도 법인과 이사의 이익이 상반하는 사항에 관하여 이사는 대표권이 없고, 법원이 선임한 특별대리인이 법인을 대표한다(제64조). ③ 그 밖에 상법도 이사 또는 사원과 회사 사이의 이른바 자기거래를 제한하는 규정을 두고 있고(상법 제199조, 제269조, 제398조 등), 변호사법 제31조도 같은 취지의 것이다.

> [참 고] 친권의 행사에 관한 제921조는 제124조의 특칙이다. 즉 친권의 공정한 행사를 기대하기 어려운 이해상반의 경우에, 친권의 남용을 예방하고 미성년인 자녀의 이익을 보호하기 위하여 친권자의 대리권 및 동의권을 제한하고, 특별대리인을 선임하여 그로 하여금 앞의 권한을 행사하게 한다.[15)] 그리고 이해상반행위에 해당하는지를 판단하는 기준에 관하여 ㉠ 행위의 형식 여하를 불문하고 친권자의 행위의 동기 · 목적 · 결과 등을 고려하여 실질적으로 미성년자에게 불리한 행위는 모두 이해상반행위에 해당한다는 실질적 판단설과 ㉡ 당해 법률행위의 동기나 실질적인 결과 여하와 관계없이 법률행위 자체 내지 법률행위의 외형으로 보아 미성년자에게 불리한지를 판단해야 한다는 형식적 판단설이 대립하는데,[16)] 판례는 뒤의 입장을 따른다.[17)]

---

12) A의 대리인 B가 A 소유의 부동산을 매수하는 경우가 자기계약이고, A의 대리인 B가 A 소유의 부동산에 대한 매매계약을 C의 대리인 B와 체결한 경우가 쌍방대리이다.

13) 부동산입찰절차에서 동일한 물건에 관하여 1인이 2인 이상의 대리인이 된 경우에 입찰은 무효라고 한 대결 2004.2.13. 2003마44 참조.

14) 다만 미리 「포괄적으로」 승낙한 경우에는 사회질서에 반할 여지가 없지 않다.

15) 대판 1996.4.9. 96다1139.

16) 그 밖에 실질관계 객관적 고려설도 주장되는데, 형식적 판단설을 기초로 한 절충설로 볼 수 있다.

다. 대리권의 남용 [1260]

(1) 대리인이 외형적 · 형식적으로 대리권의 범위 내에서 대리행위를 하였지만 그 행위가 실질적으로는 자신 또는 제3자의 이익을 꾀할 목적으로 행하여진 경우[18]에도 그 법률효과가 본인에게 귀속되는가 하는 것이 대리권남용(代理權濫用)의 문제이다.

(2) 배임적 대리행위라도「본인을 위하여 하는 의사」, 즉 대리의사는 존재하므로, 일단 본인 [1261] 에게 그 효과가 귀속된다. 다만 충실의무를 지는 대리인이 본인에게 불이익을 입힐 의도로 대리권을 행사하였다면, 권리남용(제2조 제2항)에 해당하여 대리권이 부정되어야 하는데,[19] 대리행위의 효과가 본인에게 귀속되지 않는다면 본인의 보호에 부족함이 없는 반면, 현명(顯名)에 따라 그 효과가 본인에게 귀속될 것으로 믿은 상대방이 예기치 않은 손해를 입을 수 있다.

여기서 본인과 상대방 사이의 이해충돌을 어떻게 조절할 것인지(바꾸어 말하면 권한남용의 위험을 누구에게 부담시킬 것인지)와 관련하여 ① 대리인의 배임적 의도를 상대방이 알았거나 알 수 있었다면 제107조 제1항 단서를 유추하여 대리행위의 효력을 부정할 것이라는 제107조 제1항 단서 유추설(흔히 심리유보설이라 한다)과 ② 악의나 중과실 등 상대방의 유효주장을 신의칙에 반하게 만드는 사정이 있다면 상대방이 그러한 위험을 부담하여 대리행위의 효력이 부정된다는 신의칙설이 주장되는데,[20] 판례는 ①의 입장이다.[21]

생각건대 대리권의 남용에서 배임적 대리행위로부터 본인이 보호되어야 하는데, 앞에서 본 것처럼 제2조 제2항을 통하여 대리행위의 효과가 본인에게 미치지 않는다는 결과를 도출할 수 있다. 문제는 이 경우 대리행위의 효과가 본인에게 귀속될 것으로 믿은 상대방이 어느 범위에서 보호되는가 하는 점이다. 그런데 대리인의 배임적 의도는 본인에 대한 내부관계에 불과하여 상대방에게 그 의도에 관한 조사의무를 지울 수 없으므로, 그에 관하여 선의이지만 (경)과실이 있다고 하여 상대방에게 불이익을 지우는 것은 적절하지 않다. 반면 그러한 의도를 알(거나 중대한 과실로 알지 못하)면서 대리행위에 임한 상대방이 대리행위의 유효를 주장하는 것은 제2조 제2항에 반한다고 할 것이다.[22] 다만 신의칙설에 따르면 상대방의 보호범위가 다소 넓어지는[23] 점을 제외하면, 어느 입장을 취하는지에 따라 실제로 큰 차이는 없다.

---

17) 이에 관하여 판례, 〈2-4-2〉 참조. 수탁자와 수익자 간의 이해가 상반되는 경우(신탁법 제17조)에 같은 기준을 적용한 대판 2018.9.28. 2014다79303도 참조.

18) 예를 들어 금융기관의 임 · 직원이 예금 명목으로 돈을 교부받을 때의 내심이 예금주와 예금계약을 맺으려는 것이 아니라 그 돈을 사적인 용도로 사용하거나 비정상적인 방법으로 운용하는 데 있었던 경우(대판 2007.4.12. 2004다51542).

19) 이처럼「결과적으로」대리권이 부정될 뿐이므로,「처음부터」대리권이 없는 무권대리와 구별되어야 한다.

20) 그 밖에 배임적 대리행위에서 일정한 요건 하에 대리권을 부정해야 한다는 대리권제한설도 주장된다.

21) 가령 대판 2001.1.19. 2000다20694: "진의 아닌 의사표시가 대리인에 의하여 이루어지고 그 대리인의 진의가 본인의 이익이나 의사에 반하여 자기 또는 제3자의 이익을 위한 배임적인 것임을 그 상대방이 알았거나 알 수 있었을 경우에는 민법 제107조 제1항 단서의 유추해석상 그 대리인의 행위에 대하여 본인은 아무런 책임을 지지 않는다고 보아야 하고, 그 상대방이 대리인의 표시의사가 진의 아님을 알았거나 알 수 있었는가의 여부는 표의자인 대리인과 상대방 사이에 있었던 의사표시 형성과정과 그 내용 및 그로 인하여 나타나는 효과 등을 객관적인 사정에 따라 합리적으로 판단하여야 한다." 증권회사(Y)의 직원(A)이 고객(X)으로부터 채권과 채권매수대금을 교부받아 임의로 운용한 사안에서, X로서는 A의 의사가 Y를 위한 것이 아님을 알았다고 할 수는 없을지라도 적어도 통상의 주의만 기울였다면 알 수 있었을 것이라고 보아 X와 Y 사이의 채권 및 채권매수대금 위탁계약의 성립을 부인한 사례인데, 이처럼 위탁계약의 효력이 부정되더라도, Y의 X에 대한 사용자책임이 성립할 수는 있다.
 참고로 이러한 입장에 관한 선도적 판례는 은행의 지점장 대리가 고객의 예금을 정상적으로 처리하지 않고 빼돌린 경우에 관한 대판 1987.7.7. 86다카1004이다.
 한편 이익상황이 비슷한 대표권남용에 관하여 대판 1987.10.13. 86다카1522 등은 ②의 입장을 따르는데, 상대방의 (중)과실 유무를 문제삼지 않는다([1487] 참조).

22) 필자는 종래 제126조를 유추해야 한다는 입장으로, 제126조에서 정당한 이유가 긍정되어서「무권」대리행위의 효과가 본인에게 귀속되는 반면, 대리인의 배임적 의도가 객관적으로 명백한 경우에 "정당한 이유"가 부정되어 대리행위의 효과가 본인에게 미치지 않는다고 하였다.

23) 상대방이 악의이거나 선의이지만 중과실이 있는 경우에만 본인이 보호된다는 점에서.

한편 배임적 대리행위에도 불구하고 상대방이 보호되는 경우(즉 본인에게 대리행위의 효과가 미치는 경우)에 그로 인한 본인의 불이익은 대리인과의 내부관계에서 전보되어야 하고, 대리권남용이 인정되어 대리행위의 효력이 부정되는 경우에, 상대방의 보호가치 역시 부정되므로 표현대리가 성립할 수 없을 뿐만 아니라 무권대리인의 책임에 관한 제135조도 원칙적으로 적용되지 않는다.[24)]

[1262] (3) 대리권남용은 주로 임의대리와 관련하여 논의되지만, 그에 한정할 것은 아니다. 즉 대리권남용으로부터 본인을 보호해야 할 필요성은 법정대리에서도 다르지 않으며, 특히 친권자의 법정대리권은 친권의 한 내용인데 친권 자체의 남용이 인정되는 상황에서 그 내포인 법정대리권의 남용이 부정될 이유가 없다. 따라서 법정대리에도 대리권남용의 법리가 적용되어야 한다.

판례도 법정대리권의 남용을 인정하는데,[25)] 제한능력자 보호라는 관점에서 보더라도 정당한 태도라 할 것이다.

> [참 고] 대판 2018.4.26. 2016다3201: "법정대리인인 친권자의 대리행위가 객관적으로 볼 때 미성년자 본인에게는 경제적인 손실만을 초래하는 반면, 친권자나 제3자에게는 경제적인 이익을 가져오는 행위이고 행위의 상대방이 이러한 사실을 알았거나 알 수 있었을 때에는 민법 제107조 제1항 단서의 규정을 유추적용하여 행위의 효과가 자(子)에게는 미치지 않는다고 해석함이 타당하나, 그에 따라 외형상 형성된 법률관계를 기초로 하여 새로운 법률상 이해관계를 맺은 선의의 제3자에 대하여는 같은 조 제2항의 규정을 유추적용하여 누구도 그와 같은 사정을 들어 대항할 수 없으며, 제3자가 악의라는 사실에 관한 주장 · 증명책임은 무효를 주장하는 자에게 있다."
>
> 그런데 법정대리에 대리권남용의 법리를 적용하더라도, 제한능력자 보호라는 민법의 근본결단([1165] 참조)이 존중되어야 한다. 즉 제한능력자의 법정대리에서 거래의 안전은 뒤로 물러서야 하는데, 상대방의 보호가치를 따지지 않고 대리권이 부정되어야 하고, 그 결과 배임적 대리행위의 효과가 본인인 제한능력자에게 미치지 않는다고 해야 한다.[26)] 다만 상대방의 보호가치가 긍정되는[27)] 예외적인 경우에 상대방은 제135조에 기하여 대리인의 책임을 물을 수 있다 할 것이다. 이러한 관점에서 앞의 2016다3201 판결이 제107조 제2항까지 유추한 것은 민법의 근본결단에 반한다는 비판을 면할 수 없다.

[1263] **라. 공동대리**

(1) 대리인이 수인인 경우에 대리인 각자가 본인을 대리한다(제119조 본문): 각자대리(各自代理). 그러나 법률(제909조 제2항 외에 상법 제389조 제2항도 참조) 또는 수권행위에 수인의 대리인이 공동으로만 대리할 수 있는 것으로 되어 있다면 그렇게 해야 한다.

(2) 공동대리(共同代理)를 정하는 취지는 대리인들로 하여금 상호견제 하에 효과의사를 「결정」하게 함으로써 본인의 이익을 지키고자 함에 있다. 이러한 취지에 따라 공동대리에서 「공동」은 의사결정의 공동을 의미하고, 따라서 공동대리인 사이에 의사의 합치가 있는 이상 반드시 전원이 공동으로 의사표시를 할 필요는 없으며, 어느 1인에게 의사표시의 실행을 위임할 수 있다고 할 것이다.

(3) 공동대리의 제한을 위반한 대리행위는 무권대리에 해당한다. 다만 본인의 추인이 있으면

24) 이 경우 대리법 밖의 구제책, 가령 사용자책임의 성립(상대방이 악의 또는 중과실인 경우에 부정되지만)을 주장할 수 있음은 별개의 문제이다.

25) 대판 1997.1.24. 96다43928 등.

26) 그렇지 않다면 고양이(법정대리인)에게 생선(제한능력자의 이익)을 맡긴 꼴이 된다.

27) 대리권남용이 인정되는 경우에 일반적으로 상대방의 보호가치가 부정되지만, 제한능력자의 법정대리권의 경우에는 그렇지 않을 수 있다.

유효로 되고,[28] 나아가 제126조의 표현대리가 성립할 여지가 많을 것이다.

한편 제909조 제2항에 따라 친권자의 대리권은 공동대리의 제한을 받는데(제3항 참조), 제920조의2가 그에 위반된 경우를 규정한다.

(4) 수동대리에서도 공동으로 상대방의 의사표시를 수령해야 하는지에 관하여 다툼이 있지만, 공동대리라는 제한으로 인하여 상대방의 지위를 열악하게 할 수 없으므로 대리인 각자가 단독으로 의사표시를 수령할 수 있다 할 것이다(상법 제12조 제2항 참조).

Ⅲ. 대리권의 소멸 [1264]

1. 개 관

(1) 대리권의 소멸사유에 관하여 제127조는 법정대리와 임의대리에 공통된 것을, 제128조는 임의대리에 특유한 것을 각 규정한다.

(2) 대리권이 소멸된 후에 한 대리행위는 무권대리로 된다. 다만 상대방이 선의 · 무과실이라면 대리권 소멸 후의 표현대리(제129조)가 성립할 수 있다.

2. 소멸사유 [1265]

가. 법정대리와 임의대리에 공통된 소멸원인

(1) 「본인의 사망」으로 대리권이 소멸한다(제127조 제1호). 법정대리에서 본인의 사망으로 대리가 필요 없게 되는 경우가 많을 뿐만 아니라 그렇지 않더라도 상속인을 위하여 별도의 조치를 취하는 것이 적당하기 때문이고, 임의대리에서는 본인과 대리인 간의 특별한 신임관계가 그 기초를 이루는데 본인의 사망으로 대리권도 소멸한다고 보는 것이 본인의 의사에 합치되기 때문이다. 본인이 실종선고를 받은 경우에도 같다.[29]

이에는 일정한 예외가 따른다. ① 임의대리에 관한 한 제127조 제1호는 임의규정이므로, 본인의 사망 후에도 대리권이 존속하는 것으로 하는 당사자들의 약정은 유효하다. ② 본인의 사망으로 위임이 종료하지만(제690조), 급박한 사정이 있으면 위임인의 상속인 등이 사무를 처리할 수 있을 때까지 수임인은 사무의 처리를 계속해야 하므로(제691조), 이 한도에서 임의대리권은 존속하는 것으로 해석된다. ③ 상행위의 위임에 기한 대리권은 본인의 사망으로 소멸하지 않는다(상법 제50조).[30]

(2) 「대리인의 사망」에 의하여 대리권이 소멸한다(제127조 제2호).

이에도 일정한 예외가 인정된다. ① 대리인이 사망하면 상속인에게 그 대리권이 승계된다는 취지의 명시 또는 묵시의 특약이 있는 경우에, 그 효력을 인정할 것이다(예: 담보를 위하여 채권추심을 위임한 경우). ② 대리인이 사망하더라도 급박한 사정이 있다면 위임인이 사무를 처리할 수 있을 때까지 수임인의 상속인 등이 사무의 처리를 계속해야 하는데(제691조 참조), 이 한도에서 대리권은 존속하는 것으로 해석된다.

---

28) 다른 공동대리인 전원의 사후승인도 이에 준하여 처리하면 될 것이다.

29) 대판 1987.3.24. 85다카1151.

30) 소송대리권도 당사자의 사망으로 소멸하지 않으며(민사소송법 제95조), 당사자가 사망하더라도 소송대리인이 있는 경우에는 소송이 중단되지 않는다(같은 법 제238조).

(3) 「대리인의 성년후견개시 또는 파산」도 대리권의 소멸사유이다(제127조 제2호). 대리인으로 된 후 성년후견개시의 심판 또는 파산선고를 받으면 대리인의 재산관리능력 또는 경제적 신용이 크게 저하되어 임의대리인에 대한 본인의 신임관계 또는 법정대리인의 적격에 변동이 생기기 때문이다.

[1266] **나. 임의대리에 특유한 소멸원인**

(1) 우선 「원인된 법률관계의 종료」로 임의대리권은 소멸한다(제128조 전문). 대리관계와 기초적 내부관계는 별개의 독립된 것이지만, 당사자의 의사는 원인된 법률관계와 대리권의 운명을 함께 하고자 하는 것이 보통이라는 점을 고려한 것이다. 여기서 원인된 법률관계의 종료사유는 문제되지 않는다.[31]

(2) 원인된 법률관계가 종료하기 전이라도 본인의 「수권행위 철회」로 임의대리권은 소멸한다. 그런데 제689조를 유추하여 본인은 언제든지 수권행위를 철회할 수 있고, 그 철회로써 대리권 소멸의 효과가 발생한다. 따라서 제128조 후문의 실질적 의미는 법률행위의 종료와 관계없이 본인이 수권행위만 철회할 수 있음을 인정한 데 있다. 한편 원인된 법률관계의 종료 전에 수권행위를 철회하지 않겠다는 특약은 유효하다.

제3관 법정대리권

[1267] **1. 법정대리권의 발생**

법정대리권은 본인의 의사와 관계없이 발생한 대리권을 총칭하는데, 그 발생원인으로 법률의 규정, 지정권자의 지정 및 법원의 선임의 세 가지가 있다: ① 법률의 규정에 의한 경우로 부부(제827조), 친권자(제911조, 제920조) 등; ② 지정권자가 지정하는 경우로 지정후견인(제931조), 지정유언집행자(제1093조, 제1094조) 등; ③ 법원이 선임하는 경우로 부재자재산관리인(제23조), 선임후견인(제936조), 상속재산관리인(제1023조, 제1040조, 제1044조, 제1047조, 제1053조), 유언집행자(제1096조) 등.

[1268] **2. 법정대리권의 범위**

(1) 법정대리권의 범위는 발생근거인 법률의 규정에 의하여 정해진다. 예컨대 친권자나 후견인은 제한능력자의 재산상의 법률행위에 관하여 대리할 권한을 가지고(제920조, 제948조, 제949조), 부재자의 재산관리인과 상속재산관리인은 관리행위, 즉 보존·이용·개량행위를 할 권한을 가진다(제25조, 제1023조 제2항, 제1044조 제2항, 제1047조 제2항, 제1053조 제2항).

(2) 법률의 규정에 의하지 않는 한 법정대리권의 범위를 당사자의 의사에 따라 확장 또는 제한하는 것은 허용되지 않는다.

(3) 대리권의 제한이나 대리권남용의 법리도 법정대리에 적용되지만, 특별규정(예: 공동대리에 관한 제920조의2)을 두는 경우가 적지 않다.

---

31) 한편 원인된 법률관계의 종료에도 불구하고 대리권을 존속시키기로 하는 당사자 사이의 약정은 유효하지만, 그 예는 거의 없을 것이다.

3. 법정대리권의 소멸 [1269]

(1) 발생과 마찬가지로 법정대리권의 소멸 역시 개개의 규정에 의한다.[1)]

(2) 임의대리와 법정대리에 공통된 소멸원인은 앞에서 보았고, 그 밖에 법정대리권 발생의 원인인 사실관계가 소멸한 경우(예: 미성년인 본인이 성년으로 된 경우, 성년후견종료의 심판, 유언집행의 종료)에도 법정대리권은 당연히 소멸한다.

제 4 관 복 대 리

1. 서 설 [1270]

본인과 대리인 사이의 신뢰관계 때문에 대리인은 스스로 대리행위를 해야 한다. 이것이 위임적 요소에 기한 자기집행의무(自己執行義務)이다. 그런데 대리인 스스로 행위를 하지 않고 다른 이를 시켜 할 수도 있는데, 이를 복대리(復代理)라 한다. 즉 복대리인이란 대리인이 대리권의 범위에 속하는 행위를 하게 하려고 대리인 자신의 이름으로(즉 대리인의 권한으로) 선임한, 본인의 대리인을 말한다.

2. 복대리인의 지위 [1271]

가. 개 관

복대리인은 ① 대리인이 선임한 ② 본인의 대리인이다(제123조 제1항). ①에 관해서는 따로 보기로 하고, 여기서는 나머지 지위를 살펴본다.

나. 개별적 검토

(1) 복대리인은 그 권한의 범위 내에서 직접 본인을 대리한다(제123조 제1항). 즉 복대리인이 한 행위의 효과는 직접(대리인을 거치지 않고) 본인에게 생긴다. 상대방에 대한 관계에서 대리인과 전혀 다를 바 없고(제2항 참조), 따라서 복대리인의 대리행위에 관하여 대리 일반의 법리가 그대로 적용된다.

(2) 복대리인은 대리인의 감독을 받을 뿐만 아니라 복대리인의 대리권은 존재 및 범위에서 대리인의 대리권에 의존한다. 즉 그 범위는 대리인의 그것보다 클 수 없으며, 대리인의 대리권이 소멸하면 복대리인의 대리권도 소멸한다. 반면 대리인의 대리권은 복대리인의 선임에 의하여 소멸하지 않고 복대리인의 대리권과 병존한다. 따라서 복임행위는 ―대리권의 병존적 · 설정적 양도행위라는 학설의 일반적 입장과 달리― 「대리권의 병존적 수여행위」라 할 것이다. 복대리인과 대리인 사이의 그 밖의 법률관계는 양자 사이의 내부관계(위임 등)에 의하여 처리된다.

(3) 복대리인과 본인 사이에는 대외적으로 복대리인이 본인의 대리인이라는 것 외에 아무런 내부관계가 존재하지 않는다. 그러나 본인은 복대리인의 대리행위에 대하여 대리인의 대리행위에 의하는 것과 마찬가지의 이해를 가지기 때문에, 본인 · 복대리인 사이에서도 본인 · 대리인 사이와 마찬가지의 내부관계가 인정된다(제123조 제2항).[1)]

---

1) 예: 제22조 제2항, 제23조, 제909조, 제924조, 제925조, 제927조, 제937조, 제939조, 제940조, 제1098조, 제1105조, 제1106조.

1) 예컨대 대리인이 본인에 대하여 수임인의 지위에 있는 경우에, 복대리인도 수임인의 권리 · 의무(예: 선관주의의무, 수령한 금전 등의 인도의무)를 가진다.

[1272]

3. 대리인의 복임권

가. 복 임 권

복대리인을 선임할 수 있는 권한인 복임권(復任權)은 법률의 규정에 의하여 대리인에게 주어진다. 그런데 대리인이 임의대리인인지 아니면 법정대리인인지에 따라 복임권 및 책임의 범위가 다른데, 본인 아닌 대리인이 대리권을 수여함에 따른 본인의 이해를 고려한 결과이다.

나. 법정대리인의 복임권

(1) 법정대리인은 언제든지 복임권을 가진다(제122조 본문). 법정대리인은 본인의 신임에 기하여 대리인이 된 것이 아니고 임의로 사임할 수도 없으며, 본인이 복대리인 선임에 관하여 승낙할 능력을 가지지 못하는 것이 통상적일 뿐만 아니라 법정대리인의 직무범위가 광범위하다는 등의 이유 때문이다. 물론 법정대리인의 복임권을 제한하는 특별규정(예: 제1103조 제2항, 제682조. 법인 이사의 대리인 선임권에 관한 제62조도 참조)이 있으면 그에 의한다.

(2) 법정대리인은 언제든지 복임권을 가지는 대신, 복대리인의 행위에 의하여 본인이 손해를 입으면, 복대리인의 선임 · 감독에 관하여 과실이 없더라도 그에 대하여 전적인 책임을 진다(제122조 본문). 그 책임은 법정의 무과실책임이다. 다만 부득이한 사유로 복대리인을 선임한 경우에는 선임감독상의 과실에 대해서만 책임을 진다(같은 조 단서).

[1273]

다. 임의대리인의 복임권

(1) 임의대리인은 본인의 승낙이 있거나 부득이한 사유(예: 본인의 소재불명)가 있는 경우에 한하여 복임권을 가진다(제120조. 위임에 관한 제682조도 참조). 임의대리인은 본인의 신임을 받은 이이며 언제든지 사임할 수 있기 때문이다. 그런데 대리의 목적인 법률행위의 성질상 대리인 자신에 의한 처리가 필요하지 않은 경우에, 본인이 복대리 금지의 의사를 명시하지 않는 한 복대리인의 선임에 관하여 묵시적 승낙이 있는 것으로 보아야 한다.[2)]

(2) 복대리인을 선임한 임의대리인은 본인에 대하여 선임 · 감독에 관한 책임을 진다(제121조 제1항). 즉 부적임인 이를 선임하거나 감독을 게을리하여 본인에게 손해를 입힌 경우에, 임의대리인이 그에 대한 책임을 진다. 다만 본인의 지명에 따라 복대리인을 선임하였다면, 대리인이 복대리인의 자격에 관하여 조사할 필요가 없으므로, 복대리인의 부적임이나 불성실함을 알고 본인에 대한 통지나 해임을 게을리한 경우에 한하여 책임을 진다(제2항).

[1274]

4. 복대리권의 소멸

복대리권은 ① 대리권이므로 대리권 일반의 소멸사유에 의하여, ② 대리인이 수여한 것이므로 대리인과 복대리인 사이의 내부적 법률관계의 종료 또는 대리인의 수권행위(복임행위)의 철회에 의하여, ③ 대리인의 대리권을 전제로 하므로 대리인의 대리권의 소멸에 의하여 소멸한다.

---

2) 대판 1996.1.26. 94다30690. 예컨대 어떤 물건을 일정한 가격 이하로 매수할 것을 부탁하면서 대리권을 수여한 경우에, 본인의 묵시적 승낙이 있는 것으로 볼 것이다.

제 3 절 대리행위와 대리의 효과

Ⅰ. 대리행위 [1275]

1. 총 설

(1) 대리행위가 유효하기 위하여 법률행위 일반의 요건을 충족해야 함은 당연하다. 아래에서는 그것을 제외하고 대리에 특유한 사항만 다룬다.

(2) 절차법적으로 대리행위는 법률효과를 발생시키는 실체법상의 구성요건 해당사실에 속하므로, 당사자가 변론에서 주장하지 않은 이상 법원은 이를 인정할 수 없으나, 이와 같은 주장은 반드시 명시적인 것이어야 하는 것은 아니고, 당사자의 주장취지에 비추어 이러한 주장이 포함되어 있는 것으로 볼 수 있다면 재판의 기초로 삼을 수 있다.[1)]

2. 현명주의 [1276]

가. 기본법리

(1) 대리인이 권한 내에서 한 의사표시의 효과가 직접 본인에게 귀속되려면 대리행위에 효과(비용과 위험을 포함하여)의 귀속주체인 본인이 표시되어야 하는데("본인을 위한 것임을 표시하여": 제114조 제1항), 이를 현명(顯名)이라고 한다. 그리고 "본인을 위한"다는 것은 대리행위의 효과가 본인에게 돌아간다는 의미이고, 사전적 의미인 「본인에게 유리하게」라는 뜻은 아니다. 요컨대 본인을 "위한 것"이란 효과귀속의 방향성을 의미한다. 이처럼 법률행위의 효과를 직접 본인에게 귀속하게 하려는 대리인의 의사를 「대리의사」라 한다.

(2) 수동대리에서는 상대방이 본인에 대한 의사표시임을 표시해야 한다(같은 조 제2항).

나. 현명의 방식 [1277]

(1) 대리의사가 반드시 명시적으로 표시되어야 하는 것은 아니다. 대리의사는 보통 「A의 대리인 B」라는 모습으로 나타나지만, 해석을 통하여 대리의사를 인정할 수 있으면 충분하다. 즉 대리인임을 표시하지 않았더라도 여러 사정을 종합하여 대리행위로 인정되는 한 대리의 성립을 긍정해야 한다.[2)]

이와 관련하여 본인을 위한 것임을 표시하지 않고 본인 명의로 행하여지는 서명대리(署名代理)가 거래계에서 드물지 않은데, 이러한 방식도 허용된다.[3)] 즉 권한 있는 대리인이 본인 명의로 행위하였더라도, 대리인에게 대리의사가 있는 것으로 인정되는 한 유효한 대리행위로 될 수 있다. 한편 서명대리에서도 계약당사자의 확정([2136] 참조)이 선결되어야 하는데, 본인의 이름을 사용하면서 대리인이 본인처럼 행세하고 상대방도 대리인을 본인으로 안 경우에, 대리인 자신이 당사자로 된다.[4)]

---

1) 대판 1996.2.9. 95다27998 참조.

2) 예컨대 위임장을 제시하고 매매계약을 체결하는 이가 매매계약서에 대리관계의 표시 없이 자신의 이름을 기재했다고 하여 그것만으로 행위자(대리인) 자신이 매도인으로서 타인물(他人物)을 매매한 것이라고 볼 수 없다고 한 대판 1982.5.25. 81다1349, 81다카1209. 다만 제428조의2에서 요구하는 보증인의 서명에서 그렇지 않음에 관하여 대판 2019.3.14. 2018다282473 및 [4198] 참조.

3) 대리인이 본인인 양 행세했더라도 대리인의 권한범위 내에서 한 근저당권설정계약의 효과는 본인에게 귀속된다고 한 대판 1987.6.23. 86다카1411 참조.

4) 대판 1974.6.11. 74다165.

(2) 현명에 의하여 본인이 특정되거나 적어도 특정될 수 있어야 하는지에 관하여 견해가 갈리는데, 상대방 보호를 위하여 적어도 특정가능성은 있어야 할 것이다.

[1278] ### 다. 현명하지 않은 행위의 효과

(1) 본인을 위한 것임을 표시하는 현명은 상대방의 입장에서 행위의 효과가 누구에게 귀속되는지를 판별하기 위한 기준이다. 따라서 상대방이 효과귀속의 주체를 알았거나 알 수 있었다면 생략될 수 있고, 상법에 특칙이 있다.

[1279] (2) 민법상의 대리에 관하여 본다.

① 대리인이 본인을 위한 것임을 표시하지 않은 경우에, 그 의사표시는 자기를 위한 것으로 본다(제115조 본문).[5] 이는 의제된 법률행위이므로 대리인은 내심의 「대리의사」(본인을 위한 것이라는)와 표시가 일치하지 않음을 근거로 착오를 주장하지 못한다([1071] 참조). 다만 상대방이 대리인으로서 한 것임을 알았거나 알 수 있었던 경우에, 의사표시의 효력은 본인에게 미친다(같은 조 단서).

상대방이 (현명하지 않은) 대리인에 대하여 이행청구를 하는 경우에 대리인과 법률행위를 한 사실을 주장·증명하면 되고, 제115조 단서에 해당한다는 점에 대한 증명책임은 대리인이 진다.

② 수동대리에는 제115조가 적용되지 않는다.

보 론

상사대리와 현명에 관하여 본다.

㉠ 상거래에서 당사자의 개성이 중시되지 않기 때문에, 상행위의 대리에 관하여 현명이 요구되지 않는다(상법 제48조). 다만 상대방이 본인을 위한 것임을 알지 못한 때에는 대리인에게도 이행청구를 할 수 있다(같은 조 단서).

㉡ 현명하지 않은 경우에 대리행위의 상대방(X)이 이행청구를 할 수 있는 상대방은 누구인가? ⓐ X가 악의인 경우에 본인이라는 점은 제115조에서와 같다. 반면 ⓑ X가 선의이지만 과실 있는 경우에, 제115조에 의하면 본인인 반면, 상법 제48조에 의하면 본인 및 대리인이고, ⓒ X가 선의·무과실인 경우에, 제115조에 의하면 대리인인 반면, 상법 제48조에 의하면 본인 및 대리인이다.[6]

㉢ 상법 제48조는 거래의 안전을 위한 특칙인데, X를 보호하기 위하여 대리인에게도 책임을 지운다. 이때 본인과 대리인은 부진정연대의 관계에 선다.

[1280] ## 3. 대리행위의 흠

가. 서 설

대리행위의 효과가 본인에게 귀속되기 위하여 대리행위 자체에 흠이 없어야 한다. 즉 무효나 취소사유가 있으면 대리행위의 효력이 발생하지 않거나 소급적으로 무효로 될 수 있음은 대리에서도 마찬가지이다. 문제는 본인과 대리인 중 누구를 기준으로 무효·취소사유의 존재 여부를 판단할 것인가 하는 점이다(인식의 귀속에 관하여 [1051] 참조).

[1281] ### 나. 개별적 검토

(1) 대리에서 법률행위를 하는 이는 대리인이므로, 의사표시의 효력이 의사의 흠결, 사기나

5) 이 경우 상대방은 본인에 대하여 대리행위에 기한 채무의 이행을 구하지 못하고 대리인에 대해서만 이행을 구할 수 있다.
6) 이상에서 선·악의의 대상은 대리인으로서 행위를 한다는 점이다.

강박 또는 어떤 사정을 알았거나 과실로 알지 못함 때문에 영향을 받을 경우에, 이러한 사정의 유무는 「대리인」을 기준으로 결정하는데(제116조 제1항),7) 의사무능력에 관해서도 같다. 그러나 대리행위의 하자에 따른 효과(취소권, 무효의 주장 등)는 본인에게 귀속된다.

그런데 제116조 제1항은 의사표시에 관한 것이지만, 나아가 부당이득반환의무의 범위를 정하기 위한 기준으로서 법률상 원인 없음을 알았는지 여부나 권한을 넘은 표현대리에서 정당한 이유의 존부의 판단에도 유추될 수 있다.

(2) 이에는 일정한 예외가 인정된다. [1282]

① 특정한 법률행위를 위임한 경우에, 대리인이 본인의 지시에 좇아 그 행위를 하였다면 본인은 자기가 알았거나 알 수 있었을 사정에 관하여 대리인의 부지(不知)를 주장하지 못한다(제116조 제2항).8) 본인이 자기의 이익을 지키기 위한 조치를 취할 수 있음에도 그렇게 하지 않은 이상 그로 인한 불이익을 감수해야 하기 때문인데, 따라서 이 조항이 법정대리에는 적용되지 않는다. 그리고 여기의 "위임"은 타인의 사무를 처리하는 법률관계 일반을 지칭하는 것으로 이해해야 한다.

② 대리인이 상대방과 통정하여 진의와 다른 의사표시를 한 경우에 관하여 [1114] 참조.

③ 제3자가 대리행위의 상대방에게 사기 · 강박을 행한 경우에, 본인과 대리인 중 누구라도 제3자의 사기 · 강박을 알았거나 알 수 있었다면 상대방이 의사표시를 취소할 수 있다(제110조 제2항). 한편 본인이 대리행위의 상대방에게 사기 · 강박을 행한 경우에, 신의칙상 본인의 사기 · 강박은 대리인의 그것으로 평가되어야 하므로 대리인이 그 사실을 알았거나 알 수 있었는지와 관계없이 상대방은 제110조 제1항에 의하여 의사표시를 취소할 수 있다. 그 밖에 대리인이 상대방에게 사기 · 강박을 행한 경우에 관하여 [1129] 참조.

4. 대리인의 능력 [1283]

가. 민법 제117조

(1) 행위능력제도는 제한능력자 본인을 보호하기 위한 것이다([1169] 참조). 그런데 제한능력자인 대리인이 정신적 능력의 부족 등으로 불리한 계약을 체결하더라도 그 효과는 본인에게 귀속되므로, 제한능력자 자신을 보호하기 위한 행위능력제도가 제한능력자의 대리행위에서 작동할 여지가 없다. 오히려 본인 스스로 제한능력자를 대리인으로 선임한 이상 판단능력의 부족에 따른 불이익을 본인이 감수해야 한다. 따라서 대리인은 행위능력자임을 요하지 않는다(제117조). 다만 대리행위 당시 대리인이 적어도 의사능력은 가져야 한다.

(2) 민법은 일정한 경우에 제한능력자는 법정대리인으로 될 수 없다고 규정하는데(제937조, 제964조, 제1098조 등), 이러한 특별규정이 없는 경우(예: 부재자 재산관리인 등)에 제한능력자도 법정대리인으로 될 수 있는지에 관하여 견해가 대립한다. 생각건대 당사자의 의사에 기한 임의대리와 본인의 의사와 무관하게 대리권이 발생하는 법정대리는 그 이익상황이 전혀 다르므로9) 제117

7) 매매계약을 체결할 때 대리인이 매매대상 토지에 관한 사정을 잘 알고 배임행위에 가담하였다면, 본인이 그러한 사정을 몰랐거나 반사회성을 야기한 것이 아니라도 그로 인하여 매매계약이 가지는 사회질서에 반한다는 장애사유가 부정되지는 않는다. 대판 1998.2.27. 97다45532 참조.

8) 예컨대 무권리자와의 동산매매에서 대리인이 선의 · 무과실이라도 본인이 악의 또는 유과실이라면 선의취득이 인정되지 않는다.

9) 특히 제한능력자를 위한 법정대리에서는 제한능력자 보호의 취지가 존중되어야 한다.

조를 법정대리에 적용하는 것은 무리라 할 것이다.

나. 제한능력자인 대리인과 본인의 관계

제117조는 대리인이 제한능력자라는 점을 들어 본인이 그의 대리행위를 취소하지 못한다는 의미를 가질 뿐이고, 제한능력자인 대리인과 본인 사이의 내부적 관계에는 영향을 미치지 않는다. 즉 대리인은 본인과의 기초적 내부관계를 발생시키는 행위(예: 위임계약)를 제한능력을 이유로 취소할 수 있다.

[1284] ## Ⅱ. 대리의 효과

1. 법률효과의 귀속

적법한 대리행위에 기한 권리 · 의무는 직접 본인에게 귀속된다. 당사자가 원한 효과로서 행위의 효력뿐만 아니라 손해배상청구권(당연히 법률행위에 기한)이나 취소권 등도 본인에게 귀속된다. 반면 대리인은 대리행위에 따른 권리를 취득하지도 의무를 부담하지도 않는다.[10] 이 점에서 간접대리와 다르다.

[1285] ### 2. 본인의 능력

본인은 스스로 법률행위 내지 의사표시를 하지 않으므로, 의사능력 또는 행위능력을 가질 필요가 없다.[11] 그러나 대리행위의 효과가 본인에게 귀속되므로, 본인은 권리능력을 가져야 한다.

제4절 무권대리

제1관 총 설

[1286] ### 1. 개 관

(1) 대리인이 한 법률행위의 효과가 본인에게 귀속되기 위하여 대리인이 「대리권의 범위 내에서」 대리행위를 해야 한다(제114조 참조). 반면 처음부터 대리권 없는 사람의 대리행위나 대리권이 있더라도 그 범위를 넘은 대리행위의 효과는 본인에게 귀속되지 않는다. 이처럼 대리권 없이 대리행위가 행하여진 경우를 통틀어 무권대리(無權代理)라 한다.

(2) 무권대리행위의 효과는 대리권의 부존재 때문에 본인에게 귀속될 수 없지만, 대리의사의 존재 때문에 대리인에게 귀속될 수도 없다. 이러한 결과는 대리권의 존재를 확인하기 어려운 상대방에게 위험/부담으로 된다. 그래서 민법은 무권대리의 효과를 본인의 이익과 상대방의 이익을 조화시키는 방향에서 규정한다.

---

10) 대판 2011.8.18. 2011다30871: "대리인이 그 권한에 기하여 계약상 급부를 수령한 경우에, 그 법률효과는 계약 자체에서와 마찬가지로 직접 본인에게 귀속되고 대리인에게 돌아가지 아니한다. 따라서 계약상 채무의 불이행을 이유로 계약이 상대방당사자에 의하여 유효하게 해제되었다면, 해제로 인한 원상회복의무는 대리인이 아니라 계약의 당사자인 본인이 부담한다. 이는 본인이 대리인으로부터 그 수령한 급부를 현실적으로 인도받지 못하였다거나 해제의 원인이 된 계약상 채무의 불이행에 관하여 대리인에게 책임 있는 사유가 있다고 하여도 다른 특별한 사정이 없는 한 마찬가지" 이다.

11) 본인이 수권행위를 하기 위하여 어떤 능력을 갖추어야 하는지와는 별개의 문제이다.

① 한편으로 무권대리행위를 확정적 무효로 하는 것이 아니라 본인의 추인에 의하여 대리행위의 효과가 발생될 여지를 남겨두고, 본인의 추인이 없으면 무권대리인에게 무거운 책임을 지운다: 협의(狹義)의 무권대리.

② 다른 한편 대리권이 없음에도 있는 듯한 외관이 존재하고 그러한 외관이 본인의 「탓」(가령 외관의 작출 또는 방치)으로 돌려질 수 있는 경우에, 상대방의 신뢰를 보호하기 위하여 대리권이 존재하는 때와 마찬가지의 효과를 본인에게 귀속시킨다: 표현대리(表見代理).

2. 협의의 무권대리와 표현대리의 관계 [1287]

(1) 협의의 무권대리와 표현대리의 관계는 어떠한가? 문제는 표현대리가 성립함에도 불구하고 상대방이 제135조에 기하여 무권대리인의 책임을 물을 수 있는가 하는 점이다.[1)]

(2) 양자의 관계에 관하여, 표현대리가 성립하지 않는 경우에 2차적으로 협의의 무권대리에 관한 규정을 적용할 수 있다는 보충적 책임설과 표현대리규정과 무권대리규정이 경합적으로 적용되므로 상대방은 어느 쪽이든 선택적으로 행사할 수 있다는 효과선택설이 대립한다.

(3) 생각건대 상대방의 입장에서 본인에 대하여 계약의 이행을 구하거나(대리권의 존재 또는 [1288]
표현대리의 성립을 근거로) 그것이 부정된다면 무권대리인에게 제135조에 기한 책임을 물을 수 있어서, 이론적으로는 상대방의 보호가치가 부정되는 경우(대리권 없음에 대하여 악의이거나 선의이지만 과실이 있어서)를 제외하면 보호의 공백이 없다. 그럼에도 불구하고 표현대리에 기한 본인의 책임과 제135조에 기한 무권대리인의 책임을 선택할 수 있도록 한다면, 꽃놀이패[2)]를 상대방에게 주는, 「과잉보호」의 결과에 이를 수 있다. 그리고 본인측의 사유에 기한 원인행위의 소급적 실효나 수권행위의 하자 등의 경우에 「보호되어야 하는」 선의의 무권대리인에게 부당한 결과가 초래된다. 이러한 경우에까지 표현대리의 성립으로 당초 원한 대로 본인에게 대리행위의 효과를 주장할 수 있는 상대방이 그 대신 제135조의 책임을 물을 수 있도록 하는 것은 적절하지 않다. 따라서 상대방이 제135조의 책임을 묻는 경우에, 무권대리인이 표현대리의 성립을 증명하여[3)] 면책될 수 있도록 해야 할 것이다.

다른 한편 제135조의 책임을 무권대리행위의 상대방에 주어지는 구제책의 「기본값」으로 이해할 수 있다. 즉 대리권의 부존재 때문에 대리행위의 효과가 본인에게 귀속되지 않는 경우에, 대리권의 존재라는 외관에 대하여 상대방이 선의 · 무과실이라면(악의 또는 과실의 경우에는 상대방의 보호가치가 부정된다) 「행위의 주체」인 무권대리인에게 이행 또는 손해배상의 책임을 지움으로써 기본적인 신뢰보호를 도모한다. 다만 그러한 외관을 본인의 「탓」으로 돌릴 수 있는 사정이 있으면 본인과의 사이에 상대방이 원한 효과를 발생시킴으로써 신뢰보호를 강화할 수 있다.[4)] 이렇게 본다면 무권대리인의 책임은 표현대리가 성립하지 않는 경우에 한하여 인정되는 보충적인 것으로 이해되어야 한다.

---

1) 추인에 관한 제130조가 표현대리에 적용될 수 있음에는 별다른 의문이 없다.

2) 본인의 이행능력이 충분하지 않은 경우에 상대방이 부담해야 할 계약상의 위험을 무권대리인에게 전가할 수 있을 뿐만 아니라 계약의 효력을 원하지 않는 경우에는 무권대리인에 대한 손해배상청구를 통하여 변심을 실현할 수 있는 등.

3) 본인에 대한 이행청구에서 표현대리의 성립은 상대방이 증명해야 하지만, 소송전략의 측면에서 표현대리의 성립 여부를 확신할 수 없는 상대방의 입장에서 양 책임을 예비적 또는 선택적으로 병합하여 청구하는 것이 안전할 것이고, 무권대리인으로서는 표현대리의 성립으로 본인에게 효력이 미침을 증명하여 면책될 수 있도록 해야 할 것이다.

4) 무권대리인의 입장에서는 표현대리가 성립하면 책임을 면할 수 있다.

결론적으로 강화된 구제책으로서 표현대리가 성립하는 경우에 기본값을 정하는 제135조의 적용을 부정할 것이고, 오히려 상대방이 당초 원했던 대리행위의 효과를 거부하고 제135조의 책임을 묻는 것은 신의칙에 반한다고 평가되어야 한다.[5)]

[참 고] 무권대리행위의 효과를 단계적으로 정리하면 다음과 같다: ㉠ 대리권의 흠결 때문에 무권대리행위는 「무효」여서 본인에게 효력이 미치지 않는다; ㉡ 다만 효과귀속의 주체인 본인이 「추인」하면 유효로 될 수 있다; ㉢ 추인이 없더라도 대리권이 존재하는 듯한 외관에 대하여 본인의 탓으로 돌릴 수 있는 사정이 있는 경우에 「표현대리」가 성립하여 대리행위의 효과가 본인에게 귀속된다; ㉣ 무권대리인이 ㉡과 ㉢ 중 어느 하나에 해당함을 증명하지 못하는 경우에 「확정적」 무효로 되어(협의의 무권대리) 무권대리인의 책임을 물을 수 있다.

아래에서는 유권대리와 같은 효과를 가지는 표현대리를 먼저 검토한 후 그것이 부정되는 경우에 기본값으로 돌아가 무권대리인의 책임을 살펴본다.[6)]

제2관 표현대리

[1289] Ⅰ. 총 설

1. 표현대리의 의의

(1) 표현대리(表見代理)는, 대리인에게 대리권이 없음에도 불구하고 있는 듯한 외관이 존재하고, 그러한 외관을 형성하거나 방치하는 등 본인이 책임져야 할 사정이 있는 경우에, 무권대리행위에 대하여 본인에게 책임을 지우는 제도이다(외관책임설의 입장).

(2) 표현대리에 관하여 민법은 대리권의 발생, 범위 및 소멸의 세 측면에서 규정한다: ① 대리권이 「발생」하지 않았더라도 대리권을 수여하였다는 본인의 표시를 믿은 제3자를 보호하고(제125조), ② 대리권의 「범위」를 넘더라도 외관상 권한범위 내라고 믿을 만한 사정이 있으면 본인은 권한유월의 행위에 대하여 책임을 지며(제126조), ③ 대리권이 「소멸」하였더라도 그러한 사정을 알지 못하는 제3자에게 대항하지 못한다(제129조).

[1290] 2. 표현대리제도의 근거와 본질

(1) 대리권 없는 이와 계약을 체결한 상대방은 본인에 대하여 계약의 효력을 주장할 수 없고, 본인으로서도 다른 이가 함부로 대리인이라 칭하며 체결한 계약의 구속을 받을 이유가 없다. 그러나 상대방으로서 무권대리인에게 대리권이 있다고 믿어도 무리가 없는 경우도 있는데, 이 경우 대리권의 외관을 신뢰한 상대방을 보호하기 위하여 무권대리행위라도 그 효과가 본인에게 귀속되도록 할 필요가 있다. 이러한 맥락에서 표현대리가 등장하는데, 외관에 대한 신뢰를 보호하기 위한 제도이다.[1)]

(2) 학설은 대체로 「외관책임설」에 기하여 표현대리는 본질적으로 무권대리이지만 거래의

5) 선의취득이 성립함에도 이를 부정하고 매도인에게 담보책임을 물을 수는 없다고 한 대판 1998.6.12. 98다6800도 참조.

6) 앞에서 본 것처럼 논리적으로는 본인의 추인이 먼저 검토되어야 하지만, 추인이 제135조 책임의 소극적 요건으로 기능함을 고려하여 협의의 무권대리에서 다룬다.

1) 대판 1998.5.29. 97다55317: "표현대리의 법리는 거래의 안전을 위하여 어떠한 외관적 사실을 야기한 데 원인을 준 자는 그 외관적 사실을 믿음에 정당한 사유가 있다고 인정되는 자에 대하여는 책임이 있다는 일반적인 권리외관이론에 그 기초를 두고 있"다.

안전을 위하여 외관을 만들거나 방치한 본인이 무권대리행위에 대하여 책임을 지는 것으로 이해하고,[2] 판례의 입장도 같다. 즉 대판(전) 1983.12.13. 83다카1489는 "유권대리에 있어서는 본인이 대리인에게 수여한 대리권의 효력에 의하여 법률효과가 발생하는 반면 표현대리에 있어서는 대리권이 없음에도 불구하고 법률이 특히 거래상대방 보호와 거래안전 유지를 위하여 본래 무효인 무권대리행위의 효과를 본인에게 미치게 한 것으로서 표현대리가 성립된다고 하여 무권대리의 성질이 유권대리로 전환되는 것은 아니"라고 하여, 표현대리가 무권대리임을 분명히 밝혔다.

3. 표현대리의 기본법리 [1291]

가. 일반적 성립요건

(1) 표현대리는 실제와 다른 외관을 신뢰한 이를 보호하기 위한 제도이다. 따라서 외관법리 일반에서와 마찬가지로([1018] 이하 참조) 「본인과 상대방 사이」의 이해조정이 관건인데, 상대방에게 대리권이 있다고 믿는 것이 무리는 아니라고 할 만한 사정(신뢰)이 있어야 하고, 본인에게도 효과의 귀속이라는 불이익을 감수할 수밖에 없도록 하는 사정(귀책요소)이 있어야 한다. 이 점은 개개의 유형과 관련하여 살펴보기로 한다.

(2) 표현대리는 거래안전의 보호라는 제도로서 대리권의 흠결이라는 흠을 메꾸어 줄 뿐이고, 다른 유효요건이 충족되어야 한다. 따라서 강행법규에 위반되는 행위에 대하여 표현대리의 법리가 적용될 여지가 없다.[3] 대리권이 있더라도 강행법규 위반행위가 유효로 될 수는 없기 때문이다. 같은 취지에서 사회질서에 위반되는 경우에도 표현대리가 성립할 수 없다.[4]

(3) 소송에서 B의 「무권」대리인 C와 계약을 체결한 A가, 대리인과 체결한 계약의 효과가 B에게 귀속된다는 주장을 할 뿐 표현대리의 주장을 하지 않지만 표현대리의 요건이 충족된 경우에, 법원은 어떻게 처리해야 하는가? 이에 관하여 학설상 유권대리의 주장에 표현대리의 주장이 포함되어 있다는 포함설이 유력하지만, 판례는 비포함설의 입장이다. 즉 대판(전) 1983.12.13. 83다카1489: "대리권에 기한 대리의 경우나 표현대리의 경우나 모두 제3자가 행한 대리행위의 효과가 본인에게 귀속된다는 점에서는 차이가 없으나 [···] 양자의 구성요건 해당사실 즉 주요사실은 서로 다르다고 볼 수밖에 없다. 그러므로 유권대리에 관한 주장 가운데 무권대리에 속하는 표현대리의 주장이 포함되어 있다고 볼 수 없으며, 따로이 표현대리에 관한 주장이 없는 한 법원은 나아가 표현대리의 성립 여부를 심리판단할 필요가 없다." [1292]

(4) 복대리인의 대리행위에 대해서도 표현대리규정이 적용된다. 즉 복대리인의 대리권도 제126조의 기본대리권에 해당하므로, 복대리인이 복대리권의 범위를 넘어서 대리행위를 한 경우에 제126조의 표현대리가 성립하고,[5] 복대리인의 대리권 자체가 소멸한 경우에 제129조가 적용될 수 있다. 대리인이 대리권 소멸 후 복대리인을 선임하여 복대리인으로 하여금 상대방과의 사 [1293]

---

2) 대리인에게 대리권이 없음에도 있는 것과 같은 외관이 존재하고 그러한 외관의 발생 또는 존속에 본인이 원인을 제공한 경우에, 본인이 무권대리행위에 대하여 (법정)책임을 지게 함으로써 외관을 신뢰한 선의·무과실의 제3자를 보호하고 거래의 안전을 보장하며 대리제도의 신용을 유지하려는 것이 표현대리제도라고 한다.
이와 달리 제125조의 표현대리를 외부적 수권([1246] 참조)에 대한 본인의 책임으로서 유권대리라는 입장도 있다.

3) 무효인 투자수익보장약정에 표현대리의 법리가 적용되지 않는다고 한 대판 1996.8.23. 94다38199 참조.

4) 참고로 소송행위에는 표현대리규정이 유추되지 않는다. 무권대리인의 촉탁에 기한 집행증서에 관한 대판 2002.5.31. 2000다64486 참조.

5) 대판 1998.3.27. 97다48982.

이에 대리행위를 하도록 한 경우에도, 상대방이 대리권 소멸사실을 알지 못하여 복대리인에게 적법한 대리권이 있는 것으로 믿었고 그와 같이 믿은 데 과실이 없다면 제129조의 표현대리가 성립한다.[6]

(5) 거래안전의 보호를 목적으로 하는 표현대리규정이 어음·수표행위에 적용됨은 당연하고,[7] 이른바 서명대리([1277] 참조)의 경우에도 표현대리의 성립이 인정된다.[8]

[1294] **나. 일반적 효과**

(1) 표현대리의 효과에 관하여 제125조와 제126조는 "책임이 있다"고 하고, 제129조는 "제3자에게 대항하지 못한다"고 규정하지만, 두 표현 사이에 차이는 없다. 즉 어느 쪽이든 본인과 상대방 사이에 대리권이 있은 경우와 마찬가지의 효과가 발생한다.

(2) 표현대리가 성립하는 경우에 상대방에게 과실이 있다면 이를 참작할 수 있는지, 다시 말하면 과실상계의 법리를 유추할 수 있는지가 문제된다. 그런데 과실상계는 손해배상의 범위에 관한 것이고, 채무내용에 따른 본래의 급부의 이행을 구하는 경우에 적용될 것이 아니다([2430] 참조). 따라서 표현대리가 성립하여 본인이 「이행」책임을 지는 경우에, 상대방에게 과실이 있더라도 과실상계의 법리를 적용할 수 없다.[9]

(3) 표현대리가 성립함에 따라 본인에게 손해가 발생하였다면, 본인은 기초적 내부관계에 기한 의무 위반 또는 불법행위를 이유로 (무권)대리행위를 한 이에게 손해배상을 청구할 수 있다. 그리고 표현대리가 성립하는 경우에도 제135조가 적용되는지에 관하여 [1288] 참조.

[1295] **다. 표현대리규정의 중복적용**

(1) 표현대리규정들을 중복적용하여 표현대리의 성립을 인정할 수 있는지가 문제되는데, 이는 결국 제125조 또는 제129조에 기한 표현대리권이 제126조의 기본대리권으로 될 수 있는지에 관한 것이다.

(2) 학설은 대체로 중복적용을 긍정한다. 한편 제129조와 제126조의 중복적용에 관하여 판례는 "제129조에 의하여 표현대리로 인정되는 경우에 그 표현대리의 권한을 넘는 대리행위가 있을 때에도, 민법 제126조 소정의 표현대리가 성립할 수 있다"고 하여[10] 긍정설을 취하는데, 제125조와 제126조의 중복적용을 정면으로 다룬 판결은 보이지 않는다.

[1296] Ⅱ. 대리권 수여의 표시에 의한 표현대리

1. 서 설

(1) "제3자에 대하여 타인에게 대리권을 수여함을 표시한 자는 그 대리권의 범위 내에서 행한 그 타인과 그 제3자 간의 법률행위에 대하여 책임이 있다"(제125조 본문).[11] A에게 대리권을

6) 대판 1998.5.29. 97다55317.

7) 표현대리에 관한 규정에서 제3자는 무권대리행위의 직접상대방으로 한정된다는 일반론이 어음·수표행위에서도 그대로 적용되는지가 문제되는데, 판례는 제한설에 따라 표현대리행위인 어음·수표행위의 직접상대방으로 한정한다. 약속어음의 보증부분이 위조된 경우에 관한 대판 2002.12.10. 2001다58443 참조. 이와 달리 상법상 표현대표이사의 어음행위에 대하여 회사가 책임을 지는 제3자에 제3취득자가 포함된다는 대판 2003.9.26. 2002다65073도 참조.

8) 대판 2000.3.23. 99다50385.

9) 대판 1996.7.12. 95다49554.

10) 대판 1979.3.27. 79다234; 대판 2008.1.31. 2007다74713.

수여하지 않았음에도 불구하고 본인(P)이 제3자(D)에 대하여 A에게 대리권을 수여하였다는 취지를 표시(보다 정확하게는 「통지」)함으로써 그 표시를 받은 D가 대리권의 수여가 있는 것으로 오신하여 A와 법률행위를 한 경우에, D를 보호하기 위하여 그 행위의 효과를 P에게 귀속시킨다.[12] 이 유형은 흔히 수권대리(授權代理)라 한다.

(2) 제125조는 임의대리에만 적용되고 법정대리에는 적용되지 않는다. 제125조 법문이 "대리권을 수여함을 표시한"으로 되어 있고, 본인이 어떤 이에게 법정대리권을 주었다는 뜻을 통지한다는 것은 무의미하기 때문이다(반대입장도 유력하다).

보 론

명의대여자의 책임(상법 제24조) 역시 외관법리에 기한 것이지만(그 밖에 표현지배인에 관한 제14조, 표현대표이사에 관한 제395조 등도 참조), 명의대여자는 명의차용자와 연대하여 책임을 부담할 뿐 제3자에 대한 권리를 취득하는 것은 아니라는 점에서 무권대리행위의 효과 전부를 본인에게 귀속시키는 표현대리와 다르다.

그런데 상법 제24조에 기한 책임의 요건이 외관의 존재, 명의사용의 허락 및 상대방의 오인으로 간명하고, 명의대여자와 명의차용자에게 부진정연대책임을 지움으로써 상대방의 보호는 강화된다. 따라서 명의대여의 경우에 표현대리를 주장할 실익이 크지 않다.

2. 요 건 [1297]

가. 개 관

(1) 제125조의 표현대리가 성립하려면 ❶ 제3자(D)에 대한 대리권 수여의 표시, ❷ 표시된 대리권 범위 내의 ❸ D와의 대리행위 및 ❹ D의 선의·무과실이라는 요건이 갖추어져야 한다. 이 중 중요한 것은 본인의 귀책요소(❶)와 D의 보호가치(❹)인데, 이들은 따로 검토하기로 하고, 나머지 요건들을 먼저 살펴본다.

(2) ❷와 관련하여 표시된 대리권의 객관적 범위를 넘는 (무권)대리행위의 경우에 초과부분에 대해서는 제126조가 적용될 여지가 있다. 그리고 ❸과 관련하여 대리권 수여의 표시를 특정인에게 한 경우에 그 특정인만이 제125조의 보호를 받으며, 그러한 통지가 있음을 우연히 알게 된 제3자와의 사이에 대리행위가 행하여졌더라도 제125조의 적용은 없다. 반면 대리권 수여의 표시가 광고에 의하여 이루어졌다면, 광고를 본 모든 제3자가 보호될 수 있다.

나. 대리권 수여의 표시 [1298]

(1) 제125조가 규정하는 대리권 수여의 표시를 수권표시(授權表示)라 하는데, 이는 수권행위가 아니라 수권행위가 있었음을 알리는 「관념의 통지」이다. 이에는 의사표시 내지 법률행위에 관한 규정이 유추되는데, 가령 통지가 착오에 기한 경우에 취소할 수 있다.

(2) 수권표시의 방법에는 제한이 없지만,[13] 어떤 방법에 의했는지에 따라 본인이 책임을 부담해야 할 제3자의 범위 및 철회의 방법이 다를 수 있다.

① 거래의 실제에서 본인이 상대방에게 직접 수권표시를 하기보다 대개 특정인(무권대리인)

---

11) 여기서 "타인"은 무권대리인, "제3자"는 무권대리행위의 상대방을 가리키고, "책임"은 본인으로서의 책임, 즉 무권대리행위 효과의 귀속을 의미한다.

12) 예를 들어 P가 A를 대리인으로 선임한다는 취지의 광고를 내고 그것을 본 D가 A를 P의 대리인으로 믿고 거래하였다면, 실제로 P가 A에게 대리권을 수여하지 않았더라도 거래의 효과를 P에게 귀속시키는 것이다.

13) 서면으로 하든 구술로 하든, 특정인에 대한 것이든 신문광고처럼 불특정인에 대한 것이든 상관없다.

이 일정한 서류를 거래의 상대방에게 제시하는 등 간접적으로 수권표시가 이루어진다. 이러한 방법으로 제125조가 요구하는 수권표시가 있었다고 볼 수 있는지는 본인을 대리한다고 하는 이가 제출하거나 소지하는 서류의 내용과 그러한 서류가 작성되어 교부된 경위나 형태 및 대리행위라고 주장하는 행위의 종류와 성질 등을 종합하여 판단해야 한다.[14] 백지위임장이 교부된 경우에 관해서는 [1249] 참조.

② 대리권의 수여표시가 대리권 또는 대리인이라는 말이나 문자를 사용한 경우에 한정되지 않고, 대리권을 추단케 하는 직함 · 명칭 · 상호 등의 사용을 허락하거나 묵인하는 것도 대리권 수여의 표시로 보는 것이 다수설 및 판례[15]의 입장이다.[16]

[1299] (3) 수권표시의 철회에 의하여 제125조에 의한 표현대리의 성립을 저지할 수 있는데, 대리행위가 있기 전에 철회되어야 한다. 철회가 효력을 발생하려면 상대방에게 철회된 사실을 알려야 한다.[17] 특히 위임장이 교부된 경우에 이를 회수하거나 거래의 상대방이 될 이에게 철회표시를 하는 것이 필요한데, 수임인란이 백지인 위임장의 경우에 실제로 회수될 때까지 표현대리의 성립 가능성이 남는다.[18]

[1300] **다. 제3자의 선의 · 무과실**

(1) 선의란 대리권 없음을 알지 못하는 것을 말하고, 무과실은 선의인 데 과실이 없음, 즉 일반인의 주의를 기울였음에도 대리권 없음을 알지 못하는 것을 의미한다. 그런데 상대방의 과실 유무는 무권대리행위 당시의 제반 사정을 객관적으로 판단하여 결정한다.[19]

(2) 제125조의 책임을 면하려는 본인이 상대방의 악의 또는 과실에 대한 증명책임을 진다. 즉 수권표시를 통하여 스스로 외관을 만든 본인이 상대방에게 보호가치 없음을 증명해야 한다.

[1301] Ⅲ. 권한을 넘은 표현대리

1. 서 설

(1) 제126조는 대리인이 대리권의 범위를 넘는 대리행위를 한 경우에, 일정한 요건이 갖추어지면 대리권의 범위 안에서 대리행위를 한 것과 같은 법률효과를 인정한다.[20] 이 유형을 월권대리(越權代理)라고도 한다.

(2) 제126조의 표현대리는 —수여된 대리권의 범위가 불명확한 경우가 많기 때문에— 실무

---

14) 대판 2001.8.21. 2001다31264.

15) 대판 1998.6.12. 97다53762.

16) 대판 1999.2.5. 97다26593은, 제조회사가 신문에 자사제품의 전문취급점 및 A/S센터 전국총판으로 A 대리점을 기재한 광고를 한 번 실었더라도, 위 광고를 곧 제조회사가 제3자에 대하여 A에게 자사제품의 판매에 관한 대리권을 수여함을 표시한 것이라고 보기 어렵다고 한 반면, 대판 1998.6.12. 97다53762는 호텔 등의 시설이용 우대회원 모집계약을 체결하면서 자신의 판매점, 총대리점 또는 연락사무소 등의 명칭을 사용하여 회원모집 안내를 하거나 입회계약을 체결하는 것을 승낙 또는 묵인하였다면 제125조의 표현대리가 성립할 여지가 있다고 하였다.

17) 특정인에게 수권표시를 하였다면 그 이에 대한 철회통지가 필요하고, 광고에 의하여 수권표시를 하였다면 동일한 광고나 이에 준하는 방법으로 철회통지가 되어야 한다.

18) 위임장이 선의 · 무과실의 제3자에게 제시되었다면 수권표시에 따른 효과의 발생을 저지할 수 없다.

19) 대판 1974.7.9. 73다1804. 오피스텔의 수분양자가 중개인에게 매매대금을 수령할 대리권이 없음을 믿은 데 대하여 과실이 있다고 한 대판 1997.3.25. 96다51271 참조.

20) 시가 400만 원 정도인 소형트럭의 할부구입을 위한 보증보험계약상의 구상금채무를 연대보증하기 위하여 P가 A에게 보증용 인감증명서와 인감도장을 교부하였는데, A가 이를 이용하여 굴삭기 할부구입을 위한 보험금액 5,600만 원인 보증보험계약상의 구상금채무를 연대보증한 경우에, 그 대리행위의 효과가 본인 P에게 미친다고 한 대판 1991.12.27. 91다30668 참조.

상 표현대리유형 중 가장 많이 문제된다.

(3) 공동친권의 원칙(제909조 제2항 참조)과 거래의 안전을 조정하는 목적을 가지는 제920조의2는 제126조와 취지를 같이하지만, 정당한 이유를 요하지 않는다. 즉 부모의 일방이 공동명의로 자녀를 대리하거나 자녀의 법률행위에 동의한 경우에, 타방의 의사에 반하더라도 상대방이 악의가 아닌 한 월권행위는 유효하다. 따라서 제920조의2는 제126조에 대한 특칙으로, 이 한도에서 제126조의 적용은 배제된다.[21)]

2. 요 건 [1302]

가. 개 관

제126조의 표현대리가 성립하려면 ① 기본대리권의 존재, ② 대리인의 월권행위 그리고 ③ 정당한 이유라는 요건이 갖추어져야 한다. 그런데 신뢰보호의 전제인 상대방의 보호가치가 ③에서 다루어져야 함은 당연한데, 나아가 본인에게 원치 않은 법률효과를 강요하는 근거도 ③에 포섭되어야 한다.

나. 기본대리권의 존재 [1303]

(1) 실제로 행하여진 행위에 대한 대리권은 없지만 그 어떤 행위에 대해서는 대리권이 존재해야 한다.[22)] 즉 대리권이 전혀 존재하지 않는 경우에까지 제126조를 적용하면 제3자의 신뢰를 지나치게 보호하는 반면 본인의 이익을 크게 해치므로, 본인의 정적 안전을 위한 최소한의 요건으로 대리권이 존재해야 하고, 제126조도 법률행위의 주체를 "대리인"이라고 명시한다. 여기서 실제로 존재하는, 그 어떤 행위에 대한 대리권을 기본대리권(基本代理權)이라고 한다. 요컨대 기본대리권조차 없는 이의 행위에 의해서는 제126조의 표현대리는 성립하지 않는다.[23)]

기본대리권은 대리행위 당시의 대리권을 말하는데, 과거에 가졌던 대리권을 넘는 경우에도 제129조가 개입되면 대리행위의 효과가 본인에게 귀속될 수 있다.[24)]

(2) 기본대리권으로서의 적격성과 관련하여 먼저 제한능력자를 위한 법정대리권을 본다. [1304]

① 최근 부정설이 유력하지만, 여전히 다수의 학설은 제126조가 제한능력자를 위한 법정대리에도 적용된다는 입장이고, 판례도 제126조의 적용을 긍정하였다.[25)]

---

21) 제920조의2에 대하여, 거래의 안전을 위하여 친권 공동행사의 취지가 몰각되거나 미성년자 보호라는 민법의 근본결단에 반함을 근거로 하는 입법론적 비판이 적지 않다.

22) 대판 1992.5.26. 91다32190.

23) 비록 상대방뿐만 아니라 누구라도 대리권이 있다고 믿기 마련인 있는 경우(예: 훔친 인장으로 본인의 위임장을 위조하여 이를 제시하는 경우)라도.

24) 대판 1979.3.27. 79다234 참조.

25) 대판 1997.6.27. 97다3828: "제126조 소정의 권한을 넘는 표현대리규정은 거래의 안전을 도모하여 거래상대방의 이익을 보호하려는 데에 그 취지가 있으므로 법정대리라고 하여 임의대리와는 달리 그 적용이 없다고 할 수 없고, 따라서 한정치산자의 후견인이 친족회의 동의를 얻지 않고 피후견인의 부동산을 처분하는 행위를 한 경우에도 상대방이 친족회의 동의가 있다고 믿은 데에 정당한 사유가 있는 때에는 본인인 한정치산자에게 그 효력이 미친다."
  이 판결의 사실관계는 다음과 같다(성년후견제도가 도입되기 전의 사안이다): ㉠ 동생 A에 의하여 정신병원에 강제로 입원하게 된 X가 한정치산선고를 받고 A가 후견인으로 선임되었다; ㉡ A의 신청에 의하여 A와 또 다른 동생 B 및 그들의 아내들이 친족회원으로 선임되고, A가 X 소유의 부동산을 매각할 때 그 동의 여부를 의결하기 위한 친족회를 소집한다는 심판이 있었다; ㉢ A가 후견인(법정대리인)으로서 X 소유의 부동산들 중 일부(甲)를 친족회의 소집심판 및 결의가 있기 「전」에 Y에게 매각하고 허위의 친족회 의사록을 첨부하여 소유권이전등기를 마쳤다; ㉣ X가 능력을 회복한 후 Y를 상대로 위 매매계약을 취소하고 소유권이전등기말소청구소송을 제기하였다.
  대법원은 X의 청구를 인용하였는데, 그 이유는 다음과 같다: ㉠ 정당한 이유의 유무는 대리행위 당시를 기준으로 판정하고 매매계약 성립 이후의 사정은 고려할 것이 아니다; ㉡ A가 후견인으로서 상당기간 피후견인(X)의 재산을 관리해 왔더라도 후견인(A)을 상대로 중요한 재산적 가치를 가지는 甲을 매수하는 Y로서는 친족회의 동의가 있었는지 여부를 확인했어야 함에도 막연히 부동산중개업자를 통하여 A가 후견인으로 선임된 후 1년 이상 甲의 관리를 전담하여 온 사실만 확인하였을 뿐 친족회의 동의에 관하여 전혀 확인하지 않았다면, Y는 후견인을 상대로 거래하는 이로서 마땅히 해야 할 주의를 다하지 못한 과실이 있다.

[1305] ② 그런데 제한능력자를 위한 법정대리제도는 스스로 법률행위를 할 수 없는 이를 위한 법의 배려이고 대리권의 범위도 법정되어 있다. 따라서 법정대리인의 권한유월행위의 효력을 인정한다면 보호받아야 할 본인의 이익이 해쳐지고(고양이에게 생선을 맡긴 꼴), 이는 제한능력자 보호라는 이념을 거래안전의 보호라는 이념에 우선시키는 민법의 결단([1169] 참조)에 반한다. 그리고 강행규정에 위반되는 행위에 관하여 표현대리의 법리가 적용될 수 없는데, 후견감독인의 동의요건(제959조의6, 제950조)은 강행규정으로 보아야 한다.26) 따라서 적어도 제한능력자의 법정대리에 제126조를 적용해서는 안 된다.

[1306] (3) 반면 부부간의 일상가사대리권은 제한능력자를 위한 법정대리제도와 그 취지를 달리하므로 이를 기본대리권으로 하는 표현대리의 성립을 인정하더라도 무방하지만, 실제로 제126조에 기하여 표현대리의 성립을 인정한 예는 많지 않다. 부부간의 일상가사대리권이 기본대리권에 해당하는지를 본다.

① 부부는 일상의 가사에 관하여 서로 대리권이 있고, 이 대리권에 가한 제한은 선의의 제3자에게 대항하지 못한다(제827조). 부부간의 이러한 대리권을 일상가사대리권(日常家事代理權)이라 하는데, 법정대리권이다. 그리고 「일상가사」란 부부의 공동생활에 필요한 통상의 사무를 말하며, 구체적인 범위는 부부공동체의 생활 정도와 생활장소인 지역사회의 관습 내지 사회통념에 의하여 결정된다.27)

[1307] ② 일상가사대리권 외에 「별도의 대리권」을 가진 아내가 남편 소유의 부동산에 근저당권을 설정한 경우에 표현대리의 성립이 긍정될 수 있음은 당연하다.28) 그런데 부부 일방이 함부로 배우자 명의로 일상가사의 범위를 벗어나는 법률행위를 한 경우에, 별도의 대리권이 없더라도 일상가사대리권을 기본대리권으로 하여 제126조를 적용할 수 있는지에 관하여 학설은 나뉘는데, 일상가사대리권이 기본대리권으로 될 수 있으나 당해 월권행위에 관하여 권한을 수여받았다고 믿을 만한 정당한 이유가 있을 경우에만 제126조의 표현대리가 성립된다는 것이 판례의 입장이다.29) 판례는 나아가 사실혼관계에 있는 이들 사이에서도 일상가사대리권을 기본대리권으로 하는 제126조의 표현대리의 성립을 긍정한다.30)

그런데 외부적 사정을 고려하여 일상가사 자체의 범위를 정하는 제827조의 해석문제31)와 일상가사대리권을 기본대리권으로 하여 제126조를 적용할 수 있는지를 구별해야 하고, 제126조를 적용할 때 부부별산제에 따른 부부의 재산적 독립을 해치지 않도록 주의해야 한다.

③ 판례는, 남편이 장기간 외국 또는 지방에 체류하면서 아내에게 살림 일체를 맡긴 경우

참고로 A는 X 소유 부동산들 중 다른 일부를 친족회의 소집심판 및 결의가 있은 「후」 Z에게 매각하였는데, X가 Z를 상대로 이 매매의 취소 및 소유권이전등기말소청구를 하였으나 A가 적법한 대리권을 갖추었으므로 당연히 기각되었다.

26) 그 밖에 제126조의 표현대리가 성립하기 위하여 본인의 탓으로 돌릴 수 있는 사정이 있어야 하는데, 법정대리의 경우에 과연 그러한 사정이 있다고 할 것인지도 의문이다.

27) 일반적으로 식료품·의류·연료 등의 구입이나 거주용 가옥의 임차 등 가족의 의식주에 관한 사무 및 의료비의 지급이나 자녀의 양육·교육 등에 관한 사무는 일상가사에 속하는 반면, 거액의 차재(借財), 타방 명의의 부동산의 매각이나 담보제공 등의 처분행위, 타인의 채무에 대한 연대보증행위 등은 그 범위 밖이라 할 것이다. 주택구입비용 명목의 차용에 관하여 대판 1997.11.28. 97다31229(판례, 〈2-4-6〉) 참조.

28) 대판 1995.12.22. 94다45098 참조.

29) 가령 대판 1968.11.26. 68다1727·1728: "아내가 특별한 수권 없이 남편 소유 부동산에 관하여 [근저당권설정]행위를 하였을 경우에 그것이 민법 제126조 소정의 표현대리가 되려면 그 아내에게 가사대리권이 있었다는 것뿐만 아니라 상대방이 남편이 그 아내에게 그 행위에 관한 대리의 권한을 주었다고 믿었음을 정당화할 만한 객관적인 사정이 있었어야" 한다.

30) 대판 1984.6.26. 81다524.

31) 대판 2009.2.12. 2007다77712 참조.

에 정당한 이유를 긍정하였는데,[32] 그러한 특수한 사정이 없는 경우에 통상 정당한 이유가 부정된다.[33]

(4) 기본대리권으로서의 적격성이 문제되는 그 밖의 경우들을 본다. [1308]

① 기본대리권에 복대리권도 포함된다.[34]

② 사실행위에 관한 수권도 포함되는지에 관하여 견해가 갈리지만, 판례는 기본적으로 기본대리권을 법률행위의 대리권에 한정하는 입장으로 보인다.[35]

③ 공법상의 행위를 위한 대리권이 제126조의 기본대리권으로 될 수 있는지에 관하여 학설은 대체로 긍정한다. 판례도 등기신청에 관한 대리권을 수여받은 경우에 기본대리권으로서의 적격성을 인정한다.[36]

다. 대리인이 기본대리권의 범위를 넘는 대리행위를 할 것 [1309]

(1) 대리행위로 인정될 만한 것이 없다면, 상대방의 신뢰가 있더라도 제126조가 적용될 여지는 없다. 판례는 현명을 요구하여[37] 대리인이 현명하지 않은 채 본인인 것처럼 가장하여 월권행위를 한 경우에 특별한 사정이 없는 한 표현대리가 성립할 수 없다고 한다.[38]

(2) 권한을 넘는다는 것은 실제로 존재하는 대리권의 범위를 넘는 모든 경우를 말한다. 대리행위에 필요한 제3자의 동의 등(예: 사원총회의 동의나 주무관청의 허가)을 얻지 않은 채 한 행위는 제한된 권한을 넘은 것이므로 이 요건을 충족하지만, 정당한 이유가 긍정되기 어려울 것이다.[39] 나아가 공동대리인의 한 사람이 단독으로 대리행위를 한 경우에 제126조가 적용될 수 있는데, 친권의 공동행사에 관해서는 특칙인 제920조의2가 적용된다([1301] 참조).

(3) 월권행위와 기본대리권이 동종 내지 유사할 필요는 없지만, 동종성 또는 유사관련성은 정당한 이유의 유무에 관한 판단에서 의미를 가질 수 있다.

라. 상대방이 대리인에게 대리권이 있다고 믿고 또한 그렇게 믿을 만한 정당한 이유가 있을 것 [1310]

(1) 지금까지 본 것처럼 학설·판례는 제126조의 적용요건 중 기본대리권과 월권에 관하여 상당히 너그러운 입장이다. 따라서 제126조의 표현대리의 성립 여부는 거의 전적으로 정당한 이유의 유무에 달려있다고 해도 과언이 아니다.

(2) "정당한 이유"에 관하여, 다수설은 무권대리행위 당시 존재한 여러 사정(대리권을 증명하는 자료, 본인과 대리인 사이의 관계 등)으로부터 객관적으로 관찰하여 일반인이 대리권 있다고 믿는 [1311]

---

32) 대판 1964.12.22. 64다1244.

33) 대판 1990.12.26. 88다카24516 참조. 이른바 비상가사대리권을 부정한 대판 2000.12.8. 99다37856(판례, 〈2-4-6〉)도 참조.

34) 대판 1998.3.27. 97다48982.

35) 증권회사로부터 위임받은 고객의 유치, 투자상담 및 권유, 위탁매매약정실적의 제고 등의 업무는 사실행위에 불과하므로 이를 기본대리권으로 해서는 권한초과의 표현대리가 성립할 수 없다고 한 대판 1992.5.26. 91다32190 참조.

36) 대판 1991.2.12. 88다카21647.

37) 대판 1974.4.9. 74다78 등.

38) 대판 2002.6.28. 2001다49814: "대리행위의 표시를 하지 아니하고 단지 본인의 성명을 모용하여 자기가 마치 본인인 것처럼 기망하여 본인 명의로 직접 법률행위를 한 경우에는 특별한 사정이 없는 한 [제126조] 소정의 표현대리는 성립될 수 없다." 대판 2001.1.19. 99다67598도 동지.
특별한 사정이 있어 현명이 없더라도 제126조가 유추된 예로, 본인으로부터 아파트에 관한 일체의 관리권한을 위임받아 본인으로 가장하여 아파트를 임대한 바 있는 대리인이 다시 본인으로 가장하여 임차인에게 아파트를 매도하였다면 권한을 넘은 표현대리의 법리를 유추할 수 있다고 한 대판 1993.2.23. 92다52436 참조.

39) 조합원총회의 결의요건을 결한 경우에 관한 대판 2003.7.11. 2001다73626 참조.

것이 당연하다는 의미, 즉 상대방의 「선의 · 무과실」로 이해한다.[40] 판례의 주류도 무권대리인에게 본인을 대리할 권한이 있다고 믿었고 그렇게 믿은 데 과실이 있는지를 정당한 이유 유무의 판단기준으로 삼는다.[41] 요컨대 다수설과 판례의 주류는 기본대리권을 본인측의 귀책요소로 보고, 정당한 이유는 상대방 신뢰의 보호가치, 즉 선의 · 무과실로 이해한다.

생각건대 월권대리에서 본인에게 「원치 않은 법률효과」라는 불이익을 지우기 위해서는 본인의 「탓」으로 돌릴 수 있는 사정이 있어야 하는데, 제126조의 표현대리에서 본인측의 「탓」의 유무도 "정당한 이유"의 판단에 포함되어야 한다. 즉 정당한 이유를 단순히 상대방의 선의 · 무과실과 동일하게 볼 것이 아니라 객관적으로 보아 대리권이 있다고 믿을 만한 사유로 좁게 새겨야 한다.[42] 그런데 제126조 적용의 목표로서 「보호가치 있는」 신뢰의 전제인 상대방의 선의 · 무과실이 정당한 이유에 포섭되어야 함은 당연하다.

[참 고] 표현대리에서 거래의 안전을 위하여 본인은 「원치 않은 법률효과」를 감수해야 하는데, 그러한 불이익을 지우는 근거는 어디에 있는가?[43]

제125조의 표현대리에서 수권표시를 통하여 외관을 작출하였고, 제129조의 표현대리에서는 대리권이 소멸하였음에도 그 외관을 방치하였으므로, 본인에게 그러한 불이익을 지우더라도 크게 문제되지 않는다.

한편 제126조의 표현대리에서 본인에게 법률효과를 귀속시키는 근거 내지 계기로 우선 기본대리권을 생각할 수 있다. 그러나 본인의 의사와 무관하게 대리권이 수여되는 법정대리에서 기본대리권의 존재만으로 본인에게 불이익을 지우는 것은 적절하지 않고, 특히 제한능력자를 위한 법정대리에서 대리인이 한 권한유월행위의 효과를 본인에게 지우는 것 자체가 행위능력제도의 취지에 반한다. 임의대리에서도 대리권을 수여하였다는 사정만으로 대리인이 한 권한유월행위의 효과를 본인에게 지우는 것은 지나치다. 요컨대 기본대리권의 존재가 본인의 보호를 위한 최소한의 요건이기는 하지만, 본인에게 불이익을 지우는 근거로 부족하다. 다른 유형과 달리 제126조가 단지 선의 · 무과실이라는 이유만으로 상대방을 보호하려는 제도라고 한다면 본인의 이익이 지나치게 해쳐진다. 그렇다면 월권대리에서 불이익 귀속의 근거를 어디서 찾을 것인가?

생각건대 무권대리행위에 따른 문제는 일단 행위의 주체로서 대리권 없이 대리행위를 한 대리인과 상대방 사이에서 제135조를 통하여 해결되어야 한다. 다만 본인의 「탓」(고의나 과실을 포함하여)으로 돌릴 수 있는 사정이 있다면, 그것을 근거로 무권대리행위의 효과를 본인에게 귀속시킬 수 있다고 할 것이다.[44] 그러한 「탓」이 존재하는지는 본인의 신뢰 야기를 포함하여 원인제공(관여도), 본인과 상대방 사이의 이익형량 등을 고려하여 판단해야 한다. 이렇게 본다면, "정당한 이유"는 상대방의 보호가치뿐만 아니라 본인의 「탓」도 포함하는 것으로 이해해야 한다.

[1312] (3) 정당한 이유의 판단에 관하여 본다.

① 정당한 이유의 유무는 무권대리행위 당시의 사정을 기초로 판단해야 한다. 판례의 입장

40) 이와 달리 법관이 「변론종결시」까지 존재하는 제반 자료 및 사정을 종합하여 판단할 때 대리권의 존재가 「명백」하다고 할 수밖에 없다면 정당한 이유가 긍정된다는 입장도 있다.

41) 대판 1997.6.25. 97다3828 등.
이와 달리 무권대리행위 당시 존재한 여러 사정을 객관적으로 관찰하여 보통인이라면 유효한 행위가 있었던 것으로 믿는 것이 당연하다고 보이면 정당한 이유를 긍정할 수 있다고 할 뿐 선의 · 무과실을 따지지 않는 것으로 대판 2000.2.11. 99다47525 등. 주로 어음행위의 위조와 관련하여 이러한 태도를 보였다.

42) 굳이 선의 · 무과실로 보아야 한다면, 「무과실」을 판단할 때 본인측의 사정도 고려해야 할 것이다.

43) 상대방의 선의 · 무과실은 상대방의 보호가치를 정하는 기준에 불과하여(구체적 상황에 따라 증명책임의 소재가 달라질 수는 있다), 본인에게 불이익을 지우기 위한 근거로 부족하다.

44) 이러한 입론의 단초는 제116조에서 찾을 수 있다. 즉 대리행위에 하자가 있는 경우에, 행위의 주체인 대리인을 기준으로 판단하지만, 본인의 「탓」으로 돌릴 수 있는 사정이 있으면 본인이 그 하자를 주장하지 못한다.

도 같다.[45]

② 정당한 이유가 있다고 하기 위하여 상대방에게 오신을 생기게 한 사정이 본인의 과실이나 작위 · 부작위 등 본인측의 관여에 기한 것임을 요하지 않는다는 것이 다수설의 입장인데, 동의하기 어렵다. 한편 판례 중에는 본인측의 사정을 고려한 것도 보인다.[46]

③ 다른 한편 상대방 신뢰의 보호가치와 관련하여 무권대리행위가 비정상적이거나 이례적인 경우,[47] 대리권 수여 여부를 본인에게 쉽게 확인할 수 있는 경우[48] 또는 상대방이 금융기관인 경우[49] 등에서 권한의 유무나 본인의 의사를 조사 · 확인할 의무가 인정된다.[50]

(4) 정당한 이유(다수설과 판례에 의하면 선의 · 무과실)에 대한 증명책임을 누가 부담하는지에 [1313]
관하여 다양한 견해가 주장되는데, 제125조 또는 제129조와 다른 제126조의 규정형식 및 제126조의 표현대리에서 상대방 보호의 필요성이 다른 유형의 표현대리에 비하여 낮다는 점 등에 비추어 정당한 이유에 대한 증명책임을 상대방이 부담한다고 할 것이다.[51]

(5) 정당한 이유에 관한 판례의 입장(이에 관하여 講義, [1295] 참조)을 정리하면, ① 이를 긍정케 하는 요소로 당해 거래에 필요한 서류 일체의 구비, 과거에 동종의 거래가 반복된 점, 본인과 대리인 사이의 관계(특히 부모자식 간이거나 형제간인 경우 또는 재산관리인인 경우), 기본대리권과 월권행위의 동종성 등이 있다. 반면 ② 정당한 이유를 부정케 하는 요소로서 앞의 요소들의 반대측면 외에 거래관념에 비추어 대리행위 자체가 비정상적이거나 이례적인 경우[52]를 들 수 있다.

관련하여 주목할 만한 사례들을 본다. ⓐ 보증과 관련하여 판례는, 보증보험계약 등 이른바 기관보증의 경우에 정당한 이유를 너그럽게 인정하는 반면,[53] 사인간의 일반보증에서는 대리인이 보증계약에 필요한 인감도장과 인감증명서를 소지하였더라도 상대방은 본인에게 보증의사를 확인해야 한다는 입장을 확고히 함으로써, 정당한 이유가 긍정된 예를 찾기 힘들다.[54] ⓑ 본인과 대리인이 부부간인 경우에 대개 정당한 이유가 부정되지만, 대판 1984.11.27. 84다310, 84다카1283은, 아내 A가 「해외체류 중인」 남편 P의 대리인으로 부동산을 매수하여 P의 이름으로 소유권이전등기를 하였다가 P의 인감도장과 그 부동산의 등기권리증 및 부동산명의변경용 인감증명서를 C에게 교부하여 C가 그 명의로 소유권이전등기를 마쳤다면, C로서는 A에게 P를 대리할 대리권이 있다고 믿을 만한 정당한 이유가 있었다고 보았다.[55]

---

45) 사후의 사정을 고려해서는 안 된다는 대판 1997.6.27. 97다3828. 무권대리인이 매매계약 후 이행단계에서야 비로소 본인의 인감증명과 위임장을 상대방에게 교부한 사정만으로 상대방이 무권대리인에게 그 권한이 있다고 믿을 만한 정당한 이유가 있었다고 단정할 수 없다고 한 대판 2018.7.24. 2017다2472도 참조.

46) 예컨대 P가 A에게 사업수행에 필요한 자금을 조달하는 과정에서 보증용으로 사용할 수 있도록 자신의 인감 등을 넘겨주었을 뿐만 아니라 종전에도 약속어음의 할인에 즈음하여 G의 확인전화를 받고 A의 사업자금 조달을 위하여 보증을 한다는 취지에서 배서를 한 사실을 인정까지 해 준 경우에 관한 대판 2003.4.11. 2003다7173 · 7183. 대판 1991.2.12. 90다7364도 참조.

47) 후견인으로부터 제한능력자 소유의 부동산을 매수하는 경우에 관한 앞의 97다3828 판결.

48) 대판 1992.11.27. 92다31842.

49) 대판 1990.1.23. 88다카3250.

50) 분양대행계약서에 명기된 대행자의 업무내용, 이례적인 대금지급방법 등 경위의 특이성에 비추어 표현대리의 성립을 부정한 대판 2002.7.12. 2002다19254도 참조.

51) 이 문제를 정면으로 다룬 판례는 보이지 않는데, 대판 1968.6.18. 68다694가 정당한 이유의 증명책임을 상대방에게 지운 것이라고 이해할 여지는 있다.

52) 앞의 97다3828 판결 참조.

53) 대판 1997.7.8. 97다9895(판례, 〈2-4-7〉) 참조.

54) 가령 대판 1992.2.25. 91다490은, 물품공급계약에 따른 거래로 말미암아 A가 부담할 채무에 관하여 B의 대리인이라는 A와 연대보증계약을 체결하면서 B가 대리권을 수여하였는지를 확인하지 않은 채 B가 직접 발급받은 보증용 인감증명서와 재산세 납부증명서를 소지하고 있었다는 사실만으로 A에게 B를 대리하여 연대보증계약을 체결할 권한이 있었다고 믿을 만한 정당한 이유가 있다고 볼 수 없다고 하였다. 호의보증에 관하여 정당한 이유가 긍정된 가장 최근의 것으로 대판 1972.11.28. 72다1534.

[1314] ### 3. 효 과

(1) 다른 유형과 달리, 제126조의 표현대리가 성립하지 않더라도 실재하는 대리권의 범위 내에서는 대리행위가 유효하다.[56)]

(2) 양적으로 가분인 월권행위(예: 1,000만 원의 어음을 발행하도록 위임받은 이가 액면 1,500만 원의 어음을 발행한 경우)가 있었지만 제126조의 요건을 충족하지 못하는 경우에 관하여, 대리권의 범위를 넘는 부분을 일부무효의 법리(제137조 참조)에 따라 처리해야 한다는 견해가 일반적이고, 판례도 —일부무효의 법리가 적용되는지가 명확하지 않지만— 적어도 대리권 범위 내의 부분에 대해서는 본인의 책임을 인정하는 입장으로 보인다.[57)]

[1315] ## Ⅳ. 대리권 소멸 후의 표현대리

1. 총 설

(1) 제129조는 대리권이 소멸하여 대리권 없게 된 이가 대리행위를 한 경우에, 선의·무과실로 그와 거래한 상대방을 보호하기 위하여 그 상대방과의 관계에서는 대리권이 있은 경우와 같은 효과를 인정한다.[58)] 이를 멸권대리(滅權代理)라고도 한다.

[참 고] 채권의 준점유자에 대한 변제(제470조)나 영수증소지인에 대한 변제(제471조)는, 변제자가 선의·무과실이라면 변제로서 유효하다. 그런데 점원이 해고된 후 상점의 청구서나 영수증을 가지고 고객으로부터 외상대금을 수금하였다면, 고객은 제129조에 기하여 또는 제470조나 제471조의 요건을 증명하여 변제의 효력을 주장할 수 있다.

한편 대리인이 부동산양도계약을 체결하였으나 등기를 마치기 전에 본인이 사망함으로써 대리권이 소멸한(제127조 제1호 참조) 경우에, 그 「대리인」에 의하여 이루어진 등기가 유효한지에 관하여 다툼이 있지만, 부동산등기법 제27조의 유추에 의하여 유효성을 인정할 것이다. 판례는 그렇게 마쳐진 등기의 말소가 허용되지 않는다고 하면서, 그 이유를 위법한 절차에 기한 등기도 실체관계에 부합하는 한 유효하다는 점([5116] 참조)에서 찾는다.[59)]

(2) 다수설과 판례[60)]는 제129조가 법정대리에도 적용된다고 하는데, 적어도 제한능력자의 법정대리인의 대리권이 소멸된 경우에 제129조를 적용하는 것은 제한능력자 보호의 이념에 반할 뿐만 아니라 그 실익도 없다고 할 것이다(상법 제8조 및 제37조도 참조).[61)]

---

55) 반면 아내 A가 「북한으로 피랍된」 남편 P를 대리하여 토지를 매도한 사안에서 제126조의 표현대리가 성립하지 않았다고 한 대판 2009.4.23. 2008다95861도 참조.

56) 대판 1987.9.8. 86다카754 참조.

57) 대판 1991.1.15. 90다10605. 어음행위의 대리 또는 대행권한을 수여받은 이가 수권의 범위를 넘어 어음행위를 한 경우에, 본인은 수권의 범위 내에서는 대리 또는 대행자와 함께 어음상의 채무를 부담한다고 한 대판 2001.2.23. 2000다45303·45310도 참조.

58) 예를 들어 회사의 자재구매업무를 담당하던 직원이 적법하게 해고된 후에(제128조 전문 참조) 앙심을 품고 회사의 소요량을 넘는 과다한 자재를 구입하는 계약을 체결한 경우에, 상대방이 선의·무과실이라면 회사는 자재를 인수하고 대금을 지급해야 한다.

59) 대판 1965.8.24. 65다1177·1178.

60) 대판 1975.1.28. 74다1199.

61) 임의후견인의 대리권 소멸은 등기하지 않으면 선의의 제3자에게 대항할 수 없는데(제959조의19), 제129조에 대한 특칙이다. 대표이사의 퇴임등기에 관한 대판 2009.12.24. 2009다60244도 참조.

2. 요 건 [1316]

가. 개 관

(1) 제129조의 표현대리가 성립하려면 ① 대리권의 소멸, ② 권한 내의 대리행위 및 ③ 상대방의 선의 · 무과실이라는 요건이 갖추어져야 한다.

(2) ②와 관련하여, 권한을 넘은 경우 또는 대리행위가 소멸된 대리권의 내용과 다른 종류의 행위인 경우에도 제129조와 제126조의 중복적용에 의하여 표현대리가 성립할 수 있다([1295] 참조). 이때 상대방은 대리권 소멸에 관하여 선의 · 무과실이어야 할 뿐만 아니라 제126조에서의 "정당한 이유"가 존재해야 함은 당연하다.

나. 이전에 존재하던 대리권이 소멸하였을 것 [1317]

(1) 당초부터 대리권이 존재하지 않았던 경우에 제129조가 적용될 여지는 없다. 그런데 대리인이 대리권 소멸 후에 선임한 복대리인의 복대리행위에도 제129조가 적용된다.[62] 한편 원인관계를 발생시키는 법률행위의 실효로 대리권도 소급적으로 소멸하는 경우에, 취소 등이 있기 전에 대리행위가 행하여졌다면 제129조를 유추할 것이다.

(2) 과거에 존재하던 대리권이 포괄적이거나 계속적이어야 하는 것은 아니고, 개별적이거나 일시적인 것이라도 무방하다. 다만 대리권의 성질이 계속적인 것이라면 일시적인 것에 비하여 상대방의 무과실이 인정되기 쉬울 것이다.

다. 상대방의 선의 · 무과실 [1318]

(1) 대리인이 이전에 대리권을 가지고 있었기에 지금도 대리권이 존속(存續)한다고 상대방이 믿고 그와 같이 믿은 데 과실이 없어야 한다. 제125조의 표현대리에 비하여 외관의 신뢰가치가 작다는 점을 고려한다면, 제129조의 성립에 단지 상대방이 대리권이 존재하는 것으로 믿었다는 것만으로 부족하고 과거에 존재하던 대리권이 존속한다고 믿은 것을 요하며, 이러한 대리권의 잔영(殘影)을 제거하지 않은 본인의 귀책성에 본인에 대한 책임추궁의 근거가 있다고 보아야 하기 때문이다.

(2) 이처럼 신뢰의 대상이 대리권의 「존속」이라면, 상대방에게 자칭대리인이 이전에 대리권을 가지고 있었다는 인식은 당연히 필요하고, 따라서 대리권의 존재와 상대방의 신뢰 사이의 인과관계도 필요하다.

(3) 대리권의 소멸 및 권한 내의 대리행위에 대한 증명책임은 상대방이 진다. 그런데 선의 · 무과실에 대한 증명책임에 관해서는 견해가 나뉘지만, 상대방의 보호가치 및 그것을 반영한 제129조의 규정형식에 따라 선의의 증명책임은 상대방에게 있고 과실의 증명책임은 본인에게 있다 할 것이다.[63]

---

62) 본인의 사망으로 대리권이 소멸하였더라도 그 후 선임한 복대리인과 상대방 사이의 법률행위에 제129조가 적용될 수 있다고 한 대판 1998.5.29. 97다55317 참조.

63) 다만 대판(전) 1983.12.13. 83다카1489가, 표현대리를 주장하는 이에게 무과실의 증명책임이 있다고 한 원심판결은 증명책임을 전도한 위법이 있다는 취지의 상고이유를 배척한 점에 비추어, 판례는 결과적으로 표현대리를 주장하는 상대방에게 선의 · 무과실의 주장 · 증명책임을 지우는 것으로 보인다.

제3관 협의의 무권대리

[1319] **Ⅰ. 계약의 무권대리**

1. 개 관

(1) 협의의 무권대리의 효력에 관하여 제130조가 규정한다: "대리권 없는 자가 타인의 대리인으로 한 계약은 본인이 이를 추인하지 아니하면 본인에 대하여 효력이 없다." 즉 무권대리행위는 본인에 대하여 효력이 없지만, 본인의 추인에 의하여 그 효력이 발생한다. 이처럼 본인의 추인에 의하여 유효로 될 수 있는 무효를 유동적(流動的)/불확정적 무효라 한다.

(2) 협의의 무권대리에서 본인이 추인하면 대리행위의 효과가 본인에게 귀속된다. 반면 확정적으로 무효로 된 경우에 상대방은 무권대리인에게 책임을 추궁할 수 있다.

한편 무권대리행위로 인하여 본인의 이익이 침해되면 본인에 대하여 무권대리인의 채무불이행(본인과의 내부관계에 기한 충실의무 위반에 따른) 또는 불법행위가 성립할 수 있다. 그 밖에 사무관리가 성립한 경우에 비용상환(제739조)이, 대리인에게 이득이 생긴 경우에는 부당이득(제741조 이하)이 각 문제될 것이다. 그런데 이들은 다른 일반원칙에 의하여 인정되는 것으로, 무권대리에 특유한 관계는 아니다.

[1320] **2. 무권대리행위의 유효 여부**

가. 서 설

(1) 제130조는 무권대리행위가 본인에 대하여 효력 없음을 규정하면서, 다른 한편 —무권대리행위라도 본인에게 유리할 수 있고 상대방의 입장에서도 그대로 효력이 인정되는 것이 당초의 기대에 부합하기 때문에— 본인의 추인에 의하여 그 효력이 발생하도록 한다. 요컨대 무권대리행위가 무효이지만 확정적인 것은 아니고, 본인에 대하여 효력이 발생하는지는 본인의 의사, 즉 추인에 좌우된다.

(2) 반면 무권대리행위의 상대방은 행위의 효력이 본인의 추인 여부에 좌우되는 불안정한 지위에 놓인다. 이러한 사정을 고려하여 법은 상대방에게 무권대리행위의 유효 여부를 확인할 수 있는 조치로서 최고권과 선제적 조치로서 철회권을 부여한다.[1)]

[1321] **나. 본인의 추인**

(1) 무권대리행위의 추인[2)]은 결여되었던 대리권을 나중에 보완하는 것으로, 상대방이나 무권대리인의 동의나 승낙을 요하지 않는, 상대방 있는 단독행위이다. 그리고 추인에 의하여 무권대리행위의 효력이 발생하므로, 추인을 할 수 있는 본인의 지위, 즉 추인권(追認權)은 형성권의 일종이다.

(2) 추인의 당사자를 본다.

① 추인권자는 본인이지만, 상속인 등 본인의 포괄승계인도 추인할 수 있고, 그 밖에 법정

---

1) 그에 앞서 표현대리의 주장과 뒤에서 따로 살피는 무권대리인에 대한 책임추궁이 상대방에게 주어지는 주된 구제책이다.

2) 민법상 추인에 관하여 [1213] 참조. 특히 취소할 수 있는 행위의 추인과 무권대리행위의 추인은 추인 전의 상태(유동적 유효/유동적 무효) 및 추인의 효과(하자의 치유에 따른 유효/특별효력요건의 보완에 따른, 대리행위 효과의 본인에게의 귀속)에서 다르다.

대리인이나 본인으로부터 특별수권을 받은 임의대리인도 추인할 수 있다.

② 추인의 상대방은 —추인에 의하여 대리행위의 효과가 발생하므로— 대리행위의 상대방이다(제132조 참조). 다만 추인이 사후적인 대리권 수여의 실질을 가지므로 무권대리인에 대해서 할 수도 있는데,[3] 이 경우 상대방이 추인 있었음을 알지 못했다면 그에 대하여 추인의 효과를 주장하지 못한다(같은 조 단서). 따라서 추인 있음을 알 때까지 상대방이 철회를 할 수 있다(제134조).

(3) 추인의 방식을 본다. [1322]

① 추인에 특별한 방식이 요구되지 않고,[4] 해석에 의하여 추인의 의사가 인정되면 된다. 물론 추인이 의사표시의 유효요건을 갖추어야 하고, 본인이 무권대리행위가 있었음을 알고 있어야 한다.

② 실제로 묵시적인 추인이 드물지 않은데, 묵시적 추인을 인정하기 위해서는 본인이 무권대리행위에 따른 법적 지위를 충분히 이해하고 진의에 기하여 그 행위의 결과가 자기에게 귀속된다는 것을 승인한 것으로 볼 만한 사정이 있어야 하고, 관계되는 여러 사정을 종합적으로 검토하여 신중하게 판단해야 한다.[5]

판례가 묵시적 추인을 긍정한 예로 ⓐ 무권대리행위에 기한 권리를 행사하는 경우,[6] ⓑ 무권대리행위에 기한 의무를 이행하거나 이행에 필요한 행위를 한 경우,[7] ⓒ 무권대리행위에 기한 의무에 대하여 이행의 유예를 구하는 경우,[8] ⓓ 무권대리행위에 기한 의무와 관련하여 별도의 합의를 한 경우[9] 등.

반면 본인이 무권대리행위의 사실을 알고도 이의(異議)를 제출하지 않았다는 사실만으로 곧바로 추인으로 되지는 않는다.[10]

③ 추인은 무권대리행위 전부에 대하여 해야 하고,[11] 무권대리행위의 일부에 대한 추인은 허용되지 않지만, 상대방의 동의가 있으면 가능하다 할 것이다.

(4) 추인의 효과를 살핀다. [1323]

① 추인이 있으면 무권대리행위는 처음부터 유권대리였던 것으로 다루어진다(제133조): 추인의 소급효(遡及效). 추인자의 의사를 추측하여 이렇게 정한 것이다.

이에는 예외가 인정된다. ⓐ 다른 의사표시가 있으면 추인의 소급효는 배제된다(제133조 본문). 여기서 "다른 의사표시"는 본인과 상대방 사이의 계약이어야 한다.[12] ⓑ 추인의 소급효는

---

3) 대판 1992.10.27. 92다19033.

4) 구술로 하든 서면으로 하든 따지지 않고, 재판 외에서뿐만 아니라 재판상에서도 할 수 있다. 대판 1974.2.26. 73다934 참조.

5) 대판 2009.9.24. 2009다37831.

6) 무권대리인이 매매계약을 함부로 해제하고 반환받은 돈으로 매수한 대지의 등기 관계서류를 본인이 교부받아 남편 명의로 소유권이전등기를 경료한 경우(대판 1979.12.28. 79다1824).

7) 본인이 무권대리행위의 상대방에게 의무를 이행하겠다는 의사를 적극적으로 표명한 경우(대판 2015.4.23. 2013다61398).

8) 대판 1991.1.25. 90다카26812.

9) 아내가 승낙 없이 남편 소유의 부동산에 근저당권을 설정한 것을 알게 된 남편이 그 정산에 관하여 합의했다가 그 후 합의가 결렬된 경우(대판 1995.12.22. 94다45098).

10) 약속어음위조사실을 알고도 장기간 형사고소를 하지 않은 경우에 관한 대판 1998.2.10. 97다31113 참조.
다만 대판 1991.1.29. 90다12717은, 임야를 상속하여 공동소유하는 친족들 중 일부가 가까운 친척에게 임야의 매도를 위임하여 매도대금을 그들의 생활비로 소비하였고 나머지 공유자들은 임야의 매각소식을 전해 듣고도 15년간 아무 이의를 제기하지 않은 경우에 추인을 긍정하였다.

11) 소송행위의 추인에 관한 대판 2008.8.21. 2007다79480 참조.

12) 상대방은 계약이 처음부터 효력을 가진다고 기대하여 법률행위를 하였을 것인데, 본인의 일방적 의사만에 의하여 추인시부터 장래

제3자의 권리를 해치지 못한다(같은 조 단서). 무권대리행위 후 추인이 있을 때까지 사이에 제3자가 정당하게 취득한 권리를 추인의 소급효 때문에 잃게 됨을 방지하려는 취지에 기한 제한이다. 따라서 소급효가 제한되는 것은 무권대리행위의 상대방이 취득한 권리와 제3자가 취득한 권리가 모두 배타적 효력을 가지는 경우[13]에 한한다.

② 추인의 효과는 무권대리행위의 구성부분에도 미친다.[14] 그리고 대리행위에 대리권 흠결 외의 흠이 있는 경우에 그 흠에 대해서는 —제130조의 추인이 아니라— 제139조나 제143조의 추인이 문제되는데, 사정에 따라 양 추인이 결합될 수 있다.[15]

[1324] (5) 추인은 무권대리행위에 기한 이행청구에서 권리근거사실에 해당하므로, 추인의 효과를 주장하는 본인 또는 상대방이, 무권대리인이 본인의 대리인으로서 계약을 체결한 사실(대리행위) 및 본인이 상대방에 대하여 추인의 의사표시를 한 사실을 주장하고 증명해야 한다.[16]

[1325] **다. 본인의 추인거절**

(1) 무권대리행위를 추인할 것인지는 본인의 자유에 속하는데, 본인이 추인의사 없음을 적극적으로 표시하여 무권대리행위를 확정적으로 무효로 하는 것을 추인거절이라 한다.

(2) 추인거절은 불확정적 무효인 무권대리행위를 확정적 무효로 하는 것(즉 유동적 상태의 제거)으로, 상대방 있는 단독행위이다. 그리고 추인을 거절하는 방법은 추인에서와 같은데, 묵시적 추인거절도 가능하다.

(3) 본인의 추인거절이 있으면 무권대리행위는 무효로 확정되어, 그 후에는 본인이 추인할 수 없을 뿐만 아니라 상대방도 최고권이나 철회권을 행사할 수 없다.

[1326] **라. 상대방의 최고**

(1) 최고는 본인에 대하여 무권대리행위를 추인할 것인지의 확답을 촉구하는 것이며(제131조), 「의사의 통지」에 속한다. 그리고 무권대리행위의 유동적 무효상태를 종식시킬 수 있는 최고권(催告權)은 형성권의 일종이다. 그런데 악의의 상대방, 즉 계약 당시 무권대리행위라는 점을 알았던 상대방에게도 최고권은 인정된다.

(2) 최고의 요건은 다음과 같다.

① 무권대리행위의 효력발생 여부가 불확정적이어야 한다. 따라서 본인의 추인도 추인거절도 없고 철회도 없는 동안, 즉 무권대리행위의 효력이 유동적인 상태에서만 최고를 할 수 있다.

② 최고는 상당한 기간을 정해서 해야 한다. 기간이 상당한지는 개별사안의 객관적 사정(계약의 내용, 당사자간의 시간적 거리 등)에 의하여 결정되고, 본인의 질병 등 주관적 사정도 상대방이 알고 있었다면 이를 고려해야 할 것이다.[17]

에 향하여 효력이 있는 것으로 할 수 있다면 상대방의 의사에 반할 수 있다.

13) 예: 채권의 이중양도에서 확정일자 있는 통지가 경합된 경우 또는 동산의 이중매매에서 인도의 경합이 있는 경우.

14) 대판 1994.8.12. 94다14186 참조.

15) 예를 들어 무권대리인에 대한 상대방의 기망행위가 있은 경우에, 본인이 제143조에 의하여 추인을 하였다면(추인이 적법하기 위하여 본인이 상대방의 무권대리인에 대한 기망을 알고 있어야 한다) 그 추인에 무권대리의 추인도 포함된다고 할 것이다.

16) 제135조의 책임에서 추인의 증명책임에 관해서는 [1332] 참조.

17) 기간을 너무 짧게 정해서 한 최고가 무효라는 입장도 있으나, 기간이 상당한지에 관한 판단기준이 일률적이지 않고, 그럼에도 불구하고 법률관계의 확정을 위하여 최고를 한 상대방과 유동적 무효상태를 방치한 본인 사이의 이해관계의 조절이 필요하다는 점을 고려하여, 최고 후 상당한 기간이 지난 후에 추인거절의 효력이 발생한다고 할 것이다. 특히 사실심 변론종결 당시에 상당한 기간이 경과하였다면 다툴 수 없다고 해야 한다.

③ 최고의 내용은 무권대리행위를 추인할 것인지에 대하여 확답하라는 것이다.

④ 최고의 상대방은 본인이지만, 그 법정대리인에 대해서도 할 수 있다.

(3) 상대방의 최고가 있다고 하여 본인이 추인 또는 추인거절을 해야 하는 것은 아니며, 최고의 효과는 본인이 침묵하는 경우, 즉 추인도 추인거절도 하지 않는 경우에 발생한다. 그런데 본인이 최고기간 내에 확답을 "발하지 아니한 때"에는 추인을 거절한 것으로 의제된다(제131조 단서). 현재의 유동적 「무효」상태를 변경시키기 위한 조치를 취하지 않은 데서 본인의 의사를 추측한 것이다.

의제된 행위로서 최고의 효과는 확답하지 않은 것이 본인의 귀책사유에 기한 것인지 및 사기 · 강박 · 착오 등에 기한 것인지와 무관하다.

마. 상대방의 철회 [1327]

(1) 무권대리행위에 따른 법률관계의 성립을 원하지 않는 선의의 상대방은 선제적으로 자기의 의사표시의 효력을 소멸시킴으로써 무권대리행위가 성립하지 않은 것과 같은 상태로 만들 수 있다. 이를 철회(撤回)라 한다.

(2) 철회의 요건을 본다.

① 철회는 본인의 추인이 있기 전에 해야 한다. 다만 추인이 무권대리인에 대하여 있었으나 상대방이 그 사실을 알지 못했다면 본인이 추인의 효과를 주장하지 못하므로(제132조 단서), 그 사실을 알기 전에 상대방이 한 철회는 유효하다.

② 철회의 의사표시는 본인이나 무권대리인에 대하여 해야 한다.

③ 악의의 상대방에게도 인정되는 최고권과 달리, 철회권은 선의의 상대방에게만 인정된다(제134조 단서). 불확정한 상태를 스스로 각오한 악의의 상대방을 보호할 필요가 없기 때문이다. 여기서 선의는 대리인에게 대리권 없음을 알지 못하는 것이며, 선 · 악의 구별의 표준시는 「계약당시」이다. 그리고 본인은 상대방의 악의를 주장 · 증명하여 철회를 저지할 수 있다.[18]

(3) 철회가 있으면 무권대리행위는 성립하지 않은 것으로 된다. 그 후에는 본인이 무권대리행위를 추인할 수 없고, 상대방도 철회한 후에는 무권대리인에게 책임을 물을 수 없다.

3. 상대방에 대한 무권대리인의 책임 [1328]

가. 서 언

(1) 대리인에게 대리권 없음이 밝혀지면, 본인의 추인이 있거나 표현대리가 성립하지 않는 한, 대리행위의 효과가 본인에게 미치지 않는다. 제135조는 이러한 경우에 무권대리행위를 한 자칭대리인에게 법정책임(法定責任)을 지우는데, 상대방에게 주어지는 구제책의 「기본값」이다.

(2) 이 책임의 이론적 근거에 관하여, 상대방 보호와 거래안전을 꾀하고 나아가 대리제도의 신용을 유지하기 위하여 무권대리인의 귀책사유를 요건으로 하지 않는 특히 무거운 책임을 무권대리인에게 정책적으로 부과하는 규정으로 이해하는 신뢰책임설이 다수설의 입장이다.[19]

---

18) 대판 2017.6.29. 2017다213838.

19) 이와 달리 대리권 없음에도 불구하고 대리인이 대리권을 가지고 있다고 표시 내지 주장한 데 대한 법정의 「표시책임」이고, 대리권 없음은 누구보다도 대리인 자신이 잘 알 수 있으므로 무과실책임이라는 표시책임설도 주장된다.

[1329] 나. 책임의 요건

(1) 책임의 요건으로 검토를 요하는 것은 ❶ 대리행위의 효과가 본인에게 귀속되지 않을 것, ❷ 상대방이 선의 · 무과실일 것 및 ❸ 무권대리인이 행위능력자일 것의 세 가지이다. 그 밖에 ❹ 상대방이 아직 철회권을 행사하지 않아야 한다.[20] 다른 무효 · 취소사유가 없어야 함은 당연하다.

[1330] (2) ❶ 대리행위의 효과가 본인에게 귀속되지 않을 것이라는 요건은 책임의 출발점이다. 그런데 ① 대리권의 범위 내의 대리행위인 경우, ② 표현대리가 성립하는 경우 및 ③ 본인의 추인이 있는 경우에 대리행위의 효과가 본인에게 귀속되므로, 무권대리인이 이 중 어느 하나를 증명하면 책임을 면할 수 있다. 이들을 책임성립의 관점에서 검토한다.

① 대리인에게 대리권이 없어야 하는데, 처음부터 대리권이 없는 경우뿐만 아니라 대리권이 있었으나 나중에 소멸한 경우 및 대리권의 범위를 초과하는 경우도 포함한다.

한편 "대리인으로서 계약을 맺은 자가 그 대리권을 증명하지 못하고"라는 제135조 제1항이 대리권의 존부에 관한 증명책임의 소재를 「일반적으로」 규정한 것은 아니다. 즉 본인에 대하여 이행을 구하기 위하여 상대방이 대리권의 존재에 대한 증명책임을 지는 반면([1244] 참조), 무권대리인의 책임과 관련하여 대리권의 존부에 관한 증명책임은 상대방에게 있지 않고 책임을 면하려는 (무권)대리인이 대리권 있음을 증명해야 한다는 데 다툼이 없다. 따라서 위 조항은 무권대리인의 상대방에 대한 책임의 「실체법적」 요건을 정한 것으로 이해해야 한다. 그런데 무권대리인에 대한 책임을 추궁하려면 변론주의의 원칙상 상대방이 위 사실을 「주장」해야 한다.[21]

그리고 제135조의 책임은 무과실책임으로, 대리행위 당시 객관적으로 대리권이 결여되어 있으면 충분하고 대리권의 결여에 관한 대리인의 과실 유무는 따지지 않는다.[22]

[1331] ② 표현대리의 불성립은 표현대리와 협의의 무권대리의 관계를 어떻게 파악하는지에 달려있는데, 무권대리인이 표현대리의 성립을 증명하여 면책될 수 있다고 할 것이다([1288] 참조).

[1332] ③ 본인의 추인을 얻지 못해야 한다. 그런데 제135조의 책임에서 본인의 추인은 대리권의 존재와 실질적인 등가성을 가진다.[23] 따라서 제135조 제1항의 "본인의 추인을 받지 못한 경우"의 의미에 관하여 다양한 견해가 주장되지만, 추인의 거절이 무권대리인의 책임의 발생요건이 아니라 —대리권의 흠결을 치유하는— 추인이 책임소멸사유(항변사유)에 해당하고, 무권대리인이 이를 주장 · 증명해야 한다.[24][25]

[1333] (3) ❷ 상대방의 선의 · 무과실은 외관책임의 요건으로서 상대방 신뢰의 보호가치와 관련된다.[26] 제135조 제2항의 "알 수 있었을 때"를 다수설은 「과실로 알지 못한 때」로 새기는데, 거래

20) ❶을 제외한 나머지는 소극요건으로 무권대리인이 주장하고 증명해야 하는데(가령 무권대리인이 상대방의 철회권 행사를 주장하고 증명해야 한다), 이는 구제책의 기본값이라는 무권대리인의 책임의 성질에 기한 것으로 이해할 수 있다.

21) 결과적으로 주장책임과 증명책임이 일치한다는 원칙에 대한 예외를 이룬다.

22) 대판 2014.2.27. 2013다213038: 무권대리행위가 제3자의 기망이나 문서위조 등 위법행위로 야기되었더라도 책임이 부정되지 않는다고 한 사례.

23) 참고로 대판 1965.8.24. 64다1156은 "대리권의 증명 또는 본인의 추인을 얻지 못한 때"를 이행청구권이나 손해배상청구권의 소멸시효의 기산점으로 삼는다.

24) 대판 2010.1.14. 2009다73110(제5판 주석 민법 총칙3, 339(이균용 집필부분)에 소개된).

25) 추인 여부가 확실하지 않은 경우에 상대방으로서는 주위적으로 본인을 상대로 이행청구를 하고, 예비적으로 대리인을 상대로 제135조 제1항에 기한 청구를 해야 할 것이다.

26) 대판 1992.4.28. 91다30941은, X가 父(A) 소유의 부동산에 관하여 A 생전에 X 단독명의로 소유권이전등기를 마칠 의도로 그 방법을 Y와 상의하다가 Y가 자기 앞으로 소유권이전등기를 마친 후 넘겨 가라는 권유를 하여 A의 인감도장을 이용하여 Y 명의로 소유권이

시마다 대리권의 존부를 조사할 의무가 있다고 할 수는 없지만, 거래상황에 따라 의심할 만한 사정이 있다면 조사의무가 인정된다.

상대방의 선 · 악의 또는 과실의 유무는 대리행위가 행하여진 때를 기준으로 판단한다. 그리고 상대방의 악의나 과실은 모두 무권대리인의 책임발생을 방해하는 사실에 해당하므로, 무권대리인이 그에 대한 주장 · 증명책임을 진다.[27)]

[참 고] 상대방에게 대리권의 유무를 제대로 확인하지 못한 과실이 있고 무권대리인이 상대방의 오신을 악용한 경우에 제135조 제2항을 적용하는 것은 적절하지 않다. 이러한 경우에 무권대리인이 상대방의 단순한 과실을 들어 책임을 면하는 것은 금반언의 원칙에 반한다고 해야 하고, 나아가 —제135조의 책임과 무관하게— 무권대리인의 행위는 불법행위에 해당하므로 제750조에 기한 손해배상청구를 인정하는 것도 가능할 것이다.

(4) ❸ 무권대리인의 행위능력이라는 요건(제135조 제2항 후단)은 제한능력자 보호의 이념에 [1334]
기한 것으로서, 본인으로서 법률행위를 한 경우와의 균형을 고려한 것이다. 그리고 무권대리인의 제한능력이 책임발생의 장애사실이므로, 무권대리인이 자신의 제한능력을 증명하여 면책될 수 있다. 한편 제한능력자가 법정대리인의 동의를 얻어 무권대리행위를 하였다면 능력자와 마찬가지의 책임을 진다는 것이 학설의 일반적 입장이지만, 의문이 없지 않다.

다. 책임의 내용 [1335]

(1) 이상의 요건이 갖추어지면 무권대리인은 상대방의 선택에 따라 계약을 이행할 책임 또는 손해를 배상할 책임을 진다. 여기서 상대방의 "선택"은 선택채권에서와 같은 뜻으로, 선택채권에 관한 제380조 이하가 적용된다는 견해가 일반적이다.[28)] 그리고 상대방은 대리인에 대하여 선택의 의사표시를 해야 하고, 일단 선택권을 행사하면 상대방은 그 선택에 기속된다. 한편 제135조가 강행규정은 아니어서 당사자의 합의에 의하여 그 적용이 배제될 수 있지만, 약관에 의하여 이 책임의 본질적 부분을 배제하는 것은 허용되지 않는다(약관법 제7조 참조).

(2) 이행이 선택되면, 상대방에 대한 관계에서 무권대리인 자신이 계약당사자인 것과 같은 법정채권관계가 발생한다.[29)]

① 무권대리인은 계약이 유권대리에 기한 것이었다면 본인이 상대방에 대하여 부담하였을 것과 동일한 내용의 급부를 상대방에게 이행해야 한다. 이 책임은 계약에 기한 것이 아니라 「법정책임」이다.

② 무권대리행위로 행하여진 계약이 쌍무계약이고 상대방의 선택에 따라 무권대리인이 급부

전등기를 마쳤는데, Y가 Z 앞으로 소유권이전등기를 마친 경우에, X가 Y에게 소유권이전등기를 하여준 행위가 명의신탁계약의 무권대리행위로 법률상 평가될 수 있더라도 Y가 대리권 없음을 알았다고 보여 위 명의신탁계약은 A에 대한 관계에서뿐만 아니라 X에 대한 관계에서도 아무런 효력을 발생할 수 없다고 한 후, 이러한 판단을 기초로 X가 그 후 A의 권리의무를 상속받았다고 하여 Y 명의의 소유권이전등기가 X의 상속분범위 내에서 실체적 권리관계에 부합하는 유효한 등기로 전환되는 것은 아니고, 원인무효인 Y 명의의 소유권이전등기가 경료된 데 대하여 X에게도 책임이 있음은 부정할 수 없지만, X가 원인무효인 그 등기를 기초로 하여 경료된 Z 명의의 소유권이전등기의 말소를 청구하는 것이 곧바로 금반언의 법칙이나 신의성실의 원칙에 어긋나는 것이라고 단정할 수 없다고 하였다.

27) 대판 2018.6.28. 2018다210775.

28) 책임내용의 등가성을 고려하여 선택채권의 성립이 아니라 하나의 법정채권이 두 내용을 가지고, 그들이 선택적으로 경합하는 관계로 볼 수도 있다. [2258] 참조.

29) 대판 2018.6.28. 2018다210775: "상대방이 계약의 이행을 선택한 경우 […] 무권대리인은 마치 자신이 계약의 당사자가 된 것처럼 계약에서 정한 채무를 이행할 책임을 지는 것이다. […] 위 계약에서 채무불이행에 대비하여 손해배상액의 예정에 관한 조항을 둔 때에는 특별한 사정이 없는 한 무권대리인은 조항에서 정한 바에 따라 산정한 손해액을 지급하여야 한다. 이 경우에도 손해배상액의 예정에 관한 민법 제398조가 적용됨은 물론"이다.

를 이행한 경우에 무권대리인은 반대급부청구권을 취득하는데, 무권대리인의 이행책임이 법정책임인 것과 마찬가지로 이것도 법정청구권이다.

③ 무권대리인은 대리권이 있었더라면 본인이 부담하였을 것 이상의 채무를 부담하지 않으므로, 대리권이 있었더라면 본인이 가졌을 동시이행의 항변권, 상대방의 반대급부의 불이행으로 인한 손해배상청구권·해제권, 담보책임에 기한 감액청구권·손해배상청구권·해제권 등을 행사할 수 있다.

(3) 상대방이 손해배상을 선택하거나 이행불능으로 인하여 손해배상책임이 확정된 경우의 손해배상은, 계약이 유권대리로서 유효하였을 경우에 채무자의 불이행으로 인하여 생길 손해인 이행이익(적극적 계약이익)의 배상이다. 즉 제135조의 손해배상은 계약의 이행에 갈음하는 전보배상, 보다 정확하게는 본래급부의 시가 상당액에서 반대급부의 가액을 뺀 금액의 배상을 말한다.

[1336] (4) 제135조에 기한 청구권의 소멸시효기간에 관하여 일반채권의 시효기간(제162조 제1항)에 따라야 한다고 생각할 수 있지만, 무권대리인은 대리권이 있었더라면 본인이 부담하였을 책임 이상을 부담하지 않으므로 당해 대리행위에 기하여 발생하는 청구권에 적용되어야 할 시효기간(즉 유권대리였다면 본인에 대한 청구권에 적용되었을 시효기간)이 제135조의 청구권에도 적용되어야 한다. 즉 상사시효나 민사단기시효가 적용되는지는 대리행위의 성질에 따라 정해진다.

그리고 이행청구권이나 손해배상청구권의 소멸시효는 상대방이 선택권을 행사할 수 있을 때부터 진행하고, 선택권을 행사할 수 있는 시기는 대리권의 증명이 없고 추인의 가능성이 없어져서 무권대리인의 책임이 성립하는 때라는 것이 판례의 입장이다.[30]

[1337] 4. 무권대리와 상속

가. 서 설

무권대리인과 본인 사이에 상속이 일어나는 경우에,[31] 무권대리인의 행위가 지위의 혼동으로 당연히[32] 유효로 되는지 아니면 무권대리상태 그대로 상속되는지, 후자라면 본인의 지위에서 추인을 거절할 수 있는지, 추인거절이 가능한 경우에도 이행책임을 지는지 등의 문제가 발생한다. 경우를 나누어 검토한다.

[1338] 나. 무권대리인이 본인을 상속한 경우

(1) 자녀(A)가 아버지(B)의 대리인이라 칭하며 B의 재산을 처분한 후 B를 상속한 경우에, A는 상대방(C)에 대하여 무권대리인으로서 제135조에 따른 책임을 지는 지위와 B의 상속인으로서 무권대리행위를 추인하거나 추인을 거절할 수 있는 지위를 모두 가지는바,[33] 이러한 경우에 무권대리행위의 효력은 어떻게 되는가?

(2) 이에 관하여, 지위의 혼동에 의하여 무권대리행위가 당연히 유효로 되고 본인의 지위에서 추인을 거절하지 못한다는 당연유효설과 본인의 지위(추인 여부에 관한)와 무권대리인의 지

30) 대판 1965.8.24. 64다1156.

31) 참고로 본인이 추인을 거절한 후 상속이 일어나는 경우에, 추인거절에 의하여 확정된 법률관계가 상속되므로 아래의 문제가 발생하지 않는다.

32) 특히 단독상속의 경우에 본인의 지위와 무권대리인의 지위가 모두 상속인에게 귀속됨에 따라 행위의 주체와 효과귀속의 주체가 분리되는 대리 특유의 상황이 종료된다.

33) 추인권 자체가 상속되는 것이 아니라 본인의 지위에 수반한다.

위(제135조에 기한 책임)가 병존한다는 병존설이 대립하는데, 판례는 병존설을 취하면서 다만 무권대리인인 A가 상속 전에 한 무권대리행위의 추인을 거절하는 것은 신의칙에 반한다는 입장이다.[34)]

생각건대 앞의 예에서 C가 악의이거나 과실 있는 선의라면 제135조의 적용이 배제되는데, 이러한 경우에도 지위의 혼동으로 인하여 무권대리행위가 당연히 유효로 된다면 C에게 지나치게 유리하다.[35)] 당연유효설에 의하면 공동상속의 경우에 무권대리인 아닌 다른 상속인까지 추인을 거절할 수 없게 되는 것도 문제이다. 따라서 상속에 의하여 무권대리행위의 하자가 당연히 치유되어 유효로 되는 것이 아니라 A는 상속에 의하여 본인의 지위와 무권대리인의 지위를 모두 가지고, 다만 본인의 지위에 기하여 추인을 거절함으로써 대리행위의 효과가 자신에게 귀속되는 것을 회피하는 것은 「자기의 전의 행동에 반하는 행위」에 해당하여 신의칙상 허용되지 않지만, C가 악의라면 추인거절이 허용된다 할 것이다.

(3) 공동상속의 경우에 본인의 지위에 기한 추인권을 공동상속인이 준공유한다(제278조). 그 [1339]
런데 추인거절은 각자가 할 수 있지만, 추인은 공유물의 변경 또는 처분을 초래하므로 추인권의 행사에는 공동상속인 전원의 동의가 있어야 한다(제264조). 즉 공동상속인 전원이 추인해야 무권대리행위가 유효하게 되고, 다른 공동상속인이 추인하지 않으면 전체로서 무권대리행위가 유효로 되지는 않는다.[36)] 따라서 무권대리인인 상속인이 다른 공동상속인의 지분을 이전받아 상대방에게 이행하지 않는 한 상대방은 제135조 제1항의 손해배상책임을 물을 수 있을 뿐이다.

다. 본인이 무권대리인을 상속한 경우 [1340]

(1) 아버지(B)가 자녀(A)의 대리인이라고 칭하며 A의 재산을 처분한 후 사망하여 A가 B를 상속한 경우에도 A는 본인의 지위와 무권대리인의 지위를 모두 가지는데, A가 추인을 거절할 수 있는지에 관하여 앞에서 본 학설의 대립이 유지된다. 판례는 병존설을 취하여 B를 상속한 A는 특별한 사정이 없는 한 추인을 거절할 수 있다는 입장이다.[37)]

생각건대 나.(1)에서 본 근거 외에 무권대리인이 본인을 상속한 경우와 달리 아무 잘못도 없

34) 대판 1994.9.27. 94다20617: "A가 대리권 없이 B 소유 부동산을 C에게 매도하여 부동산소유권이전등기 등에 관한 특별조치법에 의하여 소유권이전등기를 마치어 주었다고 하여도 그 매매계약은 무효이고 이에 터 잡은 이전등기 역시 무효가 되나, A는 B의 무권대리인으로서 민법 제135조 제1항의 규정에 의하여 매수인인 C에게 부동산에 대한 소유권이전등기를 이행할 의무가 있으므로 그러한 지위에 있는 A가 B로부터 부동산을 상속받아 그 소유자가 되어 소유권이전등기 이행의무를 이행하는 것이 가능하게 된 시점에서 자신이 소유자라고 하여 자신으로부터 부동산을 전전매수한 D에게 원래 자신의 매매행위가 무권대리행위여서 무효였다는 이유로 D 앞으로 경료된 소유권이전등기가 무효의 등기라고 주장하여 그 등기의 말소를 청구하거나 부동산의 점유로 인한 부당이득금의 반환을 구하는 것은 금반언의 원칙이나 신의성실의 원칙에 반하여 허용될 수 없다."

35) [1333]의 대판 1992.4.28. 91다30941 참조.

36) 이러한 경우에 무권대리행위는 무권대리인인 A의 상속지분범위 내에서도 유효하지 않지만, 이미 C 앞으로 소유권이전등기가 마쳐졌다면 A의 상속지분범위 내에서는 실체관계와 부합하는 등기([5116] 이하 참조)로서 유효하다고 할 것이다. 즉 무권대리행위가 전체로서 무효임에 따라 A는 C에 대하여 제135조에 따른 책임을 지는데, C가 A의 지분범위 내에서의 소유권이전을 원한다면 그 범위에서 등기가 유효하게 된다(이때 A가 C의 주장을 거부하는 것은 신의칙에 반하여 허용되지 않기 때문이다). 상속인의 지분양도의 유효성을 인정한 것으로 보이는 대판 1993.9.14. 93다8054 참조.

37) 대판 2001.9.25. 99다19698은, 채권자(B)가 채무자(C) 소유의 부동산에 대하여 강제경매신청을 하여 자녀(A) 명의로 이를 경락받았다면 그 소유자는 경락인 A이므로, B가 그 후 C와 사이에 채권액의 일부를 지급받고 A 명의의 소유권이전등기를 말소해 주기로 합의하더라도, 이는 일종의 「타인의 권리의 처분행위」에 해당하여, 비록 양자 사이에서 위 합의는 유효하고 B는 A로부터 위 부동산을 취득하여 C에게 그 소유권이전등기를 마쳐줄 의무를 부담하지만, A는 부동산소유자로서 타인의 권리에 대한 계약을 체결한 C에 대하여 이행에 관한 아무런 의무가 없고 이행을 거절할 수 있는 자유가 있었으므로, B의 사망으로 A가 상속지분에 따라 B의 의무를 상속하더라도, A는 신의칙에 반하는 것으로 인정할 만한 특별한 사정이 없는 한 위 합의에 따른 의무의 이행을 거절할 수 있다고 하였다. B가 A 명의의 주식에 관하여 처분권한 없이 은행(C)과 담보설정계약을 체결한 사안에서 같은 판시를 하면서도 구체적 사정에 비추어 A가 자신 명의의 주식은 물론 당연히 계약내용에 따라 인도해야 할 B 명의의 주식까지도 인도를 거절하는 것은 신의칙에 어긋난다고 한 대판 1994.8.26. 93다20191도 참조.

위 판결들이 「타인의 권리의 처분행위」라는 표현을 사용하는데, 제569조가 규정하는 타인의 권리의 「매매」에 해당하므로, 「처분」이라는 표현은 적절하지 않다. 한편 B가 A 명의가 아니라 B 자신 명의로 계약을 체결하였다는 점에서 무권대리가 아니라 무권리자의 처분으로 볼 여지도 있지만, 아직 이행이 되지 않았다는 점에서 무권리자의 처분에 관한 법리가 적용되는 것은 적절하지 않다.

는 본인(A)이 무권대리인(B)의 지위를 상속하였다고 해서 추인을 거절할 수 없다고 함은 부당하다는 점 등을 고려한다면, 판례의 입장이 타당하다 할 것이다.

(2) 상속으로 무권대리행위가 당연히 유효로 되는 것이 아니라 본인의 지위와 무권대리인의 지위가 분리되어 병존함을 전제로 구체적인 법률관계를 본다: ① 무권대리인이 본인을 상속하는 경우와 달리 특별한 사정이 없는 한 상속인인 본인은 추인을 거절할 수 있다; ② 무권대리인의 책임(제135조 제1항)을 상속의 대상에서 제외할 이유가 없으며 거래의 안전을 위해서도 상대방이 선의 · 무과실이라면 무권대리인의 지위에서 책임을 부담한다. 이때 추인거절의 취지[38]를 존중하여 「하는 급부」나 특정물의 인도가 무권대리행위의 목적인 경우에는 이행책임을 지지는 않는다고 해야 할 것이다.

[1341] **라. 본인과 무권대리인의 지위를 모두 상속한 경우**

아내(B)가 남편(A)의 대리인이라고 칭하며 A 소유의 부동산을 제3자에게 매각한 후 자녀(C)가 무권대리인 B와 본인 A를 모두 상속한 경우에,[39] B와 A의 사망의 선후에 관계없이 C는 추인을 거절할 수 있는데(금반언의 원칙이 적용될 여지가 없다), 이때 무권대리인의 책임을 승계함은 물론이다.

[1342] Ⅱ. 단독행위의 무권대리

1. 기본법리

단독행위의 무권대리는 능동대리이건 수동대리이건 언제나 확정적 · 절대적으로 무효이다. 추인을 인정한다면 본인은 어떠한 제한도 받지 않고 자유롭게 무권대리행위의 효과를 좌우할 수 있고, 특히 상대방 없는 단독행위의 경우에 상대방 보호에 관한 규정(제131조, 제134조)이 적용될 여지가 없기 때문이다.

[1343] 2. 상대방 있는 단독행위에서의 예외

상대방 있는 단독행위도 무효이지만, 무권대리인에게 대리권 있다고 믿은 상대방을 보호할 필요가 있다. 그래서 제136조는 상대방 있는 단독행위에 대하여 예외를 인정한다: ① 능동대리[40]에서 상대방이 무권대리행위 당시 동의하거나 그 대리권을 다투지 않으면, 계약에서와 동일한 효과가 발생한다(제136조 전문)[41]; ② 수동대리[42]에서는 상대방이 무권대리인의 동의를 얻어 행위를 한 경우에 한하여 계약에서와 동일한 효과가 생긴다(같은 조 후문).[43]

38) 추인거절의 실질적인 이유는 특정물의 급부를 거절하고자 함에 있다.
39) 본인 C의 추인이나 추인거절이 있었다면 그에 따라 법률관계가 확정되고, 상속이 무권대리행위의 유효 여부에 영향을 미치지 않는다.
40) 예: 무권대리인이 본인을 대리하여 계약을 해제한 경우.
41) 대리권을 다투었다는 점에 대한 주장 · 증명책임은 대리행위의 효력을 다투는 상대방이 진다.
42) 예: 상대방이 대리권 없는 이에 대하여 본인을 위하여 수령하라는 뜻을 표시하여 계약해제의 의사표시를 한 경우.
43) 무권대리인의 동의를 얻었다는 사실은 제130조의 준용을 주장하는 이가 주장하고 증명해야 한다.

제 5 절 처분수권과 무권리자의 처분

Ⅰ. 처분수권 [1344]

1. 서 설

(1) 현존하는 권리의 변동(즉 권리의 이전, 물적 부담의 설정, 권리의 소멸, 권리내용의 변경 등)을 직접 일으키는 법률행위를 처분행위(處分行爲)라 한다. 처분행위는 통상 계약이고, 그 행위를 통하여 불이익을 입는 이와 이익을 얻는 이의 의사표시의 합치가 있어야 하지만, 권리자의 단독행위로 행하여지기도 한다(예: 소유권의 포기).

(2) 처분행위에 의하여 현존하는 권리의 변동이 일어나므로, 의무부담행위와 달리(제569조 참조) 처분행위가 유효하기 위하여 처분행위자에게 처분권한과 처분능력이 있어야 하고([1061] 참조), 처분의 객체에 대하여 잠재적 이해관계를 가지는 제3자를 위하여 공시방법을 갖출 것이 요청된다. 처분권한과 처분능력은 원칙적으로 소유자가 가지지만,[1)] 소유자가 제3자에게 처분권을 부여할 수 있고, 반대로 소유자이지만 처분능력이 제한될 수도 있다(예: 제한능력자인 경우).

2. 처분수권 [1345]

(1) 소유자 등 처분권한을 가진 이가 제3자에게 처분권한을 부여하는 것을 처분수권(處分授權. 권한부여라고도 한다)이라 하는데, 다양한 원인에 기하여 처분수권이 행하여진다.[2)]

(2) 처분수권을 받은 이의 처분이 실제로 행하여지기 전이라면 처분수권이 있었다는 사실만으로 소유자의 처분권능이 제한을 받지는 않는다.[3)] 즉 소유자는 여전히 자기의 소유물을 유효하게 처분할 수 있는데, 소유자와 피수권자의 처분행위가 경합하는 경우에 공시방법 또는 대항요건을 먼저 갖춘 양수인이 우선한다.

(3) 처분수권에 따른 법률관계에 관하여 민법에 규정이 없다. 그런데 처분수권을 받은 이가 [1346]
처분행위를 하면 그 효과가 소유자 등 처분권자에게 미친다는 점에서 대리권의 수여행위(수권행위)와 유사하고, 따라서 수권행위에 관한 법리가 처분수권에 유추될 수 있다. 즉 처분수권은 무방식의 상대방 있는 단독행위로서 그 원인행위와는 별개의 행위이고, 소유자 등의 처분수권에 대하여 상대방은 거절할 수 있다. 그리고 처분수권을 한 이는 언제든지 처분수권을 철회할 수 있고(제128조 후문의 유추), 처분수권 자체가 무효이거나 실효된다면 처분수권을 받은 이(이하 편의상 "피수권자"라 한다)의 처분권한이 소멸하여 그의 처분행위가 효력을 잃음은 당연하다.[4)]

---

1) 지상권자나 전세권자가 지상권이나 전세권을 처분할 권한과 능력을 가짐은 당연하다. 아래에서 소유자는 처분권한을 가진 이의 대표단수로 사용된다.

2) 양도담보의 법적 성질을 신탁적 소유권이전으로 새기는 판례의 입장에서 본다면, 처분실행의 한 방법으로 담보제공자에게 담보목적인 구분건물의 분양권을 준 것도 처분수권으로 볼 수 있다. 대판 1999.12.24. 98다14818 · 14825 참조.

3) 대판 2014.3.13. 2009다105215: 물건의 "소유자는 제3자에게 그 물건을 제3자의 소유물로 처분할 수 있는 권한을 유효하게 수여할 수 있다고 할 것인데, 그와 같은 이른바 '처분수권'의 경우에도 그 수권에 기하여 행하여진 제3자의 처분행위(부동산의 경우에 처분행위가 유효하게 성립하려면 단지 양도 기타의 처분을 한다는 의사표시만으로는 부족하고, 처분의 상대방 앞으로 그 권리취득에 관한 등기가 있어야 한다. 민법 제186조 참조)가 대세적으로 효력을 가지게 되고 그로 말미암아 소유자가 소유권을 상실하거나 제한받게 될 수는 있다고 하더라도, 그러한 제3자의 처분이 실제로 유효하게 행하여지지 아니하고 있는 동안에는 소유자는 처분수권이 제3자에게 행하여졌다는 것만으로 그가 원래 가지는 처분권능에 제한을 받지 아니한다. 따라서 그는, 처분권한을 수여받은 제3자와의 관계에서 처분수권의 원인이 된 채권적 계약관계 등에 기하여 채권적인 책임을 져야 하는 것을 별론으로 하고, 자신의 소유물을 여전히 유효하게 처분할 수 있고, 또한 소유권에 기하여 소유물에 대한 방해 등을 배제할 수 있는 민법 제213조, 제214조의 물권적 청구권을 가진다."

그런데 원인행위와 처분수권의 관계를 어떻게 파악할 것인가? 유인성을 인정하면 거래의 안전이 해쳐지므로 —수권행위와 달리— 처분수권은 무인행위라 할 여지도 있다. 그러나 원인행위의 무효 내지 실효를 주장하는 처분권자의 의사 및 특히 부동산거래에서 공신력을 인정하지 않는 민법의 입장 등을 고려하여 유인행위라 할 것이다.[5] 다만 처분행위의 상대방은 제107조 제2항 등 (선의)제3자의 보호규정에 의하여 보호될 수 있고, 나아가 판례는 원인행위가 무효인 경우에 무효의 효력범위를 한정함으로써 무인성을 인정하는 것과 같은 결과에 이른다.[6]

[1347] (4) 처분수권을 받은 이는 「자기의 이름으로」 처분행위를 하고 그 행위로 인하여 처분권자인 본인에게도 물권변동의 효과가 발생한다는 점에서, 본인 이름으로 법률행위를 하고 그 효과가 직접 본인에게 귀속되는 대리와 다르다(처분수권이 대리권 수여와 병존할 수 있다).

그런데 피수권자로부터 동산을 인도받은 경우에 소유권은 소유자로부터 직접 상대방에게 이전된다. 그리고 피수권자 앞으로 이미 등기가 마쳐진 경우에 그로부터 등기를 넘겨받은 상대방은 부동산의 소유권을 취득하지만, 그렇지 않은 경우에 공동신청주의(부동산등기법 제23조) 때문에 피수권자의 물권적 합의 후 소유자는 피수권자의 처분을 완성해 줄 의무로서 상대방에의 소유권이전등기절차에 협력할 의무를 피수권자에 대하여 부담한다.[7] 그러나 상대방은 소유자에 대하여 직접 이전등기청구권을 행사할 수 없고, 피수권자를 대위하여 소유자에 대하여 등기를 청구할 수 있을 뿐이다.

[1348] Ⅱ. 무권리자의 처분과 추인

1. 서 설

처분권한이나 처분능력 없는 이라도 의무부담행위는 유효하게 할 수 있지만(제569조 참조), 무권리자의 처분행위는 무효이고, 원인행위에 부합하는 등기가 마쳐졌더라도 —그것이 실체관계에 부합하는 등기에 해당하지 않는 한— 소유자는 그 등기의 말소등기(또는 진정명의 회복을 위한 소유권이전등기)를 구할 수 있다(제214조). 그러나 추인에 의하여 유효로 될 수 있고, 선의취득(제249조) 또는 제3자 보호규정(제107조 제2항, 제108조 제2항, 제109조 제2항, 제110조 제3항, 제548조 제1항 단서)에 따른 예외도 인정된다.[8] 아래에서 추인에 관하여 본다.

[1349] 2. 무권리자의 처분에 대한 추인

(1) 무권리자의 처분행위에 대한 추인은 처분권의 흠결을 사후적으로 치유하는 기능을 가진다. 판례도 타인의 권리를 자기의 이름으로 또는 자기의 권리로 처분한 후에 본인이 처분을 인정

4) 해제조건부로 처분수권이 있은 후 조건이 성취되면 처분권한을 상실한다는 대판 1995.12.12. 95다32037 참조.

5) 필자는 종래 처분수권의 원인행위가 취소나 해제에 의하여 소급적으로 실효되더라도 처분수권의 효력에 영향을 미치지 않고, 따라서 실효 전에 행하여진 피수권자의 처분행위는 유효하다는 입장이었다.

6) 대판 1995.7.14. 94다40147: "도박채무의 변제를 위하여 채무자로부터 부동산의 처분을 위임받은 채권자가 그 부동산을 제3자에게 매도한 경우, 도박채무 부담행위 및 그 변제약정이 민법 제103조의 선량한 풍속 기타 사회질서에 위반되어 무효라 하더라도, 그 무효는 변제약정의 이행행위에 해당하는 위 부동산을 제3자에게 처분한 대금으로 도박채무의 변제에 충당한 부분에 한정되고, 위 변제약정의 이행행위에 직접 해당하지 아니하는 부동산 처분에 관한 대리권을 도박채권자에게 수여한 행위부분까지 무효라고 볼 수는 없으므로, 위와 같은 사정을 알지 못하는 거래상대방인 제3자가 도박채무자부터 그 대리인인 도박채권자를 통하여 위 부동산을 매수한 행위까지 무효가 된다고 할 수는 없다."

7) 앞의 98다14818 · 14825 판결.

8) 무권리자의 처분행위임에도 선의의 제3자 보호규정에 따라 권리자가 권리를 상실한 경우에, 권리자가 무권리자를 상대로 침해이득의 반환을 구할 수 있음에 관하여 대판 2011.6.10. 2010다40239 참조.

하였다면, 특별한 사정이 없는 한 그 처분은 본인에 대하여 효력을 발생한다는 입장이다.[9)]

(2) 추인에 관한 명문규정이 없는 민법의 해석론으로 추인의 근거에 관하여 견해가 나뉘는데, 판례는 사적자치의 원칙에서 그 근거를 찾는다.[10)]

(3) 무권리자의 처분에 대한 추인은 유동적으로 무효인 처분행위를 유효하게 한다는 점에서 확정적 무효나 유동적 유효에 대한 추인과 다르고 무권대리행위의 추인에 가깝다.[11)] 그러나 무권리자의 처분이 무권대리행위는 아니고, 무권리자의 처분에 대한 추인은 처분권의 흠결을 치유하는 기능을 가지므로, 대리권의 흠결을 추완하는 무권대리행위의 추인과도 상황이 다르다. 따라서 소급효를 가진다는 점을 제외하고 무권대리행위의 추인에 관한 규정이 유추될 것은 아니다.[12)] 특히 상대방의 철회를 보장하기 위한 제132조가 유추되지 않음에 따라 추인의 상대방은 무권리자나 처분의 상대방 어느 쪽이라도 무방하다.[13)]

(4) 처분권한의 사후적 부여라는 실질을 가지는 추인에 의하여 처분권의 흠결이 소급적으로 치유되어 무권리자와 거래한 상대방은 처분대상인 권리를 처음부터 유효하게 취득한 것으로 다루어진다.[14)] [1350]

그리고 추인이 있은 후 소유자 등 처분권자는 자기의 권리를 처분함으로써 이득을 얻은 무권리자에 대하여 부당이득의 반환을 청구할 수 있고(제741조),[15)] 제750조에 따라 손해배상을 청구할 수도 있다.

3. 무권리자의 처분과 상속 [1351]

(1) 무권리자가 어떤 부동산에 관하여 권리자라 칭하며 (의무부담행위 및) 처분행위를 한 후 권리자를 상속한 경우에 상속에 의하여 권리자의 처분권한이 승계된다. 그런데 단독상속의 경우라면 처분권의 흠결이라는 하자가 치유되고 —그 자체로 유효한(제569조 참조)— 의무부담행위에 기하여 이미 경료된 등기는 실체관계에 부합하는 것으로 유효하다. 반면 공동상속의 경우에 상속분의 한도에서 권리자의 처분권한을 승계하므로 그 한도에서 처분권의 흠결이라는 하자가 치유되는데,[16)] 이때 다른 공동상속인은 자기의 지분범위 내에서 물권적 청구권을 행사하여 이미 경료된 등기의 말소등기(또는 진정명의 회복을 위한 지분이전등기)를 청구할 수 있다. 다만 무권리자가 상속을 포기하였다면 처분권이 추완되지 못한다. 한편 무권리자가 상속을 한정승인한 경우에, 이미

9) 뒤의 2001다44291 판결 등. 이러한 판례의 태도는 그 처분행위가 본인에게 유리할 수 있고, 거래의 안전과 선의의 제3자 보호를 위해서도 필요하다는 점에서 수긍할 수 있다.
묵시적 추인의 예로, 무권리자인 문중 명의로 그것도 대표자로 사칭한 이에 의하여 부동산매매계약이 체결된 후 진정한 소유자가 권리자임을 주장하여 매수인으로부터 중도금을 직접 수령하였다면 위 매매계약에 따른 처분행위가 소유자에 대하여 효력이 미치게 되고, 따라서 소유자에게 매매를 원인으로 한 소유권이전등기의무가 발생한다고 한 대판 1992.2.28. 91다15584 참조.

10) 대판 2001.11.9. 2001다44291: "특별한 사정이 없는 한 [… 추인의]로써 권리자 본인에게 위 처분행위의 효력이 발생함은 사적자치의 원칙에 비추어 당연하"다.

11) 종래 대판 1981.1.13. 79다2151도 무권대리의 추인으로 보았다.

12) 다만 대판 2017.6.8. 2017다3499는 권리자의 추인이 사적자치의 원칙에 따라 허용된다고 하면서도, "권리자가 무권리자의 처분을 추인하면 무권대리에 대해 본인이 추인을 한 경우와 당사자들 사이의 이익상황이 유사하므로, 무권대리의 추인에 관한 민법 제130조, 제133조 등을 무권리자의 추인에 유추적용할 수 있다. 따라서 무권리자의 처분이 계약으로 이루어진 경우에 권리자가 이를 추인하면 원칙적으로 계약의 효과가 계약을 체결했을 때에 소급하여 권리자에게 귀속된다고 보아야 한다"고 했다.

13) 앞의 2001다44291 판결 참조.

14) 원인행위가 유효하지 않은 경우에 그로 인한 권리취득의 장애(물권행위의 유인성)는 별개의 문제이며, 원인행위의 당사자가 아닌 한 원인행위를 추인할 수 없음은 당연하다.

15) 대판 2022.6.30. 2020다210686 · 210693.

16) 의무부담행위의 효력에 관하여 [1339] 참조.

등기가 경료되었더라도 상속채권자를 만족시킨 후에도 여전히 목적물이 무권리자에게 귀속되어야만 처분권의 추완이 가능하고, 상속채권자에 의한 상속재산분리청구가 있는 경우에도 같다.

(2) 반대로 권리자가 무권리자를 상속한 경우에, 권리자가 의무부담행위에 기한 채무를 승계하지만 추인을 거절할 수 있고, 물권행위의 유인성에 따라 처분행위의 흠도 치유되지 않는다고 해야 할 것이다.

제 5 장 소멸시효

제 1 절 시효법 서론

1. 시효제도 총설 [1352]

가. 시효의 의의

(1) 민법은 권리를 중심으로 인간의 생활관계를 규율한다. 그러나 어떤 사실상태가 일정기간 계속된 경우에, 진정한 권리관계와 일치하는지를 따지지 않고 그 상태대로의 법률효과, 즉 권리의 취득이나 소멸(또는 소멸을 주장할 수 있는 권리로서 원용권)이라는 효과를 인정하기도 한다. 이처럼 사실상태를 법률관계로 고양시키는 제도를 시효(時效)라 한다.

(2) 시효는 일정한 기간의 계속을 요소로 하여 일정한 법률효과를 발생시키는 법률요건이다. 그리고 시효는 재산권에 관한 것으로, 가족관계에는 적용되지 않는다.

나. 시효제도의 존재이유 [1353]

(1) ❶ 실체법적 관점에서 시효제도는, 의무가 없거나 권리가 있는 것과 같은 사실상태가 상당한 기간 지속된 경우에 그에 대한 신뢰(특히 그를 기초로 형성된 법률관계)를 보호하기 위하여 일정한 시간의 경과에 의하여 의무의 소멸(또는 원용권의 발생)이나 권리의 취득이라는 효과를 부여하는 제도이다. 한편 ❷ 절차법적 관점에서, 채무를 변제하거나 권리를 취득하였음에도 시간의 경과로 증거가 없어진 경우에, 증명의 곤란을 구제하기 위하여 일정한 시간의 경과를 통해 그 증명을 면제하는 제도, 즉 법정증거라 할 수도 있다. 그리고 학설은 대개 시효제도의 존재이유로 법적 안정성의 확보(❶)와 증명곤란의 구제(❷)에 더하여 권리행사의 태만에 대한 제재까지 들고, 판례도 "법적 안정성의 달성, 입증곤란의 구제, 권리행사의 태만에 대한 제재를 이념으로 삼고 있는 소멸시효제도"라고 한다.[1)]

(2) 생각건대 채무의 변제나 권리의 취득에도 불구하고 증거를 갖추지 못한 이를 보호한다는 [1354]
❷가 유의미할 수 있지만, 시효는 증거법적 제도가 아니다. 한편 실제의 권리관계를 근거로 상당한 기간 지속된 사실상태를 뒤집는다면, 의무자나 권리자 등 당사자뿐만 아니라 그러한 사실상태에 의존할 수밖에 없는 이해관계인들도 예기치 않은 불이익을 입게 되어 법적 안정성이 크게 해쳐진다. 이러한 사정들을 고려하여 사실상태의 존중에서 시효의 존재이유를 찾아야 한다. 즉 실재하는 사실상태가 진실한 권리관계에 부합한다고 믿어도 좋을 정도의 시간이 지난 경우에, 진실한 권리관계의 주장을 봉쇄함으로써 법적 안전성을 확보하고 분쟁을 종식시키는 실체법상의 제도가 시효이다.

요컨대 취득시효든 소멸시효든 시효제도의 존재이유는 사실상태에 대한 신뢰(보호가치의 유무

---

1) 대판(전) 2013.5.16. 2012다202819. 그 밖에 대판(전) 1992.3.31. 91다32053: "시효제도의 존재이유는 영속된 사실상태를 존중하고 권리 위에 잠자는 자를 보호하지 않는다는 데에 있고 특히 소멸시효에 있어서는 후자의 의미가 강하"다.

를 따지지 않고)를 보호함을 통하여 사회의 법률관계의 안정을 도모함에 있다 할 것이다. 따라서 제도의 운용에서 시효제도가 법적 안정성을 위한 불가피한 사권의 제한 내지 희생으로서 법적 안정성을 위한 수단일 뿐이고 법질서 자체의 목적은 아니라는 점을 고려해야 하는데, 시효로 인하여 권리를 잃는 권리자와 의무를 면하거나 권리를 취득하는 상대방 사이의 이해관계의 조절이 시효의 기산점, 시효기간 그리고 시효의 중단 등에 반영되어야 한다. 판례도 특히 시효의 중단과 관련하여 너그러운 태도를 취한다.[2)]

[1355] **2. 시효의 종류**

시효로, 권리행사로 볼 수 있는 외관이 일정기간 계속된 경우에 권리취득의 효과를 인정하는 취득시효(取得時效)와 권리의 불행사라는 사실상태가 일정기간 계속된 경우에 권리소멸(또는 원용권의 발생)의 효과를 발생시키는 소멸시효(消滅時效)의 둘이 있는데, 민법은 소멸시효를 총칙편에(제162조 이하), 취득시효를 소유권 취득원인의 하나로 물권편에(제245조 내지 제248조) 각 규정한다.

제2절 소멸시효의 요건

[1356] Ⅰ. 개 관

(1) 소멸시효와 관련해서는 어떤 권리가 소멸시효에 걸리는지(대상적격), 얼마 동안 행사하지 않아야 시효가 완성되는지(시효기간) 그리고 그 기간은 언제부터 기산하는지(시효의 기산점)가 요건으로 검토되어야 한다. 아래에서 차례로 살펴본다.

(2) 절차법적으로 시효소멸의 주장은 통상 권리의 주장에 대한 권리소멸의 항변으로 시효이익을 주장하는 이(대개 채무자)가 그에 대한 증명책임을 지고, 시효중단사유는 시효소멸의 항변에 대한 재항변으로 반대당사자(대개 채권자)가 그에 대한 주장 및 증명책임을 진다.[1)]

[1357] Ⅱ. 대상적격: 소멸시효에 걸리는 권리

1. 기본법리

(1) 채권뿐만 아니라 소유권을 제외한 그 밖의 재산권도 소멸시효의 대상이다(제162조 참조). 다만 소멸시효의 주된 대상은 채권이다.

(2) 반면 다음의 권리들은 시효에 걸리지 않는다. 먼저 ① 비재산권은 소멸시효에 걸리지 않는데, 명예 등에 관한 인격권이나 친권과 같은 친족법상의 권리 등이 그 대표적인 예이다. 한편 재산권 중에서도 ② 항구성을 가지는 소유권은 소멸시효에 걸리지 않고,[2)] 상린권(제216조 내지 제244조)이나 공유물분할청구권(제268조)[3)] 등 소유권에 수반하는 권리도 소유권과 독립하여 소멸시

2) 대판 2006.6.16. 2005다25632: "소멸시효제도 특히 시효중단제도는 그 제도의 취지에 비추어 볼 때 이에 관한 기산점이나 만료점은 원 권리자를 위하여 너그럽게 해석하는 것이 상당하"다. 소멸시효에 관하여 신의칙을 원용함에는 신중을 기할 필요가 있다고 한 대판 2010.9.9. 2008다15865도 참조.

1) 대판 2003.6.13. 2003다17927 · 17934.

2) 다른 이의 취득시효 완성에 따라 반사적으로 소유권을 상실할 수 있음은 별개의 문제이다.

효에 걸리지 않는다. 나아가 ③ 피담보채권이 존속하는 한 담보물권만이 소멸시효에 걸리지는 않고, 사실상 지배를 상실함으로써 바로 소멸하는 점유권(제192조 제1항 참조)과 유치권(제328조 참조)도 그 성질상 소멸시효에 걸리지 않는다.4)

2. 대상적격이 문제되는 경우들 [1358]

(1) 법률행위에 기한 등기청구권, 특히 부동산매수인의 소유권이전등기청구권이 시효로 소멸하는지가 그 법적 성질과 관련하여 문제된다.

판례는 부동산매수인의 소유권이전등기청구권은 ① 채권적 청구권으로 소멸시효에 걸리지만 ② 인도받아 사용 · 수익하는 등 권리의 행사가 있으면 시효가 중단된다는 입장이다. 우선 대판(전) 1976.11.6. 76다148의 다수의견: "시효제도의 존재이유에 비추어 보아 부동산매수인이 그 목적물을 인도받아서 이를 사용수익하고 있는 경우에는 그 매수인을 권리 위에 잠자는 것으로 볼 수도 없고 또 매도인 명의로 등기가 남아있는 상태와 매수인이 인도받아 이를 사용 수익하고 있는 상태를 비교하면 매도인 명의로 잔존하고 있는 등기를 보호하기보다는 매수인의 사용 수익상태를 더욱 보호하여야 할 것이므로 그 매수인의 등기청구권은 다른 채권과는 달리 소멸시효에 걸리지 않는다고 해석함이 타당하다."5) 이어서 대판(전) 1999.3.18. 98다32175: "부동산의 매수인이 그 부동산을 인도받은 이상 이를 사용 · 수익하다가 그 부동산에 대한 보다 적극적인 권리행사의 일환으로 다른 사람에게 그 부동산을 처분하고 그 점유를 승계하여 준 경우에도 그 이전등기청구권의 행사 여부에 관하여 그가 그 부동산을 스스로 계속 사용 · 수익만 하고 있는 경우와 특별히 다를 바 없으므로 위 두 어느 경우에나 이전등기청구권의 소멸시효는 진행되지 않는다고 보아야 한다."6)

생각건대 부동산매수인의 소유권이전등기청구권은 채권적 청구권으로([5150] 참조) 소멸시효에 걸린다. 한편 매매의 목적인 부동산을 인도받아 점유(간접점유를 포함한다)하면서 사용수익하는 것이 등기청구권 자체의 행사라 하기는 어렵지만, 매수인이 부동산을 인도받아 점유하면서 사용 · 수익함으로써 재산권을 행사하고 있다고 평가되면 재산권 취득의 필수적 전제인 등기청구권에도 시효중단의 효력이 미친다고 보아야 하고, 98다32175 판결이 "보다 적극적인 권리행사의 일환으로"라는 표현을 사용한 것도 같은 맥락에서 이해된다.

(2) 취득시효를 완성한 이의 소유권이전등기청구권은 채권적 청구권으로([5199] 참조) 소멸시효에 걸리는데, 판례는 앞서 본 76다148 판결의 태도에 따라 시효완성자가 점유를 계속하는 동안에는 등기청구권의 소멸시효가 진행되지 않지만,7) 시효완성자가 점유를 「상실」한 경우에 등기청구권은 10년의 소멸시효에 걸린다고 한다.8)

---

3) 공유관계가 존속하는 한 공유물분할청구권만이 독립하여 시효소멸될 수 없다고 한 대판 1981.3.24. 80다1888 · 1889.

4) 형성권에 관하여 [1059] 참조.

5) 대법원이 등기청구권의 대상적격 자체를 부정하는지 아니면 시효가 중단되었다는 것인지 그리고 중단되었다면 중단의 근거가 무엇인지를 둘러싸고 의논이 분분하였다.

6) 이 판결에 의하여 권리의 행사가 있으면 시효가 중단된다는 입장이 분명하게 되었다. 한편 종전의 판례 중 점유를 침탈당한 경우에 관한 대판 1992.7.24. 91다40924가 폐기대상에서 제외된 점에 비추어 98다32175 판결의 유효범위는 점유의 상실이 등기청구권 행사의 일환으로 이해될 수 있는 경우로 한정되어야 한다.

7) 대판 1990.11.13. 90다카25352.

8) 대판 1996.3.8. 95다34866 · 34873. 점유를 상실했더라도 이를 「시효이익의 포기」로 볼 수 있는 경우가 아닌 한 이미 취득한 등기청구권이 소멸하지 않음과 —법률행위에 기한 경우와 달리— 등기청구권의 양도가 허용됨에 관하여 [5213] 및 [4234] 참조.

[1359] ## Ⅲ. 시효기간

1. 서 설

(1) 시효로 권리가 소멸하기 위해서는 일정기간 권리를 행사하지 않아야 한다. 그 기간은 권리의 종류에 따라 다른데, 당사자들의 이해관계를 반영한 결과이다.

(2) 채권과 소유권 외의 재산권의 시효기간은 20년인데(제162조 제2항), 아래에서는 채권의 시효기간에 관해서만 살펴본다.

(3) 절차법적으로 시효기간을 정하는 규정이 복수인 경우에 그중 어느 것이 적용되는지에 관한 주장은 단순히 법률의 해석이나 적용에 관한 의견을 표명한 것에 불과하므로 변론주의의 적용대상이 아니고, 따라서 당사자가 민법에 따른 시효기간을 주장하더라도 법원은 직권으로 상법에 따른 시효기간을 적용할 수 있다.[9)]

[1360] ### 2. 채권의 시효기간

가. 기 본 값

채권의 시효기간은 10년이다(제162조 제1항).[10)] 다만 시효기간의 단축에 관한 합의(제184조 제2항 참조) 또는 법률의 다른 규정(제163조, 제164조, 상법 제64조 등)이 있으면 그에 의한다.

[1361] #### 나. 민법상의 단기시효

(1) 제163조와 제164조는 3년 또는 1년의 시효에 걸리는 채권을 규정한다. 이 채권들이 대개 일상에서 빈번하게 발생하고, 그에 대한 영수증이 교부되지 않거나 교부되더라도 이를 오래 보존하지 않으며, 단기간에 결제되는 것이 거래관행인 점 등을 고려하여 권리자의 이익을 해치더라도 조기에 법률관계를 안정시킨다는 취지에 기한 것이다.

그런데 단기시효가 적용되는 채권의 채권자가 그 채권의 발생원인인 계약에 기하여 상대방에게 부담하는 반대채무에는 단기시효가 아니라 10년의 일반시효기간이 적용된다.[11)]

(2) 제163조는 3년의 소멸시효에 걸리는 채권을 규정하는데, 다음의 점을 주의해야 한다.

① 제1호의 "1년 이내의 기간으로 정한" 채권이란 월 단위로 부과되는 관리비채권[12)]처럼 1년 이내의 정기로 지급되는 채권, 즉 정기급채권(定期給債權)을 의미하고, 변제기가 1년 이내인 채권을 말하는 것이 아니다.

② 제3호가 도급받은 공사의 공사대금채권뿐만 아니라 공사에 부수되는 채권도 포함하지만,[13)] 법문상 도급인의 수급인에 대한 채권은 이에 포함되지 않는다.

③ 제5호가 세무사 등 다른 자격사의 직무에 관한 채권에 대하여 유추되지는 않는다.[14)]

---

9) 대판 2013.2.15. 2012다68217; 대판 2017.3.22. 2016다258124.

10) 매도인의 담보책임에 기한 손해배상청구권에 대하여 제162조 제1항의 채권소멸시효의 규정이 적용되고, 매수인이 매매목적물을 인도받은 때부터 소멸시효가 진행한다고 한 대판 2020.5.28. 2017다265389도 참조.

11) 대판 2013.11.14. 2013다65178.

12) 대판 2007.2.22. 2005다65821 참조.

13) 우수현상광고의 당선자에게 일정한 계약을 체결할 의무가 있는 광고자가 이를 이행하지 않은 경우에, 당선자가 취득하는 손해배상청구권의 시효기간은 계약이 체결되었다면 취득하였을 이행청구권에 적용되는 소멸시효기간(제163조 제3호 소정의 3년)에 따른다고 한 대판 2005.1.14. 2002다57119. 그 밖에 도급인의 공사협력의무에 관한 대판 2010.11.25. 2010다56685 및 제666조의 저당권설정청구권에 관한 대판 2016.10.27. 2014다211978도 참조.

14) 대판 2022.8.25. 2021다311111.

④ 일상에서 중요한 것은 제6호의 채권인데, 이는 상사채권에 해당하지만 상법 제64조 단서에 따라 제163조 제6호가 우선하여 적용된다. 그리고 여기의 생산물은 유체물뿐만 아니라 상품가치를 가지는 재화를 포함한다.[15]

(3) 제164조는 1년의 단기소멸시효에 걸리는 권리를 규정한다.[16] 그런데 제4호와 관련하여 국·공립학교의 학생에 대한 청구권도 마찬가지라고 보아야 한다.

다. 판결 등으로 확정된 경우 [1362]

(1) 단기시효에 해당하는 채권이라도 그에 관하여 소를 제기하여 판결이 확정되면, 시효기간은 그때부터 10년으로 연장된다(제165조 제1항). 확정판결에 의하여 권리관계가 확정된 후에도 여전히 단기시효에 걸린다면 권리의 보존을 위하여 중단절차를 반복해야 하는 불편을 고려한 규정이다. 파산절차에 의하여 확정된 채권 및 재판상의 화해, 조정 기타 판결과 동일한 효력이 있는 것에 의하여 확정된 채권의 경우에도 시효기간이 그때부터 다시 10년으로 연장된다(제2항).

이상의 경우에 재판이 확정된 시점부터 새로 시효가 진행하지만, 기한이 도래하기 전에 확정판결을 받은 경우처럼 판결확정 당시에 아직 변제기가 도래하지 않은 채권의 경우에는 그렇지 않다(제3항).[17]

(2) 확정판결 등에 의하여 주채무의 시효기간이 연장되는 것은 당해 판결 등의 당사자 사이에 한한다.[18]

라. [보론] 상사소멸시효 [1363]

(1) 상행위로 인한 채권의 시효기간은 5년이다(상법 제64조).[19] 여기의 "상행위로 인한 채권"에 당사자 일방에 대해서만 상행위에 해당하는 행위로 인한 채권도 포함하고, 상행위에는 상인이 영업을 위하여 하는 보조적 상행위[20] 및 영업자금 차입행위[21]도 포함된다. 나아가 직접 상행위로 인하여 생긴 채권뿐만 아니라 그와 동일성을 가지는 채권으로 상행위로 인하여 생긴 채무의 불이행에 기한 손해배상채권[22]이나 은행이 영업행위로서 한 대출금에 대한 변제기 후의 지연손해금 채권[23] 등도 포함한다.[24]

---

15) 전기요금채권이 이에 해당한다는 대판 2014.10.6. 2013다84940 참조.

16) 숙박료와 음식료로 구성된 리조트 사용료채권은 매월 말 지급하기로 하였더라도 제163조 제1호가 아니라 제164조 제1호에 따라 1년의 소멸시효기간에 걸린다고 한 대판 2020.2.13. 2019다271012 참조.

17) 참고로 대결 2021.7.29. 2019마6152는, 법원이 판결로 소송비용의 부담을 정하는 재판을 하면서 그 액수를 정하지 않았다면 소송비용상환청구권의 소멸시효는 소송비용부담의 재판에 해당하는 판결 확정시부터 기산되며, 이 경우 제165조 제1항에서 정한 10년의 소멸시효가 적용되지 않는다고 하였다.

18) 예를 들어 「채권자와 주채무자 사이」의 확정판결에 의하여 시효기간이 10년으로 된 경우에, 보증채무는 주채무와 별개의 독립된 채무이므로 「채권자와 보증인 사이」에서 위 확정판결은 시효기간에 영향을 미치지 않고, 보증채무의 소멸시효기간은 여전히 종전의 기간에 따른다. 대판 2006.8.24. 2004다26287·26294 참조.

19) "보험금청구권은 3년간, 보험료 또는 적립금의 반환청구권은 3년간, 보험료청구권은 2년간 행사하지 아니하면 시효의 완성으로 소멸한다"는 상법 제662조도 참조.

20) 보조적 상행위로 인한 채권으로, 상인이 제3자를 위한 계약의 수익자로서 수익의 의사표시를 하여 발생한 특허권의 전용실시권설정등록절차 이행청구권(대판 2002.9.24. 2002다6760·6777), 매립사업을 목적으로 하는 영리법인과 상인이 아닌 양수인 사이의 매립지 양도약정에 기한 양수인의 소유권이전등기청구권(대판 2000.5.12. 98다23195) 등. 나아가 대판 2022.4.28. 2019다272053: "기부자가 상인인 경우 지방자치단체와 그 기부자 사이에 체결된 기부채납약정은 다른 사정이 없는 한 상인이 영업을 위하여 한 보조적 상행위에 해당하므로, 그러한 기부채납약정에 근거한 채권에는 5년의 상사소멸시효기간이 적용된다"(기부채납된 주차장에 대한 소유권이전등기청구권이 5년의 상사시효에 걸린다고 본 사례).

21) 대판 2012.4.13. 2011다104246: "영업자금 차입행위는 행위 자체의 성질로 보아서는 영업의 목적인 상행위를 준비하는 행위라고 할 수 없지만, 행위자의 주관적 의사가 영업을 위한 준비행위이었고 상대방도 행위자의 설명 등에 의하여 그 행위가 영업을 위한 준비행위라는 점을 인식하였던 경우에는 상행위에 관한 상법의 규정이 적용된다고 봄이 타당하다"(학원 설립과정에서 영업준비자금으로 돈을 차용한 후 학원을 설립하여 운영한 사안에서 상사시효를 적용한 사례).

22) 대판 1997.8.26. 97다9260. 상행위인 계약의 해제로 인한 원상회복청구권도 상사시효의 대상이라고 한 대판 1993.9.14. 93다21569도 참조.

그런데 상사채권이라도 제163조 또는 제164조에 해당하는 경우에 민법상의 단기시효가 적용되지만(상법 제64조 단서), 별도의 약정 때문에 상사시효가 적용될 수도 있다.

(2) 상사시효제도는 대량, 정형, 신속이라는 상거래 특유의 성질에 기인한 제도이므로, 성질상 정형적이고 신속한 해결이 필요하지 않는 경우에 상법 제64조의 적용이 배제된다.[25]

① 먼저 "부당이득반환청구권이라도 그것이 상행위인 계약에 기초하여 이루어진 급부 자체의 반환을 구하는 것으로서, 그 채권의 발생경위나 원인, 당사자의 지위와 관계 등에 비추어 그 법률관계를 상거래관계와 같은 정도로 신속하게 해결할 필요성이 있는 경우 등에는 5년의 소멸시효를 정한 상법 제64조가 적용된다."[26] 그러나 "부당이득반환청구권의 내용이 급부 자체의 반환을 구하는 것이 아니거나, […] 신속한 해결필요성이 인정되지 아니하는 경우라면 특별한 사정이 없는 한 상법 제64조는 적용되지 아니하고 10년의 민사소멸시효기간이 적용된다."[27]

② 상행위 아닌 불법행위로 인한 손해배상채권에도 상사시효는 적용되지 않는다.[28]

[1364] [참 고] 기간의 계산

㉮ 기간(期間)이란 어느 일정한 시점부터 다른 일정한 시점까지 사이의 시간을 말한다.

㉯ 기간의 계산은 기산점과 만료점을 어떻게 파악할 것인가에 관한 법기술적 문제이다.

ⓐ 시계를 기준으로 하는 경우, 즉 기간을 「時·分·秒」로 정한 경우에 즉시 기산하고(제156조), 기간의 만료점은 정해진 시·분·초가 종료한 때이다.

ⓑ 달력을 기준으로 하는 경우, 즉 기간을 「日·週·月·年」으로 정한 경우에, ⓐ 기간의 초일(初日)을 산입하지 않지만(제157조 본문), 기간이 오전 0시부터 시작하는 경우(같은 조 단서)와 연령의 계산(제158조)에는 초일을 산입한다. 그리고 ⓑ 기간 말일의 종료로 기간이 만료하는데(제159조), 기간을 「주·월·년」으로 정한 경우에는 이를 日로 환산하지 않고 曆에 따라 계산한다(제160조 제1항). 그리고 주·월·년의 처음부터 기산하지 않을 경우에, 최후의 주·월·년에서 그 기산일에 해당하는 날의 전일로 기간이 만료하며(제2항), 월 또는 년으로 정했는데 최종의 월에 해당일이 없으면, 그 월의 말일로 기간이 만료한다(제3항). 한편 기간의 말일이 토요일 또는 공휴일에 해당하는 경우에 그 다음날로 만료하지만(제161조), 기간의 초일이 토요일이나 공휴일인 경우에는 그 적용이 없으며 「초일 불산입의 법리」에 따른다.[29]

---

23) 대판 2008.3.14. 2006다2940: 원본채권과 마찬가지로 상행위로 인한 채권으로서 상사시효가 적용된다고 하였다.

24) 그 밖에 민법상 단기시효의 대상인 임금채권에 관하여 대판 1981.12.22. 80다1363은, 채권자와 회사 사이에 준소비대차약정이 있었다면 그 준소비대차계약은 상행위로 추정되고, 따라서 새로 발생한 채권은 상사채권으로서 5년의 상사시효의 적용을 받는다고 하였다. 반면 한국토지공사를 상인이라 할 수 없고, 한국토지공사가 택지개발사업지구 내에 있는 토지에 관하여 토지소유자와 매매계약을 체결한 행위를 상행위로 볼 수 없다고 한 대판 2020.5.28. 2017다265389도 참조.

25) 아래의 것들 외에 회사 대표이사 개인이 회사의 운영자금으로 사용하려고 돈을 빌리거나 투자를 받은 경우에 상사시효의 적용을 부정한 대판 2018.4.24. 2017다205127도 참조.

26) 대판 2019.9.10. 2016다271257. 대판(전) 2021.7.22. 2019다277812도 보험금의 부정취득을 목적으로 체결된 다수의 보험계약이 "사회질서에 반하여 무효인 경우 보험자의 보험금에 대한 부당이득반환청구권은 상법 제64조를 유추적용하여 5년의 상사소멸시효기간이 적용된다"고 하였는데, 그 근거로 기본적 상행위인 보험계약(상법 제46조 제17호)에 따라 그 의무 이행으로 지급된 보험금의 반환청구권은 보험계약의 이행과 밀접하게 관련되어 있어 그 이행청구권에 대응하는 것이라는 점, 사안의 특성상 복수의 보험계약이 관련되는데 이러한 법률관계는 실질적으로 동일한 원인에서 발생한 것이므로 정형적으로 신속하게 처리할 필요가 있다는 점 및 상법 제648조나 제662조는 보험계약 무효의 특수성 등을 감안한 입법정책적 결단인 이상 이를 보험자가 보험금반환을 청구하는 경우에까지 확장하거나 유추하여 적용하는 것은 적절하지 않다는 점을 든다. 그 밖에 보증보험계약에 기초한 급부가 이루어짐에 따라 발생한 부당이득반환청구권(대판 2007.5.31. 2006다63150), 보험회사가 보험금청구권의 질권자에게 화재보험금을 지급하였으나 그 화재가 피보험자의 고의로 인한 경우의 보험금 상당의 부당이득반환청구권(대판 2008.12.11. 2008다47886), 실제로 발생하지 않은 보험사고의 발생을 가장하여 청구·수령된 보험금 상당 부당이득반환청구권(대판 2021.8.19. 2018다258074) 등도 5년의 상사시효에 걸린다.

27) 앞의 2016다271257 판결. 상법 제64조의 적용이 부정된 예로, 무효인 부동산매매계약의 이행으로 주식회사(매수인)의 매도인(의료법인)에 대한 부당이득반환청구권(대판 2003.4.8. 2002다64957·64964), 건물임대차계약이 종료되었음에도 임차건물을 무단으로 점유·사용하는 임차인(주식회사)에 대한 임대인(주식회사)의 부당이득반환청구권(대판 2012.5.10. 2012다4633), 배당가능이익이 없음에도 이익의 배당이나 중간배당을 한 회사의 배당받은 주주에 대한 부당이득반환청구권(대판 2021.6.24. 2020다208621) 등.

28) 대판 1985.5.28. 84다카966. 그 밖에 불법행위에 기한 것은 아니지만 민사시효가 적용된 예로, 근로자의 근로계약상의 주의의무 위반으로 인한 상인의 손해배상청구권에 관한 대판 2005.11.10. 2004다22742와 근로계약상 보호의무 위반에 따른 근로자의 손해배상청구권에 관한 대판 2021.8.19. 2018다270876도 참조.

그리고 기산일부터 소급하여 계산되는 기간(예: 총회 1주간 전. 제71조 참조)의 계산방법에 대하여 민법의 기간계산방법에 관한 규정이 준용되어야 한다.

Ⅳ. 시효의 기산점 [1365]

1. 기본법리

가. "권리를 행사할 수 있는 때"

소멸시효는 객관적으로 권리를 행사할 수 있는 때부터 진행한다(제166조 제1항). 반면 권리를 행사하고 있다면 소멸시효가 진행하지 않는데, 채권을 행사하는 방법에 채무자에 대한 이행청구 외에 변제의 수령이나 상계, 소송상 청구 및 항변으로 채권을 주장하는 경우 등 채권이 가지는 다른 여러 가지 권능을 행사하는 것도 포함된다.[30]

나. 법률상 장애와 사실상 장애 [1366]

판례는 소멸시효의 기산점에 관하여 법률상 장애와 사실상 장애를 구분한다.

(1) "권리를 행사할 수 있는 때"란 권리를 행사함에 법률상의 장애(예: 이행기의 미도래,[31] 정지조건의 불성취)가 없음을 말한다. 권리를 행사할 수 있는 방법과 절차가 나중에야 마련된 경우에, 그러한 방법이 마련되기 전에는 권리행사에 대한 법률상 장애가 있다고 보아야 하고,[32] 당사자의 협의나 법원의 심판에 의한 구체화를 요하는 추상적 지위의 경우에도 같다.[33] 한편 이행기 도래 후 채권자와 채무자가 기한을 유예하기로 합의한 경우에, 유예된 때로 이행기가 변경되어 소멸시효는 변경된 이행기가 도래한 때부터 다시 진행한다.[34]

반면 사실상의 장애[35]는 시효의 진행을 막지 못한다.[36] 권리자가 권리의 존부나 권리행사의 가능성을 알지 못했거나 알지 못함에 과실이 없더라도 상관없다.

(2) 판례는 권리의 발생 여부를 알기 어려운 객관적 사정이 있고 권리자가 과실 없이 권리의 발생사실을 알지 못한 경우에 법적 장애에 준하여 예외를 인정한다. 가령 대판 2001.4.27. 2000다31168은, 보험금청구권의 소멸시효는 「보험사고가 발생한 때」부터 진행한다는 원칙[37]에 대하여 예외를 인정하였다. 즉 보험사고가 발생하였는지가 객관적으로 분명하지 않아서 보험금청구권자가 과실 없이 보험사고의 발생을 알 수 없었던 경우에도 보험사고 발생시부터 보험금청구권의 [1367]

---

29) 형사소송법 제66조 제2항과 관련하여 관공서의 공휴일에 관한 규정 제2조 제11호에서 정한 "기타 정부에서 수시 지정하는 날"인 임시공휴일이 공휴일에 해당한다고 한 대결 2021.1.14. 2020모3694 참조.

30) 대판 2020.7.9. 2016다244224 · 244231(판례, 〈3-5-3〉).

31) 대판 2023.2.2. 2022다276307은, 소송위임계약에 따른 보수청구권의 소멸시효 기산점은 해당 심급의 판결을 송달받은 때이지만, 당사자 사이에 보수금의 지급시기에 관한 특약이 있다면 특약에 따라 보수채권을 행사할 수 있는 때가 기산점이라고 하였다.

32) 가령 매매목적물의 수용 또는 국유화에 따른 보상금을 청구할 수 있는 절차와 방법이 마련된 시점부터 대상청구권에 대한 소멸시효가 진행한다고 한 대판 2002.2.8. 99다23901. 공무원의 면직처분이 그 근거법률에 대한 위헌결정으로 인하여 불법행위가 된 경우에 위헌결정일부터 손해배상청구권의 소멸시효가 진행된다고 한 대판 1996.7.12. 94다52195도 참조.

33) 대결 2011.8.16. 2010스85: "당사자의 협의 또는 가정법원의 심판에 의하여 구체적인 지급청구권으로 성립하기 전에는 과거양육비에 관한 권리는 양육자가 그 권리를 행사할 수 있는 재산권에 해당한다고 할 수 없으므로 그 상태에서는 소멸시효가 진행할 여지가 없다."

34) 대판 2017.4.13. 2016다274904.

35) 채무자가 누구인지 또는 주소가 어디인지를 알지 못하거나 그에게 변제자력이 없어 채권의 행사가 실제로 무의미하다는 등의 사유.

36) 전원합의체 판결로 대법원의 입장이 변경된 점이 법률상 장애사유가 아니라고 한 대판 2010.9.9. 2008다15865; 법인 대표자의 불법행위로 인한 신원보증보험계약에 기한 보험금청구에서 법인과 대표자의 이해가 상반되더라도 보험금청구권을 행사할 수 있다고 한 대판 2002.10.25. 2002다13614 등 참조.

37) 대판 2009.7.9. 2009다14340.

소멸시효가 진행한다고 해석하는 것은 보험금청구권자에게 너무 가혹하여 사회정의와 형평의 이념에 반할 뿐만 아니라 소멸시효제도의 존재이유에 부합된다고 볼 수도 없으므로, 이와 같이 객관적으로 보아 보험사고가 발생한 사실을 확인할 수 없는 사정이 있는 경우에 「보험금청구권자가 보험사고의 발생을 알았거나 알 수 있었던 때」부터 보험금액청구권의 소멸시효가 진행한다고 했다.[38]

그런데 대법원이 이에 관하여 채권자의 권리행사가 가능하다는 법률적 판단을 내렸다면 특별한 사정이 없는 한 그 시점 이후에는 그러한 장애사유가 해소되었다고 보아야 한다.[39]

[1368] **다. 절차법적 의미**

(1) 소멸시효의 기산점은 주요사실로서 변론주의의 적용대상이다.[40] 따라서 당사자가 주장하는 기산일이 실제의 기산일과 다른 경우에, 변론주의의 원칙상 법원은 당사자가 주장하는 기산일을 기준으로 소멸시효를 계산해야 하는데, 이는 당사자가 본래의 기산일보다 뒤의 날짜를 기산일로 주장하는 경우는 물론이고, 특별한 사정이 없는 한 반대의 경우에도 마찬가지이다.[41]

(2) 시효의 기산점에 관한 증명책임은 시효이익을 주장하는 이가 진다.[42]

[1369] **2. 개별적 판단**

(1) 소멸시효의 기산점을 구체적으로 살펴본다. ① 권리가 확정기한부라면 기산점은 기한이 도래한 때이고, 불확정기한부라면 기한이 객관적으로 도래한 때부터 기산되는 반면, 기한을 정하지 않은 경우에 ―권리자는 언제든지 청구할 수 있으므로― 기산점은 권리가 발생한 때이다.[43] ② 정지조건부 권리의 경우에 ―조건 미성취인 동안 권리를 행사할 수 없으므로― 조건이 성취된 때부터 기산되고,[44] 선택채권의 소멸시효는 채권자가 선택권을 행사할 수 있는 때부터 진행한다.[45] ③ 부작위를 목적으로 하는 권리의 소멸시효는 위반행위를 한 때부터 진행한다(제166조 제2항). ④ 동시이행의 항변권이 붙은 채권의 경우에 ―이행기 도래 후에는 반대급부를 제공하여 권리를 행사할 수 있으므로― 이행기부터 시효가 진행한다.[46] ⑤ 무권대리행위의 추인에 소급효가 인정되지만, 추인에 의하여 효력발생이 확정된 권리의 소멸시효는 대리행위의 시점부터가 아니라 추인의 시점부터 진행한다고 볼 것이다. ⑥ 부당이득반환청구권은 성립과 동시에 행사할 수 있으므로, 그때부터 시효가 진행한다.[47] ⑦ 계속적 물품공급계약에 기하여 발생한 외상대금채권의 경우에 변제기에 관한 특약이 없는 한 각 외상대금채권이 발생한 때부터 개별적으로 소멸시효가 진행한다.[48] ⑧ 보험자대위(상법 제682조 참조)에 기한 권리의 소멸시효의 기산점은 ―피보험자 등

38) 대판 2021.2.4. 2017다281367도 동지. 그 밖에 법인의 이사회결의가 부존재함에 따른 제3자의 부당이득반환청구권에 관하여 예외를 인정한 대판 2003.4.8. 2002다64957·64964 및 수급인의 저당권설정청구권에 관한 대판 2016.10.27. 2014다211978([2741]에 소개된)도 참조.
39) 강제징용 피해자의 위자료청구에 관한 대판 2023.12.21. 2018다303653.
40) 취득시효에서는 그렇지 않음에 관하여 [5201] 참조.
41) 대판 1995.8.25. 94다35886.
42) 제766조에 관한 대판 1995.6.30. 94다13435 참조.
43) 지체책임의 발생시기에 관하여 [2290] 및 [2291] 참조.
44) 대판 1992.12.22. 92다28822.
45) 대판 2000.5.12. 98다23195.
46) 대판 1991.3.22. 90다9797.
47) 대판 2024.6.27. 2023다302920.
48) 대판 1978.3.28. 77다2463.

의 제3자에 대한 권리가 동일성을 잃지 않고 그대로 보험자에게 이전되므로— 제3자에 대한 권리를 기준으로 하며, 시효기간도 마찬가지이다.49)

[참 고] 대판 2022.8.19. 2020다220140: "임치계약 해지에 따른 임치물반환청구는 임치계약 성립시부터 당연히 예정된 것이고, 임치계약에서 임치인은 언제든지 계약을 해지하고 임치물의 반환을 구할 수 있는 것이므로, 특별한 사정이 없는 한 임치물반환청구권의 소멸시효는 임치계약이 성립하여 임치물이 수치인에게 인도된 때부터 진행하는 것이지, 임치인이 임치계약을 해지한 때부터 진행한다고 볼 수 없다."

그런데 임치계약에서 임치인이 기한의 이익을 가지므로 약정기한의 도래나 해지 등으로 기한의 이익이 소멸한 때부터 임치물반환청구권의 시효기간이 기산된다고 해야 한다.

(2) 채무불이행으로 인한 손해배상청구권의 기산점에 관하여, 손해배상청구권은 본래의 채권의 변형물이므로 본래의 채권을 행사할 수 있는 때부터 시효가 진행한다는 견해도 있지만, 손해배상청구권은 채무불이행이 있어야 비로소 성립하므로 그때부터 소멸시효가 진행한다는 것이 판례의 입장이다.50) 다만 시효기간은 본래의 채권에 적용될 기간에 의한다.51)

한편 불법행위로 인한 손해배상청구권의 기산점은 제766조가 규정한다.

제 3 절 시효의 장애

I. 총 설 [1370]

1. 개념 및 종류

권리의 불행사라는 사실상태가 지속되어 소멸시효의 완성을 향해서 나아가는 과정을 소멸시효의 진행(進行)이라 한다.

그런데 시효의 진행이 방해되는 사태를 시효의 장애(障碍)라 하는데, 중단과 정지 두 가지가 있다. 이 중 중단(中斷)은 일정한 사유가 발생하면 그때까지 진행된 시효기간이 효력을 잃게 하는 제도인 반면, 정지(停止)는 일정한 사유가 발생하면 그 사유가 종료된 때부터 일정기간 내에는 시효가 완성되지 않도록 하는 제도를 말한다.

아래에서는 정지를 간략하게 살펴본 후 중단에 관하여 자세히 설명한다.

2. 시효의 정지 [1371]

(1) 소멸시효의 정지란, 시효가 완성될 무렵에 권리자가 시효를 중단시키는 행위를 할 수 없거나 그러한 행위를 하는 것이 극히 곤란한 경우에, 그러한 사정이 해소된 후 일정기간이 경과하기까지 시효의 완성을 미루는 것을 말한다. 정지사유가 소멸한 후 유예기간이 경과하면 시효가 완성한다는 점에서, 이미 경과한 기간을 「無」로 돌아가게 하는 중단과 다르다.

(2) 정지사유로 ① 소멸시효의 기간만료 전 6월 내에 제한능력자에게 법정대리인이 없는 경

49) 대판 1999.6.11. 99다3143. 대판(전) 1997.12.16. 95다37421도 참조.
50) 대판 1995.6.30. 94다54269.
51) 대판 2005.1.14. 2002다57119([1361]에 소개된) 참조.

우(제179조), ② 재산을 관리하는 부 · 모 또는 후견인에 대한 제한능력자의 권리나 부부 일방의 타방에 대한 권리인 경우(제180조), ③ 상속재산에 속한 권리나 상속재산에 대한 권리인 경우(제181조) 및 ④ 천재 기타 사변으로 인하여 소멸시효를 중단할 수 없을 경우(제182조)의 네 가지가 있는데, 앞의 세 경우에 유예기간은 정지사유가 종료한 때부터 6월이고, ④의 경우에는 1월이다.

[1372]

3. 시효의 중단 일반

(1) 시효의 중단이란, 시효 진행 중에 권리의 불행사라는 사실상태와 조화될 수 없는 사정이 발생한 경우에, 그 사실상태를 존중할 이유가 없어져서 이미 진행한 시효기간이 무의미하게 되므로 그 효력을 상실하게 하는 제도를 말하는데,[1)] 중단사유가 없어지면 시효가 새로 진행되어야 한다는 점에서 타이머를 「re-set」하는 것과 같다.

시효의 중단은 시효완성 여부를 결정하는 요체로 기능하는데, 판례는 기본적으로 권리자를 위하여 시효의 중단에 관하여 너그러운 입장이라고 할 수 있다.

(2) 소멸시효의 중단사유를 제168조가 규정하는데, ① 청구, ② 압류 또는 가압류 · 가처분, ③ 승인의 세 가지이다. 앞의 둘은 권리의 불행사라는 상태가 제거되었음을 근거로 하고, ③은 의무자가 상대방의 권리를 인정함에 따라 권리가 객관화되어 의무자에게 시효이익을 인정할 필요가 없어졌기 때문이다. 아래에서는 실제의 비중을 고려하여 청구와 그 밖의 것으로 나누어 살펴본다.

[1373]

Ⅱ. 시효중단사유 1: 청구

1. 개　　관

청구(請求)란 시효의 대상인 권리를 행사하는 것을 말하는데, 재판상 청구뿐만 아니라 재판 외의 것도 포함한다. 민법은 시효중단효를 가지는 청구의 유형으로 재판상 청구(제170조), 파산절차 참가(제171조), 지급명령(제172조), 화해를 위한 소환이나 임의출석(제173조), 최고(제174조)의 다섯 가지를 규정한다. 아래에서는 재판상 청구와 최고를 중심으로 살펴본다.

[1374]

2. 재판상 청구

가. 기본법리

(1) 재판상 청구란 자기의 권리를 재판상 주장하는 것을 말한다. 보통 소를 제기함을 지칭하지만,[2)] 재심청구,[3)] 보조참가,[4)] 공시최고의 신청은 물론 반소, 소송계속[5)] 중의 청구의 변경이나 확장도 시효중단사유로 된다. 그리고 본소이든 반소이든 관계없다.[6)]

(2) 시효중단의 근거 및 범위에 관하여, ① 청구된 권리가 판결주문에서 판단되어 기판력이

---

1) 대판 1979.7.10. 79다569.
2) 형성의 소를 제기하는 것도 시효중단사유로 되는지에 관하여 논란이 있다.
3) 대판 1996.9.24. 96다11334.
4) 대판 2014.4.24. 2012다105314.
5) 소송계속(訴訟係屬)이란 특정한 청구에 대하여 법원에 판결절차가 현실적으로 존재하는 상태를 말하는데, 피고에게 소장 부본이 송달된 때에 발생한다(대판 1994.11.25. 94다12517 · 12524). 소송계속은 중복소송금지, 소송참가, 소송고지 등의 기준이 된다.
6) 취득시효의 중단에 관한 대판 1997.4.25. 96다46484 참조.

발생해야 하고 중단의 범위도 기판력의 범위와 일치한다는 권리확정설과 ② 권리자가 소송의 형식으로 권리를 주장하면 되고 기판력이 발생할 것을 요하지 않는다는 권리행사설을 고려할 수 있다. ①에 의하면 소송에서 심판의 대상이 되는 소송물에 한하여 중단효를 인정해야 하는 반면, ②를 따르면 권리행사가 재판에서 어떤 형태로 또는 어떤 방식으로 행하여졌는지를 따질 필요가 없다. 판례는 권리행사설을 따른다.[7] 다만 권리행사가 부적법하여 당연무효인 경우에는 그렇지 않다.[8]

보 론 기판력에 관하여

㉮ 종국판결이 통상의 불복방법에 의하여 취소나 변경될 수 없게 되면, 그 판결을「확정판결」이라 한다. 이처럼 판결이 형식적으로 확정되면, 당사자는 이를 다투지 못하고 법원도 그 판결과 모순 · 저촉되는 판단을 할 수 없다. 이러한 구속력을 기판력(旣判力. 또는 판결의 실질적 확정력)이라 하는데, 분쟁의 종국적 해결을 위하여 확정판결에 주어진 힘이다.

㉯ 기판력 있는 재판으로 ⓐ 확정된 종국판결, ⓑ 확정판결과 동일한 효력을 가지는 청구의 포기 · 인낙조서, 중재판정, ⓒ 외국법원의 확정판결(민사소송법 제217조 참조), ⓓ 소송비용에 관한 결정 등 결정 · 명령 중 실체법적 권리관계를 종국적으로 판단하는 내용인 경우 등이 있다.[9]

㉰ 법률관계는 시간의 경과에 따라 변동되므로 어느 시점의 권리관계에 관한 판단인지를 따지는 것이「기판력의 시적 범위」의 문제이다. 그런데 ⓐ 종국판결은 사실심의 변론종결시까지 제출된 주장사실 및 증거자료를 기초로 하므로 기판력의 표준시는 사실심 변론종결시이다. 따라서 ⓑ 전소(前訴)의 사실심 변론종결시(표준시) 전에 존재하던 사유를 후소에서 다툴 수 없는데, 이러한 기판력의 소극적 작용을 실권효(失權效. 또는 차단효)라 한다. 특히 전소 확정판결의 변론종결 전에 이미 발생한 형성권(취소권이나 해제권)을 후소에서 행사하여 전소 확정판결의 기판력을 부인할 수 없다.[10] 반면 ⓒ 변론종결 뒤에 발생한 사유에 기하여 당사자가 청구이의의 소(민사집행법 제44조 참조)를 주장하여 확정판결의 집행력을 배제할 수 있다. 한편 ⓓ 정기금의 지급을 명하는 판결이 확정된 후 그 액수 산정의 기초로 된 사정이 현저하게 바뀐 경우에 장차 지급할 정기금의 액수를 바꾸어 달라고 할 수 있다(민사소송법 제252조).

㉱ 확정판결의 구속력이 어떤 사항에까지 미치는지가「기판력의 객관적 범위」의 문제이다. 그런데 판결의 기판력은 판결주문에 포함된, 소송물인 법률관계의 존부에 관한 판단의 결론부분에 대해서만 발생하고(민사소송법 제216조 제1항), 판결이유에서 판단된 사실인정, 법규의 해석과 적용, 선결적 법률관계 등에는 기판력이 미치지 않는다. 다만 피고가 상계항변을 제출한 경우에, 자동채권의 존부에 관하여 판결이유에서 판단되지만, 상계하고자 대항한 액수에 한하여 기판력이 생긴다(제2항).

㉲ 확정판결의 구속력이 누구에게 미치는지를 따지는 것이「기판력의 주관적 범위」의 문제인데, ⓐ 당사자 외에 ⓑ 변론종결 뒤의 승계인[11]과 ⓒ 청구의 목적물을 소지한 이에게도 기판력이 미친다(민사소송법 제218조 제1항). 나아가 ⓓ 다른 이를 위하여 원고나 피고가 된 이(제3자 소송담당)에 대한 확정판결은 그 다른 이에 대해서도 미친다(제3항).

7) 대판 2011.7.14. 2011다19737: "시효중단사유로서 재판상 청구에는 소멸시효대상인 권리 자체의 이행청구나 확인청구를 하는 경우만이 아니라, 권리가 발생한 기본적 법률관계를 기초로 하여 소의 형식으로 주장하는 경우에도 권리 위에 잠자는 것이 아님을 표명한 것으로 볼 수 있을 때에는 이에 포함된다고 보아야 하고, 시효중단사유인 재판상 청구를 기판력이 미치는 범위와 일치하여 고찰할 필요는 없다." 소유권이전등기청구권이 발생한 기본적 법률관계에 해당하는 매매계약을 기초로 하여 건축주명의변경을 구하는 소도 소멸시효를 중단시키는 재판상 청구에 포함된다고 본 사례이다.

8) 사망한 이를 피고로 하여 제기된 소는 부적법하여 이를 간과한 채 본안판단에 나아간 판결은 당연무효로서 그 효력이 상속인에게 미치지 않고, 채권자의 이러한 제소는 권리자의 의무자에 대한 권리행사에 해당하지 않으므로, 상속인을 피고로 하는 당사자표시정정이 이루어진 경우와 같은 특별한 사정이 없는 한, 거기에는 애초부터 시효중단효력이 없어 제170조 제2항이 적용되지 않고, 법원이 이를 간과하여 본안에 나아가 판결을 내린 경우에도 마찬가지라고 보아야 한다는 대판 2014.2.27. 2013다94312 참조.

9) 한편 확정된 지급명령은 집행력을 가지지만 기판력은 인정되지 않는다.

10) 다만 명의신탁의 해지와 같이 소급효가 없는 경우에 예외가 인정된다.

11) 민사소송법 제218조 제2항에 따라, 당사자가 변론을 종결할 때까지 승계사실을 진술하지 않으면 변론종결 뒤에 승계가 있는 것으로 추정된다. 그 밖에 [5299]도 참조.

[1375] (3) 재판상 청구가 있더라도 소송의 각하, 기각 또는 취하가 있으면 시효중단의 효력이 없다(제170조 제1항). 이러한 경우에 6월 내에 재판상 청구, 파산절차 참가, 압류 또는 가압류, 가처분을 하면 최초의 재판상 청구로 인하여 중단된 것으로 본다(제2항).[12] 각하, 기각 또는 취하된 경우에도 최고의 효력은 인정할 수 있기 때문이다.

(4) 재판상 청구에 의한 시효중단의 효력은 소를 제기한 때에 발생한다(민사소송법 제265조). 그리고 판결에 의하여 확정된 채권이 단기의 소멸시효에 해당하는 것이라도, 그 소멸시효기간은 10년으로 연장된다(제165조 제1항).

[1376] **나. 개별적 검토**[13]

(1) 승소 확정판결이 존재하는 경우에 시효중단을 위하여 취할 수 있는 조치로 대법원은 ― 종래 널리 행하여지던― 시효중단을 위한 재소(再訴), 즉 이행소송(❶)에 더하여 새로운 방식의 확인소송(❷)도 허용된다는 입장이다.

❶ 대판(전) 2018.7.19. 2018다22008의 다수의견: "확정된 승소판결에는 기판력이 있으므로, 승소 확정판결을 받은 당사자가 그 상대방을 상대로 다시 승소 확정판결의 전소(前訴)와 동일한 청구의 소를 제기하는 경우 그 후소(後訴)는 권리보호의 이익이 없어 부적법하다. 하지만 예외적으로 확정판결에 의한 채권의 소멸시효기간인 10년의 경과가 임박한 경우에는 그 시효중단을 위한 소는 소의 이익이 있다. [···] 다른 시효중단사유인 압류·가압류나 승인 등의 경우 이를 1회로 제한하고 있지 않음에도 유독 재판상 청구의 경우만 1회로 제한되어야 한다고 보아야 할 합리적인 근거가 없다. 또한 확정판결에 의한 채무라 하더라도 채무자가 파산이나 회생제도를 통해 이로부터 전부 또는 일부 벗어날 수 있는 이상, 채권자에게는 시효중단을 위한 재소를 허용하는 것이 균형에 맞다."

이 경우 신소의 판결이 전소인 승소 확정판결의 내용에 저촉되어서는 안 되므로, 후소법원이 그 확정된 권리를 주장할 수 있는 모든 요건이 구비되어 있는지에 관하여 다시 심리할 수 없다.[14] 다만 「전소의 변론종결 후에 발생한」 변제, 상계, 면제 등과 같은 채권소멸사유는 후소의 심리대상이 된다. 따라서 채무자는 후소절차에서 위와 같은 사유를 들어 항변할 수 있고 심리 결과 그 주장이 인정되면 법원은 원고의 청구를 기각해야 하고, 채권의 소멸사유 중 하나인 소멸시효 완성의 경우에도 마찬가지이다.[15]

---

12) 대판 2017.7.18. 2016다35789: "인수참가인의 소송목적 양수 효력이 부정되어 인수참가인에 대한 청구기각 또는 소 각하판결이 확정된 날부터 6개월 내에 탈퇴한 원고가 다시 탈퇴 전과 같은 재판상의 청구 등을 한 때에는, 탈퇴 전에 원고가 제기한 재판상의 청구로 인하여 발생한 시효중단의 효력은 그대로 유지된다."

13) 아래의 것들 외에, 매매계약에 기한 소유권이전등기청구권의 시효기간 만료 전에 매매계약을 원인으로 건축주명의의 변경을 구하는 소를 제기한 경우(대판 2011.7.14. 2011다19737) 및 기존채권의 존재를 전제로 이를 포함하는 새로운 약정을 하고 그에 따른 권리를 재판상 청구의 방법으로 행사한 경우(대판 2016.10.27. 2016다25140)에도 시효중단효가 인정되었다.

14) 대판 2010.10.28. 2010다61557. 앞의 2018다22008 판결도 이러한 취지의 판시를 덧붙였다.

15) 이처럼 판결이 확정된 채권의 시효기간 경과가 임박하였는지에 따라 시효중단을 위한 후소의 권리보호이익을 달리 보는 취지와 채권의 소멸시효 완성이 갖는 효과 등을 고려해 보면, 시효중단을 위한 후소를 심리하는 법원은, 전소판결이 확정된 후 소멸시효가 중단된 적이 있어 그 중단사유가 종료한 때부터 새로 진행된 소멸시효기간의 경과가 임박하지 않아 시효중단을 위한 재소(再訴)의 이익을 인정할 수 없다는 등의 특별한 사정이 없는 한, 후소가 전소판결이 확정된 후 10년이 지나 제기되었더라도 곧바로 소의 이익이 없다고 하여 소를 각하해서는 아니 되고, 채무자의 항변에 따라 채권이 소멸시효 완성으로 소멸하였는지에 관한 본안판단을 해야 한다(대판 2019.1.17. 2018다24349).

참고로 대판 2022.4.14. 2020다268760: "금전채무의 지연손해금채무는 금전채무의 이행지체로 인한 손해배상채무로서 이행기의 정함이 없는 채무에 해당하므로, 채무자는 확정된 지연손해금채무에 대하여 채권자로부터 이행청구를 받은 때부터 지체책임을 부담하게 된다. 한편 원금채권과 금전채무 불이행의 경우에 발생하는 지연손해금채권은 별개의 소송물이다. 따라서 판결이 확정된 채권자가 시효중단을 위한 신소를 제기하면서 확정판결에 따른 원금과 함께 원금에 대한 확정 지연손해금 및 이에 대한 지연손해금을 청구하는 경우, 확정 지연손해금에 대한 지연손해금채권은 채권자가 신소로써 확정 지연손해금을 청구함에 따라 비로소 발생하는 채권으

❷ 대판(전) 2018.10.18. 2015다232316의 다수의견: "종래 대법원은 […] 권리자가 재판상 그 권리를 주장하여 권리 위에 잠자는 것이 아님을 표명한 것으로 볼 수 있는 때에는 널리 시효중단사유로서 재판상의 청구에 해당하는 것으로 해석하여 왔다. 이와 같은 법리는 이미 승소 확정판결을 받은 채권자가 그 판결상 채권의 시효중단을 위해 후소를 제기하는 경우에도 동일하게 적용되므로, 채권자가 전소로 이행청구를 하여 승소 확정판결을 받은 후 그 채권의 시효중단을 위한 후소를 제기하는 경우, 그 후소의 형태로서 항상 전소와 동일한 이행청구만이 시효중단사유인 '재판상의 청구'에 해당한다고 볼 수는 없다. 시효중단을 위한 이행소송은 다양한 문제를 야기한다. 그와 같은 문제들의 근본적인 원인은 시효중단을 위한 후소의 형태로 전소와 소송물이 동일한 이행소송이 제기되면서 채권자가 실제로 의도하지도 않은 청구권의 존부에 관한 실체심리를 진행하는 데에 있다. 채무자는 그와 같은 후소에서 전소판결에 대한 청구이의사유를 조기에 제출하도록 강요되고 법원은 불필요한 심리를 해야 한다. 채무자는 이중집행의 위험에 노출되고, 실질적인 채권의 관리 · 보전비용을 추가로 부담하게 되며 그 금액도 매우 많은 편이다. 채권자 또한 자신이 제기한 후소의 적법성이 10년의 경과가 임박하였는지 여부라는 불명확한 기준에 의해 좌우되는 불안정한 지위에 놓이게 된다. 이처럼 시효중단을 위한 이행소송은 이를 제기한 채권자의 의사에도 부합하지 않을 뿐만 아니라 채권자와 채무자의 법률적 지위마저 불안정하게 한다. 그럼에도 시효중단을 위한 후소로서 이행소송만이 제기되어 온 것은 종래 '재판상의 청구'의 가장 전형적인 형태가 이행소송이라고 하는 고정관념에 따라 확정판결의 기판력과 집행력에 관한 깊이 있는 고찰 없이 단지 기판력 저촉을 우회하는 수단으로서 시효완성이 임박했다는 모호한 기준에 기초하여 이를 규율해 오면서도, 보다 적정하고 효율적인 절차적 도구를 고안함으로써 위와 같은 불합리를 시정하려는 노력을 기울이지 않은 데 그 원인이 있다. 위와 같은 종래 실무의 문제점을 해결하기 위해서, 시효중단을 위한 후소로서 이행소송 외에 전소판결로 확정된 채권의 시효를 중단시키기 위한 조치, 즉 '재판상의 청구'가 있다는 점에 대하여만 확인을 구하는 형태의 '새로운 방식의 확인소송'이 허용되고, 채권자는 두 가지 형태의 소송 중 자신의 상황과 필요에 보다 적합한 것을 선택하여 제기할 수 있다고 보아야 한다."

[참 고] 시효중단을 위하여 제기된 후소를 인용한 원심에 대한 상고를 기각하면서 「직권으로」 소멸시효 중단을 위한 확인소송 제기도 허용된다는 판시를 추가한 이 판결에 대하여, 실무적으로 기존 이행의 소의 문제점을 해결할 수 있고 이론상 확인의 이익도 인정된다면서 찬성하는 입장과 함께 확인의 대상이 단지 지금 소를 제기한 사실 자체가 되므로 위와 같은 확인의 소는 권리보호자격이 없어 부적법하다는 등 소송법적 측면에서의 비판도 제기된다.

(2) 사권(私權)의 행사를 직접의 목적으로 하지 않는 형사소송이나 행정소송의 제기는 사권에 대한 시효중단사유가 아니다.[16] 그러나 오납한 조세에 대한 부당이득반환청구권을 실현하기 위한 수단으로 과세처분의 취소 또는 무효확인을 구하는 소를 제기하는[17] 등 사권의 행사와 실질적으 [1377]

로서 전소의 소송물인 원금채권이나 확정 지연손해금채권과는 별개의 소송물이므로, 채무자는 확정 지연손해금에 대하여도 이행청구를 받은 다음 날부터 지연손해금을 별도로 지급하여야 하되 그 이율은 신소에 적용되는 법률이 정한 이율을 적용하여야 한다."

16) 대판 1999.3.12. 98다18124 참조.

17) 대판(전) 1992.3.31. 91다32053: "오납한 조세에 대한 부당이득반환청구권을 실현하기 위한 수단이 되는 과세처분의 취소 또는 무효확인을 구하는 소는 그 소송물이 객관적인 조세채무의 존부확인으로서 실질적으로 민사소송인 채무부존재확인의 소와 유사할 뿐 아니라, 과세처분의 유효 여부는 그 과세처분으로 납부한 조세에 대한 환급청구권의 존부와 표리관계에 있어서 실질적으로 동일당사자인 조세부과권자와 납세의무자 사이의 양면적 법률관계라고 볼 수 있으므로, 위와 같은 경우에는 과세처분의 취소 또는 무효확인

로 동일시할 수 있는 경우에 예외가 인정된다.[18)]

[1378] (3) 시효중단사유로서 재판상의 청구는 대개 권리자가 의무자를 상대로 소를 제기하는 모습으로 행하여진다. 이와 달리 상대방이 제기한 소에 응소(應訴)하는 것이 재판상의 청구로 되어 소멸시효가 중단되는지에 관하여,[19)] 판례는 소송에서 「적극적으로 권리를 주장하고 그것이 받아들여진 경우」에 응소도 소멸시효의 중단사유라고 하는데,[20)] 시효중단의 효력은 피고가 현실적으로 권리를 행사하여 응소한 때에 발생한다.[21)] 권리자가 응소하여 권리를 주장하였으나 소가 각하되거나 취하되는 등의 사유로 본안에서 권리주장에 관한 판단 없이 소송이 종료된 경우에도 제170조 제2항을 유추하여 그때부터 6월 내에 재판상의 청구 등 다른 시효중단조치를 취하면 응소한 때에 소급하여 시효중단의 효력이 있다고 보아야 한다.[22)] 그리고 시효중단의 주장은 반드시 응소시에 할 필요는 없고 소멸시효기간이 만료된 후라도 사실심 변론종결 전에는 언제든지 할 수 있다.[23)]

한편 (물적 유한)책임을 질 뿐 채무를 부담하지 않는 물상보증인이 피담보채무의 부존재 또는 소멸을 이유로 제기한 저당권설정등기말소등기절차 이행청구소송에서 채권자 겸 저당권자가 청구기각의 판결을 구하고 피담보채권의 존재를 주장하였더라도, 이로써 직접 채무자에 대하여 재판상 청구를 한 것으로 볼 수는 없어서 시효중단사유로 되지 않는다.[24)]

[1379] (4) 시효중단의 근거에 관하여 권리행사설을 따르는 한 권리자가 소송의 형식으로 권리를 주장하면 충분하므로 요건을 갖추지 못한 재판상 청구라도 시효중단사유로 된다.

① 어음요건이 백지인 약속어음의 소지인이 백지부분을 보충하지 않은 채 어음금을 청구하는 경우에도 판례는 어음상의 청구권에 관한 소멸시효가 중단된다고 한다.[25)]

② 채권양도 후 대항요건을 갖추지 못한 「양수인」이 채무자를 상대로 재판상의 청구를 한 경우에도 소멸시효가 중단된다는 것이 판례의 입장이다.[26)] 이 경우 채무자가 대항요건 불비를 들

청구의 소가 비록 행정소송이라고 할지라도 조세환급을 구하는 부당이득반환청구권의 소멸시효 중단사유인 재판상 청구에 해당한다고 볼 수 있다."

나아가 시효의 기산점에 관하여 "과세처분의 취소를 구하였으나 재판과정에서 그 과세처분이 무효로 밝혀졌다고 하여도 그 과세처분은 처음부터 무효이고 무효선언으로서의 취소판결이 확정됨으로써 비로소 무효로 되는 것은 아니므로 오납시부터 그 반환청구권의 소멸시효가 진행한다"고 했다.

18) 가령 대판 2012.2.9. 2011다20034: "근로자가 사용자의 부당노동행위로 인하여 해고를 당한 경우, 근로자로서는 민사소송으로 해고의 무효확인 및 임금의 지급을 청구할 수 있으나 부당노동행위에 대한 신속한 권리구제를 위하여 마련된 구 근로기준법(2007. 4. 11. 법률 제8372호로 전부 개정되기 전의 것) 제33조와 노동조합 및 노동관계조정법 제82조 내지 제86조(제85조 제5항 제외)의 행정상 구제절차를 이용하여 노동위원회에 구제신청을 한 후 노동위원회의 구제명령 또는 기각결정에 대하여 행정소송에서 다투는 방법으로 임금청구권 등 부당노동행위로 침해된 권리의 회복을 구할 수도 있으므로, 근로자가 위 관계법령에 따른 구제신청을 한 후 이에 관한 행정소송에서 그 권리관계를 다투는 것 역시 권리자가 재판상 그 권리를 주장하여 권리 위에 잠자는 것이 아님을 표명한 것으로서 소멸시효 중단사유로서의 재판상 청구에 해당한다고 보아야 한다."

19) 채무부존재확인소송에 응소하여 채권의 존재를 주장하는 경우에 그 응소행위가 소멸시효의 중단사유가 될 수 있다는 점에 대해서는 별다른 의문이 없다.

20) 대판(전) 1993.12.21. 92다47861: "민법 제168조 제1호, 제170조 제1항에서 시효중단사유의 하나로 규정하고 있는 재판상의 청구란 일반적으로 권리자가 원고로서 시효를 주장하는 자를 피고로 하여 소송물인 권리를 소의 형식으로 주장하는 경우를 가리키지만, 이와 반대로 시효를 주장하는 자가 원고가 되어 소를 제기한 데 대하여 피고로서 응소하여 그 소송에서 적극적으로 권리를 주장하고 그것이 받아들여진 경우도 마찬가지로 이에 포함되는 것으로 해석함이 타당하다."

21) 대판 2005.12.23. 2005다59383 · 59390.

22) 대판 2012.1.12. 2011다78606.

23) 대판 2010.8.26. 2008다42416 · 42423.

24) 대판 2004.1.16. 2003다30890. 동지로 담보가등기가 설정된 부동산의 제3취득자가 응소한 경우에 관한 대판 2007.1.11. 2006다33364.

25) 대판(전) 2010.5.20. 2009다48312: "만기는 기재되어 있으나 지급지, 지급을 받을 자 등과 같은 어음요건이 백지인 약속어음의 소지인이 그 백지부분을 보충하지 않은 상태에서 어음금을 청구하는 것은 어음상의 청구권에 관하여 잠자는 자가 아님을 객관적으로 표명한 것이고 그 청구로써 어음상의 청구권에 관한 소멸시효는 중단된다. 이 경우 백지에 대한 보충권은 그 행사에 의하여 어음상의 청구권을 완성시키는 것에 불과하여 그 보충권이 어음상의 청구권과 별개로 독립하여 시효에 의하여 소멸한다고 볼 것은 아니므로 어음상의 청구권이 시효중단에 의하여 소멸하지 않고 존속하고 있는 한 이를 행사할 수 있다."

어 채무의 이행을 거절할 수 있지만, 양수인에게 채권이 귀속되는 이상 권리의 행사 자체는 인정되어야 하고, 나아가 양수인이 채권 자체를 실현하는 것이 아니라 시효의 중단이라는 보존행위를 하는 것만으로 채무자의 이익을 해친다고 볼 것은 아니다.[27]

한편 채권양도의 대항요건을 갖추기 전에 「양도인」이 재판상의 청구를 한 경우에 관하여 대판 2009.2.12. 2008두20109(판례, 〈3-5-6〉): "채권양도 후 대항요건이 구비되기 전의 양도인은 채무자에 대한 관계에서는 여전히 채권자의 지위에 있으므로 채무자를 상대로 시효중단의 효력이 있는 재판상의 청구를 할 수 있고, 이 경우 양도인이 제기한 소송 중에 채무자가 채권양도의 효력을 인정하는 등의 사정으로 인하여 양도인의 청구가 기각됨으로써 민법 제170조 제1항에 의하여 시효중단의 효과가 소멸된다고 하더라도, 양도인의 청구가 당초부터 무권리자에 의한 청구로 되는 것은 아니므로, 양수인이 그로부터 6월 내에 채무자를 상대로 재판상의 청구 등을 하였다면, 민법 제169조 및 제170조 제2항에 의하여 양도인의 최초의 재판상 청구로 인하여 시효가 중단된다."[28]

(5) 청구의 교환적 변경을 신청구의 추가와 구청구의 취하의 결합으로 파악하는 다수설과 판 [1380]
례의 입장에 따라, 청구의 교환적 변경이 있으면 구청구에 따른 시효중단효가 소멸하고 신청구에 따른 시효중단효는 변경시점에 발생한다.[29]

다. 시효중단의 범위 [1381]

(1) 기본적 법률관계에 관한 확인소송의 제기는, 그 확인청구가 파생적 청구권의 행사라는 의미도 가진다면, 파생적 청구권에 대한 소멸시효의 중단사유로 될 수 있다.[30]

(2) 채권자가 동일한 목적을 달성하기 위하여 복수의 채권을 가지는 경우에, 채권자는 그의 선택에 따라 권리를 행사할 수 있지만, 어느 하나의 청구를 한 것만으로 다른 채권을 행사한 것으로 볼 수는 없으므로 특별한 사정이 없는 한 다른 채권에 대한 소멸시효 중단의 효력은 없다.[31] 다만 원인채권의 「지급을 위하여」 어음이 교부된 경우에, 원인채권에 기한 청구가 어음채권의 소멸시효를 중단시키지 못하지만, 어음채권에 기한 청구는 원인채권의 소멸시효를 중단시킨다.[32]

(3) 재판에서 권리의 일부만 주장하는 일부청구(一部請求)의 경우에 그 일부에 대하여 시효중 [1382]

---

26) 대판 2005.11.10. 2005다41818(판례, 〈3-5-6〉): "채권양도에 의하여 채권은 그 동일성을 잃지 않고 양도인으로부터 양수인에게 이전되며, 이러한 법리는 채권양도의 대항요건을 갖추지 못하였다고 하더라도 마찬가지인 점, [조건부 권리에 관한] 민법 제149조[는 …] 대항요건을 갖추지 못하여 채무자에게 대항하지 못한다고 하더라도 채권양도에 의하여 채권을 이전받은 양수인의 경우에도 그대로 준용될 수 있는 점, 채무자를 상대로 재판상의 청구를 한 채권의 양수인을 '권리 위에 잠자는 자'라고 할 수 없는 점 등에 비추어 보면, 비록 대항요건을 갖추지 못하여 채무자에게 대항하지 못한다고 하더라도 채권의 양수인이 채무자를 상대로 재판상의 청구를 하였다면 이는 소멸시효 중단사유인 재판상의 청구에 해당한다."

27) 채권양도에서 대항요건 구비의 일반적 효과에 관하여 [4244] 참조.

28) 채권양도로 채권이 이전되었더라도 대항요건 구비 전에는 양도인(A)의 재판상 청구가 유효하지만, 채무자가 채권양도의 효력을 인정함으로써 승낙의 요건이 갖추어져서 A의 청구가 기각된 후 채권의 귀속주체인 양수인이 6월 내에 재판상 청구를 하면, 채권의 행사주체가 바뀌었음에도 불구하고 -채권의 동일성은 유지되므로- 제170조 제2항이 적용될 수 있다는 의미로 이해할 것이다.

29) 대판 2009.2.12. 2008다84229. 반면 채권자대위권에 기해 청구를 하다가 피대위채권 자체를 양수하여 양수금청구로 소를 변경한 경우에, 양 청구의 소송물이 동일하고 시효중단의 효력은 특정승계인에게 미치는 점 등을 근거로, 당초의 채권자대위소송으로 인한 시효중단의 효력이 소멸하지 않는다고 본 대판 2010.6.24. 2010다17284도 참조.

30) 예를 들어 고용관계 존재확인의 소는 부당해고 후의 임금채권에 대해서도 시효중단의 효력이 있다고 한 대판 1978.4.11. 77다2509. 근저당권설정등기청구의 소의 제기는 피담보채권에 대한 소멸시효 중단의 효력을 생기게 한다는 대판 2004.2.13. 2002다7213도 참조.

31) 대판 2002.6.14. 2002다11441; 대판 2020.3.26. 2018다221867.

32) 대판 1999.6.11. 99다16378. 이러한 법리는 채권자가 어음채권을 피보전권리로 하여 채무자의 재산을 가압류함으로써 그 권리를 행사한 경우에도 마찬가지로 적용된다고 하였다.

단의 효력이 발생함은 당연하지만 나머지 부분은 어떻게 되는가? 이에 관하여 학설상 다툼이 있는데, 판례는 소 제기시 일부청구임을 명시적으로 밝혔다면 시효중단의 효력이 나머지 부분에 미치지 않지만, 일부만 청구하였더라도 그 취지로 보아 채권 전부에 관하여 판결을 구하는 것으로 해석된다면 동일성이 인정되는 범위 내에서 그 전부에 관하여 시효중단의 효력이 발생한다고 한다.[33][34]

[1383] ### 3. 최　고

가. 기본법리

(1) 최고(催告)는 채무자에 대하여 채무의 이행을 청구하는 것으로, 「의사의 통지」에 해당하여 당사자의 의사와 무관하게 법정된 효과로서 시효중단효가 발생한다. 즉 당사자가 시효중단의 효과를 발생시킨다는 점을 알았거나 원했어야 하는 것은 아니다.[35]

(2) 최고는 시효의 완성이 가까워져 강력한 다른 중단방법에 앞서 취할 수 있는 잠정적 조치이므로 그 효력이 약하여, 그것만으로 「확정적인」 시효중단효가 발생하지 않는다. 즉 최고 후 6월 내에 재판상의 청구, 파산절차참가, 화해를 위한 소환, 임의출석, 지급명령[36] 또는 압류 · 가압류 · 가처분을 하지 않으면 시효중단의 효력이 없다(제174조). 이 점에서 최고는 실질적으로 정지와 유사하게 기능한다.

[1384] #### 나. 개별적 검토

(1) 최고에 특별한 방식이 요구되지 않는다. 특히 묵시적 최고가 있었는지는 해석에 의하여 판단되는데, 판례는 권리자의 보호를 위하여 너그럽게 해석한다.[37]

(2) 최고의 시효중단효는 잠정적인 것으로, 6월 내에 재판상 청구 등을 해야 한다. 그런데 최고를 반복하다가 재판상 청구 등을 한 경우에, 시효중단 여부는 재판상 청구 등을 한 시점부터 소급하여 6월 내에 한 최고시를 기준으로 판단한다.[38] 즉 최고를 여러 번 거듭하다가 최후의 최고시부터 6월 내에 재판상 청구를 하였는데 그 최후의 최고시에 이미 시효기간이 만료되었다면, 시효가 중단되지 않고 완성한다.

(3) 6월의 기산점은 최고가 상대방에게 도달한 때부터 기산된다(제111조 제1항 참조). 그런데 판례는 채무이행을 최고받은 채무자가 이행의무의 존부 등에 관하여 조사를 해 볼 필요가 있다는 이유로 채권자에 대하여 이행의 유예를 구한 경우에 예외를 인정하여, 채권자가 회답을 받을 때

33) 대판 2001.9.28. 99다72521.

34) 소장에서 청구의 대상으로 삼은 채권 중 일부만 청구하면서 소송의 진행경과에 따라 장차 청구금액을 확장할 뜻을 표시한 경우에, ㉠ 당해 소송이 종료될 때까지 실제로 청구금액을 확장하였다면, 소 제기 당시부터 채권 전부에 관하여 판결을 구한 것으로 해석되므로, 소 제기 당시부터 채권 전부에 관하여 재판상 청구로 인한 시효중단의 효력이 발생한다. 다만 ㉡ 당해 소송이 종료될 때까지 실제로 청구금액을 확장하지 않았다면, 나머지 부분에 대하여 재판상 청구로 인한 시효중단의 효력이 발생하지 않지만, 이 경우에도 당해 소송이 계속 중인 동안에는 나머지 부분에 대하여 권리를 행사하겠다는 의사가 표명되어 「최고」에 의해 권리를 행사하는 상태가 지속되는 것으로 보아야 하고, 채권자는 당해 소송이 종료된 때부터 6월 내에 제174조에서 정한 조치를 취함으로써 나머지 부분에 대한 소멸시효를 중단시킬 수 있다(대판 2020.2.6. 2019다223723; 대판 2022.5.26. 2020다206625). 한편 ㉢ 당해 소송에서 채권의 특정부분을 청구범위에서 명시적으로 제외하였다면, 그 부분에 대하여는 애초부터 소의 제기가 없었던 것과 마찬가지이므로 재판상 청구로 인한 시효중단의 효력이 발생하지 않는다(대판 2021.6.10. 2018다44114).

35) 대판 2003.5.13. 2003다16238.

36) 제174조가 규정하지 않지만 이를 제외할 이유가 없다. 대판 2011.11.10. 2011다54686 참조.

37) 재판상 청구가 취하된 경우에 최고의 효력을 인정한 대판 1987.12.22. 87다카2337; 연대채무자 1인 소유의 부동산에 대한 경매신청이 최고의 효력을 가진다고 한 대판 2001.8.21. 2001다22840 등.

38) 대판 1983.7.12. 83다카437.

까지 최고의 효력이 계속되고, 제174조에 규정된 6월의 기간은 채권자가 채무자로부터 회답을 받은 때부터 기산된다고 한다.39)

(4) 판례는 재산명시신청(민사집행법 제61조)과 소송고지(민사소송법 제84조)40)에 대해서도 최고의 효력을 부여한다.41)

4. 그 밖의 중단사유들 [1385]

가. 파산절차 참가

(1) 채권자가 파산재단의 배당에 참가하기 위하여 자기의 채권을 신고하는 것이 파산절차 참가인데(채무자회생법 제447조 참조), 시효중단효를 가진다. 그러나 채권자가 이를 취소하거나 청구가 각하되면 시효중단의 효력이 발생하지 않는다(제171조).42)

(2) 회생절차 참가 또는 개인회생절차 참가도 시효를 중단케 한다(채무자회생법 제32조 제1호, 제3호, 제147조, 제589조 제2항).

나. 지급명령(제172조)43)

채권자가 지급명령을 신청하면(민사소송법 제462조), 신청서를 관할법원에 제출하였을 때에 시효중단의 효력이 생긴다. 지급명령에 대하여 채무자가 적법한 이의신청을 하면, 지급명령을 신청한 때에 소를 제기한 것으로 보므로(같은 법 제472조) 시효중단의 효력이 유지된다.

다. 화해를 위한 소환(제173조 전문, 민사조정법 제35조)

라. 임의출석(제173조 후문)

Ⅲ. 시효중단사유 2: 기타 [1386]

1. 압류 · 가압류 · 가처분에 의한 중단

가. 취지

압류(押留) 또는 가압류(假押留) · 가처분(假處分)은 권리의 실현 또는 보전을 위한 예비적 절차이다. 그런데 재판상 청구가 있더라도 재판확정 후 다시 시효가 진행하므로 압류 등을 별도의

39) 대판 2006.6.16. 2005다25632. 보험금청구권의 소멸시효에 관한 대판 2012.3.15. 2010다53198도 동지.

40) 소송고지(訴訟告知)란 소송계속 중에 당사자가 소송참가를 할 이해관계 있는 제3자에 대하여 일정한 방식에 따라 소송계속의 사실을 알리는 것을 말한다(민사소송법 제84조). 소송에 참가할지는 피고지자의 자유이지만, 참가하지 않았더라도 그에게 보조참가할 이해관계가 있는 한 고지자가 패소한 경우에 이른바 「참가적 효력」을 받는다(같은 법 제86조, 제77조. [4085]도 참조). 즉 소송고지제도는 소송의 결과에 대하여 이해관계를 가지는 제3자로 하여금 보조참가를 하여 그 이익을 옹호할 기회를 부여함과 아울러 고지자가 패소한 경우에 후일 고지자와 피고지자 간의 소송에서 피고지자가 패소의 결과를 무시하고 전소 확정판결에서의 인정과및 판단에 반하는 주장을 하지 못하게 하는 제도이다(대판 2007.11.29. 2005다23759).

41) 재산명시신청에 관한 대판 2001.5.29. 2000다32161; 소송고지에 관한 대판 2009.7.9. 2009다14340. 참고로 대판 2015.5.14. 2014다16494는 소송고지에 의한 최고의 경우에, 민사소송법 제265조를 유추하여 당사자가 소송고지서를 법원에 제출한 때에 시효중단의 효력이 발생한다고 했다.

42) 판례는 채권자의 파산신청도 파산절차참가와 유사한 재판상 권리실행방법에 해당하므로 재판상 청구로 본다(대결 2023.11.9. 2023마6582).

43) 지급명령(支給命令)이란 금전 그 밖에 대체물이나 유가증권의 일정한 수량의 지급을 목적으로 하는 청구에 대하여 법원이 보통의 소송절차에 의하지 않고 채권자의 신청에 의하여 발하는 이행에 관한 명령으로(민사소송법 제462조), 채권자로 하여금 간이 · 신속하게 집행권원을 취득하도록 하기 위하여 이행의 소를 대신하여 법이 마련한 특별소송절차이다. 즉 금전채무의 채권자가 법원에 지급명령을 신청하면 독촉절차(督促節次)가 개시된다.

독촉절차에서 법원이 분쟁당사자를 심문하지 않고 지급명령을 신청한 채권자가 제출한 서류만 심사하여 지급명령을 발령하는데(같은 법 제467조), 지급명령에 대하여 이의신청이 없거나, 이의신청을 취하하거나, 각하결정이 확정된 경우에 지급명령은 확정판결과 같은 효력을 가진다(같은 법 제474조).

시효중단사유로 삼을 필요가 있다. 그래서 제168조 제2호는 이들을 압류채권자 등의 채권에 대한 독립된[44] 시효중단사유로 규정한다.

보 론

압류(押留)란 금전채권의 만족을 위하여 집행기관이 집행대상재산에 대하여 채무자의 처분을 금지하고 그 교환가치를 유지하도록 하는 조치를 말한다(민사집행법 제83조, 제225조). 그런데 압류의 처분금지효[45]는 상대적인 것으로, 압류 후에 이루어진 채무자의 처분행위는 압류채권자가 행하는 집행절차에 대한 관계에서만 효력이 부정되는데,[46] 이를 「개별상대효」라 한다.

그리고 가압류(假押留)란 금전채권이나 금전으로 환산할 수 있는 채권을 보전할 목적으로 미리 채무자의 재산을 동결시키는 보전처분을 말하고(민사집행법 제276조 제1항), 가처분(假處分)은 금전채권 아닌 권리 또는 법률관계에 관한 확정판결의 강제집행을 보전하기 위하여 물건이나 권리를 처분하지 못하도록 묶어두는 보전처분을 말한다(같은 법 제300조). 그런데 가압류나 가처분의 요건으로 보전의 필요성이 있어야 하고, 가압류나 처분금지가처분은 처분금지효를 가지는데 그 효력 역시 상대적이다.

[1387] **나. 중단의 요건**

(1) 당연무효의 압류(예: 사망한 이를 피신청인으로 한 가압류신청[47]이나 시효로 소멸한 어음채권을 피보전권리로 한 가압류결정[48])에는 시효중단효가 인정되지 않는다.

(2) 압류 등을 시효의 이익을 받는 이에 대해서 하지 않은 경우에, 이를 그에게 통지한 후가 아니면 시효중단의 효력이 없다(제176조).[49] 이 경우 시효중단효가 생기는 시기는 통지가 채무자에게 도달한 때이다.[50]

(3) 판례는 집행권원에 기한 배당요구를 압류에 준하는 것으로 보는데,[51] 배당표가 확정되면 권리행사는 종료되고 중단된 소멸시효는 종료시점부터 다시 진행된다.[52]

[1388] **다. 중단의 효과**

(1) 압류 등에 의한 시효중단효의 발생시점에 관하여 다수설은 소 제기에 준하여 집행행위가 있으면 신청시에 소급하여 중단의 효력이 생긴다고 하고, 판례도 가압류에 관하여 민사소송법 제

---

44) "가압류의 피보전채권에 관하여 본안의 승소판결이 확정되었다고 하더라도 가압류에 의한 시효중단의 효력이 이에 흡수되어 소멸된다고 할 수 없다"고 한 대판 2000.4.25. 2000다11102 참조.

45) 그 실질은 장래의 집행에 대비하여 집행대상재산의 현상을 법적으로 고정함에 있다.

46) 대판 1995.1.12. 94누1234, 대판 2004.9.3. 2003다22561도 참조.

47) 대판 2006.8.24. 2004다26287 · 26294.

48) 대판 2007.9.20. 2006다68902.

49) 예컨대 채권자가 물상보증인에 대하여 피담보채권의 실행으로 경매를 신청하여 경매법원이 경매개시(및 압류)결정을 하고 경매절차의 이해관계인으로서 채무자에게 그 결정이 송달되거나 매각기일이 통지된 경우에, 시효의 이익을 받는 채무자는 제176조에 의하여 피담보채권의 소멸시효 중단의 효과를 받는다(대판 1997.9.12. 95다42027).

50) 「물상보증인에 대한 담보권실행경매의 신청」은 피담보채권의 만족을 위한 강력한 권리실행수단으로서 채무자 본인에 대한 압류와 비교하여 소멸시효의 중단사유로서 차이를 인정할 만한 실질적인 이유가 없기 때문에, 중단행위의 당사자나 그 승계인 외의 시효의 이익을 받는 채무자에게도 시효중단의 효력이 미치도록 하되, 다만 채무자가 시효의 중단으로 인하여 예측하지 못한 불이익을 입는 것을 막기 위하여 채무자에게 압류사실이 통지되어야만 시효중단의 효력이 미치게 함으로써 채권자와 채무자 간에 이익을 조화시키려는 것이 제169조에 규정된 시효중단의 상대적 효력에 대한 예외를 인정한 제176조의 취지라고 해석되므로, 압류사실을 채무자가 알 수 있도록 경매개시결정이나 경매기일통지서가 「우편송달(발송송달)이나 공시송달의 방법이 아닌 교부송달의 방법으로」 채무자에게 송달되어야만 압류사실이 통지된 것으로 볼 수 있다(대판 1990.1.12. 89다카4946).
이러한 취지에 따라 대판 2010.2.25. 2009다69456은, 물상보증인(C) 소유의 부동산에 대하여 채권자(B 은행)의 신청으로 임의경매절차가 개시됨으로 인하여 A의 B에 대한 채무의 소멸시효가 중단되었는지가 문제된 사안에서, 경매개시결정상의 압류사실에 관한 통지에 은행여신거래기본약관에서 정한 도달의제조항이 적용된다고 할 수 없어 압류사실의 통지가 있었다고 볼 수 없다고 하였다.

51) 대판 2002.2.26. 2000다25484, 대판 2022.5.12. 2021다280026도 참조.
관련하여 임차권등기명령에 따른 임차권등기에 압류 또는 가압류, 가처분에 준하는 효력이 있다고 볼 수 없다고 한 대판 2019.5.16. 2017다226629도 참조.

52) 대판 2009.3.26. 2008다89880 참조.

265조를 유추하여 신청을 한 때에 소급하여 시효중단의 효력이 생긴다고 한다.[53)]

(2) 가압류를 시효중단사유로 정한 것은 가압류에 의하여 채권자가 권리를 행사하였다고 볼 수 있기 때문이고 가압류에 의한 집행보전의 효력이 존속하는 동안 가압류채권자에 의한 권리행사가 계속된다고 할 것이므로, 가압류에 의한 시효중단효는 가압류의 집행보전의 효력이 존속하는 동안 유지된다.[54)] 따라서 특별한 사정이 없는 한 가압류등기가 말소되면 그 중단사유가 종료되어, 그때부터 새로 소멸시효가 진행한다.[55)]

(3) 압류 등이 권리자의 청구에 의하여 또는 법률의 규정에 따르지 않음으로 인하여 취소되면 —가압류채권자에게 권리행사의사가 없음이 객관적으로 표명되거나 처음부터 적법한 권리행사가 있었다고 볼 수 없는 사유에 해당하므로— 시효중단의 효력이 소급적으로 소멸하는데(제175조),[56)] 이 경우 제170조 제2항에 상응하는 규정이 없어서 사후적인 조치를 취하더라도 시효중단효를 유지할 수 없다.

반면 그 밖의 사유로 압류 등이 실효된 경우[57)]에는 법률의 규정에 따른 적법한 압류 등이 있은 이상 시효중단효가 소멸하지 않는다.

(4) 채권자(G)가 채무자(S)의 제3채무자(D)에 대한 채권(甲)을 압류 또는 가압류한 경우에, S에 대한 G의 채권(乙)에 관하여 시효중단의 효력이 생긴다. 이때 甲에 관하여 제168조 제2호의 소멸시효 중단사유에 준하는 확정적인 시효중단의 효력이 생긴다고 할 수 없지만, G가 확정판결에 기한 채권의 실현을 위하여 甲에 관하여 압류 및 추심명령을 받아 그 결정이 D에게 송달되었다면 최고로서의 효력이 인정될 수 있다.[58)59)]

2. 승인에 의한 중단 [1389]

가. 의 의

(1) 시효중단사유로서 승인(承認)이란 시효이익을 받을 이가 시효의 완성으로 권리를 상실할 상대방에 대하여 권리가 존재함을 인식하고 있다고 표시하는 행위로, 「관념의 통지」이다. 승인을 시효중단사유로 한 것은 그에 의하여 권리관계가 객관화되어 권리자의 태만을 따질 필요가 없기 때문이다.

(2) 승인으로 인한 시효중단효는 승인의 통지가 상대방에게 도달한 때에 생긴다.[60)]

---

53) 대판 2017.4.7. 2016다35451.

54) 대판 2000.4.25. 2000다11102. 나아가 "가압류의 피보전채권에 관하여 본안의 승소판결이 확정되었다고 하더라도 가압류에 의한 시효중단의 효력이 이에 흡수되어 소멸된다고 할 수 없다"고 하였다.

55) 대판 2013.11.14. 2013다18622·18639.

56) 가압류 후 채권자의 신청에 의한 집행취소(소급효가 인정되지 않는)의 경우에 가압류에 의한 시효중단효가 소급적으로 소멸한다고 한 대판 2010.10.14. 2010다53273 참조.

57) 채무자의 담보제공에 따라 집행이 취소된 경우(민사집행법 제49조 제3호, 제50조 참조), 가압류결정 후 제소기간 도과를 이유로 가압류가 취소된 경우(대판 2011.1.13. 2010다88019), 민사집행법 제102조 제2항에 따라 경매절차가 취소된 경우(대판 2015.2.26. 2014다228778) 등.

다만 유체동산에 대한 가압류집행절차를 개시하였으나 가압류할 동산이 없기 때문에 집행불능이 된 경우에는 집행절차가 종료된 때부터 시효가 새로 진행된다(대판 2011.5.13. 2011다10044). 채권 가압류에서 피압류채권이 존재하지 않는 관한 대판 2023.12.14. 2022다210093도 동지.

58) 대판 2003.5.13. 2003다16238.

59) 그 밖에 채권자가 1개의 채권 중 일부에 대하여 가압류·압류를 하였는데 채권의 일부만 소멸시효가 중단되고 나머지 부분은 이미 시효로 소멸한 경우에, 가압류·압류의 효력이 시효로 소멸하지 않고 잔존하는 채권부분에 계속 미친다고 한 대판 2016.3.24. 2014다13280·13297도 참조.

60) 대판 1995.9.29. 95다30178.

[1390] **나. 승인의 요건 및 방법**

(1) 시효중단사유로서 승인은 시효이익을 받을 이가 소멸시효의 완성으로 권리를 상실할 이에 대하여 상대방의 권리(자신의 의무)가 있음을 알고 있다는 뜻을 표시함으로써 성립한다.[61] 따라서 보증인의 승인은 주채무에 대한 소멸시효를 중단시키지 않는다.[62]

승인은 시효의 이익을 받을 이가 상대방의 권리의 존재를 인정하는 일방적 행위로서, 권리의 원인 · 내용이나 범위 등에 관한 구체적 사항을 확인해야 하는 것은 아니고, 채무자가 권리 등의 법적 성질까지 알고 있거나 권리 등의 발생원인을 특정할 필요도 없다.[63]

(2) 승인에 시효를 중단시키려는 의사가 요구되지 않지만, 권리의 존재를 인식하면서 해야 한다. 그리고 「사전승인」은 허용되지 않는다. 즉 소멸시효의 진행이 개시되기 전에 승인을 하더라도 시효가 중단되지 않고, 또한 현존하지 않는 장래의 채권을 미리 승인하는 것은 채무자가 그 권리의 존재를 인식하고서 한 것이라고 볼 수 없어 허용되지 않는다.[64]

한편 승인은 시효완성 전에만 있을 수 있고, 시효완성 후에는 시효이익 포기(제184조)의 문제로 된다.

(3) 시효중단의 효력 있는 승인에 상대방의 권리에 관한 처분의 능력이나 권한 있음을 요하지 않는다(제177조).[65] 승인은 상대방의 권리의 존재를 인정하는 것에 지나지 않기 때문이다. 그러나 제177조의 반대해석상 적어도 승인자에게 관리권한은 있어야 한다. 따라서 제한능력자는 법정대리인의 동의가 없으면 단독으로 유효하게 승인할 수 없다.

[1391] (4) 시효중단사유로서 승인은 아무런 형식을 요하지 않고 묵시적이건 명시적이건 따지지 않는데, 묵시적 승인에 관하여 좀 더 살펴본다.

① 묵시적 승인은, 채무자가 채무의 존재 및 액수에 대하여 인식하고 있음을 전제로, 상대방으로 하여금 채무자가 채무를 인식하고 있음을 추단하게 할 수 있는 방법으로 행하여지면 된다.[66]

② 면책적 채무인수,[67] 변제기한의 유예요청, 이자의 지급,[68] 담보의 제공[69] 등이 묵시적 승인의 예이다. 시효완성 전에 채무의 일부를 변제한 경우에, 그것이 승인에 해당하여 시효중단의 효과가 발생하기 위해서는 채무의 액수에 관한 다툼이 없어야 한다.[70]

③ 승인은 권리의 존재를 인식하면서 해야 하는데, 묵시적 승인에 해당하는 사실이 있었다고 하여 의무자가 권리의 존재를 인식하였다고 일반적으로 추정할 것은 아니다.

(5) 시효중단사유로서 승인에 대한 증명책임은 채권자가 진다.[71]

---

61) 검사 작성의 피의자신문조서의 기재 중 채무의 일부를 인정하는 의사가 표시된 경우에 시효중단효를 부정한 대판 1999.3.12. 98다18124는 승인의 상대방과 관련된다.

62) 이행인수인이 채권자에 대하여 채무자의 채무를 승인하더라도 특별한 사정이 없는 한 시효중단사유가 되는 채무승인의 효력은 발생하지 않는다고 한 대판 2016.10.27. 2015다239744도 참조.

63) 대판 2012.10.25. 2012다45566.

64) 대판 2001.11.9. 2001다52568.

65) 비법인사단의 대표자가 채무에 대하여 시효중단효 있는 승인을 하기 위하여 특별한 사정이 없는 한 별도로 그에 대한 사원총회의 결의를 거칠 필요는 없다고 한 대판 2009.11.26. 2009다64383.

66) 대판 2007.11.29. 2005다64552.

67) 대판 1999.7.9. 99다12376.

68) 이자지급에 갈음하여 부동산을 사용 · 수익하게 한 경우에 피담보채권의 소멸시효가 중단된다고 본 대판 2009.11.12. 2009다51028 참조.

69) 대판 1997.12.26. 97다22676.

70) 대판 1996.1.23. 95다39854.

71) 대판 2005.2.17. 2004다59959.

Ⅳ. 시효중단의 효과 [1392]

1. 기본적 효과

(1) 시효가 중단되면 그때까지 경과한 시효기간은 효력을 잃고, 중단사유가 종료된 때부터 다시 시효가 진행한다(제178조 제1항). 이 점에서 중단은 정지와 현저히 다른데, re-set에 상당한다는 점은 앞에서 보았다.

(2) 새로운 기산점으로서 "중단사유가 종료한 때"는 개별적으로 판단해야 하지만(예컨대 압류의 경우에 압류가 해제되거나 집행절차가 종료한 때), 법은 특히 재판상 청구에 대하여 "재판이 확정된 때"부터 시효가 새로 진행한다고 규정한다(같은 조 제2항).

2. 중단의 인적 범위 [1393]

가. 기본법리

(1) 시효의 중단은 당사자 및 그 승계인 사이에서만 그 효력이 있다(제169조).

(2) 여기서 「당사자」란 시효중단에 관여한 당사자를 의미하고, 시효의 대상인 권리관계의 당사자를 말하는 것은 아니다.[72]

한편 채권자대위권 행사의 효과는 직접 채무자에게 귀속하므로(제404조 제1항), 채권자가 채무자를 대위하여 채무자의 제3채무자에 대한 채권을 재판상 청구하였다면 그로 인한 채권의 시효중단효는 채무자에게 미친다.[73]

(3) 「승계인」은 시효중단에 관여한 당사자로부터 중단의 효과를 받는 권리를 승계한 이를 말하며, 특정승계이건 포괄승계이건 불문한다. 그리고 승계는 중단사유가 발생한 후에 이루어져야 하고,[74] 중단사유 발생 전의 승계인은 포함되지 않는다.[75]

나. 예　　외 [1394]

다음의 경우에 시효중단의 효력이 미치는 인적 범위가 확대된다. ① 압류, 가압류, 가처분을 시효이익을 받은 이에 대하여 하지 않았더라도, 이를 시효이익을 받은 이에게 통지하면 그때부터 시효가 중단된다(제176조). ② 요역지가 수인의 공유에 속하는 경우에, 그중 어느 1인에 의한 지역권 소멸시효의 중단(또는 정지)은 다른 공유자에 대해서도 효력이 있다(제296조). ③ 연대채무자에 대한 이행청구는 다른 연대채무자에게도 효력이 있다(제416조, 제421조).[76] ④ 주채무자에 대한 시효의 중단은 보증인에게도 미친다(제440조).

---

72) 예컨대 손해배상청구권을 공동상속한 이들 중 1인이 자기의 상속분을 행사하여 승소판결을 얻었다고 하여 다른 공동상속인의 상속분에까지 중단의 효력이 미치지는 않는다(대판 1967.1.24. 66다2279).

73) 대판 2011.10.13. 2010다80930(판례, 〈3-5-4〉) 참조.

74) 대판 1998.6.12. 96다26961.

75) 참고로 추심의 소에 관하여 대판 2019.7.25. 2019다212945: "채무자의 제3채무자에 대한 금전채권에 대하여 압류 및 추심명령이 있더라도, 이는 추심채권자에게 피압류채권을 추심할 권능만을 부여하는 것이고, 이로 인하여 채무자가 제3채무자에게 가지는 채권이 추심채권자에게 이전되거나 귀속되는 것은 아니다. 따라서 채무자가 제3채무자를 상대로 금전채권의 이행을 구하는 소를 제기한 후 채권자가 위 금전채권에 대하여 압류 및 추심명령을 받아 제3채무자를 상대로 추심의 소를 제기한 경우, 채무자가 권리주체의 지위에서 한 시효중단의 효력은 집행법원의 수권에 따라 피압류채권에 대한 추심권능을 부여받아 일종의 추심기관으로서 그 채권을 추심하는 추심채권자에게도 미친다. […] 채무자가 제3채무자를 상대로 제기한 금전채권의 이행소송이 압류 및 추심명령으로 인한 당사자적격의 상실로 각하되더라도, 위 이행소송의 계속 중에 피압류채권에 대하여 채무자에 갈음하여 당사자적격을 취득한 추심채권자가 위 각하판결이 확정된 날로부터 6개월 내에 제3채무자를 상대로 추심의 소를 제기하였다면, 채무자가 제기한 재판상 청구로 인하여 발생한 시효중단의 효력은 추심채권자의 추심소송에서도 그대로 유지된다고 보는 것이 타당하다."

76) 부진정연대채무의 경우에 그렇지 않음에 관하여 대판 1997.9.12. 95다42027 참조.

제4절 소멸시효 완성의 효과

[1395] I. 일 반 론

1. 효과 개관

(1) 소멸시효는 기산일에 소급하여 그 효력이 생긴다(제167조): 소급효. 소멸시효는 시효기간 동안 계속된 사실상태를 보호하는 제도이기 때문이다.[1] 다만 소멸시효가 완성된 채권이 그 완성 전에 상계할 수 있었다면, 그 채권자는 상계할 수 있다(제495조).

(2) 주된 권리의 소멸시효가 완성된 경우에 종속된 권리에 그 효력이 미친다(제183조). 주된 권리의 소멸시효가 완성되었으나 종된 권리의 그것은 아직 완성되지 않은 경우에, 제183조가 의미를 가진다.[2]

[1396] 2. 절대적 소멸설과 상대적 소멸설

가. 학설의 내용

(1) 시효완성의 효과에 관하여 "[…] 소유권을 취득한다"라고 하는 취득시효(제245조, 제246조)와 달리 소멸시효에서는 "[…] 소멸시효가 완성한다"라고 규정한다(제162조, 제164조). 여기서 「완성한다」의 의미에 관하여 견해가 나뉜다.

(2) 소멸시효의 완성으로 권리가 당연히 소멸한다는 절대적 소멸설은, 현행법이 시효원용에 관한 의용민법 제145조를 삭제한 점, "채권이 시효의 완성 기타 사유로 인하여 소멸한 때"(제369조) 또는 "시효로 인하여 소멸한다"(제766조 제1항, 제1024조 제2항. 부칙 제8조 제1항도 참조)는 규정을 둔 점 및 "소유권을 취득한다"(제245조, 제246조)는 취득시효규정과의 균형 등을 근거로 소멸시효의 완성에 의하여 당연히 권리가 소멸한다고 한다.

이와 달리 권리가 당연히 소멸하는 것이 아니라 시효의 이익을 받을 이에게 원용권이 생길 뿐이라는 상대적 소멸설은, 절대적 소멸설에 의하면 당사자가 소멸시효이익을 원하지 않는 경우에 그 의사를 존중하지 않아서 부당하고, 시효이익 포기의 법적 성질(특히 소급효를 가지는 근거)을 설명할 수 없다는 점 등을 근거로 시효의 완성으로 권리는 소멸하지 않고 권리소멸을 주장할 수 있는 권리, 즉 원용권(援用權)이 발생하고, 원용권의 행사에 의하여 비로소 권리가 소멸한다고 한다.

나. 판례의 태도

판례는 절대적 소멸설을 취한다. 즉 시효가 완성되면 당사자의 주장이 없더라도 채무가 당연히 소멸하지만, 변론주의의 원칙상 당사자가 시효소멸의 이익을 받겠다고 주장해야 비로소 이를 고려한다는 입장이다. 가령 대판 1979.2.13. 78다2157: "당사자의 원용이 없어도 시효완성의

---

1) 그 결과 시효소멸로 채무를 면하는 이는 기산일 이후의 이자를 지급할 필요가 없지만, 그렇다고 하여 시효완성 전에 이미 지급한 이자의 반환을 구할 수 있는 것은 아니다.
관련하여 대판 2022.9.29. 2019다204593은 제167조를 들어, 채무불이행에 따른 해제의 의사표시 당시에 이미 채무불이행의 대상이 되는 본래 채권이 시효가 완성되어 소멸하였다면 해제권 및 이에 기한 원상회복청구권을 행사할 수 없다고 하였다.

2) 대판 2008.3.14. 2006다2940은, 금전채권의 원금 중 일부가 변제된 후 나머지 원금에 대하여 소멸시효가 완성된 경우에, 소멸시효 완성의 효력은 소멸시효가 완성된 원금부분으로부터 그 완성 전에 발생한 이자 또는 지연손해금에는 미치지만, 변제로 소멸한 원금부분으로부터 그 변제 전에 발생한 이자 또는 지연손해금에는 미치지 않는다고 하였다.

사실로서 채무는 당연히 소멸되는 것이고 다만 변론주의의 원칙상 소멸시효의 이익을 받을 자가 그것을 포기하지 않고 실제 소송에 있어서 권리를 주장하는 자에 대항하여 시효소멸의 이익을 받겠다는 뜻을 항변하지 않는 이상 그 의사에 반하여 재판할 수 없을 뿐"이다.

다. 평 가 [1397]

(1) 학설의 차이를 본다. ① 상대적 소멸설을 따르면 당사자의 원용이 있어야 권리가 소멸하는 반면, 절대적 소멸설을 취하는 판례는 권리가 당연히 소멸하지만 「변론주의의 원칙상」 소멸시효의 이익을 받을 이가 그 사실을 주장하여야 법원이 소멸시효를 고려할 수 있다고 한다. ② 시효완성 후의 변제에 대하여, 상대적 소멸설은 채무자가 시효완성의 사실을 알았는지를 따지지 않고 원용이 없는 동안 채권은 소멸하지 않으므로 유효한 채무의 변제가 된다고 하는 반면, 절대적 소멸설은 채무자가 시효완성의 사실을 알고 변제하면 악의의 비채변제(제742조)로서 반환을 청구하지 못하고, 시효완성의 사실을 모르고 변제하였더라도 그 변제는 도의관념에 적합한 변제(제744조)가 되어 역시 반환을 청구하지 못한다고 한다. ③ 시효이익의 포기에 관하여, 상대적 소멸설은 원용권의 포기로 보아 권리는 시효로 소멸하지 않는 것으로 확정된다고 한다. 반면 절대적 소멸설은 시효이익을 받지 않겠다는 의사표시, 즉 실체법적으로 시효이익 향수의 사전포기이고, 소송법적으로는 방어방법의 사전포기이며, 이 의사표시에 의하여 이익이 생기지 않았던 것으로 된다고 한다.

(2) 이처럼 어느 입장을 취하는지에 따라 이론구성이 다소 다르지만, 양 입장 사이에 실질적 차이는 거의 없다. 어느 입장에서든 당사자의 원용이 있어야 하지만 그 의미가 다를 뿐이고,[3] 시효이익의 포기가 상대방에 대한 일방적 의사표시라는 점에서도 차이가 없다.

그런데 이론적으로 시효이익의 포기 및 비채변제를 설명함에 상대적 소멸설이 좀 더 간명하다. 그 밖에 소멸시효에 따른 이익은 의무자에게 귀속되는데, 그의 의사와 무관하게 의무의 소멸이 강제된다는 점도 절대적 소멸설의 어려움이라고 할 수 있다.

3. 시효원용권 [1398]

(1) 앞서 본 것처럼 소멸시효 완성의 효과에 관하여 어느 입장을 취하더라도 원용이 필요하다. 그런데 판례는 소멸시효 완성을 원용할 수 있는 이를 ―채무자를 포함하는― 「직접수익자」, 즉 권리의 소멸에 의하여 직접 이익을 받는 이로 한정하고, 시효원용권자가 복수인 경우에, 그들 중 일부가 시효이익을 포기하더라도 채권자와 그 시효원용권자 사이에서만 효력이 있을 뿐이어서, 다른 시효원용권자는 독자적으로 시효완성을 원용할 수 있다고 한다.[4]

---

3) 원용(援用. 시효이익을 누릴 이가 시효완성사실을 주장하는 행위)이 없으면 법원이 시효완성의 효과(권리의 취득 또는 소멸)를 직권으로 판단할 수 없는데, 이것이 실체법상의 효과인지(시효완성만으로 권리의 득실이라는 효과가 발생하지 않고 원용이 있어야 비로소 권리의 소멸 또는 취득이라는 효과가 발생하는지) 아니면 변론주의에 따른 절차법상의 효과인지의 차이가 있을 뿐이다.

그런데 소멸시효 항변은 변론주의 원칙에 따라 당사자의 주장이 있어야만 법원의 판단대상이 된다고 하는 대판 1979.2.13. 78다2157; 대판 2017.3.22. 2016다258124 등에 더하여 시효원용권자를 직접수익자로 한정하는 점에 비추어, 판례는 시효소멸의 항변을 ―주장공통의 원칙의 예외를 이루는― 「권리항변」으로 보는 듯하다. 권리항변에서는 권리발생의 기초가 되는 객관적 사실뿐만 아니라 권리를 행사한다는 취지의 당사자의 의사표시도 요구되므로, 법원은 그 의사표시가 없는 한 권리항변사실에 관한 상대방의 불리한 주장이 있더라도 이를 판결의 기초로 할 수 없다.

4) 가령 대판 1995.7.11. 95다12446: "소멸시효를 원용할 수 있는 사람은 권리의 소멸에 의하여 직접 이익을 받는 사람에 한정되는바, 채권담보의 목적으로 매매예약의 형식을 빌어 소유권이전청구권 보전을 위한 가등기가 경료된 부동산을 양수하여 소유권이전등기를 마친 제3자는 당해 가등기담보권의 피담보채권의 소멸에 의하여 직접 이익을 받는 자이므로, 그 가등기담보권에 의하여 담보된 채권의 채무자가 아니더라도 그 피담보채권에 관한 소멸시효를 원용할 수 있고, 이와 같은 직접수익자의 소멸시효 원용권은 채무자의 소멸시효 원용권에 기초한 것이 아닌 독자적인 것으로서 채무자를 대위하여서만 시효이익을 원용할 수 있는 것은 아니며, 가사 채

[1399] (2) 판례에 나타난 직접수익자로 채무자 외에 보증인,[5] 가등기담보가 설정된 부동산의 제3취득자,[6] 매매예약에 기한 가등기가 경료된 부동산의 제3취득자,[7] 유치권이 성립된 부동산의 매수인,[8] 물상보증인,[9] 사해행위 취소소송의 상대방인 수익자[10] 등.

[1400] (3) 반면 채무자에 대한 일반채권자나 후순위담보권자[11] 등 직접수익자 아닌 이들도 자기의 채권을 보전하기 위하여 필요한 한도에서 「채무자를 대위하여」 시효소멸을 주장할 수 있지만, 시효원용권자가 아니므로 채무자가 소멸시효의 이익을 받을 수 있는 권리를 이미 처분(포기)하여 대위권 행사의 대상이 존재하지 않으면 채권자대위에 의하여 시효이익을 원용할 수 없다.[12]

한편 채권자대위소송에서 제3채무자(D)는 채무자(S)가 채권자(G)에 대하여 가지는 항변으로 대항할 수 없으므로, 시효완성의 항변도 원용할 수 없다는 것이 판례의 입장이다.[13] 다만 G가 S에 대한 채권(甲)을 보전하기 위하여 D를 상대로 S의 D에 대한 채권(乙)에 기한 이행청구의 소를 제기하고 S를 상대로 甲에 기한 이행청구의 소를 제기한 경우에, S가 그 소송절차에서 소멸시효를 원용하는 항변을 하였고, 그러한 사유가 현출된 채권자대위소송에서 심리를 한 결과 실제로 甲의 소멸시효가 적법하게 완성된 것으로 판단되면, G는 더 이상 채무자를 대위할 권한이 없다고 하였다.[14] 이러한 판례의 태도는 시효소멸의 항변이 권리항변이라는 점에서 이해될 수 있다.

[1401]

4. 시효이익의 포기

가. 의 의

(1) 시효이익(시효의 완성으로 얻을 이익, 특히 채무를 면하는 지위)의 포기에 관하여 절대적 소멸설과 상대적 소멸설이 이해를 달리하는데, 어느 입장을 따르든, 포기는 시효완성에 따른 이익을 받지 않으려는 채무자의 주도적 행위로서, 묵시적으로도 가능하다.

(2) 채무자가 소멸시효 완성 후 시효의 이익을 포기한 경우에, 그때부터 새로 소멸시효가 진행한다.[15]

(3) 포기의 효력은 그 의사표시가 상대방에게 도달한 때에 발생한다.[16] 그리고 시효완성으로 불이익을 받을 이가 시효이익 포기에 대한 증명책임을 진다.

(4) 시효이익의 포기는 상대적 효과를 가질 뿐이다. 가령 주채무자가 시효이익을 포기하더라

무자가 이미 그 가등기에 기한 본등기를 경료하여 시효이익을 포기한 것으로 볼 수 있다고 하더라도 그 시효이익의 포기는 상대적 효과가 있음에 지나지 아니하므로 채무자 이외의 이해관계자에 해당하는 담보부동산의 양수인으로서는 여전히 독자적으로 소멸시효를 원용할 수 있다."

5) 대판 2002.5.14. 2000다62476 참조.

6) 앞의 95다12446 판결.

7) 대판 1991.3.12. 90다카27570.

8) 대판 2009.9.24. 2009다39530. 나아가 "유치권의 피담보채권의 소멸시효기간이 확정판결 등에 의하여 10년으로 연장된 경우 매수인은 그 채권의 소멸시효기간이 연장된 효과를 부정하고 종전의 단기소멸시효기간을 원용할 수는 없다"고 하였다.

9) 대판 2004.1.16. 2003다30890.

10) 대판 2007.11.29. 2007다54849.

11) 대판 2021.2.25. 2016다232597: "후순위담보권자는 선순위담보권의 피담보채권이 소멸하면 담보권의 순위가 상승하고 이에 따라 피담보채권에 대한 배당액이 증가할 수 있지만, 이러한 배당액 증가에 대한 기대는 담보권의 순위상승에 따른 반사적 이익에 지나지 않는다. 후순위담보권자는 선순위담보권의 피담보채권 소멸로 직접 이익을 받는 자에 해당하지 않아 선순위담보권의 피담보채권에 관한 소멸시효가 완성되었다고 주장할 수 없다고 보아야 한다."

12) 대판 1997.12.26. 97다22676; 대판 1979.6.26. 79다407.

13) 대판 1992.11.10. 92다35899; 대판 2004.2.12. 2001다10151.

14) 대판 2008.1.31. 2007다64471(판례, 〈3-5-10〉).

15) 대판 2009.7.9. 2009다14340.

16) 대판 1994.12.23. 94다40734.

도 보증인이나 물상보증인에게 포기의 효과가 미치지 않는다.[17)]

[참 고] 대판 2015.6.11. 2015다200227: "소멸시효이익의 포기는 상대적 효과가 있을 뿐이어서 다른 사람에게는 영향을 미치지 아니함이 원칙이나, 소멸시효이익의 포기 당시에는 권리의 소멸에 의하여 직접 이익을 받을 수 있는 이해관계를 맺은 적이 없다가 나중에 시효이익을 이미 포기한 자와의 법률관계를 통하여 비로소 시효이익을 원용할 이해관계를 형성한 자는 이미 이루어진 시효이익 포기의 효력을 부정할 수 없다. 왜냐하면, 시효이익의 포기에 대하여 상대적인 효과만을 부여하는 이유는 포기 당시에 시효이익을 원용할 다수의 이해관계인이 존재하는 경우 그들의 의사와는 무관하게 채무자 등 어느 일방의 포기의사만으로 시효이익을 원용할 권리를 박탈당하게 되는 부당한 결과의 발생을 막으려는 데 있는 것이지, 시효이익을 이미 포기한 자와의 법률관계를 통하여 비로소 시효이익을 원용할 이해관계를 형성한 자에게 이미 이루어진 시효이익 포기의 효력을 부정할 수 있게 하여 시효완성을 둘러싼 법률관계를 사후에 불안정하게 만들자는 데 있는 것은 아니기 때문이다."

그런데 시효이익 포기의 상대효는 복수의 시효원용권자들 사이의 문제로, 어느 시효원용권자가 시효이익을 포기했다고 하여 다른 시효원용권자의 시효이익을 박탈할 수 없다. 반면 어느 시효원용권자가 시효이익을 포기한 후 그 지위를 양도한 경우에, 양도인이 이미 포기하여 가지지 않던 시효원용권이 상대효 때문에 다시 살아나는 것은 아니라고 해야 한다. 즉 시효이익 포기의 상대효와 전혀 다른 맥락의 논의로서, 이 판결이 시효이익 포기의 상대효를 제한한다는 취지로 「오해」할 것은 아니다. 이렇게 본다면, 제3취득자의 시효원용권은 前主가 시효원용권을 포기하지 않은 경우로 한정되어야 한다.

나. 시효이익 포기의 요건 [1402]

(1) 시효이익을 포기할 수 있는 이는 시효완성의 이익을 받을 당사자에 한정되고, 그 밖의 제3자가 시효이익 포기의 의사표시를 하더라도 시효완성의 이익을 받을 이에 대한 관계에서 아무 효력이 없다.[18)] 그리고 시효이익의 포기는 처분행위이므로, 포기자는 처분권한과 처분능력을 가져야 한다.[19)]

(2) 소멸시효가 완성한 후에 시효이익을 포기해야 한다. 소멸시효의 이익은 시효기간이 완성하기 전에 미리 포기하지 못한다(제184조 제1항). 채권자가 채무자의 궁박을 이용하여 미리 소멸시효의 이익을 포기하게 할 염려가 있기 때문이다.[20)] 여기서 "미리"란 시효가 완성되기 전을 의미하며, 시효기산점 이전의 포기를 포함한다.

같은 취지에서 시효의 완성을 곤란하게 하는 특약, 즉 소멸시효 자체의 배제, 시효기산점을 늦추는 합의 등 시효기간을 연장 또는 가중하는 특약은 무효이다. 반면 이를 단축 또는 경감하는 특약[21)]은 유효한데(같은 조 제2항), 다만 그 효력은 당사자에게만 미친다.

(3) 시효중단사유로서 채무승인은 시효이익을 받을 당사자인 채무자가 시효완성으로 채권을 상실할 이에 대하여 상대방의 채권 또는 자신의 채무가 있음을 알고 있다는 뜻을 표시함으로써 성립하는 「관념의 통지」로 여기에 효과의사가 필요하지 않다. 이에 반하여 시효완성 후 시효이익의 포기가 인정되려면 시효이익을 받는 채무자가 시효의 완성으로 인한 법적인 이익을 받지 않겠

---

17) 대판 1991.1.29. 89다카1114.

18) 대판 1998.2.27. 95다39854.

19) 포기로 시효권리자의 「수중에 있는」 시효이익이 소멸한다는 점에서, 「아직 손에 쥔 것이 없는」 상태에서 행하여지는 시효중단사유로서 승인과 다르다. 승인에 관한 [1390]도 참조.

20) 시효완성 전의 포기가 시효중단사유로서 승인에 해당할 수 있음은 별개의 문제이다.

21) 예: 특정한 채무의 이행을 청구할 수 있는 기간을 제한하고 그 기간을 도과하면 채무가 소멸하도록 하는 약정.

다는 효과의사가 필요하기 때문에 시효완성 후 채무의 승인이 있었더라도 그것만으로 곧바로 시효이익의 포기라는 의사표시가 있었다고 단정할 수 없다.[22)]

[1403] (4) 포기는 명시적이든 묵시적이든 상관없는데, 시효완성 후의 변제기한의 유예요청이나 일부변제 등이 이에 해당한다. 다만 시효가 완성되었다는 것을 알았어야 하는데, 판례는 시효완성 후 시효이익을 포기하는 듯한 행위가 있으면 시효완성사실에 대한 악의를 추정한다.[23)] 한편 시효완성사실을 모른 채 급부를 하였다면 시효이익의 포기로 되지 않지만, 제744조 때문에 급부의 반환이 배제될 수 있다(절대적 소멸설의 입장).

그런데 시효이익의 포기사유로서 묵시적 승인은 적어도 채무자가 채권자에 대하여 부담하는 채무의 존재에 대한 인식의 의사를 표시함으로써 성립한다.[24)25)]

[1404] Ⅱ. 소멸시효의 남용

1. 서　　설

(1) 신의칙에 반하는 소멸시효(또는 시효원용권)의 주장이 남용으로서 허용되지 않을 수 있다. 이 경우 시효의 이익을 받는 이와 그 상대방 사이의 이해관계의 조절을 위하여 어떤 요건이 갖추어져야 하는지를 검토해야 한다.

(2) 소멸시효의 남용은 시효소멸을 제약하는 법리로 기능하는데, 시효제도의 존재이유에 관한 논의 및 신의성실이나 권리남용은 법적 차원의 개념이라는 점을 염두에 두어야 한다.

[1405] 2. 판례의 입장

가. 기본적 입장

소멸시효 남용의 법리를 명확하게 밝힌 재판례로 대판 2002.10.25. 2002다32332: "채무자

---

22) 대판 2013.2.28. 2011다21556; 대판 2017.7.11. 2014다32458.

23) 뒤의 2013다12464 판결 등.

24) 그러한 취지의 의사표시가 존재하는지 여부의 해석에 관하여 대판 2008.7.24. 2008다25299 참조.

25) 일부변제에 관한 재판례를 본다. ㉠ 채무자가 시효완성 후 채무를 일부변제한 경우에 「그 액수에 관하여 다툼이 없는 한」 채무 전부에 관하여 시효이익을 묵시적으로 포기한 것으로 보아야 하고, 이 경우 시효완성의 사실을 알고 그 이익을 포기한 것으로 추정된다. 소멸시효가 완성된 채무를 피담보채무로 하는 근저당권이 실행되어 채무자(S) 소유의 부동산이 경락되고 대금이 배당되어 채무의 일부변제에 충당될 때까지 S가 아무 이의를 제기하지 않았다면, 경매절차의 진행을 S가 알지 못했다는 등 특별한 사정이 없는 한 S는 시효완성사실을 알고 그 채무를 묵시적으로 승인하여 시효의 이익을 포기한 것으로 본 대판 2001.6.12. 2001다3580. 대판 2012.5.10. 2011다109500도 참조. 다만 대판 2017.7.11. 2014다32458은 이러한 입장을 전제하면서도 "소멸시효가 완성된 경우 채무자에 대한 일반채권자는 채권자의 지위에서 독자적으로 소멸시효의 주장을 할 수는 없지만 자기의 채권을 보전하기 위하여 필요한 한도 내에서 채무자를 대위하여 소멸시효 주장을 할 수 있으므로 채무자가 배당절차에서 이의를 제기하지 아니하였다고 하더라도 채무자의 다른 채권자가 이의를 제기하고 채무자를 대위하여 소멸시효 완성의 주장을 원용하였다면, 시효의 이익을 묵시적으로 포기한 것으로 볼 수 없다"고 하였다. ㉡ 대판 2013.5.23. 2013다12464: "원금채무에 관하여는 소멸시효가 완성되지 아니하였으나 이자채무에 관하여는 소멸시효가 완성된 상태에서 채무자가 채무를 일부변제한 때에는 액수에 관하여 다툼이 없는 한 원금채무에 관하여 묵시적으로 승인하는 한편 이자채무에 관하여 시효완성의 사실을 알고 그 이익을 포기한 것으로 추정"된다. ㉢ 동일당사자간에 계속적인 거래로 인하여 같은 종류를 목적으로 하는 복수의 채권관계가 성립되어 있는 경우에, 채무자가 특정채무를 지정하지 않고 그 일부를 변제한 때에는 다른 특별한 사정이 없다면 잔존채무에 대해서도 승인을 한 것으로 보아 시효중단이나 포기의 효력을 인정할 수 있다(대판 2021.9.30. 2021다239745는 「시효중단효」의 근거로 "채무자는 자신이 계약당사자로 있는 다수의 계약에 기초를 둔 채무들이 존재한다는 사실을 인식하고 있는 것이 통상적이므로, 변제시에 충당할 채무를 지정하지 않고 변제를 하였으면 특별한 사정이 없는 한 다수의 채무 전부에 대하여 그 존재를 알고 있다는 것을 표시했다고 볼 수 있기 때문"이라는 점을 든다). 그런데 채무가 별개로 성립되어 독립성을 갖고 있는 경우에는 일률적으로 그렇게만 해석할 수 없고, 특히 채무자가 가압류목적물에 대한 가압류를 해제받을 목적으로 피보전채권을 변제하는 경우에는 특별한 사정이 없는 한 피보전채권으로 적시되지 않은 별개의 채무에 대해서까지 소멸시효의 이익을 포기한 것이라고 볼 수는 없다(대판 1993.10.26. 93다14936. 채무자가 근저당권설정등기를 말소하기 위하여 피담보채무를 변제하는 경우에 관하여 같은 취지의 판시를 한 대판 2014.1.23. 2013다64793도 참조). 한편 잔존채무에도 그 효력을 미치기 위해서는 적어도 채무자가 잔존채무의 존재 및 액수에 대하여 인식하고 있음을 전제로 하여 상대방으로 하여금 채무자가 시효이익을 포기하였음을 그 표시를 통해 추단하게 할 수 있는 방법으로 행해져야 한다(대판 2011.10.27. 2011다52031).

의 소멸시효에 기한 항변권의 행사도 우리 민법의 대원칙인 신의성실의 원칙과 권리남용금지의 원칙의 지배를 받는 것이어서, 채무자가 시효완성 전에 채권자의 권리행사나 시효중단을 불가능 또는 현저히 곤란하게 하였거나, 그러한 조치가 불필요하다고 믿게 하는 행동을 하였거나, 객관적으로 채권자가 권리를 행사할 수 없는 장애사유가 있었거나, 또는 일단 시효완성 후에 채무자가 시효를 원용하지 아니할 것 같은 태도를 보여 권리자로 하여금 그와 같이 신뢰하게 하였거나, 채권자보호의 필요성이 크고, 같은 조건의 다른 채권자가 채무의 변제를 수령하는 등의 사정이 있어 채무이행의 거절을 인정함이 현저히 부당하거나 불공평하게 되는 등의 특별한 사정이 있는 경우에는 채무자가 소멸시효의 완성을 주장하는 것이 신의성실의 원칙에 반하여 권리남용으로서 허용될 수 없다."

나. 시효의 남용에 관한 개별사례들 [1406]

시효의 남용이 인정된 경우로, 청구권 행사를 불가능 또는 현저히 곤란하게 만든 경우,[26] 휴업급여청구권 발생의 전제인 요양불승인에 대한 취소소송의 판결확정시까지 근로복지공단에 휴업급여를 청구하지 않았던 경우[27] 등도 있지만, 주로 문제되는 것은 위법하거나 현저히 부당한 공권력의 행사 등 국가가 불법행위를 저지른 경우로서 진실·화해를 위한 과거사정리위원회나 군의문사진상규명위원회 등의 진실규명결정에 의하여 비로소 국가에 대한 손해배상청구권을 행사할 수 있게 된 경우이다.[28]

3. 평가 및 한계 [1407]

(1) 판례가 인정하는 시효남용의 경우는 다음과 같다: ① 객관적으로 채권자가 권리를 행사할 수 없는 장애사유가 있었던 경우, ② 채무자가 시효완성 「전」에 채권자의 권리행사나 시효중단을 불가능 또는 현저히 곤란하게 하였거나 그러한 조치가 불필요하다고 믿게 하는 행동을 한 경우, ③ 채무자가 시효완성 「후」 시효를 원용하지 않을 것 같은 태도를 보여 권리자로 하여금 그와 같이 신뢰하게 한 경우 또는 ④ 채권자보호의 필요성이 크고, 같은 조건의 다른 채권자가 채무의 변제를 수령하는 등의 사정이 있어 채무이행의 거절을 인정함이 현저히 부당하거나 불공평하게 되는 등의 특별한 사정이 있는 경우.[29]

이 중 ②는 전형적인 금반언의 예로서 특별히 설명할 것이 없다. ③의 경우에도 같은 법리가 적용될 수 있지만, 그것이 시효이익의 포기로 볼 수 있는 경우로 한정되어야 한다.

(2) 그런데 판례의 기본적 입장은 「남용의 남용」을 경계하는 것이라고 할 수 있다.[30] [1408]

---

26) 공무원이 국가배상청구권에 관한 시효완성 전에 판결문을 위조한 경우에 관한 대판 2008.9.11. 2006다70189.

27) 대판(전) 2008.9.18. 2007두2173. 객관적으로 채권자가 권리를 행사할 수 없는 사실상의 장애사유가 있었음을 근거로 한다.

28) 예를 들어 대판 2013.12.12. 2013다201844는, 불법 체포·구금 후 위법수집증거에 의하여 국가보안법 위반의 확정판결을 받아 복역한 후 재심청구에 의하여 무죄가 확정되자 나라를 상대로 국가배상청구소송을 제기한 사안에서, ㉠ 무죄판결이 확정될 때까지 사실상의 장애사유가 있었으므로 국가의 소멸시효 완성의 항변은 권리남용으로 허용될 수 없고, ㉡ 그러한 장애가 해소된 재심무죄판결 확정일부터 민법상 시효정지에 준하는 6월 내에 권리를 행사해야 하는데, ㉢ 그 기간 내에 권리행사가 있었는지는 손해배상을 청구하는 소를 제기하였는지를 기준으로 판단하지만, ㉣ 형사보상청구를 하여 형사보상결정을 받은 후 그 확정일부터 6월 내에 손해배상청구의 소를 제기한 경우에는 그 제소가 재심 무죄판결 확정일부터 3년(제766조 제1항 참조) 내라면 소멸시효가 완성하지 않는다고 하였다.
수사과정에서 불법구금이나 고문을 당한 사람이 국가배상책임을 물은 사안에서, 시효의 남용이 아니라 시효기산점의 관점에서 접근한 대판 2019.1.31. 2016다258148도 참조.

29) 기존회사가 채무면탈이라는 위법한 목적달성을 위해 회사제도를 남용한 경우에 신설회사의 소멸시효 완성 주장이 신의칙상 허용되지 않는다고 본 대판 2024.3.28. 2023다265700도 참조.

30) 대판 2010.9.9. 2008다15865는 "실정법에 정하여진 개별 법제도의 구체적 내용에 좇아 판단되는 바를 신의칙과 같은 법원칙을 들어

한편 대판(전) 2013.5.16. 2012다202819는 “채무자가 소멸시효의 이익을 원용하지 않을 것 같은 신뢰를 부여한 경우에도 채권자는 그러한 사정이 있은 때로부터 상당한 기간 내에 권리를 행사하여야만 채무자의 소멸시효의 항변을 저지할 수 있[…]다. 다만 신의성실의 원칙을 들어 시효완성의 효력을 부정하는 것은 […] 소멸시효제도에 대한 대단히 예외적인 제한에 그쳐야 할 것이므로, 위 권리행사의 ‘상당한 기간’은 특별한 사정이 없는 한 민법상 시효정지의 경우에 준하여 단기간으로 제한되어야 한다. 그러므로 개별사건에서 매우 특수한 사정이 있어 그 기간을 연장하여 인정하는 것이 부득이한 경우에도 불법행위로 인한 손해배상청구의 경우 그 기간은 아무리 길어도 민법 제766조 제1항이 규정한 단기소멸시효기간인 3년을 넘을 수는 없다고 보아야 한다”고 하여, 시효의 남용이 인정되는 경우에도 시효기간의 연장을 3년으로 제한한다.[31]

제5절 제척기간과 실효

[1409] Ⅰ. 제척기간

1. 의 의

가. 개 념

(1) 제척기간(除斥期間)이란 일정한 권리에 관하여 법률이 예정하는 행사기간을 말하는데, 권리자로 하여금 당해 권리를 신속하게 행사하도록 함으로써 그 권리를 둘러싼 법률관계를 조속히 확정하려는 데 그 취지가 있다. 따라서 그 기간 내에 권리를 행사하지 않으면 권리는 소멸하고, 당사자에게 책임 없는 사유로 인하여 기간을 준수하지 못했더라도 마찬가지이다.[1]

(2) 제척기간에 걸리는 권리는 대개 형성권이지만, 점유보호청구권이나 상속회복청구권 등 청구권이 제척기간에 걸리기도 한다(담보책임에서의 권리행사기간도 같다).

[1410] 나. 소멸시효와의 차이

제척기간은 다음의 점에서 소멸시효와 다르다.

① 제척기간이 경과하면 권리가 장래에 향하여 소멸하여 법률관계가 확정된다.[2]

② 제척기간은 당사자가 주장하지 않더라도 법원이 당연히 고려해야 하는 직권조사사항이다.[3]

말하자면 당해 법제도의 외부로부터 배제 또는 제한하는 것은 법의 해석·적용에서 구현되어야 할 기본적으로 중요한 법가치의 하나인 법적 안정성을 후퇴시킬 우려가 없지 않다. 특히 법률관계에는 불명확한 부분이 필연적으로 내재하는바 그 법률관계의 주장에 일정한 시간적 한계를 설정함으로써 그에 관한 당사자 사이의 다툼을 종식시키려는 것을 취지로 하는 소멸시효제도에 있어서는, 애초 그 제도가 누구에게나 무차별적·객관적으로 적용되는 시간의 경과가 1차적인 의미를 가지는 것으로 설계되었음을 고려하면, 위와 같은 법적 안정성의 요구는 더욱 선명하게 제기된다. 따라서 소멸시효에 관하여 신의칙을 원용함에는 신중을 기할 필요가 있다. 특히 채권자에게 객관적으로 자신의 권리를 행사할 수 없는 장애사유가 있었다는 사정을 들어 그 채권에 관한 소멸시효 완성의 주장이 신의성실의 원칙에 반하여 허용되지 아니한다고 평가하는 것은 소멸시효의 기산점에 관하여 변함없이 적용되어 왔던 법률상 장애/사실상 장애의 기초적인 구분기준을 내용이 본래적으로 불명확하고 개별사안의 고유한 요소에 열려 있는 것을 특징으로 하는 일반적인 법원칙으로서의 신의칙을 통하여 아예 무너뜨릴 위험이 있으므로 더욱 주의를 요한다”고 하면서, “국가에게 국민을 보호할 의무가 있다는 사유만으로 국가가 소멸시효의 완성을 주장하는 것 자체가 신의성실의 원칙에 반하여 권리남용에 해당한다고 할 수는 없으므로, 국가의 소멸시효 완성주장이 신의칙에 반하고 권리남용에 해당한다고 하려면 일반채무자의 소멸시효 완성주장에서와 같은 특별사정이 인정되어야 한다”고 하여, 시효의 남용 자체를 특별한 사정이 있는 경우로 한정한다.

31) 앞의 2013다201844 판결 및 고엽제 피해에 관한 대판 2013.7.12. 2006다17539도 참조.

1) 대결 2003.8.11. 2003스32.

2) 제척기간의 도과로 권리를 행사할 수 없다는 점에서 실질적으로 권리의 소멸과 다르지 않다.

③ 제척기간은 권리발생시부터 기산하며, 그 성질상 기간의 중단이 있을 수 없다.[4]

[참 고] 제척기간 이익의 포기에 관하여 대판 2022.6.9. 2017다247848: “상법 제814조 제1항에서 정한 제척기간이 지난 뒤에 그 기간 경과의 이익을 받는 당사자가 기간이 지난 사실을 알면서도 기간 경과로 인한 법적 이익을 받지 않겠다는 의사를 명확히 표시한 경우에는, 소멸시효 완성 후 이익의 포기에 관한 민법 제184조 제1항을 유추적용하여 제척기간 경과로 인한 권리소멸의 이익을 포기하였다고 인정할 수 있다.”

학설은 일반적으로 제척기간과 소멸시효를 준별하고, 포기를 포함하여 소멸시효에 관한 민법규정은 제척기간에 적용 또는 유추될 수 없다고 한다. 그런데 이와 다른 입장인 이 판결의 결론은 당사자의 합의에 의하여 제소기간을 연장할 수 있다고 규정함으로써(상법 제814조 제1항 단서) 법률관계 조기확정의 요청이 뒤로 물러서는 특수한 제척기간에 한하여 타당할 수 있고, 제척기간 일반에 관하여 같은 법리를 개진해서는 안 될 것이다. 즉 제척기간이 당사자의 이익을 보호한다는 부수적 목적도 가지는 경우에 한하여 제척기간 이익의 포기가 유의미할 수 있다.

2. 제척기간의 내용 [1411]

(1) 소멸시효와 제척기간의 구별기준에 관하여 학설은 일반적으로 “시효로 인하여”라는 문언이 있으면 소멸시효로 보고, 그렇지 않은 것은 제척기간으로 본다.

그런데 형성권에 관한 기간은 제척기간으로 볼 것이다. 명문규정(예: 제146조)이 없는 경우에 특히 형성권의 제척기간은 10년이지만, 당사자 사이의 약정으로 정한 행사기간에는 특별한 제한이 없다.[5]

한편 형성권을 행사한 결과로 발생하는 채권(예: 취소로 인한 부당이득반환청구권)도 형성권의 제척기간까지 존속한다는 것이 다수설의 입장이지만, 제척기간 내에 형성권이 행사되면 그로써 권리관계는 확정되므로 행사의 결과 발생하는 채권까지 제척기간 내에 행사할 필요는 없고, 판례의 입장도 같은 것으로 보인다.[6]

(2) 제척기간이 정해져 있는 경우에 그 기간 내에 어떤 행위가 있어야 권리가 보전되는지와 관련하여 소의 제기를 요하는 경우와 재판 외의 형성권 행사의 의사표시로 충분한 경우가 있다. [1412]
제척기간이 출소기간(出訴期間)인 경우로 채권자취소권(제406조 제1항) 외에 점유보호청구권[7]과 상속회복청구권[8]을 들 수 있고, 재판 외의 행사로 충분한 경우로 매매예약완결권, 하자담보책임 등이 있다.

그런데 채권양도의 통지와 제척기간의 준수 여부에 관하여 대판(전) 2012.3.22. 2010다28840(판례, 〈3-5-13〉)의 다수의견: “채권양도의 통지는 양도인이 채권이 양도되었다는 사실을 채무자에게 알리는 것에 그치는 행위이므로, 그것만으로 제척기간 준수에 필요한 권리의 재판 외 행사에 해당한다고 할 수 없[고, …] 따라서 집합건물인 아파트의 입주자대표회의가 스스로 하자담보추급에 의한 손해배상청구권을 가짐을 전제로 하여 직접 아파트의 분양자를 상대로 손해배상

3) 대판 2000.10.13. 99다18725.
4) 대판 2003.1.10. 2000다26425.
5) 매매예약의 완결권에 관한 대판 2017.1.25. 2016다42077 참조.
6) 환매권의 행사로 발생한 소유권이전등기청구권은 환매권 행사에 관한 기간제한과 별도로 환매권을 행사한 때부터 일반채권과 같이 10년의 소멸시효기간이 진행된다고 한 대판 1991.2.22. 90다13420. 대판 2011.10.13. 2011다10266(판례, 〈4-5-2〉)도 참조.
7) 대판 2002.4.26. 2001다8097·8103.
8) 대판 1993.2.26. 92다3083.

청구소송을 제기하였다가, 소송계속 중에 정당한 권리자인 구분소유자들에게서 손해배상채권을 양도받고 분양자에게 통지가 마쳐진 후 그에 따라 소를 변경한 경우에는, 채권양도통지에 채권양도의 사실을 알리는 것 외에 이행을 청구하는 뜻이 별도로 덧붙여지거나 그 밖에 구분소유자들이 재판 외에서 권리를 행사하였다는 등 특별한 사정이 없는 한, 위 손해배상청구권은 입주자대표회의가 위와 같이 소를 변경한 시점에 비로소 행사된 것으로 보아야 한다."[9]

한편 출소기간인 경우에 제소가 적시에 이루어져야 하고, 재판 외의 행사로 족한 경우에도 제척기간 내에 그 의사표시가 상대방에게 도달해야 한다(제111조 제1항).[10]

(3) 소멸시효기간은 법률행위에 의하여 단축 또는 경감할 수 있지만(제184조 제2항), 제척기간은 자유로이 단축할 수 없다.[11]

(4) 명문규정(예: 제582조, 제670조)이 없는 경우에 형성권을 행사할 수 있는 때를 제척기간의 기산점으로 삼아야 하지만(제166조의 유추), 판례는 권리가 발생한 때라는 입장이다.[12]

그리고 상대방이 복수라면 기간 준수 여부를 따로따로 판단해야 한다.

[1413] ### 3. 항변권의 항구성

어떤 부동산을 매수한 이가 나중에 자기가 속은 사실을 알았지만 아무런 조치를 취하지 않고 있었는데, 속은 사실을 안 날부터 3년이 지난 후(제146조 참조) 매도인이 대금청구를 하는 경우에 제110조에 기한 취소권을 행사할 수 있는가? 이것이 항변권의 항구성(恒久性)의 문제인데, 상대방의 청구에 대하여 소송상 항변으로 형성권을 행사하는 경우에 발생한다.

생각건대 이러한 경우에 형성권의 행사는 현상을 유지하는 방향으로 작동하고,[13] 법률관계의 안정이라는 기간제한의 취지에 반하지 않기 때문에, 항변권은 독자적으로 기간제한에 걸리지 않는다고 해야 한다. 동시이행의 항변권(제536조) 또는 보증인의 최고 · 검색의 항변권(제437조)의 경우에도 마찬가지이다.

[1414] ## Ⅱ. 권리의 실효

1. 의 의

(1) 신의칙에 반하는 권리주장으로 생각되는 특별한 사정이 있으면 그 권리는 실효(失效)된다. 즉 권리자가 권리를 행사할 수 있었음에도 불구하고 상당한 기간이 지나도록 권리를 행사하

---

9) 채무자의 승낙이 없는 한 양도통지는 권리행사의 필수적 전제라는 점에 "이행기의 정함이 없는 채권을 양수한 채권양수인이 채무자를 상대로 그 이행을 구하는 소를 제기하고 소송계속 중 채무자에 대한 채권양도통지가 이루어진 경우에는 특별한 사정이 없는 한 채무자는 채권양도통지가 도달된 다음 날부터 이행지체의 책임을 진다"는 대판 2014.4.10. 2012다29557 및 소멸시효와 관련하여 채권의 행사에 채권이 가지는 다른 여러 가지 권능을 행사하는 것도 포함된다는 대판 2020.7.9. 2016다244224 · 244231을 더하여 보면 2010다28840 판결의 판시에 대하여 의문이 없지 않다. 채권양도통지가 비록 "이행청구나 최고와 같이 시효중단의 효력이 인정될 정도의 사유는 아니라고 하더라도 제척기간 준수의 효과가 부여될 수 있는 권리행사의 객관적 행위태양이라고 인정하는 데는 부족함이 없다"고 한 소수의견도 참조.

10) 보험계약의 해지에 관한 대판 2000.1.28. 99다50712 참조.

11) 당사자 사이의 약정으로 기간을 연장할 수 없는 점(제184조 제2항. 그에 대한 예외로 앞서 본 상법 제814조 제1항 단서 등)은 제척기간에서도 마찬가지이다(대판 1995.11.10. 94다22682 · 22699).

12) 앞의 94다22682 · 22699 판결: "제척기간⋯[의 기산점은 특별한 사정이 없는 한 원칙적으로 권리가 발생한 때이고, 당사자 사이에 매매예약완결권을 행사할 수 있는 시기를 특별히 약정한 경우에도 그 제척기간은 당초 권리의 발생일로부터 10년간의 기간이 경과되면 만료되는 것이지 그 기간을 넘어서 그 약정에 따라 권리를 행사할 수 있는 때로부터 10년이 되는 날까지로 연장된다고 볼 수 없다."

13) 선택권의 행사와 같이 형성권을 현상의 변화를 위하여 능동적으로 행사하는 경우에는 제척기간이 문제된다.

지 않아서 의무자인 상대방으로 하여금 더 이상 권리자가 권리를 행사하지 않을 것이라는 정당한 기대를 가지게 한 후에 새삼스럽게 권리를 행사하는 것이 법질서 전체를 지배하는 신의성실의 원칙에 위반하는 것으로 인정될 때에는 실효의 원칙에 따라 그 권리의 행사가 허용되지 않는다.[14)]

(2) 형성권 등 소멸시효에 걸리지 않는 권리[15)]나 소멸시효가 아직 완성되지 않은 권리가 실효되면, 더 이상 그 권리를 주장할 수 없다.

2. 요 건 [1415]

(1) 권리자가 장기간에 걸쳐 권리를 행사하지 않았다는 사실만으로 곧바로 그 후의 권리행사가 부당한 것으로 되지는 않고,[16)] 상당한 기간의 경과 외에 권리의 때늦은 주장을 악의적이라고 평가하지 않을 수 없게 하는 사정이 있어야 한다. 요컨대 객관적으로 권리자의 행태로부터 그가 권리를 행사하지 않으리라고 추측할 수 있었고, 주관적으로도 상대방이 그러리라고 믿었으며 그 믿음에 잘못이 없었던 경우(「정당한 신뢰」)에만 권리의 실효를 인정할 수 있다.

그런데 실효의 원칙이 적용되기 위하여 필요한 요건으로서 권리를 행사하지 않은 기간의 길이와 의무자인 상대방이 권리가 행사되지 않으리라고 신뢰할 만한 정당한 사유의 존부는 일률적으로 판단할 수 있는 것이 아니라, 개개의 사안에서 권리를 행사하지 않은 기간의 장단과 함께 권리자와 상대방 쌍방의 사정 및 객관적으로 존재한 사정 등을 모두 고려하여 사회통념에 따라 합리적으로 판단해야 한다.[17)]

(2) 포기할 수 없는 권리의 실효는 인정되지 않는다.[18)] 실효의 원칙은 권리자가 권리를 포기하였으리라는 상대방의 보호가치 있는 신뢰를 보호하는 제도이기 때문이다. 그리고 권리자 자신의 불행사가 아니라 앞 사람(前主)의 불행사는 권리의 실효를 야기하지 않는다.[19)]

---

14) 대판 2005.10.28. 2005다45827. 실효의 원칙이 사용자와 근로자 사이의 고용관계(근로자의 지위)의 존부를 둘러싼 노동분쟁에서 더욱 적극적으로 적용되어야 할 필요가 있다고 하면서도, 의원면직된 때부터 상당한 기간이 경과한 후에 제기한 근로자지위확인의 소를 실효의 원칙에 비추어 허용될 수 없다고 한 대판 1992.1.21. 91다30118도 참조.

15) 해제권에 관한 대판 1994.11.25. 94다12234 참조.

16) 대판 2002.1.8. 2001다60019.

17) 대판 2005.10.28. 2005다45827. 조건부 징계해고처분을 받고 의원면직된 후 10년 남짓 경과된 뒤에 조건부 징계처분 등이 무효이므로 원고는 피고의 사원임의 확인을 구하는 소를 제기한 것이 신의칙에 위반되지 않는다고 본 대판 1990.8.28. 90다카9619도 참조.

18) 인지청구권의 실효가 인정되지 않는다고 한 대판 2001.11.27. 2001므1353 참조.

19) 대판 1995.8.25. 94다27069 참조.

제 6 장 권리의 주체

제 1 절 권리주체 총설

[1416] 1. 개 념

(1) 권리는 일정한 이익을 누릴 수 있도록 법에 의하여 주어진 힘이어서 이익을 누릴 주체가 필요한데, 법에 의하여 권리를 향유할 수 있는 지위를 부여받은 이를 권리주체(權利主體)라 한다.

(2) 민법상 권리주체로 자연인과 법인이 있는데(제3조, 제32조 참조), 권리주체임를 나타내는 「(매수)人, (소유)者, (차)主, (조합)員」의 표현이 자연인만 지칭하기도 하고,[1] 법인을 포함하는 권리주체를 총칭하기도 한다.[2]

(3) 권리능력을 포함하여 능력에 관한 규정은 강행규정이다.

[1417] 2. 권리능력

가. 개 념

(1) 권리능력(權利能力. 법인격이라고도 한다)이란 권리를 가질 수 있는 추상적 지위 내지 자격을 말한다.[3] 권리능력자는 권리를 가질 수 있는 동시에 의무를 부담할 수 있으므로(제3조), 권리능력은 동시에 의무능력이다.

(2) 권리능력자(권리주체)란 권리를 가질 수 있는 자격을 가지는 이를 말하는데, 실제로 권리를 가지는 「권리자」와는 다른 개념이다. 그리고 권리능력과 권리의 취득이나 행사 및 의무의 부담이나 이행은 별개의 문제로, 후자는 행위능력의 문제이다.[4]

[1418] 나. 민법상의 권리능력자

(1) 무릇 법질서는 인간에게 봉사해야 하므로, 문명국가의 법질서는 모든 사람(자연인)에게 예외 없이 권리능력을 인정한다. 민법도 정신적 · 신체적 성숙의 정도와 무관하게 모든 사람은 생존한 동안 평등하게 권리능력을 가지는 것으로 선언한다(제3조).

(2) 법인에 대해서도 일정한 범위에서 권리능력이 인정된다.

---

1) 제1편 제2장에서 그러한데, "사람"(예: 제3조, 제4조)이라고도 한다.

2) 제1편 제2장과 제3장을 제외한 나머지에서 대체로 그렇다.

3) 참고로 권리능력에 상응하는 절차법적 개념이 당사자능력(當事者能力)인데, 소송의 주체가 될 수 있는 일반적 자격을 말하며, 소송요건이다. 실체법상의 권리능력자와 법인 아닌 사단(민사소송법 제52조)이 당사자능력자이다.

4) 갓난애도 권리자 또는 의무자일 수 있지만, 그가 독자적으로 권리를 취득하거나 의무를 부담할 수는 없다.

제 2 절 자연인의 권리능력

Ⅰ. 총 설 [1419]

1. 민법 제3조

(1) "사람은 생존한 동안 권리와 의무의 주체가 된다"(제3조). 법질서 전체의 근본이념인 인격존중의 원칙에 기한 이 규정은, 모든 자연인에게 출생에 의하여 당연히 권리능력이 인정됨을 밝힘으로써, 「권리능력 평등의 원칙」을 선언한 점에서 의미를 가진다.

(2) 사람이 권리주체인 것은 살아있는 동안이다. 그런데 살아있다는 것이 언제부터 언제까지인지가 보통 명확하지만, 그 판단이 쉽지 않은 경우도 있다.

2. 외국인의 권리능력 [1420]

(1) 외국인이란 대한민국의 국적을 갖지 않은 이를 말하는데, 국적의 취득 및 상실은 국적법이 정한다.

(2) 민법은 외국인의 권리능력에 관하여 규정하지 않는다(본국법에 따른 권리능력을 인정하는 국제사법 제26조 참조). 그러나 헌법 제6조 제2항이 외국인의 법적 지위를 국제법과 조약의 범위 내에서 보장할 것을 규정하므로, 외국인도 내국인과 동등한 권리능력을 가진다(평등주의). 그럼에도 불구하고 실제로 각종의 특별법(특히 상호주의를 따르는)에 의하여 외국인의 권리능력이 제한되는 경우가 적지 않다.

Ⅱ. 권리능력의 시기 [1421]

1. 출 생

(1) 사람의 권리능력은 출생과 동시에 시작된다. 그런데 출생과정 중 어느 시점을 권리능력의 시기(始期)로 볼 것인지에 관하여, 민법학에서는 태아가 모체 밖으로 완전히 나온 순간, 즉 출생의 종료를 기준으로 하는 전부노출설이 지배적 입장이다. 이 입장은 출생 여부에 따른 문제를 명쾌하게 해결할 수 있다는 장점을 가진다.

(2) 사람이 출생하여 잠시라도 살아있으면 성별, 생존능력의 유무 등과 무관하게 권리능력을 가진다.

(3) 사람이 출생하면 가족관계등록법 제49조 이하에 따라 출생신고를 해야 하는데,[1)] 보고적 신고에 불과하다. 즉 권리능력은 출생이라는 사실에 의하여 취득되고, 신고나 가족관계등록부의 기록으로 비로소 취득하는 것은 아니다. 다만 가족관계등록부에 기록된 사실은 진실에 부합하는 것으로 추정된다.[2)]

---

1) 출생등록될 권리에 관하여 대결 2020.6.8. 2020스575 참조.

2) 대결 2020.1.9. 2018스40: "가족관계등록부는 그 기재가 적법하게 되었고 기재사항이 진실에 부합한다는 추정을 받는다. 그러나 가족관계등록부의 기재에 반하는 증거가 있거나 그 기재가 진실이 아니라고 볼 만한 특별한 사정이 있을 때에는 그 추정은 번복될 수 있다."

[1422] ## 2. 태아의 법적 지위

가. 서 설

(1) 태아(胎兒)란 임신 후 모체에서 전부 노출될 때까지의 생명체를 말한다. 반면 아직 포태되지 않은 상태(예: 냉동보관 중인 수정란)라면 태아라 할 수 없다.

(2) 자연인은 출생해야 권리능력을 취득하므로, 아직 출생하지 않은 태아는 권리능력을 가지지 못한다. 그러나 이 법리를 관철한다면 태아에게 불리할 뿐만 아니라 법감정에 맞지 않는 경우도 생길 수 있다.[3] 여기서 태아를 위한 보호조치가 요청된다.

[1423] ### 나. 태아의 보호범위

(1) 민법은 중요한 법률관계에 관해서만 태아가 출생한 것으로 보아 그 범위에서 권리능력을 인정한다:「개별적 보호주의」.

[참 고] 민법이 취하는 개별적 보호주의는 적용범위가 명확하다는 장점과 함께 보호범위가 넓지 않다는 단점도 가진다. 이를 보완하기 위하여 민법의 보호규정을 다른 경우에 유추해야 한다는 주장도 있지만, 동의하기 어렵다. 특히 제562조가 유증에 관한 규정을 준용한다는 점을 근거로 사인증여(死因贈與)에서도 태아의 수증능력을 인정하는 것이 다수설의 입장이지만, 유증과 사인증여의 법적 성질이 다르다는 점,[4] 제562조에 의하여 준용되는 것은 유증의 효력에 관한 규정에 한한다는 다수설 · 판례[5]의 입장, 생전증여 및 그 밖의 계약과의 균형 등에 비추어 이를 부정해야 한다.

(2) 민법상 태아가 권리능력을 가지는 경우는 다음과 같다.

① 손해배상청구권에 관하여 태아는 이미 출생한 것으로 본다(제762조). 이에 해당하는 것은 불법행위에 의한 손해배상청구권이 태아에게 직접 귀속되는 경우이고, 태아인 상태에서 부 · 모의 사망으로 인한, 부 · 모의 재산적 및 정신적 손해배상청구권의 상속은 아래 ②의 문제이다. 즉 부 · 모의 생명침해로 인한 태아 자신의 위자료청구권(제752조)[6]과 태아 자신에 대한 출생 전의 가해행위가 문제된다.[7]

② 태아는 상속순위에 관하여 이미 출생한 것으로 본다(제1000조 제3항). 대습상속(제1001조)과 유류분(제1112조 이하)에 관해서도 태아의 권리능력이 인정된다.

③ 유증에 관하여 태아는 이미 출생한 것으로 본다(제1064조, 제1000조 제3항).

[1424] ### 다. 태아의 법률상 지위

(1) 태아에게 권리능력이 인정되는 경우에 민법은 "이미 출생한 것으로 본다"라고 하는데, 그 이론구성이 특히 태아가 권리능력을 취득하는 시기와 관련하여 논의된다.

그런데 이하의 논의는 태아가 출생한 경우에만 의미를 가진다. 즉 태아가 사산되면 학설의 대립과 관계없이 태아의 권리능력이 인정되지 않는다.[8]

---

3) 예를 들어 쌍둥이 중 A는 아버지 V가 사망하기 전에 출생하였으나 B는 V 사망 후에 출생한 경우에, B는 상속개시 당시 아직 권리능력을 취득하지 못했으므로(제997조 참조) V의 재산을 상속받을 수 없는바, 이러한 결과는 매우 불공평하다.

4) 사인증여는 계약인 반면, 유증은 단독행위이다.

5) 대판 1996.4.12. 94다37714 · 37721([2592]에 소개된) 참조.

6) 아버지가 교통사고로 상해를 입을 당시 태아였다가 출생한 자녀에게 아버지의 부상으로 인한 정신적 고통에 대한 위자료청구권이 있다고 한 대판 1993.4.27. 93다4663도 참조.

7) 의사가 임산부에게 잘못된 처치를 하여 태아가 기형으로 태어났다면, 가해행위 당시 권리능력이 없었더라도 손해배상을 청구할 수 있다.

8) 대판 1976.9.14. 76다1365: "태아가 특정한 권리에 있어서 이미 태어난 것으로 본다는 것은 살아서 출생한 때에 출생시기가 문제의

(2) 태아의 법률상의 지위에 관하여, 태아인 동안 권리능력이 인정되지 않지만, 태아가 살아서 출생하면 권리능력 취득의 효과가 문제의 사건이 발생한 시기(불법행위시 또는 상속개시시)로 소급한다는 정지조건설과 태아인 동안에도 권리능력이 인정되는 범위에서 권리능력을 가지지만, 사산(死産)되면 권리능력 취득의 효과가 소급하여 소멸한다는 해제조건설(다수설의 입장이다)이 대립한다.[9)]

판례는 정지조건설을 따른다.[10)]

(3) 생각건대 태아의 사산율이 현저하게 낮아진 점, 성별에 따른 상속분의 차이가 없다는 점 등 해제조건설에 유리한 정황도 다수 있다. 그러나 태아를 위한 법정대리인제도가 없다는 점,[11)] 출생자의 법정대리인제도(제911조 등)를 유추하더라도 상속재산의 분할 등이 제한된다는 점(제921조 참조), 태아가 부동산을 (특정)유증받은 경우에 태아 명의로 등기할 수 없다는 점 등에 비추어 보면, 태아의 보호를 위하여 해제조건설을 취할 실익이 거의 없다. 판례에 찬동한다.

Ⅲ. 권리능력의 종기 [1425]

1. 사 망

(1) 사람은 사망으로 권리능력을 상실하고(제3조), 그가 가지던 권리와 의무는 유언 또는 상속법이 정하는 바에 따라 누군가에게 돌아간다.[12)]

(2) 어느 시점에 사망한 것으로 볼 것인지는 상속인의 확정(제1000조, 제1001조), 유언의 효력 발생시기(제1073조) 등과 관련하여 문제된다. 민법은 사람의 사망시기에 관하여 규정하지 않는데, 전통적으로 심장사(心臟死), 즉 호흡과 심장의 박동이 영구적으로 멈추고 동공이 확대되는 때를 사망시기로 파악한다. 그런데 의학의 발달에 따라 장기이식, 특히 심장이식이 가능하게 되면서 심장사는 새로운 법적 문제를 낳기에 이르러,[13)] 뇌사(腦死)를 인정하자는 주장이 의학계를 중심으로 제기되었다. 그러나 뇌사를 일반적인 사망기준으로 인정하기에 어려움이 적지 않으므로, 인공적 방법(인공호흡기, 인공혈액순환기 등)으로 심장이나 폐의 활동을 연장하는 경우(이른바 연명)에 한하여 예외적으로 뇌사를 인정할 여지가 있을 뿐이다.

[참 고] 임종과정[14)]에 있는 환자의 연명의료[15)]와 연명의료 중단 등의 결정 및 그 이행에 필요한

사건의 시기까지 소급하여 그때에 태아가 출생한 것과 같이 법률상 보아준다고 해석하여야 상당하므로 그가 모체와 같이 사망하여 출생의 기회를 못 가진 이상 배상청구권을 논할 여지 없다." 헌재결 2008.7.31. 2004헌바81도 참조.

9) 어머니 A를 모시고 임신한 아내 C(태아는 D라고 하자)와 살던 B가 교통사고로 사망함에 따라 그의 재산이 상속되는 경우를 보자. 정지조건설에 의하면, 일단 A와 C가 B의 재산을 공동상속하고, 나중에 D가 출생하면 C와 D가 B의 재산을 공동상속하게 되어(제1000조 제1항 제1호, 제2호 참조) D가 법정대리인 C를 통하여 A의 상속분에 대한 반환청구를 할 것이지만, D가 사산되었다면 A와 C의 공동상속이 확정된다. 반면 해제조건설에 의하면, 일단 C와 D가 B의 재산을 공동상속하고, D가 출생하면 그대로 확정되지만, D가 사산되었다면 A가 D의 법정대리인이라고 할 C를 상대로 D의 상속분에 대한 반환청구를 하게 된다.
여기서 정지조건 또는 해제조건은 본래의 의미의 조건이 아니라 법률관계를 설명하기 위하여 차용한 도구개념에 불과하다.

10) 앞의 76다1365 판결.

11) 의용민법이 적용된 사안에서 태아인 동안에는 법정대리인이 있을 수 없다고 한 대판 1982.2.9. 81다534 참조.

12) V가 유언 없이 사망하였다면, V의 자녀 K는 제1순위의 혈족상속인이고(제1000조 제1항 제1호), V의 아내는 배우자상속인이다(제1003조 제1항).

13) 심장이식이 가능하기 위하여 이식될 심장이 박동하고 있어야 하는데, 심장사설에 의한다면 심장을 적출하는 순간에 심장제공자는 사망한다.

14) 회생의 가능성이 없고, 치료에도 불구하고 회복되지 않으며, 급속도로 증상이 악화되어 사망에 임박한 상태.

15) 임종과정에 있는 환자에게 하는 심폐소생술, 혈액 투석, 항암제 투여, 인공호흡기 착용 및 그 밖의 의학적 시술로서 치료효과 없이 임종과정의 기간만 연장하는 것.

사항을 규정함으로써 환자의 최선의 이익을 보장하고 자기결정을 존중하여 인간으로서의 존엄과 가치를 보호하는 것을 목적으로 하는 연명의료결정법(호스피스 · 완화의료 및 임종과정에 있는 환자의 연명의료 결정에 관한 법률)이 2017년부터 시행되고 있다.[16]

(3) 사람이 사망하면 가족관계등록법 제84조 이하에 따라 사망신고를 해야 하는데, 가족관계등록부에 기록된 사실은 진실에 부합하는 것으로 추정될 뿐이다.[17] 그리고 사망의 사실 및 시기에 대한 증명책임은 그것을 전제로 한 법률효과를 주장하는 이가 진다.[18]

(4) 사망사실에 대한 증명이 없음에도 사망의 효과가 발생하는 경우도 있다. 인정사망(가족관계등록법 제87조 참조)과 실종선고가 그것인데, 실종선고에 관해서는 뒤에서 살펴본다.

[1426]
2. 동시사망의 추정

가. 의 의

(1) 수인이 사망한 경우에, 그들의 사망시기의 선후가 특히 상속과 관련하여 문제됨에도 불구하고(그들 사이의 상속 여부와 그에 따른 상속인의 확정 등),[19] 그 선후가 언제나 명확하지는 않다. 이러한 어려움을 덜어주기 위하여 제30조는 2인 이상이 동일한 위난으로 사망한 경우에 그들은 동시에 사망한 것으로 추정한다.

(2) 동시사망(同時死亡)의 추정은 수인이 사망한 것은 확실하지만 사망의 「선후」에 대한 증명만이 없는 경우에 관한 것이다. 그리고 자연과학적 관점에서 동시사망은 있기 어렵지만, 사망의 선후를 증명할 수 없는 경우에 동시에 사망한 것으로 다루는 것이 결과적으로 가장 공평하고 합리적이라는 데 제30조의 입법취지가 있다.[20]

[1427]
나. 추정의 효과

(1) 수인이 동일한 위난으로 사망한 경우에 제30조에 따라 상속에 관한 문제가 처리된다. 즉 동시존재(同時存在)의 원칙[21]에 따라, 동시에 사망한 것으로 추정되는 이들 사이에서 상속이 일어나지 않는다.[22] 다만 대습상속과 관련하여 예외가 인정된다: "민법 제1001조의 '상속인이 될 직계비속이 상속개시 전에 사망한 경우'에는 '상속인이 될 직계비속이 상속개시와 동시에 사망한 것으로 추정되는 경우'도 포함하는 것으로 합목적적으로 해석함이 상당하다."[23]

(2) 제30조의 추정은 「법률상의 추정」이므로,[24] 수인이 다른 시각에 사망하였다는 반대사실에 대한 증명, 즉 본증(本證)에 의하여 번복된다.[25] 그 밖에 동일한 위난으로 사망하였다는 전제

---

16) 그에 앞서 연명치료 중단에 관하여 판단한 대판(전) 2009.5.21. 2009다17417도 참조.

17) 대판 1994.6.10. 94다1883.

18) 관련하여 채권자대위소송에서 95세의 고령인 피대위자의 생존이 추정된다고 본 대판 1995.7.28. 94다42679도 참조.

19) 어머니 A, 아내 B, 미혼의 자녀 C가 있는 D가 C와 지리산 등반에 나섰다가 악천후를 만나 C와 D가 모두 사망한 경우를 본다(편의상 D만이 재산을 가졌다고 하자). C가 D보다 먼저 사망하였다면 A와 B가 공동상속인으로 되는 반면(제1000조 제1항 제2호, 제1003조 제1항), D가 C보다 먼저 사망하였다면 D의 재산을 B와 C가 공동상속하고 다시 C가 사망함에 따라 B가 C의 상속분을 상속하므로(제1000조 제1항 제1호 및 제2호, 제1003조 제1항), 결국 B만이 상속인으로 된다. 이 때문에 A와 B 사이에 사망의 시기를 둘러싼 다툼이 발생할 소지가 있다.

20) 뒤의 99다13157 판결.

21) 상속인으로 되기 위해서는 피상속인이 사망할 당시에 생존하고 있어야 한다는 원칙.

22) 앞의 예에서 C와 D는 동시에 사망한 것으로 추정되므로, 결국 A와 B가 공동상속인으로 된다.

23) 대판 2001.3.9. 99다13157(판례, 〈1-4-1〉): 피대습자가 피상속인의 사망, 즉 상속개시와 동시에 사망한 것으로 추정되는 경우에 그 직계비속 또는 배우자가 본위상속과 대습상속의 어느 쪽도 하지 못하게 된다면 동시사망 추정 이외의 경우에 비하여 현저히 불공평하고 불합리함을 근거로 한다. 참고로 이 판결에서 실질적으로 주된 쟁점은 사위의 대습상속이 인정되는지 여부였다.

24) 추정의 의미에 관하여 [5153] 참조.

사실에 대한 반증(反證)에 의해서도 제30조의 추정이 번복될 수 있다.[26]

다. 제30조의 유추(?) [1428]

수인의 사망시기의 선후를 정하는 어려움이 동일한 위난에서만 발생하는 것은 아니다. 거의 동시적으로 일어난 서로 다른 위난으로 수인이 사망하였는데 그들의 사망시기의 선후를 확정할 수 없는 경우[27]에도 상황은 유사하다. 이러한 경우에 제30조를 유추할 필요가 있지만, 판례는 전제사실, 즉 동일한 위난에 대한 반증에 의하여 추정이 번복될 수 있다고 하여 반대의 입장이다.[28]

Ⅳ. 부재와 실종 [1429]

1. 서 설

어떤 이가 종래의 주소나 거소를 떠나 당분간 돌아올 가망이 없다면, 그의 잔류재산을 관리하고 잔존배우자 등 이해관계인을 보호하기 위한 조치가 필요하다. 이에 법은 부재자가 생존하는 것으로 추정하여 그의 귀환을 전제로 잔류재산을 관리하다가(「부재자의 재산관리」: 잔류재산의 원칙적 유지), 부재자의 생사불명상태가 일정기간 계속되어 생존가능성이 줄어들면 일정한 절차에 따라 그가 사망한 것으로 보아 법률관계를 정리한다(「실종선고」).[29]

[참 고] 주소에 관하여 [1430]

㉠ 사람의 동일성을 식별하는 기준으로서 주소(住所)는 생활의 근거가 되는 곳을 말한다(제18조 제1항). 30일 이상 거주할 목적으로 일정한 장소에 주소 또는 거소를 가지는 이가 주민등록법에 의하여 등록한 장소인 주민등록지와 달리, 민법상 주소는 동시에 두 곳 이상 있을 수 있다(제18조 제2항).

주소의 결정에 관하여, 민법은 "생활의 근거되는 곳"을 주소라 하여 실질주의를 따르고, 제한능력자를 위한 법정주소를 두지 않은 점 등에 비추어 객관주의를 따른다고 보아야 한다.

주소는 민법상 부재와 실종의 표준(제22조, 제27조)이자, 변제장소를 정하는 기준(제467조)이고, 상속의 개시지(제998조)이며, 민법 외의 사법관계에서 어음·수표행위의 장소(어음법 제2조, 수표법 제8조), 재판관할의 표준(민사소송법 제2조, 가사소송법 제13조, 제22조, 제26조 등) 등의 의미를 가진다.

㉡ 거소(居所)란 사람이 상당한 기간 계속하여 거주하는 장소로, 장소적 밀접도가 주소에 미치지 못하는 곳을 말한다. 민법은 어떤 이의 주소를 알 수 없거나 국내에 주소가 없는 경우에 거소를 주소로 본다(제19조, 제20조). 그리고 당사자가 어떤 거래에 관하여 일정한 장소를 선정하여 그 거래관계에 관하여 주소로서의 법적 기능을 부여한 장소를 가주소(假住所)라 한다(제21조).

---

25) 「본증」은 자기가 증명책임을 지는 사실을 증명하기 위하여 제출하는 증거로, 법관이 요증사실의 존재에 대한 확신을 가지지 않으면 그 목적을 달성할 수 없다. 반면 「반증」은 상대방에게 증명책임이 있는 사실을 부정하기 위하여 제출하는 증거로, 요증사실의 존재가 확실하지 않다는 심증을 형성하면 된다. 그런데 「법률상 추정」이 있을 때 추정 자체를 깨뜨리기 위하여 그 추정을 다투는 이가 제출하는 증거를 반대사실의 증거라 하는데, 이는 반증이 아니라 본증이다.

26) 대판 1998.8.21. 98다8974: 동시사망의 "추정은 법률상 추정으로서 이를 번복하기 위하여는 동일한 위난으로 사망하였다는 전제사실에 대하여 법원의 확신을 흔들리게 하는 반증을 제출하거나 또는 각자 다른 시각에 사망하였다는 점에 대하여 법원에 확신을 줄 수 있는 본증을 제출하여야 하는데, 이 경우 사망의 선후에 의하여 관계인들의 법적 지위에 중대한 영향을 미치는 점을 감안할 때 충분하고도 명백한 입증이 없는 한 위 추정은 깨어지지 아니한다고 보아야 한다."

27) 앞의 예에서 D는 지리산 등반 중에 사망하고, 비슷한 때 C는 친구들과 설악산에서 야영하다가 사망한 경우.

28) 앞의 98다8974 판결.

29) 남북분단의 특수상황을 고려한 특별법으로 부재선고법 및 북한이탈주민법도 참조.

[1431] ## 2. 부재자의 재산관리

가. 서 설

(1) 종래의 주소나 거소를 떠나 당분간 돌아올 가망이 없는 이를 부재자(不在者)라 하는데, 생사불명이어야 하는 것은 아니다. 부재자는 그 성질상 자연인에 한한다.

(2) 부재제도는 부재자의 잔류재산을 관리하기 위한 것인데, 부재자 스스로가 재산을 관리할 수 있다면 법이 관여할 여지가 없다. 민법도 부재자 자신이 재산관리인을 둔 경우에 본인의 의사를 존중하여 부득이한 사정이 있어야 가정법원이 관여하도록 하는 반면, 재산관리인을 두지 않은 경우에는 부재자의 재산관리에 가정법원이 관여한다.30)

[1432] ### 나. 부재자 자신이 재산관리인을 둔 경우

(1) 부재자가 재산관리인을 둔 경우에, 그 관리인은 부재자의 임의대리인으로, 관리인의 권한과 관리방법 등은 부재자와 관리인 사이의 법률관계 및 제118조에 의하여 결정된다.31) 부재자가 사망하더라도 일정시기까지 그 관계가 지속된다(제691조 참조).

(2) 부재자가 재산관리인을 두었더라도 ① 재산관리인의 권한이 본인의 부재 중 소멸하면 관리인을 두지 않은 때와 마찬가지의 조치를 취한다(제22조 제1항 후문). ② 부재자의 생사가 분명하지 않게 되면 공익의 관점에서 가정법원이 관여하는데, 재산관리인, 이해관계인 또는 검사의 청구에 의하여 재산관리인을 개임(改任)할 수 있다(제23조). 위임에 기한 재산관리권은 개임에 의하여 소멸하고, 종전의 수임인이 재산관리인으로 되더라도 법원의 허가 없이 제118조를 넘는 처분행위를 하지 못한다.32) 개임하지 않고 감독만 할 수도 있는데, 이 경우 관리인의 권한과 관리방법 등은 부재자가 재산관리인을 두지 않은 때와 같다.

[1433] ### 다. 부재자 자신이 재산관리인을 두지 않은 경우

(1) 부재자에게 재산관리인이 없고 법정대리인도 없는 경우에, 가정법원은 이해관계인33) 또는 검사의 청구가 있으면 재산관리에 필요한 처분을 명해야 한다(제22조 제1항). 재산관리에 필요한 처분으로 재산관리인의 선임과 잔류재산의 매각 등이 있으나, 일반적인 방법은 재산관리인의 선임이다.

[1434] (2) 재산관리인(財産管理人)에 관하여 본다.

① 가정법원이 선임한 재산관리인은 법정대리인으로, 언제든지 사임할 수 있고, 법원도 언제든지 개임할 수 있다. 이해관계인, 특히 추정상속인도 재산관리인으로 선임될 수 있다.

② 재산관리인이 부재자의 재산에 관하여 제118조 소정의 관리행위를 넘는 처분행위를 하려면 가정법원의 허가를 받아야 한다(제25조 전단). 허가 없이 한 또는 허가범위를 넘는 처분행위는 무권대리행위로서 무효이다. 그러나 법원의 처분허가를 받았다면 재산관리인은 처분방법을 임의로 정할 수 있고, 나중에 허가가 취소되더라도 처분은 유효하다.34) 한편 재산관리인의 처분행위

30) 부재자에게 법정대리인이 있다면 법이 관여할 여지가 거의 없고, 미성년자 본인이 부재 중 성년으로 되면 부재자가 재산관리인을 두지 않은 경우와 마찬가지로 취급하면 된다.

31) 재산관리인이 부재자로부터 재산처분권까지 부여받았다면, 재산의 처분에 법원의 허가를 요하지 않는다(대판 1973.7.24. 72다2136).

32) 부재자와 무관한 제3자를 위하여 부재자의 재산에 근저당권을 설정한 행위는 법원의 매각처분허가를 얻었더라도 권한을 넘은 무효의 처분행위라고 한 대결 1976.12.21. 75마551 참조.

33) 부재자의 재산관리에 대하여 「법률상」의 이해관계를 가지는 이. 예: 추정상속인, 채권자, 보증인 등.

34) 대판 1960.2.4. 4291민상636.

에 대한 법원의 허가는 장래의 처분행위에 대해서뿐만 아니라 과거의 처분행위에 대한 추인을 위해서도 할 수 있다.[35]

그 밖에 부재자의 재산관리인은 관리할 재산의 목록작성(제24조 제1항), 재산의 보전을 위하여 가정법원이 명하는 처분(예: 재산의 봉인, 보존등기)의 수행(제2항), 재산의 관리 및 반환에 관한 —부재자를 위한— 상당한 담보의 제공(제26조 제1항) 등의 의무를 진다.

③ 직무의 성질상 재산관리인은 부재자와의 위임계약에 기하여 재산을 관리하는 경우에서와 동등한 의무를 부담한다. 즉 관리인은 선량한 관리자의 주의로 직무를 처리해야 하고(제681조), 부재자가 사망한 경우에 일정기간까지 직무를 수행해야 한다(제691조 참조).

한편 재산관리인은 보수청구권을 가지며(제26조 제2항), 재산관리를 위하여 지출한 필요비와 그 이자 및 과실 없이 입은 손해의 배상을 청구할 수 있다(제688조, 제24조 제4항 참조).

(3) 본인 스스로 재산관리를 할 수 있게 된 경우, 부재자가 후에 스스로 재산관리인을 둔 경 [1435]
우 또는 본인의 사망이 분명하게 되거나 실종선고가 있는 경우에, 가정법원은 본인 또는 이해관계인의 청구에 의하여 종전의 처분명령을 취소해야 한다(제22조 제2항). 그런데 법원이 선임한 재산관리인은 부재자의 사망이 확인된 후에도 법원에 의하여 재산관리인 선임결정이 취소되지 않는 한 계속하여 권한을 행사할 수 있다.[36] 법원의 허가를 받은 재산관리인의 행위가 부재자에 대한 실종기간이 만료된 후에 이루어졌더라도 선임결정이 취소되기 전이라면 그 행위는 유효하다.[37]

한편 가정법원의 처분허가 취소(가사소송규칙 제50조 참조)의 효력은 소급하지 않는다.

3. 실종선고의 의의 및 요건 [1436]

가. 실종선고의 의의

사람이 권리능력을 잃는 것은 사망의 경우뿐이다. 그런데 종래의 주소나 거소를 떠나 장기간 생사조차 알 수 없는 이를 —사망의 개연성이 높음에도 불구하고— 사망의 증명이 있을 때까지 살아있는 것으로 다룬다면, 배우자는 재혼을 하지 못하고 상속도 개시되지 않는 등 부재자를 둘러싼 법률관계의 불확정으로 인하여 이해관계인에게 불이익이 생길 수 있다. 이러한 불이익을 제거하기 위하여 부재자의 생사불명상태가 일정기간 계속된 경우에, 가정법원의 선고에 의하여 부재자를 사망한 것으로 보고, 종래의 주소나 거소를 중심으로 한 법률관계를 정리할 수 있도록 하는 제도를 실종선고(失踪宣告)라 한다. 요컨대 실종선고는 종래의 주소나 거소에 남아 있는 이해관계인을 위하여 실종자의 종래의 법률관계를 정리하는 법기술이다.

나. 실종선고의 요건 [1437]

(1) 실질적 요건으로

① 부재자의 생사가 분명하지 않아야 한다. 여기서 생사불명이란 생존의 증명도 사망의 증명도 없는 상태를 말하는데, 청구권자와 가정법원에게 불명이면 된다.

② 부재자의 생사불명이 일정기간 계속되어야 한다. 이를 실종기간(失踪期間)이라 하는데, 그

35) 대판 2000.12.26. 99다19278. 대판 2002.1.11. 2001다41971도 참조.
36) 대판 1970.1.27. 69다719; 대판 1971.3.23. 71다189.
37) 생사불명의 부재자가 사망의제시점 후 실종선고 전에 재산관리인의 처분행위에 기하여 경료된 등기는 적법하게 경료된 것으로 추정된다는 대판 1991.11.26. 91다11810 참조.

경과는 실종선고의 요건이자 동시에 실종선고청구의 요건이다. ⓐ 가출 등 보통실종의 경우에 실종기간은 5년인데, 부재자의 생존을 증명할 수 있는 최후의 시점(예컨대 최후의 소식이 있은 때)을 그 기산점으로 한다(제27조 제1항). 한편 ⓑ 사망의 개연성이 높은 경우를 특별실종(特別失踪)이라 하는데, 그 기간과 기산점에 관하여 제27조 제2항은 "전지에 임한 자, 침몰한 선박 중에 있던 자, 추락한 항공기 중에 있던 자 기타 사망의 원인이 될 위난을 당한 자의 생사가 전쟁종지 후 또는 선박의 침몰, 항공기의 추락 기타 위난이 종료한 후 1년간"이라고 규정한다.[38)]

(2) 절차적 요건으로

③ 이해관계인 또는 검사의 청구가 있어야 한다(제27조). 여기서 이해관계인은 실종선고로 인하여 권리를 얻거나 의무를 면하는 등 「법률상」의 이해관계를 가지는 이를 말하는데,[39)] 부재자의 배우자, 상속인, 재산관리인 등이 전형적인 예이고, 사망보험금청구권자나 부재자의 채권자도 포함된다고 할 것이다.[40)]

④ 실종선고의 청구를 받은 가정법원[41)]은 가사소송규칙 제53조 이하에 따라 부재자 자신 또는 부재자의 생사를 알고 있는 이에 대하여 신고하도록 6월 이상 공고해야 한다(공시최고). 공시최고기간이 지나도록 신고가 없으면, 가정법원은 실종선고를 해야 한다(제27조 제1항).

[1438] 4. 실종선고의 효과와 그 취소

가. 실종선고의 효과

(1) 실종선고가 확정되면 실종선고를 받은 이는 사망한 것으로 본다(제28조. 실종선고의 신고에 관한 가족관계등록법 제92조도 참조). 그에 따라 상속이 개시되고, 혼인이 해소되어 실종자의 배우자는 재혼할 수 있다.[42)] 이러한 효과는 청구인에 대해서뿐만 아니라 모든 사람에 대하여 발생한다.

그런데 실종선고를 받은 이는 사망한 것으로 의제(擬制. 간주라고도 한다)되므로, 추정에서와 달리 실종자의 생존 기타 반대증거를 들어 선고의 효과를 다투지 못하며, 사망의 효과를 저지하려면 실종선고를 취소해야 한다.[43)] 즉 실종선고가 가정법원에 의하여 취소되지 않는 한 사망의 효과는 그대로 존속한다.[44)]

(2) 민법은 「실종기간이 만료한 때」에 실종자가 사망한 것으로 본다(제28조). 그런데 이 시점이 선고시보다 앞서기 때문에, 피상속인 사망 후에 실종선고가 있었으나 실종기간이 피상속인 사망 전에 만료됨으로써 실종자가 상속인으로 되지 못하는 경우도 생길 수 있다.[45)] 반면 부재자의

---

38) "사망의 원인이 될 위난"이란 화재·홍수·지진·화산 폭발 등과 같이 일반적·객관적으로 사람의 생명에 명백한 위험을 야기하여 사망의 결과를 발생시킬 가능성이 현저히 높은 외부적 사태 또는 상황을 가리킨다는 대결 2011.1.31. 2010스165 참조.

39) 사망의 효과와 무관한 이까지 사망의제의 효과를 만들 수 있도록 해서는 안 된다.

40) 이해관계인이 수인인 경우에 각자가 실종선고를 청구할 수 있지만, 그들 사이에 순위가 정해져 있는 상속에서는 선순위상속인만이 실종선고를 청구할 수 있다(대결 1992.4.14. 92스4·5·6). 후순위상속인은 선순위자의 존재 때문에 부재자의 사망에 관하여 직접적인 이해관계를 가지지 않기 때문이다.

41) 부재자의 종래의 주소지나 거소지를 기준으로 관할법원이 결정된다.

42) 실종자의 배우자가 제840조 제5호에 기하여 재판상 이혼을 한 후 재혼할 수 있음은 당연하다.

43) 대판 1995.2.17. 94다52751.

44) 실종선고에 기하여 상속이 개시된 경우에, 그 후 실종기간 만료시와 다른 시기에 실종자가 사망한 사실이 확인되더라도, 실종선고가 취소되지 않는 한 이미 개시된 상속을 부정하고 그와 다른 상속관계를 인정할 수 없다(대판 1994.9.27. 94다21542).

45) 피상속인 사망 후에 실종선고가 이루어졌으나 실종기간이 사망 이전에 만료된 경우에 실종선고된 이는 상속인이 될 수 없다고 한 대판 1982.9.14. 82다144 참조.

채권자가 실종기간 만료 후 실종선고 전에 부재자의 잔류재산에 대하여 강제집행을 한 경우에 나중에 실종선고가 있으면 무효로 될 수도 있다.46)

한편 실종기간이 만료할 때까지 실종자는 생존하는 것으로 추정된다.47)

(3) 실종선고는 부재자의 종래의 주소나 거소를 중심으로 한 법률관계의 불확정으로 인하여 이해관계인에게 발생할 수 있는 불이익을 제거하기 위한 법기술이지, 실종자로부터 권리능력을 빼앗는 제도는 아니다. 따라서 실종자의「종래의 주소 또는 거소를 중심으로 하는 사법상의 법률관계」만 종료케 한다.48)

나. 실종선고의 취소 [1439]

(1) 실종선고에 따라 실종자는 사망한 것으로「의제」되므로, 실종자가 살아 돌아오거나 실종기간 만료시와 다른 때 사망하였다는 증명이 있더라도 그 사실만으로 실종선고의 효과를 다투지 못하고, 사망이라는 효과 자체 또는 그 시기를 바로 잡으려면 실종선고를 취소해야 한다.

(2) 실종선고 취소의 실질적 요건으로 ❶ 실종자가 생존하는 사실, ❷ 실종기간 만료시와 다른 때 실종자가 사망한 사실(이른바 異時死亡) 또는 ❸ 실종기간의 기산점 후의 어느 시점에 실종자가 생존하고 있었던 사실 중 하나가 있어야 한다.

형식적 요건으로 본인, 이해관계인 또는 검사의 청구가 있어야 하는데, 공시최고는 요하지 않는다.

(3) 실종선고 취소의 효과를 본다. [1440]

① 취소에 소급효(遡及效)가 인정된다. 즉 실종선고가 취소되면 실종선고의 효과가 소급적으로 소멸하여, 종래의 주소나 거소를 중심으로 한 실종자의 사법적 법률관계는 선고 전의 상태로 돌아가는데, 구체적 효과는 취소원인에 따라 다르다. ❶의 경우에, 재산관계와 가족관계가 선고 전의 상태로 회복된다. ❷를 이유로 실종선고가 취소되면, 실제의 사망시점을 기준으로 하여 사망에 따른 법률관계가 확정된다. ❸의 경우에도, 역시 선고 전의 법률관계로 돌아가는데, 다시 실종선고를 청구할 수 있다.

② 실종선고의 취소에 따른 소급효를 관철하면, 실종선고를 신뢰한 이해관계인이나 제3자가 [1441] 예기치 못한 손해를 입을 수 있다. 그래서 법은 실종선고를 신뢰한 이를 보호하기 위하여 소급효에 대하여 예외를 인정한다. 즉 "실종선고 후 그 취소 전"에 선의로 한 법률행위는 효력을 지속한다(제29조 제1항 단서). 여기서 선의란 실종선고가 사실에 반함을 알지 못함을 말하는데, 행위의 효력을 부정하려는 이가 증명책임을 진다고 할 것이다.49) 그리고 과실 유무는 따지지 않는다.

그런데 행위당사자 중 누가 선의여야 하는지에 관하여 다툼이 있는바, 경우를 나누어 살펴보자.

---

46) 참고로 판례는 실종기간 만료 후 실종선고 전에 실종자를 당사자로 하는 소가 제기된 경우에, 실종선고가 확정됨에 따라 실종기간 만료시에 사망한 것으로 의제된다고 하여 소 제기 자체가 소급하여 당사자능력 없는 사망자에 의한 것으로 되지 않는다는 입장이다. 대판 1992.7.14. 92다2455 참조.

47) 다만 대판 1977.3.22. 77다81 · 82는「실종선고의 효력이 생기기 전」까지 생존하였던 것으로 보는데, 이는 사망으로 인한 소송절차의 중단과 관련된 판단으로 절차법적 특수성에 기한 것이다.

48) 실종자가 다른 곳에 살고 있다면 그는 실종선고와 무관하게 계속 권리능력을 가지며, 그가 종래의 주소 또는 거소로 돌아온 후의 사법상의 법률관계에도 영향을 미치지 않는다. 그리고 실종선고 그 자체는 선거권 등 공법상의 법률관계에도 영향을 미치지 않는다.

49) 종래와 입장을 달리한다. 실종선고가 공적 확인절차를 거친 법원의 심판에 의한다는 점 및 잔존배우자 재혼의 경우에 재혼당사자의 선의를 추정하는 실무(가족관계등록예규 제418호)의 태도에 비추어 행위의 효력을 부인하려는 당사자(특히 생환한 실종자)가 증명책임을 진다고 할 것이다.

ⓐ 단독행위의 경우(채무면제, 취소, 해제 등)에 상대방이 악의라도 행위자가 선의라면 그 행위는 유효하다.

ⓑ 재산법상의 계약(예: 매매)에 관하여, 다수설은 —실종자의 보호를 중시하여— 당사자 쌍방이 선의라야 위 조항에 의한 보호를 받을 수 있고, 어느 일방이라도 악의라면 계약은 무효로 되어 양수인은 취득한 물건이나 이득을 실종자에게 반환해야 한다고 하는 반면, 소수설은 —거래의 안전을 중시하여— 각 당사자에 대하여 개별적·상대적으로 판단하여 선의의 양수인은 보호되지만, 악의의 양수인은 취득한 물건이나 이득을 실종자에게 반환해야 한다고 한다. 그런데 권리자(실종자)의 이익을 희생하면서 양수인을 보호하는 근거가 "선의"뿐이라는 점에 비추어 제29조 제1항 단서의 선의를 엄격하게 새겨야 하므로, 다수설에 찬동한다.

한편 어느 견해에 의하든 실종선고를 직접원인으로 하여 재산을 취득한 이로부터 그 재산을 양수한 이가 제29조 제1항 단서에 의하여 보호받는다면, 특별한 사정(예컨대 재산을 양수하려는 이가 악의이면서 선의자를 의도적으로 개입시킨 경우)이 없는 한 그 후의 전득자는 악의라도 유효하게 그 재산에 대한 권리를 취득한다 할 것이다. 왜냐하면 이러한 경우에 양수인은 완전한 권리자이고, 완전한 권리자로부터 권리를 취득한 전득자는 비록 그 전의 사실에 관하여 악의라도 완전한 권리를 취득하는 것으로 보아야 하기 때문이다([1021] 참조).

ⓒ 가족법상의 행위에서 당사자 쌍방이 선의라야 그 행위가 유효하다는 것이 학설의 일반적 입장이지만,[50] 제29조가 적용되는지는 개개의 사안을 통하여 구체적으로 따져보아야 할 것이다.[51]

③ 재산취득자에게 선의취득(제249조), 취득시효의 완성(제245조 이하) 등 별개의 권리취득사유가 있으면 실종선고의 취소로 인한 영향을 받지 않고, 그 밖에 실종자의 채무자의 변제가 제470조에 의하여 유효로 될 수 있다. 이러한 경우들에 제29조 제1항 단서에 따른 시간적 제약이 적용되지 않음은 당연하다.

[1442] ④ 실종선고를 직접원인으로 하여 재산을 취득한 이가 선의라면 그 받은 이익이 현존하는 한도에서 이익을 반환할 의무가 있고, 악의인 경우에는 그 받은 이익에 이자를 붙여 반환하고 손해가 있으면 손해를 배상해야 한다(제29조 제2항).[52] 반환의무자는 실종선고를 직접원인으로 하여 재산을 취득한 이(예: 상속인, 생명보험의 수익자)이며, 상속인의 상속인이나 상속인으로부터 상속재산을 매수한 전득자는 이에 포함되지 않는다.

직접수익자의 이득반환의무의 법적 성질은 부당이득반환의무이며, 반환범위도 부당이득에서 수익자의 그것과 같다(제748조 참조). 그런데 제29조 제2항의 이득반환의무는 실종선고 취소시부터 10년의 소멸시효에 걸린다.[53]

---

50) 재혼당사자의 일방이라도 악의라면 전혼이 부활하여, 전혼에 관하여 이혼사유(제840조 제1호, 제6호)가, 후혼에 관해서는 취소사유(제810조, 제816조 제1호)가 존재한다고 한다.

51) 가령 잔존배우자가 재혼한 경우에 이해관계인의 입장뿐만 아니라 생환한 실종자의 의사도 고려하여 법률관계를 판단해야 한다. 講義, [1419] 참조.

52) 제29조 제2항은 이해관계인의 행위가 제1항 단서에 의하여 유효한 경우에 재산관계를 보정(補正)하는데, 선의의 직접수익자에게 예기치 않은 부담/불이익을 지우지 않겠다는 취지의 규정으로 이해할 것이다.

53) 다만 실종선고의 취소로 인하여 상속인이 달라지는 경우에, 진정상속인이 표현상속인에게 재산회복청구를 하는 것은 상속회복청구에 해당하므로 상속회복청구권의 제척기간(제999조)이 적용된다.

제 3 절 법 인

제 1 관 법인법 서론

1. 법인의 의의 [1443]

가. 법인의 개념

법인(法人)이란 사람 또는 재산으로 구성되는, 「재산관계에 관하여」 구성원이나 출연자로부터 독립한 별개의 권리주체로서 법적 거래에 참여할 수 있게 된 것을 말한다.

나. 법인제도의 기능 [1444]

(1) 사단(社團)과 관련하여 법인은 일정한 목적을 위한 단체가 구성원의 교체와 무관하게 동일성을 유지한 채 그 목적을 실현할 수 있게 하는 법기술이고,[1] 재단(財團)에서는 일정한 목적을 위하여 출연된 재산이 독자성과 영속성을 가져서 그 목적을 달성할 수 있게 한다. 요컨대 사단법인은 지속성의 확보와 구성원의 개인재산과 단체재산의 분리 및 법률관계의 간명화를 위한 제도이고, 재단법인은 상속이나 출연자의 파산 등과 무관하게 목적재산이 존속할 수 있다는 점 및 출연자가 직접 사업을 행하지 않아도 된다는 점 등의 장점을 가진다.

(2) 그런데 법인제도의 실질적으로 중요한 기능은 단체나 재산 자체가 법인격을 획득함에 따른 법적 분리(法的 分離)로, 법인 자체가 독립한 권리주체로서 법적 거래에 참여하고, 그에 따른 권리 · 의무는 법인에게 귀속된다. 즉 법인이 체결한 계약의 당사자는 법인이지 법인의 구성원이나 출연자가 아니므로, 계약으로부터 발생한 권리 · 의무는 구성원 또는 출연자가 아닌 법인에게 귀속된다.[2] 법인이 손해를 입은 경우에, 구성원이나 출연자는 그로 인하여 경제적 이익이 침해되었더라도 자신의 손해를 주장하여 배상을 청구할 수 없다.[3] 특히 채무에 대하여 법인의 재산만이 책임을 지고, 구성원이나 출연자는 법인의 채무에 대하여 책임을 지지 않는다.[4]

2. 법인이론 [1445]

(1) 권리주체로서 자연인이 물리적 존재인 반면, 법인은 정신활동의 산물로서 관념적 존재이다. 여기서 법인은 왜 구성원이나 출연자로부터 독립한 별개의 권리주체로 인정되는가, 바꾸어 말하면 법인이 사회적 실재(實在)인가 아니면 법적 기술(技術)인가 하는 의문이 생김은 자연스럽고, 이것을 밝히는 것이 법인이론(法人理論. 법인본질론이라고도 한다)이다.

(2) 법인의 본질에 관하여 로마법적 뿌리를 가지는 의제설(擬制說)은, 법인은 법적 거래에 보다 편리하고 간편하게 참여할 수 있게 하기 위한 의제물(「의제된 자연인」)로 법에 의하여 권리능력이 「부여」된다고 한다. 반면 게르만법적 이론인 실재설(實在說)은 자연인과 마찬가지로 사회적 실

---

1) 인적 결합으로서 단체에 관하여 [1502] 이하도 참조.

2) 법인의 적법한 대표자가 한 법률행위의 경우에 그 효과뿐만 아니라 위반에 따른 채무불이행책임까지 법인에 귀속된다고 한 대판 2019.5.30. 2017다53265 참조.

3) 법인 대표기관의 불법행위로 법인이 손해를 입고 결과적으로 사원의 경제적 이익이 침해되었더라도 그 "간접적인 손해"에 관하여 제35조에 기한 배상을 청구할 수 없다고 한 대판 1999.7.27. 99다19384 참조.

4) 이처럼 법인의 배후를 구성하는 이(즉 사단의 사원이나 재단의 출연자)가 법적으로 법인으로부터 분리되는 현상을 「기능적 유한책임」이라고 한다.

체로 실재하는 것에 대하여 법이 그 권리능력을 「승인」한 것이라고 한다.

(3) 의제설과 실재설은, 법인이 자연인과 마찬가지로 권리주체라는 점, 법인으로 되기 위하여 법질서에 의하여 권리능력이 인정되어야 한다는 점 및 법인은 구성원 또는 출연자로부터 독립한 별개의 권리의무의 주체라는 점에서 공통된다. 한편 법인의 본질에 관한 논의가 실익을 가진다는[5] 법인의 불법행위능력과 관련해서도 제35조 제1항이 전문에서 법인의 불법행위책임을, 후문에서 대표기관 개인의 책임을 각 규정하므로 의제설과 실재설 모두 일부씩의 근거를 가지며, 어느 학설에 의하더라도 결론에서 유의미한 차이가 없다.

이러한 사정을 고려하면, 법인은 사람의 집단 또는 일정한 목적에 바쳐진 재산을 둘러싼 법률관계를 간편하게 처리하고 나아가 인적 결합/목적재산과 구성원/출연자의 법적 분리를 가능하게 하는 법기술(法技術)이라고 해도 문제되지 않을 것이다.[6]

[1446] 3. 법인의 종류

가. 공법인과 사법인

(1) 법인설립의 근거인 법률이 공법인지 아니면 사법인지에 따라 법인은 공법인(公法人)과 사법인(私法人)으로 나뉘는데,[7] 민법상 법인과 상법상 회사는 모두 사법인이다.

(2) 사법인에 사적자치의 원칙이 적용되는 결과 내부의 법률관계에 대하여 국가의 강제적 권력작용이 미치지 않는다.[8] 반면 공법인은 일정한 정책목표를 달성하기 위하여 설립되고 그 내부의 법률관계에 대하여 국가의 강제적 권력작용이 미친다.[9]

[1447] 나. 사단법인과 재단법인

(1) 실체에 따라 법인은 사단법인(社團法人)과 재단법인(財團法人)으로 나뉜다. 전자는 일정한 목적을 위한 인적 결합(즉 단체)에 권리능력이 부여된 것이고, 후자는 일정한 목적에 바쳐진 재산(즉 목적재산)에 권리능력이 부여된 것이다.

(2) 재단법인과 달리 사단법인에는 —사적자치의 한 내용으로서— 단체자치(團體自治)가 인정된다. 즉 단체결성의 자유가 인정되는 외에 단체의 내부적 법률관계도 자율적으로 결정할 수 있다.[10]

[1448] 다. 영리법인과 비영리법인

(1) 사법인은 영리를 목적으로 하는 영리법인(營利法人)과 그렇지 않은 비영리법인으로 나뉜다. 여기서 영리를 목적으로 한다는 것은 사업 자체의 수익성, 즉 법인이 수익활동을 한다는 의미가 아니라, 법인의 목적이 구성원(즉 사원)의 이익에 있음을 뜻한다.[11]

---

5) 의제설을 따르면 법인의 불법행위능력이 부정되고 가해행위를 한 대표기관 개인의 책임만이 문제되는 반면, 실재설에 의하면 법인의 불법행위능력이 인정되고 대표기관 개인의 책임이 당연히 긍정되지는 않는다.

6) 실용적 관점에서 법인이론이 별다른 의미를 가지지 않지만, 자연인이 누구나 권리능력을 가지게 된 점과 함께 「법인」에게 자연인과 마찬가지로 권리능력을 인정하기에 이른 과정이 가지는 역사적·철학적 의미를 간과할 것은 아니다.
다른 한편 우리 사회에서 기업집단 등의 운영실태 및 그를 반영한 공정거래법 제2조 제2호(여기서의 "동일인"이 의미하는 바는 무엇인가?)에 비추어 「관리자주체설」을 재조명하는 것도 일정한 의미가 있을 것이다.

7) 농업협동조합과 같이 공법인의 성질과 사법인의 성질을 모두 갖춘 법인도 있는데, 이러한 법인에서는 당해 법률관계의 성질에 따라 그 적용법리가 결정되어야 할 것이다.

8) 사법인은 결사의 자유를 가지지만, 공익적 성격의 정도에 따라서는 법률이나 정관으로 단체가입 및 탈퇴 등의 자유를 제한할 수 있다고 한 대판 2017.12.22. 2014다223025도 참조.

9) 나아가 공법인에 관한 분쟁은 행정소송에 의해야 하는 반면, 사법인에 관한 것은 민사소송에 의한다는 점에 차이가 있다.

10) 대판 2009.10.15. 2008다85345 참조.

(2) 영리법인은 전부 사단법인이고, 이익을 분배받을 사원이 없는 재단법인은 성질상 영리법인일 수 없다. 영리법인 중 전형적인 것은 주식회사나 유한회사로 상법의 규율을 받는다(제39조도 참조). 반면 비영리법인은 재단법인 및 영리를 목적으로 하지 않는 사단법인이고, 민법의 규율을 받는다.

(3) 민법상의 법인을 공익법인에 한정하던 의용민법과 달리 제32조에 따라 비공익 · 비영리법인도 민법상 법인으로 될 수 있다. 그런데 비영리법인 중에서 공익적 사업을 목적으로 하는 법인을 위하여 특별법인 공익법인법이 있다(사립학교법과 의료법 등도 참조).

제 2 관 법인의 권리능력

Ⅰ. 총 설 [1449]

법인도 권리주체로서 권리능력을 가지지만, 자연인의 권리능력과 여러 점에서 다르다.

① 권리능력의 취득과 상실이 자연인과 다르다. 즉 출생에 의하여 당연히 권리능력을 취득하는 자연인과 달리, 법인은 주무관청의 허가를 받은 후 설립등기를 함으로써 비로소 성립한다(제33조). 자연인이 사망하면 상속이 개시되지만, 법인에는 상속이 인정되지 않으므로 권리능력의 상실에 따른 법률관계의 정리를 위하여 청산절차를 거쳐야 한다.

② 법인이 권리주체라고 하여 그 성질상 자연인과 완전히 같을 수는 없다. 여기서 자연인과 달리 어느 범위에서 권리와 의무의 주체로 될 수 있는지가 문제된다. 나아가 법인의 권리능력이 실질적으로는 법적 분리를 의미하는데([1444] 참조), 그러한 지위의 남용을 어떻게 다룰 것인지 하는 문제도 남는다.

Ⅱ. 권리능력의 시기 [1450]

1. 서 설

(1) 법인의 설립에 관한 입법주의로, 법인의 실체를 갖추기만 하면 당연히 법인격을 인정하는 자유설립주의(自由設立主義), 법률로 정해진 요건을 갖추면 법인격을 취득하는 준칙주의(準則主義),[1] 법정된 요건을 갖추어 주무관청의 인가를 얻으면 법인격을 취득하는 인가주의(認可主義),[2] 법정요건을 갖추어 행정관청의 자유재량에 의한 허가를 받아야 법인격을 취득하는 허가주의(許可主義),[3] 법인의 설립을 위하여 특별법의 제정을 필요로 하는 특허주의(特許主義)[4] 및 법인의 설립을 국가가 강제하는 강제주의(强制主義)[5] 등.

(2) 비영리법인의 설립에 관하여 민법은 제31조에서 자유설립주의를 배제하고, 허가주의를 채택하였다(제32조). 그런데 부분사회로서 단체가 가지는 의미([1502] 참조) 및 특히 공익을 목적

11) 법인이 공익적 사업을 하더라도 사업에 따른 이익을 사원에게 분배함으로써 구성원의 사익을 도모한다면 영리법인이고, 반대로 법인인 동창회가 기금을 확충하기 위하여 동창회관의 일부를 임대하더라도 그 이익을 사원에게 분배하지 않는다면 비영리법인이다.

1) 예: 상법 제172조.

2) 예: 변호사법 제41조, 제65조, 제79조, 농업협동조합법 제15조, 제121조.

3) 예: 제32조, 사립학교법 제10조, 의료법 제48조.

4) 예: 한국은행법, 한국도로공사법.

5) 예: 변호사법 제64조, 제78조, 의료법 제28조, 약사법 제11조.

으로 하는 시민단체(예: 비영리조직으로서 NPO)의 활동을 후원하는 방향으로 나아가야 한다는 시대적 요청에 비추어 민법의 허가주의를 유지할 것인지 고민할 필요가 있는데, 다른 한편 법인의 남설(濫設)을 어떻게 방지할 것인지도 고려해야 한다.

[1451] ## 2. 비영리법인의 설립요건

가. 개 관

(1) 비영리법인의 설립요건은 다음 4가지이다: ① 목적의 비영리성, ② 설립행위, ③ 주무관청의 허가 및 ④ 설립등기. 이들 중 ①과 ②는 따로 보기로 하고, 우선 ③과 ④를 살펴보자.

(2) ③과 관련하여 법인이 목적으로 하는 사업을 주관하는 행정관청의 허가(許可)를 받아야 하는데(제32조), 허가는 인가와 달리 주무관청의 자유재량에 속하고,6) 따라서 불허가처분은 행정쟁송의 대상이 아니다. 그리고 ④ 사단법인은 법인등기부에 설립등기를 함으로써 성립하는데(제33조), 이 등기는 권리능력을 취득하기 위한 요건, 즉 성립요건이다(등기사항에 관하여 제49조 참조).

나. 목적의 비영리성

"학술, 종교, 자선, 기예, 사교 기타 영리 아닌 사업"을 목적으로 해야 한다(제32조). 여기서 영리 아닌 사업을 목적으로 한다는 것은, 수익활동을 하지 못함이 아니라 사업에 따른 이익을 구성원들에게 분배하지 않는다는 의미이다([1448] 참조). 목적을 달성하기 위하여 부수적으로 수익활동을 하더라도, 그것이 비영리사단의 본질에 반하지 않는 한 문제되지 않는다.

[1452] ### 다. 비영리사단법인의 설립행위

(1) 사단법인을 설립하려면 2인 이상의 설립자가 법인의 근본규칙을 정하여 서면에 기재하고 기명날인해야 한다(제40조). 이 서면 또는 근본규칙 자체를 정관(定款)이라 하고, 법인의 근본규칙인 정관을 작성함으로써 단체자치에 기한 규율을 세우는 것을 설립행위(設立行爲)라고 한다.7)

(2) 사단법인 설립행위는 서면에 의해야 하는 요식행위이다.

[참 고] 사단법인 설립행위의 법적 성질에 관하여, 당사자들이 서로 대립하여 상대방에 대한 채권·채무를 발생시키는 것이 아니라 법인설립이라는 공동목적에 협력하는 관계라는 점에서 계약과 구별되는 합동행위(合同行爲)라는 견해와 단체적 효과의 발생을 원한다는 점에서 보통의 계약과 구별되는 특수한 계약으로 파악하는 견해가 대립한다.

그런데 견해의 대립은 설립자 중 일부에게 제한능력이나 의사의 흠결과 같은 사유가 있는 경우에 설립행위가 그 영향을 받는지와 관련하여 실익을 가진다고 하지만, 특수한 계약으로 보더라도 사단법인이 성립한 후에는 제한능력이나 의사의 흠결이 영향을 미치지 않으므로, 양 견해 사이에 실질적인 차이가 있는 것은 아니다.8) 결국 명명(命名)의 문제일 뿐이다.

(3) 정관에 다음의 사항들을 기재해야 한다: ① 목적, ② 명칭, ③ 사무소의 소재지, ④ 자산에 관한 규정, ⑤ 이사의 임면에 관한 사항, ⑥ 사원자격의 득실에 관한 사항, ⑦ 존립시기나

---

6) 대판 1996.9.10. 95누18437.

7) 참고로 대판 2000.11.24. 99다12437은 정관의 법적 성질을 계약이 아니라 「자치법규」로 보았다.

8) 제124조의 적용가능성도 구별실익으로 들지만, 특수계약설도 사단법인 설립행위에 제124조의 적용을 배제하므로, 그것 역시 구별실익으로 되지 않는다.

해산사유를 정한 경우에 그 시기나 사유. 이들이 필요적 기재사항인데, 이 중 어느 하나라도 빠지면 그 정관은 무효이다(제40조).

그 밖의 사항도 사단의 근본규칙으로 정하여 정관에 기재할 수 있다. 이것을 임의적 기재사항이라 하는데, 일단 정관에 기재되면 필요적 기재사항과 같은 효력을 가진다.

라. 비영리재단법인의 설립행위 [1453]

(1) 재단법인의 설립자는 일정한 재산을 출연하고 정관을 작성하여 기명날인해야 한다(제43조). 정관의 필요적 기재사항은 앞에서 본 사단법인의 정관의 그것 중 ①에서 ⑤까지이다. 임의적 기재사항도 기재할 수 있음은 사단법인에서와 같다.

한편 정관의 필요적 기재사항 중 일부가 누락된 경우에 정관의 보충이 인정된다. 즉 재단법인의 설립자가 명칭, 사무소 소재지 또는 이사 임면의 방법을 정하지 않고 사망하였다면, 이해관계인 또는 검사의 청구에 의하여 법원이 이를 정한다(제44조).

(2) 재단법인의 설립행위는 요식행위이며 상대방 없는 단독행위이다.[9] 그리고 착오를 이유로 출연의 의사표시를 취소할 수 있는데, 재단법인의 성립 여부나 출연된 재산이 기본재산인지 여부와 무관하다.[10]

(3) 재단의 실체는 일정한 목적「재산」이므로, 재산의 출연(出捐)이 재단법인 설립행위의 요체인데, 출연재산의 종류에는 제한이 없다. 그리고 재단법인 설립행위는 설립자가 생전행위로 할 수도 있고 유언으로 할 수도 있는데,[11] 출연행위가 무상인 점에서 증여나 유증과 유사하므로, 제47조는 증여 또는 유증에 관한 규정을 준용한다.

(4) 출연재산(出捐財産)의 귀속시기(歸屬時期)를 본다. [1454]

① 제48조에 따르면 재단법인을 설립하기 위하여 출연된 재산은, 생전행위로 설립하는 경우에 재단법인이 설립된 때(즉 설립등기를 한 때)에, 유언으로 설립하는 경우에는 유언의 효력이 발생한 때(즉 설립자의 사망시)에 재단법인에 귀속된다. 그런데 제48조는 권리변동에 관한 현행법의 방침규정들(특히 법률행위에 의한 물권변동에 관한 제186조, 제188조 제1항)과 조화되지 않는다. 이를 어떻게 해결해야 할 것인가? 가령 출연자가 출연부동산을 제3자에게 양도하거나 출연자의 채권자가 출연부동산에 대하여 강제집행을 하는 경우에 법인이 등기 없이도 출연재산에 대한 소유권을 주장할 수 있는지가 쟁점으로 된다.[12]

② 출연재산이 물권(부동산물권을 상정한다)인 경우에 그 귀속시기를 본다.[13] 물권변동에 관하여 의사주의를 따르던 의용민법 제42조를 답습한 제48조와 물권변동에 관하여 형식주의를 채택한 제186조 중 어느 규정에 따라 물권이 재단법인에 귀속되는지[14]에 관하여 학설이 나뉜다. 먼저 다수설은 등기가 없더라도 출연부동산은 제48조에 규정된 시기에 재단법인에 귀속된다고 하는 [1455]

9) 여러 명의 설립자가 하나의 재단법인을 설립하는 경우에도 복수의 단독행위가 경합할 뿐이다.
10) 대판 1999.7.9, 98다9045.
11) 이 경우 유언의 방식을 갖추어야 함은 물론이다.
12) 출연자에 대한 관계에서 법인은 출연재산을 용익할 수 있는 등 미등기매수인과 유사한 지위에 서기 때문에 특별히 문제될 것이 없다.
13) 출연재산이 채권인 경우에 관하여 講義, [1434] 참조.
14) 즉 제186조에 따라 등기해야 비로소 법인의 재산으로 되는지 아니면 등기하지 않더라도 제187조에 따라 제48조에서 정한 때에 당연히 법인의 재산으로 되는지.

반면,[15] 재단법인의 설립행위로 인한 부동산물권의 이전은 법률행위에 의한 물권변동이므로 제186조에 따라 등기해야 출연부동산이 재단법인에 귀속된다는 견해도 있다.[16]

[1456] ③ 판례는 출연자와 법인의 관계에 제187조가, 제3자에 대한 관계에는 제186조가 적용된다는 (절충적) 입장을 취한다. 즉 대판(전) 1979.12.11. 78다481 · 482: "민법 제48조의 규정은 출연자와 법인과의 관계를 상대적으로 결정하는 기준에 불과하여 출연재산이 부동산인 경우에도 출연자와 법인 사이에는 법인의 성립 외에 등기를 필요로 하는 것은 아니지만, 제3자에 대한 관계에 있어서, 출연행위는 법률행위이므로 출연재산의 법인에의 귀속에는 부동산의 권리에 관한 것일 경우 등기를 필요로 한다."[17]

[1457] ④ 생각건대 등기까지 갖추어야 비로소 법인의 본질적 기능인 「법적 분리」([1422] 참조)가 구현될 수 있다는 점, 증여와 유증에 관한 규정을 준용하는 제47조에 비추어 출연행위는 채권행위로 이해해야 하고, 이러한 법률행위에 의한 부동산물권의 변동에 대하여 제186조가 적용되며, 제187조의 「등기를 요하지 않는 부동산물권변동」은 물권변동의 여부 또는 그 시기에 관하여 다툼의 여지가 없는 경우를 총칭하는 것이어서([5097] 참조) 같은 조의 "기타 법률의 규정"에 제48조까지 포섭할 것은 아니라는 점 등에 비추어 소수설이 타당하다.[18] 다만 학설이 일치하여 주장하는 것처럼 제48조는 의용민법의 규정을 무의식적으로 답습한 것으로서 개정되어야 하고, 그 개정은 제186조가 취한 기본방침에 부합하는 방향으로 이루어져야 한다.

[1458] 3. 설립 중의 법인

(1) 사단법인이 설립되는 과정을 보면, ① 설립자들이 발기인조합을 세워 ② 정관을 작성하고 구성원을 확정하는 등 법인의 실체를 갖춘 후 ③ 설립등기를 함으로써 법인이 권리능력을 취득한다. 법인을 설립하기 위한 준비단계로서 발기인조합의 법적 성질은 「조합」인 반면, 정관이 작성되고 구성원이 확정되는 등 법인의 실체를 갖추었으나 아직 설립등기를 하지 않은 단계에 머무르는 설립 중의 사단법인은 「권리능력 없는 사단」이다.

그런데 발기인조합 또는 발기인 개인이 취득한 권리나 부담한 의무는 발기인조합 또는 발기인 개인에게 속하기 때문에, 이를 설립 후의 사단법인에 귀속시키기 위하여 권리양도 또는 채무인수를 위한 별도의 이전행위가 있어야 한다.[19] 반면 설립 중의 사단법인과 그 후 성립하는 사단법인은 동일성을 가지므로, 설립 중의 법인이 한 행위의 효과는 설립 후의 사단법인에 미치고,

---

15) 출연자의 의사가 명확하지 않은 경우에 출연행위는 물권행위이고, 이를 채권행위로 보더라도 이행행위로서 물권행위를 요하는지는 입법정책의 문제인데 제48조가 그것을 정하고 있다는 점, 제48조는 재단법인의 재산적 기초를 충실하게 하기 위한 특칙이라는 점, 제186조를 적용한다면 등기하기까지 사이에 재산이 없는 재단법인이 생길 우려가 있고 이는 재단법인의 본질에 반한다는 점 및 제48조가 제187조의 "기타 법률의 규정"에 해당한다는 점 등을 근거로 든다.

16) 제48조는 의용민법의 규정을 부주의하게 답습한 결과에 지나지 않으며, 제187조의 "기타 법률의 규정"이란 당사자의 의사에 기하지 않은 경우를 총칭하는 것이라는 점, 재산권이전청구권도 재산권이기 때문에 재산 없는 재단법인은 생길 수 없다는 점 등을 들어 다수설을 반박하고, 제48조는 권리이전청구권이라는 채권적 청구권이 법률상 당연히 재단법인에 이전한다는 것을 선언하는 의미를 가진다고 한다.

17) 유언으로 재단법인을 설립하는 경우에, 출연부동산에 관하여 재단법인 명의의 등기를 마치지 않았다면 유언자의 상속인의 1인으로부터 부동산의 지분을 취득하여 이전등기를 마친 선의의 제3자에 대하여 대항할 수 없다고 한 대판 1993.9.14. 93다8054도 같은 취지이다.

18) 물권변동에 관하여 의사주의를 따른 의용민법 하에서라면 판례의 태도가 타당하겠지만, 대내적 관계와 대외적 관계를 나누었다는 점(이른바 「소유권의 상대적 귀속」)에서 형식주의로 입장을 바꾼 현행법과 정면으로 모순되어 학설의 비판을 받는다. 다만 출연재산의 귀속시기는 결국 대외적 관계의 문제라는 점에서 판례는 소수설과 결론을 같이한다.

19) 대판 1990.12.26. 90누2536. 발기인이 개인 명의로 금원을 차용한 경우에, 그 채무가 발기인조합에 귀속되려면 위 금원의 차용행위가 조합원들의 의사에 기하여 발기인조합을 대리하여 이루어져야 한다는 대판 2007.9.7. 2005다18740도 참조.

설립 중의 법인이 취득한 재산(예: 사단법인의 사무실로 쓰려고 구입한 건물)은 별도의 절차를 요하지 않고 설립 후의 사단법인의 재산으로 된다고 볼 것이다.

(2) 설립자가 재산을 출연하여 정관을 작성하면 설립 중의 재단법인으로 되고, 이는 권리능력 없는 재단이다. 그리고 설립 중의 재단법인과 그 후에 성립하는 재단법인은 동일성을 가지며, 따라서 설립 중의 법인의 행위의 효과는 당연히 설립 후의 재단법인에 미친다.

Ⅲ. 권리능력의 범위 [1459]

1. 권리능력의 제한

가. 서 언

법인도 권리능력을 가진다. 그런데 자연인의 천연적 성질을 전제로 하는 권리나 의무를 법인이 누릴 수 없음은 당연하다. 나아가 "법인은 법률의 규정에 좇아 정관으로 정한 목적의 범위 내에서 권리와 의무의 주체가 된다"는 제34조에 따라 법인의 권리능력은 「일단」([1483] 참조) 법률의 규정과 정관의 목적에 의하여 제한된다고 할 수 있다.

나. 목적에 의한 제한 [1460]

(1) 법인의 목적은 정관에 기재되고 등기되어야 하는데(제40조 제1호, 제49조 제2항 제1호), 법인이 정관에 기재된 목적의 범위 내에서만 권리능력(또는 행위능력)을 가지는지가 문제된다.

법인이 목적 외의 사업을 하는 경우에 주무관청은 설립허가를 취소할 수 있다(제38조).[20]

(2) 학설은 대체로 목적에 반하지 않는 범위 내에서 권리능력을 누릴 수 있다고 하여 "목적의 범위"를 넓게 새긴다. 한편 판례는 "목적범위 내의 행위라 함은 법률이나 정관에 명시된 목적 자체에 국한되는 것이 아니라 그 목적을 수행하는 데 있어 직접, 간접으로 필요한 행위는 모두 포함된다"고 하고,[21] 목적수행에 필요한지 여부도 행위의 객관적 성질에 따라 추상적으로 판단할 것이지, 행위자의 주관적 · 구체적 의사에 따라 판단할 것이 아니라고 한다.[22]

그런데 실제로 목적범위 때문에 권리능력이 제한되는 경우는 그다지 많지 않고, 특히 영리법인에서는 목적범위에 의한 제한이 거의 문제되지 않는다.[23] 다만 이론상으로 목적 자체를 어디까지 확장할 수 있고 목적의 달성을 「위하여 필요한」 행위가 어디까지인지 하는 한계가 문제될 수 있는데, 비영리법인, 특히 공익법인의 경우에 목적에 의한 제한(예: 협동조합에서 조합원 아닌 이에 대한 대출의 제한)은 준수되어야 한다.

한편 법인의 권리능력이 목적범위에 의하여 제한된다면, 권리능력의 범위를 객관적으로 벗어나는 행위의 효과가 법인에게 귀속되지 않음은 당연하다.[24] 이때 그로 인하여 손해를 입은 상대방은 대표기관에 대하여 불법행위책임(제750조)을 물을 수 있고, 나아가 목적범위를 벗어나는 행위의 결과 법인이 취득한 것을 부당이득(제741조)으로 반환청구할 수 있다.

---

20) 대판 2014.1.23. 2011두25012 참조.

21) 대결 2001.9.21. 2000그98.

22) 대판 1991.11.22. 91다8821; 대판 1987.10.13. 86다카1522.

23) 상법학의 지배적 입장도 목적에 의한 권리능력의 제한을 부정한다.

24) 예를 들어 회사 대표이사가 회사를 대표하여 회사의 사업목적범위에 속하지 않는 손해배상의무를 연대보증한 경우에, 회사에 그 효력이 미치지 않는다(대판 1975.12.23. 75다1479). 법인이 타인간의 계약에 대한 보증을 한 경우에, 보증행위가 법인의 목적범위 내에 속하는지에 관하여 심리함이 없이 법인의 보증책임을 인정할 수 없다고 한 대판 1974.11.26. 74다310도 참조.

[1461] **다. 그 밖의 제한**

(1) 생명이나 신체를 가지지 않는 법인은 자연인의 천연적 성질을 전제로 하는 권리 · 의무의 주체일 수 없다. 따라서 친권, 육체상의 자유권 등을 누릴 수 없다. 나아가 법은 상속인을 자연인에 한정함(제1000조 내지 제1004조 참조)에 따라 법인은 상속권을 누릴 수 없지만, 포괄유증을 통하여 상속과 동일한 결과를 얻을 수 있다(제1078조 참조). 반면 재산권, 성명권, 명예권, 신용권 등은 법인도 누릴 수 있다.[25)]

(2) 법인의 권리능력은 법률에 의하여 부여/승인되므로 근거법률에 의하여 제한될 수 있다. 그런데 법률에 의한 제한은 개별적이며, 법인의 권리능력을 일반적으로 제한하는 법률은 없다. 법률에 의한 권리능력 제한의 예로 흔히 드는 것은 제81조와 상법 제173조이다.[26)]

[1462] **2. 법인격의 남용**

가. 개　　념

법인은 인적 결합/목적재산과 구성원/출연자의 법적 분리를 가능하게 하는 법기술이고, 법인에게 부여되는 법인격은 그를 실현하기 위한 법적 수단에 불과하다. 그런데 「법적 분리」가 본래의 취지에 반하게 남용되는 경우(특히 구성원이나 출연자가 책임을 피하기 위하여 법인을 도구로 이용하는 경우)에, 법인이라는 방어막(법적 분리에 따른) 뒤에 숨어있는 구성원/출연자의 책임을 물을 수 있도록 하는 이론이 법인격남용론(法人格濫用論. 또는 법인격무시론)이다. 즉 신의칙에 기하여 법인격을 부인함으로써 계약당사자(법인) 아닌 배후자에 대해서도 법인의 채무에 기한 청구가 가능하게 한다.

[1463] **나. 학설 및 판례의 태도**

(1) 법인격남용론은 주로 회사의 법인격이 남용되는 경우와 관련하여 문제되는데, 상법학의 지배적 입장은 신의칙에 의하여 또는 회사의 법인성을 규정한 상법 제169조를 근거로 이 이론을 받아들인다.

(2) 판례도 대판 1988.11.22. 87다카1671 이래 신의칙에 기하여 법인격남용론을 승인한다. 구체적으로 회사가 외형상으로 법인의 형식을 갖추고 있으나 법인의 형태를 빌린 것에 지나지 않고 실질적으로는 법인격의 배후에 있는 이의 개인기업에 불과하거나 그것이 배후자에 대한 법률적용을 회피하기 위한 수단으로 이용되는 경우,[27)] 기존회사가 채무를 면탈하기 위하여 기업의 형태 · 내용이 실질적으로 동일한 신설회사를 설립하는 경우[28)]에 법인격남용을 인정하였다.[29)] 이러한 경우에 상대방은 회사와 배후자(또는 기존회사와 신설회사) 모두 또는 그중 어느 쪽을 상대로 해서도 소를 제기할 수 있다.[30)]

---

25) 대판 1997.10.24. 96다17851은, 법인의 명예가 침해된 경우에 손해배상과 함께 명예회복에 적당한 처분을 청구할 수 있고, 이 점은 종중과 같은 권리능력 없는 사단의 경우에도 마찬가지라고 하였다.

26) 이들 중 제81조의 제한은 청산법인의 권리능력을 "청산의 목적범위 내"로 한정하는 것인바, 이는 제34조의 구체화로 이해할 것이다.

27) 대판 2008.9.11. 2007다90982; 대판 2001.1.19. 97다21604.

28) 대판 2008.8.21. 2006다24438; 대판 2019.12.13. 2017다271643. 개인이 회사를 설립하지 않고 영업을 하다가 그와 영업목적이나 물적 설비, 인적 구성원 등이 동일한 회사를 설립하는 경우에 법인격을 부인한 대판 2023.2.2. 2022다276703 및 실질적으로 동일한 회사로 인정되지 않은 경우에 상법 제44조를 통하여 같은 결론에 이른 대판 2010.1.14. 2009다77327도 참조.

29) 그 밖에 친자회사에 관한 대판 2006.8.25. 2004다26119도 참조.

30) 대판 2006.7.13. 2004다36130.

Ⅳ. 권리능력의 종기 [1464]

1. 개 관

법인의 경우에 상속이 인정되지 않으므로, 권리능력의 상실에 따른 재산관계를 정리하기 위하여 단계적 절차를 거친다. 즉 일정한 사유가 발생하면 법인은 「해산」하고, 이에 따른 「청산」절차가 끝나[31] 법인등기부에 청산종결의 등기를 함으로써 법인은 소멸한다(제77조 이하).

2. 법인의 해산 [1465]

(1) 해산(解散)이란 법인이 본래의 목적 달성을 위한 적극적인 활동을 그치고 청산절차로 들어가는 것을 말한다.

(2) 법인의 해산사유를 본다.

① 사단법인과 재단법인에 공통된 해산사유로, 제77조 제1항이 규정하는 ⓐ 존립기간의 만료 기타 정관에 정한 해산사유의 발생과 ⓑ 법인의 목적의 달성 또는 달성불능 외에 ⓒ 파산(제79조)[32]과 ⓓ 설립허가의 취소(제38조)[33]가 있다.

② 사단법인에 특유한 해산사유(제77조 제2항)로 ⓐ 사원이 없게 된 경우와 ⓑ 사원총회의 결의가 있다. 해산결의는 사원총회의 전권사항으로, 총사원 4분의 3 이상의 동의가 있어야 하는데, 그 수를 정관으로 달리 정할 수 있다(제78조).

3. 법인의 청산 [1466]

가. 의 의

(1) 청산(淸算)이란 해산한 법인의 잔무를 처리하고 재산을 정리하여 권리능력을 소멸시키는 절차를 말한다. 그런데 청산에 관한 민법규정은 제3자의 이해관계에 중대한 영향을 미치므로 강행규정이다.[34]

(2) 청산법인은 해산 전 법인과 동일성을 가지지만, 청산의 목적범위 내에서 권리를 가지고 의무를 부담한다(제81조). 이 범위를 초과하는 행위는 무효이다.[35]

(3) 해산 전 법인의 기관들도 유지되지만, 해산 전의 이사에 갈음하여 청산인(淸算人)이 대내적으로 청산법인의 사무를 집행하고 대외적으로 청산법인을 대표한다. 즉 청산인은 해산 전의 이사와 같은 지위에 서고, 따라서 이사에 관한 규정들이 청산인에 준용된다(제96조). 그리고 파산으로 인한 해산을 제외하고 해산 당시의 이사가 그대로 청산인으로 되지만, 정관 또는 사원총회의 결의로 달리 정할 수 있다(제82조). 법인 해산시 청산인으로 될 이가 없거나 청산인의 결원으로 인하여 손해가 생길 염려가 있는 경우에, 법원은 직권으로 또는 이해관계인이나 검사의 청구에 의하여 청산인을 선임할 수 있다(제83조). 한편 중요한 사유가 있는 경우(예: 청산인이 중병으로 직

---

31) 청산종결등기가 경료되었더라도 청산사무가 종료되었다고 할 수 없다면 청산법인으로 존속한다는 대판 1980.4.8. 79다2036 및 주식회사가 해산되고 청산이 종결된 것으로 보이지만 정리할 필요가 있는 권리관계가 남은 경우에 그 범위 내에서 회사가 소멸하지 않는다고 한 대판(전) 2019.10.23. 2012다46170 참조.

32) 법인의 파산원인으로 소극재산이 적극재산을 초과하는 채무초과면 충분하며, 자연인에서와 같은 지급불능을 요하지 않는다. 그리고 이 경우 채무자회생법이 정한 절차에 따라 청산이 이루어진다.

33) 취소사유로서 "공익을 해하는 행위"에 관하여 대판 2017.12.22. 2016두49891 참조.

34) 대판 2000.12.8. 98두5279. 조합의 청산에 관한 제724조(법인의 청산에 관한 규정을 준용하는)는 임의규정임에 관하여 [1538] 참조.

35) 대판 1980.4.8. 79다2036.

무를 수행할 수 없는 때)에, 법원은 직권으로 또는 이해관계인이나 검사의 청구에 의하여 청산인을 해임할 수 있다(제84조).

[1467] **나. 민법상의 청산사무**

(1) 청산인의 직무권한이 청산사무이다. 제87조 제1항이 청산인의 직무권한을 열거하는데, 그에 한하지 않고 청산에 필요한 모든 사항이 청산인의 직무권한에 속한다.

(2) 청산사무를 본다.

① 중요한 청산사무로 ―제87조 제1항이 청산인의 직무로 열거하는― 현존사무의 종결(제1호), 채권의 추심 및 채무의 변제(제2호), 잔여재산의 인도(제3호) 외에 해산의 등기와 신고(제85조, 제86조. 채무자회생법 제314조 참조), 파산신청(제93조), 청산종결의 등기와 신고(제94조) 등.

② 채무의 변제와 관련하여, 청산으로 채무자인 법인이 없어짐에 따라 권리를 행사하지 못하게 되는 채권자를 최소화하면서 아울러 모든 채권자가 공평하게 변제받도록 해야 한다. 구체적으로 ⓐ 청산인은 취임한 날부터 2월 내에 3회 이상의 공고로 일반채권자에 대하여 일정한 기간(2월 이상이어야 한다) 내에 그 채권을 신고할 것을 최고해야 하는데, 이 공고에 채권자가 기간 내에 신고하지 않으면 청산으로부터 제외될 것임을 표시해야 한다(제88조). 다만 청산인이 알고 있는 채권자에 대해서는 개별적으로 채권신고를 최고해야 한다(제89조 전문). ⓑ 채권신고기간 내에는 채권자에게 변제하지 못하므로, 그 기간 내에 변제기가 도래한 채무도 변제할 수 없지만 그로 인한 지연손해를 배상해야 한다(제90조). 반면 채권신고기간이 경과한 후에는 변제기에 이르지 않은 채무도 변제할 수 있고, 조건부 채권, 존속기간이 불확정한 채권 기타 가액이 불확정한 채권에 대해서는 법원이 선임한 감정인의 평가에 따라 변제해야 한다(제91조). ⓒ 채권신고기간 내에 신고하지 않은 채권자는 청산에서 제외되지만, 법인의 채무를 완제한 후에도 귀속권리자에게 인도되지 않은 재산에 대하여 변제를 청구할 수 있다(제92조). 한편 청산인이 알고 있는 채권자에 대해서는 채권신고가 없더라도 반드시 변제해야 한다(제89조 후문).

③ 잔여재산의 귀속권리자는 우선 정관으로 지정한 이(제80조 제1항)인데, 귀속권리자 또는 지정방법을 정관이 규정하지 않은 경우에, 이사 또는 청산인은 주무관청의 허가를 얻어(사단법인의 경우에 사원총회의 결의도 거쳐) 법인의 목적과 유사한 목적을 위하여 처분할 수 있다(제2항). 이상의 방법에 의해서도 처분할 수 없는 잔여재산은 국고에 귀속된다(제3항).

제3관 법인의 행위능력

[1468] ### Ⅰ. 총 설

1. 법인의 행위능력

법인에서 판단능력의 미숙이니 불완전이니 하는 등 정신적 판단능력으로서 의사능력은 그 성질상 문제되지 않으므로, 제한능력이라는 개념 자체가 부적절하다. 반면 관념적 존재에 불과한 법인이 실제로 권리를 취득하거나 의무를 부담하는 것은 일정한 자연인의 행위에 의할 수밖에 없다. 여기서 누구의 어떤 행위가 법인의 행위로 되는지가 문제되는바, 이것이 바로 법인의 행위능력(行爲能力)의 문제이다.

요컨대 법인에서 행위능력은 대표기관 내지 대표권의 문제이다.

2. 법인에서 의사의 결정과 실행 그리고 인식의 귀속 [1469]

(1) 법인의 의사는 우선 ① “정관으로 정한 목적의 범위”(제34조)에 따라 추상적으로 정해진다. 이 제약을 전제로 ② 단체자치가 인정되는 비영리사단법인에서 의사의 결정은 사원총회의 결의에 의하지만, 정관으로 이사 또는 기타 임원에게 위임할 수 있다(제68조). 사단법인에서 총 사원 3분의 2 이상의 동의로 정관의 목적을 변경할 수도 있다. 반면 ③ 재단법인에서 법인의 의사는 설립자에 의하여 정해지는데, 이는 정관에 법인의 목적으로 기재되어야 하고 목적의 변경에 제한이 따른다(제46조 참조). ④ 이렇게 결정된 의사를 실행에 옮기는 것은 —민법상 비영리법인에서— 이사의 몫이다. 그리고 이사가 한 행위의 효과가 법인에게 귀속된다는 점을 대표(代表)라 하는데, 대리에 관한 규정이 준용된다(제59조 제2항).

(2) 한편 어떤 사실에 대한 주관적 인식에 따라 법률효과가 달라지는 경우에 누구의 인식을 기준으로 할 것인지 하는 인식귀속의 문제([1051] 참조)는 특히 법인과 관련하여 제기된다.

그런데 법인의 인식은 —제116조의 유추에 의하여— 대표기관의 인식을 기준으로 한다. 공동대표의 경우에 그중 1인의 인식이 있으면 나머지 공동대표(들)의 인식이 없더라도 인식의 귀속이 방해받지 않는다. 대표기관의 인식이 일단 법인에게 귀속된 후라면 그의 사임 등은 문제되지 않는다. 한편 대표기관 외에 법인을 「대리」할 권한을 가진 이가 있다면 그의 악의 등도 법인에게 귀속된다.[1)]

3. 법인의 기관 [1470]

가. 개 관

(1) 권리주체이지만 두뇌(법인의 의사를 결정할)와 신체(결정된 의사를 실행할)가 없어서 자연인처럼 행동할 수 없는 법인이 목적사업을 수행하기 위해서는 부득이 누군가 자연인의 행위를 필요로 한다. 즉 자연인으로 구성되는 「기관」이 법인의 의사를 결정하고 내부적으로 법인의 사무를 처리하며 외부적으로 법인을 대표한다.

(2) 민법상 비영리사단법인의 기관으로 필요기관인 이사와 사원총회 그리고 임의기관인 감사가 있다. 반면 재단법인의 기관으로 이사(필요기관)와 감사(임의기관)가 있으며 사원이 없으므로 사원총회가 있을 수 없음은 당연하다. 이 중 이사는 따로 검토하기로 한다.

나. 감 사 [1471]

(1) 민법상 법인에서 감사(監事)는 이사의 사무집행을 감독하는 기관으로, 정관 또는 사원총회의 결의로 둘 수도 있고 안 둘 수도 있는 임의기관이다(제66조).[2)]

(2) 감사는 내부적으로 이사의 사무집행을 감독할 권한을 가질 뿐이고, 외부적으로 법인을

---

1) 대판 2005.12.23. 2003다30159는 사용자책임과 관련하여 피해자인 법인의 “법률상 대리인이 가해자인 피용자의 행위가 사용자의 사무집행행위에 해당하지 않음을 안 때에는 피해자인 법인이 이를 알았다고 보아야 하고, 이러한 법리는 그 법률상 대리인이 본인인 법인에 대한 관계에서 이른바 배임적 대리행위를 하는 경우에도 마찬가지”라고 하였다. 이와 다른 입장인 대판 1998.11.10. 98다34126에 관하여 [3095] 참조.

2) 공익법인에서 감사는 필요기관이다(공익법인법 제5조 제1항).

대표할 권한은 없다. 감사는 이사와 마찬가지로 선량한 관리자의 주의로 직무를 수행해야 하고, 이를 위반하면 채무불이행책임을 진다. 수인의 감사가 있으면 제65조를 유추할 것이고, 감사에 대해서도 제691조가 유추된다.[3)]

(3) 민법은 감사의 중요한 직무권한을 제67조에서 열거하는데, 이 사항들은 예시적이며, 직무상 필요하다면 감사는 그 밖의 행위도 할 수 있다.

[1472] **다. 사원총회**

(1) 사원총회(社員總會)는 사원 전원으로 구성되는 사단법인의 최고의사결정기관으로, 정관의 규정에 의하더라도 두지 않거나 폐지할 수 없는 필요기관이다.

(2) 사원총회로 정관에 정한 시기에 소집되는 통상총회(제69조)와 특별한 필요에 따라 별도로 소집되는 임시총회의 두 가지가 있다. 임시총회는 총사원 5분의 1 이상이 회의의 목적사항을 제시하여 청구하는 때(제70조 제2항 전단)에도 소집되는데, 정관에 의하여 소집정족수를 증감할 수 있으나(같은 항 후단), 소수사원의 총회소집권, 즉 소수사원권(少數社員權)을 완전히 박탈하지는 못한다.

(3) 사원총회를 소집하기 위하여 이사 등 적법한 소집권자가 1주 전에 회의의 목적사항을 기재한 통지(「관념의 통지」)를 발하고 기타 정관에 정한 방법에 의해야 하는데(제71조),[4)] 정관에 다른 규정이 없다면 총회는 통지한 사항에 관해서만 결의할 수 있다(제72조).[5)]

그런데 소집절차가 법률이나 정관에 위반하여 하자가 있는 경우에 사원총회의 결의는 무효이다.[6)]

(4) 정관으로 이사 기타 임원에게 위임한 사항을 제외한 나머지 사항은 모두 사단법인의 최고의사결정기관인 사원총회의 결의에 의하여 결정된다(제68조).[7)] 특히 정관의 변경(제42조)과 임의해산(제77조 제2항)은 반드시 사원총회의 결의로 결정해야 한다.

(5) 사원총회의 결의가 성립하려면 우선 총회가 성립해야 하는데, 적법한 소집절차, 각 사원에 대한 토의·결의의 기회 부여 및 의사정족수의 충족이라는 요건이 구비되어야 한다. 그런데 의사정족수(議事定足數)에 관하여 다수설은 2인 이상의 사원의 출석으로 총회가 성립한다고 하지만, 의결하지 못하는 의사는 무의미하므로 총회의 성립에도 사원 과반수의 출석(제75조 제1항 참조)을 요한다고 해야 한다. 그리고 민법이나 정관에 다른 규정이 없으면,[8)] 결의의 성립에 필요한 의결정족수(議決定足數)는 사원 과반수의 출석과 출석사원의 결의권의 과반수이다(제75조). 한편 각 사원은 평등한 결의권을 가지지만, 정관으로 달리 정할 수 있다(제73조 제1항, 제3항). 사원의

---

3) 대판 2006.4.27. 2005도8875.

4) 다만 이사회 소집통지기간을 1일이나 2일 지연하였을 뿐이고 이사들이 이사회의 목적사항을 충분히 숙지한 상태에서 이의 없이 이사회에 참석하여 의결에 참여한 경우 등 「이사들의 출석권과 의결권의 적정한 행사가 방해받지 않았다고 볼 만한 특별한 사정」이 있을 경우에 이사회 결의는 유효하다고 한 대판 2015.11.27. 2014다44451 참조.

5) 대판 2013.2.14. 2010다102403: "회의 소집통지를 함에 있어 회의 목적사항을 열거한 다음 '기타 사항'이라고 기재한 경우, 회의 소집통지에는 회의의 목적사항을 기재하도록 한 민법 제71조 등 법규정의 입법취지에 비추어 볼 때, '기타 사항'이란 회의의 기본적인 목적사항과 관계가 되는 사항과 일상적인 운영을 위하여 필요한 사항에 국한된다고 보아야 한다. 만일 회의 소집통지에 목적사항으로 기재하지 않은 사항에 관하여 결의한 때에는 구성원 전원이 회의에 참석하여 그 사항에 관하여 의결한 경우가 아닌 한 그 결의는 무효"이다.

6) 대판 1997.2.28. 95다44986. 참고로 대판 2024.6.27. 2023다254984: "민법상 사단법인에서 법률이나 정관에 정함이 없는데도 소집·개최절차 없이 서면만으로 총회결의를 한 경우에는 특별한 사정이 없는 한 그 결의에 중대한 하자가 있다고 보아야 한다."

7) 주식회사의 주주총회는 상법 또는 정관에 정하는 사항에 한하여 결의할 수 있음(상법 제361조)과 대조된다.

8) "다른 규정"의 예로 정관변경에 3분의 2 이상을 요하는 제42조 제1항, 임의해산에 4분의 3 이상을 요하는 제78조 등.

결의권은 사원의 고유권이어서 정관에 의해서도 박탈할 수 없지만, 사단법인과 어느 사원 사이의 사항을 의결하는 경우에 그 사원에게는 결의권이 없다(제74조). 그리고 정관에 달리 정함이 없으면 사원은 서면 또는 대리인에 의하여 결의권을 행사할 수 있다(제73조 제2항, 제3항).

라. 사 원 권 [1473]

(1) 사단법인의 사원이라는 지위,[9] 즉 그가 사단법인에 대하여 가지는 권리와 의무를 포괄하여 사원권(社員權)이라 한다.[10]

(2) 사원권은 사단법인의 관리 · 운영에 참여할 수 있는 공익권(共益權. 예: 결의권, 소수사원권)과 사원 자신의 이익의 향수를 내용으로 하는 자익권(自益權. 예: 법인의 시설이용권, 영리법인에서 이익배당청구권)의 둘로 나뉜다. 한편 사원은 사단법인에 대하여 회비납부의무 등의 일반적 의무와 본인의 동의를 전제로 하는 특별의무를 부담한다.

(3) 비영리법인의 사원권은 양도 또는 상속의 대상으로 되지 않지만(제56조), 정관으로 달리 정할 수 있다.[11]

(4) 사원의 지위는 사망 · 탈퇴, 총회의 결의, 정관에 정하는 사유에 의하여 소멸한다.

Ⅱ. 대표기관 [1474]

1. 서 설

(1) 법인을 위하여 권리를 취득하고 의무를 부담할 수 있는 자연인을 대표기관(代表機關)이라 하는데, 대표기관의 행위만이 법인의 행위로 된다.[12]

(2) 누가 법인의 대표기관으로 되는지는 법인의 내부조직에 의하지만, 민법상 비영리법인에서 이사(제57조), 이사의 직무대행자(제60조의2), 임시이사(제63조), 특별대리인(제64조), 청산인(제82조)이 대표기관이다.

2. 이 사 [1475]

가. 개 념

이사(理事)는 대외적으로 법인을 대표하고(「대표기관」) 대내적으로 법인의 사무를 집행하는(「업무집행기관」) 상설의 필요기관이다(제57조). 이사의 수와 임기에 대하여 민법에는 제한이 없고(제58조 제2항 참조), 정관에서 임의로 정할 수 있다(제40조, 제43조).

나. 이사의 임면 [1476]

(1) 이사의 임면에 관한 사항은 정관의 필요적 기재사항이다(제40조 제5호).

(2) 이사의 선임은 법인과 이사 사이의 위임과 유사한 계약인데,[13] 묵시적으로 행하여질 수

---

9) 사원이 일상에서 회사원과 동의어로 사용되지만, 여기서는 사단의 구성원을 지칭한다.

10) 사원에 대한 제명처분은 사단법인의 이익을 위하여 불가피한 경우에 최종적인 수단으로서만 인정되어야 하고, 법원은 제명처분의 효력을 심사할 수 있다고 한 대판 1994.5.10. 93다21750 참조.

11) 제56조는 강행규정이 아니므로 사원의 지위는 규약이나 관행에 의하여 양도 또는 상속될 수 있다고 한 대판 1997.9.26. 95다6205. 참고로 재산성이 강한 합자회사 유한책임사원의 사원권(상법 제283조), 주식회사의 주주권(같은 법 제335조) 등은 양도 또는 상속의 대상이지만, 무한책임사원의 사원권(상법 제218조, 제269조)은 양도 또는 상속의 대상이 아니다.

12) 법인이 기관에 의해서만 행위할 수 있는 것은 아니고, 대리인이나 피용자를 통해서도 행위할 수 있지만, 이들의 행위에 대하여 대리법이나 제391조, 제756조 등이 적용되고 이른바 법인법은 적용되지 않는다.

13) 권리능력 없는 사단에 관한 대판 2003.7.8. 2002다74817 참조. 주식회사의 이사나 감사의 선임에 관하여 대판(전) 2017.3.23. 2016다

있다.[14] 그리고 이사는 언제나 사임할 수 있다.[15]

(3) 이사의 해임 및 퇴임은 정관에 따라야 하지만,[16] 정관에 규정이 없거나 있더라도 불충분하다면 대리와 위임에 관한 규정(제127조 및 제689조)을 유추해야 한다.

그런데 이사가 임기만료 또는 사임으로 물러나면 이사와 법인 사이의 위임 유사의 관계가 종료되지만, 기관에 의하여 행위를 할 수밖에 없는 법인으로서 후임이사의 선임시까지 이사가 존재하지 않는다면 정상적 활동을 중단해야 할 상황에 놓인다. 이러한 경우에 제691조의 유추에 의하여 후임이사가 결정될 때까지 구 이사에게 종전의 업무를 수행할 의무와 권한이 있는데, 사임한 대표자의 직무수행권은 법인이 정상적 활동을 중단하게 되는 처지를 피하기 위하여 「보충적으로」 인정된다.[17][18]

(4) 이사의 성명과 주소는 등기사항이다(제49조 제2항). 그리고 이사의 선임, 해임 또는 퇴임은 등기하지 않으면 제3자에게 대항할 수 없다(제54조 제1항, 제52조 참조).

(5) 이사의 직무집행이 부적당하여 직무대행자(職務代行者)를 선임하는 가처분이 있었다면, 그가 이사의 직무를 대행한다(제52조의2). 그런데 직무대행자는 피대행자의 직무를 대행할 수 있는 임시의 지위에 있을 뿐이므로, 가처분명령에 다른 정함이 없는 한 법원의 허가 없이 법인의 통상사무에 속하지 않는 행위를 하지 못한다(민사집행법 제300조 제2항 참조). 직무대행자가 이에 위반하는 행위를 한 경우에, 법인은 선의의 제3자에 대하여 책임을 진다(제60조의2).

[1477] **다. 이사회와 임시이사**

(1) 이사회(理事會)는 법인의 사무집행을 결정하기 위하여 이사 전원으로 구성된 의결기관으로, 민법상 법인에서는 필요기관이 아니다.[19] 이사회에 관하여 정관에 특별한 정함이 없으면 사원총회에 관한 규정을 유추할 것이다.[20]

(2) 법인이 성립한 후 일시적으로 이사가 없거나 결원이 생기더라도 법인의 존립 자체에는 영향이 없다. 그러나 그로 인하여 손해가 생길 염려가 있는 경우에, 법원은 법률상의 이해관계인

251215도 참조.

14) 예컨대 법인 대표자의 유임이나 중임을 금지하는 규약이 없는 경우에, 임기만료 후 대표자 개임이 없었다면 그 대표자를 묵시적으로 다시 대표자로 선임하였다고 볼 것이다. 대판 1970.9.17. 70다1256 참조,

15) 사임의 의사표시는 상대방 있는 단독행위로 수령권한 있는 기관에 도달함으로써 바로 효력이 발생하고, 도달한 후에는 이를 임의로 철회할 수 없다(대판 1993.9.14. 93다28799).

16) 법인의 정관에 이사의 해임사유에 관한 규정이 있으면, 특별한 사정이 없는 이상 정관에서 정하지 않은 사유로 이사를 해임할 수 없다고 한 대판 2013.11.28. 2011다41741 참조.

17) 대판 2003.3.14. 2001다7599. 따라서 임기가 만료되지 않거나 사임하지 않은 다른 이사들로써 법인의 정상적 활동이 가능하다면 임기만료된 이사는 당연히 퇴임하는 것으로 볼 것이다(대판 2003.1.10. 2001다1171).

18) 임기만료된 법인 이사의 업무수행권을 본다. ㉠ 임기만료된 대표자의 업무수행권은 급박한 사정을 해소하기 위하여 그로 하여금 업무를 수행하게 할 필요가 있는지를 개별적·구체적으로 가려 인정해야 하고, 임기만료 후 후임자가 아직 선출되지 않았다는 사정만으로 당연히 포괄적으로 부여되는 것이 아니다(대판 2003.7.8. 2002다74817). 별다른 급박한 사정도 없이 임기만료 전의 현임이사를 해임하는 등의 일은 부적당한 임무에 해당한다고 한 대판 1982.3.9. 81다614도 참조. ㉡ 정관에서 법인을 대표하는 이사인 회장과 대표권 없는 일반이사를 분리함으로써 법인의 대표권이 회장에게만 전속되도록 정하고, 회장을 법인의 회원으로 이루어진 총회에서 투표로 직접 선출하도록 정한 경우에, 일반이사들에게는 처음부터 법인의 대표권이 주어져 있지 않기 때문에 회장이 궐위되더라도 일반이사가 법인을 대표할 권한을 가진다고 할 수 없고, 사임한 회장은 후임회장이 선출될 때까지 대표자의 직무를 계속 수행할 수 있다(앞의 2001다7599 판결. 회장 등 대표권 있는 이사의 궐위(闕位)에 대비하여 정관에 직무대행자를 정한 경우에 당연히 그에 의한다). ㉢ 종전의 이사로 하여금 업무를 계속 수행케 하는 것이 부적당하다고 인정할 만한 특별한 사정이 있다면 사임한 이사에게 직무수행권이 인정되지 않는다(대판 2003.7.8. 2002다74817). 이러한 구 이사가 제기한, 다른 이사를 해임하거나 후임이사를 선임한 이사회결의 무효확인의 소는 확인의 이익이 없어 부적법하다고 한 대판 2005.3.25. 2004다65336도 참조.

19) 주식회사의 이사회는 필수적 상설기관이고(상법 제390조 이하), 공익법인에서도 이사회는 필요기관이다(공익법인법 제6조).

20) 민법상 법인의 이사회 소집에 관하여 대결 2017.12.1. 2017그661 참조. 법인의 정관에 규정된 이사회 소집통지절차를 위반하여 이루어진 이사회 결의는 당연무효이고, 이 경우 적법한 소집통지를 받지 못한 이사가 출석하여 반대의 표결을 하였다 한들 이사회결의의 성립에 영향이 없었다고 하더라도 그 이사회결의가 당연무효라고 하는 결론에 지장을 주지 않는다고 한 대판 1992.7.24. 92다749도 참조.

(예: 다른 이사나 사원)이나 검사의 청구에 의하여 임시이사(臨時理事)를 선임해야 하는데(제63조),[21] 제691조가 유추됨에 따라 임시이사가 선임되는 경우는 그리 많지 않다.[22]

임시이사는 이사가 선임될 때까지 한시적으로 이사와 동일한 권한을 가지며,[23] 이사가 선임되면 그 권한은 당연히 소멸한다.

3. 이사의 직무권한 [1478]

가. 서 언

이사는 대외적으로 법인을 대표하고 대내적으로 법인의 사무를 집행할 권한을 가진다. 이러한 직무를 집행할 때 이사는 선량한 관리자의 주의를 기울여야 하는데(제61조. 상법 제397조, 제397조의2도 참조), 이사와 법인 사이의 위임 유사의 관계에 기한 것으로, 경업(競業) 등 이해상반행위의 금지를 포함한다. 이를 위반하면 이사는 법인에 대하여 채무불이행으로 인한 손해배상책임을 지며, 임무를 해태한 이사가 수인이면 그들이 연대하여 배상책임을 진다(제65조). 그 밖에 직무대행자를 선임하는 가처분이 내려질 수 있다(제52조의2 참조).

나. 대외적 권한: 법인의 대표 [1479]

(1) 이사는 법인의 사무에 관하여 각자 법인을 대표한다(제59조 제1항). 즉 민법상 법인에서 각자대표(各自代表)가 기본값이다. 그리고 이사는 법인의 권리능력에 속하는 모든 사항에 관하여 법인을 대표할 수 있다.

(2) 대표기관이 법인을 대표하여 한 행위는 법인의 행위로 되어 법인이 그에 따른 권리를 취득하고 의무를 부담한다. 그런데 제59조 제2항이 대리에 관한 규정을 준용하므로, 대표행위를 할 때 법인을 위한 것임을 표시해야 하고(제114조), 무권대리(광의의)에 관한 규정도 준용된다.

다. 대내적 권한: 법인의 사무집행 [1480]

(1) 이사는 대내적으로 법인의 모든 사무를 집행한다(제58조 제1항). 그리고 이사가 수인인 경우에, 정관에 다른 규정이 없으면 법인의 사무집행은 이사의 과반수로 결정하는데(제2항), 대외적인 각자대표와 다르다.

(2) 이사의 사무집행권의 내용은 다음과 같다: ① 재산목록의 작성 및 비치(제55조 제1항), ② 사원명부의 작성, 관리 및 비치(제2항), ③ 사원총회의 소집(제69조, 제70조), ④ 사원총회 의사록의 작성(제76조), ⑤ 파산신청(제79조), ⑥ 청산인으로 되는 것(제82조), ⑦ 각종의 등기.

라. 이사의 복임권 [1481]

법인의 기관으로서 이사는 「자기집행의무」를 지지만, 직접 직무를 집행하는 것이 불가능하거나 부적당한 경우에 대리인을 선임할 수 있다. 그런데 이사의 대리인 선임권, 즉 복임권은 제62조에 의하여 제한된다. 즉 이사는 정관 또는 사원총회의 결의에 의하여 금지되지 않은 사항에 한하여 타인으로 하여금 특정한 행위(예: 법인 소유 건물의 관리행위)를 대리하게 할 수 있다. 이사의 대표권은, 발생의 관점에서 법인에 의하여 선임되므로 임의대리에 속하지만, 범위의 측면에서

21) 대표권이 전속된 이사장 등이 결원된 경우에 임시이사장 등의 선임요건 및 필요성에 관하여 대결 2018.11.20. 2018마5471 참조.

22) 참고로 대결(전) 2009.11.19. 2008마699는 종교단체의 자율성과 본질을 들어 종교단체의 임시이사를 신도 아닌 이 중에서 선임하는 것은 특별한 사정이 없는 한 허용되지 않는다는 입장이다.

23) 대판 2013.6.13. 2012다40332.

포괄적인 권한을 가지므로 법정대리의 속성을 가진다는 점을 고려하여, 법은 이사의 복임권을 임의대리인의 그것과 법정대리인의 그것의 중간으로 정한 것이다.

이사에 의하여 선임된 대리인은 법인의 기관이 아니고, 법인의 대리인일 뿐이다. 그리고 이사는 이러한 대리인의 선임 · 감독에 관하여 책임을 진다(제121조 제1항 참조).

[1482] Ⅲ. 대표권의 범위

1. 서 설

민법상 법인의 이사는 법인의 권리능력범위에 속하는 사항에 관하여 각자 법인을 대표한다. 이에는 일정한 제한이 따르는데, 법인의 행위능력 자체에 관한 일반적 제한과 특정한 이사의 대표권에 관한 개별적 제한으로 나눌 수 있다. 나아가 이사가 대표권을 남용한 경우에 그 행위의 효력이 부인될 수도 있다. 아래에서 차례로 살펴본다.

[1483] 2. 대표권의 제한

가. 일반적 제한

(1) 법인의 목적범위를 넘는 대표기관의 행위는 법인의 행위가 아니라 대표기관 개인의 행위일 뿐이다.

[참 고] 목적범위 외의 행위를 한 경우에 그 효과는 법인에게 귀속되지 않는데, 그 근거에 관하여 학설의 일반적 입장은 권리능력의 제한에서 구한다.[24] 그런데 제34조는 법인의 설립 및 활동을 억제하던 시대의 유물로 당시에는 권리능력의 제한이 유의미하였지만, 그러한 이해가 오늘날에도 유지될 수 있는지 의문이다. 한편 권리능력 제한의 일반적인 모습은 「특정한 종류」의 권리나 의무를 가질 수 없다는 것인 반면, 이 유형은 「목적범위 외의 행위에 의해서는」 권리와 의무를 취득할 수 없다는 모습의 제한이다. 따라서 「목적에 의한 제한」은 행위능력의 문제(즉 대표권의 제한문제)로 파악할 것이다.[25]

(2) 공익법인의 기본재산 처분에 관한 공익법인법 제11조 제3항과 같이 대표기관의 대표행위를 제한하는 강행규정이 있는 경우에, 대표기관의 행위가 법인의 권리능력범위 및 대표권의 범위 내에 속하더라도 무효여서 그 효과가 법인에 미치지 않는다.[26] 그리고 강행규정 위반 때문에 대표행위가 무효인 경우에 표현대리의 법리가 적용될 수 없는데, 제35조가 적용될 수는 있다.[27]

(3) 앞의 제한으로 인하여 손해를 입은 상대방은 대표기관에 대하여 손해배상을 구하거나(제750조 참조) 그 행위로 인하여 법인이 취득한 것이 있다면 부당이득의 반환(제741조 참조)을 구할 수 있다.

---

24) 다만 제34조가 법인의 권리능력뿐만 아니라 행위능력도 제한한다고 하고, 대판 2007.1.26. 2004도1632도 목적에 의하여 제한되는 것이 "법인의 권리능력 혹은 행위능력"이라고 하였다.

25) 그에 따른 실질적 차이는 없다. 어느 입장을 취하는지에 따라 추인 내지 표현대리법리의 적용 여부에 차이가 있다는 견해도 있지만, 추인 자체가 대표권의 범위를 넘어서는 것이어서 법률행위를 한 대표기관 자신이 추인할 수 없고, 목적범위가 정관의 필요적 기재사항이자 등기사항인 점에 비추어 정당한 이유(제126조 참조)를 긍정하기 어려워서 표현대표의 성립가능성 역시 관념적인 것에 불과하다.

26) 대결 1984.12.1. 84마591.

27) 대판 1968.1.31. 67다2785 참조.

나. 개별적 제한 [1484]

(1) 먼저 「정관에 의한 제한」을 본다.

① 이사의 대표권은 정관에 의하여 제한될 수 있지만(제41조, 제59조 제1항 단서), 이 제한을 등기하지 않으면 제3자에게 대항하지 못한다(제60조). 즉 제한을 위반하여 대표권을 행사하였더라도 그 효과는 법인에게 귀속된다.[28] 반면 이사의 대표권이 정관에 의하여 제한되고 등기되어 있음에도 이사가 그를 위반하여 법인을 대표한 경우에, 그 행위는 무권대표행위로서 법인에 대하여 효력이 없다. 이때 제60조의 취지 및 등기요건 때문에 표현대리의 법리가 적용될 수 없다.

② 제60조의 제3자의 범위에 관하여, 악의의 제3자를 보호할 이유가 없으므로 등기되지 않았더라도 악의의 제3자에게 대항할 수 있다고 하여 선의의 제3자로 한정하는 제한설이 다수설의 입장이지만, 선·악의를 불문하며, 따라서 악의의 제3자에게 대항하기 위해서도 이사의 대표권에 대한 제한이 등기되어 있어야 한다는 무제한설도 유력한데,[29] 판례는 무제한설을 따른다. 즉 대판 1992.2.14. 91다24564(판례, 〈1-4-7〉)는 "법인의 정관에 법인 대표권의 제한에 관한 규정이 있으나 그와 같은 취지가 등기되어 있지 않다면 법인은 그와 같은 정관의 규정에 대하여 선의냐 악의냐에 관계없이 제3자에 대하여 대항할 수 없"고, 대표권의 제한을 주장하는 이가 「등기사실에 대한 증명책임」을 진다고 하였다.

③ 생각건대 제60조가 의용민법에서 제3자의 범위를 제한하던 "선의의" (제3자)라는 부분을 삭제하고 "등기하지 아니하면"을 추가한 것은 등기를 촉구하려는 입법자의 의도가 반영된 결과로 보이고, 그렇다면 「해석론」으로는 무제한설이 타당하며, 무제한설이 초래할 수 있는, 악의의 제3자가 보호되는 소망스럽지 못한 결과는 신의칙에 의하여 회피되어야 할 것이다.[30]

[참 고] 제59조 제1항 단서 후단을 근거로 사단법인 이사의 대표권이 사원총회의 의결에 의하여 제한될 수 있다는 주장도 있지만, 사원총회 의결에 의한 제한은 대내적 제한에 불과하고, 제41조에 비추어 정관에 기재하지 않으면 대외적으로는 제한의 효력이 없다. 그런데 이사의 대표권이 사원총회의 의결에 의하여 제한된 경우에, 이사가 이를 위반하여 대표행위를 하고 그로 인하여 법인에게 손해가 발생하였다면, 법인은 그 이사에 대하여 선관주의의무 위반을 이유로 손해배상을 청구할 수 있는 반면(제61조 참조), 이사가 사원총회의 의결을 준수하여 대표행위를 하였다면, 그로 인하여 법인에 손해가 발생하였더라도 그 이사에 대하여 제61조 위반을 이유로 손해배상을 청구할 수 없다.

④ 한편 비법인사단의 경우에 대표권의 제한을 등기할 길이 없어 제60조를 유추할 수 없다. [1485]
따라서 비법인사단의 대표자가 정관에서 사원총회의 결의를 거치도록 정한 대외적 거래행위에 관하여 이를 거치지 않았더라도 이러한 사원총회 결의사항은 비법인사단의 내부적 의사결정에 불과하므로, 그 거래상대방이 그와 같은 대표권 제한사실을 알았거나 알 수 있었을 경우가 아니라면 그 거래행위는 유효하다고 보아야 하는데, 대표권 제한사실을 알았거나 알 수 있었다는 점에 대

28) 예를 들어 (각자대표를 기본값으로 삼는 제59조 제1항 본문과 달리) 수인의 이사 전원을 공동대표로 하고 이를 정관에 기재하였으나 등기하지 않았다면, 법인은 어느 한 이사와 거래한 제3자에 대하여 대표권의 제한을 주장하지 못한다. 내부적으로 그 이사가 선관주의의무 위반으로 인한 손해배상책임을 지게 됨은 별개의 문제이다.

29) 대표권에 대한 제한이 등기되지 않은 경우에, 상대방이 대표권의 제한에 대하여 악의라면 대표권이 제한된 이사와 체결한 계약의 효력을 법인에 대하여 주장할 수 없다는 것이 제한설인 반면, 무제한설에 의하면 대표권이 제한된 이사와 계약을 체결한 제3자가 악의라도 계약의 효력은 법인에 귀속된다.

30) 참고로 주식회사 대표이사의 대표권 제한에 관하여 상법 제389조 제3항, 제209조 제2항은 선의의 제3자에게만 대항할 수 없게 한다. 이와 관련하여 주식회사의 정관이나 이사회 규정 등에서 이사회 결의를 거치도록 대표이사의 대표권을 제한한 경우에, 거래행위의 상대방인 제3자가 상법 제209조 제2항에 따라 보호받기 위하여 선의 외에 무과실까지 필요하지는 않지만, 제3자에게 중대한 과실이 있으면 거래행위가 무효라고 한 대판(전) 2021.2.18. 2015다45451도 참조.

한 증명책임은 비법인사단측에 있다.[31)]

[1486] (2) 제61조의 구체화로 이해상반(利害相反)의 경우에도 대표권이 제한된다.[32)] 즉 법인의 이익과 이사의 이익이 상반하는 사항에 관해서는 이사에게 대표권이 없고, 이해관계인 또는 검사의 청구에 의하여 법원이 선임한 특별대리인(特別代理人)이 법인을 대표한다(제64조). 특별대리인은 법인의 일시적 대표기관인데, 다른 이사(법인을 대표하기에 충분한 수의)가 있으면 그 이사가 법인을 대표하면 되므로, 그렇지 않은 경우에만 특별대리인을 선임해야 한다.

이사가 제64조를 위반하여 법인을 대표한 경우에, 그 행위는 무권대표행위로서 법인에 대하여 효력이 없다.

[1487] 3. 대표권의 남용

(1) 법인의 대표기관이 외형적 · 형식적으로 대표권의 범위 내에서 그러나 실제로는 자기 또는 제3자의 이익을 위하여 대표행위를 한 경우[33)]에, 그 행위의 효과가 법인에게 미치는가?

(2) 대표기관이 대표권을 남용(濫用)하여 대표행위를 하였더라도, 법인의 권리능력범위에 속한다면 그 행위는 법인의 행위로 되어 법인이 그에 따른 의무를 부담한다. 법인이 이러한 결과를 회피할 수 있는가, 있다면 어떤 요건이 갖추어져야 하는가 하는 것이 대표권남용이론의 요체이다. 이에 관한 논의는 대체로 대리권남용과 맥을 같이하므로 우선 [1261] 참조. 다만 대리권남용에 관하여 판례가 일관되게 제107조 제1항 단서를 유추하는 반면, 대표권남용에 관해서는 종래 주로 심리유보설을 따랐으나,[34)] 최근 신의칙설을 따르는 판례가 늘고 있다.[35)]

그런데 신의칙설을 따르면 (중)과실 유무를 따지지 않는 점[36)]에서 심리유보설보다 상대방의 보호범위가 넓다.

(3) 대표권의 행사가 남용에 해당하고 상대방의 보호가치가 부정되는 경우에, 법인은 상대방에 대하여 대표행위에 기한 의무뿐만 아니라 제35조 제1항에 의한 손해배상책임 또는 제756조 제1항에 의한 사용자책임도 지지 않는다.

---

31) 대판 2003.7.22. 2002다64780.

32) 대판 2013.11.28. 2010다91831: “민법 제64조에서 말하는 법인과 이사의 이익이 상반하는 사항은 법인과 이사가 직접 거래의 상대방이 되는 경우뿐 아니라, 이사의 개인적 이익과 법인의 이익이 충돌하고 이사에게 선량한 관리자로서의 의무 이행을 기대할 수 없는 사항은 모두 포함한다고 할 것이고, 형식상 전혀 별개의 법인 대표를 겸하고 있는 자가 양쪽 법인을 대표하여 계약을 체결하는 경우는 쌍방대리로서 특별한 사정이 없는 이상 이사의 개인적 이익과 법인의 이익이 충돌할 염려가 있는 경우에 해당한다.” 사단법인의 이사장 직무대행자가 개인의 입장에서 사단법인을 상대로 소송을 하는 것이 제64조를 준용한 대판 2003.5.27. 2002다69211도 참조.

33) 예: 법인의 대표기관이 자기가족의 채무를 변제하기 위하여 법인 명의로 은행에서 대출받는 경우.

34) 가령 대판 2004.3.26. 2003다34045: “대표이사가 대표권의 범위 내에서 한 행위는 설사 대표이사가 회사의 영리목적과 관계없이 자기 또는 제3자의 이익을 도모할 목적으로 그 권한을 남용한 것이라 할지라도 일단 회사의 행위로서 유효하고, 다만 그 행위의 상대방이 대표이사의 진의를 알았거나 알 수 있었을 때에는 회사에 대하여 무효가 되는 것이며, 이는 민법상 법인의 대표자가 대표권한을 남용한 경우에도 마찬가지”이다. 대판 1997.8.29. 97다18059; 대판 1999.1.15. 98다39602 등도 참조.

35) 가령 대판 2016.8.24. 2016다222453.

36) 대판 1987.10.13. 86다카1522: “주식회사의 대표이사가 그 대표권의 범위 내에서 한 행위는 설사 그 대표이사가 회사의 영리목적과 관계없이 자기 또는 제3자의 이익을 도모할 목적으로 그 권한을 남용한 것이라 할지라도 일응 회사의 행위로서 유효하고, 다만 그 행위의 상대방이 그와 같은 정을 알았던 경우에는 그로 인하여 취득한 권리를 회사에 대하여 주장하는 것이 신의칙에 반하므로 회사는 상대방의 악의를 입증하여 그 행위의 효과를 부인할 수 있을 뿐”이다.

제 4 관 법인의 불법행위

1. 서 설 [1488]

(1) 관념적 존재에 불과한 법인 자체가 타인에게 손해를 가할 수 없고, 또한 법인의 정신적 판단능력도 문제되지 않는다. 따라서 제35조가 규정하는 법인의 불법행위능력은 누구의 어떤 행위에 대하여 법인이 불법행위책임을 지는지에 관한 것이다.

(2) 제35조 제1항은 모든 사법인 나아가 권리능력 없는 사단에 대해서도 적용 내지 유추된다.[1)]

2. 법인의 불법행위책임의 요건 [1489]

가. 대표기관의 행위

(1) 제35조의 "이사 기타 대표자"는 법인의 「대표기관」을 말한다. 따라서 대표권 없는 이사는 법인의 기관이지만 대표기관은 아니기 때문에 그의 행위로 인하여 법인의 불법행위가 성립하지 않는다.[2)]

[참 고] 대판 2011.4.28. 2008다15438: 제35조 제1항의 "'법인의 대표자'에는 그 명칭이나 직위 여하, 또는 대표자로 등기되었는지 여부를 불문하고 당해 법인을 실질적으로 운영하면서 법인을 사실상 대표하여 법인의 사무를 집행하는 사람을 포함한다고 해석함이 상당하다. 구체적인 사안에서 이러한 사람에 해당하는지는 법인과의 관계에서 그 지위와 역할, 법인의 사무집행절차와 방법, 대내적 · 대외적 명칭을 비롯하여 법인 내부자와 거래상대방에게 법인의 대표행위로 인식되는지 여부, 공부상 대표자와의 관계 및 공부상 대표자가 법인의 사무를 집행하는지 여부 등 제반 사정을 종합적으로 고려하여 판단하여야 한다. 그리고 이러한 법리는 주택조합과 같은 비법인사단에도 마찬가지로 적용된다."

그런데 사안의 특수성[3)]에 비추어 결론 자체에 수긍할 여지도 있지만, 업무집행지시자의 책임을 정하는 상법 제401조의2와 같은 명문규정이 없음에도 사실상의 대표자를 인정해도 되는지 검토를 요한다.

(2) 대표기관의 대리인(제62조 참조)의 가해행위에 대해서는 법인의 사용자책임(제756조)이 성립할 뿐이다. 제35조의 책임은 법인의 「대표기관」이 저지른 불법행위에 대한 것인 반면, 제756조의 책임은 법인의 「피용자」의 불법행위에 대한 것이다.[4)]

나. 대표기관이 직무에 관하여 타인에게 손해를 가하였을 것: 직무와의 관련성 [1490]

(1) "직무에 관하여"는 대표기관의 위법행위의 효과가 어느 범위에서 법인에게 귀속되는지를 정하는 잣대이다. 즉 대표기관이 직무에 관하여 타인에게 손해를 가한 경우에만 법인의 불법행위가 성립하고, 대표기관의 행위라도 직무에 관한 것이 아니라면 법인의 불법행위로 되지 않고 대표기관 개인의 불법행위로 될 뿐이다.

---

1) 노동조합에 관한 대판 1994.3.25. 93다32828과 종중에 관한 대판 2003.7.25. 2002다27088 등.

2) 대판 2005.12.23. 2003다30159.

3) 앞의 판결은, Y 주택조합의 대표자(A)가 B에게 대표자의 모든 권한을 포괄적으로 위임하여 B가 Y의 사무를 집행하던 중 불법행위로 X에게 손해를 입힌 사안에서, 여러 사정에 비추어 B는 Y를 실질적으로 운영하면서 법인을 사실상 대표하여 법인의 사무를 집행하는 사람으로서 제35조에서 정한 "대표자"에 해당한다고 보았다.

4) 학교법인의 대표자였던 이의 재직 당시의 차금행위가 불법행위로 된다면 이는 사용자책임이 아니라 제35조에 의한 법인의 불법행위가 된다는 대판 1978.3.14. 78다132 참조.

[1491] (2) 한 개인 그리고 법인의 대표기관이라는 이중적 지위를 가지는 이의 가해행위를 어느 범위에서 법인의 행위로 보아 법인의 책임을 인정할 것인지는 피해자의 입장에서 변제자력 등과 관련하여 중요한 의미를 가진다. 이러한 맥락에서 법인과 피해자의 이해를 조정하기 위한 기준으로서 "직무에 관하여"는 「직무를 위하여」와 「직무에 즈음하여」의 중간적 의미라고 이해해야 한다. 판례[5]도 외형상 대표기관의 직무행위라고 볼 수 있는 행위 및 직무행위와 사회관념상의 관련성(흔히 견련성이라고 한다)을 가지는 행위가 직무와 관련성을 가진다고 넓게 새기는데, 상황이 유사한 사용자책임(제756조)의 "사무집행에 관하여"에 관한 외형이론(外形理論)과 맥을 같이 한다([3144] 참조). 즉 "직무에 관하여"를 주관적 · 구체적으로 판단하는 것이 아니라 객관적 · 추상적으로 판단한다.

① 먼저 행위의 외형상 대표기관의 직무행위에 속하는 것은 그 행위가 부당하게 행하여졌더라도 "직무에 관하여"에 해당하는데,[6] 대표기관 개인의 내심의 의사는 문제되지 않는다.[7] 상대방에게 과실이 있다는 점은 과실상계의 사유인데,[8] 대표기관의 고의의 불법행위의 경우에도 마찬가지이다.[9]

② 나아가 대표기관의 직무행위에 속하지 않지만 통상적 업무행위와 밀접한 관련을 가지고 외관상으로도 그 업무행위와 유사하여 집무행위의 범위에 속하는 것으로 보이는 행위도 "직무에 관하여"에 해당한다.[10]

[1492] ③ 이처럼 외형을 기초로 객관적 · 추상적으로 판단함으로써 그 범위를 확장하는 것은 집무집행행위의 외관에 대한 피해자의 신뢰를 보호하기 위해서이므로, 피해자의 보호가치가 부정된다면 법인의 불법행위책임을 물을 수 없다고 해야 한다. 즉 대표기관의 행위가 직무집행에 관한 것이 아니라는 점을 상대방이 알았거나 중대한 과실로 알지 못한 경우에, 법인에 대하여 제35조의 책임을 묻지 못한다.[11]

[1493] (3) 대표기관의 가해행위에 사실적 불법행위도 포함되지만, 주로 문제되는 것은 거래적 불법행위이다. 그런데 법인의 대표기관이 부정한 대표행위를 한 경우에 제35조 제1항을 적용할 수 있는가? 이 문제는 결국 대표기관의 법률행위에 대해서도 법인의 불법행위책임을 물을 수 있는지에 관한 것이다.[12]

① 이에 관한 학설로, 제35조 제1항의 불법행위책임을 인정하자는 견해, 제126조의 표현대리의 법리를 우선 적용하여 법인에게 이행책임을 부담시키되 그것이 부정되면 불법행위책임을 인정하자는 견해 및 당사자의 선택에 좇아 제35조 제1항의 불법행위책임 또는 제126조의 표현대리책임을 인정하자는 견해 등이 있다. 한편 판례는 법인의 대표기관이 권한을 유월하여 부정한 대

5) 대판 1990.3.23. 89다카555 등.
6) 대판 2004.2.27. 2003다15280.
7) 금원차용에서 차용금의 사용목적은 문제되지 않는다(대판 1987.4.28. 86다카2534).
8) 대판 1975.8.19. 75다666.
9) 대판 1987.12.8. 86다카1170.
10) 대판 1974.5.28. 73다2014.
11) 비법인사단에 관한 대판 2003.7.25. 2002다27088 참조.
12) 예를 들어 대표권남용의 경우에 상대방의 보호가치가 인정된다면 그 행위의 효과가 법인에게 미치므로 불법행위책임을 논할 필요가 없다. 반면 상대방의 보호가치가 부정되어 그 행위의 효과가 법인에 미치지 않는 경우에 제35조 제1항이 적용되는지가 중요한 의미를 가진다.

표행위를 한 경우에 법인의 불법행위책임을 인정하는데,[13] 이 경우 대표권을 유월한 대표자의 불법행위책임이 성립함은 당연하다.

② 제35조 제1항과 제126조는 ⓐ 표현대표에 과실상계가 적용되지 않는다는 점, ⓑ 불법행위에 대하여 대표기관 개인도 부진정연대책임을 진다는 점, ⓒ 소멸시효의 기간이 다르다는 점 등에서 차이가 있다. 요건과 관련해서도 ⓓ 상대방(피해자)에게 과실이 있는 경우에 제35조 제1항의 책임이 발생하는 반면, 표현대표는 성립하지 않는다([1291] 참조).

③ 생각건대 법인 대표기관의 법률행위의 효과가 직접 법인에 귀속된다면, 대표기관의 법률행위에 제35조 제1항을 적용할 필요가 없다. 반면 대표기관의 법률행위라도 강행규정 위반,[14] 법인의 목적범위 또는 대표권의 범위 유월, 대표권남용 등의 사유로 인하여 그 효과가 법인에 미치지 못하고 그로 인하여 손해가 발생하였다면, 제35조 제1항에 따라 법인에 그 배상을 구할 수 있다. 따라서 대표기관의 부정한 행위의 효과가 법인에 귀속되는지를 —가령 표현대리의 법리에 의하여[15]— 먼저 검토하여, 그것이 긍정된다면 법인의 불법행위책임을 인정할 필요가 없다. 반면 그것이 부정되면 비로소 외형이론을 기초로 법인의 불법행위책임(제35조)을 물을 수 있으며, 외형이론에 의해서도 법인의 책임이 성립하지 않는다면[16] 이를 상대방의 부담으로 할 것이다.[17]

다. 불법행위에 관한 일반적 성립요건을 갖출 것 [1494]

제35조 제1항은 제750조의 특별규정이므로, 불법행위의 일반적 성립요건, 즉 ① 손해의 발생과 인과관계, ② 가해행위의 위법성, ③ 가해자의 귀책사유 및 ④ 가해자인 대표기관의 책임능력([3013] 참조)을 갖추어야 한다.

3. 불법행위의 효과 [1495]

(1) 제35조의 요건이 충족되면 법인은 피해자에 대하여 손해배상책임을 진다.

(2) 기관 개인의 책임을 본다.

① 법인의 불법행위가 성립하는 경우에, 실제로 가해행위를 한 대표기관은 법인과 함께 손해배상책임을 지는데(제35조 제1항 후문),[18] 법인의 책임과 기관 개인의 책임은 부진정연대의 관계에 선다.[19] 그런데 법인이 피해자에게 손해를 배상한 경우에, 대표기관 개인에게 구상권을 행사할 수 있다(제65조, 제61조).

② 법인의 불법행위가 성립하지 않는 경우에, 행위를 한 대표기관 개인이 제750조에 기한 손해배상책임을 진다. 그러나 제35조 제2항은 피해자를 두텁게 보호하기 위하여 의결에 찬성한 사원과 이사, 이를 집행한 이사 기타 대표기관이 연대하여 배상할 책임이 있다고 규정한다.[20]

---

13) 대판 1990. 3.23. 89다카555.

14) 권리능력 없는 사단에 관한 것이지만 대판 2003.7.25. 2002다27088 참조.

15) 다만 강행규정 위반의 경우에 표현대리규정이 적용될 여지가 없고, 그 밖의 경우에도 대표권 제한에 관한 등기요건 때문에 표현대표가 성립하기 어려울 것이다. 교회 대표자가 교인총회의 결의를 거치지 않고 교회재산을 처분한 행위에 대하여 제126조가 준용되지 않는다고 한 대판 2009.2.12. 2006다23312도 참조.

16) 예컨대 목적범위 밖의 행위라면 외형이론에 의해서도 상대방이 보호되지 않는다.

17) 이러한 경우에 제35조 제2항에 따라 기관 개인의 책임이 성립할 수 있음은 별개의 문제이다.

18) 법인의 대표자가 직무에 관하여 불법행위를 한 경우에 제35조 제1항에 의하여, 법인의 피용자가 사무집행에 관하여 불법행위를 한 경우에는 제756조 제1항에 의하여 법인도 손해배상책임을 부담한다. 대판 2009.11.26. 2009다57033 참조.

19) 회사의 대표기관이 업무를 집행하다가 고의 또는 과실로 타인에게 손해를 가하면 회사의 불법행위가 성립하여 회사가 손해배상책임을 지는데, 판례는 이 경우 회사와 대표기관의 연대책임을 규정하는 상법 제210조(및 이를 준용하는 제269조, 제287조의20, 제389조 제3항, 제567조)를 근거로 회사와 대표기관의 공동불법행위가 성립한다고 한다. 대판 2007.5.31. 2005다55473 참조.

제5관 기 타

[1496] **Ⅰ. 정관의 변경**

1. 의 의

(1) 정관의 변경이란 법인이 동일성을 유지하면서 그 근본규칙을 변경하는 것을 말한다. 법인의 근본규칙으로서 정관이 바뀜에 따라 법인의 실체/실질이 바뀔 수 있는데, 정관변경에서 사단법인은 자율적 탄력성을 가지는 반면, 재단법인은 그렇지 않다.

(2) 정관의 변경은 주무관청의 「허가」를 받아야 하는데, 그 법적 성질에 관하여 판례는 종래 주무관청의 자유재량에 속하는 허가(許可)라고 보았으나, 대판(전) 1996.5.16. 95누4810은 "민법 제45조와 제46조에서 말하는 재단법인의 정관변경 "허가"는 법률상의 표현이 허가로 되어 있기는 하나, 그 성질에 있어 법률행위의 효력을 보충하여 주는 것이지 일반적 금지를 해제하는 것이 아니므로, 그 법적 성격은 인가라고 보아야 한다"고 했는데, 사단법인에서도 마찬가지라 할 것이다.[1)]

[1497] **2. 사단법인의 정관변경**

(1) 사단법인의 정관을 변경하기 위하여, 총사원 3분의 2 이상(정관으로 달리 정할 수 있다)의 동의에 의한 사원총회의 결의(사원총회의 전권사항이다)와 주무관청의 허가가 있어야 한다(제42조). 그리고 변경의 대상이 등기사항이라면 등기해야 제3자에게 대항할 수 있다(제54조).

(2) 정관에 그 정관을 변경할 수 없다는 규정이 있더라도 총사원의 동의로 정관을 변경할 수 있고, 비영리성을 유지하는 한 법인의 목적도 통상의 정관변경절차에 의하여 변경할 수 있다. 그러나 동일성을 해치거나(예: 비영리의 목적을 영리의 목적으로 변경하는 경우) 사단법인의 본질에 반하는[2)] 정관변경은 허용되지 않는다.

[1498] **3. 재단법인의 정관변경**

(1) 재단법인에서 정관변경은 허용되지 않지만, 목적달성 또는 재산보전을 위하여 적당한 경우에 명칭이나 사무소의 소재지를 변경할 수 있고(제45조 제2항), 목적을 달성할 수 없으면 설립자나 이사가 설립의 취지를 참작하여 목적 기타 정관의 규정을 변경할 수 있다(제46조).

한편 설립자가 정관에서 정관의 변경방법을 정했다면, 그 방법에 따라 재단법인의 정관을 고칠 수 있는데(제45조 제1항), 이는 본래의 의미의 정관변경이 아니라 정관내용의 「실현」에 불과

---

20) 다만 대판 2009.1.30. 2006다37465: "사원총회, 대의원총회, 이사회의 의결은 원칙적으로 법인의 내부행위에 불과하므로 특별한 사정이 없는 한 그 사항의 의결에 찬성하였다는 이유만으로 제3자의 채권을 침해한다거나 대표자의 행위에 가공 또는 방조한 자로서 제3자에 대하여 불법행위책임을 부담한다고 할 수는 없다. 이때 의결에 참여한 사원 등이 대표자와 공동으로 불법행위를 저질렀거나 이에 가담하였다고 볼 수 있는지 여부는, 그 의결에 참여한 법인의 기관이 당해 사항에 관하여 의사결정권한이 있는지 여부 및 대표자의 집행을 견제할 위치에 있는지 여부, 그 사원이 의결과정에서 대표자의 불법적인 집행행위를 적극적으로 요구하거나 유도하였는지 여부 및 그 의결이 대표자의 업무집행에 구체적으로 미친 영향력의 정도, 침해되는 권리의 내용, 의결내용, 의결행위의 태양을 비롯한 위법성의 정도를 종합적으로 평가하여 법인 내부행위를 벗어나 제3자에 대한 관계에서 사회상규에 반하는 위법한 행위라고 인정될 수 있는 정도에 이르러야 한다."

1) 판례의 변경에 따라 정관변경에 대한 불허처분에 불복하는 행정소송이 가능하게 되었다는 주장도 있지만, 이 판결에서 인가는 사법상의 효력에 관한 것일 뿐이고 주무관청의 입장에서는 여전히 자유재량에 속하므로 그렇게 볼 것인지 의문이다.

2) 종원 일부만 참석한 종중회합에서 종중원의 일부를 종원으로 취급하지도 않고 또 일부종원에 대하여 종원자격을 박탈하는 것으로 규약을 개정한 것은 무효라고 한 대판 1978.9.26. 78다1435 참조.

하다. 그런데 어느 경우나 주무관청의 「허가」를 받아야 하고, 등기사항이라면 등기해야 제3자에게 대항할 수 있다(제54조).

(2) 재단법인의 실체를 이루는 기본재산은 정관의 기재사항이므로 기본재산의 변경도 정관의 변경을 초래한다. 따라서 주무관청의 허가가 없으면 기본재산 처분행위는 무효인데,[3] 사후에 허가를 받아도 된다.[4] 기본재산을 감소시키는 경우뿐만 아니라 증가시키는 경우에도 주무관청의 허가를 받아야 한다.[5] 다만 수용 등 강제적 처분의 경우에 기본재산의 변경을 내용으로 하는 재단법인의 정관의 변경까지 강제된다.[6][7]

Ⅱ. 기 타 [1499]

1. 법인등기

(1) 법인과 거래하는 제3자를 보호하기 위하여 법인의 조직 등을 공부에 기재하고 공시하는 것이 법인의 등기제도이다. 비송사건절차법이 법인등기의 절차를 규정한다.

(2) 법인등기의 종류로 설립등기(제49조 제1항), 분사무소 설치 및 사무소 이전의 등기(제50조, 제51조), 변경등기(제52조), 직무집행정지 등 가처분의 등기(제52조의2), 해산등기 및 청산종결의 등기(제85조, 제94조)가 있는데, 설립등기는 법인의 성립요건인 반면(제33조), 나머지 등기는 모두 대항요건이다(제54조 제1항).

2. 법인의 감독과 벌칙 [1500]

(1) 법인이 존속하는 동안 법인의 업무감독은 설립허가를 준 주무관청이 담당하는데, 감독의 내용은 법인의 사무 및 재산상황의 검사, 설립허가의 취소 등이다(제37조, 제38조, 제67조 제3호).

(2) 반면 법인의 해산 및 청산은 법원이 감독하는데(제95조), 감독의 내용은 필요한 검사, 청산인의 선임·해임 등이다(제95조, 제83조, 제84조).

(3) 법인에 대한 법적 규제와 업무감독의 실효성을 확보하기 위하여 민법은 일정한 사항에 관하여 이사, 감사 또는 청산인에게 과태료를 부과할 수 있도록 한다(제97조 참조).

---

3) 경매절차에 의한 매각에서도 허가를 요한다는 대결 2007.6.18. 2005마1193 참조.

4) 학교법인에 관한 대판 1998.7.24. 96다27988 참조.

5) 대판 1991.5.28. 90다8558.

6) 가령 대판 2008.7.10. 2008다12453: "재단법인의 기본재산에 대하여 집합건물의 소유 및 관리에 관한 법률에 의하여 매도청구를 하는 경우에도 위 기본재산을 취득하기 위해서는 재단법인의 정관변경이 별도로 필요하다고 보면, 재단법인이 스스로 그 기본재산을 처분하는 내용으로 정관변경을 하지 않는 이상 매도청구를 한 사람이 재단법인의 기본재산을 취득할 수 없게 되어 매도청구대상자의 의사에 반하여 그 재산권을 박탈하도록 한 매도청구권의 본질에 반하게 된다. 따라서 재단법인의 기본재산에 대하여 집합건물의 소유 및 관리에 관한 법률상의 매도청구가 있는 경우에는 그 기본재산에 대한 매매계약의 성립뿐만 아니라 기본재산의 변경을 내용으로 하는 재단법인의 정관의 변경까지 강제된다."

7) 그 밖의 재판례를 본다. ㉠ 주무관청의 허가를 얻어 기본재산에 편입하여 정관기재사항의 일부로 된 경우에, 비록 그것이 명의신탁관계에 있었더라도 이것을 처분(반환)하는 것은 정관의 변경을 초래하는 점에서 다르지 않으므로, 주무관청의 허가 없이 이전등기를 할 수는 없다(앞의 90다8558 판결). 참고로 소유명의만 재단법인에 귀속시키고 실질적 소유권은 출연자에게 유보하는 등의 부관이 붙은 출연재산을 기본재산으로 하는 재단법인의 설립을 관할관청은 허가할 수 없는데, 재단법인 기본재산의 출연이 명의신탁약정에 의한 것이라도 재산출연자가 관할관청의 설립허가 및 법인설립등기를 통하여 설립된 재단법인에게 조건 없이 기본재산 증여를 원인으로 한 소유권이전등기를 마친 후에는 위와 같은 명의신탁계약은 재단법인에 대하여 효력을 미칠 수 없다(대판 2011.2.10. 2006다65774). ㉡ 재단법인의 기본재산에 관한 저당권 설정행위는 정관의 변경을 요하지 않으므로 그에 관하여 주무관청의 허가를 얻을 필요가 없고, 기본재산에 대한 강제집행에서 집행법원은 주무관청의 허가를 얻어 제출할 것을 특별매각조건으로 경매절차를 진행하고, 매각허가결정 시까지 이를 제출하지 못하면 매각불허가결정을 하면 된다(대결 2018.7.20. 2017마1565). 한편 정관규정에 따라 주무관청의 허가를 받아 재단법인 기본재산에 근저당권을 설정하였다면 그 실행으로 기본재산을 매각할 때 주무관청의 허가를 다시 받을 필요는 없다(대결 2019.2.28. 2018마800).

[1501] 3. 기 타

(1) 법인도 주소를 필요로 하는데, 제36조는 법인의 주된 사무소의 소재지를 법인의 주소로 규정한다. 여기서 주된 사무소란 일반적으로 법인을 통솔하는 최고수뇌부가 있는 장소를 말한다.

(2) 외국법인의 능력은 내외국법인 평등주의에 의하되, 법률 또는 조약에 의한 제한을 가할 수 있다.

제6관 권리능력 없는 사단과 조합

[1502] **Ⅰ. 단체법 총설**

가. 서 언

(1) 개인주의와 자유주의에 터 잡은 민법은 고립된 존재로서 추상적인 「인격」을 상정하고 그를 기반으로 삼아 법률관계를 규율한다. 그러나 현실에서 인간은 거의 모든 영역에 걸쳐 인적 결합, 즉 단체의 구성원으로 살아간다. 가족이나 국가 등 본인의 의지와 무관하게 단체의 구성원으로 되는 경우도 있고, 동호회처럼 시민 각자의 자유의지에 따라 구성원으로 되기도 하지만, 어떻든 사회적 존재로서 인간은 「관계」 속의 개인이다. 이러한 맥락에 비추어 부분사회로서 단체의 중요성은 두말할 나위도 없다.

(2) 역사적으로 임의단체의 발생을 억압하던 시대도 있었으나, 헌법 제21조 제1항은 결사(結社)의 자유를 기본권의 하나로 규정하고, 그 연장선상에서 단체자치(團體自治)가 인정된다.

[1503] **나. 단체의 모습 개관**

(1) 누구든 외톨이로 살아가는 것은 거의 불가능하다. 상반되는 이해관계를 가진 이의 협력을 확보하기 위하여 계약을 체결함이 부득이한 것과 마찬가지로, 같은 방향의 이해관계를 가진 이들과의 협력이 불가결하거나 유용하고, 그 결과 일상에서 의식하든 의식하지 않든 부분사회로서 어떤 단체의 구성원으로서 살아가는 경우가 적지 않다.[1] 그런데 다른 이와 협력하기로 한 경우에, 사무실을 구하는 등의 대외적 업무는 어떻게 이루어지고, 그들의 재산관계는 어떻게 되는가? 이는 결합의 정도에 따라 다른데,[2] 이들을 살펴본다.

[1504] (2) 먼저 여러 사람이 「계약」을 통하여 공동으로 사업을 경영할 수 있다. 이것이 조합(組合)인데, 그들 사이에 「계약적 구속」이 발생한다. 여기서는 합의를 기반으로 하므로 단체적 속성이 강하지 않고 오히려 개인적 색채가 강하여, 부분사회의 前 단계라고 할 수 있다.[3] 구체적으로 계약의 체결 등 대외적 행위는 조합원 전원의 이름으로 해야 하고, 조합재산은 조합원의 개인재산과 구별되는 독립성을 가지지만, 조합의 채무에 대하여 조합원이 각자의 개인재산으로 책임을 진다.[4]

---

1) 예를 들어 혁신적인 아이디어를 가진 이가 그 아이디어를 기반으로 창업하려는 경우에, 창업에 필요한 자금 및 기술을 모두 가지고 있다면 혼자서 창업을 하고 수익도 독차지할 수 있다. 그러나 자금이나 기술이 없다면 그것을 가진 이와의 협력이 부득이하고, 그렇지 않더라도 다른 이와의 협력을 통하여 시너지효과를 얻고 사업실패에 따른 위험을 분산시킬 수도 있다.

2) 민법은 합유의 주체를 "조합체"라 하는 반면, 총유의 주체는 "집합체"라고 한다.

3) 민법상 조합의 실체를 가짐에도 법인격이 부여된 것으로 합명회사와 합자회사를 들 수 있다(상법 제169조, 제170조).

4) 조합채권자는 조합원의 개인재산에 대하여 강제집행을 할 수 있다.

(3) 역으로 단체 자체가 법인격을 취득하는 경우도 있는데, 이것이 사단법인(社團法人)이다. [1505] 여기서 단체 자체가 법인격을 가진다는 것은 구성원과 단체로서 사단법인이 법적으로 분리됨을 의미한다([1444] 참조). 조합과 달리 단체 자체가 계약의 당사자로 되고, 단체의 채무에 대하여 구성원은 책임을 지지 않는다. 즉 사단법인의 재산이 독립성을 가지고 사단법인의 채무에 대하여 책임을 지며, 구성원의 책임은 사단법인에 대한 것으로 사단법인의 채무에 대한 것이 아니다.5)

(4) 한편 일정한 목적을 위하여 단체가 결성되고 구성원의 변동과 무관하게 단체가 동일성을 [1506] 가진 채 존속함에도 불구하고 법인격을 취득하지 않거나 못하는 경우도 있는데, 이것이 「권리능력 없는 사단」이다. 여기서는 구성원들이 조직을 이룬다는 점에서 구성원들이 계약을 통하여 결합하는 조합보다 단체법적 속성이 강하다. 그렇지만 아직 독립된 법인격을 취득하지 않았기에 사단법인과 달리 개인적 요소가 남아있다. 구체적으로 단체의 재산이 구성원 개인의 재산과 분리되고, 단체 명의로 등기를 할 수 있으며 단체 자체가 소송의 당사자로 될 수 있다. 그리고 단체의 채무에 대하여 단체의 재산이 책임을 지며, 구성원들이 고유재산으로 책임을 지지는 않는다([1517] 참조).

(5) 참고로 재산만의 분리·독립을 수반하는 제도로서 신탁과 재단법인이 있다. 특히 신탁 [1507] (信託)에 독립된 법인격이 부여되지 않지만 신탁재산 자체가 독립성(신탁재산의 분별 및 독립)을 가진다. 구체적으로 신탁재산은 상속의 대상에서 제외되고(신탁법 제12조, 제21조), 신탁재산에 대한 강제집행이 금지되며, 수탁자의 도산위험으로부터 격리된다. 한편 공시가 있어야 대항할 수 있으며(제4조), 수탁자에게 분별관리의무를 지운다.

Ⅱ. 권리능력 없는 사단과 총유 [1508]

1. 권리능력 없는 사단 총설

가. 의 의

(1) 사단(社團)은 구성원=사원의 교체(즉 탈퇴와 가입)와 무관하게 존속하고, 일정한 목적을 가지며, 사단을 위하여 행동하는 기관을 가진 인적 결합이다. 이러한 단체가 설립절차를 밟아 권리능력을 취득한 것이 사단법인이고, 그렇지 않은 것이 권리능력 없는 사단(權利能力 없는 社團)이다.6) 요컨대 권리능력 없는 사단이란 사단의 실질을 가짐에도 아직 권리능력(법인격)을 취득하지 않거나 못한 것을 말한다.7)

(2) 권리능력 없는 사단이 발생하는 이유는 주무관청의 허가(제32조)를 받지 못했거나 행정관청의 감독 기타 규제를 받기를 원하지 않기 때문이다.8)

(3) 권리능력 없는 사단의 대표적인 예는 종중 또는 (개신교의) 교회인데,9) 이에 관해서는 뒤

5) 따라서 사단법인의 채권자는 구성원인 사원의 개인재산에 대하여 강제집행을 할 수 없다.
조합에서 사업실패의 부담이 조합원의 개인재산에도 미치지 않음과 달리, 대표적인 사단법인으로서 회사에서는 출자액을 넘어 개인적인 책임을 지지 않는다는 점이 투자자에게 매력적일 수 있다.

6) 제275조와 민사소송법 제52조 및 부동산등기법 제26조는 "법인(이) 아닌 사단"이라고 표현한다

7) 「권리능력이 없음」에도 대표자의 행위가 사단에게 귀속되도록 하는 것은, 단체의 목적활동에 따른/필요한 재산은 구성원 개인의 재산과 분리된 별개의 것이라는(구성원들이 "총유"한다는) 실질/요청이 반영된 결과라고 이해할 수 있다.

8) 민법은 법인설립에 관하여 강제주의를 채택하지 않았다. [1458]도 참조.

9) 그 밖에 법인 아닌 어촌계(대판 2003.6.27. 2002다68034), 아파트 등 공동주택의 입주자대표회의(대판 2007.6.15. 2007다6307), 아파트 부녀회(대판 2006.12.21. 2006다52723), 연합주택조합(대판 2002.9.10. 2000다96), 洞·里나 자연부락(대판 2007.7.26. 2006다

에서 따로 살펴본다.

[1509] ### 나. 성립요건

권리능력 없는 사단은 사단의 실체를 가져야 하므로, 별도의 조직행위를 요하지는 않더라도 대표자와 총회 등 사단으로서의 조직을 갖추어야 하고, 구성원의 변경과 관계없이 존속해야 한다. 그 밖에 성문의 규약이 아니라도 사단법인의 정관에 상응하는 것이 있어야 한다.

[1510] ## 2. 권리능력 없는 사단의 법률관계

가. 적용법조

(1) 사단법인과 권리능력 없는 사단의 실질에 차이가 없을 뿐만 아니라 권리능력 없는 사단이 사회에서 차지하는 위치를 생각하면 법의 관여[10]가 불가피하다.

(2) 먼저 명문규정을 본다. ① 민법은 제275조에서 권리능력 없는 사단의 재산소유형태를 총유(總有)라 하여 조합이 아님을 규정하는데(제271조 제1항 참조), 총유에 관해서는 뒤에서 따로 살펴본다. ② 권리능력 없는 사단도 대표자가 있으면 당사자능력을 가지므로(민사소송법 제52조), 소송에서 원고 또는 피고(강제집행에서는 채권자 또는 채무자)로 될 수 있다. ③ 부동산등기법 제26조는 권리능력 없는 사단에 등기능력(登記能力)을 부여하여 권리능력 없는 사단의 재산귀속을 공시할 수 있는 길을 열어두고 있다(금융거래에 관하여 금융실명법 시행령 제3조 제3호 참조).

보 론 비법인사단의 소송상 지위에 관하여

㉠ 비법인사단이 당사자능력을 가지는지 여부는 법원의 직권조사사항이므로, 당사자능력 판단의 전제되는 사실에 관하여 법원이 직권으로 조사해야 하는데,[11] 사실심 변론종결시를 기준으로 판단한다.[12]

㉡ 비법인사단이 당사자인 사건에서 대표자에게 적법한 대표권이 있는지는 소송요건으로 법원의 직권조사사항인데,[13] 예컨대 남자 종중원들에게만 소집통지를 하여 개최된 종중총회에서 대표자로 선출된 이에 의하여 제기된 소는 부적법하여 각하된다.[14]

그런데 적법한 대표자자격이 없는 비법인사단의 대표자가 한 소송행위라도 나중에 대표자자격을 적법하게 취득한 대표자가 추인하면 행위시에 소급하여 효력을 갖고, 이러한 추인은 상고심에서도 할 수 있다.[15]

㉢ "비법인사단이 총유재산에 관한 소송을 제기할 때에는 정관에 다른 정함이 있다는 등의 특별한 사정이 없는 한 사원총회 결의를 거쳐야 하는 것이므로, 비법인사단이 이러한 사원총회 결의 없

64573), 법인의 하부조직(대판 2008.10.23. 2007다7973) 등.

참고로 종래 주택건설촉진법에 의하여 설립된 재건축조합은 권리능력 없는 사단이었으나(대판 2001.5.29. 2000다10246), 도시정비법 제38조에 의하여 법인격이 부여되었다.

한편 사찰(寺刹)은 통상 권리능력 없는 사단(대판 1997.12.9. 94다41249) 또는 권리능력 없는 재단(대판 1994.12.13. 93다43545)이지만, 개인의 소유인 사설사찰(대판 1997.4.25. 96다46484)도 있다. 사찰이 독립한 단체로 되기 위한 요건을 밝히고 사찰의 종단소속관계는 사법상 계약의 영역으로 사찰과 특정종단 사이의 합의가 전제되어야 한다고 한 대판 2020.12.24. 2015다222920도 참조.

10) 비법인사단과 거래하는 상대방의 입장에서, 비법인사단의 재산만이 책임재산으로 되고 구성원 각자는 거래상대방에 대하여 채무도 책임도 지지 않음에 따라, 거래상대방으로서는 비법인사단의 재산에 관하여 큰 이해관계를 가진다. 이처럼 「법적 분리」가 일어남에 따라 사단법인과의 구별실익이 현저히 감소한다고 할 수도 있다.

11) 종중에 관한 대판 1997.12.9. 94다41249.

12) 대판 1991.11.26. 91다31661.

13) 대판 2009.1.30. 2006다60908. "법원에 그 판단의 기초자료인 사실과 증거를 직권으로 탐지할 의무까지는 없으나, 이미 제출된 자료들에 의하여 그 대표권의 적법성을 의심할 만한 사정이 엿보인다면 상대방이 이를 구체적으로 지적하여 다투지 않더라도 이에 관하여 심리·조사할 의무가 있다"고 한 대판 2024.4.12. 2023다313241도 참조.

14) 대판 2009.2.26. 2008다8898.

15) 대판 1997.3.14. 96다25227; 대판 2019.9.10. 2019다208953.

이 그 명의로 제기한 소송은 소송요건이 흠결된 것으로서 부적법하다."[16)]

㉣ "민사소송법 제52조에 의하여 대표자가 있는 법인 아닌 사단이 소송의 당사자가 되는 경우에도 그 법인 아닌 사단은 대표자나 구성원과는 별개의 주체이므로, 그 대표자나 구성원을 당사자로 한 판결의 기판력이 법인 아닌 사단에 미치지 아니함은 물론 그 법인 아닌 사단을 당사자로 한 판결의 기판력 또한 그 대표자나 구성원에게 미치지 아니하는 것이 당연하다."[17)]

㉤ 참고로 학교는 교육시설의 명칭으로서 일반적으로 법인도 아니고 대표자 있는 법인격 없는 사단 또는 재단도 아닌 교육시설의 명칭일 뿐이기 때문에 민사소송에서 당사자능력이 인정되지 않는다.[18)]

(3) 명문규정이 없는 사항은 어떻게 처리해야 하는가? [1511]

① 학설과 판례는 권리능력 없는 사단이 사단의 「실질」을 가짐을 근거로 사단법인에 관한 규정 중 법인격을 전제로 하는 것(법인등기 등)을 제외한[19)] 나머지의 유추를 인정한다.

② 판례상 유추가 인정된 조항으로, 권리능력의 범위에 관한 제34조,[20)] 불법행위책임에 관한 제35조,[21)] 정관변경에 관한 제42조,[22)] 이사의 대리인 선임에 관한 제62조,[23)] 임시이사에 관한 제63조,[24)] 총회에 관한 규정들,[25)] 청산에 관한 규정들[26)] 등.

나. 개별적 법률관계 [1512]

(1) 권리능력 없는 사단의 내부관계에 대하여, 단체자치(團體自治. 사적자치의 한 내용인)가 허용됨에 따라 우선 정관을 적용하고, 정관에 규정이 없으면 사단법인의 내부관계(예: 사원총회, 이사의 직무)에 관한 민법규정을 유추해야 한다.

(2) 권리능력 없는 사단의 외부관계에 대해서도 사단법인의 외부관계(예: 대표기관의 권한과 그 행사방법, 대표자의 불법행위에 대한 책임)에 관한 민법규정을 유추해야 한다.[27)]

(3) 구성원들의 집단적 탈퇴로 권리능력 없는 사단이 2개로 분열되고 분열되기 전의 재산이 분열된 비법인사단들의 구성원들에게 각각 총유적으로 귀속되는 결과를 초래하는 형태의 비법인사단의 분열은 허용되지 않는다.[28)]

---

16) 대판 2011.7.28. 2010다97044. 반면 비법인사단의 채권을 대위행사하기 위하여 사원총회의 결의 등 내부절차를 거칠 필요가 없음에 관하여 대판 2014.9.25. 2014다211336 및 [4078] 참조.

17) 대판 2010.12.23. 2010다58889.

18) 대판 2017.3.15. 2014다208255; 대결 2019.3.25. 2016마5908.

19) 가령 이사의 대표권 제한에 등기를 요하는 제60조는 성질상 권리능력 없는 사단에 적용될 수 없다.

20) 대판 2010.5.27. 2006다72109.

21) 대판 1994.4.12. 92다49300.

22) 대판(전) 2006.4.20. 2004다37775.

23) 대판 2011.4.28. 2008다15438.

24) 대결(전) 2009.11.19. 2008마699.

25) 제68조에 관한 대판 1997.1.24. 96다39721 · 39738; 제71조와 제72조에 관한 대판 2006.7.4. 2004다7408; 제75조 제1항에 관한 대판 2007.12.27. 2007다17062.

26) 대판 2007.11.16. 2006다41297; 대판 2003.11.14. 2001다32687.

27) 비법인사단인 종중의 불법행위책임을 인정한 앞의 92다49300 판결 참조.

28) 교회에 관한 대판(전) 2006.4.20. 2004다37775 및 종중에 관한 대판 2023.12.28. 2023다278829 참조. 다만 비법인사단의 구성원 중 일부가 탈퇴하여 새로운 비법인사단을 설립하는 경우에 종전의 비법인사단에 남아있는 구성원들이 총유의 형태로 소유하는 재산을 새로 설립된 비법인사단의 구성원들에게 양도하거나, 비법인사단이 해산한 후 그 구성원들이 나뉘어 여러 개의 비법인사단들을 설립하는 경우에 해산되기 전의 비법인사단의 구성원들이 총유의 형태로 소유하던 재산을 새로 설립된 비법인사단들의 구성원들에게 양도하는 것은 허용된다. 대판 2008.1.31. 2005다60871 참조.

[1513] ## 3. 총유의 법률관계

가. 개 관

"법인이 아닌 사단의 사원이 집합체로서 물건을 소유할 때에는 총유로 한다"(제275조). 조합과 달리 권리능력 없는 사단에서 단체의 단일성이 전면으로 나서고 구성원들의 개인성은 뒤로 물러나는데, 이러한 특성이 물건의 귀속관계에 반영된 것이 총유(總有)이다([5236]도 참조). 그리고 총유물에 관한 사원의 권리의무는 사원의 지위를 취득 또는 상실함에 따라 발생 또는 소멸한다(제277조).

[1514] ### 나. 개별적 법률관계

(1) 총유에서 물건에 대한 지배권능이 단체로서 집합체(集合體)와 그 구성원인 개개인에게 분속(分屬)된다. 즉 집합체 자체가 물건의 관리 · 처분에 관한 권능을 가지며, 그 구성원은 이를 사용 · 수익할 수 있는 권능만 가진다.

[1515] (2) 먼저 총유물의 관리 및 처분을 본다.

① 총유물의 관리 및 처분에 관하여 정관이나 규약에 정한 바가 있으면 이에 따르고 그것이 없으면 사원총회의 결의에 의해야 하므로(제276조 제1항), 정관이나 규약에 정함이 없는 경우에 사원총회의 결의를 거치지 않은 총유물의 관리 및 처분행위는 무효이다. 상대방의 선의 여부는 문제되지 않으며, 제126조도 적용되지 않는다.[29)]

관리 및 처분행위가 무효인 경우에 상대방은 비법인사단(제35조의 유추에 의하여) 및 대표자(제750조에 기하여)에 대하여 손해배상책임을 물을 수 있는데, 비법인사단이 처분행위의 결과를 수취하였다면 그 한도에서 부당이득반환도 문제되고, 부당이득이 반환되면 그만큼 손해배상책임이 감축된다.[30)]

② 총유물의 처분은 총유물을 양도하거나 제한물권을 설정하는 등의 법률적 처분뿐만 아니라 사실적 처분도 포함하는 반면, 단순히 총유물의 사용권을 타인에게 부여하거나 임대하는 행위는 총유물의 관리행위에 해당한다.[31)] 이와 달리 종중이 그 소유 토지의 매매를 중개한 중개업자에게 중개수수료를 지급하기로 하는 약정[32)] 등은 채무부담행위에 불과하여 「총유물」 자체에 대한 관리 및 처분행위라고 볼 수 없다.

나아가 비법인사단의 대표자가 타인의 채무를 보증한 행위에 관하여 대판(전) 2007.4.19. 2004다60072 · 60089의 다수의견: "비법인사단이 타인간의 금전채무를 보증하는 행위는 총유물 그 자체의 관리 · 처분이 따르지 아니하는 단순한 채무부담행위에 불과하여 이를 총유물의 관리 · 처분행위라고 볼 수는 없다. 따라서 비법인사단인 재건축조합의 조합장이 채무보증계약을 체결하면서 조합규약에서 정한 조합 임원회의 결의를 거치지 아니하였다거나 조합원총회 결의를 거치지 않았다고 하더라도 그것만으로 바로 그 보증계약이 무효라고 할 수는 없다."[33)] 이처럼 채무

---

29) 대판 2003.7.11. 2001다73626.

30) 손해를 배상한 비법인사단은 대표자에 대하여 선관주의의무(제61조의 유추) 위반에 따른 책임을 물을 수 있다.

31) 대판 2012.10.25. 2010다56586.

32) 대판 2012.4.12. 2011다107900. (비법인사단이던) 재건축조합이 재건축사업의 시행을 위하여 설계용역계약을 체결하는 경우에 관한 대판 2003.7.22. 2002다64780도 참조.

33) 나아가 임원회의 결의를 거치도록 한 규약과 달리 임원회의 결의 없이 행하여진 보증계약이 무효인지도 문제되었는데, 다수의견은 이 규약을 대표자의 대표권을 제한하는 규정으로 보아 거래상대방이 그러한 대표권 제한 및 그 위반사실을 알았거나 과실로 인하여

보증행위가 총유물의 관리 · 처분에 속하지 않는다고 한 입장은 지나치게 형식논리적인 것으로, (반대의견이 밝히는 바와 같이) 비법인사단이 부담하는 보증채무가 자연채무가 아닌 한 그러한 보증채무 부담행위는 그 채무변제를 위한 책임재산과 분리될 수 없다는 점을 고려하면, 보증채무 부담행위에 총유물의 관리에 관한 법리가 적용되어야 한다.

(3) 정관이나 규약에 달리 정한 바가 없으면 비법인사단의 사원들은 목적범위 내에서 총유물 [1516] 을 사용 · 수익할 수 있다.

그런데 비법인사단 구성원 각자가 총유물의 보존행위를 할 수 있는지[34]에 관하여 대판(전) 2005.9.15. 2004다44971: 총유의 경우에 "공유나 합유의 경우처럼 보존행위는 그 구성원 각자가 할 수 있다는 민법 제265조 단서 또는 제272조 단서와 같은 규정을 두고 있지 아니한바, 이는 법인 아닌 사단의 소유형태인 총유가 공유나 합유에 비하여 단체성이 강하고 구성원 개인들의 총유재산에 대한 지분권이 인정되지 아니하는 데에서 나온 당연한 귀결이라고 할 것이므로 총유재산에 관한 소송은 법인 아닌 사단이 그 명의로 사원총회의 결의를 거쳐 하거나 또는 그 구성원 전원이 당사자가 되어 필수적 공동소송의 형태로 할 수 있을 뿐 그 사단의 구성원은 설령 그가 사단의 대표자라거나 사원총회의 결의를 거쳤다 하더라도 그 소송의 당사자가 될 수 없고, 이러한 법리는 총유재산의 보존행위로서 소를 제기하는 경우에도 마찬가지"이다.[35]

(4) 조합채무에 대하여 각 조합원은 —손실분담의 비율로 제한되지만— 무한책임을 진다 [1517] ([1532] 참조). 반면 법인의 채무에 대하여 각 사원은 책임을 지지 않지만,[36] 합명회사의 사원이나 합자회사의 무한책임사원은 회사의 채무에 대하여 무한책임을 지고(상법 제212조, 제268조), 합자회사의 유한책임사원도 출자의무를 부담하는 금액 중에서 아직 회사에 출자하지 않은 금액을 한도로 회사의 채권자에 대하여 직접 변제할 책임을 진다(상법 제279조 제1항). 이처럼 법인인지 아닌지가 구성원의 책임을 일률적으로 결정하지는 않으며, 단체의 성질에 따라 다르다.

그런데 권리능력 없는 사단의 경우에 제275조가 적극재산이 사원의 집합체에 총유적으로 귀속된다고 한 이상 소극재산을 이와 달리 볼 이유가 없다. 따라서 권리능력 없는 사단의 채무도 구성원들에게 총유적으로 귀속되며, 그 결과 단체의 재산만이 그에 대한 책임재산이고, 각 구성원이 고유재산으로 책임을 지지는 않는다.

4. 종중과 교회 [1518]

가. 종 중

(1) 대판(전) 2005.7.21. 2002다1178은 종중(宗中) 구성원의 자격에 관하여 판단하였는데,[37] 다수의견은 다음과 같다: ① "공동선조의 후손 중 성년 남자만을 종중의 구성원으로 하고 여성은

이를 알지 못한 때에는 그 거래행위가 무효로 되고(반대의견은 위 규약을 제275조 제2항 소정의 "정관 기타 계약"이라고 전제하였다), 이 경우 거래상대방이 대표권 제한 및 그 위반사실을 알았거나 알지 못한 데에 과실이 있다는 사정은 거래의 무효를 주장하는 측이 이를 주장 · 증명해야 한다고 했다([1485] 참조).

34) 이는 종국적으로 당사자적격의 문제이다.

35) 명문규정이 없다는 점 외에 보존행위는 자기의 「개인적」 이익을 지키기 위한 것인데 비법인사단의 구성권의 이익은 간접적이라는 점에서도 판례의 입장을 수긍할 수 있다.

36) 사원의 출자의무의 의미에 관하여 [4023] 참조.

37) A 종중 소유의 토지가 수용되어 그 보상금의 분배를 둘러싸고 다툼이 생기자 공동선조의 후손인 여성들이 종원지위의 확인을 구한 사안에 관한 판결이다.

종래 종중이 공동선조의 후손 중 "성년 이상 남자"로 구성된다는 입장을 취하여 왔으나(가령 대판 2002.6.28. 2001다5296), 이 판결에 의하여 입장이 변경되어 공동선조와 성과 본을 같이 하는 후손은 성별의 구별 없이 성년이 되면 당연히 그 구성원이 된다.

종중의 구성원이 될 수 없다는 종래의 관습은, 공동선조의 분묘수호와 봉제사 등 종중의 활동에 참여할 기회를 출생에서 비롯되는 성별만에 의하여 생래적으로 부여하거나 원천적으로 박탈하는 것으로서, [⋯] 우리의 전체 법질서에 부합하지 아니하여 정당성과 합리성이 있다고 할 수 없으므로, 종중 구성원의 자격을 성년 남자로 제한하는 종래의 관습법은 이제 더 이상 법적 효력을 가질 수 없게 되었"고, ② "종중은 공동선조의 분묘수호와 제사 및 종원 상호간의 친목 등을 목적으로 하여 구성되는 자연발생적인 종족집단이므로, 종중의 이러한 목적과 본질에 비추어 볼 때 공동선조와 성과 본을 같이 하는 후손은 성별의 구별 없이 성년이 되면 당연히 그 구성원이 된다고 보는 것이 조리에 합당하다."[38)]

[참 고] 나아가 판례변경의 유효범위에 관하여 다음과 같이 판시하였다: ③ "대법원이 이 판결에서 종중 구성원의 자격에 관하여 [⋯] 견해를 변경하는 것은 그동안 종중 구성원에 대한 우리 사회 일반의 인식변화와 아울러 전체 법질서의 변화로 인하여 성년 남자만을 종중의 구성원으로 하는 종래의 관습법이 더 이상 우리 법질서가 지향하는 남녀평등의 이념에 부합하지 않게 됨으로써 그 법적 효력을 부정하게 된 데에 따른 것일 뿐만 아니라, 위와 같이 변경된 견해를 소급하여 적용한다면, 최근에 이르기까지 수십 년 동안 유지되어 왔던 종래 대법원판례를 신뢰하여 형성된 수많은 법률관계의 효력을 일시에 좌우하게 되고, 이는 법적 안정성과 신의성실의 원칙에 기초한 당사자의 신뢰보호를 내용으로 하는 법치주의의 원리에도 반하므로, 위와 같이 변경된 대법원의 견해는 이 판결 선고 이후의 종중 구성원의 자격과 이와 관련하여 새로이 성립되는 법률관계에 대해서만 적용된다고 함이 상당하"고, 다만 ④ "대법원이 [⋯] 종중 구성원의 자격에 관한 종래의 견해를 변경하는 것은 결국 종래 관습법의 효력을 배제하여 당해 사건을 재판하도록 하려는 데에 그 취지가 있고, 원고들이 자신들의 권리를 구제받기 위하여 종래 관습법의 효력을 다투면서 자신들이 피고 종회의 회원(종원)자격이 있음을 주장하고 있는 이 사건에 대해서도 위와 같이 변경된 견해가 적용되지 않는다면, 이는 구체적인 사건에서 당사자의 권리구제를 목적으로 하는 사법작용의 본질에 어긋날 뿐만 아니라 현저히 정의에 반하게 되므로, 원고들이 피고 종회의 회원(종원)지위의 확인을 구하는 이 사건 청구에 한해서는 위와 같이 변경된 견해가 소급하여 적용되어야 할 것이다."[39)]

[1519] (2) 종중에 관한 그 밖의 판례들을 정리한다.

① 공동선조의 분묘수호 및 봉제사와 후손 상호간의 친목을 목적으로 형성되는 「자연발생적인 관습상 종족단체」로서 종중은 선조의 사망과 동시에 그 후손으로 성립하고,[40)] 종중의 규약이나 관습에 따라 선출된 대표자 등에 의하여 대표되는 정도로 조직을 갖추고 지속적으로 활동하고 있다면 비법인사단으로서의 단체성이 인정된다.[41)] 반면 공동선조의 후손 중 특정지역 거주자나 지파 소속 종중원만으로 조직체를 구성하여 활동하고 있다면, 이는 본래의 의미의 종중으로 볼 수 없고[42)] 종중 유사의 권리능력 없는 사단이 될 수 있을 뿐이다.[43)]

---

38) 후속판결로 여성 종중원에 대한 소집통지를 결여한 종중총회에서 대표자로 선출된 이에 의하여 제기된 소는 부적법하다고 한 대판 2009.2.26. 2008다8898 및 종중총회의 소집권을 가지는 연고항존자(年高行尊者)에 여성도 포함된다는 대판 2010.12.9. 2009다26596 등.

39) 판례변경의 효력에 관하여 이른바 장래효가 기본값인데, 이 판결과 제사주재자의 결정에 관한 대판(전) 2008.11.20. 2007다27670은 당해 사건에 한하여 소급효를 인정한 반면, 성공보수 약정의 효력에 관한 대판(전) 2015.7.23. 2015다200111은 당해 사건에 대해서도 소급효를 인정하지 않았다.

40) "자녀의 성과 본이 모의 성과 본으로 변경되었을 경우 성년인 그 자녀는 모가 속한 종중의 공동선조와 성과 본을 같이 하는 후손으로서 당연히 종중의 구성원이 된다"고 한 대판 2022.5.26. 2017다260940도 참조.

41) 대판 1994.9.30. 93다27703.

42) 대판 1992.9.22. 92다15048.

43) 대판 1996.10.11. 95다34330. 사적 임의단체인 종중 유사단체의 경우에 회칙이나 규약에서 공동선조의 후손 중 남성만으로 구성원을 한정하더라도 특별한 사정이 없는 한 이는 사적자치의 원칙 내지 결사의 자유의 보장범위에 포함되고, 위 사정만으로 회칙이나

② 비법인사단으로서의 단체성이 인정되는 종중에 대해서는 가급적 그 독자성과 자율성을 존중해 주는 것이 바람직하고(「단체자치」), 따라서 종중규약은 종원이 가지는 고유하고 기본적인 권리의 본질적인 내용을 침해하는 등 종중의 본질이나 설립목적에 크게 위배되지 않는 한 그 유효성이 인정되어야 한다.[44)]

③ 종중의 대표자는 종중의 규약이나 관례가 있으면 그에 따라 선임하고 그것이 없다면 종장 또는 문장이 그 종원 중 성년 이상의 사람을 소집하여 출석자의 과반수 결의로 선출하며, 평소에 종중에 종장이나 문장이 선임되어 있지 않고 선임에 관한 규약이나 관례가 없으면 현존하는 연고항존자가 종장이나 문장이 되어 국내에 거주하고 소재가 분명한 종원에게 통지하여 종중총회를 소집하고 그 회의에서 종중 대표자를 선임하는 것이 일반관습이다.[45)] 그리고 종중의 규약이나 관례가 없는 한 일부종원에 대한 소집통지를 결여한 채 개최된 종중총회의 결의는 효력이 없다.[46)] 그 결의가 통지가능한 종원 중 과반수의 찬성을 얻은 것이라도 마찬가지이지만, 소집통지를 받지 않은 종원이 다른 방법에 의하여 이를 알게 되었음에도 종중총회에 참석하지 않았다면 종중총회의 결의를 무효라고 할 수 없다.[47)]

한편 종중총회의 결의방법에 관하여 종중규약에 다른 규정이 없는 이상 종원은 서면이나 대리인으로 결의권을 행사할 수 있으므로, 일부종원이 총회에 직접 출석하지 않고 다른 출석종원에 대한 위임장 제출방식에 의하여 종중의 대표자 선임 등에 관한 결의권을 행사함도 허용된다.[48)]

④ 종중의 토지에 대한 수용보상금은 종원의 총유에 속하고, 수용보상금의 분배는 총유물의 처분에 해당하므로 정관 기타 규약에 달리 정함이 없는 한 종중총회의 분배결의가 없으면 종원이 종중에 대하여 직접 분배청구를 할 수 없지만, 수용보상금을 종원에게 분배하기로 결의하였다면 종원은 종중에 대하여 직접 분배금의 지급을 청구할 수 있다.[49)]

나. 교 회 [1520]

(1) 기독교의 개개 지교회(支敎會)는 권리능력 없는 사단으로서 성금 기타 수입과 교회건물로 구성되는 교회재산을 가지는데, 그 재산의 귀속형태는 총유이다.[50)] 그리고 교회의 헌법에 다른 정함이 있는 등 특별한 사정이 없는 한 담임목사가 교회의 대표자로서 예배 및 종교활동을 주재하는 종교상의 지위와 비법인사단의 대표자지위를 겸유하면서 교회재산의 관리처분과 관련한 대표권을 가진다.[51)]

그런데 헌법상 종교의 자유와 정교분리의 원칙에 의하여 종교활동의 자유가 보장되므로, 법원으로서도 종교단체 내부관계에 관한 사항에 대해서는, 그것이 일반국민으로서의 권리의무나 법

규약이 양성평등원칙을 정한 헌법 제11조 및 민법 제103조를 위반하여 무효라고 볼 수는 없다고 한 대판 2011.2.24. 2009다17783도 참조.

44) 대판 2008.10.9. 2005다30566.

45) 대판 1997.11.14. 96다25715 참조.

46) 대판 2007.3.29. 2006다74273. 종중 총회 당시 남자 종중원들에게만 소집통지를 하고 여자 종중원들에게 소집통지를 하지 않은 경우에 그 종중 총회에서의 결의는 효력이 없다고 한 대판 2021.11.11. 2021다238902도 참조.

47) 대판 1995.6.9. 94다42389.

48) 대판 2000.2.25. 99다20155.

49) 대판 1994.4.26. 93다32446. 종중재산의 분배에 관한 종중총회의 결의내용이 현저하게 불공정하거나 선량한 풍속 기타 사회질서에 반하거나 종원의 고유하고 기본적인 권리의 본질적인 내용을 침해하는 경우에 그 결의는 무효라고 한 대판 2010.9.9. 2007다42310·42327도 참조.

50) 대판 2001.6.15. 99두5566.

51) 대판 2007.11.16. 2006다41297.

률관계를 규율하는 것이 아닌 이상, 실체적인 심리 · 판단을 하지 아니함으로써 당해 종교단체의 자율권을 최대한 보장해야 한다.[52)]

[1521] (2) 교회의 분열과 소속교단의 변경에 관하여 대판(전) 2006.4.20. 2004다37775는

① 교회의 분열을 인정하던 종래의 입장[53)]을 변경하였다. 즉 다수의견: "우리 민법이 사단법인에 있어서 구성원의 탈퇴나 해산은 인정하지만 사단법인의 구성원들이 2개의 법인으로 나뉘어 각각 독립한 법인으로 존속하면서 종전사단법인에게 귀속되었던 재산을 소유하는 방식의 사단법인의 분열은 인정하지 아니한다. 그 법리는 법인 아닌 사단에 대하여도 동일하게 적용되며, 법인 아닌 사단의 구성원들의 집단적 탈퇴로써 사단이 2개로 분열되고 분열되기 전 사단의 재산이 분열된 각 사단들의 구성원들에게 각각 총유적으로 귀속되는 결과를 초래하는 형태의 법인 아닌 사단의 분열은 허용되지 않는다. 교회가 법인 아닌 사단으로서 존재하는 이상, 그 법률관계를 둘러싼 분쟁을 소송적인 방법으로 해결함에 있어서는 법인 아닌 사단에 관한 민법의 일반이론에 따라 교회의 실체를 파악하고 교회의 재산귀속에 대하여 판단하여야 하고, 이에 따라 법인 아닌 사단의 재산관계와 그 재산에 대한 구성원의 권리 및 구성원 탈퇴, 특히 집단적인 탈퇴의 효과 등에 관한 법리는 교회에 대하여도 동일하게 적용되어야 한다. 따라서 교인들은 교회재산을 총유의 형태로 소유하면서 사용 · 수익할 것인데, 일부교인들이 교회를 탈퇴하여 그 교회 교인으로서의 지위를 상실하게 되면 탈퇴가 개별적인 것이든 집단적인 것이든 이와 더불어 종전교회의 총유재산의 관리처분에 관한 의결에 참가할 수 있는 지위나 그 재산에 대한 사용 · 수익권을 상실하고, 종전교회는 잔존교인들을 구성원으로 하여 실체의 동일성을 유지하면서 존속하며 종전교회의 재산은 그 교회에 소속된 잔존교인들의 총유로 귀속됨이 원칙이다. 그리고 교단에 소속되어 있던 지교회의 교인들의 일부가 소속교단을 탈퇴하기로 결의한 다음 종전교회를 나가 별도의 교회를 설립하여 별도의 대표자를 선정하고 나아가 다른 교단에 가입한 경우, 그 교회는 종전교회에서 집단적으로 이탈한 교인들에 의하여 새로이 법인 아닌 사단의 요건을 갖추어 설립된 신설교회라 할 것이어서, 그 교회 소속교인들은 더 이상 종전교회의 재산에 대한 권리를 보유할 수 없게 된다."

② 나아가 소속교단의 변경에 관하여 다수의견: "특정교단에 가입한 지교회가 교단이 정한 헌법을 지교회 자신의 자치규범으로 받아들였다고 인정되는 경우에는 소속교단의 변경은 실질적으로 지교회 자신의 규약에 해당하는 자치규범을 변경하는 결과를 초래하고, 만약 지교회 자신의 규약을 갖춘 경우에는 교단변경으로 인하여 지교회의 명칭이나 목적 등 지교회의 규약에 포함된 사항의 변경까지 수반하기 때문에, 소속교단에서의 탈퇴 내지 소속교단의 변경은 사단법인 정관변경에 준하여 의결권을 가진 교인 2/3 이상의 찬성에 의한 결의를 필요로 하고, 그 결의요건을 갖추어 소속교단을 탈퇴하거나 다른 교단으로 변경한 경우에 종전교회의 실체는 이와 같이 교단을 탈퇴한 교회로서 존속하고 종전교회 재산은 위 탈퇴한 교회 소속교인들의 총유로 귀속된다."[54)]

52) 대판 2011.10.27. 2009다32386.

53) 대판(전) 1993.1.19. 91다1226 등.

54) 교단변경이 목적변경의 요건(총사원 3분의 2 이상의 동의: 제42조)으로 충분한지 아니면 해산의 요건(총사원 4분의 3 이상의 동의: 제78조)을 갖추어야 하는지에 관하여 논란이 있다.

5. 권리능력 없는 재단 [1522]

(1) 권리능력 없는 재단이란 재단의 실체(즉 일정한 목적재산)를 가짐에도 아직 법인격을 취득하지 못한 것(예: 설립등기를 마치지 않은 자선기금)을 말한다.

(2) 권리능력 없는 사단과 마찬가지로 권리능력 없는 재단의 법률관계에 대하여 재단법인에 관한 규정 중 법인격을 전제로 하는 것을 제외한 나머지 규정들을 유추할 것이다. 그리고 등기능력(부동산등기법 제26조)과 당사자능력(민사소송법 제52조)이 인정됨은 권리능력 없는 사단에서와 같다.

(3) 권리능력 없는 재단과 관련하여 특기할 것은 재산의 귀속형태이다. 즉 제275조가 권리능력 없는 사단의 재산귀속형태를 총유라고 규정하면서도 권리능력 없는 재단에 관해서는 민법에 규정이 없다. 그런데 부동산에 관한 권리는 부동산등기법 제26조에 비추어 권리능력 없는 재단의 단독소유에 속한다 할 것이다. 부동산 외의 권리의 귀속을 신탁의 법리로 설명하는 견해도 있지만, 부동산과 마찬가지로 권리능력 없는 재단에 속한다고 보아야 한다. 그렇다면 권리능력 없는 재단의 채무도 재단에 귀속되고, 재단의 재산으로만 책임을 진다.

Ⅲ. 조합과 합유 [1523]

1. 조합 서설

가. 개 념

(1) 민법 제3편 제2장 제13절의 조합(組合)은 맥락에 따라 조합계약을 의미하기도 하고, 그 계약에 기하여 결성된 단체를 말하기도 한다.[55)]

(2) 조합계약은 2인 이상이 상호 출자하여 공동사업을 경영할 것을 약정함으로써 성립하는 계약을 말한다(제703조 제1항).

그런데 조합계약은 당사자 전원이 출자의무를 부담한다는 점에서 쌍무계약이자 유상계약이지만, 쌍무계약이나 매매에 관한 규정들이 그대로 적용되지는 않는다.[56)] 즉 ① 조합의 업무집행자나 이미 출자의무를 이행한 조합원이 출자를 청구하는 경우에, 다른 조합원이 아직 출자하지 않았음을 이유로 동시이행의 항변권을 행사할 수 없고, ② 어느 조합원의 출자의무가 그에게 책임 없는 사유로 불능으로 되더라도 당연히 다른 조합원의 출자의무의 소멸을 가져오지는 않으며, ③ 출자한 것에 하자가 있더라도 조합원은 담보책임(특히 조합계약의 해제 또는 출자액의 감액)을 지지 않는다.

(3) 한편 조합은 공동사업을 경영하기 위한 단체인데,[57)] 동업관계와 공동이행방식의 공동수 [1524]
급체[58)]가 그 대표적인 예이다.[59)]

---

55) 공동의 이익을 실현하는 인적 결합체라는 실질 때문에 당사자들의 이익이 충돌하는 다른 계약과 다름을 고려하여 전형계약인 조합을 단체법의 일부로 여기에서 다룬다.

56) 각 조합원의 급부는 모든 조합원을 위한 급부이며 어느 한 조합원을 위한 것이 아니므로(어느 조합원의 출자의무가 다른 조합원의 출자의무와 서로 대가적 관계에 서는 것이 아니다), 조합계약을 본래의 의미의 쌍무·유상계약으로 보기는 어렵다.

57) 조합과 비법인사단의 구별에 관하여 대판 1992.7.10, 92다2431: "민법상의 조합과 법인격은 없으나 사단성이 인정되는 비법인사단을 구별함에 있어서는 일반적으로 그 단체성의 강약을 기준으로 판단하여야 하는바, 조합은 2인 이상이 상호간에 금전 기타 재산 또는 노무를 출자하여 공동사업을 경영할 것을 약정하는 계약관계에 의하여 성립하므로(민법 제703조) 어느 정도 단체성에서 오는 제약을 받게 되는 것이지만 구성원의 개인성이 강하게 드러나는 인적 결합체인 데 비하여 비법인사단은 구성원의 개인성과는 별개로 권리의무의 주체가 될 수 있는 독자적 존재로서의 단체적 조직을 가지는 특성이 있다." 대판 1999.4.23, 99다4504도 동지.

그런데 공동목적을 향한 조합원들의 인적 결합체라는 속성 때문에 조합에서 자율성(다수결에 의하여 의사가 결정되고 구속력이 발생한다)과 계속성[60]이 보장된다.

[1525] **나. 조합의 성립**

(1) 조합이라는 단체를 결성하는 조합계약은 낙성·불요식의 계약이므로, 당사자들의 합의만으로 성립하고 합의에 특별한 방식을 요하지 않는다.

(2) 조합은 목적단체이므로 공동사업의 목적이 있어야 한다. 즉 특정한 사업을 공동경영하는 약정에 한하여 조합계약이라 할 수 있고, 공동의 목적 달성이라는 정도만으로 조합계약의 성립요건을 갖추었다고 할 수 없다.[61] 여기서 「공동」이란 조합원 전원이 그 사업의 성공에 대하여 이해관계를 가짐을 말하는데, 일부조합원만이 이익분배를 받는 관계는 조합이 아니지만,[62] 조합원들이 받는 이익에 차등이 있더라도 무방하며,[63] 어떤 조합원만이 손실을 부담할 것을 약정하더라도 이익을 조합원 전원에게 분배하면 상관없다.

조합의 목적인 공동사업은 영리적인 것이든 비영리적인 것이든 관계없고, 반드시 계속적·영속적인 것일 필요도 없다.

(3) 모든 조합원이 출자의무를 부담해야 한다. 출자는 금전뿐만 아니라 그 밖의 재산(물권, 지식재산권 등) 또는 노무·신용으로도 할 수 있으며(제703조 제2항), 경업의 중지와 같은 부작위도 출자의 목적으로 될 수 있다. 각 조합원의 출자의 종류 및 내용이 동일할 필요는 없다.

(4) 조합계약의 당사자 일부가 제한능력자이거나 그의 의사표시에 흠이 있는 경우에 일부무효의 법리(제137조)가 적용된다. 따라서 나머지 조합원만으로 조합을 존속할 의사가 인정되면, 조합계약은 그들 사이에서 유효하다.

[1526] **2. 조합의 법률관계**

가. 서 언

조합은 공동사업의 경영을 위한 단체/조직이자 동시에 공동사업과 관련된 재산이 그 요체임에 따라 조합의 법률관계에서 업무집행과 조합재산이 중심문제로 된다.

그런데 조합에도 계약자유의 원칙이 적용되므로, 조합의 구성원들 사이에 내부관계를 규율하기 위한 약정이 있는 경우에, 그들 사이의 권리와 의무는 약정에 따라 정해진다.[64]

---

58) 대판 2000.12.12. 99다49620. 대판(전) 2012.5.17. 2009다105406도 참조.

59) 반면 조합원들이 자본을 투자하고 이를 영업자가 경영하여 그 이익을 조합원에게 분배하기로 하는 익명조합(상법 제78조 참조)은 대외적으로 영업자의 단독기업이므로 민법상 조합에 해당하지 않는다.
나아가 대판 2024.6.27. 2022다302022: "당사자들이 자금을 출자하여 공동으로 주식회사를 설립하여 운영하고 그에 따르는 비용의 부담과 이익의 분배를 지분비율에 따라 할 것을 내용으로 하는 동업약정은 주식회사 주식의 매매계약과 주식회사의 공동경영과 이익분배에 관한 주주 사이의 계약이 혼합된 계약의 성격을 가지고, 특별한 사정이 없는 한 공동사업을 위하여 민법상 조합을 결성할 것을 목적으로 한다고 볼 수 없다."

60) 합유의 특성(지분처분, 분할청구, 조합채권과 조합원에 대한 채권의 상계 등의 제한) 그리고 탈퇴와 금전반환 등 조합재산의 독립성도 이를 위한 것이다.

61) 대판 2007.6.14. 2005다5140. 부동산의 공동매수인들이 전매차익이라는 「공동의 목적」 달성을 위하여 상호 협력한 것에 불과한 경우에 이들 사이의 법률관계를 민법상 조합관계로 볼 수 없다고 한 대판 2012.8.30. 2010다39918도 참조.

62) 「내적조합」이라는 일종의 특수한 조합으로 보기 위해서는 당사자의 내부관계에서 조합관계가 있어야 하고, 내부적인 조합관계가 있다고 하려면 서로 출자하여 공동사업을 경영할 것을 약정해야 하며, 영리사업을 목적으로 하면서 당사자 중의 일부만이 이익을 분배받고 다른 이는 전혀 이익분배를 받지 않는 경우에는 조합관계(동업관계)라고 할 수 없다고 한 대판 2000.7.7. 98다44666 참조.

63) 동업자 사이의 출자지분에 따른 이익분배를 생각해 보라.

64) 대판 2017.1.12. 2014다11574·11581.

나. 대내적 관계: 업무집행 [1527]

(1) 사단과 달리 조합에서는 각 조합원의 개인성이 중시되므로, 각 조합원이 조합업무에 참여할 권한을 가진다. 그런데 조합의 「통상사무」(일상적으로 반복되는 사무)는 각 조합원이 —다른 조합원의 이의(異議)가 없는 한— 전행(專行), 즉 단독으로 행할 수 있는 반면(제706조 제3항), 「특별사무」는 조합원의 과반수로써 결정한다(제2항 전문). 여기서 과반수는 인원수에 의하여 판단되지만, 출자액을 기준으로 하기로 정할 수도 있다.[65]

통상사무와 특별사무의 구별은 공동사업의 내용에 따른 상대적인 것으로, 조합재산의 처분은 보통 특별사무에 해당하지만,[66] 동업으로 경영하는 가게에서 물건을 판매하는 것은 통상사무에 속한다.

(2) 조합계약으로 1인 또는 복수의 조합원에게 업무집행을 위임해도 무방하고, 조합계약에서 정하지 않았더라도 조합원 3분의 2 이상의 찬성으로 업무집행자를 선임할 수 있다(제706조 제1항). 업무집행자는 정당한 사유 없이 사임하지 못하고 사임을 강제당하지도 않는다. 그리고 업무집행자를 해임하려면 다른 조합원의 일치가 있어야 한다(제708조).

업무집행자가 있는 경우에, 다른 조합원은 조합의 통상사무도 행하지 못하지만, 언제든지 조합의 업무 및 재산상태를 검사할 권리를 가진다(제710조). 업무집행자가 복수인 경우에, 중요사항의 결정은 그 과반수의 찬성에 의하고(제706조 제2항 후문), 통상사무는 업무집행자 각자가 단독으로 할 수 있지만 다른 업무집행자의 이의가 있으면 곧 중지해야 한다(제3항 참조).

업무를 집행하는 조합원에 위임에 관한 규정이 준용된다(제707조).[67] 따라서 그는 선량한 관리자의 주의로써 업무를 집행해야 한다.

다. 대외적 관계: 조합대리 [1528]

(1) 법인격이 없어서 권리의 주체로 될 수 없는 조합이 대외적으로 제3자와 거래하려면 조합원 전원의 참여가 있어야 한다.[68] 이것이 원칙이다.

(2) 그런데 조합계약에 다른 정함이 없는 한 그 계약의 내용으로 각 조합원은 조합의 목적을 달성함에 필요한 범위 내에서 조합원 전원을 대리할 권한을 가진다고 보아야 한다. 다만 업무집행자를 선정하였다면 그에게만 대리권을 수여하였다고 새겨야 하고, 제709조는 이러한 입장에서 업무집행자의 대리권을 추정하는데, 달리 정할 수 있음은 당연하다.[69]

한편 어느 조합원이 대리권 없이 대외적 법률행위를 한 경우[70]에, 그 상대방은 표현대리의 성립을 주장할 수 있다.

---

65) 대판 2009.4.23. 2008다4247.

66) 조합재산의 처분·변경에 관한 행위는 특별한 사정이 없는 한 조합의 특별사무에 해당하는 업무집행이라는 대판 2000.10.10. 2000다28506·28513 참조.

67) 업무집행자가 조합의 대외적 업무처리를 하면서 자기 이름으로 건물에 관한 공유지분을 취득한 경우에, 특약이 없는 한 공유지분을 조합 앞으로 이전할 의무가 있고, 조합원 중 1인은 업무집행자가 취득한 공유지분을 조합 앞으로 이전할 것을 청구할 수 있다고 한 대판 1997.5.30. 95다4957 참조.

68) 그 행위의 효과가 조합원 전원에게 귀속되기 때문이다.

69) 조합의 업무집행에 관하여 조합원 전원의 동의를 요하도록 하는 약정이 있는 경우에 조합의 업무집행은 조합원 전원의 동의가 있는 때에만 유효하므로, 조합원이 이러한 약정의 존재를 주장·입증하면 조합의 업무집행자가 조합원을 대리할 권한이 있다는 추정은 깨어지고 업무집행자와 법률행위를 한 상대방이 나머지 조합원에게 그 법률행위의 효력을 주장하기 위해서는 그러한 약정에 따른 조합원 전원의 동의가 있었다는 점을 주장·입증할 필요가 있다고 한 대판 2002.1.25. 99다62838 참조.

70) 예: 통상사무 아닌 업무집행에 관하여 제272조와 제706조 제2항의 제한을 위반한 경우. 이 규정들은 업무집행에 관한 것이지만, 조합계약을 체결한 조합원들의 의사에 비추어 공동대리를 요한다고 새겨야 한다.

(3) 어느 조합원이 전 조합원을 대리하는 경우에, 조합원 전원의 이름을 제시할 필요는 없고 조합의 이름을 들면 충분하고(이것이 관행이다. 제114조도 참조), 이로써 전 조합원의 대리인임을 표시한 것으로 된다.[71]

[1529] (4) 법인격이 없는 조합은 당사자능력이 없어서 소송당사자로 되지 못한다.[72] 따라서 조합원 전원이 소송당사자가 되어야 하는데, 그 소송형태는 고유필수적 공동소송이다.[73] 그에 따른 불편은 민사소송법 제53조의 선정당사자제도에 의하여 완화될 수 있고, 그 밖에 업무집행자가 조합원으로부터 임의적 소송신탁을 받아 자기 이름으로 소송을 수행할 수도 있다.[74]

[1530] **라. 조합재산**

(1) 먼저 조합재산의 합유적 귀속을 본다.

① 조합원이 출자한 재산과 조합의 공동사업으로 취득한 재산 및 그 과실 등이 조합재산을 이룬다. 조합재산은 조합원의 개인재산과 구별되는 독립성을 가지지만, 조합 자체가 독립한 권리주체는 아니므로 조합재산은 전 조합원의 합유(合有)에 속한다(제704조).[75][76]

따라서 ⓐ 각 조합원은 조합원 전원의 동의 없이 조합재산에 대한 지분을 처분하지 못하고(제273조 제1항), ⓑ 조합의 청산 전에는 조합재산의 분할을 청구하지 못한다(제2항). 그리고 조합재산이 부동산인 경우에 합유등기를 해야 한다.

② 조합재산의 합유성에 따른 결과로 조합원의 합유지분에 대한 압류가 그 지분 자체에 대해서는 효력이 없고, 지분에 기한 장래의 이익배당 및 지분을 반환받을 권리에 대해서만 효력을 가진다(제714조).

[1531] ③ 조합의 채권도 전 조합원에게 합유적으로 귀속된다. 따라서 조합의 채무자는 자신이 부담하는 채무와 조합원 개인에 대한 채권을 상계하지 못한다(제715조). 나아가 조합원 중 1인에 대한 채권으로써 그 조합원 개인을 집행채무자로 하여 조합의 채권에 대하여 강제집행을 할 수 없다.

[참 고] 대판(전) 2012.5.17. 2009다105406은 이러한 입장을 전제하면서도, 민법상 조합의 성질을 가지는 "공동이행방식의 공동수급체와 도급인이 공사도급계약에서 발생한 채권과 관련하여 공동수급체가 아닌 개별구성원으로 하여금 지분비율에 따라 직접 도급인에 대하여 권리를 취득하게 하는 약정을 하는 경우와 같이 공사도급계약의 내용에 따라서는 공사도급계약과 관련하여 도급인에 대하여 가지는 채권이 공동수급체 구성원 각자에게 지분비율에 따라 구분하여 귀속될 수도 있고, 위와 같은 약정은 명시적으로는 물론 묵시적으로도 이루어질 수 있다"고 하였는데, 공사도급계약의

71) 대판 2009.1.30. 2008다79340: "이른바 조합대리에 있어서는 본인에 해당하는 모든 조합원을 위한 것임을 표시하여야 하나, 반드시 조합원 전원의 성명을 제시할 필요는 없고, 상대방이 알 수 있을 정도로 조합을 표시하는 것으로 충분하다. 그리고 […] 조합대리에 있어서도 그 법률행위가 조합에게 상행위가 되는 경우에는 조합을 위한 것임을 표시하지 않았다고 하더라도 그 법률행위의 효력은 본인인 조합원 전원에게 미친다." 관련하여 제114조와 상법 제48조 참조.

72) 조합에 대표자가 정해져 있더라도 민사소송법 제52조가 적용되지 않는다. 대판 1991.6.25. 88다카6358 참조.

73) 대판 2012.11.29. 2012다44471.

74) 대판 2001.2.23. 2000다68924 참조.

75) 전 조합원은 전체로서 조합재산뿐만 아니라 개개의 조합재산도 (준)합유한다.

76) 대판 2006.4.13. 2003다25256은, 조합이 조합재산으로서 부동산의 소유권을 취득하였다면 제271조 제1항에 따라 당연히 조합체의 합유물이 되고, 다만 조합체가 합유등기 대신 조합원 1인의 명의로 소유권이전등기를 하였다면 이는 조합체가 그 조합원에게 명의신탁하였다고 보았다. 나아가 대판 2019.6.13. 2017다246180: "조합체가 조합원에게 명의신탁한 부동산의 소유권은 물권변동이 무효인 경우 매도인에게, 유효인 경우 명의수탁자에게 귀속된다. 이 경우 조합재산은 소유권이전등기청구권 또는 부당이득반환채권이고, 신탁부동산 자체는 조합재산이 될 수 없다."

그런데 이러한 명의신탁을 해지하는 행위는 조합재산의 관리방법의 변경에 해당하여 단순한 보존행위라고 볼 수 없으므로, 조합원 각자가 단독으로 명의신탁을 해지할 수 없다(대판 1997.5.30. 95다4957).

이행에서 실질적 기여비율에 따른 공사대금의 최종적 귀속은 도급인과 무관한, 공동수급체 구성원들 내부의 정산문제일 뿐이다.[77)]

(2) 조합채무에 대한 책임을 본다. [1532]

① 조합의 채무도 전 조합원에게 합유적으로 귀속되고, 조합재산이 그에 대하여 책임을 진다. 한편 조합채무에 대하여 각 조합원은 손실분담의 비율로 각자의 개인재산으로 책임을 지는데,[78)] 그 한도에서 각 조합원의 책임은 「무한책임」이다. 따라서 조합의 채권자는 「채권 전액에 관하여 조합재산을」 집행할 수 있고, 「각 조합원의 분담액에 관하여 각 조합원의 개인재산을」 집행할 수도 있는데, 채권자가 어느 쪽을 행사할지는 그의 자유에 속한다.

② 민법은 채권자가 각 조합원에게 변제를 청구하는 경우에 관하여 특칙을 규정한다. 즉 ⓐ 각 조합원은 채무발생 당시의 손실분담의 비율(기본값은 지분의 비율)로 조합채무에 대하여 책임을 지는데, 조합채권자가 그 비율을 알지 못하는 경우에 각 조합원에게 균등하게 분할한 액을 청구할 수 있다(제712조). 다만 조합채무가 조합원 전원을 위하여 상행위가 되는 행위로 인한 것이라면 상법 제57조 제1항에 따라 조합원들이 연대채무를 지고, 거래관계에서 부담하는 급부의 성질이나 거래경위 등 사정 여하에 따라 조합원들이 상대방에 대하여 불가분적으로 채무 전액에 대하여 책임을 부담하기로 했다고 해석함이 상당한 경우도 있다.[79)] ⓑ 조합원 중 변제자력 없는 이가 있는 경우에, 채권자를 보호하기 위하여 무자력 조합원이 변제할 수 없는 부분을 다른 자력 있는 조합원이 균분하여 변제할 책임을 진다(제713조). 여기서 "균분하여"는 제712조의 연장선상에서 이해되어야 한다. 즉 조합원의 손실부담의 비율을 알 수 있었다면 그 비율에 의해야 할 것이다.

라. 조합원의 지위 [1533]

(1) 각 조합원은 조합계약에 기하여 출자(出資)의 의무를 지는데(제703조 제1항), 출자의무는 조합에 대한 것이다.[80)] 업무집행자는 각 조합원에게 출자를 청구할 수 있고, 업무집행자가 없으면 각 조합원이 전 조합원을 위하여 출자를 청구할 수 있는데, 이때 조합이 채권자이기 때문에 자기에게 이행할 것을 청구하지 못한다. 한편 금전출자의무를 부담하는 조합원이 이를 게을리하였다면, 이자를 지급해야 할 뿐만 아니라 그로 인한 손해도 배상해야 한다(제705조).

그리고 출자한 권리가 조합재산으로 되려면 등기 등 권리이전절차를 거쳐야 한다.[81)]

(2) 조합의 공동사업에 따른 이익과 손실은 조합원에게 합유적으로 귀속된다.[82)] 손익분배의 비율이나 결산의 시기를 특약으로 정할 수 있는데, 그러한 특약이 없으면 손익분배의 비율은 각 조합원의 출자가액에 비례하여 정해진다. 그리고 이익비율 또는 손실비율만 정한 경우에, 그 비

77) 대판 2013.2.28. 2012다107532.

78) 조합에 권리능력이 인정되지 않아서 조합과 관련된 권리의무는 종국적으로 각 조합원에게 귀속되기 때문이다. 제712조도 이를 전제한다.

79) 대판 2014.8.20. 2014다26521.

80) 따라서 출자채권은 조합원 전원이 준합유하는 조합재산이다.

81) 부동산(甲)의 소유자(A)가 동업계약(조합계약)에 기하여 甲의 소유권을 투자하기로 하였으나 아직 A 소유로 등기가 되어 있고 조합원의 합유로 등기되지 않았다면, 조합과의 관계에서 A에게 조합에 대하여 소유권을 이전할 의무 내지 사용을 인용할 의무가 있지만, 조합계약당사자 아닌 이에 대한 관계에서 甲이 조합원의 합유에 속한다고 할 근거는 없으므로, 조합원 아닌 제3자에 대해서는 여전히 소유자로서 그 소유권을 행사할 수 있다고 한 대판 2002.6.14. 2000다30622 참조.

82) 참고로 대판 1997.11.28. 95다35302는, 업무집행자가 개인적인 자금융통을 위하여 조합재산을 담보로 제공하였다가 그 소유권을 잃게 한 경우에, 이로 인하여 손해를 입은 주체는 조합재산을 상실한 조합체이므로, 이로 인하여 조합원들이 그 재산에 대한 합유지분을 상실하였더라도 이는 개인으로서 입은 손해가 아니라 조합원의 지위에서 입은 손해에 지나지 않으므로, 결국 피해를 입은 조합원으로서는 조합관계를 벗어난 개인의 지위에서 그 손해의 배상을 구할 수는 없다고 하였다(간접적 피해자에 관한 [2385] 참조).

율은 이익과 손실에 공통한 것으로 추정된다(제711조).

한편 조합원 전원에 대한 이익분배가 조합의 필수적 요소이지만,83) 손실을 일부조합원에게만 부담시키는 특약은 유효하다. 그리고 공동수급체의 구성원들 사이에 「출자의무와 이익분배를 직접 연계시키는 특약」을 하는 것도 계약자유의 원칙상 당연히 허용된다.84)

[1534] (3) 조합원의 탈퇴와 가입에 관하여 본다.

① 조합은 공동사업의 경영을 위한 「단체」이므로, 조합원 일부가 탈퇴하더라도 조합은 동일성을 유지하고, 잔존조합원에 의하여 공동사업이 유지 · 존속된다.85)

그리고 탈퇴는 장래효(將來效)를 가진다. 즉 탈퇴한 조합원은 탈퇴시부터 조합원으로서의 권리와 의무를 상실하고, 조합관계는 나머지 조합원들 사이에 유지된다.

② 탈퇴에는 임의탈퇴와 비임의탈퇴가 있다.

ⓐ 임의탈퇴는 다른 조합원 전원에 대한 의사표시로 해야 하는데, 조합계약에서 탈퇴의사의 표시방식을 따로 정하는 특약은 유효하다.86) 조합의 존속시기가 정해져 있지 않거나 조합원의 종신까지 존속하도록 정했다면 각 조합원은 언제든지 탈퇴할 수 있지만, 부득이한 사유 없이 조합에 불리한 시기에 탈퇴하지 못한다. 반면 조합의 존속시기가 정해져 있다면, 부득이한 사유가 있어야 탈퇴할 수 있다(제716조).

ⓑ 비임의탈퇴의 사유는 조합원의 사망, 파산,87) 성년후견의 개시 및 제명의 네 가지이다(제717조). 그런데 조합계약으로 제명의 사유를 정하지 않았다면 정당한 사유가 존재하는 경우에 한하여88) 조합원의 일치로써 제명을 결정할 수 있는데, 제명결정을 제명된 조합원에게 통지하지 않으면 그 조합원에게 대항하지 못한다(제718조).

③ 조합은 탈퇴조합원과의 사이에서 재산관계를 청산해야 하는데, 법은 조합의 이익을 위한 특칙을 둔다. 즉 ⓐ 탈퇴조합원과 다른 조합원 사이의 계산은 탈퇴 당시의 조합재산의 상태에 의하고,89) ⓑ 탈퇴조합원의 지분은 그 출자의 종류가 무엇이든 관계없이 금전으로 반환할 수 있으며(조합의 계속성을 보장하기 위한 조치이다),90) ⓒ 탈퇴 당시 완결되지 않은 사항에 대해서는 완결

---

83) 대판 2018.1.24. 2015다69990은 민법상 조합에 해당하는 "공동수급체의 구성원이 출자의무를 이행하지 않더라도, 공동수급체가 출자의무의 불이행을 이유로 이익분배 자체를 거부할 수도 없고, 그 구성원에게 지급할 이익분배금에서 출자금이나 그 연체이자를 당연히 공제할 수도 없다. 다만 구성원에 대한 공동수급체의 출자금채권과 공동수급체에 대한 구성원의 이익분배청구권이 상계적상에 있으면 상계에 관한 민법규정에 따라 두 채권을 대등액에서 상계할 수 있을 따름"이라고 하였다.

84) 대판 2006.8.25. 2005다16959 참조.

85) 대판 2007.11.15. 2007다48370 · 48387.

86) 대판 1997.9.9. 96다16896.

87) "파산한 조합원이 제3자와의 공동사업을 계속하기 위하여 그 조합에 잔류하는 것이 파산한 조합원의 채권자들에게 불리하지 아니하여 파산한 조합원의 채권자들의 동의를 얻어 파산관재인이 조합에 잔류할 것을 선택한 경우까지 조합원이 파산하여도 조합으로부터 탈퇴하지 않는다고 하는 조합원들 사이의 탈퇴금지의 약정이 무효라고 할 것은 아니"라고 하여 예외를 인정한 대판 2004.9.13. 2003다26020도 참조.

88) 대판 2021.10.28. 2017다200702: "'정당한 사유가 있는 때'란 특정조합원이 동업계약에서 정한 의무를 이행하지 않거나 조합업무를 집행하면서 부정행위를 한 경우와 같이 특정조합원에게 명백한 귀책사유가 있는 경우는 물론이고, 이에 이르지 않더라도 특정조합원으로 말미암아 조합원들 사이에 반목·불화로 대립이 발생하고 신뢰관계가 근본적으로 훼손되어 특정조합원이 계속 조합원의 지위를 유지하도록 한다면 조합의 원만한 공동운영을 기대할 수 없는 경우도 포함한다."

89) 조합재산의 가액은 단순한 매매가격이 아닌 「영업권의 가치를 포함하는 영업가격」에 의하여 평가해야 한다(대판 2006.3.9. 2004다49693 · 49709). 조합원들이 약정으로 지분의 평가방법을 정하면서 영업권을 평가에 포함하지 않기로 정할 수 있다고 한 대판 2017.7.18. 2016다254740도 참조.

90) 조합원이 부동산사용권을 존속기한을 정하지 않고 출자하였다가 탈퇴한 경우에, 특별한 사정이 없는 한 탈퇴시 조합재산인 부동산사용권은 소멸하지 않고 공동사업을 유지할 수 있도록 일정기간 존속한다고 보아야 하고, 이때 탈퇴조합원이 남은 조합원으로 하여금 부동산을 사용·수익할 수 있도록 할 의무를 이행하지 않음으로써 남은 조합원에게 손해가 발생하였다면 탈퇴조합원은 그 손해를 배상할 책임이 있다고 한 대판 2018.12.13. 2015다72385 참조. 2인조합에 관한 판결이지만, 조합 일반에서도 다르지 않다고 해야 한다.

후에 계산할 수 있다(제719조).

한편 탈퇴한 조합원은 탈퇴 후의 조합채무에 대해서는 책임이 없으나, 탈퇴 전에 생긴 조합의 채무에 대하여 개인적 책임을 면하지 못한다.

그런데 2인조합에서 한 사람이 탈퇴하면 조합관계는 종료되어 —해산이나 청산 없이[91]— 조합원의 합유에 속한 조합재산은 남은 조합원의 단독소유에 속하는데, 조합재산이 부동산이라면 물권변동의 원인은 탈퇴라는 법률행위로서 잔존조합원의 단독소유로 하는 내용의 등기를 해야 비로소 소유권변동의 효력이 발생한다.[92] 그리고 잔존조합원은 청산절차를 거치지 않고 기존의 공동사업을 계속 유지할 수 있다.[93]

④ 명문규정이 없으나, 조합원 전원과의 계약에 의하여 새로 가입하는 이가 있더라도 조합 [1535]
의 동일성이 상실되지 않는다.

가입자는 가입 당시의 조합재산의 합유에 참여하는 동시에 조합의 기존채무에 관하여 분할적 · 개인적 채무를 부담한다.

(4) 조합원지위의 양도와 상속에 관하여 본다. [1536]

① 조합원은 조합계약에 정함이 있거나[94] 다른 조합원 전원의 동의가 있으면 지분을 처분할 수 있다. 다만 조합의 목적과 단체성에 비추어 조합원의 자격과 분리하여 지분만 처분할 수는 없으므로, 조합원이 지분을 양도하면 그로써 조합원의 지위를 상실하고, 이와 같은 조합원지위의 변동은 조합지분의 양도양수에 관한 약정으로써 바로 그 효력이 생긴다.[95]

② 조합계약으로 조합원지위의 상속을 허용하는 경우에 조합원지위가 승계될 수 있다.[96]

3. 조합의 해산과 청산 [1537]

가. 해　　산

(1) 조합의 목적인 공동사업의 성공 또는 성공의 불능이 확정된 경우, 조합계약에서 정한 해산사유가 발생한 경우 또는 조합원 전원의 동의가 있는 경우에 조합이 해산하여 조합관계가 종료된다.

그 밖에 부득이한 사유[97]가 있는 경우에, 각 조합원은 조합의 해산을 청구할 수 있다(제720조). 여기서 해산의 청구는 다른 조합원 전원에 대한 일방적 의사표시로 하는데, 그에 의하여 해

91) 탈퇴조합원과 남은 조합원 사이에 탈퇴로 인한 계산을 해야 함은 당연하다. 관련하여 대판 2021.7.29. 2019다207851: "탈퇴한 조합원은 탈퇴 당시의 조합재산을 계산한 결과 조합의 재산상태가 적자가 아닌 경우에 지분을 환급받을 수 있다. 따라서 탈퇴조합원의 지분을 계산할 때 지분을 계산하는 방법에 관해서 별도약정이 있다는 등 특별한 사정이 없는 한 지분의 환급을 주장하는 사람에게 조합재산의 상태를 증명할 책임이 있다."

92) 대판 2011.1.27. 2008다2807.

93) 대판 2006.3.9. 2004다49693 · 49709. 이 경우 조합채권자는 잔존조합원에게 여전히 조합채무 전부에 대한 이행을 청구할 수 있다. 대판 1999.5.11. 99다1284 참조.

94) 조합계약에 「동업지분은 제3자에게 양도할 수 있다」는 약정을 두는 등 개괄적으로 조합원 지분의 양도를 인정하는 경우에도, 「지분의 일부」를 제3자에게 양도하는 것은 다른 조합원 전원의 동의가 있지 않는 한 허용되지 않는다(대판 2009.4.23. 2008다4247). 지분의 일부가 제3자에게 양도되면 조합원수가 증가하여 당초의 조합원수를 전제로 한 조합의 의사결정구조에 변경이 생기기 때문이다(제706조 제2항 참조).

95) 대판 2009.3.12. 2006다28454.

96) 대판 1987.6.23. 86다카2951. 다른 약정이 없는 한 공동수급체의 구성원지위는 회사의 분할합병으로 인한 포괄승계의 대상이 아니라고 한 대판 2011.8.25. 2010다44002도 참조.

97) "경제계의 사정변경에 따른 조합재산상태의 악화나 영업부진 등으로 조합의 목적달성이 매우 곤란하다고 인정되는 객관적인 사정이 있거나 조합당사자간의 불화 · 대립으로 인하여 신뢰관계가 파괴됨으로써 조합업무의 원활한 운영을 기대할 수 없는 경우 등"(대판 1997.5.30. 95다4957).

산의 효과가 발생하고 다른 조합원의 동의를 요하지 않으며, 동업계약의 해지통고는 조합의 해산청구로 볼 수 있다.[98]

(2) 해산으로 조합은 더 이상 존속하지 못하고, 조합재산을 정리하기 위하여 청산절차가 개시된다.[99]

[1538] **나. 청 산**

(1) 청산은 전 조합원이 공동으로 하거나 그들이 선임한 청산인이 하며, 청산인의 선임은 전 조합원의 과반수로써 한다(제721조). 조합원 중에서 선임된 청산인은 정당한 사유 없이 사임하지 못하고, 다른 조합원의 일치에 의해서만 해임된다(제723조, 제708조). 청산인이 복수인 경우에 청산사무의 집행은 청산인의 과반수로써 결정한다(제722조, 제706조 제2항 후문).

(2) 청산인의 직무는 사단법인 청산인의 그것과 마찬가지로 현존사무의 종결, 채권의 추심과 채무의 변제, 잔여재산의 인도 등이다(제724조 제1항, 제87조). 그리고 잔여재산은 각 조합원의 출자가액에 비례하여 분배되며(제724조 제2항), 현물분할도 가능하다.[100]

그런데 조합의 청산절차는 엄격하지 않아서, 제88조 내지 제92조가 준용되지 않을 뿐만 아니라 청산에 관한 제724조(법인의 청산에 관한 규정을 준용하는)는 임의규정이다.[101]

[1539] **4. 합유의 법률관계**

가. 의 의

(1) 여러 명이 조합체를 이루어 물건을 소유하는 공동소유의 형태를 합유(合有)라 한다(제271조 제1항). 여기서 "조합체"란 수인이 공동의 목적으로 결합되어 있으나 아직 사단의 실체를 갖추지 못한 결합체를 말한다.

---

98) 대판 1996.3.26. 94다46268. 대판 2009.6.11. 2009다21096: "동업계약과 같은 조합계약에 있어서는 […] 일반계약에 있어서처럼 조합계약을 해제하고 상대방에게 그로 인한 원상회복의 의무를 부담지울 수는 없고, 조합원 사이의 신뢰관계가 깨어져서 원만한 조합운영을 기대할 수 없게 된 상황에서 다른 조합원에게 해지통고를 한 것은 조합의 해산청구로 볼 수 있으며, 위와 같은 해산청구가 계약해제 내지 해지의 요건을 별도로 충족할 필요는 없다."

99) 이 점에서 해산청구는 조합이 동일성을 유지하면서 존속함을 전제로 하는 탈퇴와 구별된다.

100) 청산에 관한 재판례를 본다. ㉠ 조합의 해산결의 후 조합원의 자동제명사유가 발생하였더라도 그 조합원은 해산결의에서 정한 청산방법에 따라 출자지분에 비례한 잔여재산의 분배를 구할 수 있다(대판 2007.2.9. 2006다3486). ㉡ 조합이 해산되면 별도의 정함이 없는 한 청산절차를 밟아야 하지만, 조합의 목적달성으로 인하여 조합이 해산되었으나 조합의 잔무로서 처리할 일이 없고 잔여재산의 분배만 남아 있을 때에는, 따로 청산절차를 밟을 필요 없이 각 조합원은 자신의 잔여재산의 분배비율의 범위 내에서 분배비율을 초과하여 잔여재산을 보유하는 조합원에 대하여 바로 잔여재산의 분배를 청구할 수 있고, 이 경우 잔여재산분배청구권은 조합원 상호간의 내부관계에서 발생하는 것으로, 각 조합원이 분배비율을 초과하여 잔여재산을 보유하는 조합원을 상대로 개별적으로 행사하면 족하고 반드시 조합원들이 공동으로 행사하거나 조합원 전원을 상대로 행사해야 하는 것은 아니다(대판 2000.4.21. 99다35713). ㉢ 비록 조합채무의 변제사무가 완료되지 않았더라도 그 채권자가 조합원인 경우에, 동업체자산을 보유하는 이가 동업체자산에서 채권자 조합원에 대한 조합채무를 공제하여 분배대상 잔여재산액을 산출한 다음 다른 조합원들에게 잔여재산 중 각 조합원의 출자가액에 비례한 몫을 반환함과 아울러 채권자 조합원에게 조합채무를 이행함으로써 별도의 청산절차를 거침이 없이 간이한 방법으로 공평한 잔여재산의 분배가 가능하고, 조합해산의 경우에 조합원에게 분배할 잔여재산의 범위와 그 가액은 청산절차가 종료된 때에 비로소 확정되므로 그 가액의 평가는 청산절차 종료 당시를 기준으로 해야 하며, 한편 이와 같이 청산절차가 종료되지 않은 상태에서의 조합, 즉 청산의 목적범위 내에서 존속하는 조합이 종국적으로 부담하는 채무도 조합의 채무로서 조합의 잔여재산의 계산에서 고려되어야 한다(대판 2007.11.15. 2007다48370 · 48387). 참고로 대판 2022.2.17. 2016다278579 · 278586: "조합의 일부조합원이 당초 약정한 출자의무를 이행하고 있지 않은 상태에서 조합의 해산사유가 발생하여 해산이 이루어진 경우 그 잔여업무가 남아있지 않고 다만 잔여재산의 분배절차만이 남아있을 때에는 조합원 사이에 별도의 약정이 없는 이상, 그 이행되지 아니한 출자금채권을 추심하거나 청산절차를 거치지 않고도 각 조합원은 자신이 실제로 출자한 가액비율의 범위 내에서 그 출자가액비율을 초과하여 잔여재산을 보유하고 있는 조합원에 대하여 잔여재산의 분배절차를 진행할 수 있다. 이때 잔여재산은 특별한 사정이 없는 한 각 조합원이 실제로 출자한 가액에 비례하여 이를 분배하여야 할 것인데, 일부 이행되지 아니한 출자금이 있더라도 이를 고려하지 않고 잔여재산의 범위를 확정한 다음 각 조합원이 실제로 출자한 가액에 비례하여 이를 분배함이 타당하다. 그리고 이러한 기준에 따라 잔여재산분배절차를 진행하는 이상 다른 조합원들은 출자의무를 이행하지 아니한 조합원에게 더 이상 출자의무의 이행을 청구할 수 없다고 보아야 한다." ㉣ 동업계약의 내용이 주식회사를 설립 · 운영하는 것이라면, 당연히 주식회사의 청산에 관한 상법규정에 따라 청산이 이루어져야 한다(대판 2002.10.11. 2001다84381).

101) 대판 1985.2.26. 84다카1921. 사단법인과 달리 조합이 소멸하더라도 조합채권자는 조합원이었던 이 전원에 대하여 분할적 · 개인적 채권을 행사할 수 있어서 채권자를 해칠 염려가 크지 않기 때문이다.

(2) 합유에도 지분(持分)이 존재한다. 그런데 소유권이 다수인에게 분속(分屬)한다는 점에서 공유와 같지만, 합유의 주체인 조합체의 속성에 따라 다음의 특성을 가진다. 먼저 ① (소유권의 분량적 일부인 공유지분과 달리) 각 합유자의 권리 · 의무의 총체로서 합유지분은 조합체의 일원이라는 지위를 지칭한다. 따라서 합유자 전원의 동의 없이 합유물에 대한 지분을 처분하지 못한다(제273조 제1항).[102] 합유자 중 일부가 사망한 경우에도 특약이 없는 한 상속인이 합유자의 지위를 승계하지 않고, 사망한 합유자의 지분은 잔존합유자에게 귀속된다(제717조, 제719조 참조).[103] 나아가 ② 조합체의 재산적 기초로서 합유재산을 유지할 필요 때문에 조합체가 존속하는 한 합유자는 합유물의 분할을 청구할 수 없다(제273조 제2항). 다만 부득이한 사유가 있으면 각 조합원은 조합체의 해산을 청구할 수 있으며(제720조), 이때 합유의 종료에 따라 합유물이 분할될 뿐이다.

나. 합유의 성립과 종료 [1540]

(1) 제271조는 합유의 주체인 조합체의 성립원인으로 "법률의 규정 또는 계약"을 든다. 계약으로 조합체가 성립하는 경우로 조합계약(제703조)이 있고, 법률의 규정에 의한 예로 신탁법상의 조합(제45조)과 광업법상의 조합(제19조)을 들 수 있다.

(2) 부동산을 합유하려면 그 취지를 등기해야 하는데(부동산등기법 제48조 제4항),[104] 등기부상 각 합유자의 지분은 표시하지 않는다(등기예규 제911호).

(3) 합유는 조합체의 해산 또는 합유물 전부의 양도로 종료된다(제274조 제1항). 그리고 조합체의 해산에 따른 합유물의 분할에 대하여 보충적으로 공유물분할에 관한 규정이 준용된다(제2항).

다. 합유물의 처분 · 변경과 보존 [1541]

(1) 합유물의 처분과 변경을 본다.

① 합유물을 처분 또는 변경함에는 합유자 전원의 동의가 있어야 한다(제272조 본문).

② 그런데 합유물의 처분이나 변경이 조합의 업무집행에 해당하는 경우에 제272조와 제706조 제2항이 상충되는 것처럼 보인다. 즉 제272조는 합수성(合手性)의 법리에 따라 합유자 전원의 동의를 요하는 반면, 제706조 제2항에 따르면 다수결로 족하다.

이러한 「외견상」의 충돌을 해결하기 위하여 다양한 견해가 제시되는데 판례는, 조합재산의 처분이 업무집행인 경우에 제706조 제2항이, 그렇지 않은 경우에 제272조가 적용된다는 입장이다. 즉 대판 2010.4.29. 2007다18911: "민법 제272조에 따르면 합유물을 처분 또는 변경함에는

---

102) 지분의 양도는 조합체 구성원인 지위의 양도를 의미하기 때문이다.

103) 대판 1994.2.25. 93다39225; 대판 1996.12.10. 96다23238.

104) 조합재산을 조합원들의 공유로 등기한 경우의 법률관계에 관하여 대판 2002.6.14. 2000다30622: "부동산의 소유자가 동업계약(조합계약)에 의하여 부동산의 소유권을 투자하기로 하였으나 아직 그 소유로 등기가 되어 있고 조합원의 합유로 등기되어 있지 않다면, 그와 조합 사이에 채권적인 권리의무가 발생하여 그로 하여금 조합에 대하여 그 소유권을 이전할 의무 내지 그 사용을 인용할 의무가 있지만, 그 동업계약을 이유로 조합계약 당사자 아닌 사람에 대한 관계에서 그 부동산이 조합원의 합유에 속한다고 할 근거는 없으므로 조합원 아닌 제3자에 대하여 여전히 소유자로서 그 소유권을 행사할 수 있으며, 제271조 제1항(이는 물권법상의 규정으로서 강행규정이고, 따라서 조합체의 구성원인 조합원들이 공유하는 경우에 조합체로서 물건을 소유하는 것으로 볼 수 없다)과 제704조에 비추어 동업을 목적으로 한 조합이 조합체로서 또는 조합재산으로서 부동산의 소유권을 취득하였다면 제271조 제1항에 의하여 당연히 그 조합체의 합유물이 되고(이는 제187조에 규정된 '법률의 규정에 의한 물권의 취득'과는 아무 관계가 없다. 따라서 조합체가 부동산을 법률행위에 의하여 취득한 경우에는 물론 소유권이전등기를 요한다), 다만 그 조합체가 합유등기를 하지 않고 그 대신 조합원들 명의로 각 지분에 관하여 공유등기를 하였다면 이는 그 조합체가 조합원들에게 각 지분에 관하여 명의신탁한 것으로 보아야 한다." 이때 부동산실명법 제4조 제2항 본문이 적용되어 명의수탁자인 조합원들 명의의 소유권이전등기는 무효여서 그 부동산지분은 조합원들의 소유가 아니기 때문에 이를 일반채권자들의 공동담보인 책임재산이라고 볼 수 없고, 따라서 조합원들 중 1인이 조합에서 탈퇴하면서 나머지 조합원들에게 그 지분에 관한 소유권이전등기를 경료해 주었더라도 그로써 채무자인 그 조합원의 책임재산에 감소를 초래한다고 할 수 없으므로, 이를 들어 일반채권자를 해치는 사해행위라고 볼 수는 없으며, 그에게 사해의 의사가 있다고 볼 수도 없다고 하였다.

합유자 전원의 동의가 있어야 하나, 합유물 가운데서도 조합재산의 경우 그 처분 · 변경에 관한 행위는 조합의 특별사무에 해당하는 업무집행으로서, 이에 대하여는 특별한 사정이 없는 한 민법 제706조 제2항이 민법 제272조에 우선하여 적용되므로, 조합재산의 처분 · 변경은 업무집행자가 없는 경우에는 조합원의 과반수로 결정하고, 업무집행자가 수인 있는 경우에는 그 업무집행자의 과반수로써 결정하며, 업무집행자가 1인만 있는 경우에는 그 업무집행자가 단독으로 결정한다." 이러한 태도는 제271조 제2항이 규정하는 합유법의 보충성(補充性)에 의하여 설명될 수 있다. 즉 합수성의 법리는 조합계약 등이 없는 경우에 비로소 작동하고, 제706조 제2항과 저촉되는 한 제272조는 적용될 수 없다.

(2) 합유물의 보존행위는 합유자 각자가 단독으로 할 수 있다(제272조 단서). 보존행위는 합유재산의 멸실 · 훼손을 방지하고 그 현상을 유지하기 위하여 하는 사실적 · 법률적 행위를 말하는데, 보존행위를 각 합유자 단독으로 할 수 있도록 한 취지는, 그 보존행위가 긴급을 요하는 경우가 많고 보통 다른 합유자에게도 이익이 되기 때문이다.[105]

(3) 합유물에 관한 소송은 필수적 공동소송이지만,[106] 보존행위로서 소 제기는 합유자 각자가 할 수 있다.

105) 대판 2013.11.28. 2011다80449.

106) 대판 1996.12.10. 96다23238은, 합유물에 관한 소송은 고유필요적 공동소송에 해당하여 합유자 전원을 피고로 해야 할 뿐만 아니라 합유자 전원에 대하여 합일적으로 확정되어야 하므로, 합유자 중 일부의 청구인낙이나 합유자 중 일부에 대한 소의 취하는 허용되지 않는다고 하였다.

CHAPTER 2

계 약 법

제 1 장 계약법 총론

제 1 절 계약법 서론

Ⅰ. 계약의 의의 [2001]

1. 사회제도로서 계약

(1) 우리 법질서의 정신적 기초를 이루는 윤리적 인격주의는 모든 인간을 이성적 존재로 파악하고, 이성적 존재로서 개인의 인격에 절대적 가치를 부여한다(헌법 제10조 참조). 그리고 자유주의와 개인주의에 터 잡은 시장경제질서 하에서 각자가 의식주에 필요한 재화나 용역을 스스로 조달해야 한다.[1]

그런데 고도로 전문화 · 분업화된 현대사회에서 그 누구도 다른 이와 협력하지 않은 채 살아갈 수 없고, 다른 한편 자기의 의사에 기하지 않고 재화나 용역을 주고받도록 강요당하지도 않는다. 따라서 재화나 용역을 주고받는 것은 당사자들의 의사에 기한 거래를 통해야 가능한데, 거래는 대개 계약의 형태로 이루어진다. 이처럼 계약은 시민 각자가 자기의 생활관계를 스스로 결정하는, 달리 말하면 사적자치를 실현하기 위한 법적 수단으로서, 당사자들 사이에서는 사적 규범의 실질을 가진다.[2]

(2) 나아가 계약은 구성원들의 합의에 기한 사회체제의 토대라는 의미도 가진다. 즉 시장경 [2002]
제질서 하에서 재화의 배분이 시민 각자에게 맡겨짐에 따라, 계약은 우리 사회의 구성원리를 이루고[3] 나아가 「민사헌법」([1003] 참조)의 중핵(中核)을 이룬다.

한편 사회의 구성원리로서 계약이 제대로 기능하려면 「완전시장과 그에 참여하는 이성적 존재」라는 전제가 충족되어야 하는데([2010] 참조), 현실이 반드시 그렇지는 않다. 이러한 맥락에서 계약법은 시장이 제대로 작동할 수 있는 기반을 조성하면서 동시에 이런저런 사정 때문에 자기의 사무를 스스로 처리할 수 없는 이들의 이익을 보호해야 한다.

2. 법제도로서 계약 [2003]

(1) 민법은 계약에 관한 정의규정을 두지 않는다. 그런데 법적 구속력 있는 「약속」이라는 관점에서 계약의 법률관계를 파악할 수도 있지만, 우리 학설은 대체로 법률행위라는 유개념(類概念)을 전제로 계약을 그 범주에 포섭한다. 즉 법률행위의 종개념(種概念)으로서 계약은 서로 대립하는 둘 이상의 의사표시의 합치로 성립하는 법률행위이다.

---

1) 의식주에 필요한 재화나 용역 또는 일자리를 국가가 배분하는 방식도 있으나, 우리나라에서는 예외적으로만 허용된다.

2) 계약이 재화나 용역의 교환에서만 의미를 가지는 것은 아니며, 당사자 일방만이 의무를 지는 경우에도 계약의 성립이 요구된다(제554조 참조). 이러한 경우에 계약의 필요성은 자기의 의사에 기하지 않으면 (의무뿐만 아니라) 이익도 강요당하지 않는다는 점에서 근거 지워진다(제539조 참조).

3) 근대 이전의 습속적/신분적 구성원리에 갈음하여 근대 이후 계약이 사회의 구성원리로 되었다: 「신분에서 계약으로」.

(2) 계약은 보통 두 당사자 사이에 성립하지만, 2인 이상이 공동의 사업을 목적으로 하는 조합계약(제703조 제1항)처럼 당사자가 둘을 넘을 수도 있고, 다면계약도 드물지 않다.

(3) 제527조 이하가 염두에 둔 것은 채권의 발생을 목적으로 하는 계약, 즉 채권계약이다. 그 밖에 저당권 설정 등의 물권계약(보통 「물권적 합의」라 한다), 채권양도와 같은 준물권계약, 혼인[4]이나 입양 등의 친족법상의 계약도 있는데, 채권계약에 관한 규정들은 성질에 반하지 않는 한 이들에도 준용된다.[5]

[2004] 3. 계 약 법

가. 계약법의 의의

(1) "계약"이라는 표제가 붙은 민법 제3편 제2장을 계약법이라고 할 수 있지만, 계약에 적용될 규범은 그에 한정되지 않고, 민법의 곳곳에 산재한다.[6]

(2) 계약은 개인적 차원에서 대개 급부의 교환, 즉 거래라는 모습으로 나타나는데, 거래 대부분이 당사자들 사이에서 「zero-sum game」이다. 즉 일방의 이익은 상대방의 불이익을 뜻한다. 이처럼 이해(利害)가 상반되는 당사자들 사이에서 분쟁(이해의 충돌에 따른)의 해결과 예방을 위한 기준, 즉 적절한 이해조정의 지도상을 제시하는 것이 계약법의 1차적 과제이다.

나아가 사회 전체의 관점에서 계약이 자원의 효율적 배분을 통하여 사회적 효용을 증대시킬 수 있도록 거래를 촉진하면서 동시에 사회적 약자의 보호 등을 통하여 정의를 구현하는 것도 계약법에 주어진 중요한 과제이다.

(3) 사적자치의 원칙이 지배하는 계약법의 영역에서 당사자들이 합의한 바가 법률관계를 1차적으로 규율한다. 즉 계약법의 규정들은 대개 당사자들의 합의가 없으면 적용되는 보충적 성질을 가진다. 다만 사회적 약자의 보호를 위한 (편면적) 강행규정도 적지 않다.

[2005] 나. 이 장의 서술내용 및 순서

(1) 민법 제3편 제2장 제1절은 계약법 총칙으로서 계약의 성립, 계약의 효력 및 계약의 해지·해제를 다룬다. 그런데 계약총칙으로 다루어져야 할 법적 문제는 이에 한정되지 않는다. 계약이 유효한지, 계약이 이행되었는지, 이행되지 않은 경우에 어떤 구제수단이 주어지는지 등도 계약법에서 다루어야 할 사항들이다.

아래에서는 「생활관계」에 따라 계약이 성립하였는지, 계약이 어떤 효력을 가지는지,[7] 계약이 어떻게 이행되는지, 계약의 고장은 어떻게 다루어지는지 그리고 계약의 해제의 순서로 광의의 계약법 총칙을 다룬다.

(2) 이 장을 읽으면서 매매를 염두에 두고 당사자들 사이의 이해의 충돌과 조정의 모습을 그려보는 것이 유용할 것이다. 총칙상의 법률행위에 관한 규정들을 포함하여 넓은 의미의 계약법은 주로 매매를 중심으로 논의되었을 뿐만 아니라 제567조가 매매에 관한 규정들을 유상계약에 준

4) 대판 2022.5.26. 2021므15480: "혼인은 일생의 공동생활을 목적으로 하여 부부의 실체를 이루는 신분상 계약".

5) 다만 채권계약과 달리 이들 계약에서는 대개 내용결정의 자유가 제한된다.

6) 예를 들어 매매에 관한 규정들로, 계약각칙으로서 매매에 특유한 제563조 이하뿐만 아니라 계약총칙으로서 제527조 이하 및 채권총칙으로서 제373조 이하에 더하여 민법총칙의 규정들도 있다. 이들 모두를 아울러야 매매(계약)법을 개관할 수 있다. 시야를 넓히면 계약에 관한 상법총칙의 규정들 나아가 특별법도 포함해야 하지만, 이 책에서는 원칙적으로 거기까지 나아가지 않는다.

7) 유효요건에 관해서는 [1081] 참조.

용하도록 한 점 등을 고려하면 그렇다.

Ⅱ. 계약에서 자유와 정의 [2006]

1. 계약자유의 원칙

가. 의 의

(1) 근대시민사회에서 시민 각자가 자기의 의사에 따라 자기의 법률관계를 형성할 수 있는 주된 수단이 법률행위, 특히 계약이다. 즉 각자는 자기의 자유로운 의사에 따라 타인과 계약을 맺음으로써 그 타인에 대하여 권리를 취득하거나 의무를 부담한다. 여기서 각자의 이익은 자기결정[8] 및 그에 대한 법질서의 승인에 의하여 보장된다. 이처럼 사적 영역에서 법질서가 원칙적으로 사인 상호간의 법률관계에 자유를 부여하고,[9] 그 범위 내에서 당사자 사이의 합의를 승인하여 그에 법적 효력을 부여한다: 계약자유(契約自由)의 원칙. 이 원칙에 따라 시민 각자는 자유롭게 선택한 상대방과의 합의를 통하여 법률관계를 자유롭게 형성할 수 있고 법이 그 합의를 법적 구속력 있는 것으로 승인하는데, 사적자치의 가장 중요한 발현형태이다.

(2) 민법의 토대를 이루는 계약자유의 원칙은 헌법에 의하여 보장된다(헌법 제10조 참조).

나. 구체적 내용 [2007]

(1) 계약자유는 ① 계약 자체를 맺을 것인지 여부에 관한 체결(締結)의 자유,[10] ② 누구와 계약을 맺을 것인지에 관한 상대방 선택(相對方 選擇)의 자유, ③ 어떤 내용으로 합의할 것인지에 관한 내용결정(內容決定)의 자유 및 ④ 어떤 방식으로 계약을 맺을 것인지에 관한 방식(方式)의 자유 등을 그 내용으로 한다.

(2) 이 중 내용결정의 자유는 의사에 따른 법률관계 형성의 요체로서, 물권법정주의와 현저히 구별된다. 계약의 효력으로서 당사자들은 채권과 채무의 내용을 자유롭게 결정할 수 있을 뿐만 아니라 필요하다면 법률의 규정과 다른(즉 새로운) 계약유형을 형성할 수 있으며, 그들이 합의한 바가 법질서에 의하여 실현될 수 있다.[11] 따라서 계약에 관한 법규정들은 기본적으로 당사자들이 그와 다른 내용을 정하더라도 무방한(바꾸어 말하면 당사자들의 의사에 기한 적용배제가 예정된) 임의규정이며, 당사자들의 의사가 명확하지 않은 경우에 이를 보충하기 위한 「기본값」(상반되는 이해의 조정을 위한 일응의 기준)이다.

2. 계약자유의 제한 [2008]

가. 서 설

(1) 계약이 성립하면 그 효력이 발생하는데, 계약의 효력은 당사자들에게 「구속」으로 기능한다. 계약준수의 원칙(pacta sunt servanda)도 계약적 구속의 다른 표현이다.

(2) laissez-faire(자유방임주의)의 영향 하에 형성된 계약자유의 원칙은 시민 각자의 자유로

8) 국가의 후견적 간섭을 포함한 타인결정(他人決定)을 거부한다.
9) 실제로 법질서의 승인은 「예외적인」 승인거부(효력규정과 사회질서를 통한. [1082] 참조)의 모습으로 나타난다.
10) 당사자 각자는 계약교섭 도중이라도 교섭을 중단하고 계약체결을 거부할 수 있다.
11) 다만 강행규정(예컨대 이자제한법)을 위반하는 계약이나 사회질서에 반하는 내용의 계약 등 법질서의 승인을 통한 보호를 받을 적격을 갖추지 못한 합의는 허용되지 않는다(무효).

운 활동을 보장하고, 각자의 창의와 경쟁심을 자극하여 자본주의의 발전에 크게 기여하였다. 그러나 계약자유의 원칙에는 위험이 따른다. 즉 사회적 · 경제적 역학관계에 따른 사실상의 강제는 외면할 수 없는 현실이다. 그럼에도 불구하고 형식적 자유만 강조하면, 개개인의 구체적 능력의 차이로 인한 실질적 불평등 등의 폐단을 초래함으로써 경제적 약자에게 계약부자유(契約不自由)로 귀결될 수 있다(「take it or leave it」). 여기서 계약에서의 정의(正義. 흔히 공정이라고 한다)가 문제된다.

[2009] **나. 이론적 검토: 계약에서 정의와 그 구현**

(1) 조합처럼 당사자들이 이해를 같이하는 경우도 있고 증여 등 일방의 이해만이 문제되는 경우도 있지만, 대부분의 계약에서 당사자들의 이해가 상충한다. 이러한 경우에 일방의 이익은 상대방의 손해를 의미하므로, 각 당사자가 가능한 한 자기는 적게 주면서 상대방으로부터 더 많이 얻으려고 한다. 여기서 당사자 쌍방은 합의에 이르기 위하여 각자의 이기적 욕구의 일부를 포기하지 않을 수 없다. 이러한 관점에서라면 계약에서 당사자들이 합의를 통하여 일방적인 결과를 피하고 정당한 결과를 이끌어 낸다고 할 수 있다.

[2010] (2) 그런데 이해가 상충되는 당사자들 사이의 zero-sum game인 계약에서 이기적 욕구에 기한 상호양보(이른바 「보이지 않는 손」)에 의하여 합리적인/최적의 결과에 도달할 것이라는 가설(기대)은 일정한 전제를 요한다. 즉 교섭력이 대등한 당사자와 그들의 자유로운 경쟁(달리 말하면 완전시장과 그에 참여하는 이성적 존재)이라는 여건이 갖추어져야 계약내용의 일방적 결정(강요)이 아닌 「교섭」이 이루어질 수 있다. 당사자들이 대등한 교섭력(정보력도 포함하여)을 가져야 일방의 이기심이 상대방의 이기심에 의하여 제약되고, 상호양보를 통하여 계약내용의 적정성이 확보될 수 있기 때문이다. 그러나 현실은 그렇지 않다. 특히 계약자유가 사회적 · 경제적 강자의 이른바 「갑질」을 정당화하는 도구로 전락해서는 안 된다. 여기서 계약에서 정의를 어떻게 실현할 것인가 하는 문제가 발생한다.

(3) 계약이 사회적 차원에서 상생(相生)의 수단으로 기능할 수 있는 기반이 조성되어야 하는데, 두 측면에서 접근할 수 있다.

먼저 계약에서 중시되어야 하는 것은 「절차적 정의」이다.[12] 따라서 계약법은 1차적으로 공정하고 자유로운 경쟁이 이루어지고 그렇지 않은 경우에는 왜곡을 시정할 수 있는 시장체제를 구축하여 계약자유의 원칙이 정당하게 기능할 수 있도록 여건을 마련해야 한다.

나아가 어느 사회에나 자기의 이익을 제대로 지키지 못하는 약자군이 존재하는데,[13] 정의의 관점에서 이들을 방치할 수는 없다. 그런데 이들의 상황에 따라 보호의 방법과 정도가 결정되어야 한다. 미성년자나 피성년후견인처럼 상황독립적 약자라면 지속적 · 포괄적 보호가 주어져야 하는 반면, 소비자와 같이 상황의존적 약자라면 무기의 평등(예: 철회권의 부여나 정보제공의무의 인정)과 경쟁의 조장 등 그들이 상대방과 대등한 지위에서 실질적으로 교섭할 수 있는 여건을 조성해야 하고, 그를 통해서도 부족한 경우에 일시적 · 개별적 보호가 예외적으로 허용되어야 한다.

12) 급부와 반대급부 사이에 현저한 불균형이 있더라도 그 자체만으로는 법률행위의 효력에 영향이 없음을 밝힌 제104조나 약관법이 절차적 정의를 실현하려고 함을 상기해야 한다.

13) 자본주의의 발전에 따라 사회적 약자군이 양산되는 현상을 「계약에서 신분으로」라고 비꼬기도 한다.

(4) 정의를 실현하기 위한 사적자치의 제한이 부득이하더라도, 그 방법은 —기능부전의 치유를 통하여— 사적자치의 폐단을 최소화하는 것이어야지, 사적자치의 원칙 자체를 부정하는 것이어서는 안 된다. 즉 계약에서 정의는 1차적으로 절차적 정의를 의미하므로, 정의의 실현은 우선 여건의 조성을 통하여 자기결정/자기형성의 가능성이 실질적으로 확보될 수 있도록 해야 하고, 계약자유에 대한 직접적/내용적 제한은 최소한의 필요한 범위에서 행해져야 한다.[14] 물론 여건의 조성만으로 극복될 수 없는 구조적 한계가 존재한다면 계약내용에 대한 후견적 개입(주로 편면적 강행규정을 통한)이 허용된다. [2011]

다. 제한의 실제 [2012]

(1) 계약체결 및 상대방 선택의 자유에 대한 제한으로[15] ① 생존배려를 위하여 법률이 계약체결을 거부하지 못하도록 의무지우는 경우가 있는데,[16] 이를 체약강제(締約强制)라 한다. 체약강제에 의해서는 계약체결의 자유가 제한될 뿐, 내용결정에 관한 자유는 유지된다. 그리고 극히 예외적인 「명령된 계약」(물가안정법 제6조 참조)을 제외하고 성립이 의제되지는 않는다. ② 특정한 상대방과의 계약을 배척할 수 없거나 이를 받아들여야 하는 경우도 있다.[17]

(2) 내용결정의 자유에 대한 제한으로 ① 먼저 「규제된 계약」, 즉 계약을 맺으려면 법규가 정하는 내용을 따라야 하는 경우가 있다.[18] ② 나아가 편면적 강행규정(제608조, 제652조 외에 근로기준법의 많은 규정들 참조)에 의하여 당사자 일방에게 불리한 특약의 효력이 부인될 수 있다.

(3) 계약내용을 명확히 함으로써 분쟁가능성을 예방한다는 등의 이유에 기하여 일정한 방식이 요구되는 경우(예: 보증에 관한 제428조의2)도 있다.

(4) 그 밖에 계약이 유효하기 위하여 행정관청의 인가 · 허가 또는 행정관청에의 신고나 행정관서의 증명을 요구하는 경우(부동산거래신고법 제11조, 사립학교법 제28조 등)도 있다.[19]

Ⅲ. 계약의 종류 [2013]

계약은 다양한 기준에 따라 분류될 수 있다. 그중 전형계약과 비전형계약, 쌍무계약과 편무계약, 유상계약과 무상계약, 낙성계약과 요물계약, 요식계약과 불요식계약, 계속적 계약과 일시적 계약의 구분 정도가 유의미하다.

그런데 법학에서 분류는 그에 따른 법률관계(또는 법적 지위)의 차이와 관련되어야 비로소 의미를 가지고, 계약의 분류도 다르지 않다. 이러한 점을 고려하여 계약의 분류는 관련되는 곳에서 설명하기로 한다.

---

14) 대판(전) 2007.11.22, 2002두8626도 계약자유에 대한 "제한 내지 규제는 계약자유의 원칙이라는 시민법원리를 수정한 것이기는 하나 시민법원리 그 자체를 부정하는 것은 아니며, 시민법원리의 결함을 교정함으로써 그것이 가지고 있던 본래의 기능을 회복시키기 위한 것으로 이해"하였다.

15) 사법상의 제한으로 당사자들의 합의에 기한 예약 외에 제285조 제2항, 제316조 제1항 등. 제283조나 제643조에 기한 매수청구권도 같은 취지에 기한 것이지만, 그 행사는 단독행위에 속한다.

16) 우편법 제14조; 전기통신사업법 제3조; 수도법 제24조; 전기사업법 제14조; 공증인법 제4조; 집행관법 제14조; 의료법 제16조 등.

17) 노동조합법 제81조 제2호; 남녀고용평등법 제7조 이하 등.

18) 주택임대차법 제4조; 노동조합법 제33조 등 참조.

19) 농지법 제8조 제1항의 농지취득자격증명이 이에 해당하지 않음에 관하여 [5103] 참조.

제 2 절 계약의 성립

제 1 관 서 론

[2014] (1) 계약에 기한 효력의 출발점으로서 계약의 성립이 필요한데, 당사자들 사이에 의사의 합치, 즉 합의(合意)가 있어야 한다.

(2) 재판규범의 관점에서 계약이 성립하여 효력이 발생하였는지 및 그 시기가 언제인지에 관한 사후적 심사가 필요하다. 아래에서는 이러한 관점에서 계약성립의 통상적 모습, 즉 청약과 승낙에 의한 계약의 성립을 검토한 후, 교차청약(제533조)이나 의사실현(제532조)에 의한 계약의 성립과 사실적 계약관계 및 계약성립이 좌절된 경우의 법률관계 등을 살펴본다.

(3) 행위규범의 관점에서 효력의 발생 여부 및 그 시기 등과 관련된 주도권의 확보가 중요한 의미를 가진다. 즉 계약이 성립하면 그 효력이 발생하는데, 당사자들은 유리한 지위의 확보 및 장래의 사정변경에의 대비 등과 관련하여 주도권을 가지려 하고,[1] 계약의 교섭과정도 이러한 관점에서 이해될 수 있다. 예약과 계약금도 이와 밀접하게 관련되므로, 이 절에서 함께 다루기로 한다.

(4) 계약의 성립에 필요한 비용(목적물의 평가비나 계약서에 붙일 인지대 등)에 관하여, 제566조는 다른 특약이 없으면 양 당사자가 균분하여 부담한다고 하지만(변제비용에 관한 제473조도 참조), 각자의 부담으로 함이 거래관행인 것으로 보인다.

제 2 관 청약과 승낙에 의한 성립

[2015] Ⅰ. 총 설

먼저 통상적 모습으로서 시간적으로 앞선 청약과 그에 대한 승낙의 합치에 의한 계약의 성립을 보는데, 합의의 요소로서 청약과 승낙을 먼저 살펴본 후 양자의 합치, 즉 합의를 다루기로 한다.

[2016] Ⅱ. 청 약

1. 서 설

가. 의 의

청약(請約)은 그에 대응하는 상대방의 의사표시(승낙)와 결합하여 일정한 내용의 계약을 성립시킬 것을 목적으로 하는 일방적 · 확정적 의사표시이다.

(1) 승낙이라는 다른 의사표시와 결합하여야 비로소 계약이라는 법률행위를 성립시키므로, 청약은 법률사실에 지나지 않는다.

---

1) 해제권이나 변경권(예: 대용권능)의 유보, 부관(특히 실효약관) 등의 조치 외에 준거법이나 관할에 관한 합의 등도 분쟁해결에서 유리한 지위의 확보와 관련된다. 청약의 유인이나 계약의 경쟁체결도 주로 계약의 성립시기와 관련되지만, 계약성립과정에서의 주도권 확보라는 관점에서 이해할 수 있다.

(2) 상대방 있는 의사표시로서 청약은 장차 계약당사자로 될 특정인에 의하여 행해져야 하는데, 청약자가 누구인지가 명시적으로 나타나야 하는 것은 아니다. 불특정 다수인에 대한 것도 유효한데(예: 자동판매기의 설치), 이 경우 청약은 장래 계약당사자로 될 이에 대하여 효력을 가진다.

(3) 청약자는 상대방에 대하여 계약체결의 의사를 표시해야 하지만, 명시적이어야 하는 것은 아니고 그러한 의사의 존재를 객관적으로 알 수 있으면 충분하다. 청약에 특정한 방식을 요하지도 않는다.

(4) 청약은 그에 대응하는 승낙이 더해지기만 하면 곧바로 계약을 성립시키려는 구체적 · 확 [2017]
정적 의사표시로서, 청약자에게 법적 구속의사가 있어야 한다. 즉 계약의 성립 여부는 승낙에 좌우되고, 청약자가 그에 대하여 다시 의사표시를 할 필요는 없다.

이처럼 청약에 대하여 승낙이 있으면 곧바로 계약이 성립하므로, 청약은 계약의 내용을 결정할 수 있을 정도의 사항을 포함해야 한다.[1] 특히 계약의 「본질적 요소」 또는 그것을 확정하기 위한 요소가 반드시 포함되어야 한다. 다만 청약 자체에 그러한 사항이 표시되지 않더라도, 예약, 청약의 유인, 종래의 거래관계, 관습 등으로부터 밝혀지는 것으로 충분하다.[2]

나. 청약의 유인 [2018]

(1) 청약은 승낙과 합하여 계약을 성립시키려는 확정적인 법적 구속의사를 담고 있어야 한다. 반면 주택을 팔겠다는 뜻만 표시하고 대금을 제시하지 않은 경우처럼 타인을 꾀어 자기에게 청약하게 하려는 행위(「의사의 통지」에 해당한다)를 청약의 유인(請約의 誘引)이라 한다. 이 경우 행위자에게 상대방의 승낙이 있으면 무조건 계약을 성립시켜도 좋다는 정도의 확정적 구속의사가 없으므로 청약이 존재하지 않는다. 즉 청약의 유인에 의하여 꾐을 받은 이가 계약을 체결하겠다는 의사를 표시하더라도 계약은 성립하지 않고(그 의사표시가 청약이다), 유인한 이가 승낙의 의사표시를 함으로써 비로소 계약이 성립한다.[3]

(2) 이처럼 청약의 유인과 청약은 개념상 구별되지만, 구별이 어려운 경우도 있다. 그런데 어떤 의사표시를 청약 또는 청약의 유인 중 어느 것으로 볼 것인지는 표의자에게 확정적 구속의사가 있는지를 기준으로 계약 당시의 구체적 사정을 고려하여 판단해야 한다.[4]

(3) 청약인지 아니면 청약의 유인인지는 1차적으로 계약성립의 시기와 관련되는데, 계약의 [2019]
경쟁체결에 관한 논의도 그 연장선상에 있다.

나아가 계약성립에서 주도권 확보라는 관점에서도 중요하다. 즉 청약의 유인을 한 이는 상대방의 청약에 대하여 승낙 여부를 결정할 자유(변심의 가능성)를 가지므로, 결국 청약의 유인을 한 이가 계약의 성립에 관한 주도권을 가지며, 경우에 따라서는 사정변경에의 대비책일 수 있다.

---

1) 대판 2003.4.11. 2001다53059; 대판 2005.12.8. 2003다41463.

2) 가령 계약의 내용으로 될 일정한 사항(수량이나 금액 등)의 결정을 상대방이나 제3자에게 맡기는 것도 가능하다.

3) 대체로 구인광고, 주택의 임대광고, 상품목록의 배부, 기차 · 기선 등의 시간표의 게시 등을 청약의 유인으로 본다. 반면 정찰부 상품의 진열에 관하여 다툼이 있고, 학설은 대체로 이를 청약으로 새기지만, 편의점에서 상품이 가격표가 부착된 상태로 진열된 것을 언제나 청약으로 볼 수는 없다. 가령 미성년자에 대한 주류판매는 위법하므로 곧바로 계약이 성립한다고 단언해서는 안 된다.

4) 예를 들어 한 사람에게만 행하여질 수 있는 급부의 공개광고는, 선착순으로 상대방을 결정한다면, 청약에 해당한다.

[참 고] 계약의 경쟁체결

(가) 서 언

① 다수인으로 하여금 계약내용에 관하여 서로 경쟁하게 해서 가장 유리한 조건을 제시한 이와 계약을 체결하는 것을 계약의 경쟁체결이라 하는데, 두 방법이 있다: 경쟁자가 제시한 내용을 알 수 있는 경매(競賣)[5]와 알 수 없는 입찰(入札).

② 계약의 경쟁체결은 청약과 승낙에 의한 계약체결의 특수한 모습이다. 여기서 문제되는 것은, 경쟁체결에 붙인다는 표시가 청약인가 아니면 청약의 유인에 지나지 않는가 하는 점으로, 이는 계약성립시기의 문제로 귀결된다. 그런데 이에 관한 일반적 규준은 없으므로, 개개의 경우에 구체적인 사정으로부터 당사자의 의사를 추정하여 결정해야 한다.

(나) 경 매

국가기관이 법률에 의하여 행하는 경매는 민사집행법에 의하여 규율되고(제80조 이하, 제264조 이하. 공매에 관한 국세징수법 제61조 이하도 참조), 여기서 다루는 것은 사인들 사이에서 행하여지는 사경매(私競賣)이다. 사경매의 모습으로 값을 올려가는 경매와 값을 내려가는 경매가 있다(매매를 상정한다).

① 값을 올려가는 경매로 다음의 두 경우가 있다.

ⓐ 경매에 붙인 이(경매인)가 최저가격을 제시한 경우에, 최저가격의 제시에 그 가격 이상이면 팔겠다는 확정적 구속의사가 포함되어 있으므로, 경매에 붙인다는 표시가 청약이고, 최고가격의 제시가 승낙으로 된다.

ⓑ 반면 경매인이 일정한 가격을 제시하지 않고 경매에 응하는 이의 최고가격 제시를 기다리는 경우에, 경매인에게 확정적 구속의사가 없으므로, 경매에 응하는 이의 가격제시가 청약이고, 경매에 붙인다는 표시는 청약의 유인에 지나지 않는다.[6]

② 값을 내려가는 경매에서는 경매인이 스스로 일정한 가격을 제시하고, 그보다 싼 가격에 팔겠다는 상대방의 표시를 기다리는데, 이 경우 경매인은 일정한 가격을 제시함으로써 그 가격 이하라면 사겠다는 확정적 구속의사를 표시하였으므로 그것이 청약이고, 최저가격의 제시가 승낙이다.

(다) 입 찰

① 입찰은 입찰에 붙인다는 표시(입찰공고)를 하고 이 표시에 따라 경쟁자들이 입찰을 한 후, 입찰에 붙인 이가 개찰을 하여 낙찰자를 결정하는 과정을 거친다. 그런데 입찰에 붙인다는 표시의 성질을 청약과 청약의 유인 어느 쪽으로도 새길 수 있는데, 어느 쪽으로 새기는지에 따라 생기는 차이는 가장 좋은 조건으로 입찰한 이와 반드시 계약을 체결해야 하는지 여부이다.[7]

그런데 특히 공사도급계약의 입찰에서 가격 외에도 시공능력 등 고려할 요소가 적지 않으므로, 입찰공고는 청약의 유인이라고 보아야 한다. 즉 경쟁자의 입찰이 청약이고, 낙찰자를 결정함이 승낙으로 되며, 계약도 그때에 성립한다. 결국 입찰에 붙인 이는 가장 유리한 입찰에 대해서도 승낙 여부의 자유를 갖는다. 물론 입찰에 붙인다는 표시의 내용에 따라 반대의 경우도 있을 수는 있다.

② 국가가 사인과 매매·도급 등의 계약을 맺는 경우에, 공고를 하여 경쟁에 붙여야 하고(국가계약법 제7조 참조), 그 경쟁은 입찰방법이나 그에 준하는 경매의 방법으로 해야 한다(같은 법 시행령 제10조).[8]

---

5) 경쟁자가 제시한 내용을 보고 다시 그보다 유리한 내용을 제시할 수 있다.

6) 따라서 경매인은 최고가격의 제시에 대해서도 승낙할 것인지를 자유롭게 결정할 수 있다.

7) 입찰공고를 청약으로 본다면 가장 좋은 조건의 입찰이 승낙으로 되어 입찰시에 계약이 성립하고, 입찰에 붙인 이가 계약체결을 배제하지 못한다.

8) 대판 2001.12.11. 2001다33604 참조.

2. 청약의 효력 [2020]

가. 청약의 효력발생

(1) 청약도 의사표시이므로 상대방에게 도달한 때에 그 효력이 발생하는데(제111조 제1항), 불특정인에 대한 청약은 요지(了知)할 수 있는 상태(광고의 게재 등)에 놓이면 그 도달이 있다.

(2) 청약이 도달하(거나 불특정인이 알 수 있는 상태로 되)기 전의 상태를 본다.

① 청약은 상대방에게 도달하기 전에는 아무런 효력이 없으므로, 청약자가 이를 회수(回收)[9] 할 수 있다. 그런데 회수의 의사표시는 청약의 의사표시보다 먼저 또는 늦어도 동시에 상대방에게 도달해야 한다.

② 청약의 발신 후 도달 전에 청약자가 사망하거나 행위능력을 상실하더라도 청약의 효력에는 영향이 없다(제111조 제2항). 다만 당사자의 인격 내지 개성이 중시되는 계약(위임 · 조합 · 고용 등)에서 청약자가 사망한 경우에 그의 상속인이 청약자의 지위를 승계하지 않으므로, 청약이 효력을 잃는다고 새겨야 한다.

③ 청약의 발신 후 도달 전에 청약의 상대방이 행위능력을 상실하면 수령능력이 문제되고(제112조 참조), 사망한 경우에는 청약의 의사표시가 효력을 잃는다고 할 것이다.

나. 청약의 실질적 효력: 승낙적격 [2021]

청약은 그에 대한 승낙만 있으면 곧바로 계약을 성립케 하는 효력을 가지는데, 이를 「청약의 실질적 효력」 또는 승낙적격(承諾適格)이라고 한다. 그런데 청약이 유효하게 행하여지지 않았거나 효력을 잃은 후에는 승낙만으로 계약을 성립시킬 수 없다. 즉 승낙은 청약이 효력을 발생한 때부터 그것이 소멸할 때까지 사이에 행하여져야 계약을 성립시킬 수 있다. 따라서 승낙적격은 청약의 존속기간이라는 결과로 된다.

다. 청약의 구속력 [2022]

(1) 청약의 효력이 발생하면, 청약자가 청약을 마음대로 철회(撤回)하지 못한다(제527조).

청약이 상대방에게 도달하(거나 불특정인이 알 수 있는 상태에 이르)면 상대방(승낙함으로써 계약을 체결할 수 있는 기회를 가지는)은 계약의 성립에 대비하여 일정한 처분을 하는 등 계약체결을 위한 준비를 할 수 있고, 이 경우 청약자의 변심, 즉 「철회」는 상대방의 기대를 깨뜨릴 수 있다. 그래서 제527조는 청약상대방의 보호를 위하여 청약에 구속력을 인정한다.

(2) 예외적으로 청약의 구속력이 배제되는 경우들을 본다.[10] [2023]

① 제527조는 임의규정이므로, 청약자가 미리 철회할 수 있음을 묵시적으로라도 표시한 경우에, 청약의 구속력은 처음부터 발생하지 않는다. 대화자 사이의 청약(상법 제51조 참조)이나 청약자가 즉시 승낙을 요구하는 경우에도 마찬가지로 보아야 한다.

그런데 청약철회가 허용되는 경우에, 승낙표시가 발신되기 전에(제531조 참조) 철회의 의사표시가 청약상대방에게 도달해야 한다.

② 청약 후에 청약의 기초가 된 사정이 현저히 달라진 경우에, 사정변경의 원칙에 따라 철

---

9) 강학상 「철회」라고 하지만, 제527조의 철회와 구별할 필요가 있다.

10) 그 밖에 근로자가 사직원을 제출한 경우에, 사용자의 승낙이 있기 전이라면 특별한 사정이 없는 한 근로자는 사직의 의사표시를 철회할 수 있다고 한 대판 1992.4.10, 91다43138도 참조.

회가 허용될 수도 있다.[11]

[2024] ③ 모집인 등의 적극적인 권유 또는 외상이라는 유혹 때문에 충동적으로 계약을 체결한 경우에, 소비자는 자기의 체약의사를 일정기간 내에 철회할 수 있다(cooling-off).[12] 즉 할부거래법 제8조와 방문판매법 제8조, 제17조 및 전자상거래법 제17조가 청약의 구속력에 대한 예외를 인정하여 일정한 기간 내에 매수인 또는 구매자가 청약[13]을 철회할 수 있도록 한다. 그런데 소비자거래에서 청약철회는 계약이 성립한 후에 이유를 묻지 않고 그리고 아무런 불이익 없이 계약의 구속에서 벗어날 수 있도록 하는, 소비자를 위한 보호책이다. 즉 청약의 철회는 실질적으로 소비자 보호를 위한 특수한 「해제」이고, 철회기간[14]이 지나야 비로소 계약이 확정적으로 유효하게 된다.

[2025] **라. 청약의 소멸**

(1) 청약자가 승낙기간을 자유로이 정할 수 있는데(예: 이달 말까지 또는 1주일 내), 기간을 정하지 않은 청약을 하고 나중에 기간을 정해도 된다.

① 승낙기간을 정한 경우에, 청약자는 그 기간 내에 청약을 철회하지 못한다. 반면 승낙기간이 지나면, 청약은 그 효력을 잃으므로 철회의 문제가 생기지 않는다(제528조 제1항).[15]

그리고 승낙은 승낙기간 내에 청약자에게 도달해야 한다(제528조 제1항). 승낙기간이 지난 후에 도달한 승낙은 계약을 성립시킬 수 없지만, 청약자가 이를 새로운 청약으로 보아 이에 대하여 승낙할 수는 있다(제530조).

[2026] ② 보통의 경우라면 승낙기간 내에 도달할 수 있도록 발송된 승낙통지가 어떤 연유로든 승낙기간이 지난 후에 청약자에게 도달하였다면, 이러한 사정을 알 수 있는(봉투에 찍힌 우체국의 소인 등을 통하여) 청약자는 지체 없이 상대방에게 연착의 통지를 해야 하는데, 승낙의 통지가 도달하기 전에 미리 승낙기간 내에 승낙의 통지가 없었다는 뜻을 발송하였다면 연착통지를 다시 할 필요가 없다(제528조 제2항). 그런데 청약자가 승낙연착의 통지를 하지 않으면 승낙의 통지가 연착하지 않은 것으로 보므로(제3항), 계약은 유효하게 성립한 것으로 다루어진다. 결국 청약자에게 신의칙에 기하여 연착통지의무(延着通知義務)[16]가 부과되는데, 그 한도에서 승낙의 통지를 발송한 이가 보호를 받는다.[17]

승낙이 연착되었음에도 계약이 성립하는 예외적인 경우에 계약의 성립시기는 승낙의 발신시이다(제531조 참조).

[2027] (2) 한편 승낙기간을 정하지 않고 한 청약은 청약자가 상당한 기간 내에 승낙의 통지를 받지

11) 즉 기초사정의 현저한 변화, 청약자의 예견불가능, 구속력 존속의 객관적 부당성 등의 요건이 갖추어진 경우에, 예외적 · 제한적으로 철회가 허용된다고 할 것이다. 해제에 관한 [2133]도 참조.

12) 이러한 경우에 소비자는 냉각기를 갖고 그 거래가 자기에게 필요한지, 자기 형편에 맞는지, 거래조건이 적정한지 등을 숙고한 후, 아무런 불이익을 입지 않고 계약을 처음부터 없었던 것으로 하는 것이 각국에서 입법을 통하여 제도화되었다.

13) 위의 계약유형들에서 소비자의 의사표시가 언제나 청약인지에 대하여 의문이 없지 않지만, 위 규정들은 청약이라고 표현한다.

14) 철회기간을 통일해야 한다는 주장도 있으나, 구체적 상황이 다름을 고려해야 한다. 특히 소비자가 자발적으로 거래관계에 들어서는 통신판매와 준비 없이 갑자기 구매를 권유받는 방문판매에서 소비자보호의 정도가 같을 수는 없다.

15) 확정매도신청(Firm Offer) 형식의 거래제의문 상의 유효기간을 58분 경과한 후 승낙의 의사표시가 있은 경우에 청약의 효력이 상실되었다고 본 대판 1994.8.12. 92다23537 참조.

16) 통지 자체를 강제하거나 그 위반을 이유로 한 손해배상을 청구할 수 없으므로 「책무」에 불과하다.

17) 승낙기간 내에 청약자에게 도달할 수 있도록 승낙의 통지를 발송한 이는 계약이 성립하리라 믿고 채무의 이행을 준비하거나 다른 계약의 체결을 단념하는 등 계약당사자로 될 것이라는 기대를 가지고 행동할 것인데, 계약이 불성립으로 끝났다면 그로 인한 손해를 입을 수밖에 없지만, 적어도 연착통지를 받은 후의 손해는 피할 수 있다.

못하면 그 효력을 잃는다(제529조). 여기서 상당한 기간이란 청약내용에 대한 청약상대방의 고려와 통신에 필요한 기간[18]을 말한다. 따라서 기간이 상당한지는 구체적 사안에서 청약과 승낙의 방법(통신수단의 종류), 계약내용의 중요도, 거래관행, 청약자가 알고 있는 상대방의 특별한 사정(가령 여행을 떠나 집에 없다는 점) 등을 고려하여 결정되며, 이는 사실인정의 문제이다.

한편 제529조는 격지자와 대화자를 구별하지 않으므로, 양자 모두에 적용되지만, 상법 제51조는 대화자에 관하여 예외를 규정한다.

(3) 청약의 상대방이 청약자에 대하여 승낙하지 않는다는 뜻을 적극적으로 표시한 경우, 즉 청약을 거절한 경우에, 그 거절이 승낙기간 내에 있었더라도 승낙적격이 소멸한다. 그런데 거절은 청약자에게 도달한 때에 그 효력이 발생하므로(제111조 제1항 참조), 거절이 청약자에게 도달하기 전에 청약의 상대방은 마음을 바꾸어 승낙할 수 있다. 나아가 청약의 수령자가 청약에 대하여 조건을 붙이거나 청약에 변경을 가하여 승낙하였다면, 청약의 거절과 동시에 새로운 청약을 한 것으로 본다(제534조). [2028]

3. 청약상대방의 지위 [2029]

청약의 의사표시가 상대방에게 도달하면 승낙적격이 발생하지만, 청약수령자는 청약을 받았다는 사실만에 의하여 아무런 법적 의무를 부담하지 않는다. 즉 승낙을 할 것인지 말 것인지는 청약상대방의 자유에 속하고(불체결의 자유), 특별한 사정[19]이 없는 한 청약상대방은 승낙의무를 지지 않으며, 청약에 대하여 반드시 낙부(諾否)의 회답을 해야 하는 것도 아니다. 따라서 침묵을 승낙 또는 승낙거절로 해석할 만한 특별한 사정이 없다면, 청약자가 청약과 동시에 「일정한 기간 내에 회답(또는 승낙거절의 통지)이 없으면 승낙한 것으로 본다」는 문구를 덧붙였더라도, 상대방은 이에 구속되지 않는다.[20] 나아가 청약과 함께 또는 청약의 의사표시 없이 물건을 송부하면서 「구입하지 않겠으면 반송하라. 반송하지 않으면 구입한 것으로 보겠다」라고 한 경우에, 반송하지 않았다고 하여 매매계약이 성립하지 않는다. 이 경우 청약상대방이 물건을 수령하여 보존하다가 반환해야 할 의무를 지지 않지만, 물건을 수령하였다면 상법 제60조를 유추하여 자기재산과 동일한 주의로(다만 청약자의 비용으로) 물건을 보관할 책임이 있다고 할 것이다.

보 론 상법상의 특칙

㉠ 상인이 상시거래관계에 있는 이로부터 영업부류에 속한 계약의 청약을 받으면 지체 없이 승낙 여부의 통지를 발송해야 하고, 이를 게을리한 때에는 승낙한 것으로 본다(상법 제53조). 승낙기간을 정하지 않은 격지자간의 계약에만 적용되는(상법 제51조 참조) 이 규정은 상시거래관계에 있는 경우에 계약의 성립을 분명하고 신속하게 확정하기 위한 것이다.

㉡ 상인이 계약의 청약을 받으면서 견품 기타의 물건을 받은 경우에, 청약을 거절한 때에도 「청약자의 비용으로」 그 물건을 보관해야 하는데, 물건의 가액이 보관의 비용을 상환하기에 부족하거나 보관으로 인하여 손해를 받을 염려가 있는 때에는 그렇지 않다(상법 제60조).

18) 즉 청약이 상대방에 도달하는 데 필요한 시간, 승낙 여부를 결정하는 데 필요한 시간 및 다시 승낙의 통지가 청약자에게 도달하는 데 필요한 시간을 합한 기간.

19) 예약이나 특별한 관습에 의하여 승낙의무를 지는 경우, 상법 제53조처럼 법률상 승낙이 강제되는 경우 등.

20) 대판 1999.1.29. 98다48903(이러한 문구가 경우에 따라 승낙기간을 정하는 의미를 가질 수 있다고 하였다) 참조.

[2030] ## Ⅲ. 승 낙

1. 서 설

가. 의 의

(1) 승낙(承諾)은 청약에 응하여 계약을 성립시킬 목적으로 청약의 상대방이 청약자에 대하여 하는 의사표시이다.

승낙은 특정의 청약에 대한 것으로, 불특정 다수인에 대한 승낙은 있을 수 없다. 즉 승낙은 청약의 상대방이 특정의 청약자에 대하여 계약을 성립시킬 의사를 가지고 해야 한다(주관적 합치). 다만 승낙자가 누구인지를 표시할 필요는 없다.

[2031] (2) 승낙의 방법을 본다.

① 승낙은 청약에 대하여 동의를 준다는 내심의 결의에 그치지 않고, 청약자에게 통지되어야 한다. 이 통지는 보통 언어 · 문자에 의하여 명시적으로 행하여지지만, 묵시적이라도 상관없다. 승낙이 있으면 성립할 계약의 이행행위를 하는 것(예: 물품의 구매청약에 응하여 주문된 물품을 송부하는 행위)은 일반적으로 묵시의 승낙에 해당한다.[21]

그런데 청약상대방이 침묵하는 경우에, 비록 청약에 동의하려는 의향이 있었더라도 침묵은 승낙으로 되지 않지만, 특별한 사정[22]이 있다면 침묵도 승낙으로 될 수 있다([1071] 참조).

② 승낙방법은 자유이고 그에 대한 특별한 제한이 없지만, 당사자 사이의 예약 기타 특약으로 정했거나 청약자에 의하여 지정된 경우(예컨대 e-mail)에, 그 방법에 의해야 한다.

[2032] #### 나. 연착된 승낙

청약이 효력을 가지는 기간 내에, 즉 승낙적격의 존속 중에 승낙이 있어야 한다. 그 기간이 지난 후에 승낙이 도달하였다면 계약은 성립하지 않는다.

그런데 승낙기간 또는 —그 기간을 정하지 않은 청약에서— "상당한 기간"은 청약자의 이익을 위한 것이다. 따라서 청약자의 입장에서 연착된 승낙을 새로운 청약으로 보아 계약을 성립시킬 수 있다(제530조). 승낙기간을 정한 청약에서 연착통지의무 때문에 연착하지 않은 것으로 다루어질 수 있음에 관하여 [2026] 참조.

[2033] ### 2. 승낙의 효력발생시기

(1) 승낙은 청약과 합치함으로써 계약을 성립케 하는 효력을 가지므로, 승낙의 효력발생시기는 계약의 성립시기로 귀결된다.

(2) 제531조는 격지자 사이의 계약의 성립에 관하여 발신주의를 취한다: "격지자간의 계약은 승낙의 통지를 발송한 때에 성립한다."[23] 다른 한편 제528조 제1항과 제529조는 발신주의를 제한한다. 즉 청약은 청약자가 승낙기간 또는 상당한 기간 내에 승낙의 통지를 받지 않으면 그 효력을 잃는다(제111조 참조).

---

21) 이행행위가 상대방에 대하여 행하여지지 않는 경우를 제532조가 규정한다.

22) 당사자 사이에 사전의 양해가 있는 경우, 상법 제53조처럼 동종의 거래가 계속되는 경우, 승낙하지 않을 때에만 통지하는 것이 거래관행인 경우 등.

23) 제531조는 임의규정이므로, 청약에 '승낙의 도달 또는 서면의 작성이 있어야 계약이 성립한다'는 조항이 포함되어 있다면 당연히 그에 의한다.

결국 제531조에 의하여 청약의 수령자가 승낙의 통지를 발송한 때에 —승낙통지가 청약자에게 도달하지 않았더라도— 계약이 성립하지만, 제528조 제1항과 제529조에 따라 승낙의 통지가 승낙기간 또는 상당한 기간 내에 청약자에게 도달하지 않으면 청약이 그 효력을 잃어 계약은 성립할 수 없다.

(3) 그러면 양자를 어떻게 조화롭게 해석할 것인가? [2034]

① 다수설인 해제조건설은 발신주의를 중시하여, 격지자에 대한 승낙의 발신으로 즉시 계약의 효력이 발생하지만, 승낙기간 또는 상당한 기간 내에 청약자가 승낙의 통지를 받지 못하면 청약이 효력을 잃으므로, 기간 내의 부도달을 해제조건으로 한다고 한다. 이와 달리 도달주의를 중시하여, 승낙의 통지가 기간 내에 청약자에게 도달할 것을 정지조건으로 하여 승낙의 통지가 발송된 때로 소급하여 유효한 계약이 성립한다고 새기는 정지조건설도 주장된다.[24)]

② 어느 설을 취하는지에 따른 실제적 차이는 승낙의 도달에 대한 증명책임을 누가 부담하는가[25)] 그리고 승낙자는 승낙을 발신한 후 도달 전에 철회할 수 있는가[26)] 하는 점이다.

③ 생각건대 도달주의를 중시하는 설은 의사표시의 일반이론(제111조 참조)에 충실하지만, 제531조를 무시하는 결과로 된다. 따라서 해석론으로는 부도달을 해제조건으로 하여 발신으로 승낙의 효력이 발생한다는 다수설을 따를 수밖에 없다.

[참　고] 이 문제를 좀 더 살펴본다.

㉠ 승낙에 의하여 계약이 성립하였음에 대한 청약자의 이해(계약의 성립에 대한 인식가능성)를 고려하면 승낙이 청약자에게 도달해야 하고, 그러한 취지의 제111조를 받아 제528조와 제529조가 도달주의를 규정한다. 다른 한편 승낙에 의하여 계약의 효력이 즉시 발생할 것을 원하는 승낙자의 의사/이익[27)]을 고려하면 즉시 효력이 발생하도록 해야 하고, 이를 위하여 제531조가 발신주의를 따른다. 이러한 상반되는 요청을 고려하여 계약의 성립을 정지조건부로 구성할 수도 있고 해제조건부로 구성할 수도 있는데, 제531조의 취지를 살리는(입법론상의 평가는 차치하고[28)]) 방법이 후자라 할 것이다.

그런데 발신주의는 신속한 계약의 성립이라는 장점(특히 발신과 도달 사이에 무시할 수 없는 시간적 간격이 있거나 부도달의 위험이 존재하는 경우에)과 함께 승낙자가 승낙의 의사표시를 회수할 수 없다는 단점도 가진다.

㉡ 의사소통에 시간이 필요한 경우(편지에 의하는 경우 외에 e-mail을 주고받는 경우도 포함하여)에 앞에서 본 이해의 충돌을 고려할 필요가 있다. 반면 의사소통이 거의 동시적으로 이루어지는 경우(물리적 거리와 무관하게, 특히 전화에 의한 경우)라면, 계약의 성립시기에 관한 이해의 충돌은 특별히 문제되지 않는다.[29)]

그런데 앞의 경우를 격지자(隔地者, 원래는 멀리 떨어진 곳에 있는 이를 말한다) 사이의 계약이라 하여 제531조가 규율하는 반면, 뒤의 경우를 대화자 사이의 계약이라 하는데, 격지자/대화자의 구별은 장소적인 것이 아니라 시간적인 것이다.

---

24) 여기서 정지조건 또는 해제조건은 본래의 의미의 조건이 아니라 법률관계를 설명하기 위하여 차용한 도구개념에 불과하다.

25) 해제조건설에 의하면 청약자가 부도달 또는 연착의 사실을 증명해야 하는 반면, 정지조건설에 의하면 승낙자가 승낙의 도달을 증명해야 한다.

26) 정지조건설에 의하면 철회할 수 있으나, 해제조건설에 의하면 철회할 수 없다.

27) 예컨대 보험계약의 성립과 그 효력의 발생에 대한. 다만 약관이 달리 정함에 따라 실제로는 의미를 가지지 않는다.

28) 통신의 시간과 위험이 현저하게 줄어든 현재의 상황에서 입법론적으로 제531조를 유지할 것인지 고민할 필요가 있다.

29) 승낙의 의사표시의 발신과 도달 사이에 유의미한 시차가 없어서 도달주의와 발신주의의 구별이 무의미하기 때문이다.

[2035] ## Ⅳ. 합 의

1. 서 설

(1) 계약이 성립하려면 「서로 대립하는 그러나 내용적으로 일치하는」 복수의 의사표시의 합치, 즉 합의(合意)가 있어야 한다.[30] 그런데 중요한 것은 합의 자체이지, 그 과정이 아니다.

의사표시의 합치는 묵시적으로 이루어질 수 있고,[31] 조합계약처럼 다수인이 하나의 계약을 체결하는 경우에도 그들 모두 사이에 의사합치가 있어야 한다.

(2) 합의가 성립하기 위하여 객관적 합치와 주관적 합치가 있어야 하는데, 이는 모든 계약의 성립에 요구되는 최소한의 요건이다. 이 중 주관적 합치란 당사자의 의사표시가 서로 상대방에 대한 것이어서 상대방이 누구인지에 관하여 잘못이 없는 것을 말한다.[32]

[2036] ### 2. 객관적 합치

가. 서 설

(1) 청약의 의사표시와 승낙의 의사표시가 내용적으로 일치하는 것을 객관적 합치라 한다(「mirror-image rule」).

(2) 다수설은 내용적으로 일치한다는 것이, 당사자의 주관적인 의식과정에까지 파고 들어가 관찰할 것은 아니고 외부에 나타난 표시행위로부터 추단하여 그렇게 인정된다는 것, 즉 표시행위에 대하여 사회적으로 주어지는 의미(표시가치) 및 그것으로부터 추단되는 의사표시의 내용이 실질적으로 일치한다는 의미로 이해한다.

그러나 사적자치의 의미 및 의사표시의 본질([1077] 참조)을 고려한다면, 계약성립의 요건으로서 합의란 ① 표시상대방이 표의자의 내심의 효과의사를 정확하게 이해(또는 사후에 양해)하였거나(특히 falsa demonstratio non nocet의 사례) 그렇지 않더라도 정확하게 이해할 수 있었다면 내심의 효과의사가, ② 내심의 효과의사가 올바르게 표시되지 못했고 그에 대하여 표의자에게 표시과실이 있다면 의사표시의 객관적 의미가 합치함을 의미한다고 해야 한다. 그리고 이렇게 합치한 것과 표의자의 내심의 의사가 일치하지 않는 경우에 그 의사표시가 흠 있는 것이어서 무효로 되거나 취소할 수 있고 그 결과 계약의 「효력」이 부정되지만, 이는 계약의 「성립」과 별개의 문제이다.

[2037] #### 나. 합의의 범위

(1) 법률행위가 유효하여 법의 조력(소구 및 강제집행)을 받기 위한 전제로 법률행위 성립 당시 법률행위의 목적이 확정되어 있거나 확정가능해야 한다. 그리고 확정(가능)성은 특히 법률행위의 내용과 관련된다.

(2) 계약이 성립하기 위해서는 무엇에 대한 합의가 있어야 하는가?

① 먼저 청약에서 제안되지 않았더라도 계약의 「중요한 점」에 관한 의사의 합치가 있어야

30) 합의와 구별되는 개념으로서 협의에 관하여 대판 2012.6.28. 2010다38007 참조.

31) 묵시적인 약정이 있었는지의 판단기준에 관하여 대판 2013.9.26. 2011다98365 참조.

32) 적어도 매매계약의 당사자인 매도인과 매수인이 누구인지는 구체적으로 특정되어야 매매계약이 성립할 수 있다고 한 대판 2021.1.14. 2018다223054. 다만 어떤 상품에 관한 A의 매도청약이 B라는 특정인이 아니라 상품의 판매에 중점을 두고 있음이 명백하다면, 같은 상품을 원하는 C가 승낙함으로써 합의가 성립하는 경우도 있을 수 있다.

한다.[33] 여기서 중요한 점이란 계약의 본질적 요소를 말하고, 구체적 합의가 없더라도 그에 대한 확정가능성(즉 장래 구체적으로 특정할 수 있는 방법과 기준 등에 관한 합의)이 있으면 계약은 성립한다.[34] 다만 이행기까지도 확정할 수 없다면 계약은 무효로 된다.

[참 고] 매매계약이 성립하려면 매도인이 재산권의 이전을 약속하고 매수인은 대금의 지급을 약속해야 한다(제563조). 여기서의 재산권(매매목적물)과 대금처럼 어떤 계약을 성립시키고 그 성질 및 유형을 결정하기 위하여 필요불가결한 사항을 계약의 본질적 요소(本質的 要素)라 하는데, 전형계약의 경우에 모두규정(冒頭規定. 정의규정이라고도 한다)에 포함되어 있다. 묵시적 합의라도 상관없고 나아가 그 사항에 관한 확정가능성으로 충분하지만, 이러한 사항에 관한 합의가 없다면 계약이 성립하지 않는다.

반면 매도인의 담보책임처럼 계약적 합의를 보충하는 사항을 계약의 통상적 요소(通常的 要素)라 하고, 대금지급의 시기 · 장소 · 방법 등이나 담보책임의 배제와 같이 계약의 부가적 사정에 관한 것을 계약의 우연적 요소(偶然的 要素)[35]라 하는데, 이들에 관한 합의가 없다고 하여 계약이 성립하지 않는 것은 아니다. 즉 명시 또는 묵시의 합의가 없더라도 사실인 관습(제106조), 임의규정, 신의칙(제2조) 등에 의하여 보충될 수 있어서 계약의 성립에 영향을 미치지 않는다.

② 나아가 청약에서 제안된 사항은 그것이 간략하든 상세하든 승낙에서 그대로 받아들여져야 한다. 즉 "당사자가 의사의 합치가 이루어져야 한다고 표시한 사항에 대하여 합의가 이루어지지 아니한 경우에는 특별한 사정이 없는 한 계약은 성립하지 아니한 것으로 보는 것이 상당하다."[36]

③ 반면 청약에서 제안되지 않았고 또한 중요하지 않은(주관적으로도 또한 객관적으로도) 점에 관하여 합치가 없으면, 계약의 해석에 의하여 이를 보충할 수 있다.

[참 고] 분양광고와 계약의 내용

㉮ 광고는 일반적으로 청약의 유인에 불과하지만, 내용이 명확하고 확정적이며 광고주가 광고의 내용대로 계약에 구속되려는 의사가 명백하다면 이를 청약으로 볼 수 있다. 나아가 광고가 청약의 유인에 불과하더라도 이후의 거래과정에서 상대방이 광고의 내용을 전제로 청약을 하고 광고주가 이를 승낙하여 계약이 체결된 경우에는 광고에 담긴 분양조건이 계약의 내용으로 된다.[37]

㉯ 분양광고가 계약내용을 결정하는 자료일 수 있는데, 분양광고의 내용이 분양계약의 내용으로 되어 계약당사자의 권리 · 의무를 결정하는지는 구체적 사정에 따라 다르다.

ⓐ 「선분양 · 후시공」의 방식에 관하여 대판 2007.6.1. 2005다5812 · 5829 · 5836: "선분양 · 후시공의 방식으로 분양되는 대규모 아파트단지의 거래사례에 있어서 분양계약서에는 동 · 호수 · 평형 · 입주예정일 · 대금지급 방법과 시기 정도만이 기재되어 있고 분양계약의 목적물인 아파트 및 그 부대시설의 외형 · 재질 · 구조 및 실내장식 등에 관하여 구체적인 내용이 기재되어 있지 아니한 경우가 있는바, [···] 비록 분양광고의 내용, 모델하우스의 조건 또는 그 무렵 분양회사가 수분양자에게 행한 설명 등이 비록 청약의 유인에 불과하다 할지라도 그러한 광고내용이나 조건 또는 설명 중 구체적 거래조건, 즉 아파트의 외형 · 재질 등에 관한 것으로서 사회통념에 비추어 수분양자가 분양자에게 계약내용으로서 이행을 청구할 수 있다고 보이는 사항에 관한 한 수분양자들은 이를 신

33) 분양대금의 액수, 목적물의 인도시기 등을 정하지 않고 아파트의 동 · 호수만 지정하는 합의를 분양계약으로 볼 수 없다고 한 대판 2017.5.30. 2015다34437 참조.

34) 예를 들어 매매대금을 정하지 않았더라도 그에 관한 확정기준(예: 주식매매에서 주식을 인도하는 당일의 종가)이 정해져 있으면 된다. 대판 1996.4.26. 94다34432 참조.

35) 특히 채무불이행에 대비하기 위한 것으로 해제권의 유보, 위약금, 책임제한, 부제소의 특약이나 중재조항 등이 중요하다.

36) 대판 2001.3.23. 2000다51650. 대판 2003.4.11. 2001다53059 및 앞의 2015다34437 판결도 동지.

37) 대판 2018.2.13. 2017다275447.

뢰하고 분양계약을 체결하는 것이고 분양자들도 이를 알고 있었다고 보아야 할 것이므로, 분양계약 시에 달리 이의를 유보하였다는 등의 특단의 사정이 없는 한, 분양자와 수분양자 사이에 이를 분양계약의 내용으로 하기로 하는 묵시적 합의가 있었다고 봄이 상당하다."[38)]

ⓑ 「선시공 · 후분양」의 방식과 관련하여 대판 2014.11.13. 2012다29601: "선시공 · 후분양의 방식으로 분양되거나, 당초 선분양 · 후시공의 방식으로 분양하기로 계획되었으나 계획과 달리 준공 전에 분양이 이루어지지 아니하여 준공 후에 분양이 되는 아파트 등의 경우에는 수분양자는 실제로 완공된 아파트 등의 외형 · 재질 등에 관한 시공상태를 직접 확인하고 분양계약 체결 여부를 결정할 수 있어 완공된 아파트 등 그 자체가 분양계약의 목적물로 된다고 봄이 상당하다. 따라서 비록 준공 전에 분양안내서 등을 통해 분양광고를 하거나 견본주택 등을 설치한 적이 있고, 그러한 광고내용과 달리 아파트 등이 시공되었다고 하더라도, 완공된 아파트 등의 현황과 달리 분양광고 등에만 표현되어 있는 아파트 등의 외형 · 재질 등에 관한 사항은 분양계약시에 아파트 등의 현황과는 별도로 다시 시공해 주기로 약정하였다는 등의 특별한 사정이 없는 한 이를 분양계약의 내용으로 하기로 하는 묵시적 합의가 있었다고 보기는 어렵다."[39)]

ⓒ 정리하자면 이미 준공된 상가나 아파트를 분양하는 경우에 분양광고는 계약의 내용으로 되지 않는 반면, 선분양 · 후시공방식의 분양에서는 분양광고가 계약내용을 결정하는 자료로 될 수 있다. 한편 광고와 실제의 시공상태가 다르면 —착오나 사기를 이유로 하는 취소 등의 구제수단 외에— 표시광고법에 기하여 허위 · 과장광고로 인한 손해(수분양권의 실제가격과 허위 · 과장광고가 없었을 경우의 수분양권의 적정한 가격의 차액)의 배상을 청구할 수 있다.[40)]

[2038] **다. 변경된 승낙**

청약에 조건을 붙이거나 청약의 내용을 변경하는 등 청약과 내용적으로 합치하지 않는 응낙은 승낙일 수 없다.[41)] 이 경우 원래의 청약은 실효되고, 따라서 청약의 상대방이 생각을 고쳐 원래의 청약에 대하여 승낙할 수는 없다.[42)] 다만 제534조는 변경된 내용의 새로운 청약(반대청약)을 한 것으로 보는데, 원래의 청약자가 새로운 청약(즉 변경된 승낙)에 대하여 승낙해야 계약이 성립한다.

[2039] 3. 불 합 의

가. 의식적 불합의와 무의식적 불합의

(1) 청약과 승낙이 그 내용에서 부분적으로라도 일치하지 않으면 계약은 성립하지 않는다. 이러한 의사표시의 불합치를 불합의(不合意)라 한다.

(2) 불합의로 의식적인 것과 무의식적인 것이 있다.

① 의식적 불합의는 당사자들이 의식적으로 불합치를 초래하는 경우를 말하는데, 청약에 조건을 붙이거나 변경을 가하여 승낙하는 경우(제534조 참조)가 그 예이다.

---

38) 아파트 분양광고에 열거된, 단지 내 온천 개발, 단풍나무 원목의 거실바닥재, 테마공원 조성, 도로 확장, OO대학교의 이전 예정, 유명 콘도회원권의 이용, XX선전철 복선화 등의 분양조건 중 대학교의 이전이나 도로 확장 등은 분양계약의 내용을 이룬다고 볼 수 없지만, 나머지는 분양계약의 내용으로 된다고 한 사례.

39) 선분양 · 후시공의 방식으로 분양하기로 한 아파트형 공장 중 일부는 준공 전에, 일부는 준공 후에 분양된 경우에, 사용승인일 이후에 분양계약을 체결한 구분소유자에 한하여 분양 카탈로그에 표시된 내용과 달리 시공됨에 따른, 하자 보수에 갈음하는 손해배상청구권을 부정한 사례.

40) 대판 2015.7.23. 2012다15336 · 15343 · 15350 · 15367 · 15374 · 15381 · 15398 · 5404 참조. 주택건설사업자가 분양계약 당시 공유지분 산정의 기초가 된 아파트 대지의 일부를 분양계약 후에 기부채납함으로써 분양계약보다 적은 대지 공유지분을 이전등기하게 된 경우에, 감소된 공유지분 범위 내에서 이행불능을 이유로 분양계약의 일부해제를 인정한 대판 1996.12.10. 94다56098도 참조.

41) 청약의 양적 일부에 대해서만 승낙한 경우에, 분할승낙이 허용되지 않으면 제534조가 적용되지만, 분할승낙이 허용되면 승낙의 범위 내에서 계약의 성립을 인정해야 할 것이다.

42) 합의해제의 청약에 관한 대판 2002.4.12. 2000다17834 참조.

② 무의식적 불합의(또는 숨은 불합의)는 당사자들이 합의의 완성, 따라서 계약의 성립을 믿고 있음에도 불구하고 어떤 점에 관하여 불합의가 있는 경우, 즉 자각되지 않은 불합치이다. 이러한 불합의는 청약을 받은 이가 청약의 의미를 오해하여 청약과 일치하지 않는 승낙을 하였다든지, 애매한 점에 관하여 당사자가 그 뜻을 명백히 하지 않고 의사표시를 하였기 때문에 당사자들의 의사표시 사이에 틈이 생겨 어긋났다든지 하는 경우에 일어난다.[43]

나. 무의식적 불합의와 착오 [2040]

(1) 착오에 기한 의사표시도 일단 유효하므로, 청약이나 승낙이 착오에 기한 것이라도 두 의사표시의 내용이 합치되면 계약은 성립하지만, 법률행위의 내용의 중요부분에 착오가 있었다면 표의자가 그 의사표시를 취소할 수 있고(제109조 제1항), 청약 또는 승낙이 취소되면 계약은 소급적으로 무효로 된다(제141조). 반면 불합의가 있으면, 그것이 아무리 경미한 점에 관한 것이라도, 계약은 처음부터 성립하지 않는다.[44]

(2) 특히 무의식적 불합의와 착오가 혼동되기 쉽지만, 무의식적 불합의는 대립하는 두 개의 의사표시 사이에 틈이 생겨 어긋나는 경우이므로, 하나의 의사표시에서 의사와 표시 사이에 불일치가 있는 경우인 착오와 다르며 개념상 구별된다. 물론 불합의의 경우에도 비법적인 의미의 착오가 존재하지만, 그것은 자기의 의사표시에 대한 것이 아니라 상대방의 의사에 대한 것이라는 점에서 제109조의 착오와 구별된다.[45]

(3) 착오는 이미 「성립」한 계약의 효력을 부정하기 위한 제도로서, 계약이 (무의식적으로라도) 불성립하였다면 논의할 필요가 없다. 따라서 착오가 개재된 법률행위가 계약인 경우에, 착오를 논하기에 앞서 계약의 성립 여부를 따져야 한다. 즉 계약에서 당사자 쌍방의 의사표시가 부분적으로라도 일치하지 않는다면, 불합의가 존재하여 계약은 성립하지 않는다.[46] 반면 양자가 일치하지만 의욕된 바와 객관적으로 표시된 바가 일치하지 않는다면, 착오가 문제된다. 결국 무의식적 불합의와 착오의 구별은 의사표시의 해석문제로 귀착된다.

Ⅴ. 합의의 방식 [2041]

1. 낙성 · 불요식의 원칙

계약자유의 한 내용인 방식의 자유에 따라 당사자들의 합의만 있으면 계약이 성립한다. 즉 낙성 · 불요식이 계약성립의 통상적 · 기본적 모습이다. 물론 일상에서 중요한 계약을 체결할 때 계약서를 작성하거나 계약체결시에 물건의 인도 등의 행위가 있기도 하지만, 일반적으로 그러한 행위는 계약성립의 요소가 아니다.

---

43) 예를 들어 포도주생산업자인 A와 B가 포도주의 단가에 관하여 합의했는데, 각자는 상대방이 매수할 의사를 가지는 것으로 잘못 판단하였던 경우에, 무의식적 불합의 때문에 매매계약은 성립하지 않는다.

44) 가족법상의 계약에서 합의의 부존재가 무효로 다루어지기도 한다. 제815조 제1호, 제883조 제1호 참조.

45) 즉 상대방의 의사표시가 자기의 의사표시와 일치한다고 잘못 받아들인 것이다.

46) A가 B에게 쌀 10가마니를 500만 원에 살 것을 청약하였고 B가 이를 승낙하여 쌀을 송부함과 아울러 대금을 청구한 경우에, A의 거래권역에서는 1가마니가 75kg이지만 B의 거래권역에서는 1가마니가 60kg이고, B가 A의 거래권역에서의 관행을 알지 못했고 알 수도 없었다면, 의사표시가 불합치하여 계약이 성립하지 않는다.

[2042] ## 2. 요식계약

가. 기본법리

(1) 계약을 구성하는 의사표시가 일정한 방식(계약서의 작성, 공증 등)을 갖추어야 성립하는 계약이 요식계약(要式契約)이고, 그렇지 않은 계약이 불요식계약이다. 그런데 방식은 일반적으로 신중한 의사결정 및 분쟁의 예방을 위하여 요구된다.

(2) 계약자유의 한 내용으로 방식의 자유가 인정되기 때문에, 민법상의 전형계약 중에는 방식을 요하는 요식계약이 없지만, 보증계약은 서면으로 작성되어야 한다(제428조의2). 나아가 당사자의 의사 또는 거래관행에 따라 일정한 방식의 구비, 특히 서면의 작성이 계약의 성립요건으로 되기도 한다.

(3) 요식계약의 경우에 방식을 갖추지 않으면 계약의 성립이 부정되어 그 효력이 발생하지 않는데, 요식계약이 아니라도 방식의 결여 때문에 계약의 효력이 약해지기도 한다(제555조 참조).

[2043] ### 나. 계약의 성립과 계약서

(1) 계약은 당사자 사이의 의사합치에 의하여 성립하고 별도의 서면을 요하지 않지만, 부동산의 매매계약 등에서처럼 계약을 체결하면서 계약서를 작성하는 것이 관행인 경우도 드물지 않다. 그런데 일반적으로 계약서의 작성은 계약의 성립요건이 아니고,[47] 계약의 성립을 증명하는 증거일 뿐이다.[48] 즉 계약서는 합의의 존재 및 내용과 범위를 명확하게 한다.

한편 할부거래법 제6조, 방문판매법 제7조 및 건설산업기본법 제22조 등이 서면에 의한 계약체결 및 계약서의 교부를 의무화하고, 이를 위반한 경우에 과태료 또는 벌금이 부과되지만, 서면을 갖추지 못했더라도 계약의 사법상의 효력에는 영향이 없다.

(2) 당사자들이 서면 등의 방식에 관하여 합의한 경우로, 방식이 갖추어져야 계약이 성립하는 경우(즉 합의에 의한 요식계약)와 단지 증거를 확보하기 위한 경우의 둘이 있다.[49]

그리고 계약이 성립하였음을 증명하는 서면은 이른바 처분문서(處分文書)로서, 진정성립(문서가 작성명의인의 의사에 기하여 작성되었음)이 인정되면 문서에 표시된 의사표시의 존재와 내용을 부정할 만한 분명하고도 수긍할 수 있는 특별한 사정이 없는 한 법관은 그 내용인 법률행위의 존재를 인정해야 한다.[50]

[2044] ## 3. 요물계약

(1) 당사자들의 합의 외에 권리의 이전이나 일정한 행위와 같은 급부를 해야만 성립하는 계약이 요물계약(要物契約)이고, 그렇지 않은 계약이 낙성계약(諾成契約)이다. 민법이 정하는 전형계약 가운데 현상광고(제675조)가 요물계약이고, 나머지는 모두 낙성계약이다.

(2) 이 구별은 계약의 성립 여부 및 그 시기와 관련하여 의미를 가진다.

---

47) 관련하여 법률의 규정에 의하여 계약서의 작성으로 비로소 계약이 성립하는, 국가가 경쟁입찰의 방법으로 계약을 체결하는 경우에 관한 대판 2009.12.24. 2009다51288 참조.

48) 보험계약을 체결할 때 작성 · 교부되는 보험증권이나 보험계약의 내용을 변경할 때 작성 · 교부되는 배서증권은 하나의 증거증권에 불과하다고 한 대판 2012.4.26. 2010다10689 · 10696 참조.

49) 앞의 경우에 계약서가 작성되지 않으면 계약의 성립 자체가 부정되는 반면, 뒤의 경우에 계약서가 없더라도 계약의 성립 자체가 부정되지는 않는다.

50) 대판 2000.10.13. 2000다38602. [2125]도 참조.

Ⅵ. 계약성립의 그 밖의 모습 [2045]

1. 개 관

계약의 성립에서 중요한 것은 당사자들의 합의 자체이지, 그 과정이 아니다. 즉 선행하는 청약과 그에 대한 승낙의 모습을 갖추지 못했거나 합의에 도달하는 과정에서 당사자 중 누가 청약을 하고 누가 승낙을 하였는지가 분명하지 않더라도 당사자 사이에 합의가 있으면 계약이 성립한다. 이러한 경우에 문제되는 것은 계약성립의 —여부가 아니라— 「시기」이다.

2. 의사실현과 교차청약 [2046]

가. 의사실현에 의한 계약 성립

(1) 청약자의 의사표시나 관습에 의하여 승낙의 통지가 필요하지 않은 경우에 계약은 승낙의 의사표시로 인정되는 사실이 있는 때에 성립하는데(제532조), 이를 의사실현(意思實現)에 의한 계약의 성립이라 한다. 이 경우에 승낙의 의사를 표시하는 통지는 없으나 승낙의 의사 자체가 존재하기 때문에 계약이 성립한다.

(2) 타인에 대한 통지가 결여되었지만, 자기결정에 의한 법률관계의 창조적 형성행위라는 점에서 의사실현은 의사표시와 본질적으로 다르지 않다. 즉 청약자의 의사표시나 관습 때문에 승낙의 통지가 불필요한 경우에 통지는 의사표시의 본질적 표지가 아니다.[51] 따라서 통지와 무관한 효과의사의 실현에 지나지 않는 의사실현도 「추단적 행위」에 의한 묵시적 의사표시로 보아야 한다([1071] 참조).[52] 이처럼 의사실현이 의사표시에 포함되지만, 보통의 의사표시와 달리 통지가 결여되어 있기 때문에, 민법은 계약의 성립시기에 관하여 규정한다.

(3) 요건을 본다. [2047]

① 어떤 경우에 승낙의 의사표시로 인정되는 사실에 의하여 계약이 성립하는가? 제532조는 ⓐ 청약자의 의사표시(명시적이어야 하는 것은 아니다) 또는 ⓑ (청약자 소재지의) 관습에 의하여 승낙의 통지를 요하지 않는 경우를 든다.

② 승낙의 의사표시로 인정되는 사실이 있어야 하는데,[53] 그러한 사실이 있었음을 청약자가 알아야 하는 것은 아니다.

③ 승낙기간이 정해져 있는 청약에서 그 기간 내에, 승낙기간이 정해져 있지 않은 청약에서는 상당한 기간 내에 의사실현의 사실이 있어야 한다.

④ 의사실현의 사실에 의하여 계약이 체결되었음을 주장하는 이가 그 사실이 승낙의사에 기초한 것이라는 점을 증명해야 한다.

(4) 의사실현으로 계약이 성립하는 것은 의사실현의 사실이 있는 때이고, 청약자가 그 사실

---

51) 상대방의 이해를 고려하여 도달을 효력발생시기로 정한 제111조가 이 경우에 작동할 필요가 없다.

52) 대판 2003.5.13. 2000다45273은, 토지구획정리사업의 시행으로 인하여 당초 오피스텔 부지로 예정되었던 토지의 일부에 대한 소유권을 이전받지 못한 오피스텔 수분양자들(X)이 분양자(Y)에게 분할 후 미이전토지에 대하여 환지 대신 환지청산금을 교부받아 그 돈으로 X에게 부과될 환지청산금을 처리하여 달라고 요구한 경우에, Y가 그 요청에 따라 환지계획서의견서 양식 말미에 서명·날인하여 이를 토지구획정리사업시행자에게 제출한 행위는 제532조에 따라 승낙의 의사표시로 인정될 수 있다고 하였다.

53) 계약에 의하여 취득할 권리의 행사로 볼 수 있는 행위(청약과 동시에 송부된 물품을 소비하는 행위), 계약상 채무의 이행으로 볼 수 있는 행위(주문받은 물건을 주문자의 지시에 따라 제3자에게 배송하는 행위), 그러한 이행을 위한 준비행위(예약을 받고 식탁을 세팅하는 등) 등이 있으면, 일반적으로 이들 행위는 계약의 성립을 전제로 해서 행하여진다고 할 수 있으므로, 승낙의 의사표시로 인정되는 사실로 된다.

을 안 때가 아니다.

[2048] **나. 교차청약에 의한 계약의 성립**

(1) 당사자들이 같은 내용의 청약을 서로에게 행한 경우[54]를 교차청약(交叉請約)이라 한다.

(2) 승낙은 특정한 청약에 대한 것이므로, 앞의 경우에 나중의 의사표시를 승낙으로 볼 수는 없다. 그러나 교차청약에서 서로 교차하는 두 개의 의사표시는 객관적으로뿐만 아니라 주관적으로도 합치하므로, 계약의 본질적 요소인 합의가 있다. 이처럼 의사의 합치가 있는 이상 두 의사표시가 청약과 승낙의 관계에 있지 않더라도 계약의 성립을 인정할 수 있고, 그렇게 하는 것이 당사자의 의사에도 부합할 뿐만 아니라 거래의 신속이라는 거래계의 수요를 충족한다. 이러한 이유에서 법은 명문으로 교차청약에 의한 계약의 성립을 인정한다.

(3) 교차청약이 있는 경우에 "양 청약이 상대방에게 도달한 때에 계약이 성립한다"(제533조). 두 청약이 동시에 도달하지 않았다면, 나중에 상대방에게 도달한 청약이 도달하는 때에 계약은 성립한다.

[참 고] 사실적 계약관계에 관하여

㉮ 집단적 거래관계에서 유상으로 제공된 급부의 이용행위와 관련하여 당사자들의 의사와 관계없이 사실적 행위(이른바 사회정형적 행위)에 의한 계약의 성립을 인정하는 것이 사실적 계약관계론(事實的 契約關係論)이다.[55] 이 이론은, 계약당사자 일방이 제한능력자이거나 승낙을 명시적으로 거절하는 경우에도 사회정형적 행위가 존재하는 한 계약의 효력에 영향이 없다고 한다.

㉯ 이 이론은 그 발상지인 독일에서 이미 극복되었는데, 사회정형적 행위와 관련된 문제들은 다음과 같이 해결되어야 한다.

ⓐ 교통기관의 이용행위, 수도 · 전기 · 가스 등의 사용행위 등은 거래관행에 의하여 승낙의 통지를 요하지 않는 의사실현행위라고 새겨야 한다. 즉 급부의 공개적 제공이 청약이고, 그 급부를 이용하는 행위가 의사실현행위로서 승낙으로 된다. 따라서 유상으로 제공된 급부를 이용하는 이에게 효과의사가 없더라도 자기책임 또는 신뢰보호의 법리에 의하여 추단적 행위로서의 이용행위가 법률행위와 동일한 법률효과를 가진다.

ⓑ 유상으로 제공된 급부를 이용한 이가 제한능력자인 경우에, 제한능력자 보호의 요청에 따라 아무런 제한 없이 제한능력을 이유로 급부이용행위를 취소할 수 있다.[56]

ⓒ 유상으로 제공된 급부를 이용하는 이가 명시적으로 반대급부의 이행을 거절한다는 의사를 표시한 경우(예: 유료주차장에 주차하면서 주차료의 지급을 거절하는 경우)에, 그 거절의사는 자기의 앞의 행동에 모순되는 행위로 효력을 가질 수 없다.

ⓓ 사회정형적 행위에도 의사의 흠결에 관한 규정이 적용된다고 해야 한다.

54) A가 B에게 컴퓨터를 50만 원에 팔겠다고 청약하였는데, A의 청약이 B에게 도달하기 전에 그 사실을 알지 못한 B가 A에게 그 컴퓨터를 50만 원에 사겠다고 청약한 경우처럼, 각 당사자가 우연히 서로 교차하여 청약을 하였는데 그 내용이 일치하는 경우.

55) 유료주차장에 주차하는 행위만으로 승낙의 의사표시 내지 효과의사의 유무에 관계없이 계약이 성립한다고 한 BGHZ 21, 319 참조.

56) 일상적인 소액거래에 관하여 취소를 제한하는 제10조 제4항이 그 밖의 경우에는 사실적 계약관계론이 부정됨을 전제한 것으로 볼 수 있다.

제3관 성립과정의 법률관계

Ⅰ. 총 설 [2049]

(1) 전통적 계약법이론은 계약의 성립에서 합의 자체를 중시하여, 청약과 승낙이 합치되는 「순간」에 계약이 성립한다고 하는데, 일용품의 구매 등 별다른 교섭을 거치지 않고 계약이 체결되는 경우라면 그러한 이해로 충분하다. 그러나 계약의 성립 여부 또는 그 시기가 문제되는 것은 주로 상당한 기간 교섭이 진행되는 경우인데, 이러한 경우에 계약의 성립을 당사자들이 법률관계를 형성하는 일련의 process로 파악할 필요가 있다. 즉 계약의 성립을 둘러싼 법적 문제를 제대로 해결하기 위하여 합의의 순간에 「無」에서 「有」로의 질적 전환이 일어난다고 보는 전통적 관념에서 벗어나, 당사자들이 교섭을 통하여 상반되는 이해(利害)를 조절하여[1] 계약의 효력을 만들어 가는(자기의 법률관계를 스스로 형성해 가는) 과정으로 이해해야 한다.

(2) 계약성립에 이르기 전의 교섭단계에서 계약을 체결할 것인지 여부 또는 그 내용을 결정함에 상당한 시간 등 비용이 소요되는 경우가 있다. 이 경우 그 비용을 각자가 부담함이 거래에서 기본형이지만,[2] 교섭의 일방적 파기로 인하여 상대방이 예기치 않은 손해를 입을 수 있다.

그런데 계약의 성립을 process로 이해한다면, 계약성립에 이르기 전의 교섭단계에서도 일종의 「교전규칙」으로서 상대방의 정당한 기대를 보호할 의무를 도출할 수 있다. 신의칙에 기한 이러한 의무를 전계약적 의무(前契約的 義務, pre-contractual duty)라 하는데, 성실교섭의무와 정보제공의무가 그 대표적인 예이고, 제535조도 이 의무를 구체화한 예로 볼 수 있다.

(3) 성립과정의 법률관계는 종래 계약체결상의 과실의 관점에서 다루어졌고, 제535조의 표제도 그렇다. 그러나 시야를 넓혀 책임의 요건인 의무의 관점에서 접근할 필요가 있어서, 아래에서는 우선 제535조를 살펴본 후 전계약적 의무로 넘어간다.

Ⅱ. 민법 제535조 [2050]

1. 개 관

(1) 제535조는 원시적으로 불능인 급부를 목적으로 하는 계약이 무효임을 전제로 일정한 요건 하에 손해배상책임을 인정한다. 그런데 원시적으로 불능인 급부를 목적으로 하는 계약이 무효라는 전제(이른바 「원시적 불능 도그마」) 자체에 대하여 반대가 적지 않은바, 이에 관해서는 [2327] 참조.

(2) 아래의 요건이 충족되면 유책당사자는 상대방이 계약의 유효를 믿었기 때문에 입은 손해, 즉 신뢰이익의 손해를 배상해야 한다. 그러나 그 배상액은 계약의 유효로 상대방이 얻었을 이익액, 즉 이행이익을 넘지 못한다(이행이익과 신뢰이익의 개념에 관하여 [2330] 참조).

이 손해배상책임의 소멸시효에 대해서는 제766조가 아니라 제162조가 적용된다.

---

1) 양 당사자 공히 상대방으로부터 이익을 얻기 위하여 내 이익을 포기하는 식으로.

2) 의향서(LOI: Letter of Intent, 계약체결에 대한 당사자들의 의지를 표현하는 서류)나 양해각서(MOU: Memorandum of Understanding, 당사자들이 본계약 체결 이전에 교섭 중 서로 양해된 사항을 확인하거나 교섭에서의 권리·의무를 정할 때 사용되는 각서) 등을 통하여 이러한 비용을 각자의 부담으로 하는 예를 흔히 볼 수 있다.

[2051] ### 2. 요 건

(1) 보호되어야 할 신뢰의 대상으로 외형상 계약의 성립이 있어야 한다.[3]

(2) 어떤 그림의 매매계약을 체결하였는데 계약체결 전에 이미 그림이 소실되었던 경우처럼 체결된 계약의 내용이 원시적으로 불능[4]이기 때문에 계약이 무효이고, 이로 인하여 손해를 입었어야 한다. 계약이 법률의 금지 때문에 불능인 경우에도 제535조가 적용된다.

한편 원시적 일부불능의 경우에 제137조에 따라 계약의 효력이 결정되어야 한다. 그러나 매매 기타 유상계약(제567조 참조)에서 원시적 일부불능이 있으면, 특별규정인 제574조, 제580조가 적용되고, 제535조의 적용이 배제된다. 즉 원시적 일부불능에도 불구하고 계약 전부가 「유효」하고(favor contractus) 등가성 회복의 문제만 남는다.[5]

(3) 계약이 유효라면 급부를 했어야 할 이가 불능을 알았거나 알 수 있었어야 한다. 즉 배상의무자의 고의 또는 과실이 요구된다. 그런데 배상의무자가 자기의 선의 또는 무과실에 대한 증명책임을 진다고 해야 하지만(제390조 단서 참조), 계약체결상의 과실책임을 불법행위책임으로 이해하면 증명책임의 소재가 달라질 것이다.

(4) 상대방은 불능원인에 대하여 선의 · 무과실이어야 하는데(제535조 제2항), 이에 대한 증명책임은 배상의무자가 진다.

[2052] ## Ⅲ. 전계약적 의무 일반

1. 서 설

가. 계약체결상의 과실책임의 일반화?

(1) 계약체결을 위한 준비과정이나 계약의 성립과정에서 당사자 일방이 유책적으로 상대방에게 손해를 입힌 경우[6]에, 이를 배상해야 할 책임을 「계약체결상의 과실책임」이라 한다. 이 책임이 성립하기 위하여 고의 · 과실이 있어야 함은 당연하다.

(2) 계약체결상의 과실책임(契約締結上의 過失責任)은 원래 독일민법에서 피해구제의 공백[7]을 메우기 위하여 계약책임의 확장법리로 주창되었다.[8]

민법은 원시적 불능에 관하여 이 책임을 규정하지만(제535조), 학설은 대체로 —이 책임이 손해의 공평한 분담에 기여하고 피해자의 보호에 이바지함을 근거로— 한 걸음 더 나아가 계약체결의 준비단계, 특히 계약이 좌절된 경우에도 계약체결상의 과실책임을 인정한다.[9] 반면 대판

---

3) 불합의로 계약이 성립하지 않은 경우에 제535조의 유추를 부정한 대판 2017.11.14. 2015다10929 참조.

4) 이른바 (원시적) 주관적 불능에는 제535조가 적용되지 않는다. 타인권리의 매매를 원시적 불능이 아니라고 한 대판 1993.9.10. 93다20283 참조.

5) 대판 2002.4.9. 99다47396도, 부동산매매에서 실제면적이 계약면적에 미달하고 그 매매가 수량지정매매에 해당하는 경우에, 대금감액청구권을 행사할 수 있을 뿐이고, 그와 별도로 부당이득반환청구 또는 계약체결상의 과실책임의 이행청구를 할 수 없다고 하였다.

6) 예: 중고자동차를 사기 위하여 시운전을 하다가 과실로 사고를 내어 그 차가 파손된 경우.

7) 이른바 순수재산손해(피해자의 생명, 신체나 물건에 대한 침해와 별개로 발생한, 소유권 이외의 재산적 이익에 관한 손해. 우리 법상 일반적으로 배상범위에서 제외되지는 않는다. 우선 대판 2003.3.14. 2000다32437 참조)가 배상범위에 포함되지 않고(독일민법 제844조와 제845조가 예외를 인정하지만), 사용자책임에서 사용자의 면책이 넓게 인정되는 등 불법행위책임을 엄격하게 한정함에 따른.

8) 참고로 2002년 개정된 독일민법은 제280조에서 채무불이행으로 인한 손해배상이 인정되기 위한 일반요건으로 "의무 위반"을 규정하는 외에 제311조 제2항에서 계약교섭의 개시 등에 의하여 채권관계가 성립함을 규정한다.

9) 포괄적 일반규정으로서 제750조에 의하여 피해자가 충분히 구제받을 수 있음을 들어 이에 반대하는 견해도 유력하다.
참고로 「계약체결상의 과실」이라는 개념을 창안한 독일의 법학자 Jhering은 앞에서 본 원시적 불능 외에 청약철회, 착오취소 및 무권대리의 경우에도 책임이 성립할 수 있다고 하였다.

1997.8.22. 97다13023이, 제109조가 착오를 이유로 한 의사표시의 취소를 허용하는 이상 착오 취소를 위법하다고 볼 수 없다는 점을 들어 착오취소에서 착오자의 손해배상의무를 부정하는 등, 판례는 계약책임의 확장으로서 「일반적인」 계약체결상의 과실책임에 대하여 부정적인 입장으로 보인다.

나. 계약교섭에서의 주의의무 [2053]

(1) 계약교섭에 들어간 당사자들에게 상대방의 정당한 기대를 보호하기 위하여 성실교섭(비밀유지를 포함하여)이나 정보제공 등에 관한 의무를 인정할 것인지가 그를 위반함에 따른 책임의 법적 성질의 관점에서 논의된다.[10]

(2) 이에 관하여 ① 신의칙상의 부수의무를 위반한 계약책임으로 새기는 견해, ② 계약체결 시 특히 주의를 기울여 무효인 계약에 의하여 상대방에게 불의의 손해를 주지 않도록 해야 한다는 일반적인 주의의무를 위반하여 상대방에게 위법한 손해를 준 불법행위책임으로 보는 견해 및 ③ 계약체결의 前 단계에서의 협의나 거래관계의 개시 등 사회적 접촉에 기한 거래의무의 위반으로 이해하고, 그 법적 성질은 계약책임도 불법행위책임도 아닌 독자적인 법정책임이라고 하는 견해가 대립한다.

(3) 생각건대 아직 계약이 성립하지 않은 단계에서 계약상의 의무를 인정함에 이론상의 어려움이 없지 않다. 계약성립이 좌절된 경우에 교섭당사자에게 계약상 의무의 위반을 들어 책임을 묻는 것이 적절하지 않다고 여겨질 수도 있다. 그러나 당사자들이 계약체결을 위한 교섭에 들어가면 그들 사이에 계약의 성립을 위하여 협력해야 할, 계약과 유사한 관계가 성립하고, 이러한 관계에 기하여 당사자들은 상대방의 정당한 이익을 배려할 「보호의무」([2358] 이하 참조)를 부담한다. 전계약적 의무는 이러한 보호의무의 일종이고, 그것을 위반함으로 인한 책임은 계약책임으로 이해해야 한다. 다만 판례는 —앞에서 본 것처럼 전계약적 의무의 인정에 소극적임에 따라— 이를 불법행위책임으로 보는 듯하다.[11]

2. 성실교섭의무와 계약교섭의 부당파기 [2054]

(1) 계약체결을 위한 교섭과정에서 당사자 각자는 임의로 교섭을 중단할 수 있고, 그것 자체가 손해배상의무를 발생시키지 않는다(불체결의 자유). 다만 당사자 일방이 계약을 체결할 의도 없이 이를 감춘 채 교섭을 시작하거나 교섭이 상당히 진행된 상태에서 정당한 이유 없이 일방적으로 교섭을 중단한 경우에, 상대방이 그로 인하여 손해를 입었다면 그 손해를 배상해야 한다.

(2) 계약교섭의 부당파기에 관하여 본다. [2055]

① 계약자유의 한 내용으로 불체결의 자유(교섭파기의 자유)가 인정되므로, 계약교섭이 결렬될 위험을 당사자 각자가 부담해야 한다. 그러나 계약의 성립을 자유의 포기라는 관점(자기의 자유의 감소와 상대방의 구속의 증대라는 상관적 과정)에서 본다면, 계약교섭에 들어간 당사자들 사이에 일정한 법적 관계가 성립하고, 이 관계의 테두리 안에서 신의칙에 따라 상대방의 정당한 이익을 배려해야 할 보호의무가 발생하는데, 이러한 단계에 들어선 후에는 교섭파기의 자유가 제한된다

10) 이 논의는 특히 과책의 증명책임 및 소멸시효와 관련하여 의미를 가진다.

11) 뒤에서 보는 대판 2003.4.11. 2001다53059 참조.

고 해야 한다. 즉 아직 합의에 이르지 못했더라도 교섭을 통하여 일방이 상대방에게 계약이 체결될 것이라는 합리적 기대를 부여하였고 상대방이 그를 신뢰하여 행동했음에도 정당한 이유 없이 계약체결을 거부하여 상대방에게 손해를 가한 경우에, 그 손해는 마땅히 배상되어야 한다.[12] 다만 손해배상책임이 인정되는지는 교섭이 어느 정도로 숙성되었는지에 달려있다.[13]

② 계약교섭이 부당하게 파기된 경우에 계약의 성립을 의제할 수는 없고 손해배상이 문제될 뿐이다. 그런데 이 책임의 법적 성질을 앞에서 본 것처럼 계약책임으로 보아야 하지만, 판례는 불법행위책임으로 본다.[14]

그리고 책임의 내용에 관하여 앞의 2001다53059 판결은 "계약이 유효하게 체결된다고 믿었던 것에 의하여 입었던 손해 즉 신뢰손해에 한정된다고 할 것이고, 이러한 신뢰손해란 예컨대, 그 계약의 성립을 기대하고 지출한 계약준비비용과 같이 그러한 신뢰가 없었더라면 통상 지출하지 아니하였을 비용 상당의 손해라고 할 것이며, 아직 계약체결에 관한 확고한 신뢰가 부여되기 이전상태에서 계약교섭의 당사자가 계약체결이 좌절되더라도 어쩔 수 없다고 생각하고 지출한 비용, 예컨대 경쟁입찰에 참가하기 위하여 지출한 제안서, 견적서 작성비용 등은 여기에 포함되지 아니"하고, 정신적 고통에 대한 손해에 대해서도 별도로 배상을 구할 수 있다고 하였다.[15]

[2056] 3. 정보제공의무

(1) 정보의 편재라는 거래의 특성을 고려하여 당사자 일방에게 정보제공의무를 지우는 규정들이 있다. 특히 제436조의2는 보증인 보호를 위하여 채권자에게 정보제공의무를 지운다(자본시장법 제47조, 가맹사업법 제9조 등도 참조).

(2) 명문규정이 없는 경우에 관하여 본다.

① 재산적 거래에서 통상 당사자들의 이해가 상반되고, 거래 등의 기초가 되는 정보의 진실성은 각자가 스스로 검증해야 한다(「자기책임」).[16] 특히 전문가의 정보는 재산적 가치를 가지는 것으로 보호되어야 한다.

② 그러나 태생적 제약 또는 거래의 특수상황 등으로 인한 정보력의 비대칭성이 구조화 · 일상화됨에 따라 계약당사자 일방의 「실질적인」 계약자유가 침해되고, 그 결과 계약정의가 현저하게 침해된다면, 예외적으로 정보제공의무를 인정해야 한다. 즉 ⓐ 계약을 체결할지 여부 또는 그 내용의 결정에 중요한 의미를 가지는 정보이고, ⓑ 의무자가 정보를 가지고 있으며(또는 전문가로서 정보를 가진다고 추정되며), ⓒ 상대방이 조사의무를 지지 않고 의무자에게 의존하는(선행행위 등에 비추어) 관계에 있으면 정보제공의무가 인정되는데, 제공되어야 하는 정보는 구체적인 사안에

---

12) 특히 계약성립 전의 투자가 필요하고도 합리적인 경우에 무용으로 된 투자금액이 전보되어야 한다.

13) MOU 등에 따라 그 책임이 부정될 수 있음은 당연하다.

14) 가령 대판 2003.4.11. 2001다53059: "어느 일방이 교섭단계에서 계약이 확실하게 체결되리라는 정당한 기대 내지 신뢰를 부여하여 상대방이 그 신뢰에 따라 행동하였음에도 상당한 이유 없이 계약의 체결을 거부하여 손해를 입혔다면 이는 신의성실의 원칙에 비추어 볼 때 계약자유원칙의 한계를 넘는 위법한 행위로서 불법행위를 구성한다."

15) 나아가 대판 2004.5.28. 2002다32301: "계약교섭단계에서는 [···] 당사자 중 일방이 계약의 이행행위를 준비하거나 이를 착수하는 것은 이례적이라고 할 것이므로 설령 이행에 착수하였다고 하더라도 이는 자기의 위험판단과 책임에 의한 것이라고 평가할 수 있지만 만일 이행의 착수가 상대방의 적극적인 요구에 따른 것이고, 바로 위와 같은 이행에 들인 비용의 지급에 관하여 이미 계약교섭이 진행되고 있었다는 등의 특별한 사정이 있는 경우에는 당사자 중 일방이 계약의 성립을 기대하고 이행을 위하여 지출한 비용 상당의 손해가 상당인과관계 있는 손해에 해당한다."

16) 대판 2012.2.9. 2011다14671: "거래 등의 기초가 되는 정보의 진실성은 스스로 검증하여 거래하는 것이 원칙이므로 정보제공자가 법령상 · 계약상 의무 없이 단지 질의에 응답한 것에 불과한 경우에는 고의로 거짓정보를 제공하거나 선행행위 등으로 위험을 야기하였다는 등의 특별한 사정이 없는 한 위와 같은 응답행위가 불법행위를 구성한다고 볼 수 없다."

따라 다를 수밖에 없다.

③ 판례도 —재산적 거래에서 당사자들의 이해상반의 지위를 들어— 정보제공의무를 「일반적으로」 인정하지는 않으면서도,[17] 계약의 효력에 영향을 미치거나 상대방의 권리확보에 위험을 초래할 수 있는 구체적 사정을 고지하였다면 상대방이 계약을 체결하지 않았거나 적어도 그와 같은 내용 또는 조건으로 계약을 체결하지 않았을 것임이 경험칙상 명백한 경우에는 예외를 인정한다.[18][19]

④ 정보제공의무를 유책적으로 위반한 경우에 손해배상이 문제되고, 나아가 사기취소도 가능하다.[20]

제 4 관 약관에 의한 계약의 성립

Ⅰ. 총 설 [2057]

1. 서 설

(1) 동종거래가 지속적으로 반복되는 경우[1]에, 계약체결시마다 계약조건에 관하여 협의해야 한다면 불편할 뿐만 아니라 비효율적이다. 그래서 거래계에서 당사자 일방이 장차 자기업종에 속하는 다수의 계약을 체결할 때 계약에 포함시킬 목적으로 정형적 계약내용 내지 계약조건(그 일부라도 상관없다)을 미리 마련하여 이를 불특정 다수의 상대방에게 제시하고, 상대방은 그것을 그대로 승낙함으로써 계약이 성립하는 경우가 적지 않다. 이러한 계약조항을 약관(約款)이라 하고, 그렇게 성립한 정형화된 계약을 부합계약(附合契約)이라 한다.

---

17) 대판 2014.4.10. 2012다54997: "일반적으로 매매거래에서 매수인은 목적물을 염가로 구입할 것을 희망하고 매도인은 목적물을 고가로 처분하기를 희망하는 이해상반의 지위에 있으며, 각자가 자신의 지식과 경험을 이용하여 최대한으로 자신의 이익을 도모할 것으로 예상되기 때문에, 당사자 일방이 알고 있는 정보를 상대방에게 사실대로 고지하여야 할 신의칙상 의무가 인정된다고 볼 만한 특별한 사정이 없는 한, 매수인이 목적물의 시가를 묵비하여 매도인에게 고지하지 아니하거나 혹은 시가보다 낮은 가액을 시가라고 고지하였다 하더라도, 상대방의 의사결정에 불법적인 간섭을 하였다고 볼 수 없으므로 불법행위가 성립한다고 볼 수 없다."

18) 예외를 인정한 예로 아파트분양자는 아파트단지 인근에 공동묘지가 조성되어 있음을 수분양자에게 고지할 신의칙상의 의무를 진다고 한 대판 2007.6.1. 2005다5812 · 5829 · 5836, 대판 2014.7.24. 2013다97076도 참조.
나아가 대판 2022.5.26. 2020다215124: 신의칙상의 고지의무는 "계약을 체결할 때뿐만 아니라 계약체결 이후 이를 이행하는 과정에서도 유지된다. 당사자 상호간의 신뢰관계를 기초로 하는 계속적 계약의 일방당사자가 계약을 이행하는 과정에서 상대방의 생명, 신체, 건강 등의 안전에 위해가 발생할 위험이 있고 계약당사자에게 그 위험의 발생 방지 등을 위하여 합리적 조치를 할 의무가 있는 경우, 계약당사자는 그러한 위험이 있음을 상대방에게 미리 고지하여 상대방으로 하여금 그 위험을 회피할 적절한 방법을 선택할 수 있게 하거나 계약당사자가 위험발생 방지를 위한 합리적 조치를 함으로써 그 위험을 제거하였는지를 확인할 수 있게 할 의무가 있다. 특히 계속적 계약의 일방당사자가 고도의 기술이 집약된 제품을 대량으로 생산하는 제조업자이고 상대방이 소비자라면 정보 불균형으로 인한 부작용을 해소하기 위해 제조업자에 대하여 위와 같은 고지의무를 인정할 필요가 더욱 크다."

19) 참고로 이른바 KIKO 사건에 관한 대판(전) 2013.9.26. 2011다53683 · 53690: "금융기관이 일반고객과 사이에 전문적인 지식과 분석 능력이 요구되는 장외파생상품거래를 할 때에는, 고객이 당해 장외파생상품에 대하여 이미 잘 알고 있는 경우가 아닌 이상, 그 거래의 구조와 위험성을 정확하게 평가할 수 있도록 거래에 내재된 위험요소 및 잠재적 손실에 영향을 미치는 중요인자 등 거래상 주요 정보를 적합한 방법으로 명확하게 설명하여야 할 신의칙상 의무가 있다. 이때 금융기관이 고객에게 설명하여야 하는 거래상 주요정보에는 당해 장외파생상품계약의 구조와 주요내용, 고객이 그 거래를 통하여 얻을 수 있는 이익과 발생가능한 손실의 구체적 내용, 특히 손실발생의 위험요소 등이 모두 포함된다. 그러나 당해 장외파생상품의 상세한 금융공학적 구조나 다른 금융상품에 투자할 경우와 비교하여 손익에 있어서 어떠한 차이가 있는지까지 설명하여야 한다고 볼 것은 아니고, 또한 금융기관과 고객이 제로 코스트(zero cost) 구조의 장외파생상품거래를 하는 경우에도 수수료의 액수 등은 그 거래의 위험성을 평가하는 데 중요한 고려요소가 된다고 보기 어렵다 할 것이므로, 수수료가 시장의 관행에 비하여 현저하게 높지 아니한 이상 그 상품구조 속에 포함된 수수료 및 그로 인하여 발생하는 마이너스 시장가치에 대하여까지 설명할 의무는 없다고 보는 것이 타당하다. [···] 한편 금융기관은 고객이 당해 파생상품거래의 구조와 위험성을 정확히 평가할 수 있도록 그 금융상품의 특성 및 위험의 수준, 고객의 거래목적, 투자경험 및 능력 등을 종합적으로 고려하여 고객이 앞서 살펴본 거래상 주요정보를 충분히 이해할 수 있을 정도로 설명하여야 한다."
설명의 정도에 관하여 대판(전) 2013.9.26. 2012다1146 · 1153; 대판(전) 2013.9.26. 2012다13637 및 특히 고객이 이미 그 내용을 충분히 알고 있는 경우에 그러한 사항에 대해서까지 금융기관에 설명의무가 인정된다고 할 수 없다고 한 대판(전) 2013.9.26. 2013다26746 등도 참조.

20) [1125] 및 그곳의 대판 2006.10.12. 2004다48515 참조. 그 밖에 표시광고법 제10조도 참조.

1) 예: 예금 · 보험 등의 금융거래, 가스 · 전기 · 수도 등의 공급, 지하철 · 버스 등의 운송.

(2) 약관이란 명칭이나 형태 또는 범위에 상관없이 계약의 한쪽 당사자가 여러 명의 상대방과 계약을 체결하기 위하여 일정한 형식으로 미리 마련한 계약의 내용을 말한다(약관법 제2조 제1호). 상대당사자에게 약관을 계약의 내용으로 할 것을 제안하는 이를 "사업자"라 하는데(제2호), 주로 기업이지만 개인일 수도 있다. 한편 사업자로부터 약관을 계약의 내용으로 할 것을 제안받은 이를 "고객"이라 하는데(제3호), 소비자에 한정되지 않는다.2)

[2058] ## 2. 약관의 규제

(1) 약관은 거래의 신속과 효율, 위험의 분산 등을 도모할 수 있다는 점에서 사업자에게 유용하고 매력적이지만, 그것을 준비한 사업자의 이해(利害)에 경도되기 마련이므로, 거래에 따른 위험이나 비용을 고객에게 전가할 소지가 크다. 그런데 고객의 교섭력이 사업자의 그것보다 약하지 않다면, 교섭과정에서 약관조항이 수정되거나 삭제될 것이어서 문제될 바가 없다. 그러나 고객이 경제적 약자인 경우에, 형식적으로는 사업자가 제안한 약관에 따를지를 고객이 자유롭게 결정할 수 있어서 계약체결이 강제되지 않지만, 특히 사업자가 독점기업이고 거래목적물이 생활필수품이라면 약관에 의한 계약체결은 사실상의 강제로 된다(「take it or leave it」).

(2) 계약내용의 사전적(事前的) · 일방적 형성이라는 사정 및 개별교섭의 현실적 한계 때문에 약관에 의한 계약체결은 사업자에게 유리하고 고객에게 불리하기 쉬우므로,3) 경제적 약자를 보호하고 계약당사자의 실질적 평등을 이루기 위하여 약관에 특유한 법적 규제가 필요하다. 우리나라에서도 약관을 이용한 사업자의 횡포에 대처하기 위하여,4) 1986년 약관법(이 관에서는 "법"이라고만 한다)이 제정되었다.5) 법은 사법적 규제와 더불어 공정거래위원회가 불공정약관의 시정에 필요한 조치를 명할 수 있도록 하는 등 행정적 규제도 포함하지만, 여기서는 행정적 규제를 다루지 않는다.

[2059] (3) 약관규제의 종국적인 목표는 독소(毒素)인 불공정조항의 배제(내용통제)인데, 그에 앞서 편입 및 해석과 관련해서도 통제가 행하여진다.

사법적 통제의 방법에 관하여 대결 2008.12.16. 2007마1328: "법원이 약관의 규제에 관한 법률에 근거하여 사업자가 미리 마련한 약관에 대하여 행하는 구체적 내용통제는 개별 계약관계에서 당사자의 권리 · 의무를 확정하기 위한 선결문제로서 약관조항의 효력 유무를 심사하는 것이므로, 법원은 약관에 대한 단계적 통제과정, 즉 약관이 사업자와 고객 사이에 체결한 계약에 편입되었는지의 여부를 심사하는 편입통제와 편입된 약관의 객관적 의미를 확정하는 해석통제 및 이러한 약관의 내용이 고객에게 부당하게 불이익을 주는 불공정한 것인지를 살펴보는 불공정성통제의 과정에서, 개별사안에 따른 당사자들의 구체적인 사정을 고려해야 한다."

[2060] ## 3. 규제에 따른 후속의 처리

약관조항의 일부 또는 전부가 계약의 내용으로 되지 못하거나 무효인 경우에,6) 계약은 나머

2) 상인인 주식회사도 고객에 포함될 수 있다고 한 대판 2008.7.10. 2008다16950 참조.
3) 고객의 입장에서 평등한 대우가 보장되기 때문에 반드시 불리한 것은 아니다.
4) 제2조나 제103조와 같은 일반조항의 적용을 고려할 수 있으나, 실효성이 크지 않다.
5) 약관의 통제와 사적자치의 관계에 관하여 대판 2005.2.18. 2003두3734 참조.
6) 무효인 약관조항에 의거하여 계약이 체결되었다면 그 후 상대방이 계약의 이행을 지체하는 과정에서 약관작성자로부터 채무의 이행

지 부분만으로 유효하게 존속하되,[7] 유효한 부분만으로는 계약의 목적달성이 불가능하거나 일방 당사자에게 부당하게 불리하다면 당해 계약 전부가 무효로 된다(법 제16조).[8] 일부무효의 경우에 무효조항은 사실인 관습 또는 임의규정에 의하여 대체된다(제106조 참조).

Ⅱ. 편입통제 [2061]

1. 약관 구속력의 근거

약관이 계약내용으로 되어 상대방을 구속하는 근거가 무엇인지에 관하여, 종래 약관의 준비만으로 법률처럼 적용되고 고지 여부, 내용의 정당성, 개별약정의 존재 여부 등을 불문한다는 규범설과 묵시적 동의를 포함하여 고객의 동의를 요한다는, 즉 당사자의 합의에 의하여 약관이 계약내용으로 편입되었기 때문이라는 계약설이 대립하였다.

그런데 약관법은 약관의 명시 · 설명을 요하는 제3조, 개별약정의 우선에 관한 제4조, 불공정약관의 무효에 관한 제6조 내지 제14조 등에 비추어 계약설을 따른 것으로 보아야 한다. 요컨대 약관에 대한 고객의 동의(묵시적이더라도)가 있어야 약관이 계약내용으로 된다. 판례의 입장도 같다.[9]

2. 약관편입의 요건: 약관의 명시와 설명 [2062]

가. 서 설

(1) 사업자는 약관을 작성할 때, 고객이 약관의 내용을 쉽게 알 수 있도록 한글로 작성하고, 표준화 · 체계화된 용어를 사용하며, 약관의 중요한 내용을 부호, 색채, 굵고 큰 문자 등으로 명확하게 표시하여 알아보기 쉽게 해야 한다. 그리고 사업자는 계약을 체결할 때, 고객에게 약관의 내용을 계약의 종류에 따라 일반적으로 예상되는 방법으로 분명하게 밝히고, 고객이 요구하면 약관의 사본을 고객에게 내주어 고객이 약관의 내용을 알 수 있게 해야 하며, 계약의 성질상 설명하는 것이 현저하게 곤란한 경우를 제외하고 약관에 정해져 있는 중요한 내용을 고객이 이해할 수 있도록 설명해야 한다(법 제3조).

(2) 약관의 명시 · 설명의무는 고객으로 하여금 약관을 내용으로 하는 계약의 성립에서 각 당사자를 구속할 내용을 미리 알고 계약을 체결하도록 함으로써 예측하지 못한 불이익을 받는 것을 방지하여 고객을 보호함에 그 취지가 있는데,[10] 그렇다고 하여 반드시 고객이 그 내용을 알고 있어야 하는 것은 아니다.[11] 이 점은 특히 기습조항, 즉 제반 사정에 비추어 예상하기 어려운, 고객에게 불리한 내용을 강요하는 내용의 조항과 관련하여 문제된다.

을 독촉받고 종전약관에 따른 계약내용의 이행 및 약정내용을 재차 확인하는 취지의 각서를 작성 · 교부했다고 하여, 무효인 약관조항이 유효한 것으로 된다거나 위 각서의 내용을 새로운 개별약정으로 보아 약관의 유 · 무효와 상관없이 위 각서에 따라 채무의 이행 및 원상회복의 범위 등이 정해진다고 할 수는 없다(대판 2000.1.18. 98다18506).

7) 불공정성통제를 거쳐 독소가 제거되었으므로 나머지가 유효하다고 해서 문제될 것이 없다.

8) 일부무효에 관한 제137조와 반대입장이다.

9) 대판 1998.9.8. 97다53663: "약관이 계약당사자 사이에 구속력을 갖는 것은 그 자체가 법규범이거나 또는 법규범적 성질을 가지기 때문이 아니라 당사자가 그 약관의 규정을 계약내용에 포함시키기로 합의하였기 때문"이다. 보험약관에 관한 대판 2017.9.26. 2015다245145도 동지.

10) 대판 2016.6.23. 2015다5194. 대판 1999.9.7. 98다19240도 동지.

11) 대판 1992.7.28. 91다5624.

(3) 고객의 대리인과 계약을 체결하는 경우에 대리인에게 약관을 명시 · 설명하면 된다.[12]

(4) 신속을 요하는 거래(예: 여객운송업)에서 명시의무가 면제되지만(법 제3조 제2항 단서), 사업자는 약관을 영업소에 비치하여 고객이 볼 수 있도록 해야 한다(법 시행령 제2조 제2항). 그리고 계약의 성질상 설명이 현저히 곤란한 경우에는 설명의무가 면제된다(법 제3조 제3항 단서).

(5) 약관이 명시 · 설명되었다는 점 또는 명시 · 설명의 대상이 아니라는 점에 대하여 사업자가 증명책임을 진다.[13]

[2063] **나. 명시 · 설명의 대상**

(1) 명시 · 설명의 대상은 약관의 중요한 사항, 즉 고객의 이해관계에 중대한 영향을 미치는 계약의 중요한 내용(사회통념상 그 사항의 알고 모름이 계약체결 여부 또는 계약의 내용에 영향을 미칠 수 있는 사항)인데, 약관조항 중 무엇이 이에 해당하는지를 일률적으로 말할 수는 없고, 개개의 사안에서 구체적 사정을 고려하여 판단해야 한다.[14]

판례에서 인정된 명시 · 설명의 대상으로, 자동차종합보험약관 중 가족운전자 한정운전특약,[15] 보험자의 책임개시시기를 상법 제656조와 다르게 정한 조항,[16] 항공사 제휴 신용카드 회원가입계약에서 마일리지 제공기준에 관한 조항[17] 등.

(2) 반면 약관에 정해진 사항이라도 당해 계약에 당연히 적용되는 법령의 내용을 되풀이하거나 부연하는 정도에 불과한 사항,[18] 고객이나 그 대리인이 충분히 잘 알고 있는 사항,[19] 거래상 일반적이고 공통된 것이어서 별도의 설명이 없더라도 고객이 충분히 예상할 수 있었던 사항[20] 등은 명시 · 설명의 대상이 아니다.[21] 특히 약관조항에 관한 명시 · 설명의무가 제대로 이행되었는지가 계약의 체결에 영향을 미치지 않는다면 명시 · 설명의무의 대상인 중요한 내용이라고 할 수 없다.[22]

[2064] **다. 명시 · 설명의 방법**

(1) 사업자는 명시 · 설명의 대상인 조항에 관하여 고객의 주의를 환기하고, 고객의 요청이 있으면 그 내용에 관하여 설명해야 하는데, 당해 계약의 체결 경위 및 방법, 약관에 대한 고객의

12) 대판 2001.7.27. 2001다23973.

13) 보험약관에 관한 대판 2001.7.27. 99다55533 참조.

14) 대결 2008.12.16. 2007마1328.

15) 대판 2003.8.22. 2003다27054.

16) 대판 2005.12.9. 2004다26164 · 26171.

17) 대판 2013.2.15. 2011다69053.

18) 대판 2004.11.25. 2004다28245.

19) 대판 2003.8.22. 2003다27054.

20) 대판 2003.12.11. 2001다33253.

21) 구체적 의미에 관하여 대판 2019.5.30. 2016다276177: "사업자의 설명의무를 면제하는 사유로서 '거래상 일반적이고 공통된 것'이라는 요건은 해당 약관조항이 거래계에서 일반적으로 통용되고 있는지의 측면에서, '고객이 별도의 설명 없이도 충분히 예상할 수 있는 사항'인지는 소송당사자인 특정고객에 따라 개별적으로 예측가능성이 있었는지의 측면에서 각 판단되어야 한다. 다음으로 약관에 정하여진 사항이 '이미 법령에 의하여 정하여진 것을 되풀이하거나 부연하는 정도에 불과한지'는 약관과 법령의 규정내용, 법령의 형식 및 목적과 취지, 해당 약관이 고객에게 미치는 영향 등 여러 가지 사정을 종합적으로 고려하여 판단하여야 한다. 여기에서 말하는 '법령'은 일반적인 의미에서의 법령, 즉 법률과 그 밖의 법규명령으로서의 대통령령, 총리령, 부령 등을 의미하고, 이와 달리 상급행정기관이 하급행정기관에 대하여 업무처리나 법령의 해석 · 적용에 관한 기준을 정하여 발하는 이른바 행정규칙은 일반적으로 행정조직 내부에서만 효력을 가질 뿐 대외적인 구속력을 갖는 것이 아니므로 이에 해당하지 않는다. 다만 행정규칙이라 하더라도, 법령의 규정이 특정 행정기관에 법령내용의 구체적 사항을 정할 수 있는 권한을 부여함으로써 법령내용을 보충하는 기능을 가지고, 그 내용이 해당 법령의 위임한계를 벗어나지 않아 법령과 결합하여 대외적 구속력이 있는 법규명령으로서의 효력을 가지는 등의 특별한 사정이 인정된다면, 달리 볼 수 있다."

22) 가입이 강제되는 「의무」보험에서 보상범위에 관한 조항은 명시 · 설명의무의 대상이 아니라고 한 대판 2016.9.23. 2016다221023 참조.

이해가능성, 당해 약관이 고객에게 미치는 불이익의 정도 등에 비추어 고객이 이해할 수 있는 설명방법을 취해야 한다.

(2) 비대면거래와 관련하여 대판 2013.2.15. 2011다69053: "사업자가 인터넷을 통하여 약관을 게시하고 그 약관이 적용됨을 전제로 하여 전자거래의 방법으로 고객과 사이에서 재화나 용역 공급계약을 체결하는 경우에, 법령에서 특별히 설명의무를 면제하고 있다는 등의 특별한 사정이 없는 한, 그것이 비대면거래라는 사정만으로 약관규제법 제3조 제3항 단서가 적용되어 다른 통상의 경우와 달리 약관의 중요한 내용에 관하여 고객이 이해할 수 있도록 설명할 의무가 면제된다고 볼 수 없다."[23)]

라. 명시 · 설명의무 위반의 효과 [2065]

명시 · 설명을 요하는 사항이 명시 · 설명되지 않은 경우에, 사업자가 그 사항을 계약의 내용으로 주장하지 못하지만(법 제3조 제4항), 고객은 그 사항을 계약의 내용으로 주장할 수 있다. 즉 고객은 약관의 효력을 승인할 수도 있고 거부할 수도 있다.

한편 상법 제638조의3은 보험약관을 명시 · 설명하지 않은 점을 계약의 취소사유로 한다. 그런데 이 규정이 법 제3조 제3항의 적용을 배제하는 특별규정은 아니므로, 보험계약자가 보험계약을 취소하지 않았더라도, 보험자의 설명의무 위반의 법률효과가 소멸되어 보험계약자가 보험자의 설명의무 위반의 법률효과를 주장할 수 없다거나 보험자의 설명의무 위반의 하자가 치유되는 것은 아니다.[24)]

Ⅲ. 해석통제 [2066]

1. 서 설

약관의 내용과 효력의 확정은 당연히 해석에 의한다. 그런데 약관의 해석은 법률행위 해석의 일종이지만,[25)] 다수의 고객을 상대로 하는 약관의 특성이 반영되어야 한다. 구체적으로 내용형성의 일방성이 해소된 개별약정을 제외하고, 객관적 · 통일적으로 약관조항의 의미를 확정한 후 그것을 기초로 작성자에게 불리하게 해석한다.

약관의 해석통제는 약관이 법 제6조 이하에 의하여 무효로 됨을 방지하는데,[26)] 이를 「유효해석의 원칙」이라고 한다.

2. 개별약정의 우선 [2067]

(1) 변제충당의 순서를 약관에 규정된 바와 다르게 정한 경우[27)]처럼 사업자와 고객이 약관의

---

23) 대판 2010.10.28. 2010다9153은, 웹사이트에서 다중이용자 온라인 롤 플레잉 게임(MORPG) 서비스를 제공하는 사업자가 「개별이용자의 게임 이용시 화면에 이용자 동의서를 띄워 놓는 방법」으로 운영정책의 내용을 개별적으로 고지한 후 게임을 이용하도록 하였다면, 위 게임이용자들은 그 동의서의 내용에 동의한 사실을 추단할 수 있으므로 운영정책이 편입된 위 게임약관에 동의한 것으로 보았다.
한편 대판 1999.3.9. 98다43342 · 43359는, 통신판매방식으로 체결된 상해보험계약에서 보험자가 약관내용의 개요를 소개한 것이라는 내용과 면책사고에 해당하는 경우를 확인하라는 내용이 기재된 안내문과 청약서를 보험계약자에게 우송한 것만으로는 보험자의 면책약관에 관한 설명의무를 다한 것으로 볼 수 없다고 하였다.

24) 대판 1999.3.9. 98다43342 · 43359. 설명의무 위반으로 고객이 착오에 빠진 경우에, 그 착오가 동기의 착오에 불과하더라도, 이를 이유로 보험계약을 취소할 수 있다고 한 대판 2018.4.12. 2017다229536도 참조

25) 가령 처분문서의 해석에 관한 법리가 약관에도 적용됨에 관하여 대판 2015.4.23. 2011다38899 참조.

26) 부당한 재판관할약관에 관한 대결 2009.11.13. 2009마1482 참조.

내용과 다른 합의를 하였다면, 합의가 약관에 우선하고(법 제4조), 따라서 내용형성의 일방성에 근거한 규제, 특히 내용통제를 받지 않는다.[28] 약관의 효력근거에 관하여 계약설을 취하는 한 당연한 결론이다.

(2) "계약의 일방당사자가 다수의 상대방과 계약을 체결하기 위해서 일정한 형식에 의하여 미리 계약서를 마련하여 두었다가 어느 한 상대방에게 이를 제시하여 계약을 체결하는 경우에도 그 상대방과 특정조항에 관하여 개별적인 교섭(또는 흥정)을 거침으로써 상대방이 자신의 이익을 조정할 기회를 가졌다면, 그 특정조항은 약관의 규제에 관한 법률의 규율대상이 아닌 개별약정이 된다고 보아야 하고, 이때 개별적인 교섭이 있었다고 하기 위해서는 비록 그 교섭의 결과가 반드시 특정조항의 내용을 변경하는 형태로 나타나야 하는 것은 아니라 하더라도, 적어도 계약의 상대방이 그 특정조항을 미리 마련한 당사자와 거의 대등한 지위에서 당해 특정조항에 대하여 충분한 검토와 고려를 한 뒤 영향력을 행사함으로써 그 내용을 변경할 가능성은 있어야 한다."[29]

그런데 약관조항이 당사자 사이의 합의에 의하여 개별약정으로 되었다는 사실은 이를 주장하는 측에서 증명해야 한다.[30]

[2068] 3. 객관적 · 통일적 해석

약관은 신의칙에 따라 공정하게 그리고 다수의 고객에게 동일하게 객관적으로 해석되어야 한다(법 제5조 제1항). 즉 약관은 개개 계약체결자의 의사나 구체적인 사정을 고려하지 않고 평균적 고객의 이해가능성을 기준으로 하여 객관적 · 획일적으로 해석되어야 한다.

[2069] 4. 작성자 불이익의 해석

약관내용이 명백하지 않거나 의심스러운 경우[31]에 그 조항은 고객에게 유리하게, 약관작성자에게 불리하게 제한해석되어야 하고, 특히 고객에게 불리한 조항은 축소해석되어야 한다(법 제5조 제2항). 물론 "당해 약관의 목적과 취지를 고려하여 공정하고 합리적으로, 그리고 평균적 고객의 이해가능성을 기준으로 객관적이고 획일적으로 해석한 결과 그 약관조항이 일의적으로 해석된다면 그 약관조항을 고객에게 유리하게 제한해석할 여지가 없다."[32]

이 기준은 사업자로 하여금 약관조항을 명확하게 작성하도록 하는 유인으로 작용한다.[33]

---

27) 대판 1998.9.8. 97다53663. 그 밖에 대판 2001.3.9. 2000다67235는, 금융기관의 여신거래기본약관에 금융사정의 변화 등을 이유로 사업자에게 일방적 이율변경권을 부여하는 규정이 있으나 개별약정서에는 약정 당시 정해진 이율은 당해 거래기간 동안 일방당사자가 임의로 변경하지 않는다는 조항이 있는 경우에, 약관조항과 약정서의 내용은 상충되고, 개별약정은 약관조항에 우선하므로 대출 이후 당해 거래기간이 지나기 전에 금융기관이 한 일방적 이율인상은 그 효력이 없다고 하였다.

28) 대판 2000.12.22. 99다4634 등이 개별약정은 약관에 해당하지 않는다고 하기도 하는데, 어떻게 보든 약관법의 규제를 받지 않고 당사자들이 개별적으로 합의한 바가 효력을 가진다는 점에서 실질적인 차이는 없다.

29) 대판 2008.7.10. 2008다16950.

30) 대판 2010.9.9. 2009다105383.

31) 예: 약관조항이 다의적으로 해석될 수 있고 각각의 해석이 합리적인 등 당해 약관의 뜻이 명확하지 않은 경우.

32) 대판 2010.9.9. 2007다5120.

33) 약관을 작성자에게 불리하게 해석한 재판례로 ㉠ 대판 2001.3.23. 2000다71555는, 신용보증사고의 통지를 지연함으로써 채권보전에 장애를 초래한 경우에 보증채무가 면책된다는 보증약관은 피보험자가 신용보증사고의 통지기한 내에 통지를 하지 않아서 채권보전조치에 실질적인 장애를 초래한 경우에 한하여 면책된다는 취지로 해석해야 하는데, 피보험자가 통지기한 내에 통지를 하지 않았다 하여 언제나 보험자의 채권보전에 장애가 초래되었다고 볼 수 없고, 보험자가 통지기한 만료일까지 통지를 받지 못했더라도 보험자가 통지를 받은 후 채권보전조치를 취할 수 있는 상당한 기간이 지난 후까지 아무런 조치도 취하지 않은 경우에는 면책을 주장할 수 없다고 보았다. ㉡ 대판 2012.9.27. 2010다101776은 '협회가 보상하는 금액은 공제가입금액을 한도로 한다'라고 규정한 한국공인중개사협회의 공제규정과 공제약관에서 정한 공제금은 '공제계약의 유효기간 내에 발생한 공제사고 1건당 보상한도'라고 해석함이 타당하다고 했다.

Ⅳ. 내용통제 [2070]

1. 개 관

(1) 계약에 편입되고 해석통제를 거친 약관조항이라도 약관법이 정하는 hurdle을 넘지 못하면 효력을 가지지 못한다. 즉 법원은 불공정한 약관조항을 사후적으로 통제할 수 있다.[34)]

(2) 사후적인 내용통제의 방법으로, 무효로 되는 경우를 열거하는(「black list」) 개별통제[35)]와 신의성실의 원칙에 반하여 공정을 잃었는지를 기준으로 하는 일반통제의 둘이 있는데, 일반통제는 그 성격상 보충적이다. 이 점을 고려하여 법문의 순서와 달리 개별통제를 먼저 살펴본다.

2. 개별통제 [2071]

가. 면책조항의 금지(법 제7조)

① 사업자, 이행보조자 또는 피용자의 고의 또는 중대한 과실로 인한 법률상의 책임을 배제하는 조항, ② 상당한 이유 없이 사업자의 손해배상범위를 제한하거나 사업자가 부담해야 할 위험을 고객에게 이전시키는 조항, ③ 상당한 이유 없이 사업자의 담보책임을 배제 또는 제한하거나 그 담보책임에 따르는 고객의 권리행사의 요건을 가중하는 조항 또는 ④ 상당한 이유 없이 계약목적물에 관하여 견본이 제시되거나 품질 · 성능 등에 관한 표시가 있는 경우에 그 보장된 내용에 대한 책임을 배제 또는 제한하는 조항은 무효이다.[36)]

나. 손해배상액의 예정에 대한 통제(법 제8조) [2072]

고객에게 부당하게 과중한 지연손해금 등(위약벌을 포함한다)의 손해배상의무를 지우는 약관조항은 무효이다.[37)]

다. 계약의 해제 · 해지에 대한 통제(법 제9조) [2073]

① 법률에 따른 고객의 해제권 또는 해지권을 배제하거나 그 행사를 제한하는 조항, ② 사업자에게 법률에서 규정하지 않은 해제권 또는 해지권을 부여하여 고객에게 부당하게 불이익을 줄 우려가 있는 조항, ③ 법률에 따른 사업자의 해제권 또는 해지권의 행사요건을 완화하여 고객

---

34) 공정거래위원회가 담당하는 사전적 · 추상적 통제에 관하여 법 제17조, 제17조의2 및 제19조의3 등 참조.

35) 대부분 "상당한 이유 없이" 또는 "부당하게" 등의 제한이 붙은 상대적 무효이고, 그러한 제한이 없는 절대적 무효규정으로 제7조 제1호, 제9조 제1호, 제13조 등이 있다.

36) 법 제7조에 관한 재판례로 ㉠ 대판 1998.6.23. 98다14191은, 운전자연령 26세 이상 한정운전 특별약관은 이로 인하여 보험자의 담보범위가 축소되어 보험계약자에게 불리한 것은 분명하나, 보험계약자에게도 위 특별약관을 편입시킴으로써 보험료가 할인되어 할인된 만큼의 보험료를 납부하지 않음으로써 얻는 이익이 있고, 특별약관을 보험계약에 편입시킬 것인지는 전적으로 보험계약자의 의사에 달려있으므로, 무효라고 볼 수 없다고 하였다. 노상주차장 관리자의 책임 면제에 관한 대판 2006.4.14. 2003다41746도 참조. 반면 ㉡ 대판 2009.10.15. 2009다31970: "신용카드회원약관에서 비밀번호가 회원으로부터 타인에게 유출되어 발생하는 모든 책임은 회원에게 귀속되고, 카드비밀번호 유출로 인한 부정사용의 경우에는 부정사용대금에 대하여 보상에서 제외된다고 규정하고 있는 경우, 위 약관규정을 회원에게 고의나 과실이 없는 경우에도 신용카드 부정사용으로 인한 손해를 회원이 부담하여야 한다고 해석하는 것은 […] 상당한 이유 없이 사업자가 부담하여야 할 위험을 고객에게 이전시키는 조항에 해당하여 무효이다. 그리고 신용카드업자와 회원 사이의 거래약관인 위 회원약관규정에 의할 때, 회원은 신용카드의 이용 · 관리 및 비밀번호의 관리에 선량한 관리자의 주의의무를 다할 의무가 있으므로, 신용카드를 분실 · 도난당하여 제3자가 신용카드를 부정사용한 경우에 신용카드회원이 그 책임을 면하기 위해서는 회원에게 신용카드의 분실 · 도난 및 비밀번호의 누설에 있어 아무런 과실이 없는 경우라야 하고, 이 점에 대한 입증책임은 회원에게 있다."

37) 법 제8조에 관한 재판례로 ㉠ 대판 2008.7.10. 2008다16950은, 부동산임대업자가 미리 부동문자로 인쇄한 임대차계약서를 제시하여 임대차계약을 체결한 사안에서, 계약서에 기재된 임대차계약 종료일부터 인도 또는 복구된 날까지의 통상차임 및 관리비와 임대차보증금에 대한 월 1%의 비율에 의한 이자의 합산액의 2배를 배상액으로 정하는 '임대차목적물의 인도 또는 원상복구 지연에 따른 배상금'조항은 고객인 임차인에 대하여 부당하게 과중한 손해배상의무를 부담시키는 조항이므로 무효라고 하였다. 반면 ㉡ 대판 2000.9.22. 99다53759 · 53766은, 약관상 매매계약 해제시 매도인을 위한 손해배상액의 예정조항은 있으나 매수인을 위한 손해배상액의 예정조항은 없는 경우에, 매도인 일방만을 위한 손해배상액의 예정조항을 두었다고 하여 곧 그 조항이 무효라 할 수는 없다고 하였다.

에게 부당하게 불이익을 줄 우려가 있는 조항, ④ 계약의 해제 또는 해지로 인한 고객의 원상회복의무를 상당한 이유 없이 고객에게 과중하게 부담시키거나 고객의 원상회복청구권을 부당하게 포기하도록 하는 조항, ⑤ 계약의 해제 또는 해지로 인한 사업자의 원상회복의무나 손해배상의무를 부당하게 경감하는 조항 또는 ⑥ 계속적인 채권관계의 발생을 목적으로 하는 계약에서 그 존속기간을 부당하게 단기 또는 장기로 하거나 묵시적인 기간연장 또는 갱신이 가능하도록 정하여 고객에게 부당하게 불이익을 줄 우려가 있는 조항은 무효이다.[38]

[2074] **라. 채무의 이행과 관련된 통제(법 제10조)**

① 상당한 이유 없이 급부의 내용을 사업자가 일방적으로 결정하거나 변경할 수 있도록 권한을 부여하는 조항[39]이나 ② 상당한 이유 없이 사업자가 이행해야 할 급부를 일방적으로 중지할 수 있게 하거나 제3자로 하여금 대행할 수 있게 하는 조항은 무효이다.

마. 고객의 권익보호를 위한 통제(법 제11조)

① 법률의 규정에 의한 고객의 항변권, 상계권 등의 권리를 상당한 이유 없이 배제 또는 제한하는 조항,[40] ② 고객에게 부여된 기한의 이익을 상당한 이유 없이 박탈하는 조항, ③ 고객이 제3자와 계약을 체결하는 것을 부당하게 제한하는 조항 또는 ④ 사업자가 업무상 알게 된 고객의 비밀을 정당한 이유 없이 누설하는 것을 허용하는 조항은 무효이다.

[2075] **마. 의사표시의 의제에 대한 통제(법 제12조)**

① 일정한 작위 또는 부작위가 있으면 고객의 의사표시가 표명되거나 표명되지 않은 것으로 보는 조항,[41] ② 고객의 의사표시의 형식이나 요건에 대하여 부당하게 엄격한 제한을 가하는 조항, ③ 고객의 이익에 중대한 영향을 미치는 사업자의 의사표시가 상당한 이유 없이 고객에게 도달된 것으로 보는 조항[42] 또는 ④ 고객의 이익에 중대한 영향을 미치는 사업자의 의사표시에 부당하게 장기의 기한 또는 불확정기한을 정하는 조항은 무효이다.

[2076] **바. 대리인의 책임가중에 대한 통제(법 제13조)**

고객의 대리인에 의하여 계약이 체결된 경우에, 고객이 그 의무를 이행하지 않으면 대리인에게 그 의무의 전부 또는 일부를 이행할 책임을 지우는 약관조항은 무효이다.

사. 제소와 관련된 통제(법 제14조)

고객에게 부당하게 불리한 제소금지조항[43] 또는 재판관할의 합의조항[44]이나 상당한 이유 없

---

38) 법 제9조에 관한 재판례로 ㉠ 대판 1998.1.23. 96다19413은, 계약기간 종료시 이의통지 등에 의해 보증인의 지위에서 벗어날 수 있다는 규정도 없이 새로운 계약기간을 정하여 계약갱신의 통지를 하거나 그것이 없으면 자동적으로 1년 단위로 계약기간이 연장되도록 규정하는 연대보증기간 자동연장조항은 무효라고 하였고, 대판 2013.10.24. 2010다22415는 분양계약 해제로 인하여 상가개발비약정이 종료된 경우에 상가개발비를 어떠한 경우에도 반환하지 않는다고 정하는 조항이 무효라고 하였다. ㉡ 해제에 따른 원상회복과 가산이자에 관하여 대판 2014.12.11. 2014다39909: "계약해제로 사업자가 이미 받은 금전을 반환함에 있어 이자의 반환의무를 배제하는 약관조항은 고객에게 부당하게 불리하여 공정을 잃은 것으로 추정되어 무효이지만, 이자를 가산하여 반환하기로 한 경우에는 가산이자율이 공정을 잃은 것으로서 무효인지를 판단함에 있어 일률적으로 이자율이 법정이율보다 높거나 낮다는 것만을 기준으로 하여서는 아니 되고, 당해 약관을 설정한 의도 및 목적, 당해 업종에서의 통상적인 거래관행, 관계법령의 규정, 거래대상 상품 또는 용역의 특성, 사업자의 영업상 필요 및 고객이 입을 불이익의 내용과 정도 등을 종합적으로 고려하여 판단하여야 한다."

39) 대규모 쇼핑몰 내 점포의 임대분양계약 약관 중 임대료 인상조항에 관한 대판 2005.2.18. 2003두3734 참조.

40) 예: 창고업자의 유치권 행사를 배제하는 약관조항. 대판 2009.12.10. 2009다61803 · 61810 참조.

41) 고객에게 상당한 기간 내에 의사표시를 하지 않으면 의사표시가 표명되거나 표명되지 않은 것으로 본다는 뜻을 명확하게 따로 고지하거나 부득이한 사유로 그러한 고지를 할 수 없는 경우는 제외하고.

42) 주소변경을 통보하지 않는 한 보험증권에 기재된 주소를 의사표시를 수령할 지정장소로 한다는 약관조항은 보험회사가 과실 없이 보험계약자 또는 피보험자의 변경된 주소 등 소재를 알지 못하는 경우에 한하여 적용된다고 한 대판 2000.10.10. 99다35379 참조.

이 고객에게 증명책임을 부담시키는 약관조항은 무효이다.

3. 일반통제 [2077]

(1) 약관이 사업자에 의하여 사전에 일방적으로 준비되고 고객은 구체적 내용을 검토하거나 확인할 충분한 기회 없이 계약을 체결한다는 일반적 사정을 고려하여, 약관작성자는 계약상대방의 정당한 이익과 합리적인 기대에 반하지 않고 형평에 맞게끔 약관조항을 작성해야 하고, 신의성실의 원칙에 반하여 공정성을 잃은 약관조항은 무효이다(법 제6조 제1항).

그런데 "신의성실의 원칙을 위반하여 공정성을 잃은 약관조항"이어서 무효라고 하기 위해서는, 약관조항이 고객에게 다소 불이익하다는 점만으로 부족하고, 약관작성자가 거래상 지위를 남용하여 계약상대방의 정당한 이익과 합리적 기대에 반하여 형평에 어긋나는 약관조항을 작성 · 사용함으로써 건전한 거래질서를 훼손하는 등 고객에게 부당하게 불이익을 주었다는 점이 인정되어야 한다.[45]

(2) 약관법은 ① 고객에게 부당하게 불리한[46] 조항,[47] ② 고객이 계약의 거래형태 등 제반 사정에 비추어 예상하기 어려운 기습조항(奇襲條項),[48] ③ 계약의 목적을 달성할 수 없을 정도로 계약에 따르는 본질적인 권리를 제한하는 조항은 공정을 잃은 것으로 「추정」한다(법 제6조 제2항).[49] [2078]

4. 효력유지적 축소 [2079]

(1) 약관조항의 질적 또는 양적 일부에 독소가 포함되어 있는 경우에, 그 부분을 도려냄으로써 그 조항의 효력이 유지되도록 하는 것을 효력유지적 축소(效力維持的 縮小)[50]라 한다. 대판(전) 1991.12.24. 90다카23899가 "법원에 의한 내용통제 즉 수정해석[…]은 조항 전체가 무효사유에 해당하는 경우뿐만 아니라 조항 일부가 무효사유에 해당하고 그 무효부분을 추출배제하여 잔존부분만으로 유효하게 존속시킬 수 있는 경우에도 가능하다"고 하면서 무면허운전 면책약관을 보험

---

43) 독립적 은행보증에서 보증의뢰인이 보증은행의 보증금 지급을 저지하기 위하여 행사할 수 있는 가처분신청 등을 배제시키는 부제소 특약의 약관조항은 무효라고 한 대판 1994.12.9. 93다43873 참조.

44) 주택분양보증약관상 전속적 관할합의에 관한 대결 2009.11.13. 2009마1482 참조.

45) 대판 2014.6.12. 2013다214864; 대판 2022.5.12. 2020다278873.

46) 부당하게 불리한지의 판단기준은 거래관행 또는 임의규정이다.

47) 고객에게 부당하게 불리한 조항의 예로, 은행이 상계를 할 때 이자나 지연손해금 등의 계산의 종기를 임의로 정할 수 있도록 한 은행여신거래기본약관조항(대판 2003.7.8. 2002다64551), 어음거래약정서 중 채권자에게 무제한의 포괄적 충당권을 부여하면서도 그 순서와 방법의 기준 등을 전혀 규정하지 않아, 채무자 또는 담보제공자로서는 충당되는 채무를 알 수도 없고 심지어 채권자가 자신에게 아무런 이익이 없으면서 채무자에게 불리한 순서와 방법으로 변제충당을 하더라도 채무자가 이의를 할 여지도 없는, 변제충당에 관한 조항(대판 2002.7.12. 99다68652) 등. 그리고 시정명령에 관한 대판 2003.1.10. 2001두1604는, 사업자와 판매대리점 중 어느 당사자든 대리점계약을 해지하고자 할 경우에 상대방에게 그 뜻을 계약해지예정일부터 2개월 전에 서면으로 예고해야 한다고 한 약관조항이, 형식적으로 당사자 쌍방에게 동등하게 해지권을 유보한 것처럼 보이지만, 실질적으로는 사업자의 이익을 위하여 기능하는 조항이어서 무효라고 하였다.

48) 기습조항의 예로 대판 1998.12.22. 97다15715는, 상가임대분양계약서에 "기부채납에 대한 부가가치세액은 별도"라고 기재되어 있는 경우에, 분양자가 상가를 기부채납하고 그 대가로 무상사용권을 부여받은 행위가 부가가치세법상의 '재화의 공급'에 해당되어 부가가치세가 부과된다는 것은 일반인은 잘 알지 못하고, 부과된다 하더라도 그 액수가 얼마인지 미리 알기도 어려우며, 특히 수분양자들이 임대분양계약서에서 정한 임대보증금을 납부할 당시 부가가치세가 포함된 금액을 공급가액과 구분하여 납부하였으므로 위 약정 당시 기부채납에 따른 부가가치세를 위 부가가치세와 혼동할 우려가 있음에도 불구하고 분양자측에서 이 점에 관한 명백한 고지나 설명이 없었던 점 등을 근거로 무효라고 하였다.

49) 반면 하도급대금지급채무의 이행기일(어음지급의 경우 만기일)이 보증기간 안에 있지 않으면 해당 채무를 하도급대금지급보증서에 의하여 보증하는 범위에서 제외하는 건설공제조합의 하도급대금지급보증약관조항(대판 2001.3.23. 2000다11560), '근저당권설정비용의 부담에 관하여 항목별로 제시된 세 개의 난 중 하나에 √표시를 하는 방법으로 비용을 부담한다'는 취지의 조항(앞의 2013다214864 판결) 등은 무효가 아니라고 하였다.

50) 흔히 효력유지적 축소「해석」이라고 하지만, 내용통제의 단계에서 독소를 제거하는 것이어서 해석의 범주를 벗어난다.

계약자나 피보험자의 지배 내지 관리가능성이 있는 상황의 무면허운전에만 적용되는 것으로 보아 절취운전이나 무단운전의 경우에 그 적용을 제한하는 등 판례는 이를 부정하지는 않는다.[51]

[2080] (2) 한편 법 제8조를 위반한 경우에도 효력유지적 축소를 인정할 수 있는지(즉 과다하지 않은 범위에서 유효로 하기 위하여 손해배상예정액을 감액할 수 있는지)에 관하여 논의가 있지만, 판례는 부정적이다.[52]

생각건대 효력유지적 축소를 「일반적으로」 인정하면 이는 사업자에게 신의칙에 반하는 내용의 약관조항을 마련할 유인으로 될 수 있다.[53] 한편 효력유지적 축소는 실질적으로 법원에 부여된 내용통제권의 자제 내지 부분적 포기를 의미하는데, 사회관념상 허용될 수 있어서 내용통제가 필요하지 않은 부분과 그것을 넘어서기 때문에 내용통제가 필요한 부분이 명확하게 구분될 수 있는 경우에 한하여 인정되어야 하고, 따라서 법 제8조를 위반한 경우에는 효력유지적 축소가 허용되지 않는다고 할 것이다.[54]

제5관 예약과 계약금

[2081] Ⅰ. 서 설

계약에 임하는 이라면 누구나 자기에게 유리한 계약을 체결하고 나아가 계약의 성립 또는 해소에 관한 주도권을 가짐으로써 사정변경에 대처하고자 한다. 그런데 사정변경에의 대비는 대개 부관이나 해제권의 유보 등에 의하지만, 예약이나 계약금도 마찬가지의 기능을 가진다. 즉 예약은 계약의 성립 여부를 예약상 권리자의 의사에 좌우되게 하고, 계약금은 해약금으로 추정됨에 따라 약정해제권을 유보하는 실질을 가진다.

한편 민법은 매매와 관련하여 예약과 계약금을 규정하고, 이를 다른 유상계약에 준용한다(제567조). 그러나 무상계약을 적용대상에서 제외할 이유가 없다. 즉 예약과 계약금에 관한 규정들도 계약총칙의 성질을 가진다고 해야 한다.

[2082] Ⅱ. 예 약

1. 기본법리

가. 서 설

(1) 일상에서 예약은 미리 약속함 또는 미리 정한 약속을 의미하고, 숙박이나 운송에서처럼 계약이 이미 성립한 경우[1]를 지칭하기도 한다. 반면 법적 의미에서 예약(豫約)은 본계약을 성립시

---

51) 용역경비계약에 편입된 면책약관조항이 용역경비업자의 고의·중과실로 인한 경우까지 적용된다면 약관법 제7조 제1호에 위반되어 무효라고 볼 수밖에 없기 때문에, 그 외의 경우에 한하여 경비업자의 면책을 정한 규정이라고 해석하는 한도 내에서만 유효하다고 수정해석(효력유지적 축소)해야 한다고 한 대판 1996.5.14. 94다2169도 참조.

52) 대판 2009.8.20. 2009다20475·20482: "약관의 규제에 관한 법률에 의하여 약관조항이 무효인 경우 그것이 유효함을 전제로 민법 제398조 제2항을 적용하여 적당한 한도로 손해배상예정액을 감액하거나, 과중한 손해배상의무를 부담시키는 부분을 감액한 나머지 부분만으로 그 효력을 유지시킬 수는 없다."

53) 법원의 내용통제를 거치더라도 독소가 제거된 상태의 약관조항으로는 작동할 것이라는 점에서 사업자의 입장에서 「밑져봐야 본전」이다.

54) 과도한 위약벌의 규제에 관하여 [1147] 참조.

1) 보통 이행기 도래 전에 물릴 수 있다는 묵시의 특약 또는 거래관행이 있고, 그 점에서 구속력이 약하기는 하지만.

킬 수 있는 지위를 부여하는, 본계약과는 별개의 계약을 말한다.[2]

그런데 예약에 의하여 성립하는 본계약은 채권계약을 말한다. 처분행위인 물권계약의 예약은 의무부담행위인 채권계약, 바로 본계약이기 때문이다.

(2) 예약도 보통 청약과 승낙에 의하여 성립하고, 본계약의 내용이 확정되어 있거나 확정가능해야 한다.[3] 즉 본질적 요소를 포함하여 계약의 성립에 필요한 사항에 관한 전면적 합의가 있어서, 예약상 권리자의 의사(및 필요하다면 상대방의 승낙)만 더하여지면 곧바로 본계약이 성립할 수 있는 상태에 이르러야 한다. 요컨대 당사자 일방 또는 쌍방의 의사를 제외한 나머지 성립요건이 전부 갖추어져야 한다.

나아가 본계약의 목적이 불능이거나 사회질서 또는 강행법규에 반하여 무효인 경우에, 예약도 무효이다. 그리고 본계약이 요식행위인 경우에 예약도 그 방식을 따라야 하는지는 본계약에 방식을 요하는 취지에 따라 판단되어야 한다.

(3) 이와 관련하여 가계약(假契約)을 본다. [2083]

① 일상에서 가계약은 다양한 맥락에서 관용되지만, 그에 독자적인 법적 의미를 부여하려면 예약의 단계에 이르지 않은 것으로 한정할 것이다. 즉 계약의 성립에 필요한 사항 중 일부[4]에 관해서만 합의가 이루어진 경우만 가계약이라 하고, 계약내용에 관한 전면적·잠정적 합의를 요하는 예약과 구별해야 한다. 즉 예약에서는 예약상 권리자의 최종결심에 따라 별도의 추가합의 없이 곧바로 본계약이 성립할 수 있는 반면, 가계약에서는 별도의 추가합의나 방식의 구비 등이 있어야 비로소 본계약(또는 예약)이 성립한다.

② 예약상 의무의 강제이행이 가능한 반면(제389조 제2항 참조),[5] 가계약에서는 —부분적 합의에 그칠 뿐 아직 예약조차 성립하지 않았으므로— 강제이행은 불가능하다. 요컨대 가계약은 일정한 매듭, 즉 부분적 합의를 확인하고 향후 교섭의 방향과 비밀유지나 정보제공 등 교섭과정의 의무를 정하는 의미를 가진다고 할 것이다.

나. 예약의 기능 [2084]

당장 본계약을 체결하는 것이 곤란한 경우에 본계약의 성립을 확실하게 하는 제도로서 예약은 —편무예약이나 일방예약에서 예약상의 권리를 가지는 당사자만이 계약의 성립 여부를 결정할 수 있으므로— 사정변경에의 대비 또는 계약체결과정에서의 주도권 확보 등 전략적 행동을 위한 법적 수단으로서 기능할 수 있다.

나아가 특히 매매의 예약은 매매의 형식에 의한 채권담보로서도 기능하는데, 이 경우 폭리를 방지하기 위하여 가등기담보법이 제정되었음에 관하여 [5554] 참조.

다. 종 류 [2085]

예약은 그 성질에 따라 다음의 두 종류로 나뉜다.

---

2) 예컨대 매매의 예약만 있는 상태에서 매매의 효력으로서 재산권이전의무나 대금지급의무는 발생하지 않고, 본계약이 성립해야 비로소 그러한 의무가 발생한다.

3) 본계약의 구성요소들이 확정되어 있지 않고 약정의 당사자도 다른 경우에 매매의 예약이라고 단정할 수 없다고 한 대판 1993.5.27. 93다4908·4915·4922 참조.

4) 비밀유지를 포함하는 성실교섭의무나 정보제공의무 등 前 계약적 의무일 수도 있다.

5) 예약상 의무자가 정당한 이유 없이 본계약의 체결을 거절한 경우에 본계약의 체결 및 이행을 통하여 얻을 수 있었던 이익, 즉 이행이익 상실의 손해는 통상의 손해에 해당한다고 본 대판 2011.11.10. 2011다41659 참조.

(1) 우선 당사자 일방이 본계약 체결의 청약을 하면 상대방은 이에 대하여 승낙할 의무를 부담하는 유형이 있다. 상대방이 승낙하지 않으면, 청약자는 승낙의 의사표시에 갈음하는 판결(제389조 제2항 참조)을 소구할 수 있다. 이 종류의 예약은 다시, 당사자 일방만이 승낙의무를 부담하는(달리 말하면 본계약 체결의 청약을 할 수 있는 권리를 당사자 일방만이 가지는) 편무예약(片務豫約)과 당사자 쌍방이 모두 승낙의무를 지는 쌍무예약(雙務豫約)으로 나뉜다.

(2) 한편 당사자 일방이 본계약을 성립시키려는 의사표시(예약완결의 의사표시)를 하면 상대방의 승낙을 기다리지 않고 본계약은 곧바로 성립하는 유형도 있다. 그런데 예약완결의 의사표시를 당사자 일방만이 할 수 있는 것을 일방예약(一方豫約), 쌍방이 모두 할 수 있는 것을 쌍방예약(雙方豫約)이라고 한다.

[2086] 2. 매매의 일방예약

가. 서 설

(1) 매매에 관하여 앞서 본 편무예약, 쌍무예약, 일방예약, 쌍방예약의 네 유형이 있을 수 있다. 당사자들은 이 중 어느 유형의 예약이라도 체결할 수 있고(계약자유의 원칙), 실제로 당사자들이 어느 종류의 예약을 하였는지는 계약의 성질[6] 또는 해석에 의하여 결정된다. 그런데 법은 특히 일방예약에 관한 규정을 두기 때문에(제564조 제1항), 매매의 예약은 일방예약으로 추정되고(「의사추정」), 이러한 입장은 계약 일반에서도 마찬가지이다(제567조 참조).

(2) 매매의 일방예약을 완결의 의사표시를 정지조건으로 하는 매매로 새기는 것이 다수설의 입장이지만, 예약과 정지조건부 계약은 구별되어야 하므로(정지조건부 계약은 본계약이다) 정지조건부 매매와 같은 효과를 가지는 특수한 예약이라 할 것이다.

[2087] 나. 예약완결권

(1) 일방예약에서 예약완결의 의사표시를 할 수 있는 권리인 예약완결권(豫約完結權)은 형성권에 속한다. 즉 예약상의 의무자에 대하여 예약완결의 의사표시를 하면(「switch-on」) 곧바로 본계약이 성립한다.[7]

(2) 부동산물권을 이전해야 하는 본계약의 예약완결권을 가등기할 수 있다(부동산등기법 제88조). 그런데 예약완결권이 가등기된 후 목적부동산이 양도된 경우에, 예약상 의무자를 상대로 예약완결권을 행사하고 가등기에 기한 본등기신청을 하면, 목적부동산에 관한 양수인 명의의 본등기는 직권으로 말소된다([5139] 참조).

(3) 예약완결권은 양도성을 가지는데, 채권양도에 준하여 확정일자 있는 증서에 의한 예약상 권리자의 통지 또는 예약상 의무자의 승낙이 있어야 제3자에게 대항할 수 있지만(제450조 참조), 가등기가 되어 있으면 가등기의 부기등기에 의하여 대항력도 취득한다. 그런데 예약완결권이 양도된 경우에, 양수인이 완결의 의사표시를 해야 한다.

[2088] (4) 예약완결권이 수인에게 속하는 경우에 그들 사이의 관계는 매매예약의 내용에 따라 결정

6) 예를 들어 본계약이 요물계약이면 예약은 편무 또는 쌍무일 수밖에 없다.

7) 매매예약이 성립한 후 예약완결의 의사표시 전에 목적물이 멸실 기타의 사유로 이전할 수 없어서 예약완결권의 행사가 이행불능으로 되면 예약완결권을 행사할 수 없고, 이행불능 이후에 상대방이 예약완결의 의사표시를 하더라도 매매의 효력이 생기지 않는다(대판 2015.8.27. 2013다28247).

되는데, 예약에서 그러한 내용을 명시적으로 정하지 않았다면 그들이 공동으로 매매예약을 체결한 동기 및 경위, 매매예약에 의하여 달성하려는 목적, 거래관행 등을 종합적으로 고려하여 판단해야 한다.

판 례 대판(전) 2012.2.16. 2010다82530

"수인의 채권자가 각기 채권을 담보하기 위하여 채무자와 채무자 소유의 부동산에 관하여 수인의 채권자를 공동매수인으로 하는 1개의 매매예약을 체결하고 그에 따라 수인의 채권자 공동명의로 그 부동산에 가등기를 마친 경우, 수인의 채권자가 공동으로 매매예약완결권을 가지는 관계인지 아니면 채권자 각자의 지분별로 별개의 독립적인 매매예약완결권을 가지는 관계인지는 매매예약의 내용에 따라야 하고, 매매예약에서 그러한 내용을 명시적으로 정하지 않은 경우에는 수인의 채권자가 공동으로 매매예약을 체결하게 된 동기 및 경위, 매매예약에 의하여 달성하려는 담보의 목적, 담보 관련권리를 공동행사하려는 의사의 유무, 채권자별 구체적인 지분권의 표시 여부 및 지분권 비율과 피담보채권 비율의 일치 여부, 가등기담보권 설정의 관행 등을 종합적으로 고려하여 판단[해야 하고, …] 공동명의로 담보가등기를 마친 수인의 채권자가 각자의 지분별로 별개의 독립적인 매매예약완결권을 가지는 경우, 채권자 중 1인은 단독으로 자신의 지분에 관하여 가등기담보 등에 관한 법률이 정한 청산절차를 이행한 후 소유권이전의 본등기절차 이행청구를 할 수 있다."

이 판결을 통하여 대법원은, 1인의 채무자에 대한 복수의 채권자의 채권을 담보하기 위하여 채무자 소유의 부동산에 관하여 그 채권자들을 공동권리자로 하는 1개의 매매예약이 체결되고 그에 따른 가등기를 마친 경우에, "매매예약의 내용이나 매매예약 완결권 행사와 관련한 당사자의 의사와 관계없이 언제나" 예약완결권을 채권자 전원이 공동으로 행사해야 한다는 종래의 입장[8]을 변경하였는데, 이러한 사안에서 공동으로 예약완결권을 가지더라도, 예약완결권의 행사를 「공유물 자체」의 처분행위로 보아 제264조에 따라 공유자 전원이 행사해야 한다고 할 것은 아니다. 즉 예약완결권을 준공유하더라도 그중 1인이 그 지분범위 내에서 —담보권의 실행으로서[9]— 본등기절차의 이행을 청구할 수 있다고 보아야 한다.

참고로 "복수의 권리자가 소유권이전청구권을 보존하기 위하여 가등기를 마쳐 둔 경우 특별한 사정이 없는 한 그 가등기의 말소청구소송은 권리관계의 합일적인 확정을 필요로 하는 필수적 공동소송이 아니라 통상의 공동소송이다."[10]

(5) 예약완결권의 행사기간을 당사자가 계약으로 정할 수 있지만, 그 기간을 정하지 않은 경 **[2089]**
우에, 예약상의 의무자는 상당한 기간을 정하여 매매완결 여부의 확답을 최고할 수 있고(제564조 제2항), 예약상의 의무자가 그 기간 내에 확답을 받지 못하면 예약은 그 효력을 잃는다(제3항).

그리고 예약완결권은 형성권이므로 당사자 사이에 그 행사기간을 약정한 때에는 그 기간 내에,[11] 그러한 약정이 없는 때에는 그 예약이 성립한 때부터 10년 내에 이를 행사해야 하고, 그 기간이 지난 때에는 예약완결권은 제척기간의 경과로 인하여 소멸하는데,[12] 그 기산점은 권리를 행사할 수 있는 때, 즉 예약성립시이다.[13]

8) 대판 1987.5.26. 85다카2203 참조.
9) 가등기담보법이 정하는 청산절차를 거쳐야 함은 당연하다.
10) 대판 2003.1.10. 2000다26425.
11) 당사자들의 약정에 따른 예약완결권의 행사기간에는 특별한 제한이 없다(대판 2017.1.25. 2016다42077).
12) 대판 2000.10.13. 99다18725; 대판 2018.11.29. 2017다247190.
13) 대판 1995.11.10. 94다22682 · 22699.

[2090] Ⅲ. 계 약 금

1. 기본법리

가. 의 의

(1) 계약금(契約金)이란 계약을 체결할 때 당사자 일방이 상대방에게 교부하는 금전 기타 유가물을 말한다.[14)]

(2) 계약금계약은 매매 기타의 계약에 종된 계약이다. 학설은 일반적으로 계약금계약이 금전 기타 유가물의 교부를 요건으로 하는 요물계약이라 하고 판례도 같은 입장인데,[15)] 뒤에서 보는 것처럼 계약금이 해약금의 성질을 가지는 경우로 한정되어야 한다.

[2091] 나. 계약금 및 계약금계약의 모습

(1) 계약금은 다양한 모습을 포괄하는 유개념(類槪念)이다. 즉 계약금의 성질로 당사자가 금전을 교부하는 목적에 따라 증약금, 해약금, 위약금 등 여러 유형이 있을 수 있고 그중 어디에 해당하는지는 의사해석의 문제이지만,[16)] 제565조는 계약금을 해약금으로 추정한다(「의사추정」).[17)]

(2) 양 당사자의 의사합치로 계약이 성립하지만 성립의 증명이 쉽지 않을 수 있는바, 계약금의 수수는 처분문서인 계약서에 버금가는 증명력을 가진다. 즉 계약금은 「언제나」 계약이 성립되었음에 대한 증거의 성질을 가지는 증약금(證約金)이고, 이는 계약금의 최소한의 성질이다. 증거로 기능하기 위해서는 당연히 계약금이 실제로 교부되어야 하는데, 여기서는 매매계약과 별도의 합의를 요하지 않기 때문에 요물계약인지 여부가 문제되지 않는다.

[2092] (3) 계약금이 계약의 효력을 강화하는 위약금(違約金)의 성질을 가질 수 있다. 계약금이 위약금의 성질을 가지기 위해서는 당사자 사이에 명시 또는 묵시의 특약이 있어야 하는데,[18)] 위약금 약정이 금전 기타 물건의 교부를 요하지 않음에 비추어 위약금으로서 계약금계약은 낙성계약으로 보아야 한다. 한편 위약금으로서 계약금이 위약벌의 성질을 가질 수 있고 손해배상액 예정의 성질을 가질 수도 있는데, 이 중 어디에 속하는지 하는 것이 해석에 의하여 밝혀지지 않으면 제398조 제4항에 따라 위약계약금은 손해배상액의 예정으로서의 성질을 가진다. 따라서 계약금이 위약벌의 성질을 가지기 위해서는 제565조와 제398조 제4항의 의사추정 모두를 배제하는 특약이 있어야 한다.

(4) 나아가 계약금은 해약금(解約金)의 성질을 가지는 것으로 추정되는데, 해약금으로서 계약금은 약정해제권이라는 형태로 변심의 자유를 보장하는 대가(cost)라고 할 수 있다. 한편 해약금으로서 계약금계약이 낙성계약이라는 견해도 있지만, 요물계약이라는 것이 다수설이고 판례의 입장도 같다.[19)]

---

14) 가령 부동산거래에서 매매대금의 1할 가량을 계약금으로 지급하는 것이 거래관행이다.

15) 특히 대판 2008.3.13. 2007다73611.

16) 매매대금의 선급(先給)일 수도 있다.

17) 관련하여 "매매당사자 사이에 수수된 계약금에 대하여 매수인이 위약하였을 때에는 이를 무효로 하고 매도인이 위약하였을 때에는 그 배액을 상환할 뜻의 약정"을 위약금과 해약금의 성질을 겸하는 것으로 본 대판 1992.5.12. 91다2151 및 해약금과 손해배상 예정액의 성질을 겸한 계약금에 대하여 매수인이 해약금에 기한 해제권 행사를 이유로 그 일부의 반환을 구하였는데, 그 주장취지에 손해배상 예정액으로서 과다한 부분의 부당이득반환을 구하는 취지도 포함된 것으로 보아 과다한 손해배상 예정액 부분의 반환을 인정한 대판 1996.10.25. 95다33726 참조.

18) 계약금을 위약금으로 하기로 하는 특약이 없는 한 당연히는 손해배상액 예정의 성질을 가진 것으로 볼 수 없다고 한 대판 1979.4.24. 79다217 참조.

2. 민법 제565조 [2093]

가. 해약금 추정

(1) 계약금은 위와 같이 여러 성질을 가질 수 있기 때문에, 실제의 거래에서 계약금이 어떤 성질의 것인지가 분명하지 않은 경우도 있다. 결국 당사자의 의사해석에 의하여 판단되어야 하지만, 일단 해약금으로 추정된다(제565조 제1항 참조). 따라서 다른 약정이 없는 한 계약금의 교부자는 이를 포기하고, 수령자는 그 배액을 상환하고 매매계약을 해제할 수 있다. 즉 해약금으로서 계약금이 수수된 경우에 당사자 쌍방은 (약정)해제권을 가진다.

이 추정은 의사추정에 불과하므로, 그와 다른 당사자들의 약정이 인정되면 당연히 그 적용이 배제된다.[20]

(2) 계약금 상당액의 상대방 귀속은 약정해제권 행사의 대가이므로, 위약금의 특약이 없는 한 당사자 일방의 귀책사유에 기한 「법정」해제권 행사의 경우에 그 금액이 상대방에게 귀속되지 않는다.[21]

나. 해제권 행사의 요건과 효과 [2094]

(1) 계약금의 교부자는 의사표시만으로 해제권을 행사할 수 있고 계약금 포기의 의사를 따로 표시할 필요가 없는 반면, 수령자는 해제의 의사표시와 함께 배액의 상환 또는 그 제공을 해야 한다.[22]

한편 거래계에서 이런저런 이유로 계약금의 전부 또는 일부를 나중에 지급하기로 하는 경우가 드물지 않다 그런데 뒤에서 보는 것처럼 판례는 계약금 후지급 또는 분할지급의 약정이 있더라도 계약금계약에 기하여 해제하기 위해서는 계약금 전액지급의 상태에 있거나 적어도 약정된 계약금 전부의 포기 또는 그 배액의 상환이 필요하다는 입장인데, 검토를 요한다.

[참 고] 계약금 후지급 또는 분할지급의 약정이 있는 경우

㉮ 판례의 입장은 다음과 같다.

ⓐ 대판 2008.3.13. 2007다73611은, 계약금계약이 「요물계약」임을 전제로 "당사자가 계약금의 일부만을 먼저 지급하고 잔액은 나중에 지급하기로 약정하거나 계약금 전부를 나중에 지급하기로 약정한 경우, 교부자가 계약금의 잔금이나 전부를 약정대로 지급하지 않으면 상대방은 계약금 지급의무의 이행을 청구하거나 채무불이행을 이유로 계약금약정을 해제할 수 있고, 나아가 위 약정이 없었더라면 주계약을 체결하지 않았을 것이라는 사정이 인정된다면 주계약도 해제할 수도 있을 것이나, 교부자가 계약금의 잔금 또는 전부를 지급하지 아니하는 한 계약금계약은 성립하지 아니하므로 당사자가 임의로 주계약을 해제할 수는 없다"고 하여, 계약금 후지급 또는 분할지급의 약정의 효력을 부정하는 입장으로 읽힌다.

ⓑ 나아가 대판 2015.4.23. 2014다231378은 ―본안과 무관한 가정적 판단으로― "계약금 일부만 지급된 경우 수령자가 매매계약을 해제할 수 있다고 하더라도, 그 해약금의 기준이 되는 금원

19) 뒤에서 보는 대판 2008.3.13. 2007다73611.

20) 제565조의 해약권을 배제하기로 하는 약정이 있으면 더 이상 그 해제권을 행사할 수 없다고 한 대판 2009.4.23. 2008다50615. 의사의 해석방법에 관하여 대판 2008.7.10. 2005다41153도 참조.

21) 대판 1996.6.14. 95다54693: "유상계약을 체결함에 있어서 계약금이 수수된 경우 계약금은 해약금의 성질을 가지고 있어서, 이를 위약금으로 하기로 하는 특약이 없는 이상 계약이 당사자 일방의 귀책사유로 인하여 해제되었다 하더라도 상대방은 계약불이행으로 입은 실제손해만을 배상받을 수 있을 뿐 계약금이 위약금으로서 상대방에게 당연히 귀속되는 것은 아니"다.

22) 대판 1992.7.28. 91다33612. 상대방이 수령하지 않는다고 하여 이를 공탁해야 하는 것은 아니지만(대판 1992.5.12. 91다2152), "계약금의 배액을 공탁하는 경우에는 공탁원인사실에 계약해제의 의사가 포함되어 있다고 할 것이므로, 상대방에게 공탁통지가 도달한 때에 계약해제의사표시가 있었다고 보는 것이 옳다"(대판 1993.1.19. 92다31323).

은 '실제 교부받은 계약금'이 아니라 '약정계약금'이라고 봄이 타당하다. '실제 교부받은 계약금'의 배액만을 상환하여 매매계약을 해제할 수 있다면 이는 당사자가 일정한 금액을 계약금으로 정한 의사에 반하게 될 뿐 아니라, 교부받은 금원이 소액일 경우에는 사실상 계약을 자유로이 해제할 수 있어 계약의 구속력이 약화되는 결과가 되어 부당하기 때문"이라고 하였다.

㉯ 판례의 태도를 검토한다.

ⓐ 우선 앞의 2007다73611 판결의 태도와 달리, 계약금계약을 낙성계약으로 새겨야 한다는 주장도 유력하지만, 이렇게 새긴다면 무엇보다 계약금계약은 실질적으로 손해배상액의 예정에 해당하여 제398조가 규정하는 위약금약정과 중복되는 결과를 초래한다.

ⓑ 한편 계약금 후지급 또는 분할지급의 약정이 있더라도 계약금계약에 기하여 해제하기 위해서는 약정된 계약금 전부의 포기 또는 그 배액의 상환이 필요하다는 것이 판례의 입장이다. 그러나 해약금으로서 계약금계약이 요물계약이라고 하여 반드시 「온전한 하나」의 계약금계약이 있어야 하는 것은 아니다. 즉 분할지급의 약정에 따른 계약금 일부지급의 경우에 그 한도에서 계약금계약의 일부가 성립한다고 할 것이다.[23] 계약당사자가 계약성립에 즈음하여 금전을 교부하는 것은 계약의 효력발생 여부를 포함하여 성립한 또는 성립하려는 계약에서 보다 유리한 지위를 차지하려는 목적에 기한 것인데, 금전교부의 법적 성질 및 효과도 그러한 의도에 상응하는 것이어야 하기 때문이다. 특히 분할지급의 경우에 당사자들은 단계별 구속에 합의했다고 볼 것이다. 계약금의 일부만 지급한 상태와 전부 지급한 상태에서 구속력(당사자들이 느끼는 심리적 부담감) 및 계약해제의 cost가 다르다고 해야 한다. 그리고 앞의 2007다73611 판결처럼 계약금 전부가 지급되기 전에는 계약해제를 할 수 없다고 한다면, 분할지급의 약정이 아무런 의미를 가지지 않을 뿐만 아니라 계약금 전액이 지급되지 않은 경우에 해제가능성의 관점에서 교부자와 상대방의 지위 사이에 현저한 불균형이 발생한다는 점[24]에서 받아들이기 곤란하다.

[2095] (2) 해약금에 기하여 계약을 해제할 수 있는 기간은 "당사자의 일방이 이행에 착수할 때"까지이다.

① 이처럼 해제권 행사의 시기를 제한하는 것은, 당사자 일방이 이행에 착수하였다면 그는 계약이 이행될 것으로 기대하고 비용을 지출하였을 것인데, 이러한 단계에서 계약이 해제된다면 예측하지 못한 손해를 입게 될 우려가 있으므로, 이를 방지하기 위해서이다.[25] 결국 이행의 착수는 당사자들 사이의 이익조정의 분기점으로, 계약금 상당의 손해를 대가로 하더라도 이 단계를 넘지 않는 선에서만 해제가 허용된다.

② "당사자의 일방"은 상대방에 한정되지 않고, 계약당사자 중 누구라도 이행에 착수하였다면 해제권이 봉쇄된다는 것이 다수설 및 판례의 입장이다. 즉 매도인이 매매계약의 이행에 전혀 착수하지 않았더라도 매수인이 중도금을 지급하여 이미 이행에 착수한 이상 매수인 자신도 계약금을 포기하고 매매계약을 해제할 수 없다고 한다.[26] 그런데 해제권 행사시기를 제한하는 취지에 비추어 이행에 착수한 당사자가 해제를 주장함을 허용하는 것이 적절하다고 생각된다.

③ 이행에 착수한다는 것은 단순한 이행의 준비를 넘어 이행행위 자체에 착수하는 것을 말한다. 즉 객관적으로 외부에서 인식할 수 있는 정도로 채무이행행위의 일부를 행하거나(중도금의

23) 분할지급의 약정이 없는 경우에 그렇지 않음은 당연하다.

24) 교부자는 계약금 전액지급의 상태를 만들어 약정해제권을 행사할 수 있고 계약금이 전액지급되지 않은 상태를 유지함으로써 상대방의 해제권을 봉쇄할 수도 있는 「꽃놀이패」를 가지는 반면, 계약금 전액지급의 상태를 만들 수 없는 상대방은 교부자의 처분에 따를 수밖에 없는 「속수무책」의 지경에 빠진다.

25) 대판 1992.7.28. 92다31323; 대판 1997.6.27. 97다9369.

26) 대판 2000.2.11. 99다62074.

지급이나 목적물의 인도), 이행에 필요한 전제행위를 하는 것(예: 매도인이 매매목적물을 조달하거나 매수인이 잔대금을 준비하고 등기절차를 밟기 위하여 등기소에 동행할 것을 촉구하는 것)을 말한다.[27] 그런데 단순히 이행의 준비를 하는 것만으로 부족하다고 해서 반드시 계약내용에 들어맞는 이행제공의 정도에까지 이르러야 하는 것은 아니다.

[참 고] 대판 1994.11.11. 94다17659는, 매매계약당사자의 일방 또는 쌍방이 이행에 착수한 후 당초 매매계약의 내용을 그대로 유지하면서 다만 이미 수수된 계약금과 중도금의 합계금원을 새로이 계약금으로, 나머지 미지급 금원을 잔금으로 하고 그 잔금지급일자를 새로 정하는 내용의 재계약을 체결하였더라도, 당사자간에 다른 약정이 없는 한 당사자 일방이나 상대방이 새로이 결정된 계약금의 배액상환 또는 포기로써 해제권을 행사할 수는 없다고 하였는데, 변경계약(계약금계약을 포함하는)의 의미/유효범위와 관련하여 검토를 요한다.

④ 이행기의 약정이 있더라도 당사자가 채무의 이행기 전에는 착수하지 않기로 하는 특약을 [2096]
하거나 상대방이 기한의 이익을 가지는 등 특별한 사정이 없는 한[28] 이행기 전에 이행에 착수하여 상대방의 해제권을 봉쇄할 수 있다.[29]

(3) 이행에 착수하기 전에만 해제할 수 있으므로, 해제에 의하여 원상회복의 문제는 생기지 [2097]
않는다. 뿐만 아니라 손해배상청구권도 생기지 않는다(제565조 제2항). 그러나 계약금의 수수가 채무불이행을 이유로 하는 (법정)해제 및 그에 따른 손해배상을 배제하지는 않는다.[30]

(4) 한편 계약금의 수수가 있었지만 계약이 해제되지 않은 상태에서 계약상의 채무가 이행된 경우에, 계약금의 수령자는 이를 교부자에게 반환해야 하지만, 거래상 대금의 일부에 충당되는 것이 보통이다.

제 3 절 계약의 효력

제1관 서 론

I. 총 설 [2098]

1. 계약의 효력

(1) 계약이 성립하면 그 효력(당사자가 원한 효과)이 발생하여 당사자들을 구속한다. 즉 당사

27) 대판 2006.11.24. 2005다39594는, 매매계약 당시 매수인이 중도금 일부의 지급에 갈음하여 매도인에게 제3자에 대한 대여금채권을 양도하기로 약정하고 그 자리에 제3자도 참석한 경우에, 매수인은 매매계약과 함께 채무의 일부이행에 착수하였으므로 매도인은 제565조 제1항에 정한 해제권을 행사할 수 없다고 보았다. 반면 토지거래에 관한 관할관청의 허가를 받았더라도 이행의 착수가 있다고 볼 수 없다는 대판 2009.4.23. 2008다62427도 참조.

28) 관련하여 대판 2024.1.4. 2022다256624: "부동산매매계약에서 중도금 또는 잔금 지급기일은 일반적으로 계약금에 의한 해제권의 유보기간의 의미를 가진다고 이해되고 있으므로, 계약에서 정한 매매대금의 이행기가 매도인을 위해서도 기한의 이익을 부여하는 것이라고 볼 수 있다면, 채무자가 이행기 전에 이행에 착수할 수 없는 특별한 사정이 있는 경우에 해당한다고 할 수 있다."

29) 매매계약 체결 후 시가 상승이 예상되자 매도인이 구두로 구체적인 금액의 제시 없이 매매대금의 증액요청을 하였고, 매수인은 이에 대하여 확답하지 않은 상태에서 중도금을 이행기 전에 제공하였는데, 그 후 매도인이 계약금의 배액을 공탁하여 해제권을 행사한 사안에서, 매도인은 해제권을 행사할 수 없다고 한 대판 2006.2.10. 2004다11599. 매도인이 제565조에 기하여 계약을 해제한다는 의사표시를 하고 일정한 기한까지 해약금의 수령을 최고하며 기한을 넘기면 공탁하겠다고 통지를 한 이상 중도금지급기일은 매도인을 위해서도 기한의 이익이 있다고 보는 것이 옳고, 따라서 이 경우 매수인이 이행기 전에 이행에 착수할 수 없는 특별한 사정이 있는 경우에 해당하여 매수인은 매도인의 의사에 반하여 이행할 수 없다고 본 대판 1993.1.19. 92다31323도 참조.

30) 대결 1990.3.27. 89다카14110.

자들의 합의가 법률에 갈음하여[1] 그들을 구속한다.[2][3]

(2) 계약이 유효하게 성립하여 구속력이 발생하면, 당사자들 사이에 별도의 합의가 있거나 법률의 규정이 있는 경우를 제외하고 당사자 일방의 의사만으로 그 구속력을 해소하지 못한다 ([2130] 참조). 그런데 학설과 판례는 구체적인 상황에 따라 계약의 구속력을 완화하려고 하는바, 사정변경에 관한 논의도 그러한 시도들 중 하나이다.

[2099] (3) 당사자 사이에 외형상 의사의 합치만 있으면 「일단」 계약이 성립한다. 그런데 계약이 성립한다고 해서 언제나 그 효력이 발생하는 것은 아니다. 즉 일정한 요건이 갖추어지지 않으면 계약의 효력이 발생하지 않는데, 계약의 효력을 주장하는 이는 계약의 성립을 주장 · 증명하면 되고, 그 효력을 다투는 이가 효력발생에 대한 장애사유를 주장하고 증명해야 한다. 이러한 사유, 즉 넓은 의미의 무효사유에 관해서는 [1078] 이하에서 다루었으므로 반복하지 않는다.[4]

계약에 기한 권리의 행사에서 계약의 성립은 권리근거사실(權利根據事實)로서 청구원인을 이루는 반면,[5] 효력의 발생을 방해하는 사실을 권리장애사실(權利障碍事實)이라 하고 항변에 속한다.[6]

이를 기초로 계약의 일생을 도식화하면 다음과 같다.

계약의 성립 = 권리근거사실

← 권리장애사실: 계약의 효력발생에 대한 장애사유

무효사유의 존재: 의사무능력, 원시적 불능, 강행규정 위반, 사회질서 위반, 비진의표시, 허위표시

취소사유의 존재(및 취소권의 행사): 제한능력, 착오, 사기 · 강박

↓

계약의 효력발생

← 권리소멸사실(權利消滅事實)

계약의 효력 자체의 소멸사유: 해제조건의 성취, 종기의 도래, 해제권의 행사, 합의해제

(계약상) 권리의 소멸사유: 변제 등의 채권소멸사유, 소멸시효의 완성, 채무자에게 책임 없는 사유로 인한 이행불능

주체의 변경: 채권양도, 면책적 채무인수

← 권리저지사실(權利沮止事實): 권리의 행사에 대한 장애사유

항변사유의 존재: 동시이행의 항변권, 최고 · 검색의 항변권, 유치권

부관의 존재: 정지조건의 불성취, 기한의 미도래

↓

계약관계의 종료

1) 당연히 사적자치가 허용되는 범위 안에서. 당사자들의 의사(합치)가 강행규정의 적용을 배제하지는 못한다.

2) 법령상 매도인이 부담할 양도소득세를 매수인이 부담하기로 하는 특약이 있는 경우에 매도인의 소유권이전등기의무와 매수인의 양도소득세액 제공의무가 동시이행의 관계에 있다고 한 대판 1995.3.10. 94다27977 참조.

3) 이러한 구속력이 당사자의 법률상 지위를 승계한 이에게도 미침에 관하여 대판 2004.9.24. 2004다20081 및 [1035] 참조.

4) 그 밖에 대리권의 부존재 및 법인에서 대표권의 제한도 참조.

5) 계약의 불성립주장은 계약상 채무의 이행청구에 대하여 항변이 아니라 부인(否認)이다.

6) 계약상 채무의 이행에서 그렇다는 것이고, 계약의 무효를 이유로 한 부당이득반환의 소에서는 효력의 발생을 방해하는 사실이 청구원인으로 된다.

2. 이 절의 서술내용 및 순서 [2100]

(1) 계약이 성립요건을 갖추고 권리장애사실이 없으면 그 효력이 발생하는데, 계약에서 생기는 구체적인 법률효과는 계약의 종류에 따라 다르고, 자세한 내용은 각종의 전형계약에서 설명된다. 한편 민법은 "계약의 효력"이라는 표제 아래 쌍무계약에 특유한 효력인 동시이행의 항변권과 위험부담에 관하여 규정하는데(제536조 이하), 동시이행의 항변권은 주로 이행지체와 관련되고 위험부담은 광의의 불능과 관련되므로, 그곳에서 검토하기로 하고, 여기서는 쌍무계약의 개념 및 견련성만 살펴본다.

(2) 한편 계약의 효력범위와 관련하여 ① 시적 범위로 부관을, ② 객관적 범위와 관련하여 계약해석 및 계약내용의 사후적 변경을, ③ 주관적 범위와 관련하여 계약의 상대효와 계약당사자의 확정 및 제3자를 위한 계약을 각 살펴본다.

Ⅱ. 쌍무계약의 효력 [2101]

1. 쌍무계약의 의의

(1) 쌍무계약(雙務契約)이란, 그에 기한 채무들이 「상대방이 채무를 부담하기 때문에 나도 채무를 부담한다」(「do ut des」=give and take)는 관계에 서는 계약(예: 매매, 이자부 소비대차, 임대차 등)을 말한다. 즉 그에 기하여 당사자 쌍방이 서로 대가적 의미를 가지는 「채무」를 부담하는 계약이 쌍무계약인데, 여기서 채무는 주된 급부의무를 말하고, 양 채무가 객관적 · 경제적으로 동등한 의미를 가져야 하는 것은 아니며, 주관적 · 법적으로 상호의존관계가 있으면 된다. 그리고 이자부 소비대차에서 차주의 이자지급의무와 대주의 원본대여의무와 같이 상환으로 이행되지 않더라도 양 채무가 서로 대가적 의미를 가지고 상호의존적이면 된다.

반면 쌍무계약이 아닌 계약을 통틀어서 편무계약(片務契約)이라 하는데, 증여처럼 당사자 일방만이 채무를 부담하는 계약뿐만 아니라 무이자소비대차나 사용대차와 같이 당사자 쌍방이 채무를 부담하지만(즉 양 의무가 양면적 관계에 있더라도) 그 채무들이 대가적 의미를 가지지 않는 계약[7] 도 편무계약에 속한다.

(2) 쌍무계약과 편무계약을 구별하는 실익은, 동시이행의 항변권(제536조)과 위험부담의 법리(제537조, 제538조)가 편무계약에는 적용되지 않는다는 점에 있다.

2. 쌍무계약의 견련성 [2102]

(1) X와 Y 사이에 매매가 성립한 경우와 두 개의 증여(재산권의 이전을 내용으로 하는 증여와 금전의 지급을 내용으로 하는 증여)가 교차하는 경우를 비교하여 보자. 뒤의 경우에 각 채무는 독립한 별개의 것으로 그들 상호간에 아무런 관련이 없다. 반면 매매는 상대방으로부터 출연을 받는 것을 전제로 자기의 출연을 약속한다는 점에 특색이 있고, 따라서 양 채무가 독립적인 것으로 다루어져서 안 되며, 서로 묶여 법률적 운명을 같이할 것이 요구된다. 즉 쌍무계약에서 각 당사자는 상대방에 대하여 채무를 부담하고, 그 채무들은 상호의존관계에 서는데, 이러한 관계를 견련

7) 이를 불완전쌍무계약이라고도 하지만, 양 채무가 대가적 관계에 있지 않아서 「쌍무」계약은 아니다.

관계(牽連關係)라 한다.

[2103] (2) 견련관계는 쌍무계약의 일생에 걸쳐 유지되는데, ① 일방의 채무가 성립하지 않으면 상대방의 채무도 성립하지 않는다는 성립상의 견련성(결국 계약은 무효로 된다), ② 상대방의 이행 또는 그 제공이 있을 때까지 나의 이행을 거절할 수 있다는 이행상의 견련성(동시이행의 항변권이 그 발현형태이다) 및 ③ 상대방의 채무가 그에게 책임 없는 사유로 소멸하면 내 채무도 소멸한다는 존속상의 견련성(위험부담의 문제로 된다)의 모습으로 나타난다.[8] 그런데 이자부 소비대차에서와 같이 위의 속성 중 일부가 제외될 수는 있다.

이러한 효과는 쌍무계약의 상호의존관계에 기한 것으로, 편무계약에는 적절하지 않다.[9]

(3) 민법은 제536조 이하에서 "계약의 효력"이라는 표제 아래 주로 쌍무계약의 견련성에 관한 규정들을 둔다. 그런데 ① 강학상 견련성을 쌍무계약에 「특유한」 효력이라고 하지만, 실제로는 「예외적인」 편무계약의 경우를 제외하고 일반적으로 적용된다. 그리고 ② 이 규정들이 작동하는 것은 주로 급부장애와 관련해서이다.[10] 이러한 사정을 고려하여 이행상의 견련성은 이행지체와 관련하여, 존속상의 견련성은 불능과 관련하여 각 설명하기로 한다.

제2관 효력의 시적 범위

[2104] Ⅰ. 총 설

계약의 효력은 계약성립과 동시에 발생한다. 즉 계약에 기한 채무는 계약이 성립하면 즉시 발생한다: 즉시효(卽時效). 그리고 계약상 채무가 이행에 의하여 소멸하지만, 그 밖에 해제나 해지 또는 취소 등에 의해서도 계약 자체가 그 효력을 상실할 수 있다.

한편 계약자유의 원칙상 당사자들이 효력의 발생이나 소멸의 사유 및/또는 시기를 이와 달리 정할 수 있는데, 구체적으로 조건이나 기한을 붙일 수 있다.

[2105] Ⅱ. 부 관

1. 총 설

(1) 법률행위 「효력」의 발생 또는 소멸을 정하기 위하여 법률행위에 부가되는 약관을 부관(附款)이라 한다. 부관은 법률행위의 당사자들이 장래의 사정변경에 능동적으로 대비하기 위하여 사용하는 법적 수단이다.

(2) 법률행위의 부관으로 조건, 기한 및 부담(負擔)의 세 가지가 있다. 민법은 조건과 기한에 관하여 총칙에 일반규정을 두고, 부담부 증여(제561조)와 부담부 유증(제1088조)에 관하여 특별규정을 둔다.

(3) 부관의 절차법적 측면을 본다.

---

8) 그 밖에 청산단계에서도 견련관계가 유지되어야 한다.

9) 다만 부담부 증여에 대해서는 제561조에 따라 쌍무계약에 관한 규정이 적용된다.

10) 가령 동시이행의 항변권은 상대방의 이행청구에 대하여 자기의 이행을 거절할 수 있는 권리로서 이행기가 도과한 자기채무에 대한 이행지체의 성립을 저지하는 사유로 기능한다.

① 법률행위에 정지조건이나 시기가 붙어있다는 진술이 —법률행위의 성립 자체를 부정하는 것은 아니므로[1]— 부인(否認)일 수 없고 권리저지의 항변(抗辯)이며, 법률효과의 발생을 다투려는 이에게 주장 · 증명책임이 있다. 판례도 항변설을 따른다.[2] 반면 정지조건의 성취나 시기의 도래에 대한 증명책임은 그로 인하여 권리를 취득하는 이가 진다.[3]

② 법률행위에 해제조건이나 종기가 붙어있다는 점 및 그 성취 또는 도래의 사실은 권리소멸사유로서 권리를 다투는 이(즉 효력의 소멸을 주장하는 이)가 그에 대한 증명책임을 진다.

2. 조 건 [2106]

가. 의 의

(1) 조건(條件)이란 법률행위 효력의 발생 또는 소멸을 「장래의 불확실한 사실」의 성부(成否)에 의존케 하는 법률행위의 부관을 말한다.[4]

(2) 조건인 사실은 발생할지 여부가 객관적으로 불확실한 장래의 사실이어야 한다. 장래 반드시 실현되는 사실은 기한이지 조건이 아니다.[5] 그리고 과거의 사실은 당사자가 알지 못하더라도 조건으로 되지 못한다.

(3) 조건은 당사자가 임의로 부가한 것이어야 한다. 그리고 "조건은 […] 당해 법률행위를 구성하는 의사표시의 일체적인 내용을 이루는 것이므로, 의사표시의 일반원칙에 따라 조건을 붙이고자 하는 의사 즉 조건의사와 그 표시가 필요하며, 조건의사가 있더라도 그것이 외부에 표시되지 않으면 법률행위의 동기에 불과할 뿐이고 그것만으로는 법률행위의 부관으로서의 조건이 되는 것은 아니다."[6] 조건의사가 묵시적으로 표시될 수 있음은 당연하다.

나. 조건의 종류 [2107]

(1) 법률행위 효력의 「발생」을 장래의 불확실한 사실에 의존케 하는 것이 정지조건(停止條件)이고,[7] 법률행위 효력의 「소멸」을 장래의 불확실한 사실에 의존케 하는 것이 해제조건(解除條件)이다.[8]

(2) 조건의 성취 여부가 당사자의 일방적 의사에 의존하는지에 따라 수의조건(隨意條件)과 비수의조건이 나뉘고, 수의조건으로 순수수의조건(예: 내 마음이 내키면)[9]과 단순수의조건(예: 내가 독

1) 부관은 법률행위 「효력」의 발생 또는 소멸에 관한 것이지, 법률행위의 「성립」에 관한 것이 아니다. 이처럼 계약의 성립시기와 효력발생시기가 달라진다는 점에서 권리장애사실과 구별된다.

2) 대판 1993.9.28. 93다20832: "어떠한 법률행위가 조건의 성취시 법률행위의 효력이 발생하는 소위 정지조건부 법률행위에 해당한다는 사실은 그 법률행위로 인한 법률효과의 발생을 저지하는 사유로서 그 법률효과의 발생을 다투려는 자에게 주장입증책임이 있다."

3) 대판 1984.9.25. 84다카967.

4) 취직을 하면 자동차를 주겠다고 약정한 경우(정지조건)에, 증여계약은 즉시 성립하지만 자동차의 인도를 구하려면 취직을 해야 하고, 대학에 입학한 후배에게 장학금을 주기로 하면서 낙제하면 장학금의 지급을 중단하기로 약정한 경우(해제조건)에, 장학금지급의무는 즉시 발생하지만 나중에 낙제를 하면 장학금지급약정의 효력이 소멸한다.

5) 사람의 출생은 조건인 반면, 사망은 기한에 해당한다.

6) 대판 2003.5.13. 2003다10797: B의 오빠인 A가 피해자에게 B의 횡령금 중 일부를 지급하기로 한 약정만으로 B의 선처를 조건으로 한 조건부 약정이 이루어졌다고 단정할 수 없다고 한 사례. 대판 2020.7.9. 2020다202821도 동지.

7) 예: 유치원 부지에 관하여 유치원을 이전하거나 폐원함으로써 그 토지 위에 유치원이 존재하지 않을 것을 조건으로 매매계약을 체결한 경우(대판 2002.9.27. 2002다29152).

8) 예: 주택건설을 위한 토지매매에서 건축허가신청이 불허되면 이를 무효로 한다고 약정한 경우(대판 1983.8.23. 83다카552). 단체협약에 관한 대판 2018.11.29. 2018두41532도 참조.

9) 전적으로 당사자의 의사에 의존하는 순수수의조건이 붙은 행위의 효력에 관하여 견해가 갈리는데, 이론적으로는 조건이 주로 채권자의 이익을 위한 것이라는 점에서 채권자의 의사에만 의존한다면 option으로 유효한 반면, 채무자의 의사에만 의존한다면 무효라고 할 것이지만(의용민법 제134조 참조), 쌍무계약에서 채권자와 채무자가 엄격하게 구분되지 않는다는 점에서 음미를 요한다.

일로 유학을 가면)이, 비수의조건으로 우성조건(偶成條件. 예: 내일 비가 오면)과 혼성조건(混成條件. 예: 내가 A와 결혼하면)이 있다.

[2108] (3) 외형상 조건으로 보이지만 실질적으로는 조건에 해당하지 않는 것을 통틀어 가장조건(假裝條件)이라 한다. ① 법인의 설립에서 주무관청의 허가(제32조)나 유언에서 유언자의 사망(제1073조 제1항 참조)처럼 법률행위의 효력이 발생하기 위하여 법률이 요구하는 요건이 「법정조건」인데, 부관으로서의 조건에 해당하지 않는다. ② 선량한 풍속 기타 사회질서에 위반한 조건이 「불법조건」인데, 불법조건이 붙은 경우에 조건만이 아니라 법률행위 전부가 무효로 된다(제151조 제1항). ③ 조건인 사실이 법률행위 성립 당시 이미 발생한 경우가 「기성조건」인데, 기성조건이 정지조건이면 조건 없는 법률행위이고, 해제조건이라면 그 법률행위는 무효이다(제2항). ④ 조건이 법률행위 성립 당시 이미 성취될 수 없는 것으로 객관적으로 확정된 경우가 「불능조건」인데, 불능조건이 해제조건이면 조건 없는 법률행위이고, 정지조건이라면 그 법률행위는 무효이다(제3항).

[2109]

다. 조건에 친하지 않은 법률행위

(1) 법률행위에 조건이 붙여지면 효력의 발생이나 존속이 불확실하기 때문에, 그러한 불확실성을 감내할 수 없는 법률행위에 조건을 붙일 수 없다. 이러한 법률행위를 「조건에 친하지 않은 행위」라 한다. 먼저 ① 어음행위나 수표행위(어음법 제12조, 제26조, 수표법 제15조, 제54조 참조)처럼 효과가 확정적으로 발생할 것이 요구되는 법률행위가 이에 해당한다. 그 밖에 흔히 혼인 · 입양이나 상속의 승인 · 포기 등 가족법상의 행위도 이에 속한다고 하지만, 개별적으로 검토되어야 한다. 유언에 조건을 붙일 수 있고(제1073조 제2항 참조), 판례는 상속재산 분할협의에 정지조건을 붙일 수 있다고 한다.[10] ② 조건을 붙이면 상대방의 지위가 현저하게 불리하게 되는 법률행위, 특히 단독행위에는 조건을 붙일 수 없다(제493조 제1항 참조). 다만 단독행위라도 상대방의 동의가 있는 경우 또는 상대방에게 이익만 주거나(예: 채무면제, 유증) 상대방에게 불리하지 않은 경우(예: 정지조건부 해제)에는 조건을 붙일 수 있다.

(2) 조건을 붙일 수 없는 법률행위에 조건을 붙인 경우에, 법률에 규정(어음법 제12조, 수표법 제15조 참조)이 있으면 그에 따르고, 그러한 규정이 없다면 일부무효의 법리(제137조)에 따라 일단 법률행위 전부가 무효로 된다 할 것이다.

[2110]

라. 조건의 성취와 불성취

(1) 조건인 장래의 불확실한 사실이 일어나는 것을 조건의 성취(成就)[11]라 하고, 반대의 경우를 불성취라고 한다.[12]

(2) 정지조건부 법률행위에서 조건이 성취되면 법률행위는 그 효력을 발생하고, 불성취로 확정되면 무효로 된다.[13] 반면 해제조건이 붙은 경우에 조건이 성취되면 법률행위의 효력이 소멸하고,[14] 불성취로 확정되면 그 효력은 소멸하지 않는다.

---

10) 상속인 중 1인이 상속세와 상속 관련채무를 모두 변제하는 것을 정지조건으로 하여 그가 단독상속하기로 한 상속재산 분할협의의 효력을 인정한 대판 2004.7.8. 2002다73203 참조.

11) 기한의 경우에는 「도래」라는 표현을 쓴다.

12) 특정법률행위에 관하여 어떠한 사실이 효과의사의 내용을 이루는 조건이 되는지와 해당 조건의 성취 또는 불성취로 말미암아 법률행위의 효력이 발생하거나 소멸하는지는 모두 법률행위 해석의 문제이다(대판 2021.1.14. 2018다223054).

13) 대판 2006.12.7. 2004도3319 참조.

14) [5091] 및 해제조건부 증여에 관한 대판 1992.5.22. 92다5584 참조.

그런데 조건성취의 효과는 소급하지 않는다. 즉 정지조건부 법률행위는 조건이 성취된 때부터 효력이 생기고(제147조 제1항), 해제조건부 법률행위는 조건이 성취된 때부터 효력을 잃는다(제2항). 다만 당사자가 조건성취의 효력을 성취 전으로 소급하게 할 의사를 표시하였다면 그 의사에 의하는데(제3항), 이 소급효로 제3자의 권리를 해치지 못함은 당연하다.

(3) 조건의 성취 여부에 대하여 당사자들은 중대한 이해관계를 가진다. 따라서 조건의 성취 또는 불성취로 인하여 불이익을 받을 이가 부정·부당하게 조건의 성취를 방해하거나 촉진한 경우에, 법은 조건이 성취되었는지를 따지지 않고 조건의 성취 또는 불성취를 주장할 수 있도록 한다. 누구도 신의성실에 반하는 행태를 통해 상대방의 「정당한 기대」를 해쳐서는 안 되기 때문이다. [2111]

① 조건의 성취로 불이익을 받을 당사자가 신의성실에 반하여 조건의 성취를 방해한 경우에, 상대방은 조건이 성취된 것으로 주장할 수 있다(제150조 제1항).[15] 여기서 ⓐ 당사자는 조건의 성취로 「직접」 불이익을 받는 이를 말하는데, 해제조건부의 제3자를 위한 계약에서 수익자나 조건부 채무에 대한 보증인 등도 이에 포함된다. ⓑ 방해행위는 고의에 기한 것뿐만 아니라 과실에 의한 경우를 포함하며, 작위에 한하지 않고 부작위라도 무방하다. 그런데 방해행위와 조건의 불성취 사이에 인과관계가 있어야 하므로, 조건성취의 가능성이 전혀 없는 상태에서 행하여진 방해행위에는 위 규정이 적용되지 않는다.[16] ⓒ 조건성취로 의제되는 시점은 신의칙에 반하는 방해행위가 없었다면 조건이 성취되었으리라고 추정되는 시점이다.[17]

② 조건의 성취로 이익을 받을 당사자(예: 제3자를 위한 계약의 수익자)가 신의성실에 반하여 조건을 성취시킨 경우에, 상대방은 조건이 성취되지 않은 것으로 주장할 수 있다(제150조 제2항).

마. 조건부 법률행위의 효력 [2112]

(1) 조건부 법률행위에서 조건의 내용 자체가 불법적인 것이어서 무효인 경우(제151조 제1항 참조) 또는 조건을 붙이는 것이 허용되지 않는 법률행위에 조건을 붙인 경우에, 조건만이 아니라 법률행위 전부가 무효로 된다.[18]

(2) 조건부 법률행위의 당사자는 조건의 성부가 미정인 동안 조건의 성취로 인하여 생길 상대방의 이익을 해치지 못한다(제148조). 이처럼 조건성취 여부가 미정인 상태에서도 조건의 성취로 얻게 될 상대방의 이익을 법은 권리로서 보호하는데, 이를 조건부 권리(條件附 權利)라 한다. 그리고 부동산에 관한 조건부 권리(청구권)를 가등기한 경우에(부동산등기법 제88조 참조), 나중에 조건의 성취로 제3자에게도 대항할 수 있다.[19] 한편 조건부 권리에 대한 침해가 제150조 위반에

15) 관련하여 대판 2021.1.14, 2018다223054: "제150조 제1항은 계약당사자 사이에서 정당하게 기대되는 협력을 신의성실에 반하여 거부함으로써 계약에서 정한 사항을 이행할 수 없게 된 경우에 유추적용될 수 있다. [··· 다만 제150조는 사실관계의 진행이 달라졌더라면 발생하리라고 희망했던 결과를 의제하는 것은 아니므로, 이 조항을 유추적용할 때에도 조건성취 의제와 직접적인 관련이 없는 사실관계를 의제하거나 계약에서 정하지 않은 법률효과를 인정해서는 안 된다."

16) 대판 2022.12.29, 2022다266645: "'조건의 성취를 방해한 때'란 사회통념상 일방당사자의 방해행위가 없었더라면 조건이 성취되었을 것으로 볼 수 있음에도 방해행위로 인하여 조건이 성취되지 못한 정도에 이르러야 하고, 방해행위가 없었더라도 조건의 성취가능성이 현저히 낮은 경우까지 포함되는 것은 아니다. 만일 위와 같은 경우까지 조건의 성취를 의제한다면 단지 일방당사자의 부당한 개입이 있었다는 사정만으로 곧바로 조건성취로 인한 법적 효과를 인정하는 것이 되고 이는 상대방으로 하여금 공평·타당한 결과를 초과하여 부당한 이득을 얻게 하는 결과를 초래할 수 있기 때문이다." 승소가능성이 없어 소송비용을 절약하고 부당소송행위의 책임을 면하기 위하여 소송을 취하한 경우에 관한 대판 1979.6.26, 77다2091도 참조.

17) 대판 1998.12.22, 98다42356.

18) 대결 2005.11.8, 2005마541.

19) 예를 들어 정지조건부로 증여한 토지를 증여자(S)가 조건성취 전에 제3자(D)에게 매각하여 등기가 마쳐진 경우에, 조건이 성취되면 수증자(G)는 S를 상대로 그 토지의 인도불능에 따른 손해배상(전보배상)을 청구할 수 있다.
한편 소유권이전등기청구권을 보전하기 위한 가등기가 경료되었다면, G는 S를 상대로 가등기에 본등기를 할 수 있고, D 명의의 등기는 직권으로 말소된다([5139] 참조).

해당하는 경우에, 당사자는 선택적으로 조건성취의 주장 또는 손해배상의 청구를 할 수 있다.

(3) 조건부 권리는 조건의 성취가 미정인 동안에도 일반규정에 의하여 처분·상속·보존·담보로 할 수 있다(제149조).

[2113] ### 3. 기 한

가. 의 의

(1) 학설은 대개 기한(期限)을 「법률행위의 당사자가 그 효력의 발생·소멸 또는 채무의 이행을 장래에 발생하는 것이 확실한 사실에 의존하게 하는 부관」이라고 정의하지만, 법률행위 자체의 효력에 관한 기한과 그로부터 발생하는 채무의 이행에 관한 이행기한(履行期限)을 구별해야 한다. 이행기한에서 계약의 효력, 즉 채무는 즉시 발생하되 그 이행이 연기될 뿐인 반면,[20] 정지기한의 경우에 채무 자체가 기한도래시에 비로소 발생한다. 이러한 입장에 선다면 법률행위의 부관으로서 기한은 「법률행위 효력의 발생이나 소멸을 장래 발생할 것이 확실한 사실에 의존케 하는 경우」로 한정되어야 한다.[21]

(2) 기한은 법률행위의 효력을 「장래의 확실한 사실」에 의존케 한다는 점에서 조건과 구별된다. 그런데 조건인지 기한인지가 명확하지 않는 경우(예:「 출세하면 돈을 준다」고 한 경우)도 있는바, 당사자의 의사해석에 의하여 판단할 것이다. 즉 부관에 표시된 사실이 발생하지 않으면 부관의 효력이 발생하지 않는다고 보는 것이 상당하다면 조건인 반면, 표시된 사실이 발생한 때는 물론이고 발생하지 않는 것으로 확정되더라도 부관의 효력이 발생하는 것으로 보는 것이 상당하다면 표시된 사실의 발생 여부가 확정되는 것을 불확정기한으로 정한 것으로 보아야 한다.[22] 요컨대 법률행위의 효력의 발생 또는 소멸이 장래의 불확실한 사실에 달려있다고 하여 언제나 조건으로 되지는 않으며, 장래의 불확실한 사실의 「발생 여부의 확정」에 법률행위 효력의 발생 또는 소멸을 의존케 하는 것이라면, 조건이 아니라 불확정기한이라고 새겨야 한다.

[2114] #### 나. 기한의 종류

「A가 사망하면 생활비를 보조하겠다」고 한 경우와 같이 법률행위의 효력의 발생에 관한 기한을 시기(始期. 정지기한)라 하고, 「A가 사망할 때까지 생활비를 보조하겠다」는 경우처럼 법률행위의 효력의 소멸이 걸려있는 기한이 종기(終期. 해제기한)이다.

그리고 기한의 내용인 사실이 발생하는 시기가 확정되어 있는 것(예: 내년 12월 31일)이 확정기한이고, 그렇지 않은 것(예: A가 사망한 때)이 불확정기한이다.

다. 기한에 친하지 않은 법률행위

(1) 시기부 법률행위의 효력은 기한이 도래한 때부터 생기기 때문에, 효력을 즉시 발생케 할 필요가 있는 경우, 특히 혼인·입양 등의 친족법상의 행위에 시기를 붙이지 못한다. 나아가 단독

---

20) 매매대금채무의 이행기를 1년 뒤로 정한 경우에 1년이 지나야 계약의 효력이 발생하는 것이 아니라, 계약의 효력은 즉시 발생하지만 이행기한이 도래해야 이행청구를 할 수 있을 뿐이다

21) 이처럼 부관인 기한과 이행기한을 나눈다면, 제152조 이하(다만 제468조와 중첩되는 제153조를 제외하고)는 전자를 전제하는 반면, 제387조에서 기한은 이행기한을 의미한다. 그리고 「장래의 채무」(제428조 제2항)란 정지기한부 채무를 의미하고, 이행기한부 채무를 지칭하지 않는다. 이행기한에 관하여 [2190] 이하 참조.

22) 대판 2018.6.28. 2018다201702. 희망퇴직신청을 하면 회사정리계획 인가결정일부터 1월 이내에 평균임금 3개월분의 퇴직위로금을 지급하겠다는 의사표시를 불확정기한으로 본 대판 2003.8.19. 2003다24215도 참조.

행위인 취소나 상계에 시기를 붙이는 것은 무의미하다(제493조 제1항 후문 참조).[23]

(2) 종기를 붙일 수 없는 법률행위는 대체로 해제조건에서와 같다.

라. 기한부 법률행위의 효력

(1) 시기부 법률행위는 기한이 도래한 때부터 그 효력이 생긴다(제152조 제1항). 반면 종기부 법률행위는 기한이 도래한 때부터 그 효력을 잃는다(제2항). 이처럼 기한에는 소급효가 없으며, 당사자의 특약에 의해서도 소급효를 인정할 수 없다.

(2) 조건부 권리에 관한 규정(제148조, 제149조)은 기한부 권리에 준용된다(제154조).

제 3 관 효력의 객관적 범위

Ⅰ. 총 설 [2115]

계약이 성립하면 당사자들이 일정한 채무를 부담하는데, 내용결정의 자유에 따라 채무의 내용은 1차적으로 당사자들의 합의로 정해진다. 그런데 합의의 내용이 언제나 분명한 것이 아닐 뿐만 아니라 당사자들이 고려하지 않는 사항까지 확장되거나 사후적인 사정변경에 따라 수정되는 경우도 있다. 아래에서는 효력의 객관적 범위와 관련하여 채무의 내용을 명확하게 하는 기준들을 먼저 살펴보고, 이어서 계약내용의 사후적 변경문제를 다룬다.

Ⅱ. 계약의 해석 [2116]

1. 서 론

가. 해석의 의의

(1) 계약의 효력은 실은 그 구성요소인 의사표시에서 표의자가 원한 바이다. 그런데 의사표시가 존재하는지(가령 침묵이나 고개를 끄덕임도 의사표시로 볼 것인지) 그리고 의사표시가 어떤 내용을 가지는지가 언제나 명확하지는 않은데, 의사표시의 존부 및 그 내용이 명확해야 계약이 성립하였는지 여부 및 성립한 계약의 내용을 확정할 수 있다. 여기서 계약의 목적 내지 내용을 명확하게 하는 작업이 법률가, 주로 법관에게 부여된 중요한 임무의 하나인데,[1] 이를 계약의 해석(解釋)이라고 한다.

(2) 계약의 해석은 계약의 내용을 확정함으로써 당사자들의 법률관계를 명확하게 하고 나아가 법질서의 승인과 조력을 받을 수 있는지를 판단하기 위한 전제이다.

나. 해석의 목표 [2117]

(1) 학설은 대체로 표의자의 숨은 진의 내지 내심의 효과의사를 탐구하는 것이 아니라 표시행위가 가지는 객관적 의미를 밝히는 작업으로 해석을 이해하고, 판례의 주류도 같은 입장이다.[2]

---

23) 흔히 어음행위에 조건을 붙이지 못하지만 시기를 붙이는 것은 허용된다고 하는데, 여기서의 시기는 정지기한이 아니라 이행기한임을 주의해야 한다.

1) 참고로 대판 1974.9.24. 74다1057은, 매매계약서에 계약사항에 대한 이의가 생겼을 때에는 매도인의 해석에 따른다는 조항은 법원의 법률행위 해석권을 구속하는 조항이라고 볼 수 없다고 하였다.

2) 가령 대판 2001.3.23. 2000다40858: "법률행위의 해석은 당사자가 그 표시행위에 부여한 객관적인 의미를 명백하게 확정하는 것으로서, 사용된 문언에만 구애받는 것은 아니지만, 어디까지나 당사자의 내심의 의사가 어떤지에 관계없이 그 문언의 내용에 의하여 당

[2118] (2) 그러나 의사표시에서 표의자의 입장(자기결정적 효력)을 존중하되, 그의 보호가치가 부정된다면 상대방의 보호가치가 인정되는 범위에서 상대방의 입장(자기책임적 효력)을 고려해야 한다([1077] 참조). 이러한 입장에서 해석은 1차적으로 표의자의 내심의 효과의사가 무엇인지를 밝히는 것이라고 이해해야 한다.

특히 표의자와 상대방이 일치된 의사를 가진 경우에, 표시가 잘못되었더라도 당사자들의 일치된 내심의 의사가 효력을 가진다는 falsa demonstratio non nocet(잘못된 표시는 害가 되지 않는다) 원칙을 다수설도 「해석에 관한 보편적 · 일반적 원칙」이라며 수용하고, 판례도 같은 입장인데,[3] 앞서 본 이해를 전제해야 제대로 설명될 수 있다. 그리고 표의자의 진의를 중시하는 이 원칙의 근본사고는 표의자의 의사가 잘못 표시되었음을 상대방이 안 경우에도 적용될 수 있을 것이다.

(3) 당사자 일방이 주장하는 내용이 상대방에게 중대한 책임을 부과하거나 그가 가지는 권리의 중요한 부분을 침해 내지 제한하는 경우에 그 문언의 내용을 엄격하게 해석해야 한다.[4]

[2119] 다. [보론] 유언의 해석[5]

(1) 유언(遺言)도 법률행위의 일종이지만, 상대방 없는 단독행위여서 보호되어야 하는 누군가의 신뢰가 존재하지 않는다. 나아가 유언자는 언제든지 유언을 철회할 수 있다. 따라서 유언자의 「내심의 진정한」 의사를 탐구하는 것이 유언해석의 당연한 목표이다.

(2) 유언은 유언자 사망 후에 비로소 효력을 가지므로 유언자의 진정한 의사를 확인하는 것이 쉽지 않지만, 유언의 문언 외에 존재하는 사정들, 특히 유언자의 평소의 언어관용이나 유언자의 재산상황 등 제반 사정을 고려하여 해석해야 한다.[6] 다만 유언의 내용을 변경하거나 수정하는 결과에 이른다면 이는 해석의 한계를 벗어난 것으로 허용될 수 없다. 이 때문에 보충적 해석은 일정한 한계를 가질 수밖에 없다.

[2120] 2. 단순한 해석

가. 서 설

계약의 존부 및 그 내용을 밝히는 것이 단순한 해석(單純한 解釋, 또는 해명적 해석)이다. 그리고 계약의 해석에서 표의자와 표시상대방의 이익이 모두 고려되어야 하는바, 표의자의 이익을 중

사자가 그 표시행위에 부여한 객관적 의미를 합리적으로 해석하여야 하는 것"이다.
관련하여 "어떠한 의무를 부담하는 내용의 기재가 있는 문면에 "최대 노력하겠습니다"라고 기재되어 있는 경우, 특별한 사정이 없는 한 당사자가 위와 같은 문구를 기재한 객관적인 의미는 문면 그 자체로 볼 때 그러한 의무를 법적으로는 부담할 수 없지만 사정이 허락하는 한 그 이행을 사실상 하겠다는 취지로 해석함이 상당하다"고 한 대판 1994.3.25. 93다32668도 참조.

3) 대판 1993.10.26. 93다2629 · 2636은 "부동산의 매매계약에 있어 쌍방당사자가 모두 특정의 甲 토지를 계약의 목적물로 삼았으나 그 목적물의 지번 등에 관하여 착오를 일으켜 계약을 체결함에 있어서는 계약서상 그 목적물을 甲 토지와는 별개인 乙 토지로 표시하였다 하여도 甲 토지에 관하여 이를 매매의 목적물로 한다는 쌍방당사자의 의사합치가 있은 이상 위 매매계약은 甲 토지에 관하여 성립한 것으로 보아야 할 것이고 乙 토지에 관하여 매매계약이 체결된 것으로 보아서는 안 될 것이며, 만일 乙 토지에 관하여 위 매매계약을 원인으로 하여 매수인 명의로 소유권이전등기가 경료되었다면 이는 원인이 없이 경료된 것으로서 무효"라고 하여 이 원칙을 수용하였고, 대판 2018.7.26. 2016다242334는 "이러한 법리는 계약서를 작성하면서 계약상 지위에 관하여 당사자들의 합치된 의사와 달리 착오로 잘못 기재하였는데 계약당사자들이 오류를 인지하지 못한 채 계약상 지위가 잘못 기재된 계약서에 그대로 기명날인이나 서명을 한 경우에도 동일하게 적용될 수 있다"고 하였다.

4) 대판 2002.5.24. 2000다72572. 구체적인 예로 임대차기간 중의 해제 · 해지 의사표시에 어떠한 절차가 요구되거나 제한이 따른다고 하여 임대차기간 만료에 의한 임대차계약의 종료시에도 당연히 그와 같은 제한이 적용된다고 확대해석해서는 안 된다고 한 대판 2014.6.26. 2014다14115 참조.

5) 약관의 해석에 관한 [2066] 이하도 참조.

6) 유언서의 "나머지 재산"에 유언 후에 취득한 재산도 포함된다고 한 대판 2001.3.27. 2000다26920도 참조.

시한다면 표의자의 내심의 효과의사를 밝혀야 하는 반면, 표시상대방의 이익을 고려한다면 표의자의 진의와 일치하지 않을 수 있는, 표시의 규범적 의미를 탐구해야 한다. 그런데 앞에서 본 해석의 목표에 따라 표의자의 진의를 밝히는 자연적 해석이 먼저 이루어지고 표시의 규범적 의미를 밝히는 규범적 해석은 예외적으로 이루어져야 한다.7)

나. 자연적 해석과 규범적 해석

(1) 자연적 해석(自然的 解釋)이란 표의자의 실재하는 내심의 효과의사를 밝히는 것을 말한다. 여기서는 표의자의 입장만 고려되고, 따라서 표시행위가 가지는 객관적 의미는 중요하지 않다.8)

(2) 규범적 해석(規範的 解釋)이란 표시행위의 객관적 의미를 탐구하는 것을 말한다. 여기서는 표의자의 입장이 아니라 표시상대방의 입장을 고려하여 표의자의 추정적 의사(표시행위로부터 추단되는)가 탐구된다.9) 즉 「합리적인 제3자의 규범적 평가」(상대방의 주관적 이해가 아니라)에 의하여 의사표시의 내용이 확정된다.10) 그리고 의사표시의 존재 여부에 관해서도 규범적 해석이 행하여질 수 있다.

3. 해석의 표준 [2121]

가. 서 언

해석의 표준에 관한 규정은 없지만, 학설은 대개 제106조를 근거로 ① 당사자가 가진 목적, ② (사실인) 관습, ③ 임의규정, ④ 신의성실의 원칙을 표준으로 든다.

그러나 계약/채무의 표준적 내용(「기본값」)을 밝히는 임의규정은 적용의 대상일 뿐이다. 즉 해석을 거친 후 남은 틈을 메꾸는 역할을 임의규정이 담당한다([2127] 참조). 따라서 이를 해석의 표준으로 볼 것은 아니다.

나. 해석의 개별적 표준 [2122]

(1) 표의자의 내심의 효과의사를 밝힘에는 우선 그가 계약을 통하여 달성하고자 하는 목적/의도가 중요한데, 그것을 알기 위하여 계약의 동기나 계약 당시에 존재하는 제반 사정 및 경위도 고려되어야 한다.

그런데 당사자의 경제적 · 사회적 목적/의도가 곧바로 효과의사의 내용으로 되는 것은 아니다. 왜냐하면 해석의 목표로서 내심의 효과의사는 일정한 「법률효과」의 발생에 향하여진 의사이기 때문이다([1069] 참조).

(2) 사실인 관습도 해석의 표준이다. 즉 계약은 일정한 장소와 시기의 관습이나 거래관행에 [2123]
터 잡아 행하여지므로, 사실인 관습을 통하여 계약내용이 확정되거나 보충될 수 있다.

---

7) 무엇보다도 당사자의 확정에 관한 대판 2003.9.5. 2001다32120 참조.
관련하여 대판 2021.3.25. 2018다275017: "일반적으로 계약을 해석할 때에는 형식적인 문구에만 얽매여서는 안 되고 쌍방당사자의 진정한 의사가 무엇인가를 탐구하여야 한다. 계약내용이 명확하지 않은 경우 계약서의 문언이 계약해석의 출발점이지만, 당사자들 사이에 계약서의 문언과 다른 내용으로 의사가 합치된 경우 그 의사에 따라 계약이 성립한 것으로 해석하여야 한다. […] 이러한 법리는 계약서가 두 개의 언어본으로 작성된 경우에도 적용될 수 있다. 두 언어본이 일치하지 않는 경우 당사자의 의사가 어느 한쪽을 따르기로 일치한 때에는 그에 따르고, 그렇지 않은 때에는 위에서 본 계약해석방법에 따라 그 내용을 확정해야 한다."

8) 예컨대 계약당사자들의 진의가 합치함에도 불구하고 표의자가 잘못 적은 경우에, 표시된 바가 아니라 표의자의 진의가 의사표시의 내용으로 된다: falsa demonstraio non nocet 원칙.

9) 예컨대 표의자가 잘못 적었는데 자기결정적 효력이 인정될 수 없는 경우에, 표의자의 진의가 아니라 표시된 바의 의미를 밝혀야 한다.

10) 대판 2017.2.15. 2014다19776 · 19783: "의사표시를 한 사람이 생각한 의미가 상대방이 생각한 의미와 다른 경우에는 의사표시를 수령한 상대방이 합리적인 사람이라면 표시된 내용을 어떻게 이해하였다고 볼 수 있는지를 고려하여 의사표시를 객관적 · 규범적으로 해석하여야 한다."

① 사실인 관습이 계약의 내용을 확정 또는 보충하는 기준으로 되기 위해서는 강행규정에 위반되지 않는 관습이 존재하고, 당사자의 의사가 명확하지 않아야 한다.[11)]

② 선량한 풍속 기타 사회질서에 반하지 않고, 당사자 전원에 공통되는 관습만이 해석의 표준으로 된다.

③ 사실인 관습의 존재에 관하여 그 관습이 계약의 내용으로 되었음을 주장하는 당사자가 증명책임을 진다.[12)]

[2124] (3) 신의성실의 원칙이 해석과도 관련된다.

① 신의칙은 보충적 해석의 근거이고, 나아가 약관의 해석기준이다(약관법 제5조 제1항).

② 신의칙과 관련하여 이른바 예문해석을 살펴본다. 예문해석(例文解釋)이란 거래계에서 흔히 사용하는 서식에 포함된, 당사자 일방에게 지나치게 불리한 조항[13)]을 단순한 예문에 불과하다고 보아 그 구속력을 부정하는 것을 말한다. 예문해석은 약관의 형태로 부동문자로 인쇄된 계약서와 관련하여 주로 문제되는데, 판례는 당사자에게 그에 구속될 의사가 결여되었음을 이유로 예문의 구속력을 부정하고, 학설로도 예문은 조리 또는 신의칙에 반하므로 그 구속력을 인정할 수 없다는 견해가 유력하다. 그런데 약관법의 적용요건이 갖추어지면 그 법이 먼저 적용되어야 함은 당연하다.

[2125] 4. [보론] 해석과 절차법

가. 처분문서의 해석

(1) 처분문서(處分文書)란 증명하고자 하는 법률적 행위(공법상 또는 사법상의 처분)가 그 문서 자체에 의하여 이루어진 경우의 문서(예: 매매계약서, 차용증서)를 말하고, 진단서나 일기 등 그 밖의 문서를 보고문서라 한다.[14)]

(2) 처분문서의 진정성립이 인정되고 문언의 객관적 의미가 명확하다면 반증에 의하여 그 기재내용과 다른 명시적 또는 묵시적 약정(예컨대 falsa demonstratio non nocet 원칙이 적용되는 경우)이 있었다는 사실이 인정되지 않는 한 법원은 그 문서의 기재내용에 따른 의사표시의 존재와 내용을 인정해야 하고, 합리적인 이유(분명하고도 수긍할 수 있는 반증을 통한)의 설시 없이 이를 배척해서는 안 된다.[15)]

[2126] 나. 해석의 소송상 취급

(1) 계약의 해석이 법률문제인가 아니면 사실문제인가? 이 문제는 상고가능성[16)] 및 증명책임[17)]과 관련하여 실천적 의미를 가진다.

---

11) "당사자가 그 관습에 의할 의사를 가지고 있다고 인정될 때"라고 한 의용민법(제92조)과 달리 제106조는 "당사자의 의사가 명확하지 아니한 때"라고 한다. 따라서 의용민법에서처럼 당사자의 적극적 의사가 요구되는 것이 아니라 당사자들이 그 적용을 배제하지 않는 한 사실인 관습이 적용된다.

12) 대판 1983.6.14. 80다3231.

13) 예: 토지임대차계약서에 포함된 "임대인이 청구하면 임차인은 언제든지 토지를 반환하여야 한다"는 조항.

14) 가령 판결서는 처분문서이지만 그것은 판결이 있었는지 또 어떠한 내용의 판결이 있었는지를 증명하기 위한 처분문서라는 의미이고, 판결서 중의 사실판단을 그 사실을 증명하기 위하여 이용하는 경우에는 판결서도 그 한도에서 보고문서이다(대판(전) 1980.9.9. 79다1281).

15) 대판 2000.1.21. 97다1013; 대판 2000.10.13. 2000다38602. 영수증에 "총완결"이라는 문언이 부기된 경우에 그렇게 쓰지 않으면 돈을 주지 않겠다고 하기에 돈을 받기 위하여 거짓 기재한 것이라는 이유만으로 총완결이란 의사표시가 당연무효라고 할 수 없다고 한 대판 1969.7.8. 69다563 참조.

16) 사실문제라면 이론적으로 상고가능성이 배제된다.

(2) 이 점에 관하여 학설은 대체로 해석이 표시행위의 사회적 의미를 탐구하는 것이므로 법률문제라고 하고, 판례는 법률문제로 보는 듯하다.[18] 그러나 자연적 해석은 실재하는 표의자의 내심의 효과의사를 밝히는 것이므로 사실문제인 반면, 규범적 해석에서 표시행위의 객관적 의미를 탐구하는 것은 법적 가치판단의 문제로서 법률문제라 할 것이다.

Ⅲ. 계약에서 정해지지 않은 바의 보충 [2127]

1. 서　　설

(1) 누차 언급한 것처럼 계약/채무의 내용은 당사자의 의사에 따라 결정된다. 그리고 목적물 인도의 시기나 장소를 정하지 않더라도 매매계약은 성립하는데, 이처럼 당사자들 사이에 합의되지 않은 사항에 대하여 기본값으로서 임의규정이 적용된다.

(2) 그런데 계약에서 정해지지 않은 사항에 대하여 임의규정을 적용하기에 앞서 당사자들의 구체적 사정을 고려하여 그 틈을 메꾸는 것이 필요하고 적절함을 제106조가 보여준다. 즉 사실인 관습은 계약내용을 결정하는, 바꿔 말하면 당사자의 의사를 「보충」하는 기준이고, 제106조에 의해서도 계약내용이 정해지지 않으면 임의규정이 「적용」된다.

(3) 보충적 해석도 계약에서 정해지지 않은 사항을 보충하는 작업의 일환이다. 한편 신의칙이 해석의 표준이지만, 나아가 부수의무의 발생근거로 되는 등 보충의 유용한 자료이다(당연히 명시적 합의가 없는 경우를 전제로).

2. 보충적 해석 [2128]

가. 개　　념

(1) 보충적 해석(*補充的 解釋*)이란 계약의 내용에 틈이 있는 경우에 이를 보충하는 작업을 말한다. 단순한 해석이 당사자들 사이에서 합의된 바의 의미를 「밝히는」 작업인 반면, 당사자들이 명시적으로 합의하지 않은 사항에 관하여 「틈」/공백을 「메꾸는」 작업이 보충적 해석이다. 그리고 보충적 해석은 단순한 해석을 통하여 계약의 성립이 인정되는 경우에 행하여진다.

(2) 법관은 사실인 관습을 통하여 계약내용을 보충하고, 그럼에도 남는 계약의 틈을 메꾸기 위하여 임의규정(가령 매매목적물에 흠이 있는 경우에 제580조, 제581조)을 적용한다. 그런데 임의규정이 계약의 틈을 보충하기에 적합하지 않은 경우[19]에, 법관은 임의규정을 적용할 것이 아니라 보충적 해석을 통하여 틈을 메꾸어야 한다.

나. 보충의 대상으로서의 틈

계약에 틈이 있는지는 계약의 (단순한) 해석을 통하여 결정되어야 하는데, 당사자의 효과의사뿐만 아니라 그에 영향을 미친 동기나 제반 사정도 고려해야 한다. 당사자들이 일정한 사항을

17) 사실문제라면 당사자의 어느 일방이 증명책임을 지는 반면, 법률문제라면 법원이 직권으로 확정해야 한다.

18) 대판 2011.1.13. 2010다69940: "의사표시와 관련하여, 당사자에 의하여 무엇이 표시되었는가 하는 점과 그것으로써 의도하려는 목적을 확정하는 것은 사실인정의 문제이고, 인정된 사실을 토대로 그것이 가지는 법률적 의미를 탐구 확정하는 것은 이른바 의사표시의 해석으로서, 이는 사실인정과는 구별되는 법률적 판단의 영역에 속하는 것이다. 그리고 어떤 목적을 위하여 한 당사자의 일련의 행위가 법률적으로 다듬어지지 아니한 탓으로 그것이 가지는 법률적 의미가 명확하지 아니한 경우에는 그것을 법률적인 관점에서 음미, 평가하여 그 법률적 의미가 무엇인가를 밝히는 것 역시 의사표시의 해석에 속한다."

19) 예: 중고기계의 매매당사자들이 매매목적물의 흠을 알았다면 매도인이 이를 수리해 주었을 것이라고 인정되는 경우.

알면서 규정하지 않은 경우뿐만 아니라 무의식적으로 틈이 발생한 경우도 보충적 해석의 대상인데, 후자가 주로 문제된다. 그리고 당사자가 계약성립 당시 이미 존재하는 사정을 간과한 경우뿐만 아니라 틈을 발생시키는 사정이 사후적으로 발생한 경우에도 역시 보충적 해석이 행하여져야 한다.

[2129] **다. 틈의 보충방법**

(1) 계약의 틈이 존재하는 경우에 법관이 그것을 보충하는데, 법관은 신의칙과 거래관행을 고려하여, 당사자들이 간과했음을 알았더라면 그들이 무엇을 의욕하였을 것인지를 탐구해야 한다. 따라서 당사자들의 진의가 아니라 그들의 가정적 의사(假定的 意思)가 결정적이다.[20]

(2) 가정적 의사를 탐구할 때 계약에서 행하여진 당사자들의 평가에서 출발하여, 틈이 존재함을 알았더라면 당사자들이 합리적으로 무엇을 합의하였을 것인지를 밝혀야 하는데,[21] 경제적 목적을 포함하는 계약의 동기, 거래관행, 이익상황 등 모든 사정들이 고려되어야 한다.

(3) 보충적 해석에서는 당사자들의「가정적」의사가 탐구되므로 착오는 문제될 여지가 없다.

[2130] Ⅳ. 계약내용의 사후적 변경

1. 총 설

(1) 우리 사회의 법적 토대의 하나인 계약이 원활하게 기능하기 위해서는 계약의 준수가 필수적 전제이다. 즉 계약은 지켜져야 한다(pacta sunt servanda)는 요청은 계약사회의 초석이다. 나아가 계약의 불가파기성(不可破棄性)은 예측가능성의 요청에 따른 것이다. 이렇게 본다면 계약은 자유이자 동시에 구속이다. 즉 "유효하게 성립한 계약상의 책임을 공평의 이념 또는 신의칙과 같은 일반원칙에 의하여 제한하는 것은 사적자치의 원칙이나 법적 안정성에 대한 중대한 위협이 될 수 있으므로, 채권자가 유효하게 성립한 계약에 따른 급부의 이행을 청구하는 때에 법원이 급부의 일부를 감축하는 것은 원칙적으로 허용되지 않는다."[22]

(2) 계약이 성립한 후에 이런저런 이유(예컨대 사정변경 또는 변심)로 계약의 내용을 변경하거나 계약적 구속에서 벗어나고자 하는 경우가 생길 수 있다.[23]

그런데 계약당사자 쌍방이 계약내용을 변경하거나 계약구속력을 해소하기로 합의하는 것은 계약자유의 원칙상 당연히 허용되는데, 이러한 합의를 변경계약(變更契約)이라 한다.[24] 변경합의가 묵시적으로 이루어질 수 있지만,[25] 당사자 쌍방의 이해가 엇갈리는 경우에 이러한 합의에 이

---

20) 공통의 동기착오가 있는 경우에 보충되는 의사는 "당사자의 실제의사 또는 주관적 의사가 아니라 계약의 목적, 거래관행, 신의칙 등에 비추어 객관적으로 추인되는 정당한 이익조정의사"라고 한 대판 2006.11.23. 2005다13288 참조.

21) 900만 원에 매도된 자동차에 흠이 있는 경우에, 매매대금의 감액은 흠 있는 상태의 시장가격(가령 800만 원)이 아니라 당사자들의 합의를 기초로 산정되어야 한다. 즉 합의된 가격(900만 원)이 흠 없는 상태의 시장가격(가령 1,200만 원)과 흠 있는 상태의 시장가격의 비율(즉 3 : 2)에 따라 600만 원으로 감액되어야 한다. 위와 같이 감액된 금액(즉 600만 원) 대신 흠 있는 상태의 물건의 가치(즉 800만 원)를 매수인이 지급해야 한다면, 그는 계약체결 당시 얻은 유리한 계약이라는 이점(즉 흠 없는 상태에서 1,200만 원짜리 물건을 900만 원에 매수한 것)을 잃어 불리하게 된다.

22) 대판 2016.12.1. 2016다240543.

23) 해제권의 유보, 부관 등을 통하여 사전에 이에 대비할 수 있다.

24) 합의해제/해지나 대물변제도 그 일종이다.

25) 다만 대판 2016.10.27. 2014다88543 · 88550: "계약체결 후에 한쪽 당사자가 계약의 내용을 변경하고자 계약내용과는 다른 사항이 포함된 문서를 상대방에게 송부하고 상대방이 이를 수령하고도 이의를 제기하지 않은 경우에 계약의 내용이 변경되었다고 보려면, 거래의 종류와 성질, 거래관행, 발송한 문서의 내용과 형식, 상대방의 태도 등에 비추어 상대방이 변경에 묵시적으로 동의하였다고 볼 수 있어야 한다. 이때 변경되는 사항이 이미 체결된 계약의 내용을 중요하게 변경하는 결과를 초래하는 경우에는 묵시적 동의를 쉽

를 수 없음은 당연하다.[26]

(3) 장래 이행되어야 하는 계약은 계약당사자 각자가 이행기까지의 사정변경에 따른 위험을 감수하도록 예정하고 있다. 나아가 선물(先物)거래 등 장래의 사정변경을 고려하는 이른바 모험계약도 존재한다.

그러나 계약 당시에 당사자들이 예견할 수 없는 극심한 사정변경으로 말미암아 계약내용을 지킬 것을 요구하는 것이 적정하지 않게 된 경우에, 신의칙에 따라 계약내용의 수정 내지 파기가 요구되기도 한다. 아래에서 이를 살펴본다.

2. 사정변경의 원칙(행위기초론) [2131]

가. 기본법리

(1) 제1차 세계대전 후의 극심한 경제적 파탄에 직면하여 독일민법학에서 발전된 행위기초장애(行爲基礎 障碍)의 이론은 신의성실의 원칙에 기한 것인데, 국내에서도 일반적으로 수용되어 사정변경(事情變更)의 원칙으로 불린다.[27]

이 이론은, 계약의 내용으로 되지 않았으나 계약의 체결이나 실현의 기초로 된 일정한 사정(즉 행위기초)이 처음부터 존재하지 않거나 사후에 변경 또는 소멸된 경우에, 급부의무의 조정을 통하여 계약을 변화된 사정에 적응시키거나 적응이 불가능하다면 계약의 해소를 허용해야 한다고 한다.[28] 즉 계약당사자들의 합의를 요하는 변경계약과 달리 사정변경의 원칙은 계약내용의「일방적인」변경을 가능하게 한다.

(2) 사정변경의 원칙이 민법에 규정된 예로 지료 등의 증감청구권(제286조, 제312조의2, 제628조), 증여계약의 해제(제557조), 고용계약의 해지(제661조) 등이 있다.

판례는 종래 사정변경의 원칙에 대하여 부정적 입장을 취하여 매매계약을 맺을 때와 잔금을 지급할 때 사이에 오랜 시일이 지나 화폐가치의 변동이 극심하게 된 경우에도 매도인에게 사정변경에 기한 계약해제권을 인정하지 않았으나,[29] 대판 2007.3.29. 2004다31302([2509]에 소개된)는 사정변경을 이유로 계약을 해제할 수 있다는 일반론을 제시하였다. 한편 계속적 보증(특히 회사 임원의 지위에서 부득이하게 한)에서 사정변경을 이유로 한 특별해지권을 인정한다.[30]

사리 인정해서는 안 된다."

나아가 상가임대차에서 임대기간과 관련하여 대판 2020.12.30. 2017다1760: "하나의 법률관계를 둘러싸고 각기 다른 내용을 정한 여러 개의 계약서가 순차로 작성되어 있는 경우 당사자가 그러한 계약서에 따른 법률관계나 우열관계를 명확하게 정하고 있다면 그와 같은 내용대로 효력이 발생한다. 그러나 여러 개의 계약서에 따른 법률관계 등이 명확히 정해져 있지 않다면 각각의 계약서에 정해져 있는 내용 중 서로 양립할 수 없는 부분에 관해서는 원칙적으로 나중에 작성된 계약서에서 정한 대로 계약내용이 변경되었다고 해석하는 것이 합리적"이다. 다만 대판 2013.1.16. 2011다102776: "동일한 사항에 관하여 내용을 달리하는 문서가 중복하여 작성된 경우에는 마지막에 작성된 문서에 작성자의 최종적인 의사가 담겨 있다고 해석하는 것이 일반적이라고 할 수 있지만, 마지막에 작성된 문서에 의한 법률행위가 최종적으로 완성되지 아니하는 등의 사유로 종전에 작성된 문서에 의한 법률행위가 철회되었다고 보기 어려운 사정이 있는 경우에는 그와 같이 해석할 수 없다."

26) 참고로 대판 2002.11.22. 2001다35785: "계약의 효력에 관하여는 그 체결 당시의 법률이 적용되어야 하고, 계약이 일단 구속력을 갖게 되면 원칙적으로 그 이후 제정 또는 개정된 법률의 규정에 의하여서도 변경될 수 없으며, 예외적으로 입법에 의한 변경을 하거나 계약체결 후에 제정 또는 개정된 법률에 의하여 계약내용이 변경되는 것으로 해석한다고 하더라도, 그러한 입법 내지 법률의 해석에는 계약침해 금지나 소급입법 금지의 원칙상 일정한 제한을 받는다." 예탁금 회원제 골프클럽을 운영하는 회사가 회원의 개별적인 승인 없이 일방적으로 회칙 등을 개정하여 기존회원의 권리의무에 관한 사항을 변경할 수 없다고 한 대판 2013.2.28. 2010다58230도 참조.

27) 영미법에도 이와 유사한 것으로 frustration의 법리가 있다.

28) 가령 A가 B에게 브랜디를 팔았는데 그 후 주세가 대폭 인상되어 약정된 대금으로는 세금도 납부할 수 없게 된 경우에, 매매대금을 변동된 조세관계에 적응시키거나 매매계약의 해제를 허용해야 한다는 것이 이 이론의 골자이다.

29) 대판 1991.2.26. 90다19664. 대판 1963.9.12. 63다452도 참조.

30) 대판 1992.5.26. 92다2332 등. [4222] 참조.

[2132] (3) 사정변경의 원칙을 너무 쉽게 적용하면 계약사회의 기반이 무너진다. 즉 장래의 이행을 남기는 계약은 그 자체가 계약의 성립시와 이행시 사이에 발생한 사정변경의 위험을 당사자 사이에서 배분하는 mechanism이고,[31] 당사자들은 예견할 수 있는 사정의 변경에 대비할 수 있고 대비해야 하므로, 사정변경으로 인한 급부의무의 수정 내지 계약의 해소는 극히 예외적인 경우로 한정되어야 한다.

[2133] **나. 요건과 효과**

(1) 앞의 이해를 전제로 사정변경의 원칙이 적용되기 위한 요건 및 효과를 본다.

(2) 계약체결시 당사자들에 의한 위험의 배분/인수의 한계를 넘어서는 경우에만 이 원칙이 적용되어야 한다. 즉 계약성립 후 외부의 객관적 사정이 변경되었고, 그러한 변경이 계약체결 당시에 예견되지 않았어야 하며, 등가성의 파괴나 목적달성의 불능 등 계약의 체결 여부 및/또는 내용에 영향을 미칠 정도의 것이어야 한다. 정리하자면 ① 극심한 사정의 변경,[32] ② 예견불가능성(당사자가 예견할 수 없었을 것), ③ 무책성(사정변경이 이를 주장하는 당사자에게 책임 없는 사유로 발생하였을 것) 및 ④ 수인불가능성(계약내용대로의 구속력이 신의칙에 현저히 반하는 결과로 될 것) 등의 요건이 충족되어야 한다.

(3) 이 원칙은 적정한 내용으로 수정하여 변경된 사정에 적응시킴으로써 계약을 유지하려는 사고에 기한 것이다. 따라서 그 효과는 1차적으로 재교섭에 의한 계약의 수정을 시도하고, 그것이 불가능한 경우에 계약이 해소되도록 해야 한다([2509]도 참조).

제4관 효력의 주관적 범위

[2134] Ⅰ. 계약의 상대효

가. 상대효의 의미

(1) 사적자치의 원칙에 따라 누구도 자기의 의사에 반하여 의무를 부담하지 않을 뿐만 아니라 권리도 강요당하지 않는다. 이를 계약에 대입하면, 계약에 기한 권리와 의무는 계약당사자에게 귀속되고, 당사자 아닌 이에게는 이익도 불이익도 주지 않는다. 이를 계약의 상대효(相對效)라 한다([4025]도 참조).

(2) 계약의 상대효는 구체적으로 다음의 의미를 가진다.

① 당사자의 의사에 기해서라면 그 내용을 자유롭게 형성할 수 있다.[1] 나아가 채무자가 이미 존재하는 계약과 동일한 내용의 계약을 제3자와 체결할 수 있고, 그 점이 기존의 계약에 아무런 영향을 미치지 않는다.[2]

반면 누구도 타인간의 계약으로 자기의 의사에 반하는 채무를 부담하지 않는다.

② 계약은 당사자 사이에서만 효력을 가지고 이를 제3자에게 주장(대항)할 수 없으므로,[3] 그

---

31) 계약당사자들은 앞으로 사정이 바뀌더라도 계약내용에 좇은 이행이 있을 것임을 기대/각오한다.
32) 국제거래에서 양륙항의 봉쇄와 같이 계약의 본질적 요소 아닌 사항과 관련될 수도 있다.
1) 다만 최근 사회적 약자의 보호를 위한 편면적 강행규정이 늘고 있다.
2) 그 이행은 채무자의 의사에 의존하고, 이는 어느 한 계약에 대하여 채무불이행으로 귀결된다.
3) 금융기관들이 기업구조조정 등을 위한 채권은행협의회 운영협약을 체결하고 이에 따라 채권은행자율협의회에서 관리대상기업에 대

존재 및/또는 내용을 다른 이에게 알릴 필요가 없어서 공시(公示)를 요하지 않는다.

나. 상대효의 예외 [2135]

① 법정책적으로 계약상의 권리에 대항력이 부여되기도 하는데,4) 이 경우에는 공시방법을 갖추어야 한다.

② 제630조에 따라 임대인은 임대차계약의 당사자 아닌 전차인에 대하여 차임을 청구할 수 있다. 상법 제724조 제2항 등에 기한 직접청구권도 예외에 속한다.

③ 제3자를 위한 계약에 의해서도 계약당사자 아닌 이에게 계약상의 권리가 주어진다.

④ 판례는 묵시적 수인의 의제를 통하여 계약상 의무의 유효범위를 확장하기도 한다.5)

다. 이 관의 서술내용 및 순서

아래에서는 우선 계약의 효력이 미치는 당사자의 확정에 관하여 검토한 후, 상대효의 일반적 예외로서 제3자를 위한 계약을 살펴본다.

Ⅱ. 계약당사자의 확정 [2136]

(1) 행위자와 명의자가 다른 경우에 그중 누가 당사자인가 하는 것은 상대방의 입장에서 중대한 관심사(특히 이행을 둘러싼 위험의 관점에서)인데, 당사자들의 의사해석의 문제이다.6) 따라서 ① 행위자와 상대방의 의사가 일치하면 그 의사에 따라 당사자가 결정되고(자연적 해석),7) ② 그들의 의사가 일치하지 않으면, 계약의 내용, 계약체결의 동기, 경위 등 제반 사정을 고려하여 「합리적인 제3자」의 입장에서 누가 당사자인지를 결정해야 한다(규범적 해석).8)

판례도 "계약을 체결하는 행위자가 타인의 이름으로 법률행위를 한 경우에 행위자 또는 명의인 가운데 누구를 계약의 당사자로 볼 것인가에 관하여는, 우선 행위자와 상대방의 의사가 일치한 경우에는 그 일치한 의사대로 행위자 또는 명의인을 계약의 당사자로 확정하여야 할 것이고, 행위자와 상대방의 의사가 일치하지 않는 경우에는 그 계약의 성질 · 내용 · 목적 · 체결경위 등 그 계약 체결 전후의 구체적인 제반 사정을 토대로 상대방이 합리적인 사람이라면 행위자와 명의자 중 누구를 계약당사자로 이해할 것인가에 의하여 당사자를 결정하여야 한다"고 하여9) 같은 입장이다.10)

한 채권재조정 등을 의결한 경우에, 의결권이 부여되지 않아 의결권을 행사하지 못한 채권은행이 의결내용에 기속되지 않는다고 한 대판 2011.7.28. 2009다41748 참조.

4) 가령 제621조나 제622조 소정의 등기 또는 주택임대차보호법이나 상가건물임대차보호법이 정하는 대항요건을 구비한 경우에 임차권은 대항력을 가진다.

5) 대판 2004.9.24. 2004다20081: "건축회사가 상가를 건축하여 각 점포별로 업종을 정하여 분양한 후에 점포에 관한 수분양자의 지위를 양수한 자 또는 그 점포를 임차한 자는 특별한 사정이 없는 한 상가의 점포 입점자들에 대한 관계에서 상호 묵시적으로 분양계약에서 약정한 업종제한 등의 의무를 수인하기로 동의하였다고 봄이 상당하므로, 상호간의 업종제한에 관한 약정을 준수할 의무가 있다고 보아야 하고, 따라서 점포 수분양자의 지위를 양수한 자 등이 분양계약 등에 정하여진 업종제한약정을 위반할 경우, 이로 인하여 영업상의 이익을 침해당할 처지에 있는 자는 침해배제를 위하여 동종업종의 영업금지를 청구할 권리가 있다." 입점상인들뿐만 아니라 분양회사에도 미친다는 대판 2005.7.14. 2004다67011, 전체 점포 중 일부점포에 대해서만 업종이 지정된 경우에 관한 대판 2010.5.27. 2007다8044 등도 참조.

6) 참고로 소송에서 「당사자의 확정」에 관하여, 다수설과 판례는 소장에 기재되어 있는 표시 및 청구의 내용과 원인사실 등 소장 전체의 취지를 합리적으로 해석하여 당사자를 확정해야 한다는 입장으로, 이를 「실질적 표시설」이라 한다.

7) 이 경우 계약서에 누가 당사자로 표시되었는지는 문제되지 않는다([2118] 참조).

8) 부동산매매에서라면 통상 명의자가 당사자로 이해될 것이다.

9) 대판 2003.9.5. 2001다32120. 대판 2010.4.29. 2009다29465도 참조.

10) 이에 관한 재판례로, ㉠ 대판 2012.10.11. 2011다12842는 앞에서 본 당사자확정의 법리는 "그 타인이 허무인인 경우에도 마찬가지"라고 하였다. ㉡ 대판 2003.12.12. 2003다44059는, 행위자가 명의자의 대리인임을 표시하고 계약을 체결하는 경우에, 계약상대방이

[2137] (2) A가 B 명의로 C와 계약을 체결한 경우를 통하여 구체적인 법률관계를 살펴보자. 행위자 A가 당사자로 결정되면 A와 C 사이에 계약이 성립하고, B는 그들과 아무런 법률관계도 가지지 않는다. 반면 명의자 B가 당사자로 결정되는 경우에, 행위자(A)와 법률효과의 귀속자(B)가 분리된다는 점에서 대리와 유사하므로, 대리에 관한 규정이 (유추)적용될 수 있다. 즉 B는 추인할 수 있고, 그렇지 않은 경우에 C는 A에 대하여 제135조의 책임을 물을 수 있다고 할 것이다.[11)]

(3) 한편 예금계약의 경우에 금융실명법에 따라 실명확인을 받은 이가 당사자로 되는데, 이에 관하여 [2785] 참조.

[2138] Ⅲ. 제3자를 위한 계약

1. 서 론

가. 의 의

(1) 계약당사자는 자기가 취득할 계약상의 권리(급부청구권)를 제3자로 하여금 「직접」 취득하게 할 수 있다.[12)] 이처럼 계약의 효력을 계약당사자 아닌 제3자에게 확장하는 계약을 「제3자를 위한 계약」이라 한다(제539조 제1항).

(2) 제3자를 위한 계약의 유효성의 근거는 계약당사자들의 의사에서 찾을 수 있다(지배적 입장). 그리고 대판 2004.9.3. 2002다37405는, 계약의 당사자가 제3자에 대하여 가진 채권에 관하여 그 채무를 면제하는 계약도 제3자를 위한 계약에 준하는 것으로서 유효하다고 했다.[13)]

(3) 제3자를 위한 계약에서 「계약관계」(해제나 해지 또는 취소 그리고 그에 따른 부당이득 등)는 그 당사자인 요약자와 낙약자 사이에서 유지되는 반면, 「채권관계」(채무불이행 및 그 효과로서 손해배상 등)는 낙약자와 수익자 사이에서 문제된다.

(4) 제3자를 위한 계약은 요약자가 낙약자로부터 급부를 받아 다시 그것을 수익자에게 급부해야 하는 번거로움을 생략하는 기능을 가진다. 또한 생명보험처럼 급부의무가 계약당사자 일방의 사망 후에 발생하는 경우에, 제3자의 권리를 미리 확정해 두는 기능을 담당하기도 한다.[14)] 나아가 고령화사회에서 부조(扶助) 등을 위한 법적 수단으로 활용될 수 있다.

[2139] 나. 구별개념

(1) 전형적 예인 타인을 위한 보험계약(상법 제639조 제1항) 외에 병존적 채무인수 중 채무자와 인수인의 계약으로 체결되는 경우도 그에 기하여 채권자가 인수인에 대하여 새로운 권리를 취득하므로 제3자를 위한 계약에 속한다.[15)]

대리인을 통하여 본인과의 사이에 계약을 체결하려는 데 의사가 일치하였다면, 대리인의 대리권 존부와 무관하게 상대방과 본인이 그 계약의 당사자라고 하였다. ㉢ 대판 2008.3.13. 2007다76603: "실제 매매계약을 체결한 행위자가 자신의 이름은 특정하여 기재하되 불특정인을 추가하는 방식으로 매매계약서상의 매수인을 표시한 경우(즉, 실제 계약체결자의 이름에 '외 ○인'을 부가하는 형태)에 있어서는, 비록 실제 계약을 체결한 행위자가 당시 계약금 마련과정에서 일부자금을 출연한 사람이나 장래 중도금 및 잔금의 지급과정에서 예상되는 제3자의 투자자 등을 "외 ○인"에 해당하는 공동매수인으로 추가시키려는 내심의 의사를 가지고 있었다고 하더라도, 계약체결시나 그 이후 합의해제시점까지 매도인에게 "외 ○인"에 해당하는 매수인 명의를 특정하여 고지한 바가 없고 매도인의 입장에서 이를 특정 내지 확정할 수 있는 다른 객관적 사정도 존재하지 않는다면, 그러한 계약의 매수인지위는 매도인과 명확하게 의사합치가 이루어진 부분으로서 실제 계약을 체결한 행위자에게만 인정된다고 보아야 할 것"이다.

11) B가 A에게 명의사용을 허락한 경우에 상법 제24조가 적용될 수 있다.

12) 채권양도에 의해서도 그러한 목적을 달성할 수 있지만, 특히 청산과 관련하여 차이가 있다.

13) 제3자에게 그의 의사에 반하는 의무를 부담하게 하는 것은 사적자치의 한계를 넘는 것으로 허용될 수 없다.

14) 특정의 상속인이 수익자로 지정된 경우에, 보험금청구권이 상속재산에 속하지 않지만, 상속재산 분할에서 특별수익으로 고려된다.

반면 면책적 채무인수는 채무가 동일성을 유지한 채 채무자로부터 인수인에게 이전될 뿐 채권자가 새로운 채권을 취득하는 것이 아니라는 점에서, 이행인수는 인수인이 채무자의 채무를 이행할 의무를 채권자에 대해서가 아니라 채무자에 대하여 부담하고 채권자가 직접 인수인에 대하여 채권을 취득하는 것이 아니라는 점에서 각 제3자를 위한 계약과 구별된다.

(2) 제3자를 위한 계약은 계약의 효력이 당사자 아닌 이에게 미친다는 점에서 「대리」와 비슷하지만, 대리에서 모든 법률효과가 본인에게 귀속되는 반면, 제3자를 위한 계약에서는 수익자가 낙약자에 대하여 이행청구권을 취득하는 것을 제외한 나머지 법률효과가 요약자에게 귀속된다는 점에서 다르다.

[참 고] 제3자 보호효 있는 계약

㉠ 계약위반으로 인하여 제3자가 손해를 입은 경우에 —제3자를 위한 계약이 아니라면— 그 제3자에게 채무불이행으로 인한 손해배상청구권이 귀속될 수 없고, 불법행위에 기한 손해배상청구권이 귀속될 뿐이다. 그런데 독일의 판례는 계약책임을 확대하여, 계약 자체에 가담하지 않았지만 채무자의 급부와의 밀접성 및 채권자와의 관계에 기하여 채무자와 유사하게 보호할 가치 있는 제3자에게 「계약상」 보호의무의 위반을 이유로 한 청구권을 인정한다. 이처럼 제3자에게 계약상의 손해배상청구권을 발생시키는 계약을 제3자 보호효(保護效) 있는 계약이라 한다. 우리 판례 중에도 용역경비계약의 약관의 해석과 관련하여 경비대상건물을 일상적으로 사용하는 건물소유자 및 그의 동거가족을 수익자로 인정하여 경비용역회사의 계약상의 책임을 확대한 것이 있다.[16]

㉡ 이 이론은 불법행위에 관한 일반조항이 없으며 사용자책임에서 사용자의 면책주장을 어렵지 않게 인정하는 독일민법 제831조의 운용과 관련된 것으로, 이를 우리 민법의 해석론으로 도입하는 것은 적절하지 않다. 즉 이 이론을 도입함으로써 계약책임을 지나치게 확장하는 것은 바람직하지 않으며,[17] 제750조에 의하여 규율되면 충분할 것이다.

다. 3자 사이의 법률관계 [2140]

매수인 S와 매도인 G가 매매계약을 체결하면서 제3자 B가 직접 S에 대하여 매매대금청구권을 취득하도록 하는 경우에, G를 요약자(要約者. 채권자), S를 낙약자(諾約者. 채무자), B를 수익자(受益者. 또는 제3자)라 한다. 이들의 법률관계를 보자.

(1) S와 G 사이의 매매계약을 기본관계(基本關係)라 하는데, B에게 급부를 함으로써 입는 S의 손실은 G와의 원인관계에 의하여 보상된다.[18] 기본관계는 증여 등 편무 · 무상계약일 수도 있다.

이 관계는 제3자를 위한 계약의 내용을 이루며, S와 G 사이에 계약의 성립요건 및 유효요건이 갖추어져야 한다. S와 G 사이의 매매계약이 무효이거나 취소되면, B의 이행청구권도 소멸하고,[19] S와 G 사이에서 급부가 청산되어야 한다.

(2) G와 B 사이의 관계를 대가관계(對價關係, 출연관계(出捐關係)라고도 한다)라 하는데, G가 취득할 권리가 B에게 귀속하는 원인 내지 이유이다.

이 관계는 G와 B 사이의 내부관계에 불과하여 제3자를 위한 계약의 내용이 아니며, 그것이

15) 부동산매매에서 매수인이 매매대금을 매도인의 채권자에게 직접 지급하기로 약정한 경우에, 이는 매도인의 채권자로 하여금 매매대금청구권을 취득하게 하는 제3자를 위한 계약으로서 병존적 채무인수에 해당된다고 본 대판 1997.10.24. 97다28698 참조.

16) 대판 1993.8.27. 92다23339 참조.

17) 이는 계약책임의 인적 범위의 확대라는 점에서, 「계약상의」 의무로서 보호의무의 인정([2358] 이하 참조)과는 별개의 문제이다.

18) 이 때문에 보상관계(補償關係)라는 표현이 널리 사용된다.

19) B의 손해배상청구권을 부정한 대판 1966.6.21. 66다674도 참조.

없더라도 계약은 유효하다. 이처럼 대가관계의 효력은 제3자를 위한 계약 자체의 성립이나 효력에 영향을 미치지 않으므로, S는 G와 B 사이의 법률관계에 기한 항변으로 B에게 대항하지 못하고, G도 대가관계의 부존재나 효력의 상실을 이유로 자신이 기본관계에 기하여 S에게 부담하는 채무의 이행을 거부할 수 없다.[20]

(3) S와 B 사이의 관계를 급부관계(給付關係)라 하는데, B는 S에 대하여 급부청구권을 가진다. 이 청구권은 위의 기본관계에 기한 것으로, 그에 의존한다.

[2141] ## 2. 성립요건

가. 서 설

(1) 제3자를 위한 계약이라 하여 그러한 유형의 계약이 별도로 존재하는 것은 아니며, 기본관계인 계약의 내용 일부가 특약에 의하여 변경되어 수익자로 하여금 권리(보통은 채권)를 직접 취득케 하는 것에 불과하다.

(2) 제3자를 위한 계약은 제3자로 하여금 직접 계약당사자의 일방에 대하여 권리를 취득하게 하는 것을 목적으로 하는 계약이라는 점에서, 당사자 사이에서만 효력을 발생시킬 의도로 체결되는 보통의 계약과 구별된다. 따라서 어떤 계약이 제3자를 위한 계약인지는 당사자가 제3자에게 「직접」 권리를 취득하게 하려는 것인지에 관한 의사해석의 문제이다.[21]

[2142] ### 나. 제3자 약관

(1) 제3자를 위한 계약이 보통의 계약과 다른 점은 제3자가 직접 권리를 취득함에 있고, 그 점이 계약에 포함되어야 하는데, 이를 제3자 약관(約款)이라 한다.

(2) 제3자 약관의 내용에 관하여 본다.

① 낙약자는 요약자에 대해서가 아니라 직접 수익자에 대하여 채무를 부담한다.[22]

② 수익자는 자연인과 법인을 가리지 않는데, 계약 당시 현존하지 않거나 특정되지 않아도 될 뿐만 아니라[23] 권리능력을 가지지 않더라도 무방하다.[24] 그러나 권리취득이라는 효력이 발생하기 위해서는 수익자가 현존하고 특정되어야 한다.[25]

③ 수익자의 권리취득에 조건이나 기한도 붙일 수 있다.[26]

④ 제3자를 위한 물권계약도 가능한데, 제3자 앞으로 공시방법이 갖추어져야 한다.

[2143] ## 3. 효 과

가. 수익자의 권리취득

(1) 제3자를 위한 계약에 의하여 수익자가 직접 권리를 취득하지만,[27] 그의 의사에 반하여

---

20) 대판 2003.12.11. 2003다49771.

21) 계약체결의 목적, 계약에서 당사자의 행위의 성질, 계약으로 인하여 당사자 사이 또는 당사자와 제3자 사이에 생기는 이해득실, 거래관행, 제3자를 위한 계약제도가 갖는 사회적 기능 등 제반 사정을 종합하여 계약당사자의 합리적 의사를 해석함으로써 판단해야 한다는 대판 1996.1.26. 94다54481 참조.

22) 즉 수익자가 직접 낙약자에 대한 권리를 취득하고, 요약자의 권리를 양수하는 것이 아니다.

23) 주택분양보증약정이 조건부 제3자를 위한 계약으로서 장래의 불특정 분양계약상의 입주자를 위한 것이라는 대판 1997.10.10. 97다7264·7271·7288·7295·7301 참조.

24) 계약 성립 당시 포태되지 않았던 아이 또는 설립 중의 법인도 수익자로 될 수 있다.

25) 권리능력도 갖추어야 함은 당연하다.

26) 제3자를 위한 조건부 보증계약에 관한 대판 1996.5.28. 96다6592·6608·6615·6622·6639 참조.

권리의 향수를 강제당하지 않는다. 즉 수익자는 채무자에 대하여 수익(受益)의 의사표시를 함으로써 권리를 취득한다(제539조 제2항). 그런데 수익의 의사표시가 없더라도 기본관계에 관하여 성립요건이 갖추어지면 제3자를 위한 계약 자체는 성립하고 당사자 사이에 효력이 발생한다. 따라서 수익의 의사표시는 수익자가 권리를 취득하기 위한 요건이다.

(2) 수익의 의사표시는 채무자(낙약자)에 대하여 행해져야 하는데, 묵시적으로 행하여질 수 있다(예: 낙약자에 대한 이행청구). 수익의 의사표시는 권리만 얻는 것이므로, 제한능력자도 독자적으로 할 수 있다(제5조 제1항 단서).

(3) 이익이라도 수익자의 의사에 반하여 강요할 수 없으므로, 수익의 의사표시 없이 수익자가 당연히 권리를 취득한다는 계약당사자(즉 요약자와 낙약자) 사이의 특약은 효력이 없다고 해야 한다. 따라서 수익의 의사표시에 관한 제539조 제2항은 강행규정으로 볼 것이다. 다만 법률의 규정에 의하여 수익의 의사표시를 필요로 하지 않는 예외가 인정된다(상법 제639조 제2항, 신탁법 제51조 등).

(4) 수익자가 수익을 거절한 경우에, 제3자를 위한 계약의 효력은 해석을 통하여 개별적으로 판단되어야 한다. 제3자에의 권리취득이 계약의 절대적 목적이라면 계약이 효력을 잃지만, 그 밖의 경우에는 약정된 급부의 청구권이 요약자에게 귀속된다고 할 것이다.

(5) 수익자가 취득할 권리의 소멸시효기간은 수익의 의사표시를 할 수 있는 때(대개 계약성립시)부터 진행한다.

나. 수익자의 지위 [2144]

(1) 수익자는 수익의 의사표시를 통하여 권리를 취득하지만, 계약당사자가 아니므로 계약당사자에게 주어지는 해제권이나 취소권을 행사할 수 없음은 당연하고,[28] 선·악의나 과실의 유무 등은 요약자를 기준으로 판단된다. 한편 수익자의 권리는 요약자와 낙약자 사이의 계약에 기하여 「직접」 발생하므로, 그는 선의의 제3자로서 보호받지 못한다. 다만 기본관계를 전제로 대가관계가 성립함으로써 제3자를 위한 계약으로 변경된 경우에는 예외적으로 기본계약이 해제되면 수익자가 제548조 제1항 단서 소정의 제3자로서 보호될 수 있을 것이다.[29]

(2) 수익의 의사표시가 있기 전의 지위를 본다.

① 계약이 성립하면 제3자는 수익의 의사표시에 의하여 일방적으로 권리취득의 효과를 생기게 하는 형성권을 가진다. 이 권리의 존속기간에 관하여 학설은 대체로 계약에서 달리 정하지 않았다면 10년의 제척기간에 걸린다고 한다.

② 이 지위는 계약당사자들의 합의에 의하여 변경 또는 소멸될 수 있다(제541조의 반대해석). 그리고 위 형성권은 재산권적 색채가 강하므로 일신전속권이 아니고, 따라서 상속이나 양도 나아가 채권자대위권의 목적으로 된다.

---

27) G가 S 사회복지법인과 노인복지시설 입소계약을 체결하면서 G의 사망으로 입소계약이 종료하는 때의 반환금 수취인으로 장남 B를 지정한 경우에, 위 계약은 S와 G가 B에게 G의 사망 후 반환금을 반환하기로 정한 제3자를 위한 계약이고, 반환금 수취인으로서 계약서에 기명날인을 하여 수익의 의사표시를 한 B는 G의 사망과 동시에 S에 대하여 위 계약에 따른 수익자의 지위에서 반환금의 지급을 구할 수 있는 권리를 취득하고, 이는 계약의 효력에 따라 당연히 생기는 것으로서 상속재산이 아니라 B의 고유재산이라고 한 대판 2022.1.14. 2021다271183 참조.

28) 수익자에게 해제권이나 해제를 원인으로 한 원상회복청구권이 없다고 한 대판 1994.8.12. 92다41559 참조.

29) 이에 관하여 대판 2021.8.19. 2018다244976 및 [2550] 참조.

[2145] (3) 수익의 의사표시가 있은 후의 지위를 살핀다.

① 수익의 의사표시를 한 수익자는 계약상의 권리를 확정적으로 취득한다. 이 상태에 이르면 계약당사자가 수익자의 권리를 변경하거나 소멸시키지 못하고(제541조), 계약당사자들이 수익자의 권리를 임의로 변경·소멸시키는 행위를 하더라도 수익자에 대하여 그 효력이 없다. 다만 계약당사자가 수익자의 권리가 발생한 후에도 그것을 변경이나 소멸시킬 수 있음을 미리 유보하였다면 그 제한을 받고, 나아가 수익자의 동의가 있으면 수익자의 권리가 변경 또는 소멸될 수 있다.30) 그런데 제541조에 기한 이러한 제한은 제3자를 위한 계약에 기하여 발생한 권리에 관한 것일 뿐이고, 요약자나 낙약자가 계약당사자의 지위에서 계약 자체를 취소하거나 해제하는 것을 방해하지 않는다.

② 수익의 의사표시가 있은 후에 낙약자의 채무불이행이 성립하면, 수익자가 손해배상청구권을 가진다. 반면 수익자의 불수령이 채권자지체로 되어 낙약자의 책임이 경감될 수 있다.

[2146] **다. 요약자의 지위**

(1) 요약자는 계약당사자로서 기본관계에 의한 채무를 이행해야 하고, 계약으로부터 발생하는 취소권이나 해제·해지권을 가진다.31) 그리고 해제나 취소로 인한 원상회복관계 및 해제에 따른 손해배상관계는 수익자가 아니라 요약자에게 속한다.32) 즉 수익의 의사표시가 있은 후 채무불이행으로 인한 손해배상청구권이 「권리자」인 수익자에게 귀속하지만(반면 요약자의 손해배상청구는 부정되어야 한다), 계약이 무효이거나 해제 등으로 실효된(즉 제3자 약관도 실효되어 권리자의 지위를 「소급적으로」 잃은) 후에는 수익자가 손해배상청구를 할 수 없다.

> [참 고] 대판 1994.8.12. 92다41559는, 수익자에게 해제권이나 해제를 원인으로 한 원상회복청구권이 없다고 하면서도 "제3자를 위한 계약에 있어서 수익의 의사표시를 한 수익자는 낙약자에게 직접 그 이행을 청구할 수 있을 뿐만 아니라 요약자가 계약을 해제한 경우에는 낙약자에게 자기가 입은 손해의 배상을 청구할 수 있는 것이므로, 수익자가 완성된 목적물의 하자로 인하여 손해를 입었다면 수급인은 그 손해를 배상할 의무가 있다"고 하였다. 그런데 채무불이행 자체에 따른 손해가 아니라 하자로 인한 확대손해가 수익자에게 발생한 사안에 관한 것이어서 이를 일반화할 것은 아니다.

(2) 요약자도 채무자(낙약자)에게 수익자에 대한 채무를 이행할 것을 청구할 수 있지만,33) 요약자의 이 권리는 수익자의 권리취득을 촉진한다는 종된 의미를 가질 뿐이다. 따라서 채무자가 수익자에게 이행하면 요약자의 이 권리도 당연히 소멸한다.

(3) 제3자의 수익의 의사표시가 있은 후에 낙약자의 채무불이행이 성립하였다면, 수익자 외에 요약자도 손해배상청구권을 가지는지에 관하여 다툼이 있으나, 그에 대한 특별한 이해관계가 없는 한 이를 부정할 것이다.

[2147] **라. 낙약자의 지위**

(1) 낙약자는 계약당사자로서 기본관계에 기한 채무를 수익자에게 이행해야 한다.

30) 대판 2002.1.25. 2001다30285 참조.

31) 대판 1970.2.24. 69다1410·1411.

32) 대판 1966.6.21. 66다674: "제3자를 위한 계약은 그 성질상 낙약자의 행위 자체가 불법행위가 되거나 약속이 무효인 경우에는 제3자는 특별한 사정이 없는 한 위 불법행위나 채무불이행을 이유로 하는 손해배상청구는 할 수 없다."

33) 낙약자가 요약자의 이행청구에 응하지 않으면 특별한 사정이 없는 한 요약자는 낙약자에 대하여 제3자에게 급부를 이행할 것을 소로써 구할 이익이 있다고 한 대판 2022.1.27. 2018다259565 참조.

(2) 수익자가 취득하는 권리도 당사자 사이의 계약에 기한 것이라는 성질을 잃지 않으므로, 계약상대방(즉 요약자)이 권리를 취득한 경우와 마찬가지로 낙약자는 기본관계에 기한 항변으로 수익자에게 대항할 수 있다(제542조).[34] 수익자의 권리취득에 의하여 채무자가 불리한 지위에 놓이지 않기 때문이다. 본래적 의미의 항변권뿐만 아니라 권리의 불발생 또는 소멸을 들어 제3자에게 대항할 수도 있다. 그러나 요약자에게만 대항할 수 있는 사유로 제3자에게 대항하지 못한다.[35]

(3) 법은 제3자를 위한 계약의 법률관계가 되도록 빨리 확정될 수 있도록 하기 위하여 채무자에게 최고권(催告權)을 부여한다. 즉 채무자는 상당한 기간을 정하여 이익의 향수 여부의 확답을 수익자에게 최고할 수 있고, 그 기간 내에 확답을 받지 못한 경우에 수익자가 수익을 거절한 것으로 본다(제540조).

마. 제3자를 위한 계약에서의 부당이득에 관하여 [3230] 이하 참조.

제4절 계약의 이행

제1관 총 설

(1) 채무가 채무내용에 좇은 임의이행(변제)에 의하여 소멸하는 것이 보통이고 정상적이지만, [2148] 상계나 혼동 등에 의해서도 소멸하고, 소멸시효도 채무의 소멸원인이며, 나아가 강제이행에 의해서도 채무가 소멸한다. 이 중 소멸시효는 제1편에서 보았고, 아래에서는 채무자가 자발적으로 이행하는 경우, 즉 변제와 그 변용을 다루며, 나머지, 특히 상계와 강제이행은 제4편에서 다루기로 한다.

(2) 계약 자체가(그에 기한 권리 · 의무도 함께) 종료/소멸하는 경우와 개개의 채권만이 소멸하는 경우를 구별해야 한다. 즉 해제 · 해지나 취소 등은 계약 자체의 소멸원인(개개의 채권뿐만 아니라 동시이행의 항변권 등 다른 권리도 소멸한다)인 반면, 변제나 공탁, 상계, 면제 등에 의해서는 개개의 채무가 소멸할 뿐이다. 그런데 채권의 소멸만으로 언제나 채권관계 자체가 소멸하지는 않는다.[1]

제2관 변제 서론

Ⅰ. 총 설 [2149]

1. 변제의 의의

가. 개 념

(1) 변제(辨濟)란 의무지고 있는, 즉 "채무내용에 좇은"(제460조) 급부를 채무자(또는 제3자)가

---

34) 수익자가 취득한 권리가 매매대금채권이라면, 매도인인 요약자가 목적물을 인도하지 않는 한 매수인인 낙약자는 이행을 거절할 수 있다(제536조 참조).

35) 예를 들어 요약자에 대한 채권을 자동채권으로 하는 상계는 허용되지 않는다.

1) 예를 들어 쌍무계약에서 당사자 각자가 채무를 부담하는데, 어느 한 채무가 소멸했다고 하여 나머지 채무가 이행되지 않았다면 계약이 종료되지 않는다.

실현하는 것을 말하며, 「이행」이라고도 한다(용어법에 관하여 [4007] 참조).

(2) 채무자가 이행에 필요한 행위를 다했다고 하여 언제나 변제가 이루어지는 것은 아니다. 특히 결과채무에서 중요한 것은 이행행위(예: 부동산매매에서 등기에 필요한 서류의 교부)가 아니라 급부결과의 발생(예: 등기를 통한 소유권의 취득)이다. 즉 급부결과가 발생하여야 변제가 성립한다.[1]

[2150] **나. 변제의 법적 성질**

(1) 변제의 법적 성질에 관하여 의논이 분분하다. 변제자의 변제의사와 변제수령자의 수령의사가 있어야 하는지 등 채권소멸의 근거가 무엇인지의 문제로 귀결되는 이 논의는 독일학설의 영향을 강하게 받았는데, 우리의 다수설은 변제를 —법률행위가 아니고— 준법률행위로 이해한다. 즉 채무내용에 합치하는 급부결과의 실현만 있으면 변제가 성립한다고 하여 변제의사 등 주관적 요소를 배제한다.

그런데 매도인이 매수인에게 증여의 의사로 매매목적물을 인도하였다면 그 의사에 따라 현실증여가 있을 뿐 매매계약상 채무의 변제로 되지는 않고, 수개의 채권관계가 존재하는 경우에 변제자가 특정채무를 지정하였다면 그 채무의 변제에(만) 충당된다.[2] 여기에 제3자 변제에서 변제지정(타인의 채무변제임을 나타내는)이 필요하다는 점[3]을 더하여 보면, 변제자의 의사가 적극적으로 요구되지 않더라도 소극적인 의미(당해 채무에 관한 것이 아니어서 변제효의 발생을 저지할 수 있다는 측면에서)는 가진다고 할 것이다.

(2) 변제로 인하여 채권이 소멸하는 것은 변제의사의 효과로서가 아니라 이행을 통하여 채권의 목적이 실현되었기 때문이라는 점을 고려한다면, 변제를 표현행위([1066] 참조)로 볼 수는 없는데, 논의의 실익이 크지는 않다.

[참 고] 변제와 변제를 위한 채무자의 행위인 이행을 구별해야 한다. 즉 변제 자체는 법률행위가 아니므로 대리가 불가능한 반면, 이행이 법률행위라면 대리가 가능하지만, 이행이 사실행위라면 보조자에 의한 대행이 가능할 뿐이다. 나아가 제한능력을 이유로 변제 자체를 취소할 수 없지만, 이행이 법률행위인 경우에 제한능력이나 의사의 흠결을 이유로 취소할 수 있다.

[2151] **2. 이 절의 서술내용 개관**

가. 변제의 모습

(1) 변제는 올바른 채무자에 의하여 올바른 채권자에게 올바른 시기에 올바른 장소에서 올바르게 행해져야 한다.

(2) 이 요건들 중 어느 하나라도 결여되면, 채무내용에 좇은 급부가 아니므로(제460조 본문 참조) 채권자가 급부의 수령을 거절할 수 있고, 거절하더라도 채권자지체로 되지 않으며, 오히려 채무자가 이행지체에 빠질 수 있다. 그런데 계약상의 채무가 당사자의 의사에 기한 것이라도,

---

1) 예를 들어 채무자가 의무지고 있는, 동산의 소유권이전에 필요한 행위를 다했더라도 채권자가 이를 수령하지 않으면 채무가 소멸하지 않는다. 이러한 경우에 채무자는 공탁을 통하여 채무로부터 해방될 수 있고, 나아가 법은 채무자의 이익을 위하여 채권자지체제도를 두고 있다.

2) 대판 2021.1.14. 2020다261776: "동일당사자 사이에 수개의 채권관계가 성립되어 있는 경우 채무자가 특정채무를 지정하여 변제를 한 때에는 그 특정채무에 대한 변제의 효과가 인정된다. 이때 그 변제액수가 지정한 특정채무의 액수를 초과하더라도, 초과액수 상당의 채권이 부당이득관계에 따라 다른 채권에 대한 상계의 자동채권이 될 수 있음은 별론으로 하고, 당사자 사이에 다른 채권의 변제에 충당하거나 공제의 대상으로 삼기로 하는 합의가 있는 등 특별한 사정이 없는 한 초과액수가 다른 채권의 변제에 당연충당된다거나 공제의 대상이 된다고 볼 수는 없다."

3) [2212] 및 대판 2010.2.11. 2009다71558 참조.

이행의 단계에 이르면 당사자의 의사보다 급부결과의 실현이 중시되는 등 적지 않은 예외가 인정된다.

나. 변제와 관련된 쟁점들 및 서술순서

이 절에서는 먼저 변제의 효과를 살펴본 후, 변제의 모습을 "누가 언제 어디서 무엇을 어떻게 왜"라는 육하원칙에 따라 검토하는데, "왜"는 채무의 성립원인에 관한 것으로 여기서 다루지 않는다. 나머지 사항들 중 ① "무엇을"은 개개의 계약의 해석을 통하여 구체적으로 결정된다. 다만 변제 일반과 관련하여 주로 「하는 채무」에서 채권의 목적이 문제되는데, 제374조 이하도 이에 관한 것으로 민법의 규정체계와 달리 제3관에서 다루기로 한다.[4] 그리고 ② "어떻게"는 실질적으로 변제를 하려 했으나 그 뜻을 이루지 못한 채무자를 보호한다는 측면에서 변제의 제공과 관련되고, 이는 다시 채권자지체와 연결되는데, "언제 어디서"는 그 판단의 전제로서 의미를 가진다. 이들을 모아 제4관에서 다룬다. 마지막으로 ③ "누가"는 채무자이지만 제3자일 수도 있는데, 변제한 제3자가 채무자에 대하여 구상할 수 있고, 이를 위하여 채권자가 가지던 채권 및 그 담보에 관한 권리를 행사할 수 있다. 이들을 "누구에게"와 함께 제5관에서 살핀다.

Ⅱ. 변제의 효과 [2152]

1. 기본적 효과

(1) 변제에 의하여 채무(채권)가 소멸한다. 이것이 변제의 기본적 효과이다.

(2) 채권자의 의무로서 변제의 증명에 관하여 본다.

① 변제의 증거를 확보하기 위하여 필요하다면 변제자는 변제를 받는 채권자에게 「변제와 상환으로」 영수증을 청구할 수 있다(제474조). 이 청구를 받은 채권자는 영수증을 교부해야 한다. 일부변제의 경우에도 영수증을 청구할 수 있다.

② 채권증서(차용증서, 지불각서 등)가 있는 경우에, 채무 전부를 변제한 변제자(채무자뿐만 아니라 제3자도 포함하여)는 채권자에게 채권증서의 반환을 청구할 수 있다(제475조 전문). 채권이 변제 외의 사유로 전부 소멸하는 경우에도 같다(같은 조 후문). 여기서의 채권증서는 채권의 성립 및 존재를 증명하는 것으로,[5] 유가증권에 해당하지 않는다. 한편 영수증과 달리 채무자는 변제와 상환으로 채권증서의 반환을 청구할 수 없다.[6]

2. 변제의 충당 [2153]

가. 서 설

(1) 일부변제임에도 불구하고 채권자가 수령하였다면, 그 한도에서 유효한 변제로 된다. 그런데 채무자가 동일한 채권자에게 수개의 「동종」의 급부의무(주로 금전채무)를 부담하는데,[7] 그가 제공한 급부가 채무 전부를 소멸시키기에 부족하다면 그 급부를 어느 채무의 변제에 할당할 것인

4) 목적의 변경도 이와 관련되지만 제6관에서 다룬다.
5) 대판 2011.11.24. 2011다74550 참조.
6) 대판 2005.8.19. 2003다22042. 영수증으로 충분히 변제를 증명할 수 있기 때문이다.
7) 채무가 1개인지 여러 개인지의 판단에 관하여 대판 1999.8.24. 99다22281 · 22298 참조.

가? 이것이 변제충당(辨濟充當)의 문제이다. 수개의 동종채무의 발생근거, 이자의 유무, 소멸시효 등과 관련하여 어느 채무가 소멸하고 어느 채무가 남는지에 대하여 당사자들이 이해를 달리하므로, 이 문제는 실무상 중요하다. 변제 외에 공탁, 상계 등의 채무소멸원인에서도 문제된다.[8)]

[2154] (2) 충당의 순서를 개관한다.

① 변제충당에 관한 규정은 임의규정이므로, 변제자와 변제수령자의 합의(묵시적 합의를 포함하여)에 의한 충당이 최우선적으로 이루어진다. 즉 「합의충당 → 지정충당 → 법정충당」의 순으로 충당이 이루어진다.[9)]

② 변제자의 급부가 수개의 채권 전부를 만족시키지 못한다면 각 채권에 안분하는 것이 공평하겠지만, 이 기준은 마지막으로 적용되고, 그에 앞서 일부라도 변제한 이에게 유리한 지위가 부여된다. 즉 충당에 관한 합의가 없는 한 변제자의 변제이익이 충당의 기준으로 되는바, 지정충당의 경우에 「주관적인」 변제이익이 고려되는 반면(변제자의 1차적 지정권 및 변제수령자의 지정에 대한 이의권을 통하여), 법정충당에서는 「객관적인」 기준이 적용된다. 다만 그 한계로서 제479조에 따른 비용, 이자, 원본의 순서는 채권자의 이익을 고려한 것이다.

③ 충당순서에 관한 증명책임은 (안분에 의한) 법정충당보다 자기에게 유리한 충당을 주장하는 이가 진다.[10)] 즉 변제자가 충당의 합의 또는 지정이 있었다거나 당해 채무가 법정충당의 우선순위에 있어서 당해 채무에 전액 변제되었다는 점에 관하여 증명을 다하지 못했다면 각 채무액에 안분비례하여(제477조 제4호 참조) 법정충당이 행하여진다.[11)]

[2155] ④ 다만 담보권 실행을 위한 경매[12)] 또는 강제경매에서는 제477조 및 제479조의 법정충당의 방법에 의한다.[13)] 경매에서 매각대금으로 배당에 참가한 모든 채권자를 만족하게 할 수 없는 때에는 우선순위에 따른 배당절차가 개시되는데, 경매법원이 배당을 주도하기 때문에 변제자의 변제이익을 따질 여지가 없고, 획일적으로 공평·타당한 방법인 제477조에 따라 충당되어야 한다.

⑤ 이러한 충당순서는 부족변제의 충당에도 준용된다. 즉 1개 채무의 변제를 위하여 채무자가 수개의 급부를 해야 하는데 채무자가 제공한 급부가 채무 전부를 소멸시키기에 부족한 경우에, 지정충당과 법정충당에 관한 규정(제476조, 제477조)이 준용된다(제478조).

[2156] **나. 합의충당**

(1) 변제자와 변제수령자는 충당에 관한 민법규정을 배제하고 제공된 급부를 어느 채무에 어떤 방법으로 충당할 것인지를 합의할 수 있는데, 보증인 등 이해관계 있는 제3자의 이익을 해치지 않는 이상 급부를 마친 뒤에라도 기존의 충당방법을 배제하고 제공된 급부를 어느 채무에 어

---

8) 대판 2006.10.12. 2004재다818. 파산절차에서의 배당에 관한 대판 2012.4.13. 2010다1180도 참조.

9) 대결 2010.3.10. 2009마1942. 비용, 이자, 원본에 대한 변제충당은 제479조의 충당순서에 따르고 지정충당에 관한 제476조는 준용되지 않지만, 당사자 사이에 (묵시적) 충당에 관한 합의가 있는 경우에는 달리 정할 수 있다고 한 대판 2002.5.10. 2002다12871·12888도 참조.

10) 대판 1994.2.22. 93다49338; 대판 2009.2.12. 2007다77712.

11) 채무자가 甲 채무의 변제조로 금원 등을 지급한 사실을 주장함에 대하여 채권자가 이를 수령한 사실을 인정하면서도 乙 채무의 변제에 충당하였다고 주장하는 경우에, 채권자는 乙 채권이 존재하는 사실과 乙 채권에 대한 변제충당의 합의가 있었다거나 乙 채권이 법정충당의 우선순위에 있다는 사실을 주장·증명해야 한다(대판 2014.1.23. 2011다108095).

12) 대판 2000.12.8. 2000다51339 참조.

13) 채권자와 채무자 사이에 변제충당에 관한 합의가 있더라도 그 합의가 우선하지 않고 제476조에 의한 지정충당도 허용되지 않는다.

떤 방법으로 다시 충당할 것인지를 약정할 수 있다.[14)]

(2) 충당에 관한 약정의 내용이, 변제가 채권자에 대한 모든 채무를 소멸시키기에 부족한 경우에 「채권자」가 적당하다고 인정하는 순서와 방법에 의하여 충당하기로 한 것이라면, 채권자가 위 약정에 터 잡아 스스로 적당하다고 인정하는 순서와 방법에 좇아 충당을 한 이상 채무자에 대한 의사표시와 관계없이 충당의 효력이 있고, 이처럼 미리 충당에 관한 별도의 약정이 있는 경우에, 「채무자」가 변제를 하면서 위 약정과 달리 특정채무의 변제에 우선적으로 충당한다고 지정하더라도 그에 대하여 채권자가 명시적 또는 묵시적으로 동의하지 않는 한 그 지정은 효력이 없어 채무자가 지정한 채무가 변제되어 소멸하는 것은 아니다.[15)]

물론 합의충당은 사회질서에 반하지 않는 한도에서 유효하며, 충당에 관한 약관조항이 있더라도 이와 다른 개별약정이 있으면 그에 의한다.[16)]

다. 지정에 의한 충당 [2157]

(1) 지정충당(指定充當)이란 변제의 충당이 지정권자의 지정에 의하여 정해지는 경우를 말한다.

(2) 지정권자를 본다.

① 변제자는 변제 당시 어느 채무를 지정하여 그 변제에 충당할 수 있다(제476조 제1항).

② 변제자에 의한 지정이 없으면, 변제수령자가 급부수령시 어느 채무를 지정하여 그 변제에 충당할 수 있지만, 변제수령자의 지정에 대하여 변제자가 즉시 이의(異議)를 제기하면 변제수령자에 의한 지정은 효력이 없다(제2항). 이 경우 법정충당(제477조)에 의한다. 즉 변제자의 이의는 지정충당을 저지하고 법정충당에 의하도록 하는 효과를 가진다.

(3) 지정은 상대방에 대한 의사표시로 하며(제476조 제3항), 명시적으로뿐만 아니라 묵시적으로 행하여질 수 있다.[17)] 지정은 늦어도 급부와 동시에 행해져야 하며, 착오를 이유로 취소할 수 있다.

(4) 제479조가 지정에 대한 예외를 규정한다. [2158]

① 수개의 금전채권이라도 (채무자가 당해 채권들에 관하여 부담하는) 비용,[18)] 이자(지연손해금도 포함하여[19)]) 및 원본 사이에는 위의 지정이 인정되지 않고, 반드시 「비용 → 이자 → 원본」의 순으로 충당되어야 한다(제479조).[20)] 이 경우 비용이나 이자가 이행기에 있어야 하는 것은 아니다.

② 수개의 원본채권과 각각에 대한 이자채권 및 비용채권이 있는 경우에, (수개의) 비용채권에 먼저 충당되고, 남은 것이 있으면 이자채권 · 원본채권의 순으로 충당되며, 수개의 비용채권(이자채권이나 원본채권의 경우에도 같다) 상호간에는 제477조가 준용된다.

---

14) 대판 2013.9.12. 2012다118044 · 118051.

15) 대판 2004.3.25. 2001다53349. 대판 2012.4.13. 2010다1180도 동지.

16) 대판 1998.9.8. 97다53663. 약관에 따른 충당에 관한 대판 2002.7.12. 99다68652도 참조.

17) 예: 채무자가 어느 한 채무에 대하여 기한의 유예를 요청하거나 채권자가 어느 한 채무에 대해서만 최고한 경우.

18) 소송비용액 확정결정이나 집행비용액 확정결정에 의하여 채무자가 부담하는 것으로 확정된 소송비용 또는 집행비용 등이 비용의 범주에 속한다는 대판 2008.12.24. 2008다61172 참조.

19) 지연손해금은 이자와 같이 보아 원본보다 먼저 충당된다(대판 2020.1.30. 2018다204787).

20) 400만 원의 잔대금 외에 50만 원의 이자 및 비용을 변제할 채무를 지는 차주가 50만 원을 지급하면서 이는 잔대금의 변제에 충당되어야 한다고 말하더라도, 원본의 변제에 충당되지 않는다. 이 경우 채권자는 일부변제를 이유로 변제의 수령을 거절할 수 있으며, 거절하더라도 채권자지체에 빠지지 않는다(대판 2005.8.19. 2003다22042).

③ 제479조의 법적 성질에 관하여 견해의 대립이 있지만, 합의(묵시적 합의를 포함한다)에 의하여 배제되는 임의규정으로 볼 것이다. 판례의 입장도 같다.[21)]

[2159] **라. 법정충당**

(1) 변제자에 의한 지정이 없는 경우 또는 변제수령자가 지정하였으나 변제자가 즉시 이의를 제기한 경우에 그리고 비용, 이자 및 원본 사이에는 법정순서에 따라 변제에 충당된다(제477조).

법정충당의 순서는 변제이익을 「객관적으로」 고려하여 정해진 것인데, 당사자가 그와 다른 의사를 주장할 수는 없다.

[2160] (2) 법정충당의 순서를 본다.

① 변제기에 있는 채무와 그렇지 않은 채무가 있으면, 전자의 변제에 충당된다(제477조 제1호). 이 순서는 채무불이행(특히 이행지체)의 성립 또는 종료와 관련하여 의미를 가진다는 점에서 변제이익이 반영된 결과이다. 그런데 변제의 유예가 있으면 그 유예기까지 변제기가 도래하지 않은 것으로 다루어진다.[22)]

② 채무들이 모두 변제기에 있거나 모두 변제기에 있지 않으면, 변제자에게 변제이익이 많은 채무의 변제에 충당된다(같은 조 제2호). 변제이익의 많고 적음은 변제자를 기준으로 판단하고, 변제자가 수인인 경우에 각별로(따로따로) 판단한다.[23)]

[참 고] 변제이익의 많고 적음의 판단기준

ⓐ 이자부 채무가 무이자채무보다 변제이익이 많다.

ⓑ 고리의 채무가 저리의 채무보다 변제이익이 많다.

ⓒ 위약벌의 정함이 있는 채무가 그러한 정함이 없는 채무보다 변제이익이 많다.

ⓓ 변제자가 채무자인 경우에 「채무자 자신의 재산」에 대하여 저당권이 붙은 채무가 그렇지 않은 채무보다 변제이익이 많다. 반면 물상보증인이 제공한 물적 담보 또는 인적 담보의 유무 등 채무자 자신의 재산에 직접 영향을 미치지 않는 경우에는 변제이익과 무관하다.[24)]

ⓔ 변제자 자신이 발행 또는 배서한 어음에 의하여 담보되는 채무가 그렇지 않은 채무보다 변제이익이 많다.[25)]

ⓕ 판례는 보증채무(연대보증채무를 포함한다)가 변제자 자신의 채무에 비하여 변제이익이 적다고 한다.[26)]

ⓖ 대판 2013.3.14. 2012다85281: "여러 명의 연대채무자 또는 연대보증인에 대하여 따로따로 소송이 제기되는 등으로 그 판결에 의하여 확정된 채무 원본이나 지연손해금의 금액과 이율 등이 서로 달라지게 되어 원금이나 지연손해금에 채무자들이 공동으로 부담하는 부분과 공동으로 부담하지 않는 부분이 생긴 경우에 어느 채무자가 채무 일부를 변제한 때에는 그 변제자가 부담하는 채무 중 공동으로 부담하지 않는 부분의 채무 변제에 우선 충당되고 그 다음 공동부담부분의 채무 변제에 충당된다."

③ 위의 기준에 의하여 구별될 수 없는 채무 상호간에는 변제기가 먼저 도래한 또는 먼저

21) 일방적 지정에 대하여 지체 없이 이의를 제기하지 않은 경우에 묵시적 합의에 의한 임의충당이 인정될 수 있다고 한 대판 2002.5.10. 2002다12871 · 12888 참조.

22) 대판 1999.8.24. 99다22281 · 22298.

23) 앞의 99다22281 · 22298 판결.

24) 물적 담보에 관한 대판 2014.4.30. 2013다8250과 인적 담보에 관한 대판 1985.3.12. 84다카2093. 보증기간 중의 채무와 보증기간 종료 후의 채무 사이에서도 변제이익의 점에서 차이가 없다고 한 대판 1999.8.24. 99다26481도 참조.

25) 앞의 99다22281 · 22298 판결 참조.

26) 대판 2002.7.12. 99다68652.

도래할 채무의 변제에 충당된다(같은 조 제3호).

④ 이상의 세 기준에 의하여 구별될 수 없으면, 각 채무의 액에 안분비례로 각 채무의 변제에 충당한다(같은 조 제4호). 다만 이 기준이 적용될 여지는 크지 않다.

제3관 변제의 내용

I. 총 설 [2161]

1. 서 설

가. 전형적 모습

(1) 변제는 "채무의 내용에 좇은" 것으로, 채무내용과 양적 · 질적으로 합치해야 한다.

(2) 채무내용의 결정은 법률의 규정 또는 해석에 의한다는 점 및 채무내용의 사후적 변경은 변경계약이 있거나 사정변경이 있어야 함은 계약의 효력과 관련하여 살펴보았다.

나. 일부변제

(1) 일부변제는 변제의 효력을 가지지 않지만, 일정한 경우에 일부급부가 허용된다: ① 당사자 사이에 일부변제에 관한 합의가 있는 경우(예: 금전채무 분할지급의 합의), ② 법률의 규정에 의한 경우(예: 채권의 일부와의 상계) 및 ③ 신의칙에 기한 경우(다액의 금전채무에서 극히 일부분만이 누락된 경우) 등.

(2) 이러한 예외적인 경우에 해당하지 않는 한 채무 일부의 제공이 유효한 변제제공일 수 없고, 따라서 채무자가 이행지체책임에서 벗어날 수 없으며(제461조 참조), 채권자가 수령을 거절하더라도 채권자지체가 성립하지 않는다(제400조 참조). 채무의 일부를 공탁했더라도 변제의 효력이 발생할 수 없다.

반면 일부변제임에도 불구하고 채권자가 수령하였다면, 그 한도에서 유효한 변제로 되지만, 변제의 충당 및 담보책임이 문제될 여지가 있다.

다. 결과채무와 수단채무 [2162]

(1) 판례는 매도인의 재산권이전의무와 같이 일정한 급부결과의 발생을 목적으로 하는 결과채무(結果債務)와 의사의 진료의무처럼 결과발생을 위하여 필요한 노력을 기울이기만 하면 되는 수단채무(手段債務, 행위채무라고도 한다)를 구분한다.[1)]

(2) 이 구별은 기본적으로 채무의 소멸과 관련된다. 즉 결과채무인 재산권이전의무에서 매수인의 소유권 취득이라는 결과가 발생해야 채무가 소멸하는 반면, 수단채무인 진료계약상의 채무에서 의사가 주의의무를 다했다면, 질병이 치료되지 않았더라도 의사의 의무는 소멸한다([3164]도 참조).

[참 고] 결과채무인 부동산매도인의 재산권이전의무는 매도인이 등기소요서류를 교부하였더라도 아직 매수인 명의의 등기가 경료되지 않았다면 소멸하지 않는 반면, 매도인의 변제행위의 직접적인

1) 이 구별은 주로 강제이행의 방법과 관련되는 「주는 채무」와 「하는 채무」의 구별과 다른 것이다. 대체로 「주는 채무」는 결과채무에 해당하고 「하는 채무」는 수단채무에 해당하지만, 양자가 반드시 일치하는 것은 아니다. 예컨대 여객운송인이 부담하는 「하는 채무」는 결과채무에 해당한다.

결과가 아니라도 시효취득 또는 제3자 보호규정 등에 의하여 매수인이 권리를 취득하면 소멸한다.[2] 한편 매수인 명의의 소유권이전등기가 경료되었으나 그 등기가 원인무효의 것이어서 말소되면, 매도인의 재산권이전의무는 소멸하지 않고 잔존한다.

이와 달리 의사가 환자에게 부담하는 진료채무는 수단채무이므로, 환자의 치유를 위하여 선량한 관리자의 주의의무를 기울여 현재의 의학수준에 비추어 필요하고 적절한 진료조치를 다했다면 질병의 치료와 같은 결과가 달성되었는지는 문제되지 않는다.[3] 즉 의사가 주의의무를 다한 이상 수술 결과 환자의 질병이 치료되지 않고 오히려 후유증이 남더라도 수술에 따른 치료비를 청구할 수 있고, 그 후유증이 의사의 치료상의 과실로 인한 것이라고 볼 수 없다면 후유증이 나타난 후에 증세의 회복 내지 악화 예방을 위하여 이루어진 진료에 관한 비용도 청구할 수 있다.[4] 반면 의사가 주의의무를 다하지 않은 탓으로 오히려 환자의 신체기능이 회복불가능하게 손상되었고, 손상 후에는 후유증세의 치유 또는 더 이상의 악화를 방지하는 정도의 치료가 계속되어 온 것뿐이라면, 의사의 치료행위는 진료채무의 본지에 따른 것이 되지 못하거나 손해전보의 일환으로 행하여진 것에 불과하여, 병원측으로서는 환자에 대하여 그 수술비 내지 치료비의 지급을 청구할 수 없다.[5]

[2163] (3) 이 구별은 나아가 증명책임의 대상 및 소재와도 관련된다. 즉 결과채무에서 일정한 급부결과가 발생하지 않았음은 채무의 불이행을 의미하고, 그것이 증명되면 채무자가 자기에게 과책 없음을 증명해야 한다. 반면 수단채무에서는 급부결과의 발생 여부와 관계없이 거래상 요구되는 주의를 다하지 않았음이 채무의 불이행을 의미하므로 채무불이행사실에 과책이 포함되고, 따라서 채권자는 채무자가 필요한 주의를 다하지 않았음을 증명해야 한다.[6] 즉 주의의무의 내용을 확정하고 실제로 이루어진 행위(취하여진 수단)가 그에 부합하지 않음을 채권자가 증명해야 한다.[7]

[2164] 2. 무효인 변제

가. 타인의 물건의 인도

채무의 변제로 타인의 물건을 인도한 변제자는 유효한 변제를 다시 하지 않으면 그 물건의 반환을 청구할 수 없다(제463조). 다만 채권자가 변제로 받은 물건을 선의로 소비하거나 타인에게 양도하였다면 변제는 유효하고, 따라서 채권은 소멸한다(제465조 제1항).

그런데 위 규정들은 채권자 · 채무자 사이의 관계를 규율할 뿐이고, 그에 기하여 채권자가 물건의 소유자에 대한 관계에서 변제물의 소유권을 취득하는 것은 아니다.[8] 즉 변제물의 소유자는 자기의 물건을 점유하거나, 소비하였거나 또는 양도한 채권자에 대하여 소유물반환청구권, 부당이득반환청구권 또는 불법행위를 이유로 하는 손해배상청구권을 행사할 수 있고, 채권자가 이에 응하여 반환 또는 배상을 하였다면 채무자에 대하여 구상권을 행사할 수 있다(제2항).

한편 변제가 거래행위인 경우에 선의취득에 의하여 채권자가 변제물인 동산의 소유권을 취득할 수 있고, 첨부에 의해서도 소유권을 취득할 수 있지만, 이는 별개의 문제이다.

---

2) 다만 무권리자와 매매계약을 체결한 이가 권리자와 별도의 매매계약을 체결하여 재산권을 취득하였다면, 이행불능이나 이전불능(제570조)의 법리에 따라 법률관계가 결정되어야 한다(대판 1982.12.28. 80다2750).

3) 대판 1993.7.27. 92다15031.

4) 대판 2001.11.19. 2001다52568.

5) 앞의 92다15031 판결.

6) 신용대출금의 회수를 책임지기로 한 임원의 손해배상책임에 관한 대판 1996.12.23. 96다30465 · 30472 참조.

7) 의사의 진료채무에서 진료의 결과를 가지고 바로 진료채무불이행사실을 추정할 수는 없다고 한 대판 1988.12.13. 85다카1491 및 계약기간 내에 분양대행계약에 따른 목표분양률을 달성하지 못한 경우에 그러한 결과만으로 곧바로 채무를 불이행하였다고 추정할 수는 없다고 한 대판 2022.3.31. 2019다226395 참조.

8) 대판 1993.6.8. 93다14998 · 15007 참조.

나. 양도무능력자의 인도

양도능력 없는 소유자가 채무의 변제로 물건을 인도한 경우에, 변제가 취소되더라도 유효한 변제를 다시 하지 않으면 그 물건의 반환을 청구할 수 없다(제464조). 다만 채권자가 수령한 물건을 선의로 소비하거나 양도하였다면, 변제는 유효하다(제465조 제1항). 그런데 이 경우 제2항의 적용은 생각할 수 없다. 제464조가 규정하는 것은 양도능력 없는 채무자가 「자기 소유의」 물건을 인도한 경우이므로, 채권자가 제3자로부터 반환청구를 당하거나 손해배상청구를 당하는 일이란 있을 수 없기 때문이다.

Ⅱ. 특정물채권과 종류채권 그리고 금전채권 [2165]

1. 총 설

가. 채권의 목적 개관

채권의 목적과 관련하여 민법은 제373조 이하에서 특정물채권, 종류채권, 금전채권, 선택채권에 관하여 규정하고, 강학상 이자채권(및 임의채권)이 더하여진다. 그런데 특정물채권과 종류채권 및 금전채권은 물건의 인도를 목적으로 하는 채권으로 불능(의 성립 여부 및 그 위험으로부터 채권자의 이익을 지키기 위한 제도적 장치[9])과 밀접하게 관련된다는 점에서 공통된다. 우선 이들을 살펴본다.

한편 이자채권도 대개 금전의 지급을 목적으로 하지만, 원본채권의 통상적인 발생근거인 소비대차와 관련하여 설명하고, 선택채권 및 임의채권은 채권의 목적의 변경으로서 대물변제와 관련하여 살펴보기로 한다.

나. 개 념 [2166]

(1) 특정물채권(特定物債權)이란 —소유권의 이전 여부와 관계없이— 특정물의 인도를 내용(목적)으로 하는 채권을 말한다(제374조). 즉 급부(인도)할 물건이 개별적 · 구체적으로 지정되어 있는 경우[10]에 특정물채권이 존재한다.[11] 채무자는 특정된 바로 그 물건을 채권자에게 인도해야 하고, 그 물건이 대체물이라도 다른 물건의 인도로 갈음할 수 없다. 따라서 그 물건이 멸실되면 급부가 불능으로 된다.

(2) 이와 달리 급부할 물건이 종류표지에 의하여 지정되어 있는 경우[12]에 종류채권(種類債權)[13])이 존재한다. 다시 말하면 일정한 종류에 속하는 물건의 일정량의 인도를 목적으로 하는 채권이 종류채권이다(제375조). 여기서는 종류물 전부가 없어지지 않는 한 급부의 불능은 발생하지 않는다.

---

9) 미리 정리하자면: ㉠ 특정물채권에서 불능의 위험으로부터 채권자의 이익을 지키기 위하여 채무자에게 목적물의 보관에 관하여 선관주의의무를 지운다; ㉡ 종류채권에서 (종류물이 존재하는 한) 불능이 성립하지 않으므로 채무자는 보관의무 대신 조달의무를 부담한다; ㉢ 금전채권에서는 화폐가치가 중요시되므로 불능이 인정되지 않고, 채권자의 이익을 보호하기 위하여 제397조가 금전채무 불이행에 관한 특칙을 규정한다.

10) 이 그림, 이 자동차 하는 식으로 급부할 물건이 개별표지(標識)에 의하여 구체적으로 특정된 경우.

11) 수임인이 위임사무를 처리하면서 받은 물건으로 위임인에게 인도할 목적물은 그것이 대체물이라도 당사자간에는 특정된 물건과 같은 것으로 보아야 한다는 대판 1962.12.16. 67다1525도 참조.

12) 쌀 100가마, 잡지 10종 하는 식으로 급부할 물건의 종류와 수량만이 정해진 경우.

13) 불특정물의 인도를 목적으로 하는 채권으로, 「종류물」채권이라는 표현이 더 정확하지만, 아래에서는 일반적인 용어례에 따른다.

[참 고] 종류채권에서 종류표지가 상세하면 할수록 인도할 물건의 종류의 범위가 좁아진다. 그런데 급부할 물건이 일정한 한정된 양의 종류물 중에서 제공되기로 정해진 경우(예: 특정창고 안에 있는 막걸리 100병)를 제한종류채권(制限種類債權. 또는 재고채권)이라고 한다.[14] 이러한 유형의 종류채권은 한정된 양의 종류물 전부가 멸실되면 그러한 종류물이 세상에 존재하더라도 채무자는 급부의무를 면한다는 점에서 보통의 종류채권과 다르지만, 조달의 범위(이는 불능성립의 범위로 귀결된다)에 관한 해석의 결과에 불과하므로 이러한 개념이 「일반적으로」 유용하다고 하기는 어렵다.

(3) 재화와 용역에 대한 가치척도이자 동시에 법률적 지급수단인 금전의 지급(인도)을 목적으로 하는 채권이 금전채권(金錢債權)이다. 금전채권은 종류채권의 일종이지만, 금전의 물성(物性)이 아니라 수량으로 표시된 일정한 가치(즉 화폐의 구매력)가 주된 관심사라는 점에 특색이 있으므로, 특수한 종류채권으로 이해되어야 한다. 여기서도 화폐제도가 유지되는 한 불능이 문제되지 않는다.

[2167] **다. 구별의 기준 및 실익**

(1) 특정물채권인가 종류채권인가 하는 것은(그 전제로 특정물이냐 불특정물이냐 하는 것도) 1차적으로 당사자의 의사에 의하여 주관적으로 결정된다. 반면 대체물이냐 부대체물이냐 하는 것은 목적물의 개성이라는 객관적 기준에 의하여 구별된다. 대체로 대체물은 종류채권의 목적이고 부대체물은 특정물채권의 목적이지만, 반드시 그런 것은 아니다. 즉 「대체물=종류채권」, 「부대체물=특정물채권」이라는 개념의 짝은 반드시 일치하는 것이 아니고 일치할 필요도 없다.[15]

(2) 특정물채권과 종류채권의 구별은 변제의 장소(제467조) 및 매도인의 담보책임(제580조, 제581조) 등과 관련해서도 의미를 가지지만, 궁극적으로 목적물이 멸실된 경우에 불능의 항변이 가능한지와 관련하여 실익을 가지고, 이는 목적물의 보존 및 현상인도의무(제374조, 제462조)와 조달의무의 형태로 나타난다.[16]

(3) 민법은 거래(유상계약)상 물건의 인도를 목적으로 하는 채무의 기본형을 특정물채권에서 구하는 것으로 보이지만, 시장경제질서 하에서 거래의 통상적 모습은 오히려 종류채권이라고 할 수 있다.

[2168] **2. 특정물채권**

가. 서 설

특정물채권에서 급부할 물건이 특정되어 있어서, 그 특정된 물건만이 채권자를 만족시키고, 목적물의 전부 또는 일부의 멸실은 인도의무의 소멸 또는 감축으로 귀결된다. 즉 채권자가 급부위험을 부담한다. 따라서 채권자의 이익을 위하여 채무자는 물건을 인도하기까지 선량한 관리자의 주의의무로 보존하다가 이행기의 현상대로 인도해야 한다.

[2169] **나. 목적물보존의무**

(1) 특정물채권의 채무자는 "그 물건을 인도하기까지 선량한 관리자의 주의로" 보존해야 한다(제374조).

14) 보유주식 일정량을 담보로 제공하기로 한 약정에 기한 채권을 제한종류채권이라고 한 대판 1994.8.26. 93다20191도 참조.
15) 예를 들어 투자목적으로 유명화가의 그림 20점을 매입하는 경우에 부대체물이지만 종류채권이 성립한다.
16) 극단화된 종류채무로서 금전채무의 특성에 관하여 [2186] 참조.

① "선량한 관리자의 주의", 즉 선관주의(善管注意)란 거래상 일반적으로 평균인에게 요구되는 정도의 주의를 말한다. 다시 말하면 주의의무를 부담하는 채무자와 같은 직업, 지역, 사회적 지위에 속하는 이들에게 평균적 · 일반적으로 요구되는 정도의 주의를 말한다.17)

② 이처럼 객관화 · 정형화된 기준에 따라 요구되는 선관주의의무가 민법상 주의의무의 기본형으로, 이러한 주의의무의 해태(게을리함), 즉 위반을 추상적 경과실(抽象的 輕過失)이라 한다. 다만 제374조는 임의규정이므로, 당사자의 특약에 의하여 그 적용이 배제될 수 있고, 무상수치인에 대해서는 특칙인 제695조가 적용되어 그 주의의무가 경감된다.18)

③ 제374조에 따라 특정물채권의 채무자는 채무가 성립한 때부터 "물건을 인도하기까지" 선량한 관리자의 주의로 보존해야 한다. 즉 이행기가 아니라 물건을 실제로 인도할 때까지 선관주의의무를 진다.19)

그런데 이행기가 지난 후에는 대개 이행지체에 빠져 채무자의 책임이 가중되거나(제392조) 채권자지체가 성립하여 채무자의 책임이 경감된다(제401조). 따라서 이행기가 지난 후 인도시까지 채무자가 여전히 선관주의의무를 부담하는 것은 이행지체도 채권자지체도 성립하지 않은 경우, 즉 채무자가 불가항력으로 이행기에 물건을 인도하지 못하였거나 정당한 사유(유치권, 동시이행의 항변권 등)에 기하여 이행기에 물건을 인도하지 않은 경우에 한한다.

(2) 특정물채권의 채무자는 선관주의를 기울여 물건은 보존해야 한다. 여기서 보존(保存)이란 특정물의 사실상 또는 법률상의 유지에 필요한 법률행위 또는 사실행위를 말하며, 물건의 멸실 · 훼손 · 침탈을 감독 · 방지하는 데 필요한 행위, 즉 보관(保管)에 한하지 않는다. [2170]

보존을 위하여 어떤 행위를 해야 하는지는 개개의 경우에 물건의 성질이나 경제적 효용에 따라 사회통념에 의하여 결정해야 한다. 보존에 필요한 비용은 채무자가 부담하지만(제473조 본문 참조), 채권자의 수령지체로 인하여 보존비용이 증가하였다면 그 증가액을 채권자가 부담해야 한다(제403조).

(3) 채무자가 선관주의를 게을리하여 목적물이 멸실 또는 훼손된 경우에, 그는 손해배상책임을 지는데(제390조), 선관주의를 다했음에 대한 증명책임은 채무자가 진다(같은 조 단서).20) 반면 채무자가 선관주의의무를 다했다면, 목적물이 멸실 또는 훼손되어 손해가 발생하였더라도 그는 손해배상책임을 지지 않는다.

다. 목적물인도의무 [2171]

(1) 특정물채권의 채무자는 현상인도의무(現狀引渡義務)를 진다. 즉 목적물을 이행기의 현상 그대로 인도해야 한다(제462조).

그리고 채무의 성질 또는 당사자의 의사표시로 변제장소를 정하지 않은 경우에, 특정물의 인도는 채권 성립 당시 그 물건이 있던 장소에서 해야 한다(제467조 제1항).

(2) 특정물이 존재하는 한 훼손 여부 또는 이행기의 전후에 관계없이 채무자는 언제나 현상 [2172]

---

17) 예컨대 이중섭 화백의 그림 한 점을 판 화상(畵商)은 자기의 개인적 주의능력에 상응하는 정도의 주의가 아니라 일반적으로 화상들이 이 화백의 그림에 대하여 거래상 베풀어야 하는 주의를 기울여 그 그림을 보존해야 한다.

18) 증여자의 의무에 관한 [2586]도 참조.

19) 대판 1991.10.25. 91다22605 · 22612.

20) 가령 임차건물이 원인불명의 화재로 소실되어 임차물반환채무가 이행불능이 된 경우에 귀책사유에 관한 증명책임이 임차인에게 있다고 한 대판 2001.1.19. 2000다57351. 다만 [2619]도 참조.

인도의무를 부담한다.

① 먼저 이행기 전에 물건이 멸실 · 훼손된 경우를 본다.

ⓐ 이행기 전에 급부의 목적인 특정물이 멸실되면 인도의무 자체가 소멸한다. 채무자에게 책임 있는 사유로 인하여 목적물이 멸실된 경우에 이행불능이 성립하여 채무자는 멸실로 인한 채권자의 손해를 배상해야 하는 반면, 목적물이 채무자에게 책임 없는 사유로 멸실되었다면 채무자의 손해배상책임이 발생하지 않고(제390조 단서) 대가위험이 문제된다(제537조).

ⓑ 이행기 전에 특정물이 훼손되면, 채무자는 훼손된 대로라도 물건을 인도해야 한다. 다만 훼손이 채무자에게 책임 있는 사유(선관주의의무 위반)로 발생하였다면, 채무자는 채권자의 손해를 배상해야 한다.

② 이행기가 지난 후에도 계약의 해제로 급부의무 자체가 소멸하지 않는 한 상황은 다르지 않다. 다만 이행기 후에 급부의 목적인 특정물이 멸실 또는 훼손된 경우에, 그로 인한 손해의 배상은 별도의 법리에 의한다. 즉 이행지체가 성립하였다면 제392조가, 채권자지체가 성립하였다면 제401조가 각 적용된다.

[2173] (3) 이처럼 훼손 여부 또는 이행기의 전후에 관계없이 채무자는 언제나 현상인도의무를 부담하는데, 그렇다면 제374조와 제462조의 관계를 어떻게 새길 것인가?

① 이 점은 흠 있는 특정물을 인도한 경우에도 현상인도로 채무를 완전히 이행한 것으로 볼 것인지와 관련되는데, 현상인도의무와 선관주의의무의 관계는 경우를 나누어 살펴보아야 한다.

ⓐ 우선 매도인이나 임대인의 인도의무와 같이 특정물의 인도를 전제로 채권자가 일정한 이익을 누리는 이익부여형(利益附與型)에서 선관주의의무와 현상인도의무가 같은 비중을 점할 수 없다. 즉 이러한 유형에서 인도는 현상인도로 족한 것이 아니라 이익을 누림에 필요한 정도의 것이어야 하므로 당연히 "채무의 내용에 좇은" 것이어야 하고, 선관주의의무는 그를 위한 전제로서 인도의무에 포섭된다. 선관주의의무를 다했지만 특정물에 하자가 있는 경우에도 마찬가지로 보는 것이 당사자들의 의사에 합치될 것이다.

ⓑ 반면 임차인의 목적물반환의무처럼 채무자가 권리에 기하여 특정물을 점유하여 사용 · 수익하다가 그것을 반환하는 수익종결형(收益終結型)에서는 위의 포섭관계를 인정하기 어렵다. 임차인의 반환의무는 임대차의 종료에 따른 청산의 의미를 가지므로, 이행기의 현상대로의 인도로 반환의무를 면한다. 다만 임차인의 선관주의의무 위반이 있었다면 그로 인한 손해배상이 문제되고, 특히 목적물의 동일성이 인정되지 않으면 임대인으로서는 이를 임대목적물의 멸실로 평가하여 목적물 전부의 반환불능에 따른 전보배상을 구할 수 있다.

[2174] ② 그렇다면 제462조는 채무자가 "이행기"에 당시의 현상대로(급부의 목적인 특정물이 훼손되었더라도 그 상태대로) 인도해야 한다는 채무자의 당위(當爲)를 밝힐 뿐이고, 그것만으로 「언제나」 유효한 변제 내지 변제제공이 있다고 단정할 수 없다. 즉 이익부여형에서 "채무내용에 좇은" 성상을 갖춘 특정물의 인도만이 유효한 변제 또는 그 제공으로 되고, 그러한 성질을 갖추지 못한 변제제공을 채권자가 수령하지 않았다 하여 수령지체가 성립하지 않는다.[21] 반면 수익종결형에서

21) 특정물매매에서 매도인이 선관주의를 게을리하여 매매목적물이 용익에 지장을 줄 정도로 훼손되었다면, 이행기의 현상대로의 인도가 매수인에게는 무의미하여 재산권이전의무의 위반을 결과 짓고, 따라서 채권자는 수령을 거절할 수 있다. 현상인도에도 불구하고 담보책임을 인정한 대판 2004.7.22. 2002다51586([2460]에 소개된)도 참조.

는 현상인도가 유효한 변제 내지 변제제공을 의미하고, 따라서 채무자의 현상인도를 수령하지 않으면 채권자지체가 성립한다. 다만 채무자의 선관주의의무 위반이 있다면 손해배상이 문제될 수 있고, 급부의 목적물이 원래의 특정물과 동일성을 가지지 않으면 현상인도 자체만으로는 유효한 변제제공(또는 완전한 이행)으로 되지 않으며, 따라서 채권자는 수령을 거절할 수 있다. 결국 선관주의의무를 다한 채무자가 "이행기"에 당시의 현상대로 제공하였다면,22) 그는 이행지체의 책임을 면하지만, 그 밖의 채무불이행책임은 인도의무의 성질에 따라 달리 평가되고, 경우에 따라 채권자가 하자의 추완을 청구할 수 있다고 할 것이다.23)

라. 과실의 귀속 [2175]

특정물로부터 발생한 과실(果實)의 수취권이 언제 채무자로부터 채권자에게로 이전하는지에 관하여 총칙적 규정은 없는데(매매에 관한 제587조 참조), 채무자가 과실수취권을 가지는 경우에 그 권리의 이전시기에 관하여 다수설은 이행기를 기준으로 한다. 그런데 과실수취의 문제는 채권자와 채무자 사이의 법률관계에 의하여 규율되지만, 그것이 분명하지 않으면 앞에서 본 인도의무의 유형에 따라 달리 결정되어야 한다. 즉 수익종결형에서 반환의무가 성립한 때, 즉 이행기부터 과실수취권은 채권자에게 귀속되며, 따라서 채무자는 수취한 과실을 반환해야 하는 반면, 이익부여형에서는 —제587조의 취지에 따라— 목적물이 채권자에게 인도될 때까지 채무자가 과실수취권을 가진다고(예외: 유증에 관한 제1079조) 할 것이다.

3. 종류채권 [2176]

가. 서 설

(1) 종류채권에서 급부해야 할 물건이 종류와 수량에 의하여 정해질 뿐이므로, 채무자가 종류물 중에서 특정된 물건을 인도해야 하는 것은 아니다.

(2) 특정물채권에서 채권성립 후 급부가 불능으로 되면 채무자의 인도의무가 소멸하므로, 채권자의 이익을 위하여 채무자에게 선관주의의무를 지운다. 반면 종류물의 멸실(그에 따른 종류채무의 불능)은 일반적으로 인정되지 않으므로 종류채권에서는 그에 갈음하여 채무자가 지정된 종류·수량의 물건을 구하여 채권자에게 인도할 의무, 즉 조달의무(調達義務)를 부담한다. 따라서 종류물 전부가 존재하지 않는 경우(예: 1930년산 모젤포도주가 전혀 존재하지 않는 경우)에만 인도의무를 면한다.

나. 종류채권에서 목적물의 품질 [2177]

(1) 채무자가 종류물 중에서 가치가 가장 높은 물건을 제공해야 하는 것은 아니다. 법률행위의 성질(예: 제598조. 소비임치에 관한 제702조도 참조)이나 당사자의 의사에 의하여 품질을 정할 수 없는 경우에, 중등품질의 물건을 급부하면 된다(제375조 제1항). 당사자의 의사가 명확하지 않은 경우에, 임의규정인 제375조 제1항에 앞서 거래관행이 적용될 수 있음은 당연하다(제106조). 그런데 제375조 제1항은 상품의 등급이 한정적이고 통신비용이 높던 시대의 산물로, 사양(仕様)의 구

---

22) 선관주의의무를 위반하였으나 동일성이 유지되는 경우에도 마찬가지이지만, 선관주의의무 위반으로 인한 손해배상은 별개의 문제로 남는다.

23) 학설은 일반적으로 제394조를 근거로 매매에서의 추완청구를 부정한다.

체화 및 통신수단의 발달 등에 따라 이제는 거의 의미를 가지지 않는다.

(2) 채무자는 상등품질의 물건을 급부할 수 없는가? 채권자가 특히 중등품질의 물건을 급부받아야 할 특수한 사정이 있는 경우가 아니라면, 채무자가 중등품질의 것 대신 상등품질의 물건을 급부하더라도 채무불이행으로 되지 않는다고 새길 것이다.

(3) 제공된 물건이 하등품질의 것이라면 채무내용에 좇은 변제제공이 아니고, 따라서 채권자는 급부의 수령을 거절할 수 있다. 다만 종류물매매에서 채권자인 매수인은 급부를 수령하고, 제581조에 기한 권리를 주장할 수도 있다.

[2178] **다. 종류채권의 특정**

(1) 종류채무에서도 계약의 진행과정 중 어느 시점에 이르면 인도될 물건이 「이 물건」 하는 식으로 정해져야 한다. 이처럼 종류물 중에서 인도할 물건이 구체적으로 결정되는 것을 종류채권의 특정(特定)이라고 한다. 그런데 특정 전에 채무자는 조달의무를 부담하고 불능이 인정되지 않는 반면, 특정 후에는 선관주의만 기울이면 불능에 대하여 책임을 지지 않으므로 채무자의 책임이 경감된다. 결국 종류채권의 특정은 채무자를 조달의무로부터 해방시키는 계기를 이룬다. 그런데 제375조 제2항이 특정의 「방법」을 규정하지만, 실제로 중요한 것은 특정의 「시기」로, 이는 불능으로 인한 위험의 귀속과 관련된다.

[2179] (2) 종류채권의 특정은 "채무자가 이행에 필요한 행위를 완료"한 때 또는 "채권자의 동의를 얻어 이행할 물건을 지정한 때"에 이루어진다(제375조 제2항). 이러한 특정의 방법은 특정에 따라 조달의무를 면하는 채무자의 이익을 정당화하는 근거로서의 의미를 가진다.

① 먼저 이행에 필요한 행위를 완료하였다면, 「해야 하고 할 수 있는 바」를 다한 채무자를 조달의무로부터 해방시켜 주어야 한다. 따라서 "채무내용에 좇은 변제"의 제공(제460조)을 한 때에 종류채권의 특정이 이루어진다.[24] 채무자가 구체적으로 어떤 행위를 해야 하는지는 당사자들의 약정 또는 법률의 규정(예: 제467조)에 따라 정해진다. 이를 개별적으로 본다.

ⓐ 특정물채권 외의 채무의 변제는 다른 약정이나 관행이 없는 한 채권자의 현주소에서 해야 한다(제467조 제2항). 이처럼 채무자가 채권자에게 가서 급부를 해야 하는 채무가 민법상 기본값이고 이를 지참채무(持參債務)라 하는데, 급부장소와 급부결과발생지는 통상 채권자의 주소나 영업소이다.

지참채무에서 채무자가 급부장소에 가서 채권자에게 물건을 제공한 때, 즉 현실제공이 있은 때(제460조 본문)에 제공된 물건으로 특정된다.[25] 다만 채권자가 급부의 제공이 있기 전에 미리 급부의 수령을 거절하였다면 구두의 제공으로 특정된다(같은 조 단서).

ⓑ 채권자가 채무자에게 와서 급부를 받아가야 하는 채무를 추심채무(推尋債務)라 하는데, 급부장소와 급부결과발생지는 통상 채무자의 주소 또는 영업소이다.

추심채무에서 채무자가 채권자에게 급부하기 위하여 종류물로부터 일정한 수량의 물건을 분리하고 이를 받아갈 것을 채권자에게 통지를 한 때, 즉 구두의 제공을 한 때(제460조 단서)에 그로써 특정된다.

24) 하자 있는, 즉 제375조 제1항에 위반된 목적물의 제공은 채무내용에 좇은 이행제공이 아니므로, 특정의 효과를 발생시키지 않는다.
25) 급부장소로 운송하던 중에 물건이 멸실되면 채무자가 다른 종류물을 구하여 다시 인도해야 한다.

ⓒ 한편 채무자가 채권자에게 물건을 송부해야 하는 채무를 송부채무(送付債務)라 하는데, 통상 급부장소는 채무자의 주소이고, 급부결과발생지는 채권자의 주소이다. 그런데 송부채무가 성립하기 위해서는 당사자 사이에 물건의 송부에 대한 합의가 있어야 한다. [2180]

송부채무에서 채무자가 채권자에게 정해진 종류와 수량의 물건을 발송함으로써 발송된 물건으로 특정이 이루어지고, 채무자의 채무는 발송된 물건을 목적으로 하는 특정물채무로 전환된다. 한편 운송 도중 사고로 물건이 멸실되었다면, 채무자에게 책임 없는 사유로 인한 급부불능에 해당하므로 채무가 소멸한다. 이 경우 채무자가 채권자에게 반대급부를 청구할 수 있는지는 위험부담의 문제인데, 운송기관에의 인도에 의하여 위험이 이전되어 반대급부를 청구할 수 있고([2347] 참조), 채권자가 운송기관으로부터 배상을 받는 것은 별개의 문제이다.[26]

② 채무자가 채권자의 동의를 얻어 이행할 물건을 지정한 때에도 특정이 이루어지는데, 여기서 동의는 지정권(指定權. 그 법적 성질은 형성권이다)의 부여를 의미한다. 이 경우에도 채무자는 종류물의 품질에 관한 제한을 준수해야 한다. [2181]

[참 고] 대판 2003.3.28. 2000다24856은 "제한종류채권에 있어 급부목적물의 특정은, 원칙적으로 종류채권의 급부목적물의 특정에 관하여 민법 제375조 제2항이 적용되므로, 채무자가 이행에 필요한 행위를 완료하거나 채권자의 동의를 얻어 이행할 물건을 지정한 때에는 그 물건이 채권의 목적물이 되는 것이나, 당사자 사이에 지정권의 부여 및 지정의 방법에 관한 합의가 없고, 채무자가 이행에 필요한 행위를 하지 아니하거나 지정권자로 된 채무자가 이행할 물건을 지정하지 아니하는 경우에는 선택채권의 선택권 이전에 관한 민법 제381조를 준용하여 채권의 기한이 도래한 후 채권자가 상당한 기간을 정하여 지정권이 있는 채무자에게 그 지정을 최고하여도 채무자가 이행할 물건을 지정하지 아니하면 지정권이 채권자에게 이전한다"고 했는데, 토지매매가 문제된 —이러한 경우에 (제한)종류채권이 성립하는지도 문제이지만[27]— 이 사안에서 지정권의 이전 운운한 것은 채권자인 매수인이 소유권이전등기를 구하기 위하여 목적물이 특정되어야 함을 고려한 것으로 보이는데, 이 판지를 적어도 동산의 인도채무에 일반화하기는 어려울 것이다.

③ 채무자와 채권자가 계약으로 목적물을 지정한 경우 또는 채무자와 채권자가 계약을 통하여 제3자에게 지정권을 주고 그 제3자가 지정한 경우에도 당연히 특정이 이루어진다.

(3) 특정의 효과를 본다. [2182]

① 특정에 의하여 종류채권은 특정물채권으로 전환되고, 특정 후 채무자는 특정된 물건에 대한 선관주의의무(제374조)를 부담한다.

② 특정 전에 급부하려고 준비하여 둔 물건이 멸실되면, 그 종류의 물건이 존재하는 한 채무자는 다른 물건을 구하여 급부해야 하지만(조달의무), 특정된 후에는 특정된 물건만이 급부의 목적으로 되기 때문에, 물건이 멸실되면 불능으로 인하여 급부의무를 면한다(2차적 급부의무인 손해배상과는 별개로). 이를 흔히 「특정에 의하여 급부위험(給付危險)이 채무자로부터 채권자에게로 이전된다」고 표현한다.

③ 특정에 의하여 종류채권이 특정물채권으로 전환되지만, 이것이 당사자의 의사에 기한 특

26) 전자상거래에서 escrow 제도(구매자의 결제대금을 제3자에게 예치하다가 배송이 정상적으로 완료된 후 대금을 판매자에게 지급하는 거래안전장치)를 이용하면 위험부담자가 달라질 수 있다.

27) 1필 또는 수필의 토지 중 일정면적의 소유권을 양도하기로 하는 계약을 체결하였으나 양도할 토지 위치가 확정되지 않은 경우에 성립하는 채권은 선택채권이라고 한 대판 2011.6.30. 2010다16090도 참조.

정물채권과 완전히 같은 것은 아니다. 즉 종류채권에서 특정은 채무자의 이익을 위한 것이므로 특정에의 구속을 엄격하게 새길 것은 아니고, 채권자의 이익을 해치지 않는 한 채무자의 급부변경권(給付變更權)을 허용한다고 해서 특별히 문제될 것이 없다.[28)]

[2183] ## 4. 금전채권

가. 서 설

(1) 특수한 동산으로서 금전은 재화와 용역에 대한 가치척도인 동시에 법률적 지급수단이다 ([5029]도 참조). 이러한 금전의 지급(인도)을 목적으로 하는 채권을 금전채권(金錢債權)이라 하는데, 쌍무계약의 한쪽 채권은 대개 금전채권이다.

(2) 금전채권은 법률행위(예: 매매, 소비대차, 임대차, 고용 등의 계약 또는 유증과 같은 단독행위) 또는 법률의 규정(특히 제394조 참조)에 의하여 성립한다.

[2184] ### 나. 금전채권의 종류

(1) 금전채권의 종류로 ① 100만 원의 지급을 목적으로 하는 채권과 같이 일정액의 금전의 지급(인도)을 목적으로 하는 금액채권(金額債權), ② 특정한 종류의 통화로써 지급해야 하는 금종채권(金種債權) 및 ③ 수집/소장의 대상으로서 금전을 목적으로 하는 특정금전채권 또는 종류채권 등이 있다.

그런데 ③은 가치척도나 법률적 지급수단으로서가 아니라 개성을 가진 물건으로서 금전의 인도를 목적으로 하므로, 엄밀한 의미에서 「금전」채권이 아니라 특정물채권 또는 종류채권에 해당하고, 금전채권에 특유한 법리가 적용되지 않는다. 한편 ②는 원래 화폐의 재료인 물질의 가격변동에 따라 화폐의 가치(구매력)가 바뀌던 시대에 금화나 은화 등 특정한 종류의 화폐의 지급을 목적으로 하는 금전채권을 의미하였으나, 현재 우리나라에 화폐의 재료 여하에 따라 화폐의 실질적 가치(명목적 가치가 아니라)가 달라지는 화폐의 종류는 존재하지 않으므로 역사적 유물일 뿐이다. 결국 금전채권으로 금액채권(①)만이 남는다.

한편 금액채권의 채무자는 각종의 통화로 지급할 수 있는데, 통화(通貨)란 국가가 법률로써 강제통용력을 인정하는 금전(화폐), 즉 법화(法貨)를 말한다(한국은행법 제48조). 여기서 강제통용력이란 법률이 화폐에 부여한 지급수단으로서의 통용력을 말하는데, 우리나라에서 강제통용력을 가진 화폐(법화)로 한국은행이 발행한 한국은행권(지폐)과 주화(鑄貨. 즉 동전)가 있다(같은 법 제47조, 제53조). 그런데 금전채권(외화채권을 포함하여)에 관한 제376조 이하는 화폐가 강제통용력을 잃은 경우에 대비한 의사추정규정일 뿐이다.

[2185] (2) 외국통화의 지급을 목적으로 하는 채권(예: 5만 $나 5만 €의 지급을 목적으로 하는 채권)을 외국금전채권 또는 외화채권이라고 한다. 외화채권도 외국금액채권, 외국금종채권, 특정외국금전채권 및 종류외국금전채권 등으로 나뉜다.[29)]

① 외국금액채권의 경우(즉 특정한 종류의 외화로써 지급한다는 특약이 없는 경우)에 채무자는 그

28) 물건을 pick up 하기로 하고 전화주문을 한 경우에 가게에서 주문받은 물건을 포장해 두면 특정이 이루어지지만, 포장된 물건을 다른 손님에게 넘겨준 경우에 다시 준비하여 포장하면 된다. 이러한 「변경권」이 허용되지 않을 이유가 없다. 이 점에서 특정이 있더라도 채권의 성질 자체가 특정물채권으로 바뀌는 것은 아니고(비유적 표현으로 「전환」 운운하기도 하지만), 채무자의 책임이 경감될 뿐이다.

29) 특정외국금전채권 및 종류외국금전채권에 관해서는 특별히 설명할 것이 없다.

가 선택한 당해 국가의 각종의 통화로 변제할 수 있으며(제377조 제1항), 지급할 때의 「이행지」의 환금시가에 따라 환산한 우리나라의 통화로 지급할 수도 있다(제378조). 그런데 외화채권의 환산시기를 판례가 종래 지급하기로 했던 시기, 즉 「이행기」라고 하였으나,[30] 대판(전) 1991.3.12. 90다2147이 입장을 바꾸어 지금은 제378조의 법문대로 「이행시」(사실심 변론종결시)로 본다.[31]

② 외화채권으로는 금종채권이 있을 수 있다. 외국금종채권의 채무자는 지정된 종류의 외국통화(예: 금화)로 지급해야 하고, 지정된 종류의 외국통화가 변제기에 강제통용력을 잃었다면 그 외국의 다른 통화로 지급해야 한다(제377조 제2항).

다. 금전채권의 특수성 [2186]

(1) 일정액의 금전의 지급을 목적으로 하는 금액채권으로서 금전채권은 종류채권의 성질이 극단화된 모습의 것이다. 즉 지급되는 금전의 물성(物性)은 고려하지 않고 수량으로 표시된 일정한 화폐가치(화폐의 구매력)가 중요시되는 특수한 종류채권이다.

(2) 이러한 금전의 특성 때문에 종류채권에 관한 제375조는 금전채권에 적용되지 않는다.

① 금전이 구현하는 화폐가치는 동질이고 중등품질의 통화란 생각할 수 없기 때문에 제1항은 금전채권에 적용되지 않는다. 즉 금전채무자는 일정한 금액의 통화를 지급할 의무를 질 뿐이며, 특히 금액채권에서 채무자는 어떠한 종류의 내국통화로도 지급할 수 있다.[32]

② 금전채권에서 지급할 일정금액, 즉 화폐가치가 의미를 가지고, 화폐가치를 구현하는 구체적인 물건은 중요하지 않기 때문에 특정에 관한 제2항도 금전채권에 적용되지 않는다. 이처럼 금전채권에서 인도할 목적물(즉 금전)의 「특정」이라는 것이 없으므로, 보통의 종류채권과 달리 특정에 의한 특정물채권에로의 전환(및 그로 인한 급부위험의 채권자 부담)도 없다. 즉 강제통용력 있는 통화가 존재하는 한 금전채권은 언제나 이행가능한 상태에 있고, 따라서 금전채권의 이행불능이라는 것은 생각할 수 없으며, 이행지체가 성립할 수 있을 뿐이다.

③ 한편 채무자는 지급무능력을 이유로 자신의 급부의무로부터 해방될 수 없다. 법적 거래는 참여자 각자가 자기의 채무를 적절하게 이행할 수 있는 능력을 가지고 있음을 전제로 하여 이루어지기 때문이다.

(3) 금전채무의 이행방법에 관하여 살펴본다. [2187]

① 한국은행권 또는 주화의 인도(지급)에 의한 이행이 금전채무의 일반적인 이행방법이다. 그런데 이 방법은 고액의 금전채권에서는 적합하지 않고,[33] 그 결과 주로 일상의 소액의 금전채권의 이행에 주로 이용된다.

② 우편환이나 금융기관이 발행한 자기앞수표를 교부(인도)하는 방법에 의한 이행도 이들이 거래계에서 가지는 의미 및 당사자의 의사에 따라 현금의 인도와 마찬가지로 보아야 한다.[34] 신용카드를 이용한 결제도 같다.

---

30) 대판 1987.6.23. 86다카2107 등.

31) 대판 2000.6.9. 99다56512 및 경매절차에서 외화채권자에의 배당에 관한 대판 2011.4.14. 2010다103642도 참조.

32) 고액의 채무를 주화로 이행하는 경우에도 신의칙이 문제될 뿐이다.

33) 금전채무는 지참채무로 채무자가 자기의 위험과 비용으로 금전을 채권자에게 인도(지급)해야 함(제467조 제2항. 다만 제586조 참조)을 생각하여 보라.

34) 반면 지급 여부가 불확실한 어음이나 개인 발행의 수표(예: 가계수표)의 인도는 ―대물변제에 해당하지 않는 한― 금전채무를 소멸시키는 이행으로 되지 않는다.

③ 나아가 최근 널리 활용되는 계좌이체에 의한 이행을 생각할 수 있다. 즉 예금계약 자체 또는 그에 종된 계좌이체계약에 따라 채무자가 거래은행에 채권자의 예금계좌로 일정액을 송금하도록 지시하는 방식[35]도 당사자 사이에 다른 약정이 없는 한 현금의 인도와 마찬가지로 다루어져야 한다.[36] 계좌이체 등에서의 잘못에 관하여 [3236] 이하 참조.

(4) 금전채무 불이행에 관하여 제397조 및 [2442] 이하 참조.

[2188] **라. 금전채권과 사정변경**

(1) 한국은행법 제48조는 한국은행권(주화를 포함하여)에 국내의 유일한 법화로서 강제통용력을 부여하므로, 금전채권의 채권자는 화폐가치의 변동과 관계없이 채무자가 지급하는 한국은행권을 수령해야 한다. 즉 채무자는 채권자에게 유효통화로 채권의 명목액을 지급하면 되고, 그 금액이 얼마만큼의 화폐가치(즉 실질구매력)를 가지는지는 묻지 않는데, 이러한 입장을 명목설(名目說)이라 한다. 따라서 금전채권 성립 후의 화폐가치 하락(인플레이션)의 위험을 채권자가 부담한다.

(2) 명목설은 화폐가치의 변동에 영향을 받지 않는 안정적인 금전지급거래가 성립하기 위한 기초인 통화제도의 목적에 합치된다. 명목설로부터의 이탈은 매우 큰 법적 불안정성과 그로 인한 많은 법적 분쟁을 초래할 수 있다. 다만 명목설은 인플레이션이 극심한 시대에 가치가 크게 하락된 화폐를 받게 함으로써 채권자의 이익을 부당하게 침해할 수 있다. 즉 극도의 화폐가치 상실의 상황 하에서는 명목설이 추구하는 경제운행의 안정이라는 목표가 달성될 수 없다. 이러한 상황은 특히 제1차 세계대전 후 독일에서 금전채권의 증액평가판결을 초래한 바 있다. 그러나 명목설은 현대의 경제질서의 도구로서 간단하게 버릴 수 있는 것이 아니다.

(3) 이 점에 관하여 대법원은 "현행법의 해석으로는 금전채무의 불이행의 경우에 사정변경의 원칙을 적용할 수 없다"는 판결을 내린 바 있을 뿐이고,[37] 금전채무 일반과 인플레이션의 관계에 관한 판결은 아직 존재하지 않는다.[38]

[참 고] 유류분 반환과 관련하여 대판 2009.7.23. 2006다28126은, 증여받은 재산이 금전일 경우에 증여받은 금액을 상속개시 당시의 화폐가치로 환산하여 이를 증여재산의 가액으로 봄이 상당하고, 그러한 화폐가치의 환산은 증여 당시부터 상속개시 당시까지 사이의 물가변동률을 반영하는 방법으로 산정하는 것이 합리적이라고 하였는데, 이는 「공동상속인들 사이의 실질적 공평」을 도모하기 위한 것으로, 특별수익의 산정을 제외한 그 밖의 경우에까지 일반화하기는 어려울 것이다.

제 4 관 변제의 제공과 채권자지체

[2189] Ⅰ. 변제의 모습

1. 서 설

(1) 여기서는 변제의 모습, 즉 "어떻게"를 다루는데, "언제 어디서", 즉 변제의 시기와 장소도 함께 살펴본다. 유효한 변제나 그 제공이 있었는지를 판단하는 기준의 의미를 가지기 때문

35) 채권자가 자신의 계좌번호를 알려 주었다면, 채무자는 계좌이체에 의하여 금전채무를 이행할 수 있다.
36) 지시에 따라 은행이 채권자의 예금계좌에 일정액을 송금하면, 채무자의 예금액이 그만큼 감축된다.
37) 대판 1955.9.22. 4286민상161.
38) 사정변경에 따른 해제에 관한 [2131] 이하도 참조.

이다.

(2) 한편 변제는 채무자의 영역에 속하므로 다른 의사표시가 없으면 변제비용은 채무자의 부담으로 한다(제473조 본문). 그러나 채권자측의 사정으로 변제비용이 증가된 경우[1]에, 그 증가액은 채권자의 부담으로 한다(제473조 단서).

2. 변제의 시기 [2190]

가. 개 념

(1) 변제(급부)의 시기는 두 가지 의미로 쓰인다. 즉 채무자가 이행을 해도 좋은 시기를 뜻하기도 하고, 채무자가 늦어도 그때까지는 이행을 해야 한다는 시기의 의미로 쓰이기도 한다. 이 중 후자, 즉 이행기한을 변제기(辨濟期. 또는 이행기)라고 한다.

(2) 채무자가 이행을 해도 좋은 시기에 급부를 제공하였으나 채권자가 이를 수령하지 않으면 채권자지체로 되지만(제400조), 그 시기가 도래하기 전에 변제제공이 있더라도 채권자지체가 성립하지 않는다.

반면 채권자는 변제기가 도래해야 비로소 채무자에게 급부를 청구할 수 있는데, 이행기가 도래하였음에도 불구하고 채무자가 유책적으로 이행하지 않으면 이행지체로 된다.

나. 변제시기의 결정과 유예(猶豫) [2191]

(1) 변제시기는 우선 당사자의 약정과 채무의 성질에 의하여 결정된다.[2] 그런데 유상계약에서 양 채무에 관하여 동일기한이 추정된다(제585조 참조). 한편 상법이 적용되는 경우에, 법령 또는 관습에 의하여 영업시간이 정해져 있으면 채무의 이행 또는 이행의 청구는 그 시간 내에 해야 하는데(상법 제63조), 민법이 적용되는 경우에도 그 취지가 존중되어야 한다.

(2) 변제시기의 정함이 없으면 채권자는 즉시 급부를 청구할 수 있으며 채무자도 즉시 이행할 수 있다. 다만 소비대차에서 반환시기의 정함이 없다면 대주는 상당한 기간을 정하여 반환을 청구해야 하지만(제603조 제2항 본문), 차주는 언제든지 반환할 수 있다(같은 항 단서. 제702조도 참조).

(3) 현존하는 채무의 변제에 관하여 나중에 일정한 부관이 붙여진 경우에, 특별한 사정이 없는 한 그것은 변제기를 유예한 것으로서 그 사실이 발생한 때 또는 발생하지 않는 것으로 확정된 때에 기한이 도래한다.[3] 지급을 위한 어음/수표의 교부와 이행기의 유예에 관하여 [2250]도 참조.

다. 변제기 전의 변제 [2192]

(1) 특별한 의사표시가 없는 한 채권자는 변제기 전에 급부를 청구할 수 없지만, 채무자는 그 전이라도 이행할 수 있다. 즉 변제기는 채무자의 이익을 위하여 존재하는 것으로 추정되므로(제468조, 제153조), 채무자가 기한의 이익(기한이 도래하지 않음으로써 당사자가 받는 이익)을 포기할

1) 예: 매도인이 등기에 필요한 인감증명서를 교부하였으나 매수인이 등기를 지체하던 중 유효기간이 경과하여 인감증명서를 다시 교부해야 하는 경우.

2) 분양 아파트의 잔금을 분양자의 책임 아래 아파트를 담보로 하여 받을 은행대출금으로 대체하기로 약정한 경우에, 잔금의 기한은 특별한 사정이 없는 한 은행대출을 받을 수 있는 때라고 본 대판 1995.12.26. 95다33962 참조.

3) 대판 2003.8.19. 2003다24215; 대판 2020.12.24. 2019다293098.

수 있다.[4)]

한편 변제기 전에 미리 채무를 변제한 경우에, 변제자는 그 반환을 청구하지 못한다(제743조 본문). 다만 채권자가 미리 변제받은 것을 변제기까지 이용함으로써 사실상 얻은 이익은 법률상 원인 없는 것이므로, 채무자가 변제기를 착오함으로써 변제한 경우에 한하여 채권자에게 발생한 이익의 반환을 청구할 수 있다(같은 조 단서).

[2193] (2) 변제기가 채권자의 이익을 위하여 존재하는 경우에 채무자는 채권자의 기한이익을 해칠 수 없다.

① 변제기가 채무자와 채권자 쌍방의 이익을 위하여 존재하는 경우에, 채무자는 제468조에 따라 상대방의 손해를 배상해 주고 변제기 전에 이행을 할 수 있다. 즉 채무자가 채권자의 손해를 배상하면서 이행하려는 경우에, 특별한 의사표시가 없는 한 채권자는 이를 수령해야 하고, 수령하지 않으면 채권자지체로 된다.

그런데 이자부 소비대차에서 차주가 이행기 전에 이행할 수 있지만, 대주의 손해에 대한 배상으로서 이행기까지의 이자 상당액, 보다 정확하게는 그동안의 약정금리와 실세금리(또는 법정이자)의 차이에 따라 계산한 금액(금전의 만능적 성격에 기한 손익상계)도 지급해야 한다.[5)] 기한의 포기에 의하여 상대방의 이익을 해칠 수 없기 때문이다(제153조 제2항 단서).[6)]

② 한편 이행기가 압도적으로 채권자의 이익을 위하여 정해진 경우(예: 아파트 입주일까지 이삿짐을 임치한 경우)에는 제468조의 "특별한 의사표시"가 있는 경우에 해당하므로, 기한의 이익을 포기할 수 없다. 즉 채무자는 이행기 전에 이행할 수 없으며, 따라서 채권자는 이행기 전의 급부의 수령을 거절할 수 있다. 반면 채권자는 이행기 도래 전에 급부를 청구할 수 있다(제698조 단서). 즉 임치기간이 약정되어 있더라도 임치인은 언제든지 수치인에게 임치물의 반환을 청구할 수 있다.

[2194]

3. 변제의 장소

가. 서 설

(1) 올바른 장소에서의 급부만이 채무자를 채무로부터 해방시켜 준다. 잘못된 장소에서 급부가 제공되었다면 채권자는 수령을 거절할 수 있고, 거절하더라도 채권자지체가 성립하지 않는다. 물론 채권자가 이를 수령하면 채무가 소멸한다.

(2) 변제장소(이행장소, 급부장소)는 급부가 이루어져야 하는 장소로, 결과발생지, 즉 급부의 결과가 발생하는 장소와 구별된다. 지참채무와 추심채무의 경우에 양 장소가 일치하지만, 송부채무의 경우에는 양 장소가 상이함은 앞에서 보았다.

---

4) 기한이익의 상실에 관하여 [2292] 이하 참조.

5) 대판 2023.4.13. 2021다305338: "채권자와 채무자 모두가 기한의 이익을 갖는 이자부 금전소비대차계약 등에 있어서, 채무자가 변제기로 인한 기한의 이익을 포기하고 변제기 전에 변제하는 경우 변제기까지의 약정이자 등 채권자의 손해를 배상하여야 하고, 이러한 약정이자 등 손해액을 함께 제공하지 않으면 채무의 내용에 따른 변제제공이라고 볼 수 없으므로, 채권자는 수령을 거절할 수 있다. 이는 제3자가 변제하는 경우에도 마찬가지이다. [···] 기한의 이익과 그 포기에 관한 민법 제153조 제2항, 변제기 전의 변제에 관한 민법 제468조의 규정들은 임의규정으로서 당사자가 그와 다른 약정을 할 수 있다. 은행여신거래에 있어서 당사자는 계약내용에 편입된 약관에서 정한 바에 따라 위 민법규정들과 다른 약정을 할 수도 있다."

6) 부당한 보전처분에 따른 손해배상의 범위에 관한 대판 1991.3.8. 90다17606도 참조.
참고로 현재 금융기관에서는 약관에 의하여 중도상환(기한 전 변제)의 가부에 따라 이율을 달리함으로써 이 문제에 대처한다.

나. 변제장소의 결정

(1) 변제장소는 1차적으로 당사자의 의사표시(대개 합의)에 의하여 결정되고, 당사자의 의사표시가 없으면 2차적으로 채무의 성질에 의하여 결정되며(제467조 제1항 전단), 그에 관한 관습이 있으면 그 관습에 의한다(제106조).

(2) 위의 기준들에 의해서도 변제장소가 정해지지 않는 경우에, ① 특정물의 인도는 채권 성립 당시 물건이 있었던 장소에서(제467조 제1항 후단. 임치에 관한 제700조도 참조), ② 특정물의 인도 외의 채무의 변제는 채권자의 현주소에서(제467조 제2항 본문), 그리고 ③ 영업에 관한 채무의 변제는 채권자의 현 영업소에서(같은 항 단서) 해야 한다. 즉 특정물인도채무는 채권성립 당시 특정물의 존재장소가 채무자 쪽에 속하는 경우에 추심채무이고, 그렇지 않은 경우에 지참채무이다. 반면 특정물인도 외의 채무는 채권자의 현주소 또는 현 영업소에서 이행되어야 하므로 기본값은 지참채무이다. 그 밖에 매매계약에 관하여 제586조는 물건의 인도장소에서 대금을 지급하도록 규정한다.

Ⅱ. 변제의 제공 [2195]

1. 서 설

(1) 부작위채무처럼 급부를 채무자가 단독으로 실현할 수 있는 경우도 있지만, 대개 채권자의 협력을 요한다.[7] 법은 채무자가 급부의 실현에 필요한 준비를 마치고 채권자의 협력을 구하는 것을 변제의 제공(辨濟의 提供)이라 하여 그 방법에 관하여 규정하고, 변제의 제공이 있었음에도 불구하고 채권자의 비협력으로 인하여 급부가 실현되지 않는 경우에 일정한 효과를 부여한다.

(2) 채무자는 “채무내용에 좇은” 제공을 해야 한다(제460조). 채무내용에 좇은 변제제공이라 [2196]
하기 위하여 다음의 요건들이 갖추어져야 한다. 이들이 갖추어지지 않으면 채권자가 수령을 거절할 수 있고, 수령을 거절하더라도 채권자지체가 성립하지 않는다(제400조 참조).

① 완전한 급부(예: 종류채무에서 품질요건의 충족)의 제공이어야 한다. 따라서 급부의 일부제공은 채무내용에 좇은 제공이 아니어서 변제제공의 효력이 발생할 수 없다.[8]

② 변제의 제공이 올바른 시기에 올바른 장소에서 행해져야 한다.

③ 변제의 제공이 신의성실의 원칙과 합치되어야 한다.[9]

④ 변제의 제공이 올바른 당사자 사이에서 행해져야 하는데, 채권의 준점유자에 대한 변제의 제공도 유효한지에 관해서는 뒤에서 본다. 한편 제3자의 변제가 허용되므로, 반드시 채무자의 제공에 한정되는 것은 아니다.

(3) 급부가 채무내용에 좇은 것이 아니라는 이유로 채권자가 수령을 거절하는 경우에, 증명책임의 일반원칙에 따라 자기의 급부가 채무내용에 좇은 것임을 채무자가 증명해야 한다. 다만 채권자가 급부를 변제로서 수령한 후라면 급부가 잘못된 것이라든가 불완전하다고 하는 점에 대

7) 이 점은 결과채무와 수단채무의 구별과 무관하다. 의사의 진료채무에서 예약한 환자가 치료받으러 병원에 오지 않으면, 수단채무의 이행이 이루어질 수 없다.

8) 일부제공은 채무의 본지에 따른 이행의 제공이 아니어서 이행제공의 효력이 발생할 수 없으므로 채무의 일부를 공탁하더라도 변제의 효력이 발생할 수 없다(대판 1984.9.11. 84다카781).

9) 채무자가 갚아야 할 돈을 채권자 면전에 던진 것은 신의칙에 반하는 것이어서 채무내용에 좇은 변제의 제공이 아니다.

한 증명책임을 채권자가 부담한다고 새겨야 한다.

[2197] ## 2. 변제제공의 효과

가. 개 관

변제의 제공이 있었던 것만으로 채권이 소멸하지 않는다. 그러나 채무자로서는 「해야 하고 또 할 수 있는 바」를 다하였으므로, 법은 이러한 채무자를 보호하기 위하여 변제제공에 일정한 효과를 부여한다. 그런데 할 바를 다한 채무자의 채무불이행책임을 면제하는 단계에 그치지 않고, 채무가 소멸하지 않고 존속함이 채권자의 탓이므로 그 연장선상에서 채권자에게 일정한 불이익(대가위험의 부담이나 동시이행의 항변권의 상실 등)을 지우기도 한다. 요컨대 변제제공은 채권자와 채무자 사이의 이해관계 조절의 변곡점이라 할 수 있다.

[2198] ### 나. 효과의 기본적 측면과 가중된 측면

(1) 변제제공의 기본적 효과로, 변제의 제공이 있으면 채무자는 채무불이행으로부터 발생하는 일체의 책임을 면한다(제461조). 그런데 법문이 "채무불이행"이라고 하지만, 이는 이행지체만 의미하는 것으로 좁게 새겨야 한다. 왜냐하면 변제제공에 의하여 채권자지체가 성립하더라도 채무자는 —고의 또는 중대한 과실이 있는 경우에 한하지만(제401조 참조)— 불이행으로 인한 책임을 지고, 여기의 불이행에 이행불능이 포함되기 때문이다. 나아가 보호의무 위반 때문에 확대손해가 발생한 경우[10]에도 제461조를 근거로 그에 대한 배상책임을 면할 수 없다.

그 밖에 종류채권의 특정이 이루어지고(제375조 제2항 참조), 채무자는 변제공탁을 할 수 있다(제487조).

(2) 변제제공의 가중된 효과로 채권자에게 일정한 불이익이 발생할 수 있다.

우선 쌍무계약에서 채무자의 변제제공으로 채권자는 동시이행의 항변권을 잃는다(제536조). 그 결과 채권자의 채무에 관하여 이행지체가 성립하고 해제도 가능하다.[11]

나아가 변제의 제공에도 불구하고 채권자가 이를 수령하지 않으면 채권자지체가 성립한다(제400조). 즉 법은 채권이 소멸하지 않는다는 점을 제외하고 변제가 있었던 경우와 마찬가지 지위를 채무자에게 보장해 준다. 이를 기초로 제538조에 따라 위험이 이전된다.

> [참 고] 이처럼 변제제공의 효과를 기본적 측면과 가중된 측면으로 나누는 것은 채권의 준점유자에 대한 변제제공이 유효한지와 관련해서도 의미를 가진다.
>
> 우선 채권의 준점유자에 대한 제공이라도 변제제공의 기본적 효과는 인정되어야 한다. 즉 제470조의 반대측면으로 진정한 채권자를 알지 못하고 그에 대한 과실이 없는 성실한 변제자를 이행지체책임으로부터 해방시키는 것 및 종류채권에서 특정의 효과를 누릴 수 있게 하는 것이 필요하다.
>
> 반면 채권의 준점유자에 대한 변제제공에 대하여 변제제공의 가중된 효과를 인정하기에는 무리가 따른다. 즉 「채권자 자신」이 아니라 채권의 준점유자에 대한 변제제공에 의하여 채권자에게 채권자지체의 성립 등의 불이익을 지우는 것은 불합리하다.[12]

10) 가령 제품의 위험성을 제대로 고지하지 않아서 매수인이 제품을 사용하던 중 피해를 입은 경우.
11) 이행에 의해서도 같은 결과에 이를 수 있지만 선이행에 따른 위험을 감수해야 한다.
12) 동시이행의 항변권의 상실 또는 대가위험의 부담에 관해서도 마찬가지이다.

3. 변제제공의 방법 [2199]

가. 서 설

(1) 앞에서 본 효과가 발생하기 위하여 채무자의 어떤 행위가 있어야 하는가? 법은 변제제공의 방법으로 현실제공(現實提供. 사실상의 제공)과 구두제공(口頭提供. 언어상의 제공)의 둘을 규정하는데, 이 중 어느 것에 의해야 하는지는 채권관계의 성질 및 채권자의 행태에 따라 결정된다. 즉 일반적으로 현실제공이 있어야 하지만(지참채무의 기본값에 조응하여), 현실제공이 불가능하거나 무의미한 경우에 변제제공의 방법이 완화되는데, 그 정도는 구체적인 상황에 따라 다르다.[13)]

(2) 채권자와 채무자 사이의 이해관계 조절의 변곡점으로서 변제제공의 유무를 판단할 때 개별사안의 구체적 사정을 기초로 변제제공의 효과도 고려하여 유연하게 접근해야 한다.[14)]

나. 현실제공 [2200]

(1) 제460조 본문은 현실제공을 기본값으로 삼는다. 여기서 현실제공이란 「채권자가 제공된 급부를 손을 내밀어 받기만 하면 될 정도로 이루어지는」 급부의 제공을 말한다. 즉 채권자의 최소한의 협력을 요하는 경우이다.[15)]

따라서 부동산의 소유권이전의무를 부담하는 매도인은 등기에 필요한 일체의 서류[16)]를 지참하고 변제장소에 출두해야 현실제공이 인정된다. 금전채권의 채무자가 금전이 아니라 우편환이나 은행이 발행한 자기앞수표를 제공하는 것도 유효한 변제제공이다.

(2) 현실제공이 있기 위하여 채권자가 제공의 사실을 알 수 있을 정도의 제공행위가 있어야 하지만, 그렇다고 하여 채권자가 현실제공을 실제로 알고 있어야 하는 것은 아니다. 채무자가 급부를 위하여 채권자에게 갔으나 채권자가 부재중이었던 경우에도 현실제공이 인정되는데, 이러한 제공을 몰랐더라도 채권자는 채권자지체에 빠진다.[17)]

(3) 현실제공은 지참채무와 송부채무를 전제한다(추심채무는 제460조 단서에 별도로 규정되어 있다). 그런데 지참채무의 경우에 채무자는 직접 또는 이행보조자를 통하여 물건을 채권자에게 가져가야 한다. 한편 송부채무의 경우에 송부, 즉 운송기관에의 위탁만으로 변제제공의 효과가 발생하는데, 채권의 준점유자(채권자가 아니라)의 요청에 따라 송부한 경우에는 송부만으로 채권자(채권의 준점유자가 아니라)에게 변제제공의 가중된 효과가 발생하지 않는다.

---

13) 일정한 전제(대개 채권자의 행위)가 충족되어야 변제가 이루어질 수 있는 경우에 그 전제가 충족되기까지 현실제공은 불가능한데, 즉시 이행할 수 있는 상태를 갖추어 채권자에게 통지하면 변제제공으로 되고, 이행거절의 경우에 현실제공이 무의미하여 구두제공으로 충분하지만 거절의 강도에 따라 그마저도 면제될 수 있다.

14) 대판 2001.12.11. 2001다36511: "쌍무계약에 있어서 일방당사자의 자기채무에 관한 이행의 제공을 엄격하게 요구하면 오히려 불성실한 상대당사자에게 구실을 주는 것이 될 수도 있으므로 일방당사자가 하여야 할 제공의 정도는 그 시기와 구체적인 상황에 따라 신의성실의 원칙에 어긋나지 않게 합리적으로 정하여야 하고, 매수인이 계약의 이행에 비협조적인 태도를 취하면서 잔대금의 지급을 미루는 등 소유권이전등기서류를 수령할 준비를 아니한 경우에는 매도인으로서도 그에 상응한 이행의 준비를 하면 족하다." 매도인이 법무사 사무소에 소유권이전등기에 필요한 대부분의 서류를 작성하여 주었고 일부 미비된 서류들은 잔금지급시에 교부하기로 했으며 이들 서류는 매도인이 언제라도 발급받아 교부할 수 있다면, 매도인으로서는 비록 일부 미비된 서류가 있더라도 소유권이전등기의무에 대한 충분한 이행의 제공을 마쳤다고 본 사례이다.

15) 대판 2012.10.11. 2011다17403: "금전채무의 경우 현실제공은 특별한 사정이 없는 한 채권자가 급부를 즉시 수령할 수 있는 상태에 있어야만 인정될 수 있다. 따라서 채무자가 채무내용에 좇은 급부를 제공하면서도 채권자가 그 급부를 즉시 수령하기 어려운 장애요인을 형성·유지한 경우에는 현실제공이 있다고 할 수 없다."

16) 부동산에 저당권이 설정되어 있다면 저당권말소등기에 필요한 서류를 포함하여.

17) 다만 이행기가 확정되어 있지 않은 경우 또는 이행기 전에 이행을 하면서 채무자가 상당한 기간을 정하여 미리 통지하지 않은 채 현실제공을 한 경우에, 채권자가 부재 중이었다면 채권자지체가 성립하지 않는다고 보아야 한다.

[2201] **다. 구두제공**

제460조 단서가 규정하는 다음 두 경우에는 구두제공으로 충분하다. 구두제공이 있기 위하여 단순한 이행의 준비태세를 갖추는 것만으로 부족하고, 채무자가 변제(이행)준비를 완료하여 이를 채권자에게 통지하고 그 수령을 최고해야 한다.

① 먼저 "채권자가 미리 변제받기를 거절"한 경우, 즉 급부를 수령하지 않겠다는 의사를 밝힌 경우이다.[18] 채권자의 수령거절에도 불구하고 현실제공을 요구하는 것은 채무자에게 무의미한 부담을 지우는 일이기 때문이다. 그런데 채권자의 "거절"은 명시적으로뿐만 아니라 묵시적으로 행하여질 수도 있다(예: 반대급부의 이행을 거절하는 경우).

② "채무의 이행에 채권자의 행위를 요하는" 경우에도 구두제공으로 충분하다. 급부에 채권자가 미리 협력을 해야 하는 경우가 이에 속하는데, 추심채무가 대표적인 예이다.[19] 그 밖에 채권자가 선택권을 가지는 선택채권의 이행이나 채권자가 공급하는 재료에 가공해야 할 채무의 경우에도 같다. 나아가 「하는 채무」는 통상 이에 속한다.

[2202] **라. 구두제공조차 필요 없는 경우**

① 채권자가 미리 협력행위를 해야 할 일자가 확정되어 있는 경우(예컨대 5월 1일 채권자가 물건을 찾아가기로 되어 있는 경우)에, 채무자는 그날 채권자가 물건을 가져갈 수 있도록 준비를 완료해 놓으면 되고, 이 사실을 채권자에게 통지하고 수령을 최고할 필요는 없다.

② 신의성실의 원칙에 비추어 구두제공조차 필요 없는 경우도 있다. 채권자가 수령거절의 의사를 단호하게(그 의사를 번복할 가능성이 없도록) 표시한 경우에 그렇다.[20] 이러한 경우에 구두제공을 요구하는 것조차 무의미한 형식성을 강요하는 것이기 때문이다. 다만 제538조 제1항 후문을 적용하기 위해서는 제공을 요함에 관하여 [2207] 참조.

③ 회귀적 분할채무에서 채권자의 수령지체가 성립한 후에도 마찬가지이다.

[2203] Ⅲ. 채권자지체

1. 의 의

가. 개 념

대부분의 경우에 채무자는 채권자의 협력 없이 자기의 급부를 실현할 수 없다. 즉 채권자가 급부를 수령하는 등 이행에 필요한 협력을 하지 않으면 채무자는 채권관계의 구속에서 벗어날 수 없다. 법은 이처럼 채권자의 협력이 없어서 채무의 이행이 이루지지 않는 경우에 —변제제공의 가중된 효과로서— 채권자지체(債權者遲滯. 수령지체라고도 한다)를 성립케 하여 일정한 불이익을 채권자에게 지움으로써 성실한 채무자를 보호한다.

---

18) 가령 채권자가 계약의 무효를 주장하거나 급부목적물에 하자가 있다고 하면서 수령을 거절한다면, 채무자는 구두제공을 하면 된다.

19) 추심채무의 이행에 추심이라는 채권자의 협력행위가 필요하다.

20) 매수인이 잔대금지급의무를 이행하고 소유권이전등기를 넘겨받을 의사가 없음을 미리 표시한 것으로 볼 수 있는 객관적인 명백한 사정이 있는 경우까지 계약을 해제하려는 매도인에게 매수인을 이행지체에 빠뜨리기 위하여 구두제공의 방법으로라도 자기의 반대채무를 이행제공할 것을 요구할 것은 아니라고 한 대판 1995.4.28. 94다16083 참조.

나. 본 질 [2204]

(1) 채권자지체의 본질을 채권자의 채무불이행으로 볼 것인지 아닌지에 따라 그 요건과 효과가 달라진다. 즉 채무불이행으로 보면, 채권자지체의 요건으로 제400조에 규정된 것 외에 —채무불이행의 일반적 요건인— 채권자의 과책 및 위법성도 요구되며, 효과로 법정된 것들 외에 —채무불이행의 일반적 효과인— 손해배상청구권과 계약해제권도 채무자에게 주어진다. 반면 법정책임으로 보면, 과책과 위법성은 요건이 아니고, 손해배상청구권 및 계약해제권도 발생하지 않는다.

(2) 종래의 다수설인 채무불이행설은 채권자가 신의칙에 기한 협력의무로서 수령의무(受領義務. 급부를 수령할 의무)를 부담한다고 하고, 제400조는 수령의무를 지는 「채권자」의 채무불이행에 관한 규정이라고 새긴다. 반면 법정책임설은 채권자의 수령의무를 부정하고, 채권자지체는 공평의 사상 내지 신의성실의 원칙에 입각하여 채권자에게 일정한 불이익을 부담시키는 제도이지 채무불이행이 아니라고 한다.21)

(3) 생각건대 채권자의 수령의무를 인정하는 것이 일견 채무자에게 유리한 듯 보이지만, 실은 그렇지 않다. 즉 채권자에게 과책이 없으면 채권자지체가 성립하지 않기 때문에 법이 특별히 정하는 효과(즉 책임의 경감, 이자의 정지 및 증가된 보관비용이나 변제비용의 채권자 부담)조차 발생하지 않는다는 점에서 오히려 채무자에게 불리하다. 한편 법정된 효과 외에 손해배상청구권과 계약해제권이 인정된다고 하여 채무자에게 어떤 추가적 이익이 있는 것도 아니다.

따라서 채권자의 수령의무를 법적 의무라기보다 오히려 「책무」로 이해하고, 채권자지체를 법정책임으로 보는 것이 타당하다. 이렇게 본다면, 채권자지체는 —귀책사유 유무와 무관하게— 채권자가 채무자의 변제제공(이행의 제공)을 수령하지 않거나 수령할 수 없는 경우에 변제제공시에 성립한다(제400조).

[참 고] 당사자들의 합의에 따라 「계약상 의무」로서 수령의무가 인정될 수 있고, 그 위반으로 해제권이 발생할 수 있음은 별개의 문제이다. 대판 2021.10.28. 2019다293036은 "채권자지체가 성립하는 경우 그 효과로서 원칙적으로 채권자에게 민법규정에 따른 일정한 책임이 인정되는 것 외에, 채무자가 채권자에 대하여 일반적인 채무불이행책임과 마찬가지로 손해배상이나 계약 해제를 주장할 수는 없다"고 하면서도, "계약당사자가 명시적 · 묵시적으로 채권자에게 급부를 수령할 의무 또는 채무자의 급부이행에 협력할 의무가 있다고 약정한 […] 경우에는 그러한 의무 위반에 대한 책임이 발생할 수 있다. […] 이와 같이 채권자에게 계약상 의무로서 수령의무나 협력의무가 인정되는 경우, 그 수령의무나 협력의무가 이행되지 않으면 계약목적을 달성할 수 없거나 채무자에게 계약의 유지를 더 이상 기대할 수 없다고 볼 수 있는 때에는 채무자는 수령의무나 협력의무 위반을 이유로 계약을 해제할 수 있다"고 하였다.

2. 요 건 [2205]

가. 채무의 이행에 채권자의 수령 또는 협력을 요할 것

채무의 이행에 수령 등 채권자의 협력이 필요 없다면 채권자지체가 논의될 여지가 없다. 따라서 부작위채무나 의사표시를 목적으로 하는 채무에서는 채권자지체가 문제되지 않는다.

21) 그 밖에 기본적으로 채권자의 수령의무를 부정하면서도 부수적 의무의 일종으로 매수인 · 도급인 · 임치인의 이른바 수취의무를 인정하는 절충설도 있다.

나. 채무자의 급부권능

채무자는 급부할 수 있는 권능을 가져야 한다. 기한이 전적으로 또는 압도적으로 채권자를 위하여 존재하는 경우에, 기한도래 전에 채무자가 변제제공을 하더라도 채권자지체가 성립하지 않는다([2192] 참조).

[2206] ### 다. 급부의 용의 및 가능

(1) 채무자가 급부의 용의(用意)를 가지고 있을 뿐만 아니라 변제제공 당시 급부가 그에게 가능해야 한다. 즉 급부가 일시적 또는 영구적으로 불가능한 경우에, 채권자지체는 성립하지 않고, 오히려 지체 또는 불능이 문제된다. 채권자지체가 성립한 후 급부가 불능으로 되면, 불능으로 된 때부터 채권자지체가 종료한다.[22)]

(2) 채권자가 급부실현에 필요한 협력행위를 하지 않거나 할 수 없다는 이유「만」에 의하여 채무자가 그의 제1차적 급부의무를 이행할 수 없는 경우에, 급부불능이 아니라 채권자지체가 성립한다. 즉 채권자의 협력이 있었다면 채무자가 그의 급부를 실현할 수 있었는지에 따라, 그가 급부를 실현할 수 없었다면 급부불능, 실현할 수 있었다면 채권자지체가 성립한다.[23)]

[2207] ### 라. 채무내용에 좇은 이행의 제공

이 요건과 관련하여 검토할 것은 이행거절의 경우이다. 이 경우 변제제공의 기본적 효과가 발생하기 위하여 구두제공조차 필요하지 않지만, 가중된 효과로서 채권자지체의 성립에 따른 대가위험의 부담을 채권자에게 지우기 위해서는 —이행거절에도 불구하고— 채무자가 이행의 제공을 해야 하고, 이때 요구되는 이행제공의 정도는 구체적인 상황에 따라 다르다.

대판 2004.3.12. 2001다79013도 “채권자가 변제를 받지 아니할 의사가 확고한 경우(이른바, 채권자의 영구적 불수령)에는 구두의 제공을 한다는 것조차 무의미하므로 그러한 경우에는 구두의 제공조차 필요 없다고 할 것이지만, 그러한 구두의 제공조차 필요 없는 경우라고 하더라도, 이는 그로써 채무자가 채무불이행책임을 면한다는 것에 불과하고, 민법 제538조 제1항 제2문 소정의 ‘채권자의 수령지체 중에 당사자 쌍방의 책임 없는 사유로 이행할 수 없게 된 때’에 해당하기 위해서는 현실제공이나 구두제공이 필요하다(다만, 그 제공의 정도는 그 시기와 구체적인 상황에 따라 신의성실의 원칙에 어긋나지 않게 합리적으로 정하여야 한다)”고 하여, 이행거절이 있더라도 제538조 제1항 후문에 따라 채권자에게 위험을 이전시키기 위해서는 이행제공이 필요하다는 입장이다.

마. 채권자의 수령거절 또는 수령불능

채권자지체는 채권자가 채무자의 변제제공을 수령하지 않거나 수령할 수 없는 경우에 급부제공시에 성립한다(제400조). 채권자가 급부를 수령하겠지만 이행기에 도달한 자기의 반대급부는 제공하지 않겠다고 주장하는 경우에도 채권자지체로 된다. 그러나 채권자가 기대할 수 없었을 정

22) 소유권이전등기의무에 관하여 채권자지체가 성립한 후 매도인이 매매목적부동산을 제3자에게 양도하여 소유권이전등기의무가 불능으로 된 경우에, 매도인은 제401조, 제390조에 기하여 이행불능으로 인한 손해배상채무를 부담한다고 한 대판 2014.4.30. 2010다11323 참조.

23) A가 건축업자 B에게 4월 30일까지 A가 건축자재를 공급하기로 하고 차고의 신축을 맡겼는데 자재가 공급되지 않아서 B가 일을 할 수 없었다면, 채권자지체가 성립한다. 그러나 B가 중병에 걸렸기 때문에 자재공급이 있었더라도 일을 할 수 없었다면, A는 채권자지체에 빠지지 않지만, B에게 책임 없는 사유로 인한 급부불능이므로, 그는 제2차적 급부의무도 면하고 반대급부의 운명에 대하여 위험부담의 법리가 적용된다.

도로 일찍 채무자가 급부를 제공하였다면, 채권자의 일시적인 수령장애가 채권자지체로 되지는 않는다. 즉 급부시기가 정해지지 않은 채무에서 채무자가 갑자기 변제제공을 한 경우 또는 채무자가 기한의 이익을 포기하고(제153조 제2항 참조) 약정된 이행기보다 앞서 변제제공을 한 경우에, 채권자의 일시적인 수령장애가 채권자지체로 되지 않을 수 있다.[24]

3. 채권자지체의 효과 [2208]

가. 급부의무의 존속

채권자지체는 채무자를 급부의무로부터 해방시켜 주지 못한다. 물론 채무자는 급부할 물건을 공탁하여 급부의무를 면할 수 있다(제487조).

나. 주의의무의 경감

(1) 채권자지체가 성립하면, 채무자는 고의 또는 중대한 과실에 대해서만 책임을 진다(제401조).

(2) 여기서의 책임은 급부 자체의 불능에 관한 것인데, 급부가 채무자의 경과실에 기하여 불능으로 된 경우에, 그는 급부의무를 면한다.[25]

다. 쌍무계약에서 위험의 이전 [2209]

쌍무계약에서 채권자지체 중에 당사자 쌍방에게 책임 없는 사유로 채무자의 급부가 불능으로 된 경우에, 채무자의 급부의무는 소멸하지만 채권자의 반대급부의무는 소멸하지 않는다(제538조 제1항 후문. [2353] 참조). 즉 채권자지체의 성립으로 대가위험이 채권자에게 이전한다.

라. 이자의 정지 및 증가된 보관비용 등의 채권자 부담

(1) 채권자지체가 성립하면, 이자 있는 채권의 채무자는 이자를 지급할 필요가 없다(제402조). 약정이자뿐만 아니라 법정이자도 마찬가지이고, 지연이자는 제461조에 따라 발생하지 않는다.

(2) 채권자지체로 인하여 급부할 목적물의 보관비용(예: 창고비용)이나 변제비용(예: 지참채무에서 목적물을 채권자의 주소지로 다시 운송하기 위하여 필요한 비용)이 증가된 경우에, 그 증가액을 채권자가 부담한다(제403조).

마. 채권자지체의 종료

채권자지체의 종료사유로 변제의 수령이나 공탁 등에 의한 채권의 소멸, 지체 후의 불능 등이 있다.

24) 이러한 경우에 채권자지체의 효과가 발생하도록 하기 위해서는 채무자가 채권자에게 급부의 시기를 미리(적절한 시차를 두고) 통지해야 한다.

25) 예를 들어 A가 B가 운영하는 온라인 쇼핑몰에서 세탁기 한 대를 주문하자 B가 세탁기를 차에 실어 A의 집으로 갔는데(이행제공과 그에 따른 종류채권의 특정), A가 세탁기를 수령하겠지만 대금은 나중에 지급하겠다고 하자(수령지체의 성립), B는 배달을 포기하고 창고로 돌아와 세탁기를 차에서 내리다가 부주의로 떨어뜨려 세탁기가 멸실 또는 훼손되었다면, B는 그의 경과실에 기한 세탁기의 멸실 또는 훼손에 대하여 손해배상책임을 지지 않는다.

제5관 변제의 당사자와 변제로 인한 대위

제1. 변제의 당사자

[2210] **I. 서 설**

(1) 변제는 통상 계약당사자들 사이에서, 즉 채무자에 의하여 채권자에게 이루어진다. 한편 채권이나 채무가 동일성을 가진 채 귀속이 변경된 경우에, 채권양수인에 대하여 또는 채무인수인에 의하여 변제가 이루어져야 한다.

(2) 일정한 경우에 채권자에게 변제수령권한이 없을 수 있고, 다른 한편 채무자 아닌 이에 의한 또는 채권자 아닌 이에 대한 변제가 유효할 수도 있다.

[2211] **II. 변 제 자**

1. 서 설

채무의 변제는 채무자가 해야 한다. 특히 일정한 경우에 채무자 자신이 직접 급부를 해야 하는데, 이러한 경우에 해당하는지는 채무의 성질이나 당사자의 의사표시 또는 법률의 규정(예: 제657조 제2항, 제682조 제1항, 제701조, 제707조)에 의하여 결정된다.[1] 다만 채무자 자신이 직접 급부를 해야 하는 채무라도 채권자는 제3자의 급부를 수령할 수 있다.

[2212] **2. 제3자 변제**

가. 기본법리

(1) 급부자가 누구인지는 통상 채권자에게 중요하지 않다.[2] 그래서 제3자도 급부를 실현할 수 있는데(제469조 제1항 본문), 제3자는 「자기의 이름으로」 그러나 「타인(즉 채무자)의 채무를 이행하려는 의사를 가지고」[3] 급부를 해야 한다.

이와 달리 제3자가 타인의 채무를 이행하려는 의사 없이(즉 자기채무로 오인하여) 급부를 한 경우에, 그 급부로 채무가 소멸하지 않고, 따라서 변제자는 채권자에 대하여 제741조에 기하여 부당이득의 반환을 청구할 수 있다(다만 제745조의 제한 참조).

(2) 여기서 제3자란 스스로 채무를 부담하지 않는 이를 말하는데, 보증인은 이에 속하지 않는다.

그리고 채무자의 의사에 기하여 이행행위를 하는 이는 이행보조자(履行補助者. 또는 이행대행자)이지 여기서 말하는 제3자에 해당하지 않는다. 이행보조자의 이행은 법률적으로 채무자의 그것을 의미한다(제391조 참조). 부재자의 재산관리인(제25조)이나 친권자(제916조) 등 채무자의 재산을 관리할 권한을 가지는 이도 여기의 제3자에 해당하지 않는다.

---

1) 예를 들어 가사도우미가 3일간 일을 쉬겠다며 여동생을 대신 보냈다면, 채권자인 주부는 동생의 근무를 거절할 수 있다(제657조 제2항 참조). 동생의 근무를 거절한 주부는 채권자지체에 빠지지 않으며, 3일의 임금을 지급할 필요도 없다.

2) 특히 결과채무의 경우 변제에서 중요한 것은 급부결과의 발생이다. 반면 수단채무에서는 채무자 자신의 급부가 있어야 한다.

3) 같은 취지로 대판 2010.2.11. 2009다71558: "제3자가 타인의 채무를 변제하여 그 채무를 소멸시키기 위하여는 제3자가 타인의 채무를 변제한다는 의사를 가지고 있었음을 요건으로 하고 이러한 의사는 타인의 채무변제임을 나타내는 변제지정을 통하여 표시되어야 할 것이지만, 채권자가 변제를 수령하면서 제3자가 타인의 채무를 변제하는 것이라는 사실을 인식하였다면 타인의 채무변제라는 지정이 있었다고 볼 수 있다."

(3) 채권자가 제3자의 변제에 의하여 만족을 얻었다면 채권은 소멸한다. 그리고 변제를 한 제3자는 채무자에 대하여 구상권을 가지는데, 그 내용은 그들 사이의 법률관계(예컨대 위임, 사무관리, 부당이득)에 의하여 결정된다. 그리고 구상을 용이하게 하기 위하여 변제로 인한 대위가 인정된다. [2213]

한편 제3자의 변제가 허용되는 경우에, 제3자가 변제제공을 하면 채권자는 그것을 수령해야 하고, 수령을 거절하면 채권자지체가 성립할 수 있다.

(4) 제3자가 공탁이나 대물변제를 할 수 있다는 점에는 의문이 없다. 그런데 제3자가 채권자에 대한 자기채권으로 상계할 수 있는지에 관하여 견해가 대립하는데, 판례는 제3자 변제적 상계에 대하여 부정적이다.

[참 고] 대판 2011.4.28. 2010다101394: 상계에서 "수동채권으로 될 수 있는 채권은 상대방이 상계자에 대하여 가지는 채권이어야 하고, 상대방이 제3자에 대하여 가지는 채권과는 상계할 수 없다고 보아야 한다. 그렇지 않고 만약 상대방이 제3자에 대하여 가지는 채권을 수동채권으로 하여 상계할 수 있다고 한다면, 이는 상계의 당사자가 아닌 상대방과 제3자 사이의 채권채무관계에서 상대방이 제3자에게서 채무의 본지에 따른 현실급부를 받을 이익을 침해하게 될 뿐 아니라, 상대방의 채권자들 사이에서 상계자만 독점적인 만족을 얻게 되는 불합리한 결과를 초래하게 되므로, 상계의 담보적 기능과 관련하여 법적으로 보호받을 수 있는 당사자의 합리적 기대가 이러한 경우에까지 미친다고 볼 수는 없다."[4)]

그런데 변제와 상계가 본질적으로 다르지 않다.[5)] 그리고 특히 물상보증인, 저당부동산의 제3취득자 등 타인의 채무에 대하여 「책임」([4020] 참조)을 부담하는 이들은 채무의 소멸(구체적으로는 담보권 실행의 저지)에 대하여 중대한 이해관계를 가진다. 이러한 사정에 이해관계인 아닌 이가 자기채권으로 상계할 이유가 없음을 더하여 보면, 「제3자 변제적 상계」가 허용된다고 하여 문제될 바 없다. 물론 채권자가 파산상태에 있음에도[6)] 상계가 허용된다면 채권자평등의 원칙을 해치므로, 이러한 경우에 제3자 변제적 상계가 허용되지 않아야 하지만, 이러한 결론은 신의칙에 의하여 도출될 수 있다.

나. 제3자 변제의 한계 [2214]

제3자는 채무자 대신 급부를 하여 채무자를 의무로부터 해방시켜 줄 수 있지만(제469조 제1항), 다음 세 경우에 제3자에 의한 변제가 허용되지 않는다.[7)]

① 먼저 채무의 성질이 제3자의 변제를 허용하지 않는 경우가 있다(제469조 제1항 단서). 배우의 연기, 화가가 초상화를 그려주는 일 등 일신전속적 급부가 이에 해당한다.[8)]

② 당사자가 특약으로 제3자의 변제를 금지할 수 있다(같은 항 단서). 법문은 당사자의 "의사표시"로 되어 있지만, 변제가 있기 전에 채권자와 채무자의 「합의」가 있어야 한다(채권의 발생원인을 불문하고). 특히 채권자의 일방적 의사표시만으로 제3자 변제가 제한된다면 제3자(예: 자동차

---

4) 유치권의 목적인 아파트를 경락·취득한 이는 아파트 일부를 점유·사용하는 유치권자에 대한 임료 상당의 부당이득금반환채권을 자동채권으로 하고 유치권자의 종전 소유자에 대한 유익비상환채권을 수동채권으로 하여 상계할 수 없다고 한 사례.

5) 차이가 있다면 제3자가 채권자로부터 자기채권을 추심하여 그것으로 변제해야 하는지 아니면 상계제도를 통하여 간편하게 결제할 수 있는지 하는 정도에 불과하다.

6) 이 경우 제3자의 채권과 채권자의 채권의 실질적 가치가 같지 않다는 점을 고려해야 한다.

7) 이러한 경우에 제3자의 변제가 채무를 소멸시키지 않지만, 채권자가 이를 수령할 수 있고, 그에 따라 채무가 소멸할 수 있음은 별개의 문제이다.

8) 나아가 수임인의 채무 등 개인적 신뢰를 기초로 하는 법률관계에 기한 채무도 채무의 성질이 제3자 변제를 허용하지 않는 경우에 해당한다고 새겨야 한다.

보험에서 보험회사)의 변제로 채무로부터 해방될 수 있는 채무자의 이익을 해칠 우려가 있기 때문이다.[9]

[2215] ③ 이해관계 없는 제3자의 변제가 채무자의 의사에 반하는 경우에도 변제로서의 효력이 없는데(같은 조 제2항), 채무자측에서 반대의사를 주장하고 증명해야 한다.[10]

여기서 이해관계의 유무는 그 제3자가 변제를 함에 대하여「법률상」이해관계를 가지는지에 따라 결정된다는 것이 판례의 입장이다.[11] 즉「이해관계」있는 이란 —제481조에서와 마찬가지로— 물상보증인이나 저당부동산의 제3취득자 등 변제를 하지 않으면 채권자로부터 집행을 받거나 채무자에 대한 자기의 권리를 잃는 지위에 있기 때문에 변제함으로써 당연히 대위의 보호를 받아야 할 법률상 이익을 가지는 이를 말하고,[12] 사실상의 이해관계만 가진 이는 제외된다고 한다.[13] 그런데 제469조 제2항에 대한 비교법적/입법론적 의문/비판에 비추어 채무자의 의사는 좁게, 반면 제3자의 이해관계는 넓게 새기는 것이 바람직할 것이다.[14]

[2216] **다. 단축된 급부**

(1) A가 B에게 채무를 부담하고 B도 동일한 내용의 채무를 C에게 부담하는 경우에, A가 B의 지시나 부탁에 따라 C에게 직접 변제를 하였다면, A의 C에 대한 변제로 A의 B에 대한 채무와 B의 C에 대한 채무가 모두 이행된 것으로 된다. 이 경우에 급부과정이 단축되었을 뿐이고, A의 변제를 제3자의 변제라 할 수는 없는데, 이를 단축된 급부(短縮된 給付)라 한다.

(2) 이 경우 외견상 1개의 급부라도 규범적으로는 독립된 2개의 급부로 평가되므로, 부당이득은 따로따로 따져야 한다.[15] A와 B 사이의 계약이 무효이거나 취소 또는 해제되더라도 A는 C에 대하여 급부한 것을 부당이득으로 반환청구할 수 없다.[16] B와 C 사이의 채권발생원인이 무효인 경우에도 부당이득은 그들 사이의 문제일 뿐이다.[17]

[참 고] 앞의 예에서 A의 C에 대한 급부가 단축된 급부에 해당하려면 A의 채권자인 B의 지시나 부탁이 있어야 하는데, 채권양도(대항요건을 갖춘) 또는 전부명령에 기하여 B의 채권을 C가 취득한 경우는 이에 해당하지 않고, 따라서 부당이득의 문제도 달라진다.[18] 예를 들어 채권양도에 따라 C에게의 급부가 있은 후 A와 B 사이의 채권발생원인이 소급적으로 실효된 경우에, C가 취득할 채권

9) 종래와 입장을 달리한다.

10) 채무자의 반대의사는 제3자가 변제할 당시의 객관적인 제반 사정에 비추어 명확하게 인식될 수 있어야 하고, 함부로 이를 추정함으로써 제3자 변제의 효과를 무효화시키는 일은 피해야 한다는 대판 1988.10.24. 87다카1644 참조.

11) 대판 1991.7.12. 90다17774.

12) 대판 1993.10.12. 93다9903 · 9910은, 甲 건물의 소유자 A가 甲을 매도함과 동시에 소유권이전등기 전까지 甲을 매수인(B)에게 임대하기로 했는데, 甲 신축공사의 수급인(C)이 공사금 일부를 지급받지 못했다는 이유로 B의 입주를 저지하자 B가 A에게 지급할 매매대금의 일부를 C에게 공사금채무 변제조로 지급한 경우에, B는 그 권리실현에 장애가 되는 C의 甲에 대한 유치권 등의 권리를 소멸시키기 위하여 A의 공사금채무를 대신 변제할 법률상 이해관계 있는 제3자이자 변제할 정당한 이익이 있는 이라고 보고, 위 변제는 공사금채무의 범위 내에서는 A의 의사에 반해서도 효력이 있다고 하였다.

13) 대결 2009.5.28. 2008마109는, 공동저당의 목적인 물상보증인 소유의 부동산(乙)에 후순위로 채권담보를 목적으로 소유권이전청구권가등기가 설정되어 있는데 乙에 대하여 먼저 경매가 실행되어 공동저당권자가 매각대금 전액을 배당받고 채무의 일부가 남은 사안에서, 물상대위를 통하여 우선변제를 받을 수 있는([5490] 참조) 위 가등기권리자(X)는 채무자의 의사에 반하여 그 채무 잔액을 대위변제하거나 변제공탁할 수 있는「이해관계 있는 제3자」또는「변제할 정당한 이익이 있는 자」에 해당하지 않고 사실상의 이해관계를 가질 뿐이라고 하였다(이러한 판단에 기하여 X의 대위변제가 수령거절되고 변제공탁도 수리되지 않았다).

14) 예를 들어 변제에 대한 사실상의 이해관계를 가진 이가 채무자의 묵시적 반대의사가 있음을 모르는 상태에서 변제한 경우에, 그에 따른 불이익이나 위험을 변제자에게 지우는 것이 적절한지 의문이다.

15) [3230] 이하 및 그곳에 소개된 대판 2008.9.11. 2006다46278 참조.

16) 대판 2003.12.26. 2001다46730.

17) 이 법리의 적용범위를 급부를 현실적으로 수령한 제3자가 계약상대방과 또 다른 계약관계를 맺은 경우로 한정할 이유는 없다. 즉 C의 B에 대한 채권이 불법행위나 부당이득에 기한 것이라도 같은 법리가 적용된다.

18) 이러한 경우에 C에의 급부를 거절할 기회를 가지지 못한 A의 입장을 고려해야 한다.

이 존재하지 않기 때문에 A는 C에 대하여 부당이득의 반환을 구할 수 있다.19) 다만 A가 이의를 보류하지 아니한 승낙을 한 경우(제451조 제1항 참조) 또는 A의 급부가 등기의 이전이고 C가 (선의의) 제3자로서 보호받을 수 있는 경우에, A가 B에 대하여 부당이득의 반환을 구할 수 있다. 한편 C에게의 급부가 있은 후 B와 C 사이의 채권양도가 소급적으로 실효된 경우에, A로서는 C에 대한 급부로써 B에게 대항할 수 있으므로(제452조 제1항 참조) B와 C 사이에 부당이득이 문제된다.20)

Ⅲ. 변제수령자 [2217]

1. 개 관

부작위채무 등 변제에 수령을 요하지 않는 경우를 제외하고, 변제자(채무자 외에 제3자일 수도 있다)는 채권자에게 급부해야 한다. 채권자가 급부의 수령을 거절하는 경우에 채권자지체가 성립하고, 변제자는 변제공탁을 할 수 있다.

그런데 채무내용에 좇은 급부가 채권자에게 행하여진다고 해서 언제나 채무가 소멸하는 것은 아니고, 역으로 급부가 채권자 아닌 이에게 행하여졌음에도 채무가 소멸하기도 한다. 이들을 살펴본다.

2. 채권자에 대한 무효의 변제 [2218]

(1) 변제는 변제수령권한(辨濟受領權限. 또는 급부수령권한)을 가지는 이에게 행해져야 한다. 변제수령권한을 채권자가 가지지만, 그 밖에 추심위임을 받은 대리인이나 제한능력자의 법정대리인, 부재자의 재산관리인 등 변제수령권한을 가진 이에 대한 변제도 유효하다.21)

(2) 반면 채권자이지만 변제수령권한이 없는 경우에,22) 그에게 변제하더라도 채무가 소멸하지 않는다.

이러한 경우로 ① 채권이 압류 또는 가압류된 경우(민사집행법 제227조, 제296조 제3항), ② 채권이 질권의 목적인 경우(제352조 이하) 또는 ③ 채권자가 파산하거나 (개인)회생절차가 개시된 경우(채무자회생법 제384조, 제131조, 제582조 참조)를 들 수 있다. 그런데 ①의 경우에 압류명령 또는 가압류결정이 제3채무자에게 송달된 때부터 수령권한이 제한되는데, 추심이나 전부를 위한 前단계로서 법률관계를 고정함에 따라 제3채무자가 (가)압류채무자에게 변제하더라도 이를 (가)압류채권자에게 대항할 수 없다(즉 유효 여부는 상대적으로 결정된다). 한편 ③의 경우에 파산선고의 사실을 알지 못하고 파산자에게 한 변제는 파산채권자에게 대항할 수 있다(같은 법 제332조 제1항).

3. 무권한자에 대한 유효한 변제 [2219]

가. 개 관

(1) 무권한자, 즉 변제수령권한 없는 이에 대한 변제는 무효이다. 즉 "통상적으로 매매계약에 있어서 매수인은 매도인에게 매수대금을 지급할 의무가 있는 것이고, 매수인이 매도인이 아닌

---

19) A와 B 사이의 계약이 해제된 경우에, C는 제548조 제1항에 의한 보호를 받지 못하고 A로부터 받은 급부를 원상회복해야 한다는 대판 2003.1.24. 2000다22850 참조.

20) 이 점은 단축된 급부에서도 같다.

21) 채권자가 권한 없는 이에 대한 변제에 대하여 사후에 추인하였다면, 그에게 한 급부가 채권자에 대해서도 유효함은 당연하다.

22) 이 경우 채무자는 공탁에 의하여 채무로부터 해방될 수 있다.

제3자에게 매수대금을 지급함으로써 매도인에 대한 매수대금지급의무를 이행한 것에 갈음하기 위하여서는 그에 관한 법령상의 근거가 존재하거나 매도인과 매수인 사이에 명시적 또는 묵시적 약정이 성립하여야" 한다.[23)]

(2) 그러나 수령권한 없는 이에 대한 변제가 유효한 경우도 있는데, 원래 무효인 변제를 유효로 하기에 적합한 근거가 있어야 한다. 우선 ① 무권한자에 대한 변제라도 그 이익이 권한자에게 귀속되는 경우에, 변제의 본질에 따라 그 한도에서 채무가 소멸한다(아래 라). 나아가 ② 외관을 신뢰한 변제자를 보호하기 위하여 「변제를 수령한 무권한자에 대한 반환청구+권한자에 대한 유효한 변제」 대신 「유효한 변제+무권한자에 대한 권한자의 청구(손해배상 또는 부당이득의 반환을 내용으로 하는)」를 인정하기도 한다(아래 나와 다[24)]). 이 경우 이익의 귀속과 무관하게 변제가 유효한데, 실질적으로 그에 따른 위험이나 불편을 권한자에게 전가한다는 의미를 가진다.

[2220] **나. 외관을 신뢰한 변제자의 보호 1: 채권의 준점유자에 대한 변제**

(1) 누가 보더라도 변제자의 잘못이 없어서 이중으로 변제하도록 하면 변제자에게 가혹한 경우로 채권의 준점유자에 대한 변제를 들 수 있다. 따라서 제470조는 변제자가 선의·무과실이라면 채권의 준점유자에 대한 변제는 유효하여 채무가 소멸하도록 한다.

이 경우 채무소멸의 효과는 절대적이어서, 변제자는 채권자에게 다시 변제를 하고 채권의 준점유자에 대하여 부당이득으로서 급부의 반환을 청구하지 못하고,[25)] 채권자는 급부를 수령한 준점유자에 대하여 부당이득반환청구권 또는 불법행위에 기한 손해배상청구권을 가진다.

제470조는 임의규정이다.

[2221] (2) 요건을 살펴본다.

① 채권의 준점유자(準占有者)란 채권을 사실상 행사하는 이(제210조), 다시 말하면 변제수령권한이 없음에도 변제자의 입장에서 거래관념상 채권을 행사할 정당한 권한을 가진 것으로 믿을 만한 외관을 갖춘 이를 말한다. 스스로 채권자라고 하여 채권을 행사하는 경우뿐만 아니라 채권자의 대리인으로서 채권을 행사하는 때에도 채권의 준점유자에 해당한다.[26)]

예금증서 기타 채권증서와 인장을 소지하는 이가 전형적인 예이고, 그 밖에 채권양도가 무효이거나 취소된 경우의 채권의 양수인,[27)] 표현상속인[28)] 등도 이에 속한다.[29)]

② 변제자가 선의·무과실이어야 한다. "선의"이기 위하여 준점유자에게 변제수령권한이 없음을 알지 못하는 것으로 부족하고 보다 적극적으로 수령권한이 있다고 믿었음을 의미한다고 하여 그 범위를 좁히는 것이 학설의 일반적 태도이고 판례도 같은 입장이지만,[30)] 선의취득(제249

---

23) 대판 2008.9.25. 2008다42515.

24) 그 밖에 채권자의 대리인이라 칭하는 경우에 표현대리의 성립에 의하여 변제가 유효할 수 있는데, 뒤의 대판 2004.4.23. 2004다5389는 대리권 없는 A가 채권자의 대리인이라고 주장하면서 채권을 행사하는 경우에 A에 대한 변제도 채권의 준점유자에 대한 변제에 해당한다고 했다.

25) 대판 1980.9.30. 78다1292.

26) 대판 2004.4.23. 2004다5389.

27) 제452조에 의하여 보호를 받을 수도 있다.

28) 인지판결이 확정되기 전에 이루어진 후순위상속인에 대한 변제에 제470조를 적용한 대판 1995.1.24. 93다32200(이러한 표현상속인에 대한 채무자의 변제는 특별한 사정이 없는 한 채무자가 표현상속인이 정당한 권리자라고 믿은 데 과실이 있다 할 수 없어서 채권의 준점유자에 대한 변제로서 적법하다고 했다). 이 판결의 취지를 달리 이해할 수 있음에 관하여 講義, [5118] 참조.

29) 가압류로 인하여 채권의 추심 기타 처분행위에 제한을 받다가 가압류를 취소하는 가집행선고부 판결을 선고받아 다시 채권을 제한 없이 행사할 수 있을 듯한 외관을 가지게 된 채권자에 관한 대판 2003.7.22. 2003다24598도 참조.

30) 대판 1999.4.27. 98다61593: "채권의 준점유자에 대한 변제가 유효하기 위한 요건으로서의 선의라 함은 준점유자에게 변제수령의 권

조)에서도 선의가 권원의 부존재에 대한 부지(不知)로 족함에 비추어 선뜻 동의하기 어렵다. 한편 무과실이란 그렇게 믿는 데 과실이 없음을 의미한다. 그리고 변제의 유효를 주장하는 이(통상 채무자)가 선의 · 무과실에 대한 증명책임을 진다.[31]

선의 · 무과실의 판단은 변제시를 기준으로 한다.[32]

다. 외관을 신뢰한 변제자의 보호 2: 영수증소지자에 대한 변제 등 [2222]

(1) 진정한 영수증을 소지하였음을 근거로 변제수령권한이 있다고 믿은 이도 보호된다. 즉 영수증을 소지한 이를 변제수령권한 있는 이로 과실 없이 오신하고(즉 선의 · 무과실로) 그에게 급부를 한 경우에도 급부는 유효하여 채무가 소멸한다(제471조). 이 경우 채권자는 급부를 수령한 영수증소지자에게 급부 받은 것을 부당이득으로서 반환할 것을 청구할 수 있다.

여기서 영수증(領收證)이란 변제의 수령을 증명하는 서면을 말한다. 그런데 진정한 영수증, 즉 영수증을 작성할 권한 있는 이가 작성한 영수증의 소지인에 대한 급부만이 유효하고, 위조영수증소지자에 대한 급부는 채무를 소멸시키는 효력이 없다.[33] 그리고 진정한 영수증을 소지하고 있기만 하면 되고, 소지자가 그것을 입수한 경위는 묻지 않는다.

그런데 변제자의 보호가치가 높음에 따라 증명책임을 —제470조에서와 반대로— 채권자가 진다.

(2) 증권적 채권(지시채권, 무기명채권, 지명소지인출급채권 등)의 증서소지인에 대한 변제는 변제자가 악의이거나 그에게 중과실이 있는 경우가 아니라면 언제나 유효하다(제514조, 제518조, 제524조, 제525조). 여기서 악의란 증서소지인이 진정한 권리자 아님을 알고 있음을 말하고, 중과실은 증서소지인이 진정한 권리자 아님을 몰랐음에 대한 것이다.

한이 없음을 알지 못하는 것뿐만 아니라 적극적으로 진정한 권리자라고 믿었음을 요하는 것이고, 무과실이란 그렇게 믿는 데에 과실이 없음을 의미"한다.

31) 선의 · 무과실에 관한 재판례를 본다. ㉠ 대판 2013.1.24. 2012다91224: "은행 직원이 단순히 인감 대조 및 비밀번호 확인 등의 통상적인 조사 외에 당해 청구자의 신원을 확인하거나 전산입력된 예금주의 연락처에 연결하여 예금주 본인의 의사를 확인하는 등의 방법으로 그 청구자가 정당한 예금인출권한을 가지는지 여부를 조사하여야 할 업무상 주의의무를 부담하는 것으로 보기 위하여는 그 예금의 지급을 구하는 청구자에게 정당한 변제수령권한이 없을 수 있다는 의심을 가질 만한 특별한 사정이 인정되어야 한다. 그리고 그러한 특별한 사정이 있다고 볼 것인지 여부는, 인감 대조와 비밀번호의 확인 등 통상적인 조사만으로 예금을 지급하는 금융거래의 관행이 금융기관이 대량의 사무를 원활하게 처리하기 위한 필요에서 만들어진 것이기도 하지만, 다른 한편으로는 예금인출의 편리성이라는 예금자의 이익도 고려된 것인 점, 비밀번호가 가지는 성질에 비추어 비밀번호까지 일치하는 경우에는 금융기관이 그 예금인출권한에 대하여 의심을 가지기는 어려운 것으로 보이는 점, 금융기관에게 추가적인 확인의무를 부과하는 것보다는 예금자에게 비밀번호 등의 관리를 철저히 하도록 요구하는 것이 사회 전체적인 거래비용을 줄일 수 있는 것으로 보이는 점 등을 참작하여 신중하게 판단하여야 한다." 절취한 예금통장에서 제1예금인출이 행해진 후 단시간 내에 거래지점을 바꿔가면서 행해진 제2예금인출과 제3예금인출에 따른 은행의 예금지급이 채권의 준점유자에 대한 변제로서 유효하다고 한 대판 2007.10.25. 2006다44791도 같은 취지의 판시를 하였다. ㉡ 대판 2004.6.11. 2003다1601은, 효력규정에 위반되는 계약을 체결한 이가 약정의 효력이 부인된다는 사실을 알지 못한 탓에 그 약정에 따라 변제수령권을 갖는 듯한 외관을 갖게 된 이에게 변제를 한 경우에, 특별한 사정이 없는 한 변제자가 채권의 준점유자에게 변제수령권이 있는 것으로 오해한 것은 법률적 검토를 제대로 하지 않은 과실에 기인한 것이라고 하였다. ㉢ 대판 1997.3.11. 96다44747은 「A가 Y에 대한 임차보증금반환채권을 B에게 양도하고 Y에게 통지 → B에 대한 채무가 변제되었음을 이유로 B의 동의 없이 Y에게 채권양도 철회의 통지 → A의 채권자 C가 위 채권에 대하여 압류 및 전부명령을 받아 이를 D에게 양도하고 Y에게 통지 → D가 Y를 상대로 전부금청구의 소 제기 → Y는 적법한 철회로 믿고 철회무효의 주장을 하지 않아서 패소 확정 → D에게 임차보증금 지급 → X는 B의 Y에 대한 보증금반환채권에 대하여 가압류결정을 받은 후 본압류로 전이하는 압류 및 전부명령을 받아 Y에 대하여 피전부채권의 지급을 구하는 소 제기」의 사안에서, 법률전문가가 아닌 Y로서는 A의 채권양도 철회통지로 인하여 채권양도가 없었던 것과 같이 되었다고 믿을 수밖에 없었고, 더욱이 D가 제기한 전부금청구의 소에서 전부명령의 효력을 적극 다투었다가 패소판결을 선고받았다면, Y가 D가 유효하게 임대보증금반환채권을 전부받은 채권자인 것으로 오인한 데 대하여 과실이 있다고 볼 수 없고, 따라서 Y의 D에 대한 변제는 유효하다고 보아 X의 청구를 기각하였다. ㉣ 채권 압류나 가압류가 경합된 경우에 압류채권자의 한 사람이 전부명령을 얻더라도 그 전부명령은 무효이지만, 이 경우에도 전부채권자는 채권의 준점유자에 해당하므로, 제3채무자가 전부채권자에게 전부금을 변제하였다면 제3채무자가 선의 · 무과실일 때에는 제470조에 의하여 변제는 유효하고 제3채무자는 다른 압류채권자에 대하여 이중변제의 의무를 부담하지 않으며(대판 1988.8.23. 87다카546. 고문변호사에게 자문을 구했는데 사실관계에 대한 설명과 자료의 제공 등을 제대로 하지 않아서 잘못된 답변을 듣고 전부금을 지급한 경우에 반대의 결론에 이른 대판 2000.10.27. 2000다23006도 참조), 전부채권자에 대하여 전부명령의 무효를 주장하여 부당이득반환청구를 할 수는 없다(대판 1980.9.30. 78다1292).

32) 이른바 폰뱅킹과 관련하여 선의 · 무과실을 판단하는 기준시기를 달리 파악한 것으로 보이는 대판 1998.11.10. 98다20059도 참조.

33) 다만 위조영수증소지자에 대한 변제도 제470조에 의하여 유효할 수 있다.

[2223] **라. 급부결과의 실질적 귀속**

권한 없는 이에 대한 변제라도 채권자가 그에 의하여 사실상 이익을 받았다면 급부는 「채권자가 이익을 받은 한도」에서 유효하여 채무를 소멸시킨다(제472조).[34] 불필요한 연쇄적 부당이득반환의 법률관계가 형성되는 것을 피하기 위해서이다. 이 경우 변제자의 선 · 악의는 문제되지 않는데, 결과적으로 채권자에게 급부결과가 실현되었기 때문이다.[35]

제 2. 변제로 인한 대위

[2224] ### Ⅰ. 총 설

1. 의 의

가. 구 상

(1) 제3자의 변제로 채무가 소멸한 경우에, 증여의 의사로 변제하지 않았다면, 변제자는 채무자에 대하여 체당(替當)한 것의 정산, 즉 구상(求償)을 할 수 있다.

그런데 채무자의 부탁을 받은 제3자가 변제하였다면, 제3자와 채무자 사이에 위임관계가 존재하므로 변제한 제3자는 채무자에 대하여 위임사무처리비용의 상환청구(제688조)로서 구상권을 가진다. 채무자의 부탁 없이 제3자가 채무자를 위하여 변제한 경우에도, 그들 사이에 사무관리가 성립하여 사무관리비용의 상환청구(제739조)로서 채무자에 대한 구상권을 취득하거나, 사무관리의 요건이 충족되지 않으면 부당이득법에 따른 반환청구(제748조)로서 구상권을 취득한다. 나아가 연대채무자(제425조 이하), 보증인(제441조 이하), 불가분채무자(제411조) 등 공동채무자의 1인 또는 물상보증인(제341조, 제355조, 제370조)이 변제를 한 경우[1]에도 변제를 한 이는 다른 공동채무자에 대하여 구상권을 취득한다.

> [참 고] 대판 1996.9.20. 96다22655: "주채무가 제3자의 변제에 의하여 소멸한 경우에는 주채무의 소멸로 인하여 보증채무도 소멸하므로(연대보증의 경우도 보증인은 채무자와 연대하여 채무를 이행할 책임이 있어 보증채무의 보충성이 인정되지 아니하는 것에 불과하고, 보증이라고 하는 성질에는 다름이 없으므로 주채무가 제3자의 변제에 의하여 소멸하는 경우에는 연대보증채무도 소멸되는 것은 마찬가지이다.), 민법 제480조 내지 제481조 소정의 변제자대위가 성립하지 아니하는 한 제3자는 보증인에 대하여 부당이득반환청구 등의 어떠한 청구도 할 수 없게 되며, 또한 […] 제3자의 출재로 인하여 주채무가 소멸되면 제3자로서는 주채무자에 대하여 자신의 출재에 대한 구상권을 행사할 수 있어 그에게 손해가 있다고 보기도 어려우므로 제3자의 연대보증인에 대한 부당이득반환청구는 받아들일 수 없다."
> 그런데 변제한 제3자는 채무자에 대하여 전부구상할 수 있음은 당연하고, 나아가 —판시에도 나타난 바와 같이— 변제자대위에 기하여 보증채무의 이행을 구할 수 있다.

---

34) 예를 들어 채권자의 가족에게 한 급부는 효력이 없지만, 그가 급부 받은 것을 채권자에게 인도하였다면 그 한도에서 변제가 유효하며 채권이 소멸한다.

35) 이에 관한 재판례를 본다. ㉠ 대판 2012.10.25. 2010다32214: "민법 제472조는 불필요한 연쇄적 부당이득반환의 법률관계가 형성되는 것을 피하기 위하여 변제받을 권한 없는 자에 대한 변제의 경우에도 채권자가 이익을 받은 한도에서 효력이 있다고 규정하고 있는데, 여기에서 말하는 '채권자가 이익을 받은' 경우에는 변제의 수령자가 진정한 채권자에게 채무자의 변제로 받은 급부를 전달한 경우는 물론이고, 그렇지 않더라도 무권한자의 변제수령을 채권자가 사후에 추인한 때와 같이 무권한자의 변제수령을 채권자의 이익으로 돌릴 만한 실질적 관련성이 인정되는 경우도 포함된다고 봄이 상당하다." 대판 2016.7.14. 2015다71856 · 71863도 동지. ㉡ 대판 2014.10.15. 2013다17117: 제472조가 "변제수령자가 변제로 받은 급부를 가지고 채권자의 자신에 대한 채무의 변제에 충당하거나 채권자의 제3자에 대한 채무를 대신 변제함으로써 채권자의 기존채무를 소멸시키는 등 채권자에게 실질적인 이익이 생긴 경우를 포함하나, 변제수령자가 변제로 받은 급부를 가지고 자신이나 제3자의 채권자에 대한 채무를 변제함으로써 채권자의 기존채권을 소멸시킨 경우에는 채권자에게 실질적인 이익이 생겼다고 할 수 없으므로 민법 제472조에 의한 변제의 효력을 인정할 수 없다."

1) 담보권이 실행되어 물상보증인이 담보물의 소유권을 잃은 경우를 포함한다.

한편 제3자가 타인의 채무를 자기채무로 오인하여 변제하였다면, 채권자를 상대로 급부이득의 반환을 구할 수 있다(제745조 제1항의 반대해석). 다만 같은 항 소정의 사유가 발생하여 채무가 소멸한 경우에, 변제자가 채무자에게 구상할 수 있다(제2항).

(2) 구상권의 발생근거에 관한 규정들은 나아가 구상의 범위를 정하는 기준으로 된다.[2)]

(3) 제3자가 자기의 출연으로 채무자의 채무가 소멸하였음을 주장하면서 채무자를 상대로 구상권을 행사하거나 부당이득의 반환을 구하는 경우에, 채무자의 채무가 존재한 사실(및 채무소멸사실)에 대한 증명책임을 그 제3자가 부담한다.[3)]

(4) 구상권은 출재(出財)를 통하여 채권자를 만족시킨 때에 발생하며, 10년의 소멸시효에 걸린다.

나. 대 위 [2225]

(1) 제3자의 출연으로 채무가 소멸하여 구상권이 발생하더라도 채무자가 무자력이라면 구상이 무의미하여 변제자가 곤란한 처지에 놓인다. 여기서 구상을 용이하게 하기 위하여 법은 일정한 요건 하에 변제받은 채권자의 —변제로 소멸한— 채권 및 이에 부속하는 권리가 채무자 대신 변제를 한 이[4)]에게 이전되게 한다. 이러한 권리이전을 변제자대위(辨濟者代位. 또는 변제로 인한 대위)[5)]라 한다.

그런데 변제자대위는 구상을 전제로 하고, 구상은 출재를 한도로 한다.

(2) 채무 전부의 변제가 있으면 그에 부속하는 권리, 특히 담보권은 부종성에 따라 소멸한다. 이 경우 채권자는 채권 및 담보권에 대하여 더 이상 이해관계를 가지지 않는 반면, 대위변제자는 그 채권과 담보권을 통하여 구상을 원활하게 할 수 있어서, 변제에 의한 채권소멸효의 예외를 인정한다.

그리고 대위변제자는 제482조 제1항에 기하여 고유의 구상권의 범위에서 변제받은 채권자의 채권 및 담보에 관한 권리를 행사할 수 있어서, 변제자대위권은 고유의 구상권의 효력을 확보하는 역할을 한다.[6)]

다. 대위의 법적 성질 [2226]

(1) 변제로 인한 대위는 변제받은 채권자의 채권 및 이에 부속하는 권리가 법률상 당연히 변제자에게 이전되는 것을 말한다. 이 경우의 이전은 법률의 규정에 의한 채권 등의 이전이지, 계약에 의한 채권의 이전, 즉 채권양도가 아니다.

(2) 대위변제한 제3자는 채무자에 대한 자신의 구상권 외에 채권자가 채무자에 대하여 가지던 채권 기타 권리도 취득하는바, 이 권리는 구상권 자체와 별개의 것이다. 즉 ① 원본, 변제기, 이자, 지연손해금의 유무 등과 관련하여 내부관계에 기한 구상범위와 변제자대위의 범위가 다를

---

2) 가령 연대채무자 상호간에는 제425조에 따라 전부구상이 허용되지 않는다.

3) 대판 1995.8.22. 94다32054.

4) 「대위변제자」라 하는데, 제3자뿐만 아니라 보증인이나 연대채무자 등 공동채무자의 1인인 경우를 포함한다,

5) 대위변제라는 용어도 사용되지만 제483조나 제484조에서처럼 변제에 초점이 맞추어져서 권리이전을 설명하기에 부적절하다.

6) 대판 1997.5.30. 97다1556은, 물상보증인이 채무자의 채무를 변제한 경우에, 그가 가지는 구상권과 변제자대위권은 원본, 변제기, 이자, 지연손해금의 유무 등에서 내용이 다른 별개의 권리로서, 물상보증인은 고유의 구상권을 행사하든 대위하여 채권자의 권리를 행사하든 자유이며, 다만 채권자를 대위하는 경우에는 제482조 제1항에 의하여 고유의 구상권의 범위에서 채권 및 담보에 관한 권리를 행사할 수 있어서, 변제자대위권은 고유의 구상권의 효력을 확보하는 역할을 한다고 했다.

수 있다. 지연이자나 대위변제자가 입은 손해를 변제자대위에 의해서는 배상받을 수 없지만,[7] 내부관계에 기한 구상에서는 지연이자나 손해가 전보될 수 있다. 나아가 ② 양 권리는 「청구권경합」의 관계에 서며, 변제한 제3자가 그중 어느 한 권리의 행사에 의하여 목적을 달성하면 다른 권리도 소멸한다.

[2227] **2. 변제에 의한 대위의 요건**

가. 구상에 관한 요건

(1) 변제에 의하여 변제자와 채무자 사이에 구상권이 발생하였을 것이 대위의 당연한 요건이다. 따라서 채무자의 지위와 물상보증인의 지위가 바뀐 경우에, 실질적 채무자인 물상보증인이 채무를 변제하더라도 채권자를 대위하여 채권 및 담보에 관한 권리를 행사할 수 없다.[8]

(2) 변제로 인한 대위제도의 취지는 대위변제자의 구상권의 효력을 확보함에 있으므로, 구상권을 발생시키는 모든 채무소멸사유는 변제와 동일시되어야 한다(제486조 참조). 따라서 대물변제, 상계, 공탁뿐만 아니라 채권자의 강제집행 또는 담보권 실행경매에 의하여 구상권을 취득하는(보증인, 물상보증인 또는 저당부동산의 제3취득자 등이) 경우도 이에 해당한다.[9]

한편 조세채권에 기해서도 변제자대위가 가능한 반면,[10] 증여의사에 기한 제3자 변제에서 대위가 일어나지 않음은 당연하다.

[2228] **나. 대위에 특유한 요건**

(1) "변제할 정당한 이익이 있는 자는 변제로 당연히 채권자를 대위"하는데(제481조), 이를 법정대위(法定代位)라 한다. 여기서 "당연히"는 「법률의 규정에 의하여」를 의미하고, 임의대위에서와 달리 채권자의 승낙을 요하지 않는다. 이처럼 당연히 채권 등이 이전됨에 대한 변제자의 기대를 보호하기 위하여 채권자가 담보보존의무를 진다(제485조).

그런데 "변제할 정당한 이익이 있는 자"란 변제함에 대하여 법률상의 이해관계를 가지는 이,[11] 즉 불가분채무자, 연대채무자, 보증인, 물상보증인, 담보물의 제3취득자, 후순위권리자(특히 후순위저당권자), 이행인수인[12] 등 변제를 하지 않으면 채권자로부터 자기가 집행을 받는다든가 자기의 권리를 상실하는 등의 지위에 있는 이를 말한다.[13]

[2209] (2) 변제할 정당한 이익 없는 이는 "변제와 동시에 채권자의 승낙을 얻어 채권자를 대위할 수 있"는데(제480조 제1항), 이를 임의대위(任意代位)라 한다.

여기서 채권자의 승낙이 명시적일 필요는 없고, 변제의 동기 내지 이유와 그 과정, 변제받을 때 채권자가 보인 태도, 변제 후의 사정 등 여러 사정을 두루 참작하여 승낙이 있은 것으로

---

7) 대위변제자와 채무자 간에 체결된 구상금에 관한 지연손해금약정이 변제자대위권을 행사하는 경우에 적용되지 않는다고 한 대판 2009.2.26. 2005다32418 참조.

8) 대판 2014.4.30. 2013다80429 · 80436. C와 친분관계에 있던 A와 B가 C의 부탁으로 대가 없이 C의 자금조달을 위하여 A는 금융기관과의 어음거래약정상 형식상의 주채무자가 되고 B는 그 연대보증인이 되었는데 A, B는 서로 그 사정을 알고 있었던 경우에, A와 B 사이의 내부관계에서는 C의 어음채무의 상환을 각각 연대보증한다는 취지의 양해가 묵시적으로 있었던 것으로 보아야 하므로 A는 B가 대위변제한 금액의 1/2에 대한 구상의무가 있다고 본 대판 1999.10.22. 98다22451도 참조.

9) 이와 달리 면책적 채무인수가 이에 해당하지 않는다고 한 대판 2019.2.14. 2017다274703([5414]에 소개된)도 참조.

10) 대판 2009.2.26. 2005다32418.

11) 제469조 제2항과 같은 기준에 의한다는 대결 2009.5.28. 2008마109 참조.

12) 대결 2012.7.16. 2009마461 참조.

13) 채무자의 일반채권자도 이에 해당한다는 것이 학설의 일반적 입장이다.

추단될 수 있으면 된다.[14)]

그리고 채권자의 승낙은 채권 및 담보의 이전에 관한 동의로서, 제3자의 투기적 변제에 의한 대위를 방지하기 위한 일종의 법정조건이다. 이처럼 채권자의 승낙을 요한다는 것이 채권자와 변제자 사이에 채권양도계약이 있어야 함을 뜻하지는 않지만, 제480조 제2항은 임의대위에 대하여 지명채권양도의 대항요건에 관한 규정(제450조 내지 제452조)을 준용한다.[15)]

Ⅱ. 변제자대위의 효과 [2230]

1. 서 설

변제로 인한 대위의 효과는 대위변제자와 대위의 상대방 사이, 대위변제자와 채권자 사이 및 복수의 대위변제자 상호간의 세 측면에서 고찰되어야 한다. 이 중 복수의 변제대위자 상호간의 관계는 따로 보기로 하고 그를 제외한 나머지를 먼저 살펴본다.

한편 대위변제자는 계약의 해지 또는 해제권을 행사할 수 있는가? 일부대위의 경우에 제483조 제2항이 이를 불허하는데, 전부대위의 경우에도 마찬가지이다. 계약의 해지 또는 해제는 계약당사자만이 할 수 있기 때문이다.

2. 대위변제자와 대위의 상대방 사이의 효과 [2231]

가. 기본법리

(1) 대위변제자가 채권자의 권리를 대위하는 것은 구상권의 효력을 확보하기 위해서이다. 이러한 취지에 따라 대위는 "자기의 권리에 의하여 구상할 수 있는 범위"에서만 허용된다(제482조 제1항).[16)] 즉 「자기의 출재를 한도로」 「구상권의 범위 내에서」 대위권을 행사할 수 있다. 따라서 내부관계에서 구상권이 상실되면(제426조나 제445조, 제446조 등 참조), 변제자대위도 허용되지 않는다.

(2) 대위변제자는 채권자가 가지던 "채권 및 그 담보에 관한 권리를 행사할 수 있다"(제482조 제1항). 따라서 이행청구권, 채권자대위권, 채권자취소권 등 채권자가 가지던 권리 및 채권을 담보하는 보증채무 · 연대채무 등의 인적 담보와 질권 · 저당권 등의 물적 담보 나아가 채무이행을 위한 특약에 기한 권리[17)]가 구상권의 범위 내에서 법률의 규정에 의하여 대위변제자에게 이전한다. 그런데 종래 채권자가 이미 배당요구를 하였거나 배당요구 없이도 당연히 배당받을 수 있었던 경우에는 대위변제자는 따로 배당요구를 하지 않아도 배당을 받을 수 있다.[18)]

(3) 채무자 등 대위의 상대방은 채권자에게 대항할 수 있었던 사유로 대위변제자에게 대항할 수 있고(예외: 제451조 제1항), 대위변제자와의 내부관계에 기한 항변사유도 주장할 수 있다.

(4) 변제자대위와 공동저당에서 후순위저당권자대위의 우열에 관하여 [5488] 이하 참조.

14) 대결 2011.4.15. 2010마1447.

15) 제3자의 대항요건에 관하여 앞의 2010마1447 결정 참조.

16) 대판 2010.5.27. 2009다85861: "어느 부진정연대채무자를 위하여 보증인이 된 자가 채무를 이행한 경우에는 다른 부진정연대채무자에 대하여도 직접 구상권을 취득하게 되고, 그와 같은 구상권을 확보하기 위하여 채권자를 대위하여 채권자의 다른 부진정연대채무자에 대한 채권 및 그 담보에 관한 권리를 구상권의 범위 내에서 행사할 수 있다."

17) 리스에서 이른바 담보기능지분에 관한 대판 2000.1.21. 97다1013 및 기능적 담보로서 담보신탁에 관한 대판 2022.5.12. 2017다278187 참조.

18) 대판 2006.2.10. 2004다2762; 대판 2021.2.25. 2016다232597.

[2232] ### 나. 일부대위

(1) 채권의 일부에 대하여 대위변제가 있는 경우에, 대위변제자는 변제한 가액에 비례하여 채권자와 함께 그 권리를 행사한다(제483조 제1항).[19)]

일부변제된 경우에 저당권 일부이전의 부기등기를 마쳐줄 채권자의 의무가 발생한다.[20)]

(2) 여러 명이 시기를 달리하여 채권의 일부씩을 대위변제한 경우에, 그들은 각 일부대위변제자로서 변제한 가액에 비례하여 담보권을 준공유하고, 담보권을 실행하여 배당할 때 특별한 사정이 없는 한 각 변제채권액에 비례하여 안분배당해야 한다.[21)] 그런데 변제로 채권자를 대위하는 사람이 구상권 범위에서 행사할 수 있는 "채권 및 그 담보에 관한 권리"에는 채권자와 채무자 사이에 채무의 이행을 확보하기 위한 특약에 기한 권리도 포함되지만, 채권자의 채무자에 대한 담보권 외에 일부대위변제자에 대한 우선변제특약에 따른 권리까지 당연히 대위하거나 이전받는다고 볼 수는 없다.[22)]

[2233] (3) 변제자대위제도가 대위변제자의 구상권을 보호하지만, 그로 인하여 채권자의 이익을 해칠 수는 없다. 그런데 전부변제를 받은 채권자는 채권 및 담보권에 관하여 더 이상 이해관계를 가지지 않기 때문에 변제자대위가 인정되더라도 아무런 불이익을 입지 않는다. 반면 일부대위의 경우에 채권자는 채권 및 담보권에 관하여 여전히 이해관계를 가지는데, 채권자와 대위변제자가 대등한 권리를 가진다면 채권자가 그로 인하여 불이익을 입는다. 특히 담보권에 관하여 채권자와 대위변제자가 대등한 권리를 가진다면, 담보물권의 불가분성에 반한다.[23)]

따라서 일부대위변제자는 단독으로 대위한 권리를 행사할 수 없고, 채권자가 자신의 권리를 행사하는 경우에 "채권자와 함께" 권리를 행사할 수 있을 뿐이며, 나머지 채무액의 변제에 관해서도 채권자가 대위변제자에게 우선한다.[24)25)]

(4) 일부대위의 경우에 채무불이행을 원인으로 하는 계약의 해지 또는 해제권을 (계약당사자

---

19) 예를 들어 1,000만 원의 저당채무에 관하여 보증인이 300만 원을 변제하였다면, 300만 원에 관하여 채권 및 저당권이 변제한 보증인에게 이전한다.

20) 대판 2002.7.26. 2001다53929.

21) 근저당권에 관한 대판 2006.2.10. 2004다2762(판례, 〈3-2-8〉) 참조.

22) 대판 2001.1.19. 2000다37319. 대판 2010.4.8. 2009다80460 및 대판 2017.7.18. 2015다206973(다만 "'우선회수특약'은 일부대위변제 후의 잔존채권 변제 및 그 담보권 행사의 순위를 정한 약정으로서 일부대위에 부수하여 이루어진 약정이고, 일부대위변제자는 자신을 다시 대위하는 보증채무 변제자를 위하여 민법 제484조 및 제485조에 따라 채권 및 그 담보권 행사에 협조하고 이에 관한 권리를 보존할 의무를 진다는 사정 등에 비추어 보면, 일부대위변제자로서는 특별한 사정이 없는 한 보증채무 변제자가 대위로 이전받은 담보에 관한 권리행사 등과 관련하여 채권자 등을 상대로 '우선회수특약'에 따른 권리를 주장할 수 있도록 권리의 승계 등에 관한 절차를 해 주어야 할 의무를 지고, 이를 위반함으로 인해 보증채무 변제자가 채권자 등에 대하여 권리를 주장할 수 없게 되어 손해를 입은 경우에는 그에 대한 손해배상책임을 진다"고 하였다)도 동지.

23) 상법 제682조 제1항 단서 및 대판 2013.9.12. 2012다27643도 참조.

24) 대판 1988.9.27. 88다카1797. 일부대위변제에서 채권자가 대위변제자에 우선한다는 법리는 근로복지공단이 근로자의 임금 등 채권을 대위하여 행사하는 경우에도 그대로 적용된다(대판 2011.1.27. 2008다13623).

25) 일부대위에 관한 재판례를 본다. ㉠ 채권자의 우선변제권은 피담보채권액을 한도로 특별한 사정이 없는 한 자기가 보유하는 잔존채권액 전액에 미치고, 이러한 법리는 채권자와 후순위권리자 사이에서도 마찬가지이므로 근저당권의 실행으로 인한 배당절차에서도 채권자는 특별한 사정이 없는 한 자기가 보유하는 잔존채권액 및 피담보채권액의 한도에서 후순위권리자에 우선해서 「배당」받을 수 있다(대판 2004.6.25. 2001다2426). 다만 채권자의 채권이 무담보의 것이라면, 배당에서 대위변제자와 평등한 지위가 인정되어야 한다. ㉡ 대판 2011.6.10. 2011다9013: "채권자가 어느 일부대위변제자와 변제순위나 배당금 충당에 관하여 따로 약정을 한 경우에는 약정에 따라 배당방법이 정해지는데, 이 경우에 채권자와 다른 일부대위변제자들 사이에 동일한 내용의 약정이 있는 등 특별한 사정이 없는 한 약정의 효력은 약정당사자에게만 미치므로, 약정당사자가 아닌 다른 일부대위변제자가 대위변제액에 비례하여 안분배당받을 권리를 침해할 수는 없다. 따라서 경매법원으로서는 ① 채권자와 일부대위변제자들 전부 사이에 변제순위나 배당금충당에 관하여 동일한 내용의 약정이 있으면 약정내용에 따라 배당하고, ② 채권자와 어느 일부대위변제자 사이에만 그와 같은 약정이 있는 경우에는 먼저 원칙적인 배당방법에 따라 채권자의 근저당권 채권최고액 범위 내에서 채권자에게 그의 잔존채권액을 우선배당하고, 나머지 한도액을 일부대위변제자들에게 각 대위변제액에 비례하여 안분배당하는 방법으로 배당할 금액을 정한 다음, 약정당사자인 채권자와 일부대위변제자 사이에서 약정내용을 반영하여 배당액을 조정하는 방법으로 배당을 하여야 한다." 대판 2010.4.8. 2009다80460도 참조.

인) 채권자만이 행사할 수 있고, 채권자가 해지 또는 해제하는 경우에 일부대위변제자에게 변제한 가액과 이자를 상환해야 한다(제483조 제2항).

3. 대위변제자와 채권자 사이의 효과 [2234]

가. 일반적 효과

(1) 채권 전부의 변제를 받은 채권자는 채권에 관한 증서와 점유하던 담보물을 대위변제자에게 교부해야 하고(제484조 제1항), 채권의 일부에 대한 대위변제가 있는 경우에, 채권자는 채권증서에 대위를 기입하고 자기가 점유하는 담보물에 관하여 대위변제자의 감독을 받아야 한다(제2항).

(2) 채권자는 변제자를 위하여 임의대위에서 대위의 통지를 하고(제480조 제2항), 담보물이 부동산인 경우에 필요하다면 대위의 부기등기에 협력할 의무를 부담한다.[26)]

나. 채권자의 담보보존의무 [2235]

(1) 「법정대위」를 할 이가 있는 경우에 구상권 및 대위에 대한 기대권을 보호하기 위하여 채권자는 담보보존의무(擔保保存義務)를 진다. 즉 "채권자의 고의나 과실로 담보가 상실되거나 감소된 때에는 대위할 자는 그 상실 또는 감소로 인하여 상환을 받을 수 없는 한도에서 그 책임을 면한다"(제485조). 채무자가 무자력인 경우에, 법정대위권자가 없었다면 담보의 상실이나 감소에 따른 불이익을 채권자가 부담했어야 함을 고려한 결과이다.[27)]

[참 고] 채권이나 담보권을 행사할지는 채권자의 자유영역에 속하므로, 채권자가 제3자에 대하여 채권이나 담보권을 성실하게 행사할 의무를 부담하는 등의 사정이 없는 한 채권자가 채권이나 담보권을 행사하지 않거나 포기했다고 하여 불법행위가 성립하는 것은 아니고,[28)] 대위변제의 정당한 이익을 갖는 이가 채권자의 담보상실 또는 감소행위를 들어 제485조 소정의 면책을 주장할 수 있음은 별론으로 하고, 대위변제의 정당한 이익을 갖는 이가 있다는 사정만으로 채권자가 자신의 채권이나 담보권을 성실히 행사해야 한다고는 할 수는 없다.[29)] 따라서 담보보존의무는 「책무」에 속한다.[30)]

그리고 제485조는 임의규정으로,[31)] 보증인이나 물상보증인과 담보보존의무를 면제하거나 면책의 범위를 제한하는 특약을 할 수 있지만, 고의나 중과실이 있더라도 면책된다는 약정은 사회질서에 위반된다.

(2) 제485조에 따른 책임감축의 요건을 본다. [2236]

① 담보보존의무는 보증인이나 물상보증인 등 법정대위를 할 수 있는 이의 기대를 보호하기 위한 것이다.

---

26) 대판 2002.12.6. 2001다2846 참조.

27) 물상보증의 존재를 믿고 채권자가 보증채무를 면제해 준 경우에, 저당권이 실행되면 저당권설정자는 보증인에 대한 대위를 통하여 구상권을 확보할 수 없게 된다. 이러한 경우에 법정대위권자인 저당권설정자의 대위에 대한 기대를 보호하기 위하여 채권자에게 담보보존의 부담을 지우고, 그를 게을리하였다면 그로 인한 불이익을 채권자에게 지운다. 대판 2000.1.21. 97다1013 참조.

28) 상계권을 행사하지 않은 경우에 관한 대판 2002.2.26. 2001다74353([3029]에 소개된) 참조.

29) 대판 2001.12.24. 2001다42677; 대판 2005.11.25. 2004다66834 · 66841.

30) 이는 법정대위변제자에 대한 관계에서의 것으로, 담보제공자에 대한 관계에서 담보를 보존할 「의무」와는 당연히 별개의 것이다. 나아가 대판 2022.12.29. 2017다261882: "법정대위를 할 자는 채권자가 고의나 과실로 담보를 상실하게 하거나 감소하게 한 때에는 원칙적으로 민법 제485조에 따라 면책을 주장할 수 있을 뿐이지만, 채권자가 제3자에 대하여 자신의 담보권을 성실하게 보존 · 행사하여야 할 의무를 부담하는 특별한 사정이 인정되는 경우에는 채권자의 담보권의 포기행위가 불법행위에 해당할 수 있다."

31) 대판 1987.4.14. 86다카520.

한편 채권자가 당초의 채권자인지 아니면 변제로 공동면책시켜 구상권을 가지는 연대보증인과 같이 대위로 인하여 채권자로 되었는지를 구별할 이유가 없다.[32)]

② 담보가 상실되거나 감소되어야 한다. 여기서 담보는 특별담보를 말하는데, 인적 담보와 물적 담보에 한하지 않고, 약속어음이 지급거절된 경우에 어음금지급에 대한 배서인의 담보책임의 이행을 구하는 권리인 소구권도 이에 속한다.[33)] 반면 일반담보(책임재산인 채무자의 재산)는 이에 포함되지 않는다.

담보의 상실 또는 감소의 예로, 채권자가 보증채무를 면제해 주는 경우, 저당권을 포기하거나 순위를 불리하게 변경하는 경우, 질물을 훼손하거나 반환하는 경우, 「일부」대위변제자에게 근저당권 「전부」를 이전하여 준 경우,[34)] 주채무자가 채권자에게 가등기담보권을 설정하기로 약정한 뒤 이를 이행하지 않고 있음에도 담보권자로서의 지위를 보전·실행·집행하기 위한 조치를 취하지 않아서 가등기담보권자로서의 권리를 제대로 확보하지 못한 경우[35)] 등을 들 수 있고, 나아가 담보권을 실행할 수 있었음에도 불구하고 실행하지 않음으로써 담보물의 가치감소를 방치한 경우[36)]도 포함한다. 반면 법정대위의 전제가 되는 보증 등의 시점 이전에 이미 소멸한 채권자의 담보에 대하여 제485조가 적용되지 않음은 당연하다.[37)]

③ 채권자의 고의나 과실이 있어야 하는데, 담보의 상실이나 감소에 관한 것이지, 대위변제자의 존부에 관한 것이 아니다.

[2237] (3) 예컨대 물상보증인이 면책주장을 할 수 있다는 것은 채무자가 부담하는 근저당권의 피담보채무 자체가 소멸한다는 뜻은 아니고 피담보채무에 관한 물상보증인의 책임이 소멸한다는 의미이다.[38)] 즉 대위할 이는 담보의 상실 또는 감소로 인하여 상환을 받을 수 없게 된 한도에서 그 책임을 면한다.[39)]

그런데 면책 여부 및 그 범위를 어느 시기를 기준으로 정할 것인지에 관하여, 담보권을 실행하거나 실행할 수 있었던 때를 표준으로 한다는 설이 유력하지만, 판례는 담보의 상실 또는 감소의 시기를 표준으로 한다.[40)]

(4) 경매절차에서 채권자가 착오로 실제 채권액보다 적은 금액을 채권계산서에 기재하여 제출하여 배당에서 불이익을 입은 경우에 제485조가 유추된다.[41)] 반면 근로자가 후순위저당권자가

32) 변제로 공동면책시켜 구상권을 가지는 연대보증인이 주채무자에 대한 채권담보를 상실 또는 감소시킨 경우에, 다른 연대보증인이 구상의무를 이행하였을 때에 담보 소멸로 인하여 주채무자로부터 상환을 받을 수 없는 한도에서 책임을 면한다고 한 대판 2012.6.14. 2010다11651 참조.

33) 대판 2003.1.24. 2000다37937.

34) 대판 1996.12.6. 96다35774.

35) 대판 2009.10.29. 2009다60527.

36) 예: 담보물의 가격하락이 예상됨에도 정당한 이유 없이 그 실행을 게을리한 경우.

37) 대판 2014.10.15. 2013다91788.

38) 대판 2017.10.31. 2015다65042.

39) 채권자가 질물을 훼손시켰기 때문에 보증인이 채권자에게 변제하더라도 반액을 구상할 수 있을 뿐인 경우에, 보증인은 나머지 반액에 대하여 보증채무를 면한다. 대판 2018.7.11. 2017다292756은, 채무자 소유 부동산(甲)과 물상보증인 소유 부동산(乙)에 공동근저당권을 설정받은 채권자가 공동담보 중 甲에 대한 담보 일부를 포기하거나 순위를 불리하게 변경하여 담보를 상실하게 하거나 감소하게 한 경우에, 물상보증인은 그로 인하여 상환받을 수 없는 한도에서 책임을 면하고, 이 경우 공동근저당권자는 나머지 공동담보 목적물인 乙에 관한 경매절차에서, 물상보증인이 위와 같이 담보 상실 내지 감소로 인한 면책을 주장할 수 있는 한도에서는, 乙의 후순위근저당권자에 우선하여 배당받을 수 없다고 하였다.

40) 대판 2008.12.11. 2007다66590. 면책 여부에 관한 대판 2001.12.24. 2001다42677 및 면책범위에 관하여 담보상실 당시의 교환가치 상당액이라는 대판 2001.10.9. 2001다36283도 동지.

41) 대판 2000.12.8. 2000다51339.

존재하는 사용자의 재산에 대하여 임금채권 우선변제권을 행사하는 경우에 제485조를 유추할 수 없다.[42]

Ⅲ. 복수의 대위변제자 상호간의 관계 [2238]

1. 서 설

(1) 동일한 채권에 대하여 법정대위자, 즉 변제할 정당한 이익 있는 이(보증인, 물상보증인, 전세부동산이나 저당부동산의 제3취득자, 연대채무자 등)가 여럿인 경우에, 채무자에 대하여 각자가 전부구상을 할 수 있지만, 대위변제자 상호간의 우선순위 내지 상호관계에 관해서는 혼란과 불공평이 발생할 수 있다. 예를 들어 어떤 채무에 관하여 보증인과 물상보증인이 있는데, 보증채무를 이행한 보증인은 물상보증인에 대하여 채권자를 대위할 수 있다. 그런데 보증인이 담보권을 실행한 경우에, 물상보증인은 자기의 구상권을 확보하기 위하여 다시 보증인에 대하여 채권자를 대위할 수 있는가? 이를 긍정한다면 「구상/대위의 순환」이 일어나고, 부정한다면 물상보증인에게 불리하다. 이러한 문제를 해결하기 위하여 제482조 제2항은 「채무자에 대한 전부구상」과 「대위변제자들 사이의 부분구상」을 전제로 그들 사이의 관계를 규정하는데, 실질적으로 종국적인 구상의무자인 채무자의 무자력위험을 어떻게 배분할 것인지에 관한 기준이다.

(2) 복수의 대위변제자 상호간의 관계에 관한 제482조 제2항은 임의규정이어서, 당사자들 사이에 다른 특약이 있으면 그에 의한다.[43]

(3) 제482조 제2항의 제3취득자에 관하여 학설은 대체로 채무자로부터의 제3취득자와 물상 [2239]
보증인으로부터의 제3취득자를 나누지 않지만, 양자를 구분해야 한다. 즉 종국적 구상의무자로서 채무자는 보증인이나 다른 물상보증인에 대하여 구상 및 대위를 할 수 없는 반면, 물상보증인은 구상 및 대위를 할 수 있다. 그럼에도 불구하고 제3취득자에게 양도되었다는 우연한 사정 때문에 구상 및 대위의 관계가 달라져서는 안 되기 때문이다.[44] 채무자로부터의 제3취득자가 예기치 않은 손해를 입지 않느냐 하는 의문이 있을 수 있지만, 등기를 통하여 대위의 가능성을 예상할 수 있어서 크게 문제되지 않는다.[45] 요컨대 제3취득자의 지위를 전주(前主)의 지위와 달리 다루는 것은 적절하지 않다.

2. 구체적 내용 [2240]

가. 보증인과 전세물 · 저당물의 제3취득자 사이의 관계

(1) 보증인은 출재한 전액에 관하여 전세물이나 저당물의 제3취득자에 대하여 채권자를 대위하지만, 그러기 위해서는 "미리" 전세권이나 저당권의 등기에 그 대위를 부기(등기)해야 한다(제482조 제2항 제1호).[46] 여기서 "미리"란 변제 후 제3취득자의 취득 전이라는 의미인데, 변제

42) 대판 2006.12.7. 2005다77558 참조.

43) 기관보증에서 물상보증인과의 사이에 물상보증인은 대위할 수 없는 반면 보증기관은 전액을 대위할 수 있다는 특약이 있는 경우에, 그 특약이 당사자 사이에서 유효하더라도, 물상보증인 소유의 부동산에 후순위저당권자가 있는 경우에 그 특약이 유효한지 여부가 후순위저당권자의 지위에 영향을 미친다. 생각건대 이러한 경우에 관한 제5호는 보충규정으로 후순위권리자를 보호하는 규정이 아니어서 유효하다고 할 것이지만, 특약에 앞서 이미 이해관계를 가진 후순위저당권자에게 영향을 미칠 수 없음은 당연하다.

44) 뒤의 대판(전) 2014.12.18. 2011다50233도 동지이다.

45) 뒤의 대판 2020.10.15. 2019다222041도 참조.

46) 학설은 일반적으로 보증인의 변제로 저당권 등이 소멸한 것으로 믿고 목적부동산에 대하여 권리를 취득한 제3취득자를 불측의 손해

전에 이미 전세물이나 저당물을 취득한 제3취득자에 대해서는 이 요건이 필요하지 않다.[47] 그리고 여기 및 제2호의 제3취득자에 후순위저당권자는 포함되지 않는다.[48]

[참 고] 저당권설정자가 채무자인 경우에도 부기등기를 요하는지에 관하여 견해가 갈리는데, 채무자로부터의 제3취득자는 종국적인 구상채무자인 전주(前主)의 지위를 승계한다는 점을 등기를 통하여 예상할 수 있으므로 부기등기 여부와 무관하게 보증인이 그에 대하여 대위할 수 있다고 할 것이다.

한편 물상보증인도 채무자로부터의 제3취득자에 대해서는 보증인에 준해서 출재한 전액에 관하여 대위할 수 있다.

판 례 대판(전) 2014.12.18. 2011다50233

㉮ 사실관계 및 소송의 경과는 다음과 같다: ⓐ Y는 A와 공동으로 甲 부동산을 경락받아 1/2지분씩 소유권이전등기를 마쳤는데, 그 후 A는 甲을 담보로 농협(G)으로부터 대출(채무자는 A. Y는 물상보증인)을 받았다. ⓑ 甲에 대한 지분이전등기청구소송을 통하여 A의 지분 중 일부를 이전받은 B가 X에게 甲의 지분을 유증한 후 사망하였고, X는 자기명의로 이전등기를 마쳤다. ⓒ Y가 대출금을 모두 변제하자 G는 甲 중 A와 X의 지분에 관한 근저당권을 Y에게 이전해 주고 등기를 마쳤고, 그 후 Y는 A와 X의 지분에 대해 경매를 신청하였다. 그러자 X는 대출금을 실제로 변제한 이는 A이고, 설령 그렇지 않더라도 위 대출금이 Y의 지분 취득에 사용된 만큼 Y는 사실상의 채무자에 해당하므로 변제자대위를 할 수 없다고 주장하면서 X 지분에 설정된 근저당권의 말소를 구하는 소를 제기하였다. ⓓ 원심은 물상보증인(Y)이 채무자(A)의 대출금채무를 변제한 이상, A로부터 (B를 거쳐) 甲의 지분을 취득한 X에 대하여 Y가 출재한 전액의 범위에서 근저당권을 대위행사할 수 있다고 판단하고, X의 청구를 기각하였고, 대법원은 X의 상고를 기각하였다.

㉯ 판결요지는 다음과 같다: "물상보증인과 제3취득자 사이의 변제자대위에 관하여는 명확한 규정이 없다. 그런데 보증인과 제3취득자 사이의 변제자대위에 관하여 민법 제482조 제2항 제1호는 "보증인은 미리 전세권이나 저당권의 등기에 그 대위를 부기하지 아니하면 전세물이나 저당물에 권리를 취득한 제3자에 대하여 채권자를 대위하지 못한다"라고 규정하고, 같은 항 제2호는 "제3취득자는 보증인에 대하여 채권자를 대위하지 못한다"라고 규정하고 있다. 한편 민법 제370조, 제341조에 의하면 물상보증인이 채무를 변제하거나 담보권의 실행으로 소유권을 잃은 때에는 '보증채무'에 관한 규정에 의하여 채무자에 대한 구상권을 가지고, 민법 제482조 제2항 제5호에 따르면

로부터 보호하기 위하여 부기등기가 요구되고, 따라서 부기등기를 하지 않은 동안 목적부동산에 대하여 권리를 취득한 제3자에 대하여 보증인이 채권자를 대위하지 못한다고 하는데, 입법론으로 부기등기의 요건을 존치할 것인지 고민할 필요가 있다.

47) 대판 2020.10.15. 2019다222041은, 보증인이 변제하기 전 목적부동산에 대하여 권리를 취득한 제3자는 등기부상 저당권 등의 존재를 알고 권리를 취득하였으므로 나중에 보증인이 대위하더라도 예측하지 못한 손해를 입을 염려가 없다고 하였다.

48) 대판 2013.2.15. 2012다48855: "민법 제482조 제2항 제1호와 제2호에서 보증인에게 대위권을 인정하면서도 제3취득자는 보증인에 대하여 채권자를 대위할 수 없다고 규정한 까닭은, 제3취득자는 등기부상 담보권의 부담이 있음을 알고 권리를 취득한 자로서 그 담보권의 실행으로 인하여 예기치 못한 손해를 입을 염려가 없고, 또한 [제364조, 제367조] 등 그 이익을 보호하는 규정도 마련되어 있으므로, 변제자대위와 관련해서는 제3취득자보다는 보증인을 보호할 필요가 있기 때문이다. 그러나 저당부동산에 대하여 후순위근저당권을 취득한 제3자는 민법 제364조에서 정한 저당권소멸청구권을 행사할 수 있는 제3취득자에 해당하지 아니하고, 달리 선순위근저당권의 실행으로부터 그의 이익을 보호하는 규정이 없으므로 변제자대위와 관련해서 후순위근저당권자보다 보증인을 더 보호할 이유가 없으며, 나아가 선순위근저당권의 피담보채무에 대하여 직접 보증책임을 지는 보증인과 달리 선순위근저당권의 피담보채무에 대한 직접 변제책임을 지지 않는 후순위근저당권자는 보증인에 대하여 채권자를 대위할 수 있다고 봄이 타당하므로, 민법 제482조 제2항 제2호의 제3취득자에 후순위근저당권자는 포함되지 아니한다. […] 민법 제482조 제2항 제2호의 제3취득자에 후순위근저당권자가 포함되지 않음에도 같은 항 제1호의 제3자에는 후순위근저당권자가 포함된다고 하면, 후순위근저당권자는 보증인에 대하여 항상 채권자를 대위할 수 있지만 보증인은 후순위근저당권자에 대하여 채권자를 대위하기 위해서는 미리 대위의 부기등기를 하여야만 하므로 보증인보다 후순위근저당권자를 더 보호하는 결과가 되는데, 이러한 결과는 법정대위자인 보증인과 후순위근저당권자 간의 이해관계를 공평하고 합리적으로 조절하기 위한 민법 제482조 제2항 제1호와 제2호의 입법취지에 부합하지 않을 뿐더러 후순위근저당권자는 통상 자신의 이익을 위하여 선순위근저당권의 담보가치를 초과하는 담보가치만을 파악하여 담보권을 취득한 자에 불과하므로 변제자대위와 관련해서 후순위근저당권자를 보증인보다 더 보호할 이유도 없다. 이러한 사정들과 민법 제482조 제2항 제1호와 제2호가 상호작용 하에 법정대위자 중 보증인과 제3취득자의 이해관계를 조절하는 규정인 점 등을 종합하여 보면, 보증인은 미리 저당권의 등기에 그 대위를 부기하지 않고서도 저당물에 후순위근저당권을 취득한 제3자에 대하여 채권자를 대위할 수 있다고 할 것이므로 민법 제482조 제2항 제1호의 제3자에 후순위근저당권자는 포함되지 않는다."

물상보증인과 보증인 상호간에는 그 인원수에 비례하여 채권자를 대위하게 되어 있을 뿐 이들 사이의 우열은 인정하고 있지 아니하다. 위와 같은 규정내용을 종합하여 보면, 물상보증인이 채무를 변제하거나 담보권의 실행으로 소유권을 잃은 때에는 보증채무를 이행한 보증인과 마찬가지로 채무자로부터 담보부동산을 취득한 제3자에 대하여 구상권의 범위 내에서 출재한 전액에 관하여 채권자를 대위할 수 있는 반면, 채무자로부터 담보부동산을 취득한 제3자는 채무를 변제하거나 담보권의 실행으로 소유권을 잃더라도 물상보증인에 대하여 채권자를 대위할 수 없다고 보아야 한다. 만일 물상보증인의 지위를 보증인과 다르게 보아서 물상보증인과 채무자로부터 담보부동산을 취득한 제3자 상호간에는 각 부동산의 가액에 비례하여 채권자를 대위할 수 있다고 한다면, 본래 채무자에 대하여 출재한 전액에 관하여 대위할 수 있었던 물상보증인은 채무자가 담보부동산의 소유권을 제3자에게 이전하였다는 우연한 사정으로 이제는 각 부동산의 가액에 비례하여서만 대위하게 되는 반면, 당초 채무 전액에 대한 담보권의 부담을 각오하고 채무자로부터 담보부동산을 취득한 제3자는 그 범위에서 뜻하지 않은 이득을 얻게 되어 부당하다."

㈐ 물상보증인과 제3취득자 사이의 대위에 관해서는 규정이 없고, 대상판결에서 이 점이 문제되었다. 즉 물상보증인이 채무자의 채무를 대신 변제한 경우에, 채무자로부터 담보부동산을 취득한 제3자에 대하여 출재한 전액에 대하여 채권자를 대위할 수 있는지 아니면 각 부동산의 가액에 비례해서만 채권자를 대위할 수 있는지가 쟁점이고, 대상판결은 물상보증인은 보증인과 마찬가지로 출재한 전액에 관하여 채권자를 대위할 수 있다는 입장이다.

그런데 채무자로부터 담보목적물을 취득한 제3취득자는 채무자와 동일한 지위에 있다고 보아야 한다. 물상보증인으로서는 당연히 채권자를 대위할 수 있다고 기대하였는데, 담보목적물이 양도되었다는 우연한 사정 때문에 그의 지위가 불리하게 되어서는 안 되기 때문이다. 대상판결은 바로 이러한 경우에 관한 것이다. 반면 물상보증인으로부터 담보목적물을 취득한 제3취득자라면 사정이 달라져야 한다. 즉 이러한 경우에 다른 물상보증인으로서는 처음부터 가액에 비례하여 채권자를 대위할 수 있을 뿐이라는 각오를 하였는데(제482조 제2항 제4호, 제3호), 담보목적물이 양도되었다는 우연한 사정 때문에 그의 지위가 갑자기 유리하게 되는 것 역시 허용되어서는 안 된다. 요컨대 이해관계의 조정에서 제3취득자는 전주(前主)의 지위를 그대로 승계한다고 해야 한다.[49]

---

(2) 반면 제3취득자는 보증인에 대하여 대위하지 못한다(제482조 제2항 제2호). 즉 제3취득자가 변제를 하더라도 채권자의 보증인에 대한 권리가 제3취득자에게 이전되지 않는다. 보증인은 채무자의 재산에 설정된 채권자의 저당권이나 전세권의 담보력을 신뢰하였을 것인 반면, 제3취득자는 법정대위의 부담을 각오하였을 뿐만 아니라 제364조 등 제3취득자의 이익을 보호하는 규정이 마련되어 있기 때문이다. 다만 물상보증인으로부터의 제3취득자는 전주인 물상보증인과 같은 지위에서 보증인에 대하여 대위를 할 수 있다고 해야 한다.

나. 보증인과 물상보증인 사이의 관계 [2241]

(1) 보증인이나 물상보증인이 채권자를 만족시킨 경우에, 그들은 형식적으로 채무 또는 책임을 부담할 뿐이므로, (주)채무자에게 전액을 구상할 수 있다. 그런데 보증인 및/또는 물상보증인이 여러 명인 경우에, 이들에게 (주)채무자에 대한 구상권만 인정한다면 채권자를 먼저 만족시킨 이가 (주)채무자의 무자력에 따른 불이익을 입는다. 그래서 (주)채무자의 자력 유무와 무관하게 다른 보증인 또는 물상보증인에 대하여 구상할 수 있는 길을 열어주어야 하는데, 그들 사이에서

49) 공동저당 목적부동산 일부의 양도 등 사후적인 사정변경에 의하여 이해관계가 왜곡되어서는 안 된다는 대판 2011.10.13, 2010다99132([5493]에 소개된)도 참조.

는 「부분구상」이 인정된다.50) 그 내용을 구체적으로 살펴본다.

[2242] ① 물상보증인과 보증인은 인원수에 비례하여 채권자를 대위한다(제482조 제2항 제5호 본문).51) 그리고 ② 보증인이 여러 명인 경우에 공동보증인 상호간의 구상에 관한 제448조에 따라 대위할 수 있다. 한편 ③ 물상보증인이 여러 명인 경우에, 보증인의 부담부분을 공제하고 그 잔액에 관하여 각 담보물의 가액에 비례하여 대위한다(제482조 제2항 제5호 단서).52)

이러한 규정태도는 인적 무한책임을 지는 보증인과 물적 유한책임을 지는 물상보증인 사이의 형평을 위한 법기술이라 할 것이다.

[2243] (2) 보증인 또는 물상보증인이 대위하기 위해서는 대위관계에서의 부담부분을 초과하는 출연이 있어야 한다. 자신의 부담부분에 미달하는 대위변제 등을 한 경우에도 대위할 수 있다면, 먼저 대위변제 등을 한 이가 부당하게 이익을 얻거나 대위자들 상호간에 대위가 계속 반복되고 대위관계를 공평하게 처리할 수도 없어, 제482조 제2항 제5호의 취지에 반하는 결과로 되기 때문이다.53)

그런데 부담부분을 초과하는지 여부는 보증인이나 물상보증인이 대위변제 등을 할 당시를 기준으로 판단해야 한다.54)

[2244] (3) 보증인이 물상보증인을 겸하는 경우에, 인원수의 산정에서 복수지위를 인정할 것인지, 한 지위만 인정한다면 어떤 지위를 인정할 것인지에 관하여 견해가 나뉘는데, 복수의 지위를 인정해야 한다는 입장도 유력하지만, 다수설은 보증인의 지위와 물상보증인의 지위를 겸하더라도 이중의 부담을 인수할 의도 없이 동일한 채무인 (주)채무자의 채무를 담보하므로 한 지위만 인정해야 한다는 입장이다.55) 그런데 "근보증의 주채무와 근저당권의 피담보채무가 동일한 채무인 이

50) 구상에 응한 다른 보증인 또는 물상보증인은 (주)채무자에 대해서만 구상할 수 있다.

51) 900만 원의 채무에 대하여 A와 B가 보증인으로 되고 C가 그 소유의 부동산에 저당권을 설정한 경우에, 각자의 대위당할 부분은 300만 원씩이다. 만일 A가 900만 원을 변제하였다면, 그는 B와 C에 대하여 각 300만 원의 한도에서 채권자를 대위한다. 즉 A는 B에 대하여 300만 원을 청구하고, C의 부동산에 대하여 300만 원의 한도에서 채권자가 가지던 저당권을 행사할 수 있다. 한편 C가 900만 원을 변제한 경우에, 그는 A와 B에 대하여 300만 원씩 청구할 수 있다.

52) 1,000만 원의 채권에 대하여 A와 B가 보증인이고, C가 600만 원 상당의 부동산을, D가 400만 원 상당의 부동산을 저당물로 각 제공한 경우에, 보증인들의 부담부분 500만 원(1,000만 원−[1,000만 원÷4×2])을 제외한 잔액 500만 원이 물상보증인 C와 D의 부담부분인데, 이 500만 원은 다시 C와 D가 그들의 저당부동산의 가액에 비례하여 부담한다. 즉 500만 원 중 C가 300만 원, D가 200만 원을 각 부담한다. 따라서 A가 전부 변제하였다면, 그는 B에 대하여 250만 원, C에 대하여 300만 원, D에 대하여 200만 원의 범위 내에서 채권자를 대위한다.

53) 대판 2010.6.10. 2007다61113·61120: "민법 제482조 제2항 제5호는 동일한 채무에 대하여 인적 무한책임을 지는 보증인과 물적 유한책임을 지는 물상보증인이 여럿 있고 그중 어느 1인이 먼저 대위변제를 하거나 경매를 통한 채무상환을 함으로써 다른 자에 대하여 채권자의 권리를 대위하게 되는 경우, 먼저 대위변제 등을 한 자가 부당하게 이익을 얻거나 대위가 계속 반복되는 것을 방지하고 대위관계를 공평하게 처리하기 위하여 대위자들 상호간의 대위의 순서와 분담비율을 규정하고 있는바, 위 규정에 의하면, 여러 보증인과 물상보증인 사이에서는 그중 어느 1인에 의하여 주채무 전액이 상환되었을 것을 전제로 하여 그 주채무 전액에 민법 제482조 제2항 제5호에서 정한 대위비율을 곱하여 산정한 금액이 각자가 대위관계에서 분담하여야 할 부담부분이다. 그런데 여러 보증인 또는 물상보증인 중 어느 1인이 위와 같은 방식으로 산정되는 자신의 부담부분에 미달하는 대위변제 등을 한 경우 그 대위변제액 또는 경매에 의한 채무상환액에 위 규정에서 정한 대위비율을 곱하여 산출된 금액만큼 곧바로 다른 자를 상대로 채권자의 권리를 대위할 수 있도록 한다면, 먼저 대위변제 등을 한 자가 부당하게 이익을 얻거나 대위자들 상호간에 대위가 계속 반복되게 되고 대위관계를 공평하게 처리할 수도 없게 되므로, 민법 제482조 제2항 제5호의 규정취지에 반하는 결과가 생기게 된다. 따라서 보증인과 물상보증인이 여럿 있는 경우 어느 누구라도 위와 같은 방식으로 산정한 각자의 부담부분을 넘는 대위변제 등을 하지 않으면 다른 보증인과 물상보증인을 상대로 채권자의 권리를 대위할 수 없다."

54) 앞의 2007다61113·61120 판결: "여러 보증인과 물상보증인 사이에서 민법 제482조 제2항 제5호에 의하여 대위관계에서의 부담부분을 정하는 경우, 당초 성립한 주채무가 주채무자의 변제나 채무면제 등으로 감소하거나 이자·지연손해금이 증가하는 때에는 그 당시 현존하고 있는 보증인이나 물상보증인의 부담부분도 원칙적으로 그에 상응하여 감소하거나 증가하게 되므로, 보증인이나 물상보증인이 대위변제 등을 할 당시에 이미 주채무자의 변제나 채무면제 등으로 주채무가 감소하거나 이자·지연손해금이 증가한 사정이 있다면, 이를 반드시 참작하여 그 대위변제 등 당시를 기준으로 하여 당해 보증인이나 물상보증인의 대위변제액 등이 그의 부담부분을 초과하는 것인지 여부를 판단하여야 한다."

55) 이는 다시 보증인의 지위만 인정하여 인원수에 따라 평등하게 분담된다는 입장, 물상보증인의 지위만 인정하여 보증만 한 이의 부담부분을 제외한 나머지는 담보물의 가액에 따라 분담된다는 입장 및 대위자가 자신의 이중지위나 상대방의 이중지위 중 어느 한쪽을 선택하고 나머지 지위는 소멸한다는 입장으로 나뉜다. 그런데 보증인의 지위만 인정한다면 고가의 부동산을 담보를 제공한 이가 보증도 함으로써 부담부분을 줄일 수 있고, 물상보증인의 지위만 인정한다면 역의 경우가 성립할 수 있으며, 선택권을 준다면 그 근거가 무엇인지가 불명확하다.

상 근보증과 근저당권은 특별한 사정이 없는 한 동일한 채무를 담보하기 위한 중첩적인 담보"로 보아야 하므로[56] 다수설의 입장, 그중에서도 보증인의 지위만 인정하는 입장이 타당한 것으로 보인다.[57]

앞의 2007다61113 · 61120 판결도 복수지위를 인정하지 않았는데,[58] 인원수에 따른 대위비율에 따르도록 한 점에 비추어 보증인의 지위를 전제로 한 것으로 이해할 수 있다.

(4) 다른 물상보증인에 대하여 채권자를 대위하게 될 경우에, 대위의 부기등기를 하여야 담보목적부동산의 제3취득자에 대하여 채권자를 대위할 수 있다(제482조 제2항 제5호 단서, 제1호). 자기의 재산을 타인의 채무의 담보로 제공한 물상보증인이 수인일 때 그중 일부의 물상보증인이 채무의 변제로 다른 물상보증인에 대하여 채권자를 대위하게 될 경우에 미리 대위의 부기등기를 하지 않으면 채무를 변제한 뒤에 저당목적부동산을 취득한 제3취득자에 대하여 채권자를 대위할 수 없도록 하려는 것이다.[59] [2245]

다. 물상보증인 상호간 또는 제3취득자 상호간의 관계 [2246]

(1) 물상보증인이 수인인 경우에, 각 부동산의 가액에 비례하여 다른 물상보증인에 대하여 채권자를 대위한다(제482조 제2항 제4호).

(2) 전세물 또는 저당물의 제3취득자가 수인인 경우에 대하여 같은 항 제3호는 각 부동산의 가액에 비례하여 다른 제3취득자에 대하여 채권자를 대위한다고 하는데, 채무자로부터의 제3취득자들 사이에서만 적용된다고 해야 한다.

라. 연대채무자 상호간 또는 보증인 상호간의 관계 [2247]

이 경우에는 특별규정(제425조, 제447조, 제448조)에 의하여 구상의 범위가 정해지고, 대위도 그 범위 안에서 일어난다.[60]

[참 고] 이상 검토한 바를 (대위)변제의 주체별로 정리해 보자.

㉠ 보증인은 물상보증인에 대하여 인원수의 비율로 대위할 수 있지만 그로부터의 제3취득자에 대하여 채권자를 대위하기 위해서는 대위의 부기등기가 있어야 하는 반면, 채무자로부터의 제3취득자에 대해서는 전액을 대위할 수 있는데 부기등기를 요하지 않는다고 해야 한다. 한편 다른 보증인에 대해서는 공동보증에 관한 제448조에 따라 구상 및 대위의 범위가 정해진다.

㉡ 물상보증인은 보증인에 대하여 인원수의 비율로 대위할 수 있고, 다른 물상보증인(그로부터의

---

56) 대판 2004.7.9. 2003다27160([5472]에 소개된).

57) 물상보증의 피담보채무와 보증의 주채무가 별개의 것이라면 당연히 복수의 지위를 인정해야 한다.

58) "민법 제482조 제2항 제4호, 제5호가 물상보증인 상호간에는 재산의 가액에 비례하여 부담부분을 정하도록 하면서, 보증인과 물상보증인 상호간에는 보증인의 총 재산의 가액이나 자력 여부, 물상보증인이 담보로 제공한 재산의 가액 등을 일체 고려하지 아니한 채 형식적으로 인원수에 비례하여 평등하게 대위비율을 결정하도록 규정한 것은, 인적 무한책임을 부담하는 보증인과 물적 유한책임을 부담하는 물상보증인 사이에는 보증인 상호간이나 물상보증인 상호간과 같이 상호 이해조정을 위한 합리적인 기준을 정하는 것이 곤란하고, 당사자간의 특약이 있다는 등의 특별한 사정이 없는 한 오히려 인원수에 따라 대위비율을 정하는 것이 공평하고 법률관계를 간명하게 처리할 수 있어 합리적이며 그것이 대위자의 통상의 의사 내지 기대에 부합하기 때문이다. 이러한 규정취지는 동일한 채무에 대하여 보증인 또는 물상보증인이 여럿 있고, 이 중에서 보증인과 물상보증인의 지위를 겸하는 자가 포함되어 있는 경우에도 동일하게 참작되어야 하므로, 위와 같은 경우 민법 제482조 제2항 제4호, 제5호 전문에 의한 대위비율은 보증인과 물상보증인의 지위를 겸하는 자도 1인으로 보아 산정함이 상당하다."

59) 대판 1990.11.9. 90다카10305. 그에 따라 "자신들 소유의 부동산을 채무자의 채무의 담보로 제공한 물상보증인들이 채무를 변제한 뒤 다른 물상보증인 소유 부동산에 설정된 근저당권설정등기에 관하여 대위의 부기등기를 하여 두지 아니하고 있는 동안에 제3취득자가 위 부동산을 취득하였다면, 대위변제한 물상보증인들은 제3취득자에 대하여 채권자를 대위할 수 없다"고 하였다.

60) 대판 1992.5.12. 91다3062는, 연대채무자가 수인인 경우에 이들 모두를 위한 연대보증인은 보증채무의 이행으로 한 출연액 전부에 대하여 어느 연대채무자에게나 구상권을 가지므로, 이와 반대로 연대채무자들 중 어느 1인이 자신의 내부부담부분을 넘어 채무를 변제함으로써 채권자의 그 다른 연대채무자에 대한 원채권을 행사하는 경우에도 그 자신의 연대보증인도 겸한 다른 연대채무자의 연대보증인에 대해서는 대위할 수 없다고 하였다.

제3취득자를 포함하여)에 대해서는 부동산의 가액의 비율로 대위할 수 있으며, 채무자로부터의 제3취득자에 대해서는 보증인에 준해서 전액을 대위할 수 있다. 대위의 부기등기는 ㉠에서와 같다.[61]

㉢ 제3취득자는 전주(前主)의 지위를 그대로 승계한다고 해야 한다. 따라서 채무자로부터의 제3취득자는 변제자대위의 부담을 각오하였으므로, 보증인이나 물상보증인에 대하여 대위할 수 없다.[62] 반면 물상보증인으로부터의 제3취득자는 물상보증인과 같은 지위를 가진다고 할 것이다.

제 6 관 변제의 대용

[2248] ## Ⅰ. 대물변제

1. 서 설

가. 개 념

채무자는 채무내용에 좇은 이행을 해야 하지만, 채권자의 승낙이 있다면 원래의 급부 대신 다른 급부를 할 수 있다.[1] 이처럼 본래의 채무의 이행에 갈음하여 다른 급부를 현실적으로 함으로써 채권을 소멸시키는, 변제자와 채권자 사이의 계약을 대물변제(代物辨濟)라 하는데, 변제와 동일한 효력을 가진다(제466조).

나. 법적 성질

다수설과 판례[2]는 대물변제를 계약, 유상계약 및 요물계약으로 새긴다. 즉 채권자의 승낙을 요하므로 계약이고, 다른 급부에 의하여 채무를 소멸시킨다는 점에서 유상계약이며, 그 성립을 위하여 채권자와 채무자 간의 합의 외에 원래의 채무이행에 갈음하는 다른 급부를 현실적으로 해야 하므로 요물계약이라고 한다.[3]

다수설에 의하면 대물변제는 채무변경계약에 해당하는데, 합의와 이행이 동시에 이루어진다는 점에 특색이 있다. 아래에서는 다수설과 판례의 입장에 따라 검토한다.

[2249] ### 2. 대물변제의 요건

가. 개 관

대물변제의 요건은 ① 유효한 채권이 존재할 것,[4] ② 채권자의 승낙이 있을 것,[5] ③ 본래의 채무의 목적인 급부와는 다른 급부가 현실적으로 ④ 「변제에 갈음하여」 행하여질 것의 4가지이다. 이들 중 ①과 ②는 당연한 요건이고, 검토를 요하는 것은 ③과 ④이다.

---

61) 물상보증인이 소유하는 복수의 부동산에 공동저당이 설정되고 그중 한 부동산에 후순위저당권이 설정된 다음에 그 부동산이 채무자에게 양도됨으로써 채무자 소유의 부동산과 물상보증인 소유의 부동산에 대해 공동저당이 설정된 상태가 된 경우에, 물상보증인의 변제자대위는 후순위저당권자의 지위에 영향을 주지 않는 범위에서만 성립한다고 한 대판 2021.12.16. 2021다247258도 참조.

62) 오히려 보증인 또는 물상보증인은 전액을 대위할 수 있다.

1) 급부의 목적이 아닌 물건을 제공한 경우에 채권자가 이를 거절할 수 있지만, 채권자가 이를 원래의 급부에 갈음하는 것으로 받는다면 채무가 소멸한다고 해서 문제될 바 없다.

2) 대판 1995.9.15. 95다13371 등.

3) 이와 달리 대물변제를 대물에 의한, 채권자의 양해를 수반한 현실적인 급부결과의 실현이라고 새길 수 있음에 관하여 講義, [3111] 참조.

4) 부동산으로 대물변제를 하였으나 본래의 채무가 존재하지 않았던 경우에 대물변제는 무효로서 부동산소유권이 이전되는 효과가 발생하지 않는다고 한 대판 1991.11.12. 91다9503 참조.

5) 다수설과 판례는 채권자와 변제자 사이에 계약이 있어야 한다는 의미로 새긴다.

나. 본래의 채무의 목적인 급부와 다른 급부가 현실적으로 행하여질 것

(1) 다른 급부의 종류에는 제한이 없다. 동산 또는 부동산의 소유권 이전뿐만 아니라 채권의 양도도 대물변제로 될 수 있다.

(2) 대물변제가 채무소멸의 효력을 발생시키려면 채무자가 본래의 채무의 이행에 갈음하여 행하는 다른 급부가 현실적인 것이어야 한다.[6] 즉 다른 급부가 동산소유권의 이전이라면 채권자에게 동산의 인도가 있었을 때, 부동산소유권의 이전이라면 채권자 명의로 소유권이전등기가 경료되었을 때,[7] 채권양도라면 대항요건을 갖추어져 채무자에 대하여 채권을 행사할 수 있을 때[8]에 대물변제가 이루어진다. 이 점에서 원래의 채무의 이행 대신 다른 급부를 할 새로운 채무를 부담함으로써 원래의 채무를 소멸시키는 경개(更改)와 구별된다.

(3) 본래의 채무의 목적인 급부와 다른 급부의 가치가 등가적이어야 하는 것은 아니다.

다. 다른 급부가 「변제에 갈음하여」 행하여졌을 것 [2250]

(1) 다른 급부가 「변제에 갈음하여」 행하여진 경우(❶)에만 대물변제가 성립하며, 「지급을 위하여」(❷) 또는 「담보를 위하여」(❸) 행하여진 경우에는 대물변제로 되지 않는다. 즉 ❶에서 다른 급부의 수령으로 채권이 소멸하지만, ❷나 ❸에서는 다른 급부를 수령하였더라도 채권이 곧바로 소멸하지 않는다.[9]

[참 고] 채무자가 채권자에게 채무변제와 관련하여 다른 채권을 양도하는 것은 특단의 사정이 없는 한 채무변제를 위한 담보 또는 변제의 방법으로 양도되는 것으로 추정할 것이지 채무변제에 갈음한 것으로 볼 것은 아니고, 이 경우 채권양도만 있으면 바로 원래의 채권이 소멸한다고 볼 수는 없으며 채권자가 양도받은 채권을 변제받은 때에 비로소 그 범위 내에서 채무자가 면책된다.[10]

반면 채무자가 채권자에게 채무변제에 「갈음하여」 다른 채권을 양도하기로 한 경우에는 특별한 사정이 없는 한 채권양도의 요건을 갖추어 대체급부가 이루어짐으로써 원래의 채무는 소멸하고 양수한 채권의 변제까지 이루어져야만 원래의 채무가 소멸하는 것은 아니며, 이 경우 대체급부로서 채권을 양도한 양도인은 양도 당시 양도대상인 채권의 존재에 대해서는 담보책임을 지지만 당사자 사이에 별도의 약정이 있다는 등 특별한 사정이 없는 한 그 채무자의 변제자력까지 담보하는 것은 아니다.[11]

(2) ❶인지 아니면 ❷나 ❸인지는 법률행위 해석의 문제인데,[12] 당사자 사이에 특약이 없으면 —채권자가 스스로 자기의 지위를 약화시키지는 않을 것이므로— ❷나 ❸으로 추정하되,[13] 다시 ❷와 ❸ 사이에서 당사자의 의사가 명확하지 않으면 ❷로 추정할 것이다.

---

6) 대판 1984.6.26. 82다카1758.
7) 앞의 82다카1758 판결.
8) 대판 2012.10.11. 2011다82995.
9) 가령 ❷에서 채권자가 변제를 위하여 그에게 급부된 것으로부터 만족을 얻어야 비로소 채권이 소멸한다.
10) 대판 1995.9.15. 95다13371; 대판 2013.5.9. 2012다40998. 양도채권의 변제에 관한 주장 · 증명책임은 기존채무의 채무자에게 있다(대판 1995.12.22. 95다16660).
11) 대판 2013.5.9. 2012다40998.
12) ❶과 ❸의 구별에 관하여 대판 2015.8.27. 2013다28247 참조.
13) 앞의 95다13371 판결.

보 론 기존채무와 관련하여 어음이나 수표가 교부된 경우의 법률관계

(가) 법률관계의 유형

기존채무와 관련하여 어음이나 수표(우편환이나 은행 발행의 자기앞수표는 제외하고)가 교부되는 경우의 법률관계에 관하여 판례는 본문과 같은 입장이다. 즉 대판 1996.11.8. 95다25060: "당사자의 의사는 기존원인채무의 '지급에 갈음하여', 즉 기존원인채무를 소멸시키고 새로운 어음채무만을 존속시키려고 하는 경우와, 기존원인채무를 존속시키면서 그에 대한 지급방법으로서 이른바 '지급을 위하여' 교부하는 경우 및 단지 기존채무의 지급담보의 목적으로 이루어지는 이른바 '담보를 위하여' 교부하는 경우로 나누어 볼 수 있는데, 당사자 사이에 특별한 의사표시가 없으면 어음의 교부가 있다고 하더라도 이는 기존원인채무는 여전히 존속하고 단지 그 '지급을 위하여' 또는 그 '담보를 위하여' 교부된 것으로 추정할 것이며, 따라서 특별한 사정이 없는 한 기존의 원인채무는 소멸하지 아니하고 어음상의 채무와 병존한다고 보아야 [하고, …] 어음상의 주채무자가 원인관계상의 채무자와 동일하지 아니한 때에는 제3자인 어음상의 주채무자에 의한 지급이 예정되고 있으므로 이는 '지급을 위하여' 교부된 것으로 추정하여야 한다."[14)]

아래에서 「지급을 위하여」 또는 「담보를 위하여」 어음이나 수표가 교부된 경우를 살펴보는데, 편의상 어음과 수표를 혼용한다.

(나) 「지급을 위하여」 수표가 교부된 경우

ⓐ 지급을 위하여 수표가 교부된 경우에, 동일한 목적을 향한 두 채권, 즉 기존채권과 수표채권이 병존하고, 수표채권의 실현에 의하여 원래의 급부의무도 소멸한다.[15)] 반면 수표상의 권리가 시효 등으로 소멸했다고 하여 원인채권이 당연히 소멸하는 것은 아니어서[16)] 기존채권을 행사할 수 있다.[17)]

ⓑ 「지급을 위하여」 수표가 교부된 경우에, 채권자는 수표채권으로부터 먼저 만족을 얻어야 하고 그렇지 않은 경우에만 기존채권을 행사할 수 있다. 판례도 같은 입장이다.[18)]

ⓒ 이처럼 채권자는 어음채권을 먼저 행사해야 하므로, 어음의 만기일이 기존채무의 이행기보다 나중이라면 기존채무의 이행기가 어음의 만기일로 유예된다.[19)] 즉 기한유예의 합의가 묵시적으로 이루어졌다고 보아야 한다.[20)] 다만 채무자가 기존채무에 관하여 채무불이행상태에 빠진 후에 채무의 지급을 위하여 어음이 발행된 경우에는 그렇지 않은데,[21)] 채권자에게 지체책임을 면제하려는 의사가 있다고 볼 수 없기 때문이다.

ⓓ 채무자가 기존채무(원인채무)의 지급을 위하여 수표를 교부하였는데 채권자가 수표와 분리하여 원인채권만 제3자에게 양도한 경우에, 채무자는 수표의 반환 없는 원인채무의 이행을 거절할 수 있는 항변권을 채권양수인에 대해서도 행사할 수 있고, 채무자와 기존채권의 양도인 사이에서는 수표금이 지급되는 등 채무자가 수표상의 상환의무를 면하면 원인채무 또한 소멸할 것을 예정하고 있었는데, 수표금의 지급으로써 원인채무도 소멸할 것을 예정하고 있었던 사정은 채권양도통지 전에 이미 존재하였으므로, 채권양도통지 후에 수표금의 지급이 이루어지더라도 이는 양도통지 후에 새로 발생한 사유로 볼 수 없어서, 채무자로서는 원인채권의 양수인에 대하여 기존채무의 지급을 위하여 교부한 수표가 양도통지 후에 결제되었다는 사유로써 기존채무의 소멸을 주장할 수 있다.[22)]

---

14) 같은 취지로 대판 2001.7.13. 2000다57771; 대판 2003.5.30. 2003다13512 등.

15) 매매대금 지급의 방법으로 약속어음을 교부한 경우에 다른 약정이 없으면 어음이 만기일에 제시되어 지급되었을 때에 대금의 지급이 있었다고 보아야 한다는 대판 1990.1.12. 89다카11685 참조.

16) 대판 1976.11.23. 76다1391 참조.

17) 양 채권의 행사와 시효의 중단에 관하여 [1381] 참조.

18) 앞의 95다25060 판결: "어음이 '지급을 위하여' 교부된 경우에는 채권자는 어음채권과 원인채권 중 어음채권을 먼저 행사하여 만족을 얻을 것을 당사자가 예정하였다고 할 것이므로 채권자로서는 어음채권을 우선 행사하고, 그에 의하여서는 만족을 얻을 수 없을 때 비로소 채무자에 대하여 기존의 원인채권을 행사할 수 있다."

19) 참고로 수표에는 만기가 없다. 일람출급성에 관한 수표법 제28조 참조.

20) 판례도 같은 입장이다(대판 1999.8.24. 99다24508). 지급기일 전에 지급거절된 경우에 관한 대판 2014.6.26. 2011다101599도 참조.

21) 대판 2000.7.28. 2000다16367.

(다) 「담보를 위하여」 수표가 교부된 경우

ⓐ 기존채무의 지급확보를 위하여 수표가 교부된 경우에도 기존채무와 수표채무는 병존한다. 이 경우 수표채권은 기존채권의 담보의 의미를 가지기 때문에, 기존채권의 소멸은 수표채권의 운명에 영향을 미치지만(담보의 부종성), 수표채권의 소멸은 기존채권에 영향을 미치지 않으며, 특히 수표가 유통되어 제3자가 이를 소지하고 있다면, 기존채무의 소멸은 수표금청구소송에서 채무자의 인적 항변사유에 지나지 않는다.[23]

ⓑ 수표가 「담보를 위하여」 교부된 경우에, 채권자는 기존채권으로부터 먼저 만족을 얻어야 하고 그렇지 않은 경우에만 수표채권을 행사할 수 있는가 아니면 두 채권 중 어느 것을 먼저 행사할 것인지에 관하여 선택권을 가지는가? 판례[24]는 수표상의 권리와 원인채권 중 어느 것이나 임의로 선택하여 권리행사를 할 수 있다고 하는데, 피담보채무의 이행지체가 담보권 실행의 요건이라는 점에서 의문이 있다.

ⓒ 판례의 입장처럼 채권자가 양 채권 중 어느 것을 먼저 행사할 것인지에 관한 선택권을 가진다면, 채권자가 기존채권을 변제받고도 수표를 유통시키는 경우에, 채무자는 이중변제의 위험을 부담한다.[25] 따라서 기존채권의 행사에 대하여 동시이행의 항변을 할 수 있다는 것이 다수설 · 판례의 입장이다. 즉 기존의 원인채무와 수표상의 채무가 병존하는 한 채무자로서는 수표상의 상환의무를 면하기 전까지 이중으로 채무를 지급하게 될 위험을 피하기 위하여 원인관계상의 채권자에 대하여 수표의 반환 없는 기존채권의 지급청구를 거절할 수 있고, 나중에 수표금이 지급되는 등 채무자가 수표상의 상환의무를 면할 때에 비로소 원인관계상의 채무도 소멸한다고 볼 것이므로, 채무자는 원인관계상의 채권자에 대하여 수표상의 상환의무를 면하였음을 사유로 하여 원인관계상 채무의 소멸을 주장할 수 있다.[26] 이러한 경우에 인정되는 동시이행관계는 제536조에 기한 동시이행관계와 다름에 관하여 [2321] 참조.

(라) 제3자가 수표를 발행하는 경우

ⓐ 기존채무에 관하여 제3자가 채무자를 위하여 수표를 발행하는 것은 특별한 사정이 없는 한 동일한 채무를 중첩적으로 인수한 것으로 보아야 한다.[27]

ⓑ 이처럼 중첩적 채무인수로 본다면, 채무자와 제3자의 관계를 연대채무관계로 볼 것인지 아니면 부진정연대채무관계로 볼 것인지가 문제되는데, 실제로 채무자의 부탁을 받지 않고 제3자가 수표를 발행하는 경우는 거의 없기 때문에, 타인의 채권관계에 개입하는 이와 채무자 사이에 주관적 공동이 있고, 따라서 당사자의 계약을 기초로 하여 채무자와 동일한 내용의 수표채무를 부담하게 된 제3자의 채무는 연대채무로 보는 것이 타당할 것이다.[28]

3. 대물변제의 효과 [2251]

(1) 대물변제는 변제와 같은 효력을 가진다(제466조). 즉 대물변제에 의하여 채권은 소멸한다. 따라서 성질이 허용하는 한 변제에 관한 규정은 대물변제에도 적용된다.

(2) 채무자가 채권자와 대물변제하기로 약정하였던 급여의 일부만 이행하는 경우에도 채권자가 이를 수령하면 채무의 일부에 관하여 유효한 변제를 한 것으로 보아야 한다.[29] 대물변제가 채

22) 뒤의 2003다13512 판결.
23) 뒤의 99다16378 판결.
24) 대판 1999.6.11. 99다16378.
25) 기존채무의 소멸은 인적 항변사유에 불과하여 수표의 소지인에게 대항할 수 없다.
26) 대판 2003.5.30. 2003다13512.
27) 대판 1998.3.13. 97다52493.
28) 중첩적 채무인수인이 한 상계의 효력이 원 채무자에게도 미친다고 한 대판 1997.4.22. 96다56443 참조.
29) 대판 1993.5.11. 92누11602.

권의 일부에 관한 것이고 나머지 채권을 남겨두기로 하였다면, 이를 주장하고 증명할 책임은 채권자에게 있다.30)

(3) 대물변제는 유상계약이므로, 대물변제로 급부된 것에 하자가 있으면 매도인의 담보책임에 관한 규정이 준용된다(제567조). 즉 채무자는 매도인과 같은 담보책임을 부담한다.31)

그런데 원래의 채권이 증여 등 무상계약에 기한 것이라면 원래의 급부에 갈음하여 급부된 물건에 하자가 있더라도 채무자(즉 증여자)는 담보책임을 지지 않는다고 해야 한다. 대물변제는 실질적으로 원래의 증여계약의 변경에 불과하기 때문이다.

[2252] ### 4. 대물변제의 예약

가. 개 관

(1) 대물변제의 예약(代物辨濟의 豫約)이란 채무자가 원래의 채무의 이행에 갈음하여 장래 다른 급부를 할 것을 채권자와 미리 약정하는 것을 말한다.

(2) 학설은 대체로 대물변제의 예약이 담보제도로 이용될 뿐이라고 한다. 그런데 일정한 채무의 이행에 갈음하여 다른 급부를 함으로써 채무를 소멸시키기로 하는 합의가 언제나 채권담보의 목적에서 행하여지는 것은 아니다. 물론 변제기 전에 행하여지는 대물변제약정이 보통 담보의 의미를 가지지만,32) 특히 변제기 후에 행하여지는 대물변제약정은 담보의 의미에서 행하여지기보다는 변제의 한 방법으로 변제를 간편하게 하는 합의 또는 급부의 내용을 원래의 그것과 다르게 정하는 변경합의일 것이다.33)

담보로서 대물변제예약에 관해서는 [2708] 이하 참조.

[2253] #### 나. 대물변제약정

(1) 채무자가 원래의 채무이행에 갈음하여 장래 그와 다른 급여를 채권자에게 하기로 하는 약정을 통틀어 대물변제약정(代物辨濟約定)이라고 할 수 있다.

(2) 판례는, 이러한 약정은 당사자 사이의 합의만으로 성립하고, 대물급부의 목적이 부동산인 경우에 등기는 이미 성립한 약정의 효력발생요건에 불과하며, 등기청구권은 그 약정의 채권적 효력으로 인정된다고 하면서, 이를 대물변제계약,34) 대물변제를 위한 계약35) 또는 대물변제약정36)이라고 한다.

(3) 대물변제약정은 변제기의 전후를 불문하고 채무부담행위인 채무변경계약(債務變更契約)이라 할 것이다. 그리고 채무변경계약은 변경의 내용에 따라 구분되어야 하는데, 변경의 내용은 당

30) 대판 1987.3.10. 86다카2055.

31) 예컨대 A가 B로부터 대여금 대신 받은 카메라가 도품인 경우에(권리의 흠결), A는 제570조에 따라 B에 대하여 대물변제계약을 해제할 수 있는데, A가 악의라면 같은 조 단서에 의하여 손해배상이 부정될 것인 반면, A가 선의라면 과실이 있더라도 손해배상을 청구할 수 있다. 다만 A가 카메라를 선의취득한다면 담보책임이 인정되지 않는다(대판 1998.6.12. 98다6800). 한편 카메라에 결함이 있는 경우에(물건의 하자), 카메라가 특정물이라면 A는 제580조에 따라 대물변제계약의 해제와 손해배상청구를 할 수 있으며, 카메라가 불특정물이라면 제581조에 따라 대물변제계약의 해제 또는 손해배상의 청구를 하지 않고 하자 없는 카메라를 청구할 수도 있다.

32) 공사대금 지급에 갈음하여 부동산을 대물변제받기로 하는 약정에 관한 대판 1997.4.25. 96다32133 참조.

33) 대판 2018.11.15. 2018다28273도 "채권자에 대하여 금전채무를 부담하는 채무자가 채권자에게 그 금전채무와 관련하여 다른 급부를 하기로 약정한 경우, 그 약정을 언제나 기존금전채무를 소멸시키고 다른 채무를 성립시키는 약정이라고 단정할 수는 없다. 기존금전채무를 존속시키면서 당사자의 일방 또는 쌍방에게 기존급부와 다른 급부를 하거나 요구할 수 있는 권능을 부여하는 등 그 약정이 기존금전채무의 존속을 전제로 하는 약정일 가능성도 배제하기 어렵다"고 하였다.

34) 대판 1987.10.26. 86다카1755.

35) 대판 1987.7.7. 86다카2943.

36) 대판 1991.11.12. 91다9503.

사자들의 구체적 의사에 따라 정해지지만, 일단 경개,[37] 대용권 부여계약, 「지급을 위한」 채무부담계약 또는 담보로서 대물반환의 예약 등을 들 수 있다.

5. 경 개 [2254]

가. 서 설

(1) 경개(更改)란 채무의 요소를 변경함으로써 신채무를 성립시키고 구채무를 소멸시키는 계약을 말하는데, 그 실질은 채무변경계약이지만, 민법은 구채권의 소멸이라는 관점에서 채권소멸원인의 하나로 규정한다. 그런데 기존채무와 관련하여 새로운 약정을 체결한 경우에, 그 약정이 경개에 해당하는지 아니면 단순히 기존채무의 변제기나 변제방법 등을 변경한 것인지는 당사자의 의사에 의하여 결정되는데, 당사자의 의사는 새로운 약정이 이루어지게 된 동기[38]와 경위, 당사자가 그 약정에 의하여 달성하려고 하는 목적과 진정한 의사 등을 종합적으로 고찰하여 사회정의와 형평의 이념에 맞도록 논리와 경험칙 그리고 사회 일반의 상식과 거래통념에 따라 합리적으로 해석해야 한다.[39] 그런데 당사자의 의사가 명백하지 않은 때에는, 특별한 사정이 없는 한 동일성을 상실함으로써 채권자가 담보를 잃고 채무자가 항변권을 잃게 되는 등의 불이익을 스스로 초래하는 의사를 표시하였다고는 볼 수 없으므로 일반적으로 준소비대차로 보아야 하지만, 신채무의 성질이 소비대차가 아니거나 기존채무와 동일성이 없는 경우에는 준소비대차로 볼 수 없다.[40]

경개로 ① 채권자의 교체에 의한 경개, ② 채무자의 교체에 의한 경개, ③ 채권의 목적(내용)의 변경에 의한 경개[41]의 세 유형이 있다

(2) 경개와 채권의 동일성에 관하여 살펴본다. [2255]

① 채권관계는 채권자와 채무자 및 채권의 목적(또는 내용)을 요소로 하는데, 로마법에서는 채권이 인적 결합관계, 즉 법쇄(法鎖)로 관념되었기 때문에 이 세 요소 중 어느 하나라도 변경되면 채권은 동일성을 상실하여 소멸하고 신채권이 성립한다고 보았다. 이것이 경개의 관념이다. 그러나 채권이 인적 색채를 탈피하고 재산으로서의 의미를 가짐에 따라 이 세 요소의 변경이 반드시 채권의 동일성을 상실케 하는 것은 아니라고 인정되어 채권양도와 채무인수의 제도가 성립하였다.

② 이처럼 역사적으로 채권자나 채무자의 교체에 의한 경개는 채권양도 또는 채무인수가 인정되지 않았던 시대에 그 대용으로 기능하였던 제도였다. 따라서 채권양도와 채무인수의 제도가 완비된 법제 하에서 채권자 또는 채무자의 교체에 의한 경개란 불필요하다. 민법이 채권양도 및 채무인수와 함께 당사자의 교체에 의한 경개도 규정하지만, 그 실효성은 크지 않다.

③ 한편 채권의 동일성을 상실함에 따라 채권자에게 불리한(특히 담보의 운명과 관련하여) 경개의 성립을 인정함에 신중할 필요가 있다. 즉 기존채권이 제3자에게 이전된 경우에 이를 채권양

37) 도급인과 수급인 사이에 공사대금에 관하여 현금 지급 대신에 도급인 소유 부동산의 소유권을 수급인에게 이전하기로 하는 약정의 의미에 관한 대판 1998.2.13. 97다43543 참조.

38) 경개가 이루어지는 것은 대체로 채무자가 무자력 등의 사유로 채무를 이행하기 어려운 경우에 —흔히 담보유지의 특약과 함께(제505조 참조)— 기한의 유예나 일부의 면제 등을 통하여 임의의 이행을 촉구하기 위해서이다.

39) 대판(전) 2019.10.23. 2012다46170.

40) 대판 2003.9.26. 2002다31803 · 31810.

41) 그 예로 대판 2004.9.3. 2002다37405는, Y의 선박소유자(A)에 대한 선박구매조건부 나용선계약상의 채무를 보증한 X가 A와 청산합의를 하면서 보증계약에 기한 기존채무를 소멸시키고 Y의 자회사가 A와 새로이 체결하는 선박구매조건부 나용선계약상의 채무를 보증하기로 한 경우에, 위 청산합의는 경개계약에 해당한다고 보았다.

도로 볼 것인지 아니면 경개로 볼 것인지는 일차적으로 당사자의 의사에 의하여 결정되는데, 당사자의 의사가 명백하지 않으면 특별한 사정이 없는 한 동일성을 상실함으로써 채권자가 담보를 잃고 채무자가 항변권을 잃는 것과 같이 스스로 불이익을 초래하는 의사를 표시하였다고는 볼 수 없으므로, 채권양도로 볼 것이다.[42] 다만 구채무를 소멸시키고 신채무를 성립시키려는 당사자의 명확한 의사에 기하여 경개가 성립할 수 있음은 당연하다.[43]

[2256] **나. 요 건**

(1) 먼저 소멸할 채무가 존재하고 그에 대한 처분권한이 있어야 한다.

① 구채무가 존재하지 않거나 무효라면 경개가 무효이고, 따라서 신채무도 성립하지 않는다. 다만 채권자의 교체에 의한 경개에 채권양도에 관한 제451조 제1항이 준용되므로(제503조), 채무자가 이의를 보류하지 않고 경개를 승낙하였다면 그는 구채무가 존재하지 않거나 무효라는 사유로써 신채권자에게 대항할 수 없다.

② 구채무를 소멸시키는 것은 처분행위(준물권행위)이므로, (구)채권자는 구채권에 대한 처분권한을 가져야 한다.

(2) 신채무가 유효하게 성립해야 함도 경개의 당연한 요건이다. 그런데 제504조는 신채무가 원인의 불법(예: 기존채무를 갚는 대신 부첩관계를 맺기로 하는 경우) 또는 당사자가 알지 못한 사유(예: 원시적 불능)로 인하여 성립되지 않거나 취소된 경우에 구채무가 소멸하지 않는다고 하는데, 주의적 규정으로 그 취지는 당사자가 알고 있는, 불법원인 이외의 사유 때문에 신채무가 성립하지 않거나 취소되더라도 구채무가 소멸한다는 점에 있다(자기위험).

(3) 경개가 성립하려면 "채무의 중요한 부분", 즉 당사자나 목적이 변경되어야 한다. 그런데 목적의 변경이 존재하는지를 의사해석에 의하여 확인해야 하지만, 목적이 전혀 별종의 것으로 된 경우(예: 금전채권을 부동산소유권이전청구권으로 변경한 경우)를 제외하고 가능한 한 신·구채권 사이에 동일성을 인정하고, 경개로 되지 않는다고 새겨야 한다.[44]

(4) 채권자의 교체에 의한 경개는 신·구채권자와 채무자 사이의 3자계약으로 행하여지는데, 확정일자 있는 증서로 하지 않으면 경개로써 제3자에게 대항하지 못한다(제502조). 한편 채무자의 교체에 의한 경개는 채권자와 신채무자 사이의 계약으로 행하여지는데, 구채무자의 의사에 반하면 무효로 된다(제501조).

[2257] **다. 효 과**

(1) 경개에 의하여 구채무는 소멸하고 신채무가 성립하는데(제500조), 구채무의 소멸과 신채무의 성립은 「상호인과적」이다. 즉 채권자와 채무자가 기존의 계약을 변경하여 채권자, 채무자 또는 채권의 내용을 달리하는 새로운 계약을 체결하였으나 새로운 계약이 무효이거나 취소된 경우에, 구채권자가 기존의 계약관계에 기한 채권을 포기하였다는 등의 특별한 사정이 없는 한, 기존의 계약관계는 유효하게 존속하므로, 구채권자는 구채무자를 상대로 기존의 계약관계에 기한

42) 대판 1996.7.9. 96다16612. 금전채무를 부담하는 채무자가 채권자에게 금전채무와 관련하여 다른 급부를 하기로 약정한 경우에, 그 약정을 언제나 기존 금전채무를 소멸시키고 다른 채무를 성립시키는 약정이라고 단정할 수 없다고 한 대판 2018.11.15. 2018다28273 및 기존채무와 관련하여 새로이 체결한 약정에서 의사해석방법에 관한 대판 2011.3.10. 2010다86655도 참조.

43) 예: 공사도급계약에서 공사대금채권에 갈음하여 공사목적물 일부의 소유권을 양도하기로 하는 경우.

44) 가령 매매대금채권을 소비대차상의 채권으로 바꾸는 경우에, 가능한 한 신·구채권이 동일성을 가지는 준소비대차로 평가하는 것이 당사자의 의사 및 거래의 현실에 부합하는 태도이다.

채권을 행사할 수 있다.[45] 그런데 "경개계약에 조건이 붙어 있는 이른바 조건부 경개의 경우에는 구채무의 소멸과 신채무의 성립 자체가 그 조건의 성취 여부에 걸려 있게 된다."[46]

(2) 경개계약은 신채권을 성립시키고 구채권을 소멸시키는 처분행위로서, 신채권이 성립되면 그 효과는 완결된다. 경개계약 자체의 이행이 문제될 여지가 없으므로 경개에 의하여 성립된 신채무의 불이행을 이유로 경개계약을 해제할 수 없지만, 계약자유의 원칙상 경개계약의 성립 후에 그 계약을 합의해제하여 구채권을 부활시키는 것이 당사자 사이에서는 가능하다.[47]

(3) 경개에서 구채무와 신채무 사이에 동일성이 없다는 점으로부터 다음과 같은 부수적 효과가 발생한다.

① 구채무에 존재하던 담보권, 보증채무, 위약금 기타 종된 권리는 소멸한다. 당사자는 특약으로 구채무의 담보를 그 목적의 한도 내에서 신채무의 담보로 할 수 있지만,[48] 제3자가 담보를 제공한 경우에는 그의 승낙을 얻어야 한다(제505조).

② 구채무에 존재하던 항변권도 소멸한다(예외: 제503조).

③ 신채무의 소멸시효는 당연히 새로 진행한다.

6. 선택채권 [2258]

가. 의 의

(1) 여러 개의 상이한 급부들 중 어느 하나를 목적으로 하는 채권이 선택채권(選擇債權)이다. 즉 채권의 목적인 급부가 여러 개 선택적으로 정해져 있는 채권으로,[49] 여러 개의 동종의 급부들 중 일부의 실현을 목적으로 하는 종류채권과 구별된다.[50] 바꾸어 말하면 당사자들에 의하여 복수의 급부들이 동질적인 것으로 생각되는 경우가 종류채권이고, 이질적인 것으로 파악되는 경우가 선택채권이다.

(2) 선택채권은 법률행위[51] 또는 법률규정(예: 제135조, 제203조 제2항)에 의하여 성립한다.[52]

나. 선택채권의 특정 [2259]

(1) 선택채권의 채무자가 채무를 이행하려면 채권의 목적인 급부가 결정되어야 하는데, 복수의 급부들 중 어느 하나가 채권의 내용으로 결정되는 것을 선택채권의 특정(特定. 또는 집중)이라고 한다. 특정에 의하여 선택채권은 단순한 채권(즉 특정물채권이나 종류채권 또는 하는 급부를 목적으로 하는 채권)으로 전환된다.

---

45) 대판 2011.6.24. 2011다11009.

46) 대판 2007.11.15. 2005다31316.

47) 대판 2003.2.11. 2002다62333.

48) 특약이 묵시적으로 이루어진 예로 대판 2002.10.11. 2001다7445 참조.

49) 「하는 급부」를 목적으로 하는 채권도 선택지로 될 수 있다.

50) 예컨대 공유숙소(B&B) 운영자 A가 B에게 아무 방이든지 하나를 빌려주기로 하는 임대차계약을 체결하였다면 종류채권이 성립하지만, A가 B에게 B의 선택에 따라 한강이 내려다보이는 3층의 발코니가 딸린 방 또는 조용한 4층의 구석방 중 하나를 빌려주기로 하였다면 선택채권이 성립한다.

51) 관련하여 "계약에서 요구되는 일정한 요건을 갖춘 경우 어느 당사자에게 여러 가지 권리행사방법 중 하나를 선택할 수 있는 권한이 부여되어 있다면, 계약의 해석상 그 선택의 순서가 정해져 있다는 등 특별한 사정이 없는 한 그 권한을 부여받은 자가 그중 어느 권리를 행사할지를 선택할 수 있고 다른 당사자로서는 그와 같이 선택된 권리행사를 존중하고 이에 협력하여야 한다"고 한 대판 2022.3.17. 2021다231598도 참조.

52) 법률의 규정에 의하여 복수의 선택지가 주어지는 경우에, 하나의 권리가 복수의 내용을 가진다는 점에 착안하여 「선택적 경합관계」로 파악하고 선택채권에서 제외할 수도 하는데, 이 개념을 수용한다면 선택채권과의 차이는 권리의 수에 있다.

[2260] (2) 선택 또는 불능에 의하여 특정이 이루어지는데, 먼저 선택에 의한 특정을 본다.

① 복수의 급부들 중 어느 하나를 선택하는 권리인 선택권을 계약, 유언 또는 법률의 규정(예: 제135조, 제203조)에 의하여 채권자 또는 채무자가 가질 수 있다. 그런데 법률의 규정이나 약정이 없으면 채무자에게 선택권이 있다(제380조).

② 형성권인 선택권의 행사, 즉 선택은 상대방에 대한 의사표시로 하며(제382조 제1항), 선택의 의사표시는 상대방의 동의가 없으면 철회할 수 없다(제2항). 그리고 단독행위인 선택에 조건이나 기한을 붙일 수 없다(제493조 제1항 참조).

③ 선택권자가 선택의무를 지는 것은 아니며, 선택권자가 선택권을 행사하지 않으면 선택권이 상대방에게 이전된다. ⓐ 선택권의 행사기간이 있는 경우에, 그 기간 내에 선택권의 행사가 없으면 상대방은 상당한 기간을 정하여 선택을 최고할 수 있고, 선택권자가 그 기간 내에 선택하지 않으면 선택권은 상대방에게 이전된다(제381조 제1항). ⓑ 선택권의 행사기간이 없는 경우에, 채권의 기한이 도래한 후 상대방이 상당한 기간을 정하여 최고했음에도 선택권자가 그 기간 내에 선택하지 않으면 선택권은 상대방에게 이전된다(제2항).

④ 선택이 있으면 선택된 급부만이 채권성립시부터 채권의 목적이었던 것으로 다루어진다(제386조 본문). 즉 선택은 소급효를 가진다. 같은 조 단서가 "제3자의 권리를 해하지 못한다"고 규정하는데, 이는 무의미한 규정이다. 선택의 소급효는 채권적 효력을 가질 뿐이어서, 제3자의 권리를 해치는 일이 있을 수 없기 때문이다.

⑤ 당사자의 약정에 의하여 제3자도 선택권자로 될 수 있다. 제3자의 선택은 채무자 및 채권자에 대한 의사표시로 하며(제383조 제1항), 그의 의사표시는 채무자 및 채권자의 동의가 없으면 철회할 수 없다(제2항). 제3자의 선택도 소급효를 가진다(제386조). 선택권자인 제3자가 선택할 수 없는 경우(즉 선택불능)에 선택권은 채무자에게 이전된다(제384조 제1항). 그리고 제3자가 선택하지 않으면, 채권자 또는 채무자가 상당한 기간을 정하여 선택을 최고할 수 있고, 제3자가 그 기간 내에 선택하지 않으면 선택권은 채무자에게 이전된다(제2항).

[2261] (3) 불능에 의한 특정을 본다. 불능의 경우에 계약유지의 사상에 기하여 잔존급부로 특정이 이루어지지만, 귀책사유에 기한 불능의 경우에 상대방의 선택권을 침해하는 결과로 되어서는 안 된다.[53]

① 여러 급부들 중에 채권성립시부터 불능한 것, 즉 원시적으로 불능인 급부가 있는 경우에, 잔존하는 급부에 채권이 존재한다(제385조 제1항).[54]

② 후발적 불능의 경우에 귀책사유의 유무에 따라 결론이 달라진다. 즉 ⓐ 선택권 없는 당사자의 과실(고의를 포함한다)로 급부가 불능으로 된 경우에, 채권의 목적인 급부가 잔존하는 가능한 급부로 특정되지 않는다(제385조 제2항). 따라서 선택권자는 불능으로 된 급부를 선택할 수 있고,[55] 이때 선택한 급부 자체의 이행이 불가능하므로 제1차적 급부의무는 소멸하고 전보배상이 문제될 뿐이다. ⓑ 반면 선택권 있는 당사자의 과실로 또는 당사자 쌍방의 과실 없이 불능으로

53) 복수의 선택지 전부가 불능으로 된 경우에는 불능법리가 전면적으로 적용된다.

54) 잔존하는 급부가 하나뿐이라면 이 급부만을 목적으로 하는 채권이 존재하는 반면, 잔존하는 가능한 급부가 복수라면 그 급부들을 목적으로 하는 선택채권이 성립하며, 그들 사이에서 특정이 이루어져야 한다.

55) 선택권 없는 당사자의 과실에 기한 불이익(선택가능성의 상실)을 선택권자에게 전가해서는 안 된다.

된 경우에, 채권이 가능한 급부로 특정된다(제385조 제1항).

다. 임의채권 [2262]

(1) 임의채권(任意債權)이란 하나의 급부를 목적으로 하는 채권이 존재하지만, 그 급부 대신 다른 급부를 제공할 수 있거나 청구할 수 있는 권능, 즉 대용권능(代用權能. 보충권능이라고도 한다)을 가지는 경우를 말한다. 선택채권에서 처음부터 복수의 급부들 중의 선택이 예정된 반면, 임의채권에서는 원래 하나의 급부만이 채권의 목적이지만 대용권능을 가지는 당사자가 ―상대방당사자의 동의를 받을 필요 없이― 원래의 목적인 급부 대신 다른 급부를 제공하거나 요구할 수 있다. 그러므로 선택채권에 관한 규정은 임의채권에 적용될 수 없다.

(2) 임의채권에서 대용권능을 가지는 이는 채무자일 수 있고(예: 자동차를 할부로 사면서 일정 기간이 지난 뒤 잔여할부금 대신 자동차를 인도할 수 있도록 약정한 경우. 제378조도 참조) 채권자일 수도 있으며(예: 제764조) 양자 모두일 수도 있다. 그런데 당사자의 의사가 명백하지 않다면, 채무자가 대용권능을 가지는 것으로 새길 것이다.

[참 고] 대판(전) 1991.3.12. 90다2147은 "채권자가 […] 외화채권을 대용급부의 권리를 행사하여 우리나라 통화로 환산하여 청구하는 경우에도 법원이 채무자에게 그 이행을 명"할 수 있다고 하였다. 그러나 제378조는 「채무자」의 대용권능을 인정할 뿐 「채권자」의 대용권능을 인정하지는 않기 때문에, 당사자 사이에 채권자의 대용권능에 관한 약정이 있지도 않은 경우에 채권자의 대용권능을 인정한 결론은 의문이다.

(3) 임의채권관계가 성립한 경우에, 원래의 급부의무의 운명은 어떻게 되는가? 학설은 대체로 대용급부의 의사를 표시하더라도 그것만으로 급부가 대용급부로 바뀌지 않으며, 실제 급부가 있어야 채무가 소멸한다고 한다. 그러나 대용권능이 일방적인 급부변경권의 성질을 가진다는 점[56]을 고려해야 한다. 즉 ① 채무자가 대용권능을 가지는 경우에 채무자가 대용급부를 제공한 후에는 ―비록 현실의 급부가 없더라도― 원래의 급부가 대용급부로 변경된다고 할 것이다. ② 채권자가 대용권능을 가지는 경우에는 ―이행준비에 관한 채무자의 이익과 관련하여― 채권자가 대용권을 행사하면 원래의 급부에 갈음하여 다른 급부가 들어선다고 할 것이다. 이처럼 급부가 변경되면 원래의 급부가 불능으로 되더라도 채무는 소멸하지 않고, 변경된 급부가 불능으로 되면 원래의 급부가 가능하더라도 채무는 소멸한다고 해야 한다. [2263]

Ⅱ. 공 탁 [2264]

1. 서 설

(1) 채무자가 이행을 하기 위하여 채권자의 협력이 필요한 경우가 적지 않은데, 채권자가 필요한 협력을 거절하거나 변제를 수령할 수 없으면 채무자는 변제제공을 통하여 유리한 지위를 점할 수 있다. 그러나 변제의 제공만으로 채무가 소멸하지 않는데, 그 결과 저당권 등의 담보도 소멸하지 않고 책임이 경감되지만, 여전히 물건의 보관의무를 지는 등 변제제공의 효과만으로 채무자의 보호에 불충분할 수 있다. 여기서 변제할 의사와 능력이 있는 채무자로 하여금 채권자측의

56) 대용권이 행사된 후 대용급부가 현실적으로 행하여지면, 이 급부는 대물변제가 아니라 통상의 변제이다. 경개에 의해서도 급부가 변경되지만, 경개는 계약인 반면, 대용권능의 행사는 단독행위라는 점에서 다르다.

사정으로 채무관계에서 벗어나지 못하는 결과를 피할 수 있도록 마련된 제도가 공탁(供託)이다.

[참 고] 제487조 이하가 규정하는 공탁은 공무소인 공탁소가 채권자에 갈음하여 변제목적물을 보관하는 변제대용으로서의 공탁, 즉 변제공탁(辨濟供託)이다. 그 밖에 담보공탁(손해배상채권을 담보하기 위한 공탁), 집행공탁(집행절차의 일환으로 집행목적물을 보관하는 절차), 보관공탁(목적물 자체의 보관을 위한 공탁) 등도 있는데, 이들에는 제487조 이하가 적용되지 않는다. 한편 공탁원인사실 및 공탁근거법령이 다른 두 개 이상의 공탁을 공탁자의 이익을 위하여 하나의 공탁절차에 의해서 하는 공탁을 혼합공탁이라 한다.[57]

[2265] (2) 공탁의 법적 성질을 어떻게 새기는지에 따라 공탁금출급청구를 민사소송으로 할 수 있는지, 공탁금출급청구권의 소멸시효는 몇 년인지 등이 달라진다. 이에 관하여 학설이 나뉘는데, 변제공탁에 부여된 기본적 기능은 변제의 대용수단이지만, 국가의 관여 하에 이루어지므로 이를 사법관계로 파악하는 것은 적절하지 않고, 채권자를 위한 공법상의 임치관계로 새겨야 한다. 판례의 입장도 같다.[58]

(3) 공탁과 관련하여 다음의 세 가지가 문제된다: ① 어떤 요건이 갖추어져야 공탁할 수 있는지에 관한 공탁의 요건, ② 공탁의 효과 및 ③ 공탁의 방법과 절차. 민법은 이 중 공탁의 사법적 측면(즉 공탁의 요건과 효과)을 규율하고,[59] 공법적 측면(즉 공탁의 방법 · 절차)에 관해서는 공탁법과 대법원규칙인 공탁규칙(이하 "법" 및 "규칙"이라고만 한다)이 규정한다.

[2266] 2. 요 건

가. 개 관

공탁을 하기 위해서는 공탁원인(供託原因)과 공탁적성(供託適性)이라는 두 요건이 갖추어져야 한다.[60] 이러한 요건이 갖추어진 경우에 채무자는 공탁할 권리를 가지지만, 공탁할 의무는 없다. 그 밖에 채무내용에 좇은 공탁이어야 함은 당연한 요건이다.

[2267] 나. 공탁원인

(1) 공탁원인은 채권자의 불이익[61]을 고려한 것으로, 수령거절 또는 불능과 채권자 불확지 중 하나가 존재해야 한다.[62] 그리고 공탁원인에 대한 증명책임은 공탁자가 부담한다.

(2) 먼저 채권자의 변제수령의 거절 또는 불능(제487조 전문)을 본다.

57) 채권자 불확지를 원인으로 한 변제공탁과 압류경합으로 인한 집행공탁을 하는 혼합공탁의 예로 대판 2005.5.26. 2003다12311 참조.

58) 대판 2013.7.25. 2012다204815: "공탁관의 처분에 대하여 불복이 있는 때에는 공탁법이 정한 바에 따라 이의신청과 항고를 할 수 있고, 공탁관에 대하여 공탁법이 정한 절차에 의하여 공탁금지급청구를 하지 아니하고 직접 민사소송으로써 국가를 상대로 공탁금지급청구를 할 수는 없다." 대판 1993.7.13. 91다39429도 동지. 공탁금의 수령 또는 회수에 관한 권리의 소멸시효를 규정하는 법 제9조 제3항도 참조.

59) 상사매매에서 매매목적물의 공탁에 관한 특칙으로 상법 제67조도 참조.

60) 참고로 대판 2014.12.24. 2014다207245 · 207252: "변제공탁의 목적인 채무는 현존하는 확정채무여야 하지만, 그 의미는 장래의 채무나 불확정채무는 원칙적으로 변제공탁의 목적이 되지 못한다는 것일 뿐, 채무자에 대한 각 채권자의 채권이 동일한 채권이어야 한다는 의미는 아니"다.

61) 급부결과를 다른 곳에 실현시켜 놓고 채권자로 하여금 이를 찾아가게 함에 따른.

62) 관련하여 대판 2008.10.23. 2007다35596: "공탁은 공탁자가 자기의 책임과 판단 하에 하는 것으로서 공탁자는 누구에게 변제하여야 할 것인지를 판단하여 그에 따라 변제공탁이나 집행공탁 또는 혼합공탁을 선택하여 할 수 있을 뿐만 아니라, 변제공탁을 함에 있어서도 민법 제487조 전단과 후단 중 어느 사유를 공탁원인사실로 할 것인지를 선택하여 할 수 있는바, 변제공탁이 민법 제487조 전단의 '수령불능을 원인으로 한 변제공탁'인지, 같은 조 후단의 '상대적 불확지 변제공탁'인지 아니면 두 가지 성격을 모두 가지고 있는지 여부는 공탁서의 '법령조항'란의 기재와 '공탁원인사실'란의 기재 등에 비추어 객관적으로 판단해야 [하고, …] 공탁서의 정정은 공탁신청이 수리된 후 공탁서의 착오기재가 발견된 때에 공탁의 동일성을 해하지 않는 범위 내에서만 허용되는 것이므로, 민법 제487조 후단 소정의 '과실 없이 채권자를 알 수 없는 경우'라고 하여 변제공탁을 하였다가 공탁원인사실에 같은 조 전단 소정의 '채권자의 수령불능'을 추가하는 것은 단순한 착오기재의 정정에 그치지 않고 공탁의 동일성을 해하는 내용의 정정이므로 허용될 수 없다."

① 채권자가 변제의 수령을 거절한 경우에 구두제공을 포함하는 변제제공 없이 곧바로 공탁할 수 있다.63)

② 수령불능은 법률적 관점에서 판단되어야 하는데, 「채무자로 하여금 종국적으로 채무를 면하게 하는 효과를 가져다주는 변제」를 결과지울 수 없음을 의미하므로, 특히 채권자에게 처분권한이 없는 경우에 변제수령이 불능이다. 판례는 이중의 채권양도 등이 모두 대항요건을 갖춤으로써 이중지급의 위험이 있는 경우64)에 변제수령의 불능을 인정한다.

[참 고] 대판(전) 1994.12.13. 93다951: "가압류에 불구하고 제3채무자가 채무자에게 변제를 한 때에는 나중에 채권자에게 이중으로 변제하여야 할 위험을 부담하게 되므로 제3채무자로서는 민법 제487조의 규정에 의하여 공탁을 함으로써 이중변제의 위험에서 벗어나고 이행지체의 책임도 면할 수 있다고 보아야 할 것이다. 왜냐하면 민법상의 변제공탁은 채무를 변제할 의사와 능력이 있는 채무자로 하여금 채권자의 사정으로 채무관계에서 벗어나지 못하는 경우를 대비할 수 있도록 마련된 제도로서 그 제487조 소정의 변제공탁의 요건인 "채권자가 변제를 받을 수 없는 때"의 변제라 함은 채무자로 하여금 종국적으로 채무를 면하게 하는 효과를 가져다주는 변제를 의미하는 것이므로 채권이 가압류된 경우와 같이 형식적으로는 채권자가 변제를 받을 수 있다고 하더라도 채무자에게 여전히 이중변제의 위험부담이 남는 경우에는 마찬가지로 "채권자가 변제를 받을 수 없는 때"에 해당한다고 보아야 할 것이기 때문이다. 그리고 제3채무자가 이와 같이 채권의 가압류를 이유로 변제공탁을 한 때에는 그 가압류의 효력은 채무자의 공탁금출급청구권에 대하여 존속한다고 할 것이므로 그로 인하여 가압류채권자에게 어떤 불이익이 있다고도 할 수 없다."

그런데 현재의 법상황으로는 채권이 (가)압류된 경우에 제3채무자는 (권리)공탁에 의하여 면책되는데(민사집행법 제248조 제1항, 제291조), 이러한 면책공탁은 변제공탁이 아니라 집행공탁이다. 즉 제3채무자가 압류나 가압류를 이유로 앞의 조항에 따라 집행공탁을 하면 제3채무자에 대한 피압류채권은 소멸한다.65)

참고로 채권에 대한 가압류가 있더라도 이는 채무자가 제3채무자로부터 현실로 급부를 추심하는 것을 금지할 뿐이어서 채무자는 제3채무자를 상대로 그 이행을 구하는 소송을 제기할 수 있고, 법원은 가압류가 되어 있음을 이유로 이를 배척할 수 없다. 왜냐하면 채무자로서는 제3채무자에 대한 그의 채권이 가압류되어 있더라도 집행권원을 취득할 필요가 있고 시효를 중단할 필요가 있는 경우도 있으며, 또한 소송계속 중에 가압류가 행하여진 경우에, 이를 이유로 청구가 배척된다면 장차 가압류가 취소된 후 다시 소를 제기해야 하는 불편함이 있는 데 반하여 제3채무자로서는 이행을 명하는 판결이 있더라도 집행단계에서 이를 저지하면 될 것이기 때문이다.66) 이처럼 채권의 가압류는 제3채무자에 대하여 채무자에게 지급하는 것을 금지하는 데 그칠 뿐 채무 자체를 면하게 하는 것이 아니고, 가압류가 있더라도 채권의 이행기가 도래하면 제3채무자는 그 지체책임을 면할 수 없고, 이러한 지체책임을 면하기 위하여 공탁을 할 수 있다(민사집행법 제248조 제1항, 제291조).

③ 수령거절의 주관적 이유 또는 불능에서 채권자의 귀책사유 유무는 문제되지 않는다.

(3) 이어서 변제자가 과실 없이 채권자를 알 수 없는 경우(제487조 후문), 즉 채권자 불확지 [2268]
를 본다.

① 채권자 불확지(債權者 不確知)란 객관적으로 변제수령권자가 존재하지만 채무자가 선관주

63) 즉 채무의 이행제공을 하였더라도 채권자가 수령을 거절하였을 것이 명백한 경우에, 채무자는 이행의 제공을 하지 않고 바로 변제공탁할 수 있다(대판 1994.8.26. 93다42276).

64) 이중의 채권양도에 관하여 [4257] 및 대판(전) 1994.4.26. 93다24223 참조.

65) 대판 2015.7.23. 2014다87502: 제3채무자의 집행공탁 전에 동일한 피압류채권에 대하여 다른 채권자의 신청에 따라 압류 · 가압류명령이 발령되었으나 집행공탁 후에 제3채무자에게 송달된 경우에 압류 · 가압류의 효력이 생기지 않는다고 한 사례.

66) 대판 2002.4.26. 2001다59033.

의를 다해도 그가 누구인지를 알 수 없는 경우를 말하는데,[67] 채권이 여러 번 양도되었기 때문에 현재 채권이 누구에게 속하는지 알 수 없는 경우,[68] 특정채권에 대하여 채권양도의 통지가 있었으나 그 후 통지가 철회되는 등으로 채권이 적법하게 양도되었는지 여부에 관하여 의문이 있는 경우[69] 또는 채권자가 사망하였는데 상속을 둘러싸고 다툼이 있는 경우 등이 그 예이다.

[참 고] 공탁원인으로서 불확지는 변제수령권자가 존재하지만 그가 누구인지 알 수 없는 경우, 즉 상대적 불확지(相對的 不確知)를 의미한다. 변제자(공탁자)가 공탁을 할 때 채권자(피공탁자)를 지정할 의무를 지고(규칙 제20조 제2항 제5호, 제21조 제3항), 공탁관은 형식적 심사권만 가지며 채무자가 지정해 준 채권자에게만 공탁금을 출급해야 하기(규칙 제39조) 때문이다.[70]

② 채권자 불확지를 원인으로 하는 변제공탁의 경우에, 피공탁자 중 1인은 다른 피공탁자의 승낙서 또는 그를 상대로 받은 공탁물출급청구권확인 승소확정판결을 제출하여 공탁물출급청구를 할 수 있다.[71]

[2269] **다. 공탁적성**

(1) 공탁하려는 물건이 공탁에 적합한 것이어야 한다.

① 동산은 일반적으로 공탁적성을 가지지만, 동물 등 공탁적성이 없는 경우도 있다.

② 부동산은 공탁에 부적합한 물건으로 보아야 한다. 공탁에 의하여 채무가 소멸하지 않는다면 그것을 변제공탁이라 할 수 없는데, 부동산을 공탁하더라도 채권자에게 등기가 경료되지 않아서 부동산소유권이전채무가 완전히 이행된 것으로 되지 않으며(제186조 참조), 따라서 채무자의 채무는 소멸하지 않기 때문이다. 판례도 같은 입장이다.[72]

③ 이렇게 본다면 공탁적성이 있는 물건은 금전, 유가증권 기타 공탁적성 있는 동산에 한정된다. 그런데 공탁의 주된 대상은 금전이다.

(2) "변제의 목적물이 공탁에 적당하지 아니하거나 멸실 또는 훼손될 염려가 있거나 공탁에 과다한 비용을 요하는 경우에는 공탁자는 법원의 허가를 얻어 그 물건을 경매하거나 시가로 방매하여 그 대금을 공탁할 수 있다"(제490조). 여기서 변제의 목적물이 「멸실 또는 훼손될 염려가 있는 경우」(예: 상하기 쉬운 식품인 경우)와 「공탁에 과다한 비용을 요하는 경우」[73]는 변제의 목적물이 「공탁에 적당하지 않는 경우」, 즉 공탁적성이 없는 경우에 해당한다.

그런데 변제의 목적물이 공탁적성을 가지지 않으면, 변제자가 법원의 허가를 얻어 이것을 경매하거나 —납득할 만한 시장가격이 있는 경우에— 시가로 방매하여, 다시 말하면 자조매각(自助賣却)하여 그 대금을 공탁할 수 있다. 이러한 경우에 채권자의 원래의 급부에 대한 청구권은 매

67) 예금계약의 출연자와 예금명의자가 다르고 양자 모두 예금채권에 관한 권리를 적극 주장하는 경우에 변제공탁을 할 수 있다고 한 대판 2004.11.11. 2004다37737 참조.

68) 대판 2005.5.26. 2003다12311. 채권양도금지특약에 반하여 채권양도가 이루어졌는데 양수인의 악의 또는 중과실 여부를 알 수 없는 경우에 변제공탁을 할 수 있다고 한 대판 2000.12.22. 2000다55904도 참조.

69) 대판 2008.1.17. 2006다56015. 동지로 대판 2001.2.9. 2000다10079: "양도금지 또는 제한의 특약이 있는 채권에 관하여 채권양도통지가 있었으나 그 후 양도통지의 철회 내지 무효의 주장이 있는 경우 제3채무자로서는 그 채권양도의 효력에 관하여 의문이 있어 민법 제487조 후단의 채권자 불확지를 원인으로 한 변제공탁사유가 생긴다."

70) 특별법이 예외적으로 채권자의 존재 자체가 불확실한 경우, 즉 절대적 불확지를 공탁원인으로 인정함에 관하여 대판(전) 1997.10.16. 96다11747 참조.

71) 대판 2011.11.10. 2011다55405.

72) 부동산매도인의 등기인수청구권을 인정한 대판 2001.2.9. 2000다60708([5148]에 소개된) 참조.

73) 과다한지 여부는 목적물의 가치에 비하여 균형을 잃었는지에 따라 판단한다.

각대금에 대한 청구권으로 바뀐다.

라. 일부공탁 [2270]

(1) 변제공탁이 유효하려면 채무 전부에 대한 공탁이어야 하고,[74] 채무 전부가 아닌 일부에 대한 공탁은, 부족액이 근소하다는 등 특별한 사정이 없는 한 공탁된 부분에 관해서도 채무소멸의 효과가 발생하지 않는다.[75]

(2) 일부공탁이라도 채권자가 공탁금을 채권 일부에 충당한다는 유보의 의사표시를 하고 이를 수령하였다면 그 공탁금은 채권 일부의 변제에 충당되는데,[76] 변제충당의 법리가 적용된다.[77] 이때 유보의 의사표시가 반드시 명시적이어야 하는 것은 아니다.[78]

3. 절　　차 [2271]

가. 공탁의 당사자

(1) 공탁자는 변제자이며, 채무자에 한하지 않는다([2212] 참조).

(2) 공탁의 상대방은 채무이행지의 공탁소이다(제488조 제1항). 공탁소는 공탁사무를 행하는 국가기관이고, 공탁소에서 공탁사무를 취급하는 공탁관은 지방법원장이 지정하는 지방법원 서기관 등이다(법 제2조). 한편 공탁하는 금전, 유가증권 그 밖의 물품을 보관하기 위하여 대법원장이 지정한 은행 또는 창고업자를 「공탁물보관자」라 하는데(법 제3조 제1항), 공탁소의 대행자에 불과하다.

나. 공탁절차

(1) 공탁을 하려는 이는 공탁규칙이 정하는 일정한 사항을 기재한 공탁서 2통(정본과 부본)을 공탁관에게 제출해야 하고(규칙 제20조), 장차 채권자에게 송부할 공탁통지서를 첨부해야 한다(규칙 제23조).

(2) 공탁관이 공탁을 수리할 것으로 인정하면, 공탁을 수리한다는 뜻 등을 적은 공탁서 1통을 공탁자에게 교부하여 공탁물보관자에게 납입케 한다(규칙 제26조).

(3) 공탁자는 공탁물을 공탁물보관자에게 납입하고, 공탁물보관자는 이 사실을 공탁관에게 전송 또는 통지한다. 전송이나 공탁물품납입통지서를 받은 공탁관은 공탁서와 함께 제출받은 공탁통지서를 피공탁자에게 발송해야 한다(규칙 제29조).[79] 다만 통지는 공탁의 유효요건이 아니어서, 그 지체나 누락은 채무소멸의 효과에 영향을 미치지 않는다.[80]

---

74) 대판 2011.7.28. 2010다88507은, 근저당부동산에 대하여 소유권, 전세권 등의 권리를 취득한 제3자는 피담보채무가 확정된 후에 채권최고액의 범위 내에서 그 확정된 피담보채무를 변제하고 근저당권의 소멸을 청구할 수 있으나, 채무자가 부동산의 소유자 겸 근저당설정자인 경우에 피담보채무는 채무자가 채권자인 근저당권자에 대하여 부담하는 채무 전액이므로 채무자로서는 채권최고액이 아니라 확정된 피담보채무액 전액을 변제공탁하지 않는 한 적법한 변제공탁이 될 수 없다고 하였다. 대판 1998.10.13. 98다17046도 참조.

75) 대판 1977.9.13. 76다1866; 대판 1984.9.11. 84다카781.

76) 대판 1996.7.26. 96다14616. 충당의 구체적 모습에 관하여 대판 2012.3.15. 2011다83776 참조.

77) 대판 2012.3.15. 2011다83776 참조.

78) 대판 2009.10.29. 2009다51359.

79) 제488조 제3항이 "공탁자는 지체 없이 채권자에게 공탁통지를 하여야 한다"고 규정하지만, 공탁통지는 공탁자가 직접 하는 것이 아니라, 공탁관이 이를 대행한다.

80) 대판 1976.3.9. 75다1200.

[2272] ## 4. 효 과

가. 채무의 소멸

(1) 공탁의 기본적 효과로 채무자는 채무를 면한다(제487조). 즉 변제공탁이 적법하다면,[81] 채권자가 공탁물출급청구를 하였는지와 관계없이 공탁을 한 때에 변제의 효력이 발생하여 채무는 소멸한다.

(2) 공탁의 효과로 채무가 소멸하지만, 이 효과는 확정적인 것이 아니다. 공탁자는 일단 행한 공탁을 철회하고 공탁물을 회수함으로써 채무가 소멸하지 않았던 것으로 할 수 있기 때문이다(제489조 제1항). 따라서 공탁에 의하여 채무가 일단 소멸하지만, 공탁자가 공탁물을 회수하면 채무가 부활된다(해제조건설).

[참 고] 공탁에 의하여 채무소멸의 효력이 발생한 후, 「공탁물출급청구권」에 대하여 가압류집행이 되더라도 변제의 효력에 영향을 미치지 않는다.[82] 한편 제3자가 공탁자에게 대하여 가지는 별도 채권의 집행권원으로써 공탁자의 「공탁물회수청구권」에 대하여 압류 및 추심명령을 받아 그 집행으로 공탁물을 회수한 경우에 채권소멸의 효력은 소급적으로 소멸한다.[83]

[2273] ### 나. 채권자의 공탁물출급청구권

(1) 공탁에 의하여 채무가 소멸하는 대신 채권자는 공탁소에 대하여 공탁물출급청구권을 가지는데, 이 청구권을 행사하여 공탁물을 수령할 수 있다(규칙 제32조 이하).

(2) 공탁물출급청구권자는 공탁서의 기재에 의하여 형식적으로 결정된다.[84] 채권자 불확지 공탁의 경우에 첨부서류만으로 출급청구인이 진정한 채권자인지를 심사할 수 없다면 공탁관은 공탁물출급청구를 불수리할 수밖에 없는데, 정당한 공탁물수령권자는 그 법률상 지위의 불안이나 위험을 제거하기 위하여 공탁자를 상대로 공탁물출급청구권의 확인을 구하는 소송을 제기할 수 있다.[85]

(3) 채무자가 채권자에 대하여 동시이행의 항변권을 가지는 경우에, 채권자가 먼저 그의 의무를 이행하지 않으면 공탁물을 수령할 수 없다(제491조, 법 제10조). 그런데 변제공탁에서 채권자에게 반대급부 기타 조건의 이행의무가 없음에도 불구하고 채무자가 이를 조건으로 공탁한 경우에,[86] 채권자가 이를 수락하지 않는 한 그 변제공탁은 무효이다.[87]

[2274] ### 다. 공탁물소유권의 이전

(1) 금전 기타 소비물의 공탁의 경우에, 공탁에 의하여 소비임치가 성립하므로 공탁물의 소유권이 일단 공탁물보관자에게 귀속되고,[88] 채권자가 공탁물보관자로부터 동종 · 동질 · 동량의

81) 매수인이 매도인을 대리하여 매매대금을 수령할 권한을 가진 이에게 잔대금의 수령을 최고하고 그 이를 공탁물수령자로 지정하여 변제공탁을 한 경우에, 매도인에 대한 잔대금 지급의 효력이 있다고 한 대판 2012.3.15. 2011다77849 참조.

82) 대판 2011.12.13. 2011다11580.

83) 대판 2014.5.29. 2013다212295; 대결 2020.5.22. 2018마5697.

84) 대결 2011.7.14. 2011마934 참조.

85) 대판 2007.2.9. 2006다68650 · 68667. 공탁금출급청구권 귀속주체의 판단기준에 관한 대판 2017.5.17. 2016다270049 및 변제공탁에서 피공탁자가 아닌 이가 피공탁자를 상대로 공탁물출급청구권 확인판결을 받은 경우에 직접 공탁물출급청구를 할 수 없다고 한 대판 2006.8.25. 2005다67476도 참조.

86) 그 예로 대판 1991.12.10. 91다27594 참조.

87) 대판 2002.12.6. 2001다2846.

88) 다만 학설은 대체로 「공탁소」가 소유권을 취득한다고 한다.

물건을 수령하였을 때에 그 물건의 소유권을 취득한다.

(2) 그 밖의 동산인 공탁물의 소유권은 채권자가 공탁물보관자로부터 동산을 인도받았을 때에 채무자로부터 채권자에게로 직접 이전한다.

라. 공탁물의 회수(回收)

(1) 공탁자는 공탁물을 회수할 수 있는데(제489조 제1항 전문 참조), 회수권은 실질적으로 공탁을 철회하는 권리로서, 형성권에 속한다. 그리고 공탁물을 회수한 경우에 "공탁하지 아니한 것으로 본다"(같은 조 제1항 후문). 즉 공탁으로 소멸했던 채무가 부활한다(해제조건설). 다만 채권자가 공탁을 승인한 경우, 채권자가 공탁소에 대하여 공탁물을 받기를 통고한 경우, 공탁이 유효하다는 판결이 확정된 경우(같은 조 제1항 전문) 또는 공탁으로 인하여 질권 또는 저당권이 소멸한 경우(같은 조 제2항)에는 공탁물을 회수할 수 없다.

(2) 그 밖에 공탁법상 착오로 공탁을 한 경우 또는 공탁의 원인이 소멸한 경우에 공탁자가 공탁물을 회수할 수 있다(법 제9조 제2항). 이 회수의 효과도 민법상의 회수와 같다.

제5절 계약의 장애

제1관 채무불이행법 서론

1. 총 설 [2275]

가. 서 설

(1) "채무의 내용에 좇은 이행"(제390조 본문)에 의하여 채권자가 만족을 얻으면(상계나 면제 등 그에 갈음하는 소멸사유도 포함하여), 채권은 소임을 다하여 소멸한다. 그러나 채무가 언제나 그 내용대로 실현되는 것은 아니다. 원인이야 어떠하든 채무가 정상적으로 실현되지 않는 경우를 통틀어 급부장애(給付障礙)라 할 수 있다. 한편 객관적 「사실」로서 급부장애를 전제로, 그중에서 채무자에게 일정한 법적 불이익을 과하기 위하여 귀책사유, 즉 "고의 또는 과실"까지 갖추어진 경우를 채무불이행이라고 해야 한다.[1] 급부장애의 문제로 채권자지체, 목적 달성, 사정변경 등도 있지만, 이하에서는 채무불이행을 살펴본 후, 담보책임도 검토한다.

(2) 채무불이행에 관한 제390조 이하는 그 총칙적 성격에 따라 계약 외의 원인(법정채권관계)에 기한 채무가 불이행된 경우에도 적용된다. 그러나 법정채권관계의 주요한 예인 불법행위로 인한 손해배상청구권은 금전의 지급을 내용으로 하고(제763조, 제394조), 사무관리에 기한 비용상환청구권(제739조)도 금전의 지급을 목적으로 하며, 부당이득반환청구권 역시 많은 경우, 특히 제747조 제1항에 따른 가액반환의 경우에 마찬가지이다. 그런데 금전채무의 불이행에 관하여 제397조의 특칙이 있으므로, 법정채무의 불이행은 거의 전적으로 그에 의하여 규율된다. 결국 채무불이행의 법리는 계약불이행을 염두에 두고 전개되어도 좋을 것이다. 이하에서는 계약상 채무의 불이행을 염두에 두고 살펴본다.

1) 양자를 통틀어 채무불이행으로 표현하기도 한다.

[2276] ### 나. 채무불이행에 대한 기본적 이해

(1) 이런저런 이유로 채무가 제대로 이행되지 못하는 경우가 발생하는데, 이러한 경우를 규율하는 것이 채무불이행법이다. 그런데 당사자들이 「자기 또는 상대방」의 채무불이행에 대비하기 위하여 해제권의 유보, 위약금, 책임의 제한, 담보책임의 면제 등에 관한 특약(그 밖에 부제소나 관할의 특약이나 중재조항 등도 포함하여)을 하는 경우가 적지 않은데, 이러한 특약이 채무불이행법에 우선한다.

(2) 채무불이행의 처리에 관하여 입법례에 따라 상당한 차이가 있다. 가령 영미법은 채무자에게 「귀책사유」를 따지지 않는 엄격책임을 지우는 대신 면책사유(impediment/hardship)를 통하여 엄격성을 완화하고 강제이행을 일반적으로 인정하지 않는 등 체계상 대륙법계와 상당한 차이를 보인다. 이러한 차이는 채무자에 대한 책임추궁을 강조하는지 아니면 채권자의 구제에 초점을 맞추는지 하는 기본입장의 다름에서 비롯되지만, 실제로 큰 차이가 있는 것은 아니다.

(3) 이러한 차이를 염두에 두고 우리 채무불이행법의 큰 틀을 살펴보자.

① 요건의 측면에서 ⓐ 채무불이행이 채권자를 위한 구제수단이지만 채무자의 입장(책임을 지우는 근거와 관련하여)도 고려해야 하므로 과실책임주의(제390조 단서)를 원칙으로 삼는다. 그리고 ⓑ 전통적인 폐쇄적 3유형론에 집착할 것은 아니다. 물론 이행지체와 이행불능이 법정유형의 지위를 가지지만, "채무의 내용에 좇은 이행"의 범주 안에서 열린 유형론을 따라야 할 것이다.

② 효과의 측면에서 ⓐ 제한배상을 기본값으로 삼은 제393조의 올바른 이해를 통하여 상당인과관계를 둘러싼 (무의미한) 논란을 극복해야 한다. 그리고 ⓑ 채무자의 추완권과 같은 채무자를 위한 배려도 고려할 필요가 있다.[2)] 한편 ⓒ 흔히 강제이행을 채무불이행의 효과라고 하지만, 채무불이행(채무자의 과책을 요하는)이 성립하지 않더라도 제소전 화해조서(민사소송법 제220조 참조)와 같은 집행권원이 있고 집행장애사유가 존재하지 않는 한 강제이행이 가능하다는 점에서 이 설명이 정확한 것은 아니어서, 채권의 효력의 문제로 넘긴다.

[2277] ## 2. 채무불이행 유형론

가. 현　황

채무불이행의 체계에 관하여 지배적 입장은 —독일민법학의 강한 영향으로— 그 유형을 이행불능, 이행지체 및 불완전이행(또는 적극적 채권침해)의 셋으로 한정하는 이른바 「폐쇄적 3유형론」을 취하고, 그 내용으로 독일의 논의를 여과 없이 직수입하여 소개한다. 이러한 태도, 특히 불완전이행을 이행지체, 이행불능 외의 나머지 모든 채무불이행유형을 포괄하는 것으로 파악하는 태도는 2002년 개정 전 독일민법의 특수한 상황에 기한 것으로, 제390조의 존재를 외면한 것이어서 수긍하기 어렵다. 독일민법학의 영향이라고밖에 달리 설명되지 않는 이러한 폐쇄적 유형론은 지양(止揚)되어야 한다.

[2278] ### 나. 일반조항으로서 제390조

민법은 채무불이행의 객관적 요건에 관하여 제390조에서 "채무의 내용에 좇은 이행을 하지 아니한" 것이라고 하여 일반적·포괄적으로 규정한다. 따라서 일반조항인 제390조에 어떤 의미

2) 이와 달리 채권자의 추완청구권은 이행청구권의 일환으로, 제667조 제1항 단서와 같은 규정이 없으면 인정되어야 한다.

를 부여할 것인지에 따라 채무불이행의 내용이 신축적으로 형성될 수 있다.

한편 민법이 규정하는 법정유형으로 이행불능(제390조 단서, 제546조 등)과 이행지체(제387조, 제392조, 제395조, 제544조 등)가 있다. 이 유형들은 실제 많이 문제되는 경우를 파악하는 것으로 독자적 유형으로 법정될 만한 가치를 가진다. 그런데 민법이 이 두 유형을 법정한다고 하여 제390조의 일반규정으로서의 성격이 바뀌는 것은 아니다.

다. 유형화와 그 기준 [2279]

(1) 다른 일반조항과 마찬가지로 법적 안정성 내지 예측가능성을 확보하기 위하여 제390조에 포섭되는 사례들을 유형화할 필요가 있고, 여기에 법정유형인 이행불능과 이행지체가 포함되어야 함은 당연하다. 그런데 폐쇄적 유형론은 특수독일적 상황에 기한 것으로 민법의 해석론으로 수용하기 어렵고, 오히려 이른바 「열린 유형론」을 취해야 한다.

(2) 열린 유형론을 취하더라도 관점에 따라 다양한 유형화가 시도될 수 있다. 그런데 유형화는 "채무의 내용에 좇은 이행"(제390조)에 실질적인 의미를 부여하는 것이어야 하고, 유형화는 내적 연관성을 존중하며 당사자들의 실질적 요구의 만족 및 상반된 이해의 조정에 기여함으로써 분쟁의 해결 및 거래의 촉진에 도움이 될 수 있어야 한다. 나아가 법적 안정성을 고려한다면, 법정유형을 포함하여 가급적 기존의 「틀」을 유지하면서도 사회환경의 변화에 따라 그 실질을 달리하는 것이 합목적적일 것이다.

(3) 채권법, 특히 계약법의 주된 과제는 거래를 촉진하기 위한 적절한 이익조정의 지도상을 [2280]
제시해야 한다는 점 및 계약의 효력근거는 1차적으로 당사자의 의사에 있다는 점 등을 고려하면, 유형화는 「채권자의 의사/이익」을 중심으로 법률효과를 종합하여 행하는 것이 합리적이라고 생각된다. 즉 당사자들은 상대방이 계약을 이행하리라 믿기 때문에 계약을 체결하고, 특히 채권자는 급부의 실현에 대한 이익을 가지는 반면, 채무자는 스스로 급부의 이행을 약속하였으므로, 채권자의 의사/이익이 유형화의 중심에 위치 지워져야 한다.

이러한 입장에 선다면, 채무불이행의 유형으로 1차적으로 급부의 강제적 실현이 가능한 이행지체가, 2차적으로 그 실현가능성이 없어진 이행불능이 인정되어야 하는데, 이들은 법정되어 있다.[3] 그런데 이 두 법정유형에 의하여 채무불이행 전부가 파악될 수 없으므로, 위 양 유형에 포섭될 수 없는, 이행이익을 초과하는 또는 그와 별도의 부가적 손해가 발생한 경우를 제3의 유형으로 인정할 것이다. 요컨대 채무불이행의 유형으로 법정된 이행지체와 이행불능 그리고 보충적인 제3의 유형을 들 수 있다.

3. 이 절의 서술내용 및 순서 [2281]

(1) 계약의 장애를 다루는 이 절에서는 우선 채무불이행의 유형과 관련하여 법정유형을 중심으로 하되, 폐쇄적 유형론을 지양하고 채무불이행의 문제를 유연하게 검토하다. 한편 각 유형별로 문제되는 상황을 한꺼번에 다루는 것이 필요하고도 적절하다고 생각된다. 그래서 강학상 쌍무계약의 효력으로 다루어지는 동시이행의 항변권 및 위험부담을 채무불이행의 요건과 관련하여 검

3) 여기서 논의되는 급부는 주된 급부를 의미한다. 부수의무의 위반도 문제될 수 있으나, 그 위반은 주된 급부의무의 위반에 흡수될 것이어서 독자성을 가지지 않는다.

토한다. 이행거절도 이행지체의 일부로 다룬다.

(2) 채무불이행의 효과로서 손해배상을 검토하는데, 특칙으로서 제397조도 여기서 다룬다. 한편 채무불이행의 효과로 계약의 해제/해지도 있지만, 이는 계약해소의 관점에서 약정해제 등과 함께 따로 다룬다. 흔히 채무불이행의 효과라는 강제집행도 채권의 효력의 문제로 넘긴다.

(3) 이어서 담보책임에 관하여 살펴본다. 비교법적으로 담보책임을 채무불이행법에 포섭하는 입법례가 적지 않을 뿐만 아니라 급부장애의 중요한 모습으로서 담보책임을 채무불이행과 관련하여 검토하는 것이 적절하다고 생각하기 때문이다.

제 2 관 이행지체

제 1. 총 설

[2282] 1. 서 설

이행지체(履行遲滯)란, 급부의 실현이 가능함에도 불구하고 채무자가 자신에게 책임 있는 사유로 급부를 적시에(즉 이행기에) 이행하지 않는 경우를 말한다. 이 경우 채권자는 제때 이행되지 않음에 따른 손해의 배상을 청구할 수 있는데, 배상과 무관하게 채권자는 여전히 가능한 급부의 이행을 청구할 수 있다. 한편 지체 후의 급부가 채권자에게 아무런 이익도 주지 못할 수도 있는 바, 이 경우 채권자는 급부의 수령을 거절하고 급부(이행)에 갈음하는 손해의 배상(전보배상)을 청구할 수 있다(제395조).[1]

[2283] 2. 이행거절

(1) 이행거절(履行拒絶)이란, 채무자가 채무를 이행하지 않을 의사를 진지하고 종국적으로 표시함으로써 채권자로 하여금 임의이행을 기대할 수 없게 만드는 경우를 말한다.[2]

이에 관한 재판례를 보자. ① 대판 1993.6.25. 93다11821은 「X가 Y로부터 토지를 매수 → 중도금지급기일에 X가 중도금을 지급하려 하자 Y가 지급기일을 연기하고, 연기된 기일에도 수령을 거절한 후 연락 두절 → X가 내용증명우편으로 중도금 수령거절을 이유로 위 매매계약을 해제한다고 통고 → X가 Y를 상대로 계약금 및 동액 상당의 위약금 지급청구」의 사안에서, X는 "신의성실의 원칙상" 소유권이전등기의무 이행기일까지 기다릴 필요 없이 이를 이유로 매매계약을 해제할 수 있다고 하였다(이행의 최고나 자기채무의 이행제공 없이 그리고 이행기가 도래하지 않았더라도). ② 채무자가 계약을 이행하지 않을 의사를 명백히 표시하였는지는 계약이행에 관한 당사자의 행동과 계약 전후의 구체적인 사정 등을 종합적으로 살펴서 판단해야 하는데,[3] 당사자 일

1) 채무불이행을 이유로 제544조에 기하여 계약을 해제하고 전보배상을 구할 수 있음은 별개의 문제이다.

2) 이행거절의 구체적 모습을 본다. ㉠ 부동산매매에서 매수인이 이행기일을 도과한 후 매도인에게 계약상 의무 없는 과다한 채무의 이행을 요구하거나(대판 1992.9.14. 92다9463), 매수인이 잔금지급을 제공했음에도 매도인이 자기의무에 관하여 스스로 이행지체에 빠진 후 오히려 매수인의 귀책사유로 자신에 의하여 계약이 해제되었다고 주장하면서 계약금 상당액을 공탁하거나(대판 2009.3.12. 2008다29635), 매매대금의 지급방법 및 매매토지에 관한 기존의 임대차관계 승계 등에 관한 특약이 있고 매수인이 매도인의 계속된 특약사항의 이행촉구에도 불구하고 특약의 존재를 부정하면서 이행하지 않는(대판 1997.11.28. 97다30257) 등의 경우에 매수인의 이행거절의사가 표시되었으므로 매도인은 자기채무의 이행제공이 없더라도 매매계약을 해제할 수 있다. 반면 ㉡ 대판 2000.11.24. 2000다49053은, 매매대금의 일부로 남아 있는 금액에 관하여 매수인이 매도인에 대한 다른 반대채권의 상계로써 전액 지급된 것으로 주장하면서 소유권이전등기의 이행을 소구한 것만으로 매수인이 자기채무를 이행할 의사가 없음을 명백히 한 것이라고 단정할 수 없다고 하였다.

3) 대판 2011.2.10. 2010다77385: "이른바 '이행거절'로 인한 계약해제의 경우에는 상대방의 최고 및 동시이행관계에 있는 자기채무의

방이 자기채무의 전부를 아직 이행하지 않았으면서도 다 이행했다고 주장하면서 상대방채무의 이행을 구하는 제소까지 하였다면, 그것이 계산상의 착오 때문이라는 등 특별한 사정이 없는 한 미리 자기채무를 이행하지 않을 의사를 표명한 것으로 볼 것이어서 상대방은 계약을 해제할 수 있고, 당사자 일방이 위와 같은 의사를 표명한 것으로 볼 것인지는 계약해제시를 기준으로 판단한다.[4] ③ 이행거절이라는 채무불이행이 성립하기 위해서는 채무를 이행하지 않을 채무자의 명백한 의사표시가 위법한 것으로 평가되어야 한다.[5] ④ 한편 이행거절의 의사표시가 적법하게 철회된 경우에 상대방으로서는 자기채무의 이행을 제공하고 상당한 기간을 정하여 이행을 최고한 후가 아니면 채무불이행을 이유로 계약을 해제할 수 없다.[6]

(2) 이행거절을 독자적인 채무불이행유형으로 인정해야 한다는 견해가 유력하고, 판례도 대판 2005.8.19. 2004다53173 이래 이행거절을 독자적인 채무불이행유형으로 인정하는 것으로 보인다. [2284]

그런데 채권자의 의사/이익이라는 관점에서 본다면,[7] 채무자가 「스스로 내세운」 주관적 장애물이 객관화되어 채권자에게까지 그 효력을 미칠 수 없으며, 전보배상으로의 전환을 인정하는 제395조의 존재의의도 고려해야 한다. 이러한 법상황을, (소여로서) 제544조의 유추를 통하여 이행지체의 하부유형, 특히 「선취된 지체」(先取된 遲滯)로 이론구성할 수 있는데, 채권자가 미리 대용권능을 행사할 수 있다는 의미로 이해하면 될 것이다. 즉 채권자로서 이행기를 기다려 이행지체에 따른 구제를 받을 수 있지만, 제544조 단서 및 제395조의 유추에 의하여 채권자에게 대용권능이 주어지고,[8] 채권자는 예정된 수순에 갈음하여 해제 및/또는 전보배상을 구할 수 있으며, 대용권능이 행사된 후에는 원래의 급부가 불능으로 되었다는 사정이 해제 또는 전보배상청구에 영향을 미치지 않는다고 해야 한다.

(3) 이상의 논의를 채권자에게 주어지는 구제수단의 관점에서 검토한다. [2285]

① 이행기가 도래하기 전에는 —해제권이 행사되지 않는 한— 당초의 법률관계가 유지되어야 한다.[9] 「채권자의 대응조치가 없는 이상」 채무자의 일방적인 의도만으로 기존의 법상황(계약에서 당사자 쌍방의 합의에 기한)이 바뀔 이유가 없기 때문이다. 다만 제536조 제2항의 유추(예견되는 불이행을 근거로 하는)에 의하여 채권자에게 선이행의 자기채무에 관한 이행거절권능이 발생한다고 할 것이다.

② 「이행기가 도래한 후」에 강제이행을 통하여 계약의 본지를 관철할 수 있고 일반법리에 따른 지연배상도 가능하다. 기한의 정함이 없는 채무로서 지연배상의 기산점은 제387조에 따라

이행제공을 요하지 아니하여 이행지체시의 계약해제와 비교할 때 계약해제의 요건이 완화되어 있는바, 명시적으로 이행거절의사를 표명하는 경우 외에 계약 당시나 계약 후의 여러 사정을 종합하여 묵시적 이행거절의사를 인정하기 위하여는 그 거절의사가 정황상 분명하게 인정되어야 한다." 대판 2021.7.15. 2018다214210도 동지.

4) 대판 2014.10.6. 2014다210531.

5) 대판 2015.2.12. 2014다227225.

6) 대판 2003.2.26. 2000다40995.

7) 이행거절에 직면한 채권자와 채무자의 이해의 충돌을 본다. ㉠ 이행거절은 이행기가 도래하더라도 이행하지 않겠다는 의도의 선제적 표명(특별결합관계의 좌초를 의도적으로 초래하는)으로, 채무자의 입장에서 계약이익의 포기로 평가되어야 한다. ㉡ 이러한 상황에서 채권자는 당초의 계약관계에 따른 대응 외에 그에 갈음하는 자구책으로 해제 및/또는 전보배상청구를 미리 할 수 있어야 하는데, 이때 채무자의 기한이익 주장은 신의칙에 반하는 것으로 평가할 것이다.

8) 특히 국제거래에서 이행거절은 「해제에 따른 대체거래의 가능성」을 획득하기 위한 수단이다. 관련하여 영국 계약법에서 이행기 전 계약위반의 법리(doctrine of anticipatory breach of contract)에 관하여 대판 2017.5.30. 2014다233176 · 233183 참조.

9) 가령 이행거절 중에 목적물이 멸실된 경우에, 멸실시점이 이행기 전이라면 제392조가 적용되어서는 안 된다. 계약관계 자체가 소멸하는 해제와 달리 계약에 기한 당사자 사이의 이해관계가 일방의 이행거절의 의사표시에 의하여 왜곡되어서는 안 되기 때문이다.

야 한다. 그 밖에 제395조에 기하여 전보배상을 구할 수 있음은 당연하다.

③ 채권자는 —채무자의 반계약적 의도에 선제적으로 대응하기 위하여— 이행기 도래 전이라도 계약을 해제할 수 있다. 이때 해제를 채무자의 계약이익 「포기」에 기한 채권자의 자구책[10]으로 보아야 한다. 그리고 계약이익을 스스로 포기한 채무자에게 추완이행의 기회를 부여함은 무의미하므로, 채권자의 이익을 위하여 최고가 생략될 수 있다(제544조 단서의 유추). 나아가 채권자는 자기채무의 이행제공 없이[11] 해제할 수 있다.

④ 채권자는 이행기 전이라도 제395조의 유추에 의하여 계약이익의 탈락(해제에 비견되는)에 따른 전보배상을 청구할 수 있다. 이때 반대급부도 이행(또는 그 가액이 공제)되어야 한다. 그리고 전보배상액의 산정에 관하여 판례는 "이행거절 당시의 급부목적물의 시가"를 표준으로 한다는 입장인데,[12] 전보배상은 자기의 손해를 최소화하기 위한 채권자의 자구책이라는 점을 고려하여 「대응조치(해제 및/또는 전보배상청구)를 취할 수 있었던 때」를 기준으로 산정해야 하고, 이렇게 함으로써 손해경감의무를 포함하여 당사자들 사이의 이해를 적정하게 조절할 수 있다.

제 2. 이행지체의 요건과 효과

[2286] Ⅰ. 이행지체의 요건

1. 개 관

(1) 이행지체의 요건은 ❶ 이행기가 도래하였을 것, ❷ 이행이 가능할 것, ❸ 이행 또는 그 제공이 없을 것, ❹ 이행하지 않은 데 대하여 채무자에게 귀책사유(고의 · 과실)가 있을 것(제390조 단서), ❺ 이행하지 않는 것이 위법할 것의 다섯인데, 이 중 ❹는 주관적 요건인 반면, 나머지는 객관적 요건에 해당한다.

이행지체의 요건들 중 ❶과 ❺는 따로 살펴보기로 하고,[1] 여기서는 나머지를 개관한다.

[2287] (2) 먼저 ❷와 관련하여 채무의 이행이 불가능하다면 이행불능으로 된다. 즉 「불능은 지체를 배제한다」. 따라서 지체 중에 불능사유가 발생하면 지체가 종료되고, 채권자는 이 시점까지 발생한 지연손해를 지체의 규정에 따라, 그리고 불능으로 인한 손해를 불능의 규정에 따라 배상받을 수 있다.

❸과 관련하여, 채권자가 채무의 이행을 구하는 경우에, 채무자는 권리소멸사실로서 「채무의 내용에 좇은 이행」을 하였음에 대하여 증명책임을 지는데, 채권자가 채무불이행에 기하여 손해배상을 구하는 경우에도 채무자가 이를 증명해야 하는가? 이에 관하여 견해가 나뉘는데, 채무의 이행을 구하는 경우와 달리 이행이 이루어지지 않은 사실은 손해배상청구권 발생의 근거사실이고, 따라서 채권자가 이를 증명해야 한다.[2] ❹도 증명책임과 관련되는데,[3] 채무자가 자신에게

10) 급부의 실현이 순조롭지 않을 경우에 대체거래를 통하여 자신의 피해를 줄이려는.

11) 즉 동시이행의 항변을 무력화한다. 해제에서 이행의 제공은 이행지체가 성립하기 위하여 요구되는데 이행거절의사를 통하여 이행제공이 무의미하게 되었기 때문이다. 대판 1993.8.24, 93다7204(이 판결은 이행거절에 의하여 이행지체에 빠진다는 듯한 설시를 하지만, 이는 해제권 발생의 요건이 충족되었음을 설명하기 위한 것일 뿐이다) 등 판례도 같은 입장이다.

12) 대판 2007.9.20, 2005다63337. 대판 2008.5.15, 2007다237221도 동지.

1) 채무불이행에서 위법성은 추정되므로([2374] 참조), ❺는 채무자의 이행거절권능의 문제로 다룬다.

2) 다만 이행청구와 지연배상을 함께 구하는 경우에 채무자의 항변으로 처리함이 실무관행이다.

3) 귀책사유의 구체적 내용은 손해배상에서 다룬다.

과책 없음을 증명해야 한다(제390조 단서 참조).[4]

(3) 이행지체로 인한 손해배상을 구하는 소를 제기한 채권자는 ① 채무의 존재 외에 ② 이행기의 도래(기한 없는 채무와 같이 최고를 요하는 경우에는 그것을 포함하여),[5] ③ 채무자의 급부부제공, ④ 손해의 발생(인과관계를 포함하여) 및 ⑤ 손해액을 주장 · 증명하면 되고, 무과실을 주장하고 채권자가 다투는 경우에 이를 증명하는 것은 채무자의 몫이다(제390조 단서. 금전채무의 이행지체에 관해서는 제397조 참조).

2. 이행기의 도래 [2288]

가. 서 설

이행에 기한[6]이 있는지 여부 및 기한의 종류에 따라 이행기의 도래(보다 정확하게는 「도과」) 만으로 지체가 성립하기도 하고 채권자의 최고가 있어야 이행지체가 성립하기도 한다. 그래서 해석규정으로서 제387조가 채무를 확정기한 있는 채무, 불확정기한 있는 채무, 기한 없는 채무의 셋으로 나누어 각각에 대하여 이행지체에 빠지는 시기를 규정한다.

나. 확정기한부 채무 [2289]

(1) 급부의 이행기한이 정해져 있는 채무를 확정기한부 채무(確定期限附 債務)라 하는데, 기한이 도래하였음에도 불구하고 급부가 없으면 채무자는 지체책임을 진다(제387조 제1항 전문).[7] 채권자는 기한의 존재만 주장 · 증명하면 되고, 그 도과사실을 주장 · 증명할 필요가 없으며, 최고할 필요도 없다(다만 해제와 관련하여 제544조 참조). 이행기한이 확정기간으로 정해진 경우(예: 목적물 수령일부터 10일)에도 같다.

(2) 이에 대하여 다음의 예외가 인정된다.

① 지시채권이나 무기명채권의 채무자는 기한도래 후 증서의 소지인이 증서를 채무자에게 제시하고 이행을 청구한 때부터 지체의 책임을 진다. 면책증권(제517조, 제524조, 제526조)에서도 같다.

② 추심채무 등 이행에 채권자의 협력이 먼저 있어야 하는 채무의 경우에 확정기한이 도래한 것만으로 지체가 성립하지 않는다. 즉 기한도래 후 채권자가 채무의 이행을 청구(추심)하거나 채무의 이행에 필요한 협력을 제공하고 최고하였음에도 불구하고 채무자가 이행을 하지 않아야 지체가 성립한다.

③ 임치에서와 같이 채권자가 기한의 이익을 가지는 경우에 채권자가 이행을 청구한 때부터 지체의 책임을 진다.[8]

---

4) 무과실의 예로, 채무자 자신이 직접 급부를 실현해야 하는 채무에서 채무자가 중병에 걸린 경우, 불가항력의 경우 또는 채무자가 법률의 착오에 빠져 급부를 하지 않았는데 그 착오가 과실에 기한 것이 아닌 경우 등.

5) 이행청구를 하는 경우에는 이행기의 미도래가 항변사유이고, 채무자가 그에 대한 증명책임을 진다.

6) 정지기한이 아니라는 점에 관한 [2113] 참조.

7) 예를 들어 A가 B에게 어떤 그림을 증여하면서 10월 1일 인도하기로 약정하였다면, 그날이 이행기한이고, 이날까지 A가 그림을 인도하지 않으면 다음날인 10월 2일부터 지체책임이 발생한다.

8) 대판 2023.6.29. 2023다218353: "만기가 정해진 예금계약에 따른 금융기관의 예금반환채무는 만기가 도래하더라도 임치인이 미리 만기 후 예금수령방법을 지정한 경우와 같은 특별한 사정이 없는 한 임치인의 적법한 지급청구가 있어야 비로소 이행할 수 있으므로, 예금계약의 만기가 도래한 것만으로 금융기관인 수치인이 임치인에 대하여 예금반환 지연으로 인한 지체책임을 부담한다고 볼 수는 없고, 정당한 권한이 있는 임치인의 지급청구에도 불구하고 수치인이 예금반환을 지체한 경우에 지체책임을 물을 수 있다고 보아야 한다."

[2290] ### 다. 불확정기한부 채무

(1) 채무의 이행에 불확정기한이 있는 경우에, 채무자는 기한이 도래하였음을 안 때(보다 정확하게는 그 다음날)부터 지체책임을 진다(제387조 제1항 후문).[9)]

채무자가 기한도래의 사실을 알았음에 대한 증명책임은 채권자에게 있다. 즉 채권자는 불확정기한의 약정사실 외에 기한의 도래사실 및 채무자가 기한의 도래를 안 사실을 주장하고 증명해야 한다.[10)]

(2) 당사자가 불확정한 사실이 발생한 때를 이행기한으로 정한 경우에, 그 사실이 발생한 때는 물론 사실의 발생이 불가능하게 된 때에도 기한이 도래한 것으로 보아야 한다.[11)] 한편 채무자가 기한의 도래를 알지 못했더라도, 채권자의 최고가 있었다면 최고시(보다 정확하게는 그 다음날)부터 지체가 성립한다고 새겨야 한다.

[2291] ### 라. 기한 없는 채무

(1) 채무의 이행에 관하여 기한이 정해져 있지 않은 경우에,[12)] 채무자는 이행청구(즉 최고)를 받은 때부터 지체책임을 진다(제387조 제2항). 본래 기한이 없는 채무는 성립과 동시에 이행기에 있고, 따라서 채권자는 언제든지 이행을 청구할 수 있다. 그럼에도 불구하고 법률이 최고를 요구하는 것은 이행지체가 채무자에게 가져다줄 불리한 결과에 대하여 다시 한번 그의 주의를 환기하기 위해서이다.[13)]

최고의 방법에 제한이 없으며, 이행청구소송의 소장이나 지급명령의 송달도 최고에 해당하는데, 소장 송달 후에 소가 취하되더라도 최고의 효력에는 영향이 없다.

그런데 법문은 최고를 "받은 때"라 하지만, 최고가 도달한 다음날부터 지체에 빠진다고 해야 한다.[14)]

(2) 제387조 제2항에 대하여 다음과 같은 예외가 있다.

① 반환시기의 정함이 없는 소비대차에서 대주는 상당한 기간을 정하여 최고를 해야 하고(제603조 제2항),[15)] 이행 없이 이 기간이 경과하여야 차주의 지체책임이 성립한다. 「대차」라는 계약의 속성을 고려한 제한이다. 상당한 기간을 정하지 않고 최고하였다면, 최고시부터 상당한 기간이 이행 없이 경과하였을 때에 지체책임이 발생한다.

② 불법행위로 인한 손해배상채무는 성립과 동시에, 즉 불법행위 당시부터 지체에 빠지며,

---

9) A가 B에게 B의 아버지 C가 사망한 때부터 생활비를 보조하겠다고 약속한 경우에, A의 채무에 기한이 있기는 하지만(즉 C가 사망한 때가 기한) C가 언제 사망할지는 불확정적이므로 A의 채무는 불확정기한부 채무이다. 이 경우 A가 C의 사망을 알고도 생활비를 지급하지 않아야 이행지체가 성립한다.

10) 대판 2011.2.24. 2010다83755.

11) 대판 2002.3.29. 2001다41766.

12) 참고로 대판 1972.11.14. 72다1159: "동시이행관계에 있는 쌍무계약에 있어서 당사자 일방의 요청에 의하여 계약이행기일을 연기한 경우에도 연기된 이행기일에 당사자 쌍방의 의무이행이 없으면 동 쌍무계약은 이행기일의 정함이 없는 것으로서 존속한다."

13) 기한 없는 채무의 지체책임에 관한 재판례를 본다. ㉠ 대판 2014.4.10. 2012다29557: "지명채권이 양도된 경우 채무자에 대한 대항요건이 갖추어질 때까지 채권양수인은 채무자에게 대항할 수 없으므로, 이행기의 정함이 없는 채권을 양수한 채권양수인이 채무자를 상대로 그 이행을 구하는 소를 제기하고 소송계속 중 채무자에 대한 채권양도통지가 이루어진 경우에는 특별한 사정이 없는 한 채무자는 채권양도통지가 도달된 다음날부터 이행지체의 책임을 진다." 압류 및 추심명령에 따라 압류된 채권액 상당에 관하여 제3채무자가 압류채권자에게 지체책임을 지는 것은 추심명령 발령 후 압류채권자로부터 추심금청구를 받은 다음날부터라는 대판 2012.10.25. 2010다47117도 참조. ㉡ 대판 2018.7.20. 2015다207044: "기한을 정하지 않은 채무에 정지조건이 있는 경우, 정지조건이 객관적으로 성취되고 그 후에 채권자가 이행을 청구하면 바로 지체책임이 발생한다. 조건과 기한은 하나의 법률행위에 독립적으로 작용하는 부관이므로, '조건의 성취'는 '기한이 없는 채무에서 이행기의 도래'와는 별개의 문제이기 때문이다."

14) 대판 1988.11.8. 88다3253.

15) 이때 최고가 해지의 의미를 가짐에 관하여 [2698] 참조.

최고가 필요 없다. 확고한 판례의 입장도 같다.[16] 피해의 충실한 구제를 위한 것이다.

마. 기한이익의 상실 [2292]

(1) 먼저 기한의 이익을 살핀다.

① 기한의 이익(期限의 利益)이란 기한이 존재하는 것, 즉 기한이 도래하지 않음으로써 당사자가 받는 이익을 말한다.

② (이행)기한의 이익을 누가 가지는지는 우선 법률행위의 성질에 따라 정해진다.[17] 그런데 법은 당사자의 특약이나 법률행위의 성질에 비추어 반대의 취지가 명백하지 않는 한 기한은 채무자의 이익을 위한 것으로 추정하는데(제153조 제1항), 의사표시 자체가 아니라 그 내용을 추정하는 것으로 의사추정에 속한다.

③ 기한의 이익을 가지는 이는 그 이익을 포기할 수 있지만, 그로 인하여 상대방에게 손해를 준 경우에 이를 배상해야 한다(같은 조 제2항. 제468조도 참조). 포기는 상대방 있는 단독행위로, 상대방에 대한 일방적 의사표시로 행하여진다.

(2) 이제 기한이익의 상실을 본다. [2293]

① 채무의 이행에 기한이 있는 경우에, 채무자는 기한이 도래할 때까지 이행을 하지 않아도 된다. 즉 기한의 존재는 채무자의 이익을 위한 것이다(제153조). 이처럼 계약 또는 법률이 채무자에게 기한의 이익을 부여하는 것은 채무자를 신용하여 그에게 이행의 유예를 주기 위한 것인데, 채무자의 신용을 소멸케 하는 사유가 발생하면 채무자는 기한의 이익을 상실한다. 즉 그는 "기한의 이익을 주장하지 못한다"(제388조). 따라서 채권자는 기한의 도래를 기다리지 않고 즉시 채무의 이행을 청구할 수 있으며,[18] 그럼에도 불구하고 채무의 이행이 없으면 이행지체로 된다.[19]

② 제388조는 기한이익 상실사유를 규정한다(채무자회생법 제425조도 참조).

ⓐ 채무자가 담보를 손상, 감소 또는 멸실하게 한 때(제388조 제1호): 여기서 담보는 물적 담보와 인적 담보를 가리지 않지만, 채무자의 일반재산은 이에 속하지 않는다. 그리고 손상 등의 행위가 법률행위이든 사실행위이든 상관없지만, 채무자(이행보조자를 포함한다)의 행위여야 한다. 나아가 기한이익 상실의 취지에 비추어, 잔존하는 담보가 채무를 충분히 담보할 수 있더라도 기한의 이익을 주장하지 못한다. 한편 학설은 대체로 채무자에게 고의나 과실이 있었는지 여부 등은 문제되지 않는다고 하지만,[20] 채무자측의 귀책사유가 있어야 할 것이다.

ⓑ 채무자가 담보제공의 의무를 이행하지 않는 때(제2호): 담보제공의무가 법률에 의한 것인지 아니면 당사자의 특약에 기한 것인지는 문제되지 않는다. 여기서의 담보도 물적 · 인적 담보를 포함하고, 채무자 자신의 담보제공의무를 자기에게 책임 있는 사유로 이행하지 않아야 한다.

③ 이상의 법정사유 외에 당사자들이 기한이익 상실의 특약을 하는 경우가 거래계에서 드물지 않다. 이에 관하여 본다. [2294]

16) 대판 1993.3.9. 92다48413 등. 위자료청구권에 대하여 예외가 인정됨에 관하여 [3092] 참조.

17) 무상임치에서 채권자만이, 역으로 무이자 소비대차에서 채무자만이 기한의 이익을 가지는 반면, 이자부 소비대차에서는 채권자와 채무자 쌍방이 기한의 이익을 가진다.

18) 이자부 소비대차와 같이 기한의 이익이 채권자를 위해서도 존재하는 경우에, 채권자가 기한의 이익을 주장하는 것은 별개의 문제이다.

19) 한편 기한이익 상실사유가 발생하면 즉시 이행청구를 할 수 있으므로 그때부터 소멸시효가 진행한다.

20) 제1호가 불법행위에 대한 제재가 아닌 점 등을 근거로 한다.

ⓐ 기한이익 상실특약의 모습에 관하여 대판 2002.9.4. 2002다28340: "기한이익 상실의 특약은 그 내용에 의하여 일정한 사유가 발생하면 채권자의 청구 등을 요함이 없이 당연히 기한의 이익이 상실되어 이행기가 도래하는 것으로 하는 정지조건부 기한이익 상실의 특약과 일정한 사유가 발생한 후 채권자의 통지나 청구 등 채권자의 의사행위를 기다려 비로소 이행기가 도래하는 것으로 하는 형성권적 기한이익 상실의 특약의 두 가지로 대별할 수 있고, 기한이익 상실의 특약이 위의 양자 중 어느 것에 해당하느냐는 당사자의 의사해석의 문제이지만 일반적으로 기한이익 상실의 특약이 채권자를 위하여 둔 것인 점에 비추어 명백히 정지조건부 기한이익 상실의 특약이라고 볼 만한 특별한 사정이 없는 이상 형성권적 기한이익 상실의 특약으로 추정하는 것이 타당하다."[21]

ⓑ 형성권적 기한이익 상실의 특약이 있는 경우에, 그 특약은 채권자의 이익을 위한 것이다. 따라서 기한이익의 상실사유가 발생하였더라도 채권자가 잔액 전부를 일시에 청구할 것인지 아니면 종래대로 할부변제를 청구할 것인지를 선택할 수 있으므로, 이러한 특약이 있는 할부채무에서 1회의 불이행이 있더라도 각 할부금에 대해 각 변제기의 도래시마다 그때부터 순차로 소멸시효가 진행하고, 채권자가 특히 잔존채무 전액의 변제를 구하는 취지의 의사를 표시한 경우에 한하여 전액에 대하여 그때부터 소멸시효가 진행한다는 것이 판례의 입장이다.[22]

반면 정지조건부 기한이익 상실의 특약을 한 경우에, 그 특약에 정한 기한이익 상실사유가 발생함과 동시에 기한의 이익을 상실케 하는 채권자의 의사표시가 없더라도 이행기 도래의 효과가 발생하고, 특별한 사정이 없는 한 채무자는 그때부터 이행지체의 상태에 놓이고,[23] 소멸시효는 채무불이행시부터 진행한다.

[2295] 3. 채무자의 이행거절권능

(1) 이행거절권능(履行拒絕權能), 즉 채무자의 불이행을 정당화해 주는 사유(예: 유치권, 동시이행의 항변권)가 있으면 이행지체로 되지 않는다. 그런데 채무불이행이 있으면 위법성이 추정되므로 이러한 사유의 존재는 이행지체로 인한 손해배상을 구하는 소에서 채무자의 항변사유이다 ([2374] 참조). 이들 중 동시이행의 항변권은 아래에서 따로 검토한다.

(2) 채권이 가압류되거나 채무에 관한 지급금지가처분이 있더라도 이행기가 도래하면 채무자는 이행을 해야 하고, 그렇지 않으면 이행지체의 책임을 진다. 이러한 경우에 채무자는 공탁을 통하여 이중변제의 위험을 피할 수 있다.[24]

---

21) 기한이익 상실특약의 모습이 상계와 관련해서도 의미를 가질 수 있음에 관하여 [4058] 참조.

22) 대판 1997.8.29. 97다12990; 앞의 2002다28340 판결.

23) 대판 1989.9.29. 88다카14663.

24) 대판 2010.2.25. 2009다22778: "이행보증계약에 기한 보증인의 보증금지급의무에 관하여 지급금지가처분결정이 있었다고 하더라도 그것으로써 보증인에게 그 지급을 거절할 수 있는 사유, 즉 지급거절의 권능이 발생한다고 할 수 없고, 보증금지급의무가 실제로 발생하여 그 이행기가 도래하면 보증인은 보증채권자에게 이를 이행하여야 하며, 이를 이행하지 아니하는 경우에는 지체책임 발생의 다른 요건이 갖추어지는 한 그 이행의 지체로 인한 손해배상 등 법적 책임을 져야 한다. 다만, 그는 보증금을 채권자의 수령불능을 이유로 변제공탁함으로써 자신의 보증금지급채무로부터 벗어날 수 있고, 그에 따라 위에서 본 바와 같은 지체책임도 면하게 된다." [2267]도 참조.

Ⅱ. 이행지체의 효과 [2296]

1. 본래의 급부청구권에의 영향

가. 급부청구권의 존속

채무자의 급부의무는 이행지체의 성립에 의하여 영향을 받지 않는다. 즉 본래의 급부는 아직 가능하므로, 채권자는 채무자에게 급부를 청구할 수 있으며, 채무자가 불응하면 법원에 강제이행을 청구할 수 있다(제389조).

나. 책임의 가중

(1) 과실책임주의에 따라 채무자는 자신의 과책에 기하지 않은 불능 또는 불가항력으로 인한 불능에 대하여 책임을 지지 않지만(제390조 단서), 지체가 성립한 후에는 무과실책임을 진다. 즉 지체 중에 발생한 불능에 대해서는 과책이 없더라도, 심지어 불가항력에 기한 것이라도 손해배상책임을 진다(제392조 본문).[25]

(2) 다만 이행기에 이행하였더라도 채권자가 손해를 면할 수 없었음[26]을 증명하면, 채무자는 지체 중 자신의 과책에 기하지 않고 발생한 손해에 대하여 책임을 면한다(제392조 단서 및 [2389] 참조).

나아가 채권자에게 책임 있는 사유로 인한 불능의 경우에도 제392조는 적용되지 않고, 따라서 채무자는 그에 대하여 책임을 지지 않는데, 채무가 쌍무계약에 기한 것이라면 제538조 제1항 전문에 따라 반대급부를 청구할 수 있다.

다. 계약의 해제

(1) 채무가 계약에 의하여 발생한 것인 경우에, 채무자가 이행지체에 빠지면 채권자에게 계약해제권이 발생한다(제544조, 제545조).

(2) 계약의 해제는 손해배상의 청구에 영향을 미치지 않는다(제551조). 즉 채권자는 계약의 해제와 함께 손해의 배상도 구할 수 있다.

2. 손해배상책임 [2297]

가. 서 설

이행기를 도과한 데 대하여 채무자에게 귀책사유가 있다면(보다 정확하게는 채무자가 자기에게 고의 및 과실이 없었음을 증명하지 못하면), 제390조 본문에 따라 채권자는 채무자에 대하여 손해의 배상을 청구할 수 있다. 여기서의 손해배상은 지연배상(遲延賠償. 제때 이행되지 않았기 때문에 채권자가 입은 손해의 배상)이지만, 예외적으로 전보배상(塡補賠償. 채무의 내용인 본래의 급부에 갈음하는 손해배상)이 인정될 수도 있다.

나. 지연배상

(1) 이행지체에서 손해배상의 기본값은 지연배상이다.[27] 즉 채권자는 본래의 급부청구권을

---

25) 예를 들어 매도인이 이행기 도과 후 매매목적물인 승용차를 도난당하였다면(지체 중의 이행불능), 채무자는 채권자의 손해를 배상해야 하는데, 불능과 지체 사이에 인과관계가 존재해야 하는 것은 아니다.

26) 앞의 예에서 가령 승용차가 적시에 이행(인도)되었더라도 매수인의 차고에 발생한 화재로 소실되었을 것이라는 점.

27) 확정기한부 채무에서 이행을 구하기 위하여 지출한 변호사비용이 지연손해에 해당하지만, 기한 없는 채무에서는 최고에 의하여 비

계속 보유하며, 그에 더하여 지연배상청구권을 취득한다. 그리고 실제로 발생한 손해(예컨대 주택 인도의 지연 때문에 지출한 호텔비) 외에 일실이익(공작기계가 제때 인도되지 못하여 공장을 가동하지 못해서 얻지 못한 손해)도 포함하지만, 배상받을 수 있는지는 제393조에 의한다.

(2) 일단 확정된 지연손해금채무는 기한 없는 채무로서 채권자의 최고로 이행지체에 빠지고(제387조 제2항),[28] 그 다음날부터 제397조에 따라 연 5%의 지연이자가 발생한다(소송촉진법 제3조도 참조).

(3) 이행지체 성립 후의 변제제공이 유효한 제공으로 되기 위하여 채무자는 본래의 급부뿐만 아니라 지연배상도 함께 제공해야 한다.[29] 즉 본래의 급부만의 제공은 채무내용에 좇은 변제의 제공이 아니다.

[2298] **다. 전보배상**

(1) 이행지체가 성립한 경우에, 채권자가 채무자에게 상당한 기간을 정하여 이행을 최고하였음에도 그 기간 내에 이행이 없거나 지체 후의 이행이 채권자에게 이익이 없다면,[30] 채권자가 이행의 수령을 거절하고 이행에 갈음하는 손해배상(전보배상)을 구할 수 있다(제395조).[31] 이 경우 이행청구권 대신 손해배상청구권이 들어선다. 그 손해액은 급부가 제때 행하여졌더라면 채권자가 놓여 있었을 상태를 기준으로 결정되고, 당연히 지연손해도 포함한다.

(2) 상당한 기간을 정한 최고에 기하여 채권자가 전보배상을 구하는 경우에, 그 배상액은 최고하였던 상당한 기간이 경과한 당시의 시가를 기준으로 산정한다.[32]

(3) 전보배상의 경우에 채무자는 급부의 목적인 물건 또는 권리에 관하여 당연히 채권자를 대위한다(제399조).

[2299] **3. 이행지체의 종료**

(1) 이행지체의 종료사유로 변제 등으로 인한 채권의 소멸, 변제의 제공, 채권자의 지체면제,[33] 지체 후의 불능 등이 있다.

(2) 채무가 소멸하지 않은 채 이행지체가 종료되면, 그 채무는 기한의 정함이 없는 채무로 된다.

로소 지체에 빠지므로 변호사를 통한 최고비용은 지연손해가 아니다.

28) 대판 2022.3.11. 2021다232331: "지연손해금은 금전채무의 이행지체에 따른 손해배상으로서 기한이 없는 채무에 해당하므로, 확정된 지연손해금에 대하여 채권자가 이행청구를 하면 채무자는 그에 대한 지체책임을 부담하게 된다. 판결에 의해 권리의 실체적인 내용이 바뀌는 것은 아니므로, 이행판결이 확정된 지연손해금의 경우에도 채권자의 이행청구에 의해 지체책임이 생긴다." 대판 2004.7.9. 2004다11582; 대판 2010.12.9. 2009다59237도 동지.

참고로 대판 2022.4.14. 2020다268760: "판결이 확정된 채권자가 시효중단을 위한 신소를 제기하면서 확정판결에 따른 원금과 함께 원금에 대한 확정지연손해금 및 이에 대한 지연손해금을 청구하는 경우, 확정지연손해금에 대한 지연손해금채권은 채권자가 신소로써 확정지연손해금을 청구함에 따라 비로소 발생하는 채권으로서 전소의 소송물인 원금채권이나 확정지연손해금채권과는 별개의 소송물이므로, 채무자는 확정지연손해금에 대하여도 이행청구를 받은 다음날부터 지연손해금을 별도로 지급하여야 하되 그 이율은 신소에 적용되는 법률이 정한 이율을 적용하여야 한다."

29) 대판 2005.8.19. 2003다22042는 원본과 지연이자의 합계액에 미치지 못하는 이행제공을 하면서 이를 원본에 대한 변제로 지정한 경우에 그 효력이 없다고 하였다.

30) 이 점은 채권자가 증명해야 한다.

31) 관련하여 대판 2024.2.15. 2019다238640: "수익자가 사해행위 취소소송의 확정판결에 따른 원상회복으로 대체물 인도의무를 이행하지 않았다는 이유만으로 취소채권자가 수익자를 상대로 민법 제395조에 따라 이행지체로 인한 전보배상을 구할 수는 없다. 다만 수익자의 대체물 인도의무에 대한 강제집행이 불가능하거나 현저히 곤란하다고 평가할 수 있는 경우에는 전보배상을 구할 수 있다."

32) 대판 1997.12.26. 97다24542.

33) 이행지체에 빠진 후 채무의 일부를 수령하였다고 해서 이행지체의 효과가 없어지지 않는다고 한 대판 1992.10.27. 91다483 참조.

제 3. 동시이행의 항변권

Ⅰ. 총 설 [2300]

(1) V가 그 소유의 아파트에 관하여 K와 매매계약을 체결하면서 잔금의 이행기를 5월 1일로 정했는데, 그날 V가 K에게 소유권이전등기에 필요한 서류를 교부(또는 제공)하지 않은 채 잔금지급을 요구하는 경우를 보자. 이 경우 K가 그날 자기채무를 이행하지 않으면 이행지체에 빠진다. K로서는 대금을 지급하여 이행지체를 면할 수 있지만, V가 소유권이전등기를 해준다는 보장이 없어서 결국 K가 위험한 지위에 놓인다. 물론 V의 이행이 없으면 K는 채무불이행책임을 물을 수 있지만, V가 위 아파트를 이중으로 매도한 경우에 계약의 목적(아파트 소유권의 취득)을 달성할 수 없게 될 뿐만 아니라 V가 무자력이라면 손해배상청구권도 무의미하다. 이처럼 상대방의 급부를 받지 못한 상태에서 자기채무를 이행해야 할 위험을 선이행의 위험(先履行의 危險)이라 한다.[1]

(2) 쌍무계약의 상호의존관계(견련관계)를 이행단계에서도 유지함으로써 당사자들을 선이행의 위험으로부터 보호할 필요가 있다. 즉 쌍무계약의 당사자 일방이 (이행기에 있는) 자기채무를 이행하거나 이행의 제공을 하지 않은 채 상대방에게 채무의 이행을 청구하면, 상대방은 그 이행을 거절할 수 있다(제536조 제1항). 쌍무계약의 이행상의 견련성에 기한 이러한 거절권을 동시이행의 항변권(同時履行의 抗辯權)이라 한다.

(3) 동시이행의 항변권은, 공평의 관념과 신의칙에 입각하여, 쌍무계약의 각 당사자가 부담하는 채무가 서로 대가적 의미를 가지므로 당사자 일방이 자기채무를 이행하거나 이행의 제공을 하지 않은 채 상대방채무의 이행을 청구하면 상대방이 채무이행을 거절할 수 있도록 하는 제도이다.[2] [2301]

(4) 이 항변권에 의하여 자기채무에 관한 지체책임을 발생시키는 상대방의 일방적인 이행청구를 거절할 수 있다(권리저지사실). 즉 동시이행의 항변권은 상대방의 청구권 행사를 전제로 하는 항변권이고, 그중에서도 상대방이 채무이행을 제공할 때까지 일시적/잠정적으로 그 실현을 저지할 수 있다는 점에서 연기적 항변권(延期的 抗辯權)에 속한다.

그런데 동시이행의 항변권을 행사하여 상대방의 일방적인 이행청구를 거절함으로써 선이행의 위험을 회피할 수 있지만, 나아가 상대방이 채무를 이행하지 않는 경우에 그 이행을 사실상 강제하는 압박수단(의무를 이행하지 않는 한 권리를 행사하지 못한다)으로 반대급부 이행의 보장책(양 채무가 서로 실질적인 담보의 의미를 가진다)으로서 기능할 수도 있다.

Ⅱ. 요 건 [2302]

1. 서 론

(1) 동시이행의 항변권이 발생하기 위한 요건은, 상대방의 이행청구를 당연한 전제로 하여, ① 쌍무계약에 기한, 서로 대가적 의미를 가지는 채무가 존재할 것, ② 상대방의 채무가 변제기에 있을 것, ③ 상대방이 자기채무의 이행 또는 그 제공 없이 이행을 청구할 것의 3가지이다.

---

1) 이러한 위험을 피할 수 있는 방법으로 담보제도에 관하여 [5400] 참조.

2) 대판 1999.4.23, 98다53899. 같은 제도목적을 가지는 유치권과의 관계에 관하여 [5529] 참조.

(2) 동시이행의 항변권에 관한 제536조는 강행규정이 아니다. 따라서 쌍방의 채무가 쌍무계약이 아니라 별개의 계약에 기한 것이라도 특약이 있으면 동시이행의 항변권이 인정되는 반면,[3] 쌍무계약에 기한 것이라도 동시이행의 항변권을 배제할 수 있다.[4]

[2303] **2. 쌍무계약에 기한 채무의 존재**

(1) 이행을 거절하는 이의 채무가 이행을 구하는 상대방의 채무와 하나의 쌍무계약에서 발생하여 서로 대가적 의미를 가지는 것이어야 한다.[5]

(2) 견련성은 주된 급부의무 사이에서 문제되고, 부수의무 상호간 또는 부수의무와 주된 급부의무 사이에서는 동시이행관계가 인정되지 않는다. 물론 특약이 있거나 부수의무가 계약의 중요한 전제조건이 되었다는 등의 특별한 사정이 있는 경우에는 그렇지 않다.[6]

그런데 부동산매매에서 매도인의 소유권이전등기의무뿐만 아니라 목적물인도의무도 매수인의 대금지급의무와 동시이행관계에 서는 것이 원칙이다.[7] 나아가 매도인은 특별한 사정이 없는 한 제한이나 부담이 없는 완전한 소유권을 이전할 의무를 지므로, 매매목적부동산에 저당권 등의 부담이 설정되어 있는 경우에 그 말소의무도 매수인의 의무와 동시이행관계에 선다.[8] 그 밖에 소유권이전등기에 필요한 요건으로 토지거래허가구역 내 토지의 매매에서 신고필증 제공의무,[9] 농지매매에서 농지취득자격증명(농지법 제8조 제1항 참조) 제공의무 등도 매수인의 의무와 동시이행관계에 선다.[10]

[2304] (3) 채무에 변경이 생긴 경우를 본다.

① 채권이 양도되거나 채무가 인수되더라도 동일성이 유지되므로 동시이행관계는 존속한다. 즉 채권양도에서 채무자는 양수인에 대하여 동시이행의 항변권을 주장할 수 있고,[11] 전부명령을 받은 경우에도 다르지 않다.[12]

---

3) 대판 1990.4.13. 89다카23794 참조.

4) 동시이행의 항변권을 포기한 이는 선이행의 위험을 인수한 것으로 평가된다는 대판 2011.4.28. 2011도3247도 참조.

5) 민법상의 전형계약 등이 결합된 경우에 관하여 대판 2010.3.25. 2007다35152: "하나의 계약 혹은 그 계약에 추가된 약정으로 둘 이상의 민법상의 전형계약 내지 민법상의 채권적 권리의무관계(이하 '민법상의 전형계약 등'이라 한다)가 포괄되어 있고, 이에 따른 당사자 사이의 여러 권리의무가 동일한 경제적 목적을 위하여 서로 밀접하게 연관되어 있는 경우에는, 이를 민법상의 전형계약 등에 상응하는 부분으로 서로 분리하여 그 각각의 전형계약 등의 범위 안에서 대가관계에 있는 의무만을 동시이행관계에 있다고 볼 것이 아니고, 당사자 일방의 여러 의무가 포괄하여 상대방의 여러 의무와 사이에 대가관계에 있다고 인정되는 한, 이러한 당사자 일방의 여러 의무와 상대방의 여러 의무는 동시이행의 관계에 있다고 볼 수 있다."

6) 자신이 공급하는 물품을 선전해야 할 매도인의 의무에 관한 대판 1976.10.12. 73다584 참조.

7) 대판 2000.11.28. 2000다8533.

8) 가압류등기 등이 있는 경우에 관한 앞의 2000다8533 판결. 처분금지가처분등기가 있는 경우에 관한 대판 1999.7.9. 98다13754·13761도 동지.

9) 대판 1993.8.24. 92다56490(나아가 매수인이 양도소득세를 부담하기로 하는 약정에 따른 양도소득세액 제공의무와 소유권이전등기의무가 동시이행관계에 있다고 보았다).

10) 동시이행관계에 서는 채무의 범위를 본다. ㉠ 부동산교환계약에서 목적부동산에 설정된 담보권의 피담보채무를 인수하기로 하는 약정이 행하여진 경우에, 그 일방(X)이 상대방(Y)의 채무인수의무 불이행으로 말미암아 그 채무를 대신 변제하였다면 그로 인한 손해배상채무는 채무인수의무의 변형으로서 X의 소유권이전등기의무와 Y의 그 손해배상채무는 대가적 의미가 있어 이행상 견련관계에 있어서, 양자는 동시이행의 관계에 있다고 해석함이 공평의 관념 및 신의칙에 합당하다(대판 2014.4.30. 2010다11323. 이행인수에 따른 구상채무에 관하여 대판 2004.7.9. 2004다13083도 동지). ㉡ 임대차와 같은 계속적 계약 또는 신문이나 우유의 배달과 같은 계속적 공급계약에서도 위에서 설명한 바에 따라 동시이행관계에 서는 채무의 범위가 결정된다. 예컨대 계속적 공급계약에서 일방이 어느 달의 중심적 채무(예: 신문대금의 지급)를 이행하지 않은 경우에 상대방은 다음 달의 중심적 채무(신문의 배달)의 이행을 거절할 수 있다. 나아가 가옥의 임대차에서 수선의무의 불이행으로 목적물을 사용·수익할 수 없다면 임차인은 차임의 지불을 거절할 수 있다.

11) 채무자가 이의를 보류하지 않고 승낙한 경우에 그렇지 않음에 관하여 제451조 제1항 및 [4249] 참조.

12) 임차인의 임차보증금반환채권이 전부된 경우에, 채권의 동일성은 유지되므로 동시이행관계도 당연히 존속하고, 임대차계약이 해지된 후 임대인이 잔존 임차보증금반환채권을 전부받은 이에게 그 채무를 현실적으로 이행하였거나 그 채무이행을 제공하였음에도 불구하고 임차인이 목적물을 인도하지 않음으로써 임차목적물반환채무가 이행지체에 빠지는 등의 사유로 동시이행의 항변권을 상실하였다는 점에 관하여 임대인이 주장·증명을 하지 않은 이상, 임차인의 목적물에 대한 점유는 동시이행의 항변권에 기한 것이어서

② 당사자 일방의 채무가 이행불능을 이유로 한 손해배상의무로 바뀌더라도 동일성이 유지되므로 동시이행관계는 존속한다.[13]

③ 대가적 의미를 가지는 채무의 일방이 변제 등으로 소멸한 경우에, 동시이행관계가 유지되지 않음은 당연하다.

④ 당사자 일방의 채무가 경개로 소멸하면, 새로 성립한 채무와 소멸한 채무 사이에 동일성이 인정되지 않으므로 동시이행의 항변권도 소멸한다.

3. 상대방의 채무가 변제기에 있을 것 [2305]

가. 선이행의무와 동시이행의 항변권

(1) 상대방의 채무가 아직 변제기에 있지 않으면 동시이행의 항변권이 발생하지 않는다(제536조 제1항 단서). 즉 선이행의무(상대방보다 먼저 이행할 의무)를 지는 이는 동시이행의 항변권을 행사할 수 없다.[14]

(2) 선이행의무는 특약(당사자의 자발적 위험인수)이나 법률의 규정(예: 제633조, 제665조, 제686조, 제701조 등)에 의하여 정해진다.[15] 특히 물적 담보가 설정된 경우에 피담보채무가 변제되어야 비로소 담보권자의 담보등기의 말소(또는 담보물의 반환)에 관한 의무가 발생하는데, "금전채권의 채무자가 채권자에게 담보를 제공한 경우 특별한 사정이 없는 한 채권자는 채무자로부터 채무를 모두 변제받은 다음 담보를 반환하면 될 뿐 채무자의 변제의무와 채권자의 담보반환의무가 동시이행관계에 있다고 볼 수 없다. 따라서 채권자가 채무자로부터 제공받은 담보를 반환하기 전에도 특별한 사정이 없는 한 채무자는 이행지체책임을 진다."[16]

그런데 거래의 성질 또는 계약의 목적상 일방의 선이행이 있어야 상대방이 이행할 수 있는 특수한 사정이 있으면, 상대방채무의 변제기가 도래한 후라도 선이행의무자가 동시이행의 항변권을 취득하지 못한다.[17]

나. 예　　외 [2306]

다음 두 경우에 예외가 인정된다.

(1) 동시이행의 항변권의 요건으로서 변제기의 도래는 항변권을 행사할 때 상대방의 채무가

불법점유라고 볼 수 없다(대판 1989.10.27. 89다카4298; 대판 2002.7.26. 2001다68839). 금전채권에 대한 압류 및 추심명령이 있는 경우에 추심채무자는 제3채무자에 대하여 피압류채권에 기하여 동시이행을 구하는 항변권을 상실하지 않는다고 한 대판 2001.3.9. 2000다73490도 참조.

13) 대판 2000.2.25. 97다30066.

14) 이행청구를 받은 이의 채무가 이행기에 있지 않다면 이행청구 자체가 적법하지 않다.

15) 참고로 제585조에 따라 매매에서는 동일기한이 추정되고, 이는 제567조에 의하여 유상계약에 준용된다.

16) 대판 2019.10.31. 2019다247651. 토지의 매매계약과 함께 대금의 지급을 담보하기 위하여 토지 위에 건축업자(A)의 비용으로 건축하여 완공될 건물을 담보로 제공하기로 하는 담보권설정계약을 체결하면서 A가 신축한 건물과 대지의 분양대금에서 먼저 토지의 잔대금을 토지소유자(B)에게 지급하면 B는 건물과 대지의 소유권이전등기에 필요한 서류를 수분양자들에게 직접 교부하기로 약정한 경우에, A의 B에 대한 토지의 매매잔대금지급은 건물에 의해 담보된 피담보채권의 변제로서의 성격을 아울러 가지므로, A의 매매잔대금지급의무는 B의 토지소유권이전등기의무보다 선이행하기로 약정한 것이라고 보는 것이 담보권의 성질 및 당사자의 합리적 의사에 부합한다고 한 대판 2001.6.26. 99다47501 및 이미 사실상 이행지체에 빠진 임대인의 임차보증금반환의무와 그에 대응하는 임차인의 권리를 보전하기 위하여 새로이 경료하는 임차권등기에 대한 임차인의 말소의무를 동시이행관계에 있는 것으로 해석할 것은 아니고, 특히 위 임차권등기는 임차인으로 하여금 기왕의 대항력이나 우선변제권을 유지하도록 해 주는 담보적 기능만을 주목적으로 하는 점 등에 비추어 볼 때, 임대인의 임차보증금반환의무가 임차인의 임차권등기말소의무보다 먼저 이행되어야 할 의무라고 한 대판 2005.6.9. 2005다4529도 참조.

17) 매도인이 매수인으로부터 중도금을 지급받아 원매도인에게 매매잔대금을 지급하지 않고서는 토지의 소유권이전등기서류를 갖추어 매수인에게 제공하기 어려운 특별한 사정이 있었고 매수인도 그러한 사정을 알고 매매계약을 체결하였던 경우에 관한 대판 1997.4.11. 96다31109 참조.

이행기에 있을 것을 요구하는 것일 뿐이며, 처음부터 이행기가 같아야 하는 것은 아니다. 따라서 선이행의무를 이행하지 않고 있던 중 상대방채무의 이행기가 도래한 경우에 선이행의무를 지는 이도 동시이행관계를 주장할 수 있다. 가령 부동산매수인이 선이행의무인 중도금지급의무를 이행하지 않고 있던 중 계약이 해제되지 않은 채 잔금지급기일이 도래한 경우에, 중도금지급의무와 소유권이전등기 소요서류의 제공의무 사이에도 동시이행관계가 인정되고,[18] 이 시점부터 반대채무(즉 소유권이전등기 소요서류의 교부의무)의 이행 또는 그 제공이 없는 한 중도금지급의무도 이행지체에서 벗어난다.[19] 다만 그렇다고 하여 잔금지급기일까지의 지체가 없어지지는 않으므로, 잔금지급기일 이후 소유권이전등기 소요서류의 제공의무와 동시이행관계에 서는 채무는 「중도금과 잔금 및 (상대방이 지체책임을 면제해 주지 않는 한) 중도금지급기일 다음날부터 잔금지급기일까지의 지연손해금을 포함한 금원」의 지급의무이다.[20)]

[2307] (2) 선이행의무를 지는 당사자는 상대방채무의 변제기가 도래하기 전이라도 "상대방의 이행이 곤란할 현저한 사유"가 있으면 동시이행의 항변권을 가진다(제536조 제2항. 제588조도 참조). 계약성립 「후」 상대방의 신용불안이나 재산상태의 악화 등 반대급부를 이행받을 수 없게 될지 모를 사정변경이 생기고, 이로 인하여 당초의 계약내용에 따른 선이행의무를 이행하게 하는 것이 공평의 관념과 신의칙에 반하는 경우에, 반대급부의 이행이 확실해질 때까지 인정되는 잠정적인 항변권으로, 이를 불안의 항변권(不安의 抗辯權)이라 한다.[21]

이러한 사유가 존재하는지는 계약목적물의 성질, 거래기간 등 당사자 쌍방의 사정을 종합하여 판단해야 하는데, 신용불안이나 재산상태의 악화 등에 한정되지 않는다.[22]

[2308] 4. 상대방의 이행 또는 그 제공이 없을 것

(1) 상대방이 자기채무의 이행을 하면, 채권의 대립상태는 소멸하므로 동시이행이 문제될 여지가 없다. 채무자에게 책임 없는 사유로 채무가 불능으로 된 경우에도 동시이행이 문제되지 않지만, 대상청구권을 행사하는 경우에는 그렇지 않다. 상대방이 채무내용에 좇은 이행의 제공을 한 경우에도 동시이행의 항변권이 봉쇄된다.[23]

---

18) 대판 1998.3.13. 97다54604 · 54611. 교환계약의 당사자 일방이 인수한 교환목적물에 관한 근저당권의 피담보채무지급의무와 상대방의 소유권이전등기의무가 모두 각 이행기에 이행되지 않은 채 이행기가 도과한 경우에, 양 채무가 동시이행의 관계에 있다고 한 대판 1998.7.24. 98다13877도 참조.

19) 대판 2002.3.29. 2000다577.

20) 대판 1991.3.27. 90다19930.

21) 상대방의 채무가 아직 이행기에 이르지 않았지만 이행기에 이행될 것인지 여부가 현저히 불확실하게 된 경우에는 선이행채무를 지는 당사자에게 상대방의 이행이 확실하게 될 때까지 선이행의무의 이행을 거절할 수 있다고 한 대판 2022.5.13. 2019다215791 참조.

22) 대판 2012.3.29. 2011다93025: "민법 제536조 제2항의 이른바 불안의 항변권을 발생시키는 사유에 관하여 신용불안이나 재산상태 악화와 같이 채권자측에 발생한 객관적 · 일반적 사정만이 이에 해당한다고 제한적으로 해석할 이유는 없다. 특히 상당한 기간에 걸쳐 공사를 수행하는 도급계약에서 일정기간마다 이미 행하여진 공사부분에 대하여 기성공사금 등의 이름으로 그 대가를 지급하기로 약정되어 있는 경우에는, 수급인의 일회적인 급부가 통상 선이행되어야 하는 일반적인 도급계약에서와는 달리 위와 같은 공사대금의 축차적인 지급이 수급인의 장래의 원만한 이행을 보장하는 것으로 전제된 측면도 있다고 할 것이어서, 도급인이 계약체결 후에 위와 같은 약정을 위반하여 정당한 이유 없이 기성공사금을 지급하지 아니하고 이로 인하여 수급인이 공사를 계속해서 진행하더라도 그 공사내용에 따르는 공사금의 상당부분을 약정대로 지급받을 것을 합리적으로 기대할 수 없게 되어서 수급인으로 하여금 당초의 계약내용에 따른 선이행의무의 이행을 요구하는 것이 공평에 반하게 되었다면, 비록 도급인에게 신용불안 등과 같은 사정이 없다고 하여도 수급인은 민법 제536조 제2항에 의하여 계속공사의무의 이행을 거절할 수 있다." 계속적 임가공거래에서 변제기가 지난 기간의 임가공비를 지급받지 못하였고 정산완료 후 변제기 미도래의 임가공비에 대한 지급보장수단이 없다는 이유로 불안의 항변권을 인정한 대판 1995.2.28. 93다53887 및 사전구상권을 행사하는 구상권자에 대하여 파산이 선고된 경우에 제536조 제2항을 유추한 대판 2002.11.26. 2001다833도 참조.

23) 부동산매매에서 매도인이 매수인에게 지체책임을 지워 매매계약을 해제하려면, 매수인이 이행기일에 잔대금을 지급하지 아니한 사실만으로 부족하고, 매도인이 소유권이전등기신청에 필요한 일체의 서류를 수리할 수 있을 정도로 준비하여 그 뜻을 상대방에게 통지하여 수령을 최고함으로써 이를 제공해야 하는 것이 원칙이고, 또 상당한 기간을 정하여 상대방의 잔대금채무이행을 최고한 후 매수인이 이에 응하지 아니한 사실이 있어야 한다(대판 1992.7.14. 92다5713).

이처럼 동시이행의 항변권이 봉쇄된 상태에서 이행기를 도과하면 이행지체가 성립하는데, 이에 대한 증명책임은 동시이행의 항변권을 배제하려는 측이 진다.[24]

(2) 상대방의 이행 또는 이행의 제공은 "채무내용에 좇은"(제460조) 것이어야 한다. "동시이행관계에 있는 쌍무계약상 자기채무의 이행을 제공하는 경우 그 채무를 이행함에 있어 상대방의 행위를 필요로 할 때에는 언제든지 현실로 이행을 할 수 있는 준비를 완료하고 그 뜻을 상대방에게 통지하여 그 수령을 최고하여야만 상대방으로 하여금 이행지체에 빠지게 할 수 있다."[25] 그리고 일부의 또는 불완전한 급부제공은 채무내용에 좇은 것이 아니므로 채권자가 그 수령을 거절하고 반대급부 전부의 이행을 거절할 수 있다. 다만 급부가 가분이라면 상대방이 아직 이행하지 않았거나 이행이 불완전한 부분에 해당하는 만큼의 자기채무의 이행을 거절할 수 있을 뿐이고, 그 부분이 근소·경미하여 동시이행의 항변권을 인정하는 것이 신의칙에 반하여 부당한 경우에 이 항변권이 인정되지 않는다.[26]

Ⅲ. 효 과 [2309]

1. 실체법상 효과

가. 이행거절권능

(1) 연기적 항변권으로서 동시이행의 항변권은 이행거절권능(履行拒絶權能)을 생기게 할 뿐이고, 채무 자체를 소멸시키지 않을 뿐만 아니라 당초에 약정된 변제기를 변경시키거나 변제기의 정함이 없는 채무로 그 성질을 변경시키는 효력을 가지지도 않는다.[27]

(2) 동시이행관계에 있는 양 채무가 모두 금전채무라면 공평의 원칙상 대등액의 범위에 한하여 이행거절이 정당화된다.[28]

(3) 동시이행의 항변권이 사용·수익을 정당화하는 권원은 아니므로, 임차보증금을 반환받지 못한 임차인이라도 임차목적물을 사용·수익하면 부당이득이 성립한다.

나. 당 연 효 [2310]

동시이행의 항변권은 이행거절권능이므로, 상대방채무의 이행 또는 그 제공이 없는 한 자기채무의 이행기가 지난 후에 이행을 하지 않더라도 이행지체의 책임을 지지 않는다.

그런데 채무자가 동시이행의 항변권을 행사하지 않더라도(즉 이행거절의사를 밝히지 않았더라도) 이행거절권능의 존재 자체로 이행지체책임은 발생하지 않는다.[29] 동시이행의 항변권의 존재

---

24) 대판 2013.4.11. 2012다65294.

25) 대판 2010.10.14. 2010다47438.

26) 임차인이 326,000원이 소요되는 전기시설의 원상회복을 하지 않은 채 건물의 인도이행을 제공한 경우에, 임대인이 이를 이유로 125,226,670원의 잔존 임대차보증금 전액의 반환을 거부할 수 없다고 한 대판 1999.11.12. 99다34697 참조.

27) 이행거절권능을 가지는 매수인이 이를 행사하지 않고 대금채무를 이행한 경우에 납부기한 전에 선납한 것에 해당한다고 볼 수 없다고 한 대판 1997.7.25. 97다5541 참조.

28) 도급계약에 기하여 동시이행관계에 있는 반대채권의 존재로 인하여 상대방에 대한 채무의 이행을 거절할 권능을 가지고 이행지체책임을 지지 않는 것은 서로 자신과 상대방의 채무액 중 대등액의 범위에 한하여 인정될 뿐이라고 한 대판 2007.8.23. 2007다26455·26462. 구 도시정비법 제47조에 따른 현금청산에서 토지 등 소유자가 토지·건축물 등에 관한 소유권이전등기 및 인도를 마쳤으나 근저당권설정등기를 말소하지 않은 경우에, 재건축조합은 말소되지 않은 근저당권의 채권최고액 또는 채권최고액의 범위 내에서 확정된 피담보채무액에 해당하는 청산금에 대해서만 동시이행의 항변권에 기초하여 지급을 거절할 수 있다고 본 대판(전) 2015.11.19. 2012다114776도 참조.

29) 대판 1998.3.13. 97다54604·54611; 대판 2001.7.10. 2001다3764.

자체가 채무를 이행하지 않음을 정당화하는 사유에 해당하기 때문이다. 이러한 효과를 당연효(當然效. 존재효라고도 하는데, 이른바 「행사효」와 대비된다)라 한다. 제536조 제2항의 불안의 항변권에서도 마찬가지이다.30)

다만 이러한 효과를 소송에서 관철하려면 동시이행관계를 소송상 원용해야 하고, 당사자가 원용하지 않는데도 법원이 직권으로 고려해서는 안 된다.31)

[2311] **다. 그 밖의 효과**

(1) 동시이행의 항변권이 붙은 채권을 자동채권으로 하여 다른 채권과의 상계를 허용하면 상계자 일방의 의사표시에 의하여 상대방의 항변권 행사의 기회를 상실시키는 결과로 되어서, 그러한 상계는 허용될 수 없다.32)

(2) 대판 2001.9.18. 2001다9304는, 동시이행의 항변권을 행사하는 이의 상대방이 그 동시이행의 의무를 이행하기 위하여 과다한 비용이 소요되거나 또는 그 의무의 이행이 실제적으로 어려운 반면 의무의 이행으로 인하여 항변권자가 얻는 이득은 별달리 크지 않아서 동시이행의 항변권의 행사가 주로 자기채무의 이행만을 회피하기 위한 수단이라고 보이는 경우에, 그 항변권의 행사는 권리남용으로서 배척되어야 할 것이라고 하였다.

[2312] **2. 절차법상 효과**

(1) 절차법적으로 동시이행의 항변권의 존재는 권리저지사실로서 항변사유이다.

그런데 채무자가 동시이행의 항변권을 가지는 경우에, 채권자가 채무이행을 소구하면, 원고의 청구를 기각하는 판결이 아니라 「피고는 원고로부터 그 채무의 이행을 받음과 동시에(또는 상환으로) 자기의 채무를 이행하라」는 취지의 판결(상환이행판결. 일부패소판결이다)을 받는다. 다만 피고가 동시이행의 항변권을 주장하지 않는 한, 법원은 원고에게 전부승소의 판결을 해야 한다.33) 한편 원고의 단순이행청구에 대하여 피고의 동시이행의 항변이 이유 있는 경우에 상환이행판결을 하는 것은 처분권주의에 반하지 않지만, 원고의 청구가 자기의 반대급부의무가 없다는 취지임이 분명하다면 청구를 기각해야 한다.34)

(2) 상환판결에 기하여 강제집행을 할 때 원고의 반대채무의 이행(또는 그 제공)은 집행문 부여의 요건이 아니라 집행개시의 요건이다(민사집행법 제41조). 즉 원고로서는 반대급부를 수령할 때 자기채무를 이행하면 된다.

[2313] **3. 이행제공과 동시이행의 항변권**

(1) A의 이행제공이 있었음에도 불구하고 B가 자기채무를 이행하지 않음으로써 B의 채무에 대하여 이행지체(동시에 A의 채무에 대해서는 수령지체)가 성립한 경우를 살펴본다.

(2) 먼저 A가 이행제공을 중단한 후 다시 이행청구를 하면 B가 동시이행의 항변권을 행사할

---

30) 대판 1997.7.25. 97다5541.

31) 대판 1990.11.27. 90다카25222.

32) 대판 2014.4.30. 2010다11323. 다만 매도인의 의무가 이행불능으로 인하여 손해배상의무로 바뀐 경우처럼 동시이행관계에 있는 채무 상호간에는 상계가 가능함에 관하여 [4046] 참조.

33) 법원은 매도인의 동시이행의 항변이 있을 때에 비로소 대금지급사실의 유무를 심리할 수 있다고 한 대판 1990.11.27. 90다카25222 참조. 동시이행의 항변은 권리항변에 해당하여 주장공통의 원칙에 대한 예외에 속한다. 권리항변에 관하여 [1398] 참조.

34) 대판 1980.2.26. 80다56.

수 있다. B의 동시이행의 항변권을 부정한다면, A가 그동안 무자력으로 되어 B는 반대급부를 기대할 수 없게 되더라도 자기채무의 이행만 강제당할 수 있어 불공평하게 되기 때문이다. 그런데 해제에서와 달리 두 채무의 이행상의 견련관계는 그대로 유지되기 때문에, 본래의 급부를 청구하기 위하여 A도 자기채무를 이행하거나 이행제공을 하여야 B를 이행지체에 빠지게 할 수 있다. 대판 2014.4.30. 2010다11323이 "동시이행관계에 있는 채무를 부담하는 쌍방당사자 중 일방이 먼저 현실의 제공을 하고 상대방을 수령지체에 빠지게 하였다고 하더라도 그 이행의 제공이 계속되지 아니하였다면 과거에 이행제공이 있었다는 사실만으로 상대방이 가지는 동시이행의 항변권이 소멸하지 아니"한다고 하는[35] 등 판례의 입장도 같다.

한편 판례는 반대채무의 이행제공이 —한 번의 현실제공에 그치는 것이 아니라— 「계속」되면 동시이행의 항변권이 소멸하고, 따라서 소송에서 항변으로 동시이행관계를 주장할 수 없다는 입장으로 이해된다. 그런데 반대채무의 이행제공이 계속되어 소송에서 항변이 봉쇄되고 그 결과 단순이행판결이 확정되었더라도, 그 후 원고가 이행제공을 중단하면 피고는 집행단계에서 청구이의의 소를 통하여 동시이행관계를 주장할 수 있다.[36]

(3) B의 수령지체/이행지체가 성립하면 A가 지연배상을 구할 수 있는지를 본다. [2314]

① 이행제공에 의하여 동시이행의 항변권이 봉쇄되면, 그 제공이 계속되는 동안에만 동시이행의 항변권이 배제되어 상대방이 이행지체에 빠지고, 따라서 그 기간 동안의 지연배상만 청구할 수 있다는 것이 학설의 대체적 입장이다. 즉 이행제공이 중단된 후에는 이행지체를 전제로 한 손해배상청구를 할 수 없다고 한다. 판례도 같은 입장이지만,[37] 「이행제공의 계속」이라는 요건을 다소 완화한다.[38]

---

35) 나아가 "비록 어떠한 부동산에 관한 소유권이전등기의무에 관하여 채무자가 일단 그 이행제공을 하여 채권자가 수령지체에 빠지게 되었다고 하더라도 그 후 채무자가 목적부동산을 제3자에게 양도하여 그 소유권이전등기의무의 이행이 불능하게 되었다면, 채무자는 다른 특별한 사정이 없는 한 민법 제401조, 제390조에 기하여 상대방에 대하여 자기채무의 이행불능으로 인한 손해배상채무를 부담한다"고 하면서, 이 손해배상채권은 동시이행 항변권의 대항을 받아 이를 자동채권으로 한 상계는 허용되지 않는다고 하였다.

36) 대판 2013.1.10. 2012다75123 · 75130: "집행증서상의 청구권은 의무의 단순이행을 내용으로 하는 것인데 그 청구권이 반대의무의 이행과 상환으로 이루어져야 하는 동시이행관계에 있으므로 그 집행증서에 기한 집행이 불허되어야 한다는 주장은, 집행증서상으로는 단순이행의무로 되어 있는 청구권이 반대의무와 동시이행관계의 범위 내에서만 집행력이 있고 그것을 초과하는 범위에서의 집행력은 배제되어야 한다는 것을 의미한다. 따라서 이러한 사유는 본래 집행권원에 표시된 청구권의 변동을 가져오는 청구이의의 소의 이유가 된다고 할 것이다. 그리고 이러한 사유를 이유로 하는 청구이의의 소에 관한 재판에서 집행권원상의 청구권과 동시이행관계에 있는 반대의무의 존재가 인정되는 경우, 법원으로서는 본래의 집행권원에 기한 집행력의 전부를 배제하는 판결을 할 것이 아니라, 집행청구권이 반대의무와 동시이행관계에 있음을 초과하는 범위에서의 집행력의 일부배제를 선언하는 판결을 하여야 할 것"이다.

다만 대판 2024.6.13. 2024다231391: "집행권원인 동시이행판결의 반대의무 이행 또는 이행제공은 집행개시의 요건으로서 집행개시와 관련된 집행에 관한 이의신청절차에서 주장·심리되어야 할 사항이지, 집행권원에 표시되어 있는 청구권에 관하여 생긴 이의를 내세워 그 집행권원이 가지는 집행력의 배제를 구하는 청구이의의 소에서 심리되어야 할 사항은 아니다. 따라서 동시이행판결의 채무자로서는 그 집행력의 배제를 구하는 청구이의의 소에서 채권자가 반대의무의 이행 또는 이행제공을 하지 않았다는 주장을 청구이의의 사유로 내세울 수 없다."

37) 대판 1999.7.9. 98다13754 · 13761: "쌍무계약의 당사자 일방이 먼저 한 번 현실의 제공을 하고 상대방을 수령지체에 빠지게 하였다 하더라도 그 이행의 제공이 계속되지 않는 경우에는 과거에 이행의 제공이 있었다는 사실만으로 상대방이 가지는 동시이행의 항변권이 소멸하는 것은 아니므로, 일시적으로 당사자 일방의 의무의 이행제공이 있었으나 곧 그 이행의 제공이 중지되어 더 이상 그 제공이 계속되지 아니하는 기간 동안에는 상대방의 의무가 이행지체상태에 빠졌다고 할 수는 없다고 할 것이고, 따라서 그 이행의 제공이 중지된 이후에 상대방의 의무가 이행지체 되었음을 전제로 하는 손해배상청구도 할 수 없다." 대판 1995.3.14. 94다26646도 이행제공이 중단된 이후에 이행지체를 전제로 하는 손해배상청구를 할 수 없다고 하였다.

38) 대판 2001.5.8. 2001다6053 · 6060 · 6077은, 쌍무계약에서 당사자의 채무에 관하여 이행의 제공을 엄격하게 요구하면 불성실한 상대 당사자에게 구실을 줄 수도 있으므로 당사자가 해야 할 제공의 정도는 그의 시기와 구체적인 상황에 따라 신의성실의 원칙에 어긋나지 않게 합리적으로 정해야 하고, 부동산매매계약에서 매도인이 매수인을 이행지체에 빠뜨리기 위해서는 소유권이전등기에 필요한 서류 등을 현실적으로 제공하거나 그렇지 않더라도 이행장소에 그 서류 등을 준비하여 두고 매수인에게 그 뜻을 통지하고 수령하여 갈 것을 최고하면 되므로, 특별한 사정이 없으면 이행장소로 정한 법무사 사무실에 서류 등을 계속 보관시키면서 언제든지 잔대금과 상환으로 서류들을 수령할 수 있음을 통지하고 신의칙상 요구되는 상당한 시간간격을 두고 거듭 수령을 최고하면 이행의 제공을 다한 것이 되고, 그러한 상태가 계속된 기간 동안은 매수인이 이행지체로 된다고 하였다. 소유권이전등기에 필요한 서류 중 부동산매도용 인감증명서만 발급받지 않은 경우에, 소유권이전등기의무에 관한 이행제공을 마쳤다고 본 대판 2012.11.29. 2012다65867도 참조.

② 그러나 동시이행의 항변권 행사의 가부와 이행지체의 존속 여부가 구별되어야 하고, 이행제공의 중단이 이미 성립한 이행지체의 소멸사유로 되지는 않는다고 해야 한다. 즉 반대채무의 이행제공에 의하여 항변권이 봉쇄되어 지체가 일단 성립하였다면, 채권자의 지체면제 또는 채무자 자신의 변제제공이 없는 한 지체는 계속되고, 따라서 채권자는 반대채무의 이행제공의 계속이 없더라도 지연배상을 청구할 수 있다고 해야 한다.[39]

[참 고] 대판 1998.5.29. 98다6497은 "임대차계약의 종료에 의하여 발생된 임차인의 목적물반환의무와 임대인의 연체차임을 공제한 나머지 보증금의 반환의무는 동시이행의 관계에 있으므로, 임대차계약 종료 후에도 임차인이 동시이행의 항변권을 행사하여 임차건물을 계속 점유하여 온 것이라면, 임대인이 임차인에게 보증금반환의무를 이행하였다거나 현실적인 이행의 제공을 하여 임차인의 건물명도의무가 지체에 빠지는 등의 사유로 동시이행의 항변권을 상실하지 않는 이상, 임차인의 건물에 대한 점유는 불법점유라고 할 수 없으며, 따라서 임차인으로서는 이에 대한 손해배상의무도 없다"고 하였는데, 이행제공으로 일단 지체에 빠지면 손해배상책임을 진다는 입장으로 이해될 여지도 있다.[40]

[2315] (4) 반면 A가 해제권을 행사하기 위하여 이행제공이 계속되어야 하는 것은 아니고,[41] 다시 이행제공을 할 필요도 없다. 해제의 경우에 상대방도 해제권자의 채무이행에 관하여 아무런 이해관계를 가지지 않기 때문에, 본래의 급부를 청구하는 경우와 달리 한 번의 이행제공으로 족하다고 보아야 한다. 즉 이행제공을 통하여 상대방의 동시이행의 항변권을 봉쇄함으로써 이행지체를 성립시키고 그에 기하여 해제권이 일단 발생하였다면, 그 후 이행제공이 없더라도 해제권을 행사할 수 있지만,[42] 해제를 위하여 최고가 필요함은 별개의 문제이다.

[2316] Ⅳ. 동시이행관계의 확장

1. 서 설

(1) 동시이행의 항변권은 공평의 원칙에 기하여 인정되므로, 두 채무가 1개의 쌍무계약에 기한 것이 아니라도, 동일한 법률요건에 기하여 발생한 채무를 동시에 이행하게 하는 것이 공평한 경우라면 인정될 수 있다.[43]

(2) 법도 이러한 취지를 일부 명문화하였으며,[44] 판례는 그 밖의 경우에도 이 취지를 널리 인정한다.

---

39) 중도금 및 잔금을 지급해야 하는 경우에는 잔금지급기일의 도래로 그때부터 선이행의무인 중도금지급채무의 이행거절이 정당화된다.

40) 임차인이 임대차계약관계가 소멸된 뒤에도 임차목적물을 계속 점유하였으나 이를 본래의 임대차계약상의 목적에 따라 사용·수익하지는 않은 사안에 관한 판결이다.

41) 이행기가 「일정한 기간 내」로 정해진 경우에 그 기간 중 이행제공을 계속해야 함(대판 1992.12.22. 92다28549)은 별개의 문제이다.

42) 쌍무계약의 일방당사자가 이행기에 한 번 이행제공을 하여 상대방을 이행지체에 빠지게 한 경우에, 신의성실의 원칙상 이행을 최고하는 일방당사자로서는 그 제공을 계속할 필요는 없더라도, 상대방이 최고기간 내에 이행 또는 이행제공을 하면 계약해제권은 소멸되므로 상대방의 이행을 수령하고 자신의 채무를 이행할 수 있는 정도의 준비가 되어 있으면 된다(대판 1996.11.26. 96다35590·35606). 이행제공의 구체적 정도에 관하여 대판 1992.7.14. 92다5713 참조.

43) 그에 앞서 특약에 의하여 동시이행관계가 인정될 수 있음에 관하여 대판 1990.4.13. 89다카23794 참조.

44) 예: 전세권 소멸시의 반환관계에 관한 제317조, 해제에서 원상회복에 관한 제549조, 담보책임에 관한 제583조, 도급에서 손해배상청구권과 보수청구권에 관한 제667조, 종신정기금의 해제에 관한 제728조, 가등기담보에서 청산금지급의무와 본등기·인도의무에 관한 가등기담보법 제4조 등.

2. 판례에 의한 확장 [2317]

가. 동시이행관계가 확장되기 위한 요건

당사자가 부담하는 각 채무가 쌍무계약에 기한, 고유의 대가관계가 있는 채무가 아니라도 그 내용에 따라 각 채무가 대가적 의미를 가져 이행상의 견련관계를 인정해야 할 사정이 있으면, 동시이행의 항변권을 인정할 수 있다.[45] 그런데 원래 쌍무계약에서 인정되는 동시이행의 항변권을 비쌍무계약에 확장함에는, 양 채무가 동일한 법률요건으로부터 생겨서 공평의 관점에서 견련적으로 이행시킴이 마땅한 경우라야 한다.[46]

나. 구체적인 예 [2318]

(1) 쌍무계약의 무효 · 취소에서 반환의무 상호간에 동시이행관계가 인정된다.[47]

① 동시이행의 항변권에 관한 제536조가 제549조에 의하여 계약해제의 경우에 준용됨에 비추어, 쌍무계약이 무효로 되어 각 당사자가 서로 취득한 것을 반환해야 하는 경우에도 동시이행관계가 있다고 보아 제536조를 유추해야 하는데, 공평의 관념상 계약이 무효인 때의 원상회복의무이행과 계약해제에서의 그것을 구별해야 할 이유가 없으며 무효의 경우라 하여 어느 일방의 당사자에게만 먼저 반환의무이행이 강제된다면 공평과 신의칙에 위배되기 때문이다.[48]

② 쌍무계약이 취소된 경우에도 각 당사자의 원상회복의무는 동시이행의 관계에 있다.[49]

[참 고] 경매절차가 무효로 된 경우에도 마찬가지이지만,[50] 대판 2006.9.22. 2006다24049는 "근저당권 실행을 위한 경매가 무효로 되어 채권자(=근저당권자)가 채무자를 대위하여 낙찰자에 대한 소유권이전등기말소청구권을 행사하는 경우, 낙찰자가 부담하는 소유권이전등기말소의무는 채무자에 대한 것인 반면, 낙찰자의 배당금반환청구권은 실제 배당금을 수령한 채권자(=근저당권자)에 대한 채권인바, 채권자(=근저당권자)가 낙찰자에 대하여 부담하는 배당금반환채무와 낙찰자가 채무자에 대하여 부담하는 소유권이전등기말소의무는 서로 이행의 상대방을 달리하는 것으로서, 채권자(=근저당권자)의 배당금반환채무가 동시이행의 항변권이 부착된 채 채무자로부터 승계된 채무도 아니므로, 위 두 채무는 동시에 이행되어야 할 관계에 있지 아니하다"고 했다.[51]

(2) 임대차기간 만료시의 당사자들의 의무 상호간에 동시이행관계가 인정된다.[52] [2319]

① 판례에 의한 동시이행관계 확장의 효시로 보이는 대판(전) 1977.9.28. 77다1241 · 1242는, 임대차계약의 기간이 만료된 경우에, 임차인이 임차목적물을 인도할 의무와 임대인이 보증금 중 연체차임 등 당해 임대차에 관하여 인도시까지 생긴 모든 채무를 공제한 나머지를 반환할 의무는 동시이행관계에 있다고 하였는데, 전세권에 관한 제317조와 취지를 같이한다.

② 이러한 취지에 따라 대판 1998.7.10. 98다15545(판례, 〈4-2-11〉)는, 임차인이 동시이행의 항변권에 기하여 임차목적물을 점유하고 사용 · 수익한 경우에, 그 점유는 불법점유라 할 수

45) 대판 2006.2.24. 2005다58656 · 58663.
46) 대판 2000.10.27. 2000다36118; 대판 1997.6.27. 97다3828.
47) 구분소유적 공유관계가 해소되는 경우에 관한 대판 2008.6.26. 2004다32992도 참조.
48) 대판 1993.5.14. 92다45025. 대판 2007.12.28. 2005다38843도 동지.
49) 대판 2001.7.10. 2001다3764; 대판 2010.10.14. 2010다47438.
50) 대판 1995.9.15. 94다55071.
51) 매매목적부동산에 관하여 가처분등기가 이루어진 상태에서 매매계약이 해제된 경우에 가처분등기의 말소의무와 매도인의 대금반환의무가 동시이행관계에 있지 않다고 한 대판 2009.7.9. 2009다18526도 참조.
52) 임차인의 임차목적물반환의무와 임대인의 권리금회수 방해로 인한 손해배상의무는 동시이행관계에 있지 않다는 대판 2019.7.10. 2018다242727도 참조.

없어 그로 인한 손해배상책임은 지지 않지만, 사용·수익으로 인하여 실질적으로 얻은 이익이 있으면 부당이득으로 반환해야 한다고 했다.

한편 임차인이 동시이행의 항변권을 상실한(임차보증금의 변제제공 등에 의하여) 후에도 임차목적물의 반환을 계속 거부하면서 점유한다면, 특별한 사정이 없는 한 이러한 점유는 적어도 과실에 의한 점유로서 불법행위를 구성한다.[53)]

[2320] (3) 그 밖의 경우를 본다.

① 기존채무와 관련하여 어음이나 수표가 교부된 경우에 원인채무의 이행의무와 어음 또는 수표의 반환의무 상호간에도 동시이행관계가 인정됨에 관하여 [2250] 참조.

② 부동산매수인이 매매목적물에 관한 채무를 인수하는 한편 그 채무액을 매매대금에서 공제하기로 약정한 부동산매매계약과 이행인수계약이 함께 이루어진 경우에, 매수인의 인수채무 불이행 또는 매도인의 임의변제로 인한 매수인의 손해배상채무 또는 구상채무와 매도인의 소유권이전등기의무가 동시이행관계에 있다.[54)]

③ 부동산매매계약에서 매수인이 부가가치세를 부담하기로 약정한 경우에, 부가가치세를 매매대금과 별도로 지급하기로 했다는 등의 특별한 사정이 없는 한 부가가치세를 포함한 매매대금 전부와 부동산의 소유권이전등기의무가 동시이행의 관계에 있다고 본 대판 2006.2.24. 2005다58656·58663 및 분양권매매에서 양도소득세 일부를 회피할 목적으로 매매대금 일부에 관하여 현금보관증을 작성하여 준 경우에 그 돈과 수분양자명의 변경절차의 이행의무가 동시이행관계에 있다고 한 대판 2007.6.14. 2007다3285도 참조.

[2321] 3. 효 과

(1) 동시이행관계가 확장된 경우에 제536조가 적용되고, 제2항 소정의 이른바 불안의 항변권의 경우에도 마찬가지이다.[55)] 특히 쌍무계약이 무효이거나 취소된 경우에 동시이행관계를 확장함으로써 「청산」단계에서도 견련관계를 유지할 수 있다.

(2) 당연효가 인정되는 범위에 관하여 본다.

① 공평의 원칙에 기하여 동시이행관계가 확장되는 경우에는 당연효가 인정된다.[56)]

② 반면 기존채무와 관련하여 어음/수표가 교부된 경우에, 당연효가 인정되지 않는다.

ⓐ 판례가 원인채무의 이행과 어음/수표의 반환 사이에 동시이행관계를 인정하여 채무자가 어음/수표의 반환이 없음을 이유로 원인채무의 변제를 거절할 수 있도록 하는 것은, 채무자로 하여금 무조건적인 원인채무의 이행으로 인한 이중지급의 위험을 면하게 하려는 데 그 목적이 있는 것이지, 기존의 원인채권에 터 잡은 이행청구권과 상대방의 어음/수표 반환청구권이 쌍무계약상의 채권채무관계나 그와 유사한 대가관계가 있어서 그러는 것은 아니다.[57)] "어음상 권리가 시

53) 대판 2020.5.14. 2019다252042.

54) 대판 1993.2.12. 92다23193. 대판 2001.3.27. 2000다43819는, 부동산매수인의 매매잔대금지급의무와 매도인의 가압류기입등기말소의무가 동시이행관계에 있었는데 가압류에 기한 강제경매절차가 진행되자 매수인이 강제경매의 집행채권액과 집행비용을 변제공탁한 경우에, 매도인은 매수인에 대하여 대위변제로 인한 구상채무를 부담하고, 그 구상채무는 가압류기입등기 말소의무의 변형으로서 매수인의 매매잔대금지급의무와 여전히 대가적 의미가 있어 서로 동시이행관계에 있다고 하였다.

55) 대판 2022.5.13. 2019다215791: 피고의 신용공여의무와 피고의 연대보증을 해소시킬 원고의 의무 사이에 동시이행관계를 확장한 사례.

56) 대판 2010.10.14. 2010다47438.

57) 대판 1999.7.9. 98다47542·47559. 원인채무의 변제는 인적 항변에 불과하다.

효완성으로 소멸하여 채무자에게 이중지급의 위험이 없고 채무자가 다른 어음상 채무자에 대하여 권리를 행사할 수도 없는 경우에는 채권자의 원인채권 행사에 대하여 채무자에게 어음상환의 동시이행항변을 인정할 필요가 없으므로 결국 채무자의 동시이행항변권은 부인"되는 것[58]도 같은 이치에 기한 것이고, 채무자가 어음/수표의 반환을 조건으로 변제공탁을 하는 경우에 채무가 소멸하므로 이행지체가 성립하지 않음도 당연하다.

ⓑ 따라서 원인채무의 이행기를 도과하면 이행지체가 성립하지만, 채무자가 동시이행의 항변권을 행사하여 이행을 거절하는 경우에만 지체책임을 면한다. 즉 원래형의 동시이행관계와 달리 당연효가 인정되지 않는다.[59]

ⓒ 상품권 발행인의 손해배상의무와 소지인의 상품권 반환의무 사이[60] 및 이른바 예탁금제 골프회원권에서 예탁금 반환의무와 회원증 반환의무 사이[61]에도 이중지급의 위험 때문에 동시이행관계가 인정되므로, 앞의 법리가 적용된다.

제3관 급부의 불능: 이행불능

제1. 총 설

1. 의 의 [2322]

가. 불능의 개념

(1) 이행불능(履行不能)이란 급부의 제공불가능, 즉 채무의 내용에 합치하는 결과를 실현시킬 수 없거나 그러한 결과의 실현에 필요한 행위가 이루어질 수 없는 경우를 말한다. 이러한 개념정의는 모든 유형의 급부불능, 즉 원시적 불능과 후발적 불능, 채무자에게 책임 있는 사유로 인한 불능과 그렇지 않은 불능을 아우르는 광의의 것임에 반하여, 협의의 이행불능은 채무불이행의 한 유형으로 채무자에게 책임 있는 사유로 인한 후발적인 급부불능만을 말한다.

(2) 채권자가 본래의 급부를 청구하는 경우에 불능은 항변사유이고,[1] 따라서 채무자가 불능에 대한 증명책임을 지는데, 불능인지 여부는 신중히 판단해야 한다.[2]

---

58) 대판 2010.7.29. 2009다69692.

59) 대판 1993.11.9. 93다11203 · 11210: "기존채무와 어음, 수표채무가 병존하는 경우 원인채무의 이행과 어음, 수표의 반환이 동시이행의 관계에 있다 하더라도 채권자가 어음, 수표의 반환을 제공하지 아니하면, 채무자에게 적법한 이행의 최고를 할 수 없다고 할 수는 없고, 채무자는 원인채무의 이행기를 도과하면 원칙적으로 이행지체의 책임을 지고, 채권자로부터 어음, 수표를 반환받지 아니하였다 하더라도, 이 어음, 수표를 반환하지 않음을 이유로 위와 같은 항변권을 행사하여 그 지급을 거절하고 있는 것이 아닌 한 이행지체의 책임을 면할 수 없다."

60) 대판 2007.9.20. 2005다63337.

61) 대판 2015.1.29. 2013다100750.

1) 대판 1996.2.27. 95다43044.

2) 대판 2016.5.12. 2016다200729: "채무의 이행불능이란 단순히 절대적 · 물리적으로 불능인 경우가 아니라, 사회생활의 경험법칙 또는 거래상의 관념에 비추어 채권자가 채무자의 이행실현을 기대할 수 없는 경우를 말한다. 이와 같이 사회통념상 이행불능이라고 보기 위해서는 이행의 실현을 기대할 수 없는 객관적 사정이 충분히 인정되어야 하고, 특히 계약은 어디까지나 내용대로 지켜져야 하는 것이 원칙이므로, 채권자가 굳이 채무의 본래 내용대로의 이행을 구하고 있는 경우에는 쉽사리 채무의 이행이 불능으로 되었다고 보아서는 아니 된다. [···] 민법이 타인의 권리의 매매를 인정하고 있는 것처럼 타인의 권리의 증여도 가능하며, 이 경우 채무자는 권리를 취득하여 채권자에게 이전하여야 하고, 이 같은 사정은 계약 당시부터 예정되어 있으므로, 매매나 증여의 대상인 권리가 타인에게 귀속되어 있다는 이유만으로 채무자의 계약에 따른 이행이 불능이라고 할 수는 없다. 이러한 경우 채무이행이 확정적으로 불능으로 되었는지는 계약의 체결에 이르게 된 경위와 경과, 채무자와 권리를 보유하고 있는 제3자와의 관계, 채무자가 권리를 취득하는 것이 불가능하다고 단정할 수 있는지 여부, 채무의 이행을 가로막는 법령상 제한의 유무, 채권자가 채무의 이행이 불투명한 상황에서 계약에서 벗어나고자 하는지 아니면 채무의 본래 내용대로의 이행을 구하고 있는지 여부 등의 여러 사정을 종합적으로 고려하여 신중히 판단하여야 한다."

[2323] 나. 불능의 판단

(1) 급부가 누구에 의해서도 실현될 수 없는 경우를 불능이라 하는데, 이행기를 표준으로 「사회관념」에 따라 판단된다. 즉 채무의 이행이 불능이라는 것은 단순히 절대적 · 물리적으로 불능이라는 좁은 의미가 아니라 경험법칙 또는 거래관념에 비추어 채권자가 채무자의 이행의 실현을 기대할 수 없는 경우를 말한다.[3)]

따라서 급부의 실현이 절대적으로 불가능한 물리적(또는 자연법칙적) 불능[4)] 외에 급부의 실현이 절대적으로 불가능하지는 않지만 법적 장애[5)]가 발생한 법률적 불능도 사회관념상 불능에 속한다. 매매목적부동산에 관하여 이중으로 제3자와 매매계약이 체결된 사실만으로 이행불능이라 할 수 없지만,[6)] 제3자 앞으로 소유권이전등기가 경료되면, 환매, 재매매의 예약, 원인무효 등 목적물의 소유권을 회복하여 이를 권리자에게 이전할 수 있는 특별한 사유가 없는 한 이행불능으로 된다.[7)] 그리고 가등기[8)]나 보전처분[9)]의 존재가 곧바로 불능으로 이어지지는 않는다.[10)]

[2324] (2) 급부가 가능하지만 막대한 비용이 소요되기 때문에 채무자에게 급부를 기대할 수 없는 경우를 흔히 「경제적 불능」이라고 하지만, 불능과 구별해야 한다. 보석반지가 바다에 빠진 경우는 사회관념상의 불능에 속하는 반면, 연못에 빠진 경우에 엄청난 비용을 들여야 하는 잠수작업에 의해서만 되찾을 수 있어서 채무자에게 기대할 수 없더라도 그것이 불능법리에 기한 것은 아니다. 이처럼 급부의 가치에 비하여 과도한 비용이 소요됨에도 급부를 요구하는 것은 신의칙에 반한다고 평가되어야 한다(다만 불능의 법리와 실질적인 차이는 없다).

[참 고] 대판 1999.12.21. 97다15104는, 임대차목적물이 훼손된 경우에 그 수리비가 임대차목적물의 교환가치가 감소된 부분을 현저하게 넘는다면 특별한 사정이 없는 한 일반적으로 경제적인 면에서 수리나 원상복구가 불능이라고 보아 형평의 원칙상 그 손해액은 임대차목적물의 교환가치 감

---

3) 앞의 2016다200729 판결.

4) 예: 급부의 목적물이 존재하지 않는 경우, 부작위의무를 위반하는 행위를 한 경우 또는 부대체적인 「하는 급부」에서 채무자가 사망하거나 중병이 걸려 회복할 가능성이 없는 경우.

5) 예: 매매목적동산이 인도 전에 압류되거나 어떤 물건의 양도가 법률상 금지된 경우, 급부를 이행함에 필요한 관청의 동의가 종국적으로 거절된 경우.

6) 대판 1996.7.26. 96다14616.

7) 「특별한 사유」의 예로, 매도인의 처 앞으로 소유권이 이전된 경우(대판 1992.10.13. 91다34394), 그 제3자가 명의수탁자인 경우(대판 1989.9.12. 88다카33176) 등. 매도인(A)이 매매계약 체결 당시 매수인에게 점포의 가등기권자인 B는 자신의 제수되는 사람으로 A에 대한 채권자들로부터 강제집행을 당하지 않기 위하여 통정허위표시의 가등기를 해 두었다고 하면서 그에 대한 증명으로 B의 가등기 말소용 인감증명서를 매수인에게 교부하였고, 그 뒤 위 가등기에 기한 부동산임의경매절차에서 A의 아들이 점포를 경락받은 경우에 이행불능의 성립을 부정한 대판 1994.12.22. 94다40789도 참조.

반면 부동산소유권이전등기의무자가 제3자 앞으로 비록 채무담보를 위하여 소유권이전등기를 경료하였더라도 그 의무자가 채무를 변제할 자력이 없는 경우에는 특단의 사정이 없는 한 소유권이전등기의무는 이행불능이 된다(대판 1991.7.26. 91다8104). 나아가 제3자를 상대로 한 등기말소소송이 패소로 확정되면 이행불능상태에 이른다. 대판 2009.1.15. 2007다51703: "피고가 원고를 강박하여 그에 따른 하자 있는 의사표시에 의하여 부동산에 관한 소유권이전등기를 마친 다음 타인에게 매도하여 소유권이전등기까지 마친 경우, 그 소유권이전등기는 소송 기타 방법에 따라 말소환원 여부가 결정될 특별한 사정이 있으므로 피고의 원고에 대한 소유권이전등기의 말소등기의무는 아직 이행불능이 되었다고 할 수 없으나, 원고가 그 부동산의 전득자들을 상대로 제기한 소유권이전등기말소등기청구소송에서 패소로 확정되면 그때에 피고의 소유권이전등기말소등기의무가 이행불능상태에 이른다고 할 것이며, 이러한 이치는 원고가 피고에 대한 소유권이전등기말소등기청구소송의 승소판결이 확정되기 이전에 원고가 그 부동산의 전득자들을 상대로 제기한 소유권이전등기말소등기청구소송에서 패소로 확정되었다고 하여 달리 볼 것이 아니"다.

8) 소유권이전등기의무자가 목적부동산에 제3자 명의로 가등기를 마쳐주었더라도, 가등기는 본등기의 순위보전의 효력을 가지는 것에 불과하고 또한 그 소유권이전등기의무자의 처분권한이 상실되는 것도 아니므로, 그 가등기만으로 소유권이전등기의무가 이행불능이 된다고 할 수 없다(대판 1993.9.14. 93다12268).

9) 매매목적물에 관하여 처분금지가처분등기가 기입되거나 가압류집행이 있다는 사정만으로 곧바로 이행불능으로 되지는 않고, 사회거래의 통념에 비추어 계약의 이행이 극히 곤란한 사정이 발생하는 때에 비로소 이행불능으로 된다(처분금지가처분등기에 관한 대판 2002.12.27. 2000다47361; 가압류집행에 관한 대판 1999.6.11. 99다11045). 가처분이나 가압류가 채무자의 처분행위 자체를 금지하는 것은 아니고, 집행채권자에 대한 관계에서 처분의 효력을 부정당할 뿐이기 때문이다(이른바 개별상대효. [1386] 참조).

10) 그 밖에 등기의무자의 상속인 명의로 소유권이전등기가 경료된 경우에 불능이라고 할 수 없고(대판 1984.4.10. 83다카1222), 매도인의 채권자가 강제경매를 신청한 경우에도 그 자체만으로 등기가 불능인 것은 아니다(대판 1987.9.8. 87다카655).

소부분 범위 내로 제한되어야 한다고 했고, 대판 1998.5.29. 98다7735는 사고로 인하여 차량이 파손되었는데 수리에 소요되는 비용이 차량의 교환가격을 현저하게 넘는 경우에는 일반적으로 경제적인 면에서 수리불능이라고 보아 사고 당시의 교환가격으로부터 고철대금을 뺀 나머지만을 손해배상으로 청구할 수 있다고 함이 공평의 관념에 합치되지만, 교환가격보다 높은 수리비를 지출하고도 차량을 수리하는 것이 사회통념에 비추어 시인될 수 있을 만한 특별한 사정이 있는 경우라면 그 수리비 전액을 손해배상액으로 인정할 수 있다고 하였다. 그런데 이 판결들이 "경제적인 면에서 수리나 원상복구가 불능이라고 보아"라는 표현을 사용했다고 하여 「경제적 불능」이라는 개념을 인정한 것으로 볼 것은 아니고, 오히려 교환가격을 초과하는 수리비의 지급을 요구하는 것은 신의칙에 반하는 것으로 보아야 한다. 요컨대 수리비가 목적물의 시가를 상회하는 경우[11]에 시가 상당액이 통상손해이지만, 그 물건이 채권자나 피해자에게 꼭 필요하고 다른 물건으로 대체할 수 없어서 수리비의 다과에 관계없이 반드시 수리해야 하는 특별한 사정이 있으면 교환가치를 초과하는 수리비손해를 청구할 수 있는데, 그 수리비 상당액은 특별손해로서 제393조 제2항에 따라 배상범위에 속할 수 있다.[12]

한편 비경제적 이유에 기한 강제상황 때문에 급부의 실현을 기대할 수 없는 경우를 「심리적 또는 도덕적 불능」이라고도 하는데, 이러한 경우에 채무자에게 급부를 요구하는 것은 채권자의 권리남용으로 된다.[13]

(3) 통상 지체된 이행은 불능을 결과 짓지 않고 이행지체를 성립시킬 뿐이다. 그러나 약정된 급부의 종류에 따라 이행기의 도과가 불능을 가져올 수 있을 정도로 급부시기가 중요한 의미를 가질 수 있다(절대적 정기행위).[14]

2. 불능의 분류 [2325]

가. 서 설

(1) 불능은 여러 기준에 의하여 분류될 수 있다. 이들 중 불능사유의 발생시기를 기준으로 하는 원시적 불능과 후발적 불능에 관해서는 따로 검토하기로 하고, 나머지를 먼저 살펴보자.

[참 고] 2002년 개정 전의 독일민법은 —원시적 불능과 관련하여— 급부가 누구에 의해서도 실현될 수 없는 「객관적 불능」과 급부가 일반적으로 실현될 수 있지만 채무자에 의해서는 실현될 수 없는 「주관적 불능」을 나누었다. 그리고 타인권리의 매매에서 매도인은 매매계약의 유효한 성립을 전제로 제569조의 재산권이전의무를 부담하며, 그 권리를 매수인에게 이전할 수 없으면 제570조의 담보책임이 발생하기 때문에, 적어도 타인권리의 매매에 관한 한 민법이 주관적 불능과 객관적 불능을 구별하고 있다고 볼 여지도 있다. 그러나 학설은 대체로 이 구별이 필요하지 않다고 하고, 판례의 입장도 같은 것으로 보인다.

(2) 불능이 성립하기 위하여 급부의 제공불가능이 종국적이어야 한다. 이행이 가능한지는 이행기를 표준으로 판단하는데, 이행기가 도래하기 전이라도 급부의 제공불가능이 종국적이라면 불

11) 실무상 목적물이 멸실된 경우와 동일시하여 전손(全損)이라고 한다.

12) 가령 앞의 98다7735 판결은, 영업용 택시는 그 특성상 시중에서 매매가 이루어지지 않고 액화석유가스를 연료로 사용하므로 휘발유를 사용하는 일반의 중고차량으로 대차할 수 없으며 「자동차운수사업 인·면허사무처리요령」(건설교통부 훈령)의 규정상 대차가능 차량은 차령 6월 이내의 자동차여야 한다는 등의 당시의 사정에 따라, 영업용 택시의 수리비가 교환가격을 초과하더라도 신차를 구입하지 않는 이상 그 수리비를 지불하고 택시를 수리하여 운행할 수밖에 없는 특별한 사정이 인정되므로, 그 수리비 전액을 배상해야 한다고 했다.

13) 예컨대 사경을 헤매는 어머니를 돌보는 개그맨이 계약에 따라 축제에서 사회를 볼 의무를 이행할 수 없는 것은 아니지만, 채권자가 출연계약의 이행을 청구하는 것은 부당한 이기심에서 나온 행위로 권리남용으로 될 것이다.

14) 예: 카니발 행렬을 구경하기 위하여 도로에 접한 호텔 방을 빌린 경우.

능으로 된다.

반면 일시적으로 이행을 불능케 하는 사유가 생기더라도, 그것이 장차 제거될 수 있는 일시적인 장애라면 이행지체를 결과지울 뿐이다. 그런데 일시적인 급부장애가 예외적으로 종국적 불능과 동일시되어야 하는 일련의 사례들도 있다: ① 이행기 후의 급부에 의해서는 채권의 목적을 달성할 수 없고, 따라서 양 당사자의 이익을 적절하게 고려한다면 상대방에게 계약의 유지를 기대할 수 없는 경우(예: 절대적 정기행위)와 ② 이행을 불가능하게 하는 사정이 발생한 시점에 그 사정이 제거될 수 있는지 또는 언제 제거될 수 있는지가 확실하지 않을 뿐만 아니라 그것이 명료해 질 때까지 채권자가 수인할 것을 기대할 수 없는 경우. 이러한 경우에는 일시적 급부장애라도 이행불능으로 보아야 한다.

[참 고] 대판 1991.6.25. 90다14225: "부동산에 대한 점유로 인한 소유권취득시효가 완성되었다 하더라도 이를 등기하지 않고 있는 사이에 그 부동산에 관하여 제3자에게로 소유권이전등기가 경료되면 점유자가 그 제3자에게는 그 시효취득으로 대항할 수 없으나, 그로 인하여 점유자가 취득시효 완성 당시의 소유자에 대한, 시효취득으로 인한 소유권이전등기청구권을 상실하게 되는 것은 아니고, 위 소유권의 점유자에 대한 소유권이전등기의무가 이행불능으로 된 것이라고 할 것인데, 그 후 어떠한 사유로 취득시효 완성 당시의 소유자에게로 소유권이 회복되면 그 소유자에게 시효취득의 효과를 주장할 수 있다."[15] 이 판결에서 문제된 급부장애는 —결과적으로 일시적인 것이었더라도— 이행불능이라고 보아야 한다. 물론 위 사안에서 변론종결시에 급부가 가능하였다는 점 및 이행불능은 변론주의의 적용대상인 항변사유에 불과하다는 점[16] 등 절차법적으로 위 판결이 이해되지 않는 것은 아니지만, 제3자에게 소유권이 이전됨으로써 확정적으로 성립한 「불능 및 그로 인한 전보배상청구권」이라는 법률관계가 사후적인 우연한 사정변경(즉 소유권이 채무자에게 복귀한 사실)에 의하여 급부의 가능 및 그를 전제로 한 이행청구권으로 바뀌는 실체법적 근거가 무엇인지 하는 것은 의문으로 남는다.

한편 대판 1990.12.11. 90다카27129는, 자동차회사인 X가 A에게 매도한 자동차를 Y에게 임치하던 중 Y의 귀책사유로 도난을 당하여 X가 수차 차량을 인도하여 줄 것을 최고하였음에도 불구하고 Y가 이를 이행하지 않으므로 X가 A에게 매매목적인 자동차를 인도해 주지 못하여 대신 동종의 다른 자동차를 인도해 준 경우에, 그로 인하여 X가 입은 손해는 다시 자동차를 출고해 줌으로써 이중으로 부담하게 된 자동차의 가액과 출고, 등록, 차량탁송에 소요된 비용과 제세 공과금 등이고,[17] Y도 이를 예견할 수 있었으므로 그의 배상책임이 있으며, 또한 그 후에는 Y가 자동차를 되찾아 반환하고자 하더라도 X는 이미 동종의 다른 자동차를 인도하여 매도인으로서의 채무를 이행해 버린 이상, 그리고 Y를 상대로 손해배상청구소송까지 제기하였으므로 신품을 판매하는 X에게 중고자동차를 수령할 의무가 있다고 할 수는 없다고 하였다.

그런데 사실심 변론종결 당시에 불능사유가 소멸되었다는 점에서 공통되는 위 두 사례에서 채권자가 불능에 따른 후속조치를 취한 경우(90다카27129 판결)와 그렇지 않은 경우(90다14225 판결) 사이에 과연 어떤 질적인 차이가 있기에 결론에 차이가 발생하는지 검토를 요한다.

[2326] **나. 원시적 불능과 후발적 불능**

(1) 채권성립 당시 이미 급부가 불능인 경우(예: 매매계약 당시 매매목적물인 그림이 멸실되었거나 제3자에게 소유권이 넘어간 경우)에 원시적 불능(原始的 不能)이 존재한다. 반면 채권이 발생된 후

15) 대판 1999.2.12. 98다40688도 동지.
16) 대판 1996.2.27. 95다43044.
17) 그 이후에 자동차를 되찾은 날까지의 인도지연에 따른 손해나 감가상각액 정도라고 할 수는 없다.

에 비로소 불능으로 된 경우(예: 앞의 사정이 계약성립 후에 발생한 경우)에 후발적 불능(後發的 不能)이 존재한다.

(2) 후발적 불능은 유효하게 성립한 계약을 전제로 하는 채무불이행의 문제인 반면, 제535조에 따라 원시적 불능은 계약을 무효로 한다(이를 「원시적 불능의 도그마」라 한다). 그러나 이에 대하여 비판이 적지 않다. [2327]

① 원시적 불능과 후발적 불능은 공히 채권관계의 정상적 진전을 방해한다는 점에서 그 구별은 입법론적 검토를 요한다. 물론 일단 성립한 채권관계의 비정상적 진전과 채권성립 당시 이미 존재하는 장애가 개념상 구별되어야 하고, 이러한 입장에서라면 원시적 불능을 —급부장애의 문제가 아니라— 계약성립의 문제로 볼 수 있다.

그러나 채권 성립의 전과 후라는 양적/시간적 차이가 무효와 채무불이행이라는 질적 차이를 초래하는 것은 적절하지 않다는 점, 채권자의 입장에서 급부가 불능으로 된 이상 불능이 원시적인지 아니면 후발적인지는 그다지 중요하지 않다는 점, 원시적 불능이라도 그 불능이 계약성립 후에 비로소 당사자들에게 명확하게 되므로 이익상황이 후발적 불능과 본질적으로 다르지 않다는 점, 거래상 중요한 유상계약의 경우에 원시적 불능이라도 채무불이행의 문제로 보아야 하는 경우가 많다는 점([2051] 참조) 등을 고려하면, 원시적으로 불능인 급부를 목적으로 하는 계약을 채무불이행에서 분리하여 별도로 다루는 것이 과연 합리적인지 의문이다.

다만 제535조가 원시적으로 불능인 급부를 목적으로 하는 계약의 무효를 전제로 신뢰이익의 배상책임을 인정하므로, 해석론으로는 부득이 그 적용범위를 축소하는 입장을 취할 수밖에 없다. 즉 여기서 불능은 비유상계약에서 강학상의 객관적 (전부)불능에 한정되어야 한다. 그런데 양자를 구별함에 따른 실질적인 차이는 손해배상의 범위에 불과하다.[18]

② 한편 비교법적으로 원시적 불능 도그마를 취하는 입법례는 줄고 있고, 계약에 관한 국제규범은 거의 예외 없이 원시적 불능과 후발적 불능을 구별하지 않는다.

3. 이 관의 서술내용 및 순서 [2328]

이 관은 광의의 이행불능을 다루는데, 다양한 모습의 불능이 포섭된다. 그런데 제535조가 원시적 불능 도그마를 채택함에 따라 원시적 불능과 후발적 불능의 효과가 본질적으로 다르다. 후발적 불능에서도 제390조 단서에 따라 채무자의 귀책사유 유무에 손해배상책임의 성립 여부가 달려있고, 나아가 판례가 대상청구권을 인정한다. 그 밖에 쌍무계약에 기한 채무가 채무자에게 책임 없는 사유로 불능으로 된 경우에 반대급부는 어떻게 되는지 하는 위험부담의 문제도 후발적 불능과 직결된다.

이러한 사정을 고려하여 아래에서는 효과와 관련하여 원시적 불능에 관하여 간략하게 살펴본 후, 후발적 불능 일반 및 대상청구권을 검토하고, 이어서 위험부담의 문제를 다룬다.

18) 즉 이행청구를 할 수 없음은 양 유형에 공통된다.

제 2. 불능의 효과

[2329] Ⅰ. 원시적 불능의 효과

1. 계약의 무효

(1) 민법이 명문으로 규정하지 않지만, 제535조를 근거로 원시적 불능인 급부를 목적으로 하는 계약은 무효라는 것이 학설 · 판례의 입장이다.[1]

(2) 그러나 다음의 경우는 예외이다.[2]

① 급부가 가능하게 될 것을 조건으로 하여 계약이 체결되었다면, 일시적 불능은 계약의 무효를 초래하지 않는다.[3] 이러한 약정이 없다면, 계약성립 당시 존재하던 객관적인 급부장애사유의 사후적 소멸이 원시적 불능으로 무효이었던 계약을 유효로 만들지 못한다.

또한 의무가 정지조건부이거나 시기부로 약정되었는데 불능이 조건성취 전 또는 기한도래 전에 제거되었다면, 그 의무는 유효하다.[4]

② 급부의 원시적 불능은 계약을 무효로 만든다는 제535조가 강행규정은 아니다. 그러므로 원시적 불능이라도 계약은 유효하고, 따라서 이행이익을 배상하기로 하는 당사자들의 약정은 유효하다. 이러한 담보약속(擔保約束)이 있는지는 법률행위의 해석에 의하여 밝혀진다.

③ 원시적 불능인 급부를 목적으로 하는 계약이 무효로 되는 것은 객관적 불능에 한정된다. 따라서 원시적 · 주관적으로 불능인 급부를 목적으로 하는 계약은 유효하다.

[2330] 2. 신뢰이익의 배상

(1) 계약을 체결할 때 급부의 불능을 알았거나 과실로 알지 못한 계약당사자는 상대방에 대하여 신뢰이익(信賴利益)을 배상해야 한다(제535조 제1항 본문). 즉 상대방이 원시적으로 불능인 계약을 유효하다고 믿었기 때문에 입은 손해[5]를 배상해야 한다. 반면 이행이익은 배상할 필요가 없다. 즉 상대방은 계약이 이행되었더라면 얻었을 이익의 배상을 청구하지 못한다. 신뢰이익의 배상에 관한 제535조는 무효인 계약으로부터 (계약의 유효를 전제로 하는) 이행이익의 청구권이 발생하지 않는다는 사상에 기한 것이다.

(2) 원시적 불능을 이유로 하는 신뢰이익의 배상책임은 이행이익을 한도로 한다(제1항 단서). 즉 적극적 이익액이 배상가능한 신뢰이익의 상한을 이루는데, 배상의무자가 신뢰이익이 이행이익보다 크다는 점을 증명해야 한다.

(3) 계약상대방이 불능을 알았거나 알 수 있었을 경우에 배상의무가 배제된다(제2항). 따라서 과실상계(제396조)의 적용여지가 없다. 결국 계약상대방은 —이행이익의 한도 내에서— 신뢰이익

---

1) 대판 2017.8.29, 2016다212524: "계약 당시에 이미 채무의 이행이 불가능했다면 특별한 사정이 없는 한 채권자가 이행을 구하는 것은 허용되지 않고, 민법 제535조에서 정한 계약체결상의 과실책임을 추궁하는 등으로 권리를 구제받을 수밖에 없다." 대판 2017.10.12, 2016다9643도 동지. 농지를 취득할 수 없는 회사가 체결한 농지매매계약이 무효라고 한 대판 1994.10.25, 94다18232도 참조.

2) 유상계약의 원시적 일부불능에 제535조가 적용되지 않음에 관하여 [2051]도 참조.

3) 예컨대 압류된 상품의 인도를 목적으로 하는 계약이 압류가 풀릴 경우를 위하여 계약이 체결되었다면 그 계약은 유효하다.

4) 예: 계약성립시에는 강에 빠져 있었던 물건이 조건성취 전에 강둑으로 밀려 올라와 발견된 경우.
한편 정지조건이나 始期는 법률행위의 성립이 아니라 그 효력 발생에 관한 것이므로, 계약성립 후 조건성취 전 또는 기한도래 전에 불능사유가 발생하면, 이는 후발적 불능에 해당한다.

5) 예컨대 부동산매매에서 현지조사에 소요되거나 자금차입에 따른 비용의 손해.

의 완전한 배상을 받거나 아니면 전혀 받지 못한다.

3. 일부불능의 경우 [2331]

일부불능인 경우에 계약의 무효를 정하는 제535조가 불능부분에 적용된다. 그러나 이에 앞서 일부불능이 전부불능을 결과하는지를 검토해야 하는데, 특히 채권관계의 내용과 목적을 고려해야 한다. 그 결과 일부불능이 전부불능을 가져오면 계약이 전부무효로 되지만(제137조 본문), 불능부분이 없었더라도 법률행위를 하였으리라고 인정되면 불능부분만이 무효로 되고 나머지 가능한 부분은 유효하다(같은 조 단서).[6]

Ⅱ. 후발적 불능의 효과 [2332]

1. 서 설

후발적 불능의 경우에 그럼에도 불구하고 계약 및 채무는 존속하지만, 제1차적 급부의무가 소멸한다. 즉 채권자의 이행청구가 좌절된다. 그런데 제2차적 급부의무, 즉 손해배상의무가 발생하는지는 채무자에게 책임이 있는지 여부에 따라 달라진다(제390조 단서). 아래에서는 채무자에게 책임 없는 불능과 책임 있는 불능을 나누어 검토한다.

2. 채무자에게 책임 없는 사유로 인한 불능 [2333]

(1) 채권성립 후에 급부가 채무자에게 책임 없는 사유에 기하여 불능으로 되면 채무자는 급부의무(채무)를 면한다(제390조 단서). 따라서 채권자는 급부를 청구할 수 없고, 손해배상도 청구하지 못한다.

[참 고] 흔히 채무자는 이행불능에 대하여 책임이 없는 경우에만 의무를 면한다고 하는데, 채무자는 과책 유무와 관계없이 불능으로 인하여 급부의무 자체를 면하고(불능항변의 의미를 생각하여 보라), 제2차적 급부의무로서 손해배상의무가 발생하는지만이 과책 유무에 좌우된다. 이러한 경우에 무엇에 대하여 책임을 지는지를 제390조와 제391조가 규정하는데, 채무자가 과책 없이 「돈」을 도둑맞은 경우에는 면책되지 않는다(제397조).

(2) 채무자의 책임 없는 일부불능의 경우에 채무자는 그 한도에서 면책되고, 따라서 아직 가능한 부분의 급부는 해야 한다.

(3) 부수적으로 ① 이행을 불능케 하는 사유로 인하여 채무자가 이행의 목적물에 갈음하는 이익을 취득하는 경우에 관한 대상청구권 및 ② 채무가 쌍무계약에 기하여 발생한 경우에 채무자의 반대급부청구권, 즉 상대방의 반대급부의무가 어떻게 되는가 하는 위험부담도 검토되어야 하는데, 이들에 관해서는 따로 살펴보기로 한다.

3. 채무자에게 책임 있는 사유로 인한 불능: 협의의 이행불능 [2334]

가. 개 관

급부가 채무자에게 책임 있는 사유로 후발적으로 불능으로 된 경우에, 손해배상청구권(제

6) 예컨대 한정품인 고가의 도자기세트 중 일부가 매매계약 체결 당시 이미 깨어져 있었다면, 이러한 급부불능은 대개 전부불능을 가져오고, 따라서 매매계약은 전부무효로 된다.

390조)이 제1차적 급부의무에 갈음하고, 그 밖에 채권자에게 계약해제권(제544조) 및 대상청구권이 발생한다. 아래에서는 이들 중 손해배상청구권만 검토한다.

[2335] **나. 손해배상청구권**

(1) 채무자에게 책임 있는 사유로 급부가 후발적으로 불가능하게 된 경우에, 채무자는 채권자에 대하여 손해배상의무를 부담한다(제390조). 즉 채권자는 더 이상 급부를 청구할 수 없고, 급부청구권에 갈음하여[7] 이행이익의 배상을 내용으로 하는 전보배상청구권(塡補賠償請求權)이 들어선다. 그런데 채권관계는 존속하되 급부청구권이 손해배상청구권으로 바뀔 뿐이므로 동일성이 유지된다. 따라서 쌍무계약에서 본래의 급부청구권에 관하여 인정되던, 반대급부청구권과의 동시이행관계는 유지되며, 본래의 급부청구권을 위한 담보(예: 보증, 저당권)도 손해배상청구권을 위하여 존속한다.

[참 고] 원고가 물건의 인도를 구하면서 그 인도가 집행불능[8](민사집행법 제41조 제2항 참조)으로 될 때에 대비하여 하는, 물건 가액에 상당하는 금전청구를 대상청구(代償請求)라 한다. 그런데 인도를 구하는 물건이 종류물인 경우에, 대상청구는 이행불능으로 인한 전보배상의 일종으로, 그 이행을 구하는 소는 장래이행의 소이고, 본래의 청구에 대상청구를 병합한다면 그 소송형식은 현재이행의 소와 장래이행의 소의 단순병합이다.[9] 반면 정물인도청구의 경우에, 물건의 인도청구와 변론종결시에 이행불능이 될 것에 대비한 전보배상청구는 논리적으로 양립할 수 없으므로 그 청구들의 병합은 예비적 병합이다.[10]

(2) 이행불능으로 인한 손해는 이행불능시를 표준으로 산정한다(확립된 판례의 태도). 즉 그 당시의 시가 상당액이 통상의 손해이고, 그 후의 시가의 등귀는 특별사정으로 인한 손해로서 채무자가 알았거나 알 수 있었을 경우에 한하여 배상을 청구할 수 있다(제393조 참조).[11] 참고로 전보배상에 대한 지연손해는 즉시 발생한다.[12]

(3) 채무자에게 책임 있는 일부불능의 경우에 채무자는 그 한도에서 손해배상을 하고 아울러 아직 가능한 부분의 급부를 해야 한다. 다만 일부이행이 채권자에게 아무런 이익이 없다면(예: 커피세트 중 일부가 깨어진 경우), 채권자는 아직 가능한 부분의 급부를 거절하고 전 급부에 갈음하는 손해배상을 청구할 수 있다(제395조의 유추).[13] 이러한 이익의 결여는 객관적 기준(채권자의 자의가

---

7) 본래의 채권이 시효로 소멸한 경우에 이행불능으로 인한 손해배상청구권도 허용될 수 없다는 대판 1987.6.23. 86다카2549; 대판 2018.2.28. 2016다45779 참조.

8) 실체법상 개념인 이행불능보다 넓은 개념이다. 즉 이행불능은 당연히 집행불능에 해당하지만, 역은 성립하지 않는다.

9) 대판 2011.8.18. 2011다30666 · 30673: "채권자가 본래적 급부청구에 이를 대신할 전보배상을 부가하여 대상청구를 병합하여 소구한 경우 대상청구는 본래적 급부청구권이 현존함을 전제로 하여 이것이 판결확정 전에 이행불능되거나 또는 판결확정 후에 집행불능이 되는 경우에 대비하여 전보배상을 미리 청구하는 경우로서 양자의 병합은 현재 급부청구와 장래 급부청구의 단순병합에 속하는 것으로 허용된다. 이러한 대상청구를 본래의 급부청구에 예비적으로 병합한 경우에도 본래의 급부청구가 인용된다는 이유만으로 예비적 청구에 대한 판단을 생략할 수는 없다."

10) 참고로 같은 원고와 피고 사이에 하나의 소송절차에서 여러 개의 청구를 하는 소송형태를 「청구의 병합」이라 하는데, 그 모습으로 ⓐ 여러 개의 청구를 다른 청구에 대한 재판의 결과와 무관하게 병렬적으로 병합하여 심판을 구하는 단순병합, ⓑ 여러 개의 청구 중 어느 한 청구가 인용되면 나머지 청구에 관해서는 심판을 바라지 않는 선택적 병합 및 ⓒ 양립할 수 없는 여러 개의 청구를 하면서 그 심판순위를 붙여 주위적 청구가 인용될 것을 해제조건으로 하여 예비적 청구에 대하여 심판을 구하는 예비적 병합이 있다. 그런데 ⓐ의 경우에 법원은 병합된 모든 청구에 대하여 심판을 해야 하는 반면, ⓑ의 경우에 법원은 이유 있는 어느 한 청구를 선택하여 인용하면 된다. 한편 ⓒ의 경우에 법원은 원고가 정한 심판순위에 따라 심판해야 한다. 즉 주위적 청구가 각하 · 기각되어야 예비적 청구에 대하여 심판을 한다.

11) 대판 1996.6.14. 94다61359 · 61366. 이중매매에서 매도인이 매매목적물을 제2매수인에게 처분한 가격이 통상가격을 넘더라도, 그것을 배상액 산정의 기준으로 삼을 수는 없다고 한 대판 1990.12.7. 90다5672도 참조.

12) 대판 1967.11.28. 67다2178: "배상액의 지급을 지연한 경우에는 이행불능케 된 당시부터 배상을 받을 때까지의 법정이자를 청구할 수 있다."

13) 신축예정인 상가건물 중 특정점포에 관한 분양계약이 체결된 후 분양점포에 관한 소유권이전등기의무가 이행불능에 이른 경우에,

아니라)에 따라 판단되어야 하고, 채권자가 이를 증명해야 한다.

(4) 이행불능으로 인한 손해배상청구권의 요건을 정리한다. [2336]

① 채무자의 급부가 채권성립 후(즉 후발적으로) 불가능하게 되어야 한다. 급부가 불능인지는 이행기를 기준으로 판단하지만, 이행기 전이라도 사회관념상 급부의 불능이 확정적이라면 이행불능으로 된다. 한편 급부가 불능이 아니라고 채무자가 다투는 경우에, 손해배상을 구하는 채권자가 불능을 증명해야 하지만, 제395조가 증명의 곤란을 덜어준다. 즉 채무자가 이행기에 이행하지 않는 경우에, 채권자는 "상당한 기간을 정하여 이행을 최고"하고 그 기간 내에 채무자가 이행하지 않으면 본래의 급부의 수령을 거절하고 전보배상을 청구할 수 있다.

② 불능이 채무자에게 책임 있는 사유에 기하여 야기되어야 하는데, 채무자는 자신의 고의·과실과 법정대리인 또는 이행보조자의 과책에 대하여 책임을 진다(제390조, 제391조. 예외로 제392조 및 제401조도 참조). 여기서의 귀책사유는 부수의무 위반을 포함한다.[14]

그리고 채권자는 채무자의 과책을 증명할 필요가 없고, 손해배상청구의 상대방인 채무자가 자신의 무과실을 증명해야 한다(제390조 단서). 그런데 부동산의 이중매매로 인하여 소유권이전의무가 이행불능으로 되면 동일한 부동산을 이중으로 매도한 것 자체가 귀책사유를 구성하여(피상속인의 매도사실을 알지 못하는 상속인이 이중으로 양도한 경우 등을 제외하고) 매도인으로서는 과실 없음을 항변하지 못한다.

③ 채무자에게 위법성조각사유가 없어야 하지만, 실제로는 거의 기능하지 않는다.

Ⅲ. 대상청구권 [2337]

1. 서 설

가. 개 념

후발적 불능으로 이행청구권이 소멸하지만, 급부를 불능케 한 것과 동일한 원인에 기하여 채무자가 대상(代償)을 취득한다면, 원래의 이행청구권이 대상에 대한 인도청구권의 형태로 지속된다고 하여야 공평의 원칙에 부합할 것이다. 이처럼 채무가 이행불능으로 됨에 따라 채무자가 채권의 목적인 물건이나 권리에 갈음하는 이익을 얻은 경우에, 채권자가 그 이익의 상환을 청구할 수 있는 권리를 대상청구권(代償請求權)이라고 한다.

나. 대상청구권의 근거 및 범위 [2338]

(1) 민법에 명문규정은 없지만, 학설은 대체로 이행불능의 효과로 채권자의 대상청구권을 인정한다.

판례도 같은 입장이다. 즉 대판 1992.5.12. 92다4581·4598[15]이 "우리 민법에는 이행불능의 효과로서 채권자의 전보배상청구권과 계약해제권 외에 별도로 대상청구권을 규정하고 있지 않으나 해석상 대상청구권을 부정할 이유가 없"다고 한 이래 대상청구권을 인정한 판결이 계속되

대지지분에 관한 소유권이전등기절차의 이행만 구할 수는 없다고 한 대판 1995.7.25. 95다5929도 참조.

14) 예: 매도인이 포장을 잘못하여 운송 도중 매매목적물이 손괴된 경우.

15) 매매목적토지의 수용보상금을 수령하였음을 이유로 매도인에게 그 금원의 지급을 구하는 청구를, 위 토지에 대한 소유권이전등기의무의 이행불능을 발생케 한 원인인 토지수용으로 인하여 위 토지의 대상인 보상금을 취득하였음을 이유로 그 보상금의 지급을 구하는 것으로서 대상청구권을 행사하는 취지라고 볼 수 있다고 한 사례.

고 있다.

[2339] (2) 인도채무의 목적물이 제3자의 불법행위에 의하여 멸실되거나 수용된 경우에, 대상청구권을 인정하지 않으면 채무자는 원래 자신에게 속할 것이 아닌 이익(손해배상청구권이나 수용보상금)을 보유하거나 보유할 수 있는 결과가 초래된다. 그런데 채무자가 채무를 이행한 후에 이러한 사유가 발생하였다면 그 이익은 채권자에게 귀속되었을 것이므로, 이를 채무자가 보유할 수 있다면 부당하다.[16] 이렇게 본다면 대상청구권은 원래의 채권관계의 연장효(延長效)라 할 수 있다.[17]

[2340] (3) 민법은 대상청구권에 관하여 일반적 규정을 두지 않았다. 그러나 불능을 일으킨 사정에 기하여 경제적으로 원래의 급부에 갈음하는 이익, 즉 대상이 발생한 경우에, 그것이 귀속되었어야 할 채권자가 대상을 청구할 수 있는 법적 가능성이 인정되고, 이러한 가능성을 실현하는 일반적인 법제도로 대상청구권이 인정되어야 한다. 이러한 대위법리(代位法理) 또는 대상법리(代償法理)에 기한 규정으로 유증에서 대상청구를 인정하는 제1083조 외에 손해배상자의 대위(제399조), 변제자대위(제480조 이하)나 물상대위(제342조, 제370조) 등이 있고, 그 규정들의 유추에 의하여 대상청구권이 근거 지워질 수 있다.

(4) 종래 판례는 대상청구권을 주로 토지수용으로 인한 수용보상공탁금의 출급청구권에 관하여 적용하였다. 그러나 대상청구권은 형식적 · 법률적으로 부당하지 않지만 실질적 · 경제적으로는 용인될 수 없는 결과를 조정하기 위한 제도이다. 이러한 형평의 요청은 편무계약에서 채무자에게 책임 없는 사유로 급부불능이 되면서도 채무자가 대상을 취득하는 경우 등에 한정되지 않는다. 따라서 대상청구권을 인정하는 이상, 전면적으로 인정해야 할 것이다.

[2341] 2. 요 건

(1) 불능으로 되는 채권은 물건 또는 권리를 급부의 목적으로 하는 채권이어야 하는데, 그 법적 기초는 중요하지 않다. 계약상의 청구권뿐만 아니라 사무관리 또는 계약해제에 기한 청구권에도 적용될 수 있지만, 불법행위에 기한 손해배상청구권은 기본값이 금전채권이어서(제763조, 제394조) 불능이 성립할 수 없으므로, 대상청구권이 인정될 수 없다.

(2) 원시적 불능의 경우에 채무 자체가 발생하지 않아서 대상청구권이 문제될 여지가 없다. 반면 후발적 불능이라면 그것이 채무자의 귀책사유에 기한 것인지 여부는 문제되지 않는다. 즉 불능이 채무자의 귀책사유에 기한 경우에도 대상청구권은 적용될 수 있다. 이 경우 채권자가 손해배상을 청구할 수 있지만, 채무자가 이행불능을 일으킨 바로 그 사유에 기하여 원래의 급부에 갈음하는 이익을 얻는다면, 채권자가 원래의 채권내용에 갈음하는 것으로서 대상을 청구할 수 있어야 한다.

그런데 판례는 쌍무계약에서 「당사자 쌍방의 급부가 모두 이행불능으로 된」 경우에 특별한 사정이 없는 한 대상청구권을 행사할 수 없다는 입장이다.

[참 고] 대판 1996.6.25. 95다6601: "쌍무계약의 당사자 일방이 상대방의 급부가 이행불능이 된

16) 물론 채무자위험부담주의에 따라 이해가 조정될 수 있지만, 채무가 편무계약으로부터 발생하거나 계약이 아니라 법률에 기하여 발생하는 경우에는 위험부담의 법리가 작동할 수 없다.

17) 대상청구권을 보충적 구제수단으로 보고자 하는 견해가 제시하는 제3자의 채권침해나 채권자대위권 등에 의해서는 채권자의 이익을 충분히 고려할 수 없음에 관하여 講義, [3220] 참조.

사정의 결과로 상대방이 취득한 대상에 대하여 급부청구권을 행사할 수 있다고 하더라도, 그 당사자 일방이 대상청구권을 행사하려면 상대방에 대하여 반대급부를 이행할 의무가 있는바, 이 경우 당사자 일방의 반대급부도 그 전부가 이행불능이 되거나 그 일부가 이행불능이 되고 나머지 잔부의 이행만으로는 상대방의 계약목적을 달성할 수 없는 등 상대방에게 아무런 이익이 되지 않는다고 인정되는 때에는, 상대방이 당사자 일방의 대상청구를 거부하는 것이 신의칙에 반한다고 볼 만한 특별한 사정이 없는 한, 당사자 일방은 상대방에 대하여 대상청구권을 행사할 수 없다."

그런데 대상청구권의 본질이 원래의 채권관계의 연장효에 있기 때문에, 쌍무계약에서 대상청구권을 부정할 필요는 없다고 생각된다. 가령 교환계약에서 A의 의무는 수용에 의하여, 상대방(B)의 의무는 제3자의 불법행위에 의하여 불능으로 된 경우에, B로서는 손해배상청구권을 취득하는 것보다 실현이 확실한 수용보상금을 청구하는 것이 현명한 방법일 수 있다.

(3) 이 청구권은 채무자가 대상 또는 대상에 대한 권리를 실제로 취득하였을 것을 요건으로 한다. 그리고 손해배상금, 보험금(논란이 있기는 하지만), 수용보상금[18] 등 「급부에 갈음하는 이익」이 대상의 대표적인 예이다. 그 밖에 이론적으로 「거래행위에 기한 이익」[19]도 대상으로 되지만, 실제로는 거의 문제되지 않는다.

(4) 채무자는 급부를 불능케 하는 사정에 의하여 급부의 목적에 갈음하는 대상을 취득해야 한다.[20] 그러나 그 사정이 대상급부의 유일한 원인일 필요는 없고, 공동원인으로 족하다.

(5) 불능으로 된 급부와 채무자가 그에 갈음하여 취득한 대상 사이에 동일성이 존재해야 한다. 예컨대 소유권의 대상은 채무자가 소유권을 이전할 의무를 지는 경우에만 반환되어야 한다.

(6) 채무자가 대상을 취득하였다는 사실 및 그 액수 등에 대한 증명책임은 채권자가 진다.

(7) 취득시효가 완성된 경우에 판례가 요구하는 특수한 요건에 관하여 [5211] 참조.

3. 효 과 [2342]

(1) 채무자가 채권자의 청구에 따라 대상의 인도 또는 대상에 대한 권리를 양도하지 않으면 대상 또는 대상에 대한 권리가 채권자에게 귀속되지 않는다. 소유권이전등기의무의 목적부동산이 수용되어 소유권이전등기의무가 이행불능으로 된 경우에, 등기청구권자는 등기의무자에게 대상청구권의 행사로써 등기의무자가 지급받은 수용보상금의 반환을 구하거나 등기의무자가 취득한 수용보상금청구권의 양도를 구할 수 있을 뿐이고, 수용보상금청구권 자체가 등기청구권자에게 귀속되는 것은 아니다.[21] 다만 어떤 사유로 채권자가 직접 자기명의로 대상청구의 대상이 되는 보상금을 지급받았다 하여 이로써 채무자에 대한 관계에서 바로 부당이득이 되는 것은 아니다.[22]

(2) 대상의 가치가 원래의 급부의 가치(즉 전보배상의 범위)를 넘는 경우에도 채무자는 초과이익을 포함하여 대상 전부를 채권자에게 양도해야 하는지에 관하여 견해의 대립이 있는데, 채권자가 입은 손해를 한도로 대상의 반환을 청구할 수 있다 할 것이다. 즉 부당이득에서 타인의 권리

---

18) 경매목적물인 토지가 경락허가결정 후 하천구역에 편입됨으로써 소유자의 경락자에 대한 소유권이전등기의무가 이행불능이 된 경우에, 경락자는 소유자가 지급받을 손실보상금에 대한 대상청구권을 행사할 수 있다고 한 대판 2002.2.8. 99다23901 참조.

19) 예: 채무자가 급부의 목적물을 제3자에게 양도하고 그 대가로 취득한 반대급부.

20) 대판 2003.11.14. 2003다35482.

21) 대판 1996.10.29. 95다56910. 매매목적물이 국유화되었음에도 상당한 기간이 지난 뒤에야 보상금청구의 방법과 절차가 마련된 경우에, 보상금을 청구할 수 있는 방법이 마련된 시점부터 대상청구권에 대한 소멸시효가 진행하는 것으로 봄이 상당하다고 한 대판 2002.2.8. 99다23901도 참조.

22) 뒤의 2005두5956 판결.

를 유효하게 처분한 무권리자는 그가 처분으로 인하여 취득한 것 전부가 아니라 권리자의 「손실」의 한도에서의 「이익」, 보다 일반적으로 말하면 그 권리의 「통상의 가치」를 반환하면 족한데,[23] 이러한 법리는 부당이득금지의 이념에 기초한 대상청구권에서도 관철되어야 한다. 다만 판례의 입장은 분명하지 않다.

[참 고] 대판 2008.6.12. 2005두5956은 "채무자가 목적물소유자로서 수령하게 되는 보상금에 대하여 채권자인 경락인이 대상청구권을 가진다고 보는 이상, 특별한 사정이 없는 한 채권자는 그 목적물에 대하여 지급되는 보상금 전부에 대하여 대상청구권을 행사할 수 있는 것이고, 소유권이전등기의무의 이행불능 당시 채권자가 그 목적물의 소유권을 취득하기 위하여 지출한 매수대금 상당액 등의 한도 내로 그 범위가 제한된다고 할 수 없다"고 하였는데,[24] 본문에서 논의한 대상청구권의 인정범위에 관한 입장을 밝힌 것으로 볼 수 있는지는 검토를 요한다(특히 비교대상이 목적물의 불능 당시의 객관적 가치가 아니라 매수대금 상당액이라는 점에서).

[2343] (3) 다른 제도와의 경합에 관하여 본다.

① 쌍무계약에 기한 채무가 당사자 쌍방에게 책임 없는 사유로 이행불능으로 된 경우에, 채권자는 제537조에 기한 반대채권의 소멸 및 그에 따른 부당이득반환청구권과 대상청구권 중 선택권을 가지는데, 대상청구권을 행사한 채권자는 반환받은 대상의 한도에서 자기의 반대급부를 이행할 의무를 진다.

② 이행불능이 채무자에게 책임 있는 사유로 발생한 경우에, 채권자는 대상청구권 외에 손해배상청구권을 가지는데, 그중 어느 청구권을 먼저 행사할 것인지를 채권자가 결정하고, 나아가 채권자는 변경권을 가진다. 그런데 채권자가 대상청구권을 행사하여 대상을 수령하는 경우에, 손익상계의 법리에 따라 손해배상액이 수령한 이익의 가치만큼 당연히 감소된다. 여기서 공제되는 것은 대상의 실질적 가치 만큼이며, 따라서 대상이 배상청구권인 경우에 액면가액은 그 기준으로 되지 못한다. 그렇게 새기지 않으면, 채권자가 제3채무자의 자력의 위험을 져야 하기 때문이다.

제 3. 위험부담

[2344] Ⅰ. 총 설

1. 의 의

가. 쌍무계약의 소멸상의 견련성

(1) 어느 채무에 관하여 불능사유가 발생하면 제1차적 급부의무는 소멸하고, 제2차적 급부의무로서 손해배상이 문제된다. 그리고 손해배상은 채무자의 귀책사유를 요하므로(제390조 단서), 채무자에게 책임 없는 사유로 채무의 이행이 불능하게 된 경우에 손해배상채무도 발생하지 않는다.

그런데 매매계약 성립 후에 매매목적물이 멸실되었는데 매도인 A에게 귀책사유가 없다면 그는 채무를 면한다. 이 경우 매수인 B의 대금지급의무가 존속한다면 B에게 불리한 반면, 대금지급의무가 소멸한다면 A에게 불리하다. 이처럼 소멸된 채무가 쌍무계약에 기한 것인 경우에,

23) 초과운용이득에 관한 대판 1995.5.12. 94다25551([3249]에 소개된) 참조.
24) 대판 2016.10.27. 2013다7769도 참조.

상대방의 채무(반대급부의무)는 어떻게 되는가, 바꾸어 말하면 채무자에게 책임 없는 사유로 인한 불능의 경우에 반대급부의무의 존속 여부에 따른 불이익을 누구에게 돌릴 것인가 하는 것이 위험부담(危險負擔)의 문제이다.

[참 고] 급부가 불능으로 된 경우에 발생하는 불이익을 의미하는 위험(危險)으로, 반대급부를 받지 못하는 위험, 즉 앞서 본 대가위험(對價危險) 외에 급부가 후발적으로 불능으로 된 경우에 채무자의 급부의무가 존속하는지와 관련된 급부위험(給付危險)도 있다. 그런데 특정물채무에서 급부위험은 채권자가 부담하고, 따라서 채무는 소멸한다.[1]

(2) 앞의 예에서 B의 대금지급의무가 존속한다는 입장을 「채권자주의」라 하고, 그 채무가 소멸한다는 입장을 「채무자주의」라고 한다.[2] 그런데 쌍무계약에서 각 당사자는 서로 채권자이자 동시에 채무자인데, 여기서 위험을 부담하는 채권자 또는 채무자는 불능으로 된 채무를 기준으로 판단한다.

나. 적용범위 [2345]

(1) 대가적 채무 사이의 소멸상의 견련관계가 위험부담의 문제이다. 따라서 편무계약에서는 성질상 위험부담이 문제되지 않는다(다만 부담부 증여에 관한 제561조 참조). 한편 쌍무계약이 무효이거나 취소됨에 따른 반환의무가 불능으로 된 경우(예: 반환할 목적물이 불가항력 때문에 불능으로 된 경우)에도 위험부담의 법리가 적용되어야 한다.

(2) 쌍무계약에서도 후발적 불능을 둘러싼 문제이며, 원시적 불능의 경우에는 성립상의 견련성으로 계약체결상의 과실책임(제535조) 또는 담보책임(제570조 이하)이 문제될 뿐이다.

(3) 나아가 후발적 불능이 채무자에게 책임 없는 사유로 생긴 것이어야 하고, 채무자의 귀책사유로 인한 것이라면 채무가 손해배상채무로 변하여 존속하므로(제390조), 위험부담의 문제는 생기지 않는다. 한편 채무자에게 책임 없는 사유로 인한 후발적 불능이라도 채권자가 대상청구권을 행사하면 위험부담이 문제되지 않는다.

(4) 제537조와 제538조는 임의규정이다. 따라서 위험의 배분에 관한 당사자들의 합의가 있으면 그에 따라 위험이 배분되고(다만 약관법 제7조 제2호 참조), 그러한 합의가 없어야 비로소 민법규정이 적용된다.

2. 위험의 이전 [2346]

(1) 매매에서 소유권이 이전되는 등 이행이 종료되면 위험부담은 더 이상 문제되지 않는다.[3] 반면 이행이 있기 전에는 제538조가 적용되는 경우를 제외하고 채무자가 위험을 부담한다. 그런데 이행 전에 불능의 위험을 채권자, 즉 매수인에게 넘길 수는 없는가? 이것이 위험이전(危險移轉)의 문제이다.

(2) 채무가 이행되기 전에도 채무자가 더 이상 위험을 부담하지 않을 수 있다. 우선 당사자들이 위험인수시점에 관하여 합의한 경우(예: 무역거래에서의 FOB나 CIF 조건)에 그 시점에 위험이 이전된다. 제538조 제1항 후문도 수령지체가 성립하면 변제제공이 있은 때부터 위험이 채권자에

1) 종류채무에서는 조달의무 때문에 특정이 있은 후에야 비로소 급부위험이 문제된다.
2) 그 밖에 물건이 멸실된 당시의 소유자가 불이익을 부담한다는 소유자주의도 있다.
3) 이행이 있은 후에 목적물이 멸실되더라도 상대방은 여전히 반대급부를 이행해야 한다.

게 이전된다고 한다.

이러한 합의 또는 명문규정이 없는 경우에 언제 상대방에게 위험이 이전되는가? 바꾸어 말하면 채무자가 부담하는 반대급부위험을 언제부터 채권자가 부담하는가? 매매를 전제로 한다면 위험이 이전되는 시기로 계약체결시, 소유권이전시 및 인도시를 생각할 수 있다.[4)]

[2347] (3) 생각건대 매매에서 인도에 의하여 위험이 이전된다고 해야 한다.

① 먼저 동산매매에서 인도에 의하여 위험이 매수인에게 이전된다.[5)] 특히 소유권유보부 매매에서 소유권의 유보는 대금채권의 확보책일 뿐이므로 인도시에 위험이 이전된다([5614] 참조). 그리고 급부장소가 매도인(채무자)의 주소임에도 불구하고 매수인(채권자)의 요청에 따라 목적물을 매수인에게 송부하기로 한 경우에, 매도인이 매매목적물을 운송기관(매수인이 지정한 또는 지정위임에 따라 매도인이 지정한)에게 인도하면 위험이 매수인에게 이전되는데, 이때 운송기관은 매수인의 수령보조자(동시에 점유보조자)로 평가되고, 따라서 매도인으로서는 자기가 해야 할 바를 다했다고 보아야 한다. 그러나 지참채무에서 매도인이 운송기관을 이용하는 경우에 그렇지 않음은 당연하고, escrow를 통하여 반대의 결과에 이를 수 있다.

② 부동산매매에서 소유권이 이전되면 인도 여부와 무관하게 매수인이 소유자로서 위험을 부담해야 한다. 그런데 소유권이전등기가 마쳐지기 전이라도 매수인이 ―등기에 필요한 서류 일체와 함께― 목적물을 인도받아 사용 · 수익하고 있다면 매수인에게 위험이 이전된다고 할 것이다.

[2348] (4) 이처럼 매매에서 인도에 의하여 위험이 매수인에게 이전된다는 근거는 당사자의 의사에서 찾아야 한다. 즉 매도인이 자신의 채무이행에 필요한 행위를 다한 이상 매수인이 대가위험을 부담해야 한다는(따라서 인도시에 위험이 매수인에게 이전된다는) 의사를 각 당사자가 가진다고 보는 것이 우리의 상식에 부합한다. 특히 계약상의 채무가 잔존하지만 그것이 매수인의 사정만에 기인한 것이어서 사실상 전부이행된 것으로 평가되어야 할 경우, 소유권유보부 매매나 조건부 매매처럼 매수인측의 사정으로 소유권이전이 유보되거나 매도인이 점유개정의 형태로 점유하는 경우 또는 부동산매매에서 등기에 필요한 서류 일체가 교부되었음에도 불구하고 매수인이 소유권이전등기를 해태한 경우에도 매수인이 위험을 부담해야 한다.

[2349] Ⅱ. 채무자위험부담의 원칙

1. 의 의

(1) 쌍무계약에 기하여 당사자 일방이 부담하는 급부가 후발적으로 불능으로 되었는데 당사자 쌍방이 불능에 대하여 책임이 없는 경우에,[6)] 채무자는 급부의무를 면하지만 반대급부청구권도 상실한다(제537조). 다시 말하면 채권자의 반대급부의무도 소멸한다.

(2) 쌍무계약에서 각 당사자는 서로 채권자이자 채무자이므로, 한 채무가 불능으로 되었다는 사정이 다른 채무의 운명에도 영향을 미치게 하여야(채권자가 채무의 이행이나 손해배상을 구할 수 없는 대신 채무자도 반대급부의 이행을 구할 수 없게 함으로써) 당사자 사이의 공평을 도모할 수 있다.

4) 이에 관한 입법례로 인도를 위험이전의 기준으로 삼는 독일민법, 위험은 매수인에게 속한다는 로마법의 원칙에 따라 계약성립시에 위험이 이전한다는 프랑스법, 소유권이전을 위험이전의 시기로 보는 영국법 등이 있다.

5) 인도에 의하여 소유권이 이전된다면 더 이상 위험부담이 문제되지 않는다.

6) 이행지체가 성립한 후에는 제392조가 적용되므로, 불가항력으로 급부가 불능으로 되었더라도 위험부담이 문제되지 않는다.

결국 이 원칙은 쌍무계약의 견련성이 채무소멸의 단계에서 발현된 것이다.

2. 구체적 내용 [2350]

(1) 채무자가 이미 계약금이나 중도금 등 반대급부를 수령하였다면, 부당이득의 법리에 따라 그것을 반환해야 한다(제741조).[7)]

(2) 양 당사자에게 책임 없는 사유로 인한 일부불능의 경우에, 채무자는 불능의 한도에서 급부의무를 면하지만 나머지 가능한 부분의 급부는 해야 하며, 그의 반대급부청구권도 이에 대응하여 감축된다(제627조 제1항 참조).[8)] 판례도 매각허가결정 후 매각대금이 완납되기 전에 소유자와 매수인에게 책임 없는 사유로 경매목적물이 훼손된 경우에, 매수인의 대금감액청구를 인정하였다.[9)] 다만 불가분적 급부의 일부불능 또는 잔존부분만으로 계약의 목적을 달성할 수 없는 경우에는 전부불능과 마찬가지로 다루어야 한다(제2항 참조).

(3) 채무자가 급부불능을 원인으로 급부에 갈음하는 이익(수용보상금청구권이나 보험금청구권 등)을 취득한 경우에, 채권자는 자기의 반대급부를 이행(제공)하면서 그 대상을 청구할 수 있다.

Ⅲ. 예외적인 채권자위험부담 [2351]

1. 의 의

(1) 채권자에게 책임 있는 사유로 또는 채권자의 수령지체 중에 당사자 쌍방에게 책임 없는 사유로 급부가 불능으로 된 경우에, 채무자의 급부의무(채무)는 소멸하지만 반대급부청구권, 즉 상대방의 반대급부의무는 소멸하지 않는다(제538조 제1항. 운임청구권에 관한 상법 제134조 제2항도 참조). 요컨대 불능으로 된 급부의무의 채권자가 위험을 부담한다.

(2) 채권자가 위험을 부담하는 경우에, 손익상계의 사상에 따라 채무자가 자기채무를 면함으로써 이익을 얻었다면 이를 채권자에게 상환해야 한다(제538조 제2항).[10)]

그런데 상환(또는 공제)되어야 할 채무자의 이익은 ① 채무를 면한 것과 인과관계 있는 이익이어야 하고,[11)] ② 채무액을 한도로 한다. 원래 채권자가 취득할 수 있는 것은 채무액인데, 그것을 초과한다면 그로 인하여 오히려 채권자가 부당하게 이익을 얻기 때문이다. 그리고 ③ 이익의 반환청구권은 채무자가 가지는 반대급부청구권과 동시이행관계에 있지 않다.

2. 구체적인 모습 [2352]

가. 채권자에게 책임 있는 사유로 인한 불능

(1) 이 경우에 예외를 인정하는 것은, 불능이 채권자의 탓으로 돌릴 수 있는 사유에 기한 것

---

7) 대판 2009.5.28. 2008다98655·98662도, 매매목적물이 경매절차에서 매각됨으로써 당사자 쌍방의 책임 없이 이행불능에 이르러 매매계약이 종료된 사안에서, 매도인은 이미 지급받은 계약금을 반환해야 하고 매수인은 목적물을 점유·사용함으로써 취득한 임료 상당의 부당이득을 반환할 의무가 있다고 하였다.

8) 예컨대 매도된 화물차의 트레일러부분이 파괴되었다면, 매도인은 아직 인도가능한 화물차를 인도해야 하고, 트레일러부분의 가격이 화물차가격의 1/2이라면, 매수인은 매매대금의 2/3만 지급하면 된다.

9) 대결 1979.7.24. 78마248.

10) 예를 들어 매도인이 매수인의 귀책사유로 인한 불능으로 목적물인도의무를 면하고 그에 따라 송부비용을 절약하였다면, 이 금액은 매매대금에서 공제되어야 한다. 한편 채권자가 이미 반대급부 전부를 이행하였다면, 이익의 상환을 청구할 수 있다.

11) 대판 1993.5.25. 92다31125.

임에도 그에 따른 불이익을 채무자에게 지우는 것이 공평하지 않기 때문이다.

따라서 제538조 제1항 전문의 채권자에게 "책임 있는 사유"란 일반적인 귀책사유, 즉 고의나 과실이 아니라,[12] 채무자의 급부가 불능으로 된 데 대하여 원인이 된 채권자의 모든 유책적인 계약위반적 행태[13]를 의미하고, 나아가 채권자의 피용자의 계약위반적 행태(제391조의 유추)나 채권자의 지배영역에 속하는 사유도 포함되어야 한다. 판례의 입장도 같은데, 대판 2004.3.12. 2001다79013은 "제538조 제1항 소정의 '채권자의 책임 있는 사유'라고 함은 채권자의 어떤 작위나 부작위가 채무자의 이행의 실현을 방해하고 그 작위나 부작위는 채권자가 이를 피할 수 있었다는 점에서 신의칙상 비난받을 수 있는 경우를 의미한다"고 했다.[14]

한편 "책임 있는 사유"의 의미를 이처럼 새긴다면, 채권자가 자기채무에 관하여 진지하고 종국적인 이행거절의사를 표시하고 「그로 인하여」(즉 인과관계의 존재) 채무자가 자신의 채무를 이행할 수 없었던 경우에,[15] 이행거절이 지속되던 중 채무자에게 책임 없는 사유로 인하여 그의 채무가 불능으로 되었더라도 채권자에게 책임 있는 사유로 인한 불능으로 평가되어야 한다.[16] 다만 앞의 2001다79013 판결은 이행거절만으로 부족하고, 제538조 제1항 후문에 따라 채권자에게 위험을 이전시키기 위한 요건으로 이행제공이 필요하다는 입장이다([2207] 참조).

(2) 채권자에게 "책임 있는 사유"로 인하여 불능으로 되었음에 대한 증명책임은 채무자가 진다.

[2353] **나. 채권자의 수령지체 중의 불능**

(1) 이 경우에 예외를 인정하는 것은, 채권자지체가 없었다면 변제에 의하여 그 후의 불능에 따른 위험이 채권자에게 이전되었을 것인데, 채권자의 수령지체로 인하여 불능에 따른 불이익이 귀책사유 없는 채무자에게 돌아감은 불합리하기 때문이다.

(2) 채권자지체가 성립하면, 채무자의 급부가 그의 경과실에 기하여 불능으로 되더라도 제401조에 따라 그는 책임을 지지 않으므로, 채무자의 경과실에 기한 급부불능은 그에게 책임 없는 급부불능과 동일시된다. 즉 채권자지체 중에 채무자의 급부가 그의 경과실로 불능으로 되어 급부의무가 소멸하였더라도, 제538조 제1항 후문에 따라 채권자에 대한 반대급부청구권은 소멸하지 않는다.

한편 채권자의 수령지체 중에 채무자의 고의나 중과실로 목적물이 멸실되면 채권자가 손해

12) 채무자에게 요구되는 정도의 주의의무를 채권자에게 요구할 수는 없다.

13) 작위, 부작위를 불문하고, 부수의무의 위반도 이에 해당할 수 있다.

14) 채권자에게 책임 있는 사유에 관한 재판례를 본다. ㉠ 대판 2008.8.21. 2007다8464 · 8471: "부동산매수인이 매매목적물에 설정된 근저당권의 피담보채무에 관하여 그 이행을 인수한 경우, 채권자에 대한 관계에서는 매도인이 여전히 채무를 부담한다고 하더라도, 매도인과 매수인 사이에서는 매수인에게 위 피담보채무를 변제할 책임이 있으므로, 매수인이 그 변제를 게을리하여 근저당권이 실행됨으로써 매도인이 매매목적물에 관한 소유권을 상실하였다면, 특별한 사정이 없는 한, 이는 매수인에게 책임 있는 사유로 인하여 소유권이전등기의무가 이행불능으로 된 경우에 해당하고, 거기에 매도인의 과실이 있다고 할 수는 없다." 명의신탁에 관한 대판 2002.3.15. 2001다61654([5289]에 소개된)도 참조. ㉡ 대판 2011.1.27. 2010다25698은, 아파트 수분양자(A)에게 중도금을 대출한 은행(B)이 A가 대출금 이자의 지급 및 후취담보약정의 이행 등을 하지 않자 대출채무를 연대보증한 분양회사(C)로부터 C 명의로 소유권보존등기가 되어 있던 분양아파트에 대하여 근저당권을 설정받아 실행함으로써 제3자가 아파트의 소유권을 취득한 사안에서, C의 소유권이전의무가 이행불능으로 된 것은 채권자인 A가 자신의 분양잔금지급의무 나아가 위 대출금 및 이자의 지급의무를 이행하지 않은 귀책사유로 인한 것이므로, 이는 「채권자의 책임 있는 사유」로 인하여 채무자의 채무가 이행할 수 없게 된 때에 해당한다고 했다. 영상물 제작공급채무가 그 이행에 도급인의 협력이 필요하고 성질상 정기행위인 사안에서, 도급인의 협력거부로 인하여 수급인의 채무가 이행불능케 된 경우에, 이는 계약상의 협력의무의 이행을 거부한 도급인의 귀책사유로 인한 것이므로 수급인은 약정대금 전부의 지급을 청구할 수 있다고 한 대판 1996.7.9. 96다14364 · 14371도 참조.

15) 채무자가 자신의 채무를 이행제공하였다면, 채권자의 수령지체가 성립하여 제538조 제1항 후문의 문제로 된다.

16) 채권자의 이행거절 외에 제한물권의 존재, (가)압류나 가처분등기의 존재 등 채무자의 지배영역에 속하는, 채무자의 이행에 대한 장애사유가 있다면, 채권자의 이행거절이 "책임 있는 사유"를 구성하지 않음은 당연하다.

배상을 청구하거나 계약을 해제할 수 있는데, 채권자의 잘못은 제401조에서 고려되었기 때문에 과실상계를 통하여 채무자의 손해배상액을 감축할 수 없다고 할 것이다.

보 론 근로관계와 위험부담

㉠ 근로관계에서 위험부담은 채무자부담의 법리가 아니라 이른바 영역설(領域說)에 의하여 해결되어야 한다. 즉 사용자와 근로자 중 자신의 위험영역 안에 장애의 원인을 가지는 당사자가 장애로 인한 손해를 부담해야 한다. 따라서 기술적 또는 경제적 장애의 경우에 임금위험을 사용자가 부담해야 하는 반면, 파업의 경우에는 근로자의 임금청구권이 소멸한다.

㉡ 부당해고기간 동안 근로자의 임금청구권이 소멸하지 않는다(제538조 제1항).[17] 한편 근로기준법 제46조에 따라 사용자의 귀책사유로 인하여 해고된 경우에 휴업수당(평균임금의 100분의 70[18])의 지급을 구할 수 있다.[19]

그런데 부당해고기간 중 근로자가 소득활동을 한 경우에 제538조 제2항의 이익상환과 관련하여 견해가 나뉘는데, 판례는 제538조와 근로기준법 제46조의 경합을 인정하면서, 근로자는 사용자에 대하여 해고기간 중의 임금 전액의 청구권을 가짐과 동시에 해고기간 내에 얻은 이익을 상환할 의무를 지지만, 근로기준법 제46조에 의하여 적어도 휴업수당 상당액의 지급을 보장받기 때문에, 해고기간 중 타에 근로를 제공하여 얻은 중간수입 중 휴업수당 상당액 부분을 이익상환, 즉 공제의 대상으로 하는 것이 허용되지 않는다고 한다.[20] 따라서 평균임금의 100분의 30의 범위 내에서만 공제될 수 있다.

제4관 제3의 채무불이행유형

Ⅰ. 이론적 배경 [2354]

1. 서 론

가. 논의의 단초

채권은 채무자의 적절한 이행에 의하여 소멸한다. 여기서 적절한 이행이란 올바른 시기에 올바른 장소에서 올바른 방법으로 이루어진 급부를 말한다. 그런데 이행의 장소 또는 방법이 적절하지 못한 경우에 채권자는 변제의 제공을 거절할 수 있고, 따라서 채무자가 올바른 장소에서 올바른 방법으로 변제의 제공을 다시 하지 않으면 결국 그는 올바른 시기, 즉 이행기를 도과하여 이행지체에 빠질 수 있다. 따라서 채무불이행의 관점에서 이행의 장소 또는 방법은 이행의 시기에 포섭될 수 있다.

그런데 그 밖의 모습으로 채무가 불완전하게 이행된 경우는 어떻게 처리되어야 하는가?

[참 고] 불완전한 급부에 따른 일반적 법률관계

㉠ 불완전한 급부의 제공은 "채무내용에 좇은"(제460조) 것이 아니어서 채무자가 채무불이행책임을 면하지 못하고, 채권자가 그것을 거절하더라도 채권자지체가 성립하지 않는다.

㉡ 불완전한 급부를 수령한 채권자는 추완(수리나 교체 등)을 청구할 수 있다(제581조 제2항 참조). 추완이 불가능한 경우에, 불완전한 급부로 채권자에게 이익이 없다고 판단되면 채권자는 즉시 전보

17) 여기서의 임금이 통상임금에 국한되지 않음에 관하여 대판 2012.2.9. 2011다20034 참조.
18) 다만 그 금액이 통상임금을 초과하는 경우에는 통상임금을 휴업수당으로 지급할 수 있다.
19) 대판 1991.12.13. 90다18999.
20) 대판 1993.11.9. 93다37915.

배상을 청구할 수 있다(제395조의 유추).

㉢ 채권자가 불완전한 급부임을 알았더라도 변제로서 수령하고 대신 하자로 인하여 발생한 손해(목적물의 가치감소분이나 추완에 필요한 비용 상당액)의 배상을 청구하는 것도 가능하다.

㉣ 급부의 불완전성으로 인하여 계약의 목적을 달성할 수 없는 경우에, 채권자는 계약을 해제할 수 있다.[1] 그런데 추완이 가능하고 추완청구가 있었음에도 이행(추완)이 지체되어 제544조에 의하여 계약을 해제하는 것은 계약의 목적을 달성할 수 있는지와 무관하며, 위의 해제와는 별개의 문제이다.

[2355] **나. 주류적 입장과 그에 대한 평가**

(1) 주류적 입장은 이행지체나 이행불능처럼 채무자의 이행행위가 없는 형태에 의해서가 아니라 채무자의 이행에 결함이 있어 채무의 완전한 이행으로 인정되지 못하는 경우를 불완전이행(不完全履行. 또는 적극적 채권침해)이라 하여 채무불이행의 제3의 유형으로 인정한다. 그리고 불완전이행을 이행지체와 이행불능이 아닌 나머지를 포괄하는 채무불이행유형으로 이해하고, 계약상 부수의무의 위반, 주된 급부의무의 불완전한 이행, 계속적 공급계약에서 개개의 공급의무의 위반, 이행거절 등이 그에 포함된다고 한다.

(2) 이러한 입장은 법적 성질을 달리하는 여러 개의 유형을 포섭하는 것인데, 체계적·내적 관련성을 결한다. 즉 2002년 개정 전 독일민법 하에서는 채무불이행유형으로 이행지체와 이행불능의 두 가지만 법정되어 있어서 나머지 모든 채무불이행유형을 포괄하는 「보충적」 유형이 필요하였고, 그 유형으로 적극적 계약침해가 급부의무의 불완전한 이행, 계약충실의무의 위반 및 보호의무의 위반의 사례군들을 포섭한다고 했다. 그러나 우리 민법은 제390조의 일반조항을 두고 있으므로 「열린 유형론」을 펼칠 여지가 충분하다. 따라서 성질이 서로 다른 채무불이행유형을 불완전이행이라는 범주 안에 모아 놓는 것은 필요하지도 또한 적절하지도 않다.

[2356] (3) 앞서 본 것처럼 채무의 내용에 좇은 이행이 없는 경우에, 완전한 급부가 가능하다면 이행지체의 문제로, 불가능하다면 이행불능의 문제로 환원하면 된다. 그리고 유상계약에서 급부에 흠이 있다면 담보책임을 물을 수 있다. 그렇다면 제3의 유형에 포섭되는 것은 이들에 포섭되지 않는 경우로 한정되어야 하는데, 적절하지 못한 이행이 채권자에게 이행이익을 초과하는 또는 그와 별도의 부가적 손해를 야기한 경우가 그에 해당할 수 있다.

[참 고] 농부 A가 승마용 말의 사육자 B에게 말의 사료를 팔았는데, A의 부주의로 사료에 유독성분이 포함되어 있었고 B의 말이 이 사료를 먹고 죽은 경우를 보자. 이 경우 A는 채무의 내용에 좇아 적절하게 이행해야 할 자신의 계약상의 의무를 유책적으로 위반하였고 그 때문에 B가 손해를 입었으나, 이 손해는 이행불능으로 인한 손해도 아니고, 이행지체로 인한 손해도 아니다.[2] 따라서 불능이나 지체의 규정에 의하여 전보될 수 있는 손해가 아니다. 한편 B는 담보책임(제580조 이하)에 의하여 손해배상을 청구할 수 있지만, 담보책임의 내용으로 B는 급부이익의 손해에 대한 배상을 청구할 수 있을 뿐이다([2460] 참조). 그런데 말이 죽은 손해는 급부이익의 손해가 아니어서 그러한 손해는 담보책임에 의해서도 구제될 수 없다. 이러한 경우에 제3의 유형이 등장할 수 있다.[3]

(4) 이 유형을 채무불이행책임, 보다 정확하게는 계약책임으로 볼 것인지 아니면 불법행위의 영역으로 넘겨야 하는지, 나아가 계약책임으로 본다면 이 유형의 범주를 어디까지로 할 것인지가

1) 불완전한 급부가 이행되었다면 제580조 제1항이나 제575조 제1항에 의하여, 아직 이행되지 않았다면 제546조의 유추에 의하여.
2) 급부는 아직 가능하며, 인도 자체는 적시에 행하여졌고 수령되었으므로 지체도 존재하지 않는다.
3) 필자는 종래 이행가해(履行加害)라는 유형을 제안하였으나 호응을 얻지 못하였다.

검토되어야 하는데, 이는 이른바 보호의무의 문제와 연결된다. 그런데 그에 앞서 논의에 필요한 범위에서 계약책임의 확장에 관하여 살펴본다.

2. 계약책임의 확장 [2357]

(1) 복잡다기한 현대사회에서 새로운 유형의 피해가 나타나고, 그것을 구제하기 위하여 손해배상법(보다 넓게는 책임법)의 역할이 증대됨은 당연하다. 그런데 확장된 책임영역을 불법행위법에 맡길 것인지 아니면 계약법의 테두리 안으로 끌어들일 것인지에 대한 논의가 활발하다.[4]

[참 고] 이는 기본적으로 각국의 책임법의 체계와 관련된다. 가령 독일에서는 불법행위법의 경직성(한정적 열거주의) 및 그에 따른 한계 때문에 계약책임의 확장이 시도되었는데, 다른 한편에서 「계약법의 과잉」이 논의되기도 한다. 반면 우리나라에서는 불법행위법이 일반조항주의를 취함에 따라 손해배상과 관련되는 문제 거의 전부를 불법행위에 포섭할 수 있고 실제로 많은 사건들이 불법행위로 해결된다. 그렇지만 제391조가 이행보조자의 과실에 대한 책임을 규정하는 등 입법 자체는 상당히 열려있음에도 불구하고, 계약법, 나아가 당사자 의사가 경시된다는 인상도 준다.

(2) 계약책임의 확장은 크게 보아 두 방향으로 이루어진다. ① 먼저 「내용적 확장」으로 급부이익 외에 완전성이익을 계약의 보호범위에 포섭할 수 있는데, 이는 아래에서 보는 보호의무의 문제로 연결된다. ② 나아가 「시간적 확장」으로 계약체결상의 과실이나 여후효(餘後效) 등의 인정이 그 예이다([1038] 참조).

그런데 계약책임을 인정하기 위해서는 필요성이 있어야 할 뿐만 아니라 그 근거로서 내적 관련성이 있어야 한다는 점에 확장의 한계가 있다.

3. 보호의무 [2358]

가. 서 설

목적이 무엇인지에 따라 채무는 급부의무와 보호의무로 구분될 수 있는데, 급부의무(給付義務)는 이행이익(급부이익)의 취득을 목적으로 하는 반면, 보호의무(保護義務)는 이행이익을 초과하는 또는 그와 별도의 부가적 손해로부터 채권자를 보호함(이를 이행이익과 대비하여 「완전성이익」이라고도 한다)을 목적으로 한다.[5)6)]

그런데 급부의무는 채권법 전체를 관통하는 반면, 계약상대방의 생명 · 신체 · 자유 · 재산 등을 해치는 일이 없도록 필요한 조치를 강구할 의무로서 보호의무는 계약법, 그중에서도 불완전이행과 관련되므로 여기서 보호의무를 다룬다.

나. 보호의무의 법적 지위 [2359]

(1) 보호의무의 민법상 지위에 관하여 논란이 많은바, 그 요체는 「계약상」의 의무로서 보호의무를 인정할 것인가 하는 점이다.[7)] 다수설은 보호의무를 계약상의 부수적 주의의무의 한 유형

---

4) 어느 책임으로 볼 것인지에 따라 시효기간이나 증명책임과 관련하여 상당한 차이가 있고, 일반적으로 계약책임으로 구성하는 것이 피해자에게 유리하다.

5) 대판 2007.8.23. 2007다26455 · 26462 등은 그 위반으로 인한 손해를 「하자확대손해」라 한다.

6) 매매의 대상인 물건의 완전한 소유권을 이전해야 할 매도인의 의무(제568조)가 급부의무인 반면, 그 물건이 위험성이 현저히 높은 것이라면 매도인이 제품의 위험성과 그에 대한 대비책을 매수인에게 고지함으로써 매수인이 그 물건을 사용하다가 생명이나 신체 등에 피해를 입지 않도록 할 의무를 지는데, 이것이 보호의무에 속한다.
물론 경비용역계약처럼 채권자의 법익 보호를 주된 목적으로 함에 따라 양자를 구별할 실익이 없는 경우도 있다.

으로 파악하는 반면, 보호의무를 계약상의 의무에서 제외하고자 하는 견해도 유력하다. 그런데 보호의무를 계약상의 의무로 인정하면 그 위반이 채무불이행으로 되는 반면, 이를 부정하면 불법행위가 성립한다는 점에 양 견해의 기본적인 차이가 있고, 이는 다시 과책에 대한 증명책임 및 소멸시효기간의 차이로 귀결된다.

(2) 보호의무를 계약상의 의무로 인정하려는 입장은 당초 독일민법의 해석론에 기인한다. 즉 불법행위와 채무불이행 어느 쪽도 포괄적 일반조항을 가지지 않던 독일민법(2002년 개정 전의)에서 계약당사자 아닌 피해자를 구제하기 위하여 해석상 도입된 것이다.[8] 따라서 제750조가 불법행위를 포괄적으로 규정하는 민법의 해석론으로 계약상의 의무로서 보호의무를 인정할 필요가 없다고 하는 주장이 일견 타당하다. 요컨대 계약상의 보호의무를 넓게 인정하는 것은 필요하지도 또한 바람직하지도 않다.

[2360] (3) 다른 한편 귀책사유(고의 · 과실)에 관한 제390조와 제750조의 규정형식에 차이가 있음을 주목할 필요가 있다. 즉 가해자에게 귀책사유가 있는지가 불명한 경우에, 제750조에 의하면 피해자가, 제390조에 의하면 가해자가 불이익을 감수해야 한다. 이러한 규정형식의 차이는 이른바 위험(危險)[9]을 배분할 때 중요한 기준을 제시한다. 그런데 계약상 채무가 적절하게 이행되지 않음에 따른 불이익뿐만 아니라 이행과정에서 불가피하게 상대방에게 발생한 손해도 계약이 제대로 이해될 것이라고 담보한, 따라서 「위험」을 자발적으로 인수한 채무자가 부담해야 한다. 이것이 제750조와 구별되는 제390조의 취지라 할 것이다. 결국 계약관계에 있는 또는 계약관계에 근접한(예컨대 중고차를 사기 전에 시운전을 하다가 정비불량으로 인한 사고로 다친 경우) 당사자 사이의 이해관계의 조절은 계약법리에 의해야 한다.[10]

(4) 그렇다면 일률적으로 보호의무를 계약상의 의무에서 제외할 것은 아니다. 다만 「계약상」의 보호의무는 필요한 최소한의 범위에서 인정되어야 한다. 즉 적어도 채무의 발생 내지 이행과 내적 · 사물적 관련성이 있는 경우에 한하여, 그것도 부가적 손해의 배상책임을 인정하기 위하여 필요한 범위 내에서 인정되어야 한다.[11]

[참 고] 상법은 공중접객업자의 책임과 관련하여 객(客)이 휴대한 물건에 생긴 손해에 대해서만 제152조 이하에서 규정할 뿐, 객의 대인적 손해에 관해서는 여객운송인의 책임에서와 같은 특칙(제148조)을 두지 않는다. 따라서 공중접객업소의 시설을 이용하는 중에 발생한 객의 생명 · 신체 등에 대한 대인적 손해는 일반법리에 따라 해결될 수밖에 없다. 그런데 공중접객업자의 귀책사유가 증명되어야 하는 불법행위책임으로는 객의 보호가 미흡하다.

[2361]

다. 보호의무의 근거

계약상 보호의무의 근거를 신의성실의 원칙에서 찾을 수 있다(제2조 제1항 참조). 즉 신의성

---

7) 불법행위의 전제로서 타인의 생명 등의 법익을 침해해서는 안 된다는 보호의무가 인정됨에는 의문이 없다.

8) 참고로 개정된 독일민법은 제241조 제2항에서 채권관계의 당사자에게 상대방의 권리, 법익 및 이익을 배려할 의무를 지운다.

9) 일반적으로 사용되는 급부위험 내지 반대급부위험이 아니라, 여기서는 모든 계약에 내재하는, 당사자의 의도에 반하는 계약관계의 전개라고만 이해해 두기로 하자.

10) 가령 운송계약에서 급부의 불완전한 이행으로 인하여 채권자의 급부이익과 완전성이익이 동시에 침해되었는데(하나의 사건!), 채무자에게 귀책사유가 있었는지가 불명한 경우에, 급부이익을 침해한 부분은 제390조에 의하여 배상되지만, 완전성이익의 침해에 대해서는 책임을 지지 않는다는 결론은 상식적으로 납득하기 어렵다.

11) 거래에서 보호의무를 「일반적으로」 인정할 필요가 없을 뿐만 아니라 이를 인정함으로써 오히려 부적절한 결과에 이를 수 있지만, 특별한 사정이 있으면 달라질 수 있다. 카지노사업자가 카지노 운영과 관련하여 공익상 포괄적인 영업규제를 받고 있더라도 특별한 사정이 없는 한 이를 근거로 함부로 카지노이용자의 이익을 위한 카지노사업자의 보호의무 내지 배려의무를 인정할 것은 아니라고 한 대판(전) 2014.8.21. 2010다92438 참조.

실의 원칙으로부터 채권관계의 당사자들이 서로 상대방의 정당한 이익을 배려할 의무가 발생하고, 이러한 상호배려의 의무가 개별적인 채권관계에서 구체화된 것이 바로 보호의무이다. 따라서 보호의무는 채무자뿐만 아니라 채권자도 부담하며(예: 노무공급계약에서 피용자의 생명, 신체, 재산 등에 대한 위해를 방지해야 할 사용자의 의무), 그 범위는 채권관계의 종류에 따라 달라진다.

라. 판례의 태도 [2362]

(1) 판례도 숙박계약에서 공중접객업자,[12] 기획여행계약에서 여행업자,[13] 고용계약이나 노무도급계약에서 사용자,[14] 증권회사 직원,[15] 신탁회사,[16] 정보통신서비스 제공자,[17] 병원[18] 등의 보호의무를 인정한다.

(2) 판례는 보호의무 위반의 경우에 대체로 불법행위가 성립한다고 하고, 피해자에게 과책에 대한 증명책임을 지운다.[19] 다만 「계약상」의 의무로서 보호의무를 인정하기도 하는데,[20] 이때 당연히 계약법리가 적용된다.

마. 보호의무 위반의 효과 [2363]

「계약상」의 의무로서 보호의무를 위반하여 상대방에게 손해를 발생시킨 경우에, 이는 넓은 의미의 채무불이행에 해당한다.[21]

그리고 보호의무 위반이 계약해제권을 발생시키지는 않는다고 할 것이다. 왜냐하면 보호의무 위반의 경우에 부가적 손해의 배상이 주로 문제되므로, 손해배상청구권을 인정함으로써 충분하고, 그와 별도로 계약해제권을 인정할 필요가 없기 때문이다.[22]

---

12) 대판 1997.10.10. 96다47302.

13) 대판 1998.11.24. 98다25061. 여행업자의 책임의 내용 및 범위 등에 관한 약관규정은 안전배려의무를 구체적으로 명시한 것이라는 대판 2011.5.26. 2011다1330도 참조.

14) 대판 1999.2.23. 97다12082. 다만 야간에 회사 기숙사 내에서 발생한 입사자들 사이의 구타행위에 대하여 회사의 보호의무 위반을 인정하지 않은 대판 2001.7.27. 99다56734도 참조.

15) 대판 2003.1.24. 2001다2129.

16) 특정금전신탁에 관한 대판 2018.2.28. 2013다26425 참조.

17) 개인정보 등의 분실·도난·누출·변조 또는 훼손에 관한 대판 2015.2.12. 2013다43994·44003 참조.

18) 입원환자 등의 휴대품 등의 도난방지에 관한 대판 2003.4.11. 2002다63275 참조.

19) 사용자의 보호의무 위반에 관한 대판 2000.3.10. 99다60115 참조.

20) 대체로 배상책임을 인정해야 함에도 불법행위의 성립을 인정하기 어려운 경우에 그러하다.
보호의무 위반을 채무불이행책임으로 구성한 재판례를 본다. ㉠ 대판 1994.1.28. 93다43590은, Y가 운영하는 여관에 원인불명의 화재가 발생하자 X의 피상속인인 투숙객 A가 복도로 탈출하다가 전신화상을 입고 질식사한 사안에서, Y에게 신의칙상의 부수의무로서 고객의 안전을 배려해야 할 보호의무가 있고, 이를 위반하여 고객의 생명, 신체를 침해하여 손해를 입힌 경우에 불완전이행으로 인한 채무불이행책임을 부담하는데, X가 보호의무의 존재와 그 위반사실을 주장하고 증명해야 하며, Y가 자기에게 과실 없음을 주장·증명하지 못하는 한 책임을 면할 수 없음은 통상의 채무불이행에서와 다르지 않다고 하였다. ㉡ 대판 2013.11.28. 2011다60247: "근로자파견관계에서 사용사업주와 파견근로자 사이에는 특별한 사정이 없는 한 파견근로와 관련하여 사용사업주가 파견근로자에 대한 보호의무 또는 안전배려의무를 부담한다는 점에 관한 묵시적인 의사의 합치가 있다고 할 것이고, 따라서 사용사업주의 보호의무 또는 안전배려의무 위반으로 손해를 입은 파견근로자는 사용사업주와 직접 고용 또는 근로계약을 체결하지 아니한 경우에도 위와 같은 묵시적 약정에 근거하여 사용사업주에 대하여 보호의무 또는 안전배려의무 위반을 원인으로 하는 손해배상을 청구할 수 있다. 그리고 이러한 약정상 의무 위반에 따른 채무불이행책임을 원인으로 하는 손해배상청구권에 대하여는 불법행위책임에 관한 민법 제766조 제1항의 소멸시효규정이 적용될 수는 없다." 사용자의 보호의무에 관한 앞의 97다12082 판결도 참조. ㉢ 그 밖에 국외여행인솔자를 여행업자의 안전배려의무의 「이행보조자」로 본 앞의 98다25061 판결 및 학교법인이 학생과의 재학계약에 기하여 부담하는 안전배려의무를 위반하여 학생의 생명, 신체, 건강 등을 침해하여 손해를 입힌 때에는 「불완전이행으로서 채무불이행으로 인한」 손해배상책임을 진다는 대판 2018.12.28. 2016다33196도 참조.

21) 보호의무의 존재 및 그 위반사실에 대한 증명책임은 피해자, 즉 채권자가 지고, 가해자, 즉 채무자는 과실 없음을 항변할 수 있다.

22) 다만 계속적 채권관계에서 보호의무 위반으로 당사자들 사이의 신뢰관계의 기초가 파괴되었다면, 예외적으로 계약해지권이 인정될 수 있다.

[2364] ## Ⅱ. 불완전이행

1. 의 의

(1) 일반적인 언어관행에 따르면 불완전이행(不完全履行)은 채무의 내용에 좇은 이행이 이루어지지 않은 경우를 총칭하지만, 앞서 본 것처럼 제3의 채무불이행유형으로서 불완전이행(또는 적극적 채권침해)에 할당되어야 하는 몫(기능)은 그보다 훨씬 좁다. 즉 불완전한 이행으로 인하여 채권자에게 이행이익을 초과하는 또는 그와 별도의 부가적인 손해가 발생한 경우로 한정되어야 한다.

(2) 불완전이행이라는 유형은 채무불이행에 관한 일반조항인 제390조 소정의 "채무의 내용에 좇은 이행을 하지 아니한 때"에 해당하고, 따라서 이를 채무불이행의 한 유형으로 파악할 수 있다. 그러나 이행지체나 이행불능과 달리 불완전이행의 요건과 효과에 관한 실질적 · 구체적 규정은 없다. 여기서 적용범위, 요건, 효과 등을 둘러싸고 의논이 분분한데, 아래에서는 주류적 입장을 소개한다.

(3) 불완전이행의 이론은 법률의 흠결을 보충하기 위한 이론이므로, 명문규정이 존재하는 경우에 적용될 수 없다. 따라서 당해 의무 위반이 불능, 지체 또는 담보책임에 관한 규정 등에 의하여 규율되고 있지 않는지를 먼저 검토해야 한다.

[2365] ### 2. 요 건

가. 객관적 요건

(1) 채무자가 작위 또는 부작위에 의하여 계약상의 의무를 위반하고, 이로써 채권자에게 손해를 가하였을 것이 첫째 요건이다. 그런데 채무자의 행위와 의무 위반 사이에 그리고 의무 위반과 손해 사이에 (조건설적) 인과관계가 존재해야 한다.

(2) 계약에 기하여 채무자에게 요구할 수 있는 모든 의무는 그 위반이 불완전이행을 성립시킬 수 있는 의무에 속한다. 채무자는 특히 계약목적을 위태롭게 하거나 좌절시킬 수 있는 모든 행위를 하지 않아야 할 의무를 진다.

의무 위반의 예로[23] ① 주된 급부의무의 불완전한 이행,[24] ② 보관의무, 고지의무 또는 비밀유지의무 등과 같은 계약상 부수의무의 위반,[25] ③ 계속적 공급계약에서 개개의 공급의무의 위

---

23) 이에 관한 재판례를 본다. ㉠ 대판 1997.5.7. 96다39455: "매도인이 매수인에게 공급한 부품이 통상의 품질이나 성능을 갖추고 있는 경우, 나아가 내한성이라는 특수한 품질이나 성능을 갖추고 있지 못하여 하자가 있다고 인정할 수 있기 위하여는, 매수인이 매도인에게 완제품이 사용될 환경을 설명하면서 그 환경에 충분히 견딜 수 있는 내한성 있는 부품의 공급을 요구한 데 대하여, 매도인이 부품이 그러한 품질과 성능을 갖춘 제품이라는 점을 명시적으로나 묵시적으로 보증하고 공급하였다는 사실이 인정되어야만 할 것이고, 특히 매매목적물의 하자로 인하여 확대손해 내지 2차손해가 발생하였다는 이유로 매도인에게 그 확대손해에 대한 배상책임을 지우기 위하여는 채무의 내용으로 된 하자 없는 목적물을 인도하지 못한 의무 위반사실 외에 그러한 의무 위반에 대하여 매도인에게 귀책사유가 인정될 수 있어야만 한다." ㉡ 대판 2009.5.28. 2006다32354: "광고주가 모델이나 유명연예인, 운동선수 등과 광고모델계약을 체결하면서 출연하는 유명연예인 등에게 일정한 수준의 명예를 유지할 의무를 부과하는 품위유지약정을 한 경우, 위와 같은 광고모델계약은 유명연예인 등을 광고에 출연시킴으로써 유명연예인 등이 일반인들에 대하여 가지는 신뢰성, 가치, 명성 등 긍정적인 이미지를 이용하여 광고되는 제품에 대한 일반인들의 구매욕구를 불러일으키기 위한 목적으로 체결되는 것이므로, 위 광고에 출연하기로 한 모델은 위와 같이 일정한 수준의 명예를 유지하기로 한 품위유지약정에 따라 계약기간 동안 광고에 적합한 자신의 긍정적인 이미지를 유지함으로써 그것으로부터 발생하는 구매유인효과 등 경제적 가치를 유지하여야 할 계약상 의무, 이른바 품위유지의무가 있고, 이를 이행하지 않는 경우에는 광고모델계약에 관한 채무불이행으로 인한 손해배상채무를 면하지 못한다." 상품의 판매를 촉진한다는 광고모델계약의 목적을 고려한다면 명시적인 품위유지약정이 없었더라도 같은 결론에 이를 수 있을 것이다.

24) 예컨대 A가 B에게 자신이 만든 기계를 팔았는데 B가 가동시키자 기계가 제작상의 결함 때문에 폭발하였고 이로 인하여 B의 공장이 크게 파괴된 경우. 이 경우 제조물책임이 인정될 수도 있다. 한편 B는 A에게 담보책임을 물을 수 있지만, 공장의 파괴라는 손해, 즉 부가적 손해는 그에 의하여 전보될 수 없다.

25) 다만 송부매매에서 매도인이 상품의 포장을 잘못하였기 때문에 상품이 매수인에게 도달할 당시 파괴되어 있었던 경우와 같이 부수의무의 위반으로 이행불능이 성립할 수도 있다.

반 등으로 부가적 손해가 발생한 경우 등이 있다(그 밖에 이행거절을 들기도 한다). 참고로 앞에서 본 보호의무로 이러한 경우들을 아우를 수 있다.

나. 그 밖의 요건들 [2366]

(1) 불완전이행이 위법한 것이어야 한다. 즉 일반적으로 채무불이행에서 위법성이 문제되지 않지만([2374] 참조), 급부이익을 초과하는 부가적 손해를 배상받기 위해서는 불법행위에 준하는 위법성이 갖추어져야 한다.

(2) 채무자가 유책적으로 의무를 위반한 경우에 불완전이행이 성립한다. 그런데 과책은 의무 위반에 대하여 존재하면 족하고, 그 결과인 손해에 대해서까지 존재할 필요는 없다.[26]

(3) 채무자에 대하여 불완전이행에 기한 책임을 묻기 위하여 채권자는 어떠한 사실을 증명해야 하는가? 불완전이행을 계약책임으로 구성하는 이상 의무 위반에 대하여 과책 없음을 증명할 책임을 채무자에게 부담시키는 것이 타당할 것이다. 반면 보호의무의 존재와 그 위반사실 및 위법성에 대하여 채권자가 증명책임을 진다.[27]

3. 효 과 [2367]

가. 손해배상

불완전이행은 통상 채권자에게 손해를 발생시킨다. 그런데 제3의 채무불이행유형을 이행이익을 초과하는 또는 그와 별도의 부가적인 손해가 발생한 경우로 한정된다면 그 손해만이 배상범위에 속한다고 할 것이고, 이 점에서 급부이익을 목적으로 하는 담보책임과 구별된다. 다만 이러한 손해가 발생하는 경우에 급부이익에 대한 침해도 따르므로 불완전이행의 배상범위에 급부이익을 포함시키더라도 크게 문제될 것은 없다. 여기에 제393조가 적용됨은 당연하다.

나. 계약의 해제

불완전이행으로 말미암아 채권자가 계약 전체의 이행에 대하여 아무런 이익도 가질 수 없거나 채권자가 계약의 존속을 더 이상 기대할 수 없을 정도로 의무 위반에 의하여 계약목적이 위태롭게 된 경우에, 채권자는 계약을 해제할 수 있다고 새겨야 한다.

제5관 손해배상

제1. 손해배상법 서론

Ⅰ. 총 설 [2368]

1. 손해배상법 서설

(1) 어떤 이가 자기의 법익에 비자발적 손실(損失)을 입었고 그러한 손실이 타인에 의하여 가해졌다면, 법률이 청구권의 기초(채무불이행 또는 불법행위)를 제공해 주는 범위 내에서 그는 손해

---

26) 여기서도 채무자는 제391조에 따라 그의 법정대리인이나 이행보조자의 과책에 대하여 책임을 진다.

27) 숙박업자가 보호의무를 위반하여 투숙객에게 손해를 입힌 경우에, 피해자가 보호의무의 존재와 그 위반사실을 주장·증명해야 하고, 숙박업자로서는 그 채무불이행에 관하여 자기에게 과실이 없음을 주장·증명하지 못하는 한 책임을 면할 수 없다고 한 대판 2000.11.24. 2000다38718·38725.

배상을 청구할 수 있다.

(2) 손해배상법은 손해배상의무에 대하여 형벌적 성격을 부여하지 않는다. 과책을 요건으로 하고 그 정도에 따라 형벌이 결정되는 형법과 달리, 사법은 손해배상의무자의 과책을 요구하면서도(예: 제390조, 제750조) 위험책임과 같이 예외적으로 과책 없는 책임을 인정하기도 하고, 손해배상의 범위도 반드시 과책의 정도에 따르지 않는다. 나아가 형법에서는 고의범만을 처벌대상으로 하지만, 손해배상의무자는 과책의 형태(즉 고의냐 과실이냐)와 관계없이 그에 의하여 유책적으로 야기된 모든 손해를 배상해야 한다. 즉 사법에서는 고의와 과실이 동가치적인 것으로 평가된다([3067]도 참조).

[참 고] 과실책임주의에 기하여 손해배상책임의 요건으로 가해자의 과책을 요구하는 우리 법과 달리, 계약 위반에 따른 손해배상채권의 기초를 채무자가 인수한 손해담보(보증)의 위반에서 구하는 영미법은 의무위반자의 과책을 묻지 않는 엄격책임(strict liability) 또는 손해담보책임(Garantiehaftung)의 원칙을 취하면서, 의무 위반이 의무자의 통제를 벗어난 장애로 인한 것인 경우에 손해배상책임을 제한한다.

[2369] (3) 손해배상은 이미 발생한 손해를 제거하는 것이 아니다. 즉 손해의 배상(賠償)이란 위법한 원인으로 인하여 발생한 손해를 피해자 외의 다른 이가 전보하는 것을 말한다.[1] 따라서 손해배상법을 1차적으로 지배하는 것은 보상(補償)의 사상이다. 요컨대 손해배상법의 목적은 가해적 사태(채무불이행 또는 불법행위)에 의하여 야기된 결과에 대한 보상(전보), 즉 손해 발생 전의 상태로의 회복에 있다. 다만 손해로부터의 회복이 불가능한 경우(심리적 손해와 같이 원상으로의 회복이 불가능한 비물질적 손해의 경우)에는 예외적으로 대상(代償)의 사상이 적용된다.

(4) 손해배상에 관한 아래의 설명은 일단 채무불이행을 대상으로 하지만, 제763조에 의하여 손해배상의 방법(제394조)과 범위(제393조), 과실상계(제396조) 및 손해배상자의 대위(제399조)에 관한 규정이 불법행위에 준용되므로, 그 대부분이 불법행위에서도 타당하다. 불법행위에 특유하게 문제되는 것은 불법행위에서 따로 설명하기로 하고, 아래에서 손해배상 일반에 관하여 살펴보는데, 채무불이행에 한정되는 경우는 낫표를 사용하여 밝히기로 한다.

[2370] 2. 손해배상청구권

가. 서 설

(1) 채무내용의 강제적 실현과 함께 또는 그에 갈음하여 채권자가 입은 손실을 회복하는 방법으로서 손해배상은 계약해제와 더불어 채무불이행의 중요한 효과이다. 그런데 「채무불이행」에 대하여 손해배상만 허용하고 이행청구는 일반적으로 인정하지 않는 입법례(예컨대 예외적으로만 이행청구권이 인정되는 영미법)도 있으나, 제389조 제4항은 (강제)이행청구권(履行請求權)과 손해배상청구권이 서로 무관함을 밝힌다.

(2) 채권관계 자체를 성립시킬 뿐만 아니라 당해 채권관계의 특징(어떤 채권관계가 매매관계인지 아니면 불법행위관계인지 하는)을 나타내는 제1차적 급부의무(기본적 급부의무라고도 한다) 외에 그 장애에 기하여 제2차적 급부의무로서 손해배상의무가 발생하는데, 보통 ―제1차적 급부의무에서

---

1) 피해자의 입장에서 본다면 손해를 다른 이에게 전가(轉嫁. 넘겨씌운다는 뜻이다)하는 것이다.

는 요구되지 않는— 채무자의 과책이 요구된다.

(3) 제2차적 급부의무는 제1차적 급부의무와 동일성을 갖는데, 제2차적 급부의무로서 손해배상의무는 전보배상에서 급부의무의 대용(代用)/변형물이고,[2] 지연배상에서는 급부의무의 연장의 성질을 가진다.[3]

나. 손해배상청구권의 법적 성질 [2371]

(1) 「채무불이행」으로 인한 손해배상청구권은 본래의 채권의 확장(지연배상의 경우) 또는 내용의 변경(전보배상의 경우)이므로 본래의 채권과 동일성을 가진다. 따라서 본래의 채권에 대한 담보는 손해배상청구권도 담보한다.

다만 절차법상 지연손해금채권은 원본채권과 별개의 소송물이다.[4]

(2) "본래의 채권이 시효로 소멸한 때에는 손해배상채권도 함께 소멸"하는데,[5] 손해배상청구권의 소멸시효기간은 본래의 채권의 성질에 의하여 결정된다. 특히 대판 2005.1.14. 2002다57119는, 「계약체결의무의 불이행」의 경우에도 그로 인한 손해배상청구권은 계약이 체결되었다면 취득할 계약상의 이행청구권과 실질적이고 경제적으로 밀접한 관계가 형성되어 있기 때문에, 그 손해배상청구권의 소멸시효기간은 계약이 체결되었을 때에 취득할 이행청구권에 적용되는 소멸시효기간에 따른다고 하였다(상사시효의 적용에 관하여 [1363] 참조).

(3) 「채무불이행」시부터 손해배상청구권의 소멸시효가 진행한다고 보아야 하고([1369] 참조), 판례의 입장도 같다.[6] 이중매매의 경우에 제2매수인이 소유권을 취득하면 제1매수인에 대한 소유권이전등기의무는 이행불능으로 되고 그때에 손해배상의무로 전환되는데, 이 손해배상청구권의 소멸시효는 이행불능의 시점부터 진행된다.[7]

3. 손해배상자의 대위 [2372]

(1) "채권자가 그 채권의 목적인 물건 또는 권리의 가액 전부를 손해배상으로 받은 때에는 채무자는 그 물건 또는 권리에 관하여 당연히 채권자를 대위한다"(제399조). 이 경우 그 물건 또는 권리가 법률상 당연히(즉 법률의 규정에 의하여) 손해배상자에게 이전한다.[8]

---

2) 동시이행관계에 있는 쌍방의 채무 중 어느 한 채무가 이행불능이 됨으로 인하여 발생한 손해배상채무도 여전히 다른 채무와 동시이행의 관계에 있다고 한 대판 2000.2.25. 97다30066 참조.

3) 대판 1976.9.28. 76다582.

4) 대판 2009.6.11. 2009다12399: "금전채무 불이행의 경우에 발생하는 원본채권과 지연손해금채권은 별개의 소송물이므로, 불이익변경에 해당하는지 여부는 원금과 지연손해금부분을 각각 따로 비교하여 판단하여야 하고, 별개의 소송물을 합산한 전체 금액을 기준으로 판단하여서는 아니 된다."

참고로 대판 2017.11.23. 2017다251694: "채권자가 동일한 채무자에 대하여 수개의 손해배상채권을 가지고 있다고 하더라도 그 손해배상채권들이 발생시기와 발생원인 등을 달리하는 별개채권인 이상 이는 별개소송물에 해당하고, 그 손해배상채권들은 각각 소멸시효 기산일이나 채무자가 주장할 수 있는 항변이 다를 수도 있으므로, 이를 소송으로 청구하는 채권자로서는 손해배상채권별로 청구금액을 특정하여야 하고, 법원도 이에 따라 손해배상채권별로 인용금액을 특정하여야 하며, 이러한 법리는 채권자가 수개의 손해배상채권들 중 일부만을 청구하고 있는 경우에도 마찬가지"이다(대판 2007.9.20. 2007다25865도 동지).

5) 대판 2018.2.28. 2016다45779. 나아가 "어떠한 계약상의 채무를 채무자가 이행하지 않았다고 하더라도 채권자는 여전히 해당 계약에서 정한 채권을 보유하고 있으므로, 특별한 사정이 없는 한 채무자가 채무를 이행하지 않고 있다고 하여 채무자가 법률상 원인 없이 이득을 얻었다고 할 수는 없고, 설령 채권이 시효로 소멸하게 되었다 하더라도 달리 볼 수 없다"고 하였다.

6) 대판 1990.11.9. 90다카22513. 소유권이전등기 말소등기의무의 이행불능으로 인한 전보배상청구권의 소멸시효는 말소등기의무가 이행불능으로 된 때부터 진행된다고 한 대판 2005.9.15. 2005다29474도 참조.

7) 대판 2002.12.27. 2000다47361.

8) B가 과실로 A로부터 빌린 패물을 C에게 도둑맞았다면, A는 B에 대하여 채무불이행에 기한 손해배상청구권을, C에 대해서는 소유물반환청구권을 가지는데, B와 C 중 누구에게 청구하는지는 그의 자유이다. 그런데 A가 B로부터 손해 전부를 배상받고도 C로부터 패물의 반환을 받을 수 있다면, A의 이중의 이득을 허용하는 결과로 된다. 제399조는 이러한 경우에 패물의 소유권이 법률상 당연히 A로부터 B에게 이전하게 한다.

(2) 제399조는 손익상계와 같은 사상에 입각하지만, 손익을 조정하는 방법이 다를 뿐이다. 즉 손해배상자의 대위에서 배상의무자(B)는 먼저 채권의 목적인 물건 또는 권리의 가액 전부를 배상해 주어야 하고, 손해배상이 있으면 그 물건 또는 권리가 법률상 당연히 B에게 이전하는데, 물건이나 권리의 이전에 필요한 양도행위 기타의 요건을 요하지 않는다.[9] 그런데 일부배상이 있었다고 하여 일부이전이 인정되지는 않는다.[10]

(3) 채권자(A)가 제3자(C)에 대하여 손해배상청구권을 가지는 경우에 그 권리도 대위한다. 이때의 손해배상청구권은 채권의 목적인 물건 또는 권리에 갈음하는 것이기 때문이다. 한편 A의 보험자는 A의 손해배상청구권을 대위하는데(상법 제682조), A가 C로부터 손해배상을 받으면 그 한도에서 보험자는 면책되고, 따라서 보험자대위는 일어나지 않는다.[11]

[2373] Ⅱ. 손해배상책임의 일반적 성립요건

1. 개 관

불법행위에 기한 손해배상청구에서 ① 손해가 발생하고 그것이 가해자의 행위로 인한 것일 것(손해의 발생과 인과관계), ② 가해자의 행위가 사회적으로 허용되지 않을 것(가해행위의 위법성), ③ 가해자에게 고의나 과실이 있을 것(귀책사유)이라는 요건이 갖추어져야 하고, ④ 가해자에게 책임능력이 있어야 한다. 「채무불이행」을 이유로 하는 손해배상에서도 큰 틀은 같지만 —증명책임의 문제를 제외하고— 아래의 두 가지 점이 불법행위에서와 다르다.

[2374] 2. 위법성?

(1) 제750조는 위법성(違法性)을 불법행위의 요건으로 규정한다. 명문규정은 없지만 계약위반의 경우에도 위법성이 있어야만 손해배상의무를 발생시킨다고 하여, 「채무불이행」의 요건의 하나로 위법성이 거론된다.

그런데 「채무불이행」은 —누구나 지켜야 할 일반적인 법명령의 위반이 아니라— (특별결합관계인) 채권관계로부터 발생하는 특별한 의무를 위반한 것이므로, 그러한 의무 위반이 인정되는 이상 위법성 유무를 따질 필요가 없다. 즉 채무의 내용을 좇은 이행을 하지 않은 것 자체로 위법하다는 평가를 받는다.

(2) 따라서 위법성은 불이행을 정당화하는 사유의 부존재라는 차원에서 문제된다. 즉 위법성의 존재에 대한 조사는 통상 위법성을 소멸시키는 특별한 사정, 즉 위법성조각사유(예: 동시이행의 항변권)의 존재가 주장되는 경우에만 행하여지는데, 위법성조각사유의 존재가 증명되면 위법성은 부정되지만, 증명되지 않으면 위법성이 긍정된다. 그리고 위법성조각사유를 주장하는 이가 그에 대한 증명책임을 부담한다.

판례의 입장도 같다. 즉 대판 2002.12.27. 2000다47361: "채무불이행에 있어서 확정된 채무의 내용에 좇은 이행이 행하여지지 아니하였다면 그 자체가 바로 위법한 것으로 평가되는 것이

9) 대판 1977.7.12. 76다408.
10) 대판 2007.10.12. 2006다42566.
11) 대판 2000.11.10. 2000다29769.

고, 다만 그 이행하지 아니한 것이 위법성을 조각할 만한 행위에 해당하게 되는 특별한 사정이 있는 때에는 채무불이행이 성립하지 않는 경우도 있을 수 있다."[12)]

3. 책임능력? [2375]

(1) 책임능력(責任能力)은 불법행위책임에서도 소극적 요건이다(제753조, 제754조 참조). 그런데 「채무불이행」에 관하여 일반적으로 책임능력을 요구한다면, 유효하게 성립한 채무의 이행단계에서 발생한 채무자의 정신적 판단능력의 상실이나 결여의 위험을 채권자에게 떠넘기는 결과로 될 수 있다. 즉 이행기에 채무자가 일시적으로 심신상실상태에 빠져 채무를 이행하지 않았다 하여 이행지체에 따른 손해배상책임이 면제된다고 해서는 안 된다. 따라서 「채무불이행」에서 책임능력은 문제되지 않으며, 다만 책임능력이 결여된 상태에서 부가적 손해를 야기하는 등 불법행위적인 측면이 부각되는 예외적인 경우에 한하여 문제된다고 할 것이다.

(2) 책임능력이 요구되는 예외적인 경우에, 책임무능력은 예외에 속하므로, 가해자가 책임을 면하기 위하여 가해행위 당시 책임능력이 없었음을 주장하고 증명해야 한다.

제 2. 손해의 발생과 인과관계

Ⅰ. 손해의 발생 [2376]

1. 손해의 개념 및 발생

가. 손해의 개념

(1) 손해(損害)란 법익에 대한 비자발적 손실을 말한다.[1)] 이에 대하여 자의적(자발적)인 희생을 비용(費用)이라고 한다.

(2) 학설은 일반적으로 차액설(差額說. 차이설이라고도 한다)에 의하여 손해를 파악한다. 즉 손해는 가해적 사태가 없었더라면 있었을 (가정적) 상태와 가해행위가 행하여진 현재의 상태를 비교함으로써 밝혀진다고 한다: 「손해＝가해적 사태가 없었더라면 있었을 상태 - 현재의 상태」.

판례도 차액설을 따른다. 특히 대판(전) 1992.6.13. 91다33070은, 불법행위로 인한 재산상의 손해는 위법한 가해행위로 인하여 발생한 재산상의 불이익, 즉 그 위법행위가 없었더라면 존재하였을 재산상태와 그 위법행위가 가해진 현재의 재산상태의 차이를 말하고, 그것은 기존의 이익이 상실되는 적극적 손해의 형태와 장차 얻을 이익을 얻지 못한 소극적 손해의 형태로 구분된다고 하였다.[2)]

(3) 손해는 규범적으로 파악될 수도 있다. 즉 가해적 사태가 있기 전의 상태와 있고 난 후의 [2377]
상태 사이에 재산상 아무런 차이가 없지만, 사태의 진전을 평가적으로 고찰한다면 재산적 손해가 있는 것으로 다루어져야 하는 경우에, 규범적 손해를 인정할 수 있다.[3)] 그 밖에 피해자의 손해가

12) 대판 2014.11.27. 2011두2477 · 2484도 참조.

1) 이 중 적법한 원인에 기한 것을 손실이라고 하는데, 배상이 아니라 보상의 대상이다.

2) 이 판결은 불법행위에 관한 것이지만, 「채무불이행」의 경우에도 다르지 않다.

3) 예: 사고로 인한 노동능력의 일부상실에도 불구하고 종전의 직장에서 계속 근무하며 종전과 다름없는 보수를 받고 있는 경우. 관련하여 불법행위에 관한 것이지만 대판 1990.11.23. 90다카21022: "타인의 불법행위로 인하여 상해를 입고 노동능력의 일부를 상실한 경우에 피해자가 입은 일실이익의 산정방법에 대하여서는 알려진 것으로 일실이익의 본질을 불법행위가 없었더라면 피해자가 얻을 수 있는 소득의 상실로 보아 불법행위 당시의 소득과 불법행위 후의 향후소득과의 차액을 산출하는 방법(소득상실설 또는

다른 사유, 특히 손해보험에 의하여 전보되는 경우에도 손해가 인정되어야 하는데,[4] 이 역시 규범적 손해에 포섭될 수 있다.[5]

요컨대 피해자에게 발생한 손해가 가해자에 의해서가 아니라 다른 사유에 기하여 전보되고 그에 의하여 가해자가 면책되어서는 안 되는 경우에, 규범적 손해가 인정될 수 있다.[6]

[2378] **나. 손해의 발생 및 그 증명**

(1) 손해배상청구권은 현실적으로 손해가 발생한 때에 성립하는데, 현실적으로 손해가 발생하였는지는 사회통념에 비추어 객관적이고 합리적으로 판단해야 한다.[7] 특히 「채무불이행」으로 인하여 채권자가 제3자에게 채무를 부담하게 된 경우에, 채권자가 채무자에게 제3자에 대한 채무액과 동일한 금액을 손해배상금으로 청구하기 위해서는 채무의 부담이 현실적 · 확정적이어서 실제로 변제해야 할 성질의 것이어야 한다.[8]

[2379] (2) 채무불이행으로 인한 손해배상을 구하는 채권자가 손해의 발생사실 및 손해를 금전으로 평가한 배상액을 주장 · 증명해야 한다. 채권자가 손해배상책임의 발생원인사실에 관하여 주장 · 증명을 하였더라도 손해의 발생사실에 관한 주장 · 증명을 하지 않았다면, 변론주의의 원칙상 법원은 당사자가 주장하지 않은 손해의 발생사실을 기초로 하여 손해액을 산정할 수는 없지만,[9] 적극적으로 석명권을 행사하고 증명을 촉구해야 한다.[10]

[2380] ## 2. 손해의 종류

가. 재산적 손해와 비재산적 손해

(1) 재산적 손해(財産的 損害)를 침해된 법익에 따라 재산적 법익에 대한 침해로 발생한 손해라고 할 수도 있지만, 침해행위의 결과로서 발생한 손해가 재산적인 경우로 이해하는 것이 일반적이다.[11] 판례도 침해행위의 결과로서 발생한 손해를 기준으로 구별한다.[12] 그리고 정신적 손해의 배상을 위자료[13]라 한다.

(2) 생명 · 신체 · 자유 · 명예 등 비재산적 법익에 대한 침해가 비재산적 손해와 더불어 재산적 손해도 발생시킬 수 있다.[14]

차액설)과 일실이익의 본질을 소득창출의 근거가 되는 노동능력의 상실 자체로 보고 상실된 노동능력의 가치를 사고 당시의 소득이나 추정소득에 의하여 평가하는 방법(가동능력상실설 또는 평가설)의 대립이 있는데 판례는 당해 사건에 현출된 구체적 사정을 기초로 하여 합리적이고 객관성 있는 기대수익액을 산정할 수 있으면 족한 것이고 반드시 어느 하나의 산정방법만을 정당한 것이라고 고집해서는 안된다고 한다. 그런데 이 사건에 있어서는 사고 전후에 있어서의 현실적인 소득의 차액이 변론과정에서 밝혀지지 않고 있는 경우이므로 앞에서 본 차액설의 방법에 의하여 일실이익을 산정하는 것은 불가능하고 평가설에 의하여 이를 산정하는 것이 합리적이고 정의와 형평에도 합당하다." 대판 1993.7.27. 92다15031도 동지.

4) 손해보험은 피해자의 손실을 전보함에 그 목적이 있는 것이지, 가해자를 면책시키는 제도가 아니다.

5) 이러한 경우에 피해자의 손해를 부정한다면 피해자의 손해배상청구권이 발생하지 않고, 그 결과 보험자대위(상법 제682조 및 [3009] 참조)가 허용되지 않아서 부당하다.

6) 역으로 특히 일실이익의 산정에서 위법소득에 대한 배상을 부정함에도 규범적 평가가 따를 수밖에 없다. 대판 2004.4.28. 2001다36733 등 참조.

7) 대판 1998.4.24. 97다28568; 대판 2020.6.11. 2020다201156.

8) 대판 2001.7.13. 2001다22833: 부동산교환계약의 일방당사자(Y)가 상대방(X)의 대출금채무 및 임차보증금반환채무를 인수하여 이행하기로 약정하고도 이를 위반함에 따라 X가 은행과 임차인으로부터 대출금 및 임차보증금반환청구소송을 제기당하여 패소판결을 선고받고 나아가 그들로부터 다른 부동산을 가압류당한 경우에 손해의 발생을 인정한 사례. 대판 2021.11.25. 2020다294516도 동지.

9) 대판 2000.2.11. 99다49644.

10) 대판 1997.12.26. 97다42892 · 42908.

11) 그 반면으로 비재산적 손해, 즉 정신적 손해도 결정된다.

12) 가령 대판(전) 1992.6.23. 91다33070.

13) 위자(慰藉)란 위로하고 도와준다는 의미이다.

14) A가 상인 B에 관한 허위사실을 기재한 문서를 유포한 경우에, B는 정신적 손해(즉 명예훼손)뿐만 아니라 재산적 손해(가령 허위사

[참 고] 「채무불이행」과 정신적 손해

㉠ 제751조와 제752조가 불법행위로 인한 정신적 손해의 배상을 규정하는데, 「채무불이행」으로 인한 정신적 손해의 배상도 인정할 것인지가 문제된다. 다수설은 「채무불이행」과 불법행위가 동일한 제도적 기능을 가지므로 정신적 손해에 대하여 양자를 달리 취급할 이유가 없고, 따라서 제751조, 제752조를 「채무불이행」에 대해서도 유추해야 한다고 한다. 한편 판례는 제752조의 「채무불이행」에의 유추를 부정한다.[15]

㉡ 위 규정들을 「채무불이행」에 유추하더라도, 계약상 의무의 위반으로 인한 주된 피침해이익이 재산적인 것이라면 대부분의 경우에 재산상의 손해의 전보에 의하여 정신적 고통 또는 불이익도 전보되는 것으로 볼 수 있으므로,[16] 「채무불이행」으로 인한 정신적 손해는 특별손해에 해당하고, 채무자가 이를 알았거나 알 수 있었을 경우에 한하여 그 배상을 청구할 수 있다(제393조 제2항).[17]

나. 이행이익의 손해와 신뢰이익의 손해 [2381]

법률행위의 영역에서 논의되는 손해의 분류이다.

(1) 이행이익(履行利益)의 손해란, 채무자가 채무를 이행하지 않았기 때문에 채권자가 입은 손해를 말한다. 즉 채무자가 채무를 이행하였더라면 채권자가 얻었을 이익을 이행이익 또는 적극적 이익이라 하는데, 「채무불이행」으로 채권자가 이러한 이익을 얻지 못한 손해가 이행이익의 손해이다.[18] 이 경우 채무의 이행이 있었더라면 채권자가 서 있었을 (가정적) 상태가 차액산정의 대상이다: 「이행이익의 손해=이행이 있었더라면 존재하였을 채권자의 상태 − 현재의 상태」.

(2) 신뢰이익(信頼利益)의 손해란, 법률행위의 당사자가 무효인(또는 취소에 의하여 소급적으로 효력을 잃은) 법률행위를 유효하다고 믿었기 때문에 입은 손해를 말하며, 소극적 이익의 손해라고도 한다. 신뢰이익의 배상에서는 피해자가 법률행위에 관하여 아무것도 듣지 못했다면 있었을 (가정적) 상태가 비교대상이다: 「신뢰이익의 손해=피해자가 법률행위에 관하여 아무것도 들은 바가 없었더라면 있었을 상태 − 현재의 상태」. [2382]

소극적 이익의 예로 계약비용,[19] 계약의 준비를 위한 비용[20]과 기대이익[21] 등이 있다. 신뢰이익의 배상청구권자가 이미 자신의 급부를 이행하였다면 손해배상청구권은 급부한 것의 반환을 포함한다.

(3) 대부분의 경우에 신뢰이익의 손해는 이행이익의 손해보다 작지만, 반드시 그런 것은 아니다.[22] 그런데 신뢰이익의 손해가 이행이익의 손해보다 큰 경우에, 배상범위가 이행이익의 한도

실을 믿은 주변 사람들의 거래의 단절 또는 감소로 인한 이익의 일실)가 발생할 수도 있는바, B는 A에게 일실이익의 배상도 청구할 수 있다.

15) 가령 대판 2000.11.24. 2000다38718 · 38725: "숙박업자가 숙박계약상의 고객보호의무를 다하지 못하여 투숙객이 사망한 경우, 숙박계약의 당사자가 아닌 그 투숙객의 근친자가 그 사고로 인하여 정신적 고통을 받았다 하더라도 숙박업자의 그 망인에 대한 숙박계약상의 채무불이행을 이유로 위자료를 청구할 수는 없다."

16) 대판 2004.11.12. 2002다53865.

17) 같은 취지로 대판 1994.12.13. 93다59779: "일반적으로 임대차계약에 있어서 임대인의 채무불이행으로 인하여 임차인이 임차의 목적을 달할 수 없게 되어 손해가 발생한 경우, 이로 인하여 임차인이 받은 정신적 고통은 그 재산적 손해에 대한 배상이 이루어짐으로써 회복된다고 보아야 할 것이므로, 임차인이 재산적 손해의 배상만으로는 회복될 수 없는 정신적 고통을 입었다는 특별한 사정이 있고, 임대인이 이와 같은 사정을 알았거나 알 수 있었을 경우에 한하여 정신적 고통에 대한 위자료를 인정할 수 있다."

18) 예컨대 A가 B로부터 매수한 부동산을 2,000만 원의 전매이익을 얻고 팔 수 있었다면, 그 2,000만 원이 이행이익이다. 이때 이행이익의 손해가 배상되어야 하는지는 제393조에 따라 결정된다.

19) 당사자 각자가 계약에 기하여 상대방으로부터 얻을 수 있는 반대급부는 통상 자신의 「급부+계약비용」과 등가성을 가진다.

20) 감정이나 견적, 매매대금의 차용, 운송수단의 준비 등에 따른.

21) 일방이 상대방에게 급부할 의무를 부담한다고 믿었기 때문에 얻지 못한 이익, 즉 그 일방이 계약존속시 자기의 급부로서 얻을 수 있었을 가격과 계약이 실효된 상태에서 그의 급부로 얻을 수 있는 가격의 차이.

22) 예: 모조품인 그림을 감정하기 위한 비용이 그림의 실제 가액을 넘는 경우.

로 제한된다(제535조 제1항 단서). 계약이 무효인 경우에, 채권자로 하여금 계약이 유효하여 정상적으로 이행되었더라면 그가 차지할 수 있었던 이행이익보다 더 큰 신뢰이익의 배상을 받을 수 있게 하는 것은 불합리하기 때문이다. 따라서 명문규정이 없는 경우에도 마찬가지로 새겨야 한다.

[2383] **다. 적극적 손해와 소극적 손해**

기존의 재산의 감소가 적극적 손해(積極的 損害)이고, 얻을 수 있었던 이익을 얻지 못한 손해가 소극적 손해(消極的 損害) 또는 일실이익(逸失利益. 기대수익 또는 상실수익이라고도 한다)의 손해인데, 앞에서 본 적극적 이익/소극적 이익과는 다른 개념이다.[23]

그런데 소극적 손해, 특히 전매이익에 대한 배상청구가 가능한지는 제393조에 좌우된다.

[2384] **라. 직접적 손해와 간접적 손해**

직접적 손해(直接的 損害)는 침해된 법익 자체에 대한 손해를 말하며, 간접적 손해(間接的 損害)는 법익침해로 인하여 피해자의 다른 법익에 발생한 결과적 손해를 말한다.[24]

그런데 간접적 손해도 예견가능성이 있다면(제393조) 손해배상의 범위에 포함될 수 있다.

[2385] **3. 피 해 자**

가. 직접적 피해자와 간접적 피해자

(1) 하나의 가해적 사태로 인하여 인적 또는 물적 법익에 대하여 직접적인 피해를 입은 이 외에 다른 이에게 그와 별개의 피해가 발생할 수 있다(이른바 간접적 피해자).[25] 그런데 가해자와 피해자 사이에 계약관계가 존재하지 않는 경우에 ―계약의 상대효에 대한 예외([2135] 참조)에 해당하지 않는 한[26]― 제390조의 채무불이행책임이 성립하지 않는다.

(2) 한편 불법행위의 경우에, 생명침해에 대한 근친자의 위자료청구권을 인정하는 제752조를, 특히 보호할 가치 있는 간접적 피해자에게 인정되는 예외로 보아 간접적 피해자의 손해배상청구권을 부정할 여지도 있다. 그러나 불법행위의 성립 여부는 제750조의 요건을 충족하는지에 달려있는데, 동조가 일반조항으로서 넓은 포섭범위를 가짐에 비추어 간접적 피해자의 손해배상청구권이라 하여 「일반적으로」 배제되지는 않는다고 보아야 한다.[27] 다만 간접적 피해자의 손해배상청구권을 인정함에 따라, 적정한 배상범위의 획정(손해분담의 공평)을 통하여 행동의 자유의 한계를 정하는([3002] 참조) 불법행위법의 기능이 저해될 수 있다. 따라서 해석론적 조작, 특히 예견가능성(제763조, 제393조)[28]이나 위법성 판단 등을 통하여 손해배상의 범위가 부당하게 확대되지 않도록 해야 한다.

---

23) 예컨대 B에게 5억 원에 건물(甲)을 판 A가 실화로 甲을 소실시켰는데, B는 이미 C와 대금 6억 원에 甲을 전매하는 계약을 체결하였던 경우에, 5억 원 짜리 건물을 취득하지 못한 B의 손해가 적극적 손해(B의 건물인도청구권의 상실)이고 1억 원의 전매이익의 상실이 소극적 손해이다.

24) 가령 신체의 상해는 직접적 손해이지만, 이로 인하여 돈을 벌지 못한 일실이익은 간접적 손해이다. 뒤의 대판 1999.7.27. 99다19384 및 제3자가 채무자의 돈을 가로챈 경우에 채권자가 「간접적 손해」를 입었다고 한 대판 1975.5.13. 73다1244도 참조.

25) 예를 들어 택시운전사 A가 운전 부주의로 가수 B를 치어 부상을 입혔고, 그 때문에 B가 극장출연을 하지 못했다면, B는 출연료에 상당하는 손해를, 극장주인 C도 B의 공연이 있었더라면 얻었을 이익의 손해를 입는다.

26) 제3자를 위한 계약에서 계약당사자 아닌 수익자도 손해배상청구권을 가진다.

27) 그렇다면 제752조는 근친자의 증명책임을 면제하는 규정으로 이해할 것이다([3088] 참조).

28) 전신주를 충격한 사고와 관련하여, 간접적 손해는 특별한 사정으로 인한 것으로 "가해행위와 너무 먼 손해"라고 하여 예견가능성을 부정한 대판 1997.10.10. 96다52311([3100]에 소개된)과 전기를 공급받아 공장을 가동하던 피해자의 영업상 손실에 대하여 같은 입장을 취하면서도 가동 중이던 기계의 고장 등의 적극적 손해에 대해서는 예견가능성을 긍정하여 배상책임을 지운 대판 1996.1.26. 94다5472 참조.

[참 고] 대판 1999.7.27. 99다19384는 "도시재개발법에 의하여 설립된 재개발조합의 조합원이 조합의 이사 기타 조합장 등 대표기관의 직무상의 불법행위로 인하여 직접 손해를 입은 경우에는 도시재개발법 제21조, 민법 제35조에 의하여 재개발조합에 대하여 그 손해배상을 청구할 수 있으나, 재개발조합의 대표기관의 불법행위로 조합에게 과다한 채무를 부담하게 함으로써 재개발조합이 손해를 입고 결과적으로 조합원의 경제적 이익이 침해되는 손해와 같은 간접적인 손해는 민법 제35조에서 말하는 손해의 개념에 포함되지 아니하므로 이에 대하여는 위 법조항에 의하여 손해배상을 청구할 수 없다"고 하였는데,[29] 여기서 "간접적인 손해"는 간접적 피해자를 전제하는 것으로, 앞에서 본 「간접적 손해」와 혼동해서는 안 된다. 다만 판례는 간접적 피해자의 손해를 간접적 손해라 하기도 한다.

(3) 간접적 피해자와 구별되어야 할 개념으로 하나의 가해행위에 의하여 손해가 여러 명에게 순차적으로 발생하는 경우에 관하여 [3089] 참조.

나. 제3자 손해의 청산 [2386]

(1) 계약상의 의무자(C)가 의무를 위반하였는데 그로 인한 손해는 계약상의 권리자(A)가 아니라 제3자(B)에게 발생하는 경우에, 일반원칙에 따른다면 C는 손해배상을 할 필요가 없다는 결론에 이를 수 있다. 왜냐하면 A는 손해를 입지 않아서 손해배상청구권을 가지지 않고, B에 대해서는 청구권의 기초(즉 계약위반)가 존재하지 않으므로[30] 그가 손해를 입었더라도 손해배상청구권이 없기 때문이다.[31] 그러나 이러한 결론은 건전한 상식에 반한다. 그래서 독일의 학설과 판례는 일정한 요건 하에 계약상의 권리자(또는 불법행위의 상대방)인 A가 C에 대하여 B의 손해를 주장하는 것을 허용한다. 즉 B가 자신의 손해를 청산하여 줄 것을 청구하면, A는 B에게 C에 대한 손해배상청구권을 양도하거나 B의 이익을 위하여 자신이 직접 손해배상을 받아주는 것을 인정한다. 이것을 「제3자 손해의 청산」이라 한다.

[참 고] 간접대리의 경우를 통하여 이 이론을 소개한다.

간접대리에서 간접대리인은 타인(이른바 간접본인)의 계산 하에 자기의 이름으로 법률행위를 한다. A가 위탁매매인 B에게 일정한 상품을 사달라고 위탁한 경우에, B는 A의 계산 하에 B의 이름으로 매도인 C와 매매계약을 체결한다(상법 제101조 이하). 그런데 C가 너무 늦게 물건을 인도함으로써 의무를 위반한 경우(이행지체)에, 계약당사자인 B만이 C에 대한 손해배상청구권을 가지지만 B는 아무런 손해를 입은 바 없다.[32] 한편 실제로 손해를 입은 이는 A인데, B에게 인도의 지체에 대한 과책이 없기 때문에, B는 A에 대하여 손해배상의무를 지지 않는다. A는 C에 대해서도 아무런 청구권을 가지지 않는다. A는 C의 계약상대방이 아니며 또한 C의 불법행위책임(제750조)을 인정하기도 어렵기 때문이다.[33] 그런데 침해자(계약위반자) C가 손해배상을 하지 않아도 되게 됨으로써 이익을 얻도록 해서는 안 된다. 오히려 이러한 경우에 간접대리인(B)이 제3자(A)를 위하여 제3자의 손해를 매매계약의 상대방으로부터 배상받아 제3자의 손해를 메꾸어 줄 수 있도록 해야 한다.

다만 위탁매매인은 위탁자를 위한 매매에 관하여 상대방이 이행하지 않는 경우에 다른 약정이나 관습이 없는 한 위탁자에 대하여 이를 이행할 책임이 있다(상법 제105조). 따라서 상대방의 채무불이

29) 손해의 귀속주체는 법인인 재개발조합이다. 업무집행자의 위법행위로 조합재산을 상실한 경우에 조합원은 개인의 지위에서 손해배상을 구할 수 없다고 한 대판 1997.11.28. 95다35302도 참조.

30) 불법행위의 성립을 고려할 수 있지만, 특히 B의 손해에 대한 예견가능성이 있어야 하므로, 언제나 불법행위가 성립하지는 않는다.

31) 이러한 상황은 불법행위의 경우에도 발생할 수 있다. 예: C의 행위로 인하여 법익침해는 A에게 발생하였는데 이로 인한 손해는 B에게 발생한 경우.

32) 손해는 위탁매매의 취지에 따라 A에게 귀속된다.

33) B가 A의 간접대리인이 아니라 대리인이었다면, A는 C의 계약상대방으로서 C에 대하여 직접 「채무불이행」을 이유로 하는 손해배상청구권을 가질 것이다.

행이 있는 경우에 위탁자는 위탁매매인에 대하여 무과실책임으로서 「이행담보책임」을 물을 수 있으므로([1241] 참조), 제3자 손해의 청산을 인정할 필요가 실제로는 크지 않다.

(2) 제3자 손해의 청산이 문제되는 사례에서는 보통의 경우라면 채권자에게 발생할 손해가 법률의 규정 또는 법률행위에 의하여 전위됨으로써 예외적으로 제3자에게 발생한다. 즉 손해가 피침해자(계약상의 권리자 또는 불법행위의 상대방)에게가 아니라 제3자에게 발생한다. 이러한 손해의 전위(轉位)에 의하여 가해자가 덕을 보아서는 안 된다. 즉 가해자(계약상의 의무자 또는 불법행위자)는 제3자의 손해를 배상해 주어야 한다. 법익의 침해를 받은 이와 손해를 입은 이가 동일인이었다면 당연히 손해배상의무를 부담했어야 하기 때문이다.

[2387] Ⅱ. 인과관계

1. 의　　의

(1) 채무불이행을 이유로 손해배상을 구하기 위해서는 채무불이행과 손해 사이에 인과관계(因果關係)가 존재해야 한다. 손해배상의 요건으로서 인과관계에 대한 증명책임은 채권자(불법행위에서는 피해자)가 진다.

(2) 책임성립요건으로서 인과관계는 「그 행위가 없었다면 손해는 발생하지 않았을 것」이라는, 자연적 · 사실적인 원인과 결과의 관계, 즉 조건관계로 충분하다. 달리 말하면 「A가 없었다면 B가 없었을 것인가」라는 기준(「but for test」; conditio sine qua non)에 의하여 사실적으로 판단되는데, A가 B의 유일한 원인일 필요는 없다. A를 제외하면 B가 발생할 수 없다는 점이 핵심이고, B의 발생에 A 외의 다른 원인이 있는지는 불문한다.

부작위도 이러한 의미에서 원인일 수 있지만, 작위와 달리 적극적으로 원인으로 되지 않는다. 따라서 부작위에서 인과관계의 존부는 「부작위가 없었더라면 결과가 확실성에 근접하는 개연성을 가지고 발생하지 않았을 것이라고 생각되는 경우에, 부작위는 원인으로 된다」는 공식에 따라 판단된다. 따라서 부작위에서는 가상적 인과관련이 문제된다.

한편 인과관계의 경합과 중단에 관해서는 편의상 불법행위와 관련하여 [3023] 이하에서 설명하는데, 특히 경합에 관하여 독극물의 투여 대신 다른 채무불이행의 사례를 대입하여 보라. 그리고 인과관계의 증명에 관해서도 [3021]과 [3022] 참조.

[2388] (3) 조건설적 의미에서 가해자가 자신에 의하여 야기된 모든 손해를 배상해야 한다면, 손해배상의 범위가 지나치게 확대되어, 손해분담의 공평이라는 손해배상법의 목적에 어긋나게 된다. 그래서 학설은 종래 ―독일의 논의에 따라― 배상범위의 문제도 인과관계의 차원에서 다루려 하였다.

그런데 손해배상의 방법으로 원상회복을 규정함으로써 완전배상주의를 취하는 독일민법과 달리 민법은 제393조에서 손해배상의 범위를 제한하므로, 배상범위의 결정(또는 한정)에서 중요한 것은 제393조라고 새겨야 한다. 따라서 손해배상의 요건으로서 손해와 그 효과로서 배상되어야 할 손해를 구별해야 하며, 전자는 조건설적 의미의 인과관계로 파악하고, 후자는 손해배상의 범위에 관한 법적 평가, 즉 귀책범위의 문제로 제393조와 관련하여 검토해야 한다.

2. 가정적 인과관계 [2389]

가. 의 의

(1) 손해배상청구를 받은 이가 자기의 행위가 없었더라도 손해의 전부 또는 일부가 이미 존재하던 사정 또는 사후에 발생한 사정에 의하여 발생하였을 것임을 들어 손해배상의 전부 또는 일부를 거절할 수 있는가?[34] 이것이 가정적 인과관계(假定的 因果關係. 추월적 인과관계 또는 예비적 원인이라고도 한다)의 문제이다.

(2) 민법은 제392조 단서에서 명문으로 가정적 인과관계를 고려한다. 그러나 가정적 인과관계가 손해배상법의 의미와 목적에 합치되는 경우에만 이를 고려해야 한다.

나. 유형(사례군) [2390]

(1) 다음과 같은 경우에 가정적 인과관계가 고려되어야 한다.

① 이행지체에 빠진 채무자는 무과실책임을 지지만(제392조 본문), 손해(즉 불능이나 멸실)가 채무자의 이행지체가 없었더라도 발생하였을 것이라면 그렇지 않다(같은 조 단서).

② 가정적 결과의 고려는 이미 손해가 발생하게 되어 있는 사람 또는 물건을 침해한 경우(예: C가 D 소유의 죽을병에 걸린 개를 쏘아 죽인 경우)에도 행하여진다. 즉 가해자는 손해의 발생가능성을 지닌 물건의 가치만 배상하면 되고, 그 결과 경우에 따라 손해배상의무 전부가 배제될 수도 있다.[35]

(2) 그 밖의 경우에는 가정적 인과관계가 고려되지 않는다.

① 가해자의 손해배상의무가 이미 존재하는 경우에, 동일한 손해를 야기하였을 예비적 원인을 고려하지 않는 것이 손해배상법의 의미와 목적에 합치한다.[36] 왜냐하면 타인이 동일한 손해를 사후에 유책적으로 발생시켰을 것이라는 주장을 통하여 가해자가 책임을 면할 수 있다면, 그 타인도 당연히 피해자의 손해가 자기행위에 의하여 발생한 것이 아니므로 배상할 책임이 없다고 주장할 것이어서, 결국 피해자는 손해를 전혀 배상받을 수 없게 될 터이기 때문이다.

② 그 밖에 손해배상법의 의미와 목적이 가정적 인과관계의 참작을 금지하는 경우가 있을 수 있다. 즉 위법하게 행동한 가해자가 자신이 합법적으로 행동하였더라도 피해자에게 똑같은 손해를 발생시켰을 것이라고 주장하는 것은 일반적으로 허용되지 않는다.

이른바 「적법한 대체행위의 항변」에 관하여 대판 2005.12.9. 2003다9742: "법규에 위반한 행위로 손해를 발생시킨 가해자가 당해 행위에 대응하는 적법한 행위를 선택할 가능성이 있었지만 적법행위에 의했더라도 피해자에게 동일한 손해의 전부 또는 일부를 발생시킬 수 있었던 사정을 이유로 가해자가 면책을 주장할 수 있는지 여부를 판단함에 있어서는, 위반한 당해 법규가 손해의 방지를 주된 목적으로 한 것이 아니라 절차의 엄격한 준수 자체를 요구하는 것이거나, 피해자의 자기결정권 자체가 중요한 의미를 갖는 경우에는 가해자측의 적법행위 선택의 개연성만으로 인과관계가 부정된다거나 위법성이 조각된다고 평가할 수는 없는 것이고, 그 정도에 이르지 아니

---

34) A의 과실로 훼손된 B의 자동차가 손해배상 전에 B의 차고의 화재로 소실된 경우에, A는 자기의 행위가 없었더라도 B의 손해가 발생하였을 것임을 들어 손해배상책임을 면할 수 있는가?

35) 교통사고로 사망한 피해자가 사고 전에 치사량이 넘는 농약을 마신 사실을 인정하면서도 일반건강인과 같이 취급하여 일실수입을 산정한 원심판결을 파기한 대판 1995.2.14. 94다47179 참조.

36) 예를 들어 A가 골목길에서 B를 살해하였는데, A가 살해하지 않았더라도 B는 다음 골목에서 기다리던 C에 의하여 살해되었을 것임을 이유로 A가 면책되어서는 안 된다.

한다 하더라도 적법한 행위에 의한 동일한 손해의 발생 여부가 피해자의 별도의 의사결정 혹은 행정관청의 허가 등 제3자의 행위에 의존하는 경우에는 동일한 결과발생의 가능성이 높아 명백히 예상되는 경우가 아닌 한 가해자측의 주장을 받아들이기 어렵다."

제 3. 귀책사유

[2391] ### Ⅰ. 기본법리

1. 서 설

(1) 손해를 입은 이는, 그 손해가 다른 이의 행위(정신작용에 기한)로 인한 것인 경우에, 그 손해에 대한 배상을 구함으로써 손해를 원인행위자에게 전가(轉嫁)할 수 있다. 가해자의 입장에서 본다면, 자기 때문에 타인에게 손해가 발생하였더라도 그 결과가 자기의 정신작용에 기한 것이 아니라면 배상책임을 지지 않는다. 이를 과실책임(過失責任)의 원칙이라 한다.

(2) 책임귀속의 근거인 행위자의 일정한 정신작용을 귀책사유(歸責事由)[1]라 하는데, 귀책사유로 ① 자기의 행위가 타인의 법익침해라는 위법한 결과를 발생시킬 것을 의욕하였거나 그것을 알면서도 감히 이를 하는 고의(故意)와 ② 행위를 할 때 일반적으로 요구되는, 결과를 예견하여 이를 회피하기 위한 주의를 다하지 않았다는 과실(過失)의 두 가지가 있다. 요컨대 타인에게 손해를 가한 이는 고의 또는 과실에 기한 손해에 대해서만 책임을 진다(제390조, 제750조 참조).

그런데 그 결여가 면책으로 귀결된다는 점에서 위법성과 귀책사유가 다르지 않지만, 위법성이 사회적 관점에서의 판단인 반면, 귀책사유는 개인적 차원의 것이다.

[2392] (3) 귀책사유의 의미가 결과채무와 수단채무에서 다르다([2163] 참조). 즉 매매 등 결과채무에서 결과의 발생 여부가 곧바로 "채무의 내용에 좇은 이행을 하지 아니한 때"(제390조 분문)로 연결되고, 귀책사유는 불이행책임을 면할 수 있는 사유로 되는 반면, 위임 등 수단채무에서는 결과의 발생 여부가 아니라 행위의 모습이 문제되고, 따라서 "채무의 내용에 좇은 이행을 하지 아니한 때"에 해당하기 위해서는 그 과정에서 요구되는 주의를 게을리했어야 하므로 귀책사유가 채무불이행책임 성립의 문제로 된다.

(4) 제308조, 제314조, 제336조 등에서 불가항력(不可抗力. force majeure; the act of God)이라는 표현을 사용하는데, 귀책사유와 구별되어야 한다. 즉 불가항력이 엄격책임을 취하는 입법에서 면책사유로 기능하지만, 과실책임주의를 취하는 우리 법에서는 일반적으로 고려되지는 않고,[2] 다만 무과실책임에서 가혹한 결과를 조정하는 기능을 담당한다. 그리고 불가항력은 무과실보다 좁은 개념으로, 주관적 양태가 아니라 통제불가능한(즉 예견 및 회피가 가능하지 않은) 외부적인 우발사정으로 이해해야 한다.

[2393] #### 2. 과책의 종류

가. 서 언

귀책사유로 고의와 과실의 두 가지가 있는데, 손해배상책임의 인정근거로서 고의와 과실은

1) 과책 또는 제538조나 제546조의 법문이 "책임 있는 사유"라고 표현한 점을 들어 유책사유라고도 한다.
2) 불가항력이 있으면 손해배상책임이 부정되는 점에서는 무과실과 다르지 않지만.

동가치적이다.

나. 고 의

(1) 고의(故意)란 일정한 결과가 발생하리라는 것을 알면서 감히 이를 행하는 심리상태를 말한다.

행위자가 결과발생의 가능성을 인식하였고 결과가 발생하면 그 결과를 감수할 생각이었던 경우에도 고의가 인정되는데, 이를 미필적 고의(未必的 故意)라 한다.

(2) 위법성의 인식이 고의의 요소인지에 대하여 논란이 있는데, 다수설은 고의가 인정되기 위하여 자기의 행위가 법질서에 위반된다는 법적 평가까지 인식해야 할 필요는 없다고 하고, 판례의 입장도 같다.[3] 생각건대 손해배상에서는 처벌이 아니라 손해의 전보가 문제된다는 점 및 과실과의 등가성 등에 비추어 위법성의 인식을 요하지 않지만, 제3자의 채권침해와 같이 고의와 위법성이 엄격하게 구분되지 않는 예외적 경우라면 달리 보아야 한다([3061] 참조).

다. 과 실 [2394]

(1) 과실(過失)이란, 사회생활상 요구되는 주의를 기울였다면 자기행위로 인하여 일정한 결과가 발생할 것임을 알 수 있고 그러한 결과를 회피할 수 있었음에도, 그 주의를 다하지 않음으로써 그러한 결과를 발생하게 하는 심리상태를 말한다.[4]

(2) 민법상 과실은 거래상 일반적으로 요구되는 주의, 즉 「선량한 관리자의 주의」(또는 줄여서 선관주의)를 게을리함을 말한다(제374조 및 제681조 참조). 이러한 과실을 추상적 과실(抽象的 過失)이라 하는데, 과실의 기본값이다.

선관주의의무의 위반이 있는지는 객관적 · 정형적 기준, 즉 그때그때 구체적인 사안에서의 평균적인 사람을 기준으로 판단된다.[5] 유책한 행위에 대한 응징이 문제되는 형법과 달리 민법에서 공평한 손해의 분담이 문제되기 때문에[6] 그리고 민법은 추상적 「인격」을 전제로 하기 때문에 이러한 객관적 기준이 정당화된다. 결국 채무자는 모든 주의의무에 대하여, 따라서 약간의 주의위반에 대해서도 책임을 져야 한다(제390조, 제750조).[7]

---

3) 불법행위에서 고의의 요건으로 위법성의 인식을 요하지 않는다는 대판 2002.7.12. 2001다46440: "객관적으로 위법이라고 평가되는 일정한 결과의 발생이라는 사실의 인식만 있으면 되고 그 외에 그것이 위법한 것으로 평가된다는 것까지 인식하는 것을 필요로 하는 것은 아니"다.

4) 이러한 「객관적 과실개념」과 달리, 과실의 본래적 개념은 책임능력을 전제로 유책성과 관련하여 이해되는 주관적 과실이라는 견해(이른바 주관적 과실개념)도 주장된다.

5) 예를 들어 일정한 수술을 의학의 법칙에 따라 행할 기술을 가지지 못한 외과의사가 수술기술상의 잘못을 저질렀다면, 비록 성의를 다하여 수술했더라도, 그는 민법상 과실로 행동한 것으로 된다.

6) 법적 거래는 채무자의 개인적 급부능력을 고려하지 않고, 각자는 자기의무를 적절하게 이행할 수 있을 것이라는 신뢰를 전제로 하여 이루어진다.

7) 과실에 관한 재판례를 본다. ㉠ 대판 2011.8.25. 2011다43778: "계약당사자 일방이 자신이 부담하는 계약상 채무를 이행하는 데 장애가 될 수 있는 사유를 계약을 체결할 당시에 알았거나 예견할 수 있었음에도 이를 상대방에게 고지하지 아니한 경우에는, 비록 그 사유로 말미암아 후에 채무불이행이 되는 것 자체에 대하여는 그에게 어떠한 잘못이 없다고 하더라도, 상대방이 그 장애사유를 인식하고 이에 관한 위험을 인수하여 계약을 체결하였다거나 채무불이행이 상대방의 책임 있는 사유로 인한 것으로 평가되어야 하는 등의 특별한 사정이 없는 한, 그 채무가 불이행된 것에 대하여 귀책사유가 없다고 할 수 없다. 그것이 계약의 원만한 실현과 관련하여 각각의 당사자가 부담하여야 할 위험을 적절하게 분배한다는 계약법의 기본적 요구에 부합한다." ㉡ 대판 2013.12.26. 2011다85352: "채무자가 자신에게 채무가 없다고 믿었고 그렇게 믿은 데 정당한 사유가 있는 경우에는 채무불이행에 고의나 과실이 없는 때에 해당한다고 할 수 있다. 그러나 채무자가 채무의 발생원인 내지 존재에 관한 법률적인 판단을 통하여 자신의 채무가 없다고 믿고 채무의 이행을 거부한 채 소송을 통하여 이를 다투었다고 하더라도, 채무자의 그러한 법률적 판단이 잘못된 것이라면 특별한 사정이 없는 한 채무불이행에 관하여 채무자에게 고의나 과실이 없다고는 할 수 없다." 다만 대판 1998.5.26. 96다21362는, 토지보상법상의 환매요건이나 환매권 행사의 상대방 등에 관하여 그 해석이 법문 자체로 명백하지 않아서 여러 견해가 있을 수 있을 뿐더러 이에 대한 선례가 될 만한 판례도 없어 해석상 다툼의 여지가 있는 경우에, 지방자치단체에게 환매를 원인으로 한 소유권이전등기의무 및 토지인도의무가 있음을 명확히 한 대법원의 확정판결이 있기까지는 그 지방자치단체가 그와 같은 의무가 있음을 예견할 수 있었음에도 불구하고 이를 게을리하여 그 이행을 지체하였다고 보기 어렵다고 하였다. ㉢ 대판 1998.9.4. 97다9635는, 신용카드 가맹점업자가 가맹점 허가증 등을 양도하고 양수인에게 신용카드대금 결제계좌의 비밀번호까지 알려 준 경우에, 그 양수인이 제

[2395] (3) 과실의 예외적인 모습들을 본다.

① 법률은 주의의무 위반의 정도를 낮추어 중대한 과실에 대해서만 책임을 지우기도 한다. 「중대한 과실」(또는 줄여서 중과실)은 거래상 요구되는 주의의무(선관주의의무)를 현저하게 위반한 경우, 달리 표현하면 누구에게나 명명백백하였을 점을 주의하지 않았던 경우에 존재한다.

민법은 대체로 어떤 사람이 무상으로 또는 압도적으로 타인의 이익을 위하여 행동하는 경우, 채권자측에 흠이 있는 경우 또는 법정책적 필요가 있는 경우에 채무자(가해자)가 중과실에 대해서만 책임을 지도록 함으로써(즉 경과실에 대한 책임을 면제함으로써) 그의 책임을 경감한다(예: 제735조, 제401조).

[2396] ② 한편 주의의무의 기준을 낮추어 채무자가 「자기의 재산에 대하여 베푸는 주의」(자기재산에 대한 주의)를 위반한 경우에만 책임을 지우기도 한다(예: 제695조, 제922조, 제1022조). 이러한 경우에 채무자가 그 정도의 주의를 다하였다면, 비록 일반적 주의의무, 즉 선관주의의무를 위반하였더라도 책임을 지지 않는다. 자기재산에 대한 주의의 해태를 —선관주의의무 위반을 추상적 과실이라 함에 대하여— 구체적 과실(具體的 過失)이라고 한다. 이러한 유형의 과실에서 책임비난의 기준은 채무자의 개별적인 정상행태로, 채무자의 구체적 · 주관적 주의능력에 상응하는 주의가 문제된다. 따라서 채무자가 평소 자기재산에 기울이는 정도의 주의를 다하였다고 판단되면, 비록 선관주의에 미치지 못하더라도, 그는 책임을 지지 않는다.

[참 고] 이처럼 책임이 경감되는 근거는 다양하다. 즉 제695조에서 무상수치인이 타인을 위하여 무상으로(즉 대가를 받지 않고) 보관하는 타인의 물건을 자기물건보다 더 주의 깊게(즉 거래상 요구되는 주의=선량한 관리자의 주의를 다하여) 보관할 것을 요구하는 것은 형평에 맞지 않기 때문이고,[8] 제922조에서는 친권자와 미성년의 자녀 사이에 존재하는 특별한 관계가 책임경감의 근거이다. 제1022조에서는 상속재산이 상속인에게 속하기 때문에 그의 상속재산에 대한 주의의무가 경감된다.

[2397] 3. 기 타

(1) 피해자가 증명책임을 부담하는 불법행위와 달리 「채무불이행」에서 귀책사유의 부존재에 대한 증명책임을 채무자가 진다(제390조 단서). 즉 채권자는 불이행과 그것을 원인으로 손해가 발생한 점을 증명하면 되고, 채무를 면하려는 채무자가 귀책사유 없음을 증명해야 한다.[9] 수단채무의 경우에 사정이 다름에 관하여 [2163] 참조.

[2398] (2) 계약자유의 원칙상 채권자와 채무자는 과실(過失)에 대한 면책약정(免責約定)을 할 수 있다. 손해배상의 상한을 정할 수도 있는데, 이 경우 손해배상액 예정의 성질도 가진다. 면책약정이 약관에 의할 수도 있지만, 약관법 제7조에 의하여 그 유효성이 제한될 수 있다.[10]

그런데 채무자의 고의 및 중과실에 대한 면책약정은 사회질서에 반하므로 무효이다(제103조 참조). 이와 관련하여 이행보조자의 고의에 대한 면책약정이 유효한지에 관하여 견해가 나뉘는데, 굳이 그 유효성을 부정할 이유는 없다.

3자의 신용카드를 위조한 다음 그 가맹점 명의의 허위매출전표를 작성하여 은행으로부터 매출금액 상당을 편취한 데 대하여 그 가맹점업자에게 귀책사유가 있다고 하였다.

8) 다만 무상행위이지만 위임에서는 당사자 사이의 신뢰관계 때문에 선관주의의무가 요구된다.

9) 예컨대 임차건물이 화재로 소실되었는데 화재의 발생원인이 불명인 경우에, 임차인이 임차물반환의무의 불능으로 인한 책임을 면하려면 그 임차건물의 보존에 관하여 선량한 관리자의 주의의무를 다했음을 증명해야 한다(대판 1994.10.14. 94다38182). [2619]도 참조.

10) [2079]에 소개된 대판 1996.5.14. 94다2169 참조.

(3) 손해배상의무는 채무자의 과책을 요건으로 한다(과실책임주의). 그러나 법률이 일정한 경우에 과책 없는 책임을 인정하기도 한다. 금전채무에 대한 책임(제397조 제2항), 이행지체 중의 채무자의 책임(제392조 본문), 매도인의 담보책임(제570조 이하), 무권대리인의 책임(제135조) 등이 그 예이다(제758조 제1항 제2문도 참조). 그리고 계약으로 무과실책임(無過失責任)을 인정하는 것은 당사자들의 자유이다. [2399]

Ⅱ. 이행보조자의 고의·과실 [2400]

1. 개　　관

(1) 채무자는 자기채무의 이행을 위하여 보조자를 사용할 수 있다.[11] 이 경우 채무자가 이행보조자의 과책에 대하여 책임을 지지 않는다면 채권자의 지위가 약해질 것이다. 왜냐하면 채권자는 이행보조자에 대하여 계약상의 청구권을 가지지 않으며, 불법행위에 기한 손해배상청구권이 인정되더라도 실효성 없는 경우가 많기 때문이다. 한편 채무자는 이행보조자를 사용하여 활동영역을 확장하는 등 이익을 얻었으므로, 그에 따른 위험 또는 불이익도 감수하도록 해야 공평하다.[12]

법정대리인의 경우에도 마찬가지이다. 즉 채무자를 대신하여 채무를 이행할 권한을 가진 법정대리인이 채무자의 채무를 이행하면서 그의 고의나 과실에 기하여 채무불이행의 결과가 발생하였다면, 채무자에게 채무불이행책임을 물을 수 있어야 한다.

결국 이행보조자는 채무자의 사실상의 「수족(手足)」이고[13] 법정대리인의 등장 또한 채무자측의 사정에 불과하므로, 채무자는 이들과 무관함을 채권자에게 주장/대항하지 못한다고 해야 한다. 이러한 사정 때문에 채무자는 제391조에 따라 채권관계의 테두리 안에서 그의 법정대리인 또는 이행보조자의 과책(고의 또는 과실)에 대하여 책임을 진다.

(2) 이행보조자 등의 과책에 기한 채무자의 채무불이행책임과 이행보조자 등의 불법행위책임은 부진정연대의 관계에 선다.[14]

사용자책임과의 이동(異同)에 관해서는 [3138] 참조.

2. 요　　건 [2401]

가. 법정대리인과 이행보조자

(1) 제391조의 법정대리인은 채무자를 대신하여 채무를 이행할 권한을 가진 이를 말하는데, 부재자의 재산관리인(제22조 이하), 친권자(제911조), 후견인(제938조), 법원이 선임한 유언집행자(제1096조, 제1103조) 등 본래적 의미의 법정대리인뿐만 아니라 파산관재인(채무자회생법 제355조 이하), 법정대리인 아닌 유언집행자(제1093조, 제1103조 참조) 기타 법정대리인과 유사한 지위에 있는 이를 포함한다. 한편 법인 대표기관의 유책적인 불이행은 법인 자체의 채무불이행을 결과 지우므

11) 대판 2001.6.15. 99다13515: "채무의 성질상 반드시 변제자 본인의 행위에 의해서만 가능한 것이 아닌 이상 제3자를 이행보조자 내지 이행대행자로 사용하여 변제할 수도 있다."
12) 채무자는 이행보조자를 선임하여 지시·감독할 수 있으므로, 이행보조자의 과책에 대한 책임을 지도록 해야 한다.
13) 결함 있는 장비의 사용과 상황이 유사하다.
14) 대판 1994.11.11. 94다22446.

로 제391조가 적용될 여지는 없다.

[2402] (2) 이행보조자(履行補助者)란 채무자가 자기채무의 이행을 위하여 사용하는 이를 말한다. 이와 관련하여 주의할 점들을 본다.

① 채무자가 자기채무의 이행을 위하여 제3자를 끌어들일 것이 필요하며 이로써 충분하다. 제3자는 채무자의 의사에 의하여 채무자를 위하여 행동해야 하는데, 이러한 의사관여는 묵시적이라도 무방하지만, 채무자 자신이 부담하는 채무를 이행하기 위한 행위를 하거나 그에 협력하도록 하기 위한 목적에 기한 것이어야 한다. 따라서 채무이행행위에 속한다고 볼 수 없는 활동을 하는 이를 이행보조자로 볼 수는 없다.[15]

그런데 채무자의 채무를 이행한다는 사실을 제3자가 알고 있어야 하는 것은 아니다. 채무자와 이행보조자 사이에 채권관계가 존재할 것도 요구되지 않으며, 제3자가 호의로 한 경우에도 채무자의 용인이 있으면 된다.[16] 이행보조자가 채무자에 대하여 사회적 종속관계(즉 채무자의 지시나 감독을 받는 관계)에 있어야 하는 것도 아니므로,[17] 독립한 기업가도 이행보조자일 수 있다.[18]

[2403] ② 임대인의 동의를 얻어 전대(轉貸)한 경우에(제629조 제2항 참조), 전차인은 임차인의 이행보조자(동시에 이용보조자)라 할 것이다. 물론 제630조 제1항에 따라 전차인은 임대인에 대하여 직접 목적물보관의무를 부담하지만, 이 규정은 임대인을 보호하기 위한 것일 뿐이므로, 전차인의 과실에 대하여 제391조의 적용을 배제하는 것은 적절하지 않다.

③ 채무자는 그의 직접적인 이행보조자의 과책에 대해서뿐만 아니라 이행보조자의 이행보조자(이른바 간접적 이행보조자. 복이행보조자라고도 한다)의 과책에 대해서도, 간접적 이행보조자가 채무자의 승인이나 묵시적 동의 하에 채무의 이행을 맡았다면, 제391조에 따라 책임을 져야 한다.[19] 묵시적 동의조차 없는 경우에도, 간접적 이행보조자를 사용한 것 자체가 이행보조자의 과책을 의미하므로, 채무자는 제391조에 의하여 책임을 진다.

[참 고] 이행대행(履行代行)에 관하여

㉠ 제1차적 급부의무를 완전히 제3자에게 맡길 권리가 채무자에게 주어지고, 그에 기하여 제3자가 채무자 대신 독립적으로 채무의 전부 또는 일부를 이행하는 대행(代行. 또는 대용)의 경우에, 채무자는 이행대행자의 행위에 대하여 제391조에 기한 책임을 지지 않는다. 이행대행의 예로 수임인의 복임인 선임을 들 수 있다(제682조). 수임인이 위임인의 승낙에 기하여 또는 부득이한 사유로 제3자(복임인)를 선임하여 자기에 갈음하여 위임사무를 처리하게 한 경우에, 수임인(즉 채무자)은 이행대행자의 선임·감독의 잘못에 대해서만 책임을 지는데(제682조 제2항, 제121조), 이 책임은 채무자 자신의 과책, 즉 선임·감독상의 주의의무 위반에 대한 책임이지, 제391조에 따른 책임은 아니다.

㉡ 이행대행자는 채권자의 승낙(동의)이 있거나 법률의 규정이 있는 경우에만 선임될 수 있다. 이행대행자의 사용이 허용되지 않음에도 불구하고 채무자가 함부로(즉 무단으로) 이행대행자를 선임하였다면, 선임행위 자체가 채무불이행을 구성한다. 한편 이행대행자를 둘 수도 있고 두지 않을 수도

15) 대판 2013.8.23. 2011다2142.

16) 무료 승마체험이 포함된 숙박권을 구매하여 리조트에서 숙박하면서 승마체험을 하던 중 상해를 입은 경우에 승마 지도활동을 한 이를 이행보조자로 본 대판 2018.2.13. 2017다275447 참조.

17) 대판 2011.5.26. 2011다1330.

18) 임대인이 토건업자에게 임차건물의 수리를 맡긴 경우에 관한 대판 2002.7.12. 2001다44338; 복합화물운송주선사업자가 수입화물을 보세창고에 입고한 경우에 관한 대판 2018.12.13. 2015다246186; 해상운송인의 요청에 따라 운송업무의 일부를 수행하는 선박대리점을 운송계약상 운송인의 이행보조자라고 본 대판 2019.4.11. 2016다276719 등.

19) 앞의 2011다1330 판결; 대판 2020.6.11. 2020다201156.

있는 경우란 있을 수가 없다고 보아야 한다. 즉 법률상 이를 둘 수 있거나 둘 수 없는 두 경우만 있을 수 있을 뿐이다(학설은 대체로 반대의 입장이다).

나. 법정대리인 또는 이행보조자의 과책 [2404]

(1) 법정대리인 또는 이행보조자가 유책적으로, 즉 고의 또는 과실로 행동했어야 하는데, 채무자는 「자기의 과책의 한도에서」 법정대리인이나 이행보조자의 과책에 대하여 책임을 진다. 즉 적용될 과책의 기준은 채무자의 그것이다. 따라서 채무자가 계약이나 법률의 규정에 따라 고의 또는 중과실에 대해서만 책임을 지는 경우(예: 제401조)에, 이행보조자의 경과실에 대하여 채무자가 책임을 지지 않는다. 또한 채무자가 「자기재산에 대한 주의」의 해태에 대해서만 책임을 지는 경우(예: 제695조)에, 채무자가 자기재산에 대하여 보통 베푸는 것보다 이행보조자가 더 부주의하게 행동한 경우에만 채무자가 책임을 진다.

(2) 채무자는 그의 보조자에 의한 주된 급부의무의 이행뿐만 아니라 부수의무의 이행에 대해서도 책임을 진다.

다. 귀책의 한정 [2405]

(1) 법정대리인 또는 이행보조자의 과책에 대한 책임은 「현존하는 채권관계의 테두리 안에서」만 발생할 수 있다. 즉 채무자의 법정대리인이 채무자를 위하여 이행하거나 채무자가 타인을 사용하여 이행하는 경우에만 그들의 고의 또는 과실이 채무자 자신의 고의나 과실과 동시(同視)된다. 이와 달리 이러한 이들의 행위에 의하여 비로소 어떤 법정채권관계(주로 불법행위에 기한 손해배상청구권)가 성립한다면, 채무자가 그들의 과책에 관하여 제391조에 기한 책임을 지지 않는다.[20)]

(2) 채무자가 그의 보조자의 모든 행위에 대하여 책임을 지는 것은 아니다. 즉 보조자의 행위가 그에게 맡겨진 기능과 「내적 · 사물적 관련」 하에 행하여진 경우에만 채무자가 보조자의 행위에 대하여 책임을 지고, 보조자의 행위가 단순히 「이러한 행위의 기회에 즈음하여」 범하여진 것에 불과하다면 책임을 지지 않는다.[21)]

판례는 객관적 외형적 관련성을 요한다는 입장인데,[22)] 피용자 등의 「불법행위」에 대하여 피해자의 신뢰를 보호하기 위한 외형이론을 채무불이행에 차용하는 것이 적절한지에 대하여 검토를 요한다.

제 4. 손해배상의 범위

I. 손해의 귀책 [2406]

1. 서 설

손해배상의 요건으로 가해행위와 손해 사이에 조건설적 인과관계가 있어야 한다. 그런데 조

20) 제756조에 의한 사용자책임을 질 수는 있다.

21) 예를 들어 A가 B 소유 주택의 수리를 조수 C에게 시켰는데 C가 수리를 잘못하여 비가 새게 하여 B의 카펫을 훼손하였다면 A는 이러한 손해에 대하여 제391조에 따라 책임을 져야 하지만, C가 작업을 마치고 돌아가면서 B의 옷을 훔쳤다면 C가 옷을 훔친 것은 이행행위와 단지 외적인 관련을 가질 뿐이므로, A는 C의 이러한 행위에 대하여 제391조에 의한 책임을 지지 않는다(제756조에 의한 사용자책임을 질 수 있음은 별개의 문제이다).

22) 대판 2008.2.15. 2005다69458: "이행보조자의 행위가 채무자에 의하여 그에게 맡겨진 이행업무와 객관적, 외형적으로 관련을 가지는 경우에는 채무자는 그 행위에 대하여 책임을 져야 하고, 채무의 이행에 관련된 행위이면 가사 이행보조자의 행위가 채권자에 대한 불법행위가 된다고 하더라도 채무자가 면책될 수는 없다."

건설적 인과관계에 있는 모든 손해를 배상해야 한다면 손해의 공평한 분담이라는 손해배상법의 이념에 반하는 결과로 될 수 있다. 그래서 거의 모든 입법례가 구체적인 모습은 다르더라도 제한배상주의를 취하며, 원상회복주의를 취하는 독일에서 종래의 통설이었던 상당인과관계설도 이러한 취지에 기한 것이다.

그런데 제393조는 예견가능성에 의하여 손해배상의 범위를 제한한다. 이 점에서 학설의 주류나 판례가 사실적 인과관계와 손해의 귀책을 구별하지 않는 상당인과관계설을 따르는 것은 부적절하다고 생각된다. 아래에서 제393조를 중심으로 손해의 귀책에 관하여 살펴본다.

[2407] ### 2. 손해의 귀책에 관한 학설 및 판례

가. 학설의 정리

(1) 먼저 「여전히 지배적인」 상당인과관계설(相當因果關係說)을 본다.

① 이 입장은 조건설의 난점(사실적 인과관계가 무한정 확대될 수 있다는)을 시정하기 위하여 채무불이행과 상당인과관계에 서는 손해만 배상케 하려는 이론으로, 어떤 사실을 발생시킨 조건들 중 우연한 사정 내지 당해 채무불이행에 특유한 사정은 제외한다. 즉 모든 조건들이 원인은 아니고, 결과와 적정한(상당한) 관련을 가지는 조건만이 원인으로 인정된다는 이론이다.

② 이 이론이 문제 삼는 것은 —행위와 결과(손해) 사이에 사실적으로 원인과 결과의 관계가 존재하는지를 포함하여— 손해결과의 귀책과 개연성의 판단이다. 즉 어떤 가해적 사태를 기점으로 하여 발생된 손해 중 어느 정도의 손해가 행위자에게 귀책되어야 하는지가 상당인과관계 유무에 의하여 판단되며, 이 판단은 사실판단이 아니라 가치판단이다. 따라서 이 입장의 실제적 운용에서 경제계의 사정, 물가변동의 동향, 거래관행 등에 대한 정확한 인식을 필요로 하지만, 결과적으로 공평의 이념에 입각한 평가의 관점에서 결론을 이끌어 낼 수밖에 없다.

③ 상당인과관계설을 취하더라도 채무불이행은 언제나 일정한 사정 하에 성립하므로, 어느 정도의 사정을 고려할 것인지에 따라 고려대상에서 제외되는 우연한/특수한 사정의 범위가 달라진다. 이 점에 관하여 채무자의 주관을 기준으로 고려되어야 할 사정을 결정하는 주관설, 사후의 심사에 의하여 제3자(법관)가 객관적으로 결정한다는 객관설 및 채무불이행 당시 일반인(평균인)이 알았거나 알 수 있었던 사정과 채무자가 특히 알고 있었던 사정을 함께 고려하는 절충설이 주장되는데, 절충설이 주류적 입장이다.

[2408] (2) 규범목적설(規範目的說) 및 그 변용인 보호범위설(保護範圍說)을 살펴본다.

① 상당인과관계설은 무한연쇄의 자연적 · 철학적 인과관계를 법률상 합리적이라고 생각되는 곳에서 절단함으로써 인과관계를 제한하는 이론이지만, 실제의 운영에서 손해배상의 범위를 한정하는 기능을 제대로 수행하지 못했다. 그래서 독일에서 손해배상책임을 발생시키는 규범의 보호범위에 포섭되는 손해만을 행위자에게 귀책시켜야 한다는 규범목적설이 등장하여 통설적 입장으로 되었다.

② 규범목적설의 근본사상은, 모든 의무와 규범은 일정한 보호범위를 포함하며, 행위자는 이러한 보호범위의 침해에 대해서만 책임을 지면 된다는 것이다. 즉 규범목적설은 배상책임의 기초로 「손해배상청구권의 근거가 된 규범의 보호목적」을 고려하자고 제안하며, 규범은 원래 그에

대한 침해로 인하여 발생가능한 모든 손해에 대하여 보호할 것을 목적으로 만들어지지 않는다고 한다. 이처럼 규범목적설은 규범이 특정한 이익을 고려하여 보호법익의 침해에 대비하여 만들어진다는 「규범의 상대적 보호이론」에서 출발한다. 즉 계약 또는 법률상의 책임규범 및 그 배후에 있는 주의의무는 특정한 법익의 보호에 기여한다고 한다.

③ 독일의 규범목적설이 일본에서 변용되어 국내에 도입된 보호범위설은 상당인과관계로 처리되던 문제가 ⓐ 사실적 인과관계,[1] ⓑ 보호범위, ⓒ 손해의 금전적 평가(제394조 참조)라는 세 요소로 구분되어야 하며, 제393조는 그중 보호범위를 정하는 규정이라고 한다. 즉 배상되어야 할 손해범위의 문제와 손해의 금전적 평가의 문제가 구별되고, 전자는 다시 가해자의 행위와 배상이 요구되는 손해 사이에 사실적 인과관계가 존재하는지(ⓐ)와 그 손해를 배상시키는 것이 타당한지(ⓑ)의 두 가지로 구분되어야 한다고 한다.

(3) 그 밖에 위험성관련설(危險性關聯說)은 손해를 채무불이행과의 사이에 인과관계 있는 1차 [2409]
손해와 채무불이행에 의하여 직접 야기된 것이 아니라 1차손해를 기점으로 하여 후속적으로 조건 지워진 후속손해로 나눈다. 이 중 1차손해는 언제나 배상시키고,[2] 후속손해는 1차손해와 위험성 관련이 있는 경우에만 제393조에 의하여 배상시키는 방법으로[3] 배상의 범위를 결정해야 한다고 주장한다. 이 견해는 1차손해의 귀책근거는 제390조(불법행위에서는 제750조)이고, 후속손해의 귀책근거는 제393조라고 한다.

나. 판례의 태도 [2410]

① 판례는 손해배상의 범위에 관하여 상당인과관계설을 따른다. 가령 대판 2012.1.27. 2010다81315: "채무불이행으로 인한 손해배상의 범위를 정할 때에는 채무불이행과 손해 사이에 자연적 또는 사실적 인과관계가 존재하는 것만으로는 부족하고 이념적 또는 법률적 인과관계, 즉 상당인과관계가 있어야 한다."[4]

② 판례가 불법행위로 인한 손해배상에서 상당인과관계를 판단할 때 규범목적설의 주장을 부분적으로 수용하였는데, 이에 관하여 [3101] 참조.

다. 평 가 [2411]

무한히 연속될 수 있는 인과쇄를 단절함으로써 발생한 손해를 적절한 범위에서 귀책시켜야 한다는 요청은 앞서 본 어느 이론에서도 외면되지 않는다. 앞의 이론들은 일정한 가치기준을 토대로 인과관계 연속의 손해 중 배상범위를 적정하게 한정시키는 것으로, 상당성/개연성과 규범목적은 가치기준이 다를 뿐, 배상범위의 한정이라는 목적을 공유한다. 그리고 어느 이론에 의하든 아니면 제393조에 의하든 결과에서 실질적인 차이가 생기지는 않는다.

그런데 지금까지 다수설과 판례는 손해배상의 범위의 문제를 상당인과관계라는 개념에 의하여 한꺼번에 처리하여 왔는데, 이러한 태도는 손해배상책임의 발생과 그 범위의 문제를 혼동하였

1) 가해자의 행위라는 사실과 손해로 평가되는 사실 사이에 존재하는, 「선행사실이 없다면 후속사실이 없을 것」이라는 조건설적 관계.

2) 채무불이행과 1차손해 사이의 인과관계는 조건관계로 충분하지만, 규범목적설을 유추하여 계약의 취지상 채무 위반이 인정되지 않으면 1차손해가 발생할 수 없을 것이라고 이해한다.

3) 후속손해가 1차손해의 발생 없이도 일상생활상의 위험으로 인하여 발생한 것이거나 후속손해를 발생시킬 가능성 있는 채권자의 위험한 행위가 개재된 경우 외에는 위험성관련이 있다고 한다.

4) 채권자가 자신의 권리보호를 위하여 지출한 변호사비용의 배상범위에 관한 사례. 대판 2010.6.10. 2010다15363 · 15370도 참조.

을 뿐만 아니라 제393조의 법문을 제대로 평가하지 않은 것으로 적절하지 않다. 오히려 사고의 단계를 나누어 살펴보는 것이 이해하기 쉽고 합리적이다.[5] 즉 채무자의 채무불이행과 채권자의 손해 사이에 자연적 인과관계가 존재해야 하고, 나아가 그러한 인과관계가 증명된 손해 중에서 제393조에 따라 누구에게나 예견가능한 「통상손해」와 "채무자가 그 사정을 알았거나 알 수 있었을" 「특별손해」가 배상범위에 포함되며, 마지막으로 배상범위에 포함되는 손해의 산정이라는 작업이 필요하다. 그리고 이른바 법적 인과관계의 문제는 제393조를 관통하는 예견가능성을 판단하기 위한 보조자료의 지위만을 부여받아야 한다.

[참 고] 제393조를 상당인과관계설에 입각한 규정으로 이해하는 것이 지배적 입장인데, 이는 일본의 이른바 학설계수(學說繼受. 간략하게 말하자면 다른 나라, 특히 독일의 지배적 학설을 통하여 그와 다른 뿌리를 가지는 일본법규정을 해석하는 태도)에 기한 것이다.

그러나 예견가능성을 기초로 손해배상범위를 정하는 태도는 영국의 판례 *Hadley v. Baxendale* ([1854] 23 LJ Ex 179, 9 Exch 341)에 기인하는바, 제393조도 이러한 예견가능성설을 따른 것으로 보아야 한다. 다만 제2항에서 예견가능성은 채무자 자신을 기준으로 판단하는 반면,[6] 제1항에서는 일반인을 기준으로 한다.

한편 제393조는 제763조에 의하여 불법행위에 준용되는데, 이에 관하여 [3099] 참조.

[2412] Ⅱ. 민법 제393조

1. 서 설

(1) 제393조는 제한배상주의의 근거규정으로, 조건설적 인과관계가 증명된 손해 중 어느 범위에서 배상을 인정할 것인지를 정한다. 즉 채무불이행으로 인한 손해를 "통상의 손해"와 "특별한 사정으로 인한 손해"로 나누어, 전자는 모두 배상되고, 후자는 "채무자가 그 사정을 알았거나 알 수 있었을 때에 한하여" 배상된다고 한다.

(2) 현실적으로 발생한 손해가, 언제나 배상되어야 하는 통상손해와 채무자의 예견가능성을 요하는 특별손해 중 어디에 속하는지가 긴요하지만, 그 구별이 쉽지 않다. 무엇이 통상손해이고 무엇이 특별손해인지의 판단이 선험적이고 일의적으로 정해지지 않기 때문이다.

그런데 「통상」인지 「특별」인지의 판단은 애초부터 법을 해석 · 적용하는 이에게 그 결정이 위임된 사항으로, 거래의 목적과 형태, 당사자의 직업, 목적물의 종류 등의 사정을 종합하여 당사자들이 그러한 손해의 발생을 얼마나 쉽게 예견할 수 있었는지에 따라 결정되어야 한다. 그리하여 당해 사안에 일반적인 상황을 기초로 합리적인 제3자의 관점에서 예견할 수 있었을 손해(달리 말하면 그 채무불이행으로부터 발생하리라고 일반적 · 객관적으로 예상되는 손해)는 통상손해로서 언제나 배상되어야 하고(제1항), 그 밖의 손해는 거래의 구체적 내용, 당사자의 직업, 거래 전후의 사정 등 당해 사안에 특유한 상황을 기초로 채무자가 예견했거나 예견할 수 있었어야 배상범위에 포함된다(제2항).

---

5) 독일의 지배설이 인과관계를 손해배상책임의 성립과 책임의 범위라는 양 측면에서 파악함에 관하여 講義, [3275] 참조.

6) 예견가능성의 판단을 위 판결이 계약체결시를 기준으로 하는 반면, 우리 학설은 대체로 채무불이행시를 기준으로 한다는 점에 차이가 있다.

2. 통상손해 [2413]

가. 서 설

제393조 제1항에 따라 통상의 손해, 즉 그러한 채무불이행이 있으면 거래관념이나 경험칙에 비추어 통상 발생할 것으로 생각되는 범위의 손해[7]는 배상되어야 한다.

귀책범위의 기준으로서 통상손해(通常損害)에 해당하는지는 그 사안에 일반적인 상황을 기초로 한 결과발생의 개연성뿐만 아니라 규범목적, 가해의 모습과 정도, 손해의 종류/성질 등도 고려하여 판정해야 하는데, 당해 채무불이행으로 인하여 생긴 손해 중 위의 기준에 의하여 걸러지는 손해는 제2항의 문제로 된다. 한편 통상손해에 해당하는지를 판단할 때 채무자의 주관적 예견은 필요하지 않다. 통상손해는 당해 채무불이행으로부터 당연히 발생하리라고 당사자들이 예견했어야 할 손해이기 때문이다. 따라서 채권자는 채무불이행과 손해 사이에 조건설적 인과관계가 존재하였다는 사실과 통상 생길 손해액을 증명하기만 하면 된다.

나. 통상손해의 예 [2414]

(1) 매도인의 재산권이전의무가 불능으로 된 경우에 이행불능으로 된 당시의 시가 상당액[8]이 통상손해에 속한다. 금전지급의무를 이행하지 않는 경우에 이자 상당액, 물건의 인도의무가 지체된 경우에 임료 상당액,[9] 담보권 실행의 비용 등도 통상손해의 전형적인 예이다.

그런데 매수인이 그 목적물에 관하여 제3자와 전매계약을 맺고 있었던 경우에 전매이익의 손해가 통상손해인지는 전매가 당해 사안에서 일반적 · 객관적으로 예상되는지에 따라 판단되어야 한다.[10]

(2) 물건이 「훼손」되어 수리를 요하는 경우에 그 수리비 상당액[11]이 통상손해에 속한다. 이 [2415]
경우 그 물건이 영업용인지 여부를 불문하고 수리에 필요한 상당한 기간 소유자의 사용수익이 불가능하므로, 그로 인한 손해도 통상손해에 해당한다.[12]

한편 「멸실」의 경우에 그 당시의 시가 상당액, 즉 교환가치가 통상손해에 해당한다. 그런데 영업용 물건이 멸실된 경우에 대체구매에 필요한 기간 동안의 사용이익의 상실이 법적으로 어떻게 평가되는지에 관하여, 대판(전) 2004.3.18. 2001다82507은 "불법행위로 영업용 물건이 멸실된 경우, 이를 대체할 다른 물건을 마련하기 위하여 필요한 합리적인 기간 동안 그 물건을 이용하여 영업을 계속하였더라면 얻을 수 있었던 이익, 즉 휴업손해는 그에 대한 증명이 가능한 한 통상의 손해로서 그 교환가치와는 별도로 배상하여야 하고, 이는 영업용 물건이 일부 손괴된 경우, 수리를 위하여 필요한 합리적인 기간 동안의 휴업손해와 마찬가지"라고 하였다. 이 문제는 멸실로 인한 사용이익(통상은 차임 상당액)의 상실도 통상손해에 해당하는지와 관련되고, 사용이익이 교환가치에 포함된다고 볼 것인지로 귀결된다. 판례는 종래 멸실의 경우에 사용이익은 교환가

---

7) 대판 2009.7.9. 2009다24842.
8) 대판 1996.6.14. 94다61359 · 61366 등.
9) 공사도급계약에서 건축공사의 지체에 관한 대판 1995.2.10. 94다44774 참조.
10) 사인간의 부동산매매에서라면 특별손해이지만, 상인간의 동산매매에서라면 통상손해에 해당할 수 있다.
11) 수리비가 과다하여 목적물의 시가를 상회하는 경우에 관하여 [2324] 참조.
12) 곧바로 수선에 착수할 수 없는 특별한 사정이 있는 경우에 수선의 착수가 가능한 시점까지 이를 사용을 하지 못함으로 인한 손해 역시 통상의 손해라고 한 대판 2000.11.24. 2000다38718 · 38725 및 자동차사고에서 대차비용에 관한 대판 2013.2.15. 2012다67399도 참조.

치, 즉 시가 상당액의 배상에 포함되어 있어서 별도로 배상할 수 없다고 하였으나,[13] 앞의 2001다82507 판결에서 영업용 물건이 멸실된 경우에 「대체구매를 위하여 필요한 상당한 기간 동안」의 휴업손해는 통상손해에 해당하여 그 배상을 청구할 수 있다고 하여 입장을 변경하였다.[14] 생각건대 영업용 물건을 양도하였다면 양도인이 종래 누리던 사용이익은 당연히 교환가치에 포함되는데, 물건이 멸실된 경우에 교환가치에 해당하는 전보배상 외에 「통상손해」로서 휴업손해의 배상을 인정하는 것은 과잉배상에 해당할 수도 있을 것이다. 이러한 맥락에서 어업용 선박의 멸실에 관한 앞의 2001다82507 판결의 판지를 일반화함에는 주의를 요한다.[15]

[2416]
3. 특별손해

가. 서 설

(1) 제393조 제2항은 "특별한 사정으로 인한 손해는 채무자가 그 사정을 알았거나 알 수 있었을 때에 한하여 배상의 책임이 있다"고 규정하는데, ① "특별한 사정으로 인한 손해"는 배상할 필요가 없다고 함으로써(같은 항의 반대해석), 당해 채무불이행에 특유한(통상적이지 않은) 손해로서 특별손해(特別損害)를 일단 귀책의 범위(손해배상의 범위)에서 제외한다. 다만 ② 특별손해라도 그것을 야기하는 사정(직업 등 거래당사자의 주관적 특성과 당해 거래의 내용과 목적 그리고 거래 전후의 구체적 상황을 포함하여 당해 거래에 특유한 사정)에 대한 채무자의 예견 또는 예견가능성이 증명되면 채무자에게 그에 대한 배상책임을 지운다. 특별손해가 비록 채무불이행에 특유한 것으로 통상적이지 않지만, 채무자가 이러한 손해를 야기하는 특별한 사정을 알았거나 알 수 있었다면 그에게 귀책시키는 것이 공평의 사상에 합치하기 때문이다. 참고로 증거에 의하여 인정된 사실이 제393조에서 말하는 특별한 사정에 해당하는지를 판단하는 것은 법률문제이다.

[2417] (2) 예견의 대상은 특별한 사정의 존재만이고 그러한 사정에 의하여 발생한 손해의 액수까지 알았거나 알 수 있었어야 하는 것은 아니다.[16] 그런데 채무자가 실제의 구체적인 손해액까지 알았거나 알 수 있었다면 그 손해액이 배상되어야 하지만, 그렇지 않다면 그와 같은 특별한 사정하에서 생길 통상의 손해를 배상해야 할 것이다.[17] 판례도 같은 입장으로 보인다.[18]

---

13) 대판 1990.10.16. 90다카20210 참조.

14) 대판 2004.3.25. 2003다20909 · 20916도 참조.

15) 대판 2006.1.27. 2005다16591 · 16607은 "임대인의 방해행위로 임차인의 임대차목적물에 대한 임차권에 기한 사용 · 수익이 사회통념상 불가능하게 됨으로써 임대인의 귀책사유에 의하여 임대인으로서의 의무가 이행불능되어 임대차계약이 종료되었다고 하는 경우에도, […] 임차인으로서는 임대인에 대하여 그 임대차보증금반환청구권을 행사할 수 있고 그 이후의 차임지급의무를 면하는 한편 다른 특별한 사정이 없는 한 그 임대차목적물을 대신할 다른 목적물을 마련하기 위하여 합리적으로 필요한 기간 동안 그 목적물을 이용하여 영업을 계속하였더라면 얻을 수 있었던 이익, 즉 휴업손해를 그에 대한 증명이 가능한 한 통상의 손해로서 배상을 받을 수 있을 뿐이며(그 밖에 다른 대체건물로 이전하는 데에 필요한 부동산중개료, 이사비용 등은 별론으로 한다.), 더 나아가 장래 그 목적물의 임대차기간 만료시까지 계속해서 그 목적물을 사용 · 수익할 수 없음으로 인한 일실수입손해는 이를 별도의 손해로서 그 배상을 청구할 수 없다"고 하였는데, 본문에서와 유사한 의문이 제기될 수 있을 것이다. 즉 용익의 대가로서 차임지급의무를 면하는 외에 휴업손해까지 통상손해로 배상범위에 포함시킨다면 과잉배상으로 될 소지도 있다. 휴업손해가 특별손해에 해당할 수 있음은 당연히 별개의 문제이다.

16) 대판 2002.10.25. 2002다23598.

17) 예컨대 사인간의 부동산매매에서 전매하였다는 사정뿐만 아니라 그에 따라 발생한 구체적인 손해액까지 알았거나 알 수 있었다면 그 손해액이 배상범위에 포함되어야 하지만, 전매계약의 내용을 알 수 없었다면 그 당시 전매에 의하여 통상 발생할 이익만이 배상범위에 포함된다.

18) 대판 1992.4.28. 91다29972는, 외국회사가 외국에서 판매하기 위하여 면제품을 수입한 점 및 매매계약의 체결과정, 계약의 내용 및 목적물 등에 비추어 매도인은 자기의 채무불이행이 있으면 위 회사가 면제품 판매로 인하여 얻을 수 있었을 이익을 얻지 못하게 된다는 사정도 알았거나 알 수 있었던 것으로 인정되는 경우에 "매수인이 얻을 수 있었을 이익이 통상적인 방법으로 얻을 수 없는 과다한 것인 경우에는 매도인의 손해배상책임이 통상적인 이익의 범위로 한정될 뿐"이라고 하였다.
참고로 대판 2004.12.9. 2002다33557은, 매도인(V)이 그 명의의 목장용지와 임야 등을 매수인(K)에게 매도하였으나 그중 일부토지의 진정한 소유자가 V를 상대로 소유권이전등기말소소송을 제기하여 승소 확정판결을 받음으로써 K에게 손해배상책임을 부담하게 된 사안에서, K가 위 토지를 비롯한 일대의 토지에 대단위 아파트단지를 건설할 계획을 확정하고 이를 추진하기 위하여 V와 매매계

[참 고] 특별손해의 배상범위에 관한 대판 1997.11.11. 97다26982·26999

㉠ 사실관계는 다음과 같다: X 무역회사는 Y가 생산하는 판지를 홍콩으로 수출하기 위하여 Y와 매매계약 체결 → X는 홍콩법인 A와 판지에 관한 매매계약을 체결하고 다시 A는 B와 판지 전매계약 체결 → Y는 X에게 계약물량 중 일부만 공급한 후 공급 중단 → B와 손해배상의 합의를 한 A가 홍콩법원에 제기한 손해배상청구에서 X 패소 확정.

㉡ X가 Y를 상대로, A와의 매매계약에서 얻을 수 있었던 영업이익(❶), A에게 지급해야 할 손해배상액(❷) 및 A가 B와 합의한 손해액(❸)의 지급을 구함에 대하여 대법원은 ❸을 제외한 나머지를 인용하면서, "제조회사가 무역회사와 물품공급계약을 체결하면서 무역회사가 수출을 위해 그 물품공급계약을 체결한다는 사실 및 공급물량 중의 일부에 대해서는 이미 외국의 수입업자와 교섭을 마친 사실을 알고 있었다면, 제조회사로서는 무역회사에게 물품을 공급하지 아니하면 무역회사 역시 수입업자에게 물품을 제때 공급하지 못하게 되어 그로부터 손해배상청구를 당할 수 있다는 사실을 예견할 수 있다고 할 것이므로, 이러한 경우 무역회사가 수입업자에게 통상 배상하게 될 손해배상액 상당의 금원, 예컨대 합리적인 범위 안에서의 약정위약금이나, 또는 수입업자가 시장에서 다른 회사로부터 같은 종류와 수량의 물품을 적정한 가액으로 구입하였다면 '그 구입가격과 무역회사와의 매매대금과의 차액과 그 구입에 소요된 합리적인 범위 안에서의 부대비용을 합산한 금액'에 관하여는 제조회사가 무역회사에게 배상할 책임이 있으나, 제조회사가 제조회사와 무역회사 사이의 계약 이후의 계약내용을 알고서 그 계약내용과 관련시켜 무역회사와 매매계약을 체결한 것이 아니라면, 수입업자가 자기가 수입할 물품에 관하여 다시 제3자와 매매계약을 체결하였다가 그 계약을 이행하지 못하게 됨으로써 그 제3자에게 손해배상책임을 지게 되고 그 손해배상채무를 무역회사가 다시 수입업자에게 상환하게 되어 같은 금액의 손해를 입게 될 것이라는 점에 대하여는 제조회사가 이를 알 수 있었다고 보기 어려우므로, 이는 제조회사가 알 수 없었던 특별손해로서 제조회사로서는 손해배상책임이 없다"고 하였다.

나. 특별손해의 예 [2418]

특별손해의 예로, 매도인의 이행불능으로 인한 전보배상에서 등귀가격(騰貴價格), 이행이익을 초과하는 확대손해,[19] 대체행위에 따른 추가비용부담, 전매이익 및 그 반대측면으로서 이른바「책임손해」, 즉 채무자의 채무불이행 때문에 채권자가 제3자에 대하여 손해배상책임을 부담함으로 인하여 입는 손해,[20] 채무불이행으로 인한 정신적 손해, 간접손해 등.[21]

한편 가격상승이나 전매이익의 상실이 특별손해인지가 문제되는 경우가 적지 않은데, 많은

약을 체결하였으며 실제로도 그러한 사업을 추진하였다는 점 등과 그 매매대금은 V가 원래 매수한 대금의 수십 배에 달하는 액수라는 사정 등을 고려하면, V는 매매계약 체결 당시에 위 토지를 비롯한 일대의 토지에 대단위 아파트단지가 건설될 것이라는 사정을 잘 알면서 이로 인한 지가상승을 반영하여 매매대금을 정했다고 볼 것이고, 따라서 V가 K에게 배상할 손해액은 위 매매계약 당시 그 토지의 장래 예정되어진 형상이자 이행불능 당시의 형상인 아파트부지로 조성 중인 상태를 기준으로 산정해야 한다고 했다.

19) 대판 2004.7.22. 2002다51586([2460]에 소개된) 참조.

20) 앞서 본 97다26982·26999 판결의 ❷.

21) 특별손해에 관한 재판례를 본다. ㉠ 돈을 이용하지 못함으로 인한 통상손해는 이용하지 못한 기간의 이자 상당액이고(제397조 제1항 참조), 그 돈을 특수한 용도에 사용하여 이자 상당액을 넘는 특별한 이득을 보았을 것인데 이를 얻지 못하였다는 사정은 특별사정으로, 그로 인한 손해를 배상받자면 가해자가 특별사정을 알거나 알 수 있었어야 한다(대판 1991.1.11. 90다카16006). ㉡ 대판 2006.4.13. 2005다75897은, 매수인의 잔금지급 지체로 인하여 계약을 해제하지 않은 매도인이 지체된 기간 동안 입은 손해 중 미지급 잔금에 대한 법정이율에 따른 이자 상당의 금액은 통상손해이지만, 그 사이에 매매대상 토지의 개별공시지가가 급등하여 매도인의 양도소득세 부담이 늘었다면 그 손해는 사회 일반의 관념상 매매계약에서의 잔금지급의 이행지체의 경우에 통상 발생하는 것으로 생각되는 범위의 통상손해라 할 수 없고, 특별한 사정에 의하여 발생한 손해에 해당한다고 했다. 나아가 매매대금을 완불하지 않은 토지의 매수인이 그 토지 위에 건물을 신축하기 위하여 설계비 또는 공사계약금을 지출하였다가 계약이 해제됨으로 말미암아 이를 회수하지 못하는 손해도 특별손해로서, 토지의 매도인으로서는 소유권이전의무의 이행기까지 최소한 매수인이 설계계약 또는 공사도급계약을 체결하였다는 점을 알았거나 알 수 있었을 때에 한하여 배상책임을 부담한다(대판 1996.2.13. 95다47619). ㉢ 대판 2009.7.23. 2008다79524: "부당한 가압류의 집행으로 그 가압류목적물의 처분이 지연되어 소유자가 손해를 입었다면 가압류신청인은 그 손해를 배상할 책임이 있다고 할 것이나, 가압류집행 당시 부동산의 소유자가 그 부동산을 사용·수익하는 경우에는 그 부동산의 처분이 지체되었다고 하더라도 그로 인한 손해는 그 부동산을 계속 사용·수익함으로 인한 이익과 상쇄되어 결과적으로 부동산의 처분이 지체됨에 따른 손해가 없다고 할 수 있을 것이고, 만일 그 부동산의 처분지연으로 인한 손해가 그 부동산을 계속 사용·수익하는 이익을 초과한다면 이는 특별손해"이다. 부당한 가처분에 관한 대판 2001.11.13. 2001다26774도 동지.

경우에 손해산정의 기준시기의 문제로 귀결된다.

[2419] 다. 예견가능성의 판단

(1) 당사자 사이의 개별적 · 구체적 사정으로 인한 손해인[22] 특별손해의 배상을 위해서는 그러한 사정에 대한 채무자의 예견 또는 예견가능성이 필요하다. 그런데 예견가능성 유무는 —당해 사안에 일반적인 사정을 고려하는 제393조 제1항과 달리— 당해 사안에 특유한 사정, 즉 계약의 목적, 당사자의 직업, 목적물의 종류, 계약당사자들이 속하는 거래계의 관행 등을 고려하여 결정되어야 한다. 그리고 채권자가 특별사정의 존재 및 채무자의 예견 또는 예견가능성에 대한 증명책임을 진다.

(2) 다수설과 판례[23]는 특별사정에 대한 예견가능성 유무를 (계약당사자와) 계약성립시가 아니라 (채무자와) 「채무불이행시」를 기준으로 판단한다. 그 이유는 채무불이행시 특별사정에 대한 예견가능성이 있었음에도 불구하고 불이행을 한 이에게 배상책임을 부담시키더라도 가혹하지 않기 때문이라고 한다. 이와 달리 「계약체결시」를 기준으로 특별사정에 대한 채무자의 예견가능성의 존부를 판단해야 한다는 주장도 있으나, 예견의 주체를 「당사자」라고 한 의용민법과 달리 "채무자"로 한정하는 제393조의 문언, 계약체결시에 알지 못했더라도 특별한 사정으로 인한 손해가 발생할 것을 알면서 감히 그 이행을 하지 않은 채무자의 비난가능성 등을 고려하면, 다수설이 타당하다.[24]

[참 고] 토지매도인의 소유권이전등기의무가 이행불능이고 매수인이 매수 후 그 지상에 신축한 건물도 위 사유로 인하여 철거될 운명에 이른 경우에 매도인에게 건물철거로 인한 손해까지 배상할 의무가 있는지에 관하여, 대판 1992.8.14. 92다2028은 "토지매도인의 소유권이전등기의무가 이행불능상태에 이른 경우, 매도인이 매수인에게 배상하여야 할 통상의 손해배상액은 그 토지의 채무불이행 당시의 교환가격이나, 만약 그 매도인이 매매 당시 매수인이 이를 매수하여 그 위에 건물을 신축할 것이라는 사정을 이미 알고 있었고 매도인의 채무불이행으로 인하여 매수인이 신축한 건물이 철거될 운명에 이르렀다면, 그 손해는 적어도 특별한 사정으로 인한 것이고, 나아가 매도인은 이러한 사정을 알고 있었으므로 위 손해를 배상할 의무가 있다"고 하였는데, 위 판시 중 "매매 당시"라는 부분은 매매 당시부터 매도인이 그러한 사정을 알고 있었다는 의미일 뿐이고, 이 부분이 제393조 제2항의 특별사정에 대한 예견가능성의 판단시점을 채권성립시로 파악하는 것으로 「오해」해서는 안 된다.

[2420] Ⅲ. 손해의 산정

1. 손해배상의 방법

(1) 손해배상의 방법에 관하여 민법은 금전배상주의(金錢賠償主義)를 따른다(제394조, 제763조 및 제764조도 참조). 따라서 다른 의사표시(당사자들의 합의여야 한다)가 있는 경우에만 원상회복 또는 기타의 방법으로 손해를 배상할 수 있다.

---

22) 대판 2009.7.9. 2009다24842.

23) 대판 1985.9.10. 84다카1532.

24) 채무불이행시를 기준으로 하면 계약체결시보다 예견가능성이 넓게 인정된다. 참고로 CISG 등 「계약」을 규율대상으로 하는 국제규범은 계약체결시를 기준으로 하는데, 계약 외의 채권관계에도 적용되는(특히 제763조를 통하여) 제393조 제2항의 해석이 그와 다르다고 하여 문제될 바 없다.

(2) 여기서 금전배상이란 손해를 금전지급에 의하여 전보함(손해가 발생하지 않은 것과 같은 상태를 회복함)을 말하며, 재산적 손해뿐만 아니라 정신적 손해도 금전으로 배상된다. 그리고 그 금액은 손해 전부가 전보된 상태에 피해자가 놓이도록 정해지며, 제394조 소정의 금전은 우리나라의 통화를 가리킨다.[25)]

2. 손해산정의 기본법리 [2421]

가. 서 설

(1) 손해배상에서 배상범위의 결정과 손해의 금전적 평가는 별개의 문제이므로, 제393조에 따라 귀책되어야 할 손해가 결정된 후 그 손해가 금전으로 평가되어야 한다. 제373조에 따라 금전으로 가액을 산정할 수 없는 것이라도 채권의 목적으로 할 수 있지만, 그 불이행의 경우에 원래의 급부청구권은 제2차적인 손해배상청구권으로 바뀌고, 손해는 금전으로 배상해야 하므로, 손해액의 산정이 필요하다.

[참 고] 손해배상에서 배상범위의 결정과 손해의 금전적 평가가 논리적으로 별개의 문제이지만, 엄밀하게 구분되지는 않는다. 어떤 물건의 매매계약이 이행되지 않아서 매수인이 대체품을 구입한 경우에 그 구입비용과 원래의 계약가격의 차액은 통상손해이고, 손해의 금전적 산정은 대체품을 구매한 시점을 기준으로 해야 하는데, 대체품의 가격이 변동한다면 그 구매시점이 통상적/합리적인가 하는 점도 고려해야 한다. 이러한 사정을 고려한다면 손해산정의 기준시기를 정할 때에도 제393조의 취지가 반영되어야 한다.

(2) 손해액의 산정이 실제로 쉽지 않아서, 특허법 제128조 제5항이 특허권 또는 전용실시권을 침해한 경우에 그 특허발명의 실시에 대하여 통상적으로 받을 수 있는 금액을 특허권자 또는 전용실시권자가 입은 손해액으로 하여 손해배상을 청구할 수 있다고 하는 등 손해액의 산정에 관한 규정을 두는 경우도 있고, 당사자들이 손해배상액의 예정을 통하여 손해액 산정의 어려움을 피하기도 한다.[26)]

2016년 신설된 민사소송법 제202조의2도 판례의 태도[27)]를 이어받아 "손해가 발생한 사실은 인정되나 구체적인 손해의 액수를 증명하는 것이 사안의 성질상 매우 어려운 경우에 법원은 변론 전체의 취지와 증거조사의 결과에 의하여 인정되는 모든 사정을 종합하여 상당하다고 인정되는 금액을 손해배상 액수로 정할 수 있다"고 규정한다.[28)]

25) 대판 2005.7.28. 2003다12083.

26) M&A 계약에서 자주 사용되는 진술·보증(representations and warranties)조항과 관련하여 "계약서에 진술·보증조항과 그 위반으로 인한 손해배상조항이 함께 있다면 그 조항에 따른 손해배상책임을 인정하여야 하고, 무과실책임인지 아니면 민법 제390조 단서가 적용되는 과실책임인지는 계약내용과 그 해석에 따라 결정해야 한다"고 한 대판 2018.10.12. 2017다6108 참조.

27) 가령 대판 2010.10.14. 2010다40505: "채무불이행으로 인한 손해배상청구소송에서 재산적 손해의 발생사실은 인정되나 구체적인 손해의 액수를 증명하는 것이 사안의 성질상 곤란한 경우, 법원은 증거조사 결과와 변론 전체의 취지에 의하여 밝혀진 당사자들 사이의 관계, 채무불이행과 그로 인한 재산적 손해가 발생하게 된 경위, 손해의 성격, 손해가 발생한 이후의 여러 정황 등 관련된 모든 간접사실들을 종합하여 손해의 액수를 판단할 수 있다. 이러한 법리는 자유심증주의 아래에서 손해의 발생사실은 입증되었으나 사안의 성질상 손해액에 대한 입증이 곤란한 경우 증명도·심증도를 경감함으로써 손해의 공평·타당한 분담을 지도원리로 하는 손해배상제도의 이상과 기능을 실현하고자 함에 그 취지가 있는 것이지 법관에게 손해액의 산정에 관한 자유재량을 부여한 것은 아니므로, 법원이 위와 같은 방법으로 구체적 손해액을 판단하면서는, 손해액 산정의 근거가 되는 간접사실들의 탐색에 최선의 노력을 다해야 하고, 그와 같이 탐색해 낸 간접사실들을 합리적으로 평가하여 객관적으로 수긍할 수 있는 손해액을 산정해야 한다." 대판 2004.6.24. 2002다6951·6968; 대판 2008.12.24. 2006다25745도 참조. 참고로 대판 1992.4.28. 91다29972는 "장래의 얻을 수 있었을 이익에 관한 입증에 있어서는 그 증명도를 과거사실에 대한 입증에 있어서의 증명도보다 경감하여 채권자가 현실적으로 얻을 수 있을 구체적이고 확실한 이익의 증명이 아니라 합리성과 객관성을 잃지 않는 범위 내에서의 상당한 개연성이 있는 이익의 증명으로 족하다"고 보았다.

28) 참고로 대판 2020.3.26. 2018다301336: "이 규정은 특별한 정함이 없는 한 채무불이행이나 불법행위로 인한 손해배상뿐만 아니라 특별법에 따른 손해배상에도 적용되는 일반적 성격의 규정이다. 손해가 발생한 사실이 인정되나 구체적인 손해의 액수를 증명하는 것

[참 고] 전보배상에서 손해액을 산정할 때 반대급부의 가치를 고려할 것인지에 관하여 견해가 나뉜다. 즉 전보배상청구권은 원래의 급부청구권에 갈음하는 것이므로 반대급부의 가치를 고려하지 않고 불능으로 된 급부의 가치만을 기초로 손해배상액을 산정해야 한다는 주장(❶)[29]과 반대급부의 가치를 공제한 차액이 손해액으로 된다는 주장(❷)[30] 및 두 방법 중에서 선택할 수 있다는 주장이 있다.

생각건대 ❷에 의하는 것이 간편하지만, 예컨대 교환계약에서 하나의 손해배상청구권에 의하여 이행불능에 따른 법률관계가 처리되어야 한다는 점이 당사자의 의사에 반할 수도 있다(한 채무에만 담보가 존재하는 경우를 생각하여 보라). 한편 ❶을 따르더라도 상계가능성[31]이 열려있으므로, 양 견해 사이에 실질적인 차이도 존재하지 않는다. 따라서 양자 사이의 선택가능성을 채권자에게 부여하는 것이 정당할 것이다.

[2422] **나. 구체적 손해의 산정과 추상적 손해의 산정**

(1) 손해의 기본값으로서 구체적 손해는 당해 사안에서 실제로 발생하는 손해를 말하는데, 피해자가 취한 조치에 따라 발생한 손해도 이에 해당한다. 가령 매도인이 상품을 인도하지 않아서 매수인이 다른 이로부터 비싼 값으로 대체상품을 사거나 매수인의 수령거절로 매도인이 다른 이에게 싼값으로 판 경우에, 실제로 행하여진 대체행위(代替行爲)의 가액과 계약가격의 차액이 구체적 손해이다.[32]

(2) 반면 추상적 손해는 사물의 통상적인 경과에 따라 발생하는 손해, 예컨대 시장가격과 계약가격의 차액을 말한다. 그런데 피해자가 보다 큰 구체적 손해를 증명할 수 없거나 원하지 않는 경우에 이러한 손해의 산정을 선택할 수 있다.[33] 제397조 제1항은 금전채무 불이행으로 인한 지연이자의 계산에 관하여 추상적 손해산정의 방법을 인정하는데, 일실이익의 산정에 대해서도 추상적 손해산정의 방법이 적용될 수 있다.

[2423] (3) 관련하여 지출비용(支出費用)의 배상을 본다.

① 계약이 이행되리라 믿고 채권자가 자발적으로 지출한 돈은 계약이 이행되면 어차피 지출할 것이라는 점에서 「비용」에 해당하므로, 채무자에게 그 배상을 구하지 못한다. 그러나 채무불이행으로 인하여 그 지출이 무용의 것으로 되면 「손해」로 바뀌어 배상의 대상으로 된다. 이러한 지출비용의 배상은 이행이익의 증명이 곤란한 경우에 지출비용만이라도 배상받게 한다는 점에서 추상적 손해산정의 한 모습으로 볼 수 있는데, 통상 수익이 비용을 초과할 것이라는 「수익성의 추정」에 의하여 근거 지워질 수 있다.

[2424] ② 지출한 무용의 비용을 배상받기 위해서는 지출 자체가 상대방의 이행을 신뢰한 상태에서 이루어져야 할 뿐만 아니라 거래관념에 비추어 상당한 것이어야 하고, 나아가 배상되어야 하는

이 매우 어려운 경우에는 법원은 손해배상청구를 쉽사리 배척해서는 안 되고, 적극적으로 석명권을 행사하여 증명을 촉구하는 등으로 구체적인 손해액에 관하여 심리하여야 한다. 그 후에도 구체적인 손해액을 알 수 없다면 손해액 산정의 근거가 되는 간접사실을 종합하여 손해액을 인정할 수 있다."

29) 흔히 교환설이라 하는데, 전보배상청구권이 원래의 급부청구권에 갈음하는 것이라는 점에서 이론적으로는 이 주장이 정당하다고 할 수 있다.

30) 대개 차액설이라고 하는데, 이행불능의 경우에 하나의 손해배상청구권이 발생한다고 한다.

31) 통상 전보배상청구권과 반대급부청구권이 동시이행관계에 있겠지만, 상계가 허용됨에 관하여 [4046] 참조.

32) 부당한 감정에 기한 대출에서의 손해에 관한 대판 2004.5.27, 2003다24840도 참조.

33) 저작권법 제125조 제2항은 "저작재산권자등이 고의 또는 과실로 그 권리를 침해한 자에 대하여 그 침해행위에 의하여 자기가 받은 손해의 배상을 청구하는 경우에 그 권리의 행사로 통상 받을 수 있는 금액에 상당하는 액을 저작재산권자등이 받은 손해의 액으로 하여 그 손해배상을 청구할 수 있다"고 하고, 제3항은 "제2항의 규정에도 불구하고 저작재산권자등이 받은 손해의 액이 제2항의 규정에 따른 금액을 초과하는 경우에는 그 초과액에 대하여도 손해배상을 청구할 수 있다"고 하는데, 제2항은 추상적 손해산정의 예이다(특허법 제128조 제5항과 제6항 및 상표법 제110조도 참조).

액 역시 그러한 비용지출에서 통상적인 범위로 한정되어야 할 것이다.[34]

그리고 수익성의 추정에 근거한 지출비용의 배상은 추상적 손해산정의 한 모습으로 이행이익의 증명이 곤란한 경우에 증명을 용이하게 하기 위하여 인정되는데, 이행이익의 범위를 넘을 수 없다. 따라서 채권자가 계약의 이행으로 얻을 수 있는 이익이 인정되지 않는 경우라면, 채권자에게 배상해야 할 손해가 발생하였다고 볼 수 없으므로, 지출비용의 배상을 청구할 수 없다.[35]

③ 계약해제에서 주로 문제되는 이러한 비용의 배상을 판례는 원래 이행이익의 배상이라고 하였으나,[36] 앞의 91다29972 판결 이래 "신뢰이익의 배상"이라는 판시가 지속되었다. 가령 대판 2011.6.9. 2011다15292: "채무불이행을 이유로 손해배상을 청구하는 경우에 그 계약이행으로 인하여 채권자가 얻을 이익, 즉 이행이익의 배상을 구하는 것이 원칙이지만 그에 갈음하여 그 계약이 이행되리라고 믿고 채권자가 지출한 비용, 즉 신뢰이익의 배상을 구할 수도 있으나, 이때 채무불이행에 있어서 채권자에게 발생한 손해는 채무자의 채무불이행이 없었더라면 채권자에게는 손해가 발생하지 않았을 것이라고 인정되는 손해이어야 한다."[37] 그런데 이것이 제535조의 신뢰이익과 같은 것은 아니고,[38] 그래서인지 판례는 최근 「지출비용의 배상」이라는 용어를 사용한다.[39]

[참 고] 앞서 본 91다29972 판결 등에서 언급된 신뢰이익은 영미계약법상의 개념이다. 즉 영미계약법에서 계약위반에 의하여 침해되는 이익은 대개 ⓐ 기대이익(expectation interest)[40]과 ⓑ 신뢰이익(reliance interest)[41] 및 ⓒ 원상회복의 이익(restitution interest)[42]으로 나뉘는데, 여기서의 신뢰이익은 제535조가 규정하는 개념(즉 계약이 무효임에도 불구하고 유효라고 믿음에 따른 손해)과 내포 및 외연을 달리한다. 즉 손해의 종류가 아니라 손해산정의 방법이 문제되는데, ⓐ와 ⓑ가 모두 손해종류로서는 이행이익에 속한다.[43]

---

34) 대판 1992.4.28. 91다29972는, 캐나다의 X가 한국의 Y로부터 면제품을 수입하였다가 제품의 하자로 인하여 계약을 해제하고, 캐나다에서 고용한 판매사원의 월급 상당액의 손해배상을 구한 사안에서 "계약의 일방당사자가 상대방의 이행을 믿고 지출한 비용도 그러한 지출사실을 상대방이 알았거나 알 수 있었고 또 그것이 통상적인 지출비용의 범위 내에 속한다면 그에 대하여도 이행이익의 한도 내에서는 배상을 청구할 수 있으며 다만 이러한 비용 상당의 손해를 일실이익 상당의 손해와 같이 청구하는 경우에는 중복배상을 방지하기 위하여 일실이익은 제반 비용을 공제한 순이익에 한정된다고 보아야 한다"고 했다.

35) 대판 2017.2.15. 2015다235766.

36) 대판 1983.5.24. 82다카1667.

37) 원심은, Y는 이 사건 각서 및 그 이전에 X와 사이에 작성된 토지사용승낙서, 매도약정서, 기본재산 기증승낙서 등에 기하여 X에게 甲 토지를 사용하게 할 의무를 위반하여 2006. 12. 이후 지속적으로 X에 대하여 甲의 사용을 거부하였고, 이로 인하여 X는 더 이상 甲을 포함한 채로 납골시설사업을 진행시키기가 어렵다고 판단하고 2007. 10 17. OO광역시장에게 甲을 사업부지에서 제외한다는 내용의 통지를 하였는데, OO광역시장이 2007. 10. 18. 甲을 매수하지 못하면 사업부지에서 제외될 수밖에 없다는 내용의 회신을 함으로써 그 무렵 甲은 Y의 사용승낙 거부로 인하여 납골시설사업부지에서 확정적으로 제외되었다고 보아야 하므로, 특별한 사정이 없는 한 Y는 X에게 X가 이 사건 각서에 기한 약정을 믿고 그 시점까지 지출한 투자비용 상당의 손해를 배상할 의무가 있다고 판단하였다. 그러나 대법원은 Y의 甲 사용승낙 거부와 X가 甲에 지출한 비용 상당의 손해 사이에 상당인과관계가 있다고 보기는 어렵다는 이유로 원심판결을 파기환송하였다.

38) 제535조의 신뢰이익의 배상에는 대체거래를 통한 수익가능성도 포함될 수 있다.

39) 대판 2016.4.15. 2015다59115 등.

40) 상대방의 의무 위반 없이 계약이 정상적으로 이행되었더라면 얻을 수 있었을 이익. 일반적이고 가장 유리한 구제수단이다.

41) 계약이 체결되지 않았더라면 입지 않았을 손해. 신뢰이익의 배상은 기대이익의 배상이 적절하지 않거나 그 산정이 곤란한 경우에 그에 대한 대안의 의미를 가지며, 기대이익의 배상과 동시에 청구할 수는 없다. 구체적으로 계약의 이행을 준비하거나 실제로 이행하는 과정에서 지출한 비용 외에 이익을 얻을 수 있었던 기회의 상실을 포함하는데, 그 밖에 계약이 유효하게 성립하지 않은 경우에도 약속에 의한 금반언의 원칙에 기하여 신뢰이익의 배상이 인정되기도 한다.

42) 이미 이행된, 그러나 상대방의 불이행으로 반환받아야 할 이익.

43) 관련하여 대판 2023.7.27. 2023다223171 · 223188: "계약의 일방당사자가 상대방의 이행을 믿고 지출한 비용도 그러한 지출사실을 상대방이 알았거나 알 수 있었고 또 그것이 통상적인 지출비용의 범위 내에 속한다면 그에 대하여도 이행이익의 한도 내에서는 배상을 청구할 수 있으며 다만 이러한 비용 상당의 손해를 일실이익 상당의 손해와 같이 청구하는 경우에는 중복배상을 방지하기 위하여 일실이익은 제반 비용을 공제한 순이익에 한정된다고 보아야 한다."

참고로 대판 2016.5.27. 2014다67614는 "영국법상 계약위반으로 인한 손해배상은 계약이 정상적으로 이행되었더라면 당사자가 있어야 할 상태로 만들어 주는 계약당사자의 이행이익을 보호하는 것이 원칙으로, 이는 계약이 이행되었더라면 채권자가 장래에 얻을 수 있었던 기대이익의 상실로 인한 손해의 배상 및 채무자의 계약위반의 결과 채권자가 실제로 입게 된 현실적인 손해의 배상을 포함한다. 그리고 계약이 이행되었더라면 채권자가 얻을 수 있었던 장래의 기대이익이 상실되지 않았거나 상실된 이익을 증명할 수

[2425] 다. 손해산정의 기준시기

(1) 손해산정의 기준시기는 주로 전보배상과 관련하여 가격변동이 있는 경우에 문제되는데, 채무내용에 좇은 이행이 있는 상태로의 회복을 목표로 해야 한다.

(2) 손해액 산정의 기준시기에 관하여, 다수설은 사실심의 변론종결시를 기준으로 하는 반면, 책임원인이 발생한 때(예: 이행기)를 기준으로 하는 견해도 있다. 양 견해의 차이는 특히 전보배상에서 손해배상책임이 발생한 후 변론종결시까지 사이에 급부목적물의 가격이 증가된 경우에 증가된 가액을 통상손해로 볼 것인지 아니면 특별손해로 볼 것인지에 있다. 생각건대 불능으로 된 시점에 제1차적 급부의무에 갈음하여 제2차적 급부의무로서 전보배상청구권이 발생한다는 점을 고려한다면, 후자의 입장이 옳다고 할 것이다.

(3) 이에 관한 판례의 태도는 다음과 같이 정리될 수 있다.

① 협의의 이행불능을 원인으로 한 전보배상의 경우에 "이행불능 당시"를 기준으로 하고, 그 후의 등귀가격은 특별손해에 속한다.[44)]

② 이행지체 중의 전보배상의 경우에는 "최고하였던 '상당한 기간'이 경과한 당시"를 기준으로 한다.[45)]

[2426] 3. 손해산정의 구체적 모습

가. 재산적 손해의 산정

재산적 손해의 산정[46)]은 재산의 감소(적극적 손해)와 일실이익(소극적 손해)으로 나누어 접근하는 것이 「편리」하다.

(1) 적극적 손해의 산정에 관하여 살펴본다.

① 적극적 손해는 적극재산의 감소(예: 유리창이 깨어진 경우)와 소극재산의 증가(예: 부상을 당하여 치료를 받음으로써 치료비채무를 지게 된 경우)를 말한다.

② 적극적 손해에 대하여 채권자가 어느 범위까지 배상청구를 할 수 있는지는 침해된 법익의 종류에 따라 다르다.

ⓐ 통상의 가치에 대하여 채권자는 언제나 배상을 청구할 수 있다(제393조 제1항). 통상의 가치란 침해된 법익이 모든 사람에 대하여 가지는 가치, 즉 통상가격(通常價格)을 말하는데, 객관적 기준에 따라 결정되고, 구체적으로 어떠한 손해가 피해자에게 있었는지는 고려되지 않는다.

ⓑ 피해가 발생한 물건이 바로 그 채권자에 대하여 가지는 가치, 즉 특별가격(特別價格)의 배상도 —제393조 제2항의 요건 하에— 청구할 수 있다. 피해자의 소장품에 속하는 물건들 중 어느 하나(예: 체계적으로 수집된 우표들 중의 한 장)가 멸실된 경우에, 피해자의 손해는 이 하나(위의 예에서 우표 한 장)의 손실에 그치지 않고 소장품 전체의 가치감소도 포함하므로, 채권자는 후자에 대한 배상도 청구할 수 있다.

없는 경우에는, 채권자가 계약을 준비·이행하면서 지출한, 채무자의 계약위반으로 '낭비된 비용(wasted expenditure)'을 기대이익의 상실로 인한 손해액으로 배상받을 수 있다"고 하는데, 여기서의 낭비된 비용이 위 ⓑ에 해당한다.

44) 대판 1996.6.14. 94다61359·61366.

45) 대판 1997.12.26. 97다24542. 이행거절에 기한 전보배상에 관한 대판 2007.9.20. 2005다63337도 동지. 주류적 입장과 달리 사실심의 변론종결시라는 판결로 대판 1969.5.13. 68다1726.

46) 불법행위로 인한 경우에 관하여 [3110] 이하 참조.

ⓒ 반면 어떤 물건이 특히 피해자에 대하여 가지는 감정적 가치(개인적인 기호가치 또는 추억가치)는 배상할 필요가 없다.[47] 다만 이러한 감정적 가치의 침해가 피해자에게 재산적 손해가 아니라 정신적 손해를 가져다줄 수 있으므로, 피해자는 정신적 손해(정신적 고통)에 대하여 위자료의 배상을 청구할 수 있다.

(2) 소극적 손해의 산정을 본다. [2427]

① 피해자는 가해적 사태가 없었더라면 있었을 (가정적) 상태에 놓여야 하므로, 가해적 사태가 피해자의 재산의 증가를 막았다면, 그로 인하여 일실된(놓쳐버린)=얻을 수 있었던 이익도 배상되어야 한다.[48]

② 일실이익은 장래 일정한 시기에(또는 일정한 시기마다) 발생할 것인 경우가 많다. 그런데 손해는 현재의 시점에서 산정되므로, 피해자가 장래 취득할 수 있었을 가액에서 중간이자를 공제해야 한다. 중간이자를 공제하지 않고 장래의 수익 자체를 인정하면 수익이 발생할 때까지 사이의 이자로 인하여 과잉배상으로 될 것이기 때문이다.[49]

[참 고] 실무상 단리(單利)에 의하여 중간이자를 공제하는 Hoffmann식(장래의 손해액을 A, 연수를 n, 연 이율을 r, 현재의 손해액을 X라고 한다면, $X=A/(1+nr)$)과 복리(複利)에 의하여 중간이자를 공제하는 Leibnitz식($X=A/(1+r)^n$)의 두 방법이 사용되는데, 일반적으로 앞의 방법이 피해자에게 유리하다. 그런데 손해배상액의 현가를 산정할 때 Hoffmann식에 따라 중간이자를 공제하는 방법이 판례의 일반적 입장이지만,[50] 대판 1983.6.28. 83다191이 "라이프니쯔 계산법에 의하여 일실이익의 현가를 산정하였다 하여 이를 판례위반의 위법이라고 할 수 없다"고 하는 등 양 계산법의 혼용이 허용된다.

나. 정신적 손해의 산정 [2428]

(1) 피해자의 정신적 고통이 금전에 의하여 완전히 전보될 수는 없더라도, 민법이 금전배상주의를 채택하는 이상 정신적 손해 역시 금전으로 산정되어 배상될 수밖에 없다.[51] 이러한 정신적 손해에 대한 배상금을 위자료(慰藉料)라 한다.

(2) 재산적 손해에 비하여 위자료의 산정기준이 명확하지 않지만, 실무상 배상권리자가 적당하다고 생각하는 금액을 청구하면 그 범위 내에서 사실심법원이 제반 사정을 참작하여 직권에 속하는 재량으로 이를 확정할 수 있다.[52] 그리고 위자료는 사실심 변론종결시를 기준으로 산정한다.

(3) 실무에서 위자료는 전체 손해배상금의 적정화를 위한 조정적 기능도 담당하는데, 이를 「위자료의 보완적 기능」이라고 한다.[53]

47) 예컨대 할머니로부터 물려받은 목걸이에 대하여 피해자는 특별한 추억가치를 가지지만, 재산적 손해에 대한 배상으로 재산적 가치, 즉 통상가격 및 특별가격의 배상만 청구할 수 있다.

48) 예컨대 열차사고로 부상당한 여행자가 부상 때문에 1개월 동안 돈을 벌지 못한 경우에, 벌지 못한 돈이 일실이익이며 그 금액이 배상되어야 한다.

49) 적극적 손해인 장래의 치료비손해에 관해서도 중간이자를 공제해야 한다고 한 대판(전) 1979.4.24. 77다703도 참조.

50) 대판 1987.4.14. 86다카1009 등.

51) 국가배상사건에 관한 대판 2003.7.11. 99다24218 참조.

52) 대판 2003.7.11. 99다24218 참조.

53) 대판 2004.11.12. 2002다53865: "재산적 손해의 발생이 인정되는데도 입증곤란 등의 이유로 그 손해액의 확정이 불가능하여 그 배상을 받을 수 없는 경우에 이러한 사정을 위자료의 증액사유로 참작할 수는 있다고 할 것이나, 이러한 위자료의 보완적 기능은 재산적 손해의 발생이 인정되는데도 손해액의 확정이 불가능하여 그 손해전보를 받을 수 없게 됨으로써 피해회복이 충분히 이루어지지 않는 경우에 이를 참작하여 위자료액을 증액함으로써 손해전보의 불균형을 어느 정도 보완하고자 하는 것이므로, 그 재산적 손해액의 주장·입증 및 분류·확정이 가능한 계약상 채무불이행으로 인한 손해를 심리·확정함에 있어서까지 함부로 그 보완적 기능을 확장하여 편의한 방법으로 위자료의 명목 아래 다수의 계약당사자들에 대하여 획일적으로 일정금액의 지급을 명함으로써 사실상 재산적 손해의 전보를 꾀하는 것과 같은 일은 허용될 수 없다."

[2429] Ⅵ. 손해배상액의 조정

1. 과실상계 서설

가. 의 의

(1) 피해자 자신이 손해의 발생이나 확대에 유책적으로 공동(共動. 또는 기여)[54]하였음에도 불구하고 가해자가 손해 전부를 배상해야 한다면 이것은 「손해의 공평한 분담」이라는 손해배상법의 목적에 반한다. 그래서 "채무불이행에 관하여 채권자에게 과실이 있는 때에는 법원은 손해배상의 책임 및 그 금액을 정함에 이를 참작하여야 한다"(제396조. 제763조에 의하여 불법행위에 준용된다). 과실상계(過失相計)에 관한 제396조는 법관에게 소송에서 당해사안의 특수성을 손해배상액의 산정에 반영할 수 있는 권한을 부여한다.[55]

(2) 과실상계는 피해자측의 잘못을 배상범위 결정에 고려하는 손해귀책의 분담으로, 피해자의 몫(기여)을 고려하여 배상액을 조정한다고 이해하면 된다.

(3) 제396조가 가해자(채무자)에게 독립된 청구권의 기초를 부여하는 것은 아니고, 피해자의 손해배상청구권에 대한 이의(異議)를 인정할 뿐이다. 즉 "상계"라 하지만, 실제로는 피해자의 기여도를 고려한 배상책임의 면제 또는 배상액의 감액사유이다.

[2430] 나. 적용범위

(1) 과실상계는 「손해배상」에서 손해의 공평한 분담을 위하여 손해에 대한 피해자의 몫을 공제하는 제도로, 채권자가 원래의 채무의 이행을 구하는 경우에는 적용되지 않는다. 구체적으로 판례는 계약의 해제로 인한 원상회복청구권,[56] 정기예탁금 반환청구,[57] 사용자의 수령지체로 인한 임금지급청구,[58] 표현대리가 성립한 경우의 본인에 대한 이행청구,[59] 손해담보계약에서 담보의무자의 책임,[60] 연대보증인에 대한 보증채무의 이행청구[61] 등에서 과실상계법리의 (유추)적용을 부정하였다.

(2) 판례는 법이 특별히 인정한 무과실책임으로서 담보책임에 제396조가 준용될 수 없더라도, 담보책임이 민법의 지도이념인 공평의 원칙에 입각한 것인 이상, 하자발생 및 그 확대에 가공한 채권자의 잘못을 참작하여 손해배상의 범위를 정함이 상당하다고 한다.[62]

[2431] 2. 과실상계의 요건

가. 채권자의 「과실」

(1) 피해자인 채권자(또는 그 대리인)의 「과실」이 있어야 한다. 다수설은 과실상계에서의 과실이 일반적 과실과 다르지 않다고 하지만, 여기서의 「과실」은 타인에 대한 과책이 아니다.[63] 나아

54) 예: A가 B의 정비업소에서 승용차 타이어를 갈아 끼웠는데 B가 나사를 허술하게 조였고, 한편 A는 주행 중 차에 이상이 있음을 느꼈음에도 더 이상 주의를 기울이지 않아서 바퀴가 빠지는 사고로 손해를 입은 경우.
55) 과실상계의 본질에 관하여 협동원인설과 공평설이 대립하지만, 별다른 실익이 없다.
56) 대판 2014.3.13. 2013다34143.
57) 대판 2001.2.9. 99다48801.
58) 대판 1993.7.27. 92다42743.
59) 대판 1996.7.12. 95다49554.
60) 대판 2002.5.24. 2000다72572.
61) 대판 1987.3.24. 84다카1324.
62) 매도인의 담보책임에 관한 대판 1995.6.30. 94다23920 및 수급인의 담보책임에 관한 대판 1990.3.9. 88다카31866.

가 손해의 비율적 배분에서 중요한 것은 피해자(채권자)의 과책이 결과 발생에 기여한 정도라는 점에서도 (채무불이행)책임의 요건으로서 과실과 다르다.

따라서 제396조의 「과실」은 「자기자신에 대한 과책」, 다시 말하면 피해자가 자기의 손해를 피하거나 줄이기 위하여 기울여야 하는 주의를 게을리함을 뜻한다. 그런데 피해자에게 이러한 과책이 있더라도 그에게 법적 비난을 가할 수 없을 뿐만 아니라 가해자가 피해자에 대하여 그러한 주의를 기울일 것을 요구할 수도 없고, 단지 제396조가 피해자에게 이러한 과책이 있다면 그로 인하여 발생하거나 확대된 손해를 피해자 자신이 부담하도록 할 뿐이다. 이 점에서 제396조의 「과실」은 원래의 의미의 과실이 아니라, 책무(責務)의 위반에 불과하다.

판례도 "과실상계제도는 채권자가 신의칙상 요구되는 주의를 다하지 아니한 경우 공평의 원칙에 따라 손해배상액을 산정함에 있어서 채권자의 그와 같은 부주의를 참작하게 하려는 것이므로 사회통념상 혹은 신의성실의 원칙상 단순한 부주의라도 그로 말미암아 손해가 발생하거나 확대된 원인을 이루었다면 채권자에게 과실이 있는 것으로 보아 과실상계를 할 수 있"다고 하여[64] 같은 입장이다.

(2) 피해자의 「과실」은 작위뿐만 아니라 부작위와 관련될 수 있고, 가해적 사태가 발생할 당시뿐만 아니라 발생 후에 존재할 수도 있다.[65]

(3) 제396조는 피해자의 법정대리인이나 이행보조자 또는 피용자가 손해의 발생 또는 확대 [2432]
에 기여한 경우에 피해자에게 불리하게 적용되는데,[66] 가해 당시 이미 채권관계가 존재하고 채무이행과 내적 · 사물적 관련이 있는 경우에만 제391조가 유추된다.[67]

(4) 채권자의 「과실」을 따지기 위해서는 피해자에게 책임능력이 있어야 하는지에 관하여 견해가 나뉜다. 이는 과실능력의 문제인데, 적극적으로 책임을 지우는 것은 아니므로 사리변별능력으로 충분하다고 할 것이다.[68]

나. 손해의 발생 또는 확대에의 기여 [2433]

(1) 피해자(또는 그 대리인)의 「과실」이 손해의 발생에 기여했어야 한다. 그런데 자기위험에 기한 행위, 즉 피해자가 위험을 의식하면서도 자신을 위험 하에 놓는 행위(예: 음주운전자의 차에 동승하여 사고를 당한 경우)에도 제396조가 적용된다.

나아가 위험책임과 관련해서도 제396조가 적용된다. 즉 가해자가 위험책임에 기하여 손해배상의무를 부담하고 피해자가 손해의 발생(또는 확대)에 기여한 경우, 피해자에게 아무 잘못이 없지만 위험책임의 관점에서 피해자에게 귀책되는 물건의 위험 또는 기업위험이 손해의 발생(또는 확대)에 기여한 경우 또는 가해자가 위험책임에 기하여 손해배상의무를 부담하고 피해자측의 물

63) 피해자가 유책적으로 위반할 수 있는, 가해자에 대한 주의의무는 존재하지 않는다.

64) 대판 2000.6.13. 98다35389. 불법행위에 관한 대판 1995.9.15. 94다61120도 동지.

65) 예를 들어 야광표지를 부착하지 않은 자전거를 타고 어두운 길을 가다가 자동차에 추돌당한 경우에, 그가 야광표지를 붙였더라면 사고를 미리 피할 수 있었거나 사고 후 적절하게 상처를 치료받았다면 손해가 확대되지 않았으리라는 사정은 손해배상책임의 유무 및 그 금액을 정함에 참작된다.

66) 예컨대 상가 소유주 A가 인테리어업자 B에게 상가 내부수리공사를 맡겼는데, A의 종업원 C의 잘못된 작업지시 때문에 공사가 제대로 이루어지지 않아 A에게 손해가 발생하였다면, 제391조의 유추에 의하여 C의 과책은 A에게 불리하게 작용한다.

67) 위의 예에서 C가 A 소유의 차량을 운전하여 상가 주차장에서 나가다가 B의 차량과 충돌하는 사고가 발생한 경우에, C에게 과실이 있더라도 제391조는 유추되지 않는다.

68) 특히 불법행위에서 「피해자측의 과실」에 관하여 [3121] 참조.

건의 위험 또는 기업위험이 손해의 발생(또는 확대)에 기여한 경우에도 제396조가 적용된다. 이러한 위험의 참작은 제396조의 근저에 놓인, 어떤 법적 근거에 따라 손해 발생원인이 자기에게 귀책되는 이가 손해를 부담해야 한다는 사상에 의하여 정당화된다.

반면 피해자의 부작위가 가해행위를 유발하지 않았다면 그 부작위를 이유로 손해배상책임을 제한해서는 안 된다.[69)]

[2434] (2) 한편 피해자(또는 그 대리인)가 손해의 「발생」(법문의 "채무불이행")이 아니라 그 후의 손해의 「확대」(채무불이행 이후의 사정)에 기여한 경우에도 그러한 기여가 고려된다. 즉 판례는 신의칙에 기한 손해경감조치의무(損害輕減措置義務)를 전제로, 채권자가 자기의 손해를 줄이기 위하여 적절한 조치를 취하지 않은 경우에 제396조를 유추하여 손해배상의 범위를 제한한다(상법 제680조 및 CISG 제77조 참조).[70)] 즉 채권자(또는 피해자)는 채무불이행(또는 불법행위)으로 인한 손해를 방지하거나 경감하기 위하여 필요한 합리적인 조치를 취해야 하는데,[71)] 채무자(또는 가해자)에게 가장 유리한 구제방법을 선택해야 하는 것은 아니고, 그러한 조치에 필요한 (합리적 범위 내의) 비용도 손해배상의 범위에 포함될 수 있다. 그런데 채무자가 채권자에게 그러한 행위를 청구할 수 있는 것은 아니고, 다만 그러한 조치를 취했더라면 경감되었을 손해액만큼의 감액을 주장할 수 있을 뿐이다.

[2435] 3. 효 과

(1) 손해의 발생 또는 확대에 피해자의 「과실」이 공동한 경우에 손해배상책임의 유무와 그 범위는 「손해가 일방 또는 타방 중 누구에 의하여 주로 야기되었느냐 하는 사정」에 의하여 결정되는데, 쌍방이 손해 발생에 기여한 정도와 쌍방의 과책의 정도를 참작하여 손해배상책임의 유무 및 배상액을 결정해야 한다. 가해자가 고의로 행동한 반면 피해자는 경과실로 행동한 데 불과하다면 가해자에게 손해 전부의 배상책임을 부담시킬 수 있고, 피해자에게 중대한 과실이 있으나 가해자는 위험책임을 부담하는 경우에 손해배상의무가 부정될 수도 있다. 그러나 대부분의 경우에 과실상계에 의하여 결과적으로 손해의 비율적 배분이 문제된다.[72)]

(2) 과실상계사유의 유무와 정도는 개별사안에서 당해 계약의 체결 및 이행 경위와 당사자 쌍방의 잘못을 비교하여 종합적으로 판단해야 하고, 이때 과실상계사유에 관한 사실인정이나 그 비율을 정하는 것은 그것이 「형평의 원칙에 비추어 현저히 불합리한 것이 아닌 한」 사실심의 전권사항이다.[73)] 그런데 가해자의 손해배상책임을 면제하는 것은 실질적으로 가해자의 손해배상책

---

69) [3120] 및 그곳에 소개된 대판 1995.8.22. 95다10303 참조.

70) 대판 2005.7.28. 2003다12083: "용선계약이 해지됨과 동시에 운송인은 계약의 구속력에서 해방되기 때문에 통상은 다른 곳에 선박을 용선하여 줌으로써 동일한 정도의 수입을 얻어 손해의 발생을 방지할 수 있는 것이고, 또한 다른 곳에 용선하여 줌에 있어서도 합리적인 노력을 기울여 채무불이행으로부터 발생하여야 할 손해를 최소한으로 해야 할 신의칙상의 의무가 있으므로, 용선계약이 해지됨으로 인하여 용선자가 배상하여야 할 손해의 범위는 위 선박의 최종항차 종료일부터 용선계약 종료일까지의 기간 전부에 대한 손해가 아니라 용선시장의 사정과 거래관행 등을 고려하여 용선계약에 투입이 예정된 선박을 위 선박의 최종항차 종료일 후 다른 곳에 정상적으로 용선하여 줄 수 있는 시점까지의 합리적인 기간 동안의 손해로 한정함이 상당하다." 상법상의 손해방지의무에 관하여 대판 2016.1.14. 2015다6302 및 대판 2018.9.13. 2015다209347도 참조.

71) 예컨대 적절한 치료, 경우에 따라 대체거래를 해야 할 필요도 있다. 나아가 보증보험계약에서 보험자가 피보험자에게 보험금을 지급함으로써 보험계약자에 대한 구상권을 취득한 때에는 (구상)보증인에게 이를 지체 없이 통지하여 상환의무의 발생을 알려 줌으로써 지연손해의 확대를 방지할 신의칙상 의무가 있는데, 이러한 통지를 게을리함으로써 지연손해가 확대된 경우에, 그 손해의 확대에 대하여 보험자의 과실이 경합되었다고 볼 것이어서 과실상계사유가 된다(대판 1992.5.12. 92다4345).

72) 과실비율을 둘러싼 분쟁을 줄이기 위하여 특히 교통사고와 관련하여 사례별로 과실비율이 정형화되기도 한다.

73) 대판 2000.6.13. 98다35389 등. 제1심 판결에 대하여 쌍방이 불복·항소한 경우에, 항소심에서 원고의 과실과 관련한 새로운 소송자료가 제출되지 않았더라도 항소심은 속심이므로 이미 제출된 소송자료를 통하여 과실상계사유에 관한 사실인정이나 그 비율을 제1

임을 부정하는 것이므로, 피해자의 손해가 실질적으로 전부 회복되었다거나 손해를 전적으로 피해자에게 부담시키는 것이 합리적이라고 볼 수 있는 등의 특별한 사정이 없는 한 가해자의 책임을 함부로 면제해서는 안 된다.74)

(3) 제396조는 "법원은 손해배상의 책임 및 그 금액을 정함에 이를 참작하여야 한다"고 한다. 따라서 피해자의 「과실」에 대한 가해자의 주장이 없더라도 법원은 직권으로 피해자의 과책을 심리·판단해야 한다.75) 실무상 과실상계의 항변이 제출되지만, 이는 법원의 직권발동을 촉구하는 의미를 가질 뿐이다.76)

(4) 피해자가 일부청구를 하는 경우에 판례는 이른바 외측설(外側說)을 따른다.77) 가령 대판 [2436]
2008.12.24. 2008다51649: "일개의 손해배상청구권 중 일부가 소송상 청구되어 있는 경우에 과실상계를 함에 있어서는 손해의 전액에서 과실비율에 의한 감액을 하고 그 잔액이 청구액을 초과하지 않을 경우에는 그 잔액을 인용할 것이고 잔액이 청구액을 초과할 경우에는 청구의 전액을 인용하는 것으로 해석하여야 할 것이며, 이와 같이 풀이하는 것이 일부청구를 하는 당사자의 통상적 의사라고 할 것이고, 이러한 방식에 따라 원고의 청구를 인용한다고 하여도 처분권주의에 위배되는 것이라고 할 수는 없다."

(5) 채무불이행에 대하여 채권자에게 「과실」이 있고 또한 채권자가 채무불이행으로 인하여 이익을 얻은 경우에, 과실상계와 손익상계 중 어느 것을 먼저 적용할 것인가? 과실상계는 배상범위의 결정과 관련되는 반면 손익상계는 이익공제의 문제이므로, 과실상계를 한 후 손익상계가 행해져야 한다. 판례의 입장도 같다.78)

(6) 피해자의 「과실」을 이용하여 고의로 가해적 사태를 야기한 이가 피해자의 「과실」을 들 [2437]
어 손해배상액의 감축을 구하는 것은 신의칙에 반하므로 허용되어서는 안 된다.79)

이 점은 사용자의 감독이 소홀한 틈을 타서 부정행위를 한 피용자에 대한 불법행위책임의 추궁에서도 타당한데,80) 피용자가 피해자의 부주의를 이용하여 고의로 불법행위를 저지른 경우에, 피용자는 과실상계를 주장하지 못하지만, 사용자의 배상범위를 정함에는 피해자의 부주의가 고려되므로 피용자와 사용자의 배상범위가 달라질 수 있다.81)

4. 손익상계 [2438]

가. 개 념

(1) 가해적 사태가 피해자에게 손해뿐만 아니라 이익도 가져다준 경우에, 그 한도에서 손해

심과 다르게 정할 수 있다고 한 대판 2008.7.10. 2006다43767도 참조.

74) 대판 2014.11.27. 2011다68357.

75) 대판 2005.10.7. 2005다32197 등 확립된 판례.

76) 참고로 대판 2010.7.15. 2010다2428·2435는 피해자 스스로 보험급여를 공제하고 손해배상청구를 한 경우에도 과실상계의 대상이 되는 손해액에는 보험급여가 포함되어야 한다고 했다.

77) 이와 달리 안분설은 청구부분에 대하여 과실상계비율을 적용한다고 한다.

78) 대판 1990.5.8. 89다카29129.

79) 가령 대판 2011.5.26. 2007다83991: "고의에 의한 채무불이행으로서 채무자가 그 채무발생의 원인이 된 계약을 체결할 당시 채권자가 계약내용의 중요부분에 관하여 착오에 빠진 사실을 알면서도 이를 이용하거나 이에 적극 편승하여 계약을 체결하고 그 결과 채무자가 부당한 이익을 취득하게 되는 경우 등과 같이 채무자로 하여금 채무불이행으로 인한 이익을 최종적으로 보유하게 하는 것이 공평의 이념이나 신의칙에 반하는 결과를 초래하는 경우에는 채권자의 과실에 터 잡은 채무자의 과실상계주장을 허용하여서는 안 될 것"이다. 대판 2008.12.24. 2007다75730도 참조.

80) 대판 1970.4.28. 70다298. 대판 1987.7.21. 87다카637도 참조.

81) 대판 2008.6.12. 2008다22276 참조.

가 감소되므로 이 이익은 손해를 산정할 때 참작(공제)되어야 한다(제538조 제2항 참조).[82] 이러한 법리는 「입은 손해가 전보되어야 하지만, 피해자는 가해적 사태가 없었더라면 그가 있었을 (가정적) 상태보다 더 나은 상태에 놓여서는 안 된다」라는 손해배상법의 의미로부터 나온다. 이러한 법리를 손익상계(損益相計)라 한다.

(2) 손익상계의 법리가 피해자에 대한 이익반환청구권을 가해자에게 부여하는 것은 아니고, 피해자가 얻은 이익은 손해를 산정할 때 공제되어야 할 계산항목에 불과하다. 따라서 가해자는 손해(피해자가 입은)와 이익(피해자가 얻은)의 차액을 배상하면 된다. 그런데 당사자의 주장 여부에 관계없이 법원은 손해를 산정할 때 그 이익을 공제해야 한다.[83]

(3) 손익상계와 과실상계의 순서에 관해서는 [2436] 참조.

[2439] **나. 공제할 이익**

(1) 개개의 사안에서 공제할 이익이 존재하는지를 판단하기가 쉽지 않고 명문규정도 없는데, 다수설과 판례는 손익상계가 허용되기 위하여 손해배상책임의 원인이 되는 행위로 인하여 피해자가 새로운 이득을 얻었고, 그 이득과 손해배상책임의 원인행위 사이에 상당인과관계가 있어야 한다고 한다.[84]

생각건대 공제되어야 할 이익은 가해적 사태라는 동일한 원인에 의하여 손해와 더불어 발생하는 것이기 때문에, 제393조에 규정된 "통상의"라는 취지에 따라 규범적으로 판단되어야 한다.[85] 따라서 가해적 사태에 통상 수반하지 않는 이익은 공제되지 않고, 가해적 사태에 통상 수반하는 이익이라도 손해배상의무의 의미 및 목적에 합치하는 경우에만 공제되어야 한다.

이를 정리하면 다음과 같다: ① 가해자의 가해행위의 결과로 채권자의 이익이 실현되는 경우에, 그 이익은 손해배상액에서 공제되어야 한다. ② 채무불이행으로 인하여 채권자의 비용이 절약되었다면 이 또한 공제되어야 한다(제538조 제2항 참조). ③ 제3자에 의하여 채권자에게 이익이 주어진 경우에 그 이익은 손익상계의 대상이 아니다. 이익발생의 목적을 고려해야 하기 때문이다.

(2) 공제될 이익의 산정시기는 손해산정에서와 같다.

(3) 공제될 이익에 대한 증명책임은 배상의무자가 부담한다.

[2440] **다. 구체적인 예**

(1) 손익상계는 중복된 전보로서 사회보장급여나 보험금 등의 처리와 관련하여 특히 문제된다.

① 공무원연금법 제33조 제3항, 사립학교교직원연금법 제41조 제3항, 군인연금법 제19조의 3 등은 연금[86]에 관한 손익상계를 규정하고,[87] 판례는 근로기준법이나 산업재해보상보험법에 의한, 재산적 손해의 전보를 목적으로 하는 휴업급여나 장해보상 등에 대하여 손익상계(공제)를 인

82) 예컨대 창고 소유자 A가 창고를 점포로 개조하는 것을 B가 방해한 경우에, 그로 인하여 A가 입은 손해액을 산정할 때 점포로 개조함에 필요한 비용과 기간을 고려해야 함은 당연하고, 점포로서의 사용을 방해당한 기간 동안에도 A가 종래의 시설물을 창고로서 계속 사용하였다면 점포로서 사용할 경우의 차임 상당의 금액에서 창고로 사용함으로써 얻은 이익을 공제해야 한다. 대판 1990.12.11. 88다카14311 참조.

83) 대판 2002.5.10. 2000다37296 · 37302.

84) 대판 1992.12.22. 92다31361; 대판 2005.10.28. 2003다69638.

85) 피해자의 생계비에 관한 대판 1966.5.31. 66다590 참조.

86) 장애연금이나 유족연금에 한하고 퇴직연금은 당연히 제외된다.

87) 대판(전) 1998.11.19. 97다36873도 참조.

정하는데, 공제는 손해의 성질이 동일하여 상호보완적 관계에 서는 것들 사이에서만 가능하다.[88]

② 반면 채무불이행과 무관한 이익 또는 별개의 계약 등에 따른 이익(보험금, 노무채무를 면하였기 때문에 다른 계약으로부터 받은 임금, 조위금 등)은 공제의 대상이 아니다.[89] 또한 피해자가 받은 사회보장제도에 의한 수입 또는 공무원법에 의한 급부도 가해자를 위하여 공제되지 않는다. 그러나 피해자가 아니라 가해자가 체결한 보험계약(특히 손해배상책임보험)에 기한 보험금은 손해배상의 성격을 가지므로 당연히 손해액의 산정에 고려되어야 한다.

[참 고] 대판(전) 2015.1.22. 2014다46211: "손해보험의 보험사고에 관하여 동시에 불법행위나 채무불이행에 기한 손해배상책임을 지는 제3자가 있어 피보험자가 그를 상대로 손해배상청구를 하는 경우에, 피보험자가 손해보험계약에 따라 보험자로부터 수령한 보험금은 보험계약자가 스스로 보험사고의 발생에 대비하여 그때까지 보험자에게 납입한 보험료의 대가적 성질을 지니는 것으로서 제3자의 손해배상책임과는 별개의 것이므로 이를 그의 손해배상책임액에서 공제할 것이 아니다. 따라서 위와 같은 피보험자는 보험자로부터 수령한 보험금으로 전보되지 않고 남은 손해에 관하여 제3자를 상대로 그의 배상책임(다만 과실상계 등에 의하여 제한된 범위 내의 책임이다. 이하 같다)을 이행할 것을 청구할 수 있는바, 전체 손해액에서 보험금으로 전보되지 않고 남은 손해액이 제3자의 손해배상책임액보다 많을 경우에는 제3자에 대하여 그의 손해배상책임액 전부를 이행할 것을 청구할 수 있고, 위 남은 손해액이 제3자의 손해배상책임액보다 적을 경우에는 그 남은 손해액의 배상을 청구할 수 있다. 후자의 경우에 제3자의 손해배상책임액과 위 남은 손해액의 차액 상당액은 보험자대위에 의하여 보험자가 제3자에게 이를 청구할 수 있다(상법 제682조)."

그리고 대판 2003.1.24. 2001다2129는, 증권회사 직원이 고객의 계좌를 이용하여 고객의 위임 없이 임의로 주식거래를 함으로써 이득이 발생하였더라도, 고객이 그 거래를 추인하면 그로 인한 이득은 적법하게 고객에게 귀속되므로 그 이득을 가지고 불법행위로 인한 손해산정에서 손익상계를 할 수는 없다고 하였다.

(2) 물건이 훼손된 경우에 수리비 상당액이 통상손해에 속하는데, 수리 후 그 물건의 가치 [2441]
가 증가한 경우에, 가치증가분은 손익상계의 대상이다. 그런데 물건이 훼손되어 수리가 불가능하거나 수리에 과다한 비용이 들어 전보배상을 하는 경우에, 잔존물의 가치에 해당하는 액은 가해적 사태로 인하여 얻은 이익이 아니라 손해의 산정과정에서 공제되어야 한다는 것이 판례의 입장이다.[90]

제 5. 금전채무의 불이행

1. 서 설 [2442]

금전채무의 불이행유형으로 지체만이 문제된다([2186] 참조). 그런데 금전의 만능적 성격과 고도의 융통성 때문에 제397조는 금전채무의 이행지체의 요건 및 효과에 대하여 보통의 이행지체와 다른 특칙을 규정한다. 즉 제397조는 금전의 특성을 고려하여 손해배상문제를 간편하고 간략하게 해결하려는 취지에 기한 규정이다.

---

88) 대판 2012.6.14. 2010다77293: "피해자가 수령한 휴업급여금이나 장애급여금이 법원에서 인정된 소극적 손해액을 초과하더라도 그 초과부분을 기간과 성질을 달리하는 손해배상액에서 공제할 것은 아니며, 휴업급여는 휴업기간 중의 일실수입에 대응하는 것이므로 그것이 지급된 휴업기간 중의 일실수입 상당의 손해액에서만 공제되어야 할 것"이다.

89) 상해보험의 성격을 가지는 해외여행보험에 가입하여 수령한 보험금이 손익상계로서 공제할 이익에 해당하지 않는다고 한 대판 1998.11.24. 98다25061 참조.

90) 대판 1991.8.27. 91다17894.

[2443] ## 2. 요건에 관한 특칙

(1) 손해배상청구에서 채권자가 손해의 발생 및 그 액을 증명해야 하지만, 금전채무 불이행의 경우에, 금전은 일정한 과실(果實)을 발생시키는 것이 보통이므로, 채권자가 손해의 발생과 손해액을 증명할 필요는 없다(제397조 제2항 전단). 즉 제397조는 금전채무의 이행지체가 있으면 이자 상당액의 손해가 있는 것으로 의제하려는 데 그 취지가 있으므로, 지연이자를 청구하는 채권자는 손해의 발생 및 손해액에 대한 증명책임을 지지 않는다. 그렇다고 하여 그에 대한 주장책임([1049] 참조)까지 면제되지는 않는다. 즉 채권자가 금전채무의 불이행을 원인으로 손해배상을 구할 때 지연이자 상당의 손해가 발생하였다는 취지의 주장은 해야 하고, 주장조차 하지 않아서 손해배상을 청구한다고 볼 수 없는 경우에도 지연이자부분만큼의 손해를 인용해 줄 수는 없다.[1]

[2444] (2) 채무자는 자신의 과책에 기한 것이 아닌 채무불이행에 대하여 책임을 지지 않지만(제390조 단서), 금전채무의 채무자는 채무불이행이 자신에게 책임 없는 사유로 인한 것임을 증명하더라도 책임을 면할 수 없다. 즉 금전채무의 불이행에 대하여 채무자는 과실 없었음을 항변하지 못하므로 「결과책임」을 부담한다(제397조 제2항 후단).[2]

그런데 채무자가 불가항력으로 인하여 이행지체에 빠진 경우에, 그에 기한 항변을 인정할 것인가? 불가항력에 의한 면책을 부정하는 견해도 있지만, 제314조 등에서 과실(過失)과 별도로 "불가항력"이라는 용어가 사용되는 점에 비추어 이를 인정하는 것이 타당하다.[3] 나아가 법령에 의한 지급유예의 경우(예: 1972년 8월 2일의 경제의 안정과 성장에 관한 긴급명령)에도 채무자는 지체책임을 지지 않는다.

[2445] ## 3. 효과에 관한 특칙

(1) 금전채무 불이행의 경우에 손해배상액은 법정이율에 의하여 산정된다(제397조 제1항 본문). 따라서 채권자에게 실제로 발생한 손해가 법정이율에 의하여 산정된 액보다 많거나 적더라도 채무자는 법정이율에 따라 산정된 금액을 손해배상액으로 지급해야 하고, 그것으로 충분하다. 금전채무의 불이행에서 이자 상당의 손해는 거래계에서 일반적으로 수용될 수 있는 「최소한의 손해」라 할 수 있다.

그러나 법정이율과 다른 이자율의 약정이 있는 경우에 손해배상액은 그에 의하여 산정된다(같은 항 단서). 여기서 이자율의 약정이란 원본의 사용대가로서의 약정이율을 말하고, 원본채무의 이행지체에 대비하여 약정한 이율은 위약금의 약정이다.[4] 그런데 "소비대차에서 변제기 후의 이자약정이 없는 경우 특별한 의사표시가 없는 한 변제기가 지난 후에도 당초의 약정이자를 지급하기로 한 것으로 보는 것이 당사자의 의사이다."[5] 그리고 뒤의 2011다50509 판결은 약정이율이 법정이율 이상인 경우에만 약정이율에 의한다는 입장인데, 의문이 없지 않다.

[2446] (2) 제397조는 임의규정이므로, 당사자간에 실제로 발생한 손해액을 배상한다는 특약이 있

---

1) 대판 2000.2.11. 99다49644.
2) 선물환계약에 기한 채무의 불이행에 관한 대판 2003.4.8. 2001다38593 참조.
3) 참고로 의용민법 제419조 제3항은 불가항력으로써 항변할 수 없다고 규정한다.
4) 대판 2000.7.28. 99다38637.
5) 대판 1981.9.8. 80다2649. 대판 2008.4.24. 2006다14363도 참조.

는 경우, 법률에 특별한 규정이 있는 경우(예: 제685조, 제705조, 소송촉진법 제3조 등), 손해배상액의 예정이 있는 경우(제398조) 또는 불이행 후 손해배상액에 대한 합의가 있는 경우에는 그에 의한다.

결국 금전채무 불이행에서 「위약금약정에 따른 지연손해금률 → 약정이율 → 법정이율」의 순으로 손해액을 산정하는 기준으로 된다.

(3) 당사자간에 특약이 없는 경우에 약정이율 또는 법정이율에 의하는 것보다 더 많은 손해가 발생하였음을 증명하더라도 채권자가 약정이율 또는 법정이율에 따라 산정된 액을 초과하는 손해액에 대하여 그 배상을 청구할 수 없다는 것이 학설의 일반적 입장이지만, 추상적 손해산정([2422] 참조)에 기한 「최소배상의 보장」이라는 제397조 제1항의 규정취지에 비추어, 그러한 손해가 특별손해에 해당한다고 보아 예견가능하다면(제393조 제2항 참조) 그 배상을 구할 수 있다 할 것이다.[6] 판례도 약정이율 또는 법정이율에 따라 산정된 액을 초과하는 손해액이라도 제393조 제2항의 요건 하에 그 배상을 구할 수 있다는 입장으로 보인다.[7]

[참 고] 대판 2013.4.26. 2011다50509

㈎ **사실관계 및 사건의 경과**

㉠ 이 사건 아파트 분양계약서에는 다음의 조항들이 포함되어 있다.

제2조 제3항 본문: 수분양자는 분양자의 귀책사유로 인해 입주예정일로부터 3월 이내에 입주할 수 없게 되는 경우 이 계약을 해제할 수 있다.

제3조 제2항: 제2조 제3항에 해당하는 사유로 이 계약이 해제된 때에는 분양자는 수분양자에게 공급대금 총액의 10%를 위약금으로 지급한다.

제3조 제3항: 제1항과 제2항의 경우 분양자는 수분양자에게 이미 납부한 대금(단 제1항의 경우에는 위약금을 공제한다)에 대하여는 각각 그 받은 날로부터 반환일까지 연리 3%에 해당하는 이자를 가산하여 수분양자에게 환급한다.

㉡ 위 계약의 수분양자들(이들 모두를 X라고 하자)은 Y의 자금난 등으로 인한 공사지연으로 계약상 입주예정일인 2008. 12.경으로부터 3월 이내에 입주할 수 없었다.

㉢ 원심은, X가 Y의 귀책사유로 인한 입주지연을 이유로 위 계약을 해제하고 이미 지급한 분양대금의 반환과 위약금의 지급을 청구하는 소를 제기하여 소장 부본이 2009. 3. 25. Y에게 송달됨으로써, 위 계약은 입주예정일인 2008. 12.경부터 3개월이 경과한 2009. 4. 1. 경 적법하게 해제되었다고 인정하고, 그에 따른 원상회복의무로 지급받은 분양대금을 반환하고 아울러 위약금을 지급할 채무가 있다고 판단하였는데, 그 인용금액은 다음과 같다: ⓐ 분양대금 반환채무에 대해서는 각 분양대금 지급일부터 원심판결 선고일(2011. 5. 20.)까지는 연 3%, 그 다음날부터 다 갚는 날까지는 연 20%[8]의 비율에 의한 금액, ⓑ 위약금에 대해서는 해제일(2009. 4. 1.)부터 원심판결 선고일까지는 연 5%, 그 다음날부터 다 갚는 날까지는 연 20%의 비율에 의한 금액.

㉣ 대법원은 분양계약서 제3조 제3항이 제548조 제2항에 관한 특약으로서 위 계약의 해제시 Y가 반환할 분양대금에 가산할 이자를 정한 원상회복의 범위에 관한 것일 뿐 이행지체에 빠진 이후의 지연손해금에 관한 약정으로 볼 수 없고, 게다가 그 약정이율은 법정이율보다 낮으므로 Y가 분양대금 반환의무의 이행을 지체하기 시작한 때부터는 위 약정이율이 아니라 법정이율이 적용된다고

6) 특히 고의의 채무불이행의 경우에도 법정이율이나 약정이율로 손해배상이 한정됨은 형평에 반한다고 할 수 있다.

7) 대판 1991.10.11. 91다25369는 "매도인이 매수인으로부터 매매대금을 약정된 기일에 지급받지 못한 결과 제3자로부터 부동산을 매수하고 그 잔대금을 지급하지 못하여 그 계약금을 몰수당함으로써 손해를 입었다고 하더라도 이는 특별한 사정으로 인한 손해이므로 매수인이 이를 알았거나 알 수 있었던 경우에만 그 손해를 배상할 책임이 있다"고 하였는데, 약정이율 또는 법정이율에 따라 산정된 액을 초과하는 손해액도 제393조 제2항의 요건 하에 그 배상을 구할 수 있다는 입장으로 읽힌다.

8) 소송촉진법 제3조 제1항에 따른 법정이율인데, 현재는 연 12%이다.

봄이 상당하다고 하면서, Y는 X에게 반환할 분양대금에 대하여 이행지체책임이 발생한 2009. 4. 2.부터 Y가 그 이행의무의 존부와 범위에 관하여 항쟁함이 상당하다고 인정되는 때까지는 X가 구하는 바에 따라 연 5%의 민사법정이율에 의한 지연손해금을 가산하여 지급할 의무가 있다고 하며 원심판결을 파기하고 자판하였다.

㈏ 판결요지

[1] 당사자 일방이 계약을 해제한 때에는 각 당사자는 상대방에 대하여 원상회복의무가 있고, 이 경우 반환할 금전에는 받은 날로부터 이자를 가산하여 지급하여야 한다. 여기서 가산되는 이자는 원상회복의 범위에 속하는 것으로서 일종의 부당이득반환의 성질을 가지는 것이고 반환의무의 이행지체로 인한 지연손해금이 아니다. 따라서 당사자 사이에 그 이자에 관하여 특별한 약정이 있으면 그 약정이율이 우선 적용되고 약정이율이 없으면 민사 또는 상사 법정이율이 적용된다. 반면 원상회복의무가 이행지체에 빠진 이후의 기간에 대해서는 부당이득반환의무로서의 이자가 아니라 반환채무에 대한 지연손해금이 발생하게 되므로 거기에는 지연손해금률이 적용되어야 한다. 그 지연손해금률에 관하여도 당사자 사이에 별도의 약정이 있으면 그에 따라야 할 것이고, 설사 그것이 법정이율보다 낮다 하더라도 마찬가지이다.

[2] 계약해제시 반환할 금전에 가산할 이자에 관하여 당사자 사이에 약정이 있는 경우에는 특별한 사정이 없는 한 이행지체로 인한 지연손해금도 그 약정이율에 의하기로 하였다고 보는 것이 당사자의 의사에 부합한다. 다만 그 약정이율이 법정이율보다 낮은 경우에는 약정이율에 의하지 아니하고 법정이율에 의한 지연손해금을 청구할 수 있다고 봄이 타당하다. 계약해제로 인한 원상회복시 반환할 금전에 받은 날로부터 가산할 이자의 지급의무를 면제하는 약정이 있는 때에도 그 금전반환의무가 이행지체상태에 빠진 경우에는 법정이율에 의한 지연손해금을 청구할 수 있는 점과 비교해 볼 때 그렇게 보는 것이 논리와 형평의 원리에 맞기 때문이다.

㈐ 촌 평

금전채무 불이행의 효과에 관한 제397조 제1항은 임의규정이므로 지연손해금에 관한 약정이 있으면 당연히 그에 의한다. 그리고 같은 항 단서는 약정이율이 법정이율 이상인 경우에만 적용된다는 입장이 대판 2009.12.24. 2009다85342에서 비롯되어 대상판결에서도 유지되고 있다.

그런데 위 단서는 금전의 이용가치에 대한 당사자들의 합의를 존중하여 지연손해에 대해서도 그러한 의사가 유지된다고 추정하는 규정이다. 그리고 의용민법 제419조 제1항 단서는 “다만 약정이율이 법정이율을 초과하는 때에는 약정이율에 의한다”고 규정하여 민법과 내용을 달리한다. 그럼에도 앞서 본 것처럼 판례는 의용민법과 입장을 같이한다.[9]

그러나 당사자들 사이에 정해진 「돈값」, 즉 금전의 이용가치로서 약정이율이 이행기 후에 유지되지 않을 이유가 없다는 점[10]에서 이러한 판지에 대하여 의문이 없지 않다. 즉 약정이율이 손해배상액 산정의 기준으로 되는 것은 금전의 이용가치에 대한 당사자들의 의사를 추정한 것이고, 이 점은 약정이율이 법정이율보다 낮은 경우에도 달라지지 않는다. 물론 무이자 소비대차나 법정이율보다

---

9) 그 이유에 관하여 2009다85342 판결은 “우선 금전채무에 관하여 아예 이자약정이 없어서 이자청구를 전혀 할 수 없는 경우에도 채무자의 이행지체로 인한 지연손해금은 법정이율에 의하여 청구할 수 있으므로, 이자를 조금이라도 청구할 수 있었던 경우에는 더욱이나 법정이율에 의한 지연손해금을 청구할 수 있다고 하여야 할 것이다. 나아가 원칙으로 보면 금전채권자도 채무자의 채무불이행으로 인하여 입은 구체적인 손해를 주장·입증하여 그 손해가 민법 제393조 등의 배상범위에 있는 것이면 그 배상을 청구할 수 있는 것이나, 오늘날 금전의 범용성으로 인하여 그 이용양태는 무궁무진하므로 금전채무의 불이행으로 인한 이용가능성의 박탈이라는 손해가 채권자에게 발생하리라는 것은 쉽사리 일반적으로 추인되는 반면 위와 같은 일반원칙에 의하면 그 구체적인 배상액의 산정은 매우 다양하여 균형을 잃을 수 있으므로, 금전채무 불이행으로 인한 손해배상문제를 균일하게 처리하기 위하여 추상적인 손해로서 법정이율로 산정한 액을 기준으로 하는 민법 제397조 제1항 본문을 마련하였다고 할 것인데, 그러한 균일처리의 필요는 이율을 법정이율보다 낮게 약정한 경우에도 이자가 아니라 손해배상이 문제되는 한 마찬가지로 시인되어야 하는 것이다. 또한 민법 제397조 제1항 단서에서 약정이율이 있으면 이에 좇도록 한 것은 약정이율이 법정이율보다 높은 경우에 법정이율에 의한 지연손해금만으로 족하다고 하면 채권자로서는 위에서 본 대로 원칙적으로는 허용되었을 터인 보다 많은 손해의 주장이 봉쇄됨으로써 채무자가 이행지체로 오히려 이익을 얻게 되어 불합리하다는 점을 고려한 것으로서, 약정이율이 법정이율보다 낮은 경우에는 그러한 불합리가 운위될 소지가 없다. 마지막으로 민법 제397조에 대응하는 의용민법 제419조는 제1항 단서에서 명문으로 “약정이율이 법정이율을 넘는 때”에 한하여 약정이율에 의하도록 정하고 있었는데, 민법의 제정과정에서 그와 달리 약정이율이 법정이율보다 낮은 경우에도 위 단서규정이 적용된다는 것이 입법자의사이었다고 볼 아무런 자료가 없는 것“이라고 하였다.

10) 앞의 80다2649 판결 참조.

낮은 약정이율의 경우에 2009다85342 판결이 지적한 바와 같은 난점이 있지만, 채권자로서 그 손해를 증명하여 이자초과손해의 배상을 청구할 수 있다고 하면 해결될 것이다. 즉 법정이율 또는 약정이율에 따라 손해를 산정하도록 하는 제397조 제1항은 이른바 추상적 손해산정의 방법을 규정한 것인데, 그 취지가 최소배상의 보장에 있는 것일 뿐이고, 실제로 발생한, 그를 초과하는 손해의 배상을 부정한 것으로 볼 것은 아니며,[11] 제393조 제2항에 따라 배상받을 수 있다고 할 것이다. 그리고 이자약정이 없는 경우에 당사자들 사이에 「돈값」에 대한 홍정이 없었으므로 기본값으로 법정이율이 적용됨은 별개의 문제이다. 한편 균일처리의 필요성은 약정이율이 법정이율보다 낮은 경우에만 문제되는 것은 아니다.[12] 참고로 지연이율도 금전의 이용가치에 대한 합의로 볼 수 있지만, 그에는 경고 및 제재의 기능이 더해진다는 점에서 약정이율보다 높은 것이 보통이다.[13]

제 6. 위약금약정

Ⅰ. 서 설 [2447]

(1) 「채무불이행」의 경우에 채무자가 채권자에게 지급하기로 약속한 금전을 위약금(違約金)이라 한다. 제397조가 법률의 규정에 의하여 손해배상문제를 간명하게 해결하는 제도라면, 위약금약정은 당사자들의 합의에 의하여 간명하게 해결하는 도구라고 할 수 있다.[1]

(2) 위약금은 채무자에게 심리적으로 경고를 줌으로써 채무이행을 확보하고(이행확보기능), 손해의 발생사실과 손해액에 대한 증명곤란을 배제하고 그를 둘러싼 분쟁을 사전에 방지하여 법률관계를 간이하게 해결하려는(손해전보기능) 두 기능을 가질 수 있는데, 위약벌은 앞의 기능만 가지는 반면, 손해배상액의 예정은 두 기능을 모두 가진다.[2] 즉 위약벌에 해당한다면 위약금의 지급(또는 몰취) 외에 실제로 발생한 손해의 배상을 구할 수 있는 반면, 손해배상액의 예정이라면 위약금의 지급(또는 몰취)을 넘어서까지 「손해배상」을 구할 수는 없다.

위약금약정이 손해배상액의 예정과 위약벌 중 어느 것인지를 밝히는 것은 의사해석의 문제인데, 민법은 위약금을 손해배상액의 예정으로 「추정」하는데(제398조 제4항), 의사추정의 일종이다. 물론 위약금이 손해배상액의 예정과 위약벌의 성질을 함께 가질 수도 있다.[3]

(3) 당사자들이 금전 아닌 것으로써 손해배상에 충당하기로 약정한 경우에도 손해배상의 예정에 관한 제398조 제1항 내지 제4항이 준용된다(같은 조 제5항).

---

11) 앞의 91다25369 판결 참조.

12) 그 밖에 의용민법과의 명백한 규정상의 차이를 의도적으로 무시해도 되는지도 의문이다.

13) 참고로 대판 2017.9.26. 2017다22407은 "민법 제397조 제1항 단서에서 약정이율이 있으면 이에 따르도록 한 것은 약정이율이 법정이율보다 높은 경우에 법정이율에 의한 지연손해금만으로 충분하다고 하면 채무자가 이행지체로 오히려 이익을 얻게 되는 불합리가 발생하므로, 이를 고려해서 약정이율에 의한 지연손해금을 인정한 것이다. 당사자 일방이 금전소비대차가 있음을 주장하면서 약정이율에 따른 이자의 지급을 구하는 경우, 특별한 사정이 없는 한 대여금채권의 변제기 이후의 기간에 대해서는 약정이율에 따른 지연손해금을 구하는 것으로 보아야 하고, 여기에는 약정이율이 인정되지 않는다고 하더라도 법정이율에 의한 지연손해금을 구하는 취지가 포함되어 있다고 볼 수 있다. 이는 채무자가 금전소비대차계약 공정증서의 집행력을 배제하기 위하여 제기한 청구이의의 소에서 채권자가 금전대여와 함께 약정이율에 따른 지연손해금을 주장한 경우에도 마찬가지"라고 하였는데, 약정이율 자체가 당사자들이 금전의 사용가치를 고려하여 이해관계 조절을 위한 기준으로 정한 것이라는 관점에서 제397조 제1항 단서의 취지에 관한 판시에 대하여 의문이 없지 않다.

1) 물론 경고적 기능도 가지고, 손해배상의 상한을 정하는 경우에는 면책약정의 성질도 가지지만.

2) 후자의 기능만 인정되어야 한다는 견해도 있지만, 판례는 대판 1991.3.27. 90다14478 이래 두 기능 모두를 가진다는 입장이다.

3) 대판 2013.4.11. 2011다112032 및 이 경우 법원은 당사자의 주장이 없더라도 직권으로 제398조 제2항에 따른 감액을 할 수 있는데, 위약금 전체금액을 기준으로 한다는 대판 2018.10.12. 2016다257978; 대판 2020.11.12. 2017다275270 참조.

[2448] ## Ⅱ. 손해배상액의 예정

1. 서 설

(1) 손해배상에 따른 법률관계를 간명하게 하기 위하여 당사자들이 「채무불이행」의 경우에 지급해야 할 손해배상액을 미리 정해 두고, 「채무불이행」이 발생하면 채권자가 이 배상액을 청구할 수 있도록 하는 것이 손해배상액의 예정(損害賠償額의 豫定)이다(제398조 제1항). 금전채무의 이행지체에 대비한 지연손해금의 비율이나 연체료의 액수를 약정한 경우,[4] 건물신축공사에서 준공 후에도 건물에 하자와 미시공부분이 있어 수급인이 약정기한 내에 하자와 미시공부분에 대한 공사를 완료하지 못하면 미지급 공사비 등을 포기하고 이를 도급인의 손해배상금으로 충당한다는 내용의 합의각서를 작성한 경우[5] 등이 그 예이다.[6]

(2) 손해배상액 예정계약은 채무불이행을 정지조건으로 하는 조건부 계약이며, 본래의 채권관계에 종된 계약이다.

(3) 손해배상액의 예정이 제한되는 경우가 있다. 즉 근로기준법 제20조나 약관법 제8조 등 특별규정뿐만 아니라 제103조나 제104조에 의해서도 제한된다.[7]

(4) 당사자 사이에 손해배상액을 예정하는 약정이 있는 경우에, 그것은 계약상 채무의 불이행으로 인한 손해액에 관한 것이고, 이를 그 계약과 관련된 불법행위상의 손해까지 예정한 것으로 볼 수는 없다.[8] 그리고 손해배상예정액의 청구와 채무불이행으로 인한 손해배상액의 청구는 청구원인을 달리하는 별개의 청구이므로, 손해배상예정액의 청구 가운데 채무불이행으로 인한 손해배상액의 청구가 포함되어 있다고 볼 수 없다.[9]

[2449] ### 2. 내 용

가. 예정액 청구의 요건

(1) 손해배상 예정액을 청구하기 위하여 채무불이행사실, 즉 채무내용에 좇은 이행이 없었다는 사실의 증명만 있으면 되고, 손해발생의 사실 및 그 액을 증명해야 하는 것은 아니다.[10]

(2) 학설은 대체로 채무자에게 귀책사유가 없더라도 예정된 손해배상액을 청구할 수 있다고 하지만, 손해배상액 예정약정의 해석에 의하여 반대사실(즉 채무자의 귀책사유를 묻지 않기로 하는 약정의 존재)이 인정되지 않는 한 채무자는 귀책사유 없음을 증명하여 손해배상액의 지급의무를 면할 수 있다고 할 것이다.[11] 판례도 같은 입장이다.[12]

---

4) 대판 1997.7.25. 97다5541; 대판 2000.7.28. 99다38637.

5) 대판 2008.7.24. 2007다69186.

6) 대판 2008.2.14. 2006다37892는, 계약의 일방당사자(A)의 귀책사유로 인하여 계약이 해제되는 경우에는 위약금약정을 두지 않고 상대방(B)의 귀책사유로 인하여 계약이 해제된 경우에 대해서만 위약금약정을 두었더라도, 위약금약정이 무효로 되는지는 별론으로 하고, B에 대한 위약금규정이 있다고 하여 공평의 원칙상 A의 귀책사유로 계약이 해제되는 경우에도 B의 귀책사유로 인한 해제와 마찬가지로 A에게 위약금지급의무가 인정되는 것은 아니라고 하였다. 대판 2012.3.29. 2010다590도 참조.

7) 이 규정들에 위반되는 경우에 손해배상액 예정계약이 무효로 되지만, 채권관계 자체까지 무효로 되는 것은 아니다.

8) 대판 1999.1.15. 98다48033.

9) 대판 2000.2.11. 99다49644.

10) 대판 2000.12.8. 2000다50350. 대판 2009.2.26. 2007다19051도 참조.

11) 다만 금전채무 불이행의 경우에는 제397조에 따라 귀책사유의 유무가 문제되지 않는다.

12) 대판 2007.12.27. 2006다9408: "채무자는 채권자와 채무불이행에 있어 채무자의 귀책사유를 묻지 아니한다는 약정을 하지 아니한 이상 자신의 귀책사유가 없음을 주장·입증함으로써 예정배상액의 지급책임을 면할 수 있다. 그리고 채무자의 귀책사유를 묻지 아니한다는 약정의 존재 여부는 근본적으로 당사자 사이의 의사해석의 문제로 [···], 당사자의 통상의 의사는 채무자의 귀책사유로 인한

(3) 동시이행관계의 존재 등 위법성요건이 충족되지 않는 경우에도 예정배상액의 지급의무가 발생하지 않는다. 배상액의 예정은 손해배상의 요건이 충족됨을 전제로 배상액에 관한 다툼을 피하기 위한 제도이기 때문이다. 판례의 입장도 같다.[13] [2450]

나. 청구의 범위 [2451]

(1) 손해의 발생이 없다거나 손해액이 예정액보다 적다는 것을 증명하더라도 채무자는 그 예정액의 지급을 면하거나 감액을 청구하지 못한다.[14]

(2) 실제의 손해액이 예정된 배상액보다 많더라도 채권자는 예정된 배상액을 청구할 수 있을 뿐이고, 특별사정으로 인한 손해도 마찬가지이다.[15] 이 경우 배상액의 예정은 면책약정의 성질도 가지기 때문이다.[16]

그러나 ① 손해배상액의 예정이 전제한 채무불이행의 유형을 넘어서는 경우(예컨대 지연배상을 예정하였는데 이행불능으로 된 경우)에 그러한 제한이 인정될 수 없음은 당연하다. 나아가 ② 반대의 특약(묵시라도 무방하다)이 있으면 그에 의한다.[17]

(3) 학설은 대체로 과실상계사유가 있으면 제398조 제2항의 정신에 따라 적어도 손해배상액의 예정에 관한 한 위약금이 감액되어야 한다고 함에 반하여, 판례는 반대입장이다.[18]

다. 이행청구나 계약해제에 대한 영향 [2452]

손해배상액의 예정이 있다고 하여 본래의 이행청구나 계약해제의 수단을 포기하였다고 단정할 수 없으므로, 손해배상액의 예정이 이행청구나 계약해제에 영향을 미치지 않는다(제398조 제3항). 따라서 지연배상액이 예정되어 있는 경우에, 채권자는 예정배상액의 청구와 함께 본래의 급부의 이행을 청구할 수 있다. 다만 전보배상액이 예정되어 있다면, 예정전보배상액과 본래의 급부의 이행(제395조 참조) 중 하나만 청구할 수 있다.[19]

그리고 계약이 해제되더라도 손해배상액의 예정은 그대로 유효하며,[20] 해제에 의한 손해배

채무불이행에 대해서만 손해배상액을 예정한 것으로 봄이 상당하므로, 채무자의 귀책사유를 묻지 않기로 하는 약정의 존재는 엄격하게 제한하여 인정하여야 한다." 대판 2007.8.23. 2005다59475 · 59482 · 59499도 참조.

13) 대판 2009.1.30. 2007다10337: "부동산매매계약에 있어서 매수인이 매도인에게 중도금 또는 잔금을 정해진 기한까지 이행하지 않으면 이미 지급한 중도금 또는 잔금의 전부 내지 일부를 포기한 것으로 본다는 내용의 위약금약정을 한 경우라도 매수인이 중도금 또는 잔금의 지급을 매도인의 반대의무보다 선이행하기로 약정하는 등의 특별한 사정이 없는 이상 매수인이 중도금 또는 잔금 지급의무를 다하지 않는 것 외에 매도인으로서도 소유권이전등기에 필요한 서류 등을 매수인에게 이행제공하여 매수인으로 하여금 이행지체상태에 이르게 하여야 비로소 그 위약금약정의 효력이 발생한다."

14) 대판 2008.11.13. 2008다46906.

15) 대판 1988.9.27. 86다카2375 · 2376; 대판 1993.4.23. 92다41719.

16) 대판 2018.12.27. 2016다274270 · 274287: "손해배상액을 예정한 경우 다른 특약이 없는 한 채무불이행으로 발생할 수 있는 모든 손해가 예정액에 포함된다. 그 계약과 관련하여 손해배상액을 예정한 채무불이행과 별도의 행위를 원인으로 손해가 발생하여 불법행위 또는 부당이득이 성립한 경우 그 손해는 예정액에서 제외되지만, 계약 당시 채무불이행으로 인한 손해로 예정한 것이라면 특별한 사정이 없는 한 손해를 발생시킨 원인행위의 법적 성격과 상관없이 그 손해는 예정액에 포함되므로 예정액과 별도로 배상 또는 반환을 청구할 수 없다."

17) 대판 2002.7.12. 2000다17810: "공사도급계약서 또는 그 계약내용에 편입된 약관에 수급인이 하자담보책임기간 중 도급인으로부터 하자보수요구를 받고 이에 불응한 경우 하자보수보증금은 도급인에게 귀속한다는 조항이 있을 때 이 하자보수보증금은 특별한 사정이 없는 한 손해배상액의 예정으로 볼 것이고, 다만 하자보수보증금의 특성상 실손해가 하자보수보증금을 초과하는 경우에는 그 초과액의 손해배상을 구할 수 있다는 명시규정이 없다고 하더라도 도급인은 수급인의 하자보수의무 불이행을 이유로 하자보수보증금의 몰취 외에 그 실손해액을 입증하여 수급인으로부터 그 초과액 상당의 손해배상을 받을 수도 있는 특수한 손해배상액의 예정으로 봄이 상당하다."

18) 대판 2002.1.25. 99다57126: "지체상금이 손해배상의 예정으로 인정되어 이를 감액함에 있어서는 채무자가 계약을 위반한 경위 등 제반 사정이 참작되므로 손해배상액의 감경에 앞서 채권자의 과실 등을 들어 따로 감경할 필요는 없다."

19) 불능의 경우에 본래의 급부를 청구할 수 없으므로 예정된 전보배상액을 청구할 수 있을 뿐이다.

20) 대판 2022.4.14. 2019다292736 · 292743: "민법 제398조 제1항, 제3항, 제551조의 문언 · 내용과 계약당사자의 일반적인 의사 등을 고려하면, 계약당사자가 채무불이행으로 인한 전보배상에 관하여 손해배상액을 예정한 경우에 채권자가 채무불이행을 이유로 계약을 해제하거나 해지하더라도 원칙적으로 손해배상액의 예정은 실효되지 않고, 전보배상에 관하여 특별한 사정이 없는 한 손해배상액의 예정에 따라 배상액을 정해야 한다. 다만 위와 같은 손해배상액의 예정이 계약의 유지를 전제로 정해진 약정이라는 등의 사정이 있

상(제551조)의 기준으로 된다.

[2453] ### 3. 예정액의 감액

(1) 계약당사자들은 배상액을 자유롭게 예정할 수 있다(계약의 자유). 그러나 예정된 손해배상액이 부당하게 과다하면 법원이 직권으로 이를 감액할 수 있다(제398조 제2항). 손해배상예정액의 감액제도는, 국가가 계약당사자들 사이의 실질적 불평등을 제거하고 공정을 보장하기 위하여 계약의 내용에 간섭한다는 데에 그 취지가 있다.[21] 한편 예정액이 과소한 경우에 법원에 의한 증액이 가능하다는 견해도 있으나, 법문에 반한다.[22]

참고로 약관법 제8조가 적용되는 경우에 손해배상액의 예정조항이 무효이고, 따라서 제398조 제2항에 따른 감액이 인정되지 않음에 관하여 [2080] 참조.

(2) 손해배상의 예정액이 "부당히 과다한 경우"란 채권자와 채무자의 지위, 계약의 목적 및 내용, 손해배상액을 예정한 동기, 채무액에 대한 예정액의 비율, 예상손해액의 크기, 당시의 거래관행, 실제의 손해액 등 모든 사정을 참작하여 사회관념에 비추어 예정액의 지급이 경제적 약자의 지위에 있는 채무자에게 부당한 압박을 가하여 공정성을 잃는 결과를 초래한다고 인정되는 경우를 뜻한다.[23] 손해배상의 예정액이 부당하게 과다한지 여부 내지 적당한 감액의 범위를 판단하기 위하여 「사실심의 변론종결시」를 기준으로 그 사이에 발생한 제반 사정을 종합적으로 고려해야 하며,[24] "손해가 없다든가 손해액이 예정액보다 적다는 것만으로는 부족하"다.[25] 그리고 지체상금을 계약 총액에서 지체상금률을 곱하여 산출하기로 정한 경우에, 손해배상의 예정에 해당하는 지체상금의 과다 여부는 지체상금 총액을 기준으로 판단하는데,[26] 손해배상액의 예정이 그 대상채무를 달리한다면 별도로 판단할 것이다.[27]

그런데 손해배상액 예정이 없더라도 채무자가 당연히 지급의무를 부담하던 금액보다 적은 금액으로 감액하는 것은 손해배상액 예정에 관한 약정 자체를 전면 부인하는 것과 같은 결과가 되기 때문에 감액의 한계를 벗어나는 것이다.[28]

(3) 판례는 감액된 부분을 처음부터 무효인 것으로 본다.[29]

[2454] ## Ⅲ. 위 약 벌

(1) 위약금이 위약벌로 해석되기 위하여 특별한 사정이 주장 · 증명되어야 한다.[30] 그런데 계약을 체결할 당시 위약금과 관련하여 사용하던 명칭이나 문구뿐만 아니라 계약당사자의 경제적

는 경우에 채무불이행을 이유로 계약을 해제하거나 해지하면 손해배상액의 예정도 실효될 수 있다."

21) 대판 1993.4.23. 92다41719.

22) 면책약정이 유효함도 상기하라.

23) 예정액이 손해액의 10배에 해당함에도 일반 사회관념에 비추어 예정액의 지급이 경제적 약자의 지위에 있는 채무자에게 부당한 압박을 가하여 공정성을 잃는 결과를 초래하는 경우라고 단정하기 어렵다고 한 대판 2021.11.25. 2017다8876도 참조.

24) 대판 1993.1.15. 92다36212. 감액사유에 대한 사실인정이나 비율을 정하는 것은 형평의 원칙에 비추어 현저히 불합리하다고 인정되지 않는 한 사실심법원의 전권에 속한다는 대판 2018.10.12. 2015다256794도 참조.

25) 대판 2008.11.13. 2008다46906. 대판 2014.7.24. 2014다209227도 참조.

26) 대판 2002.12.24. 2000다54536.

27) 대판 2000.7.28. 99다38637 참조.

28) 대판 2023.8.18. 2022다227619.

29) 대판 1991.7.9. 91다11490.

30) 대판 2001.1.19. 2000다42632.

지위, 계약체결의 경위와 내용, 위약금약정을 하게 된 경위와 교섭과정, 당사자가 위약금을 약정한 주된 목적, 위약금을 통해 이행을 담보하려는 의무의 성격, 채무불이행이 발생한 경우에 위약금 외에 별도로 손해배상을 청구할 수 있는지 여부, 위약금액의 규모나 전체 채무액에 대한 위약금액의 비율, 채무불이행으로 인하여 발생할 것으로 예상되는 손해액의 크기, 당시의 거래관행 등 여러 사정을 종합적으로 고려하여 위약금의 법적 성질을 합리적으로 판단해야 한다.[31)]

> [참 고] 대판 1996.4.26. 95다11436은 "도급계약에서 계약이행보증금과 지체상금의 약정이 있는 경우, 특별한 사정이 없는 한 계약이행보증금은 위약벌 또는 제재금의 성질을 가지고, 지체상금은 손해배상의 예정으로 봄이 상당하다"고 했지만, 지체상금은 이행지체를 전제로 하고, 채무불이행은 그에 한정되지 않는다는 점에서 지체상금과 함께 규정된 계약보증금을 위약벌이라고 단정할 수는 없다.

(2) 위약벌로서 위약금에 대하여 법원이 제398조 제2항에 기하여 감액할 수 없다는 것이 확 [2455]
고한 판례의 입장인데,[32)] 다만 판례는 위약금이 지나치게 과다한 경우에 선량한 풍속 기타 사회질서(제103조)에 반하여 전부 또는 일부가 무효로 될 수 있다고 한다.[33)] 이러한 판지에 대한 의문에 관하여 [1147] 참조.

제 6 관 담보책임

제 1. 담보책임 서론

1. 유상계약 [2456]

(1) 유상계약(有償契約)이란 당사자 쌍방이 서로 대가적 의미 있는 재산상의 출연을 하는 계약을 말하고, 무상계약이란 당사자 일방만이 급부를 하든지 쌍방이 급부를 하더라도 급부들 사이에 대가적 의미가 없는 계약을 말한다. 매매 · 임대차 · 도급 등은 유상계약이고, 증여 · 사용대차는 무상계약이며, 소비대차 · 위임 · 임치는 이자 또는 보수를 지급하는지에 따라 그 성질이 결정된다.

(2) 쌍무 · 편무의 구별이 계약의 효과로 발생하는 「채무」 사이의 상호의존성 유무에 따른 것인 반면, 유상 · 무상의 구별은 계약의 성립으로부터 채무의 이행에 이르기까지의 전 과정을 통하여 당사자가 행하는 급부, 즉 출연(出捐)을 기준으로 한다. 그런데 쌍무계약은 모두 유상계약이지만, 유상계약은 쌍무계약보다 넓은 개념이다.[1)]

---

31) 대판 2016.7.14. 2012다65973.
이에 관한 재판례를 본다. ㉠ 뒤의 2018다248855 · 248862 판결: "위약금은 민법 제398조 제4항에 따라 손해배상액의 예정으로 추정되지만, 당사자 사이의 위약금약정이 채무불이행으로 인한 손해의 배상이나 전보를 위한 것이라고 보기 어려운 특별한 사정, 특히 하나의 계약에 채무불이행으로 인한 손해의 배상에 관하여 손해배상예정에 관한 조항이 따로 있다거나 실손해의 배상을 전제로 하는 조항이 있고 그와 별도로 위약금조항을 두고 있어서 그 위약금조항을 손해배상액의 예정으로 해석하게 되면 이중배상이 이루어지는 등의 사정이 있을 때에는 그 위약금은 위약벌로 보아야 한다." ㉡ 대판 2000.12.8. 2000다35771: "도급계약서 및 그 계약내용에 편입된 약관에 수급인의 귀책사유로 인하여 계약이 해제된 경우에는 계약보증금이 도급인에게 귀속한다는 조항이 있을 때 이 계약보증금이 손해배상액의 예정인지 위약벌인지는 도급계약서 및 위 약관 등을 종합하여 구체적 사건에서 개별적으로 결정할 의사해석의 문제이고, 위약금은 민법 제398조 제4항에 의하여 손해배상액의 예정으로 추정되므로 위약금이 위약벌로 해석되기 위하여는 특별한 사정이 주장 · 입증되어야 하는바, 당사자 사이의 도급계약서에 계약보증금 외에 지체상금도 규정되어 있다는 점만을 이유로 하여 계약보증금을 위약벌로 보기는 어렵다." ㉢ 토지매매에서 계약보증금이 위약벌의 성질을 가진다고 본 대판 1999.3.26. 98다33260과 손해배상의 예정이라고 본 대판 1999.4.27. 97다24009도 참조.

32) 대판(전) 2022.7.21. 2018다248855 · 248862의 다수의견: "위약벌의 약정은 채무의 이행을 확보하기 위하여 정하는 것으로서 손해배상액의 예정과 그 내용이 다르므로 손해배상액의 예정에 관한 민법 제398조 제2항을 유추적용하여 그 액을 감액할 수 없다. 위와 같은 현재의 판례는 타당하고 그 법리에 따라 거래계의 현실이 정착되었다고 할 수 있으므로 그대로 유지되어야 한다."

33) 대판 2002.4.23. 2000다56976 등. 관련하여 단순히 위약벌 액수가 많다는 이유만으로 섣불리 무효라고 판단할 것은 아니라고 한 대판 2016.1.28. 2015다239324도 참조.

[2457] ## 2. 담보책임의 의의

(1) 대가적 의미를 가지는 급부(출연)를 주고받는 유상계약에서 채권자가 넘겨받은 권리나 물건에 흠이 있는 경우에 「급부의 등가성」이 깨어진다. 이러한 경우에 등가성을 회복할 수 있도록 채무자가 채권자에 대하여 부담하는 책임을 담보책임(擔保責任)이라고 한다.

유효한 계약의 성립을 전제로 하는[2] 담보책임은 대가를 받음에 상응하여 목적물에 대한 일종의 보증을 의제한 특수한 책임으로서, 법은 이를 통하여 급부의 등가성을 회복할 수 있도록 간편하고 강력한 구제수단을 부여하는 한편, 권리행사기간을 짧게 함으로써 분쟁을 조기에 종식시키려 한다.

(2) 민법은 매도인의 담보책임에 관하여 상세한 규정을 두고, 이를 매매 외의 다른 유상계약에 준용하는데(제567조), 아래에서는 매도인의 담보책임을 중심으로 검토한다.[3]

[2458] ## 3. 담보책임의 법적 성질

(1) 매매의 목적인 권리가 흠결된 경우에 담보책임은 제한이나 부담이 없는 완전한 재산권을 이전할 의무를 위반한 데 대한 채무불이행책임이다. 판례도 같은 입장으로 이해된다.[4]

(2) 불특정물매매에서 매매목적물에 하자가 있는 경우에, 하자담보책임은 본질적으로 매도인이 하자 없는 완전한 물건을 인도하지 않는 데 대한 채무불이행책임의 성질을 갖는다. 매수인의 완전물청구권도 —그 행사기간이 제한되기는 하지만— 매매계약에 기한 급부청구권 연장의 실질을 가진다. 다만 담보책임은 독립된 무과실책임으로서 요건, 효과 및 행사기간 등을 채무불이행책임과 달리할 뿐이다.

[2459] (3) 한편 매매의 목적인 물건에 하자가 있는 경우 중 「특정물매매에서의 담보책임」이 법률의 규정에 의한 특별책임인지 아니면 계약에 기한 채무불이행책임의 성질을 갖는지에 관하여 의논이 분분하다.

[참 고] 학설의 내용을 간략하게 정리한다.

㉠ 종래 지배적이었던 「법정책임설」[5]은 「특정물 도그마」[6]를 전제로, 대금과 목적물의 가치 사이의 대가관계가 깨어진 것을 시정함으로써 하자가 없다고 기대한 매수인을 보호하기 위한 정책적 배려에 기한, 채무불이행과 무관한 법정의 무과실책임이라고 한다. 그리고 특정물의 하자란 원시적 일부불능을 의미하고, 따라서 매도인의 손해배상은 원시적 하자로 인하여 야기된 신뢰이익(信賴利益)의 배상에 한정된다고 한다. 즉 담보책임의 효과로서 손해배상은 —매도인이 악의로 하자에 관하여 묵비하였더라도— 신뢰이익, 즉 「매수인이 하자의 존재를 알았더라면 입지 않았을 손해」의 배상에 한정되고, 가격상승이나 전매 등에 따른 이행이익(목적물에 하자가 없었더라면 매수인이 얻을 수 있었을 이익)의 배상은 청구하지 못한다.

㉡ 이에 대하여 「계약책임설(채무불이행책임설)」은 특정물매매에서도 매도인은 매매대금에 상응하

---

1) 유상계약이면서 쌍무계약이 아닌 것으로 현상광고가 있는데, 응모자가 광고에서 정한 행위를 완료하였을 때에 계약이 성립하고, 광고자만이 채무를 부담하지만, 광고자의 채무와 응모자의 행위는 서로 대가관계에 선다.

2) 수용(승계취득이 아니라 원시취득인)에 의한 토지소유권 취득에 담보책임이 인정되지 않음에 관하여 대판 2001.1.16. 98다58511 참조.

3) 도급 및 여행계약에 관하여 별도의 규정을 두는데, 관련된 곳에서 살펴본다.

4) 대판(전) 1967.5.18. 66다2618: "타인의 권리를 매도한 매도인은 선의의 매수인에게 계약이 완전히 이행된 것과 동일한 경제적 이익을 배상하여야 하므로 그 손해에는 매수인이 입은 손해뿐만 아니라 얻을 수 있었던 이익의 상실도 포함된다."

5) 매도인의 하자담보책임은 "법이 특별히 인정한 무과실책임"이라고 한 대판 1995.6.30. 94다23920 참조.

6) 특정물매매에서 매매목적물에 하자가 있더라도 그 상태대로 이행할 수밖에 없고, 그 상태대로 이행하면 채무불이행책임이 성립하지 않는다는 주장.

는 완전물의 인도의무를 지기 때문에 하자 있는 물건을 인도한 것은 채무불이행에 해당하지만, 급부와 반대급부 사이의 균형을 고려하여 무과실책임으로 구성되었을 뿐이며, 따라서 담보책임에 관한 제580조는 채무불이행책임에 관한 제390조에 대한 특별규정이라고 한다. 손해배상의 범위에 관해서는 다양한 견해들이 주장된다.

요건과 효과가 법정되어 있어서 치열한 논쟁에도 불구하고 그 실익은 거의 없다는 점[7]을 염두에 두고 간략하게 필자의 입장을 밝힌다. 법정책임설에 의하면 하자 있는 물건의 급부로 매도인의 의무가 이행된 것으로 평가되는 반면, 계약책임설에 의하면 목적물에 하자가 있기 때문에 급부의무의 불완전한 이행으로 평가된다. 그런데 「매수인이 왜 대금을 지급하는지」를 고려한다면, 하자 있는 물건의 급부를 채무내용에 좇은 완전한 것으로 보기 어렵다. 즉 매도인과 매수인의 당초의 의도에 비추어 하자 있는 물건의 급부가 완전한 이행이라고 평가될 수는 없다.[8] 따라서 담보책임은 본질적으로 계약책임이라고 해야 한다. 즉 유상성을 고려하여 변용된 모습의 계약책임으로, 매도인과 매수인 사이의 이해충돌을 간편하고 신속하게 청산하기 위한 특별구제수단이 담보책임이다. 그리고 유상성은 급부 상호간에 관한 것으로 담보책임은 매수인의 「급부이익」을 보장하는 제도이므로, 하자담보책임에 기한 손해배상은 그 취지에 따라 대금감액에 해당한다고 할 것이다.

4. 일반채무불이행책임과의 관계 [2460]

(1) 흔히 담보책임의 법적 성질에 관한 논의는 담보책임과 채무불이행책임(제3의 채무불이행유형을 포함하여)의 관계와 관련된다고 하는데, 대체로 법정책임설은 양 책임의 경합을 인정하지 않는 반면, 계약책임설은 양 책임의 경합을 인정한다.

(2) 외형상 이행이 종료된 후에 문제되는 담보책임과 채무불이행책임의 관계가 논의되는 것은 주로 하자로 인하여 채권자에게 「부가적 손해」가 발생한 경우(예: 매매목적물의 하자로 인하여 매수인의 신체에 손상이 발생한 경우)이다. 그런데 매도인의 담보책임은 매수인의 「급부이익」에 관한 것으로 그에 한정되는 반면, 하자로 인하여 매수인의 다른 법익(이른바 「완전성이익」)이 침해된 경우(즉 이행이익을 초과하는 확대손해가 발생한 경우)에 채무불이행이 문제되며, 이는 담보책임에 의하여 전보되지 않는 별개의 손해이다. 요컨대 양 책임에 할당된 보호이익이 다르다(뒤의 ❶). 한편 담보책임에 관한 규정은 매수인의 보호를 위하여 법이 특별히 규정한 「또 하나」의 구제수단으로, 그것이 있다고 하여 일반채무불이행책임을 물을 수 없는 것은 아니다.[9] 즉 뒤의 ❷와 같이 변용된 모습의 특혜가 인정되는 영역이 아니라면 기본값으로서 채무불이행책임이 배제될 이유는 없고, 특히 제척기간의 도과로 대금감액청구가 불가능하게 되었다면 제390조에 기한 손해배상청구가 인정되어야 한다.

요컨대 매도인이 담보책임을 지더라도 매수인은 그 밖에 일반적인 채무불이행책임을 물을 수 있어야 하고, 이때 채무불이행의 요건으로서 의무 위반사실 및 매도인의 귀책사유가 있어야 함은 당연하다.

---

7) 굳이 찾자면 매수인에게 대상청구권을 인정할 것인지 정도이다.

8) 중고품의 매매처럼 하자의 존재를 상정한 경우에는 당연히 그렇지 않다.

9) 수급인의 담보책임과 채무불이행책임은 "별개의 권원에 의하여 경합적으로" 인정된다고 한 대판 2020.6.11. 2020다201156도 참조.

판 례

❶ 「보호의 범위」와 관련하여 대판 2004.7.22. 2002다51586은 "매도인이 성토작업을 기화로 다량의 폐기물을 은밀히 매립하고 그 위에 토사를 덮은 다음 도시계획사업을 시행하는 공공사업시행자와 사이에서 정상적인 토지임을 전제로 협의취득절차를 진행하여 이를 매도함으로써 매수자로 하여금 그 토지의 폐기물처리비용 상당의 손해를 입게 하였다면 매도인은 이른바 불완전이행으로서 채무불이행으로 인한 손해배상책임을 부담하고, 이는 하자 있는 토지의 매매로 인한 민법 제580조 소정의 하자담보책임과 경합적으로 인정된다"고 하여 채무불이행책임과 담보책임이 경합할 수 있다는 입장을 분명하게 밝혔는데,[10] 여기서는 (보호의무 위반으로 인한) 하자확대손해가 문제되었다. 그런데 "매매목적물의 하자로 인한 확대손해에 대하여 매도인에게 배상책임을 지우기 위해서는 하자 없는 목적물을 인도하지 못한 의무 위반사실 외에 그러한 의무 위반에 대하여 매도인에게 귀책사유가 있어야 한다."[11]

한편 역시 매매의 목적인 토지에 매립되어 있는 폐기물의 처리비용이 문제된 사안에서 대판 2021.4.8. 2017다202050은 "매매의 목적물에 하자가 있는 경우 매도인의 하자담보책임과 채무불이행책임은 별개의 권원에 의하여 경합적으로 인정된다. 이 경우 특별한 사정이 없는 한 하자를 보수하기 위한 비용은 매도인의 하자담보책임과 채무불이행책임에서 말하는 손해에 해당한다. 따라서 매매목적물인 토지에 폐기물이 매립되어 있고 매수인이 폐기물을 처리하기 위해 비용이 발생한다면 매수인은 그 비용을 민법 제390조에 따라 채무불이행으로 인한 손해배상으로 청구할 수도 있고, 민법 제580조 제1항에 따라 하자담보책임으로 인한 손해배상으로 청구할 수도 있다"고 하였는데, 추완을 담보책임의 내용으로 규정하는 종류물매매(제581조 제2항의 완전물급부의무)나 도급(제667조 제1항의 하자의 보수)에서라면 모를까(제667조 제1항 단서는 하자보수의 한계를 규정한다), 특정물매매에서까지 하자보수비용(폐기물처리비용)이 담보책임(유상계약에서 등가성을 유지하기 위하여 「급부이익」만을 포섭하는)에 의하여 전보될 수 있다고 본 점에는 동의하기 어렵다.

❷ 「보호의 요건」과 관련하여 대판 1993.11.23. 93다37328: "타인의 권리를 매매의 목적으로 한 경우에 있어서 그 권리를 취득하여 매수인에게 이전하여야 할 매도인의 의무가 매도인의 귀책사유로 인하여 이행불능이 되었다면 매수인이 매도인의 담보책임에 관한 민법 제570조 단서의 규정에 의해 손해배상을 청구할 수 없다 하더라도 채무불이행 일반의 규정(민법 제546조, 제390조)에 좇아서 계약을 해제하고 손해배상을 청구할 수 있다."[12]

[2461] (3) 양 책임은 —앞에서 본 요건상의 차이 외에— 손해배상의 범위에도 차이가 있다. 즉 채무불이행책임에서 특별손해도 배상범위에 포함될 수 있지만, 무과실책임인 담보책임에서는 통상의 손해를 한도로 하여 이행이익의 배상을 청구할 수 있고, 그것을 초과하는 손해는 채무자의 귀책사유가 있어야 배상범위에 속한다.[13]

[참 고] 매매에서 담보책임과 채무불이행책임의 기본적 차이를 본다.

㉠ 채무불이행책임은 과실책임이지만(제390조 단서), 담보책임은 무과실책임이다.

㉡ 채무불이행책임에서 매수인(채권자)의 선·악의는 문제되지 않지만, 담보책임에서 그것은 책임의 발생 내지 내용에 영향을 미친다.

㉢ 채무불이행책임의 내용으로 손해배상과 계약해제가 있지만, 담보책임의 내용으로 그 밖에 대

---

10) 수급인의 담보책임에 관한 대판 2004.8.20. 2001다70337([2730]에 소개된)도 참조.

11) 대판 2003.7.22. 2002다35676.

12) 매수인이 악의인 경우에 관하여 대판 1970.12.29. 70다2449도 같은 취지인데, 다만 귀책사유에 대한 증명책임을 채권자인 매수인에게 지운 점은 제390조 단서에 비추어 의문이다.

13) 확대손해의 배상에는 매도인의 귀책사유를 요한다는 앞의 2002다35676 판결 참조.

금감액청구 및 완전물급부청구 등도 있다.

㉣ 채무불이행에 기한 손해배상청구권은 일반의 소멸시효(제162조)에 걸리지만, 담보책임에 기한 해제권, 손해배상청구권 등은 제척기간에 걸린다.

제 2. 매도인의 담보책임

Ⅰ. 개 관 [2462]

(1) 일반적으로 매도인의 담보책임은 권리의 흠에 대한 것과 물건의 흠에 대한 것으로 나눈다. 양자의 구별은 경매의 경우에 적용되는지 여부(제580조 제2항 참조)와 관련하여 실익을 가진다.[1)]

(2) 담보책임의 기본적 효과는 손해배상과 계약해제이고, 그 밖에 이행청구의 연장선상에서 완전물급부청구(수급인의 담보책임에서는 하자보수청구)가 인정되는데, 구체적으로 흠의 내용에 따라 다양한 모습으로 나타난다. 매매목적이 좌절되는 정도에 따라 위의 효과를 개관하여 보자.

먼저 손해배상을 보자. ① 손해배상은 대금감액(급부의 등가성이 깨어진 부분에 상응하는)을 의미하는데, 여기서는 매수인의 선·악의를 따지지 않는다. ② 대금감액 외에 인정되는 손해배상은 이행이익의 배상이라고 해야 한다. 그리고 흠에 대하여 알았거나 알 수 있어서 보호가치가 부정되는 매수인에게는 원칙적으로 손해배상이 인정되지 않는다.

그리고 계약해제와 관련하여, ① 흠의 존재 자체가 계약목적의 좌절로 직결되는 경우에 제한 없이 해제가 인정되는 반면, ② 상황에 따라 달리 평가될 수 있는 경우에는 흠으로 인하여 계약의 목적을 달성할 수 없어야 할 뿐만 아니라 매수인이 선의여서 보호가치가 인정되어야 한다는 제한이 붙는다. 그리고 ①의 경우를 제외하고 제척기간이 적용된다.

이를 표로 정리하면 다음과 같다.

종류	매수인의 주관적 태양	해제	손해배상	기타	제척기간
권리 전부의 이전불능(제570조)	선의	○	○(이행이익)		제한 없음
	악의		×		
권리 일부의 이전불능(제572조)	선의	한정적	○(이행이익)	대금감액	안 날부터 1년
	악의	×	×		계약시부터 1년
수량부족 또는 일부멸실(제574조)	선의	한정적	○(이행이익)	대금감액	안 날부터 1년
	악의	×	×		계약시부터 1년
용익권능의 제한(제575조)	선의	한정적	○		안 날부터 1년
	악의	×			
저당권 등의 실행(제576조)	선·악의 불문	○	○		제한 없음
특정물의 하자(제580조)	선의·무과실	한정적	○		안 날부터 6월
	기타	×	×		
종류물의 하자(제581조)	선의·무과실	한정적	○	완전물급부청구	안 날부터 6월
	기타	×	×		

1) 참고로 물건에 흠이 있는 경우를 「하자담보책임」이라 하고, 권리의 흠의 경우를 본래의 권리자의 추탈이 가능하다는 의미에서 「추탈담보책임」이라고 한다.

[2463] ## Ⅱ. 타인의 권리의 매매

1. 서 론

가. 민법 제569조

(1) "매매의 목적이 된 권리가 타인에게 속한 경우에는 매도인은 그 권리를 취득하여 매수인에게 이전하여야 한다"고 규정하는 제569조는, 타인권리의 매매[2]가 유효함을 전제로 매도인에게 그 권리를 취득하여 매수인에게 이전할 의무를 지운다.

의무부담행위에 기해서는 채무가 발생할 뿐이고, 타인권리의 매매라도 매도인이 소유권을 취득하여 이전할 수 있어서 채무 자체의 이행이 이론적으로 가능하므로, 채권계약이 유효함을 제569조가 밝히고 있다. 나아가 상품의 전매에서 신속한 상거래를 위하여 타인권리의 매매를 유효로 하는 것이 편리하다. 반면 처분행위에서는 양수인이 소유권을 취득하기 위하여 양도인에게 소유권 등 처분권한이 있어야 한다.

(2) 제569조 위반의 효과를 1차적으로 제570조가 규정하지만, 그에 그치지 않고 채무불이행의 요건 구비를 전제로 제390조로 연결될 수 있다([2460] 참조). 나아가 제569조가 타인권리의 매매를 유효로 규정한 것은 선의의 매수인의 신뢰이익을 보호하기 위한 것이고, 매수인이 매도인의 기망에 의하여 타인의 물건을 매도인의 것으로 잘못 알고 매수한다는 의사표시를 하였고 타인의 물건인 줄 알았더라면 매수하지 않았을 사정이 있었다면 매수인은 제110조에 의하여 매수의 의사표시를 취소할 수 있다.[3]

나. 담보책임 개관

(1) 매매의 목적인 권리를 이전할 수 없는 경우에, 계약의 목적이 좌절되므로 매수인은 선·악의를 가리지 않고 제한 없이 계약을 해제할 수 있는데, 시간적 제약도 없다. 그리고 손해배상은 선의매수인에게만 인정되는데, 악의매수인의 보호가치가 부정되기 때문이다. 한편 제571조는 선의매도인이 동일한 효과를 선제적으로 주장할 수 있게 한다.

(2) 권리의 일부를 이전할 수 없는 경우에, 대금감액을 제외하면 보호가치 없는 악의매수인에게 구제수단이 주어지지 않는다. 그리고 계약이 목적이 일부 좌절되었을 뿐이므로 그로 인하여 계약목적을 달성할 수 없어야 해제를 할 수 있다.

[2464] ### 2. 요 건

가. 타인권리의 매매

(1) 매매의 목적인 권리가 매도인에게 속하지 않아야 한다. 그런데 타인의 권리를 그의 대리인으로서 매도하는 경우는 타인권리의 매매가 아니고,[4] 타인의 권리를 자기이름으로 또는 자기의 권리로 처분하는 경우가 타인권리의 매매이다. 한편 명의신탁재산을 (대내적 소유자인) 명의신탁자가 처분하는 경우는 이에 해당하지 않는다는 것이 판례의 입장이다.[5]

---

2) 매매의 목적인 권리가 매도인과 타인의 공유에 속하는 경우도 이에 해당한다고 본 대판 2021.6.24. 2021다220666 참조.

3) 대판 1973.10.23. 73다268.

4) 대리권의 부존재 때문에 권리를 취득하지 못하는 것은 별개의 문제이다.

5) 대판 1996.8.20. 96다18656.

(2) 부동산매수인이 자기명의의 등기를 경료하지 않은 채 전매한 미등기전매의 사안에 관하여 판례가 나뉜다.6) 그런데 미등기전매라고 하여 제569조의 적용을 배제할 것은 아니다.

나. 이전불능 [2465]

(1) 여기서 이전불능(移轉不能)은 사회통념상 매수인에게 해제권을 부여하는 것이 상당하다고 인정되는 정도의 급부장애를 의미한다. 즉 제570조는 타인권리의 매매에서 매수인 보호를 위한 규정으로, 소유권의 이전불능은 채무불이행과 같은 정도로 엄격하게 해석할 필요는 없고, 사회통념상 매수인에게 해제권을 행사시키거나 손해배상을 구하게 하는 것이 형평에 타당하다고 인정되는 정도의 이행장애가 있으면 충분하며 반드시 객관적 불능에 한하는 엄격한 개념은 아니다.7)

그런데 이미 매수인 명의의 소유권이전등기가 경료된 경우에 이행불능이 성립하는 시기는 진정한 소유자가 제기한 소송에서 매수인이 패소한 때이고, 매수인이 전매하였는데 전득자가 진정한 소유자와의 소송에서 패소하였다면 매도인의 매수인에 대한 재산권이전의무와 매수인의 전득자에 대한 재산권이전의무 모두가 위 소송에서 패소한 때에 이행불능으로 된다.8)

(2) 매도인의 귀책사유는 문제되지 않는다. 한편 매수인에게 책임 있는 사유로 소유권을 취득하지 못한 경우에, 그가 매도인에 대하여 담보책임을 묻지 못함은 당연하다.9)

(3) 매수인이 선의취득 등에 기하여 진정한 권리자의 추탈에 대항할 수 있다면, 담보책임이 인정되지 않는다. 다만 매수인이 진정한 권리자와의 「별개의 법률행위」에 의하여 권리를 취득하였다면, 그는 매도인에 대하여 담보책임을 물을 수 있다.10)

3. 책임의 내용 [2466]

가. 매수인의 해제권(제570조 본문)

(1) 권리이전의 불능에 따라 계약목적의 달성이 불가능하여 매수인의 해제권이 인정되는데, 매도인의 귀책사유 유무나 매수인의 선·악의를 불문하고, 최고를 요하지도 않는다.

(2) 계약이 해제되면, 매수인은 소유권이전등기의 말소등기(또는 진정명의 회복을 위한 소유권이전등기) 및 점유이전의 의무11)와 사용이익의 반환의무12)를 지고 매도인은 매매대금의 반환 및 손해배상의무를 지며, 양자는 동시이행관계에 선다.13)

나. 손해배상(제570조 단서) [2467]

(1) "선의"(타인권리의 매매임을 알지 못하는)의 매수인은 해제와 더불어 손해배상을 청구할 수 있는데, 그 범위는 이행이익의 배상이다.14) 즉 매도인은 이행불능 당시의 목적물의 시가와 매매

6) 대판 1996.4.12. 95다55245는 타인권리의 매매에 해당하지 않는다고 한 반면, 대판 1982.1.26. 81다528은 타인권리의 매매라 하였고, 대판 2008.8.11. 2008다25824도 낙찰받은 부동산을 대금납부 전에 타에 매도하는 것은 타인권리의 매매에 해당한다고 보았다.

7) 대판 1982.12.28. 80다2750.

8) 손해액 산정시기를 그때라고 한 대판 1993.4.9. 92다25946 참조. 특허발명 실시계약이 체결된 이후에 계약의 대상인 특허권이 무효로 확정된 경우에 특허발명 실시계약은 그때부터 이행불능상태에 빠진다고 한 대판 2019.4.25. 2018다287362도 이러한 관점에서 이해될 수 있다.

9) 대판 1979.6.26. 79다564.

10) 매수인이 진정한 소유자와의 법정화해에 기하여 매매목적물의 소유권을 취득한 경우에 매도인은 담보책임을 면할 수 없다고 한 대판 1982.12.28. 80다2750 참조.

11) 매수인이 진정한 소유자에게 이들 의무를 이행하였다면, 매도인에 대하여 의무를 면한다.

12) 선의의 매수인은 진정한 소유자에 대하여 제201조 제1항에 따라 사용이익의 반환의무를 지지 않지만, 매도인에 대해서는 제548조 제2항에 따른 사용이익의 반환의무를 진다.

13) 대판 1993.4.9. 92다25946 참조.

대금의 차액을 손해로서 배상해야 한다.[15]

그런데 악의의 매수인은 「담보책임」으로서 손해배상을 청구하지 못하지만, 이행불능이 매도인의 귀책사유에 기한 것이라면 「채무불이행책임」으로서 손해배상을 청구할 수 있다.[16] 한편 매수인이 선의이지만 과실이 있는 경우에 그 점은 손해배상액의 산정에 고려되어야 한다.[17]

(2) 매도인이 매수인의 악의에 대한 증명책임을 진다.

다. 권리행사기간은 문제되지 않는다. 다만 손해배상청구권은 10년의 소멸시효에 걸리는데, 선의의 매수인이 권리의 이전불능을 안 때부터 시효기간이 기산된다 할 것이다.

[2468]

4. 선의매도인의 해제권

(1) 선의의(즉 권리가 자기에게 속하지 않음을 알지 못하는. 과실 유무는 불문한다) 매도인은 매수인이 입은 손해를 배상하고 매매계약을 해제할 수 있고, 특히 매수인이 계약 당시 악의였다면 손해배상을 하지 않고 해제할 수 있다(제571조).

(2) 이것은 매도인의 담보책임이 아니며, 오히려 선의매도인의 보호를 위한 특별규정이다. 즉 선의매도인이 ―제570조와 같은 내용의 손해배상책임을 부담함을 전제로― 선제적(先制的)으로 해제를 통하여 계약의 구속에서 벗어날 수 있게 한다.[18]

(3) "제571조 제1항은 선의의 매도인이 매매의 목적인 권리의 전부를 이전할 수 없는 경우에 적용될 뿐 매매의 목적인 권리의 일부를 이전할 수 없는 경우에는 적용될 수 없고, 마찬가지로 여러 개의 권리를 일괄하여 매매의 목적으로 정했으나 그중 일부의 권리를 이전할 수 없는 경우에도 위 조항은 적용될 수 없다."[19]

[2469]

5. 권리의 일부가 타인에게 속하는 경우

(1) 매매의 목적인 권리의 일부가 타인에게 속하는 경우를 제572조가 규정한다. 권리 전부가 타인에게 속하는 경우와 달리 여기서는 해제가 제한적으로 인정되고 제척기간이 적용되는 반면, 매매대금 전부를 지급하였음에도 일부를 이전받지 못했다는 사정 때문에 매수인에게 대금감액청구권(代金減額請求權)이 인정된다.

(2) 요건에 관하여 본다.

① 판례는 여러 개의 권리를 일괄하여 매매의 목적으로 정한 경우에도, 그중 이전할 수 없는 권리부분이 차지하는 비율에 따른 대금산출이 불가능한 경우 등 특별한 사정이 없는 한 제572조가 적용된다고 한다.[20]

---

14) 대판(전) 1967.5.18. 66다2618. 이 "경우의 손해액의 산정은 일반채무불이행으로 인한 손해배상액의 확정시기와 마찬가지로 원칙으로 매매의 목적이 된 권리를 취득하여 이전함이 불능하게 된 때의 싯가를 표준으로 하여 결정할 것"이라고 하였다.

15) 관련하여 대판 1977.9.13. 76다1699: "매매당사자가 모두 매매목적물이 타인의 소유인 사실을 모르고 계약을 체결한 경우 위약금의 약정은 타인권리의 매매에 있어서의 담보책임까지 예상하여 그 배상액을 예정한 것이라고 볼 수 없다."

16) 대판 1970.12.29. 70다2449.

17) 대판 1971.12.21. 71다218.

18) 해제의 효과가 일반적인 해제와 다를 바 없음에 관하여 대판 1993.4.9. 92다25946 참조.

19) 대판 2004.12.9. 2002다33557.

20) 대판 1989.11.14. 88다카13547. 매매의 목적인 대지의 일부가 타인에게 속하고 건물의 일부도 타인의 토지 위에 건립되어 있는데 건물의 일부가 그 피침범토지 소유자의 권리행사로 존립을 유지할 수 없게 된 경우에 제572조가 유추된다고 한 대판 2009.7.23. 2009다33570도 참조.

② 여기서의 「이전불능」의 의미는 제570조에서와 같다.21)

(3) 책임의 내용을 본다. [2470]

① 매수인은 선 · 악의에 관계없이 언제나 부족부분에 상응하는 대금의 감액을 청구할 수 있으며, 이는 일부해제에 해당한다.

② 대금감액 외에 "선의"의 매수인은 손해배상도 청구할 수 있는데, 배상해야 할 손해액은 ―등가성의 보전을 의미하는 대금감액에 포섭되지 않는― 매도인이 매매의 목적이 된 권리의 일부를 취득하여 매수인에게 이전할 수 없게 된 때의 이행불능으로 된 권리의 시가, 즉 이행이익 상당액이다.22)

③ 나아가 이행이 가능한 부분만이라면 매수하지 않았으리라는 객관적 사정이 있는 경우에 "선의"의 매수인은 계약 전부를 해제할 수 있다.

④ 이상의 권리는 매수인이 선의라면 그 사실을 안 날부터 1년 내에, 악의라면 계약한 날부터 1년 내에 행사되어야 하는데(제573조), 이 기간은 「제척기간」이다. 그리고 "사실을 안 날"은 일부이전불능의 사실을 안 날을 의미한다.23)

Ⅲ. 수량부족 또는 일부멸실 [2471]

1. 서 설

(1) 제574조는 수량을 지정한 매매의 목적물이 부족한 경우와 매매목적물의 일부가 계약 당시 이미 멸실된 경우에, 부족 또는 멸실을 알지 못하는 매수인에게 대금의 감액을 청구할 수 있는 등의 권리를 준다. 그 취지는 매매로 인한 채무의 일부를 원시적으로 이행할 수 없는 경우에 대가적인 계약관계를 조정하여 등가성을 유지하려는 데 있다.24)

(2) 특정물매매에서 문제되는25) 이 유형은 양적인 부족이라는 점에서 물건의 흠에 가깝지만, 학설은 대개 규정상의 위치 때문에 권리의 흠결에 대한 담보책임의 일종으로 다룬다.26)

(3) 이 유형의 하자는 원시적 일부불능에 속하는데, 유상계약의 원시적 일부불능의 경우에 제535조가 아니라 제574조가 적용됨에 관하여 [2051] 참조.

2. 흠의 내용 [2472]

가. 수량을 지정하여 매매하였는데 목적물의 수량이 부족한 경우

(1) 수량을 지정한 매매(數量指定賣買)란 당사자가 매매의 목적인 특정물의 일정한 수량을 확보하기 위하여 일정한 면적 · 용량 · 중량 · 척도 등을 계약에 표시(하고 그 수량을 기초로 하여 대금을 정)한 매매를 말한다. 즉 매매목적물인 특정물이 일정한 수량을 가진다는 것이 계약의 기초로 되는 경우에 수량지정매매가 성립한다.27)

---

21) 대판 1981.5.26. 80다2508.

22) 대판 1993.1.19. 92다37727.

23) 대판 1997.6.13. 96다15596.

24) 대판 1992.12.22. 92다30580.

25) 종류물매매에서 수량부족이나 일부멸실은 본래의 의미의 채무불이행에 해당한다.

26) 따라서 경매에서도 이 유형이 적용될 수 있다.

27) 수량지정매매에 관한 재판례를 본다. ㉠ 부동산매매에서 매수인이 일정한 면적이 있는 것으로 믿고 매도인도 그 면적이 있는 것을

(2) ㎡당 10만 원으로 토지 100㎡를 팔았으나 실측한 결과 90㎡에 불과한 경우처럼 실제의 목적물의 수량이 지정된 수량보다 부족해야 한다.

나. 목적물의 일부가 계약 당시 이미 소멸한 경우

[2473] ### 3. 책임의 내용

(1) "선의"의 매수인은 권리의 일부가 타인에게 속한 경우에서와 같은 권리(즉 대금감액청구권 · 해제권 · 손해배상청구권)를 가진다.[28]

그런데 매수인이 악의라 하여 부족부분에 상당하는 대금감액을 부정할 이유는 없다.[29] 판례도 악의의 매수인에게도 대금감액청구권이 인정된다는 입장이다.[30]

한편 수량초과의 경우에, 별도의 합의가 없는 한 제574조를 유추하여 대금증액을 할 수는 없다고 해야 한다.

(2) 이 권리는 수량부족 또는 일부멸실을 안 날(매수인이 악의라면 계약을 한 날)부터 1년의 제척기간에 걸린다(제574조, 제573조). 여기서 매수인이 안 날이란 단순히 권리의 일부가 타인에게 속한 사실을 안 날이 아니라 그 때문에 매도인이 이를 취득하여 매수인에게 이전할 수 없음이 확실하게 된 사실을 안 날을 말한다.[31]

[2474] ## Ⅳ. 용익권능의 제한

1. 서 설

(1) ① 매매목적물이 지상권, 지역권, 전세권, 질권 또는 유치권의 목적인 경우 또는 ② 매매의 목적인 부동산을 위하여 존재해야 할 지역권이 없거나 그 부동산에 등기된 임차권이 있는 경우에, 매수인은 목적물을 완전하게 사용 · 수익할 수 없다. 이러한 흠, 즉 용익권능의 제한에 대한 담보책임을 제575조가 규정한다.

(2) 거래계에서는 특히 ①의 경우에 매수인이 그 부담을 인수하고 그만큼 매매대금을 감액하는 것이 통상인데, 이러한 경우에 제575조가 적용되지 않음은 당연하다.

[2475] ### 2. 흠의 내용

(1) 매매목적물의 용익권능이 제한됨이 흠을 이룬다. 그런데 "등기된 임차권"이 있는 경우란

명시적 또는 묵시적으로 표시하며, 나아가 계약당사자가 가격을 정하는 여러 요소 중 면적을 가장 중요한 요소로 파악하고, 그 객관적 수치를 기준으로 가격을 정하는 경우가 「수량을 지정한 매매」에 해당한다(대판 2001.4.10. 2001다12256). ㉡ 반면 목적물이 일정한 수량을 가진다는 것이 계약에 명시되었더라도, 당사자가 특정물 자체에 착안하여 계약을 체결하였을 뿐 일정한 수량을 확보한다는 목적이 없었다면(예: 수량이 목적물을 특정하기 위한 또는 대금을 산정하기 위한 방편에 불과한 경우) 수량지정매매가 성립하지 않는다. 가령 단순히 등기부상의 면적을 표시하거나 지정구획의 토지를 매매하는 경우는 이에 해당하지 않는다(대판 2003.1.24. 2002다65189). ㉢ 한편 대판 2002.11.8. 99다58136은 "목적물이 일정한 면적(수량)을 가지고 있다는 데 주안을 두고 대금도 면적을 기준으로 하여 정하여지는 아파트분양계약은 이른바 수량을 지정한 매매라 할 것"이라고 하면서, 아파트 「분양시」 평형별 세대당 건물면적과 공유대지면적을 지정한 아파트 분양계약을 수량지정매매로 보아 공유대지면적을 부족하게 이전해 준 경우에 제574조에 의한 대금감액청구권을 인정하였다. 이처럼 아파트 「분양시」 분양계약서에 기재된 평형별 세대당 건물면적이나 공유대지면적이 단순히 계약목적물을 특정하기 위한 방편에 불과하다고 볼 수 없지만, 이미 분양된 아파트를 「전매하면서」 계약서에 면적, 특히 거래상의 평형을 기재하는 것은 거래관행상 이와 다른 의미를 가질 수 있다.

28) 대금감액의 방법에 관하여 대판 1992.12.22. 92다30580 및 수량지정임대차에서 차임결정에 관한 대판 1995.7.14. 94다38342 참조.

29) 이를 부정하는 견해도 있지만, 매매대금에 상응하는 급부가 없었다는 점을 고려해야 한다.

30) 대판 2002.11.8. 99다58136: "수량지정매매에 있어서의 매도인의 담보책임에 기한 매수인의 대금감액청구권은 매수인이 선의인 경우에는 사실을 안 날로부터, 악의인 경우에는 계약한 날로부터 1년 이내에 행사하여야" 한다.

31) 앞의 99다58136 판결.

타인의 용익권이 매수인에게 대항할 수 있는 경우를 의미하고, 주택임대차법이나 상가임대차법에 따라 대항력을 취득한 경우를 포함한다(주택임대차법 제3조 제4항 등 참조).

(2) 다른 이의 대항력 있는 용익권능이 존재하더라도 목적물 인도의무의 이행기 전에 소멸하는 것이라면 담보책임이 부정되어야 한다. 이행기 전에는 용익권능이 매도인에게 속하고, 용익권의 존재로 인하여 매수인의 이익실현이 좌절되지는 않기 때문이다.

3. 책임의 내용 [2476]

(1) 용익권능의 제한으로 인하여 매매의 목적을 달성할 수 없는 경우에, "선의"의 매수인은 계약을 해제할 수 있다(제575조 제1항 전문).

(2) 용익권능의 제한으로 매매목적인 권리를 사용 · 수익할 수 없으므로, 매수인은 손해배상을 청구할 수 있다(같은 항 후문).[32] 이때 계약해제 없이 구할 수 있는 손해배상의 범위는 매수인이 매매목적물을 용익하지 못함으로 인한 손해에 그친다.

(3) 이상의 권리는 매수인이 그 사실을 안 날부터 1년 동안 존속한다(제575조 제3항).

V. 소유권 상실의 위험 [2477]

1. 서 설

(1) 매매의 목적인 부동산에 저당권 또는 전세권이 설정된 경우에, 매수인은 그 실행으로 소유권을 취득할 수 없거나 취득한 소유권을 잃을 수 있다. 이러한 소유권 상실의 위험에 대한 담보책임을 제576조가 규정한다.

(2) 거래의 실제에서 매수인이 저당권의 피담보채무 또는 전세금반환채무 자체 또는 그 이행을 인수하고, 그만큼 매매대금을 감액하여 지급하는 것이 보통이고, 이러한 경우에 제576조의 담보책임 및 일반채무불이행책임이 발생하지 않음은 당연하다.[33]

2. 흠의 내용 [2478]

(1) 먼저 저당권이 설정된 경우를 본다.

① 저당권이 설정된 것만으로 부동산의 용익에 지장이 없고, 따라서 담보책임(제575조에 기한)을 지지 않는다. 그러나 매수인의 입장에서 자기의 출재로 소유권을 보존하고 나중에 구상하는 것이 합리적일 수도 있는데, 매도인이 피담보채권의 채무자라면 당연히 구상권을 가지지만, 그렇지 않은 경우에 매도인에 대한 구상권을 근거지우는 규정이 제576조 제2항이다.[34] 즉 매수인은 매도인에 대하여 출재의 상환을 구할 수 있고, 나아가 손해(예: 채권자에게 변제한 금액의 이자 상당액)를 입었다면 그 배상도 청구할 수 있다(제576조 제2항, 제3항).

② 한편 저당권이 실행되면 상황이 전혀 달라진다. 매매의 목적인 부동산에 설정된 저당권의 행사로 매수인이 부동산의 소유권을 취득할 수 없거나 취득한 소유권을 잃는다. 이것이 제

32) 학설은 대체로 「악의」의 매수인에게 손해배상이 인정되지 않는다고 하는데, 매수인이 악의라 하여 용익의 제한에 따른 손해배상(실제로는 제572조 제1항의 대금감액청구에 상응하는 권리)이 부정될 이유는 없다.

33) 대판 2002.9.4. 2002다11151 참조.

34) 피담보채무의 채무자에 대한 구상권 및 그에 기한 변제자대위는 별개의 문제이다.

576조의 흠을 이룬다.

(2) 전세권이 설정된 경우를 본다.

① 전세권은 용익물권으로 매수인의 용익을 방해하는데, 이에 대해서는 제575조가 적용된다.

② 반면 전세권의 실행으로 매수인은 그 부동산의 소유권을 취득할 수 없거나 취득한 소유권을 잃는다. 이것이 제576조의 흠을 이룬다.

[2479] (3) 제576조는 위의 두 경우 외에 목적물 위의 부담으로 인하여 매수인이 취득한 소유권을 잃는 경우에도 유추되어야 한다. 판례도 가등기의 목적인 부동산을 매수한 이가 그 후 가등기에 기한 본등기가 경료됨으로써 부동산의 소유권을 상실한 경우[35] 또는 가압류의 목적인 부동산을 매수한 이가 그 후 가압류에 기한 강제집행으로 부동산소유권을 상실한 경우[36]에 제576조를 유추한다.

(4) 저당권의 목적인 지상권이나 전세권이 매매의 목적인데, 저당권의 실행으로 매수인이 지상권이나 전세권을 취득할 수 없거나 매수인이 자기의 출재로 지상권 또는 전세권을 보존한 경우에 제576조가 준용된다(제577조). 매매의 목적이 다를 뿐 이익상황은 동일하기 때문이다.[37]

[2480] 3. 책임의 내용

(1) 소유권을 취득할 수 없거나 취득한 소유권을 잃는 경우에, 매수인은 선·악의에 관계없이[38] 계약을 해제할 수 있고, 손해배상을 청구할 수 있는데, 제척기간의 정함이 없다.[39]

(2) 여기서 손해배상은 이행이익의 배상이라 할 것이다. 완전한 권리를 취득시킬 의무를 매도인이 위반하였다는 점에서 제570조와 본질적으로 다르지 않기 때문이다. 그러나 판례는 —제570조에 기한 손해배상이 이행이익의 배상이라고 하는 것과 달리— 신뢰이익의 배상이라는 입장으로 보인다.[40]

[2481] Ⅵ. 물건의 하자

1. 서 설

(1) 지금까지 권리의 흠에 관하여 살펴보았는데, 제580조 이하는 물건에 흠("하자")이 있는 경우의 담보책임을 규정한다. 그런데 물건의 흠은 용익에 대한 장애이므로 제575조를 준용하는데, 흠을 알았거나 알 수 있었다면 담보책임을 묻기 적절하지 않으므로, 매수인이 선의·무과실이어야 한다.

---

35) 대판 1992.10.27. 92다21784.

36) 대판 2011.5.13. 2011다1941.

37) 다만 임차권의 매매에서 매도인이 임대인의 임대차계약상의 의무이행을 담보한다는 약정을 별도로 하지 아니한 이상, 이미 임대차 목적물에 설정되어 있던 근저당권이 실행되더라도 임차권 매도인에게 제576조에 따른 담보책임이 있다고 할 수 없다고 한 대판 2007.4.26. 2005다34018·34025 참조.

38) 대판 1996.4.12. 95다55245 참조.

39) 대판 2015.4.23. 2013다92873: "민법 제576조에서 정하는 매도인의 담보책임에 기한 손해배상채무는 이행의 기한이 없는 채무로서 이행청구를 받은 때부터 지체책임이 있다."

40) 대판 1992.10.27. 92다21784는, 가등기에 기한 본등기 경료로 인한 담보책임에 관한 것이고 손해배상의 범위에 관하여 직접 언급하지 않았지만, 신뢰이익, 즉 매매대금 및 그에 대한 법정이자 상당액의 배상에 한정된다는 원심의 판단을 긍인하였다. 이러한 판례의 입장을 따른다면, 매수인이 매매계약을 해제한 경우에 손해배상의 범위는 계약체결비용이나 등기비용 등 계약의 유효를 신뢰함으로써 입은 손해에 한정될 것이다.
그런데 매수인의 선·악의를 가리지 않을 뿐만 아니라, 소유권 상실의 위험이 현존함을 강조한다면 이익상황이 반드시 제570조와 동일하지는 않다는 점에서 판례의 태도를 수긍할 여지는 있다.

(2) 제580조는 특정물에 흠이 있는 경우를 규정하는 반면, 제581조는 종류물매매를 전제로 한다. 그런데 종류물매매에서 특정이 있기 전에는 담보책임이 문제될 수 없다는 점 및 완전물급부청구권이 인정된다는 점을 제외하면 요건이나 효과에 본질적인 차이가 없다. 따라서 아래에서 이들을 한꺼번에 다루기로 한다.

2. 요 건 [2482]

가. 하자의 존재

(1) 하자(瑕疵)[41]란 매매목적물에 존재하는 물질적인 결함(품질, 성능, 안전성 등 물건의 교환가치나 사용가치를 하락시키는 일체의 불완전성), 즉 실제 「있는」 상태와 「있어야 하는」 상태의 불일치를 말한다.[42] 참고로 목적물과 전혀 다른 종류의 물건(이를 「aliud」라 한다)을 급부한 경우에 하자 있는 급부인지에 관하여 논의가 있으나, 급부 자체가 없다고 할 것이다.

(2) 흠이 있는지는 거래관념에 비추어 일반적으로 그 종류의 물건으로서 통상 지녀야 할 품 [2483]
질, 성능 등을 기준으로 판단해야 한다는 객관설이 다수설의 입장이지만, 매매당사자에 의한 목적을 기준으로 하자를 판단해야 한다는 주관설도 있다.

생각건대 대량생산된 물건의 소비라는 일반적인 거래형태를 전제한다면 일단 객관적 기준을 충족해야 하지만, 당사자의 의사에 따라 기준이 높아지거나 낮아질 수 있다.[43] 즉 그 물건의 통상적인 용도(객관적 하자개념. 이른바 「용도부적합」)[44]와 명시되거나 해석을 통하여 탐구된 계약당사자의 목적(주관적 하자개념. 이른바 「계약부적합」)을 모두 고려하여 하자의 유무를 판단해야 한다.[45] 특히 매도인이 견본(제시된 카탈로그나 검사성적서) 등을 통하여 목적물의 특수한 품질이나 성능을 표시(보증)한 경우에, 통상의 표준이 아니라 그 특수한 표준에 따라 하자의 유무를 결정해야 한다.[46]

(3) 특정물매매에서 하자가 존재하는지를 판단하는 기준시에 관하여, 법정책임설은 계약성립 [2484]
시라 하는 반면, 계약책임설은 대체로 매매목적물에 대한 위험의 이전시기를 기준으로 한다. 한편 판례는 계약성립시를 기준으로 하는 것으로 보인다.[47]

생각건대 이 문제는 계약성립 후 인도시까지 사이에 발생한, 매도인에게 책임 없는 사유로 인한[48] 하자를 누구의 불이익으로 돌릴 것인지와 관련되는바,[49] 위험부담에 관한 채무자주의(제

41) 사전적으로 "옥의 얼룩진 흔적"으로 어떤 사물의 모자라거나 잘못된 부분을 의미한다.

42) 주택의 분양에서 도로에서 유입되는 수인한도 초과의 소음에 대하여 주택이 거래상 통상 소음방지를 위하여 갖추어야 할 시설이나 품질을 갖추지 못하였다면 제580조에 기한 담보책임을 물을 수 있다고 한 대판 2008.8.21. 2008다9358·9365 참조.

43) 주관적 기준에 따라 하자가 없다고 판단되면 객관적 완전성이 결여되더라도 하자가 없다고 해야 한다.

44) 이를 판단함에 중고품인지 여부, 가격할인 여부, 물건이 팔린 가게의 종류 등도 기준으로 된다.

45) 대판 2014.10.27. 2014다22772: "아파트 분양계약에서의 분양자의 채무불이행책임이나 하자담보책임은 분양된 아파트가 당사자의 특약에 의하여 보유하여야 하거나 주택법상의 주택건설기준 등 거래상 통상 갖추어야 할 품질이나 성질을 갖추지 못한 경우에 인정되고, 하자 여부는 당사자 사이의 계약내용, 해당 아파트가 설계도대로 건축되었는지 여부, 주택관련 법령에서 정한 기준에 적합한지 여부 등 여러 사정을 종합적으로 고려하여 판단하여야 한다." 아파트 분양에서 일조나 조망, 사생활의 노출차단 등에 관한 대판 2010.4.29. 2007다9139도 참조.

46) 대판 2000.10.27. 2000다30554·30561. 보증이 없는 경우에 관한 대판 2001.4.10. 99다70945도 참조.
참고로 어떤 상품의 제조자(판매자일 수도 있다)가 구매자에 대하여 일정기간 상품의 일정한 품질을 보증하고 그 하자에 대하여 무상으로 수리할 것을 약속하는 서면을 「(품질)보증서」라 하는데, 상품의 구매자가 상품과 함께 보증서를 인도한 경우에 인수인이 제조자에 대하여 보증수리를 요구할 수 있고, 보증서에 기재된 범위에서 담보책임에 관한 민법규정의 적용이 배제된다.

47) 뒤의 98다18506 판결. 다만 매수인이 사후에 사업계획을 변경하였다는 점을 고려하면 이를 일반화하기에 문제가 없지 않다.

48) 매도인에게 귀책사유가 있다면 제374조에 따른 책임이 발생한다.

49) 계약성립시를 기준으로 한다면 그 하자로 인한 불이익을 매수인이 부담하는 반면, 위험이전시를 기준으로 한다면 불이익은 매도인의 몫이다.

537조 참조)의 취지에 따라 하자로 인한 불이익을 매도인이 부담해야 할 것이다. 결국 하자의 존재는 위험의 이전시를 기준으로 판단해야 한다.

(4) 물건의 용익에 대한 법률상의 장애가 물건의 하자인가 아니면 권리의 하자인가? 경매의 경우에 물건의 하자에 관한 규정이 적용되지 않는다는 점에 구별실익이 있는데(제580조 제2항 참조), 다수설은 경매에서 법률적 장애의 경우에도 담보책임규정이 적용되어야 함을 이유로 이를 권리의 하자로 파악하지만, 판례는 물건의 하자로 본다.[50]

생각건대 물건 자체에 부과된 법률상의 장애로 인하여 물건의 사용수익이 제한된다면, 물건의 하자로 볼 것이다.[51]

[2485] **나. 매수인의 선의 · 무과실(제580조 제1항 단서)**

(1) 매수인이 하자를 알았거나 알 수 있었다면 매수 여부 또는 가격 결정에 이를 고려하였을 것이라는 판단에 기한 요건이다.

(2) 이에 대한 증명책임은 매도인이 진다. 즉 매수인의 악의 또는 과실 있음을 매도인이 증명해야 한다.

[2486] **다. 권리행사기간**

(1) 매수인의 권리는 매수인이 그 사실(즉 하자)을 안 날부터 6월 내에 행사해야 하는데(제582조), 제척기간이다.[52]

(2) 다수설은 이 기간을 출소기간으로 보지만, 판례는 재판상 또는 재판 외에서의 권리행사에 관한 기간이므로 매수인은 소정기간 내에 재판 외에서 권리행사를 함으로써 권리를 보존할 수 있고, 재판 외에서의 권리행사는 특별한 형식을 요구하는 것이 아니므로 매수인이 매도인에 대하여 적당한 방법으로 물건에 하자가 있음을 통지하고 계약의 해제나 하자의 보수 또는 손해배상을 구하는 뜻을 표시함으로써 충분하다고 한다.[53]

> [참 고] 대판 2011.10.13. 2011다10266은 "매도인에 대한 하자담보에 기한 손해배상청구권에 대하여는 민법 제582조의 제척기간이 적용되고, 이는 법률관계의 조속한 안정을 도모하고자 하는 데에 취지가 있다. 그런데 하자담보에 기한 매수인의 손해배상청구권은 권리의 내용 · 성질 및 취지에 비추어 민법 제162조 제1항의 채권소멸시효의 규정이 적용되고, 민법 제582조의 제척기간규정으로 인하여 소멸시효규정의 적용이 배제된다고 볼 수 없으며, 이때 다른 특별한 사정이 없는 한 무엇보다도 매수인이 매매목적물을 인도받은 때부터 소멸시효가 진행한다고 해석함이 타당하다"고 했는데,[54] 이 판결에서는 이행이익을 초과하는 확대손해가 문제되었다.

---

50) 대판 2000.1.18. 98다18506: "건축을 목적으로 매매된 토지에 대하여 건축허가를 받을 수 없어 건축이 불가능한 경우, 위와 같은 법률적 제한 내지 장애 역시 매매목적물의 하자에 해당한다 할 것이나, 다만 위와 같은 하자의 존부는 매매계약 성립시를 기준으로 판단하여야 할 것"이다. 주택의 신축을 목적으로 토지를 매수한 사안에서, 계약 당시에는 그 목적에 따라 건축허가를 받는 데 법률상의 제한이 없었으나 나중에 매수인이 사업계획을 변경하여 아파트를 건축 · 분양하기로 함에 따라 주택건설촉진법의 적용을 받게 되어 그 허가신청이 부결된 경우에, 매매목적물에 하자가 있다고 볼 수 없다고 한 사안이다.

51) 물건의 하자로 본 재판례로, 매매의 목적인 대지 중 일부가 도로에 편입된 경우에 관한 대판 1979.7.24. 79다827 및 운행정지된 차량의 매매에 관한 대판 1985.4.9. 84다카2525.

52) 대판 2003.6.27. 2003다20190. 나아가 그 기산점에 관하여, 표고버섯 종균에 하자가 존재하는 사실을 알았다고 하기 위해서는 종균의 비정상적인 발아사실뿐만 아니라 그 원인이 종균에 존재하는 하자로 인한 것이라는 사실도 알아야 한다고 했다.

53) 앞의 2003다20190 판결.

54) X가 Y로부터 부동산(甲)을 매수하여 소유권이전등기를 마쳤는데, 甲을 전매하여 그 지하에 매립된 폐기물을 처리한 A에게 손해배상을 한 X가 Y를 상대로 하자담보책임에 기한 손해배상으로서 A에게 기지급한 돈의 배상을 구한 사안에서, X의 하자담보에 기한 손해배상청구권은 X가 Y로부터 부동산을 인도받았을 것으로 보이는 소유권이전등기일부터 소멸시효가 진행하는데, X가 그로부터 10년이 경과한 후 소를 제기하였으므로, X의 하자담보책임에 기한 손해배상청구권은 이미 소멸시효 완성으로 소멸되었다고 한 사례.

3. 책임의 내용 [2487]

가. 손해배상청구권

(1) 매수인은 언제나(즉 계약목적 달성의 가부와 무관하게) 손해배상을 청구할 수 있다. 손해배상의 범위에 관하여 다수설은 매매목적물에 하자가 없는 것으로 믿음으로써 입은 손해(신뢰이익의 손해)로 하자보수비용, 하자로 인한 가치하락분 등에 한한다고 한다. 생각건대 담보책임에 특유한 손해배상은 물건의 흠에 비례하는 가치감소분으로서 급부이익, 즉 대금감액이라고 할 것이다([2459] 참조). 그런데 하자로 인한 확대손해는 당연히 별개의 문제이다.55)

(2) 손해배상에 대하여 과실상계의 법리가 적용된다. 즉 판례는 담보책임이 무과실책임이지만, 담보책임이 민법의 지도이념인 공평의 원칙에 입각한 것인 이상 하자의 발생 또는 확대에 가공한 매수인의 잘못(그 하자를 발견하지 못한 잘못)을 참작하여 손해배상의 범위를 정함이 상당하다고 한다.56)

나. 계약해제권 [2488]

(1) 목적물의 하자로 인하여 계약의 목적을 달성할 수 없다면(예: 매매의 목적인 가옥의 대들보가 썩어 있었던 경우),57) 매수인은 계약을 해제할 수 있다. 다만 목적물의 하자를 쉽게 그리고 저렴하게 보수할 수 있음에도 불구하고 외견상 계약의 목적을 달성할 수 없음을 이유로 계약을 해제하는 경우에, 신의칙이 작동할 수 있다.58)

(2) 매매목적물이 수량적으로 가분이고 그 일부에 하자가 있는 경우에, 잔존부분만으로 계약목적을 달성할 수 있는지에 따라 판단되어야 한다. 즉 계약의 목적이 나머지 부분에 의하여 달성될 수 있다면, 그 하자 있는 일부에 대해서만 해제할 수 있다고 해야 한다(계약유지의 사상).

다. 하자의 추완 [2489]

(1) 종류물매매에서 매수인은 계약의 해제나 손해배상을 청구하지 않고 그에 갈음하여 하자 없는 완전한 물건의 급부를 청구할 수 있다(제581조 제2항). 제대로 이행되지 않았고 추완이 가능하다는 점에 기한 추완청구권의 일종이다.

다만 판례는 공평의 원칙에 반하는 경우에 완전물급부청구권이 제한된다는 입장이다.59)

[참 고] 미국에서 차량이나 전자제품에 결함이 있는 경우에 제조사가 소비자에게 교환, 환불, 보상 등을 하도록 하는 제도를 「Lemon 법」이라고 하는데, 여기서 레몬은 겉과 속이 달라서 사람들에게 실망감을 준다는 의미에서 하자 있는 상품을 지칭한다. 우리도 2017년 자동차관리법 개정에서 자동차의 교환 또는 환불에 관한 규정(제47조의2 이하)이 도입되어 2019년부터 시행되고 있다.

---

55) 대판 1989.11.14. 89다카15298 참조.

56) 대판 1995.6.30. 94다23920 참조.

57) 계약목적을 달성할 수 있는지는 계약체결 당시의 사정을 기초로 매수인의 입장에서 판단해야 한다.

58) 뒤의 2012다72582 판결 참조.

59) 대판 2014.5.16. 2012다72582: "민법의 하자담보책임에 관한 규정은 매매라는 유상·쌍무계약에 의한 급부와 반대급부 사이의 등가관계를 유지하기 위하여 민법의 지도이념인 공평의 원칙에 입각하여 마련된 것인데, 종류매매에서 매수인이 가지는 완전물급부청구권을 제한 없이 인정하는 경우에는 오히려 매도인에게 지나친 불이익이나 부당한 손해를 주어 등가관계를 파괴하는 결과를 낳을 수 있다. 따라서 매매목적물의 하자가 경미하여 수선 등의 방법으로도 계약의 목적을 달성하는 데 별다른 지장이 없는 반면 매도인에게 하자 없는 물건의 급부의무를 지우면 다른 구제방법에 비하여 지나치게 큰 불이익이 매도인에게 발생되는 경우와 같이 하자담보의무의 이행이 오히려 공평의 원칙에 반하는 경우에는, 완전물급부청구권의 행사를 제한함이 타당하"다. X가 Y 회사로부터 수입자동차를 매수하여 인도받은 지 5일 만에 계기판의 속도계가 작동하지 않는 하자가 발생하였음을 이유로 Y 등을 상대로 신차 교환을 구한 사안에서, X의 완전물급부청구권의 행사를 제한함이 타당하다고 한 사례이다.

(2) 특정물매매에서도 하자추완청구권을 인정할 것인지에 관하여 다툼이 있는데, 매도인이 언제나 하자를 추완할 수 있는 지위에 있는 것은 아니지만, 매도인이 중고품의 판매와 수선을 업(業)으로 하는 경우에는 하자추완청구권을 인정하는 것이 계약유지의 관점에서 정당화될 수 있을 것이다.

[2490] ### 4. 착오취소와의 관계

(1) 하자 있는 물건(예: 순금반지 대신 도금된 반지)을 인도받은 매수인은 ① 담보책임을 물어 계약을 해제하고 하자 있는 물건의 반환과 상환으로 매매대금의 반환을 구할 수 있고, ② 계약체결시 매매목적물이 하자 있는 것임을 알지 못했음을 들어 착오를 이유로 매매계약을 취소(하고 매매대금의 반환을 구)할 수도 있다. 이처럼 하자 있는 물건의 매수인에게 담보책임과 착오취소라는 두 가지 법적 구제수단이 주어지는데, 양자의 관계가 어떠한가? 이러한 경우에 매수인으로서는 통상 매도인이 계약적합성 없는(즉 하자 있는) 물건을 인도함으로써 계약을 위반하였다고 주장할 것이지만, 하자의 고지를 제때 하지 않았거나(상법 제69조 참조) 제척기간을 도과하였기 때문에 계약위반에 따른 청구권이 소멸하거나 합의에 의하여 계약상의 청구권이 배제되는 경우도 없지 않다. 여기서 매수인은 착오취소에 관한 규정을 원용할 수 있는지가 문제된다.

그런데 담보책임과 경합할 수 있는 착오의 유형에 관하여 학설은 일반적으로 특정물의 성질에 관한 착오를 든다.[60]

[참 고] 착오취소와 담보책임의 효과상의 차이로, 담보책임이 인정되는 범위와 착오를 이유로 취소할 수 있는 범위가 다르다는 점,[61] 담보책임보다 착오에 기한 취소권이 훨씬 더 장기간 존속한다는 점,[62] 착오를 이유로 해서는 의사표시를 취소하고 그에 따라 부당이득의 반환을 구할 수 있을 뿐이지만, 담보책임의 경우에 계약해제권, 대금감액청구권, 손해배상청구권 등이 인정된다는 점 등을 들 수 있다.

[2491] (2) 담보책임과 착오취소의 관계에 관하여, 담보책임에 관한 규정을 착오규정에 대한 특칙으로 보아 담보책임이 성립하는 범위에서 착오에 관한 규정의 적용이 배제되고 담보책임에 관한 규정만 적용된다는 다수설[63]과 양자의 경합을 인정하는 소수설이 대립한다.

판례의 입장은 종래 분명하지 않았지만, 대판 2018.9.13. 2015다78703이 경합을 인정하였다.[64]

[2492] (3) 이 문제는 한 구제수단의 요건만이 갖추어지지 않은 경우(예컨대 동기착오의 표섭요건 불비), 어느 구제수단에 대하여 법정된 기간을 도과한 경우, 당사자의 합의에 의하여 어느 구제수단이 배제된 경우 및 매수인이 한 구제수단만 주장하는 경우와 관련하여 실천적 의미를 가진다.[65]

---

60) 특정물의 성질에 관한 착오는 동기의 착오이므로, 동기가 묵시적으로라도 표시되어야 담보책임과의 경합이 문제될 수 있다.

61) 담보책임이 유상계약에서만 문제되는 반면, 착오는 계약 외의 법률행위에도 적용된다.

62) 제582조와 제146조를 비교하여 보라.

63) 담보책임에 비하여 착오에 기한 취소권은 훨씬 장기간 존속하는데 양자의 경합을 인정하면 빈번하면서도 중요한 매매 기타 유상계약을 장기간 불확정한 상태로 두어 적절하지 않고, 착오취소를 인정하지 않더라도 매수인의 보호에 지장이 없으며, 착오취소를 배제하는 것이 당사자의 의사에 부합하고 거래의 안전에도 기여한다는 점을 근거로 한다.

64) "착오로 인한 취소제도와 매도인의 하자담보책임제도는 취지가 서로 다르고, 요건과 효과도 구별된다. 따라서 매매계약 내용의 중요부분에 착오가 있는 경우 매수인은 매도인의 하자담보책임이 성립하는지와 상관없이 착오를 이유로 매매계약을 취소할 수 있다."

65) 「어느/한」 구제수단이 담보책임인 경우에 특히 문제된다.

[참 고] 다수설에 대해서는 다음과 같은 비판이 가해질 수 있다. ⓐ 절차법과 관련하여, 매매목적물의 본질적 성상에 관하여 착오에 빠진 매수인이 담보책임에 기한 권리를 주장하지 않고 착오취소만 주장하는 경우에도 법원은 —학설의 일반적 입장에 따라— 매수인의 청구를 기각해야 하는가? 담보책임에 관한 규정은 임의규정으로 변론주의의 적용대상에 불과하므로, 그렇다고 하기는 어려울 것이다. ⓑ 법교의학적으로 매매목적물의 하자에 관하여 매수인에게 과실이 있은 경우에 —담보책임을 묻지 못한다 하여— 착오취소까지 배제되어야 하는지 하는 점도 검토를 요한다.

생각건대 양자의 경합을 인정할 것이지만, 계약체결시의 상태 그대로 물건을 급부하기로 하고 매매목적물의 하자에 대하여 매도인이 책임을 지지 않기로 약정하였다면, 그 합의에 따라 담보책임이 배제될 뿐만 아니라 착오취소의 원용도 부정되어야 할 것이다.

Ⅶ. 기 타 [2493]

1. 채권매매와 담보책임

(1) 매매의 목적인 채권에 하자가 있으면 그 유형에 따라 앞에서 본 담보책임이 적용된다.66)

반면 제579조는 매도인이 담보한 「채무자의 자력」이 부존재하는 경우에 적용된다. 즉 채권의 매매에서 채무자가 변제할 만한 자력을 가진다는 점에 대하여 특약이 없는 한 매도인이 책임을 지지 않는데, 그러한 특약이 있더라도 채무자의 어느 시점의 자력을 담보하는지에 관하여 다툼이 생길 수 있고, 이러한 경우에 대비하여 법은 기준시에 관한 의사추정규정을 둔다.67)

(2) 채권의 매도인이 단순히 자력을 담보한 경우에 매매계약 당시의 자력을 담보한 것으로 추정하고(제579조 제1항), 변제기가 아직 도래하지 않은 채무에 관하여 장래의 자력을 담보한 경우에는 변제기의 자력을 담보한 것으로 추정한다(제2항).

그런데 제579조에서 정한 시기에 채무자에게 변제자력이 없다면, 매수인은 매도인에게 손해배상을 청구할 수 있고, 담보된 시기의 채권액(이자를 포함한다)이 손해배상의 내용으로 된다.

2. 경매와 담보책임 [2494]

가. 의의 및 요건

(1) 강제집행 또는 담보권 실행을 위한 경매에서 매수인은 「물건의 하자」에 대해서는 담보책임을 묻지 못하는데(제580조 제2항), 경매제도의 신용을 유지하기 위해서이다. 반면 매매의 실질을 가지는68) 경매에서 「권리의 흠결」로 인하여 매수인이 경매의 목적인 재산권을 완전히 취득할 수 없는 경우에, 제578조는 매도인의 위치에 있는 (집행)채무자뿐만 아니라 채권자에게도 담보책임을 지움으로써 매수인(경락인)을 보호한다.

그런데 사경매는 매도인의 담보책임과 관련하여 특별취급을 받을 이유가 없으므로, 이른바 공경매에 한하여 제578조가 적용된다. 즉 제578조와 제580조 제2항의 "경매"는 민사집행법상의 강제집행이나 담보권 실행을 위한 경매 또는 국세징수법상의 공매 등 국가나 그를 대행하는 기관 등이 법률에 기하여 목적물 권리자의 의사와 무관하게 행하는 매도행위만을 의미한다.69)

---

66) 예를 들어 채권이 매도인에게 귀속하지 않기 때문에 이전이 불가능하다면 제570조가 적용된다.

67) 이와 다른 기준시를 주장하는 이가 그에 관한 약정이 있었음에 대한 증명책임을 진다.

68) 경매의 성질에 관하여 논란이 있지만, 공법상 집행기관에 의하더라도 그 본질은 사법상의 매매와 다르지 않다.

(2) 매매 일반과 마찬가지로 경매에서의 담보책임은 경매절차가 유효하게 이루어졌으나 경매의 목적인 권리의 전부 또는 일부가 타인에게 속하거나, 건물을 경락받았는데 지반을 이용할 권리가 존재하지 않는 등의 하자로 매수인(경락인)이 완전한 소유권을 취득할 수 없거나 이를 잃는 경우에 인정되고, 경매절차 자체가 무효라면 경매에서의 채무자나 채권자의 담보책임은 인정될 여지가 없다.70)

[참 고] 제578조의 적용한계

㉠ 경매 자체가 무효여서 소유권을 취득하지 못한다면, 경락받은 이는 제578조의 담보책임을 물을 수 없고, 배당채권자에 대하여 부당이득반환청구권을 행사할 수 있을 뿐이다([5461] 참조). 이러한 경우로 집행권원이 위조된 것이어서 무효인 경우71) 또는 불성립하거나 부존재하는 저당권에 기하여 경매절차가 개시된 경우72)를 들 수 있다.

㉡ 반면 저당권설정자의 의사에 기한 유효한73) 저당권에 기하여 경매절차가 개시되었으나74) 그 부동산이 설정자의 소유에 속하지 않는 경우 또는 집행권원에 기한 강제집행에서 집행목적물이 집행채무자의 소유에 속하지 않은 경우에, 진정한 소유자의 추탈에 의하여 소유권을 취득하지 못한75) 경매절차상의 매수인은 배당채권자에 대하여 부당이득반환청구권을 행사할 수 없고, 집행채무자에 대하여 제578조에 기한 담보책임을 물을 수 있을 뿐이다.

㉢ 매각대금이 아직 배당되지 않았다면 매수인(경락인)은 집행법원에 대한 의사표시로 경매에 의한 매매계약을 해제할 수 있고, 이때 집행법원은 경매절차를 취소하고 매각대금을 매수인에게 반환할 수 있다.76)

[2495] (3) 매수인에 대하여 담보책임을 지는 이를 제578조 제1항은 “채무자”라 하는데, 매수인이 매매계약을 해제한 경우에 원상회복의무로서 대금반환의무를 부담하는 이가 누구인지가 특히 물상보증과 관련하여 문제된다.77) 이에 관하여 채무자라는 견해와 물상보증인이라는 견해가 대립하고, 판례는 물상보증인이라는 입장이다.78) 생각건대 여기서 채무자는 「집행채무자」를 지칭하고, 그렇다면 물상보증의 경우에 물상보증인이 대금반환의무를 부담한다 할 것이다.

[2496] **나. 책임의 내용**

(1) 매도인의 담보책임의 내용은 계약의 해제 또는 대금감액이다.79) 그런데 제578조 제1항이 “전 8조에 의하여”라고 하지만, 학설은 대체로 제576조와 제577조는 적용되지 않는다고 하면서 소멸주의(민사집행법 제91조 제2항, 제268조)에 따라 그 권리들이 소멸된다는 점을 근거로 든다. 그러나 전세권의 부담이 인수되는 경우(민사집행법 제91조 제4항 참조) 또는 가등기에 기한 본등기가 경료됨으로써 매수인이 소유권을 잃는 경우80)도 있으므로, 위 규정들을 제외할 것은 아니다.

69) 대판 2016.8.24. 2014다80839.
70) 대판 1991.10.11. 91다21640.
71) 집행권원인 약속어음 공정증서가 위조된 경우에 관한 앞의 91다21640 판결 참조.
72) 경매개시결정 기입등기 전에 저당권이 이미 소멸한 경우에 관한 대판 2012.1.12. 2011다68012 참조.
73) 물상보증에 관한 대판 1988.4.12. 87다카2641 참조.
74) 경매개시결정 후라면 저당권이 소멸하더라도 문제되지 않는다(민사집행법 제267조 참조).
75) 경매의 경우에도 선의취득이 인정되므로([5175] 참조), 동산에 관해서는 특별한 사정이 없는 한 매수인이 추탈당하지 않는다.
76) 대결 1997.11.11. 96그64; 대결 2017.4.19. 2016그172. 유사한, 그러나 이미 배당이 실시된 사안에서 부당이득반환을 청구할 수 없다고 한 대판 1986.9.23. 86다카560도 참조.
77) 이 경우 해제의 상대방이 경매절차에서 매도인에 해당하는 물상보증인임에는 의문이 없다.
78) 대판 1988.4.12. 87다카2641.
79) 해제의 경우에 제548조 제1항에 따라 매각대금에 법정이자를 부가해야 하는데, 매각대금을 완납함으로써 매수인이 경매목적물의 소유권을 취득한 때부터 이자를 가산해야 할 것이다.

(2) 매수인은 1차로 매도인에 해당하는 집행채무자에 대하여 해제 또는 대금감액을 청구하고, 집행채무자가 무자력이면 2차적으로 배당받은 채권자에 대하여 대금의 전부 또는 일부의 상환을 청구할 수 있다(제578조 제2항).

채권자가 대금의 배당을 받았음을 고려한 뒤의 경우에 「배당받은 범위 내에서만」 책임을 부담한다. 그리고 매수인이 집행채무자의 무자력을 증명해야 하고, 배당받은 채권자는 배당받은 때부터 법정이자를 가산해야 한다. 그런데 배당받은 이들은 배당순위의 역순으로 반환금액에 달할 때까지 보충적 책임을 지는데, 동순위의 채권자들은 배당액에 비례하여 안분한다. 이때 채권자들의 당초의 채권이 처음부터 소멸하지 않았던 것으로 보아 원래의 채권을 행사할 수 있다.[81]

(3) 일반적으로 담보책임에서 매수인이 선의라면 손해배상이 인정되지만(제570조 참조), 경매에서의 담보책임에서는 손해배상이 예외적으로만 인정된다. 즉 집행채무자가 "물건 또는 권리의 흠결을 알고 고지하지" 않았거나 채권자가 「그러한 흠결을 알고 있는」 경우에만 그들에 대하여 손해배상을 청구할 수 있다(제578조 제3항).[82] [2497]

이때의 손해배상은 이행이익의 배상을 내용으로 하는데, 채권자라도 —제578조 제2항의 2차적 책임을 지는 것은 아니므로— 책임의 범위가 배당받은 범위로 한정되지 않는다. 그런데 집행채무자와 채권자가 모두 같은 조 제3항의 요건을 충족하는 경우에, 그들은 부진정연대의 관계에 선다고 할 것이다.

(4) 위의 권리들은 1년의 제척기간에 걸리지만, 제570조, 제576조 및 제577조의 경우에는 권리행사기간의 제한이 없다.

3. 기 타 [2498]

(1) 매수인이 매도인에 대하여 담보책임을 묻는 경우에, 매수인도 목적물을 반환하는 등의 채무를 부담하는 경우가 많다. 이러한 경우에 당사자 사이의 공평을 기하기 위하여 법은 동시이행관계에 관한 규정을 준용한다(제583조, 제536조).[83]

(2) 담보책임에 관한 규정은 강행규정이 아니므로, 당사자가 특약으로 그 책임을 가중·경감하거나 면제할 수 있지만,[84] 법은 일정한 제한을 가한다. 즉 매도인이 담보책임 발생의 요건사실을 알면서 매수인에게 알리지 않은 경우 또는 매도인이 제3자에게 담보책임이 발생하기 위한 전제가 되는 권리를 설정해 주거나 양도한 경우에, 이들 사실로부터 발생하는 담보책임을 면한다는 특약은 무효이다(제584조). 나아가 약관법 제7조 제3호에 의하여 면책약관이 무효로 될 수 있다.

---

80) 대결 1997.11.11. 96그64 참조.

81) 대판 1988.12.6. 87다카2787.

82) 대판 2003.4.25. 2002다70075는, 선순위근저당권의 존재로 후순위임차권이 소멸하는 것으로 알고 부동산을 낙찰 받았으나, 그 후 채무자가 후순위임차권의 대항력을 존속시킬 목적으로 선순위근저당권의 피담보채무를 모두 변제하고 그 근저당권을 소멸시키고도 이 점에 대하여 낙찰자에게 아무런 고지도 하지 않아 낙찰자가 대항력 있는 임차권이 존속하게 된다는 사정을 알지 못한 채 대금지급기일에 낙찰대금을 지급하였다면, 채무자는 제578조 제3항에 의하여 낙찰자가 입게 된 손해를 배상할 책임이 있다고 하였다.

83) 가령 제571조에 의한 계약해제에서 매도인의 손해배상의무와 매수인의 대지인도의무가 동시이행관계에 있다고 한 대판 1993.4.9. 92다25946.

84) 매수인이 매매목적물에 관한 근저당권의 피담보채무 중 일부를 인수하였음에도 이를 이행하지 않음으로써(매도인은 자신의 부담부분은 모두 이행하였다) 근저당권이 실행되어 매수인이 취득한 소유권을 잃게 된 경우에, 매도인은 제576조 소정의 담보책임을 부담하지 않는다고 한 대판 2002.9.4. 2002다11151 참조.

[2499] ### 4. [보론] 상사매매에 관한 특칙

(1) 상인간의 매매에서 매수인이 목적물을 수령한 때에는 지체 없이 이를 검사해야 하며, 하자 또는 수량의 부족을 발견한 즉시 매도인에게 통지를 발송하지 않으면 이로 인한 담보책임을 물을 수 없다. 매매의 목적물에 즉시 발견할 수 없는 하자가 있는 경우에, 6월 내에 이를 발견한 때에도 같지만,[85] 매도인이 악의인 경우에는 그렇지 않다(상법 제69조).[86]

수량부족(제574조) 및 물건의 하자(제580조 이하)에 대해서만 적용되는 이 규정의 취지는, 상인간의 매매에서 계약의 효력을 민법규정에 따라 오랫동안 불안정한 상태로 방치하면 매도인에 대하여 인도 당시의 목적물에 대한 하자의 조사를 어렵게 하고 전매의 기회를 잃게 될 뿐만 아니라, 매수인에 대해서는 그 기간 중 유리한 시기를 선택하여 매도인의 위험으로 투기를 할 수 있는 기회를 주는 등의 폐단이 있기 때문에, 이를 막기 위하여 하자를 용이하게 발견할 수 있는 전문적 지식을 가진 매수인에게 신속한 검사와 통지의 의무를 부과함으로써 상거래를 신속하게 결말짓도록 함에 있다.[87]

(2) 목적물의 하자 또는 수량부족을 이유로 한 해제의 경우에, 매수인은 매도인의 비용으로 매매의 목적물을 보관 또는 공탁해야 한다. 다만 그 목적물이 멸실 또는 훼손될 염려가 있는 때에는 법원의 허가를 얻어 경매하여 그 대가를 보관 또는 공탁해야 하고 지체 없이 매도인에게 그 통지를 발송해야 한다(상법 제70조).

제 6 절 계약의 해소

제 1 관 계약해제 총설

[2500] ## Ⅰ. 해 제

1. 의 의

(1) 계약의 해제(解除)란, 유효하게 성립한 계약의 효력을 당사자 일방의 의사표시에 의하여 소급적으로 소멸케 하여,[1] 계약이 처음부터 성립하지 않는 것과 같은 상태로 복귀시키는 것을 말한다(직접효과설의 입장).

(2) 해제제도의 취지를 본다.

① 법정해제(法定解除)는 채무불이행으로부터 채권자를 보호하는 제도로, 채권자를 계약의 구속으로부터 해방시키고 동시에 채무자의 계약이익을 박탈한다. 즉 일방당사자의 채무불이행이 있음에도 상대방이 계속하여 계약의 구속을 받도록 하는 것은 정당하지 않으므로, 당사자 사이의

85) 6월이 지난 후에 하자를 발견한 경우에 매수인의 과실 유무와 무관하게 매도인은 담보책임을 면함에 관하여 대판 1999.1.29. 98다1584 참조.

86) 이 규정의 적용범위에 관하여 대판 1993.6.11. 93다7174 · 7181 및 특히 불완전이행으로 인한 손해배상책임에는 적용되지 않는다는 대판 2015.6.24. 2013다522 참조.

87) 대판 1987.7.21. 86다카2446.

1) 유효하게 성립한 계약의 일방적 파기는 허용되지 않지만(계약의 구속력!), 예외적으로 "해제권"이라는 형성권을 매개로 적법성을 획득하면 가능하다.

신뢰가 파괴된 경우에 상대방의 계약이익을 박탈하면서 자기는 계약의 구속에서 벗어날 수 있게 한다.[2)]

② 반면 약정해제(約定解除)는 당사자의 합의에 의하여 계약을 해소할 수 있는 가능성을 유보해 둠으로써 장래의 사정변경에 대비하려는 제도로서, 사적자치에 이바지한다.

(3) 해제에 관한 민법규정은 임의규정이므로 그와 다른 약정을 할 수 있음은 당연하다(다만 약관법 제9조, 할부거래법 제8조 등의 제한 참조).

2. 구별개념 [2501]

가. 해제조건 및 실권약관

(1) 해제의 경우에 해제권 행사의 의사표시에 의하여 그 효력이 생기지만, 해제조건(解除條件)에서는 조건의 성취라는 객관적 사실에 기하여 당연히 법률행위의 효력이 소멸하고, 별도의 의사표시를 요하지 않는다. 나아가 해제에 소급효가 인정되지만(직접효과설에 의할 경우), 해제조건의 경우에는 소급효가 인정되지 않는다(제147조 제2항).

(2) 계약당사자들 사이에 일방이 그 이행을 게을리하면 계약은 효력을 잃는다는 뜻의 특약이 맺어지는 경우가 있다.[3)] 이러한 특약이, 「채무불이행」[4)]이 있으면 당사자의 해제의 의사표시를 기다리지 않고 계약이 당연히 효력을 잃는다는 내용의 것이라면, 해제권의 유보가 아니라 해제조건부 계약이다. 이러한 계약조항을 실권약관(失權約款)이라 한다.[5)]

그런데 매수인이 잔금지급기일까지 잔금을 지급하지 않으면 계약이 자동적으로 해제된다는 자동해제약정이 해제의 요건[6)]을 완화한다는 의미로 이해할 수 있지만, 판례는 이행지체가 성립해야 하고,[7)] 자동해제약정은 최고나 해제의 의사표시를 생략한다는 의미를 가지며 특별한 사정이 있으면 그렇지 않다는 입장으로 이해된다.[8)] 한편 경제적 지위가 약한 채무자에게 부당한 불이익을 강요하는 것이라면 선량한 풍속 기타 사회질서에 위반하여 무효로 된다(제103조. 약관법 제9조도 참조).

[참 고] 실권약관에 관한 대판 1992.10.27. 91다32022

㉮ 사실관계는 다음과 같다: ⓐ Y로부터 甲 부동산을 매수한 X는 자금사정으로 연기된 중도금지급기일도 지키지 못하여 해제통고까지 받았다. ⓑ X가 중도금을 지급하면서 잔금은 약정기일까지

---

2) 예를 들어 이행지체의 경우에 채권자는 계약관계의 존속을 전제로 강제이행을 구하고 아울러 채무불이행책임을 물을 수도 있지만, 계약을 해제하(고 급부한 것을 반환 받)는 것이 피해를 최소화하는 방편일 수 있다. 한편 대체거래를 통하여 급부목적을 달성하기 위해서는 기존의 계약을 해소해야 하는데, 그 방법의 하나가 해제이다.

3) 할부매매에서 1회라도 할부금 지급을 게을리하면 매매는 효력을 잃고, 매수인은 목적물을 매도인에게 반환해야 한다고 정하는 것은 흔히 볼 수 있는 예이다.

4) 동시이행의 항변권이 존재하는 경우에 이행제공을 통하여 지체에 빠뜨려야 한다는 대판 1998.6.12. 98다505 및 뒤의 91다32022 판결 참조.

5) 대판 2003.1.24. 2000다5336 · 5343은, 임대차계약을 체결하면서 「임대차계약은 임차인이 임차보증금을 완급한 때부터 효력이 생기고 그때부터 한 달 이내에 임차인이 임차부분에 입점하지 아니하면 자동적으로 해지된다」고 약정하였는데, 그 후 임차인이 위 기한 내에 입점하지 않았다면 해지의 의사표시를 요하지 않고 그 불이행 자체로써 위 임대차계약은 그 일자에 자동적으로 해지된 것으로 보았다. 대판 1991.8.13. 91다13717도 참조.

한편 대판 2013.9.27. 2011다110128 · 110135는, A가 B와 토지매매계약을 체결하면서 매매대금이 지급되지 않으면 매매계약을 무효로 하는 내용의 자동실효특약을 두었는데, 매매대상토지들 중 일부가 경매되거나 수용되고 B가 일부매매대금의 지급을 위하여 발행 · 교부한 약속어음이 지급거절된 사안에서, B가 일부토지들에 대한 소유권 취득이 불가능하게 됨에 따라 잔금지급의무 불이행에 따른 이행지체책임을 부담하지 않으므로, 위 특약을 그대로 적용하여 B가 잔금을 지급하지 않았다는 이유만으로 매매계약이 무효가 되는 것은 아니라고 하였다.

6) 즉 이행제공을 통한 동시이행 항변권의 봉쇄 그리고 그에 따른 이행지체의 성립.

7) 이행제공을 통한 동시이행의 항변권 봉쇄가 필요하다.

8) 뒤의 91다32022 판결. 대판 1996.3.8. 95다55467도 대체로 동지.

틀림없이 지급할 것이며, 그 기일을 넘길 경우 매매계약은 자동적으로 해제되고 이미 지급한 계약금과 중도금을 포기한다고 약속하였다. ⓒ X가 잔금기일을 넘긴 후 한 번 더 연장을 호소하며 이번에 위약하면 해제에 이의가 없을 것을 다짐하였다. ⓓ 최후통첩에도 잔금을 지급하지 않자 Y는 수령하였던 중도금을 변제공탁하였다.

㈏ X의 소유권이전등기의 소에 대하여 대법원은 ⓐ "부동산매매계약에 있어서 매수인이 잔대금 지급기일까지 그 대금을 지급하지 못하면 그 계약이 자동적으로 해제된다는 취지의 약정이 있더라도 특별한 사정이 없는 한 매수인의 잔대금지급의무와 매도인의 소유권이전등기의무는 동시이행의 관계에 있으므로 매도인이 잔대금지급기일에 소유권이전등기에 필요한 서류를 준비하여 매수인에게 알리는 등 이행의 제공을 하여 매수인으로 하여금 이행지체에 빠지게 하였을 때에 비로소 자동적으로 매매계약이 해제된다고 보아야 하고 매수인이 그 약정기한을 도과하였더라도 이행지체에 빠진 것이 아니라면 대금 미지급으로 계약이 자동해제된다고는 볼 수 없다"고 전제한 후, ⓑ 앞의 사실관계에 비추어 Y가 이전등기 소요서류를 갖추었는지를 묻지 않고 X의 지급기한 도과사실 자체만으로 계약을 실효시키기로 특약을 하였다고 볼 특별한 사정이 있으며, 이러한 특약을 한 후 Y가 약정된 잔대금지급기일에 X의 잔대금 일부의 지급을 거절하지 않고 수령하였다면 당사자 사이에 잔대금지급기일을 연기하려는 약정이 있었다고 봄이 상당하고 새로운 잔대금지급기일은 Y가 최고한 날짜로 연기되었다 할 것이며, X가 그 기한까지 나머지 잔금을 지급하지 않으면 매매계약은 실효된다고 보았다.[9]

[2502] **나. 취소와 철회**

(1) 취소와 해제는 당사자의 일방적 의사표시에 의하여 법률행위의 효력을 소급적으로 소멸시킨다는 점에서 같다. 그런데 취소는 법률행위(또는 의사표시)의 흠을 요건으로 하지만, 해제는 유효하게 성립한 계약의 효력을 소멸시킨다는 점, 취소는 모든 법률행위(또는 의사표시)에 대하여 인정되지만, 해제는 계약에서만 인정된다는 점, 취소는 법률의 규정(제5조 제2항, 제109조, 제110조)이 있는 경우에만 인정되지만, 해제권은 법률의 규정 외에 당사자의 약정에 의해서도 발생할 수 있다는 점 등에서 양자는 다르다.

(2) 해제는 유효하게 성립한 계약의 효력을 소급적으로 소멸시키는 제도로, 법률행위의 효력이 발생하기 전에 그 발생을 저지하는 철회(撤回)와 구별된다.

[2503] Ⅱ. 해 제 권

1. 의 의

(1) 계약이 일단 성립하면 구속력이 발생하여 당사자가 이를 마음대로 해제하지 못하므로, 계약을 해제할 수 있는 것은 당사자가 해제권(解除權)을 가지는 경우에 한한다.[10]

(2) 해제권은 권리자의 일방적 의사표시에 의하여 법률관계의 변동을 가져오는 권리이므로 형성권에 속한다. 즉 당사자 일방이 해제권을 행사하면 그 효과로 새로운 법률관계가 발생하고 각 당사자는 그에 구속된다.[11] 그리고 해제권은 계약당사자의 지위에서 가지는 권리로, 계약에 기한 채권이 양도되더라도 계약당사자만이 해제권을 가지고, 계약당사자의 지위를 승계하지 않는

9) 대판 2007.11.29. 2007다576도, 매도인이 소유권이전등기 등 소요서류를 갖추었는지를 묻지 않고 매수인의 지급기한 도과 및 매도인의 해제통지만으로 계약을 해제시키기로 하는 특약이 있다고 볼 특별한 사정이 있는 경우에, 매수인의 지급기한 도과 및 매도인의 해제통지로써 위 매매계약은 해제된다고 보았다.

10) 계약서에 특별히 해제권 관련조항을 둔 경우에 관하여 대판 2016.12.15. 2014다14429 · 14436 참조.

11) 대판 2005.7.14. 2004다67011.

한 해제권만의 양도는 허용되지 않는다.

그런데 계약이 성립한 후 해제원인의 존부에 관한 다툼이 있는 경우에 계약해제권을 주장하는 측이 이를 증명해야 하는 반면, 이미 발생한 계약해제권이 다른 사유로 소멸되었거나 행사가 저지되는지가 다투어지는 경우에는 해제권의 소멸 등을 주장하는 측이 이를 증명해야 한다.[12)]

(3) 발생근거와 관련하여 해제권은 법률의 규정에 의하여 발생하는 법정해제권(法定解除權)과 당사자 사이의 특약으로 유보된 약정해제권(約定解除權)의 두 종류로 나뉘는데(543조 제1항), 법적으로 문제되는 것은 주로 법정해제권이다.[13)]

아래에서 법정해제와 약정해제에 공통된 해제권의 소멸에 관하여 먼저 설명한 후, 법정해제를 자세히 검토하고 약정해제도 살펴본다.

2. 해제권의 소멸 [2504]

가. 일반적 소멸원인

(1) 해제권이 발생하였더라도, 해제권이 행사되기 전에 채무자가 채무내용에 좇은 이행 또는 이행제공(지연배상을 포함해야 한다)을 하면 해제권은 소멸한다.

(2) 포기 또는 실효에 의해서도 해제권이 소멸한다.[14)]

(3) 당사자 사이의 특약 또는 법률의 규정(제573조 내지 제575조, 제601조, 제673조 등)에 의하여 해제권의 행사기간이 정해져 있으면, 그 기간의 경과로 해제권은 소멸한다. 행사기간의 정함이 없는 경우에, 해제권은 형성권이므로 10년의 제척기간에 걸린다.

나. 해제권에 특유한 소멸원인 [2505]

(1) 해제권의 행사기간을 정하지 않은 경우에, 상대방은 상당한 기간을 정하여 해제권의 행사 여부에 대한 확답을 해제권자에게 최고(催告)할 수 있고, 그 기간 내에 해제의 통지를 받지 못하면 해제권은 소멸한다(제552조). 해제권의 행사기간이 없는 경우에 너무 오랫동안 해제권이 존속하는 것을 막기 위함이다. 다만 새로운 사유에 기한 해제권까지 행사할 수 없게 되지 않음은 당연하다.[15)]

(2) 제553조에 따른 소멸을 본다. [2506]

① 해제권이 발생한 후 해제권자의 고의나 과실로 인하여 계약의 목적물이 현저히 훼손되거나, 이를 반환할 수 없거나[16)] 또는 가공이나 개조로 인하여 다른 종류의 물건으로 변경된 경우에, 해제권은 소멸한다(제553조). 해제권자가 해제의 효과로 반환해야 할 목적물을 고의 또는 과실로 반환할 수 없게 하고도 해제권을 행사할 수 있다면 신의칙에 반한다는 점을 고려한 규정이다. 그렇다면 목적물이 대체물인 경우, 해제의 상대방이 목적물의 반환에 갈음하여 금전에 의한 회복을 승낙한 경우 또는 목적물의 훼손, 반환불능, 가공 등이 목적물의 근소한 부분에 관한 것인 경우에, 해제권은 소멸하지 않는다 할 것이다.

---

12) 대판 2009.7.9. 2006다67602 · 67619.
13) 증여, 소비대차 및 사용대차에 관하여 특수한 해제(지)권이 인정된다.
14) 포기에 관한 대판 1991.5.14. 91다8005 및 실효에 관한 대판 1994.11.25. 94다12234 각 참조.
15) 대판 2005.12.8. 2003다41463 참조.
16) 제3자에의 양도 또는 저당권의 설정 등의 경우도 포함하여.

② 고의 또는 과실은 해제권의 존재에 대한 것이 아니고 목적물의 훼손이나 반환불능을 생기게 한 데 대한 것이다. 그런데 해제권을 행사하기 전에는 계약이 유효하여 채권자가 급부보유력을 가지므로, 채무의 이행으로 수령한 물건의 보존에 관하여 상대방에 대한 의무를 지지 않는다. 따라서 여기서 과실은 법적 의무의 위반이 아니라「책무」위반을 의미하고, 그 내용은 자기재산에 기울여야 할 주의의무를 위반한 것으로 이해할 것이다.

③ 해제권자의 고의나 과실이 인정되지 않아 해제권이 소멸하지 않고 그 결과 계약이 해제된 경우에, 목적물이 멸실 · 훼손되기 전에 목적물로부터 수취한 과실이나 사용수익의 가액을 반환해야 한다(제548조 제2항의 유추). 그런데 목적물이 멸실된 경우에, 다수설은 가액반환 없이 반대급부를 청구할 수 있다고 하지만, 부당이득에서 가액반환의 경우에 선의수익자라도 이득의 소멸을 주장하지 못한다고 해야 함([3246] 참조)에 비추어, 이러한 경우에도 반대급부와 상환으로 가액반환의무를 인정해야 할 것이다([2537]도 참조).

[2507] (3) 그 밖에 ① 해제의 불가분성에 의하여 해제권의 행사가 제한될 수 있다(제547조 제2항). ② 제536조 제2항 또는 제588조의 요건이 충족되면 채무자는 이행을 거절할 수 있고, 오히려 반대채무와 동시이행할 것을 주장할 수 있다. 따라서 이 경우 해제권의 행사가 더 이상 가능하지 않다.

제2관 법정해제

제1. 법정해제의 요건

[2508] #### Ⅰ. 총 설

1. 개 관

(1) 개개의 계약유형에 관하여 특수한 해제권이 법정된 경우(예: 제555조, 제673조)도 있으나, 모든 계약에 공통되는 법정해제권은 채무불이행을 요건으로 한다. 그런데 채무불이행에 여러 유형이 있고, 그에 따라 해제권의 발생요건도 각각 다른데, 이들에 관해서는 뒤에서 따로 살펴보기로 하고, 여기서는 사정변경으로 인한 해제를 미리 본다.

(2) 이러한 전형적인 것 외에 제570조 이하에 별도로 규정된 담보책임에 기한 해제권도 법정해제권에 속하고(채무자회생법 제335조 제1항, 제119조 제1항도 참조), 할부매매 등에서의 청약철회권도 그 실질은 다르지 않다.

[2509] ##### 2. 사정변경과 해제

(1) 학설은 제557조 등 법정된 경우 외에도 일반적으로 신의칙을 근거로 사정변경(事情變更)으로 인한 해제권의 발생을 인정하고자 한다.

(2) 종래 판례는 부정적이었으나,[1] 대판 2007.3.29. 2004다31302가 사정변경을 이유로 계약을 해제하기 위한 요건을 적시하며 그 가능성을 열었다.[2] 그런데 합리적인 사람의 입장에서,

1) 대판 1955.4.14. 4286민상231. 다만 변화가능성을 열어둔 것으로 대판 1991.2.26. 90다19664.

2) "이른바 사정변경으로 인한 계약해제는, 계약성립 당시 당사자가 예견할 수 없었던 현저한 사정의 변경이 발생하였고 그러한 사정

당사자들이 사정변경을 예견했다면 계약을 체결하지 않거나 다른 내용으로 체결했을 것이라고 여겨지는 경우에 특별한 사정이 없는 한 예견가능성이 없고, 따라서 계약을 해제하거나 해지할 수 있다.3)

(3) 생각건대 계약의 해제는 흠 없이 성립한 계약에 대하여 당사자 일방의 의사표시에 의하여 그 효력을 소멸시키고 이미 계약의 이행으로 행하여진 급부에 관하여 원상회복의무를 발생시킴으로써 계약관계(특히 당사자들에 의한 위험의 배분/인수)를 근원적으로 뒤엎는 성질을 가지므로, 해제의 권리는 계약 또는 제544조 이하와 같은 법률규정에 의하는 경우 외에는 이를 함부로 긍정할 수 없고, 사정변경의 원칙에 기한 해제도 예외적 · 제한적으로 인정되어야 한다.4) 즉 당사자 일방이 사정변경에 따른 불이익/위험을 인수하기로 한 경우에 사정변경이 계약의 효력에 영향을 미칠 수 없음은 당연하고,5) 나아가 보다 일반적으로 장래의 이행을 남기는 계약은 그 자체가 이행기까지의 사정변경, 즉 위험을 예상하여 체결되고 또 그렇게 체결되어야 한다.

따라서 계약성립 후 현저한 사정변경이 있는 경우에,6) 그러한 사정변경에 따른 불이익을 당사자에게 귀책시켜야 하는지 및 귀책시킬 수 있는지를 보충적 해석을 통하여 판단한 후, 그에 대한 부정적인 평가가 있는 경우(예: 전쟁으로 인한 급격한 경제환경의 변화)에 한하여 예외적으로 사정변경을 이유로 하는 해제권을 인정할 것이다.

Ⅱ. 계약상 채무의 불이행 [2510]

1. 기본법리

가. 서 설

(1) 법정해제권은 채무불이행의 효과로 인정된다. 구체적 요건은 채무불이행의 유형에 따라 다르므로 아래에서 유형별로 요건을 살펴보는데, 공통된 요건으로 귀책사유가 있어야 하는지에 관하여 다툼이 있으므로 이를 미리 검토한다.

(2) 그에 앞서 계약목적물에 대한 제한이 존재하는 경우를 본다. [2511]

① 제한의 존재가 계약목적의 달성에 영향을 미치지 않는다면 해제할 수 없다.7)

의 변경이 해제권을 취득하는 당사자에게 책임 없는 사유로 생긴 것으로서, 계약내용대로의 구속력을 인정한다면 신의칙에 현저히 반하는 결과가 생기는 경우에 계약준수원칙의 예외로서 인정되는 것이고, 여기에서 말하는 사정이라 함은 계약의 기초가 되었던 객관적인 사정으로서, 일방당사자의 주관적 또는 개인적인 사정을 의미하는 것은 아니다. 또한, 계약의 성립에 기초가 되지 아니한 사정이 그 후 변경되어 일방당사자가 계약 당시 의도한 계약목적을 달성할 수 없게 됨으로써 손해를 입게 되었다 하더라도 특별한 사정이 없는 한 그 계약내용의 효력을 그대로 유지하는 것이 신의칙에 반한다고 볼 수도 없다." 다만 이 판결에서는 계약을 해제할 만한 사정변경이 인정되지 않았다. 즉 X가 개발제한구역 내의 토지를 그 해제결정이 있은 후 공유재산매각입찰에서 매각예정가격보다 훨씬 높은 가격으로 낙찰 받았는데, 토지가 건축개발을 할 수 없는 공공공지로 편입되어 의도한 건물의 신축이 불가능하게 된 사안에서, 건축가능 여부는 주관적 목적에 불과하여 매매계약을 해제할 만한 사정변경에 해당하지 않고, 매수인이 의도한 주관적인 매수목적을 달성할 수 없어 손해를 입었더라도 매매계약을 그대로 유지하는 것이 신의칙에 반한다고 볼 수도 없다고 하였는데, 계약이 이미 이행된 후에 사정변경이 발생하였음도 고려되었어야 할 것이다.

그리고 대판 2017.6.8. 2016다249557: "특히 계속적 계약에서는 계약의 체결시와 이행시 사이에 간극이 크기 때문에 당사자들이 예상할 수 없었던 사정변경이 발생할 가능성이 높지만, 이러한 경우에도 위 계약을 해지하려면 경제적 상황의 변화로 당사자에게 불이익이 발생했다는 것만으로는 부족하고 위에서 본 요건을 충족하여야 한다."

3) 예견(불)가능성에 관하여 대판 2021.6.30. 2019다276338: "사정변경에 대한 예견가능성이 있었는지는 추상적 · 일반적으로 판단할 것이 아니라, 구체적인 사안에서 계약의 유형과 내용, 당사자의 지위, 거래경험과 인식가능성, 사정변경의 위험이 크고 구체적인지 등 여러 사정을 종합적으로 고려하여 개별적으로 판단하여야 한다. 이때 합리적인 사람의 입장에서 볼 때 당사자들이 사정변경을 예견했다면 계약을 체결하지 않거나 다른 내용으로 체결했을 것이라고 기대되는 경우 특별한 사정이 없는 한 예견가능성이 없다고 볼 수 있다."

4) 대판 2012.3.29. 2011다90484.

5) 대판 2020.5.14. 2016다12175; 앞의 2019다276338 판결.

6) 해제하려는 당사자에게 책임 없는 사유로 사정변경이 생겼어야 함은 당연하다.

② 매매목적부동산에 설정된 근저당권의 피담보채무를 매수인이 인수하고 매매대금에서 그 채무액을 공제한 경우에, 특별한 사정이 없는 한 채무인수가 아니라 이행인수가 성립하는데([4273] 참조), 인수채무의 불이행을 이유로 매매계약을 해제할 수 없다. 다만 인수채무의 불이행을 매매대금 일부의 미지급과 동일하다고 평가할 수 있는 특별한 사유가 있을 때에 한하여 계약해제권이 발생하는데,[8] ⓐ 매수인이 피담보채무의 변제를 게을리함으로써 매매목적물에 관하여 저당권의 실행으로 임의경매절차가 개시되고 매도인이 경매절차의 진행을 막기 위하여 피담보채무를 변제한 경우[9]와 ⓑ 공동저당의 목적인 매도인 소유자의 또 다른 부동산에 대한 임의경매의 우려가 있는 경우[10]가 특별한 사정에 해당한다.

[2512] (3) 그 밖에 검토할 만한 것들을 본다.

① 유동적 무효상태에서는 계약의 효력으로서 채무가 발생하지 않으므로, 채무불이행을 이유로 한 해제 및 손해배상의 청구가 불가능하다.[11]

② 일부불이행의 경우에도 해제권이 발생하지만, 부족분이 근소하다면 신의칙이 작동할 수 있다. 한편 복수의 계약이 주종관계에 있는 경우에, 종된 계약의 불이행을 이유로 주된 계약을 해제할 수 없지만, 주된 계약의 불이행은 다른 계약의 실효를 결과 지울 수 있다.

③ 채무불이행이 있더라도 법정해제권의 발생을 배제하기로 하는 합의가 유효하지만, 비록 손해배상의 청구가 보장되더라도 그 자체로서 채무불이행을 용인하는 결과가 되므로 계약당사자의 합의에 따라 명시적으로 법정해제권을 배제하기로 약정하였다고 볼 수 있는 경우가 아닌 이상 엄격하게 제한해석해야 한다.[12]

④ 당사자의 권리 · 의무가 변경될 수 있음을 전제로 계약을 체결한 경우에, 그러한 권리 · 의무의 변경이 당사자가 예측가능한 범위를 초과하였다는 등의 특별한 사정이 없는 한 이를 계약

---

7) ㉠ 대판 1999.6.11. 99다11045는, 매매목적물에 대하여 가압류집행이 되었다 하여 매매에 따른 소유권이전등기가 불가능한 것은 아니므로, 매수인으로서는 신의칙 등에 의해 대금지급채무의 이행을 거절할 수 있음은 별론으로 하고, 매매목적물이 가압류되었다는 사유만으로 매도인의 계약위반을 이유로 매매계약을 해제할 수는 없다고 하였다. 이러한 법리는 가압류 또는 가처분집행의 대상이 매매목적물 자체가 아니라 매도인이 매매목적물의 원소유자에 대하여 가지는 소유권이전등기청구권 또는 분양권인 경우에도 마찬가지이고, 처분금지가처분의 집행이 있는 경우에도 다르지 않다.
㉡ 이에 대하여 예외가 인정되는데, ⓐ 대판 2006.6.16. 2005다39211: "매도인의 소유권이전등기청구권이 가압류되어 있거나 처분금지가처분이 있는 경우에는 그 가압류 또는 가처분의 해제를 조건으로 하여서만 소유권이전등기절차의 이행을 명받을 수 있는 것이어서, 매도인은 그 가압류 또는 가처분을 해제하지 아니하고서는 매도인 명의의 소유권이전등기를 마칠 수 없고, 따라서 매수인 명의의 소유권이전등기도 경료하여 줄 수 없다고 할 것이므로, 매도인이 그 가압류 또는 가처분집행을 모두 해제할 수 없는 무자력의 상태에 있다고 인정되는 경우에는 매수인이 매도인의 소유권이전등기의무가 이행불능임을 이유로 매매계약을 해제할 수 있다." ⓑ 나아가 매도인이 미리 이행하지 않을 의사를 표시한 경우에도, 매수인이 계약을 해제할 수 있다(대판 2003.5.13. 2000다50688). [2285] 참조.

8) 대판 2007.9.21. 2006다69479 · 69486: "부동산의 매수인이 매매목적물에 관한 채무를 인수하는 한편 그 채무액을 매매대금에서 공제하기로 약정한 경우, 그 인수는 특별한 사정이 없는 한 매도인을 면책시키는 채무인수가 아니라 이행인수로 보아야 하고, 매수인은 매매계약시 인수한 채무를 현실적으로 변제할 의무를 부담하는 것은 아니며, 특별한 사정이 없는 한 매수인이 매매대금에서 그 채무액을 공제한 나머지를 지급함으로써 잔금지급의 의무를 다하였다 할 것이므로, 설사 매수인이 위 채무를 현실적으로 변제하지 아니하였다 하더라도 그와 같은 사정만으로는 매도인은 매매계약을 해제할 수 없는 것이지만, 매수인이 인수채무를 이행하지 아니함으로써 매매대금의 일부를 지급하지 아니한 것과 동일하다고 평가할 수 있는 특별한 사유가 있을 때에는 계약해제권이 발생한다. 그리고 위와 같은 '특별한 사정'이 있는지의 여부는, 매매계약의 당사자들이 그러한 내용의 매매계약에 이르게 된 경위, 매수인의 인수채무 불이행으로 인하여 매도인이 입게 되는 구체적인 불이익의 내용과 그 정도 등 제반 사정을 종합적으로 고려하여 '매매대금의 일부를 지급하지 아니한 것과 동일하다고 평가할 수 있는 경우'에 해당하는지 여부를 판단하여야 한다"(「X가 그 소유의 甲 토지를 Y에게 매도하면서 甲에 관한 A 명의 근저당권의 피담보채무(차용금채무와 동액이어서 이자부분은 담보되지 않는다)를 Y가 승계하고 명의이전서류를 받는 날부터 잔금에 대한 이자를 지급하기로 약정 → 소유권이전등기에 필요한 서류를 법무사에게 맡겨두고 여러 차례의 최고가 있었음에도 Y가 피담보채무의 변제를 하지 않아서 A가 임의경매신청 → X가 피담보채무의 원리금 등을 지급하여 임의경매신청이 취하됨 → X가 Y를 상대로 해제를 주장하며 매매에 기한 소유권이전등기의무의 부존재확인을 구하는 소 제기」의 사안에서, 매매계약의 해제가 부적법하다고 판단한 원심을 파기한 사례). 대판 1998.10.27. 98다25184도 참조.

9) 대판 2004.7.9. 2004다13083.

10) 앞의 98다25184 판결 참조.

11) 대판 1997.7.25. 97다4357 · 4364. [1205] 참조.

12) 대판 2006.11.9. 2004다22971 참조.

해제의 사유로 삼을 수는 없다.13)

⑤ 판례는, 채권이 시효로 인하여 소멸하였다면 그 채무의 불이행을 이유로 계약을 해제할 수 없다고 보았다.14)

나. 귀책사유의 문제 [2513]

(1) 불능의 경우에 제546조가 명문으로 채무자의 귀책사유를 요구하는 반면, 지체의 경우에는 그렇지 않다. 그렇다면 이행지체를 이유로 계약을 해제하기 위하여 채무자의 귀책사유가 없어도 되는가? 비교법적으로 CISG는 귀책사유를 요하지 않으며, 계약해제 일반에 관하여 귀책사유가 요구되지 않는다는 견해도 유력하다.

(2) 생각건대 법정해제가 채권자를 위한 구제수단임을 강조하여 귀책사유를 요하지 않는다고 할 수도 있지만, 채무자에 대한 제재(계약이익의 박탈)의 성질도 가진다는 점에서 채무자에게 과책이 없음에도 일방적으로 그로부터 계약이익을 박탈하는 것은 지나치다고 할 것이다.15)

그런데 귀책사유에 관해서는 해제를 다투는 상대방이 증명책임을 진다.

[참 고] 이를 좀 더 살펴본다.

㉠ 이행지체의 경우에 해제권의 발생에 최고를 요한다는 점으로부터, 이행의 촉구에도 불구하고 채무자의 이행이 없었으므로, 채무자에게 귀책사유가 없더라도 채권자에게 계약의 구속으로부터 벗어날 수 있는 기회를 주어야 한다는 논리가 성립할 수 있다. 그리고 채무자의 불이행으로부터 그의 과책을 추론할 수 있을 뿐만 아니라 대체물의 급부를 목적으로 하는 계약이라면 귀책사유 없는 경우에 해제를 인정한다고 해서 당사자 사이의 이해관계에 특별한 문제가 생기지 않는다고 볼 여지도 없지 않다.

그러나 귀책사유를 배제하면 불이행이 「본질적」인지 여부가 관건인데, 고의의 계약위반에서 본질성을 부정하기 어려울 것이고, 과실도 기대이익의 박탈이 정당한지의 판단에 「예견가능성」의 형태로 반영될 것이어서, 귀책주의의 포기가 실질적으로 유의미한지 의문이다. 다른 한편 해제와 손해배상의 병존을 부정하던(이제는 2002년 개정된 제325조에 따라 병존이 가능하지만) 독일민법과 달리 제551조가 양자의 병존을 인정하는데, 귀책사유가 없는 경우에 해제가 허용됨에도 손해배상이 인정되지 않는 것은 자연스럽지 못하다. 나아가 계약의 목적이 부대체적인 물건의 급부인 경우(예컨대 부대체물인 제작물의 공급계약의 경우)에, 자기에게 책임 없는 사유로 인하여 지체에 빠진 채무자가 입을 수 있는 불이익16)을 어떻게 설명할 것인가? 이러한 경우에 지체에 대하여 책임 없는 채무자의 당초 의도와 달리(또는 그의 의사에 반하여) 계약의 효력을 소멸시키는 것이 옳다고 단정하기는 어렵다.

㉡ 한편 해제 일반에 관하여 귀책사유를 요하지 않는다는 주장을 일관한다면, 제538조 제1항 전문의 법리가 적용되어야 하는 경우(즉 채권자의 과책에 의하여 이행불능이 초래되었는데, 채무자에게는 과책이 없는 경우)에도 해제가 인정되어야 하는데, 이러한 결과가 정당하다고 하기는 어렵다.

---

13) 대판 2022.5.12. 2021다286116.

14) 대판 2022.9.29. 2019다204593: "본래채권이 시효로 인하여 소멸하였다면 그 채권은 그 기산일에 소급하여 더는 존재하지 않는 것이 되어 채권자는 그 권리의 이행을 구할 수 없는 것이고, 이와 같이 본래채권이 유효하게 존속하지 않는 이상 본래채무의 불이행을 이유로 계약을 해제할 수 없다고 보아야 한다. 결국 채무불이행에 따른 해제의 의사표시 당시에 이미 채무불이행의 대상이 되는 본래채권이 시효가 완성되어 소멸하였다면, 채무자가 소멸시효의 완성을 주장하는 것이 신의성실의 원칙에 반하여 허용될 수 없다는 등의 특별한 사정이 없는 한, 채권자는 채무불이행시점이 본래채권의 시효완성 전인지 후인지를 불문하고 그 채무불이행을 이유로 한 해제권 및 이에 기한 원상회복청구권을 행사할 수 없다."

15) 국제규범이 귀책사유를 요하지 않는 것이 그 뿌리에 해당하는 영미법의 엄격책임 그리고 지체에 빠진 계약의 해소를 쉽게 함으로써 대체거래를 할 수 있도록 한다는 점과 관련되지 않는지도 음미를 요한다.

16) 대체물의 거래에서 해제된 경우에 대체거래가 일반적으로 가능함과 달리, 여기서는 대체거래의 가능성이 배제된다.

[2514] ## 2. 부수의무 위반과 해제

가. 기본법리

채무불이행은 주된 급부의무의 위반이어야 하고, 부수의무의 위반은 특별한 사정이 없는 한 법정해제권을 발생시키지 않는다. CISG 제49조 제1항 (a)의 「본질적 계약위반」과 같은 명문의 제한이 민법에 없지만, 해제제도의 취지에 비추어 그렇게 새겨야 한다. 다만 외관상 부수의무라도 실질적으로 그것을 불이행함으로써 계약의 목적을 달성할 수 없다면 그 불이행이 해제권을 발생시킬 수 있고, 당사자 사이에 특별한 약정이 있으면 당연히 그에 의한다.17)

[2515] ### 나. 부수의무

(1) 채무자의 급부의무는 채권관계에 대하여 가지는 의미에 따라 주된 급부의무와 부수의무(附隨義務. 「기타의 행동의무」라고도 한다)로 나뉜다. 이 중 주된 급부의무는 이를 이행하지 않으면 채권관계의 목적이 달성될 수 없는 정도의 것으로 당해 채권관계의 유형 및 성질을 결정한다. 보통 명시적으로 합의되고, 쌍무계약에서 이 의무만이 상대방의 의무와 견련관계에 서며, 그 위반만이 (법정)해제권을 발생시킨다. 반면 부수의무는 계약의 목적을 달성하기 위하여 주된 급부의 준비, 확보 또는 완전한 실현에 이바지하는 의무로 주된 급부의무를 보충하는 의미를 가지며, 쌍무계약에서 이 의무는 상대방의 의무와 견련관계에 서지 않고, 그 위반이 해제권을 발생시키지도 않는다.

그런데 주된 급부의무와 부수의무가 미리 결정되는 것은 아니고, 계약당사자 사이의 구체적 상황에 따라 달라질 수 있다.18) 대결 1997.4.7. 97마575도 "계약상의 의무 가운데 주된 채무와 부수적 채무를 구별함에 있어서는 급부의 독립된 가치와는 관계없이 계약을 체결할 때 표명되었거나 그 당시 상황으로 보아 분명하게 객관적으로 나타난 당사자의 합리적 의사에 의하여 결정하되, 계약의 내용 · 목적 · 불이행의 결과 등의 여러 사정을 고려하여야 한다"고 했다.19)

(2) 부수의무는 법률의 규정 또는 계약에 명시적으로 정해져 있지 않더라도 채권관계로부터 당연히 발생하는데, 그 근거는 신의성실의 원칙이다(제2조 제1항 참조). 채무자뿐만 아니라 채권자도 부수의무를 부담하며,20) 그 범위는 채권관계의 종류에 따라 결정된다. 계속적 채권관계(임대차, 고용 등)의 부수의무는 단순한 매매에서보다 강하다. 그리고 부수의무는 당사자들의 강한 인적 유대를 수반하는 채권관계들(조합, 고용 등)에서 보다 큰 의미를 갖는다.

---

17) 대판 2012.3.29. 2011다102301.

18) 예컨대 물건의 포장의무는 통상 부수의무에 속하지만, 선물용으로 또는 이사를 위하여 포장센터에 포장을 의뢰하는 경우에 포장의무는 주된 급부의무에 속한다.

19) 부수의무에 관한 재판례를 본다. ㉠ 대판 2005.11.25. 2005다53705 · 53712는, 대기환경보전법상의 배출시설설치신고에 필요한 사양서 등 서류의 교부의무는 배출시설설치계약에서 설치업자의 주된 채무라 볼 수 없어서, 그 불이행을 사유로 한 계약해제는 효력이 없다고 하였다. 대판 1992.6.23. 92다7795 및 대판 1994.12.22. 93다2766도 참조. 반면 ㉡ 대판 2005.7.14. 2004다67011은, 분양회사가 상가분양 당시 층별 지정업종 및 품목을 중복되지 않게 정해놓고 수분양자들에게 분양을 원하는 층의 층별 지정업종의 범위 내에서 세부적인 취급품목을 지정하여 분양계약을 체결하고, 분양계약서에 「협의한 업종과 취급품목으로만 영업하여야 하며, 다른 업종이나 품목으로 변경하고자 할 경우에는 분양회사의 사전 서면승인을 받아야 하고, 수분양자가 위 계약을 위반할 경우에 분양회사는 계약을 해제할 수 있다」고 규정한 취지는, 경업금지를 분양계약의 내용으로 하여, 만약 분양계약 체결 이후라도 수분양자가 경업금지의 약정을 위배하는 경우에 분양계약을 해제하는 등의 조치를 취함으로써 기존점포를 분양받은 상인들의 영업권이 실질적으로 보호되도록 최선을 다할 의무를 부담하겠다는 것이므로, 분양회사의 이러한 경업금지의무는 상가분양계약의 목적달성에 필요불가결하고 이를 이행하지 않으면 분양계약의 목적이 달성되지 않아서 수분양자들이 분양계약을 체결하지 않았을 것이라고 여겨질 정도의 주된 채무라고 봄이 상당하다고 했다. 상가의 일부 층을 먼저 분양하면서 수분양자에게 장차 나머지 상가를 분양할 때 상가 내 기존업종과 중복되지 않는 업종을 지정하여 기존수분양자의 영업권을 보호하겠다고 약정한 경우에, 그 약정에 기한 영업권 보호채무를 분양계약의 주된 채무로 본 앞의 97마575 결정도 참조.

20) 예: 운송을 의뢰하면서 깨어지기 쉽거나 위험한 내용물을 고지할 의무.

(3) 소구가능성을 기준으로 부수의무는 주된 급부의무의 의무적합적 이행에만 이바지하는 비독립적(또는 종속적) 부수의무와 그 자신의 독립적인 목적을 추구하는 독립적 부수의무로 나뉜다. [2516]

① 비독립적 부수의무(예: 배려의무)에 대하여 채권자는 이행청구권을 가지지 않고, 따라서 이러한 의무가 이행되지 않더라도 채권자가 이행을 소구할 수 없지만, 채무자가 유책적으로 그러한 의무를 위반하였기 때문에 주된 급부가 제대로 이행되지 않은 경우에, 그는 채권자에 대하여 손해배상의무를 부담한다.

② 반면 채권자의 이익을 위하여 어떤 사실을 통지해야 할 고지의무나 보고의무(예: 제683조, 제738조, 제683조, 제707조, 제683조 등) 등의 독립적 부수의무에 대하여 채권자는 주된 급부의무와 독립하여(즉 그와 별도로) 부수의무 자체의 이행을 청구할 수 있는데, 채무자의 보고나 해명 또는 교시 등이 있은 후에야 비로소 채권자는 채무자에게 그가 취득한 것의 인도를 청구하거나 기계를 적절하게 사용할 수 있기 때문이다.

(4) 부수의무를 위반한 경우에, 그것이 독립적인 의미를 가지지 않으며 주된 급부의무의 위반에 포섭된다. 즉 그 위반에도 불구하고 주된 급부의무의 이행이 가능하다면 이행지체의 문제로, 그것이 불가능하다면 이행불능의 문제로 되고, 독립적 부수의무에서도 다르지 않다. 결국 부수의무의 위반은 (법정)해제권을 발생시키지 않는다.

3. 채무불이행의 유형별 검토 1: 이행지체의 경우 [2517]

가. 개 관

(1) 이행지체를 이유로 해제를 하기 위해서는 ❶ 채무자의 이행지체가 있을 것, ❷ 채권자가 상당한 기간을 정하여 이행을 최고할 것 및 ❸ 채무자가 최고기간이 지나도록 이행하지 않을 것의 요건이 갖추어져야 한다. 이들 중 ❷를 제외한 나머지를 살펴본다.

(2) 먼저 ❶과 관련하여, 이행지체가 채무자에게 책임 있는 사유에 기하고 또한 위법한 것이어야 한다. 앞에서 본 귀책사유의 문제를 제외하고 이들을 검토한다.

① 채무자가 동시이행의 항변권을 가지는 경우에 당연효 때문에 채무자를 이행지체에 빠지게 하기 위해서는 이행의 제공을 하여 그 항변권을 소멸시켜야 한다.[21] 이행청구의 경우와 달리 해제권을 행사하기 위해서는 한 번의 이행제공으로 충분함에 관하여 [2315] 참조.

② 가분적 채무의 일부지체에서 계약 전부를 해제하기 위해서는 부족분의 지체 때문에 계약의 목적을 달성할 수 없어야 한다.

(3) 한편 ❸과 관련하여, 최고기간이 지나도록 채무자가 이행하지 않으면 해제권이 발생하는데,[22] 최고를 요하지 않는 경우에는 이행지체가 있으면 곧바로 해제권이 발생하고, 이행거절의 경우에도 그 의사가 표시된 때에 해제권이 발생한다.

그런데 해제권이 발생한다고 해서 당연히 계약이 해소되는 것은 아니므로,[23] 해제권을 행사하기 전에 채무자가 이행 또는 이행제공을 하면(지체로 인하여 손해가 생긴 경우에는 손해도 아울러

---

21) 대판 2022.10.27. 2022다238053: "동시이행관계에 있는 반대급부의무를 지고 있는 채권자는 채무자의 변제의 제공이 없음을 이유로 계약해제를 하기 위하여는 스스로의 채무의 변제제공을 하여야 한다."

22) 다만 제반 사정에 비추어 보아 채무자가 최고기간 또는 상당한 기간 내에 이행하지 아니한 데에 정당한 사유가 있다고 여겨질 경우에 해제권 행사가 제한될 수 있다고 한 대판 2013.6.27. 2013다14880 · 14897도 참조.

23) 해제권을 행사하여야 비로소 계약이 효력을 잃는다.

배상하면서) 해제권은 소멸한다.[24]

[2518] **나. 최 고**

(1) 여기서 최고(催告)란 채권자가 채무자에 대하여 채무의 이행을 촉구하는 것을 말한다. 아직 이행이 가능하기 때문에 채무자에게 다시 한 번 이행할 기회를 주기 위한 것으로, 추완이 가능한 경우에만 최고가 유의미하다.[25] 이러한 사정을 고려하여 최고의 요건이 충족되었는지를 판단해야 한다.[26]

[2519] (2) 최고와 관련하여 검토할 점은 다음과 같다.

① 기한의 정함이 없는 채무에 대하여 이행청구(제387조 참조)를 한 경우에, 제544조의 최고를 다시 할 필요가 없다.

② 최고에는 이행해야 할 채무가 표시되어야 하지만, 채무자가 알 수 있을 정도로 표시하면 된다.[27]

그런데 과다최고(過多催告)는 부적법하지만,[28] 본래 급부해야 할 수량과의 차이가 비교적 작거나 채권자가 급부의 수량을 잘못 알고 과다한 최고를 한 것으로서 과다하게 최고한 진의가 본래의 급부를 청구하는 취지라면 최고는 본래 급부해야 할 수량의 범위 내에서 유효한 반면, 과다한 정도가 현저하고 청구한 금액을 제공하지 않으면 그것을 수령하지 않을 것이라는 채권자의 의사가 분명한 경우에 최고는 부적법하고 이러한 최고에 기한 계약의 해제는 효력이 없다.[29]

한편 과소최고(過少催告)의 경우에 채무의 동일성이 인정되면 최고에 표시된 수량에 대해서만 해제권이 발생하지만, 과소의 정도가 경미하다면 전액에 대하여 최고의 효과가 발생할 수도 있다.

[2520] ③ 상당한 기간을 정하는 방법으로 특정한 「기일」을 지정하여 그 기일에 이행할 것을 최고할 수도 있고,[30] 일정한 「기간」을 정하여 그 기간 내에 이행할 것을 최고할 수도 있다.[31]

그런데 상당한 기간은 채무자가 이행의 준비를 하고 이를 이행함에 필요한 기간을 말하는

---

24) 대판 1996.11.26. 96다35590 · 35606.

25) 불능이나 정기행위에서 최고가 요구되지 않는 것도 이 때문이다.

26) 최고에 관한 재판례를 본다. ㉠ 대판 2002.4.26. 2000다50497은, 최고되는 채무가 소유권이전등기의무처럼 채무의 성질상 채권자에게도 단순한 수령 이상의 행위를 하여야 이행이 완료되는 경우에 채권자가 이행의 완료를 위하여 필요한 행위를 할 수 있는 일시 · 장소 등을 채무자에게 알리는 최고를 해야 할 필요성은 있으나, 위와 같은 채무의 이행은 채권자와 채무자의 협력에 의하여 이루어져야 하므로, 채권자가 위와 같은 내용을 알리는 최고를 하지 않고 단지 언제까지 이행해야 한다는 최고만 했다고 하여 곧바로 그 이행최고를 계약해제를 위한 최고로서의 효력이 없다고 볼 수는 없고, 채권자가 위와 같은 최고를 한 경우에 채무자로서도 채권자에게 문의를 하는 등의 방법으로 확정적인 이행일시 및 장소의 결정에 협력해야 하며, 채무자가 이와 같이 하지 않고 만연히 최고기간을 도과한 때에는, 그에 이르기까지의 채권자와 채무자의 계약이행을 위한 성의(誠意), 채권자가 채무자에게 구두로 연락을 취하여 이행일시와 장소를 채무자에게 문의한 적이 있는지 등 기타 사정을 고려하여 위의 최고도 유효하다고 보아야 할 경우가 있을 수 있다고 하였다. ㉡ 대판 2001.4.10. 2000다64403은, 매도인이 매수인에게 이행을 최고한 잔대금채무의 액수가 매수인이 급부해야 할 정당한 금액이라면, 당사자 사이에 액수에 관한 다툼이 있어 항소심에 소송계속 중이었다는 이유만으로 매수인이 본래 급부해야 할 정당한 잔대금지급채무의 이행을 최고한 것을 가리켜 부적법한 이행최고라 할 수는 없고, 다만 소송의 경과나 당사자의 태도 등 제반 사정에 비추어 보아 매수인이 최고기간 내에 이행하지 아니한 데 정당한 사유가 있다고 여겨질 경우에는 신의칙상 최고기간 내에 이행 또는 이행의 제공이 없다는 이유로 해제권을 행사하는 것이 제한될 여지가 있을 것이라고 하면서, 매매잔대금채무의 액수에 관하여 다툼이 있어 쌍방항소로 항소심에 계속 중인 상태에서 제1심이 인용한 잔대금의 지급을 구한 최고가 조건부 최고로서 부적법하여 해제주장을 배척한 원심을 파기하였다. ㉢ 대판 2021.7.8. 2020다290804: "채무자의 급부불이행사정을 들어 계약을 해제하겠다는 통지를 한 때에는 특별히 그 급부의 수령을 거부하는 취지가 포함되어 있지 아니하는 한 그로써 이행의 최고가 있었다고 볼 수 있으며, 그로부터 상당한 기간이 경과하도록 이행되지 아니하였다면 채권자는 계약을 해제할 수 있다."

27) 매매계약 중 일부만 무효이고 나머지는 유효한 경우에, 일부이행이 무효임을 알리고 나머지 부분에 관하여 최고를 해야 한다는 대판 1992.4.14. 91다43527 참조.

28) 대판 1990.6.26. 89다카34022.

29) 대판 2004.7.9. 2004다13083.

30) 대판 1992.12.22. 92다28549 참조.

31) 대판 2001.5.8. 2001다6053 · 6060 · 6077 참조.

데, 상당한지 여부는 거래관행 및 신의칙에 의하여 결정된다. 기간의 상당성을 판단할 때 채무자의 질병과 같은 주관적 사정을 일반적으로 고려할 수는 없더라도 적어도 채권자가 알고 있는 사정은 고려되어야 할 것이다.[32]

그리고 기간이 상당하지 않더라도, 최고의 효과가 전혀 발생하지 않는 것이 아니라 상당한 기간이 경과한 때에 최고의 효과, 즉 해제권이 발생한다.[33] 이 점은 최고기간을 정하지 않은 경우에도 마찬가지이다. 즉 이행의 최고는 반드시 미리 일정기간을 명시하여 최고해야 하는 것은 아니며, 최고한 때부터 상당한 기간이 경과하면 해제권이 발생하고, 매도인이 매수인에게 중도금을 지급하지 않았으니 매매계약을 해제하겠다는 통고를 한 때에는 이로써 중도금지급의 최고가 있었다고 보아야 하며, 그로부터 상당한 기간이 경과하도록 매수인이 중도금을 지급하지 않았다면 매도인은 매매계약을 해제할 수 있다.[34]

(3) 일정한 경우에는 최고가 필요하지 않은데, 이 경우 이행지체가 있으면 곧바로 해제권이 발생한다. [2521]

① 먼저 이행거절(履行拒絕)의 경우를 본다(제544조 단서). 쌍무계약에서 당사자 일방이 미리 자기채무를 이행하지 않을 의사를 표명한 경우에, 상대방은 이행의 최고나 자기채무의 이행제공 없이 계약을 해제할 수 있는데,[35] 이행기가 도래하지 않았더라도 마찬가지이다.[36] 이러한 의사의 표명 여부는 해제시를 기준으로[37] 계약의 이행에 관한 당사자의 행동과 계약 전후의 구체적 사정 등을 종합적으로 살펴서 판단해야 한다.[38] 자세한 것은 [2283] 이하 참조.

② 정기행위(定期行爲), 즉 계약의 성질 또는 당사자의 의사표시에 의하여[39] 급부가 일정한 시각에 또는 일정한 기간 내에 행하여지지 않으면 계약의 목적을 달성할 수 없고 추완(追完)이 불가능한 경우에는 최고를 요하지 않는다(제545조). [2522]

정기행위의 경우에 이행기에 이행하는 것이 가능하지만, 급부실현 없이 이행기를 도과하면 이행불능이 성립하고,[40] 이 경우 최고하지 않으면 해제하지 못한다는 것은 무의미하므로, 최고를 요하지 않도록 한 것이다.

③ 당사자가 특히 최고를 하지 않고도 해제할 수 있다는 특약을 한 경우에, 채무자에게 이행지체의 책임이 있으면 해제한다는 것이므로 반드시 채무자에게 불이익을 강요하는 것으로 되지 않는다는 점을 이유로, 이를 인정하는 것이 학설의 일반적 입장이다(다만 약관법 제9조 참조).

---

32) 왜 최고가 요구되는지를 상기하라.

33) 최고는 일정기간 해제권의 발생을 유예한다는 의미도 가지는데, 그 취지에 따라 해제권의 행사까지 사이에 실제로 상당한 기간이 주어졌다면 최고의 효과가 발생한다고 해야 한다.

34) 대판 1994.11.25. 94다35930.

35) 선이행의무에 관한 대판 1990.3.9. 89다카29 참조.

36) 대판 1993.6.25. 93다11821.

37) 대판 1993.8.24. 93다7204.

38) 대판 2005.8.19. 2004다53173.

39) 계약의 성질에 따른 「절대적」 정기행위는 연주회장으로 보낼 화환의 주문처럼 일정한 시기가 지난 후에 급부하면 계약의 목적을 달성할 수 없다는 것이 계약의 객관적 성질로부터 알 수 있는 경우를 말한다. 그리고 당사자의 의사표시에 의한 「상대적」 정기행위는 면접일에 입기 위하여 양복을 맞추는 경우처럼 당사자가 표시한 목적에 의하여 약속한 기일에 이행되지 않으면 계약의 목적을 달성할 수 없다는 것을 알 수 있는 경우를 말한다.

40) 다만 상대적 정기행위의 경우에 채권자의 선택에 따라 이행불능으로 처리할 수도 있고, 채무자의 이행지체를 주장할 수도 있다.

[2523] 4. 채무불이행의 유형별 검토 2: 기타

가. 이행불능의 경우

(1) 계약당사자 일방의 채무가 이행불능으로 된 경우에, 상대방은 —이행기가 도래하기 전이라도— 불능으로 된 시점에 최고 없이 곧바로 계약을 해제할 수 있다(제546조). 이행불능의 경우에 추완(이행)을 전제로 하는 최고가 무의미하기 때문에 최고 없이 해제권이 발생한다. 나아가 매도인의 매매계약상의 소유권이전등기의무가 이행불능으로 되어 이를 이유로 매매계약을 해제하기 위하여, 상대방의 잔대금지급의무가 매도인의 소유권이전등기의무와 동시이행관계에 있더라도, 이행제공을 요하지 않는다.41)

(2) 이행불능은 채무자에게 책임 있는 사유에 기한 것이어야 하고, 채권자에게 책임 있는 사유로 인한 불능의 경우에 채권자는 해제를 하지 못한다.42) 참고로 채무자에게 책임 없는 사유로 인한 불능의 경우에는 위험부담이 문제된다.

(3) 채무의 일부가 이행불능인 경우에, 신의칙상 가능한 나머지 부분만으로도 계약목적의 일부를 달성할 수 있다면 계약 전부를 해제하지 못하고 불능부분만 해제할 수 있지만, 계약의 목적을 달성할 수 없다면 계약 전부를 해제할 수 있는데,43) 계약의 목적을 달성할 수 있는지는 당사자의 가정적 의사를 기초로 하여 판단된다.

[2524] 나. 그 밖의 유형

(1) 학설은 일반적으로 채무자에게 책임 있는 사유로 인하여 이행이 불완전한 경우, 특히 그로 인하여 부가적 손해가 발생한 경우를 제3의 채무불이행유형으로서 불완전이행(또는 적극적 채권침해)이라 하고, 이러한 경우에도 해제권이 발생한다고 한다. 즉 채무자가 채무의 이행으로 급부를 하였으나 채무의 내용을 좇은 것이 아닌 경우로 불완전이행을 넓게 파악하면서, 완전이행(추완)이 가능하다면 채권자는 상당한 기간을 정하여 추완을 최고하고 채무자가 그 기간 내에 추완하지 않으면 해제권이 발생하고(제544조의 유추), 추완이 불가능하다면 채권자는 최고를 하지 않고 바로 해제할 수 있다고 한다(제546조의 유추). 한편 물건의 인도를 목적으로 하는 채무의 경우에는 채무자의 하자담보책임 및/또는 확대손해에 기한 손해배상이 문제될 뿐 해제의 문제는 일어나지 않는다고 한다.

그러나 제3의 채무불이행유형을 불완전한 급부로 인하여 부가적 손해가 발생한 경우로 한정한다면([2364] 참조), 계약해제권이 발생하지 않는다고 할 것이다. 왜냐하면 보호의무 위반의 경우에 주로 부가적 손해의 배상이 문제되는데, 손해배상청구권을 인정하면 충분하고 그와 별도로 계약해제권을 인정할 필요가 없기 때문이다.44) 다만 계속적 채권관계에서 보호의무 위반으로 당사자들 사이의 신뢰관계의 기초가 파괴된 경우에, 예외적으로 계약해지권이 인정될 수 있다.

(2) 채권자지체로 인하여 해제권이 발생하는지에 관하여 견해가 나뉘지만, 민법상 이를 법정

41) 대판 2003.1.24. 2000다22850.

42) 대판 2011.1.27. 2010다41010 · 41027.

43) 신축 예정인 집합건물 중 특정점포에 관한 분양계약이 체결된 후 분양점포에 관한 소유권이전등기의무가 이행불능에 이른 경우에, 대지지분에 관한 소유권이전등기가 가능하더라도 분양계약상의 채무는 전부 이행불능상태에 이르렀다고 본 대판 1995.7.25. 95다5929 참조.

44) 불완전한 급부로 인하여 급부이익도 침해된 경우에 그로 인한 해제는 별개의 문제이다.

책임으로 이해할 것이기 때문에, 해제권이 발생하지 않는다고 해야 하는데([2204] 참조), 쌍무계약에서 반대채무의 불이행으로 인한 해제는 별개의 문제이다.

Ⅲ. 해제권의 행사 [2525]

1. 기본법리

(1) 해제권이 발생하였더라도 행사되지 않는 한 해제의 효과가 발생하지 않는다.[45] 참고로 상법 제68조는 확정기 매매에서 당사자 일방이 이행기에 이행하지 않은 경우에, 상대방이 즉시 이행을 청구하지 않으면 계약을 해제한 것으로 본다.

(2) 해제권의 행사는 상대방(또는 그의 계약상의 지위를 승계한 이)에 대한 의사표시로 하는데 [2526] (제543조 제1항), 계약에 기한 급부의 반환을 구하는 등 묵시적으로 행하여질 수도 있다. 그리고 재판상의 행위에 의해서도 행사할 수 있는데, 해제의 의사표시를 소 제기에 의하는 경우에 제척기간 내에 소장 부본이 상대방에게 송달되어야 하고,[46] 소 제기로 해제권을 행사한 경우에 그 후 소를 취하하더라도 해제권의 행사에는 영향이 없다.[47]

한편 해제의 의사표시를 철회하지 못한다(같은 조 제2항). 흔히 철회가 상대방의 이익을 부당하게 침해할 염려가 있기 때문이라고 하지만, 단독행위로서 해제의 의사표시가 상대방에게 도달하면 그것만으로 해제의 효과가 발생하므로(제111조 제1항) 주의적 규정으로 새겨야 한다.[48] 그런데 해제된 계약을 부활시키는 (묵시적) 합의가 가능하고, 해제권자가 착오나 사기를 이유로 해제의 의사표시를 취소할 수 있음은 당연하다.

(3) 해제의 의사표시에 조건이나 기한을 붙이지 못하는데, 이를 허용한다면 법률관계를 불확정하게 하여 상대방에게 불이익을 주기 때문이다(제493조 제1항 후문 참조). 다만 상대방의 불이익으로 되지 않는 조건을 붙이는 것은 무방하다. 예컨대 일정한 기간 내에 이행을 하지 않으면 계약은 당연히 해제된 것으로 한다는 이행청구는 그 기간 내에 이행이 없는 것을 정지조건으로 하여 미리 해제의 의사표시도 함께 한 것으로 볼 것이고,[49] 최고기간의 경과로 계약은 곧 해제된다.[50] 자동해제약정에 관하여 [2501] 참조.

(4) 해제권 행사의 범위를 본다. [2527]

① 일부불능과 같이 계약 일부의 채무불이행이 있는 경우에, 계약 전부를 해제할 수 있는지는 당사자의 가정적 의사를 기초로 계약의 목적을 달성할 수 있는지 여부를 살펴서 판단해야 한다.

② 하나의 계약 안에 복수의 부분계약이 존재하고 부분계약 중 어느 하나에 채무불이행이 있는 경우에, 「하나」의 계약이라는 점을 중시한다면 전부를 해제할 수 있는 반면, 「복수」의 부분계약의 결합이라는 점을 강조한다면 그 부분계약만 해제할 수 있음이 원칙이지만, 그와 밀접불가분의 관계에 있는 다른 계약도 해제할 수 있다고 할 것이다. 이러한 사정을 고려하여 부분계약들

45) 해제권을 행사하기 전에 채무자가 채무의 내용에 좇은 이행의 제공을 하면, 채권자가 이를 수령해야 한다.
46) 해지에 관한 대판 2000.1.28. 99다50712 참조.
47) 대판 1982.5.11. 80다916. [1060] 참조.
48) 해제의 의사표시가 상대방에게 도달하기 전에 「회수」할 수 있음은 별개의 문제이다.
49) 대판 1981.4.14. 80다2381.
50) 대판 1992.12.22. 92다28549.

이 「밀접불가분」의 관계에 있는지에 따라 결정되어야 한다.[51]

[2528] ### 2. 해제의 불가분성

(1) 계약당사자의 일방 또는 쌍방이 복수인 경우에, 그 전원으로부터 및/또는 전원에 대하여 해제의 의사표시를 하지 않으면 해제의 효과가 발생하지 않는다(제547조 제1항).[52] 이를 해제의 불가분성(不可分性)이라고 한다. 이에 따라 당사자 중 1인에 대하여 해제권이 소멸하면, 다른 당사자에 대해서도 해제하지 못한다(제2항).[53]

그런데 해제의 의사표시가 동시에 행해져야 함을 의미하지는 않는데, 따로 행하여지는 경우에 가장 늦게 해제표시가 도달한 때에 해제의 효력이 발생한다.

(2) 해제의 불가분성에 관한 제547조는 당사자 중 일부와의 사이에서만 해제를 인정한다면 해제에 따른 법률관계가 복잡하게 됨을 고려한 편의상의 「임의」규정으로, 당사자의 특약에 의하여 배제될 수 있다.[54]

제 2. 해제의 효과

[2529] ### 1. 총　　설

가. 서　　설

해제의 효과에 관한 고전적 이론구성으로, 해제에 의하여 계약의 효력이 소급적으로 소멸한다는 직접효과설, 해제가 있더라도 계약상의 채권관계는 그대로 존속하고 그 작용이 저지될 뿐이라는 간접효과설 및 해제는 소급효를 가지지 않으며 계약에 기한 채권관계는 해제시부터 장래에 향하여 소멸된다는 절충설 등이 있다. 종래 학설은 대개 직접효과설을 취했고 판례[1]도 같은 입장인데, 독일의 지배적 견해인 이른바 청산관계설(반환채무관계설)에 따라 이론구성해야 한다는 견해도 유력하다. 아래에서는 현재 국내에서 주장되고 있는 직접효과설(直接效果說)과 청산관계설(清算關係說)을 검토한다.

[2530] #### 나. 직접효과설

(1) 해제권의 행사로 계약은 「소급적으로」 효력을 상실하고, 계약에 기한 채권관계도 소급적

---

51) 계약의 결합에 관하여 [2567] 참조. 취소에 관한 대판 2013.5.9. 2012다115120도 참조.

52) 공동임대에 관한 대판 2015.10.29. 2012다5537 참조. 해제권을 준공유하는 경우에도 다르지 않다. 가령 매매계약의 일방당사자가 사망하였고 그에게 여러 명의 상속인이 있는 경우에 그 상속인들이 위 계약을 해제하려면, 상대방과 사이에 다른 내용의 특약이 있다는 등의 특별한 사정이 없는 한, 상속인들 전원이 해제의 의사표시를 해야 한다(대판 2013.11.28. 2013다22812).

53) 해제/해지의 불가분성에 관한 재판례를 본다. ㉠ 대판 1995.3.28. 94다59745는, 하나의 부동산을 여러 명이 공유하는 경우에 각 공유자는 지분을 자유롭게 처분할 수 있으므로, 공유자 전원이 공유물에 대한 소유지분 전부를 형식상 하나의 매매계약에 의하여 동일한 매수인에게 매도하는 경우라도 당사자들의 의사표시에 의하여 각 지분에 관한 소유권이전의무, 대금지급의무를 불가분으로 하는 특별한 사정이 없는 한 실질상 각 공유지분별로 별개의 매매계약이 성립되고, 일부공유자가 매수인의 매매대금지급의무 불이행을 원인으로 한 그 공유지분에 대한 매매계약을 해제하는 것은 가능하다고 했다. 다만 이러한 일반론과 달리, 당사자들의 의사표시에 의하여 각 지분에 관한 소유권이전의무, 대금지급의무를 불가분으로 하는 실질상으로도 하나의 매매계약이라고 보아 매도인 중 공유자 1인이 그의 지분비율에 상응하는 매매대금 중 일부를 매수인으로부터 지급받지 못하였더라도 이를 이유로 자신의 지분에 관한 매매계약부분만을 해제할 수는 없다고 하였다. ㉡ 대판 1992.6.9. 92다9579는, 수탁자의 사망으로 인하여 수탁자의 지위가 공동상속되었을 때 신탁해지의 의사표시가 공동상속인 중 일부에게만 이루어졌다면 신탁해지의 효과는 그 일부상속인에게만 발생하는 것이고, 이때 해제권의 불가분에 관한 제547조의 적용이 없고, 그 일부에 한하여 신탁해지의 효과가 발생하는 것일 뿐 수탁자나 수탁자의 지위를 승계한 사람이 여러 명이라 하여 전원에게 신탁해지의 의사표시를 동시에 해야만 효과가 발생하는 것은 아니라고 하였다.

54) 대판 1994.11.18. 93다46209.

1) 대판 1977.5.24. 75다1394; 대판 1982.11.23. 81다카1110.

으로 복멸된다고 한다. 따라서 미이행의 채무는 당연히 소멸하고, 이미 이행된 급부는 "법률상 원인"(제741조 참조)을 잃어 수령자는 부당이득으로 이를 반환할 의무를 진다고 한다.

그런데 계약이 해제되기 전에 당사자가 채무의 이행으로 등기나 인도까지 완료하여 이미 물권변동이 일어난 경우에, 상대방에게 이전되었던 물권이 계약의 해제로 당연히 복귀하는지에 관하여 견해가 나뉜다. 먼저 ① 물권행위의 무인성을 인정하는 채권적 효과설은, 해제는 채권행위의 효력을 소급적으로 소멸하게 할 뿐이고, 그 이행행위인 물권행위 및 그에 기초한 물권변동에 직접 영향을 미치지 않는다고 한다. 이 입장에 의하면, 해제로 인하여 이전된 물권이 당연히 복귀하지는 않고, 유효하게 이전된 물권 자체를 반환하는 등 원상회복시킬 의무가 발생할 뿐이다(따라서 제3자의 보호는 문제되지 않는다). 반면 ② 물권행위의 무인성을 부정하는 물권적 효과설은, 해제로 인하여 채권행위뿐만 아니라 그와 유인적 관계에 있는 물권행위의 효력도 소급적으로 소멸하기 때문에 이전되었던 물권은 당연히 복귀한다는 입장이다. 이에 따라 해제되기 전에 해제된 계약에 기하여 새로운 권리를 취득한 제3자의 보호가 문제되는바, 이러한 제3자의 권리 내지 거래의 안전을 보호하기 위하여 제548조 제1항 단서가 해제의 소급효에 일정한 제한을 가한다고 한다.

(2) 해제에서 원상회복은 부당이득의 반환이지만, 반환범위는 특칙인 제548조에 따라 채무자의 선 · 악의를 가리지 않고 선의수익자의 그것(제748조 제1항 참조)보다 확대된다고 한다. 그리고 원상회복은 법정채권관계이지만, 당사자 쌍방의 공평을 기하기 위하여 제549조는 동시이행의 항변권에 관한 제536조를 준용한다고 한다.

(3) 한편 제551조에서 말하는 손해배상은 채무불이행으로 인한 이행이익(履行利益)의 배상이라고 한다. 그런데 해제의 소급효를 형식적으로 관철한다면, 계약상의 채권관계를 소급적으로 소멸시키는 해제와 해제시까지 채권관계의 존속을 전제로 인정되는, 채무불이행으로 인한 손해배상을 양립시키는 것이 이론적으로 모순되는데, 해제로 인하여 기이행된 급부를 반환함으로써 이루어지는 원상회복만으로 계약이 해제될 때까지 당사자 일방이 입은 손해가 제거되지 않으므로, 형식논리를 떠나 실질적 공평의 관점에서 법이 해제와 손해배상의 양립을 인정하는 것이라고 한다.

다. 청산관계설 [2531]

(1) 해제권의 행사는 계약관계의 청산을 목적으로 하는데, 원계약상의 채권관계가 소급적으로 소멸하는 것이 아니라 「동일성을 유지한 채 장래에 향하여」 청산관계(반환채권관계)로 변용될 뿐이라고 한다. 따라서 해제권의 행사로 인하여 원계약상의 미이행채무는 장래에 향하여 소멸하지만, 기이행채무는 청산 내지 원상회복을 위한 반환채권관계로 바뀐다고 한다.

한편 계약이 해제되기 전에 당사자가 채무의 이행으로 등기나 인도까지 완료하여 이미 물권변동이 일어난 경우에, 해제에 의해서는 이미 급부받은 것의 반환의무가 생길 뿐이므로, 당사자의 반환행위가 있기까지 사이의 물권변동은 아무런 영향을 받지 않고 유효하다고 한다. 따라서 제3자 보호의 문제는 생길 여지가 없다고 한다.

(2) 해제에 의한 원상회복이 부당이득반환의 성질을 가지는 것이 아니라, 해제권 행사의 직접적 효과로서 청산의무, 즉 수령한 급부의 반환의무를 의미하는 것으로 새긴다. 왜냐하면 부당이득은 「채무자」의 종전상태를 염두에 두는 반면, 해제에서 원상회복은 「채권자」측의 계약 이전

상태의 회복을 목표로 하고 있어서 그 본질을 달리하기 때문이라고 한다. 즉 이미 계약상의 반대급부를 이행한 당사자가 자기채권이 만족되지 않았음을 이유로 계약을 해제함으로써 원상으로 돌아가 반대급부가 이행되지 않은 상태로의 회복을 구하는 것은 당연하고, 결코 법정채권관계일 수 없다고 한다. 그리고 해제권 행사로 인하여 변형된 반환채무관계는 원계약상의 채권관계의 발전·연장의 관계에 서는 것으로, 내용상의 변용에 불과하므로, 원상회복의무에 대하여 원래의 계약관계에 관한 규정(예: 동시이행의 항변권. 제549조 참조) 등이 적용되고, 보증인의 의무는 이에도 미친다고 한다.

(3) 해제권 행사로 인한 반환채무관계는 원계약상의 채무관계의 발전·연장선상에 있는, 내용상의 변용에 불과하기 때문에, 원상회복의무와 손해배상의무(제551조 참조)는 원래의 채권관계의 연속을 전제로 하고, 책임근거도 채무자의 귀책사유로 인한 채무불이행에 있다고 한다.

[2532] 라. 평 가

(1) 해제의 효과에 관한 이론구성은 무엇보다도 당사자의 의사와 부합해야 하고, 나아가 민법규정과 조화되어야 한다. 그런데 해지와 달리 계약을 해제하는 당사자의 의사는 아예 그 계약이 없었던 상태로 복귀시키려는 것이다.[2] 따라서 직접효과설이 타당하다고 판단된다. 한편 청산관계설은 ⓐ 해지의 장래효에 관한 제550조의 의미, ⓑ 현행법이 초안에 규정되지 않았던 제548조 제1항 단서를 부활한 취지, ⓒ 동시이행관계에 관한 제549조, 손해배상에 관한 제551조 및 이자 부가에 관한 제548조 제2항 등을 따로 규정하는 이유를 제대로 설명할 수 없다.

물론 직접효과설에 의하면 제551조가 일견 문제되지만, 해제에 의하여 —당사자의 의사에 따라— 계약의 「효력」만이 소급적으로 소멸될 뿐이고 계약 자체가 없었던 상태로 되돌려지는 것이 아니며, 특히 해제권을 발생시키는 비법률행위적·역사적 사실로서 채무불이행으로부터 발생한 손해배상채권관계까지 소급적으로 소멸시키는 것은 아니라고 하면 충분히 해결될 수 있다.[3] 실제로 이행지체로 인하여 지연손해가 발생한 경우에 해제권을 행사하는 당사자의 의사는 채권행위로서 계약의 「효력」을 없애는 것이지 지연손해의 배상을 포기하려는 것은 아니다. 한편 직접적 효과설 중 채권적 효과설은 제548조 제1항 단서의 의미를 도외시하기 때문에 받아들이기 곤란하다([5095]도 참조).

[2533] (2) 판례는 직접효과설 중 물권적 효과설을 따른다. 특히 대판 1977.5.24. 75다1394: "민법 제548조 제1항 본문에 의하면 계약이 해제되면 각 당사자는 상대방을 계약이 없었던 것과 같은 상태에 복귀케 할 의무를 부담한다는 뜻을 규정하고 있는바 계약에 따른 채무의 이행으로 이미 등기나 인도를 하고 있는 경우에 그 원인행위인 채권계약이 해제됨으로써 원상회복된다고 할 때 그 이론구성에 관하여 소위 채권적 효과설과 물권적 효과설이 대립되어 있으나, 우리 법제가 물권행위의 독자성과 무인성을 인정하고 있지 않은 점과 민법 제548조 제1항 단서가 거래안정을 위한 특별규정이라는 점을 생각할 때 계약이 해제되면 그 계약의 이행으로 변동이 생겼던 물권은 당연히 그 계약이 없었던 원 상태로 복귀한다."

(3) 아래에서 판례의 입장에 따라 해제의 효과를 구체적으로 살펴본다.

2) 일상에서 「물린다」는 표현이 가지는 의미를 고려하여.
3) 해제에도 불구하고 위약금약정이나 관할합의가 여전히 유효한 것도 이 때문이다.

2. 계약의 소급적 실효 [2534]

가. 계약적 구속으로부터의 해방

(1) 해제로 인하여 계약상의 채권·채무가 소급적으로 소멸하고, 당사자는 계약상의 의무를 면한다.[4] 일방당사자(A)의 계약위반을 이유로 한 상대방(B)의 계약해제 의사표시에 의하여 계약이 해제되었음에도 B가 계약이 존속함을 전제로 계약상 의무의 이행을 구하는 경우에, 「계약을 위반한 당사자」인 A도 당해 계약이 상대방의 해제로 소멸하였음을 들어 이행을 거절할 수 있다[5] 다만 매매계약이 해제된 후에도 매도인이 별다른 이의 없이 일부변제를 수령한 경우에, 특별한 사정이 없는 한 당사자 사이에 해제된 계약을 부활시키는 약정이 있었다고 해석함이 상당하고, 이러한 경우에 매도인으로서는 새로운 이행의 최고 없이 바로 해제권을 행사할 수 없다.[6]

(2) 해제되는 계약에 기하여 발생한 권리는 소멸하고, 경개에서 해제로 인하여 소멸하는 채권의 존재를 전제로 하여 소멸한 채권은 부활한다.[7]

(3) 주된 계약이 해제에 의하여 실효되면 종된 계약도 실효되지만,[8] 종된 계약 중 해제에 대비하기 위한 것(위약금약정이나 관할합의 등)은 해제에 의하여 소멸하지 않는다.

나. 계약의 이행으로 이전된 권리의 복귀 [2535]

(1) 해제는 채권행위의 효력을 소급적으로 소멸시키고, 그 결과 그와 유인적인 물권행위의 효력도 소급적으로 소멸하기 때문에, 해제로 인하여 이전되었던 물권은 당연히(부동산의 경우에 등기 없이) 복귀한다: 「물권적 효과설」.[9]

(2) 해제로 인하여 물권 등이 당연히 복귀함에 따라 해제되기 전에 해제된 계약에 기하여 새로운 권리를 취득한 제3자의 보호가 문제되는바,[10] 제3자의 권리 내지 거래의 안전을 보호하기 위하여 제548조 제1항 단서가 해제의 소급효에 일정한 제한을 가한다. 이에 관해서는 뒤에서 따로 살펴본다.

다. 원상회복의무 [2536]

(1) 계약이 해제되면 각 당사자는 상대방을 계약이 체결되지 않았으면 있었을 상태로 복귀시킬 의무를 부담한다(제548조 제1항 본문). 즉 각자는 자신이 수령한 것을 상대방에게 반환해야 한다. 다만 판례는 건축공사도급에서 예외를 인정한다.[11]

---

4) 대판 2001.6.1. 98다17930은, 채권에 대한 가압류는 제3채무자에 대하여 채무자에게의 지급금지를 명하는 것이므로 채권을 소멸 또는 감소시키는 등의 행위는 할 수 없고 그와 같은 행위로 채권자에게 대항할 수 없지만, 채권의 발생원인인 법률관계에 대한 채무자의 처분까지도 구속하는 효력은 없으므로, 채무자와 제3채무자가 아무런 합리적 이유 없이 채권의 소멸만을 목적으로 계약관계를 합의해제한다는 등의 특별한 경우를 제외하고는, 제3채무자는 채권에 대한 가압류가 있은 후라도 채권의 발생원인인 법률관계를 합의해제하고 이로 인하여 가압류채권이 소멸되었다는 사유를 들어 가압류채권자에 대항할 수 있다고 하였다. 대판 2000.4.11. 99다51685도, 제3채무자가 소유권이전등기청구권에 대한 압류명령에 위반하여 채무자에게 소유권이전등기를 경료한 후 채무자의 대금지급의무의 불이행을 이유로 매매계약을 해제한 경우에, 해제의 소급효로 인하여 채무자의 제3채무자에 대한 소유권이전등기청구권이 소급적으로 소멸함에 따라 이에 터 잡은 압류명령의 효력도 실효되는 이상 압류채권자는 처음부터 아무런 권리를 갖지 아니한 것과 마찬가지 상태가 되므로, 제3채무자가 압류명령에 위반되는 행위를 한 후에 매매계약이 해제되더라도 불법행위는 성립하지 않는다고 하였다.

5) 대판 2001.6.29. 2001다21441·21458.

6) 대판 1992.10.27. 91다483.

7) 상계에 의하여 소멸한 매매계약상의 채권이 상계 후 매매계약의 해제에 의하여 부활하는 경우에 관한 대판 1980.8.26. 79다1257·1258도 참조.

8) 주된 계약인 매매계약이 적법하게 해제된 이상 부수적인 사용대차계약인 대지사용승낙의 약정도 함께 실효되었다고 본 대판 1991.9.24. 91다9756·9763. 대판 1993.7.27. 93다20986·20993도 참조.

9) 대판 1977.5.24. 75다1394.

10) 채권적 효과설이나 청산관계설에 의하면 이러한 문제가 발생하지 않는다.

[2537] (2) 해제로 인한 원상회복은 부당이득반환의 성질을 가진다.[12]

① 반환의무의 범위에 관하여 제748조가 아니라 특칙인 제548조가 적용되며,[13] 따라서 이익의 현존 여부를 묻지 않고 받은 이익 전부를 상대방에게 반환해야 한다.[14] 한편 과실상계는 손해배상책임에 대하여 인정되므로, 계약의 해제로 인한 원상회복청구에 대하여 해제자가 해제의 원인이 된 채무불이행에 관하여 「원인」의 일부를 제공하였다는 등의 사유를 내세워 손해배상에서의 과실상계에 준하여 권리의 내용이 제한하는 것은 허용되지 않는다.[15]

② 원상회복의 방법으로 1차적으로 원물반환(등기명의의 회복, 채권의 양도통지 등)이고, 원물반환이 불가능하다면 가액반환을 해야 한다. 여기서의 가액은 채무불이행 당시의 목적물의 대가 또는 시가 상당액과 처분으로 얻은 이익이고, 그 가액에 이득일부터의 법정이자를 가산한 금액을 반환해야 한다.[16]

[참 고] 멸실·훼손 등으로 인하여 수령한 물건의 반환이 불가능한 경우에, 멸실·훼손이 반환의무자의 책임 없는 사유로 인한 것이라도 가액반환을 해야 하는지에 관하여 이를 부정하는 견해가 일반적이다. 그러나 해제에 따른 원상회복에서도 해제된 계약에 따른 이익조정이 유지되어야 할 것인데, 쌍무계약에서라면 인도에 의하여 위험이 이미 이전된 상태에서 물건이 멸실·훼손됨에 따른 불이익(그것이 반환의무자에게 책임 없는 사유로 인한 것이라도)을 반환청구자에게 지울 근거를 찾기 어려운 반면, 반환의무자로서도 반환청구자로부터 원상회복을 받을 수 있으므로 가액반환을 하더라도 불이익을 입지 않는다. 따라서 귀책사유 유무와 무관하게 가액반환을 해야 할 것이다.

한편 노무제공과 같이 원물반환이 성질상 불가능한 경우에는 이행 당시의 급부의 객관적 가액의 반환을 인정해야 할 것이다.

[2538] (3) 양 당사자 모두가 원상회복의무를 부담하는 경우에, 양 채무[17]는 동시이행의 관계에 선다(제549조). 따라서 금전반환채권자가 이행을 최고하였더라도, 그와 동시이행관계에 있는 목적물 및 과실의 반환의무의 변제 또는 그 제공이 없는 한 금전반환의무자가 이행지체에 빠지지 않고, 따라서 지연배상의무도 발생하지 않는다.

그럼에도 불구하고 제548조 제2항은 금전을 반환해야 하는 경우에 언제나 받은 날부터의 이자(법정이자)도 반환해야 한다고 규정한다. ① 여기서 가산되는 이자는 원상회복의 범위에 속하는 것으로 부당이득반환의 성질을 가지고, 반환의무의 이행지체로 인한 지연손해금이 아니다.[18] 따라서 이행지체에 빠지지 않더라도 당연히 이자를 지급해야 하고, 수령한 금전으로부터 실제로 이자를 수취하였는지는 문제되지 않는다. 같은 취지에서 금전 아닌 물건을 수령한 이는, 점유·사용한 기간 당해 재산으로부터 통상 수익할 수 있을 것으로 예상되는 이익, 즉 임료 상당액[19]

11) 대판 1997.2.25. 96다43454는, 건축공사도급계약이 공사 도중 해제된 경우에, 공사가 상당한 정도로 진척되어 원상회복이 중대한 사회적·경제적 손실을 초래하고 완성된 부분이 도급인에게 이익이 된다면, 도급계약은 미완성부분에 대해서만 실효되어 수급인은 해제된 상태 그대로 건물을 도급인에게 인도하고, 도급인은 건물의 기성고 등을 참작하여 인도받은 건물에 대하여 상당한 보수를 지급할 의무가 있다고 하였다. 대판 1994.11.14. 94다18584도 동지.

12) 대판 1996.4.12. 96다28892.

13) 각 당사자는 선의인데, 제748조 제1항에 따라 현존이익을 반환해야 한다면 각자의 재산운용의 결과가 상대방에게 전가됨에 따라 이해관계가 왜곡될 수 있다.

14) 대판 1998.12.23. 98다43175.

15) 대판 2014.3.13. 2013다34143. 자세한 것은 [2430] 참조.

16) 대판 2013.12.12. 2013다14675.

17) 손해배상의무도 포함함에 관하여 대판 1996.7.26. 95다25138 참조.

18) 대판 2003.7.22. 2001다76298.

또는 「수령한 날부터 수취한 천연과실(또는 그 가액) + 책임 있는 사유로 수취하지 못한 천연과실의 가액」을 반환해야 한다. 「운용이익」도 채권자가 목적물로부터 당연히 취득하였으리라고 인정되는 범위 내에서 반환되어야 한다.[20] 그리고 당사자 사이에 이자에 관하여 특별한 약정[21]이 있으면 그 약정이율이 우선 적용되고 약정이율이 없으면 민사 또는 상사 법정이율이 적용된다. 반면 ② 원상회복의무가 이행지체에 빠진 후의 기간에 대해서는 부당이득반환의무로서 이자가 아니라 반환채무에 대한 지연손해금이 발생하므로 여기에는 지연손해금률이 적용된다. 지연손해금률에 관해서도 당사자 사이에 별도의 약정이 있으면 그에 따라야 하고, 설사 그것이 법정이율보다 낮더라도 마찬가지이다.[22] 그런데 ③ 계약해제시 반환할 금전에 가산할 이자에 관하여 당사자 사이에 약정이 있는 경우에, 특별한 사정이 없는 한 이행지체로 인한 지연손해금도 약정이율에 의하기로 했다고 보는 것이 당사자의 의사에 부합한다.[23][24]

(4) 해제로 인한 원상회복의무는 이행기의 정함이 없는 채무이므로 원상회복청구권자의 반환 [2539]
청구(최고)가 있어야 비로소 이행지체에 빠지지만(제387조 제2항 참조),[25] 양 당사자의 원상회복의무가 동시이행관계에 있으므로, 원상회복청구권자가 자기채무의 이행 또는 제공을 하였음에도 상대방이 유책적으로 원상회복의무를 이행하지 않았어야 한다(제536조, 제390조 참조). 그런데 원상회복의무에 이자부가의무가 포함되는바, 원상회복의무가 이행지체에 빠지면 「금전 및 법정이자(최고에 의하여 확정된 액)」에 대한 지연이자도 지급해야 한다(제397조, 제379조). 한편 원상회복청구권은 장래의 채권이지만, 양도가능하다.[26]

(5) 해제된 계약의 보증인은 해제로 인한 원상회복의무(및 손해배상의무)까지 보증하는지에 관하여 대판 1972.5.9. 71다1474는 보증인의 책임이 원상회복의무에도 미친다고 하였다.[27]

3. 손해배상 [2540]

(1) 상대방의 채무불이행을 이유로 해제하는 경우에, 채권자는 자기채무를 면하고 또한 이행한 것을 반환받지만, 그것만으로 「불이행으로 인한」 손해가 전보되지 않는 경우도 있다.[28] 그래서 제551조는 해제와 손해배상의 양립을 인정한다.

---

19) 대판 2024.2.29. 2023다289720 참조.

20) 대판 2006.9.8. 2006다26328 · 26335.

21) 연체이율에 대한 약정을 뜻하지 않음에 관하여 대판 2003.10.23. 2001다75295 참조.

22) 대판 2013.4.26. 2011다50509.

23) 다만 대판 2009.12.24. 2009다85342는, 약정이율이 법정이율 이상인 경우에만 약정이율에 의한다고 하지만, 의문이 없지 않다([2446] 참조).

24) 원상회복의 범위에 관한 재판례를 본다. ㉠ 부동산매매계약이 해제된 경우에, 매도인의 매매대금반환의무와 매수인의 소유권이전등기말소등기절차 이행의무가 동시이행의 관계에 있는지와 관계없이 매도인이 반환해야 할 매매대금에 대하여 받은 날부터 민사법정이율인 연 5푼의 비율에 의한 법정이자를 부가하여 지급해야 하고, 이와 같은 법리는 약정된 해제권을 행사하는 경우라 하여 달라지는 것은 아니다(대판 2000.6.9. 2000다9123). ㉡ 계약해제로 인하여 계약당사자가 원상회복의무를 부담하는 경우에, 당사자 일방이 목적물을 이용하였다면 사용에 의한 이익을 상대방에게 반환해야 하므로, 양도인은 양수인이 양도목적물을 인도받은 후 사용하였더라도 양도계약의 해제로 인하여 양수인에게 사용에 의한 이익의 반환을 구함은 별론으로 하고, 양도목적물 등이 양수인에 의하여 사용됨으로 인하여 감가 내지 소모가 되는 요인이 발생하였더라도 그것을 훼손으로 볼 수 없는 한 감가비 상당은 원상회복의무로서 반환할 성질의 것은 아니다(대판 2000.2.25. 97다30066; 대판 1991.8.9. 91다13267). 그런데 대판 2021.7.8. 2020다290804은, 매매계약 해제의 경우에 매수인이 점유 · 사용한 기간 동안 재산으로부터 통상 수익할 수 있을 것으로 예상되는 이익, 즉 임료 상당액을 매수인이 반환해야 할 사용이익으로 보았다.

25) 원상회복청구권의 소멸시효는 해제시부터 진행함에 관하여 대판 1993.9.14. 93다21569.

26) 대판 1997.7.25. 95다21624.

27) 계약보증에 관한 대판 1999.3.26. 96다23306도 참조.

28) 어떤 물건을 시가 10만 원에 판 상인이 매수인의 채무불이행으로 계약을 해제하여 목적물을 교부할 채무를 면하였지만 그 사이에 목적물의 값이 떨어져 8만 원으로 되었다면, 2만 원의 손해가 남는다.

[2541] (2) 여기서의 손해배상은 해제 자체의 효과가 아니라 그 전제인 채무불이행의 효과로서, 배상범위도 이행이익(履行利益), 즉 채무자가 채무를 이행하였더라면 있었을 상태와 현재상태의 차액이다.[29] 그리고 해제시점에 따라 손해배상액이 달라질 수 있는데, 적시에 해제함으로써 손해의 확대를 피할 수 있었다는 점에 비추어 비교시점은 해제권을 행사할 수 있었던 때라고 해야 하지만, 학설은 대체로 해제시를 기준으로 한다.

그런데 판례는 예외적인 경우에 계약이 이행되리라고 믿고 지출한 비용의 배상[30]도 이행이익의 한도에서 구할 수 있다는 입장이다.

[참 고] 손해배상의 범위에 관한 재판례

㉠ 당초 대판 1983.5.24. 82다카1667은 "계약이 해제되었을 때에는 당사자는 상대방으로부터 받은 돈, 물건 등의 반환 등 서로 상대방을 원상으로 회복케 할 의무를 지고 있고 이 경우의 손해배상의 청구도 채무불이행으로 인한 손해배상과 다를 것이 없으므로 전보배상으로서 그 계약의 이행으로 인하여 채권자가 얻었을 이익, 즉 소위 이행이익을 손해로서 청구하여야 하고 그 계약이 해제되지 아니하였을 경우 채권자가 그 채무의 이행으로 소요하게 된 비용, 즉 소위 신뢰이익의 배상을 청구할 수는 없는 법리"라고 하였다.[31]

㉡ 그러나 대판 1992.4.28. 91다29972가 "계약의 일방당사자가 상대방의 이행을 믿고 지출한 비용인 이른바 신뢰이익"의 배상을 구할 수 있다는 입장을 취한 이후 같은 취지의 판결이 반복되고 있다.

특히 이행이익의 배상과 신뢰이익의 배상을 선택적으로 인정한 대판 2002.6.11. 2002다2539: "채무불이행을 이유로 계약해제와 아울러 손해배상을 청구하는 경우에 그 계약이행으로 인하여 채권자가 얻을 이익 즉 이행이익의 배상을 구하는 것이 원칙이지만, 그에 갈음하여 그 계약이 이행되리라고 믿고 채권자가 지출한 비용 즉 신뢰이익의 배상을 구할 수도 있다고 할 것이고, 그 신뢰이익 중 계약의 체결과 이행을 위하여 통상적으로 지출되는 비용은 통상의 손해로서 상대방이 알았거나 알 수 있었는지의 여부와는 관계없이 그 배상을 구할 수 있고, 이를 초과하여 지출되는 비용은 특별한 사정으로 인한 손해로서 상대방이 이를 알았거나 알 수 있었던 경우에 한하여 그 배상을 구할 수 있다고 할 것이고, 다만 그 신뢰이익은 과잉배상금지의 원칙에 비추어 이행이익의 범위를 초과할 수 없다."[32] 그런데 이 판결은 채권입찰제 방식의 아파트 분양에서 주택채권을 액면가로 매입하였다가 액면가에 미달하는 금액으로 매각한 후 분양자의 채무불이행[33]으로 인하여 아파트 분양계약이 해제된 경우에, 주택채권의 매입가와 시세에 상당하는 매각대금의 차액을 신뢰이익의 배상으로 청구할 수 있다고 하였는데, 아파트를 취득하기 위한 매수인의 출연이 아파트의 분양대금만이 아니라 위의 차액을 포함하는 것으로 본다면 차액은 이행이익의 범주에 포섭될 수 있다.

㉢ 계약해제와 관련하여 판례가 언급하는 「신뢰이익」은 제535조가 규정하는 개념(즉 계약이 무효임에도 불구하고 유효라고 믿음에 따른 손해)과 구별되어야 한다. 즉 손해의 종류가 아니라 손해산정의 방법(이행이익의 증명이 곤란한 경우에 증명을 용이하게 하기 위한)에 관한 것이다.[34] 그래서인지 최근 "신뢰이익"이라는 용어 대신 "지출비용 상당"이라는 표현이 사용된다.[35]

그런데 추상적 손해산정의 한 모습으로서 지출비용의 배상은 이행이익의 범위를 넘을 수 없다. 따라서 채권자가 계약의 이행으로 얻을 수 있는 이익이 인정되지 않는 경우라면, 채권자에게 배상

29) 매매계약이 해제되었다면, 매매대금에서 목적물의 현재의 시가 상당액의 차액이 배상되어야 한다.
30) 이를 신뢰이익의 배상이라 하기도 한다.
31) 이행이익의 배상을 인정한 예로 대판 2012.10.11. 2010다3162 참조.
32) 대판 2007.1.25. 2004다51825도 동지.
33) 일조나 조망 등 생활이익 침해가 수인한도를 넘는 것이었다.
34) 지출비용의 배상에 관하여 [2424] 참조.
35) 대판 2016.4.15. 2015다59115 참조.

해야 할 손해가 발생하였다고 볼 수 없으므로, 당연히 지출비용의 배상을 청구할 수 없다.[36)]

(3) 손해배상의 범위는 제393조에 의하여 산정되며, 손해배상액의 특약이 있는 경우에는 그 에 의한다. [2542]

(4) 손해배상의 지급을 청구한 때부터 지연이자가 발생한다. 한편 손해배상청구권의 시효기간은 10년이고, 해제된 계약상의 채권을 행사할 수 있는 때부터 진행한다.

4. 제3자의 보호 [2543]

(1) 계약의 이행으로 이전되었던 물권 등이 해제로 인하여 당연히 복귀함에 따라 제3자의 권리 내지 거래의 안전을 보호하기 위하여 제548조 제1항 단서가 해제의 소급효에 일정한 제한을 가한다. 즉 해제 전에 법률행위를 통하여 계약당사자로부터 물권 또는 대항력 있는 권리(예: 대항력 있는 임차권)를 취득한 이는 위 규정에 의하여 보호된다. 그 결과 제3자가 소유권을 취득하였다면 채권자는 채무자에 대하여 가액배상을 구할 수밖에 없고, 제3자가 제한물권을 취득하였다면 채권자는 제한물권의 부담 있는 소유권을 회복하고[37)] 그로 인한 손해에 관하여 채무자로부터 가액배상을 받을 것이다.

판 례 대판 1982.11.23. 81다카1110

㉮ 사실관계 및 사건의 경과는 다음과 같다: ⓐ Y는 그 소유의 甲 부동산을 A에게 매도하고, 잔금 미지급상태에서 소유권을 넘겨주는 대신 자신을 권리자로 하는 매매예약에 기한 가등기를 마쳤는데, 이 가등기는 A가 잔금채무를 지체하여 매매계약이 해제되는 경우에 甲의 소유권을 회복하기 위한 목적으로 마쳐졌다. ⓑ 甲에 관하여 X 명의로 이전등기가 마쳐진 후 Y가 A의 채무불이행을 이유로 매매계약이 해제되었음을 이유로 가등기에 기한 본등기를 경료하였고, X 명의의 등기가 직권말소되었다. ⓒ X가 Y를 상대로 위 본등기의 말소를 구하였다; ⓓ 원심은 X의 청구를 인용하였으나, 대법원은 이를 파기하였다.

㉯ 대법원은 ⓐ "매매계약이 해제되면 그 계약의 이행으로 변동이 생겼던 물권은 당연히 그 계약이 없었던 원 상태로 복귀하나, 매매계약 해제 이전에 매매목적물에 관하여 제3자에게 소유권이전등기가 경료된 뒤에 계약이 해제된 경우에는 계약해제의 효과로서 당연히 그 소유권이 매도인에게 복귀하지 않으므로 매도인은 소유권에 기하여 매수인 명의의 소유권이전등기의 말소를 청구할 수 없다"는 입장([2535] 참조)을 전제로, ⓑ "부동산등기법 제3조에서 말하는 청구권이란 동법 제2조에 규정된 물권 또는 부동산임차권의 변동을 목적으로 하는 청구권을 말하는 것이라 할 것이므로 부동산등기법상의 가등기는 위와 같은 청구권을 보전하기 위해서만 가능하고 이 같은 청구권이 아닌 물권적 청구권을 보존하기 위해서는 할 수 없"지만, "매매계약 당시 계약당사자 사이에 계약이 해제되면 매수인은 매도인에게 소유권이전등기를 하여 주기로 하는 약정이 있는 경우에는 매도인은 그 약정에 기하여 매수인에 대하여 소유권이전등기절차의 이행을 청구할 수 있다 할 것이고 이 경우의 매도인의 소유권이전등기청구권은 물권변동을 목적으로 하는 청구권이라 할 것이므로 이러한 청구권은 가등기에 의하여 보전될 수 있"다고 하면서,[38)] ⓒ "가등기는 본등기의 순위를 보전하는 효력이 있어 후일 가등기에 기한 본등기가 마쳐진 때에는 가등기 후 본등기 전에 이루어진 중간처분은 실효되는 것이므로 매매계약 해제시 원상회복방법으로 매도인에게 소유권이전등기를 하기로 하는 약정에 따른 청구권을 보전하기 위한 가등기가 된 경우에도 그 가등기 후 본등기 전에 된 제

36) 대판 2017.2.15. 2015다235766.

37) 말소등기가 불가능하므로 진정명의 회복을 위한 소유권이전등기에 의하여.

38) Y는 물권적 청구권과 채권적 청구권인 원상회복청구권을 모두 가진다.

3자 명의의 소유권이전등기는 후일 가등기에 기한 본등기가 마쳐지면 말소를 면할 수 없다 할 것인바, 위와 같은 가등기의 경료 후에 매매계약당사자가 아닌 제3자가 취득한 권리는 이미 이루어진 가등기에 의하여 보전된 청구권에 기한 본등기가 마쳐지면 실효될 가능성을 띤 상태에서 취득한 권리라고 할 것이고 그 제3자의 지위는 가등기에 의하여 순위가 보전된 매도인의 권리보다 앞설 수는 없다 할 것이며 또 위와 같이 매매계약당사자 사이의 약정에 의하여 생긴 매도인의 소유권이전등기청구권은 계약해제의 소급효 그 자체에 의하여 생긴 것이 아니므로 그 등기청구권의 실현과 계약해제의 소급효 제한에 관한 민법 제548조 제1항 단서의 규정과는 직접적으로 관련이 없"다고 하였다.

㉰ 해제에 따른 본등기와 가등기에 기한 본등기는 별개의 것으로, 전자에서의 전득자의 보호는 제548조 제1항 단서의 문제인 반면, 후자에 기한 진정한 권리자의 보호는 부동산등기법의 문제이다.

[2544] (2) 제3자에 관하여 본다.

① "제3자"는 해제의 의사표시가 있기 전에 해제된 계약에 기하여 생긴 법률관계를 기초로 하여 새로운 권리를 취득한 이를 말하는데, 상대적 무효/취소에서의 제3자의 범위([1228] 및 [1227] 참조)와 다르지 않다. 제3자의 권리의 기초가 되는 법률관계가 해제 외의 사유로 인하여 무효라면 보호받지 못함도 마찬가지이다.

② X와의 계약에 기한 Y의 권리를 승계취득한 A가 공시방법이나 대항요건을 갖추지 못했다면 A는 채권적 지위를 가질 뿐이고, 이러한 A의 지위는 X와 Y 사이의 계약의 해제와 무관하다.[39] 따라서 제548조 제1항 단서에 의한 보호를 받기 위하여 A가 등기나 점유와 같은 공시방법이나 대항요건을 갖춘 완전한 권리자여야 한다. 판례의 입장도 같다.[40]

③ 뿐만 아니라 제548조 제1항 단서는 계약상의 채무가 완전히 이행된 상태에서 계약이 해제되어 원상회복을 할 경우에, 계약상의 채무를 이행받은 이로부터 이행된 대로의 권리가 있음을 신뢰하여 새로운 권리를 취득한 이 또는 그와 유사한 지위에 있는 이를 보호하기 위한 규정이므로, 해제된 계약에 기한 채무가 완전히 이행되기 전에 계약당사자로부터 권리를 취득한 이는 위 규정에 의한 보호를 받지 못한다. 즉 위 규정에 의한 임차인의 보호는 매수인이 완전한 소유권을 취득한 경우에 한하고, 매수인 명의의 등기가 경료되지 않은 상태에서 매수인이 임대한 경우에 임차인은 보호받지 못한다.[41]

④ 요컨대 해제된 계약에 기한 채무가 완전히 이행되고, 그를 기초로 새로운 이해관계를 가진 이도 완전한 권리를 갖춘 경우에 제548조 제1항 단서가 작동한다.

[2545] (3) 제548조 제1항 단서 소정의 제3자에 관한 중요한 재판례를 살펴본다.

① 위 규정에 의하여 보호되는 제3자를 본다.

ⓐ 대판 2003.8.22. 2003다12717은, 계약해제로 인하여 소유권을 상실한 임대인으로부터 계약이 해제되기 전에 주택을 임차받아 주택의 인도와 주민등록을 마침으로써 주택임대차법 제3조 제1항에 의한 대항요건을 갖춘 임차인은 제548조 제1항 단서에 따라 계약해제로 인하여

39) X와 Y의 계약이 해제되더라도 제569조에 따라 Y와 A의 채권계약의 효력은 영향을 받지 않는다.

40) 대판 2005.1.14. 2003다33004: "제548조 제1항 단서에서 말하는 제3자란 일반적으로 그 해제된 계약으로부터 생긴 법률효과를 기초로 하여 해제 전에 새로운 이해관계를 가졌을 뿐 아니라 등기, 인도 등으로 완전한 권리를 취득한 자"를 말한다.

41) 대판 1990.12.7. 90다카24939.

권리를 침해받지 않는 제3자에 해당하므로 임대인의 임대권원의 바탕이 되는 계약의 해제에도 불구하고 자신의 임차권을 새로운 소유자에게 대항할 수 있고, 이 경우 계약해제로 소유권을 회복한 이는 같은 법 제3조 제2항에 따라 임대인의 지위를 승계한다고 했다. 즉 계약을 해제한 채권자는 제548조 제1항 단서에 따라 대항력 있는 임차권의 부담 있는 소유권을 회복하여 임대인의 지위에 편입되고,[42] 임대차가 종료되면 임차인에 대한 보증금반환의무를 부담한다.

ⓑ 아직 등기를 마치지 않은 매수인으로부터 매매목적부동산을 임차하여 대항요건을 갖춘 [2546] 임차인이 제548조 제1항 단서의 보호를 받을 수 있는가? 이에 관하여 대판 2008.4.10. 2007다38908 · 38915는 "주택임대차보호법이 적용되는 임대차로서는 반드시 임차인과 주택의 소유자인 임대인 사이에 임대차계약이 체결된 경우에 한정된다고 할 수는 없고, 주택의 소유자는 아니지만 주택에 관하여 적법하게 임대차계약을 체결할 수 있는 권한(적법한 임대권한)을 가진 임대인과 사이에 임대차계약이 체결된 경우도 포함되고, 매매계약의 이행으로 매매목적물을 인도받은 매수인은 그 물건을 사용 · 수익할 수 있는 지위에서 그 물건을 타인에게 적법하게 임대할 수 있으며, 이러한 지위에 있는 매수인으로부터 매매계약이 해제되기 전에 매매목적물인 주택을 임차받아 주택의 인도와 주민등록을 마침으로써 주택임대차보호법 제3조 제1항에 의한 대항요건을 갖춘 임차인은 민법 제548조 제1항 단서의 규정에 따라 계약해제로 인하여 권리를 침해받지 않는 제3자에 해당하므로 임대인의 임대권원의 바탕이 되는 계약의 해제에도 불구하고 자신의 임차권을 새로운 소유자에게 대항할 수 있다"고 하였고,[43] 대판 2009.1.30. 2008다65617도 같은 취지이다.

반면 대판 1995.12.12. 95다32037은, 주택매매계약에 부수하여 매매대금 수령 이전에 매수인에게 임대권한을 부여한 경우에 매매계약의 해제를 해제조건으로 한 것으로 보고, "매도인으로부터 매매계약의 해제를 해제조건부로 전세권한을 부여받은 매수인이 주택을 임대한 후 매도인과 매수인 사이의 매매계약이 해제됨으로써 해제조건이 성취되어 그때부터 매수인이 주택을 전세 놓을 권한을 상실하게 되었다면, 임차인은 전세계약을 체결할 권한이 없는 자와 사이에 전세계약을 체결한 임차인과 마찬가지로 매도인에 대한 관계에서 그 주택에 대한 사용수익권을 주장할 수 없게 되어 매도인의 명도청구에 대항할 수 없게 되는바, 이러한 법리는 임차인이 그 주택에 입주하고 주민등록까지 마쳐 주택임대차보호법상의 대항요건을 구비하였거나 전세계약서에 확정일자를 부여받았다고 하더라도 마찬가지"라고 하였다.

그런데 매수인이 소유권이전등기를 경료하여 완전한 권리를 취득하기 전이라면 주택의 소유자인 매도인으로부터 별도의 임대권한을 부여받은 경우에 한하여 해제에도 불구하고 그 권한을 신뢰한 임차인이 보호된다고 할 것이다.[44] 반면 별도의 임대권한을 부여받지 않은 매수인이 임대한 경우에, 그가 매매계약에 따른 사용수익권에 기초하여 임대할 수 있더라도 그 권한은 임대인에 대한 채권적인 것에 불과하다([2664]도 참조). 즉 해제 전에도 임대인은 채권적 지위를 가질 뿐이므로, 이를 기초로 한 임차인은 (임대인=매수인의 채권관계의 상대방인) 매도인에 대하여 임차권

42) 그 부담에 해당하는 부분에 관하여 「채무자」로부터 가액배상을 받을 수 있다.

43) 아파트 수분양자가 분양자로부터 열쇠를 교부받아 임차인을 입주케 하고 임차인이 주택임대차법상 대항력을 갖춘 후, 수분양자가 분양계약상 아파트 입주를 위하여 요구되는 의무를 다하지 못하여 분양계약이 해제되어 수분양자가 주택의 소유권을 취득하지 못하더라도 임차인은 「아파트소유자인 분양자에 대하여」 임차권으로 대항할 수 있다고 한 사례.

44) 앞의 95다32037 판결처럼 해제조건부로 임대권한을 부여받은 경우에 그렇지 않음은 물론이다.

을 주장할 수 있지만, 제3자(예: 대위소송을 제기한 매도인의 채권자나 제3취득자)에 대해서는 그 지위를 주장할 수 없다고 해야 한다.45)

한편 미등기매수인이 매도인의 동의를 얻어 제3자에게 임대하였는데 임차인이 「대항력을 갖추지 못한」 경우에 매매계약이 해제되면 그 권리를 보호받을 수가 없음은 당연하다.46)

[2547] ⓒ 그 밖에 해제된 교환계약의 목적물을 전득한 이,47) 계약해제 전 해제된 계약에 의하여 채무자의 책임재산이 된 계약의 「목적물」을 가압류한 가압류채권자,48) 실권특약부 매매계약에 기하여 매수인 앞으로 소유권이전등기가 경료된 후 매수인에 대한 체납처분의 일환으로 압류등기를 경료한 이,49) 매수인과 매매예약을 체결한 후 그에 기한 소유권이전청구권 보전을 위한 가등기를 마친 이50) 등도 제548조 제1항 단서에서 말하는 제3자에 포함된다.

[2548] ② 제548조 제1항 단서에 의하여 보호되지 않는 제3자를 본다.

ⓐ 먼저 대판 2003.1.24. 2000다22850은, 계약상의 채권을 양수한 이는 제548조 제1항 단서의 제3자에 해당하지 않는다고 하였다. 즉 계약이 해제된 경우에 계약해제 이전에 해제로 소멸하는 채권을 양수한 이는 계약해제의 효과에 반하여 자신의 권리를 주장할 수 없음은 물론이고, 나아가 특단의 사정이 없는 한 채무자로부터 이행받은 급부를 원상으로 회복할 의무가 있다고 하였다.51) 대판 2000.8.22. 2000다23433도, 계약이 해제되기 전에 계약상의 채권을 양수하여 이를 피보전권리로 하여 처분금지가처분결정을 받은 경우에, 그 권리는 채권에 불과하고 대세적 효력을 갖는 완전한 권리가 아니라는 이유로 그 채권자는 해제의 소급효가 미치지 않는 제3자에 해당하지 않는다고 하였다. 해제된 계약에 기한 채권(예: 소유권이전등기청구권) 자체를 압류하거나 전부받은 채권자도 같다.52)

[2549] 이러한 태도는 「가장」채권이 양도된 경우에 양수인은 제108조 제2항 소정의 제3자에 해당한다는 점([1234] 참조) 및 계약의 「목적물」을 가압류한 가압류채권자는 제548조 제1항 단서에 의하여 보호된다는 점([2547] 참조)과 다른데, 무효인 가장행위와 달리 해제권이 형성권에 속하고, 제3자에게 대항할 수 없다면 채권양도로 인하여 채무자의 해제권을 박탈하는 결과로 될 수 있음에서 그 근거를 찾을 수 있다.53) 한편 채권이 양도된 후에 양도인이 계약을 해제할 수 있고, 이때 양수인의 동의를 요하지 않으며, 양수인의 불이익은 담보책임에 의하여 해결될 수 있다.54)

[2550] ⓑ 대판 2014.2.13. 2011다64782는 "미등기 무허가건물의 매수인은 소유권이전등기를 마치지 않는 한 건물의 소유권을 취득할 수 없고, 소유권에 준하는 관습상의 물권이 있다고도 할

45) 임차인이 대항요건도 구비하지 않은 경우에 관한 것이기는 하지만 뒤의 90다카24939 판결 참조.

46) 대판 1990.12.7. 90다카24939: 건물매수인이 건물의 소유권을 취득하지 못한 채 매도인의 동의를 얻어 제3자에게 임대하였으나 매수인(임대인)의 채무불이행으로 매도인이 매매계약을 해제하고 임차인에게 건물의 인도를 구하는 경우에, 「대항력을 갖추지 아니한 상태」에서는 매매계약이 해제되어 소급적으로 실효되면 그 권리를 보호받을 수가 없다는 점 등을 근거로 임차인의 건물인도의무와 매수인(임대인)의 보증금반환의무를 동시이행관계에 두는 것은 오히려 공평의 원칙에 반한다고 한 사례.

47) 대판 1997.12.26. 96다44860.

48) 대판 2000.1.14. 99다40937. 대판 2005.1.14. 2003다33004도 동지.

49) 대판 2000.4.21. 2000다584.

50) 대판 2014.12.11. 2013다14569.

51) 「A로부터 건물을 분양받은 X가 분양대금 일부를 A에게 지급 → A가 분양대금채권을 Y에게 양도한 후 X가 Y에게 잔금 지급 → 위 건물에 근저당권설정등기 외에 여러 개의 압류 및 가압류등기가 있고 A가 무자력상태에 빠지자 X가 A의 이전등기의무가 불능으로 되었음을 들어 분양계약을 해제하고 Y를 상대로 분양대금의 반환청구」의 사안에서, X의 청구를 인용한 사례.

52) 대판 2000.4.11. 99다51685. 계약의 「목적물」을 가압류한 경우에 그렇지 않음은 앞서 본 바와 같다.

53) 취소권에 관한 [4245]도 참조.

54) 앞의 2000다23433 판결 참조.

수 없으며, 현행법상 사실상의 소유권이라고 하는 포괄적인 권리 또는 법률상의 지위를 인정하기도 어렵다. 또한, 무허가건물관리대장은 무허가건물에 관한 관리의 편의를 위하여 작성된 것일 뿐 그에 관한 권리관계를 공시할 목적으로 작성된 것이 아니므로 무허가건물관리대장에 소유자로 등재되었다는 사실만으로는 무허가건물에 관한 소유권 기타의 권리를 취득하는 효력이 없다. 따라서 미등기 무허가건물에 관한 매매계약이 해제되기 전에 매수인으로부터 해당 무허가건물을 다시 매수하고 무허가건물관리대장에 소유자로 등재되었다고 하더라도 건물에 관하여 완전한 권리를 취득한 것으로 볼 수 없으므로 민법 제548조 제1항 단서에서 규정하는 제3자에 해당한다고 할 수 없다"고 하였다.

ⓒ 그 밖에 「토지」를 매도하였다가 대금지급을 받지 못하여 매매계약을 해제한 경우에 토지 위에 신축된 「건물」의 매수인,[55] 물권변동의 성립요건을 갖추지 못한 전득자,[56] 제3자를 위한 계약의 수익자도 여기서 말하는 제3자가 아니다.

[참 고] 대판 2021.8.19. 2018다244976은 "제3자를 위한 계약에서도 낙약자와 요약자 사이의 법률관계(기본관계)에 기초하여 수익자가 요약자와 원인관계(대가관계)를 맺음으로써 해제 전에 새로운 이해관계를 갖고 그에 따라 등기, 인도 등을 마쳐 권리를 취득하였다면, 수익자는 민법 제548조 제1항 단서에서 말하는 계약해제의 소급효가 제한되는 제3자에 해당한다고 봄이 타당하다"고 하여 일견 학설의 일반적 입장과 다른 판시를 하였다.

그런데 기본관계를 기초로 비로소 대가관계가 성립한 경우에 수익자를 전득자와 차별화할 이유가 없다는 점에서 판시 자체에 일반론으로서의 가치를 부여할 수 있다. 다만 방위사업의 일환으로 건조 중이던 군함과 그에 탑재된 함포가 침수되자, 선박건조업체(요약자)와 대한민국(수익자) 사이에 현물변상계약이 체결되고 그 후 요약자와 장비생산업체(낙약자)가 방위사업청(수익자)을 위하여 침수된 것과 동일한 함포를 제작·납품하기로 하는 함포납품계약을 체결하였는데, 함포가 납품된 후 낙약자가 대금지급 지체를 이유로 함포납품계약을 해제한 사안에 관한 판시인데, 여기서는 대가관계(현물변상계약)가 먼저 성립한 후 이를 이행하기 위하여 기본관계(함포납품계약)가 성립하였다는 점에서 위 판시의 일반론이 적용될 사안이 아니다. 다만 제3자를 위한 계약이 해제되면 부당이득은 낙약자와 요약자 사이에의 문제로 요약자가 반환의무를 부담한다는 점([3233] 참조)에서 결론 자체는 정당하다고 할 수 있다.

(4) 해제에서 법률행위의 흠 때문에 법률행위의 효력이 소급적으로 소멸하는 것은 아니므로, 상대적 무효/취소와 달리 제3자의 선·악의는 문제될 여지가 없다.[57] [2551]

그런데 거래의 안전을 위하여 해제의 의사표시가 있은 후 해제를 원인으로 하는 말소등기가 있기 전에 이해관계를 가진 「선의」의 제3자도 보호된다.[58] 즉 계약당사자의 일방이 계약을 해제하면 계약은 소급적으로 소멸하여 당사자들은 원상회복의 의무를 지는데, 이때 계약해제로 인한 원상회복등기 등이 이루어지기 전에 계약의 해제를 주장하는 이와 양립될 수 없는 법률관계를 가지고 계약해제사실을 몰랐던 제3자에 대해서는 계약해제를 주장할 수 없는바, 이러한 법리는 실

55) 대판 1991.5.28. 90다카16761. 참고로 대판 1993.7.27. 93다20986·20993은, A가 그 소유의 토지에 관하여 B로 하여금 건물을 신축하는 데 사용하도록 승낙하였고 B가 이에 따라 건물을 신축하여 C 등에게 분양하였다면 A는 위 건물을 신축하게 한 원인을 제공했다 할 것이므로, 이를 신뢰하고 136세대에 이르는 규모로 견고하게 신축한 건물 중 각 부분을 분양받은 C 등에게 위 토지에 대한 B와의 매매계약이 해제되었음을 이유로 그 철거를 요구하는 것은 비록 그것이 위 토지에 대한 소유권에 기한 것이라도 신의성실의 원칙에 비추어 용인될 수 없다고 하였는데, 제548조 제1항 단서에 의한 보호를 받을 수 없어서 신의칙이 적용되었다.

56) 합의해제에 관한 대판 1991.4.12. 91다2601 참조.

57) 대판 2010.12.23. 2008다57746.

58) 대판 2000.4.21. 2000다584.

권약관부 매매계약이 실권약관에 의하여 소급적으로 실효된 경우에도 같다.[59] 이처럼 제3자의 범위가 확장되는 경우에 해제를 주장하는 이가 제3자의 악의를 증명해야 한다.[60]

제 3 관 약정해제와 합의해제

[2552] Ⅰ. 약정해제

(1) 계약을 체결하면서 장래의 사정변경에 대비하기 위하여 특약으로 해제권을 유보하는 것은 당사자의 자유에 속한다. 특히 계약금이 교부된 경우에 해제권이 유보된 것으로 해석(의사추정)된다(제565조).

그런데 계약서에 명문으로 위약시의 법정해제권의 포기 또는 배제를 규정하지 않은 이상 계약당사자 중 어느 일방에 대한 약정해제권의 유보 또는 위약벌에 관한 특약의 유무 등은 채무불이행으로 인한 법정해제권의 성립에 영향을 미치지 않는다.[1]

(2) 해제권을 유보할 뿐만 아니라 그 행사방법이나 행사해야 할 시기 등에 대해서도 특약을 한 경우(이것이 통상적이다)에, 그 특약을 따라야 한다. 그런데 약정해제권의 행사방법에 관하여 특약이 없으면 상대방에 대한 의사표시로 하고(제543조 참조), 해제의 불가분성에 관한 제547조도 적용된다.[2]

(3) 약정해제의 효과는 원상회복의무가 생기는 점에서 법정해제와 같지만,[3] 채무불이행에 의한 것이 아니므로 일반적으로 손해배상의 효과는 생기지 않는다(제565조 제2항 참조)[4] 따라서 제551조는 적용되지 않는다. 반면 약정해지 · 해제권을 유보하면서 손해배상책임에 관하여 약정한 경우에 그에 따라야 함은 물론이다.[5]

(4) 약정해제권의 소멸에 관하여 [2504] 이하 참조. 그런데 계약금의 교부에 의하여 해제권이 유보된 경우에 당사자의 일방이 이행에 착수하면 해제권이 소멸하지만(제565조 제1항), 그 밖의 경우에는 중도금 지급 후라도 약정해제권을 행사할 수 있다.[6]

[2553] Ⅱ. 합의해제

1. 의 의

계약당사자 쌍방이 기존의 계약의 효력을 새로운 계약에 의하여 소급적으로 소멸하게 하는

59) 대판 1996.11.15. 94다35343.
60) 대판 2005.6.9. 2005다6341.
1) 대결 1990.3.27. 89다카14110.
2) 반면 법정해제를 전제로 하는 제544조 내지 제546조가 적용되지 않음은 당연하다.
3) 다만 제565조에 기한 해제에서는 그 성질상 원상회복이 문제되지 않는다.
4) 대판 1983.1.18. 81다89 · 90(계약조항상의 「부수적 의무」 위반을 이유로 한 약정해제권이 유보될 수 있음도 밝혔다).
5) 대판 2016.4.15. 2015다59115는 "계약상대방의 채무불이행을 이유로 한 계약의 해지 또는 해제는 손해배상의 청구에 영향을 미치지 아니하지만(민법 제551조), 다른 특별한 사정이 없는 한 그 손해배상책임 역시 채무불이행으로 인한 손해배상책임과 다를 것이 없으므로, 상대방에게 고의 또는 과실이 없을 때에는 배상책임을 지지 아니한다(민법 제390조). 이는 상대방의 채무불이행과 상관없이 일정한 사유가 발생하면 계약을 해지 또는 해제할 수 있도록 하는 약정해지 · 해제권을 유보한 경우에도 마찬가지이고 그것이 자기책임의 원칙에 부합한다"고 하면서, "계약의 내용이 통상의 경우와 달리 어느 일방에게 무거운 책임을 부과하게 하는 경우에는 계약문언은 엄격하게 해석하여야 하므로, 당사자의 고의 또는 과실과 무관한 사유를 약정해지 또는 해제사유로 정한 경우에 그 사유로 계약을 해지 또는 해제하면서 귀책사유와 상관없이 손해배상책임을 지기로 한 것이 계약내용이라고 해석하려면, 계약의 내용과 경위, 거래관행 등에 비추어 그렇게 인정할 만한 특별한 사정이 있어야 한다"고 했다.
6) 대판 1979.9.25. 79다832 · 833 참조.

경우에, 그 새로운 계약이 해제계약(解除契約)이고, 계약소멸의 관점에서 이를 합의해제(合意解除)라고 한다.[7]

이러한 계약이 인정됨은 계약자유의 원칙상 당연하며, 해제계약은 단독행위인 해제와 구별된다. 그리고 합의해제에는 계약 일반의 법리가 적용된다.

2. 요　건 [2554]

(1) 해제계약이 성립하기 위하여 계약으로서의 일반적 성립요건 및 유효요건을 갖추어야 한다.[8] 즉 기존계약의 효력을 소급적으로 소멸시키기로 하는 내용의 서로 대립하는 의사표시가 합치되어야 하고, 이러한 합의가 성립하기 위하여 쌍방당사자의 표시행위에 나타난 의사의 내용이 서로 객관적으로 일치해야 한다. 그런데 원상회복 등 중요한 사항에 관하여 약정하지 않은 경우에 계약의 합의해제를 인정함에 신중해야 한다.[9]

(2) 계약의 합의해제는 묵시적으로 이루어질 수도 있는데, 묵시적인 합의해제가 인정되려면 계약이 체결되어 일부가 이행된 상태에서 당사자 쌍방이 장기간에 걸쳐 나머지 의무를 이행하지 않음으로써 이를 방치한 것만으로 부족하고, 당사자 쌍방에게 계약을 실현할 의사가 없거나 계약을 포기할 의사가 있다고 볼 수 있을 정도에 이르러야 하고, 이때 당사자 쌍방이 계약을 실현할 의사가 없거나 포기할 의사가 있었는지는 계약이 체결된 후의 여러 가지 사정을 종합적으로 고려하여 판단해야 한다.[10]

3. 효　과 [2555]

(1) 합의해제의 효과는 합의의 내용에 따라 결정되고, 제543조 이하가 적용되지 않는다.[11] 특히 해제에 따른 원상회복 및 손해배상의 범위에 관한 합의가 있다면 그에 의한다.[12]

(2) 합의해제의 경우에도 해제된 계약에 기하여 이전된 소유권은 등기 없이 당연히 복귀한다.[13] 원인행위의 소급적 실효가 물권행위에 대하여 유인적이기 때문이다.

---

7) 계약소멸의 효과가 소급효를 가지지 않으면 해지계약, 합의해지로 된다.

8) 대판 2002.4.12. 2000다17834 참조.

9) 계약을 합의해제할 때 원상회복에 관하여 반드시 약정을 해야 하는 것은 아니지만, 대판 2007.11.29. 2006다2490 · 2506은 "매매계약을 합의해제하는 경우에 이미 지급된 계약금, 중도금의 반환 및 손해배상금에 관하여는 아무런 약정도 하지 아니한 채 매매계약을 해제하기만 하는 것은 우리의 경험칙에 비추어 이례에 속하는 일"이라고 하였다. "당사자 사이에 계약을 종료시킬 의사가 일치되었더라도 계약 종료에 따른 법률관계가 당사자들에게 중요한 관심사가 되고 있는 경우 그러한 법률관계에 관하여 아무런 약정 없이 계약을 종료시키는 합의만 하는 것은 경험칙에 비추어 이례적이고, 이 경우 합의해지가 성립하였다고 보기 어렵다"고 한 대판 2018.12.27. 2016다274270 · 274287도 참조. 대판 2010.7.29. 2010다699도 "다수당사자 사이에서 경개계약이 체결된 경우 일부당사자만이 경개계약을 합의해제하더라도 이를 무효라고 볼 수는 없고, 다만 그 효과가 경개계약을 해제하기로 합의한 당사자들에게만 미치는 것에 불과하다. 그런데 일부당사자만이 경개계약을 합의해제하게 되면 그들 사이에서는 구채무가 부활하고 나머지 당사자들 사이에서는 경개계약에 따른 신채무가 여전히 효력을 가지게 됨으로써 당사자들 사이의 법률관계가 간명하게 규율되지 않는 경우가 발생할 수 있고, 경개계약을 합의해제하는 당사자들로서도 이러한 문제를 해결하는 것이 중요한 관심사가 될 터이므로 이에 관한 아무런 약정이나 논의 없이 그들 사이에서만 경개계약을 해제하기로 합의하는 것은 경험칙에 비추어 이례에 속"한다고 했다.

10) 대판 2011.2.10. 2010다77385. 합의해지에 관한 대판 2000.3.10. 99다70884도 동지. 그 밖에 대판 2007.6.15. 2004다37904 · 37911; 대판 2002.1.25. 2001다63575도 참조.

11) 대판 1997.11.14. 97다6193.

12) 대판 1996.2.27. 95다43044.
계약이 합의해제된 경우에 해제시에 당사자 일방이 상대방에게 손해배상을 하기로 특약하거나 손해배상청구를 유보하는 의사표시를 하는 등 다른 사정이 없는 한 채무불이행으로 인한 손해배상을 청구할 수 없는데(대판 1989.4.25. 86다카1147 · 1148), 그와 같은 손해배상의 특약이 있었다거나 손해배상청구를 유보하였다는 점은 이를 주장하는 당사자가 증명해야 한다(대판 2013.11.28. 2013다8755). 대판 2021.5.7. 2017다220416도 같은 취지의 판시에 덧붙여 "원래의 계약에 있는 위약금이나 손해배상에 관한 약정은 그것이 계약내용이나 당사자의 의사표시 등에 비추어 합의해제 · 해지의 경우에도 적용된다고 볼 만한 특별한 사정이 없는 한 합의해제 · 해지의 경우에까지 적용되지는 않는다"고 하였고, 대판 2003.1.24. 2000다5336 · 5343은, 합의해지의 효력은 합의의 내용에 의하여 결정되고 제548조 제2항은 적용되지 않으므로, 당사자 사이에 약정이 없는 이상 합의해지로 인하여 반환할 금전에 그 받은 날부터의 이자를 가할 의무가 있는 것은 아니라고 하였다.

그런데 「계약의 상대효」에 따라 해제계약이 그 당사자 아닌 제3자에게 영향을 미칠 수 없음은 당연하다. 판례는 제3자 보호에 관한 제548조 제1항 단서를 끌어들여 같은 결론에 이르는데,[14] 불필요하게 우회로를 거친 것으로 보인다.

제 4 관 계약의 해지

[2556] ### Ⅰ. 총 설

1. 계속적 계약

(1) 임대차, 고용 등 그에 기하여 일정기간 계속하여 급부를 실현할 의무가 발생하는 계약, 즉 그에 기한 급부의 실현이 지속성을 가지는 계약을 계속적 계약(繼續的 契約)이라 한다.[1)]

(2) 계속적 계약은 특정상대방과의 동종의 거래를 반복하는 유형으로, 지속성[2)] 또는 의존의 정도에 따라 다양한 모습이 있는데, 특히 의존도가 높은 경우(예컨대 부품업체의 경우)에 우월적 지위의 남용(대금지급의 지연, 일방적인 해지/거래중단 등)에 대한 규제가 필요하다.

(3) 계속적 계약에서 당사자들 사이에 강한 인적 신뢰관계가 존재한다. 따라서 주관적으로라도 신뢰관계가 파괴되면 각 당사자가 언제든지 계약을 종료시킬 수 있는 반면(제635조, 제660조, 제689조 등), 계약의 갱신 또는 존속기간의 연장에 관하여 약정을 하거나[3)] 법정갱신이 규정되는 경우가 적지 않다(주택임대차법 제10조 참조). 그리고 채권관계가 일정기간 계속되므로 그동안의 사정변경을 고려할 필요가 있으며, 계약의 해소가 소급적인 해제에 의해서가 아니라 장래에 대하여 효력을 가지는 해지에 의한다는 점(제550조) 등의 특질을 가진다는 점에서 일시적 계약과 구별된다.

[2557] (4) 한편 계속적 공급계약(繼續的 供給契約)이란 매도인이 일정기간 또는 부정기간 매수인에게 일정한 종류·품질을 가진 물건을 계속적으로 공급할 것은 내용으로 하는 매매를 말한다(예: 가스·수도·전기 등의 공급). 계속적 공급계약은 이른바 분할공급계약과 구별되는데, 후자는 「하나」의 매매계약이지만 그 이행방법이 특이할 뿐이다.

계속적 공급계약의 특징으로, 위에 열거된 것 외에, 서로 대립하는 매회의 급부 상호간에 이행상의 견련관계가 인정되지만, 나아가 지난번의 급부가 없었음을 이유로 이번 또는 다음번의

---

13) 대판 1982.7.27. 80다2968은, 매매계약이 합의해제된 경우에 매수인에게 이전되었던 소유권은 당연히 매도인에게 복귀하므로, 합의해제에 따른 매도인의 원상회복청구권은 소유권에 기한 물권적 청구권이고 이는 소멸시효의 대상이 아니라고 하였다.

14) 대판 2005.6.9. 2005다6341은 "계약의 합의해제에 있어서도 민법 제548조의 계약해제의 경우와 같이 이로써 제3자의 권리를 해할 수 없다"고 하면서, 계약해제시 계약은 소급적으로 소멸하여 해약당사자는 각 원상회복의 의무를 부담하는데, 이때 계약해제로 인한 원상회복등기 등이 이루어지기 전에 해약당사자와 양립되지 않는 법률관계를 가지게 되었고 계약해제사실을 몰랐던 제3자에 대해서는 계약해제를 주장할 수 없고, 제3자가 악의라는 사실의 주장·증명책임은 계약해제를 주장하는 이에게 있다고 하였다. 대판 2004.7.8. 2002다73203도 "상속재산 분할협의가 합의해제되면 그 협의에 따른 이행으로 변동이 생겼던 물권은 당연히 그 분할협의가 없었던 원상태로 복귀하지만, 민법 제548조 제1항 단서의 규정상 이러한 합의해제를 가지고서는, 그 해제 전의 분할협의로부터 생긴 법률효과를 기초로 하여 새로운 이해관계를 가지게 되고 등기·인도 등으로 완전한 권리를 취득한 제3자의 권리를 해하지 못한다고 보아야 한다"고 했다. 한편 대판 1996.4.12. 95다49882는, 아파트 분양신청권이 전전매매된 후 최초의 매매당사자가 계약을 합의해제한 경우에, 그 분양신청권을 전전매수한 이는 설사 그가 백지매도증서, 위임장 등 제반 서류를 소지하고 있더라도 완전한 권리를 취득한 것이라고 할 수 없고, 또한 매매계약을 합의해제한 다음 이를 회수하지 않았다고 하여 그에 대하여 매매계약의 해제를 주장할 수 없는 것은 아니라고 하였는데, 계약상 채권을 양도받았을 뿐이어서 제548조 제1항 단서의 제3자에 해당하지 않는다.
참고로 대판 2007.12.27. 2007도5030은 "계약자유의 원칙상 당사자들의 약정으로 종전의 해제된 계약을 부활시키는 것은 적어도 그 계약당사자 사이에서는 가능하나, 이러한 약정이 종전의 해제된 계약을 부활시키는 것을 내용으로 하는 것이라도 그 자체로서는 종전의 해제된 계약과 별개의 새로운 법률행위인 이상, 종전 계약의 해제 여부에 관하여 이해관계를 갖는 제3자에 대한 관계에서도 종전의 계약이 해제로 실효된 바 없이 계속 효력을 유지하고 있었던 것이라고 주장할 수는 없다"고 하였다.

1) 이와 달리 그에 기한 급부가 1회적으로 이행되는 통상의 계약을 「일시적 계약」이라고 한다.

2) 예컨대 하나의 기본계약을 전제로 개개의 행위시마다 개별계약을 체결하는 유형과 사실상 동종거래가 반복되는 유형.

3) 대판 2010.7.15. 2010다30041 참조.

반대급부를 거절할 수 있다는 점을 들 수 있다.

2. 해지의 의의 [2558]

계속적 계약관계에서 해제에 의하여 계약의 효력이 소급적으로 소멸한다면 원상회복관계가 매우 복잡하게 된다.[4] 오히려 이러한 경우에 그 효과를 계약체결시로 소급하여 발생시킬 필요가 없고, 장래에 향하여 효력이 없는 것으로 하면 충분하다. 이와 같이 계속적 계약관계에서 일방적 의사표시로 계약의 효력을「장래에 향하여」소멸케 하는 행위를 해지(解止)라 하고, 해지할 수 있는 권리를 해지권(解止權)이라고 한다. 결국 해지는 소급효가 없다는 점에서 해제와 다르다.[5]

Ⅱ. 해 지 권 [2559]

1. 해지권의 발생

(1) 해제권과 마찬가지로 해지권도 법률의 규정에 의하여 또는 당사자의 특약에 의하여 발생하는바(제543조 제1항), 전자가 법정해지권(法定解止權)이고, 후자가 약정해지권(約定解止權)이다.

(2) 법정해지권을 본다. [2560]

① 법은 존속기간의 정함이 없는 경우에 당사자가 언제든지 해지할 수 있다고 규정하기도 한다.[6]

② 나아가 ⓐ 계약의 목적을 달성할 수 없는 경우(예: 제625조, 제627조 제2항), ⓑ 당사자 사이의 특별한 신뢰관계가 파괴된 경우(예: 제610조 제3항, 제629조 제2항, 제637조, 제640조, 제657조, 제658조, 제663조), ⓒ 부득이한 사유가 있는 경우(예: 제661조, 제689조 제2항, 제698조, 제720조)[7]에 해지권이 인정된다.

③ 명문규정은 없더라도 채무불이행이 있거나 계약의 존속을 기대할 수 없는 중대한 사유가 있으면 해지권이 발생한다. 대판 2002.11.26. 2002두5948은, 계속적 계약은 당사자 상호간의 신뢰관계를 기초로 하므로, 당해 계약의 존속 중에 당사자의 일방이 그 계약상의 의무를 위반함으로써 그로 인하여 계약의 기초가 되는 신뢰관계가 파괴되어 계약관계를 그대로 유지하기 어려운 정도에 이른 경우에, 상대방은 계약관계를 곧바로 해지함으로써 그 효력을 장래에 향하여 소멸시킬 수 있다고 봄이 타당하다고 했다.[8] 이때 계약관계를 유지하기 어려운 정도에 이른 사정에 관하여 계약관계의 해소를 주장하는 이가 증명해야 한다.[9]

---

4) 고용계약이 소급적으로 실효됨에 따라 지금까지 주고받은 것을 전부 원래대로 되돌려야 하는 경우의 복잡함과 번거로움을 생각하여 보라.

5) 대판 1996.7.26. 96다14616은, 영업허가권 및 시설물 일체를 매매하면서 매수인이 계약금을 지급하고 잔금지급 전에 목적물을 인도받아 이를 사용 · 수익하면서 잔금에 대한 이자 상당액으로서 매월 일정금액 및 인도받은 날부터 그 업소와 관련하여 아직 영업허가 등의 명의가 매도인에게 남아있는 관계로 매도인 앞으로 부과되는 제세 공과금, 임대료 및 관리비 등 건물주가 청구하는 일체의 금원을 지급하기로 한 경우에, 그 계약의 법적 성격은 단순한 매매가 아니라 매매계약과 매매계약금을 임차보증금으로 하고 월차임을 잔금에 대한 이자 상당액으로 하는 임대차계약이 혼합된 계약으로 봄이 상당하므로, 그 계약이 매도인의 귀책사유로 이행불능되어 매수인이 이를 해제하였더라도 계약으로 생겼던 법률효과가 모두 소급적으로 소멸한다고는 할 수 없고, 계약 중 임대차계약의 성질을 가진 부분은 이행불능시까지 이미 완전히 목적을 달성하였으므로 그 이행불능으로 해지된 것으로서 장래에 향해서만 계약관계가 종료되었다고 보았다.

6) 예: 제603조 제2항, 제613조 제2항 단서, 제635조 제1항, 제639조 제1항 단서, 제659조 제1항, 제660조 제1항, 제662조 제1항 단서, 제689조 제1항, 제716조 제1항.

7) 신뢰관계 파괴를 포함할 수 있음에 관하여 대판 2004.2.27. 2003다51675 참조.

8) 계약의 존속을 기대할 수 없는 중대한 사유에 관하여 대판 2013.4.11. 2011다59629 참조.

9) 대판 2015.4.23. 2011다19102 · 19119.

[2561] (3) 한편 계속적 채권관계를 발생시키는 계약을 맺으면서 당사자의 일방 또는 쌍방이 해지권을 유보하는 특약을 할 수 있고(제636조 참조), 이에 기하여 계속적 계약관계를 일방적으로 중단시킬 수 있다.

(4) 그 밖에 판례는 사정변경을 이유로 한 해지를 인정한다: "사정변경으로 인한 계약해지는, 계약 성립 당시 당사자가 예견할 수 없었던 현저한 사정변경이 발생하였고 그러한 사정변경이 해제권을 취득하는 당사자에게 책임 없는 사유로 생긴 것으로서, 계약내용대로 구속력을 인정한다면 신의칙에 현저히 반하는 결과가 생기는 경우에 계약준수원칙의 예외로서 인정된다."[10)]

[2562]

2. 해지권의 행사

형성권으로서 해지권의 행사는 해제에서와 같으며, 특별히 설명할 것이 없다.[11)]

[2563]

Ⅲ. 해지의 효과

(1) 계약이 해지되면, 그 계약은 장래에 향하여 효력을 잃는다(제550조). 이를 장래효(將來效)라 하는데, 소급효가 인정되는 해제와 근본적으로 다르다. 그러나 계약의 해지가 손해배상의 청구에 영향을 미치지 않는 점은 해제와 같다(제551조). 그런데 계속적 계약관계의 특성에 따라 해지를 자유롭게 할 수 있는 당사자가 계약을 해지하는 경우에도 손해배상책임이 발생할 수 있다(특히 제689조 제2항 참조).

(2) 해지를 하면 당사자들은 지금까지 계속되었던 관계를 청산할 의무(예: 임대차에서 목적물을 반환할 의무)를 부담하는데, 이 청산의무는 해제에서의 원상회복의무와 다르다. 즉 계약상의 의무의 연장으로 볼 것이다.

10) 대판 2011.6.24. 2008다44368. 이른바 KIKO 사건에 관한 대판(전) 2013.9.26. 2012다13637; 대판(전) 2013.9.26. 2013다26746도 동지.

11) 대판 2008.9.25. 2006다62492 · 62508: "계약해지의 의사표시는 반드시 그 상대방에게 명시적으로 하여야 하는 것은 아니고 묵시적으로 할 수도 있는바, 법정 혹은 약정 해지사유가 발생한 경우에 당사자가 경매신청 등 계약의 해지를 전제로 하는 행위 또는 기존계약관계를 유지할 의사가 없음을 파악할 수 있는 어떤 외부적, 객관적 행위를 하고, 그에 따라 법원에 의하여 경매개시결정이 상대방에게 송달되는 등 상대방도 그와 같은 사정 때문에 계약이 종료됨을 객관적으로 인식할 수 있었던 경우라면, 그로써 계약해지의 효과는 발생한다." 건물의 소유를 목적으로 하는 토지임대차에서 차임을 담보할 목적으로 건물에 대한 근저당권을 설정받은 임대인이 차임 연체를 이유로 근저당권을 실행하여 임의경매를 신청하였다면 이는 묵시적 임대차계약 해지의 의사표시라 볼 수 있으므로, 법원의 경매개시결정이 임차인에게 송달된 때에 위 임대차가 종료되었다고 본 사례이다.

제 2 장 각종의 계약

제 1 절 총　　설

1. 서　　론 [2564]

(1) 지금까지 매매를 염두에 두고 계약의 일생을 살펴보았는데, 이제 나머지 유형들로 시야를 넓혀보자. 구체적인 내용을 살피기 전에 민법이 규정하는 15가지 전형계약의 유형들을 그 내용에 따라 분류하면 다음과 같다.

① 재산권이전형 계약으로 매매, 증여, 교환.

② 대차형 계약으로 임대차, 소비대차, 사용대차.

③ 노무공급형 계약으로 도급, 여행계약, 위임, 고용, 현상광고 및 특수한/제한된 노무공급계약으로 임치.

④ 그 밖에 조직형 계약으로 조합, 분쟁해결형 계약으로 화해, 특별재산에 갈음하는 종신정기금.

(2) 아래에서는 전형계약을 중심으로 기술하면서, 민법이 규정하지 않는 비전형계약 중 중요한 것들(상법이 규정하는 리스와 혼합계약으로서 제작물공급계약 등)도 검토한다. 그리고 조합은 이미 비법인사단과 함께 다루었고, 위임을 설명할 때 사무관리도 함께 본다.

2. 비전형계약 [2565]

가. 개　　념

(1) 민법전이 규정하는 15종의 계약을 전형계약(典型契約)[1]이라 하고,[2] 그 어디에도 속하지 않는 것을 비전형계약(또는 무명계약)이라고 한다. 그리고 둘 이상의 전형계약의 성질을 겸하는 것[3] 또는 전형계약과 비전형계약의 내용이 혼합된 것을 혼합계약(混合契約)이라고 한다.

(2) 전형계약은 기능적으로 실생활에서 자주 이용되는 계약에 관하여 일응의 기준(이른바 「기본값」)을 제시한다. 민법이 수입법이어서 우리에게 다소 낯선 유형도 있지만, 종신정기금이 다시 주목을 끄는 등 시대에 따라 그 중요성이 바뀔 수 있다. 여행계약처럼 새로운 유형이 추가되기도 한다.

나. 비전형계약의 법적 취급 [2566]

(1) 계약자유의 원칙에 따라 비전형계약 내지 혼합계약이 성립할 수 있고, 그 효력도 전형계약과 다르지 않다. 그런데 비전형계약의 법적 취급에 관하여, 당해 계약의 내용을 분해하여 각

---

1) 일정한 이름을 가지고 있다고 하여 유명계약(有名契約)이라고도 한다.
2) 보증계약 및 금융리스업과 가맹업에 관한 상법 제168조의2 이하도 참조.
3) 주문에 응하여 물건을 만들어 파는 제작물공급계약은 도급과 매매의 두 성질을 모두 가진다.

전형계약에 포섭될 수 있는 부분에 대하여 각각 당해 전형계약의 규정을 적용하려는 결합설과 당해 계약의 중심적 요소를 기준으로 하여 이와 유사한 어느 한 전형계약에 흡수시키고자 하는 흡수설이 주장되는데, 판례는 제작물공급계약에 관하여 당해 계약의 중심적 요소에 따라 적용법규가 결정된다는 입장이다.[4)]

[2567] (2) 복수의 계약이 주종관계에 있는 경우에 주된 계약의 실효는 당연히 종된 계약의 실효를 초래하지만(제100조 제2항 참조),[5)] 그 밖의 경우에 어느 한 계약이 무효나 취소 등으로 실효되면 제137조의 유추에 의하여 다른 계약의 운명이 결정되어야 하는데, 그에 앞서 조건의 법리가 적용될 수 있음은 당연하다.[6)]

한편 당사자를 달리하는 복수의 계약이 결합된 경우에, 직접청구권과 같은 급부청구권의 연장, 완성된 건물의 소유권 귀속에 관한 특약의 하수급인에 대한 효력, 연쇄된 매매에서 하자담보책임의 추급가능성 또는 신용카드거래에서 항변의 단절 등 복잡한 문제가 발생하는데, 구체적 사안에 따라 판단되어야 한다.

제2절 재산권이전형 계약

제1관 매 매

[2568] Ⅰ. 총 설

1. 매매의 의의

(1) 매매(賣買)는, 당사자 일방(매도인. 賣渡人)이 상대방(매수인. 買受人)에게 일정한 재산권을 이전할 것을 약정하고, 상대방은 이에 대하여 대금을 지급할 것을 약정함으로써 성립하는 낙성·쌍무·불요식의 유상계약이다(제563조).

(2) 매매의 목적인 재산권에는 제한이 없다. 물권, 채권(제579조 참조), 지식재산권 외에 영업이나 기업도 일체로 매매될 수 있다. 타인의 권리나 물건(제569조 참조) 또는 장래 성립하는 재산권이라도 상관없다.

(3) 거래계에서 소유권의 이전이라는 매매의 효과를 다른 목적, 특히 담보를 위하여 전용하는 경우들이 적지 않다([5551]도 참조).

[참 고] 양도담보에서 소유권이전이 담보목적으로 전용되는데, 여기서는 소유권이전의 대가로 금전이 수수되는 것은 아니고, 오히려 대여금을 담보하기 위하여 소유권이 이전된다. 따라서 대여금과 소유권이전은 상호 독립적이어서, 매매목적물이 멸실되더라도 ―환매나 재매매의 특약과 달리― 대여금채권은 그대로 남는다. 한편 환매의 특약은 매매대금 상당의 신용을 주는 것으로, 실질적으로 「차주」인 매도인이 환매기간 내에 대금 및 이자를 반환하지 않으면 「대주」는 매매목적물의 소유권을 취득한다. 즉 소유권 이전은 매매대금 상당의 회수를 담보하는 수단으로, 여기서 매매대금

4) 대판 1996.6.28. 94다42976([2722]에 소개된).
5) 대판 2014.7.24. 2013다28728 참조.
6) 대판 2013.5.9. 2012다115120([1202]에 소개된) 참조.

은 실질적으로 대여금을 의미한다. 이들에 관해서는 비전형담보와 관련하여 살펴본다.

(4) 계약법 총론에 관한 설명의 대부분은 매매를 상정한 것으로, 계약의 성립부터 종료까지 나아가 장애에 관한 지금까지의 설명은 거의 그대로 매매에 적용된다. 따라서 아래에서는 매매에 특유한 몇 가지만 추가로 살펴본다.

한편 전형적인 유상계약으로서 매매에 관한 규정은 다른 유상계약에 준용되는데(제567조),[1] 예약과 계약금 및 담보책임은 계약총론적 성격이 특히 강하므로 앞에서 다루었다.

2. 매매의 성립 [2569]

(1) 매매는 낙성계약이므로, 재산권이전과 대금지급에 관한 합의만 있으면 성립한다. 그리고 처분행위가 아니므로, 매도인이 권리자가 아니라도 의무부담행위[2]로서 매매는 유효하게 성립한다(제569조).

(2) 매매계약의 비용은 다른 특약이 없으면 양 당사자가 균분하여 부담한다(제566조). 여기서 매매계약에 관한 비용이란 계약체결에 일반적으로 소요되는 비용(목적물의 평가나 증서 작성에 필요한 비용 등)을 의미하며, 이행 또는 그 수령에 필요한 비용을 가리키는 것은 아니다.[3]

Ⅱ. 매매의 효력 [2570]

1. 매도인의 의무

가. 서 설

(1) 매도인은 매매의 목적인 권리를 매수인에게 이전해야 한다(제568조 제1항). 그리고 매매의 목적에 흠이 있으면 담보책임을 진다.

(2) 타인의 재산권을 매도한 경우에, 매도인은 이를 취득하여 매수인에게 이전해야 한다(제569조). 즉 매매계약의 목적물이 타인의 권리에 속하더라도 계약은 당사자간에 유효하고, 양도인은 목적물을 취득하여 양수인에게 이전하여 줄 의무가 있다.[4]

나. 재산권이전의무 [2571]

(1) 매도인은 매매의 목적인 재산권을 매수인에게 이전하는 데 필요한 모든 행위를 할 의무를 진다. 즉 매매의 목적인 권리가 물권, 지식재산권 등 법률행위 외에 등기, 등록, 인도 등의 공시방법을 갖추어야 하는 것이면 등기, 등록에 협력하거나 인도해야 하고, 채권의 매매에서는 대항요건을 갖추기 위하여 채무자에게 통지해야 한다.[5] 이전된 권리의 증명에 필요한 서류(예: 채권증서)도 매수인에게 교부해야 하고, 특약이 없는 한 매도인은 매매의 목적인 물건의 종물 또는 권리의 종된 권리도 인도 또는 이전해야 한다(제100조).

(2) 재산권이전의무는 결과채무이므로, 매수인이 소유권을 취득해야 소멸한다. 부동산매매에

1) 담보책임에 관한 규정을 임차보증금반환채권의 양도에 준용한 대판 1993.6.25. 93다13131 참조.

2) 계약과 동시에 목적물과 대금이 교환되는 이른바 현실매매의 법적 성질에 관하여 다수설은 물권행위와 채권행위가 하나의 행위로 합체된 것으로 본다.

3) 이행비용에 대해서는 제473조가 적용된다.

4) 대판 1993.8.24. 93다24445.

5) 채권의 양도에서 양도통지는 대항요건에 불과하지만, 매수인=양수인이 권리를 행사하기 위하여 채무자에 대한 대항요건도 구비해야 한다.

서 매도인이 매수인에게 매매목적부동산에 소유권이전등기청구권의 보전을 위한 가등기를 마쳐 준 것만으로 권리이전의무를 전부 이행했다고 할 수 없다.[6]

(3) 재산권이전의무는 당사자 사이에 특약[7]이 없는 한 제한이나 부담이 없는 완전한 소유권을 이전할 의무이다.[8] 따라서 매매목적부동산에 저당권등기나 가등기 또는 가압류등기가 경료되어 있는 경우에, 매도인은 이러한 등기를 말소하여 완전한 소유권이전등기를 경료해 주어야 하는데, 매수인은 그러한 등기의 말소에 필요한 서류의 교부가 있을 때까지 매매대금의 지급을 거절할 수 있다(제568조 제2항, 제536조 제1항). 당사자 사이에 특약이 없음에도 불구하고 제한이나 부담이 남아있는 상태에서 재산권이 이전된 경우에, 제575조 이하의 담보책임 또는 채무불이행책임이 성립할 수 있다.

(4) 재산권이전의무는 매수인의 대금지급의무와 동시이행관계에 선다(제568조 제2항).[9]

[2572] **다. 목적물인도의무**

동산의 매매에서는 목적물인도의무가 재산권이전의무의 요체인데, 부동산의 매매에서 소유권이전등기의무 외에 목적물인도의무도 인정되는가? 이는 특별한 사정이나 합의가 없는 경우를 전제로 한 논의인데, 부동산의 매수인은 통상 사용·수익을 포함하는 완전한 소유권의 이전을 원할 것이라는 점에서 이를 긍정할 것이다.[10] 판례도 "부동산의 매매계약이 체결된 경우에는 매도인의 소유권이전등기의무, 인도의무와 매수인의 잔대금지급의무는 동시이행의 관계에 있는 것이 원칙"이라고 한다.[11]

[2573] **2. 매수인의 의무**

(1) 매수인은 대금지급의무를 부담한다(제568조 제1항).

그런데 대금지급의 시기 및 장소에 관한 합의가 없는 경우를 위하여 법은 당사자의 의사를 추측하여 기본값을 제시한다.[12] 즉 ① 매매목적물을 인도할 시기만 합의한 경우에, 대금의 지급도 그 시기에 할 것을 합의한 것으로 추정된다(제585조). 이는 의사추정으로, 다른 시기를 주장하는 이가 그에 관한 합의가 있었음을 증명해야 한다. 어느 의무에 대해서도 기한의 정함이 없으면 당사자는 언제든지 상환이행을 청구할 수 있다. 그리고 ② 매매목적물의 인도와 동시에 대금을 지급하는 경우에, 대금은 목적물의 인도장소에서 지급해야 한다(제586조). 인도장소의 결정에 제467조가 적용되는데, 이미 목적물을 인도하였다면, 제467조 제2항에 따라 매도인의 현주소 또는

6) 대판 1997.6.13. 96다15596. 아파트 수분양권의 매매에서 수분양권자 명의변경이 이루어지지 않고 있는 사이에 매도인이 스스로 분양권을 행사하여 아파트에 관한 소유권이전등기를 마친 경우에, 매도인이 매수인에게 아파트에 관한 소유권이전등기절차를 이행할 의무가 있다고 한 대판 2006.11.23. 2006다44401도 참조.

7) 가령 저당부동산의 매매에서 매수인이 저당권의 부담을 인수하기로 합의한 경우(대판 2002.5.10. 2000다18578 참조).

8) 가압류등기 등이 있는 부동산의 매매계약에서 매도인의 소유권이전등기의무 외에 가압류등기의 말소의무도 매수인의 대금지급의무와 동시이행관계에 있다고 한 뒤의 2000다8533 판결. 처분금지가처분등기가 경료된 경우에 관한 대판 1999.7.9. 98다13754·13761도 동지.

9) 대판 2001.7.27. 2001다27784·27791은, 소유권이전등기청구권이 가압류되어 있어 가압류의 해제를 조건으로 해서만 소유권이전등기절차의 이행을 명받을 수 있는 이가 그 목적물을 매도한 경우에, 위 가압류를 해제하지 않고서는 자신 명의로 소유권이전등기를 경료받을 수 없고, 따라서 매수인 명의로 소유권이전등기도 경료하여 줄 수 없으므로, 그러한 경우에는 소유권이전등기청구권의 가압류를 해제하여 완전한 소유권이전등기를 경료하여 주는 것까지 동시이행관계에 있는 것으로 봄이 상당하고, 위 가압류가 해제되지 않는 이상 매수인은 매매잔대금의 지급을 거절할 수 있다고 하였다.

10) 토지매매에서 제3자가 토지를 불법점유하면서 인도하지 않는 경우에도 등기 소요서류의 교부만을 잔금의 지급과 상환으로 명하는 것은 통상 당사자의 의사에 부합하지 않는다.

11) 대판 2000.11.28. 2000다8533. 대판 1988.12.6. 87다카2739·2740도 동지.

12) 그에 앞서 제106조를 통하여 거래관행이 고려된다.

현 영업소가 지급장소로 된다.

(2) 매매목적물에 관하여 권리[13]를 주장하는 이가 있어서 그로 인하여 매수인이 매수한 권리의 전부나 일부를 잃게 될 염려가 있는 경우에, 매수인은 위험의 한도에서 대금의 전부나 일부의 지급을 거절할 수 있다.[14] 다만 매도인이 상당한 담보를 제공한다면(담보물권의 설정 등) 매수인은 대금의 지급을 거절하지 못한다(제588조). 매수인이 이러한 대금지급거절권(代金支給拒絕權)을 가지는 경우에, 매도인은 매수인에 대하여 대금의 공탁을 청구할 수 있다(제589조). 대금지급을 거절할 수 있다는 점에서 대금지급거절권은 불안의 항변권(제536조 제2항)과 마찬가지로 기능하지만, 후자는 매도인이 의무를 이행하지 않고 있는 동안(이미 이행기가 도과하였더라도) 행사할 수 있는 반면, 제588조는 매도인이 의무를 이행한 후에라도 행사할 수 있어서 그 적용범위가 넓다.

3. 과실과 이자 [2574]

(1) 아직 인도하지 않은 매매목적물에서 생긴 과실(果實)은 매도인에게 속하고, 이행기 후의 것이라도 인도할 필요가 없는 반면, 대금을 지급하지 않고 있는 동안에 매수인이 목적물의 인도를 받았다면, 그날부터 대금의 이자를 지급해야 한다(제587조).

매매목적물의 소유권 변동과 무관하게 매수인의 용익(과실수취)과 대금의 이자가 상계되도록(매매목적물이 인도되면 과실수취권을 인정하는 대신 지급되지 않은 매매대금의 이자를 지급하도록) 함으로써 분쟁을 예방하려는 취지라고 이해하면 될 것이다.

그런데 이는 대금지급과 목적물인도가 동시이행관계에 있는 통상의 경우를 전제한 것이고, 당사자들이 대금지급이나 목적물인도 등의 이행기한을 별도로 설정하였다면, 과실의 귀속이나 지연배상은 당연히 기한 도래 후에야 가능하다.

(2) 제587조에 관한 판례의 입장을 본다. [2575]

① 매매목적물이 인도되지 않고 대금도 완제(完濟)되지 않은 경우에, 과실(果實)은 매도인에게 귀속된다. 매도인의 이행지체가 있더라도 마찬가지이고, 따라서 매수인은 인도의무의 지체로 인한 손해배상을 청구할 수 없다.[15] 그에 상응하여 매매목적물이 인도되지 않았다면, 매매대금에 관하여 이행지체에 빠졌더라도 매도인은 매매대금에 대한 지연이자의 지급을 구할 수 없다.[16]

② 매매목적물이 인도되지 않았더라도 매수인이 대금을 완제하면 그 시점 이후의 과실은 매수인에게 귀속된다.[17] 반면 소유권이 이전되었더라도 대금이 완제되지 않았다면 과실은 매도인에게 속한다.[18]

③ 매매목적물이 인도된 경우에, 매수인은 목적물의 과실을 수취할 수 있으나 대신 대금에

---

13) 소유권 외에 용익권을 포함한다. 저당권과 같은 담보권도 포함되는지에 관하여 논의가 있으나, 뒤의 96다6554 판결은 이를 긍정한다.

14) 대판 1996.5.10. 96다6554는, 매도인이 말소할 의무를 부담하는 매매목적물상의 근저당권을 말소하지 못하고 있다면 매수인은 그 위험의 한도에서 매매대금의 지급을 거절할 수 있고, 그 결과 제587조 단서에 의하여 매수인이 매매목적물을 인도받았더라도 미지급 대금에 대한 인도일 이후의 이자를 지급할 의무가 없으나, 이때 지급을 거절할 수 있는 매매대금이 어느 경우에나 근저당권의 채권최고액에 상당하는 금액인 것은 아니고, 매수인이 근저당권의 피담보채무액을 확인하여 이를 알고 있는 경우와 같은 특별한 사정이 있는 경우에 지급을 거절할 수 있는 매매대금은 확인된 피담보채무액에 한정된다고 하였다.

15) 대판 2004.4.23. 2004다8210.

16) 대판 1995.6.30. 95다14190.

17) 앞의 2004다8210 판결; 대판 1993.11.9. 93다28928.

18) 대판 1992.4.28. 91다32527: "부동산매매에 있어 목적부동산을 제3자가 점유하고 있어 인도받지 아니한 매수인이 명도소송제기의 방편으로 미리 소유권이전등기를 경료받았다고 하여도 아직 매매대금을 완급하지 않은 이상 부동산으로부터 발생하는 과실은 매수인이 아니라 매도인에게 귀속되어야 한다."

대한 법정이자를 지급해야 한다.[19] 다만 매수인의 대금지급의무와 매도인의 근저당권설정등기 내지 가압류등기 말소의무가 동시이행관계에 있는 등으로 매수인이 대금지급을 거절할 정당한 사유가 있는 경우에는 매매목적물을 미리 인도받았더라도 제587조에 의한 이자를 지급할 의무는 없다고 보아야 한다.[20]

④ 쌍무계약이 취소된 경우에, 선의의 매수인은 수령한 매매목적물로부터 수취한 과실을 반환할 필요가 없으므로(제201조 제1항 참조), 형평의 관점에서(제587조를 유추하여) 선의의 매도인도 수령한 매매대금으로부터 수취한 이자(또는 대금의 운용이익)를 반환할 필요가 없다.[21]

[2576] Ⅲ. 환매와 재매매의 예약

1. 환 매

가. 의 의

(1) 매도인이 매매계약과 "동시에" 매수인과의 특약으로 환매권을 보류한 경우에, 매수인이 목적물의 소유권을 취득하지만,[22] 매도인은 일정한 기간 내에 환매권을 행사하여 매매목적물을 도로 찾을 수 있다(제590조).[23] 이를 환매(還買)라 한다.

(2) 환매는 매매목적물을 매도하면서 장차 다시 매수해야 할 필요가 있을 경우에 대비하기 위하여 이용되기도 하지만, 보통 채권담보의 기능을 가진다. 즉 채무자가 채권담보의 목적으로 물건을 채권자에게 매도하고, 채무변제시 그 물건을 채권자로부터 다시 매수하는 이른바 매도담보는 환매(또는 재매매의 예약)라는 형태로 행하여진다. 그런데 소비대차상의 채무를 담보하기 위하여 매매의 형식을 빌린 부동산의 매도담보에 대하여 가등기담보법이 적용된다.

[2577] 나. 환 매 권

(1) 환매권의 법적 성질에 관하여 다수설은, 환매가 매매계약의 약정해제이고, 환매권은 형성권의 일종인 (약정)해제권이며, 환매권을 행사한 경우에 매매계약이 해제된다고 한다. 그러나 "그 매매의 해제를 할 수 있다"고 한 의용민법 제579조와 달리 현행법이 "환매할 수 있다"고 규정한 점에 비추어 환매권을 해제권으로 파악하는 것은 무리이고, 일종의 예약완결권으로 보아야 할 것이고, 판례도 같은 입장으로 짐작된다.[24]

(2) 환매권은 형성권이다. 즉 환매권자(매도인)는 환매기간 내에 일방적 의사표시를 함으로써 환매대금과 상환으로 매매목적물의 소유권을 환매권자에게 이전해야 할 환매의무자(매수인)의 의무를 발생시킨다.

(3) 환매권은 일신전속권이 아니므로 양도성과 상속성을 가진다.[25] 그런데 환매등기가 경료

---

19) 대판 1996.6.25. 95다12682 · 12699.

20) 대판 2018.9.28. 2016다246800.

21) 대판 1993.5.14. 92다45025. 그 당부에 관하여 [5314] 참조.

22) 주식의 환매특약부 매매에서 명의개서까지 마친 매수인이 주주로서 의결권 기타의 공익권도 행사할 수 있다는 대판 1992.5.26. 92다84 참조.

23) 토지를 매매하면서 그 토지 중 공장부지 및 진입도로부지에 편입되지 아니할 부분토지를 매도인에게 원가로 반환한다는 약정은, 공장부지 및 진입도로로 사용되지 아니하기로 확정된 때에는 그 부분토지에 관한 매매는 해제되어 원상태로 돌아간다는 일종의 해제조건부 매매라고 봄이 상당하고, 조건부 환매계약이라고 볼 수 없다고 한 대판 1981.6.9. 80다3195 참조.

24) 환매에 의한 권리취득은 이전등기의 방법에 의한다는 대판 1990.12.26. 90다카16914 참조.

25) 환매권양도계약의 의미 및 그 계약이 불공정한 법률행위에 해당하는지의 판단기준에 관하여 대판 1984.4.10. 81다239 참조.

된 경우에 환매권의 양도는 부기등기에 의하는 반면, 환매등기가 되어 있지 않은 경우에는 채권양도의 대항요건(제450조 참조)을 갖추어야 한다.

나아가 환매권은 채권자대위권(제404조 참조)의 객체로 될 수 있지만, 채권자의 만족과 매수인의 보호를 위하여 법은 특칙을 둔다. 즉 매도인의 채권자가 매도인을 대위하여 환매하고자 하는 경우에, 매수인은 법원이 선정한 감정인의 평가액에서 매도인이 매수인에게 반환할 금액(환매대금)을 공제하고 잔액으로 매도인의 채무를 변제한 다음, 그래도 남는 금액이 있으면 이를 매도인에게 지급하여 환매권을 소멸시킬 수 있다(제593조).

다. 환매의 요건 [2578]

(1) 환매는 부동산과 동산뿐만 아니라 지식재산권에 대해서도 가능하다.

(2) 환매의 특약은 매매계약과 "동시에" 해야 한다(제590조 제1항). 그런데 환매의 특약은 매매계약에 종된 계약으로, 매매계약이 효력을 상실하면 환매의 특약도 그 효력을 잃는다.

(3) 매매목적물이 부동산인 경우에 매매등기와 동시에 환매권의 보류를 등기하면 제3자에 대해서도 그 효력이 있다(제592조). 환매특약의 등기는 권리취득을 위한 소유권이전등기에 대한 부기등기의 형식으로 이루어지는데, 매수인이 지급한 대금, 매매비용 및 환매기간이 등기사항이다(부동산등기법 제52조 제6호, 제53조). 그런데 환매특약의 등기가 매수인의 처분을 금지하는 효력을 가지지는 않는다.[26]

(4) 환매권자는 최초의 매매대금과 매수인이 부담한 매매비용(목적물의 감정비용이나 계약비용)을 반환하고 환매할 수 있지만, 환매대금에 관하여 특약이 있으면 그에 의한다.[27] 한편 목적물의 과실과 대금의 이자는 특별한 약정이 없으면 이를 상계한 것으로 본다(제590조).

그리고 등기부상 매매대금이 실제보다 적게 표시된 경우에, 표시액을 초과하는 부분은 제3자에게 대항할 수 없기 때문에 환매권의 양수인은 표시액만 제공하고 환매권을 행사할 수 있다.

(5) 환매기간은 부동산의 경우에 5년, 동산의 경우에 3년을 넘지 못하며, 당사자가 이 기간보다 긴 기간을 정하더라도 위 기간으로 단축된다. 그리고 정해진 환매기간을 나중에 연장하지 못하며, 당초 환매기간을 정하지 않은 경우에 나중에 기간을 정하지 못하는데, 이 경우 환매기간은 위 기간(즉 5년 또는 3년)으로 한다(제591조).

라. 환매의 실행 및 효과 [2579]

(1) 매도인은 환매기간 내에 환매대금을 매수인에게 제공하고 환매의 의사표시를 해야 하는데(제594조 제1항), 매도인의 환매대금 제공은 현실제공이어야 한다. 그런데 목적물을 제3자가 전득한 경우에, 환매의 의사표시는 현재의 소유자인 전득자에게 해야 한다(제592조 및 등기예규 제1359호 참조).

(2) 환매권의 법적 성질을 어떻게 보는지에 따라 환매의 효과가 달라진다. 즉 환매를 약정해제로 새기는 다수설에 의하면 해제의 효과문제로 돌아가는 반면, 이를 일종의 예약완결권으로 보면 환매권의 행사에 의하여 두 번째의 매매, 즉 환매가 성립하고, 그 이행이 있어야 환매권자가

26) 따라서 부동산의 매수인은 전득자인 제3자에 대하여 환매특약의 등기사실만으로 제3자의 소유권이전등기청구를 거절할 수는 없다(대판 1994.10.25. 94다35527).

27) 학설은 대개 환매가 매매대금채무를 담보하기 위한 수단으로 이용됨을 들어, 제607조, 제608조를 유추하여 매도인이 환매대금을 매수인에게 반환할 때에 당초의 매매대금과 이에 대한 상당한 이자 및 계약비용을 초과할 수 없다고 한다.

소유권을 취득한다.[28)]

그런데 환매에 기한 권리취득은 이전등기(등기원인은 "환매")의 방법에 의하고,[29)] 환매특약의 등기 후에 경료된 소유권 이외의 권리에 관한 등기는 공동신청에 의하여 말소(말소등기의 원인은 "환매권 행사로 인한 실효")되어야 한다(등기예규 제1359호).[30)]

(3) 매수인이나 전득자가 목적물에 대하여 비용을 지출한 경우에, 제203조에 따른 상환청구권을 갖는데, 유익비에 대해서는 법원이 상당한 상환기간을 허여할 수 있다(제594조 제2항).

[2580] #### 바. 공유지분의 환매

공유자의 지분처분의 자유와 관련하여 법은 환매특약 후 환매권 행사 전에 공유물이 분할되는 경우를 위하여 특칙을 둔다. 즉 공유자의 1인이 환매권을 보류하고 그 지분을 매도한 후 목적물의 분할이나 경매가 있는 경우에, 매도인은 매수인이 받은 또는 받을 부분이나 대금에 대하여 환매권을 행사할 수 있지만, 매도인에게 분할이나 경매를 통지하지 않은 매수인은 분할이나 경매로써 매도인에게 대항하지 못한다(제595조).

[2581] ### 2. 재매매의 예약

(1) 매도인이 매수인에게 물건이나 권리를 매도한 후 다시 그 물건이나 권리를 매수할 것을 예약하는 것이 재매매의 예약(再賣買의 豫約)이다. 재매매의 예약에 대해서는 제564조가 적용된다.

(2) 환매와 재매매의 예약은 계약의 동시성(제590조 제1항 참조), 대금의 동액성(같은 조 제1항, 제2항 참조), 존속기간의 제한(제591조 참조) 및 등기의 가부(제592조 참조) 등에서 다르다.

(3) 재매매의 예약을 통하여 환매에 관한 여러 제약을 피할 수 있다. 즉 제1의 매매계약과 동시에 행해져야 하는 것은 아니며, 「대금+이자」라는 제한도 받지 않는다.[31)] 그리고 예약완결권의 가등기(부동산등기법 제88조)를 통하여 제3자효를 가질 수도 있다.

[2582] ## Ⅳ. 특수한 매매

1. 방문판매 등

(1) 방문판매(訪問販賣)란, 재화 또는 용역의 판매업자가 방문의 방법으로 그의 영업소, 대리점 기타 영업장소 외의 장소에서 소비자에게 권유하여 계약의 청약을 받거나 계약을 체결하여 재화 등을 판매하는 것을 말한다(방문판매법 제2조 제1호). 전화를 이용하여 소비자에게 권유하여 계약의 청약을 받거나 계약을 체결하는 등의 방법으로 재화나 용역을 판매하는 전화권유판매(같은 법 제2조 제3호)에 대해서도 아래의 규정들이 적용된다.

방문판매는 노상판매나 catch sales[32)]도 포함하는데, 「예상치 못한 상태에서의 권유」라는 특성상 소비자의 입장에서 재화나 용역에 대한 지식이나 정보가 결여될 수 있고, 숙달된 판매기

28) 환매권의 행사로 발생한 소유권이전등기청구권의 행사기간에 관하여 대판 1991.2.22. 90다13420([1411]에 소개된) 참조.

29) 대판 1990.12.26. 90다카16914는, 설사 환매권자가 환매기간 내에 매수인에게 환매의 의사표시를 하였더라도 그 환매에 의한 권리취득의 등기를 함이 없이 가압류집행을 한 채권자들에 대하여 이를 주장할 수 없다고 하였다.

30) 이러한 취지에 따라 대판 2002.9.27. 2000다27411: "환매권 행사 후 근저당권자가 파산선고를 받았다고 하더라도 매도인이 파산자에 대하여 갖는 근저당권설정등기 등의 말소등기청구권은 파산법 제14조에 규정된 파산채권에 해당하지 아니하며, 매도인은 파산법 제79조 소정의 환취권규정에 따라 파산절차에 의하지 아니하고 직접 파산관재인에게 말소등기절차의 이행을 청구할 수 있다."

31) 다만 담보목적으로 전용되는 경우에 제607조와 제608조의 규제를 받음은 별개의 문제이다.

32) 판매원이 판매의 목적을 밝히지 않고 설문조사 등을 사칭하여 판매하는 기법.

법으로 인하여 사실상의 강요로 이어질 수 있다. 그래서 소비자를 보호하기 위하여 방문판매법은 방문판매업자 등의 신고(제5조), 소비자에 대한 정보제공의무(제7조), 청약의 철회 등(제8조, 제9조), 손해배상청구금액의 제한(제10조), 일정한 행위의 금지(제11조) 등을 규정한다.

(2) 통신판매(通信販賣)란 우편, 전기통신 등의 방법으로 재화 또는 용역의 판매에 관한 정보를 제공하고 소비자의 청약을 받아 재화 등을 판매하는 것을 말한다(전자상거래법 제2조 제2호).

통신판매에서 소비자를 보호하기 위하여 같은 법은 일정한 사항을 규정하는데(제12조 이하), 소비자는 일정한 기간 내에 청약을 철회할 수 있다(제17조).

(3) 다단계판매(多段階販賣)란 재화 또는 용역의 판매업자가 특정인에게 자기가 공급하는 재화 또는 용역을 소비자에게 판매하는 등의 활동을 하면 일정한 이익을 얻을 수 있다고 권유하여, 판매원의 가입이 순차적 · 단계적으로 이루어진 다단계판매조직을 통해서 행하여지는 재화 등의 판매를 말한다(방문판매법 제2조 제5호).

다단계판매에서 소비자를 보호하기 위하여 방문판매법은 일정한 사항을 규율한다(같은 법 제13조 이하).

2. 국제물품매매계약 [2583]

(1) 국제물품매매계약에 관한 국제연합 협약(The United Nations Convention on Contracts for the International Sale of Goods. 흔히 CISG로 약칭된다)이 2005. 3. 1.부터 우리나라에서도 발효되어, 민 · 상법의 특별법으로 적용된다.

(2) CISG는 해당 국가 모두 체약국인 경우 또는 국제사법 규칙에 의하여 체약국법이 적용되는 경우에, 영업소가 서로 다른 국가에 있는 당사자간의 물품매매계약에 적용된다(제1조).

(3) 대륙법계와 영미법계 사이 그리고 선진국과 개발도상국 사이의 타협의 산물인 CISG의 중요한 특징으로 계약위반(breach of contract)이라는 통일적 개념에서 출발하여 각 당사자가 의무를 이행하지 않은 경우의 책임을 규정하는 등 실용적 입장에서 계약중심적 접근방법을 취한다는 점, 민 · 상사를 통합적으로 규율하는 통일적인 규범체계를 가진다는 점, 계약의 성립과 효력을 규율할 뿐이고 계약의 유효성과 물품의 소유권이전 등에는 적용되지 않는다는 점 및 격지자간의 국제매매의 특성을 고려하여 계약해제를 제한하고 추완을 허용하는 등 계약유지적 입장(favor contractus)을 취한다는 점 등을 들 수 있다.[33]

제 2 관 증여와 교환

Ⅰ. 증 여 [2584]

1. 서 설

가. 개 념

(1) 증여(贈與)란, 당사자 일방(증여자. 贈與者)이 무상으로 일정한 재산을 상대방(수증자. 受贈者)에게 준다는 의사를 표시하고, 상대방이 이를 승낙함으로써 성립하는 계약을 말한다(제554조).

33) CISG의 주요내용에 관하여 우선 講義, [4142] 참조.

무상 · 낙성 · 편무 · 불요식의 계약으로서 증여는 단독행위인 유증(제1073조)과 구별된다.

(2) 현대사회에서 증여의 사회적 · 경제적 기능이 그다지 크지 않지만, 자선 · 종교 · 학술 등의 특수한 목적을 위한 증여는 오늘날에도 일정한 작용을 한다.[1] 한편 결혼자금이나 학자금 등의 증여는 상속분의 선취로서 의미를 가질 수도 있다.[2]

나. 성 립

(1) 증여는 채권계약으로, 그에 따라 증여자가 재산급여[3]의 의무를 부담할 뿐이므로, 자기에게 속하지 않는 타인의 재산이라도 증여의 목적으로 할 수 있다(제569조 참조).[4]

(2) 증여는 낙성계약으로,[5] 목적물의 인도 기타 출연행위를 실행하지 않더라도 당사자의 의사의 합치만으로 성립한다.[6]

(3) 증여는 불요식행위이다. 서면에 의하지 않은 증여는 각 당사자가 해제할 수 있어서(제555조) 그 효력이 약하지만, 서면을 작성하는 것이 증여계약의 성립요건은 아니다.

(4) 증여는 증여자와 수증자 사이의 계약으로 수증자의 승낙을 요건으로 하므로, 아직 형성되지 않은 종중 또는 친족공동체에 대한 증여의 의사표시는 아무런 효력이 없다.[7] 다만 제3자를 위한 계약을 이용하여 같은 효과를 얻을 수는 있다.

[2585] ### 다. 무상계약

(1) 증여는 무상계약이라는 점에서 지금까지 우리가 전제한, 자기의 출연에 대하여 상대방으로부터 그에 대응하는 출연, 즉 대가(對價)를 받는 유상계약과 현저히 다르다.

그런데 무상계약(無償契約)은 일방의 출연에 대하여 상대방이 대가적 의미를 가지는 출연을 하지 않는 유형의 계약으로, 당사자 일방만이 급부를 하는 경우뿐만 아니라 무이자 소비대차처럼 쌍방이 급부를 하더라도 급부들 사이에 대가적 의미가 없는 경우도 포함한다. 그리고 사실상의 반대급부를 기대한 경우라도 법적으로 반대급부가 없으면 무상계약이다.

(2) 유상계약과의 차이는 매매에 관한 규정, 특히 매도인의 담보책임에 관한 규정이 준용되지 않는다는 데 있다(제567조). 그 밖에 주의의무가 경감되거나(제695조 참조) 특별한 해제가 인정되기도(제555조 이하 참조) 하지만, 이를 일반화할 것은 아니다.

[2586] ## 2. 효 력

가. 증여자의 급부의무

(1) 증여자는 계약에 의하여 부담하는 의무를 그 내용에 좇아 이행해야 한다. 따라서 재산권의 이전이 증여의 목적이라면, 인도(제188조 이하), 등기(제186조) 또는 양도통지 등을 통하여 종국적으로 재산권을 이전해야 한다. 증여의 목적이 타인의 재산이라면 그것을 취득하여 이전해야 한

1) 교회에 특정재산을 연보한 경우에 관한 대판 1975.7.30. 74다1844 및 기부채납에 관한 대판 2022.4.28. 2019다272053 참조.

2) 상속분이나 유류분의 계산에서 특별수익(제1008조, 제1118조)으로서 고려된다.

3) 전세권 등의 설정이나 이전 등을 포함한다.

4) 대판 2016.5.12. 2016다200729.

5) 다만 동산의 증여에서 계약과 동시에 출연행위를 하는 경우가 적지 않은데, 이를 「현실증여」라 한다.

6) 대판 2018.12.27. 2017다290057: "송금 등 금전지급행위가 증여에 해당하기 위해서는 객관적으로 채무자와 수익자 사이에 금전을 무상으로 수익자에게 종국적으로 귀속시키는 데에 의사의 합치가 있어야 한다."

7) 대판 1992.2.25. 91다28344.

다(제569조 참조).

(2) 특정물의 재산권을 이전해야 하는 경우에, 증여자는 증여계약이 성립한 때부터 목적물을 "선량한 관리자의 주의"(제374조)로 보관해야 하는가? 이를 긍정하는 견해도 있으나, 증여자가 담보책임을 지지 않는 점을 고려하여 자기재산과 동일한 주의(제695조 참조)로 보관하면 족하다고 할 것이다.

나. 증여자의 담보책임 [2587]

(1) 증여의 목적인 물건 또는 권리에 하자가 있더라도 증여자는 담보책임을 지지 않는다(제559조 제1항 본문). 한편 제559조가 불특정물의 증여에도 적용되는지에 관하여 다툼이 있는데, 증여의 무상성을 고려하더라도 불특정물의 경우에 특별한 의사표시가 없는 한 완전한 것을 급부할 의무가 있다고 할 것이다.

(2) 이에 대하여 예외가 인정된다.

① 증여자가 하자나 흠결을 알고도 이를 수증자에게 고지하지 않은 경우에, 담보책임을 지는데(제559조 제1항 단서), 수증자의 권리는 제573조의 유추에 의하여 1년 내에 행사되어야 한다. 여기서 증여자의 고지의무는 이른바 책무(責務)에 속한다.

그리고 담보책임의 내용은 수증자가 하자나 흠결이 없는 완전한 것이라고 믿었기 때문에 받은 손해[8]의 배상이다. 따라서 수증자가 하자나 흠결을 알고 있었다면, 증여자에게 담보책임을 묻지 못한다 할 것이다.

② 부담부 증여의 경우에 부담의 한도에서 매도인과 같은 담보책임을 진다(제559조 제2항).

③ 제559조는 강행규정이 아니므로, 당사자의 특약에 의하여 담보책임이 발생할 수 있다.

3. 증여계약의 해제 [2588]

가. 해제의 원인[9]

(1) 증여의 의사가 서면으로 표시되지 않은 경우에, 각 당사자는 이를 해제할 수 있다(제555조).

① 증여자의 경솔한 판단을 방지하고 증여의 의사를 명확하게 함으로써 분쟁을 예방하고자 하는 취지에 따라 증여자가 자기재산을 상대방에게 주겠다는 증여의사를 문서를 통하여 확실히 할 수 있는 정도로 그 의사가 서면에 나타나야 하고, 그것으로 충분하다.[10]

② 서면으로 표시되어야 하는 것은 증여자의 「증여의사」만이며, 수증자의 의사도 함께 표시되는 증여계약서를 필요로 하는 것은 아니다. 비록 서면의 문언 자체는 증여계약서로 되어 있지 않더라도 서면의 작성에 이르게 된 경위를 아울러 고려할 때 그 서면이 증여의사를 표시한 서면이라고 인정되면 이를 제555조에서 말하는 서면에 해당한다고 보아야 한다.[11] 그리고 증여의 의사표시가 수증자에 대하여 서면으로 표시되어야 한다. 계약성립 후에 작성된 서면이라도 무방하며, 서면작성시부터 제555조 소정의 해제가 봉쇄된다.[12]

---

8) 일반적으로 신뢰이익의 손해라 한다.

9) 여기서는 —해제 일반의 법리를 제외하고— 증여에 특유한 해제의 원인을 살펴본다.

10) 대판 1988.9.27. 86다카2634.

11) 대판 2003.4.11. 2003다1755; 대판 1996.3.8. 95다54006.

12) 대판 1992.9.14. 92다4192.

③ 제555조에 기한 해제는 민법총칙상의 취소와 요건 및 효과를 달리하므로, 서면에 의한 출연이라도 출연자가 착오를 이유로 출연의 의사표시를 취소할 수 있고, 상대방 없는 단독행위인 재단법인에 대한 출연행위라 하여 달리 볼 것은 아니다.[13]

[2589] (2) 수증자의 증여자에 대한 일정한 「망은행위」가 있는 경우에, 증여자는 증여계약을 해제할 수 있다(제556조 제1항).[14] 즉 ① 증여자 또는 그 배우자나 직계혈족에 대한 범죄행위가 있는 경우 또는 ② 증여자에 대하여 부양의무[15]가 있음에도 이를 이행하지 않는 경우에, 증여자가 계약을 해제할 수 있다.[16] 그러나 이 해제권은 망은행위가 있었음을 증여자가 안 날부터 6월을 경과하거나 증여자가 수증자에 대하여 용서(容恕)의 의사를 표시한 경우에 소멸한다(제2항).

(3) 증여계약 후에 증여자의 재산상태가 현저히 악화되고 증여의 이행으로 생계에 중대한 영향을 미칠 경우에도 증여자는 증여를 해제할 수 있다(제557조). 사정변경의 원칙이 법정된 예인데, 증여자의 증여 당시의 재산상태가 증여 후의 그것과 비교하여 현저히 변경되어 증여목적재산의 소유권을 수증자에게 이전하면 생계에 중대한 영향을 미치게 될 것이라는 등의 요건이 구비되어야 한다.[17]

[2590] **나. 해제의 효과**

증여에 특유한 해제의 경우에, 이미 이행한 부분에 대해서는 영향을 미치지 않는다(제558조). 「이행」이 있기 위해서는 동산의 증여에서 인도가 있어야 하고(점유개정도 포함한다), 부동산의 경우에 소유권이전등기가 경료되어야 하지만,[18] 판례는 이행의 범위를 넓게 인정한다.[19]

이렇게 본다면 증여에 특유한 해제는 실질적으로 특수한 철회에 해당하고, 따라서 본래의 의미의 해제와 달리 제척기간의 적용을 받지 않는다.[20] 그런데 망은행위나 사정변경의 경우에까지 제558조가 적용되는 점은 입법론적으로 검토를 요한다.

[2591]

4. 특수한 증여

가. 부담부 증여

(1) 수증자가 일정한 의무를 부담하는 것을 조건으로 하는 증여[21]가 부담부 증여(負擔附 贈與.

---

13) 대판 1999.7.9. 98다9045.

14) 대판 2022.3.11. 2017다207475 · 207482: "민법 제556조 제1항 제1호는 […] 중대한 배은행위를 한 수증자에 대해서까지 증여자로 하여금 증여계약상의 의무를 이행하게 할 필요가 없다는 윤리적 요청을 법률적으로 고려한 것이다. 여기에서 '범죄행위'는, 수증자가 증여자에게 감사의 마음을 가져야 함에도 불구하고 증여자가 배은망덕하다고 느낄 정도로 둘 사이의 신뢰관계를 중대하게 침해하여 수증자에게 증여의 효과를 그대로 유지시키는 것이 사회통념상 허용되지 아니할 정도의 범죄를 저지르는 것을 말한다. 이때 […] 반드시 수증자가 그 범죄행위로 형사처벌을 받을 필요는 없다."

15) 당사자 사이의 약정에 의한 부양의무는 이에 해당하지 않는다는 대판 1996.1.26. 95다43358 참조.

16) 이 규정을 통하여 이른바 「불효방지법」의 취지가 실현될 수 있지만, 행사기간(제556조 제2항) 및 이행을 마친 부분에 영향을 미치지 않는 점(제558조) 때문에 그 실효성은 제한적일 수밖에 없다.

17) 대판 1996.10.11. 95다37759.

18) 부동산의 인도만으로 부족하다고 한 대판 1977.12.27. 77다834 및 증여자의 의사에 기하지 않고 원인무효의 등기가 경료된 경우에, 증여계약의 적법한 이행이 있었다고 볼 수 없으므로 서면에 의하지 아니한 증여자의 증여계약의 해제에 대해서 수증자가 실체관계에 부합한다는 주장으로 대항할 수 없다고 한 대판 2009.9.24. 2009다37831 참조.

19) 이에 관한 재판례를 본다. ㉠ 증여의 의사가 서면으로 표시되지 않았지만 증여자가 생전에 부동산을 증여하고 그의 뜻에 따라 소유권이전등기에 필요한 서류를 제공한 경우에, 증여자가 사망한 후에 등기가 경료되었더라도 증여자의 의사에 따른 증여의 이행으로서 소유권이전등기가 경료되었다 할 것이므로 증여는 이미 이행되었고, 따라서 증여자의 상속인이 서면에 의하지 않은 증여라는 이유로 증여계약을 해제하였더라도 이에 아무런 영향이 없다(대판 2001.9.18. 2001다29643). ㉡ 증여자가 서면에 의하지 않고 소유권이전등기가 경료되지 않은 매수토지를 증여하였으나 위 토지에 관한 소유권이전등기청구권을 수증자에게 양도하고 매도인에게 양도통지까지 마친 경우에도 그 후 증여자의 상속인들에 의한 서면에 의하지 아니한 증여라는 이유의 해제는 이에 영향을 미치지 않는다(대판 1998.9.25. 98다22543).

20) 대판 2003.4.11. 2003다1755.

21) 예: 서울에 있는 아파트를 주는 대신 증여자의 자녀가 서울에 유학하는 동안 돌봐주기로 하는 경우.

또는 상대부담 있는 증여)이다. 수증자의 부담으로부터 이익을 얻는 이는 증여자에 한정되지 않고, 제3자(불특정 다수인도 가능하다)일 수 있다.

(2) 부담부 증여에서 부담은 증여에 대하여 대가관계에 서는 것이 아니므로, 부담부 증여는 쌍무계약도 또한 유상계약도 아니다. 그러나 수증자의 부담의 한도에서 증여자는 매도인과 같은 담보책임을 지고(제559조 제2항), 부담부 증여에 쌍무계약에 관한 규정이 적용된다(제561조). 따라서 부담의무 있는 상대방이 자신의 의무를 이행하지 않으면, 비록 증여계약이 이미 이행되었더라도 증여자는 계약을 해제할 수 있고, 이때 제555조와 제558조는 적용되지 않는다.[22] 한편 부담부 증여에서 증여자의 증여 이행이 완료되지 않았더라도 수증자가 부담의 이행을 완료한 경우에 제555조가 적용되지 않는다는 것이 판례의 입장이다.[23]

나. 정기증여

「매월 말 100만 원을 준다」고 하는 경우처럼 증여자가 수증자에게 정기적으로 일정한 급부를 하는 증여가 정기증여이다. 계속적 채권관계에 속하는 정기증여는 증여자 또는 수증자의 사망으로 그 효력을 잃는다(제560조).

다. 사인증여 [2592]

(1) 「내가 죽으면 너에게 이 시계를 주겠다」고 하는 경우처럼 증여자의 사망으로 효력이 발생하는 증여가 사인증여(死因贈與)이다. 사인증여는 —유류분의 제한 하에서— 재산처분의 사후적 효력을 통하여 법정상속을 배제할 수 있다는 점에서 유증과 다르지 않지만, 수증자가 증여자 생전에 승낙을 해야 성립하는 계약으로, 증여의 일종이라는 점에서 단독행위인 유증과 다르다.[24]

(2) 증여자의 사망 후에 효력을 발생한다는 점에서 유증과 같기 때문에, 사인증여에 유증의 규정이 준용된다(제562조).[25] 그런데 유증의 방식에 관한 제1065조 내지 제1072조는 그것이 단독행위임을 전제로 하는 것이어서 계약인 사인증여에는 적용되지 않고, 유증의 효력에 관한 규정의 「일부」만이 준용된다.[26] 그리고 유증의 철회에 관한 규정(제1108조 이하)이 준용될 수 있는지에 관하여 다툼이 있으나, 판례는 이를 긍정한다.[27]

---

22) 대판 1997.7.8. 97다2177.

23) 대판 2022.9.29. 2021다299976 · 299983: "부담부 증여에도 […] 증여에 관한 일반조항들이 그대로 적용되므로, 증여의 의사가 서면으로 표시되지 않은 경우 각 당사자는 원칙적으로 민법 제555조에 따라 부담부 증여계약을 해제할 수 있다. 그러나 부담부 증여계약에서 증여자의 증여 이행이 완료되지 않았더라도 수증자가 부담의 이행을 완료한 경우에는, 그러한 부담이 의례적 · 명목적인 것에 그치거나 그 이행에 특별한 노력과 비용이 필요하지 않는 등 실질적으로는 부담 없는 증여가 이루어지는 것과 마찬가지라고 볼 만한 특별한 사정이 없는 한, 각 당사자가 서면에 의하지 않은 증여임을 이유로 증여계약의 전부 또는 일부를 해제할 수는 없다고 봄이 타당하다."

24) 유증에 대하여 상대방은 포기할 수 있어서 실질적인 차이는 거의 없다.

25) 유류분반환청구에서 사인증여도 유증에 준하여 규율된다는 대판 2001.11.30. 2001다6947도 참조.

26) 대판 1996.4.12. 94다37714 · 37721: "제562조는 사인증여에 관하여는 유증에 관한 규정을 준용하도록 규정하고 있지만, 유증의 방식에 관한 민법 제1065조 내지 제1072조는 그것이 단독행위임을 전제로 하는 것이어서 계약인 사인증여에는 적용되지 아니한다. [… 제562조]를 근거로 포괄적 유증을 받은 자는 상속인과 동일한 권리의무가 있다고 규정하고 있는 민법 제1078조가 포괄적 사인증여에도 준용된다고 해석하면 포괄적 사인증여에도 상속과 같은 효과가 발생하게 된다. 그러나 포괄적 사인증여는 낙성 · 불요식의 증여계약의 일종이고, 포괄적 유증은 엄격한 방식을 요하는 단독행위이며, 방식을 위배한 포괄적 유증은 대부분 포괄적 사인증여로 보여질 것인바, 포괄적 사인증여에 민법 제1078조가 준용된다면 양자의 효과는 동일하게 되므로, 결과적으로 포괄적 유증에 엄격한 방식을 요하는 요식행위로 규정한 조항들은 무의미하게 된다. 따라서 민법 제1078조가 포괄적 사인증여에 준용된다고 하는 것은 사인증여의 성질에 반하므로 준용되지 아니한다고 해석함이 상당하다."

27) 대판 2022.7.28. 2017다245330: "민법 제562조는 사인증여에는 유증에 관한 규정을 준용한다고 정하고 있고, 민법 제1108조 제1항은 유증자는 유증의 효력이 발생하기 전에 언제든지 유언 또는 생전행위로써 유증 전부나 일부를 철회할 수 있다고 정하고 있다. 사인증여는 증여자의 사망으로 인하여 효력이 발생하는 무상행위로 실제적 기능이 유증과 다르지 않으므로, 증여자의 사망 후 재산처분에 관하여 유증과 같이 증여자의 최종적인 의사를 존중할 필요가 있다. 또한 증여자가 사망하지 않아 사인증여의 효력이 발생하기 전임에도 사인증여가 계약이라는 이유만으로 법적 성질상 철회가 인정되지 않는다고 볼 것은 아니다. 이러한 사정을 고려하면 특별한 사정이 없는 한 유증의 철회에 관한 민법 제1108조 제1항은 사인증여에 준용된다고 해석함이 타당하다."

[2593] ## Ⅱ. 교 환

(1) 교환(交換)은 당사자 쌍방이 금전 외의 재산권을 서로 이전할 것을 약정함으로써 성립하는 계약이다(제596조). 교환은 목적물이 금전 외의 재산권에 한한다는 점에서 다르지만, 매매와 마찬가지로 낙성 · 쌍무 · 유상 · 불요식의 계약이다.[28)]

(2) 역사적으로 교환이 재산권이전형 계약의 원형이었지만, 화폐경제사회인 오늘날 그 사회경제적 기능은 크지 않다.[29)] 민법도 당사자 일방이 보충지급[30)]을 약정한 경우에 그 금전, 즉 보충금(補充金)에 관하여 매매대금에 관한 규정을 준용한다고 규정할 뿐이다(제597조).

(3) 그 밖의 점에 대해서는 교환도 유상계약이기 때문에 매매에 관한 규정이 일반적으로 준용된다(제567조). 따라서 양 당사자는 담보책임 등을 부담한다. 나아가 교환은 쌍무계약이므로, 동시이행의 항변권 및 위험부담에 관한 규정(제536조 이하)이 적용된다.[31)]

제 3 절 대차형 계약

제 1 관 대차형 계약 총설

[2594] ### 1. 서 설

(1) 의식주에 필요한 재화를 조달하기 위하여 재화의 소유권을 취득할 수 있지만, 소유권을 취득할 자금이 없거나 취득에 따른 불편을 피하고자 하는 경우에 재화를 빌려서 용익해야 한다. 이처럼 다른 사람으로부터 어떤 물건을 빌려서 사용 · 수익함을 목적으로 하는 유형의 계약을 대차형 계약(貸借型 契約)이라 한다.[1)]

(2) 민법이 규정하는 15종의 전형계약 중 소비대차, 사용대차, 임대차가 대차형 계약에 속하는데,[2)] 소비대차는 차주(借主)가 목적물의 소유권을 취득하는 점에서 목적물의 소유권을 취득하지 않고 빌린 물건 자체를 반환해야 하는 사용대차나 임대차와 구별되고, 다시 사용대차는 이용의 대가를 지급하지 않는 무상의 계약이라는 점에서 임대차와 다르다.[3)]

한편 대차형 계약은 기능에 따라 이용형과 신용형으로 나눌 수 있는데, 이용형의 통상적인 모습은 임대차이고, 신용형에서는 이자부 소비대차가 주를 이룬다.

(3) 물건, 특히 부동산의 용익에 관한 규정체계를 본다.

① 물권적 용익권으로 지상권, 지역권, 전세권이 있는데, 이 중 실제로 중요한 것은 구분지

28) 교환계약의 성립에 관하여 대판 1992.10.13. 92다29696 참조.

29) 다만 재개발 또는 재건축과 관련하여 교환을 재조명할 필요가 있다.

30) 당사자 쌍방이 교환하는 목적물 내지 재산권의 가치가 다른 경우에 차액을 보충하기 위한 지급.

31) 참고로 대판 1998.7.24. 98다13877은, 교환계약의 당사자 일방이 교환목적물의 차액의 지급에 갈음하여 상대방으로부터 인수한 대출원리금지급의무와 상대방의 소유권이전등기의무가 모두 각각의 이행기에 이행되지 않은 채 계약이 해제되지 않은 상태에서 이행기가 도과하였다면 쌍무계약인 교환계약에 기한 위 대출원리금지급의무와 소유권이전등기의무는 동시이행의 관계에 있고, 따라서 상대방이 해제권 유보약정에 따라 해제통고를 할 때 그 최고기간까지 자기의 반대채무인 소유권이전등기의무의 이행 또는 그 이행의 제공을 하여야 약정해제권을 적법하게 취득하고 최고기간의 만료로 해제의 효력이 발생한다고 했다.

1) 다른 이의 노동력을 빌리는 계약유형으로 노무공급형 계약은 따로 살핀다.

2) 상법이 규정하는 금융리스(상법 제168조의2 이하 참조) 역시 이에 속한다.

3) 계약서상의 명칭이 중요하지 않음에 관하여 대판 1994.12.2. 93다31672 참조.

상권과 법정지상권 및 전세권 정도이다.

② 채권적 용익권으로 소비대차, 사용대차, 임대차가 있는데, 물권적 용익권과 달리 특히 임차권은 임대인에 대해서만 주장할 수 있다. 이러한 상대효 때문에 임차인이 자신의 이익을 지키기에 부족하여 부동산임차인을 보호하기 위한 법적 조치가 필요하고, 이러한 경향이 「부동산임차권의 물권화」로 나타난다. 주택임대차법 등 특별법상의 용익권은 주로 이러한 요청에 기한 것이다.

(4) 이 절에서는 임대차를 민법상의 임대차와 특별법상의 임대차로 나누어 검토하고 소비대차를 설명하는데, 그에 앞서 사용대차에 관하여 간략하게 살펴본다.

2. 사용대차 [2595]

가. 의 의

(1) 사용대차(使用貸借)는, 당사자 일방(대주. 貸主)이 상대방(차주. 借主)에게 일정한 물건을 무상으로 사용·수익하게 하기 위하여 인도할 것을 약정하고, 상대방은 그 물건을 사용·수익한 후 반환할 것을 약정함으로써 성립하는 계약이다(제609조).

대가(차임) 없이 빌리는 계약유형으로서 사용대차의 경제적 의의가 크지 않다.

(2) 사용대차는 낙성·불요식·편무·무상의 계약이다.

나. 사용대차의 효력 [2596]

(1) 사용대차의 대주는 차주로 하여금 목적물을 사용·수익하게 할 의무를 부담하므로, 목적물을 차주에게 인도해야 하고, 인도한 후 차주의 정당한 용익(계약 또는 그 목적물의 성질에 의하여 정해진 용법에 따른)을 방해해서는 안 된다(제610조).

그런데 대차관계가 계속되는 동안 목적물이 손상되더라도 소극적 의무를 부담할 뿐인 대주는 수선의무를 부담하지 않고,[4] 따라서 목적물의 보존이나 이용에 필요한 통상의 필요비(예: 부동산의 사용대차에서 제세 공과금)는 차주가 부담한다. 반면 통상필요비 외의 비용을 지출한 차주는 상환을 청구할 수 있는데(제611조 참조),[5] 상환청구는 대주가 목적물을 반환받은 날부터 6월 내에 해야 하고(제617조). 이 기간은 제척기간으로 새길 것이다. 그리고 무상계약이기 때문에 목적물에 하자가 있다면 증여자와 같은 담보책임을 진다(제612조, 제559조).

(2) 사용대차의 차주는 선량한 관리자의 주의로 차용물을 보관해야 하고(제374조 참조), 계약 또는 목적물의 성질에 의하여 정해진 용법에 따라 목적물을 사용·수익해야 하며(제610조 제1항), 대주의 승낙 없이 제3자에게 전대하지 못한다(제2항). 이들 의무를 위반한 경우에, 대주는 위반행위의 정지 및 손해배상을 청구할 수 있을 뿐만 아니라 계약을 해지할 수도 있다(제3항).[6] 다만 손해배상의 청구는 대주가 목적물의 반환을 받은 날부터 6월 내에 해야 한다(제617조).

한편 여러 명이 공동으로 물건을 차용하는 경우에 차주들은 연대하여 그 의무를 부담한다(제616조).

---

4) 제610조를 임대차에 관한 제623조와 비교하여 보라.

5) 차주의 유익비상환청구에 제203조가 적용된다는 대판 2014.3.27. 2011다101209([5312]에 소개된) 참조.

6) 대주는 계약을 해지하지 않고도 제3자에 대하여 목적물의 인도를 청구할 수 있으며, 사용대차에서 차주의 권리를 양도받은 이는 양도에 관한 대주의 승낙이 없으면 대주에게 대항할 수 없다고 한 대판 2021.2.4. 2019다202795·202801도 참조.

[2597] 다. 사용대차의 종료

(1) 계약에서 존속기간을 정한 경우에, 기간이 만료되면 사용대차가 종료한다(제613조 제1항). 종료시기에 관하여 약정이 없으면 계약 또는 목적물의 성질에 의한 사용 · 수익이 종료한 때에 사용대차는 종료하며, 현실로 사용 · 수익이 종료하지 않았더라도 사용 · 수익에 충분한 기간이 경과한 경우에 대주는 언제든지 계약을 해지할 수 있다(제2항).[7] 차주가 사망하거나 파산선고를 받은 경우에도 대주는 계약을 해지할 수 있다(제614조. 제610조 제3항도 참조). 나아가 대주가 목적물을 인도하기 전이라면 당사자는 언제든지 계약을 해지할 수 있다(제612조, 제601조).

(2) 사용대차 종료시 차주는 차용물을 반환해야 한다(제613조 제1항). 차주가 차용물에 "부속"시킨 물건을 철거하여 원상으로 회복하여 반환해야 하는데(제615조), 이는 차주의 권리이기도 하다(제256조 단서 참조).

[2598] 3. 임대차의 의의

(1) 임대차(賃貸借)는, 당사자 일방(임대인. 賃貸人)이 상대방(임차인. 賃借人)에게 목적물을 사용 · 수익하게 할 것을 약정하고, 상대방은 이에 대하여 차임(借賃)을 지급할 것을 약정함으로써 성립하는 낙성 · 유상 · 쌍무 · 불요식의 계약이다(제618조).

(2) 임대차는 대차형 계약 중 가장 전형적인 것으로,[8] 그에 의하여 보통 계속적 채권관계가 성립하므로 신의칙의 활동여지가 크다.

(3) 거래계에서 전세(傳貰)로 불리는 것 중에 물권인 전세권(제303조)도 있지만, 전세권설정등기를 하지 않는 경우도 적지 않다. 이러한 유형을 채권적 전세라 하는데, 전세금의 이자와 차임이 상계되는 특수한 유형의 임대차이다(주택임대차법 제12조 참조).

제 2 관 민법상의 임대차

제 1. 임대차의 기본법리

[2599] Ⅰ. 임대차의 성립

1. 일반적 성립요건

(1) 임대차는 당사자들의 합의(적어도 임대차의 본질적 요소인 목적물과 차임에 관한)에 의하여 성립하는 낙성계약이다(제618조).[1]

[참 고] 대차형 계약에서 반환시기(또는 존속기간)의 약정은 법률행위의 부관에 그치는 것이 아니라 계약의 「불가결의 요소」[2]라는 것이 실무의 입장으로, 반환시기의 정함이 없더라도 반환시기를 제603조 제2항에 따라 「대주」가 반환을 최고(하고 상당한 기간이 경과)한 때 또는 제635조 제1항에 따라 각 당사자가 해지를 통고(하고 소정의 기간이 경과)한 때로 한다는 합의가 있는 것으로 본다.
그런데 반환시기, 즉 변제기의 도래가 대차형 계약에서 목적물 반환청구의 요건사실임은 분명하

7) 상당기간 경과의 판단기준 및 구체적인 적용례로 대판 2001.7.24. 2001다23669 참조.
8) 대가 없는 사용대차는 예외에 속하고, 신용형에 속하는 소비대차는 소비물만을 목적으로 한다.
1) 관련하여 유휴농지의 대리경작자 지정에 관한 농지법 제20조 및 거래계약서의 작성의무에 관한 공인중개사법 제26조도 참조.
2) 그 의미가 무엇인지 반드시 명확하지는 않다.

지만, 반환시기(또는 존속기간)에 관한 합의가 없다고 하여 대차형 계약의 「성립」 자체가 부정되지는 않으므로, 이를 「계약의 본질적 요소」([2037] 참조)로 오해할 것은 아니다.

(2) 임대차의 목적은 사용 · 수익으로 인하여 소멸하지 않는 「유체물」에 한한다.3) 물론 법적으로 주로 문제되는 것은 부동산의 임대차이지만, 그 목적이 동산이든 부동산이든, 대체물이든 부대체물이든 상관없다. 한편 임대차는 물건의 일부에 관해서도 성립한다.

(3) 임차인은 사용 · 수익 및 차임지급을 약정하여 임대차계약을 체결한 당사자를 말하는데, 그가 목적물을 실제로 사용 · 수익하거나 보증금 · 차임 등을 실제 출연해야 하는 것은 아니다.4)

2. 처분권한 없는 이의 임대 [2600]

(1) 의무부담행위로서 임대차가 성립하기 위하여 임대인이 임차목적물에 대한 소유권 기타 처분권한을 가져야 하는 것은 아니다. 즉 권한 없는 이가 타인의 소유물을 자기 이름으로 임대하더라도 임대차계약은 유효하다(제569조 참조).

다만 처분권한 없는 이와의 계약에 기해서는 대항력 있는 임차권을 취득할 수 없고, 나아가 제619조가 존속기간을 제한한다.

(2) 구체적 법률관계를 본다. ① 임대인의 소유권 보유에 관한 착오를 이유로 임대차계약을 [2601] 취소하지 못한다.5) ② 타인의 소유물을 임대하였다는 사실(또는 임대인이 소유권을 상실한 사실)만으로 임대인의 채무가 이행불능으로 되지는 않는다.6) ③ 진정한 소유자의 반환청구 등으로 이행불능으로 될 때까지 임차인은 임대인에게 차임을 지급해야 하고 진정한 소유자에게 차임을 지급할 필요는 없는데(제201조 제1항 참조),7) 임차인이 진정한 소유자에게 임차목적물을 반환해야 하거나 사용수익의 가액을 부당이득으로 반환해야 하는 때(또는 임차인이 소유자와 별도의 임대차계약을 체결한 때)에 임대인의 의무는 이행불능으로 된다.8)9)

Ⅱ. 임대차의 효력 [2602]

1. 임대인의 의무

가. 기본적 의무

(1) (전세권설정자나 사용대차의 대주와 달리) 임대인은 임차인으로 하여금 계약존속 중 목적물을 사용 · 수익할 수 있게 할 적극적 의무를 부담한다.

---

3) 기업이나 권리의 유상용익을 목적으로 하는 계약은 임대차와 유사한 무명계약이다.

4) 대판 2009.4.23. 2006다81035 참조.

5) 대판 1975.1.28. 74다2069. 한편 소유권 유무에 관하여 임대인의 기망행위가 있었다면 사기취소가 가능하다.

6) 임대인의 의무는 목적물을 사용 · 수익케 할 의무로서 목적물에 대한 소유권 있음을 요건으로 하지 않으므로, 임대인이 소유권을 상실하였다는 이유만으로 그 의무가 불능하게 된 것이라고 단정할 수 없다(대판 1994.5.10. 93다37977).

7) 임대인이 진정한 소유자에 대하여 부당이득 또는 불법행위에 기하여 차임 상당액을 지급해야 함은 별개의 문제이다.

8) 대판 1996.3.8. 95다15087. 나아가 이행불능이 일시적이라고 볼 만한 특별한 사정이 없다면 임대차는 당사자의 해지의사표시를 기다릴 필요 없이 당연히 종료되었다고 보았다.

9) 대판 1996.9.6. 94다54641: "임대인이 임대차목적물에 대한 소유권 기타 이를 임대할 권한이 없다고 하더라도 임대차계약은 유효하게 성립하고, 따라서 임대인은 임차인으로 하여금 그 목적물을 완전하게 사용 · 수익케 할 의무가 있고 또한 임차인은 이러한 임대인의 의무가 이행불능으로 되지 아니하는 한 그 사용 · 수익의 대가로 차임을 지급할 의무가 있으며, 그 임대차관계가 종료되면 임차인은 임차목적물을 임대인에게 반환하여야 할 계약상의 의무가 있지만, 임차인이 진실한 소유자로부터 목적물의 반환청구나 임료 내지 그 해당액의 지급요구를 받는 등의 이유로 임대인이 임차인으로 하여금 사용 · 수익케 할 수가 없게 되었다면 임대인의 채무는 이행불능으로 되고, 임차인은 이행불능으로 인한 임대차의 종료를 이유로 그때 이후의 임대인의 차임지급청구를 거절할 수 있다." 대판 2009.9.24. 2008다38325도 동지.

(2) 임차인으로 하여금 목적물을 사용·수익케 하기 위하여 임대인은 우선 목적물을 인도해야 한다(제623조).[10] 목적물인도의무(점유이전의무)는 주물뿐만 아니라 종물에도 미친다(제100조 제2항 참조).

[2603] ### 나. 수선의무

(1) 임대차기간 중 임대목적물의 사용·수익에 필요한 상태를 유지해야 할「적극적」의무의 일환으로 임대인은 임차목적물에 대한 수선의무(修繕義務)를 진다(제623조).[11] 임차인은 임대인의 수선을 용인해야 하지만(제624조), 그로 말미암아 임차의 목적을 달성할 수 없다면 임대차를 해지할 수 있다(제625조). 그리고 수선에 따른, 임차의 목적을 달성할 수 없었던 기간 동안 차임지급의무가 발생하지 않는다.

(2) 임대인의 수선의무를 특약에 의하여 면제하거나 임차인이 부담하게 할 수 있다(제652조 참조). 특약이 있는 경우에 임차인이 어느 범위까지 수선의무를 부담하는지는 당연히 의사해석의 문제이지만, 특약에 의한 수선의무의 면제는 통상적인 소규모의 수선에 국한된다. 즉 특약에서 수선의무의 범위를 명시하는 등 특별한 사정이 없는 한 특약에 의하여 임대인이 수선의무를 면하거나 임차인이 수선의무를 지는 것은 일상적으로 생길 수 있는 파손의 수선 등 소규모의 수선에 한하고, 대파손의 수리, 건물의 주요 구성부분에 대한 수선, 기본적 설비부분의 교체 등과 같은 대규모의 수선은 이에 포함되지 않고 여전히 임대인이 그 수선의무를 부담한다.[12]

[2604] (3) 임대인의 수선의무는 특별한 사정이 없는 한 임차인이 임대차의 목적에 따른 용도대로 임차물을 사용·수익하는 데 필요한 범위에서 인정된다. 그리고 수선의 필요성은 수선하지 않으면 계약에서 정한 목적에 좇아 임차목적물을 사용·수익할 수 없는지에 따라 판단하는데, 반드시 사용·수익이 불능이어야 하는 것은 아니다. 즉 임차목적물에 생긴 파손이나 장해가 별 비용을 들이지 않고도 손쉽게 고칠 수 있을 정도의 사소한 것이어서 임차인의 사용·수익을 방해할 정도에 이르지 않는다면 임대인은 수선의무를 부담하지 않지만, 그것을 수선하지 않으면 임차인이 계약으로 정해진 목적에 따라 사용·수익할 수 없는 상태에 이를 정도라면 임대인은 수선의무를 부담한다.[13]

(4) 수선을 요하는 훼손이 불가항력에 기한 것이라도 상관없다.[14] 한편 임차인은 선량한 관리자의 주의로 임차목적물을 보존하다가(제374조) 이행기의 현상대로 인도해야 하지만(제462조), 임차인의 보존 및 인도의무가 인정된다고 하여 임차목적물의 사용·수익이라는 임대차 본래의 목적에 기한 임대인의 수선의무가 면제된다고 하기 어렵다([2173]도 참조). 즉 임차인의 귀책사유로 인한 경우에도 수선의무는 인정된다. 물론 임차인은 그와 별도로 임차물보관의무(제374조 참

10) 임대인이 임차권의 양도를 승낙하여 신 임차인이 구 임차인으로부터 임차목적물을 인도받았다면 구 임차인의 임대인에 대한 인도의무의 이행을 다한 것으로 본 대판 1998.7.14. 96다17202 참조.

11) 예컨대 레지던스호텔의 에어컨이 고장난 경우에 임대인이 이를 고쳐주어야 한다. 임대인이 임차인에게 사용·수익함에 대한 하자를 제거하지 않고 목적물을 인도하였다면 사후에라도 하자를 제거하여 임차인이 목적물을 사용·수익하는 데 아무런 장해가 없도록 해야 한다(대판 2021.4.29. 2021다202309).

12) 대판 1994.12.9. 94다34692·34708.「임차인이 일체의 수선의무를 부담한다」고 약정했더라도, 적어도 거래관념상 수선불능과 동시되는 정도의 상태라면 특약의 효력이 미치지 않고, 제627조의 취지에 비추어 임대차가 종료된다고 할 것이다.

13) 대판 2000.3.23. 98두18053. 수선의무를 발생시키는 사용·수익의 방해에 해당하는지의 판단기준에 관한 대판 2012.3.29. 2011다107405 및 수선의무의 구체적인 적용례로 가구전시장으로 임차하여 사용하던 건물 바닥에 결로현상이 발생한 경우에 관한 대판 2012.6.14. 2010다89876·89883도 참조.

14) 임대인에게 귀책사유가 없는 훼손의 경우에도 수선의무를 부담한다는 대판 2010.4.29. 2009다96984; 대판 2021.4.29. 2021다202309 참조.

조)의 위반을 이유로 한 손해배상의무를 진다.

(5) 목적물을 사용 · 수익하게 할 임대인의 의무[15]와 임차인의 차임지급의무가 상호 대응관계 [2605] 에 있으므로, 임대인의 수선의무 불이행 때문에 목적물을 사용할 수 없는 임차인은 차임의 지급을 거절할 수 있으나, 목적물의 사용 · 수익이 부분적으로 지장이 있는 상태라면 지장의 범위 내에서 차임의 지급을 거절할 수 있을 뿐 차임 전부의 지급을 거절할 수는 없다.[16]

다. 기 타 [2606]

(1) 제3자가 임차인이 점유하는 임차물을 침해하는 등 사용 · 수익을 방해하는 경우에, 임대인은 임차인을 위하여 방해를 제거해야 한다.[17] 임차인이 점유보호청구권을 가진다는 이유로 임대인은 방해제거의 의무를 면하지 못한다.[18]

(2) 임대인은 비용상환의무를 지는데, 주로 임대차 종료시에 문제되므로 따로 살펴본다.

(3) 임대차는 유상계약이므로, 제567조에 따라 임대인은 매도인과 같은 담보책임을 진다.[19] 임차목적물에 하자가 있는 경우에 임대인은 담보책임 외에 수선의무도 부담한다.

(4) 임차인의 생명 · 신체 등을 보호해야 할 임대인의 의무를「일반적으로」인정할 수는 없다. 즉 통상의 임대차에서 임대인이 임차인에게 임대목적물을 인도하면 임대목적물은 임차인의 지배 아래 놓여 그 후에는 임차인의 관리 하에 임대목적물의 사용 · 수익이 이루어지므로, 임차인의 안전을 배려하거나 도난을 방지하는 등의 보호의무까지 부담하지는 않는다.[20]

다만 일시사용을 위한 임대차에서 임차인의 안전을 배려해야 할 임대인의「계약상의」의무, 즉 보호의무가 인정됨에 관하여 [2362] 참조.[21]

2. 임차인의 의무 [2607]

가. 서 설

(1) 임대차에서 임차인의 기본적 의무는 차임지급의무(借賃支給義務)이다. 그리고 임차인은 임차목적물을 계약 또는 물건의 성질에 의하여 정해진 용법으로 사용 · 수익해야 한다(제654조, 제610조 제1항). 나아가 임차인은 목적물을 반환할 때까지 선량한 관리자의 주의로써 임차물을 보존하다가 임대차계약이 종료되면 임차인은 임차목적물을 반환해야 한다.

수인이 공동으로 임대차를 하는 경우에, 임차인들은 연대하여 이상의 의무를 부담한다(제654조, 제616조).

여기서는 통지의무를 먼저 살피고, 임차목적물의 보존 및 반환의무는 임대차의 종료와 관련

---

15) 이 의무의 위반으로 임차인에게 손해가 발생한 경우에 관하여 대판 2017.8.29. 2017다227103: “건물을 타인에게 임대한 소유자가 건물을 적합하게 유지 · 관리할 의무를 위반하여 임대목적물에 필요한 안전성을 갖추지 못한 설치 · 보존상의 하자가 생기고 그 하자로 인하여 임차인에게 손해를 입힌 경우, 건물의 소유자 겸 임대인은 임차인에게 공작물책임과 수선의무 위반에 따른 채무불이행책임을 진다.” 건물의 유지 · 관리에 관한 건축법 제35조도 원용하였다.

16) 대판 1997.4.25. 96다44778 · 44785; 대판 2015.2.26. 2014다65724.

17) 참고로 대판 2010.6.10. 2009다64307: “건물부분의 임대차에서 별도의 약정이 있는 경우에는 […] 임대인은 그 소유 건물의 다른 부분에서 제3자가 임차인이 임대차목적물에서 행하는 영업 등 수익활동을 해할 우려가 있는 영업 기타 행위를 하지 아니하도록 할 의무를 임차인에 대하여 부담할 수 있음은 물론이다.”

18) 임대인의 방해제거의무를 기초로 한 채권자대위권의 행사에 관하여 [4090] 참조.

19) 수량지정임대차에 관한 대판 1995.7.14. 94다38342 참조.

20) 대판 1999.7.9. 99다10004.

21) 참고로 상법 제152조는 공중접객업자의 책임을 객(客)이 휴대한 물건에 생긴 손해에 대해서만 규정할 뿐이고, 객의 인적 손해에 대해서는 여객운송인의 책임(제148조)와 같은 규정을 두지 않는다.

하여 따로 살펴보기로 한다.

(2) 임차물이 수선을 요하거나[22] 임차물에 대하여 권리를 주장하는 이가 있으면 임차인은 지체 없이 이를 임대인에게 통지해야 하는데, 임대인이 이미 이를 알고 있다면 그렇지 않다(제634조). 임차인이 유책적으로 통지를 게을리한 경우에, 임대인은 통지의 해태로 인하여 증가된 손해의 배상을 임차인에게 청구할 수 있다. 임차인의 통지의무 위반을 이유로 임대인이 임대차계약을 해지할 수 있는지에 관하여 학설은 대체로 부정적이다.

[2608] **나. 차임지급의무**

(1) 차임지급관계 일반에 관하여 본다.

① 임차인은 임차물의 사용 · 수익의 대가로 차임을 지급할 의무를 지는데(제618조), 차임지급의무는 임대차계약의 본질적 요소이다. 그리고 차임을 지급하였다는 점에 대한 증명책임은 당연히 임차인이 진다.[23]

그런데 임대차와 이자부 소비대차가 결합된 채권적 전세에서 특별한 사정이 없는 한 보증금에 대한 이자 상당액이 점유 · 사용에 따른 임료 상당액과 대가관계에 있고,[24] 보증금의 이자가 차임에 당연충당된다.

임대인의 수선의무 불이행으로 인하여 목적물의 사용 · 수익에 지장이 있는 경우에, 임차인은 지장의 범위 내에서 차임의 지급을 거절할 수 있음에 관하여 [2605] 참조.

② 차임이 금전이어야 하는 것은 아니며, 물건이어도 된다(농지법 제19조 제4항 참조).

③ 차임지급의 시기에 관하여 특약이 없으면 동산, 건물 또는 대지의 임대차에서 매월 말에, 그 밖의 토지임대차에서는 매년 말에 지급해야 한다. 수확기가 있는 것의 임대차에서는 수확 후 지체 없이 지급해야 한다(제633조). 이처럼 법상으로 후급(後給)이 기본값이지만, 실제로는 선급이 일반적이다.

④ 권원 없는 이가 타인의 소유물을 임대한 경우라도, 사용 · 수익에 지장이 없다면 임차인은 차임지급의무를 짐에 관하여 [2601] 참조.

⑤ 차임채권(법정질권의 경우에는 그에 한정되지 않지만)을 확보하기 위하여 일정한 요건 하에 법정질권 또는 법정저당권이 발생한다([5505] 및 [5419] 참조).

[2609] (2) 차임의 액은 계약으로 정해지는데, 증액 또는 감액청구가 인정된다.

① 우선 임차인에게 책임 없는 사유로 임차목적물의 일부가 멸실 기타 사유로 사용 · 수익할 수 없게 되면, 임차인은 사용 · 수익할 수 없는 부분의 비율로 차임의 감액을 청구할 수 있고, 잔존부분만으로 계약목적을 달성할 수 없다면 계약을 해지할 수 있다(제627조).

또한 임차물에 대한 공과부담의 증감 기타 경제사정의 변동으로 약정한 차임이 상당하지 않게 된 경우에, 임대인이나 임차인은 장래에 대한 차임의 증감을 청구할 수 있다(제628조. 635조도 참조).

② 이들 각 경우의 증액 또는 감액청구권은 형성권이며, 권리자의 일방적 의사표시로 ―상

22) 임차인 스스로 수리하는 것이 금지되지 않으며, 오히려 이러한 경우에 임차인은 제626조에 따라 필요비의 상환을 청구할 수 있다.
23) 대판 2001.8.24. 2001다28176.
24) 대판 2010.9.30. 2009다65942 · 65959.

대방의 승낙을 요하지 않고— 상당한 액으로 증액 또는 감액된다. 증감의 폭에 관하여 당사자 사이의 합의가 없으면 법원이 결정한다. 그리고 임대인의 차임증액청구에서 법원이 결정한 차임은 —법원 결정시가 아니라— 증액청구의 의사표시를 한 때에 소급하여 그 효력이 생기므로, 증액된 차임에 대하여 증액청구의 의사표시가 임차인에게 도달한 때를 이행기로 보아야 한다.[25)]

③ 이상의 규정들은 편면적 강행규정인데(제652조. 제653조도 참조), 차임불감액의 특약은 무효인 반면, 차임부증액의 특약은 유효하지만, 차임부증액의 특약이 있더라도 제628조에 기하여 증액청구를 할 수 있다.[26)]

[참 고] 차임 상당의 부당이득의 반환을 구하는 장래이행의 소가 인용되어 확정된 후 차임액에 관하여 사정변경이 생기면 부당이득반환의 소를 다시 제기할 수 있는지에 관하여 대판(전) 1993.12.21. 92다46226: "토지의 소유자가 법률상 원인 없이 토지를 점유하고 있는 자를 상대로 장래의 이행을 청구하는 소로서 그 점유자가 토지를 인도할 때까지 토지를 사용·수익함으로 인하여 얻을 토지의 임료에 상당하는 부당이득금의 반환을 청구하여 그 청구의 전부나 일부를 인용하는 판결이 확정된 경우에 그 소송의 사실심 변론종결 후에 토지의 가격이 현저하게 앙등하고 조세 등의 공적인 부담이 증대되었을 뿐더러 그 인근 토지의 임료와 비교하더라도 그 소송의 판결에서 인용된 임료액이 상당하지 아니하게 되는 등 경제적 사정의 변경으로 당사자간의 형평을 심하게 해할 특별한 사정이 생긴 때에는 토지의 소유자는 점유자를 상대로 새로 소를 제기하여 전소 판결에서 인용된 임료액과 적정한 임료액의 차액에 상당하는 부당이득금의 반환을 청구할 수 있다."

이에 대하여 해석론의 한계를 벗어나는 판결이라는 비판이 있었는데, 민사소송법 제252조가 정기금판결에 대한 변경의 소를 도입함으로써 입법적으로 해결되었다.

다. 차임의 연체와 해지 [2610]

(1) 임차인이 차임의 지급을 연체한 경우에, 임대인은 일정한 요건 하에 계약을 해지할 수 있다. 즉 건물 기타 공작물의 임대차에서 임차인이 2기의 차임액을 연체하면 임대인은 계약을 해지할 수 있다(제640조). 이를 즉시해지(即時解止)라 한다.

(2) 임대차계약을 해지하기 위하여 차임의 연체가 연속되어야 하는 것이 아니라 통산하여 2기분이면 족하며, 최고를 요하지도 않는다. 그리고 연체차임의 일부지급을 이의 없이 수령하여 연체차임이 2기분 미만으로 된 경우에 소멸청구를 할 수 없다고 해야 한다.[27)]

(3) 임대인이 교체된 경우에 새 임대인에 대한 차임의 연체액이 2기분 이상이어야 한다.[28)]

한편 2기분의 차임이 연체된 상태에서 임차권이 양도된 경우[29)]에, 경우를 나누어 판단해야 한다. 우선 임대인이 임차권의 양도에 동의하면서 차임연체사실을 주장하지 않았다면 제451조 제1항의 유추에 의하여 연체된 차임채무 자체뿐만 아니라 차임연체의 효과도 주장할 수 없지

---

25) 대판 2018.3.15. 2015다239508·239515(나아가 "임대차계약을 할 때에 임대인이 임대 후 일정기간이 경과할 때마다 물가상승 등 경제사정의 변경을 이유로 임차인과의 협의에 의하여 차임을 조정할 수 있도록 약정하였다면, 그 취지는 임대인에게 일정기간이 지날 때마다 물가상승 등을 고려하여 상호합의에 의하여 차임을 증액할 수 있는 권리를 부여하되 차임 인상요인이 생겼는데도 임차인이 인상을 거부하여 협의가 성립하지 않는 경우에는 법원이 물가상승 등 여러 요인을 고려하여 정한 적정한 액수의 차임에 따르기로 한 것으로 보아야 한다"). 대판 1974.8.30. 74다1124도 동지.

26) 결과적으로 배척되었지만, 차임부증액의 특약이 있는 임대차에서 사정변경으로 인한 차임증액청구권이 인정된다는 일반론을 제시한 대판 1996.11.12. 96다34061 참조.

27) 지상권에 관한 대판 2014.8.28. 2012다102384([5339]에 소개된) 참조.

28) 상가임차권에 관한 대판 2008.10.9. 2008다3022.

29) 2기분의 차임이 연체된 상태에서 「전대」한 경우에, 전차인이 임대인에 대하여 차임지급의무를 부담함(제630조 참조)과 무관하게 전대인도 여전히 임대인에 대하여 차임지급의무를 부담하므로, 임대인은 제640조에 기하여 즉시해지를 할 수 있고, 임대차가 해지되면 전대차도 당연히 효력을 잃는다.

만,[30] 그렇지 않은 경우에는 구 임차인의 차임연체를 이유로 임대인이 해지할 수 있다고 할 것이다.[31]

(4) 제640조는 편면적 강행규정이고(제652조), 건물 기타 공작물의 소유 또는 식목, 채염, 목축을 목적으로 하는 토지임대차에 준용된다. 다만 지상에 있는 건물 기타 공작물이 저당권의 목적이라면, 저당권자를 보호하기 위하여 저당권자에게 통지한 후 상당한 기간이 경과해야 해지의 효력이 생긴다(제641조, 제642조, 제288조).

[2611] ### 3. 존속기간

가. 존속기간을 정한 경우

(1) 종래 제651조 제1항은 지나치게 오랜 기간 임차인에게 임차물의 이용을 맡겨 놓음에 따라 임차물의 관리가 소홀해지고 임차물의 개량이 잘 이루어지지 않아서 발생할 수 있는 사회경제적 손실을 방지하기 위하여 임대차의 최장기간을 제한하였고, 판례는 이를 강행규정으로 보았는데,[32] 이 규정은 "입법취지가 불명확하고, 사회경제적 효율성 측면에서 일정한 목적의 정당성이 인정된다 하더라도 과잉금지원칙을 위반하여 계약의 자유를 침해한다"고 한 헌재결 2013.12. 26. 2011헌바234에 따라 효력을 상실하였고, 2016년 민법개정에서 제651조가 삭제되었다. 따라서 이제는 임대차기간이 영구인 임대차계약도 성립할 수 있다.[33]

(2) 민법은 「최단기간」에 관하여 아무런 제한을 두지 않는다(지상권에 관한 제280조 참조). 그러나 특히 부동산임대차에서 임차인 보호를 위하여 최단기간을 제한할 필요가 있다. 부동산임차권을 지나치게 단기로 한다면, 임차인의 지위를 열악하게 하고 사회경제상의 불이익을 초래할 수 있기 때문이다. 그래서 주택임대차법 제4조와 상가임대차법 제9조는 최단기간을 보장한다.

[2612] #### 나. 갱 신

(1) 당사자들이 임대차계약을 갱신할 수 있는데, 이 경우 전후의 임대차 사이에 동일성이 유지된다.

(2) 건물 기타 공작물의 소유 또는 식목, 채염, 목축을 목적으로 한 토지임대차에서 기간이 만료한 때 건물, 식목 기타 지상시설이 현존하면 임차인은 계약의 갱신을 청구할 수 있는데, 이 경우에도 임대인이 승낙해야 갱신계약이 성립한다. 다만 임대인이 갱신을 원하지 않으면 임차인은 상당한 가액으로 그 공작물이나 식목의 매수를 청구할 수 있다(제643조, 제283조. [2627] 이하 참조).

(3) 묵시의 갱신(黙示의 更新)에 관하여 본다.

① 임대차의 존속기간 만료 후에도 임차인이 임차물의 사용 · 수익을 계속하는 경우에, 임대

30) 이 경우 연체된 차임채무가 임차보증금에서 「당연히」 공제되지는 않고, 임대인은 구 임차인에 대해서만 그 지급을 구할 수 있다고 할 것이다.

31) 임대인의 동의 없음을 이유로 하는 해지(제629조 제2항)가 이른바 배신행위론([2642] 참조)에 의하여 극복되더라도 임대인은 제640조에 기하여 즉시해지할 수 있다. 이 경우 연체된 차임채무는 임차보증금에서 「당연히」 공제된다.

32) 대판 2003.8.22. 2003다19961 참조.

33) 대판 2023.6.1. 2023다209045: "임대차기간이 영구인 임대차계약을 인정할 실제의 필요성도 있고, 이러한 임대차계약을 인정한다고 하더라도 사정변경에 의한 차임증감청구권이나 계약 해지 등으로 당사자들의 이해관계를 조정할 수 있는 방법이 있을 뿐만 아니라, 임차인에 대한 관계에서만 사용 · 수익권이 제한되는 외에 임대인의 소유권을 전면적으로 제한하는 것도 아닌 점 등에 비추어 보면, 당사자들이 자유로운 의사에 따라 임대차기간을 영구로 정한 약정은 이를 무효로 볼 만한 특별한 사정이 없는 한 계약자유의 원칙에 의하여 허용된다고 보아야 한다."

인이 상당한 기간 내에 이의를 하지 않으면 전 임대차와 같은 조건으로 다시 임대차한 것으로 본다(제639조 제1항). 임대차의 존속에 대한 임차인의 신뢰를 보호하기 위한 것이다.

② 이 경우 전 임대차에 대하여 제3자가 제공한 담보는 기간의 만료로 소멸하는데(제2항),[34] 이처럼 제3자가 제공한 담보가 소멸하는 것은 담보를 제공한 이의 예상하지 못한 불이익(담보기간의 연장에 따른)을 방지하기 위한 것이다. 그런데 이 규정이 당사자들의 합의에 따른 임대차 기간연장의 경우에는 적용되지 않는다는 것이 판례의 입장이다.[35]

③ 묵시의 갱신이 있은 후에 각 당사자는 기간의 약정이 없는 경우와 마찬가지로 해지의 통고(제635조)를 할 수 있다.

④ 제652조에 열거되지 않지만, 판례는 제639조를 강행규정으로 새긴다.[36]

다. 존속기간을 정하지 않은 경우 [2613]

임대차의 존속기간을 정하지 않은 경우에 각 당사자는 언제든지 해지의 통고를 할 수 있는데, 해지의 효력은 상대방이 해지통고를 받은 날부터 일정한 기간[37]이 경과해야 발생한다(제635조, 제313조도 참조). 이를 위반하는 약정으로 임차인에게 불리한 것은 무효이다(제652조).

참고로 존속기간을 정하지 않은 경우에도 주택임대차법 제4조는 2년, 상가임대차법 제9조는 1년의 존속기간을 보장한다.

라. 단기임대차의 존속기간 [2614]

(1) 임대는 목적물의 이용 내지 관리행위이지 처분행위가 아니지만, 장기의 임대차를 하면 임대인은 존속기간 동안 목적물을 자유롭게 이용하지 못하므로 처분과 유사한 결과에 이른다. 그래서 법은 부재자의 재산관리인, 권한의 정함이 없는 대리인, 후견인(제950조), 상속재산관리인(제1023조 제2항, 제1047조 제2항) 등 처분의 능력 또는 권한 없는 이는 임대차의 종류에 따라 일정한 기간[38]을 넘는 임대차를 하지 못하도록 하는데(제619조), 이를 단기임대차(短期賃貸借)라 한다. 이 경우 갱신할 수 있지만(제620조), 그 기간은 제619조의 기간을 넘지 못한다.

(2) 이를 위반하는 계약은 그 기간을 넘는 부분에 대해서만 무효이지만, 그러한 단기임대차라면 임차인측에서 계약을 체결하지 않았으리라고 인정되면 전부가 무효로 된다.

Ⅲ. 임대차의 종료와 청산 [2615]

1. 종료 일반

가. 개 관

존속기간의 만료로 임대차는 종료한다. 기간만료 후의 갱신에 관해서는 앞에서 보았다. 그리고 합의해지에 의해서도 종료되지만, 임차권에 기하여 새로운 이해관계를 가지는 제3자(특히 전

34) 임차보증금은 여기의 담보에 포함되지 않는다(대판 1977.6.7. 76다951).

35) 대판 2005.4.14. 2004다63293.

36) 대판 1964.12.8. 64누62.

37) 토지, 건물 기타 공작물의 임대차에서 임대인이 해지통고를 한 경우에 6월, 임차인이 해지통고를 한 경우에 1월, 동산임대차의 경우에는 어느 쪽이 하든 5일.

38) 식목, 채염 또는 석조, 석회조, 연와조 및 이와 유사한 건축을 목적으로 하는 토지의 임대차는 10년, 기타 토지의 임대차는 5년, 건물 기타 공작물의 임대차는 3년, 동산의 임대차는 6월.

차인)에게 대항할 수 없다(제638조 참조).

한편 임대인이나 임차인의 사망에 의하여 임대차가 종료되지 않고 그 지위는 상속의 대상인데,[39] 주택임대차법 제9조는 사실혼배우자를 위한 특별규정이다.

아래에서 나머지 종료원인들을 살펴본다.

[2616] **나. 해지의 통고**

(1) 임대차의 존속기간을 정하지 않은 경우의 해지통고(제635조 참조)는 앞에서 보았다.

(2) 임대차의 존속기간이 정해져 있더라도 당사자의 일방 또는 쌍방이 존속기간 내에 해지할 권리를 보류하였다면 제635조가 준용된다(제636조). 나아가 임차인이 파산선고를 받은 경우에, 임대차의 존속기간이 정해져 있더라도 임차인이나 파산관재인은 제635조에 의하여 해지통고를 할 수 있는데, 이때 각 당사자는 상대방에 대하여 계약해지로 인하여 발생한 손해의 배상을 청구하지 못한다(제637조).

(3) 임대차계약이 해지통고에 의하여 종료되었더라도 목적물이 적법하게(즉 임대인의 동의를 얻어) 전대되었다면 임대인은 전차인에게 그 사유를 통지해야 해지를 전차인에게 대항할 수 있다(제638조).

[2617] **다. 해 지**

법은 일정한 경우에 존속기간을 정했는지에 관계없이 해지할 수 있으며, 일정한 기간의 경과를 기다리지 않고 곧 계약해지의 효력이 생기는 것으로 한다. 그러한 경우로, 임대인이 임차인의 의사에 반하여 보존행위를 하는 경우(제625조), 임차물의 일부가 임차인의 과실에 기하지 않고 멸실하였는데 잔존부분만으로 임차의 목적을 달성할 수 없는 경우(제627조 제2항), 임차인이 임대인의 동의 없이 임차권을 제3자에게 양도하거나 전대한 경우(제629조 제2항), 차임 연체(제640조, 제641조) 기타 당사자 일방의 채무불이행으로 인하여 임대차계약의 목적을 달성할 수 없는 사정이 있는 경우(제544조 참조) 등이 있다.

[참 고] 임대인의 자격과 관련하여 다음의 경우에도 해지가 인정된다: ⓐ 임대인이 임차목적물을 양도함으로써 임대할 권한을 상실한 경우, ⓑ 임대인이 안정적으로 목적물을 사용·수익하게 해 주기 어려운 지위에 있는 경우[40] 및 ⓒ 권한 없는 이가 임대한 경우.[41]

이 중 ⓐ의 경우에 양수인이 임대인의 지위를 승계하더라도 신의칙상 임대차의 승계를 원하지 않는 임차인은 이의를 제기함으로써 임대인과의 임대차관계를 즉시 해지할 수 있다.[42] 그런데 대판 2001.9.25. 2001다1942는, 경매에서 대항력 있는 임차인의 배당요구가 임대차계약 해지의 의사표시에 해당하고, 따라서 배당요구의 사실이 임대인에게 통지되어야 임대차가 해지되고, 통지가 없으면 임대차관계는 소멸하지 않고 매수인이 임대인의 지위에 편입된다고 하였다.

(2) 해지에 의하여 임대차계약은 장래에 향하여 소멸한다(제550조 참조). 그러나 당사자 일방에게 과실이 있으면, 그에 대한 손해배상을 청구하는 것은 가능하다(제551조 참조). 그리고 임대차

39) 대판 1966.9.20. 66다1203.

40) 임대인의 동의 없이 전대한 경우에, 전차인은 임차인에 대하여 임대인의 동의를 얻을 것을 요구할 수 있고, 임차인에 이에 응하지 않으면 전대차계약을 해지할 수 있다.

41) 임차인은 임대인에 대하여 임대할 권한을 확보할 것을 최고할 수 있고, 이에 응하지 않으면 임대차계약을 해지할 수 있다.

42) 임대인과 임차목적물 양수인의 계약으로 임대인지위가 승계된 경우에 관한 대결 1998.9.2. 98마100; 주택임대차법 제3조 제2항에 따라 임대인지위가 승계되는 경우에 관한 대판 2002.9.4. 2001다64615; 경매로 인하여 매수인에게 임대차관계가 승계되는 경우에 관한 대판 1998.9.18. 97다28407 등.

의 종료로 임차인은 목적물을 반환해야 하지만, 보증금의 반환과 유익비의 상환 또는 부속물의 매수를 청구하거나 철거를 할 수 있음은 뒤에서 본다.

[참 고] 대판 1996.9.6. 94다54641은, 임대인이 국가 소유의 부동산을 임대하였는데 임차인의 차임 연체로 인하여 임대차계약이 해지되었다면, 특별한 사정이 없는 한 임차인은 임대인에게 부동산을 명도하고 해지로 인한 임대차 종료시까지의 연체차임 및 그때부터 명도 완료일까지 부동산을 점유 · 사용함에 따른 차임 상당의 부당이득금을 반환할 의무가 있다고 하였다. 그런데 임대인이 악의점유자인 경우에, 점유침탈이 있더라도 과실취득권이 없는 악의점유자에게 손해가 인정되지 않지만(제201조 제2항 참조), 악의점유자라도 유효하게 임대차계약을 체결할 수 있고 그 계약에 기한 차임지급의무의 지체로 인한 손해배상을 청구할 수는 있다.[43)]

2. 임차인의 목적물반환의무 [2618]

(1) 임대차계약이 종료되면 임차인은 임대인에게 임차물을 반환해야 한다(제654조, 제615조). 임대인이 임차목적물의 소유자가 아니라 하여 이 의무가 성립하지 않는 것은 아니다.[44)] 즉 임차목적물이 타인 소유물이라도, 진정한 소유자가 목적물의 반환이나 임료 또는 그 상당액의 지급을 구하는 등의 특별한 사정이 없는 한, 임대차가 종료하면 임차인은 임대인에게 임차목적물을 인도하고 임대차 종료일까지의 차임을 지급할 의무가 있음은 물론, 임대차 종료일 이후부터 인도완료일까지 임차물을 점유 · 사용함에 따른 차임 상당의 부당이득금을 반환할 의무도 있고, 이러한 법리는 임차인이 임차물을 전대하였다가 임대차 및 전대차가 모두 종료된 경우의 전차인에 대해서도 특별한 사정이 없는 한 그대로 적용된다.[45)]

이 의무는 임대인의 보증금반환의무와 동시이행의 관계에 선다.[46)]

(2) 목적물반환의무를 지는 임차인은 계약의 종료로 목적물을 반환할 때까지 선량한 관리자 [2619]
의 주의로써 임차물을 보존해야 한다(제374조). 즉 임차인은 임차목적물을 인도할 때까지 선량한 관리자의 주의로 보존해야 하고, 이러한 주의의무를 위반하여 임대목적물이 멸실, 훼손되면 그에 대한 손해를 배상할 채무가 발생하며, 임차인이 임대목적물의 멸실, 훼손에 따른 책임을 면하려면 임차목적물의 보존에 관하여 선량한 관리자의 주의의무를 다하였음을 증명해야 한다.[47)] 선관주의의무와 원상회복의무의 관계에 관하여 [2173] 참조.

판 례 임차인의 선관주의의무

(가) 대판 2009.5.28. 2009다13170

㉠ 사실관계는 다음과 같다: ⓐ 건물주 A와 X 보험회사가 화재보험계약 체결, ⓑ Y가 건물 일부를 임차하여 공방 운영, ⓒ Y의 공방 쪽에서 전기합선이 원인으로 추정되는 화재가 발생하여 건물 대부분 소훼, ⓓ X가 A에게 보험금을 지급한 후 보험자대위에 기하여 Y에게 손해배상청구.

---

43) 이때 악의점유자가 진정한 소유자에 대하여 사용수익의 대가를 제201조 제2항에 따라 반환해야 함은 별개의 문제이다.

44) 다만 소유자의 물권적 청구에 따른 반환으로 임대인에 대한 반환의무를 면함은 별개의 문제이다.
나아가 종전의 임차인이 임대인으로부터 새로 목적물을 임차한 사람에게 목적물을 임대인의 동의 아래 직접 넘긴 경우에 관한 대판 2009.6.25. 2008다55634도 참조.

45) 대판 2001.6.29. 2000다68290. 다만 임차인이 임대차계약관계가 소멸한 후에도 임차목적물을 계속 점유하기는 하였지만 이를 본래의 임대차계약상 목적에 따라 사용 · 수익하지 않아 이익을 얻은 적이 없는 경우에는 그로 말미암아 임대인에게 손해가 발생하였더라도 임차인의 부당이득반환의무는 성립하지 않는다(대판 2019.4.11. 2018다291347).

46) 대판(전) 1977.9.28. 77다1241 · 1242([2319]에 소개된).

47) 대판 1991.10.25. 91다22605 · 22612. 임대차 종료 후 임차인이 동시이행의 항변권에 기하여 목적물을 유치하는 경우에 관한 판시인데, 증명책임의 소재에 관한 법리는 임대차의 종료 여부와 무관하다.

㉡ 대법원의 판시: 임차목적물반환의무의 "이행불능이 임대차목적물을 임차인이 사용 · 수익하기에 필요한 상태로 유지하여야 할 임대인의 의무 위반에 원인이 있음이 밝혀진 경우에까지 임차인이 별도로 목적물보존의무를 다하였음을 주장 · 입증하여야만 그 책임을 면할 수 있는 것은 아니[고, …] 주택 기타 건물 또는 그 일부의 임차인이 임대인으로부터 목적물을 인도받아 점유 · 용익하고 있는 동안에 목적물이 화재로 멸실된 경우, 그 화재가 건물소유자측이 설치하여 건물구조의 일부를 이루는 전기배선과 같이 임대인이 지배 · 관리하는 영역에 존재하는 하자로 인하여 발생한 것으로 추단된다면, 그 하자를 보수 · 제거하는 것은 임대차목적물을 사용 · 수익하기에 필요한 상태로 유지할 의무를 부담하는 임대인의 의무에 속하는 것이므로, 그 화재로 인한 목적물반환의무의 이행불능 등에 관한 손해배상책임을 임차인에게 물을 수 없다."[48]

㉢ ⓐ 임차목적물반환의무가 이행불능인 경우에, 증명책임의 일반법리에 비추어 임차인이 선관주의를 다했음을 증명해야 한다. 가령 대판 2001.1.19. 2000다57351은, 임차인의 임차물반환채무가 이행불능인 경우에 임차인이 그 이행불능으로 인한 손해배상책임을 면하려면 이행불능이 임차인의 귀책사유로 말미암은 것이 아님을 증명해야 하며, 임차건물이 화재로 소훼된 경우에 화재의 발생원인이 불명이더라도 임차인이 책임을 면하려면 임차건물의 보존에 관하여 선량한 관리자의 주의의무를 다했음을 증명해야 한다고 했다. ⓑ 그러나 임차물반환의무의 불능이 임대인의 지배영역에 속하는 사정에 기인하는 경우에까지 이러한 일반론을 관철할 수 없다. 그래서 대상판결은 "임대인이 지배 · 관리하는 영역"이라고 하여 이른바 영역설(領域說. 누구라도 자기의 위험영역 내지 책임영역에서 발생한 사정에 대해서는 손해배상책임을 진다는 이론)에 따라 Y의 손해배상책임을 부정하였다.[49] 이러한 법리는 임대인이 훼손된 임대차목적물에 관하여 수선의무를 부담하더라도 동일하게 적용된다.[50]

(나) 대판(전) 2017.5.18. 2012다86895 · 86901

㉠ "임대차목적물이 화재 등으로 인하여 소멸됨으로써 임차인의 목적물반환의무가 이행불능이 된 경우에, 임차인은 이행불능이 자기가 책임질 수 없는 사유로 인한 것이라는 증명을 다하지 못하면 목적물반환의무의 이행불능으로 인한 손해를 배상할 책임을 지며, 화재 등의 구체적인 발생원인이 밝혀지지 아니한 때에도 마찬가지이다. 또한 이러한 법리는 임대차 종료 당시 임대차목적물반환의무가 이행불능상태는 아니지만 반환된 임차건물이 화재로 인하여 훼손되었음을 이유로 손해배상을 구하는 경우에도 동일하게 적용된다"는 증명책임의 소재에 관한 일반법리와 "임대인은 목적물을 임차인에게 인도하고 임대차계약 존속 중에 그 사용, 수익에 필요한 상태를 유지하게 할 의무를 부담하므로(민법 제623조), 임대차계약 존속 중에 발생한 화재가 임대인이 지배 · 관리하는 영역에 존재하는 하자로 인하여 발생한 것으로 추단된다면, 그 하자를 보수 · 제거하는 것은 임대차목적물을 사용 · 수익하기에 필요한 상태로 유지하여야 하는 임대인의 의무에 속하며, 임차인이 하자를 미리 알았거나 알 수 있었다는 등의 특별한 사정이 없는 한, 임대인은 화재로 인한 목적물반환의무의 이행불능 등에 관한 손해배상책임을 임차인에게 물을 수 없다"는 영역설을 설시하여 종래의 입장을 유지하면서도,

㉡ 「임차인이 임대인 소유 건물의 일부를 임차하여 사용 · 수익하던 중 임차건물부분에서 화재가 발생하여 임차건물부분이 아닌 건물부분까지 불에 타 그로 인해 임대인에게 재산상 손해가 발생한 경우」에 관하여 입장을 변경하였다. 즉 다수의견은 "임차인이 임대인 소유 건물의 일부를 임차하여 사용 · 수익하던 중 임차건물부분에서 화재가 발생하여 임차건물부분이 아닌 건물부분(이하 '임

48) 대판 2000.7.4. 99다64384도 동지.

49) 역시 전기배선의 이상으로 인한 화재임에도 대판 2006.1.13. 2005다51013 · 51020은 임차인의 손해배상책임을 인정하였는데, 당해 임대차가 장기간 계속되었고 화재의 원인이 된 전기배선을 임차인이 직접 하는 등 전기배선에 대한 관리가 「임차인의 지배관리영역 내」에 있었음을 근거로 한다.

50) 대판 2019.4.11. 2018다291347.
한편 일시사용을 위한 임대차로서 숙박계약에서 —통상의 임대차와는 달리— 객실을 비롯한 숙박시설은 특별한 사정이 없는 한 숙박기간 중에도 고객이 아닌 숙박업자의 지배 아래 놓여 있다고 보아야 하므로 본문에서 본 법리가 그대로 적용될 수 없고, 그 결과 고객이 숙박계약에 따라 객실을 사용 · 수익하던 중 발생원인이 밝혀지지 않은 화재로 인하여 객실에 발생한 손해는 특별한 사정이 없는 한 숙박업자의 부담으로 귀속된다고 보아야 한다(대판 2023.11.2. 2023다244895).

차 외 건물부분'이라 한다)까지 불에 타 그로 인해 임대인에게 재산상 손해가 발생한 경우에, 임차인이 보존 · 관리의무를 위반하여 화재가 발생한 원인을 제공하는 등 화재 발생과 관련된 임차인의 계약상 의무 위반이 있었음이 증명되고, 그러한 의무 위반과 임차 외 건물부분의 손해 사이에 상당인과관계가 있으며, 임차 외 건물부분의 손해가 그러한 의무 위반에 따른 통상의 손해에 해당하거나, 임차인이 그 사정을 알았거나 알 수 있었을 특별한 사정으로 인한 손해에 해당한다고 볼 수 있는 경우라면, 임차인은 임차 외 건물부분의 손해에 대해서도 민법 제390조, 제393조에 따라 임대인에게 손해배상책임을 부담하게 된다"고 하면서, "종래 대법원은 임차인이 임대인 소유 건물의 일부를 임차하여 사용 · 수익하던 중 임차건물부분에서 화재가 발생하여 임차 외 건물부분까지 불에 타 그로 인해 임대인에게 재산상 손해가 발생한 경우에, 건물의 규모와 구조로 볼 때 건물 중 임차건물부분과 그 밖의 부분이 상호 유지 · 존립함에 있어서 구조상 불가분의 일체를 이루는 관계에 있다면, 임차인은 임차건물의 보존에 관하여 선량한 관리자의 주의의무를 다하였음을 증명하지 못하는 이상 임차건물부분에 한하지 아니하고 건물의 유지 · 존립과 불가분의 일체관계에 있는 임차 외 건물부분이 소훼되어 임대인이 입게 된 손해도 채무불이행으로 인한 손해로 배상할 의무가 있다고 판단하여 왔다. 그러나 임차 외 건물부분이 구조상 불가분의 일체를 이루는 관계에 있는 부분이라 하더라도, 그 부분에 발생한 손해에 대하여 임대인이 임차인을 상대로 채무불이행을 원인으로 하는 배상을 구하려면, 임차인이 보존 · 관리의무를 위반하여 화재가 발생한 원인을 제공하는 등 화재 발생과 관련된 임차인의 계약상 의무 위반이 있었고, 그러한 의무 위반과 임차 외 건물부분의 손해 사이에 상당인과관계가 있으며, 임차 외 건물부분의 손해가 의무 위반에 따라 민법 제393조에 의하여 배상하여야 할 손해의 범위 내에 있다는 점에 대하여 임대인이 주장 · 증명하여야 한다. 이와 달리 위와 같은 임대인의 주장 · 증명이 없는 경우에도 임차인이 임차건물의 보존에 관하여 선량한 관리자의 주의의무를 다하였음을 증명하지 못하는 이상 임차 외 건물부분에 대해서까지 채무불이행에 따른 손해배상책임을 지게 된다고 판단한 종래의 대법원판결들은 이 판결의 견해에 배치되는 범위 내에서 이를 모두 변경하기로 한다"고 했다.[51]

㉢ 이 판결에 대하여 촌평하자면, ⓐ 손해배상책임 성립의 측면에서 위반된 주의의무의 본질/속성이 논의된 후 손해배상의 범위에 관한 제393조가 적용되어야 한다. 그런데 임차 외 건물부분에 관해서는 부가적인 확대손해에 대하여 수단채무로서 선관보존의무(임차목적물의 적정하게 보존 · 관리함으로써 임대인의 완전성이익이 침해되지 않도록 할 의무)가 논의되어야 하고, 그 법적 성질은 보호의무라고 해야 한다. ⓑ 한편 채무불이행과 귀책사유의 증명이 분리되지 않는 통상의 경우와 달리, 실화(失火)의 경우에 임차인이 선관보존의무를 다하였는지의 판단이 쉽지 않은 속성 때문에 영역설에 따라 누구의 지배영역에서 화재가 발생하였는지를 기준으로 과책을 추정할 수밖에 없다.[52] 우선 임차인의 지배에 속하던 임차건물부분이 멸실되거나 훼손된 경우에 영역설에 따라 임차인의 선관보존의무 위반이 추정될 수 있고 추정되어야 한다.[53] 임차 외 건물부분에 관해서도 화재의 특성 때문에 임차부분에서 발화된 사실이 인정되는 이상 과실이 추정되어야 한다. 이러한 태도를 취해야 하나의 사건으로 인한 책임이 분리되는, 건전한 상식에 반하는 결과를 피할 수 있다. ⓒ 임차 외 건물부분의 손해에 대한 배상범위에는 제393조가 적용되어야 하는데, 특히 제3의 임차인이 입은 손해에 대해서도 임대인은 이른바 책임손해[54](제623조에 따라 제3의 임차인에 대하여 지는 책임/부담)로서 임차인에게 그 배상을 구할 수 있다.

---

51) 임차 외 건물부분에 발생한 재산상 손해에 관해서는 불법행위책임만이 성립한다는 별개의견 및 화재로 불에 탄 부분이 임차물 자체인지 임차물 이외의 부분인지는 손해배상범위의 문제라는 반대의견도 참조.

52) 발화지점 자체가 누구의 지배 · 관리영역에 속하는지가 불명한 경우에, 수단채무인 선관보존의무 위반과 관련하여 임차인의 채무불이행사실 자체가 증명되지 않아서 임대인은 손해배상을 청구하지 못하고, 이를 기초로 임차인이 임차목적물 반환의무의 불능에 대하여 임차인이 무과실항변을 할 수 있을 것이다.

53) 다만 임차인은 화재원인이 임차인의 지배영역 밖에 있다거나(전기배선의 불량으로 인한 발화) 선관보존의무를 다하였다는(임차물 자체의 하자에 기인하는 손해) 등의 무과실항변을 통하여 책임을 면할 수 있다.

54) 채무불이행 때문에 채권자가 제3자에 대하여 손해배상책임을 부담함으로 인하여 입는 손해. 가령 대판 1997.11.11. 97다26982 ·

[2620] (3) 임대차 종료시 임차인은 임차물을 임차한 당시의 「원상으로 회복하여」 반환해야 한다. 임차인의 원상회복의무에는 임차인이 사용하던 임차물의 점유를 임대인에게 이전하는 것은 물론 임차인이 임차물을 수리하거나 변경하였다면 수리 · 변경부분을 철거하는 등 임대인이 임대 당시의 임차물용도에 맞게 다시 사용할 수 있도록 협력할 의무도 포함한다.[55] 그리고 임대인의 귀책사유로 임대차계약이 해지되었더라도 임차인은 그로 인한 손해배상을 청구할 수 있음은 별론으로 하고 원상회복의무를 부담하지 않는다고 할 수는 없다.[56] 그런데 전 임차인이 개조한 부분[57]이나 임차물의 자연적 노후로 인한 부분은 원상회복의 대상이 아니다. 그리고 건물의 임차인이 임대차관계 종료시 건물을 원상으로 복구하여 임대인에게 명도하기로 약정한 것은 건물에 지출한 각종 유익비 또는 필요비의 상환청구권을 미리 포기하기로 한 취지의 특약이라고 볼 수 있어 임차인은 유치권을 주장할 수 없다.[58]

한편 원상회복의무의 면제에 관한 합의(묵시적으로라도)가 있는 경우에 그렇지 않음은 물론이다.[59]

한편 임차인은 부속시킨 물건을 철거할 수 있다. 그런데 임차인이 철거권을 가진다고 하여 그것만으로 투하자본의 회수에 충분하지 않으므로, 일정한 요건 하에 지상물매수청구권(제643조, 제644조, 제283조)과 부속물매수청구권(제646조, 제647조)이 인정된다. 이들은 따로 살펴본다.

[2621] 2. 투하자본의 회수

가. 비용상환청구권

(1) 임차인이 임차목적물에 관하여 보존 · 수선 · 개량 등을 위한 비용을 지출한 경우에, 임대인은 이를 상환할 의무를 진다. 즉 임차인이 임차물의 보존에 관한 필요비를 지출하였다면 즉시 임대인에 대하여 상환을 청구할 수 있고, 유익비를 지출하였다면 임대차가 종료한 때에 일정한 기준에 따라 상환을 청구할 수 있다(제626조).

① 비용상환청구권의 법적 성질은 부당이득반환청구권이고, 따라서 제626조는 부당이득에 관한 특칙이다.[60]

② 비용상환의무자는 임대인이지만, 몇 가지 검토할 점이 있다.

ⓐ 먼저 전대의 경우에 임대인의 동의를 얻었더라도 전차인은 전대인에 대하여 비용상환을 청구할 수 있을 뿐이고, 임대인에 대해서는 비용상환청구를 할 수 없다.[61]

26999([2417]에 소개된)에서 매수인이 전득자에게 지급해야 할 손해배상액(❷).

55) 대판 2008.10.9. 2008다34903은, 임대인 또는 그 승낙을 받은 제3자가 임차건물부분에서 다시 영업허가를 받는 데 방해가 되지 않도록 임차인은 임차건물부분의 영업허가에 대하여 폐업신고절차를 이행할 의무가 있다고 하였다.

56) 대판 2002.12.6. 2002다42278.

57) 대판 1990.10.30. 90다카12035 참조.

58) 대판 1975.4.22. 73다2010.

59) 원상회복의무의 면제에 관하여 ㉠ 대판 2002.11.22. 2002다38828은, 임대차계약에서 계약이 해제(종료를 포함)된 때에 임차인은 자기의 비용으로 임차한 목적물을 원상복구하여 임대인에게 인도해야 한다고 정해져 있으나, 그 계약에서 임차인은 목적물 관리 및 유지 · 보존에 따른 관리비와 수리비, 조세 공과금 등 일체의 유지비를 부담하기로 약정한 사실에 비추어, 임차인은 시설비용이나 보수비용의 상환청구권을 포기하는 대신 원상복구의무도 부담하지 않기로 합의를 한 것이라고 보았다. 반면 ㉡ 대판 2002.12.6. 2002다42278은, 임차인이 자신의 영업을 위하여 설치한 시설에 관한 비용을 임대인에게 청구하지 않기로 약정한 사정만으로 원상복구의무를 부담하지 않기로 하는 합의가 있었다고 볼 수 없고, 임대차계약서상 기재된 임차인의 원상복구의무에 관한 조항이 단지 부동문자로 남아 있는 무의미한 내용에 불과하다고 볼 수는 없다고 하였다(대판 2006.10.13. 2006다39720도 동지).

60) 임차인의 비용상환청구가 제203조에 의할 수 없음에 관하여 대판 2003.7.25. 2001다64752([5312]에 소개된) 참조.

61) 전대인이 임대인에 대하여 비용상환을 구할 수 있고, 전차인이 전대인을 대위할 수 있음은 별개의 문제이다.

ⓑ 비용지출 후 임차목적물의 소유권에 변동이 생긴 경우에, 임차권이 대항력 있는 것이라면 신 소유자에 대하여 비용상환을 청구할 수 있다. 반면 임차권이 대항력 없는 것이라면 신 소유자에 대하여 비용상환을 청구할 수 없지만, 신 소유자가 비용상환의무를 인수하였다면 그에게 비용상환을 청구할 수 있고, 그렇지 않더라도 이미 발생한 필요비상환청구권에 기하여 임차인은 유치권을 행사할 수 있어서 신 소유자가 「사실상」 상환의 부담을 질 수는 있다. 이 경우 그 비용은 이미 대금결정에 반영되었을 것이므로,[62] 비용을 상환한 신 소유자는 양도인에 대하여 부당이득반환청구권을 가진다 할 것이다.

③ 비용상환청구권은 임대인에게 목적물을 반환한 후 6월 내에 행사해야 하는데(제654조, 제617조), 이 기간은 제척기간이라 할 것이다.

④ 비용상환청구권에 관한 제626조는 임의규정이다. 따라서 비용상환청구권의 (사전)포기는 유효하다.[63]

⑤ 비용상환청구권은 임차목적물에 관하여 생긴 채권(제320조)에 해당하므로, 임차인은 유치권을 가진다.

(2) 필요비를 본다. [2622]

① 여기서 필요비(必要費)란 임차물의 수선비 등 보존을 위하여 지출한 비용을 말한다. 필요비에는 임차물의 원상회복이나 유지를 위한 비용뿐만 아니라 목적물을 통상의 용도에 적합한 상태로 보존하기 위하여 지출된 비용도 포함된다고 넓게 새겨야 한다(다수설). 임대인은 목적물을 사용 · 수익에 필요한 상태로 유지해야 할 적극적 의무를 부담하므로(제623조 참조), 의무이행을 위하여 필요한 일체의 비용을 본래 임대인이 부담해야 할 것이기 때문이다. 판례의 입장도 같다.[64]

② 유익비와 달리 필요비는 지출에 임대인의 동의를 요하지 않으며, 지출한 때에 즉시 상환청구를 할 수 있어 변제기가 이미 도래한 것이고,[65] 상환청구할 수 있는 범위도 가액이 현존하는지와 무관하게 지출비용 전액에 미친다.

(3) 유익비에 관하여 살핀다. [2623]

① 유익비(有益費)란 목적물의 보존을 위하여 필요한 것은 아니지만 목적물의 본질을 변화시키지 않으면서 개량하기 위하여 지출한 비용을 말한다. 유익비에 해당하기 위하여 이용자의 편익을 위하여 지출된 것만으로 부족하고, 목적물의 객관적 가치를 증가케 하는 것이어야 한다.[66]

또한 지출에 의한 개량이 임차물의 구성부분으로 되어 그 소유권이 임대인에게 귀속되어야만 유익비의 상환이 문제되고, 개량물이 임차물과 별개의 독립된 것으로서 그 소유권이 임차인에게 귀속하는 경우(제256조 단서 참조)에는 유익비의 상환이 아니라 부속물매수청구권(제646조)이 문제될 뿐이다.[67]

---

62) 매매목적부동산을 사용하여 온 임차인이 부동산매매계약 체결 이전에 임차부분을 수선하여 발생한 유익비는 그로 인한 가치증가가 매매대금 결정에 반영되었을 것이어서 매수인이 부담할 성질의 것이라는 대판 1990.2.23. 88다카32425 · 32432 참조.

63) 대판 1996.8.20. 94다44705 · 44712.

64) 대판 2019.11.14. 2016다227694: 제626조 제1항에서 "'필요비'란 임차인이 임차물의 보존을 위하여 지출한 비용을 말한다. 임대차계약에서 임대인은 목적물을 계약 존속 중 사용 · 수익에 필요한 상태를 유지하게 할 의무를 부담하고, 이러한 의무와 관련한 임차물의 보존을 위한 비용도 임대인이 부담해야 하므로, 임차인이 필요비를 지출하면, 임대인은 이를 상환할 의무가 있다."

65) 이때부터 소멸시효가 진행하고(6월의 제척기간과는 별개의 문제이다), 유치권을 행사할 수 있다.

66) 간이음식점을 경영하기 위하여 부착시킨 간판의 설치비를 유익비라 할 수 없다는 대판 1994.9.30. 94다20389 참조.

② 유익비의 상환을 청구하기 위하여 임차물의 가액증가가 현존해야 한다. 유익비상환청구가 인정되는 근거가 임차인의 지출에 의한 임대인의 「이득」을 부당이득으로 보아 반환시키려는 데 있기 때문이다.

③ 유익비는 임대인이 실제의 지출액과 가치증가액 중 선택하여 상환할 수 있다. 지출액과 가치증가액에 대한 증명책임은 임차인이 진다.[68]

④ 필요비와 달리 유익비는 계약이 종료한 때에 비로소 상환청구를 할 수 있다. 법원은 임대인을 위하여 그의 청구에 따라 유익비의 상환에 상응하는 기간을 허여할 수 있는바(제626조 제2항), 이 경우 유익비상환청구권은 이행기에 도달하지 않아 임차인은 임차물에 대한 유치권을 행사할 수 없다.[69]

[2624] **나. 부속물매수청구권**

(1) 임차인이 임차물에 결합한 물건이 임차물의 구성부분으로 되면(즉 단일물로 되면),[70] 그 물건은 임대인의 소유권에 포함되어 비용상환(제626조)의 대상일 뿐이다.[71] 반면 임차물의 구성부분으로 되지 않는 경우에, 그 물건은 여전히 임차인의 소유에 속하고(제256조 단서)[72] 임차인이 이를 수거할 수 있다(제654조, 제615조 후문). 그런데 임대차 종료시 임차인이 부속물을 분리·수거해야 한다면, 부속물의 가치가 감소되어 사회경제적으로 손실이 발생할 수 있다. 그래서 건물 기타 공작물의 임차인이 사용의 편익을 위하여 임대인의 동의를 얻어 부속한 물건이 있는 경우에, 임대차 종료시 임차인은 —수거 대신— 임대인에 대하여 그 물건의 매수를 청구할 수 있으며, 임대인으로부터 매수한 부속물에 대해서도 같다(제646조).

부속물매수청구권에 관한 제646조는 편면적 강행규정인데(제652조), 일시사용을 위한 임대차에는 적용되지 않는다(제653조). 나아가 실질적으로 임차인에게 불리하지 않다면 부속물매수청구권을 포기하는 약정도 유효할 수 있다.[73]

[2625] (2) 부속물매수청구의 요건을 본다.

① 부속물(附屬物)이란 건물(기타 공작물도 포함하며, 이하 같다)에 부속된 물건으로, 임차인의 소유에 속하고 건물의 구성부분으로 되지 않은 것으로서 건물의 사용에 객관적인 편익을 주는 물건을 말한다. 따라서 오로지 임차인의 특수목적에 사용되기 위하여 부속된 물건은 이에 해당하지 않으며, 당해 건물의 객관적인 사용목적은 건물 자체의 구조와 임대차계약 당시 당사자 사이에

67) 결국 유익비의 범위가 부속된 부분을 포함하는 제203조에서보다 좁은데, 보다 일반적으로 말하자면 필요비나 유익비 공히 그 상환범위는 「상황의존적」이라고 할 수 있다.

68) 대판 1962.10.18. 62다437.

69) 임차인이 유익비상환청구권을 포기한 경우에도 같다. 그리고 제617조의 기간은 유예기간이 경과한 때부터 기산해야 한다.

70) 이 경우 임차인은 부합한 물건의 원상회복을 청구할 수 없을 뿐만 아니라 이를 철거할 수도 없다.

71) 기존건물과 분리되어 독립한 소유권의 객체가 될 수 없는 증축부분이나 임대인의 소유에 속하기로 한 부속물은 매수청구의 대상이 될 수 없다고 한 대판 1982.1.19. 81다1001 참조.

72) 증축된 부분이 구조상·이용상의 독립성을 가지면 그 부분에 관하여 구분소유권이 성립한다는 대판 1999.7.27. 99다14518 참조.

73) 대판 1996.8.20. 94다44705·44712는, 건물임차인이 자신의 비용을 들여 증축한 부분을 임대인 소유로 귀속시키기로 하는 약정은, 임차인이 원상회복의무를 면하는 대신 투입비용의 변상이나 권리주장을 포기하는 내용이 포함된 것으로서 특별한 사정이 없는 한 유효하므로, 그 약정이 부속물매수청구권을 포기하는 약정으로서 강행규정에 반하여 무효라고 할 수 없고 또한 증축부분의 원상회복이 불가능하다고 해서 유익비의 상환을 청구할 수도 없다고 하였다. 건물임차인이 증·개축한 시설물과 부대시설을 포기하고 임대차 종료시의 현상대로 임대인의 소유에 귀속하기로 하는 대가로 임대차계약의 보증금 및 월차임을 파격적으로 저렴하게 하고 임대기간도 장기간으로 약정하고, 임대인은 임대차계약의 종료 즉시 임대건물을 철거하고 그 부지에 건물을 신축하려고 하고 있으며 임대차계약 당시부터 임차인도 그와 같은 사정을 알고 있었던 경우에 부속물의 귀속에 관한 약정이 임차인에게 불리하다고 할 수 없다는 앞의 81다1001 판결도 참조.

합의된 사용목적 기타 건물의 위치, 주위환경 등 제반 사정을 참작하여 정해진다.[74)]

② 임대인의 동의(부속에 대한 승인)를 얻어 임차인이 부속한 물건이어야 한다. 임대인의 동의는 묵시적으로도 할 수 있으며, 임대 당시 사용목적에 관하여 양해가 있었다면 그 목적에 필요한 물건을 부속함에 대한 동의가 있다고 할 것이다. 임대인의 동의가 없었다면 「특혜」로서 부속물매수청구권이 인정되지 않고, 제654조, 제615조에 따라 수거할 수 있을 뿐이다.

③ 부속물매수청구권은 "임대차의 종료시"에 인정되는데, 임대차계약이 「임차인」의 채무불이행으로 인하여 해지된 경우에는 수거가 가능할 뿐 부속물매수청구권은 인정되지 않아야 한다.[75)] 유익비상환의 대상은 수거가 불가능하므로 종료원인을 따질 필요가 없는 반면, 수거가 가능한 부속물에 관하여 임차인에게 주어진 「특혜」인 부속물매수청구권을 채무불이행의 경우에도 인정하는 것은 적절하지 않기 때문이다.

④ 청구권자는 현재의 임차인이다.[76)] 상대방은 임대인이지만, 대항력 있는 임차권의 경우에 임대목적물의 양수인도 상대방으로 된다.

(3) 부속물매수청구권 행사의 효과를 본다. [2626]

① 부속물매수청구권은 형성권으로, 임차인의 일방적 의사표시에 의하여 매매계약이 성립한 것과 같은 효과가 발생한다. 매매대금은 매수청구권 행사 당시의 시가에 의하고, 부속된 상태의 가격으로 평가해야 한다.

② 임차인은 부속물에 관한 매도인의 입장에서 매도가액을 지급받기까지 동시이행의 항변권에 기하여 부속물의 인도를 거절할 수 있다.[77)]

③ 임차인이 부속물매수청구권을 행사한 경우에, 주된 물건인 임차목적물 자체를 유치할 수 있는가?[78)] 생각건대 부속물과 임차건물은 별개의 물건이고, 부속물매수대금은 임차건물 자체에 관하여 생긴 채권이 아니므로 유치권의 성립을 부정하는 것이 논리적이다.

4. 임차토지 위의 건물 등의 처리: 지상물매수청구권 [2627]

가. 의 의

(1) 건물 기타 공작물의 소유 또는 식목, 채염, 목축을 목적으로 한 토지임대차에서 기간이 만료한 경우에, 건물, 수목 기타 지상시설이 현존하면 임차인은 지상물매수청구권을 가진다(제643조, 제283조). 임대인이 계약의 갱신을 원하지 않는 경우에 2차적으로 인정되는 이 권리는 형성권으로, 그 행사로 임대인과 임차인 사이에 지상물에 대한 매매가 성립한다.

(2) 건물의 소유 등을 목적으로 하는 토지임대차계약이 종료되었음에도 지상물이 현존하는 경우에, 임대차계약을 성실하게 지켜온 임차인이 임대인에게 상당한 가액으로 지상물의 매수를 청구할 수 있는 권리인 지상물매수청구권은, 사회경제적 관점에서 지상물의 잔존가치를 보존하고 토지소유자의 배타적 소유권 행사로 인하여 희생당하기 쉬운 임차인을 보호하기 위한 제도인

74) 대판 1993.10.8. 93다25738 · 25745. 대판 1993.2.26. 92다41627도 참조.
75) 대판 1990.1.23. 88다카7245 · 7252. 학설은 대체로 반대의 입장이다.
76) 대판 1995.6.30. 95다12927.
77) 인도되기 전까지 부속물의 소유권이 임차인에게 있으므로 임차인이 부속물에 대한 유치권을 행사할 수는 없다. 대판 2013.10.24. 2011다44788도 참조.
78) 부속물 자체에 대해서는 동시이행의 항변권에 기하여 인도를 거절할 수 있다.

데,[79] 그에 관한 제643조는 편면적 강행규정이다(제652조). 즉 임대차가 종료하기 전에 임차인이 임대인과 건물 기타 지상시설 일체를 포기하기로 약정하였더라도, 임대차계약의 조건이나 계약이 체결된 경위 등 제반 사정을 종합적으로 고려하여 「실질적으로 임차인에게 불리하다고 볼 수 없는 특별한 사정」(예컨대 이례적으로 낮은 차임)이 인정되지 않는 한, 그러한 약정은 임차인에게 불리한 것으로서 효력이 없다.[80]

[2628] 나. 요 건

(1) ① 건물의 소유 등을 목적으로 하는 토지임대차에서 ② 기간이 만료하였는데 지상의 건물 등이 현존하고, ③ 임차인의 (기간만료 후 지체 없는) 갱신요구를 임대인이 거절하였을 것이 요건인데, 몇 가지 검토할 점들이 있다.

(2) 기간의 정함이 없는 임대차에서 임대인이 해지통고를 한 경우에, 임차인은 바로(즉 갱신청구의 유무를 불문하고) 매수청구를 할 수 있다.[81] 반면 임차인의 채무불이행(특히 차임연체)을 이유로 임대차가 종료(해지)되면, 매수청구권이 인정되지 않는다.[82] 지상물매수청구의 전제인 갱신청구는 「기간만료」시에 인정되기 때문이다.

(3) 매수청구권의 대상이 되는 건물은 —그것이 토지의 임대목적에 반하여 축조되거나 임대인이 예상할 수 없을 정도의 고가의 것이라는 등의 특별한 사정이 없는 한— 임대차기간 중에 축조되었더라도 만료시에 가치가 잔존하면 포함되고, 반드시 임대차계약 당시의 기존건물이거나 임대인의 동의를 얻어 신축한 것에 한정되지 않는다.[83] 행정관청의 허가를 받지 않은 무허가건물도 대상일 수 있다.[84] 지상건물이 객관적으로 경제적 가치가 있는지 또는 임대인에게 소용이 있는지는 문제되지 않는다.[85]

그런데 매수청구의 대상에는 임차인이 임차토지 위에 건물을 소유하면서 필요에 따라 설치한 것으로서 건물로부터 용이하게 분리될 수 없고 건물을 사용하는 데 객관적인 편익을 주는 부속물이나 부속시설 등이 포함되지만, 임차인이 자신의 특수한 용도나 사업을 위하여 설치한 물건이나 시설은 이에 해당하지 않는다.[86]

(4) 지상물의 소유자만이 매수청구권을 가진다. 따라서 건물을 신축한 토지임차인이 "임대차기간이 만료하기 전에" 건물을 타에 양도한 경우에 그 임차인은 매수청구권을 행사할 수 없다.[87] 반면 종전임차인으로부터 미등기 무허가건물을 매수하여 점유하는 임차인은 비록 등기하지 않았더라도 임대인에 대하여 지상물매수청구권을 행사할 수 있다.[88]

한편 매수청구의 상대방은 임차권 소멸 당시의 임대인인데, 임차권 소멸 후 토지가 제3자에

79) 대판 2013.11.28. 2013다48364 · 48371.
80) 대판 2002.5.31. 2001다42080. 지방자치단체와 식목을 목적으로 하는 토지임대차계약을 체결하면서 한 지상물매수청구권 포기약정의 효력에 관한 대판 2011.5.26. 2011다1231도 참조.
81) 대판(전) 1995.7.11. 94다34265.
82) 대판 2003.4.22. 2003다7685. 채무불이행으로 인한 해지의 경우에도 수거는 허용된다.
83) 대판 1993.11.12. 93다34589.
84) 대판 1997.12.23. 97다37753; 대판 2013.11.28. 2013다48364 · 48371.
85) 대판 2002.5.31. 2001다42080.
86) 대판 2002.11.13. 2002다46003 · 46027 · 46010.
87) 대판 1993.7.27. 93다6386.
88) 앞의 2013다48364 · 48371 판결.

게 양도되더라도 임차권이 대항력 있는 것이라면 신 소유자에 대하여 매수청구권을 행사할 수 있다.[89] 그런데 토지소유자(E)가 아닌 제3자(D)가 토지임대행위를 한 경우에, D가 E를 적법하게 대리하거나 E가 D의 무권대리행위를 추인하는 등으로 임대차계약의 효과가 E에게 귀속되거나 E가 임대인의 지위를 승계하였다는 등의 특별한 사정이 없는 한 임대인이 아닌 E가 직접 지상물 매수청구의 상대방이 될 수는 없다.[90]

다. 효 과 [2629]

(1) 형성권으로서 지상물매수청구권의 행사에 의하여 임대인과 임차인 사이에 지상물에 대한 매매가 성립한다. 매수가격에 관하여 당사자 사이에 의사합치가 이루어지지 않는다면 법원이 감정 등에 의하여 정할 수밖에 없는데,[91] "건물 자체의 가격 외에 건물의 위치, 주변토지의 여러 사정 등을 종합적으로 고려하여 매수청구권 행사 당시 건물이 현재하는 대로의 상태에서 평가된 시가"를 말하고,[92] 임대인이 기존건물의 철거비용을 포함하여 임차인이 임차지 위의 건물을 신축하기 위하여 지출한 모든 비용을 보상할 의무를 지는 것은 아니다.[93]

한편 임차인의 건물인도 및 소유권이전등기의무와 임대인의 건물대금지급의무는 동시이행관계에 있다.[94] 따라서 임차인은 건물의 인도를 거부할 수 있지만, 지상건물 등의 점유 · 사용을 통하여 그 부지를 계속하여 점유 · 사용하는 한 그로 인한 부당이득으로서 부지의 임료 상당액을 반환할 의무가 있다.

(2) 대판(전) 1996.3.21. 93다42634: "건물 소유를 목적으로 하는 토지임대차에 있어서 임차인 소유 건물이 임대인이 임대한 토지 외에 임차인 또는 제3자 소유의 토지 위에 걸쳐서 건립되어 있는 경우에는, 임차지 상에 서 있는 건물부분 중 구분소유의 객체가 될 수 있는 부분에 한하여 임차인에게 매수청구가 허용된다." 이 판결의 소수의견은 임대인과 임차인이 지상물에 대하여 공유관계에 서고 지분의 비율은 임대인 토지 위의 건물부분과 나머지 부분의 가액비율로 결정된다는 입장인 반면, 다수의견은 타인의 토지 위에 존재하는 시설물까지 매입을 강요할 수 없으므로 구분소유의 객체가 될 수 있는 부분에 한한다는 입장이다. 그런데 토지점유의 모습, 건물의 형태, 견고도(堅固度) 등과 관계없이 위 판지를 일반화할 수 있는지에 대하여 의문이 없지 않다. [2630]

보 론 지상물매수청구권과 관련된 절차법적 쟁점들

㉠ 대판(전) 1995.7.11. 94다34265는, 토지임대인이 임차인을 상대로 지상건물의 철거와 그 부지의 인도를 구하자 임차인이 지상물매수청구권을 행사한 사안에서, 임대인의 청구에 건물매수대금지급과 동시에 건물인도를 구하는 청구가 포함되어 있다고 볼 수 없지만, 이러한 경우에 "법원으로서는 임대인이 종전의 청구를 계속 유지할 것인지, 아니면 대금지급과 상환으로 지상물의 명도를 청구할 의사가 있는 것인지(예비적으로라도)를 석명하고 임대인이 그 석명에 응하여 소를 변경한 때에

89) 대판 1996.6.14. 96다14517.

90) 대판 2017.4.26. 2014다72449 · 72456; 대판 2022.4.14. 2020다254228 · 254235.

91) 대판 1987.6.23. 87다카390. 법원이 임의로 시가를 증감하여 직권으로 매매대금을 정할 수 없다고 한 대판 2024.4.12. 2023다309020 · 309037도 참조.

92) 대판 2008.5.29. 2007다4356은, 매수청구의 대상이 되는 건물에 근저당권이 설정되어 있는 경우에, 근저당권의 채권최고액이나 피담보채무액을 공제한 금액을 매수가격으로 정할 것은 아니지만, 매수청구권을 행사한 지상건물 소유자가 근저당권을 말소하지 않으면 토지소유자는 제588조에 의하여 근저당권의 말소등기가 될 때까지 채권최고액에 상당한 대금의 지급을 거절할 수 있다고 하였다.

93) 대판 2002.11.13. 2002다46003 · 46027 · 46010.

94) 대판 1998.5.8. 98다2389.

는 지상물 명도의 판결을 함으로써 분쟁의 1회적 해결을 꾀하여야 한다"고 했다.

㉡ 대판 1995.12.26. 95다42195는, 임대차가 종료함에 따라 임차인이 임대인에 대하여 건물매수청구권을 행사할 수 있음에도 불구하고 이를 행사하지 않은 채 토지의 임대인이 임차인에 대하여 제기한 토지인도 및 건물철거청구소송에서 패소하여 그 판결이 확정되었더라도, 그 확정판결에 의하여 건물철거가 집행되지 않은 이상 토지의 임차인으로서는 건물매수청구권을 행사하여 별소로써 임대인에 대하여 건물매매대금의 지급을 구할 수 있다고 하여, 토지인도 및 건물철거청구를 구하는 소의 확정판결의 기판력에 의하여 건물매수청구권의 행사가 차단되지 않는다는 입장이다. 그리고 대판 2002.5.31. 2001다42080은, 지상물매수청구권은 그 행사에 특정의 방식을 요하지 않는 것으로서 재판상으로뿐만 아니라 재판 외에서도 행사할 수 있고 행사의 시기에 대해서도 제한이 없으므로, 임차인이 자신의 건물매수청구권을 제1심에서 행사하였다가 철회한 후 항소심에서 다시 행사했다고 하여 매수청구권의 행사가 허용되지 않을 이유는 없다고 하였다.

㉢ 대판 1995.2.3. 94다51178 · 51185는, 임차인의 건물매수청구권이 인정되면 건물철거 및 대지인도를 구하는 임대인의 청구는 기각되어야 한다고 했다.[95]

[2631] **5. 보증금과 권리금**

가. 보 증 금

(1) 임대차에서 보증금(保證金)이란 임차인이 부담하는 차임 기타 채무(예: 목적물의 멸실 · 훼손 등으로 인한 손해배상채무)를 담보하기 위하여 임차인 또는 제3자가 임대인에게 교부하는 금전을 말한다. 그리고 임대차에 종된 계약으로서 보증금계약은 요물계약이라는 견해가 일반적이다.

(2) 보증금의 법적 성질에 관하여 정지조건부 반환의무를 수반하는 금전소유권의 이전이라는 견해가 일반적이고, 타당하다고 생각된다.

그런데 임대차가 종료한 때에 정지조건이 성취되어 보증금반환의무의 이행기가 도래하지만,[96] 임차목적물 반환의무와의 동시이행관계를 고려하여 반환할 보증금의 범위는 임차목적물의 인도시를 기준으로 결정할 것이다. 즉 임차목적물 인도시에 임차인의 채무불이행 등이 없으면 전액을, 채무불이행 등이 있으면 그에 따른 손해액을 당연히 공제하고 잔액을 반환한다는 조건으로 금전소유권을 임대인에게 양도하는 것이라고 할 것이다. 판례의 입장도 같다.[97]

[2632] **나. 보증금의 효력**

(1) 특별한 사정이 없는 한 공제대상채무 상당액은 임대차관계 종료 후 목적물이 반환될 때에 별도의 의사표시 없이 「당연히」 보증금에서 공제되므로,[98] 임대인은 보증금에서 그 채무액을 공제한 잔액을 임차인에게 반환하면 된다.[99] 보증금이 손해액에 미달하면 충당의 법리(제479조 참조)에 따라 충당된다.[100][101]

---

95) 대판 2009.11.26. 2009다70012도 동지.

96) 대판 2017.3.15. 2015다252501.

97) 대판 1999.7.27. 99다24881.

98) 대판 1999.12.7. 99다50729; 대판 1987.6.23. 86다카2865. 차임채권의 이전에 관한 뒤의 2004다56554 등 판결도 참조.

99) 대판 2005.9.28. 2005다8323 · 8330.

100) 대판 2007.8.23. 2007다21856 · 21863.

101) 공제대상채무에 관한 재판례를 본다.
㉠ 대판 2012.9.27. 2012다49490: "임대인이 임차인을 상대로 차임 연체로 인한 임대차계약의 해지를 원인으로 임대차목적물인 부동산의 인도 및 연체차임의 지급을 구하는 소송비용은 임차인이 부담할 원상복구비용 및 차임지급의무 불이행으로 인한 것이어서 임대차관계에서 발생하는 임차인의 채무에 해당하므로 이를 반환할 임대차보증금에서 당연히 공제할 수 있고, 한편 임대인의 임대차보증금반환의무는 임대차관계가 종료되는 경우에 임대차보증금 중에서 목적물을 반환받을 때까지 생긴 임차인의 모든 채무를 공제한 나머지 금액에 관하여서만 비로소 이행기에 도달하는 것이므로, 임차인이 다른 사람에게 임대차보증금반환채권을 양도하고, 임

(2) 공제될 차임채권 등의 발생원인에 관한 주장 · 증명책임은 임대인이 지고, 채권의 소멸에 관한 주장 · 증명책임은 임차인에게 있다. 즉 보증금에서 피담보채무를 공제하려면 임대인이 피담보채무인 연체차임, 연체관리비 등[102]을 보증금에서 공제해야 한다는 주장을 하고 채권의 발생원인사실을 증명해야 하며, 그 채권이 변제 등의 이유로 소멸하였는지에 관해서는 임차인이 주장 · 증명책임을 부담한다.[103] 요컨대 보증금반환청구에서 공제대상채무의 발생사실은 임대인의 항변사유이고, 그 채무가 소멸한 사실은 임차인의 재항변사유이다.[104]

(3) 임대차관계가 계속되는 동안 보증금을 임차인의 채무에 충당할 것인지는 임대인의 자유에 속한다. 즉 임대차계약 「종료 전」에는 연체차임이 공제 등 별도의 의사표시 없이 당연히 보증금에서 공제되는 것은 아니고, 임차인도 임대차보증금의 존재를 이유로 차임의 지급을 거절할 수 없다.[105]

나아가 보증금은 임대차계약이 종료된 후 임차인이 목적물을 인도할 때까지 발생하는 차임도 담보하기 위하여 교부된 것이므로, 특별한 사정이 없는 한 임대차계약이 종료되었더라도 목적물이 인도되지 않았다면 임차인은 보증금이 있음을 이유로 연체차임의 지급을 거절할 수 없다.[106] 따라서 임대인은 보증금으로 충당하지 않고 연체차임 전액을 청구할 수 있고, 임차인은 보증금의 존재를 이유로 차임의 지급을 거절하거나 연체에 따른 책임을 면할 수 없다.[107]

다. 임대차관계 당사자의 변경 [2633]

(1) 보증금관계는 임대차관계에 수반하여 이전되는데,[108] 관련당사자들 전원의 합의(가령 3면계약)로 달리 정하지 않는 한 다음과 같이 된다고 할 것이다.

(2) 먼저 임차권이 양도된 경우를 본다. 임대인이 차임연체사실을 밝히지 않고 임차권의 양도에 동의하였다면 ―제451조 제1항의 유추에 의하여 차임연체사실을 주장할 수 없으므로― 임대인은 신 임차인에 대하여 보증금 「전액」에 관하여 보증금반환의무를 지는 반면,[109] 그 밖의 경

대인에게 양도통지를 하였어도 임차인이 임대차목적물을 인도하기 전까지는 임대인이 위 소송비용을 임대차보증금에서 당연히 공제할 수 있다." 반면 임대차관계와 관련된 채무라도 임대차계약과 별도로 이루어진 약정 등에 기하여 비로소 발생하는 채무(예: 임대인과 임차인 사이에서 장래 임대목적물 반환시 원상복구비용의 보증금 명목으로 지급하기로 약정한 금액)는 보증금에서 공제할 수 없다(대판 2013.6.27. 2012다65881). 그리고 임대차계약서에 임차인의 원상복구의무를 규정하고 원상복구비용을 보증금에서 공제할 수 있다고 약정하였더라도, 임대인이 원상복구할 의사 없이 임차인이 설치한 시설을 그대로 이용하여 타에 다시 임대하려 하는 경우에 원상복구비용을 보증금에서 공제할 수 없음은 당연하다(대판 2002.12.10. 2002다52657).

㉡ 보증금이 수수된 임대차에서 차임채권에 관하여 압류 및 추심명령이 있더라도, 당해 임대차계약이 종료되어 목적물이 반환될 때에는 그때까지 추심되지 않은 채 잔존하는 차임채권 상당액도 보증금에서 당연히 공제된다(대판 2004.12.23. 2004다56554 · 56561 · 56578 · 56585 · 56592 · 56608 · 56615 · 56622 · 56639 · 56646 · 56653 · 56660). 보증금이 수수된 저당부동산에 관한 임대차계약이 저당부동산에 대한 경매로 종료되었는데 저당권자가 차임채권 등에 대해서는 민사집행법 제273조에 따른 채권집행의 방법으로 별개로 저당권을 실행하지 아니한 경우에, 저당부동산에 대한 압류의 전후와 관계없이 임차인이 연체한 차임 등의 상당액이 임차인이 배당받을 보증금에서 당연히 공제됨은 물론, 저당권자가 차임채권 등에 대하여 위와 같은 방법으로 별개로 저당권을 실행한 경우에도 채권집행절차에서 임차인이 실제로 차임 등을 지급하거나 공탁하지 아니하였다면 잔존하는 차임채권 등의 상당액은 임차인이 배당받을 보증금에서 당연히 공제된다고 한 대판 2016.7.27. 2015다230020도 참조.

㉢ 한편 대판 2015.3.26. 2013다77225는, 차임채권이 양도되었더라도 임차인은 「차임채권의 양수인에 대하여」 임대차계약이 종료되어 목적물을 반환할 때까지 연체한 차임 상당액을 보증금에서 공제할 것을 주장할 수 있다고 하였다.

102) 임차인이 임차목적물을 사용 · 수익하는 동안 목적물에 관하여 발생한 관리비 등 용익에 관한 채무가 원칙적으로 보증금에 의하여 담보된다고 한 대판 2012.6.28. 2012다19154 참조.

103) 앞의 2005다8323 · 8330 판결.

104) 보증금 지급에 대한 증명책임은 당연히 보증금의 반환을 구하는 임차인이 진다(대판 2005.1.13. 2004다19647).

105) 대판 2016.11.25. 2016다211309. 나아가 "차임지급채무가 상당기간 연체되고 있음에도, 임대인이 임대차계약을 해지하지 아니하고 임차인도 연체차임에 대한 담보가 충분하다는 것에 의지하여 임대차관계를 지속하는 경우에는, 임대인과 임차인 모두 차임채권이 소멸시효와 상관없이 임대차보증금에 의하여 담보되는 것으로 신뢰하고, 나아가 장차 임대차보증금에서 충당 공제되는 것을 용인하겠다는 묵시적 의사를 가지고 있는 것이 일반적"이라고 하였다.

106) 대판 1999.7.27. 99다24881.

107) 대판 1994.9.9. 94다4417. 관련하여 차임채권 양수인에 대하여 연체차임의 공제주장을 할 수 있다는 앞의 2013다77225 판결도 참조.

108) 거래의 실제도 그렇다고 보인다. 「임차인은 임대인의 동의 없이는 임차권을 양도 또는 담보제공하지 못한다」는 약정의 취지를 임대보증금반환채권의 양도를 금지하는 것으로 볼 수 없다고 한 대판 2013.2.28. 2012다104366 · 104373도 참조.

우라면 —구 임차인과의 관계에서 임대차가 상대적으로 종료함에 따라— 구 임차인의 연체차임이 당연히 공제되고,[110] 보증금 「잔액」에 대하여 신 임차인(임대인의 동의를 얻은 경우)[111] 또는 구 임차인(동의를 얻지 못한 경우)이 반환청구를 할 수 있다고 해야 한다.

(3) 임차목적물이 양도된 경우를 보자([2683]도 참조). 임차권이 대항력을 가진다면 임대인(양도인)의 보증금반환채무는 임차목적물의 양도와 함께 양수인에게 면책적으로 이전되고,[112] 그 반면으로 양도인은 양수인에 대하여 보증금을 이전할 법정채무를 부담하는데, 양도인은 —자신과의 관계에서 임대차가 상대적으로 종료함에 따라— 연체차임을 공제한 잔액만 이전하면 된다. 임차권이 대항력이 없는 경우에 양수인이 보증금반환의무를 지지 않지만, 보증금관계를 인수하였다면[113] 보증금 「잔액」에 대하여 반환의무를 진다고 해야 한다.[114] 한편 저당권설정등기 후 보증금 증액합의를 하였더라도 경매에서의 매수인에 대해서는 증액 전 보증금을 주장할 수 있을 뿐이다.[115]

[2634] **라. 보증금의 반환**

(1) 보증금의 반환을 청구할 수 있는 시기는 임대차의 종료시이다. 그런데 임대인으로서는 보증금 없이도 임대차계약을 유지할 수 있으므로, 임대차계약 존속 중이라도 보증금반환채무에 관한 기한의 이익을 포기하고 임차인의 보증금반환채권을 수동채권으로 하여 상계할 수 있고, 임대차 존속 중에 그와 같은 상계의 의사표시를 하였다면 보증금반환채무에 관한 기한의 이익을 포

109) 구 임차인의 연체된 차임채무는 그와 임대인 사이의 개인적 채무로 남는다. 이 경우 제640조의 즉시해지가 허용되지 않음에 관하여 [2610] 참조.

110) 이 경우 당연공제된 연체차임은 임차권 변경의 당사자 사이에서 정산되어야 하고, 임대인이 구 임차인의 차임연체를 이유로 즉시해지(제640조 참조)할 수 있음은 별개의 문제이다([2610] 참조).

111) 다만 대판 1998.7.14. 96다17202은, 임차보증금반환채권이 가압류 또는 압류된 후 임차권이 양도된 경우에, 임대인이 임차권의 양도를 승낙하였다면 임대인과 구 임차인과의 임대차관계는 종료되어 구 임차인은 임대차관계로부터 이탈하고, 구 임차인의 임차보증금반환채권은 구 임차인과 임대인과의 임대차관계의 종료로 인하여 임대인의 임차권 양도 승낙시에 이행기에 도달하게 된다고 보았는데, 구 임차인의 임차보증금반환채권이 압류 또는 가압류된 경우라는 특수성이 반영된 결과로 볼 것이다.

112) 주택의 임차인이 대항력을 갖춘 후 임차주택의 소유권이 양도되어 그 양수인이 임대인의 지위를 승계하는 경우에, 보증금의 반환채무도 부동산소유권과 결합하여 일체로서 이전되므로 양도인의 임대인으로서의 지위나 보증금반환채무는 소멸하고, 대항력을 갖춘 임차인이 양수인이 된 경우라 하여 달리 볼 이유가 없으므로 대항력을 갖춘 임차인이 당해 주택을 양수한 때에도 임대인의 보증금반환채무는 소멸하고 양수인인 임차인이 임대인의 자신에 대한 보증금반환채무를 인수하여, 결국 임차인의 보증금반환채권은 혼동으로 인하여 소멸한다(대판 1996.11.22. 96다38216).

113) 부동산의 매수인이 매매목적물에 관한 임대차보증금반환채무 등을 인수하는 한편 그 채무액을 매매대금에서 공제하기로 약정한 경우에, 그 인수는 특별한 사정이 없는 이상 매도인을 면책시키는 면책적 채무인수가 아니라 이행인수로 보아야 하고, 면책적 채무인수로 보기 위해서는 이에 대한 채권자, 즉 임차인의 승낙이 있어야 한다(대판 2001.4.27. 2000다69026). 한편 주택양수인이 임차인에게 임대차보증금을 반환하였더라도, 이는 자신의 채무를 변제한 것에 불과할 뿐, 양도인의 채무를 대위변제한 것이라거나 양도인이 위 금액 상당의 반환채무를 면함으로써 법률상 원인 없이 이익을 얻고 양수인이 그로 인하여 위 금액 상당의 손해를 입었다고 할 수 없는데(대판 1993.7.16. 93다17324), 보증금의 귀속에 관하여 별도의 합의가 없는 경우에 주택양수인이 양도인을 상대로 보증금 상당액의 지급을 구할 수 있는 법정채권을 가짐은 별개의 문제이다.

114) 그 밖에 대판 2017.3.22. 2016다218874는 상가임대차법 제3조 제2항에 따라 "임차건물의 양수인이 임대인의 지위를 승계하면, 양수인은 임차인에게 임대보증금반환의무를 부담하고 임차인은 양수인에게 차임지급의무를 부담한다. 그러나 임차건물의 소유권이 이전되기 전에 이미 발생한 연체차임이나 관리비 등은 별도의 채권양도절차가 없는 한 원칙적으로 양수인에게 이전되지 않고 임대인만이 임차인에게 청구할 수 있다. 차임이나 관리비 등은 임차건물을 사용한 대가로서 임차인에게 임차건물을 사용하도록 할 당시의 소유자 등 처분권한 있는 자에게 귀속된다고 볼 수 있기 때문"이라고 하면서도, "임대차계약에서 임대차보증금은 임대차계약 종료 후 목적물을 임대인에게 명도할 때까지 발생하는, 임대차에 따른 임차인의 모든 채무를 담보한다. 따라서 이러한 채무는 임대차관계 종료 후 목적물이 반환될 때에 특별한 사정이 없는 한 별도의 의사표시 없이 보증금에서 당연히 공제된다. 임차건물의 양수인이 건물소유권을 취득한 후 임대차관계가 종료되어 임차인에게 임대차보증금을 반환해야 하는 경우에 임대인의 지위를 승계하기 전까지 발생한 연체차임이나 관리비 등이 있으면 이는 특별한 사정이 없는 한 임대차보증금에서 당연히 공제된다. 일반적으로 임차건물의 양도시에 연체차임이나 관리비 등이 남아있더라도 나중에 임대차관계가 종료되는 경우 임대차보증금에서 이를 공제하겠다는 것이 당사자들의 의사나 거래관념에 부합하기 때문"이라고 하였다.

115) 대항력을 갖춘 임차인이 저당권설정등기 후에 임대인과 보증금을 증액하기로 합의하고 초과부분을 지급한 경우에, 임차인이 저당권설정등기 전에 취득한 임차권으로 선순위로서 저당권자에게 대항할 수 있음은 물론이나, 저당권설정등기 후에 건물주와의 사이에 임차보증금을 증액하기로 한 합의는 건물주가 저당권자를 해치는 법률행위를 할 수 없게 된 결과 합의당사자 사이에서만 효력이 있고 저당권자에게는 대항할 수 없다고 할 수밖에 없으므로, 임차인은 저당권에 기하여 건물을 경락받은 소유자의 건물인도청구에 대하여 증액 전 임차보증금을 상환받을 때까지 건물을 인도할 수 없다고 주장할 수 있을 뿐이고, 저당권설정등기 이후에 증액한 임차보증금으로써는 소유자에게 대항할 수 없다(대판 1990.8.24. 90다카11377). 가등기(대판 1986.9.9. 86다카757) 또는 체납처분에 의한 압류등기(대판 2010.5.13. 2010다12753)가 경료된 경우에도 같다.

기한 것으로 볼 수 있다.[116)]

(2) 동시이행관계를 본다.[117)]

① 임대차종료 후 임차목적물을 인도할 의무와 임대인이 보증금 중 연체차임 등 당해 임대차에 관하여 인도시까지 생긴 모든 채무를 청산하고 난 나머지를 반환할 의무는 동시이행관계에 선다.[118)] 반면 임대차관계가 종료된 후 임차인이 목적물을 임대인에게 반환하였으면 임대인은 보증금을 반환해야 하고, 임차인으로부터 목적물의 인도를 받는 것과의 상환이행을 주장할 수 없다.[119)] 그런데 임차인이 보증금을 반환받기 위해 동시이행의 항변권을 행사하며 목적물을 점유(인도거절)하는 경우에 보증금반환채권의 소멸시효는 진행하지 않는다.[120)]

② 동시이행의 항변권은 인도거절을 정당화할 뿐이어서, 임차인이 목적물을 계속하여 사 [2635]
용·수익한다면 부당이득이 성립한다. 즉 임대차계약 종료 후에도 임차인이 동시이행의 항변권을 행사하여 임차건물을 계속 점유해 왔다면, 임대인이 임차인에게 보증금반환의무를 이행하거나 그 제공을 하여 임차인의 건물인도의무가 지체에 빠지는 등의 사유로 동시이행 항변권을 상실하였다는 점에 관하여 임대인의 주장·증명이 없는 이상 임차인의 건물「점유」를 불법점유라 할 수 없어서[121)] 손해배상책임을 지지 않지만, 임차목적물을 「사용·수익」하였다면 부당이득반환의무를 지는데,[122)] 보증금에서 당연히 공제된다. 이때 부당이득은 차임 상당액의 범위에서 성립한다.[123)]

반면 임차인이 실제로 사용·수익하지 않는다면 부당이득이 성립하지 않는다는 것이 판례의 입장이다.[124)] 즉 부당이득의 반환에서 「이득」이 실질적인 이익을 가리키므로 법률상 원인 없이 건물을 점유하더라도 이를 사용·수익하지 않았다면 이익을 얻은 것이라고 볼 수 없고, 임차인이 임대차계약 종료 후에도 임차건물부분을 계속 점유하기는 했으나 이를 사용·수익하지 아니하여 실질적인 이득을 얻은 바 없는 경우에는 그로 인하여 임대인에게 손해가 발생하였더라도 임차인의 부당이득반환의무는 성립될 여지가 없으며,[125)] 임차인의 사정으로 인하여 사용·수익하지 못

---

116) 대판 2017.3.15. 2015다252501.

117) 보증금반환채권을 피담보채권으로 하는 유치권은 성립하지 않는다(대판 1976.5.11. 75다1305).

118) 대판(전) 1977.9.28. 77다1241·1242([2319]에 소개됨). 나아가 대판 2011.3.24. 2010다95062: "임대인과 임차인이 임대차계약을 체결하면서 임대차보증금을 전세금으로 하는 전세권설정등기를 경료한 경우 임대차보증금은 전세금의 성질을 겸하게 되므로, 당사자 사이에 다른 약정이 없는 한 임대차보증금반환의무는 민법 제317조에 따라 전세권설정등기의 말소의무와도 동시이행관계에 있다."

119) 대판 2009.6.25. 2008다55634.

120) 주택임대차법에 따른 임대차에서 기간이 끝난 후 임차인이 보증금을 반환받기 위해 목적물을 점유하고 있는 경우에 관하여 대판 2020.7.9. 2016다244224·244231은 소멸시효 중단사유로서 "채권을 행사하는 방법에는 채무자에 대한 직접적인 이행청구 외에도 변제의 수령이나 상계, 소송상 청구 및 항변으로 채권을 주장하는 경우 등 채권이 가지는 다른 여러 가지 권능을 행사하는 것도 포함된다"고 전제한 후, "임차인이 임대차 종료 후 동시이행항변권을 근거로 임차목적물을 계속 점유하는 것은 임대인에 대한 보증금반환채권에 기초한 권능을 행사한 것으로서 보증금을 반환받으려는 계속적인 권리행사의 모습이 분명하게 표시되었다고 볼 수 있다. 따라서 임대차 종료 후 임차인이 보증금을 반환받기 위해 목적물을 점유하는 경우 보증금반환채권에 대한 권리를 행사하는 것으로 보아야 하고, 임차인이 임대인에 대하여 직접적인 이행청구를 하지 않았다고 해서 권리의 불행사라는 상태가 계속되고 있다고 볼 수 없"지만, "임차인이 목적물을 점유하지 않거나 동시이행항변권을 상실하여 정당한 점유권원을 갖지 않는 경우에 대해서까지 인정되는 것은 아니"라고 하였다.

121) 대판 1990.12.21. 90다카24076.

122) 대판 1998.7.10. 98다15545: 주택임대차법상의 대항력과 우선변제권을 겸유하는 임차인이 배당요구를 하였으나 보증금 전액을 배당받지 못하였다면 임차인은 임차보증금 중 배당받지 못한 금액을 반환받을 때까지 그 부분에 관하여 임대차관계의 존속을 주장할 수 있으나 나머지 보증금부분에 대해서는 이를 주장할 수 없으므로, 임차인이 그의 배당요구로 임대차계약이 해지되어 종료된 후에도 계쟁 임대부분 전부를 사용·수익하고 있어 그로 인한 실질적 이익을 얻고 있다면 임대부분의 적정한 임료 상당액 중 임대차관계가 존속되는 것으로 보는 배당받지 못한 금액에 해당하는 부분을 제외한 나머지 보증금에 해당하는 부분에 대해서는 부당이득을 얻고 있다고 할 것이어서 이를 반환해야 한다고 본 사례.

123) 따라서 차임과 보증금의 이자가 상계되는 채권적 전세에서는 부당이득이 성립하지 않는다. 그 밖에 건물에 관한 임대차계약 종료 후 이를 계속 점유·사용하는 건물임차인은 건물소유자에 대한 관계에서 건물부지의 사용·수익으로 인한 이득이 포함된 건물임료 상당의 부당이득을 하였다고 본 대판 2012.5.10. 2012다4633도 참조.

124) 대판 1984.5.15. 84다카108; 대판 1995.3.28. 94다50526 등.

125) 대판 1990.12.21. 90다카24076.

한 경우에도 그렇다고 한다.[126] 그런데 이러한 경우에 부당이득의 대상은 목적물의 이용가능성이고, 임차인이 이용가능성을 계속하여 보유하는 한 임차인의 부당이득이 성립한다고 해야 한다. 따라서 임차목적물을 반환할 임차인의 의도가 명백하지만 오로지 임대인의 임차보증금반환의무의 이행을 확보하기 위하여 인도를 거절하는 경우[127]에는 판례의 태도를 수긍할 수 있지만, 그 밖의 경우, 특히 임차인의 사정으로 용익하지 못한 경우라면 그렇게 볼 것은 아니다.

[2636] ③ 보증금반환채무의 이행 또는 그 제공을 통하여 동시이행의 항변권이 봉쇄되어 이미 이행지체에 빠진 상태에서 임차인이 목적물을 반환하지 않는다면 임대인은 그로 인한 손해배상을 구할 수 있고, 이때 임차인이 사용 · 수익하는지는 문제되지 않는다.

[2637] **마. 권 리 금**

(1) 권리금(權利金)은 임대차계약시 건물, 특히 점포의 장소적 이익의 대가로 임차인/전차인으로부터 임대인/전대인에게 또는 임차권의 양수인으로부터 양도인에게 지급되는 금전으로, 대개 임차권 설정이나 양도의 대가, 즉 영업시설 · 비품 등 유형물이나 거래처, 신용, 영업상의 노하우(know-how) 혹은 점포위치에 따른 영업상의 이점 등 무형의 재산적 가치의 양도 또는 일정기간 이용의 대가라고 한다.

권리금의 지급이 임대차계약의 내용을 이루는 것은 아니고, 권리금계약은 임대차계약이나 임차권양도계약 등에 수반되어 체결되지만 임대차계약 등과는 별개의 계약이다.[128] 다만 두 계약의 체결경위와 계약내용 등에 비추어 볼 때, 권리금계약이 임차권양도계약과 결합하여 전체가 경제적 · 사실적으로 일체로 행하여진 것으로서 어느 하나의 존재 없이는 당사자가 다른 하나를 의욕하지 않았을 것으로 보이는 경우에 계약 전부가 하나의 계약인 것과 같은 불가분의 관계에 있다고 보아야 한다.[129]

[2638] (2) 권리금이 일정기간 이상으로 임대차를 존속시키기로 하는 임차권 보장의 약정 하에 임차인으로부터 임대인에게 지급된 경우에, 보장기간 동안의 이용이 유효하게 이루어진 이상 임대인은 임대차 종료시 권리금의 반환의무를 지지 않는다.[130] 임차인(권리금을 지급한. 임차권의 양수인 또는 전차인도 같다)은 당초의 임대차에서 반대약정이 없는 한 임차권의 양도 또는 전대차 기회에 부수하여 자신도 일정기간 이용할 수 있는 권리를 다른 사람에게 양도하거나 다른 사람으로 하여금 일정기간 이용케 함으로써 권리금 상당액을 회수할 수 있는[131] 외에 권리금의 반대급부로 인수한 부속물에 대하여 임대차 종료시 임대인에게 매수청구권(제646조)을 행사할 수 있고, 임차물

126) 대판 2006.10.12. 2004재다818.

127) 영업장 폐쇄의 경우에 관한 대판 1995.7.25. 95다14664 · 14671 참조.

128) 대판 2013.5.9. 2012다115120.

129) 대판 2017.7.11. 2016다261175.

130) (권리금을 수령한) 임대인의 사정으로 임대차계약이 중도해지됨으로써 당초 보장된 기간의 이용이 불가능하였다는 등의 특별한 사정이 있을 경우에 임대인은 임차인에 대하여 그 권리금의 반환의무를 지고, 그때 임대인이 반환의무를 부담하는 권리금의 범위는 지급된 권리금을 경과기간과 잔존기간에 대응하는 것으로 나누어, 임대인은 임차인으로부터 수령한 권리금 중 임대차계약이 종료될 때까지의 기간에 대응하는 부분을 공제한 잔존기간에 대응하는 부분만을 반환할 의무를 부담한다고 봄이 공평의 원칙에 합치된다(대판 2002.7.26. 2002다25013). 권리금반환채권을 들어 건물에 대한 유치권을 행사할 수 없다는 대판 1994.10.14. 93다62119도 참조.

131) 대판 2000.4.11. 2000다4517 · 4524는, 통상 권리금은 새로운 임차인으로부터만 지급받을 수 있을 뿐이고 임대인에 대해서는 지급을 구할 수 없으므로, 임대인이 임대차계약서의 단서조항에 「모든 권리금을 인정함」이라는 기재를 하였더라도 임대차 종료시 임차인에게 권리금을 반환하겠다고 약정하였다고 볼 수 없고, 단지 임차인이 나중에 임차권을 승계한 이로부터 권리금을 수수하는 것을 임대인이 용인하고, 나아가 임대인이 정당한 사유 없이 인도를 요구하거나 점포에 대한 임대차계약의 갱신을 거절하고 타에 처분하면서 권리금을 지급받지 못하도록 하는 등으로 임차인의 권리금 회수기회를 박탈하거나 권리금회수를 방해하는 경우에 임대인이 임차인에게 직접 권리금 지급을 책임지겠다는 취지로 새겼다.

에 대한 필요비와 유익비의 상환을 청구할 수 있다는 것이 종래의 관행이다.

(3) 상가임대차에서 임차인에게 권리금 회수기회를 보장하고, 임대인에게는 정당한 사유 없이 임대차계약의 체결을 방해할 수 없도록 방해금지의무를 부과하는 등 권리금에 관한 법적 근거를 마련하기 위하여 2015년 상가임대차법 개정에서 권리금에 관한 규정이 신설되었다.

제 2. 임대차와 제3자

Ⅰ. 총 설 [2639]

(1) 임차인은 계약 또는 목적물의 성질에 의한 용법에 따라 목적물을 사용·수익할 수 있는 권리를 가지는바, 이를 임차권(賃借權)이라고 한다. 임차권은 물건을 점유하여 사용·수익하는 것을 정당화한다는 점(제213조 단서 및 제256조 단서 참조)에서 지상권·전세권 등의 용익물권과 다르지 않지만, 그 본질은 채권이다.

(2) 계속적 계약관계로서 임대차가 제3자와 관련되는 경우가 적지 않은데, 아래에서 다룰 것은 임차권의 양도 및 전대와 임차권의 대항력이다. 참고로 물권으로서 지상권이나 전세권의 경우에 양도가 자유롭고 당연히 제3자효를 가진다.

Ⅱ. 임차권의 양도와 전대 [2640]

1. 서 설

가. 개 념

(1) 임차권을 동일성을 유지하면서 이전하는 계약이 임차권의 양도(讓渡)이다. 그 법적 성질에 관하여 다수설은 임차권의 처분행위, 즉 준물권계약으로 새기지만, 임차인이 임대인의 동의를 얻어 임차권을 양도하면 임차인은 계약관계에서 벗어나고 임대인과 양수인 사이에서 임대차관계가 유지되므로,[1] 계약인수로 새길 것이다.[2]

(2) 임차인(즉 전대인)이 임차물을 다시 제3자(즉 전차인)로 하여금 사용·수익케 하는 계약(사용대차도 가능하다)이 전대(轉貸)이다. 그 법적 성질은 원래의 임대차와 별개의 낙성·불요식의 채권계약이다.

나. 임대인의 동의 [2641]

(1) 임차인이 임차권을 양도하거나 전대를 하려면 임대인의 동의를 받아야 한다(제629조 제1항. 제610조 제2항 및 전세권에 관한 제306조도 참조). 계속적 법률관계인 임대차에서 임대인의 인적 신뢰를 보호하고 특히 임차목적물을 용익하는 이가 바뀜에 따라 임대인의 이익이 해쳐지는 것을 막기 위한 제한이다.

(2) 임차권의 양도에 대한 동의는 계약인수에 대한 동의이며,[3] 전대에 대한 동의는 임차권의 설정적 이전을 할 수 있는 권능을 임차인에게 주는 의사표시이다.

---

1) 임차권 자체뿐만 아니라 임대차 존속 중의 차임지급의무 및 임대차 종료시의 보증금반환채권도 양수인에게 이전된다.

2) 임대인의 지위가 이전된 경우에 관한 대결 1998.9.2. 98마100 및 전세권의 양도에 관한 제307조 참조.

3) 임차권의 양도를 준물권계약으로 보면, 양도제한을 해제하는 의미를 가진다.

(3) 임대인의 동의는 특별한 방식을 요하지 않고, 사후적으로도 행하여질 수 있는데, 임차인으로부터 권리금을 수령한 경우에 임차권의 양도 또는 전대에 관한 포괄적인 동의가 있다고 볼 것이다. 한편 임대인은 한 번 한 동의를 철회할 수 없다.

(4) 임대인의 동의 없이 제3자로 하여금 목적물을 사용케 한 경우에, 그 제3자는 임차권의 양수 또는 전차로 임대인에게 대항하지 못할 뿐만 아니라[4] 오히려 임대인은 임대차계약을 해지하여 제3자에게 사용케 한 임차인까지 퇴거시킬 수 있다(제629조 제2항. 건물임대차에서의 예외에 관하여 제632조 참조).

[2642] (5) 이에 대한 예외를 본다.

① 제629조가 강행규정은 아니므로, 임차권의 양도나 전대에 임대인의 동의를 요하지 않는다는 특약(묵시적으로도 가능하다)은 유효하다.

② 제629조의 취지가, 임대인의 승낙 없이 임차인이 다른 이에게 임차물을 사용·수익시키는 것이 임대인에게 임대차관계를 계속시키기 어려운 「배신적 행위」일 수 있어서 임대인이 일방적으로 임대차관계를 종지시킬 수 있도록 함에 있으므로, 임차권의 양도나 전대가 당사자 사이의 인적 신뢰관계를 파괴하는 배신행위가 아니라고 인정되는 특별한 사정(예: 개인영업을 하던 임차인이 법인을 설립하여 같은 영업을 계속하는 경우)이 있으면 임대인의 해지권은 발생하지 않고, 임차권의 양수인 또는 전차인은 임대인에게 그 권원을 대항할 수 있다. 이때 특별한 사정에 대하여 임차권을 양수한 이 또는 전차인이 증명책임을 부담한다.[5]

[참 고] 배신행위론: 해지의 제한

㉠ 제629조는 임차인에게 투하자본의 회수책으로서 임차권의 양도나 전대를 허용하면서, 다른 한편 실제로 용익하는 이가 바뀜에 따른 임대인의 손해를 방지하기 위하여 임대인의 동의를 요하도록 한다. 이러한 취지를 살리면서 임대인의 자의적인 해지를 제한하기 위한 해석론이 배신행위론(背信行爲論)이다. 즉 임차권의 양도나 전대에도 불구하고 「실질적으로 용익하는 이」가 바뀌지 않았다면 임대인의 이익이 해쳐지지 않으므로 해지할 수 없다고 해야 한다.

㉡ 이 이론이 처음 채택된 것은 대판 1993.4.13. 92다24950에서이다. 이 판결은 "건물의 소유를 목적으로 하여 토지를 임차한 사람이 그 토지 위에 소유하는 건물에 저당권을 설정한 때에는 민법 제358조 본문에 따라서 저당권의 효력이 건물뿐만 아니라 건물의 소유를 목적으로 한 토지의 임차권에도 미친다고 보아야 할 것이므로, 건물에 대한 저당권이 실행되어 경락인이 건물의 소유권을 취득한 때에는 특별한 다른 사정이 없는 한 건물의 소유를 목적으로 한 토지의 임차권도 건물의 소유권과 함께 경락인에게 이전된다"고 전제한 후, 이러한 "경우에도 민법 제629조가 적용되기 때문에 토지의 임대인에 대한 관계에서는 그의 동의가 없는 한 경락인은 그 임차권의 취득을 대항할 수 없다고 할 것인바, 민법 제622조 제1항은 건물의 소유를 목적으로 한 토지임대차는 이를 등기하지 아니한 경우에도 임차인이 그 지상 건물을 등기한 때에는 토지에 관하여 권리를 취득한 제3자에 대하여 임대차의 효력을 주장할 수 있음을 규정한 취지임에 불과할 뿐, 건물의 소유권과 함께 건물의 소유를 목적으로 한 토지의 임차권을 취득한 사람이 토지의 임대인에 대한 관계에서 그의 동의가 없이도 임차권의 취득을 대항할 수 있는 것까지 규정한 것이라고는 볼 수 없다"고 하면서도, "임차인의 변경이 당사자의 개인적인 신뢰를 기초로 하는 계속적 법률관계인 임대차를 더 이상 지속시키기 어려울 정도로 당사자간의 신뢰관계를 파괴하는 임대인에 대한 배신행위가 아니라고 인

4) 그렇다고 하여 채권계약으로서 임차권 양도계약 또는 전대차계약 자체가 무효로 된다는 의미는 아니다.
5) 뒤의 92다24950 판결.

정되는 특별한 사정이 있는 때에는 임대인은 자신의 동의 없이 임차권이 이전되었다는 것만을 이유로 민법 제629조 제2항에 따라서 임대차계약을 해지할 수 없고, 그와 같은 특별한 사정이 있는 때에 한하여 경락인은 임대인의 동의가 없더라도 임차권의 이전을 임대인에게 대항할 수 있다고 봄이 상당한바, 위와 같은 특별한 사정이 있는 점은 경락인이 주장 입증하여야 한다"고 했는데, 이 사건에서는 특별한 사정에 대한 주장조차 없어서 이 이론이 적용되지 않았다.

㉢ 배신행위론이 실제로 적용된 것은 대판 1993.4.27. 92다45308에서인데, 임차인 A가 B와 동거하면서 가구점을 경영하다가 협의이혼을 하면서 위자료 명목으로 B에게 가구점을 양도한 후 A와 B가 다시 혼인한 사안에서 특별한 사정을 인정하여 임대인의 해지주장을 배척하였다.[6)]

2. 적법한 양도 또는 전대의 법률관계 [2643]

가. 임차권 양도의 경우

(1) 임차인이 임대인의 동의를 얻어 임차권을 양도한 경우에, 임차인은 계약관계에서 벗어나고 임대인과 양수인 사이에 임대차관계가 유지되며(차임지급의무를 포함하여), 임차보증금반환관계도 마찬가지이다.

(2) 다만 양도인의 연체차임채무 또는 손해배상채무는 별도의 특약이 없는 한 이전되지 않는다. 그리고 종전의 임차인의 채무를 보증한 이의 책임은 장래에 향하여 소멸한다.

나. 전대의 경우 [2644]

(1) 임차인이 임대인의 동의를 얻어 전대한 경우에, 임대인과 임차인 사이에 종전의 관계가 유지되고(제630조 제2항), 그에 더하여 임차인(전대인)과 전차인 사이에 별개의 새로운 임대차관계가 생긴다. 즉 전차인은 임차인에 대하여 목적물을 사용·수익하게 해 줄 것을 청구할 수 있고, 임차인은 전차인에 대하여 차임청구권을 가진다.

(2) 임대인의 동의가 있더라도 전대에 의하여 전차인과 임대인 사이에 직접적인 법률관계가 생기지 않지만, 법은 임대인을 보호하기 위하여 임차목적물을 「실제로 용익하는」 전차인이 임대인에 대하여 「직접」 의무(차임지급의무, 목적물의 보관 및 반환의무 등)를 부담하도록 한다(제630조 제1항).[7)]

이 경우 전차인은 전대차계약에 따라 전대인에 대하여 부담하는 의무 이상으로 의무를 지지 않으며, 임대차계약에 따라 임차인이 임대인에 대하여 부담하는 의무 이상으로 의무를 지지 않는다.[8)] 그런데 "전대인과 전차인은 계약자유의 원칙에 따라 전대차계약의 내용을 변경할 수 있다. 그로 인하여 민법 제630조 제1항에 따라 전차인이 임대인에 대하여 직접 부담하는 의무의 범위가 변경되더라도, 전대차계약의 내용변경이 전대차에 동의한 임대인 보호를 목적으로 한 민법 제630조 제1항의 취지에 반하여 이루어진 것이라고 볼 특별한 사정이 없는 한 전차인은 변경된 전대차계약의 내용을 임대인에게 주장할 수 있다. 전대인과 전차인이 전대차계약상의 차임을 감액한 경우도 마찬가지이다. 또한 그 경우, 임대차 종료 후 전차인이 임대인에게 반환하여야 할 차임 상당 부당이득액을 산정함에 있어서도, 부당이득 당시의 실제 차임액수를 심리하여 이를 기준으로 삼지 아니하고 약정차임을 기준으로 삼는 경우라면, 전차인이 임대인에 대하여 직접 의무를

6) 대판 2007.11.29. 2005다64255도 참조.
7) 반면 전차인은 임대인에 대하여 비용상환청구권 등 임대차계약상의 권리를 가지지 않는다.
8) 따라서 전차인의 임대인에 대한 차임지급의무는 차임과 전차임 중 낮은 액으로 한정된다.

부담하는 차임인 변경된 차임을 기준으로 할 것이지, 변경 전 전대차계약상의 차임을 기준으로 할 것은 아니"다.[9]

한편 전차인은 전대인에게 차임을 지급하였음을 임대인에게 대항하지 못한다(제630조 제1항 후문). 따라서 임대인은 임차인과 전차인 모두에 대하여 차임의 지급을 청구할 수 있고(부진정연대의 관계),[10] 전차인은 임차인(전대인)에게 「미리」(즉 전대차계약상의 차임지급시기 전에) 차임을 지급하였더라도, 임대인의 차임청구에 응해야 한다.[11] 즉 이 "규정에 의하여 전차인이 임대인에게 대항할 수 없는 차임의 범위는 전대차계약상의 차임지급시기를 기준으로 하여 그 전에 전대인에게 지급한 차임에 한정되고, 그 이후에 지급한 차임으로는 임대인에게 대항할 수 있다."[12] 요컨대 전대차계약상의 변제기에 이르러 전대인에게 차임을 지급한 경우에, 임대인의 동의에 기한 적법한 전대차계약에 기한 급부이므로 임대인에게 대항할 수 있다.

[2645] (3) 임대차가 종료하면 전대차도 종료한다.[13] 이때 임대인은 직접 전차인에 대하여 목적물의 반환을 청구할 수 있지만, 전차인은 임차인에 대한 보증금반환채권으로 이에 대항하지 못한다.[14] 그리고 임대차기간과 전대차기간이 모두 만료된 경우에(동시에 종료해야 하는 것은 아니다), 전차인이 임대인에게 목적물을 인도하였다면 임차인(전대인)에 대한 목적물인도의무를 면한다.[15][16]

그런데 임대인과 임차인(전대인)의 합의로 계약을 종료하더라도 전차인의 권리는 소멸하지 않으며(제631조), 임차인이 일방적으로 임차권을 포기한 경우에도 마찬가지이다. 그러나 즉시해지나 법정해제의 경우에 전차인은 임대인에게 대항할 수 없다고 해야 한다.[17] 임대인의 동의가 있었더라도 그 동의는 용익의 주체가 바뀜에 관한 것으로, 그로 인하여 임대인의 지위를 열악하게 할 수 없기 때문이다.[18]

[2646] (4) 전차인의 과실로 목적물이 멸실 또는 훼손된 경우에, 전대에 대한 임대인의 동의가 있었다면[19] 전차인은 임차인의 이행보조자(이자 이용보조자)이므로, 제391조에 따라 임차인은 전차인의 과실에 대하여 채무불이행책임을 져야 한다.[20]

이와 별도로 전차인은 임대인에 대하여 법정의무로서 목적물의 보관 및 반환의무를 부담하

---

9) 대판 2018.7.11. 2018다200518.

10) 전차인이 임대인에게 차임을 지급하면 그 한도에서 전대인에 대한 의무를 면한다.

11) 결과적으로 차임을 이중으로 지급한 전차인은 전대인에 대하여 부당이득의 반환을 구할 수 있다.

12) 대판 2008.3.27. 2006다45459: 전대차계약의 종료와 전대차목적물의 반환 당시 전차인의 연체차임은 전대차보증금에서 당연히 공제되어 소멸하고, 이는 전대차계약상의 차임지급시기 이후 발생한 채무소멸사유이므로 전차인은 이로써 임대인에게 대항할 수 있다고 본 사례.

13) 대판 2005.5.26. 2005다4048 · 4055는, 소유자의 임대차계약 해지의 의사표시에 의하여 소유자와 임차인 사이의 임대차계약이 종료되고 소유자가 전차인에 대하여 목적물의 반환과 차임 상당의 손해배상을 청구한 경우에, 위와 같은 청구를 한 날 이후에는 전차인에게 임차인에 대한 관계에서 차임 상당 부당이득을 반환할 의무가 없다고 하였다.

14) 대판 1990.12.7. 90다카24939.

15) 임대인의 동의를 얻지 않은 경우에도 같다. 대판 1995.12.12. 95다23996도 참조.

16) 전대차 종료 후의 점유와 부당이득에 관하여 대판 2007.8.23. 2007다21856 · 21863: "임차인은 임대차계약이 종료된 경우 특별한 사정이 없는 한 임대인에게 그 목적물을 명도하고 임대차 종료일까지의 연체차임을 지급할 의무가 있음은 물론, 임대차 종료일 이후부터 목적물 명도완료일까지 그 부동산을 점유 · 사용함에 따른 차임 상당의 부당이득금을 반환할 의무도 있다고 할 것인데, 이와 같은 법리는 임차인이 임차물을 전대하였다가 임대차 및 전대차가 모두 종료된 경우의 전차인에 대하여도 특별한 사정이 없는 한 그대로 적용된다. […] 타인 소유의 토지 위에 권한 없이 건물을 소유하고 있는 자는 그 자체로서 특별한 사정이 없는 한 법률상 원인 없이 타인의 재산으로 토지의 차임에 상당하는 이익을 얻고 그로 인하여 타인에게 동액 상당의 손해를 주고 있다고 보아야 하는데, 건물 이외의 공작물의 소유를 목적으로 한 토지전차인이 당해 토지 위에 권한 없이 공작물을 소유하고 있는 경우에도 이와 마찬가지로 풀이하여야 한다."

17) 전차인이 대변제(代辨濟)를 통하여 즉시해지나 채무불이행해제를 봉쇄할 수 있음은 별개의 문제이다.

18) 이때 전차인이 전대인에 대하여 담보책임이나 채무불이행책임을 물을 수 있음은 당연하다.

19) 임대인의 동의가 없었다면 전대 자체가 임차인의 채무불이행책임을 성립시킨다.

20) 학설은 대체로 임차인은 전차인의 선임 · 감독에 과실이 없으면 책임을 지지 않는다고 한다.

므로(제630조 제1항), 전차인의 과실로 목적물이 멸실 또는 훼손된 경우에, 그는 임대인에 대하여 법정채무의 불이행에 대한 책임을 진다. 그리고 임차인의 손해배상의무와 전차인의 손해배상의무는 임대인에 대하여 부진정연대의 관계에 서는데, 임차인은 전차인에 대하여 구상할 수 있다.

(5) 전대에 임대인의 동의가 있는 경우에, 임차인의 임차권이 대항력을 갖추었다면 전차인은 제3자에 대하여 임차인의 대항력을 원용할 수 있다.

(6) 그 밖에 전차인 보호를 위한 규정으로 제638조, 제644조, 제647조 등 참조.

3. 임대인의 동의 없는 양도와 전대 [2647]

가. 임차권 양도의 경우

(1) 임차권의 무단양도(無斷讓渡), 즉 임차인이 임대인의 동의 없이 임차권을 양도한 경우에, 양도인과 양수인 사이에 채권적 효력이 발생하지만, 임대인에게 양도의 효력이 미치지 않는다.[21)]

(2) 임차권 양도의 채권적 효력으로 임차인은 양수인을 위하여 임대인의 동의를 받아줄 의무를 진다.[22)] 그리고 타인의 물건에 대한 권리를 권한 없이 양도하였으므로, 임차인은 양수인에 대하여 담보책임을 진다(제567조, 제570조).

(3) 임대인과 양도인 사이의 임대차관계는 여전히 존속하지만, 임대인이 임대차계약을 해지할 수 있다(제629조 제2항). 한편 임대차계약이 해지되지 않고 존속하는 상태에서 양수인의 과책으로 임대인에게 손해가 발생한 경우에, 양수인은 목적물보관의무에 관하여 임차인의 이행보조자(제391조 참조)이므로, 임차인은 양수인과 함께 임대인에 대하여 손해배상의무를 진다(부진정연대채무).

(4) 양수인은 임대인에 대하여 임차권의 취득(즉 임차인의 지위)을 주장할 수 없으므로, 임대인의 물권적 청구에 응해야 한다. 다만 임대차계약을 해지하지 않는 한 임대인은 임차목적물을 임차인(즉 양도인)에게 반환할 것을 청구할 수 있을 뿐이고(제207조 참조), 양수인에 대하여 손해배상이나 부당이득의 반환을 구하지 못한다.[23)]

나. 전대의 경우 [2648]

(1) 전대인과 전차인 사이에 전대차계약이 유효하게 성립하면, 임대인의 동의가 없더라도 전대인은 전차인에 대하여 목적물을 사용·수익하게 할 의무를 부담하며, 전차인은 전대인에 대하여 차임을 지급할 의무를 진다.

(2) 무단전대(無斷轉貸), 즉 임대인의 동의 없는 전대의 경우에, 전차인은 자신의 전대인에 대한 권리(전차권)로 임대인에게 대항하지 못하고, 임대인의 물권적 청구에 응해야 한다.[24)]

(3) 임대인이 임대차계약을 해지할 수 있음은 앞서 살펴보았다.

---

21) 즉 양수인의 사용·수익이 양도인에 대한 관계에서 정당하지만, 임대인에게 대항할 수 없다.

22) 대판 1986.2.25. 85다카1812.

23) 대판 2023.3.30. 2022다296165: "임차인이 임대인의 동의를 받지 않고 제3자에게 임차권을 양도하거나 전대하는 등의 방법으로 임차물을 사용·수익하게 하더라도, 임대인이 이를 이유로 임대차계약을 해지하거나 그 밖의 다른 사유로 임대차계약이 적법하게 종료되지 않는 한 임대인은 임차인에 대하여 여전히 차임청구권을 가지므로, 임대차계약이 존속하는 한도 내에서는 제3자에게 불법점유를 이유로 한 차임 상당 손해배상청구나 부당이득반환청구를 할 수 없다. 그러나 임대차계약이 종료된 이후에는 임차물을 소유하고 있는 임대인은 제3자를 상대로 위와 같은 손해배상청구나 부당이득반환청구를 할 수 있다." 이 경우 제3자는 제201조 제1항 소정의 선의점유자에 해당할 수 있는데, 임대차계약이 해제되었더라도 그러한 사정을 알기 전까지는 선의가 유지된다(대판 2008.2.28. 2006다10323).

24) 앞에서 본 무단양도의 효과도 참조.

[2649] ## Ⅲ. 부동산임차권의 대항력

1. 서 설

(1) 임대차에 관한 규정은 임차목적물이 동산인지 부동산인지를 가리지 않고 적용된다.

그런데 동산의 임대차와 관련해서는 렌탈이나 운용리스에서 보는 것처럼 보통 (약관에 규정된) 계약의 내용으로 중요한 사항이 정해진다. 따라서 임대차에 관한 법률문제는 주로 부동산, 특히 주거와 영업의 본거가 되는 건물의 임대차에 관한 것이다.

(2) 인간이 사회적 · 경제적 활동을 하려면 부동산은 필수불가결하다. 그런데 다른 사람 소유의 부동산을 용익하기 위하여 용익물권(지상권, 전세권)을 설정받을 수도 있지만, 보다 일반적인 방법은 임대차이다. 즉 용익물권보다 임차인의 지위가 약하고 특히 임대인은 특약을 통하여 강한 지위를 보유할 수 있다는 장점 때문에 타인의 부동산의 용익관계에서 임대차가 선호된다.

[2650] (3) 용익물권과 비교하여 임차인의 지위는 열악하다. 즉 임차권은 채권, 즉 임대인에 대해서만 주장할 수 있는 상대권이므로, 임대인이 임차목적물의 소유권을 타인(A)에게 양도한 경우에 A에게 임차권을 주장할 수 없을 뿐만 아니라 오히려 A의 물권적 반환청구(제213조)에 응해야 하는데(「매매는 임대차를 깨뜨린다」), A의 선 · 악의를 불문한다. 그리고 채권적 전세에서 임차인은 임차목적물의 양수인에 대하여 보증금의 반환청구를 할 수 없다. 나아가 제3자가 임차목적물을 침탈하거나 용익을 방해하는 경우에 임차권 자체에 기하여 반환 또는 방해의 제거를 청구하지 못하고,[25] 임차권의 양도 등에도 일정한 제한이 따른다(제629조 참조). 한편 계약자유에 따라 존속기간을 단기로 한다든지 임대인에게 해제권을 유보함으로써 임차인의 지위를 열악하게 하는 것도 가능하다. 나아가 차임에 관해서도 대개 임대인이 주도권을 가진다.

이러한 지위의 불균형은 부동산시장, 그중에서도 주거시장처럼 수요와 공급의 균형이 상실된 곳에서 두드러지는데, 이에 대처하기 위하여 입법자는 임차인의 보호를 위한 조치를 마련하였다. 즉 ① 임대차에 대항력을 부여하여 임차목적물의 양수인에게도 임차권을 주장할 수 있게 하고(「임대차는 매매에 의하여 깨뜨려지지 않는다」), ② 최단존속기간과 해제의 제한 등을 통하여 임차권의 존속을 보장하고 나아가 차임증감 등에 관하여 법정된 내용보다 임차인에게 불리한 것의 효력을 부정하는 등 계약조건에 간섭하는 등의 형태로 나타난다.[26] 이러한 움직임을 부동산임차권의 물권화경향(物權化傾向)이라고 한다.

[2651] (4) 민법전 제정 전에 이 방면의 특별법이 거의 없었는데, 철저하게 개인주의적이었던 의용민법 하에서는 임대차에 관해서도 계약자유가 실질적으로 거의 수정을 받지 않은 채 유지되었고, 해방 후 농지개혁으로 인하여 농경지의 임대차를 금지한다는 변혁이 있었을 뿐이었다(농지개혁법 [폐지] 제17조. 다만 농지임대차를 제한적으로 허용하는 농지법 제23조 이하 및 헌법 제121조 제2항 참조).

이와 달리 현행민법은 20개조에 달하는 조항들(대개 편면적 강행규정이다)을 신설하여 임대차에 관한 당시의 추세에 보조를 맞추려고 노력하였다. 그러나 그 운용을 통하여 민법규정만으로 임차권의 보호에 충분하지 않음이 드러나자,[27] 1981년 주거용 건물의 임대차에 관한 여러 특례를

25) 점유권에 기한 보호 및 임대인의 물권적 청구권의 대위행사가 가능함은 별개의 문제이다.

26) 그 밖에 임차권의 처분자유를 들기도 한다.

27) 가령 제621조를 신설하여 임차인의 등기청구권을 인정하였지만, 힘의 불균형으로 인하여 실제로 대항력을 취득하는 경우가 드물었

정한 주택임대차법이 제정되었다.[28] 민법과 특별법들은 ① 대항력의 강화, ② 계약조건(임차권의 존속기간과 차임 등)에 대한 간섭 및 ③ 보증금 반환책의 확보 등을 통하여 임차권을 강화하려고 한다.

그런데 주택임대차법 제3조 제1항의 대항요건을 갖추거나 제621조에 의한 임대차등기를 마쳤더라도 임차권이 채권이라는 기본적 성질에는 변함이 없다.[29]

2. 등기와 대항력 [2652]

(1) 부동산임차권의 물권화경향에 따라 일정한 경우에 부동산임차권의 대항력이 인정된다. 임차권의 대항력(對抗力)이란 임대차계약의 당사자가 아닌 제3자에 대하여 임차권을 주장할 수 있음을 말하는데, 특히 임차목적물을 양수한 이는 임대차관계를 승계한다(주택임대차법 제3조 제4항 참조).

(2) 먼저 제621조를 본다.

① 부동산임차권을 등기할 수 있고(부동산등기법 제3조 제8호 참조), 등기하면 그때부터 제3자에 대해서도 효력이 있다(제621조 제2항). 그런데 당사자 사이에 "반대약정이 없으면"[30] 부동산임차인은 임대인에 대하여 임대차의 등기절차에 협력할 것을 청구할 수 있다(제621조 제1항). 즉 임차인에게 채권적인 등기청구권이 인정된다.

② 임차권등기를 마치면, 제3자가 임대인인 소유자로부터 임차부동산을 양수한 경우에, 종래의 임대차는 신 소유자와 임차인 사이에 존속하는 것으로 되어 신 소유자의 인도청구를 거절할 수 있다. 그런데 주택임대차법 제3조의4 및 상가임대차법 제7조와 달리 우선변제권이 인정되지는 않지만, 임차보증금이 등기되면(부동산등기법 제74조 제5호) 임차부동산의 양수인에 대하여 임차보증금(특히 그 반환에 관한 동시이행관계)을 주장할 수 있다.

③ 특약이 없는 한 연체차임채권이 당연히 신 소유자에게 이전되지 않는데, 구 소유자와의 사이에 있었던 특약 중 등기사항(부동산등기법 제74조 참조)에 관해서는 그것이 등기되어야 신 소유자에게 대항할 수 있다.

(3) 한편 건물의 소유를 목적으로 하는 토지임대차(즉 건물대지임대차)를 등기하지 않았더라 [2653]
도, 임차인이 그 지상 건물을 등기하면 제3자에 대하여 임대차의 효력이 있다(제622조 제1항).[31] 그러나 대지에 관한 적법한 임차권(적법한 임차권 양도나 전대차를 포함한다)이 없다면, 대지상의 건물에 관하여 등기하였더라도 제622조는 적용되지 않는다. 즉 제622조 제1항의 취지는, 토지임차인이 임차지상의 건물을 등기함으로써 임대차의 등기가 없더라도 제3자에게 임대차의 효력을 주장할 수 있다는 것이지, 그러한 건물만을 취득한 이에게 당연히 임차권이 생긴다는 것은 아니다.[32][33]

을 뿐만 아니라 1991년 부동산등기법 개정 전에는 당사자에게 매우 중요한 의미를 가지는 보증금을 등기할 수 없었다.

28) 2001년 제정된 상가임대차법도 같은 취지에 기한 것이다.

29) 대판 2007.6.28. 2004다69741.

30) 임대인의 동의를 요하던 의용민법과 다르다.

31) 건물등기의 지번과 토지등기의 지번이 다른 경우에, 건물이 등기부상의 건물표시와 사회통념상 동일성이 있고 그것이 임차한 토지 위에 건립되어 있어서 쉽게 경정등기를 할 수 있는 경우라면 경정등기 전이라도 대항력을 갖추었다고 보아야 한다는 대판 1986.11.25. 86다카1119도 참조.

32) 대판 1975.7.30. 74다2032.

한편 건물이 임대차기간의 만료 전에 멸실 또는 후폐(朽廢)한 경우에 토지임대차는 그 효력을 잃는다(같은 조 제2항).

[2654] (4) 임차인은 점유보호청구권을 행사하거나 임대인의 물권적 청구권을 대위행사하여 불법점유자를 배제할 수 있다. 여기서 나아가 임차권이 대항력을 취득하면, 임차권 자체에 기한 방해배제청구도 가능하다.[34)]

제 3 관 특별법상의 임대차

[2655] Ⅰ. 총 설

1. 서 설

특히 부동산의 임대차를 규율하는 특별법이 적지 않은데, 기본적인 법률관계는 민법상의 임대차를 기초로 한다. 물론 특별법은 대부분 임차인의 지위를 강화하기 위한 입법이지만, 「임차인보호」라는 교조적 입장에 집착할 것은 아니고 토지이용관계의 합리화, 특히 임대인에 대한 배려의 필요성도 있음에 주의해야 한다.[1)]

[2656] 2. 리 스

(1) 리스(lease)란 공장설비나 자동차 등을 구입하는 대신 빌려 쓰면서 사용료를 지급하는 경우와 같은, 기계나 시설 등 동산의 임대차를 말한다.

리스는 리스물건의 소유권을 취득하지 않으므로 보유세 등을 부담하지 않을 뿐만 아니라 리스료를 비용으로 처리할 수 있고, 나아가 기술발전의 이익을 신속하게 누릴 수 있다는 장점 때문에 널리 이용된다.

(2) 리스는 원래 컴퓨터, 자동차 등 사람들이 소유는 하지 않고 사용만 하고자 하는 물건을 리스업자가 사용료를 받고 대여하는 형태로 운용되었다. 이를 「운용리스」라 하는데, 동산임대차의 다른 표현에 불과하여 임대차에 관한 민법규정이 적용된다(보통 약관에 의하여 그 적용이 제한되지만). 정수기 등 동산의 임대차를 거래계에서 흔히 렌탈이라고 하는데, 다르지 않다.

[2657] (3) 이와 다른 성질을 가지는 금융리스(상법 제168조의2 이하)를 간략하게 살펴본다.

① 경제의 발전에 따라 범용성 없는 물건의 대여가 요청되면서 운용리스와 다른 형태의 리

---

33) 건물대지임대차의 대항력에 관하여 ㉠ 대판 2003.2.28. 2000다65802·65819는, 제622조 제1항은 건물을 소유하는 토지임차인의 보호를 위하여 건물의 등기로써 토지임대차등기에 갈음하는 효력을 부여하는 것일 뿐이므로 임차인이 그 지상 건물을 등기하기 전에 제3자가 그 토지에 관하여 물권 취득의 등기를 한 때에는 임차인이 지상건물을 등기하더라도 그 제3자에 대하여 임대차의 효력이 생기지 않는다고 하였고, 대판 1996.2.27. 95다29345는, 임차인으로부터 건물의 소유권과 함께 건물의 소유를 목적으로 한 토지의 임차권을 취득한 이가 토지의 임대인에 대한 관계에서 임차권의 양도에 관한 그의 동의가 없어도 임차권의 취득을 대항할 수 있다는 것까지 규정한 것은 아니라고 하였다. ㉡ 대판 1994.11.22. 94다5458은, A가 대지와 건물의 소유자였던 B로부터 이를 임차하였는데 그 후 A가 건물을 강제경매절차에서 경락받아 대지에 관한 위 임차권은 등기하지 않은 채 건물에 관하여 A 명의의 소유권이전등기를 경료하였다면, A와 B 사이에 체결된 대지에 관한 임대차계약은 건물의 소유를 목적으로 한 토지임대차계약이 아니므로, 대지에 관한 A의 임차권은 제622조에 따른 대항력을 갖추지 못했다고 하였다.

34) 대판 2002.2.26. 99다67079는, 등기된 임차권에 「담보권적 권능」까지 인정하는데, 임대차기간이 종료되면 용익권적 권능은 임차권등기의 말소등기 없이도 곧바로 소멸하나 담보권적 권능은 소멸하지 않고, 임차권자는 임대차기간이 종료한 후에도 임차보증금을 반환받기까지는 임대인이나 그 승계인에 대하여 임차권등기의 말소를 거부할 수 있고, 따라서 임차권등기가 원인 없이 말소된 때에는 방해를 배제하기 위한 청구를 할 수 있다고 하였는데, 임차권등기가 되어 있는 「선박」에 원인무효의 등기가 경료된 사안에 관한 것이다.

1) 예컨대 농지임대차에 관하여 농지법 제23조가 규정하는데, 농지개혁법 시행 당시와 달리 노동력의 부족으로 인한 유휴농지의 존재(대리경작자의 지정 등에 관한 같은 법 제20조 참조) 및 임차인지위의 향상 등의 사정을 고려할 필요가 있다.

스가 발전하였는데, 예를 들어 개인의원을 운영하는 의사 A가 고가의 의료장비를 직접 구입하는 대신 리스업자 C와 리스계약을 체결하고 C가 장비판매업자 B로부터 장비를 구입하여 A에게 대여하는 형식의 거래를 「금융리스」라고 한다.

② 여기서 금융리스는 C와 B 사이의 매매와 C와 A 사이의 임대차가 결합된 형태이지만, 실질적으로는 C가 A에게 금융을 주는 것이다. 따라서 금융리스의 법적 성질에 관하여 논란이 있지만 적어도 민법의 임대차에 관한 규정이 바로 적용되지는 않는다.[2)]

③ 리스이용자는 리스업자에게 리스료를 지급할 의무, 리스물건을 수령하여 유지 · 관리하다가 반환할 의무 등을 부담하고, 리스업자 및 공급자는 이용자에게 리스물건을 인도할 의무 및 담보책임을 지며, 리스업자는 공급자에게 매매대금을 지급할 의무를 부담한다.

Ⅱ. 주택임대차보호법 [2658]

1. 서 설

(1) 주택임대차법(이하 "법"이라고만 한다)은 주거용 건물의 임대차에 관하여 민법에 대한 특례를 규정한다(법 제1조).

이 법의 규정에 위반되는 약정으로 임차인에게 불리한 것은 그 효력이 없으며, 따라서 무효이다(법 제10조).[3)4)]

(2) 법의 적용범위에 관하여 본다. [2659]

① 주거용 건물(주택)의 전부 또는 일부의 임대차에 대해서뿐만 아니라 임차주택의 일부가 주거 외의 목적으로 사용되는 경우에도 적용된다(법 제2조). 주거용 건물에 해당하는지는 임대차 목적물의 공부상의 표시만 기준으로 할 것이 아니라 실제의 용도에 따라 정해야 하는데, 비주거용 건물의 일부를 주거목적으로 사용하는 경우에는 적용되지 않는다.[5)]

② 어느 건물이 주택에 해당하는 이상 비록 건물에 관하여 아직 등기를 마치지 않았거나 등기가 이루어질 수 없는 사정이 있더라도 다른 특별한 규정이 없는 한 적용된다.[6)] 점포 및 사무실로 사용되던 건물이 주거용 건물로 용도변경된 경우에도 마찬가지이다.

[참 고] 대판 2009.8.20. 2009다26879는 점포 및 사무실로 사용되던 건물에 근저당권이 설정된 후 그 건물이 주거용 건물로 용도변경되어 이를 임차한 소액임차인도 특별한 사정이 없는 한 법 제

---

2) 대판 1997.10.24. 97다27107도 "시설대여(리스)는 시설대여회사가, 대여시설이용자가 선정한 특정물건을 새로이 취득하거나 대여받아 그 물건에 대한 직접적인 유지 · 관리책임을 지지 아니하면서 대여시설이용자에게 일정기간 사용하게 하고 그 기간 종료 후의 물건의 처분에 관해서는 당사자간의 약정으로 정하는 계약으로서, 형식에서는 임대차계약과 유사하나 그 실질은 대여시설을 취득하는데 소요되는 자금에 관한 금융의 편의를 제공하는 것을 본질적인 내용으로 하는 물적 금융이고, 임대차계약과는 여러 가지 다른 특질이 있기 때문에 이에 대하여 민법의 임대차에 관한 규정이 바로 적용되지 않는다"고 하였는데, 상법 제168조의2 이하 및 여신전문금융업법이 이에 적용된다.

3) 대판 1995.10.12. 95다22283: "주택임대차보호법 제4조 제1항은 같은 법 제10조의 취지에 비추어 보면 임차인의 보호를 위한 규정이라고 할 것이므로, 그 규정에 위반되는 당사자의 약정을 모두 무효라고 할 것은 아니고 그 규정에 위반하는 약정이라도 임차인에게 불리하지 아니한 것은 유효하다고 풀이함이 상당"하다.

4) 가장임대차와 대항력에 관하여 ㉠ 대판 2003.7.22. 2003다21445는, 주택임대차로서 우선변제권을 취득한 것처럼 외관을 만들었을 뿐 실제 주택을 주거용으로 사용 · 수익할 목적을 갖지 않는 계약에는 법이 정하는 우선변제권을 부여할 수 없다고 하였다. 대판 2002.3.12. 2000다24184 · 24191([1111]에 소개된)도 동지. 한편 ㉡ 대판 2002.1.8. 2001다47535: "당해 임대차계약이 통정허위표시에 의한 계약이어서 무효라는 등의 특별한 사정이 있는 경우는 별론으로 하고 임대차계약당사자가 기존채권을 임대차보증금으로 전환하여 임대차계약을 체결하였다는 사정만으로 임차인이 같은 법 제3조 제1항 소정의 대항력을 갖지 못한다고 볼 수는 없다."

5) 대판 1996.3.12. 95다51953 참조.

6) 대판(전) 2007.6.21. 2004다26133.

8조에 의하여 보증금 중 일정액을 근저당권자보다 우선하여 변제받을 권리가 있다고 하였는데, 근저당권자가 파악한 담보가치를 해칠 수 있다는 점에서 검토를 요한다.[7)]

③ 등기하지 않는 전세계약, 즉 채권적 전세에도 법이 준용되는데, 이러한 경우에 전세금을 임대차의 보증금으로 본다(법 제12조).

④ 일시사용을 위한 임대차인 것이 명백한 경우에는 법이 적용되지 않는다(법 제11조).

⑤ 외국인 또는 외국국적의 동포도 법의 보호를 받을 수 있다.[8)]

⑥ 법은 자연인인 서민들의 주거생활의 안정을 보호하려는 취지에서 제정된 것이어서, 법인은 보호대상이 아니다(법 제3조 제2항 및 제3항의 예외 참조).[9)]

[2660] 2. 계약내용의 규제

가. 존속의 보장

(1) 법은 주거용 건물임대차의 최단기간을 보장한다: "기간의 정함이 없거나 기간을 2년 미만으로 정한 임대차는 그 기간을 2년으로 본다"(제4조 제1항). 이 규정에 의하여 2년의 최단기간이 보장된다. 당사자가 이에 위반되는 약정을 하더라도, 그것이 임차인에게 불리하다면 그 효력이 없다(법 제10조). 한편 종래의 판례[10)]는 「임차인」이 단기의 약정기간을 주장하는 경우에 그 효력을 인정하였는데, 법 제4조 제1항 후문이 이를 명문으로 규정하였다.

한편 법 제4조 제2항은, 임차인의 보증금반환채권을 실질적으로 보장하기 위하여, 임대차기간이 끝난 경우에도 임차인이 보증금을 반환받을 때까지 임대차관계가 존속하는 것으로 의제한다.

그런데 법 제3조의 대항요건을 갖추지 못했더라도 임대인에 대한 관계에서 존속기간에 관한 법 제4조는 적용된다.

[2661] (2) 법은 묵시적 갱신에 관해서도 규정하는데, 그에 앞서 갱신계약이 가능함은 물론이다.

① 임대인이 임대차기간이 끝나기 6월 전부터 2월 전까지의 기간에 임차인에게 갱신거절(更新拒絶)의 통지를 하지 아니하거나 계약조건을 변경하지 않으면 갱신하지 아니한다는 뜻의 통지를 하지 않은 경우에, 임대차기간이 끝난 때에 전 임대차와 동일한 조건으로 다시 임대차한 것으로 본다. 임차인이 임대차기간이 끝나기 2월 전까지 통지하지 않은 경우에도 같다(법 제6조 제1항).

그런데 묵시적 갱신이 인정되는 것은 2기의 차임액에 이르는 차임의 연체 기타 현저한 의무위반이 없는 경우에 한한다(제3항).

② 묵시적 갱신에 의한 임대차의 존속기간은 2년으로 본다(제2항). 그런데 임차인은 법 제6

7) 소액보증금에 기한 우선변제권의 제한에 관한 대판 1999.7.23. 99다25532([2679]에 소개된) 참조.

8) 이에 대하여 부정적이던 대결 2013.9.16. 2012마825과 달리, 대판 2016.10.13. 2014다218030 · 218047은 "외국인 또는 외국국적 동포가 구 출입국관리법(2010. 5. 14. 법률 제10282호로 개정되기 전의 것)이나 구 재외동포의 출입국과 법적 지위에 관한 법률(2008. 3. 14. 법률 제8896호로 개정되기 전의 것)에 따라서 한 외국인등록이나 체류지변경신고 또는 국내거소신고나 거소이전신고에 대하여는, 주택임대차보호법 제3조 제1항에서 주택임대차의 대항력 취득요건으로 규정하고 있는 주민등록과 동일한 법적 효과가 인정된다. 이는 외국인등록이나 국내거소신고 등이 주민등록과 비교하여 공시기능이 미약하다고 하여 달리 볼 수 없다"고 하여 입장을 변경하였는데, 나아가 "주택임대차보호법 제3조 제1항에 의한 대항력 취득의 요건인 주민등록은 임차인 본인뿐 아니라 배우자나 자녀 등 가족의 주민등록도 포함되고, 이러한 법리는 구 재외동포의 출입국과 법적 지위에 관한 법률에 의한 재외국민이 임차인인 경우에도 마찬가지로 적용된다"고 하였다.

9) 대판 1997.7.11. 96다7236. 대판 2003.7.25. 2003다2918은 대항요건으로서 주민등록을 구비할 수 없음을 근거로 법의 적용을 부정하였다.

10) 대판 1995.5.26. 95다13258 등.

조의2에 의하여 해지통고를 할 수 있고, 임대인이 통지를 받은 후 3월이 경과하면 임대차관계는 소멸한다.[11]

③ 계약의 묵시적 갱신에 관한 규정은 강행규정이다(법 제10조).

④ 대항력과 우선변제권을 갖춘 임대차계약이 갱신된 경우에도 종전보증금의 범위 내에서는 최초 임대차계약에 의한 대항력과 우선변제권이 그대로 유지된다.[12]

(3) 2020년 법 개정에서 신설된 제6조의3에 따라 임차인에게 「갱신요구권」이 인정된다.

① 임차인이 임대차기간이 만료되기 6월 전부터 1월 전까지 사이에 계약갱신을 요구할 경우에, 임대인은 정당한 사유 없이 이를 거절하지 못한다(제1항).

정당한 사유는 주택의 용익에 대한 양 당사자들의 이해관계, 당해 임대차의 경위, 재산상 급부의 제공 여부 등을 고려하여 판단해야 하는데, 제1항이 열거하는 사유는 다음과 같다: 1. 임차인이 2기의 차임액에 해당하는 금액에 이르도록 차임을 연체한 사실이 있는 경우, 2. 임차인이 거짓이나 그 밖의 부정한 방법으로 임차한 경우, 3. 서로 합의하여 임대인이 임차인에게 상당한 보상을 제공한 경우, 4. 임차인이 임대인의 동의 없이 목적주택의 전부 또는 일부를 전대(轉貸)한 경우, 5. 임차인이 임차한 주택의 전부 또는 일부를 고의나 중대한 과실로 파손한 경우, 6. 임차한 주택의 전부 또는 일부가 멸실되어 임대차의 목적을 달성하지 못할 경우, 7. 임대인이 다음 각 목[13]의 어느 하나에 해당하는 사유로 목적주택의 전부 또는 대부분을 철거하거나 재건축하기 위하여 목적주택의 점유를 회복할 필요가 있는 경우, 8. 임대인(임대인의 직계존속 · 직계비속을 포함한다)이 목적주택에 실제 거주하려는 경우,[14] 9. 그 밖에 임차인이 임차인으로서의 의무를 현저히 위반하거나 임대차를 계속하기 어려운 중대한 사유가 있는 경우.

② 임차인은 계약갱신요구권을 1회에 한하여 행사할 수 있는데, 이 경우 갱신되는 임대차의 존속기간은 2년으로 본다(제2항).

③ 갱신되는 임대차는 전 임대차와 동일한 조건으로 다시 계약된 것으로 본다. 다만, 차임과 보증금은 제7조의 범위에서 증감할 수 있다(제6조의3 제3항).

④ 임대인이 자가사용을 들어 갱신을 거절하였음에도 불구하고 갱신요구가 거절되지 않았더라면 갱신되었을 기간이 만료되기 전에 정당한 사유 없이 제3자에게 목적주택을 임대한 경우에, 임대인은 갱신거절로 인하여 임차인이 입은 손해를 배상해야 한다(제5항).

손해배상액은 거절 당시 당사자간에 손해배상액의 예정에 관한 합의가 이루어지지 않는 한 다음 각 호의 금액 중 큰 금액으로 한다(제6항): 1. 갱신거절 당시 월차임(차임 외에 보증금이 있는 경우에는 그 보증금을 제7조의2 각 호 중 낮은 비율에 따라 월 단위의 차임으로 전환한 금액을 포함한다. 이하 "환산월차임"이라 한다)의 3개월분에 해당하는 금액, 2. 임대인이 제3자에게 임대하여 얻은 환산월차임과 갱신거절 당시 환산월차임 간 차액의 2년분에 해당하는 금액, 3. 제1항 제8호의 사유로 인한 갱신거절로 인하여 임차인이 입은 손해액.

---

11) 임대인의 해지통고에 대해서는 규정하지 않는데, 이에 관하여 제635조를 적용해야 한다는 견해도 있으나, 법 제4조 제1항이 적용된다고 보아야 한다. 왜냐하면 임차인의 해지통고는 제635조에 의하면 1월이 경과하면 그 효력이 발생하는데, 법은 3월이 경과해야 소멸하도록 규정하는바, 이 점은 기본적으로 제635조의 적용의 배제를 전제하는 것으로 이해해야 하기 때문이다.

12) 대판 2012.7.12. 2010다42990.

13) 가. 임대차계약 체결 당시 공사시기 및 소요기간 등을 포함한 철거 또는 재건축 계획을 임차인에게 구체적으로 고지하고 그 계획에 따르는 경우, 나. 건물이 노후 · 훼손 또는 일부멸실되는 등 안전사고의 우려가 있는 경우, 다. 다른 법령에 따라 철거 또는 재건축이 이루어지는 경우.

14) 임대인의 지위를 승계한 임차주택의 양수인도 그 주택에 실제 거주하려는 경우에 갱신거절기간 내에 법 제6조의3 제1항 제8호에 따른 갱신거절사유를 주장할 수 있다고 보아야 한다(대판 2022.12.1. 2021다266631). 그리고 제8호에 대한 증명책임은 임대인에게 있다(대판 2023.12.7. 2022다279795).

[2662] **나. 차임에 관한 규제**

(1) 차임증감청구권에 관하여 법 제7조가 규정한다(제312조의2도 참조). 그 내용은 제628조와 대체로 같지만, 당사자가 「증액」을 청구하는 경우에 일정한 제한이 따름에 차이가 있다. 즉 증액청구는 임대차계약 또는 약정한 차임이나 보증금의 증액이 있은 후 1년 내에는 하지 못하고(법 제7조 제1항 후단), 약정한 차임이나 보증금의 20분의 1의 금액을 초과하지 못하는데, 특별시 · 광역시 · 특별자치시 · 도 및 특별자치도는 관할구역 내의 지역별 임대차시장 여건 등을 고려하여 앞의 범위에서 증액청구의 상한을 조례로 달리 정할 수 있다(제2항).

(2) 주택임대차의 당사자는 차임의 증감청구와 같은 요건 하에 보증금의 증감을 청구할 수 있다(법 제7조).

(3) 차임 등의 증감에 관한 법 제7조는 임대차계약의 존속 중 당사자 일방이 약정한 차임 등의 증감을 청구한 경우에 한하여 적용되고, 임대차계약이 종료된 후 재계약을 하거나 또는 임대차계약 종료 전이라도 당사자의 합의로 차임 등이 증액된 경우에는 적용되지 않는다.[15]

(4) 보증금의 전부 또는 일부를 월 단위의 차임으로 전환하는 경우에, 전환되는 금액에 은행법에 따른 은행에서 적용하는 대출금리와 해당 지역의 경제 여건 등을 고려하여 대통령령으로 정하는 비율(연 1할)과 한국은행이 공시한 기준금리에 대통령령으로 정하는 이율(연 2퍼센트)을 더한 비율 중 낮은 비율을 곱한 월차임(月借賃)의 범위를 초과할 수 없다(법 제7조의2).

[2663] **3. 제3자에 대한 대항력**

가. 서 설

(1) 법은 주택임차권의 대항력(對抗力)에 관하여 특례를 정한다. 즉 일정한 요건을 갖춘 임차인은 자기보다 후순위권리자에 대하여 임차목적물을 계속 사용 · 수익하며 인도를 거절할 수 있다.

(2) 법 제3조에 따라, 주거용 건물의 임차인(제2항 및 제3항도 참조)이 주택을 인도받고 주민등록(전입신고)을 마치면, 임차권등기를 하지 않았더라도 그 "다음날"부터 제3자에 대하여 대항할 수 있다(제1항). 그런데 대항요건을 모두 갖춘 날과 제한물권의 등기일이 같으면 제한물권이 우선하지만, 그 다음날 경료된 제한물권에는 임차권이 우선한다. 이처럼 대항력의 발생시점을 전입신고일 "다음날"로 정한 것은 인도 및 주민등록을 마친 때와 제3자 명의의 소유권이전등기나 저당권설정등기가 마쳐진 때의 선후를 증명할 수 없거나 동순위인 경우의 어려움을 피하기 위하여 부득이한 법기술로 이해되는데,[16] 대항력 일반의 법리에 비추어 바람직하지 못함은 분명하다.

[참 고] 주택임차권(이나 상가임차권)이 본질상 채권이지만, 대항력과 우선변제권이라는 제3자효를 가져서 물권에 근접함에 따라 양수인 등 잠재적 이해관계인을 위한 공시가 불가결하다. 그런데 법(이나 상가임대차법)에 따라 우선변제권까지 가지는 임차권의 공시에 문제가 적지 않다. 예컨대 주택임차권에 관한 현행의 공시방법으로 —임차권등기를 제외하면— 주민등록(전입신고) 및 확정일자부

15) 대판 2002.6.28. 2002다23482.

16) 대판 1997.12.12. 97다22393: "주택임대차보호법 제3조 제1항이 인도와 주민등록을 갖춘 다음날부터 대항력이 발생한다고 규정한 것은 인도나 주민등록이 등기와 달리 간이한 공시방법이어서 인도 및 주민등록과 제3자 명의의 등기가 같은 날 이루어진 경우에 그 선후관계를 밝혀 선순위권리자를 정하는 것이 사실상 곤란한 데다가, 제3자가 인도와 주민등록을 마친 임차인이 없음을 확인하고 등기까지 경료하였음에도 그 후 같은 날 임차인이 인도와 주민등록을 마침으로 인하여 입을 수 있는 불측의 피해를 방지하기 위하여 임차인보다 등기를 경료한 권리자를 우선시키고자 하는 취지"에 기한 것이다.

를 들 수 있지만, 그 어느 것이나 이해관계인 및 임차인의 보호에 부족하다. 나아가 제3자효 있는 권리의 공시는 권리의 존재 및/또는 내용에 관한 정보원으로 기능하는데, 복수의 정보원을 운용하는 현행의 공시제도는 제도 본연의 기능을 하지 못할 뿐만 아니라 상당한 사회적 비용을 필요로 한다.

(3) 주택의 인도 및 주민등록은 대항력의 취득요건이자 존속요건이다.17) 그런데 임차인이 주택의 인도나 주민등록의 이전으로 주택임차권의 대항력을 상실한 후 다시 원래의 주소지로 주민등록을 재전입하더라도 이로써 이미 소멸한 대항력이 당초에 소급하여 회복되는 것이 아니라 재전입한 때부터 새로운 대항력이 다시 발생한다.18) 다만 주민등록이 임차인의 의사에 기하지 않고 이전되었고 그에 대하여 임차인에게 책임을 물을 만한 사유도 없는 경우에는 대항력이 유지된다.19) [2664]

한편 법의 보호를 받기 위하여 임대인이 주택소유자여야 하는 것은 아니지만, 임대인이 대항하지 못하는 이에 대하여 대항력이 제한되어야 함은 당연하다.20)

[참 고] 주택소유자 아닌 이로부터의 임차와 대항력에 관하여 본다.

㉠ 대판 1999.4.23. 98다49753은, 주택의 소유자가 아니지만 주택에 관하여 적법하게 임대차계약을 체결할 수 있는 권한(적법한 임대권한)을 가진 명의신탁자와의 사이에 임대차계약이 체결된 경우에도 대항력을 취득하고, 이때 임차인은 등기부상 주택의 소유자인 명의수탁자에 대한 관계에서도 적법한 임대차임을 주장할 수 있는 반면 명의수탁자는 임차인에 대하여 소유자임을 내세워 인도를 구할 수 없다고 하였다. 그런데 이 경우 임차인의 대항력은 명의신탁자의 명의수탁자에 대한 「대내관계」에 근거한 것으로, 명의수탁자로부터의 양수인에게는 대항하지 못한다고 해야 한다(임차인은 임대인인 명의신탁자가 가진 것 이상을 주장할 수 없다). 요컨대 소유자와의 대내적인 관계에서 임대권한을 가지는 이로부터 임차한 경우에 「그 권한의 범위 내에서만」 대항력을 가진다고 해야 한다.

㉡ 미등기매수인으로부터 주택을 임차하여 대항요건을 갖춘 경우에도 매도인(및 그의 포괄승계인)에 대해서만 대항력을 주장할 수 있다.21) 물론 소유자로부터 별도의 임대권한을 부여받았다면 상황이 다르지만, 대판 1995.12.12. 95다32037([2546]에 소개된)은 주택매매계약에 부수하여 매매대금 수령 전에 매도인이 매수인에게 임대권한을 부여한 경우에 이는 매매계약의 해제를 해제조건으로 한 것이라고 보았다.22) 한편 대내관계에 기한 것이라도 임대인(예컨대 미등기매수인)이 (대외적) 소유권을 취득하면 그 다음날 대항력과 우선변제권을 취득함은 당연하다.23)

나. 대항력의 요건 [2665]

(1) 주택의 인도와 주민등록을 갖추면 대항력을 취득한다(법 제3조 제1항). 이들 중 기본적 요건은 인도이고 주민등록(住民登錄)은 그를 보완하는 것이지만, 실제로는 비중이 역전되어 주민등록이 대항력 취득의 중심요건을 이룬다.24) 한편 인도(引渡)에 관하여 현실인도 외에 점유개정, 간이인도, 반환청구권의 양도도 포함된다는 것이 학설의 일반적 입장이다.25)

---

17) 대판 2002.10.11. 2002다20957.

18) 대판 1998.1.23. 97다43468. 우선변제권에 관하여 대판 1998.12.11. 98다34584도 참조.

19) 대판 2000.9.29. 2000다37012. 주민등록이 직권말소된 후 주민등록법 소정의 이의절차에 의하여 회복된 경우에 관한 앞의 2002다20957 판결도 참조.

20) 예컨대 전세권자로부터 전세부동산의 전부 또는 일부를 임차한 이는 전세권이 존속하는 동안 전세권설정자인 소유자에 대항할 수 있지만, 전세권이 소멸하면 대항력을 갖춘 임차인이라도 소유자에 대한 관계에서 임차목적물을 사용·수익할 수 없다.

21) [2546] 및 그곳의 대판 2008.4.10. 2007다38908·38915 참조. 양도담보에 관한 대판 2001.1.5. 2000다47682([2670]에 소개된) 및 부동산담보신탁에서 위탁자가 수탁자의 동의 없이 임대차계약을 체결한 경우에 관한 대판 2019.3.28. 2018다44879·44886도 참조.

22) 따라서 매매계약이 해제되어 해제조건이 성취되면 매도인의 인도청구에 대항할 수 없다.

23) 대판 2012.7.26. 2012다45689.

24) 뒤의 98다32939 판결 참조.

(2) 대항력의 요건 중 주민등록은 임차권의 존재를 제3자에게 공시함으로써 등기에 상응한다.[26] 그리고 주민등록이 어떤 임대차를 공시하는 효력을 가지는지는 사회통념상 당해 주택에 임차인이 주소 또는 거소를 가진 이로 등록되어 있다고 인식할 수 있는지에 따라 결정된다는 것이 확고한 판례의 입장이다.[27]

그런데 주민등록이 공시방법으로서 제대로 기능하기 위해서는「누가」「어떤 주택」에 대하여 임차권을 가지는지를 제3자가 알 수 있어야 한다.

[2666] (3) 먼저「누가」, 즉 임차권의 주체에 관하여 본다.

① 임차인 자신의 주민등록이 있어야 하지만, 판례는 이에 관하여 너그러운 입장이다.

ⓐ 임차인의 배우자나 자녀 등 점유보조자의 주민등록으로도 충분하다.[28]

ⓑ 임차인이 임차주택을 간접점유하는 경우에(가령 전대의 경우에 임대인 동의의 요건이 구비됨을 전제로), 직접점유자가 주민등록을 마치면 그 다음날부터 임차인은 대항력을 취득한다.[29]

ⓒ 임차권 양도의 경우에 양수인의 주민등록으로 대항력이 유지되는지에 관하여 학설이 나뉘지만, 대판 2010.6.10. 2009다101275는 긍정설을 취한다.

ⓓ 나아가 대판 1988.6.14. 87다카3093 · 3094는 세대주의 동거인으로서의 전입신고에 대해서도 대항력을 인정하였다.

[2667] ② 주민등록이 대항력의 요건을 충족시킬 수 있는 공시방법으로 되려면, 단순히 형식적으로 주민등록이 되어 있다는 것만으로 부족하고, 주민등록에 의하여 표상되는 점유관계가 임차권을 매개로 하는 점유임을 제3자가 인식할 수 있는 정도는 되어야 한다. 이 점은 특히 소유자가 주택을 매도한 후 매수인과 임대차계약을 체결하고 임차인으로서 계속 거주하는 경우에 문제되는데, 매수인 앞으로 소유권이전등기가 경료된 때에 대항요건이 구비되었다 할 것이어서, 그 다음날부터 대항력이 발생한다.[30] 한편 임대인이 임대차계약 체결 및 임차인의 전입신고 후에 소유권을 취득한 경우에 임대인 앞으로 등기가 경료되는 즉시 대항력이 발생한다.[31]

[2668] (4) 이어서「어떤 주택」, 즉 임차권의 객체에 관하여 본다.

① 임차권의 목적인 주택의 현황에 부합하는 주소에 주민등록이 있어야 하는데, 임차인이 전입신고를 한 당시의 주소를 기준으로 한다.[32] 그리고 주민등록이 등기부상의 주택의 현황과 일치하지 않는다면 유효한 공시방법이라 할 수 없다.[33]

---

25) 대판 2017.8.29. 2017다212194도 참조.

26) 대판 1999.4.23. 98다32939: "주택임대차보호법 제3조 제1항에서 주택의 인도와 더불어 대항력의 요건으로 규정하고 있는 주민등록은 거래의 안전을 위하여 임대차의 존재를 제3자가 명백히 인식할 수 있게 하는 공시방법으로 마련된 것"이다.

27) 대판 2003.5.16. 2003다10940; 대판 2009.1.30. 2006다17850 등.

28) 대결 1995.6.5. 94마2134; 대판 1996.1.26. 95다30338.

29) 대판 2007.11.29. 2005다64255: "주택임차인이 임차주택을 직접점유하여 거주하지 않고 그곳에 주민등록을 하지 아니한 경우라 하더라도, 임대인의 승낙을 받아 적법하게 임차주택을 전대하고 그 전차인이 주택을 인도받아 자신의 주민등록을 마친 때에는, 이로써 당해 주택이 임대차의 목적이 되어 있다는 사실이 충분히 공시될 수 있으므로, 임차인은 주택임대차보호법에 정한 대항요건을 적법하게 갖추었[고, 임대인의 동의가 없더라도 배신행위에 해당하지 않아서 …] 주택의 전대차가 그 당사자 사이뿐 아니라 임대인에 대하여도 주장할 수 있는 적법, 유효한 것이라고 평가되는 경우에는, 전차인이 임차인으로부터 주택을 인도받아 자신의 주민등록을 마치고 있다면 이로써 주택이 임대차의 목적이 되어 있다는 사실은 충분히 공시될 수 있고 또 이러한 경우 다른 공시방법도 있을 수 없으므로, 결국 임차인의 대항요건은 전차인의 직접점유 및 주민등록으로써 적법, 유효하게 유지, 존속한다고 보아야 한다." 대판 2001.1.19. 2000다55645도 참조.

30) 대판 2000.2.11. 99다59306.

31) 대판 2001.1.30. 2000다58026 · 58033. 대판 2002.11.8. 2002다38361 · 38378 및 대판 2019.3.28. 2018다44879 · 44886도 참조.

32) 다만 전입신고 후 토지분할 등의 사정으로 지번이 변경되었더라도 공시방법으로서 유효하다고 한 대판 1999.12.7. 99다44762 · 44779와 보존등기 전에 집합건축물대장에 부합하는 주소에 전입신고를 하였으나 등기기록에는 그와 달리 등재되었음에도 공시방법으로의 유효성을 인정한 대판 2002.5.10. 2002다1796 참조.

② 앞에서 본 임차권의 주체와 달리 여기서는 판례가 상당히 엄격한 입장을 취하는데, 이러한 차이는 우선변제권의 내용(특히 대상과 순위)에 대한 이해관계인의 이해의 고려라는 관점에서 이해될 수 있다. 임차권의 객체에 관한 판례의 입장을 구체적으로 살펴본다.

ⓐ 당해 주택에 임차인이 존재한다는 것을 제3자가 알 수 있기 위해서는 주민등록(전입신고)이 제대로 되어야 하고, 전입신고 자체가 잘못된 경우에 직권정정 등에 의하여 실제의 지번에 맞는 주민등록이 이루어져야 대항력이 발생한다. 나아가 「소유권보존등기를 마치기 전에 임차 당시의 주택의 현황대로 전입신고를 하였으나 등기기록상 주택의 표시가 달라진 경우」에도 유효한 공시방법이 될 수 없다는 것이 판례의 입장이다.[34] 지번표시가 잘못된 경우에 엄격한 태도를 취하는 것은, 그렇지 않으면 대항력 있는 임차권의 존재가 저당권자 등 이해관계인에게 공시되지 않는다는 점을 고려해야 하기 때문인데, 경매참가인(들)의 이해를 왜곡할 여지가 없는 경우에는 너그러운 태도를 보인다.[35]

ⓑ 임차인이 전입신고를 올바르게(즉 임차건물 소재지 지번으로) 하였다면 이로써 대항력이 생기므로, 담당공무원의 착오로 주민등록표상에 신거주지 지번이 다소 틀리게 기재된 경우[36]나 전입신고 후 토지분할 등으로 지번이 변경된 경우[37]에 착오기재나 지번변경은 문제되지 않는다는 것이 판례의 입장이다.

③ 아파트, 「다세대주택」 등 주택법상 공동주택(주택법 제2조 제3호, 같은 법 시행령 제3조 제1 [2669]
항 참조)의 경우에, 전입신고를 할 때 도로명주소로 표기하거나 도로명주소를 사용할 수 없다면 지번뿐만 아니라 공동주택의 이름과 동 · 호수를 특정해야 한다(주민등록법 시행령 제9조 제3항, 제4항 후문). 따라서 공동주택의 지번만 기재하거나 부동산등기기록상의 표시와 다르게 전입신고를 한 경우에 임대차의 공시방법으로 유효한 것으로 볼 수 없다.[38] 다만 다가구용 단독주택으로 소

33) 대판 2001.12.27. 2001다63216.

34) 대판 2003.5.16. 2003다10940은, 「건축 중인 주택에 대한 소유권보존등기가 경료되기 전」에 그 일부를 임차하여 주민등록을 마친 임차인의 주민등록상의 주소기재가 당시의 주택의 현황과 일치하더라도 그 후 사정변경으로 등기부 등의 주택의 표시가 달라졌다면, 특별한 사정이 없는 한 달라진 주택의 표시를 전제로 등기부상 이해관계를 가지게 된 제3자로서는 당초의 주민등록에 의하여 당해 주택에 임차인이 주소 또는 거소를 가진 이로 등록되어 있다고 인식하기 어려우므로, 그 주민등록은 그 제3자에 대한 관계에서 유효한 임대차의 공시방법이 될 수 없으며, 이러한 이치는 입찰절차에서의 이해관계인 등이 잘못된 임차인의 주민등록상의 주소가 건축물관리대장 및 등기부상의 주소를 지칭하는 것을 알고 있었더라도 마찬가지라고 하였다.

이 판결은 앞서 본 2002다1796 판결과 입장을 달리하는데, 2003다10940 판결은 건물 입구의 "다"동 표시에 따라 전입신고를 하였으나 건축물대장 및 등기부에는 "비"동으로 기재되었는데, 「근저당권이 설정된 후」에 주소정정을 한 사안에 관한 것이어서 등기부뿐만 아니라 건축물관리대장 상의 주소와도 일치하지 않는 반면, 2002다1796 판결은 건축물관리대장에 부합하는 주소를 기재하였다는 점에서 차이를 보인다.

35) 등기기록상의 주택의 표시와 전입신고가 일치하지 않는 경우에 관하여 ㉠ 임차주택의 부지를 비롯한 세 필의 토지가 같은 담장 안에 있고 그 지상에 임차주택 외에 다른 건물이 건립되어 있지 않지만 임차인이 임차주택의 부지 아닌 인접한 다른 토지의 지번으로 주민등록을 마친 경우(대판 2001.4.24. 2000다44799), 임대차계약을 체결하면서 임차주택을 등기부상 표시와 다르게 현관문에 부착된 호수의 표시대로 임대차계약서에 표시하고 주택에 입주하여 계약서상의 표시대로 전입신고를 하여 그와 같이 주민등록표에 기재된 후 임대차계약서에 확정일자를 부여받은 경우(대판 1996.4.12. 95다44574. 이 판결에서는 대항력을 전제로 한 우선변제권이 문제되었다)에 공시방법으로서의 유효성이 부정되었다.

반면 ㉡ 대판 2003.6.10. 2002다59351은, 부동산등기부상 건물의 표제부에 '에이(A)동'이라고 기재되어 있는 연립주택의 임차인이 전입신고를 하면서 주소지를 '가동'으로 신고하였으나, 주소지 대지 위에 2개 동의 연립주택 외에는 다른 건물이 없고 그 2개 동도 층당 세대수가 한 동은 4세대씩, 다른 동은 6세대씩으로서 크기가 달라서 외관상 혼동의 여지가 없으며 실제 건물 외벽에 '가동', '나동'으로 표기되어 사회생활상 그렇게 호칭되어 왔다면, 사회통념상 '가동', '나동', '에이동', '비동'은 표시순서에 따라 각각 같은 건물을 의미하는 것이라고 인식될 여지가 있고, 더욱이 경매기록에서 경매목적물의 표시가 '에이동'과 '가동'으로 병기되어 있었던 이상, 경매가 진행되면서 낙찰인을 포함하여 「입찰에 참가하고자 한 사람들」로서도 위 임대차를 대항력 있는 임대차로 인식하는 데 아무런 어려움이 없었다는 이유로, 임차인의 주민등록이 임대차의 공시방법으로 유효하다고 판단했다. 나아가 임차주택의 소유권보존등기가 경료된 후 토지의 분할 등으로 인하여 지적도, 토지대장, 건축물대장 등의 주택의 지번표시가 분할 후의 지번으로 변경되었음에도 등기부에는 종전지번으로 등재되어 있는 경우에, 임차인이 전입신고를 하면서 토지대장 및 건축물대장에 일치하게 주택의 지번과 동호수를 표시하였다면, 설사 그것이 등기부의 기재와 다르더라도 일반의 사회통념상 임차인이 그 지번에 주소를 가진 것으로 제3자가 인식할 수 있다고 봄이 상당하므로 유효한 임대차의 공시방법이 된다(대판 2001.12.27. 2001다63216).

36) 대판 1991.8.13. 91다18118. 담당공무원의 요구에 따랐더라도 「임차인 스스로 잘못된 지번으로 수정」한 경우에 그렇지 않음에 관하여 대판 2009.1.30. 2006다17850 참조.

37) 앞의 99다44762 · 44779 판결.

유권보존등기가 경료된 건물의 일부를 임차한 임차인은 이를 인도받고 임차건물의 지번을 정확히 기재하여 전입신고를 하면 대항력을 취득하고, 나중에 다가구용 단독주택이 다세대주택으로 변경되었다는 사정만으로 임차인이 이미 취득한 대항력을 상실하지는 않는다.[39)]

반면 주택법상 단독주택인 「다가구주택」의 경우에 주택임차권의 대항요건으로서 주민등록과 관련하여 다세대주택과 현저히 다르다. 즉 다가구주택은 공동주택이 아니라 단독주택이므로 전입신고를 할 때 지번만 기재하면 되고, 편의상 부여된 호수를 기재하지 않거나 잘못 기재했더라도 대항력에는 영향을 미치지 않는다.[40)]

[2670] 다. 기 타

(1) 대항력의 구체화로서 임대인지위의 승계에 관하여 [2682] 이하 참조.

(2) 대항력과 다른 권리의 관계는 요건 구비의 선후에 의한다.[41)]

보 론 선순위저당권의 피담보채무를 대위변제할 수 있는 시기

㉠ 저당권이 실행된 경우에 임차권의 운명은 소멸주의에 따라 「최선순위」저당권의 성립시기와 임차권의 대항요건의 구비시기의 선후에 의하여 결정된다.[42)]

㉡ 1번저당권이 존재하는 상태에서 임차인이 법에 따른 대항력을 취득하고 그 후 2번저당권이 성립한 경우에, 2번저당권자 또는 일반채권자의 신청에 의하여 개시된 경매절차에서 임차인이 1번저당권의 피담보채무를 대위변제하면, 매수인(경락인)으로서는 1번저당권의 존재로 그보다 후순위의 임차권이 소멸하는 것으로 알고 최고가 매수신고를 하여 매각허가결정이 있었는데 그 후 대금지급기일까지 사이에 위 대위변제로 1번저당권이 소멸함에 따라 예기치 않게 임차권을 인수해야 하는 사태가 발생할 수 있다. 이러한 경우에 1번저당권이 어느 시점까지 소멸해야 매수인이 임차권을 인수한다고 볼 것인지가 문제된다.

㉢ 이에 관한 학설로 매각허가결정시설과 매각대금납부시설이 대립하는데, 판례는 매각대금납부시설을 따른다.[43)] 즉 부동산의 경매절차에서 법 제3조의 대항요건을 갖춘 임차권보다 선순위의 근저당권이 있는 경우에, 낙찰로 인하여 선순위근저당권이 소멸하면 그보다 후순위의 임차권도 선순위근저당권이 확보한 담보가치의 보장을 위하여 그 대항력을 상실하지만, 낙찰로 인하여 근저당권이 소멸하고 낙찰인이 소유권을 취득하는 시점인 낙찰대금지급기일 이전에 선순위근저당권이 다른 사유로 소멸한 경우에는, 대항력 있는 임차권의 존재로 인하여 담보가치의 손상을 받을 선순위근저당권이 없게 되므로 임차권의 대항력이 소멸하지 않는다고 한다.[44)]

(3) 주택임차인이 대항력을 갖춘 후 전세권등기도 경료한 경우에, 경매로 인하여 전세권이 소멸하더라도 최선순위의 저당권보다 먼저 법상의 대항요건을 갖추었다면, 임차권은 그대로 존속

---

38) 다세대주택의 동·호수 표시 없이 부지 중 일부지번으로만 주민등록을 한 경우에 관한 대판 1996.2.23. 95다48421 참조.

39) 대판 2007.2.8. 2006다70516.

40) 다가구주택의 등기기록의 갑구란의 각 지분표시 뒤에 각 호수가 기재되어 있는 경우에도 지번의 기재만으로 충분하다고 한 대판 1997.11.14. 97다29530 참조. 다만 대판 2002.3.15. 2001다80204는, 하나의 대지 위에 단독주택과 다세대주택이 함께 건립되어 있고, 등기부상으로 단독주택과 다세대주택의 각 구분소유부분에 대하여 지번은 동일하나 동·호수가 달리 표시되어 있으며 나아가 단독주택에 대하여 위 등기부와 같은 지번과 동·호수로 표시된 집합건축물관리대장까지 작성된 경우라면, 단독주택의 임차인은 지번 외에 등기부와 집합건축물관리대장상의 동·호수까지 전입신고를 마쳐야만 임대차의 유효한 공시방법을 갖추었다고 보았다.

41) 예컨대 가등기담보권이 귀속실행된 경우에 가등기담보권자와의 관계는 가등기의 시기와 임차인이 대항력을 취득한 시기의 선후에 의하여 결정된다. 관련하여 대판 2001.1.5. 2000다47682: 법 제3조의2의 "대항요건을 갖춘 주택임차인이라고 하더라도 그에 앞서 담보권을 취득한 담보권자에게는 대항할 수 없고, 그러한 경우에는 그 주택임차인은 그 담보권에 기한 환가절차에서 당해 주택을 취득하는 취득자에 대하여도 자신의 임차권을 주장할 수 없다고 할 것인바, 이러한 법리는 채무의 담보를 위하여 부동산의 소유권을 이전하는 양도담보의 경우에도 그대로 타당하다." 이른바 귀속실행의 방법에 의하더라도 마찬가지라 할 것이다.

42) 대판 2000.2.11. 99다59306. [5460] 참조.

43) 대결 1998.8.24. 98마1031.

44) 대판 2003.4.25. 2002다70075. 참고로 매각허가결정이 있은 후에 1번저당권이 소멸한 경우에, 매수인은 민사집행법 제127조 제1항, 제121조 제6호에 의하여 매각허가결정의 취소를 신청할 수 있다.

한다.[45] 한편 최선순위전세권자가 법상 대항요건을 갖춘 경우에, 배당요구를 하여 전세권이 매각으로 소멸하더라도 변제받지 못한 나머지 보증금에 기하여 대항력을 행사할 수 있다.[46]

(4) 한편 임대차가 종료한 후에도 임차인이 보증금 전액을 반환받을 때까지 임대차관계가 존속하는 것으로 본다(법 제4조 제2항). 이 경우 대항력은 당연히 유지된다.

4. 보증금의 우선변제 [2671]

가. 개 관

(1) 임차인에게 우선변제권을 인정한 것은 저당권자나 가압류권자보다 먼저 대항요건을 구비한 임차인의 보호를 위해서이다.

그런데 부동산임차권의 물권화를 전제하더라도 임차인에게 우선변제권까지 부여하는 것은 이례적인데, 고액의 임차보증금이 수수되는 우리나라 임대차의 현실에 비추어 일단 주택임차인의 보호를 위한 부득이한 제도라고 평가할 수 있다.[47] 한편 우선변제의 내용이 공시되지 않는다는 사정을 고려하여 2013년 법 개정에서 제3조의6을 신설함으로써 확정일자부를 통하여 임차보증금이 공시될 수 있는 길을 열어 두었지만, 여전히 만족스럽지 못한데, 특히 소액보증금은 이에 의하더라도 공시되지 않는다.

(2) 법은 두 가지의 우선변제권을 규정하는데, 확정일자에 기한 우선변제권은 부동산담보권과 유사한 반면, 소액보증인의 우선변제권은 채권이지만 「선일자(先日字)의 물권」에도 우선한다는 점에서 우선특권의 성질을 가진다. 아래에서는 확정일자에 기한 우선변제권을 중심으로 살펴본 후 소액보증인의 우선변제권을 검토한다.

(3) 임차인의 보증금반환채권에 대해서는 소액사건심판법이 준용된다(법 제13조).

[참 고] 보증금반환에 관한 임차인의 지위를 강화하기 위하여 한시법인 전세사기피해자 지원 및 주거안정에 관한 특별법 제20조는 전세사기 피해자인 임차인에게 경매절차에서 당해 주택에 대하여 「우선매수권」을 인정한다.

나. 확정일자에 기한 우선변제권 [2672]

(1) 대항요건(주택의 인도와 전입신고)과 함께[48] 임대차계약증서 상의 확정일자를 갖춘 주택임차인은 민사집행법에 따른 경매 또는 국세징수법에 따른 공매를 할 때에 임차주택(대지를 포함한다)의 환가대금에서 후순위권리자나 그 밖의 채권자보다 우선하여 보증금을 변제받을 권리가 있다(법 제3조의2 제2항. 제4항도 참조).

(2) 우선변제의 요건으로서 확정일자를 본다. [2673]

---

45) 대판 1993.11.23. 93다10552 · 10569.

46) 대결 2010.7.26. 2010마900: "주택에 관하여 최선순위로 전세권설정등기를 마치고 등기부상 새로운 이해관계인이 없는 상태에서 전세권설정계약과 계약당사자, 계약목적물 및 보증금(전세금액) 등에 있어서 동일성이 인정되는 임대차계약을 체결하여 주택임대차보호법상 대항요건을 갖추었다면, 전세권자로서의 지위와 주택임대차보호법상 대항력을 갖춘 임차인으로서의 지위를 함께 가지게 된다. 이러한 경우 전세권과 더불어 주택임대차보호법상의 대항력을 갖추는 것은 자신의 지위를 강화하기 위한 것이지 원래 가졌던 권리를 포기하고 다른 권리로 대체하려는 것은 아니라는 점, 자신의 지위를 강화하기 위하여 설정한 전세권으로 인하여 오히려 주택임대차보호법상의 대항력이 소멸된다는 것은 부당하다는 점, 동일인이 같은 주택에 대하여 전세권과 대항력을 함께 가지므로 대항력으로 인하여 전세권 설정 당시 확보한 담보가치가 훼손되는 문제는 발생하지 않는다는 점 등을 고려하면, 최선순위전세권자로서 배당요구를 하여 전세권이 매각으로 소멸되었다 하더라도 변제받지 못한 나머지 보증금에 기하여 대항력을 행사할 수 있고, 그 범위 내에서 임차주택의 매수인은 임대인의 지위를 승계한 것으로 보아야 한다."

47) 헌재결 1998.2.27. 97헌바20 참조.

48) 임차보증금 전액의 지급을 요하지 않음에 관하여 대판 2017.8.29. 2017다212194(판례, 〈6-2-8〉).

① 법이 확정일자를 요구하는 취지는, 임대인과 임차인의 담합으로 임대차계약일자를 사후에 변경하여 이해관계인의 지위에 영향을 미치는 것을 방지함에 있고, 공시와 무관하다. 판례도 확정일자를 우선변제순위를 결정기준으로 이해하는데,[49] 대항요건에서처럼 엄격하지는 않다.[50]

② 확정일자를 구비하는 방법으로 공증인사무소 등 공증기관에서 임대차계약서를 공정증서로 작성하는 방법, 사문서로 된 임대차계약서에 공증기관에서 확정일자인을 찍어 주는 방법, 사문서로 된 임대차계약서에 법원이나 등기소의 공무원이 확정일자인을 찍어 주는 방법,[51] 주민등록 전입신고를 하면서 임대차계약서를 제출하여 읍, 면 사무소나 동 주민센터에서 확정일자인을 찍어 주는 방법의 네 가지가 있다.

이들 확정일자 부여기관은 해당 주택의 소재지, 확정일자 부여일, 차임 및 임차보증금 등을 기재한 확정일자부를 작성해야 하고, 주택의 임대차에 이해관계가 있는 이나 임대차계약을 체결하려는 이는 확정일자 부여기관에 위 정보의 제공을 요청할 수 있으며, 그 요청을 받은 확정일자 부여기관은 정당한 사유 없이 이를 거부할 수 없다(법 제3조의6).

[2674] (3) 우선변제권의 내용을 살펴본다.

① 선순위인지 여부는 대항요건 및 확정일자를 모두 갖춘 날을 기준으로 판단한다.[52] 전입신고를 먼저 하고 그 다음날 이후에 확정일자를 갖춘 경우에 확정일자를 갖춘 날 경료된 저당권 등기와의 선후가 밝혀지지 않는다면 동순위로 되는 반면, 확정일자를 미리 갖춘 경우에 —우선변제권은 대항력을 전제로 하므로— 대항요건을 갖춘 다음날 오전 0시를 기준으로 우선순위가 결정된다.[53]

② 우선변제의 대상인 매각대금은 대지의 매각대금을 포함한다(법 제3조의2 제2항).

ⓐ 우선변제의 대상인 대지가 임대인 소유여야 하는데(상가임대차법 제5조 제2항 참조), 대지에 관한 선순위권리자에게 대항하지 못함은 당연하고,[54] 역으로 임대차성립 당시 임대인 소유였던 대지가 양도된 경우에 대지의 환가대금에서 우선변제를 받을 수 있다.[55]

ⓑ 우선변제와 관련되는 한 주택임차인은 대지와 건물 전부에 대한 공동저당권자와 유사한 지위에 서므로, 매각대금의 배당에 공동저당에 관한 제368조가 유추된다.[56]

[2675] ③ 임차인이 대항요건과 확정일자를 모두 갖춘 후에 임대차계약이 갱신되더라도 대항요건과 확정일자를 갖춘 때를 기준으로 종전 임대차내용에 따른 우선변제권을 행사할 수 있다.[57]

이와 달리 대항력을 취득한 후 주민등록을 이전하였다가 재전입한 경우에, 재전입시를 기준으로 우선변제권이 인정된다. 즉 대판 1998.12.11. 98다34584: "주택의 임차인이 그 주택의 소

49) 대판 2007.11.15. 2007다45562.

50) 임차목적물의 표시에 일부 누락이 있는 경우에 관한 대판 1999.6.11. 99다7992; 대지 및 건물 전부에 관한 임대차임에도 건물에 관한 전세권설정계약을 체결하고 계약일자도 다른 경우에 관한 대판 2002.11.8. 2001다51725 등은 우선변제권 취득을 긍정하였다.

51) 전세권설정계약서가 첨부된 등기필증에 찍힌 접수인을 확정일자로 인정한 앞의 2001다51725 판결 참조.

52) 대판 1992.10.13. 92다30597.

53) 대판 1997.12.12. 97다22393.

54) 저당권 설정 후에 임차주택이 신축된 경우에 관한 대판 2010.6.10. 2009다101275 참조.

55) 대판(전) 2007.6.21. 2004다26133. 여러 필지의 임차주택 대지 중 일부가 타인에게 양도되어 일부대지만 경매되는 경우에 관한 대판 2012.7.26. 2012다45689도 참조.

56) 소액보증금의 최우선변제권에 관한 대판 2003.9.5. 2001다66291 참조.

57) 대판 2012.7.26. 2012다45689. 갱신과 더불어 임차보증금이 인상되었다면 인상(갱신) 전의 보증금에 한하여 우선변제권이 인정된다는 대판 1990.8.24. 90다카11377도 참조.

재지로 전입신고를 마치고 입주함으로써 임차권의 대항력을 취득한 후 일시적이나마 다른 곳으로 주민등록을 이전하였다면 그 전출 당시 대항요건을 상실함으로써 대항력은 소멸하고, 그 후 임차인이 다시 그 주택의 소재지로 주민등록을 이전하였다면 대항력은 당초에 소급하여 회복되는 것이 아니라 재전입한 때로부터 새로운 대항력이 다시 발생하며, 이 경우 전출 이전에 이미 임대차계약서 상에 확정일자를 갖추었고 임대차계약도 재전입 전후를 통하여 그 동일성을 유지한다면, 임차인은 재전입시 임대차계약서 상에 다시 확정일자를 받을 필요 없이 재전입 이후에 그 주택에 관하여 담보물권을 취득한 자보다 우선하여 보증금을 변제받을 수 있다."

④ 우선변제권을 행사하기 위해서는 경매개시결정 기입등기 전에 대항요건을 구비해야 하고(법 제8조 제1항 후문), 그 요건이 배당요구의 종기까지 존속해야 한다.[58] 배당요구와 실권효에 관하여 [2680]의 [보론] 참조.

다. 소액보증금의 우선변제 [2676]

(1) 경매신청의 등기 전에 대항요건을 갖춘 주택임차인은 소액의 보증금에 관하여 다른 담보물권자에 우선하여 자기채권의 변제를 받을 수 있다(법 제8조 제1항). 보증금이 소액이라도 소액임차인에게는 큰 재산이므로, 다른 담보권자의 지위를 해치더라도 보증금의 회수를 보장하는 것이 타당하다는 법정책적 고려에 기한 것이다.[59]

(2) 우선변제의 내용을 본다. [2677]

① 최우선변제를 받을 임차인 및 보증금 중 일정액의 범위와 기준은 대통령령으로 정하는데, 주택가액[60](임대인 소유의 대지의 가액을 포함한다)의 2분의 1을 넘지 못한다(법 제8조 제3항).

우선변제의 범위는 다음과 같다.

㉠ 임차인이 우선변제를 받을 수 있는 소액보증금의 범위는 서울특별시에서 보증금이 1억 6,500만 원 이하라면 5,500만 원까지, 수도권정비계획법에 의한 수도권 중 과밀억제권역에서 보증금이 1억 4,500만 원 이하라면 4,800만 원까지, 광역시(군지역과 인천광역시지역을 제외한다)와 안산시 등에서 보증금이 6,000만 원 이하라면 2,000만 원까지, 그 밖의 지역에서 보증금이 7,500만 원 이하라면 2,500만 원까지이다(법 시행령 제10조 제1항, 제11조). 위와 같은 소액보증금이 임차주택의 가액의 2분의 1을 초과하는 경우에, 주택가액의 2분의 1에 해당하는 금액에 한하여 우선변제를 받을 수 있다(법 시행령 제10조 제2항).

㉡ 하나의 주택에 임차인이 2인 이상이고 각자의 소액보증금의 합산액이 주택가액의 2분의 1을 초과하는 경우에, 소액보증금의 합산액에 대한 각 임차인의 소액보증금의 비율로 그 주택가액의 2분의 1에 해당하는 금액을 분할한 금액을 각 임차인의 소액보증금으로 본다(제3항).

㉢ 하나의 주택에 임차인이 2인 이상 있더라도 그들이 그 주택에서 가정공동생활을 하고 있다면 그 복수의 임차인을 1인의 임차인으로 보아 이들의 보증금을 합산한다(제4항).

② 최우선변제의 주체에 관하여 살펴본다. [2678]

ⓐ 복수의 소액임차인이 있는 경우에 그들은 임대차계약의 성립이나 대항요건 구비의 선후를 묻지 않고 동순위로 배당받는다고 해야 한다(법 시행령 제10조 제3항 참조).

ⓑ 미등기주택 임차인에게도 우선변제권이 인정된다. 즉 대판(전) 2007.6.21. 2004다

58) 대판 2007.6.14. 2007다17475.

59) 소액보증금 우선변제권의 남용에 관하여 대판 2001.5.8. 2001다14733 참조.

60) 주택의 낙찰가액으로 실제로 배당할 금액을 말한다. 대판 2001.4.27. 2001다8974 참조.

26133: "대항요건 및 확정일자를 갖춘 임차인과 소액임차인에게 우선변제권을 인정한 주택임대차보호법 제3조의2 및 제8조가 미등기주택을 달리 취급하는 특별한 규정을 두고 있지 아니하므로, 대항요건 및 확정일자를 갖춘 임차인과 소액임차인의 임차주택 대지에 대한 우선변제권에 관한 법리는 임차주택이 미등기인 경우에도 그대로 적용된다. […] 다만, 소액임차인의 우선변제권에 관한 같은 법 제8조 제1항이 그 후문에서 '이 경우 임차인은 주택에 대한 경매신청의 등기 전에' 대항요건을 갖추어야 한다고 규정하고 있으나, 이는 소액보증금을 배당받을 목적으로 배당절차에 임박하여 가장임차인을 급조하는 등의 폐단을 방지하기 위하여 소액임차인의 대항요건의 구비시기를 제한하는 취지이지, 반드시 임차주택과 대지를 함께 경매하여 임차주택 자체에 경매신청의 등기가 되어야 한다거나 임차주택에 경매신청의 등기가 가능한 경우로 제한하는 취지는 아니라 할 것이다. 대지에 대한 경매신청의 등기 전에 위 대항요건을 갖추도록 하면 입법취지를 충분히 달성할 수 있으므로, 위 규정이 미등기주택의 경우에 소액임차인의 대지에 관한 우선변제권을 배제하는 규정에 해당한다고 볼 수 없다."

ⓒ 소액임차인이 확정일자를 갖춘 경우에, 소액임차인으로서 최우선변제를 받을 수 있고, 배당받지 못한 나머지 금액에 관하여 확정일자부 임차인으로서 우선변제를 받을 수 있다.[61]

[2679] ③ 우선변제권을 행사하기 위해서는 경매개시결정 기입등기 전에 대항요건을 구비해야 하고(법 제8조 제1항 후문), 그 요건이 배당요구의 종기까지 존속해야 한다.[62] 소액임차인도 배당요구채권자여서 실권(失權)의 위험이 있음은 확정일자부 임차인과 다르지 않다.[63]

④ 대지에 관한 저당권의 실행으로 경매가 진행된 경우에도 그 지상 건물의 소액임차인은 대지의 환가대금 중에서 소액보증금을 우선변제받을 수 있으나, 이러한 법리는 대지에 관한 저당권 설정 당시에 이미 지상건물이 존재하는 경우에만 적용될 수 있고, 저당권 설정 후에 비로소 건물이 신축된 경우에까지 공시방법이 불완전한 소액임차인에게 우선변제권을 인정한다면 저당권자로서 예측할 수 없는 손해를 입는 범위가 지나치게 확대되어 부당하므로, 이 경우 소액임차인은 대지의 환가대금에 대하여 우선변제를 받을 수 없다고 보아야 한다.[64]

한편 대판 1996.6.14. 96다7595는, 다가구용 단독주택의 대지 및 건물에 관한 근저당권자가 대지 및 건물에 관한 경매를 신청하였다가 그중 건물에 대한 경매신청만 취하함으로써 이를 제외한 대지부분만 낙찰되었더라도, 주택의 소액임차인은 대지에 관한 낙찰대금 중에서 소액보증금을 담보물권자보다 우선하여 변제받을 수 있다고 하였다.

[2680] **라. 대항력과의 관계 등**

(1) 임차인이 임차주택에 대하여 보증금반환청구소송의 승소 확정판결 기타 이에 준하는 집행권원에 기한 경매를 신청하는 경우에, 민사집행법 제41조에 불구하고 반대채무(즉 임차목적물반환의무)의 이행 또는 그 제공을 집행개시의 요건으로 하지 않는다(법 제3조의2 제1항). 다만 임차인은 임차주택을 양수인에게 인도하지 않으면 보증금을 수령할 수 없다(제3항).

(2) 임차주택에 대한 경매가 행하여지면 임차권은 임차주택의 매각에 의하여 소멸하지만, 보

61) 대판 2007.11.15. 2007다45562.
62) 대판 2007.6.14. 2007다17475.
63) 대판 2002.1.22. 2001다70702 참조.
64) 대판 1999.7.23. 99다25532. 대판 2011.2.24. 2009다33655도 참조.

증금이 전액 변제되지 않은 대항력 있는 임차권은 소멸하지 않는다(법 제3조의5[65]).[66]

[참 고] 대판 2004.8.30. 2003다23885는, 법 제3조의5의 입법취지와 규정내용에 비추어보면, 법상의 대항력과 우선변제권의 두 권리를 겸유하는 임차인이 우선변제권을 선택하여 임차주택에 대하여 진행되고 있는 경매절차에서 보증금에 대한 배당요구를 하여 보증금 전액을 배당받을 수 있는 경우에는, 특별한 사정이 없는 한 임차인이 그 배당금을 지급받을 수 있는 때, 즉 임차인에 대한 배당표가 확정될 때까지는 임차권이 소멸하지 않는다고 해석함이 상당하므로, 경락인이 낙찰대금을 납부하여 임차주택에 대한 소유권을 취득한 이후에 임차인이 임차주택을 계속 점유하여 사용·수익하였더라도 「임차인에 대한 배당표가 확정될 때까지」의 사용·수익은 소멸하지 아니한 임차권에 기한 것이어서 경락인에 대한 관계에서 부당이득이 성립되지 않는다고 하였다.

여기서 경락인에게 대항할 수 있는 보증금 잔액은 보증금 중 경매절차에서 올바른 배당순위에 따른 배당이 실시될 경우의 배당액을 공제한 나머지 금액을 의미하는 것이지 임차인이 배당절차에서 현실로 배당받은 금액을 공제한 나머지 금액을 의미하는 것은 아니고, 따라서 임차인이 배당받을 수 있었던 금액이 현실로 배당받은 금액보다 많은 경우에 임차인이 차액에 관하여 과다배당받은 후순위의 배당채권자를 상대로 부당이득의 반환을 구하는 것은 별론으로 하고 경락인을 상대로 반환을 구할 수는 없다.[67]

보 론 우선변제권의 절차법적 실현

㉠ 법상의 대항요건을 구비한 임차인은 배당요구채권자이다(민사집행법 제88조 제1항). 따라서 임차보증금의 우선변제권이 인정되는 임차인이라도 적법한 배당요구를 하지 않은 이상, 그가 적법한 배당요구를 하였더라면 배당받을 수 있었던 금액 상당이 후순위채권자에게 배당되었다 하여 이를 법률상 원인 없는 것이라고 할 수 없다.[68]

다만 경매개시결정 전에 임차권등기를 마쳤다면 배당요구를 하지 않더라도 배당에서 배제되지 않는다(민사집행법 제148조 제4호 참조).[69] 그리고 주택임차인이 집행권원에 기하여 강제경매를 신청한 경우에 별도의 배당요구가 필요 없음은 당연하다.[70]

㉡ 우선변제의 전제로서 대항요건은 배당요구의 종기까지 유지되어야 한다.[71] 이와 관련하여 대판 2007.6.28. 2004다69741은, 주택임차인이 그 지위를 강화하고자 별도로 전세권설정등기를 마쳤더라도 법 제3조 제1항의 대항요건을 상실하면 이미 취득한 법상의 대항력 및 우선변제권을 상실한다고 했는데, 선순위저당권의 존재 때문에 전세권의 주장이 의미를 가지지 못하여 소액보증금의 우선변제권만이 문제되었으나, 전세권에 기한 권리 자체가 부정되는 것은 아니다.[72]

한편 대항력과 우선변제권이 있는 임차인이 배당요구를 하였다가 매각대금으로부터 임차보증금을 전액 돌려받지 못하면 낙찰자로부터 잔액을 반환받을 수 있다.[73]

---

65) 임차인의 용익과 부당이득에 관하여 뒤의 2003다23885 판결 참조. 이 규정 신설 전의 법상황에 기한 대판 1986.7.22. 86다카466·467·468·469도 참조.

66) 신의칙에 기하여 대항력 주장을 봉쇄한 대판 2017.4.7. 2016다248431도 참조.

67) 대판 2001.3.23. 2000다30165.

68) 대판 1998.10.13. 98다12379. 주택임차인이 권리신고를 하기 전에 임차목적물에 대한 경매절차의 진행사실에 관한 통지를 받지 못하였더라도 이는 낙찰허가결정에 대한 불복사유가 되지 않는다고 한 대결 2000.1.31. 99마7663도 참조.

69) 대판 2005.9.15. 2005다33039.

70) 대판 2013.11.14. 2013다27831: "주택임대차보호법상의 대항력과 우선변제권을 모두 가지고 있는 임차인이 보증금을 반환받기 위하여 보증금반환청구소송의 확정판결 등 집행권원을 얻어 임차주택에 대하여 스스로 강제경매를 신청하였다면 특별한 사정이 없는 한 대항력과 우선변제권 중 우선변제권을 선택하여 행사한 것으로 보아야 하고, 이 경우 우선변제권을 인정받기 위하여 배당요구의 종기까지 별도로 배당요구를 하여야 하는 것은 아니"다.

71) 대판 2007.6.14. 2007다17475. 대판 2002.8.13. 2000다61466도 참조.

72) 대결 2010.7.26. 2010마900 참조.

73) 대판 1997.8.29. 97다11195.

㉢ 법상의 대항력과 우선변제권의 두 가지를 모두 가지는 임차인이 우선변제권을 선택하여 제1 경매절차에서 보증금 전액에 대하여 배당요구를 하였으나 보증금 전액을 배당받을 수 없었던 경우에, 경락인에게 대항하여 이를 반환받을 때까지 임대차관계의 존속을 주장할 수 있을 뿐이고,[74] 임차인의 우선변제권은 경락으로 인하여 소멸하므로 제2경매절차에서 우선변제권에 의한 배당을 받을 수 없다(다만 법 제3조의2 제7항 참조).[75]

㉣ 임차인이 직접 임차보증금을 반환받기 위해서는 임대인을 상대로 임차보증금반환청구소송을 제기하여 승소확정판결의 집행권원을 얻어 강제경매를 신청해야 하는데, 이때 상환이행판결이 선고됨에 따른 문제점(민사집행법 제41조 제1항 참조)은 법 제3조의2 제1항의 신설에 의하여 입법적으로 해결되었다.[76]

㉤ 대판 2010.5.27. 2010다10276: "비록 채권양수인이 우선변제권을 행사할 수 있는 주택임차인으로부터 임차보증금반환채권을 양수하였다고 하더라도 임차권과 분리된 임차보증금반환채권만을 양수한 이상 그 채권양수인이 주택임대차보호법상의 우선변제권을 행사할 수 있는 임차인에 해당한다고 볼 수 없다. 따라서 위 채권양수인은 임차주택에 대한 경매절차에서 주택임대차보호법상의 임차보증금 우선변제권자의 지위에서 배당요구를 할 수 없고, 이는 채권양수인이 주택임차인으로부터 다른 채권에 대한 담보목적으로 임차보증금반환채권을 양수한 경우에도 마찬가지이다. 다만, 이와 같은 경우에도 채권양수인이 일반 금전채권자로서의 요건을 갖추어 배당요구를 할 수 있"다.

[2681]

5. 기 타

가. 임차권등기명령제도

(1) 임대차가 종료된 후 보증금을 변제받기 전에 다른 곳으로 이사를 가야 하는 사정이 발생하면 임차인은 우선변제권을 잃을 수 있다.[77] 그래서 법 제3조의3은 임차권등기명령제(賃借權登記命令制)를 도입하여 임차인이 단독으로 법원에 임차권등기명령을 신청할 수 있도록 규정한다. 그리고 임차권등기가 경료되면, 이미 대항요건을 갖춘 임차인이 주거를 이전하더라도 대항력과 우선변제권이 그대로 유지되며, 아직 대항요건을 갖추지 못한 임차인이라도 등기에 의하여 대항력과 우선변제권을 취득한다(법 제3조의3 제5항). 이 점은 제621조에 기한 등기에도 적용된다(법 제3조의4 제1항).

(2) 임차권등기의 비용은 임대인이 부담하고(법 제3조의3 제8항), 임차권등기 후의 소액보증인은 법 제8조에 의한 우선변제권을 가지지 못한다(법 제3조의3 제6항).[78]

(3) 임대인의 임대차보증금반환의무는 임차인의 임차권등기말소의무보다 먼저 이행되어야 할 의무이다.[79]

[2682]

나. 당사자지위의 변동

(1) 임대인지위의 승계(承繼)에 관하여 살펴본다.

① 임차주택의 양수인 기타 임대할 권리를 승계한[80] 이가 임대인의 지위를 승계하는 것(법

---

74) 임차인이 대항력을 구비한 후 임차주택을 양수한 이는 그와 같이 존속되는 임대차의 임대인지위를 당연히 승계한다.

75) 대판 2006.2.10. 2005다21166; 대판 2001.3.27. 98다4552.

76) 대결 2000.3.15. 99마4499도 참조.

77) 대항력의 요건으로서 주택의 인도 및 주민등록은 배당요구의 종기까지 유지되어야 하는데, 다른 한편 새로운 임대차에 대하여 대항력을 취득하기 위해서는 전입신고가 필요하다. 판례가 점유보조자의 주민등록에 대항력을 인정한 것도 이와 관련하여 의미를 가진다.

78) 이 점은 법 제3조의4 제1항에 의하여 제621조에 기한 등기에도 적용된다.

79) 대판 2005.6.9. 2005다4529.

80) 미등기건물의 사실상 양수인에 관한 대판 1987.3.24. 86다카164 참조.
참고로 대판 2021.1.28. 2015다59801은 상가임대차와 관련하여 "상속에 따라 임차건물의 소유권을 취득한 자도 위 조항에서 말하

제3조 제4항)은 —임대인이 임대권원을 상실함에 따라 임차권이 소멸하는 경우에 임차인을 보호하기 위한[81]— 법률상의 당연승계로, 양수인은 임차권의 부담 있는 소유권을 취득한다. 즉 임대주택이 양도된 경우에 양수인은 주택의 소유권과 결합하여 임대인의 임대차계약상 권리 · 의무 일체를 그대로 승계한다.[82] 그 결과 양수인이 임대차보증금반환채무를 면책적으로 인수하고, 양도인은 임대차관계에서 탈퇴하여 임차인에 대한 임대차보증금반환채무를 면한다.[83] 이 경우 양도인은 양수인에게 보증금을 이전할 법정채무를 부담한다(담보책임에 관한 제575조 제2항도 참조). 그리고 승계시점부터 차임채권 및 그에 관한 특약도 양수인이 승계하지만, 그 시점 이전의 연체차임이나 손해배상채권은 승계되지 않는데,[84] 보증금에서 이를 공제할 수 있음은 별개의 문제이다.[85]

이러한 법리를 전제로, 대판(전) 2013.1.17. 2011다49523의 다수의견은 "임차인에 대하여 임대차보증금반환채무를 부담하는 임대인임을 당연한 전제로 하여 임대차보증금반환채무의 지급금지를 명령받은 제3채무자의 지위는 임대인의 지위와 분리될 수 있는 것이 아니므로, 임대주택의 양도로 임대인의 지위가 일체로 양수인에게 이전된다면 채권가압류의 제3채무자의 지위도 임대인의 지위와 함께 이전된다고 볼 수밖에 없다. 한편 주택임대차보호법상 임대주택의 양도에 양수인의 임대차보증금반환채무의 면책적 인수를 인정하는 이유는 임대주택에 관한 임대인의 의무 대부분이 그 주택의 소유자이기만 하면 이행가능하고 임차인이 같은 법에서 규정하는 대항요건을 구비하면 임대주택의 매각대금에서 임대차보증금을 우선변제받을 수 있기 때문인데, 임대주택이 양도되었음에도 양수인이 채권가압류의 제3채무자의 지위를 승계하지 않는다면 가압류권자는 장차 본집행절차에서 주택의 매각대금으로부터 우선변제를 받을 수 있는 권리를 상실하는 중대한 불이익을 입게 된다. 이러한 사정들을 고려하면, 임차인의 임대차보증금반환채권이 가압류된 상

는 임차건물의 양수인에 해당한다. 임대인지위를 공동으로 승계한 공동임대인들의 임차보증금반환채무는 성질상 불가분채무에 해당한다"고 했다.

81) 뒤의 2000다70460 판결.

82) 임대인지위의 승계에 관한 재판례를 본다. ㉠ 법 제3조 제4항은, 임대인이 임대권원을 상실함에 따라 임차권이 소멸하는 경우에 임차인을 보호하기 위한 것이어서, 이를 적용하기 위하여 주택을 임대할 권리나 이를 수반하는 권리를 종국적 · 확정적으로 이전받아야 하는바, 임대차의 목적인 주택을 신탁법에 따라 신탁한 경우의 수탁자도 이에 해당한다(담보목적의 신탁에 관한 대판 2002.4.12. 2000다70460). 임차인이 임차주택의 소유권을 취득한 경우에도 같은 법리가 적용되어 임차인의 보증금반환채권은 혼동으로 인하여 소멸한다(대판 1996.11.22. 96다38216). ㉡ 반면 후순위저당권의 실행으로 목적부동산이 경락되어 선순위저당권이 함께 소멸한 경우에, 후순위저당권자에게 대항할 수 있는 임차권이라도 소멸된 선순위저당권보다 뒤에 등기되었거나 대항력을 갖춘 임차권은 함께 소멸하므로, 이 경우의 경락인은 임차주택의 양수인 중에 포함되지 않고, 따라서 임차인은 경락인에 대하여 그 임차권의 효력을 주장할 수 없다(대결 1990.1.23. 89다카33043). ㉢ 임대인이 임차주택의 소유권을 담보목적으로 이전하더라도 임대인지위의 승계문제는 발생하지 않지만(대판 1993.11.23. 93다4083), 담보권의 실행에 의하여 양도담보권자가 종국적으로 임차주택의 소유권을 취득하면, 임대인지위의 승계가 일어난다. 그리고 임대인인 명의신탁자가 명의신탁에 의하여 임차주택의 소유권을 명의수탁자에게 이전한 경우에도 임대인지위의 승계문제는 발생하지 않는다고 할 것이지만, 대판 1999.4.23. 98다49753은, 주택의 명의신탁자가 임대차계약을 체결한 후 명의수탁자가 명의신탁자로부터 「주택을 임대할 권리」를 포함하여 주택에 대한 처분권한을 「종국적으로 이전받는」 경우에, 임차인이 주택의 인도와 주민등록을 마친 이상 명의수탁자는 법 제3조 제2항에 의하여 임차인과의 관계에서 그 주택의 양수인으로서 임대인의 지위를 승계하였다고 보았다. ㉣ 대판 2021.10.28. 2021다238650: "주택의 공동임차인 중 1인이라도 주택임대차보호법 제3조 제1항에서 정한 대항력요건을 갖추게 되면 그 대항력은 임대차 전체에 미치므로, 임차건물이 양도되는 경우 특별한 사정이 없는 한 공동임차인에 대한 보증금반환채무 전부가 임대인지위를 승계한 양수인에게 이전되고 양도인의 채무는 소멸한다. 이러한 법리는 계약당사자 사이에 공동임차인의 임대차보증금 지분을 별도로 정한 경우에도 마찬가지이다." ㉤ 한편 법인이 임차인인 경우에 관하여 대판 2024.6.13. 2024다215542: "임차주택의 양수인이 임대인의 지위를 당연히 승계한다는 내용의 주택임대차보호법 제3조 제4항도 주택임차인이 법인인 경우에는 원칙적으로 적용되지 않는다. 따라서 임대인이 법인을 임차인으로 하는 주택을 양도한 경우에는 임대인의 임대차보증금반환채무를 양수인이 면책적으로 인수하였다는 등의 특별한 사정이 없는 한 임대인의 법인에 대한 임대차보증금반환채무는 위 주택 양도에도 불구하고 소멸하지 아니한다."

83) 대판 2003.7.25. 2003다2918; 대판 2018.12.27. 2016다265689; 대판 2022.3.17. 2021다210720("주택임대차보호법 제3조 제4항에 따라 임차주택의 양수인은 임대인의 지위를 승계한 것으로 보므로 임대차보증금반환채무도 부동산의 소유권과 결합하여 일체로서 임대인의 지위를 승계한 양수인에게 이전되고 양도인의 보증금반환채무는 소멸하는 것으로 해석되므로, 변론종결 후 임대부동산을 양수한 자는 민사소송법 제218조 제1항의 변론종결 후의 승계인에 해당한다"). 임차인이 임대차보증금반환채권에 질권을 설정하고 임대인이 질권 설정을 승낙한 후에 임대주택이 양도된 경우에도 임대인은 임대차관계에서 탈퇴하고 임차인에 대한 임대차보증금반환채무를 면한다고 한 대판 2018.6.19. 2018다201610도 참조.

84) 상가임대차에 관한 대판 2008.10.9. 2008다3022 참조.

85) 그 결과 보증금에서 연체차임을 공제한 액만이 양수인에게 승계된다고 해야 한다.

태에서 임대주택이 양도되면 양수인이 채권가압류의 제3채무자의 지위도 승계하고, 가압류권자 또한 임대주택의 양도인이 아니라 양수인에 대하여만 위 가압류의 효력을 주장할 수 있다고 보아야 한다"고 했다.[86)]

[2683] ② 임대인의 지위승계를 원하지 않는 임차인은 임대차계약을 해지할 수 있는데, 이 경우 임차인이 이의를 제기하면 양도인의 임차인에 대한 보증금반환채무는 소멸하지 않는다.[87)]

[2684] (2) 임차인이 사망한 경우에 임차권의 운명은 어떻게 되는가? 민법은 이에 관한 규정을 두지 않지만, 주택임대차법에는 특별규정이 있다.

① 임차인이 상속권자 없이 사망한 경우에, 그 주택에서 가정공동생활을 하던 사실상의 혼인관계에 있는 이가 있으면 그가 사망한 임차인의 권리 · 의무를 승계한다(법 제9조 제1항). 이 경우 임대차관계에서 생긴 채권 · 채무[88)]는 사망한 임차인의 권리 · 의무를 승계한 이(즉 동거하던 사실상의 배우자)에게 귀속된다(제4항). 그러나 임차인이 사망한 후 1월 내에 임대인에 대하여 반대의사를 표시함으로써 사실상의 배우자는 임차권을 승계하지 않을 수 있다(제3항).

② 임차인의 사망 당시 상속권자가 그 주택에서 가정공동생활을 하지 않는 경우에, 주택에서 가정공동생활을 하던 사실상의 혼인관계에 있는 이와 2촌 이내의 친족이 공동으로 사망한 임차인의 권리 · 의무를 승계한다(같은 조 제2항). 임대차관계에서 생긴 채권 · 채무의 귀속과 반대의사의 표시는 앞의 경우와 같다.

[2685] Ⅲ. 상가건물 임대차보호법

1. 서 설

(1) 상가건물 임대차보호법(이하 "법"이라고만 한다)은 상가건물(이하 "상가"라고만 한다)의 임대차에 관하여 민법에 대한 특례를 규정한다(법 제1조).

(2) 법의 적용범위에 관하여 본다.

---

86) 참고로 대판 2005.9.9. 2005다23773은, 법 제3조 제1항의 대항요건을 갖춘 임차인의 임대차보증금반환채권에 대한 압류 및 전부명령이 확정되어 임차인의 임대차보증금반환채권이 집행채권자에게 이전된 경우에, 제3채무자인 임대인으로서는 임차인에 대하여 부담하던 채무를 집행채권자에 대하여 부담하게 될 뿐 그가 임대차목적물인 주택의 소유자로서 이를 제3자에게 매도할 권능은 그대로 보유하며, 위와 같이 소유자인 임대인이 당해 주택을 매도한 경우에 법 제3조 제2항에 따라 전부채권자에 대한 보증금지급의무를 면하므로, 결국 임대인은 전부금지급의무를 부담하지 않는다고 하였다.

87) 이에 관한 재판례를 본다. ㉠ 대판 1996.7.12. 94다37646: "임차주택의 양수인에게 대항할 수 있는 임차권자라도 스스로 임대차관계의 승계를 원하지 아니할 때에는 승계되는 임대차관계의 구속을 면할 수 있다고 보아야 하므로, 임차주택이 임대차기간의 만료 전에 경매되는 경우 임대차계약을 해지함으로써 종료시키고 우선변제를 청구할 수 있다. 그 경우 임차인에게 인정되는 해지권은 임차인의 사전동의 없이 임대차목적물인 주택이 경락으로 양도됨에 따라 임차인이 임대차의 승계를 원하지 아니할 경우에는 스스로 임대차를 종료시킬 수 있어야 한다는 공평의 원칙 및 신의성실의 원칙에 근거한 것이므로, 해지통고 즉시 그 효력이 생긴다. [⋯] 임대차의 목적물인 주택이 경매되는 경우에 대항력을 갖춘 임차인이 임대차기간이 종료되지 아니하였음에도 경매법원에 배당요구를 하는 것은, 스스로 더 이상 임대차관계의 존속을 원하지 아니함을 명백히 표명하는 것이어서 다른 특별한 사정이 없는 한 이를 임대차 해지의 의사표시로 볼 수 있고, [⋯] 경매법원이 [⋯] 임대인에게 배당요구사실의 통지를 하면 결국 임차인의 해지의사가 경매법원을 통하여 임대인에게 전달되어 그때 해지통지가 임대인에게 도달된 것으로 볼 것이니, 임대차관계는 그 배당요구통지의 임대인에 대한 도달 즉시 해지로 종료된다. 따라서 임차주택이 임대차기간의 만료 전에 경매되는 경우에 대항력 있는 임차인이 배당요구를 하고 그 배당요구의 통지가 임대인에게 도달하였다면 임대차관계는 이로써 종료되어 주택임대차보호법 제3조의2 제1항 단서에 해당하지 않게 되므로, 임차인에게 같은 법조 제1항 본문 또는 제8조 제1항에 의한 우선변제권을 인정하여야 한다." ㉡ 대판 2002.9.4. 2001다64615는, 대항력 있는 주택임대차에서 기간 만료나 당사자의 합의 등으로 임대차가 종료된 경우에도 법 제4조 제2항에 의하여 임차인은 보증금을 반환받을 때까지 임대차관계가 존속하는 것으로 의제되므로, 그러한 상태에서 임차목적물인 부동산이 양도되는 경우에는 법 제3조 제2항에 의하여 양수인에게 임대차가 종료된 상태에서의 임대인으로서의 지위가 당연히 승계되고, 양수인이 임대인의 지위를 승계하는 경우에는 보증금반환채무도 부동산의 소유권과 결합하여 일체로서 이전하므로 양도인의 임대인으로서의 지위나 보증금반환채무는 소멸하지만, 임차인의 보호를 위한 법의 입법취지에 비추어 임차인이 임대인의 지위승계를 원하지 않는 경우에는 임차인이 임차주택의 양도사실을 안 때부터 상당한 기간 내에 이의를 제기함으로써 승계되는 임대차관계의 구속으로부터 벗어날 수 있다고 봄이 상당하고, 그와 같은 경우에는 양도인의 임차인에 대한 보증금반환채무는 소멸하지 않는다고 하였다.

88) 보증금반환채권과 채무불이행으로 인한 채무를 포함한다.

① 법이 적용되는 상가임대차는 사업자등록의 대상이 되는 건물을 영업용으로 사용하는 임대차를 가리킨다. 여기의 상가에 해당하는지는 공부상 표시가 아니라 건물의 현황 · 용도 등에 비추어 영업용으로 사용하는지에 따라 실질적으로 판단해야 하고, 단순히 상품의 보관 · 제조 · 가공 등 사실행위만이 이루어지는 공장 · 창고 등은 영업용으로 사용하는 경우라고 할 수 없다.[89)]

② 법은 대통령령이 정하는 보증금액을 초과하지 않는 상가의 임대차에 적용된다(제2조). 다만 대항력(제3조), 계약갱신요구(제10조와 제10조의2), 권리금(제10조의3 내지 제10조의7), 차임연체로 인한 즉시해지(제10조의8) 등은 보증금의 다과와 무관하게 적용된다.[90)]

시행령 제2조에 의하면, 보증금액(보증금 외에 차임이 있는 경우에 월 차임의 100배를 합산한 금액)이 서울특별시에서 9억 원, 수도권정비계획법에 의한 수도권 중 과밀억제권역 및 부산광역시에서 6억 9천만 원, 그 밖의 광역시와 안산시 등에서 5억 4천만 원, 그 밖의 지역에서 3억 7천만 원을 초과하는 상가의 임대차에는 법이 적용되지 않는다.

[참 고] 대판 2016.6.9. 2013다215676: "사업자등록신청서에 첨부한 임대차계약서와 등록사항현황서(이하 '등록사항현황서 등'이라 한다)에 기재되어 공시된 임대차보증금 및 차임에 따라 환산된 보증금액이 구 상가건물 임대차보호법(2013. 6. 7. 법률 제11873호로 개정되기 전의 것, 이하 '구 상가임대차법'이라 한다)의 적용대상이 되기 위한 보증금액 한도를 초과하는 경우에는, 실제 임대차계약의 내용에 따라 환산된 보증금액이 기준을 충족하더라도, 임차인은 구 상가임대차법에 따른 대항력을 주장할 수 없다. 이러한 법리는 임대차계약이 변경되거나 갱신되었는데 임차인이 사업자등록정정신고를 하지 아니하여 등록사항현황서 등에 기재되어 공시된 내용과 실제 임대차계약의 내용이 불일치하게 된 경우에도 마찬가지로 적용된다"고 하였다.[91)]

이 판결은 법의 적용범위를 사업자등록의 기재를 통하여 판단해야 한다는 입장인데, 차임을 면제하기로 합의가 있었더라도 그것이 공시되지 않은 이상 이해관계인에게 대항하지 못한다고 해야 한다. 매수인(X)은 등록사항현황서를 기초로 권리분석을 한 후 상가(甲)를 경매절차에서 매수하였는데, 임대차당사자들(Y와 A) 사이의 알려지지 않은 합의 때문에 예상(기대)에 반하는 결과를 감수하도록 할 수는 없다. 특히 우선변제권과 관련하여 이 판결의 태도는 정당하다.

(3) 상가건물임대차 표준계약서에 관하여 법 제19조 참조.

2. 계약내용의 규제 [2686]

가. 존속의 보장

(1) 기간의 정함이 없거나 기간을 1년 미만으로 정한 임대차는 그 기간을 1년으로 본다(법 제9조).

(2) 「묵시의 갱신」이 인정된다. 즉 임대인이 임대차기간이 만료되기 6월 전부터 1월 전까지

89) 대판 2011.7.28. 2009다40967.

90) 다만 대통령령으로 정한 보증금액을 초과하는 임대차에는 임대차기간에 관한 법 제9조 제1항이 적용되지 않으므로, 임대차기간이 정해져 있음을 전제로 하는 임차인의 계약갱신요구권(법 제10조 제1항)은 발생할 여지가 없다고 한 대판 2021.12.30. 2021다233730 참조.

91) 사실관계는 다음과 같다: ㉠ Y와 A는 2005. 10. 31. 甲 상가에 관하여 보증금을 1억 5,000만 원, 월 차임을 200만 원으로 하고 그중 차임의 지급을 상가가 형성될 때까지 유보하기로 하는 임대차계약을 체결하였다가, 2007. 10. 2. 차임을 면제하기로 합의하였다. ㉡ Y는 甲에 관하여, 2005. 11. 10. 보증금 5,000만 원 및 월 차임 200만 원의 임대차계약서를 첨부하여 편의점에 관한 사업자등록을 신청하였고, 또한 2007. 1. 10. 보증금 1억 원의 임대차계약서를 첨부하여 약국에 관한 사업자등록을 신청하였는데, 위 각 임대차계약서에는 차임의 면제 또는 지급유보에 관하여 아무런 기재가 되어 있지 않았다. ㉢ OO세무서장이 발급한 甲에 관한 등록사항현황서에도 2005. 11. 10.자 사업자등록 당시의 보증금이 5,000만 원이고 월 차임이 200만 원이며, 2007. 1. 10.자 사업자등록 당시의 보증금이 1억 원으로 기재되어 있다. ㉣ X는 2011. 11. 11. 경매절차에서 甲을 매수하여 그 소유권을 취득한 후 Y를 상대로 甲의 인도를 구하였다. 그런데 서울에서 2008. 8. 21. 전에 체결된 상가건물 임대차계약이 구 상가임대차법의 적용대상으로 되기 위한 보증금액의 한도는 2억 4,000만 원이었고, 2015년 법 개정 전에는 그 한도를 벗어나는 상가임대차에 대항력이 인정되지 않았다.

사이에 임차인에게 갱신거절의 통지 또는 조건변경의 통지를 하지 않은 경우에, 그 기간이 만료된 때에 전 임대차와 동일한 조건으로 다시 임대차한 것으로 본다. 이 경우 임대차의 존속기간은 1년으로 보는데, 임차인은 언제든지 임대인에게 계약해지의 통고를 할 수 있고, 임대인이 통고를 받은 날부터 3월이 지나면 해지의 효력이 발생한다(법 제10조 제4항, 제5항).[92)]

(3) 임차인에게 「갱신요구권」이 인정된다. 즉 임차인이 임대차기간이 만료되기 6월 전부터 1월 전까지 사이에 계약갱신을 요구할 경우에, 임대인은 정당한 사유 없이 이를 거절하지 못하는데, 임차인의 갱신요구권은 최초의 임대차기간을 포함한 전체 임대차기간이 10년[93)]을 넘지 않는 범위에서만 행사될 수 있다(법 제10조).[94)]

정당한 사유는 상가의 용익에 대한 양 당사자들의 이해관계, 당해 임대차의 경위, 재산상 보상의 제공 여부 등을 고려하여 판단해야 한다.

법 제10조 제1항이 열거하는 사유는 다음과 같다: 1. 임차인이 3기의 차임액에 해당하는 금액에 이르도록 차임을 연체한 사실이 있는 경우,[95)] 2. 임차인이 거짓이나 그 밖의 부정한 방법으로 임차한 경우, 3. 서로 합의하여 임대인이 임차인에게 상당한 보상을 제공한 경우, 4. 임차인이 임대인의 동의 없이 목적건물의 전부 또는 일부를 전대한 경우, 5. 임차인이 임차한 건물의 전부 또는 일부를 고의나 중대한 과실로 파손한 경우, 6. 임차한 건물의 전부 또는 일부가 멸실되어 임대차의 목적을 달성하지 못할 경우, 7. 임대차계약 체결 당시 공사시기 및 소요기간 등을 포함한 철거 또는 재건축 계획을 임차인에게 구체적으로 고지하고 그 계획에 따르는 경우, 건물이 노후·훼손 또는 일부 멸실되는 등 안전사고의 우려가 있는 경우 또는 다른 법령에 따라 철거 또는 재건축이 이루어지는 경우에 임대인이 목적건물의 전부 또는 대부분을 철거하거나 재건축하기 위하여 목적건물의 점유를 회복할 필요가 있는 경우, 8. 그 밖에 임차인이 임차인으로서의 의무를 현저히 위반하거

92) 주택임대차법 제6조 제1항 후문에 상응하는 조문이 없는 상가임대차에서 임차인의 갱신거절 통지기간은 제한이 없다고 본 대판 2024.6.27. 2023다307024: "상가의 임차인이 임대차기간 만료 1개월 전부터 만료일 사이에 갱신거절의 통지를 한 경우 해당 임대차계약은 묵시적 갱신이 인정되지 않고 임대차기간의 만료일에 종료한다고 보아야 한다."

93) 2018년 법 개정 전에는 5년이었는데, 신·구법 사이의 시제(時際)적 문제를 다룬 대판 2020.11.5. 2020다241017도 참조.

94) 갱신요구권에 기한 갱신에서 기간의 상한을 정하는 제10조 제2항은 법정갱신에 적용되지 않는다. 대판 2010.6.10. 2009다64307: 법 "제10조 제1항에서 정하는 임차인의 계약갱신요구권은 임차인이 임대차기간이 만료되기 6개월 전부터 1개월 전까지 사이에 계약의 갱신을 요구하면 그 단서에서 정하는 사유가 없는 한 임대인이 그 갱신을 거절할 수 없는 것을 내용으로 하여서 임차인의 주도로 임대차계약의 갱신을 달성하려는 것이다. 이에 비하여 같은 조 제4항은 임대인이 위와 같은 기간 내에 갱신거절의 통지 또는 조건변경의 통지를 하지 아니하면 임대차기간이 만료된 때에 임대차의 갱신을 의제하는 것으로서, 기간의 만료로 인한 임대차관계의 종료에 임대인의 적극적인 조치를 요구한다. 이와 같이 이들 두 법조항상의 각 임대차갱신제도는 그 취지와 내용을 서로 달리하는 것이므로, 임차인의 갱신요구권에 관하여 전체 임대차기간을 […] 제한하는 같은 조 제2항의 규정은 같은 조 제4항에서 정하는 법정갱신에 대하여는 적용되지 아니한다."

95) 대판 2021.5.13. 2020다255429: 법 "제10조의8은 임대인이 차임 연체를 이유로 계약을 해지할 수 있는 요건을 '차임연체액이 3기의 차임액에 달하는 때'라고 규정하였다. 반면 임대인이 임대차기간 만료를 앞두고 임차인의 계약갱신요구를 거부할 수 있는 사유에 관해서는 '3기의 차임액에 해당하는 금액에 이르도록 차임을 연체한 사실이 있는 경우'라고 문언을 달리하여 규정하고 있다(상가임대차법 제10조 제1항 제1호). 그 취지는, 임대차계약관계는 당사자 사이의 신뢰를 기초로 하므로, 종전 임대차기간에 차임을 3기분에 달하도록 연체한 사실이 있는 경우에까지 임차인의 일방적 의사에 의하여 계약관계가 연장되는 것을 허용하지 아니한다는 것이다. 위 규정들의 문언과 취지에 비추어 보면, 임대차기간 중 어느 때라도 차임이 3기분에 달하도록 연체된 사실이 있다면 임차인과의 계약관계 연장을 받아들여야 할 만큼의 신뢰가 깨어졌으므로 임대인은 계약갱신요구를 거절할 수 있고, 반드시 임차인이 계약갱신요구권을 행사할 당시에 3기분에 이르는 차임이 연체되어 있어야 하는 것은 아니다."

참고로 대판(전) 2016.11.18. 2013다42236: "구 임대주택법(2008. 2. 29. 법률 제8852호로 개정되기 전의 것, 이하 같다) 제18조 제1항, 제3항과 그 시행규칙(2008. 6. 20. 국토해양부령 제19호로 전부 개정되기 전의 것) 제8조 제1항, 제2항 [별지 제10호 서식](표준임대차계약서)에 의하면, 위 법률의 적용을 받는 임대주택의 임대사업자는 표준임대차계약서 제10조 제1항의 각 호에 해당하는 사유가 있으면 임대차계약을 해지할 수 있도록 되어 있고, 제4호에는 임차인이 임대료를 '3월 이상' 연속하여 연체한 경우가 해지사유의 하나로 규정되어 있다. 여기에 규정된 '3월 이상'은 3개월 이상 연속되어야 하므로 연체횟수가 3회 이상이어야 한다는 것은 의문의 여지가 없다. 그런데 만약 '3월 이상'이 연체횟수만을 의미할 뿐 연체금액의 의미는 배제된다고 보게 되면, 일반적인 임대차에 적용되는 민법 제640조가 "차임연체액이 2기의 차임액에 달하는 때"를 해지사유로 규정한 것과 대비하여 임대주택의 임차인이 오히려 더 불리하게 되는 경우가 발생할 수 있다. 이는 임대주택법의 적용대상인 임대차계약에 대하여 해지사유를 더 엄격하게 제한하고 있는 입법취지에 배치되므로, '3월 이상'은 연체횟수뿐 아니라 연체금액에서도 3개월분 이상이 되어야 한다는 뜻으로 새기는 것이 옳다. 다른 한편 위 해지사유는 '3월 이상' 연속연체로 규정되어 있을 뿐 매월 지급할 임대료 전액을 '3월 이상' 연속하여 연체할 것을 요건으로 하고 있지는 않다. 그러므로 매월 임대료 중 일부씩을 3개월 이상 연속하여 연체한 때에도 전체 연체액 합계가 3개월분 임대료 이상이 되는 경우에는 해지사유에 해당한다. 그와 같이 새기더라도 민법상 일반임대차보다 임차인에게 불리하지 않고, 이와 달리 매월 임대료의 일부씩만 연체한 경우에는 합계 금액이 아무리 늘어나도 해지를 할 수 없다고 해서는 임대사업자의 지위를 지나치게 불리하게 하는 결과가 되기 때문"이다.

나 임대차를 계속하기 어려운 중대한 사유가 있는 경우.

그런데 임대인의 갱신거절통지의 선후와 관계없이 임차인은 계약갱신요구권을 행사할 수 있다.[96]

(4) 제640조와 달리 임차인의 차임연체액이 3기의 차임액에 달해야 임대인은 계약을 해지할 수 있다(법 제10조의8).[97]

나. 차임 등의 규제 [2687]

(1) 차임 또는 보증금이 임차건물에 대한 조세, 공과금 그 밖에 부담의 증감이나 경제사정의 변동으로 인하여 상당하지 않게 된 경우에, 당사자는 장래에 대하여 그 증감을 청구할 수 있다(법 제11조).[98] 차임 등의 증액이 있은 후 1년 내에는 증액청구를 하지 못하며, 증액청구는 청구 당시의 차임 또는 보증금의 100분의 5를 초과하지 못한다(법 시행령 제4조).

그런데 증액비율을 초과하여 지급하기로 하는 차임에 관한 약정은 증액비율을 초과하는 범위 내에서 무효이고, 임차인은 초과지급된 차임에 대하여 부당이득으로 반환을 구할 수 있다.[99]

(2) 법의 적용범위를 정하는 보증금액을 초과하는 임대차의 계약갱신의 경우에 당사자는 상가건물에 관한 조세, 공과금, 주변 상가건물의 차임 및 보증금, 그 밖의 부담이나 경제사정의 변동 등을 고려하여 차임과 보증금의 증감을 청구할 수 있다(법 제10조의2).

3. 제3자에 대한 대항력 [2688]

(1) 상가임대차는 그 등기가 없더라도 임차인이 건물을 인도받고 부가가치세법 제8조, 소득세법 제168조 또는 법인세법 제111조에 의한 사업자등록을 신청하면 그 다음날부터 제3자에 대하여 효력이 생긴다(법 제3조).[100]

(2) 대항력의 요건으로서 「사업자등록」은 임차권의 존재를 제3자가 명백히 인식할 수 있게 하는 공시방법으로 마련된 것이므로, 사업자등록이 어떤 임대차를 공시하는 효력이 있는지는 사

---

96) 대판 2014.4.30. 2013다35115는, 법 제10조 제4항에 따른 임대인의 갱신거절의 통지에 같은 조 제1항 제1호 내지 제8호 소정의 정당한 사유가 없는 한 그와 같은 임대인의 갱신거절의 통지의 선후와 관계없이 임차인은 같은 조 제1항에 따른 계약갱신요구권을 행사할 수 있고, 이러한 임차인의 계약갱신요구권의 행사로 인하여 종전임대차는 같은 조 제3항에 따라 갱신된다고 하면서, 임차인이 계약갱신요구권을 행사한 이후 임차인과 임대인이 종전 임대차기간이 만료할 무렵 신규 임대차계약의 형식을 취한 경우에도 그것이 임차인의 계약갱신요구권 행사에 따른 갱신의 실질을 갖는다고 평가되는 한 이를 두고 종전임대차에 관한 재계약으로 볼 것은 아니라고 하였다.

97) 참고로 COVID-19에 따른 소비지출의 위축 때문에 상가임차인의 매출과 소득이 급감하는 한편 임대료가 상가임차인의 영업활동에 큰 부담이 되는 실정을 감안하여 2020년 9월 법이 개정되었는데, 그 내용은 다음과 같다: ㉠ 임차인이 이 법 시행일부터 6월까지의 기간 동안 연체한 차임액은 제10조 제1항 제1호, 제10조의4 제1항 각 호 외의 부분 단서 및 제10조의8의 적용에 있어서는 차임연체액으로 보지 않도록 하되, 연체한 차임액에 대한 임대인의 그 밖의 권리는 영향을 받지 않도록 하는 제10조의9를 신설하고, 계약갱신요구 등에 관한 임시특례에 관한 규정은 대통령령으로 정하는 보증금액을 초과하는 임대차 및 전대차관계에 적용함(제2조 제3항, 제13조 제1항). ㉡ 차임 등의 증감청구권사유에 "제1급감염병 등에 의한 경제사정의 변동"을 명시하고(제11조 제1항), 제1급감염병에 의한 경제사정의 변동으로 차임 등이 감액된 후 임대인이 증액을 청구하는 경우에 증액된 차임 등이 감액 전 차임 등의 금액에 달할 때까지는 대통령령으로 정하는 기준에 따른 비율(5%)을 초과하지 못하도록 한 증액상한을 적용하지 않도록 하는 제11조 제3항을 신설함. ㉢ 이 법은 공포한 날부터 시행하고, 이 법 시행 당시 존속 중인 임대차에 대하여도 적용하도록 함(부칙 제1조 및 제2조).
관련하여 임대인의 지정변제충당(민법 제476조 제2항)이 상가임대차법 제10조의9에 반하는 경우에는 이를 적용할 수 없다고 한 대판 2023.4.13. 2022다309337 참조.

98) 이 규정은 임대차계약 존속 중 당사자 일방이 약정한 차임 등의 증감을 청구한 경우에 한하여 적용되고, 임대차계약이 종료한 후 재계약을 하거나 임대차계약 종료 전이라도 당사자의 합의로 차임 등을 증액하는 경우에는 적용되지 않는다(대판 2014.2.13. 2013다80481).

99) 앞의 2013다35115 판결.

100) 대판 2017.3.22. 2016다218874: 법 제3조 제2항은 "임차인이 취득하는 대항력의 내용을 정한 것으로, 상가건물의 임차인이 제3자에 대한 대항력을 취득한 다음 임차건물의 양도 등으로 소유자가 변동된 경우에는 양수인 등 새로운 소유자(이하 '양수인'이라 한다)가 임대인의 지위를 당연히 승계한다는 의미이다. 소유권 변동의 원인이 매매 등 법률행위든 상속·경매 등 법률의 규정이든 상관없이 이 규정이 적용된다. 따라서 임대를 한 상가건물을 여러 사람이 공유하고 있다가 이를 분할하기 위한 경매절차에서 건물의 소유자가 바뀐 경우에도 양수인이 임대인의 지위를 승계"한다.

회통념상 사업자등록으로 당해 임대차건물에 사업장을 임차한 사업자가 존재하고 있다고 인식할 수 있는지 여부에 따라 판단해야 한다.[101)]

한편 상가 일부의 임대차에서는 사업자등록 신청시 그 임차부분을 표시한 도면을 첨부해야 하는데, 대항력을 가지는 범위의 공시를 위한 것이다(부동산등기법 제69조 제6호, 제72조 제1항 제6호, 제74조 제7호 참조).[102)]

[2689] **4. 보증금의 우선변제**

(1) 대항요건을 갖추고 관할 세무서장으로부터 임대차계약서 상의 확정일자를 받은 임차인은 경매나 공매시 임대인 소유의 대지를 포함한 상가의 환가대금에서 후순위권리자 그 밖의 채권자에 우선하여 보증금을 변제받을 권리를 가진다(법 제5조 제2항). 임차인이 경매를 신청하는 경우에 반대의무의 이행이나 이행의 제공을 집행개시의 요건으로 하지 않지만(제1항), 임차인은 임차건물을 양수인에게 인도하지 않으면 보증금의 우선변제를 받을 수 없고(제3항), 이해관계인은 우선변제의 순서와 보증금에 대하여 이의를 신청할 수 있다(제4항 내지 제6항). 은행법에 따른 은행 등 금융기관이 보증금에 관하여 우선변제권을 취득한 임차인의 보증금반환채권을 계약으로 양수한 경우에는 양수한 금액의 범위에서 우선변제권을 승계하지만, 임차인을 대리하거나 대위하여 임대차를 해지할 수 없다(제7항 내지 제9항).

(2) 관할 세무서장은 해당 상가의 소재지, 확정일자 부여일, 차임 및 보증금 등을 기재한 「확정일자부」를 작성해야 하고, 상가의 임대차에 이해관계가 있는 이(임대차계약을 체결하려는 이는 임대인의 동의를 받아)는 관할 세무서장에게 해당 상가건물의 확정일자 부여일, 차임 및 보증금 등 정보의 제공을 요청할 수 있으며, 관할 세무서장은 정당한 사유 없이 이를 거부할 수 없다(법 제4조).

(3) 사업자등록은 대항력 또는 우선변제권의 취득요건일 뿐만 아니라 존속요건이기도 하므로, 배당요구의 종기까지 존속해야 한다.[103)] 그런데 사업자등록의 효력 상실은 주택임대차에서의 전출신고에 상응하여 대항력뿐만 아니라 보증금의 우선변제권도 상실하고,[104)] 전차인의 사업자등록은 주택임대차에서의 간접점유에 비견될 수 있다.[105)]

---

101) 대판 2016.6.9. 2013다215676. 뒤의 2008다44238 판결도 참조.

102) 상가 일부의 임대차와 공시에 관한 재판례를 본다. ㉠ 대판 2008.9.25. 2008다44238: "사업자등록신청서에 첨부한 임대차계약서상의 임대차목적물 소재지가 당해 상가건물에 대한 등기부상의 표시와 불일치하는 경우에는 특별한 사정이 없는 한 그 사업자등록은 제3자에 대한 관계에서 유효한 임대차의 공시방법이 될 수 없다. 또한 […] 사업자가 상가건물의 일부분을 임차하는 경우에는 사업자등록신청서에 해당 부분의 도면을 첨부하여야 하고, 이해관계인은 임대차의 목적이 건물의 일부분인 경우 그 부분 도면의 열람 또는 제공을 요청할 수 있도록 하고 있으므로, 건물의 일부분을 임차한 경우 그 사업자등록이 제3자에 대한 관계에서 유효한 임대차의 공시방법이 되기 위해서는 사업자등록 신청시 그 임차부분을 표시한 도면을 첨부하여야 한다." ㉡ 다만 사업자등록이 공시방법으로 마련된 취지에 비추어 볼 때, 상가의 일부분을 임차한 사업자가 사업자등록시 임차부분을 표시한 도면을 첨부하지는 않았지만, 상가의 특정층 전부 또는 명확하게 구분되어 있는 특정호실 전부를 임차한 후 이를 제3자가 명백히 인식할 수 있을 정도로 사업자등록사항에 표시한 경우 또는 그 현황이나 위치, 용도 등의 기재로 말미암아 도면이 첨부된 경우에 준할 정도로 임차부분이 명백히 구분됨으로써 당해 사업자의 임차부분이 어디인지를 객관적으로 명백히 인식할 수 있을 정도로 표시한 경우와 같이 일반 사회통념상 그 사업자등록이 도면 없이도 제3자가 해당 임차인이 임차한 부분을 구분하여 인식할 수 있을 정도로 특정이 되어 있다고 볼 수 있는 경우에는 그 사업자등록을 제3자에 대한 관계에서 유효한 임대차의 공시방법으로 볼 수 있다(대판 2011.11.24. 2010다56678).

103) 폐업신고 또는 사실상의 폐업에 관하여 대판 2006.1.13. 2005다64002: "부가가치세법 제5조 제4항, 제5항의 규정취지에 비추어 보면, 상가건물을 임차하고 사업자등록을 마친 사업자가 임차건물의 전대차 등으로 당해 사업을 개시하지 않거나 사실상 폐업한 경우에는 그 사업자등록은 부가가치세법 및 상가건물 임대차보호법이 상가임대차의 공시방법으로 요구하는 적법한 사업자등록이라고 볼 수 없고, 이 경우 임차인이 상가건물 임대차보호법상의 대항력 및 우선변제권을 유지하기 위해서는 건물을 직접점유하면서 사업을 운영하는 전차인이 그 명의로 사업자등록을 하여야 한다." 대판 2006.10.13. 2006다56299도 사업자가 폐업신고를 하였다가 다시 같은 상호 및 등록번호로 사업자등록을 하였더라도 대항력 및 우선변제권이 그대로 존속한다고 할 수 없다고 하였다. 그 밖에 배당요구와 관련하여 대판 2014.4.30. 2013다58057도 참조.

104) 대판 1998.12.11. 98다34584 참조.

(4) 임대차가 종료된 후 보증금을 반환받지 못한 임차인은 임차건물의 소재지를 관할하는 지방법원, 지방법원 지원 또는 시·군법원에 임차권등기명령을 신청할 수 있다(법 제6조). 제621조에 기한 건물임대차등기의 효력도 임차권등기명령의 집행에 따른 임차권의 등기에서와 같다(법 제7조). [2690]

(5) 경매에 의하여 임차건물이 매각되면 임차권은 소멸하지만, 보증금이 전액 변제되지 않은 대항력이 있는 임차권은 그렇지 않다(법 제8조).

(6) 소액임차인의 경우에 임대건물 가액의 2분의 1의 범위 안에서 보증금 중 일정액을 다른 담보물권자보다 우선하여 변제받을 권리가 인정된다(법 제14조).[106]

소액임차인이 우선변제를 받을 수 있는 보증금의 범위는 서울특별시에서 6,500만 원 이하일 때 2,200만 원까지, 수도권정비계획법에 의한 수도권 중 과밀억제권역에서 5,500만 원 이하일 때 1,900만 원까지, 광역시와 안산시 등에서 3,800만 원 이하일 때 1,300만 원까지, 그 밖의 지역에서는 3,000만 원 이하일 때 1,000만 원까지이다(시행령 제6조, 제7조).

5. 권리금의 회수 [2691]

(1) 권리금이란 임차목적물인 상가건물에서 영업을 하는 이 또는 영업을 하려는 이가 영업시설·비품, 거래처, 신용, 영업상의 노하우, 상가건물의 위치에 따른 영업상의 이점 등 유형·무형의 재산적 가치의 양도 또는 이용대가로서 임대인(전대에서는 임차인)에게 보증금과 차임 이외에 지급하는 금전 등의 대가를 말한다([2637]도 참조). 그리고 신규임차인이 되려는 이가 임차인에게 권리금을 지급하기로 하는 계약을 권리금계약이라 한다(법 제10조의3).[107]

(2) 임대인은 임대차기간이 끝나기 6월 전부터 임대차 종료시까지 권리금계약에 따라 임차인이 주선한 신규임차인이 되려는 이로부터 권리금을 지급받는 것을 방해해서는 안 되지만, 계약갱신요구를 거절할 수 있는 사유가 있는 경우에는 그렇지 않다(법 제10조의4 제1항). [2692]

방해행위에 속하는 것은 "1. 임차인이 주선한 신규임차인이 되려는 자에게 권리금을 요구하거나 임차인이 주선한 신규임차인이 되려는 자로부터 권리금을 수수하는 행위, 2. 임차인이 주선한 신규임차인이 되려는 자로 하여금 임차인에게 권리금을 지급하지 못하게 하는 행위, 3. 임차인이 주선한 신규임차인이 되려는 자에게 상가건물에 관한 조세, 공과금, 주변 상가건물의 차임 및 보증금, 그 밖의 부담에 따른 금액에 비추어 현저히 고액의 차임과 보증금을 요구하는 행위, 4. 그 밖에 정당한 사유 없이 임대인이 임차인이 주선한 신규임차인이 되려는 자와 임대차계약의 체결을 거절하는 행위"인데, 제4호와 관련하여 "1. 임차인이 주선한 신규임차인이 되려는 자가 보증금 또는 차임을 지급할 자력이 없는 경우, 2. 임차인이 주선한 신규임차인이 되려는 자가 임차인으로서의 의무를 위반할 우려가 있거나 그 밖에 임대차를 유지하기 어려운 상당한 사유가 있는 경우, 3. 임대차 목적물인 상가건물을 1년 6개월 이상 영리목적으로 사용하지 아니한 경우,[108] 4. 임대인이 선택한

105) 대판 2001.1.19. 2000다55645 참조.

106) 적용범위에 관하여 대판 2015.10.29. 2013다27152: "임차인이 수개의 구분점포를 동일한 임대인에게서 임차하여 하나의 사업장으로 사용하면서 단일한 영업을 하는 경우 등과 같이, 임차인과 임대인 사이에 구분점포 각각에 대하여 별도의 임대차관계가 성립한 것이 아니라 일괄하여 단일한 임대차관계가 성립한 것으로 볼 수 있는 때에는, 비록 구분점포 각각에 대하여 별개의 임대차계약서가 작성되어 있더라도 구분점포 전부에 관하여 상가건물 임대차보호법 제2조 제2항의 규정에 따라 환산한 보증금액의 합산액을 기준으로 상가건물 임대차보호법 제14조에 의하여 우선변제를 받을 임차인의 범위를 판단하여야 한다."

107) 이러한 정의는 권리금 회수기회의 보장을 위한 전제로서 임차권양도와 관련하여 의미를 가질 뿐이고, 임대차에 종된 계약으로서 권리금계약이 임대인과 임차인 사이에 성립할 수 없음을 의미하지는 않는다.

108) 대판 2022.1.14. 2021다272346: "종전소유자인 임대인이 임대차 종료 후 상가건물을 영리목적으로 사용하지 아니한 기간이 1년 6개월에 미치지 못하는 사이에 상가건물의 소유권이 변동되었더라도, 임대인이 상가건물을 영리목적으로 사용하지 않는 상태가 새로운

신규임차인이 임차인과 권리금계약을 체결하고 그 권리금을 지급한 경우"에 정당한 사유가 인정된다(법 제10조의4 제2항).[109]

이를 위반하여 임차인에게 손해가 발생한 경우에 임대인이 손해를 배상해야 하는데,[110] 배상액은 신규임차인이 임차인에게 지급하기로 한 권리금과 임대차 종료 당시의 권리금 중 낮은 금액을 넘지 못하며(법 제10조의4 제3항),[111] 손해배상청구권은 임대차가 종료한 날부터 3년 이내에 행사하지 않으면 시효의 완성으로 소멸한다(제4항). 한편 임차인은 임대인에게 임차인이 주선한 신규임차인으로 되려는 이의 보증금 및 차임을 지급할 자력 또는 그 밖에 임차인으로서의 의무를 이행할 의사 및 능력에 관하여 자신이 알고 있는 정보를 제공해야 한다(제5항). 그런데 임대인이 정당한 사유 없이 임차인이 신규임차인이 되려는 이를 주선하더라도 그와 임대차계약을 체결하지 않겠다는 의사를 확정적으로 표시하였다면 임차인이 실제로 신규임차인을 주선하지 않았더라도 손해배상을 청구할 수 있고,[112] 임차인과 신규임차인이 되려는 이 사이에 권리금계약이 미리 체결되어 있어야 하는 것은 아니다.[113]

소유자의 소유기간에도 계속하여 그대로 유지될 것을 전제로 처분하고, 실제 새로운 소유자가 그 기간 중에 상가건물을 영리목적으로 사용하지 않으며, 임대인과 새로운 소유자의 비영리 사용기간을 합쳐서 1년 6개월 이상이 되는 경우라면, 임대인에게 임차인의 권리금을 가로챌 의도가 있었다고 보기 어려우므로, 그러한 임대인에 대하여는 위 조항에 의한 정당한 사유를 인정할 수 있다."

임대인이 「다른」 사유로 신규 임대차계약 체결을 거절한 후 사후적으로 1년 6월 동안 상가건물을 영리목적으로 사용하지 않았다는 사정만으로 정당한 사유로 인정할 수 없다고 한 대판 2021.11.25. 2019다285257도 참조.

109) 학교법인이 임차인이 주선한 신규임차인이 되려는 이와 임대차계약을 체결하면 경쟁입찰의 방법으로 임차인을 선정해야 할 법령상 의무를 위반하게 되는 경우에, 학교법인이 그러한 사정을 들어 임대차계약 체결을 거절함에는 정당한 사유가 있다고 보아야 한다는 대판 2020.8.20. 2019다296172 · 296189도 참조.

그 밖에 대판 2022.8.11. 2022다202498: "건물 내구연한 등에 따른 철거 · 재건축의 필요성이 객관적으로 인정되지 않거나 그 계획 · 단계가 구체화되지 않았음에도 임대인이 신규임차인이 되려는 사람에게 짧은 임대가능기간만 확정적으로 제시 · 고수하는 경우 또는 임대인이 신규임차인이 되려는 사람에게 고지한 내용과 모순되는 정황이 드러나는 등의 특별한 사정이 없는 한, 임대인이 신규임차인이 되려는 사람과 임대차계약 체결을 위한 협의과정에서 철거 · 재건축계획 및 그 시점을 고지하였다는 사정만으로는 상가건물 임대차보호법(이하 '상가임대차법'이라 한다) 제10조의4 제1항 제4호에서 정한 '권리금회수 방해행위'에 해당한다고 볼 수 없다. 임대차계약의 갱신에 관한 상가임대차법 제10조 제1항과 권리금의 회수에 관한 상가임대차법 제10조의3, 제10조의4의 각 규정의 내용 · 취지가 같지 아니한 이상, 후자의 규정이 적용되는 임대인의 고지내용에 상가임대차법 제10조 제1항 제7호 각 목의 요건이 충족되지 않더라도 마찬가지이다."

110) 임차인의 임차목적물반환의무와 임대인의 권리금회수 방해로 인한 손해배상의무는 동시이행관계에 있지 않다는 대판 2019.7.10. 2018다242727 참조.

111) 참고로 대판 2023.2.2. 2022다260586: "권리금 회수기회를 방해한 임대인이 부담하게 되는 손해배상액은 임대차 종료 당시의 권리금을 넘지 않도록 규정되어 있는 점, 임대인에게 손해배상을 청구할 권리의 소멸시효 기산일 또한 임대차가 종료한 날인 점 등 상가임대차법규정의 입법취지, 보호법익, 내용이나 체계를 종합하면, 임대인의 권리금 회수기회 방해로 인한 손해배상책임은 상가임대차법이 요건, 배상범위 및 소멸시효를 특별히 규정한 법정책임이고, 그 손해배상채무는 임대차가 종료한 날에 이행기가 도래하여 그 다음날부터 지체책임이 발생하는 것으로 보아야 한다."

112) 대판 2019.7.4. 2018다284226: "임차인이 임대인에게 권리금회수 방해로 인한 손해배상을 구하기 위해서는 원칙적으로 임차인이 신규임차인이 되려는 자를 주선하였어야 한다. 그러나 임대인이 정당한 사유 없이 임차인이 신규임차인이 되려는 자를 주선하더라도 그와 임대차계약을 체결하지 않겠다는 의사를 확정적으로 표시하였다면 이러한 경우에까지 임차인에게 신규임차인을 주선하도록 요구하는 것은 불필요한 행위를 강요하는 결과가 되어 부당하다. 이와 같은 특별한 사정이 있다면 임차인이 실제로 신규임차인을 주선하지 않았더라도 임대인의 위와 같은 거절행위는 상가임대차법 제10조의4 제1항 제4호에서 정한 거절행위에 해당한다고 보아야 한다. 따라서 임차인은 같은 조 제3항에 따라 임대인에게 권리금회수 방해로 인한 손해배상을 청구할 수 있다." 상가임차인 M이 임대차기간 만료 전 임대인 V에게 M이 주선하는 신규임차인과 임대차계약을 체결하여 줄 것을 요청하였으나, V가 상가를 인도받은 후 직접 사용할 계획이라고 답변하였고, 이에 M이 신규임차인 물색을 중단하고 임대차기간 만료일에 V에게 상가를 인도한 후 V를 상대로 권리금회수 방해로 인한 손해배상을 구한 사안에서 M이 V에게 손해배상을 청구할 수 없다고 한 원심을 파기한 사례이다.

113) 대판 2019.7.10. 2018다239608: "임차인이 구체적인 인적 사항을 제시하면서 신규임차인이 되려는 자를 임대인에게 주선하였는데, 임대인이 제10조의4 제1항에서 정한 기간에 이러한 신규임차인이 되려는 자에게 권리금을 요구하는 등 제1항 각 호의 어느 하나에 해당하는 행위를 함으로써 임차인이 신규임차인으로부터 권리금을 회수하는 것을 방해한 때에는 임대인은 임차인이 입은 손해를 배상할 책임이 있고, 이때 권리금회수 방해를 인정하기 위하여 반드시 임차인과 신규임차인이 되려는 자 사이에 권리금계약이 미리 체결되어 있어야 하는 것은 아니다. […] 임대인이 임대차기간이 종료될 무렵 현저히 높은 금액으로 임차보증금이나 차임을 요구하거나 더 이상 상가건물을 임대하지 않겠다고 하는 등 새로운 임대차계약 체결 자체를 거절하는 태도를 보이는 경우 임차인이 신규임차인이 되려는 자를 찾아 권리금계약을 체결하는 것은 사실상 불가능하다. 이러한 임대인의 행위는 상가임대차법 제10조의4 제1항 제3호, 제4호에서 정한 방해행위에 해당한다고 볼 수 있고, 임차인과 신규임차인이 되려는 자 사이에 권리금계약이 체결되지 않았더라도 임대인은 임차인의 권리금회수 방해를 이유로 손해배상책임을 진다." 다만 상가임대인 A가 기존임차인 B와 임대차계약을 합의해지할 무렵 C 학교와 새로 임대차계약을 체결하면서 상가에 설치된 모든 시설을 인수하는 조건으로 C로부터 시설비 명목의 돈을 수령하였는데, B가 기존임대차계약과 별개로 임대인과 체결한 시설투자비 상환약정에 따라 매월 A에게 차임 이외의 금원을 별도로 지급하여 왔었고 이는 권리금에 해당한다고 주장하면서 A를 상대로 권리금회수 방해를 이유로 한 손해배상을 구한 사안에서, B가 권리금회수 방해로 인한 손해배상을 구하려면 B와 신규임차인 사이에 권리금계약이 체결되었을 것이 전제되어야 하는 것은 아니지만, B가 신규임차인인 C와 권리금계약을 체결하지 않았음은 물론, 자신이 권리금을 지급받기 위해서 C와 권리금계약의 대상이나 임대인과의 시설투자비 상환약정과 관련하여 B가 양도할 수 있는 시설물의 범위 등에 관하여 전혀 논의한 적이 없고, A가 C로부

그런데 계약갱신요구와 관련하여 전체 임대차기간을 한정하는 법 제10조 제2항은 제10조의4에서도 당연히 전제된다고 보아야 한다. 즉 신규임차인으로부터 권리금을 회수할 수 있는 것은 계약갱신요구를 통하여 자신이 상가건물을 용익할 수 있는 한도에서 인정되어야 한다. 제10조 제2항의 제한이 적용되지 않는다면 예외사유가 존재하지 않는 한 임대인의 소유권은 허유권(虛有權)으로 될 것이기 때문이다. 그러나 대판 2019.5.16. 2017다225312 · 225329는 "구 상가건물 임대차보호법(2018. 10. 16. 법률 제15791호로 개정되기 전의 것, 이하 '구 상가임대차법'이라 한다) 제10조의4의 문언과 내용, 입법취지에 비추어 보면, 구 상가임대차법 제10조 제2항에 따라 최초의 임대차기간을 포함한 전체 임대차기간이 [10][114]년을 초과하여 임차인이 계약갱신요구권을 행사할 수 없는 경우에도 임대인은 같은 법 제10조의4 제1항에 따른 권리금 회수기회 보호의무를 부담한다고 보아야 한다"고 하여 다른 입장이다.[115]

(3) 그 밖에 권리금의 보호대상에서 전대차는 제외되며(제13조 제1항, 제10조의5도 참조), 국토교통부 장관이 정하는 표준권리금계약서(제10조의6)의 사용이 권장된다.

6. 기　　타 [2693]

(1) 법 제3조는 임대인지위의 승계와 담보책임에 관하여 규정한다. 그런데 임대인지위가 승계되더라도 임차건물의 소유권이 이전되기 전에 이미 발생한 연체차임이나 관리비 등은 별도의 채권양도절차가 없는 한 승계되지 않는다.[116]

(2) 계약갱신요구권, 차임 등의 증감청구권, 차임연체로 인한 즉시해지, 월 차임 전환시 산정율의 제한규정은 전대인과 전차인의 전대차관계에 적용되고, 임대인의 동의를 얻어 전대차계약을 체결한 전차인은 임차인의 계약갱신요구권 행사기간 범위 내에서 임차인을 대위하여 임대인에게 계약갱신요구권을 행사할 수 있다(법 제13조).

제 4 관　소비대차

Ⅰ. 개　　관 [2694]

1. 의　　의

(1) 소비대차(消費貸借)는, 당사자 일방(대주, 貸主)이 금전 기타 대체물의 소유권을 상대방(차주, 借主)에게 이전할 것을 약정하고, 상대방은 동종 · 동질 · 동량의 물건을 반환할 것을 약정함으로써 성립하는 계약이다(제598조).

터 시설비를 받는 것에 관해서도 별다른 이의를 하지 않았으므로, B와 C는 애초부터 권리금계약 체결 자체를 예정하고 있지 않아서, A가 B의 권리금회수를 방해하였다거나 B에게 어떠한 손해가 발생하였다고 볼 여지가 없다고 하였다.

114) 이 판결이 선고될 당시에는 임대차기간의 상한이 5년이었다.

115) A가 B와 상가임대차계약을 체결한 다음 상가를 인도받아 음식점을 운영하면서 2회에 걸쳐 계약을 갱신하였고, 최종 임대차기간이 만료되기 전 C와 권리금계약을 체결한 후 B에게 C와 새로운 임대차계약을 체결하여 줄 것을 요청하였으나, B가 노후화된 건물을 재건축하거나 대수선할 계획을 가지고 있다는 등의 이유로 C와의 임대차계약 체결에 응하지 아니한 사안에서, A가 구 상가임대차법(2018. 10. 16. 법률 제15791호로 개정되기 전의 것) 제10조의4 제1항에 따라 임대차기간이 끝나기 3개월 전부터 임대차 종료시까지 신규임차인을 주선하였으므로, B는 정당한 사유 없이 신규임차인과 임대차계약 체결을 거절해서는 안 되고, 이는 A와 B 사이의 전체 임대차기간이 5년을 지난 경우에도 마찬가지인데도, A가 C와 권리금계약을 체결할 당시 더 이상 임대차계약의 갱신을 요구할 수 없었던 상황이었으므로 B가 권리금 회수기회 보호의무를 부담하지 않는다고 본 원심판단에 법리오해의 잘못이 있다고 한 사례.

116) 대판 2008.10.9. 2008다3022. 새로운 소유자와 임차인이 별개의 임대차계약을 새로 체결한 경우에 관하여 대판 2013.12.12. 2013다211919도 참조.

(2) 소비대차는 타인의 물건을 빌린다는 점에서 사용대차나 임대차와 같지만, 대체물을 빌려서 「소비」할 수 있다는 점에서 다르다. 즉 차주가 목적물의 소유권을 취득한다는 점에서, 목적물의 소유권을 취득하지 않고 빌린 물건 자체를 반환해야 하는 사용대차나 임대차와 구별된다.

(3) 소비대차의 법적 성질을 살핀다.

① 민법상의 소비대차는 낙성 · 불요식계약이다.

② 소비대차의 기본값은 무상계약이지만, 당사자 사이의 특약 또는 법률의 규정에 의하여 이자를 지급해야 하는 경우에, 이자는 대주가 교부하는 금전 기타 대체물의 이용에 대한 대가이므로, 유상계약이다. 특히 상인이 그 영업에 관하여 금전을 대여한 경우에는 법정이자를 청구할 수 있고, 영업범위 내에서 체당(替當)한 경우에도 같다(상법 제55조).

③ 소비대차가 쌍무계약인지 아니면 편무계약인지에 관하여 견해의 대립이 있는데, 무이자 소비대차는 편무계약이고, 이자부 소비대차는 쌍무계약이라고 해야 한다.[1)]

[2695] 2. 성 립

(1) 민법상의 소비대차는 낙성계약이므로, 당사자 사이의 합의만으로 성립한다. 즉 대주가 금전 기타 대체물을 현실적으로 차주에게 교부하는 것(또는 현실의 수수가 있은 것과 같은 경제적 이익을 취득하는 것)은 소비대차의 성립요건이 아니다.[2)]

그런데 당사자들의 합의로 소비대차가 유효하게 성립하였더라도, 대주가 목적물을 차주에게 인도하기 전에 당사자 일방이 파산하면 소비대차는 그 효력을 잃는다(제599조).[3)]

(2) 소비대차의 목적물은 금전 기타 대체물이지만, 금전인 경우가 압도적이다. 그런데 대주가 소비대차의 목적인 금전에 갈음하여 유가증권 기타 물건(약속어음, 국채 등)을 교부하는 경우도 있는데, 이를 대물대차(代物貸借)라 한다.

대물대차 자체는 유효하지만, 금전에 갈음하는 것의 시가가 변동하므로 소비대차의 차용액을 결정하는 시점에 관하여 당사자 사이에 다툼이 생길 수 있고, 대주가 이 점을 이용하여 폭리를 취할 수도 있다. 이러한 사정을 고려하여 법은 차주가 금전에 갈음하여 유가증권 기타 물건을 받은 경우에 "그 인도시의 가액으로써 차용액으로 한다"고 규정한다(제606조). 이 규정은 강행규정이며, 이에 위반되는 특약을 하더라도 그것이 차주에게 불리한 것이면 무효이다(제608조).

(3) 무이자소비대차는 무상 · 편무계약이어서 대주만이 경제적 손실을 본다. 여기서 법은 당사자 사이의 공평을 꾀하기 위하여 무이자소비대차의 당사자는 목적물의 인도 전에 언제든지 계약을 해제할 수 있도록 하였다. 다만 해제로 인하여 상대방에게 손해가 생겼다면 이를 배상해야 한다(제601조).

[2696] 3. 준소비대차

(1) 소비대차 아닌 원인으로 금전 기타 대체물을 급부할 의무를 지는 이가 상대방과의 계약

---

1) 대판 1966.1.25. 65다2337. [2101] 참조.

2) 대판 1991.4.9. 90다14652.

3) 대판 2021.10.28. 2017다224302는, 금전소비대차계약이 성립된 후 차주의 신용불안이나 재산상태의 현저한 변경이 생겨 장차 대주의 대여금반환청구권 행사가 위태롭게 되는 등 사정변경이 생기고 이로 인하여 당초의 계약내용에 따른 대여의무를 이행케 하는 것이 공평과 신의칙에 반하게 되는 경우에, 대주는 대여의무의 이행을 거절할 수 있다고 보았다.

에 의하여 그 목적물을 소비대차의 목적으로 할 것을 약정한 경우에도 소비대차가 성립한다(제605조). 이것을 준소비대차(準消費貸借)라 한다.

(2) 준소비대차가 성립하기 위하여 금전 기타 대체물을 목적으로 하는 기존의 채무가 유효하게 존재해야 하고, 기존채무의 당사자들이[4] 그 채무의 목적을 소비대차의 목적으로 한다는 합의를 해야 한다. 그런데 소비대차상의 채무의 성립과 기존채무의 소멸은 서로 조건으로 되어 있으므로, 후자가 존재하지 않거나 무효인 경우에 전자가 성립하지 않고, 전자가 무효이거나 취소된 경우에는 후자가 소멸하지 않은 것으로 된다.[5][6]

(3) 준소비대차에 의하여 기존채무는 소멸하고 소비대차상의 채무가 성립한다. 준소비대차의 효력은 보통의 소비대차와 같고, 대물반환의 예약에 관한 제607조와 제608조도 적용된다.

그리고 경개와 달리 소비대차상의 채무와 기존채무 사이에 동일성이 인정되므로,[7] 당사자의 의사나 계약의 성질에 반하지 않는 한 기존채무에 관하여 존재하던 동시이행의 항변권은 존속하고, 담보권이나 보증도 신채무를 위하여 존속한다.[8] 다만 소멸시효기간은 준소비대차에 의하여 성립하는 신채무를 기준으로 결정된다.[9]

Ⅱ. 소비대차의 효력 [2697]

1. 대주의 의무

(1) 대주는 차주로 하여금 목적물을 이용하게 할 의무를 지며, 이 의무를 이행하기 위하여 목적물의 소유권을 차주에게 이전해야 한다.

(2) 대주의 담보책임을 본다.

① 이자부 소비대차에서 목적물에 하자가 있는 경우에, 매도인의 하자담보책임과 같은 책임을 대주가 지는데(제602조 제1항), 대주는 금전 기타 대체물의 인도를 내용으로 하는 종류채무를 부담하므로, 종류물매매에 관한 제581조가 준용된다.[10] 차주의 이들 권리는 6월 내에 행사되어야

---

4) 준소비대차계약의 당사자는 기존채무의 당사자여야 한다(대판 2002.12.6. 2001다2846).

5) 대판 2007.1.11. 2005다47175는 ⓐ 기존채무에 대하여 채권가압류가 마쳐진 후 채무자와 제3채무자 사이에 준소비대차약정이 체결된 경우에, 준소비대차약정은 가압류된 채권을 소멸하게 하는 것으로서 채권가압류의 효력에 반하므로, 가압류의 처분제한의 효력에 따라 채무자와 제3채무자는 준소비대차의 성립을 가압류채권자에게 주장할 수 없고, 다만 채무자와 제3채무자 사이에서는 준소비대차가 유효하고, ⓑ 가압류채무자가 가압류에 반하는 처분행위를 한 경우에 처분의 유효를 가압류채권자에게 주장할 수 없지만, 이러한 가압류의 처분제한의 효력은 가압류채권자의 이익보호를 위하여 인정되므로 가압류채권자는 처분행위의 효력을 긍정할 수도 있다고 하였다. 다만 ⓒ 준소비대차에 관한 법리에 비추어 신채권의 성립은 기존채권의 소멸을 전제로 하는 것으로서, 두 채권이 법적 평가에서 완전히 동일한 채권이라 할 수는 없더라도 적어도 같은 당사자와의 관계에서 두 채권이 동시에 양립할 수는 없는바, 가압류채권자가 이미 위 준소비대차가 기존채권에 대한 자신의 가압류의 효력에 반하는 것으로 「가압류채권자에 대한 관계에서는 무효」임을 전제로 하여 신채권이 공제되지 않은 기존채권 전액에 대한 추심을 마친 경우에, 가압류채권자가 이번에는 준소비대차가 채무자와 제3채무자 사이에서는 유효하므로 「가압류채권자에 대한 관계에서도 유효」함을 전제로 하여 신채권에 대한 추심을 주장하는 것은 금반언 내지 신의칙에 반하여 원칙적으로 허용될 수 없다고 하였다.

6) 준소비대차계약의 채무자가 기존채무의 부존재를 주장하는 이상 채권자로서는 기존채무의 존재를 증명할 책임이 있다(대판 2024.4.25. 2022다254024).

7) 경개와 준소비대차의 관계에 관하여 대판 2003.9.26. 2002다31803 · 31810: "준소비대차는 [···] 기존채무를 소멸케 하고 신채무를 성립시키는 계약인 점에 있어서는 경개와 동일하지만 경개에 있어서는 기존채무와 신채무 사이에 동일성이 없는 반면, 준소비대차에 있어서는 원칙적으로 동일성이 인정된다는 점에 차이가 있고, 기존채권, 채무의 당사자가 그 목적물을 소비대차의 목적으로 할 것을 약정한 경우 그 약정을 경개로 볼 것인가 또는 준소비대차로 볼 것인가는 일차적으로 당사자의 의사에 의하여 결정되고, 만약 당사자의 의사가 명백하지 않을 때에는 특별한 사정이 없는 한 동일성을 상실함으로써 채권자가 담보를 잃고 채무자가 항변권을 잃게 되는 것과 같이 스스로 불이익을 초래하는 의사를 표시하였다고는 볼 수 없으므로 일반적으로 준소비대차로 보아야 하지만, 신채무의 성질이 소비대차가 아니거나 기존채무와 동일성이 없는 경우에는 준소비대차로 볼 수 없다." 대환(代換)과 채무의 동일성에 관한 대판 2002.10.11. 2001다7445도 참조.

8) 앞의 2005다47175 판결은, 기존채무와 신채무의 동일성이란 기존채무에 동반한 담보권, 항변권 등이 신채무에도 그대로 존속한다는 의미라고 하였다.

9) 대판 1981.12.22. 80다1363.

한다(제602조 제1항, 제582조 참조).

② 무이자소비대차에서는 —증여와 마찬가지로— 대주가 교부한 목적물에 하자가 있음을 알면서 이를 차주에게 고지하지 않은 경우에만 대주의 담보책임이 발생하고, 대주에게 담보책임을 물을 수 없는 경우에, 차주는 반환시기에 하자 있는 물건의 가액만 반환하면 된다(제602조 제2항). 책임의 내용은 이자부 소비대차에서와 같다.

[2698]
2. 차주의 의무

가. 반환의무

(1) 반환시기가 도래하면, 차주는 대주로부터 받은 것과 동종·동질·동량의 물건을 반환할 의무를 지는데(제598조),[11] 대물대차의 경우에 약정한 액의 금전을 반환해야 한다(제606조. 제608조의 제한도 참조).

한편 빌린 물건에 하자가 있었다면, 같은 하자 있는 물건으로 반환하는 대신 그 가액(이행지와 이행시기를 표준으로 산정한)을 반환해도 된다. 법은 무이자소비대차에 관하여 이를 규정하지만(제602조 제2항 본문), 이자부 소비대차에서 차주가 하자 없는 물건의 급부를 청구하지 않은 경우에도(제581조 제2항 참조) 같은 결과를 인정해야 한다.

그리고 동종·동질·동량의 물건을 반환할 수 없게 된 경우에 불능으로 된 때의 물건의 가액으로 반환해야 하지만, 특정한 종류의 금전으로 반환할 약속이 있었다면 다른 통화로 변제해야 한다(제604조).

(2) 반환시기의 특약이 있는 경우에, 차주는 약정시기에 차용물과 동종·동질·동량의 물건을 반환해야 한다(제603조 제1항).

반면 반환시기에 관한 정함이 없으면, 대주는 상당한 기간을 정하여 반환을 최고해야 한다. 다시 말하면 상당한 유예를 주어 반환을 청구해야 한다. 이때의 「반환의 최고」는 계속적 계약관계로서 소비대차의 해지를 의미하는데, 동시에 장차 해지의 효력이 발생할 때(즉 상당한 기간의 경과한 날)에 향한 최고, 즉 「정지조건부 이행청구」의 의미도 가진다고 할 것이다. 한편 차주는 언제든지 반환할 수 있다(제2항).

[2699]
나. 이자지급의무

(1) 이자부 소비대차에서 차주는 이자를 지급할 의무를 부담한다. 이율은 당사자가 자유롭게 정할 수 있고, 약정이율이 없으면 법정이율(제379조, 상법 제54조)에 의한 이자를 지급해야 한다.[12]

(2) 이자 있는 소비대차는 차주가 목적물의 인도를 받은 때부터 이자를 계산해야 하고, 차주가 그 책임 있는 사유로 수령을 지체할 때에는 대주가 이행을 제공한 때부터 이자를 계산해야 한다(제600조).

---

10) 즉 선의·무과실의 차주는 ⓐ 목적물의 하자가 중대한 것이어서 계약의 목적을 달성할 수 없다면 계약을 해제할 수 있고, ⓑ 그 밖의 경우에 손해배상을 청구할 수 있으며, ⓒ 계약해제나 손해배상에 갈음하여 하자 없는 완전물의 교부를 청구할 수 있다. 다만 대물대차의 경우에는 특정물매매에 관한 제580조가 준용될 수 있다.

11) 당사자 일방이 상대방에게 현실로 금전 기타 대체물의 소유권을 이전하였더라도 상대방이 같은 종류, 품질 및 수량으로 반환할 것을 약정한 경우가 아니라면 이들 사이의 법률행위를 소비대차라 할 수 없다는 대판 2018.12.27. 2015다73098 참조.

12) 차주의 반환의무가 지체된 경우에, 지연손해에 대하여 소송촉진법 제3조 제1항에 따른 연 12%의 법정이율이 적용될 수 있다.

3. 이자채권 [2700]

가. 개 념

(1) 이자채권(利子債權)은 이자의 지급을 목적으로 하는 채권을 말한다. 여기서 이자란 과실(果實)의 일종으로, 금전 기타 대체물의 사용대가로 그 원본액과 사용기간에 따라 일정기마다 일정한 비율에 따라 지급되는 금전 기타 대체물을 말한다. 따라서 원본채권의 존재를 전제하지 않는 종신정기금(제725조), 부대체물의 사용대가인 지료나 차임 등은 이자가 아니다. 한편 지연손해금은 주된 채권인 원본의 존재를 전제로 그에 대응하여 일정한 비율로 발생하는 종된 권리라는 점에서 이자와 성질을 같이하고 지연손해금을 지연이자(遲延利子)라고도 하지만, 이자가 아니라 손해배상금이다.[13]

(2) 원본과 이자는 금전인 것이 보통이지만, 금전 외의 대체물일 수도 있고, 이자가 원본과 동일한 종류의 물건일 것을 요하지 않는다.[14]

(3) 이자채권은 법률의 규정 또는 당사자들의 약정에 의하여 성립한다. 법률의 규정(예: 제29조 제2항, 제587조 후단, 제748조 제2항 등. 상법 제55조도 참조)에 의하여 발생하는 이자를 법정이자, 당사자 사이의 약정에 의하여 발생하는 이자를 약정이자라 한다.[15]

나. 기본권인 이자채권과 지분권인 이자채권 [2701]

원본채권에 대한 종속의 정도에 따라 이자채권은 다음의 두 가지로 나눌 수 있다.

(1) 기본권(基本權)인 이자채권(또는 기본적 이자채권)은 아직 변제기에 도달하지 않은 이자채권, 즉 일정기마다 일정률의 이자를 취득할 수 있는 추상적 지위를 말하는데,[16] 일반적으로 이자채권이라 할 때 이를 가리킨다.

기본권인 이자채권은 원본채권을 전제로 하는데, 원본채권에 종속하며 그 운명을 같이한다. 이러한 부종성(附從性) 때문에, 원본채권이 없으면 이자채권은 발생하지 않고, 원본채권이 소멸하면 이자채권도 소멸한다. 또한 원본채권이 다른 사람에게 이전되면 이자채권도 이에 따라 이전되고, 원본채권에 대한 전부명령(민사집행법 제229조)은 기본권인 이자채권에도 그 효력을 미친다.

(2) 지분권(持分權)인 이자채권(지분적 이자채권)은 기본권인 이자채권에 기하여 매기마다 발생 [2702]
한, 일정액의 이자를 청구할 수 있는 권리를 말한다.[17]

지분권인 이자채권도 원본채권이 없으면 발생하지 않는 등 원본채권에 대하여 종속적이지만, 기본권인 이자채권과 달리 일단 성립하면 원본채권과는 별개의 독립한 존재로 되고, 따라서 원본채권과 분리하여 이것만 양도할 수 있으며, 원본채권이 이전되더라도 당연히 이에 따라 이전되지는 않는다.[18] 그리고 원본채권이 변제 또는 면제로 소멸한다고 해서 지분권인 이자채권도 당연히 소멸하지는 않는다. 나아가 지분권인 이자채권에 관하여 채무자가 이행을 지체한 경우에,

---

13) 대판 1998.11.10. 98다42141 참조.
지연이자율의 약정에 대하여 원칙적으로 이자제한법이 적용되지 않지만, 같은 법 제6조에 의하여 법원이 직권감액할 수 있다.

14) 쌀을 빌려주고 금전으로 이자를 받을 수 있다.

15) 대판 2007.3.15. 2006다73072는 대여금에 대한 약정이자의 지급청구에 법정이자의 지급을 구하는 취지도 포함되어 있다고 보았다.

16) A가 B에게 연 4%의 이자를 받기로 하고 3년간 1,000만 원을 빌려준 경우에, A는 1,000만 원의 원본채권과 함께 앞으로 3년간 매년 40만 원의 이자를 받을 수 있는 이자채권을 취득하는데, 이처럼 아직 변제기에 도달하지 않은 40만 원의 이자채권이 기본권인 이자채권이다.

17) 앞의 예에서 A가 B에게 돈을 빌려준 지 1년이 경과함으로써 A가 실제로 취득한 40만 원의 이자채권이 지분권인 이자채권이다.

18) 대판 1989.3.28. 88다카12803.

그 이자에 대한 지연손해금을 청구할 수 있다.[19] 이러한 이자채권만에 대한 압류도 가능하며, 원본채권 압류의 효력이 이러한 이자채권에는 미치지 않는다. 그리고 지분권인 이자채권은 원본채권과 독립하여 소멸시효에 걸리며, 그 기간은 3년이다(제163조 제1호). 다만 원본채권의 소멸시효가 지분권인 이자채권의 소멸시효에 앞서 완성되면, 비록 이자채권 자체의 소멸시효는 완성되지 않았더라도 제183조에 따라 이자채권도 소멸한다.[20]

한편 지분권인 이자채권도 원본채권의 확장이라는 성격을 가지므로, 원본채권의 담보는 이러한 이자채권도 담보하고(제360조, 제429조 제1항 참조), 이자를 제외한 원본만의 변제제공은 채무내용에 좇은 유효한 제공(제460조)이 아니다.

[2703] 다. 이 율

(1) 이율(利率)은 원본과 이자의 비율을 말하는데, 이율에 따라 이자가 산정된다. 즉 약정이율(당사자들이 약정한 이율)이 있으면 그에 따라 이자가 산정되고, 당사자들이 이율을 정하지 않은 경우에 법정이율의 적용을 받는데, 법률에 다른 규정(예: 국세기본법 제52조)이 없으면 민사법정이율은 연 5푼(제379조)이고, 상사법정이율은 연 6푼(상법 제54조)이다.[21]

(2) 이자의 이자, 즉 변제기에 도달한 이자를 원본에 산입하여 그 합계액을 원금으로 하여 발생하는 이자를 복리(複利. 또는 중리)라 한다. 민법은 복리를 금지 또는 제한하지 않으므로, 법률(이자제한법 제5조 참조) 또는 선량한 풍속 기타 사회질서에 반하지 않는 한, 복리의 약정을 할 수 있다.

그리고 소비대차에서 약정된 원본액에서 이자를 미리 공제하고 그 잔액만 차주에게 교부하는 경우에, 약정된 원본에서 미리 공제한 이자를 선이자(先利子)라 하는데,[22] 선이자약정도 유효하지만, 법률(이자제한법 제3조 참조) 또는 선량한 풍속 기타 사회질서에 위반되지 않아야 한다.

[2704] 4. 소비대차에서 차주의 보호 1: 이자의 제한

가. 서 설

고율의 이자를 규제함으로써 소비신용에서 궁박한 채무자를 보호하기 위하여 1962년 제정되었던 이자제한법이 이른바 외환위기에 직면하여 1998년 폐지되었다. 이러한 상황에서 대판(전) 2007.2.15. 2004다50426은 일반조항인 제103조에 기하여, 사회통념상 허용되는 한도를 초과하는 고율의 이자약정은 사회질서에 반하고, 그러한 이자를 지급한 경우에 그 반환을 청구할 수 있다고 하였다.[23]

19) 대판 1996.9.20. 96다25302.

20) 대판 2008.3.14. 2006다2940([1395]에 소개된) 참조.

21) 대판 2014.11.27. 2012다14562은, 상사법정이율이 적용되는 「상행위로 인한 채무」에는 상행위로 인하여 직접 생긴 채무뿐만 아니라 「그와 동일성이 있는 채무 또는 그 변형으로 인정되는 채무」도 포함된다고 하였다. 한편 상사법정이율은 상행위가 아닌 불법행위로 인한 손해배상채무에는 적용되지 않는다(대판 2018.2.28. 2013다26425).

22) 100만 원을 연 6%으로 1년간 대차하면서 그 이자로 6만 원을 공제하고 차주에게 94만 원만 지급하는 경우에, 미리 공제된 6만 원이 선이자이다.

23) 이 판결의 다수의견은 ㉠ "금전소비대차계약과 함께 이자의 약정을 하는 경우, 양쪽 당사자 사이의 경제력의 차이로 인하여 그 이율이 당시의 경제적·사회적 여건에 비추어 사회통념상 허용되는 한도를 초과하여 현저하게 고율로 정하여졌다면, 그와 같이 허용할 수 있는 한도를 초과하는 부분의 이자약정은 대주가 그의 우월한 지위를 이용하여 부당한 이득을 얻고 차주에게는 과도한 반대급부 또는 기타의 부당한 부담을 지우는 것이므로 선량한 풍속 기타 사회질서에 위반한 사항을 내용으로 하는 법률행위로서 무효"이고, 이른바 불법비교설([3265] 참조)에 기하여 ㉡ "선량한 풍속 기타 사회질서에 위반하여 무효인 부분의 이자약정을 원인으로 차주가 대주에게 임의로 이자를 지급하는 것은 통상 불법의 원인으로 인한 재산급여라고 볼 수 있을 것이나, 불법원인급여에 있어서도 그 불법원인이 수익자에게만 있는 경우이거나 수익자의 불법성이 급여자의 그것보다 현저히 커서 급여자의 반환청구를 허용하지

그런데 일반조항에 의하는 한 어느 정도의 고율이 사회통념상 허용되는 한도를 초과하여 무효로 되는지에 관한 기준이 모호하여 법적 안정성이 담보될 수 없을 뿐만 아니라 무효로 되는 것이 소비대차계약 전부인지, 이자약정부분인지 아니면 초과이자부분만인지 하는 것도 문제될 수 있었다. 그래서 2007년 이자제한법(이하 "법"이라고만 한다)이 다시 제정되었다. 아래에서 이 법의 내용을 살펴본다.24)

나. 이자제한법의 적용범위 [2705]

법은 금전대차에 관한 계약상의 최고이자율을 제한한다(법 제2조 제1항).

① 「금전」 외의 소비물을 목적으로 하는 소비대차에는 적용되지 않는데, 제103조나 특히 제104조에 의하여 무효로 될 수 있을 뿐이다.25)

② 금전의 「소비대차」에 한하여 적용되므로, 매매대금채권처럼 대차관계에 기하지 않은 금전채권에는 적용되지 않는다. 또한 대차원금이 10만 원 미만인 경우의 이자에 대해서도 적용되지 않는다(법 제2조 제5항). 그리고 최고이자율 제한에 관한 규정은 금전대차에 관한 계약상의 이자에 관하여 적용될 뿐, 위약벌에는 적용될 수 없다.26)

③ 법 제2조 제1항의 개정규정은 법 시행 후 최초로 계약을 체결하거나 갱신하는 분부터 적용한다(법 부칙 제2조).27)

[참 고] 법은 다른 법률에 따라 인가 · 허가 · 등록을 마친 금융업 및 대부업과 대부업법 제9조의4에 따른 미등록대부업자에 대하여는 적용되지 않는다(법 제7조). 그런데 대부업법 제8조, 같은 법 시행령 제5조에 의하여 대부업자28)가 개인 또는 중소기업기본법 제2조 제2항에 따른 소기업에게 대부하는 경우에, 대부금의 이자율은 연 100분의 27.9 이하의 범위에서 대통령령으로 정하는 율(현재는 연 20%. 동법 시행령 제5조 제2항 참조)을 초과할 수 없다. 그리고 위의 이자율을 초과하는 부분에 대한 이자계약은 무효이며, 채무자는 초과부분에 대한 이자를 지급한 경우에 초과지급된 이자 상당 금액은 원본에 충당되고, 원본에 충당되고 남은 금액이 있으면 그 반환을 청구할 수 있다.

다. 이자제한의 모습 [2706]

(1) 법은 약정이율의 최고한도를 제한하는 방식을 취한다. 즉 최고이자율은 연 25%를 넘지 않는 범위 안에서 대통령령으로 정하는데(법 제2조 제1항, 제2항), 현재의 최고이자율은 연 20%이다. 이자를 확정된 금액으로 약정된 경우에도 원본과의 비율에 따라 위 제한을 받는다.

(2) 금전대차에 관하여 채권자가 받는 원본 외의 금전은 그 명칭 여하를 불문하고 이자로 간주되는데(법 제4조),29) 이러한 간주이자(看做利子)를 포함하여 최고이자율을 초과하지 않는 범위

않는 것이 오히려 공평과 신의칙에 반하게 되는 경우에는 급여자의 반환청구가 허용되므로, 대주가 사회통념상 허용되는 한도를 초과하는 이율의 이자를 약정하여 지급받은 것은 그의 우월한 지위를 이용하여 부당한 이득을 얻고 차주에게는 과도한 반대급부 또는 기타의 부당한 부담을 지우는 것으로서 그 불법의 원인이 수익자인 대주에게만 있거나 또는 적어도 대주의 불법성이 차주의 불법성에 비하여 현저히 크다고 할 것이어서 차주는 그 이자의 반환을 청구할 수 있다"고 하였다.

관련하여 금융거래에서 신용조사료, 공증료, 대출취급수수료는 명목 여하를 불문하고 대출과 관련된 것으로서 대출의 대가로 볼 수 있어 이를 이자로 봄이 타당하고, 허용할 수 있는 한도를 초과하는 부분의 관련약정은 선량한 풍속 기타 사회질서에 위반한 사항을 내용으로 하는 법률행위로서 무효이므로 그 초과부분은 법정충당에 의하여 원금에 충당될 여지가 있다고 한 대판 2023.6.15. 2022다211959도 참조.

24) 이자의 제한에 관한 입법자의 재량을 다룬 헌재결 2001.1.18. 2000헌바7 참조.
아래에 인용된 재판례들 중에는 폐지된 이자제한법에 관한 것도 포함되어 있다.

25) 다만 금전대차의 이자로 금전 외의 대체물을 지급하기로 한 경우에는 법이 적용된다. 대판 1959.4.16. 4290민상714 참조.

26) 대판 2017.11.29. 2016다259769.

27) 대판 2008.10.23. 2008다37742도 참조.

28) 대부업의 등록을 한 이뿐만 아니라 미등록대부업자의 대부에 대해서도 같은 법 제11조 제1항에 따라 법 제2조 제1항 및 대부업법 제8조 제2항 내지 제5항이 준용된다.

내에서만 약정이자가 유효하다.

(3) 법은 복리에 관하여 제5조에서 "이자에 대하여 다시 이자를 지급하기로 하는 복리약정은 [···] 최고이자율을 초과하는 부분에 해당하는 금액에 대하여는 무효로 본다"고 하고, 선이자에 관하여 제3조에서 "선이자를 사전공제한 경우에는 그 공제액이 채무자가 실제 수령한 금액을 원본으로 하여 [···] 최고이자율에 따라 계산한 금액을 초과하는 때에는 그 초과부분은 원본에 충당한 것으로 본다"고 규정한다.

[참 고] 이자제한의 관점에서 복리 및 선이자를 본다.

먼저 복리의 유형으로 ⓐ 이자의 변제기가 도래한 후 새로운 합의에 의하여 이자를 원본에 산입하는 경우, ⓑ 이자의 변제기가 도래하기 전에 복리의 예약을 하면서 이자지급의 지체를 정지조건으로 하여 이자가 원본에 산입되도록 하는 경우 및 ⓒ 복리의 예약을 하면서 이자가 발생하면 당연히 원본에 산입되도록 하는 경우가 있는바, 앞의 두 경우에 이율 자체가 제한범위 내의 것이라면 유효한 반면, ⓒ의 경우에는 원본에 산입된 당초의 이자와 그에 대한 이자의 합산액이 본래의 원본에 대하여 제한범위 내에 있어야 유효하다.

한편 선이자와 관련하여 구 이자제한법에 관한 대판 1981.1.27. 80다2694는, 차주가 실제로 받은 금액과 그에 대한 제한최고이율에 의한 이자의 합산액[30]이 당사자 사이에 유효하게 성립한 소비대차계약의 원본액으로서, 변제기에 차주가 변제해야 할 금액이라고 하였다(대부업법 제8조 제5항도 참조).

(4) 제한최고이율이 개정되면, 신법에 특별규정이 있는 등의 경우를 제외하고, 결과적으로 종전의 최고이율과 변경된 최고이율 중 낮은 쪽에 의하여 규율되어야 한다.[31]

[2707] **라. 제한 위반의 효과**

(1) 금전소비대차의 약정이자 중 앞에서 본 최고이자율을 초과하는 부분은 무효이다(법 제2조 제3항). 따라서 채권자가 이를 청구할 수 없을 뿐만 아니라 최고이자율을 초과하는 부분의 이자채권을 자동채권으로 하여 상계의 의사표시를 하더라도 그 효력이 발생하지 않는다.[32] 나아가 준소비대차계약을 하거나 경개계약을 하더라도 초과부분에 관해서는 효력이 없다.[33]

(2) 채무자가 최고이자율을 초과하는 이자를 임의로 지급한 경우에 초과지급된 이자 상당 금액은 원본에 충당되고, 원본이 소멸한 때에는 그 반환을 청구할 수 있다(같은 조 제4항). 그리고 제한초과이자가 원본에 충당되면 원본이 감액되고, 그 후의 이자계산은 감축된 원본을 기준으로 해야 한다.

(3) 판례는 고의 또는 과실로 이자제한법을 위반하여 최고이자율을 초과하는 이자를 받은 경우에 불법행위가 성립한다고 한다.[34]

---

29) 그 취지에 관하여 대판 1992.10.13. 91다37270 및 대부업법에서의 공증료나 중개수수료에 관한 대판 2014.11.13. 2014다24785 · 24792 · 24808도 참조.

30) 100만 원을 연 2할로 1년간 대차하면서 그 이자로 20만 원을 공제하고 차주에게 80만 원만 지급한 경우에, 실제로 받은 80만 원에 제한최고이율 연 20%에 따른 이자 16만 원(80만 원×0.2)을 합한 96원.

31) 구 이자제한법과 관련하여 최고이율이 인상된 경우에 관한 대판 1991.7.26. 90다15488 및 인하된 경우에 관한 대판 1984.4.10. 82다512 참조.

32) 대판 1963.11.21. 63다429.

33) 대판 1998.10.13. 98다17046.

34) 대판 2021.2.25. 2020다230239: "금전을 대여한 채권자가 고의 또는 과실로 이자제한법을 위반하여 최고이자율을 초과하는 이자를 받아 채무자에게 손해를 입힌 경우에는 특별한 사정이 없는 한 민법 제750조에 따라 불법행위가 성립한다고 보아야 한다. 최고이자율을 초과하여 지급된 이자는 이자제한법 제2조 제4항에 따라 원본에 충당되므로, 이와 같이 충당하여 원본이 소멸하고도 남아 있는 초과지급액은 이자제한법 위반행위로 인한 손해라고 볼 수 있다. 부당이득반환청구권과 불법행위로 인한 손해배상청구권은 서로

5. 소비대차에서 차주의 보호 2: 대물반환의 예약의 규제 [2708]

가. 대물반환의 예약

(1) 대물변제에도 예약은 인정되는데, A가 B로부터 돈을 빌리면서 변제기에 원금과 이자를 갚지 못하면 A 소유 부동산의 소유권을 B에게 이전할 것을 미리 약속하는 등 원래의 채무가 소비대차에 기한 경우를 대물반환(代物返還)의 예약이라 한다.

(2) 금전소비대차의 당사자 사이에 대물반환의 예약이 체결되는 경우가 많은데, 그 내용은 장래 차주가 채무를 이행하지 않으면 목적물(특히 특정한 부동산)의 소유권이 대주에게 이전한다는 것이다. 이러한 경우에 대물반환의 예약은 물적 담보제도로 기능하고, 폭리를 방지하기 위하여 제607조와 제608조가 적용된다.

(3) 대물반환의 예약의 유형을 본다.35)

① 정지조건부 대물반환계약, 즉 불이행을 정지조건으로 하여 목적물의 소유권이 당연히 대주에게 이전하는 유형은 물권변동에 관한 형식주의 및 유질의 금지(제339조) 때문에 우리 법상 성립할 수 없다.

② 반면 진정한 대물반환의 예약, 즉 당사자의 일방 또는 쌍방이 특정물의 급부로써 대물반환을 할 수 있는 권능을 보유하는 유형은 성립할 수 있는데, 다시 두 유형으로 나뉜다.

ⓐ 일방/쌍방형의 예약, 즉 예약권자의 일방적 의사표시(예약완결권의 행사)가 있으면 상대방의 승낙을 받을 필요 없이 본계약을 성립시키는 유형의 예약에서는 예약완결권자의 예약완결권의 행사에 의하여 본계약인 대물변제가 성립하며, 따라서 채무가 소멸한다.

그런데 적어도 대물급부가 부동산소유권의 이전인 경우에, 소유권 변동에 등기를 요하는 제186조 때문에 이 유형은 허용되지 않는다. 반면 대물급부가 동산소유권의 이전인 경우에, 유질(流質)을 금지하는 제339조에 위반되지 않는 한 이 유형의 예약도 허용된다.

ⓑ 한편 편무/쌍무형의 예약, 즉 예약권자가 본계약의 청약을 하면 상대방이 승낙할 의무를 부담하는 유형의 예약에서는 상대방의 승낙이 있어야 본계약이 성립한다. 요물계약인 대물변제에서 이 유형의 예약이 기본값으로, 목적물이 동산인지 부동산인지를 가리지 않고 허용된다.

나. 민법 제607조와 제608조 [2709]

(1) 대물반환의 예약은 금전소비대차의 대주로서 채권의 만족을 확보할 수 있는 유용한 수단이다. 즉 대물반환의 예약을 이용함으로써 채권자는 질권이나 저당권에 의하는 것보다 훨씬 유리하고(재산권의 가액이 채권액을 초과하는 경우에) 간편하게(채권의 만족을 위한 현금화를 경매에 의할 필요가 없으므로) 채권의 만족을 확보할 수 있다.

(2) 대물반환의 예약은 금전소비대차에서 대주가 차주의 궁박상태를 이용하여 차용액보다 월등히 고가인 급부를 하게 함으로써 폭리를 얻는 데 이용될 수 있다. 이러한 폭리행위에 제104조가 적용되지만, 법은 대주의 폭리행위로부터 차주를 보호하기 위하여 특칙을 규정한다. 즉 소비대차의 당사자가 대물반환의 예약을 한 경우에, 차주가 차용물에 갈음하여 급여하기로 한 재산의

별개의 청구권으로서, 제한초과이자에 대하여 부당이득반환청구권이 있다고 해서 그것만으로 불법행위의 성립이 방해되지 않는다. 나아가 채권자와 공동으로 위와 같은 이자제한법 위반행위를 하였거나 이에 가담한 사람도 민법 제760조에 따라 연대하여 손해를 배상할 책임이 있다."

35) 자세한 것은 우선 講義, [4279] 참조.

"예약 당시"의 가액[36]이 차용액 및 그에 붙인 이자(변제기까지의 것)의 합산액을 넘지 못하며(제607조), 이에 위반되는 당사자의 약정으로 차주에게 불리한 것은 환매 기타 어떠한 명목이라도 그 효력이 없다(제608조). 그런데 예약 당시의 가액이 차용액 및 이자의 합산액을 넘지 않는다면, 변제기에 이르러 그 재산의 가액이 상승하여 원리금의 합산액을 초과하더라도, 제607조는 적용되지 않는다.

[2710] (3) 종래 대물반환의 예약이 이루어지는 모습을 보면, 소비대차의 당사자들이 ❶ 대물반환의 예약을 하고, 목적인 재산권이 부동산에 관한 것인 경우에 ❷ 가등기를 하며, ❸ 제소전 화해를 거쳤다. 변제기 도래 후에 차주가 이행하지 않으면 대주는 ❸을 통하여 본등기를 함에 요구되는 차주의 협력(공동신청의 원칙에 따른)을 우회할 수 있고, ❷를 통하여 그 사이에 있을 수 있는 차주의 처분행위를 무력화할 수 있었다.

그런데 제608조에서 효력이 없다는 것의 의미를 무효로 새겨야 하지만, 제607조를 위반한 대물반환의 예약을 무효라 하여 그 효력을 부인하기에는 무제한적 기판력을 가지는([2796] 참조) ❸ 때문에 어려움이 있었다. 이에 따라 판례는 제607조, 제608조에 의하여 대물변제의 약정이 무효라도 그에 기한 소유권이전등기는 「채무자의 채무원리금을 담보하는 범위 안」에서 그대로 효력이 있으며, 이러한 경우의 담보는 당사자 사이에 청산절차를 예정하는 이른바 「약한 의미의 양도담보」라는 입장을 취하였다.[37] 이러한 판례의 입장은 공시방법에 의하지 않는 동산이나 권리가 대물반환의 예약의 목적인 경우에도 유효한데, 특히 부동산의 경우에 정산청구권의 실현을 위하여 가등기담보법이 제정되었다([5554] 참조). 그런데 이 법은 등기·등록에 의하여 공시되는 부동산 등의 권리에 관하여 대물반환의 목적으로 가등기 또는 소유권이전등기를 경료한 경우에만 적용되므로, 그러한 공시방법에 의하지 않는 동산이나 권리가 대물반환의 예약의 목적인 경우에는 여전히 제607조와 제608조의 적용이 문제된다.

[2711] Ⅲ. 소비자신용: 할부매매

1. 기본법리

(1) 할부매매(割賦賣買)란, 주로 동산매매에서 매매대금을 분할하여 일정기간 동안 일정기마다 계속해서 지급하기로 하고, 매도인은 대금을 완불받기 전에 매수인에게 미리 동산을 인도함으로써 상당기간 「신용」을 주는 특약이 붙은 매매를 말한다.

(2) 재화의 대금이나 용역의 대가의 지급을 일정기간 유예해 주는 할부매매는 실질에 있어서 소비대차와 다르지 않다.[38] 이처럼 소비자신용거래의 일종으로서 할부매매에서 매도인은 대금채권을 확보하기 위하여 통상 소유권유보, 해제권의 유보, 기한이익의 상실 등을 약관에서 정할 뿐만 아니라 즉시 집행할 수 있는 방안(특히 약속어음공증)을 취하기도 한다. 다른 한편 소비자는 신용거래의 특성 때문에 충동구매(「외상이면 소도 잡아먹는다」)를 하는 경우가 적지 않을 뿐만 아니라 경제적 약자로서 자기의 권리를 충분히 보호받지 못하기도 한다. 이러한 현실에 직면하여 할부거

36) 차주의 재산에 선순위근저당권이 설정되어 있다면 피담보채무액을 공제해야 한다는 대판 1991.2.26. 90다카24526 참조.
37) 대판 1982.7.13. 81다254 참조.
38) 대금채무를 대여금채무로 바꾼다면 준소비대차가 성립한다.

래법(이하 "법"이라고만 한다)이 제정되었다.

(3) 할부계약으로 매도인이 직접 신용을 제공하는 직접할부계약과 매도인과 제휴관계에 있는 제3자가 신용을 제공하는 간접할부계약이 있다.[39) [2712]

이 중 간접할부계약[40)]은 매도인과 매수인 사이의 매매계약 외에 신용제공자와 매도인 사이의 보증이나 채권양도 등의 약정과 신용제공자와 매수인 사이의 할부금의 지급 등에 관한 약정이라는 3면계약으로 이루어진다.[41)] 구체적으로 어느 가게에서 신용카드로 물품을 구입하면서 그 가게와 가맹점계약을 체결한 카드회사가 물품대금을 대신 지급하고 나중에 소비자로부터 지급받는 금융형태와 자동차를 할부로 구매하면서 판매회사와 제휴관계에 있는 할부금융회사가 구입대금을 판매회사에게 일시불로 지급하고 소비자로부터 일정기간 분할하여 받는 금융형태가 있고, 후자를 할부금융이라 하는데, 이 경우에 할부금융회사와 소비자 사이에 소비대차가 성립한다. 어느 경우든 판매업자로서는 스스로 신용을 줄 필요가 없고, 신용제공자로서는 고객을 확보할 수 있으며, 소비자로서는 쉽게 신용을 받을 수 있다는 장점을 가진다.

2. 할부거래법의 주요내용 [2713]

(1) 법은 계약체결 전의 정보제공의무와 할부계약의 서면주의를 규정한다(제5조, 제6조).[42)]

(2) 매수인은 계약서를 교부받은 날 또는 목적물을 인도받은 날부터 7일 내에 서면으로 청약을 철회할 수 있는데(제8조 제1항), 매수인의 철회권은 당사자 사이의 특약에 의해서도 포기될 수 없다(제43조 참조). 철회권 행사의 효과에 관하여 제10조 참조.

(3) 매수인이 할부금지급의무를 이행하지 않는 경우에, 매도인은 서면에 의한 최고를 거쳐 할부계약을 해제할 수 있다(제11조). 그리고 매도인의 손해배상액은 지연된 할부금에 일정률을 곱하여 산정한 금액에 상당하는 지연손해금을 초과하지 못한다(제12조 제1항).

(4) 일정한 경우에 매수인은 기한의 이익을 주장하지 못하며(제13조), 매수인이 기한도래 전에 나머지 할부금을 일시에 지급하는 경우에 나머지 기간에 대한 할부수수료가 공제된다(제14조).

(5) 일정한 경우에 매수인은 매도인 또는 신용제공자에게 할부금의 지급을 거절할 수 있는 항변권을 가진다(제16조 참조).[43)]

---

39) 법은 선불식 할부계약, 즉 소비자가 사업자로부터 장례 또는 혼례를 위한 용역이나 재화 등의 대금을 2개월 이상의 기간에 걸쳐 2회 이상 나누어 지급함과 동시에 또는 지급한 후에 재화 등의 공급을 받기로 하는 계약도 규율한다.

40) 소비자가 신용제공자에게 재화 등의 대금을 2월 이상의 기간에 걸쳐 3회 이상 나누어 지급하고, 재화 등의 대금을 완납하기 전에 사업자로부터 재화 등의 공급을 받기로 하는 계약.

41) 대판 2008.7.10. 2006다57872 참조.

42) 법 제6조 제1항이 할부계약의 주요내용을 서면으로 하도록 한 취지는, 할부거래에서는 대금의 지급이 장기간에 걸쳐 계속되기 때문에 계약내용이 복잡하고 소비자의 충동구매가 이루어지는 경우가 많은 현실을 감안하여, 매수인으로 하여금 할부계약의 내용을 이해할 수 있도록 함과 동시에 계약체결을 신중하게 하도록 함으로써 부당하게 불리한 특약으로부터 매수인을 보호하고 분쟁을 사전에 예방하고자 한 데 있을 뿐이고, 그와 같은 서면기재를 신용제공자에 대한 지급거절권의 행사요건으로 규정한 것은 아니라는 대판 2006.7.28. 2004다54633 참조.

43) 예를 들어 신용카드를 이용한 물품의 구매는 매수인과 신용카드회사 사이의 회원계약 및 매도인과 신용카드회사 사이의 가맹점계약을 통하여 이루어지는데, 물품이 배송되지 않거나 배송된 물건에 하자가 있는 경우에, 신용카드회사로서는 회원계약과 물품구매계약이 별개의 계약이라는 점을 주장하여 항변이 단절된다고 주장할 것인 반면, 매수인으로서는 신용카드회사가 매도인으로부터 신용기능을 부여받았으므로 항변이 신용카드회사에 미친다고 주장할 것이다. 이 경우 소비자는 법 제16조에 기하여 카드대금의 지급을 거절할 수 있다. 할부금 지급거절권을 인정한 취지에 관하여 앞의 2004다54633 판결 참조.

제 4 절 노무공급형 계약

제1관 총 설

[2714] 1. 개 관

(1) 지금까지 타인으로부터 「물건을 빌리는」 대차형 계약을 살펴보았는데, 지금부터는 다른 이의 「품(노동력)을 사고파는」 노무공급형 계약을 다룬다.

(2) 민법이 규정하는 노무공급형 계약(勞務供給型 契約)으로 고용, 도급, 여행계약, 현상광고, 위임 등이 있는데, 전형적인 유형으로서 고용과의 비교를 통하여 그들의 특성을 살펴보자.

① 고용은 노무 자체를 목적으로 하는데, 그것을 일정한 목적에 이용하는 것은 사용자의 몫이다. 반면 도급이나 현상광고 또는 여행계약은 완성된 일 또는 완료된 행위가 목적이어서, 일을 완성하는 과정에 투입되는 노무는 중요하지 않다. 따라서 도급에서 수급인 자신이 노무를 제공하였더라도 일을 완성하지 않는 한 보수를 청구하지 못하지만,[1] 고용에서는 일의 완성 여부와 관계없이 노무의 제공만 있으면 보수를 청구할 수 있다.

② 고용은 노무 자체의 공급을 목적으로 하지 않고 어떤 사무의 처리를 목적으로 하는 위임과 구별된다. 수임인은 위임사무의 목적에 따라 자기의 재량으로 사무를 처리할 수 있는 반면, 고용에서는 사용자의 지휘명령에 따라 노무를 제공해야 한다(제655조 참조).

(3) 노무공급형 계약에서 노무를 공급받는 당사자는 반대당사자의 이익을 보호/배려할 의무(안전배려의무)를 지는 반면, 반대당사자는 상대방을 위한 충실의무를 부담한다. 그 구체적인 내용은 계약유형에 따라 다르지만, 모두 보호의무에 포섭될 수 있다.

(4) 아래에서는 전형적 유형으로서 고용에 관하여 먼저 살펴본다.

[2715] 2. 고 용

가. 의 의

(1) 고용(雇傭)은, 당사자 일방(노무자. 勞務者)이 상대방(사용자. 使用者)에 대하여 노무를 제공할 것을 약정하고, 상대방이 이에 대하여 보수를 지급할 것을 약정함으로써 성립하는 계약이다(제655조). 즉 노무의 공급을 목적으로 하는 낙성 · 유상 · 쌍무계약이다.

고용에서 노동력(「인격」이 아니라 「품」)을 사는 대가를 임금(賃金)이라 한다. 그리고 노무의 이용에 관하여 지휘 · 복종관계가 성립하고, 사용자는 제756조에 기한 책임을 질 수 있다.

(2) 자본주의의 발달에 따른 경제적 · 사회적 힘의 불균형의 구조화/일상화 그리고 노동력을 일반상품과 동일시할 수 없다는 인식에 근거하여, 국가는 사회정책적 입법을 통하여 노무자의 지위를 보호하기 위하여 노력한다. 한편으로 노동조합을 보호 · 육성하고, 다른 한편으로 열악한 근로조건이 노무자의 생활을 위협하지 않도록 그 최저기준을 정해서 이를 지키도록 사용자에게 강제한다. 이러한 종류의 입법이 노동법이라는 독립한 법역을 이루어 민법의 고용에 대한 특별법으로 되었고, 그에 관한 연구가 법학의 독립한 한 분과를 이룬다.[2] 따라서 민법의 고용에 관한 규

1) 반면 약속한 결과를 발생시키면, 수급인 자신이 스스로 노무를 제공하지 않았더라도 보수를 청구할 수 있다.

정이 적용되는 것은 아주 제한된 부분에 불과하다.[3)]

(3) 고용은 인적 신뢰관계를 바탕으로 하는 계속적 채권관계에 해당하므로, 권리 · 의무의 전속성이 강하고(제657조) 인적 신뢰를 해치는 사유가 있으면 해지권이 발생한다(제661조). 한편 고용계약이 선량한 풍속 기타 사회질서에 위반되어 무효이거나 사기 · 강박을 이유로 취소되는 경우에, 이미 노무의 급부가 있었다면 —계속적 계약관계의 특수성과 현실적 급부가 가지는 의미를 고려하여— 취소 또는 무효의 소급효를 배제하고 장래에 향하여 소멸한다고 새겨야 한다.[4)] 따라서 이미 제공된 노무에 대한 보수를 청구할 수 있다.

나. 성 립 [2716]

(1) 고용은 노무(勞務) 자체의 제공을 목적으로 한다. 노무의 종류는 육체적인 것이든 정신적인 것이든, 사실적인 것이든 법률적인 것이든 가리지 않는다.

(2) 노무급부의 대가로 사용자가 보수지급의무를 부담할 것을 약정해야 한다. 보수는 금전으로 지급하는 것이 보통이지만, 물건의 사용, 기회의 제공 등이라도 무방하다.

(3) 고용은 낙성계약이므로 당사자 사이에 합의가 있으면 된다.[5)]

다. 고용의 효력 [2717]

(1) 노무자의 의무를 본다.

① 노무자는 계약에서 약정된 또는 고용계약의 취지와 거래관행에 의하여 결정된 바에 따라 노무를 제공해야 한다. 따라서 사용자가 계약 또는 관행에 의하여 정해지지 않은 노무의 제공을 요구하면, 노무자는 이에 응할 의무를 지지 않으며 오히려 계약을 해지할 수 있다. 반면 특수한 기능을 요하는 노무를 제공하기로 약정했음에도 노무자에게 그러한 기능이 없으면 사용자는 계약을 해지할 수 있다(제658조).

한편 노무자는 사용자의 지휘 · 명령에 따라 약정한 노무를 「스스로」 제공할 의무를 진다: 노무제공의 일신전속성(一身專屬性). 사용자의 동의 없이 제3자로 하여금 자기 대신 노무를 제공하도록 하지 못하고, 사용자도 노무자의 동의 없이 노무를 청구할 수 있는 권리를 제3자에게 양도하지 못한다. 이를 위반한 경우에 사용자 또는 노무자는 계약을 해지할 수 있다(제657조).

② 노무제공의무는 사용자의 지시에 의하여 구체적으로 실현되므로, 노무자는 사용자의 지휘 · 명령에 복종해야 한다. 다만 지휘 · 명령이 사회질서에 반하거나 공법적 규정에 위반된다면 그에 따를 필요가 없다. 나아가 당사자 사이에 특약이 없더라도 노무자는 일반적으로 충실의무(업무상 비밀을 준수할 의무, 경업금지의무 등)와 주의의무(즉 선관주의를 가지고 노무를 제공할 의무)를 부담한다.

(2) 사용자의 의무를 본다. [2718]

① 사용자는 노무제공의 대가로 약정된 보수를 지급해야 하며,[6)] 그에 대한 약정이 없으면 관습에 의한다. 보수의 지급시기에 관하여 특약이 없으면 관습에 의하고, 관습도 없으면 약정한

2) 고용계약 중 노동법의 대상이 될 수 있는 특성을 가지는 것을 특히 근로계약이라고 한다.
3) 민법상의 고용규정이 적용된 드문 예로 대판 2008.3.14. 2007다1418 참조.
4) 사기를 이유로 한 근로계약의 취소에서 소급효를 부정한 대판 2017.12.22. 2013다25194 · 25200 참조.
5) 근로기준법에 의한 제한으로 당사자의 능력이나 자격에 관한 제67조, 제68조 및 계약의 내용에 관한 제64조, 제65조 참조.
6) 이른바 생활보장적 임금에 관한 대판(전) 1995.12.21. 94다26721도 참조.

노무를 종료한 후 지체 없이 지급해야 한다(제656조). 보수채권은 3년간 행사하지 않으면 시효로 소멸한다(제163조 제1호, 근로기준법 제49조).

참고로 보수청구권은 일정한 한도(2분의 1)에서 압류가 금지되고(민사집행법 제246조), 사용자는 상계로 노무자에게 대항하지 못한다(제497조).[7]

② 노무자의 충실의무에 대응하여 사용자는 보수지급의무 외에 노무자에 대하여 보호의무로서 안전배려의무를 부담한다. 따라서 사용자는 노무자가 노무제공과 관련하여 손해를 입지 않도록 필요한 조치를 강구하고, 노무자의 생명 · 신체 · 건강 등에 관한 보호시설을 하고 적당한 휴양을 주어야 하며,[8] 이러한 보호의무를 위반하여 근로자가 손해를 입었다면 이를 배상해야 한다.[9]

[2719] **라. 고용의 종료**

(1) 고용계약에 존속기간의 정함이 있으면 기간의 만료로 고용관계는 종료하지만, 다음의 예외가 있다(제657조에 기한 해지도 참조).

① 약정한 고용기간이 3년을 넘거나 당사자 일방이나 제3자의 종신까지 계속하는 것으로 되어 있는 경우에, 3년이 경과한 후 각 당사자가 언제든지 계약해지의 통고를 할 수 있는데, 상대방이 해지의 통고를 받은 날부터 3월이 지나면 해지의 효력이 생긴다(제659조).

② 고용기간 만료 후 노무자가 계속하여 노무를 제공하는 경우에, 사용자가 상당한 기간 내에 이의를 하지 않으면 전 고용과 동일한 조건으로 고용계약을 갱신한 것으로 본다. 다만 갱신 후의 고용은 기간의 약정이 없는 것으로 다루어지므로, 각 당사자는 언제든지 계약해지를 통고할 수 있다. 이러한 묵시의 갱신이 있으면, 전 고용에 대하여 제3자가 제공한 담보는 소멸한다(제662조).

③ 부득이한 사유가 있으면 각 당사자는 계약을 해지할 수 있다. 다만 그 사유가 당사자 일방의 과실로 인한 것이라면 상대방에 대하여 손해배상의무를 부담한다(제661조). 그런데 고용계약상 의무의 중대한 위반이 있는 경우도 부득이한 사유에 포함된다.[10]

④ 사용자가 파산선고를 받으면 노무자나 파산관재인은 계약을 해지할 수 있는데, 이 경우 각 당사자는 해지로 인한 손해의 배상을 청구하지 못한다(제663조).

[2720] (2) 고용기간의 정함이 없으면 당사자는 언제든지 계약해지의 통고를 할 수 있으며, 상대방이 해지의 통고를 받은 날부터 1월이 지나면 해지의 효력이 발생한다. 기간으로 보수를 정한 경우에는 상대방이 해지통고를 받은 당기 후의 1기를 경과하면 해지의 효력이 생긴다(제660조).[11]

(3) 노무자가 사망하면 고용은 종료되지만(제657조 참조), 사용자의 사망은 고용을 종료시키지 않는다.

---

7) 그 밖에 임금채권 등의 우선순위에 관하여 [5441] 참조.

8) 대판 2000.5.16. 99다47129.

9) 대판 2021.8.19. 2018다270876.

10) 대판 2004.2.27. 2003다51675.

11) 해고제한의 특약에 관한 대판 2008.3.14. 2007다1418 및 명예퇴직신청에 대한 승인이 있은 후 철회가 허용되는 예외에 관한 대판 2002.8.23. 2000다60890 · 60906도 참조.

제2관 도 급

Ⅰ. 서 설 [2721]

1. 의 의

(1) 도급(都給)은, 당사자 일방(수급인. 受給人)이 일정한 일을 완성할 것을 약정하고, 상대방(도급인. 都給人)이 일의 결과에 대하여 보수를 지급할 것을 약정함으로써 성립하는 계약이다(제664조).

(2) 도급은 「일의 완성」에 대하여 보수를 지급하는 쌍무 · 유상의 계약이다.[1)]

(3) 낙성 · 불요식의 계약으로서 도급은 당사자의 합의에 의하여 성립하는데, 특히 공사도급에서 계약보증금, 지체상금, 위험부담, 담보책임, 계약금액의 조정, 하도급, 계약의 해제 등에 관한 규정들을 포함하는 약관이 널리 이용된다.[2)]

한편 일정한 토목 · 건축의 도급에 관하여 건설산업기본법이 건설업의 등록제를 채택하는 등 도급계약을 규제한다. 특히 건설공사의 도급계약은 서면으로 일정한 사항을 명백히 해야 한다(같은 법 제22조 제2항).[3)]

2. 제작물공급계약 [2722]

(1) 제작물공급계약(製作物供給契約)이란, 당사자의 일방(제작자)이 자기가 조달한 재료를 사용하여 상대방의 주문에 따라 만든 물건을 공급하기로 하고, 상대방(주문자)은 이에 대하여 보수를 지급하기로 하는 쌍무 · 유상계약을 말한다.

(2) 제작의 측면에서 도급의 성질을 가지고 공급의 측면에서는 매매의 성질을 가지는 제작물공급계약의 법적 성질에 관하여 다툼이 있는데,[4)] 판례는 계약의 중심적 요소, 즉 제작물이 대체물인지 여부에 따라 적용법조를 정한다.[5)]

생각건대 이 논의는 담보책임의 내용, 특히 보수의무 및 권리행사기간 등과 관련하여 의미를 가진다.[6)] 그런데 제작된 물건이 대체물이라면 하자로 인한 법률관계를 매매의 법리에 따라 처리하는 것이 간명한 반면, 부대체물이라면 제작자의 보수의무를 인정하는 등 도급의 법리에 따라 처리하는 것이 바람직할 것이다. 판례의 입장에 찬동한다.

(3) 제작물공급계약에서 일이 완성되었다고 하려면 당초 예정된 최후의 공정까지 마쳤다는 [2723]
점만으로 부족하고 목적물의 주요구조부분이 약정된 대로 시공되어 사회통념상 일반적으로 요구되는 성능을 갖추어야 하므로, 제작물공급에 대한 보수의 지급을 구하는 제작자로서는 목적물의

---

1) 일의 완성된 결과에 대해서만 보수를 지급하므로, 변호사에게 소송사건의 처리를 맡기는 계약은 도급이 아니라 위임이지만, 성공보수와 관련해서는 도급처럼 운용된다.

2) 건설공사도급계약의 경우에 건설산업기본법 제22조 제3항에 따라 국토교통부 장관이 고시한 표준도급계약서가 사용된다.

3) 이 때문에 건설도급계약이 요식행위로 되는 것은 아니다.

4) 도급과 매매의 양자를 적용해야 할 일종의 혼합계약이라는 입장과 제작물이 대체물이면 매매이고 부대체물이면 도급이라는 입장 및 거래의 성질에 따라 당사자의 의사를 기준으로 도급 또는 매매의 어느 한쪽으로 보아야 한다는 입장 등.

5) 가령 대판 1996.6.28. 94다42976: "이른바 제작물공급계약은, 그 제작의 측면에서는 도급의 성질이 있고 공급의 측면에서는 매매의 성질이 있어 이러한 계약은 대체로 매매와 도급의 성질을 함께 가지고 있는 것으로서, 그 적용법률은 계약에 의하여 제작 공급하여야 할 물건이 대체물인 경우에는 매매로 보아서 매매에 관한 규정이 적용된다고 할 것이나, 물건이 특정의 주문자의 수요를 만족시키기 위한 부대체물인 경우에는 당해 물건의 공급과 함께 그 제작이 계약의 주목적이 되어 도급의 성질을 띠는 것"이다. 대판 2010.11.25. 2010다56685도 참조.

6) 상법 제69조 제1항도 매매에만 적용된다.

제작에 관하여 계약에서 정해진 최후공정을 마쳤다는 점뿐만 아니라 목적물의 주요구조부분이 약정된 대로 시공되어 사회통념상 일반적으로 요구되는 성능을 갖추고 있다는 점까지 주장 · 증명해야 한다.[7]

[2724] Ⅱ. 도급의 효력

1. 수급인의 의무

가. 개 관

수급인은 약정된 일을 완성해야 하고, 도급의 목적인 일의 내용이 유형물의 완성인 경우에 완성한 물건을 도급인에게 인도해야 한다.

한편 완성한 일에 하자가 있으면 담보책임을 지고, 그 밖에 고지의무(제669조 단서, 제672조)와 같은 부수의무도 진다.

[2725] 나. 일을 완성할 의무

(1) 수급인의 기본적 의무는 약정된 일을 완성할 의무이다.[8] 그런데 도급의 목적인 일은 건물의 신축과 같은 유형적인 것뿐만 아니라 사람의 운송처럼 무형적인 것도 포함하고, 금전적 가치를 가지든 아니든 상관없다. 한편 도급은 일의 완성을 목표로 하므로 수급인은 독립적인 지위에 서지만, 도급인은 자기가 원하는 결과를 얻기 위하여 수급인에게 적당한 지시나 감독을 할 수 있다.

(2) 도급계약에서 일의 완성에 관한 주장 · 증명책임은 일의 결과에 대한 보수의 지급을 구하는 수급인이 부담한다.[9]

[2726] (3) 도급계약은 일의 완성이라는 결과를 목적으로 하므로, 반대특약(일의 성질에 따른 제한도 포함하여)이 없는 한 수급인 스스로 일을 완성해야 하는 것은 아니며, 수급인이 이행보조자 또는 이행대행자를 사용하더라도 관계없다.[10]

제3자의 사용으로 제3자를 보조자로 사용하는 경우와 제3자로 하여금 독립하여 일의 전부 또는 일부를 완성하게 하는 경우가 있는데, 후자를 하도급([2744] 이하 참조)이라 한다. 그런데 어느 경우이든 제3자의 고의 또는 과실에 대하여 수급인이 책임을 진다(제391조 참조).

(4) 특히 건설공사도급계약에서 통상 일의 완성까지 장기간이 소요되므로 지체상금(遲滯償金)이 약정되는 경우가 많은데,[11] 배상액 총액을 정하는 방법과 지연기간에 따라 일정액으로 정하는

---

7) 대판 2006.10.13. 2004다21862.

8) 목적물이 완성되었다면 그 하자는 하자담보책임으로 처리해야 한다(대판 2019.9.10. 2017다272486 · 272493).

9) 대판 1994.11.22. 94다26684 · 26691. 일의 완성의 판단에 관한 대판 2012.4.13. 2011다104482 · 104499도 참조.

10) 대판 2002.4.12. 2001다82545 · 82552.

11) 건설공사도급계약에서의 지체상금에 관한 재판례를 본다. ㉠ 수급인이 공사를 완성하지 못한 채 완공기한을 넘겨 도급계약이 해제된 경우에, 그 지체상금 발생의 시기(始期)는 완공기한 다음날이고(대판 2002.9.4. 2001다1386), 종기(終期)는 수급인이 공사를 중단하거나 기타 해제사유가 있어 도급인이 이를 해제할 수 있었을 때를 기준으로 하여 도급인이 다른 업자에게 의뢰하여 같은 건물을 완공할 수 있었던 시점이다(대판 2001.1.30. 2000다56112). ㉡ 수급인이 책임질 수 없는 사유로 인하여 공사가 지연된 경우에 그 기간만큼 지체일수에서 제외되어야 하지만, 지체일수가 공제되기 위해서는 공사도급계약에서 예상하지 못했던 사정이 발생하였고 그로 인하여 일정기간 예정된 공사를 진행할 수 없어 공사의 지연이 불가피하였음을 증명했어야 하고, 단지 어떤 사유가 수급인의 귀책사유와 경합하여 공사기간이 연장될 가능성만이 있는 때에는 배상예정액의 감액에서 고려할 수 있을 뿐이다(대판 2005.11.25. 2003다60136. 대판 2002.9.4. 2001다1386도 참조). 그리고 도급계약의 보수 일부를 선급하기로 하는 특약이 있는 경우에, 수급인은 그 제공이 있을 때까지 일의 착수를 거절할 수 있고 이로 말미암아 일의 완성이 지연되더라도 채무불이행책임을 지지 않으므로, 도급인이 수급인에 대하여 약정한 선급금의 지급을 지체하였다는 사정은 일의 완성이 지연된 데 대하여 수급인이 책임질 수 없는 사유에 해당하므로, 도급인이 선급금 지급을 지체한 기간만큼은 수급인이 지급해야 하는 지체상금의 발생기간에서 공제되어야 한다

방법이 있다.

다. 완성물인도의무 [2727]

(1) 도급의 목적인 일의 내용이 유형물의 완성인 경우에, 수급인은 완성한 물건을 도급인에게 인도해야 하는데, 완성된 물건의 인도와 보수의 지급은 동시이행관계에 선다(제665조).

민법은 도급인의 검수의무(檢收義務)를 규정하지 않지만, 특별한 사정이 없는 한 도급인이 목적물을 수취하는 것은 단순히 점유를 이전받는 데 그치는 것이 아니라 점검을 거친 수령, 즉 검수를 의미한다고 할 것이다.12) 판례의 입장도 같은 것으로 보인다.13)

(2) 완성물인도의무와 관련하여 완성된 물건, 특히 신축건물의 소유권이 누구에게 귀속되는지가 검토되어야 한다. 완성된 건물의 소유권을 수급인이 원시취득한다면 그 소유권을 도급인에게 이전해야 하는 반면, 도급인이 소유권을 취득한다면 그런 과정이 불필요하다. [2728]

① 노무도급처럼 일의 완성에 필요한 재료의 전부 또는 중요부분을 도급인이 공급한 경우에, 완성된 건물의 소유권이 원시적으로 도급인에게 귀속된다는 점에 대해서는 다툼이 없다.

② 수급인이 재료의 전부 또는 중요부분을 조달한 경우에, 「소유권 귀속에 관한 합의」가 있다면 그에 의하지만, 당사자 사이에 특약이 없으면 완성된 건물의 소유권이 누구에게 속하는지에 관하여 견해가 나뉜다. 판례는 수급인귀속설(受給人歸屬說)을 따르면서도14) 「특약」에 따른 도급인의 소유권취득을 인정한다.15) 이러한 예외에에 비추어, 수급인귀속설은 「기본값」의 의미를 가질 뿐이라고 할 수 있다.

생각건대 완성된 물건의 소유권 귀속에 관하여, 주된 재료의 제공자가 누구인지를 따지는 「소유권적 접근」(제259조 제1항 본문 참조)과 당사자의 의사를 기준으로 판단하는 「계약적 접근」의 두 방법이 있는데, 이른바 노무도급에서는 어느 쪽에 의하든 도급인에게 소유권이 귀속된다. 반면 수급인이 재료의 전부 또는 주된 부분을 제공한 경우에, 앞의 접근에 의하면 수급인이 소유권을 취득하고 이를 도급인에게 넘겨야 하지만, 뒤의 접근에 의하면 도급인이 소유권을 원시취득한 [2729]

(대판 2016.12.15. 2014다14429 · 14436). ㉢ 지체상금에 관한 약정은 수급인이 일의 완성을 지체한 데 대한 손해배상액의 예정이므로, 수급인이 약정된 기간 내에 일을 완성하여 도급인에게 인도하지 않아서 지체상금을 지급할 의무가 있는 경우에, 법원은 제398조 제2항에 따라 지체상금액이 부당하게 과다하다고 인정하는 경우에 이를 적당히 감액할 수 있다(대판 2002.9.4. 2001다1386. 지체상금지급의무를 연대보증한 이의 지위에 관한 대판 2005.8.19. 2002다59764도 참조). ㉣ 도급인의 지체상금채권과 수급인의 공사대금채권은 특별한 사정이 없는 한 동시이행의 관계에 있다고 할 수 없다(대판 2015.8.27. 2013다81224 · 81231).

12) 검수인지 여부는 담보책임의 성립범위와 관련하여 의미를 가진다. 즉 쉽게 확인할 수 있는 흠을 숨은 하자라 할 수는 없다.

13) 대판 2006.10.13. 2004다21862는, 보수지급의 요건인 목적물의 인도는 완성된 목적물에 대한 단순한 점유의 이전만을 의미하는 것이 아니라 도급인이 목적물을 검사한 후 목적물이 계약내용대로 완성되었음을 명시적 또는 묵시적으로 시인하는 것까지 포함하는 의미라고 하였다(대판 2023.3.30. 2022다289174도 동지). 그리고 대판 2019.9.10. 2017다272486 · 272493: "도급계약의 당사자들이 '수급인이 공급한 목적물을 도급인이 검사하여 합격하면, 도급인은 수급인에게 보수를 지급한다'고 정한 경우 도급인의 수급인에 대한 보수지급의무와 동시이행관계에 있는 수급인의 목적물 인도의무를 확인한 것에 불과하고 '검사 합격'은 법률행위의 효력발생을 좌우하는 조건이 아니라 보수지급시기에 관한 불확정기한이다. 따라서 수급인이 도급계약에서 정한 일을 완성한 다음 검사에 합격한 때 또는 검사 합격이 불가능한 것으로 확정된 때 보수지급청구권의 기한이 도래한다."

14) 기본적으로 건물의 독립성 취득시기를 기준으로 건축재료의 전부 또는 중요부분을 제공한 이가 소유권보존등기나 건축허가명의와 무관하게 소유권을 원시취득한다는 입장이다. 즉 수급인이 자기의 노력과 출재로 건축 중이거나 완성한 건물의 소유권은, 특약으로 달리 정하거나 기타 특별한 사정이 없는 한, 도급인이 약정에 따른 건축공사비 등을 청산하여 소유권을 취득하기 전에는 수급인의 소유에 속한다(대판 1999.2.9. 98두16675). 이러한 태도는 채권담보를 위하여 담보권자 명의로 건축허가를 받은 경우(대판 1997.5.30. 97다8601. 이 경우 양도담보의 법리가 적용된다. 도급이 전제되지 않았지만 대판 2002.4.26. 2000다16350도 참조) 및 건축공사가 중단되었던 미완성의 건물을 인도받아 완공한 경우(대판 2006.5.12. 2005다68783. 다만 공사중단시점에 이미 사회통념상 독립한 건물의 형태와 구조를 갖추었다면 원래의 건축주가 소유권을 원시취득함은 당연하다. 대판 1998.9.22. 98다26194 참조)에도 유지된다.

15) 도급인과 수급인 사이에 완성물의 소유권 귀속에 관한 「특약」이 있으면 그에 의한다. 즉 수급인이 자기의 노력과 재료를 들여 건물을 완성하더라도 도급인과 수급인 사이에 도급인 명의로 건축허가를 받아 소유권보존등기를 하기로 하는 등 완성된 건물의 소유권을 도급인에게 귀속시키기로 합의한 것으로 보일 경우에 그 건물의 소유권은 도급인에게 원시적으로 귀속된다(대판 1997.5.30. 97다8601. 대판 2005.11.25. 2004다36352도 참조).

다고 할 것이다. 이러한 관점에서 판례가 취하는 수급인귀속설을 근거 없는 것은 아니다. 그러나 도급계약의 본질은 「도급인을 위하여」 목적물을 만든다는 데 있고, 수급인의 주된 관심사인 보수청구권의 확보를 위하여 수급인귀속설을 취할 실익이 크지 않으며,[16] 계약당사자의 의사에 비추어 보더라도 굳이 수급인이 소유권을 취득한다고 할 이유가 없으므로, 완성된 건물의 소유권은 도급인에게 원시적으로 귀속된다 할 것이다.[17]

[2730] **라. 담보책임**

(1) 도급은 유상계약이므로, 완성한 일에 하자가 있으면 제567조에 의하여 매도인의 담보책임에 관한 규정이 준용된다. 그럼에도 불구하고 수급인이 완성한 일에 존재하는 하자는 수급인의 작업방식, 즉 제작과정의 불완전으로 인한 것일 수 있고, 수급인이 하자를 보수할 수 있다는 등의 도급의 특성에 해제의 소급효를 제한할 필요가 있다는 사회경제적 고려를 더하여 법은 수급인이 져야 할 책임에 관한 특별규정을 둔다(제667조 이하).

다만 하자확대손해가 발생한 경우에 채무불이행책임(보호의무 위반으로 인한)과 담보책임이 경합할 수 있음[18]과 수급인의 귀책사유가 있는 경우에 담보책임 외에 일반채무불이행책임이 성립할 수 있음[19]은 매매와 다르지 않다([2460] 참조). 그런데 하자확대손해로 인한 수급인의 손해배상채무도 도급인의 공사대금채무와 동시이행관계에 있고,[20] 담보책임을 이유로 지급을 거절할 수 있는 보수는 하자 및/또는 손해에 상응하는 금액에 한정된다.[21]

[2731] (2) 수급인의 담보책임이 법정의 무과실책임이라는 것이 다수설의 입장이지만, 매도인과 달리 수급인은 자기의 행위에 의하여 하자 없이 일을 완성할 채무를 부담함을 근거로 이에 반대하는 견해도 있다. 생각건대 하자가 있다는 것은 일을 제대로 완성하지 못했음을 의미하므로 수급인의 채무불이행책임으로 보아야 하지만, 제667조에 따라 수급인의 귀책사유를 요하지 않는 것으로 볼 것이다.

판례도 무과실책임이라는 입장이다.[22]

16) 수급인은 유치권, 동시이행의 항변권, 저당권설정청구권(제666조) 등을 활용할 수 있을 뿐만 아니라 기성고에 따라 대금이 분할지급되는 경우가 상당하여, 공사대금채권의 확보가 실제로는 크게 문제되지 않을 수 있다.

17) 거래계에서도 완성된 물건이 부동산인 경우에 도급인 명의로 보존등기를 경료하는 것이 일반적이다.

18) 대판 2004.8.20. 2001다70337: "액젓저장탱크의 제작·설치공사 도급계약에 의하여 완성된 저장탱크에 균열이 발생한 경우, 보수비용은 민법 제667조 제2항에 의한 수급인의 하자담보책임 중 하자보수에 갈음하는 손해배상이고, 액젓 변질로 인한 손해배상은 위 하자담보책임을 넘어서 수급인이 도급계약의 내용에 따른 의무를 제대로 이행하지 못함으로 인하여 도급인의 신체·재산에 발생한 손해에 대한 배상으로서 양자는 별개의 권원에 의하여 경합적으로 인정된다." 대판 2007.8.23. 2007다26455·26462도 원단의 가공에 관한 도급계약에 의하여 납품된 물건에 하자가 발생함으로 말미암아 도급인이 외국에 수출하여 지급받기로 한 물품대금을 지급받지 못한 데 대한 손해배상은 제667조 제2항 소정의 하자담보책임을 넘어서 수급인이 도급계약의 내용에 따른 의무를 제대로 이행하지 못함으로 인하여 도급인의 신체·재산에 발생한 이른바 「하자확대손해」에 대한 배상으로서, 수급인에게 귀책사유가 없었다는 점을 스스로 증명하지 못하는 한 도급인에게 손해를 배상할 의무가 있다고 하였다.

19) 도급인은 하자보수비용을 제667조 제2항에 따라 하자담보책임으로 인한 손해배상으로 청구할 수도 있고, 제390조에 따라 채무불이행으로 인한 손해배상으로 청구할 수도 있다고 한 대판 2020.6.11. 2020다201156.

20) 대판 2005.11.10. 2004다37676은, 수급인이 도급계약에 따른 의무를 제대로 이행하지 못함으로 말미암아 「도급인의 신체 또는 재산」에 손해가 발생한 경우에 수급인에게 귀책사유가 없었다는 점을 스스로 증명하지 못하는 한 도급인에게 손해를 배상할 의무가 있다고 보면서, "하자확대손해로 인한 수급인의 손해배상채무와 도급인의 공사대금채무도 동시이행관계에 있는 것으로 보아야 한다"고 했다.

21) 앞의 2007다26455·26462 판결: "도급인이 하자로 인한 손해배상청구권을 보유하고 이를 행사하는 한에 있어서는, 그와 동시이행관계에 있는 보수지급채무에 대한 이행거절의사를 밝히지 않더라도 수급인이 그 손해배상청구에 관하여 채무이행을 제공할 때까지 그러한 이행거절권능의 존재 자체로 도급인의 이행지체책임은 발생하지 아니하고, 이와 같은 관계는 동일한 도급계약에서 보수채권을 보유하고 행사하는 수급인이 도급인에게 부담하는 손해배상채무에 대한 이행지체책임의 발생 여부에 관하여도 마찬가지로 적용되나, 다만 그와 같이 도급계약에 기하여 동시이행관계에 있는 반대채권의 존재로 인하여 상대방에 대한 채무의 이행을 거절할 권능을 가지고 이행지체책임을 지지 않는 것은 서로 자신과 상대방의 채무액 중 대등액의 범위에 한하여 인정될 뿐이므로, 당사자 쌍방의 채무액을 비교하여 일방의 채무액이 상대방의 채무액을 초과하는 부분이 있다면 그 일방의 나머지 채무액에 대하여는 동시이행관계 및 이로 인한 이행거절권능이 허용되지 아니한다."

22) 대판 1990.3.9. 88다카31866: "수급인의 하자담보책임에 관한 제667조는 법이 특별히 인정한 무과실책임".

(3) 요건을 본다. [2732]

① 완성된 목적물 또는 완성 전에 성취된 부분[23]에 하자가 있어야 한다. 여기서 하자란 계약의 목적과 다르게 일을 완성한 것을 의미하는데(즉 완성된 목적물의 결함, 무형적인 일에서 일 자체의 불완전성), 하자가 있는지는 계약에서 정한 성질과 완성된 물건이 가져야 할 객관적 성질 양자를 모두 고려하여 판단해야 한다.[24]

② 목적물의 하자가 도급인이 제공한 재료의 성질이나 도급인의 지시에 의한 것이라면, 수급인은 담보책임을 지지 않는다.[25] 다만 수급인이 재료나 지시가 부적당함을 알면서 이를 도급인에게 고지하지 않았다면 담보책임을 진다(제669조).[26]

③ 수급인이 부담하는 담보책임은 인도를 요하지 않는 경우에 일의 완성시에 발생하고, 인도를 요하는 경우에는 완성된 목적물이 도급인에게 인도되었을 때에 발생한다.

④ 수급인의 귀책사유는 요구되지 않는다(무과실책임).

⑤ 제667조, 제668조의 담보책임을 지지 않는다는 특약은 유효하다. 다만 수급인이 알고 있으면서 고지하지 않은 사실에 대해서는 책임을 면하지 못하는데(제672조. 담보책임의 면제에 관한 약관법 제7조 제3호도 참조), 이 경우에도 담보책임을 면하게 하는 것은 신의성실의 원칙에 위배되기 때문이다.[27]

(4) 책임의 내용을 본다. [2733]

① 먼저 하자의 보수(補修)에 관하여 살핀다.

ⓐ 완성된 목적물 또는 완성 전에 성취된 부분에 하자가 있으면, 도급인은 수급인에 대하여 상당한 기간을 정하여 하자의 보수를 청구할 수 있다. 다만 하자가 중요하지 않으면서도 그 보수에 과다한 비용을 요한다면 보수(또는 그에 갈음하는 손해의 배상)를 청구할 수 없고 (하자로 인한) 손해의 배상을 청구할 수 있을 뿐이다(제667조 제1항). 결국 수급인의 담보책임은 하자의 보수를 주된 내용으로 한다.

그런데 수급인이 급부의무(원래의 것 외에 그 변용으로서 하자보수의무도 포함하여)로부터 해방되기 위한 전제로서 과다한 비용을 요하는지는 하자와 비용 사이의 불균형성, 즉 하자보수에 의하여 도급인이 얻을 수 있는 이익과 그에 소요되는 수급인의 비용을 고려하여 판단해야 한다.

ⓑ 도급인이 상당한 기간을 정하여 하자보수를 청구한 경우에, 그 기간이 경과할 때까지 도급인은 하자보수 대신 손해배상(즉 보수에 갈음하는 손해배상)을 청구하지 못한다. 그리고 수급인이 기간 내에 보수하지 않더라도 도급인은 보수청구권을 잃지 않는데, 이러한 경우에 도급인은 제544조에 기하여 해제할 수 있다고 할 것이다.

---

23) 일이 전부 완성되지 않았지만 하자가 발생한 부분의 작업이 완료된 상태를 말한다(대판 2001.9.18, 2001다9304).

24) 대판 2010.12.9, 2008다16851: "건축물의 하자라고 함은 일반적으로 완성된 건축물에 공사계약에서 정한 내용과 다른 구조적·기능적 결함이 있거나, 거래관념상 통상 갖추어야 할 품질을 제대로 갖추고 있지 아니한 것을 말하는 것으로, 하자 여부는 당사자 사이의 계약내용, 해당 건축물이 설계도대로 건축되었는지 여부, 건축 관련법령에서 정한 기준에 적합한지 여부 등 여러 사정을 종합적으로 고려하여 판단되어야 한다."

25) 건축도급계약의 수급인이 설계도면의 기재대로 시공한 경우에 특별한 사정이 없는 한 담보책임을 지울 수 없다고 한 대판 1996.5.14, 95다24975 참조.

26) 이 규정이 제390조의 채무불이행책임에 적용되지 않는다는 당연한 판시를 한 대판 2020.1.30, 2019다268252 참조.

27) 대판 1999.9.21, 99다19032는, 수급인이 알면서도 고지하지 아니한 사실에 대하여 책임을 제한하는 것이 신의성실의 원칙에 위배된다면, 그 취지를 유추하여 담보책임기간을 단축하는 등 법에 규정된 담보책임을 제한하는 약정을 한 경우에도 담보책임이 제한되지 않는다고 보았다.

[2734] ⓒ 도급인은 보수(補修)가 끝날 때까지 보수(報酬)의 지급을 거절할 수 있는바(제667조 제3항),[28] 그 결과 하자보수청구권을 행사하는 동안에는 보수지급의무가 이행지체에 빠지지 않는다.[29]

그리고 지급을 거절할 수 있는 보수는 하자 및/또는 손해에 상응하는 금액에 한정된다.[30] 그런데 기성고에 따라 공사대금을 분할해서 지급하기로 약정한 경우라도 특별한 사정이 없는 한 하자보수의무와 동시이행관계에 있는 공사대금지급채무는 당해 하자가 발생한 부분의 기성공사대금에 한정되지 않는다.[31]

[2735] ② 손해배상에 관하여 본다.

ⓐ 도급인은 하자의 보수와 함께(보수하더라도 전보되지 못하는 손해의 경우에) 또는 그에 갈음하여[32] 손해배상을 청구할 수 있다(제667조 제2항). 그런데 하자의 보수가 가능하더라도 하자의 보수를 청구하지 않고 곧바로 이에 갈음하는 손해의 배상을 청구할 수 있다고 볼 수도 있지만(실무나 학설의 일반적 입장으로 보인다), 제667조 제1항의 취지에 비추어 하자의 보수가 용이하고 보수에 의하여 손해가 남지 않는다면 신의칙상 하자의 보수를 먼저 청구해야 할 것이다.

ⓑ 도급인의 손해배상청구권과 수급인의 보수지급청구권은 동시이행관계에 서는데(같은 조 제3항),[33] 동시이행관계에 서는 보수는 손해에 상당하는 범위의 것이다.[34] 그리고 손해배상액이 확정되면 상계를 통하여 보수가 감액되는 결과로 될 것이다.

[2736] ⓒ 손해배상의 내용에 관하여 견해가 대립하는데, 하자의 보수와 함께 손해배상을 구하는 경우에 보수에 소요되는 기간 동안의 사용이익의 손실 및 경우에 따라 보수에도 불구하고 남는 가치감소액이고, 하자보수에 갈음하는 손해배상은 이행이익, 즉 하자 없는 완전물과 대비하여 산정된 가치감소분의 배상이라고 할 것이다.[35]

그런데 하자로 인한 통상의 손해는 도급인이 하자 없이 시공하였을 경우의 목적물의 교환가치와 하자가 있는 현재의 상태대로의 교환가치의 차액이고,[36] 하자가 중요한 경우에 그 보수에 갈음하는, 즉 실제로 보수에 필요한 비용이 손해배상에 포함되는데, 하자보수비는 목적물의 완성시가 아니라 하자보수청구시 또는 손해배상청구시를 기준으로 산정한다.[37] 그리고 하자 있는 목

---

28) 대판 1991.12.10. 91다33056.

29) 참고로 도급인이 하자보수청구권이나 손해배상채권을 자동채권으로 하고 수급인의 공사잔대금채권을 수동채권으로 하여 상계의 의사표시를 한 경우에 그 다음날 비로소 보수지급의무가 지체에 빠진다고 보아야 한다(대판 1989.12.12. 88다카18788).

30) 대판 2007.8.23. 2007다26455·26462.

31) 대판 2001.9.18. 2001다9304. 이와 달리 본다면, 도급인이 하자발생사실을 모른 채 하자가 발생한 부분에 해당하는 기성공사의 대금을 지급한 후 뒤늦게 하자를 발견한 경우에는 동시이행의 항변권을 행사하지 못하게 되어 공평에 반하기 때문이다.

32) 하자보수에 갈음하는 손해배상청구권은 하자가 발생하여 보수가 필요하게 된 시점에 성립한다는 대판 2000.3.10. 99다55632 참조.

33) 대판 2007.10.11. 2007다31914: "도급계약에 있어서 완성된 목적물에 하자가 있는 때에는 도급인은 수급인에 대하여 하자의 보수를 청구할 수 있고 그 하자의 보수에 갈음하여 또는 보수와 함께 손해배상을 청구할 수 있는바, 이들 청구권은 수급인의 공사대금채권과 동시이행관계에 있으므로 수급인의 하수급인에 대한 하도급공사대금채무를 인수한 도급인은 수급인이 하수급인과 사이의 하도급계약상 동시이행의 관계에 있는 수급인의 하수급인에 대한 하자보수청구권 내지 하자에 갈음한 손해배상채권 등에 기한 동시이행의 항변으로써 하수급인에게 대항할 수 있다." 나아가 대판 2005.11.10. 2004다37676: "부진정연대채무자 중 1인으로서 피해자에 대한 손해배상의무를 실제로 이행한 도급인이 사용자책임을 부담하게 되는 수급인에 대하여 취득하게 되는 구상권은 도급인이 하자보수와 함께 청구할 수 있는 손해배상채권이나 이른바 하자확대손해의 배상채권의 변형물로서 수급인의 공사대금채권과 그 실질에 있어서 대가적인 의미가 있어 공평의 원칙에 비추어 이행상의 견련관계를 인정함이 상당하므로 위 양 채권은 서로 동시이행의 관계에 있다."

34) 대판 1996.6.11. 95다12798. 즉 완성된 목적물에 하자가 있어 도급인이 하자의 보수에 갈음하여 손해배상을 청구한 경우에, 도급인은 수급인이 손해배상청구에 관하여 채무이행을 제공할 때까지 손해배상액에 상응하는 보수액에 관해서만 자기채무의 이행을 거절할 수 있을 뿐이고 나머지 보수액은 지급을 거절할 수 없으므로, 도급인의 손해배상채권과 동시이행관계에 있는 수급인의 공사대금채권은 손해배상채권액과 동액의 채권에 한하고, 나머지 공사잔대금채권은 손해배상채권과 동시이행관계에 있다고 할 수 없다.

35) 다만 하자로 인한 부가적 손해의 발생은 별개의 문제이다.

36) 대판 1997.2.25. 96다45436. 교환가치의 차액을 산출하기가 현실적으로 불가능하다면 하자 없이 시공하였을 경우의 시공비용과 하자 있는 상태대로의 시공비용의 차액이라고 보아야 한다(대판 1998.3.13. 97다54376: 이른바 추상적 손해산정).

적물을 사용함에 따라 발생하는 정신적 고통으로 인한 손해는 수급인이 그러한 사정을 알았거나 알 수 있었을 경우에 한하여 특별손해로서 배상받을 수 있다.[38]

한편 수급인의 하자담보책임은 법이 특별히 인정한 무과실책임으로서, 여기에 제396조의 과실상계규정이 준용될 수 없더라도 담보책임이 민법의 지도이념인 공평의 원칙에 입각한 것인 이상 하자발생 및 그 확대에 가공한 도급인의 잘못을 참작할 수 있다.[39]

③ 완성된 목적물의 하자로 인하여 계약의 목적을 달성할 수 없다면 도급인이 계약을 해제 [2737]
할 수 있으나, 건물 기타 토지의 공작물의 도급에서는 그러한 경우에도 해제할 수 없고 손해배상을 청구할 수 있을 뿐이다(제668조). 이미 세워진 토지의 공작물에 대하여 원상회복을 인정하는 것은 적당하지 않기 때문이다.[40] 그런데 하자의 보수가 불가능하다면 최고 없이 곧바로 해제할 수 있으나, 보수가 가능하다면 제544조를 유추하여 상당한 기간을 정하여 최고한 후에만 해제할 수 있다고 할 것이다.

한편 제668조 단서에 의하여 해제권이 배제되는 것은 건물 기타 토지의 공작물이 완성된 경우이고, 완성되기 전에는 채무불이행의 일반원칙에 따라 해제할 수 있지만,[41] 판례는 이 경우에도 공사가 상당히 진척되어 원상회복이 사회적 · 경제적 손실을 초래하고 완성된 부분이 도급인에게 이익이라면 해제권을 제한한다.[42]

(5) 완성된 일의 하자가 수년이 지난 후에 발견되기도 하지만, 너무 오랫동안 담보책임을 존 [2738]
속시키는 것은 담보책임제도의 취지에 반하기 때문에, 법은 담보책임의 존속기간을 제한한다. 즉 토지의 공작물 또는 지반공사의 하자에 대해서는 인도 후 5년이고, 견고한 공작물(석조, 석회조, 연와조, 금속 등)의 경우에는 10년이다. 그러나 하자로 목적물이 멸실 또는 훼손된 경우에는, 그 멸실 · 훼손된 날부터 1년 내에 하자보수 또는 손해배상을 청구해야 한다(제671조). 기타의 도급에서는 인도 또는 일의 완성 후 1년이다(제670조).[43]

민법상 수급인의 하자담보책임에 관한 기간은 제척기간으로, 재판상 또는 재판 외의 권리행사기간이며 재판상 청구를 위한 출소기간은 아니고,[44] 당사자의 특약으로 이 기간을 단축할 수 있다. 한편 판례는 하자보수에 갈음하는 손해배상청구권에 대하여 소멸시효규정이 적용되고, 제척기간규정으로 인하여 소멸시효규정의 적용이 배제된다고 볼 수 없다고 한다.[45]

---

37) 대판 1998.3.13. 95다30345. 같은 취지로 대판 2016.8.18. 2014다31691 · 31707: "하자가 중요한 경우에는 비록 보수에 과다한 비용이 필요하더라도 보수에 갈음하는 비용, 즉 실제로 보수에 필요한 비용이 모두 손해배상에 포함된다. 나아가 완성된 건물 기타 토지의 공작물(이하 '건물 등'이라 한다)에 중대한 하자가 있고 이로 인하여 건물 등이 무너질 위험성이 있어서 보수가 불가능하고 다시 건축할 수밖에 없는 경우에는, 특별한 사정이 없는 한 건물 등을 철거하고 다시 건축하는 데 드는 비용 상당액을 하자로 인한 손해배상으로 청구할 수 있다."

38) 대판 1997.2.25. 96다45436 참조.

39) 대판 2004.8.20. 2001다70337.

40) 다만 무익한, 경우에 따라서는 유해하기까지 한 공작물의 존재를 도급인이 감수해야 하는가 하는 점에서 입법론적 검토를 요한다.

41) 대판 1996.10.25. 96다21393 · 21409.

42) 대판 1994.11.4. 94다18584.

43) 기산점에 관하여 대판 1994.12.22. 93다60632 · 60649 참조.

44) 대판 2000.6.9. 2000다15371.

45) 대판 2012.11.15. 2011다56491: "수급인의 담보책임에 기한 하자보수에 갈음하는 손해배상청구권에 대하여는 민법 제670조 또는 제671조의 제척기간이 적용되고, 이는 법률관계의 조속한 안정을 도모하고자 하는 데에 취지가 있다. 그런데 이러한 도급인의 손해배상청구권에 대하여는 권리의 내용 · 성질 및 취지에 비추어 민법 제162조 제1항의 채권소멸시효의 규정 또는 도급계약이 상행위에 해당하는 경우에는 상법 제64조의 상사시효의 규정이 적용되고, 민법 제670조 또는 제671조의 제척기간규정으로 인하여 위 각 소멸시효규정의 적용이 배제된다고 볼 수 없다."

그 밖에 대판 2021.8.12. 2021다210195: "건설공사에 관한 도급계약이 상행위에 해당하는 경우 그 도급계약에 근거한 수급인의 하자담보책임은 상법 제64조 본문에 의하여 원칙적으로 5년의 소멸시효에 걸리고, 그 소멸시효기간은 민법 제166조 제1항에 따라 그

[2739] 2. 도급인의 의무

가. 보수지급의무

(1) 도급인은 일의 완성에 대하여 보수를 지급할 의무를 진다.[46] 보수는 금전에 한하지 않으며, 물건의 급부 등이라도 상관없다.

(2) 지급시기에 관하여 특약이 있으면 그에 의하고, 특약이 없으면 관습에 의하며, 관습도 없으면 목적물을 인도받음과 동시에 지급해야 한다. 즉 후급이 기본값이다.[47] 그런데 목적물의 인도를 요하지 않는 경우에, 특약이나 관습이 없으면 일이 완성된 후 지체 없이 지급해야 하는바(제665조),[48] 일의 완성에 대한 증명책임은 수급인이 진다.

[2740] (3) 보수의 산정방법으로, 미리 실비의 견적액(見積額)[49]에 적당한 이윤을 더하여 산정하는 정액도급(定額都給),[50] 처음에는 개산액(概算額. 어림잡은 액)을 결정한 후 나중에 확정하는 개산도급(概算都給)[51] 및 금액을 정하지 않은 도급[52] 등이 있다.[53]

(4) 공사도급계약에서 자주 등장하는 선급금(先給金)은 자금사정이 좋지 않은 수급인이 자재확보 · 노임지급 등의 어려움 없이 공사를 원활하게 진행할 수 있도록 하기 위하여, 도급인이 장차 지급할 공사대금을 수급인에게 미리 지급하는 것으로서 구체적인 기성고에 대한 공사대금이 아니라 전체공사에 대한 공사대금이다.[54][55]

(5) 일(특히 건물의 신축)이 완성되기 전에 도급계약이 해제된 경우에, 판례는 해제 당시 완성

권리를 행사할 수 있는 때인 하자가 발생한 시점부터 진행하는 것이 원칙이나, 그 하자가 건물의 인도 당시부터 이미 존재하고 있는 경우에는 이와 관련한 하자 보수를 갈음하는 손해배상채권의 소멸시효기간은 건물을 인도한 날부터 진행한다."

46) 참고로 대판 2006.1.26. 2003다29456은, 수급인의 보수채권에 대한 압류가 행하여지면 그 효력으로 채무자가 압류된 채권을 처분하더라도 채권자에게 대항할 수 없고, 제3채무자도 채권을 소멸 또는 감소시키는 등의 행위는 할 수 없으며, 그와 같은 행위로 채권자에게 대항할 수 없지만, 그 압류로써 위 압류채권의 발생원인인 도급계약관계에 대한 채무자나 제3채무자의 처분까지도 구속하는 효력은 없으므로 채무자나 제3채무자는 기본적 계약관계인 도급계약 자체를 해지할 수 있고, 채무자와 제3채무자 사이의 기본적 계약관계인 도급계약이 해지된 이상 그 계약에 의하여 발생한 보수채권은 소멸하므로 이를 대상으로 한 압류명령 또한 실효될 수밖에 없고, 도급계약이 해지되기 전에 피압류채권인 수급인의 보수채권에 대한 전부명령이 내려지고 그 전부명령이 확정되었더라도 전부명령의 효력은 피압류채권의 기초가 된 도급계약이 해지되기 전에 발생한 보수채권에 미칠 뿐 그 계약이 해지된 후 제3채무자와 제3자 사이에 새로 체결된 공사계약에서 발생한 공사대금채권에는 미칠 수 없다고 하였다.

47) 대판 2006.10.13. 2004다21862 참조.

48) 대판 2023.3.30. 2022다289174: "도급계약에서 수급인의 보수는 완성된 목적물의 인도와 동시에 지급하여야 하고, 인도를 요하지 않는 경우 일을 완성한 후 지체 없이 지급하여야 하며, 도급인은 완성된 목적물의 인도의 제공이나 일의 완성이 있을 때까지 보수지급을 거절할 수 있으므로, 도급계약에서 정한 일의 완성 이전에 계약이 해제된 경우 수급인으로서는 도급인에게 보수를 청구할 수 없음이 원칙이다."

49) 일의 완성에 필요한 재료나 노동력의 비용 등을 포함한다.

50) 통상적인 방법으로, 설령 수급인이 견적을 잘못했더라도 약속액 이상을 청구할 수 없는데, 사정변경의 원칙에 따라 수정청구 또는 계약해제가 인정될 수 있음은 별개의 문제이다.

51) 그 취지에 따라 최고액이나 최저액의 제한일 수 있으며 단순한 개산액일 수도 있는바, 실제비용과 개산액이 다른 경우에 증감될 수 있다.

52) 이러한 경우에는 사정에 따라 상당한 액을 정하게 된다.

53) 또 다른 구분으로 대판 2022.4.14. 2017다3024: "공사도급계약은 대금의 지급방식에 따라 크게 총액계약과 단가계약으로 나눌 수 있다. 총액계약은 계약목적물 전체에 대한 공사대금 총액을 정하여 체결하는 계약을, 단가계약은 개별공정 또는 항목에 대한 단가와 요율을 근거로 체결하는 계약을 뜻한다. 공사도급계약이 총액계약인지, 단가계약인지는 계약의 해석문제로서 공사도급계약서에서 정한 내용을 기준으로 판단해야 한다."

54) 대판 2021.7.8. 2016다267067.

55) 선급금에 관한 재판례를 본다. ㉠ 선급금을 수급인이 지급받을 기성고 해당 중도금 중 최초분부터 전액 우선충당하면 위와 같은 선급금지급의 목적을 달성할 수 없는 점을 감안하면, 선급금이 지급된 경우에 특별한 사정이 없는 한 기성부분 대가 지급시마다 계약금액에 대한 기성부분 대가 상당액의 비율에 따라 안분정산하여 그 금액 상당을 선급금 중 일부로 충당하고 나머지 공사대금을 지급받도록 함이 상당하다(대판 2002.9.4. 2001다1386). ㉡ 선급금을 지급한 후 계약이 해제 또는 해지되는 등의 사유로 중도에 선급금을 반환하게 된 경우에, 선급금이 공사대금의 일부로 지급된 것인 이상 선급금은 「별도의 상계의사표시 없이」 그때까지의 기성고에 해당하는 공사대금에 당연 충당되고, 그래도 공사대금이 남는다면 그 금액만 지급하면 되고, 거꾸로 선급금이 미지급공사대금에 충당되고 남는다면 그 남은 선급금에 관하여 도급인이 반환채권을 가진다(대판 2007.9.20. 2007다40109. 나아가 "하수급인이 시공한 부분은 수급인의 기성고로 볼 수밖에 없다. 또한, 하수급인은 수급인의 이행보조자에 불과하므로 수급인의 기성공사금액에는 그 이행보조자인 하수급인의 기성공사부분이 당연히 포함된다고 보아야 한다. 따라서 선급금을 지급한 후 계약의 해제 또는 해지 등의 사유가 발생한 경우에는 하수급인의 기성공사부분에 대한 공사대금도 포함한 수급인의 기성고를 선급금에서 공제하여야 하고, 그래도 남는 공사대금이 있는 경우에 한하여 하도급대금을 하수급인에게 직접 지급하여야 한다"고 했다).

된 부분이 상당하여 원상회복이 중대한 사회적 · 경제적 손실을 초래하고 완성된 부분이 도급인에게 이익이 된다면, 미완성부분에 대해서만 도급계약의 효력이 소멸하고 완성된 부분, 이른바 기성고(旣成高)의 비율에 따라 보수를 지급해야 한다고 한다.[56]

나. 보수지급의무의 담보 [2741]

(1) 도급의 목적인 일의 내용이 물건에 관한 것인 경우에, 완성된 물건의 인도와 보수의 지급은 동시이행관계에 서는데(제665조),[57] 동시이행관계에 있다고 하여 완성된 물건을 용익할 권능까지 인정되지 않음은 당연하다.[58]

그리고 완성된 물건이 자기 소유가 아니라면, 수급인은 보수를 전부 지급받을 때까지 그 물건의 인도를 거절할 수 있다. 즉 보수채권에 기하여 유치권이 성립한다.[59] 그러나 보수채권의 이행기가 도래하지 않았다면 유치권이 성립하지 않고,[60] 공사금채권이 토지에 관한 것이 아니므로 「토지」에 대해서는 유치권을 행사할 수 없음은 당연하다.[61]

(2) 나아가 부동산공사의 수급인은 보수청구권을 담보하기 위하여 그 부동산을 목적으로 하는 저당권의 설정을 도급인에게 청구할 수 있다(제666조). 저당권설정청구권은 3년의 소멸시효에 걸리고(제163조 제3호 참조), 수급인으로부터 건물신축공사 중 일부를 도급받은 하수급인도 이 권리를 가진다.[62]

그런데 제666조에 따른 저당권의 설정은 사해행위에 해당하지 않는다.[63]

---

56) 대판 2017.12.28. 2014다83890.

57) 건축공사도급계약에서 수급인이 공사를 완공하더라도 도급인이 공사대금의 지급채무를 이행하기 곤란한 현저한 사유가 있는 경우에 수급인이 공사완공의무를 거절할 수 있다고 한 대판 2005.11.25. 2003다60136도 참조.

58) 대판 1992.12.24. 92다22114: "건물건축공사도급계약의 수급인은 공사대금을 변제받을 때까지 도급계약의 목적물인 건물뿐 아니라 건물의 유지사용에 필요한 범위 내의 대지부분에 대해서 동시이행의 항변권에 기하여 인도를 거절할 수 있으나, 위와 같은 항변권은 공사대금을 받을 때까지 건물의 인도를 거부할 수 있는 권능이 있다는 것이지 동시이행의 항변권에 의하여 대지를 무상으로 사용 · 수익할 수 있는 권능이 있다고 할 수 없고, [… 도급계약의] 특성상 건물완공시까지 수급인이 건축을 위하여 대지를 무상으로 사용할 권능이 있다고 볼 것이나, 건물완공 후에도 도급인 아닌 제3자와의 관계에서 수급인에게 대지를 무상으로 사용 · 수익할 권능이 있다고 보기 어렵다."

59) 대판 1995.9.15. 95다16202 · 16219.

60) 대판 2014.1.16. 2013다30653은, 건물신축도급계약에서 수급인이 공사를 완성하였더라도, 신축된 건물에 하자가 있고 그 하자 및 손해에 상응하는 금액이 공사잔대금액 이상이어서 도급인이 수급인에 대한 하자보수청구권 내지 하자보수에 갈음한 손해배상채권 등에 기하여 수급인의 공사잔대금채권 전부에 대하여 동시이행의 항변을 한 때에는, 공사잔대금채권의 변제기가 도래하지 않은 경우와 마찬가지로 수급인은 도급인에 대하여 하자보수의무나 하자보수에 갈음한 손해배상의무 등에 관한 이행의 제공을 하지 않은 이상 공사잔대금채권에 기한 유치권을 행사할 수 없다고 하였다.

61) 대결 2008.5.30. 2007마98.

62) 대판 2016.10.27. 2014다211978: "건물신축공사에 관한 도급계약에서 수급인이 자기의 노력과 출재로 건물을 완성하여 소유권이 수급인에게 귀속된 경우에는 수급인으로부터 건물신축공사 중 일부를 도급받은 하수급인도 수급인에 대하여 민법 제666조에 따른 저당권설정청구권을 가진다. […] 도급받은 공사의 공사대금채권은 민법 제163조 제3호에 따라 3년의 단기소멸시효가 적용되고, 공사에 부수되는 채권도 마찬가지인데, 민법 제666조에 따른 저당권설정청구권은 공사대금채권을 담보하기 위하여 저당권설정등기절차의 이행을 구하는 채권적 청구권으로서 공사에 부수되는 채권에 해당하므로 소멸시효기간 역시 3년이고, …] 건물신축공사에서 하수급인의 수급인에 대한 민법 제666조에 따른 저당권설정청구권(이하 '저당권설정청구권'이라 한다)은 수급인이 건물의 소유권을 취득하면 성립하고 특별한 사정이 없는 한 그때부터 권리를 행사할 수 있지만, 건물소유권의 귀속주체는 하수급인의 관여 없이 도급인과 수급인 사이에 체결된 도급계약의 내용에 따라 결정되고, 더구나 건물이 완성된 이후 소유권 귀속에 관한 법적 분쟁이 계속되는 등으로 하수급인이 수급인을 상대로 저당권설정청구권을 행사할 수 있는지를 객관적으로 알기 어려운 상황에 있어 과실 없이 이를 알지 못한 경우에도 청구권이 성립한 때부터 소멸시효가 진행한다고 보는 것은 정의와 형평에 맞지 않을 뿐만 아니라 소멸시효 제도의 존재이유에도 부합한다고 볼 수 없다. 그러므로 이러한 경우에는 객관적으로 하수급인이 저당권설정청구권을 행사할 수 있음을 알 수 있게 된 때부터 소멸시효가 진행한다."

63) 대판 2008.3.27. 2007다78616 · 78623: "민법 제666조는 부동산공사에서 그 목적물이 보통 수급인의 자재와 노력으로 완성되는 점을 감안하여 그 목적물의 소유권이 원시적으로 도급인에게 귀속되는 경우 수급인에게 목적물에 대한 저당권설정청구권을 부여함으로써 수급인이 사실상 목적물로부터 공사대금을 우선적으로 변제받을 수 있도록 하는 데 그 취지가 있고, 이러한 수급인의 지위가 목적물에 대하여 유치권을 행사하는 지위보다 더 강화되는 것은 아니어서 도급인의 일반채권자들에게 부당하게 불리해지는 것도 아닌 점 등에 비추어, 신축건물의 도급인이 민법 제666조가 정한 수급인의 저당권설정청구권의 행사에 따라 공사대금채무의 담보로 그 건물에 저당권을 설정하는 행위는 특별한 사정이 없는 한 사해행위에 해당하지 아니한다." 대판 2021.5.27. 2017다225268도 동지.
나아가 대판 2018.11.29. 2015다19827: "수급인의 저당권설정청구권은 공사대금채권을 담보하기 위하여 인정되는 채권적 청구권으로서 공사대금채권에 부수하여 인정되는 권리이므로, 당사자 사이에 공사대금채권만을 양도하고 저당권설정청구권은 이와 함께 양도하지 않기로 약정하였다는 등의 특별한 사정이 없는 한, 공사대금채권이 양도되는 경우 저당권설정청구권도 이에 수반하여 함께 이전된다고 봄이 타당하다. 따라서 신축건물의 수급인으로부터 공사대금채권을 양수받은 자의 저당권설정청구에 의하여 신축건물의

다. 노무도급에서의 보호의무[64]

[2742] **3. 도급에서의 위험부담**

(1) 쌍무계약인 도급에서 위험부담의 문제가 제537조와 제538조에 따라 처리되어야 한다. 다만 수급인의 이행불능이 무엇을 의미하는지가 문제되는바, 계약의 목적인 일의 성질상 완성된 물건의 인도를 필요로 하는 경우와 완성물의 인도가 문제되지 않는 경우에 그 의미가 다르다.

(2) 목적물의 인도를 요하는 경우에, 목적물인도의무도 수급인의 기본적 의무인 일을 완성할 의무의 한 내용으로 파악되어야 하므로 인도 전에는 일이 완성되었더라도 그 자체만으로 수급인의 채무가 소멸하지 않는다.[65] 그러나 인도하기 전에 이미 완성해 놓은 일이 멸실되어 계약내용에 따른 일을 다시 할 수 없다면, 위험부담의 전제인 급부불능을 인정할 수 있다.[66] 즉 도급계약의 목적물이 멸실되더라도 사회통념상 다시 일을 완성하는 것이 가능하다면 수급인은 다시 일을 완성해야 하며 위험부담은 문제되지 않는다. 반면 다시 일을 완성하는 것이 불가능하다면(예: 도급인이 제공하는 재료에 가공해야 하는 경우) 그 원인이 무엇인지와 무관하게 수급인의 일을 완성할 의무는 소멸하고, 그것이 채무자인 수급인의 귀책사유에 기한 것이 아니라면 위험부담의 문제가 발생한다. 이때 당사자 쌍방에게 책임 없는 사유로 인한 불능이라면 제537조에 따라 수급인의 보수청구권은 소멸하고 지출한 비용의 상환청구권은 인정되지 않는 반면, 도급인의 귀책사유로 인한 것이거나 수령지체 중에 불능으로 되었다면 수급인의 보수청구권이 소멸하지 않지만,[67] 일의 완성에 필요한 비용과 노력의 가액은 도급인에게 상환해야 한다(제538조 참조).

(3) 반면 목적물의 인도를 요하지 않는 경우에, 수급인의 이행불능이란 일을 완성하기 전에 어떤 사정으로 이제는 일을 완성할 수 없게 된 것을 말하고, 이러한 상태가 수급인에게 책임 없는 사유로 초래된 경우에 제537조와 제538조가 적용된다.

[2743] **Ⅲ. 도급의 종료**

도급에 특유한 종료사유들을 본다.[68]

(1) 도급인은 일의 완성 전에 언제든지(즉 사유를 따지지 않고) 수급인이 입게 될 손해를 배상하고 해제할 수 있다(제673조). 도급인에게 불필요하게 된 일을 완성시킬 필요가 없음을 고려한 것이다.

여기서 손해는 수급인이 이미 지출한 재료비 · 노력비뿐만 아니라 일이 완성된 경우에 그가

도급인이 그 건물에 저당권을 설정하는 행위 역시 다른 특별한 사정이 없는 한 사해행위에 해당하지 아니한다."

64) 이에 관하여 대판 1997.4.25. 96다53086 참조.

65) 인도에 따라 위험이 이전되므로, 인도 후에는 멸실에 따른 위험을 당연히 도급인이 진다.

66) 일이 완성되기 전의 재해는 수급인의 손실로 되며, 수급인이 다시 일을 완성해야 하고 대가의 증액을 청구하지 못한다.

67) 대판 1996.7.9. 96다14364 · 14371 참조.

68) 수급인의 채무불이행을 이유로 도급인이 도급계약을 해제할 수 있음은 당연하다. 이에 관하여 대판 2022.10.14. 2022다246757: "도급인이 수급인의 채무불이행을 이유로 도급계약 해제의 의사표시를 하였으나 실제로는 채무불이행의 요건을 갖추지 못한 것으로 밝혀진 경우, 도급계약의 당사자 사이에 분쟁이 있었다고 하여 그러한 사정만으로 위 의사표시에 민법 제673조에 따른 임의해제의 의사가 포함되어 있다고 볼 수는 없다." 나아가 대판 1994.11.4. 94다18584는, 건축공사도급계약의 수급인이 일을 완성하지 못한 상태에서 그의 채무불이행으로 말미암아 건축공사도급계약이 해제되었으나, 해제 당시 공사가 상당한 정도로 진척되어 이를 원상회복하는 것이 중대한 사회적 · 경제적 손실을 초래하고 완성된 부분이 도급인에게 이익이 되는 경우에, 도급계약은 미완성부분에 대해서만 실효되고 수급인은 해제 당시의 상태 그대로 건물을 도급인에게 인도하고 도급인은 특별한 사정이 없는 한 인도받은 미완성건물에 대한 보수를 지급해야 하는 권리의무관계가 성립하며, 이와 같은 사정으로 말미암아 수급인의 공사대금채권이 남아있는 경우에는 설사 도급계약의 일부가 해제되었더라도 그에 부수된 공사대금채권 양도금지특약은 실효되지 않는다고 보았다. 대판 1993.3.26. 91다14116도 참조.

얻을 수 있었을 이익을 포함하고, 일을 중지함으로써 면하게 된 수급인의 비용을 공제하여 산정된다. 그리고 과실상계나 손해배상예정액의 감액 등의 법리는 적용되지 않지만, 손익상계는 행하여진다.[69]

(2) 나아가 도급인이 파산하면[70] 수급인이나 파산관재인은 계약을 해제할 수 있고, 수급인은 일의 완성된 부분에 대한 비용과 보수를 채권액으로 하여 파산재단에 가입하여 배당받을 수 있다. 이 경우 각 당사자는 상대방에 대하여 계약해제로 인하여 발생한 손해의 배상을 청구할 수 없다(제674조).[71][72]

Ⅳ. [보론] 하도급 [2744]

1. 개 관

(1) 수급인(하도급인)이 맡은 일의 전부나 일부를 제3자가 하수급인으로서 맡는 것이 하도급(下都給)[73]이다. 하도급계약은 수급인(B)과 하수급인(C) 사이의 도급계약으로, 도급인(A)과 B 사이의 도급계약과는 별개·독립의 계약이다. 그런데 도급에서 결과 자체가 중요할 뿐 결과가 누구의 행위에 의한 것인지 불문하고, 따라서 일의 성질이나 당사자의 의사에 의하여 금지되지 않는 한 B는 하도급을 이용할 수 있다. 다만 부당한 하도급을 규제하기 위한 하도급법의 제한을 받으며, 특히 건설산업기본법은 건설공사의 부실을 막고 하수급인을 보호하기 위하여 여러 제한을 둔다(제29조 내지 제32조, 제35조, 제37조, 제38조 참조).

(2) 하도급에 특유하게 문제되는 것으로 ① C의 행위에 따른 B의 A에 대한 책임, ② C의 A에 대한 직접청구권 및 ③ B의 파산과 C의 지위 등이 있다. 이들을 살펴보자.[74]

2. 하도급의 법률관계 [2745]

가. 하수급인의 행위에 대한 수급인의 책임

(1) A에 대한 관계에서 C는 B의 이행보조자이므로, B는 제391조에 따라 C의 과책에 대하여

---

69) 대판 2002.5.10. 2000다37296·37302.

70) 수급인이 파산한 경우에 관하여 채무자회생법 제341조 및 제335조, 제337조 참조.

71) 제674조 제1항이 파산이나 회생절차 개시의 경우에 미이행계약의 해제와 이행에 관한 채무자회생법 제121조와 제337조에 관한 특칙임에 관하여 대판 2017.6.29. 2016다221887 참조.

72) 도급계약의 해소에 따른 법률관계를 본다. ㉠ 건축공사도급계약이 중도해제된 경우에, 도급인이 지급해야 할 보수는 특별한 사정이 없는 한 당사자 사이에 약정한 총 공사비에 기성고비율을 적용한 금액이지 수급인이 실제로 지출한 비용을 기준으로 할 것은 아니다. 기성고비율은 공사대금 지급의무가 발생한 시점, 즉 수급인이 공사를 중단할 당시를 기준으로 이미 완성된 부분에 들어간 공사비에다 미시공부분을 완성하는 데 들어갈 공사비를 합친 전체공사비 가운데 완성된 부분에 들어간 비용이 차지하는 비율을 산정하여 확정해야 한다. 그러나 공사 기성고비율과 대금에 관하여 분쟁이 있는 경우에 당사자들이 공사규모, 기성고 등을 참작하여 약정으로 비율과 대금을 정산할 수 있다(대판 2017.1.12. 2014다11574·11581). 당사자 사이에 기성고비율 산정에 관하여 특약이 있는 등 특별한 사정이 인정되는 경우에 그와 달리 산정할 수 있다고 한 대판(전) 2019.12.19. 2016다24284도 참조. ㉡ 대판 2012.10.11. 2010다34043·34050: "건축공사도급계약에서 기성부분에 대한 공사대금을 공사단계에 따라 도급인이 확인·검사하여 구분지급하기로 약정한 경우에 기성검사가 이미 마쳐진 부분이 있으면 그 부분의 공사대금은 그 계약에서 정한 날에 지급할 의무가 생기므로 그 다음날부터 지연손해금이 발생하지만, 공사 도중에 도급계약이 해제되어 수급인은 해제된 상태 그대로 건물을 도급인에게 인도하고 도급인은 그 건물의 기성고 등을 참작하여 상당한 보수를 지급할 의무를 지게 되는 경우에 기성부분이 이미 도급인에게 인도되었다면 그에 대한 보수지급의무는 다른 특별한 사정이 없는 한 계약해제의 효력이 발생한 날에 이행하여야 하고 지연손해금은 그 다음날부터 발생한다." 대판 1991.7.9. 91다11490도 동지. ㉢ 대결 2000.6.13. 99마7466은, 가분적 내용들로 이루어진 건축설계계약에서 설계도서 등이 완성되어 건축주에게 교부되고 그에 따라 설계비 중 상당부분이 지급되었으며, 그 설계도서 등에 따른 건축공사가 상당한 정도로 진척되어 이를 중단하면 중대한 사회적·경제적 손실을 초래하고 완성된 부분이 건축주에게 이익이 되는 경우에는 건축사와 건축주 사이에 건축설계계약관계가 해소되더라도 일단 건축주에게 허여된 설계도서 등에 관한 이용권은 의연 건축주에게 유보된다고 했다.

73) 도급을 "청부"라 하던 의용민법의 용어례에 따라 거래계에서 흔히 「하청」이라고 한다.

74) 그 밖에 수급인이 신축건물의 소유권을 취득한 경우에 하수급인은 수급인에 대하여 저당권설정청구권을 가짐에 관하여 앞서 본 대판 2016.10.27. 2014다211978 참조.

책임을 진다.

(2) 한편 C는 하도급 받은 건설공사의 시공에 관하여 발주자(A)에 대하여 B와 같은 의무를 지는데(건설산업기본법 제32조 제1항), 이는 법률에 기한 책임으로, 공사도급계약에 따른 B의 계약책임과는 별개의 독립된 채무이다(제2항도 참조).

(3) 어느 책임이든 시공상 잘못으로 말미암아 발생한 하자의 보수에 갈음하는 손해를 배상하려는 동일한 경제적 목적을 가지고 있어서, B가 A에게 하자보수에 갈음하는 손해배상채무를 이행함으로써 그와 중첩되는 부분인, C의 A에 대한 하자보수에 갈음하는 손해배상채무도 함께 소멸되는 관계에 있으므로, B와 C의 채무는 서로 중첩되는 부분에 관하여 부진정연대의 관계에 선다.[75]

[2746] **나. 하수급인의 도급인에 대한 직접청구권**

(1) 하도급법 제14조 제1항과 건설산업기본법 제35조 제2항에 따라 C는 하도급대금에 관하여 A에 대하여 직접청구권을 가진다. 이러한 직접지급제도는 직접지급합의 또는 직접지급의 요청에 따라[76] A에게 하도급대금의 직접지급의무를 부담시키고 그 범위 내에서 C의 B에 대한 하도급대금채권과 A의 B에 대한 도급대금채무가 모두 소멸하게 함으로써 C를 B와 일반채권자에 우선하여 보호한다.[77]

(2) 하도급법 제14조가 정하는 직접지급청구사유가 있어 수급사업자(C)가 발주자(A)에게 하도급대금의 직접지급을 요청한 경우에, A는 C에게 하도급대금을 직접 지급할 의무를 부담하지만, 특별한 사정이 없는 한 A는 원사업자(B)에 대한 대금지급의무의 범위 안에서만 하도급대금 직접지급의무를 부담한다.[78] 그리고 "직접지급요청이 있는 경우 그에 해당하는 수급인의 도급인에 대한 공사대금채권이 동일성을 유지한 채 하수급인에게 이전되므로 도급인은 직접지급요청이 있기 전에 수급인에게 대항할 수 있는 사유로 하수급인에게 대항할 수 있다."[79] 한편 C가 A에 대하여 하도급공사대금의 직접지급을 구할 수 있는 권리가 발생하는지, 즉 B가 지급정지 · 파산 그 밖에 이와 유사한 사유 등으로 하도급공사대금을 지급할 수 없게 되었는지 등에 관하여 C의 직접지급요청의 의사표시가 A에게 도달한 시점을 기준으로 판단하고, 여기서 「지급할 수 없게 된 경우」, 즉 지급불능은 채무자가 변제능력이 부족하여 즉시 변제해야 할 채무를 일반적 · 계속적으로 변제할 수 없는 객관적 상태를 말한다.[80]

[참 고] A, B 및 C 사이에서 A가 하도급대금을 직접 C에게 지급하기로 합의가 이루어져 하도급법 제14조 제1항, 제2항에 따라 C의 A에 대한 직접지급청구권이 발생함과 아울러 A의 B에 대한 대금지급채무가 하도급대금의 범위 안에서 소멸하는 경우에, A가 직접지급의무를 부담하는 부분에

75) 대판 2010.5.27. 2009다85861.

76) 하도급법 제14조 제1항에 따르면, 제2호("발주자가 하도급대금을 직접 수급사업자에게 지급하기로 발주자 · 원사업자 및 수급사업자 간에 합의한 때")에 해당하는 경우에는 C가 직접지급을 요청하지 않아도 제1항, 제4항, 하도급법 시행령 제9조 제3항이 정한 범위에서 직접지급청구권이 발생하나, 나머지 제1, 3, 4호에 해당하는 경우에는 C가 직접지급을 요청한 때에 비로소 위와 같은 직접지급청구권이 발생한다.

77) 대판 2017.4.26. 2014다38678.

78) 대판 2009.7.9. 2008다21303. 대판 2011.4.28. 2011다2029도 참조.

79) 대판 2021.2.25. 2018다265911: A의 B에 대한 자동채권이 수동채권인 B의 A에 대한 공사대금채권과 동시이행관계 등 밀접한 관계에 있는 경우에 C의 직접청구권이 생긴 후 자동채권이 발생하였더라도 A는 그 채권으로 상계하여 C에게 대항할 수 있다고 한 사례. 반면 C의 직접지급청구권이 발생한 후에 B에 대하여 생긴 사유로는 C에게 대항할 수 없다(대판 2023.6.29. 2023다221830).

80) 대판 2009.3.12. 2008다65839.

해당하는 B의 A에 대한 공사대금채권은 동일성을 유지한 채 C에게 이전되고, A는 C의 직접지급청구권이 발생하기 전에 B에 대하여 대항할 수 있는 사유로써 C에게 대항할 수 있으나, C의 직접지급청구권이 발생한 후에 B에 대하여 생긴 사유로는 C에게 대항할 수 없다.[81] 그리고 대판 2008.6.26. 2006다63884는, A가 B에 대하여 공사대금지급채무를 부담하지 않음에도 이를 부담하는 것으로 잘못 알고 건설산업기본법 제35조 제1항 등에 따라 하도급대금을 직접 C에게 지급하였더라도, C가 A로부터 하도급대금을 지급받은 것은 B와의 하도급계약에 의한 것이어서 이를 법률상 원인 없이 하도급대금을 수령한 것이라고 볼 수 없으므로 A는 B에 대하여 부당이득반환청구를 할 수 있을 뿐 C를 상대로 부당이득반환청구를 할 수는 없다고 하였다.[82]

다. 수급인의 파산과 하수급인의 지위 [2747]

(1) 수급인의 출재와 노력으로 완성된 물건의 소유권은 수급인에게 속한다는 것이 판례의 기본입장인데([2728] 참조), A와 B 사이에 완성된 물건의 소유권이 도급인에게 속한다는 특약이 있으면 A가 소유권을 취득한다. 그런데 이러한 특약의 효력이 C에게도 미치는지가 B의 파산과 관련하여 문제된다.

(2) A가 B에게 보수(공사대금)를 지급하였으나 하수급대금이 지급되지 않은 상태에서 B가 파산한 경우에, 특약의 효력이 하수급인에게 미친다면 C는 완성된 물건을 소유자인 A에게 인도하고 보수채권으로 파산재단에 가입해야 하는 반면, 미치지 않는다면 C는 소유자로서 보수를 받을 때까지 완성된 물건의 인도를 거절할 수 있다.

생각건대 하도급계약은 그 성질상 원도급계약의 존재 및 내용을 전제로 하므로, C는 A에 대하여 B와 다른 주장을 할 수 없다고 해야 한다. 하도급으로 인하여 A의 지위가 불리하게 될 수는 없기 때문이다. 따라서 위 특약의 효력은 C에게 미친다고 해야 한다. 다만 앞의 예에서 B에 대한 보수지급시기에 앞서 B에게 보수를 지급하였다면 C가 A를 상대로 직접지급을 청구할 수 있다고 해야 한다.[83]

제 3 관 여행계약

1. 여행계약의 의의 [2748]

(1) 지속적으로 증가하는 추세인 여행과 관련하여 여러 가지 법적 문제가 발생하지만 이를 직접 규율하는 법령이 없어 여행자 보호에 취약한 부분이 있던 점을 보완하기 위하여 2015년 민법개정에서 여행계약에 관한 절이 신설되어 2016년부터 시행되고 있다.

(2) 여행계약은, 당사자 한쪽(여행주최자)이 상대방(여행자)에게 운송, 숙박, 관광 또는 그 밖의 여행 관련용역을 결합하여 제공하기로 약정하고, 상대방은 그 대금을 지급하기로 약정함으로써 그 효력이 생긴다(제674조의2). 이러한 정의는 거래계의 기획여행/패키지여행을 염두에 둔 것이다. 즉 여행주최자가 미리 여행목적지, 여행일정, 여행자에게 제공될 운송 및 숙박 등 서비스의 내용, 대금 등을 정한 후 광고 등을 통하여 여행자를 모집하여 실시하는 여행을 대상으로 하

81) 대판 2015.8.27. 2013다81224 · 81231.

82) 반면 대판 2017.12.13. 2017다242300: "발주자가 수급사업자 등에 대한 직접지급의무가 발생하였다고 착오를 일으킨 나머지 수급사업자 등에게 하도급대금 등을 지급하였다면, 이는 채무자가 아닌 제3자가 타인의 채무를 자기의 채무로 잘못 알고 자기채무의 이행으로서 변제한 경우에 해당하므로, 특별한 사정이 없는 한 발주자는 수급사업자 등을 상대로 부당이득반환을 청구할 수 있다."

83) 전대차에 관한 것이지만 대판 2008.3.27. 2006다45459([2644]에 소개된) 참조.

며, 여행주최자가 운송이나 숙박 등에 관한 중개만 하는 중개여행계약은 규율대상이 아니다.

(3) 여행계약은 유상 · 쌍무계약이며 낙성 · 불요식의 계약이다. 그런데 여행계약이 여행이라는 무형적 결과의 실현을 그 내용으로 한다는 점에서 도급의 성질을 가지지만, 그 밖의 사항도 포함할 수 있으므로 도급과는 구별되는 별개의 유형으로 이해해야 한다.

[2749]

2. 여행계약의 성립

(1) 여행계약의 당사자는 여행 관련용역을 제공하는 여행주최자와 그에 대하여 대가를 지급하는 여행자이다. 현지에서 실제로 용역을 제공하는 여행안내자(흔히 가이드라 불리는)는 여행주최자의 이행보조자에 불과하다.

(2) 여행계약은 낙성 · 불요식의 계약이므로, 서면의 작성이 없더라도 계약이 성립한다. 그러나 특히 국외여행에서 여행계약서 및 여행약관이 교부되는 것이 보통이다. 한편 여행광고 등에 실린 정보는 청약의 유인에 불과하다.

[2750]

3. 여행계약의 효력

가. 여행주최자의 의무

(1) 여행주최자는 여행자에게 약정에 따른 여행급부 전부, 즉 운송, 숙박, 관광 또는 그 밖의 여행 관련용역을 결합하여 제공할 의무를 지는데, 통상 이행보조자로서 현지의 여행안내자를 사용하고, 이 경우 그의 과책에 대하여 제391조에 따라 여행주최자가 책임을 지는 것은 당연하다.

그런데 여행개시 후에 여행조건을 일방적으로 변경하는 것은 허용되지 않지만, 불가항력 또는 부득이한 사정이 있는 경우에 예외적으로 여행조건이 변경될 수 있다(국외여행표준약관 제13조, 국내여행표준약관 제12조 참조).

그 밖에 여행의 하자에 대하여 무과실의 담보책임을 지는데, 뒤에서 따로 살펴본다.

(2) 제674조의3, 제674조의4 또는 제674조의6부터 제674조의8까지를 위반하는 약정으로서 여행자에게 불리한 것은 효력이 없다(제674조의9): 편면적 강행규정.

(3) 여행주최자는 여행계약상의 부수의무로, 여행자의 생명 · 신체 · 재산 등의 안전을 확보하기 위하여, 여행목적지 · 여행일정 · 여행행정 · 여행서비스기관의 선택 등에 관하여 미리 충분히 조사 · 검토하여 전문업자로서 합리적 판단을 하고, 또한 계약내용의 실시에 관하여 마주칠지 모르는 위험을 미리 제거할 수단을 강구하거나 여행자에게 그 뜻을 고지하여 여행자 스스로 위험을 수용할지 여부에 관하여 선택의 기회를 주는 등의 합리적 조치를 취할 신의칙상의 주의의무(계약상의 보호의무)를 진다.[1]

나. 여행자의 의무

(1) 여행자는 약정한 시기에 대금을 지급해야 하는데, 시기의 정함이 없으면 관습에 따르고, 관습이 없으면 여행의 종료 후 지체 없이 지급해야 한다(제674조의5).

그런데 이 규정은 주의적 규정이고, 실제로는 대개 약관에 따라 사전에 전액 지급된다(국외여행표준약관 제11조, 국내여행표준약관 제11조). 한편 사정변경에 따른 대금의 증감에 관하여 민법은

---

1) 대판 2014.9.25. 2014다213387, 대판 2017.12.13. 2016다6293도 참조.

규정하지 않지만, 약관은 국외여행에 관하여 여행조건의 변동에 의한 여행요금의 증감도 규정한다(국외여행표준약관 제12조).

(2) 나아가 부수적으로 특히 단체여행에서 여행자간의 화합도모 및 질서유지에 협력할 의무도 진다(국외여행표준약관 제2조, 국내여행표준약관 제2조).

다. 여행주최자의 담보책임 [2751]

(1) 여행에 하자가 있는 경우에 여행자는 여행주최자에게 하자의 시정 또는 대금의 감액을 청구할 수 있지만, 시정에 지나치게 많은 비용이 들거나 그 밖에 시정을 합리적으로 기대할 수 없는 경우에는 시정을 청구할 수 없다(제674조의6 제1항). 시정청구는 상당한 기간을 정해서 해야 하지만, 즉시 시정할 필요가 있는 경우에는 그렇지 않다(제2항). 여행자는 시정청구, 감액청구에 갈음하여 또는 그와 함께 손해배상을 청구할 수 있다(제3항).

그런데 하자로 인하여 여행이 실패로 끝나거나 불완전한 상태에서 실행됨으로써 휴가기간을 허비한 경우에 여행자가 정신적 손해를 입을 수 있는데, 이 부분은 학설과 판례에 맡겨진다. 그리고 여행과정 중 긴급하게 대처해야 할 상황이 발생하였으나 여행주최자가 필요한 조치를 취하지 않아서 여행자 스스로 조치를 한 후 나중에 여행주최자에게 보상을 받을 권리를 명문으로 규정하지 않지만, 손해배상 일반의 문제로 해결될 수 있다.

(2) 여행자는 여행에 중대한 하자가 있는 경우에, 시정이 이루어지지 않거나 계약의 내용에 따른 이행을 기대할 수 없다면 계약을 해지할 수 있다(제674조의7 제1항).[2] 계약이 해지된 경우에 여행주최자는 대금청구권을 상실하지만, 여행자가 실행된 여행으로 이익을 얻었다면 그 이익을 여행주최자에게 상환해야 한다(제2항). 여행주최자는 계약의 해지로 인하여 필요하게 된 조치를 할 의무를 지며, 계약상 귀환운송의무가 있으면 여행자를 귀환운송해야 하는데, 상당한 이유가 있으면 여행주최자는 여행자에게 비용의 일부를 청구할 수 있다(제3항).

특기할 것은 제3항이다. 즉 해지로 여행계약이 장래에 향하여 그 효력을 상실하는데, 여행주최자의 (손해배상의무를 제외한) 일체의 의무가 부정된다면 귀환은 전적으로 여행자의 몫이다. 그러나 법은 일종의 원상회복의무로서 귀환운송의 의무(추가비용의 부담을 포함하여)를 여행주최자에게 지운다.[3]

(3) 담보책임에 따른 여행자의 권리는 여행기간 중에도 행사할 수 있으며, 계약에서 정한 여행 종료일부터 6개월 내에 행사해야 한다(제674조의8).

4. 여행계약의 종료 [2752]

(1) 여행 관련용역이 계약에서 정한 대로 제공되면 여행계약은 종료한다.

(2) 여행계약에 특유한 해지와 해제에 관하여 본다.

① 먼저 여행개시 전의 사전해제가 인정된다. 즉 여행자는 여행을 시작하기 전에는 언제든

---

2) 해지가 손해배상에 영향을 미치지 않음은 제551조에 따라 당연하다.

3) 대판 2019.4.3. 2018다286550: "여행자가 해외여행계약에 따라 여행하는 도중 여행업자의 고의 또는 과실로 상해를 입은 경우 계약상 여행업자의 여행자에 대한 국내로의 귀환운송의무가 예정되어 있고, 여행자가 입은 상해의 내용과 정도, 치료행위의 필요성과 치료기간은 물론 해외의 의료기술수준이나 의료제도, 치료과정에서 발생할 수 있는 언어적 장애 및 의료비용의 문제 등에 비추어 현지에서 당초 예정한 여행기간 내에 치료를 완료하기 어렵거나, 계속적, 전문적 치료가 요구되어 사회통념상 여행자가 국내로 귀환할 필요성이 있었다고 인정된다면, 이로 인하여 발생하는 귀환운송비 등 추가적인 비용은 여행업자의 고의 또는 과실로 인하여 발생한 통상손해의 범위에 포함되고, 이 손해가 특별한 사정으로 인한 손해라고 하더라도 예견가능성이 있었다고 보아야 한다."

지 계약을 해제할 수 있지만, 그로 인한 상대방의 손해를 배상해야 한다(제674조의3).

여행계약은 그 체결 후 상당한 기간이 경과한 후에 여행이 시작되는 경우가 많고, 따라서 그 사이에 여행자에게 예기치 않게 여행을 할 수 없는 사정이 발생할 수 있음을 고려하여 여행자에게 사전해제권을 부여하되, 손해배상책임을 지우는 것이다(국외여행표준약관 제15조, 국내여행표준약관 제13조 참조). 한편 법에 규정은 없으나 약관에 기하여 여행주최자의 사전해제권도 인정된다(국외여행표준약관 제15조, 국내여행표준약관 제13조).

② 나아가 여행이 개시된 후 부득이한 사유가 있으면 각 당사자는 계약을 해지할 수 있는데, 그 사유가 당사자 한쪽의 과실로 인하여 생긴 경우에 상대방에게 손해를 배상해야 한다(제674조의4 제1항). 그런데 계약이 해지된 경우에도 계약상 귀환운송의무가 있는 여행주최자는 여행자를 귀환운송할 의무가 있다(제2항).[4] 그리고 해지로 인하여 발생하는 추가비용은 해지사유가 어느 당사자의 사정(귀책사유가 아니다)에 속하는 경우에 그 당사자가 부담하고, 누구의 사정에도 속하지 않는 경우에는 각 당사자가 절반씩 부담한다(제3항).[5]

제 4 관 위임과 사무관리

[2753] **Ⅰ. 총　　설**

1. 타인의 사무처리 개관

자기사무의 처리를 다른 이에게 맡기는 계약이 위임이다. 한편 타인의 생활영역에 간섭하면 불법행위가 성립하지만, 사무관리가 성립하면 위법성이 조각된다.

위임과 사무관리는 타인의 사무를 처리한다는 점에서 공통되지만, 위임은 당사자의 합의를 요한다는 점에 차이가 있다. 다만 사무관리의 효과로 관리자와 본인 사이에 위임과 유사한 권리·의무가 발생하므로, 위임에 관한 규정들이 사무관리에 준용된다(제738조). 이러한 점을 고려하여 사무관리가 법정채권관계이지만 위임과 관련하여 한꺼번에 다룬다.

[2754] **2. 위임의 의의**

(1) 위임(委任)은, 당사자 일방(위임인. 委任人)이 상대방(수임인. 受任人)에 대하여 사무의 처리를 위탁하고, 상대방이 이를 승낙함으로써 성립하는 계약이다(제680조).

(2) 위임도 노무공급계약의 일종이지만, 일정한 사무의 처리라는 통일된 노무를 목적으로 하는 점에 그 특색이 있다. 그리고 도급은 「일의 완성」을 목적으로 하므로 결과채무적 성격이 강한 반면,[1] 위임은 타인의 사무를 처리하는 활동 자체를 목적으로 한다는 점에서 수단채무의 전형을 이루고,[2] 수임인은 재량권을 가진다.

그런데 위임인이 자기사무의 처리를 수임인에게 위탁하는 것이나 수임인이 그 처리를 맡는

4) 앞의 2018다286550 판결 참조.

5) 참고로 표준약관도 부득이한 사유에 기한 해지에 관하여 규정하는데(국외여행표준약관 제16조, 국내여행표준약관 제14조), 비용부담과 관련하여 여행사의 귀책사유에 의하지 않은 경우에 여행자가 부담하도록 한다.

1) 일의 완성이라는 결과가 없다면 과정은 무의미하다.

2) 결과와 무관하게 「선관주의를 기울인 사무의 처리」라는 과정에 초점이 맞추어진다. 즉 위임인이 원한/기대한 결과의 발생하지 않는다고 하여 곧바로 채무불이행이 성립하지는 않는다.

것이나 모두 상대방에 대한 각별한 신뢰를 기초로 하므로, 당사자 쌍방에게 상대방의 이익을 배려해야 할 충실의무(忠實義務)가 인정되는데, 수임인의 선관주의의무(제681조. 이익상반 회피의무, 정보제공의무, 비밀유지의무 등도 포함하여), 긴급처리의무 등은 이 성질에 기한 것이다.

(3) 민법상 위임의 기본값은 무상(無償)이고, 따라서 편무 · 낙성계약이다. 다만 특약으로 유상(有償)으로 하면(제686조 제1항 참조) 쌍무 · 낙성계약이다.

(4) 위임에 관한 규정은 업무집행조합원(제707조), 회사의 이사(상법 제382조), 부재자의 재산관리인(제24조 이하), 자녀의 재산을 관리하는 친권자(제919조), 피후견인의 재산을 관리하는 법정후견인(제956조, 제959조), 상속재산을 관리하는 상속인(제1048조), 후견인(제1103조, 제1104조) 등 타인의 사무를 관리하는 경우에 준용되고, 그 밖에 명의신탁이나 채권자대위권 행사에도 유추된다.

한편 위임법은 타인의 사무를 처리하는 법률관계의 원형인데,[3] 의료계약이나 후견계약 등 분화된 특수한 위임관계의 기초로서 보충적인 지위를 가진다.

3. 위임의 성립 [2755]

(1) 위임은 일정한 사무처리의 위탁을 목적으로 해야 한다.[4] 여기서 사무는 법률상 또는 사실상의 모든 행위로, 법률행위(예: 물건의 매매), 준법률행위(예: 채무의 변제), 사실상의 행위(예: 별장의 관리)를 포함한다.

(2) 위임은 낙성계약이지만, 특별법에 의하여 서면교부의무가 부과되기도 한다(공인중개사법 제26조 참조).

한편 위임인이 수임인에게 대리권을 수여하는 것은 위임의 요건이 아니다. 물론 법률행위를 위임하면서 수임인에게 위임사무 처리를 위한 대리권이 주어지는 경우가 통상적이지만,[5] 그러한 경우에도 위임은 어디까지나 당사자 사이의 내부관계이며, 대리와 구별되어야 한다(제128조 및 [1247] 참조). 따라서 위임계약이 체결된 경우에 대리권도 수여되었는지는 각 경우에 개별적으로 판단되어야 한다.

(3) 위임인이 수임인에게 보수를 지급하는 것은 위임의 요건이 아니다(제686조 제1항 참조).

Ⅱ. 위임의 효력 [2756]

1. 수임인의 의무

가. 위임사무처리의무

(1) 수임인은 위임의 본지(本旨. 위임계약의 내용 및 사무의 성질)에 따라 「선량한 관리자의 주

---

3) 판례는 부동산중개업자에의 중개의뢰(대판 2015.1.29. 2012다74342), 지입계약(대판 2000.10.13. 2000다20069), 공사감리계약(대판 2001.5.29. 2000다40001. 감리계약의 특수성에 비추어 위임계약에 관한 민법규정을 그대로 적용할 수는 없다고 한 대판 2003.1.10. 2002다11236 및 동일한 공사에서 공사감리자의 감리계약에 따른 채무불이행으로 인한 손해배상채무와 공사시공자의 도급계약에 따른 채무불이행으로 인한 손해배상채무는 서로 별개의 원인으로 발생한 독립된 채무이나 동일한 경제적 목적을 가진 채무이므로 서로 중첩되는 부분에 관하여 부진정연대채무의 관계에 있다고 한 대판 2017.12.28. 2014다229023도 참조), 은행보증서의 발행을 위한 보증의뢰계약(대판 1994.12.9. 93다43873), 상가활성화를 위한 상가개발비약정(대판 2013.10.24. 2010다22415) 등에서 위임관계의 존재를 인정한 반면(지역농협과 감사의 법률관계에 관한 대판 2015.2.26. 2014다70368도 참조), 콘도미니엄시설의 이용(대판 2005.1.13. 2003다63043)과 인재소개업체(이른바 헤드헌터)를 통한 취업알선(대판 2007.10.26. 2005다21302)에서는 위임관계의 존재를 부정하였다.

4) 계약에 의하지 않은 사무처리는 사무관리에 속하는데, 뒤에서 따로 본다.

5) 대리권의 존재를 증명하는 서면을 대개 "위임장"이라고 하는 것은 이러한 사정에 기한 것이다.

의」로써 위임사무를 처리해야 한다(제681조).[6] 이는 위임이 유상이든 무상이든 관계없이 수임인이 언제나 부담하는 기본채무이다.[7] 즉 위임인과 수임인 사이의 신뢰관계에 기한 「충실의무」가 사무의 처리와 관련하여 구체화된 것이 선관주의의무(善管注意義務)이다.[8][9]

[2757] (2) 수임인에게 재량권이 인정되는데, 신뢰의 정도가 높을수록 재량의 범위가 넓어진다. 즉 수임인의 재량성의 정도는 위임인의 신뢰도에 비례한다.

그런데 사무의 처리에 관하여 위임인의 지시가 있으면 수임인은 이에 따라야 한다. 다만 위임인의 지시가 부적합한 경우에, 특히 전문가인 수임인은 그 점을 통지 · 설명하고 재고를 촉구해야 하지만,[10] 그럼에도 불구하고 위임인이 당초의 지시를 고집하면 그에 따라야 한다.

---

6) 상법 제49조는 상행위의 위임을 받은 이가 위임의 본지에 반하지 않는 범위 내에서 위임을 받지 않은 행위를 할 수 있고, 수임한 업무에 관하여 사정변경이 생긴 경우에 수임인이 위임인에게 이익되는 조치를 취할 수 있다고 하는데, 제681조에 기해서도 같은 조치를 취할 수 있다는 점에서 실제상의 차이는 없다(상법학의 통설도 위 제49조가 주의적 규정이라고 한다).

7) 무상임치에 관한 제695조와 현저히 다르다.

8) 결과채무에 관한 제374조에 상응하여 제681조는 이른바 수단채무에서 채무의 기본적 모습에 해당한다.

9) 수임인의 선관주의의무에 관한 재판례를 본다.

㉠ 변호사의 경우: 대판 2004.5.14. 2004다7354는, 소송위임에서 구체적인 위임사무의 범위는 변호사와 의뢰인 사이의 위임계약의 내용에 의하여 정해지지만, 심급대리의 원칙(대결 2000.1.31. 99마6205 참조)에 따라 위임사무의 종료단계에서 패소판결이 있었던 경우에 의뢰인으로부터 상소에 관하여 특별한 수권이 없더라도 판결을 점검하여 의뢰인에게 불이익한 계산상의 잘못이 있다면 의뢰인에게 판결의 내용과 상소하는 때의 승소가능성 등에 대하여 구체적으로 설명하고 조언할 의무가 있다고 하였다. 「보호의무」를 인정한 대판 2002.11.22. 2002다9479도 참조.

㉡ 법무사의 경우: 대판 2006.9.28. 2004다55162는, 등기업무와 관련된 법무사의 직무를 수행하는 과정에서 의뢰인의 지시에 따르는 것이 위임의 취지에 적합하지 않거나 오히려 의뢰인에게 불이익한 결과로 될 것인 경우에, 법무사법에 정한 직무의 처리와 관련되는 범위 안에서 그러한 내용을 의뢰인에게 알리고 의뢰인의 진정한 의사를 확인함과 아울러 적절한 방법으로 의뢰인이 진정으로 의도하는 등기가 적정하게 되도록 설명 내지 조언을 할 의무가 있다고 하면서, 소유자 등으로부터 거액의 근저당권설정등기에 관한 등기사무를 의뢰받고 전세권자로부터는 최선순위인 전세권의 존속기간 변경 등을 이유로 한 등기사무를 의뢰받은 법무사가 전세권자에게 전세권의 우선권 상실(부기등기에 의하면 우선권을 유지할 수 있음도 포함하여)에 관하여 설명 · 조언하지 않은 채 근저당권설정등기, 위 전세권의 말소등기 그리고 전세권자 명의의 새로운 전세권설정등기를 차례로 마침에 따라 전세권자가 우선권을 상실한 경우에, 법무사의 설명 · 조언의무 위반을 이유로 전세권자에 대한 손해배상책임을 인정하였다. 압류등기가 되어 있는 부동산에 설정된 기존 근저당권설정등기를 말소하고 새로운 근저당권설정등기를 의뢰받은 경우에 관한 대판 2003.1.10. 2000다61671도 참조.

㉢ 공인중개사의 경우: 대판 2008.3.13. 2007다73611은, 부동산중개업자는 당해 중개대상물의 권리관계 등을 확인하여 중개의뢰인에게 설명할 의무가 있고, 한편 직접적인 위탁관계가 없더라도 부동산중개업자의 개입을 신뢰하여 거래를 하기에 이른 「거래상대방」에 대해서도 부동산중개업자는 신의성실의 원칙상 목적부동산의 하자, 권리자의 진위, 대리관계의 적법성 등에 대하여 각별한 주의를 기울여야 할 업무상의 일반적인 주의의무를 부담한다고 했다. 대판 2008.9.25. 2008다42836 및 중개대상물인 임차권의 존재와 내용에 관하여 확인 · 설명할 의무에 관한 대판 2017.7.11. 2016다261175도 참조. 나아가 대판 2023.11.30. 2023다259743: 공인중개사법에 따라 "중개업자는 다가구주택의 일부에 대한 임대차계약을 중개할 경우 임차의뢰인이 임대차계약이 종료된 후에 임대차보증금을 제대로 반환받을 수 있는지 판단하는 데 필요한 다가구주택의 권리관계 등에 관한 자료를 성실하고 정확하게 제공하여야 할 의무를 부담한다. 따라서 중개업자는 임차의뢰인에게 부동산등기부상에 표시된 중개대상물의 권리관계 등을 확인 · 설명하는 것에 그쳐서는 아니 되고, 임대의뢰인에게 다가구주택 내에 이미 거주해서 살고 있는 다른 임차인의 임대차계약내역 중 임대차보증금, 임대차의 시기와 종기 등에 관한 자료를 요구하여 이를 확인한 다음 임차의뢰인에게 설명하고 자료를 제시하여야 한다. 또한 공인중개사법 시행규칙 서식에 따른 중개대상물 확인 · 설명서 중 중개목적물에 대한 '실제 권리관계 또는 공시되지 아니한 물건의 권리사항'란에는 그 내용을 기재하여 교부하여야 할 의무가 있고, 만일 임대의뢰인이 다른 세입자의 임대차보증금, 임대차의 시기와 종기 등에 관한 자료요구에 불응한 경우에는 그 내용을 위 중개대상물 확인 · 설명서에 기재하여야 할 의무가 있다. 그러므로 중개업자가 고의나 과실로 이러한 의무를 위반하여 임차의뢰인에게 재산상의 손해를 발생하게 한 때에는 공인중개사법 제30조에 의하여 이를 배상할 책임이 있다." 그리고 대판 2002.2.5. 2001다71484는, 부동산중개계약에 따른 중개업자의 확인 · 설명의무와 이에 위반한 경우의 손해배상의무는, 민법상 위임계약에서 무상위임의 경우에도 수임인이 수임사무의 처리에 관하여 선량한 관리자의 주의를 기울일 의무가 면제되지 않는 점 등에 비추어 볼 때, 중개의뢰인이 중개업자에게 소정의 수수료를 지급하지 않았다고 해서 당연히 소멸되는 것이 아니라고 하였다.

㉣ 금융기관 임원의 경우: 대판 2011.10.13. 2009다80521은 "금융기관이 그 임원을 상대로 대출과 관련된 임무 해태를 내세워 채무불이행으로 인한 손해배상책임을 물을 경우 임원이 한 대출이 결과적으로 회수곤란 또는 회수불능으로 되었다고 하더라도 그것만으로 바로 대출결정을 내린 임원에게 그러한 미회수금 손해 등의 결과가 전혀 발생하지 않도록 하여야 할 책임을 물어 대출결정을 내린 임원의 판단이 선량한 관리자로서의 주의의무 내지 충실의무를 위반한 것이라고 단정할 수 없다. 대출과 관련된 경영판단을 하면서 통상의 합리적인 금융기관 임원으로서 그 상황에서 합당한 정보를 가지고 적합한 절차에 따라 회사의 최대이익을 위하여 신의성실에 따라 대출심사를 한 것이라면 의사결정과정에 현저한 불합리가 없는 한 임원의 경영판단은 허용되는 재량의 범위 내의 것으로서 회사에 대한 선량한 관리자의 주의의무 내지 충실의무를 다한 것으로 볼 수 있고," "대표이사나 이사를 상대로 주식회사에 대한 임무 해태를 내세워 채무불이행으로 인한 손해배상책임을 물을 경우, 대표이사나 이사의 직무수행상 채무는 미회수금 손해 등의 결과가 전혀 발생하지 않도록 하여야 할 결과채무가 아니라, 회사의 이익을 위하여 선량한 관리자로서의 주의의무를 가지고 필요하고 적절한 조치를 다해야 할 채무이므로, 회사에 대출금 중 미회수금 손해가 발생하였다는 결과만을 가지고 곧바로 채무불이행 사실을 추정할 수도 없"다고 하였다.

㉤ 기타: 대판 1997.11.28. 96다22365는, 아파트입주자대표회의(A)와 아파트관리회사(B) 사이의 법률관계는 민법상의 위임관계와 같으므로 B로서는 아파트를 안전하고 효율적으로 관리하고 입주자의 권익을 보호하기 위하여 선량한 관리자의 주의로써 관리업무를 수행해야 하는바, B가 아파트를 관리하면서 공동설비부분에 대한 전기요금산정방식이 변경되어 입주자가 다시 선택할 여지가 있음을 알았으면, 비록 전기요금산정방식의 선택에 관한 최종적인 결정은 A가 책임질 사항이라도, 어떤 방식이 입주자들에게 유리한지 검토하여 그 내용을 A에게 알려주는 등 A로 하여금 공동설비부분에 대한 전기요금산정방식의 변경 여부에 관하여 합리적인 선택을 할 수 있도록 조치를 취할 의무가 있다고 하였다.

10) 사정이 급박하여 그럴 여유가 없는 경우에는 임시조치를 취할 권리와 의무가 있다고 할 것이다.

(3) 위임은 당사자 사이의 신임관계를 기초로 하기 때문에, 수임인은 스스로 사무를 처리해야 한다: 자기집행의무(自己執行義務). 이행보조자를 사용할 수 있지만, 제3자로 하여금 자신에 갈음하여 사무를 처리하게 하지 못한다. 그런데 이를 고집한다면 오히려 위임인에게 불리할 수 있으므로, 법은 임의대리인의 복임권에 관한 규정을 준용한다. 즉 위임인의 승낙이 있거나 부득이한 사유가 있으면 복위임을 할 수 있는데(제682조 제1항), 이 경우 수임인은 복수임인의 선임 · 감독에 관하여 위임인에게 책임을 진다(제2항, 제121조). 그리고 복수임인은 위임인 및 제3자에 대한 관계에서 직접 수임인과 동일한 권리 · 의무를 가진다(제682조 제2항, 제123조 참조). 즉 복위임으로 위임인과 복수임인 사이에 직접적인 법률관계가 생긴다.

(4) 선관주의의무를 위반한 경우에 수임인은 손해배상책임을 지는데, 수임인이 위임의 본지에 좇은 업무처리를 하였더라면 지출하지 않아도 될 비용을 위임인이 지출하였다면 수임인의 채무불이행으로 인하여 위임인이 입은 손해액은 그 지출한 비용이다.[11]

나. 그 밖의 의무 [2758]

사무처리 결과의 귀속주체가 위임인이라는 점 때문에 수임인은 앞서 본 기본의무 외에 다음과 같은 의무도 부담한다. 구체적으로

① 보고의무: 위임인의 요구가 있으면 언제든지 위임사무의 처리상황을 보고하고, 위임이 종료하면 지체 없이 그 전말을 보고해야 한다(제683조).

② 취득물인도의무: 위임사무의 처리로 받은 금전 기타 물건 및 취득한 과실을 인도해야 한다(제684조 제1항).[12] 인도시기는 특약이 있거나 위임의 본지에 반하는 등 특별한 사정이 있지 않는 한 위임계약이 종료한 때이고, 수임인이 반환할 금전의 범위도 위임종료시를 기준으로 정해진다.[13]

③ 취득권리이전의무: 위임인을 위하여 수임인 명의로 취득한 권리를 이전해야 한다(제2항).[14]

④ 위임인에게 인도할 금전 또는 위임인의 이익을 위하여 사용할 금전을 자기를 위하여 소비한 경우의 이자지급 및 손해배상의무(제685조): 여기서의 이자지급은 최소손해의 배상이라는 의미를 가진다.

2. 위임인의 의무 [2759]

가. 보수지급의무

(1) 유상위임인 경우에 위임인은 보수지급의무(報酬支給義務)를 진다. 민법상 위임의 기본형은 「무상」이지만, 특약으로 유상으로 할 수 있을 뿐만 아니라(제686조 제1항),[15] 사회통념상 보수를

11) 대판 1996.12.10. 96다36289.

12) 인도되어야 할 물건의 범위에 관하여 대판 2010.5.27. 2010다4561 참조.

13) 대판 2007.2.8. 2004다64432.

14) 대판 2022.9.7. 2022다217117: "그 이전시기는 당사자간에 특약이 있거나 위임의 본뜻에 반하는 경우 등과 같은 특별한 사정이 없는 한 위임계약이 종료된 때이다. 따라서 위임사무로 수임인 명의로 취득한 권리에 관한 위임인의 이전청구권의 소멸시효는 위임계약이 종료된 때부터 진행하게 된다."

15) 보수지급의무에 관한 재판례를 본다. ㉠ 위임계약에서 보수액을 약정한 경우에 수임인은 약정보수액을 전부 청구할 수 있지만, 위임의 경위, 위임업무처리의 경과와 난이도, 투입한 노력의 정도, 위임인이 업무처리로 인하여 얻는 구체적 이익 기타 변론에 나타난 제반 사정을 고려할 때 약정보수액이 부당하게 과다하여 신의성실의 원칙이나 형평의 원칙에 반한다고 볼 만한 특별한 사정이 있는 때에는 예외적으로 상당하다고 인정되는 범위 내의 보수액만 청구할 수 있다(대판 2012.4.12. 2011다107900. 대판 2016.2.18. 2015다35560도 참조). ㉡ 대판 2010.12.23. 2008다75119는, 공인중개사 자격이 없는 이가 중개사무소 개설등록을 하지 아니한 채 부동산중개업을 하면서 체결한 중개수수료 지급약정은 무효라고 하였다(구 부동산중개업법 등 관련법령에서 정한 한도를 초과하는 중개수수

지급하는 것이 일반적인 경우[16] 등 보수지급의 명시적 특약이 없더라도 거래관행 또는 묵시의 의사표시에 의하여 유상으로 새겨야 하는 경우가 적지 않다. 참고로 상법 제61조에 따라 상법상의 위임은 유상이다.

(2) 보수지급시기에 관하여 특약이 없으면 위임사무가 끝난 후에 지급해야 하며, 기간으로 보수를 정한 경우에도 그 기간이 경과한 후에 지급해야 한다(제686조 제1항, 제2항).

(3) 수임인에게 책임 없는 사유로 위임사무 처리 도중에 위임이 종료된 경우에, 이미 처리한 사무의 비율에 따라 보수를 지급해야 한다(제686조 제3항). 한편 위임이 도중에 종료된 것이 수임인에게 책임 있는 사유로 인한 경우에, 처리된 사무의 비율에 따른 보수도 청구할 수 없지만, 보수가 정기분할급이라면 그 사유가 발생한 때까지의 적법·유효한 사무처리에 대하여 그 기간에 상당하는 보수를 지급해야 한다.[17]

[2760] **나. 그 밖의 의무**

보수에 관한 특약의 유무와 관계없이 사무처리 결과의 귀속주체로서 위임인은 사무의 처리와 관련하여 수임인에게 손실을 주어서는 안 된다. 구체적으로

① 비용선급의무: 위임사무의 처리에 비용이 필요한 경우에, 수임인의 청구가 있으면 이를 선급해야 한다(제687조). 여기서 비용은 여비처럼 위임사무의 처리에 필요한 비용뿐만 아니라 건물구입에 관한 사무를 처리함에 필요한 매매대금 등도 포함하며, 객관적으로 판단된다. 비용을 사용하고 잔액이 있으면 위임인이 그 반환을 청구할 수 있다(제684조).

② 필요비상환의무: 수임인이 필요비를 지출한 경우에, 그 비용 및 그에 대한 이자를 지급해야 한다(제688조 제1항). 필요비란 수임인이 제반 사정을 종합하여 선관주의로써 필요하다고 판단하여 지출한 비용을 말하는데, 객관적으로 비용지출이 불필요했다고 하여(예: 보증채무의 불성립을 알지 못한 채 보증채무를 이행한 경우) 필요비가 아니라고 단정할 수는 없다. 필요비상환청구권은 필요비를 지출한 때에 발생하고, 10년의 소멸시효에 걸린다.

③ 채무대변제(債務代辨濟) 및 담보제공의 의무: 수임인이 위임사무의 처리에 필요한[18] 채무를 부담한 경우에, 그 변제 및 담보제공의 의무를 진다(제2항). 필요비상환과 마찬가지로 필요성

료약정에 관한 대판(전) 2007.12.20. 2005다32159도 참조). 다만 공인중개사 자격이 없는 이가 우연한 기회에 단 1회 타인간의 거래행위를 중개한 경우 등과 같이 「중개를 업으로 한」 것이 아니라면 그에 따른 중개수수료 지급약정이 강행법규에 위배되어 무효라고 할 것은 아니다(대판 2012.6.14. 2010다86525). ⓒ 참고로 대판 2016.7.7. 2014다1447: "항소심사건의 소송대리인인 변호사 또는 법무법인, 법무법인(유한), 법무조합(이하 '변호사 등'이라 한다)의 위임사무는 특별한 약정이 없는 한 항소심 판결이 송달된 때에 종료되므로, 변호사 등은 항소심 판결이 송달되어 위임사무가 종료되면 원칙적으로 그에 따른 보수를 청구할 수 있다. 그러나 항소심 판결이 상고심에서 파기되고 사건이 환송되는 경우에는 사건을 환송받은 항소심법원이 환송 전의 절차를 속행하여야 하고 환송 전 항소심에서의 소송대리인인 변호사 등의 소송대리권이 부활하므로, 환송 후 사건을 위임사무의 범위에서 제외하기로 약정하였다는 등의 특별한 사정이 없는 한 변호사 등은 환송 후 항소심사건의 소송사무까지 처리하여야만 비로소 위임사무의 종료에 따른 보수를 청구할 수 있다."

16) 변호사에게 사건을 위임하면서 보수에 관한 명시적 약정이 없는 경우에 관한 대판 1993.11.12. 93다36882 참조.

17) 감리계약이 중도에 종료된 경우에, 기간으로 보수를 정했다면 감리업무가 실제 수행되어 온 시점에 이르기까지 그 이행기가 도래한 부분에 해당하는 약정보수금을 청구할 수 있고, 후불의 일시불 보수약정을 하였거나 또는 기간보수를 정했지만 아직 이행기가 도래하지 아니한 부분에 관해서는 감리인에게 귀책사유 없이 감리가 종료한 때에 한하여 이미 처리한 사무의 비율에 따른 보수를 청구할 수 있다고 한 대판 2001.5.29. 2000다40001 참조.

18) 관련하여 대판 2018.11.29. 2016다48808: "수임인이 위임사무 처리와 관련하여 선관주의의무를 다하여 자기의 이름으로 위임인을 위해 필요한 계약을 체결하였다고 하더라도, 이후 그에 따른 채무를 이행하지도 않고 위임인에 대하여 필요한 보고 등의 조치도 취하지 않으면서 방치하여 두거나 계약상대방의 소 제기에 제대로 대응하지 않음으로써 수임인 자신이 계약상대방에 대하여 부담하여야 할 채무액이 확대된 경우에는, 그 범위가 확대된 부분까지도 당연히 '위임사무의 처리에 필요한 채무'로서 '위임인에게 대신 변제하게 할 수 있는 채무'의 범위에 포함된다고 보기는 어렵다. 이러한 경우 법원으로서는 수임인이 보고의무 등을 다하지 못하거나 계약상대방이 제기한 소송에 제대로 대응하지 못하여 채무액이 확대된 것인지 등을 심리하여 수임인이 위임인에게 대신 변제하게 할 수 있는 채무의 범위를 정하여야 한다."

유무는 수임인의 주관에 따라 판단된다. 그리고 수임인이 대변제청구권을 보전하기 위하여 채무자인 위임인의 채권을 대위행사하는 경우에, 채무자의 무자력을 요건으로 하지 않는다.[19] 그런데 수임인에게 대리권이 있다면 그 채무가 당연히 위임인에게 귀속되기 때문에, 이 규정은 수임인에게 대리권이 없는 경우에 의미를 가진다.

④ 무과실의 손해배상책임: 위임사무의 처리를 위하여 수임인이 과실 없이 입은 손해에 대하여, 비록 위임인에게 과실이 없더라도 이를 배상해야 한다(제3항). 사무처리가 결과적으로 자기에게 유리하지 않더라도 손해배상의무가 인정되며, 수임인이 그 손해에 관하여 제3자에 대하여 손해배상을 청구할 수 있는 경우에도 마찬가지이다.

Ⅲ. 위임의 종료 [2761]

1. 종료사유

가. 해 지

(1) 위임계약은 유상이든 무상이든 상관없이 각 당사자가 언제든지(즉 정당한 이유가 없더라도) 해지(解止)할 수 있다(제689조 제1항).[20] 위임은 당사자들 사이의 인적 신뢰관계를 기초로 하기 때문에, 주관적으로라도 그러한 신뢰관계가 깨어지면 해지를 인정하는 것이 타당하다는 고려에 기한 것이다.[21]

그런데 ① 당사자들이 해지권 포기 또는 제한의 특약을 하는 것은 자유이다. “당사자가 위임계약을 체결하면서 민법 제689조 제1항, 제2항에 규정된 바와 다른 내용으로 해지사유 및 절차, 손해배상책임 등을 정하였다면, 민법 제689조 제1항, 제2항이 이러한 약정과는 별개 독립적으로 적용된다고 볼 만한 특별한 사정이 없는 한, 약정에서 정한 해지사유 및 절차에 의하지 않고는 계약을 해지할 수 없고, 손해배상책임에 관한 당사자간 법률관계도 약정이 정한 바에 의하여 규율된다고 봄이 타당하다.”[22] 다만 부득이한 사유나 수임인의 불성실한 행위가 있는 경우에는 특약에도 불구하고 해지할 수 있으며, 위임인의 이익만을 위하여 체결된 위임계약에서 불해지의 특약은 무효라 할 것이다. ② 그 밖에 위임이 다른 계약의 일부를 구성하거나 위임이 수임인의 이익도 목적으로 하는 경우 등에서도 성질상 해지가 제한된다.

(2) 위임에서 임의해지가 인정되고, 그로 말미암아 상대방이 손해를 입더라도 그것을 배상할 의무를 부담하지 않지만, 부득이한 사유 없이 상대방에게 불리한 시기에 해지한 경우에는 그 손해를 배상해야 한다(제689조 제2항). 여기서 부득이한 사유란 상대방에게 발생한 손해에 대한 배상책임을 면할 수 있을 정도의 정당한 사유(예: 질병)를 말한다. 그리고 배상되어야 할 손해는 해지 자체로 인한 것이 아니라, 해지가 불리한 시기에 행하여졌기 때문에 생긴 것, 즉 적당한 시기에 해지되었더라면 입지 않았을 손해를 말한다.

---

19) 대판 2002.1.25. 2001다52506.

20) 위임과 유사한 무명계약에 해당하는 전속매니지먼트계약도 위임계약의 속성을 가지므로, 계약의 존속을 기대할 수 없는 중대한 사유가 있는 경우에만 계약을 해지할 수 있는 것은 아니고 계약당사자 상호간의 신뢰관계가 깨어지면 연예인은 전속계약을 해지할 수 있다고 한 대판 2019.9.10. 2017다258237도 참조.

21) 무상위임이 기본형이라는 점에서 그 근거를 찾기도 한다.

22) 대판 2019.5.30. 2017다53265.

[참 고] 대판 2015.12.23. 2012다71411[23]은 ⓐ "위임계약의 일방당사자가 타방당사자의 채무불이행을 이유로 위임계약을 해지한다는 의사표시를 하였으나 실제로는 채무불이행을 이유로 한 계약해지의 요건을 갖추지 못한 경우라도, 특별한 사정이 없는 한 위 의사표시에는 민법 제689조 제1항에 따른 임의해지로서의 효력이 인정"되고, ⓑ "민법상의 위임계약은 유상계약이든 무상계약이든 당사자 쌍방의 특별한 대인적 신뢰관계를 기초로 하는 위임계약의 본질상 각 당사자는 언제든지 해지할 수 있고 그로 말미암아 상대방이 손해를 입는 일이 있어도 그것을 배상할 의무를 부담하지 않는 것이 원칙이며, 다만 상대방이 불리한 시기에 해지한 때에는 해지가 부득이한 사유에 의한 것이 아닌 한 그로 인한 손해를 배상하여야 하나, 배상의 범위는 위임이 해지되었다는 사실로부터 생기는 손해가 아니라 적당한 시기에 해지되었더라면 입지 아니하였을 손해에 한한다. 그리고 수임인이 위임받은 사무를 처리하던 중 사무처리를 완료하지 못한 상태에서 위임계약을 해지함으로써 위임인이 사무처리의 완료에 따른 성과를 이전받거나 이익을 얻지 못하더라도, 별도로 특약을 하는 등 특별한 사정이 없는 한 위임계약에서는 시기를 불문하고 사무처리 완료 전에 계약이 해지되면 당연히 위임인이 사무처리의 완료에 따른 성과를 이전받거나 이익을 얻지 못하는 것으로 계약 당시에 예정되어 있으므로, 수임인이 사무처리를 완료하기 전에 위임계약을 해지한 것만으로 위임인에게 불리한 시기에 해지한 것이라고 볼 수는 없다."고 하였다.

그런데 ⓐ와 관련하여, 채무불이행을 이유로 위임의 해지를 주장하였으나 의무불이행사실이 인정되지 않거나 최고요건이 누락된 경우에 전환(轉換)의 법리(제138조 참조)가 배제될 이유가 없다는 점에서 이러한 판단은 정당하다.

한편 ⓑ는 검토를 요한다. 즉 위임인이 임의해지한 경우에, 제686조 제3항에 기하여 비례적 보수청구권을 가지는 수임인에게 특별한 이해관계가 발생할 여지가 없다. 반면 수임인의 임의해지의 경우에, 선관주의의무를 다한 사무처리 및 그 결과의 발생에 대한 위임인의 기대가 깨어짐에 그치는 것이 아니라 그 이상의 손해가 발생할 수 있다.[24] 그런데 위 판결에서 "별도로 특약을 하는 등 특별한 사정이 없는 한 위임계약에서는 시기를 불문하고 사무처리 완료 전에 계약이 해지되면 당연히 위임인이 사무처리의 완료에 따른 성과를 이전받거나 이익을 얻지 못하는 것으로 계약 당시에 예정되어 있으므로"라고 한 부분은 유상위임에서 「위임인」의 임의해지에 관한 대판 1991.4.9. 90다18968과 대판 2000.6.9. 98다64202에서 비롯된 것으로 「수임인」의 해지에는 적절하지 않은 근거이다. 따라서 명시적으로 제한하지 않지만, 제689조 제2항의 손해배상은 수임인의 해지를 대상으로 한 것으로 이해해야 하고, 이 점에서 위 판결은 변경되어야 한다.

[2762] **나. 기 타**

(1) 위임은 당사자 일방의 사망이나 파산, 수임인에 대한 성년후견개시의 심판에 의해서도 종료한다(제690조).[25]

(2) 수임인의 채무불이행을 이유로 한 해제가 가능하다. 그런데 아직도 수임인이 위임계약상의 의무를 이행하는 것이 가능하다면 위임인은 수임인에 대하여 상당한 기간을 정하여 이행을 최

23) 사실관계 및 소송의 경과는 다음과 같다: ㉠ X가 A 회사 매각절차의 우선협상대상자로 선정된 후 X와 Y 사이에, Y가 X의 A 인수를 위한 사무를 처리하는 것을 내용으로 하는 약정이 체결되었다. ㉡ 그 후 수임인 Y는 위임인 X에게 ⓐ 위 약정은 A의 인수주체로 조합을 규정하고 있으나 현재까지도 조합의 실체가 갖추어지지 않아 위 약정에 따른 목적이 실현되기 어렵고, ⓑ X가 금융기관으로부터 인수대금을 차입하면서 A의 부동산을 담보로 제공하려고 하는 방법이 형사상 배임의 문제와 공정거래법 위반의 문제를 야기할 수 있다는 등의 이유를 들어 위 약정을 해지한다는 의사표시를 하였다. ㉢ 원심은 X가 위 약정상의 의무를 불이행하였다고는 볼 수 없으나, 위임계약의 본질상 각 당사자는 언제든지 이를 해지할 수 있으므로, 위 약정은 제689조 제1항에 따라 Y의 위 해지의사표시에 의하여 해지되었다고 판단하였다. 그리고 위 약정이 X에게 불리한 시기에 해지되었으므로 Y는 X에게 이 사건 주식매매계약이 완료되었다면 X가 Y로부터 A 주식을 취득함으로써 얻을 수 있었던 이행이익 상당의 손해를 배상할 의무가 있다고 판단하였다. ㉣ 대법원은 원심판결을 파기환송하였다.

24) 예를 들어 수임인이 해지하였으나 위임인이 곧바로 그 사무의 처리를 타인에게 위임하는 것이 곤란하였고 그 사이에 교섭상대방이 다른 이와 계약을 체결하였다면, 계약체결에 따른 이익을 얻지 못하는 등 손해를 입을 수 있다(물론 손해배상의 다른 요건들이 충족됨을 전제로).

25) 파산에 관하여 예외를 인정한 대판 2003.1.10. 2002다11236 참조.

고하고, 수임인이 그 기간 내에 이를 이행하지 아니할 때에만 계약을 해제할 수 있다.[26)]

2. 종료에 따른 법률관계 [2763]

신뢰관계를 기초로 하는 위임이 종료되는 경우에 당사자 사이의 관계가 갑자기 해소됨으로써 당사자가 손해를 입는 것을 방지하기 위하여 법은 두 개의 특칙을 둔다.

① 급박한 사정이 있는 경우에 수임인, 그의 상속인 또는 법정대리인은 위임인, 그의 상속인 또는 법정대리인이 위임사무를 처리할 수 있을 때까지 사무의 처리를 계속할 의무를 지며, 이 경우에 위임의 존속과 동일한 효력이 있다(제691조).

② 위임이 종료하여도 이를 상대방에게 통지하거나 또는 상대방이 이를 안 후가 아니면 그 상대방에 대하여 위임이 종료하였음을 주장하지 못한다(제692조).

Ⅳ. 사무관리 [2764]

1. 의 의

(1) 사무관리(事務管理)란 길을 잃은 어린이를 돌보는 것처럼 의무(계약상 또는 법률상의) 없이 타인(즉 본인)을 위하여 그의 사무를 처리해 주는 행위를 말하는데(제734조 제1항), 관리자와 본인 사이의 법정채권관계의 발생원인이다.

(2) 누구라도 타인의 생활영역에 쓸데없이 참견하면 불법행위가 성립할 수 있고, 우리 법상 「착한 사마리아인의 법」은 도덕적 · 윤리적 문제일 뿐이다. 그렇다고 하여 길거리에 쓰러져 있는 이를 차에 태워 병원으로 데려가 진료계약을 체결하는 것을 위법하다고 하는 것은 지나치다. 그래서 법은 일정한 요건 하에 예외적으로 타인의 생활영역에의 간섭을 허용한다. 이러한 의미에서 사무관리는 「소극적 허용」의 의미를 가진다. 다른 한편 일단 타인의 사무를 관리하기 시작한 이상 위탁이 있었던 경우와 마찬가지로 본인의 「의제된」 의사에 따라 사무처리를 계속할 「적극적 의무」가 발생할 뿐만 아니라, 사무처리의 결과가 본인에게 귀속되는 대신 본인에 대한 비용상환청구권이 발생한다.

이렇게 본다면 사무관리의 인정근거에 관한 학설의 대립(즉 사회부조설과 귀속성설)은 별다른 의미를 가지지 않는다.

(3) 사무관리는 적법행위이지만, 의사표시를 요소로 하지 않으므로 준법률행위에 속한다.

한편 사무관리 자체는 법률행위가 아니지만, 사무관리의 내용인 행위(관리행위)가 법률행위(예: 제3자에게의 수리의뢰)일 수도 있는데, 이 경우 관리행위에 법률행위의 법리가 적용되어 그에 따른 유효요건이 요구되지만, 관리행위의 하자는 관리자와 제3자 사이의 문제로 사무관리 자체에 직접 영향을 미치지 않는다.

(4) 다른 제도와의 관계를 본다. [2765]

① 사무관리와 위임은 타인의 사무를 처리한다는 점에서 공통되지만, 위임은 당사자의 합의를 요하는 계약이라는 점에 차이가 있다.[27)] 다만 사무관리의 효과로 관리자와 본인 사이에 위임

---

26) 대판 1996.11.26. 96다27148.

27) 대판 1994.2.22. 93다4472는, 경찰관이 응급의 구호를 요하는 이를 보건의료기관에게 응급구호요청을 하고, 보건의료기관이 이에 따

과 유사한 권리 · 의무가 발생하므로, 위임에 관한 규정들(제683조 내지 제685조)이 사무관리에 준용된다(제738조). 그리고 관리자가 사무관리에 착수한 후 본인이 그 사정을 알고 위임계약을 체결하면, 그때부터 그들 사이의 관계는 위임규정에 의하여 처리된다.

② 사무관리는 위법한 법익침해가 아닌, 사무의 처리로 야기된 법률관계의 조정이라는 점에서 불법행위와 다르며, 따라서 손해의 배상 · 보상청구권(제734조, 제740조 참조)에 관하여 사무관리법 고유의 이익조정에 맞게 그 요건이 정해져야 한다.

③ 사무관리와 부당이득은 법정채권관계의 발생원인인 점에서 공통되지만, 특히 비용상환범위에 차이가 있다. 즉 부당이득에서 수익자의 이익이 반환범위의 상한을 이루지만(이른바 중복기준설), 사무관리에서는 그러한 제한을 받지 않고 지출비용 전액을 반환청구할 수 있다.

[2766] 2. 요 건

가. 법적 의무의 부존재

(1) 사무관리가 성립하려면 관리자에게 법적 의무가 없어야 하므로, 법률의 규정이나 계약에 의하여 본인에 대하여 관리할 의무를 부담하는 경우에 사무관리가 성립하지 않는다. 다만 의무가 있더라도 그 범위를 초과하여 사무를 처리하였다면 그 부분에 관하여 사무관리가 성립할 수 있다.[28)]

(2) 관리자가 본인에 대해서가 아니라 제3자에 대한 관계에서 사무를 처리할 의무를 지는 경우에 사무관리가 성립하지 않는다.[29)] 그리고 "관리자가 처리한 사무의 내용이 관리자와 제3자 사이에 체결된 계약상의 급부와 그 성질이 동일하다고 하더라도, 관리자가 위 계약상 약정된 급부를 모두 이행한 후 본인과의 사이에 별도의 계약이 체결될 것을 기대하고 사무를 처리하였다면 그 사무는 위 약정된 의무의 범위를 벗어나 이루어진 것으로서 법률상 의무 없이 사무를 처리한 것이며, 이 경우 특별한 사정이 없는 한 그 사무처리로 인한 사실상의 이익을 본인에게 귀속시키려는 의사, 즉 타인을 위하여 사무를 처리하는 의사가 있다고 봄이 상당하다."[30)]

[2767] 나. 타인의 사무

(1) 「사무」란 사람의 생활에서 재산적 이익을 주는 모든 행위를 말하며, 사실행위(예: 자동차를 이용한 환자의 운송)이든 법률행위(예: 진료계약의 체결)이든, 계속적이든 일시적이든, 정신적인 것이든 육체적인 것이든 상관없다. 그리고 사무의 「관리」란 일의 처리를 의미하는데, 보존 · 개량을 내용으로 하는 관리행위뿐만 아니라 본인의 의사에 반하지 않는 한 처분행위도 포함하고, 기

라 치료행위를 하였더라도 국가와 보건의료기관 사이에 국가가 그 치료행위를 보건의료기관에 위탁하고 보건의료기관이 이를 승낙하는 내용의 치료위임계약이 체결된 것으로는 볼 수 없다고 하였다.

28) 관리의사가 있어야 함은 물론이다.

29) 예컨대 A · B 사이의 제3자를 위한 계약에 의하여 낙약자 A가 수익자 C의 사무를 처리하는 경우에, A · C 사이에 사무관리가 성립하지 않는다. 다만 B · C 사이의 대가관계가 존재하지 않고 B에게 관리의사가 있으면, B · C 사이에 사무관리가 성립할 수 있다. 그리고 B · C 사이에 대가관계가 무효이거나 취소되면 부당이득이 문제된다.
대판 2013.9.26, 2012다43539: "의무 없이 타인의 사무를 처리한 자는 그 타인에 대하여 민법상 사무관리규정에 따라 비용상환 등을 청구할 수 있으나, 제3자와의 약정에 따라 타인의 사무를 처리한 경우에는 의무 없이 타인의 사무를 처리한 것이 아니므로 이는 원칙적으로 그 타인과의 관계에서는 사무관리가 된다고 볼 수 없다."

30) 대판 2010.1.14, 2007다55477: ⓐ A가 Y에게 아파트 신축공사를 도급하고 현장에서 발생하는 건설폐기물의 처리용역도 맡기면서 분리발주제에 따라 X에게 위 현장의 건설폐기물 처리용역 도급, ⓑ Y의 폐기물 관리상의 잘못으로 당초의 계약금액을 초과하는 폐기물의 발생이 예상되자 X가 A와 Y에게 대책을 요구하고 Y는 A와 협의하여 초과물량에 대한 용역대금을 받을 수 있도록 해 주겠다고 약속, ⓒ 폐기물 처리용역을 마친 후 A로부터 계약금액을 받은 X가 초과비용의 지급을 Y에게 청구의 사안에서, X의 청구를 인용한 사례.

존의 법률관계의 처리뿐만 아니라 새로운 법률관계의 창설도 포함한다.

(2) 사무는 타인의 것이어야 한다. 여기서 「타인」이란 관리자 아닌 이로서 사무관리의 이익이 귀속되는 이를 말하는데, 본인은 대리인에 대하여 타인이 아니다. 반면 공유물에 관한 사무는 공동소유자들에게 자기사무이자 동시에 타인사무이고(이른바 병존적 타인사무), 따라서 사무관리가 성립할 수 있다.

타인성의 판단기준에 관하여 다수설은 사무를 3분하여 ① 객관적인 자기사무(예: 자기의 물건을 수리하는 경우)를 타인의 것으로 오인하였더라도 사무관리가 성립하지 않고, ② 객관적인 타인사무(예: 타인의 채무의 변제)를 처리한 경우에 사무관리가 성립하며,[31] ③ 객관적으로 중성인 사무(예: 물품의 구입)는 관리자의 의사에 따라 달라진다고[32] 한다.

(3) 타인사무를 자기사무로 오인하고 처리하였더라도 사무관리가 성립하지 않는다(제745조 참조). 이러한 오신사무관리(誤信事務管理)의 경우에 본인과의 사이의 이해관계가 부당이득이나 불법행위에 의하여 해결되어야 한다.

다. 관리의사 [2768]

(1) 사무관리가 성립하기 위하여 타인을 위한 의사, 즉 관리의사(管理意思)가 있어야 한다.[33] 요컨대 관리의사가 무단사무관리와의 한계를 이룬다.[34]

(2) 제734조 제1항 소정의 "타인을 위하여"란 관리의 사실상의 이익을 본인에게 귀속시키려는 의사가 있어야 한다는 의미이다.[35] 관리의사는 관리자 자신의 이익을 위한 의사와 병존할 수 있고(예: 공동소유자의 사무처리), 외부적으로 표시되어야 한다거나 관리 당시 확정되어야 할 필요는 없으며, 본인에 대한 착오와도 무관하다.[36] 그리고 관리의사가 필요하기 때문에 관리자에게 의사능력은 있어야 한다.

라. 본인의 의사 및 이익의 존중 [2769]

(1) 관리자는 ① 본인의 의사(意思)를 알거나 알 수 있는 때에는 그 의사에 적합하도록 사무를 처리해야 하고, 또한 ② 그 사무의 성질에 좇아 가장 본인에게 이익(利益)되는 방법으로 사무를 처리해야 한다(제734조 제1항, 제2항).

그런데 객관적으로 보아 본인에게 불리하고 본인의 의사에 반하는 것이 명백한 경우에, 관리자에게 관리의사가 있더라도 사무관리가 성립하지 않는다고 해야 한다.[37] 특히 사무의 처리가 본인의 의사에 반하고 관리자가 이를 알고 있는 경우에, 긴급사무관리의 경우(예: 자살하려는 이의 구조)를 제외하면, 본인의 생활영역에의 간섭이 정당화될 수 없고 오히려 불법행위가 성립한다고 해야 한다. 여기에 사무관리의 본질 및 제737조 단서의 취지를 더하여 보면, 이러한 경우에 관리

31) 물론 다른 요건이 충족되어야 하지만, 그 타인이 누구인지는 문제되지 않는다.

32) 즉 사무 자체는 중성이라도, 관리자가 타인을 위하여 하는 의사로 관리하였다면 사무관리가 성립한다.

33) 대판 1995.9.15. 94다59943: "사무를 처리한 자에게 타인을 위하여 처리한다는 관리의사가 없는 경우에는 사무관리가 성립될 수 없다." 대판 1997.10.10. 97다26326도 동지.

34) 타인의 사무가 국가의 사무인 경우에, 사무처리의 긴급성 등 국가의 사무에 대한 사인의 개입이 정당화되는 경우에 한하여 사무관리가 성립할 수 있다는 대판 2014.12.11. 2012다15602도 참조.

35) 법률상 효과를 본인에게 귀속시키려는 의사는 「대리의사」이다.

36) 이러한 경우에 진정한 본인을 위한 관리의사가 존재하기 때문에, 그에 대한 사무관리가 성립한다.

37) 대판 1997.10.10. 97다26326: "사무관리가 성립하기 위하여는 […] 그 사무의 처리가 본인에게 불리하거나 본인의 의사에 반한다는 것이 명백하지 아니할 것을 요한다."

자의 처리권한 자체를 부정해야 할 것이다.

(2) 본인의 의사 또는 이익에 반하더라도 효과 귀속의 주체로서 본인의 추인이 있으면, 제133조를 유추하여 그 하자가 소급적으로 치유된다고 할 것이다.

[2770] ### 3. 효 과

가. 소극적 효과

사무관리가 성립하면, 그 관리행위가 적법한 것으로 되어 위법성이 조각(阻却. 방해하거나 물리친다는 의미이다)된다. 따라서 사무관리가 성립한 이상 결과적으로 본인에게 손해를 주더라도 불법행위로 되지 않는다.

[2771] #### 나. 적극적 효과[38]

(1) 관리자가 일단 관리를 개시하면, 「관리계속의무」가 발생한다. 즉 본인, 그 상속인이나 법정대리인이 사무를 관리하는 때까지 관리를 계속해야 한다. 다만 관리의 계속이 본인의 의사에 반하거나 본인에게 불리함이 명백한 경우에는 그렇지 않은데(제737조), 본인에게 불리한지는 관리의 방법이 아니라 관리계속의 사실을 기준으로 판단한다.

(2) 관리자는 본인의 의사와 이익을 존중해야 한다.

① 사무관리가 성립한 이상 관리자는 사무의 성질에 좇아 가장 본인에게 이익되는 방법으로(제734조 제1항), 본인의 의사를 알았거나 알 수 있었다면 그 의사에 적합하도록(제2항) 관리해야 한다. 본인에게 유리한 방법과 본인의 의사에 적합한 방법이 충돌하면 본인의 의사에 따라야 할 것이지만, 그 의사가 사회질서에 반하는 것이라면(예: 자살하려는 이를 구조하는 경우) 그에 따라서는 안 된다(제103조 참조).

② 위의 의무를 위반하여 본인에게 손해가 발생하면 관리자는 무과실책임을 지지만,[39] 그 방법이 공공의 이익에 적합한 것이라면 중대한 과실이 있는 경우에만 책임을 진다(제734조 제3항).

그런데 사무관리 자체는 법률행위가 아니어서 관리자의 행위능력은 필요하지 않다는 점을 근거로 관리자가 제한능력자라도 앞서 본 책임을 면할 수 없다고 한다면, 제한능력자 보호라는 법의 결단([1169] 참조)에 반한다. 따라서 제한능력자의 관리행위에 대하여 제135조 제2항을 유추하여 제한능력자는 관리자로서의 특별책임은 지지 않고 불법행위 또는 부당이득에 준하는 책임을 질 뿐이라고 할 것이다.[40]

나아가 관리자가 타인의 생명, 신체, 명예 또는 재산에 대한 급박한 위해를 면하기 위하여 사무를 관리하였다면 고의나 중대한 과실이 있는 경우에만 책임을 지는데, 이를 「긴급사무관리」라 한다(제735조). 이 경우의 주의의무는 수임인의 그것보다 경감된 정도의 것이다.

③ 한편 본인이 이미 관리개시의 사실을 알고 있지 않은 한 관리자는 관리개시 후 지체 없이 본인에게 통지해야 한다(제736조). 본인 스스로의 관리 또는 지시를 위해서이다.

[2772] (3) 나아가 관리자는 사무처리의 결과를 본인에게 인도해야 하는데, 이에 관하여 수임인의

38) 본인을 위하여 사무를 처리하는 관리자와 자기도 모르는 사이에 사무를 관리당하는 본인 사이의 이해관계의 조정이 중심문제로 되는데, 법은 그들 사이에 위임계약이 성립한 경우와 마찬가지의 권리 · 의무를 기본으로 하여 다소의 수정을 가한다.

39) 관리자의 사무관리상 부주의로 화재가 발생한 경우에 손해배상책임을 인정한 대판 1995.9.29. 94다13008 참조.

40) 제753조, 제754조를 유추하여 배상책임 자체를 부정하는 것도 가능할 것이다.

계산의무에 관한 규정이 준용된다(제738조). 따라서 ① 관리자는 본인의 청구가 있으면 관리상황을 보고하고 관리가 끝나면 지체 없이 그 전말을 보고해야 하며(제683조), ② 사무의 관리로 인하여 받은 금전 기타 물건 및 수취한 과실을 본인에게 인도하고, 관리자가 본인을 위하여 자기 이름으로 취득한 권리를 본인에게 이전해야 하며(제684조), ③ 관리자가 본인에게 인도할 금전 또는 본인을 위하여 사용할 금전을 자기를 위하여 소비한 경우에 소비한 날 이후의 이자를 지급해야 하고, 그 밖에 손해가 있으면 이를 배상해야 한다(제685조).

그런데 관리자가 본인 명의로 관리행위인 법률행위를 한 경우에, 사무관리의 성립으로 인하여 대리권이 발생하지 않으므로 무권대리행위로 되고, 따라서 그 효과가 본인에게 발생하지 않는다고 해야 한다.[41] 사무관리에 제684조 제2항과 제688조 제2항을 준용하는 것도 이러한 입장을 전제한 것으로 이해된다.

다. 본인의 의무 [2773]

(1) 본인은 「비용상환의무」를 진다.

① 사무관리에서 본인이 관리자에게 사무의 관리를 위탁하지 않았으므로 계약상의 채무를 부담하지 않으며, 그 결과 관리자가 비용을 지출하더라도 본인은 부당이득법에 따라 상환할 의무를 진다. 그러나 법은 본인의 비용상환의무를 인정하는 명문규정을 두는데,[42] 여기서 비용상환은 관리자가 지출한 비용을 갚아주는 것이지, 본인의 이득을 반환하는 것은 아니다.

② 필요비인지 아니면 유익비인지에 관계없이 관리자가 「지출한 비용 전액」을 상환해야 하고(제739조 제1항), 관리자가 본인을 위하여 필요한 채무 또는 유익한 채무를 부담하였다면 본인은 관리자에 갈음하여 채무를 변제해야 하며, 채무의 이행기가 도래하지 않았다면 상당한 담보를 제공해야 한다(제2항, 제688조 제2항). 그러나 관리방법이 본인의 의사에 반하는 경우에, 본인은 「현존이익의 한도」에서 필요비 또는 유익비를 상환하고, 필요하거나 유익한 채무를 변제하거나 담보를 제공할 의무를 부담한다(제739조 제3항).

그런데 제739조 제1항의 상환범위가 비용지출 당시를 기준으로 하는 반면, 제3항에서는 상환청구를 한 때를 기준으로 하는데, 제3항의 상환범위는 제748조 제1항에 따른 선의수익자의 반환범위와 같다.

(2) 그 밖에 ① 관리자가 사무관리를 하면서 과실 없이 손해를 입은 경우에, 본인은 현존이익의 한도에서 손해를 보상할 의무를 진다(제740조). 그리고 ② 보수(報酬)의 지급의무는 민법상의 사무관리의 경우에 인정되지 않지만, 특별법(유실물법 제4조, 상법 제882조 등)에서 인정되기도 한다.

---

41) 표현대리가 성립하거나 본인의 추인이 있으면 결과가 달라질 수 있음은 물론이다.

42) 상속등기의 대위신청과 등기비용의 상환에 관하여 대판 2013.8.22. 2013다30882: "채무자가 다른 상속인과 공동으로 부동산을 상속받은 경우에는 채무자의 상속지분에 관하여서만 상속등기를 하는 것이 허용되지 아니하고 공동상속인 전원에 대하여 상속으로 인한 소유권이전등기를 신청하여야 한다(부동산등기규칙 제52조 제7호, 대위상속등기에 관한 1994. 11. 5.자 등기선례 제4-274호 참조). 그리고 채권자가 자신의 채권을 보전하기 위하여 채무자가 다른 상속인과 공동으로 상속받은 부동산에 관하여 위와 같이 공동상속등기를 대위신청하여 그 등기가 행하여지는 것과 같이 채권자에 의한 채무자 권리의 대위행사의 직접적인 내용이 제3자의 법적 지위를 보전 · 유지하는 것이 되는 경우에는, 채권자는 자신의 채무자가 아닌 제3자에 대하여도 다른 특별한 사정이 없는 한 사무관리에 기하여 그 등기에 소요된 비용의 상환을 청구할 수 있다고 할 것이다. 이와 같은 경우에 채권자가 채권자대위권에 관한 민법 제404조 제1항에서 정하는 대로 '자기의 채권을 보전하기 위하여' 채무자의 권리를 행사한다는 점은 그것만으로 그 권리 행사의 결과로 행하여지는 위와 같은 공동상속등기에 의한 이익을 공동상속인들에게 귀속시킨다는 채권자의 통상적 · 일반적 의사를 부인할 만한 사정이 되지 못"한다.

[참 고] 「상인의 사무관리」에 관하여 대판 2010.1.14. 2007다55477: "직업 또는 영업에 의하여 유상으로 타인을 위하여 일하는 사람이 향후 계약이 체결될 것을 예정하여 그 직업 또는 영업의 범위 내에서 타인을 위한 행위를 하였으나 그 후 계약이 체결되지 아니함에 따라 타인을 위한 사무를 관리한 것으로 인정되는 경우에 상법 제61조는 상인이 그 영업범위 내에서 타인을 위하여 행위를 한 때에는 이에 대하여 상당한 보수를 청구할 수 있다고 규정하고 있어 직업 또는 영업의 일환으로 제공한 용역은 그 자체로 유상행위로서 보수 상당의 가치를 가진다고 할 수 있으므로 그 관리자는 통상의 보수를 받을 것을 기대하고 사무관리를 하는 것으로 보는 것이 일반적인 거래관념에 부합하고, 그 관리자가 사무관리를 위하여 다른 사람을 고용하였을 경우 지급하는 보수는 사무관리비용으로 취급되어 본인에게 반환을 구할 수 있는 것과 마찬가지로, 다른 사람을 고용하지 않고 자신이 직접 사무를 처리한 것도 통상의 보수 상당의 재산적 가치를 가지는 관리자의 용역이 제공된 것으로서 사무관리의사에 기한 자율적 재산희생으로서의 비용이 지출된 것이라 할 수 있으므로 그 통상의 보수에 상응하는 금액을 필요비 내지 유익비로 청구할 수 있다고 봄이 타당하고, 이 경우 통상의 보수의 수준이 어느 정도인지는 거래관행과 사회통념에 의하여 결정하되, 관리자의 노력의 정도, 사무관리에 의하여 처리한 업무의 내용, 사무관리 본인이 얻은 이익 등을 종합적으로 고려하여 판단하여야 한다."

그런데 유상성원칙의 일상화, 전문가의 기회비용, 관리자가 전문가에게 의뢰한 경우와 전문가 자신이 관리인으로 된 경우의 균형 등을 고려할 때 이 판결의 태도가 수긍될 수 있지만, 다른 한편 사무관리가 전문가의 이익 창출의 기회로 악용될 우려도 고려하여 다른 요건을 엄격하게 새겨야 할 것이다.[43]

[2774] ## 4. 준사무관리

(1) 관리의사가 없는 경우, 즉 타인의 사무임을 알면서 그것을 자기의 것으로 하겠다는 의도로 그 사무를 처리한 경우를 준사무관리(準事務管理)라고 한다.

(2) 타인 소유의 부동산을 함부로 고가로 매각하는 경우를 어떻게 처리해야 하는지를 통하여 준사무관리라는 개념이 필요한지를 살펴본다.

① 무단사무관리(無斷事務管理)의 경우에 부당이득이나 불법행위가 성립할 수 있지만, 사무관리가 성립하는 경우와 반환범위에 차이가 있다.[44]

② 이에 관하여 ⓐ 관리의사라는 주관적 요건이 흠결되었기 때문에 이를 사무관리로 볼 수 없지만, 취득물인도의무가 인정되어야 하고, 특히 초과수익을 관리자의 것으로 함은 정당하지 않음에 비추어, 무단사무관리의 효과를 본인에게 귀속시키기 위하여 이를 준사무관리로 보아야 한다는 견해와 ⓑ 불법행위나 부당이득에서 「손해/손실」이란 그 사실이 없었으면 재산의 증가가 있었으리라는 객관적 가능성이 있으면 족하기 때문에 굳이 준사무관리를 인정할 필요가 없고, 특별수익 전부를 본인에게 귀속시키는 것이 오히려 형평에 반할 수 있으며, 불법한 행위의 적법성을 인정해야 하는 난점을 들어 준사무관리를 인정할 필요가 없다는 견해가 대립한다.

---

43) 위 판결이 "특히 관리자가 본인의 사무를 관리하게 된 주된 의도나 목적이 사무관리에 따른 보수를 지급받아 자신의 경제적 이익을 추구하고자 하는 데 있는 것으로 볼 수 있는 경우에는, 위와 같은 경제적 이익의 추구라고 하는 동기 때문에 관리자가 타인의 생활관계에 지나치게 개입함으로써 사적자치의 원칙을 훼손시키고 오히려 사회적 상호부조의 이상에도 반할 우려가 있으므로, 이러한 경우 관리자에게 사무관리에 따른 비용청구권이 있는지를 판단함에 있어서는 그 사무의 처리가 본인의 이익과 의사에 부합하는지 여부 등 사무관리 성립요건의 충족 여부에 관하여 보다 엄격하고도 신중한 판단이 이루어져야 할 것"이라고 한 것도 이러한 문제의식에 기한 것으로 보인다.

44) 사무관리가 성립하면 취득한 것 전부(초과수익을 포함하여)를 반환해야 하는 반면, 부당이득(지배적 학설에 의하면)이나 불법행위는 본인의 손실/손해를 한도로 하고 초과수익은 예외적으로만 본인에게 귀속될 수 있다. 따라서 학설이 대립하는 것은 주로 불법관리로 인하여 초과이득이 발생한 경우에 그것의 귀속을 어떻게 할 것인지에 관해서이다.

③ 생각건대 초과이득의 반환이 부당이득이나 불법행위의 법리를 적용한다면 반환범위가 본인이 얻지 못한 이익에 한정된다는 점에서 특별수익(초과이득)의 토출(吐出)을 가능케 하는 법적 구성으로 준사무관리가 논의된다. 그러나 초과이득은 관리자의 재능이 더해져 얻은 결과이므로 이를 본인에게 귀속시키는 것이 적절하다고 단정할 수 없다. 그에 가령 특허법 제128조 제4항이 특허권 등의 침해에 대한 손해액의 추정에 관한 규정을 둔 취지를 더하여 보면, 이러한 경우에 사무관리 또는 준사무관리가 성립하지 않는다고 할 것이다. 즉 무단사무관리에 사무관리의 법리가 적용되어서는 안 된다.

제 5 절 그 밖의 계약들

제 1 관 임 치

Ⅰ. 임치 일반론 [2775]

1. 의의 및 성립

가. 개 념

(1) 임치(任置)는, 당사자 일방(임치인. 任置人)이 상대방(수치인. 受置人)에 대하여 금전이나 유가증권 기타 물건의 보관을 위탁하고, 상대방이 이를 승낙함으로써 성립하는 낙성 · 불요식의 계약이다(제693조). 즉 물건의 보관 자체를 목적으로 하는 「예탁형 계약」으로, 대개 계속적 채권관계를 발생시킨다.

(2) 대량생산된 상품이나 운송 중의 화물을 창고에 임치하는 것은 오늘날 상품거래에서 필수적이지만, 그러한 임치는 대개 창고업자에 의해서 행하여지고 상법의 규율을 받는다(상법 제155조 내지 제168조). 뿐만 아니라 공중접객업자나 일반상인의 임치에 대해서도 특칙이 있다(같은 법 제151조 내지 제154조, 제62조). 따라서 민법에 의하여 규율되는 임치는 생활용품의 보관을 친지에게 위탁하는 등의 경우에 한정되어 그 작용이 그다지 크지 않다.

나. 임치의 성립

(1) 임치는 금전이나 유가증권 기타 물건의 보관을 목적으로 해야 한다. 보관(保管)이란 임치물을 점유하여 멸실 · 훼손을 방지하고 원상을 유지하는 것을 말한다. 그리고 보관하다가 그 물건을 반환해야 한다. 그런데 임치인이 목적물의 소유자여야 하는 것은 아니다.

(2) 임치인과 수치인 사이에 목적물의 보관에 관한 합의가 있어야 하고, 합의만 있으면 된다. 즉 임치는 낙성계약으로 수치인이 목적물을 수령하는 것은 임치의 성립요건이 아니다.

(3) 보수는 임치의 요건이 아니고, 따라서 무상 · 편무계약이 기본형이다. 다만 당사자가 보수의 약정을 하는 것은 무방한데(제701조, 제686조 제1항), 이러한 유상임치는 쌍무 · 유상계약이다. 그리고 상법상의 임치는 유상이다(상법 제61조 참조).

[2776] ## 2. 당사자의 권리의무

가. 수치인의 의무

(1) 수치인의 기본의무인 「임치물보관의무」를 본다.

① 수치인은 수치한 바로 그 물건을 반환해야 하므로, 특정물인도채무에 특유한 선량한 관리자의 주의로써 임치물을 보관해야 한다(제374조). 이 주의의무가 유지되는 것은 유상임치에서이다.

반면 무상임치에서 보관의무가 경감되어, 수치인은 "자기재산과 동일한 주의"로써 보관하면 되는데(제695조. 그 취지에 관하여 [2396] 참조), 보수의 약정이 없는 한 민법상 임치가 무상이므로, 자기재산과 동일한 주의가 수치인의 주의의무의 기본형이다.[1)]

② 이 주의의무는 현실적으로 임치물을 반환할 때까지 유지된다. 그렇게 새기지 않으면 계약관계가 존속 중일 때보다 종료 후에 더 무거운 책임을 부담하는 결과로 되기 때문이다. 한편 무상수치인이 거래상 일반적인 평균인보다 뛰어난 주의능력을 갖추고 있는데 그가 베푼 주의가 선관주의를 초과하지만 자신의 능력에 따른 주의에 미치지 못한 경우에, 주의의무 경감의 취지에 따라 과실이 없다고 해야 한다.

[2777] (2) 수치인은 다음과 같은 부수적 의무도 부담한다.

① 임치인의 동의 없이 보관 중 임치물을 사용하지 못한다(제694조).

② 수치인은 임치인의 동의가 있거나 부득이한 사유가 있는 경우에 한하여 제3자로 하여금 임치물을 보관하게 할 수 있는데, 수치인은 제3보관자(복수치인)의 선임 · 감독에 대하여 책임을 지고, 제3보관자는 임치인 및 제3자에 대하여 수치인과 동일한 권리 · 의무를 가진다(제701조, 제682조, 제121조, 제123조).

③ 임치물에 관하여 권리를 주장하는 제3자가 수치인에 대하여 소를 제기하거나 압류한 경우에, 수치인은 지체 없이 그 사실을 임치인에게 통지해야 한다(제696조). 임치인이 권리행사(異議)의 기회를 잃지 않도록 하기 위해서이다.

④ 수치인은 보관과 관련하여 받은 금전 기타 물건을 임치인에게 인도하고, 취득한 권리를 이전하며, 자기를 위하여 소비한 금전의 이자를 지급하고 손해를 배상해야 한다(제701조, 제684조, 제685조).

(3) 임치가 종료하면 수치인은 임치물을 임치인에게 반환해야 한다. 반환의 목적물은 수치인이 받아 보관한 물건 바로 그것이고,[2)] 반환의 장소는 특약이 없으면 보관한 장소이다. 다만 수치인이 정당한 이유에 기하여 전치(轉置)한 경우에는 현존하는 장소에서 반환할 수 있다(제700조).

그런데 채권자인 임치인이 기한의 이익을 가지므로, 반환시기의 정함이 있더라도 임치인이 이행을 청구해야 지체가 성립한다([2289] 참조).

한편 유상임치에서 수치인의 반환의무는 임치인의 보수지급의무와 동시이행관계에 선다.

[2778] ### 나. 임치인의 의무

(1) 임치인의 임치물인도의무를 인정할 것인지에 관하여 견해가 대립하는데, 채권자로서 임치인은 자기의 물건에 대한 보관을 청구할 권리를 가질 뿐이고 그 물건을 인도할 의무를 진다고

1) 상법상의 임치에서는 상법 제62조 때문에 무상이라도 언제나 선관주의의무를 부담한다.
2) 혼장임치를 제외하면 임치물이 대체물이더라도 마찬가지이다.

볼 수 없다. 다만 유상임치의 경우에 임치인이 목적물을 인도하지 않음으로써 수치인이 보수를 받을 수 없는 점은 제538조 제1항 전문에 의하여 해결하면 될 것이다.

(2) 위임에 관한 규정이 준용되므로, 유상인지 무상인지 가리지 않고 임치인은 비용의 선급, 비용의 상환, 채무변제 및 담보제공의 의무를 부담한다(제701조, 제687조, 제688조 제1항, 제2항). 또한 임치물의 성질 또는 하자로 인하여 수치인이 입은 손해를 배상해야 하지만, 수치인이 그 성질이나 하자를 알고 있었다면 배상책임을 면한다(제697조).

(3) 임치인의 보수지급의 시기 등은 위임에서와 같다(제701조, 제686조).

3. 임치의 종료 [2779]

(1) 임치기간의 약정이 있는 경우에 「임치인」이 기한의 이익을 가진다. 따라서 임치인은 언제든지 계약을 해지할 수 있으나, 수치인은 부득이한 사유가 있지 않으면 기간 만료 전에 해지하지 못한다(제698조).

(2) 임치기간의 약정이 없는 경우에, 각 당사자는 언제든지 계약을 해지할 수 있다(제699조). 그 밖에 임치기간의 만료 또는 목적물의 멸실에 의하여 임치관계가 종료됨은 물론이다.

(3) 한편 당사자의 사망, 파산 또는 수치인이 대한 성년후견의 개시가 임치의 종료사유로 되는지(제690조 참조)에 관하여, 무상임치에서 수치인의 사망 등으로 임치관계가 당연히 종료하고, 유상임치에서는 임치인이 파산하면 기간의 약정이 있더라도 수치인이 해지할 수 있다는 견해가 유력하다.

4. 특수한 임치 [2780]

가. 소비임치

(1) 수치인이 대체물인 임치물을 소비하고, 그와 동종 · 동질 · 동량의 물건을 반환할 의무를 부담하는 임치를 소비임치(消費任置. 불규칙임치라고도 한다)라 한다(제702조). 보통의 임치와 다른 점은 물건 자체가 아니라 받은 물건의 가치를 보관함에 있다. 즉 소비임치에서 「소비」는 보관의 한 수단이다. 따라서 소비임치의 목적물은 대체물이어야 하고, 그 소유권은 수치인에게 이전한다.[3]

(2) 소비임치는 받은 물건과 동종 · 동질 · 동량의 것을 반환하는 점에서 소비대차와 같으므로, 소비대차의 규정이 준용된다(제702조 본문). 그러나 소비대차는 차주가 목적물을 이용하는 것을 목적으로 하는 반면, 소비임치는 임치인을 위하여 물건을 보관하는 것을 목적으로 한다는 점에 차이가 있기 때문에, 소비임치에서 반환시기의 약정이 없으면 임치인은 상당한 기간을 정하여 반환을 최고할 필요가 없고, 언제든지 반환을 청구할 수 있다(같은 조 단서, 제603조 참조).

나. 혼장임치 [2781]

(1) 수치인이 수인의 임치인으로부터 물건을 수치하여 동종 · 동질의 것과 섞어 보관하다가 임치인의 청구(임치계약에 기한 채권적인 반환청구)가 있으면 그중에서 임치받은 것과 같은 수량을 반환하기로 하는 것을 혼장임치(混藏任置)라 한다. 보통의 임치에서 수치한 물건, 즉 특정물을 반

---

3) 고객이 증권회사에게 증권을 예탁 또는 담보로 제공한 경우에 관한 대판 1994.9.9. 93다40256 참조.

환해야 하지만, 혼장임치는 「대체물」을 반환한다는 점에 특색이 있다. 한편 혼장임치에서 수인의 임치인이 임치물을 공유하고 수치인이 목적물의 소유권을 취득하지 않는다는 점에서 소비임치와 다르다.

(2) 혼장임치에서 임치물의 일부가 멸실 또는 훼손된 경우 또는 마지막으로 반환을 청구한 임치인에게 돌아갈 수량이 부족하거나 훼손된 것만이 남아있는 경우에, 수치인은 마지막으로 반환을 청구한 임치인에 대하여 채무불이행책임을 진다.[4)]

[2782] Ⅱ. 예금계약

1. 의의 및 성립

(1) 예금계약(預金契約)이란 금융기관에 대하여 금전 등의 보관을 위탁하여 금융기관이 예입금의 소유권을 취득하고 예금자에게 그에 상응하는 금액을 반환할 것을 약정하는 계약을 말한다.

(2) 예금계약의 법적 성질에 관하여 학설은 대체로 소비임치라 하고, 판례도 같은 입장이다.[5)]

(3) 성립시기와 관련하여 예금계약이 요물계약이라는 것이 판례의 입장이다.[6)] 참고로 예금증서는 예금계약서의 구실을 하는 것이어서, 예금증서 대신 담보물건 보관증을 교부받은 경우에 특별한 사정이 없는 한 예금계약의 성립을 인정하기 어렵다.[7)]

[2783] 2. 예금계약의 법률관계

가. 서 설

예금계약에 특유한 쟁점으로 예금계약 당사자의 확정, 공동예금의 법률관계, 착오송금에 따른 후속의 법률관계 등이 있다.[8)] 이들 중 착오송금의 문제(그 전제로서 자금이체를 포함하여)는 부당이득과 관련하여 검토하기로 하고, 여기서는 나머지를 살펴본다.

[2784] 나. 예금계약에서 당사자의 확정

(1) 기명식 예금에서 자금을 출연한 이와 예금명의인이 다른 경우에 누구를 예금주로 볼 것인지에 관한 학설로 주관설, 객관설 및 절충설 등이 있는데, 종래의 판례는 ―예금주명의 여하를 불문하고 또 금융기관이 누구를 예금주라고 믿었는지와 무관하게― 예금을 실질적으로 지배하는 이로서 자기의 출연에 의하여 자기의 예금으로 한다는 의사를 가지고 스스로 또는 사자나 대리인

---

4) 그와 함께 다른 임치인에 대해서도 지분비율에 따른 부당이득반환청구권을 가진다는 견해가 일반적이지만, 자기가 임치한 물건에 상응하는 것을 반환받은 다른 임치인이 (부당)이득을 하였다고 보기는 어렵다.

5) 대판 2023.6.29. 2023다218353: "예금계약은 은행 등 법률이 정하는 금융기관을 수치인으로 하는 금전의 소비임치계약으로서 수치인은 임치물인 금전 등을 보관하고 그 기간 중 이를 소비할 수 있고 임치인의 청구에 따라 동종 동액의 금전을 반환할 것을 약정함으로써 성립하는 것이므로 소비대차에 관한 민법의 규정이 준용되나 사실상 그 계약의 내용은 약관에 따라 정해진다고 보아야 한다."

6) 대판 2005.12.23. 2003다30159: "예금계약은 예금자가 예금의 의사를 표시하면서 금융기관에 돈을 제공하고 금융기관이 그 의사에 따라 그 돈을 받아 확인을 하면 그로써 성립하며, 금융기관의 직원이 그 받은 돈을 금융기관에 실제로 입금하였는지 여부는 예금계약의 성립에는 아무런 영향을 미치지 아니한다." 대판 2002.12.26. 2002다54479도, 은행이 특정금원을 수취인의 예금계좌를 지정계좌로 하여 입금하도록 위임받은 경우에, 이로 인한 법률관계는 입금의뢰인과 은행 사이의 위임관계이고, 수취인은 그 직접당사자가 아니라 다만 수취은행에 대한 예금자로서의 지위를 갖는 데 불과하여, 수취은행이 수취인의 그 예금계좌에 그 금원을 입금시키는 절차 없이 바로 수취인에게 그 금원을 지급할 의무를 부담한다고 볼 수 없으므로, 그 입금 전까지는 그 금원에 대한 수취인의 예금채권이 성립한다고 할 수 없다고 하였다. 약속어음이나 당좌수표 등 증권으로 입금하는 경우에 관한 대판 1999.2.5. 97다34822 및 대판 1995.6.16. 95다9754 · 9761도 참조.

7) 대판 2006.10.27. 2005다32913.

8) 그 밖에 금융기관이 자신의 지위를 강화하게 하기 위하여 약관에 특약조항을 둠에 관하여 [4060] 참조.

을 통하여 예금계약을 한 이를 예금주로 봄이 상당하다고 하여 이른바 객관설을 따랐으나,[9] 금융실명제가 시행됨에 따라 달라졌다.

(2) 금융실명제 하에서 기명식 예금의 예금주 결정에 관한 판례의 입장을 본다. [2785]

① 우선 금융실명법 제3조 제1항[10]에 따라 금융기관은 주민등록증 등을 통하여 실명확인을 한 예금명의자를 거래자로 보아 그와 예금계약을 체결할 의도를 가지고 있었다고 하여 예금명의자를 예금주로 본다.[11]

참고로 실명이 확인된 계좌에 보유하는 금융자산은 명의자의 소유로 추정된다(같은 법 제3조 제5항).

② 한편 출연자와 금융기관 사이에 예금명의인 아닌 출연자에게 예금반환채권을 귀속시키기로 하는 명시적 또는 묵시적 약정이 있는 경우에 예외적으로 출연자를 예금주로 볼 수 있다는 것이 종래의 입장[12]이었으나 변경되었다. [2786]

[참 고] 대판(전) 2009.3.19. 2008다45828의 다수의견은 "금융실명거래 및 비밀보장에 관한 법률에 따라 실명확인절차를 거쳐 예금계약을 체결하고 그 실명확인사실이 예금계약서 등에 명확히 기재되어 있는 경우에는, 일반적으로 그 예금계약서에 예금주로 기재된 예금명의자나 그를 대리한 행위자 및 금융기관의 의사는 예금명의자를 예금계약의 당사자로 보려는 것이라고 해석하는 것이 경험법칙에 합당하고, 예금계약의 당사자에 관한 법률관계를 명확히 할 수 있어 합리적이다. 그리고 이와 같은 예금계약당사자의 해석에 관한 법리는, 예금명의자 본인이 금융기관에 출석하여 예금계약을 체결한 경우나 예금명의자의 위임에 의하여 자금출연자 등의 제3자(이하 '출연자 등'이라 한다)가 대리인으로서 예금계약을 체결한 경우 모두 마찬가지로 적용된다고 보아야 한다. 따라서 본인인 예금명의자의 의사에 따라 예금명의자의 실명확인절차가 이루어지고 예금명의자를 예금주로 하여 예금계약서를 작성하였음에도 불구하고, 예금명의자가 아닌 출연자 등을 예금계약의 당사자라고 볼 수 있으려면, 금융기관과 출연자 등과 사이에서 실명확인절차를 거쳐 서면으로 이루어진 예금명의자와의 예금계약을 부정하여 예금명의자의 예금반환청구권을 배제하고 출연자 등과 예금계약을 체결하여 출연자 등에게 예금반환청구권을 귀속시키겠다는 명확한 의사의 합치가 있는 극히 예외적인 경우로 제한되어야 한다. 그리고 이러한 의사의 합치는 금융실명거래 및 비밀보장에 관한 법률에 따라 실명확인절차를 거쳐 작성된 예금계약서 등의 증명력을 번복하기에 충분할 정도의 명확한 증명력을 가진 구체적이고 객관적인 증거에 의하여 매우 엄격하게 인정하여야 한다."고 하면서,[13] 그 취지에 반하는 판결들을 변경하였다.

이 판결이 "명확한 의사의 합치"가 있는 경우에 예외가 인정되는 듯 판시하였으나, 처분문서의

9) 대판 1987.5.12. 86다카2903 등.

10) 이 규정이 단속규정임에 관하여 대판 2001.12.28. 2001다17565 참조.

11) 대리인이 본인의 주민등록증과 인감을 가지고 가서 본인의 이름으로 예금하는 경우에 금융기관으로서는 특별한 사정이 없는 한 주민등록증을 통하여 실명확인을 한 예금명의자와 예금계약을 체결할 의도라고 보아야 한다는 대판 1998.1.23. 97다35658.

다만 대판 2020.12.10. 2019다267204: "부가가치세법에 따른 고유번호나 소득세법에 따른 납세번호를 부여받지 않은 비법인단체의 경우 그 대표자가 단체를 계약의 당사자로 할 의사를 밝히면서 대표자인 자신의 실명으로 예금계약 등 금융거래계약을 체결하고, 금융기관이 그 사람이 비법인단체의 대표자인 것과 그의 실명을 확인하였다면, 특별한 사정이 없는 한 당사자 사이에 단체를 계약의 당사자로 하는 의사가 일치되었다고 할 수 있어 금융거래계약의 당사자는 비법인단체라고 보아야 한다."

참고로 대판 2012.2.23. 2011다86720: 금융실명법 "시행 이후 예금주명의의 신탁이 이루어진 다음 출연자가 사망함에 따라 금융기관이 출연자의 공동상속인들 중 전부 또는 일부에게 예금채권을 유효하게 변제하였다면, 변제된 예금은 출연자와 예금명의자의 명의신탁약정상 예금명의자에 대한 관계에서는 출연자의 공동상속인들에게 귀속되었다고 보아야 하므로, 이러한 경우 예금명의자는 예금을 수령한 공동상속인들의 전부 또는 일부를 상대로 예금 상당액의 부당이득반환을 구할 수 없다."

12) 대판 2005.6.24. 2005다17877 등.

13) X가 배우자 Y를 대리하여 금융기관과 Y의 실명확인절차를 거쳐 Y 명의의 예금계약을 체결하였는데 Y가 예금자보호법에 따른 보험금의 지급을 구한 사안에서, X와 Y의 내부관계에 불과한 자금출연경위, 거래인감 및 비밀번호의 등록·관리, 예금의 인출상황 등의 사정을 근거로 금융기관과 X 사이에 예금명의자 Y가 아닌 출연자 X를 예금계약의 당사자로 하기로 하는 묵시적 약정이 체결되었다고 보아 X를 예금계약의 당사자라고 본 원심판결을 파기한 사례.

증명력에 관한 판례법리와 실명확인을 구하는 금융실명제의 취지 등을 들어 예외인정을 사실상 봉쇄한 것으로 볼 수 있다.[14]

③ 이러한 예금주의 확정은 다른 유형의 계약에 관한 판례의 입장[15]과 분명한 차이를 보인다.

[2787] **다. 공동명의의 예금계약**

(1) 대판 2001.6.12. 2000다70989는, 공동명의예금계약에서 공동명의자 전원을 거래자로 보아 예금계약을 체결할 의도가 있다고 보아야 하므로, 공동명의자 중 일부만이 금원을 출연하였더라도 출연자만이 공동명의예금의 예금주라고 할 수 없다고 하였다.

(2) 은행에 공동명의로 예금을 하고 은행에 대하여 권리를 함께 행사하기로 한 경우의 법률관계는 공동명의인들 사이의 관계에 따른다. 즉 동업자금을 공동명의로 예금한 경우라면 채권의 준합유관계가 성립한다. 반면 공동명의예금채권자들 각자가 분담하여 출연한 돈을 동업 이외의 특정목적을 위하여 공동명의로 예치해 둠으로써 그 목적이 달성되기 전에는 어느 공동명의예금채권자가 단독으로 예금을 인출할 수 없도록 방지·감시하고자 하는 목적으로 공동명의로 예금을 개설한 경우라면, 하나의 예금채권이 분량적으로 분할되어 각 공동명의예금채권자들에게 공동으로 귀속되고, 각 공동명의예금채권자들이 예금채권에 대하여 갖는 각자의 지분에 대한 관리처분권은 각자에게 귀속된다.[16]

공동명의예금의 인출방법은 공동명의자와 금융기관 사이의 공동명의예금계약의 내용에 따라 결정된다.[17]

제2관 화 해

[2788] **1. 의 의**

(1) 분쟁해결형 계약으로서 화해(和解)는, 당사자들이 서로 양보하여 그들 사이의 다툼을 끝낼 것을 약정함으로써 성립하는 계약이다(제731조).[1]

---

14) "금융실명제 하에서의 위와 같은 예금주 확정원칙에 비추어 보면, 금융기관은 예금명의자와 출연자 등 사이에 예금반환청구권의 귀속을 둘러싼 분쟁이 발생한 경우에 있어서 그들 사이의 내부적 법률관계를 알았는지 여부에 관계없이 일단 예금명의자를 예금주로 전제하여 예금거래를 처리하면 되고, 이러한 금융기관의 행위는 특별한 사정이 없는 한 적법한 것으로서 보호되어야" 한다고 한 대판 2013.9.26. 2013다2504도 참조.

15) [2136] 참조. 관련하여 지입차주가 지입회사의 승낙 하에 지입회사 명의로 지입차량의 할부구입계약 및 보증보험계약을 체결한 경우에 그 계약의 당사자는 지입회사라고 본 대판 1998.3.13. 97다22089도 참조.

16) 대판 2004.10.14. 2002다55908. 나아가 "공동명의예금채권자 중 1인에 대한 별개의 대출금채권을 가지는 은행으로서는 그 대출금채권을 자동채권으로 하여 그의 지분에 상응하는 예금반환채권에 대하여 상계할 수 있다 할 것이고, 다만 공동명의예금채권자 중 1인이 다른 공동명의예금채권자의 지분을 양수하였음을 이유로 그 지분에 대한 은행의 상계주장에 대항하기 위해서는 공동명의예금채권자들과 은행 사이에 예금반환채권의 귀속에 관한 별도의 합의가 있거나 채권양도의 대항요건을 갖추어야 한다."고 했다.

17) 공동명의예금의 인출방법에 관한 재판례를 본다. ㉠ 계약의 내용이 공동명의자 전원의 인감증명이 날인된 예금청구서에 의하는 한 공동명의자 중 1인이 단독으로 예금청구를 할 수 있다는 것이면 공동명의자 중 1인은 다른 공동명의자의 동의를 받아 단독으로 예금을 청구할 수 있고, 다른 공동명의자와 금융기관을 공동피고로 하여 다른 공동명의자에 대하여 단독 예금청구에 관한 동의를, 금융기관에 대해서는 다른 공동명의자에 대한 승소를 전제로 한 예금청구를 소구할 수 있으며, 공동명의자 중 1인이 다른 공동명의자 전원의 동의를 받은 이상 공동명의예금 전액을 청구할 수 있으므로, 금융기관이 공동명의자들 사이의 내부적 지분을 들어 정당한 예금청구를 거절할 수는 없다(앞의 2000다70989 판결). ㉡ 은행과 공동명의예금채권자들 사이에 공동반환의 특약이 존재하는 경우에 은행에 대한 지급청구를 공동명의예금채권자들 모두가 공동으로 해야 한다(대판 2008.10.9. 2005다72430). 다만 이러한 경우라도 공동명의예금채권자 중 1인에 대한 채권자로서는 그 1인의 지분에 상응하는 예금채권에 대한 압류 및 추심명령 등을 얻어 이를 집행할 수 있고, 이러한 압류 등을 송달받은 은행은 압류채권자의 압류명령 등에 기초한 단독 예금반환청구에 대하여 「공동명의예금채권자가 공동으로 그 반환을 청구하는 절차를 밟아야만 예금청구에 응할 수 있다」는 공동명의예금채권자들과 사이의 공동반환특약을 들어 그 지급을 거절할 수는 없다(대판 2005.9.9. 2003다7319).

1) 예를 들어 A는 B에게 100만 원을 빌려주었다고 하고 B는 50만 원만 빌렸다고 하며 다투는 경우에, A와 B가 서로 양보하여 80만 원

(2) 이처럼 당사자 각자가 양보에 따라 손실을 입기 때문에, 화해는 유상 · 쌍무 · 낙성계약이다. 물론 화해에 의하여 확정된 법률관계는 기존의 법률관계와 동일성을 가지지만(특히 담보 및 소멸시효와 관련하여), 그렇다고 하여 화해계약의 유상 · 쌍무성을 부정할 것은 아니다.

2. 요 건 [2789]

(1) 분쟁이 존재해야 한다.

① 분쟁(紛爭)/다툼이란 법률관계의 존부, 범위, 모습 등에 관하여 당사자가 서로 다른 주장을 하는 것(당사자들의 주장이 일치하지 않는 것)이다. 그런데 화해가 현존하는 분쟁의 「종지」(終止)뿐만 아니라 장래의 분쟁의 「예방」을 위하여 활용되기도 한다.[2)]

② 화해의 목적이 되는 분쟁은 물권법상의 또는 상속법상의 그것도 포함한다. 반면 친족관계의 존부에 관한 분쟁은 당사자의 처분권이 미치지 않으므로 화해의 대상이 아니다.

한편 판결에 의하여 확정된 사항이라도 화해의 목적으로 될 수 있다.[3)]

(2) 당사자의 상호양보가 있어야 한다. 즉 당사자 쌍방이 서로 불이익을 부담해야 하는데, 불이익이 있는지는 진실한 권리관계가 아니라 당사자의 주장을 기준으로 판단한다.

(3) 분쟁을 종지시키려는 합의가 있어야 한다.

① 계약의 성립 및 유효요건으로 당사자에게 행위능력 및 처분권이 있어야 하고, 또한 합의의 내용이 강행규정을 위반하는 것이어서는 안 된다.

② 분쟁을 종지시키려는 합의[4)]는 나중에 합의의 내용과 다른 사실이 밝혀지더라도 이를 문제 삼지 않겠다는 「자기구속」을 포함한다. 따라서 착오를 이유로 화해계약을 취소하는 것은 허용되지 않는다(제733조 본문). 다만 합의된 바가 잘못 표시된 경우에 falsa demonstratio non nocet 원칙([2118] 참조)이 적용되고, 그 밖에 사기나 강박에 의한 취소는 허용된다.[5)]

3. 효 과 [2790]

가. 기본적 효력

(1) 화해의 효력은 다툼의 대상이었던 법률관계를 확정하는 것이다. 당사자는 화해계약의 내용에 따라 의무를 부담하고 권리를 승인하는 것으로 되며, 종전의 법률관계를 주장하지 못한다.[6)]

(2) 화해의 효력은 창설적(創設的)이다. 즉 화해 전의 법률관계 및 그에 기한 권리의무는 당사자의 의사에 따라 소멸하고, 종래의 법률관계와 무관한 새로운 관계가 당사자 사이에 창설된다. 법은 "화해계약은 당사자 일방이 양보한 권리가 소멸되고 상대방이 화해로 인하여 그 권리를 취득하는 효력이 있다"고 규정하는데(제732조), 이 규정은 임의규정이다. 한편 채무불이행에 따른 손해배상액의 합의는 담보 및 소멸시효에 영향을 주지 않는데, 이 점에서 화해에 의하여 창설되

의 대차가 있는 것으로 함으로써 다툼을 끝내기로 합의하는 것이다.

2) 기업개선작업약정에 관한 대판 2007.4.27. 2004다41996 참조.

3) 다만 판결의 효력 자체가 화해의 목적으로 될 수 없음에 관하여 대판 2012.9.13. 2010다97846 참조.

4) "당사자들이 분쟁을 인식하지 못한 상태에서 일방당사자가 이행해야 할 채무액에 관하여 협의하였다거나 일방당사자의 채무이행에 대해 상대방당사자가 이의를 제기하지 않았다는 사정만으로는 묵시적 화해계약이 성립하였다고 보기 어렵다"고 한 대판 2021.9.9. 2016다203933도 참조.

5) 대판 2008.9.11. 2008다15278.

6) 대판 2007.3.15. 2004다64272.

는 새로운 법률관계가 종래의 법률관계와 완전히 단절되는 것은 아니다.

[2791] **나. 착오를 이유로 한 화해계약의 취소**

화해는 자기구속을 내포하므로, 화해를 이루는 의사표시에 착오가 있더라도, 그것이 당사자가 다툼의 대상으로 하여 상호양보에 의하여 결정한 사항 자체에 관한 것이라면, 착오를 이유로 취소할 수 없다(제732조, 제733조 본문). 일단 화해계약이 체결된 후 분쟁사항에 관한 착오가 확인되었다 하여 그것을 이유로 화해의 효력을 다툴 수 있다면, 화해제도가 원래 의도하였던 「분쟁의 종지」라는 목적이 달성되지 않기 때문이다.

[2792] 그러나 화해의 목적인 분쟁 이외의 사항이나 화해당사자의 자격에 관하여 착오가 있는 경우에, 당사자는 착오를 이유로 화해계약을 취소할 수 있다(제733조 단서). 무엇이 상호양보에 의하여 결정된 사항이고 무엇이 화해의 목적인 분쟁 외의 사항에 해당하는지는 의사해석의 문제인데, "화해의 목적인 분쟁 이외의 사항"이란 분쟁의 대상이 아니라 분쟁의 전제 또는 기초가 된 사항으로 쌍방당사자가 예정한 것이어서 상호양보의 내용으로 되지 않고 다툼이 없는 사실로 양해된 사항을 말한다.[7] 그리고 화해계약에서 중요부분에 관한 착오의 존재 및 이것이 당사자의 자격이나 목적인 분쟁 이외의 사항에 관한 것이라는 점은 착오를 이유로 화해계약의 취소를 주장하는 이가 증명해야 한다.[8][9]

[2793] **다. 예기치 못한 후유증의 발생과 화해의 효력**

손해액의 일부를 배상받고 나머지 손해배상청구권을 포기하기로 하는 합의(화해계약) 당시 예기치 못한 후유증 등의 손해가 나중에 발생한 경우에 관하여, 착오를 이유로 합의를 취소할 수 있다는 판결이 있는가 하면,[10] "합의가 손해발생의 원인인 사고 후 얼마 지나지 아니하여 손해의 범위를 정확히 확인하기 어려운 상황에서 이루어진 것이고, 후발손해가 합의 당시의 사정으로 보아 예상이 불가능한 것으로서, 당사자가 후발손해를 예상하였더라면 사회통념상 그 합의금액으로는 화해하지 않았을 것이라고 보는 것이 상당할 만큼 그 손해가 중대한 것일 때에는 당사자의 의사가 이러한 손해에 대해서까지 그 배상청구권을 포기한 것이라고 볼 수 없으므로 다시 그 배상을 청구할 수 있다고 보아야 한다"고 함으로써 합의범위의 해석문제로 파악하는 판결도 보인다.[11]

생각건대 이러한 경우에 손해배상의 범위가 화해의 목적인 분쟁의 대상임은 부인할 수 없으

---

7) 대판 1997.4.11. 95다48414; 대판 2005.8.19. 2004다53173. 가령 대판 1989.8.8. 88다카15413은, 특히 화해계약에서 결정된 사항과 진실과의 차이의 정도가 당사자의 주장범위를 현저히 넘는데다가 당사자가 주장범위를 넘는 부분에 대해서는 별로 의문을 갖지 않아서 다툼의 대상으로 삼지 않았기 때문에 상호양보의 내용으로 한 바도 없었음이 명백하게 인정되는 경우에, 주장범위를 넘는 사항에 관하여 착오가 있는 것은 화해의 전제 내지 기초에 착오가 있는 경우에 해당된다고 하였다.

8) 대판 2004.8.20. 2002다20353.

9) 착오를 이유로 한 화해계약의 취소에 관한 재판례를 본다. ㉠ 착오를 이유로 한 취소가 인정된 예는 주로 인신침해에 관한 합의서 내지 각서와 관련된다. 예컨대 가해자의 과실이 경합된 교통사고를 오로지 피해자의 과실로 인하여 발생한 것으로 착각하고 치료비를 포함한 합의금으로 실제 입은 손해액보다 훨씬 적은 금원을 받고 일체의 손해배상청구권을 포기하기로 합의한 경우(대판 1997.4.11. 95다48414)나 의사의 치료행위 직후 환자가 사망하여 의사가 유족에게 손해배상금을 지급하기로 합의하였으나 나중에 환자의 사망이 의사의 치료행위와 무관한 것으로 밝혀진 경우(대판 2001.10.12. 2001다49326)에 판례는 착오취소를 허용하였는데, 제109조의 요건이 충족되어야 함은 당연하다. ㉡ 반면 퇴직금지급률을 인하조정하는 퇴직금지급규정의 개정에 대하여 노사간에 다툼이 있어서 그에 대한 판단을 같은 분쟁에 관하여 이미 퇴사한 직원들이 제기하여 계속 중인 소송의 확정판결에 따르기로 합의한 경우에, 대판 1995.12.12. 94다22453은 "화해계약에 있어서 신규정이 근로자집단의 집단의사결정방법에 의한 동의를 얻어서 유효한지의 여부에 관한 것은 분쟁의 대상인 법률관계의 자체에 관한 것으로 착오를 이유로 이를 취소할 수 없다"고 하였다.

10) 대판 1971.4.30. 71다399 참조.

11) 대판 2000.3.23. 99다63176. 사고 당시 3세 8월 남짓 된 피해자의 어머니와 보험자 사이에 교통사고로 인한 손해액에 관하여 319,600원에 합의가 성립되었으나, 그 후 38.8%의 노동능력 상실이 인정되고 그에 따른 손해액이 44,491,668원 정도로 산정된 사안에서, 나중에 밝혀진 후유장애로 인한 손해에 대하여 당초 합의의 효력을 부정한 대판 1997.4.11. 97다423도 참조.

므로, 제733조의 법문에 비추어 앞의 판결은 수긍하기 어렵다. 오히려 이는 의사표시의 해석의 문제로 파악해야 할 것이다. 즉 피해자가 자발적으로 위험 전부를 인수하지 않은 한 향후 손해배상청구권을 포기한다는 합의에서 당사자의 의사가 미치는 범위는 합의 당시 나타났거나 예상되는 손해만이라고 할 것이므로, 이를 해석의 문제로 보더라도 무리가 없다.

4. [보론] 재판상 화해 [2794]

가. 의 의

(1) 다툼이 있는 당사자들이 법원에서 서로 주장을 양보하여 분쟁을 마치는 행위를 재판상 화해(裁判上 和解)라 한다. 화해가 성립하면 종전의 법률관계를 바탕으로 한 권리 · 의무관계는 소멸하고 재판상 화해에 따른 새로운 법률관계가 형성되는데, 재판상 화해가 성립하여 화해를 조서에 적으면 그 조서는 확정판결과 동일한 효력이 있다(민사소송법 제220조).

재판상 화해의 창설적 효력이 미치는 범위는 당사자가 서로 양보를 하여 확정하기로 합의한 사항에 한하며, 당사자가 다툰 사실이 없거나 화해의 전제로서 서로 양해하고 있는 사항에 관해서는 그러한 효력이 생기지 않는다.[12]

(2) 재판상 화해로 소송계속 중 수소법원 앞에서 하는 소송상 화해와 소송계속 전에 지방법원 단독판사 앞에서 하는 제소전 화해(같은 법 제385조 제1항)가 있다.

나. 소송상 화해 [2795]

(1) 소송상 화해는 소송행위로서 소송법의 법리에 따라 규율되고, 민법의 화해에 관한 규정은 적용되지 않는다.[13]

(2) 소송상 화해가 성립하기 위해서는, ① 당사자들이 당사자능력과 소송능력을 갖추어야 하고, 필수적 공동소송이라면 공동소송인 전원이 참여해야 한다(같은 법 제67조 제1항). ② 소송계속 중이면 어느 심급에서도 할 수 있는데, 당사자가 변론기일 또는 변론준비기일에 출석하여 말로 화해의 내용을 진술해야 한다. ③ 소송의 목적이 사적 이익에 관한 것이고 당사자가 자유롭게 처분할 수 있어야 한다.[14] ④ 청구에 관한 주장을 상호 양보해야 한다.[15]

(3) 소송상 화해의 효력에 관하여 확립된 판례는 무제한기판력설을 따른다. 즉 화해성립과정에서의 흠은 —화해 자체가 없었던 경우 등 당연무효가 아닌 한[16]— 준재심의 소(같은 법 제461조)에 의하여 효력을 다투는 방법 외에는 그 무효를 주장할 수 없다.[17]

다. 제소전 화해 [2796]

(1) 제소전 화해는 소 제기 전에 지방법원 단독판사 앞에서 화해신청을 하여 민사분쟁을 해결하는 절차인데(같은 법 제385조 이하), 실제로는 법원이 당사자 사이에 성립한 화해계약에 대한

---

12) A와 B가 점포에 관하여 임대차계약을 체결한 후 「A(임차인)는 임대차기간 만료일에 B(임대인)로부터 임대차보증금을 반환받음과 동시에 점포를 B에게 인도한다」라는 내용의 제소전 화해를 한 경우에, A의 계약갱신요구권은 화해 당시 분쟁의 대상으로 삼지 않은 사항으로서 화해에서 달리 정하거나 포기 등으로 소멸시킨다는 조항을 두지 않은 이상 화해의 창설적 효력이 미치지 않고, A는 화해조서 작성 이후에도 여전히 법이 보장하는 계약갱신요구권을 행사할 수 있다고 본 대판 2022.1.27. 2019다299058 참조.

13) 대판 2002.12.6. 2002다44014.

14) 직권탐지주의가 적용되는 사건은 화해의 대상일 수 없다.

15) 대판 2001.4.27. 99다17319.

16) 대판 2000.3.10. 99다67703.

17) 대판 1992.11.27. 92다8521. 대판 2000.7.6. 2000다11584도 참조.

공증한다는 의미를 가진다.18)

(2) 제소전 화해도 소송상 화해와 마찬가지로 확정판결과 같은 효력을 가지고(같은 법 제220조), 그 조서에 무제한적 기판력이 인정된다.19)

제3관 기 타

[2797] ### 1. 현상광고

가. 의의 및 법적 성질

(1) 현상광고(懸賞廣告)는, 광고자가 일정한 행위를 한 이에게 일정한 보수를 지급하겠다는 의사를 광고(신문에의 게재 등 불특정 다수인에게 알리는 표시방법)의 방법으로 표시하고, 이에 응한 이가 광고에서 정한 행위를 완료함으로써 성립하는 계약이다(제675조). 광고자가 지정하는 행위는 사실상의 것이든 법률상의 것이든 상관없으며, 행위의 결과가 누구의 이익으로 되는지도 문제되지 않는다.

(2) 현상광고를 단독행위(정지조건부 채무부담행위)로 새기는 견해도 있으나, 전형계약의 일종이다.1) 계약으로서 현상광고는 유상·편무계약이고, 지정된 행위를 완료해야 계약이 성립하므로 「요물계약」이다.

[2798] #### 나. 현상광고의 성립

(1) 불특정 다수인에 대한 광고자의 광고행위가 청약이고, 광고에 응하여 지정된 행위를 완료하는 응모자의 행위가 승낙이다. 즉 응모자의 행위가 있어야 비로소 현상광고가 「성립」한다. 다만 제677조에 따라 행위자가 광고 있음을 알지 못하더라도 문제되지 않는다. 반면 광고에서 정한 행위의 완료에 조건이나 기한이 붙은 경우에, 조건이 성취되거나 기한이 도래해야 한다.2)

(2) 현상광고는 불특정 다수인에 대한 광고이므로, 이를 철회하지 못한다. 특히 지정행위의 완료시기를 정한 경우에 청약의 철회는 인정될 수 없다. 그러나 지정행위의 완료기간을 정하지 않았다면, 행위를 완료한 이가 있기 전에 앞의 광고와 같은 방법으로 광고를 철회할 수 있다. 앞의 광고와 같은 방법으로 철회할 수 없으면 그와 비슷한 방법으로 철회할 수 있으나, 이 철회는 그것을 안 이에 대해서만 효력이 있다(제679조).

[2799] #### 다. 현상광고의 효과

(1) 현상광고에서 지정된 행위를 완료한 이는 광고자에 대하여 보수청구권을 취득한다. 보수는 금전에 한하지 않고, 물건이나 서비스 등으로 지급될 수 있다.3)

(2) 지정행위를 완료한 이가 복수라면, 최초로 지정행위를 완료한 이가 보수청구권을 취득한

---

18) 같은 법 제385조 제1항은 제소전 화해 신청시 민사상 다툼에 관하여 당사자가 청구의 취지와 원인 및 다투는 사정을 밝힐 것을 요구함에 따라 이론적으로 현실의 분쟁이 있을 때에 한하여 제소전 화해가 허용된다고 해야 하지만, 실무는 장래에 분쟁이 발생할 가능성이 있는 경우에도 제소전 화해를 허용한다.

19) 대판 1990.12.11. 90다카24953 등.

1) 현상광고의 법적 성질에 관한 논의는 광고 있음을 모르고 지정된 행위를 한 이에게 보수청구권이 발생하는지와 관련하여 실익을 가진다. 그런데 제677조가 광고의 사실을 모르고 거기에서 지시된 행위를 완료한 이가 있는 경우에도 현상광고는 성립하고 보수청구권이 발생한다고 규정함으로써, 양설의 실질적 차이는 없다. 다만 제677조는 계약설을 전제한 것으로 보아야 하고, 이렇게 본다면, 제677조의 법률관계는 준현상광고로 파악되어야 한다.

2) 현상수배에서 지정행위의 완료에 관한 대판 2000.8.22. 2000다3675 참조.

3) 건축설계 우수현상광고에서 보수로서 기본 및 실시설계권을 정한 대판 2002.1.25. 99다63169 참조.

다. 수인이 동시에 지정행위를 완료한 경우에는 각각 균등한 비율로 보수를 받을 권리가 인정되지만, 보수가 성질상 분할할 수 없는 것이면 추첨에 의하여 보수청구권자를 정한다(제676조). 이 규정은 임의규정이다.

라. 우수현상광고 [2800]

광고에서 지정된 행위를 완료한 이들 중 우수한 이에게 보수를 지급하는 경우를 우수현상광고(優秀懸賞廣告)라 한다(제678조). 광고에는 응모기간을 정해야 하고, 이를 정하지 않으면 무효이다. 그리고 응모자 중 우수자라는 판정을 받은 이가 보수청구권을 취득하는데, 이 판정은 광고에서 정한 이가 하지만, 광고에서 판정자를 정하지 않았다면 광고자가 한다. 여기서 우수하다는 것은 상대적 우수의 의미로, 응모자 중에서 비교적 우수한 것을 말한다. 따라서 광고에 다른 의사표시가 있거나 광고의 성질상 판정의 표준이 정해져 있는 경우를 제외하고 우수자가 없다는 판정을 할 수 없다. 한편 응모자는 위와 같은 표준에 의한 판정에 대하여 이의를 하지 못하며, 수인의 행위가 동등으로 판정될 경우에 보통의 현상광고에서와 같다(제678조 제5항, 제676조 제2항).

2. 종신정기금 [2801]

가. 의의 및 성립

(1) 종신정기금계약(終身定期金契約)은, 당사자 일방(정기금채무자)이 자기, 상대방 또는 제3자의 종신(즉 사망할 때)까지 정기로 금전 기타 물건을 상대방 또는 제3자에게 지급할 것을 약정하고, 상대방이 이를 승낙함으로써 성립하는 낙성계약이다(제725조).

이 계약은 유상 · 쌍무일 수도 있고 무상 · 편무일 수도 있는데, 무상인 경우에 정기의 급부를 목적으로 하는 증여의 성질을 가지며, 따라서 증여에 관한 규정이 적용된다(특히 제560조 참조). 반면 유상인 경우에 대가의 종류가 무엇인지에 따라 소비대차, 매매 등의 성질을 가지고, 그 성질에 따라 각각의 규정도 함께 적용된다.

(2) 종신정기금은 당사자의 합의 외에 유언에 의해서도 성립할 수 있다. 이러한 경우에 그 성립에 관하여 유증에 관한 규정이 적용되지만, 일단 성립한 종신정기금채권의 효력은 종신정기금에 관한 규정에 의한다(제730조).

(3) 종신정기금계약은 고령화사회에서 부양방법의 하나로 활용될 수 있다. 연금형의 보험 외에 특히 주택연금(소유주택을 담보로 노후생활자금을 지급받는 국가 보증의 금융상품)도 종신정기금의 성질을 가진다. 이 경우 정기금채권자의 생존기간에 따라 지급액이 달라질 수 있다는 점에서 사행적인 성격을 가지고, 유상인 경우에도 급부의 불균형은 문제되지 않는다.

나. 효 력 [2802]

(1) 정기금채무자는 정기적으로 일정한 급부를 해야 하는데,[4] 이를 게을리하면 채무불이행이 성립한다. 정기금채무자가 정기금채무의 원본을 받은 경우에, 정기금채무의 이행을 게을리하면 채권자는 최고 없이 계약을 해제하여 원본의 반환을 청구할 수 있다. 그러나 이미 정기금을 받았다면 받은 총액에서 원본의 이자를 공제한 잔액을 정기금채무자에게 반환해야 한다. 그리고 해제로 채권자가 손해를 입었다면 그 배상을 청구할 수 있다(제727조).

4) 이자채권과 마찬가지로 기본권인 정기금채권과 지분권인 정기금채권으로 나눌 수 있다.

(2) 종신정기금채권 존속기간의 표준인 이가 사망하면, 정기금채무는 소멸한다. 그리고 정기금급부의 표준인 이가 기간의 중도에 사망한 경우에 정기금은 일수로 계산한다(제726조). 만일 그 사망이 정기금채무자에게 책임 있는 사유로 발생하였다면 계약을 해제하여 청산할 수 있지만, 법원에 청구하여 그 사람의 추정생존여명의 기간을 표준으로 하여 상당한 기간 채권의 존속을 인정받을 수도 있다(제729조).

CHAPTER 3

불법행위 및 부당이득

제 1 장 불법행위

제 1 절 불법행위법 총설

Ⅰ. 불법행위법 서론 [3001]

1. 불법행위의 의의

(1) 사법의 영역에서 시민 각자는 사적자치의 원칙에 기하여 자기의 의사를 실현(관철)할 수 있지만, 그로 인하여 다른 이의 삶이 방해받을 수 있다. 이때 상대방의 동의(승낙)가 있다면 문제될 것이 없고, 따라서 계약관계는 자유의 영역에 속한다. 반면 A가 상대방(B)의 동의 없이 B에게 피해를 입힌 경우에, 법은 B의 A에 대한 사적 보복에 갈음하여 A에게 B에 대한 손해배상의무를 지우는데, 이를 다루는 주된 법역이 불법행위법(범위를 넓히면 책임법)이다. 인간의 공동생활 자체가 가지는 이율배반성에 덧붙여 특히 현대사회에서 산업화와 정보화의 진전에 따라 사고와 그에 따른 손해(환경오염, 제조물책임, 사생활침해 등)가 불가피하게 증가함에 따라 불법행위법의 중요성이 날로 커지고 있다.

(2) 일상에서 발생하는 불이익은 1차적으로 침해된 법익의 담지자(擔持者)의 몫이지만, 불이익이 다른 이의 고의나 과실에 기한 경우에 법은 가해자에 대한 손해배상청구권을 발생시킨다. 이처럼 불법행위는 피해자의 입장에서 「사고」로 인한 손해를 가해자에게 전가하는 제도인데, 가해행위가 있더라도 법이 허용하는 한도에서는 손해배상이 인정되지 않으므로 법익침해(사고)의 사회적 허용한계(즉 잠재적 가해자의 행동자유의 한계)를 정하는 기준이기도 하다.

(3) 손해배상책임이라는 법률효과가 의사 자체가 아니라 의사에 기한 행위에 대한 「법적 평가」로부터 도출된다는 점에서 불법행위는 계약과 달리 법정채권관계의 발생원인이다.

2. 불법행위법의 기능 [3002]

(1) 손해배상청구권은 사고로 인한 불이익이 다른 이의 귀책사유에 기하여 발생한 경우에 불이익을 전가(轉嫁)할 수 있는 법적 도구이다. 즉 불법행위법의 1차적 기능은 가해행위로 인한 피해의 구제에 있다. 피해자로 하여금 가해행위가 있기 전의 상태로 복귀할 수 있도록 하기 위하여 손해를 차액설에 따라 산정할 뿐만 아니라 불법행위시부터 지연손해를 인정한다.[1)]

물론 배상책임보험과 같은 보험제도(자동차손배법 제2조 제5호 참조), 산업재해보상제도(산업재해보상보험법), 범죄피해 구조제도(범죄피해자 보호법 제16조) 등이 보여주는 것처럼 손해의 전보를 불법행위법이 독점하지는 않는다. 그러나 이들은 성립요건의 증명이 어렵거나 가해자에게 충분한 자력이 없다는 등의 사유로 불법행위법이 제대로 기능하지 못하는 경우에 대비하기 위한 것으로,

1) 대판 1993.3.9. 92다48413.

손해의 회복에 관한 기본제도가 불법행위법임에는 의문이 없다.

(2) 나아가 불법행위법은 인간의 공동생활에서의 침해가 어디까지 허용되는지(행동의 자유라는 관점에서) 그리고 허용되지 않으면 어느 범위에서 배상책임을 지는지를 정하는, 달리 말하면 가해행위의 부당성과 배상책임의 정당성에 관한 사회적 판단의 기준이다. 이를 통하여 불법행위법은 부차적으로 사고의 예방, 즉 장래의 불법행위를 억제하는 제도로서 기능하기도 한다. 즉 일상의 위법한 가해행위를 억제함에 그치지 않고 —불법행위에 따른 손해를 경제적 cost로 파악하여 합리적인 시장참가자의 행동을 분석하는 법경제학(law and economics)2)이 보여주는 것처럼— 특히 기업인 잠재적 가해자(예컨대 공해를 배출하는 업체)에게 비용 편익 분석(cost-benefit analysis)은 불법행위를 자제하도록 하는 요인으로 기능할 수 있다.

[3003] (3) 한편 가해자에 대한 사적 보복은 허용되지 않고, 가해에 대한 제재의 기능은 국가가 독점한다. 따라서 손해의 전보를 내용으로 하는 민사책임과 행위자에 대한 공적인 제재(형벌)를 내용으로 하는 형사책임은 근본적으로 다르다.3)

[참 고] 징벌적 손해배상에 관하여

가해자가 피해자에게 악의로 또는 현저한 부주의로 재산상 또는 신체상의 피해를 입힌 경우에 손해배상의 범위를 정할 때 형벌적 요소를 고려하는 제도를 징벌적 손해배상4)이라 한다.

그런데 징벌적 손해배상은 민사책임과 형사책임이 엄격하게 구분되지 않는 영미법계의 산물로서, 손해를 넘는 배상을 받는다는 점에서 손해의 전보를 목적으로 하는 우리 책임법의 체계5)에 반한다.6) 그리고 가해자에게 이중처벌로 될 수 있을 뿐만 아니라 죄형법정주의라는 헌법가치를 우회할 수 있다. 명문규정이 있더라도 과연 법원이 과감하게 징벌적 손해배상을 인정할 것이지도 의문이다.7) 이러한 점들을 고려할 때 우리 법체계와 맞지 않는 징벌적 손해배상제도를 일반적으로 도입하기보다는 형사법적 내지 행정법적 대응의 기능부전을 먼저 해결하고 아울러 정신적 손해에 대한 위자료의 신축적 운용을 통하여 같은 결론에 이르는 것이 적절하지 않을까 생각된다.

[3004]

3. 불법행위법의 체계

(1) 민법은 불법행위에 관하여 극히 추상적인 제750조를 포함하여 17개의 조문을 둘 뿐이다. 이러한 규정체계에 대하여 실제로 일어나는 불법행위의 다양성 · 복잡성에 비추어 지나치게 추상적이고 단순한 것이 아니냐 하는 의문이 생김은 당연하지만, 불법행위가 계약관계의 존부와 무관한, 예기치 않은 손해를 전보하는 제도이며, 보호법익이나 침해양상이 다양함에 따라 각종의 가해행위를 탄력적으로 포용할 수 있어야 한다는 점에서 긍정적으로 평가될 수 있다. 그런데 불법행위의 성립요건에 관한 제750조가 「포괄적 일반조항」임에 따른 당연한 귀결로 조문수에 비하여 익혀야 할 판례의 수가 압도적으로 많은데, 일반조항 구체화의 결과로서 판례 및 그들의 유형

---

2) 다만 경제적 효율성과 사회적 정의가 충돌하는 경우에 전자만 강조해도 되는지에 대한 의문이 있을 뿐만 아니라 아직 실증되지 않았다고 평가된다.

3) 이에 관하여 형사상 범죄를 구성하지 않는 침해행위라도 그것이 민사상 불법행위를 구성하는지는 형사책임과 별개의 관점에서 검토해야 한다는 대판 2008.2.1. 2006다6713 참조.

4) 배액배상제도라고도 하지만, 양자가 반드시 같은 것은 아니다.

5) 우리 책임법은 징벌적 요소를 고려하지 않고 귀책의 정도와 무관하게 손해배상의 범위를 정하므로, 제재적 기능이 「일반적으로」 작동하지는 않는다. 다만 제조물책임법이 2017년 개정에서 징벌적 손해배상제도를 도입하였고, 그에 앞서 하도급법, 개인정보보호법 등이 이른바 3배배상제도를 채택하였다.

6) 「사회적 차원」에서 이득의 환수가 수긍될 수 있더라도 「우연한」 피해자에게 「과도한」 배상을 한다는 점에서.

7) 이 제도의 모국인 미국에서도 예측가능성이 없고 매우 재량적인 등 경제적 관점에서 효율적이지 않다는 비판이 있다.

화를 통한 법리의 형성이 중요하다.[8)]

그리고 법적용자로서 법관은 개개사안의 특수성을 전제로 상충되는 이해관계를 적절하게 조절하여 손해의 공평한 분담을 도모해야 하는데, 그 구체화(당연히 해석론에 기반한)가 판례라고 할 수 있다. 이 때문에 특히 불법행위에 관한 판례를 공부할 때 결론만 외울 것이 아니라 상충되는 이익들이 어떻게 조정되는지를 익히고 나아가 그에 담겨져 있는 법적 추론(legal reasoning)도 학습해야 한다.

(2) 불법행위에 관한 민법규정을 개관한다. [3005]

① 일반불법행위의 요건에 관한 제750조, 제751조, 제753조, 제754조, 제761조: 일반불법행위는 자기행위에 대한 책임으로, 추상적인 일반조항을 통하여 탄력성/확장성을 꾀하고, 그에 따라 법관은 사안의 특수성을 고려하여 상충되는 이해관계를 조절할 수 있다.

② 특수불법행위의 요건에 관한 제755조 내지 제760조: 일반불법행위와 달리 특수불법행위는 대개 자기행위에 의하지 않은 책임과 관련하여 과실책임의 원칙을 수정하는데, 과실의 증명책임을 전환하기도 하고 아예 무과실책임을 지우기도 한다.

③ 불법행위의 효과에 관한 제750조, 제752조, 제762조 내지 제766조.

(3) 민법 외에도 산업화와 정보화에 따른 침해가능성의 증대(특히 사생활의 침해나 환경오염)에 대응하기 위하여 불법행위를 규율하는 특별법이 적지 않은바, 국가배상법, 실화책임법, 자동차손배법, 제조물책임법, 환경정책기본법, 개인정보보호법 등이 그 예이다.

(4) 이하에서는 먼저 일반불법행위의 요건과 효과를 다룬 후, 민법상의 특수불법행위 및 특별법상의 불법행위에 관하여 기술한다.

4. 과실책임주의 [3006]

가. 과실책임의 원칙

(1) 책임법의 기초를 이루는 것은 과실책임주의(過失責任主義)로, 가해자가 자기의 과실[9)]에 기하여 타인에게 손해를 가한 경우에만 배상책임을 진다. 즉 위법한 가해행위가 있는 경우에, 의사의 관여, 구체적으로는 가해자가 인식했거나 또는 인식했어야 함을 전제로 손해의 전가를 인정한다: 「과실(過失) 없으면 책임(責任) 없다」. 근대민법은 모두 불법행위에 관하여 자유주의에 기한 이 원칙을 취하며,[10)] 민법도 제750조에서 이 원칙을 따른다.

(2) 과실책임주의는 자기의 과책에 대해서만 책임을 지게 함으로써 사회 일반의 주의를 촉구하고 불법행위를 예방·억제하며, 부수적으로는 과실을 매개로 한, 가해자에 대한 제재로서의 의미도 가진다.

나. 예외: 무과실책임 [3007]

(1) 과학기술이 발달하고 사회생활이 복잡해짐에 따라 자동차사고나 환경오염 등 인간의 생활에 필수적이지만 다수에게 피해를 입힐 수 있는 사고의 빈도가 높아진다. 이러한 상황에서 과

8) 이 책에서 불법행위에 관한 재판례를 다소 과도하게 소개하는 것도 바로 이 때문이다.

9) 고의를 포함하는 넓은 개념으로, 과책 또는 귀책사유라고도 한다.

10) 가해자가 필요한 주의를 다했다면 책임을 지지 않는다는 점에서 행동의 자유를 넓게 인정하는 결과로 되는데, 산업의 육성을 위하여 경제주체의 자유로운 활동을 장려하던 민법전 편찬기의 시대적 요구에 부응하여 강조되었다.

실책임의 원칙을 고집하면, 과실(이나 인과관계)의 증명이 곤란하여 피해의 구제 및 손해의 공평한 분담이라는 불법행위법의 목적을 달성할 수 없게 될 수 있다. 특히 기업활동에서 기업측의 과실 자체가 의문시되는 경우[11]가 있을 뿐만 아니라 증명도 쉽지 않아, 과실책임주의에 편승하여 기업이 피해자의 희생으로 막대한 이익을 얻을 수 있다. 이러한 결과에 직면하여 과실책임주의가 완화되기도 하지만, 보다 획기적으로 기업의 배상책임을 인정하기 위하여 가해자에게 과실이 없더라도 그의 행위로 인하여 손해가 발생하였다는 사실만으로 손해배상책임을 지우는 무과실책임주의(無過失責任主義)가 등장하였다.[12]

(2) 과실이 없더라도 책임을 져야 한다는 무과실책임은, 이익을 얻는 과정에서 타인에게 손해를 가한 이는 그 손해를 배상해야 한다는 보상책임(補償責任)의 원리(「이익이 있는 곳에 손실도 있다」) 및 타인의 법익을 현저하게 위태롭게 할 위험원을 지배하는 이가 장래 그로부터 발생할 손해를 배상해야 한다는 위험책임(危險責任)의 원리(「스스로 위험을 만든 이는 그 결과에 대하여 책임을 져야 한다」)에 의하여 근거 지워질 수 있다.

(3) 증명책임의 전환 또는 과실의 추정을 통하여 사실상 무과실책임에 근접하기도 하지만,[13] 입법을 통하여 무과실책임의 법리가 정면으로 도입되기도 한다. 우리나라에서 무과실책임을 인정하는 입법으로 공작물소유자의 책임에 관한 제758조 외에 환경정책기본법 제44조, 제조물책임법 제3조, 원자력손해배상법 제3조 등이 있다.

[3008] (4) 무과실책임의 법리가 아무리 발전하더라도 불법행위의 모든 영역에 걸쳐 타당할 수는 없다. 특히 자유주의를 포기하지 않는 한 주의의무 해태를 기반으로 하는 과실책임의 원칙이 불법행위의 기본원리일 수밖에 없고, 다만 과실책임에 의해서는 손해의 공평한 분담이라는 제도목적을 달성할 수 없는 경우에 한하여 예외적 · 보충적으로 사회적 손실분담의 차원에서 무과실책임이 인정되어야 한다. 따라서 무과실책임으로의 전환을 정당화하는 적극적인 사유가 존재해야 한다.

[3009] 5. 불법행위와 보험

(1) 불법행위법의 1차적 목적은 손해의 전보(피해의 구제)에 있다. 그러나 과실 등을 증명할 수 없거나 손해배상청구권이 인정되더라도 배상의무자에게 변제자력이 없다면, 이러한 목적을 달성할 수 없다. 배상의무자로서도 일시에 많은 배상금을 지급하면 기업활동 내지 개인의 생계에 심각한 영향을 초래할 수 있다. 이러한 맥락에서 피해자의 구제를 위하여 손해 전보의 요건을 완화하거나 피해구제를 확실하게 하면서 동시에 손해의 사회적 분산을 이룰 수 있는 제도로서 보험이 불법행위와 밀접하게 관련된다.

(2) 손해의 전보와 관련하여 「손해보험」은 불법행위의 요건이 갖추어지지 않은 경우나 가해자가 행방불명이거나 무자력인 경우 등에 대비하기 위한, 「잠재적 피해자」의 자구책이다. 그런데 피해자에게 보험금을 지급한 보험자는 그 한도에서 가해자에 대한 피해자의 손해배상청구권을 취득한다: 보험자대위(상법 제682조). 결국 불법행위의 성립 여부 또는 가해자의 자력과 관련된 위

---

11) 기업활동은 통상 상당한 수준의 인적 자원과 물적 설비를 갖춘 채 행하여진다.

12) 그 배경을 보면: 산업혁명 이후 과학기술의 눈부신 발전은 불가피하고 심각한 위험이라는 부작용도 수반한다. 그런데 기술에 대한 지식이 부족한 일반인들이 피해자라면 과실의 증명에 큰 어려움이 초래된다. 여기서 위험성을 내포하는 과학기술의 이용을 금지하지 않으면서도 이용에 수반하는 사고에 대하여 피해자를 구제하기 위하여 무과실책임을 지우는 법리가 등장하였다.

13) 이를 「중간책임」이라고도 하는데, 제756조 등 외에 자동차손배법 제3조, 특허법 제130조, 상표법 제112조 등이 그 예이다.

험을 보험자가 부담한다.

반면 자동차손배법 등에 따라 가입이 강제되는 「책임보험」은 불법행위책임의 성립을 전제로 피해자의 구제와 함께 「잠재적 가해자」의 부담을 경감시키는 제도로서, 피해자는 보험자에게 직접 손해의 전보를 구할 수 있다: 직접청구권(상법 제724조 제2항).

보 론

㉠ 손해보험에서 보험자대위(保險者代位)란, 보험자가 보험사고로 손실을 입은 피보험자에게 보험금을 지급한 경우에 피보험자나 보험계약자가 보험의 목적 또는 제3자에 대하여 가지는 권리를 보험자가 법률상 당연히 취득함을 말하는데, 보험의 목적인 권리를 대위하는 「잔존물대위」(상법 제681조. 민법 제763조 및 제399조도 참조)와 제3자에 대한 권리를 취득하는 「청구권대위」(상법 제682조)의 두 가지가 있다. 청구권대위가 인정되는 것은, 피보험자가 보험금을 지급받은 후에도 제3자에 대한 청구권을 보유 · 행사할 수 있다면 오히려 피보험자에게 이득을 주는 결과로 되고, 다른 한편 배상의무자인 제3자가 피보험자의 보험금 수령으로 책임을 면하는 것은 불합리하기 때문인데,[14] 잔존물대위에서도 다르지 않다.

㉡ 책임보험은, 보험기간 중의 보험사고로 제3자가 입은 손해에 대하여 피보험자가 배상책임을 지는 경우에 그로 인한 피보험자의 재산상의 손해를 보험자가 보상하는 손해보험의 일종이다(상법 제719조). 책임보험의 기능은 사고의 발생에 따른 가해자의 경제적 부담을 덜어주면서 동시에 가해자의 무자력 등의 위험을 보험자에게 전가함으로써 피해자가 충분하고도 확실한 보상을 받을 수 있게 함에 있다. 그런데 책임보험의 보험금은 피해자인 제3자에게 귀속되어야 함에도 이런저런 사정으로 인하여 피해자가 보호받지 못하는 경우가 발생할 수 있다는 점을 고려하여 1991년 상법 개정에서 「직접청구권」이 도입되었다(제724조 제2항): "제3자는 피보험자가 책임을 질 사고로 인한 손해에 대하여 보험금액의 한도 내에서 보험자에게 직접 보상을 청구할 수 있다." 따라서 피해자는 보험자에 대한 직접청구권과 피보험자에 대한 손해배상청구권을 임의로 선택하여 행사할 수 있다. 그리고 피해자 보호라는 제도의 취지에 따라 피해자가 피보험자로부터 손해를 배상받기 전에는 보험자가 피보험자의 보험금지급청구를 거절할 수 있다.[15]

직접청구권의 법적 성질을 둘러싸고 상법학에서 손해배상청구권이라는 견해와 보험금청구권이라는 견해가 대립하는데, 판례는 손해배상청구권이라는 입장이다.[16] 즉 보험자가 피보험자의 피해자에 대한 손해배상채무를 중첩적(병존적)으로 인수한 결과 피해자가 보험자에 대하여 가지는 손해배상청구권이고,[17] 따라서 직접청구권의 소멸시효기간은 제766조(상법 제662조가 아니라)에 따라 정해진다.[18] 그리고 피해자의 직접청구권의 반면으로 보험자가 부담하는 손해배상채무는 보험계약을 전제로 하는 것으로서 보험계약에 따른 보험자의 책임한도액의 범위 내에서 인정됨은 당연하다.[19]

Ⅱ. 불법행위책임의 한계 [3010]

1. 서 설

피해를 구제받도록 하는 민법상의 제도로 불법행위 외에 여러 가지가 있다. 이 중 물권적 청구권 및 부당이득과의 관계는 따로 보기로 하고([5018] 및 [3197] 참조), 여기서는 채무불이행과

14) 대판 1990.2.9. 89다카21965.
15) 대판 1995.9.26. 94다28093.
16) 대판 1999.2.12. 98다44956.
17) 대판 2010.10.28. 2010다53754.
18) 대판 2005.10.7. 2003다6774. 지연손해금에 관하여 연 6%의 상사법정이율이 아닌 연 5%의 민사법정이율이 적용된다고 한 대판 2019.5.30. 2016다205243도 참조.
19) 대판(전) 2017.5.18. 2012다86895 · 86901. 대판 2019.1.17. 2018다245702도 참조.

의 관계만 다룬다.

[3011] ## 2. 채무불이행책임과의 관계

(1) 불법행위로 인한 책임과 채무불이행으로 인한 책임은 위법행위로 인한 책임이라는 점에서 같지만, 채무불이행책임이 당사자 사이의 특별결합관계를 전제로 하는 반면, 불법행위책임은 불특정 다수인 사이에서 문제되는 일반적 책임이라는 점에서 다르다.

[참 고] 계약체결상의 과실이나 계약의 여후효(餘後效. 사후효라고도 한다) 또는 보호의무와 같이 계약법의 유효범위가 시간적 · 내용적으로 확장되기도 하는데, 「계약책임의 확장」이라 할 수 있다([2357] 참조). 그런데 독일에서 불법행위책임의 확장이 어려워 계약(책임)의 과잉이 일어났지만, 그런 연혁적 이유를 제외한다면 계약책임의 확장을 우려할 것은 아니다. 당사자의 의사에 기한 또는 그에 가까운 해결이 바람직하기 때문이다.

다른 한편 의료과오소송에서 보는 것처럼 실무는 계약책임보다 불법행위책임을 선호하는 것으로 보이는데, 이는 「계약책임의 축소」라 할 수 있다. 이러한 현상은 청구권경합설을 따르는 한 소송전략상의 유 · 불리를 고려한 당사자의 선택으로 이해될 수 있다.

(2) (일반)불법행위책임과 채무불이행책임은 손해배상의 범위와 과실상계 등에서 공통되는 반면(제763조에 의하여 제393조와 제396조가 준용된다), 다음의 점에서 차이를 보인다.

① 귀책사유(고의 · 과실)의 증명책임: 채무불이행에서 채무자가 자기에게 귀책사유 없음을 증명해야 하는 반면(제390조. 다만 수단채무에 관하여 [2163] 참조), 불법행위에서는 피해자가 가해자의 귀책사유를 증명해야 한다(제750조).

② 제3자의 행위에 대한 책임과 그 면제: 불법행위에서 사용자책임(제756조)이 문제되는데, 「이론상으로는」 면책이 가능하다. 반면 채무불이행책임에서는 이행보조자의 책임(제391조)이 문제되는데, 면책이 불가능하다.

③ 손해배상의 방법: 금전배상이 기본값이라는 점은 같지만(제394조, 제763조), 불법행위에 관하여 명예훼손에 관한 특칙(제764조)이 있다.

④ 지연손해금의 기산일: 채무불이행에서 기한의 유형에 따라 다른 반면(제387조 참조), 불법행위에서는 불법행위가 행하여진 그날이다.

⑤ 소멸시효: 채무불이행으로 인한 손해배상청구권에 대하여 제162조가 적용되는 반면, 불법행위에 기한 손해배상청구권에 대해서는 제766조가 적용된다.

[참 고] 불법행위에만 적용되는 것으로 책임능력(제753조, 제754조. [2375] 참조), 정당방위나 긴급피난 등 위법성조각사유(제761조), 상계의 제한(제496조), 태아에 관한 특칙(제762조), 정신적 손해의 배상(제751조), 근친자의 위자료청구권(제752조), 명예훼손에 관한 특칙(제764조), 공동불법행위자의 연대책임(제760조) 등이 있다.[20] 한편 채무불이행법에 규정된 위약금약정(제398조)이 불법행위법에 준용되지 않는데, 불법행위에 유추될 수 있음을 굳이 부정할 필요는 없지만, 그 예는 분명 흔하지 않을 것이다.

[3012] (3) 해상운송인 A가 운송 도중 자신 또는 피용자의 고의나 과실로 운송물을 멸실 또는 훼손시킨 경우에, 운송계약상의 운송물인도청구권과 운송물의 소유권을 모두 가지는 선하증권소지인

20) 이들 중 제751조, 제761조 등이 채무불이행에 유추될 수 있음을 부정할 필요는 없다. 참고로 제752조에 관하여 대판 2000.11.24. 2000다38718 · 38725는 유추를 부정하였다.

B는 A에 대하여 운송계약상의 채무불이행으로 인한 손해배상청구권과 함께 소유권 침해의 불법행위로 인한 손해배상청구권도 취득한다. 이러한 경우에 채무불이행으로 인한 손해배상청구권과 불법행위에 기한 손해배상청구권 사이의 관계를 어떻게 파악할 것인가?

이에 관하여 당사자 사이에 계약관계가 존재하면 그 관계에 적용되는 특별법으로서 계약에 기한 청구권이 우선한다는 법조경합설(法條競合說)과 양 청구권이 별개의 독립한 것이므로 모두 성립하고 어느 한 청구권에 대한 면책특약이나 시효소멸의 효력이 다른 청구권에 당연히 미치지는 않으며, B는 그중 어느 한쪽만 행사할 수도 있고 양 청구권을 선택적으로 행사할 수도 있다는 청구권경합설(請求權競合說)이 대립하는데, 판례는 청구권경합설을 따른다. 즉 대판(전) 1983.3.22. 82다카1533: "해상운송인이 운송 도중 운송인이나 그 사용인 등의 고의 또는 과실로 인하여 운송물을 감실 훼손시킨 경우, 선하증권 소지인은 운송인에 대하여 운송계약상의 채무불이행으로 인한 손해배상청구권과 아울러 소유권 침해의 불법행위로 인한 손해배상청구권을 취득하며 그중 어느 쪽의 손해배상청구권이라도 선택적으로 행사할 수 있다."[21]

생각건대 채무불이행책임과 불법행위책임은 각각 요건과 효과를 달리하는 별개의 법률관계에서 발생하므로, 하나의 행위가 계약상 채무불이행의 요건뿐만 아니라 불법행위의 요건도 충족하는 경우에,[22] 두 개의 손해배상청구권이 경합하여 발생한다고 보는 것이 자연스럽고, 실제로도 두 개의 청구권의 병존을 인정하여 권리자로 하여금 그중 어느 것이든 선택하여 행사할 수 있게 하는 것이 피해자인 권리자를 두텁게 보호한다고 할 것이다.[23]

제 2 절 일반불법행위의 성립요건

제1관 개 관

불법행위에 기하여 손해배상을 청구하기 위한 요건을 논리적으로 배열하면, 먼저 ① 손해가 발생하고 그것이 가해자의 행위로 인한 것이며(손해의 발생 및 가해행위와의 인과관계), ② 가해자의 행위가 사회적으로 허용되지 않고(가해행위의 위법성), ③ 가해자에게 고의나 과실(가해자의 귀책사유) 그리고 ④ 책임능력이 있어야 한다. [3013]

그런데 제750조는 이들 중 ①부터 ③을 규정하고, 위법성조각사유와 책임능력은 별도로 규정하는데, 책임능력은 감독자책임으로 귀결된다.

---

21) 나아가 "운송계약상의 채무불이행책임에 관하여 법률상 면책의 특칙이 있거나 또는 운송계약에 그와 같은 면책특약을 하였다고 하여도 일반적으로 이러한 특칙이나 특약은 이를 불법행위책임에도 적용하기로 하는 명시적 또는 묵시적 합의가 없는 한 당연히는 불법행위책임에 적용되지 않는"다고 하였다.
손해배상청구의 법률적 근거가 계약책임인지 불법행위책임인지 불명확함에도 석명권을 행사하지 않고 불법행위책임을 묻는 것으로 단정한 뒤 증명이 부족하다는 이유로 청구를 받아들이지 않은 원심판결을 파기한 대판 2009.11.12. 2009다42765 및 "동일한 사실관계에서 발생한 손해의 배상을 목적으로 하는 경우에도 채무불이행을 원인으로 하는 배상청구와 불법행위를 원인으로 한 배상청구는 청구원인을 달리하는 별개의 소송물이므로, 법원은 원고가 행사하는 청구권에 관하여 다른 청구권과는 별개로 그 성립요건과 법률효과의 인정 여부를 판단하여야 한다"고 한 대판 2021.6.24. 2016다210474도 참조.

22) 관련하여 앞의 2016다210474 판결: 이 경우 "두 개의 손해배상청구권이 경합하여 발생하고, 권리자는 위 두 개의 손해배상청구권 중 어느 것이든 선택하여 행사할 수 있다. […] 계약 위반으로 인한 채무불이행이 성립한다고 하여 그것만으로 바로 불법행위가 성립하는 것은 아니"다.

23) 피해자가 이중으로 배상받을 수 없음은 당연하다.

제 2 관 손해의 발생 그리고 가해행위와의 인과관계

[3014] ### Ⅰ. 손해의 발생

1. 손해의 의의

(1) 정신적 손해를 차치하면, 불법행위로 인한 손해(損害)를, 위법한 가해행위가 있은 후인 현재의 재산상태와 그 행위가 없었더라면 있었을 것으로 추정되는 가정적 재산상태의 차액으로 파악하는 「차액설」이 다수설이자 판례의 입장이다.[1)]

이러한 차액설은 손해의 개념에 관하여 피해자가 잃은 금전이 손해라는 손해금전설을 전제로 하는데, 가해행위에도 불구하고 수입이 감소되지 않은 경우에는 기능할 수 없다. 여기서 피해자가 입은 피해 자체가 손해라는 손해사실설은 손해를 규범적으로 파악한다.[2)] 그런데 손해금전설과 손해사실설은 주로 인신사고와 관련되는데,[3)] 상호배척적인 것이 아니라 보완개념이라 할 수 있다.

한편 손해는 법익의 침해를 의미하는데, 여기서 법익은 법적으로 보호할 가치 있는 것이어야 한다.[4)]

[참 고] 손해는 불법행위나 채무불이행과 같은 위법행위의 결과로 발생한 불이익을 지칭하고, 그 전보를 배상(賠償)이라 하는 반면, 손실(損失)은 적법한 공권력의 행사에 의한 불이익을 말하고, 공평의 견지에 기한 전보를 보상(補償)이라 한다(헌법 제23조 제3항 참조).

(2) 손해의 종류에 관하여 [2380] 및 [2383] 참조.

[3015] #### 2. 손해의 발생

(1) 불법행위가 성립하기 위해서는 침해행위에 의하여 손해가 발생해야 한다. 즉 손해배상청구권은 손해가 현실적으로 발생한 때에 성립한다.

(2) 현실적으로 손해가 발생하였는지는 사회통념에 비추어 객관적이고 합리적으로 판단해야 한다.[5)] 가령 불법행위로 인하여 피해자가 제3자에 대하여 채무를 부담하게 된 경우에, 가해자에게 채무액과 동일한 배상을 구하기 위해서는 채무의 부담이 현실적·확정적이어서 실제로 변제해야 할 성질의 것임을 요한다.[6)7)]

---

1) 대판(전) 1992.6.23. 91다33070([2376]에 소개된) 등. 따라서 위법한 가해행위가 있었더라도 그로 인한 재산상태와 그 행위가 없었더라면 존재하였을 재산상태 사이에 차이가 없다면 다른 특별한 사정이 없는 한 위법행위로 인한 「재산상의」 손해가 발생했다고 할 수 없다(대판 2009.9.10. 2009다30762).

2) [2377] 및 그곳의 대판 1990.11.23. 90다카21022 참조.

3) 이들은 각각 소득상실설과 가동능력상실설로 연결된다.

4) 보호가치 없는 위법소득의 상실은 손해에 해당하지 않는다고 한 대판 1992.10.27. 92다34582 참조.

5) 예를 들어 별다른 어려움 없이 소유물반환청구권을 행사하여 소유권을 관철할 수 있는 경우에, 소유자에게 점유 상실로 인한 손해가 있다고 할 수 있을지라도, 소유권 상실로 인한 가액 상당의 손해가 있다고 할 수는 없다.

6) 대판 2019.8.14. 2016다217833. 대판 1992.11.27. 92다29948 및 대판 2003.4.8. 2000다53038도 참조.

7) 손해의 발생에 관한 재판례를 본다.
㉠ 손해의 발생이 긍정된 예로, ⓐ 대판 1993.11.23. 93다35421은, 불법행위로 인한 후유장애로 말미암아 외모에 추상이 생긴 경우에, 그 사실만으로 바로 육체적인 활동기능에 장애를 가져오지 않더라도 추상의 부위 및 정도, 피해자의 성별, 나이 등과 관련하여 추상이 장래의 취직, 직종선택, 승진, 전직에의 가능성 등에 영향을 미칠 정도로 현저하다면 추상장애로 인하여 노동능력의 상실이 있다고 보았다. ⓑ 대판 2009.3.12. 2007다76580은, 환지과정에서 등기관이 새로운 등기부를 편제하면서 근저당권설정등기 및 압류등기의 이기를 누락하였고, 그 등기부를 신뢰하여 부동산을 매수한 매수인이 매매대금을 전부 지급한 후 위 근저당권설정등기 및 압류등기가 이기된 사안에서, 등기관의 직무상 과실로 위법하게 이루어진 등기부상 기재를 믿고 법률상 또는 계약상 지급할 의무가 없는 금원을 지급한 사실 자체로서 매수인에게 현실적으로 손해가 발생했다고 보았다. ⓒ 그 밖에 영업비밀 등을 부정취득한 경우

(3) 피해자가 다른 방법에 의하여 손해를 전보받을 수 있더라도 그것을 이유로 가해자가 불법행위책임을 면할 수는 없다.[8] 다만 피해자가 다른 구제수단에 의하여 실제로 손해를 전보받은 경우에, 그 한도에서 가해자의 손해배상의무가 감축될 수 있다(과잉배상의 금지). [3016]

(4) 손해의 발생에 대한 증명책임을 피해자가 진다.[9]

Ⅱ. 가해행위 [3017]

1. 행위의 의미

(1) 불법행위의 요건으로서 행위(行爲)는 의사에 기한 행동, 즉 인간의 의사활동을 의미한다. 그런데 수면 중의 또는 최면상태에서의 행동, 절대적 강박에 의한 경우[10] 또는 무의식적인 반사작용에서는 —행동(또는 거동)이 있을 뿐— 의식적인 「행위」가 결여되어 있다.

(2) 행위는 부작위(不作爲)를 포함하지만, 작위의무 있는 이가 법익침해를 방지할 수 있었던

에 취득한 영업비밀을 실제 사용하였는지와 관계없이 부정취득행위 자체만으로 보유자에게 손해를 입힌다고 본 대판 2017.9.26. 2014다27425도 참조.

㉡ 손해의 발생이 부정된 예로, ⓐ 대판 1999.6.11. 98다22857은, 인간생명의 존엄성과 그 가치의 무한함에 비추어 볼 때, 어떠한 인간 또는 인간이 되려고 하는 존재가 타인에 대하여 자신의 출생을 막아줄 것을 요구할 권리를 가진다고 보기 어렵고, 장애를 갖고 출생한 것 자체를 인공임신중절로 출생하지 않은 것과 비교해서 법률적으로 손해라고 단정할 수도 없으며, 그로 인하여 치료비 등 여러 가지 비용이 정상인에 비하여 더 소요되더라도 장애 자체가 의사나 다른 누구의 과실로 말미암은 것이 아닌 이상 이를 선천적으로 장애를 지닌 채 태어난 아이 자신이 청구할 수 있는 손해라고 할 수 없다고 하였다. ⓑ 대판 2010.2.11. 2009다68408: "등기는 물권의 효력발생요건이고 존속요건은 아니어서 등기가 원인 없이 말소된 경우에는 그 물권의 효력에 아무런 영향이 없고, 그 회복등기가 마쳐지기 전이라도 말소된 등기의 등기명의인은 적법한 권리자로 추정되며, 그 회복등기신청절차에 의하여 말소된 등기를 회복할 수 있으므로(부동산등기법 제75조), 근저당권설정등기가 불법행위로 인하여 원인 없이 말소되었다 하더라도 말소된 근저당권설정등기의 등기명의인이 곧바로 근저당권 상실의 손해를 입게 된다고 할 수는 없다." ⓒ 대판 2001.1.19. 2000다58132는, 부동산의 등기청구권을 보전하기 위한 처분금지가처분이 부당하게 집행되었더라도, 이러한 처분금지가처분은 처분금지에 대하여 상대적 효력만 가지는 것이어서 그 집행 후에도 채무자는 당해 부동산에 대한 사용·수익을 계속하면서 여전히 이를 처분할 수 있으므로, 비록 가처분의 존재로 인하여 처분기회를 상실하였거나 그 대가를 제때 지급받지 못하는 불이익을 입었더라도 그것이 당해 부동산을 보유하면서 얻는 점용이익을 초과하지 않는 한 손해가 발생하였다고 보기 어렵다고 하였다(나아가 점용이익을 초과하는 불이익을 입어 손해가 발생하였더라도 그 손해는 특별한 사정으로 인한 손해로서 가처분채권자가 그 사정을 알았거나 알 수 있었을 때에 한하여 배상책임을 진다고 하였다). ⓓ 대판 2006.6.15. 2006다10408은, 부당한 채권가압류의 집행으로 인하여 가압류채무자가 제3채무자로부터 제때 채권금을 지급받지 못하는 손해를 입었다면, 가압류채무자는 가압류채권자에 대하여 손해의 배상을 구할 수 있으나, 부당한 채권가압류의 집행이 있었더라도 집행기간 동안 기한의 미도래나 조건의 불성취 등의 사유로 인해 가압류채무자가 제3채무자로부터 채권을 바로 지급받을 수 없는 사정이 있었다면 가압류채무자가 부당한 채권가압류의 집행으로 인하여 어떤 손해를 입었다고 할 수는 없다고 하였다. ⓔ 그 밖에 대출의 실질적인 만기연장에 관한 대판 2007.6.28. 2006다52259; 대판 2006.12.22. 2004다63354; 대판 2008.4.10. 2004다68519 등도 참조.

㉢ 정신적 손해에 관하여 대판 2012.12.26. 2011다59834·59858·59841: "개인정보를 처리하는 자가 수집한 개인정보를 피용자가 해당 개인정보 정보주체의 의사에 반하여 유출한 경우, 그로 인하여 정보주체에게 위자료로 배상할 만한 정신적 손해가 발생하였는지는 유출된 개인정보의 종류와 성격이 무엇인지, 개인정보 유출로 정보주체를 식별할 가능성이 발생하였는지, 제3자가 유출된 개인정보를 열람하였는지 또는 제3자의 열람 여부가 밝혀지지 않았다면 제3자의 열람가능성이 있었거나 앞으로 열람가능성이 있는지, 유출된 개인정보가 어느 범위까지 확산되었는지, 개인정보 유출로 추가적인 법익침해가능성이 발생하였는지, 개인정보를 처리하는 자가 개인정보를 관리해 온 실태와 개인정보가 유출된 구체적인 경위는 어떠한지, 개인정보 유출로 인한 피해발생 및 확산을 방지하기 위하여 어떠한 조치가 취하여졌는지 등 여러 사정을 종합적으로 고려하여 구체적 사건에 따라 개별적으로 판단하여야 한다." 보너스카드 회원으로 가입한 고객들의 개인정보를 데이터베이스로 구축하여 관리하면서 이를 이용하여 고객서비스센터를 운영하는 A 회사로부터 고객서비스센터 운영업무 등을 위탁받아 수행하는 B 회사 관리팀 직원 C가 보너스카드 회원의 성명, 주민등록번호, 주소, 전화번호, 이메일 주소 등 고객정보를 빼내어 DVD 등 저장매체에 저장된 상태로 전달 또는 복제한 후 개인정보 유출사실을 언론을 통하여 보도함으로써 집단소송에 활용할 목적으로 고객정보가 저장된 저장매체를 언론관계자들에게 제공한 사안에서, 개인정보가 수록된 정보매체가 회수되거나 폐기되고 개인정보가 유출된 흔적도 보이지 않는 등 제반 사정에 비추어 볼 때, 피해자에게 위자료로 배상할 만한 정신적 손해가 발생했다고 보기는 어렵다고 한 사례이다.

㉣ 참고로 대판 2012.1.27. 2011다74949: "소유자가 상대방이 목적물을 권원 없이 점유·사용하여 소유권을 침해함으로 말미암아 재산상 손해를 입었다고 주장하여 그 손해의 배상을 청구하는 경우에는, 무엇보다도 상대방의 그러한 권리침해로 인하여 소유자에게 재산상 손해가 발생하였는지를 살펴보아야 할 것인데, 그 경우 손해의 유무는 상대방이 당해 물건을 점유하는지에 의하여 좌우되지 아니하며, 점유 여부는 단지 배상되어야 할 손해의 구체적인 액을 산정함에 있어서 고려될 여지가 있을 뿐"이다. 그 밖에 가해자가 행한 불법행위로 인하여 피해자에게 어떤 행정처분이 부과되고 확정된 경우에, "행정처분의 이행에 따른 비용 상당의 손해가 현실적·확정적으로 발생하였다고 보기 위해서는 행정처분 당시의 자료와 사실심 변론종결시점까지 제출된 모든 자료를 종합하여 행정처분의 존재뿐만 아니라 행정처분의 이행가능성과 이행필요성이 인정되어야 한다"고 한 대판 2020.7.9. 2017다56455 참조.

8) 앞의 2007다76580 판결: "비록 사후적으로 원고가 매도인측과의 소송 등을 통하여 위 손해를 회복할 수 있는 다른 법적 구제수단이 존재한다고 하여 일단 있었던 손해의 발생사실 자체를 부정할 수는 없다."

9) 대판 2012.12.13. 2011다25695. 그런데 상표법 제110조와 같이 손해액을 추정하는 규정이 있는 경우에, 이는 손해에 관한 상표권자 등의 주장·증명책임을 경감하는 취지의 규정이지만, 상표권자가 침해자와 동종의 영업을 하고 있음을 증명하였다면 특별한 사정이 없는 한 상표권 침해에 의하여 영업상의 손해를 입었음이 사실상 추정된다(대판 2013.7.25. 2013다21666).

10) 저항할 수 없는 외부의 힘에 의하여 직접적으로 강요된 행동. 예: 손을 잡고 강제로 서명하게 하는 것.

경우에 한하여 부작위는 불법행위를 구성한다.

[3018] **2. 행위의 주체에 관한 약간의 검토**

(1) 민법의 기본원리로서 사적자치는 인간의 의사활동에 효력을 부여하고 아울러 그에 대한 책임을 지운다. 즉 타인의 행위에 대해서는 책임을 지지 않는다(「자기책임」). 그런데 일정한 경우에 예외가 인정되기도 한다.

(2) 우선 타인의 기계적 행위를 개입시킨 경우에,[11] 그 타인을 도구로 이용하였으므로, 그 결과에 대하여 책임을 지지 않으면 안 된다. 채권자가 권리 없이 가압류나 가처분을 한 경우에, 집행을 위임한 채권자에게 고의 또는 과실이 있고 그 행위가 위법하면 채권자가 그 결과에 대하여 책임을 져야 한다. 부당한 강제집행의 경우에도 같다.[12]

(3) 한편 법인은 이사 기타 대표기관이 직무에 관하여 불법행위를 한 경우에 그에 대한 책임을 지고(제35조 제1항),[13] 대표기관 아닌 이가 직무에 관하여 타인에게 손해를 가한 경우에, 법인이 사용자책임(제756조)을 질 수 있다. 법인에서 인식의 귀속에 관한 [1469]도 참조.

[3019] Ⅲ. 가해행위와 손해 사이의 인과관계

1. 개 관

(1) 불법행위가 성립하기 위하여 가해행위로 인하여 손해가 발생했어야 한다. 즉 가해행위와 손해 사이에 인과관계(因果關係)가 존재해야 한다. 그런데 책임성립요건으로서 인과관계에서 「그 행위가 없었다면 손해는 발생하지 않았을 것」이라는, 자연적 · 사실적인 원인과 결과의 관계가 있으면 되고,[14] 이 단계에서 귀책범위를 따지는 상당인과관계를 문제삼을 필요는 없다([2387] 이하 참조).

---

11) 예: A가 책임무능력자 B를 시켜 C의 물건을 훔치게 한 경우.

12) 집행관이 채무자 아닌 제3자(D)의 재산을 압류한 경우에도, 압류채권자가 압류 당시 압류목적물이 D의 재산임을 알았거나 알지 못한 데 과실이 있다면 집행관이 D의 재산을 압류함으로써 D가 받은 손해에 대하여 불법행위자로서 배상책임을 진다(대판 2003.7.25. 2002다39616).

13) 주식회사 대표이사의 불법행위책임에 관한 대판 2013.6.27. 2011다50165 참조.

14) 인과관계의 존부에 관한 재판례를 본다. ㉠ 대판 2008.6.12. 2007다36445는, 무권리자(Y)가 위법한 방법으로 그 명의로 소유권등기를 경료한 후 부동산을 전전매수한 제3자의 등기부시효취득이 인정됨으로써 소유자(X)가 소유권을 상실한 경우에, Y의 위법한 등기경료행위가 없었더라면 X의 소유권 상실이라는 결과가 당연히 발생하지 않았을 것이고 또한 이러한 소유권 상실은 위법한 등기경료행위 당시에 통상 예측할 수 있었으므로, Y의 위법한 등기경료행위와 X의 소유권 상실 사이에 인과관계가 있다고 하였다. ㉡ 대판 2009.9.10. 2006다64627은, 감정평가업자(Y)가 담보목적물에 대하여 부당한 감정을 함으로 인하여 금융기관(X)이 감정을 믿고 정당한 감정가격을 초과한 대출을 함으로써 재산상 손해를 입게 되리라는 것은 쉽사리 예견할 수 있으므로, 다른 특별한 사정이 없는 한 Y의 위법행위와 X의 손해 사이에 인과관계가 있고, 손해의 발생에 X의 과실이 있다면 과실상계의 법리에 따라 그 과실의 정도를 비교교량하여 Y의 책임을 면하게 하거나 감경하는 것은 별론으로 하고 그로 인하여 Y의 부당감정과 손해 사이에 존재하는 인과관계가 단절된다고 할 수 없다고 하였다(분식회계사실을 밝히지 못한 외부감사인의 과실과 기업체가 발행한 기업어음 매입 사이에 인과관계가 인정된다는 대판 2008.6.26. 2007다90647과 기업체의 분식회계와 금융기관의 대출 또는 지급보증 사이의 인과관계가 인정된다는 대판 2008.1.18. 2005다65579 및 대판 2007.6.28. 2006다52259도 참조). ㉢ 대판 2009.2.26. 2006다24872: "제3채무자가 […] 가압류결정이 있었다는 이유로 진정한 채권자인 제3자에게 그 채무의 이행을 거절하는 경우에는 진정한 채권자인 제3자로서는 결과적으로 위와 같은 부당한 가압류로 인하여 자신의 채권을 제때에 회수하지 못하는 손해를 입게 될 것이고, 이 경우 그 손해는 위 부당한 가압류와 상당인과관계가 있는 것이다. 따라서 비록 가압류가 법원의 재판에 의하여 집행되는 것이기는 하지만, 그 부당한 가압류에 관하여 고의 또는 과실이 있는 가압류채권자는 그 가압류집행으로 인하여 제3자가 입은 위와 같은 손해를 배상할 책임이 있다." ㉣ 우편물 배달사고와 관련하여 판례는 특별송달우편물과 내용증명우편물을 달리 취급한다. 우편집배원이 특별송달우편물인 압류 및 전부명령결정 정본을 특별송달하는 과정에서 부적법한 송달을 하고도 적법한 송달을 한 것처럼 우편송달보고서를 작성하여 압류 및 전부의 효력이 발생한 것과 같은 외관을 형성시켰으나, 실제로는 압류 및 전부의 효력이 발생하지 아니하여 집행채권자로 하여금 피압류채권을 전부받지 못하게 함으로써 손해를 입게 한 경우에, 직무상 의무 위반과 집행채권자의 손해 사이에 인과관계가 있다고 보아 국가배상책임을 인정한 반면(대판 2009.7.23. 2006다87798. 대판 2009.5.28. 2008다89965도 참조), 우편집배원이 내용증명우편물을 배달하는 과정에서 직무규정을 위반하였더라도 특별한 사정이 없는 한 직무상 의무 위반과 내용증명우편물에 기재된 의사표시가 도달되지 않거나 도달에 대한 증명기능이 발휘되지 못함으로써 발송인 등이 제3자와 맺은 거래관계의 성립 · 이행 · 소멸 등과 관련하여 입게 된 손해 사이에는 상당인과관계가 있다고 볼 수 없다고 하였다(대판 2009.7.23. 2006다81325. 발송인 등은 정신적 고통에 대한 위자료를 통상손해로서 청구할 수 있음을 덧붙였다). ㉤ 대판 2011.7.28. 2009다35842: 토지수용에서 "기업자의 잘못으로 무효인 토지수용재결이 이루어지고 수용재결의 적법성을 믿은 저당권자가 수용절차에서 물상대위권을 행사하였는데, 기업자가 상당한 시간이 경과한 후 재차 수용절차를 진행하면서 저당권자에게 […] 협의나 통지를 전혀 하지 아니하고 최초수용재결의 무

(2) 이처럼 이론적으로는 손해배상책임의 요건으로서 인과관계를 「but for test」에 의하여 판단하고 귀책의 문제를 제763조, 제393조로 넘기면 되지만, 인과관계가 중단되기도 하고, 특히 가해원인이 경합하는 경우에 양자의 구별이 명확하지는 않다. 이러한 사정을 고려하여 아래에서는 이른바 상당인과관계의 관점에서 논의되는 귀책의 문제도 함께 살펴본다.

2. 인과관계의 증명 [3020]

(1) 피해자가 사실적 인과관계의 존재를 증명해야 하는데, 고도의 개연성의 증명으로 충분하다. 그런데 환경오염, 의료과오, 제조물책임 등 인과관계의 증명에 고도의 전문지식을 요하는 불법행위유형에서 그에 대한 증명책임을 피해자에게 지우면 피해구제를 거부하는 결과에 이를 수 있기 때문에, 학설 · 판례가 피해자의 증명책임을 경감하려 한다.

(2) 특히 환경오염에 관하여 판례는 간접반증이론(間接反證理論)을 따르는데,[15] 다음의 단계를 [3021] 거친다: ① 고도의 개연성이 있는 경험법칙을 이용하여 간접사실로부터 주요사실(요증사실)을 추정하는데, 이를 「일응의 추정」(거의 증명된 것과 마찬가지인 상태)이라 한다; ② 일응의 추정을 방해하기 위한 방어방법으로 추정의 전제사실과 양립되는 별개의 간접사실, 즉 특별한 사정(비정형적 사상경과)의 증명을 「간접반증」이라 한다.[16]

이에 관한 선도적 판결로 대판 1984.6.12. 81다558: "일반적으로 불법행위로 인한 손해배상청구사건에 있어서 가해행위와 손해발생 간의 인과관계의 입증책임은 청구자인 피해자가 부담하나, 수질오탁으로 인한 이 사건과 같은 공해로 인한 손해배상청구소송에 있어서는 기업이 배출한 원인물질이 물을 매체로 간접적으로 손해를 끼치는 수가 많고 공해문제에 관하여는 현재의 과학수준으로도 해명할 수 없는 분야가 있기 때문에 가해행위와 손해발생 간의 인과관계의 고리를 모두 자연과학적으로 증명하는 것은 곤란 내지 불가능한 경우가 대부분이므로 피해자에게 사실적 인과관계의 존재에 관한 엄밀한 과학적 증명을 요구함은 공해의 사법적 구제의 사실상 거부가 될 우려가 있는 반면에 가해기업은 기술적, 경제적으로 피해자보다 원인조사가 훨씬 용이할 뿐 아니라 그 원인을 은폐할 염려가 있어, 가해기업이 배출한 어떤 유해한 원인물질이 피해물질에 도달하여 손해가 발생하였다면 가해자측에서 그 무해함을 입증하지 못하는 한 책임을 면할 수 없다고 봄이 사회형평의 관념에 적합하다. […] 수질오탁으로 인한 공해소송에서 (1) 피고공장에서 김의 생육에 악영향을 줄 수 있는 폐수가 배출되고 (2) 그 폐수 중 일부가 해류를 통하여 이 사건 김 양식장에 도달하였으며 (3) 그 후 김에 피해가 있었다는 사실이 각 모순 없이 증명된 이상 피고공장의 폐수배출과 양식 김에 병해가 발생함으로 말미암은 손해 간의 인과관계가 일응 증명되었다고 할 것이므로, 피고가 (1) 피고공장 폐수 중에는 김의 생육에 악영향을 끼칠 수 있는 원인물질

효사실이나 무효원인사실도 알리지 않음으로써 이미 적법한 물상대위권 행사로 저당권의 효력이 소멸하였으리라는 신뢰가 형성된 저당권자로 하여금 적법한 물상대위권을 행사할 수 있는 기회를 상실하게 하였다면, 기업자의 위와 같은 최초수용절차의 잘못과 이후 수용절차에서 저당권자에게 협의나 통지의 불이행 및 최초수용재결의 무효사실이나 무효원인사실을 알리지 않은 일련의 행위와 저당권자의 물상대위권 행사기회의 상실 사이에는 상당인과관계가 있으므로, 이러한 경우 기업자의 불법행위책임이 성립할 수 있다고 보아야 한다." ㉥ 그 밖에 인터넷상에서 포털서비스사업을 하는 Y 회사가 제공하는 온라인 서비스에 가입한 회원들의 개인정보가 해킹사고로 유출되자 서비스 이용자가 Y를 상대로 손해배상을 구한 사안에서 보호조치의 미이행과 해킹사고의 발생 사이에 인과관계가 인정되지 않는다고 한 대판 2018.1.25. 2015다24904 · 24911 · 24928 · 24935도 참조.

15) 대판 2004.11.26. 2003다2123은, 가해기업은 기술적 · 경제적으로 피해자보다 원인조사가 용이할 뿐만 아니라 자신이 배출하는 물질이 유해하지 않다는 것을 증명할 「사회적 의무」를 부담한다고 할 것이라는 점을 증명책임 전환의 근거로 든다.

16) 주요사실에 대하여 반증이지만, 간접사실에 대해서는 본증이다. 전적으로 다른 원인에 기한 것이라는 반증도 당연히 가능하다.

이 들어 있지 않으며 (2) 원인물질이 들어 있다 하더라도 그 해수혼합률이 안전농도 범위 내에 속한다는 사실을 반증을 들어 인과관계를 부정하지 못하는 한 그 불이익은 피고에게 돌려야 마땅하다." 그런데 적어도 가해자가 유해한 원인물질을 배출한 사실, 유해의 정도가 사회생활상 통상의 수인한도를 넘는다는 사실, 그것이 피해물건에 도달한 사실 및 그 후 피해자에게 손해가 발생한 사실에 관한 증명책임은 여전히 피해자가 부담한다.[17]

[참 고] 인과관계 증명의 부담을 경감하기 위한 그 밖의 이론들

㉠ 개연성설(蓋然性說)은, 피해자가 인과관계 존재의 개연성을 증명하면 충분하고, 가해자는 반대증거에 의하여 인과관계가 존재하지 않음을 증명하는 경우에만 책임을 면한다는 이론으로, 그 법적 구성에 관하여 자유심증의 범위 안에서 인과관계의 존재가 사실상 추정된다는 사실상의 추정설이 다수설 · 판례의 입장이다.

㉡ 역학적 인과관계설(疫學的 因果關係說)은, 원고측에서 역학적 증명에 의하여 원인이라 할 인자의 영향을 받았고 원고의 증상도 역학적 증명의 기초가 되는 집단적 질환의 기본적 특징을 갖춘 점을 증명하면 되고, 피고측에서 원고의 질병은 그 인자와 무관하다는 것을 추정케 하는 특단의 사정을 증명함으로써 역학적 증명으로부터 해방된다는 식으로 증명책임이 분배된다고 한다.[18] 이러한 집단적 · 통계적 접근방법이 고엽제에 관한 대판 2013.7.12. 2006다17539; 대판 2013.7.12. 2006다17553, 담배소송에 관한 대판 2014.4.10. 2011다22092, 자동차 배출가스에 관한 대판 2014.9.4. 2011다7437 등에서 거론되는데, 가령 2006다17539 판결: "비특이성 질환의 경우에는 특정 위험인자와 비특이성 질환 사이에 역학적 상관관계가 인정된다 하더라도, 어느 개인이 위험인자에 노출되었다는 사실과 비특이성 질환에 걸렸다는 사실을 증명하는 것만으로 양자 사이의 인과관계를 인정할 만한 개연성이 증명되었다고 볼 수 없다. 이러한 경우에는 위험인자에 노출된 집단과 노출되지 않은 다른 일반집단을 대조하여 역학조사를 한 결과 위험인자에 노출된 집단에서 비특이성 질환에 걸린 비율이 위험인자에 노출되지 않은 집단에서 비특이성 질환에 걸린 비율을 상당히 초과한다는 점을 증명하고, 그 집단에 속한 개인이 위험인자에 노출된 시기와 노출 정도, 발병시기, 위험인자에 노출되기 전의 건강상태, 생활습관, 질병상태의 변화, 가족력 등을 추가로 증명하는 등으로 위험인자에 의하여 비특이성 질환이 유발되었을 개연성이 있다는 점을 증명하여야 한다."

㉢ 그 밖에 손해의 원인이 가해자의 위험영역에서 발생한 경우에, 가해자가 책임의 주관적 및 객관적 요건의 부존재에 대하여 증명책임을 져야 한다는 위험영역설(危險領域說)도 있다.

[3022] 3. 인과관계의 중단과 가해원인의 경합

가. 인과관계의 중단

(1) 자연적 인과관계의 테두리 안에서 인과쇄(因果鎖)가 많은 구성분자로 이루어지는 경우도

17) 대판 2013.10.24. 2013다10383. 고속도로에 인접한 과수원의 피해에 관한 대판 2019.11.28. 2016다233538 · 233545도 동지.
간접반증 적용의 또 다른 예 및 그 한계에 관하여 대판 2023.6.15. 2018다41986: "고정비용 상당 손해의 배상을 구하는 제조업체는 위법한 쟁의행위로 인하여 일정량의 제품을 생산하지 못하였다는 점뿐만 아니라 생산되었을 제품이 판매될 수 있다는 점 및 생산감소로 인하여 매출이 감소하였다는 점까지도 증명하여야 함이 원칙이지만, 실제의 소송과정에서는 조업중단으로 인한 매출감소를 증명하는 것이 쉽지 않으므로, 손해발생을 추인케 할 간접사실의 증명을 통해 손해의 발생이라는 요건사실을 인정할 현실적인 필요성이 있다. 이에 대법원은 정상적으로 조업이 이루어지는 제조업체에서 제품을 생산하였다면 적어도 지출한 고정비용 이상의 매출액을 얻었을 것이라는 경험칙에 터 잡아, 제품이 이른바 적자제품이라거나 불황 또는 제품의 결함 등으로 판매가능성이 없다는 등의 특별한 사정의 간접반증이 없는 한, 생산된 제품이 판매되어 제조업체가 이로 인한 매출이익을 얻고 또 생산에 지출된 고정비용을 매출원가의 일부로 회수할 수 있다고 추정함이 상당하다고 판시하여, 손해배상청구권자의 증명부담을 다소 완화하여 왔다. 그런데 이러한 추정법리가 매출과 무관하게 일시적인 생산차질이 있기만 하면 고정비용 상당 손해가 발생한다는 취지는 아니므로, 위법한 쟁의행위로 조업이 중단되어 생산이 감소하였더라도 그로 인하여 매출감소의 결과에 이르지 아니할 것으로 볼 수 있는 사정이 증명되면, 고정비용 상당 손해의 발생이라는 요건사실의 추정은 더 이상 유지될 수 없다. 따라서 위법한 쟁의행위가 종료된 후 제품의 특성, 생산 및 판매방식 등에 비추어 매출감소를 초래하지 않을 정도의 상당한 기간 안에 추가생산을 통하여 쟁의행위로 인한 부족생산량의 전부 또는 일부가 만회되었다면 특별한 사정이 없는 한 그 범위에서는 조업중단으로 인한 매출감소 및 그에 따른 고정비용 상당 손해의 발생을 인정하기 어렵다."

18) 역학(疫學)이란 어떤 지역이나 집단 안에서 일어나는 질병의 원인이나 변동상태를 연구하는 학문으로, 전염병의 발생, 유행, 종식에 미치는 조건을 밝혀 전염병의 예방과 치료를 연구하는 것에서 시작하여 현재는 재해나 환경오염 등의 문제도 다룬다.

있는데, 이때 이론적으로는 개개의 구성분자들 사이의 조건설적 인과관계의 존재가 손해결과 귀책의 1차적 요건이다. 그러나 「but for test」만에 의하여 인과관계의 존부를 판단한다면 인과쇄 자체가 무한히 확장될 수 있어서 이를 제한할 필요가 있다.

(2) 요컨대 인과쇄를 구성하는 개개의 구성분자들 사이에 인과관계가 존재하는지를 「규범적으로」 판단해야 한다.[19] 그러나 극히 이례적인 사정의 개입 때문에 구성분자들 사이에 인과쇄를 인정하는 것이 사회통념에 반하는 경우에 인과쇄가 끝나고, 그 후의 손해는 가해자에 의하여 야기된 손해가 아니라고 평가해야 한다. 이를 인과관계의 중단(因果關係의 中斷)이라고 한다.[20] 이처럼 인과쇄가 중단된 후의 손해는 극히 이례적인 사정의 몫(개입한 이의 배상책임)으로 넘겨야 할 것이다.

그런데 중단은 실제로 「but for test」를 통과한 원인을 배제하기 위한 filter로 기능하므로, 규범적으로 판단된다.

나. 가해원인의 경합과 귀책 [3023]

(1) 동시적 경합을 본다.

① 복수의 가해행위가 경합한 경우에, 자기책임의 원칙에 따라 각자가 기여도에 따른 책임을 져야 하지만, 제760조에 따라 연대책임이 발생할 수 있다. A와 B가 C에게 독극물을 투여하여 C가 사망한 사례를 통하여 구체적으로 살펴보자.

ⓐ 양자가 모두 치사량을 투여한 「중첩적 경합」의 경우에, A와 B 모두가 C의 사망에 대하여 책임을 져야 한다. 물론 「but for test」에 의하면 A나 B의 행위가 없더라도 C의 사망이라는 결과는 발생할 수 있지만, A와 B가 서로에게 책임을 전가할 수 있다면 C가 보호되지 않는 결과에 이르므로, A와 B의 행위 모두에 인과관계를 인정할 것이다. 이때 관련공동성이 인정되면 공동불법행위가 성립하고, 관련공동성이 없더라도 제760조 제1항을 유추하여 A와 B는 C에 대하여 부진정연대책임을 진다고 할 것이다.

ⓑ 양자 모두 치사량에 미치지 못하지만 합하면 치사량에 이르는 독극물을 투여한 「필요적 경합」의 경우에, A나 B의 행위가 없었다면 사망이라는 결과가 발생하지 않았을 것이므로, A와 B 모두가 C의 사망에 대하여 책임을 져야 한다. 이 경우 관련공동성이 인정되어 공동불법행위가 성립하면, 자기의 기여분의 증명을 통한 감책이 인정되지 않는다. 반면 관련공동성이 없다면 제760조 제2항을 유추하여, A와 B가 C에 대하여 부진정연대책임을 지는데, A 또는 B가 자기의 기여분을 증명하여 감책될 수 있다고 할 것이다.

ⓒ A는 치사량을 투여한 반면, B는 치사량에 미치지 못하는 양을 투여한 「과잉적 경합」의 경우에, A의 책임에 대해서는 별다른 의문이 없으나, 「but for test」에 의하면 B의 행위와 C의 사망 사이에 사실적 인과관계가 부정될 수 있다. 그러나 ⓑ의 경우에 B가 책임을 지는데, A가 치사량을 투여하였다는 우연한 사정 때문에 결과가 달라져서는 안 되기 때문에 인과관계를 인정할 것이다. 이 경우 A는 손해 전부에 대하여 배상책임을 지고, B도 A와 부진정연대관계에 서지

19) 예를 들어 신체상해가 피해자(A)의 소득능력을 감소시켜 A 소유 부동산의 강제경매를 불가피하게 만들고 그에 따라 A에게 별도의 손해를 발생시킨 경우에, 인과쇄를 구성하는 개별적 구성분자들 사이에 인과관계가 존재하고, 따라서 손해결과가 귀책되어야 한다.

20) 가령 「신체침해 → 입원 → 병원에서의 감염 → 이로 인한 입원기간의 연장 → 제3자에 의한 지갑의 절취 → 이로 인한 채무의 불이행 → 이로 인한 소송비용의 부담」의 경우에, 신체침해와 감염에 의한 입원의 연장까지 사이에는 인과쇄를 긍정할 수 있더라도, 입원기간 중 지갑의 절취는 극히 이례적인 사태의 진전으로 여기서 인과쇄가 중단된다고 해야 한다.

만, 관련공동성이 없다면 B는 자기의 기여분을 증명함으로써 초과부분에 대하여 감책될 수 있다.

[3024] ② 손해의 발생 또는 확대에 체질적 소인이나 기왕증 등 피해자 본인의 기여가 있다면, 그것이 피해자측의 귀책사유와 무관하더라도, 기여의 정도에 따라 피해자의 손해 중 그에 상응하는 배상액을 부담케 하는 것이 손해의 공평한 부담이라는 견지에서 타당하다.[21]

③ 가해행위와 자연력이 경합하여 손해가 발생한 경우에, 가해자의 배상범위는 자연력이 기여했다고 인정되는 부분을 공제한 나머지 부분으로 한정되어야 한다. 다만 가해자가 자연적 조건이나 그에 따른 위험의 정도를 미리 예상할 수 있었고 또 과도한 노력이나 비용을 들이지 않고도 적절한 조치를 취하여 자연적 조건에 따른 위험의 발생을 사전에 예방할 수 있었다면, 책임의 경감이 허용되지 않는다.[22]

[3025] (2) 사후적 경합을 살핀다.

① 1차 사고 후 2차 사고가 발생하고 그로 인하여 손해가 확대된 경우에 1차 사고의 가해자에게 어느 범위에서 책임을 물을 수 있는가? 특히 2차 사고로 피해자가 사망한 경우에, 1차 사고로 인한 일실이익의 산정을 사망시를 기준으로 할 것인지 아니면 피해자의 가동연한까지로 할 것인지가 문제되는데, 판례는 1차 사고가 없었으면 2차 사고도 발생하지 않았을 것이라는 조건적 관계가 있는지에 따라 결론을 달리한다. 즉 조건적 관계가 인정되면, 2차 사고를 고려하지 않고 1차 사고의 가해자가 손해 전부를 배상해야 한다.[23] 1차 사고의 결과를 비관한 피해자 스스로 2차 사고(가령 자살)를 야기하였더라도 모든 손해를 배상해야 한다. 반면 조건적 관계가 존재하지 않는 경우에, 1차 사고의 가해자는 2차 사고로 인하여 피해자가 사망하기 전까지의 손해만 배상하면 된다.[24] 이처럼 최초의 가해행위와 무관하게 피해자 또는 제3자의 행위가 사후적으로 개입되어 손해가 발생한 경우에, 최초의 가해행위와의 인과관계가 중단되고, 2차 사고에 따른 손해는 피해자 자신 또는 제3자의 몫으로 남는다.

② 1차 손해의 확대를 방지하기 위하여 필요한 조치를 하던 중 제3자의 행위로 2차 손해가 발생한 경우에, 제3자의 고의나 중대한 과실이 없다면 1차 손해를 야기한 행위와 2차 손해 사이에도 인과관계가 인정될 수 있다. 반면 제3자의 고의나 중대한 과실 등 특별한 사정이 있다면 인과관계가 중단되었다고 볼 것이고,[25] 특별한 사정의 존재에 대한 증명책임은 1차 손해를 야기한 이에게 있다.[26] 한편 제3자의 과책에 기한 행위가 개입되었지만 최초의 가해행위의 연장선상에서 손해가 발생하였다면, 손해에 대한 인과관계가 양자 모두에게 인정되어 공동불법행위가 성립한다.[27]

---

21) 교통사고 피해자의 기왕증이 사고와 경합하여 악화된 경우에 관한 대판 2004.11.26. 2004다47734 참조. 손해배상청구소송에서 「기왕의 장해율」과 「기왕증의 기여도」를 구분해야 한다는 대판 2008.7.24. 2007다52294도 참조.

22) 대판 2003.6.27. 2001다734.

23) 제3자의 가해행위가 개입되었다면 부진정연대의 관계가 성립한다. 대판 1999.2.23. 97다12082 참조.

24) 대판 1995.2.10. 94다51895.

25) 예컨대 1차 사고의 피해자가 수술 중 의사의 중대한 과실로 사망한 경우에, 1차 사고의 가해자에게 수술 전의 상태대로의 책임은 인정되어야 한다.

26) 대판 2000.9.8. 99다48245. 대판 2002.7.12. 2001다2068도 참조.

27) 대판 2005.9.30. 2004다52576.

제3관 가해행위의 위법성

Ⅰ. 기본법리 [3026]

1. 위법성의 의의

(1) 불법행위의 성립요건으로서 위법성(違法性)은 어떤 행위가 법체계 전체의 입장에서 허용되지 않아서 부정적 평가를 받음을 의미한다. 즉 가해행위가 사회통념상 용인될 만한 정도를 넘으면 위법성이 인정된다. 관점을 달리하면 인간의 공동생활 자체가 타인에 대한 가해가능성을 내포하므로, 결국 타인에 대한 가해가 사회생활상 허용되는지 여부가 위법성의 문제이다.

(2) 고의나 과실은 가해자의 주관적 심리상태를 「사회평균인이라는 객관화된 기준」에 따라 판단하는 반면,[1] 위법성은 가해행위의 사회적 허용성의 문제로 사회질서를 기준으로 판단하는데, 가해자의 주관적 사정도 상관적으로 고려될 수 있다.[2]

2. 위법성의 판단 [3027]

(1) 위법성을 판단할 때 ① 기준이 되는 「법체계」(또는 법질서)가 실정법규범만 의미한다는 형식적 위법론과 실정법규범뿐만 아니라 선량한 풍속 기타 사회질서까지 포함한다는 실질적 위법론이 있는데, 다수설·판례는 실질적 위법론을 취한다.[3] ② 법체계에 위반된다는 것의 의미에 관하여 보호법익(타인의 생명, 신체, 재산 등)의 침해라는 「결과」가 있어야 위법성이 문제된다는 결과불법론과 보호법익을 침해하는 「행위」가 있으면 위법성이 인정되고, 과실로 법익을 침해한 경우에 주의의무 해태가 과실 및 위법성의 인정근거라고 하는 행위불법론[4]이 있다. 그런데 과실과 위법성을 구별하는 제750조의 문언에 따라 결과불법론을 기본으로 하되, 채권침해 등의 경우에 예외적으로 행위불법론을 가미할 필요가 있다.

(2) 위법성은 관련행위 전체를 일체로만 판단하는 것은 아니고, "문제가 되는 행위마다 개별적·상대적으로 판단하여야" 하는데,[5] 피침해법익의 종류와 침해행위의 모습이 상관적으로 고려되어야 한다. 먼저 ① 피침해법익 자체만으로 위법성이 추정되기도 한다. 물권, 인격권 등의 절대권을 침해하는 행위는 그 자체로 위법한 것으로 평가되고, 위법성조각사유의 존재 여부가 문제된다. 반면 ② 배타성 없는 채권이 침해된 경우 또는 법체계에 어긋나지 않는 권리행사가 타인의 손해를 야기하는 경우 등에서는 침해행위의 모습(침해의 내용이나 방법 그 밖에 동기나 목적 등, 나아가 강행법규나 사회질서와의 관련성도 포함하여)을 고려해야 하는데, 가해자의 고의도 이 단계에서 함께 고려될 수 있다.[6] [3028]

한편 위법성은 행위 당시를 기준으로 판단한다. 행위 당시에 사회적으로 용인될 수 있었으

---

1) 채무불이행에서는 구체적 과실이 문제되기도 하지만.

2) 이른바 주관적 과실개념([3070] 참조)을 근거로 위법성을 과실개념에 포함시킴으로써 위법성요건을 배제하는 견해도 있지만, 이 견해는 무엇보다도 그 전제인 주관적 과실개념이 민법규정에 어긋난다는 점에서 따르기 어렵다.

3) "위법행위는 불법행위의 핵심적인 성립요건으로서, 법률을 위반한 경우에 한정되지 않고 전체 법질서의 관점에서 사회통념상 위법하다고 판단되는 경우도 포함할 수 있는 탄력적인 개념"이라고 한 대판 2021.6.30. 2019다268061 참조.

4) 위법성을 평가할 때 어떤 행위의 결과로 보호법익의 침해가 있었는지와 그러한 침해가 주의의무를 위반함으로 인한 것인지의 두 측면을 모두 고려해야 한다는 입장으로, 과실개념과 위법성개념이 「주의의무 위반」이라는 요건으로 통합된다고 한다.

5) 대판 2003.6.27. 2001다734.

6) 대판 2003.3.14. 2000다32437([3062]에 소개된) 참조.

면, 사후적인 사정변경 등으로 그 행위가 위법하다고 평가되지는 않는다.

[3029] (3) 부작위에서 위법성을 인정하기 위하여 먼저 ① 작위의무(作爲義務)가 존재하는지를 확인해야 한다. 작위의무는 계약, 법률의 규정 또는 선행행위 등으로부터 도출되는데, 작위의무가 객관적으로 인정되는 이상 의무자가 의무의 존재를 인식하지 못했더라도 상관없다. 고지의무 위반의 경우에도 마찬가지여서, 당사자의 부주의 또는 착오 등으로 고지의무 있음을 인식하지 못했다고 하여 위법성이 부정되지 않는다.[7] 나아가 ② 행위가 의무자에게 기대될 수 있어야 한다.[8)9]

[3030] 3. 위법성에 관한 구체적 판단

가. 일반적 판단기준

(1) 앞에서 본 위법성 판단기준은 여전히 추상적이다. 그래서 예측가능성을 획득하기 위하여 판례의 유형화가 필요하다.

그런데 유형화는 다양한 기준에 의하여 이루어질 수 있지만, 앞에서 본 위법성 판단기준에 따라 피침해법익을 중심으로 하되 침해행위의 모습도 고려해야 한다. 먼저 ① 생명 · 신체 등 인격적 법익을 침해하는 경우에 그 자체로 위법성이 추정되는데, 이에 관해서는 뒤에서 따로 다룬다. ② 그 밖의 법익의 침해도 다시 피침해법익을 기준으로 절대적 법익의 침해와 비절대적 법익의 침해로 나눌 수 있다. 그런데 전자는 인격적 법익의 침해와 다르지 않다. 반면 후자, 특히 경제적 이익의 침해는 다양한 모습으로 이루어질 뿐만 아니라 시장에서의 경제활동의 자유와 시장질서의 유지를 위한 제약 사이[10]에 긴장관계가 존재한다. 따라서 이 경우 위법성은 침해의 모습과의 상관적 관계에서 판단되어야 하는데, 범죄행위에 해당하거나,[11] 비윤리적인 사위(詐僞)의 방법으로 자료 등을 조작하는 경우[12]에 위법성이 인정된다. 이러한 점을 고려하여 법익침해의 위법성을 행위유형에 따라 살펴보되, 채권침해는 따로 검토한다.

[3031] (2) 피해자의 입장에서 수인한도(受忍限度)[13]가 위법성 판단의 중요한 기준이다. 그런데 수인한도를 정할 때 일반적으로 침해되는 권리나 이익의 성질과 침해의 정도뿐만 아니라 침해행위가 갖는 공공성의 내용과 정도, 구체적 상황의 특수성, 공법적 규제를 통하여 확보하려는 목표, 침해를 방지 또는 경감시키거나 손해를 회피할 방안의 유무 및 그 난이도 등 여러 사정을 종합적으

---

7) 대판 2012.4.26. 2010다8709.

8) 예를 들어 어린이에게 장기간 영양을 충분히 공급하지 않아서 신체적 손해를 발생시킨 경우에, 작위의무를 부담하는 이(법률상 의무자인 부모 또는 계약상 의무자인 간호사 등)에게 그것을 기대할 수 있었던 경우에만 위법하게 행동한 것으로 된다.

9) 부작위의 위법성에 관한 재판례로 대판 2002.2.26. 2001다74353은, Y 은행이 A에 대하여 대출금채권을 가지고 있었고 A는 Y에 대하여 예금채권 등을 가지고 있어 이를 대등액에서 상계할 수 있었는데도 Y가 상계를 하지 않음으로써, 보증인 B가 A의 채무를 대위변제하고 채무담보를 위하여 설정된 근저당권을 일부이전 받은 후 그 근저당권에 기한 임의경매를 신청하자 근저당권의 목적물인 부동산에 관하여 소유권이전등기를 경료한 제3자 X가 담보권 실행을 방지하기 위하여 B에게 변제한 사안에서, 일반적으로 채권자가 자신의 채무자에 대하여 상계권을 행사할지 아니할지는 채권자의 권리일 뿐 특별한 사정이 없는 한 제3자의 이익을 위하여 상계를 해야 할 작위의무를 부담한다고 할 수는 없으므로, Y가 상계권을 행사하지 않은 것이 X에 대하여 불법행위를 구성한다고 할 수 없다고 하였다. 매매에서 당사자들은 이해상반의 지위에 있으므로 매매목적물의 시가를 고지하지 않거나 잘못 고지한 경우에, 특별한 사정이 없는 한 불법행위가 성립하지 않는다고 한 대판 2014.4.10. 2012다54997도 참조.

10) 예컨대 사적인 독점이나 거래제한과 부정경쟁 방지의 요청 사이.

11) 직무발명에 대한 특허를 받을 수 있는 권리 등을 사용자에게 승계시킨다는 취지의 약정 또는 근무규정의 적용을 받는 종업원이 직무발명의 완성사실을 사용자에게 통지하지 아니한 채 특허를 받을 수 있는 권리를 제3자에게 이중으로 양도하여 특허권 등록을 마치게 한 경우에 불법행위가 성립한다고 한 대판 2014.11.13. 2011다77313 · 77320 참조.

12) 생물학적 동등성 시험기관 등이 시험자료를 조작하여 시험결과보고서를 작성함으로써 국민건강보험공단으로 하여금 복제의약품에 대하여 원래 지급해야 할 요양급여보다 더 많은 돈을 지급하게 하는 손해를 입힌 경우에 불법행위의 성립을 인정한 대판 2013.12.26. 2011다96550 참조.

13) 판례가 최근 "참을 한도"라는 표현을 사용함에 관하여 뒤의 2013다71098 판결.

로 고려하여 구체적 사건에 따라 개별적으로 결정해야 한다.14) 그런데 수인한도가 물권적 청구와 손해배상에서 그 기준을 달리한다.15)

나. 행위유형별 검토 [3032]

(1) 먼저 공무원 등의 직무수행행위의 위법성을 본다.

① 재판에 법령의 규정을 따르지 않은 잘못이 있는 경우에, 불복 또는 시정절차가 마련되어 있는지에 따라 국가배상책임의 인정 여부가 결정된다.16)

② 검사가 수사 및 공판과정에서 피고인에게 유리한 증거를 발견한 경우에, 피고인의 이익을 위하여 이를 법원에 제출해야 하고, 그것을 은폐하였다면 국가배상책임이 인정된다.17)

③ 공무원이 권한을 행사하여 필요한 조치를 취하지 않은 것이 현저하게 불합리하다고 인정되는 경우에 그러한 권한 불행사는 직무상의 의무를 위반한 것으로 위법하다.18)

④ 국가배상법에 따른 손해배상책임을 부담시키기 위한 전제로서, 공무원이 행한 행정처분이 위법하다고 하기 위해서는 법령을 위반하는 등으로 행정처분을 하였음이 인정되어야 하므로, 수익적 행정처분인 허가 등을 신청한 사안에서 행정처분을 통하여 달성하고자 하는 신청인의 목적 달성에 필요한 안내나 배려 등을 하지 않았다는 사정만으로 직무집행에서 위법한 행위를 한 것이라고 보아서는 아니 된다.19)

⑤ 그 밖에 수사기관의 피의사실공표행위 및 압수물 위법폐기에 관한 대판 2022.1.14. 2019다282197도 참조.

(2) 절차법상의 권리 행사가 위법한지에 관하여 본다. [3033]

① 「소를 제기」한 사람이 패소판결을 받아 확정된 경우에, ⓐ 당해 소송에서 제소자가 주장한 권리 또는 법률관계가 사실적 · 법률적 근거가 없고, ⓑ 소의 제기가 재판제도의 취지와 목적에 비추어 현저하게 상당성을 잃었다면 위법성이 인정된다.20)

---

14) 대판 2010.7.15. 2006다84126. 철도소음 · 진동을 규제하는 행정법규와의 관계에 관하여 대판 2017.2.15. 2015다23321도 참조.

15) 대판 2016.11.10. 2013다71098: "항공기가 토지의 상공을 통과하여 비행하는 등으로 토지의 사용 · 수익에 대한 방해가 있음을 이유로 비행금지 등 방해의 제거 및 예방을 청구하거나 손해배상을 청구하려면, 토지소유권이 미치는 범위 내의 상공에서 방해가 있어야 할 뿐 아니라 방해가 사회통념상 일반적으로 참을 한도를 넘는 것이어야 한다. 이때 방해가 참을 한도를 넘는지는 피해의 성질 및 정도, 피해이익의 내용, 항공기 운항의 공공성과 사회적 가치, 항공기의 비행고도와 비행시간 및 비행빈도 등 비행의 태양, 그 토지 상공을 피해서 비행하거나 피해를 줄일 수 있는 방지조치의 가능성, 공법적 규제기준의 위반 여부, 토지가 위치한 지역의 용도 및 이용상황 등 관련사정을 종합적으로 고려하여 판단하여야 한다. 한편 항공기의 비행으로 토지소유자의 정당한 이익이 침해된다는 이유로 토지 상공을 통과하는 비행의 금지 등을 구하는 방지청구와 금전배상을 구하는 손해배상청구는 내용과 요건이 다르므로, 참을 한도를 판단하는 데 고려할 요소와 중요도에도 차이가 있을 수 있다. 그중 특히 방지청구는 그것이 허용될 경우 소송당사자뿐 아니라 제3자의 이해관계에도 중대한 영향을 미칠 수 있으므로, 방해의 위법 여부를 판단할 때는 청구가 허용될 경우 토지소유자가 받을 이익과 상대방 및 제3자가 받게 될 불이익 등을 비교 · 형량해 보아야 [하고, …] 항공기가 토지의 상공을 통과하여 비행하는 등으로 토지의 사용 · 수익에 방해가 되어 손해배상책임이 인정되면, 소유자는 항공기의 비행 등으로 토지를 더 이상 본래의 용법대로 사용할 수 없게 됨으로 인하여 발생하게 된 재산적 손해와 공중부분의 사용료 상당 손해의 배상을 청구할 수 있다."

16) 대판 2003.7.11. 99다24218 참조(나아가 법관의 재판에 법령의 규정을 따르지 않은 잘못이 있어서 국가배상책임이 인정되려면 당해 법관이 위법 또는 부당한 목적을 가지고 재판을 하였다거나 법이 법관의 직무수행상 준수할 것을 요구하는 기준을 현저하게 위반하는 등 법관이 그에게 부여된 권한의 취지에 명백히 어긋나게 이를 행사하였다고 인정할 만한 특별한 사정이 있어야 한다고 했다). 보전재판에 관한 대판 2022.3.17. 2019다226975도 참조.

17) 대판 2002.2.22. 2001다23447 참조.

18) 윤락녀들이 윤락업소에 감금된 채로 윤락을 강요받으면서 생활하고 있음을 쉽게 알 수 있었음에도, 경찰관이 이러한 감금 및 윤락 강요행위를 제지하거나 윤락업주들을 체포 · 수사하는 등 필요한 조치를 취하지 않고, 오히려 업주들로부터 뇌물을 수수하며 그와 같은 행위를 방치한 것은 경찰관의 직무상 의무에 위반하여 위법하므로, 국가는 이로 인한 정신적 고통에 대하여 위자료를 지급할 의무가 있다고 한 대판 2004.9.23. 2003다49009 참조. 도주차량 추적 중에 발생한 사고에 관한 대판 2000.11.10. 2000다26807 · 26814도 참조.

19) 대판 2017.6.29. 2017다211726.

20) 대판 2002.5.31. 2001다64486: "법적 분쟁의 해결을 구하기 위하여 소를 제기하는 것은 원칙적으로 정당한 행위이고, 단지 제소자가 패소의 판결을 받아 확정되었다는 것만으로 바로 그 소의 제기가 불법행위였다고 단정할 수는 없으나, 반면 소를 제기당한 사람 쪽에서 보면, 응소를 강요당하고 어쩔 수 없이 그를 위하여 변호사비용을 지출하는 등의 경제적 · 정신적 부담을 지게 되는 까닭에 응소자에게 부당한 부담을 강요하는 결과를 가져오는 소의 제기는 위법하게 되는 경우가 있을 수 있으므로, 민사소송을 제기한 사람

② 「확정판결에 기한 강제집행」이 "불법행위를 구성하기 위하여는 소송당사자가 상대방의 권리를 해할 의사로 상대방의 소송관여를 방해하거나 허위의 주장으로 법원을 기망하는 등 부정한 방법으로 실체의 권리관계와 다른 내용의 확정판결을 취득하여 집행을 하는 것과 같은 특별한 사정이 있어야 하고, 그와 같은 사정이 없이 확정판결의 내용이 단순히 실체적 권리관계에 배치되어 부당하고 또한 확정판결에 기한 집행채권자가 이를 알고 있었다는 것만으로는 그 집행행위가 불법행위를 구성한다고 할 수 없"다.[21]

③ 그 밖에 민사소송의 변론과정에서 당사자가 상대방의 privacy나 명예에 관한 사항을 주장하고 이에 관한 증거자료를 제출함으로써 상대방의 privacy가 침해되거나 명예가 훼손되었더라도, 그 주장과 증명이 정당한 변론활동의 범위를 일탈한 것이 아니라면 위법성이 없다고 한 대판 2008.2.15. 2006다26243,[22] X가 Y의 고소로 기소되어 무죄의 확정판결을 받았더라도 고소가 권리의 남용이라고 인정될 수 있는 정도의 고의 또는 중대한 과실에 의한 것이 아닌 이상 Y의 행위가 불법행위를 구성한다고 볼 수는 없다고 한 대판 2006.4.28. 2005다29481, 강제집행의 실행을 방해한 경우에 관한 대판 2002.1.25. 99다53902,[23] 경매법원의 명령에 따른 집행관의 현황조사과정에서 임대차관계를 제대로 확인하지 않은 직무상 잘못에 관한 대판 2008.11.13. 2008다43976 등도 참조.

[3034] (3) 금융거래에 관하여 본다.

① 고객에게 유가증권에 대한 투자를 권유할 때 고객보호의무를 지는 증권회사 임직원은 유가증권 및 발행회사의 중요정보를 올바르게 제공해야 한다.[24]

② 구 간접투자자산 운용업법에 관하여 대판 2011.7.28. 2010다76368: "자산운용회사는 판매회사나 투자자에게 투자신탁의 수익구조와 위험요인에 관한 올바른 정보를 제공함으로써 투자자가 정보를 바탕으로 합리적인 투자판단을 할 수 있도록 투자자를 보호하여야 할 주의의무와 이에 따른 불법행위책임을 부담한다." 참고로 자본시장법 제46조 이하가 투자권유 등과 관련하여 적합성의 원칙, 적정성의 원칙, 설명의무 등 금융투자업자의 주의의무를 규정한다.

③ 그 밖에 금융거래(상황)확인서를 발급하면서 그 내용을 허위로 기재(누락도 포함하여)하여 발급하는 경우에 관한 대판 2006.2.24. 2005다38355, 신용불량정보등록에 관한 금융기관의 통

이 패소판결을 받아 확정된 경우에 그와 같은 소의 제기가 상대방에 대하여 위법한 행위가 되는 것은 당해 소송에 있어서 제소자가 주장한 권리 또는 법률관계가 사실적·법률적 근거가 없고, 제소자가 그와 같은 점을 알면서, 혹은 통상인이라면 그 점을 용이하게 알 수 있음에도 불구하고 소를 제기하는 등 소의 제기가 재판제도의 취지와 목적에 비추어 현저하게 상당성을 잃었다고 인정되는 경우에 한한다." 대판 1997.2.28. 96다32126도 참조.

21) 대판 2001.11.13. 99다32899. 나아가 "편취된 판결에 기한 강제집행이 불법행위로 되는 경우가 있다고 하더라도 당사자의 법적 안정성을 위해 확정판결에 기판력을 인정한 취지나 확정판결의 효력을 배제하기 위하여는 그 확정판결에 재심사유가 존재하는 경우에 재심의 소에 의하여 그 취소를 구하는 것이 원칙적인 방법인 점에 비추어 볼 때 불법행위의 성립을 쉽게 인정하여서는 아니 되고, 확정판결에 기한 강제집행이 불법행위로 되는 것은 당사자의 절차적 기본권이 근본적으로 침해된 상태에서 판결이 선고되었거나 확정판결에 재심사유가 존재하는 등 확정판결의 효력을 존중하는 것이 정의에 반함이 명백하여 이를 묵과할 수 없는 경우로 한정하여야 한다." 확정판결의 위법한 편취에 관하여 대판 2010.2.11. 2009다82046·82053; 가집행선고의 실효와 손해배상에 관하여 민사소송법 제215조 및 대판 2010.11.11. 2009다18557 참조.

22) 수사과정에서 다른 이에게 불리한 진술을 한 경우에 관한 대판 2007.5.11. 2007다2145도 참조.

23) 가압류의 대상인 장래의 예금채권의 예금계좌로 입금될 금원을 입금하지 않은 경우에 관한 대판 2002.12.26. 2002다54479도 참조.

24) 대판 2010.1.28. 2007다16007은 "증권회사의 임직원이 고객에게 유가증권에 대한 투자를 권유할 때는 고객이 합리적인 투자판단과 의사결정을 할 수 있도록 유가증권 및 발행회사의 중요정보를 올바르게 제공하여야 하고, 특히 비상장회사인 증권회사가 자신의 고객을 상대로 자신이 발행하는 유가증권을 공모하면서 그 유가증권 및 증권회사에 대한 정보를 제공하는 경우에는 장래 유가증권가격의 상승 또는 하락에 대하여 단정적 판단을 제공하거나, 고객의 의사결정에 중대한 영향을 미칠 수 있는 사실을 합리적인 근거 없이 주장하거나 과장하여서는 아니 되며, 그렇게 함으로써 당해 유가증권 매수의 청약을 권유하는 행위가 거래행위에 필연적으로 수반되는 위험성에 관한 고객의 올바른 인식형성을 방해한 경우에는 불법행위책임이 성립한다." 증권회사의 창구를 통하지 않고 매매당사자 사이에 직접거래가 이루어지는 장외시장에서의 매도인의 고지의무에 관한 대판 2006.11.23. 2004다62955도 참조.

지규정 위반에 관한 대판 2003.5.16. 2003다14195 등도 참조.[25)]

(4) 그 밖에 살펴보아야 할 사례들로 종립학교의 종교교육이 사회공동체의 건전한 상식과 법감정에 비추어 볼 때 용인될 수 있는 한계를 초과하는 경우,[26)] 경쟁자의 성과물을 무단으로 이용하는 경우[27)] 등.[28)] [3035]

25) 이른바 KIKO 사건에 관한 재판례를 본다. ㉠ 대판(전) 2013.9.26. 2011다53683 · 53690; 대판(전) 2013.9.26. 2012다1146 · 1153: "은행은 환 헤지(hedge) 목적을 가진 기업과 통화옵션계약을 체결함에 있어서 해당 기업의 예상 외화유입액, 자산 및 매출규모를 포함한 재산상태, 환 헤지의 필요 여부, 거래목적, 거래경험, 당해 계약에 대한 지식 또는 이해 정도, 다른 환 헤지계약 체결 여부 등의 경영상황을 미리 파악한 다음, 그에 비추어 해당 기업에 적합하지 아니한 통화옵션계약의 체결을 권유하여서는 아니 된다. 만약 은행이 이러한 의무를 위반하여 해당 기업의 경영상황에 비추어 과대한 위험을 초래하는 통화옵션계약을 적극적으로 권유하여 이를 체결하게 한 때에는, 이러한 권유행위는 이른바 적합성의 원칙을 위반하여 고객에 대한 보호의무를 저버리는 위법한 것으로서 불법행위를 구성한다. 특히 장외파생상품은 고도의 금융공학적 지식을 활용하여 개발된 것으로 예측과 다른 상황이 발생하였을 경우에는 손실이 과도하게 확대될 위험성이 내재되어 있고, 다른 한편 은행은 그 인가요건, 업무범위, 지배구조 및 감독체계 등 여러 면에서 투자를 전문으로 하는 금융기관 등에 비하여 더 큰 공신력을 가지고 있어 은행의 권유는 기업의 의사결정에 강한 영향을 미칠 수 있으므로, 은행으로서는 위와 같이 위험성이 큰 장외파생상품의 거래를 권유할 때에는 다른 금융기관에 비하여 더 무거운 고객 보호의무를 부담한다고 봄이 타당하다." 그리고 대판(전) 2013.9.26. 2013다26746: "다만 은행 등 금융기관과 금융상품거래를 하는 고객은 그 거래를 통하여 기대할 수 있는 이익과 부담하게 될 위험 등을 스스로 판단하여 궁극적으로 자기의 책임으로, 그 거래를 할 것인지 여부 및 거래의 내용 등을 결정하여야 하고, 이러한 자기책임의 원칙은 장외파생상품거래와 같이 복잡하고 위험성이 높은 거래라고 하여 근본적으로 달라지는 것이 아니다. 따라서 기업이 환 헤지 목적이 아니라 환율변동을 이용하여 환차익을 얻고자 하는 등 투자 내지 투기적 목적으로 통화옵션계약을 체결하고자 할 경우에는, 금융기관이 고객에게 그 계약에 내재된 위험성 등을 충분히 고지하여 인식하게 한 이상 그러한 목적의 계약체결을 저지하거나 거부하지 않았다고 하여 곧 적합성의 원칙을 위반하고 고객보호의무를 다하지 아니한 것이라고 단정할 수는 없다. 이는 은행이 다른 금융기관에 비해 더 큰 공신력을 가지고 있다는 점을 고려하더라도 마찬가지이다." ㉡ 대판(전) 2013.9.26. 2012다13637: "금융기관이 일반고객과 사이에 전문적인 지식과 분석능력이 요구되는 장외파생상품거래를 할 경우에는, 고객이 당해 장외파생상품에 대하여 이미 잘 알고 있는 경우가 아닌 이상, 그 거래의 구조와 위험성을 정확하게 평가할 수 있도록 거래에 내재된 위험요소 및 잠재적 손실에 영향을 미치는 중요인자 등 거래상의 주요정보를 적합한 방법으로 명확하게 설명하여야 할 신의칙상의 의무가 있다. 이때 금융기관이 고객에게 설명하여야 하는 거래상의 주요정보에는 당해 장외파생상품계약의 구조와 주요내용, 고객이 그 거래를 통하여 얻을 수 있는 이익과 발생가능한 손실의 구체적 내용, 특히 손실발생의 위험요소 등이 모두 포함된다. 그러나 당해 장외파생상품의 상세한 금융공학적 구조나 다른 금융상품에 투자할 경우와 비교하여 손익에 있어서 어떠한 차이가 있는지까지 설명하여야 한다고 볼 것은 아니다. 또한 제로 코스트 구조의 장외파생상품거래를 하는 경우에도 수수료의 액수 등은 그 거래의 위험성을 평가하는 데 중요한 고려요소가 된다고 보기 어렵다 할 것이므로, 수수료가 시장의 관행에 비하여 현저하게 과다하지 아니한 이상 그 상품구조 속에 포함된 수수료 및 그로 인하여 발생하는 마이너스 시장가치에 대해서까지 설명할 의무는 없다고 보는 것이 타당하다. 그리고 장외파생상품거래도 일반적인 계약과 마찬가지로 중도에 임의로 해지할 수 없는 것이 원칙이고, 설령 중도에 해지할 수 있다고 하더라도 금융기관과 고객이 중도청산금까지 포함하여 합의하여야 가능한 것이므로, 특별한 사정이 없는 한 금융기관이 고객과 장외파생상품거래를 하면서 그 거래를 중도에 해지할 수 있는지와 그 경우 중도청산금의 개략적인 규모와 산정방법에 대하여도 설명할 의무가 있다고 할 수 없다. 한편 금융기관은 금융상품의 특성 및 위험의 수준, 고객의 거래목적, 투자경험 및 능력 등을 종합적으로 고려하여 고객이 당해 파생상품거래의 구조와 위험성을 정확히 평가하는 데 필요한 주요정보를 충분히 이해할 수 있을 정도로 설명하여야 한다. 특히 당해 금융상품이 고도의 금융공학적 지식에 의하여 개발된 것으로서 환율 등 장래 예측이 어려운 변동요인에 따라 손익의 결과가 크게 달라지는 고위험구조이고, 더구나 개별거래의 당사자인 고객의 예상 외화유입액 등에 비추어 객관적 상황이 환 헤지 목적보다는 환율변동에 따른 환차익을 추구하는 정도에 이른 것으로 보이는 경우라면, 금융기관으로서는 그 장외파생상품거래의 위험성에 대하여 고객이 한층 분명하게 인식할 수 있도록 구체적이고 상세한 설명을 하여야 하고, 이에 이르지 못한 경우에는 그로 인한 손해를 배상할 책임이 있다."

26) 대판(전) 2010.4.22. 2008다38288은 "헌법상의 기본권은 제1차적으로 개인의 자유로운 영역을 공권력의 침해로부터 보호하기 위한 방어적 권리이지만 다른 한편으로 헌법의 기본적인 결단인 객관적인 가치질서를 구체화한 것으로서, 사법(私法)을 포함한 모든 법영역에 그 영향을 미치는 것이므로 사인간의 사적인 법률관계도 헌법상의 기본권규정에 적합하게 규율되어야 한다. 다만 기본권규정은 그 성질상 사법관계에 직접 적용될 수 있는 예외적인 것을 제외하고는 사법상의 일반원칙을 규정한 민법 제2조, 제103조, 제750조, 제751조 등의 내용을 형성하고 그 해석기준이 되어 간접적으로 사법관계에 효력을 미치게 된다. 종교의 자유라는 기본권의 침해와 관련한 불법행위의 성립 여부도 위와 같은 일반규정을 통하여 사법상으로 보호되는 종교에 관한 인격적 법익 침해 등의 형태로 구체화되어 논하여져야" 하고, "종립학교가 고등학교 평준화정책에 따라 학생 자신의 신앙과 무관하게 입학하게 된 학생들을 상대로 종교적 중립성이 유지된 보편적인 교양으로서의 종교교육의 범위를 넘어서서 학교의 설립이념이 된 특정의 종교교리를 전파하는 종파교육형태의 종교교육을 실시하는 경우에는 그 종교교육의 구체적인 내용과 정도, 종교교육이 일시적인 것인지 아니면 계속적인 것인지 여부, 학생들에게 그러한 종교교육에 관하여 사전에 충분한 설명을 하고 동의를 구하였는지 여부, 종교교육에 대한 학생들의 태도나 학생들이 불이익이 있을 것을 염려하지 아니하고 자유롭게 대체과목을 선택하거나 종교교육에 참여를 거부할 수 있었는지 여부 등의 구체적인 사정을 종합적으로 고려하여 사회공동체의 건전한 상식과 법감정에 비추어 볼 때 용인될 수 있는 한계를 초과한 종교교육이라고 보이는 경우에는 위법성을 인정할 수 있다"고 하였다. 이러한 취지에 따라 종립학교가 고등학교 평준화정책에 따라 강제배정된 학생들을 상대로 특정종교의 교리를 전파하는 종파적인 종교행사와 종교과목수업을 실시하면서 참가거부가 사실상 불가능한 분위기를 조성하고 대체과목을 개설하지 않는 등 신앙을 갖지 않거나 학교와 다른 신앙을 가진 학생의 기본권을 고려하지 않은 것은, 우리 사회의 건전한 상식과 법감정에 비추어 용인될 수 있는 한계를 벗어나 학생의 종교에 관한 인격적 법익을 침해하는 위법한 행위이고, 그로 인하여 인격적 법익을 침해받는 학생이 있을 것임이 충분히 예견가능하고 그 침해가 회피가능하므로 과실 역시 인정된다고 하였다. 종교의 자유의 한계에 관한 대판 2022.8.11. 2022다227688도 참조.

27) 대판 2012.3.29. 2010다20044: "경쟁자가 상당한 노력과 투자에 의하여 구축한 성과물을 상도덕이나 공정한 경쟁질서에 반하여 자신의 영업을 위하여 무단으로 이용함으로써 경쟁자의 노력과 투자에 편승하여 부당하게 이익을 얻고 경쟁자의 법률상 보호할 가치가 있는 이익을 침해하는 행위는 부정한 경쟁행위로서 민법상 불법행위에 해당한다." A의 성과물에 제3자의 권리를 침해하는 부분이 있다는 사유만으로는 A가 주장하는 피침해이익이 법률상 보호가치 있는 이익에 해당하지 않는다고 볼 수 없다고 한 대판 2020.2.13. 2015다225967 및 불법행위에 기한 금지청구를 인용한 대결 2010.8.25. 2008마1541([3106]에 소개된)도 참조.

28) "국가기관이 자신이 관리 · 운영하는 홈페이지에 게시된 글에 대하여 정부의 정책에 찬성하는 내용인지, 반대하는 내용인지에 따라 선별적으로 삭제 여부를 결정하는 것은 특별한 사정이 없는 한 국민의 기본권인 표현의 자유와 자유민주적 기본질서에 배치되므로 허용되지 않는다"고 한 대판 2020.6.4. 2015다233807, 법령에 의하여 국가가 그 시행 및 관리를 담당하는 시험에서 시험문항의 출제 및 정답결정에 오류가 있는 경우에 관한 대판 2003.11.27. 2001다33789 · 33796 · 33802 · 33819(대판 2007.12.13. 2005다66770도 참조), 초 · 중 · 고교 교원의 수업거부행위와 관련하여 학생의 학습권은 교원의 수업권에 대하여 우월한 지위에 있다고 한 대판

[3036] ### 4. 증명책임과 위법성조각사유

(1) 불법행위 성립요건으로서 위법성을 피해자가 증명해야 한다. 그런데 타인의 법익을 침해하는 행위는 일응 위법하므로,[29] 위법성의 존재에 대한 조사는 실제로 위법성을 소멸시키는 특별한 사유, 즉 위법성조각사유의 존재가 주장되는 경우에 행하여지고, 가해자가 위법성조각사유를 증명해야 한다.

(2) 절대권을 침해하였음에도 침해자에게 계약상의 권리 또는 법률의 근거가 있는 경우(제213조 단서 참조), 사무관리가 성립하는 경우(제734조), 근로자의 쟁의행위(노동조합법 제4조), 정당한 업무행위(예: 의사의 치료행위) 등 위법성의 존재 자체가 부정되는 경우도 있다.

[3037] (3) 법이 규정하는 위법성조각사유(違法性阻却事由)[30]로 다음의 것들이 있다.

① 타인의 불법행위[31]에 대하여 자기 또는 제3자의 법률상 보호할 가치 있는 이익을 방위하기 위하여 부득이 타인에게 손해를 가하는 정당방위(正當防衛): 손해를 입은 제3자는 불법행위자에게 손해배상을 청구할 수 있다(제761조 제1항). 한편 상당한 정도를 넘은 과잉방위의 경우에는 위법성이 조각되지 않지만, 과실상계에 의하여 배상액이 경감될 수 있다(제763조, 제396조).

② 자기나 제3자에게 닥친 급박한 위난을 피하기 위하여 부득이 타인에게 손해를 가하는 긴급피난(緊急避難): 정당방위와 달리 침해가 위법해야 하는 것은 아니다(제761조 제2항).

③ 자력구제(自力救濟): 제209조는 점유의 침탈에 대해서만 자력구제를 규정하지만, 학설은 불법행위에서도 초법규적 위법성조각사유로 자력구제를 인정한다. 그런데 자력구제는 과거의 침해에 대한 회복도 포함한다는 점에서 현재의 침해에 대한 방위행위인 정당방위나 긴급피난과 다르다.

④ 피해자의 승낙(형법 제24조 참조): 가해행위가 승낙의 범위를 초과해서는 안 된다.[32]

⑤ 사회적 상당성의 범위를 벗어나지 않는 정당한 행위(형법 제20조[33]): 외연이나 내포가 형법에서와 반드시 일치하지는 않는다.

[3038] ## Ⅱ. 인격권의 침해

1. 인 격 권

가. 의 의

(1) 모든 국민은 인간으로서의 존엄과 가치를 가지며, 행복을 추구할 권리를 가진다(헌법 제10조 전문). 이러한 헌법이념에 따라 보호받는 사람의 인격적 가치를 인격권(人格權)이라 한다. 자연인뿐만 아니라 법인이나 단체도 인격권의 주체일 수 있고,[34] 사자(死者)의 인격권도 보호된다

2007.9.20. 2005다25298, 사용자의 징계권 남용에 관한 대판 1993.10.12. 92다43586, 사용자의 단체교섭거부행위의 위법성에 관한 대판 2006.10.26. 2004다11070, 토지의 수용재결에서 관련절차의 위법에 관한 대판 2011.7.28. 2009다35842, 사업시행자가 압류결정을 무시하고 체비지대장 상의 소유자명의를 양수인 앞으로 변경하여 준 경우에 관한 대판 2007.9.21. 2005다44886, 카지노 출입제한 및 베팅한도 규정 위반에 관한 대판(전) 2014.8.21. 2010다92438 등도 참조.

29) 제3자의 채권침해에서 이와 다름은 뒤에서 본다.

30) 조각은 방해하거나 물리친다는 의미이다.

31) 객관적으로 위법한 행위이면 되고, 행위자의 고의·과실이나 책임능력을 요하지 않는다.

32) 대판 1998.9.4. 96다11327 참조.

33) 운동경기 중의 가해에 관한 대판 2011.12.8. 2011다66849·66856 참조.

34) 회사에 관한 대판 1996.4.12. 93다40614, 종중에 관한 대판 1997.10.24. 96다17851 등 참조.

(사자의 명예훼손에 관한 형법 제308조 외에 언론중재법 제5조의2 등 참조).

(2) 인격권의 내용을 정면으로 다룬 언론중재법 제5조 제1항은 "타인의 생명, 자유, 신체, 건강, 명예, 사생활의 비밀과 자유, 초상(肖像), 성명, 음성, 대화, 저작물 및 사적(私的) 문서, 그 밖의 인격적 가치 등에 관한 권리"를 인격권이라고 정의한다(저작권법 제77조, 대중문화산업법 제21조도 참조).

나. 인격권의 보호범위 [3039]

(1) 사람은 인격권과 관련하여 보호의 대상이다. 그런데 ① 어느 사항에 관하여 보호를 받는지는 일률적으로 답하기 어려운데, 언론중재법이 열거하는 법익들을 일응의 기준으로 삼아도 될 것이다. 한편 ② 어느 범위에서 보호되는지는 다른 법익과의 충돌의 문제로, 사안의 특수성을 고려하여 법익들을 형량(衡量)해야 한다.

명예훼손에 관해서는 따로 보기로 하고, 아래에서는 나머지 중 중요한 것들을 살펴본다.

(2) 생명이나 신체 또는 건강에 대한 침해는 그 자체로 위법하고, 체포나 감금 등 신체의 자유를 침해하는 경우에도 같다. 예컨대 정신보건법 소정의 보호의무자 아닌 이가 동의를 하여 정신질환자를 입원시키는 행위는 소정의 요건과 절차를 충족하지 않는 한 위법하다.[35]

(3) 인격권 침해의 구체적 모습을 본다. [3040]

① 초상권(肖像權)이란 사람이면 누구나 가지는, 자신의 얼굴 기타 사회통념상 특정인임을 식별할 수 있는 신체적 특징에 관하여 함부로 촬영 또는 그림묘사되거나 공표되지 않으며 영리적으로 이용당하지 않을 권리를 말한다.[36] 그리고 사생활의 비밀과 자유에 관한 privacy권은 1차적으로 개인의 사적 영역이 타인으로부터 침해되거나 공개되지 않음을 내용으로 한다. 이들에 대한 침해도 그 자체로 위법하다.[37]

그런데 초상권이나 privacy의 침해를 둘러싸고 상반하는 이익들이 충돌하는 경우에, 당해 사안의 구체적 사정을 종합적으로 고려한 이익형량을 통하여 침해행위의 위법성이 가려진다. 이러한 이익형량과정에서 ⓐ 「피해법익」과 관련하여 법익의 내용과 중대성 및 침해행위로 인하여 피해자가 입는 피해의 정도, 피해법익의 보호가치 등이, ⓑ 「침해행위」와 관련해서는 그 행위로 달성하려는 이익의 내용 및 중대성, 침해행위의 필요성과 효과성, 침해행위의 보충성과 긴급성, 침해방법의 상당성 등이 고려되어야 한다.[38]

한편 개인의 사생활과 관련된 사항의 공개가 privacy를 침해하더라도, 그 사항이 공공의 이해와 관련되어 공중의 정당한 관심의 대상이 되는 사항에 해당하고 공개가 공공의 이익을 위한 것이며 표현내용·방법 등이 부당한 것이 아닌 경우에는 위법성이 조각될 수 있다. 이 점을 포함하여 일단 권리의 보호영역을 침범함으로써 불법행위를 구성한다고 평가된 행위가 위법하지 않다는 점은 이를 주장하는 이가 증명해야 한다.[39]

35) 대판 2016.4.28. 2014다205584. 정신의료기관의 장이 정신보건법에 정한 기간 내에 계속입원에 필요한 요건을 갖추지 못하였음에도 입원 중인 이를 퇴원시키지 않은 경우에 위법한 감금행위로서 불법행위가 성립한다고 한 대판 2009.1.15. 2006다19832 및 국가가 요건을 갖추지 않은 채 한센인들을 상대로 정관절제수술이나 임신중절수술을 시행한 경우에 불법행위가 성립한다고 한 대판 2017.2.15. 2014다230535도 참조.

36) 이 중 초상영리권을 퍼블리시티(publicity)권이라 하는데, 이에 관한 법리는 아직 형성 중이라고 할 수 있다.

37) 대판 2013.6.27. 2012다31628 참조.

38) 초상권 침해가 불법행위에 해당함을 밝힌 최초의 판결인 대판 2006.10.13. 2004다16280과 대판 2013.6.27. 2012다31628 참조.

39) 앞의 2004다16280 판결; 앞의 2012다31628 판결. 누드촬영 후 사진을 인터넷 사이트에 게시한 사안에서, 타인의 얼굴 기타 사회통념

[3041] ② 자신에 관한 정보의 공개나 이용에 관하여 정보주체가 스스로 결정할 수 있는 권리인 「개인정보 자기결정권」을 침해하는 행위, 특히 정보주체의 동의 없는 개인정보의 공개도 위법하다.40)

ⓐ 대판 2016.3.10. 2012다105482: "헌법 제10조의 인간의 존엄과 가치, 행복추구권과 헌법 제17조의 사생활의 비밀과 자유에서 도출되는 개인정보 자기결정권은 자신에 관한 정보가 언제 누구에게 어느 범위까지 알려지고 또 이용되도록 할 것인지를 정보주체가 스스로 결정할 수 있는 권리이다. 개인정보 자기결정권의 보호대상이 되는 개인정보는 개인의 신체, 신념, 사회적 지위, 신분 등과 같이 인격주체성을 특징짓는 사항으로서 개인의 동일성을 식별할 수 있게 하는 일체의 정보를 의미하며, 반드시 개인의 내밀한 영역에 속하는 정보에 국한되지 않고 공적 생활에서 형성되었거나 이미 공개된 개인정보까지도 포함한다. 또 헌법 제21조에서 보장하고 있는 표현의 자유는 개인이 인간으로서의 존엄과 가치를 유지하고 국민주권을 실현하는 데 필수불가결한 자유로서, 자신의 신원을 누구에게도 밝히지 않은 채 익명 또는 가명으로 자신의 사상이나 견해를 표명하고 전파할 익명표현의 자유도 보호영역에 포함된다. 한편 […] 개인정보 자기결정권이나 익명표현의 자유도 국가안전보장·질서유지 또는 공공복리를 위하여 필요한 경우에는 헌법 제37조 제2항에 따라 법률로써 제한될 수 있다."41)

[3042] ⓑ 대판(전) 2011.9.2. 2008다42430: "정보주체의 동의 없이 개인정보를 공개함으로써 침해되는 인격적 법익과 정보주체의 동의 없이 자유롭게 개인정보를 공개하는 표현행위로서 보호받을 수 있는 법적 이익이 하나의 법률관계를 둘러싸고 충돌하는 경우에는, 개인이 공적인 존재인지 여부, 개인정보의 공공성 및 공익성, 개인정보 수집의 목적·절차·이용형태의 상당성, 개인정보 이용의 필요성, 개인정보 이용으로 인해 침해되는 이익의 성질 및 내용 등 여러 사정을 종합적으로 고려하여, 개인정보에 관한 인격권 보호에 의하여 얻을 수 있는 이익(비공개이익)과 표현행위에 의하여 얻을 수 있는 이익(공개이익)을 구체적으로 비교 형량하여, 어느 쪽 이익이 더욱 우월한 것으로 평가할 수 있는지에 따라 그 행위의 최종적인 위법성 여부를 판단하여야 한다."42)

그리고 대판 2018. 5. 30. 2015다251539·251546·251553·251560·251577: "정보주체의 동의를 얻지 아니하고 개인의 위치정보를 수집한 경우, 그로 인하여 손해배상책임이 인정되는지는 위치정보 수집으로 정보주체를 식별할 가능성이 발생하였는지, 정보를 수집한 자가 수집된 위치정보를 열람 등 이용하였는지, 위치정보가 수집된 기간이 장기간인지, 위치정보를 수집하게

상 특정인임을 식별할 수 있는 신체적 특징이 나타나는 사진을 촬영하거나 공표하고자 하는 경우에, 위법성조각사유로서 피촬영자로부터 사진촬영에 관한 동의를 받았거나 촬영된 사진의 공표가 사진촬영에 관한 동의 당시에 피촬영자가 허용한 범위 내의 것이라는 점에 관한 증명책임은 그 촬영자나 공표자에게 있다고 한 대판 2013.2.14. 2010다103185도 참조.

40) 개인정보의 유출로 인한 정신적 손해에 관하여 대판 2012.12.26. 2011다59834·59858·59841; 대판 2019.9.26. 2018다222303·222310·222327 참조.

41) 국회의원이 「각급학교 교원의 교원단체 및 교원노조 가입현황 실명자료」를 인터넷을 통하여 공개한 행위가 해당 교원들의 개인정보 자기결정권을 침해하는 것으로 위법하다고 한 대판 2014.7.24. 2012다49933도 참조.

42) 이러한 판시를 전제로, 변호사정보 제공 웹사이트 운영자가 제공하는 서비스 중 ㉠ 대법원 홈페이지에서 제공하는 「나의 사건검색」 서비스를 통해 수집한 사건정보를 이용하여 변호사들의 승소율이나 전문성지수 등을 제공하는 서비스에 관해서는, 공적 존재인 변호사들의 지위, 사건정보의 공공성 및 공익성, 사건정보를 이용한 승소율이나 전문성지수 등 산출방법의 합리성 정도, 승소율이나 전문성지수 등의 이용필요성, 이용으로 인하여 변호사들 이익이 침해될 우려의 정도 등을 종합적으로 고려하면, 변호사들의 개인정보에 관한 인격권을 침해하는 위법한 행위로 평가할 수 없다고 한 반면, ㉡ 변호사들의 개인신상정보를 기반으로 변호사들의 인맥지수를 산출하여 공개하는 서비스에 관하여 견해가 갈렸는데, 다수의견은 인맥지수의 사적·인격적 성격, 산출과정에서의 왜곡가능성, 인맥지수 이용으로 인한 변호사들의 이익 침해와 공적 폐해의 우려, 그에 반하여 이용으로 달성될 공적인 가치의 보호필요성 정도 등을 종합적으로 고려하면, 운영자가 변호사들의 개인신상정보를 기반으로 한 인맥지수를 공개하는 표현행위에 의하여 얻을 수 있는 법적 이익이 이를 공개하지 않음으로써 보호받을 수 있는 변호사들의 인격적 법익에 비하여 우월하다고 볼 수 없어, 결국 운영자의 인맥지수 서비스 제공행위는 변호사들의 개인정보에 관한 인격권을 침해하는 위법한 것이라고 보았다(개인정보보호법 제15조, 제17조 및 특히 개인정보의 사후통제에 관한 제20조도 참조).

북한이탈주민의 정보공개에 관한 대판 2012.4.26. 2011다53164도 참조.

된 경위와 그 수집한 정보를 관리해 온 실태는 어떠한지, 위치정보 수집으로 인한 피해 발생 및 확산을 방지하기 위하여 어떠한 조치가 취하여졌는지 등 여러 사정을 종합적으로 고려하여 구체적 사건에 따라 개별적으로 판단하여야 한다."

(4) 그 밖의 법익을 본다. [3043]

① 부부 일방과의 부정행위에 관하여 대판(전) 2014.11.20. 2011므2997: "제3자도 타인의 부부공동생활에 개입하여 부부공동생활의 파탄을 초래하는 등 혼인의 본질에 해당하는 부부공동생활을 방해하여서는 아니 된다. 제3자가 부부의 일방과 부정행위를 함으로써 혼인의 본질에 해당하는 부부공동생활을 침해하거나 유지를 방해하고 그에 대한 배우자로서의 권리를 침해하여 배우자에게 정신적 고통을 가하는 행위는 원칙적으로 불법행위를 구성한다. [… 다만] 비록 부부가 아직 이혼하지 아니하였지만 […] 실질적으로 부부공동생활이 파탄되어 회복할 수 없을 정도의 상태에 이르렀다면, 제3자가 부부의 일방과 성적인 행위를 하더라도 이를 두고 부부공동생활을 침해하거나 유지를 방해하는 행위라고 할 수 없고 또한 그로 인하여 배우자의 부부공동생활에 관한 권리가 침해되는 손해가 생긴다고 할 수도 없으므로 불법행위가 성립한다고 보기 어렵다. 그리고 이러한 법률관계는 재판상 이혼청구가 계속 중에 있다거나 재판상 이혼이 청구되지 않은 상태라고 하여 달리 볼 것은 아니"다.[43] 그런데 정조의무를 위반한 부부 일방이 배우자에 대하여 (채무불이행)책임을 짐은 당연하지만, 그 일방과 성적 행위를 한 것 자체로 제3자의 불법행위가 「당연히」 성립하는 것은 아니고 적어도 제3자의 채권침해에 준하는 요건이 갖추어져야 할 것이다.[44]

그리고 직장에서의 성희롱에 관하여 대판 2017.12.22. 2016다202947은 "사업주가 직장 내 성희롱과 관련하여 피해를 입은 근로자 또는 성희롱피해 발생을 주장하는 근로자(이하 '피해근로자 등'이라 한다)에게 해고나 그 밖의 불리한 조치를 한 경우에는 남녀고용평등법 제14조 제2항을 위반한 것으로서 민법 제750조의 불법행위가 성립한다. 그러나 […] 사업주의 조치가 직장 내 성희롱과 별도의 정당한 사유가 있는 경우에도 위 조항 위반으로 볼 수 없다. […] 남녀고용평등법은 관련분쟁의 해결에서 사업주가 증명책임을 부담한다는 규정을 두고 있는데(제30조), 이는 직장 내 성희롱에 관한 분쟁에도 적용된다. 따라서 직장 내 성희롱으로 인한 분쟁이 발생한 경우에 피해근로자 등에 대한 불리한 조치가 성희롱과 관련성이 없거나 정당한 사유가 있다는 점에 대하여 사업주가 증명을 하여야 한다"고 하고, 나아가 "사업주가 피해근로자 등을 가까이에서 도와준 동료근로자에게 불리한 조치를 한 경우에 그 조치의 내용이 부당하고 그로 말미암아 피해근로자 등에게 정신적 고통을 입혔다면, 피해근로자 등은 불리한 조치의 직접상대방이 아니더라도 사업주에게 민법 제750조에 따라 불법행위책임을 물을 수 있다. […] 피해근로자 등을 도와준 동료근로자에 대한 징계처분 등으로 말미암아 피해근로자 등에게 손해가 발생한 경우 이러한 손해는 특별

---

43) 부부 일방과 부정행위를 할 당시 그 부부의 공동생활이 실질적으로 파탄되어 회복할 수 없는 정도의 상태에 있었다는 사정은 이를 주장하는 제3자가 증명해야 한다(대판 2024.6.27. 2022므13504 · 13511). 그리고 제3자가 부담하는 불법행위책임은 부정행위를 한 부부의 일방이 배우자에 대하여 부담하는 불법행위책임과 공동불법행위책임으로서 부진정연대채무관계에 있다(대판 2024.6.27. 2023므12782).

한편 대판 2024.6.27. 2023므16678은, 혼인관계 파탄에 대하여 부부 쌍방의 책임정도가 대등하여 부부 일방에게 혼인관계 파탄의 책임을 지울 수 없는 경우에, 부정행위를 한 배우자의 손해배상의무가 성립하지 않는 이상 배우자의 부정행위에 가공한 제3자에게도 이혼을 원인으로 하는 손해배상책임이 인정되지 않는다고 하였다.

44) 혼인이 헌법의 보호를 받는 제도이지만, 헌재결 2015.2.26. 2009헌바17 · 205, 2010헌바194, 2011헌바4, 2012헌바57 · 255 · 411, 2013헌바139 · 161 · 267 · 276 · 342 · 365, 2014헌바53 · 464, 2011헌가31, 2014헌가4에 의하여 간통죄가 위헌결정을 받은 점도 일정한 의미를 가질 것이다.

한 사정으로 인한 손해에 해당한다"고 했다.

[3044] ② 나아가 성명권 침해,[45] 저작물의 단순한 변경을 넘어서는 폐기행위,[46] 사적 단체에서 남녀회원의 차별대우[47] 등의 경우에도 위법성이 인정된다.[48]

③ 한편 안온하고 쾌적한 생활에 대한 이익의 침해(통풍이나 일조의 방해, 진동이나 소음 등의 생활방해 등)도 인격적 법익의 침해에 해당할 수 있는데, 수인한도가 한계로 기능하며, 환경권적 구성도 가능하다([3182] 참조).

[3045] **다. 인격권 침해에 대한 구제수단**

(1) 인격권 침해가 위법하다고 평가되면, 손해배상을 청구할 수 있다. 대개 비재산적 법익의 침해로 위자료가 문제되지만, 유명연예인의 초상이 광고에 도용되었다면 초상권 사용허락의 통상적인 대가의 배상도 가능할 것이다.[49]

(2) 명문규정은 없지만 절대권으로서 인격권이 침해된 경우에, 제214조의 유추에 의하여 그 배제나 예방을 청구할 수 있다.[50] 사후적인 손해배상만으로 피해가 완전히 회복되지 않을 수 있을 뿐만 아니라 장래의 침해에 대응하기 위한 조치가 필요하기 때문인데, 판례는 침해행위 금지조치의 일환으로 인터넷기사의 삭제를 구할 수 있는 이른바 「잊혀질 권리」도 인정한다.[51]

[3046] **2. 명예훼손**

가. 의 의

(1) 인격권 침해의 빈번한 유형인 명예훼손(名譽毁損)은 사람의 품성, 덕행, 명예, 신용 등 인

45) 대한산부인과의사회라는 명칭의 사용에 관한 대판 2022.11.17. 2018다249995: "성명권은 개인을 표시하는 인격의 상징인 이름에서 연유되는 이익을 침해받지 않고 자신의 관리와 처분 아래 둘 수 있는 권리로서 헌법상 행복추구권과 인격권의 한 내용을 이룬다. 비법인사단도 인격권의 주체가 되므로 명칭에 관한 권리를 가질 수 있고, 자신의 명칭이 타인에 의해 함부로 사용되지 않도록 보호받을 수 있다. [⋯] 다만 특정 비법인사단의 명칭에 관한 권리보호는 다른 비법인사단 등(이하 '타인'이라고 한다)이 명칭을 선택하고 사용할 자유를 제한할 수 있으므로, 타인이 특정 비법인사단의 명칭과 같거나 유사한 명칭을 사용하는 행위가 비법인사단의 명칭에 관한 권리를 침해하는 것인지 여부는 특정 비법인사단과 그 명칭을 사용하려는 타인의 권리나 이익을 비교·형량하여 신중하게 판단하여야 한다."

46) 대판 2015.8.27. 2012다204587. 저작인격권에 관한 저작권법 제11조 내지 제13조도 참조.

47) 서울 YMCA가 여성 회원들을 총회원 자격심사에서 배제한 것이 남녀차별로서 불법행위를 구성한다고 본 대판 2011.1.27. 2009다19864.

48) 그 밖에 방송보도의 내용에서 직·간접적으로 특정되지 않거나 방송보도의 내용과 개별적인 연관성이 없는 일반시청자의 정신적 고통을 이유로 한 불법행위책임이 인정되지 않는다고 한 대판 2012.5.10. 2010다15660, 적절한 의료를 받을 기회와 관련하여 종교적 신념(특히 친권자의)에 기한 수혈거부에 관한 대판 1980.9.24. 79도1387 및 연명치료의 중단에 관한 대판(전) 2009.5.21. 2009다17417 등도 참조.

49) 비방광고에 대한 대응광고의 비용을 손해로 본 대판 1996.4.12. 93다40614·40621도 참조.

50) 성명권 침해에 관한 대판 2022.11.17. 2018다249995: "인격권은 성질상 일단 침해된 후의 구제수단(금전배상이나 명예회복 처분 등)만으로는 그 피해의 완전한 회복이나 손해전보의 실효성을 기대하기 어려우므로 인격권의 침해에 대해서는 사전(예방적) 구제수단으로 침해행위 정지·방지 등의 금지청구권이 인정될 수 있다. 따라서 다른 비법인사단 등(이하 '타인'이라고 한다)이 비법인사단의 명칭을 사용함으로써 비법인사단의 명칭에 관한 권리를 침해하였음이 인정될 경우, [⋯] 비법인사단은 자신의 명칭을 사용하여 권리를 침해한 타인을 상대로 명칭 사용의 금지를 청구할 수 있다."

51) 대판 2013.3.28. 2010다60950은 ㉠ "사람의 품성, 덕행, 명성, 신용 등의 인격적 가치에 관하여 사회로부터 받는 객관적인 평가인 명예를 위법하게 침해당한 자는 손해배상(민법 제751조) 또는 명예회복을 위한 처분(민법 제764조)을 구할 수 있는 이외에 인격권으로서 명예권에 기초하여 가해자에 대하여 현재 이루어지고 있는 침해행위를 배제하거나 장래에 생길 침해를 예방하기 위하여 침해행위의 금지를 구할 수도 있다"고 전제한 후, ㉡ "인격권 침해를 이유로 한 방해배제청구권으로서 기사삭제청구의 당부를 판단할 때는 그 표현내용이 진실이 아니거나 공공의 이해에 관한 사항이 아닌 기사로 인해 현재 원고의 명예가 중대하고 현저하게 침해받고 있는 상태에 있는지를 언론의 자유와 인격권이라는 두 가치를 비교·형량하면서 판단하면 되는 것이고, 피고가 그 기사가 진실이라고 믿은 데 상당한 이유가 있었다는 등의 사정은 형사상 명예훼손죄나 민사상 손해배상책임을 부정하는 사유는 될지언정 기사삭제를 구하는 방해배제청구권을 저지하는 사유로는 될 수 없다"고 하고, ㉢ "허위기사로 자신의 명예를 훼손당하였다고 주장하며 기사삭제를 청구하는 피해자는 그 기사가 진실하지 아니하다는 데에 대한 증명책임을 부담한다. 한편 사실적 주장이 진실한지 아닌지를 판단함에 있어서 그것이 특정되지 아니한 기간과 공간에서의 구체화되지 아니한 사실인 경우에, 그 부존재를 증명하는 것은 사회통념상 불가능에 가까운 반면 그 사실이 존재한다고 주장·증명하는 것이 보다 용이한 것이어서 이러한 사정은 증명책임을 다하였는지를 판단할 때 고려되어야 하는 것이므로, 의혹을 받을 일을 한 사실이 없다고 주장하는 자에 대하여 의혹을 받을 사실이 존재한다고 적극적으로 주장하는 자는 그러한 사실의 존재를 수긍할 만한 소명자료를 제시할 부담을 지고 피해자는 제시된 자료의 신빙성을 탄핵하는 방법으로 허위성의 증명을 할 수 있다"고 하였다.

격적 가치에 대하여 세상으로부터 받는 객관적 평가를 저하시키는 행위이다. privacy가 사회적 평가와 무관한 개인의 내부적 · 주관적 이익인 반면, 명예는 사회적 평가라는 외부적 · 객관적 이익을 말한다.

(2) 명예훼손에서 개인의 인격권과 표현의 자유가 충돌하므로, 양 법익 사이의 형량이 중요하다. 그래서 헌법 제21조가 제1항에서 언론 · 출판의 자유를 보장하면서도, 제4항에서 "언론 · 출판은 타인의 명예나 권리 또는 공중도덕이나 사회윤리를 침해하여서는 아니 된다. 언론 · 출판이 타인의 명예나 권리를 침해한 때에는 피해자는 이에 대한 피해의 배상을 청구할 수 있다"고 규정한다.[52]

(3) 명예훼손에 대하여 손해배상 외에 —인격권 침해 일반과 마찬가지로— 금지청구도 가능하다(언론중재법 제14조 이하 및 제26조 이하도 참조).

나. 명예훼손의 요건 [3047]

(1) 명예훼손이 성립하기 위해서는 피해자의 사회적 평가를 저하시킬 만한 구체적 사실의 적시가 있어야 한다. 그런데 신문 등 언론매체가 특정인에 대한 기사를 게재한 경우에 기사가 특정인의 명예를 훼손하는 내용인지 여부는 일반독자가 기사를 접하는 통상의 방법을 전제로 기사의 전체적인 취지와의 연관 하에서 기사의 객관적 내용, 사용된 어휘의 통상적인 의미, 문구의 연결방법 등을 종합적으로 고려하여 그 기사가 독자에게 주는 전체적인 인상을 기준으로 판단해야 하고, 당해 기사의 배경이 된 사회적 흐름 속에서 당해 표현이 가지는 의미도 함께 고려해야 한다.[53]

(2) 먼저 피해자에 관하여 본다. [3048]

① 피해자에는 사망한 이[54] 및 법인이나 법인 아닌 사단 · 재단[55]도 포함된다.

② 명예훼손에 의한 불법행위가 성립하려면 피해자가 특정되어야 하는데, 사람의 성명이나 단체의 명칭을 명시해야 하는 것은 아니고, 성명을 명시하지 않거나 머리글자나 이니셜만 사용한 경우라도 표현의 내용을 주위 사정과 종합하여 볼 때 그 표시가 피해자를 지목하는 것을 알아차릴 수 있을 정도라면 피해자가 특정되었다고 할 것이다.[56]

③ 대판 2003.9.2. 2002다63558: "이른바 집단표시에 의한 명예훼손은 그러한 방송 등이 그 집단에 속한 특정인에 대한 것이라고는 해석되기 힘들고 집단표시에 의한 비난이 개별구성원에 이르러서는 비난의 정도가 희석되어 구성원의 사회적 평가에 영향을 미칠 정도에 이르지 않으므로 구성원 개개인에 대한 명예훼손은 성립되지 않는다고 봄이 원칙이지만, 다만 예외적으로 구성원 개개인에 대하여 방송하는 것으로 여겨질 정도로 구성원 수가 적거나 방송 등 당시의 주위 [3049]

52) 대판 1988.10.11. 85다카29: "표현의 자유는 민주정치에 있어 최대한의 보장을 받아야 하지만 그에 못지않게 개인의 명예나 사생활의 자유와 비밀 등 사적 법익도 보호되어야 할 것이므로, 인격권으로서의 개인의 명예의 보호와 표현의 자유의 보장이라는 두 법익이 충돌하였을 때 그 조정을 어떻게 할 것인지는 구체적인 경우에 사회적인 여러 가지 이익을 비교하여 표현의 자유로 얻어지는 이익, 가치와 인격권의 보호에 의하여 달성되는 가치를 형량하여 그 규제의 폭과 방법을 정하여야 한다."
이익의 형량에는 초상권이나 privacy권과 관련하여 [3040]에서 본 대판 2006.10.13. 2004다16280; 대판 2013.6.27. 2012다31628의 기준이 유용할 것이다.

53) 대판 2003.1.24. 2000다37647. 텔레비전 방송보도의 내용이 특정인의 명예를 훼손하는 내용을 담고 있는지에 관한 대판 2006.3.23. 2003다52142 및 신문기사의 제목에 관한 대판 2009.1.30. 2006다60908도 참조.

54) 대결 2019.3.6. 2018마6721 참조.

55) 법인에 관한 대판 1999.10.22. 98다6381 및 종중에 관한 대판 1997.10.24. 96다17851 참조.

56) 대판 2009.2.26. 2008다27769; 대판 2002.5.10. 2000다50213.

정황 등으로 보아 집단 내 개별구성원을 지칭하는 것으로 여겨질 수 있는 때에는 집단 내 개별구성원이 피해자로서 특정된다고 보아야 하고, 그 구체적 기준으로는 집단의 크기, 집단의 성격과 집단 내에서의 피해자의 지위 등을 들 수 있다."[57]

[3050] (3) 사실의 적시에 관하여 살핀다.

① 사실을 직접적으로 표현한 경우는 물론이고 간접적이고 우회적인 방법에 의하더라도 표현의 전체 취지에 비추어 어떤 사실의 존재를 암시하고 또 이로써 특정인의 사회적 가치 내지 평가가 침해될 가능성이 있을 정도의 구체성이 있으면 사실의 적시(摘示)에 해당한다.[58]

[3051] ② 한편 사실을 적시하지 않고 주관적 평가를 밝히는 「의견의 표명/개진 또는 논평」은 사실의 적시와 구별된다.[59] 다만 의견의 표명 또는 논평으로 인하여 사회적 평가가 저하된다면 명예훼손에 해당할 수 있다.[60][61] 나아가 의견의 표명이 공정한 평론의 한계 내라면 적법하지만, 인신공격적 평론이 위법함은 당연하다.[62]

[3052] **다. 명예훼손의 위법성**

(1) 사실을 적시하여 다른 이의 명예를 훼손하면 위법한 것으로 추정된다. 다만 공공의 정보에 관한 이익과 피의자의 명예나 사생활의 비밀이 유지됨으로써 얻어지는 이익을 비교하여 전자가 후자보다 더 우월하다고 인정되면 그렇지 않은데, 「범죄피의자의 실명공개」에서도 다르지 않다.[63]

---

57) 대판 2006.5.12. 2004다35199도 참조.

58) 대판 2003.1.24. 2000다37647. 대판 2018.4.12. 2015다45857도 참조.

59) 정정보도청구가 사실적 주장에 한하여 허용된다는 언론중재법 제14조 및 대판 2012.11.15. 2011다86782 참조.

60) 대판 1999.2.9. 98다31356. 신문 등 언론매체의 표현행위에 관한 대판 2011.1.13. 2008다60971도 참조.

61) 대판 2000.7.28. 99다6203도, X가 경제위기의 책임자로 지목되면서 검찰수사 등이 거론되고 새로 출범할 정부가 경제위기의 원인규명과 책임자 처벌에 강한 의지를 피력하는 상황에서 X가 항공권을 구입하거나 해외도피를 의논하는 장면을 담은 풍자만화를 기고하여 이를 일간지에 게재한 경우에, X가 경제위기와 관련된 책임추궁 등을 면하기 어려운 절박한 상황에 처해 있음을 희화적으로 묘사하거나 X가 해외로 도피할 가능성이 없지 않음을 암시함과 아울러 이들에 대한 출국금지조치가 필요하다는 견해를 우회하여 표현한 것일 뿐 X가 해외로 도피할 의사를 갖고 있다거나 해외도피를 계획 또는 모의하고 있다는 구체적 사실을 적시했다고 볼 수 없다는 이유로 명예훼손의 성립을 부정하였다.

62) 대판 2009.4.9. 2005다65494: "표현행위자가 타인에 대하여 비판적인 의견을 표명하였다는 사유만으로 이를 위법하다고 볼 수는 없지만, 만일 표현행위의 형식 및 내용 등이 모욕적이고 경멸적인 인신공격에 해당하거나 혹은 타인의 신상에 관하여 다소간의 과장을 넘어서서 사실을 왜곡하는 공표행위를 함으로써 그 인격권을 침해한다면, 이는 명예훼손과는 별개유형의 불법행위를 구성할 수 있다." 대판 2003.3.25. 2001다84480도 참조.

63) 대판 2009.9.10. 2007다71은 ㉠ "언론기관이 범죄사실을 보도하면서 피의자를 가명(假名)이나 두문자(頭文字) 내지 이니셜 등으로 특정하는 경우에는 그 보도대상자의 주변사람들만이 제한적 범위에서 피의자의 범죄사실을 알게 될 것이지만, 피의자의 실명을 공개하여 범죄사실을 보도하는 경우에는 피의자의 범죄사실을 알게 되는 사람들의 범위가 훨씬 확대되고 피의자를 더 쉽게 기억하게 되어 그에 따라 피의자에 대한 법익침해의 정도 역시 훨씬 커질 것이므로, 범죄사실의 보도와 함께 피의자의 실명을 공개하기 위해서는 피의자의 실명을 보도함으로써 얻어지는 공공의 정보에 관한 이익과 피의자의 명예나 사생활의 비밀이 유지됨으로써 얻어지는 이익을 비교 형량한 후 전자의 이익이 후자의 이익보다 더 우월하다고 인정되어야 한다. 또한, 전자의 이익이 더 우월하다고 판단되더라도 그 보도의 내용이 진실과 다를 경우 실명이 보도된 피의자에 대한 법익침해의 정도는 그렇지 아니한 경우보다 더욱 커지므로, 언론기관이 피의자의 실명을 공개하여 범죄사실을 보도할 경우에는 그 보도내용이 진실인지 여부를 확인할 주의의무는 더 높아진다"고 하고, ㉡ "어떠한 경우에 피의자의 실명보도를 허용할 수 있을 정도로 공공의 정보에 관한 이익이 더 우월하다고 보아야 할 것인지는 일률적으로 정할 수는 없고, 범죄사실의 내용 및 태양, 범죄 발생 당시의 정치 · 사회 · 경제 · 문화적 배경과 그 범죄가 정치 · 사회 · 경제 · 문화에 미치는 영향력, 피의자의 직업, 사회적 지위 · 활동 내지 공적 인물로서의 성격 여부, 범죄사건 보도에 피의자의 특정이 필요한 정도, 개별법률에 피의자의 실명공개를 금지하는 규정이 있는지 여부, 피의자의 실명을 공개함으로써 침해되는 이익 및 당해 사실의 공표가 이루어진 상대방의 범위의 광협 등을 종합 · 참작하여 정하여야 한다. 사회적으로 고도의 해악성을 가진 중대한 범죄에 관한 것이거나 사안의 중대성이 그보다 다소 떨어지더라도 정치 · 사회 · 경제 · 문화적 측면에서 비범성을 갖고 있어 공공에게 중요성을 가지거나 공공의 이익과 연관성을 갖는 경우 또는 피의자가 갖는 공적 인물로서의 특성과 그 업무 내지 활동과의 연관성 때문에 일반범죄로서의 평범한 수준을 넘어서서 공공에 중요성을 갖게 되는 등 시사성이 인정되는 경우 등에는, 개별법률에 달리 정함이 있다거나 그 밖에 다른 특별한 사정이 없는 한 공공의 정보에 관한 이익이 더 우월하다고 보아 피의자의 실명을 공개하여 보도하는 것도 허용될 수 있다"고 하며, ㉢ "개인은 자신의 성명의 표시 여부에 관하여 스스로 결정할 권리를 가지나, 성명의 표시행위가 공공의 이해에 관한 사실과 밀접불가분한 관계에 있고 그 목적 달성에 필요한 한도에 있으며 그 표현내용 · 방법이 부당한 것이 아닌 경우에는 그 성명의 표시는 위법하다고 볼 수 없다. 따라서 범죄사실에 관한 보도과정에서 대상자의 실명공개에 대한 공공의 이익이 대상자의 명예나 사생활의 비밀에 관한 이익보다 우월하다고 인정되어 실명에 의한 보도가 허용되는 경우에는, 비록 대상자의 의사에 반하여 그의 실명이 공개되었다고 하더라도 그의 성명권이 위법하게 침해되었다고 할 수 없다"고 하였다.

나아가 판례는 —형법 제310조를 차용하여— 진실성과 공익성이 있으면 위법성이 조각된다는 입장이다. 그리고 공적 인물에 대하여 표현의 자유 또는 「알 권리」 등 공공의 이익을 강조한다. 이들을 차례로 살핀다.

(2) 먼저 위법성조각사유를 본다. [3053]

① 대판 1988.10.11. 85다카29는 "형사상이나 민사상으로 타인의 명예를 훼손하는 행위를 한 경우에도 그것이 공공의 이해에 관한 사항으로서 그 목적이 오로지 공공의 이익을 위한 것일 때에는 진실한 사실이라는 증명이 있으면 위 행위에 위법성이 없으며 또한 그 증명이 없더라도 행위자가 그것을 진실이라고 믿을 상당한 이유가 있는 경우에는 위법성이 없다"고 하였는데, 공익성과 진실성(또는 상당성)이 위법성조각사유이다(언론중재법 제5조 제2항 제2호도 참조). 그리고 위법성조각사유에 대한 증명책임은 당연히 명예훼손행위를 한 측에 있다.[64]

② 먼저 명예훼손행위가 오로지 공공의 이익을 위한 것이어야 한다. 여기서 「오로지 공공의 이익에 관한 때」란 ⓐ 적시된 사실이 객관적으로 보아 공공의 이익에 관한 것으로서 ⓑ 행위자도 공공의 이익을 위하여 사실을 적시한 것이어야 한다는 뜻이다. ⓐ는 적시된 사실의 구체적 내용, 사실의 공표가 이루어진 상대방의 범위, 표현의 방법 등 표현 자체에 관한 제반 사정을 고려함과 동시에 표현에 의하여 훼손되거나 훼손될 수 있는 명예의 침해 정도 등을 비교 · 교량하여 결정하고, 행위자의 주요한 목적이나 동기가 공공의 이익을 위한 것이라면 부수적으로 다른 사익적 동기가 내포되어 있더라도 행위자의 주요한 목적이나 동기가 공공의 이익을 위한 것으로 보아야 한다.[65] 그리고 공공의 이익(ⓑ)은 국가나 사회 전체의 이익[66]뿐만 아니라 특정한 사회집단이나 그 구성원 전체의 관심과 이익[67]도 포함한다.

③ 또한 적시된 사실이 진실이거나 그것을 진실이라고 믿을 만한 상당한 이유가 있어야 한다. [3054]

ⓐ 여기서 진실한 사실이란 내용 전체의 취지에 비추어 중요한 부분이 객관적 사실과 합치되는 사실이라는 의미로, 세부적으로 진실과 약간 차이가 나거나 다소 과장된 표현이 있더라도 무방하다.[68] 그런데 언론의 권위와 신문이나 방송 또는 인터넷매체의 보도의 전파력에 비추어, 보도의 내용이 수사기관 등에 의하여 조사 중인 사실에 관한 것이라면 보도에 앞서 혐의사실의 진실성을 뒷받침할 적절하고도 충분한 취재를 해야 하는 반면,[69] 제3자의 형사고발로 시작된 수사 등 절차의 외적인 경과만 객관적으로 보도하는 경우에는 보도하는 측에서 고발의 구체적 내용에까지 들어가 그것이 진실인지를 확인할 의무가 있다고 할 수 없다.[70]

ⓑ 진실이라는 증명이 없더라도 행위자가 그것을 진실이라고 믿을 만한 상당한 이유가 있는 경우에 위법성이 부정되는데, 진실이라고 믿을 만한 상당한 이유가 있는지는 적시된 사실의 내용, 진실이라고 믿은 근거나 자료의 확실성과 신빙성, 사실확인의 용이성, 보도로 인한 피해자 [3055]

64) 대판 2004.2.27. 2001다53387.

65) 대판 2006.12.22. 2006다15922.

66) 변호사의 수임비리 보도에 관한 대판 2009.2.26. 2008다27769, 시민단체의 재원조달방법에 관한 대판 2003.1.24. 2000다37647 참조.

67) 아파트 입주자대표회의 비리에 관한 대판 2002.5.10. 2000다50213 참조.

68) 대판 2006.3.23. 2003다52142.

69) 대판 2007.12.27. 2007다29379; 대판 2016.5.27. 2015다33489. 거칠고 여과되지 않은 수많은 정보의 옥석을 가려 왜곡된 여론의 형성을 방지해야 할 언론의 사회적 책임을 강조하는 대판 2008.11.13. 2008다53805도 참조.

70) 대판 2009.2.26. 2008다27769.

의 피해 정도 등 여러 사정을 종합하여 행위자가 보도내용의 진위 여부를 확인하기 위하여 적절하고도 충분한 조사를 다했는가, 진실성이 객관적이고도 합리적인 자료나 근거에 의하여 뒷받침되는가 하는 점에 비추어 판단해야 한다.71)

상당성은 특히 언론보도를 통한 명예훼손과 관련하여 중요한 의미를 가지는데, 언론매체의 성격이나 정보원 등 상황에 따라 판단기준이 다르다. 방송이나 일간지의 보도와 월간지나 계간지의 보도에서 신속성의 요청 때문에 상당성의 판단기준이 다를 수밖에 없고,72) 통신사의 보도와 그가 제공하는 정보에 의존할 수밖에 없는 지방지의 보도의 판단기준 역시 같을 수 없다.73)

[3056] ⓒ 타인의 명예를 훼손하는 표현이 진실한 사실인지 또는 행위자가 그것을 진실이라고 믿을 상당한 이유가 있는지는 표현 당시의 시점에서 판단하지만, 그 전후에 밝혀진 사실들을 참고하여 표현시점의 진실성 및 상당성 유무를 가릴 수 있으므로, 표현행위 후에 수집된 증거자료도 판단의 증거로 삼을 수 있다.74)

[3057] (3) 이른바 공적 인물론(公的 人物論)을 본다.

① 공적 인물론은 공직자의 공적 행위에 관한 잘못된 보도가 명예훼손으로 되기 위해서는 실질적 악의(actual malice)가 있어야 하고, 따라서 보도내용이 허위임을 알았거나 허위인지 여부를 의도적으로 무시하고 이루어졌다는 증명이 있어야 한다는 미국의 판례법리, 특히 *New York Times Co.* v *Sullivan* (376 US 254)에서 비롯되었다.

[3058] ② 우리나라에서도 헌재결 1999.6.24. 97헌마265가 공적 인물과 사인, 공적인 관심사안과 사적 영역에 속하는 사안 사이에 명예훼손의 성립에 관한 심사기준에 차이를 두어야 한다는 입장을 취한 후, 대판 2002.1.22. 2000다37524 · 37531이 이 이론을 수용하였다.75)

---

71) 대판 2006.5.12. 2004다35199. 역사적 사실을 토대로 한 상업영화에 관한 대판 2010.7.15. 2007다3483도 참조.

72) 대판 2013.2.14. 2010다108579 참조.

73) 참고로 대판 2006.1.27. 2003다66806: "인터넷에서 무료로 취득한 공개정보는 누구나 손쉽게 복사 · 가공하여 게시 · 전송할 수 있는 것으로서, 그 내용의 진위가 불명확함은 물론 궁극적 출처도 특정하기 어려우므로, 특정한 사안에 관하여 관심이 있는 사람들이 접속하는 인터넷상의 가상공동체(cyber community)의 자료실이나 게시판 등에 게시 · 저장된 자료를 보고 그에 터 잡아 달리 사실관계의 조사나 확인이 없이 다른 사람의 사회적 평판을 저하할 만한 사실의 적시를 하였다면, 가사 행위자가 그 내용이 진실이라 믿었다 한들, 그렇게 믿을 만한 상당한 이유가 있다고 보기 어렵다." 대판 2013.2.14. 2010다108579도 동지.

74) 대판 2008.1.24. 2005다58823. 대판 2010.5.13. 2010다8365도 참조.

75) ㉠ "언론 · 출판의 자유와 명예보호 사이의 한계를 설정함에 있어서 표현된 내용이 사적(私的) 관계에 관한 것인가 공적(公的) 관계에 관한 것인가에 따라 차이가 있는바, 즉 당해 표현으로 인한 피해자가 공적인 존재인지 사적인 존재인지, 그 표현이 공적인 관심사안에 관한 것인지 순수한 사적인 영역에 속하는 사안에 관한 것인지, 그 표현이 객관적으로 국민이 알아야 할 공공성, 사회성을 갖춘 사안에 관한 것으로 여론형성이나 공개토론에 기여하는 것인지 아닌지 등을 따져보아 공적 존재에 대한 공적 관심사안과 사적인 영역에 속하는 사안 간에는 심사기준에 차이를 두어야 하며, 당해 표현이 사적인 영역에 속하는 사안에 관한 것인 경우에는 언론의 자유보다 명예의 보호라는 인격권이 우선할 수 있으나, 공공적 · 사회적인 의미를 가진 사안에 관한 것인 경우에는 그 평가를 달리하여야 하고 언론의 자유에 대한 제한이 완화되어야 하며, 피해자가 당해 명예훼손적 표현의 위험을 자초한 것인지의 여부도 또한 고려되어야" 하고, ㉡ "당해 표현이 공적인 존재의 정치적 이념에 관한 것인 경우, 그 공적인 존재가 가진 국가 · 사회적 영향력이 크면 클수록 그 존재가 가진 정치적 이념은 국가의 운명에까지 영향을 미치게 되므로 그 존재가 가진 정치적 이념은 더욱 철저히 공개되고 검증되어야 하며, 이에 대한 의문이나 의혹은 그 개연성이 있는 한 광범위하게 문제제기가 허용되어야 하고 공개토론을 받아야 한다. 정확한 논증이나 공적인 판단이 내려지기 전이라 하여 그에 대한 의혹의 제기가 공적 존재의 명예보호라는 이름으로 봉쇄되어서는 안 되고 찬반토론을 통한 경쟁과정에서 도태되도록 하는 것이 민주적인데, 사람이나 단체가 가진 정치적 이념은 흔히 위장하는 일이 많을 뿐 아니라 정치적 이념의 성질상 그들이 어떠한 이념을 가지고 있는지를 정확히 증명해 낸다는 것은 거의 불가능한 일이므로 이에 대한 의혹의 제기나 주관적인 평가가 진실에 부합하는지 혹은 진실하다고 믿을 만한 상당한 이유가 있는지를 따짐에 있어서는 일반의 경우에 있어서와 같이 엄격하게 입증해 낼 것을 요구해서는 안 되고, 그러한 의혹의 제기나 주관적인 평가를 내릴 수도 있는 구체적 정황의 제시로 입증의 부담을 완화해 주어야 한다. 그리고 그러한 구체적 정황을 입증하는 방법으로는 그들이 해 나온 정치적 주장과 활동 등을 입증함으로써 그들이 가진 정치적 이념을 미루어 판단하도록 할 수 있고, 그들이 해 나온 정치적 주장과 활동을 인정함에 있어서는 공인된 언론의 보도내용이 중요한 자료가 될 수 있으며, 여기에 공지의 사실이나 법원에 현저한 사실도 활용할 수 있으나", ㉢ "아무리 공적인 존재의 공적인 관심사에 관한 문제의 제기가 널리 허용되어야 한다고 하더라도 구체적 정황의 뒷받침도 없이 악의적으로 모함하는 일이 허용되지 않도록 경계해야 함은 물론 구체적 정황에 근거한 것이라 하더라도 그 표현방법에 있어서는 상대방의 인격을 존중하는 바탕 위에서 어휘를 선택하여야 하고, 아무리 비판을 받아야 할 사항이 있다고 하더라도 모멸적인 표현으로 모욕을 가하는 일은 허용될 수 없다."

공적 관심을 불러일으키게 된 데에 피해자 스스로 어떤 관여가 된 바 있는지도 살펴보아야 한다는 대판 2016.5.27. 2015다33489도 참조.

이 이론은 원래 —공직자의 도덕성 · 청렴성이나 업무처리가 정당하게 이루어지는지는 항상 국민의 감시와 비판의 대상이 되어야 한다는 점을 고려하여— 「공직자」의 공적 행위에 대한 공개적이고 자유로운 토론을 통하여 공익을 증진하기 위한 것이었으나, 우리 판례는 그 적용범위를 공직자 아닌 이에게까지 넓혔다.76) 이러한 적용범위의 확대는 굳이 공직자가 아니라도 사회적 영향력이 큰 주체의 경우에 국민의 「알 권리」를 우선시킨 것으로 이해할 수 있다. [3059]

다만 언론보도 등이 공직자 또는 공직사회에 대한 감시 · 비판 · 견제라는 정당한 언론활동의 범위를 벗어나 악의적이거나 심히 경솔한 공격으로서 현저히 상당성을 잃은 것으로 평가되는 경우에는, 비록 감시 · 비판 · 견제의 의도에서 비롯된 것이더라도 공직자 등의 수인범위를 넘어 명예훼손이 되는 것으로 보지 않을 수 없다.77)78)

한편 대판(전) 2018.10.30. 2014다61654는 공적 존재의 정치적 이념을 비판하는 표현에 대한 법적 규제와 그 한계를 다루면서 표현의 자유를 보장하기 위한 이른바 「숨 쉴 공간」을 인정하였다.79)

Ⅲ. 제3자의 채권침해 [3060]

1. 서 설

(1) 채권은 특정의 채무자에 대해서만 주장할 수 있는 「상대권」으로, 배타성이 인정되지 않을 뿐만 아니라 채권자들 사이의 자유경쟁이 허용된다. 따라서 어떤 계약을 체결하려는 이는 거래상대방이 그와 양립할 수 없는 다른 계약을 체결하였는지를 조사할 필요가 없다. 그런데 학설은 채무자 외의 제3자에 의하여 채권목적의 실현이 방해되는 경우에, 구제방법으로 불법행위에 기한 손해배상청구권을 인정할 수 있는지 그리고 침해가 계속되는 경우에 채권자가 자기채권에

---

76) 민노총과 노동조합에 관한 앞의 2000다37524 · 37531 판결, 방송국의 PD에 관한 대판 2002.12.24. 2000다14613, 언론사에 관한 대판 2012.11.15. 2011다86782 등 참조.

77) 대판 2013.2.14. 2010다108579. 방송국의 PD를 「주사파」로 지목한 기사에 관한 앞의 2000다14613 판결도 참조.

78) 이에 관한 재판례를 본다. ㉠ 대판 2003.7.8. 2002다64384는 「OO도 도지사 A가 서울사무소 사택에서 발생한 현금, 보석류의 도난사실 신고 → 검거된 절도범 B가 보낸, 미화 12만 달러도 있었으나 수사과정에서 축소 · 은폐되었다는 내용의 진정서에 따라 소속 변호사의 면담 후 XX당이 진상규명을 촉구하는 성명 발표 → 그 후 XX당 대변인 C가 12만 달러의 은닉이 정권의 양심의 실상을 보여준다는 등의 성명을 다시 발표하고 이에 관한 기사가 중앙일간지와 텔레비전 등에 보도됨 → A가 C를 상대로 명예훼손을 이유로 하는 손해배상청구」의 사안에서 고위공직자의 도덕성이라는 공적 사안에 관한 정당 대변인의 정치적 논평에 해당한다고 하여 위법성을 인정하지 않았다. 정당의 간부나 대변인으로서의 정치적 주장이나 논평에 관한 대판 2007.11.30. 2005다40907도 참조. ㉡ 대판 2006.3.23. 2003다52142: "특히 당해 표현이 언론사에 대한 것인 경우에는, 언론사가 타인에 대한 비판자로서 언론의 자유를 누리는 범위가 넓은 만큼 그에 대한 비판의 수인범위 역시 넓어야 하고, 언론사는 스스로 반박할 수 있는 매체를 가지고 있어서 이를 통하여 잘못된 정보로 인한 왜곡된 여론의 형성을 막을 수 있으며, 일방언론사의 인격권의 보장은 다른 한편 타방언론사의 언론자유를 제약하는 결과가 된다는 점을 감안하면, 언론사에 대한 감시와 비판기능은 그것이 악의적이거나 현저히 상당성을 잃은 공격이 아닌 한 쉽게 제한되어서는 아니 된다." ㉢ 대판 2014.8.20. 2012다19734: "언론이 사설을 통하여 공적인 존재에 대하여 비판적인 의견을 표명하는 것은 언론 본연의 기능에 속하는 것이므로 원칙적으로 위법하다고 볼 수 없다. […] 더욱이 국민의 대표자인 국회의원은 입법과 국정통제 등에 관한 광범위한 권한을 부여받고 나아가 직무를 적절히 수행할 수 있도록 면책특권을 보장받는 등으로 통상의 공직자 등과 현격히 다른 발언의 자유를 누리는 만큼 직무활동에 대한 비판도 보다 신축성 있게 수인되어야 하고, 그에 대한 감시 · 비판 · 견제라는 언론 본연의 기능이 함부로 위축되어서는 아니 된다."

79) 다수의견은 다음과 같다:

"어느 시대, 어느 사회에서나 부정확하거나 바람직하지 못한 표현들은 있기 마련이다. 그렇다고 해서 이러한 표현들 모두에 대하여 무거운 법적 책임을 묻는 것이 그 해결책이 될 수는 없다. 일정한 한계를 넘는 표현에 대해서는 엄정한 조치를 취할 필요가 있지만, 그에 앞서 자유로운 토론과 성숙한 민주주의를 위하여 표현의 자유를 더욱 넓게 보장하는 것이 전제되어야 한다. 자유로운 의견표명과 공개토론과정에서 부분적으로 잘못되거나 과장된 표현은 피할 수 없고, 표현의 자유가 제 기능을 발휘하기 위해서는 그 생존에 필요한 숨 쉴 공간이 있어야 하기 때문이다. 따라서 명예훼손이나 모욕적 표현을 이유로 법적 책임을 지우는 범위를 좁히되, 법적으로 용인할 수 있는 한계를 명백히 넘는 표현에 대해서는 더욱 엄정하게 대응해야 한다.

명예훼손으로 인한 책임으로부터 표현의 자유를 보장하기 위해서는 이른바 '숨 쉴 공간'을 확보해 두어야 한다. 부적절하거나 부당한 표현에 대해서는 도의적 책임이나 정치적 책임을 져야 하는 경우도 있고 법적 책임을 져야 하는 경우도 있다. 도의적 · 정치적 책임을 져야 하는 사안에 무조건 법적 책임을 부과하려고 해서는 안 된다. 표현의 자유를 위해 법적 판단으로부터 자유로운 중립적인 공간을 남겨 두어야 한다."

기하여 방해제거를 청구할 수 있는지와 관련하여 제3자의 채권침해를 논한다.

(2) 제3자의 채권침해를 통하여 채권의 효력이 계약당사자 아닌 제3자에게 확장되는데, 채권의 효력이라는 관점에서 본다면 「방어적 효력」이라고 할 것이다([4012] 참조).

[3061]
2. 불법행위의 성립 여부

가. 기본법리

(1) 제3자에 의한 채권침해로 불법행위가 성립하기 위해서는 불법행위의 일반적 성립요건을 갖추어야 하는데, 특히 문제되는 것은 제3자의 귀책사유와 위법성이다.

(2) 먼저 채권의 존재와 내용이 공시되지 않고 제3자에게 그에 관한 확인의무를 지울 수도 없기 때문에, 제3자의 채권침해로 인한 불법행위가 성립하기 위해서는 제3자에게 「고의」가 있어야 한다. 그런데 고의에 관하여 판례는 제3자가 채권의 존재를 알면서 침해하는 정도를 넘어 채무자를 교사하거나 그와의 통모를 요하는 등의 특별한 사정이 있는 경우에 한하여 인정되는 좁은 의미로 새길 뿐만 아니라 위법성의 판단과 분리하지 않는다.[80]

[3062] (3) 상대권인 채권은 배타성을 가지지 않으므로, 특히 자유경쟁이 허용되는 영업상의 지위와 관련하여 제3자에 의하여 채권이 침해되었다는 사실만으로 곧바로 불법행위로 되지는 않는다. 그러나 자유경쟁은 법질서가 허용하는 범위 내에서 공정하고 건전한 경쟁을 전제로 하므로, 채권침해의 「위법성」이 인정되는 경우에 예외적으로 불법행위가 성립할 수 있다. 결국 제3자의 채권침해로 인한 불법행위의 성부와 관련하여 거의 언제나 침해행위가 위법한지(및 그와 짝을 이루는 제3자의 고의가 인정되는지) 여부가 문제된다.

이에 관하여 대판 2003.3.14. 2000다32437: "채권침해의 위법성은 침해되는 채권의 내용, 침해행위의 태양, 침해자의 고의 내지 해의의 유무 등을 참작하여 구체적, 개별적으로 판단하되, 거래자유 보장의 필요성, 경제 · 사회정책적 요인을 포함한 공공의 이익, 당사자 사이의 이익균형 등을 종합적으로 고려하여야 한다."[81] 요컨대 채권침해의 위법성의 판단요소로 —해의(害意)나 적극 공모 또는 기망 · 협박 등 침해자측의 사정을 거론하던 종래의 입장[82]에서 나아가— 「침해되는 채권의 내용」, 「침해행위의 태양」, 「침해자의 고의 또는 해의의 유무」를 구체적으로 제시하였다.

그런데 채권침해에 대하여 위법성을 쉽게 인정하면 채권의 상대효에 반하므로, 침해의 의도나 모습 등에 비추어 예외적 · 한정적으로 위법성이 인정되어야 한다. 그리고 피해자가 그에 대한 증명책임을 진다.

(3) 제3자의 채권침해가 불법행위를 구성하고 그와 함께 채무자의 채무불이행도 성립하는 경우에, 양자는 부진정연대의 관계에 선다.

[3063]
나. 채권침해의 구체적 모습

(1) 제3자의 채권침해로 인한 불법행위의 모습으로, 채권의 귀속 자체를 침해하는 경우, 채권의 목적인 급부를 침해하는 경우 및 책임재산을 감소케 하는 경우의 셋을 들 수 있다. 어느 경

80) 대판 2001.5.8. 99다38699 참조.

81) 부품거래계약에 기하여 특정기업에 물품을 공급하기로 한 기업이 물품의 공급을 중단한 경우에 관한 대판 2006.9.8. 2004다55230도 동지. 중계유선방송공급계약의 갱신을 방해한 사안에 이 법리를 적용한 대판 2007.5.11. 2004다11162도 참조.

82) 대판 1978.1.24. 77다1804; 대판 2001.5.8. 99다38699 등.

우든 앞에서 본 고의 및 위법성의 요건을 갖추어야 함은 당연하다.

(2) 타인의 무기명채권증서를 훼손하거나 횡령하여 선의의 제3자에게 이전한 경우(제514조 참조), 채권의 양수인이 대항요건(제450조 참조)을 갖추기 전에 양도인으로부터 그 채권을 이중으로 양수한 이가 대항요건을 먼저 갖추어 채권을 추심한 경우 또는 채권의 준점유자(제470조)나 영수증소지자(제471조)로서 유효한 변제를 받은 경우 등과 같이 제3자가 직접 채권을 처분 또는 행사하여 채권자로 하여금 그 채권을 상실하게 한 경우에, 채권침해로 인한 불법행위가 성립할 수 있다.[83]

(3) 채권의 목적인 급부를 침해하는 경우는 둘로 나누어 볼 필요가 있다. [3064]

① 제3자의 사실행위로 인한 예로, 채무자의 행위를 목적으로 하는 채권이 존재하는데 제3자가 위법한 수단으로 채무자를 감금함으로써 채무의 이행을 불가능하게 하면 불법행위가 성립한다. 제3자의 행위로 급부의 목적인 특정물이 멸실됨으로써 채무자의 인도채무가 불능으로 된 경우에도, 귀책사유가 없어서 채무불이행책임이 성립하지 않으므로(제390조 단서 참조), 채권자가 불능사태를 초래한 제3자에게 불법행위책임을 물을 수 있어야 한다. 제3자가 채무자와 공모하여 채권의 목적물이 멸실되도록 한 경우에, 채무자가 여전히 급부의무(제2차적 급부의무로서 전보배상의무)를 지지만, 그 점이 제3자의 불법행위의 성립에 장애로 되지는 않는다.

② 계약적 개입에 의한 경우로 대표적인 것이 「이중계약」이다. 제3자(D)가 타인(G)의 채권의 존재를 알면서 채무자(S)와의 계약을 통하여 동일한 내용의 채권을 취득함으로써 결과적으로 G에게 손해를 입혔더라도, 그 행위가 자유경쟁이 허용되는 범위에서 공정한 경쟁에 의하여 이루어졌다면 불법행위가 성립하지 않고, 다만 D의 권리취득이 부정한 방법에 의하여 G를 해칠 목적으로 행하여지거나 사기나 강박 또는 이와 유사한 수단에 의하여 S의 자유로운 의사결정을 방해함으로써 채권을 침해한 경우에는 위법한 것으로 평가된다.[84] 그런데 이중매매에서 제3자가 채무자의 배임에 적극 가담한 경우에 그 계약이 제103조에 따라 무효로 되어 채권자가 급부를 실현할 수 있는 반면([1154] 이하 참조), 그에 이르지 않으면 채권자가 제3자 및/또는 채무자에 대하여 손해배상을 구할 수 있을 뿐이다.

나아가 제3자가 채무자와의 계약을 위반하여 채권자의 독점판매권 등의 영업상의 이익을 침해한 경우에, 채무자에 대한 채무불이행책임과 별도로 채권자에 대한 관계에서 불법행위가 성립할 수 있다.[85] 그 밖에 제3자가 경제적 압박수단을 고지하여 계약파기를 유도한 경우에도 불법행위가 성립할 수 있다.[86]

(4) 제3자에 의한 채무자의 일반재산 감소행위가 정당하다면, 비록 그로 인하여 채권의 실현이 어렵게 되더라도, 채권의 존속에는 영향이 없어 불법행위가 성립하지 않는다. 반면 채무자의 책임재산을 감소시키는 제3자의 행위가 채권자에 대하여 불법행위를 구성하기 위해서는 단순히 채무자 재산의 감소행위에 관여하였다는 것만으로 부족하고 제3자가 채무자에 대한 채권자의 존 [3065]

83) 보험자(X)로부터 보험금을 수령한 피보험자(Y)가 제3자(D)로부터 손해배상을 받음으로써 X가 보험자대위권에 기하여 취득한 채권(D에 대한 손해배상청구권)의 귀속이 침해된 경우에, X는 Y에 대하여 부당이득반환 또는 손해배상을 청구할 수 있다고 한 대판 1999.4.27. 98다61593 참조.

84) 대판 2001.5.8. 99다38699.

85) 앞의 대판 2003.3.14. 2000다32437. 제3자의 계약방해에 관한 대판 2007.5.11. 2004다11162도 참조.

86) 불매운동 고지를 통하여 입장권판매대행계약을 취소시킨 경우에 관한 대판 2001.7.13. 98다51091 참조.

재 및 채권의 침해사실을 알면서 채무자와 적극 공모하였다거나 채권의 행사를 방해할 의도로 사회상규에 반하는 부정한 수단을 사용하였다는 등 채권침해의 고의 및 위법성이 인정되는 경우라야 한다.[87][88]

[3066] ### 3. 방해제거청구의 가부

(1) 제3자의 채권침해에 대하여 채권자가 방해제거청구권을 가지는지에 관하여, 채권의 일반적 효력으로 방해제거청구권을 인정할 수 없다는 견해가 다수설이고 판례의 입장도 같다.[89] 엄밀한 의미에서 이는 불법행위의 성립과 무관하지만, 편의상 여기서 다룬다.

(2) 그런데 ① 방해제거청구가 필요한 경우가 그다지 많지 않다. 즉 「주는 채무」에서 침해는 손해를 구성하므로 그 배상으로 족하고, 「하는 채무」 중 일회적인 경우에도 마찬가지이다. 결국 남는 것은 계속적 급부를 내용으로 하는 「하는 채무」로 임대차나 위임 등과 관련하여 문제된다. ② 점유보호청구권이나 채권자대위권의 전용 등 다른 제도[90]에 의한 해결이 가능한 경우에 채권 자체에 기한 방해제거청구를 따질 필요는 없다.

그렇다면 상대권인 채권의 본질상 채권자는 채무자에 대해서만 권리를 주장할 수 있으며, 그렇게 새기더라도 채권자의 권리보호에 소홀함이 없을 것이다. 따라서 채권 자체에 기한 방해제거를 일반적으로 인정하는 것은 바람직하지 않다.

제 4 관 가해자의 고의나 과실

[3067] ### Ⅰ. 개 관

(1) 고대법이나 중세법은 어떤 행위로 말미암아 발생한 모든 결과(손해)에 대하여 배상책임을 지웠다: 결과책임(結果責任). 반면 근대법은 손해가 행위자의 일정한 정신작용에 기한 경우에만 배상책임을 지도록 한다: 「자기책임의 원칙」. "고의 또는 과실로 인한" 행위로 손해를 가한 경우에만 배상책임을 인정하는 제750조는 바로 이 원칙에 기한 것이다.

(2) 결국 가해자에게 일정한 정신작용이 있어야 손해가 전가될 수 있는데, 이러한 정신작용을 귀책사유(歸責事由. 유책사유라고도 한다) 또는 과책(過責)이라고 한다.

---

87) 대판 2007.9.6. 2005다25021; 대판 2019.5.10. 2017다239311.

88) 이에 관한 판례의 태도를 본다. ㉠ 대판 2006.6.15. 2006다13117은, 채권자(G)의 피용자가 채무자(S)로 하여금 G에게 지급해야 할 물품대금을 자금사정이 어려운 군소협력업체인 다른 채권자들(D)에게 우선결제하도록 지시하고 S가 이에 따라 물품대금을 G 아닌 D에게 지급함으로써 결과적으로 S가 G에게 물품대금을 지급하지 못하게 된 사안에서, S가 D에게 채무를 변제한 행위가 정당한 법률행위인 이상 이를 요청한 행위 또한 위법성이 없어서 제3자의 채권침해에 의한 불법행위가 될 수 없다고 하였다. 대판 1975.5.13. 73다1244도 참조. ㉡ 반면 제3자가 채무자와 공모하여 허위채권을 만들어 채무자의 재산을 가압류함으로써 진정한 채권자의 집행을 봉쇄하는 경우에, 그로 인하여 채권자의 채권이 소멸하지 않지만, 채권자가 확보하려는 재산이 없어지므로 불법행위가 성립할 수 있다. 강제집행면탈의 목적을 가진 채무자가 제3자와 명의신탁약정을 맺고 채무자 소유의 부동산에 관하여 제3자 앞으로 소유권이전등기를 경료한 경우에 관한 앞의 2005다25021 판결 참조. 위법성이 부정된 예로 대판 2007.9.21. 2006다9446. ㉢ 앞의 2017다239311 판결: "채무자의 재산을 은닉하는 방법으로 제3자에 의한 채권침해가 이루어질 당시 채무자가 가지고 있던 다액의 채무로 인하여 제3자의 채권침해가 없었더라도 채권자가 채무자로부터 일정액 이상으로 채권을 회수할 가능성이 없었다고 인정될 경우에는 위 일정액을 초과하는 손해와 제3자의 채권침해로 인한 불법행위 사이에는 상당인과관계를 인정할 수 없다. 이때의 채권회수가능성은 불법행위시를 기준으로 채무자의 책임재산과 채무자가 부담하는 채무의 액수를 비교하는 방법으로 판단할 수 있고, 불법행위 당시에 이미 이행기가 도래한 채무는 채권자가 종국적으로 권리를 행사하지 아니할 것으로 볼 만한 특별한 사정이 없는 한 비교대상이 되는 채무자 부담의 채무에 포함되며, 더 나아가 비교대상 채무에 해당하기 위하여 불법행위 당시 채무자의 재산에 대한 압류나 가압류가 되어 있을 것을 요하는 것은 아니"다.

89) 예컨대 채권적인 일시경작권에 기한 인도청구를 부정한 대판 1981.6.23. 80다1362. 특히 대판 2001.5.8. 99다38699 참조.

90) 대항력 있는 채권에 기해서도 방해제거청구가 가능함에 관하여 [5017] 참조.

귀책사유로 고의와 과실이 있는데, 가해자의 비난가능성의 강도에 따라 그 효과가 달라진다면 양자를 구별할 필요가 있겠지만(제496조 참조), 손해의 전보라는 관점에서 양자 사이에 차이가 없고, 실제로 고의는 거의 문제되지 않는다. 아래에서도 과실을 중심으로 살펴본다.

Ⅱ. 과책의 종류 및 판단기준 [3068]

1. 고 의

(1) 고의(故意)란 자기행위로 인하여 타인에게 손해가 발생할 것임을 알고도 그것을 의욕하는 심리상태를 말한다([2393] 참조).[1][2]

(2) 민사책임에서 고의는 손해귀책의 근거로서 과실과 동가치적이지만, 고의의 불법행위에서 상계가 제한되고(제496조 참조), "특별한 사정으로 인한 손해" 에 대한 예견가능성이 과실의 경우보다 인정되기 쉬우며(제763조, 제393조 제2항), 생계위협을 이유로 한 배상액 경감(제765조)이 인정되지 않는다는 점에서 차이를 보인다.

2. 과 실 [3069]

(1) 과실(過失)이란 주의의무의 위반, 즉 사회생활상 요구되는 주의를 기울였다면 자기행위로 인한 결과의 발생을 예견하고 그러한 결과를 회피할 수 있었음에도 주의를 다하지 않음으로써 그러한 결과를 발생하게 하는 심리상태를 말한다.

주의의무는 우선 ① 결과발생의 예견에 관한 것으로, 일정한 결과가 발생할 것임을 알았어야 함에도 불구하고 주의를 게을리하여 그것을 알지 못한 채 어떤 행위를 하였다면 「예견의무」 위반이 인정되는데, 예견의무는 조사의무를 전제로 한다. 나아가 ② 예견가능성을 전제로 결과의 「회피의무」도 주의의무에 포함될 수 있다. 그런데 결과의 회피를 위하여 사회적으로 요구되는 주의의무를 다 하였는지는 다양한 사고유형의 특성과 가해자와 피해자의 관계 등을 고려하여 유연하게 판단해야 한다.[3]

[참 고] 핸드의 공식에 관하여

결과회피의무의 존부에 관한 판단기준으로 이른바 「핸드의 공식」(the Learned Hand formular)이 자주 거론된다. 이 공식은 미국의 Learned Hand 판사가 *United States* v. *Carroll Towering Co.*, 159 F.2d 169 (2d Cir. 1947) 판결에서 제시한 것으로, 손해회피비용(Burden: B)보다 손해발생의 기대치, 즉 손해발생의 확률(Probability: P)과 피침해이익의 크기(Loss: L)를 곱한 값이 큰 경우(B<P×L)에 과실이 있다고 한다. 비용편익분석의 일종인 이 공식은 경제적 효율을 중시하는 영미법적 사고의 산물로서 하나의 지침으로서 유의미할 수 있지만, 가해행위의 사회적 유용성(가해행위를 중지 또는 제한함에 따라 희생되는 이익)이 고려되지 않는다는 점, B>P×L인 경우에 과실이 부정되어 손해배상책임이 인정되지 않는 결과로 될 수 있다는 점 나아가 간접적인 기회비용도 포함하는 손해회피비용을 산정하는 것이 극히 어려울 뿐만 아니라 손해발생의 확률을 정하는 것도 쉽지 않은 점

1) 고의의 예로 대판 1993.6.8. 93다14998·15007은, 채무자가 제3자로부터 대여받아 보관하는 물건임을 알면서 채무자로부터 담보의 의미로 제공받아 이를 보관·은닉한 행위가 제3자에 대하여 불법행위를 구성한다고 했다.

2) 고의에 위법성의 인식이 포함되는지에 관하여 [2393] 참조.

3) 예를 들어 의료과오에서 주의의무의 기준을 진료 당시 임상의학의 수준으로 하는 것은 인체의 특성 등을 고려하여 의사에게 과도한 부담을 지우지 않는다는 의미를 가지는 반면, 약품 등 제조물의 위험성에 대한 책임을 지우는 것은 대량소비사회에서 제조물에 의존할 수밖에 없는 현실을 고려하여 그로 인하여 일방적으로 피해를 입는 피해자의 구제를 위한 것이다.

등 실제로 적용하기가 쉽지 않다.

그러나 대판 2019.11.28. 2017다14895는 제758조의 "'공작물의 설치 · 보존상의 하자'란 공작물이 그 용도에 따라 통상 갖추어야 할 안전성을 갖추지 못한 상태에 있음을 말하고, 위와 같은 안전성의 구비 여부를 판단할 때에는 공작물을 설치 · 보존하는 자가 그 공작물의 위험성에 비례하여 사회통념상 일반적으로 요구되는 정도로 위험방지조치를 다하였는지 여부를 기준으로 판단하여야 한다. […] 이 경우 하자 여부를 판단할 때에는 위험의 현실화가능성의 정도, 위험이 현실화하여 사고가 발생하였을 때 침해되는 법익의 중대성과 피해의 정도, 사고방지를 위한 사전조치에 드는 비용이나 위험방지조치를 함으로써 희생되는 이익 등을 종합적으로 고려하여야 한다. 이러한 법리는 '불합리한 손해의 위험'을 최소화하기 위한 조치로서 위험으로 인한 손해를 위험을 회피하기 위한 부담과 비교할 것을 요구한다는 측면에서 법경제학에서의 비용 · 편익분석임과 동시에 균형접근법에 해당한다. 법관이 법을 만들어 나가는 속성을 지닌 불법행위법에서 법관이 수행해야 할 균형설정의 역할이 중요함에도 불구하고, 이러한 균형설정은 구체적 사안과의 관련성 속에서 비로소 실질적인 내용을 가지는 것이므로, 미리 세세한 기준을 작성하여 제시하기는 어려운 것이 현실이다. 이때는 이른바 'Hand Rule'을 참고하여, 사고방지를 위한 사전조치를 하는 데 드는 비용(B)과 사고가 발생할 확률(P) 및 사고가 발생할 경우 피해의 정도(L)를 살펴, 'B<P · L'인 경우에는 공작물의 위험성에 비하여 사회통념상 요구되는 위험방지조치를 다하지 않은 것으로 보아 공작물의 점유자에게 불법행위책임을 인정하는 접근방식도 고려할 수 있다"고 하여,[4] 이 공식의 유용성을 인정하는 것으로 보인다. 그런데 결론의 도출에 이 공식이 과연 필요하였는지 그리고 핸드공식은 과실의 유무를 판단하는 기준인데 무과실책임인 공작물책임에 적합한지 등 검토할 점이 적지 않다.

[3070] (2) 불법행위의 영역에서 추상적 과실(抽象的 過失. 선관주의의무의 위반)이 요구되고, 구체적 과실이 문제될 여지는 없다. 법은 책임능력의 존재를 전제로 객관화 · 정형화된 기준에 의하여 과실 유무를 결정하기 때문이다. "이러한 과실은 사회평균인으로서의 주의의무를 위반한 경우를 가리키는 것이지만, 그러나 여기서의 '사회평균인'이라고 하는 것은 추상적인 일반인을 말하는 것이 아니라 그때그때의 구체적인 사례에 있어서의 보통인을 말"한다.[5] 즉 과실 유무는 그때그때 구체적인 사안에서의 평균적인 사람을 기준으로 결정한다.[6]

[참 고] 과실의 판단기준으로서 주의의 정도를 행위자 개인의 주의능력을 기준으로 할 것인지 아니면 일반인/보통인의 그것을 기준으로 할 것인지가 문제되는데, 앞의 입장(이른바 주관적 과실개념)은 「행위자가 긴장상태를 유지한다면, 과실이 없고 과실이 없으므로 책임도 없다」는 결론에 이를 수 있다. 그래서 다수설과 판례는 행위자의 구체적인 심리상태가 아니라 같은 위치에 놓였다면 다른 이들이 어떻게 행동하였을까를 기준으로 판단해야 한다는 입장으로 「사회평균인」이라는 가상의 기준에 따른다. 즉 직업적 · 시간적으로 가해행위가 일어난 상황을 전제로 하여 규범적으로 평균적인 사람을 상정하여 과실 유무를 판단된다. 요컨대 과실은 행위자의 주관적 심리상태이지만, 그 판단은 객관화된 기준에 따른다.

[3071] (3) 과실은 주의의무 위반의 정도에 따라 경과실과 거래상 요구되는 주의의무를 현저하게 위반한 중과실(重大한 過失)로 나뉘는데, 불법행위의 성립요건으로서 과실은 경과실을 말한다. 다만 제757조 및 제765조와 관련하여 이 구분이 의미를 가지고, 나아가 실화책임법에서도 중과실은

4) 하나의 수영조에 깊이가 다른 성인용 구역과 어린이용 구역이 수면 위에 떠있는 코스로프(course rope)만으로 구분되어 함께 설치되어 있는 수영장에서 6세 어린이가 성인용 구역에 빠져 다친 사안에서, 핸드의 공식을 적용하여 수영자 관리 · 운영의 주체인 지방공기업의 책임이 인정될 수 있다고 한 사례.

5) 대판 2001.1.19. 2000다12532.

6) 수술이나 운전 등 위험성이 높은 업무의 경우에, 그러한 직무에 일반적으로 요구되는 정도의 주의가 결여되었는지(이른바 업무상 과실)가 문제된다.

중요한 의미를 가진다.

[참 고] 실화책임법[7]은, 실화(失火)로 인한 피해가 예상 외로 확대되어 실화자의 책임이 과다하게 될 수 있다는 점을 고려하여, 실화자에게 중대한 과실이 없는 경우에 그 손해배상액의 경감에 관한 제765조의 특례를 정한다(제1조). 실화로 인하여 화재가 발생한 경우에 "연소로 인한 부분에 대한 손해배상청구"에 한하여 적용되고(제2조), 실화가 중대한 과실에 의한 것이 아닌 경우에, 그로 인한 손해의 배상의무자는 법원에 손해배상액의 경감을 청구할 수 있으며, 법원은 화재의 원인과 규모, 배상의무자 및 피해자의 경제상태 등을 고려하여 손해배상액을 경감할 수 있다(제3조).[8]

3. 과실에 관한 사례들 [3072]

가. 서 언

귀책사유 중 고의는 특별히 문제되지 않는 반면, 과실 유무를 판단하는 것은 쉽지 않다. 즉 결과발생가능성의 정도, 피침해법익의 중대성, 결과회피의무를 부담함에 따라 희생되는 이익 등 다양한 요소들을 고려해야 한다.[9]

이러한 사정을 고려하여 과실에 관한 재판례를 살펴본다.

나. 과실에 관한 몇 가지 실례 [3073]

(1) 공무원 등의 직무상의 의무에 관하여 본다.

① 먼저 주의의무의 내용을 본다.

ⓐ 대판 2004.3.26. 2003다54490은, 위조인장에 의하여 타인 명의의 인감증명서가 발급되고 이를 토대로 소유권이전등기가 경료된 부동산을 담보로 금전을 대여한 이가 손해를 입은 경우에, 인감증명 발급업무 담당공무원의 직무집행상의 과실을 인정하였다. 그 밖에 거래인감의 변경신고를 수리하는 은행,[10] 예금계좌의 개설에 임하는 금융기관[11] 등도 서류의 발급 등과 관련하여 신원확인의무를 진다.[12]

ⓑ 어느 부동산이 법령에 의하여 국가의 소유로 되었음을 이유로 보존등기를 촉탁하는 담당공무원은 권리변동 등에 관한 사실 또는 그 근거를 확인할 의무를 진다.[13]

ⓒ 혈액원의 업무를 수행하는 이는 수혈 또는 혈액제제의 제조를 위한 혈액의 순결과 공혈자 및 수혈자를 보호하고 혈액관리의 적정을 기하기 위하여 최선의 조치를 다해야 할 고도의 주의의무를 진다.[14]

---

7) 참고로 종래 이 법은 실화자의 경과실을 면책하였는데, 헌재결 2007.8.30. 2004헌가25에서 헌법불합치결정을 받아 적용이 중지된 후 2009년 전부 개정되었다.

8) 제758조와의 관계에 관하여 [3156] 참조.

9) 가령 단속법규 위반이 있었다고 하여 반드시 과실이 있다고 할 수 없고, 역으로 단속법규를 준수했다고 하여 과실이 없다고 단정할 수도 없다.

10) 대판 2001.1.5. 2000다35597.

11) 대판 2007.7.13. 2005다21821.

12) 다소 생뚱맞지만 온라인게임과 관련하여 실명정보 확인의무에 관한 대판 2009.5.14. 2008다75676 · 75683도 참조.

13) 대판 2014.10.15. 2012다100395. 부동산중개업자는 중개가 완성된 때에만 거래계약서 등을 작성 · 교부해야 하고 중개를 하지 않았음에도 함부로 거래계약서 등을 작성 · 교부해서는 아니 된다는 대판 2010.5.13. 2009다78863 · 78870도 참조.

14) 대판 1995.8.25. 94다47803. 나아가 대판 2017.11.9. 2013다26708 · 26715 · 26722 · 26739: "혈액제제는 혈액을 원료로 하여 제조한 의약품으로서 특정한 질병 등을 치료하는 데 효용성이 큰 반면에 혈액제제를 통한 바이러스 등 감염의 위험 또한 존재한다. […] 따라서 혈액제제 제조업체로서는 혈액제제의 제조를 위해 순결한 혈액을 확보하여 보존함은 물론이고 필요한 최선의 조치를 다하여 제조된 혈액제제를 통한 감염의 위험을 제거할 고도의 주의의무가 있다. 그리고 이러한 주의의무의 구체적 내용은 혈액을 채혈하는 당시의 의학기술수준에 맞추어 바이러스 등 감염 여부를 검사하여 불순한 혈액을 제거하는 노력을 기울이고 문진 등을 통하여 C형 간염 바이러스(HCV, Hepatitis C Virus, 이하 'HCV'라고 한다) 등의 감염위험군으로부터 혈액이 제공되지 않도록 하는 등의 조치를 취하는 것이고, 이러한 주의의무를 위반했는지를 판단할 때에는 문제로 된 행위 당시의 일반적인 의학의 수준과 그 행위로부터 생

[3074] ② 공무원 등의 직무상의 과실이 긍정된 경우와 부정된 경우를 본다.

ⓐ 직무상 의무의 위반 여부는 보통 일반의 공무원을 표준으로 하여 객관적 주의를 기울였는지를 기준으로 판단한다.[15] 그런데 법령에 대한 해석이 복잡, 미묘하여 워낙 어렵고, 이에 대한 학설, 판례조차 귀일되지 않는 등의 특별한 사정이 없는 한 일반적으로 공무원이 관계법규를 알지 못하거나 필요한 지식을 갖추지 못하고 법규의 해석을 그르쳐 행정처분을 하였다면 그가 법률전문가가 아닌 행정직 공무원이라고 하여 과실이 없다고는 할 수 없다.[16] 한편 편의재량(공익재량)에 속하는 업무를 행정청 내부의 기준에 따라 처리한 경우에도 과실이 부정된다.[17]

ⓑ 집행법원이나 경매담당 공무원이 매각물건명세서에 매각대상부동산의 현황과 권리관계에 관한 사항을 제출된 자료와 다르게 작성하거나 불분명한 사항에 관하여 잘못된 정보를 제공한 경우,[18] 수사서류에 대한 열람·등사를 허용할 것을 명하는 법원의 결정에도 불구하고 검사가 일부서류의 열람·등사를 거부한 경우,[19] 급성정신착란증의 증세가 있는 수용자를 제대로 관찰하지 않아 그가 자살한 경우,[20] 공탁금회수청구가 진정한 권리자에 의한 것인지에 관하여 의심을 할 만한 사정이 있음에도 청구를 인가한 경우,[21] 변호인의 접견교통권을 침해한 경우[22] 등에서 과실이 인정되었다.

[3075] (2) 회사 임원 등의 주의의무를 본다.

① 회사 임원이 담당 업무를 수행하면서 필요한 정보를 충분히 수집·조사하고 검토하는 절차를 거친 다음 이를 근거로 회사의 최대이익에 부합한다고 합리적으로 신뢰하고 신의성실에 따라 경영상의 판단을 내렸고 그 내용이 현저히 불합리하지 아니하여 임원으로서 통상 선택할 수 있는 범위 안에 있는 것이라면, 즉 그의 행위가 「경영판단의 재량범위」 내에 있다면 회사에 대하

기는 결과발생의 가능성의 정도, 피침해법익의 중대성, 결과회피의무를 부담함에 의해서 희생되는 이익 등을 함께 고려해야 한다. 그리고 혈액제제 제조업체가 자체 혈액원 등을 통하여 혈액제제에 필요한 혈액을 충당하는 과정에서 문진 등을 통하여 HCV 등의 감염위험이 높은 자로부터 혈액이 제공되지 않도록 하는 등의 조치를 이행하였는지에 대한 증명책임은 특별한 사정이 없는 한 혈액제제 제조업체가 부담한다."

15) 대판 2011.1.27. 2008다30703.

16) 대판 2001.2.9. 98다52988. 집행관에 관한 대판 2003.9.26. 2001다52773(도 동지.
반면 과실을 인정한 예로 대판 2010.6.24. 2006다58738: "형사소송법 및 관계법령이 형사소송절차에서 피의자가 갖는 권리에 관하여 명문의 규정을 두고 있지 아니하여 그 해석에 관하여 여러 가지 견해가 있을 수 있고, 이에 대하여 대법원 판례 등 선례가 없고 학설도 귀일된 바 없어 의의(疑意)가 있을 수 있는 경우에는, 검사로서는 그 나름대로 신중을 다하여 그 당시의 실무관행을 파악하고 각 견해의 근거의 합리성을 검토하여 어느 한 견해를 따라 조치를 취할 수밖에 없다. 이 경우 그러한 조치 후에 대법원이 형사소송법 등 법령에 명시되지 아니한 피의자의 권리를 헌법적 해석을 통하여 인정하거나 피의자의 다른 권리에 관한 형사소송법의 규정 등을 유추적용하여 인정함으로써, 사후적으로 피의자에게 그러한 권리가 존재하지 않는 것으로 해석한 검사의 조치가 잘못된 것으로 판명되고 이에 따른 처리가 결과적으로 위법하게 되어 법령의 부당집행이라는 결과를 가져오게 되었다고 하더라도, 그 조치 당시 그 검사가 내린 판단 이상의 것을 성실하고 합리적인 평균적 검사에게 기대하기 어렵다고 인정된다면, 특별한 사정이 없는 한 이러한 경우에까지 당해 검사에게 국가배상법 제2조 제1항에서 규정하는 과실이 있다고 할 수 없다." 수사기관의 기소 후 무죄판결이 확정된 경우에 관하여 비슷한 판시를 한 대판 2013.2.15. 2012다203096도 참조.

17) 대판 2002.5.10. 2001다62312.

18) 대판 2010.6.24. 2009다40790.

19) 대판 2012.11.15. 2011다48452.

20) 대판 2010.1.28. 2008다75768.

21) 대판 2010.2.25. 2009다82831.

22) 대판 2018.12.27. 2016다266736: "수사기관이 법령에 의하지 않고는 변호인의 접견교통권을 제한할 수 없다는 것은 대법원이 오래전부터 선언해 온 확고한 법리로서 변호인의 접견신청에 대하여 허용 여부를 결정하는 수사기관으로서는 마땅히 이를 숙지해야 한다. 이러한 법리에 반하여 변호인의 접견신청을 허용하지 않고 변호인의 접견교통권을 침해한 경우에는 접견불허결정을 한 공무원에게 고의나 과실이 있다고 볼 수 있[고, …] 변호인의 접견교통권은 피의자 등이 변호인의 조력을 받을 권리를 실현하기 위한 것으로서, 피의자 등이 헌법 제12조 제4항에서 보장한 기본권의 의미와 범위를 정확히 이해하면서도 이성적 판단에 따라 자발적으로 그 권리를 포기한 경우까지 피의자 등의 의사에 반하여 변호인의 접견이 강제될 수 있는 것은 아니[지만, …] 변호인이 피의자 등에 대한 접견신청을 하였을 때 위와 같은 요건이 갖추어지지 않았는데도 수사기관이 접견을 허용하지 않는 것은 변호인의 접견교통권을 침해하는 것이고, 이 경우 국가는 변호인이 입은 정신적 고통을 배상할 책임이 있다. 이때 변호인의 조력을 받을 권리의 중요성, 수사기관에 이러한 권리를 침해할 동기와 유인이 있는 점, 피의자 등이 접견교통을 거부하는 것은 이례적이라는 점을 고려하면, 피의자 등이 헌법 제12조 제4항에서 보장한 기본권의 의미와 범위를 정확히 이해하면서도 이성적 판단에 따라 자발적으로 그 권리를 포기하였다는 것에 대해서는 이를 주장하는 사람이 증명할 책임이 있다."

여 손해배상책임을 지지 않는다.[23)]

② 회사의 대표이사나 감사 등은 다른 임직원의 위법하거나 부적절한 업무집행을 감시할 의무를 지는데,[24)] 감사의 지위가 비상근, 무보수의 명예직으로 전문가가 아니고 형식적이었더라도 그러한 사정만으로 위와 같은 주의의무를 면할 수는 없다.[25)]

③ 업무 수행 당시 선관주의를 다했다면 사후적인 결과를 들어 배상책임을 지우지 못한다.[26)]

(3) 그 밖의 경우들을 본다. [3076]

① 먼저 금융거래와 관련하여, 고객의 자산을 관리하는 금융기관은 고객에 대하여 선관주의의무를 부담하므로, 고객의 투자목적 · 투자경험 · 위험선호의 정도 및 투자예정기간 등을 미리 파악하여 그에 적합한 투자방식을 선택하여 투자하도록 권유해야 하고, 조사된 투자목적에 비추어 볼 때 고객에게 과도한 위험을 초래하는 거래행위를 감행하도록 하여 고객의 재산에 손실을 가한 때에는 그로 인한 손해를 배상할 책임이 있다. 그런데 어느 특정한 투자방식을 채택한 것이 선관주의의무 위반으로 평가되는지는 고객이 투자목적 등에 비추어 어느 정도의 위험을 감수할 것인가 하는 측면과 투자일임을 받은 회사의 투자가 어느 정도의 위험을 내포하고 있는 것인가 하는 측면을 비교 · 검토하여 조사된 고객의 투자목적 등에 비추어 볼 때 과도한 위험을 초래하는 거래행위에 해당하는지 아닌지에 따라 가려져야 한다. 또한 금융기관이 일반고객과 선물환거래 등 전문적인 지식과 분석능력이 요구되는 금융거래를 할 때에는, 상대방이 거래의 구조와 위험성을 정확하게 평가할 수 있도록 거래에 내재된 위험요소 및 잠재적 손실에 영향을 미치는 중요인자 등 거래상의 주요정보를 적합한 방법으로 설명할 신의칙상의 의무가 있으나, 계약자나 그 대리인이 내용을 충분히 잘 알고 있는 경우에는 그러한 사항에 대해서까지 금융기관에게 설명의무가 인정된다고 할 수는 없다.[27)]

② 대판(전) 2009.4.16. 2008다53812: "인터넷 종합정보 제공사업자가 보도매체가 작성 · [3077] 보관하는 기사에 대한 인터넷 이용자의 검색 · 접근에 관한 창구역할을 넘어서서, 보도매체로부터 기사를 전송받아 자신의 자료저장 컴퓨터설비에 보관하면서 스스로 그 기사 가운데 일부를 선별하여 자신이 직접 관리하는 뉴스게시공간에 게재하였고 그 게재된 기사가 타인의 명예를 훼손하는 내용을 담고 있다면, 이는 단순히 보도매체의 기사에 대한 검색 · 접근기능을 제공하는 경우와는 달리 인터넷 종합정보 제공사업자가 보도매체의 특정한 명예훼손적 기사내용을 인식하고 이를 적극적으로 선택하여 전파한 행위에 해당하므로, 달리 특별한 사정이 없는 이상 위 사업자는 명예훼손적 기사를 보도한 보도매체와 마찬가지로 그로 인하여 명예가 훼손된 피해자에 대하여 불법행위로 인한 손해배상책임을 [지고, …] 명예훼손적 게시물이 게시된 목적, 내용, 게시기간과 방법, 그로 인한 피해의 정도, 게시자와 피해자의 관계, 반론 또는 삭제요구의 유무 등 게시에 관련한 쌍방의 대응태도 등에 비추어, 인터넷 종합정보 제공사업자가 제공하는 인터넷 게시공간에 게시된 명예훼손적 게시물의 불법성이 명백하고, 위 사업자가 위와 같은 게시물로 인하여 명

23) 대판 2008.7.10. 2006다39935. 이른바 대환대출에서 부실경영의 책임에 관한 대판 2006.2.24. 2005다38492도 참조.

24) 대판 2008.9.11. 2006다68636 참조.

25) 대판 2008.9.11. 2006다57926.

26) 해고에 관한 대판 2009.2.12. 2008다74895 참조.

27) 대판 2010.11.11. 2010다55699; 대판 2008.9.11. 2006다53856. 특정금전신탁에서 신탁회사의 주의의무에 관한 대판 2018.6.15. 2016다212272도 참조.

예를 훼손당한 피해자로부터 구체적 · 개별적인 게시물의 삭제 및 차단요구를 받은 경우는 물론, 피해자로부터 직접적인 요구를 받지 않은 경우라 하더라도 그 게시물이 게시된 사정을 구체적으로 인식하고 있었거나 그 게시물의 존재를 인식할 수 있었음이 외관상 명백히 드러나며, 또한 기술적, 경제적으로 그 게시물에 대한 관리 · 통제가 가능한 경우에는, 위 사업자에게 그 게시물을 삭제하고 향후 같은 인터넷 게시공간에 유사한 내용의 게시물이 게시되지 않도록 차단할 주의의무가 있고, 그 게시물 삭제 등의 처리를 위하여 필요한 상당한 기간이 지나도록 그 처리를 하지 아니함으로써 타인에게 손해가 발생한 경우에는 부작위에 의한 불법행위책임이 성립한다."[28]

[3078] ③ 대판 2011.12.8. 2011다66849 · 66856: "운동경기에 참가하는 자는 자신의 행동으로 인하여 다른 경기자 등이 다칠 수도 있으므로, 경기규칙을 준수하면서 다른 경기자 등의 생명이나 신체안전을 확보하여야 할 신의칙상 주의의무인 안전배려의무를 부담한다. 그런데 권투나 태권도 등과 같이 상대선수에 대한 가격이 주로 이루어지는 형태의 운동경기나 다수 선수들이 한 영역에서 신체적 접촉을 통하여 승부를 이끌어내는 축구나 농구와 같은 형태의 운동경기는 신체접촉에 수반되는 경기 자체에 내재된 부상위험이 있고, 그 경기에 참가하는 자는 예상할 수 있는 범위 내에서 위험을 어느 정도 감수하고 경기에 참가하는 것이므로, 이러한 유형의 운동경기에 참가한 자가 앞서 본 주의의무를 다하였는지는 해당 경기의 종류와 위험성, 당시 경기진행상황, 관련당사자들의 경기규칙 준수 여부, 위반한 경기규칙이 있는 경우 규칙의 성질과 위반 정도, 부상부위와 정도 등 제반 사정을 종합적으로 고려하여 판단하되, 그 행위가 사회적 상당성의 범위를 벗어나지 않았다면 이에 대하여 손해배상책임을 물을 수 없다."[29]

④ 대판 2008.12.11. 2008다54617은, 권원 없이 타인의 물건을 점유한 이는 물건이 도난되거나 분실되지 않도록 보관할 주의의무가 있으며, 이러한 주의의무를 게을리하여 이를 도난당함으로써 소유자의 소유권을 침해한 점유자는 이러한 불법행위로 인하여 소유자가 입은 손해를 배상할 의무를 진다고 하였다.

그 밖에 찜질방 영업자의 주의문 게시의무 및 안전배려의무에 관한 대판 2010.2.11. 2009다79316, 신호대기 중인 자동차 운전자의 주의의무에 관한 대판 2003.4.11. 2003다3607 · 3614, 공연연출자의 주의의무에 관한 대판 2009.2.26. 2007다24985, 기간임용제 대학교원에 대한 학교법인의 재임용거부결정에 관한 대판 2021.2.10. 2015다254231 등도 참조.

[3079] Ⅲ. 과책의 증명

가. 증명책임의 소재

채무불이행책임을 면하기 위하여 채무자가 자기에게 과실(고의를 포함한다) 없음을 증명해야 하는 반면(제390조 단서), 불법행위에서 고의 또는 과실은 손해배상의 적극적 요건으로 그에 대한 증명책임을 피해자가 진다.[30]

---

28) 저작권 침해 게시물에 관한 대판 2010.3.11. 2009다4343도 동지.

29) 조기축구회 경기 중 골키퍼가 다친 경우에 관한 대판 2019.1.31. 2017다203596도 참조.

30) 과실판단자료의 전부 또는 중요부분이 가해자측에 있는 경우에 민사소송법 제345조에 기하여 문서제출명령을 신청할 수 있다.

나. 과실의 추정 [3080]

(1) 고도의 전문지식을 요하는 경우에 과실이 추정되는데, 어느 수준의 심증이 형성될 정도까지 증명하면 일단 과실이 있다고 전제하여, 가해자에게 반대의 증명을 요구한다. 의료과실의 추정에 관하여 [3167] 참조.

(2) 그 밖의 경우에도 과실이 추정되기도 하는데, 이에 관한 판례를 본다.

① 대판 2002.9.24. 2000다46184: "가압류나 가처분 등 보전처분은 법원의 재판에 의하여 집행되는 것이기는 하나, 그 실체상 청구권이 있는지 여부는 본안소송에 맡기고 단지 소명에 의하여 채권자의 책임 아래 하는 것이므로, 그 집행 후에 집행채권자가 본안소송에서 패소 확정되었다면 그 보전처분의 집행으로 인하여 채무자가 입은 손해에 대하여는 특별한 반증이 없는 한 집행채권자에게 고의 또는 과실이 있다고 추정되고, 따라서 그 부당한 집행으로 인한 손해에 대하여 이를 배상할 책임이 있다."[31] 나아가 대판 2023.6.1. 2020다242935: "채권자가 가압류신청에서 진정한 채권액보다 지나치게 과다한 가액을 주장하여 그 가액대로 가압류결정이 된 후 본안소송에서 피보전권리가 없는 것으로 확인된 부분의 범위 내에서는 채권자의 고의·과실이 추정된다." 다만 채권자가 가압류신청 당시 그 주장하는 채권이 있다고 믿을 만한 상당한 이유가 있었다고 인정되면 이러한 추정이 번복되어 손해배상책임은 인정되지 않는다.[32]

② 대판 2013.7.25. 2013다21666은 타인의 상표권을 침해한 이에게 과실이 있는 것으로 추정된다고 하였다(특허법 제130조, 실용신안법 제30조, 디자인보호법 제65조 제1항 참조).

제 5 관 책임능력과 감독자책임

Ⅰ. 기본법리 [3081]

1. 책임능력의 의의

(1) 법률행위에서 의사능력이 수행하는 역할을 책임법에서는 책임능력(責任能力, 불법행위능력이라고도 한다)이 담당한다. 즉 책임능력이란 자기행위가 타인의 법익을 위법하게 침해한다는 것을 알기에 족한 정신적 판단능력, 즉 법률상의 책임을 변식(辨識, 분별하여 안다는 의미이다)할 수 있는 지능(자기행위가 손해배상을 야기할 것임을 알 수 있는 지능)을 말한다.

(2) 이러한 판단능력을 결한 이에게 정신작용으로서 과책에 기한 책임(자기책임)을 묻는다는 것은 무의미하다. 따라서 책임무능력자는 불법행위에 대하여 책임을 지지 않으며(제753조, 제754조), 책임무능력자의 불법행위에 대하여 감독자가 책임을 진다(제755조). 결국 책임능력은 책임의 귀속에서 가해자측의 판단능력으로 인한 면책 여부를 결정하는 기준이다.[1]

[참 고] 손해배상의 요건으로서 책임능력이 필요하다는 다수설에 대하여, 구체적 과실을 요하는 경우(예: 제695조)에 책임능력이 요구되지만 추상적 과실이 적용되는 일반적인 경우에는 책임능력이 요구되지 않는다는 견해도 있다. 그런데 「사회평균인」의 주의능력을 기준으로 과실의 유무를 판단

31) 담보권 실행경매에서 잠정처분으로서 경매절차를 정지하는 가처분을 받은 경우에 관한 대판 2001.2.23. 98다26484도 동지. 그 밖에 가압류청구금액에 크게 미치지 못하는 피보전권리만이 인정되는 경우에 관한 대판 2009.5.28. 2008다90026도 참조.

32) 대판 2011.7.14. 2011다13241.

1) 의사능력과 마찬가지로 일정한 정신적 판단능력을 결한 이를 보호하기 위한 것으로, 위법성조각사유와 더불어 항변사유를 구성한다.

하더라도, 최소한의 정신능력조차 갖추지 못한 이가 손해배상책임을 지지 않는다고 함은 논리적으로 가능하다.

한편 무과실책임에서는 책임능력이 문제되지 않는다고 해야 할 것이다. 앞에서 본 것처럼 책임능력은 불법행위책임의 요건인 고의·과실의 논리적 전제이기 때문이다. 그리고 법인에서는 성질상 정신적 판단능력으로서의 책임능력이 문제되지 않고, 제35조의 문제로 된다.

(3) 책임능력의 유무는 개개의 행위와 관련하여 개별적으로 판단된다.

[3082] 2. 책임무능력자

법은 책임을 변식할 지능이 없는 미성년자 및 심신상실자를 책임무능력자라고 함으로써 책임능력을 소극적으로 규정하는데, 그 외의 모든 사람은 책임능력자이다.

(1) 자기행위의 책임을 변식할 지능이 없는 미성년자는 책임무능력자이다(제753조). 즉 모든 미성년자가 책임무능력자인 것은 아니고, 개별적으로 판단된다. 판례가 만 13세인 미성년자의 책임능력을 인정하기도 하고 부정하기도 하는[2] 등 연령이 절대적 기준은 아니다.

(2) 행위 당시 심신상실의 상태에 있던 이도 책임무능력자이다(제754조). 즉 의식이 없는 상태(예: 만취 중) 또는 정신활동의 장애로 인하여 자유로운 의사결정이 배제된 상태에서 행동한 이는 그 행동에 따른 결과에 대하여 책임을 지지 않는다. 다만 고의 또는 과실로 일시적인 심신상실상태를 초래한 경우에[3] 과실이라는 형식의 과책이 인정되는데(같은 조 단서), 이를 「원인에 있어서 자유로운 행위」라 한다.

[3083] Ⅱ. 감독자책임

1. 의 의

(1) 책임무능력자가 위법하게 타인에게 손해를 가한 경우에, 책임능력의 흠결 때문에 행위자 자신의 손해배상책임이 발생하지 않지만, 책임무능력자에 갈음하여 그를 감독할 법정의무 있는 이 또는 감독의무자에 갈음하여 감독하는 대리감독자는, 감독을 게을리하지 않았음을 증명하지 않는 한 직접 피해자에 대하여 배상책임을 진다(제755조). 이를 감독자책임(監督者責任)이라 한다.

(2) 제755조는 피해자의 보호를 위한 입법적 배려이다.

[3084] 2. 요 건

(1) 책임무능력자인 피감독자의 위법한 가해행위가 있어야 한다. 즉 피감독자가 책임무능력자로서 제753조 또는 제754조에 의하여 손해배상책임을 지지 않는 경우여야 하는데, 이를 「감독자책임의 보충성」이라 한다.[4] 반면 피감독자의 가해행위가 책임무능력 외의 사유로 불법행위를 구성하지 않는 경우에 감독의무자 등의 책임은 당연히 부정된다.

그런데 책임능력 있는 미성년자의 불법행위에 대하여 부모 등 감독의무자가 책임을 지는지에 관하여 논란이 있었으나, 대판(전) 1994.2.8. 93다13605가 가해자인 미성년자에게 책임능력

---

2) 인정한 예로 대판 1969.7.8. 68다2406, 부정한 예로 대판 1978.11.28. 78다1805.
3) 예: 경비업무를 담당하는 이가 만취하여 도난을 막지 못한 경우.
4) 대판 1994.8.23. 93다60588.

이 있더라도 제750조에 기한 감독의무자 등의 배상책임을 인정할 수 있다고 함5)에 따라 종식되었다.

[참 고] 이 판결의 의미를 본다. ⓐ 불법행위를 저지른 미성년자는 대개 무자력이므로, 피해자로서는 부모의 책임을 묻고자 한다. 그런데 제755조는 가해자인 미성년자에게 책임능력이 없을 것으로 요구하므로, 판례는 종래 책임능력의 기준을 높이는 방법으로 대응하였다.6) ⓑ 한편 학설의 주류는 피해자 구제를 위하여 미성년자인 가해자에게 책임능력이 있더라도 감독의무자 등이 감독의무를 게을리하였다면 감독의무자 등의 손해배상책임을 인정하고자 했고, 판례는 종래 —책임능력의 기준을 높임과는 별도로— 손해가 가해자의 감독의무자 등의 의무 위반과 상당인과관계 있는 것이라면 제750조에 의한 배상책임을 진다고도 하고, 책임능력의 존재 여부와 관계없이 감독의무자 등은 제755조에 의한 책임을 진다고도 하는 등 엇갈린 입장을 보이다가, 이 판결을 통하여 감독의무 위반과 인과관계 있는 손해에 대한 일반불법행위책임이 성립할 수 있다고 입장을 정리하였다. 이 판결 이후 대체로 무면허운전이나 상해와 같은 위법행위가 있는 경우에 부모의 손해배상책임을 인정하였다.7) ⓒ 감독의무자의 책임이 인정되면 책임능력 있는 미성년자의 책임과 병존하고, 양자는 부진정연대의 관계에 선다.

(2) 감독의무자 등의 책임은 형식상 감독의무 위반의 과실책임이므로(제755조 제1항 단서 참 [3085]
조), 감독의무자 등이 감독의무를 게을리하지 않았음을 증명하여 면책될 수 있다. 그리고 감독을 할 때 베풀어야 할 주의는 선관주의(善管注意)이다.

[참 고] 교육기관의 감독의무에 관한 재판례

㉠ 특히 문제되는 것은 학생들 사이의 폭력사고인데, 판례는 특별한 사정이 없는 한 사고발생의 예견이 불가능한 우발적 · 돌발적 사고로 본다.8)

㉡ 대판 1997.6.27. 97다15258: "초등학교의 교장이나 교사는 학생을 보호 · 감독할 의무를 지는 것이나 이러한 학생에 대한 보호 · 감독의무는 학교 내에서의 학생의 모든 생활관계에 미치는 것은 아니고 학교에서의 교육활동 및 이에 밀접불가분의 관계에 있는 생활관계에 한하며, 그 의무의 범위 내의 생활관계라고 하더라도 사고가 학교생활에서 통상 발생할 수 있다고 하는 것이 예측되거나 또는 예측가능성(사고 발생의 구체적 위험성)이 있는 경우에만 교장이나 교사는 보호 · 감독의무 위반에 대한 책임을 진다고 할 것이고, 그 예측가능성에 대하여는 교육활동의 때, 장소, 가해자의 분별능력, 가해자의 성행, 가해자와 피해자의 관계, 기타 여러 사정을 고려하여 판단할 필요가 있다."9)

㉢ 「집단따돌림」(속칭 왕따)에 관하여 대판 2007.11.15. 2005다16034: "집단따돌림이란 학교 또는 학급 등 집단에서 복수의 학생들이 한 명 또는 소수의 학생들을 대상으로 의도와 적극성을 가지고, 지속적이면서도 반복적으로 관계에서 소외시키거나 괴롭히는 현상을 의미[한다. …] 집단따돌림으로 인하여 피해학생이 자살한 경우, 자살의 결과에 대하여 학교의 교장이나 교사의 보호감독의무 위반의 책임을 묻기 위하여는 피해학생이 자살에 이른 상황을 객관적으로 보아 교사 등이 예견

5) "민법 제750조에 대한 특별규정인 민법 제755조 제1항에 의하여 책임능력 없는 미성년자를 감독할 법정의 의무 있는 자가 지는 손해배상책임은 그 미성년자에게 책임이 없음을 전제로 하여 이를 보충하는 책임이고, 그 경우에 감독의무자 자신이 감독의무를 해태하지 아니하였음을 입증하지 아니하는 한 책임을 면할 수 없는 것이나, 반면에 미성년자가 책임능력이 있어 그 스스로 불법행위책임을 지는 경우에도 그 손해가 당해 미성년자의 감독의무자의 의무 위반과 상당인과관계가 있으면 감독의무자는 일반불법행위자로서 손해배상책임이 있다고 할 것이므로, 이 경우에 그러한 감독의무 위반사실 및 손해발생과 상당인과관계의 존재는 이를 주장하는 자가 입증하여야 할 것"이다. 고등학교 3학년생으로 만 17년 9개월된 A(오토바이 운전면허 소지)가 오토바이 사고로 X에게 상해를 입히자, X가 A의 부모인 Y를 상대로 손해배상청구를 사안에서, 이러한 일반론에도 불구하고 X의 청구를 기각하였다.

6) 대체로 중학교 입학 무렵인 13세 정도를 기준으로 하지만, 일률적이지 않았다.

7) 대판 1997.3.28. 96다15374 등.

8) 긍정한 드문 사례로 평소에도 급우를 괴롭힌 중학생의 가해에 관한 대판 1994.8.23. 93다60588.

9) 사교육기관의 감독의무를 인정한 대판 2008.1.17. 2007다40437도 참조.

하였거나 예견할 수 있었음이 인정되어야 한다. 다만, 사회통념상 허용될 수 없는 악질, 중대한 집단따돌림이 계속되고 그 결과 피해학생이 육체적 또는 정신적으로 궁지에 몰린 상황에 있었음을 예견하였거나 예견할 수 있었던 경우에는 피해학생이 자살에 이른 상황에 대한 예견가능성도 있는 것으로 볼 수 있을 것이나, 집단따돌림의 내용이 이와 같은 정도에까지 이르지 않은 경우에는 교사 등이 집단따돌림을 예견하였거나 예견할 수 있었다고 하더라도 이것만으로 피해학생의 자살에 대한 예견이 가능하였던 것으로 볼 수는 없으므로, 교사 등이 집단따돌림 자체에 대한 보호감독의무 위반의 책임을 부담하는 것은 별론으로 하고 자살의 결과에 대한 보호감독의무 위반의 책임을 부담한다고 할 수는 없다."[10)]

(3) 감독의무자 등이 감독의무 해태와 책임무능력자의 가해행위 사이의 인과관계의 부존재를 증명함으로써 면책될 수 있는지에 관하여, 다수설은 제756조 제1항 단서를 유추하여 면책을 긍정한다.

[3086] ### 3. 효 과

(1) 책임무능력자에 갈음하여 배상책임을 부담하는 이는 법정감독의무자(친권자, 후견인, 시설미성년후견법에 의한 보호시설의 장 등[11)]) 또는 대리감독자(예: 보모, 교원)이다.[12)]

그런데 부모는 미성년자의 감독의무자로서 미성년자의 불법행위에 대하여 손해배상책임을 지지만, 자녀에 대한 친권도 양육권도 없는 이른바 「비양육친」이 미성년자의 부모라는 사정만으로 미성년자녀에 대하여 감독의무를 부담한다고 볼 수는 없고, 감독의무를 인정할 특별한 사정이 있는 경우에는 비양육친도 감독의무 위반으로 인한 손해배상책임을 질 수 있다.[13)]

한편 법정감독의무자의 보호 · 감독책임은 책임무능력자의 생활 전반에 미치는 반면, 대리감독자, 예컨대 교사의 보호 · 감독책임은 학교 내에서의 학생의 모든 생활관계에 미치는 것이 아니라 학교에서의 교육활동 및 이와 밀접불가분의 관계에 있는 생활관계에 한하고, 그 범위를 벗어난 영역에서 가해행위가 이루어졌다면 책임을 지지 않음은 앞서 본 바와 같다.[14)] 그리고 대리감독자가 있다는 사실만으로 곧 법정감독의무자의 법정감독책임이 면제된다고 볼 수는 없는데, 판

---

10) 대판 2015.8.27. 2012다95134도 참조.

11) 관련하여 대판 2021.7.29. 2018다228486: 정신질환자의 민법상의 부양의무자 또는 후견인(이하 "부양의무자 등"이라 한다)이 지는 "법률상 감독의무[…]는 정신질환자의 행동을 전적으로 통제하고 그 행동으로 인한 모든 결과를 방지해야 하는 일반적인 의무가 아니라 구 정신보건법 등 관련법령의 취지, 신의성실의 원칙, 형평의 원칙 등을 종합적으로 고려하여 합리적으로 제한된 범위에서의 의무라고 해석함이 타당하다. 구체적인 사안에서 부양의무자 등이 피보호자인 정신질환자에 관한 감독의무를 위반하였는지는 […] 모든 사정을 종합적으로 고려하여, 피보호자인 정신질환자가 타인을 위해할 가능성이 있다는 구체적인 위험을 인지하였는데도 대비를 하지 않은 경우와 같이 부양의무자 등에게 정신질환자의 행위에 관해서 책임을 묻는 것이 타당한 객관적 상황이 인정되는지 여부에 따라 개별적으로 판단해야 한다."

12) 대리감독자가 피용자인 경우에, 그 사용자는 제756조에 의한 사용자책임을 질 수 있다.

13) 대판 2022.4.14. 2020다240021: "이혼으로 인하여 부모 중 1명이 친권자 및 양육자로 지정된 경우 그렇지 않은 부모(이하 '비양육친'이라 한다)에게는 자녀에 대한 친권과 양육권이 없어 자녀의 보호 · 교양에 관한 민법 제913조 등 친권에 관한 규정이 적용될 수 없다. 비양육친은 자녀와 상호 면접교섭할 수 있는 권리가 있지만(민법 제837조의2 제1항), 이러한 면접교섭제도는 이혼 후에도 자녀가 부모와 친밀한 관계를 유지하여 정서적으로 안정되고 원만한 인격발달을 이룰 수 있도록 함으로써 자녀의 복리를 실현하는 것을 목적으로 하고, 제3자와의 관계에서 손해배상책임의 근거가 되는 감독의무를 부과하는 규정이라고 할 수 없다. 비양육친은 이혼 후에도 자녀의 양육비용을 분담할 의무가 있지만, 이것만으로 비양육친이 일반적, 일상적으로 자녀를 지도하고 조언하는 등 보호 · 감독할 의무를 진다고 할 수 없다. 이처럼 비양육친이 미성년자의 부모라는 사정만으로 미성년자녀에 대하여 감독의무를 부담한다고 볼 수 없다. 다만 비양육친도 부모로서 자녀와 면접교섭을 하거나 양육친과의 협의를 통하여 자녀 양육에 관여할 가능성이 있는 점을 고려하면, ① 자녀의 나이와 평소 행실, 불법행위의 성질과 태양, 비양육친과 자녀 사이의 면접교섭의 정도와 빈도, 양육환경, 비양육친의 양육에 대한 개입 정도 등에 비추어 비양육친이 자녀에 대하여 실질적으로 일반적이고 일상적인 지도, 조언을 함으로써 공동양육자에 준하여 자녀를 보호 · 감독하고 있었거나, ② 그러한 정도에는 이르지 않더라도 면접교섭 등을 통해 자녀의 불법행위를 구체적으로 예견할 수 있었던 상황에서 자녀가 불법행위를 하지 않도록 부모로서 직접 지도, 조언을 하거나 양육친에게 알리는 등의 조치를 취하지 않은 경우 등과 같이 비양육친의 감독의무를 인정할 수 있는 특별한 사정이 있는 경우에는, 비양육친도 감독의무 위반으로 인한 손해배상책임을 질 수 있다."

14) 대판 2007.4.26. 2005다24318. 대판 1997.6.27. 97다15258도 참조.

례는 그들의 책임이 병존하는 것으로 본다.15)

(2) 배상의 범위는 제393조에 의하는데, 특별손해에 대한 예견가능성은 감독의무자 등을 기준으로 판단한다.16)

제 3 절 불법행위의 효과

Ⅰ. 개 관 [3087]

(1) 불법행위의 효과로 손해배상청구권이 발생한다(제750조).

(2) 손해배상은 위법행위(불법행위 외에 채무불이행도 포함하여)로 인한 것이라는 점에서 적법한 공권력의 행사에 기한 손실보상(損失補償)과 구별된다. 다만 손해담보계약과 같이 위법행위가 없음에도 손해배상이 문제될 수 있고, 나아가 무과실손해배상책임이 법률에 의하여 인정되기도 한다.

Ⅱ. 손해배상청구권 [3088]

1. 손해배상청구의 당사자

가. 청구권자

(1) 손해배상청구권자는 손해를 받은 피해자이며, 자연인뿐만 아니라 법인 및 권리능력 없는 사단도 포함한다.

(2) 태아(胎兒)는 손해배상청구권에 관하여 이미 출생한 것으로 본다(제762조). 이 규정에 의하여 태아는 불법행위자가 자신에게 가한 정신적 또는 재산적 손해에 대한 고유의 배상청구권을 가진다.1)

(3) 불법행위의 직접적 피해자가 아닌 이의 배상청구가 일반적으로 부정되지는 않는다(간접적 피해자에 관하여 [2385] 참조). 자식에 대한 신체침해에서 부모2)와 같이 불법행위로 인하여 정신적 고통을 받은 이는 가해자에게 위자료를 청구할 수 있다(제751조). 피해 당시 그로 인한 정신적 고통을 느낄 수 없는 유아도 장래에 감득할 정신적 고통에 대한 위자료청구권을 가지며,3) 사실상의 혼인관계에 있는 배우자도 다른 배우자가 제3자의 불법행위로 인하여 상해를 입었다면 위자료청구권을 가진다.4)

(4) 생명침해로 인한 위자료청구권자를 제752조가 열거한다: 피해자의 직계존속, 직계비속 및 배우자.5) 그런데 제752조는 위자료청구권자를 한정적으로 열거한 것이 아니라 그에 열거된

15) 대판 1996.8.23. 96다19833; 대판 1997.6.13. 96다44433 참조.
16) 대판 1968.6.11. 68다639.
1) 대판 1993.4.27. 93다4663은, 아버지가 교통사고로 상해를 입은 경우에 태아 자신의 정신적 고통에 대한 위자료청구를 인정하였다.
2) 대판 1965.8.24. 65다1083.
3) 대판 1971.3.9. 70다2992.
4) 대판 1969.7.22. 69다684.
5) 사실상의 친족관계에 있는 경우도 포함된다는 대판 1966.6.28. 66다493도 참조.

친족의 증명책임을 면제하는 것으로, 그 외의 친족도 정신적 고통을 증명하면 제750조, 제751조에 기하여 위자료를 청구할 수 있다.[6] 판례의 입장도 같다.[7] 참고로 채무불이행의 경우에 근친자의 위자료청구권을 인정하지 않는다.[8]

그런데 생명침해의 불법행위로 인한 피해자 본인의 위자료청구권과 제752조에 기한 배우자 등 유족의 정신적 피해로 인한 고유의 위자료청구권은 별개이므로 소멸시효 완성 여부도 각각 그 권리를 행사한 때를 기준으로 판단해야 한다.[9]

[3089] (5) 하나의 가해행위로 인한 손해가 여러 명에게 순차적으로 발생하는 경우에 그들 모두가 피해자이다. 예를 들어 등기관의 위법행위에 기한 무효등기를 신뢰하여 부동산거래를 함으로써 손해를 입은 이가 무효등기 때문에 최초로 손해를 입은 이에 한정되지 않는다.

이 중 복수의 피해자들이 「다층적 관계」에 있는 경우를 본다. A가 등기관 B와 공모하여 C 소유의 부동산(甲)에 관하여 위조서류를 이용하여 A 명의로 원인무효의 소유권이전등기를 경료한 후 甲을 D에게 매도하고 D는 다시 甲을 E에게 전매하였는데, C의 청구에 의하여 각 등기가 모두 말소된 경우에, E에 대하여 A, B, D가 부진정연대의 관계에 있고(D의 책임은 담보책임이지만), D에 대해서는 A와 B가 부진정연대의 관계에 있는데, 이러한 경우에 수인의 채권자가 다층적 관계에 있다고 할 수 있다. 이처럼 수인의 채권자가 다층적 관계에 있는 경우에, A가 E에게 손해배상을 하면 B와 D의 E에 대한 채무도 감축되고, A가 D에게 손해배상을 하면 B의 D에 대한 채무가 감축되지만, D의 E에 대한 채무는 감축되지 않는다.[10] 그리고 다른 부진정연대채무자에 대한 구상관계는 그들 사이의 관계에 따라 결정될 것이다.

판 례 대판(전) 2016.5.19. 2009다66549

㉮ 다수의견의 요지: "헌법 제35조 제1항, 구 환경정책기본법(2011. 7. 21. 법률 제10893호로 전부 개정되기 전의 것), 구 토양환경보전법(2011. 4. 5. 법률 제10551호로 개정되기 전의 것, 이하 같다) 및 구 폐기물관리법(2007. 1. 19. 법률 제8260호로 개정되기 전의 것)의 취지와 아울러 토양오염원인자의 피해배상의무 및 오염토양 정화의무, 폐기물 처리의무 등에 관한 관련규정들과 법리에 비추어 보면, 토지의 소유자라 하더라도 토양오염물질을 토양에 누출·유출하거나 투기·방치함으로써 토양오염을 유발하였음에도 오염토양을 정화하지 않은 상태에서 오염토양이 포함된 토지를 거래에 제공함으로써 유통되게 하거나, 토지에 폐기물을 불법으로 매립하였음에도 처리하지 않은 상태에서 토지를 거래에 제공하는 등으로 유통되게 하였다면, 다른 특별한 사정이 없는 한 이는 거래의 상대방 및 토지를 전전 취득한 현재의 토지소유자에 대한 위법행위로서 불법행위가 성립할 수 있다. 그리고 토지를 매수한 현재의 토지소유자가 오염토양 또는 폐기물이 매립되어 있는 지하까지 토지를 개발·사용하게 된 경우 등과 같이 자신의 토지소유권을 완전하게 행사하기 위하여 오염토양 정화비용이나 폐기물 처리비용을 지출하였거나 지출해야만 하는 상황에 이르렀다거나 구 토양환경보전법에 의하여 관할 행정관청으로부터 조치명령 등을 받음에 따라 마찬가지의 상황에 이르렀다면 위법행위로 인하여 오염토양 정화비용 또는 폐기물 처리비용의 지출이라는 손해의 결과가 현실적으로 발생하였으므로, 토양오염을 유발하거나 폐기물을 매립한 종전 토지소유자는 오염토양 정화비용 또는 폐기

---

6) 이와 달리 제752조를 간접적 피해자인 배우자 등에게 고유의 위자료청구권을 인정하는 근거규정으로 보아 한정적 열거로 이해할 여지도 있다.

7) 제752조에 열거되지 않은 친족도 정신적 고통에 관한 증명을 함으로써 위자료를 청구할 수 있다고 하면서 며느리의 위자료청구권을 인정한 대판 1978.1.17. 77다1942.

8) 대판 2000.11.24. 2000다38718 · 38725([2380]에 소개된).

9) 대판 2013.8.22. 2013다200568. 대판 2008.3.27. 2008다1576도 참조.

10) 뒤의 2009다66549 판결 외에 D가 E에게 저당권을 설정하여 준 경우에 관한 대판 1982.1.19. 80다3075도 참조.

물 처리비용 상당의 손해에 대하여 불법행위자로서 손해배상책임을 진다."

㉯ 이 판결의 의미를 살핀다.[11] ⓐ 토지소유자가 오염물질을 토양에 누출·유출하거나 투기·방치함으로써 토양오염을 유발하고도 정화하지 않은 상태에서 또는 토지에 폐기물을 불법으로 매립하고도 처리하지 않은 상태에서 토지를 거래에 제공하는 등으로 유통되게 한 경우에, 토지를 전전 취득한 현재의 토지소유자에 대한 위법행위로서 불법행위가 성립할 수 있는지에 관하여 다수의견은 이를 긍정하였다. ⓑ 토양오염을 유발하거나 폐기물을 매립한 이(Y_1)로부터 토지가 중간자(A, B, C 및 Y_2)를 거쳐 현재의 소유자(X)에게 전매된 경우에, Y_1이 X에 대하여 계약상의 책임(담보책임을 포함하여)을 지지 않지만, 그렇다고 하여 불법행위책임이 성립하지 않는 것은 아니다.[12] X가 다시 전매하여 전득자(D)에 대하여 담보책임을 진다든지 토양환경보전법에 따른 오염토양 정화의무를 지는 등 토양오염 등으로 인한 손해가 현재화되는 경우에, Y_1의 위법행위에 의한 피해자에서 X를 배제할 이유가 없다. 즉 X는 Y_2 등과 더불어 Y_1의 위법행위에 따른 이른바 다층적 피해자이다. ⓒ Y_1의 불법행위책임과 Y_2의 계약상의 책임(담보책임을 포함하여)은 X에 대하여 부진정연대의 관계에 선다고 해야 한다. ⓓ X가 토양오염 등의 사정을 알고 그것을 감안하여 매수대금을 결정하였다면 손해가 있다고 볼 수 없어서 불법행위책임이 성립하지 않는다.[13]

나. 배상의무자 [3090]

손해배상의무를 부담하는 이는 가해자이지만, 가해자와 일정한 관계에 있는 이(감독의무자, 사용자, 도급인 등)가 배상의무를 지기도 하고, 법인의 대표기관의 불법행위에 대하여 법인이 손해배상책임을 진다(제35조 제1항).

2. 손해배상청구권의 내용 [3091]

(1) 불법행위에 기한 손해배상청구권은 양도성을 가지며, 상속의 대상이다.

그런데 피해자가 즉사(卽死)한 경우와 관련하여 정신적 손해에 대한 배상청구권, 즉 위자료청구권(제751조)의 상속성이 문제된다. 즉 즉사의 경우에도 시간적 간격이 존재하고, 피해자의 의사표시 여부에 관계없이 피해자에게 위자료청구권이 발생하며, 이 청구권은 보통의 금전채권이므로 포기했거나 면제했다고 볼 만한 특별한 사정이 없는 한 상속의 대상이 된다는 상속긍정설[14]과 즉사시 피해자의 위자료청구권을 인정하는 것은 논리적 모순이고, 사망자의 위자료청구권은 일신전속권이며, 제752조가 근친자에게 위자료청구권을 부여한 것은 상속이 부인됨을 전제한 것이라는 상속부정설이 대립한다. 판례는 즉사한 경우에도 위자료청구권은 피해자가 이를 포기하거나 면제했다고 볼 수 있는 특별한 사정이 없는 한 당연히 상속된다고 하여 상속긍정설을 따른다.[15]

생각건대 피해자가 치명상을 입은 후 곧 사망한 경우와의 균형을 고려한다면, 즉사한 피해

---

11) 사실관계 및 쟁점은 다음과 같다.
㉠ Y_1은 甲 토지 지상에서 1973년 경부터 20년 동안 주물제조공장을 운영하면서 토양오염을 발생시켰고, 1993년 경 공장 철거과정에서 폐기물을 불법으로 매립하였다. 그리고 1993. 12. 경 Y_1은 甲 중 자기 소유부분의 1/2 지분씩을 A 및 Y_2에게 매도하였고, A가 취득한 1/2 지분은 B를 거쳐 C 앞으로 이전되었으며, 종합건설업자인 X가 甲의 1/2 지분을 C로부터, 나머지 1/2 지분을 Y_2로부터 각 매수하고 그 후 甲 중 시·국유지도 매수하여 甲 전체의 소유권을 취득하였다.
㉡ 이 판결에서 쟁점은 Y_1이 자기 소유의 토지에 토양오염을 유발하고 폐기물을 유입하는 행위가 현재의 토지소유자 X에 대하여 불법행위를 구성하는지인데, 원심은 이를 부정한 반면, 대법원은 원심판결을 파기하였다.

12) 대상판결에서 Y_1의 폐기물 매립행위가 제750조 소정의 "타인에게 손해를 가한" 행위에 해당하는지에 관하여 논란의 여지가 있지만, 적어도 1993년 경 이루어진 폐기물 매립행위가 불법행위를 구성함에는 의문이 없다.

13) 이때 Y_2 등이 Y_1에 대하여 손해배상을 구할 수 있음은 별개의 문제이다.

14) 이 입장에 의하면 상속받은 피해자의 위자료청구권과 제752조에 기한 상속인 고유의 위자료청구권이 병존한다.

15) 대판 1966.10.18. 66다1335. 대판 1976.4.13. 75다396도 동지.

자에게도 일단 손해배상청구권이 발생한 것으로 볼 것이다.16)

[3092] (2) 불법행위로 인한 손해배상채무는 손해의 발생과 동시에 이행기에 있고, 최고가 없더라도 불법행위 당시부터 지연손해금이 발생한다. 불법행위가 없었더라면 피해자가 피해법익을 계속해서 온전히 향유할 수 있었다는 점이 그 근거이다. 재산적 손해의 경우에 이 법리가 그대로 적용된다.17)

반면 정신적 손해에 대한 위자료에 관하여 2011재다199 판결은 —사실심 변론종결 당시까지 발생한 일체의 사정이 참작대상이므로— 사실심 변론종결시를 기준으로 액수가 결정되어야 함을 전제로, 불법행위시와 사실심 변론종결시가 근접해 있다면 불법행위시부터 지연이자를 가산하지만, 불법행위시와 변론종결시 사이에 장기간의 세월이 경과되어 위자료를 산정함에 반드시 참작해야 할 변론종결시의 통화가치 등에 불법행위시와 비교하여 상당한 변동이 생긴 때에는, 과잉배상을 방지하기 위하여 지연손해금은 그 위자료산정의 기준시인 사실심 변론종결 당일로부터 발생한다고 본다.18)

판 례 대판(전) 2011.7.21. 2011재다199

(가) 사건의 경과

ⓐ X는 1969년 1월 중앙정보부 수사관들에 의해 강제연행되어 구속영장이 발부된 2월까지 불법구금된 상태에서 A의 간첩활동을 도운 혐의로 고문을 당하는 등 불법수사를 받고, 반공법 위반죄 등으로 기소되어 징역형을 선고받고 복역한 뒤, 1974년 형 집행을 마치고 출소하였으며, 1989년 보안관찰처분이 면제될 때까지 주거의 이동 등에 제약을 받았다. X는 2007년 재심을 청구하여, 2008년 무죄판결을 선고받았고, 그 판결은 2008. 12. 26. 확정되었다.

ⓑ 재심대상판결의 원심은 나라(Y)의 국가배상책임을 인정하여 X의 위자료로 (이미 지급받은 형사보상금을 공제한 후의 금액인) 3억 원을 인용하는 한편, Y의 소멸시효 항변은 권리남용에 해당한다고 하여 배척하였고, 이에 대하여 Y만이 불복 상고하였다.

ⓒ 재심대상판결은, Y의 소멸시효 항변은 권리남용으로서 허용될 수 없다는 원심의 판단을 정당하다고 보면서도 지연손해금 기산일에 관한 원심의 판단은 부당하다고 보아 지연손해금의 발생시기에 관한 부분을 파기 자판하였고, 이에 X는 위와 같은 판단은 부당한 법리라는 이유에서 재심대상판결의 취소와 사건의 재심판을 구하였다.

(나) 판결요지

재심대상판결인 대법원 2011.1.27. 선고 2010다6680 판결은 [···] 불법행위로 인한 손해배상채무에 대하여는 원칙적으로 성립과 동시에 불법행위시로부터 지연손해금이 발생한다고 할 것이지만, 불법행위시와 사실심 변론종결시 사이에 40년 이상의 오랜 세월이 경과되어 위자료를 산정함에 반드시 참작해야 할 변론종결시 통화가치 또는 국민소득수준 등에 불법행위시와 비교하여 상당한 변동이 생긴 때에는, 합리적인 이유 없이 과잉손해배상이 이루어지는 것을 방지하기 위하여, 예외적으로 위자료 산정의 기준시인 사실심 변론종결일부터 지연손해금이 발생한다고 판단한 것이다. 그렇다면 [···] 재심대상판결은 종전 대법원 판결들이 선언한 법리의 적용범위와 한계를 분명히 하고

---

16) 손해배상청구권을 상속할 이가 복수인 경우에, 그 청구권은 분할채권으로 된다.

17) 다만 불법행위시점과 손해발생시점 사이에 시간적 간격이 있는 경우에 관하여 뒤의 2017다289538 판결 참조.

18) 참고로 대판 2020.11.26. 2019다276307: "불법행위로 인한 위자료 배상채무의 지연손해금이 사실심 변론종결일부터 발생한다고 보아야 하는 예외적인 경우에는 불법행위시부터 지연손해금이 가산되는 원칙적인 경우보다 배상이 지연된 사정을 적절히 참작하여 사실심 변론종결시의 위자료 원금을 산정할 필요가 있[고, ···] 제1심판결에서 위와 같이 배상이 지연된 사정을 참작하여 제1심 변론종결일을 기준으로 위자료를 산정하였는데 항소심이 항소심 변론종결일을 기준으로 새로이 위자료를 산정하지 않고 제1심판결의 위자료 액수를 그대로 유지한 경우 위자료 배상채무의 지연손해금은 위자료 산정의 기준일인 제1심 변론종결일부터 발생한다." 대판 2022.9.29. 2018다224408도 동지.

그 법리가 적용되지 않는 경우에 적용할 새로운 법리를 표시한 것일 뿐 종래 대법원이 표시한 의견을 변경한 경우에는 해당하지 않는다고 할 것이다.

불법행위로 인한 손해배상에서 재산상 손해에 대한 배상액은 손해가 발생한 불법행위 당시를 기준으로 하여 액수를 산정하여야 하고, 공평의 관념상 별도의 이행최고가 없더라도 불법행위 당시부터 지연손해금이 발생하는 것이 원칙이다. 이에 비하여 정신상 손해에 대한 배상인 위자료는 불법행위 자체로 인하여 피해자가 입은 고통의 정도, 가해자가 보인 태도, 가해자와 피해자의 연령, 사회적 지위, 재산상태는 물론 국민소득수준 및 통화가치 등 여러 사정을 종합적으로 고려하여 사실심 변론종결시를 기준으로 수액이 결정되어야 한다. 그 결과, 불법행위시와 사실심 변론종결시가 통화가치 등의 변동을 무시해도 좋을 정도로 근접해 있는 경우에는 위자료에 대하여도 재산상 손해에 대한 배상액과 마찬가지로 불법행위 당시부터 지연손해금의 지급을 명하더라도 특별히 문제될 것은 없고, 그렇게 하는 것이 원칙이다. 그러나 불법행위시부터 사실심 변론종결시까지 장기간이 경과하고 통화가치 등에 상당한 변동이 생긴 경우에는, 그와 같이 변동된 사정까지 참작하여 사실심 변론종결시를 기준으로 한 위자료의 수액이 결정되어야 하는 것이므로, 그 위자료에 대하여는 원칙적인 경우와는 달리, 사실심 변론종결일 이후의 기간에 대하여 지연손해금을 지급하도록 하여야 하고, 불법행위시로 소급하여 그때부터 지연손해금을 지급할 아무런 합리적인 이유나 근거가 없다. 재심대상판결은 이러한 법리를 선언하고 있는 것으로서 정당하여 그대로 유지되어야 하고, 이를 변경할 이유나 필요도 없다.

(다) 존　　평

판례는 종래 —재산적 손해에 대한 것인지 비재산적 손해에 대한 것인지를 따지지 않고— 불법행위로 인한 손해액은 불법행위 당시를 기준으로 산정하고, 그 지연손해금은 별도의 이행최고가 없더라도 불법행위시부터 발생하는 것으로 보았다.

그런데 재심대상판결인 대판 2011.1.27. 2010다6680은 재산적 손해에 대하여 이러한 태도를 유지하면서도, 위자료에 관해서는 다른 입장을 확인하였다[19]: ⓐ 비재산적 손해에 대한 위자료는 사실심 변론종결시를 기준으로 당시의 일반적인 법감정 내지 경험칙에 부합될 수 있는 사회통념상 적정한 액수일 것이 요구되는데, 불법행위 이후 사실심 변론종결시까지 수십 년이 경과한 과거사 관련 위자료청구사건과 같은 경우에 변론종결시를 기준으로 현재의 통화가치 등을 반영하여 위자료를 산정해야 한다. ⓑ 이처럼 불법행위 당시와 비교하여 위자료 산정의 기준인 통화가치 등의 제반 사회·경제적 요인이 변론종결시에 변동된 사정을 참작하여 위자료가 증액된 부분에 대하여 불법행위시부터 지연이자를 붙인다면 현저하게 과잉된 지연배상을 허용하는 결과로 된다.[20]

이처럼 재심대상판결이 제시한 법리는 불법행위로 인한 손해배상채무의 지연이자 기산일에 관한 종래의 판례와 양립가능하여, 전원합의체에 의한 심판을 요하는 판례변경이라고 할 수 없다.

---

19) "불법행위가 없었더라면 피해자가 그 손해를 입은 법익을 계속해서 온전히 향유할 수 있었다는 점에서 불법행위로 인한 손해배상채무에 대하여는 원칙적으로 별도의 이행최고가 없더라도 공평의 관념에 비추어 그 성립과 동시에 불법행위시로부터 지연손해금이 발생한다고 보아야 한다. 그런데 위자료를 산정함에 있어서는 사실심 변론종결 당시까지 발생한 일체의 사정이 그 참작대상이 될 뿐만 아니라, 위자료 산정의 기준이 되는 국민소득수준이나 통화가치 등도 변론종결시의 것을 반영해야만 하는바, 불법행위가 행하여진 시기와 가까운 무렵에 통화가치 등의 별다른 변동이 없는 상태에서 위자료액수가 결정된 경우에는 위와 같이 불법행위시로부터 지연손해금이 발생한다고 보더라도 특별히 문제될 것은 없으나, 불법행위시와 변론종결시 사이에 장기간의 세월이 경과되어 위자료를 산정함에 있어 반드시 참작해야 할 변론종결시의 통화가치 등에 불법행위시와 비교하여 상당한 변동이 생긴 때에도 덮어놓고 불법행위시로부터 지연손해금이 발생한다고 보는 경우에는 현저한 과잉배상의 문제가 제기된다. 왜냐하면 이때에는 위와 같이 변동된 통화가치 등을 추가로 참작하여 위자료의 수액을 재산정해야 하는데, 이러한 사정은 불법행위가 행하여진 무렵의 위자료 산정의 기초되는 기존의 제반 사정과는 명백히 구별되는 것이고, 변론종결의 시점에서야 전적으로 새롭게 고려되는 사정으로서 어찌 보면 변론종결시에 비로소 발생한 사정이라고도 할 수 있어, 이처럼 위자료 산정의 기준되는 통화가치 등의 요인이 변론종결시에 변동된 사정을 참작하여 위자료가 증액된 부분에 대하여 불법행위시로부터 지연이자를 붙일 수 있는 근거는 전혀 없다고 할 것이기 때문이다. 더구나 이 사건과 같이 피고 소속 공무원들에 의하여 원고에 대한 불법구금이 개시된 1969.1.28.경으로부터 원심의 변론종결일인 2009.11.11.까지 40년 이상의 오랜 세월이 경과하여 그 사이에 우리나라의 물가와 국민소득수준 등이 몇 곱절 상승함으로 말미암아 이를 반영하여 증액된 위자료에 대하여 이 사건 불법행위가 저질러진 시기와 가까운 때인 1969년 무렵부터 지연이자가 발생한다고 보는 경우에는, 합리적인 이유 없이 현저하게 과잉된 지연배상을 허용하는 결과가 된다고 하겠다. 따라서 이처럼 불법행위시와 변론종결시 사이에 장기간의 세월이 경과되어 위자료를 산정함에 있어 반드시 참작해야 할 변론종결시의 통화가치 등에 불법행위시와 비교하여 상당한 변동이 생긴 때에는, 예외적으로라도 불법행위로 인한 위자료배상채무의 지연손해금은 그 위자료산정의 기준시인 사실심 변론종결 당일로부터 발생한다고 보아야만 할 것이다."

20) 대판 2011.1.13. 2009다103950도 동지.

(라) 확 장

2011재다199 판결의 취지는 위자료청구에 그치지 않고 불법행위시점과 손해발생시점 사이에 시간적 간격이 있는 경우로 확장되어야 한다. 가령 대판 2022.6.16. 2017다289538: "불법행위시점과 손해발생시점 사이에 시간적 간격이 있는 경우에는 불법행위로 인한 손해배상채권의 지연손해금은 손해발생시점을 기산일로 하여 발생한다. […] 불법행위로 상해를 입었지만 후유증 등으로 인하여 불법행위 당시에는 전혀 예상할 수 없었던 후발손해가 새로이 발생한 경우와 같이, 사회통념상 후발손해가 판명된 때에 현실적으로 손해가 발생한 것으로 볼 수 있는 경우에는 후발손해 판명시점에 불법행위로 인한 손해배상채권이 성립하고, 지연손해금 역시 그때부터 발생한다고 봄이 상당하다. 이 경우 후발손해가 판명된 때가 불법행위시이자 그로부터 장래의 구체적인 소극적 · 적극적 손해에 대한 중간이자를 공제하는 현가산정의 원칙적인 기준시기가 된다고 보아야 하고, 그보다 앞선 시점이 현가산정의 기준시기나 지연손해금의 기산일이 될 수는 없다."

(3) 고의의 불법행위자는 피해자의 손해배상채권을 수동채권으로 하여 상계하지 못한다(496조).

[3093] 3. 손해배상청구권과 대위

(1) 피해자에게 발생한 손해를 전보한 손해배상자는 피해가 발생한 목적물에 대한 피해자의 권리를 당연히 대위한다(제763조, 제399조).

(2) 나아가 보험에 의하여 손해의 전보가 이루어진 경우에, 보험자는 가해자에 대한 피보험자의 손해배상청구권을 대위하는데(상법 제682조),[21] 보험자대위에 의하여 피보험자 등의 제3자에 대한 권리는 동일성을 잃지 않고 그대로 보험자에게 이전되므로, 보험자가 취득하는 채권의 소멸시효기간과 기산점 또한 피보험자 등이 제3자에 대하여 가지는 채권 자체를 기준으로 판단해야 한다.[22]

[3094] 4. 손해배상청구권의 시효소멸

가. 기간의 법적 성질

(1) 불법행위로 인한 손해배상청구권은 피해자나 그 법정대리인이 손해 및 가해자를 안 날부터 3년간 이를 행사하지 않거나 불법행위를 한 날부터 10년을 경과하면 소멸한다(제766조).

위 기간 중 3년의 기간이 소멸시효기간이라는 데 다툼이 없는데, 10년의 기간의 법적 성질에 관하여 다수설은 제척기간이라고 하지만, 소멸시효기간이라고 할 것이고,[23] 판례의 입장도 같다.[24]

(2) 소멸시효의 남용에 관하여 [1404] 이하 참조.

[3095] 나. 기 산 점

(1) 먼저 제766조 제1항을 본다.

① 여기서는 「청구권자」가 손해 및 가해자를 인식한 때부터 시효기간을 기산한다. 따라서 3년의 시효기간의 기산점은 피해자 또는 그 법정대리인의 사실인식의 문제이지 법률적 평가의 문

21) 대판 2009.8.20. 2009다27452 및 [3009] 참조. 대판 2023.4.27. 2017다239014도 참조.
22) 대판 2011.1.13. 2010다67500.
23) 채권 일반이 10년의 시효기간에 걸림(제162조 제1항)에도 위법행위에 대한 구제책으로 주어지는 손해배상청구권이 —중단이 인정되지 않는— 제척기간이 걸린다는 것은 불합리하다.
24) 대판(전) 1996.12.19. 94다22927.

제가 아니다.[25]

그런데 피해자 감정의 진정, 증거의 소실 등의 취지를 고려하더라도 3년의 기간이 짧다고 여겨지는데, 판례는 기산점을 엄격하게 새긴다: ⓐ 여기서 손해를 안다는 것은, 단순히 손해발생의 사실을 아는 것만으로 부족하고, 가해행위가 불법행위로서 이를 원인으로 하여 손해배상을 소구할 수 있다는 것까지 아는 것을 의미한다.[26] ⓑ "손해 및 가해자를 안 날"은 피해자나 법정대리인[27]이 손해의 발생, 손해배상청구의 상대방으로 될 가해자,[28] 위법한 가해행위의 존재, 가해행위와 손해발생 사이의 인과관계의 존재 등 불법행위의 요건사실에 관하여 현실적이고도 구체적으로 인식하였을 때를 의미하는데,[29] 손해의 액수나 정도를 구체적으로 알 필요는 없다.[30]

> [참 고] 대판 1998.11.10. 98다34126은, 법인의 경우에 단기소멸시효의 기산점인 "손해 및 가해자를 안 날"이라 함은 통상 대표자가 이를 안 날을 뜻하지만, 법인의 대표자가 가해자에 가담하여 법인에 대하여 공동불법행위가 성립하는 경우에는, 법인과 대표자는 이익이 상반하므로 현실로 그로 인한 손해배상청구권을 행사하리라고 기대하기 어려울 뿐만 아니라 일반적으로 대표권도 부인될 것이므로, 단지 대표자가 손해 및 가해자를 아는 것만으로 부족하고 적어도 법인의 이익을 정당하게 보전할 권한을 가진 다른 임원 등이 손해배상청구권을 행사할 수 있을 정도로 이를 안 때에 비로소 시효가 진행한다고 해석함이 상당하다고 했는데,[31] 인식귀속에 관한 일반법리([1469] 참조)와 다른 것은 법인의 책임추궁의 가능성을 고려한 결과이다.

② 피해자 등이 언제 불법행위의 요건사실을 현실적이고도 구체적으로 인식한 것으로 볼 것 [3096]
인지는 개별사안에서 여러 객관적 사정을 참작하고 손해배상청구가 사실상 가능하게 된 상황을 고려하여 합리적으로 인정해야 한다.[32]

ⓐ 피해자 등에게 손해의 발생사실과 손해가 가해자의 불법행위로 인하여 발생하였다는 사실을 현실적이고도 구체적으로 인식할 만한 정신적 능력 내지 지능이 있었다고 인정되지 않는다면, 설사 사고발생 후 피해자 등이 사고경위 등에 관하여 들은 적이 있더라도 손해 및 가해자를 알았다고 할 수 없으므로, 단기소멸시효는 진행되지 않는다고 보아야 한다.[33]

ⓑ "가해행위와 이로 인한 현실적인 손해의 발생 사이에 시간적 간격이 있는 불법행위에

---

25) 대판 1993.8.27. 93다23879.

26) 대판 2010.12.9. 2010다71592. 그렇다고 하여 관련형사사건의 소추 여부 및 그 결과에 영향을 받지는 않음에 관하여 대판 2010.5.27. 2010다7577 참조.

27) 대판 2010.2.11. 2009다79897 참조.

28) 사용자책임에 관한 대판 2012.3.29. 2011다83189 참조.

29) 대판 2011.3.10. 2010다13282.

30) 그 밖의 재판례를 본다. ㉠ 대판 2021.7.29. 2016다11257: "손해를 안다는 것은 현실로 손해가 발생한 것을 안 경우뿐만 아니라 손해 발생을 예견할 수 있을 때를 포함한다. […] 전문적인 감정 등을 통해서 상해를 입은 피해자의 여명에 관한 예측을 토대로 손해배상의 범위가 결정되어 소송 또는 합의 등을 통하여 정기금 지급방식이 아닌 일시금 지급방식으로 배상이 이루어졌는데, 이후 예측된 여명기간을 지나 피해자가 계속 생존하게 되면 종전에 배상이 이루어질 당시에는 예상할 수 없었던 새로운 손해가 발생할 수 있다. 이 경우 예측된 여명기간 내에 그 기간을 지나 생존할 것을 예상할 수 있는 사정이 생겼다면 그때에, 그러한 사정이 발생하지 않고 예측된 여명기간이 지나면 그때에 장래에 발생가능한 손해를 예견할 수 있다고 보아야 한다." ㉡ 대판 2012.4.13. 2009다33754: "국가배상청구권에 관한 3년의 단기시효기간을 기산하는 경우에도 민법 제766조 제1항 외에 소멸시효의 기산점에 관한 일반 규정인 민법 제166조 제1항이 적용되므로, 3년의 단기시효기간은 '손해 및 가해자를 안 날'에 더하여 '권리를 행사할 수 있는 때'가 도래하여야 비로소 시효가 진행한다. 그런데 공무원의 직무수행 중 불법행위에 의하여 납북된 것을 원인으로 하는 국가배상청구권 행사의 경우, 남북교류의 현실과 거주·이전 및 통신의 자유가 제한된 북한사회의 비민주성이나 폐쇄성 등을 고려하여 볼 때, 다른 특별한 사정이 없는 한 북한에 납북된 사람이 국가를 상대로 대한민국 법원에 소장을 제출하는 등으로 권리를 행사하는 것은 객관적으로도 불가능하므로, 납북상태가 지속되는 동안은 소멸시효가 진행하지 않는다(다만 납북자에 대한 실종선고심판이 확정되게 되면 상속인들에 의한 상속채권의 행사가 가능해질 뿐이다)."

31) 대판 2012.7.12. 2012다20475 및 대판 2015.1.15. 2013다50435도 참조.

32) 대판 1998.7.24. 97므18.

33) 대판 1995.2.10. 94다30263.

기한 손해배상채권에 있어서 소멸시효의 기산점이 되는 불법행위를 안 날이라 함은 단지 관념적이고 부동적인 상태에서 잠재하고 있던 손해에 대한 인식이 있었다는 정도만으로는 부족하고 그러한 손해가 그 후 현실화된 것을 안 날을 의미한다."34)

[참 고] 대판 2008.6.12. 2007다36445는, 무권리자가 위법한 방법으로 그 명의로 부동산에 관한 소유권보존등기나 소유권이전등기를 마친 다음 제3자에게 이를 매도하여 제3자 명의로 소유권이전등기를 마쳐준 경우에, 제3자가 소유자의 등기말소청구에 대하여 시효취득을 주장하는 때에는 제3자 명의의 등기의 말소 여부는 소송 등의 결과에 따라 결정되는 특별한 사정이 있으므로, 소유자의 소유권 상실이라는 손해는 소송 등의 결과가 나오기까지는 관념적이고 부동적인 상태에서 잠재적으로만 존재하고 있을 뿐 아직 현실화되었다고 볼 수 없고, 소유자가 제3자를 상대로 제기한 등기말소청구소송이 패소 확정될 때에 손해의 결과발생이 현실화된다고 볼 것이며, 등기말소청구소송에서 제3자의 등기부시효취득이 인정된 결과 소유자가 패소하였더라도 등기부취득시효 완성 당시에 이미 손해가 현실화되었다고 볼 것은 아니라고 하였는데, 검토를 요한다.

ⓒ 통상의 경우 상해의 피해자는 상해를 입었을 때에 손해를 알았다고 볼 것이지만, 그 후 후유증 등으로 인하여 불법행위 당시에는 전혀 예견할 수 없었던 새로운 손해가 발생하거나 예상 외로 손해가 확대된 경우에는 그러한 사유가 판명된 때에 새로이 발생 또는 확대된 손해를 알았다고 보아야 하고, 이와 같이 새로이 발생 또는 확대된 손해부분에 대하여는 그러한 사유가 판명된 때부터 제766조 제1항에 의한 시효소멸기간이 진행된다.35)

③ 피해자나 그 법정대리인이 그 손해 및 가해자를 안 시점에 대해서는 시효완성을 주장하는 이가 증명책임을 진다.36)

④ 피해자가 복수인 경우에 시효기간은 따로따로 진행한다.

[3097] (2) 판례는 "제766조 제2항에 의한 소멸시효의 기산점이 되는 '불법행위를 한 날'이란 가해행위가 있었던 날이 아니라 현실적으로 손해의 결과가 발생한 날을 의미하지만, 그 손해의 결과발생이 현실적인 것으로 되었다면 그 소멸시효는 피해자가 손해의 결과발생을 알았거나 예상할 수 있는가 여부에 관계없이 가해행위로 인한 손해가 현실적인 것으로 되었다고 볼 수 있는 때로부터 진행"하고,37) "가해행위와 이로 인한 현실적인 손해의 발생 사이에 시간적 간격이 있는 불법행위에 기한 손해배상채권의 경우, 장기소멸시효의 기산점이 되는 '불법행위를 한 날'의 의미는 단지 관념적이고 부동적인 상태에서 잠재적으로만 존재하고 있는 손해가 그 후 현실화되었다고 볼 수 있는 때, 즉 손해의 결과발생이 현실적인 것으로 되었다고 할 수 있을 때로 보아야 한다"는 입장이다.38) 그리고 손해의 발생시기에 대한 증명책임은 소멸시효의 이익을 주장하는 이에

---

34) 대판 2001.1.19. 2000다11836: 사고 당시 피해자는 만 2세 남짓한 유아로 좌족부의 성장판을 다쳐 의학적으로 뼈가 성장을 멈추는 만 18세가 될 때까지는 위 좌족부가 어떻게 변형될지 모르는 상태였던 경우에, 피해자가 고등학교 1학년 재학 중 담당의사에게 진찰을 받은 결과 비로소 피해자의 좌족부 변형에 따른 후유장해의 잔존 및 그 정도 등을 가늠할 수 있게 되었다면, 피해자의 법정대리인도 그때서야 현실화된 손해를 구체적으로 알았다고 보아 그 무렵을 소멸시효의 기산점으로 삼은 사례. 대판 2019.7.25. 2016다1687도 참조.

35) 대판 2001.9.14. 99다42797. 대판 1992.5.22. 91다41880도 참조.

36) 대판 1995.6.30. 94다13435.

37) 대판 2005.5.13. 2004다71881 등.

38) 대판 2022.1.14. 2019다282197. 구체적으로 대판 2011.9.29. 2008다16776은, 감염의 잠복기가 길거나 감염 당시에는 장차 병이 어느 단계까지 진행될 것인지 예측하기 어려운 경우에, 손해가 현실화된 시점을 일률적으로 감염일로 보면 피해자는 감염일 당시에는 장래의 손해 발생 여부가 불확실하여 청구하지 못하고 장래 손해가 발생한 시점에는 소멸시효가 완성되어 청구하지 못하는 부당한 결과가 초래될 수 있으므로, 이러한 경우에는 감염 자체로 인한 손해 외에 증상의 발현 또는 병의 진행으로 인한 손해가 있을 수 있고, 그러한 손해는 증상이 발현되거나 병이 진행된 시점에 현실적으로 발생한다고 볼 수 있다고 하였다. 그리고 대판 2021.8.19. 2019다297137: "성범죄로 인한 외상 후 스트레스 장애가 뒤늦게 나타나거나, 성범죄 직후 일부증상들이 발생하더라도 당시에는 장

게 있다고 한다.39)

[참 고] 시효기간의 절대적 상한을 이루는 제766조 제2항 소정의 10년의 기간은 언제 손해가 발생하는지 및 그에 따라 언제 손해배상청구권이 발생하는지와 무관하게 진행된다고 할 것이다. 이러한 관점에서 본다면 —결론 자체에 대한 동의 여부와 무관하게— 판례가 가해행위와 현실적인 손해발생 사이에 시간적 간격이 있는 불법행위의 경우에, "불법행위를 한 날"은 객관적·구체적으로 손해가 발생한 때, 즉 "손해의 결과발생이 현실적인 것으로 되었다고 할 수 있는 때"부터 시효가 기산된다고 한 점에 대하여 의문이 없지 않다.40)

(3) "미성년자가 성폭력, 성추행, 성희롱, 그 밖의 성적(性的) 침해를 당한 경우에 이로 인한 손해배상청구권의 소멸시효는 그가 성년이 될 때까지는 진행되지 아니한다"(제766조 제3항). 미성년자가 성폭력 등 성적 침해를 당한 경우에, 해당 미성년자가 성년이 될 때까지 손해배상청구권의 소멸시효가 진행되지 않도록 하여 미성년자인 피해자가 성년이 된 후 스스로 가해자에게 손해배상을 청구할 수 있도록 보장함으로써 성적 침해를 당한 미성년자에 대한 보호를 강화하기 위하여 2020년 민법개정에서 신설되었다.

(4) 계속적 불법행위에 관하여 대판(전) 1966.6.9. 66다615: "불법점거에 의한 불법행위로 인하여 피해자의 토지에 관한 소유권이 상실되지 아니하였다면 가해자의 불법행위는 계속하여 이루어지고 그로 인하여 손해도 계속 발생하여 나날이 새로운 불법행위에 기인하여 발생하는 것이고, 따라서 민법 제766조의 적용에 관하여서는 나날이 발생한 새로운 각 손해를 안 날로부터 별개로 소멸시효가 진행한다."41)

Ⅲ. 손해배상의 범위 [3098]

1. 서 설

(1) 앞에서 본 성립요건이 충족된다고 하여 발생한 손해 전부가 배상되는 것은 아니다. 즉 제763조, 제393조가 제한배상주의를 취한다. 이에 관해서는 [2406] 이하 참조.

(2) 나아가 특히 피해자측의 기여가 있는 경우에 귀책범위가 축소되기도 한다. 한편 귀책범위가 인적으로 확대되는 경우를 제760조나 제756조 등이 규정하는데, 이들은 뒤에서 따로 다루기로 한다.

2. 손해배상의 범위 [3099]

가. 서 설

(1) 제763조가 제393조를 준용함에 따라 불법행위로 인한 손해배상에서도 예견가능성에 의

차 증상이 어느 정도로 진행되고 그것이 고착화되어 질환으로 진단될 수 있을 것인지 예측하기 어려울 수 있다. 이러한 경우 성범죄 당시나 일부증상의 발생일을 일률적으로 손해가 현실화된 시점으로 보게 되면, 피해자는 당시에는 장래의 손해 발생 여부가 불확실하여 손해배상을 청구하지 못하고, 장래 손해가 발생한 시점에서는 소멸시효가 완성되어 손해배상을 청구하지 못하게 되는 부당한 결과가 초래될 수 있다. 특히 피해자가 피해 당시 아동이었거나 가해자와 친족관계를 비롯한 피보호관계에 있었던 경우 등 특수한 사정이 있는 때에는 그 인지적·심리적·관계적 특성에 비추어 더욱 그러하다. 따라서 위와 같은 경우 법원은 전문가로부터 성범죄로 인한 정신적 질환이 발현되었다는 진단을 받기 전에 외상 후 스트레스 장애로 인한 손해의 발생이 현실적인 것으로 되었다고 인정하는 데 매우 신중할 필요가 있다."

39) 대판 2013.7.12. 2006다17539; 대판 2019.8.29. 2017다276679.

40) 학설은 대체로 판례의 입장, 즉 손해발생시설을 지지하는 것으로 보이고, 비교법적으로 제766조 제2항의 기간이 짧다는 점을 고려하면 판례의 결론을 이해할 여지가 없지 않다.

41) 대판 1999.3.23. 98다30285도 동지. 일조방해로 인한 손해배상청구권의 소멸시효에 관한 대판(전) 2008.4.17. 2006다35865도 참조.

하여 배상범위가 제한된다. 즉 일반인도 예견가능한 통상손해는 전부 배상되어야 하고, 특별손해는 가해자의 예견가능성이 있는 경우에 한하여 배상범위에 속한다.

그런데 예견가능성에 의한 배상범위의 제한이 불법행위에도 적절한지에 대하여 의문이 없지 않다. 즉 예견가능성이론은 계약책임에서 고의 없는 채무자의 책임을 경감해 주기 위하여 발전된 것인데, 고의의 불법행위에 적용하는 것은 적절하지 않고,[42] 다른 한편 과실의 불법행위에서 피해자측의 사정을 알았는지에 따라 특별손해의 배상 여부가 결정된다는 우연성도 수용하기 어렵다.[43] 나아가 무과실책임에서 예견가능성은 규범적으로 판단될 수밖에 없다.

[참 고] 의용민법은 손해배상의 범위에 관한 규정을 불법행위에 준용하지 않았는데, 일본의 학설과 판례는 제393조에 상응하는 일본민법 제416조가 불법행위에 유추된다는 입장이었고, 제763조가 제393조를 준용하는 것도 그 영향이라고 짐작된다. 그러나 일본에서 최근 이러한 태도에 대하여 많은 비판이 있는데, 현존하는 채권관계를 전제로 하는 채무불이행과 달리 가해행위에 의하여 비로소 법률관계가 발생하는 불법행위에서 예견가능성이 손해의 범위를 제한하는 기준으로 적합할 수 없다는 점이 비판의 요체이다.

그리고 새로운 이론으로 ⓐ 1차손해 중 침해 자체로부터 생기는 손해(예: 신체의 상해 자체)는 전부 배상해야 하고 그에 의하여 피해자의 재산에 생긴 손해(예: 소득의 상실)는 발생이 확실한 것만 배상하면 되는 반면, 후속손해는 1차손해가 창출하는 위험성과 관련이 있는지를 기준으로 배상 여부를 결정한다는 위험성관련설, ⓑ 불법행위의 요건인 과실(그 실질은 의무)을 기준으로 배상범위를 결정하려는 의무사정설[44] 등이 있다.

[3100] (2) 이러한 사정을 고려해서인지 판례는 예견가능성 및 그에 따른 손해배상의 범위를 규범적으로 판단함으로써 결론에 있어서는 정당성을 확보하였다고 평가될 수 있다. 채무불이행에서보다 예견가능성을 넓게 인정하는 한편(특히 인신손해에서 일실이익을 산정할 때 승급가능성을 고려하는 등), 특히 직무상의 의무를 위반한 사안에서 규범목적설을 수용하여 예견가능성에도 불구하고 배상책임을 부정하기도 한다.[45]

(3) 예견가능성에 따른 귀책범위의 결정은 채무불이행에서와 다르지 않으므로 [2412] 이하 참조.[46]

---

42) 다만 고의가 있으면 예견가능성이 쉽게 그리고 넓게 인정될 것이다.

43) 가령 피해자의 체질적 요인을 알았거나 알 수 있는 의사의 책임범위가 일반의 가해자보다 넓어지는 것이 정당한지는 검토를 요한다.

44) 보호범위설의 불법행위적 변용이라고 할 수 있다.

45) 가해행위와의 거리를 예견가능성의 판단기준으로 삼은 뒤의 96다52311 판결도 참조.

46) 불법행위에서 통상손해와 특별손해에 관한 재판례를 본다.

㉠ 대판 1996.11.8. 96다27889는, 변호사강제주의를 택하지 않는 우리 법제 하에서 손해배상청구의 원인이 된 불법행위와 변호사비용 사이에 상당인과관계가 있음을 인정할 수 없으므로, 변호사비용을 불법행위로 인한 손해배상채권에 포함시킬 수 없다고 하였다. 반면 소 제기나 응소 또는 항쟁 그 자체가 불법행위로 인정되는 경우와 가해자가 부당하게 책임을 회피하거나 이행청구에 불응하여 청구소송을 제기한 경우에 변호사비용을 통상손해로 보았다(대결 2004.7.5. 2004마177; 대판 2009.6.23. 2007다3650 · 3667).

㉡ 대판 2008.6.26. 2006다84874는, 토지에 대한 부당한 가압류의 집행으로 그 지상에 건물을 신축하는 내용의 공사도급계약이 해제됨으로 인한 손해는 특별손해이므로, 가압류채권자가 토지에 대한 가압류집행이 지상건물공사도급계약의 해제사유가 된다는 특별한 사정을 알았거나 알 수 있었을 때에 한하여 배상의 책임이 있다고 하고, 매매목적물인 부동산에 대하여 가압류집행이 되어 있다고 하여 매매에 따른 소유권이전등기가 불가능한 것도 아니고, 다만 가압류채권자가 본안소송에서 승소하여 매매목적물에 대하여 경매가 개시되는 경우에는 매매목적물의 매각으로 인하여 매수인이 소유권을 상실할 수 있으나 이는 담보책임 등으로 해결할 수 있고, 경우에 따라서는 신의칙 등에 의해 대금지급채무의 이행을 거절할 수 있음에 그치므로, 매매목적물이 가압류되는 것을 매매계약해제 및 위약금지급사유로 삼기로 약정하지 아니한 이상, 매수인으로서는 위 가압류집행을 이유로 매도인이 계약을 위반했다고 하여 위 매매계약을 해제할 수는 없는 노릇이어서, 매도인이 받은 계약금의 배액을 매수인에게 지급하였더라도 그것은 매매계약에 의거한 의무에 의한 것이라고는 볼 수 없고 호의적인 지급이거나 지급의무가 없는데도 있는 것으로 착각하고 지급한 것이라고 보일 뿐이어서 위 위약금지급과 위 가압류집행 사이에 법률적으로 상당인과관계가 없다고 하였다.

㉢ 대판 1997.10.10. 96다52311은, A 회사 트럭 운전자가 과실로 B 회사 시내버스를 추돌하고 그 충격으로 시내버스가 인도에 설치된 전주를 들이받아 발생한 지락전류가 인근 공장 내에 흘러 들어가 발생한 화재에 대하여, 이러한 간접적 손해는 특별한 사정으로 인한 것으로 "가해행위와 너무 먼 손해"라 할 것이므로, 당시 A 회사 운전자나 B 회사 운전자가 인근 공장에 그와 같은 손실이

나. 규범목적설의 수용 [3101]

(1) 대판 1993.2.12. 91다43466이 "공무원에게 부과된 직무상 의무의 내용이 단순히 공공 일반의 이익을 위한 것이거나 행정기관 내부의 질서를 규율하기 위한 것이 아니고, 전적으로 또는 부수적으로 사회구성원 개인의 안전과 이익을 보호하기 위하여 설정된 것이라면, 공무원이 그와 같은 직무상 의무를 위반함으로 인하여 피해자가 입은 손해에 대하여는 상당인과관계가 인정되는 범위 내에서 국가배상책임을 지는 것이고, 이때 상당인과관계의 유무를 판단함에 있어서는 일반적인 결과발생의 개연성은 물론, 직무상 의무를 부과하는 법령 기타 행동규범의 목적이나 가해행위의 태양 및 피해의 정도 등을 종합적으로 고려하여야 할 것"이라고 하여 공무원이 「직무상 의무를 위반한 사안」에서 상당인과관계를 판단함에 규범목적설을 수용한 이래, 국가배상사건에서 "소속 공무원이 전적으로 또는 부수적으로라도 국민 개개인의 안전과 이익을 보호하기 위하여 법령에서 정한 직무상의 의무에 위반하여 국민에게 손해를 가하면 상당인과관계가 인정되는 범위 안에서 국가 또는 지방자치단체가 배상책임을 부담하는 것이지만, 공무원이 직무를 수행하면서 그 근거되는 법령의 규정에 따라 구체적으로 의무를 부여받았어도 그것이 국민의 이익과는 관계없이 순전히 행정기관 내부의 질서를 유지하기 위한 것이거나, 또는 국민의 이익과 관련된 것이라도 직접 국민 개개인의 이익을 위한 것이 아니라 전체적으로 공공 일반의 이익을 도모하기 위한 것이라면 그 의무에 위반하여 국민에게 손해를 가하여도 국가 또는 지방자치단체는 배상책임을 부담하지 아니한다"[47]는 기준을 따른다. 이때 공무원이 준수해야 할 직무상 의무가 공공 일반의 전체적인 이익을 도모하기 위한 것에 불과한지 아니면 국민 개개인의 안전과 이익을 보호하기 위하여 설정된 것인지는 결국 근거법령 전체의 취지 · 목적과 의무를 부과하는 개별규정의 구체적 목적 · 내용 및 직무의 성질, 가해행위의 태양 및 피해의 정도 등의 제반 사정을 고려하여 판단해야 한다.[48][49]

발생할 것이라는 것을 알았거나 알 수 있었다고 보기 어렵다고 하여 A 회사 및 B 회사의 손해배상책임을 부인하였다.

47) 대판 2001.10.23. 99다36280: 상수원수 수질기준 유지의무를 다하지 못한 경우에 국가배상책임을 부정한 사례.

48) 대판 2015.5.28. 2013다41431.

49) 직무상의 의무 위반에 관한 재판례를 본다.

㉠ 제적부가 반출되어 변조되고 그에 기하여 소유권이전등기 및 근저당권설정등기가 경료된 경우(대판 1994.12.27. 94다36285), A와 같은 이름으로 개명허가를 받은 듯이 호적등본을 위조하여 주민등록상 성명을 위법하게 정정한 B가 A 소유의 부동산에 관하여 불법적으로 근저당권설정등기를 경료한 경우(대판 2003.4.25. 2001다59842), 허위발급된 인감증명서를 믿고 계약을 체결한 이가 그로 인하여 손해를 입은 경우(대판 2008.7.24. 2006다63273), 토지형질변경허가권자가 허가 당시 사업자로 하여금 위해방지시설을 설치하게 할 의무를 다하지 않았고 작업 도중 구체적인 위험이 발생하였음에도 작업을 중지시키는 등의 사고예방조치를 취하지 않아서 토석채취공사 도중 경사지를 굴러 내린 암석이 가스저장시설을 충격하여 화재가 발생한 경우(대판 2001.3.9. 99다64278. 하천의 유지 · 관리 및 점용허가 관련업무에 관한 대판 2006.4.14. 2003다41746도 참조), 성폭력범죄의 수사를 담당하거나 수사에 관여하는 경찰관이 피해자의 인적 사항 등을 공개 또는 누설한 경우(대판 2008.6.12. 2007다64365), 소방기본법상의 방염규정 위반에 대한 시정조치를 명하지 않아 유흥주점의 화재로 여종업원 등이 사망한 경우(대판 2008.4.10. 2005다48994), 수용자들이 교정시설을 탈주함으로써 일반국민에게 손해를 입힌 경우(대판 2003.2.14. 2002다62678) 등에서 공무원의 직무상 의무의 내용 때문에 국가배상책임이 인정되었다. 그 밖에 어린이가 미니컵 젤리를 먹다가 질식하여 사망한 사안에 관한 대판 2010.9.9. 2008다77795 및 대판 2010.11.25. 2008다67828도 참조. 참고로 대판 2007.12.27. 2005다62747은, 공유자에 대한 통지 누락 등 경매절차상의 하자로 인하여 경락인에게 손해가 발생한 경우에 국가배상책임을 인정하였는데(대판 2008.7.10. 2006다23664도 참조), 「상당인과관계」의 판단요소로 규범의 목적 외에 "그 수행하는 직무의 목적 내지 기능으로부터 예견가능한 행위 후의 사정"도 들었다.

㉡ 반면 지방자치단체가 상수원수의 수질기준에 미달하는 하천수를 취수하거나 고도의 정수처리가 아닌 일반적 정수처리 후 수돗물을 생산 · 공급한 경우(앞의 99다36280 판결), 속셈학원과 컴퓨터학원이 있는 건물 내에 노래연습장의 풍속영업신고필증을 발급한 경우(대판 2001.4.13. 2000다34891), 공무원의 과실로 높게 산정된 토지의 개별공시지가를 믿고 담보를 설정받아 제대로 변제받지 못한 경우(대판 2010.7.22. 2010다13527), 지방자치법을 위반하여 지방자치단체장 선거를 실시하지 않은 경우(대판 1994.6.10. 93다30877. 헌재결 1994.8.31. 92헌마126도 참조) 등에서 직무상 의무는 오로지 공공 일반의 이익을 위한 것이라는 이유로 국가배상책임이 부정되었다.

㉢ 참고로 대판 2012.7.26. 2010다95666: "공무원의 부작위로 인한 국가배상책임을 인정할 것인지 여부가 문제되는 경우에 관련공무원에 대하여 작위의무를 명하는 법령의 규정이 없는 때라면 공무원의 부작위로 인하여 침해되는 국민의 법익 또는 국민에게 발생하는 손해가 어느 정도 심각하고 절박한 것인지, 관련공무원이 그와 같은 결과를 예견하여 그 결과를 회피하기 위한 조치를 취할 수 있는 가능성이 있는지 등을 종합적으로 고려하여 판단하여야 한다."

[3102] (2) 나아가 대판 1995.1.12. 94다21320[50]도 "동일인에 대한 일정액을 넘는 대출 등을 원칙적으로 금하고 있는 상호신용금고법 제12조의 규정취지는 원래 영리법인인 상호신용금고의 대출업무 등은 그 회사의 자율에 맡기는 것이 원칙이겠지만 그가 갖는 자금중개기능에 따른 공공성 때문에 특정인에 대한 과대한 편중여신을 규제함으로써 보다 많은 사람에게 여신의 기회를 주고자 함에 있는 것이지, 상호신용금고로부터 급부, 대출, 어음할인을 받은 자와 거래를 하려는 제3자로 하여금 상호신용금고가 대출 등을 받은 자에 대하여 가지게 될 채권의 범위를 예측할 수 있게 하거나 상호신용금고가 위 법령에 규정된 여신한도 범위 내에서 대출 등을 할 것으로 신뢰한 자를 보호하고자 함에 있는 것은 아"니라고 하였다.[51]

[3103] Ⅳ. 손해배상의 방법

1. 기본값으로서 금전배상

(1) 다른 의사표시[52]가 없는 한 손해는 금전으로 배상해야 한다(제763조, 제394조). 여기서 금전배상(金錢賠償)이란 손해를 금전지급에 의하여 전보함을 말한다. 재산적 손해뿐만 아니라 정신적 손해도 금전으로 배상된다. 그리고 그 금액은 피해자가 그 금액에 의하여 손해가 전보된 상태에 놓이게 되도록 정해진다.

(2) 손해배상은 일시금(一時金)[53]이 보통이지만, 인신사고에서 피해자의 여명이 불확실한 경우 등(제751조 제2항 참조)에서 정기금(定期金)도 인정된다.[54] 그런데 손해의 배상을 정기금에 의한 지급과 일시금에 의한 지급 중 어느 방식에 의하여 청구할 것인지는 손해배상청구권자인 피해자 자신이 임의로 선택할 수 있지만, 식물인간 등의 경우처럼 후유장애의 지속기간이나 잔존여명이 단축 등을 확정하기 곤란한 경우에 피해자가 일시금배상을 구하더라도 법원은 재량으로 정기금배상을 명할 수 있다.[55)]

---

50) 「Y 상호신용금고가 A 회사에게 4회에 걸쳐 7억 원을 대출하고 A 소유의 부동산에 근저당권 설정 → X는 A에게 6억 원을 대출하고 A 소유의 부동산에 후순위근저당권 설정 → Y는 다시 상호신용금고법이 정하는 동일인 대출한도를 초과하여 A에게 3억 원 추가대출(선순위근저당권의 채권최고액의 범위 내에 속한다) → Y의 신청에 기한 임의경매의 배당절차에서 추가대출금 때문에 X는 일부배당만 받음 → X가 Y를 상대로 추가대출로 인하여 배당받지 못한 부분의 손해에 대하여 배상을 구하는 소 제기」의 사안에서, X의 청구를 기각한 사례.

51) 대판 1997.5.7. 97다5602도 동지. 새마을금고의 동일인 대출한도 제한규정 위반에 따른 임직원의 책임에 관한 대판 2012.4.12. 2010다75945도 참조.
나아가 대판 2016.5.12. 2015다234985: "타인의 명의를 모용하여 계좌가 개설된 경우에, 그 과정에서 금융기관이 본인확인절차 등을 제대로 거치지 아니하였다는 사정만으로 모용계좌를 통하여 입출금된 금전 상당에 대하여 언제나 손해배상책임을 져야 한다고 볼 수는 없고, 손해배상책임을 인정하기 위해서는 금융기관의 주의의무 위반과 피모용자 또는 제3자의 손해발생 사이에 상당인과관계가 있음이 인정되어야 하며, 상당인과관계는 일반적인 결과발생의 개연성은 물론 본인확인 주의의무를 지우는 법령 기타 행동규범의 목적과 보호법익, 계좌를 이용한 불법행위의 내용 및 불법행위에 대한 계좌의 기여도, 계좌이용자 및 계좌이용상황에 대한 상대방의 확인 여부, 피침해이익의 성질 및 피해의 정도 등을 종합적으로 고려하여야 한다. 금융기관이 본인확인절차 등을 제대로 거치지 아니하여 개설된 모용계좌가 불특정 다수인과의 거래에 이용되는 경위나 태양은 매우 다양함에도 모용계좌를 이용하여 범죄행위가 이루어졌다는 사정만으로 그로 인하여 발생한 피해에 대한 책임을 금융기관에 부담시킨다면, 불특정 다수인이 자신의 책임 하에 행하여야 할 거래상대방에 관한 본인확인이나 신용조사 등을 잘못하여 이루어진 각양각색의 하자 있는 거래관계나 불특정 다수인을 상대로 행하여진 다양한 형태의 재산권 침해행위 등으로 인하여 발생한 손해에 대해서까지 무차별적으로 금융기관에 책임을 추궁하는 결과가 되어 금융기관의 결과발생에 대한 예측가능성은 물론 금융기관에게 본인확인의무 등을 부과한 행동규범의 목적과 보호법익의 보호범위를 넘어서게 되므로, 이러한 사정을 고려하여 본인확인절차 등을 제대로 거치지 아니하여 모용계좌를 개설한 금융기관의 잘못과 다양한 태양의 가해행위로 인한 손해 발생 사이의 상당인과관계를 판단하여야 한다."

52) 당사자의 합의여야 한다.

53) 배상의무자의 재산상태가 변동될 위험 및 추심의 불편 등을 피할 수 있다.

54) 정기금배상에서 사정변경이 생기면 민사소송법 제252조에 기하여 정기금액수의 변경을 청구할 수 있다.

55) 대판 1995.6.9. 94다30515; 대판 2021.7.29. 2016다11257. 일시금과 정기금을 혼용하여 일실손해를 산정한 예로 대판 2002.11.26. 2001다72678 참조.

2. 민법 제764조 [3104]

(1) 제763조, 제394조에 대한 예외로 명예훼손의 경우에 법원은 피해자의 청구에 의하여 손해배상에 갈음하거나 손해배상과 함께 명예회복에 적당한 처분을 명할 수 있다(제764조. 부정경쟁방지법 제6조, 특허법 제131조 등도 참조). 명예훼손의 경우에 그로 인한 피해자의 재산적 · 정신적 손해의 범위 및 그 금전적 평가를 구체적으로 증명하는 것이 곤란하고 또 금전배상만으로 피해자의 구제가 실질적으로 불충분 · 불완전한 경우가 많으므로, 이러한 결함을 보완하여 피해자를 효과적으로 구제하기 위한 것이다.[56]

여기서 명예는 사람의 품성, 덕행, 신용 등 세상으로부터 받는 객관적인 평가를 말하고, 법인의 명예가 훼손된 경우에도 상대방에 대하여 불법행위로 인한 손해배상과 함께 명예회복에 적당한 처분을 청구할 수 있는데, 종중 등 소송상 당사자능력이 있는 비법인사단 역시 마찬가지이다.[57]

(2) 종래 명예회복에 적당한 처분으로 신문지상의 사죄광고가 널리 이용되었지만, 헌재결 1991.4.1. 89헌마160이 그 처분에 사죄광고를 포함시키는 것은 양심의 자유 및 인격권을 침해하는 것으로 헌법에 위반된다고 하였다. 사죄광고의 대안으로 법원의 이름으로 그러나 가해자의 비용으로 정정광고를 신문에 게재하는 방법(예: 정정보도의 공표)을 생각할 수 있다.

그런데 사회적 평가가 저하된 경우에 그것을 회복하기 위한 조치로 명예권을 포함하는 인격권에 기한 방해배제청구도 가능하다([3045] 참조).

3. 불법행위에 기한 금지청구권 [3105]

(1) 불법행위에 기한 방해의 제거 또는 예방청구가 가능한가? 해석론으로는 부정할 것이다. 민법상의 불법행위는 이미 발생한 손해의 「전보」를 목적으로 하는 것으로, 장래에 향한 정지를 의미하는 금지청구가 그에 포섭될 수 없기 때문이다.[58] 다만 입법론은 다를 수 있는데, 특별법에 명문규정(부정경쟁방지법 제4조, 제10조, 저작권법 제123조, 특허법 제126조, 상표법 제65조 등)이 있는 경우에 금지청구가 가능하다. 나아가 불법행위가 동시에 다른 법익침해, 특히 인격권 침해를 구성하는 경우에 침해를 제거하기 위하여 방해제거청구가 허용될 수 있음은 별개의 문제이다.[59]

(2) 그런데 판례는 예외적으로 이를 인정한다. [3106]

① 대결 2010.8.25. 2008마1541[60]: "경쟁자가 상당한 노력과 투자에 의하여 구축한 성과물을 상도덕이나 공정한 경쟁질서에 반하여 자신의 영업을 위하여 무단으로 이용함으로써 경쟁자의 노력과 투자에 편승하여 부당하게 이익을 얻고 경쟁자의 법률상 보호할 가치가 있는 이익을 침해하는 행위는 부정한 경쟁행위로서 민법상 불법행위에 해당하는바, 위와 같은 무단이용상태가 계속되어 금전배상을 명하는 것만으로는 피해자 구제의 실효성을 기대하기 어렵고 무단이용의 금

56) 대판 2007.12.27. 2007다29379.
57) 대판 1997.10.24. 96다17851.
58) 이미 발생한 손해의 「제거」를 의미하는 원상회복은 제764조의 경우에만 인정된다.
59) 대판 1996.4.12. 93다40614 · 40621 참조. [3045]에 소개된 대판 2013.3.28. 2010다60950도 참조.
60) X는 인터넷 포털사이트를 운영하며 광고영업을 하는 회사인데, Y가 배포한 프로그램을 설치한 사용자들이 X의 사이트를 방문하면 X가 제공하는 광고 대신 Y의 광고가 나타나게 한 사안에서, X의 신청에 기한, 위 프로그램의 제조 및 배포를 금지하는 가처분신청을 인용한 원심의 판단을 대법원이 정당하다고 본 사례.

지로 인하여 보호되는 피해자의 이익과 그로 인한 가해자의 불이익을 비교·교량할 때 피해자의 이익이 더 큰 경우에는 그 행위의 금지 또는 예방을 청구할 수 있다."[61]

[3107] ② 이러한 판례의 입장은, 금전배상만으로 피해구제의 실효성을 기대하기 어렵고 위법한 침해의 지속성이 전제되면 금지로 인한 피해자의 이익과 가해자의 불이익 사이의 형량을 거쳐 예외적으로 금지청구를 인용할 수 있다는 것으로 이해된다. 그런데 예외적인 금지청구의 근거는 앞에서 본 부정경쟁방지법 등의 규정으로부터의 총괄유추([1047] 참조)에서 찾을 수 있다.[62]

[3108] Ⅴ. 손해배상액의 산정

1. 서 설

(1) 손해의 배상은 금전으로 해야 하므로 배상범위에 속하는 손해를 금전으로 산정해야 한다. 그런데 손해배상의 범위와 손해의 금전적 평가가 이론적으로 별개의 문제이지만, 실제로는 양자가 밀접하게 관련된다.

(2) 불법행위로 인한 손해는 위법한 가해행위로 인하여 발생한 재산상 불이익, 즉 그 행위가 없었다면 존재하였을 재산상태와 그 행위가 가해진 현재의 재산상태의 차이를 말하지만, 그 산정이 곤란한 경우가 적지 않다. 부정경쟁방지법 제14조의2, 특허법 제128조, 저작권법 제125조,[63] 상표법 제110조 등 손해에 관한 피해자의 증명책임을 경감해 주고자 손해를 추정하는 규정들도 있지만,[64] 그런 규정이 없다면 피해자가 이를 증명해야 한다.

판례는 불법행위로 인한 손해배상청구소송에서 재산적 손해의 발생사실은 인정되지만 그 구체적인 손해액수를 증명하는 것이 사안의 성질상 곤란한 경우에, 법원은 증거조사의 결과와 변론 전체의 취지에 의하여 밝혀진 당사자들 사이의 관계, 불법행위와 그로 인한 재산적 손해가 발생하게 된 경위, 손해의 성격, 손해가 발생한 이후의 제반 정황 등의 관련된 모든 간접사실들을 종합하여 상당인과관계 있는 손해의 범위인 금액을 판단할 수 있다는 입장이다.[65]

[참 고] 이러한 법리는 자유심증주의 하에서 손해의 발생사실은 증명되었으나 사안의 성질상 손해액에 대한 증명이 곤란한 경우에 증명도·심증도를 경감함으로써 손해의 공평·타당한 분담을 지도원리로 하는 손해배상제도의 이상과 기능을 실현하고자 함에 그 취지가 있는 것이지, 법관에

61) 대판 2011.10.13. 2010다63720도, A가 일반인들의 통행에 제공되어 온 도로에 토지관리소를 축조하고 개폐식 차단기를 설치한 다음 자동차운전자들에게 행선지 및 방문목적 등을 확인한 후 차단기를 열어 통행할 수 있게 하면서 B 등이 운행하는 자동차에 대하여 통행을 금지한 사안에서, "일반 공중의 통행에 제공된 도로를 통행하고자 하는 자는, 그 도로에 관하여 다른 사람이 가지는 권리 등을 침해한다는 등의 특별한 사정이 없는 한, 일상생활상 필요한 범위 내에서 다른 사람들과 같은 방법으로 도로를 통행할 자유가 있고, 제3자가 특정인에 대하여만 도로의 통행을 방해함으로써 일상생활에 지장을 받게 하는 등의 방법으로 특정인의 통행자유를 침해하였다면 민법상 불법행위에 해당하며, 침해를 받은 자로서는 그 방해의 배제나 장래에 생길 방해를 예방하기 위하여 통행방해 행위의 금지를 소구할 수 있다고 보아야 한다"고 하며, B 등으로서는 A에게 통행방해행위의 금지를 구할 수 있다고 하였다. 그 밖에 TV를 통한 광고서비스사업 등을 하는 Y 회사가 종합유선방송사업자들인 X 회사 등의 종합유선방송 가입자들 가운데 회원을 모집한 후 해당 회원들이 보유한 개별 TV 수상기와 X 등 소유의 케이블방송수신용 셋톱박스 사이에 광고영상송출기기를 연결하여 자막광고를 한 사안에서, Y의 광고행위는 X 등의 광고영업이익을 침해하여 민법상 불법행위에 해당하고, X 등은 Y가 위와 같은 행위를 하는 것과 제3자에게 이를 하게 하는 것의 금지를 청구할 수 있다고 한 대판 2014.5.29. 2011다31225도 참조.
다른 한편 영업비밀 침해행위의 금지청구를 영업비밀 보호기간의 관점에서 접근한 대결 2019.3.14. 2018마7100도 참조.

62) 참고로 앞의 2008마1541 결정에서 침해행위 당시 "타인의 상당한 투자나 노력으로 만들어진 성과 등을 공정한 상거래관행이나 경쟁질서에 반하는 방법으로 자신의 영업을 위하여 무단으로 사용함으로써 타인의 경제적 이익을 침해하는 행위"를 규제하는 규정이 없어서 민법상의 불법행위에 해당함을 전제로 금지청구를 하고 대법원이 이를 인용하였는데, 이 판결을 계기로 부정경쟁방지법이 개정되어 앞의 행위유형이 제2조 제1호 차목으로 추가되었다.

63) 이에 관하여 대판 2010.3.11. 2007다76733 참조.

64) 그 적용한계에 관하여 대판 2016.9.30. 2014다59712·59729 참조.

65) 대판 2009.8.20. 2008다19355; 대판 2006.9.8. 2006다21880. 채무불이행에 관한 대판 2007.12.13. 2007다18959도 참조.

게 손해액의 산정에 관한 자유재량을 부여한 것은 아니므로, 법원이 이러한 방법으로 구체적 손해액을 판단할 때 손해액 산정의 근거가 되는 간접사실들의 탐색에 최선의 노력을 다해야 하고, 그와 같이 탐색해 낸 간접사실들을 합리적으로 평가하여 객관적으로 수긍할 수 있는 손해액을 산정해야 한다.66)

민사소송법 제202조의2는 —이러한 판례의 태도를 받아서— "손해가 발생한 사실은 인정되나 구체적인 손해의 액수를 증명하는 것이 사안의 성질상 매우 어려운 경우에 법원은 변론 전체의 취지와 증거조사의 결과에 의하여 인정되는 모든 사정을 종합하여 상당하다고 인정되는 금액을 손해배상액수로 정할 수 있다"고 규정한다(표시광고법 제11조도 참조).

2. 손해액 산정의 기준시기 [3109]

(1) 손해액 산정의 기준시기에 관하여 사실심의 변론종결시라는 견해도 있으나, 불법행위 당시라 할 것이고, 판례도 같은 입장이다. 가령 대판 2010.4.29. 2009다91828: 불법행위로 인한 재산상 손해액의 산정기준시로서 "'현재'는 '기준으로 삼은 그 시점'이란 의미에서 '불법행위시'를 뜻하는 것이지 '지금의 시간'이란 의미로부터 '사실심 변론종결시'를 뜻하는 것은 아니"다.67)

[참 고] 다만 대판 2018.9.28. 2015다69853: "불법행위로 인한 손해배상책임은 원칙적으로 위법행위시에 성립하지만, 위법행위시점과 손해발생시점 사이에 시간적 간격이 있는 경우에는 손해가 발생한 때에 성립한다."68) 불법행위시 이후 사실심 변론종결일 이전의 어느 시점을 기준으로 그 후 발생할 손해를 그 시점부터 장래 각 손해발생시점까지의 중간이자를 공제하는 방법으로 현가를 산정하되 지연손해금은 그 기준시점 이후부터 구하는 것도 그것이 위와 같은 본래의 방법을 벗어나거나 이에 모순·저촉되는 것이 아닌 한 허용된다는 대판 2018.10.4. 2016다41869도 참조.

(2) 정신적 손해에 대한 위자료 산정의 기준시기에 관하여 [3092] 참조.

3. 손해액 산정의 구체적 모습 [3110]

가. 인적 손해의 경우

(1) 생명침해나 신체상해 등의 불법행위로 인한 손해배상청구권의 소송물을 어떻게 볼 것인지는 기판력의 범위 등과 관련하여 중요하다. 이에 관하여 다툼이 있으나, 실무는 「손해 3분설」에 따라 불법행위로 인한 손해를 ① 적극적 재산적 손해(예: 입원치료비), ② 소극적 재산적 손해(예: 휴업손해) 및 ③ 정신적 고통에 따른 정신적 손해(제751조 제1항)의 3가지로 나눈다.

[참 고] 가령 대판 2002.9.10. 2002다34581: "생명 또는 신체에 대한 불법행위로 인하여 입게 된 적극적 손해와 소극적 손해 및 정신적 손해는 서로 소송물을 달리하므로 그 손해배상의무의 존부나 범위에 관하여 항쟁함이 상당한지의 여부는 각 손해마다 따로 판단하여야 한다." 다만 대판

66) 대판 2009.9.10. 2006다64627, 대판 2011.5.13. 2010다58728도 참조.
나아가 대판 2010.3.25. 2009다88617: "불법행위로 인하여 손해가 발생한 사실이 인정되는 경우에는 법원은 손해액에 관한 당사자의 주장과 증명이 미흡하더라도 적극적으로 석명권을 행사하여 증명을 촉구하여야 하고 경우에 따라서는 직권으로라도 손해액을 심리 판단하여야 하나, 법원의 증명촉구에도 불구하고 원고가 이에 응하지 아니하면서 손해액에 관하여 나름의 주장을 펴고 그에 관하여만 증명을 다하고 있는 경우라면, 법원이 굳이 스스로 적정하다고 생각하는 손해액 산정기준이나 방법을 적극적으로 원고에게 제시할 필요까지는 없다." 대판 2011.7.14. 2010다103451도 참조.

67) 매수인(K)이 매도인(V)의 기망행위로 인하여 부동산을 고가에 매수함으로써 입은 손해는 부동산의 매수 당시의 시가와 매수가격의 차액이고, 그 후 K가 위 부동산 중 일부에 대하여 보상금을 수령하였다거나 부동산 시가가 상승하여 매수가격을 상회하게 되었다고 하여 K에게 손해가 발생하지 않았다고 할 수 없다고 한 사례. 장래 발생할 소극적, 적극적 손해가 사실심의 변론종결 전에 이미 발생한 경우에 관한 대판 1994.2.25. 93다38444 및 손해액 산정의 자료에 관한 대판 2016.9.30. 2015다19117·19124도 참조.

68) 대판 2014.7.10. 2013다65710도 동지.

(전) 1996.7.18. 94다20051은, 인신사고로 인한 손해배상청구소송처럼 소송물이 다른 재산적 손해와 위자료 등에 관한 청구가 하나의 판결로 선고되는 경우에, 당사자 일방이 그 소송물의 범위를 특정하지 않은 채 일정금액부분에 대해서만 항소하였다면, 그 불복하는 부분을 특정할 수 있는 등의 특별한 사정이 없는 한 불복범위에 해당하는 재산적 손해와 위자료에 관한 청구가 모두 항소심에 이심되어 항소심의 심판의 대상이 된다고 하였다.

그리고 대판 2020.12.24. 2017다51603: 제751조 제1항의 "재산 이외의 손해는 정신상의 고통만을 의미하는 것이 아니라 그 외에 수량적으로 산정할 수 없으나 사회통념상 금전평가가 가능한 무형의 손해도 포함된다. 그리고 이러한 비재산적 손해의 배상청구는 독립된 하나의 소송물로서 소송상 일체로 취급되어야 한다."[69]

[3111] (2) 먼저 적극적 재산적 손해의 산정은 크게 문제될 것이 없으며, 실무상 치료비,[70] 개호비(介護費), 장례비 등이 문제된다. 그런데 확정판결 또는 합의에 의하여 배상을 받은 후 당초에 예상하지 못한 후유증이 발생한 경우에, 변론종결 후에 발생한 손해에 대해서는 기판력이 미치지 않으므로 후유증에 대한 손해배상을 청구할 수 있고, 청구권포기조항이 있더라도 그것은 합의 당시 당사자가 예상한 손해에 한정된다([2793] 참조).

[3112] (3) 반면 얻을 수 있었던 이익을 얻지 못한 손해로서 소극적 재산적 손해의 산정은 다소 복잡하다.

① 사상(死傷)으로 인하여 노동능력의 전부 또는 일부를 상실한 손해에 관하여, 가해적 사태가 없었더라면 그가 얻을 수 있었으리라고 생각되는 소득의 합계라고 파악하는 소득상실설(所得喪失說)[71]과 소득창출의 근거인 노동능력의 상실 자체라는 가동능력상실설(稼動能力喪失說)[72]이 대립하는데, 판례는 어느 쪽이든 기대수익을 제대로 반영하면 된다는 입장이다.[73]

② 사상으로 인한 일실수익의 산정을 개괄한다.

ⓐ 먼저 가해행위가 없었더라면 얼마 동안 일할 수 있었는지가 검토되어야 하는데, 기대여명(期待餘命)과 가동연한(稼動年限)이 문제된다. 그런데 손해배상액을 산정하는 기초가 되는 피해자의 기대여명은 변론주의가 적용되는 주요사실로서 재판상 자백의 대상이다.[74]

그런데 육체노동의 가동연한에 관하여 대판(전) 2019.2.21. 2018다248909의 다수의견은 "대법원은 1989.12.26. 선고한 88다카16867 전원합의체 판결(이하 '종전 전원합의체 판결'이라 한다)에서 일반육체노동을 하는 사람 또는 육체노동을 주로 생계활동으로 하는 사람(이하 '육체노동'이라 한다)의 가동연한을 경험칙상 만 55세라고 본 기존견해를 폐기하였다. 그 후부터 현재에 이르기까지 육체노동의 가동연한을 경험칙상 만 60세로 보아야 한다는 견해를 유지하여 왔다. 그런데 우리나라의 사회적·경제적 구조와 생활여건이 급속하게 향상·발전하고 법제도가 정비·개선됨에 따라 종전 전원합의체 판결 당시 위 경험칙의 기초가 되었던 제반 사정들이 현저히 변

69) 사용자가 노동조합의 조직 또는 운영에 지배·개입하는 행위가 건전한 사회통념이나 사회상규상 용인될 수 없는 정도에 이른 부당노동행위로 인정되는 경우에, 그 지배·개입행위는 헌법이 보장하는 노동조합의 단결권을 침해하는 위법한 행위로 평가되어 노동조합에 대한 불법행위가 되고, 사용자는 이로 인한 노동조합의 비재산적 손해에 대하여 위자료 배상책임을 부담한다고 한 사례.

70) 그 상당성에 관하여 대판 2010.11.25. 2010다51406 참조.

71) 손해금전설과 연결되며, 차액설에 의하여 손해가 산정된다.

72) 손해사실설과 연결되며, 후유증에도 불구하고 종전 직장에서 종전의 수입을 얻는 경우에는 손해가 규범적 평가에 의하여 산정될 수밖에 없다.

73) 대판 1986.3.25. 85다카538.

74) 따라서 일단 재판상 자백이 성립하면 그것이 적법하게 취소되지 않는 한 법원도 이에 구속되므로, 법원은 당사자 사이에 다툼이 없는 사실에 관하여 성립된 자백과 배치되는 사실을 증거에 의하여 인정할 수 없다(대판 2018.10.4. 2016다41869).

하였기 때문에 위와 같은 견해는 더 이상 유지하기 어렵게 되었다. 이제는 특별한 사정이 없는 한 만 60세를 넘어 만 65세까지도 가동할 수 있다고 보는 것이 경험칙에 합당하다"고 하며, 육체노동의 가동연한을 65세로 늘렸다.[75)]

ⓑ 객관적이고 합리적인 자료에 의하여 피해자의 사고 당시의 수익을 확정한 후 이를 기초로 일실수익을 산정하는데, 일실퇴직금,[76)] 일실연금[77)] 등도 문제된다.

그런데 일실수익 산정의 기초인 수익에 관하여, 객관적 자료가 있으면 그에 의하고, 그것이 없으면 ―추상적 손해산정([2422] 참조)으로서― 통계에 의한 추정소득에 의한다.[78)] 이러한 수익은 가해행위 당시의 것을 기준으로 하지만, 장차 임금수익이 증가할 것이 상당할 정도로 확실하게 예측할 수 있는 객관적 자료가 있으면[79)] 장래의 증가할 임금수익은 통상손해에 해당한다.[80)]

한편 20년 후의 소득액을 지금 그대로 인정한다면 민사법정이율을 기초로 단리로 계산하더라도 이자의 합이 소득액에 달하여 과잉배상의 문제가 생긴다. 그래서 그동안의 이자를 합한 액이 장래의 소득액으로 되게 하기 위하여 중간이자가 공제되어야 한다(국가배상법 제3조의2 제2항, 시행령 제6조 제3항 및 [2427] 참조). 그런데 중간이자의 공제는 소극적 손해에 한정되지 않는다.[81)]

ⓒ 피해자가 사망한 경우에 손익상계의 법리에 따라 생활비 등을 공제한다.[82)]

(4) 정신적 손해[83)]에 대한 위자료의 산정은 구체적인 산정근거를 요하지 않지만,[84)] 이것이 위자료의 산정에 법관의 자의가 허용된다는 것을 의미하는 것은 물론 아니다.[85)] **[3113]**

---

75) 나아가 "사실심 법원이 일실수입 산정의 기초가 되는 가동연한을 인정할 때에는, 국민의 평균여명, 경제수준, 고용조건 등의 사회적·경제적 여건 외에 연령별 근로자 인구수, 취업률 또는 근로참가율 및 직종별 근로조건과 정년제한 등 제반 사정을 조사하여 이로부터 경험칙상 추정되는 가동연한을 도출하거나 피해자의 연령, 직업, 경력, 건강상태 등 구체적인 사정을 고려하여, 가동연한을 인정할 수 있다"고 하였다.

76) 대판 2008.9.11. 2008다15278 참조.

77) 대판 2011.1.13. 2010다43900 참조.

78) 대판 2006.3.9. 2005다16904. 둘 이상의 수입원이 있는 경우에 관한 대판 2004.10.15. 2003다39927, 개인사업자에 관한 대판 2007.3.29. 2006다50499, "피해자가 사고 당시 일정한 직업의 소득이 없는 사람이라면 그 수입상실액은 보통사람이면 누구나 종사하여 얻을 수 있는 일반노동임금을 기준으로 하되, 특정한 기능이나 자격 또는 경력을 가지고 있어서 장차 그에 대응한 소득을 얻을 수 있는 상당한 개연성이 인정되는 경우에는 그 통계소득을 기준으로 산정할 수 있다"고 한 대판 2021.7.15. 2016다260097(의과대학 본과 3학년 재학 중 사망한 사안) 등도 참조.

79) 대판 2003.7.25. 2002다39616 참조.

80) 대판(전) 1989.12.26. 88다카6761.

81) 개호비에 관한 대판 1985.10.22. 85다카819 참조.

82) 세금을 공제하지 않음에 관하여 대판(전) 1979.2.13. 78다1491 참조.

83) 대판 2008.10.9. 2006다53146: "민법 제751조 제1항은 불법행위로 인한 재산 이외의 손해에 대한 배상책임을 규정하고 있고, 재산 이외의 손해는 정신상 고통만을 의미하는 것이 아니라 그 외에 수량적으로 산정할 수 없으나 사회통념상 금전평가가 가능한 무형의 손해도 포함하므로, 법인의 명예나 신용을 훼손한 자는 그 법인에게 재산 이외의 손해에 대하여도 배상할 책임이 있다. 그런데, 법인의 명예나 신용을 훼손하는 행위에는 법인의 목적사업 수행에 영향을 미칠 정도로 법인의 사회적 평가를 저하하는 일체의 행위가 포함되므로, 이에는 구체적인 사실을 적시하거나 의견을 표명하는 행위 등뿐만이 아니라, 고급이미지의 의류로서 명성과 신용을 얻고 있는 타인의 의류와 유사한 디자인의 의류를 제조하여 이를 저가로 유통시키는 방법 등으로 타인인 법인의 신용을 훼손하는 행위도 포함된다."

84) 법원은 위자료액을 산정할 때 피해자측과 가해자측의 제반 사정을 참작하여 그 금액을 정해야 하므로, 피해자가 가해자로부터 당해 사고로 입은 재산상 손해에 대하여 배상을 받을 수 있는지 여부 및 배상액의 많고 적음 등의 사유도 위자료액 산정의 참작사유가 됨은 당연하다(대판 2018.4.12. 2017다229536). 참고로 실무상 형평 등을 위하여 교통사고 등의 경우에 위자료 총액이 피해 정도에 따라 정형화되어 있다.

85) 대판(전) 2013.5.16. 2012다202819: "불법행위로 입은 비재산적 손해에 대한 위자료 액수에 관하여는 사실심 법원이 여러 사정을 참작하여 그 직권에 속하는 재량에 의하여 이를 확정할 수 있고, 법원이 그 위자료 액수결정의 근거가 되는 제반 사정을 판결이유 중에 빠짐없이 명시해야만 하는 것은 아니나, 이것이 위자료의 산정에 법관의 자의가 허용된다는 것을 의미하는 것은 물론 아니다. 위자료의 산정에도 그 시대와 일반적인 법감정에 부합될 수 있는 액수가 산정되어야 한다는 한계가 당연히 존재하고, 따라서 그 한계를 넘어 손해의 공평한 분담이라는 이념과 형평의 원칙에 현저히 반하는 위자료를 산정하는 것은 사실심 법원이 갖는 재량의 한계를 일탈한 것이 된다." 나아가 "'진실·화해를 위한 과거사정리 기본법'(이하 '과거사정리법'이라 한다)에 의한 진실규명결정을 거친 한국전쟁 전후 희생사건은 그 피해가 발생한 때로부터 무려 약 60년이 경과되었고, 과거사정리법도 그 피해의 일률적인 회복을 지향하고 있으며, 피해자의 숫자도 매우 많을 뿐 아니라 전국적으로 분포되어 있는 등 특수한 사정이 있다. 따라서 그에 대한 위자료의 액수를 정할 때는 피해자들 상호간의 형평도 중요하게 고려하여야 하고 손해배상을 청구하는 희생자 유족의 숫자 등에 따른 적절한 조정도 필요하다"고 했다.

「위자료의 보완적 기능」을 포함하여 위자료의 산정에 관하여 [2428]도 참조.

[3114] 나. 재산적 손해의 경우

(1) 먼저 소유권 상실 또는 소유물 훼손의 경우를 본다.

① 멸실이나 처분(선의취득이나 시효취득 등 추급이 불가능한 경우에 한하여) 등의 사유로 물건의 소유권을 상실한 경우에, 「상실 당시」 그 물건의 객관적 교환가치가 통상손해이고[86] 이에 지연이자가 추가되며, 상실 후의 목적물의 가격등귀에 따른 손해는 특별손해에 속하는데,[87] 등귀된 가격에 처분할 수 있었다는 등 이익을 확실하게 취득할 수 있었다는 사정에 대한 예견가능성은 불법행위시를 기준으로 판단한다.[88]

[3115] ② 소유물이 훼손된 경우에, 수리가 가능하면 불법행위 당시의 수리비가 통상손해이고, 수리가 불가능하면 훼손으로 인하여 교환가치가 감소한 부분이 통상손해로 되는데,[89] 수리로 인하여 훼손 전보다 물건의 교환가치가 증가하였다면 손익상계의 법리에 따라 수리비에서 교환가치 증가분을 공제해야 한다.[90] 한편 수리가 가능하더라도 수리비가 교환가치를 초과한다면 특별한 사정이 없는 한 손해액은 교환가치의 범위 내로 제한된다.[91]

참고로 타인의 불법행위로 인하여 부동산에 유효한 근저당권이 설정됨에 따라 부동산소유자가 입은 손해는 근저당권자에 대하여 그 근저당권의 소멸을 청구하는 데 드는 비용이다.[92]

③ 물건의 멸실 또는 훼손으로 인한 사용이익의 상실에 관하여 [2415] 참조.[93]

[3116] (2) 권원 없는 이에 의하여 소유물의 「점유」를 침탈당한 경우에, 침탈당한 기간의 차임 상당액이 통상손해이다.[94] 이 점은 임차권이 타인의 불법행위로 침해된 경우 또는 임차인이 임대차

---

86) 대판 2003.1.10. 2000다34426.

87) 증권회사가 고객 소유의 주식을 위법하게 처분한 경우에 관한 대판 2000.11.24. 2000다1327 참조.

88) 소유권 상실의 손해에 관한 재판례를 본다. ㉠ 수입통관절차를 마친 제품이 불법행위로 인하여 원상회복이 불가능할 뿐 아니라 남은 가치가 없을 정도로 훼손되었다면, 그로 인한 손해는 특별한 사정이 없는 한 같은 제품의 국내 시가를 기준으로 산정해야 한다(대판 2008.4.10. 2007다7751. 대판 2006.4.28. 2005다44633도 참조). "운송인이 운송물을 선하증권과 상환하지 아니하고 타인에게 인도함으로써 선하증권 소지인이 입은 손해는 그 인도 당시의 운송물의 가액 및 이에 대한 지연손해금 상당의 금액"이라고 한 대판 2007.6.28. 2007다16113도 참조. ㉡ 대판 1993.3.26. 91다14116은, 기성부분의 소유자인 수급인이 제3자의 불법행위로 기성부분에 대한 소유권을 상실하기는 하였으나 부지소유자에게 대항할 권원이 없어서 조만간 손해배상 없이 이를 자진철거하거나 강제로 철거당할 운명이었다면, 불법철거로 인한 손해는 기성부분의 교환가격이나 투자비용이라고 할 수 없고, 기성부분이 적법하게 철거될 때까지 당분간 부지를 불법점유한 채 기성부분을 사실상 사용할 수 있는 이익 및 철거 후 기성부분의 폐자재를 회수할 수 있는 이익의 침해로 인한 손해에 한정된다고 하였다. ㉢ 대판 2012.1.12. 2010다79947: "법령이 특정한 사업을 영위하거나 특정한 행위를 하는 데에 면허, 허가 등을 받거나 신고 등을 하도록 요구하면서 그러한 절차를 위반하여 사업 또는 행위를 한 경우에는 위반행위와 관련된 물건의 소지와 판매 등을 금지하고 있다고 하더라도, 그러한 사정만을 들어 물건의 멸실 또는 훼손으로 인하여 입게 된 손해의 배상을 구할 수 없는 것이라고 볼 수는 없고, 그와 같은 경우에 물건의 멸실 또는 훼손으로 인한 손해의 배상을 구할 수 있는지는 법령의 입법취지와 행위에 대한 비난가능성의 정도 특히 위반행위가 가지는 위법성의 강도 등을 종합하여 구체적, 개별적으로 판단하여야 할 것"이다. X가 수산업법에 규정된 허가를 받지 않은 양식장에서 장어를 양식하였는데 B 회사의 공사로 인하여 장어가 폐사한 사안에서, X가 B의 공사로 인하여 폐사한 장어에 대한 손해배상을 구할 수 있다고 한 사례이다.

89) 대판 1993.12.24. 93다38284. 수리비 외의 교환가치 감소분을 특별손해로 본 대판 1991.7.23. 90다9070(건물 훼손의 사안) 및 자동차의 주요 골격부위가 파손되는 등의 사유로 중대한 손상이 있는 사고가 발생한 경우에 판단기준과 증명책임에 관한 대판 2017.5.17. 2016다248806도 참조.

90) 대판 2004.2.27. 2002다39456.

91) 실무상 이를 전손(全損)이라 한다.

92) 대판 2006.4.28. 2005다74108.

93) 관련하여 대판 2022.11.30. 2016다26662 · 26679 · 26686: "일반적으로 영업용 물건이 손괴된 경우 수리를 위하여 필요한 기간 동안 그 물건에 의한 영업을 할 수 없었던 경우에는 영업을 계속하였더라면 얻을 수 있었던 수익상실은 통상손해에 해당한다. 그러나 위법한 가해행위로 인하여 영업용 물건이 손괴되었더라도 위법행위의 태양, 물건이 사용 및 손괴된 경위 등에 비추어 볼 때 가해자가 그것이 영업용 물건으로서 이를 손괴함으로써 그 물건을 이용하여 얻을 수 있었던 영업수익이 상실될 수 있다는 사정을 통상적으로 예견할 수 없었다면 그러한 경우까지도 위 손해가 통상손해에 해당한다고 보기는 어렵다." 영업용 택시의 수리에 관한 대판 2005.10.13. 2003다24147도 참조.

94) 다만 대판 2023.3.13. 2022다293999: "타인 소유의 토지를 법률상 권원 없이 점유함으로 인하여 토지소유자가 입은 통상의 손해는 특별한 사정이 없는 한 점유토지의 임료 상당액이지만, 수익자가 단지 공로에 이르는 통로로 통행지를 통행함에 그치고 통행지소유자의 점유를 배제할 정도의 배타적인 점유를 하고 있지 않다면, 통행지소유자가 통행지를 본래 목적대로 사용·수익할 수 없게 되는 경우의 손해액이라 할 수 있는 임료 상당액 전부가 통행지소유자의 손해액이 된다고 볼 수는 없"다.

종료 후 정당한 이유 없이 임차목적물을 인도하지 않는 경우에도 같다. 그런데 불법점유자가 점유한 토지에 도로를 개설하거나 토지구획정리사업 등을 시행함으로써 땅값이 상승한 경우에, 그러한 개발이익은 손해액에서 공제되어야 한다(「손익상계」). 나아가 타인의 소유물을 처분하고 점유를 이전하여 준 경우에,[95] 소유권을 회복하는 데 드는 비용, 소유물을 사용 · 수익하지 못하여 입은 손해 등이 소유자가 입은 통상손해이고, 물건을 적시에 처분할 수 없게 됨으로 인한 손해는 특별손해에 해당한다.

(3) 담보권이 침해된 경우에 관하여 [5436] 참조.

(4) 원인무효의 등기를 신뢰하여 제3자가 손해를 입은 경우에,[96] 손해가 어떻게 산정되어야 할까? [3117]

① 소유권을 취득하지 못한 제3자의 손해에 관하여 대판(전) 1992.6.23. 91다33070은, 타인 소유의 토지에 관하여 매도증서, 위임장 등 등기 관계서류를 위조하여 원인무효의 소유권이전등기를 경료하고 다시 이를 다른 사람에게 매도하여 순차로 소유권이전등기가 경료된 후에 토지의 진정한 소유자가 최종매수인을 상대로 말소등기청구소송을 제기하여 소유자 승소의 판결이 확정된 경우에, 위 불법행위로 인하여 최종매수인이 입은 손해는 무효의 소유권이전등기를 유효한 등기로 믿고 위 토지를 매수하기 위하여 출연한 금액, 즉 매매대금(계약체결을 위한 비용을 포함한다) 상당액으로, 이는 기존이익의 상실인 적극적 손해에 해당하고, 최종매수인은 처음부터 위 토지의 소유권을 취득하지 못한 것이어서 위 말소등기를 명하는 판결의 확정으로 비로소 위 토지의 소유권을 상실한 것이 아니므로, 위 토지의 소유권 상실을 손해로 볼 수 없다고 하였다.

이처럼 최종매수인(X)은 원인무효등기의 외관을 만든 불법행위자에 대하여 부동산을 취득하기 위하여 출연한 매매대금의 배상을 구할 수 있을 뿐이다. 그런데 X는 자기의 거래상대방인 중간매수인에 대해서는 담보책임을 물어 이행이익의 배상을 구할 수 있고, X에 대하여 담보책임을 진 중간매수인은 불법행위자에게 그것을 포함한 손해배상을 구할 수 있는데,[97] 이 경우 손해배상의 내용이 다르다.[98]

[참 고] 대판(전) 1992.6.23. 91다43848도 —앞의 91다33070 판결과 같은 취지에서— 위조된 수표를 할인에 의하여 취득함으로 인한 손해액은 특별한 사정이 없는 한 위조수표를 취득하기 위하여 현실적으로 출연한 할인금이지, 그 수표가 진정한 것이라면 수표의 소지인이 지급받았을 것으로 인정되는 수표금액에 상당하는 금액이 아니라고 보았다.[99]

95) 이때 양수인이 소유권을 취득하지 못하여 소유권의 귀속에 변동이 없다는 점은 문제되지 않는다. 점유이전 자체로 인하여 소유권이 침해되었기 때문이다.

96) 대판 2000.9.5. 99다40302는 허위의 소유권이전등기에 등기관의 과책이 개입된 경우에 국가배상책임을 인정하였다.

97) 대판 2007.11.16. 2005다55312: "부동산의 매수인이 불법행위자가 타인 소유의 부동산에 관하여 등기 관계서류를 위조하여 매각한다는 사정을 알지 못한 채 불법행위자에게 매매대금을 지급하고 자신의 명의로 원인무효의 소유권이전등기를 마친 다음 유효하게 부동산을 취득한 것으로 믿고 다른 사람에게 이를 양도하여 중간매도인이 되었으나, 후에 진정한 소유자가 중간매도인을 상대로 말소등기청구소송을 제기하여 승소함에 따라 중간매도인 명의로 된 소유권이전등기가 말소됨으로써 최종매수인에 대하여 매도인의 담보책임을 부담하게 되고 그 이행으로 손해배상금을 지급하게 된 경우, 불법행위로 인하여 중간매도인이 입은 통상의 손해는, 부동산의 시가가 하락하는 등의 특별한 사정이 없는 이상, 담보책임의 이행으로 지급한 손해배상금에서 자신이 전매를 통하여 취한 이득을 공제한 금액 상당이라고 봄이 상당하고, 그 금액은 중간매도인이 부동산을 유효하게 취득하기 위하여 출연한 매매대금과 매도인의 담보책임의 이행으로 지급한 손해배상금에서 매수인으로부터 지급받은 매매대금을 공제한 나머지 금액을 합한 것과 같다."

98) A 소유의 부동산(甲)에 관하여 B가 위조서류를 이용하여 자기 앞으로 소유권이전등기를 마친 후 C와 X에게 전전양도된 후 A의 청구에 의하여 각 등기가 모두 말소된 경우에, ⓐ X는 B에 대하여 불법행위로 인한 손해배상(C에게 지급한 매매대금)을 구할 수 있고, C에 대하여 담보책임(이행이익 상당의)을 물을 수도 있는데, 양자는 부진정연대의 관계에 선다. 한편 ⓑ X에 대하여 담보책임을 진 C는 B에 대하여 불법행위책임(B에게 지급한 매매대금과 X에게 지급한 손해배상에서 X로부터 지급받은 매매대금을 공제한 금액)과 담보책임(이행이익 상당의)을 물을 수 있다.

99) 위조수표의 액면에 상당하는 금액은 수표가 위조된 것이 계기가 되어 소지인이 그 금액을 얻을 수 있으리라는 기대를 갖게 되는 이

② 저당권을 취득하지 못한 채권자의 손해에 관하여 대판 1999.4.9. 98다27623 · 27630은, 무효인 채무자 명의의 소유권이전등기를 신뢰하여 근저당권설정등기를 경료하고 금원을 대출하였다가 후에 근저당권설정등기가 말소됨에 따라 근저당권자가 입은 통상의 손해는, 채무자 명의의 이전등기가 유효하여 담보권을 취득할 수 있는 것으로 믿고 출연한 금액, 즉 근저당목적물인 부동산의 가액범위 내에서 채권최고액을 한도로 하여 채무자에게 대출한 금원 상당(담보권 설정에 소요되는 비용을 포함한다)이고, 위에서 말하는 부동산의 가액은 근저당권이 유효하였더라면 실행이 예상되는 시기 또는 손해배상청구소송의 사실심 변론종결시를 기준으로 해야 한다고 했다.[100)]

[3118] (5) 담보목적물에 대하여 감정평가업자가 부당한 감정을 함으로써 감정의뢰인이 그 감정을 믿고 정당한 감정가격을 초과한 대출을 한 경우에, 부당한 감정가격에 근거하여 산출된 담보가치와 정당한 감정가격에 근거하여 산출된 담보가치의 차액을 한도로 하여 대출금 중 정당한 감정가격에 근거하여 산출된 담보가치를 초과한 부분이 손해액이다.[101)]

그리고 대판 1998.9.22. 97다36293은, 감정평가업자의 불법행위로 인하여 낙찰자가 입은 손해는 위법한 감정이 없었다면 낙찰자가 낙찰받을 수 있었던 낙찰대금과 실제 지급한 낙찰대금의 차액이지만, 위법한 감정에도 불구하고 시가보다 더 낮은 가격으로 낙찰받은 경우에, 위법한 감정이 없었다면 실제 지급한 낙찰대금보다 더 낮은 가격으로 낙찰받을 수 있었다는 사정은 이를 주장하는 이가 증명해야 한다고 했다.[102)]

[3119] (6) 불법행위로 인하여 재산권이 침해된 경우에, 재산적 손해의 배상에 의하여 정신적 고통도 회복되므로 그 배상을 청구할 수 없지만, 재산적 손해의 배상에 의하여 회복될 수 없는 정신적 손해는 특별한 사정으로 인한 손해에 해당하여 예견가능성이 있어야 배상될 수 있다. 가령 대판(전) 2004.3.18. 2001다82507: "일반적으로 타인의 불법행위 등에 의하여 재산권이 침해된 경우에는 그 재산적 손해의 배상에 의하여 정신적 고통도 회복된다고 보아야 할 것이므로 재산적 손해의 배상에 의하여 회복할 수 없는 정신적 손해가 발생하였다면, 이는 특별한 사정으로 인한 손해로서 가해자가 그러한 사정을 알았거나 알 수 있었을 경우에 한하여 그 손해에 대한 위자료를 청구할 수 있다."[103)]

반면 재산권 침해에 부수하여 별도로 인격적 법익이 침해당한 경우에 이는 통상손해로 보아야 한다. 대판 1992.12.8. 92다34162는, 건물을 신축하면서 인근 토지의 지반붕괴에 대비한 예방조치 등을 취하지 않은 채 공사를 함으로써 인근 주택의 지반이 붕괴되고 벽에 균열이 생기고 지붕이 파손되었다면, 피해자로서는 재산상 손해 외에 일상생활의 안온상태가 파괴되고 언제 어떠한 손해가 발생할지 모르는 불안에 떨어야 하는 정신적 고통에 대한 위자료청구도 할 수 있다고 보았다.[104)][105)]

익에 지나지 않고, 수표의 위조라는 불법행위가 없었더라면 소지인이 원래 얻을 수 있었던 것으로서 수표의 위조행위로 말미암아 얻을 수 없게 된 이익은 아니므로, 소지인이 액면에 상당하는 금액을 지급받지 못하게 된 것이 불법행위로 인한 소극적 손해에 해당한다고 볼 수 없기 때문이라고 하였다.

100) 동지의 것으로 동산양도담보에 관한 대판 2010.9.30. 2010다41386.

101) 대판 2009.9.10. 2006다64627. 대판 1998.9.8. 98다17022 및 대판 2006.9.8. 2006다21880도 참조.

102) 대판 2007.7.26. 2006다20405도 참조.

103) 재산권에 관한 민사소송에서의 위증으로 인한 위자료에 관한 대판 2004.4.28. 2004다4386도 참조.

104) 대판 1993.12.24. 93다45213도 참조.

105) 재산적 손해에 관하여 그 밖에 주목할 만한 재판례를 본다. ㉠ 대판 2001.2.23. 98다26484는, 경매절차의 부당한 정지로 인하여 경매채권자가 입은 손해는 정지기간 동안 경매목적물의 가격에 현저한 등락이 있었다는 등의 특별한 사정이 없는 한 경매절차가 정지

Ⅵ. 손해배상액의 조정 [3120]

1. 과실상계

(1) 제763조가 제396조를 준용함에 따라, 불법행위로 인한 손해의 발생 또는 확대에 피해자가 유책적으로 공동(共動)하였다면, 손해배상책임의 유무 또는 범위를 정할 때 이를 참작해야 한다. 과실상계 일반에 관하여 [2429] 이하에서 살펴보았으므로, 아래에서는 불법행위에 관한 점들을 중심으로 본다.106)

그런데 가해행위가 피해자의 부작위에 유발되거나 도발된 것이 아니라면 그 부작위(특히 손해를 피하기 위한 조치를 취하지 않은 바)를 이유로 손해배상책임을 제한하는 것은 공평의 관념에 반한다.107)

한편 피해자의 부주의를 이용하여 고의로 불법행위를 저지른 이가 피해자의 부주의를 이유로 과실상계를 주장할 수 없다.108) 다만 그 적용범위가 제한되기도 한다.

[참 고] 대판 2016.4.12. 2013다31137은 ⓐ "피해자의 부주의를 이용하여 고의로 불법행위를 저지른 자가 바로 그 피해자의 부주의를 이유로 자신의 책임을 감하여 달라고 주장하는 것은 허용될 수 없으나, 이는 그러한 사유가 있는 자에게 과실상계의 주장을 허용하는 것이 신의칙에 반하기 때문이므로, 불법행위자 중 일부에게 그러한 사유가 있다고 하여 그러한 사유가 없는 다른 불법행위자까지도 과실상계의 주장을 할 수 없다고 해석할 것은 아니"라고 하여 「인적」 적용범위를 한정하고,109) 나아가 ⓑ "피해자의 부주의를 이용하여 고의로 불법행위를 저지른 자가 바로 그 피해자의

되지 않았더라면 일찍 받았을 배당금의 수령이 지연됨에 따른 손해인데, 경매채권자에 대한 배당은 경매절차가 정지된 날부터 본안소송의 패소판결이 확정되어 다시 경매절차가 진행되기 전날까지의 기간에 해당하는 일수만큼 지연된 것으로 봄이 상당하며, 한편 금원의 수령이 지체되어 이를 이용하지 못함으로 인하여 생기는 통상손해는 이용하지 못한 기간 동안의 법정이자 상당액이라고 하였다. 부당한 보전처분에 관한 대판 1999.9.3. 98다3757도 참조. ㉡ 대판 2018.9.13. 2016다35802: "불법행위로 영업을 중단한 자가 영업중단에 따른 손해배상을 구하는 경우 영업을 중단하지 않았으면 얻었을 순이익과 이와 별도로 영업중단과 상관없이 불가피하게 지출해야 하는 비용도 특별한 사정이 없는 한 손해배상의 범위에 포함될 수 있다. 위와 같은 순이익과 비용의 배상을 인정하는 것은 이중배상에 해당하지 않는다." ㉢ 특정물품의 독점판매를 사업목적으로 하는 기업에 대한 불법적인 공급중단행위로 인하여 독점판매권 및 이에 기한 영업활동을 침해당함으로써 입은 손해에 관한 대판 2006.9.8. 2004다55230, 특정물품에 대한 기업의 독점판매권을 침해하는 불법유출행위로 인하여 입은 손해에 관한 대판 2003.3.14. 2000다32437, 주식거래에서 과당매매로 인한 손해에 관한 대판 2007.4.12. 2004다4980; 대판 2007.11.15. 2005다16775, 상업시설을 경유하는 모노레일이 설치될 것이라는 잘못된 정보를 제공한 경우에 관한 대판 2009.8.20. 2008다51120·51137·51144·51151, 위법한 입찰담합행위로 인한 손해에 관한 대판 2011.7.28. 2010다18850; 대판 2018.10.12. 2016다243115, 허위사실 유포 등의 행위로 인하여 형성된 가격으로 발행시장 또는 유통시장에서 주식을 취득한 투자자의 손해에 관한 대판 2015.5.14. 2013다11621 등도 참조.

106) 불법행위에서 과실상계에 관한 재판례를 본다.
㉠ 긍정된 경우로 대판 1998.7.10. 96다38971은, 등기부의 기재를 믿고 부동산을 매수하는 이로서는 등기부에 처분금지가처분이 나타난 이상 매수대금을 지급하기 전에 말소 등 청구소송의 경과를 알아볼 필요가 있고, 경과를 알아보았더라면 수용재결의 실효로 인하여 기업자 명의의 소유권이전등기 및 그 이후의 소유권이전등기가 원인무효임을 수용재결취소소송의 확정판결에 의하여 알 수 있었을 터인데도 이에 이르지 않은 채 매수대금을 지급하여 손해를 입은 경우에, 토지매수인에게도 과실이 있다고 하였다.
㉡ 부정된 경우로 대판 2001.2.9. 2000다67464는, 일반적으로 중앙선이 설치된 도로에서 자기의 차로를 따라 운행하는 자동차 운전자로서는 마주 오는 자동차도 자기의 차로를 지켜 운행하리라고 신뢰하는 것이 보통이므로, 상대방 자동차의 비정상적인 운행을 예견할 수 있는 특별한 사정이 없다면 상대방 자동차가 중앙선을 침범해 들어올 경우까지 예상하여 미리 2차로나 도로 우측 가장자리로 붙여 운전해야 할 주의의무는 없고, 운전자가 제한속도를 초과하여 운전하는 등 교통법규를 위반하였더라도, 그와 같이 과속운행 등을 하지 않았다면 상대방 자동차의 중앙선 침범을 발견하는 즉시 감속하거나 피행함으로써 충돌을 피할 수 있었다는 사정이 있었던 경우에 한하여 과속운행을 과실로 볼 수 있다고 하였다. 대판 2004.3.25. 2001다53349도, 선하증권과 상환 없이 화물이 인도됨으로써 선하증권의 정당한 소지인인 신용장 개설은행(B)이 손해를 입은 경우에, B가 신용장대금 지급과 관련하여 별도의 담보를 제공받지 않았거나 수입보증금을 징수하지 않았더라도 그것이 손해 발생 또는 확대의 원인이 되었다고 할 수 없고, B가 선적서류를 송부받고도 화물의 행방을 알아보지 않았다는 사실만으로 B에게 사회통념상 또는 신의성실의 원칙상 주의의무를 게을리한 잘못이 있다고 보기 어렵다고 하였다. 대판 2007.10.25. 2006다16758·16765도 참조.

107) 피해자가 일정한 조치를 취하지 않은 동안에 불법행위가 행하여진 경우에 손해배상책임을 제한할 수 있는지에 관하여 대판 1995.8.22. 95다10303: "시효취득자가 처분금지가처분 등 조치를 취하지 아니함으로써 그 부동산 소유명의자의 부동산처분이라는 불법행위가 가능하게 되었더라도, 그 불법행위가 시효취득자가 가처분 등의 권리보전절차를 취하지 아니한 것에 유발되거나 도발된 것은 아니어서 그와 같은 조치를 취하지 아니한 것이 소유명의자의 불법행위로 인한 손해의 발생에 원인이 되었다고 할 수 없으며, 시효취득자가 그와 같은 조치를 취하지 아니하였다는 사유를 들어 소유명의자의 불법행위로 인한 손해배상책임을 제한하는 것이 공평 내지 신의칙의 견지에서 타당하지도 아니하다." 대판 2003.3.11. 2000다48272도 참조.

108) 대판 2008.6.12. 2007다36445.

109) 중개보조원이 업무상 행위로 거래당사자인 피해자에게 고의로 불법행위를 저질렀더라도 중개업자의 배상책임에는 과실상계의 법리가 적용된다는 대판 2011.7.14. 2011다21143도 참조.

부주의를 이유로 자신의 책임을 감하여 달라고 주장하는 것이 허용되지 아니하는 것은, 그와 같은 고의적 불법행위가 영득행위에 해당하는 경우 과실상계와 같은 책임의 제한을 인정하게 되면 가해자로 하여금 불법행위로 인한 이익을 최종적으로 보유하게 하여 공평의 이념이나 신의칙에 반하는 결과를 가져오기 때문이므로, 고의에 의한 불법행위의 경우에도 위와 같은 결과가 초래되지 않는 경우에는 과실상계와 공평의 원칙에 기한 책임의 제한은 얼마든지 가능하다"고 하여 「사항적」 적용범위를 제한하였다.[110]

[3121] (2) 피해자 아닌 이에게 부주의가 있었던 경우에 그것을 참작할 수 있는가? 이것이 이른바 「피해자측의 과실」인데, 피해자에게 과실능력[111]이 없는 경우에 문제된다.

그런데 피해자 본인의 과실은 아니더라도 신분상의 관계 등을 고려하여 실질적으로 피해자와 일체를 이룬다고 평가할 수 있는 이의 과실이 있는 경우에,[112] 손해의 공평한 분담이라는 관점에서 이를 피해자의 과실로 고려하는 것이 바람직하다. 판례도 감독의무자인 부모[113] 또는 일정한 친족[114]의 과실을 고려하였다. 신분상 또는 사회관계상 일체를 이루는 이의 과실을 들어 손해배상액을 경감하는 것에 대하여 이론적으로 논란의 여지가 없지 않지만, 구상을 포함하여 분쟁의 1회적 해결을 가능하게 한다는 점에서 일반적으로 수긍된다.

나아가 피해자의 피용자에게 공동과실이 있었던 경우에도 제396조가 적용되어 과실상계가 행하여진다.

[3122] (3) 판례는 피해자의 부주의뿐만 아니라 피해자측의 요인(피해자의 체질적 소인 또는 질병의 위험도 등)에 대해서도 과실상계의 법리를 유추하는데, 책임제한에 관한 사실인정이나 비율을 정하는 것이 형평의 원칙에 비추어 현저하게 불합리해서는 안 된다.[115]

(4) 그 밖에 판례는 신의칙에 기한 「손해경감조치의무」를 전제로, 피해자가 이러한 의무에 기한 법적 조치를 취하지 않은 경우에 그 점을 손해액 산정에 고려한다([2434] 참조).[116] 특히 피해자가 합리적인 이유 없이 자기결정권을 행사하여 의료행위를 거부함으로써 손해가 확대되었다면 손해의 공평한 부담이라는 견지에서 그 확대된 손해부분을 공제한 나머지 부분으로 가해자의 배상범위를 제한하거나 확대된 손해부분은 피해자가 이를 부담해야 한다.[117]

---

110) 이른바 KIKO 사건에 관한 대판(전) 2013.9.26. 2012다1146 · 1153; 대판(전) 2013.9.26. 2012다13637 등도 참조.

111) 대판 1971.3.23. 70다2986은 "미성년자의 과실능력은 그에게 사리를 변식함에 족한 지능을 具有하고 있으면 족하고 책임을 변식할 지능을 구유함을 요하지 않는다"고 하면서, 14세 된 이의 과실능력을 긍정하였다.

112) 대판 1998.8.21. 98다23232 참조.

113) 대판 1969.9.23. 69다1164.

114) 형이 운전하는 오토바이 뒤에 동승한 동생이 사망한 경우에 관한 대판 1991.11.12. 91다30156.

115) 의료과오에 관한 대판 2016.6.23. 2015다55397. 교통사고의 후유증과 기왕증이 경합한 경우에 관한 대판 2011.5.13. 2009다100920도 참조.

116) 대판 2003.7.25. 2003다22912: "신의칙 또는 손해부담의 공평이라는 손해배상제도의 이념에 비추어 볼 때, 불법행위의 피해자에게는 그로 인한 손해의 확대를 방지하거나 감경하기 위하여 노력하여야 할 일반적인 의무가 있으며 피해자가 합리적인 이유 없이 손해경감조치의무를 이행하지 않을 경우에는 법원이 그 손해배상액을 정함에 있어 민법 제763조, 제396조를 유추적용하여 그 손해확대에 기여한 피해자의 의무불이행의 점을 참작할 수 있고, 한편 손해의 확대를 방지하거나 경감하는 데 적절한 법적 조치가 존재하는 경우 이는 손해경감조치에 해당될 수 있고, 피해자가 그 법적 조치를 취함에 있어 감당하기 어려운 많은 비용이 소요된다든가, 그 결과가 불확실하다거나, 판단을 받기까지 현저하게 많은 시간이 필요하다는 등의 사정이 없음에도 불구하고 합리적인 이유 없이 그 법적 조치를 취하지 아니한 경우에는 그 손해확대에 기여한 피해자의 의무불이행의 점을 손해배상액을 정함에 있어 참작할 수 있다."

117) 대판 2010.3.25. 2009다95714. 그 전제로 대판 2010.11.25. 2010다51406: "불법행위 피해자는 그로 인한 손해의 확대를 방지하거나 감경하기 위하여 노력하여야 할 일반적 의무가 있으므로, 피해자는 관례적이고 상당한 결과의 호전을 기대할 수 있는 수술을 용인할 의무가 있다. 따라서 그와 같은 수술을 거부함으로써 손해가 확대된 경우 그 손해부분은 피해자가 부담하여야 하고, 그러한 수술로 피해자의 후유증이 개선될 수 있는 경우에 신체손상으로 인한 일실이익 산정의 전제가 되는 가동능력상실률은 다른 특별한 사정이 없는 한 그 수술을 시행한 후에도 여전히 남을 후유증을 기준으로 하여 정하여져야" 한다. 대판 2006.8.25. 2006다20580 및 대판 2011.12.27. 2010다32078도 참조.

2. 기 타 [3123]

가. 손익상계

(1) 불법행위에서도 과도한 배상을 막기 위하여 손익상계가 이루어진다. 손익상계에 관하여 [2438] 이하 참조.

(2) 손익상계가 허용되기 위해서는 손해배상책임의 원인인 행위로 인하여 피해자가 새로운 이득을 얻었을 뿐만 아니라 그 이득은 배상의무자가 배상해야 할 손해의 범위에 대응하는 것이어야 한다.[118)]

[참 고] 산재보험급여와 손익상계 등에 관하여

㉠ 대판(전) 2009.5.21. 2008다13104: "근로자가 업무상 재해로 사망함에 따라 근로복지공단이 구 산업재해보상보험법(2007.4.11. 법률 제8373호로 전문 개정되기 전의 것)에 의한 유족급여를 수급권자에게 지급하였다 하더라도, 수급권자가 아닌 망인의 공동상속인들이 상속한 손해배상채권과 그 유족급여의 수급권은 그 귀속주체가 서로 상이하여 상호보완적 관계를 인정할 수 없으므로, 수급권자에 대한 유족급여의 지급으로써 그 수급권자가 아닌 다른 공동상속인들에 대한 보험가입자의 손해배상책임까지 같은 법 제48조 제2항에 의하여 당연히 소멸된다고 할 수는 없[고, …] 근로자가 업무상 재해로 사망함에 따라 발생하는 망인의 일실수입 상당 손해배상채권은 모두가 그 공동상속인들에게 각자의 상속분 비율에 따라 공동상속되고, 근로복지공단이 구 산업재해보상보험법에 의하여 수급권자에게 지급하는 유족급여는 당해 수급권자가 상속한 일실수입 상당 손해배상채권을 한도로 하여 그 손해배상채권에서만 공제하는 것으로 해석하여야 하고, 이와 달리 망인의 일실수입 상당 손해배상채권에서 유족급여를 먼저 공제한 후 그 나머지 손해배상채권을 공동상속인들이 각자의 상속분 비율에 따라 공동상속하는 것으로 해석할 것은 아니"다.

㉡ 대판(전) 2022.3.24. 2021다241618의 요지는 다음과 같다: ⓐ 근로복지공단이 제3자의 불법행위로 재해근로자(유족 등 보험급여수급자 포함)에게 보험급여를 한 다음 산재보험법 제87조 제1항에 따라 재해근로자의 제3자에 대한 손해배상청구권을 대위할 수 있는 범위는 보험급여 중 제3자의 책임비율에 해당하는 금액이다; ⓑ 산재보험법에 따라 보험급여를 받은 재해근로자가 제3자를 상대로 손해배상을 청구할 때 그 손해 발생에 재해근로자의 과실이 경합된 경우에 재해근로자의 손해배상청구액을 산정하는 방식에 관하여, 대판(전) 2021.3.18. 2018다287935(국민건강보험공단의 보험급여 공제와 과실상계의 선후에 관한)의 태도에 따라 보험급여와 같은 성질의 손해액에서 보험급여를 공제한 후 과실상계를 해야 한다고 함으로써, 「과실상계 후 공제」방식을 취하던 종래의 입장을 재해근로자에게 더 유리한 「공제 후 과실상계」방식으로 변경하였다[119)]; ⓒ 산업재해가 사업주와 제3자의 공동불법행위로 인하여 발생하고 그 손해 발생에 재해근로자의 과실이 경합된 경우에 근로복지공단이 재해근로자의 제3자에 대한 손해배상청구권을 대위할 수 있는 범위는 보험급여에서 재해근로자의 과실비율 상당액을 공제한 다음, 여기서 다시 재해근로자가 배상받을 손해액 중 사업주의 과실비율 상당액을 공제한 차액이다; ⓓ 사업주나 제3자의 손해배상 후 재해근로자가 보험급여를 받은 경우에, 근로복지공단이 산재보험법 제84조에 따라 재해근로자에게 부당이득으로 징수할 수 있는

---

118) 대판 2011.4.28. 2009다98652. 피해자가 근로기준법이나 산업재해보상보험법에 따라 휴업급여나 장해급여 등을 지급받은 경우에 급여액을 일실수입의 배상액에서 공제하는 것은 손해의 성질이 동일하여 상호보완적 관계에 있는 것 사이에서만 가능하다고 한 대판 2020.6.25. 2020다216240도 참조. 나아가 대판 2008.9.25. 2006다18228은, 행정기관의 위법한 행정지도로 일정기간 어업권을 행사하지 못하는 손해를 입은 이가 그 어업권을 타인에게 매도하여 매매대금 상당의 이득을 얻었더라도 그 이득은 손해배상책임의 원인이 되는 행위인 위법한 행정지도와 상당인과관계에 있다고 볼 수 없고, 행정기관이 배상해야 할 손해는 위법한 행정지도로 피해자가 일정기간 어업권을 행사하지 못한 데 대한 것임에 반해 피해자가 얻은 이득은 어업권 자체의 매각대금이므로 위 이득이 위 손해의 범위에 대응하는 것이라고 볼 수도 없어, 피해자가 얻은 매매대금 상당의 이득을 행정기관이 배상해야 할 손해액에서 공제할 수 없다고 하였다.

119) 이는 결국 재해근로자의 과실비율에 상응하는 비용을 재해근로자와 근로복지공단 중 누가 부담하는지의 문제인데, 대법원은 근로복지공단이 부담해야 한다는 입장이다. 즉 "보험급여 중 재해근로자의 과실비율에 해당하는 금액에 대해서는 공단이 재해근로자를 대위할 수 없으며 이는 보험급여 후에도 여전히 손해를 전보받지 못한 재해근로자를 위해 공단이 종국적으로 부담한다고 보아야 한다."

범위는 보험급여 중 사업주나 제3자의 책임비율에 해당하는 금액이다.

[3124] **나. 민법 제765조**

(1) 배상의무자는, 손해가 고의 또는 중대한 과실에 의한 것이 아니라는 점 및 배상으로 인하여 배상자의 생계에 중대한 영향을 미치게 될 것이라는 점을 증명하여 법원에 배상액의 경감을 청구할 수 있다(제765조). 이 규정을 근거로 법원은 배상의무자의 경제사정을 고려할 수 있다.

(2) 배상액을 감경할 때 비례의 원칙(과잉금지의 원칙)을 준수해야 한다(헌법 제37조 제2항 참조). 즉 ① 배상의무자의 생계보장이라는 목적에 적합해야 하고(목적적합성), ② 배상권리자의 권리에 필요한 정도를 넘지 않는 제약이어야 하며(최소침해성), ③ 양자를 비교교량하여 배상액을 정해야 한다(균형성).

제 4 절 특수한 불법행위

제 1 관 공동불법행위

[3125] Ⅰ. 총 설

(1) 공동불법행위(共同不法行爲)란 넓은 의미에서 ❶ 수인이 공동의 불법행위로 타인에게 손해를 가한 경우(제760조 제1항), ❷ 공동 아닌 수인의 행위 중 누구의 행위가 손해를 야기했는지 알 수 없는 경우(제2항) 및 ❸ 교사 · 방조의 경우(제3항)를 아우르지만, 협의로는 ❶을 지칭한다.

(2) 공동불법행위는 연대책임을 발생시킨다. 즉 채무자가 수인인 경우의 기본값인 제408조에 대한 특칙을 규정함으로써 피해자의 보호에 기여하고, 특히 ❶, ❸에서 타인의 행위로 인한 손해라는 사실이 증명되더라도 책임의 면제 또는 경감이 허용되지 않는다. 나아가 인과관계의 증명이 곤란한 경우에 모든 가해가담자의 공동불법행위를 추정함(❷)으로써 증명책임을 전환하는 효과를 도모할 수 있다.

[3126] Ⅱ. 공동불법행위의 모습

1. 협의의 공동불법행위

(1) "수인이 공동의 불법행위로 타인에게 손해를 가한" 경우를 협의의 공동불법행위라 한다(제760조 제1항).

(2) 협의의 공동불법행위가 성립하기 위하여 수인이 공동의 불법행위를 하여 타인에게 손해를 가했어야 한다.

① "공동의"의 의미에 관하여 견해가 갈리는데, 「객관적 관련공동설」이 다수설의 입장이다. 즉 제408조를 배제하여 피해자를 두텁게 보호하려는 취지에서 가해행위가 객관적으로 관련 · 공동되어 있으면 족하고, 가해자들 사이에 공모(共謀)나 공동의 인식이 있어야 하는 것은 아니라고 한다.[1] 반면 가해자들 사이의 공모 내지 공동의 인식이 있어야 한다는 「주관적 관련공동설」도 유

력하다.

② 판례는 객관적 관련공동설을 따른다. 가령 대판 1998.9.25. 98다9205: "공동불법행위의 성립에는 공동불법행위자 상호간에 의사의 공통이나 공동의 인식이 필요하지 아니하고 객관적으로 그들의 각 행위에 관련공동성이 있으면 족하고 그 관련공동성 있는 행위에 의하여 손해가 발생하였다면 그 손해배상책임을 면할 수 없"다.[2)]

그런데 객관적 관련공동설에 의하면, 각 가해행위가 일반불법행위의 성립요건을 충족해야 하는데, 각 가해자의 행위를 독립적으로 평가해야 한다. 가령 대판 2008.4.24. 2007다44774: "공동불법행위가 성립하려면 행위자 사이에 의사의 공통이나 행위공동의 인식이 필요한 것은 아니지만, 객관적으로 보아 행위자 각자의 고의 또는 과실에 기한 행위가 공동으로 행하여져 피해자에 대한 권리침해 및 손해발생에 공통의 원인이 되었다고 인정되는 경우라야 할 것이므로, 공동불법행위를 이유로 손해배상책임을 인정하기 위하여는 먼저 행위자 각자의 고의 또는 과실에 기한 행위가 공동으로 행하여졌다는 점이 밝혀져야 한다."[3)] 그렇다면 판례는, 복수의 행위가 공통의 원인으로 되어 단일한 결과를 발생시킨 것이 아니고 각 행위의 결과를 구별할 수 있는 경우에는 객관적 관련공동도 없어서 가해자 각자는 자기 행위에 대한 책임만 부담한다는 입장으로 이해된다.

③ 관련공동성에 관한 입장의 차이는 기여도 증명을 통한 면책/감책의 가부 및 과실상계에 [3127]
있다. 그런데 협의의 공동불법행위는 자기책임에 대한 예외를 이루는데, 자기의 행위와 인과관계 없는 손해에 대해서까지 배상책임을 지는 근거에 관하여 객관적 관련공동설은 피해자의 두터운 보호라는 정책적 목표를 들지만, 자기의 몫(기여도)과 무관한 부분에 대한 가해자의 책임이 그것만으로 근거 지워지는지 의문이다. 특히 타인의 행위로 인한 것임을 증명하더라도 책임의 면제 또는 경감이 허용되지 않는데, 주관적 공동의식이 없는 경우에는 그러한 결과를 정당하다고 하기

---

1) 피해자를 충실하게 구제할 수 있고 피해자와 가해자 사이의 법률관계를 간명하게 한다는 등의 장점을 가지면서, 구상을 통하여 특정 가해자에게 과중한 부담을 지우지는 않는다는 점을 근거로 든다.

2) 관련공동성에 관한 재판례를 본다.

㉠ 먼저 관련공동성이 인정된 경우로 ⓐ 대판 1994.11.25. 94다35671은, 교통사고로 인하여 상해를 입은 피해자가 치료를 받던 중 의사의 과실 등으로 인한 의료사고로 증상이 악화되거나 새로운 증상이 생겨 사망에 이르는 등 손해가 확대된 경우에, 교통사고와 의료사고가 각기 독립하여 불법행위의 요건을 갖추고 있으면서 객관적으로 관련되고 공동하여 위법하게 피해자에게 손해를 가한 것으로 인정된다면 공동불법행위가 성립한다고 했다. 대판 2008.6.26. 2008다22481; 대판 2012.8.17. 2010다28390도 참조. ⓑ 대판 2016.4.12. 2013다31137: "공동의 행위는 불법행위 자체를 공동으로 하거나 교사·방조하는 경우는 물론 횡령행위로 인한 장물을 취득하는 등 피해의 발생에 공동으로 관련되어 있어도 인정될 수 있다. 그리고 이러한 법리는 범죄수익 은닉의 규제 및 처벌 등에 관한 법률에서 정하는 특정범죄로 취득한 재산인 것을 인식하면서 은닉·보존 등에 협력하는 등으로 특정범죄로 인한 피해회복을 곤란 또는 불가능하게 함으로써 손해가 지속되도록 한 경우에도 마찬가지로 적용된다." 대판 2013.4.11. 2012다44969도 동지. ⓒ 대판 2009.9.10. 2008다37414는, 재건축조합원들을 위법하게 제명한 상태에서 제명조합원들이 분양받아야 할 아파트를 일반분양하는 것은 재건축조합원들의 수분양권을 위법하게 박탈하는 것으로서 불법행위가 될 수 있고, 재건축조합이 재건축조합원들을 위법하게 제명하여 그 수분양권을 박탈한 상태에서 시공사가 재건축조합과 함께 일반분양을 강행하는 경우에 제명된 조합원들에 대하여 공동불법행위가 성립할 수 있다고 하였다.

㉡ 반면 대판 1998.2.13. 96다7854는, 에이즈 바이러스에 감염된 혈액을 환자가 수혈받음으로써 에이즈에 감염될 위험을 배제할 의무 및 그와 같은 결과를 회피할 의무를 다하지 아니하여 감염된 혈액을 수혈받은 환자로 하여금 에이즈 바이러스 감염이라는 치명적인 건강침해를 입게 한 대한적십자사의 과실 및 위법행위는 신체상해 자체에 대한 것인 데 비하여, 수혈로 인한 에이즈 바이러스 감염위험 등의 설명의무를 다하지 아니한 의사들의 과실 및 위법행위는 신체상해의 결과발생 여부를 묻지 않는, 수혈 여부와 수혈혈액에 대한 환자의 자기결정권이라는 인격권의 침해에 대한 것이므로, 대한적십자사와 의사의 양 행위가 경합하여 단일한 결과를 발생시킨 것이 아니고 각 행위의 결과발생을 구별할 수 있으니, 이와 같은 경우에는 공동불법행위가 성립한다고 할 수 없다고 하였다.

㉢ 노동조합의 불법쟁의행위와 조합원의 공동불법행위책임에 관하여 대판 2006.9.22. 2005다30610: "일반조합원이 불법쟁의행위 시 노동조합 등의 지시에 따라 단순히 노무를 정지한 것만으로는 노동조합 또는 조합 간부들과 함께 공동불법행위책임을 진다고 할 수 없다. 다만, 근로자의 근로내용 및 공정의 특수성과 관련하여 그 노무를 정지할 때에 발생할 수 있는 위험 또는 손해 등을 예방하기 위하여 그가 노무를 정지할 때에 준수하여야 할 사항 등이 정하여져 있고, 근로자가 이를 준수함이 없이 노무를 정지함으로써 그로 인하여 손해가 발생하였거나 확대되었다면, 그 근로자가 일반조합원이라고 할지라도 그와 상당인과관계에 있는 손해를 배상할 책임이 있다."

3) 대판 2015.6.24. 2014다231224도 참조.

어렵다. 오히려 면책/감책이 허용되지 않는 연대책임이라는 무거운 결과는 주관적 공동의식의 존재에 따른 고양된 유책성에서 그 근거를 찾아야 할 것이다.

한편 제760조 제1항은 ⓐ 요건의 측면에서 각자의 행위와 손해 사이에 사실적 인과관계조차 없더라도 공동행위와 손해 사이에 인과관계가 있으면 된다는 의미를 가지고, ⓑ 효과와 관련하여 자기의 기여분에 따른 면책이나 감책을 주장할 수 없다는 점에 존재이유가 있는데, 이러한 점들을 정당화시키려면 수인들 사이에 적어도 의사의 연락이 있어야 할 것이다.

주관적 관련공동설에 찬동한다.

> [참 고] 주관적 관련공동설을 따른다면, 고의의 공동만 가능하고, 과실의 공동은 인과관계의 문제, 즉 경합의 양상에 따른 구체적으로 타당한 인과관계의 존부판단의 문제일 뿐이다. 그리고 주관적 공동관계에 있다면, 인과관계의 부존재를 증명하더라도 면책될 수 없고 결과의 일부만에 기여했음을 증명하더라도 책임이 경감되지 않는다.[4)]

[3128] 2. 가해자 불명의 복수행위

(1) 예를 들어 여러 명이 돌을 던져 다른 이에게 상해를 입혔는데 누가 던진 돌에 맞았는지를 알 수 없는 경우에도 가해자 전원의 연대책임이 인정된다(제760조 제2항).[5)] 그런데 이 규정의 적용범위는 제1항에 달려있는데, 객관적 관련공동설에 의하면 객관적 공동조차 없는 개별적 행위(결과에 대한 단독원인)로 증명되었으나 누구의 행위인지 불명한 경우에 한한다. 반면 주관적 관련공동설에 따르면 (공모 등이 없는) 택일적 경합관계를 전제로 복수의 행위와 손해 사이에 사실적 인과관계의 존재를 추정하는 규정으로, 반증에 의한 복멸이 가능하다고 해야 한다.

(2) 피해자가 가해자를 특정하여 손해배상을 구해야 한다는 원칙에 따르면 앞의 예처럼 특정이 불가능한 경우에 피해구제가 거부되는 결과에 이를 수 있다. 여기서 제760조 제2항은 시간·장소·수단의 「겹침」 때문에 가해의 가능성이 있는 이들 중 누구에 대해서도 손해배상을 구할 수 있게 함으로써 가해자 특정의 어려움을 덜어준다.[6)] 이 경우 공동불법행위자 각자는 인과관계의 부존재 또는 일부에의 기여를 증명함으로써 면책이나 감책될 수 있다. 즉 대판 2008.4.10. 2007다76306: "제760조 제2항은 여러 사람의 행위가 경합하여 손해가 생긴 경우 중 같은 조 제1항에서 말하는 공동의 불법행위로 보기에 부족할 때, 입증책임을 덜어줌으로써 피해자를 보호하려는 입법정책상의 고려에 따라 각각의 행위와 손해 발생 사이의 인과관계를 법률상 추정한 것이므로, 이러한 경우 개별행위자가 자기의 행위와 손해 발생 사이에 인과관계가 존재하지 아니함을 증명하면 면책되고, 손해의 일부가 자신의 행위에서 비롯된 것이 아님을 증명하면 배상책임이 그 범위로 감축된다."[7)]

[3129] 3. 교사나 방조

교사(敎唆)자나 방조(幇助)자는 직접의 불법행위자와 연대하여 손해를 배상할 책임을 진다(제

4) 다만 내부관계에 기한 구상에서는 그렇지 않다.
5) 복수의 의사가 의료행위에 관여하였는데 그중 누구의 과실에 의하여 의료사고가 발생한 것인지 분명하게 특정할 수 없는 경우에 관한 대판 2005.9.30. 2004다52576도 참조.
6) 가해자가 누구인지 알 수 없는 경우뿐만 아니라 각자의 몫(기여도)이 명확하지 않은 경우에도 유추가 가능할 것이다.
7) 대판 2012.6.14. 2011다88108도 참조.

760조 제3항).

과실에 의한 방조도 가능하다. 즉 대판 2007.6.14. 2005다32999: "민법 제760조 제3항은 […] 교사자나 방조자에게 공동불법행위자로서 책임을 부담시키고 있는바, 방조라 함은 불법행위를 용이하게 하는 직접, 간접의 모든 행위를 가리키는 것으로서 작위에 의한 경우뿐만 아니라 작위의무 있는 자가 그것을 방지하여야 할 여러 조치를 취하지 아니하는 부작위로 인하여 불법행위자의 실행행위를 용이하게 하는 경우도 포함하고, 이러한 불법행위의 방조는 형법과 달리 손해의 전보를 목적으로 하여 과실을 원칙적으로 고의와 동일시하는 민법의 해석으로서는 과실에 의한 방조도 가능하며, 이 경우의 과실의 내용은 불법행위에 도움을 주지 말아야 할 주의의무가 있음을 전제로 하여 이 의무에 위반하는 것을 말하고, 방조자에게 공동불법행위자로서의 책임을 지우기 위해서는 방조행위와 피방조자의 불법행위 사이에 상당인과관계가 있어야 한다."[8] 그런데 과실에 의한 방조와 손해발생 사이의 인과관계를 판단할 때 과실에 의한 행위로 인하여 해당 불법행위를 용이하게 한다는 사정에 관한 예견가능성과 아울러 과실에 의한 행위가 피해발생에 끼친 영향, 피해자의 신뢰형성에 기여한 정도, 피해자 스스로 쉽게 피해를 방지할 수 있었는지 등을 종합적으로 고려하여 그 책임이 지나치게 확대되지 않도록 신중을 기해야 하고,[9] 함부로 작위의무를 확대하여 과실에 의한 방조를 인정할 것은 아니다.[10]

Ⅲ. 효 과 [3130]

1. "연대하여 그 손해를 배상할 책임"

(1) 공동불법행위자는 연대하여 손해를 배상할 책임을 진다. 즉 손해에 대하여 공동불법행위자 「전원」이 「전부」급부의무를 진다.

8) 나아가 이른바 기사형 광고에 관한 대판 2018.1.25. 2015다210231: "광고란 널리 불특정 다수의 일반인에게 알릴 목적으로 이루어지는 일체의 수단을 말한다. 그런데 실질은 광고이지만 기사의 형식을 빌린 이른바 '기사형 광고'도 광고의 일종이다. 이러한 기사형 광고는 구성이나 내용, 편집방법 등에 따라서는 일반독자로 하여금 '광고'가 아닌 '보도기사'로 쉽게 오인하게 할 수 있다. 즉, 일반독자는 광고를 보도기사로 알고 신문사나 인터넷신문사 등(이하 '신문사 등'이라 한다)이 정보수집능력을 토대로 보도기사 작성에 필요한 직무상 주의의무를 다하여 내용을 작성한 것으로 신뢰하고 이를 사실로 받아들일 가능성이 크다. […] 따라서 […] 신문사 등이 광고주로부터 전달받은 허위 또는 과장광고에 해당하는 내용을 보도기사로 게재하거나 광고주로부터 전달받은 내용을 바탕으로 허위내용을 작성하여 보도기사로 게재함으로써 이를 광고가 아닌 보도기사로 신뢰한 독자가 광고주와 상거래를 하는 등으로 피해를 입었다면, 기사형 광고 게재행위와 독자의 손해발생 사이에 상당인과관계가 인정되는 범위 내에서는 신문사 등도 방조에 의한 공동불법행위책임을 부담할 수 있다."

9) 대판 2014.12.24. 2013다98222. 나아가 "접근매체를 통하여 전자금융거래가 이루어진 경우에 그 전자금융거래에 의한 법률효과를 접근매체의 명의자에게 부담시키는 것을 넘어서서 그 전자금융거래를 매개로 이루어진 개별적인 거래가 불법행위에 해당한다는 이유로 접근매체의 명의자에게 과실에 의한 방조책임을 지우기 위해서는, 접근매체 양도 당시의 구체적인 사정에 기초하여 접근매체를 통하여 이루어지는 개별적인 거래가 불법행위에 해당한다는 점과 그 불법행위에 접근매체를 이용하게 함으로써 그 불법행위를 용이하게 한다는 점에 관하여 예견할 수 있어 접근매체의 양도와 불법행위로 인한 손해 사이에 상당인과관계가 인정되는 경우라야 한다"고 했다.

10) 대판 2012.4.26. 2010다8709는 과실에 의한 방조에서 "작위의무는 법적인 의무이어야 하므로 단순한 도덕상 또는 종교상 의무는 포함되지 않으나 작위의무가 법적인 의무인 한 그 근거가 성문법이건 불문법이건 상관이 없고 또 공법이건 사법이건 불문하므로, 법령, 법률행위, 선행행위로 인한 경우는 물론이고 기타 신의성실의 원칙이나 사회상규 혹은 조리상 작위의무가 기대되는 경우에도 법적인 작위의무는 있다. 다만 신의성실의 원칙이나 사회상규 혹은 조리상 작위의무는 혈연적인 결합관계나 계약관계 등으로 인한 특별한 신뢰관계가 존재하여 상대방의 법익을 보호하고 그에 대한 침해를 방지할 책임이 있다고 인정되거나 혹은 상대방에게 피해를 입힐 수 있는 위험요인을 지배·관리하고 있거나 타인의 행위를 관리·감독할 지위에 있어 개별적·구체적 사정 하에서 위험요인이나 타인의 행위로 인한 피해가 생기지 않도록 조치할 책임이 있다고 인정되는 경우 등과 같이 상대방의 법익을 보호하거나 그의 법익에 대한 침해를 방지하여야 할 특별한 지위에 있음이 인정되는 자에 대하여만 인정할 수 있고, 그러한 지위에 있지 아니한 제3자에 대하여 함부로 작위의무를 확대하여 부과할 것은 아니"라고 하면서, 지역주택조합방식에 의한 아파트개발사업의 시행대행자인 A 회사가 B 등과 조합원가입계약을 체결할 당시 고지의무를 위반하여 위 방식으로 사업추진이 불가능할 수 있다는 사정을 제대로 알리지 않았고, 그 후 조합설립인가도 받지 못한 채 사업추진이 불가능하게 되자 B 등이 조합원가입계약서에 시공사로 날인한 C 회사를 상대로 손해배상을 구한 사안에서, 장차 시공자지위를 확보하기 위하여 사업추진에 관여한 데 지나지 않는 C는 B 등의 법익을 보호하거나 그에 대한 침해를 방지해야 할 특별한 지위에 있다고 할 수 없으므로 C 스스로 고지의무대상인 사유가 존재하는지를 조사하여 고지할 작위의무 또는 A의 고지의무 이행을 조사하고 관리·감독할 의무를 인정할 근거가 없고, 또한 C가 사업추진이 불가능할 수 있다는 사정 및 A가 사업추진이 불가능할 수 있다는 점에 관하여 고지의무를 위반한 사정을 인식하고 있었다고 볼 수 없다고 하였다.

(2) 다수설은 공동불법행위자의 책임을 부진정연대채무로 새긴다. 즉 "연대하여"란 각자가 손해 전부에 대한 배상의무를 부담한다는 의미를 가질 뿐이라고 하면서, 채권을 만족시키는 사유만이 절대적 효력을 가지는 부진정연대채무가 연대채무보다 채권담보의 작용에서 강력하므로 피해자를 두텁게 보호할 수 있고, 감독자책임이나 사용자책임에서 부진정연대채무로 새기는 해석론과의 균형을 고려해야 하며, 부진정연대채무는 계약 외의 사유로 인하여 복수의 채무자가 연대하여 책임을 지는 경우에 발생한다는 점 등을 근거로 든다.11)

생각건대 "연대하여"라는 법문을 곧이곧대로 받아들여 (주관적 공동관계를 전제로 하는) 연대채무가 성립한다면, 복수의 가해자가 공모한 경우에만 연대채무가 성립한다고 해야 하는데, 공모가 없어서 부진정연대가 인정되는 경우보다 피해자가 불리한 지위에 놓이는 모순적인 결과로 된다. 따라서 피해자의 두터운 보호라는 규정의 취지를 살리기 위해서 부진정연대채무로 새겨야 한다. 따라서 채권자를 만족시키는 사유 외에는 절대적 효력을 가지지 않는다.

판례도 부진정연대로 새긴다.12)

[3131] (3) 복수의 가해자 중 일부가 자신의 기여도를 증명하여 면책이나 감책을 주장할 수 있는가? 앞에서 본 유형에 따라 다르다. ① 제1항이나 제3항에서는 면책이나 감책이 허용되지 않는다.13) 즉 대판 2005.10.13. 2003다24147: (협의의) "공동불법행위로 인한 손해배상책임의 범위는 피해자에 대한 관계에서 가해자들 전원의 행위를 전체적으로 함께 평가하여 정하여야 하고, 그 손해배상액에 대하여는 가해자 각자가 그 금액의 전부에 대한 책임을 부담하는 것이며, 가해자의 1인이 다른 가해자에 비하여 불법행위에 가공한 정도가 경미하다고 하더라도 피해자에 대한 관계에서 그 가해자의 책임범위를 위와 같이 정하여진 손해배상액의 일부로 제한하여 인정할 수 없다."14) 반면 ② 제2항의 경우에는 기여도의 증명을 통한 면책이나 감책이 허용된다.15)

(4) 복수의 가해자 중 일부의 일부변제에 관하여 [4182] 참조.

[3132] 2. 손해배상의 범위

가. 특별손해와 예견가능성

(1) 공동불법행위자의 손해배상범위도 제393조에 따라 결정된다.

(2) 특별손해에 대하여 공동불법행위자 중 일부만이 예견가능성을 가진 경우에, 객관적 관련공동설의 입장에서 그 손해의 발생을 예견할 수 있었던 이만이 특별손해에 대하여 책임을 진다는 견해가 유력하다. 그러나 주관적 공동설을 따른다면 제760조 제1항, 제3항의 경우에 공동불법행위자 전원에게 특별손해의 배상책임이 인정되어야 할 것이다.

---

11) 이와 달리 법문대로 연대채무라는 견해와 제760조 제1항, 제3항에서는 연대채무이고 제2항에서는 부진정연대채무라는 견해도 있다.

12) 대판 1999.2.26. 98다52469 등.

13) 내부관계에서 이와 다를 수 있음은 별개의 문제이다.

14) 사안의 특수성을 감안하여 예외를 인정한 대판 2005.11.10. 2003다66066: "피해자인 법인의 대표자가 그 직무에 관하여 정리회사의 관리인과 공모하여 고의의 불법행위를 저지른 결과 피해자에게 손해가 발생하고 정리회사가 이를 배상하여야 할 책임을 부담하는 경우, 정리회사의 관리인이 고의에 의한 공동불법행위자로서 피해자에 대하여 부담하는 손해배상액 전액에 대하여 정리회사로 하여금 손해배상책임을 부담하게 한다면 정리회사로서는 피해자의 대표자가 한 직무상 행위로 인하여 손해를 입게 되고 피해자로서는 민법 제35조에 의하여 정리회사에 대하여 손해배상책임을 부담하게 되어 피해자와 정리회사 사이에서 손해배상청구소송이 순환·반복될 수밖에 없게 되는 점을 고려해 볼 때, 위와 같은 경우에 정리회사가 피해자에게 하여야 할 손해배상의 범위를 정함에 있어서는 피해자의 대표자와 정리회사의 관리인이 불법행위에 가담한 정도, 불법행위로 인한 이득의 귀속 여부 등을 고려하여 손해분담의 공평이라는 손해배상제도의 이념에 비추어 그 배상액을 제한할 수 있다." 대판 2023.6.15. 2017다46274도 참조.

15) 대판 2008.4.10. 2007다76306([3128]에 소개된).

나. 과실상계 [3133]

(1) 공동불법행위의 피해자에게 과실이 있고 가해자 각자에 대한 과실비율이 다른 경우에, 가해자별로 과실상계의 비율을 달리할 수 있는지(개별평가설) 아니면 가해자 전원에 대한 것으로 평가하여 가해자별로 과실상계의 비율을 달리할 수는 없는지(전체평가설)가 문제된다.

(2) 이에 관한 판례의 입장을 본다.[16]

① 판례의 주류는 전체평가설을 따른다. 예컨대 대판 1998.6.12. 96다55631: "공동불법행위책임은 가해자 각 개인의 행위에 대하여 개별적으로 그로 인한 손해를 구하는 것이 아니라 가해자들이 공동으로 가한 불법행위에 대하여 그 책임을 추궁하는 것으로, 법원이 피해자의 과실을 들어 과실상계를 함에 있어서는 피해자의 공동불법행위자 각인에 대한 과실비율이 서로 다르더라도 피해자의 과실을 공동불법행위자 각인에 대한 과실로 개별적으로 평가할 것이 아니고 그들 전원에 대한 과실로 전체적으로 평가하여야 한다."[17] 따라서 공동불법행위자들 사이의 과실의 경중(이나 구상권 행사의 가능 여부 등)을 고려할 여지가 없다.[18]

② 이에 대한 예외도 인정된다.

ⓐ 우선 대판 1992.2.11. 91다34233은, 건물신축공사 현장에서 비계 해체공사를 하던 인부가 고압선에 감전되어 추락한 사안에서 건설공사 수급인과 한국전력공사의 과실비율을 달리 정한 원심의 판단을 긍정하여 이례적으로 개별평가설을 따랐다.

ⓑ 전체평가설이 절차법적 특성 때문에 관철되지 못할 수도 있다. 대판 2001.2.9. 2000다60227은, 피해자가 —공동불법행위자들을 모두 피고로 삼아 한꺼번에 손해배상청구의 소를 제기하지 않고— 공동불법행위자별로 별개의 소를 제기하여 소송을 진행하는 경우에, 각 소송에서 제출된 증거가 서로 다르고 이에 따라 사고의 경위와 피해자의 손해액 산정의 기초가 되는 사실이 달리 인정됨으로 인하여 과실상계비율과 손해액도 서로 달리 인정될 수 있다고 하면서, 피해자가 공동불법행위자들 중 일부를 상대로 한 전소에서 승소한 금액을 전부 지급받았더라도 그 금액이 나머지 공동불법행위자에 대한 후소에서 산정된 손해액에 미치지 못한다면 후소의 피고는 차액을 피해자에게 지급할 의무가 있다고 하였다.

ⓒ 공동불법행위자 중 일부가 피해자의 부주의를 이용하여 고의로 불법행위를 저질렀더라도, 다른 공동불법행위자는 과실상계를 주장할 수 있다. 즉 피해자의 부주의를 이용하여 고의로 불법행위를 저지른 이가 바로 그 피해자의 부주의를 이유로 자신의 책임을 감하여 달라고 주장하는 것은 허용될 수 없으나, 이는 그러한 사유가 있는 이에게 과실상계의 주장을 허용하는 것이 신의칙에 반하기 때문이므로, 불법행위자 중 일부에게 그러한 사유가 있다고 하여 그러한 사유가 없는 다른 불법행위자까지도 과실상계의 주장을 할 수 없다고 해석할 것은 아니다.[19]

16) 참고로 대판 2014.3.27. 2012다87263: "2인 이상의 공동불법행위로 인하여 호의동승한 사람이 피해를 입은 경우, 공동불법행위자 상호간의 내부관계에서는 일정한 부담부분이 있으나 피해자에 대한 관계에서는 부진정연대책임을 지므로, 동승자가 입은 손해에 대한 배상액을 산정할 때에는 먼저 호의동승으로 인한 감액비율을 참작하여 공동불법행위자들이 동승자에 대하여 배상하여야 할 수액을 정하여야 한다."

17) 대판 2000.9.8. 99다48245 등 다수의 판결도 동지.

18) 대판 1991.5.10. 90다14423.

19) 대판 2007.6.14. 2005다32999. 이러한 취지를 받아서 대판 2010.2.11. 2009다68408 등은, 전체평가설은 과실상계를 위한 피해자의 과실을 평가할 때 공동불법행위자 전원에 대한 과실로 전체적으로 평가해야 한다는 것이지, 공동불법행위자 중에 고의로 불법행위를 행한 이가 있는 경우에는 피해자에게 과실이 없는 것으로 보아야 한다거나 모든 불법행위자가 과실상계의 주장을 할 수 없게 된다는 의미는 아니라고 하였다.

(3) 생각건대 주관적 공동, 특히 공모가 있는 경우에 피해자에 대한 관계에서 복수의 가해자는 하나의 무리(群)로 다루어져야 하므로 피해자와 각 행위자 사이에 과실비율을 달리할 수 없다(제3항에서도 같다). 반면 주관적 공동이 없는 경우에 복수의 가해행위가 따로따로(독립하여) 불법행위를 구성한다는 점에서, 피해자의 과실이 복수의 가해자에 대하여 동등하게 다루어져야 할 필요가 없고,[20] 따라서 이 경우에는 전체평가설을 따르기 어렵다고 생각된다.[21]

[3134] ## 3. 구상문제

(1) 공동불법행위가 성립하면 피해자에 대한 관계에서 복수의 가해자들은 손해 전부에 대한 배상책임을 지지만(부진정연대책임), 이는 피해자 보호를 위한 법의 배려일 뿐이다. 주관적 공동이 있더라도 내부적으로는 과실이나 수익의 비율 등 실질적인 관계에 따른 각자의 몫(부담부분)이 있고, 그것을 초과하는 부분은 타인의 채무를 대신 변제한 것이다. 즉 공동불법행위자 상호간에서 부담부분에 상응하는 배상책임은 각자의 고유한 채무인 반면, 그를 초과하는 부분의 배상책임은 실질적으로 타인의 채무에 관한 것이다. 따라서 복수의 가해자들 사이에 구상의 문제가 남는다.

[3135] (2) 공동불법행위자 중 1인의 출연으로 공동면책을 얻은 경우에 구상권이 발생한다.[22)]

① 가해자들 사이의 부담부분은 각 사안별로 각자의 과책의 정도,[23] 위법성의 정도, 손해와의 밀접성, 이득의 정도, 변제자력 등을 고려한 규범적 판단에 의하여 결정되어야 한다. 가령 대판 2001.1.19. 2000다33607: "부담부분의 비율을 판단함에 있어서는, 불법행위 및 손해와 관련하여 그 발생 내지 확대에 대한 각 부진정연대채무자의 주의의무의 정도에 상응한 과실의 정도를 비롯한 기여도 등 사고 내지 손해와 직접적으로 관련된 대외적 요소를 고려하여야 함은 물론, 나아가 부진정연대채무자 사이에 특별한 내부적 법률관계가 있어 그 실질적 관계를 기초로 한 요소를 참작하지 않으면 현저하게 형평에 어긋난다고 인정되는 경우에는 그 대내적 요소도 참작하여야 하며, 일정한 경우에는 그와 같은 제반 사정에 비추어 손해의 공평한 분담이라는 견지에서 신의칙상 상당하다고 인정되는 한도 내에서만 구상권을 행사하도록 제한할 수도 있다."

그런데 공동불법행위자 상호간에 공동면책에 따른 구상권 행사를 위해서는 전체 공동불법행위자 중 구상의 상대방이 부담하는 부분의 비율을 정해야 하므로 단순히 구상의 당사자 사이의 상대적 부담비율만 정해서는 안 되고, 또한 피해자가 여럿이고 피해자별로 공동불법행위자 또는 공동불법행위자들 내부관계에서 부담부분이 다른 경우에 피해자별로 구상관계를 달리 정해야 한다.[24]

② 공동불법행위자 중 1인이 「자기의 부담부분 이상」을 변제해야 하는데, 일부의 공동면책도 면책행위자의 부담부분을 넘어서는 범위에서 구상권을 발생시킨다.[25][26]

---

20) 앞에서 본 면책이나 감책이 인정되어야 함과 마찬가지로.

21) 참고로 대판 2022.7.28. 2017다16747 · 16754: "공동불법행위자의 관계는 아니지만 서로 별개의 원인으로 발생한 독립된 채무가 동일한 경제적 목적을 가지고 있고 서로 중첩되는 부분에 관하여 한쪽의 채무가 변제 등으로 소멸하면 다른 쪽의 채무도 소멸하는 관계에 있기 때문에 부진정연대채무관계가 인정되는 경우가 있다. 이러한 경우까지 과실상계를 할 때 반드시 채권자의 과실을 채무자 전원에 대하여 전체적으로 평가하여야 하는 것은 아니다."

22) 구상권자가 현실로 피해자에게 손해배상금을 지급한 때에 구상권이 발생함은 당연하다(대판 1997.12.12. 96다50896).

23) 대판 1978.3.28. 77다2499 참조.

24) 대판 2002.9.24. 2000다69712.

25) 대판 2006.2.9. 2005다28426.

26) 구상의 범위에 관한 재판례를 본다.
㉠ 대판 2005.7.8. 2005다8125는 ⓐ "공동불법행위자는 채권자에 대한 관계에서는 연대책임(부진정연대채무)을 지되, 공동불법행위자들 내부관계에서는 일정한 부담부분이 있고, 이 부담부분은 공동불법행위자의 과실의 정도에 따라 정하여지는 것으로서 공동불

(3) 구상의 내용에 관하여 본다. [3136]

① 대판 2012.3.15. 2011다52727: "공동불법행위자 중 1인에 대하여 구상의무를 부담하는 다른 공동불법행위자가 수인인 경우에는 특별한 사정이 없는 이상 그들의 구상권자에 대한 채무는 각자의 부담부분에 따른 분할채무로 보는 것이 타당하지만, 구상권자인 공동불법행위자측에 과실이 없는 경우, 즉 내부적인 부담부분이 전혀 없는 경우에는 이와 달리 그에 대한 수인의 구상의무를 부진정연대관계로 보는 것이 타당하다."

② 구상권은 피해자의 다른 공동불법행위자에 대한 손해배상채권과 발생원인 및 법적 성질을 달리하는 별개의 독립한 권리이다. 따라서 피해자의 다른 공동불법행위자에 대한 손해배상청구권이 시효소멸한 경우에도 —부진정연대채무에서 시효소멸은 절대효를 가지지 않으므로— 구상권을 행사할 수 있다.[27]

③ 구상권의 소멸시효기간은 10년인데, 구상권이 발생한 때, 즉 구상권자가 공동면책행위를 한 때부터 기산된다.[28]

제 2 관 사용자책임

Ⅰ. 총 설 [3137]

1. 사용자책임의 의의

(1) 사용자책임(使用者責任)이란, 피용자가 그 사무집행에 관하여 제3자에게 가해행위를 한

법행위자 중 1인이 자기의 부담부분 이상을 변제하여 공동의 면책을 얻게 하였을 때에는 다른 공동불법행위자에게 그 부담부분의 비율에 따라 구상권을 행사할 수 있고, 그 공동불법행위자의 1인이 동시에 피해자이기도 한 경우에도 다른 공동불법행위자가 당해 불법행위로 인해 손해를 입은 제3자에 대해 손해배상금을 지출한 때에는 그중 피해자인 공동불법행위자의 부담부분에 상응하는 금원에 대해 구상금채권을 가질 수 있다"고 하면서, ⓑ 공동불법행위자 상호간의 구상금채권을 인정하기 위해서는 우선 각 공동불법행위자들의 가해자로서의 과실내용 및 비율을 정해야 하는데, 과실상계에서의 과실은 가해자의 과실과 달리 사회통념이나 신의성실의 원칙에 따라 공동생활에서 요구되는 약한 의미의 부주의를 가리키므로 "그러한 과실내용 및 비율을 그대로 공동불법행위자로서의 과실내용 및 비율로 삼을 수는 없다"고 하였다.

ⓛ 대판 1995.11.14. 94다34449는, 공동불법행위자 상호간에 구상권을 인정하는 근거가 각 과실비율에 따라 공평하게 책임을 분담시키는 데 있다고 본다면, 피해자가 공동불법행위자들인 부진정연대채무자들을 상대로 제기한 손해배상소송의 제1심 판결이 그 부진정연대채무자들 중 1인에 대해서만 확정되고, 나머지 채무자는 그 제1심 판결에 불복하여 항소한 결과 그 항소심에서 피해자의 부대항소에 의하여 항소심 판결의 인용금액이 제1심 판결의 그것보다 증액됨으로써 부진정연대채무자들 상호간에 채무의 범위가 달라진 경우에, 이는 오로지 제1심 판결에 불복한 채무자의 항소 제기라는 과잉행위로 인하여 채무자들 상호간의 채무의 범위가 달라졌다고 보아야 하고, 제1심 판결의 인용금액보다 늘어난 패소부분에 대하여 항소하지 않은 채무자에게 손해를 분담하게 하는 것은 공평의 관념에 반함이 명백하므로, 제1심 판결에 항소한 채무자로서는 항소심에서 증액된 부분을 출재하였더라도 불복하지 않은 다른 채무자에 대하여 공동면책으로서의 효력을 내세울 수 없다고 하였다. 관련하여 대판 2023.6.29. 2022다309474: "공동불법행위자 중 1인이 피해자로부터 손해배상청구소송을 당하여 그 판결에서 인용된 손해배상금을 지급함으로써 공동면책된 때에는, 그것이 부당응소라는 등의 특별한 사정이 없는 한 공동면책된 금액 중 다른 공동불법행위자의 과실비율에 상당하는 금액은 물론이고 그에 대한 공동면책일 이후의 법정이자 및 피할 수 없는 비용 기타의 손해배상을 구상할 수 있다. […] 반면 공동불법행위자가 다른 공동불법행위자와의 공동면책이 아니라 자신의 권리를 방어하기 위하여 지출한 소송비용은 다른 공동불법행위자에 대하여 구상하는 것이 허용되지 않는다. 공동불법행위자 중 1인이 공동면책을 시킨 다른 공동불법행위자로부터 구상금청구소송을 당한 경우 그 구상금채무는 특별한 사정이 없는 한 자신의 부담부분에 따른 분할채무이다. 따라서 그 소송과 관련하여 지출한 변호사보수나 소송비용상환액은 나머지 공동불법행위자들과의 공동면책이 아니라 자신의 권리를 방어하기 위한 것으로 이들에 대하여 구상을 할 수 없다."

ⓒ 대판 2008.7.24. 2007다37530은, 어느 공동불법행위자를 위하여 보증인이 된 이가 피보증인을 위하여 손해배상채무를 변제한 경우에, 보증인은 피보증인이 아닌 다른 공동불법행위자에 대하여 그 부담부분에 한하여 구상권을 행사할 수 있고, 이러한 법리는 어느 공동불법행위자를 위하여 그가 위 손해배상채무를 변제한 보증인에 대하여 부담하는 구상채무를 보증한 구상보증인이 피보증인을 위하여 구상채무를 변제한 경우에도 마찬가지여서 구상보증인은 피보증인이 아닌 다른 공동불법행위자에 대하여 그 부담부분에 한하여 구상권을 행사할 수 있다고 하였다. 주식회사 대표이사의 공동불법행위에서의 구상범위에 관한 대판 2007.5.31. 2005다55473도 참조.

ⓓ 참고로 대판(전) 2002.3.21. 2000다62322는, 산업재해가 보험가입자와 제3자의 공동불법행위로 인하여 발생한 경우에, 근로복지공단은 제3자에 대하여 보험가입자의 과실비율 상당액은 구상할 수 없다고 해석해야 하고, 구체적으로는 피해자가 배상받을 손해액 중 보험가입자의 과실비율 상당액을 보험급여액에서 공제하고 차액이 있는 경우에 한하여 그 차액에 대해서만 근로복지공단이 제3자로부터 구상할 수 있다고 하였다.

27) 대판 1997.12.12. 96다50896.

28) 대판 1996.3.26. 96다3791. 공동불법행위자의 보증인의 구상권에 관한 앞의 2007다37530 판결도 참조.

경우에, 사용자가 그로 인한 손해배상의무를 직접 피해자에 대하여 지는 것을 말하는데(제756조 제1항), 실제의 운용에서 자기책임의 원칙에 대한 예외를 이룬다.

(2) 사용자책임이 규정상 선임·감독상의 주의의무 위반이라는 과실책임이지만, 증명책임의 전환에 덧붙여 면책사유의 규범적 심사라는 방법에 의하여 실질적으로 무과실책임적 효과를 도모한다.[1] 따라서 제756조는 가사노동적 사용관계뿐만 아니라 널리 기업의 사용관계에도 적용된다.[2] 다만 제1항 단서의 면책사유 때문에 기업책임으로서 불충분하지만, 판례는 "사무집행에 관하여"를 상당히 넓게 해석하고 또한 실무상 사용자의 면책을 거의 인정하지 않음으로써 기업책임을 현실화하려 한다.

보 론 국가배상법 제2조에 관하여

㉠ 공무원의 행위를 원인으로 국가배상책임을 묻기 위해서는 「공무원이 직무를 집행하면서 고의 또는 과실로 법령을 위반하여 타인에게 손해를 입힌 때」라는 국가배상법 제2조 제1항의 요건이 충족되어야 한다. 여기서 "법령을 위반하여"라는 요건은 엄격하게 형식적 의미의 법령에 명시적으로 공무원의 행위의무가 정해져 있음에도 이를 위반하는 경우만 의미하는 것은 아니고, 인권존중·권력남용금지·신의성실과 같이 공무원으로서 마땅히 지켜야 할 준칙이나 규범을 위반한 경우를 비롯하여 널리 그 행위가 객관적인 정당성을 결여하고 있는 경우도 포함한다.[3]

㉡ 공무원이 그 직무를 집행하면서 타인에게 손해를 입힌 경우에, 국가배상법 제2조에 따라 국가 등이 배상책임을 진다. 그런데 "직무를 집행하면서"[4]에 관하여 판례는 뒤에서 보는 외형이론을 따른다.[5]

㉢ 공무원이 직무[6]를 집행하면서 고의 또는 과실로 법령에 위반하여 타인에게 손해를 입힌 경우에 특별법인 국가배상법이 적용된다.

㉣ 공무원에게 경과실이 있을 뿐이라면 공무원 개인의 책임이 면제되는 반면, 공무원의 불법행위가 고의 또는 중대한 과실에 기한 것이라면 가해공무원에 대해서도 손해배상청구를 할 수 있고,[7] 가해공무원의 배상책임과 국가 등의 배상책임은 부진정연대의 관계에 선다.[8] 직무상 의무위반의 구체적인 예에 관하여 [3101] 참조.

㉤ 공무원(A)의 직무상의 가해행위로 다른 공무원(B)이 손해를 입었으나 B는 헌법 제29조 제2항과 국가배상법 제2조 제1항 단서에 따라 국가 등에 대하여 손해배상을 청구할 수 없는 경우에, B의 손해가 A와 제3자(C)의 공동불법행위에 기한 것이라면 부진정연대채무자인 C에 대하여 B의 손해 전부에 대한 배상청구가 가능한데, 그에 따라 C가 전부배상을 하고 국가 등에 대하여 구상할

1) 이 경우 선임·감독의무는 책임귀속의 근거로 작용한다.

2) 기업측이 다수의 피용자를 유기적으로 활용함으로써 누리는 수익과 기업활동에 따른 피할 수 없는 위험에 상응하여 피용자가 제3자에게 가한 손해를 기업이 배상케 함이 공평하며, 피해자가 충분한 구제를 얻을 수 있다.

3) 대판 2015.8.27. 2012다204587.

4) 2008년 개정 전에는 "직무를 집행함에 당하여"라고 하였다.

5) 가령 대판 2005.1.14. 2004다26805: "국가배상법 제2조 제1항의 '직무를 집행함에 당하여'라 함은 직접 공무원의 직무집행행위이거나 그와 밀접한 관련이 있는 행위를 포함하고, 이를 판단함에 있어서는 행위 자체의 외관을 객관적으로 관찰하여 공무원의 직무행위로 보여질 때에는 비록 그것이 실질적으로 직무행위가 아니거나 또는 행위자로서는 주관적으로 공무집행의 의사가 없었다고 하더라도 그 행위는 공무원이 '직무를 집행함에 당하여' 한 것으로 보아야 한다." "공무원이 자신의 소유인 승용차를 운전하여 공무를 수행하고 돌아오던 중 동승한 다른 공무원을 사망하게 하는 교통사고를 발생시킨 경우, 이는 외형상 객관적으로 직무와 밀접한 관련이 있는 행위이고, 가해행위를 한 공무원과 동일한 목적을 위한 업무를 수행한 공무원이라 할지라도 그가 가해행위에 관여하지 아니한 이상 국가배상법 제2조 제1항 소정의 '타인'에 해당하므로 국가배상법에 의한 손해배상책임이 인정된다"고 한 대판(전) 1998.11.19. 97다36873도 참조.

6) 공무원의 직무에 국가나 지방자치단체의 권력작용뿐만 아니라 비권력작용도 포함되지만, 사경제의 주체로서 하는 작용은 이에 포함되지 않음에 관하여 대판 2004.4.9. 2002다10691 참조.

7) 대판(전) 1996.2.15. 95다38677.

8) 다만 공무원이 직무상 자기 소유의 자동차를 운전하다가 사고를 일으킨 경우에 공무원 개인의 자동차손배법에 따른 손해배상책임을 인정한 대판 1996.3.8. 94다23876 참조.

수 있도록 하면 위 규정들의 취지에 반한다. 이러한 난점을 피하기 위하여 대판(전) 2001.2.15. 96다42420은 C의 책임이 그의 과실비율에 따라 감축된다는 이론을 따른다. 즉 C가 자기의 과실비율에 따른 손해액을 B에게 배상하면, 국가 등은 자신의 손해보상액에서 C가 이미 지급한 손해액만큼 감축한 액만 보상하면 된다고 한다.

2. 책임의 근거 및 본질 [3138]

(1) 사용자책임을 인정해야 할 필요성은, 피해자로 하여금 직접가해자인 피용자에 대해서만 배상책임을 묻게 한다면 피용자의 자력부족 때문에 피해자가 충분한 구제를 받을 수 없다는 점에 있고, 이러한 필요성 자체에 대해서는 의문이 없다. 그런데 이론적 근거에 관하여, 타인을 사용하여 이익을 얻은 이는 그 다른 이가 야기한 손해에 대해서도 책임을 져야 한다는 보상책임설(이익을 얻은 이에게 손실도 귀속되도록 하는 것이 공평의 이념에 부합한다),[9] 사람을 사용하여 활동영역을 확대한 경우에 그로 인하여 증대된 가해의 위험에 대하여 책임을 져야 한다는 위험책임설 그리고 자력이 있는 사용자가 손해를 배상해야 한다는 사회정책적 고려설 등이 주장되지만,[10] 이들 중 어느 것도 사용자책임제도를 흡족하게 설명할 수 없다. 결국 앞에서 본 관점들을 종합해야 할 것이다.[11]

(2) 사용자책임은 규정상으로 선임·감독상의 과실에 기한 사용자의 자기책임이지만, 실질은 타인(피용자)의 행위에 대한 대위책임(代位責任)이다. 대위책임으로 본다면 피용자의 가해행위가 고의나 과실 및 책임능력 등 불법행위의 성립요건을 갖추어야 하고,[12] 이론적으로는 피해자에게 손해배상을 한 사용자가 피용자에게 전액 구상할 수 있다.[13] 판례도 대위책임으로 본다.[14]

[참 고] 이행보조자의 과실에 관한 제391조와의 비교

제391조에 기한 채무자의 책임과 제756조에 의한 사용자책임은 타인에 의하여 야기된 손해에 대한 책임이라는 점에서 공통되지만, 다음과 같은 차이가 있다.

㉠ 제756조와 달리 제391조는 현존하는 채권관계를 전제로 한다.

㉡ 제391조는 독립된 청구권의 기초가 아니다. 즉 제391조에 의하여 새로운 채권관계가 또 하나 발생하는 것은 아니고, 오히려 현존하는 채권관계의 테두리 안에서 이미 존재하는 의무가 위반되었는지 여부가 검토된다. 그리고 의무 위반이 인정된 후에야 채무자가 의무 위반에 대하여 책임을 지는지와 관련하여 제391조가 적용된다. 반면 제756조는 제750조 이하와 더불어 불법행위로 인한 독립된 청구권의 기초이다. 즉 제756조에 의하여 불법행위로 인한 손해배상청구권이 새로 성립한다.

㉢ 제391조에 의한 책임은 타인(즉 이행보조자)의 과책에 대한 책임이지 채무자 자신의 과책에 대한 책임이 아니다. 반면 제756조에서 「규정상으로는」 피용자의 선임·감독에 관한 사용자 자신의 과책이 책임을 발생시킨다.

㉣ 제756조 제1항 단서의 문언상 사용자는 피용자의 선임·감독에 대한 자신의 과책 없음을 증명함으로써 책임을 면할 수 있다.[15] 반면 제391조에서는 채무자에게 면책가능성이 인정되지 않는다.

---

9) 대판 1985.8.13. 84다카979 참조.

10) 그 밖에 피용자의 행위에 기인하는 손해는 기업시설의 인적 하자이니만큼 물적 하자와 마찬가지로 기업이 당연히 책임을 져야 한다는 기업책임설도 있다.

11) 보상책임이나 위험책임 자체는 무과실책임이지만, 여기서는 대위책임의 정당화를 위하여 차용되었다.

12) 대판 1981.8.11. 81다298.

13) 이와 달리 자기책임, 즉 피해자에 대한 관계에서 사용자 자신이 부담해야 할 고유의 배상책임이라는 견해도 있는데, 이 입장에 의하면 피용자에게 과실 및 책임능력이 없더라도 책임이 발생하고, 피용자에 대한 구상이 언제나 허용되는 것은 아니다.

14) 대판(전) 1992.6.23. 91다33070 참조.

15) 다만 판례는 이 요건을 엄격하게 새겨서 면책가능성을 거의 배제함으로써 사실상 무과실책임을 지운다.

ⓜ 피용자의 위법행위에 대한 사용자의 책임은 피용자의 선임 · 감독에 대한 주의를 게을리한 데 기한 것이므로, 사용자와 피용자 사이에 사회적 복종관계가 존재해야 한다. 반면 제391조의 이행보조자는 반드시 채무자에 대하여 사회적 복종관계에 있을 필요가 없다.

ⓗ 제756조에 의한 사용자책임에 대하여 제766조에 정한 단기소멸시효(3년)가 적용되지만, 제391조의 채무자의 책임에 대해서는 소멸시효에 관한 일반규정(제162조 이하)이 적용된다.

[3139] Ⅱ. 요 건

1. 개 관

① 타인을 사용하여 어느 사무에 종사하게 한 이는 ② 피용자가 그 사무집행에 관하여 ③ 제3자에게 손해를 가한 경우에, 손해를 배상할 책임이 있다(제756조 제1항). 다만 ④ 사용자가 피용자의 선임과 사무감독에 상당한 주의를 하였거나 상당한 주의를 하더라도 손해가 있을 경우에는 손해배상의 책임이 없다(제2항). 이들 중 요체는 ②, 즉 사무집행관련성이고, 특히 ④는 거의 기능하지 않는다.

[3140] 2. 사용관계

(1) 타인을 사용하여 어느 사무에 종사하게 해야 하는데, 여기서 사무(事務)는 「일」과 같은 의미이며, 법률적 · 계속적인 것에 한하지 않고 사실적 · 일시적 사무라도 된다.[16]

(2) 사용관계(使用關係)란 실질적인 지휘 · 감독관계를 뜻하는데,[17] 고용관계나 근로계약관계보다 넓은 개념이다. 즉 법적으로 유효한 고용관계가 있어야 하는 것은 아니고, 사실상 A가 B를 위하여 B의 지휘 · 감독 아래 B의 의사에 따라 사무를 집행하는 관계에 있으면 A와 B 사이에 사용자 · 피용자의 관계가 있다고 할 수 있다.[18] 사용관계의 발생원인이나 보수의 유무 또는 기간의 장단 등도 문제되지 않는다.[19][20]

자기가 「선임」하지 않은 이에 대해서도 사용관계를 인정할 수 있지만,[21] 사용자가 불법행

16) 대판 1989.10.10. 89다카2278.

17) 대판 2022.2.11. 2021다283834: "실질적인 지휘 · 감독관계는 실제로 지휘 · 감독하고 있느냐의 여부에 의하여 결정되는 것이 아니라 객관적으로 지휘 · 감독을 하여야 할 관계에 있느냐의 여부에 따라 결정된다."

18) 대판 2003.12.26. 2003다49542 참조.

19) 대판 1998.5.15. 97다58538도 참조.

20) 사용관계에 관한 재판례를 본다.
㉠ 대판 2006.3.10. 2005다65562는, 동업관계에 있는 이들이 공동으로 처리해야 할 업무를 동업자 중 1인(A)에게 맡겨 그로 하여금 처리하도록 한 경우에, 다른 동업자는 A의 동업자인 동시에 사용자의 지위에 있다고 하였다(분양대행업무 수행에 관한 대판 2010.10.28. 2010다48387도 참조). 그리고 대판 2008.11.27. 2008다56118: "다단계판매업의 영업방법 및 다단계판매업자와 다단계판매원 사이의 관계에 비추어 볼 때, 다단계판매원이 다단계판매업자의 상품 또는 용역을 소비자에게 판매하고 하위판매원의 모집 및 후원활동을 하는 것은 실질적으로 다단계판매업자의 관리 아래 그 업무를 위탁받아 행하는 것으로 볼 수 있고, 다단계판매업자도 재화 등의 판매에 의한 이익의 귀속주체가 되므로, 다단계판매원은 다단계판매업자의 지휘 · 감독을 받으면서 다단계판매업자의 업무를 직접 또는 간접으로 수행하는 자로서 다단계판매업자와의 관계에서 민법 제756조에 규정한 피용자에 해당한다."
㉡ 반면 대판 1999.10.12. 98다62671은, 국립대학교 소속 체조코치가 市 체육회로부터 전국체전에 출전할 체조대표선수들에 대한 코치로 선발, 위촉되어 시 체육회가 시행한 합동강화훈련을 지도하다가 대표선수로 선발된 같은 대학교 소속 학생이 훈련 중 사고를 당한 경우에, 국가는 위 체조코치의 사용자라고 볼 수 없다고 하였다.
㉢ 대판 2003.10.9. 2001다24655: "파견근로자는 사용사업주의 사업장에서 그의 지시 · 감독을 받아 근로를 제공하기는 하지만 사용사업주와의 사이에는 고용관계가 존재하지 아니하는 반면, 파견사업주는 파견근로자의 근로계약상의 사용자로서 파견근로자에게 임금지급의무를 부담할 뿐만 아니라, 파견근로자가 사용사업주에게 근로를 제공함에 있어서 사용사업자가 행사하는 구체적인 업무상의 지휘 · 명령권을 제외한 파견근로자에 대한 파견명령권과 징계권 등 근로계약에 기한 모든 권한을 행사할 수 있으므로 파견근로자를 일반적으로 지휘 · 감독해야 할 지위에 있게 되고, 따라서 파견사업주와 파견근로자 사이에는 민법 제756조의 사용관계가 인정되어 파견사업주는 파견근로자의 파견업무에 관련한 불법행위에 대하여 파견근로자의 사용자로서의 책임을 져야 하지만, 파견근로자가 사용사업주의 구체적인 지시 · 감독을 받아 사용사업주의 업무를 행하던 중에 불법행위를 한 경우에 파견사업주가 파견근로자의 선발 및 일반적 지휘 · 감독권의 행사에 있어서 주의를 다하였다고 인정되는 때에는 면책된다." 이 경우 사용사업주가 사용자책임을 질 수 있음은 별개의 문제이다.

21) 이삿짐센터와 고용관계에 있지 않지만 오랫동안 이삿짐 운반에 종사해 온 작업원들을 피용자라고 본 대판 1996.10.11. 96다30182

위자를 실질적으로 「지휘 · 감독하는 관계」에 있어야 한다.22) 따라서 독립된 지위에서 재량으로 사무를 집행하는 수임인(예: 변호사, 의사 등)은 지휘 · 감독의 여지가 없으므로 이에 해당하지 않는다.

[참 고] 대판 1998.4.28. 96다25500은, 「위임」의 경우에도 위임인과 수임인 사이에 지휘 · 감독관계가 있고 수임인의 불법행위가 외형상 객관적으로 위임인의 사무집행에 관련된다면 위임인은 수임인의 불법행위에 대하여 사용자책임을 진다고 하면서, 상속재산 분할 등의 사무를 수임한 변호사가 당해 부동산을 다른 이에게 처분하여 매각대금을 편취한 사안에서 위임인의 사용자책임을 인정하였는데, 상속재산과 관련하여 변호사가 장기간에 걸쳐 상속인들의 지휘감독을 받아온 특수한 사안에 관한 판결로 이를 위임관계 전반에 대하여 일반화할 것은 아니다.

(3) 명의차용자(또는 그의 피용자)의 불법행위에 대하여 명의대여자가 사용자책임을 지는지에 [3141] 관하여(상법 제24조도 참조), 판례는 사업을 감독할 의무가 있음을 이유로 긍정한다.23) 그런데 명의대여에서 사용관계가 있는지는 실제적으로 지휘 · 감독을 하였는지 여부에 관계없이 객관적 · 규범적으로 보아 사용자가 그 불법행위자를 지휘 · 감독해야 할 지위에 있었는지를 기준으로 결정해야 한다.24)

3. 사무집행관련성 [3142]

가. 서 설

(1) 피용자가 사무집행에 관하여 제3자에게 손해를 가했어야 한다.

(2) 여기서 제3자는 가해행위를 한 피용자와 그의 사용자를 제외한 그 밖의 모든 권리주체를 말한다.25) 가해피용자의 동료인 다른 피용자, 위조어음의 전득자 등도 이에 속한다.

나. "사무집행에 관하여" [3143]

(1) 먼저 "사무집행에 관하여"의 의의를 본다.

① 사용자책임에서 사용관계가 넓게 인정되고 판례가 사용자의 면책주장을 거의 인정하지 않아서, 피용자의 행위가 "사무집행에 관하여" 행하여진 것인지가 사용자책임 성립의 관건이다. 즉 "사무집행에 관하여"는 피해자의 보호와 사용자의 이익의 타협점인데, 이를 사무집행관련성(事務執行關聯性)이라 한다.

② 가해행위를 한 이는 한 개인이자 피용자라는 두 지위를 가지는데, 앞의 지위에 기한 가해에 대하여 사용자가 책임을 질 이유가 없는 반면, 뒤의 지위에 기한 가해에 대해서는 사용자가 책임을 져야 한다. 그 판단의 기준으로 법은 "관하여"라고 규정하는데, 어의(語義)상 「위하여」보다 넓고 「즈음하여」보다는 좁은 개념이다. 그러면 구체적으로 무엇을 기준으로 판단해야 하는가?26)

참조.

22) 대판 1999.10.12. 98다62671.

23) 대판 2001.8.21. 2001다3658은, 타인에게 어떤 사업에 관하여 자기명의의 사용을 허용한 경우에, 그 사업이 내부관계에서 타인의 사업이고 명의자의 고용인이 아니더라도, 외부에 대한 관계에서는 명의자의 사업이고 또 그 타인은 명의자의 종업원임을 표명한 것과 다름이 없으므로, 명의사용을 허용받은 이가 업무수행을 하면서 고의 또는 과실로 다른 이에게 손해를 끼쳤다면 명의사용을 허용한 이는 제756조에 의하여 그 손해를 배상할 책임이 있다고 하였다. 자동차 지입에 관한 대판 2000.10.13. 2000다20069도 참조.

24) 앞의 2001다3658 판결.

25) 대판 1966.10.21. 65다825.

26) 이는 이중적 지위 일반에 관한 문제로 법인의 불법행위에 관한 제35조 및 국가배상법 제2조 등에서도 마찬가지이다.

[3144] (2) 사무집행관련성의 판단기준에 관하여, 사용자로부터 위임받은 사무의 집행행위 및 그와 일체불가분의 관계에 있는 행위라는 일체불가분설도 생각할 수 있으나, 학설과 판례는 행위자의 주관적 사정을 고려하지 않고 사무집행의 외형을 기준으로 판단하는 외형이론(外形理論)을 따른다. 즉 사무집행관련성이 인정되기 위해서는 먼저 ① 사용자의 사무의 범위에 속해야 하는데, 그 범위에 속하기만 하면 부수적 업무라도 상관없다. 나아가 ② 피용자의 직무집행의 범위에도 속해야 하는데, 피용자의 직무집행행위 자체는 아니라도 행위의 「외형」으로부터 관찰하여 직무의 범위 내에 속하는 것으로 보이는 행위도 포함한다. 피용자가 사용자의 구체적 명령 또는 위임에 따르지 않고 지위를 남용하여 자기 또는 제3자의 이익을 도모하였더라도, 이는 사용관계 일반에 내재하는 위험으로 사용자가 부담해야 하고, 피해자에게 전가할 수는 없다.[27] 다만 그러한 사정에 대하여 악의이거나 중과실이 있는 등 피해자의 보호가치가 부정되는 경우에는 사용자가 책임을 지지 않는다고 해야 한다.

[3145] (3) 이에 관한 판례의 태도를 본다.[28]

① 대판 2003.1.10. 2000다34426은, "사무집행에 관하여"라는 뜻은 피용자의 불법행위가 외형상 객관적으로 사용자의 사업활동 내지 사무집행행위 또는 그와 관련된 것이라고 보일 때에는 행위자의 주관적 사정을 고려함이 없이 이를 사무집행에 관하여 한 행위로 본다는 것이고, 여기에서 외형상 객관적으로 사용자의 사무집행에 관련된 것인지는 피용자의 본래직무와 불법행위의 관련 정도 및 사용자에게 손해발생에 대한 위험창출과 방지조치 결여의 책임이 어느 정도 있는지를 고려하여 판단해야 한다고 했다.[29]

이러한 태도는 「사실적 불법행위」에서도 유지된다(당연히 판단요소에 관하여 다소의 변용이 가해진다). 가령 대판 2000.2.11. 99다47297도 "피용자가 고의에 기하여 다른 사람에게 가해행위를 한 경우 그 행위가 피용자의 사무집행 그 자체는 아니라 하더라도 사용자의 사업과 시간적, 장소적으로 근접하고, 피용자의 사무의 전부 또는 일부를 수행하는 과정에서 이루어지거나 가해행위의 동기가 업무처리와 관련된 것일 경우에는 외형적, 객관적으로 사용자의 사무집행행위와 관련된 것이라고 보아 사용자책임이 성립한다고 할 것이고, 이 경우 사용자가 위험발생 및 방지조치를 결여하였는지 여부도 손해의 공평한 부담을 위하여 부가적으로 고려할 수 있다."[30]

[3146] ② 외형이론은 원래 「거래적 불법행위」에서 피용자와 거래한 상대방의 신뢰를 보호하려는 배려에서 출발하였고, 따라서 피용자의 불법행위가 외관상 사무집행의 범위 내에 속하는 것으로 보이더라도 피용자의 행위가 사용자나 사무감독자의 사무집행행위에 해당하지 않음을 피해자 자

27) 대판 1985.8.13. 84다카979.

28) 상법 제389조 제3항, 제210조에 따라 주식회사가 대표이사의 불법행위로 손해배상책임을 지기 위한 요건인 "업무집행으로 인하여"에 외형이론을 적용한 대판 2017.9.26. 2014다27425도 참조.

29) 이러한 취지에서 대판 2001.3.9. 2000다66119는, 증권회사의 전 지점장이 회사를 퇴직한 후 같은 지점에서 투자상담사로 근무하다가 그 직을 그만두었음에도 불구하고 이를 숨기고 고객들을 상대로 투자상담사로서의 업무를 계속하였고, 증권회사도 그의 업무수행을 묵인하고 회사의 투자상담사로서 업무를 수행하는 것처럼 외관을 갖게 하였다면, 그가 고객들의 증권카드와 인감을 사용하여 금원을 인출한 행위에 대하여 증권회사는 사용자책임을 면할 수 없다고 하였다.

30) 호텔 종업원의 손님에 대한 상해행위가 사무집행에 관한 것으로 본 사례. 택시 기사가 승객을 태우고 운행하던 중 차 안에서 승객을 성폭행한 경우에 외형이론에 의하여 택시회사는 사용자로서 손해배상책임을 진다고 한 대판 1991.1.11. 90다8954(관련하여 여객운송인의 책임에 관한 상법 제148조도 참조); 피용자가 다른 피용자를 성추행 또는 성희롱하는 등 고의적인 가해행위를 한 경우에도 사무집행관련성을 인정한 대판 2009.2.26. 2008다89712; 대판 2021.9.16. 2021다219529도 참조.
반면 대판 1994.11.18. 94다34272는, 사적인 전화를 받던 레스토랑 종업원이 지배인으로부터 욕설과 구타를 당한 후 레스토랑을 나가 약 8시간 동안 배회하다가 레스토랑에 들어왔는데 다시 지배인으로부터 욕설과 구타를 당하자 지배인을 과도로 찔러 사망에 이르게 한 사안에서 사무집행관련성을 부정하였다.

신이 알았거나 중대한 과실로 알지 못했다면 당연히 사용자의 배상책임이 부정되는데,[31] 이때 중대한 과실은 거래의 상대방이 조금만 주의를 기울였더라면 피용자의 행위가 직무권한 내에서 적법하게 행하여진 것이 아니라는 사정을 알 수 있었음에도 만연히 이를 직무권한 내의 행위라고 믿음으로써 일반인에게 요구되는 주의의무에 현저히 위반하는 것으로 거의 고의에 가까운 정도의 주의를 결여하고, 공평의 관점에서 상대방을 구태여 보호할 필요가 없다고 봄이 상당하다고 인정되는 상태를 말한다.[32]

이러한 외형이론의 한계는 사실적 불법행위에서도 유지된다.[33]

③ 판례는 가해행위가 거래과정에서 발생한 것인지 아니면 교통사고나 폭행 등에 의한 것인지를 가리지 않고 외형이론을 적용하는데, 이러한 태도가 정당한지를 검토한다. [3147]

ⓐ 우선 거래적 불법행위와 사실적 불법행위가 구별되어야 한다. 전자에서 사무집행관련성은 피용자의 행위가 사무집행의 일환이라고 믿은 피해자의 신뢰를 보호하는 기능을 담당하므로, 사무집행의 외형 자체만이 아니라 사용자가 그러한 외형을 만들었고 상대방이 외관을 신뢰하였다는 점도 고려되어야 한다.[34] 그리고 상대방의 신뢰가 보호가치 있는 것이어야 하므로, 피용자의 행위가 사무집행행위에 해당하지 않음에 대하여 상대방이 악의이거나 중대한 과실이 있었다면, 외형이론에 의한 보호를 받지 못한다.[35] 반면 사실적 불법행위에서 이러한 신뢰는 문제되지 않으므로,[36] 거래적 불법행위에서 신뢰보호를 위하여 객관적 · 추상적으로 판단하는 외형이론이 사실적 불법행위에 그대로 적용되는 것은 적절하지 않다.

한편 거래적 불법행위와 표현대리(제126조)가 요건이나 효과에서 다르지만, 본인과 무권대리인이 실질적으로 사용자와 피용자의 관계에 있는 경우처럼 양자가 경합할 수 있다. 이 경우 제126조가 먼저 적용되고, 제756조가 보충적으로 적용된다고 할 것이다.

ⓑ 나아가 사실적 불법행위에서도 자동차사고와 폭행 등의 경우가 구별되어야 한다. 즉 전자의 경우에 대개 사용자가 운행자에 해당하므로 사용자책임을 따질 필요가 없고, 그렇지 않더라도 지배영역의 관점에서 충분히 해결될 수 있다. 반면 폭행 등의 경우에는 사무집행행위와의 시간적 · 장소적 근접성을 따져야 할 것이다.

4. 면책사유의 부존재 [3148]

사용자나 사무감독자는 피용자의 선임과 사무감독에 상당한 주의를 하였거나 상당한 주의를 하더라도 손해가 있을 경우에는 손해배상책임을 지지 않는데, 이러한 사정은 사용자 등이 주장 및 증명을 해야 한다.[37] 다만 판례가 사용자의 면책가능성을 사실상 봉쇄함에 따라 사용자책임은 —규정상 사용자의 선임 · 감독상 주의의무 위반의 과실책임이지만— 실제로는 무과실책임으로

31) 대판 1996.4.26. 94다29850. 법인이 피해자인 경우의 인식의 귀속에 관하여 대판 2005.12.23. 2003다30159([1469]에 소개된)도 참조.

32) 대판 2000.11.24. 2000다1327. 고의 또는 중과실이 인정된 예로 건전한 금융거래의 상식에 비추어 정식 금융거래와는 동떨어진 경우에 관한 대판 2011.11.24. 2011다41529 등; 중과실을 부정한 예로 은행의 대출업무 담당직원이 대출자를 속여 대출금에 대한 선이자 및 이면담보 명목으로 대출금의 일부를 받아 편취한 사안에 관한 대판 2006.10.26. 2004다63019 등.

33) 대판 1992.7.28. 92다10531 참조.

34) 대판 1983.6.28. 83다카217 참조.

35) 대판 1998.12.8. 98다44642.

36) 사실적 불법행위에서 판례가 제시하는 「사용자의 사업과 시간적, 장소적으로 근접하고, 피용자의 사무의 전부 또는 일부를 수행하는 과정에서 이루어지거나 가해행위의 동기가 업무처리와 관련된 것일 경우」라는 정식화도 이러한 맥락에서 이해될 수 있다.

37) 대판 1998.5.15. 97다58538.

운용된다.[38]

[3149] Ⅲ. 효 과

1. 책임의 주체와 내용

(1) 사용자 또는 사무감독자는 피용자의 가해행위로 인하여 발생한 손해에 대하여 직접 피해자에 대하여 배상책임을 진다(제756조 제1항 본문, 제2항). 사무감독자란 공장장 등 객관적으로 볼 때 사용자에 갈음하여 현실적으로 구체적인 사업을 감독하는 지위에 있는 이를 말한다(이하에서 사용자는 사무감독자를 포함한다).

(2) 특별손해에 대한 예견가능성은 사용자를 기준으로 판단한다. 그리고 피해자에게 손해의 발생이나 확대에 기여한 과실이 있다면 이러한 과실을 고려하여 사용자책임의 범위를 제한할 수 있다.[39]

[3150] (3) 사용자의 책임은 피용자 자신의 일반불법행위책임과 병존할 수 있는데, 양자는 부진정연대의 관계에 선다.[40]

그리고 사용자는 피용자가 손해배상책임을 지는 범위 내에서 피해자에 대하여 책임을 지며, 피용자의 공동불법행위의 경우에 다른 공동불법행위자에 대하여 구상권을 행사하거나 구상의무를 부담한다. 즉 대판(전) 1992.6.23. 91다33070: "피용자와 제3자가 공동불법행위로 피해자에게 손해를 가하여 그 손해배상채무를 부담하는 경우에 피용자와 제3자는 공동불법행위자로서 서로 부진정연대관계에 있고, 한편 사용자의 손해배상책임은 피용자의 배상책임에 대한 대체적 책임이어서 사용자도 제3자와 부진정연대관계에 있다고 보아야 할 것이므로, 사용자가 피용자와 제3자의 책임비율에 의하여 정해진 피용자의 부담부분을 초과하여 피해자에게 손해를 배상한 경우에는 사용자는 제3자에 대하여도 구상권을 행사할 수 있으며, 그 구상의 범위는 제3자의 부담부분에 국한된다."

한편 피용자가 불법행위 성립 후 손해 일부를 변제한 경우에 사용자의 배상범위를 산정하면서 변제금 중 사용자의 과실비율에 상응하는 부분을 공제해야 하는지에 관하여, 종래 대판 2004.3.26. 2003다34045는 안분설을 따랐으나, 대판(전) 2018.3.22. 2012다74236에 의하여 외측설로 변경되었음에 관하여 [4182] 참조.

---

38) 제756조 제1항 단서가 적용되어 면책이 인정된 경우는 매우 드물어서, 종래 대판 1978.3.14. 77다491 및 그에 대한 환송 후 판결인 대판 1979.4.24. 79다185가 위 단서를 적용하여 사무감독자의 감독책임을 부정하였고, 앞서 본 대판 2003.10.9. 2001다24655가 파견근로자가 사용사업주의 구체적인 지시·감독을 받아 사용사업주의 업무를 행하던 중 불법행위를 한 경우에, 「파견사업주」의 면책가능성을 인정하였을 뿐이다.

39) 대판 2002.12.26. 2000다56952.

40) 책임의 내용에 관한 재판례를 본다. ㉠ 대판(전) 1994.11.8. 93다21514: "어음이 위조된 경우에 피위조자는 민법상 표현대리에 관한 규정이 유추적용될 수 있다는 등의 특별한 경우를 제외하고는 원칙적으로 어음상의 책임을 지지 아니하나, 피용자가 어음위조로 인한 불법행위에 관여한 경우에 그것이 사용자의 업무집행과 관련한 위법한 행위로 인하여 이루어졌으면 그 사용자는 민법 제756조에 의한 손해배상책임을 지는 경우가 있고, 이 경우에 사용자가 지는 책임은 어음상의 책임이 아니라 민법상의 불법행위책임이므로 그 책임의 요건과 범위가 어음상의 그것과 일치하는 것이 아니"다. ㉡ 대판 2009.6.11. 2008다79500: "피용자가 권한 없이 사용자를 대리하여 한 법률행위가 상대방에 대한 관계에서 기망에 의한 불법행위에 해당하여 사용자가 손해배상책임을 지는 경우에, 사용자가 피용자의 무권대리행위를 추인하였다고 하더라도 그것만으로는 이미 성립된 사용자책임이 소멸되는 것이라고 볼 수 없다." ㉢ 대판 2009.11.26. 2009다59350은, 사용자의 감독이 소홀한 틈을 이용하여 고의로 불법행위를 저지른 피용자가 사용자의 부주의를 이유로 자신의 책임의 감액을 주장하는 것은 신의칙상 허용될 수 없고, 사용자와 피용자가 명의대여자와 명의차용자의 관계에 있더라도 마찬가지라고 하였다.

2. 구상문제 [3151]

사용자가 피해자에게 배상한 경우에 피용자에 대하여 구상권을 행사할 수 있다(제756조 제3항). 사용자책임의 본질을 대위책임으로 새기는 한 이러한 구상권은 당연한 결과이며, 사용자는 배상액 전액에 대하여 구상권을 행사할 수 있다. 다만 보상책임의 관점에서 본다면 책임은 최종적으로 사용자의 몫이라는 점을 고려하여 구상권의 제한이 요구되고, 판례도 제반 사정을 고려하여 신의칙에 기하여 구상권을 제한할 수 있다는 입장이다.[41)]

Ⅳ. 도급인의 책임 [3152]

(1) 독립적인 지위에서 일의 완성의무를 지는 수급인은 제756조 소정의 피용자라 할 수 없고, 따라서 도급인은 수급인이 그 일에 관하여 제3자에게 가한 손해를 배상할 책임이 없는데, 이를 규정하는 제757조 전문은 주의적 규정에 불과하다.[42)]

그러나 제757조 후문은 도급인과 수급인 사이에 지휘 · 감독의 관계가 있는 경우의 도급인의 특별책임을 규정한다. 즉 도급인이 수급인에 대하여 특정한 행위를 지휘하거나 특정한 사업을 도급시키는 등의 이른바 「노무도급」의 경우에 도급인이 사용자로서의 배상책임을 진다.[43)] 도급인이 수급인의 공사에 대하여 감리적인 감독만 하는 경우에 그렇지 않음은 당연하다.[44)]

(2) 도급인이 사용자책임을 지는 것은 도급인이 수급인의 작업에 관하여 지휘 · 감독할 권한을 가지는 경우에 한한다. 그리고 도급 또는 지시에 관하여 도급인에게 중대한 과실이 있어야 한다.[45)]

제 3 관 공작물책임

Ⅰ. 총 설 [3153]

(1) 공작물의 설치 또는 보존의 하자로 인하여 타인에게 손해가 발생한 경우에, 공작물 등의 점유자 또는 소유자는 그 손해에 대하여 배상책임을 진다(제758조).[1)]

(2) 이 책임은 책임주체의 가해행위를 요건으로 하지 않고 손해발생의 위험이 있는 공작물을

41) 가령 대판 1994.12.13. 94다17246은, 사용자가 피용자의 업무수행과 관련된 불법행위로 인하여 직접 손해를 입었거나 피해자에게 사용자로서 손해배상책임을 부담한 결과로 손해를 입은 경우에, 사용자는 사업의 성격과 규모, 시설의 현황, 피용자의 업무내용, 근로조건이나 근무태도, 가해행위의 상황, 가해행위의 예방이나 손실의 분산에 관한 사용자의 배려 정도, 기타 제반 사정에 비추어 손해의 공평한 분산이라는 견지에서 신의칙상 상당하다고 인정되는 한도 내에서만 피용자에 대하여 구상권을 행사할 수 있다고 하였다. 사용자의 보험자가 피용자에 대하여 가지는 구상권에 관한 대판 2017.4.27. 2016다271226도 참조.

42) 대판 2006.4.27. 2006다4564. 제758조 제1항에 의한 손해배상책임을 인정함에 이 규정이 장애로 되지 않음에 관하여 대판 2006.4.27. 2006다4564 참조.

43) 대판 2005.11.10. 2004다37676.

44) 대판 1983.11.22. 83다카1153.

45) 대판 1991.3.8. 90다18432: "도급계약에 있어서 도급인은 도급 또는 지시에 관하여 중대한 과실이 없는 한 그 수급인이 그 일에 관하여 제3자에게 가한 손해를 배상할 책임은 없는 것이고 다만 도급인이 수급인의 일의 진행 및 방법에 관하여 구체적인 지휘감독권을 유보하고 공사의 시행에 관하여 구체적으로 지휘감독을 한 경우에는 도급인과 수급인의 관계는 실질적으로 사용자와 피용자의 관계와 다를 바가 없으므로, 수급인이나 수급인의 피용자의 불법행위로 인하여 제3자에게 가한 손해에 대하여 도급인은 민법 제756조 소정의 사용자책임을 면할 수 없는 것으로서 위 지휘감독이란 실질적인 사용자관계가 인정될 정도로 구체적으로 공사의 운영 및 시행을 직접 지시, 지도하고 감시, 독려하는 등 공사시행방법과 공사진행에 관한 것이어야 할 것"이다. 대판 1987.10.28. 87다카1185도 동지.

1) 건물 일부의 임차인이 건물 외벽에 설치한 간판이 추락하여 행인이 부상한 경우에 건물소유자가 외벽의 직접점유자로서 책임을 진다고 한 대판 2003.2.28. 2002다65516 참조.

방치하였다는 데 그 근거가 있는 위험책임이라는 점에서 일반불법행위와 구별된다. 즉 앞서 본 사용자책임이 「다른 이의 행위」에 대한 책임인 반면, 공작물책임은 가해의 원인인 「물건의 위험성」에 대한 책임이다. 대판 1996.11.22. 96다39219도 "민법 제758조는 공작물의 설치 · 보존의 하자로 인하여 타인에게 손해를 가한 경우 그 점유자 또는 소유자에게 일반불법행위와 달리 이른바 위험책임의 법리에 따라 책임을 가중시킨 규정"이라고 하였다.

그런데 점유자의 책임은 면책가능성에 비추어 (증명책임이 전환된) 과실책임인 반면, 소유자의 책임은 공작물 자체가 가지는 위험성에 근거한 무과실책임(위험책임)이다.

(3) 한편 제759조는 동물점유자의 책임에 관하여 규정한다. 즉 동물의 점유자[2] 또는 이에 갈음하여 동물을 보관하는 이는 그 동물이 타인에게 가한 손해를 배상할 책임을 진다(동물보호법 제21조 및 보험 가입에 관한 제23조도 참조). 다만 동물의 종류와 성질에 따라 그 보관에 상당한 주의를 게을리하지 않았음을 증명하면 책임을 면한다.

보 론 국가배상법 제5조에 관하여

㉠ 이 규정은 제758조에 상응하는데, 점유자의 면책조항이 없다는 점 및 그 대상인 영조물이 제758조의 공작물보다 넓은 개념이라는 점에서 다르다.

㉡ 여기서 영조물(營造物)은 강학상의 영조물(예: 국공립학교, 도서관, 병원 등)이 아니라 공물을 의미하는데, 도로, 하천 외에 건널목경보기, 교통신호기 등도 판례상 문제되었다.

㉢ 「설치 · 관리의 하자」에 관하여 판례는 종래 물적 결함의 유무를 따지는 객관설을 따랐으나, 최근 손해원인의 방치를 통한 손해방지조치의 해태라는 주관적 요소도 고려한다.[3]

㉣ 불가항력에 대해서는 국가 등이 책임을 지지 않지만, 그것이 예견되었다면 면책되지 않는다.[4]

[3154] Ⅱ. 요 건

1. 공작물 등

(1) 여기서 공작물(工作物)은 인공적으로 제작되어 토지에 부착된 물건을 말하는데, 건물, 고압전주, 배수시설, 축대 등이 이에 속한다. 반면 유수지나 저수지의 경우에 자연적으로 존재하는 것이라면 제외된다.[5] 그런데 전기 자체는 공작물이 아니라는 것이 판례의 입장이다.[6]

(2) 제2항의 수목은 실제로 거의 문제되지 않는다.

[3155] 2. 하 자

(1) 하자(瑕疵)란 공작물이 본래 갖추어야 할 안전성을 결한 상태를 말하는데, 규범적 개념으로 특히 점유자의 책임과 관련하여 시간적 · 장소적으로 관리가 가능한 상황인지도 고려해야 한

---

2) 간접점유자가 포함되는지에 관하여 견해가 갈리지만, 부정할 것이다.

3) 가령 대판 2013.10.24. 2013다208074: 영조물이 안전성을 갖추었는지 여부는 "영조물의 설치자 또는 관리자가 그 영조물의 위험성에 비례하여 사회통념상 일반적으로 요구되는 정도의 방호조치의무를 다하였는지를 기준으로 판단하여야 하고, 아울러 그 설치자 또는 관리자의 재정적 · 인적 · 물적 제약 등도 고려하여야 한다. 따라서 영조물인 도로의 경우도 그 설치 및 관리에 있어 완전무결한 상태를 유지할 정도의 고도의 안전성을 갖추지 아니하였다고 하여 하자가 있다고 단정할 수는 없고, 그것을 이용하는 자의 상식적이고 질서 있는 이용방법을 기대한 상대적인 안전성을 갖추는 것으로 족하다." 대판 2010.11.25. 2007다20112도 참조.
하자가 인정된 예로 가변차로에 설치된 신호기의 오작동에 관한 대판 2001.7.27. 2000다56822, 체육공원 주변의 국가하천에서의 익사사고에 관한 대판 2010.7.22. 2010다33354 · 33361 등.

4) 50년 빈도의 최대강우량에 해당함에도 국가배상책임을 인정한 대판 2000.5.26. 99다53247 참조.

5) 영조물에 해당하여 국가배상책임이 성립할 수는 있다.

6) 대판 1993.6.29. 93다11913.

다. 판례의 입장도 다르지 않다. 가령 대판 1992.4.24. 91다37652: "공작물의 설치보존상의 하자란 공작물이 그 용도에 따라 통상 갖추어야 할 안전성을 갖추지 못한 상태에 있음을 말하는 것이고, 공작물의 설치 및 보존에 있어서 항상 완전무결한 상태를 유지할 정도의 고도의 안정성이 언제나 요구되는 것은 아니다. […] 공작물의 설치보존자에게 부과되는 방호조치의무의 정도는 그 공작물의 위험성에 비례하여 사회통념상 일반적으로 요구되는 정도의 것을 말한다."[7)]

그리고 안전성은 공작물 자체의 용도에 한정된 안전성만이 아니라 공작물이 현실적으로 설치되어 사용되는 상황에서 요구되는 안전성을 뜻한다.[8)] 가령 대판 2007.6.15. 2004다37904 · 37911: "안전성을 갖추지 못한 상태, 즉 타인에게 위해를 끼칠 위험성이 있는 상태라 함은 당해 공작물을 구성하는 물적 시설 그 자체에 있는 물리적 · 외형적 흠결이나 불비로 인하여 그 이용자에게 위해를 끼칠 위험성이 있는 경우뿐만 아니라, 그 공작물이 [본래의 목적 등으로] 이용됨에 있어 그 이용상태 및 정도가 일정한 한도를 초과하여 제3자에게 사회통념상 수인할 것이 기대되는 한도를 넘는 피해를 입히는 경우까지 포함된다고 보아야 하고, 이 경우 제3자의 수인한도의 기준을 결정함에 있어서는 일반적으로 침해되는 권리나 이익의 성질과 침해의 정도뿐만 아니라 침해행위가 갖는 공공성의 내용과 정도, 그 지역환경의 특수성, 공법적인 규제에 의하여 확보하려는 환경기준, 침해를 방지 또는 경감시키거나 손해를 회피할 방안의 유무 및 그 난이 정도 등 여러 사정을 종합적으로 고려하여 구체적 사건에 따라 개별적으로 결정하여야 한다."[9)] 사고를 미연에 방지할 수 있는 시설을 갖추지 못한 것도 공작물의 설치 또는 보존의 하자로 보아야 한다.[10)11)]

하자의 존재에 대하여 피해자가 증명책임을 진다.[12)]

(2) 공작물의 설치 또는 보존상의 하자가 사고의 공동원인의 하나인 이상 사고로 인한 손해 [3156]
는 공작물의 설치 또는 보존상의 하자 때문에 발생한 것으로 보아야 한다. 일단 하자 있음이 인정되고 그 하자가 사고의 공동원인이 되는 이상, 사고가 위와 같은 하자가 없었더라도 불가피한

---

7) 핸드공식을 언급한 대판 2019.11.28. 2017다14895([3069]에 소개된)도 참조.

8) 대판 2017.8.29. 2017다227103.

9) 대판 2019.11.28. 2016다233538 · 233545도 동지.

10) 대판 1970.10.23. 70다1592.

11) 공작물의 설치 · 보존상의 하자에 관한 재판례를 본다.
㉠ 대판 1998.1.23. 97다25118은, 안전성의 구비 여부를 판단할 때 당해 공작물의 설치 · 보존자가 공작물의 위험성에 비례하여 사회통념상 일반적으로 요구되는 정도의 방호조치의무를 다했는지를 기준으로 삼아야 하고, 따라서 공작물에서 발생한 사고라도 그것이 공작물의 통상의 용법에 따르지 아니한 이례적인 행동의 결과 발생한 사고라면, 특별한 사정이 없는 한 공작물의 설치 · 보존자에게 그러한 사고에까지 대비해야 할 방호조치의무가 있다고 할 수는 없다고 하며, 행인이 음주상태에서 여관 건물의 배수관 보호벽 위에 올라가 여관 내부를 엿보려다 보호벽이 무너져 사망한 경우에 그 보호벽의 설치 · 보존상의 하자를 부인하였다.
㉡ 대판 2008.3.13. 2007다29287 · 29294는, 공작물인 도로의 설치 · 관리상의 하자는 도로의 위치 등 장소적인 조건, 도로의 구조, 교통량, 사고시의 교통사정 등 도로의 이용상황과 본래의 이용목적 등 여러 사정과 물적 결함의 위치, 형상 등을 종합적으로 고려하여 사회통념에 따라 구체적으로 판단해야 한다고 하면서, "강설에 대처하기 위하여 완벽한 방법으로 도로 자체에 융설설비를 갖추는 것이 현대의 과학기술수준이나 재정사정에 비추어 사실상 불가능하다고 하더라도, 최저속도의 제한이 있는 고속도로의 경우에 있어서는 도로관리자가 도로의 구조, 기상예보 등을 고려하여 사전에 충분한 인적 · 물적 설비를 갖추어 강설시 신속한 제설작업을 하고 나아가 필요한 경우 제때에 교통통제조치를 취함으로써 고속도로로서의 기본적인 기능을 유지하거나 신속히 회복할 수 있도록 하는 관리의무가 있"다고 하였다. 스키장 내 슬로프에 설치된 안정망에 관한 대판 2006.1.26. 2004다21053도 참조.
㉢ 공작물의 설치 후 제3자의 행위에 의하여 본래 갖추어야 할 안전성에 결함이 발생된 경우에 공작물에 그와 같은 결함이 있다는 것만으로 성급하게 공작물의 보존상의 하자를 인정해서는 안 되고, 당해 공작물의 구조, 장소적 환경과 이용상황 등 제반 사정을 종합하여 그와 같은 결함을 제거하여 원상으로 복구할 수 있는데도 이를 방치한 것인지를 개별적 · 구체적으로 심리하여 하자의 유무를 판단해야 하는데(인접 토지에서의 건축공사로 인하여 공사현장과 경계를 이루는 담장에 발생한 균열 등에 관한 대판 2005.1.14. 2003다24499 참조), 점유자 등이 지체 없이 안전한 상태로 복귀시킴이 불가능하였다면 면책된다고 할 것이다.

12) 시설이 관계법령이 정한 시설기준 등에 부적합하다는 점은 특별한 사정이 없는 한 공작물의 설치 · 보존상의 하자에 해당한다고 볼 수 있다(건물 벽면 외부의 돌출공간의 난간 높이에 관한 대판 2010.2.11. 2008다61615 참조). 주위의 다른 건물에는 이상이 없는데 유독 계쟁건물만 무너졌다면 공작물의 하자가 추정될 것이라고 한 대판 1974.11.26. 74다246도 참조.

것이었다는 점이 공작물의 소유자나 점유자에 의하여 증명되지 않는다면 그 손해는 공작물의 설치 또는 보존의 하자에 의하여 발생한 것으로 해석함이 타당하다.[13] 나아가 대판 2015.2.12. 2013다61602는, 화재가 공작물의 설치 또는 보존상의 하자가 아닌 다른 원인으로 발생하였거나 화재의 발생원인이 밝혀지지 않은 경우에도, 공작물의 설치 또는 보존상의 하자로 인하여 화재가 확산되어 손해가 발생하였다면 공작물의 설치 또는 보존상의 하자는 화재사고의 공동원인의 하나가 되었다고 볼 수 있다고 하였다.

이와 관련하여 실화책임법과의 관계를 본다. 2009년 개정 전의 실화책임법은 연소된 부분에 한하여 적용되고,[14] 경과실을 면책함으로써 손해배상의무의 성립 자체를 제한하였는데, 그 결과 공작물 자체의 하자 때문에 직접 발생한 화재로 인한 손해에 대해서는 제758조가 적용되고, 그 화재로부터 연소한 부분의 손해에 대해서만 실화책임법이 적용되었다.[15] 그러나 현행의 실화책임법은 손해배상의무의 「성립」 자체를 제한하는 것이 아니라 손해배상액의 경감에 관한 특례 규정을 두고 있을 뿐이므로, 공작물의 하자로 인하여 직접 발생한 화재로 인한 손해뿐만 아니라 화재로부터 연소한 부분의 손해에 대해서도 제758조가 적용되고, 다만 연소한 부분의 손해에 대해서는 실화책임법 제3조에 의하여 손해배상액이 경감될 수 있다.[16]

[3157] 3. 인과관계와 면책사유

(1) 공작물 등의 하자로 인하여 손해가 발생해야 하는데, 사실적 인과관계로 충분하다. 공작물에 하자가 있다면 인과관계가 추정되며,[17] 하자가 있는 이상 거기에 폭우와 같은 자연력[18] 또는 제3자나 피해자의 행위 등[19]이 경합하여 손해가 발생하였더라도 무방하다. 반면 공작물의 하자로 인해 손해가 발생하였더라도, 그 손해가 공작물의 하자와 관련한 위험이 현실화되어 발생한 것이 아니라면 이는 「공작물의 설치 또는 보존상의 하자로 인하여 발생한 손해」라고 볼 수 없다.[20]

(2) 점유자에게는 면책사유가 없어야 한다. 즉 점유자는 손해의 방지에 필요한 주의를 게을리하지 않았다면 책임을 면한다(제758조 제1항 단서).

[3158] Ⅲ. 효 과

(1) 공작물 등의 설치 또는 보존의 하자로 인한 배상책임을 1차적으로 점유자[21]가 지는데, 직접점유자가 간접점유자보다 먼저 책임을 진다.[22] 점유자의 책임은 손해방지의무의 해태로 인한 과실책임이다. 즉 하자와 방호조치의무 위반이 귀책근거로 되는데, 일시점유자의 경우에 면책가

13) 대판 2019.11.28. 2017다14895.
14) 대판 2002.12.10. 2001다9298 참조.
15) 대판 1994.3.22. 93다564040 참조.
16) 대판 2012.6.28. 2010다58056.
17) 대판 1982.8.24. 82다카348.
18) 집중호우로 제방도로가 유실되면서 그곳을 걸어가던 보행자가 강물에 휩쓸려 익사한 경우에 관한 대판 2000.5.26. 99다53247 참조.
19) 영조물의 설치·보존상의 하자에 관한 대판 1994.11.22. 94다32924 참조.
20) 대판 2018.7.12. 2015다68348.
21) 여기서 "점유자란 공작물을 사실상 지배하면서 그 설치 또는 보존상의 하자로 인하여 발생할 수 있는 각종 사고를 방지하기 위하여 공작물을 보수·관리할 권한 및 책임이 있는 자를 말"하는데, 점유보조자는 이에 해당하지 않는다(대판 2024.2.15. 2019다208724).
22) 대판 1981.7.28. 81다209.

능성이 상대적으로 높을 것이다.

(2) 점유자의 책임이 성립하지 않는 경우에, 2차적으로 소유자[23]가 손해배상책임을 지는데, 이 책임은 손해 발생의 위험성을 내포한 공작물을 방치한 데 대한 위험책임이다.[24]

그런데 가옥의 임차인인 직접점유자나 그와 같은 지위에 있는 이가 가옥의 설치 또는 보존의 하자로 인하여 피해를 입은 경우에, 가옥의 소유자는 제758조 제1항에 따라 손해를 배상할 책임을 지고, 피해자에게 보존상의 과실이 있더라도 이는 과실상계의 사유가 될 뿐이다.[25]

(3) 점유자 · 소유자 외에 "그 손해의 원인에 대한 책임 있는 자"(예: 공작물을 불완전하게 만든 수급인)가 있다면,[26] 배상을 한 점유자 또는 소유자가 그 책임 있는 이에 대하여 구상권을 행사할 수 있다(제758조 제3항).

제 4 관 특별법상의 불법행위

Ⅰ. 자동차운행자의 책임 [3159]

1. 서 설

(1) 현대생활에서 자동차의 운행은 불가결한 반면, 그에 따른 사고의 위험은 불가피하다. 이러한 상황에서 빈번하게 발생하는 자동차사고로부터 피해자를 보호하고 자동차운송의 건전한 발전을 촉진하기 위하여 자동차손배법(이하 "법"이라고만 한다)이 제정되었다.[1]

(2) 법은 자동차라는 위험한 물건(이른바 허용된 위험)에 대한 책임이자 운전자라는 타인의 행위에 대한 책임으로 「운행자책임」을 정하는데,[2] 민법(및 국가배상법)의 특별법으로 자동차사고로 인한 손해배상에 대하여 민법에 우선하여 적용된다(법 제4조 참조). 당사자의 주장이 없더라도 법원은 직권으로 법을 적용해야 하지만,[3] 그렇다고 하여 일반규정으로서 민법이 전적으로 배제되는 것은 아니다.[4]

[참 고] 자동차사고로 인한 타인의 생명이나 신체 등 인적 손해의 배상책임을 보상하는 대인배상보험으로 법 제5조에 의하여 가입이 강제되는 대인배상Ⅰ보험과 임의보험인 대인배상Ⅱ보험이 있다.[5] 그런데 대인배상Ⅱ보험에 가입한 경우에 교통사고처리특례법 제3조 제2항 단서의 예외에 해당하지 않고 피해자가 신체의 상해로 인하여 생명에 대한 위험이 발생하거나 불구가 되거나 불치 또는 난치의 질병이 생긴 경우가 아닌 한 교통사고를 일으키더라도 공소를 제기할 수 없다(같은 법 제4조 제1항).

23) 부동산의 경우에 소유권이전등기를 갖춘 이(제186조 참조). 다만 대판 1977.8.23. 77다246은 명의신탁자가 소유자로서 명의신탁된 건물에 관한 공작물책임을 진다고 하였다.

24) 하자나 인과관계의 부존재를 증명하여 면책될 수 있음은 별개의 문제이다.

25) 대판 1993.2.9. 92다31668(임차인과 함께 임차방실에 기거하던 직장동료가 연통에서 새어 나온 연탄가스에 중독되어 사망한 사안에서, 가옥소유자의 손해배상책임을 인정한 사례); 대판 1996.11.9. 93다40560.

26) 책임 있는 이가 제750조에 의하여 피해자에 대한 책임을 질 수 있음에 관하여 대판 1996.11.22. 96다39219 참조.

1) 여객운송에 관한 특칙으로 상법 제148조 및 대판 1979.11.27. 79다628도 참조.

2) 그 합헌성에 관하여 헌재결 1998.5.28. 96헌가4, 97헌가6 · 7, 95헌바58 참조.
운전자(가령 고용된 기사)가 일으킨 자동차사고에 대하여 운전자 본인의 불법행위책임과 함께 사용자책임을 물을 수 있지만, 그보다 운행자책임이 피해자에게 유리하다.

3) 대판 1997.11.28. 95다29390.

4) 자동차손배법상의 손해배상책임이 인정되지 않는 경우에도 민법상의 불법행위책임을 인정할 수 있다고 한 대판 2001.6.29. 2001다23201 · 23218 참조.

5) 이른바 종합보험은 그 밖에 대물배상보험과 자기신체사고보험, 자기차량보험 등을 포함한다.

[3160] ## 2. 책임의 요건

가. "자기를 위하여 자동차를 운행하는 자"

(1) 손해배상책임의 주체로서 "자기를 위하여 자동차를 운행하는 자"(법 제3조)를 운행자(運行者)라 하는데, 실제로 자동차를 운전하거나 운전을 보조하는 일에 종사하는 「운전자」와 구별된다. 그런데 주의의무를 위반한 운전자는 민법 제750조에 기한 책임을 지고 운행자의 책임과 부진정연대의 관계에 서지만, 실제로 운전자의 책임을 묻는 예는 거의 없다.[6]

(2) 운행자의 판단에 관하여 판례는 "자동차에 대한 운행을 지배하여 그 이익을 향수하는 책임주체로서의 지위에 있는 자"라고 하여[7] 운행이익(운행으로부터 나오는 이익)과 운행지배(자동차의 사용에 관한 사실적인 처분권을 가지는 것) 모두를 기준으로 하고, 이때 운행의 지배는 현실적인 지배에 한하지 않고 간접지배 내지 지배가능성이 있다고 볼 수 있는 경우도 포함한다는 입장이다.[8] 그런데 자동차보유자, 즉 "자동차의 소유자나 자동차를 사용할 권리가 있는 자로서 자기를 위하여 자동차를 운행하는 자"(법 제2조 제3호)는 운행자로 추정된다.

[참 고] 운행자인지 여부에 관한 재판례를 본다.[9] ⓐ 무단운전의 경우에도 자동차보유자의 운행자성이 부정되지 않지만,[10] 자동차보유자와 아무런 인적 관계도 없는 이가 자동차를 보유자에게 되돌려 줄 생각 없이 절취하여 운전하는 절취운전의 경우에는 소유자의 운행자성이 부정되기도 한다.[11] ⓑ 자동차를 빌려준 경우에 빌린 이가 운행자이고,[12] 음식점의 주차안내원에게 자동차와 열쇠를 넘긴 경우에도 보관을 의뢰받은 음식점의 주인이 운행자로서 책임을 진다.[13] ⓒ 자동차 매도인이 대금 전부를 받으면서 자동차를 인도하고 등록명의 이전에 필요한 서류를 교부한 경우에 매수인이 운행자이다.[14]

[3161] ### 나. 운행으로 인한 다른 사람의 사상

(1) 운행이란 "사람 또는 물건의 운송 여부와 관계없이 자동차를 그 용법에 따라 사용하거나 관리하는 것"을 말한다(법 제2조 제2호). 여기서 「용법에 따른 사용」이란 자동차의 용도에 따라 구조상 설비되어 있는 각종의 장치[15]를 각각의 장치목적에 따라 사용하는 것을 말하는데, 판례는 피해자 보호를 위하여 "운행"개념을 확장하여, 자동차가 주행상태에 있지 않더라도 주행의 전후단계로서 주·정차상태에서 문을 열고 닫는 등 각종 부수적인 장치를 사용하는 것도 포함시킨다.[16]

(2) 법상 「다른 사람」은 당해 자동차의 운행자와 운전자를 제외한 이를 말하는데, 자동차보

---

6) 다만 구상 및 보험자대위와 관련하여 의미를 가질 수 있다.

7) 대판 1987.7.21. 87다카51 등.

8) 대판 2002.11.26. 2002다47181.

9) 파견근로자가 운전하는 자동차의 운행에 관한 대판 2005.9.15. 2005다10531도 참조.

10) 그 판단기준에 관하여 대판 1992.3.10. 91다43701 참조.

11) 그 판단기준에 관하여 대판 2001.4.24. 2001다3788 참조.

12) 대판 2000.7.6. 2000다560. 교습용 자동차를 빌린 경우에 관한 대판 2001.1.19. 2000다12532도 참조.

13) 대판 2009.10.15. 2009다42703·42710. 자동차 수리의뢰에 관한 대판 2005.4.14. 2004다68175도 참조.

14) 대판 1992.4.14. 91다41866.

15) 당해 자동차에 계속적으로 고정되어 사용되는 것을 말한다. 그러나 당해 자동차에서 분리해야만 그 장치의 사용목적에 따른 사용이 가능한 경우에, 그 장치가 평상시 당해 자동차에 고정되어 있는 것으로서 그 사용이 장치목적에 따른 것이고 당해 자동차의 운행목적을 달성하기 위한 필수적인 요소이며 시간적·공간적으로 당해 자동차의 사용에 밀접하게 관련된 것이라면, 그 장치를 자동차에서 분리하여 사용하더라도 자동차를 그 용법에 따라 사용하는 것으로 볼 수 있다. 구급차에 비치된 간이침대를 잘못 조작한 경우에 법을 적용한 대판 2004.7.9. 2004다20340·20357 참조.

16) 주정차를 잘못한 경우에 관한 대판 2005.3.25. 2004다71232 참조.

유자나 사용권자의 배우자나 직계존비속 등의 친족이라도 운행자나 운전자에 해당하지 않는 한 「다른 사람」에 해당한다.[17] 호의동승자에 관하여 논란이 있으나 판례는 이에 해당한다고 보는데,[18] 감책은 별개의 문제이다.

(3) 법 제3조는 「다른 사람」을 사망 또는 부상케 한 경우에만 적용되고, 자동차사고로 인한 물적 손해는 제750조의 문제이다. 운행과 사상 사이에 인과관계가 존재해야 함은 물론이다.[19]

다. 면책사유의 부존재 [3162]

승객 아닌 이가 사망하거나 부상한 경우에, 운행자는 ① 자기와 운전자가 자동차의 운행에 주의를 게을리하지 않았고, ② 피해자 또는 자기 및 운전자 외의 제3자에게 고의 또는 과실이 있으며, ③ 자동차의 구조상의 결함이나 기능상의 장해가 없었다는 것을 증명하면 책임을 면한다(법 제3조 제1호). 한편 승객이 사망하거나 부상한 경우에 고의나 자살행위로 사망하거나 부상하였음을 증명해야 책임을 면한다(제2호).[20]

3. 책임의 내용 [3163]

(1) 운행자는 자동차사고로 인한 손해를 배상해야 하는데, 그 범위는 일반불법행위와 다르지 않다.

(2) 법 제10조에 따라 피해자는 보험자에 대하여 직접 손해의 전보를 청구할 수 있다. 따라서 피해자는 운행자에 대한 손해배상청구와 보험자에 대한 보험금청구 중 임의로 선택할 수 있다. 그런데 직접청구권의 소멸시효기간은 상법 제662조가 아니라 제766조에 의한다.[21]

판 례 대판 2005.1.14. 2003다38573 · 38580

㉠ 이 판결은 교통사고의 가해자가 피해자를 상속한 사안[22]에 관한 것이다.

㉡ 대법원은 "자동차손해배상보장법 제[10]조 제1항에 의한 피해자의 보험자에 대한 직접청구권이 수반되는 경우에는 그 직접청구권의 전제가 되는 자동차손해배상보장법 제3조에 의한 피해자의 운행자에 대한 손해배상청구권은 비록 위 손해배상청구권과 손해배상의무가 상속에 의하여 동일인에게 귀속되더라도 혼동에 의하여 소멸되지 않고 이러한 법리는 자동차손해배상보장법 제3조에 의한 손해배상의무자가 피해자를 상속한 경우에도 동일하지만, 예외적으로 가해자가 피해자의 상속인이 되는 등 특별한 경우에 한하여 손해배상청구권과 손해배상의무가 혼동으로 소멸하고 그 결과 피해자의 보험자에 대한 직접청구권도 소멸한다"고 하면서, 다른 한편 "상속포기는 자기를 위하여 개시된 상속의 효력을 상속개시시로 소급하여 확정적으로 소멸시키는 제도로서 피해자의 사망으로 상속이 개시되어 가해자가 피해자의 자신에 대한 손해배상청구권을 상속함으로써 그 손해배상청구권과

---

17) 동일한 자동차에 대하여 복수로 존재하는 운행자 중 1인(A)이 당해 자동차의 사고로 피해를 입은 경우에, 사고를 당한 A는 다른 운행자(B)에 대하여 자신이 법 제3조에 정한 「다른 사람」임을 주장할 수 없지만, A의 운행지배 및 운행이익에 비하여 B의 그것이 보다 주도적이거나 직접적이고 구체적으로 나타나 있어 상대방이 용이하게 사고의 발생을 방지할 수 있었다고 보이는 경우에 한하여 A는 자신이 「다른 사람」임을 주장할 수 있다(대판 2009.5.28. 2007다87221).

18) 대판 1999.2.9. 98다53141. 나아가 "사고차량에 단순히 호의로 동승하였다는 사실만 가지고 바로 이를 배상액 경감사유로 삼을 수 있는 것은 아니"라고 하였다.

19) 인과관계와 관련하여 기왕증과 특이체질 등이 문제될 수 있다.

20) 승객의 범위에 관하여 대판 2008.2.28. 2006다18303 참조.

21) 대판 2005.10.7. 2003다6774.

22) 「A가 자동차를 운전하던 중 교통사고를 일으켜 동승한 아들 B가 사망 → A가 상속을 포기하고 B의 아버지 Y가 B를 단독상속 → A와 책임보험계약을 체결한 X가 Y에 대하여 원래의 상속지분을 초과하는 범위에서 보험금지급채무가 없음의 확인을 구하는 소 제기 → Y가 직접청구권의 행사로서 책임보험금의 지급을 구하는 반소 제기」의 사안에서, 반소청구 중 A의 지분에 해당하는 부분을 혼동의 법리 또는 신의칙을 들어 A의 지분에 해당하는 부분을 배척한 원심을 파기한 사례.

이를 전제로 하는 자동차손해배상보장법 제[10]조 제1항에 의한 보험자에 대한 직접청구권이 소멸하였다고 할지라도 가해자가 적법하게 상속을 포기하면 그 소급효로 인하여 위 손해배상청구권과 직접청구권은 소급하여 소멸하지 않았던 것으로 되어 다른 상속인에게 귀속되고, 그 결과 '가해자가 피해자의 상속인이 되는 등 특별한 경우'에 해당하지 않게 되므로 위 손해배상청구권과 이를 전제로 하는 직접청구권은 소멸하지 않는다"고 하였다.

㉢ 손해배상청구권과 손해배상의무가 상속에 의하여 동일인에게 귀속되는 경우에 혼동에 의하여 소멸한다(제507조). 그런데 직접청구권이 수반되는 경우에 직접청구권의 전제가 되는, 피해자의 운행자에 대한 손해배상청구권은 혼동에 의하여 소멸하지 않는다.[23] 다만 가해자가 피해자의 상속인이 되는 등 특별한 경우에 한하여 손해배상청구권과 손해배상의무가 혼동으로 소멸하고 그 결과 피해자의 보험자에 대한 직접청구권도 소멸한다. 그러나 가해자가 적법하게 상속을 포기하면 상속포기의 소급효(제1042조)로 인하여 위의 특별한 경우에 해당하지 않게 되어 손해배상청구권과 이를 전제로 하는 직접청구권은 소멸하지 않고 다른 상속인에게 귀속된다.

[3164] Ⅱ. 의료과오책임

1. 서 설

(1) 의료과오책임(醫療過誤責任)이란 의료행위 중에 의사 기타 의료인(의료법인을 포함한다. 이하 "의사"라고만 한다)의 과실에 기하여 발생한 사고에 대한 배상책임을 말한다.

(2) 의료과오책임을 묻는 방법으로 의사의 계약[24]상의 진료의무의 불이행으로 구성하는 것과 불법행위로 구성하는 것의 둘이 있다. 그런데 채무불이행으로 구성하면 의사가 자기에게 책임 없음을 증명해야 하는 반면(제390조), 불법행위로 구성하면 환자가 의사의 과실을 증명해야 하므로(제750조), 채무불이행으로 구성하는 것이 환자에게 유리한 것처럼 보인다. 그러나 수단채무의 불이행으로서 의사의 불완전이행을 증명하려면 환자가 의사의 과실을 증명해야 하기 때문에([2163] 참조), 결과적으로 채무불이행으로 구성하는 것이 불법행위로 구성하는 것보다 유리한 것은 아니다.[25][26]

실무상 의료과오사건은 주로 불법행위법에 의하여 처리되므로, 이하에서는 불법행위를 중심으로 의사의 책임을 살펴보는데,[27] 일반불법행위의 성립요건 중 특히 문제되는 과실과 인과관계

23) 그 근거 및 적용례에 관하여 대판 2003.1.10. 2000다41653 · 41660 참조.

24) 진료계약의 당사자 확정에 관하여 대판 2015.8.27. 2012다118396 참조.

25) 소멸시효와 관련해서는 차이가 있다.

26) 수단채무로서 진료의무에 관한 재판례를 본다. ㉠ 대판 2006.9.28. 2004다61402는, 의료행위의 속성상 환자의 구체적인 증상이나 상황에 따라 위험을 방지하기 위하여 요구되는 최선의 조치를 취해야 할 주의의무를 부담하는 의료진이 환자의 기대에 반하여 환자의 치료에 전력을 다하지 않은 경우에 그 업무상 주의의무를 위반한 것이라고 보면서, "다만, 그 주의의무 위반의 정도가 일반인의 처지에서 보아 수인한도를 넘어설 만큼 현저하게 불성실한 진료를 행한 것이라고 평가될 정도에 이른 경우라면 그 자체로서 불법행위를 구성하여 그로 말미암아 환자나 그 가족이 입은 정신적 고통에 대한 위자료의 배상을 명할 수 있"고, "이때 그 수인한도를 넘어서는 정도로 현저하게 불성실한 진료하였다는 점은 불법행위의 성립을 주장하는 피해자들이 이를 입증하여야 한다"고 했다. 이 판결은 의료과오와 환자의 사망 등 결과 사이에 인과관계가 인정되지 않는 경우에도 의료과오 그 자체를 이유로 위자료청구가 허용된다는 일반론을 제시하였다. 대판 2018.12.13. 2018다10562도 참조. ㉡ 대판 2015.11.27. 2011다28939: "의사가 선량한 관리자의 주의의무를 다하지 아니한 탓으로 오히려 환자의 신체기능이 회복불가능하게 손상되었고, 또 손상 이후에는 후유증세의 치유 또는 더 이상의 악화를 방지하는 정도의 치료만이 계속되어 온 것뿐이라면 의사의 치료행위는 진료채무의 본지에 따른 것이 되지 못하거나 손해전보의 일환으로 행하여진 것에 불과하여 병원측으로서는 환자에 대하여 수술비와 치료비의 지급을 청구할 수 없다. 그리고 이는 손해의 발생이나 확대에 피해자측의 귀책사유가 없는데도 공평의 원칙상 피해자의 체질적 소인이나 질병과 수술 등 치료의 위험도 등을 고려하여 의사의 손해배상책임을 제한하는 경우에도 마찬가지"이다. 대판 2018.4.26. 2017다288115도 참조.

27) 의료행위와 정신적 손해에 관하여 대판 2023.8.18. 2022다306185: "수인한도를 넘는 현저히 불성실한 진료로 인한 위자료는, 환자에게 발생한 신체상 손해의 발생 또는 확대와 관련된 정신적 고통을 위자하는 것이 아니라 불성실한 진료 그 자체로 인하여 발생한 정신적 고통을 위자하기 위한 것이다. 따라서 불성실한 진료로 인하여 이미 발생한 정신적 고통이 중대하여 진료 후 신체상 손해가 발생하지 않더라도 별도의 위자료를 인정하는 것이 사회통념상 마땅한 정도에 이르러야 한다."

만 검토하고, 의사의 설명의무를 덧붙이기로 한다.

2. 과실과 인과관계 [3165]

가. 과 실

(1) 의사는 진찰 · 치료 등 진료행위를 할 때 사람의 생명 · 신체 · 건강을 관리하는 의료행위의 성질에 비추어 환자의 구체적인 증상이나 상황에 따라 위험을 방지하기 위하여 요구되는 최선의 조치를 취해야 할 주의의무를 지는바, 그것을 위반함으로써 위험한 결과의 발생을 예견하고 이를 회피할 수 있었음에도 불구하고 이를 하지 못한 경우에 과실(過失)이 인정된다.

(2) 과실의 판단에 관하여 본다. [3166]

① 의료사고에서 의사의 과실은 그와 같은 업무와 직무에 종사하는 사람이라면 누구나 보통 할 수 있는 주의의 정도를 표준으로 결정된다.28)

② 의사의 주의의무는 진료행위를 할 당시 의료기관 등 임상의학분야에서 실천되는 진료의 수준을 기준으로 삼되, 그 의료수준은 진료행위 당시 통상의 의사에게 일반적으로 알려지고 또 시인되는 이른바 의학상식을 뜻하므로, 진료환경 및 조건, 의료행위의 특수성 등을 고려하여 규범적으로 파악되어야 하고, 당해 의사나 의료기관의 구체적 상황에 따라 판단되어서는 안 된다.29)

③ 진료행위는 전문적 성질을 가지고 나아가 실험적 성격도 가진다는 점에서 의사에게 재량성이 인정된다. 즉 의사가 행한 진료행위가 당시의 의료수준에 비추어 최선을 다한 것으로 인정되면 의사에게 환자를 진료할 때 요구되는 주의의무를 위반한 과실이 있다고 할 수 없고, 특히 의사의 질병진단의 결과에 과실이 없다고 인정되는 이상 그 요법으로 어떠한 조치를 취해야 할 것인지는 의사 스스로 환자의 상황 기타 이에 터 잡은 자기의 전문적 지식 · 경험에 따라 결정하며, 생각할 수 있는 몇 가지의 조치가 의사로서 취할 수 있는 조치로서 합리적인 것인 한 그중 어떤 것을 선택할 것인지는 당해 의사의 재량범위 내에 속하고, 반드시 그중 어느 하나만이 정당하고 이와 다른 조치를 취한 것은 모두 과실이 있는 것이라고 할 수는 없다.30)

(3) 실무상 주로 오진,31) 수술, 수혈, 마취, 전원조치, 투약, 요양 등과 관련하여 과실이 문제되는데,32) 부작위가 주의의무 위반으로 될 수 있음은 물론이다.

---

28) 대판 1999.11.23. 98다21403 등.

29) 대판 1998.7.24. 98다12270; 대판 2005.10.28. 2004다13045 등.
나아가 대판 2003.11.27. 2001다2013: "진단상의 과실 유무를 판단함에 있어서는 해당 의사가 비록 완전무결한 임상진단의 실시는 불가능할지라도 적어도 임상의학분야에서 실천되고 있는 진단수준의 범위 안에서 전문직업인으로서 요구되는 의료상의 윤리와 의학지식 및 경험에 기초하여 신중히 환자를 진찰하고 정확히 진단함으로써 위험한 결과발생을 예견하고 이를 회피하는 데에 필요한 최선의 주의의무를 다하였는지 여부를 따져 보아야 하고, 진료상의 과실 여부는 그 의사가 환자의 상태에 충분히 주의하고 진료 당시의 의학적 지식에 입각하여 환자에게 발생가능한 위험을 방지하기 위하여 최선의 주의를 기울여 진료를 실시하였는가 여부에 따라 판단되어야 한다." 당뇨병환자인 교도소 수용자가 당뇨병의 합병증인 당뇨병성 망막병증으로 인한 시력저하를 호소하였으나 교도소 의무관이 적절한 치료와 조치를 취하지 않아 수용자의 양안이 실명상태에 이르게 된 데 대하여 교도소 의무관의 주의의무 위반을 인정한 대판 2005.3.10. 2004다65121도 참조.

30) 대판 1999.3.26. 98다45379 · 45386; 대판 2007.5.31. 2005다5867 등.

31) 대판 2023.7.13. 2020다217533: "진단은 문진 · 시진 · 촉진 · 청진 및 각종 임상검사 등의 결과에 기초하여 질병 여부를 감별하고 그 종류, 성질 및 진행 정도 등을 밝혀내는 임상의학의 출발점으로서 이에 따라 치료법이 선택되는 중요한 의료행위이므로, 진단상의 과실 유무를 판단할 때에는 해당 의사가 비록 완전무결한 임상진단의 실시는 불가능할지라도 적어도 임상의학분야에서 실천되고 있는 진단수준의 범위 안에서 전문직업인으로서 요구되는 의료상의 윤리와 의학지식 및 경험에 기초하여 신중히 환자를 진찰하고 정확히 진단함으로써 위험한 결과 발생을 예견하고 이를 회피하는 데에 필요한 최선의 주의의무를 다하였는지 여부를 따져보아야 한다."

32) "여러 명의 의사가 분업이나 협업을 통하여 의료행위를 담당하는 경우 먼저 환자를 담당했던 의사는 이후 환자를 담당할 의사에게 환자의 상태를 정확하게 알려 적절한 조치를 할 수 있도록 해야 한다"고 한 대판 2022.3.17. 2018다263434도 참조.

[3167] ### 나. 과실과 인과관계의 증명

(1) 의사의 주의의무 위반으로 인한 책임을 묻기 위해서는 의료행위상 주의의무의 위반, 손해의 발생 및 양자 사이에 인과관계가 존재한다는 점이 모두 증명되어야 한다. 그런데 앞에서 본 것처럼 의료과오책임을 채무불이행으로 구성하든 불법행위로 구성하든 환자측에서 의사의 과실을 증명해야 한다. 그리고 의사의 과실과 사망 등의 결과 사이에 인과관계가 있어야 하고, 이를 피해자가 증명해야 한다.

(2) 의료행위가 고도의 전문영역에 속하고 의사의 재량이 인정되는 등의 특성 때문에 의료문외한인 일반인이 인과관계를 증명하는 것이 현실적으로 불가능하다는 점을 고려하여, 간접사실에 의하여 의료과오가 추정되기도 하고 나아가 증명책임을 완화하기도 한다.[33]

[참 고] 의료과오소송에서의 증명에 관하여

㉮ 가령 수술 도중이나 수술 후 환자에게 중한 결과의 원인이 된 증상이 발생한 경우에, 의료상의 과실 이외의 다른 원인이 있다고 보기 어려운 간접사실들을 증명함으로써 그와 같은 증상이 의료상의 과실에 기한 것이라고 추정할 수 있다. 그런데 간접사실에 의한 추정에서도 일련의 의료행위과정에서 일반인의 상식에 바탕을 둔 의료상 과실의 존재는 환자측에서 증명해야 하므로, 의료과정에서 어떠한 주의의무 위반의 잘못을 인정할 수 없다면, 그 청구는 배척될 수밖에 없다.[34]

㉯ 과실(및 인과관계)의 추정과 그 한계에 관하여 본다.

ⓐ 수술 전의 사전검사에서 특이증상이 발견되지 않았는데 환자가 치료 도중 사망하거나,[35] 수술 후의 증상을 초래할 만한 특별한 원인이나 증상이 관찰되지 않았는데도 치료 후에 후유증이 나타난 경우[36]에 과실이 추정된다.[37]

ⓑ 대판 2000.9.8. 99다48245는 "원래 의료행위에 있어서 주의의무 위반으로 인한 불법행위 또는 채무불이행으로 인한 책임이 있다고 하기 위하여는 의료행위상의 주의의무의 위반과 손해의 발생과의 사이의 인과관계의 존재가 전제되어야 하나, 의료행위가 고도의 전문적 지식을 필요로 하는 분야이고, 그 의료의 과정은 대개의 경우 환자 본인이 그 일부를 알 수 있는 외에 의사만이 알 수 있을 뿐이며, 치료의 결과를 달성하기 위한 의료기법은 의사의 재량에 달려 있기 때문에 손해발생의 직접적인 원인이 의료상의 과실로 말미암은 것인지 여부는 전문가인 의사가 아닌 보통인으로서는 도저히 밝혀낼 수 없는 특수성이 있어서 환자측이 의사의 의료행위상의 주의의무 위반과 손해의 발생과 사이의 인과관계를 의학적으로 완벽하게 입증한다는 것은 극히 어려우므로, 환자가 치료 도중에 사망한 경우에 있어서는, 피해자측에서 일련의 의료행위과정에 있어서 저질러진 일반인의 상식에 바탕을 둔 의료상의 과실 있는 행위를 입증하고 그 결과와 사이에 일련의 의료행위 외에 다른 원인이 개재될 수 없다는 점, 이를테면 환자에게 의료행위 이전에 그러한 결과의 원인이 될 만한 건강상의 결함이 없었다는 사정을 증명한 경우에 있어서는 의료행위를 한 측이 그 결과가 의료상의 과실로 말미암은 것이 아니라 전혀 다른 원인으로 말미암은 것이라는 입증을 하지 아니하는 이상 의료상 과실과 결과 사이의 인과관계를 추정하여 손해배상책임을 지울 수 있도록 입증책임을 완화하는 것이 손해의 공평·타당한 부담을 그 지도원리로 하는 손해배상제도의 이상에 맞는다고 하지 않을 수 없다"고 하여 과실 및 인과관계의 증명부담을 덜어주었다.[38]

---

33) 특히 뒤의 99다48245 판결 참조.

34) 대판 2003.11.27. 2001다20127.

35) 대판 1995.2.10. 93다52402.

36) 대판 1995.3.10. 94다39567.

37) 대판 2000.7.7. 99다66328도 참조.

38) 진찰 결과 장파열, 복강내출혈 및 비장손상 등의 가능성이 있어 응급개복술의 시행이 필요한 부상자를 그 아내의 요청으로 집 근처 병원으로 이송시키던 중 부상자가 복강내출혈 등으로 사망한 경우에, 다른 사망원인이나 의사가 즉시 개복수술을 시행했더라도 사망하였을 것이라는 점에 대한 증명이 없는 이상 의사가 수술을 실시하지 않고 만연히 부상자를 다른 병원으로 이송하도록 한 과실

ⓒ 과실 추정의 한계에 관하여 대판 2004.10.28. 2002다45185: "수술 도중 환자에게 사망의 원인이 된 증상이 발생한 경우 그 증상 발생에 관하여 의료상의 과실 이외의 다른 원인이 있다고 보기 어려운 간접사실들을 입증함으로써 그와 같은 증상이 의료상의 과실에 기한 것이라고 추정하는 것도 가능하다고 하겠으나, 그 경우에도 의사의 과실로 인한 결과발생을 추정할 수 있을 정도의 개연성이 담보되지 않는 사정들을 가지고 막연하게 중한 결과에서 의사의 과실과 인과관계를 추정함으로써 결과적으로 의사에게 무과실의 입증책임을 지우는 것까지 허용되는 것은 아니"다.[39)]

㈐ 참고로 대판 1995.3.10. 94다39567: "의료분쟁에 있어서 의사측이 가지고 있는 진료기록 등의 기재가 사실인정이나 법적 판단을 함에 있어 중요한 역할을 차지하고 있는 점을 고려하여 볼 때, 의사측이 진료기록을 변조한 행위는, 그 변조이유에 대하여 상당하고도 합리적인 이유를 제시하지 못하는 한, 당사자간의 공평의 원칙 또는 신의칙에 어긋나는 입증방해행위에 해당한다 할 것이고, 법원으로서는 이를 하나의 자료로 하여 자유로운 심증에 따라 의사측에게 불리한 평가를 할 수 있다."

3. 설명의무 [3168]

가. 개 념

의료행위는 일반적으로 환자의 신체에 대한 침습(侵襲)을 의미하기 때문에, 위법성을 조각하기 위하여 환자 또는 보호자의 승낙이 필요하다. 그런데 승낙이 실질적으로 의미를 가지기 위하여 그것이 당해 의료행위에 대한 충분한 정보를 전제로 한 자기결정에 기한 것이어야 한다(「prior informed consent」). 그리고 환자는 생명과 신체의 기능을 어떻게 유지할 것인지에 대하여 스스로 결정하고 의료행위를 선택할 권리를 가진다. 여기서 자기결정권 등 환자의 법익을 보호하기 위하여 의료계약에 기한 독립된 업무상의 의무로서 의사의 설명의무(說明義務)가 요구된다. 즉 특별한 사정이 없는 한[40)] 의사에게는 환자에게 수술 등 침습을 가하는 과정 또는 그 후에 나쁜 결과가 발생할 개연성이 있는 의료행위를 할 때 진료계약상의 부수의무로 또는 수술 등 침습에 대한 승낙을 얻기 위한 전제로, 당해 환자나 법정대리인[41)]에게 질병의 증상, 치료방법의 내용 및 필요성, 발생이 예상되는 위험 등에 관하여 당시의 의료수준에 비추어 상당하다고 생각되는 사항을 설명함으로써, 당해 환자가 필요성이나 위험성을 충분히 비교해 보고 의료행위를 받을 것인지를 선택할 수 있도록 할 의무가 있을 뿐만 아니라 진료목적의 달성을 위하여 환자 또는 보호자에 대하여 요양의 방법 기타 건강관리에 필요한 사항을 상세히 설명하여 후유증 등에 대비하도록 할 의무가 있다.[42)] 가령 대판(전) 2009.5.21. 2009다17417: "환자가 의사 또는 의료기관(이하 '의료인'이라 한다)에게 진료를 의뢰하고 의료인이 그 요청에 응하여 치료행위를 개시하는 경우에 의료인과 환자 사이에는 의료계약이 성립된다. […] 질병의 진행과 환자상태의 변화에 대응하여 이루어지는 가변적인 의료의 성질로 인하여, 계약 당시에는 진료의 내용 및 범위가 개괄적이고 추상적이지만, 이후 질병의 확인, 환자의 상태와 자연적 변화, 진료행위에 의한 생체반응 등에 따라 제공되는 진료의 내용이 구체화되므로, 의료인은 환자의 건강상태 등과 당시의 의료수준 그리고 자기의 지식경험에 따라 적절하다고 판단되는 진료방법을 선택할 수 있는 상당한 범위의 재량을

로 수술이 지연되어 부상자가 사망하였다고 추정한 사례.

39) 2018.11.15. 2016다244491도 동지. 후유장해가 발생한 경우에 관한 대판 2008.3.27. 2007다76290도 참조.

40) 종교적 이유로 인한 수혈 거부시 자기결정권과 환자의 생명 보호의 형량에 관한 대판 2014.6.26. 2009도14407 참조.

41) 배우자에 관하여 대판 2014.12.24. 2013다28629 참조.

42) 대판 1997.7.22. 95다49608.

가진다. 그렇지만 환자의 수술과 같이 신체를 침해하는 진료행위를 하는 경우에는 질병의 증상, 치료방법의 내용 및 필요성, 발생이 예상되는 위험 등에 관하여 당시의 의료수준에 비추어 상당하다고 생각되는 사항을 설명하여, 당해 환자가 그 필요성이나 위험성을 충분히 비교해 보고 그 진료행위를 받을 것인지의 여부를 선택하도록 함으로써 그 진료행위에 대한 동의를 받아야 한다. 환자의 동의는 헌법 제10조에서 규정한 개인의 인격권과 행복추구권에 의하여 보호되는 자기결정권을 보장하기 위한 것으로서, 환자가 생명과 신체의 기능을 어떻게 유지할 것인지에 대하여 스스로 결정하고 진료행위를 선택하게 되므로, 의료계약에 의하여 제공되는 진료의 내용은 의료인의 설명과 환자의 동의에 의하여 구체화된다."[43]

[3169] **나. 설명의무의 인정범위 및 증명책임**

(1) 의사의 설명의무가 의료행위에 따르는 후유증이나 부작용 등의 위험발생가능성이 희소하다는 사정만으로 면제될 수는 없으며, 후유증이나 부작용이 당해 치료행위에 전형적으로 발생하는 위험이거나 회복할 수 없는 중대한 것인 경우에는 발생가능성의 희소성에도 불구하고 설명의 대상이다.[44][45]

반면 긴급한 상황이어서 설명을 할 여유가 없었던 경우[46]나 결과발생의 가능성이 의학적으로 전혀 보고되지 않은 경우[47] 또는 일반적인 의료방법을 채택한 경우[48]에 설명의무가 인정되지 않는다. 나아가 환자가 이미 알고 있거나 상식적인 내용까지 설명할 필요는 없다.[49]

그런데 환자가 의사로부터 올바른 설명을 들었더라도 의료행위에 동의하였을 것이라는 「가정적 승낙」에 의한 의사의 면책은 환자의 승낙이 명백히 예상되는 경우에만 허용된다.[50]

[3170] (2) 설명의무의 구체적 내용을 살펴본다.

① 질병과 치료 및 부작용에 관한 정보의 제공, 자기결정권의 행사에 대한 조언, 치료나 부작용의 예방을 위한 지도 등이 설명의 대상이다.

② 설명의무는 검사,[51] 진단, 치료 등 진료의 모든 단계에서 발생하고, 나아가 의약품의 투

43) 임상시험단계의 의료행위(중간엽 줄기세포 이식술)에 대한 의사의 설명의무로서 해당 의료행위의 안전성 및 유효성(치료효과)에 관하여 시행 당시 임상에서 실천되는 일반적·표준적 의료행위와 비교하여 설명할 의무와 의약품의 공급에 따른 의약품공급자의 고지의무를 인정한 대판 2010.10.14. 2007다3162도 참조.

44) 대판 1996.4.12. 95다56095.

45) 이에 관한 재판례를 본다. ㉠ 대판 2005.4.29. 2004다64067은, 결핵약인 에탐부톨이 시력 약화 등 중대한 부작용을 초래할 우려가 있는 이상 이를 투약할 때 투약업무를 담당한 보건진료원 등은 위와 같은 부작용의 발생가능성 및 구체적 증상과 대처방안을 환자에게 설명해 줄 의료상의 주의의무가 있고, 그 설명은 추상적인 주의사항의 고지나 약품설명서에 부작용에 관한 일반적 주의사항이 기재되어 있다는 것만으로 불충분하고, 환자가 부작용의 증세를 자각하는 즉시 복용을 중단하고 보건소에 나와 상담하는 조치를 취할 수 있도록 구체적으로 이루어져야 한다고 했다. ㉡ 대판 2013.6.13. 2012다94865: "미용성형술은 외모상의 개인적인 심미적 만족감을 얻거나 증대할 목적에서 이루어지는 것으로서 질병치료목적의 다른 의료행위에 비하여 긴급성이나 불가피성이 매우 약한 특성이 있으므로 이에 관한 시술 등을 의뢰받은 의사로서는 의뢰인 자신의 외모에 대한 불만감과 의뢰인이 원하는 구체적 결과에 관하여 충분히 경청한 다음 전문적 지식에 입각하여 의뢰인이 원하는 구체적 결과를 실현시킬 수 있는 시술법 등을 신중히 선택하여 권유하여야 하고, 당해 시술의 필요성, 난이도, 시술방법, 당해 시술에 의하여 환자의 외모가 어느 정도 변화하는지, 발생이 예상되는 위험, 부작용 등에 관하여 의뢰인의 성별, 연령, 직업, 미용성형시술의 경험 여부 등을 참조하여 의뢰인이 충분히 이해할 수 있도록 상세한 설명을 함으로써 의뢰인이 필요성이나 위험성을 충분히 비교해 보고 시술을 받을 것인지를 선택할 수 있도록 할 의무가 있다. 특히 의사로서는 시술하고자 하는 미용성형수술이 의뢰인이 원하는 구체적 결과를 모두 구현할 수 있는 것이 아니고 일부만을 구현할 수 있는 것이라면 그와 같은 내용 등을 상세히 설명하여 의뢰인에게 성형술을 시술받을 것인지를 선택할 수 있도록 할 의무가 있다."

46) 대판 2014.6.26. 2009도14407.

47) 대판 1999.9.3. 99다10479.

48) 질식분만에 관한 대판 2011.3.10. 2010다72410 참조.

49) 대판 2011.11.24. 2009다70906.

50) 대판 1994.4.15. 92다25885.

51) 대판 1998.3.27. 97다56761.

여[52]나 요양의 방법 기타 건강관리에 필요한 사항의 지도설명[53]에까지 미친다.

③ 의료행위의 전제로서 설명의무는 그 행위가 행해질 때까지 적절한 시간적 여유를 두고 이행되어야 한다.[54]

(3) 특별한 사정이 없는 한 설명의무를 이행한 데 대한 증명책임이 의사측에 있다.[55]

다. 설명의무 위반의 효과 [3171]

(1) "의료행위 주체가 […] 설명의무를 소홀히 하여 환자로 하여금 자기결정권을 실질적으로 행사할 수 없게 하였다면 그 자체만으로도 불법행위가 성립할 수 있다."[56]

(2) 의사가 설명의무를 이행하지 않았다고 하여 그 이행을 강제할 수는 없고, 다만 그로 인하여 손해가 발생하면 손해배상청구권을 행사할 수 있을 뿐이다.

(3) 설명의무 위반으로 인한 손해는 1차적으로 진료행위로 발생한 중대한 결과(사망이나 중증의 후유장애 등)를 환자가 미리 예상하지 못했을 뿐만 아니라 자기결정권을 행사하여 그러한 결과의 수용 여부를 스스로 판단할 수 있는 기회를 박탈당한 데 대한 정신적 고통이다. 따라서 환자가 ① 이러한 정신적 고통에 대한 위자료만 청구한다면 설명의 결여 내지 부족으로 선택의 기회를 상실하였다는 사실을 증명함으로써 충분하고, 설명을 받았더라면 사망 등의 결과는 생기지 않았을 것이라는 관계까지 증명할 필요가 없다.[57] 나아가 ② 설명의무 위반을 이유로 환자에게 발생한 중대한 결과 전부에 대한 배상을 구하기 위해서는 중대한 결과와 의사의 설명의무 위반 내지 승낙취득과정에서의 잘못 사이에 인과관계가 존재해야 하고, 이러한 경우의 설명의무 위반은 환자의 자기결정권 내지 치료행위에 대한 선택의 기회를 보호하기 위한 것인 점에 비추어 환자의 생명, 신체에 대한 구체적 치료과정에서 요구되는 의사의 주의의무 위반과 동일시할 정도의 것이어야 한다.[58]

한편 자기결정권을 행사하여 의료행위를 거부함으로써 손해경감의무를 위반한 경우에, 그 확대된 손해부분을 공제한 나머지 부분으로 가해자의 배상범위를 제한하거나 확대된 손해부분은 피해자가 이를 부담해야 한다([3122]도 참조).[59]

---

52) 대판 1994.4.15. 92다25885. 약사에 관한 대판 2002.1.11. 2001다27449, 한약업사에 관한 대판 2002.12.10. 2001다56904 및 특히 양약과의 상호작용으로 발생할 수 있는 한약의 위험성에 관한 대판 2011.10.13. 2009다102209도 참조.

53) 대판 2010.7.22. 2007다70445.

54) 대판 2022.1.27. 2021다265010: "의사가 환자에게 의사를 결정함에 충분한 시간을 주지 않고 의료행위에 관한 설명을 한 다음 곧바로 의료행위로 나아간다면 이는 환자가 의료행위에 응할 것인지 선택할 기회를 침해한 것으로서 의사의 설명의무가 이행되었다고 볼 수 없다. 이때 적절한 시간적 여유를 두고 설명의무를 이행하였는지는 의료행위의 내용과 방법, 그 의료행위의 위험성과 긴급성의 정도, 의료행위 전 환자의 상태 등 여러 가지 사정을 종합하여 개별적 · 구체적으로 판단하여야 한다."

55) 대판 2007.5.31. 2005다5867.
관련하여 환자가 미성년자라도 의사결정능력이 있는 이상 자신의 신체에 위험을 가하는 의료행위에 관한 자기결정권을 가질 수 있으므로 원칙적으로 의사는 미성년자인 환자에 대해서 의료행위에 관하여 설명할 의무를 부담하지만, 의사가 미성년자인 환자의 친권자나 법정대리인에게 의료행위에 관하여 설명하였다면, 그러한 설명이 친권자나 법정대리인을 통하여 미성년자인 환자에게 전달됨으로써 의사는 미성년자인 환자에 대한 설명의무를 이행하였다고 볼 수 있다고 한 대판 2023.3.9. 2020다218925도 참조.

56) 대판 2017.2.15. 2014다230535는 "국가가 한센병 환자의 치료 및 격리수용을 위하여 운영 · 통제해 온 국립 소록도병원 등에 소속된 의사나 간호사 또는 의료보조원 등이 한센인들에게 시행한 정관절제수술과 임신중절수술은 신체에 대한 직접적인 침해행위로서 그에 관한 동의 내지 승낙을 받지 아니하였다면 헌법상 신체를 훼손당하지 아니할 권리와 태아의 생명권 등을 침해하는 행위이다. 또한 한센인들의 임신과 출산을 사실상 금지함으로써 자손을 낳고 단란한 가정을 이루어 행복을 추구할 권리는 물론이거니와 인간으로서의 존엄과 가치, 인격권 및 자기결정권, 내밀한 사생활의 비밀 등을 침해하거나 제한하는 행위임이 분명하다. 더욱이 위와 같은 침해행위가 정부의 정책에 따른 정당한 공권력의 행사라고 인정받으려면 법률에 그에 관한 명시적인 근거가 있어야 하고, 과잉금지의 원칙에 위배되지 아니하여야 하며, 침해행위의 상대방인 한센인들로부터 '사전에 이루어진 설명에 기한 동의(prior informed consent)'가 있어야 한다. 만일 국가가 위와 같은 요건을 갖추지 아니한 채 한센인들을 상대로 정관절제수술이나 임신중절수술을 시행하였다면 설령 이러한 조치가 정부의 보건정책이나 산아제한정책을 수행하기 위한 것이었다고 하더라도 이는 위법한 공권력의 행사로서 민사상 불법행위가 성립한다"고 하며 국가배상책임을 인정하였다.

57) 설명의무 위반에 대한 위자료 명목으로 사실상 재산적 손해의 전보를 꾀해서는 안 된다는 대판 2013.4.26. 2011다29666도 참조.

58) 대판 2004.10.28. 2002다45185. 대판 1996.4.12. 95다56095도 참조.

[3172] ## Ⅲ. 제조물책임

1. 서 설

가. 의 의

(1) 제조물책임(製造物責任)이란 제조물의 결함으로 생명 · 신체 또는 재산에 손해를 입은 이에 대하여 제조업자 등이 지는 손해배상책임을 말한다(제조물책임법 제3조 제1항 참조).

대량생산된 제품에 의존할 수밖에 없는 현대소비사회에 대한 불법행위법의 대응이라 할 수 있는 제조물책임은 피해자의 광범성, 가해자의 복수성, 확대손해의 발생, 증명의 곤란 등의 특성을 가지는데, 가습기살균제 등 약품이나 식품 그리고 자동차 등의 공산품의 하자로 인한 손해가 빈번하게 사회문제로 되는 등 그 중요성이 날로 커지고 있다.

(2) 소비자와 직접적인 계약관계에 있지 않은 제조자 등에 대하여 제조물의 결함으로 인한 손해배상을 청구할 수 있도록 하기 위하여 제조물책임은 불법행위책임으로 구성된다.

그런데 책임의 범위가 인적 손해에 한정되지 않지만, 물건 자체에 생긴 손해는 담보책임의 영역에 속하므로 제외되어야 한다. 즉 상품적합성이 결여되어 제조물 자체에 발생한 손해는 담보책임의 대상이고,[60] 따라서 「제조물에 대하여만 발생한 재산상 손해」는 제조물책임법의 적용대상이 아니다(제3조 제1항).[61] 그리고 제품의 생산자가 불법행위법(특히 제750조)에 기한 책임(이른바 생산자책임)을 질 수 있음은 제조물책임법과 무관하다.

[3173] #### 나. 제조물책임법

(1) 과실책임의 원칙에 의해서는 제조물의 결함으로 인한 피해의 충분한 구제가 이루어지기 어렵다는 인식에 따라 2000년 제조물책임법(이하 "법"이라고만 한다)이 제정되었는데, 법이 제정되기 전부터 판례는 주의의무의 엄격화, 위험책임론 등에 의하여 제조자 등에게 제조물의 결함으로 인한 손해의 배상책임을 부담시켜 왔다. 가령 대판 2000.2.25. 98다15934: "무릇 물품을 제조 · 판매하는 제조업자 등은 그 제품의 구조, 품질, 성능 등에 있어서 그 유통 당시의 기술수준과 경제성에 비추어 기대가능한 범위 내의 안전성과 내구성을 갖춘 제품을 제조 · 판매하여야 할 책임이 있고, 이러한 안전성과 내구성을 갖추지 못한 결함으로 인하여 소비자에게 손해가 발생한 경우에는 불법행위로 인한 손해배상의무를 부담한다."[62]

[참 고] 특히 미국에서 제조물책임은 집단소송 및 징벌적 손해배상과 결합하여 강력한 힘을 가지는데, 우리나라에서는 2017년 법 개정에서 그중 징벌적 손해배상제도가 도입되어 2018년부터 시행되고 있다.

---

59) 대판 2010.3.25. 2009다95714.
자기결정권의 한계에 관하여 대판 2023.3.16. 2022다283305: "환자는 생명과 신체의 기능을 어떻게 유지할 것인지에 대하여 스스로 결정하고 의료행위를 선택할 권리를 보유하지만, 신의칙 또는 손해부담의 공평이라는 손해배상제도의 이념에 비추어 볼 때 불법행위의 피해자인 환자에게는 그로 인한 손해의 확대를 방지하거나 감경하기 위하여 노력하여야 할 일반적인 의무가 있으므로, 수술과 같이 신체침해를 수반하는 의료행위가 위험하거나 중대하지 않아 결과가 불확실하지 아니하고 그 의료행위가 관례적이며 그로 인하여 상당한 호전을 기대할 수 있는 경우에는, 피해자가 합리적인 이유 없이 자기결정권을 행사하여 이와 같은 의료행위를 거부함으로써 손해가 확대되면 손해의 공평한 부담이라는 견지에서 그 확대된 손해부분을 공제한 나머지 부분으로 가해자의 배상범위를 제한하여야 하고, 그러한 수술로 피해자의 후유증이 개선될 수 있는 경우에 신체 손상으로 인한 일실이익 산정의 전제가 되는 노동능력상실률은 다른 특별한 사정이 없는 한 그 수술을 시행한 후에도 여전히 남을 후유증을 기준으로 정하여야 한다."

60) 대판 2000.7.28. 98다35525.

61) 대판 2015.3.26. 2012다4824는 「제조물에 대하여만 발생한 재산상 손해」에 제조물의 결함 때문에 발생한 영업손실로 인한 손해도 포함되므로 제조물책임법의 적용대상이 아니라고 하였는데, 판단의 근거를 포함하여 검토를 요한다.

62) 판례상 제조물책임이 최초로 문제된 것은 양계사료에 관한 대판 1977.1.25. 75다2092이다.

(2) 법은 —민사책임의 요건인 「가해자의 고의 또는 과실」(제750조)에 갈음하여— 「제조물의 결함」으로 인하여 생명, 신체 또는 재산에 손해가 발생한 경우에 제조업자 등에게 손해배상책임을 지움으로써 제조물책임을 무과실책임으로 규정하는데(법 제3조 제1항),63) 특히 기본적인 유형인 제조상의 결함에 관하여 제2조 제2호 가목이 제조·가공상의 주의의무를 이행하였는지를 묻지 않는다. [3174]

이러한 책임체계는, 위험성을 내포한 제품을 시장에 내놓았다는 점과 다른 한편 제조자 등은 제품의 대량 생산 및 판매에 따른 이익을 누릴 뿐만 아니라 제품의 결함 등의 위험을 가격에 반영하여 사회적으로 분산시킬 수 있다는 점 등에 의하여 근거 지워질 수 있다.

(3) 법에 규정되지 않은 사항에 대해서는 민법이 적용된다(법 제8조).64)

2. 책임의 요건 [3175]

가. 제 조 물

(1) 제조물의 개념에 관하여 법 제2조 제1호는 "제조되거나 가공된 동산(다른 동산이나 부동산의 일부를 구성하는 경우를 포함한다)"이라고 정의한다.65) 전기 기타 자연력도 동산에 속하므로(제98조 참조) 적용대상이지만, 동산 중에도 제조되거나 가공된 것이 아닌 것(예: 농·수·축산물)은 제외된다.

(2) 학설상 다투어진 부동산(예: 아파트)은 법의 적용대상에서 제외되지만, 엘리베이터와 같이 아파트에 부합된 동산은 적용대상이다. 한편 소프트웨어가 법상의 제조물에 포함되는지 여부가 입법과정에서 논의되었으나, 명확한 결론은 내려지지 않았다.

나. 결 함 [3176]

(1) 고의나 과실에 갈음하는 책임귀속의 근거는 제조물의 「결함」이다. 여기서 결함(缺陷)이란 당해 제조물이 통상 갖추어야 할 안전성을 결한 상태를 말하는데, 제조물 자체의 특성, 사용형태, 유통의 시기 등을 고려하여 규범적으로 판단해야 한다.

(2) 일반적으로 제조물을 만들어 판매하는 이는 제조물의 구조, 품질, 성능 등과 관련하여 현재의 기술수준과 경제성 등에 비추어 기대가능한 범위 내의 안전성을 갖춘 제품을 제조해야 하고, 이러한 안전성을 갖추지 못한 결함으로 인하여 사용자에게 손해가 발생하면 배상책임을 지는데, 법 제2조 제2호는 제조물의 결함으로 다음의 유형들을 제시한다("그 밖에 통상적으로 기대할 수 있는 안전성이 결여되어 있는" 경우도 포함한다).

① 제조상(製造上)의 결함: 제조업자가 제조물에 대하여 제조상·가공상의 주의의무를 이행하였는지와 관계없이 제조물이 원래 의도한 설계와 다르게 제조·가공됨으로써 안전하지 못하게 된 경우.

② 설계상(設計上)의 결함: 제조업자가 합리적인 대체설계(代替設計)를 채용하였더라면 피해

63) 제조물책임법이 과실책임의 원리를 완전히 벗어난 것이라고 단정할 수 없다는 주장도 있다.

64) 대판 2023.5.18, 2022다230677: "제조물책임법은 불법행위에 관한 민법의 특별법이라 할 것이므로, 제조물의 결함으로 손해를 입은 자가 제조물책임법에 의하여 손해배상을 주장하지 않고 민법상 불법행위책임을 주장하였더라도 법원은 민법에 우선하여 제조물책임법을 적용하여야 하고, 제조물책임법의 요건이 갖추어지지 않았지만 민법상 불법행위책임 요건을 갖추었다면 민법상 불법행위책임을 인정할 수도 있다."

65) 채혈된 혈액이 그대로 수혈되면 제조물이 아니지만, 항응고제가 첨가되는 등 가공처리를 거친 혈액제제는 제조물이다.

나 위험을 줄이거나 피할 수 있었음에도 대체설계를 채용하지 아니하여 해당 제조물이 안전하지 못하게 된 경우.66)67)

③ 표시상(表示上)의 결함(또는 지시 · 경고상의 결함): 제조업자가 합리적인 설명 · 지시 · 경고 또는 그 밖의 표시를 하였더라면 해당 제조물에 의하여 발생할 수 있는 피해나 위험을 줄이거나 피할 수 있었음에도 이를 하지 않은 경우.68) 제조상 또는 설계상의 결함을 증명함이 쉽지 않아서 주로 오사용과 관련하여 표시상의 결함으로 이를 보완한다는 의미도 가진다.

[3177] **다. 인과관계와 면책의 항변**

(1) 법은 당초 인과관계의 증명책임에 관하여 규정하지 않았고, 판례는 법 시행 전부터 간접반증이론([3022] 참조)에 의하여 인과관계의 증명책임을 완화하였다.69) 그런데 2017년 법 개정에서 결함 등의 추정에 관한 판례법리가 제3조의2로 규정되었다. 즉 피해자가 ① 해당 제조물이 정상적으로 사용되는 상태에서 피해자의 손해가 발생하였다는 사실, ② 그 손해가 제조업자의 실질적인(판례법리에 따르면: 배타적인) 지배영역에 속한 원인으로부터 초래되었다는 사실 및 ③ 그 손해가 해당 제조물의 결함 없이는 통상적으로 발생하지 아니한다는 사실을 증명한 경우에는, 제조물을 공급할 당시 해당 제조물에 결함이 있었고 그 제조물의 결함으로 인하여 손해가 발생한 것으로 추정되고, 이 경우 제조업자가 제조물의 결함이 아닌 다른 원인으로 인하여 그 손해가 발생한 사실을 증명해야 책임을 면할 수 있다.

[3178] (2) 제조업자 등은 ① 해당 제조물을 공급하지 않은 사실, ② 해당 제조물을 공급한 당시의

---

66) 합리적인 대체설계를 채용하지 않은 것을 과실로 볼 여지도 있다.

67) 이에 관한 재판례를 본다. ㉠ 이른바 담배소송에서 대판 2014.4.10. 2011다22092는 "설계상의 결함이 있는지는 제품의 특성 및 용도, 제조물에 대한 사용자의 기대의 내용, 예상되는 위험의 내용, 위험에 대한 사용자의 인식, 사용자에 의한 위험회피의 가능성, 대체설계의 가능성 및 경제적 비용, 채택된 설계와 대체설계의 상대적 장단점 등 여러 사정을 종합적으로 고려하여 사회통념에 비추어 판단하여야 한다"고 하면서(대판 2003.9.5. 2002다17333 및 자동차 급발진사고에 관한 대판 2004.3.12. 2003다16771도 동지), 니코틴과 타르를 제거하면 담배 본래의 효용이 상실되므로, 니코틴이나 타르를 완전히 제거할 수 있는 방법이 있더라도 이를 채용하지 않은 것 자체를 설계상의 결함으로 볼 수 없다고 하였다. 의약품의 부작용에 관하여 대판 2008.2.28. 2007다52287: 위의 "법리는 의약품의 경우에도 마찬가지로 적용되어야 하되, 다만 의약품은 통상 합성화학물질로서 인간의 신체 내에서 화학반응을 일으켜 질병을 치유하는 작용을 하는 한편 정상적인 제조과정을 거쳐 제조된 것이라 하더라도 본질적으로 신체에 유해한 부작용이 있다는 측면을 고려하여야 한다." ㉡ 고엽제 피해에 관한 대판 2013.7.12. 2006다17539: "제조업자가 인체에 유해한 독성물질이 혼합된 화학제품을 설계 · 제조하는 경우, [···] 제조업자는 그 시점에서의 최고의 기술수준으로 그 제조물의 안전성을 철저히 검증하고 조사 · 연구를 통하여 발생가능성 있는 위험을 제거 · 최소화하여야 하며, 만약 그 위험이 제대로 제거 · 최소화되었는지 불분명하고 더욱이 실제 사용자 등에게 그 위험을 적절히 경고하기 곤란한 사정도 존재하는 때에는, 안전성이 충분히 확보될 정도로 그 위험이 제거 · 최소화되었다고 확인되기 전에는 그 화학제품을 유통시키지 말아야 한다. 따라서 제조업자가 이러한 고도의 위험방지의무를 위반한 채 생명 · 신체에 위해를 발생시킬 위험이 있는 화학제품을 설계하여 그대로 제조 · 판매한 경우에는 특별한 사정이 없는 한 그 화학제품에는 사회통념상 통상적으로 기대되는 안전성이 결여된 설계상의 결함이 존재한다고 봄이 타당하다."

68) 앞의 2011다22092 판결은 "제조상 내지 설계상의 결함이 인정되지 아니하는 경우라 할지라도, 제조업자 등이 합리적인 설명, 지시, 경고 기타의 표시를 하였더라면 당해 제조물에 의하여 발생될 수 있는 피해나 위험을 줄이거나 피할 수 있었음에도 이를 하지 아니한 때에는 그와 같은 표시상의 결함(지시 · 경고상의 결함)에 대하여도 불법행위로 인한 책임이 인정될 수 있고, 그와 같은 결함이 존재하는지에 대한 판단을 할 때에는 제조물의 특성, 통상 사용되는 사용형태, 제조물에 대한 사용자의 기대의 내용, 예상되는 위험의 내용, 위험에 대한 사용자의 인식 및 사용자에 의한 위험회피의 가능성 등 여러 사정을 종합적으로 고려하여 사회통념에 비추어 판단하여야 한다"고 하면서(앞의 2002다17333 판결 및 2003다16771 판결도 동지), 담배제조자인 국가 등이 법률의 규정에 따라 담뱃갑에 경고문구를 표시하는 외에 추가적인 설명이나 경고 기타의 표시를 하지 않았다 하여 담배에 표시상의 결함이 인정된다고 하기 어렵다고 하였다. 앞의 2007다52287 판결도 사용설명서에 부작용으로 출혈성 뇌졸중이 표시되어 있고, 그 병력이 있는 환자 등에게 투여하지 말라는 등의 지시사항이 기재되어 있는 점 등에 비추어 위 의약품에 표시상의 결함이 없다고 보았다.

69) 대판 2013.9.26. 2011다88870: "고도의 기술이 집약되어 대량으로 생산되는 제품에 성능미달 등의 하자가 있어 피해를 입었다는 이유로 제조업자측에게 민법상 일반불법행위책임으로 손해배상을 청구하는 경우에, 일반소비자로서는 제품에 구체적으로 어떠한 하자가 존재하였는지, 발생한 손해가 하자로 인한 것인지를 과학적 · 기술적으로 증명한다는 것은 지극히 어렵다. 따라서 소비자측으로서는 제품이 통상적으로 지녀야 할 품질이나 요구되는 성능 또는 효능을 갖추지 못하였다는 등 일응 제품에 하자가 있었던 것으로 추단할 수 있는 사실과 제품이 정상적인 용법에 따라 사용되었음에도 손해가 발생하였다는 사실을 증명하면, 제조업자측에서 손해가 제품의 하자가 아닌 다른 원인으로 발생한 것임을 증명하지 못하는 이상, 제품에 하자가 존재하고 하자로 말미암아 손해가 발생하였다고 추정하여 손해배상책임을 지울 수 있도록 증명책임을 완화하는 것이 손해의 공평 · 타당한 부담을 지도원리로 하는 손해배상제도의 이상에 맞다." 이러한 판시의 효시는 텔레비전이 정상적으로 수신하는 상태에서 발화 · 폭발한 경우에 관한 대판 2000.2.25. 98다15934이다. 바이러스에 오염된 혈액제제를 통하여 감염된 경우에 관한 대판 2011.9.29. 2008다16776 및 의약품의 결함에 관한 대판 2017.11.9. 2013다26708 · 26715 · 26722 · 26739도 참조.

관련하여 제조물책임에서의 증명책임 완화의 법리가 담보책임에 유추되지는 않는다고 한 대판 2011.10.27. 2010다72045도 참조.

과학 · 기술수준으로는 결함의 존재를 발견할 수 없었다는 사실(개발위험(開發危險)의 항변),[70] ③ 제조물의 결함이 해당 제조물을 공급한 당시의 법령에서 정하는 기준을 준수함으로써 발생한 사실 또는 ④ 원재료나 부품의 경우에는 원재료나 부품을 사용한 제조물 제조업자의 설계 또는 제작에 관한 지시로 인하여 결함이 발생하였다는 사실을 증명함으로써 손해배상책임을 면한다(법 제4조 제1항).

다만 제조업자 등이 제조물을 공급한 후에 당해 제조물에 결함이 존재한다는 사실을 알거나 알 수 있었음에도 결함에 의한 손해의 발생을 방지하기 위한 적절한 조치를 하지 않은 경우에, 위 ② 내지 ④에 의한 면책을 주장하지 못한다(같은 조 제2항).[71]

3. 책임의 내용 [3179]

가. 책임의 주체

(1) 제조물책임의 주체인 제조업자(製造業者)로 법은 ① "제조물의 제조 · 가공 또는 수입을 업(業)으로 하는 자"와 ② "제조물에 성명 · 상호 · 상표 또는 그 밖에 식별(識別)가능한 기호 등을 사용하여 자신을 [①]로 표시한 자 또는 [①]로 오인하게 할 수 있는 표시를 한 자"(표시제조자라 한다)를 든다(법 제2조 제3호). 나아가 제조물의 제조업자를 알 수 없는 경우에 "그 제조물을 영리 목적으로 판매 · 대여 등의 방법으로 공급한 자"도 제조물책임을 지는데, 피해자 또는 법정대리인의 요청을 받고 상당한 기간 내에 제조업자 또는 공급한 이를 피해자 또는 법정대리인에게 고지한 때에는 그렇지 않다(제3항). 그리고 정부와의 공급계약에 따라 정부가 제시한 제조지시에 따라 제조물을 제조 · 판매한 경우에도 제조물에 결함이 발생한 때에는 제조물책임을 부담한다.[72]

(2) 동일한 손해에 대하여 배상할 책임이 있는 이가 2인 이상인 경우에, 그들은 연대하여 손해를 배상할 책임이 있다(법 제5조).

나. 징벌적 손해배상 [3180]

2017년 법 개정에서 징벌적 손해배상제도(보다 정확하게는 배액배상제도. [3003] 참조)가 도입되었다. 즉 법 제3조 제2항은 "제조업자가 제조물의 결함을 알면서도 그 결함에 대하여 필요한 조치를 취하지 아니한 결과로 생명 또는 신체에 중대한 손해를 입은 자가 있는 경우에는 그 자에게 발생한 손해의 3배를 넘지 아니하는 범위에서 배상책임을 진다"고 하면서, 법원이 배상액을 정할 때 고려할 사항으로 ① 고의성의 정도, ② 해당 제조물의 결함으로 인하여 발생한 손해의 정도, ③ 해당 제조물의 공급으로 인하여 제조업자가 취득한 경제적 이익, ④ 해당 제조물의 결함으로 인하여 제조업자가 형사처벌 또는 행정처분을 받은 경우 형사처벌 또는 행정처분의 정도, ⑤ 해당 제조물의 공급이 지속된 기간 및 공급규모, ⑥ 제조업자의 재산상태, ⑦ 제조업자가 피해구제를 위하여 노력한 정도를 열거한다.

---

70) 신제품의 개발단계에서 부작용을 예견하기 곤란하다는 사정을 고려한 것이다.

71) 이 규정에 따라 제조업자 등의 자발적인 회수(recall)가 사실상 강제될 수 있다.

72) 고엽제 피해에 관한 대판 2013.7.12, 2006다17539: "제조물책임의 대상이 되는 제조물은 원재료에 설계 · 가공 등의 행위를 가하여 새로운 물품으로 제조 또는 가공된 동산으로서 상업적 유통에 제공되는 것을 말하고, 여기에는 여러 단계의 상업적 유통을 거쳐 불특정 다수 소비자에게 공급되는 것뿐만 아니라 특정소비자와의 공급계약에 따라 그 소비자에게 직접 납품되어 사용되는 것도 포함된다."

다. 기 타

(1) 법에 의한 손해배상책임을 배제하거나 제한하는 특약은 무효이지만, 자신의 영업에 이용하기 위하여 제조물을 공급받은 이가 자신의 영업용 재산에 대하여 발생한 손해에 관하여 그와 같은 특약을 체결한 경우에는 그렇지 않다(법 제6조).

(2) 법에 의한 손해배상청구권은 피해자 또는 그 법정대리인이 손해 및 책임의 주체를 안 날부터 3년간 행사하지 않으면 시효로 인하여 소멸한다. 한편 제조업자가 손해를 발생시킨 제조물을 공급한 날부터 10년 내에 행사해야 하지만, 신체에 누적되어 사람의 건강을 해치는 물질에 의하여 발생한 손해 또는 일정한 잠복기간이 경과한 후에 증상이 나타나는 손해에 대해서는 손해가 발생한 날부터 기산한다(법 제7조). 두 기간 중 어느 하나라도 지나면 손해배상을 청구할 수 없는데, 이 중 3년의 기간은 소멸시효기간이고, 10년의 기간은 제척기간이라 할 것이다.[73]

[3181] Ⅳ. 환경침해책임

1. 서 설

(1) 흔히 공해(公害)라 불리는 환경오염은 "사업활동 및 그 밖의 사람의 활동에 의하여 발생하는 대기오염, 수질오염, 토양오염, 해양오염, 방사능오염, 소음 · 진동, 악취, 일조방해, 인공조명에 의한 빛공해 등으로서 사람의 건강이나 환경에 피해를 주는 상태"를 말한다(환경정책기본법 제3조 제4호). 이러한 개념은 수질, 대기, 토지 등의 오염과 같은 사회적 차원의 것뿐만 아니라 소음, 일조권, 조망권 등 개인적 차원의 것까지 망라한 것이다.

환경오염은 가해행위가 간접적으로 이루어진다는 점, 그로 인한 침해가 광범위하게 이루어진다는 점, 오염의 원인인 인위적 활동이 계속되는 한 그로 인한 피해가 지속적으로 발생한다는 점, 가해자의 적법활동의 결과 필연적 · 부수적으로 침해가 발생하는 경우가 많다는 점 등에서 보통의 불법행위와 다르다.

(2) 전통적으로 사법(私法)적인 사후구제의 수준에 머물던, 환경오염에 대한 법적 인식이 생태계의 전반적인 위기가 진행됨에 따라 환경보호를 위한 공법적 규율의 문제로 넘어가고 있다. 즉 1980년 헌법이 환경권을 기본권의 하나로 규정한 이래 현행 헌법도 제35조에서 환경권을 규정하면서 그 내용과 행사에 관한 사항을 법률에 유보하였고, 그에 따라 1990년 환경정책기본법(이하 "법"이라고만 한다)이 제정되었다.[74] 그리고 행위책임에 관한 법 외에 2014년 시설책임에 관한 환경오염피해구제법이 제정되어 이원적 체계를 이룬다.

[3182] (3) 이처럼 환경오염에 대한 법적 대응의 중심이 공법으로 옮겨가고 있으나 사법적 구제의 중요성은 여전히 간과될 수 없는바, 그 이유로 공법적 규제만으로 환경오염피해가 근절될 수 없는 현실에서 사법적 구제방법이 환경오염을 최소한으로 줄이고 피해를 배상시킬 수 있는 최후의 법적 수단이라는 점, 피해자에게는 환경오염이 계속되지 않도록 하려면 어떻게 해야 하는지(공익)보다 오히려 어떤 요건 하에 어느 정도로 피해를 구제받을 수 있는지(사익)가 주된 관심사라는 점 및 사법적 구제수단, 특히 사후적 구제방법이 간접적으로 규제수단으로 기능할 수 있다는 점 등

73) 제766조 제2항과 관련하여 판례가 소멸시효로 새김에 관하여 [3094] 참조.

74) 1963년의 공해방지법 그리고 1977년의 환경보전법을 거쳤다.

을 들 수 있다.

(4) 환경오염의 사법적 구제수단으로 장래 발생할 오염을 방지하고 이미 존재하는 오염을 제거하기 위한 금지청구(유지청구라고도 한다)와 이미 발생한 손해를 금전으로 전보케 하는 손해배상청구의 두 방법이 있다. 아래에서 손해배상청구의 문제를 검토한다.

[참 고] 사법적 구제의 이론적 근거로, ⓐ 권리의 행사가 적법함을 전제로 예외적으로 구제가 인정된다는 권리남용론은 (권리행사의 효과를 부정함에 그치므로) 적극적으로 손해배상이나 침해행위의 금지를 구하는 기준으로 되기에 부적합하다. ⓑ 권리의 행사가 위법할 수 있음을 전제로 그 한도를 정하는 수인한도론은 ⓐ보다는 넓은 범위에서 피해를 구제할 수 있지만, 수인한도를 넘지 않는 경우에 구제가 어렵고, 개개의 경우에서 다양한 사정을 고려한 이익교량의 결과로 얻어지는 수인한도 자체가 객관적이고 예견가능한 기준이라 하기 어렵다. ⓒ 물건에 대한 침해에 물권적 청구권이 인정되는 이상 그보다 중대한 법익인 생명이나 신체를 보호하기 위하여 금지청구를 할 수 있음은 당연하다는 인격권론은 "쾌적한 생활을 할 수 있는 권리"에까지 확장될 수 있는지와 관련하여 논란이 있다. ⓓ 보다 일반적으로 환경을 누릴 사법상의 권리로서 환경권은 판례에 의하여 부정되었다.[75]

판례는 사전적 구제수단인 금지청구를 물권법적으로(제217조도 참조), 사후적 구제수단인 손해배상청구는 불법행위법적으로 구성한다. 즉 대판 1997.7.22. 96다56153은 환경권 자체에 기한 방해제거청구권을 부정하고 금지청구의 근거를 물권적 청구권에서 구하며, 대판 1974.12.10. 72다1774 등은 손해배상청구의 근거를 불법행위에서 구한다.

2. 사후적 구제수단으로서 손해배상청구 [3183]

가. 서 설

(1) 환경오염(환경훼손에 관한 법 제3조 제5호도 참조)으로 인하여 손해를 입은 경우에, 손해를 금전으로 배상받는 방법은 사후적이기는 하지만 피해자의 구제수단으로서 보편적이고 효율적이다. 참고로 다수의 가해자가 있는 경우에 법 제44조 제2항은 연대책임을 지운다.

(2) 손해배상청구에서 어떠한 경우에 오염물질발생자에게 손해배상을 청구할 수 있는지가 문제되는바, 일반불법행위의 성립요건 중 특히 문제되는 것은 과실, 위법성 및 인과관계이다. 이들을 살펴본다.

(3) 2011년 법 개정 전에는 환경오염으로 인한 책임의 주체가 사업자[76]였으나, 위 개정에 따라 "오염원인자", 즉 자기의 행위 또는 사업활동으로 환경오염 또는 환경훼손의 원인을 발생시킨 이로 바뀌었다(법 제7조). 그런데 환경오염이 발생한 사업장의 사업자는 일반적으로 원인자에 포함된다.[77]

나. 과 실 [3184]

(1) 환경오염과 같은 대량적 · 집단적 침해유형에서 과실책임주의로 피해자 구제와 손해의 공평한 분담을 실현할 수 없음은 명확하고, 그에 따라 무과실책임(특히 위험책임)의 정립이 요청된다.

(2) 법 제44조는 "환경오염 또는 환경훼손으로 피해가 발생한 경우에는 해당 환경오염 또는 환경훼손의 원인자가 그 피해를 배상하여야 한다"고 하여 환경오염피해에 대한 무과실책임을 규

75) 대결 1995.5.23. 94마2218.

76) 피해의 원인인 오염물질을 배출할 당시 사업장 등을 운영하기 위하여 비용을 조달하고 이에 관한 의사결정을 하는 등으로 사업장 등을 사실상 · 경제상 지배하는 이.

77) 대판 2017.2.15. 2015다23321.

정하는데, 민법의 불법행위규정에 대한 특별규정으로서 환경오염 또는 환경훼손의 피해자가 그 원인을 발생시킨 이에게 손해배상을 청구할 수 있는 근거규정이다.[78] 그 결과 환경오염피해에서는 과실이 더 이상 문제되지 않는다.[79] 그리고 이 규정은 환경오염으로 인한 손해배상에서 일반법의 성격을 가지므로, 특별법(원자력손해배상법 제3조, 광업법 제75조 등)이 있으면 그에 의한다.

[3185] 다. 위 법 성

(1) 환경오염으로 인한 침해는 가해자의 적법활동의 결과 필연적 · 부수적으로 발생하는 경우가 많기 때문에, 환경오염피해가 위법한 법익침해로 되기 위해서는 피해의 정도가 가해자측의 사정, 피해자측의 사정, 지역성 기타의 사정을 비교교량하여 사회통념상 통상 인내할 것이 요구되는 한도, 즉 참을 한도를 넘어 피해자에게 구체적인 피해를 줄 것이 요구된다. 이러한 수인한도론(受忍限度論)이 환경오염사건에서 현재 지배적 견해이며, 판례의 태도이기도 하다.

(2) 수인한도는 개개의 사안에서 정해질 규범적 판단의 대상이다. 즉 수인한도는 침해되는 권리나 이익의 성질과 침해 정도뿐만 아니라 침해행위가 갖는 공공성의 내용과 정도, 지역환경의 특수성, 공법적인 규제에 의하여 확보하려는 환경기준, 침해를 방지 또는 경감시키거나 손해를 회피할 방안의 유무 및 난이 정도 등 여러 사정을 종합적으로 고려하여 구체적 사건에 따라 개별적으로 결정해야 한다.[80] 특히 사람의 쾌적한 생활을 방해하는 정도의 침해(예: 악취, 소음, 일광차단)가 수인한도 내의 것인지의 판단은 환경보전과 경제발전의 조화에 관한 정책적 고려, 피해자와 가해자 사이의 이익형량 및 피해발생장소의 지역성 등에 기하여 행해져야 한다.

[3186] 라. 인과관계

(1) 환경오염피해에서 인과관계의 증명에 관하여 대판 1973.11.27. 73다919가 개연성이론을 부정하였으나, 대판 1974.12.10. 72다1774는 개연성이론에 대하여 긍정적 입장을 취하였다. 그러나 보다 획기적인 판결은 간접반증이론을 채택한 대판 1984.6.12. 81다558로, 이에 관하여 [3022] 참조.[81]

(2) 참고로 환경오염피해구제법은 제9조에서 개연성설을 명문화하고, 제15조에서 정보청구권을 규정한다.

[3187] 마. 환경오염피해 배상책임 및 구제에 관한 법률

(1) 이 법은 이미 발생한 피해의 신속하고 공정한 전보를 목적으로 한다.

(2) 이 법은 사업자배상책임, 환경책임보험(제17조 이하), 구제급여(제23조)의 세 부분으로 구성되는데, 후 2자는 사업자배상책임의 성립을 전제로 하므로 요체는 사업자배상책임이다. 아래에

---

78) 대판 2020.6.25. 2019다292026 · 292033 · 292040: 경마공원 인근에서 화훼농원을 운영하는 X 등이, 한국마사회(Y)가 경마공원을 운영하면서 경주로 모래의 결빙을 방지하기 위하여 살포한 소금이 지하수를 통해 농원으로 유입되어 X 등이 재배하던 분재와 화훼 등이 고사했다고 주장하며 Y를 상대로 손해배상을 구한 사안에서, 제반 사정에 비추어 법 제44조 제1항에 따라 Y의 손해배상책임이 인정된다고 한 사례.

79) 대판 2001.2.9. 99다55434.

80) 대판 2012.1.12. 2009다84608 · 84615 · 84622 · 84639 등.

81) 81다558 판결에서 채택된 간접반증이론은, 농장의 관상수들이 고사한 직접원인은 한파로 인한 동해(凍害)이지만 인근 공장에서 배출된 아황산가스의 일부가 대기를 통하여 위 농장에 도달됨으로 인하여 유황이 잎 내에 축적되어 수목의 성장에 장해가 됨으로써 동해에 상승작용을 한 경우에 공장주의 손해배상책임을 인정한 대판 1991.7.23. 89다카1275와 공사장에서 배출되는 황토 등이 양식어장에 유입되어 농어가 폐사한 경우에 폐수가 배출되어 유입된 경로와 그 후 농어가 폐사하였다는 사실이 증명되었다면 개연성이론에 의하여 인과관계가 증명되었다고 본 대판 1997.6.27. 95다2692 등에서 유지되었다. 그 밖에 대판 2004.11.26. 2003다2123 및 앞에 소개된 2019다292026 · 292033 · 292040 판결의 사안도 참조.

서 사용자배상책임에 관하여 살펴본다.

(3) 사업자배상책임은 ① 행위책임이 아니라 일정한 시설로부터 발생한 피해의 전보를 목적으로 하는 시설책임(상태책임)이고, ② 과책(고의나 과실)을 요하지 않는 무과실책임/결과책임이지만, 불가항력으로 인한 면책을 인정한다는 점(제6조 제1항 단서)에서 완화된 위험책임이라 할 것이다.

(4) 배상책임을 부담하는 이는 해당 시설에 대한 사실적 지배관계에 있는 시설의 소유자, 설치자 또는 운영자이다(제2조 제3호). 그런데 "사실적 지배"를 직접점유로 한정할 것은 아니고, 시설의 소유자, 설치자 또는 운영자가 다르면 그들은 부진정연대책임을 진다고 할 것이다. 나아가 환경오염피해를 발생시킨 사업자가 둘 이상이고 어느 사업자에 의하여 피해가 발생한 것인지를 알 수 없을 때에는 해당 사업자들이 연대하여 배상해야 한다(제10조). 다른 사업자의 시설의 설치 · 운영에 따른 환경오염피해를 제6조에 따라 배상한 사업자는 해당 시설의 사업자에게 구상할 수 있으며, 환경오염피해가 시설의 설치 · 운영 등에 사용된 자재 · 역무의 제공에 의하여 생긴 경우에 사업자는 해당 자재 · 역무의 제공을 한 이의 고의 또는 중대한 과실이 있을 때에만 구상할 수 있다(제11조).

(5) 사업자에게 배상책임을 묻기 위해서는 시설[82]의 설치 · 운영으로 인하여 대기오염, 수질 [3188]
오염, 토양오염, 해양오염, 소음 · 진동 그 밖에 대통령령으로 정하는 원인이 발생하고, 그로 인하여 다른 사람의 생명 · 신체(정신적 피해를 포함한다) 및 재산에 발생된 피해(동일한 원인에 의한 일련의 피해를 포함한다)가 발생해야 한다(제6조 제1항).

나아가 조건설적 인과관계가 증명되어야 하는데, 제9조는 시설이 환경오염피해 발생의 원인을 제공한 것으로 볼 만한 상당한 개연성이 있는 때에는 그 시설로 인하여 환경오염피해가 발생한 것으로 추정하고(제1항), 상당한 개연성이 있는지 여부는 시설의 가동과정, 사용된 설비, 투입되거나 배출된 물질의 종류와 농도, 기상조건, 피해발생의 시간과 장소, 피해의 양상과 그 밖에 피해발생에 영향을 준 사정 등을 고려해서 판단한다고 하여(제2항. 제15조의 정보청구권도 참조) 이른바 개연성설을 명문화하였다.[83]

한편 제6조 제1항 단서는 "그 피해가 전쟁 · 내란 · 폭동 또는 천재지변, 그 밖의 불가항력으로 인한 경우에는 그러하지 아니하다"고 하여 책임의 배제를 규정한다.

(6) 제7조가 환경오염피해에 대한 배상책임을 2천억 원으로 한정한다. 즉 사업자는 금액유한책임을 지는데, 여기에는 생명, 신체 및 재산에 발생한 손해 모두가 포함된다(제5조 제1항에 따라 손해의 산정은 민법상 손해배상의 법리에 의한다). 다만 환경오염피해가 사업자의 고의 또는 중대한 과실로 발생한 경우, 관계법령을 준수하지 아니한 경우 또는 피해의 확산방지 등 환경오염피해의 방제를 위한 적정한 조치를 하지 아니한 경우에는 배상책임이 한정되지 않는다(제7조 단서).

그런데 제5조 제2항은 "이 법에 따른 청구권은 민법 등 다른 법률에 따른 청구권에 영향을 미치지 아니한다"고 함에 따라 일반불법행위책임이나 공작물책임과 경합할 수 있다. 민법상의 책

82) 시설의 설치 · 운영과 밀접한 관계가 있는 사업장, 창고, 토지에 정착된 설비 그 밖에 장소이동을 수반하는 기계 · 기구, 차량, 기술설비 및 부속설비를 포함한다.

83) 다만 실무가 이미 개연성설이나 신개연성설을 따르고 있는 점 그리고 제3항이 추정의 배제를 규정한다는 점에서 실질적으로 큰 의미를 가진다고 하기는 어렵다.

임은 무한책임이지만, 피해자가 가해자의 과책 및 위법성을 증명해야 한다.

[3189] ### 3. 특수유형들

(1) 태양의 직사광선을 받을 수 있는 생활이익으로서 주거의 일조(日照)는 개인의 건강하고 쾌적한 생활을 위한 인격권적 성질과 함께 토지 및 건물의 사용과 관련된 물권적 성질도 가진다.

동짓날 08시부터 16시 사이에 합계 4시간 이상 그리고 동짓날 09시부터 15시 사이에 연속하여 2시간 이상의 일조를 확보하지 못하는 경우에 일조방해가 문제되는데, 피해자는 방해의 제거나 예방을 구할 수 있고, 손해배상을 구할 수도 있다.[84)]

[3190] (2) 멀리 바라봄 또는 그 경치를 의미하는 조망(眺望)도 법적으로 보호받을 수 있는 생활이익이다. 일조이익에 대하여 너그러운 태도를 취하는 판례가 조망이익은 예외적으로만 인정

---

84) 일조방해에 관한 재판례를 본다.

㉠ 일조방해의 위법성에 관하여 대판 2002.12.10. 2000다72213은, 건물의 신축으로 인하여 이웃 토지상의 거주자가 직사광선이 차단되는 불이익을 받은 경우에, 신축행위가 정당한 권리행사로서의 범위를 벗어나 사법상 위법한 가해행위로 평가되기 위해서는 일조방해의 정도가 사회통념상 일반적으로 인용하는 수인한도를 넘어야 한다고 하면서, 건축법 등 관계법령에 일조방해에 관한 직접적인 단속법규가 있다면 법규에 적합한지 여부가 사법상 위법성을 판단할 때 중요한 판단자료가 될 것이지만, 이러한 공법적 규제에 의하여 확보하고자 하는 일조는 원래 사법상 보호되는 일조권을 공법적인 면에서도 가능한 한 보증하려는 것으로 특별한 사정이 없는 한 「일조권 보호를 위한 최소한도의 기준」으로 봄이 상당하고, 구체적인 경우에 어떠한 건물 신축이 건축 당시의 공법적 규제에 형식적으로 적합하더라도 현실적인 일조방해의 정도가 현저하게 커 사회통념상 수인한도를 넘은 경우에는 위법행위로 평가될 수 있고, 일조방해행위가 사회통념상 수인한도를 넘었는지는 피해의 정도, 피해이익의 성질 및 그에 대한 사회적 평가, 가해건물의 용도, 지역성, 토지이용의 선후관계, 가해방지 및 피해회피의 가능성, 공법적 규제의 위반 여부, 교섭경과 등 모든 사정을 종합적으로 고려하여 판단해야 하며, 건축 후에 신설된 일조권에 관한 새로운 공법적 규제 역시 이러한 위법성의 평가에서 중요한 자료가 될 수 있다고 하였다. 대판 2014.2.27. 2009다40462도 동지. 수인한도의 판단에서 지역성에 관한 대판 2004.10.28. 2002다63565도 참조.

㉡ 일조이익의 향유주체에 관하여 대판 2008.12.24. 2008다41499: "일조권 침해에 있어 객관적인 생활이익으로서 일조이익을 향유하는 '토지의 소유자 등'은 토지소유자, 건물소유자, 지상권자, 전세권자 또는 임차인 등의 거주자를 말하는 것으로서, 당해 토지·건물을 일시적으로 이용하는 것에 불과한 사람은 이러한 일조이익을 향유하는 주체가 될 수 없다." 초등학교 학생들은 학교를 점유하면서 지속적으로 거주한다고 할 수 없어서 생활이익으로서 일조권을 법적으로 보호받을 수 있는 지위에 있지 않다고 한 사례이다.

㉢ 일조방해로 인한 책임의 주체에 관하여 본다. ⓐ 동시에 또는 거의 같은 시기에 건축된 가해건물들이 피해건물에 대하여 전체적으로 수인한도를 초과하는 일조침해의 결과를 야기한 경우에, 각 가해건물들이 함께 피해건물의 소유자 등이 종래 향유하던 일조를 침해하게 된다는 점을 예견할 수 있었다면 특별한 사정이 없는 한 각 가해건물의 건축자 등은 일조침해로 피해건물의 소유자 등이 입은 손해 전부에 대하여 공동불법행위자로서 책임을 부담한다(대판 2006.1.26. 2005다47014·47021·47038). ⓑ 대판 2010.6.24. 2008다23729: "피해건물이 이미 타인 소유의 다른 기존건물에 의하여 일조방해를 받고 있는 상황에서 가해건물이 신축됨으로써 일조방해의 정도가 심화되어 피해건물에 수인한도를 넘는 일조방해의 피해가 발생하고 그로 인하여 피해건물의 재산적 가치가 하락된 경우 신축건물 소유자는 피해건물 소유자에 대하여 불법행위로 인한 재산상 손해배상책임을 부담한다. 그런데 이때 다른 기존건물의 일조방해가 위와 같이 수인한도를 넘는 데 기여한 부분에 대한 책임을 신축건물의 소유자에게 전부 부담시킨다면 신축건물의 소유자는 이미 건립되어 있던 기존건물로 인한 일조방해를 자신의 전적인 책임으로 인수하는 것이 되어 불합리하고, 반대로 기존건물의 일조방해가 수인한도를 넘는 데 기여한 부분에 대한 책임을 피해건물의 소유자에게 전부 부담시킨다면, 실제로 기존건물과 신축건물에 의하여 생긴 일영이 결합하여 피해건물에 수인한도를 넘는 일조방해의 피해가 발생하였는데도 피해자가 아무런 구제를 받을 수 없게 될 수 있으므로 이 역시 불합리하다. 따라서 이러한 경우에는 상린관계에 있는 이웃 간의 토지이용의 합리적인 조정이라는 요청과 손해부담의 공평이라는 손해배상제도의 이념에 비추어, 특별한 사정이 없는 한 기존건물의 일조방해가 수인한도를 넘는 데 기여함으로써 피해건물의 소유자가 입게 된 재산적 손해가 신축건물의 소유자와 피해건물의 소유자 사이에서 합리적이고 공평하게 분담될 수 있도록 정하여야 하고, 이를 위해서는 특히 가해건물이 신축되기 전부터 있었던 기존건물로 인한 일조방해의 정도, 신축건물에 의하여 발생하는 일조방해의 정도, 가해건물 신축 후 위 두 개의 원인이 결합하여 피해건물에 끼치는 전체 일조방해의 정도, 기존건물로 인한 일조방해와 신축건물에 의한 일조방해가 겹치는 정도, 신축건물에 의하여 발생하는 일조방해시간이 전체 일조방해 시간 중 차지하는 비율 등을 고려하여야 한다." ⓒ 일조방해에 대한 공사수급인의 책임에 관하여 대판 2005.3.24. 2004다38792: "건물건축공사의 수급인은 도급계약에 기한 의무이행으로서 건물을 건축하는 것이므로 원칙적으로 일조방해에 대하여 손해배상책임이 없다고 할 것이지만, 수급인이 스스로 또는 도급인과 서로 의사를 같이하여 타인이 향수하는 일조를 방해하려는 목적으로 건물을 건축한 경우, 당해 건물이 건축법규에 위반되었고 그로 인하여 타인이 향수하는 일조를 방해하게 된다는 것을 알거나 알 수 있었는데도 과실로 이를 모른 채 건물을 건축한 경우, 도급인과 사실상 공동사업주체로서 이해관계를 같이하면서 건물을 건축한 경우 등 특별한 사정이 있는 때에는 수급인도 일조방해에 대하여 손해배상책임을 진다."

㉣ 손해배상의 내용에 관하여 대판 2011.4.28. 2009다98652: "일조방해로 인하여 인근 공작물 등 토지상에 정착한 물건을 더 이상 본래의 용법대로 사용할 수 없게 되었다면, 공작물 등 소유자로서는 공작물 등 이전이 불가능하거나, 이전으로 인하여 공작물 등을 종래 용법대로 사용할 수 없게 되거나, 공작물 등 이전비용이 공작물 등의 교환가치를 넘는다는 등 특별한 사정이 없는 한, 이전비용 상당액을 통상의 손해로서 청구할 수 있고, 이전과정에서 불가피하게 발생한 손해 역시 통상의 손해로서 청구할 수 있으며, 위와 같은 특별한 사정이 있는 경우에는 공작물 등의 교환가치 상당액을 통상의 손해로서 청구할 수 있다. 한편 이와 같이 이전비용 등을 통상의 손해로서 청구하는 경우 장래 공작물 등을 사용·수익하여 얻을 수 있었을 이익은 이전비용 등에 포함되어 있어 이를 따로 청구할 수 없다."

㉤ 손해배상청구권의 소멸시효와 관련하여 대판(전) 2008.4.17. 2006다35865의 다수의견: "일반적으로 위법한 건축행위에 의하여 건물 등이 준공되거나 외부골조공사가 완료되면 그 건축행위에 따른 일영의 증가는 더 이상 발생하지 않게 되고 해당 토지의 소유자는 그 시점에 이러한 일조방해행위로 인하여 현재 또는 장래에 발생가능한 재산상 손해나 정신적 손해 등을 예견할 수 있다고 할 것이므로, 이러한 손해배상청구권에 관한 민법 제766조 제1항 소정의 소멸시효는 원칙적으로 그때부터 진행한다. 다만, 위와 같은 일조방해로 인하여 건물 등의 소유자 내지 실질적 처분권자가 피해자에 대하여 건물 등의 전부 또는 일부에 대한 철거의무를 부담하는 경우가 있다면, 이러한 철거의무를 계속적으로 이행하지 않는 부작위는 새로운 불법행위가 되고 그 손해는 날마다 새로운 불법행위에 기하여 발생하는 것이므로 피해자가 그 각 손해를 안 때로부터 각별로 소멸시효가 진행한다."

한다.85)

(3) 그 밖에 소음피해(층간소음을 포함하여)도 심각한 사회문제이다.86) [3191]

85) 조망방해에 관한 재판례를 본다. ㉠ 대판 2004.9.13. 2003다64602: "어느 토지나 건물의 소유자가 종전부터 향유하고 있던 경관이나 조망이 그에게 하나의 생활이익으로서의 가치를 가지고 있다고 객관적으로 인정된다면 법적인 보호의 대상이 될 수 있는 것인바, 이와 같은 조망이익은 원칙적으로 특정의 장소가 그 장소로부터 외부를 조망함에 있어 특별한 가치를 가지고 있고, 그와 같은 조망이익의 향유를 하나의 중요한 목적으로 하여 그 장소에 건물이 건축된 경우와 같이 당해 건물의 소유자나 점유자가 그 건물로부터 향유하는 조망이익이 사회통념상 독자의 이익으로 승인되어야 할 정도로 중요성을 갖는다고 인정되는 경우에 비로소 법적인 보호의 대상이 되는 것이라고 할 것이고, 그와 같은 정도에 이르지 못하는 조망이익의 경우에는 특별한 사정이 없는 한 법적인 보호의 대상이 될 수 없다. […] 조망이익이 법적인 보호의 대상이 되는 경우에 이를 침해하는 행위가 사법상 위법한 가해행위로 평가되기 위해서는 조망이익의 침해 정도가 사회통념상 일반적으로 인용하는 수인한도를 넘어야" 한다. ㉡ 대판 2007.6.28. 2004다54282: "조망의 대상과 그에 대한 조망의 이익을 누리는 건물 사이에 타인 소유의 토지가 있지만 그 토지 위에 건물이 건축되어 있지 않거나 저층의 건물만이 건축되어 있어 그 결과 타인의 토지를 통한 조망의 향수가 가능하였던 경우, 그 타인은 자신의 토지에 대한 소유권을 자유롭게 행사하여 그 토지 위에 건물을 건축할 수 있고, 그 건물 신축이 국토의 계획 및 이용에 관한 법률에 의하여 정해진 지역의 용도에 부합하고 건물의 높이나 이격거리에 관한 건축 관계법규에 어긋나지 않으며 조망향수자가 누리던 조망의 이익을 부당하게 침해하려는 해의(害意)에 의한 것으로서 권리의 남용에 이를 정도가 아닌 한 인접한 토지에서 조망의 이익을 누리던 자라도 이를 함부로 막을 수는 없으며, 따라서 조망의 이익은 주변에 있는 객관적 상황의 변화에 의하여 저절로 변용 내지 제약을 받을 수밖에 없고, 그 이익의 향수자가 이러한 변화를 당연히 제약할 수 있는 것도 아니"다. ㉢ 대판 2014.2.27. 2009다40462: "인접토지에 건물 등이 건축되어 발생하는 시야차단으로 인한 폐쇄감이나 압박감 등의 생활이익의 침해를 이유로 하는 소송에서 침해가 사회통념상 일반적으로 수인할 정도를 넘어서서 위법하다고 할 것인지 여부는, 피해건물의 거실이나 창문의 안쪽으로 일정거리 떨어져서 거실 등의 창문을 통하여 외부를 보았을 때 창문의 전체면적 중 가해건물 외에 하늘이 보이는 면적비율을 나타내는 이른바 천공률이나 그중 가해건물이 외부조망을 차단하는 면적비율을 나타내는 이른바 조망침해율뿐만 아니라, 피해건물과 가해건물 사이의 이격거리와 가해건물의 높이 및 이격거리와 높이 사이의 비율 등으로 나타나는 침해의 정도와 성질, 창과 거실 등의 위치와 크기 및 방향 등 건물 개구부 현황을 포함한 피해건물의 전반적인 구조, 건축법령상의 이격거리 제한규정 등 공법상 규제의 위반 여부, 나아가 피해건물이 입지하고 있는 지역에 있어서 건조물의 전체적 상황 등의 사정을 포함한 넓은 의미의 지역성, 가해건물 건축의 경위 및 공공성, 가해자의 방지조치와 손해회피의 가능성, 가해자측이 해의를 가졌는지 유무 및 토지이용의 선후관계 등 모든 사정을 종합적으로 고려하여 판단하여야 한다."

86) 소음피해에 관한 재판례를 본다. ㉠ 대판 2008.8.21. 2008다9358·9365는 "차량이 통행하는 도로에서 유입되는 소음 때문에 인근주택의 거주자에게 사회통념상 일반적으로 수인할 정도를 넘어서는 침해가 있는지 여부는, 주택법 등에서 제시하는 주택건설기준보다는 환경정책기본법 등에서 설정하고 있는 환경기준을 우선적으로 고려하여 판단하여야" 하고, "도로에서 유입되는 소음 때문에 인근주택의 거주자에게 사회통념상 수인한도를 넘는 생활이익의 침해가 발생하였다고 하더라도, 그 주택을 건축하여 분양한 분양회사는 도로의 설치·관리자가 아니고 그 주택의 건축으로 인하여 소음이 발생하였다고 볼 수도 없으므로, 주택의 거주자들이 분양회사를 상대로 소음 때문에 발생한 생활이익의 침해를 원인으로 하는 불법행위책임을 물을 수는 없다. 다만 분양회사는 주택의 공급 당시에 주택법상의 주택건설기준 등 그 주택이 거래상 통상 소음방지를 위하여 갖추어야 할 시설이나 품질을 갖추지 못한 경우에 집합건물의 소유 및 관리에 관한 법률 제9조 또는 민법 제580조의 담보책임을 부담하거나, 수분양자와의 분양계약에서 소음방지시설이나 조치에 관하여 특약이 있는 경우에 그에 따른 책임을 부담하거나, 또는 분양회사가 수분양자에게 분양하는 주택의 소음상황 등에 관한 정보를 은폐하거나 부정확한 정보를 제공하는 등 신의칙상의 부수의무를 게을리한 경우에 그 책임을 부담할 뿐"이라고 하였다. 항공기소음에 관한 대판 2010.11.25. 2007다74560 및 환경영향평가와 소유권에 기한 공사금지청구권에 관한 대결 2006.6.2. 2004마1148·1149도 참조. ㉡ 대판 2003.9.5. 2001다68358은, 고속도로 확장공사 및 차량통행에 따른 소음·진동으로 인하여 종전 사업장에서 더 이상 양돈업을 할 수 없게 된 경우에 양돈업자들이 입은 소극적 손해는 그곳에서의 양돈장을 폐업, 이전함으로 인하여 상실한 수입인데, 그 손해기간은 차량통행으로 인한 소음·진동으로 양돈장의 정상적인 영업이 불가능하여 이를 폐업한 때부터 위 양돈장과 유사한 정도의 시설물 건설 및 양돈상태 조성에 드는 기간에 정상적인 노력으로 위 양돈장을 위한 대체지와 양돈 영업시설을 확보하는 데 소요되는 통상의 기간을 더한 기간이라고 하였다.

제 2 장 부당이득

제 1 절 부당이득법 서론

[3192] ### Ⅰ. 서 론

1. 부당이득의 의의

(1) 부당이득(不當利得)은 채무의 변제를 이중으로 받거나 내 물건에 남의 물건이 부합한 경우처럼 법률상 원인 없이 타인의 재산이나 노무로 인하여 얻은 이득으로, 손실자의 수익자에 대한 부당이득반환청구권을 발생시킨다(제741조).

(2) 재산적 가치의 귀속이 정당화되지 못하는 원인은 극히 다양하지만, 재산법적 제도가 제대로 기능하지 않음에 따른 결과라는 점에서 공통되고 그 뒤처리가 동일한 원리에 따라 규율될 수 있다는 고려에 기하여 이들을 「부당이득」이라는 이름 하에 하나로 묶은 것이다.

(3) 이득이 법률행위에 기하여 생긴 경우에도 당사자의 의사와 관계없이 오직 이득이 생겼다는 사실에 기하여 반환청구권이 발생하기 때문에, 부당이득은 「사건」에 속한다.

(4) 부당이득법은 수익자의 반환의무를 전제로, 그의 선 · 악의에 따라 반환범위를 조절하고, 일정한 예외적인 경우에는 반환의무를 부정한다.

[3193] #### 2. 부당이득의 한계

가. 부당이득의 보충성

재산적 가치의 정당하지 못한 귀속을 시정하기 위한 법제도는 부당이득에 한정되지 않으며, 「개별적」 제도로 점유자와 회복자의 관계에 관한 제201조 이하, 계약해제에서 원상회복에 관한 제548조 등이 있다. 나아가 피해를 전보받을 수 있는 법적 수단으로 부당이득 외에도 물권적 청구권, 손해배상청구권 등이 있다. 그런데 다른 제도에 의하여 규율될 수 있으면 「일반적」 구제수단으로서 부당이득반환청구권이 작동하지 않는데, 이를 부당이득의 보충성(補充性)이라고 한다. 그러나 실제로 다른 법제도와의 관계가 문제되는 경우가 적지 않은바, 아래에서 이들을 살펴본다.

[3194] ##### 나. 계약상의 청구권과의 관계

(1) 계약상의 의무를 지는 이가 의무를 이행하지 않는 경우에, 형식적으로 채무자가 변제하지 않음으로써 부당하게 이득을 얻는 것처럼 보이지만, 그가 계약상대방의 손실에 의하여 이득하는 것은 아니므로, 부당이득이 성립하지 않고 채무불이행이 문제될 뿐이다.[1]

다만 채무불이행 중의 이용이나 과실취득은 부당이득을 성립시키지만,[2] 대개 특별규정(예:

---

1) 대판 2005.4.28. 2005다3113.

2) 임대차 종료 후에도 임차목적물을 용익하는 경우에 관한 대판 1992.4.14. 91다45202 · 45219 참조.

제587조)에 의하여 해결된다.

(2) 계약에 기한 급부가 제3자의 이득으로 된 경우에 관해서는 [3222] 이하 참조.

(3) 제548조 제1항의 원상회복의무의 법적 성질에 관하여 계약해제의 효과와 관련하여 학설의 대립이 있는데, 원상회복의무는 부당이득반환의무의 성질을 가지며, 위 규정은 반환범위에 관한 특칙으로 이해되어야 한다([2537] 참조).

다. 물권적 청구권과의 관계 [3195]

(1) 손실자가 수익자에 대하여 물권적 청구권을 가지는 경우(즉 원물반환의 경우[3])에 부당이득반환청구권과의 관계는 어떠한가? 예컨대 매매계약이 취소된 경우에 물권행위의 무인성을 인정하는지에 따라 문제의 양상이 달라지는데, 아래의 설명은 판례와 같이 원인행위의 실효로 물권행위도 당연히 효력을 잃어서 매도인은 소유권에 기한 반환청구권을 가진다는 유인설을 전제로 한다.

(2) 물권적 청구권이 인정되면 부당이득은 문제될 수 없는가? 학설은 대체로 「점유」(또는 등기)도 이득이라는 점을 근거로 물권적 청구권과 함께 점유에 관한 부당이득반환청구권을 인정하는데, 원물반환의 경우라 하여 점유 자체의 반환에 대하여 언제나 물권적 청구권이 인정되지는 않는다는 점[4]을 고려할 때, 점유의 부당이득을 인정해야 한다.

(3) 나아가 다수설은 물권적 청구권과 점유의 부당이득반환청구권이 경합할 수 있지만, 타인 [3196]
소유물의 사용 · 수익으로 인한 부당이득의 반환에 대해서는 물권적 청구권만 적용되고, 이때 물권적 청구권은 부당이득반환청구권의 성질을 갖는다고 한다. 즉 수익자가 원물을 반환하는 경우에 그 법률관계는 제201조의 「점유자와 회복자의 관계」와 유사하고, 제201조는 소유권 등 본권에 기한 청구권을 행사하는 것을 전제로 하지만 부당이득반환청구의 실질을 가짐을 이유로, 나아가 부당이득반환범위에 관한 제748조와 제201조 사이의 균형 있는 해석을 위하여, 특수한 부당이득의 성질을 가지는 제201조를 적용할 것이라고 한다. 요컨대 수익자가 법률상 원인 없이 점유만 취득한 경우의 반환관계는 부당이득이지만, 그 조절이 원물반환이라는 형식으로 행하여지는 한도에서 물권적 청구권이라는 특수한 제도에 따르고, 가액반환이라는 형식으로 행하여지는 경우에는 부당이득의 일반원칙에 따라야 한다고 한다.

그러나 제201조는 침해이득에 대한 특칙으로 급부이득에 적용되지 않는데, 급부이득에서는 소유권의 관철(즉 점유의 반환)이라는 측면에서 물권적 청구권이 그리고 급부의 청산이라는 측면에서 부당이득반환청구권이 경합적으로 적용된다고 할 것이다. 자세한 것은 [5314] 참조.

라. 불법행위에 기한 손해배상청구권과의 관계 [3197]

(1) 학설은 불법행위와 부당이득이 제도의 목적,[5] 요건 및 효과[6]를 달리하는 별개의 제도임을 근거로 양자의 병존 내지 경합을 인정한다. 판례도 같은 입장이다.[7]

---

3) 가액반환의 경우에 그 성질상 물권적 반환청구권이 인정되지 않고, 부당이득에 관한 규정만 적용된다.

4) A 소유의 물건이 A로부터 B에게, 다시 B로부터 C에게 순차 매도되었으나 계약이 모두 무효라면, B는 C에 대하여 소유권에 기하여 물건의 반환을 청구할 수 없다.

5) 부당이득은 있어서는 아니 될 상태의 제거 및 「이득」의 반환(손해의 한도에서)을 목적으로 하는 반면, 불법행위는 위법한 행위의 규제 및 「손해」의 전보를 목적으로 한다.

6) 손해배상에서 과실상계로 인하여 손해 전부가 전보되지 못하는 경우가 있는 반면, 악의의 수익자에 대한 부당이득반환청구권에 기해서는 손실을 전보받고 이자 상당액도 반환받을 수 있다.

7) 대판 1993.4.27. 92다56087은, 어떤 법률행위가 사기를 이유로 취소되는 경우에 그 법률행위가 동시에 불법행위를 구성하면 취소의 효과로 생기는 부당이득반환청구권과 불법행위로 인한 손해배상의 청구권은 경합하여 병존하므로, 채권자는 어느 쪽이든 행사할 수

(2) 그런데 부당이득을 반환받으면 그 한도에서 손해가 감축되어 손해배상청구권의 범위가 축소되거나 소멸하며, 역의 경우에도 손해의 전보에 의하여 부당이득이 사후적으로 감축되므로 마찬가지이다.

[3198] Ⅱ. 부당이득에의 접근방법

1. 통 일 설

(1) 사안의 유형에 따라 개별적인 부당이득반환청구권을 인정하던 로마법과 달리 17,8세기 근대자연법의 영향으로 독일보통법학에서 개개의 반환청구권을 통괄하는 「일반」부당이득법이 성립하였고, 우리 민법도 부당이득에 관하여 일반조항으로 제741조를 규정한다.

이러한 입법태도에 따라 다수설은 부당이득을 자족적 · 통일적 제도로 이해하여, 형식적 · 일반적으로 정당하다고 여겨지는 재산적 가치의 귀속이 실질적 · 개별적으로는 정당하지 않은 경우(즉 공평이나 정의의 요청과 실정법 사이에 모순이 있는 경우)에 공평(형평)의 이념에 따라 모순을 시정하여 재산적 가치의 귀속의 정당성을 확보함에 그 본질이 있다고 한다(그래서 통일설을 공평설이라고도 한다). 판례도 "공평의 이념에 입각하고 있는 부당이득제도의 근본취지"[8]라 하여 기본적으로 같은 입장으로 보인다.

(2) 이 입장을 따르더라도 「타인의 손실에 기한 법률상 원인 없는 이득」이라는 부당이득의 정의가 내용상 공허할 뿐만 아니라 모든 부당이득의 유형을 동일한 잣대로 설명할 수 없으므로, 법률상 원인 없는 이득을 ① 손실자의 급부에 의한 경우와 ② 그 밖의 방법에 의한 경우로 나누어, ①에서 급부의 기초가 된 법률관계의 부존재가, ②에서는 권리자에게 부여될 재화 또는 이용의 권리가 침해됨에 따른 권리의 계속적 효과가 그 실질적 원인이라고 한다.

[3199] 2. 유 형 론

(1) 다수설이 제시하는 공평이나 정의라는 기준은 개개의 경우에 부당이득의 성립 여부를 판정하기에 적합하지 않다는 인식에 기하여, 부당이득을 그 실질에 따라 급부부당이득, 침해부당이득 등으로 유형화하고자 하는 견해가 유력하다. 판례도 부분적으로 유형론을 수용한다. 특히 대판 2018.1.24. 2017다37324: "당사자 일방이 자신의 의사에 따라 일정한 급부를 한 다음 급부가 법률상 원인 없음을 이유로 반환을 청구하는 이른바 급부부당이득의 경우에는 법률상 원인이 없다는 점에 대한 증명책임은 부당이득반환을 주장하는 사람에게 있다. 이 경우 부당이득의 반환을 구하는 자는 급부행위의 원인이 된 사실의 존재와 함께 그 사유가 무효, 취소, 해제 등으로 소멸되어 법률상 원인이 없게 되었음을 주장 · 증명하여야 하고, 급부행위의 원인이 될 만한 사유

있지만 중첩적으로는 행사할 수 없다고 하였다.

나아가 대판 2013.9.13. 2013다45457: "부당이득반환청구권과 불법행위로 인한 손해배상청구권은 서로 실체법상 별개의 청구권으로 존재하고 그 각 청구권에 기초하여 이행을 구하는 소는 소송법적으로도 소송물을 달리하므로, 채권자로서는 어느 하나의 청구권에 관한 소를 제기하여 승소 확정판결을 받았다고 하더라도 아직 채권의 만족을 얻지 못한 경우에는 다른 나머지 청구권에 관한 이행판결을 얻기 위하여 그에 관한 이행의 소를 제기할 수 있다. 그리고 채권자가 먼저 부당이득반환청구의 소를 제기하였을 경우 특별한 사정이 없는 한 손해 전부에 대하여 승소판결을 얻을 수 있었을 것임에도 우연히 손해배상청구의 소를 먼저 제기하는 바람에 과실상계 또는 공평의 원칙에 기한 책임제한 등의 법리에 따라 그 승소액이 제한되었다고 하여 그로써 제한된 금액에 대한 부당이득반환청구권의 행사가 허용되지 않는 것도 아니"다.

8) 대판(전) 1979.11.13. 79다483.

가 처음부터 없었음을 이유로 하는 이른바 착오송금과 같은 경우에는 착오로 송금하였다는 점 등을 주장 · 증명하여야 한다. 이는 타인의 재산권 등을 침해하여 이익을 얻었음을 이유로 부당이득반환을 구하는 이른바 침해부당이득의 경우에는 부당이득반환청구의 상대방이 이익을 보유할 정당한 권원이 있다는 점을 증명할 책임이 있는 것과 구별된다."[9]

(2) 유형론에 의하면 ① 급부부당이득은 일정한 채무의 이행을 위하여 급부가 행하여졌으나 채무가 존재하지 않거나 무효인 경우에 성립하는 유형으로, 주로 계약법의 보충규범으로 기능한다. ② 침해부당이득은 손실자에게 배타적으로 귀속되는 재산적 법익이 대개 반환의무자의 영역에서 재산법적 질서에 반하는 방법으로 소비 · 처분 · 사용된 경우에 성립하는 유형으로, 물권법/불법행위법을 보충하는 기능을 수행한다. ③ 그 밖에 비용부당이득은 타인의 채무를 변제하거나 타인 소유의 물건에 비용을 지출(예: 수리, 확장, 미화)하였으나 비용지출자가 사무관리의 요건(특히 본인을 위하여 하는 의사, 본인의 의사나 이익에의 명백한 불일치가 없을 것)을 충족하지 못하는 경우에 성립하는 유형으로, 사무관리법의 보충규범으로 기능하는데, 이 중 타인의 채무를 변제한 경우를 구상부당이득으로 파악하기도 한다.

3. 평가 및 유형론 개관 [3200]

가. 평 가

(1) 통일설은 개개의 부당이득반환청구권의 배후에 보다 고차적이고 통일적인 부당이득법이 존재한다는 입장이다. 그런데 통일적 부당이득법이라는 지향(志向) 자체에 동의하더라도 그를 지탱하는 공평의 이념 자체가 모호할 뿐만 아니라 부당이득이 문제되는 모든 경우들을 공평이라는 하나의 잣대로 재단하기는 어렵다(즉 해석론을 이끄는 판단기준으로 적절한지 의문이다).

(2) 부당이득은 정당하지 않은 재산적 가치의 귀속을 시정하는 「일반적」 제도이고 제741조가 일반조항인 점에 비추어, 제도가 추구하는 공평(형평)이라는 이념을 존중해야 한다. 그럼에도 불구하고 부당이득법은 재산적 가치의 귀속이 정당하지 않은 매우 다양한 사례를 포섭해야 하는, 재산법적 법률관계의 뒤처리가 이루어지는 마당이라는 점을 고려하여 구체적 상황에 맞는 해석론을 전개해야 한다.

통일설과 유형론 중 어느 입장을 취할 것인지는 어느 입장이 실제의 사례를 잘 해결할 수 있는지에 관한 평가/선택의 문제이다. 그런데 통일설도 전제하는 바와 같이 계약이 무효로 되는 경우와 그 밖의 경우에 공평이 작동하는 모습 및 이익상황이 다를 수밖에 없다. 즉 계약상 채무의 이행의 결과로 정당하지 않은 재산적 가치의 이전이 이루어진 경우에 계약법의 법리가 유지되어야 하는 반면, 재산적 가치 귀속질서의 객관적 위반이 일어난 경우에는 물권법적/책임법적 질서에 따라 뒤처리가 이루어져야 한다. 요컨대 부당이득의 실질적 요건인 "법률상 원인"(제741조 참조)에 조응하여 이득의 「부당성」을 유형별로 파악해야 하는데, 유형별로 부당이득의 기능이 다르고 그에 따라 요건과 효과도 상이하기 때문이다. 따라서 이 책에서는 급부이득과 침해이득을 나누어 검토한다.

---

9) 그 밖에 무권리자의 처분임에도 선의의 제3자 보호규정에 따라 권리자가 권리를 상실한 경우에 권리자가 무권리자를 상대로 「침해부당이득」의 반환을 구할 수 있다고 한 대판 2011.6.10. 2010다40239; 대판 2010.3.11. 2009다98706; 대판 2003.6.13. 2003다8862 등도 참조.

[3201] **나. 유형론 개관**

(1) 먼저 급부이득(給付利得)을 본다.

① 계약에 기한 급부에서 채무를 발생시킨 법률관계가 "법률상 원인"(급부보유력)을 이루므로, 계약상 채무의 이행으로 재산적 가치가 이전되었으나 계약이 불성립 또는 무효이거나 소급적으로 실효된 경우, 즉 재산적 가치의 이동을 정당화하는 법률관계(예: 매매계약)에 기하여 재산적 가치의 이전(손실자의 급부에 따른)이 이루어졌으나 실은 그러한 법률관계가 존재하지 않는 경우에, 급부한 것을 돌려달라고 청구할 수 있는 법적 근거가 급부이득이다.

② 이 경우 진정한 법률관계에 따른 뒤처리(외관상의 법률관계가 없었던 상태로의 회복)로 급부 자체나 가액이 그대로 반환되어야 하고, 특히 쌍무계약의 경우에 채권관계를 관통하는 이해관계 조절법리(위험부담이나 동시이행관계)가 뒤처리단계에서도 유지되어야 한다(공평의 요청).

③ 외관상의 법률관계를 발생시키는 법적 원인이 계약에 한정되지는 않지만, 주로 계약과 관련된다. 그런데 계약관계의 청산이 요구되는 실질적 이유는 계약법 · 법률행위법에서 다루고, 부당이득법은 급부반환 자체만을 다루는데, 급부자가 급부목적물의 소유자인지는 문제되지 않는다.

[3202] (2) 침해이득(侵害利得)에 관하여 본다.

① Y가 자기 것으로 착각하여 X 소유의 책(甲)을 가지고 갔다면, X는 물권적 청구권을 행사하여 甲의 반환을 구할 수 있다(제213조). 그런데 Y가 D에게 甲을 매도하고 D가 선의 · 무과실이라면 D가 甲의 소유권을 선의취득하는데(제249조), 이 경우 X는 D를 상대로 물권적 청구권을 행사할 수 없고, Y에게 고의나 과실이 없으면 불법행위도 성립하지 않는다. 여기서 남은 방법으로 X가 Y를 상대로 매매대금 상당을 돌려달라고 청구할 수밖에 없는데, 그 법적 근거가 침해이득이다. 요컨대 법적으로 보호되는 재산적 가치 귀속질서에 반하는, 타인의 재화로부터 생긴 이득이 침해이득이다. 급부이득의 경우에 반환청구자 스스로 채무의 이행을 위하여 채무의 목적인 급부를 한 반면, 이 유형에서는 주로 반환의무자의 행위에 의하여 반환청구자의 권리내용이 침해되었다는 점에 그 특색이 있다.

② 물권법적 질서가 왜곡된 경우에 침해이득반환청구권은 —사용 · 수익 · 처분으로 인하여 「특정성」을 상실함에 따라— 물권적 청구권이 변형된 모습이라 할 수 있는데, 선 · 악의에 따라 반환범위를 달리하는 제748조는 여기서 작동한다.

③ 법률상 누군가에게 배타적으로 할당된 권리(주로 물권)를 다른 이가 함부로 침해하여 재산법적 질서에 반하게 이익을 얻은 경우의 뒤처리를 침해이득이 담당하는데, 물권적 청구권이나 손해배상과 같은 목적을 가지며 이를 보완하는 기능을 한다. 특히 침해자의 고의 · 과실을 증명할 수 없는 경우 또는 주차장에 세워진 자동차의 무단사용처럼 손해가 발생하지 않은 경우에도 이득을 반환받을 수 있다.

[참 고] 그 밖의 유형들

㉠ 유익비 등의 비용지출에 의한 이득을 비용이득(費用利得)이라 한다. 급부이득에서 재산의 이동이 채무의 이행을 위해서 행하여지는 반면, 비용이득은 —수익자의 의사와 무관하게— 손실자 자신을 위하여(자기의 사무로 행한 경우) 또는 착오로(수익자의 의사나 이익에 명백히 불합치하는 경우) 이루어지며, 비용이득이 발생하였다는 것은 동시에 수익자의 생활영역에 대한 —권리침해가 아닌— 부당

한 간섭이 있었음을 의미한다.

그런데 비용지출자와 수익자 사이에 계약이 존재하는 경우에 제626조 등이, 계약이 존재하지 않는 경우에는 제203조가 비용상환의 요건과 범위를 정하며, 그 밖에 사무관리가 성립할 수 있다. 따라서 비용이득을 부당이득의 독립된 유형으로 파악할 실익은 크지 않다.

한편 비용이득에서 이득은 반환소송이 계속되는 시점의 「수익자의 현존이익」(지출액이 그보다 작다면 지출액)에 한정되고, 수익자의 선·악의를 불문한다.[10] 이득의 현존에 대한 주장·증명책임을 비용지출자가 지고, 지출비용과 현존이익 중 상환범위를 선택할 수 있는 등(우선 제203조 제2항 참조) 수익자의 입장이 중시된다.

㉡ 타인의 채무를 변제한 경우의 이득을 구상이득(求償利得)이라 한다. 그런데 제444조와 같은 특별규정이 없는 경우에 독자적 유형으로서 의미를 가진다고 할 여지도 있지만, 비용부당이득과 실질적으로 다르지 않으므로, 이 역시 따로 다룰 필요가 없다고 생각된다.

제 2 절 부당이득의 요건

제 1 관 부당이득의 요건 일반

I. 총 설 [3203]

1. 서 설

부당이득의 요건으로 이득과 손실 및 그들 사이의 인과관계 그리고 법률상 원인의 결여를 들 수 있다. 그런데 이들 모두가 독자적인 요건으로 기능하는지에 대하여 의문이 없지 않다.

아래에서는 유형론을 전제로 급부이득과 침해이득으로 나누어 요건을 검토하는데, 그에 앞서 통일설의 입장을 간략하게 살펴본다.

2. 통일설의 입장과 평가 [3204]

통일설은 ① 이득, ② 손실, ③ 이득과 손실 사이의 인과관계 및 ④ 법률상 원인의 흠결이라는 네 요건이 필요하다고 하는데, 이들을 검토한다.

가. 이 득

(1) 부당이득의 출발점으로서 이득을 차액설(差額說)의 입장에서 수익자의 전체재산에 일어난 가치의 변동(재산가치의 차액)으로 파악한다. 즉 부당이득의 원인사실이 있은 후 현실적으로 존재하는 재산의 총액(A)이 그 사실이 없었다면 있었을 재산의 총액(B)보다 많은 경우에, 그 차액(A−B)이 이득이라고 한다. 그리고 이득은 실질적 이익을 가리키므로, 법률상 원인 없이 건물을 점유하였더라도 이를 본래의 용도대로 사용·수익할 수 없었다면 본래의 용도에 따른 실질적 이익을 얻은 것이라고 볼 수 없다고 한다.[1]

(2) 이러한 태도는 부당이득과정에서 수익자의 재산에 발생한 사정을 광범위하게 포괄할 수 있으므로, 쌍무계약의 무효 또는 취소로 당사자 쌍방이 모두 수령한 급부의 반환의무를 부담하는

10) 수익자가 비용지출사실을 알았다고 하여(악의) 그의 책임을 가중할 이유가 없기 때문이다.

1) 대판 1992.11.24. 92다25830·25847. 대판 2019.4.11. 2018다291347도 참조.

경우에, 일방의 반환의무에 대한 이득의 소멸을 부인할 수 있는 법적 구성으로 유용하고, 「지출의 절약」의 경우에도 이득이 있는 것으로 파악하여 부당이득의 성립을 긍정하는 길을 열어 놓는 장점이 있다.2)

그런데 부당이득의 모습 및 당사자 사이의 이익상황이 극히 다양함에도 언제나 실질적인 이득이 있어야 한다는(그 반면으로 실질적인 손실도 있어야 한다는) 결론이 타당하다고 보기는 어렵다.3)

[3205] 나. 손 실

(1) 반환청구자에게 손실이 있어야 하는데, 손실도 이득과 표리관계에 서는 것으로 보아 차액설적으로 파악한다. 그리고 그 사실이 없었다면 확실히 재산이 증가하였으리라는 점이 증명된 경우뿐만 아니라 그만큼의 재산적 증가가 있는 것이 보통이라고 인정되는 경우에 얻을 수 있었던 재산적 증가도 이에 포함시킨다.4)

(2) 이러한 입장은, 가령 주택소유자가 스스로 주택으로부터 수익할 가능성이 없었다면, 타인이 이를 사용했다고 하여 —그로 인한 주택가치의 하락이 없는 한— 그의 전체재산에 아무런 재산상의 손실이 있었다고 할 수 없으므로 차액설과 모순되고, 이익이 손실자에게 귀속하는 것이 일반적이라고 인정되는 경우에도 손실을 인정하기 때문에 손실개념을 무한정 확장함으로써 손실요건이 부당이득의 성립 여부를 통제해야 한다는 기능을 제대로 하지 못하며, 나아가 이득개념과 손실개념의 비대칭성을 초래함으로써 부당이득반환의 범위에 관한 중복기준설이 등장할 수밖에 없게 한다.

[3206] 다. 인과관계

(1) 이득과 손실 사이에 인과관계가 있어야 하는데, 동일한 사실과정이 반환청구자에게 손실을 발생시키는 동시에 반환의무자에게는 이득을 발생시킨다는 의미의 직접적 인과관계일 필요는 없으며, 그보다 넓게 사회관념상 양자 사이에 관련을 인정할 수 있으면 충분하다고 한다: 「사회관념상의 인과관계」. 그 이유는, 인과관계를 직접적인 것에 한정하면 공평을 이념으로 하는 부당이득제도의 운용에서 탄력성을 잃을 우려가 있기 때문이라고 한다. 그리고 이득과 손실은 같은 것일 필요가 없고 평가액이 같을 필요도 없지만, 손실액이 이득액보다 적으면 손실액의 한도에서만 반환의무가 발생한다고 한다: 「중복기준설」.

(2) 이러한 의미의 인과관계는 통상의 인과관계(즉 시간적으로 선후에 자리한 두 사실 사이의 원인 대 결과의 관계)의 개념과 다른 것이다. 즉 하나의 사실을 수익자와 손실자가 각자의 시점에서 바라본 것일 뿐이다.

[3207] 라. 법률상 원인의 흠결

(1) "법률상 원인 없이"란 일반의 제3자에 대한 관계에서 형식적 · 법률적으로 수익자에게 귀속하는 이익을 손실자에 대한 관계에서도 그대로 보유하는 것이 공평이나 정의의 관념에 반한

---

2) 지출의 절약은 선의수익자의 이득 소멸의 주장을 거부하기 위한 도구개념이다.

3) 한편 대판 2001.3.9. 2000다70828은 권원 없는 시설물의 설치에 따른 과소토지부분도 이득에 포함시키는데, 이것이 과연 「수익자의 전체재산」 운운하는 판례의 기본태도와 정합될 수 있는지 의문이다.

4) 손실은 사회통념상 손실자가 당해 재산으로부터 통상 수익할 수 있을 것으로 예상되는 이익 상당액이라고 한 대판(전) 2014.7.16. 2011다76402(국유재산의 무단점유자에 대한 부당이득을 다룬 사안).

다는 의미로 이해한다.

(2) 그런데 공평이나 정의가 막연할 뿐만 아니라 내용상 공허하여 부당이득의 성립기준으로 적합하지 않으므로, 무엇이 법률상 원인으로 되는지를 개개의 유형에 따라 판단한다.[5)]

① 이득이 손실자의 급부에 의하는 경우에, 법률상 원인은 출연행위의 원인, 즉 출연의 경제적 목적을 의미하며, 처음부터 목적이 없는 경우(계약의 불성립, 무효, 소급적 실효 등), 목적 부도달의 경우(장래 성립할 목적을 위하여 급부가 행하여졌으나 그 목적이 불성립으로 끝난 경우), 목적 소멸의 경우로 나눈다.

② 반면 이득이 그 밖의 사유에 기하는 경우에, 통일적 기준을 수립할 수 없기 때문에 공평의 관념을 고려하여 개별적으로 고찰하는바, 이득이 ⓐ 수익자의 사실행위에 의하는 경우, ⓑ 수익자의 법률행위에 의하는 경우, ⓒ 수익자의 집행행위에 의하는 경우, ⓓ 손실자의 비의사적 행위에 의하는 경우, ⓔ 제3자의 행위로 생기는 경우, ⓕ 의사의 사실적 결과로 생기는 경우 및 ⓖ 직접 법률의 규정(제249조, 제246조, 제201조 제1항 등)에 의하여 생기는 경우로 분류한다.

(3) 이상의 분류, 특히 ②의 분류는 ① 외에 부당이득이 문제되는 경우를 「열거한」 것일 뿐이며,[6)] 법률상 원인의 흠결 여부를 궁극적으로 공평의 이념에 맡기기 때문에 실질적으로 부당이득의 성립 여부에 대한 기준을 제시하지 못하는 경우(예: 첨부와 시효취득에서 부당이득 성립 여부의 차이)도 있다.

Ⅱ. 이득과 손실 그리고 인과관계 [3208]

1. 개 관

부당이득이 성립하기 위하여 우선 ① 수익자가 타인의 재산 또는 노무로부터 이득을 취해야 한다. 수익의 방법에 제한이 없고, 어떠한 사실에 의하여 재산이 증가하는 적극적 증가와 그 사실의 발생으로 당연히 발생하였을 손실을 입지 않는 소극적 증가를 가리지 않는다.[7)] 채권의 취득,[8)] 점유나 등기명의의 취득, 지출의 절약이나 채무의 면제도 이득으로 된다. 그리고 ② 수익자의 이득에 의하여 손실자가 손실을 입었어야 한다. 이득을 얻었지만 그로 인하여 손실을 입은 이가 없다면, 부당이득이 성립하지 않는다.[9)] 한편 ③ 이득과 손실 사이에 인과관계가 있어야 한다고 하지만, 손실과 무관한 이득을 제외한다는 의미에서 반환의무자의 이득이 반환청구자의 손실과 「관련」되는지가 문제된다. 따라서 제3자가 개입되지 않는 한 인과관계는 독자적 요건이 아니다. 다만 급부이득과 관련하여 「손실에 대응하는 이득을 받은 이가 누구인가」의 관점에서 문제되는데,[10)] 이는 사실관계의 판단이 아니라 법적 평가의 문제로 넘어간다.

5) 이러한 입장의 뿌리는 "타인의 급부로 인하여 또는 그 밖의 방법으로"라는 독일민법 제812조에서 찾을 수 있다.

6) 특히 ⓐ 내지 ⓒ는 수익자가 타인의 권리를 객관적으로(즉 귀책사유의 유무와 상관없이) 침해하는 행위를 하였다는 점 및 침해자측에서 이러한 침해로 인한 취득을 정당화할 권한이 있음을 증명하도록 해야 한다는 점에서 분류의 의미가 없다.

7) 대판 2024.3.28. 2023다308911: A의 자녀를 사칭한 성명불상자가 A에게 전화하여 A의 휴대전화에 원격조종 프로그램을 설치한 다음, A의 은행계좌에서 B에게 부여된 C 회사의 가상계좌로 돈을 이체하였는데, 위 돈은 B의 C에 대한 신용카드대금으로 결제되었고, 이에 A가 성명불상자로부터 송금을 받은 B를 상대로 부당이득반환을 구한 사안에서, B가 자신의 신용카드대금채무 이행과 관련하여 C 명의의 가상계좌로 송금된 A의 돈으로 법률상 원인 없이 위 채무를 면하는 이익을 얻었으므로 A에게 그 이익을 부당이득으로 반환할 의무를 부담하고, 이때 B가 얻은 이익은 위 돈 자체가 아니라 위 돈이 C 명의의 가상계좌로 송금되어 자신의 채무를 면하게 된 것이므로, B가 위 돈을 사실상 지배하였는지는 B의 부당이득반환의무 발생에 영향을 미치는 사정이 아니라고 한 사례.

8) 대판 1995.12.5. 95다22061.

9) 대판 2011.7.28. 2009다100418.

[3209] ## 2. 급부이득의 경우

(1) 여기서는 급부 자체가 손실이고 급부를 수령한 것 자체가 이득이다. 요컨대 급부이득에서 수익과 손실은 별개의 독립된 요건이 아니라 채무의 이행으로 행하여진 급부를 관점을 달리하여 파악한 것에 불과하다. 즉 대판 2010.3.11. 2009다98706: "계약상 채무의 이행으로 당사자가 상대방에게 급부를 행하였는데 그 계약이 무효이거나 취소되는 등으로 효력을 가지지 못하는 경우에 당사자들은 각기 상대방에 대하여 계약이 없었던 상태의 회복으로 자신이 행한 급부의 반환을 청구할 수 있다. 계약의 효력 불발생에서의 이러한 원상회복의무를 법적으로 뒷받침하는 것이 민법 제741조 이하에서 정하는 부당이득법이 수행하는 핵심적인 기능의 하나이다. 이 경우의 부당이득반환의무에서는, 예를 들면 소유권 등의 권리에 기하여 소유자 기타의 사람에게 배타적으로 귀속되어야 하는 이익이 제3자에게 귀속됨으로써 그 권리가 객관적으로 침해당하였으나 그 이익취득자에게 이익의 보유를 법적으로 정당화하는 권원이 없어서 권리자가 그에 대하여 그 취득한 이익을 부당이득으로 반환청구하는 경우에 상대방이 얻는 이익의 구체적인 내용을 따져서 과연 부당이득반환의 대상이 될 만한 것인지를 살펴보아야 하는 것(종전의 재판례가 부당이득반환청구소송에서 피고에게 '실질적인 이득'이 있어야 한다고 설시하는 것은 대체로 이러한 사건맥락에서이다)과는 달리, 상대방이 얻은 계약상 급부는 다른 특별한 사정이 없는 한 당연히 부당이득으로 반환되어야 한다. 다시 말하면 이 경우의 부당이득반환의무에서 민법 제741조가 정하는 '이익' 또는 '그로 인한 손해'의 요건은 계약상 급부의 실행이라는 하나의 사실에 해소되는 것"이다.

[3210] (2) 이들을 개별적으로 살펴본다.

① 먼저 급부가 수령자의 전체재산에 대하여 어떤 의미를 가지는지와 무관하게[11] 채무이행을 위한 급부 자체가 이득을 구성한다. 단순한 기회의 제공뿐만 아니라 무효인 계약에 기하여 점유를 이전하거나 등기를 경료한 경우에 점유나 등기명의도 이득에 해당한다. 즉 매매계약이 무효이거나 소급적으로 실효된 경우에, 매도인에게 소유권의 상실이라는 손실이 발생하지 않지만(유인주의) 매수인에게는 점유 또는 등기의 이득이 발생한 것으로 보아야 한다.[12]

② 채무이행을 위하여 급부를 하였다는 사실 자체가 손실을 구성하며, 급부가 급부자의 전체재산에 대하여 어떤 의미를 가지는지를 따지지 않는다. 즉 손실이란 급부자에게 발생한 현실적·구체적 손해를 말하는 것이 아니고, 따라서 급부자가 현실로 재산을 이용할 수 있었는지를 불문하고 사회관념상 그 이익이 급부자에게 당연히 귀속되어야 할 것이라고 생각되는 한 손실이 있다. 이때 급부자가 급부목적물의 종국적인 귀속주체가 아니라는 점(그것을 누군가에게 반환해야 한다는 점)은 고려되지 않는다.[13]

[참 고] 무효인 또는 취소할 수 있는 임대차계약에서 임대인의 급부(사용수익을 위한 인도)에 기한 임차인의 사용수익은 임대인의 급부로 인한 이득이므로, 적법한 사용수익의 권원을 가지지 않는 임대인이라도 임차인에게 급부를 함으로써 얻을 수 있었던 이득을 얻지 못한 손실을 입었다 할 것이

10) 누가 수익자인지는 특히 변제자력과 관련하여 중요한 의미를 가진다.

11) 판례는 대체로 이득자에게 실질적으로 이득이 귀속된 바 없다면 반환의무를 부담시킬 수 없다는 입장임에 관하여 대판 2017.6.29. 2017다213838 등 참조.

12) 참고로 침해이득의 경우에는 본권 자체가 이득의 대상이므로 점유라는 사실상태를 따로 이득으로 볼 필요가 없다.

13) 대판 1993.4.9. 92다25946 참조.

다.[14] 타인권리의 매매계약이 매수인에 의하여 해제된 경우에, 무권리자인 매도인이 매수인에 대하여 사용수익의 대가를 반환청구할 수 있음[15]도 같은 취지에 기한 것이다. 이상의 경우에 수익자가 진정한 소유자에게 급부목적물 자체나 사용수익의 대가를 반환하면 급부자에 대한 반환의무를 면한다.

그리고 대판 2017.12.5. 2017다225978 · 225985는 "채무를 면하는 경우와 같이 어떠한 사실의 발생으로 당연히 발생하였을 손실을 보지 않는 것도 이익에 해당한다"고 하면서도, 대립하는 채무를 면제시키는 것을 내용으로 하는 상계계약에서 "두 채권의 소멸은 서로 인과관계가 있으므로 한 쪽 당사자의 채권이 불성립 또는 무효이어서 그 면제가 무효가 되면 상대방의 채무면제도 당연히 무효가 된다. 이때 상대방의 채권이 유효하게 존재하였던 경우라면, 그 채권은 여전히 존재하는 것이 되므로 채무자는 그 채무를 이행할 의무를 부담한다. 채무자가 이를 이행하지 않았다고 하더라도 그가 법률상 원인 없이 채무를 면하는 이익을 얻었다고 볼 수 없다. 그리고 상대방의 채권도 불성립 또는 무효이어서 존재하지 않았던 경우라면, 채무자는 부존재하는 채무에 관하여 무효인 채무면제를 받은 것에 지나지 않으므로 채무를 이행할 의무도 없고 채무를 면하는 이익을 얻은 것도 아니"라고 하였다.[16]

③ 급부이득의 반환은 법률상 원인 없는 변제를 한 주체가 청구할 수 있다. 채무자가 자기 채무에 관하여 스스로 또는 이행보조자를 사용하여 법률상 원인 없는 변제를 한 경우에 채무자가 변제의 주체로서, 제3자가 타인의 채무에 관하여 법률상 원인 없는 변제를 한 경우에는 제3자가 변제의 주체로서, 변제로서 이루어진 급부의 반환을 청구할 수 있다. 이러한 변제주체에 대한 증명책임은 자신이 변제주체임을 전제로 변제에 법률상 원인이 없다고 주장하며 부당이득반환청구를 하는 사람에게 있다.[17]

3. 침해이득의 경우 [3211]

(1) 침해이득은 A에게 배타적으로 할당된 권리의 사용 · 수익 또는 처분에 의하여 B가 얻은 이득으로, 원래 A에게 귀속되어야 할 이익이다. 여기서도 A의 손실은 B가 침탈한 이득을 관점을 달리하여 본 것에 불과하고, 어느 범위에서 반환해야 하는지는 효과의 문제이다. 이들을 개별적으로 살펴본다.

① 이득은 타인에게 배타적으로 할당된 이익을 누림을 의미한다. 피침해자가 가지는(또는 가졌던) 권리의 변형 내지 확장이라는 성질을 가지므로, 배타적 이익의 내용이 침해자에게 돌아간 이상 그가 얼마만큼의 수익을 얻었는지와 무관하게 이용에 대한 객관적 대가(즉 통상의 이익)가 「최소한의」 이득을 이룬다.[18] 다만 동시이행의 항변권이나 유치권에 기하여 인도거절을 할 뿐이고 용익을 하지 않는 경우처럼 실질적 이득이 없을 수도 있다.

② 손실이란 현실적 · 구체적 손해를 말하는 것이 아니고, 손실자에게 배타적으로 할당된 이익을 누릴 가능성을 빼앗겼다는 사실 자체가 손실을 이룬다. 손실자 스스로 용익할 수 없는 상황이더라도, 자신의 용익과 대차(貸借) 사이에 실질적인 차이가 없으며 대차의 통상적 모습은 유상

14) 임대인이 진정한 권리자의 점유를 침탈함에 따른 이득의 반환은 침해이득의 문제이고, 임차인이 진정한 권리자에게 사용이익을 반환해야 하는지 여부는 제201조의 문제이다.

15) 앞의 92다25946 판결.

16) 대판 2005.4.28. 2005다3113도 참조.

17) 대판 2024.2.15. 2023다272883.

18) 부동산의 불법점거에 대하여 일률적으로 임료 상당의 이득의 반환을 명한 대판 1998.5.8. 98다2389는 이러한 입장에 기한 것이다. 초과이득의 처리에 관한 [3249] 및 수익자에 의하여 통상의 것 이상의 이득이 발생한 경우에 준사무관리가 논의됨에 관한 [2774] 참조.

의 임대차라는 점을 고려한다면, 통상의 사용료 상당액을 손실이라고 의제하더라도 무리가 없다.

[참 고] 어떤 물건을 제3자가 무단으로 점유하여 사용·수익함에 따른 침해이득의 반환에서 사용수익권을 가지는 이가 복수라면 우선하는 용익권자만이 손실자에 해당한다. 사용수익권에 관하여 [5033]에서 보는 우선순위 외의 경우를 보면, ⓐ 신탁법에 의하여 신탁등기가 경료된 경우에, 수탁자만이 부당이득반환청구권을 가진다.[19] ⓑ 유효한 명의신탁에서 명의신탁자는 부당이득반환청구권을 가지지 않는다.[20] ⓒ 공유에서 각 공유자가 지분의 비율에 따라 부당이득반환청구권을 가지며,[21] 양도담보의 목적인 대지 위에 타인이 권원 없이 건물을 신축하여 대지를 점유하는 경우에 용익권을 가지지 않는 양도담보권자는 소유권에 기하여 부당이득의 반환을 청구할 수 없다.[22]

[3212] (2) 침해이득에 관한 재판례를 본다.

① 이득에 관하여 대판 2009.11.26. 2009다35903: "물건의 소유자는 다른 특별한 사정이 없는 한 법률의 범위 내에서 그 물건에 관한 모든 이익(민법 제211조에서 명문으로 정하는 '사용, 수익, 처분'의 이익이 대표적인 예이다)을 배타적으로 향유할 권리를 가진다. 따라서 물건의 소유자가 그 물건에 관한 어떠한 이익을 상대방이 권원 없이 취득하고 있다고 주장하여 그 이익을 부당이득으로 반환청구하는 경우에는, 우선 상대방이 얻는 이익의 구체적인 내용을 따져서 그 취득을 내용으로 하는 권리가 일반적으로 유상으로 부여되는 것이어서 그 이익이 부당이득반환의 대상이 될 만한 것인지를 살펴보아야 하며, 그 경우 그러한 이익의 유무는 상대방이 당해 물건을 점유하는지에 의하여 좌우되지 아니하고 점유 여부는 단지 반환되어야 할 이익의 구체적인 액을 산정함에 있어서 고려될 뿐이다. 그리고 그와 같은 이익이 긍정된다면 나아가 그 이익이 소유자의 손실로 얻어진 것인지, 그리고 상대방에게 민법 제741조에서 정하는 그 이익의 보유에 관한 '법률상 원인'이 있는지, 즉 당해 이익을 보유하는 것을 내용으로 하는 소유자에 대항할 수 있는 권원이 있는지 여부를 살펴야 한다."[23] 가령 임대차 종료 후 임차인이 임차목적물을 계속 점유하며 사용수익하는지에 따라 부당이득의 성립 여부가 결정된다.[24][25]

[참 고] 대판 2011.9.8. 2010다37325·37332는, A의 대리인 B가 토지소유자 C로부터 매도에 관한 대리권을 위임받지 않았음에도 대리인이라고 사칭한 D로부터 토지를 매수하기로 하는 매매계

19) 대판 1994.10.14. 93다62119.

20) 대판 1991.10.22. 91다17207. 상호명의신탁에 관한 대판 1993.11.23. 93다22326도 참조.

21) 대판 1979.1.30. 78다2088.

22) 대판 1988.11.22. 87다카2555.

23) 지방자치단체(Y)가 X 소유 임야 중 일부토지 위에 자신의 계획과 비용으로 수도시설, 안내판, 관리소 등을 설치하여 유지·관리해 온 사안에서, Y의 X에 대한 부당이득반환의무를 인정하면서, 그러한 토지의 사용이 복지증진 등 Y 본연의 임무를 수행하는 과정에서 부수적으로 발생한 것이라고 하여 달라지지 않는다고 한 사례.

24) 대판 1995.3.28. 94다50526: "임차인이 임대차계약관계가 소멸된 이후에도 임차건물부분을 계속 점유하기는 하였으나 이를 본래의 임대차계약상의 목적에 따라 사용·수익하지 아니하여 실질적인 이득을 얻은 바 없는 경우에는 그로 인하여 임대인에게 손해가 발생하였다 하더라도 임차인의 부당이득반환의무는 성립되지 않는다."
동시이행의 항변권을 행사하면서 임차건물로부터 집기 등을 반출하고 그 출입구를 자물쇠로 잠그고 열쇠를 반환하지 않은 경우(대판 1995.7.25. 95다14664·14671), 임차건물부분을 원래의 용도대로 사용하지 않고 동시이행의 항변권의 실효성을 확보하기 위하여 최소한의 점유사용만 하는 경우(대판 1993.11.23. 92다38980), 금원에 관하여 처분권을 취득한 것이 아니라 그 금원을 일시 보관하다가 반환한 경우(대판 2003.6.13. 2003다8862) 등에서 부당이득의 성립이 부정되었다. 임차인의 사정으로 인하여 임차목적물을 사용·수익하지 못한 경우에도 판례가 같은 입장임에 관하여 [2636] 참조.

25) 그 밖의 재판례를 본다. ㉠ 대판 2012.5.10. 2012다4633은 건물에 관한 임대차계약 종료 후 이를 계속 점유·사용하는 건물임차인은 건물소유자에 대한 관계에서 「건물부지의 사용·수익으로 인한 이득이 포함된」 건물임료 상당의 부당이득을 하였다고 보았다. 대개 차임에는 건물차임 외에 부지부분차임(지대)도 포함되는데, 건물소유자가 부지부분의 소유권을 상실한 경우에도 토지소유자에 대한 관계에서 건물소유자가 건물부지부분에 관한 차임 상당의 부당이득 전부에 관한 반환의무를 부담하며, 건물임차인이 부지점유자로서 부당이득반환의무를 진다고 볼 수 없기 때문이다. ㉡ 대판 2001.3.9. 2000다70828은, 타인의 토지 위에 정당한 권원 없이 시설물을 설치·소유한 이는 관련법규에 따라 사용이 불가능하게 된 과소토지부분을 포함한 당해 토지 전부에 대한 임료 상당의 이득을 소유자에게 반환할 의무를 진다고 하였다. 동지의 것으로 대판 1995.8.25. 94다27069.

약을 체결하고 이에 기하여 A가 C 명의의 계좌로 매매대금을 송금하였는데, C로부터 미리 통장과 도장을 교부받아 소지하던 D가 위 돈을 송금 당일 전액 인출한 사안에서, A가 송금한 돈이 C의 계좌로 입금되었더라도, 그로 인하여 C가 위 돈 상당을 이득하였다고 하기 위해서는 C가 이를 사실상 지배할 수 있는 상태에까지 이르러 실질적인 이득자가 되었다고 볼 만한 사정이 인정되어야 하는데, A의 송금경위 및 D가 이를 인출한 경위 등에 비추어 볼 때 C가 위 돈을 송금받아 실질적으로 이익의 귀속자가 되었다고 보기 어렵다고 하였다. 그런데 예금명의자를 예금주로 보는 판례의 태도([2785] 참조)에 비추어 「실질적 이득」 운운하는 것이 이 사안에서 적절한지 의문이며, 나아가 매도인이 송금된 돈을 사실상 지배하고 있다는 점을 매수인이 증명해야 한다는 점도 검토를 요한다.

② 판례는 손실자의 손해란 사회통념상 손실자가 당해 재산으로부터 통상 수익할 수 있을 것으로 예상되는 이익 상당액이라고 한다.[26] 가령 불법점유라는 사실이 발생하지 않았더라도 부동산소유자에게 임료 상당 이익이나 기타 소득이 발생할 여지가 없는 특별한 사정이 있다면 손해배상이나 부당이득반환을 청구할 수 없다.[27] [3213]

Ⅲ. 법률상 원인의 흠결 [3214]

1. 서 설

부당이득이 성립하기 위하여 수익이 법률상 원인 없는 것이어야 하는데, 부당이득의 성립 여부를 결정하는 요체이다.

여기서 법률상 원인(法律上 原因)이란 반환의무자에 의한 일정한 이익의 취득을 법률상 정당화하는 사유 내지 이익을 보유할 권원을 말한다.

2. 급부이득의 경우 [3215]

가. 기본법리

(1) 이 경우 급부는 급부자(반환청구자)에 의하여 목적적으로 행하여지며, 채무가 급부의 causa, 즉 법률상 원인이다(「급부보유력」). 그런데 재산적 가치의 이동을 기초지우는 법률관계가 존재하는 것처럼 보이지만 실제로는 존재하지 않는 경우(예: 무효인 매매계약)에, 그에 기하여 행하여진 급부가 부당이득으로 된다. 예컨대 계약상 의무의 이행을 위하여 급부가 행하여진 경우에 계약이 급부의 법률상 원인이며, 계약이 취소되면 급부는 법률상 원인이 없는 것으로 되어 이를 반환해야 한다.[28]

그런데 여기서 법률관계가 계약에 한정되지 않고, 불법행위에 기한 손해배상을 하였는데 실은 불법행위의 요건이 충족되지 않는 경우에도 급부이득이 문제된다.[29] 나아가 채권관계에 한정되지 않고, 상속재산의 협의분할이 무효인 경우에 그 협의에 기한 급부도 급부이득에 해당하며, 그 밖에 공법상의 급부에서 법률의 규정 등이 법률상 원인을 이룬다.[30]

---

26) 대판(전) 2014.7.16. 2011다76402. 저작권자의 허락 없이 저작물을 이용한 경우에 이용료의 산정에 관한 대판 2016.7.14. 2014다82385도 참조.

27) 대판 2002.12.6. 2000다57375: 지방자치단체가 농업용 수로로 사용되던 도랑의 일부를 복개하여 인근 주민들의 통행로와 주차장소 등으로 제공한 경우에, 도랑 소유자가 그 부분을 사용·수익하지 못함으로 인한 손해를 입었다고 보기는 어렵다는 이유로 지방자치단체의 부당이득반환의무를 부정한 사례.

28) 취소 전에는 그렇지 않음에 관하여 대판 1990.11.13. 90다카17153. 이미 소멸한 채무를 착오로 다시 이행하는 경우에도 같지만, 제745조에 따라 반환청구가 제한될 수 있다.

29) 이때 불법행위의 불성립이 부당이득반환청구의 기초를 이룬다.

한편 급부의무의 존재를 인용한 확정판결도 법률상 원인을 이룬다.31)

(2) 급부이득에서 ① 일정한 채무의 이행을 위하여 급부가 행하여졌으나, ② 채무가 존재하지 않거나 성립하지 않았거나 후에 부존재하게 되었다는 점이 "법률상 원인"의 흠결을 구성하는 바, 이들은 부당이득반환청구에서 「청구원인사실」로, 급부자, 즉 반환청구자가 그에 대한 증명책임을 진다.

[3216] **나. 구체적 사례들**

(1) 먼저 일반적인 경우들을 본다.

① 대판 1992.6.26. 92다10425는, A가 자기 소유의 토지(甲)를 점유, 사용하여 온 B를 상대로 한 부당이득금반환청구소송에서 승소 확정판결을 받아 판결 인용금액을 수령하는 한편 B와 甲에 대한 임대차계약을 체결하여 차임을 지급받은 경우에, 후일 甲의 일부가 B 소유로 밝혀졌더라도, 판결에 기하여 지급받은 금원을 법률상 원인 없이 지급된 것이라 할 수 없고,32) 위 사실만으로 임대차계약이 당연무효가 되지 않을 뿐만 아니라 B가 임대차계약을 취소하지 않았으므로, A가 지급받은 위 각 금원이 법률상 원인 없는 것이 아니라고 하였다.33)

② 대판 1986.9.23. 86다카560은, 강제경매신청에 의하여 경매목적부동산에 대한 경락허가결정이 확정된 경우에, 비록 경매개시결정 전에 경료된 제3자 명의의 가등기에 기하여 그 제3자 명의로 소유권이전 본등기가 경료됨으로써 경락인이 경락부동산의 소유권을 취득하지 못하더라도 그 사유만으로 경락허가결정이 무효로 돌아가는 것은 아니므로 채권자가 경락대금 중에서 채권의 변제조로 교부받은 배당금을 법률상 원인 없이 취득한 부당이득이라고 할 수는 없다고 하였다.

③ 그 밖에 쌍무계약이 취소된 경우에 관한 대판 1993.5.14. 92다45025([2575]에 소개된)도 참조.

[3217] (2) 조세 과오납의 경우를 살펴보자.

① 행정행위로서 과세처분의 「공정력」 때문에 조세의 과오납이 부당이득으로 되기 위해서는 납세 또는 조세의 징수가 법률상의 근거가 없거나 과세처분의 하자가 중대하고 명백하여 당연무효여야 하고, 과세처분의 하자가 단지 취소할 수 있는 정도에 불과하다면 과세관청이 이를 스스로 취소하거나 항고소송절차에 의하여 취소되지 않는 한 그로 인한 조세의 납부가 부당이득으로 된다고 할 수 없다.34)

② 과세처분이 부존재하거나 당연무효인 경우에 그 과세처분에 의하여 납세의무자가 납부하거나 징수당한 오납금은 국가가 법률상 원인 없이 취득한 부당이득에 해당하고, 이러한 오납금에 대한 납세의무자의 부당이득반환청구권은 처음부터 법률상 원인 없이 납부 또는 징수된 것이므로 납부 또는 징수시에 발생하여 확정된다.35)

---

30) 국립대학의 기성회비에 관한 대판(전) 2015.6.25. 2014다5531 참조.

31) 대판 2023.6.29. 2021다243812: "확정판결은 재심의 소 등으로 취소되지 않는 한 그 소송당사자를 기속하므로 확정판결에 기한 이행으로 받은 급부는 법률상 원인 없는 이익이라고 할 수 없다. 그리고 이는 해당 급부뿐만 아니라 그 급부의 대가로서 기존급부와 동일성을 유지하면서 형태가 변경된 것에 불과한 처분대금 등에 대해서도 마찬가지이다."

32) 앞의 2021다243812 판결 참조.

33) 특허발명 실시계약 후 특허가 무효로 된 경우에 관한 대판 2014.11.13. 2012다42666 · 42673도 참조.

34) 대판 1994.11.11. 94다28000.

35) 대판(전) 1992.3.31. 91다32053.

[참 고] 원천징수세(예: 소득세)의 경우에 원천징수의무자가 원천납세의무자로부터 원천징수대상이 아닌 소득에 대하여 세액을 징수 · 납부하였거나 징수해야 할 세액을 초과하여 징수 · 납부하였다면, 이로 인한 환급청구권은 원천납세의무자 아닌 원천징수의무자에게 귀속되는바, 이는 원천징수의무자가 원천납세의무자에 대한 관계에서는 법률상 원인 없이 이익을 얻은 것이므로 원천납세의무자는 원천징수의무자에 대하여 환급청구권 상당액을 부당이득으로 구상할 수 있다.[36)]

3. 침해이득의 경우 [3218]

가. 기본법리

(1) 어떤 이(A)에게 배타적으로 부여(할당)된 권리(예: 물권이나 지식재산권)를 A의 동의 없이 다른 이(B)가 침해하면 불법행위가 성립할 수 있다. 다만 A에게 손해가 없거나 B에게 과책이 없다면 불법행위가 성립하지 않는데, 그렇다고 하여 B에게 침해에 따른 이익이 귀속됨은 정당하지 않다. 이러한 경우에 B가 얻은 이익이 부당이득을 이룬다.

(2) 침해이득의 반환을 주장하는 이는 ① 자신에게 배타적 이익을 보장하는 권리가 있는데, ② 상대방이 이를 침해하여 이익을 보유하고 있다는(또는 있었다는) 점을 주장 · 증명하면 되고, 상대방(반환의무자)이 자신에게 그러한 이익을 보유할 권리가 있음을 주장 · 증명해야 한다. 여기서 "법률상 원인"은 「항변사유」의 의미를 가진다.

(3) 법률의 규정에 의한 이득의 경우에 그 규정이 법률상 원인을 구성한다(예컨대 선의취득에 관하여 제249조, 선의점유자의 과실취득에 관하여 제201조 제1항).[37)] 다만 첨부의 경우에는 제261조에 의하여 부당이득의 성립이 인정된다. 그 밖에 확정판결이 법률상 원인을 이루기도 한다.[38)]

나. 구체적 사례들 [3219]

(1) 먼저 부당이득이 인정된 경우를 본다.

① 전형적 사례가 권원 없이 타인의 물건을 점유 · 사용하는 경우로, 대판 1998.5.8. 98다2389는 타인 소유의 토지 위에 권원 없이 건물을 소유하는 이는 그 자체로써 특별한 사정이 없는 한 법률상 원인 없이 타인의 재산으로 인하여 토지의 차임에 상당하는 이익을 얻고 이로 인하여 타인에게 동액 상당의 손해를 주고 있다고 하였다.[39)]

이러한 경우에 부당이득의 반환범위는 그 부동산의 차임 상당액이다.[40)] 그리고 "타인의 토지를 권원 없이 점유하고 있는 자가 그 토지의 소유자에게 반환하여야 할 부당이득액을 산정하기 위한 토지의 기초가격은 점유자가 점유를 개시할 당시의 현실적 이용상태를 기준으로 평가되어야" 한다.[41)]

② 유치권이나 동시이행의 항변권에 기하여 목적물을 계속 「사용 · 수익」하는 경우에, 이러한 권리는 인도를 거절할 수 있는 권능일 뿐이고 사용수익을 정당화하는 사유가 아니므로[42)] 차

---

36) 대판 2003.3.14. 2002다68294.

37) 토지(甲)에 대하여 가압류가 집행된 후에 제3자(D)가 甲의 소유권을 취득함으로써 가압류의 처분금지효력을 받고 있던 중 甲이 공익사업법에 따라 수용되어 D가 수용보상금을 온전히 지급받았더라도 법률상 원인 없는 부당이득은 아니라고 한 대판 2009.9.10. 2006다61536 · 61543 참조.

38) 대판 2001.11.13. 99다32905.

39) 이때 해당 토지의 현황이나 지목이 「도로」라는 이유만으로 부당이득의 성립이 부정되지 않으며, 도로로 이용되고 있는 사정을 감안하여 부당이득의 액수를 산정하면 된다(대판 2020.10.29. 2018다228868).

40) 대판 1995.8.22. 95다11955 · 11962. 대판 2006.12.22. 2006다56367도 참조.

41) 대판 2006.5.12. 2005다31736. 대판 1992.6.23. 92다12933도 참조.

임 상당의 부당이득이 성립한다.[43]

한편 월 차임 없는 채권적 전세에서 임대차계약이 종료한 후 임차인이 계속하여 임차목적물을 사용수익하면 사용수익의 가액 상당의 부당이득이 성립하지만, 임차보증금을 반환하지 않고 있는 임대인도 동액 상당의 부당이득을 하고 있으므로, 임대차관계가 종료한 후 임차보증금이 반환되지 않는 한 부당이득반환청구가 부정된다.[44]

③ 선의취득자의 소유자에 대한 부당이득이 성립하지 않지만, 양도인이 소유자에 대하여 손해배상 또는 부당이득반환의 의무를 짐은 별개의 문제이다. 채무자 아닌 이의 소유에 속하는 동산을 경매한 경우에도 경매절차에서 동산을 경락받아 경락대금을 납부하고 이를 인도받은 경락인은 특별한 사정이 없는 한 소유권을 선의취득하지만, 「동산의 매득금은 채무자의 것이 아니어서 채권자가 이를 배당받았더라도 채권은 소멸하지 않고 계속 존속할 것」이므로, 배당을 받은 채권자는 이로 인하여 법률상 원인 없는 이득을 얻고 소유자는 경매에 의하여 소유권을 상실하는 손해를 입게 되었으니, 동산의 소유자는 배당받은 채권자에 대하여 부당이득으로서 배당받은 금원의 반환을 청구할 수 있다.[45]

[3220] ④ 대판 2011.7.14. 2009다76522 · 76539: "공유토지에 관하여 과반수지분권을 가진 자가 그 공유토지의 특정된 한 부분을 배타적으로 사용 · 수익할 것을 정하는 것은 공유물의 관리방법으로서 적법하다고 할 것이지만, 이 경우에 비록 그 특정한 부분이 자기의 지분비율에 상당하는 면적의 범위 내라 할지라도 다른 공유자들 중 지분은 있으나 사용 · 수익은 전혀 하고 있지 아니함으로써 손해를 입고 있는 자에 대하여는 과반수지분권자를 포함한 모든 사용 · 수익을 하고 있는 공유자가 그 자의 지분에 상응하는 부당이득을 하고 있"다.[46][47]

---

42) 대판 1981.1.13. 80다1201 등. 대판 1992.5.12. 91다35823 및 지입계약의 종료에 관한 대판 2003.11.28. 2003다37136도 참조.

43) 다만 동시이행의 항변권을 관철하기 위하여 용익 없이 인도거절만 하는 경우에 부당이득이 성립하지 않는다.

44) 대판 1991.12.10. 91다27594 참조.

45) 대판 1998.3.27. 97다32680. 양도담보로 제공된 동산에 대하여 강제집행을 신청하여 배당받은 채권자는 양도담보권자에 대하여 부당이득반환의무를 진다는 대판 1997.6.27. 96다51332 및 무권리자(A)의 처분임에도 선의의 제3자 보호규정에 의하여 권리자(B)가 권리를 상실한 경우에 B는 A를 상대로 침해이득의 반환을 청구할 수 있다는 대판 2011.6.10. 2010다40239도 참조.

46) 이러한 법리가 집합건물 대지의 공유관계에 그대로 적용될 수 없음에 관하여 대판(전) 2022.8.25. 2017다257067 참조.

47) 그 밖의 재판례를 본다. ㉠ 대판 2008.9.25. 2008다34668은, 공탁자가 착오로 공탁하거나 공탁의 원인이 소멸한 때에는 공탁자가 공탁물을 회수할 수 있을 뿐 피공탁자의 공탁물출급청구권은 존재하지 않으므로, 이 경우 공탁자가 공탁물을 회수하기 전에 공탁물출급청구권에 대한 전부명령을 받아 공탁물을 수령한 이는 법률상 원인 없이 공탁물을 수령한 것이 되어 공탁자에 대하여 부당이득반환의무를 부담한다고 했고, 대판 2011.4.14. 2010다5694는, 질권자가 피담보채권을 초과하여 질권의 목적이 된 금전채권을 추심하였다면 그중 피담보채권을 초과하는 부분은 특별한 사정이 없는 한 법률상 원인이 없는 것으로서 질권설정자에 대한 관계에서 부당이득이 되고, 이러한 법리는 채무담보 목적으로 채권이 양도된 경우에도 마찬가지라고 하였다. ㉡ 대판 2005.4.15. 2004다70024: "채무자 또는 그 대리인의 유효한 작성촉탁과 집행인낙의 의사표시에 터 잡아 작성된 공정증서를 집행권원으로 하는 금전채권에 대한 강제집행절차에서, 비록 그 공정증서에 표시된 청구권의 기초가 되는 법률행위에 무효사유가 있다고 하더라도 그 강제집행절차가 청구이의의 소 등을 통하여 적법하게 취소 · 정지되지 아니한 채 계속 진행되어 채권압류 및 전부명령이 적법하게 확정되었다면, 그 강제집행절차가 반사회적 법률행위의 수단으로 이용되었다는 등의 특별한 사정이 없는 한, 단지 이러한 법률행위의 무효사유를 내세워 확정된 전부명령에 따라 전부채권자에게 피전부채권이 이전되는 효력 자체를 부정할 수는 없고, 다만 위와 같이 전부명령이 확정된 후 그 집행권원인 집행증서의 기초가 된 법률행위 중 전부 또는 일부에 무효사유가 있는 것으로 판명된 경우에는 그 무효부분에 관하여는 집행채권자가 부당이득을 한 셈이 되므로, 그 집행채권자는 집행채무자에게, 위 전부명령에 따라 전부받은 채권 중 실제로 추심한 금전부분에 관하여는 그 상당액을 반환하여야 하고, 추심하지 아니한 나머지 부분에 관하여는 그 채권 자체를 양도하는 방법에 의하여 반환하여야 한다." 참고로 대판 2008.2.29. 2007다49960은 이러한 부당이득반환청구에서 집행채무자가 집행채권 소멸의 원인으로 주장할 수 있는 사유가 복수인 경우에, 이들은 법률상의 원인 없는 사유에 관하여 공격방법이 다른 데 지나지 않으므로 그중 어느 사유를 주장하여 패소의 확정판결을 받은 경우에 다른 사유를 주장하여 다시 청구하는 것은 기판력에 저촉되어 허용될 수 없다고 하였다. ㉢ 대판 2009.5.14. 2008다17656: 저당권자가 압류하기 전에 저당물의 소유자가 금전 등을 수령하여 저당권자는 더 이상 물상대위권을 행사할 수 없게 된 경우에, "저당권자는 저당권의 채권최고액 범위 내에서 저당목적물의 교환가치를 지배하고 있다가 저당권을 상실하는 손해를 입게 되는 반면에, 저당목적물의 소유자는 저당권의 채권최고액 범위 내에서 저당권자에게 저당목적물의 교환가치를 양보하여야 할 지위에 있다가 마치 그러한 저당권의 부담이 없었던 것과 같은 상태에서의 대가를 취득하게 되는 것이므로, 그 수령한 금액 가운데 저당권의 채권최고액을 한도로 하는 피담보채권액의 범위 내에서는 이득을 얻게 된다. 저당목적물소유자가 얻은 위와 같은 이익은 저당권자의 손실로 인한 것으로서 인과관계가 있을 뿐 아니라, 공평의 관념에 위배되는 재산적 가치의 이동이 있는 경우 수익자로부터 그 이득을 되돌려 받아 손실자와 재산상태의 조정을 꾀하는 부당이득제도의 목적에 비추어 보면 위와 같은 이익을 소유권자에게 종국적으로 귀속시키는 것은 저당권자에 대한 관계에서 공평의 관념에 위배되어 법률상 원인이 없다고 봄이 상당하므로, 저당목적물소유자는 저당권자에게 이를 부당이득으로 반환할 의무가 있다." 대판 1975.4.8.

(2) 부정된 경우를 본다. [3221]

① 선의점유자에 해당하는 경우로, 대판 1987.9.22. 86다카1996 · 1997: "민법 제201조 제1항에 의하면 선의의 점유자는 점유물의 과실을 취득한다고 규정하고 있고, 한편 토지를 사용함으로써 얻는 이득은 그 토지로 인한 과실과 동시할 것이므로 선의의 점유자는 비록 법률상 원인 없이 타인의 토지를 점유사용하고 이로 말미암아 그에게 손해를 입혔다 하더라도 그 점유사용으로 인한 이득을 그 타인에게 반환할 의무는 없다."48)

② 양도담보설정자에 관한 1988.11.22. 87다카2555: "일반적으로 부동산을 채권담보의 목적으로 양도한 경우 특별한 사정이 없는 한 목적부동산에 대한 사용수익권은 채무자인 양도담보설정자에게 있는 것이므로 양도담보권자는 사용수익할 수 있는 정당한 권한이 있는 채무자나 채무자로부터 그 사용수익할 수 있는 권한을 승계한 자에 대하여는 사용수익을 하지 못한 것을 이유로 임료 상당의 손해배상이나 부당이득반환청구는 할 수 없다."49) 반면 담보권자의 용익은 특별한 사정이 없는 한 담보설정자에 대하여 부당이득을 구성한다.50)

③ 시효완성자에 관하여 대판 1993.5.25. 92다51280은, 부동산에 대한 취득시효가 완성되면 점유자는 소유명의자에 대하여 취득시효 완성을 원인으로 한 소유권이전등기절차의 이행을 청구할 수 있고 소유명의자는 이에 응할 의무가 있으므로, 비록 점유자가 그 명의로 소유권이전등기를 경료하지 아니하여 아직 그 소유권을 취득하지 못했더라도 소유명의자는 점유자에 대하여 점유로 인한 부당이득반환청구를 할 수 없다고 하였다.

④ 대판 2022.12.29. 2019다272275: "적법한 원인 없이 타인 소유 부동산에 관하여 소유권보존등기를 마친 무권리자가 그 부동산을 제3자에게 매도하고 소유권이전등기를 마쳐주었다고 하더라도, 그러한 소유권보존등기와 소유권이전등기는 실체관계에 부합한다는 등의 특별한 사정이 없는 한 모두 무효이다. 따라서 이 경우 원소유자가 소유권을 상실하지 아니하고, 또 무권리자가 제3자와 체결한 매매계약의 효력이 원소유자에게 미치는 것도 아니므로, 무권리자가 받은 매매대금이 부당이득에 해당하여 이를 원소유자에게 반환하여야 한다고 볼 수는 없다. […] 무권리자로부터 부동산을 매수한 제3자나 그 후행등기 명의인이 과실 없이 점유를 개시한 후 소유권이전등기가 말소되지 않은 상태에서 소유의 의사로 평온, 공연하게 선의로 점유를 계속하여 10년이 경과한 때에는 민법 제245조 제2항에 따라 바로 그 부동산에 대한 소유권을 취득하고, 이때 원소유자는 소급하여 소유권을 상실함으로써 손해를 입게 된다. 그러나 이는 민법 제245조 제2항에 따른 물권변동의 효과일 뿐 무권리자와 제3자가 체결한 매매계약의 효력과는 직접 관계가 없으므로, 무권리자가 제3자와의 매매계약에 따라 대금을 받음으로써 이익을 얻었다고 하더라도 이로 인하여 원소유자에게 손해를 가한 것이라고 볼 수도 없다."

⑤ 그 밖에 담보신탁에 관한 대판 2013.6.27. 2012다79347, 불법행위로 인한 손해배상청

73다29도, 경매진행 중인 근저당목적물이 제3자의 불법행위로 멸실되어 근저당권이 소멸한 경우에, 소유자가 불법행위자로부터 보상을 받았으면 근저당권자였던 사람은 소유자에게 부당이득반환을 청구할 수 있다고 하였다. ㉣ 대판 2011.8.25. 2011다25145: "가집행선고에 의하여 집행을 하였다고 하더라도 후일 본안판결의 일부 또는 전부가 실효되면 이전의 가집행선고부 판결에 기하여는 집행을 할 수 없는 것으로 확정이 되는 것이다. 따라서 가집행선고에 기하여 이미 지급받은 것이 있다면 이는 법률상 원인이 없는 것이 되므로 부당이득으로서 반환하여야 한다."

48) 대판 1978.5.23. 77다2169도 동지.

49) 불법행위로 인한 손해배상에 관한 대판 1991.10.8. 90다9780도 참조.

50) 대판 1986.2.11. 85다카119.

구소송의 판결이 확정된 후 피해자가 그 판결에서 손해배상액 산정의 기초로 인정된 기대여명보다 일찍 사망한 경우에 기지급된 손해배상금 일부를 부당이득으로 반환을 구할 수 없다고 한 대판 2009.11.12. 2009다56665 및 압류명령의 취소에 관한 대판 2014.7.10. 2013다25552도 참조.

[참 고] 사유지에 도로를 개설한 경우의 부당이득관계

㉮ 도로의 점유주체에 관하여 대판 2005.8.25. 2005다21517: "국가나 지방자치단체가 도로를 점유하는 형태는 도로관리청으로서의 점유와 사실상의 지배주체로서의 점유로 나누어 볼 수 있는바, 우선 사유지에 대하여 도로법에 의한 노선인정의 공고 및 도로구역의 결정이 있거나 도시계획법에 의한 도시계획사업의 시행으로 도로설정이 된 때에는 이때부터 도로관리청으로서의 점유를 인정할 수 있고, 또한 이러한 도로법 등에 의한 도로설정행위가 없더라도 국가나 지방자치단체가 일반 공중의 교통에 공용되지 않던 사유지 상에 사실상 필요한 공사를 하여 도로로서의 형태를 갖춘 다음 그 토지를 일반 공중의 교통에 공용한 때에는 이때부터 그 도로는 국가나 지방자치단체의 사실상 지배 하에 있는 것으로 보아 사실상 지배주체로서의 점유를 인정할 수 있다."[51]

㉯ 배타적 사용수익권의 포기와 부당이득에 관하여 본다([5007]도 참조).

ⓐ 대판 2001.4.13. 2001다8493은, 종전부터 자연발생적으로 또는 도로예정지로 편입되어 사실상 일반 공중의 통행로로 사용되어 온 토지의 소유자가 독점적이고 배타적인 사용수익권을 포기한 것으로 볼 경우에도, 일반 공중의 통행을 방해하지 않는 범위 내에서는 토지소유자로서 토지를 처분하거나 사용수익할 권능을 상실하지 않으므로, 토지를 불법점유하는 제3자에 대하여 물권적 청구권을 행사하여 토지의 반환 내지 방해의 제거, 예방을 청구할 수 있으나, 특별한 사정이 없는 한 토지소유자는 그 이후에도 토지를 독점적, 배타적으로 사용수익할 수는 없고, 따라서 제3자가 토지를 불법점유하였더라도 이로 인하여 토지소유자에게 어떠한 손실이 생긴다고 할 수 없어 그 점유로 인한 부당이득의 반환을 청구할 수는 없다고 하였다.

ⓑ 「독점적 · 배타적 사용 · 수익권의 포기」의 법리 전반에 관하여 대판(전) 2019.1.24. 2016다264556([5007]에 소개된), 부당이득액의 산정에 관하여 대판 1997.11.14. 97다35559 각 참조.

제 2 관 부당이득의 성립 여부 또는 그 당사자가 문제되는 경우들

[3222] Ⅰ. 전용물소권

1. 의 의

(1) 계약에 기한 급부가 계약상대방뿐만 아니라 제3자에게도 이익으로 되는 경우에, 계약상대방에 대한 계약상의 급부청구권과 제3자에 대한 부당이득반환청구권의 관계가 문제된다. 예를 들어 건설업자(X)에게 대지조성공사를 맡긴 도급인(A)이 공사완료 후 그 토지가 Y의 소유임을 알고 도급보수의 지급을 거절하는 경우에, X는 도급계약의 상대방인 A에 대한 도급계약상의 보수청구권 외에 토지소유자 Y에 대한 부당이득반환청구권도 가지는가? 이 경우 X가 Y에 대하여 이득의 반환을 청구할 수 있는 권리를 전용물소권(轉用物訴權)이라 하는데,[1] 이러한 권리를 인정할

51) 국가 또는 지방자치단체 아닌 이, 예컨대 주민들이 자조사업으로 사실상 도로를 개설하거나 기존의 사실상 도로에 개축 또는 유지, 보수공사를 시행한 경우에 그 도로의 사실상 지배주체를 국가나 지방자치단체라고 보기 어렵고, 국가나 지방자치단체가 주민자조사업의 공사비 일부를 부담한 사실이 있다는 것만으로 곧 그 점유주체를 국가나 지방자치단체라고 단정할 수는 없다(대판 2010.6.24. 2010다19259).

1) 「계약상의」 급부가 계약상대방 아닌 제3자에게 전용(轉用: 예정되어 있는 곳에 쓰지 아니하고 다른 데로 돌려서 씀)되었음에 착안하여, 급부자가 계약상대방으로부터 받지 못한 계약상의 대가를 제3자에 대하여 부당이득의 형태로 반환청구하는 것이 전용물소권이다.

수 있는가?

(2) 앞의 예에서 X가 자신의 계약상대방(A)에 대한 계약상의 권리 외에 제3자(Y)를 상대로 부당이득의 반환을 청구할 수 있다는 것은 그의 계약상의 채권에 우월적 지위가 인정됨을 의미한다. 특히 A의 파산시 X가 전용물소권을 행사하여 Y로부터 만족을 얻으면, 결국 A의 책임재산을 이루는, Y에 대한 권리가 X의 권리에만 충당되는 결과로 된다. 이러한 우월적 지위를 인정할 것인가 하는 것이 문제의 핵심이다.

2. 판례의 태도 [3223]

(1) 이에 관한 선도적 판결인 대판 2002.8.23. 99다66564 · 66571은 "계약상의 급부가 계약의 상대방뿐만 아니라 제3자의 이익으로 된 경우에 급부를 한 계약당사자가 계약상대방에 대하여 계약상의 반대급부를 청구할 수 있는 이외에 그 제3자에 대하여 직접 부당이득반환청구를 할 수 있다고 보면, ① 자기책임 하에 체결된 계약에 따른 위험부담을 제3자에게 전가시키는 것이 되어 계약법의 기본원리에 반하는 결과를 초래할 뿐만 아니라, ② 채권자인 계약당사자가 채무자인 계약상대방의 일반채권자에 비하여 우대받는 결과가 되어 일반채권자의 이익을 해치게 되고, ③ 수익자인 제3자가 계약상대방에 대하여 가지는 항변권 등을 침해하게 되어 부당하므로, 위와 같은 경우 계약상의 급부를 한 계약당사자는 이익의 귀속주체인 제3자에 대하여 직접 부당이득반환을 청구할 수는 없다고 보아야 한다"(원문자는 필자)고 하여 전용물소권을 부정하였다.2)

그 후 대판 2005.4.15. 2004다49976이 "계약당사자 사이에서 그 계약의 이행으로 급부된 것은 그 급부의 원인관계가 적법하게 실효되지 아니하는 한 부당이득이 될 수 없는 것이고, 한편 계약에 따른 어떤 급부가 그 계약의 상대방 아닌 제3자의 이익으로 된 경우에도 급부를 한 계약당사자는 계약상대방에 대하여 계약상의 반대급부를 청구할 수 있을 뿐이고 그 제3자에 대하여 직접 부당이득을 주장하여 반환을 청구할 수 없다"고 하는 등 같은 취지의 판결이 계속되고 있다.3)

(2) 이러한 법리는 「급부가 사무관리에 기하여 이루어진 경우」에도 확장된다. 즉 대판 2013. 6.27. 2011다17106: "의무 없이 타인을 위하여 사무를 관리한 자는 타인에 대하여 민법상 사무관리규정에 따라 비용상환 등을 청구할 수 있는 외에 사무관리에 의하여 결과적으로 사실상 이익을 얻은 다른 제3자에 대하여 직접 부당이득반환을 청구할 수는 없다." [3224]

3. 평 가 [3225]

(1) 전용물소권을 인정할 것인지는 계약에 기하여 비용을 지출한 이가 계약상대방에 대하여 가지는 계약상의 권리가 상대방의 무자력으로 인하여 실효성이 없는 경우에 이해의 충돌과 조정의 문제로 귀결된다.4)

---

2) 「ⓐ 甲 건물을 Y가 1/2 지분, A와 B가 각 1/4지분으로 공유, ⓑ A가 Y의 동의 없이 X와 甲의 창호공사에 관한 도급계약 체결, ⓒ X가 약정기간 내에 공사를 완료하였으나, A는 공사대금 미지급, ⓓ X가 Y에게 甲의 가치증가분 중 Y의 지분에 상당하는 금액을 부당이득으로 청구」의 사안에서, X의 청구를 기각한 사례. 급부의 이익을 받은 제3자에 대하여 비용상환청구권을 행사할 수 있는 비용지출자에 관하여 [5323] 참조.

3) 대판 2010.6.24. 2010다9269; 대판 2011.11.10. 2011다48568도 참조.

4) 급부자에게는 계약이 예상과 달리 진행되더라도 부당이득반환을 통하여 자기의 계약상 급부의 대가를 보상받을 수 있는 유리한 제도인 반면, 제3자에게 스스로 체결하지 않은 계약의 뒤처리를 맡아야 한다는 불측의 손해를 입힐 우려가 있다.

(2) 생각건대 앞의 예에서 X의 A에 대한 계약상 채권과 Y에 대한 전용물소권이 내용적으로 반드시 일치하지 않는다. Y의 반환의무는 그의 현존이익에 한하고(제203조 제2항 참조), X는 계약상의 항변사유를 대항 받지 않으며 Y로부터 반대채권의 만족을 얻을 수 있기 때문이다. 그리고 제630조 제1항과 같은, X의 계약상의 채권에 우월적 지위(특혜)를 부여할 근거가 없을 뿐만 아니라 복잡한 관계를 초래할 수도 있다. 나아가 전용물소권을 인정하면, 계약당사자 스스로 부담한 위험(특히 상대방의 무자력에 대한 위험)이 현실화됨으로써 발생한 불이익을 제3자에게 전가하는 결과로 되어 계약의 상대효에 반한다. 그 밖에 부당이득의 보충성의 관점에서도 계약(또는 사무관리)이 성립하면 그에 관한 법리에 따라 정산이 이루어져야 한다. 다른 한편 채권자대위권에 의한 변제의 대위수령과 상계의 결합에 의해서도 마찬가지의 결과를 얻을 수 있다. 따라서 전용물소권은 인정되지 않아야 한다.

[3226] (3) 이러한 결론을 앞의 예에서 X와 Y의 입장을 통하여 확인하여 보자.

① X의 입장에서 손실은 있지만, 계약의 상대효에 따라 계약상 급부는 상대방당사자(A)의 반대급부에 의하여 보상되어야 하고, A의 무자력은 계약당사자로서 X가 져야 할 위험으로 이를 제3자(Y)에게 전가할 수는 없다. 한편 X가 A의 Y에 대한 비용상환청구권을 대위행사하거나 물건을 인도하기 전에 공사대금채권에 기하여 유치권을 행사함으로써 Y로부터 사실상의 우선변제를 받을 수 있음은 별개의 문제이다.

② 한편 Y의 입장에서 A에 대하여 비용상환의무를 부담하므로, A에 대하여 채무를 지는 Y로서는 이득이 없고, 공사에 따른 가치증가분을 이득으로 보더라도 이를 법률상 원인 없는 것이라 하기 어렵다.

[3227] 4. 소유권유보와 전용물소권

(1) 매수인 겸 수급인(A)이 건물신축공사를 중단하자 도급인(Y)이 매도인(X)에게 소유권이 유보된 자재를 투입하여 공사를 마치고 Y 명의로 소유권보존등기가 마쳐진 경우에, 대판 2009.9.24. 2009다15602는 첨부에 따른 "보상청구가 인정되기 위해서는 민법 제261조 자체의 요건만이 아니라, 부당이득법리에 따른 판단에 의하여 부당이득의 요건이 모두 충족되었음이 인정되어야 한다. 매도인에게 소유권이 유보된 자재가 제3자와 매수인 사이에 이루어진 도급계약의 이행으로 제3자 소유 건물의 건축에 사용되어 부합된 경우 보상청구를 거부할 법률상 원인이 있다고 할 수 없지만, 제3자가 도급계약에 의하여 제공된 자재의 소유권이 유보된 사실에 관하여 과실 없이 알지 못한 경우라면 선의취득의 경우와 마찬가지로 제3자가 그 자재의 귀속으로 인한 이익을 보유할 수 있는 법률상 원인이 있다고 봄이 상당하므로, 매도인으로서는 그에 관한 보상청구를 할 수 없다"고 하였다.

[3228] (2) 이 판결의 입장을 검토한다.

① 전용물소권의 법리에 따른다면 X의 Y에 대한 부당이득이 성립하지 않고, 나아가 계약관계가 연결되어 각각의 급부로 소유권이 순차 이전된 경우에 계약관계에 기한 급부가 법률상의 원인으로 되어 최초의 급부자는 최후의 급부수령자에게 법률상 원인 없이 급부를 수령하였다는 이유로 부당이득반환청구를 할 수 없으므로[5] 같은 결론에 이른다고 할 수도 있다.

② 그러나 앞의 사안에 이러한 법리를 적용해서는 안 된다. 왜냐하면 전용물소권(및 계약관계의 연쇄)은 계약에 기한 급부의 실현이 문제되는 경우에 관한 것인 반면, 이 사안에서는 소유권 유보의 특약 때문에 —매매대금이 전부 지급될 때까지— 철강제품의 소유권이 X에게 남아있어서 Y가 타인의 물건을 부합한 경우와 마찬가지로 보아야 하기 때문이다. 다른 한편 전용물소권에서 문제되는 것은 계약의 효력(특히 계약에 기한 급부청구권)이 제3자에게 확장될 수 있는 것인가 하는 점인 반면, 이 사안에서 X에게 유보된 소유권의 효력은 당연히 Y에게 미친다. 요컨대 X가 계약의 상대효에 따른 위험을 피하기 위하여 소유권을 유보한 점이 고려되어야 한다([5615] 참조).

③ 한편 Y가 A로부터 위 철강제품을 「양수」하였다면, 제249조에 따라 선의취득이 성립하 [3229] 여, X는 A를 상대로 부당이득의 반환을 구할 수 있을 뿐이고 Y에 대하여 부당이득의 반환을 구할 수 없다.[6] 그러나 이 사안에서 Y가 부합에 의하여 철강제품의 소유권을 취득하였으므로 선의취득이 인정될 수 없다. 여기서 대법원은, 철강제품이 도급계약에 따른 이행에 의하여 Y에게 제공된 점이 거래에 의한 양도와 유사하므로, 부합에 의한 보상청구에도 위에서 본 선의취득에서의 이익보유(의 정당성)에 관한 법리가 유추된다는 입장이다.

Ⅱ. 그 밖의 특수한 사례들 [3230]

1. 이른바 삼각관계에서의 부당이득

(1) 급부의 현상과 그에 대한 규범적 평가가 다른 경우를 보자.

① 매수인 A가 매도인 B의 지시나 부탁으로 B의 채권자인 C에게 매매대금을 지급한 이른바 단축된 급부에서, 외관상 「A → C」의 급부만 있다. 그런데 원래 「A → B」의 급부와 「B → C」의 급부가 순차적으로 이루어져야 하는데, B의 지시나 부탁 그리고 그에 대한 A의 (묵시적) 동의 때문에 「A → C」의 급부를 통하여 「A → B」의 급부와 「B → C」의 급부가 모두 이행된 것으로 된다. 즉 A가 C에게 급부하였지만, 규범적으로는 A가 B에게 급부한 것으로 평가된다. 따라서 A와 B 사이의 매매계약이 무효인 경우에 급부의 반환은 A와 B 사이에서 이루어져야 한다.[7]

당사자의 의사에 기한 위험배분의 존중(보다 정확하게는 왜곡의 방지)이라는 관점에서도 이러한 결론은 유지되어야 한다. 앞의 예에서 A가 C로부터 급부한 것의 반환을 받을 수 있다면, B가 무자력인 경우에 A가 져야 할 무자력위험이 C에게 전가되고, 다른 한편 B의 입장에서는 동시이행의 항변권을 박탈당하는 결과로 된다. 이러한 결과는 계약법의 기본원리에 반하는 것이어서 받아들일 수 없다.

② 이상은 제3자를 위한 계약에서도 마찬가지이다.

(2) 요컨대 삼각관계에서 급부의 반환은 원래의 계약당사자들 사이에서, 즉 기본관계나 대가 [3231] 관계의 각 당사자 사이에서 이루어져야 한다. A가 B와의 계약에 기하여 C에게 급부한 경우에, A · B 사이의 계약이 무효라면 그들 사이에 부당이득이 성립하고, B와 C 사이의 법률관계가 무효이거나 부존재한다면 그들 사이에 부당이득이 성립한다.

---

5) 대판 2003.12.26. 2001다46730 참조.
6) 소유권이 유보된 물건이 제3자에게 「처분」된 경우에 관하여 대판 2010.2.11. 2009다93671([5615]에 소개된) 참조.
7) 즉 A는 C가 아니라 B를 상대로 부당이득의 반환을 구해야 한다.

[참 고] 기본관계와 대가관계가 모두 무효인 경우에, 물권행위의 무인성을 따르는 독일에서는 「부당이득의 부당이득」을 인정하지만, 물권행위의 유인성을 취하는 한 여전히 물건의 소유자인 A가 소유권에 기하여 C에게 반환청구를 할 수 있다.[8]

다만 ① B의 지시가 있었지만 A가 C에게 이중으로 또는 과다하게 급부하는[9] 등 원인관계의 당사자가 상대방의 제3자에 대한 출연에 대하여 아무런 유인을 제공하지 않는 경우 또는 ② A가 B의 지시에 따라 자발적으로 급부한 것이 아니라 채권양도에 의하여 비자발적으로 급부한 경우[10]에는 예외적으로 A의 C에 대한 부당이득반환청구가 인정된다.

[3232] (3) 구체적 사례들을 본다.

① 단축된 급부에 관하여 대판 2008.9.11. 2006다46278: "계약의 일방당사자가 상대방의 지시 등으로 상대방과 또 다른 계약관계를 맺고 있는 제3자에게 직접 급부한 경우(이른바 삼각관계에서의 급부가 이루어진 경우), 그 급부로써 급부를 한 당사자의 상대방에 대한 급부가 이루어질 뿐 아니라 그 상대방의 제3자에 대한 급부도 이루어지는 것이므로 계약의 일방당사자는 제3자를 상대로 법률상 원인 없이 급부를 수령하였다는 이유로 부당이득반환청구를 할 수 없다. 이러한 경우에 계약의 일방당사자가 상대방에 대하여 급부를 한 원인관계인 법률관계에 무효 등의 흠이 있다는 이유로 제3자를 상대로 직접 부당이득반환청구를 할 수 있다고 보면 자기책임 하에 체결된 계약에 따른 위험부담을 제3자에게 전가하는 것이 되어 계약법의 원리에 반하는 결과를 초래할 뿐만 아니라 수익자인 제3자가 상대방에 대하여 가지는 항변권 등을 침해하게 되어 부당하기 때문이다. 이와 같이 삼각관계에서의 급부가 이루어진 경우에, 제3자가 급부를 수령함에 있어 계약의 일방당사자가 상대방에 대하여 급부를 한 원인관계인 법률관계에 무효 등의 흠이 있었다는 사실을 알고 있었다 할지라도 계약의 일방당사자는 제3자를 상대로 법률상 원인 없이 급부를 수령하였다는 이유로 부당이득반환청구를 할 수 없다."[11]

그리고 대판 2010.3.11. 2009다98706: "계약상 금전채무를 지는 이가 채권자 갑의 지시에 좇아 갑에 대한 채권자 또는 갑이 증여하고자 하는 이에게 직접 금전을 지급한 경우 또는 남의 경사를 축하하기 위하여 꽃을 산 사람이 경사의 당사자에게 직접 배달시킨 경우와 같이, 계약상 급부가 실제적으로는 제3자에게 행하여졌다고 하여도 그것은 계약상 채무의 적법한 이행(이른바 '제3자방 이행')이라고 할 것이다. 이때 계약의 효력이 불발생하였으면, 그와 같이 적법한 이행을 한 계약당사자는 다른 특별한 사정이 없는 한 그 제3자가 아니라 계약의 상대방당사자에 대하여 계약의 효력 불발생으로 인한 부당이득을 이유로 자신의 급부 또는 그 가액의 반환을 청구하여야 한다."

[3233] ② 제3자를 위한 계약에 관하여 대판 2005.7.22. 2005다7566·7573: "제3자를 위한 계약관계에서 낙약자와 요약자 사이의 법률관계(이른바 기본관계)를 이루는 계약이 해제된 경우 그 계약관계의 청산은 계약의 당사자인 낙약자와 요약자 사이에 이루어져야 하므로, 특별한 사정이 없

8) B와 C 사이에 유효한 거래가 없으므로, C가 그 물건의 소유권을 선의취득할 수 없고 상대적 무효/취소의 규정도 적용되지 않는다.
9) 대판 1990.6.8. 89다카20481 참조.
10) 대판 2003.1.24. 2000다22850 참조.
11) 계약이 해제된 경우에 관한 대판 2003.12.26. 2001다46730 및 대판 2015.4.23. 2014다77956(A 회사가 B 회사와의 대리사무계약에 따라 B에 분양대금채권을 양도하고, C 회사와 C가 B에 분양대금을 직접 납부하는 내용의 분양계약을 체결하여 C가 B에 분양대금을 직접 납부한 사안에서, C가 A와의 분양계약 해제를 이유로 B를 상대로 부당이득반환청구를 할 수 없다고 한 사례)도 참조.

는 한 낙약자가 이미 제3자에게 급부한 것이 있더라도 낙약자는 계약해제에 기한 원상회복 또는 부당이득을 원인으로 제3자를 상대로 그 반환을 구할 수 없다."12)

2. 위법하게 취득한 금전에 의한 변제 [3234]

(1) 위법하게 취득한13) 금전으로 채무를 변제한 경우에, 편취자가 피편취자에 대하여 불법행위로 인한 손해배상책임 및 부당이득반환의무를 지는데, 그에 더하여 변제수령자의 피편취자에 대한 부당이득이 성립하는지가 문제된다. 이 논의는 특히 편취자의 무자력으로 인하여 그에 대한 구제수단이 실효성 없는 경우에 그 실익이 있다.

이에 관하여 ① 급부수령자(수익자)의 관점에서 채권의 존재가 법률상 원인(급부보유력)을 이룬다고 할 수 있는 반면(사해행위에 해당할 수 있음은 별론으로 하고), ② 피편취자(손실자)의 입장에서 수익자가 악의 또는 중과실이라면 그는 손실자에 대한 관계에서 법률상 원인 없이 이득하였다고 볼 수도 있다.

(2) 이에 관한 판례의 입장을 본다. [3235]

① 대판 2003.6.13. 2003다8862는 "채무자가 피해자로부터 횡령한 금전을 그대로 채권자에 대한 채무변제에 사용하는 경우 피해자의 손실과 채권자의 이득 사이에 인과관계가 있음이 명백하고, 한편 채무자가 횡령한 금전으로 자신의 채권자에 대한 채무를 변제하는 경우 채권자가 그 변제를 수령함에 있어 악의 또는 중대한 과실이 있는 경우에는 채권자의 금전취득은 피해자에 대한 관계에 있어서 법률상 원인을 결여한 것으로 봄이 상당하나, 채권자가 그 변제를 수령함에 있어 단순히 과실이 있는 경우에는 그 변제는 유효하고 채권자의 금전취득이 피해자에 대한 관계에 있어서 법률상 원인을 결여한 것이라고 할 수 없다"고 하여14) 손실자의 관점에서 결론을 내렸다.

② 이러한 법리는 채무자가 편취한 금원을 자신의 채무변제에 직접 사용하지 않고 자신의 채권자의 다른 채권자에 대한 채무를 대신 변제하는 데 사용한 경우15) 및 채무자가 횡령한 돈을 제3자에게 증여한 경우16)에도 마찬가지로 적용된다.17)

(3) 요컨대 판례는 피편취자의 관점에서 인과관계가 인정됨을 전제로 수익자가 악의 또는 중과실이라면 법률상 원인이 결여되어 부당이득이 성립한다는 입장이다.18) 이 입장을 따르면, 손실

12) 대판 2010.8.19. 2010다31860 · 31877도 동지.
이와 달리 수익자가 제548조 제1항 단서 소정의 제3자에 해당하므로 반환의무를 지지 않는다는 「이례적인」 판시를 한 대판 2021.8.19. 2018다244976에 관하여 [2550] 참조.
참고로 대판 2010.3.11. 2007다71271: "회사가 임원이나 근로자를 피보험자 및 수익자로 하여 퇴직보험에 가입하였더라도, 이는 임원이나 근로자가 퇴직할 경우 회사가 퇴직금 관련규정에 따라 지급하여야 할 퇴직금을 보험금 또는 해약환급금에서 직접 지급받도록 함으로써 회사의 재무사정에 영향을 받지 않고 퇴직금지급이 보장되도록 하기 위한 것일 뿐 그 퇴직금을 넘는 금원을 임원이나 근로자에게 지급하기 위한 것은 아니다. 따라서 비록 임원이나 근로자가 퇴직보험에서 정한 바에 따라 직접 보험금 또는 해약환급금을 수령하였다고 하더라도, 회사에 대한 관계에서는 회사가 지급하여야 하는 퇴직금의 범위 내에서만 보험금 또는 해약환급금을 보유할 수 있는 권리를 가질 뿐이며, 임원이나 근로자가 퇴직보험에 의하여 수령한 금원 중에서 위 퇴직금을 초과하는 금원은 회사가 출연한 보험료를 기초로 하여 법률상 원인 없이 이득을 얻은 것이 되어 회사에게 반환할 의무가 있다."

13) 아래에서는 그 대표단수로서 편취(騙取)라는 표현을 사용하기로 한다.

14) X 회사의 출납담당과장 A가 Y에 대한 채무를 변제하기 위해 자신이 관리 중인 X의 예금계좌에서 Y의 예금계좌로 직접 계좌이체하는 방식으로 송금하였고, 이에 X가 Y에게 송금액 상당의 금원을 부당이득으로서 반환청구한 사안에서, Y에게 중과실이 없다고 하여 X의 청구를 기각한 사례.

15) 대판 2008.3.13. 2006다53733 · 53740: 경리업무 담당자가 회사자금의 횡령사실을 은폐할 목적으로 권한 없이 Y 회사 명의로 X 은행과 대출계약을 체결하여 그 대출금을 편취한 후 이를 Y 또는 그 채권자인 거래처의 예금계좌에 송금하여 횡령금 상당액을 변제한 사안에서, 위 송금 당시 이러한 사정에 대하여 Y의 악의 또는 중과실이 없는 한 Y가 금전취득 또는 채무소멸의 이익을 얻은 것은 편취행위의 피해자인 X에 대한 관계에서 법률상 원인이 있다고 한 사례.

16) 대판 2012.1.12. 2011다74246. 수증자가 악의라면 제747조 제2항이 적용될 수 있다.

17) 대판 2011.2.10. 2010다89708도 참조.

자(피편취자)에 대한 관계에서 그에게 귀속되는 금전을 수익자가 취득하였다는 점에서 「침해이득」이 문제되는데, 어음이나 수표의 선의취득에 준하여 수익자가 악의 또는 중과실이라면 편취된 금전의 보유가 정의관념에 반하고, 따라서 부당이득의 성립을 인정해야 한다. 악의의 무상전득자에 관한 제747조 제2항도 이러한 취지에 기한 것으로 볼 수 있다. 결국 이 경우에 법률상 원인의 유무는 선의취득 또는 제747조 제2항의 유추가 가능한지에 좌우된다.

[참 고] 이러한 판례의 입장과 달리 수익자의 관점에서 본다면 「급부이득」이 문제되는데, 그가 악의라도 부당이득이 성립하지 않는다고 해야 한다. 먼저 채무자가 편취한 금전으로 자기의 채무를 변제한 「자기채무변제형」에서 채권자와 채무자 사이의 채권관계가 법률상 원인을 이루기 때문에 채권자의 선·악의에 관계없이 피해자가 채권자에 대하여 부당이득의 반환을 구할 수 없고, 편취자가 제3자의 채무를 변제한 「제3자수익형」에서도 채권자에 대한 관계에서는 채무자(즉 제3자)와의 채권관계가 법률상 원인을 이루고, 채무를 면한 제3자는 채무의 소멸이라는 이득을 얻었지만 제3자변제(제469조)[19]나 편취자의 착오에 기한 타인채무의 변제(제745조 제1항) 등이 법률상 원인을 이루기 때문에 피해자의 부당이득반환청구가 부정되어야 한다.[20]

[3236] ## 3. 자금이체와 부당이득

(1) 자금이체는 현금에 갈음하는 간편한 지급수단으로 빈번하게 이용된다. 그런데 X가 A의 계좌로 송금한다고 하면서 착오로 Y의 계좌로 잘못 이체한 경우 또는 Y에 대한 채무가 없음에도 있다고 착각하여 이체한 경우(이른바 phishing의 경우를 포함하여)에 부당이득과 관련하여 복잡한 문제가 발생한다.

[3237] (2) 송금의뢰인의 착오에 의한 자금이체와 관련된 판례의 입장을 정리한다.

① 예금거래기본약관에 따라 송금의뢰인(X)이 수취인(Y)의 예금계좌에 자금이체를 하여 예금원장에 입금의 기록이 된 때에 Y와 수취은행(B) 사이에 입금액 상당의 예금계약이 성립하고 Y가 B에 대하여 입금액 상당의 예금채권을 취득하는데,[21] 특별한 사정이 없는 한 X와 Y 사이에 자금이체의 원인인 법률관계가 존재하는지를 따지지 않는다[22]: 원인관계불요설.

② X와 Y 사이에 계좌이체의 원인이 되는 법률관계가 존재하지 않음에도 불구하고 X의 계좌이체에 의하여 Y가 이체금액 상당의 예금채권을 취득한 경우에, X는 Y에 대하여 위 금액 상당의 부당이득반환청구권을 가지지만, B는 이익을 얻은 것이 없으므로 B에 대해서는 부당이득반환청구를 할 수 없다.[23][24]

---

18) 채권자가 수령한 금전이 편취된 것이라는 사실을 알았거나 중대한 과실로 알지 못하였다는 점에 대한 증명책임은 피해자에게 있다(대판 2024.6.27. 2024다216187).

19) 편취자와 제3자 사이에 위임계약이 존재하거나 사무관리가 성립될 수 있고, 이러한 경우에 제3자는 편취자에 대하여 비용상환의무를 부담한다.

20) 다른 한편 변제를 받는 채권자에게 금전의 출처에 대한 조사의무를 지우는 것이 적절한지에 대해서도 의문이 없지 않다.

21) 대판 2002.12.26. 2002다54479.

22) 대판 2007.11.29. 2007다51239.

23) 앞의 2007다51239 판결. 대판 2004.5.14. 2004다12219도 참조.
나아가 대판 2022.6.30. 2016다237974: 종합통장자동대출에서 "약정계좌의 잔고가 마이너스로 유지되는 상태, 즉 대출채무가 있는 상태에서 약정계좌로 자금이 이체되면, 그 금원에 대해 수취인의 예금채권이 성립됨과 동시에 수취인과 수취은행 사이의 대출약정에 따라 수취은행의 대출채권과 상계가 이루어지게 된다. 그 결과 수취인은 대출채무가 감소하는 이익을 얻게 되므로, 설령 송금의뢰인과 수취인 사이에 자금이체의 원인인 법률관계가 없더라도, 송금의뢰인은 수취인에 대하여 이체금액 상당의 부당이득반환청구권을 가지게 될 뿐이고, 수취인과의 적법한 대출거래약정에 따라 대출채권의 만족을 얻은 수취은행에 대하여는 부당이득반환청구권을 취득한다고 할 수 없다."

24) 이러한 법리에 따라 Y가 위 금액을 출금하거나 다른 계좌로 이체하는 경우에 B를 피해자로 하는 사기죄는 성립하지 않지만(대판 2010.5.27. 2010도3498), X에 대한 관계에서 횡령죄가 성립한다(대판 2005.10.28. 2005도5975). 이른바 보이스피싱사안에서 송금의뢰

③ 한편 B는 Y에 대한 별도의 채권을 자동채권으로 하여 위 예금채권과 상계할 수 있지만, 권리남용에 해당할 수 있다.[25)]

그리고 수취인의 채권자는 예금채권을 압류할 수 있고[26)] 이에 대하여 송금의뢰인은 제3자이의의 소를 제기할 수 없다.[27)]

(3) 지급지시나 출금동의에 관한 은행의 착오에 의한 자금이체의 경우에도 위 ①의 법리는 유지된다. 반면 ❷ 은행의 수취인에 대한 부당이득반환청구권이 성립하고 ❸ 입금기장 정정이 허용된다는 점에서 송금의뢰인의 착오송금과 다르다. [3238]

[참 고] 대판 2012.10.25. 2010다47117은, 은행이 적법한 압류 및 추심명령이 없음에도 착오로 그러한 명령이 있는 것으로 알고 집행채무자의 출금계좌에서 집행채권자의 입금계좌로 자금이체를 한 경우에, 착오송금의 경우와 마찬가지로 수취인은 그 입금액 상당의 예금채권을 취득하고, ❷ 그와 동시에 은행은 그 수취인에 대하여 동액 상당의 부당이득반환청구권을 취득한다고 했다. 그리고 ❸ 특별한 사정이 없는 한 착오로 인한 자금이체에 의하여 발생한 채권채무관계를 정리하기 위하여 수취인의 예금계좌에 대한 입금기록을 정정하여 자금이체를 취소시키는 방법으로 은행의 수취인에 대한 부당이득반환청구권과 수취인의 은행에 대한 예금채권을 모두 소멸시킬 수 있다고 판시하였다.[28)]

4. 그 밖의 경우들 [3239]

가. 경매에서의 배당과 부당이득

(1) "확정된 배당표에 의하여 배당을 실시하는 것은 실체법상의 권리를 확정하는 것이 아니므로, 배당을 받아야 할 채권자가 배당을 받지 못하고 배당을 받지 못할 자가 배당을 받은 경우에는 배당을 받지 못한 채권자로서는 배당에 관하여 이의를 한 여부에 관계없이 배당을 받지 못할 자이면서도 배당을 받았던 자를 상대로 부당이득반환청구권을 갖는다 할 것이고, 배당을 받지 못한 그 채권자가 일반채권자라고 하여 달리 볼 것은 아니다."[29)] 그리고 손실자는 배당이 잘못되지 않았더라면 배당을 받을 수 있었던 사람이지, 이것이 다음 순위의 배당을 받을 수 있는 사람

인이 다른 사람의 예금계좌에 자금을 송금·이체하여 송금의뢰인과 계좌명의인 사이에 송금·이체의 원인이 된 법률관계가 존재하지 않음에도 송금·이체에 의하여 계좌명의인이 그 금액 상당의 예금채권을 취득한 경우에, 계좌명의인이 영득의 의사로 송금·이체된 돈을 인출하면 횡령죄가 성립한다고 한 대판(전) 2018.7.19. 2017도17494도 참조.

25) 대판 2010.5.27. 2007다66088: "송금의뢰인이 착오송금임을 이유로 거래은행을 통하여 혹은 수취은행에 직접 송금액의 반환을 요청하고 수취인도 송금의뢰인의 착오송금에 의하여 수취인의 계좌에 금원이 입금된 사실을 인정하고 수취은행에 그 반환을 승낙하고 있는 경우, 수취은행이 수취인에 대한 대출채권 등을 자동채권으로 하여 수취인의 계좌에 착오로 입금된 금원 상당의 예금채권과 상계하는 것은, 수취은행이 선의인 상태에서 수취인의 예금채권을 담보로 대출을 하여 그 자동채권을 취득한 것이라거나 그 예금채권이 이미 제3자에 의하여 압류되었다는 등의 특별한 사정이 없는 한, 공공성을 지닌 자금이체시스템의 운영자가 그 이용자인 송금의뢰인의 실수를 기화로 그의 희생 하에 당초 기대하지 않았던 채권회수의 이익을 취하는 행위로서 상계제도의 목적이나 기능을 일탈하고 법적으로 보호받을 만한 가치가 없으므로, 송금의뢰인에 대한 관계에서 신의칙에 반하거나 상계에 관한 권리를 남용하는 것"이다.

26) 대판 2006.3.24. 2005다59673. 참고로 대판 2022.7.14. 2020다212958: "수취인의 계좌에 착오로 입금된 금원 상당의 예금채권이 이미 제3자에 의하여 압류되었다는 특별한 사정이 있어 수취은행이 수취인에 대한 대출채권 등을 자동채권으로 하여 수취인의 그 예금채권과 상계하는 것이 허용되더라도 이는 피압류채권액의 범위 내에서만 가능하고, 그 범위를 벗어나는 상계는 신의칙에 반하거나 권리를 남용하는 것으로서 허용되지 않는다."

27) 대판 2009.12.10. 2009다69746.

28) 그 요지는 다음과 같다: "이 경우 은행은 입금기록이 완료됨과 동시에 수취인에 대하여 입금액 상당의 부당이득반환청구권을 취득하게 되는데, 전자금융거래법 제8조 제3항이 [···] 오류정정이 허용될 경우의 처리절차에 관하여 규정하고 있는 점, 착오로 입금이 이루어진 수취인의 예금계좌가 그 은행에 개설되어 있는 경우 은행으로서는 수취인에 대한 부당이득반환청구권을 자동채권으로 하여 수취인의 예금채권과 상계할 수 있는 점 등에 비추어 보면, 은행은 위와 같은 상계로써 수취인의 예금채권에 관하여 이미 이해관계를 가지게 된 제3자 등에게 대항할 수 없다는 등 특별한 사정이 없는 한, 착오로 인한 자금이체에 의하여 발생한 채권채무관계를 정리하기 위하여 수취인의 예금계좌에 대한 입금기록을 정정하여 자금이체를 취소시키는 방법으로 은행의 수취인에 대한 부당이득반환청구권과 수취인의 은행에 대한 예금채권을 모두 소멸시킬 수 있다."

29) 대판 2007.3.29. 2006다49130.

이 있는 경우에도 채무자에게 귀속된다고 할 수는 없다.[30)]

(2) 우선변제권자가 배당받지 못한 경우에 관하여 대판(전) 2019.7.18. 2014다206983의 다수의견: "대법원은 배당받을 권리 있는 채권자가 자신이 배당받을 몫을 받지 못하고 그로 인해 권리 없는 다른 채권자가 그 몫을 배당받은 경우에는 배당이의 여부 또는 배당표의 확정 여부와 관계없이 배당받을 수 있었던 채권자가 배당금을 수령한 다른 채권자를 상대로 부당이득반환청구를 할 수 있다는 입장을 취해 왔다. 이러한 법리의 주된 근거는 배당절차에 참가한 채권자가 배당이의 등을 하지 않아 배당절차가 종료되었더라도 그의 몫을 배당받은 다른 채권자에게 그 이득을 보유할 정당한 권원이 없는 이상 잘못된 배당의 결과를 바로잡을 수 있도록 하는 것이 실체법 질서에 부합한다는 데에 있다. 나아가 위와 같은 부당이득반환청구를 허용해야 할 현실적 필요성(배당이의의 소의 한계나 채권자취소소송의 가액반환에 따른 문제점 보완), 현행 민사집행법에 따른 배당절차의 제도상 또는 실무상 한계로 인한 문제, 민사집행법 제155조의 내용과 취지, 입법연혁 등에 비추어 보더라도, 종래 대법원 판례는 법리적으로나 실무적으로 타당하므로 유지되어야 한다."[31)] 저당권이 불법말소된 상태에서 저당목적부동산이 경락된 경우에도 같다.

그런데 실체법상의 우선변제권자라도 「배당요구채권자」라면 배당요구를 한 경우에 한하여 배당을 받을 수 있고, 적법한 배당요구를 하지 않은 경우에 배당을 받을 수 없다([4144] 참조). 따라서 배당요구채권자가 적법한 배당요구를 하지 않아서 그를 배당에서 제외하는 배당표가 작성, 확정되고 확정된 배당표에 따라 배당이 실시되었다면, 그가 적법한 배당요구를 한 경우에 배당받을 수 있었던 금액 상당의 금원이 후순위채권자에게 배당되었다 하여 이를 법률상 원인이 없는 것이라고 할 수 없다.[32)] 다시 말하자면 적법한 배당요구를 하지 않았다면 실체법상 우선변제청구권이 있는 채권자라도 매각대금으로부터 배당을 받을 수 없어서,[33)] 배당받은 후순위권리자에 대하여 부당이득반환을 청구하지 못한다. 배당요구는 실체법상의 우선변제권을 집행법적으로 관철하기 위한 요건으로, 배당요구가 없었다면 그 채권자를 배제한 배당 자체는 적법하고, 배당표가 법률상 원인을 이루기 때문이다.[34)]

---

30) 대판 2000.10.10. 99다53230. 대판 2005.4.29. 2005다3137은, 근저당권자가 피담보채무액을 초과하여 배당받은 관계로 후순위의 조세채권자가 배당을 받지 못한 경우에, 조세채권이 경매목적물의 소유자에 대한 것이고 소유자가 조세채무를 전부 변제하였다면, 근저당권자는 소유자에 대하여 초과배당금 상당액을 부당이득으로 반환해야 한다고 했는데, 이 판결에서 소유자는 물상보증인이었다는 점에서 판지의 일반화에는 당연히 한계가 따른다. 나아가 대판 2024.4.12. 2023다315155: "부당이득반환의무를 부담하는 '배당금을 수령한 다른 채권자'는 실체법적으로 볼 때 배당을 통하여 법률상 원인 없이 이득을 얻은 사람을 의미하고, 그가 부동산 임의경매절차에서 현실적으로 배당금을 수령한 사람과 언제나 일치하여야 하는 것은 아니[다. …] 질권설정자의 채무자에 대한 근저당권부채권 범위를 초과하여 질권자의 질권설정자에 대한 피담보채권 범위 내에서 질권자에게 배당금이 직접 지급됨으로써 질권자가 피담보채권의 만족을 얻은 경우, 실체법적으로 볼 때 배당을 통하여 법률상 원인 없이 이득을 얻은 사람은 피담보채권이라는 법률상 원인에 기하여 배당금을 수령한 질권자가 아니라 근저당권부 채권이라는 법률상 원인의 범위를 초과하여 질권자에게 배당금이 지급되게 함으로써 자신의 질권자에 대한 피담보채무가 소멸하는 이익을 얻은 질권설정자이다."

31) "채권자가 적법한 소환을 받아 배당기일에 출석하여 자기의 의견을 진술할 기회를 부여받고도 이러한 기회를 이용하지 않은 채 배당절차가 종료된 이상, 배당절차에서 배당받은 다른 채권자를 상대로 부당이득반환청구의 소를 제기하여 새삼스럽게 자신의 실체법적 권리를 주장하는 것을 허용해서는 안 된다고 봄이 타당하다"고 한 반대의견도 참조.

32) 대판 1996.12.20. 95다28304; 대판 2020.10.15. 2017다216523. 이 점에서 집행목적물의 교환가치에 대하여 우선변제권을 가지는 담보물권과 현저히 다르다. 그런데 이 경우 우선변제권만 상실하고 원래의 채무자에 대한 채권은 상존함은 당연하다.

33) 대판 2005.8.25. 2005다14595. 임금우선채권에 관한 앞의 95다28304 판결 및 주택임대차법상 우선변제권에 관한 대판 1998.10.13. 98다12379도 참조.

34) 배당에서의 부당이득에 관한 재판례를 본다. ㉠ 실체적 하자 있는 배당표에 기한 배당으로 인하여 배당받을 권리를 침해당한 이는 배당기일에 출석하여 이의를 하고 배당이의의 소를 제기하여 구제받을 수 있고, 가사 배당기일에 출석하여 이의를 하지 않음으로써 배당표가 확정되었더라도 확정된 배당표에 의하여 배당을 실시하는 것은 실체법상의 권리를 확정하는 것이 아니기 때문에 부당이득금반환청구의 소를 제기할 수 있다(대판 2002.10.11. 2001다3054). 그리고 대결 2013.4.26. 2009마1932: "배당절차에서 작성된 배당표가 잘못되어 배당을 받아야 할 채권자가 배당을 받지 못하고 배당을 받을 수 없는 사람이 배당받는 것으로 되어 있을 경우, 배당금이 실제 지급되었다면 배당금 상당의 금전지급을 구하는 부당이득반환청구를 할 수 있지만 아직 배당금이 지급되지 아니한 때에는 배당금지급청구권의 양도에 의한 부당이득의 반환을 구하여야지 그 채권 가액에 해당하는 금전의 지급을 구할 수는 없고, 그 경우 집행의 보전은 가압류에 의할 것이 아니라 배당금지급금지가처분의 방법으로 하여야 한다." 대판 1996.11.22. 96다34009도 참조.

나. 기　　타 [3240]

(1) 채권자가 채무의 이행을 구하는 소에서 승소한 후 채무자의 임의변제가 있었음에도 강제집행절차에서 배당을 받은 경우에, 채무자는 청구이의의 소를 제기할 수 있다. 한편 실체법상의 청구권의 존재가 배당에서 법률상 원인을 구성하므로 배당받은 채권자를 상대로 한 부당이득반환청구가 가능하다.

(2) 임대차관계 존속 중 임차목적물이 제3자에게 양도된 경우에, 외견상 임차인(A)과 양수인(B)이 모두 임차목적물의 사용·수익에 따른 재산상 이익에 관하여 법률상 원인을 가지지만, 그들 사이에서 권원의 우열에 따라 부당이득의 성립 여부가 결정된다. 즉 임차권이 대항력 있는 것이라면 목적물의 용익에 따른 재산상 이익은 A에게 귀속되고, 따라서 B는 양도인(C)에 대하여 부당이득반환(임차보증금의 반환 등)을 구할 수 있다.[35] 반면 임차권이 대항력 없는 것이라면 물권의 우선적 효력에 따라 B가 우선하고, 따라서 A의 이득은 B에 대한 관계에서 부당이득을 형성하는데, 다만 A가 C에게 이미 차임을 지불하였다면 이득이 없고 그 결과 B는 C에 대하여 부당이득의 반환을 구할 수 있을 것이다.

(3) 친족간의 부양의 순서, 정도 및 방법은 협의 또는 가정법원의 결정으로 정해지는데, 후순위의 부양의무자가 부양료를 지급한 경우에, 후순위의 부양의무자가 부양권리자에 대하여 부당이득의 반환을 구할 수 없지만,[36] 선순위의 부양의무자에 대한 관계에서 부당이득이 성립할 수 있다.[37][38]

참고로 배당이의소송은 대립하는 당사자 사이의 배당액을 둘러싼 분쟁을 그들 사이에서 상대적으로 해결하는 것이어서 판결의 효력은 오직 소송의 당사자에게만 미칠 뿐이므로, 어느 채권자가 배당이의소송에서의 승소확정판결에 기하여 경정된 배당표에 따라 배당을 받은 경우에도, 그 배당이 배당이의소송에서 패소 확정판결을 받은 이 아닌 다른 배당요구채권자가 배당받을 몫까지도 배당받은 결과로 된다면 그 다른 배당요구채권자는 위 법리에 의하여 배당이의소송의 승소 확정판결에 따라 배당받은 채권자를 상대로 부당이득반환청구를 할 수 있다(대판 2007.2.9. 2006다39546. 대판 2000.1.21. 99다3501도 참조). ㉡ 배당요구채권자인, 근로기준법에 의하여 우선변제청구권을 갖는 임금채권자가 경매절차개시 전에 경매목적부동산을 「가압류」한 경우에, 배당요구의 종기까지 우선권 있는 임금채권임을 소명하지 않았더라도 배당표가 확정되기 전까지 그 가압류의 청구채권이 우선변제권 있는 임금채권임을 소명하면 우선배당을 받을 수 있는데(대판 2002.5.14. 2002다4870. 대판 2004.7.22. 2002다52312도 참조), 저당권자가 임금채권자를 대위하는 경우에도 같다(대판 2005.9.29. 2005다34391). ㉢ 대판 1997.2.28. 96다495: "담보권의 실행을 위한 경매에서 신청채권자가 경매를 신청함에 있어서 경매신청서에 피담보채권 중 일부만을 청구금액으로 기재하였을 경우에는 다른 특별한 사정이 없는 한 신청채권자가 당해 경매절차에서 배당을 받을 금액이 그 기재된 채권액을 한도로 확정되고, 신청채권자가 채권계산서를 제출하는 방법에 의하여 청구금액을 확장할 수 없다고 할 것이므로, 설사 신청채권자가 경매신청서에 기재하지 아니한 다른 피담보채권을 가지고 있었다고 하더라도 청구금액을 확장한 채권계산서를 제출하는 방법으로는 피담보채권액 중 경매신청 당시의 청구금액을 초과하는 금액에 관하여는 배당에 참가할 수 없으며, 배당법원으로서는 경매신청 당시의 청구금액만을 신청채권자에게 배당하면 족하다. 따라서 근저당권자가 경매신청서에 피담보채권 중 일부만을 청구금액으로 기재하여 담보권의 실행을 위한 경매를 신청한 후 청구금액을 확장한 채권계산서를 제출하였을 뿐 달리 경락기일까지 이중경매를 신청하는 등 필요한 조치를 취하지 아니한 채 그대로 경매절차를 진행시켜 경매신청서에 기재된 청구금액을 기초로 배당표가 작성·확정되고 그에 따라 배당이 실시되었다면, 신청채권자가 청구하지 아니한 부분의 해당 금원이 후순위채권자들에게 배당되었다 하여 이를 법률상 원인이 없는 것이라고 볼 수는 없다." 대판 2008.6.26. 2008다19966도 참조. 배당요구채권자의 경우에도 다르지 않다(앞의 2005다14595 판결).

35) 임차권의 부담은 인수하기로 했다면 그렇지 않음은 당연하다.

36) 부양의무의 존재가 법률상 원인을 구성한다.

37) 대판 2012.12.27. 2011다96932 참조. 과거의 양육비 상환청구에 관한 대결(전) 1994.5.13. 92스21도 참조.

38) 임용행위의 하자로 임용이 소급적으로 취소된 사실상의 공무원의 부당이득반환청구권의 범위에 관한 대판 2017.5.11. 2012다200486도 참조.

제 3 절 부당이득의 효과

제1관 총 설

[3241] Ⅰ. 이득의 반환

1. 부당이득의 반환

(1) 부당이득이 성립하면 수익자는 자기가 얻은 이익을 손실자에게 반환할 의무를 진다. 여기서 「이익」이 무엇을 의미하는지에 관하여 견해가 갈리는데, 다수설은 차액설(差額說)을 취한다. 즉 구체적 취득과정의 결과로 생긴 수익자의 전체재산의 증가를 이익으로 파악하여, 부당이득의 원인사실이 없었다면 존재하였을 재산의 총액보다 그 사실이 있은 후 현실적으로 존재하는 재산의 총액이 증가한 경우에, 차액이 반환되어야 할(중복기준설에 따라 손실의 범위 내에서) 이익이라고 한다. 이와 달리 수익자가 실제로 취득한 대상(이득 자체 또는 그 가액)이 반환의 대상이라는 취득이익설(取得利益說)도 있다. 판례는 차액설을 따른다.[1)]

(2) 양설의 차이는 선의수익자의 반환의무의 내용을 이루는 「현존이익」(제748조 제1항)에의 접근방법에 있다. 즉 차액설은 수익사실과 인과관계 있는 수익자의 모든 불이익을 공제하고 남은 이익을 현존이익이라고 하는 반면, 취득이익설은 수익자가 취득한 대상을 자기의 것처럼 처분·소비하기 쉬우므로 선의수익자에 대해서는 취득한 대상이 그대로 또는 변화·변질된 모습으로 현존하는 경우에만 이를 반환하도록 함이 공평하며, 따라서 제748조 제1항이 선의수익자에게 현존이익만으로 반환범위를 줄여 주는 것은 취득이익 전부의 반환이 가져올 가혹한 결과를 고려한 예외적인 배려라고 한다.

[3242] (3) 생각건대 제741조의 문언("그 이익") 및 제747조 제1항의 반대해석에 의하여 취득이익설이 타당하다 할 것이다(반환범위가 제748조에 따라 결정되는 것은 별개의 문제이다). 한편 차액설에 의하면 현존이익의 개념 자체가 손실자에게 지나치게 가혹할 수 있다.[2)]

[참 고] 대판 2009.12.24. 2009다32324: "유치권자가 유치물에 관하여 제3자와의 사이에 전세계약을 체결하여 전세금을 수령하였다면 전세금이 종국에는 전세입자에게 반환되어야 할 것임에 비추어 다른 특별한 사정이 없는 한 그가 얻은 구체적 이익은 그가 전세금으로 수령한 금전의 이용가능성이고, 그가 이와 같이 구체적으로 얻은 이익과 관계없이 추상적으로 산정된 차임 상당액을 부당이득으로 반환하여야 한다고 할 수 없다. 그리고 이러한 이용가능성은 그 자체 현물로 반환될 수 없는 성질의 것이므로 그 '가액'을 산정하여 반환을 명하여야 하는바, 그 가액은 결국 전세금에 대한 법정이자 상당액"이다.

이 경우 유치권자의 이득은 유치물의 이용에 대한 객관적 대가(즉 통상의 차임 상당액)라 할 것이지만, 부당이득의 성립범위는 추상적인 차임이 아니라 받은 전세금의 법정이자 상당액이고, 다만 악의수익자라면 제748조 제2항에 따라 이자 및 손해(추상적인 차임과 위 법정이자 상당액의 차액을 포함하여)도 반환해야 한다.

---

1) 대판 1995.5.12. 94다25551 등.

2) 예컨대 수익자가 수취한 금전을 제3자에게 대여하였는데 제3자가 지급불능상태에 빠진 경우에, 대여금채권을 손실자에게 양도하도록 한다면, 수익자가 부담해야 할 위험이 근거 없이 손실자에게 전가된다.

2. 부당이득반환청구권 [3243]

(1) 반환청구권은 기한의 정함이 없는 채권이므로, 반환의무자는 이행청구를 받은 다음날부터 지체책임을 진다.3) 다만 쌍무계약에 기한 급부의 반환청구에서 반환의무 사이에 동시이행관계가 인정되므로,4) 변제 또는 그 제공이 있을 때까지 지체책임이 성립하지 않는다.

(2) 반환청구권은 소멸시효에 걸리는데, 발생과 동시에 행사할 수 있는 채권이므로 시효의 기산점은 청구권이 발생한 때이고, 급부이득에서 채무의 부존재를 알지 못하였더라도(사실상의 장애에 해당한다) 권리발생시부터 시효가 진행된다. 그리고 시효기간은 제162조에 따라 10년이라고 해야 한다(상사시효에 관한 [1363]도 참조).

(3) 쌍무계약에 기하여 계약당사자 쌍방이 각자의 급부를 이행하였으나 그 후 계약이 무효로 된 경우에, 양 당사자의 부당이득반환의무5) 사이에 견련관계를 인정해야 한다.6)

[참 고] 부당이득의 반환에 관한 규정들의 적용한계

㉠ 급부이득에서 급부 자체가 손실이자 동시에 이득이므로, 수익자에게 어느 정도의 "이득"이 있었는지 그리고 그가 선의인지를 따지지 않고 받은 것을 돌려주어야 한다. 그런데 쌍무계약에서 받은 이익이 소멸한 경우에 위험부담의 법리가 청산의 단계에서도 유지되어야 하고,7) 반환범위와 관련해서도 원상회복을 정하는 제548조(및 이자에 관하여 제587조)와 결론을 달리할 이유가 없다(선·악의에 따른 이해관계의 왜곡을 피하기 위하여). 다만 사기나 강박에 의하여 필요하지 않은 물건을 매수한 경우처럼 계약당사자 일방(A)이 상대방(B)의 의도대로 계약관계에 들어섬으로써 대가성이 의미를 상실하였다면, A는 선의수익자, B는 악의수익자로 다루어야 할 것이다.8) 반면 편무계약이나 법정채권관계에서는 제747조와 제748조가 적용되어야 할 것이다.

㉡ 침해이득에서 수익자가 얻은 것은 원래 손실자의 몫이므로, 손실자의 실제적 불이익을 따질 필요가 없다. 특히 목적물이 수익자의 수중에 있지 않은 경우에9) 수익자에 대한 관계에서 제747조 이하가 적용되고, 제3자에 대하여 반환청구가 가능하다면 제201조 이하가 적용될 것이다. 그리고 반환불능의 경우에 적어도 악의수익자라면 제392조의 유추에 의하여 과실(過失)이 없더라도 가액을 반환해야 할 것이다.

3. 부당이득반환의무의 이행방법 [3244]

(1) 물권변동에 관하여 유인설을 취하면, 소유권 등 물권 자체의 반환은 드물지만, 등기의 말소나 점유의 이전 등을 부당이득으로 반환청구할 수 있다([3210] 참조).

(2) 제3자에 대한 채권이 부당이득으로 되는 경우에, 수익자는 손실자에게 채권을 양도하고 채무자에게 채권양도의 통지를 해야 한다.10) 즉 부당한 채권양도가 통지나 승낙 등의 대항요건을

3) 대판 2008.2.1. 2007다8914. 참고로 대판(전) 2018.7.19. 2017다242409: "조세환급금은 조세채무가 처음부터 존재하지 않거나 그 후 소멸하였음에도 불구하고 국가가 법률상 원인 없이 수령하거나 보유하고 있는 부당이득에 해당하고, 환급가산금은 그 부당이득에 대한 법정이자로서의 성질을 가진다. 부당이득반환의무는 일반적으로 기한의 정함이 없는 채무로서, 수익자는 이행청구를 받은 다음 날부터 이행지체로 인한 지연손해금을 배상할 책임이 있다. 그러므로 납세자가 조세환급금에 대하여 이행청구를 한 이후에는 법정이자의 성질을 가지는 환급가산금청구권 및 이행지체로 인한 지연손해금청구권이 경합적으로 발생하고, 납세자는 자신의 선택에 좇아 그중 하나의 청구권을 행사할 수 있다."

4) 대판 1995.9.15. 94다55071.

5) 가액반환의 경우에도 마찬가지이지만, 당사자 쌍방이 가액반환을 하는 경우에 상계만이 허용된다고 할 것이다.

6) 대판 1993.5.14. 92다45025; 앞의 94다55071 판결 참조.

7) 동시이행관계가 이미 판례에 의하여 수용되었음에 관하여 [2318] 참조.

8) 이 경우 제587조를 적용하여 매매대금이자와의 상계로 처리한다면 이해관계가 왜곡될 수 있다. 즉 보호가치 및 등가성에 차이가 있을 수 있다.

9) 수익자의 수중에 있다면 물권적 청구 등에 의한 해결이 가능하다.

10) 이미 채권의 변제가 있었다면 변제받은 금액을 반환해야 한다.

갖춘 경우에, 취소 · 해제 등의 사실을 통지하지 않으면 대항할 수 없으므로, 양수인에게 이러한 통지를 할 것을 부당이득반환의무의 이행으로 구할 수 있다.[11] 그리고 집행권원에 기한 강제집행의 일환으로 채권압류 및 전부명령이 확정된 후 집행권원상의 집행채권이 소멸한 것으로 판명된 경우에, 소멸한 부분에 관해서는 집행채권자가 집행채무자에 대한 관계에서 부당이득을 한 셈이므로, 집행채권자는 그가 위 전부명령에 따라 전부받은 채권 중 실제로 추심한 금전부분에 관해서는 그 상당액을, 추심하지 않은 부분에 관해서는 채권 자체를 집행채무자에게 양도하는 방법으로 반환해야 한다.[12]

(3) 무인채권의 설정이 기초적 법률관계를 결하는 경우에, 채무자는 부당이득으로 채무면제의 청구권(증서반환청구권을 포함하여)을 가진다.[13]

(4) 현재의 부당이득뿐만 아니라 장래의 부당이득도, 이행기에 지급을 기대할 수 없다면 미리 청구할 수 있다.[14]

(5) 무효인 계약의 당사자들이 민법상의 부당이득반환과 다른 약정을 한 경우에 그에 따라야 한다.[15]

[3245] Ⅱ. 반환의 대상

1. 기본형으로서 원물반환

(1) 부당이득은 수익자가 받은 이익의 모습 그대로 반환해야 한다. 따라서 특정이 가능한 한 수익자가 취득한 구체적 이득을 그대로 반환해야 하며, 취득한 것이 대체물이라도 반환의 대상은 수익자가 얻은 그 물건, 즉 특정물이다.

(2) 반환되어야 할 원물은 당초 취득한 대상으로부터 수익자에게 발생한 과실(果實)이나 사용수익도 포함한다.[16]

(3) 나아가 수익자가 당초 취득한 구체적 대상에 갈음하여 취득한 대위물(代位物)도 반환해야 하는데, 토지수용에 의한 보상금, 보험금, 법률상 원인 없이 채권을 취득한 수익자가 채무자로부터 유효한 변제를 받은 경우의 변제물 등이 이에 속한다.

[3246] 2. 가액반환

(1) 수익자가 그 받은 목적물을 원상태로 반환할 수 없다면 그 가액, 즉 객관적 시가를 반환해야 한다(제747조 제1항). 여기서 「반환불능」이란 사회관념상의 불능을 의미하며, 당초 부당이득의 객체로 특정할 수 없는 경우, 노무급부처럼 성질상 원물을 반환할 수 없는 경우, 첨부와 같이 법률에 의하여 원물을 분리하는 것이 부정되는 경우 및 원물반환이 이익형량상 기대될 수 없는 경우 등이 그 예이다. 불능의 원인이 무엇인지를 묻지 않을 뿐만 아니라 수익자의 과책도 요하지

11) 대판 1995.12.5. 95다22061.
12) 대판 2010.12.23. 2009다37725. 대판 2004.1.16. 2003다47218도 참조.
13) 주권발행 전에 한 주식의 양도가 무효인 경우에 관한 대판 2018.10.25. 2016다42800 · 42817 · 42824 · 42831도 참조.
14) 대판(전) 1975.4.22. 74다1184. 민사소송법 제251조 및 이행판결의 주문표시에 관한 대판 2019.2.14. 2015다244432도 참조.
15) 대판 1996.11.22. 96다31703.
16) 선의수익자도 이것을 반환해야 하는지는 제201조와 제748조의 관계에 대한 이해에 따라 달라진다.

않는다. 따라서 반환할 물건이 우연한 사정, 즉 쌍방에게 책임 없는 사유로 멸실된 경우에도 가액을 반환해야 한다. 목적물의 멸실이 불가항력에 의한 경우에, 급부이득에서 위험부담의 법리가 적용되어야 하는 반면, 침해이득에서 가액반환을 부정하되 악의수익자는 과실(過失)이 없더라도 제392조 단서의 적용사안이 아니라면 가액반환을 해야 한다. 한편 원물이 부분적으로 반환불능이더라도 동일성이 인정되는 한 수익자는 그 상태대로 반환하면 된다.

(2) 원물의 반환불능을 판단하는 시기는 반환청구시가 아니라, 반환시(사실심의 변론종결시)이다.

(3) 가액반환시 가액은 원물반환이 성질상 처음부터 불가능하다면 부당이득 성립시를, 사후적으로 가액반환청구권으로 변경된 경우에는 변경된 때, 즉 반환불능으로 된 시점을 기준으로 산정한다.[17]

(4) 수익자가 자기의 노력 등으로 부당이득한 재산을 이용하여 남긴 운용이익이 반환범위에서 제외됨은 뒤에서 본다.

(5) 당초 취득한 원물을 반환할 수 없음에 대한 증명책임을 수익자가 부담하며, 수익자가 이에 대한 주장 · 증명을 하지 않으면 반환청구권자는 장래이행의 소로 대상청구를 병합할 필요가 있다.[18]

3. 악의무상전득자의 반환의무 [3247]

(1) 제747조 제2항은 반환청구권의 실효성을 확보하기 위하여 신설된, 무상수익에 관한 특칙인데, 악의전득자 자신에 대하여 부당이득요건이 충족되지 않는 경우에도 반환책임이 인정된다(즉 부당이득반환청구권이 확장된다). 손실자에 대한 관계에서 악의전득자의 보호가치가 부정되기 때문이다.

(2) 이 반환책임이 발생하기 위하여 ① 수익자가 무자력, 소재 불명, 현존이익의 소멸, 소멸시효의 완성 등의 이유로 이득을 반환할 수 없어야 하고, ② 제3자가 악의이며 무상으로 전득했어야 한다.[19] 이에 대한 증명책임을 반환청구자가 진다.

(3) 위의 요건을 충족하면 악의무상전득자는 원물반환 또는 가액반환의 책임을 지는데, 반환범위는 악의수익자에 관한 제748조 제2항에 의한다.

제 2 관 반환의 범위

Ⅰ. 총 설 [3248]

1. 개 관

수익자가 선의인지 아니면 악의인지에 따라 부당이득의 반환범위가 달라진다. 즉 법은 부당이득임을 알지 못하는 선의자를 너그럽게 보호하는 반면, 악의자를 엄격하게 다룬다.

다만 이는 하나의 기준에 불과하다. 예컨대 비용상환청구에서 수익자가 악의라 하여 제748

17) 대판 1981.8.11. 80다2885 · 2886.
18) 대상금액은 사실심 변론종결시의 본래의 급부의 가격을 기준으로 산정한다(대판 1975.7.22. 75다450).
19) 수익자의 악의는 그 요건이 아니다.

조 제2항을 적용할 수는 없다. 구상이득에서도 마찬가지이지만, 보증인의 구상에서 보는 것처럼 법은 사안의 특성을 고려하여 반환범위를 규정한다(보증인의 구상범위에 관한 제441조와 제444조 참조).

[3249] ## 2. 초과이득의 처리

(1) 운용이익(運用利益), 즉 수익자의 기여가 더해져서 얻은 수익의 반환범위에 관하여 다툼이 있다. 이 문제는 손실자의 통상의 손해, 즉 사회통념상 손실자가 당연히 취득하였으리라고 인정되는 범위를 초과하는 이른바 초과이득(超過利得)의 귀속에 관한 논의이다.

(2) 초과이득은 반환되어야 할 원물과 수익자의 노력 · 재능이 결합하여 발생한 결과로서, 기여도에 따른 분속(分屬)이 적절하겠지만, 기여도의 산정 또는 그에 관한 합의의 도출이 어렵다. 즉 이를 손실자나 수익자 중 어느 일방에게 전적으로 귀속시키는 것은 정당하지 않지만 그렇다고 하여 이를 분속시킬 적절한 기준도 없다. 결국 법적용자의 결단에 속하는 문제인바, 뒤에서 보는 것처럼 판례는 초과이득의 반환을 부정하여, 수익자가 취득한 대상으로 인하여 취득한 것 전부가 아니라 부당이득한 재산의 「통상의 가치」를 반환하면 족하다고 한다. 초과이득은 주로 수익자의 기여가 더해짐에 따라 발생한 이른바 시너지효과여서 이를 손실자에게 반환하도록 한다면 오히려 정당하지 못한 상태를 야기할 수 있고, 운용이익이 통상의 이득에 이르지 못하는 경우와의 균형[1]을 도모할 필요가 있기 때문이다. 이 점은 수익자의 처분에 의하여 원물반환이 불가능하게 된 경우에도 마찬가지이다. 다만 침해이득에서 수익자가 악의인 경우에도 초과이득을 보유할 수 있다는 결론에 선뜻 동의하기 어렵지만, 특허법 등과 같이 입법적으로 해결해야 할 것이다.

(3) 초과이득에 관한 선도적 판결로 대판 1995.5.12. 94다25551: "일반적으로 수익자가 법률상 원인 없이 이득한 재산을 처분함으로 인하여 원물반환이 불가능한 경우에 있어서 반환하여야 할 가액은 특별한 사정이 없는 한 그 처분 당시의 대가이나, 이 경우에 수익자가 그 법률상 원인 없는 이득을 얻기 위하여 지출한 비용은 수익자가 반환하여야 할 이득의 범위에서 공제되어야 하고, 수익자가 자신의 노력 등으로 부당이득한 재산을 이용하여 남긴 이른바 운용이익도 그것이 사회통념상 수익자의 행위가 개입되지 아니하였더라도 부당이득된 재산으로부터 손실자가 당연히 취득하였으리라고 생각되는 범위 내의 것이 아닌 한 수익자가 반환하여야 할 이득의 범위에서 공제되어야 한다."

그런데 이득자의 노력과 재능이 더해지지 않은 경우의 초과이득까지 수익자의 몫이라고 할 수는 없다. 대판 2008.1.18. 2005다34711은 앞의 입장을 반복하면서도, 매매계약이 무효인 경우에 매도인이 매매대금으로 받은 금전을 이례적으로 높은 이율의 정기예금에 예치하여 얻은 이자가 반환해야 할 부당이익의 범위에 포함된다고 보았다.[2]

---

1) 수익자의 실제의 이득을 따지지 않는다면 미달분뿐만 아니라 초과분도 고려되어서는 안 된다.

2) 외환위기 직후 정기예금의 이율이 역사상 이례적으로 높았던 특수한 상황을 다룬 이 판결은 "다른 특별한 사정이 없는 한, 위 정기예금이자 상당액은 사회통념상 피고의 행위가 개입되지 아니하였더라도 위 매매대금으로부터 원고가 통상 취득하였으리라고 생각되는 범위 내의 이익으로 볼 수 있어, 피고가 반환해야 할 이득의 범위에 포함되는 것으로 보"았다.

Ⅱ. 선의수익자의 반환범위 [3250]

1. 선의수익자

(1) 선의수익자(善意受益者)란 자기가 얻은 이익이 법률상 원인 없음을 알지 못하는 수익자를 말한다. 즉 수익자의 선 · 악의는 법률상 원인 없는 이득임을 알았는지에 따라 결정되고, 과실 유무는 따지지 않는다. 매매계약이 매도인의 기망을 이유로 취소되었더라도 그 사유를 들어 매수인의 수익자로서의 악의성을 부정할 수 없고 또 매수인의 가액반환의무가 그와 대가관계에 있는 매도인의 매매대금반환채무와 동시이행관계에 있다 하여 달리 볼 것도 아니다.[3]

(2) 수익자의 선 · 악의는 수익시를 기준으로 판단되는데, 선의수익자가 제749조에 의하여 악의수익자로 의제될 수 있다. 한편 법인이 수익자인 경우에, 선 · 악의의 판단은 법률상 원인 없음에 대하여 대표기관이 알았는지를 기준으로 한다(제59조 제2항, 제116조. [1469] 참조).[4]

(3) 수익자의 악의에 대해서는 이를 주장하는 손실자가 증명책임을 진다.[5]

2. 현존이익 [3251]

(1) 선의수익자는 "그 받은 이익이 현존한 한도에서" 반환의무를 부담한다.[6] 현존이익으로 반환범위를 제한하는 것은 법률상 원인 없는 이득을 유효한 것으로 믿은 수익자를 보호하기 위해서이다. 따라서 반환할 이득액을 감소시키는 사유로 수익자의 재산에 발생한 변화, 특히 수익자가 입은 불이익 전부를 고려할 것은 아니고, 자신의 재산취득을 유효한 것으로 믿고 행동한 선의수익자의 신뢰보호를 위하여 필요한 한도에서 고려되어야 한다.

(2) 이러한 취지에 따라 현존이익의 구체적 모습을 본다. [3252]

① 훼손 · 변질 등으로 목적물의 가치가 감소된 경우에, 수익자의 과책 유무와 무관하게 현존상태대로 반환하면 된다는 차액설이 학설의 일반적 입장으로, 수익자의 귀책사유에 기한 경우에도 선의수익자는 현존이익의 부존재(제748조 제1항 참조)를 주장할 수 있다고 한다. 그러나 이러한 입장은 수익자의 재산적 의사결정에 따른 불이익을 근거 없이 손실자에게 전가함으로써 손실자에게 희생을 강요한다. 따라서 이득의 감소나 소멸이 신뢰와 무관하다면 현존이익의 부존재를 원용할 수 없어서 그 가액을 상환해야 하고, 급부이득에서 수익자에게 책임 없는 사유로 이득이 소멸한 경우에 제748조 제1항을 적용할 것이 아니라 제537조를 유추해야 할 것이다.

② 목적물에 들인 비용은 수익자가 반환할 이득에서 공제되어야 하지만, 불필요한 비용(특히 사치비)은 공제에서 제외되어야 한다. 그리고 수익자가 지출한 비용은 이익의 취득과 인과관계 있는 것인 한 전액 공제되어야 한다.[7]

---

3) 대판 1993.2.26. 92다48635 · 48642.

4) 대판 2002.2.5. 2001다66369: "새마을금고가 이사회의 의결을 얻지 아니하고 소요자금을 차입한 것은 새마을금고법의 관련규정에 위배되어 무효이지만, 새마을금고의 이사장과 상무가 새마을금고의 소요자금 명목으로 금융기관으로부터 돈을 대출받으면서 새마을금고의 예금계좌로 송금받아 이를 보관하였으므로, 비록 그 뒤 이사장과 상무가 그 돈을 인출하여 임의로 소비하였다고 할지라도, 새마을금고로서는 법률상 원인 없이 이익을 얻고 이로 인하여 금융기관에게 손해를 가한 결과가 되어 금융기관에 대하여 그 대출금 상당액의 부당이득을 반환할 의무가 있고, 이때 새마을금고의 이사장과 상무가 이사회의 의결을 얻지 아니하고 금융기관으로부터 자금을 차입하는 것이 무효라는 사정을 알고 있었으므로, 그 대출금 상당의 이익을 얻은 새마을금고는 악의의 수익자"이다.

5) 대판 2010.1.28. 2009다24187 · 24194.

6) 다만 계약이 해제된 경우에는 특칙인 제548조가 적용되어 받은 이익 전부를 반환해야 한다.

7) 쌍무계약에서 수익자가 일정한 이익을 얻기 위하여 반대급부를 하였는데 상대방의 반환의무가 수령한 급부의 멸실 등의 사유로 소멸 또는 감축되는 경우에, 상대방의 반환의무의 범위를 정할 때 소멸 또는 감축된 반대급부가 공제됨에 따른 부당한 결과를 회피하기 위하여 독일에서는 차액설, 사실적 쌍무관계설 등이 주장된다.

③ 부동산을 점유·사용함으로써 얻은 이익은 특별한 사정이 없는 한 임료 상당액이므로, 매수인이 부동산을 인도받아 용도대로 사용하였다면 매수인은 임료 상당의 이익을 받았다 할 것이고, 그 부동산을 사용하여 영위한 영업이 전체적으로 적자였더라도 사용으로 인한 이익 자체를 부정할 수는 없다.[8)]

④ 목적물로 인하여 입은 손해는 이익의 취득과 인과관계 있는 것인 한 공제할 수 있다는 견해도 있지만, 수익자의 신뢰와 무관하다면 공제되어서는 안 된다.[9)]

⑤ 가액반환의 경우에, 받은 물건이 고가품이라도 이용에 따른 이익의 반환은, 그것이 없었으면 수익자가 통상 사용하였을 물건의 가액을 기준으로 한다.

⑥ 급부받은 금전 등으로 대여금을 상환하거나 생활비로 소비함으로써 자기의 지출을 면한 경우, 즉 지출의 절약(支出의 節約)의 경우에 이득의 소멸을 원용할 수 없다.

[3253] (3) 이익이 현존하는지를 판단하는 시기에 관하여 반환청구가 있었던 때라는 견해와 반환청구의 소를 제기한 때라는 견해도 있지만, 자신의 이익보유가 법률상 원인 없음을 인식한 때를 기준으로 하되 소가 제기된 경우에는 소 제기시(제749조 제2항 참조)를 기준으로 할 것이다.

(4) 수익자가 현존이익 없음(달리 말하면 이득의 소멸)을 증명해야 한다.[10)] 판례도 부당이득한 것이 금전인 경우에 이익이 현존하는 것으로 추정한다.[11)] 한편 급부받은 것이 금전이 아닌 경우에 수익자가 현존이익 없음을 증명해야 한다는 입장[12)]과 반환청구권자가 이익현존사실에 대한 증명책임을 진다는 입장[13)]으로 나뉘는데, 앞의 판례는 무효인 임대차계약에 기하여 차임으로 벼를 받은 사안에 관한 것으로 금전에 준하여 판단한 것으로 짐작된다.

(5) 선의수익자의 반환범위(제748조 제1항)와 선의점유자의 반환범위(제201조 제1항)의 관계에 관하여, 매매계약이 무효이거나 취소되어 이미 급부한 목적물을 반환해야 한다면 선의의 매수인은 취득한 과실도 —현존한다면— 함께 반환해야 하는지가 문제되는데, 현존하는 것은 원물 그대로 반환해야 한다는 견해와 제201조 제1항과의 균형상 반환할 필요가 없다는 견해가 대립하지만, 전자로 보아야 한다. 제201조와의 관계에 관하여 [5314] 참조.

[3254] Ⅲ. 악의수익자의 반환범위

1. 악의수익자

(1) 악의수익자(惡意受益者)란 자신의 이익보유가 법률상 원인 없는 것임을 인식하면서 이득한 이를 말하는데(예: 기망을 통하여 상대방으로부터 이득한 이), 이익의 보유를 법률상 원인 없는 것이 되도록 하는 사정, 즉 부당이득반환의무의 발생요건에 해당하는 사실이 있음을 인식하는 것만

8) 대판 1997.12.9. 96다47568.

9) 대판 2011.6.10. 2010다40239: "수익자가 법률상 원인 없이 이득한 재산을 처분함으로 인하여 원물반환이 불가능한 경우에 반환하여야 할 가액을 산정할 때에는 법률상 원인 없는 이득을 얻기 위하여 지출한 비용은 수익자가 반환하여야 할 이득의 범위에서 공제되어야 할 것이나, 타인 소유의 부동산을 처분하여 매각대금을 수령한 경우, 수익자는 그러한 처분행위가 없었다면 부동산 자체를 반환하였어야 할 지위에 있던 사람이므로 자신의 처분행위로 인하여 발생한 양도소득세 기타 비용은 수익자가 이익취득과 관련하여 지출한 비용에 해당한다고 할 수 없어 이를 반환하여야 할 이득에서 공제할 것은 아니다."

10) 선의수익자의 반환범위를 현존이익에 한정하는 것은 선의수익자를 보호하기 위한 「예외」이기 때문이다.

11) 대판 1996.12.10. 96다32881. 제141조 단서에 관하여 대판 2009.1.15. 2008다58367도 동지. 대판 2009.5.28. 2007다20440·20457도 참조.

12) 대판 1970.10.30. 70다1390·1391.

13) 대판 1970.2.10. 69다2171.

으로 부족하다.[14] 가령 의사표시가 착오 때문에 취소된 경우에, 수익자는 그 취소 전에는 선의인 반면, 취소 후에는 악의이다(제749조 제1항).

(2) 수익자가 제한능력자인 경우에, 악의의 판단기준에 관하여 법정대리인을 기준으로 한다는 견해와 제753조를 유추하여 책임을 변식할 지능이 있으면 본인을 기준으로 해야 한다는 견해가 대립하는데, 급부이득이라면 제한능력을 이유로 하는 취소에서 반환의무의 범위에 관한 제141조 단서에 비추어 논의의 실익이 없는 반면, 그 밖의 유형에서라면 제한능력자 본인을 기준으로 해야 할 것이다.

[참 고] 제한능력자의 상대방이 제748조 제2항의 손해배상을 구하는 경우에, 이를 인정한다면 제141조 단서의 취지가 몰각될 염려가 있으므로 이를 인정해서는 안 된다는 주장을 생각할 수 있다. 그러나 뒤에서 보는 것처럼 이 손해배상은 공평의 원리에 기한 특수한 것으로 보아야 하므로 배상의무자가 제한능력자라 하여 달라질 것이 없다(책임능력의 존재를 전제로).[15]

(3) 악의의 증명책임을 반환청구자(즉 손실자)가 진다.[16]

(4) 수익자의 악의인정에 관한 제749조는 수익자가 악의로 되는 시점, 즉 선의수익자의 반환의무의 한계로서 현존이익의 유무를 판정하는 기준시에 관한 규정이다. 그런데 제1항이 당연한 내용의 것인 반면, 제2항은 제197조 제2항이 확장된 것이다. ① 여기서 문제되는 소송은 부당이득을 이유로 그 반환을 구하는 소송을 말하고, ② 패소는 패소판결이 확정되는 것을 의미한다.[17] ③ 악의로 의제되는 시점은, 선의수익자의 신뢰를 보호하고자 하는 제748조 제1항의 취지에 비추어, 법문과 달리 소송계속시, 즉 소장 부본이 수익자에게 송달된 때라 할 것이다. 판례도 종래 법문대로 소 제기시를 기준으로 삼았지만,[18] 대판 2014.2.13. 2012다119481[19] 등은 소장 부본이 피고에게 송달된 때라고 한다.[20] [3255]

2. 반환범위 [3256]

(1) 수익자의 보호가치가 부정되므로, 손실자를 부당이득의 원인사실이 없었으면 있었을 상태에 놓이게 해야 한다.[21]

(2) 수익자가 당초 취득한 구체적 대상에 생긴 변화, 즉 이득의 소멸은 고려되지 않으며, 「받은 이익」 전부를 반환해야 한다.

14) 대판 2010.1.28. 2009다24187·24194: 계약명의신탁에서 명의수탁자가 수령한 매수자금이 명의신탁약정에 기하여 지급되었다는 사실을 알았다는 점만으로 악의라고 단정할 수 없다고 한 사례.

15) 이 책임을 불법행위책임으로 이해하더라도, 행위능력제도는 법률행위에 의하여 제한능력자의 재산이 감소되는 것을 방지하기 위한 소극적인 재산보호의 문제인 반면, 불법행위는 제한능력자가 적극적으로 타인의 재산 등을 침해하는 경우에 공평의 관점에서 손해의 부담을 지우는 것이 타당한지 하는 문제이기 때문에, 양 제도의 목적에 차이가 있다. 따라서 제한능력자라도 책임능력이 인정되는 한 불법행위책임을 물을 수 있다고 해야 한다.

16) 앞의 2009다24187·24194 판결 참조.

17) 제197조 제2항 및 제749조 제2항에서 "패소한 때"란 점유자 또는 수익자가 종국판결에 의하여 패소 확정되는 것을 뜻하지만, 이는 악의의 점유자 또는 수익자로 보는 효과가 그때 발생한다는 것뿐이고 점유자 등의 패소판결이 확정되기 전에는 이를 전제로 하는 청구를 하지 못한다는 의미가 아니다. 그러므로 소유자가 점유자 등을 상대로 물건의 반환과 아울러 권원 없는 사용으로 얻은 이익의 반환을 청구하면서 물건의 반환청구가 인용될 것을 전제로 하여 그에 관한 소송이 계속된 때 이후의 기간에 대한 사용이익의 반환을 청구하는 것은 허용된다(대판 2016.7.29. 2016다220044).

18) 부당이득반환청구소송에서 패소한 선의의 수익자는 소 제기일 이전에는 부당이득에 대한 법정이자를 반환할 의무가 없다고 한 대판 2008.6.26. 2008다19966 참조.

19) 법원 외부에서 접근할 수 없는 판결인데, 이러한 중요한 의미를 가지는 판결을 왜 숨기는지 그리고 언제까지 숨길 수 있는지 도저히 이해할 수 없다.

20) 제197조 제2항에 관한 대판 2016.12.29. 2016다242273([5079]에 소개된)도 참조.

21) 비용이득이나 구상이득에서 제748조 제2항이 적용될 수 없음에 관하여 [3248] 참조.

(3) 「이자」를 붙여 반환해야 한다. 여기서 이자는 법정이자를 말하는데, 과실(果實)이나 사용수익에 갈음하는 것으로 「최소손해의 전보」라는 의미를 가진다. 따라서 가액반환의 경우에 악의 수익자는 반환불능시점부터 가액에 이자를 붙여 반환해야 하지만, 원물반환의 경우에 과실이나 사용이익의 반환만으로 충분하다고 할 것이다.

이러한 법정이자의 지급은 부당이득반환의 성질을 가지는 것이지 반환의무의 이행지체로 인한 손해배상이 아니므로, 매도인의 매매대금반환의무와 매수인의 소유권이전등기말소등기절차 이행의무가 동시이행의 관계에 있는지와 무관하다.[22]

[참 고] 대판 2003.11.14. 2001다61869는, 여기서 이자는 타인의 소유물을 무단으로 사용·수익한 경우에 당해 침해행위가 없었더라면 손실자가 임료 상당액으로부터 통상 얻었을 법정이자 상당액을 말하는 것으로, 악의의 수익자는 위 「이자의 이행지체로 인한 지연손해금」도 지급해야 한다고 했다.[23] 즉 물건의 임료 상당액이 「받은 이익」이고, 이 이득에 대하여 부당이득으로서 「이자」가 부가되며, 그에 대한 이행지체가 성립하면 받은 이익과 이자에 대한 지연이자를 배상해야 한다는 입장으로 이해할 수 있다([5319]도 참조).

그런데 제201조 제2항과 관련하여 타인 소유물의 사용이익이 이자에 상응하는 「과실」로 평가되는 반면, 제748조 제2항에서는 왜 그것이 「받은 이익」으로 평가되어야 하는지에 대하여 의문이 없지 않다.[24] 나아가 대판 1993.4.9. 92다25946이 부당이득반환의 성질을 가지는, 계약해제에 따른 원상회복의무의 범위에 관해서도 제548조 제2항을 유추하여 과실의 반환을 포함시킨다는 점도 설명하기 어렵다.

생각건대 물건의 소유권을 취득하지 못하였더라도 점유하는 물건 자체를 받은 이익으로 평가하고,[25] 그 물건으로부터 수취한 과실 또는 사용이익(즉 임료 상당액)은 제201조 제2항 소정의 「과실」 및 —최소손해의 전보로서— 제748조 제2항 소정의 「이자」[26]에 준하는 것으로 보아, 악의의 수익자가 과실이나 사용이익을 실제로 취득하였는지와 관계없이(따라서 과실로 취득하지 못한 경우에도 당연히) 그 가액을 반환해야 하지만, 과실의 가액이나 사용이익에 대한 이자는 반환범위에 포함되지 않는다고 할 것이다. 다만 반환권리자의 최고에 의하여 「이자」로서 사용이익반환의무가 이행지체에 빠지게 됨에 따른 지연이자는 별개의 문제이다.[27]

(4) 나아가 악의수익자는 손해배상책임을 지는데, 손실자의 최소손해의 전보로서 이자반환의무를 초과하는 부분의 손해를 대상으로 한다.[28] 그런데 특별한 사정으로 인한 손해이므로 제393조 제2항에 따라 예견가능성의 요건을 갖추어야 배상의 대상으로 된다.[29]

이 손해배상책임은 공평의 원리에 기한 특수한 손해배상의무로, 소멸시효기간은 제766조가 아니라 제162조 제1항에 의해야 한다.[30]

---

22) 대판 2017.3.9. 2016다47478.
23) 한국전력공사가 권원 없이 타인 소유 토지의 상공에 송전선을 설치함으로써 토지를 사용·수익한 경우에, 구분지상권에 상응하는 임료 상당의 부당이득금에 대하여 점유일 이후의 법정이자 및 그 이자에 대한 지연손해금을 인정한 사례이다.
24) 어느 규정이 적용되는지에 따라 악의의 무단점유자의 부당이득반환범위에 차이가 생긴다.
25) 원물반환이 불가능한 경우에는 물건의 가액이 받은 이익에 해당할 것이다.
26) 이자는 원래 받은 물건이 금전일 경우에 그에 대한 법정이자를 말한다.
27) 이렇게 본다면 앞서 본 2001다61869 판결과의 차이는 「지연이자」의 발생시기와 범위에 있다.
28) 예: 처분 때문에 원물반환이 불가능한 경우에, 처분대금이 목적물의 시가를 하회한다면 시가와의 차액.
29) 대판 2002.2.5. 2001다66369 참조.
30) 다만 학설은 대체로 불법행위책임으로 이해한다.

제 3 관 부당이득 반환의 제한

Ⅰ. 비채변제 [3257]

1. 서 설

채무의 변제를 위하여 급부하였으나 채무가 없었던 경우에 부당이득을 반환해야 한다: (넓은 의미의) 비채변제.1) 그러나 다음의 세 경우에는 예외적으로 반환청구가 금지된다.2)

2. 악의의 비채변제 [3258]

(1) 채무가 없음에도 불구하고 변제를 한 이가 변제 당시 채무 없음을 알고 있었던 경우를 악의의 비채변제(惡意의 非債辨濟)라 하는데, 하지 않아도 될 일(변제)을 스스로 한 후 그 반환을 구하는 것은 법의 보호를 받을 수 없어서 허용되지 않는다(제742조). 그 결과 악의의 비채변제는 증여의 실질을 가진다.

(2) 요건을 본다.

① 변제 당시 채무가 존재하지 않아야 한다(예: 계약의 무효 · 취소 · 해제, 변제 · 공탁 · 상계 · 면제 등). 다만 계약이 사회질서 위반이어서 무효인 경우에는 제746조가 적용된다.

② 변제로서 급부했어야 한다. 따라서 특정채무의 변제를 위한 것이라는 의사가 필요하고, 일부변제나 제3자의 변제를 포함한다.

그런데 반환청구가 제한되는 것은 변제자의 임의의 급부행위에 한한다. 즉 채무 없음을 알고 있었더라도 변제를 강요당한 경우(예: 강박에 의한 변제나 강제집행에 의한 변제)나 변제거절로 인한 사실상의 손해를 피하기 위하여 부득이 변제한 경우(채권자라 칭하는 이의 강제집행을 피하기 위한 변제) 등 변제가 변제자의 자유로운 의사에 반하여 이루어진 것으로 볼 수 있는 사정이 있는 때에는 변제자가 반환청구권을 상실하지 않는다.3)

③ 변제자가 변제 당시 채무 없음을 알았어야 한다(예: 계약이 취소되었음을 알면서 변제의사로 급부한 경우).4) 이 점에 대한 증명책임은 반환청구권을 부인하는 변제수령자가 지며,5) 채무 없음을 알지 못했다면 그 이유나 그에 대한 과실 유무는 문제되지 않는다.6)

(3) 변제로서 급부되었더라도 제742조의 규정취지에 비추어 반환청구가 허용되어야 할 경우도 있다. ① 강행규정 위반사실을 알고 한 변제라도 장차 그 행위를 유효로 만들 가능성을 염두에 둔 경우나 ② 부당이득반환청구권을 제한함으로써 강행규정의 취지를 몰각하게 될 경우에 제742조의 적용이 제한되어야 한다.

---

1) 아래의 예외에 해당하지 않아서 부당이득반환청구권이 인정되는 경우만을 비채변제라 하기도 한다.

2) 법은 그 밖에 기한 전의 변제에 대해서도 반환청구를 할 수 없다고 규정하지만(제743조), 그 실질은 비채변제가 아니라 기한이익의 포기에 지나지 않는다([2192] 참조).

3) 대판 2006.7.28. 2004다54633; 대판 2010.7.15. 2008다39786. 대판 1966.7.19. 66다906은, 가집행선고부 판결에 의한 강제집행절차 진행 중에 피고가 강제집행을 당할 형편에 있어 부득이 지급한 것이라면, 이를 임의변제라고 볼 수 없고 이로 인한 지급물은 가집행선고로 인한 지급물이라고 보았다. 대판 2018.11.29. 2017다286577도 참조.

4) 참고로 대판 1990.6.8. 89다카20481은, B의 C에 대한 채무에 관하여 변제할 정당한 이익이 있는 A가 「그 변제조로 지급한 금원 중 일부에 해당하는 채무가 존재하지 아니하여 대위변제가 성립하지 않는 경우」에, C는 A에 대하여 위 금액에 관하여 부당이득을 한 것이 되고, 부당이득의 성립 여부는 A와 C 사이의 문제이므로 반환청구를 할 수 없는 악의의 비채변제에 해당하는지는 A를 기준으로 채무가 없음을 알고 변제하였는지를 판단해야 한다고 했다.

5) 대판 1962.6.28. 61다1453.

6) 대판 1998.11.13. 97다58453.

[3259] ### 3. 도의관념에 적합한 비채변제

(1) 채무 없는 이가 착오에 기하여 변제하였는데 변제가 도의관념(道義觀念)에 적합한 경우에도, 법은 도덕과 법의 괴리를 방지하기 위하여 반환청구를 금지한다.

그런데 변제로 인하여 급부의무를 면한 이가 있는 경우에 그 이에 대한 구상은 별개의 문제이다.[7]

(2) 도의관념에 적합한 비채변제가 성립하기 위하여 ① 변제 당시 채무가 존재하지 않아야 하고, ② 임의로 급부했어야 하며, ③ 변제자가 변제 당시 채무의 존재를 믿었어야 하는(착오의 존재) 외에 ④ 변제가 도의관념에 적합했어야 한다.[8][9]

[3260] ### 4. 착오변제

(1) 제3자가 타인의 채무를 자기의 채무로 잘못 알고 변제한 경우에, 타인을 위하여 변제한 것은 아니므로 제3자 변제로서의 효력이 없고([2212] 참조), 따라서 제3자는 채권자를 상대로 급부이득의 반환을 청구할 수 있다(제745조 제1항의 반대해석). 그러나 이를 유효한 채무변제로 믿고 수령한 채권자가 반환청구를 당함으로써 입을 수 있는 손해를 방지하기 위하여, 즉 채권자의 신뢰보호를 위하여 제745조가 일정한 경우에 반환청구를 제한한다.

(2) 제745조가 적용되기 위하여 ① 채무자 아닌 이가 착오로, 즉 자기의 채무로 오신하고 타인의 채무를 변제했어야 하고, 채권자의 강요 등에 따른 변제는 제외된다. ② 채권자가 선의로(즉 그 변제가 유효하다고 믿었고 그로 인하여) 증서(채권의 존재를 증명하는 서면)를 훼손[10]하였거나 담보(인적 담보와 물적 담보를 불문한다)를 포기하거나[11] 시효로 인하여 그 채권을 잃었어야 한다.[12]

(3) 앞의 요건이 충족되면, 변제가 유효함을 전제로[13] 변제자는 채권자에게 반환청구를 할 수 없고, 채무자에게 구상할 수 있을 뿐이다. 그런데 이 경우의 구상권은 비용이득반환청구권이라고 해야 한다. 왜냐하면 관리의사가 결여되어 있을 뿐만 아니라 만일 사무관리로 인한 구상권으로 본다면 애초 채권자에 대하여 취득한 급부이득반환청구권이 갑자기 보다 유리한 권리로 바뀜을 승인하는 결과로 되기 때문이다(제739조와 제748조를 비교하여 보라).

---

7) 뒤의 2012다54478 판결도 참조.

8) 예: 법률상 부양의무가 없음에도 있다고 믿고 부양하였는데 그 부양이 도의관념에 적합한 경우, 사무관리자에게 사례를 지급한 경우 등.

9) 이에 관한 재판례를 본다. ㉠ 대판 2008.10.9. 2007다67654: "도의관념에 적합한 비채변제에 있어서 그 변제가 도의관념에 적합한 것인지 여부는, 객관적인 관점에서 그 비채변제의 급부가 수령자에게 그대로 보유되는 것이 일반인의 법감정에 부합하는 것으로서, 그 대상인 착오에 의한 비채변제가 강행법규에 위반한 무효의 약정 또는 상대방의 고의·중과실의 위법행위에 기하여 이루어진 것인 경우에는 그러한 변제행위를 도의관념에 적합한 비채변제라고 속단하여서는 안 될 것"이다. ㉡ 대판 2014.8.20. 2012다54478: "경과실이 있는 공무원이 피해자에 대하여 손해배상책임을 부담하지 아니함에도 피해자에게 손해를 배상하였다면 그것은 채무자 아닌 사람이 타인의 채무를 변제한 경우에 해당하고, 이는 민법 제469조의 '제3자의 변제' 또는 민법 제744조의 '도의관념에 적합한 비채변제'에 해당하여 피해자는 공무원에 대하여 이를 반환할 의무가 없고, 그에 따라 피해자의 국가에 대한 손해배상청구권이 소멸하여 국가는 자신의 출연 없이 채무를 면하게 되므로, 피해자에게 손해를 직접 배상한 경과실이 있는 공무원은 특별한 사정이 없는 한 국가에 대하여 국가의 피해자에 대한 손해배상책임의 범위 내에서 공무원이 변제한 금액에 관하여 구상권을 취득한다고 봄이 타당하다."

10) 물리적 훼손에 한하지 않고, 증서를 증명방법으로 이용할 수 없게 된 모든 경우를 포함한다.

11) 대판 2013.11.14. 2012다78702는, A가 B의 C 은행에 대한 대출원리금을 대위변제하자 C가 이에 관한 근저당권설정등기를 말소한 사안에서, 채권자 C로서는 A의 변제가 B의 의사에 반한다는 것을 과실 없이 알지 못하고(제469조 제2항 참조) 그 채무의 담보인 근저당권을 말소함으로써 채무자 B를 상대로 한 채권 보전이나 행사가 어렵게 되었다는 이유로, 제745조 제1항을 유추하여 A가 C에 대하여 위 대위변제금의 반환을 청구할 수 없다고 하였다.

12) 대판 2007.12.27. 2007다54450 참조.

13) 따라서 채무자는 채무를 면한다.

Ⅱ. 불법원인급여 [3261]

1. 서 설

(1) 선량한 풍속 기타 사회질서에 반하는 계약은 무효이므로(제103조), 그 계약에 기한 급부는 법률상 원인 없는 것으로서 부당이득으로 된다. 그런데 법은 스스로 불법의 원인에 기하여 재산을 급여하거나 노무를 제공한 이가 이득의 반환을 청구하지 못하도록 한다. 즉 제746조는 불법원인에 가담한 급여자의 반환청구에 법이 협력하지 않는다는 의미를 가진다.[14]

그런데 이 규정이 수익자에게 이득이 귀속됨을 정당화하지는 않는다. 즉 수익자의 임의반환[15]을 금지하거나 반환한 것의 수령이 다시 부당이득으로 된다는 의미를 가지지는 않는다.

(2) 불법원인급여의 반환청구를 금지하는 것은 사회적 타당성 없는 행위에 대하여 법적 보호를 거절한다는 의미를 가지는데,[16] 대판 1994.12.22. 93다55234도 "제746조가 불법의 원인으로 인하여 재산을 급여하거나 노무를 제공한 때에 그 이익의 반환을 청구하지 못하도록 규정한 것은, 그에 대한 법적 보호를 거절함으로써 소극적으로 법적 정의를 유지하려고 하는 취지"라고 하였다.

그런데 불법원인에 의한 이득을 수익자에게 보유시킴으로써 공평에 반하는 결과를 시정하려는 부당이득법의 취지에 반하는 결과가 초래될 수 있으므로, 반환청구의 금지를 제한할 필요가 있고, 이것이 뒤에서 보는 불법비교설(不法比較說)로 나타난다.

2. 요 건 [3262]

가. 급여자의 의사에 기한 급여

(1) 제746조는 급부이득의 반환을 제한하는 규정이다.

(2) 급여는 통상 재산의 급여 또는 노무의 제공을 의미하지만, 상대방에게 사실상의 이익을 주는 것이라도 무방하다.

(3) 급여는 급여자의 자발적 의사에 기한 것이어야 하고, 강제집행에 의한 배당금의 수수 등은 이에 포함되지 않는다. 그리고 계약이 불법의 원인으로 무효여서 자기에게 채무 없음을 알면서 손실자가 계약상 의무를 이행한 경우에도, 제742조가 아니라 제746조가 적용되어 손실자의 반환청구가 부정된다.[17]

(4) 급여가 「종국적」이어야 하는데, 부동산에 관하여 등기를 경료하지 않았거나 경료된 등기가 원인무효라면 재산의 급여가 있었다고 볼 수 없다.[18] 가령 저당권설정등기가 경료된 경우에 무효인 등기의 말소를 청구하지 못함에 따라 중도반단적인 상태가 생기기 때문이다.[19] 한편 수익자가 급여받은 이익을 누리기 위하여 등기나 관청의 허가 등의 요건을 갖추어야 한다면, 이는 제

14) 구체적인 적용에서 차이가 있지만 영미법의 「clean hands의 원칙」과 유사하다.
15) 현실반환에 한하며, 단순한 반환약정은 제746조의 제한을 받는다.
16) 반사적으로 공서양속에 어긋나는 행위에 대한 제재라는 효과도 가진다.
17) 단서에 따라 반환을 청구할 수 있는 예외가 인정된다는 점에서 차이가 있다.
18) 대판 1966.5.31. 66다531.
19) 대판 1994.12.22. 93다55234는 제746조의 "이익에는 사실상의 이익도 포함되나, 그 이익은 재산상 가치가 있는 종국적인 것이어야 하고, 그것이 종속적인 것에 불과하여 수령자가 그 이익을 향수하려면 경매신청을 하는 것과 같이 별도의 조치를 취하여야 하는 것은 이에 해당하지 않는다"고 하면서, 도박자금채무를 담보하기 위한 저당권등기의 말소청구를 인용하였다.

103조의 문제이다.

[참 고] 이와 관련하여 담보목적으로 소유권이전등기가 경료된 경우[20]에 어떻게 되는지에 관하여 견해의 대립이 있으나, 채권자, 즉 소유권이전등기의 명의인은 국가의 조력 없이 담보권을 실행하여 소유권을 취득할 수 있으므로 급여가 종국적인 것으로 평가할 것이다.

[3263] **나. 급여가 불법의 원인으로 인한 것일 것**

(1) 먼저 불법의 의미에 관하여 살펴본다.

① 위법과 구별되는 「불법」의 의미가 무엇인지에 관하여, 다수설은 선량한 풍속 기타 사회질서 위반에 한하며 강행규정 위반이라고 하여 모두 이에 포함되지는 않는다고 하는 반면, 선량한 풍속 위반에 한한다는 등의 소수설도 있다.

② 판례는 강행규정 위반이라 하여 무조건 제746조가 적용되는 것은 아니고, 강행규정에 위반되는 행위라도 반사회성을 가져야 제746조가 적용된다는 입장이다. 가령 대판 2001.5.29. 2001다1782: "제746조가 규정하는 불법원인이라 함은 그 원인되는 행위가 선량한 풍속 기타 사회질서에 위반하는 경우를 말하는 것으로서 법률의 금지에 위반하는 경우라 할지라도 그것이 선량한 풍속 기타 사회질서에 위반하지 않는 경우에는 이에 해당하지 않는다."

그리고 제746조 소정의 "'불법'이 있다고 하려면, 급부의 원인이 된 행위가 내용이나 성격 또는 목적이나 연유 등으로 볼 때 선량한 풍속 기타 사회질서에 위반될 뿐 아니라 반사회성 · 반윤리성 · 반도덕성이 현저하거나, 급부가 강행법규를 위반하여 이루어졌지만 이를 반환하게 하는 것이 오히려 규범목적에 부합하지 아니하는 경우 등에 해당하여야 한다."[21]

③ 생각건대 제746조는 제103조에 대응하는 규정이고, 강행법규는 많은 경우에 국가의 정책적 입장에서 정해지며 언제나 시대의 윤리사상을 바탕으로 하지는 않으므로 다수설과 판례의 입장이 타당하다.[22]

[3264] (2) 불법의 "원인으로 인하여"라는 것은 급여의 원인이 불법이어야 한다는 의미로, 급여의 내용 자체가 불법인 경우는 물론이고 급여의 원인인 채권행위가 불법인 경우 또는 급여의 원인인 채권행위에 불법의 조건이 붙은 경우에도 이 요건은 충족된다. 나아가 동기에 불법이 있는 경우에, 동기가 표시되어 채권행위의 내용으로 되었다면 위 요건을 충족한다.

(3) 급여자가 불법을 인식해야 하는지에 관하여 견해가 나뉘지만, 제103조가 불법의 인식을 요하지 않는 점에 대응하여 객관적으로 불법원인에 기한 것이라고 판단되면 충분하다고 생각된다.[23]

20) 담보목적의 가등기가 경료된 경우에는 저당권이 설정된 경우와 마찬가지로 보아야 한다.

21) 대판 2017.3.15. 2013다79887 · 79894: 농지임대차가 구 농지법에 위반되어 무효인 경우에, 농지임대인이 임대차기간 동안 임차인의 권원 없는 점용을 이유로 손해배상을 청구한 데 대하여 임차인이 불법원인급여의 법리를 이유로 반환을 거부할 수 없다고 한 사례.

22) 이에 관한 재판례를 본다. ㉠ 대판 2013.6.14. 2011다65174는 성매매알선 등 행위의 처벌에 관한 법률 제10조를 근거로 "윤락행위 및 그것을 유인 · 강요하는 행위는 선량한 풍속 기타 사회질서에 반하므로, 윤락행위를 할 사람을 고용하면서 성매매의 유인 · 권유 · 강요의 수단으로 이용되는 선불금 등 명목으로 제공한 금품이나 그 밖의 재산상 이익 등은 불법원인급여에 해당하여 그 반환을 청구할 수 없고, 나아가 성매매의 직접적 대가로서 제공한 경제적 이익뿐만 아니라 성매매를 전제하고 지급하였거나 성매매와 관련성이 있는 경제적 이익이면 모두 불법원인급여에 해당하여 반환을 청구할 수 없다고 보아야 한다"고 했다(대판 2004.9.3. 2004다27488 · 27495도 동지). 나아가 비윤리적인 급여(예: 불륜의 대가로 금전이나 물건을 급여한 경우), 사회질서 위반의 급여(예: 취직청탁교제비 명목으로 공무원에게 금전을 교부한 경우) 등도 불법원인급여의 예이다. 송금액에 해당하는 수입품에 대한 관세포탈의 범죄를 저지르기 위하여 환전상 인가를 받지 않은 이에게 비밀송금을 위탁한 행위는 선량한 풍속 기타 사회질서에 반하는 행위로서 불법원인급여에 해당한다고 한 대판 1992.12.11. 92다33169도 참조. ㉡ 반면 대판 2003.11.27. 2003다41722는, 부동산실명법이 비록 부동산등기제도를 악용한 투기 · 탈세 · 탈법행위 등 반사회적 행위를 방지하는 것 등을 목적으로 제정되었더라도, 무효인 명의신탁약정에 기하여 타인 명의의 등기가 마쳐졌다는 이유만으로 그것이 당연히 불법원인급여에 해당한다고 볼 수 없다고 하였고, 대판(전) 2019.6.20. 2013다218156도 이러한 입장을 유지하였다.

23) 다만 동기의 불법에 관해서는 당연히 제약이 따른다.

다. 불법의 원인이 급여자에게도 있을 것 [3265]

(1) 불법원인이 수익자에게만 있는 경우에 급여자는 급여한 것의 반환을 청구할 수 있고(제746조 단서), 불법의 원인이 급여자에게만 있거나 수익자와 급여자 모두에게 있는 경우에 반환청구가 부정된다.

(2) 폭리행위(제104조)에서는 불법의 원인이 폭리행위자인 수익자에게만 있지만, 그 밖의 대부분의 경우에 수익자와 급여자가 불법의 원인을 공유하므로, 제746조 단서가 적용되는 경우가 그다지 많지 않다.

그런데 부당한 재산귀속상태의 시정에 조력하려는 제746조 단서의 취지가 관철되어야 하는 것은 폭리행위에 한정되지 않는다. 그래서 판례는 수익자의 불법성과 급여자의 그것을 비교하여 전자가 현저히 크다면 신의칙에 따라 제746조 본문의 적용을 배제하고 급여자의 반환청구를 허용해야 한다는 불법비교설(不法比較說)을 취한다. 이 입장에 따라 제746조의 엄격성이 다소 완화되지만, 어느 정도의 차이를 기준으로 할 것인지에 대해서는 의견이 나뉠 수밖에 없다.

(3) 이에 관한 선도적 판결로 대판 1993.12.10. 93다12947: "어느 급여가 불법원인급여에 해당되고 급여자에게 불법원인이 있는 경우에는 수익자에게 불법원인이 있는지의 여부나 그 수익자의 불법원인의 정도 내지 불법성이 급여자의 그것보다 큰지의 여부를 막론하고 급여자는 그 불법원인급여의 반환을 청구할 수 없는 것이 원칙이라 할 것이다. 그러나 수익자의 불법성이 급여자의 그것보다 현저히 크고, 그에 비하면 급여자의 불법성은 미약한 경우에도 급여자의 반환청구를 허용하지 않는다고 하는 것은 공평에 반하고 신의성실의 원칙에도 어긋난다고 할 것이므로, 이러한 경우에는 민법 제746조 본문의 적용이 배제되어 급여자의 반환청구는 허용된다고 해석함이 상당"하다.[24][25]

3. 효　　과 [3266]

가. 반환청구의 금지

(1) 급여자 자신의 반환청구는 물론이고 상속인 등 포괄승계인의 반환청구도 허용되지 않는다.

그런데 판례는 부동산의 이중매매에서 제1매수인이 양도인을 대위하여 제2매수인에게 경료된 등기의 말소를 구할 수 있다고 한다.[26]

(2) 원물반환뿐만 아니라 가액반환도 허용되지 않는다.

(3) 불법원인으로 인하여 무효로 된 쌍무계약의 당사자 일방이 자기가 선이행한 급여의 반환

24) 「X가 A 종중으로부터 甲 부동산을 매수하려다 실패 → 甲의 명의수탁자 Y에게 매도를 권유하여 매수한 후 이전등기 경료 → A의 제소로 이전등기 말소 → X가 Y에게 부당이득으로 매매대금의 반환청구」의 사안에서, Y가 甲을 매도한 것이 반사회적 행위로서 무효인 경우에, Y의 불법성이 X의 그것보다 크다고 하여 청구를 인용한 사례.

25) 불법비교설에 관한 재판례를 본다. ㉠ 도박자금의 대여(도박자금으로 지정하여 대여한 경우에 원금이나 이자의 반환청구를 할 수 없고, 사기도박이라도 마찬가지이다)에 관하여 대판 1997.10.24. 95다49530 · 49547은, 급여자가 수익자에 대한 도박채무의 변제를 위하여 급여자의 주택을 수익자에게 양도한 경우에, 내기바둑에의 계획적인 유인, 내기바둑에서의 사기적 행태, 도박자금 대여 및 회수과정에서의 폭리성과 갈취성 등에서 드러나는 수익자의 불법성의 정도가 내기바둑에의 수동적인 가담, 도박채무의 누증으로 인한 도박의 지속, 도박채무 변제를 위한 유일한 재산인 주택의 양도 등으로 인한 급여자의 불법성보다 훨씬 크다고 보아, 급여자가 그 주택의 반환을 구할 수 있다고 하였다. ㉡ 임의지급한 제한초과이자에 관하여 종래 다툼이 있었으나, 이자제한법이 그 반환청구를 허용하는데([2707] 참조), 그에 앞서 대판(전) 2007.2.15. 2004다50426([2704]에 소개된)의 다수의견은 불법비교설의 입장에서 이미 지급된 제한초과이자의 반환청구를 긍정하였다. ㉢ 불법원인급여에 해당하는 경우에 수익자가 급여받은 것을 소비하더라도 횡령죄가 성립하지 않지만(대판 1999.6.11. 99도275), 대판 1999.9.17. 98도2036은 「포주 Y가 윤락녀 A와 앞으로 A가 윤락행위를 하여 받은 화대 중 절반은 Y가 갖고 나머지는 A가 갖기로 약정 → Y가 A의 윤락행위로 받은 화대를 보관하던 중 A의 몫을 반환하지 않고 소비」의 사안에서 횡령의 유죄를 선고하였는데, 그 배후에 불법비교설이 있다.

26) 대판 1980.5.27. 80다565. 이러한 입장의 이론적 근거지움에 관하여 [1159] 참조.

청구를 허용할 것인지에 관하여 견해의 대립이 있는데, 불법을 행한 당사자들 사이에서도 공평과 정의에 따라 이익조정이 이루어져야 하지만, 이러한 경우에 반환청구를 허용한다면 증여 외에 제746조가 적용될 여지가 없게 되므로 부정할 것이다.

[3267] **나. 임의반환약정의 효력**

불법원인급여 후 급부를 반환하기로 하는 별도의 특약이 있는 경우에, 수익자가 그에 기하여 임의반환하는 것은 허용되지만,[27] 제746조의 취지에 따라 급여자가 이를 강제할 수 없다. 반환약정에 기하여 약속어음을 발행하였더라도 채권자는 그 이행을 청구할 수 없는데,[28] 약속어음 공증에 기하여 강제집행을 하면 그에 대하여 청구이의를 할 수 있다. 그 밖에 불법의 원인으로 인하여 금원을 급여한 이가 그 금원의 교부가 송금위탁계약에 기한 것으로 그 해제를 전제로[29] 또는 단순히 임치한 것임을 전제로[30] 그 반환을 구하는 것도 허용되지 않는다.

[3268] **다. 다른 청구권과의 관계**

(1) 불법원인에 기하여 목적물의 소유권을 이전한 경우에 제746조에 의하여 부당이득의 반환청구가 부정되는데, 물권적 청구권(소유물반환청구권)에 의한 반환청구도 부정되는가? 물권변동에 관한 유인설에 의하면 목적물의 소유권이 급부자에게 복귀하지만, 판례가 제746조에 따라 부당이득반환청구뿐만 아니라 소유물반환청구도 허용되지 않는다는 입장을 취함에 따라 그 반사적 효과로 소유권은 수익자에게 귀속된다.[31] 즉 대판(전) 1979.11.13. 79다483: "민법 746조는 단지 부당이득제도만을 제한하는 것이 아니라 민법 103조와 함께 사법의 기본이념으로서, 결국 사회적 타당성이 없는 행위를 한 사람은 스스로 불법한 행위를 주장하여 형식 여하에 불구하고 그 복구를 소구할 수 없다는 이상을 표현한 것이므로, 급여를 한 사람은 그 원인행위가 법률상 무효라 하여 상대방에게 부당이득반환청구를 할 수 없음은 물론, 급여한 물건의 소유권이 여전히 자기에게 있다고 하여 소유권에 기한 반환청구도 할 수 없고, 따라서 급여한 물건의 소유권은 급여를 받은 상대방에게 귀속된다."

(2) 불법원인에 기한 급부에 관하여 부당이득반환 대신 불법행위를 원인으로 한 손해배상을 구함도 허용되지 않는다.[32] 제746조의 취지가 몰각될 우려가 있기 때문이다.

---

27) 반환약정의 효력에 관하여 대판 2010.5.27. 2009다12580: "불법원인급여 후 급부를 이행받은 자가 급부의 원인행위와 별도의 약정으로 급부 그 자체 또는 그에 갈음한 대가물의 반환을 특약하는 것은 불법원인급여를 한 자가 그 부당이득의 반환을 청구하는 경우와는 달리 그 반환약정 자체가 사회질서에 반하여 무효가 되지 않는 한 유효하다. 여기서 반환약정 자체의 무효 여부는 반환약정 그 자체의 목적뿐만 아니라 당초의 불법원인급여가 이루어진 경위, 쌍방당사자의 불법성의 정도, 반환약정의 체결과정 등 민법 제103조 위반 여부를 판단하기 위한 제반 요소를 종합적으로 고려하여 결정하여야 하고, 한편 반환약정이 사회질서에 반하여 무효라는 점은 수익자가 이를 입증하여야 한다." 「Y가 X로부터 정치자금 명목의 20억 원과 불법목적의 12억 원 수령 → 위 12억 원 중 10억 원 반환 → X의 요구에 따라 Y가 수령한 전액을 반환한다는 취지의 변제확약서 교부」의 사안에서, 20억 원 부분에 한하여 X의 반환청구가 인정될 수 있다는 취지의 판시를 한 사례이다.

28) 대판 1995.7.14. 94다51994.

29) 대판 1992.12.11. 92다33169.

30) 대판 1991.3.22. 91다520.

31) 채권행위가 제103조에 위반되는 경우에, 무인설에 의하면 소유권이전은 유효하여 수익자가 소유권을 취득하므로 손실자의 물권적 청구권이 인정될 여지가 없다.

32) 대판 2013.8.22. 2013다35412: "불법의 원인으로 재산을 급여한 사람은 상대방수령자가 그 '불법의 원인'에 가공하였다고 하더라도 상대방에게만 불법의 원인이 있거나 그의 불법성이 급여자의 불법성보다 현저히 크다고 평가되는 등으로 제반 사정에 비추어 급여자의 손해배상청구를 인정하지 아니하는 것이 오히려 사회상규에 명백히 반한다고 평가될 수 있는 특별한 사정이 없는 한 상대방의 불법행위를 이유로 그 재산의 급여로 말미암아 발생한 자신의 손해를 배상할 것을 주장할 수 없다고 할 것이다. 그와 같은 경우에 급여자의 위와 같은 손해배상청구를 인용한다면, 이는 급여자는 결국 자신이 행한 급부 자체 또는 그 경제적 동일물을 환수하는 것과 다름없는 결과가 되어, 민법 제746조에서 실정법적으로 구체화된 법이념에 반하게" 된다.

CHAPTER 4

채권총론

제 1 장 채권법 서론

제1절 총 설

I. 서 론 [4001]

1. 채권법의 의의

가. 개 념

(1) 채권법은 형식적으로 민법 제3편(제373조 내지 제766조)을 지칭하지만, 실질적으로는 채권관계를 규율하는 사법의 일부를 말한다.

(2) 채권법은 경제적 영역에서 각자의 수요충족을 목적으로 하는 거래행위 및 특정한 이들 사이의 이해관계 조절에 관한 규정들을 포함하는데, 지금까지 살펴본 계약, 불법행위 및 부당이득 등이 주된 규율대상이다.

나. 채권법의 특질([5003]도 참조) [4002]

(1) 채권법은 채권관계, 즉 일정한 권리주체들 사이의 특별결합관계(特別結合關係)를 다룬다. 채권관계에 기하여 채권자는 채무자에 대하여(오로지 채무자에 대해서만) 권리를 가지며, 채권은 통상 채무자에 의해서만 침해될 수 있다.

(2) 물권법정주의에 따라 물권법의 규정들은 대개 강행규정이다. 반면 특정인들 사이의 관계를 규율하는 채권법은 주로 당사자들이 그와 다른 내용을 정할 수 있는(그로부터 이탈할 수 있는) 임의규정(任意規定)으로 구성되는데, 임의규정은 당사자의 의사가 없거나 명확하지 않은 경우에 법률관계를 규율하는 기준, 즉 「기본값」이다. 다만 사회적 형평의 이념에 따라 특히 계약법의 임의규정성이 제한되기도 한다([2008] 이하 참조).

(3) 비유적으로 말하자면 정태적(靜態的)인 물권법은 현상의 유지를 지향하는 반면, 동태적(動態的)인 채권법은 현상의 변화를 목표로 한다. 이처럼 채권은 이행을 향한 권리이므로, 채권관계(예: 매매계약)의 성립 및 그에 따른 채권(예: 재산권이전청구권)의 발생만으로 물권관계에 아무런 영향을 미치지 않으며, 그 이행(등기나 인도 등의 공시방법을 포함하여)이 있어야 비로소 물권의 변동이 일어난다.

(4) 그 밖에 채권법의 특징으로 국제화 내지 보편화의 경향(예를 들어 국제물품매매에 관한 국제연합협약)과 신의칙의 강한 지배를 들기도 한다.

2. 채권법의 법원 및 적용범위 [4003]

가. 채권법의 법원

(1) 채권법에서 가장 중요한 법원(法源)은 두말할 나위 없이 민법 제3편이다.

① 민법 제3편 제2장 내지 제5장은 일상에서 빈번하게 발생하는 채권관계로서 계약, 사무관리, 부당이득 및 불법행위를 규정한다(제527조 내지 제766조). 이 부분을 강학상 채권각론이라 한다.

② 한편 입법자는 각종의 채권관계들에 공통적으로 발생하는 문제에 적용될 규정들을 모아 개별채권관계들에 관한 규정들 앞에 제1장 총칙(제373조 내지 제526조)으로 두는데, 이를 다루는 부분을 강학상 채권총론이라고 한다.

(2) 민법 제3편 외에도 채권법의 법원이 되는 법률이 많은데, 중요한 민사특별법으로 이자제한법, 약관법, 할부거래법, 방문판매법, 주택임대차법, 상가임대차법, 자동차손배법, 제조물책임법, 국가배상법 등이 있고, 민사부속법률로 공탁법을 들 수 있다.

(3) 실생활에서 많은 거래관행이 존재하며, 그 관행들이 사실인 관습(제106조 참조)으로서 채권관계를 움직인다.

[4004] 나. 채권법의 적용범위

(1) 채권법은 민법의 다른 편으로부터 발생하는 채권관계도 포섭한다. 예컨대 물권적 청구권(제213조, 제214조)이나 재산분할청구권(제839조의2)에 대해서도 그와 관련된 특수한 이익상황이 적용을 배제하지 않는 한 채권법의 규정들이 적용된다.

(2) 민법 외에도 채권관계를 발생시키는 특별법(상법, 어음법 또는 수표법 등)이 많다. 그 법률들이 달리 정하지 않는 한 특별법상의 채권관계들에 대해서도 채권법의 규정들이 적용된다.

[4005] Ⅱ. 채권관계

1. 의 의

(1) 채권관계란 그에 기하여 특정한 이(채권자)가 다른 특정한 이(채무자)에 대하여 일정한 행위(급부)를 청구할 수 있는 권리를 가지는 법률관계를 말한다. 이 관계로부터 채무자에게 급부를 청구할 수 있는 채권이 나오고, 채권자에게 급부할 채무자의 채무가 이에 대응한다.

(2) 채권관계의 당사자로 최소한 2인이 필요한데, 2인인 경우도 있고 그 이상인 경우도 있다(제408조 이하 참조). 대개 당사자 쌍방이 서로 상대방에 대하여 급부청구권을 가지지만, 당사자 일방만이 상대방에 대하여 급부청구권을 가지는 경우도 있다.

(3) 계약에 기하여 당사자들 사이에 일정한 법률관계가 발생하는데, 당사자들 사이의 관계 전체(동시이행관계와 같은 채권들 상호간의 관계를 포함하여)가 계약관계(契約關係)이고, 계약에 기한 개개의 채권을 둘러싼 법률관계가 채권관계이다.[1] 이처럼 채권관계는 개개의 채권을 둘러싼 법률관계로서, 채권의 소멸이나 채무불이행 등은 개개의 채권을 기준으로 하지만, 일정한 경우에 계약관계에 영향을 주기도 한다.[2]

---

1) 다만 양자가 엄밀하게 구별되어 사용되지는 않는다.
2) 예컨대 계약에 기한 채무의 불이행은 상대방의 동시이행의 항변권을 발생시키고 다른 한편 계약의 해제로 결과 지워지기도 한다.

2. 채　　권 [4006]

(1) 채권(債權)은 특정한 상대방(채무자)에 대하여 일정한 행위를 청구할 수 있는 권리이다. [1033] 이하에서 다루었지만, 채권의 내용을 다시 한번 정리한다.

① 채권은 채무자에 대하여 일정한 급부를 청구할 수 있는 청구권으로, 채권자가 만족을 얻으면 소멸한다.

② 채권은 채무자에 대해서만 주장할 수 있는 상대권으로, 물권과 달리 배타성이 없고, 따라서 공시를 요하지 않는다.

(2) 손해배상청구권처럼 채권과 청구권(請求權)이 혼용되기도 하지만, 채권은 청구력 외에 급부보유력도 포함하고, 청구권은 소유물반환청구권(제213조), 상속회복청구권(제999조) 등 채권 아닌 권리로부터 발생할 수도 있으므로, 채권과 청구권은 구별되어야 한다.3)

(3) 채권자는 자신의 권리인 채권을 처분할 수 있지만, (가)압류에 의하여 채권자의 처분가능성이 배제될 수 있다. (가)압류명령이 채무자에게 도달하면 제3채무자의 채무자에 대한 지급이 금지되고 채무자의 제3채무자에 대한 채권의 처분과 영수가 금지된다(민사집행법 제227조 제1항, 제296조 제3항). 다만 이러한 처분권의 제한은 「상대적」인 것으로 (가)압류채권자의 권리를 침해하는 범위에 한정된다.

3. 급　　부 [4007]

(1) 채권의 내용 또는 목적을 급부(給付)라 하는데, 채권자가 채무자에게 청구할 수 있는(바꾸어 말하면 채무자가 해야 하는) 일정한 행위 또는 그에 따른 이익을 말한다.

[참　고] 채권의 내용을 일컫는 법전상의 용어로 급여(給與)가 있는데(제451조, 제466조, 제478조, 제479조, 제746조 등), 민법의 입법자에 의하여 창안된 이 표현은 「주는 채무」에 한하여 적절하다. 그래서 일본어투라는 비판에도 불구하고 이 책에서는 전통적인 용어례에 따라 채권의 목적을 급부라고 한다.

한편 개념적으로 채권의 내용(객체)을 「급부」라 하고, 급부를 실현하는 행위를 「이행」이라고 하며, 채권자의 만족에 따른 채무소멸의 결과를 강조한 것이 「변제」라고 할 것이지만, 엄격하게 구별되어 사용되지는 않는다.

(2) 급부의 종류에 관하여 살펴본다. [4008]

① 급부는 적극적인 작위일 수도 있고 소극적인 부작위일 수도 있다. ⓐ 작위급부로 노무의 제공 또는 일의 완성을 목적으로 하는 「하는 급부」와 물건의 인도나 권리의 이전을 목적으로 하는 「주는 급부」가 있다. 다시 「하는 급부」는 대체성이 있는지에 따라 대체적인 것과 부대체적인 것으로 나뉘고, 「주는 급부」는 급부목적물이 특정되어 있는지에 따라 특정물급부와 불특정물급부로 나뉜다. 한편 ⓑ 부작위급부는 아무것도 하지 않는 단순부작위와 채권자의 일정한 행위를 참고 받아들여야 하는 수인의무(제624조 참조)로 나뉜다.

이 구별은 주로 강제이행의 방법과 관련되지만(제389조 참조), 채무불이행의 성립 여부와 관련해서도 의미를 가진다.

---

3) 엄밀한 의미에서 청구권은 채권의 한 권능에 불과하다. 즉 변제기가 도래하기 전에는 청구할 수 없지만, 청구력 자체가 부정되는 것이 아니라 제한될 뿐이다.

② 급부는 분할하여 실현될 수 있는지에 따라 가분급부와 불가분급부로 나뉘는데, 이 구별은 다수당사자의 채권관계와 관련하여 의미를 가진다. 급부가 가분인지의 판단은 급부의 객관적 성질에 의하지만, 당사자의 의사가 그에 우선한다.

③ 채무의 이행이 1회의 행위로 끝나는 경우가 일회적 급부인 반면, 계속적 급부란 채무의 이행이 일정기간 계속되어야 하는 경우를 말하는데(예: 임대차계약에 기한 임대인의 의무), 이 구별은 법률관계의 종료시 소급효가 인정되는지와 관련하여 의미를 가진다(제550조 참조).

[4009] 4. 채 무

(1) 채권과 표리관계에 있는 급부당위, 즉 일정한 급부를 해야 할 「법적 구속」(의무지고 있음)을 채무(債務)라 한다(책무에 관한 [1025]도 참조).

(2) 채권관계에서 채무의 내용은, 채무가 소멸했는지, 그 위반이 있으면 이행을 구하거나 계약을 해제할 수 있는지 등을 판단하는 전제이다. 이러한 논의는 주로 계약상의 채무와 관련하여 문제되는데, 여기서는 계약상의 채무를 간략하게 정리한다.

① 약정채무는 당사자의 의사에 기하여 발생하고 그 내용도 당사자의 의사에 따라 정해진다. 그러나 실제로 당사자들이 계약의 중요한 부분만 정하는 경우가 대부분인데, 이때 나머지 계약내용(예: 가전제품의 매매에서 설치비용의 부담)은 해석에 의하여 보충되거나 임의규정이 적용된다([2127] 참조).

② 계약의 본질적 요소에 상응하는 채무를 「주된 급부의무」라 한다. 그 밖에 계약의 내용으로 되지 않더라도 가전제품의 매매에서 용법을 설명하는 등의 의무가 신의칙에 기하여 발생하는데, 이를 「부수의무」라 한다. 여기까지는 별다른 다툼이 없는데, 이 구별의 실익은 주로 그 위반이 (법정)해제권을 발생시키는지 여부에 있다([2515] 참조).

③ 가전제품을 설치하면서 매수인의 생명, 신체, 재산 등 다른 법익(이른바 「완전성이익」)에 피해를 입히지 않도록 배려할 의무가 발생한다. 이러한 의무 자체에 대해서는 의문이 없지만 이를 「계약상의」 의무(이른바 보호의무)로 포섭할 것인지에 대해서는 논란이 적지 않다([2358] 참조).

[4010] Ⅲ. 채권관계의 성립

1. 기본법리

(1) 사적자치의 원칙이 지배하는 민법에서 당사자의 의사에 따른 법률효과를 발생시키는 계약이 가장 중요한 채권관계의 발생원인이다.

단독행위에 의해서도 채권관계가 발생할 수 있다. 예컨대 유증(遺贈)에 의하여 수유자는 유증의무자에게 유증된 재산적 이익을 청구할 수 있는 권리를 취득한다(제1074조 이하).

(2) 불법행위에 기한 손해배상청구권, 부당이득반환청구권, 사무관리에 기한 비용상환청구권 등 법률의 규정에 의해서도 채권관계가 발생하는데, 이 관계를 법정채권관계라 하여 계약에 기한 약정채권관계와 구별하기도 한다.

2. 복수의 청구권기초 [4011]

동일한 목적을 위한 권리가 복수의 청구권기초에 근거할 수 있는데,[4] 청구권의 기초가 복수라면 문제되는 청구권기초 모두를 검토해야 한다.[5]

복수의 청구권기초 상호간의 관계, 특히 채무불이행책임과 불법행위에 기한 손해배상책임의 관계에 관하여 [3012] 참조.

제 2 절 채권의 효력

Ⅰ. 총 설 [4012]

(1) 채권의 효력이란 채권자에게 주어진 힘(권능)을 말한다.

(2) 채권의 효력으로 흔히 소구력(청구력을 포함하는), (강제)집행력, 급부보유력, 제3자의 채권침해, 책임재산 보전의 효력(채권자대위권 · 채권자취소권), 채무불이행의 효력(손해배상청구권 및 해제권), 채권자지체 등을 든다.

그러나 채권의 효력으로 다룰 것은 채권에 특유한 것에 한정되어야 한다. 이러한 관점에서 본다면, 채무불이행은 본래의 급부청구권의 변경 또는 연장이고, 채권자지체는 변제제공의 효과(법정책임)에 불과하므로, 채권의 효력에서 제외되어야 할 것이다.

(3) 나머지 효력들을 어떻게 분류할 것인지에 관하여 의논이 분분하지만, 채무자에 대한 효력을 ① 본질적 효력으로서 청구력 및 급부보유력, ② 통상적 효력으로서 소구력 및 강제집행력으로 나누고, 채권자대위권 · 채권자취소권을 ③ 확장적 효력으로 파악한 후 ④ 방어적 효력으로서 제3자의 채권침해를 추가하면 충분할 것이다. 이들 중 제3자의 채권침해는 불법행위와 관련하여 살펴보았으므로([3060] 이하 참조), 아래에서는 나머지들을 본다.

Ⅱ. 채권의 본질적 효력 [4013]

1. 청 구 력

(1) 청구력(請求力)은 채권의 불가결한 속성으로, 청구력 없는 채권은 있을 수 없다.[1] 그런데 일반적으로 청구는 재판 외의 청구인지 재판상의 청구인지 가리지 않지만, 소구력이 결여된 채권도 있으므로, 여기서의 청구력은 재판상 행사, 즉 소구(訴求)를 전제로 하지 않는다.

(2) 채권의 청구력은 본래의 급부의무뿐만 아니라 그와 동일성을 가지는 손해배상의무에도 미친다.

---

4) 예컨대 임차인이 과실로 임대인 소유의 임차목적물을 훼손함으로써 임대인에게 손해를 입혔다면 임대인은 임차인에게 손해배상을 청구할 수 있는데, 청구권의 발생원인, 즉 청구권기초로 임대차계약(제618조)의 위반과 불법행위(제750조)의 둘을 들 수 있다.

5) 앞의 예에서 임대차계약이 무효라면 계약상의 청구권은 존재하지 않고, 계약을 전제하지 않는, 제750조에 기한 손해배상청구권만이 문제된다. 반면 임차인이 임차목적물의 훼손한 사실을 안 때부터 3년이 지난 경우에, 임대인의 손해배상청구권이 소멸시효에 걸렸다는 사실을 주장하고 증명하면 임대인의 청구권은 제766조 제1항에 의하여 소멸하므로, 계약상의 청구권이 존재하는지가 실천적 의미를 가진다(제162조 제1항 참조). 나아가 소송기술상 특히 증명(가능한지 여부 외에 편의성도 포함하여)과 관련하여 청구권을 주장하는 당사자(및 그 소송대리인)는 각 청구권의 기초를 모두 검토해야 한다.

1) 이행기한 미도래 등의 사유로 청구력이 제한될 수 있음은 별개의 문제이다.

(3) 청구(또는 최고)에 일정한 법률효과(예: 시효의 중단이나 이행지체의 성립)가 인정되기도 하는데, 이는 법률의 규정에 기한 효과일 뿐이고, 채권의 효력으로서 청구력과 직접 관련되지는 않는다.

[4014] 2. 급부보유력

(1) 채권은 급부의 실현을 목적으로 하므로, 채권이 실현되면 채권자는 실현된 바를 보유하고 그로부터 수익할 수 있어야 한다. 이러한 권능을 급부보유력(給付保有力)이라 하는데, 채무자의 부당이득주장을 봉쇄하는 역할을 한다. 즉 변제를 한 채무자는 채권자에 대하여 부당이득으로서 급부한 것의 반환을 청구하지 못한다(제741조 참조).

(2) 급부보유력 때문에 채권자의 반환의무가 부정되는 것은 채무자에 대한 상대적인 관계로 한정된다.[2)]

[4015] Ⅲ. 채권의 통상적 효력

1. 소구력과 강제집행력

가. 일 반 론

(1) 채무가 이행되지 않으면, 채권자는 채무자를 상대로 소를 제기할 수 있고, 채권자의 청구를 인용하는 이행판결(예: 확정된 종국판결, 가집행선고 있는 종국판결)에 기하여 채무자의 재산을 강제집행할 수 있다. 이처럼 채권은 통상 소구력(訴求力)과 강제집행력(强制執行力)을 가진다(제389조, 민사소송법 제248조 이하, 민사집행법 제61조 이하).

채권의 「통상적」 효력 중 일부를 결한 경우와 관련하여 학설은 대개 소구력이 없는 채무를 「자연채무」라 하고, 강제집행력이 없는 채무를 「책임 없는 채무」라고 하여 양자를 구별한다.

(2) 채무의 이행이 없는 경우에, 채권자는 채무가 이행된 것과 같은 상태를 강제적으로 실현할 수 있는데, 그 첫걸음이 채무자의 이행을 구하는 소를 제기하여 법원으로부터 이행판결을 받는 것이다. 이를 소구력(또는 소구가능성)이라고 한다.

그런데 채무자는 기한의 이익을 가지므로(제153조), 기한이 도래하지 않으면 소구력이 인정되지 않는다. 즉 이행기가 도래하지 않은 사실은 「권리저지사실」로서 채무자의 항변에 속하는바, 채무자가 기한 미도래의 항변을 하면 채권자의 이행청구가 기각된다(다만 장래 이행의 소에 관한 민사소송법 제251조 참조).

(3) 채무자가 채무를 이행하지 않는 경우에, 채권자는 집행권원에 기하여 채무자의 재산에 대하여 강제집행을 할 수 있다. 흔히 강제이행을 채무불이행의 효과로 파악하지만, 그렇게 볼 것은 아니다([2276] 참조).

소구력과 마찬가지로 강제집행력도 이행기가 도래해야 비로소 행사할 수 있다(민사집행법 제40조 제1항 참조).[3)]

---

2) 예컨대 제463조가 적용되는 경우에, 채무자는 채무의 변제로써 인도한 타인의 물건의 반환을 구할 수 없지만, 물건소유자의 반환청구에 대하여 채권자가 같은 규정을 원용하여 반환을 거부할 수는 없다.

3) 채권자가 집행력을 행사하는 전형적인 모습은 채무의 이행기가 도과한 후 채권자가 이행판결과 같은 집행권원을 구비하고 그에 기하여 집행기관에 집행개시의 신청을 하는 것이다.

나. 항변과 항변권 [4016]

(1) 소송에서 원고의 청구를 배척하기 위하여 피고가 소송상 또는 실체상의 이유를 들어 적극적으로 방어하는 것을 항변(抗辯)이라 한다.

보 론 항변에 관하여

㉠ 당사자 일방의 사실상 주장에 대하여 상대방은, 이를 부정하는 부인(否認), 이를 알지 못한다는 부지(不知. 부인으로 추정된다. 민사소송법 제150조 제2항), 이를 시인하는 자백(自白. 재판의 기초로 된다. 같은 법 제288조)을 하든지 이를 명백하게 다투지 않는 침묵(沈默. 자백한 것으로 간주된다. 같은 법 제150조 제1항. 제3항도 참조)을 할 수 있다.

㉡ 부인(「not」. 예: 계약상 채무의 이행청구에서 계약 불성립을 주장하는 경우)은 상대방의 주장과 논리적으로 양립할 수 없다는 점에서 항변(「yes, but」)과 구별되는데, 구체적으로 부인당한 사실에 관하여 상대방이 증명책임을 지지만, 항변사실에 대한 증명책임은 그 제출자에게 있다는 점 및 부인의 경우에 판결이유에서 판단할 필요가 없는 반면, 항변을 판단하지 않으면 판단누락의 위법이 인정된다는 점에서 다르다.

㉢ 항변은 소송절차에 관한 소송상 항변과 실체관계에 관한 본안의 항변으로 나뉜다. 그리고 본안의 항변은 다시 권리의 발생을 애초부터 방해하는 권리장애사실의 항변, 유효하게 발생한 권리를 소멸시키는 권리소멸사실의 항변, 권리의 발생 또는 행사를 저지시키는 권리저지사실의 항변으로 나뉜다([2099] 참조).

(2) 청구권의 행사에 대하여 이행을 거절할 수 있는 실체법상의 권리를 항변권(抗辯權)이라 하는데, 다른 이의 청구권 자체를 소멸시킬 수 있는 권리가 아니라 그 작용을 일시적 또는 영구적으로 저지할 수 있을 뿐이다. 동시이행의 항변권(제536조)과 같이 청구권의 작용을 일시적으로 저지할 수 있는 것을 연기적 항변권이라 하고, 상속인의 한정승인의 항변권(제1028조)처럼 영구히 저지할 수 있는 것을 영구적 항변권이라 한다.

항변권의 존재나 행사에 따른 법률관계는 다음과 같다. ① 항변권의 존재만으로 청구권의 실현을 저지하지 못하지만, ② 채무의 이행을 거절할 수 있는 항변권의 경우에 그 존재만으로 이행지체에 빠지지 않는다([2310] 참조). 그런데 ③ 소송에서 권리자의 원용이 없으면 법관이 직권으로 고려할 수 없다(변론주의). 한편 ④ 청구권의 행사가 없어서 항변권을 장기간 행사하지 않더라도 시효로 소멸하지 않는다([1413] 참조).

2. 자연채무 [4017]

가. 자연채무의 의의

(1) 자연채무(自然債務)란 소구력이 없는 채무, 즉 채무자가 급부를 이행하지 않더라도 채권자가 소에 의하여 이행을 청구할 수 없지만, 채무자가 임의로 이행하면 급부를 수령하여 보유할 수 있는 채무를 말한다.[4)]

(2) 자연채무의 개념적 징표와 관련하여, 채권자가 소로써 이행을 구할 수 없지만 임의이행이 있으면 반환청구가 배제된다는 점만 드는 입장(광의설)과 그에 더하여 법률상의 채무 내지 법

---

4) 이러한 개념이 법기술적으로 무의미하며 오히려 불필요하게 사고의 혼란을 가져온다는 견해도 있지만, 불완전한 채권의 유형을 포섭하는 범주로서 사고의 정리를 위한 의미는 가진다.
참고로 자연채무는 로마법에서 유래한다. 즉 소권법체계를 취한 로마법에서 소권이 부여되지 않아서 소송상 실현할 수 없는 그러나 채무자가 임의로 이행한 경우에 적법한 이행으로 되어 그 반환을 청구할 수 없는 채무를 자연채무라고 하였다.

적으로 의미 있는 채무가 존재해야 한다는 점도 요구하는 입장(협의설)이 나뉘는데, 어떤 경우에 자연채무가 성립하는지에 관한 다툼은 이러한 입장의 차이가 반영된 결과이다.

[4018] ### 나. 자연채무인지가 문제되는 경우들

(1) 부제소(不提訴)의 합의가 있는 경우, 즉 소구하지 않기로 약정한 채무가 자연채무에 해당함에는 별다른 의문이 없다.[5)]

(2) 채권이 존재함에도 채권자의 패소판결이 확정된 경우에, 재심사유(민사소송법 제451조 참조)가 존재하지 않는 한 기판력 때문에 다시 소를 제기할 수 없어서 자연채무가 성립한다.

(3) 채권자가 승소의 종국판결을 받은 후 소를 취하한 경우에 재소(再訴)가 금지되지만(민사소송법 제267조 제2항), 그렇다고 하여 소 취하로 인하여 채권 자체가 소멸하는 것은 아니므로, 자연채무가 성립한다.

(4) 파산이나 회생절차에서 면책된 경우에, 채무 자체는 소멸하지 않고 존속하지만 면책에 따라 집행력뿐만 아니라 소 제기의 권능도 상실하므로(채무자회생법 제566조, 제625조 제2항, 제251조) 자연채무에 해당한다.[6)]

(5) 소멸시효가 완성된 채무가 자연채무에 해당하는지는 자연채무의 범위에 관한 입장차이와 관련되고, 소멸시효 완성의 효과에 관한 입장은 주로 설명방식과 관련된다.[7)]

(6) 사무관리에 기하여 보수를 지급한 경우에, 법적으로 의미 있는 채무가 존재하지 않으므로 자연채무성이 부정되어야 할 것이다(협의설의 입장).

(7) 불법원인에 기한 채무에 관하여 살펴본다.

① 반사회적 행위에 기한 채무를 이행한 경우에, 급부를 수령한 이가 유효한 채권을 가지지 않으므로, 자연채무가 성립하지 않는다(협의설의 입장). 이행을 한 채무자가 급여의 반환을 청구할 수 없지만, 이는 제746조가 반환청구에 대한 협력을 거부한 결과일 뿐이다.

② 제한초과이자를 지급한(반대채권과 상계한 경우를 포함하여) 채무자가 초과부분이자의 반환을 구할 수 있는지에 관하여 종래 판례는 이를 부정했으나, 이자제한법 제2조 제4항에 따라 채무자가 제한초과이자를 임의로 지급한 경우에도 반환청구를 할 수 있다([2707] 참조).

[4019] ### 다. 자연채무의 효력

(1) 이행이 없더라도 채권자는 자연채무의 이행을 소구할 수 없다.[8)] 한편 채무자가 임의로 이행하면, 이는 법률상 유효한 변제이므로 이행한 것이 광의의 비채변제(채무가 없음에도 불구하고 변제로서 행하여진 급부)로 되지 않고, 따라서 채무자는 부당이득을 이유로 급부한 것의 반환을 청구할 수 없다.

(2) 앞의 효력 외에 어떤 효력이 부여될 것인지는 개별적으로 검토되어야 하지만, 일반적으

---

5) 이러한 합의를 위반하여 제기한 소는 권리보호의 이익이 없어서 부적법 각하된다(대판 1993.5.14. 92다21760).

6) 여기서 「면책」이란 채무 자체는 존속하지만 채무자에 대하여 그 이행을 강제할 수 없다는 의미로, 통상의 채권이 가지는 소 제기의 권능과 집행력을 상실하고, 임의변제를 청구할 수 있는 권능 및 변제의 의한 급부를 보유할 수 있는 권능만 남으므로, 자연채무가 성립한다. 대판 2001.7.24. 2001다3122; 대판 2019.3.14. 2018다281159 및 헌재결 2002.10.31. 2001헌바59 참조.

7) 협의설에 따르면 자연채무가 아닌데, 절대적 소멸설은 시효의 완성으로 채무가 소멸하므로 자연채무가 성립할 수 없다고 하는 반면, 상대적 소멸설은 시효의 완성으로 원용권이 발생할 뿐이어서 채무자의 원용이 있기 전에는 유효한 채무가 존재하고, 원용이 있은 후에는 채무가 소멸되므로 자연채무가 존재할 수 없다고 한다. 이와 달리 광의설에 의하면 자연채무에 해당하는데, 그 근거로 도의관념에 적합한 비채변제에 관한 제744조와 소멸시효가 완성된 채권의 상계가능성에 관한 제495조를 든다.

8) 따라서 자연채권은 가압류나 가처분의 피보전권리가 될 수 없다.

로 다음의 효력을 인정할 수 있을 것이다.

① 자연채무는 경개 또는 준소비대차의 기초로 될 수 있고 양도될 수 있다. 그리고 채무자는 자연채무를 가지고 상계할 수 있지만(제495조의 유추), 자연채무의 취지를 고려한다면 채권자는 상계할 수 없다고 할 것이다.

② 자연채권도 양도될 수 있는데, 선의의 제3자에게 양도되더라도 자연채권으로서의 성질을 잃지 않지만, 채권양도에 대하여 채무자의 이의를 보류하지 않은 승낙이 있었다면 달라질 것이다(제451조 제1항 참조).

3. 채무와 책임 [4020]

가. 책임의 개념 및 종류

(1) 채무가 채무자의 급부당위, 즉 이행해야 함을 뜻하는 반면, 책임(責任)은 채권자의 강제적 악취(握取. 공취라고도 한다), 즉 강제집행에 채무자가 복종하는 것을 의미한다.

[참 고] 책임이라는 용어는 다양한 의미로 사용되는데, ⓐ 고의나 과실, 즉 과책을 의미하기도 하고(제546조), ⓑ 의무를 뜻하기도 하지만(제35조, 제750조), 여기서는 ⓒ 채무와 대비되는 개념으로서 강제집행가능성을 의미한다.

(2) 채무자가 자기채무에 대하여 무엇으로써 그리고 어느 범위에서 책임을 지는지에 따라 책임은 다음과 같이 분류된다.

① 채무자가 자기의 인격으로 책임을 지는 경우가 인격적 책임(예: 고대사회의 債奴)이고, 재산으로 책임을 지는 경우가 재산적 책임이다. 그런데 우리 법질서의 기초를 이루는 철학이자 민주주의의 핵심인(헌법 제10조 참조) 인간존엄의 사상 때문에 현행법상 재산적 책임만 인정된다.

② 우리 법질서에서 「인적 무한책임」이 책임의 기본형이다. 즉 채무자가 자기의 전 재산으로 책임을 지므로 인적 책임이고, 채무 전액에 대하여 책임을 지므로 무한책임이다.

나. 인적 무한책임에 대한 예외 [4021]

(1) 먼저 「책임 없는 채무」를 들 수 있다. 채무자에 의하여 채무가 이행될 수 있고 이행이 없으면 채권자가 소구할 수 있지만, 강제집행가능성이 없는 채무로서, 부대체적인 「하는 급부」나 강제집행을 하지 않기로 하는 부집행(不執行)의 특약이 붙은 경우가 그 예이다.

(2) 나아가 강제집행의 대상이 채무자의 일정한 재산으로 한정되거나 강제집행의 범위가 일정액으로 제한되기도 한다. 책임이 한정된 경우에 그를 초과하는 집행에 대하여 채무자는 집행에 관한 이의를 신청할 수 있다(민사집행법 제16조). [4022]

① 채무자의 전 재산이 아니라 일정한 독립적 재산집단만이 채무에 대하여 책임을 지는 경우를 물적 유한책임(物的 有限責任. 또는 제한적/유한적 재산책임)이라고 한다. 이러한 제한의 예로 상속의 한정승인(제1028조 이하)과 신탁수익자에 대한 수탁자의 신탁행위로 인한 채무(신탁법 제38조)를 들 수 있다.

보 론 상속의 한정승인(限定承認)에 관하여

㉮ 상속에 의하여 피상속인의 「채무」가 상속인에게 당연히 승계되지만, 한정승인을 한 상속인은 자기가 상속받은 재산의 한도에서만 피상속인의 채무에 대하여 「책임」을 진다. 따라서 상속채권자는 상속인의 고유재산에 대하여 강제집행을 할 수 없지만, 상속인이 고유재산으로 상속재산 이상의 변제를 하더라도 그것이 비채변제로 되지 않는다. 한편 책임이 제한될 뿐이므로 상속채무에 대하여 보증을 한 이는 채무 전액에 대하여 무한책임을 진다.9)

이처럼 채무가 감축되는 것은 아니라 책임이 제한될 뿐이므로, 상속채권자의 청구에 대하여 법원은 상속채무 전부에 대한 이행판결을 선고하되, 이행판결의 주문에 상속재산의 한도에서만 집행할 수 있다는 취지를 밝혀야 한다.10)11)

㉯ 한정승인에서 상속채권자의 지위를 본다.

ⓐ 한정승인자로부터 상속재산에 담보권을 설정받은 이가 상속재산에 관하여 상속채권자에 우선한다는 것이 판례의 입장이다. 즉 대판(전) 2010.3.18. 2007다77781의 다수의견: "법원이 한정승인신고를 수리하게 되면 피상속인의 채무에 대한 상속인의 책임은 상속재산으로 한정되고, 그 결과 상속채권자는 특별한 사정이 없는 한 상속인의 고유재산에 대하여 강제집행을 할 수 없다. 그런데 민법은 한정승인을 한 상속인(이하 '한정승인자'라 한다)에 관하여 그가 상속재산을 은닉하거나 부정소비한 경우 단순승인을 한 것으로 간주하는 것(제1026조 제3호) 외에는 상속재산의 처분행위 자체를 직접적으로 제한하는 규정을 두고 있지 않기 때문에, 한정승인으로 발생하는 위와 같은 책임제한효과로 인하여 한정승인자의 상속재산 처분행위가 당연히 제한된다고 할 수는 없다. 또한 민법은 한정승인자가 상속재산으로 상속채권자 등에게 변제하는 절차는 규정하고 있으나(제1032조 이하), 한정승인만으로 상속채권자에게 상속재산에 관하여 한정승인자로부터 물권을 취득한 제3자에 대하여 우선적 지위를 부여하는 규정은 두고 있지 않으며, 민법 제1045조 이하의 재산분리제도와 달리 한정승인이 이루어진 상속재산임을 등기하여 제3자에 대항할 수 있게 하는 규정도 마련하고 있지 않다. 따라서 한정승인자로부터 상속재산에 관하여 저당권 등의 담보권을 취득한 사람과 상속채권자 사이의 우열관계는 민법상의 일반원칙에 따라야 하고, 상속채권자가 한정승인의 사유만으로 우선적 지위를 주장할 수는 없다. 그리고 이러한 이치는 한정승인자가 그 저당권 등의 피담보채무를 상속개시 전부터 부담하고 있었다고 하여 달리 볼 것이 아니"다. 이러한 결과를 피하기 위하여 상속채권자는 담보권 설정에 앞서 재산분리를 청구함으로써 우선권을 확보할 수 있다.

ⓑ 대판 2016.5.24. 2015다250574: "상속재산에 관하여 담보권을 취득하였다는 등 사정이 없는 이상, 한정승인자의 고유채권자는 상속채권자가 상속재산으로부터 그 채권의 만족을 받지 못한 상태에서 상속재산을 고유채권에 대한 책임재산으로 삼아 이에 대하여 강제집행을 할 수 없다고 보는 것이 형평의 원칙이나 한정승인제도의 취지에 부합하며, 이는 한정승인자의 고유채무가 조세채무인 경우에도 그것이 상속재산 자체에 대하여 부과된 조세나 가산금, 즉 당해세에 관한 것이 아니라면 마찬가지"이다. 요컨대 상속재산에 대한 상속채권자의 우선적 지위가 인정된다.

ⓒ 위 두 판결을 모아 보면, 한정승인신고가 수리된 경우에 상속재산에 관한 우선순위가 「상속

---

9) 참고로 상속재산의 분리(제1045조 이하)에 의해서는 상속재산 또는 상속인의 고유재산으로부터 사실상의 우선변제를 받을 수 있을 뿐이고, 유한책임으로 되지는 않는다.

10) 대판 2003.11.14. 2003다30968: "상속의 한정승인이 인정되는 경우에도 상속채무가 존재하는 것으로 인정되는 이상, 법원으로서는 상속재산이 없거나 그 상속재산이 상속채무의 변제에 부족하다고 하더라도 상속채무 전부에 대한 이행판결을 선고하여야 하고, 다만, 그 채무가 상속인의 고유재산에 대해서는 강제집행을 할 수 없는 성질을 가지고 있으므로, 집행력을 제한하기 위하여 이행판결의 주문에 상속재산의 한도에서만 집행할 수 있다는 취지를 명시하여야 한다."

11) 그 밖에 대판 2022.10.27. 2022다254154·254161: "상속채권자가 피상속인에 대하여는 채권을 보유하면서 상속인에 대하여는 채무를 부담하는 경우, 상속이 개시되면 위 채권 및 채무가 모두 상속인에게 귀속되어 상계적상이 생기지만, 상속인이 한정승인을 하면 상속이 개시된 때부터 민법 제1031조에 따라 피상속인의 상속재산과 상속인의 고유재산이 분리되는 결과가 발생하므로, 상속채권자의 피상속인에 대한 채권과 상속인에 대한 채무 사이의 상계는 제3자의 상계에 해당하여 허용될 수 없다. 즉, 상속채권자가 상속이 개시된 후 한정승인 이전에 피상속인에 대한 채권을 자동채권으로 하여 상속인에 대한 채무에 대하여 상계하였더라도, 그 이후 상속인이 한정승인을 하는 경우에는 민법 제1031조의 취지에 따라 상계가 소급하여 효력을 상실하고, 상계의 자동채권인 상속채권자의 피상속인에 대한 채권과 수동채권인 상속인에 대한 채무는 모두 부활한다."

재산에 관하여 저당권 등의 담보권을 취득한 이 → 상속채권자 → 한정승인자의 일반채권자」의 3단계로 정해진다. 그런데 한정승인이 있으면, 피상속인의 채무는 전부 승계되지만 그에 대하여 상속재산만이 책임을 지고 상속인의 고유재산은 상속채무의 책임재산이 아니라는 점에서, 담보권자가 우선한다는 2007다77781 판결의 태도는 법정책적으로 검토를 요한다. 즉 상속개시 전부터 한정승인자에 대하여 채권을 가지던 이가 피상속인의 사망이라는 우연한 사정을 계기로 상속재산에 관하여 (저당권을 설정받아) 선순위로 되고 그 결과 상속채권자가 불리하게 되는 것은, 한정승인에서 상속재산이 특별재산이라는 취지에 반한다고 볼 여지가 있다.

㉰ 참고로 채무자가 한정승인을 하고도 채권자가 제기한 소송의 사실심 변론종결시까지 그 사실을 주장하지 않아서 책임의 범위에 관하여 아무런 유보가 없는 판결이 선고되어 확정되었더라도, 채무자는 그 후 한정승인사실을 내세워 청구에 관한 이의의 소를 제기하는 것이 허용된다. 즉 실권효([1374] 참조)가 제한된다.[12]

그런데 책임이 제한될 뿐인 한정승인과 달리, 상속에 의한 채무의 존재 자체가 문제되어 그에 관한 확정판결의 주문에 당연히 기판력이 미치는 상속포기의 경우에는 실권효 제한의 법리가 적용될 수 없다.[13]

② 채무자가 채무 전액이 아니라 일정한 금액의 한도에서 자신의 전 재산으로써 책임을 지는 경우(예: 상법 제770조)를 금액유한책임(金額有限責任. 또는 인적 유한책임)이라 한다. 책임이 일정액의 한도로 제한되므로 유한책임이며, 그 한도에서 채무자의 전 재산이 책임을 지므로 인적 책임이다. 다수설은 주주나 유한회사 사원의 책임(상법 제331조, 제553조)도 금액유한책임으로 파악하지만, 이들은 회사의 채무에 대하여 「직접」 변제할 책임을 지지 않으며, 이들의 출자의무는 법인에 대한 것으로 이를 유한책임으로 오해할 것은 아니다([1444]도 참조).[14]

다. 채무 없는 책임 [4023]

채권자가 자기채권의 만족을 위하여 어떤 물건에 담보물권의 설정을 받으면, 그는 담보물의 교환가치로부터 다른 채권자에 우선하여 자기채권의 변제를 받을 수 있다. 이 경우 특정의 담보물이 책임의 객체가 되는 것을 물건책임(物件責任)이라고 한다. 그런데 제3자도 그 소유의 물건 위에 담보물권을 설정하여 줄 수 있는데(제329조, 제356조 참조), 여기서 제3자(물상보증인)는 채무자가 아니지만, 그가 제공한 담보물로써 채권자에게 책임을 지는데, 이를 「채무 없는 책임」이라고 한다.

---

12) 대판 2006.10.13. 2006다23138: "한정승인에 의한 책임의 제한은 상속채무의 존재 및 범위의 확정과는 관계가 없고 다만 판결의 집행대상을 상속재산의 한도로 한정함으로써 판결의 집행력을 제한할 뿐이다. 특히 채권자가 피상속인의 금전채무를 상속한 상속인을 상대로 그 상속채무의 이행을 구하여 제기한 소송에서 채무자가 한정승인사실을 주장하지 않으면, 책임의 범위는 현실적인 심판대상으로 등장하지 아니하여 주문에서는 물론 이유에서도 판단되지 않는 것이므로 그에 관하여는 기판력이 미치지 않는다. 그러므로 채무자가 한정승인을 하고도 채권자가 제기한 소송의 사실심 변론종결시까지 그 사실을 주장하지 아니하는 바람에 책임의 범위에 관하여 아무런 유보가 없는 판결이 선고되어 확정되었다고 하더라도, 채무자는 그 후 위 한정승인사실을 내세워 청구에 관한 이의의 소를 제기하는 것이 허용된다고 봄이 옳다."

13) 대판 2009.5.28. 2008다79876.

14) 합명회사의 사원이나 합자회사의 무한책임사원은 회사의 채무에 대하여 무한책임을 지고(상법 제212조, 제269조), 합자회사의 유한책임사원도 출자의무를 부담하는 금액 중 아직 회사에 출자하지 않은 금액을 한도로 회사의 채권자에 대하여 직접 변제할 책임을 진다(상법 제279조 제1항).

그런데 주식회사의 주주는 주식의 인수가액을 한도로 하여 회사에 대하여 출자의무를 부담할 뿐이고, 유한회사의 사원 역시 회사에 대하여 재산출자의무를 부담할 뿐이어서, 법인격남용에 해당하지 않는 한 이들이 회사의 채권자에 대해서는 아무런 채무도 또한 책임도 지지 않는다(즉 회사가 채무를 부담하는데, 이들의 책임을 흔히 「간접책임」이라고 표현한다). 따라서 주주나 유한회사의 사원이 회사의 채권자에 대하여 유한책임을 진다는 표현이 상징적 의미를 가질 수 있으나, 적어도 법률적으로는 부정확하다.

[4024] ## Ⅳ. 채권의 상대효

1. 개 관

채권은 특별결합관계의 당사자인 채권자와 채무자 사이에서만 효력을 가지는데, 이를 「채권의 상대효」라 한다. 특히 개인의 의사를 채무의 필수적 전제로 삼는 약정채권관계에서 의사의 관여가 없는 제3자에게 채권의 효력이 미치지 않음은 당연하다.

한편 민법은 책임재산을 보전할 필요가 있는 경우에 채권자대위권과 채권자취소권을 인정하는데, 이들은 채권의 효력이 확장된 것으로 이해할 것이다. 이들에 관해서는 후술한다.

[4025] ### 2. 채권의 효력이 미치는 인적 범위

(1) 특별결합관계로서 채권관계는 그 당사자 사이에서만 효력을 가지고, 채권관계 밖에 있는 이와는 무관하다. 따라서 채권관계의 당사자 아닌 이의 청구나 그에 대한 청구(채권관계에 기한)는 허용되지 않는다([2134]도 참조). 즉 제3자효가 부정되고, 그에 따라 공시가 요구되지 않는다. 수개의 채권이 경합하는 경우에 그 성립원인이나 성립의 선후와 관계없이 모든 채권의 효력은 평등하다는 「채권자 평등의 원칙」도 이에 기한 것이다.

(2) 채권의 상대효는 다음의 의미를 가진다.

① 채무자의 의사에 기해서라면 이미 존재하는 채권과 동일한 내용의 채권이 성립할 수 있고, 그로 인하여 기존의 채권자에 대한 침해가 성립하지 않는다.[15]

② 채권이 물건에 관한 것이라도, 물권처럼 목적물을 직접 지배할 수 있는 것은 아니고, 채무자를 통한 간접적인 것에 그친다.[16] 나아가 채무자의 전 재산이 책임재산으로서 강제집행의 대상이지만, 채권자가 채무자의 처분을 저지할 수도 또한 추급할 수도 없고, 채무자의 재산이 강제집행절차에서 현금화되더라도 그로부터 독점적으로 또는 우선하여 변제를 받을 수 없다는 점에서, 물권인 저당권이 소유자의 처분과 무관하게 교환가치를 직접 지배하고 교환가치로부터 우선변제를 받을 수 있는 것과 현저히 구별된다.

(3) 상대효에 따라 특히 계약에 기한 채권관계에서 급부의 실현, 항변의 가부, 무자력을 포함하는 일반적인 위험 등은 채권관계 밖에 있는 이와 무관하다.[17] 계약관계의 청산과 관련하여 이른바 삼각관계에서 급부의 반환이 원래의 계약당사자들 사이에서 이루어져야 함도 상대효의 연장으로 이해될 수 있다.

(4) 상대효의 원칙에 대한 예외로 제3자를 위한 계약(제539조) 외에도

① 일정한 요건을 갖춘 경우에 채권에 대항력이 부여되기도 한다(우선 [2650] 참조).

② 제630조에 따라 임대인의 동의 있는 전대차에서 전차인은 ―전대차계약의 당사자가 아닌― 임대인에 대하여 직접 의무(차임지급의무, 목적물의 보관 및 반환의무 등)를 부담한다(상법 제724조 제2항 및 하도급법 제14조의 직접청구권도 참조).

---

15) 채무자의 이행이 없으면 소구 및 강제집행을 할 수 있지만, 그 대상은 채무자의 재산만인데([4065] 참조), 다른 채권자의 등장으로 책임재산으로부터 배당받을 수 있는 몫이 줄어들 수 있는 등 채권의 (종국적) 실현이 불가능하게 될 위험이 있음은 별개의 문제이다.

16) 임차인이 임차목적물을 용익할 수 있는지는 1차적으로 채무자인 임대인의 의지에 달려있다는 점에서 물권인 전세권이나 지상권과 다르다.

17) 복수의 계약들이 밀접하게 관련되더라도, 제630조와 같은 규정이 없으면 서로 영향을 미치지 않는다.

③ 그 밖에 채권자대위권이나 채권자취소권에 의하여 채권의 효력이 확장되기도 하고, 제3자의 채권침해가 인정되기도 한다.

제3절 채권의 목적

Ⅰ. 총 설 [4026]

(1) 채권의 목적(또는 내용)이란 채권관계에서 채권자가 청구할 수 있고 채무자가 이행해야 하는 대상을 말하는데, 당사자간의 합의(계약) 또는 법률의 규정에 의하여 정해진다.

(2) 채권의 목적에 관하여 제373조 내지 제386조가 규정한다. 이들 중 제374조 이하는 변제와 관련하여 다루었으므로 생략한다.

(3) 금전으로 가액을 산정할 수 없는 급부도 채권의 목적으로 될 수 있는데(제373조), 이러한 급부를 목적으로 하는 채권도 효력의 측면에서 보통의 채권과 다르지 않다. 즉 본래의 급부에 관한 소구 및 강제집행이 가능하고, 채무불이행시 손해배상을 청구할 수 있다.[1]

Ⅱ. 채무내용의 확정 [4027]

1. 서 설

(1) 채권이 유효하기 위해서는 급부가 ① 확정(가능)성, ② 가능성, ③ 적법성 및 ④ 사회적 타당성의 요건을 갖추어야 한다. 이들 모두를 앞에서 살펴보았지만, 아래에서 확정(가능)성에 관하여 좀 더 검토하기로 한다.

(2) 채무의 내용이 확정불가능하다면 유효한 채권이 인정되지 않는다. 그런데 약정채권관계에서 채권의 목적은 당사자의 의사에 따라 결정되지만(내용결정의 자유) 언제나 명확한 것은 아니다.[2] 따라서 채무의 성립이나 이행에 의한 소멸을 따지기 위한 전제로 급부내용의 확정이 필요하고, 급부내용을 확정하는 작업이 계약의 해석이다.

(3) 약정채권의 유효요건으로서 급부의 확정(가능)성은 계약의 「본질적 요소」에 관하여 요구되고, 계약의 통상적 요소나 우연적 요소에 관해서는 확정(가능)성이 결여되더라도 임의규정 등에 의하여 보충될 수 있어서 채무의 유효성에 영향을 미치지 않는다([2037]도 참조).

2. 채무내용의 결정 [4028]

가. 서 언

(1) 급부의 확정은 많은 경우에 「정도」의 문제이다. 즉 급부내용이 사전에 일의적으로 결정되지 않을 수도 있는데, 이러한 경우에 예약이나 다른 채권관계(예: 주채무의 내용에 따른 보증채무의 내용의 결정) 또는 거래관행[3]에 의하여 급부내용이 확정될 수 있다면 문제될 것이 없다. 그리

1) 소구나 손해배상청구를 위하여 가액이 금전으로 산정되어야 함은 별개의 문제이다.
2) 법정채권관계에서 채무의 목적은 법률의 규정에 따라 결정되므로 특별히 문제되지 않는다.
3) 자동차 등의 수리에서 보통 대가를 사전에 정하지 않는데, 통상의 대가가 약정된 것으로 새겨야 한다.

고 임의규정(예: 급부장소에 관한 제467조)이 보충적으로 「적용」되기도 한다.[4)]

(2) 한편 당사자들은 계약체결시 계약의 내용을 상세하게 결정하지 않고, 상세한 결정을 당사자의 일방 또는 제3자가 하도록 약정할 수도 있다.[5)] 이를 살펴본다.

[4029] 나. 당사자의 일방에 의한 결정

(1) 급부내용의 결정이 채권자 또는 채무자에게 유보되어 있는 경우에, 명시적으로 결정권자가 정해져 있지 않다면, 결정권자는 계약의 해석에 의하여 정해진다.[6)]

(2) 결정은 결정권을 가진 당사자의 상대방에 대한 일방적 의사표시에 의하여 이루어진다. 결정권은 형성권이므로 결정이 있은 후 이를 철회할 수 없지만, 착오 등을 이유로 하는 취소는 가능하다.

(3) 결정은 형평의 관념에 합치되어야 하고, 그렇지 않으면 상대방에 대하여 구속력이 없다. 예외적으로 당사자 일방이 그의 자유로운 판단, 즉 자유재량에 따라 결정할 수 있다고 약정된 경우에도, 결정이 선량한 풍속 기타 사회질서에 반하거나 폭리행위에 해당한다면 그 구속력이 없다.

[4030] 다. 제3자에 의한 결정

(1) 당사자들은 제3자가 급부내용을 결정하도록 약정할 수 있다. 특히 결정에 전문지식이 필요하거나 중립적이고 신뢰할 만한 사람으로 하여금 계약내용을 판단하게 할 필요가 있는 경우에, 제3자로 하여금 계약내용의 일부를 결정하게 하는 예는 드물지 않다.[7)]

(2) 다른 정함이 없는 한 제3자의 결정은 당사자 쌍방(즉 채권자와 채무자)에 대한 형성적 의사표시에 의하여 이루어진다(제383조 제1항의 유추). 착오 · 사기 · 강박 등을 이유로 이 결정을 취소할 수 있는데, 당사자도 취소할 수 있다고 보아야 한다.[8)] 또한 수인의 제3자에 의하여 결정이 행해져야 하는 경우에는 그들의 의견의 일치가 필요하고, 그들의 의견이 일치하지 않는다면 결정이 없는 것으로 보아야 한다.[9)]

(3) 제3자는 공평한 판단에 따라 결정해야 하지만, 제3자가 자유로운 판단에 따라 결정할 수 있음을 당사자들이 약정할 수도 있다.

---

4) 흔히 임의규정이 해석의 기준이라고 하는데, 그렇지 않음에 관하여 [2121] 참조.

5) 대판 2009.6.25. 2006다18174: "매매계약의 목적물과 대금은 반드시 매매계약 체결 당시에 구체적으로 특정할 필요는 없고 사후에라도 구체적으로 특정할 수 있는 방법과 기준이 정해져 있으면 충분하"다.

6) 예컨대 「가격은 유동적」이라는 약정이 있으면 상품 인도시 매도인, 즉 채권자가 대금을 결정하고, 근로자를 보험에 가입시켜 주겠다고 약정한 경우에 어느 정도의 보험에 가입시켜 주느냐는 사용자, 즉 채무자가 결정한다.

7) 예: A와 B가 미술품감정가 C의 가격결정에 따르기로 하고 유명화가의 그림 한 점의 매매계약을 체결한 경우.

8) 이러한 취소에 대하여 직접적인 이해관계를 가지는 이는 지정권자가 아니라 당사자이기 때문이다.

9) 다만 매매대금 등 일정한 금액의 결정에서 여러 의견의 평균액을 결정된 금액으로 인정할 수 있으며, 이렇게 함으로써 결정이 간단히 이루어질 수 있다.

제 2 장 채권의 실현

제 1 절 서 설

1. 채권소멸사유 개관 [4031]

(1) 채무가 채무내용에 좇은 임의이행(변제)에 의하여 소멸하는 것이 보통이고 정상적이지만, 민법은 채권의 절대적 소멸사유로 그 밖에 대물변제, 공탁, 상계, 경개, 면제 및 혼동도 규정한다.[1] 이들 중 채권의 임의적 실현으로서 변제와 그 대용으로서 대물변제, 공탁 및 경개는 제2편에서 다루었으므로, 아래에서는 면제와 혼동에 관하여 간략하게 살펴본 후 상계를 검토한다. 상계가 계약상의 채무에 한정되지 않을 뿐만 아니라 담보적 기능이라는 독특한 성질을 가지고 있음을 고려하여 여기서 다룬다.

한편 채무자에게 책임 없는 사유로 인한 급부불능이나 소멸시효의 완성 또는 해제조건의 성취나 종기의 도래 등에 의해서도 채권이 소멸하는데, 관련되는 부분에서 이미 다루었다.

(2) 계약 자체가(그에 기한 권리 · 의무도 함께) 종료/소멸하는 경우와 개개의 채권만이 소멸하는 경우를 구별해야 한다. 계약의 해제나 취소 등에 의해서도 채권이 소멸하지만, 개개의 채권뿐만 아니라 동시이행의 항변권 등 다른 권리도 소멸한다는 점에서 다르다. 그런데 개개 채권의 소멸만으로 언제나 채권관계가 소멸하지는 않는다.

2. 면제와 혼동 [4032]

가. 면 제

(1) 채무의 면제(免除)란 채권을 무상으로 소멸시키는 채권자의 처분행위(제506조), 즉 일방적인 채권의 포기(抛棄)를 말한다. 따라서 면제는 채권의 처분권한을 가진 이에 의하여 행해져야 한다. 민법상 채무의 면제는 ―채무자의 의사표시는 필요 없고― 채권자의 「채무자에 대한」[2] 의사표시만으로 이루어지는 단독행위이다.[3]

(2) 채무면제가 명시적인 의사표시에 의해야만 하는 것은 아니지만, 묵시적인 채무면제를 인정하기 위해서는 당해 권리관계의 내용에 따라 채권자의 행위 내지 의사표시의 해석을 엄격하게 해야 한다.[4]

그런데 채무의 일부에 대해서도 그리고 채무자의 일부에 대해서도[5] 면제가 가능하다.

---

1) 채권양도와 같은 상대적 소멸사유에 의해서는 채권 자체가 소멸하지 않는다.

2) 검사 작성의 피의자신문조서에 채무면제의 의사가 표시되었더라도 이를 채무면제의 처분문서로 볼 수 없다고 한 대판 1998.10.13. 98다17046 참조.

3) 채무를 소멸시키기로 하는 당사자의 합의, 즉 면제계약이 허용됨은 계약자유의 원칙상 당연하다.

4) 대판 2020.10.15. 2020다227523 · 227530.

5) 채무자 일부에 대한 면제가 연대채무에서 절대적 효력을 가지는 반면(제419조), 부진정연대에서는 상대효를 가지는([4180] 참조) 등 수인의 채무자 사이의 관계에 따라 유효범위가 결정된다.

(3) 면제에 의하여 채권이 소멸하며(제506조 본문), 채권을 위하여 존재하던 담보물권, 보증채무 등도 소멸한다(부종성). 다만 제3자가 면제의 대상인 채권에 대하여 정당한 이익을 가진다면, 면제로써 그 제3자에게 대항하지 못한다(같은 조 단서).

[4033] **나. 혼 동**

혼동(混同)이란 채권과 채무가 동일한 주체에게 귀속하는 것(제507조), 다시 말하면 한 사람이 어떤 채권의 채권자이자 채무자로 되는 것으로, 그 법적 성질은 사건([1050] 참조)이다. 가령 채무자가 채권자를 단독상속한 경우에 채권의 존속을 인정하는 것이 무의미하기 때문에 소멸사유로 되는데(물권의 소멸에 관한 제191조도 참조),[6] 변제와 추심의 과정을 생략한다는 의미를 가진다.

그러나 채권과 채무가 동일한 주체에 귀속하더라도 채권의 존속을 인정해야 할 특별한 이유가 있는 경우, 가령 채권이 제3자의 권리(예: 질권)의 목적인 경우에는 채권이 혼동에 의하여 소멸하지 않는다(제507조 단서). 상속의 한정승인이나 상속재산의 분리가 있는 경우에도 채권은 혼동으로 소멸하지 않는다(제1031조, 제1050조).

제 2 절 상 계

제 1 관 총 설

[4034] **Ⅰ. 상계의 의의**

1. 개 념

G와 S가 서로 상대방에 대하여 금전채무를 부담하는 경우에, 대등액에 관하여 양 채무를 소멸시키는 G의 일방적 의사표시(단독행위)를 상계(相計)라 한다. 이때 상계하는 측(G)의 채권을 자동채권(自動債權) 또는 「반대채권」[1]이라 하고, 상대방(S)의 채권을 수동채권(受動債權)이라고 한다.

[4035] **2. 상계의 기능**

(1) 자동채권의 만족사유이자 수동채권의 소멸사유인 상계는 다음의 기능을 가진다.

① 상계는 자동채권의 채권자가 공적 집행방법인 강제집행에 의하지 않고 일방적 의사표시에 의하여 그의 채권을 실현하는 수단, 즉 사적 집행수단이다.

② 상계는 간편한 결제수단이다. 즉 당사자의 일방적 의사표시에 의하여 양 채무를 대등액에 관하여 소멸하게 함으로써 이행에 따른 비용과 위험을 피할 수 있다.

③ 상계를 인정하지 않는다면 변제자력 있는 당사자는 채무 전액을 변제하고도 변제자력 없는 상대방으로부터 채권 전액을 회수할 수 없어서 불공평할 수 있다는 점에서, 상계는 공평의 요청에 부응하는 제도이기도 하다.

(2) 거래계에서 보다 중요한 것은 상계가 가장 간편하면서도 확실한 채권담보수단이라는 점

6) 혼동에 의한 손해배상청구권의 소멸과 상속포기에 관하여 대판 2005.1.14. 2003다38573 · 38580([3163]에 소개된) 참조.

1) 압류 또는 S의 청구에 대하여 상계항변을 하는 경우에.

이다. 즉 수동채권의 존재가 사실상 자동채권에 대한 담보로서 기능하고, 이를 「상계의 담보적 기능」이라 하는데, 이에 관해서는 뒤에서 따로 보기로 한다.

Ⅱ. 상계의 효과 [4036]

1. 채권의 소멸

(1) 상계에 의하여 수동채권과 자동채권은 대등액에 관하여 소멸한다(제493조 제2항).

(2) 피상계자가 여러 개의 상계적상에 있는 수동채권을 가지는데 자동채권이 그 전부를 소멸시키기에 부족하다면, 변제충당에 관한 규정(제476조 내지 제479조)을 준용하여 상계로 소멸할 수동채권을 결정한다(제499조). 이를 상계충당(相計充當)이라 한다.[2]

2. 상계의 소급효 [4037]

(1) 상계의 효과로 각 채무가 대등액에 관하여 소멸하는데, 그 효과는 "상계할 수 있는 때"에 발생한다(제493조 제2항). 즉 채무소멸의 효과는 상계의 의사표시가 있은 때가 아니라 상계할 수 있는 때, 즉 상계적상이 발생한 때[3]로 소급한다. 상계적상에 있으면 당연히 양 채권이 결제될 것이라는 당사자의 기대를 고려한 것인데, 양 채무의 지연이율이 다른 경우에 상계표시의 시기에 따라 어느 당사자가 차액을 이득하는 것이 불공평하다는 점도 근거의 하나이다. 따라서 상계적상 이후부터 이자가 발생하지 않으며, 또한 그때부터 이행지체는 소멸한다.

한편 상계의 소급효에 관한 제493조는 임의규정이어서, 당사자들이 상계의 효과가 발생하는 시기(금융거래에서 이른바 「계산의 종기」)를 달리 정할 수 있다.

(2) 상계에 소급효가 인정되더라도 상계표시 전에 이미 실현된 사실을 뒤엎을 수 없다.[4] 두 채권이 한때 상계적상에 있었더라도, 상계표시가 있기 전에 변제, 대물변제, 경개, 계약의 해제·해지 등이 있었다면 상계적상이 사라지고, 따라서 상계할 수는 없기 때문이다. 다만 소멸시효의 완성은 제495조에 따라 예외를 이룬다.

제 2 관 상계의 요건

Ⅰ. 개 관 [4038]

상계를 하기 위하여 양 당사자의 채권이 상계적상(相計適狀. 쌍방의 채무가 서로 상계할 수 있는 상태에 있는 것)에 있어야 한다. 그런데 두 채권이 상계적상에 있다고 하여 자동적으로 소멸하는 것은 아니다. 즉 두 채권이 소멸하기 위하여 당사자 일방의 상대방에 대한 상계표시(相計表示)가

2) 대판 2014.12.11. 2011다77290: "여러 개의 자동채권으로 한 상계항변이 이유 있고 수동채권의 원리금이 자동채권의 원리금 합계에 미치지 못하는 경우에는 최소한 상계충당이 지정충당에 의하게 되는지 법정충당에 의하게 되는지 여부를 밝히고 지정충당이 되는 경우라면 어느 자동채권이 우선 충당되는지를 특정하여야 할 것이다."

3) 양 채권의 변제기가 도래한 경우 외에 수동채권의 변제기가 도래하지 않았더라도 기한의 이익을 포기할 수 있는 경우를 포함한다(대판 2011.7.28. 2010다70018). 채권양수인은 채권양도의 대항요건이 갖추어진 때 비로소 자동채권을 행사할 수 있으므로 채권양도 전에 이미 양 채권의 변제기가 도래하였더라도 상계의 효력은 변제기로 소급하는 것이 아니라 채권양도의 대항요건이 갖추어진 시점으로 소급한다는 대결 2022.6.30. 2022다200089도 참조.

4) 상계적상시 "이전에 수동채권에 대하여 이자나 지연손해금이 발생한 경우 상계적상시점까지 수동채권의 이자나 지연손해금을 계산한 다음 자동채권으로써 먼저 수동채권의 이자나 지연손해금을 소각하고 잔액을 가지고 원본을 소각하여야 한다"고 한 대판 2021.5.7. 2018다25946도 참조.

있어야 한다. 이 중 상계표시는 상계의 방법과 관련하여 보기로 하고, 여기서는 상계적상만 살펴본다.

[참 고] 상계로 인하여 누군가의 이익을 해쳐서는 안 된다는 점에서 상계적상을 음미하는 것도 유의미하다. 즉 동종채무의 대립이라는 당연한 전제를 제외한 나머지 상계적상의 요건은 주로 수동적 지위에 있는 피상계자의 보호 또는 제3자와의 이해관계 조절을 위한 것이다. 구체적으로

㉠ 채무의 유효와 확정 및 이행기의 도래, 소구 및 강제집행가능성 그리고 항변사유의 부존재 등의 요건은 자동채권의 실현과 관련하여 피상계자를 보호하기 위한 것이다. 상계자의 단독행위에 의하여 자동채권이 실현되는데, 공적 집행절차에 의하는 경우보다 피상계자가 불리하게 되어서는 안 되기 때문이다. 다만 소멸시효가 완성된 경우에 관한 제495조의 예외는 상계에 대한 기대를 보호하기 위한 배려이다.

㉡ 상계금지특약이나 고의의 불법행위에 기한 손해배상채권의 상계 제한(제496조) 등은 수동채권의 현실적 만족의 요청에 기한 것으로 역시 피상계자를 보호한다.

㉢ 한편 압류금지채권(제497조)이나 지급금지채권(제498조)의 상계의 제한은 제3자와의 이해관계를 조절하기 위한 기준이다.

[4039] Ⅱ. 양 채권에 공통된 요건

1. 두 채권의 대립

(1) 당사자 "쌍방이 서로" 채무를 부담해야 한다(제492조 제1항 본문). 즉 상계자는 자동채권의 채권자이자 동시에 수동채권의 채무자여야 한다.

[4040] (2) 이에 대한 예외를 본다.

① 자동채권의 채권자 아닌 이가 상계할 수 있는 경우로, 연대채무자는 다른 연대채무자의 채권으로 상계할 수 있고(제418조 제2항), 보증인도 채권자의 이행청구에 대하여 주채무자의 채권으로 상계할 수 있는데(제434조), 그 한도에서 채무의 이행을 거절할 수도 있다.[1)]

② 상계적상에 있던 채권이 양도된 경우에, 이의를 보류하지 않은 승낙(제451조 제2항 참조)이 없었다면, 자동채권의 채무자 아닌 수동채권의 양수인에 대한 상계가 허용된다.[2)]

③ 한편 저당부동산의 제3취득자나 물상보증인과 같이 수동채권의 채무자가 아니지만 변제할 정당한 이익을 가지는 이가 자기채권으로 상계를 할 수 있는지에 관하여, 판례는 수동채권으로 될 수 있는 채권은 상대방이 상계자에 대하여 가지는 채권이어야 함을 들어 부정적인데,[3)] 제3자 변제와의 실질적 등가성을 고려하면 반론의 여지가 없지 않다([2212] 참조).

[4041] 2. 두 채권의 동종성

(1) 양 채무가 "서로 같은 종류를 목적으로" 해야 한다(제492조 제1항 본문). 그런데 상계가 빈번하게 행하여지고 실제로도 중요한 것은 금전채권이다.

(2) 두 채권이 동종이기만 하면 되고, 그 밖의 요건을 요하지 않는다.

---

1) 통지요건의 결여로 구상이 제한되는 경우는 다른 연대채무자나 주채무자의 채권자에 대한 채권이 이전된다는 점(제426조 제1항, 제445조 제1항 참조)에서 예외로 볼 것은 아니다.

2) 가령 상계적상이 성립한 후 A의 B에 대한 채권이 C에게 양도된 경우에, B가 이의를 보류하지 않고 승낙하지 않은 한, C의 청구에 대하여 B는 A에 대한 반대채권으로 상계할 수 있다.

3) 대판 2011.4.28. 2010다101394([2213]에 소개된).

① 두 채권의 채권액이 달라도 상관없는데, 이 경우 "대등액에 관하여" 채권소멸의 효과가 발생한다(제492조 제1항 본문).

② 상계의 대상이 되는 채권은 상대방과의 사이에서 직접 발생한 채권에 한하지 않고, 제3자로부터 양수 등을 원인으로 하여 취득한 채권도 포함한다.

그런데 일부양도로 인하여 채권이 수개의 독립한 분할채권으로 된 경우에, 채무자는 양도인을 비롯한 각 분할채권자 중 어느 누구라도 상대방으로 하여 상계할 수 있다.[4] 일부양도로 인하여 상대방의 지위가 열악하게 될 수는 없기 때문이다.

③ 이행지를 달리하는 경우에도 상계할 수 있지만, 상계자는 상대방에게 상계로 인한 손해(예: 운송비용의 차액)을 배상해야 한다(제494조).[5]

④ 채권발생의 근거가 무엇인지는 급부의 동종성을 결정함에 영향을 미치지 않는다.[6]

3. 채권의 성질이 상계를 허용할 것 [4042]

양 채무의 성질상 상계가 허용되지 않는 것은 아니어야 한다(제492조 제1항 단서). 성질상 상계가 허용되지 않는다는 것은 현실의 이행이 필요하다는 뜻인데, 「하는 채무」가 대표적 예이다.

그 밖에 법률의 규정에 의하여 상계가 제한되는 경우도 있다.[7]

Ⅲ. 자동채권에 관한 요건 [4043]

1. 일반적 요건

(1) 양 채무가 유효하게 존재할 뿐만 아니라 소구력과 강제집행가능성을 갖추어야 한다. 그런데 소구력이나 강제집행력이 없는 채무도 유효하게 변제될 수 있으므로, 이 요건은 자동채권에 관한 것이다. 상계가 간편한 결제수단이지만, 법률상 강제될 수 없는 채권을 실현하기 위한 우회로/편법으로 악용되어서는 안 되기 때문이다. 한편 압류된 채권의 채권자(제3채무자에 대한 채권자)는 압류된 채권을 자동채권으로 하여 상계할 수 없다. 압류의 처분금지효(민사집행법 제227조 제1항 참조) 때문에 채권의 처분에 해당하는 상계도 허용되지 않기 때문이다.[8]

다만 소멸시효가 완성된 자동채권은 완성 전에 상계적상에 있었다면 채권자가 상계할 수 있다(제495조). 이미 생긴 상계적상에 대한 기대, 즉 당연히 상계에 의하여 정산되리라는 당사자들의 신뢰를 보호하기 위해서이다.[9] 판례는 나아가 담보책임에 기한 손해배상채권의 「제척기간」이

---

4) 대판 2002.2.8. 2000다50596: 분할채권자는 양도인 또는 다른 양수인에 귀속된 부분에 대하여 먼저 상계되어야 한다거나 각 분할채권액의 채권 총액에 대한 비율에 따라 상계되어야 한다는 이의를 할 수 없다고 한 사례.

5) 이 규정은 적어도 금전채권에 관해서는 무의미하다.

6) 공법상의 확정된 벌금채권도 자동채권으로 될 수 있다는 대판 2004.4.27. 2003다37891 참조.

7) 예컨대 신탁재산의 감소를 방지하고 수익자를 보호하기 위하여 신탁재산에 속하는 채권도 상계가 제한된다(신탁법 제25조).

8) 수동채권이 압류된 경우에 제498조가 적용하는데, [4051] 이하 참조.

9) 임대차 존속 중 차임채권의 소멸시효가 완성된 경우에 관하여 대판 2016.11.25. 2016다211309: "임대인의 임대차보증금반환채무는 임대차계약이 종료된 때에 비로소 이행기에 도달하므로, 임대차 존속 중 차임채권의 소멸시효가 완성된 경우에는 소멸시효 완성 전에 임대인이 임대차보증금반환채무에 관한 기한의 이익을 실제로 포기하였다는 등의 특별한 사정이 없는 한 양 채권이 상계할 수 있는 상태에 있었다고 할 수 없다. 그러므로 그 이후에 임대인이 이미 소멸시효가 완성된 차임채권을 자동채권으로 삼아 임대차보증금반환채무와 상계하는 것은 민법 제495조에 의하더라도 인정될 수 없지만, 임대차 존속 중 차임이 연체되고 있음에도 임대차보증금에서 연체차임을 충당하지 않고 있었던 임대인의 신뢰와 차임연체상태에서 임대차관계를 지속해 온 임차인의 묵시적 의사를 감안하면 연체차임은 민법 제495조의 유추적용에 의하여 임대차보증금에서 공제할 수는 있다."

그리고 대판 2021.2.10. 2017다258787: "임차인의 유익비상환채권은 임대차계약이 종료한 때에 비로소 발생한다고 보아야 한다. 따라서 존속 중 임대인의 구상금채권의 소멸시효가 완성된 경우에는 위 구상금채권과 임차인의 유익비상환채권이 상계할 수 있는 상태에 있었다고 할 수 없으므로, 그 이후에 임대인이 이미 소멸시효가 완성된 구상금채권을 자동채권으로 삼아 임차인의 유익비상

지난 경우에 제495조를 유추한다.

[참 고] 대판 2019.3.14. 2018다255648: "매도인의 담보책임을 기초로 한 매수인의 손해배상채권 또는 수급인의 담보책임을 기초로 한 도급인의 손해배상채권이 각각 상대방의 채권과 상계적상에 있는 경우에 당사자들은 채권 · 채무관계가 이미 정산되었거나 정산될 것으로 기대하는 것이 일반적이므로, 그 신뢰를 보호할 필요가 있다. 이러한 손해배상채권의 제척기간이 지난 경우에도 그 기간이 지나기 전에 상대방에 대한 채권 · 채무관계의 정산 소멸에 대한 신뢰를 보호할 필요성이 있다는 점은 소멸시효가 완성된 채권의 경우와 아무런 차이가 없다. 따라서 매도인이나 수급인의 담보책임을 기초로 한 손해배상채권의 제척기간이 지난 경우에도 제척기간이 지나기 전 상대방의 채권과 상계할 수 있었던 경우에는 매수인이나 도급인은 민법 제495조를 유추적용해서 위 손해배상채권을 자동채권으로 해서 상대방의 채권과 상계할 수 있다고 봄이 타당하다."

이 판결에 대하여 평가가 엇갈리고, 제척기간은 다양한 스펙트럼을 가지는데 제670조의 기간은 소멸시효와 비슷한 성격을 가진다는 점에서 판지에 동의할 여지도 있지만, 적어도 제척기간 「일반」에 제495조를 유추해서는 안 된다. 무엇보다도 소멸시효의 경우에 「상계에 의한 자동채권의 강제적 실현」에 대한 기대를 보호하기 위하여 「중단」(자동채권의 불행사라는 사태의 제거)을 의제하는 의미를 가지지만, 중단이 인정되지 않는 제척기간의 경우에 형성권의 행사에 의한 상계적상의 회복이라는 상태를 의제할 여지가 없다는 점에서 차이가 있기 때문이다.

[4044] (2) 양 채무의 "이행기가 도래"해야 한다(제492조 제1항 본문).[10] 그런데 상계자는 수동채권의 기한이익을 포기할 수 있으므로(제468조), 문제되는 것은 자동채권의 이행기가 도래하였는지 여부이다. 즉 자동채권의 이행기가 도래하지 않았음에도 상계할 수 있다면 상대방의 기한이익을 박탈하는 결과로 된다(예외에 관하여 채무자회생법 제416조 등 참조).

조건 때문에 자동채권이 이행될 수 없는 경우에도 상계는 허용되지 않는다.

(3) 나아가 자동채권은 구체적으로 확정되어야 한다.[11]

[4045]

2. 항변권부 채권

(1) 동시이행의 항변권(제536조)이나 최고 · 검색의 항변권(제437조) 등 항변권이 붙은 채권을 자동채권으로 하는 상계는 허용되지 않는다. 상계가 허용된다면 상대방의 항변권을 박탈하는 결과로 되기 때문인데, 항변권을 포기한 경우에는 당연히 그렇지 않다.[12] 항변권이 붙은 채권이 양도된 경우에도, 이의를 보류하지 않은 승낙이 없는 한 채무자는 양도인에 대하여 대항할 수 있는 사유로 양수인에게 대항할 수 있으므로(제451조 참조) 상계가 허용되지 않고, 채권이 전부명령에 의하여 이전된 경우에도 다르지 않다.

[4046] (2) 다만 자동채권과 수동채권이 동시이행관계에 있다면 그렇지 않다고 새겨야 하며, 특히 양 채무가 동종의 급부를 목적으로 한다면 상계만이 가능하다고 할 것이다. 이러한 경우에는 항변권 박탈의 위험이 없을 뿐만 아니라 동시이행의 항변권 자체가 무의미하기 때문이다. 판례도 서로 현실적으로 이행해야 할 필요가 없는 경우라면 상계가 허용된다는 입장이다.[13]

환채권과 상계하는 것은 민법 제495조에 의하더라도 인정될 수 없다."

10) "채무의 이행기가 도래한 때"라 함은, 채권자가 채무자에게 이행의 청구를 할 수 있는 시기가 도래하였음을 의미하고, 채무자가 이행지체에 빠지는 시기를 말하는 것이 아니라는 대판 1981.12.22. 81다카10; 대판 2021.5.7. 2018다25946 참조.

11) 가정법원의 심판에 의하여 구체적으로 확정된 양육비채권 중 이미 이행기가 도달한 부분에 한하여 이를 자동채권으로 하는 상계가 허용된다고 한 대판 2006.7.4. 2006므751 참조.

12) 수탁보증인의 주채무자에 대한 사전구상권을 자동채권으로 하는 상계는 허용되지 않지만, 주채무자가 사전에 담보제공청구권의 항변을 포기하였다면 상계가 가능하다고 한 대판 2004.5.28. 2001다81245 참조.

3. 상계금지특약 [4047]

(1) 당사자 사이에 상계금지특약이 있는 경우에 상계가 허용되지 않는다(제492조 제2항 본문).

(2) 상계금지특약의 존재 여부는 해석에 의하여 밝혀진다. 상계금지가 묵시적으로 약정될 수도 있는데, 위임이나 신탁의 경우에 상계의 금지가 묵시적으로 약정되는 일이 많다.[14)]

(3) 상계금지특약은 선의의 제3자에게 대항하지 못한다(제492조 제2항 단서).[15)] 선의인지 여부는 채권양도 또는 채무인수가 이루어진 시점을 기준으로 판단한다.

Ⅳ. 수동채권에 관한 요건 [4048]

1. 고의의 불법행위로 인한 손해배상채권

(1) 고의로 불법행위를 저지른 이는 상계로 피해자에게 대항하지 못한다(제496조). 이 경우 피해자가 피해를 확실하게(계산상으로가 아니라 현찰로) 전보받을 수 있게 하고, 다른 한편 금전채권의 이행을 지체하는 채무자에 대한 보복적 불법행위를 방지하기 위해서이다.[16)] 싸움과 같이 자동채권과 수동채권이 동일한 사안에서 발생한 경우에도 상계가 허용되지 않지만,[17)] 당사자들이 상계합의를 하였다면 당연히 그에 의한다. 그리고 고의의 불법행위로 인한 피해자가 상계를 주장할 수 있음은 물론이다.

(2) 이러한 취지에 따라 ① 고의의 불법행위에 기한 손해배상채권에 대한 상계금지를 중과실 [4049]
의 불법행위에 기한 손해배상채권에까지 유추 또는 확장적용해야 할 필요는 없다.[18)] 반면 ② 고의에 의한 행위에 기하여 불법행위로 인한 손해배상채권과 부당이득반환채권 또는 채무불이행으로 인한 손해배상채권이 경합하는 경우에, 제496조를 유추하여 부당이득반환채권 또는 채무불이행으로 인한 손해배상채권을 수동채권으로 하는 상계로 채권자에게 대항할 수 없다고 해야 한다.[19)] 한편 ③ 피용자의 고의의 불법행위로 인하여 제756조의 사용자책임이 성립하는 경우에 사용자도 제496조에 따라 손해배상채권을 수동채권으로 하는 상계로 채권자에게 대항할 수 없다는 것이 판례의 입장이다.[20)]

---

13) 컴퓨터 할부매매계약이 해제된 후 다액의 채무자인 매도인이 상계표시를 한 사안에 관한 대판 2006.7.28. 2004다54633: "상계의 대상이 될 수 있는 자동채권과 수동채권이 동시이행관계에 있다고 하더라도 서로 현실적으로 이행하여야 할 필요가 없는 경우라면 상계로 인한 불이익이 발생할 우려가 없고 오히려 상계를 허용하는 것이 동시이행관계에 있는 채권·채무관계를 간명하게 해소할 수 있으므로 특별한 사정이 없는 한 상계가 허용된다."

14) A가 급전이 필요하여 보석반지의 처분을 B에게 맡긴 경우에, B는 A에 대한 대여금채권을 자동채권으로 하여 상계할 수 없다고 할 것이다.

15) A의 B에 대한 채권에 관하여 상계금지특약이 있었다면, A나 B는 상계할 수 없다. 그러나 B의 A에 대한 채무를 C가 인수하였는데 그 채무에 대하여 상계금지특약이 있음을 C가 몰랐던 경우(즉 C의 선의)에, C는 자기의 A에 대한 채권으로 A의 상계금지특약 있는 채권과 상계할 수 있다.
관련하여 대판 2024.5.30. 2019다47387은, 채권자와 채무자가 채무자의 상계를 금지하는 특약을 한 후 채무자에 대한 회생절차가 개시된 경우에, 채무자의 관리인은 제492조 제2항 단서에 정한 제3자에 해당하고, 상계금지특약사실에 대한 관리인의 선·악의는 관리인 개인의 선·악의를 기준으로 할 수 없고, 모든 회생채권자 및 회생담보권자를 기준으로 하여 회생채권자 및 회생담보권자 모두가 악의로 되지 않는 한 관리인은 선의의 제3자라고 할 수밖에 없다고 하였다.

16) 대판 2002.1.15. 2001다52506 참조.

17) 대판 1994.2.25. 93다38444.

18) 대판 1994.8.12. 93다52808.

19) 대판 2002.1.15. 2001다52506(사기취소가 문제된 사안에서, 피해자가 부당이득반환채권만 청구하고 불법행위로 인한 손해배상채권을 청구하지 않았더라도 청구의 실질적 이유, 즉 부당이득의 원인이 고의의 불법행위였다는 점은 불법행위로 인한 손해배상채권을 청구하는 경우와 다를 바 없어서, 제496조를 유추함이 상당하다고 한 사례) 및 대판 2017.2.15. 2014다19776·19783(고의에 의한 행위가 불법행위를 구성함과 동시에 채무불이행을 구성하여 불법행위로 인한 손해배상채권과 채무불이행으로 인한 손해배상채권이 경합하는 경우에 제496조를 유추적용할 필요가 있다고 한 사례) 참조.

20) 대판 2006.10.26. 2004다63019: "피용자의 고의의 불법행위로 인하여 사용자책임이 성립하는 경우에 민법 제496조의 적용을 배제하

[4050] 2. 압류금지채권

부양청구권 등(민사집행법 제246조 참조) 압류금지채권의 채무자는 상계로 채권자에게 대항하지 못한다(제497조).

그런데 ① 채무자가 채권자에 대하여 실제로 채무를 이행하도록 하기 위한 제497조의 취지에 따라 압류금지채권의 변형인 부당이득반환채권을 수동채권으로 하는 상계도 허용되지 않는다.[21] ② 근로자의 임금채권의 2분의 1에 해당하는 금액은 압류금지채권(민사집행법 제246조 제4호)이어서 상계가 허용되지 않는데, 압류가능한 부분에 대해서도 「임금 직접 · 전액지급의 원칙」(근로기준법 제43조) 때문에 사용자가 근로자의 급료 등 임금채권을 수동채권으로 하여 사용자의 근로자에 대한 다른 채권으로 상계할 수 없다.[22] ③ 압류금지채권이 양도되거나 대위의 요건이 구비된 후에도 이를 수동채권으로 한 상계로써 채권양수인 또는 대위채권자에게 대항할 수 없다.[23]

[4051] 3. 지급금지채권

(1) 지급금지명령을 받은 제3채무자는 지급금지명령이 있은 후에 그의 채권자에 대하여 취득한 채권을 자동채권으로 하여 지급금지된 채권과 상계하더라도 이 상계를 들어 지급명령을 신청한 채권자(즉 지급금지된 수동채권의 채권자의 채권자)에게 대항하지 못한다(제498조). 여기서 지급금지명령을 받은 채권이란 압류(민사집행법 제227조 제1항) 또는 가압류(같은 법 제296조 제3항)된 채권을 말하는데, 아래에서는 압류에 대해서만 살펴본다.

(2) 압류명령을 받은 제3채무자(D)는 자기의 채권자(S)에게 변제하더라도 이로써 압류채권자(G)에게 대항하지 못하는데, 상계도 변제방법이라는 점에서 압류 후에 D가 S에 대한 채권으로 상계하더라도 같다. 다만 상계의 효과는 상계적상시로 소급하는데, 상계적상이 압류 전에 발생한 경우에 상계적상의 시점에 변제가 있었다고 볼 것이어서 상계는 압류명령에 저촉되지 않는다. 즉 D는 피압류채권의 소멸을 G에게 주장할 수 있다. 그런데 D가 압류가 있은 후에 취득한 S에 대한 채권으로 상계함으로써 피압류채권의 소멸을 G에게 주장할 수 있다면 부당한 결과로 된다. 그래서 제498조는 압류 후에 취득한 채권을 자동채권으로 하는 상계로 압류채권자에게 대항하지 못한다고 규정한다.

[4052] (3) 그러면 법문대로 압류명령이 송달되기 전에 채권을 취득하였다면 아무런 제한 없이 이 채권을 자동채권으로 한 상계로써 압류채권자에게 대항할 수 있다고 새길 것인가? 이에 관하여 압류명령을 받기 전에 반대채권을 취득하였다면 상계할 수 있다는 입장, 양 채권의 변제기의 선후를 기준으로 판단해야 한다는 입장 및 상계 당시에 이미 자동채권의 이행기가 도래하여 상계적

여야 할 이유가 없으므로 사용자책임이 성립하는 경우 사용자는 자신의 고의의 불법행위가 아니라는 이유로 민법 제496조의 적용을 면할 수는 없다."

21) 대판 1977.5.24. 77다309.

22) 다만 계산의 착오 등으로 임금이 초과지급되었을 때 상계권 행사의 시기가 초과지급된 시기와 임금의 정산, 조정의 실질을 잃지 않을 만큼 합리적으로 밀접되어 있고 금액과 방법이 미리 예고되는 등 근로자의 경제생활의 안정을 해칠 염려가 없는 경우나 근로자가 퇴직한 후에 그 재직 중 지급되지 아니한 임금이나 퇴직금을 청구하는 경우에 예외를 인정한 대판(전) 1995.12.21. 94다26721 및 대판(전) 2010.5.20. 2007다90760 참조.

또 다른 예외로 근로자의 자유로운 의사에 기한(이 판단은 엄격하고 신중하게 이루어져야 한다) 동의를 얻으면 상계할 수 있다는 대판 2001.10.23. 2001다25184도 참조.

23) 대판 2009.12.10. 2007다30171.

상에 있었다면 유효하다는 입장 등을 생각할 수 있다.[24)]

생각건대 상계의 담보적 기능을 고려하여, 제498조의 적용에서는 압류명령의 송달시를 기준으로 장래 상계로써 자기채무를 면할 수 있으리라는 제3채무자의 기대를 「합리적인」 범위에서 보호해야 한다. 그러기 위하여 「채권의 취득시기」라는 법문상의 요건에 「양 채권의 변제기의 선후」라는 기준도 더해야 한다(목적론적 축소). 즉 압류명령의 송달 당시 양 채권이 이미 상계적상에 있는 경우는 물론 그렇지 않더라도 자동채권의 변제기가 수동채권(피압류채권)의 변제기보다 먼저 또는 그와 동시에 도래하는 경우에 제3채무자는 자기의 채권(자동채권)으로써 장래 상계할 기대이익을 가지므로 보호되는 반면, 자동채권의 변제기가 수동채권의 변제기보다 나중에 도래하는 경우에는 제3채무자의 상계에 대한 기대가 보호되지 않는다고 해야 한다. 다수설과 판례의 입장도 같다.[25)]

(4) 자동채권에 이행거절권능이 부착된 경우에 그 권능이 소멸한 때를 변제기로 삼아야 한 [4053]
다.[26)] 한편 판례는 동시이행관계에 있는 반대채권(자동채권)이 압류명령 송달 후에 성립하였더라도 그 성립의 기초는 송달 전부터 존재한 경우에는 앞서 본 제한 하에 상계가 허용된다는 입장이다.[27)]

(5) 채권에 질권이 설정되면 지급금지의 효력이 생기므로, 지급금지명령을 받은 채권과 마찬 [4054]
가지로 다루어진다. 뿐만 아니라 채권에 질권이 설정된 경우에, 입질채권의 채권자(채권질권의 설정자)는 입질채권을 소멸시키거나 질권자의 이익을 해치는 변경을 할 수 없으므로(제352조), 채권질권의 설정자는 입질채권을 자동채권으로 하여 상계할 수 없다.

V. 상계의 방법 [4055]

1. 상계의 의사표시

(1) 상계에 의하여 당사자 일방이 단독으로 대등액에서 채권과 채무를 소멸시킨다. 그런데 상계적상이 발생하면 상계할 수 있지만, 그것을 강요할 수는 없다. 따라서 별도의 의사표시가 없더라도 상계된 것으로 한다는 특약이 없다면, 상계에는 권리형성적인 의사표시가 필요하다. 즉

---

24) 상계로써 압류채권자에게 대항할 수 있는 채권의 범위를 좁게 새기면 압류채권자가 보호되는 반면, 넓게 새기면 제3채무자가 보호된다.

25) 대판 1982.6.22. 82다카200.
금융거래의 현장에서는 기한이익 상실특약 및 상계예약을 통하여 판례가 취하는 변제기기준설을 우회함은 뒤에서 본다.

26) 대판 2019.2.14. 2017다274703: 변제기의 선후를 따지는 앞의 법리가 "채권압류명령을 받은 제3채무자이자 보증채무자인 사람이 압류 이후 보증채무를 변제함으로써 담보제공청구의 항변권을 소멸시킨 다음, 압류채무자에 대하여 압류 이전에 취득한 사전구상권으로 피압류채권과 상계하려는 경우에도 적용된다. […] 결국 제3채무자가 압류채무자에 대한 사전구상권을 가지고 있는 경우에 상계로써 압류채권자에게 대항하기 위해서는, 압류의 효력 발생 당시 사전구상권에 부착된 담보제공청구의 항변권이 소멸하여 사전구상권과 피압류채권이 상계적상에 있거나, 압류 당시 여전히 사전구상권에 담보제공청구의 항변권이 부착되어 있는 경우에는 제3채무자의 면책행위 등으로 인해 위 항변권을 소멸시켜 사전구상권을 통한 상계가 가능하게 된 때가 피압류채권의 변제기보다 먼저 도래하여야 한다."

27) 대판 2010.3.25. 2007다35152: "금전채권에 대한 압류 및 전부명령이 있는 때에는 압류된 채권은 동일성을 유지한 채로 압류채무자로부터 압류채권자에게 이전되고, 제3채무자는 채권이 압류되기 전에 압류채무자에게 대항할 수 있는 사유로써 압류채권자에게 대항할 수 있는 것이므로, 제3채무자의 압류채무자에 대한 자동채권이 수동채권인 피압류채권과 동시이행의 관계에 있는 경우에는, 압류명령이 제3채무자에게 송달되어 압류의 효력이 생긴 후에 자동채권이 발생하였다고 하더라도 제3채무자는 동시이행의 항변권을 주장할 수 있다. 이 경우에 자동채권이 발생한 기초가 되는 원인은 수동채권이 압류되기 전에 이미 성립하여 존재하고 있었던 것이므로, 그 자동채권은 민법 제498조의 '지급을 금지하는 명령을 받은 제3채무자가 그 후에 취득한 채권'에 해당하지 않는다고 봄이 상당하고, 제3채무자는 그 자동채권에 의한 상계로 압류채권자에게 대항할 수 있다." 대판 2001.3.27. 2000다43819; 대판 2005.11.10. 2004다37676도 동지.
가령 전세금반환채권은 전세권 성립시부터 이미 발생이 예정되어 있으므로, 전세권저당권이 설정된 때 이미 전세권설정자가 전세권자에 대하여 반대채권을 가지고 있고 반대채권의 변제기가 장래 발생할 전세금반환채권의 변제기보다 먼저 또는 그와 동시에 도래하는 경우처럼 전세권설정자에게 합리적 기대이익을 인정할 수 있는 경우에는 특별한 사정이 없는 한 전세권설정자는 반대채권을 자동채권으로 하여 전세금반환채권과 상계함으로써 전세권저당권자에게 대항할 수 있다(대판 2014.10.27. 2013다91672).

상계적상이 존재하고 상계자가 상대방에게 상계표시(相計表示. 또는 상계선언)를 하였을 때에 상계의 효과가 발생한다.[28]

이처럼 상계적상에 있는 자동채권이 있다고 하여 반드시 상계를 해야 하는 것은 아니므로, 채권자가 주채무자에 대하여 상계적상에 있는 자동채권을 상계처리하지 않았음을 들어 보증인이 보증채무의 이행을 거절할 수 없으며, 나아가 보증인의 책임이 면제되는 것도 아니다.[29]

[4056] (2) 단독행위로서 상계표시는 상계하려는 채권자(자동채권의 채권자)의 상대방에 대한 일방적 의사표시로 행하여진다(제493조 제1항 전문).[30]

그리고 상계의 의사표시에 의하여 법률관계가 변동하므로(채권이 소멸한다), 상계할 수 있는 지위는 형성권에 속한다. 또한 상계는 상계자에 의한, 그의 채권(자동채권)의 처분행위이므로, 상계의 의사표시에 처분권한과 처분능력을 요한다.

(3) 상계표시에는 조건이나 기한을 붙이지 못한다(제493조 제1항 후문). 단독행위에 조건이나 기한을 붙이면 상대방의 지위가 불안하게 되기 때문이다. 이러한 제한은 단독행위로서 상계표시에 관한 것으로, 당사자들의 상계합의에는 당연히 조건이나 기한을 붙일 수 있다.

[4057] 2. 상계계약과 상계예약

가. 상계계약

(1) 제492조 이하가 규정하는 것은 단독행위로서 상계이다. 그런데 계약자유의 원칙에 따라 당사자들이 상계의 요건과 방법 및 효과에 관하여 따로 합의하는 것도 가능하고, 이를 상계계약(相計契約. 또는 상계합의)이라 한다. 낙성 · 불요식의 계약으로서 상계계약에는 단독행위인 상계에 요구되는 여러 제약들이 적용되지 않는다.[31]

(2) 상계계약에서 결제의 시기(계산의 종기)를 제493조 제2항과 달리 정하는 것이 보통이고, 채무소멸액도 대등액이 아니라 계약으로 달리 정할 수 있다. 그리고 다수의 당사자 사이에 채권이 순환적으로(A는 B에게, B는 C에게, C는 A에게 하는 식으로) 존재하는 경우에 전원의 합의로 대등액에 관하여 채무를 소멸시킬 수도 있다.

[참 고] 상법 제72조의 상호계산(相互計算)은 상시적 거래관계에 있는 당사자들 사이에서 일정기간 발생한 금전채무를 포괄적으로 소멸시킨다는 점에서 상계가 기간단위로 확장된 것이라고 할 수 있는데, 계약이라는 점에서 단독행위인 민법상의 상계와 구별된다.

[4058] 나. 상계예약

(1) 특히 은행거래에서 —주로 약관에 의하여— 당사자들이 장래 일정한 사정이 발생하면 상계의 요건이나 방법과 무관하게 상계의 효과를 얻을 수 있도록 미리 합의하는 경우가 적지 않

---

28) 상계가 소급효를 가짐에 따라 그 효과에서 당연상계주의와 실질적인 차이는 없다.

29) 대판 1987.5.12. 86다카1340; 대판 2018.9.13. 2015다209347. 다만 제434조에 기하여 보증인이 주채무자의 상계권을 행사할 수 있다. 상계권의 불행사가 제3자에 대하여 불법행위를 구성하지 않는다고 한 대판 2002.2.26. 2001다74353([3029]에 소개된)도 참조.

30) 대판 2009.10.29. 2008다51359: "상계는 상계적상에 있는 채권을 가진 채권자가 별도로 의사표시를 하여야 하는 것이고(민법 제493조 제1항) 그 의사표시 여부는 원칙적으로 채권자의 자유에 맡겨져 있는 것이므로, 비록 상계의 의사표시가 묵시적으로도 가능하다 하더라도, 다른 의사와 구분되는 별도의 상계의사를 확인하지 않은 채 이를 인정할 수는 없다."
어음채권을 자동채권으로 하는 재판 외의 상계에서 어음의 교부가 필요하고, 상계자가 이를 주장·증명해야 한다는 대판 1991.4.9. 91다2892 및 대판 2008.7.10. 2005다24981도 참조.

31) 예컨대 싸움을 하여 서로 상대방에게 상해를 입힌 두 사람이 각자의 손해배상채권을 소멸시키거나 상해의 정도가 다를 때 그 차이에 대해서만 금전을 지급하기로 하는 합의를 흔히 볼 수 있는데, 이때 제496조는 적용되지 않는다.

은데, 이를 상계예약(相計豫約)이라고 한다.

(2) 금융거래에서 채무자의 지급불능에 대비하기 위한 수단으로 널리 이용되는 상계예약은 대개 채권양도금지의 특약, 자동채권의 기한이익을 상실하게 하는 조항([4060] 참조),[32] 상계표시를 생략하는 조항(즉 정지조건부 상계계약), 소급효를 배제하고 상계의 효력발생시점(계산의 종기)을 일정한 사유의 발생시로 하는 조항, (상계)충당에 관한 특약 등을 포함한다.

3. [보론] 소송상 상계 [4059]

소송상 방어방법으로 반대채권과의 상계를 주장하는 것을 상계항변(相計抗辯)이라 한다.

상계항변의 경우에 판결이유 중의 판단임에도 예외적으로 기판력이 생기므로(민사소송법 제216조 제2항), 다른 항변사유 모두가 이유 없는 때에만 상계항변을 심리 · 판단해야 한다.[33]

제 3 관　상계의 담보적 기능

1. 일 반 론 [4060]

(1) 여러 명에 대하여 합계 9억 원의 채무를 부담하는 등 이미 파산지경에 이른 S가 다시 G 은행으로부터 사업자금 1억 원을 대출받았는데, S의 재산으로 전세보증금 1억 원과 G에 대한 1억 원의 예금채권뿐인 경우를 보자. 이 경우 S의 책임재산은 2억 원이고, 강제집행에 따라 배당이 이루어진다면 채권자평등의 원칙에 따라 채권자 각자는 채권의 20%를 배당받을 수 있어서 G는 1억 원의 예금채무를 집행당하고도 대출금 중 2,000만 원만 회수할 수 있다. 그러나 G는 위 예금채권을 수동채권으로 하여 상계함으로써 1억 원의 예금채권으로부터 우선적으로 변제를 받을 수 있고,[1] 나머지 채권자들은 1억 원의 전세보증금채권으로부터 평등하게 배당받게 될 것이다. 이 경우 G의 입장에서 S에 대한 채무가 S에 대한 채권을 실질적으로 담보한다. 즉 자동채권의 채무자의 채무불이행이 있는 경우에, 그 채권자는 상계함으로써 대등액에 관하여 우선변제를 받을 수 있으므로 수동채권(예금채권)의 존재가 사실상 자동채권(대출금채권)에 대한 담보로 기능하는데, 이를 상계의 담보적 기능(擔保的 機能)이라 한다.

[참　고] 상계의 담보적 기능은 특히 채무자가 파산상태에 빠진 경우에 채권자에게 유리하게 작동한다. 예를 들어 채무자가 파산한 경우에 반대채권을 가진 파산채권자는 상계를 통하여(채무자회생법 제416조) 다른 파산채권자보다 우선하여 자기채권의 만족을 받을 수 있다. 다만 이러한 결과는 파산

---

32) 특히 차주에 대한 압류나 강제집행의 개시, 파산절차의 개시 등의 경우에 제498조의 적용을 피하기 위하여 「정지조건부 기한이익 상실」을 특약한다.

33) 소송상 상계에 관한 재판례를 본다. ㉠ 민사소송법 제216조 제2항이 상계주장에 관한 법원의 판단에 기판력을 인정한 취지는, 이에 대하여 기판력을 인정하지 않는다면, 원고의 청구권의 존부에 대한 분쟁이 나중에 다른 소송으로 제기되는 반대채권(자동채권)의 존부에 대한 분쟁으로 변형됨으로써 상계주장의 상대방은 상계를 주장한 이가 반대채권을 이중으로 행사하는 것에 의하여 불이익을 입을 수 있을 뿐만 아니라 상계주장에 대한 판단을 전제로 이루어진 원고의 청구권의 존부에 대한 전소의 판결이 결과적으로 무의미하게 될 우려가 있어서, 이를 막기 위함이다(대판 2005.7.22. 2004다17207; 대판 2018.8.30. 2016다46338 · 46345). ㉡ 소송상 방어방법으로서 상계항변은 통상 수동채권의 존재가 확정되는 것을 전제로 행하여지는 일종의 「예비적 항변」으로서, 소송상 상계의 의사표시에 의해 확정적으로 효과가 발생하는 것이 아니라, 당해 소송에서 수동채권의 존재 등 상계에 관한 법원의 실질적 판단이 이루어져야 비로소 실체법상 상계의 효과가 발생한다(대판 2014.6.12. 2013다95964). ㉢ 상계주장에 관한 판단에 기판력이 인정되는 경우는, 상계주장의 대상이 된 수동채권이 소송물로서 심판되는 소구(訴求)채권이거나 그와 실질적으로 동일하다고 보이는 경우(예: 원고가 상계를 주장하면서 청구이의의 소를 제기하는 경우)로서 상계를 주장한 반대채권(자동채권)과 그 수동채권을 기판력의 관점에서 동일하게 취급할 필요성이 인정되는 경우를 말한다(대판 2018.8.30. 2016다46338 · 46345). ㉣ 소송절차 진행 중 당사자 사이에 조정이 성립한 경우에 소송상 상계항변의 사법상 효과도 발생하지 않는다고 한 대판 2013.3.28. 2011다3329도 참조.

1) 예금채권에 질권을 설정받음으로써 우선변제를 받을 수 있지만, 논외로 한다.

채권자들 사이의 파산절차에서의 공평한 만족에 대한 중대한 예외가 되므로, 채권자평등의 이념을 잠탈하거나 결과적으로 파산재단의 감소를 초래하는 상계는 금지된다(같은 법 제422조 참조).

한편 상계는 금융기관에서 많이 이용되는데, 금융기관으로서는 자신의 지위를 확고하게 하기 위하여 약관에 여러 특약을 규정한다. 앞의 예에서 G는 상계에 대한 기대, 즉 예금채권을 담보로 한다는 의식을 가지고 S에게 대출하는데, 다른 채권자 D가 S의 예금채권을 압류한 경우에, 압류 전에 대출금채권을 가지고 있었으므로 제498조에 저촉되지 않지만, 대출금채권의 이행기가 도래하기 전이라면 G로서는 상계할 수 없다([4052] 참조). 이러한 경우에 대비하기 위하여 금융거래에서는 통상 약관에 의하여 기한이익 상실특약을 하는데, 압류명령이 「발송」되면 「은행으로부터의 독촉·통지 등이 없더라도」 채무자는 당연히 은행에 대하여 모든 채무의 기한의 이익을 상실하도록 한다. 이처럼 기한의 도래를 압류명령의 발송시로 하는 것은, 압류명령이 제3채무자에게 「송달」된 때에 압류의 효력이 발생하므로(민사집행법 제227조 제3항) 그에 앞서 자동채권이 이행기에 있게 만들기 위해서이다. 실제로는 그에 덧붙여 예금채권에 대한 압류나 가압류 등 채무자의 신용상태를 불안하게 하는 사유가 발생하면 당연히 상계의 효과가 발생하도록 정지조건부 상계예약을 하면서 은행이 예약완결권을 가지고, 계산의 종기도 임의로 정할 수 있도록 한다.

[4061] (2) 담보적 기능의 한계를 본다.

① 상계의 담보적 기능이 제3자의 정당한 이익을 해쳐서는 안 된다. 특히 담보적 기능은 상계가능성에 대한 당사자의 기대가 합리적인 경우로 한정되어야 한다.

② 이러한 관점에서 제498조를 되돌아보자. 여기서는 상계를 통한 수동채권의 소멸에 대한 반대채권자(제3채무자)의 이익과 수동채권의 존재를 전제하는 (가)압류채권자의 이익이 충돌한다. 판례는 압류 전에 취득한 반대채권의 이행기보다 피압류채권의 이행기가 동시에 또는 나중에 도래하면 상계가 허용되는 반면, 먼저 도래한다면 상계가 허용되지 않는다고 하여 이해를 조절하는데(「목적론적 축소」), 기본적으로 정당하다고 판단된다([4052] 참조).

한편 피압류채권의 이행기가 도래하였음에도 방치되는 상태에서 반대채권의 이행기가 도래한 후 제3채무자의 상계에 의하여 불확정상태가 이미 제거되었다면 상계의 유효성을 부정할 이유가 없을 것이다.[2] 다만 판례는 이에 대하여 부정적이다.[3]

[4062] (3) 이러한 이해의 충돌은 압류에 한정되지 않는다. 즉 채권양도에서도 채무자가 양도인에 대한 채권을 취득한 경우에 어느 시기까지 취득해야 이 채권을 자동채권으로 하여 상계할 수 있는지가 문제될 수 있다. 이에 관하여 다수설은 대항요건 구비 전에 상계를 할 수 있는 원인이 있었다면 채무자는 상계로써 양수인에게 대항할 수 있고, 따라서 반대채권의 변제기가 통지 전에 도래한 경우뿐만 아니라 대항요건 구비 후에 도래하는 경우에도 상계로 대항할 수 있다는 입장이고, 판례도 채무자는 대항요건을 갖출 때까지 양도인에 대하여 생긴 사유로써 양수인에게 대항할 수 있음을 들어 같은 입장이다.[4]

---

2) 제3채무자가 피압류채권의 변제를 거부하면서 상계적상을 기다리는 것은 허용될 수 없지만, 수동채권이 추심되지 않은 채 자동채권의 변제기가 도래하여 상계적상이 생긴 경우에까지 제3채무자의 상계를 제한할 것인지를 고민할 필요가 있다.

3) 대판(전) 2012.2.16. 2011다45521의 다수의견: "민법 제498조[…]의 취지, 상계제도의 목적 및 기능, 채무자의 채권이 압류된 경우 관련당사자들의 이익상황 등에 비추어 보면, 채권압류명령 또는 채권가압류명령(이하 채권압류명령의 경우만을 두고 논의하기로 한다)을 받은 제3채무자가 압류채무자에 대한 반대채권을 가지고 있는 경우에 상계로써 압류채권자에게 대항하기 위하여는, 압류의 효력 발생 당시에 대립하는 양 채권이 상계적상에 있거나, 그 당시 반대채권(자동채권)의 변제기가 도래하지 아니한 경우에는 그것이 피압류채권(수동채권)의 변제기와 동시에 또는 그보다 먼저 도래하여야 한다." 참고로 반대의견은 변제기의 선후를 따지지 않고 수동채권이 추심되지 않은 채 자동채권의 변제기가 도래하면 제3채무자가 상계할 수 있다고 하였다.

4) "채무자의 채권양도인에 대한 자동채권이 발생하는 기초가 되는 원인이 양도 전에 이미 성립하여 존재하고 자동채권이 수동채권인 양도채권과 동시이행의 관계에 있는 경우에는, 양도통지가 채무자에게 도달하여 채권양도의 대항요건이 갖추어진 후에 자동채권이 발생하였다고 하더라도 채무자는 동시이행의 항변권을 주장할 수 있고, 따라서 그 채권에 의한 상계로 양수인에게 대항할 수 있다"

그런데 압류의 경우에 변제기의 선후를 따지는 판례의 취지는 채권양도에서도 일관되어야 할 것이다. 채권양도가 없었다면 상계할 수 없었던(자동채권의 이행기의 미도래로 인하여) 채무자가 채권양도로 인하여 상계를 할 수 있게 되면, 채무자는 지나치게 유리한 지위에 놓이게 되는 반면, 채권을 양수받은 양수인의 이익은 전혀 고려되지 않기 때문이다.

2. 상계권의 남용 [4063]

상계의 담보적 기능을 공시하는 방법이 없어서 채권의 존재를 신뢰한 선의의 제3자의 보호가 필요하고, 그 결과 자동채권 채권자의 상계의 담보적 기능에 대한 과도한 기대가 신의칙에 의하여 제한될 수 있다. 즉 상계가능성에 대한 당사자의 정당한 기대는 보호되어야 하지만, 상계의 대상이 되는 채권이나 채무를 취득한 목적과 경위, 상계권을 행사함에 이른 구체적 사정 등에 비추어 그 기대가 법적으로 보호받을 수 없는 것이라면 상계권의 행사가 권리남용으로 된다. 예를 들어 자신이 상대방에 대하여 부담하는 채무와 상계할 목적으로 상대방 발행의 약속어음을 액면가의 40%에도 미치지 못한 가격으로 할인취득하고 어음금채권을 자동채권으로 하여 상계한 경우에 상계가 허용되어서는 안 된다.[5)]

제 3 절 채권의 강제적 실현과 책임재산의 보전

제 1 관 개 관

1. 서 설 [4064]

채권은 채권자의 만족을 통한 소멸을 목표로 하고, 대개 채무자의 자발적 이행에 의하여 소멸한다. 그 밖에 채무자 아닌 이의 변제가 유효할 수 있고, 대물변제, 공탁 또는 상계 등에 의해서도 채무가 소멸하는데, 이러한 경우에도 채권자의 「실질적인」 또는 주관적인(특히 면제의 경우에) 만족이 있다고 할 수 있다.

반면 이런저런 이유로 채무내용에 좇은 이행이 없는 경우도 적지 않다. 이러한 경우에 채권자는 국가권력을 통하여 채권의 내용을 강제적으로 실현할 수 있으며, 이를 강제이행(强制履行)이라고 한다.

2. 채권의 강제적 실현과 책임재산의 보전 [4065]

(1) 실현가능성이 없는 채권은 그림의 떡일 뿐이다. 그런데 (인적 또는) 물적 담보를 통하여 채권자의 지위가 강화되지만(채권의 만족을 얻을 가능성의 증대), 그렇지 않은 경우에 채권의 만족을

고 한 대판 2015.4.9. 2014다80945 및 승낙 당시 이미 상계를 할 수 있는 원인이 있었던 경우에는 아직 상계적상에 있지 않더라도 그 후에 상계적상이 생기면 채무자는 양수인에 대하여 상계로 대항할 수 있다고 한 대판 1999.8.20. 99다18039 참조.

5) 대판 2003.4.11. 2002다59481(나아가 권리남용에서 일반적으로 요구되는 주관적 요건을 필요로 하는 것은 아니라고 하였다). 회생절차가 개시된 회생채무자의 채무자가 지급의 정지, 회생절차개시의 신청 등 회생채무자의 위기상태의 존재를 알면서 회생채권을 취득한 때에는 그 회생채권을 자동채권으로 하는 상계를 할 수 없도록 제한하는 채무자회생법 제145조 제4호, 제422조 제4호 및 수취은행이 대출채권을 자동채권으로 하여 착오송금에 기한 예금채권과 상계하는 것도 상계권의 남용에 해당할 수 있다고 한 대판 2010.5.27. 2007다66088([3237]에 소개된)도 참조.

얻을 수 있는지는 결국 강제집행의 대상인 채무자의 재산에 좌우된다. 여기서 물적 담보를 가지지 않은 채권자를 「일반채권자」(물적 담보를 가지는 담보권자와 대비되는), 채무자의 재산 전체(강제집행의 대상이 아닌, 압류금지재산이나 특별재산 등을 제외하고)을 책임재산(責任財産) 또는 일반재산(一般財產. 물적 담보의 대상인 특별재산과 대비되는)이라 한다.

(2) 채권을 가진다는 것만으로 채권자가 채무자의 재산에 지배를 미칠 수는 없다. 채권은 채무자라는 「사람」에 대한 청구권에 불과할 뿐, 채무자의 「재산」에 대한 권리가 아니기 때문이다. 즉 채무자의 재산에 대해서는 채무자가 주체이며, 채무자만이 그것을 지배할 수 있다. 그 결과 채권의 가치는 거의 전적으로 채무자의 의사에 좌우된다. 왜냐하면 채권의 실질적 가치는 1차적으로 채무자의 재산에 의하여 결정되는데(예: 채무자의 재산이 전혀 없는 경우에 1억 원의 금전채권의 실질적 가치는 「0」), 채무자만이 그의 재산을 자유롭게 처분할 수 있고 채권자는 이에 간섭할 수 없기 때문이다.

(3) 채권의 종국적 보루인 책임재산은 채무자의 것으로, 채무자는 책임재산을 자유롭게 운용하고 처분할 수 있고, 채무자의 행위에 의한 책임재산의 증감에 채권자가 간섭할 수 없다. 그런데 채권자의 입장에서 책임재산이 감소되면 채권의 만족을 얻을 수 없게 된다. 특히 채무자가 책임재산을 은닉(타에 양도하는 등)하거나 권리를 행사하지 않는 등 채권의 회수를 어렵게 하더라도, 일반채권자가 이에 간섭하지 못한다면 그의 지위는 매우 불안정해진다. 여기서 채권회수를 위태롭게 하는, 책임재산의 부적절한 감소나 부증가를 피하기 위하여, 예외적으로 일반채권자가 채무자의 행위(재산처분 등 작위 외에 부작위도 포함하여)에 간섭할 수 있도록 한다. 이것이 책임재산의 보전(保全)으로, 채무자가 적절한 조치를 취할 수 있음에도 이를 하지 않는 경우에 채권자가 대신함으로써 강제집행의 대상인 책임재산을 충실히 할 수 있는 채권자대위권과 채무자가 한 행위의 효력을 부인함으로써 책임재산의 감소를 막을 수 있는 채권자취소권의 두 가지가 있다.

이처럼 책임재산의 보전은 원래 강제집행에 대비하여 집행의 대상인 책임재산을 유지하는 제도(보전소송과 기능적으로 중첩되기도 하지만)인데, 여기서 책임재산의 충실 또는 감소는 집행가능성을 고려한 평가적 관점에 기한 것이다.1)

(4) [4012]에서 본 것처럼 강제집행력과 채권자대위권 · 채권자취소권은 채권의 별개의 효력이다. 그러나 후자는 책임재산을 보전하기 위한 권능이고, 책임재산의 보전은 강제집행의 준비로서의 의미를 가진다. 이 때문에 채권자대위권과 채권자취소권을 여기서 다룬다.

제 2 관 채권자대위권

[4066] Ⅰ. 총 설

(1) 채권자대위권(債權者代位權)은, 채무자가 제3자에 대한 권리(대개 제3채무자에 대한 채권)를 방치하는 등 적절한 조치를 취할 수 있음에도 이를 하지 않는 경우에, 채권자가 그 조치를 대신 취할 수 있는 권리이다(제404조 제1항 본문).1)

---

1) 예를 들어 1억 원의 채권을 가지는 것과 1억 원 상당의 부동산을 소유하는 것 및 1억 원의 현금을 가지는 것이 계수상으로 다르지 않지만, 채권의 실현 여부가 불확실하다는 점 그리고 현금은 소비하거나 은닉하기 쉽다는 점 등을 고려하면 채권자의 입장에서 각각의 실질적 가치가 다를 수 있다.

(2) 채권자대위권은 프랑스민법(2016년 개정 전 제1166조의 간접소권)에서 유래된 제도이다. 강제집행제도가 완비된 독일과 달리 프랑스에서는 강제집행방법이 불완전하므로 그 불비를 보완하기 위하여 채권자대위권이 인정되었다. 이러한 사정을 고려하면 독일의 강제집행제도를 계수한 우리나라에서 채권자대위권을 인정할 필요성이 크지 않다고 할 수도 있다.

그러나 실제로 채권자대위권이 널리 활용되는데, 그 이유는 다음과 같다: ① 채권자대위권의 행사는 집행권원의 존재를 요하지 않으며 그 요건과 절차 등이 비교적 간단하다. ② 채권자대위권에 기하여 행사할 수 있는 권리는 청구권에 한정되지 않고 취소권, 해제권, 환매권 등도 그 대상이며, 채무자의 권리에 대한 보존행위(예: 시효의 중단)도 가능하다. ③ 채권자대위권이 본래의 책임재산 보전기능을 넘어서기도 한다. 즉 금전의 대위수령에 의하여 사실상 우선변제를 받을 수 있고, 특정한 채권을 보전하기 위한 채권자대위권의 전용이 판례에 의하여 허용된다.

(3) 채권자대위권은 실체법상의 권리이지 소송법상의 권리가 아니다. 또한 채권자가 자기 이름으로 채무자의 권리를 행사하므로, 채권자대위권은 대리권이 아니라 일종의 법정재산관리권(法定財産管理權)이다.

Ⅱ. 요 건 [4067]

1. 개 관

채권자대위권의 요건을 대위자인 채권자, 피대위자인 채무자 및 피대위권리의 세 측면에서 파악할 수 있다. 이 중 채권자대위권에 특유하게 문제되는 것은 대위자에 관한 피보전채권의 존재 및 피대위자에 관한 보전의 필요성으로, 이들은 「채권자 스스로 원고가 되어 채무자의 제3(채무)자에 대한 권리를 행사할 지위나 자격이 있는지」, 「왜 제3(채무)자로서 자신의 채권자가 아닌 이(채권자의 채권자)의 청구를 감수해야만 하는지」와 관련되는 당사자적격(원고적격)의 문제이다. 따라서 이 요건이 갖추어지지 않으면 채권자대위소송은 부적법하여 각하된다.[2] 반면 피대위권리에 관하여 항변사유가 존재하는 경우에는 청구가 기각된다.[3]

보 론

당사자적격(當事者適格)이란 특정의 소송에서 정당한 당사자(소송수행권을 가지는 이)로서 본안판결을 받기에 적합한 자격을 말하는데, 소송요건에 속한다. 실체법상 권리 · 의무의 구체적 발현과 무관한 소송법상 개념으로, 가령 이행의 소에서 자기에게 이행청구권이 있다고 주장하는 이가 원고적격을 가지고, 그로부터 이행의무자로 지목된 이가 피고적격을 가지며, 그러한 주장의 당부는 본안의 판단에 흡수된다. 다만 주장 자체로도 당사자적격 없음이 분명한 경우에는 소를 각하한다.[4] 소송담당에 관한 [4084]도 참조.

---

1) 채무자가 제3자에 대한 채권을 행사하지 않기 때문에 그 채권이 소멸시효에 걸릴 염려가 있는 경우 또는 매수인으로부터 부동산을 전매하였으나 그가 매도인에 대하여 등기청구권을 행사하지 않는 경우에, 채권자는 채무자의 권리를 대신 행사하여 시효를 중단시키거나 채무자가 소유권을 취득하게 할 수 있다.

2) 대판 1990.12.11. 88다카4727; 대판 2012.8.30. 2010다39918. 피대위자인 채무자가 실존인물이 아니거나 사망한 사람인 경우에 채권자대위소송은 당사자적격이 없어 부적법하다고 한 대판 2021.7.21. 2020다300893도 참조.

3) 피보전채권의 존재 및 이행기의 도래, 보전의 필요성, 피대위채권의 불행사는 당사자적격과 관련된 소송요건으로 그것이 갖추어지지 않으면 소각하판결이 선고되는 반면, 피대위채권의 존재는 실체법상의 요건사실에 속하여 청구 인용 또는 기각의 대상이라는 것이 확고한 실무의 입장이다.

4) 압류 및 추심명령이 있은 후 집행채권자 아닌 집행채무자가 제기한 이행의 소(대판 2000.4.11. 99다23888)나 근저당권 이전의 부기등기가 있은 후에 양도인을 상대로 제기한 근저당권 말소등기의 소(대판 2003.4.11. 2003다5016) 등이 그 예이다.

[4068] ## 2. 채권자에 관한 요건

가. 채권의 존재

먼저 채권자대위권에 의하여 보전될 채권이 유효하게 존재해야 한다.

① 보전될 채권, 즉 피보전채권(被保全債權)은 그 발생원인을 불문하고[5] 널리 청구권을 의미한다.

② 채무자에게 대항할 수 없는 채권자가 채무자의 권리를 대위행사할 수 없음은 당연하지만,[6] 피보전채권이 제3(채무)자에게 대항할 수 있는지는 문제되지 않는다.[7]

한편 채권자가 채무자를 상대로 피보전채권에 기한 이행청구의 소를 제기하여 승소판결이 확정되면 제3(채무)자는 그 청구권의 존재를 다툴 수 없다.[8] 반면 채권자가 채무자를 상대로 소를 제기하였으나 패소의 확정판결을 받은 종전의 소유권이전등기절차이행소송의 청구원인이 채권자대위소송의 피보전권리의 권원과 동일하다면, 채권자의 채권자대위소송은 부적법한 것으로서 각하되어야 한다.[9]

③ 채권자의 채권이 채무자의 제3자에 대한 권리보다 먼저 성립해야 하는 것은 아니다.

④ 판례는 피보전채권의 확정(가능성)을 요구한다.[10]

⑤ "채권자대위소송에서 대위에 의하여 보전될 채권자의 채무자에 대한 권리(피보전채권)가 존재하는지 여부는 소송요건으로서 법원의 직권조사사항이므로, 법원으로서는 그 판단의 기초자료인 사실과 증거를 직권으로 탐지할 의무까지는 없다 하더라도, 법원에 현출된 모든 소송자료를 통하여 살펴보아 피보전채권의 존부에 관하여 의심할 만한 사정이 발견되면 직권으로 추가적인 심리 · 조사를 통하여 그 존재 여부를 확인하여야 할 의무가 있다."[11]

[4069] ### 나. 피보전채권의 이행기 도래

(1) 피보전채권의 이행기가 도래하지 않았음에도 채권자대위권을 행사할 수 있다면 채무자의 기한의 이익을 박탈하므로, 피보전채권의 이행기 도래가 요건으로 된다(제404조 제2항).

(2) 이에 대해서는 두 예외가 인정된다.

① 기한이 도래하기 전에 행사하지 않으면 채권의 보전이 어려운 경우에, 법원의 허가를 얻어 채권자대위권을 행사할 수 있다(제404조 제2항 본문). 즉 채권자의 채권의 "기한 전에 채무자의 권리를 행사하지 아니하면 그 채권을 보전할 수 없거나 이를 보전함에 곤란이 생길 우려가 있을 때에는 재판상의 대위를 신청할 수 있다"(비송사건절차법 제45조). 재판상 대위신청을 허가한 경우에, 법원은 직권으로 채무자에게 고지해야 하고, 고지를 받은 채무자는 그 권리를 처분하지

---

5) 국가는 조세채권의 보전을 위하여 납세의무자의 제3자에 대한 채권을 대위행사할 수 있다고 한 대판 2019.4.11. 2017다269862 참조.

6) 임대인의 동의 없이 임차권을 양수한 이는 임대인의 권한을 대위행사할 수 없다고 한 대판 1985.2.8. 84다카188 참조.

7) 대판 2003.4.11. 2003다1250.

8) 대판 2000.6.9. 98다18155; 대판 2007.5.10. 2006다82700 · 82717 등. 다만 피보전채권의 취득이 강행법규에 위반되어 무효라고 볼 수 있는 경우 등에는 확정판결에도 불구하고 채권자대위소송의 제3채무자에 대한 관계에서 피보전권리가 존재하지 않는다고 보아야 하고, 이는 확정판결 또는 그와 같은 효력이 있는 재판상 화해조서 등이 재심이나 준재심으로 취소되지 않아서 채권자와 채무자 사이에서 그 판결이나 화해가 무효라는 주장을 할 수 없는 경우라도 마찬가지이다(대판 2019.1.31. 2017다228618).

9) 채권자로서는 종전 확정판결의 기판력으로 말미암아 더 이상 채무자에 대하여 확정판결과 동일한 청구원인으로는 소유권이전등기청구를 할 수 없고, 채권자가 채권자대위소송에서 승소하여 제3자 명의의 소유권이전등기가 말소되더라도 채권자가 채무자에 대하여 동일한 청구원인으로 다시 소유권이전등기절차의 이행을 구할 수 있는 것도 아니므로, 채권자로서는 채무자의 제3자에 대한 권리를 대위행사함으로써 위 소유권이전등기청구권을 보전할 필요가 없기 때문이다(대판 2002.5.10. 2000다55171).

10) 재산분할청구권에 관한 대판 1999.4.9. 98다58016 참조.

11) 대판 2009.4.23. 2009다3234.

못한다(같은 법 제49조).

② 소멸시효의 중단 등 채무자의 재산의 처분에 이르지 않고 그 감소의 방지만을 위한 보존행위[12]는 채권자의 채권의 변제기 도래 전이라도 채권자가 법원의 허가 없이 대위할 수 있다(제404조 제2항 단서).

3. 채무자에 관한 요건[13] [4070]

가. 보전의 필요성

(1) 채권자대위권을 행사하기 위하여 채권보전의 필요성("자기의 채권을 보전하기 위하여")이 있어야 하는데, 이 요건은 채무자의 권리를 대신 행사하지 않으면 채권의 변제를 받을 수 없게 될 염려가 있는 경우에 충족된다. 즉 "보전의 필요성은 채권자가 보전하려는 권리의 내용, 채권자가 보전하려는 권리가 금전채권인 경우 채무자의 자력 유무, 채권자가 보전하려는 권리와 대위하여 행사하려는 권리의 관련성 등을 종합적으로 고려하여 채권자가 채무자의 권리를 대위하여 행사하지 않으면 자기채권의 완전한 만족을 얻을 수 없게 될 위험이 있어 채무자의 권리를 대위하여 행사하는 것이 자기채권의 현실적 이행을 유효·적절하게 확보하기 위하여 필요한지 여부를 기준으로 판단하여야 하고, 채권자대위권의 행사가 채무자의 자유로운 재산관리행위에 대한 부당한 간섭이 되는 등 특별한 사정이 있는 경우에는 보전의 필요성을 인정할 수 없다."[14]

보전의 필요성은 채권자가 증명해야 하고, 사실심의 변론종결시를 기준으로 판단한다.[15]

(2) 보존의 필요성을 인정하기 위하여 채무자의 무자력(無資力)을 요하는가? [4071]

① 채권의 만족이 채무자의 자력 유무에 좌우되는 경우, 다시 말하면 채무자에게 자력이 있으면 만족될 수 있는 내용의 채권, 특히 금전채권의 경우[16]에는 채무자의 무자력(즉 채무자의 책임재산이 총채권자의 채권을 만족시키지 못하는 채무초과의 상태)이 채권자대위권 행사의 요건이다.[17]

그런데 채권자대위의 요건으로서 무자력이란 채무자에게 변제자력이 없음을 뜻하고 특히 임의변제를 기대할 수 없는 경우에 강제집행을 통한 변제가 고려되어야 하므로, 소극재산이든 적극재산이든 위와 같은 목적에 부합할 수 있는 재산인지가 변제자력 유무 판단의 고려요소이다.[18]

---

12) 법문은 "保全行爲"로 되어 있다.

13) 채무자의 특정에 관하여 대판 2004.11.26. 2004다40986: "채권자대위소송에서 피대위자인 채무자의 특정이 필요한 사항이기는 하나, 이는 피보전채권과 대위행사할 채권의 존부를 판단하고, 판결의 효력이 미칠 주관적 범위와 집행력이 미치는 범위를 정하며 채무자 본인이 제기할 소송이 중복소송에 해당하는지 여부를 판단하기 위하여 요구되는 것이므로, 채무자가 제대로 특정되었는지 여부는, 당해 채권자대위소송의 소송물이 갖는 성격과 채무자 특정의 난이도 및 소송과정에서 드러난 사안의 특성 등에 비추어, 그 특정한 정도가 위에서 든 목적들을 달성하는 데 충분한지 검토한 후 그 결과에 따라 구체적·개별적으로 결정하면 될 일이지 반드시 모든 경우에 일률적으로 채무자 개개인의 인적 사항을 통상의 소송당사자와 같은 정도로 상세히 특정하여야 하는 것은 아니"다.

14) 대판(전) 2020.5.21. 2018다879. 대판(전) 2022.8.25. 2019다229202의 다수의견도 "보전의 필요성이 인정되기 위하여는 우선 적극적 요건으로서 채권자가 채권자대위권을 행사하지 않으면 피보전채권의 완전한 만족을 얻을 수 없게 될 위험의 존재가 인정되어야 하고, 나아가 채권자대위권을 행사하는 것이 그러한 위험을 제거하여 피보전채권의 현실적 이행을 유효·적절하게 확보하여 주어야 하며, 다음으로 소극적 요건으로서 채권자대위권의 행사가 채무자의 자유로운 재산관리행위에 대한 부당한 간섭이 된다는 사정이 없어야 한다"고 하면서, "피보험자가 임의비급여 진료행위에 따라 요양기관에 진료비를 지급한 다음 실손의료보험계약상의 보험자에게 청구하여 진료비와 관련한 보험금을 지급받았는데, 진료행위가 위법한 임의비급여 진료행위로서 무효인 동시에 보험자와 피보험자가 체결한 실손의료보험계약상 진료행위가 보험금 지급사유에 해당하지 아니하여 보험자가 피보험자에 대하여 보험금 상당의 부당이득반환채권을 갖게 된 경우, 채권자인 보험자가 금전채권인 부당이득반환채권을 보전하기 위하여 채무자인 피보험자를 대위하여 제3채무자인 요양기관을 상대로 진료비 상당의 부당이득반환채권을 행사하는 형태의 채권자대위소송에서 채무자가 자력이 있는 때에는 보전의 필요성이 인정된다고 볼 수 없다"고 하였다.

15) 대판 1976.7.13. 75다1086.

16) 원래는 금전채권이 아니지만 손해배상채권으로 귀결될 수밖에 없는 경우에도 같다.

17) 대판 1969.11.25. 69다1665.

18) 채무자 소유의 부동산에 제3자 명의로 소유권이전청구권 보전의 가등기가 마쳐져 있는 경우에 적극재산을 산정할 때 이를 제외해야 한다는 대판 2009.2.26. 2008다76556 참조.

그리고 채권이 저당권 등 물적 담보에 의하여 보전되는 경우에 그에 의하여 담보되지 않는 부분에 한하여 보전의 필요성이 인정된다.

② 판례는 임차보증금반환채권의 양수인이 임대인을 대위하여 임차인에게 가옥인도를 구하는 경우에 예외적으로 채무자의 무자력을 요하지 않는다고 한다.[19]

③ 나아가 채무자의 자력과 관계없는 비금전채권의 보전을 위하여 채무자의 자력 유무를 불문하고 대위권의 행사를 허용하는데, 이에 관해서는 따로 살펴보기로 한다.

[4072] **나. 권리의 불행사**

(1) 채무자가 제3(채무)자에 대한 권리를 행사하지 않는 경우에 한하여 채권자가 채권자대위권을 행사할 수 있음은 당연한 요건이다. 채무자 스스로 권리의 행사에 착수한 이상, 그 행사가 부적절하거나 결과적으로 채권자에게 불리하더라도,[20] 다시 말하면 행사의 방법이나 결과 여하를 불문하고 채권자는 대위권을 행사할 수 없다.[21] 한편 채무자가 자기권리를 재판상 행사하여 패소판결이 확정된 경우에 채권자가 채무자를 대위할 수 없음은 당연하다.[22]

[참 고] 대판 2018.10.25. 2018다210539는 "채권자가 대위권을 행사할 당시에 이미 채무자가 그 권리를 재판상 행사하였을 때에는 채권자는 채무자를 대위하여 채무자의 권리를 행사할 수 없다. 그런데 비법인사단이 사원총회의 결의 없이 제기한 소는 소 제기에 관한 특별수권을 결하여 부적법하고, 그 경우 소 제기에 관한 비법인사단의 의사결정이 있었다고 할 수 없다. 따라서 비법인사단인 채무자 명의로 제3채무자를 상대로 한 소가 제기되었으나 사원총회의 결의 없이 총유재산에 관한 소가 제기되었다는 이유로 각하판결을 받고 그 판결이 확정된 경우에는 채무자가 스스로 제3채무자에 대한 권리를 행사한 것으로 볼 수 없다"고 하여 채무자의 권리행사를 재판상 행사로 새기는 것처럼 보인다.

그런데 채권자대위권의 행사 자체도 재판상으로 이루어져야 하지 않는데, 채무자가 재판 외에서 권리를 행사했음에도 권리의 불행사로 다루어야 하는지 의문이다.

(2) 대위권 행사의 요건인 「채무자가 스스로 그 권리를 행사하지 않을 것」이란 채무자의 제3자에 대한 권리가 존재하고 채무자가 권리를 행사할 수 있는 상태에 있음에도 스스로 권리를 행사하지 않음을 의미한다([4077]도 참조). 여기서 권리를 행사할 수 있는 상태란 권리행사에 대한 법률적 장애가 없음을 뜻하며, 현실적인 장애까지 없어야 한다는 뜻은 아니고, 채무자가 권리를 행사하지 않는 이유를 묻지 않는다.[23]

(3) 채권자는 피보전채권의 존재, 보전의 필요성, 피대위채권의 존재를 증명함으로써 채권자대위권을 행사할 수 있고, 「채무자가 스스로 권리행사를 하지 않았다는 점」까지 증명할 필요는 없다. 그런데 권리행사의 사실이 법원에 현출되면 대위소송은 부적법하여 각하된다.

---

19) 대판 1989.4.25. 88다카4253·4260. 제688조 제2항의 대변제청구권을 보전하기 위한 경우에 예외를 인정한 대판 2002.1.25. 2001다52506도 참조.

20) 이때 채권자취소권의 행사는 별개의 문제이다.

21) 대판 1992.11.10. 92다30016; 대판 2009.3.12. 2008다65839 등.

22) 대판 1993.3.26. 92다32876.

23) 미등기토지에 대한 시효완성자(A)가 제3자 명의로 된 원인무효의 보존등기의 말소를 구하는 경우에 채무자인 진정한 소유자가 성명불상자라 하여도 A의 채권자대위권 행사에 어떤 법률적 장애가 될 수 없다고 한 대판 1992.2.25. 91다9312 참조.

4. 피대위권리에 관한 요건 [4073]

(1) 채권의 공동담보에 적합한 권리, 즉 재산권은 모두 대위행사의 목적인 권리일 수 있는 반면, 비재산권은 대위의 대상이 아니다.[24)]

(2) 재산권이라도 다음의 경우에는 대위의 목적으로 되지 못한다. [4074]

① 우선 권리자 자신이 권리를 행사할 것인지를 결정해야 비로소 권리행사가 의미를 가지는 권리, 즉 행사상의 일신전속권(行事上의 一身專屬權. 예: 친족간의 부양청구권, 위자료청구권)은 비록 그 행사에 의하여 채무자의 재산이 유지되고 채권의 보전에 기여하더라도 대위의 목적으로 되지 못한다(제404조 제1항 단서).[25)]

그런데 일신전속권 자체가 아니라 그에 「기하여 발생한」 권리는 대위의 목적으로 될 수 있는가 하면,[26)] 일신전속권이 아니라도 권리자의 입장을 고려하여 대위가 제한되기도 하는데,[27)] 특히 대판(전) 2020.5.21. 2018다879의 다수의견은, 공유물분할청구권이 채권자대위권의 목적이 될 수 있음을 긍정하면서도, 「금전채권자」는 극히 예외적인 경우에만 채무자가 보유한 부동산에 관한 공유물분할청구권을 대위행사할 수 있다고 하였다.[28)]

[참 고] 대판 2007.5.10. 2006다82700 · 82717은 「임대인」의 임대차계약에 대한 해지권을 오로지 임대인의 의사에 행사의 자유가 맡겨져 있는 행사상의 일신전속권에 해당하는 것으로 보기 어렵다고 하였다. 그런데 물권적 청구권인 건물철거청구권을 피보전권리로 하는 채권자대위권의 행사가 문제된 당해 사안의 특수성을 감안하면 판지를 일반화함에 신중을 기해야 한다.

한편 채무자가 「임차인」인 경우에, 채권자가 임차인의 임차보증금반환청구권(임대차의 종료에 따른)을 대위행사할 수 있더라도, 특히 주택임대차에서 주거권이 가지는 의미 및 앞의 2011다100527 판결의 취지에 비추어 임대차계약상의 지위(예: 해지권)를 대위행사할 수는 없다고 해야 한다.[29)]

② 명문규정은 없지만 채권의 공동담보로 되지 못하는 압류금지채권(예: 임금청구권 등)도 대위행사할 수 없다.[30)]

---

24) 후견인의 행위에 대한 취소권이 채권자대위권의 목적이 될 수 없다고 한 대판 1996.5.31. 94다35985 참조.

25) 예컨대 대판 2010.5.27. 2009다93992: "유류분반환청구권은 그 행사 여부가 유류분권리자의 인격적 이익을 위하여 그의 자유로운 의사결정에 전적으로 맡겨진 권리로서 행사상의 일신전속성을 가진다고 보아야 하므로, 유류분권리자에게 그 권리행사의 확정적 의사가 있다고 인정되는 경우가 아니라면 채권자대위권의 목적이 될 수 없다." 나아가 대판 2023.9.21. 2023므10861 · 10878: "이혼으로 인한 재산분할청구권은 그 행사 여부가 청구인의 인격적 이익을 위하여 그의 자유로운 의사결정에 전적으로 맡겨진 권리로서 행사상의 일신전속성을 가지므로, 채권자대위권의 목적이 될 수 없고 파산재단에도 속하지 않는다고 보아야 한다."

26) 행사상의 일신전속권인 인격권 자체는 대위의 객체가 아니지만, 인격권 침해로 인한 손해배상청구권으로 변경(구체화)되면 대위의 객체로 될 수 있다. 앞의 2009다93992 판결도 참조.

27) 대판 2012.3.29. 2011다100527: "계약의 청약이나 승낙과 같이 비록 행사상의 일신전속권은 아니지만 이를 행사하면 그로써 새로운 권리의무관계가 발생하는 등으로 권리자 본인이 그로 인한 법률관계 형성의 결정권한을 가지도록 할 필요가 있는 경우에는, 채무자에게 이미 그 권리행사의 확정적 의사가 있다고 인정되는 등 특별한 사정이 없는 한, 그 권리는 채권자대위권의 목적이 될 수 없다고 봄이 상당하다. 그리고 이는 일반채권자의 책임재산의 보전을 위한 경우뿐만 아니라 특정채권의 보전이나 실현을 위하여 채권자대위권을 행사하고자 하는 경우에 있어서도 마찬가지"이다.

28) "공유물분할청구권은 공유관계에서 수반되는 형성권으로서 공유자의 일반재산을 구성하는 재산권의 일종이다. 공유물분할청구권의 행사가 오로지 공유자의 자유로운 의사에 맡겨져 있어 공유자 본인만 행사할 수 있는 권리라고 볼 수는 없다. 따라서 공유물분할청구권도 채권자대위권의 목적이 될 수 있다"고 하면서도, "채권자가 자신의 금전채권을 보전하기 위하여 채무자를 대위하여 부동산에 관한 공유물분할청구권을 행사하는 것은, 책임재산의 보전과 직접적인 관련이 없어 채권의 현실적 이행을 유효 · 적절하게 확보하기 위하여 필요하다고 보기 어렵고 채무자의 자유로운 재산관리행위에 대한 부당한 간섭이 되므로 보전의 필요성을 인정할 수 없다. 또한 특정분할방법을 전제하고 있지 않는 공유물분할청구권의 성격 등에 비추어 볼 때 그 대위행사를 허용하면 여러 법적 문제들이 발생한다. 따라서 극히 예외적인 경우가 아니라면 금전채권자는 부동산에 관한 공유물분할청구권을 대위행사할 수 없다고 보아야 한다. 이는 채무자의 공유지분이 다른 공유자들의 공유지분과 함께 근저당권을 공동으로 담보하고 있고, 근저당권의 피담보채권이 채무자의 공유지분 가치를 초과하여 채무자의 공유지분만을 경매하면 남을 가망이 없어 민사집행법 제102조에 따라 경매절차가 취소될 수밖에 없는 반면, 공유물분할의 방법으로 공유부동산 전부를 경매하면 민법 제368조 제1항에 따라 각 공유지분의 경매대가에 비례해서 공동근저당권의 피담보채권을 분담하게 되어 채무자의 공유지분 경매대가에서 근저당권의 피담보채권 분담액을 변제하고 남을 가망이 있는 경우에도 마찬가지"라고 하였다.

29) 관련하여 공공임대주택 임차인의 임대차계약 중도해지권을 「행사상의 일신전속권」으로 본 대판 2022.9.7. 2022다230165 참조.

30) 다만 대판 1981.6.23. 80다1351은 치료비청구권을 보전하기 위하여 국가배상청구권, 즉 요양비청구권을 대위행사하는 것이 청구권의

[4075] (3) 앞에서 본 행사상의 일신전속권과 압류금지채권을 제외한 재산권은 모두 대위의 목적으로 될 수 있다.[31] 따라서 시효원용권,[32] 청구권,[33] 형성권, 환매권 등은 물론 채권자대위권[34]과 채권자취소권[35]도 대위의 목적일 수 있고, 나아가 토지거래허가구역 내의 토지매매에서 신청절차 협력의무의 이행청구권[36]이나 민법상 조합원의 조합탈퇴권[37]도 마찬가지이다.

[4076] (4) 문제되는 것은 소송상의 행위(소의 제기, 강제집행의 신청 등)를 대위할 수 있는지인데, 채권자의 대위행사가 소송을 통하여 이루어질 수 있지만, 이미 채무자와 제3자 사이에 소송이 계속된 후에 소송수행상의 개개의 행위를 대위하는 것은 허용되지 않는다.[38]

(5) 자기채권을 보전하기 위하여 필요하더라도 기판력의 존재 등의 사유로 채무자 스스로가 행사할 수 없는 권리를 채권자가 대위행사할 수 없음은 당연하다.[39]

[4077] Ⅲ. 채권자대위권의 행사와 그 효과

1. 행 사

가. 행사의 방법 및 범위

(1) 이상의 요건이 갖추어지면 채권자는 「자기 이름으로」(즉 채무자의 대리인이 아니다) 그러나 「채무자의 입장에서」 채무자의 권리를 행사할 수 있다.

(2) 재판상 행사되어야 하는 채권자취소권과 달리, 채권자대위권은 재판 외에서도 행사될 수 있다.

(3) 채권자는 권리의 행사에 해당하는 모든 행위를 대위할 수 있다(등기절차에 관하여 부동산등기법 제28조도 참조). 그런데 채권자대위권은 채무자의 재산을 보전하기 위한 것이므로 그 행사범위는 관리행위에 그치고 처분행위를 할 수 없지만, 채무자의 책임재산의 유지 · 보전이라는 목적에 적합하다면 취소나 상계 등 처분의 결과를 가져오는 행위도 대위할 수 있다.

(4) 대위행사할 수 있는 권리의 범위를 피보전채권의 범위로 한정할 것은 아니다. 특히 피대위권리가 불가분이거나 급부의 목적물이 불가분이라면 그 가액이 피보전채권을 초과하더라도 문제되지 않는다.

압류를 금지하는 국가배상법 제4조에 위반되지 않는다고 하였다.

31) 다만 상속회복청구권, 상속재산 분할청구권 등에 관해서는 논의가 있다.

32) 대판 2012.5.10. 2011다109500 등.

33) 물권적 청구권이라도 무방함에 관하여 대판 1966.9.27. 66다1334 참조.

34) 대판 1968.1.23. 67다2440.

35) 대판 2001.12.27. 2000다73049.

36) 대판 1996.10.25. 96다23825; 대판 1995.9.5. 95다22917.

37) 대결 2007.11.30. 2005마1130.

38) 대결 1961.10.26. 4294민재항559. 대판 2012.12.27. 2012다75239: "같은 취지에서 볼 때 상소의 제기와 마찬가지로 종전 재심대상판결에 대하여 불복하여 종전 소송절차의 재개, 속행 및 재심판을 구하는 재심의 소 제기는 채권자대위권의 목적이 될 수 없다." 다만 가압류 · 가처분결정에 대한 본안의 제소명령을 신청할 수 있는 권리나 가압류 · 가처분의 취소를 신청할 수 있는 권리는 채권자대위권의 목적이 될 수 있다고 한 대결 2011.9.21. 2011마1258 참조.

39) 대판 2000.7.6. 2000다11584: "부동산소유명의자에 대하여 소유권이전등기청구권 또는 소유권이전등기말소등기청구권을 가지는 자가 아직 그 등기를 경료하지 않고 있는 사이에 위 부동산소유명의자가 제3자와 그 부동산에 관한 소유권이전등기절차를 이행하기로 하는 제소전 화해를 하고 그 화해조서에 의하여 위 제3자 앞으로 소유권이전등기가 경료된 경우에는 그 화해조서가 당연무효이거나 준재심절차에 의하여 취소되지 않는 한 종전의 소유명의자에 대하여 위 등기청구권을 가지는 자가 이를 보전하기 위하여 그를 대위하여 위 제3자 명의의 위 소유권이전등기가 원인무효임을 이유로 말소를 구하는 것은 화해조서의 기판력에 저촉되어 부적법하고, 나아가 위 제3자 명의의 위 소유권이전등기에 기하여 경료된 다른 등기의 말소를 구하는 것도 마찬가지로 부적법하다." 제3자가 이미 확정판결에 의하여 소유권이전등기를 마친 경우에, 다른 소유권이전등기청구권자가 종전의 소유자를 대위하여 제3자 명의의 소유권이전등기가 원인무효임을 내세워 등기의 말소를 구할 수 없다고 한 대판 1999.2.24. 97다46955도 참조.

(5) 채무자가 권리를 행사하기 위하여 일정한 내부절차를 거쳐야 하더라도, 채권자의 대위행사에는 그 요건의 구비가 요구되지 않는다고 해야 한다.[40] 내부절차는 채무자의 의사를 정하기 위해서 요구되는데, 채권자의 대위행사에 채무자의 의사를 고려할 필요가 없기 때문이다. [4078]

나. 채무자의 지위 [4079]

(1) 채권자가 보존행위 외의 채무자의 권리를 대위행사하는 경우에 이를 채무자에게 통지해야 한다(제405조 제1항). 그렇다고 하여 대위권 행사에 채무자의 동의를 받아야 하는 것은 아니고, 채무자가 반대하더라도 대위권의 행사가 가능하다.[41]

(2) 통지에 의하여 채무자의 처분권이 제한된다. [4080]

① 채권자로부터 대위권 행사의 「통지」(관념의 통지이다)를 받은 후에는 채무자가 대위행사된 권리를 처분하더라도 그 처분으로 채권자에게 대항할 수 없다(제405조 제2항, 비송사건절차법 제49조 제2항). 채권자가 채무자에게 대위권 행사사실을 통지한 후에도 채무자에게 대위의 목적인 권리의 양도나 포기 등 처분행위를 허용한다면 채권자의 대위권 행사가 좌절될 수 있으므로 이를 금지한다. 대위권 행사의 통지가 없었더라도 채무자가 대위권 행사의 사실을 알고 있었다면 통지가 있었던 경우와 마찬가지의 효과가 생긴다.[42]

② 통지에 의하여 제한되는 처분행위로, 대위에 기한 말소등기청구에서 무권리자의 처분에 대한 추인,[43] 대위에 기한 이전등기청구에서 합의해제[44] 등 채무자의 제3자에 대한 권리를 소멸시키는 행위나 제3자에 대한 채권을 양도하는 행위를 들 수 있다. 반면 변제의 수령[45]이나 제3자가 신청한 지급명령에 이의를 제기하지 않는 것[46] 등은 제외된다.

한편 「합의해제」는 처분행위에 해당하는 반면, 「법정해제」를 당하는 것, 즉 채무자가 자신의 채무불이행을 이유로 매매계약이 해제되도록 한 것은 —해제를 의도적으로 유발하는 경우 등을 제외하고— 제405조 제2항의 "처분"에 해당하지 않는다.

> [참 고] 대판(전) 2012.5.17. 2011다87235는 「X가 A에게 돈을 대여하고 그에 대하여 B가 연대보증 그리고 A 또는 B가 Y로부터 매입예정인 토지를 X에게 이전해 주기로 약정 → B가 Y로부터 위 토지를 매수 → 양도소득세는 B가 부담한다는 특약에도 불구하고 미지급되자, 2009. 8. 31.까지 양도소득세 상당액을 지급하지 않으면 위 매매와 관련된 B의 모든 권리를 포기한다는 각서 제출 → X가 2009. 4. 14. B를 대위하여 Y를 상대로 양도소득세 상당액의 수령과 상환으로 위 토지의 이전등기절차를 구하는 소 제기」의 사안에서 위 각서에 따라 매매계약이 실효된 것이 처분에 해당하지 않는다고 하면서,[47] 이와 다른 입장의 대판 2003.1.10. 2000다27343을 변경하였다.

---

40) 대판 2014.9.25. 2014다211336: 비법인사단이 총유재산에 관한 소송을 제기할 때 특별한 사정이 없는 한 사원총회 결의를 거쳐야 하는 것은 "비법인사단의 대표자가 비법인사단 명의로 총유재산에 관한 소를 제기하는 경우에 비법인사단의 의사결정과 특별수권을 위하여 필요한 내부적인 절차이다. 채권자대위권은 채무자가 스스로 자기의 권리를 행사하지 아니하는 때에 채권자가 채무자에 대한 채권을 보전하기 위하여 채무자의 의사와는 상관없이 채무자의 권리를 대위하여 행사할 수 있는 권리로서 그 권리 행사에 채무자의 동의를 필요로 하는 것은 아니므로, 비법인사단이 총유재산에 관한 권리를 행사하지 아니하고 있어 비법인사단의 채권자가 채권자대위권에 기하여 비법인사단의 총유재산에 관한 권리를 대위행사하는 경우에는 사원총회의 결의 등 비법인사단의 내부적인 의사결정절차를 거칠 필요가 없다." 비법인사단의 내부적인 사정 때문에 그 채권자를 해쳐서는 안 된다는 점에서 정당한 결론이라고 생각된다.

41) 대판 1963.11.21. 63다634.

42) 대판 1988.1.19. 85다카1792.

43) 대판 1989.3.14. 88다카112.

44) 대판 2007.6.28. 2006다85921; 대판 1996.4.12. 95다54167.

45) 변제로서 이루어진 소유권이전등기가 처분행위에 해당하지 않는다고 한 대판 1991.4.12. 90다9407.

46) 대판 2007.9.6. 2007다34135.

47) "채무자의 채무불이행사실 자체만으로는 권리변동의 효력이 발생하지 않아 이를 채무자가 제3채무자에 대하여 가지는 채권을 소멸

[4081] (3) 채권자와 채무자 사이에 위임에 준하는 법정채권관계가 성립하고,48) 그 결과 채권자는 채무자의 권리를 대위행사할 때 선량한 관리자의 주의의무를 부담하며, 대위권 행사에 필요한 비용의 상환을 구할 수 있다.

[4082] 다. 제3(채무)자의 지위

(1) 대위의 상대방은 채무자에 대하여 가지는 모든 항변사유49)로 대위채권자에게 대항할 수 있다. 채권자대위소송에서 채권자는 채무자를 대위하여 채무자의 제3(채무)자에 대한 권리를 행사하므로 그 지위는 채무자 자신이 원고인 경우와 다를 바 없고,50) 대위권 행사로 인하여 제3자의 지위가 열악하게 되어서는 안 되기 때문이다. 다만 대위권 행사의 통지 후에는 채무자의 「처분권」이 제한되므로, 제3채무자가 채무자로부터 면제받았더라도 채무의 소멸을 주장할 수 없다.

(2) 반면 채권자는 채무자의 입장에서 채무자의 권리를 행사하므로, 채무자 자신이 주장할 수 있는 사유의 범위 내에서 주장할 수 있을 뿐 자기와 제3(채무)자 사이의 독자적인 사정에 기한 사유를 주장할 수는 없다.51)

(3) 한편 제3(채무)자는 채무자의 채권자에 대한 항변사유로 대항할 수 없다. 그런데 채권자의 채무자에 대한 권리(피보전권리)가 인정되는지 여부를 다툴 수 있는지에 관하여 판례는 피보전권리가 무효이거나 변제로 소멸한 경우52)와 시효로 소멸한 경우53)를 달리 취급한다.

[참 고] 시효소멸의 경우에 제3채무자의 입장에서 본다면 피대위권리의 이행상대방이 바뀜에 불과하지만, 채권자의 입장에서는 소멸시효가 완성된 채권을 실현할 수 있게 된다. 물론 시효완성의 항변이 권리항변인 점([1397] 참조)에 비추어 채무자가 시효완성을 항변한 경우와 그렇지 않은 경우가 구별되어야 하지만, 채무자에게 포기의사가 없는 경우에 채권자가 대위수령한 급부의 귀속이 정당한지를 따져볼 필요가 있다.

시키는 적극적인 행위로 파악할 수 없는 점, 더구나 법정해제는 채무자의 객관적 채무불이행에 대한 제3채무자의 정당한 법적 대응인 점, 채권이 압류·가압류된 경우에도 압류 또는 가압류된 채권의 발생원인이 된 기본계약의 해제가 인정되는 것과 균형을 이룰 필요가 있는 점 등을 고려할 때 채무자가 자신의 채무불이행을 이유로 매매계약이 해제되도록 한 것을 두고 민법 제405조 제2항에서 말하는 '처분'에 해당한다고 할 수 없다. […] 다만 형식적으로는 채무자의 채무불이행을 이유로 한 계약해제인 것처럼 보이지만 실질적으로는 채무자와 제3채무자 사이의 합의에 따라 계약을 해제한 것으로 볼 수 있거나, 채무자와 제3채무자가 단지 대위채권자에게 대항할 수 있도록 채무자의 채무불이행을 이유로 하는 계약해제인 것처럼 외관을 갖춘 것이라는 등의 특별한 사정이 있는 경우에는 채무자가 피대위채권을 처분한 것으로 보아 제3채무자는 계약해제로써 대위권을 행사하는 채권자에게 대항할 수 없다."

48) 대결 1996.8.21. 96그8.

49) 동시이행의 항변권과 같은 본래의 의미의 항변권뿐만 아니라 채권성립의 원인인 행위의 무효 또는 취소 등의 사유, 변제나 해제로 인한 채권의 소멸 등도 포함하여.

50) 대판 2013.3.28. 2012다100746.

51) 대판 2009.5.28. 2009다4787: 채권자(G)가 무효인 소유권이전등기청구권의 보전을 위한 가등기의 유용합의에 따라 부동산소유자인 채무자(S)로부터 가등기 이전의 부기등기를 마친 제3채무자(D)를 상대로 S를 대위하여 가등기의 말소를 구함에 대하여, G가 부기등기 전에 부동산을 가압류한 사실을 주장하는 것은 S가 아닌 G 자신이 D에 대하여 가지는 사유에 관한 것이어서 허용되지 않는다고 한 사례. 대판 2020.7.9. 2020다223781도 참조.

52) 대판 2015.9.10. 2013다55300은, 제3(채무)자는 채무자가 채권자에 대하여 가지는 항변권이나 형성권 등과 같이 권리자에 의한 행사를 필요로 하는 사유를 들어 채권자의 채무자에 대한 권리가 인정되는지 여부를 다툴 수 없지만, 채권자의 채무자에 대한 권리의 발생원인이 된 법률행위가 무효라거나 위 권리가 변제 등으로 소멸하였다는 등의 사실을 주장하여 채권자의 채무자에 대한 권리가 인정되는지 여부를 다투는 것은 가능하고, 이 경우 법원은 제3(채무)자의 주장을 고려하여 채권자의 채무자에 대한 권리가 인정되는지 여부에 관하여 직권으로 심리·판단해야 한다고 했다.

53) 대판 2004.2.12. 2001다10151은, 채권자대위권을 행사하는 채권자에 대하여 제3(채무)자는 채무자가 채권자에 대하여 가지는 항변으로 대항할 수 없고, 채권의 소멸시효가 완성된 경우에 이를 원용할 수 있는 이는 시효이익을 직접 받는 이뿐으로, 채권자대위소송의 제3(채무)자는 이를 행사할 수 없다고 하였다. 대판 2009.9.10. 2009다34160도 동지.

다만 대판 2008.1.31. 2007다64471은 이 입장을 전제하면서도 "채권자가 채무자에 대한 채권을 보전하기 위하여 제3채무자를 상대로 채무자의 제3채무자에 대한 채권에 기한 이행청구의 소를 제기하는 한편, 채무자를 상대로 피보전채권에 기한 이행청구의 소를 제기한 경우, 채무자가 그 소송절차에서 소멸시효를 원용하는 항변을 하였고, 그러한 사유가 현출된 채권자대위소송에서 심리를 한 결과, 실제로 피보전채권의 소멸시효가 적법하게 완성된 것으로 판단되면, 채권자는 더 이상 채무자를 대위할 권한이 없게 된다"고 하였다.

2. 행사의 효과 [4083]

(1) 대위권 행사의 효과는 채무자에게 귀속되어[54] 모든 채권자의 공동담보로 된다.

(2) 대위권을 행사할 때 반드시 채무자에게 급부하라고 해야 하는 것은 아니고, 채권자 자신에게 직접 급부하도록 요구해도 된다.[55] 즉 채권자에 의한 대위수령(代位受領)이 가능하다.[56] 다만 채무자의 수령을 요하지 않거나 대위행사의 효과가 채무자가 아닌 채권자에게 귀속되는 경우에는 그렇지 않다.[57]

[참 고] 대판 1996.2.9. 95다27998은, 채권자대위권을 행사할 때 채권자가 제3채무자에 대하여 자기에게 직접 급부를 요구해도 상관없고 자기에게 급부를 요구하여도 어차피 그 효과는 채무자에게 귀속되므로, 채권자대위권을 행사하여 채권자가 제3채무자에게 그 명의의 소유권보존등기나 소유권이전등기의 말소절차를 직접 자기에게 이행할 것을 청구하여 승소하였다 해도 그 효과는 원래의 소유자인 채무자에게 귀속되는 것이니, 법원이 채권자대위권을 행사하는 채권자에게 직접 말소등기절차를 이행할 것을 명하였다 해서 무슨 위법이 있다고 할 수 없다고 하였는데, 등기절차상 말소등기가 경료되면 등기는 당연히 종전의 등기명의인인 채무자에게 복귀한다. 그런데 「말소등기청구」가 아니라 「이전등기청구」에서는 채권자가 대위수령을 할 수 없으므로 이러한 판지가 유지될 수 없다.

(3) 제3채무자로부터 급부를 대위수령한 채권자는 그것을 채무자에게 인도해야 하지만(위임에 준하는 법정채권관계에 따라), 채권자의 채무자에 대한 채권과 채무자의 채권자에 대한 인도채권이 상계적상에 있다면 상계의 의사표시에 의하여 「사실상」의 우선변제를 받을 수 있다. 이는 결과적으로 집행권원 없는 집행 그리고 채권자 평등원칙의 우회를 의미한다.

3. 채권자대위소송 [4084]

(1) 채권자가 채무자의 권리를 재판상 행사하는 경우에, 채권자의 소송상 지위는 법정소송담당에 해당한다. 채권자대위소송이 제기된 경우에, 채무자는 공동소송적 보조참가를 할 수 있고(민사소송법 제78조), 채권자나 제3(채무)자는 채무자에게 소송고지를 할 수 있다(같은 법 제84조 내지 제86조). 소송참가나 소송고지가 있으면 채무자에게 참가적 효력이 미친다(같은 법 제77조, 제86조).

---

54) 채권자대위소송의 제기로 인한 소멸시효 중단의 효과는 채무자에게 생긴다고 한 대판 2011.10.13. 2010다80930 참조.

55) 채권자의 법정재산관리권에는 변제수령권한도 포함된 것으로 볼 수 있기 때문이다.

56) 대판 2005.4.15. 2004다70024도, 집행채무자의 채권자가 집행채권자를 상대로 부당이득금반환채권을 대위행사하는 경우에, 집행채무자에게 그 반환의무를 이행하도록 청구할 수도 있지만, 직접 대위채권자에게 이행하도록 청구할 수도 있다고 하면서, 이와 같이 채권자대위권을 행사하는 채권자에게 변제수령의 권한을 인정하더라도 그것이 채권자 평등의 원칙에 어긋난다거나 제3채무자를 이중변제의 위험에 빠뜨리게 하는 것이라고 할 수 없다고 하였다.

57) 대판 2024.3.12. 2023다301682: "금전의 지급이나 물건의 인도 등과 같이 급부의 수령이 필요한 경우나 말소등기절차의 이행을 구하는 경우 등에는 채권자에게도 급부의 수령권한이 있을 뿐만 아니라, 채권자에게 행한 급부행위의 효과가 채무자에게 귀속되므로 예외적으로 채권자가 제3채무자에 대하여 직접 자신에게 급부행위를 하도록 청구할 수 있[지만, …] 채무자가 제3채무자에게 채권의 양도를 구할 수 있는 권리를 가지고 있고, 채권자가 채무자의 위 권리를 대위행사하는 경우에는 채권자의 직접청구를 인정할 예외적인 사유가 없으므로, 원칙으로 돌아가 채권자는 제3채무자에 대하여 채무자에게 채권양도절차를 이행하도록 청구하여야 하고, 직접 자신에게 채권양도절차를 이행하도록 청구할 수 없다. 제3채무자에 대하여 채무자에게 채권을 양도하는 절차를 이행하도록 하면 그 채권이 바로 채무자에게 귀속하게 되어 별도로 급부의 수령이 필요하지 않을 뿐만 아니라, 만약 제3채무자가 직접 채권자에게 채권을 양도하는 절차를 이행하도록 하면 그 채권은 채권자에게 이전된다고 볼 수밖에 없어 대위행사의 효과가 채무자가 아닌 채권자에게 귀속하게 되기 때문이다."

보 론 본문의 소송법적 개념들

㉠ 소송물의 내용인 권리나 법률관계의 존부에 관하여 실질적인 권리주체, 즉 보통의 당사자적격자와 함께 또는 그에 갈음하여 제3자가 당사자적격을 가지는 경우를 제3자 소송담당(訴訟擔當)이라고 하는데, 법률에 의하여 소송수행권이 부여된 법정소송담당과 본래의 권리귀속주체가 소송수행권을 부여하는 임의적 소송담당이 있다.

㉡ 공동소송적 보조참가(共同訴訟的 補助參加)란 계속 중인 소송에 대한 판결이 소송의 당사자 아닌 제3자에게 미치는 경우에 그 제3자가 보조참가를 하는 것을 말한다. 공동소송적 보조참가의 경우에 재판의 효력, 특히 기판력이 참가인에게도 미치므로 보통의 보조참가보다 훨씬 강한, 필수적 공동소송에 준하는 소송수행권을 참가인에게 부여한다.

㉢ 참가적 효력(參加的 效力)이란 피참가인이 제1차 소송에서 패소한 후 참가인과 피참가인 사이의 제2차 소송에서 참가인이 제1차 소송의 판결내용을 다툴 수 없는 구속력을 말한다. 참가적 효력은 피참가인이 제1차 소송에서 패소한 경우에만 문제되고, 주장이 있어야 고려하는 항변사항이라는 점 및 판결이유에서의 판단에도 미친다는 점에서 기판력과 다르다.

[4085] (2) 제3자가 소송담당자로서 소송수행한 결과로 받은 판결의 효력, 특히 기판력은 권리주체인 본인에게 미친다(민사소송법 제218조 제3항). 그런데 채권자대위소송에서도 기판력이 채무자에게 미치는지에 관하여 종래 학설은 기판력이 미친다는 설, 미치지 않는다는 설,[58] 승소판결은 미치지만 패소판결은 미치지 않는다는 설로 나뉘었으나, 판례는 채권자대위소송이 제기된 사실을 채무자가 알았는지를 기준으로 판단한다. 즉 대판(전) 1975.5.13. 74다1664는 어떠한 사유로든 채권자대위소송이 제기된 사실을 채무자가 알았다면 그 판결의 효력은 채무자에게 미친다고 보았다.[59] 그런데 채무자가 알았는지 여부가 기준으로 적합한지에 대하여 의문이 없지 않다.[60]

[참 고] 채권자대위소송의 소송물인 피대위채권의 존부에 관하여 채무자에게 기판력이 미칠 뿐이고, 채권자대위소송의 소송요건인 피보전채권의 존부에 관하여 당해 소송의 당사자가 아닌 채무자에게 기판력이 미치지 않음은 당연하다.[61][62]

[4086] (3) 채권자대위소송에서 채무자가 여전히 당사자적격을 가지는지가 중복소송의 금지(민사소송법 제259조)와 관련하여 어려운 문제를 낳는다.

---

58) 소송담당자인 채권자의 불성실한 소송수행에도 불구하고 기판력이 채무자에게 미친다면 권리주체인 채무자의 소송수행권이 침해됨을 근거로 한다.

59) 대판 1994.8.12. 93다52808도 "어느 채권자가 채권자대위권을 행사하는 방법으로 제3채무자를 상대로 소송을 제기하여 판결을 받은 경우, 어떠한 사유로든 채무자가 채권자대위소송이 제기된 사실을 알았을 경우에 한하여 그 판결의 효력이 채무자에게 미치므로, 이러한 경우에는 그 후 다른 채권자가 동일한 소송물에 대하여 채권자대위권에 기한 소를 제기하면 전소의 기판력을 받게 된다고 할 것이지만, 채무자가 전소인 채권자대위소송이 제기된 사실을 알지 못하였을 경우에는 전소의 기판력이 다른 채권자가 제기한 후소인 채권자대위소송에 미치지 않는다"고 하였다. 같은 취지에서 대판 1981.1.27. 79다1618은, 채권자대위소송이 제기된 사실을 피대위자가 알게 된 이상 그 종국판결 선고 후 소가 취하된 때에는 피대위자도 위 대위소송과 동일한 소를 제기할 수 없다고 하였다.

60) 참고로 확정판결의 집행력은 채무자에게 미치지 않는다. 대결 1979.8.10. 79마232는 "채권자대위권에 기한 확정판결의 기판력이 소외인인 채무자에게도 미치는 경우가 있다 하더라도 위 확정판결의 집행력만은 원·피고 간에 생기는 것이고 원고와 소외인 사이에는 생기지 아니한다"고 했는데, 채무자에 대한 이전등기청구를 병합하지 않은 경우에 소외인인 채무자 앞으로의 이전등기를 명하는 주문에 채무자의 인적 사항을 표시해야 한다.

61) 채권자가 채권자대위권을 행사하여 제3(채무)자를 상대로 소송을 제기했다가 피보전채권이 인정되지 않는다는 이유로 소각하판결을 받아 확정된 경우에 그 판결의 기판력이 채권자가 채무자를 상대로 피보전채권의 이행을 구하는 소송에 미치지 않는다고 한 대판 2014.1.23. 2011다108095.

62) 참고로 소송의 당사자 아닌 채무자가 파산선고를 받은 때 파산채권자가 제기한 채권자취소소송은 중단되고 파산관재인이나 상대방이 이를 수계할 수 있다고 정한 채무자회생법 제406조, 제347조가 파산채권자가 제기한 채권자대위소송에도 유추된다(대결 2019.3.6. 2017마5292. 다만 파산채권자들 사이의 배당이의소송은 수계의 대상이 아니라고 하였다).

보 론 채무자와 채권자의 중복된 권리행사

㈎ 채무자의 권리행사가 앞선 경우

ⓐ 채무자가 자기권리를 행사하였다면, 채권자는 채무자를 대위하여 그 권리를 행사할 수 없고,[63] 대위소송은 부적법 각하되어야 한다. 재판 외의 권리행사라고 하여 달리 볼 것은 아님에 관하여 [4072] 참조.

ⓑ 채무자가 제기한 소와 채권자대위소송이 경합하는 경우에, 대판 1981.7.7. 80다2751은 중복소송의 문제로 보았고 민사소송법학계의 다수설도 중복소송이라는 입장이지만, 대위권 행사요건의 불비로 보아 각하해야 한다. 최근 판례도 당사자적격의 관점에서 접근하는 경향성을 보인다.[64]

㈏ 채권자의 대위권행사가 선행하는 경우

ⓐ 채권자가 대위권행사의 사실을 채무자에게 통지하거나 채무자가 그 사실을 알았다면, 채무자의 처분권이 제한되어(제405조 제2항) 당사자적격을 상실한다.

ⓑ 반면 대위소송이 계속 중인 사실을 알지 못하는 채무자가 제소한 경우에, 양 소송은 동일소송이므로 채무자의 소가 중복소송에 해당하여 부적법 각하된다.[65]

㈐ 채권자의 대위소송이 중복된 경우

채권자 중 1인(A)의 채권자대위소송이 계속 중인 상태에서 다른 채권자(B)가 다시 채권자대위소송을 제기한 경우에, 제405조 제2항의 요건이 충족되면 채무자의 처분권한이 제한되므로 B가 채무자의 제한된 처분권을 대위행사할 수 없어서 위 ㈎와 같다. 다만 채무자의 관리 · 보존행위는 제한되지 않으므로, B는 채권자대위권의 행사로서 채무자의 관리 · 보존행위(예: 소유권이전등기청구권의 행사)를 대위할 수 있지만, A의 채권자대위소송이 계속 중임에도 B가 같은 제3자를 상대로 채권자대위소송을 제기하면 중복제소금지의 원칙에 위배되어 B의 소송이 부적법 각하될 것이다.[66]

Ⅳ. 채권자대위권의 전용 [4087]

1. 서 설

(1) 비금전채권, 특히 채무자의 자력과 무관한 「특정채권」의 보전을 위해서도 대위권의 행사를 허용할 것인가? 이에 관하여 의용민법시대의 판례는 당초 채권자대위제도의 취지가 총채권자의 공동담보 유지(즉 채무자의 일반재산의 감소방지)에 있다는 점을 들어 부정적이었으나, 그 후 태도를 바꾸어 본래의 취지와 다른 이용, 즉 전용(轉用)을 허용하였다. 이러한 태도는 현재 확립된 판례이론으로 학설의 지지를 받고 있다. 즉 채권자가 채무자의 특정의 권리를 행사함으로써 특정채권을 보전할 수 있다면, 채무자가 무자력이 아니라도[67] 채권자대위권을 행사할 수 있다고 한다.

(2) 채권회수기능을 수행하는 전용사례에서는 ―금전채권에서의 무자력요건에 갈음하여― 채무자의 권리를 대위행사함으로써 채권자의 채권이 보전되는 관계, 즉 「논리적 선결성」이 존재해야 한다. 채권자는 채무자의 제3(채무)자에 대한, 그 특정물에 관한 권리만 대위행사할 수 있

63) 대판 2009.3.12. 2008다65839: "채권자대위권은 채무자가 제3채무자에 대한 권리를 행사하지 아니하는 경우에 한하여 채권자가 자기의 채권을 보전하기 위하여 행사할 수 있는 것이어서, 채권자가 대위권을 행사할 당시에 이미 채무자가 그 권리를 재판상 행사하였을 때에는 채권자는 채무자를 대위하여 채무자의 권리를 행사할 수 없다."

64) 대판 2018.10.25. 2018다210539; 대판 2009.3.12. 2008다65839 등.

65) 대판 1992.5.22. 91다41187. 채무자의 소 제기가 처분권의 행사에 해당하지 않는 경우에도 같다.

66) 대판 1990.4.27. 88다카25274 · 25281. 대판 1998.2.27. 97다45532도 참조. 나아가 다른 채권자가 채권자대위권을 행사하면서 공동소송참가신청을 한 경우에 관한 대판 2015.7.23. 2013다30301 · 30325도 참조.

67) 대판 1992.10.27. 91다483.

고,[68] 다른 채권자와의 경합이 문제되지 않는다.

[4088] 2. 전용의 유형

가. 등기청구권의 대위행사

(1) 판례가 채권자대위권을 전용하는 첫째 유형은 등기청구권의 대위행사이다.[69] A가 B에게, B는 다시 C에게 어떤 부동산을 순차 매도하였으나 아직 등기가 A 명의로 남아있는 경우에, B는 A에 대하여 그리고 C는 B에 대하여 각 매매계약에 기한 등기청구권을 가지는데, C가 B에 대한 등기청구권을 실행하기 위해서는 B의 A에 대한 등기청구권이 먼저 실행되어야 한다. 이러한 사안에서 판례는 B에 대한 등기청구권을 보전하기 위하여 필요하다는 이유로 C가 B의 A에 대한 등기청구권을 대위행사하는 것을 허용한다. 즉 C는 B의 등기청구권을 대위행사하여 A로부터 B에게로 소유권이전등기를 경료한 후, 다시 B에 대한 등기청구권을 행사하여 B로부터 소유권이전등기를 받아올 수 있는데,[70] 이때 B가 무자력인지는 따지지 않는다.

[4089] (2) 이러한 판례이론은 확대일로에 놓여 있다. 법정지상권을 가진 건물소유자로부터 건물을 양수하면서 법정지상권까지 양도받기로 한 이는 채권자대위의 법리에 따라 전 건물소유자 및 대지소유자에 대하여 차례로 지상권의 설정등기 및 이전등기절차이행을 구할 수 있다.[71] 말소등기청구의 경우에도 같다. 예를 들어 취득시효 완성 후 제3자 앞으로 경료된 소유권이전등기가 원인무효인 경우에, 취득시효 완성으로 인한 소유권이전등기청구권을 가진 이가 취득시효 완성 당시의 소유자를 대위하여 제3자 명의 등기의 말소를 구할 수 있고,[72] 채권담보 목적으로 등기가 이전된 후 피담보채무가 변제된 경우[73]에도 같다. 사회질서에 반하는 이중매매에서 등기말소청구권을 대위행사할 수 있음에 관하여 [1159] 참조. 그 밖에 환매권의 대위행사도 허용된다.[74]

그런데 이전등기청구권을 준공유하는 경우에 채권자 중 1인은 자기의 지분범위 내에서만 채무자를 대위할 수 있다는 것이 판례의 입장이다.[75]

> [참 고] 대판 2014.10.27. 2013다25217은 "채무자 소유의 부동산을 시효취득한 채권자의 공동상속인이 채무자에 대한 소유권이전등기청구권을 피보전채권으로 하여 제3채무자를 상대로 채무자의 제3채무자에 대한 소유권이전등기의 말소등기청구권을 대위행사하는 경우, 공동상속인은 자신의 지분범위 내에서만 채무자의 제3채무자에 대한 소유권이전등기의 말소등기청구권을 대위행사할 수 있고, 지분을 초과하는 부분에 관하여는 채무자를 대위할 보전의 필요성이 없다"고 하면서 앞의 2010다43597 판결을 인용하였는데, 2010다43597 판결에서 이전등기청구권의 대위행사가 문제된 반면 2013다25217 판결에서는 말소등기청구권의 대위행사가 문제되었다는 점에서 특히 등기의 법

68) 대판 1993.4.23. 93다289.

69) 대판 1969.10.28. 69다1351.

70) 대부분의 소송에서 B를 대위한, A에 대한 청구와 B에 대한 청구가 병합되는데, 양자의 관계는 단순병합이다.

71) 대판(전) 1985.4.9. 84다카1131 · 1132. 그 실천적 의미에 관하여 [5333] 참조.

72) 대판 1990.11.27. 90다6651.

73) 대판 1971.10.22. 71다1888 · 1889는, A가 그 소유 부동산을 X에게 매도 후 등기이전 전에 Y에 대한 채무담보의 목적으로 Y 앞으로 이전등기를 경료한 경우에, X는 A에 대한 등기청구권자로서 A의 채무를 변제할 정당한 이해관계 있는 제3자이므로, 특별한 사정이 없는 한 Y에게 A의 채무를 변제한 후 A를 대위하여 Y 앞으로 마쳐진 소유권이전등기의 말소청구를 할 수 있다고 하였다.

74) 대판 1992.10.27. 91다483.

75) 대판 2010.11.11. 2010다43597은, 부동산을 공동매수한 채권자(G)가 채무자(S)에 대한 소유권이전등기청구권을 피보전채권으로 하여 제3채무자(D)를 상대로 S의 D에 대한 소유권이전등기청구권을 대위행사하는 소를 제기한 사안에서, G는 공동매수인 중 1인에 불과하므로 그의 매수지분범위 내에서만 S의 D에 대한 소유권이전등기청구권을 대위행사할 수 있고, 그 지분을 초과하는 부분에 관해서는 S를 대위할 보전의 필요성이 없다고 하였다.

위에 관하여 의문이 없지 않다.

나. 물권적 청구권의 대위행사 [4090]

(1) 전용의 두 번째 유형은 임대인의 방해제거 또는 예방청구권의 대위행사이다. 소유자 E가 D에게 토지(甲)를 임대하였는데 F가 甲의 이용을 방해하는 경우에, D는 E가 F에 대하여 가지는 소유물방해제거청구권(제214조)을 대위행사하여 F에게 방해의 제거(및 자기에게로의 인도)를 청구할 수 있다는 것이 판례이론의 골자이다.[76] 그런데 D가 甲을 인도받아 점유하고 있었다면, D는 점유권에 기하여 방해배제를 청구할 수 있으므로(제205조), 실제로 문제되는 것은 D가 甲을 점유하기 전에 F가 불법점거하는 경우이다.

(2) 미등기매수인도 매도인을 대위하여 부동산의 불법점유자에 대하여 직접 자기에게 인도할 것을 청구할 수 있다.[77]

다. 전용의 확대 [4091]

판례는 종래 앞의 두 경우에 예외를 인정하였으나, 이제는 채권자대위권 전용범위의 확대를 예비한다. 즉 대판 2001.5.8. 99다38699는 "채권자는 채무자에 대한 채권을 보전하기 위하여 채무자를 대위해서 채무자의 권리를 행사할 수 있는바, ① 채권자가 보전하려는 권리와 대위하여 행사하려는 채무자의 권리가 밀접하게 관련되어 있고 채권자가 채무자의 권리를 대위하여 행사하지 않으면 자기채권의 완전한 만족을 얻을 수 없게 될 위험이 있어 ② 채무자의 권리를 대위하여 행사하는 것이 자기채권의 현실적 이행을 유효·적절하게 확보하기 위하여 필요한 경우에는 ③ 채권자대위권의 행사가 채무자의 자유로운 재산관리행위에 대한 부당한 간섭이 된다는 등의 특별한 사정이 없는 한 채권자는 채무자의 권리를 대위하여 행사할 수 있어야 하고, 피보전채권이 특정채권이라 하여 반드시 순차매도 또는 임대차에 있어 소유권이전등기청구권이나 명도청구권 등의 보전을 위한 경우에만 한하여 채권자대위권이 인정되는 것은 아니"(원문자는 필자)라고 하였다.[78][79]

[참 고] 대판 2007.5.10. 2006다82700·82717은 "물권적 청구권에 대하여도 채권자대위권에 관한 민법 제404조의 규정과 위 [99다38699 판결의] 법리가 적용될 수 있다"고 하면서, 토지소유권에 근거하여 토지상 건물의 임차인들을 상대로 건물에서의 퇴거를 청구할 수 있었더라도, 퇴거청구와 건물의 임대인을 대위하여 임차인들에게 임대차계약의 해지를 통고하고 건물의 인도를 구하는 청구는 요건과 효과를 달리하므로, 위와 같은 퇴거청구를 할 수 있었다는 사정이 채권자대위권의 행사요건인 채권보전의 필요성을 부정할 사유가 될 수 없다고 하였다. 그런데 대세효에 기하여 직접 청구하면 되지 이와 별도로 물권적 청구권을 피보전권리로 하는 채권자대위권을 인정할 필요가 없다는 반대입장이 유력하다.

---

76) 예컨대 지하도상가 운영 목적의 도로점용허가를 받은 이가 상가소유자인 市를 대위하여 상가 내 점포의 불법점유자에 대하여 직접 자기에게 인도할 것을 청구할 수 있다고 한 대판 1995.5.12. 93다59502.

77) 대판 1980.7.8. 79다1928. 명의신탁자가 수탁자를 대위할 수 있다는 대판(전) 1979.9.25. 77다1079도 참조.

78) 다만 이 판결은 −이러한 일반론의 설시에도 불구하고− 정유업체 X가 한국도로공사(A)와의 계약에 따라 고속도로상의 특정주유소에 자사의 상표를 표시하고 자사의 석유제품을 공급할 권리를 취득했더라도 이는 채권적 권리에 불과하여 대세적 효력이 없으므로, A와 위 주유소에 관한 운영계약을 체결한 제3자(B)가 위 주유소에 정유업체 Y의 상호와 상표를 표시하고 그 석유제품을 공급받음으로써 X의 권리를 사실상 침해하였다는 사정만으로 X가 제3자인 B에게 Y와 관련된 시설의 철거나 상호·상표 등의 말소 및 Y 제품의 판매금지 등을 구할 수는 없다고 하였다

79) 토지거래허가신청에 대한 협력을 구할 수 있는 권리의 대위행사에서 보전의 필요성에 관한 대판 2013.5.23. 2010다50014도 참조.

제 3 관 채권자취소권

[4092] Ⅰ. 총 설

1. 의 의

(1) 채권자취소권(債權者取消權. 또는 사해행위 취소권)이란 채무자가 채권자를 해침을 알면서 자기재산(즉 책임재산)을 감소시키는 법률행위를 한 경우에, 채권자가 그 법률행위를 취소하고 일탈된 재산을 원상으로 회복하는 것을 내용으로 하는 권리를 말하는데(제406조 제1항, 제839조의3[1] 및 사해신탁에 관한 신탁법 제8조도 참조), 취소의 대상인 행위를 사해행위(詐害行爲)라 한다.[2] 요컨대 채권자취소권은 채무자의 책임재산을 유지할 목적으로 채무자와 제3자 사이에 행하여진, 채무자의 재산을 감소시키는 법률행위의 효력을 부인함으로써 채무자의 책임재산으로부터 빠져나간 재산을 책임재산으로 되돌릴 수 있는 권리를 채권자에게 부여하는 제도이다.[3]

[4093] (2) 1990년대 후반 외환위기를 계기로 급속하게 늘어난 채권자취소소송은 민사집행법 및 채무자회생법과 맞닿아 있어서 이론적으로 복잡할 뿐만 아니라 다수의 관계자들 사이의 이해조정도 도모해야 하는 어려운 영역이다.

특히 사해행위는 「채권자를 해치는」 그러나 그 자체로는 「적법한」(책임재산의 처분은 채무자의 「자유영역」에 속한다) 법률행위라는 양면성을 가지므로, 사해행위 취소에서 전자에 기한 취소채권자의 이익(책임재산을 보전할 필요성)뿐만 아니라 후자에 기한 수익자 또는 전득자의 이익(거래안전의 보호)도 고려되어야 한다. 실제로 수익자가 또 다른 채권자이기도 한 경우가 드물지 않은데, 이 경우에도 취소채권자와 수익자 사이에서 보호의 중심을 취소채권자에게 둔다면, 먼저 적법하게 변제를 받은 수익자가 취소채권자보다 불리한 지위에 놓일 수 있다.[4] 따라서 「수익자 또는 전득자의 정당한 이익을 해치지 않는 한도에서」 자신의 노력으로 책임재산을 회복한 취소채권자의 이익을 존중할 필요가 있다. 한편 다른 채권자의 보호는 그도 자기채권을 실현할 수 있는 기회(즉 사해행위 취소판결의 효력을 원용할 수 있는 가능성)를 가지는 선에서 그쳐야 할 것이다.[5]

[4094] (3) 책임재산의 감소에 대한 대비책으로 보전처분도 있지만, 책임재산의 현상유지를 위한 사전적 대비책이어서 일탈된 재산을 회복함에 적절하지 못하다. 한편 사후적 대응방법인 파산법상의 부인권(否認權.[6] 채무자회생법 제100조 이하, 제391조 이하, 제584조 참조)은 파산 또는 회생절차의 개시를 요하고, 이른바 총괄집행(總括執行. 총채권자들에게 평등하고 공정하게 변제하기 위한 집단적 · 포괄적 채무처리절차로서)을 위한 것으로 모든 채권자의 공평한 만족을 위하여 엄격한 절차에 따라 신중하게 운용된다.

---

1) 2007년 민법개정에서 재산분할청구권 보전을 위한 사해행위 취소에 관한 특칙으로 제839조의3이 신설되었다. 즉 재산분할청구권이 구체적으로 확정되기 전에 재산분할청구권을 피보전권리로 하는 사해행위 취소권이 인정되는지에 관하여 다툼이 있었는바(판례는 부정적이었다. 대판 2013.10.11, 2013다7936), 부부의 일방이 상대방배우자의 재산분할청구권 행사를 해침을 알고 사해행위를 한 때에는 상대방배우자가 그 취소 및 원상회복을 법원에 청구할 수 있도록 재산분할청구권을 보전하기 위한 사해행위 취소권을 인정함으로써 재산명의자 아닌 배우자의 부부재산에 대한 잠재적 권리보호를 기도하였다. 그리고 이 소에는 제406조 제2항의 기간이 적용된다.

2) 사해란 속임수로 남에게 손해를 입힌다는 의미이다.

3) 채권자취소권의 합헌성에 관하여 헌재결 2007.10.25, 2005헌바96 참조.

4) 먼저 변제를 받은 수익자가 「부지런함」과 「약음」이라는 상반된 평가를 받을 수 있다.

5) 이 경우 다른 채권자들은 이중압류 또는 배당요구 등을 통하여 취소채권자와 함께 평등배당을 받을 수 있다.

6) 파산관재인이나 관리인이 파산재단 또는 회생재산을 위하여 채무자의 행위를 부인할 수 있는 권리.

2. 법적 성질 [4095]

(1) 채권자취소권은 로마법의 「파울루스소권」에서 유래하지만, 소권(訴權)이 아니라 실체법상의 권리이다. 채권자대위권과 달리 채권자취소권은 반드시 재판상 행사해야 하지만(제406조 제1항 본문), 이는 권리행사의 방법에 지나지 않는다.

(2) 채권자취소권의 인정근거에 관하여 다수설과 판례는 채권자와 악의인 반환상대방 사이의 형평을 위하여 법이 특별히 인정한 청구권이라 한다.[7]

(3) 현행법상 채권자취소권은 채무자의 사해행위를 취소하고 아울러 채무자의 일반재산으로 [4096] 부터 일탈된 재산의 반환을 구하는 권리이다(절충설 또는 병합설).

[참 고] 의용민법 제424조는 "채권자는 채무자가 그 채권자를 해함을 알고 행한 법률행위의 취소를 재판소에 청구할 수 있다"고 규정하였는데, 채권자취소권의 본질에 관하여 취소를 본체로 한다는 형성권설, 재산을 회복하는 권리를 본체로 한다는 청구권설 및 취소와 회복의 양자 모두를 본체로 한다는 병합설 등이 대립하였다. 이러한 성질론은 어떤 재산이 채무자로부터 수익자에게, 다시 수익자로부터 전득자에게 이전된 경우에, 채권자가 누구를 피고로 하여 소를 제기해야 하느냐, 취소권 행사의 효과가 채무자 · 수익자 · 전득자 사이의 법률관계에 어떤 영향을 미치느냐 그리고 수익자 · 전득자의 선의 또는 악의에 따라 취소권 행사의 요건이나 효과가 어떻게 달라지느냐 하는 문제와 관련된다.

그런데 우리 입법자들은 제406조 1항 본문에서 "[…] 채권자는 그 취소 및 원상회복을 법원에 청구할 수 있다"라고 하여 명문으로 병합설(절충설)을 채택하였는데,[8] 다수설과 판례의 입장은 다음과 같다: ⓐ 사해행위 취소의 종국적 목표는 일탈된 재산의 회복, 즉 원상회복에 있다; ⓑ 원상회복에 필요한 한도에서 취소가 의미를 가진다; ⓒ 취소소송에 관여한 이들 사이에서만 사해행위의 효력이 부인된다. 즉 사해행위의 효력을 부인하되, 책임재산의 보전이라는 제도 본래의 목적을 위한 범위로 한정한다(취소의 상대효). 이에 따라 채권자취소권을 인용하는 판결의 주문은 "피고와 소외 A 사이의 […] 계약을 취소한다. 피고는 A에게 […]등기절차를 이행하라"(부동산에 관한 원물반환의 경우) 또는 "피고와 소외 A 사이의 […] 계약을 취소한다. 피고는 원고에게 […]를 이행하라"(수익자로부터 가액을 상환반환받는 경우)는 형식을 취하는데, 여기서 원고는 채권자, 피고는 수익자이고, 소외 A는 채무자이다.

Ⅱ. 요 건 [4097]

1. 개 관

채권자취소권의 요건을 채권자, 채무자, 재산감소행위 및 원상회복의 상대방이라는 네 측면에서 파악할 수 있다. 즉 ① 채권자에게 피보전채권이 존재하고, ② 무자력상태의 채무자가 사해의사를 가지고 ③ 책임재산을 감소시키는 행위를 하면, 채권자가 그 행위의 효력을 부인하고 책임재산을 회복할 수 있지만, ④ 일탈된 책임재산을 취득한 수익자나 전득자가 선의인 경우에는 그렇지 않다.

[참 고] 채권자취소권은 채무자의 사해행위를 채권자와 수익자 또는 전득자 사이에서 상대적으로

---

7) 대판 2002.11.8. 2002다42957 참조.

8) 채권자취소권의 법적 성질에 관하여 그 밖에 취소에 의하여 일탈된 재산이 원상회복되는 것이 아니라 그 상태대로 채권자의 강제집행의 대상으로 된다는 책임설과 법률행위의 취소와 달리 채권자취소권은 취소채권자가 취소상대방에 대하여 반환청구를 할 수 있는 법정채권관계를 발생시킨다는 채권설 등도 주장된다.

취소하고 채무자의 책임재산에서 일탈한 재산을 회복하여 채권자의 강제집행이 가능하도록 함을 본질로 하므로, 채권자취소권에 의하여 책임재산을 보전할 필요성이 없어지면 채권자취소권은 소멸한다.

따라서 ⓐ 채권자가 사해행위 취소 및 원상회복을 구하는 소송을 제기한 후 소송계속 중에 사해행위가 해제 또는 해지되고 원상회복을 구하는 재산이 채무자에게 복귀한 경우에, 특별한 사정이 없는 한 사해행위 취소라는 목적은 이미 실현되어 더 이상 소에 의해 확보할 권리보호의 이익이 없어진다. 사해행위 취소소송이 제기되기 전에 일탈된 재산이 이미 채무자에게 복귀한 경우에도 마찬가지로 타당하다.[9] 채무자가 자력을 회복하여 무자력요건이 해소된 경우에 관한 [4104]도 참조.

그리고 ⓑ 채권자취소소송에서 피보전채권의 존재가 인정되어 사해행위 취소 및 원상회복을 명하는 판결이 확정되었더라도, 그에 기하여 재산이나 가액의 회복을 마치기 전에 피보전채권이 소멸하여 채권자가 더 이상 채무자의 책임재산에 대하여 강제집행을 할 수 없게 되었다면, 이는 위 판결의 집행력을 배제하는 적법한 청구이의사유가 된다.[10]

[4098] 2. 채권자에 관한 요건

가. 일 반 론

(1) 채권자취소권 행사의 출발점으로 피보전채권(被保全債權)이 존재해야 하는데, 이 요건이 결여된 경우에 실무는 청구를 기각하는 것으로 보인다. 그런데 기판력 등의 사유로 채무자에 대하여 행사할 수 없는 채권을 보전하기 위한 사해행위 취소청구는 인용될 수 없다.[11]

(2) 피보전채권의 소송법적 의미에 관하여 대판 2003.5.27. 2001다13532는, 채권자가 사해행위의 취소를 구하면서 보전하고자 하는 채권을 추가하거나 교환하는 것은 사해행위 취소권을 이유 있게 하는 공격방법에 관한 주장을 변경하는 것일 뿐이지 소송물 또는 청구 자체를 변경하는 것이 아니므로 소의 변경이라 할 수 없다고 하였다.[12]

[4099] 나. 피보전채권으로서의 적격이 문제되는 경우[13]

(1) 피보전채권의 전형적인 예는 금전채권인데, 「특정채권」의 보전을 위해서는 채권자취소권을 행사할 수 없다는 것이 판례의 입장이다.[14] 특정채권을 보전하기 위하여 사해행위를 취소할 수 있다고 하면 채권에 추급효를 인정하는 결과로 될 수 있어서 판례의 입장이 원칙으로서 정당하다고 할 것이다.

[참 고] 대판 1999.4.27. 98다56690은 부동산의 이중매매에서 제1양수인이 자신의 소유권이전등기청구권 보전을 위하여 양도인과 제3자 사이에서 이루어진 이중양도행위에 대하여 채권자취소권을 행사할 수 없다고 하였는데, 만일 채권자취소권을 행사할 수 있다면, 먼저 성립한 채권을 보존하기

9) 대판(전) 2015.5.21. 2012다952. 대판 2008.3.27. 2007다85157은 이러한 법리가 "그 목적재산인 부동산의 복귀가 그 이전등기의 말소 형식이 아니라 소유권이전등기의 형식을 취하였다고 하여 달라지는 것은 아니"라고 하면서, "채권자가 수익자를 상대로 사해행위 취소로 인한 원상회복을 위하여 소유권이전등기말소등기청구권을 피보전권리로 하여 그 목적부동산에 대한 처분금지가처분을 발령 받은 경우, 그 후 수익자가 계약의 해제 또는 해지 등의 사유로 채무자에게 그 부동산을 반환하는 것은 가처분채권자의 피보전권리인 채권자취소권에 의한 원상회복청구권을 침해하는 것이 아니라 오히려 그 피보전권리에 부합하는 것이므로 위 가처분의 처분금지 효력에 저촉된다고 할 수 없다"고 하였다.

10) 대판 2017.10.26. 2015다224469.

11) 대판 1993.2.12. 92다25151. 채무자가 파산절차에서 면책결정을 받은 경우에 파산채권을 피보전채권으로 하여 채권자취소권을 행사하는 것은 그 채권이 채무자회생법 제566조 단서의 예외사유에 해당하지 않는 한 허용되지 않는다고 한 대판 2008.6.26. 2008다25978도 참조.

12) 동지로 대판 2005.3.25. 2004다10985 · 10992. 채권자가 피보전채권을 달리하여 동일한 법률행위의 취소 및 원상회복을 구하는 채권자취소의 소를 이중으로 제기하는 경우에, 전소와 후소는 소송물이 동일하다고 보아야 하고, 이는 전소나 후소 중 어느 하나가 승계참가신청에 의하여 이루어진 경우에도 마찬가지라고 한 대판 2012.7.5. 2010다80503도 참조.

13) 아래의 것들 외에 정지조건부 채권도 피보전채권으로 될 수 있다고 한 대판 2011.12.8. 2011다55542도 참조.

14) 뒤의 98다56690 판결 등.

위하여 그와 상충되는 채권을 성립시키는 행위(제2의 매매행위)의 효력을 부인할 수 있게 되어, 채권의 상대성의 원칙에 반한다.

그럼에도 불구하고 당사자들 사이의 이해관계 조절의 측면에서 전향적으로 검토되어야 할 점도 없지 않다. 가령 제2양도행위로 인하여 채무자가 무자력으로 되고 제2양수인이 그러한 사정에 대하여 악의라면, 그가 양도인의 배임행위에 적극 가담하지는 않았더라도 제1양수인을 보호할 필요가 없지 않고(제747조 제2항 참조), 이때 채권자취소권이 그 보호에 유용한 법적 수단이 될 수 있다는 점도 고려되어야 할 것이다.

한편 특정채권이라도 금전채권으로 바뀐 후에는 피보전채권으로 될 수 있다.[15)]

(2) 「담보부 채권」에 관하여 본다. [4100]

① 인적 담보가 설정된 채권의 경우에 채권자의 우선변제권이 인정되지 않으므로, 채권자는 그 채권을 보진하기 위하여 채권자취소권을 행사할 수 있다.

② 반면 물적 담보(예: 채무자 또는 제3자 소유의 부동산에 대한 근저당권)가 붙어 있는 채권의 경우에, 우선변제권이 확보된 범위 내에서 「책임」재산의 보전이 필요하지 않으므로 채권자취소권을 행사할 수 없다.[16)] 이 경우 채권자취소권을 행사하는 채권자로서는 담보권의 존재에도 불구하고 자신이 주장하는 피보전채권이 우선변제권의 범위 밖에 있음을 주장 · 증명해야 한다.[17)]

담보로 제공된 부동산의 가액은 —부동산 가액의 하락이 예상되는 등의 특별한 사정이 인정되지 않는 한— 사후에 환가된 가액이 아니라 사해성 여부가 문제되는 「재산처분행위 당시」의 시가를 기준으로 하고,[18)] 취소채권자가 「담보물로부터 우선변제받을 금액」은 선순위의 담보물권자가 변제받을 금액을 먼저 공제한 다음 산정해야 한다.[19)]

그런데 뒤에서 보는 피보전채권의 성립시기에 관한 예외의 법리가 물적 담보권자가 채권자취소권을 행사할 수 있는 피보전채권의 범위를 정하는 경우에도 적용된다.[20)]

(3) 「장래의 채권」이 피보전채권으로 될 수 있는가? [4101]

① 채권자취소권에 의하여 보전되는 채권은 사해행위가 행하여지기 전에 발생한 것이어야 한다.[21)] 채권이 사해행위 이전에 성립한 이상 그 채권이 양도되더라도 양수인이 채권자취소권을 행사할 수 있고, 채권양도의 대항요건을 사해행위 후에 갖추더라도 채권양수인이 채권자취소권을 행사하는 데 아무런 장애가 없다.[22)] 한편 이행기가 도래하였는지는 문제되지 않는다.

② 이러한 태도는 재산처분행위가 있은 후에 비로소 채권이 성립하였다면 이미 감소된 상태 [4102]

15) 앞의 98다56690 판결은 부동산의 이중매매에서 이행불능으로 인한 전보배상청구권은 사해행위 취소의 피보전채권으로 될 수 없다고 하였지만, 피보전채권의 성립시기의 관점에서의 판단으로 보아야 한다.

16) 대판 2009.6.23. 2009다549: 이러한 경우에 "주채무의 보증인이 있더라도 채무자가 보증인에 대하여 부담하는 사전구상채무를 별도로 소극재산으로 평가할 수는 없고, 보증인이 변제로 채권자를 대위할 경우 자기의 권리에 의하여 구상할 수 있는 범위에서 채권 및 그 담보에 관한 권리를 행사할 수 있으므로, 사전구상권을 피보전권리로 주장하는 보증인에 대하여도 사해행위가 성립하지 않는다."

17) 대판 2002.11.8. 2002다41589.

18) 대판 2014.9.4. 2012다63656: 담보로 제공된 부동산이 토지이고 그 위에 건물이 존재한다면 장차 토지가 경매 등에 의하여 제3자에게 매각되는 경우에 법정지상권이 성립하는지를 따져 그에 따라 평가한 토지의 가격을 담보물의 가액으로 보아야 하고, 법정지상권이 성립하지 않더라도 건물의 규모, 구조와 용도 및 건물에 관련된 권리관계에 비추어 사실상 건물의 철거가 곤란하거나 철거에 상당한 시간과 비용이 소요되는 등의 경우에는 이러한 모든 사정들을 감안하여 토지의 가액을 평가해야 한다고 한 사례. 대판 2008.5.15. 2005다60338도 동지.

19) 취소채권자가 「담보물로부터 우선변제받을 금액」은 사해행위 당시를 기준으로 담보물의 가액에서 우선변제권 있는 임금채권액을 먼저 공제한 다음 산정해야 한다는 대판 2021.11.25. 2016다263355 참조.

20) 앞의 2016다263355 판결 참조.

21) 대판 2002.4.12. 2000다43352.

22) 대판 2006.6.29. 2004다5822. 대판 2012.2.9. 2011다77146도 동지.

의 재산을 전제로 채권을 취득하였다는 점을 고려한 결과인데, 나중에 성립한 채권임에도 이전의 감소되지 않은 상태의 책임재산을 전제로 하는 경우도 있을 수 있다. 그래서 판례는 예외를 인정하는데,[23)]

ⓐ 사해행위 당시 이미 채권 성립의 기초가 되는 법률관계가 발생되어 있을 것,[24)]

ⓑ 가까운 장래에 그 법률관계에 기하여 채권이 성립하리라는 점에 대한 고도의 개연성이 있을 것[25)] 및

ⓒ 실제로 가까운 장래에(늦어도 채권자취소소송의 사실심 변론종결시까지) 그 개연성이 현실화되어 채권이 성립할 것[26)]

의 세 요건이 충족되어야 한다.

[4103] ## 3. 채무자에 관한 요건

가. 채무자의 무자력

(1) 채권자취소권은 채무자의 전 재산이 채무를 갚기에 충분하지 않은 경우에 예외적으로 재산에 대한 간섭을 허용하는 제도이다. 따라서 채무자의 무자력(無資力), 즉 채무초과는 당연한 요건이다.

(2) 사해행위 취소의 요건으로서 무자력이란 채무자의 변제자력이 부족함을 뜻하고 임의변제를 기대할 수 없는 경우에 강제집행을 통한 변제도 고려되어야 하는데, 소극재산이든 적극재산이든 위와 같은 목적에 부합할 수 있는 재산인지가 변제자력 유무 판단의 중요한 고려요소이다.[27)] 즉 무자력은 실질적으로 판단된다.

① 먼저 적극재산에 관하여 본다.

ⓐ 조건부 또는 기한부 채권도 포함되고, 특별한 사정이 없는 한 임차보증금반환채권은 전액이 적극재산에 포함된다.[28)]

ⓑ 실질적으로 재산적 가치가 없어 채권의 공동담보로서 역할을 할 수 없는 재산은 제외해야 하고, 특히 채권은 용이하게 변제를 받을 수 있는 것인지를 합리적으로 판정하여 그것이 긍

---

23) 대판 1995.11.28. 95다27905; 대판 2005.8.19. 2004다53173 등.

24) 채권성립의 기초가 되는 법률관계는 주로 구상금채권관계이다(대판 2000.2.25. 99다53704; 대판 1997.10.28. 97다34334 등. 조세채권에 관한 대판 2001.3.23. 2000다37821도 참조).
그런데 채권성립의 개연성이 있는 준법률관계나 사실관계 등을 널리 포함하고, 특히 당사자 사이에 계약의 교섭이 상당히 진행되어 계약 체결의 개연성이 고도로 높아진 단계도 여기에 포함된다(대판 2002.11.8. 2002다42957).
관련하여 특별한 사정이 없는 한 사해행위 당시 계속적인 물품거래관계가 존재하였다는 사정만으로 채권성립의 기초가 되는 법률관계가 발생하여 있었다고 할 수 없다고 한 대판 2023.3.16. 2022다272046 참조.

25) 고도의 개연성은, 단순히 향후 채권이 발생할 가능성이 있는 정도에 그치지 않고, 적어도 채무자의 사해의사를 추단할 수 있는 객관적 사정이 존재하여 일반적으로 누구라도 채권의 발생을 예견할 수 있을 정도에 이르렀다고 볼 만한 상태에서 채무자의 재산처분행위가 이루어졌을 것을 요한다. 고도의 개연성이 있는지는 채권자와 채무자 사이의 기초적 법률관계의 내용, 채무자의 재산상태 및 그 변화내용, 일반적으로 그와 같은 상태에서 채권이 발생하는 빈도 및 이에 대한 일반인의 인식 정도, 채무자의 재산처분행위와 채권발생과의 시간적 간격 등 여러 가지 사정을 종합하여 객관적으로 판단해야 한다(대판 2013.2.14. 2012다83100).
구체적으로 대판 2000.2.25. 99다53704는, 보증채무 이행으로 인한 구상금채권이 채무자의 사해행위 당시 아직 발생하지 않았으나 그 기초가 된 신용보증약정은 이미 체결되어 있었고 사해행위시점이 주채무자의 부도일 불과 한 달 전으로 이미 주채무자의 재정상태가 악화되어 있었던 경우에 고도의 개연성을 긍정하였다. 반면 대판 2000.6.27. 2000다17346은, 채무자의 보증인에 대한 구상채무를 연대보증한 이가 채무자 부도 이전에 소유부동산을 제3자에게 매도한 경우에, 매도 후 상당기간 뒤에 구상채권이 발생하였고 매도 당시 주채무자의 재정상태에 대한 증명이 없으므로, 매도 당시 채권자의 구상권 행사가 임박했다거나 장차 채권자가 구상권을 행사하게 되는 사태가 성립하리라는 점에 대한 고도의 개연성이 있었다고 보기 어렵다고 하였다.

26) 대판 2009.9.24. 2009다37107은, 어음채권의 추심을 의뢰받은 수임인이 위임인에 대하여 부담하는 추심금의 지급의무는 현실적으로 제3채무자로부터 이를 지급받은 경우에 구체적으로 발생하는 것일 뿐이므로, 추심의뢰 혹은 제3채무자에 대한 청구(지급제시)의 사실만으로 채권자취소권의 피보전채권이 될 수 있는 구체적 권리가 발생한 것으로 볼 수는 없다고 하였다.

27) 대판 2006.2.10. 2004다2564.

28) 대판 2013.4.26. 2012다118334.

정되는 경우에 한하여 적극재산에 포함시켜야 하며,[29] 압류금지재산은 제외된다.[30] 그런데 실질적으로 재산가치 있는 재산을 강제집행이나 현금화의 용이성이 다소 떨어진다는 이유만으로 채무자의 적극재산에서 제외할 수는 없다.[31]

ⓒ 채무자의 재산에 저당권이 설정되어 있는 경우에, 일반채권자들의 공동담보에 제공되는 책임재산은 피담보채권액을 공제한 나머지 부분만이고, 이 부분만이 적극재산으로 된다.[32]

그런데 공동저당권이 설정된 경우에 관하여 대판(전) 2013.7.18. 2012다5643: "수개의 부동산에 공동저당권이 설정되어 있는 경우 책임재산을 산정함에 있어 각 부동산이 부담하는 피담보채권액은 특별한 사정이 없는 한 민법 제368조의 규정취지에 비추어 공동저당권의 목적으로 된 각 부동산의 가액에 비례하여 공동저당권의 피담보채권액을 안분한 금액이라고 보아야 한다. 그러나 그 수개의 부동산 중 일부는 채무자의 소유이고 다른 일부는 물상보증인의 소유인 경우에는, 물상보증인이 민법 제481조, 제482조의 규정에 따른 변제자대위에 의하여 채무자 소유의 부동산에 대하여 저당권을 행사할 수 있는 지위에 있는 점 등을 고려할 때, 그 물상보증인이 채무자에 대하여 구상권을 행사할 수 없는 특별한 사정이 없는 한 채무자 소유의 부동산에 관한 피담보채권액은 공동저당권의 피담보채권액 전액으로 봄이 상당하다."[33] 한편 "채무자 소유인 여러 부동산에 공동저당권이 설정되어 있는 경우 책임재산을 산정할 때 각 부동산이 부담하는 피담보채권액은 특별한 사정이 없는 한 민법 제368조의 규정취지에 비추어 공동저당권의 목적으로 된 각 부동산의 가액에 비례하여 공동저당권의 피담보채권액을 안분한 금액이라고 보아야 한다. 공동채무자들이 하나의 부동산을 공동소유하면서 전체 부동산에 저당권을 설정한 경우에도 특별한 사정이 없는 한 위 법리가 적용된다."[34] 이상과 관련하여 [5488] 이하 참조.

그리고 보증인의 법률행위가 사해행위에 해당하는지를 판단할 때, 주채무에 관하여 주채무자 또는 제3자 소유의 부동산에 채권자 앞으로 근저당권이 설정되어 있는 등 채권자에게 우선변제권이 확보되어 있지 않다면, 주채무자의 일반적인 자력은 고려할 요소가 아니다.[35]

② 소극재산에 관하여 본다.

ⓐ 채무자의 소극재산은 실질적으로 변제의무를 지는 채무를 기준으로 하므로[36] 처분행

29) 대판 2006.2.10. 2004다2564.
나아가 대판 2023.10.18. 2023다237804: "어떠한 채권의 존부 및 범위에 관한 증명이 있는 경우에는, 그 채권이 용이하게 변제를 받을 수 있는 확실성이 없는 등 실질적으로 재산적 가치가 없어 채권의 공동담보로서의 역할을 할 수 없는 재산에 해당한다는 점에 대한 주장·증명책임 역시 취소채권자가 부담한다."

30) 대판 2005.1.28. 2004다58963.

31) 대판 2012.10.11. 2010다85102.

32) 참고로 대판 2013.5.9. 2011다75232: "채무자가 선순위근저당권이 설정되어 있는 상태에서 그 부동산을 제3자에게 양도한 후 선순위 근저당권 설정계약을 해지하고 근저당권설정등기를 말소한 경우에, 비록 근저당권설정계약이 이미 해지되었지만 그것이 사해행위에 해당하는지에 따라 후행 양도계약 당시 당해 부동산의 잔존가치가 피담보채무액을 초과하는지 여부가 달라지고 그 결과 후행 양도계약에 대한 사해행위 취소청구가 받아들여지는지 여부 및 반환범위가 달라지는 때에는 이미 해지된 근저당권설정계약이라 하더라도 그에 대한 사해행위 취소청구를 할 수 있는 권리보호의 이익이 있다고 보아야 한다. 이는 근저당권설정계약이 양도계약보다 나중에 해지된 경우뿐 아니라 근저당권설정계약의 해지를 원인으로 한 근저당권설정등기의 말소등기와 양도계약을 원인으로 한 소유권이전등기가 같은 날 접수되어 함께 처리되고 그 원인일자가 동일한 경우에도 마찬가지"이다.

33) 물상보증인 소유의 부동산이 부담하는 피담보채권액은 공동저당권의 피담보채권액에서 채무자 소유의 부동산이 부담하는 피담보채권액을 제외한 나머지라고 한 대판 2016.8.18. 2013다90402 및 저당권이 설정된 하나의 공유부동산 중 일부지분이 채무자의 소유이고 다른 일부지분이 물상보증인의 소유인 경우에 관한 대판 2010.12.23. 2008다25671도 참조.

34) 대판 2017.5.30. 2017다205073.

35) 대판 2003.7.8. 2003다13246.

36) 관련하여 대판 2017.5.30. 2017다205073: "건물의 공유자가 공동으로 건물을 임대하고 임차보증금을 수령한 경우 특별한 사정이 없는 한 그 임대는 각자 공유지분을 임대한 것이 아니라 임대목적물을 다수의 당사자로서 공동으로 임대한 것이고 임차보증금반환채무는 성질상 불가분채무에 해당한다. 임차인이 공유자 전원으로부터 상가건물을 임차하고 상가건물 임대차보호법 제3조 제1항에서 정한 대항요건을 갖추어 임차보증금에 관하여 우선변제를 받을 수 있는 권리를 가진 경우에, 상가건물의 공유자 중 1인인 채무자

위 당시 가집행선고 있는 판결상의 채무가 존재하더라도 그것이 나중에 상급심의 판결에 의하여 감액된 경우에 그 감액된 판결상의 채무만이 소극재산이다.37)

ⓑ 피보전채권의 성립시기에 관한 예외와 마찬가지로 "채권자취소권 행사의 요건인 채무자의 무자력 여부를 판단함에 있어서 그 대상이 되는 소극재산은 원칙적으로 사해행위라고 볼 수 있는 행위가 행하여지기 전에 발생된 것임을 요하지만, 그 사해행위 당시에 이미 채무 성립의 기초가 되는 법률관계가 성립되어 있고, 가까운 장래에 그 법률관계에 터 잡아 채무가 성립되리라는 점에 대한 고도의 개연성이 있으며, 실제로 가까운 장래에 그 개연성이 현실화되어 채무가 성립된 경우에는 그 채무도 채무자의 소극재산에 포함시켜야 한다."38)

[4104] (3) 무자력요건은 처분행위 당시뿐만 아니라 채권자가 취소권을 행사할 당시(사해행위 취소소송의 사실심 변론종결시)에도 갖추어야 한다. 처분행위 당시 무자력이었더라도 그 후 채무자가 자력을 회복하여 사해행위 취소소송의 사실심 변론종결시에는 채권자를 해치지 않게 되었다면 책임재산 보전의 필요성이 없어져서 채권자취소권이 소멸하는 것으로 보아야 하는데,39) 그러한 사정변경이 있다는 사실은 채권자취소소송의 상대방이 증명해야 한다.40)

[4105] **나. 채무자의 사해의사**

(1) 채무자가 자기의 법률행위에 의하여 "채권자를 해함을 알고" 있어야 한다(제406조 제1항 본문).

사해의사(詐害意思)의 의미에 관하여 대판 2009.3.26. 2007다63102: "사해의사란 채무자가 법률행위를 함에 있어 그 채권자를 해함을 안다는 것이다. 여기서 '안다'고 함은 의도나 의욕을 의미하는 것이 아니라 단순한 인식으로 충분하다. 결국 사해의사란 공동담보 부족에 의하여 채권자가 채권변제를 받기 어렵게 될 위험이 생긴다는 사실을 인식하는 것이며, 이러한 인식은 일반채권자에 대한 관계에서 있으면 족하고, 특정의 채권자를 해한다는 인식이 있어야 하는 것은 아니"다. 그리고 보증인으로서 주채무자의 자산상태가 채무를 담보하는 데 부족하게 되리라는 것까지 인식하였어야 하는 것은 아니다.41)

(2) 채무자의 사해의사 유무는 사해행위 당시를 기준으로 판단한다.42) 그런데 사해행위라고 주장되는 행위 이후의 채무자의 변제노력과 채권자의 태도 등도 다른 사정과 더불어 사해의사의 유무를 판단하기 위한 간접사실로 삼을 수 있다.43)

(3) 사해행위가 그 자체로는 유효한 행위이므로, 채권자가 채무자의 악의에 대한 증명책임을 진다.44) 다만 증여나 염가처분 등 책임재산을 감소시키는 행위라면 사해의사가 추정된다. 변제나

가 처분한 지분 중에 일반채권자들의 공동담보에 제공되는 책임재산은 우선변제권이 있는 임차보증금반환채권 전액을 공제한 나머지 부분"이다.

37) 대판 2006.2.10. 2004다2564.

38) 대판 2011.1.13. 2010다68084. 그리고 대판 2022.7.14. 2019다281156: "여기에서 채무성립의 기초가 되는 법률관계에는 당사자 사이의 약정에 의한 법률관계에 한정되지 않고 채무성립의 개연성이 있는 준법률관계나 사실관계 등도 포함된다. 따라서 당사자 사이에 채권발생을 목적으로 하는 계약의 교섭이 상당히 진행되어 계약체결의 개연성이 고도로 높아진 단계도 여기에 포함될 수 있다."

39) 처분행위 후 채권자가 담보를 제공받아 우선변제권을 취득한 경우에 관한 대판 2014.7.10. 2013다50763도 참조.

40) 대판 2007.11.29. 2007다54849.

41) 대판 2010.6.10. 2010다12067.

42) 대판 1960.8.18. 4293민상86.

43) 사해신탁에 관한 대판 2003.12.12. 2001다57884 참조.

44) 대판 1997.5.23. 95다51908.

상당한 가격의 처분(또는 대물변제) 등 책임재산에 변동을 초래하지 않는 행위라도, 「유일한 재산」인 부동산의 매각(현금화)이나 특정채권자에의 담보제공 등의 경우에는 특별한 사정이 없는 한 사해의사가 추정된다.[45)]

4. 사해행위 [4106]

가. 서 설

(1) 채무자가 행한 재산상의 법률행위("재산권을 목적으로 한 법률행위")가 "채권자를 害"쳐야 한다(제406조 제1항 본문). 즉 채무자의 법률행위의 결과 책임재산이 감소하여[46)] 채권자가 충분히 채권의 만족을 받을 수 없게 될 위험이 있어야 한다. 이러한 결과를 발생시키는 법률행위를 사해행위(詐害行爲)라고 한다.

(2) 사해행위에는 계약뿐만 아니라 단독행위(예: 채무면제)도 포함되며, 그 밖에 채무자의 재산을 감소시키는 것이라면 준법률행위(예: 변제) 등도 포함되지만, 단순한 부작위나 순수사실행위는 이에 포함되지 않는다.[47)]

(3) 사해행위는 그 자체로 유효해야 한다. 여기서 「유효」란 책임재산이 채무자의 영역에서 벗어남에 따라 채권자가 강제적 악취의 대상으로 삼지 못한다는 의미이다. 예를 들어 가장행위는 무효이지만(제108조), 은닉행위로서 유효할 수 있을 뿐만 아니라 선의의 제3자에게 대항하지 못한다는 점에서 취소채권자에 대한 관계에서는 「유효」한 상태에 있다고 할 것이다. 대판 1998.2.27. 97다50985도 허위표시를 한 채무자의 채권자가 채권자취소권을 행사할 수 있다고 하였다([1116] 참조).[48)]

나. "재산권을 목적으로 한 법률행위" [4107]

(1) 사해행위는 「재산상의」 법률행위여야 한다. 그리고 일탈된 재산이 강제집행의 대상이 될 수 있어야 한다.[49)] 채권자취소권은 책임재산, 즉 강제집행의 대상인 재산의 회복을 목적으로 하기 때문이다. 그리고 채권행위인지 물권행위인지를 불문한다.[50)]

(2) 가족법상의 행위가 사해행위에 해당하는지는 각 행위의 성질을 고려하여 해당 여부 및 취소의 범위를 결정해야 한다. [4108]

① 「이혼에 따른 재산분할」이 제도의 취지를 벗어난 과도한 것이라면 상당한 정도를 벗어나는 초과부분에 한하여 사해행위에 해당할 수 있다.[51)]

---

45) 대판 2001.4.24. 2000다41875 참조.

46) 책임재산이 아닌 재산에 관한 법률행위가 채권자취소권의 대상이 되지 않는다는 당연한 판시를 한 대판 2013.4.11. 2011다27158 참조.

47) 학설은 대체로 제15조, 제131조 등 법률상 의사표시가 의제되는 경우에도 취소할 수 있다고 하는데, 채무자의 행위가 없기 때문에 그렇게 볼 것은 아니다.

48) 대판 2012.7.26. 2012다30861 등도 동지. 허위의 근저당권에 기하여 배당이 이루어진 경우에, 배당채권자는 채권자취소의 소로써 통정허위표시를 취소하지 않았더라도 무효를 주장하여 그에 기한 채권의 존부, 범위, 순위에 관한 배당이의의 소를 제기할 수 있다고 한 대판 2001.5.8. 2000다9611도 참조.

49) 대판 2010.4.29. 2009다105734: "사해행위 취소권은 채무자와 수익자 간의 사해행위를 취소함으로써 채무자의 책임재산을 보전하는 데 그 목적이 있으므로, 공법상의 허가권 등의 양도행위가 사해행위로서 채권자취소권의 대상이 되기 위해서는, 행정관청의 허가 없이 그 허가권 등을 자유로이 양도할 수 있는 등으로 그 허가권 등이 독립한 재산적 가치를 가지고 있어 민사집행법 제251조 소정의 '그 밖의 재산권'에 대한 집행방법에 의하여 강제집행할 수 있어야" 한다(강제집행의 대상이 될 수 없는 어업허가를 양도한 행위는 채권자취소권의 대상이 될 수 없다고 한 사례). 자유로이 양도할 수 있고 독립한 재산적 가치를 가지는 공유수면점용허가권의 양도를 사해행위로 본 대판 2005.11.10. 2004다7873도 참조.

50) 대판 1975.4.8. 74다1700.

51) 대판 2000.9.29. 2000다25569: "이미 채무초과상태에 있는 채무자가 이혼을 하면서 배우자에게 재산분할로 일정한 재산을 양도함으

② 「상속재산 분할협의」도 분할의 결과가 채무자의 구체적 상속분에 상당하는 정도에 미달하는 과소한 것이라고 인정되면 미달부분에 한하여 사해행위에 해당할 수 있다.[52]

③ 「상속포기」에 관하여 다툼이 있는데, 부정설은 상속의 승인 · 포기를 강제하거나 제한할 수 없다는 점(상속인의 자유의사의 존중), 피상속인에 대한 인격적 관계를 고려한 인적 결단의 성격을 가진다는 점, 재산의 증감과 무관한 소극적 행위라는 점 등을 근거로 하는 반면, 긍정설은 상속포기는 상속개시와 함께 채무자의 것으로 된 재산을 소급적으로 감소시키는 행위라는 점, 상속인의 포기의 자유보다 채권자에 대한 변제의무가 우선되어야 한다는 점 및 상속재산 협의분할이나 채무자회생법 제386조 제1항과의 균형 등을 근거로 든다.[53] 판례는 사해행위에 해당하지 않는다는 입장이다.[54]

④ 「유증의 포기」는 사해행위 취소의 대상이 되지 않는다.[55]

[4109] **다. 책임재산을 감소시키는 행위**

(1) 사해행위로 되려면 채무자의 행위로 말미암아 그의 총재산의 감소가 초래되어 공동담보의 부족상태가 유발 또는 심화되어야 한다. 다시 말하면 적극재산을 감소시키거나 소극재산을 증가시키는 행위로 말미암아 채무자의 총재산의 감소가 초래되어 채무초과상태에 이르거나 채무초과상태가 심화되어야 한다.[56]

로써 결과적으로 일반채권자에 대한 공동담보를 감소시키는 결과로 되어도, 그 재산분할이 민법 제839조의2 제2항의 규정취지에 따른 상당한 정도를 벗어나는 과대한 것이라고 인정할 만한 특별한 사정이 없는 한, 사해행위로서 취소되어야 할 것은 아니고, 다만 상당한 정도를 벗어나는 초과부분에 대하여는 적법한 재산분할이라고 할 수 없기 때문에 이는 사해행위에 해당하여 취소의 대상으로 될 수 있을 것이나, 이 경우에도 취소되는 범위는 그 상당한 정도를 초과하는 부분에 한정하여야 하고, 위와 같이 상당한 정도를 벗어나는 과대한 재산분할이라고 볼 만한 특별한 사정이 있다는 점에 관한 입증책임은 채권자에게 있다." 「㉠ 기술신용보증기금(X)이 A의 B 은행에 대한 어음할인채무에 관하여 신용보증, ㉡ A가 부도를 내자 B는 1998. 5. 25. X에게 신용사고 통지, ㉢ 한편 1982년 A와 결혼한 Y는 1998. 3. 5. 협의이혼약정서를 작성하면서 위자료조로 A 소유의 아파트를 받기로 하고 소유권이전등기 경료, ㉣ X가 Y를 상대로 사해행위 취소소송 제기」의 사안에서, 증여계약 전부를 취소한 원심을 파기한 사례이다. 대판 2001.2.9. 2000다63516; 대판 2005.1.28. 2004다58963 등도 동지.

52) 대판 2001.2.9. 2000다51797은 "상속재산의 분할협의는 […] 그 성질상 재산권을 목적으로 하는 법률행위이므로 사해행위 취소권 행사의 대상이 될 수 있다"고 하였는데, 이미 채무초과상태에 있는 채무자가 상속재산 분할협의를 하면서 자신의 상속분에 관한 권리를 포기하는 것은 사해행위에 해당한다(대판 2007.7.26. 2007다29119). 그런데 채무초과상태에 있는 채무자가 상속재산 분할협의를 하면서 상속재산에 관한 권리를 포기함으로써 결과적으로 일반채권자에 대한 공동담보가 감소되었더라도, 「분할의 결과가 채무자의 구체적 상속분에 상당하는 정도에 미달하는 과소한 것이라고 인정되지 않는 한」 사해행위로서 취소되어야 할 것은 아니고, 구체적 상속분에 상당하는 정도에 미달하는 과소한 경우에도 사해행위로서 취소되는 범위는 그 미달하는 부분에 한정해야 한다.

53) 이 입장에서는 포기에 의하여 상속분이 증가된 다른 공동상속인이 수익자로 된다.

54) 대판 2011.6.9. 2011다29307: "상속의 포기는 비록 포기자의 재산에 영향을 미치는 바가 없지 아니하나(그러한 측면과 관련하여서는 '채무자 회생 및 파산에 관한 법률' 제386조도 참조) 상속인으로서의 지위 자체를 소멸하게 하는 행위로서 순전한 재산법적 행위와 같이 볼 것이 아니다. 오히려 상속의 포기는 1차적으로 피상속인 또는 후순위상속인을 포함하여 다른 상속인 등과의 인격적 관계를 전체적으로 판단하여 행하여지는 '인적 결단'으로서의 성질을 가진다. 그러한 행위에 대하여 비록 상속인인 채무자가 무자력상태에 있다고 하여서 그로 하여금 상속포기를 하지 못하게 하는 결과가 될 수 있는 채권자의 사해행위 취소를 쉽사리 인정할 것이 아니다. 그리고 상속은 피상속인이 사망 당시에 가지던 모든 재산적 권리 및 의무 · 부담을 포함하는 총체재산이 한꺼번에 포괄적으로 승계되는 것으로서 다수의 관련자가 이해관계를 가지는데, 위와 같이 상속인으로서의 자격 자체를 좌우하는 상속포기의 의사표시에 사해행위에 해당하는 법률행위에 대하여 채권자 자신과 수익자 또는 전득자 사이에서만 상대적으로 그 효력이 없는 것으로 하는 채권자취소권의 적용이 있다고 하면, 상속을 둘러싼 법률관계는 그 법적 처리의 출발점이 되는 상속인 확정의 단계에서부터 복잡하게 얽히게 되는 것을 면할 수 없다. 또한 상속인의 채권자의 입장에서는 상속의 포기가 그의 기대를 저버리는 측면이 있다고 하더라도 채무자인 상속인의 재산을 현재의 상태보다 악화시키지 아니한다. 이러한 점들을 종합적으로 고려하여 보면, 상속의 포기는 민법 제406조 제1항에서 정하는 "재산권에 관한 법률행위"에 해당하지 아니하여 사해행위 취소의 대상이 되지 못한다." 「㉠ X가 A를 상대로 약정금청구소송을 제기하여 승소판결 확정, ㉡ 甲 부동산은 B 소유였는데, B가 사망하여 B의 처 C와 자식인 A 및 Y가 공동상속, ㉢ A의 상속지분에 관한 강제경매절차에서 Y가 경락, ㉣ 그 후 C가 사망하자 A의 상속포기의 신고가 수리되고, 甲에 관하여 Y 명의의 등기 경료」의 사안에서, 상속포기가 사해행위 취소의 대상이 될 수 없다고 본 원심의 판단을 수긍한 사례이다.

55) 대판 2019.1.17. 2018다260855: "유증을 받을 자는 유언자의 사망 후에 언제든지 유증을 승인 또는 포기할 수 있고, 그 효력은 유언자가 사망한 때에 소급하여 발생하므로(민법 제1074조), 채무초과상태에 있는 채무자라도 자유롭게 유증을 받을 것을 포기할 수 있다. 또한 채무자의 유증포기가 직접적으로 채무자의 일반재산을 감소시켜 채무자의 재산을 유증 이전의 상태보다 악화시킨다고 볼 수도 없다. 따라서 유증을 받을 자가 이를 포기하는 것은 사해행위 취소의 대상이 되지 않는다고 보는 것이 옳다."

56) 이에 해당하는지 여부는, 목적물이 채무자의 전체재산에서 차지하는 비중, 무자력의 정도, 법률행위의 경제적 목적이 갖는 정당성 및 그 실현수단인 당해 행위의 상당성, 행위의 의무성 또는 상황의 불가피성, 채무자와 수익자 간 통모의 유무와 같은 공동담보의 부족위험에 대한 당사자의 인식의 정도 등 행위에 나타난 여러 사정을 종합적으로 고려하여, 그 행위를 궁극적으로 일반채권자를 해치는 행위로 볼 수 있는지 여부에 따라 판단해야 한다(대판 2010.9.30. 2007다2718).

채무자가 복수인 경우에 개개의 채무자를 기준으로 판단해야 한다. 가령 "특정한 채권에 대한 공동연대보증인 중 1인이 다른 공동연대보증인에게 재산을 증여하여 특정채권자가 추급할 수 있는 채무자들의 총책임재산에는 변동이 없다고 하더라도, 재산을 증여한 연대보증인의 재산이 감소되어 그 특정한 채권자를 포함한 일반채권자들의 공동담보에 부족이 생기거나 그 부족이 심화된 경우에는, 그 증여행위의 사해성을 부정할 수는 없다."[57)]

(2) 책임재산 감소의 의미를 구체적으로 살펴본다. [4110]

① 담보권이 설정된 부동산이 양도된 경우에, 사해행위는 부동산의 가액에서 저당권의 피담보채권액을 공제한 잔액의 범위 내에서 성립하고, 피담보채권액이 부동산의 가액을 초과한다면 당해 부동산의 양도를 사해행위에 해당한다고 할 수 없다.[58)] 근저당권의 경우에 피담보채권액은 채권최고액이 아니라 실제로 이미 발생하여 있는 채권금액을 뜻한다는 것이 판례의 입장이다.[59)60)]

그런데 "채무자가 근저당권이 설정된 부동산을 처분하면서 매매대금으로 그 부동산에 대해서 다른 채권자에 우선하여 변제를 받을 수 있는 지위에 있는 근저당권자의 피담보채권액 중 일부를 변제하고 근저당권을 말소한 경우라면 특별한 사정이 없는 한 부동산처분행위를 사해행위로 볼 수 없다."[61)]

참고로 사해행위 당시 어느 부동산이 「가압류」되어 있다는 사정은 채권자 평등의 원칙상 채권자의 공동담보로서 부동산의 가치에 영향을 미치지 않으므로, 가압류가 된 여부나 청구채권액의 다과에 관계없이 부동산 전부에 대하여 사해행위가 성립한다.[62)]

② 명의신탁재산(甲 부동산)에 관하여 본다. ⓐ 등기명의신탁에서 채무자가 명의「수탁자」인 경우에, 채무자 명의의 소유권이전등기가 무효여서(부동산실명법 제4조 참조) 甲은 채무자의 책임재산이 아니므로 채무자가 甲에 관하여 제3자에게 근저당권을 설정해 주었더라도 이를 사해행위라 할 수 없으며,[63)] 명의수탁자가 신탁에 기한 반환의무의 이행으로 甲의 소유권이전등기를 경료하는 것은 기존채무의 이행으로서 사해행위를 구성하지 않는다.[64)] 그런데 양자간 등기명의신탁에서 甲은 여전히 신탁자의 일반채권자들의 공동담보에 제공되는 책임재산이므로, 甲에 관하여 채무자인 명의「신탁자」가 자기명의 또는 수탁자의 명의로 제3자와 매매계약을 체결하는 등 실질적 당사자로서 법률행위를 하는 경우에, 이러한 신탁자의 행위는 사해행위에 해당할 수 있다.[65)] 한편 ⓑ 계약명의신탁에서 명의수탁자가 유효하게 취득한 甲은 채무자인 명의수탁자의 책임재산이 [4111]

57) 대판 2009.3.26. 2007다63102.

58) 대판 2008.2.14. 2006다33357. 임금우선채권자에 관한 대판 2006.4.13. 2005다70090도 참조.

59) 대판 2001.10.9. 2000다42618.

60) 그 밖의 재판례를 본다. ㉠ 저당권의 피담보채권액이 목적물의 가액을 초과하였더라도 채무자가 목적물을 양도하기에 앞서 자신의 출재로 피담보채무의 일부를 변제하여 잔존피담보채권액이 목적물의 가액을 초과하지 않게 되었다면 목적물의 양도로 목적물의 가액에서 잔존피담보채권액을 공제한 잔액의 범위 내에서 사해행위가 성립하고, 채무자의 출재에 의한 피담보채무의 일부변제가 양도계약 체결 후 이에 따른 소유권이전등기 등이 마쳐지는 과정에서 이루어진 경우에도 마찬가지로 보아야 한다(대판 2017.1.12. 2016다208792). ㉡ 새로 설정된 담보권의 말소를 구하는 사해행위 취소청구에 앞서 선순위담보권 설정행위가 사해행위로 인정되어 취소되고 그에 기한 등기가 말소되었거나 채권자가 선순위담보권과 후순위담보권에 대한 사해행위 취소 및 등기말소를 구하는 소송에서 선순위담보권 설정행위가 사해행위로 인정되는 경우에 후순위담보권 설정행위가 사해행위에 해당하는지 여부를 판단할 때 그 선순위담보권의 피담보채무액을 당해 부동산에 설정된 담보권의 피담보채무액에 포함시켜서는 안 된다(대판 2007.7.26. 2007다23081).

61) 대판 2018.4.24. 2017다287891.

62) 대판 2003.2.11. 2002다37474.

63) 대판 2000.3.10. 99다55069.

64) 대판 1981.2.24. 80다1963; 대판 2001.8.24. 2001다35884 등. 부부재산에 관한 대판 2007.4.26. 2006다79704도 참조.

65) 대판 2012.10.25. 2011다107375. 이 경우 취소의 대상은 신탁자와 제3자 간의 법률행위이고, 원상회복은 제3자가 수탁자에게 말소등기절차를 이행하는 방법에 의할 것이라고 했다.

되고 명의신탁자는 명의수탁자에 대한 관계에서 금전채권자 중 한 명에 지나지 않으므로, 명의수탁자의 재산이 채무 전부를 변제하기에 부족한 경우에 명의수탁자가 甲을 명의신탁자 또는 그가 지정하는 이에게 양도하는 행위는 특별한 사정이 없는 한 다른 채권자의 이익을 해치는 것으로서 다른 채권자들에 대한 관계에서 사해행위가 된다.[66]

[4112] (3) 재산처분행위가 사해행위에 해당하는지 여부는 처분행위 당시를 기준으로 판단하는데,[67] 재산처분행위가 정지조건부라도 특별한 사정이 없는 한 마찬가지이다.[68]

[4113] (4) 채무자가 연속하여 수개의 재산처분행위를 한 경우에, 그 행위들을 1개의 행위로 보아야 할 특별한 사정이 없는 한 일련의 행위를 일괄하여 그 전체의 사해성을 판단할 것이 아니라, 각 행위마다 그로 인하여 무자력이 초래되었는지에 따라 사해성을 판단해야 하는데,[69] 그 일련의 행위를 1개의 행위로 볼 특별한 사정이 있는 때에는 이를 일괄하여 전체로서 사해성이 있는지를 판단하고, 그러한 특별사정이 있는지를 판단할 때 처분의 상대방이 동일한지, 처분이 시간적으로 근접한지, 상대방과 채무자가 특별한 관계가 있는지, 처분의 동기 내지 기회가 동일한지 등이 구체적 기준으로 된다.[70][71]

[4114] **라. 유형별 검토**

(1) 먼저 재산의 「처분」에 관하여 살펴본다.

① 부동산 기타 재산을 무상으로 양도하거나 부당하게 싸게 매각하는 행위가 사해행위에 해당함은 당연하다.[72]

② 부동산을 상당한 가격에 매각한 경우를 본다. 먼저 ⓐ 채무자가 채무초과상태에서 「채권자 중 한 사람과 통모하여」 그 채권자가 우선적으로 채권의 만족을 얻도록 할 의도로, 채무자 소유의 중요한 재산을 그 채권자에게 매각하되 실제로 매매대금 대부분을 지급받지 않은 경우에 다른 채권자에 대하여 사해행위가 됨에는 의문이 없다.[73] 나아가 ⓑ 판례는, 채무자가 채무 있음을

---

66) 대판 2008.9.25. 2007다74874. 참고로 대판 2013.9.12. 2011다89903: 이처럼 "신탁자가 수탁자에 대하여 부당이득반환채권만을 가지는 경우에는 그 부동산은 신탁자의 일반채권자들의 공동담보에 제공되는 책임재산이라고 볼 수 없고, 신탁자가 위 부동산에 관하여 제3자와 매매계약을 체결하는 등 신탁자가 실질적인 당사자가 되어 처분행위를 하고 소유권이전등기를 마쳐주었다고 하더라도 그로써 신탁자의 책임재산에 감소를 초래한 것이라고 할 수 없으므로, 이를 들어 신탁자의 일반채권자들을 해하는 사해행위라고 할 수 없다."

67) 대판 2002.11.8. 2002다41589.

68) 대판 2013.6.28. 2013다8564.

69) 대판 2001.4.27. 2000다69026.

70) 대판 2006.9.14. 2005다74900. 1개의 행위로 본 예로 대판 2010.5.27. 2010다15387, 반대의 예로 대판 2002.9.24. 2000다23857 참조.

71) 이와 관련된 재판례를 본다. ㉠ 대판 2009.11.12. 2009다53437: "당사자 사이에 일련의 약정과 그 이행으로 최종적인 법률행위를 한 경우, 일련의 약정과 최종적인 법률행위를 동일한 법률행위로 평가할 수 없다면, 일련의 약정과는 별도로 최종적인 법률행위에 대하여 사해행위의 성립 여부를 판단하여야 하고, 이때 동일한 법률행위로 평가할 수 있는지는 당사자가 같은지 여부, 일련의 약정에서 최종적인 법률행위의 내용이 특정되어 있거나 특정할 수 있는 방법과 기준이 정해져 있는지 여부, 조건 없이 최종적인 법률행위가 예정되어 있는지 여부 등을 종합하여 판단하여야 한다." ㉡ 대판 2018.12.28. 2018다272261: "채무자가 제3자로부터 자금을 차용하여 부동산을 매수하고 해당 부동산을 차용금채무에 대한 담보로 제공하거나, 채무자가 제3자로부터 부동산을 매수하여 매매대금을 지급하기 전에 소유권이전등기를 마치고 해당 부동산을 매매대금채무에 대한 담보로 제공한 경우와 같이 기존채권자들의 공동담보가 감소되었다고 볼 수 없는 경우에는 담보제공행위를 사해행위라고 할 수 없다. 나아가 위와 같은 부동산매수행위와 담보제공행위가 한꺼번에 이루어지지 않고 단기간 내에 순차로 이루어졌다고 하더라도 다른 특별한 사정이 없는 한 일련의 행위 전후를 통하여 기존채권자들의 공동담보에 증감이 있었다고 평가할 것도 아니므로, 담보제공행위만을 분리하여 사해행위에 해당한다고 할 수 없다." ㉢ 대판 2012.8.30. 2011다32785 · 32792: "채권양도의 경우 권리이전의 효과는 원칙적으로 당사자 사이의 양도계약 체결과 동시에 발생하며 채무자에 대한 통지 등은 채무자를 보호하기 위한 대항요건일 뿐이므로, 채권양도행위가 사해행위에 해당하지 않는 경우에 양도통지가 따로 채권자취소권 행사의 대상이 될 수는 없다."

72) 대판 1990.11.23. 90다카24762: 채권자가 채무자를 상대로 손해배상채권을 보전하기 위하여 채무자 소유의 부동산에 대하여 가압류결정을 받기 하루 전에 채무자가 협의이혼을 하고 아내에 대한 위자료 및 자녀의 양육비조로 그의 유일한 재산인 위 부동산을 아내에게 무상으로 양도한 경우에 사해행위로 본 사례. 채무자회생법 제391조 제1항 소정의 고의부인에 관한 대판 2013.4.11. 2012다211도 참조.

73) 대판 1995.6.30. 94다14582.

알면서 자기의 유일한 재산인 부동산을 매각하여 소비하기 쉬운 금전으로 바꾸는 행위는, 매각이 일부채권자에 대한 정당한 변제에 충당하기 위하여 상당한 가격으로 이루어졌다는 등의 특별한 사정이 없는 한, 채권자에 대하여 사해행위가 된다고 하면서, 채무자의 사해의사는 추정되고 이를 매수한 수익자에게 악의가 없었음에 대한 증명책임은 수익자 자신에게 있다고 한다.[74] 채무초과상태에서 「유일한 재산인 부동산」을 매각하는 것은 이른바 「질적 감소」로 이해될 수 있다.

(2) 채무의 변제 또는 대물변제를 본다. [4115]

① 채무자가 채무초과상태에서 어느 채권자에게 채무의 본지에 따른 「변제」를 함으로써 다른 채권자에 대한 변제자력이 없게 되더라도 사해행위가 성립된다고 볼 수 없다. 기존채무의 변제로 채무자의 총재산이 증감되지 않고 채권자 평등의 원칙도 채무자의 의사에 따른 자유로운 변제까지 제한하는 것은 아니며,[75] 채무의 변제를 구하는 채권자의 권리행사가 다른 채권자의 존재를 이유로 방해받아서는 안 되고, 채무자도 채무의 본지에 따라 채무를 이행할 의무를 부담하므로 다른 채권자가 있다는 이유로 채무이행을 거절하지 못하기 때문이다.

다만 채무의 본지에 따른 변제라도 「특정채권자와의 통모」 등이 있는 경우에는 사해행위가 성립하는데(고의부인에 관한 채무자회생법 제391조 제1호 참조), "채무자가 특히 일부의 채권자와 통모하여 다른 채권자를 해할 의사를 가지고 변제를 하였는지 여부는 사해행위임을 주장하는 사람이 입증하여야" 한다.[76]

[참 고] 대판 2010.4.29. 2009다33884는 "무자력상태의 채무자가 기존채무에 관한 특정의 채권자로 하여금 채무자가 가지는 채권에 대하여 압류 및 추심명령을 받음으로써 강제집행절차를 통하여 사실상 우선변제를 받게 할 목적으로 그 기존채무에 관하여 강제집행을 승낙하는 취지가 기재된 공정증서를 작성하여 주어 채권자가 채무자의 그 채권에 관하여 압류 및 추심명령을 얻은 경우에는 그와 같은 공정증서 작성의 원인이 된 채권자와 채무자의 합의는 기존채무의 이행에 관한 별도의 계약인 이른바 채무변제계약에 해당하는 것으로서 다른 일반채권자의 이익을 해하여 사해행위가 된다"고 한 반면,[77] 대판 2011.12.22. 2010다103376은 "채무자의 재산에 대한 경매절차에서 평등하게 배당받기 위해 집행권원을 필요로 하는 채권자의 요구에 따라 채무자가 그 채권자에 대한 기존채무의 변제를 위하여 소비대차계약을 체결하고 강제집행을 승낙하는 취지가 기재된 공정증서를 작성하여 준 경우에는 그와 같은 행위로 인해 자신의 책임재산을 특정채권자에게 실질적으로 양도한 것과 다를 바 없는 것으로 볼 수 있는 특별한 사정이 있는 경우에 해당하지 아니하는 한 다른 채권자를 해하는 사해행위가 된다고 볼 수 없다"고 하였는데,[78] 앞의 경우는 사실상 우선변제를 받게 할 목적이 있는 반면, 뒤의 경우는 배당을 받기 위한 집행권원의 필요에 따른 것이라는 차이가 있다.

② 「대물변제」에 관해서도 대물이 상당한 가격으로 평가되었다면 사해행위가 성립하지 않지 [4116]

---

74) 대판 2015.10.29. 2013다83992, 대판 2001.4.24. 2000다41875 등. 유일한 재산으로서 영업재산과 영업권이 유기적으로 결합된 일체로서 영업을 양도하는 경우에 같은 법리가 적용된다고 한 대판 2021.10.28. 2018다223023 및 유일한 상속재산인 부동산에 관하여 자신의 상속분을 포기하고 대신 현금을 지급받기로 한 것은 사해행위에 해당한다고 한 대판 2008.3.13. 2007다73765도 참조.

75) 대판 1967.4.25. 67다75.

76) 대판 2005.3.25. 2004다10985 · 10992.
사해행위의 취소를 구하는 채권자가 채무자의 수익자에 대한 금원지급행위를 증여라고 주장함에 대하여 수익자는 기존채무에 대한 변제로서 받은 것이라고 다투는 경우에, 이는 채권자의 주장사실에 대한 부인에 해당할 뿐 아니라 채무자의 금원지급행위가 증여인지 아니면 변제인지에 따라 채권자가 주장 · 증명해야 할 내용이 크게 달라지므로, 결국 위 금원지급행위가 사해행위로 인정되기 위해서는 그 금전지급행위가 증여에 해당한다는 사실이 증명되거나 변제에 해당하지만 채권자를 해칠 의사 등 앞서 본 특별한 사정이 있음이 증명되어야 하고, 그에 대한 증명책임은 사해행위를 주장하는 측에 있다(대판 2014.10.27. 2014다41575).

77) 압류 및 전부를 받게 할 목적인 경우에 관한 대판 2002.10.25. 2000다7783도 참조.

78) 대판 2015.10.29. 2012다14975도 동지.

만,79) 이 점이 사해행위인지 여부를 판단하는 유일한 요소는 아니다. 우선 ⓐ 변제와 마찬가지로 일부채권자와의 통모가 있었다면 사해행위에 해당한다.80) 그에 더하여 ⓑ 이미 채무초과상태에 빠진 채무자가 「유일한 재산」을 일부채권자에게 대물변제로 넘겨주는 것은 사해행위로 되지만,81) 그러한 대물변제가 채무자의 갱생을 도모하기 위하여 부득이한 것이라는 등의 사정이 있으면 예외가 인정된다.82)

[4117] (3) 「담보의 제공」에 관하여 살펴본다.

① 채권자의 1인에게 물적 담보를 제공하는 행위가 사해행위에 해당하는지에 관하여, 다수설은 이를 부정하지만, 판례는 이미 채무초과상태에 빠진 채무자가 어느 특정채권자에게 물적 담보를 제공하면 특별한 사정이 없는 한 다른 채권자에 대하여 사해행위에 해당하고,83) 그 담보물이 채무자 소유의 유일한 부동산인 경우에 한하여 사해행위가 성립한다고 볼 수는 없다고 하였다.84)

[4118] 다만 담보제공이 「신규자금의 융통이나 물품의 계속 공급 등을 통하여」 채무변제력을 높이기 위한 부득이한 것이라면 특별한 사정이 긍정된다.85) 반면 「새로운 채무의 부담 없이」 단지 기존채무의 이행을 유예받기 위하여 채권자 중 한 사람에게 담보를 제공하는 행위는, 그것이 비록 사업의 갱생이나 계속 추진의 의도에서 비롯된 것이더라도, 다른 채권자들에 대하여 사해행위에 해당한다.86)

한편 물상담보로 제공된 부동산의 가액에서 사해행위 전에 미리 설정된 저당권의 피담보채

---

79) 대판 1967.4.25. 67다75.

80) 대판 2003.6.24. 2003다1205.

81) 대판 2005.11.10. 2004다7873: "채무자의 재산이 채무의 전부를 변제하기에 부족한 경우에 채무자가 그의 유일한 재산을 어느 특정채권자에게 대물변제로 제공하여 양도하였다면 그 채권자는 다른 채권자에 우선하여 채권의 만족을 얻는 반면 그 범위 내에서 공동담보가 감소됨에 따라 다른 채권자는 종전보다 더 불리한 지위에 놓이게 되므로 이는 곧 다른 채권자의 이익을 해하는 것이라고 보아야 하고, 따라서 채무자가 그의 유일한 재산을 채권자들 가운데 어느 한 사람에게 대물변제로 제공하는 행위는 다른 특별한 사정이 없는 한 다른 채권자들에 대한 관계에서 사해행위가 된다." 유일한 적극재산인 물품대금채권을 채무변제를 위하여 양도한 경우에 같은 취지의 판시를 한 대판 2011.3.10. 2010다52416도 참조.

82) 대판 2010.9.30. 2007다2718: 채무초과상태의 채무자가 「유일한 재산」인 전세권과 전세금반환채권을 특정채권자에게 채무 일부에 대한 대물변제조로 양도한 행위가 최고액 채권자와의 거래관계를 유지하면서 채무초과상태에 있던 회사의 갱생을 도모하기 위한 유일한 방안이었던 점 등을 감안하면, 위 양도행위가 다른 채권자를 해치는 사해행위라고 단정하기 어렵다고 본 사례.

83) 대판 1986.9.23. 86다카83.

84) 대판 2008.2.14. 2005다47106·47113·47120. 대판 2002.4.12. 2000다43352; 대판 2006.4.14. 2006다5710도 참조.
나아가 가압류채권자의 지위에 관한 대판 2010.1.28. 2009다90047: "채권자가 이미 자기채권의 보전을 위하여 가압류를 한 바 있는 부동산을 채무자가 제3자가 부담하는 채무의 담보로 제공하여 근저당권을 설정하여 줌으로써 물상보증을 한 경우에는 일반채권자들이 만족을 얻는 물적 기초가 되는 책임재산이 새로이 감소된다. 따라서 비록 당해 부동산의 환가대금으로부터는 가압류채권자가 위와 같이 근저당권을 설정받은 근저당권자와 평등하게 배당을 받을 수 있다고 하더라도, 일반적으로 그 배당으로부터 가압류채권의 충분한 만족을 얻는다는 보장이 없고 가압류채권자는 여전히 다른 책임재산을 공취할 권리를 가지는 이상, 원래 위 가압류채권을 포함한 일반채권들의 만족을 담보하는 책임재산 전체를 놓고 보면 위와 같은 물상보증으로 책임재산이 부족하게 되거나 그 상태가 악화되는 경우에는 역시 가압류채권자도 자기채권의 충분한 만족을 얻지 못하게 되는 불이익을 받는다. 그러므로 위와 같은 가압류채권자라고 하여도 채무자의 물상보증으로 인한 근저당권설정행위에 대하여 채권자취소권을 행사할 수 있다." 대판 2010.6.24. 2010다20617·20624도 동지.

85) 대판 2002.3.29. 2000다25842: "자금난으로 사업을 계속 추진하기 어려운 상황에 처한 채무자가 자금을 융통하여 사업을 계속 추진하는 것이 채무변제력을 갖게 되는 최선의 방법이라고 생각하고 자금을 융통하기 위하여 부득이 부동산을 특정채권자에게 담보로 제공하고 그로부터 신규자금을 추가로 융통받았다면 특별한 사정이 없는 한 채무자의 담보권설정행위는 사해행위에 해당하지 않으며, 다만 사업의 계속 추진과는 아무런 관계가 없는 기존채무를 아울러 피담보채무범위에 포함시켰다면, 그 부분에 한하여 사해행위에 해당할 여지는 있고, …] 계속적인 거래관계에 있는 구입처로부터 외상매입대금채무에 대한 담보를 제공하지 않으면 사업에 필요한 물품의 공급을 중단하겠다는 통보를 받고 물품을 공급받아 사업을 계속 추진하는 것이 채무변제력을 갖게 되는 최선의 방법이라고 생각하고 물품을 공급받기 위하여 부득이 부동산을 특정채권자에게 담보로 제공하고 그로부터 물품을 공급받았다면 이 경우에도 특별한 사정이 없는 한 채무자의 담보권설정행위는 사해행위에 해당하지 않으며, 다만 사업의 계속 추진과는 아무런 관계가 없는 기존채무를 아울러 피담보채무범위에 포함시켰다면, 그 부분에 한하여 사해행위에 해당할 여지는 있다." 대판 2012.2.23. 2011다88832도 참조.
담보제공행위가 사업 계속 추진을 위한 신규자금 융통을 위한 행위로서 사해성이 부정되는지의 판단기준에 관하여 대판 2022.1.13. 2017다264072·264089 참조.

86) 대판 2009.3.12. 2008다29215. 특히 대판 2010.4.29. 2009다104564 참조.

권액을 (채권최고액의 범위 내에서) 공제한 잔액만이 채무자의 적극재산으로 평가되어야 함은 당연하다.[87] 그리고 담보제공에도 불구하고 기존채권자들의 공동담보가 감소되는 결과에 이르지 않는다면 사해행위라 할 수 없다.[88]

② 채무자가 채권자 아닌 이에게 인적 · 물적 담보를 제공하는 경우에 사해행위가 인정됨은 당연하다.[89] [4119]

[참 고] 그 밖의 경우들을 본다.

㉠ 기존채무의 지급을 위하여 약속어음이 발행된 경우에, 그로 인하여 채무자의 채무가 증가하지 않으므로 약속어음의 발행이 사해행위에 해당한다고 할 수 없지만,[90] 채무자가 약속어음을 발행함으로써 새로운 채무를 부담하는 경우에 그 약속어음의 발행은 다른 채권자를 해치는 것으로서 사해행위에 해당할 수 있다.[91]

㉡ 채권양도행위,[92] 주택임대차법상의 소액임차권을 설정하여 주는 행위,[93] 유일한 재산의 신탁,[94] 소멸시효이익의 포기,[95] 면제 등도 사해행위에 해당할 수 있다.[96]

㉢ 대판 2018.11.29. 2017다247190: "채무자가 유일한 재산인 그 소유의 부동산에 관한 매매예약에 따른 예약완결권이 제척기간 경과가 임박하여 소멸할 예정인 상태에서 제척기간을 연장하기 위하여 새로 매매예약을 하는 행위는 채무자가 부담하지 않아도 될 채무를 새롭게 부담하게 되는 결과가 되므로 채권자취소권의 대상인 사해행위가 될 수 있다." 그리고 대판 2017.4.7. 2016다204783: "무자력상태의 채무자가 소송절차를 통해 수익자에게 자신의 책임재산을 이전하기로 하여, 수익자가 제기한 소송에서 자백하는 등의 방법으로 패소판결 또는 그와 같은 취지의 화해권고결정 등을 받아 확정시키고, 이에 따라 수익자 앞으로 책임재산에 대한 소유권이전등기 등이 마쳐졌다면, 이러한 일련의 행위의 실질적인 원인이 되는 채무자와 수익자 사이의 이전합의는 다른 일반채권자의 이익을 해하는 사해행위가 될 수 있다."

5. 수익자 또는 전득자에 관한 요건 [4120]

(1) 취소권 행사의 상대방인 수익자(受益者. 채무자의 처분"행위로 인하여 이익을 받은 자") 또는 전득자(轉得者. 수익자로부터 사해행위의 목적인 재산권을 전득한 이)[97]가 사해의 사실을 알고 있어야 한다(제406조 제1항 단서).

여기서 수익자나 전득자의 악의는 채무자와 수익자 사이의 법률행위가 채권자를 해친다는 사실, 즉 사해행위의 객관적 요건을 구비했다는 것에 대한 인식을 의미한다.[98] 선 · 악의는 사해

87) 대판 2015.6.11. 2014다237192.

88) 가령 수익자가 채무초과상태에 있는 채무자의 부동산에 관하여 설정된 선순위담보가등기의 피담보채무를 변제하여 가등기를 말소하는 대신 동일한 금액을 피담보채무로 하는 새로운 담보가등기를 설정하는 것은 채무자의 공동담보를 부족하게 하는 것이라고 볼 수 없어 사해행위가 성립한다고 할 수 없다(대판 2003.7.11. 2003다19435). 기존의 근저당권의 피담보채무를 변제하고 새로운 근저당권을 설정받은 경우에 관한 대판 2012.1.12. 2010다64792, 채무초과상태인 채무자가 제3자로부터 돈을 빌려 주택을 매수하고 그 주택을 차용금채무의 담보로 제공한 경우에 관한 대판 2009.4.23. 2008다95663; 대판 2017.9.21. 2017다237186, 수급인의 저당권설정청구권 행사에 따른 저당권의 설정은 사해행위에 해당하지 않는다고 한 대판 2008.3.27. 2007다78616 · 78623도 참조.

89) 다만 학설은 대체로 보증채무의 경우에 주채무자에게 충분한 자력이 있으면 사해행위의 성립을 부정한다.

90) 대판 2002.8.27. 2002다27903.

91) 대판 2002.10.25. 2000다64441.

92) 대판 2004.5.28. 2003다60822.

93) 대판 2005.5.13. 2003다50771.

94) 대판 1999.9.7. 98다41490.

95) 대결 2013.5.31. 2012마712.

96) 화물자동차 운송사업을 양도하는 행위에 관한 대판 2014.5.16. 2013다36453 및 건축주명의변경약정에 관한 대판 2017.4.27. 2016다279206도 참조.

97) 수익자로부터 직접 전득한 이에 한정되지 않는다.

98) 대판 2015.6.11. 2014다237192.

행위 또는 전득 당시를 기준으로 판단하고, 과실 유무는 따지지 않는다.[99] 대리인을 통하여 수익이나 전득한 경우에 수익자나 전득자의 악의 여부는 대리인을 표준으로 결정하지만,[100] 대리인이 선의라도 수익자나 전득자가 악의라면 사해행위 취소가 허용되어야 한다(제116조 제2항 참조).

[4121] (2) 사해행위의 객관적 요건이 충족된 이상 채권자는 일단 일탈된 재산을 회복할 수 있고, 다만 수익자나 전득자가 자신의 선의를 증명하여 그에 대항할 수 있다. 즉 수익자 또는 전득자의 악의가 추정되고,[101] 따라서 선의의 증명책임은 수익자 또는 전득자에게 있다.[102][103]

[4122] Ⅲ. 채권자취소권의 행사

1. 행사의 방법

가. 재판상 행사

(1) 채권자는 사해행위의 "취소 및 원상회복을 법원에 청구할 수 있다"(제406조 제1항 본문). 즉 채권자는 채권자취소권을 재판상으로만 행사할 수 있는데,[104] "사해행위 취소에 관한 주장은 취소의 선언을 소구하지 않고, 단지 항변으로서는 할 수 없다."[105] 취소의 효과가 미치는 파장을 고려한 것이다.

(2) 법원은 사해행위 취소의 요건이 충족되면, 채무면제처럼 사해행위의 취소만으로 목적을 달성하는 경우나 취소만 구하는 경우[106]에 취소의 판결(형성판결)을 하고, 사해행위의 취소와 함께 재산의 반환(원상회복)을 구하는 경우에는 취소(형성판결)와 동시에 재산의 반환을 명하는 판결(이행판결=급부판결)을 한다.

[참 고] 절차법적 쟁점에 관한 재판례를 본다. ㉠ 대판 2012.12.26. 2011다60421: "사해행위 취소의 소와 원상회복청구의 소는 서로 소송물과 쟁점을 달리하는 별개의 소로서 양자가 반드시 동시에 제기되어야 하는 것은 아니고 별개로 제기될 수 있으며, 전자의 소에서는 승소하더라도 후자의 소에서는 당사자가 제출한 공격·방어방법 여하에 따라 패소할 수도 있고, 취소채권자가 사해행위

99) 대판 2008.7.10. 2007다74621.

100) 대판 2006.9.8. 2006다22661.

101) 대판 2006.4.14. 2006다5710. 다만 대판 2015.6.11. 2014다237192: "채무자의 재산처분행위가 사해행위에 해당할 경우에 사해행위 또는 전득행위 당시 수익자 또는 전득자가 선의였음을 인정함에 있어서는 객관적이고도 납득할 만한 증거자료 등에 의하여야 하고, 채무자나 수익자의 일방적인 진술이나 제3자의 추측에 불과한 진술 등에만 터 잡아 사해행위 또는 전득행위 당시 수익자 또는 전득자가 선의였다고 선뜻 단정하여서는 아니 된다"(대판 2005.5.13. 2003다50771도 동지).

102) 대판 1998.2.13. 97다6711. 파산절차상의 부인에 관한 대판 2011.5.13. 2009다75291도 참조.

103) 수익자 또는 전득자의 악의에 관한 재판례를 본다. ㉠ 채권자 중 1인에게 채무내용에 좇은 변제를 하거나 금전채무의 변제에 갈음하여 다른 금전채권을 양도하는 경우에, 채무자와 그 채권자, 즉 수익자가 통모하여 다른 채권자를 해칠 의사를 가지고 있어야 비로소 사해행위가 성립하므로(대판 2004.5.28. 2003다60822), 이러한 예외적인 경우에 채권자취소권을 행사하는 채권자가 수익자의 악의(보다 정확하게는 채무자와의 통모)를 증명해야 하지만, 전득자는 자신의 선의를 증명해야 반환책임을 면할 수 있다. ㉡ 전득자의 악의를 판단할 때 전득자가 전득행위 당시 채무자와 수익자 사이의 법률행위의 사해성을 인식했는지 여부만이 문제될 뿐이지, 수익자와 전득자 사이의 전득행위가 다시 채권자를 해치는 행위로서 사해행위의 요건을 갖추어야 하는 것은 아니고(대판 2006.7.4. 2004다61280), 수익자가 채무자와 수익자 사이 법률행위의 사해성을 인식하였는지도 문제되지 않는다(대판 2012.8.17. 2010다87672). ㉢ 주택임대차법 제8조의 소액보증금 최우선변제권 보호대상인 임차권을 설정해 준 행위가 사해행위인 경우에, 위 법조 소정의 요건을 갖춘 임차인에 대하여 선행의 담보권자 등에 우선하여 소액보증금을 회수할 수 있도록 한 입법취지에 비추어 보면, 위 법조 소정의 임차권을 취득하는 이는 자신의 보증금 회수에 대하여 상당한 신뢰를 갖고, 따라서 임대인의 채무초과상태 여하를 비롯하여 자신의 임대차계약이 사해행위가 되는지에 대하여 통상적인 거래행위 때보다는 주의를 덜 기울일 것이므로, 수익자인 임차인의 선의를 판단할 때 실제로 보증금이 지급되었는지, 그 보증금의 액수는 적정한지, 등기부상 다수의 권리제한관계가 있어서 임대인의 채무초과상태를 의심할 만한 사정이 있었는데도 굳이 임대차계약을 체결할 사정이 있었는지, 임대인과 친인척관계 등 특별한 관계는 없는지 등을 종합적으로 고려하여 논리와 경험칙을 통하여 합리적으로 판단해야 한다(대판 2005.5.13. 2003다50771).

104) 반소로도 행사할 수 있음은 당연하다. 뒤의 2018다277785·277792 판결 참조.

105) 대판 1978.6.13. 78다404.

106) 대판 2001.9.4. 2001다14108과 뒤의 2011다60421 판결은 사해행위의 취소만 먼저 구한 다음 원상회복을 나중에 구할 수 있다고 하였다.

취소의 소를 제기하여 승소한 경우 그 취소의 효력은 민법 제407조에 의하여 모든 채권자의 이익을 위하여 미치고 이로써 그 소의 목적은 달성된다. 이에 비추어 보면, 채권자가 원상회복청구의 소에서 패소할 것이 예상된다는 이유로 그와 별개인 사해행위 취소의 소에 대하여 소송요건을 갖추지 못한 것으로 보아 소의 이익을 부정할 수는 없다." Ⓛ 대판 2019.3.14. 2018다277785·277792: 원고의 본소청구에 대하여 피고가 본소청구를 다투면서 사해행위 취소 및 원상회복을 구하는 반소를 제기한 경우에 "사해행위의 취소 여부는 반소의 청구원인임과 동시에 본소청구에 대한 방어방법이자, 본소청구 인용 여부의 선결문제가 될 수 있다. 그 경우 법원이 반소청구가 이유 있다고 판단하여, 사해행위의 취소 및 원상회복을 명하는 판결을 선고하는 경우, 비록 반소청구에 대한 판결이 확정되지 않았다고 하더라도, 원고의 소유권 취득의 원인이 된 법률행위가 취소되었음을 전제로 원고의 본소청구를 심리하여 판단할 수 있다고 봄이 타당하다. 그때에는 반소 사해행위 취소판결의 확정을 기다리지 않고, 반소 사해행위 취소판결을 이유로 원고의 본소청구를 기각할 수 있다."

나. 채권자취소소송의 당사자 [4123]

(1) 원고적격을 가지는 이는 채권자이다.

① 채권자취소권은 소송상 채권자의 이름으로(=채권자가 원고로 되어) 행사되고, 채권자가 채무자의 대리인이 되어 행사하는 것은 아니다. 즉 사해행위에 의하여 자기채권 전부의 변제를 받을 수 없는 채권자(피보전채권의 채권자)는 누구나 고유의 권리로서 채권자취소권을 행사할 수 있다.

② 채권자취소권의 요건을 갖춘 각 채권자(피보전채권의 채권자)는 「고유의 권리로서」 채무자의 재산처분행위를 취소하고 원상회복을 구할 수 있으므로, 복수의 채권자가 동시에 또는 시기를 달리하여 사해행위 취소 및 원상회복청구의 소를 제기한 경우에, 이들 소가 중복제소에 해당하지 않을 뿐만 아니라, 어느 한 채권자가 동일한 사해행위에 관하여 사해행위 취소 및 원상회복청구를 하여 승소판결을 받아 그 판결이 확정되었다는 것만으로 그 후 제기된 다른 채권자의 동일한 청구가 권리보호의 이익이 없게 되는 것은 아니다. 판례는 승소판결"에 기하여 재산이나 가액의 회복을 마친 경우"에 비로소 다른 채권자의 사해행위 취소 및 원상회복청구는 그와 중첩되는 범위 내에서 권리보호의 이익이 없게 되고,[107] 나아가 수인의 채권자가 사해행위 취소 및 원상회복청구의 소를 제기하여 수개의 소송이 계속 중인 경우에 각 소송에서 채권자의 청구에 따라 사해행위의 취소 및 원상회복을 명하는 판결을 선고해야 하며, 수익자(전득자를 포함한다)가 가액배상을 해야 할 경우에도 수익자가 반환해야 할 가액을 채권자의 채권액에 비례하여 채권자별로 안분한 범위 내에서 반환을 명할 것이 아니라, 수익자가 반환해야 할 가액범위 내에서 각 채권자의 피보전채권액 전액의 반환을 명해야 한다고 했다.[108]

107) 대판 2005.11.25. 2005다51457. 대판 2005.3.24. 2004다65367도 참조.

108) 대판 2022.8.11. 2018다202774: "여러 개의 사해행위 취소소송에서 각 가액배상을 명하는 판결이 선고되어 확정된 경우, 각 채권자의 피보전채권액을 합한 금액이 사해행위목적물의 가액에서 일반채권자들의 공동담보로 되어 있지 않은 부분을 공제한 잔액(이하 '공동담보가액'이라 한다)을 초과한다면 수익자가 채권자들에게 반환하여야 할 가액은 공동담보가액이 될 것인데, 그럼에도 수익자는 공동담보가액을 초과하여 반환하게 되는 범위 내에서 이중으로 가액을 반환하게 될 위험에 처할 수 있다. 이때 각 사해행위 취소판결에서 산정한 공동담보가액의 액수가 서로 달라 수익자에게 이중지급의 위험이 발생하는지를 판단하는 기준이 되는 공동담보가액은, 그중 다액(多額)의 공동담보가액이 이를 산정한 사해행위 취소소송의 사실심 변론종결 당시의 객관적인 사실관계와 명백히 다르고 해당 소송에서의 공동담보가액의 산정경위 등에 비추어 그 가액을 그대로 인정하는 것이 심히 부당하다고 보이는 등의 특별한 사정이 없는 한 그 다액에 해당하는 금액이라고 보는 것이 채권자취소권의 취지 및 채권자취소소송에서 변론주의원칙 등에 부합한다. 따라서 수익자가 어느 채권자에게 자신이 배상할 가액의 일부 또는 전부를 반환한 때에는 다른 채권자에 대하여 각 사해행위 취소판결에서 가장 다액으로 산정된 공동담보가액에서 자신이 반환한 가액을 공제한 금액을 초과하는 범위에서 청구이의의 방법으로 집행권원의 집행력의 배제를 구할 수 있을 뿐이다." 대판 2008.6.12. 2008다8690·8706은, 이러한 법리는 수인의 채권자들이 제기한 각 사해행위 취소 및 원상회복청구의 소가 민사소송법 제141조에 의하여 병합되어 하나의 소송절차에서 심판을 받는 경우에도

[4124] (2) 취소소송의 피고적격에 관하여 살핀다.

① 채권자취소권 행사의 상대방은 원상회복의 주체인 수익자 및/또는 전득자이고,[109] 채무자는 상대방이 아니다.[110] 즉 "채권자가 채권자취소권을 행사하려면 사해행위로 인하여 이익을 받은 자나 전득한 자를 상대로 그 법률행위의 취소를 청구하는 소송을 제기하여야 되는 것으로서 채무자를 상대로 그 소송을 제기할 수는 없다."[111] 채무면제와 같은 단독행위를 취소하는 경우에도 채무면제로 인하여 이익을 받은 수익자만을 상대방으로 한다.

② 그런데 ⓐ 수익자와 전득자가 모두 악의라면 채권자의 선택에 따라 전득자를 피고로 하여 그에 대한 관계에서 사해행위 취소 및 일탈된 재산의 반환을 구할 수도 있고, 수익자를 상대로 그에 대한 관계에서 사해행위 취소 및 일탈된 본래의 재산에 갈음하여 가액의 상환을 청구할 수도 있다. 그런데 악의의 수익자가 악의의 전득자에게 저당권을 설정하여 준 경우처럼 수익자와 전득자 모두를 상대로 해야 하는 경우도 있을 수 있는데,[112] 이 경우 제406조 제2항의 기간준수 여부는 따로따로 판단한다.[113] 반면 ⓑ 수익자가 악의이고 전득자가 선의인 경우에, 채권자는 수익자에 대해서만 채권자취소권을 행사할 수 있는데, 수익자에 대하여 가액상환을 청구하거나 전득자에게 영향을 주지 않는 범위 내에서 재산의 반환을 청구할 수 있다.[114]

한편 ⓒ 수익자가 선의이고 전득자가 악의인 경우에, 학설은 대체로 악의의 전득자를 피고로 하여 재산의 반환을 청구할 수 있다고 하지만,[115] 수익자의 선의가 증명되면[116] 수익자가 확정적·종국적으로 권리를 취득하여 더 이상 사해행위가 존재하지 않으므로, 비록 전득자가 악의라도 그에 대하여 사해행위 취소권을 행사할 수 없다고 해야 한다.[117]

[4125]

2. 행사의 범위

(1) 사해행위 취소는 적법·유효한 채무자의 재산처분행위를 채권자가 자기채권의 보전을 위하여 취소하는 것인데, 채권액을 넘어서까지 취소나 원상회복을 허용함으로써 수익자나 전득자에게 피해를 주어서는 안 된다. 그래서 행사범위는 채권자취소권을 행사하는 채권자의 사해행위 당시의 채권액[118]을 표준으로 하고, 다른 채권자가 있더라도 취소채권자의 채권액을 넘어 취소하지 못한다.[119] 사해행위가 가분이라면 채권의 공동담보로 부족하게 되는 부분만 자신의 채권액을 한도로 취소할 수 있고, 행위 전부를 취소할 수는 없다.[120]

마찬가지라고 하였다.

109) 대판 1988.2.23. 87다카1586. 수익자나 전득자 중 일부만 상대로 하거나 수익자와 전득자를 공동피고로 하여 제기할 수 있다(뒤의 2011다49783 판결).

110) 채권자가 채무자를 상대로 피보전채권에 기한 청구를 병합하는 경우에 피고로 될 수 있지만, 이는 별개의 문제이다.

111) 대판 2004.8.30. 2004다21923.

112) 대판 2014.12.11. 2011다49783 참조.

113) 수익자에 대한 취소소송이 그 기간을 준수하였다는 점이 전득자에 대한 소송에서의 기간준수에 영향을 주지 않는다.

114) 가령 악의수익자가 선의전득자에게 저당권을 설정해 준 경우에, 저당권의 말소를 구할 수 없고, 진정명의 회복을 위한 소유권이전등기가 허용될 수 있다.

115) 전득자의 악의판단에 수익자가 법률행위의 사해성을 인식하였는지가 문제되지 않는다고 한 대판 2012.8.17. 2010다87672도 같은 입장으로 짐작된다.

116) 원상회복을 거부하는 전득자가 이를 증명해도 무방할 것이다.

117) [1021] 및 대판 2015.4.9. 2012다118020 참조.

118) 사해행위 이후 사실심 변론종결시까지 발생한 이자나 지연손해금이 포함된다는 대판 2003.7.11. 2003다19572; 대판 2001.9.4. 2000다66416 참조. 채권자의 채권원리금이 우선변제권에 의하여 전액 담보되지 않는 경우에 관한 대판 2002.11.8. 2002다41589도 참조.

119) 다른 채권자가 있더라도 다른 채권자와 안분비례에 의하여 취득하게 될 액을 한도로 취소할 수 있는 것이 아니라, 자기의 채권 전액을 표준으로 하여 취소권을 행사할 수 있다.

(2) 다만 토지 1필지의 증여처럼 사해행위의 목적물이 불가분인 경우 또는 다른 채권자가 배당참가할 것이 명백하여 채권자가 자기의 불이익을 피하기 위하여 필요한 경우[121]에, 그의 채권액을 초과하여 취소권을 행사할 수 있다.[122]

3. 행사기간 [4126]

가. 서 설

(1) 채권자취소권은 적법 · 유효한 법률행위의 효력을 뒤집는 권리이므로, 행사기간을 제한하여 법률관계의 불안정상태가 오래 지속되지 않도록 해야 한다. 그래서 채권자는 취소원인을 안 날부터 1년, 법률행위가 있은 날부터 5년 내에 채권자취소의 소를 제기해야 한다(제406조 제2항).

(2) 채권자가 전득자를 상대로 채권자취소권을 행사하기 위해서는 제406조 제2항 소정의 기 [4127]
간 안에 채무자와 수익자 사이의 사해행위 취소를 —소송상 공격방법이 아니라— 소 제기의 방법으로 구해야 하는데, 채권자가 수익자를 상대로 사해행위의 취소를 구하는 소를 이미 제기하여 채무자와 수익자 사이의 법률행위를 취소하는 내용의 판결을 선고받아 확정되었더라도, 판결의 효력은 그 소송의 피고가 아닌 전득자에게는 미칠 수 없으므로, 채권자가 그 소송과 별도로 전득자에 대하여 채권자취소권을 행사하여 원상회복을 구하기 위해서는 제2항에서 정한 기간 안에 전득자에 대한 관계에서 채무자와 수익자 사이의 사해행위를 취소하는 청구를 하지 않으면 안 된다.[123] 그런데 채권자가 제406조 제1항에 따라 사해행위의 취소와 원상회복을 청구하는 경우에, 사해행위 취소청구가 제2항의 기간 안에 제기되었다면 원상회복의 청구는 그 기간이 지난 뒤에도 할 수 있다.[124]

한편 "채권자가 채무자의 채권자취소권을 대위행사하는 경우, 제소기간은 대위의 목적으로 되는 권리의 채권자인 채무자를 기준으로 하여 그 준수 여부를 가려야 할 것이고, 따라서 채권자취소권을 대위행사하는 채권자가 취소원인을 안 지 1년이 지났다 하더라도 채무자가 취소원인을 안 날로부터 1년, 법률행위가 있은 날로부터 5년 내라면 채권자취소의 소를 제기할 수 있다."[125][126]

나. 기 산 점 [4128]

(1) "법률행위 있은 날"은 사해행위에 해당하는 법률행위가 실제로 이루어진 날을 뜻한다. 어느 시점에 사해행위가 있었는지를 따질 때 당사자들의 이해에 미치는 영향을 고려하여 신중하게 판정해야 하는데, 부동산처분의 경우에 특별한 사정이 없는 한 처분문서에 기초한 것으로 보

120) 대판 2010.8.19. 2010다36209.

121) 대판 1997.9.9. 97다10864. 채무자에 대한 채권 보전이 아니라 제3자에 대한 채권 만족을 위해서는 사해행위 취소의 효력을 주장할 수 없다고 한 대판 2010.5.27. 2007다40802도 참조.

122) 대판 1975.2.25. 74다2114는, 대지와 그 지상 건물이 사해행위의 목적물인 경우에, 대지의 가격만도 채권자의 채권액을 넘더라도 대지와 건물 중 일방만 취소하면 건물의 소유자와 대지의 소유자가 다르게 되어 그 가격의 효용을 현저히 감소시킨다는 이유로, 대지와 건물 전부에 대한 취소와 등기의 말소를 인정하였다.

123) 대판 2005.6.9. 2004다17535. 대판 2014.2.13. 2012다204013도 참조

124) 대판 2001.9.4. 2001다14108. 대판 2006.12.21. 2004다24960 및 대판 2005.5.27. 2004다67806도 참조.

125) 대판 2001.12.27. 2000다73049.

126) 그 밖에 대판 2015.1.29. 2013다79870: "민법 제974조, 제975조에 의하여 부양의 의무 있는 사람이 여러 사람인 경우에 그중 부양의 무를 이행한 1인이 다른 부양의무자에 대하여 이미 지출한 과거부양료의 지급을 구하는 권리는 당사자의 협의 또는 가정법원의 심판 확정에 의하여 비로소 구체적이고 독립한 재산적 권리로 성립하게 되지만, 그러한 부양료청구권의 침해를 이유로 채권자취소권을 행사하는 경우의 제척기간은 부양료청구권이 구체적인 권리로서 성립한 시기가 아니라 민법 제406조 제2항이 정한 '취소원인을 안 날' 또는 '법률행위가 있은 날'로부터 진행한다."

이는 등기부상 등기원인일자를 기준으로 사해행위가 판정해야 한다.[127]

(2) "채권자가 취소원인을 안 날"이란 채권자가 채권자취소권의 요건을 안 날, 즉 채무자가 채권자를 해침을 알면서 사해행위를 하였다는 사실을 알게 된 날을 의미하는데, 채권자가 취소원인을 알았다고 하기 위해서는 채무자가 재산의 처분행위를 하였다는 사실을 아는 것만으로 부족하고 그 법률행위가 채권자를 해치는 행위라는 것, 즉 그에 의하여 채권의 공동담보에 부족이 생기거나 이미 부족상태에 있는 공동담보가 더 부족하게 되어 채권을 완전하게 만족시킬 수 없게 되었으며 나아가 채무자에게 사해의 의사가 있었다는 사실까지 알 것을 요한다.[128] 그러나 수익자나 전득자의 악의까지 알아야 하는 것은 아니다.[129]

한편 사해행위의 객관적 사실을 알았다고 하여 취소의 원인을 알았다고 추정할 수는 없지만,[130] 채무자가 유일한 재산인 부동산을 처분했다는 사실을 채권자가 알았다면, 특별한 사정이 없는 한 채무자의 사해의사도 채권자가 알았다고 봄이 상당하다.[131][132]

[4129] **다. 기간의 법적 성질**

이 기간은 제척기간(除斥期間. 동시에 제소기간)이고, 따라서 법원은 직권으로 기간의 준수 여부를 조사하여[133] 기간이 도과된 후 제기된 사해행위 취소의 소는 부적법한 것으로 각하해야 한다. 그리고 제척기간 도과에 관한 증명책임은 채권자취소소송의 상대방에게 있다.[134]

[4130] Ⅳ. 채권자취소권 행사의 효과

1. 원상회복

가. 서 설

(1) 채권자취소권은 책임재산에 관하여 사해행위가 있기 전의 상태[135]로의 복귀, 즉 「원상회

---

127) 대판 2002.11.8. 2002다41589. 관련하여 대판 2021.9.30. 2019다266409: "가등기에 기하여 본등기가 마쳐진 경우 가등기의 원인인 법률행위와 본등기의 원인인 법률행위가 다르지 않다면 사해행위요건의 구비 여부는 가등기의 원인인 법률행위를 기준으로 하여 판단해야 한다. 그러나 가등기와 본등기의 원인인 법률행위가 다르다면 사해행위요건의 구비 여부는 본등기의 원인인 법률행위를 기준으로 판단해야 하고 제척기간의 기산일도 본등기의 원인인 법률행위가 사해행위임을 안 때라고 보아야 한다. 채무자가 유일한 재산인 부동산에 관하여 가등기의 효력이 소멸한 상태에서 새로 매매계약을 체결하고 말소되어야 할 가등기를 기초로 하여 본등기를 한 행위는 가등기의 원인인 법률행위와 별개로 일반채권자의 공동담보를 감소시키는 것으로 특별한 사정이 없는 한 채권자취소권의 대상인 사해행위이고, 이때 본등기의 원인인 새로운 매매계약을 기준으로 사해행위 여부나 제척기간의 준수 여부를 판단해야 한다."

128) 대판 2003.7.11. 2003다19435; 대판 2006.7.4. 2004다61280 등.

129) 대판 2000.9.29. 2000다3262.

130) 앞의 2004다61280 판결; 대판 2002.9.24. 2002다23857.

131) 대판 2000.9.29. 2000다3262.

132) 그 밖의 재판례를 본다. ㉠ 인식의 귀속([1051]과 [1469] 참조)과 관련하여 대판 2015.1.15. 2013다50435는, 법인의 대표자가 가해자에 가담하여 법인에 대한 공동불법행위가 성립하는 경우에 적어도 법인의 이익을 정당하게 보전할 권한을 가진 다른 임원 또는 사원이나 직원 등이 손해배상청구권을 행사할 수 있을 정도로 이를 안 때에 비로소 단기시효가 진행한다고 한 대판 1998.11.10. 98다34126([4128]에 소개된)의 판시가 "법인의 대표자의 불법행위로 인한 법인의 대표자에 대한 손해배상청구권을 피보전권리로 하여 법인이 채권자취소권을 행사하는 경우의 제척기간의 기산점인 '취소원인을 안 날'을 판단할 때에도 마찬가지"라고 하였다. 대판 2018.7.20. 2018다222747 및 조세채권을 피보전채권으로 하는 경우에 관한 대판 2017.6.15. 2015다247707도 참조. ㉡ 사해행위가 있은 후 채권자가 취소원인을 알면서 피보전채권을 양도하고 양수인이 그 채권을 보전하기 위하여 채권자취소권을 행사하는 경우에는, 채권의 양도인이 취소원인을 안 날을 기준으로 제척기간 도과 여부를 판단해야 한다(대판 2018.4.10. 2016다272311).

133) 대판 2001.2.27. 2000다44348. 그 한계에 관하여 대판 2002.7.26. 2001다73138 · 73145 참조.

134) 대판 2009.3.26. 2007다63102.

135) 원상회복의 범위에 관하여 대판 2008.12.11. 2007다69162: "사해행위의 취소 및 원상회복은 책임재산의 보전을 위하여 필요한 범위 내로 한정되어야 하므로 원래의 책임재산을 초과하는 부분까지 원상회복의 범위에 포함된다고 볼 수 없다. 따라서 부동산에 관한 법률행위가 사해행위에 해당하여 민법 제406조 제1항에 의하여 취소된 경우에 수익자 또는 전득자가 사해행위 이후 그 부동산을 직접 사용하거나 제3자에게 임대하였다고 하더라도, 당초 채권자의 공동담보를 이루는 채무자의 책임재산은 당해 부동산이었을 뿐 수익자 또는 전득자가 그 부동산을 사용함으로써 얻은 사용이익이나 임차인으로부터 받은 임료 상당액까지 채무자의 책임재산이었다고 볼 수 없으므로 수익자 등이 원상회복으로서 당해 부동산을 반환하는 이외에 그 사용이익이나 임료 상당액을 반환해야 하는 것은 아니다."

복」을 종국적인 목적으로 한다.

(2) 원상회복의 방법에 관하여 다수설과 판례는 원물반환을 원칙으로 하고, 예외적으로 가액상환(대개 가액「배상」이라 한다)을 인정한다.[136] 그런데 제747조의 원상회복은 부당이득 이전상태의 복원을 목표로 하므로 원물반환이 기본값이지만, 제406조는 「책임재산」의 회복을 목표로 하는 것이어서 지향점을 달리한다. 즉 사해행위 취소제도의 취지에 비추어 원상회복되어야 하는 것은 채무자의 재산 자체가 아니라 책임재산이어서, 원물반환에 의해야만 제도의 목적이 달성된다고 할 것은 아니다. 다만 아래에서는 다수설과 판례의 입장에 따라 살펴본다.

나. 기본값으로서 원물반환(原物返還) [4131]

(1) 사해행위의 목적물 자체를 반환하는 것이 가능한 경우에 목적물의 반환을 청구해야 하고, 특별한 사정이 없는 한 목적물 가액의 상환을 청구하지 못한다. 일부취소의 경우에도 사해행위의 목적물이 가분이라면 분할한 것의 반환만 청구해야 한다.

(2) 사해행위로 등기가 마쳐진 경우에 원상회복은 그 등기의 말소 또는 진정명의 회복을 위 [4132] 한 소유권이전등기의 방법에 의한다.[137][138]

---

136) 원상회복에 관한 절차법적 관점의 재판례를 본다. ㉠ 채권자가 채권자취소권을 행사하면서 원상회복만 구하는 경우에도 법원은 가액상환을 명할 수 있다(대판 2001.9.4. 2000다66416). 즉 사해행위인 계약 전부의 취소와 부동산 자체의 반환을 구하는 청구취지 속에는 일부취소를 해야 할 경우에 일부취소와 가액상환을 구하는 취지도 포함되어 있다고 볼 수 있으므로, 청구취지의 변경이 없더라도 바로 가액반환을 명할 수 있다(대판 2001.6.12. 99다20612). ㉡ 대판 2018.12.28. 2017다265815: "사해행위로 부동산소유권이 이전된 후 그 부동산에 관하여 제3자가 저당권이나 지상권 등의 권리를 취득한 경우에는 수익자가 부동산을 저당권 등의 제한이 없는 상태로 회복하여 채무자에게 이전하여 줄 수 있다는 등의 특별한 사정이 없는 한 채권자는 수익자를 상대로 원물반환 대신 가액상당의 배상을 구할 수 있지만, 그렇다고 하여 채권자가 스스로 위험이나 불이익을 감수하면서 원물반환을 구하는 것까지 허용되지 않는 것은 아니다. 채권자는 원상회복방법으로 가액배상 대신 수익자명의 등기의 말소를 구하거나 수익자를 상대로 채무자 앞으로 직접 소유권이전등기절차를 이행할 것을 구할 수도 있다. 이 경우 원상회복청구권은 사실심 변론종결 당시 채권자의 선택에 따라 원물반환과 가액배상 중 어느 하나로 확정된다. 채권자가 일단 사해행위 취소 및 원상회복으로서 수익자명의 등기의 말소를 청구하여 승소판결이 확정되었다면, 어떠한 사유로 수익자명의 등기를 말소하는 것이 불가능하게 되었다고 하더라도 다시 수익자를 상대로 원상회복청구권을 행사하여 가액배상을 청구하거나 원물반환으로서 채무자 앞으로 직접 소유권이전등기절차를 이행할 것을 청구할 수는 없으므로, 그러한 청구는 권리보호의 이익이 없어 허용되지 않는다." 가액배상의 방법으로 원상회복이 이루어져야 하더라도 채권자와 수익자 모두 원물반환을 원하는 경우에 원물반환을 명할 수 있다고 한 대판 2013.4.11. 2012다107198도 참조. ㉢ 근저당권설정계약이 사해행위인 경우에, 그로 인한 근저당권설정등기가 경락으로 인하여 말소되었더라도 근저당권설정계약의 취소를 구할 이익이 있는데(채무자가 부동산 매각대금으로 피담보채무를 변제한 경우에 관한 대판 2012.11.15. 2012다65058도 참조), 원상회복의 방법(매수인의 소유권 취득에는 영향을 미칠 수 없으므로 소유권이전등기의 말소를 구할 수는 없다)은 배당표가 확정되었으나 배당금 지급 전이라면 배당금지급채권의 양도와 채권양도의 통지를 배당금지급채권의 채무자에게 할 것을 청구하는 형태가 될 것이다(대판 1997.10.10. 97다8687. 대판 2013.9.13. 2013다34945도 "저당권이 설정되어 있는 부동산에 관하여 사해행위에 의하여 수익자가 새로 저당권을 취득하였는데 선행 저당권의 실행으로 사해의 저당권이 말소되고 수익자에게 돌아갈 배당금이 배당금지급금지가처분 등으로 인하여 지급되지 못한 경우에는, 사해행위인 저당권 취득의 원인행위를 취소한 후 수익자가 취득한 배당금청구권을 채무자에게 양도하는 방법으로 원상회복이 이루어져야 하고, 이는 결국 배당금채권의 양도와 그 채권양도의 통지를 배당금채권의 채무자에게 할 것을 명하는 형태가 될 것"이라고 하였다). 반면 배당금이 지급되었다면 수익자가 받은 배당금을 반환해야 한다(대판 2001.2.27. 2000다44348). ㉣ 사해행위로 취득한 근저당권의 실행에서 취소채권자가 배당기일에 출석하여 수익자의 배당부분에 관하여 이의를 하였다면, 그 채권자는 사해행위 취소의 소와 병합하여 원상회복으로서 배당이의의 소를 제기할 수 있고, 이 경우 법원으로서는 배당이의의 소를 제기한 당해 채권자 외의 다른 채권자의 존재를 고려할 필요 없이 그 채권자의 채권이 만족을 받지 못한 한도에서만 근저당권설정계약을 취소하고 그 한도에서만 수익자의 배당액을 삭제하여 당해 채권자의 배당액으로 경정해야 한다(대판 2004.1.27. 2003다6200. 대판 2015.10.15. 2012다57699도 참조).

137) 대판 2000.2.25. 99다53704.
참고로 사해행위 취소 등 판결에 의하여 등기를 신청하는 경우에 등기신청서에 등기원인을 "사해행위 취소"로, 등기원인일자를 "판결확정일"로 기재한다(등기선례 201203-4).

138) 원물반환에 관한 그 밖의 재판례를 본다. ㉠ 사해행위로 경료된 근저당권설정등기가 사해행위 취소소송의 변론종결시까지 존속하는 경우에, 그 원상회복은 근저당권설정등기를 말소하는 방법에 의해야 하고, 사해행위 이전에 설정된 별개의 근저당권이 사해행위 후에 말소되었다는 사정은 원상회복의 방법에 아무런 영향을 주지 않는다(대판 2007.10.11. 2007다45364). 그리고 대판 2006.12.7. 2006다43620은, 근저당권설정계약의 일부가 사해행위인 경우에 불완전한 원물반환으로서 근저당권변경등기에 의한다고 했다. ㉡ 대판 2016.5.27. 2014다230894는, 공유물분할 이후 당초 공유지분에 담보가등기를 설정한 공유자의 단독소유로 귀속된 부동산에 종전의 담보가등기를 대체하는 새로운 담보가등기를 설정하고 다른 공유자의 소유로 분할된 부동산에 전사된 담보가등기는 모두 말소한 경우에, 담보권설정자에 대한 채권자가 채권자취소권을 행사할 때에는 공유물분할 자체가 불공정하게 이루어져 사해행위에 해당한다는 등 특별한 사정이 없는 한 공유물분할이 되어 단독소유로 된 부동산에 설정된 담보가등기 설정계약의 취소와 담보가등기의 말소를 구하는 방법으로 할 수 있다고 했다. ㉢ 그 밖에 가등기에 기한 본등기와 별도로 경료된 소유권이전등기에 관한 대판 2002.7.26. 2001다73138 · 73145; 소유권이전등기청구권 보전을 위한 가등기에 관한 대판 2003.7.11. 2003다19435; 사해행위 취소 및 원상회복으로 소유권이전등기의 말소를 명한 판결의 소송당사자가 아닌 다른 채권자가 위 판결에 기하여 채무자를 대위하여 마친 말소등기의 유효성을 인정한 대판 2015.11.17. 2013다84995 등도 참조.

[4133] ### 다. 예외적인 가액상환(價額償還)

(1) 원물반환을 기대할 수 없는 경우,[139] 즉 거래관념상 원물반환이 불가능하거나 현저히 곤란한 경우에 사해행위 목적의 가액을 상환해야 하는데, 수익자 등의 고의나 과실이 있어야 하는 것은 아니다.[140]

원물반환에 의하면 사해행위 이전상태보다 불리하게 되는 경우뿐만 아니라 사해행위가 있기 전보다 유리하게 되는 경우[141]에도 —매매계약 전부를 취소하여 부동산 자체의 회복을 명하는 것은 당초 담보로 되어 있지 않던 부분까지 회복시키는 것이 되어 공평에 반하는 결과가 되므로— 가액상환에 의한다.[142]

[4134] (2) 가액상환에서 가액은 사실심 변론종결시를 기준으로 산정되는데,[143] 수익자나 전득자가 실제로 받은 대가와 상관없이 객관적으로 평가한다.[144] 그리고 일반채권자들의 공동담보로 되어 있어 사해행위가 성립하는 범위 내의 가액의 배상을 명해야 하므로, 취소의 목적부동산에 사해행위 당시 저당권이 설정되어 있었다면 그 후 변제가 있었더라도 그 피담보채무액이 공제되어야 한다.[145] 우선변제효 있는 임차권이 존재하는 경우에도 같다.[146]

그리고 가액상환의무는 사해행위의 취소를 명하는 판결이 확정된 때에 비로소 발생하므로, 상환의무자는 판결이 확정된 다음날부터 이행지체책임을 지고, 따라서 소송촉진법 소정의 이율이 아니라 민사법정이율이 적용된다.[147]

(3) 가액상환에 관한 판례의 태도를 정리한다.

[4135] ① 사해행위로 저당부동산이 양도된 후 변제 등에 의하여 저당권설정등기가 말소된 경우에, 부동산의 가액에서 저당권의 피담보채무액을 공제한 잔액의 한도에서 사해행위를 취소하고 사실

---

139) 사정변경에 따른 주식가치의 변동은 주식의 통상적 속성에 포함되고 주식 자체의 성질이나 내용에 변화가 없어서, 이를 가액상환의 사유로 삼을 수는 없다고 한 대판 2009.3.26. 2007다63102 참조.

140) 대판 1998.5.15. 97다58316.

141) 저당권부 부동산이 사해행위로 양도된 후 변제에 의하여 저당권이 소멸한 사안에 관한 대판 2001.12.11. 2001다64547 등. 참고로 사해행위 당시 어느 부동산이 「가압류」되어 있다는 사정은 채권자 평등의 원칙상 채권자의 공동담보로서 부동산의 가치에 영향을 미치지 않으므로, 가압류가 된 여부나 청구채권액의 다과에 관계없이 부동산 전부에 대하여 사해행위가 성립하고, 따라서 사해행위 후 수익자 또는 전득자가 가압류청구채권을 변제하거나 채권액 상당을 해방공탁하여 가압류를 해제시키거나 집행을 취소시켰더라도, 법원이 사해행위를 취소하면서 원상회복으로 원물반환 대신 가액상환을 명해야 하거나, 다른 사정으로 가액상환을 명하는 경우에도 변제액을 공제할 것은 아니다(대판 2003.2.11. 2002다37474).

142) 대판 2010.2.25. 2007다28819 · 28826은, 사해행위의 수익자가 건물의 원시취득자로부터 기존의 채권액 상당의 가치범위 내에서 건물 부분을 양도받기로 약정하였고, 건물이 아직 완공되지 않은 상태에서 수익자가 매매계약에 따라 추가공사비를 투입하여 건물을 완공함으로써 그의 비용으로 건물의 객관적 가치를 증대시키고 그 가치가 현존하는 경우에, 당해 매매계약 전부를 취소하고 원상회복으로서 소유권이전등기의 말소등기절차의 이행을 명하면 「당초 일반채권자들의 공동담보로 되어 있지 않던 부분까지 회복을 명하는 것이 되어 공평에 반하는 결과가 된다」는 이유로, 위 건물의 가액에서 공동담보로 되지 아니한 부분의 가액을 산정하여 이를 공제한 잔액의 한도에서 사해행위를 취소하고 그 한도에서 가액의 배상을 명함이 상당하다고 했다. 우선변제권 있는 임차보증금반환채무를 이행한 경우에 관한 대판 2013.4.11. 2012다107198도 참조.

143) 대판 2001.12.27. 2001다33734. 대판 2019.4.11. 2018다203715도 참조.

144) 대판 2010.4.29. 2009다104564.

145) 대판 2007.7.12. 2005다65197. 그러나 사해행위 후 「수익자」가 설정한 저당권이 말소된 경우에 피담보채무액이 공제되지 않음은 당연하다.

146) 우선변제효 있는 임차권이 존재하는 경우에 관한 재판례를 본다. ㉠ 대판 2018.9.13. 2018다215756: "부동산에 […] 우선변제권 있는 임차인이 있는 경우에는 임대차계약의 체결시기 등에 따라 임차보증금 공제 여부가 달라질 수 있다. 가령 사해행위 이전에 임대차계약이 체결되었고 임차인에게 임차보증금에 대해 우선변제권이 있다면, 부동산 가액 중 임차보증금에 해당하는 부분이 일반채권자의 공동담보에 제공되었다고 볼 수 없으므로 수익자가 반환할 부동산 가액에서 우선변제권 있는 임차보증금반환채권액을 공제하여야 한다. 그러나 부동산에 관한 사해행위 이후에 비로소 채무자가 부동산을 임대한 경우에는 그 임차보증금을 가액반환의 범위에서 공제할 이유가 없다. 이러한 경우에는 부동산 가액 중 임차보증금에 해당하는 부분도 일반채권자의 공동담보에 제공되어 있음이 분명하기 때문"이다. ㉡ 대판 2001.6.12. 99다51197 · 51203은, 사해행위임을 이유로 부동산매매계약을 취소하고 원상회복으로 가액상환을 명하는 경우에, 주택임대차법 소정의 대항력을 갖추었으나 그 전에 이미 선순위근저당권이 마쳐져 있어 부동산이 경락되면 소멸할 운명에 놓인 임차권의 임차보증금반환채권은 임대차계약서에서 확정일자를 받아 우선변제권을 가지고 있다거나 주택임대차법상의 소액임차인에 해당한다는 등의 특별한 사정이 없는 한 수익자가 배상할 부동산의 가액에서 공제할 것은 아니라고 하였다.

147) 대판 2009.1.15. 2007다61618.

심 변론종결 당시의 가액의 상환을 구할 수 있을 뿐이다.[148] 이 점은 공동저당권의 목적인 부동산 전부가 양도된 후 공동저당권이 소멸한 경우에도 마찬가지이며,[149] 기존의 근저당권이 말소된 후 사해행위에 의하여 그 부동산에 관한 권리를 취득한 전득자에 대해서도 가액상환을 청구해야 한다.[150]

[4136] ② 사해행위(증여) 후 그 목적물에 관하여 선의의 제3자가 저당권을 취득한 경우에도 가액상환을 명해야 하는데, 이 경우 사해행위 당시 일반채권자들의 공동담보로 되어 있었던 부동산 가액 전부의 상환을 명해야 하고, 그 가액에서 제3자가 취득한 저당권의 피담보채권액을 공제할 것은 아니다.[151]

③ 대판(전) 2015.5.21. 2012다952는 "사해행위인 매매예약에 기하여 수익자 앞으로 가등기를 마친 후 전득자 앞으로 가등기 이전의 부기등기를 마치고 나아가 가등기에 기한 본등기까지 마쳤다 하더라도, 위 부기등기는 사해행위인 매매예약에 기초한 수익자의 권리의 이전을 나타내는 것으로서 부기등기에 의하여 수익자로서의 지위가 소멸하지는 아니하며, 채권자는 수익자를 상대로 사해행위인 매매예약의 취소를 청구할 수 있다. 그리고 설령 부기등기의 결과 가등기 및 본등기에 대한 말소청구소송에서 수익자의 피고적격이 부정되는 등의 사유로 인하여 수익자의 원물반환의무인 가등기말소의무의 이행이 불가능하게 된다 하더라도 달리 볼 수 없으며, 특별한 사정이 없는 한 수익자는 가등기 및 본등기에 의하여 발생된 채권자들의 공동담보 부족에 관하여 원상회복의무로서 가액을 배상할 의무를 진다"고 하면서,[152] 사해행위인 매매예약에 기하여 마친 가등기를 부기등기에 의하여 이전하고 가등기에 기한 본등기를 마친 경우에, 가등기에 의한 권리의 양도인은 가등기말소등기청구소송의 상대방이 될 수 없고 본등기의 명의인도 아니므로 가액배상의무를 부담하지 않는다는 취지의 대판 2005.3.24. 2004다70079(미공간)를 변경하였다.[153][154]

[4137] (4) 가액상환의 방법으로 원상회복을 구하는 경우에 이행의 상대방은 채권자이므로,[155] 취소

---

148) 대판 2001.6.12. 99다20612; 앞의 2018다215756 판결. 부동산이 양도담보의 목적으로 이전된 경우에 관한 대판 2002.4.12. 2000다63912 및 유치권의 목적인 부동산이 사해행위로 처분된 경우에 관한 대판 2013.4.11. 2013다1105도 참조.

149) 대판 2005.5.27. 2004다67806 및 대판 2014.6.26. 2012다77891 참조.

150) 대판 2001.9.4. 2000다66416.

151) 대판 2003.12.12. 2003다40286. 대판 2023.6.29. 2022다244928은, 이는 채무자의 부동산에 관하여 증여 등 사해행위로 수익자에게 그 소유권이 이전된 후 경매의 실행으로 배당절차가 진행된 경우에도 마찬가지이고, 수익자의 채권자가 채무자의 일반채권자에 해당하는 지위를 겸하고 있다고 하여 달리 볼 것도 아니라고 하였다.

취소채권자 스스로 위험이나 불이익을 감수하면서 원물반환을 구하는 것이 허용됨에 관하여 대판 2001.2.9. 2000다57139 참조.

152) 사실관계는 다음과 같다: ㉠ 2006. 9. 13. A 소유의 甲 부동산에 관하여 2006. 8. 31.자 매매예약을 원인으로 한 B 회사 명의의 소유권이전청구권 가등기가 마쳐졌다가 2006. 9. 18. 등기관이 착오발견을 이유로 직권으로 가등기권자를 Y 및 B로 경정하는 각 부기등기가 마쳐졌다. ㉡ 이어서 甲에 관하여 C 앞으로 매매 또는 계약양도를 원인으로 한 가등기 이전의 부기등기가 마쳐졌다가 가등기에 기한 본등기가 마쳐졌다.

A의 채권자인 X의 사해행위 취소청구에 대하여 원심은, 甲에 관하여 Y 및 B로부터 제3자인 C에게 가등기 이전의 부기등기가 마쳐졌고 본등기 명의인도 아니므로 Y 및 B가 사해행위 취소채권자에 대하여 가액배상의무를 지지 않는다고 하며, 위 가등기에 관한 사해행위 취소 및 가액배상청구를 기각하였으나, 대법원은 원심을 파기하였다(경정등기에 관한 사항은 제외).

153) 가등기의 순위보전적 효력 때문에 채권자가 채무자의 재산으로부터 완전한 변제를 받지 못하게 될 수 있어서 채권자를 해치는 가등기의 원인인 법률행위는 사해행위로서 취소의 대상이고, 가등기 이전의 부기등기는 사해행위인 매매예약에 기초한 수익자의 권리의 이전을 나타내는 것으로서 위 부기등기에 의하여 수익자로서의 지위가 소멸하지는 않음을 그 근거로 한다.

154) 그 밖의 재판례를 본다. ㉠ 대판 2018.6.28. 2018다214319: "저당권설정행위 등이 사해행위에 해당하여 채권자가 저당권설정자를 상대로 제기한 사해행위 취소소송에서 채권자의 청구를 인용하는 판결이 선고되었다고 하더라도 이러한 사해행위 취소판결의 효력은 해당 부동산의 소유권을 이전받은 자에게 미치지 아니하므로, 저당권이 설정되어 있는 부동산이 사해행위로 양도된 경우 부동산의 가액에서 저당권의 피담보채무액을 공제한 잔액의 한도에서 양도행위를 사해행위로 취소하고 가액의 배상을 구할 수 있다는 […] 법리는 저당권설정행위 등이 사해행위로 인정되어 취소된 때에도 마찬가지로 적용된다." ㉡ 대판 2018.12.27. 2017다290057은 "출연자와 예금주인 명의인 사이의 예금주 명의신탁계약이 사해행위에 해당하여 취소되는 경우 취소에 따른 원상회복은 수탁자인 명의인이 금융회사에 대한 예금채권을 출연자에게 양도하고 아울러 금융회사에 대하여 양도통지를 하도록 명하는 방법으로 이루어져야" 하고, "예금계좌에서 예금이 인출되어 사용된 경우에는 위와 같은 원상회복이 불가능하므로 가액반환만이 문제"된다고 하였다.

155) 대판 2008.4.24. 2007다84352.

채권자는 직접 자기에게 가액을 지급할 것을 청구할 수 있고, 이렇게 지급받은 가액상환금을 분배하는 방법이나 절차 등에 관한 규정이 없는 현행법 아래에서 다른 채권자들이 위 가액배상금에 대하여 배당요구를 할 수도 없으므로, 결국 채권자는 자신의 채권액을 초과하여 가액상환을 구할 수 없다.[156]

이 경우 다른 채권자도 총채권액 중 자기채권에 해당하는 안분액을 변제받을 수 있지만(제407조: "모든 채권자의 이익을 위하여"), 이는 채권의 공동담보로 회복된 채무자의 책임재산으로부터 민사집행법 등의 법률상 절차를 거쳐 다른 채권자도 안분액을 지급받을 수 있음을 의미할 뿐이고, 이러한 법률상 절차를 거치지 않은 채 취소채권자를 상대로 채권의 공동담보로 회복된 채무자의 책임재산으로부터 안분액의 지급을 직접 구할 수 있는 권리를 취득한다거나 취소채권자에게 인도받은 가액상환금에 대한 분배의무가 인정된다고 볼 수는 없다.[157]

따라서 금전채권자가 원상회복으로 가액상환을 구하는 경우에, 집행권원을 이미 갖춘 다른 채권자가 없다면 그 가액으로부터 자기채권의 만족을 얻을 수 있다.[158] 이때 가액을 상환해야 하는 수익자 또는 전득자는 자기가 수익 또는 전득하기 위하여 지출한 비용의 공제를 채권자에게 주장할 수 없다.[159]

[4138] **2. 원상회복 효과의 귀속**

(1) 채권자취소권 행사의 효과로서 취소와 원상회복은 "모든 채권자의 이익을 위하여 그 효력이 있다"(제407조). 즉 채무자의 책임재산의 유지(감소방지)라는 결과를 가져온다.[160] 여기서 채권자는 사해행위 당시 채권을 가지던 이 및 채권자취소권의 피보전채권으로서의 적격을 가지는 장래의 채권을 가진 이로 한정되고, 사해행위 후의 채권자는 이에 포함되지 않는다.[161]

[4139] (2) 취소권을 행사한 채권자도 회복된 채무자의 책임재산에 대하여 다시 강제집행절차를 밟지 않으면 그것을 자기채권의 변제에 충당할 수 없다. 즉 취소채권자가 회복된 재산으로부터 우선변제를 받을 권리는 없다.[162] 따라서 제407조에 포함되는 다른 채권자도 채권만족에 관한 일반원칙에 따라 채권내용을 실현할 수 있다(다른 채권자의 지위에 관하여 [4137] 참조).

다만 채권자가 회복재산을 「대위수령」할 수 있는데, 채권자의 채무자에 대한 채권과 채무자

---

156) 대판 2008.11.13. 2006다1442.

157) 대판 2008.6.12. 2007다37837.
참고로 대판 2012.12.26. 2011다60421은, 경매법원이 근저당권자를 배당받아야 할 채권자로 인정하여 배당금을 지급하였는데 그 근저당권자가 채무자와 체결한 근저당권설정계약이 사해행위에 해당되어 취소됨으로써 근저당권에 기하여 배당받을 권리가 상실된 경우에, 수익자인 근저당권자에게 지급된 배당금은 사해행위로 설정된 근저당권이 없었더라면 배당절차에서 더 많이 배당받을 수 있었던 다른 배당요구권자들에게 반환되어야 하고, 배당요구를 하지 않은 채권자 및 채무자 등은 다른 배당요구권자들의 배당요구채권을 모두 충족시키고도 남는 잉여금이 있다는 등의 특별한 사정이 없는 한, 수익자에 대하여 아무런 권리를 갖지 못하며, 이는 배당요구를 하지 않은 채권자가 그 근저당권을 설정한 계약에 대하여 사해행위 취소의 소를 제기하여 승소했더라도 마찬가지라고 하였다. 대판 2011.2.10. 2010다90708도 참조.

158) 앞의 2007다37837 판결: "가액배상금을 수령한 취소채권자가 이러한 분배의무를 부담하지 아니함으로 인하여 사실상 우선변제를 받는 불공평한 결과를 초래하는 경우가 생기더라도, 이러한 불공평은 채무자에 대한 파산절차 등 도산절차를 통하여 시정하거나 가액배상금의 분배절차에 관한 별도의 법률규정을 마련하여 개선하는 것은 별론으로 하고, 현행 채권자취소 관련규정의 해석상으로는 불가피하다."

159) 사해행위 취소에도 불구하고 채무자와 수익자 및 수익자와 전득자 사이의 법률관계는 유효하기 때문이다: 취소의 상대효.

160) 가액상환으로서 배당액은 배당요구를 한 취소채권자에게 그대로 귀속되는 것이 아니라 채무자의 책임재산으로 회복된다는 대판 2005.8.25. 2005다14595 참조.

161) 대판 2009.6.23. 2009다18502.

162) 근저당권자에게 배당하기로 한 배당금에 대하여 처분금지가처분결정이 있어 경매법원이 배당금을 공탁한 후에 근저당권설정계약이 사해행위로 취소된 경우에 관한 대판 2009.5.14. 2007다64310 참조.

의 회복된 재산에 대한 반환채권이 상계적상에 있으면 상계의 의사표시에 의하여 「사실상」 우선 변제를 받을 수 있지만,[163] 다른 채권자가 집행권원에 기하여 배당절차에 참가하거나 파산신청을 하면 그것이 저지된다.

(3) 수익자나 전득자가 제407조에 의하여 보호되는지를 본다. [4140]

① 원상회복을 당한 수익자가 채무자에 대하여 가지는, 그들 사이의 원인계약(사해행위)에 기한 권리[164]는 —채권자취소권의 행사에 의하여 원인계약은 영향을 받지 않으므로(취소의 상대효) — 제407조에 포섭되지 않고, 따라서 그 권리로는 배당에 참가할 수 없다. 반면 수익자가 「사해행위 이전에」 채무자에 대하여 가지던 채권은 포함되는데, 수익자는 「집행권원에 기하여」 배당에 참가할 수 있다.[165]

② 수익자인 또 다른 채권자가 이처럼 배당에 참가할 수 있고 배당절차에서 안분액의 배당요구권을 가진다 하여, 그가 가액상환을 하면서 자신도 사해행위 취소의 효력을 받는 채권자 중 1인이라는 이유로 취소채권자에 대하여 총채권액 중 자기의 채권에 대한 안분액의 분배를 청구하거나 수익자가 취소채권자의 원상회복에 대하여 총채권액 중 자기채권에 해당하는 안분액의 배당요구권으로써 원상회복청구와의 상계를 주장하여 그 안분액의 지급을 거절할 수는 없다.[166] 다만 가액상환으로 채권자가 만족을 얻은 경우에 채무자를 상대로 자신의 출재로 채무자의 채무가 소멸하였음을 들어 부당이득의 반환을 구할 수는 있다.

3. 취소의 상대효 [4141]

가. 기본법리

(1) 사해행위 취소의 효과는 상대적이어서, 취소소송의 당사자인 취소채권자와 취소의 상대방인 수익자 또는 전득자 사이에서만 사해행위를 무효로 만들 뿐이고, 채무자 및 취소의 상대방으로 되지 않은 수익자 또는 전득자에 대한 관계에서 법률행위(사해행위)는 유효하게 존속한다.[167] 이것을 「취소의 상대효」(또는 상대적 취소의 이론)라 하는데, 판례[168] 및 다수설의 입장이다. 판례가 사해행위 취소에 상대적 효력만 인정하는 것은, 사해행위 취소판결의 효력이 미치는 범위를 최소화함으로써 취소채권자와 수익자 그리고 제3자의 이익을 조정하기 위해서이다.[169]

(2) 상대효의 구체적 내용을 본다.[170] [4142]

① 채권자가 사해행위 취소와 함께 수익자나 전득자로부터 책임재산의 회복을 명하는 판결

---

163) 신의칙과의 관계에 관하여 대판 2014.8.20. 2014다28114 참조.

164) 예: 채권자취소소송에 의하여 매도된 부동산이 채무자의 책임재산으로 환원된 후 매수인인 수익자가 가지는 부당이득반환청구권. [4143] 참조.

165) 대판 2003.6.27. 2003다15907. 관련하여 수익자가 —채무자에 대한 채권이 아니라— 「취소채권자에 대한 별개의」 채권을 집행하기 위하여 채권자의 수익자에 대한 가액배상채권을 압류하고 전부명령을 받는 것은 허용된다는 대결 2017.8.21. 2017마499도 참조.

166) 대판 2001.2.27. 2000다44348. 그 근거에 관하여 대판 2001.6.1. 99다63183 참조.

167) 채권자 A가 전득자 D를 상대로 채무자 B와 수익자 C 사이의 사해행위를 취소한 경우에, B · C 사이의 사해행위는 A와 D에 대한 관계에서만 무효이고, A는 D에 대하여 전득한 재산을 B에게 반환할 것을 청구할 수 있다(C와 D 사이의 행위를 취소할 필요는 없음에 관하여 대판 2004.8.30. 2004다21923 참조). 그러나 B · C 사이 및 C · D 사이에서 B · C 사이의 행위는 계속 유효하므로, B나 C는 D에 대하여 사해행위의 무효를 주장할 수 없다. 한편 A가 C를 상대로 하여 취소권을 행사했다면, B · C 사이의 사해행위는 A와 C 사이의 관계에서만 무효로 된다.

168) 대판 1991.8.13. 91다13717 등.

169) 대판 2009.6.11. 2008다7109.

170) 독립당사자참가에 관한 대판 2014.6.12. 2012다47548 · 4755 및 확정판결에 기하여 수익자 앞으로 소유권이전등기가 마쳐진 경우에 관한 대판 2017.4.7. 2016다204783도 참조.

을 받은 경우에, 수익자 또는 전득자가 채권자에 대하여 사해행위의 취소로 인한 원상회복의무를 부담하게 될 뿐, 채무자와 사이에서 취소로 인한 새로운 법률관계가 형성되는 것은 아니다.[171]

② 대판 2017.3.9. 2015다217980: "채무자와 수익자 사이의 부동산매매계약이 사해행위로 취소되고 그에 따른 원상회복으로 수익자 명의의 소유권이전등기가 말소되어 채무자의 등기명의가 회복되더라도, 그 부동산은 취소채권자나 민법 제407조에 따라 사해행위 취소와 원상회복의 효력을 받는 채권자와 수익자 사이에서 채무자의 책임재산으로 취급될 뿐, 채무자가 직접 부동산을 취득하여 권리자가 되는 것은 아니[다. …] 채무자가 사해행위 취소로 등기명의를 회복한 부동산을 제3자에게 처분하더라도 이는 무권리자의 처분에 불과하여 효력이 없으므로, 채무자로부터 제3자에게 마쳐진 소유권이전등기나 이에 기초하여 순차로 마쳐진 소유권이전등기 등은 모두 원인무효의 등기로서 말소되어야 한다. 이 경우 취소채권자나 민법 제407조에 따라 사해행위 취소와 원상회복의 효력을 받는 채권자는 채무자의 책임재산으로 취급되는 부동산에 대한 강제집행을 위하여 원인무효 등기의 명의인을 상대로 등기의 말소를 청구할 수 있다."[172]

③ 그 밖에 사해행위의 목적부동산(甲)에 수익자에 대한 채권자의 가압류등기가 경료된 후 채무자와 수익자 사이의 매매계약이 사해행위라는 이유로 취소되어 수익자 명의의 소유권이전등기가 말소되었더라도 사해행위의 취소는 상대적 효력밖에 없어 특단의 사정이 없는 한 가압류의 효력이 당연히 소멸되는 것은 아니므로 채무자로부터 甲을 진전하여 양도받은 이는 가압류의 부담이 있는 소유권을 취득했다고 한 대판 1990.10.30. 89다카35421 및 "채권압류명령 등 당시 피압류채권이 이미 제3자에 대한 대항요건을 갖추어 양도되어 그 명령이 효력이 없는 것이 되었다면, 그 후의 사해행위 취소소송에서 위 채권양도계약이 취소되어 채권이 원채권자에게 복귀하였다고 하더라도 이미 무효로 된 채권압류명령 등이 다시 유효로 되는 것은 아니"라고 한 대판 2022.12.1. 2022다247521도 참조.[173]

[4143] **나. 채무자 · 수익자 · 전득자 사이의 관계**

(1) 앞에서 본 것처럼 채무자 · 수익자 사이의 법률행위(사해행위)와 수익자 · 전득자 사이의 법률행위는 사해행위 취소에 의하여 영향을 받지 않고 여전히 유효하다. 가령 부동산의 처분이 사해행위에 해당하고 수익자가 악의의 전득자에게 저당권을 설정해 준 경우에, 채권자취소소송을 제기한 채권자가 그 부동산을 환가하여 자기채권의 만족을 얻고도 남은 부분이 있다면 잔액은 수익자에게 귀속되어야 하고, 전득자는 그 금액으로부터 우선변제를 받을 수 있다(물상대위). 다만 사해행위 취소에 따라 등기명의가 채무자에게 복귀하므로 —현행 민사집행법 하에서는— 배당잉여금이 채무자에게 귀속될 수밖에 없다는 점에서 앞의 설명이 실제로 관철되기는 어렵다.

(2) 채권자취소권의 행사에 의하여 취소의 상대방인 수익자 또는 전득자는 재산상의 손실을 입는데, 이것이 어떻게 보상되는가?

이에 관하여 ① 수익자 또는 전득자는 채권자와의 관계에서 자기재산으로 타인(채무자)의 채무를 변제한 결과로 되므로, 채무자가 이득(채무의 소멸)을 얻은 한도에서 채무자에 대하여 부당

171) 대판 2007.4.12. 2005다1407. 대판 2001.5.29. 99다9011도 참조.
172) 사해행위의 대상인 재산은 여전히 수익자의 소유라고 한 대판 2016.11.25. 2013다206313도 참조.
173) 나아가 대판 2008.9.25. 2007다47216 및 대판 2005.11.10. 2004다49532도 참조.

이득의 반환(제741조)을 청구할 수 있다는 구성과 ② 수익자 및/또는 전득자로 하여금 재산권을 취득하게 한 법률행위가 유상계약이라면, 채권자취소권이 행사됨에 따라 반대급부를 취득하지 못한 결과로 되므로, 전득자는 수익자에 대하여, 수익자는 채무자에 대하여 담보책임(제572조 이하)을 물을 수 있다는 구성의 두 가지를 고려할 수 있다. 그런데 ②의 구성은 취소의 상대효에 반하는 것으로 이론적 난점을 가진다. 결국 채무의 소멸이라는 채무자의 이익은 부당한 것이어서 수익자 또는 전득자에 대한 관계에서 부당이득을 구성한다 할 것이다. 판례의 입장도 같다.[174)]

제 4 관 강제이행

1. 서 설 [4144]

채무의 이행이 없으면, 채권자는 법원의 도움을 얻어 채무의 내용인 급부를 강제적으로 실현할 수 있다. 이것이 현실적 이행의 강제 또는 강제이행(强制履行)이다.

그런데 강제이행은 사실로서 불이행을 타개하기 위한 법적 수단일 뿐이고, 엄밀한 의미에서 귀책사유를 요건으로 하는 채무불이행의 효과는 아니다([2276] 참조).

보 론 민사집행법에 의한 강제집행의 대강

㉮ 강제집행을 하기 위해서는 집행권원(執行權原. 종래 채무명의라고 하였다)이 있어야 한다. 이는 사법상의 일정한 청구권의 존재 및 범위를 표시함과 동시에 강제집행으로 그 청구권을 실현할 수 있는 집행력을 인정한 공정의 증서를 말한다. 확정된 종국판결(민사집행법 제24조), 화해조서, 인낙조서, 확정된 지급명령 또는 집행증서(같은 법 제56조), 가압류나 가처분 명령(같은 법 제291조, 제301조) 등이 그 예이다.

그리고 집행권원에 집행문을 부여받아야 집행을 할 수 있는데, 집행문(執行文)이란 집행권원에 집행력이 현존하는 사실 및 집행력이 미치는 주관적, 객관적 범위를 공증하기 위하여 집행문 부여기관이 집행권원의 정본의 끝에 덧붙여 적는 공증문언을 말하고, 집행당사자는 집행문의 부여로 확정된다.[1)]

㉯ 민사집행법은 금전채권에 기초한 강제집행(금전집행)과 금전채권 외의 채권에 기초한 강제집행(비금전집행)을 구별한다. 금전집행은 부동산에 대한 집행, 선박·자동차·건설기계·항공기에 대한 집행 및 동산에 대한 집행으로 나뉘고, 동산에 대한 집행은 유체동산에 대한 집행과 채권 그 밖의 다른 재산권에 대한 집행으로 세분되며,[2)] 비금전집행은 물건의 인도를 구하는 청구권의 집행과 작위, 부작위, 의사표시를 구하는 집행으로 나뉜다.

㉰ 부동산에 대한 강제경매를 중심으로 금전집행을 간략하게 소개한다.

ⓐ 강제집행은 채권자의 신청(경매신청)으로 시작되며, 압류, 현금화 그리고 변제(배당)의 3단계를 거친다. 참고로 채권자의 강제집행을 위한 집행보조절차로 재산명시절차, 채무불이행자명부등재

---

174) 대판 2017.9.26. 2015다38910: "채무자의 법률행위가 사해행위에 해당하여 취소를 이유로 원상회복이 이루어지는 경우, 특별한 사정이 없는 한 채무자는 수익자 또는 전득자에게 부당이득반환채무를 부담한다. 채무자의 책임재산이 위와 같이 원상회복되어 그로부터 채권자가 채권의 만족을 얻음으로써 채무자의 다른 공동채무자도 자신의 채무가 소멸하는 이익을 얻을 수 있다. 이러한 경우에 공동채무의 법적 성격이나 내용에 따라 채무자와 다른 공동채무자 사이에 구상관계가 성립하는 것은 별론으로 하고 공동채무자가 수익자나 전득자에게 직접 부당이득반환채무를 부담하는 것은 아니다. 따라서 채무자의 공동채무자가 수익자나 전득자의 가액배상의무를 대위변제한 경우에도 특별한 사정이 없는 한 수익자나 전득자에게 구상할 수 있다."

1) 집행채권의 양도와 채무자에 대한 양도통지가 있었더라도, 승계집행문의 부여·제출 전이라면 채권은 여전히 양도인의 책임재산으로 남아있다는 대판 2019.1.31. 2015다26009도 참조.

2) 이처럼 민사집행법에서 말하는 동산은 ―민법상의 동산과 달리― 부동산 및 이에 준하여 취급되는 것(입목에 관한 법률에 따라 등기된 입목, 공장재단, 광업재단, 광업권, 어업권, 등기할 수 있는 선박, 등록된 항공기, 자동차, 건설기계 등) 외의 것을 말하며, 유체동산뿐만 아니라 채권 그 밖의 재산권도 포함된다.

절차 및 재산조회제도가 있다(민사집행법 제61조 이하). 그리고 같은 법 제90조가 한정적으로 열거하는 이해관계인[3]은 통지를 받고 의견을 진술할 수 있는 등 강제경매절차 전반에 관여할 수 있다.

ⓑ 채권자(강제집행을 신청한 채권자를 「집행채권자」라 한다)의 신청이 있으면 법원은 경매개시결정을 하여 목적부동산을 압류하고, 경매개시결정의 기입등기를 촉탁하며(같은 법 제83조), 경매개시결정 정본을 채무자에게 송달한다.

그런데 강제집행의 첫 단계인 압류는 금전채권의 만족을 얻기 위하여 채무자의 특정재산에 대하여 사실상 또는 법률상의 처분을 금지하는 국가(집행기관)의 강제적 행위를 말하는데(같은 법 제83조, 제227조), 부동산의 경우에 압류의 취지를 등기하는 방법으로 행하여진다. 압류에 따라 법원은 부동산을 압류 당시의 상태로 현금화하는 권능을 취득하고, 압류 후에 이루어진 채무자의 처분은 압류채권자에게 대항하지 못한다. 즉 압류에 의한 처분제한의 효력은 상대적이다.[4]

ⓒ 현금화(종래 「환가」라고 하였고, 지금도 관용된다)는 압류된 채무자의 재산을 현금으로 바꾸는 것을 말하는데, 부동산이나 동산의 경우에 집행기관이 대상물을 양도(매각)하여 그 대금을 취득하는 방법으로 현금화하고, 채권의 경우에는 채권자에게 추심권을 주거나(추심명령) 집행의 대상인 채권을 채권자에게 이전하는(전부명령) 등의 방법으로 현금화한다(같은 법 제229조).

이 중 부동산의 현금화과정을 보자. 먼저 법원은 현금화의 준비절차로서 집행관에게 부동산의 현상, 점유관계 등 현황에 관하여 조사를 명하고, 감정인의 평가액을 참작하여 최저매각가격을 정한다. 이어서 매각기일(기간입찰의 경우에는 그 기간)과 매각결정기일을 정하여 공고한다. 매각기일에 매수신청인이 없으면 법원은 최저매각가격을 저감(低減)하고 새 매각기일을 정하여 다시 매각을 실시한다. 그리고 법원은 매각결정기일에 이해관계인의 의견을 들은 후 매각의 허부를 결정한다. 매각허가결정이 확정되면 대금지급기한을 정하여 매수인에게 대금을 낼 것을 명한다.

ⓓ 현금화의 결과로서 매각대금을 채권자에게 교부하여 채권자가 만족을 얻으면 금전집행은 목적을 달성하여 종료되는데, 매각대금으로 배당에 참가한 모든 채권자를 만족시킬 수 없는 경우에 민법, 상법 그 밖의 법률에 의한 우선순위에 따라 배당해야 한다(민사집행법 제145조).

집행채권자의 강제집행절차에 참가하여 동일한 재산의 매각대금에서 변제를 받으려는 집행법상의 행위를 「배당요구」라 한다. 그런데 배당요구의 종기까지 경매신청을 한 압류채권자, 첫 경매개시결정등기 전에 등기된 가압류채권자, 저당권 · 전세권 그 밖의 우선변제청구권으로서 첫 경매개시결정등기 전에 등기되었고 매각으로 소멸하는 것을 가진 채권자는 배당요구를 하지 않아도 당연히 배당에 참가한다(같은 법 제148조). 반면 집행력 있는 정본을 가진 채권자, 경매개시결정이 등기된 뒤에 가압류를 한 채권자, 민법 · 상법 그 밖의 법률에 의하여 우선변제청구권이 있는 채권자(주택임대차법에 기한 우선변제권을 가진 임차인 등)는 배당요구를 해야 배당에 참가할 수 있는데(민사집행법 제88조, 제247조), 배당요구는 첫 매각기일 이전으로 집행법원이 정한 배당요구의 종기까지(같은 법 제84조 제1항) 할 수 있다.

배당과 부당이득에 관하여 [3239] 참조.

㉣ 실체법과 관련하여 강제집행에 대한 구제방법을 본다.

ⓐ 「청구에 관한 이의의 소」는 채무자가 집행권원의 내용인 사법상의 청구권이 현재의 실체상태와 일치하지 않음을 주장하여 집행권원이 가지는 집행력의 배제를 구하는 소이다(민사집행법 제44조). 이의사유로 청구권의 불발생, 집행권원에 표시된 청구권의 전부 또는 일부의 소멸, 청구권의 귀속주체의 변동, 청구권의 효력정지 또는 제한, 부집행의 합의, 한정승인, 권리남용 등.

ⓑ 「제3자이의의 소」는 집행의 목적물에 대하여 소유권 또는 목적물의 양도나 인도를 막을 수 있는 권리를 가진 제3자가 이를 침해하는 강제집행에 대하여 이의를 제기하여 집행의 배제를 구하

---

3) 압류채권자와 집행력 있는 정본에 의하여 배당을 요구한 채권자, 채무자 및 소유자, 등기부에 기입된 부동산 위의 권리자, 부동산 위의 권리자로서 그 권리를 증명한 사람.

4) 대판 1992.2.11. 91누5228.

는 소이다(민사집행법 제48조 제1항). 소유권(공유권이나 양도담보권을 포함한다), 점유 · 사용을 내용으로 하는 제한물권, 점유권 등의 존재, 처분금지가처분 등이 이의사유이다. 그런데 이의의 원인인 소유권의 범위는 물권적 청구에서와 다르지 않아서, 미등기매수인,[5] 명의신탁자[6] 등은 제3자이의의 소를 제기할 수 없고, 압류집행 후 소유권을 취득한 경우에도 같다.[7]

ⓒ 참고로 경매절차의 취소(민사집행법 제96조 제1항, 제268조)는 매각대금을 다 내기 전에 발생한 사유만을 취소사유로 한다.[8]

2. 강제이행의 방법 [4145]

가. 직접강제

직접강제란 채무자의 의사와 무관하게(보다 정확하게는 의사를 무시하고) 국가권력, 즉 집행기관의 행위로 채권의 내용을 실현하는 집행방법인데(제389조 제1항, 민사집행법 제257조 이하), 금전의 지급이나 물건의 인도를 목적으로 하는 채무, 즉「주는 채무」에 대해서만 허용된다. 반면「하는 채무」, 즉 물건의 인도 외의 작위를 내용으로 하는 채무(작위채무. 예: 목수가 집을 수리할 채무, 가수가 노래를 부를 채무)와 일정한 부작위를 내용으로 하는 채무(부작위채무. 예: 경업을 하지 않을 채무, 일정한 건축을 하지 않을 채무)는 직접 채무자의 신체에 강제력을 가하지 않으면 실현할 수 없기 때문에, "채무의 성질이 강제이행을 하지 못할 것인 때"(제389조 제1항 단서)에 해당하여 직접강제가 허용되지 않는다.

나. 대체집행 [4146]

(1)「하는 채무」 중 채무자 자신이 이행하지 않아도 목적을 달성할 수 있는 경우, 즉 물건의 인도 외의 대체적인 작위 또는 부작위의 급부에서 급부내용을 제3자(채권자 자신도 포함하여)로 하여금 실현시키고 그 비용을 채무자에게 부담시킴으로써, 채무자 자신이 실현한 것과 같은 상태를 만드는 방법이 대체집행(代替執行)이다(제389조 제2항, 제3항, 민사집행법 제260조).[9] 따라서 작위 또는 부작위의 급부라도 제3자가 대신 행할 수 없는 급부(부대체적 급부)에 대해서는 대체집행이 불가능하다.

(2) 제389조 제2항 전단은 채무가 법률행위를 목적으로 한 경우에 채무자의 의사표시에 갈음할 재판을 법원에 청구할 수 있다고 규정하는데, 이도 대체집행의 일종이다. 예컨대「소유권이전등기절차를 이행하라」는 내용의 확정판결을 받으면, 이로써 채무자의 소유권이전등기신청은 행해진 것으로 의제되므로, 채권자는 단독으로 등기신청을 할 수 있다(부동산등기법 제23조 제4항 참조).

그런데 채무자의 의사표시가 채권자의 반대급부를 조건으로 하는 경우에, 반대급부의 이행을 증명할 수 있는 서류를 제출하여 집행문이 부여된 때에 의사표시가 있는 것으로 본다(민사집행법 제263조 제2항). 한편 의사표시가 채권자를 상대로 하거나 누구의 수령도 요하지 않는 것이라

---

5) 대판 1980.1.29. 79다1223.

6) 대판 2007.5.10. 2007다7409.

7) 대판 1982.9.14. 81다527.

8) 대결 2017.4.19. 2016그172.

9) 목수가 도급받은 공사를 하지 않는 경우에 다른 목수로 하여금 공사를 대신 하게 하고 그 비용을 이행하지 않은 목수에게 부담시키거나(제389조 제2항 후단), 일정한 건축을 하지 않겠다는 약속을 위반하여 건축한 경우에 제3자로 하여금 그 건축물을 철거하게 하고 그 비용을 위반자에게 부담시킴(제3항)으로써 급부를 실현시키는 방법이다.

면, 이를 명하는 이행판결의 확정에 의하여 당연히 집행된 것으로 되어 판결확정시 의사표시가 있는 것으로 보지만, 채권자 아닌 이의 수령을 요하는 것이라면 그 상대방에게 확정판결의 정본이나 등본을 제시한 때에 의사표시의 효력이 발생한다(제111조 제1항).

[4147] **다. 간접강제**

앞의 두 방법이 모두 불가능한 경우[10]에 채무의 이행이 있기까지 법원이 채무자에게 일정한 금전의 지급의무[11]를 지움으로써 채무자에게 심리적 압박을 가하여 간접적으로 채권자의 만족을 기도하는 방법이 간접강제이다(민사집행법 제261조 제1항).[12]

[참 고] 여기의 배상금은 법정제재금[13]으로서 채무불이행으로 인한 손해의 전보와 무관하다고 할 것이지만, 대판 2014.7.24. 2012다49933은 "간접강제 배상금은 채무자로부터 추심된 후 국고로 귀속되는 것이 아니라 채권자에게 지급하여 채무자의 작위의무 불이행으로 인한 손해의 전보에 충당되는 것"이라고 하였다.[14]

[4148] ## 3. 강제이행의 순서

앞에서 설명한 강제이행의 방법을 어떤 순서로 허용할 것인지는 채권실현에 대한 채권자의 이익과 채무자의 인격존중을 고려하여 결정해야 한다. ① 물건의 인도를 목적으로 하는 채무는 직접강제의 방법에 의하여 간편하게 그리고 효과적으로 실현될 수 있고, 또한 직접강제의 방법은 채무자의 신체나 의사에 압박을 가하지 않으므로 인격존중의 사상에도 합치된다. 따라서 「주는 채무」에 대해서는 직접강제만 허용된다. ② 「하는 채무」 중에서 대체적인 것에 대해서는 대체집행의 방법만 허용된다. 이 방법에 의하더라도 급부가 효과적으로 실현될 수 있을 뿐만 아니라 채무자의 인격에 대한 불필요한 압박도 피할 수 있기 때문이다. ③ 직접강제에 의해서도 대체집행에 의해서도 목적을 달할 수 없는 경우에 비로소 간접강제를 허용되어야 한다. 채무자의 인격에 압박을 크게 가하는 이 방법은 최후에 허용하는 것이 인격존중의 사상에 합치하기 때문이다. 다만 ④ 다음의 채무에 대해서는 간접강제도 허용되지 않는다: 그 이행이 본인의 의사에만 달려있는 것이 아닌 채무(예: 이행에 제3자의 협력을 필요로 하는 채무), 채무자의 자유의사에 반하여 강제되어서는 채무의 내용에 좇은 급부를 기대할 수 없는 채무(예술가의 작품제작 등) 및 강제하는 것이 인격존중의 사상에 반하는 채무(부부간의 동거의무 등). 이러한 채무가 불이행되는 경우에 채권자는 손해배상 기타의 구제방법에 의존하는 수밖에 없다.

[4149] ## 4. 강제이행과 손해배상

강제이행과 손해배상은 채권의 별개의 효력이며 양립할 수 있는 것이므로, 일방의 청구가 타방의 청구를 배제하지 않는다(제389조 제4항).

---

10) 예: 그 위반의 결과가 제거될 수 없는 부작위채무(예: 경업을 하지 않을 채무)나 부대체적인 작위채무(예: 가수가 노래를 부를 채무).

11) 불이행 일정기마다 일정액의 배상금을 지급하라는 식의 법원의 명령. 변론 없이 할 수 있지만, 결정 전에 채무자를 심문해야 한다(민사집행법 제262조)

12) 참고로 대판(전) 2021.7.22. 2020다248124의 다수의견은 판결절차에서 부작위채무나 부대체적 작위채무의 이행을 명하면서 동시에 간접강제를 명할 수 있다고 하였다.

13) 대판 2013.2.14. 2012다26398 참조.

14) 동지로 대판 2022.11.10. 2022다255607: "채무자로 하여금 채권자에 대한 작위·부작위의무 불이행으로 인한 손해배상을 명하는 판결이 확정되는 경우에도, 이미 동일한 작위·부작위의무에 대한 간접강제 배상금이 지급되었다면, 확정판결에서 정한 손해가 간접강제 배상금을 초과하는 부분이 아닌 이상, 채권자가 지급받은 간접강제 배상금과 별도로 확정판결에 따른 손해배상금을 추심할 수는 없다."

제 3 장 채권관계의 당사자

제 1 절 다수당사자의 채권관계 총설

Ⅰ. 개 관 [4150]

1. 서 설

(1) 채권관계는 보통 1인의 채권자와 1인의 채무자로 구성되지만, 채권자 및/또는 채무자가 수인인 경우도 있다. 이러한 경우를 총칭하여 「다수당사자의 채권관계」라 하는데, 민법은 분할채권관계, 불가분채권관계, 연대채무 및 보증채무의 네 종류를 규정하고, 판례는 나아가 부진정연대를 인정한다(그 밖에 어음법 제47조 제1항 소정의 합동책임도 참조).

(2) 채권자와 채무자가 「1 : 1」로 대응하는 통상의 경우와 달리 다수당사자의 채권관계에서는 다음의 세 측면이 검토되어야 한다: ① 수인의 채무자(또는 채권자)와 상대방 사이에서 이행청구(또는 변제)의 효력이 어디까지 미치는가 하는 「외부관계」와 ② 수인의 채무자(또는 채권자) 중 1인에게 생긴 청구, 시효의 중단, 면제 등의 사유가 다른 채무자(또는 채권자)에게 어떠한 효력을 미치는가 하는 「영향관계」[1] 및 ③ 어느 채무자가 행한(또는 어느 채권자에게 행하여진) 변제 등을 수인의 당사자 사이에서 어떻게 분담/구상 내지 분배/분여하느냐 하는 「정산관계」(내부적인 관계에 기한 부담부분 및 구상).

(3) 다수당사자의 채권관계는 하나의 동일한 급부를 목적으로 하지만, 채권자 또는 채무자의 수만큼의 채권관계가 성립한다. 반면 채권이나 채무를 준공동소유하는 경우에 하나의 채권 또는 채무가 일체를 이루어 복수의 주체에게 공동으로 귀속되며, 공동소유에 관한 규정이 준용되는데(제278조), 복수의 주체 사이의 인적 결합관계에 따라 채권 또는 채무가 준공유, 준합유 또는 준총유된다.

2. 인적 담보로서 다수당사자의 채권관계 [4151]

(1) 채무자가 수인인 경우에 다수당사자의 채권관계는 다수채무자의 책임재산을 집적함으로써 채권의 효력을 강화하는[2] 기능을 담당한다. 즉 실질적으로 인적 담보(人的 擔保)로 기능한다. 특별재산에 관하여 채권자 평등의 원칙이 전면적으로 배제되는 물적 담보와 달리, 인적 담보에서는 그 원칙이 유지되면서 타인의 책임재산이 추가되는 형태로 채권의 효력이 강화된다.[3]

(2) 인적 담보라는 관점에서(즉 복수의 채무자를 전제로) 다수당사자의 채권관계를 개관한다. [4152]

---

1) 다른 이에게 영향을 미치는 사유를 「절대적 효력 있는 사유」라 하고, 영향을 미치지 못하는 사유를 「상대적 효력 있는 사유」라고 한다.

2) 어느 채무자가 무자력으로 되더라도 다른 채무자의 책임재산으로부터 채권의 만족을 얻을 수 있다는 점에서.

3) 가령 보증에서 주채무의 이행이 없으면 채권자가 보증인에 대하여 보증채무의 이행을 구할 수 있고, 보증채무의 이행이 없으면 보증인의 재산에 대하여 강제집행을 할 수 있다. 이처럼 주채무자의 재산 외에 보증인의 재산도 책임재산으로 됨에 따라 채권의 효력이 강화된다([5401] 참조). 불가분채무나 연대채무도 복수의 채무자 전원의 재산이 책임재산으로 된다는 점에서 인적 담보로 「기능」한다.

① 제408조는 개인주의 · 자유주의에 기한 분할채무를 기본값으로 삼는데, 수인의 채무자가 각자 독립된 (분할)채무를 부담하므로 인적 담보와 무관하다.

② 당사자의 의사에 기한 불가분채무는 「하나」의 불가분급부를 목적으로 하는데, 이행청구 또는 이행 외의 사유는 상대적 효력을 가질 뿐이어서(제411조 참조) 인적 담보로서의 작용이 매우 강하다.[4)]

③ 연대채무도 복수의 채무자 각자가 채무 전부를 이행할 의무를 부담한다는 점에서 인적 담보로 기능한다. 다만 "효력의 상대성의 원칙"(제423조의 표제)에도 불구하고 절대효가 넓게 인정됨에 따라,[5)] 채권의 효력이 그다지 강하지 않을 수 있다. 그래서 판례는 수인이 독립된 별개의 책임을 지지만 피해자 구제라는 경제적 목적을 같이하는 경우에 상대효의 원칙을 관철할 수 있는 부진정연대를 인정한다.

④ 보증채무에서 복수의 채무 사이에 주종관계가 존재하고 그에 따라 절대효가 편면적으로 인정된다. 즉 주채무자에게 생긴 사유는 전부 보증인에게 효력을 미치지만, 보증인에게 생긴 사유는 변제 등 채권자에게 만족을 주는 사유를 제외하고 주채무자에게 효력을 미치지 않는데, 본래적 의미의 인적 담보에 해당한다.[6)]

[4153] ## 3. 민법 제408조

(1) 하나의 가분적 급부에 대하여 채권자 및/또는 채무자가 수인인 경우에, 각 채권자가 급부의 일부에 대해서만 권리를 가지거나(분할채권)[7)] 각 채무자가 급부의 일부만 부담하는(분할채무)[8)] 채권관계를 분할채권관계(分割債權關係. 또는 가분채권관계)라 하는데, 다수당사자의 채권관계의 기본값이다(제408조. 예외: 제616조, 제654조, 제760조 등).

그런데 불가분급부의 경우에 성질상 이 기본값이 유지될 수 없고, 당사자의 특약(=합의), 법률의 규정(제35조 제2항, 제760조 등) 또는 거래관행[9)]에 의하여 불가분채권관계로 되거나 연대채무로 되는 경우가 있는데, 그에 따라 채권의 효력이 강화된다.

(2) 하나의 가분급부에 관하여 채권자 및/또는 채무자가 수인이라면 기본값으로서 분할채권관계가 성립한다(제408조 참조). 판례는 매매계약의 무효를 원인으로 복수의 매도인을 상대로 부당이득으로서 계약금의 반환을 구하는 채권,[10)] 채권이 일부양도된 경우의 각 분할된 부분에 대한 채권,[11)] 채권자에 대하여 자기의 부담부분 이상을 변제하여 공동의 면책을 얻은 공동불법행위자

4) 결국 채권자의 완전한 만족만이 채무자들을 해방시킨다.

5) 채권자의 만족이 없음에도 다른 연대채무자가 해방될 수 있음을 의미한다.

6) 다만 공동보증이나 보증인 사이의 구상에서는 제408조의 취지가 유지된다.

7) 예: 3인이 같은 지분으로 공유하던 부동산을 대금 600만 원에 매각하여 복수채권자 3인이 각 200만 원씩 분할된 대금채권을 취득하는 경우.

8) 예: 3인이 공동으로 부동산을 600만 원에 구입하면서 지분에 따라 분할된 대금채무를 부담하는 경우.

9) 수인이 공동으로 차재(借財)하거나 취식(取食)한 경우처럼 거래관행상 연대의 의사가 있다고 볼 수 있으면 급부가 가분이라도 연대채무가 성립한다고 새겨야 한다. 참고로 대판 2014.8.20. 2014다26521: "민법상 다수당사자가 함께 채무자가 되는 경우 특별한 의사표시가 없으면 그 다수의 채무자는 분할채무를 부담하는 것이 원칙이기는 하지만, 당사자들의 의사표시에 의해 채권관계가 발생할 경우 그 급부의 성질 · 거래의 관행 · 당사자들의 의사 · 당사자들의 관계 · 거래경위 등에 비추어 복수의 채무자가 불가분적인 채무를 부담하기로 한 것으로 해석함이 상당한 경우도 있으므로, 법원으로서는 다수당사자가 계약에 의해 함께 채무자가 되는 구체적 사건의 해석에 있어서 위와 같은 사정을 잘 살펴서 그 다수의 채무자가 분할하여 채무를 부담하기로 한 것인지 혹은 불가분적인 채무로서 채무 전액에 대하여 중첩적으로 책임을 지기로 한 것인지를 구별하여야 할 것"이다.

10) 대판 1993.8.14. 91다41316.

11) 대판 2002.2.8. 2000다50596.

중 1인이 다른 복수의 공동불법행위자에 대하여 가지는 구상채권[12] 등을 분할채권으로 보았다. 금전채권이나 금전채무의 공동상속의 경우에도 분할채권관계가 성립한다.

(3) ① 분할채권관계에서 각 채권자 또는 각 채무자는 분할된 채권을 가지거나 분할된 채무를 부담하는데, 특약이 없는 한 채권 또는 채무가 "균등한 비율"로 분할된다. ② 분할채권관계에서 각 채권자의 채권이나 각 채무자의 채무는 별개 · 독립의 것으로, 상대방에 대한 관계는 채권법의 일반원칙에 따라 처리되고, 1인의 채권자 또는 채무자에게 생긴 사유는 다른 채권자 또는 채무자에게 영향을 미치지 않는다. ③ 수인의 채권자 또는 채무자 상호간에도 특약이 없으면 균등비율로 분할되지만, 예를 들어 지분이 불평등한 공유물을 매각하였다면 내부적으로 지분의 비율에 따라 대금채권이 분할되어야 하는데, 채무자로부터 내부비율 이상으로 변제를 받은 이는 다른 채권자에게 내부비율을 초과하는 부분을 상환해 주어야 한다. [4154]

(4) 분할채권으로 되면 수인의 채권자에게 따로따로 변제해야 한다는 불편이 있으며, 분할채무로 되면 수인의 채무자로부터 따로따로 변제를 받아야 하는 불편뿐만 아니라 어느 채무자가 무자력인 경우에 그의 분할부분에 관하여 변제를 받지 못할 위험도 따른다. 이러한 사정 때문에 학설은 일반적으로 분할채권관계를 기본값으로 삼는 제408조의 적용범위를 제한하려 하고, 뒤에서 보는 「연대의 추정」도 그 예이다. 그런데 제408조는 민법의 기초적 세계관인 개인주의 · 자유주의를 반영한 것으로 거래관행에 의하여 그 취지를 쉽게 완화(또는 포기?)해도 되는지 음미를 요한다.[13]

Ⅱ. 불가분채권관계 [4155]

1. 서 설

하나의 불가분급부를 목적으로 하는 다수당사자의 채권관계를 불가분채권관계(不可分債權關係)라 한다. 급부가 성질상 불가분인 경우[14] 외에 성질상 가분이지만 당사자의 의사표시(즉 특약)에 의하여 불가분인 경우[15]에도 불가분채권관계가 성립한다. 이처럼 성질상 가분인 급부를 특약에 의하여 불가분으로 하는 까닭은 불가분채권관계로 만들어 이행청구 또는 이행의 편의를 꾀하려는 데 있고, 특히 불가분채무로 만들면 채권이 모든 채무자의 자력에 의하여 담보되므로 그 효력이 강화된다.

2. 불가분채무 [4156]

(1) 불가분채무는 급부의 성질, 당사자의 특약, 거래관행, 법률의 규정 등에 의하여 생긴다. 판례가 불가분적 이득의 반환의무로 본 예로, 건물공유자가 공동으로 건물을 임대하고 보증금을 수령한 경우에 보증금반환채무,[16] 수인이 공동으로 법률상 원인 없이 타인의 재산을 사용함에 따른 부당이득반환[17] 등.

---

12) 대판 2002.9.27. 2002다15917. 다만 구상권자에게 과실이 없는 경우에 관한 대판 2005.10.13. 2003다24147([4184]에 소개된)의 예외도 참조.
13) 다만 두레나 품앗이와 같은 우리의 전통적 관습에 비추어, 규정상의 기본값과 생활상의 기본값이 상치되는 예로 이해할 수는 있다.
14) 예: 매매의 대상인 소 한 마리의 인도.
15) 여러 명이 부담하는 대금지급채무는 성질상 가분이지만, 당사자의 특약에 의하여 분할하지 않을 수 있다.
16) 대판 1998.12.8. 98다43137; 대판 2017.5.30. 2017다205073.
17) 대판 2001.12.11. 2000다13948. 공유임야에 수목이 부합된 경우에 관한 대판 1980.7.22. 80다649도 참조.

(2) 채권자는 1인의 채무자에게 채무 전부의 이행을 청구할 수 있고, 채무자 전원에게 동시에 또는 순차로 이행을 청구할 수도 있다(제411조, 제414조).

(3) ① 채무자 1인의 이행(대물변제, 공탁을 포함한다) 또는 채무자 1인에 대한 이행청구는 다른 채무자에게도 그 효력을 미친다(제411조, 제410조). 즉 절대적 효력이 있다.[18] 변제제공의 효과인 채권자지체도 절대적 효력을 가진다(제411조, 제422조). ② 그 밖의 사유에 대해서는 상대적 효력이 인정될 뿐이다. 따라서 채권자와 1인의 채무자 사이에 경개나 면제가 있더라도 다른 채무자의 채무는 소멸하지 않는다. 다만 전부의 이행을 한 채무자는 경개 또는 면제가 있었던 채무자가 부담하였을 부분의 가액의 상환을 채권자에게 청구할 수 있다(제410조 제2항, 제411조).

(4) 정산관계에 연대채무에 관한 규정이 준용된다. 따라서 (전부 또는 일부의) 변제를 한 채무자는 다른 채무자의 내부적 부담부분에 관하여 구상권을 행사할 수 있다(제411조, 제424조 내지 제427조). 그리고 각 채무자의 부담부분은 특별한 사정이 없는 한 균등한 것으로 추정된다.

[4157] 3. 불가분채권

(1) 하나의 불가분급부에 대하여 채권자가 수인인 경우에, 각 채권자는 단독으로 이행을 청구할 수 있고, 채무자는 모든 채권자를 위하여 1인의 채권자에게 이행할 수 있다(제409조).

(2) ① 채권자 1인의 청구 또는 채권자 1인에의 이행은 다른 채권자에게도 효력을 미친다. 즉 전자는 다른 채권자를 위해서도 시효중단, 이행지체 등의 효과를 발생시키고, 후자는 다른 채권자의 채권도 소멸시킨다. 공탁이나 변제제공도 마찬가지이고, 따라서 채권자지체도 모든 채권자에게 효력을 미친다. ② 그 밖의 사유는 다른 채권자에게 영향(효력)을 미치지 못한다(제410조 제1항). 가령 어느 채권자와 채무자 사이의 경개나 면제는 다른 채권자에게 효력을 미치지 못하지만,[19] 전부의 이행을 받은 다른 채권자는 경개 또는 면제한 채권자가 경개 · 면제에 의하여 권리를 잃지 않았더라면 분급(分給)받았을 이익을 채무자에게 상환해야 한다(제2항).

(3) 정산관계에 관한 명문규정은 없지만, 특별한 의사표시가 없는 한 이행을 받은 채권자는 다른 채권자들에게 균등한 비율로 이익을 분급해 주어야 한다.

---

18) 다수설은 제411조가 연대채무에 관한 제416조를 불가분채무에 준용하지 않는다는 점을 들어 이행청구에 대하여 상대적 효력만 인정하지만, 이행청구도 제410조 제1항(제411조가 준용하는)에 의하여 절대적 효력을 가지는 것으로 새겨야 한다.

19) 즉 다른 채권자의 채권을 소멸시키는 효력이 없고, 따라서 다른 채권자는 채무 전부의 이행을 채무자에게 청구할 수 있다.
참고로 대판 2023.3.30. 2021다264253: "수인의 채권자에게 금전채권이 불가분적으로 귀속되는 경우에, 불가분채권자들 중 1인을 집행채무자로 한 압류 및 전부명령이 이루어지면 그 불가분채권자의 채권은 전부채권자에게 이전되지만, 그 압류 및 전부명령은 집행채무자가 아닌 다른 불가분채권자에게 효력이 없으므로, 다른 불가분채권자의 채권의 귀속에 변경이 생기는 것은 아니다. 따라서 다른 불가분채권자는 모든 채권자를 위하여 채무자에게 불가분채권 전부의 이행을 청구할 수 있고, 채무자는 모든 채권자를 위하여 다른 불가분채권자에게 전부를 이행할 수 있다. 이러한 법리는 불가분채권의 목적이 금전채권인 경우 그 일부에 대하여만 압류 및 전부명령이 이루어진 경우에도 마찬가지이다."

제 2 절 연대채무

Ⅰ. 총 설 [4158]

1. 개 념

(1) 연대채무(連帶債務)란, 동일한 내용의 채무에 대하여 수인의 채무자가 각자 독립하여 채무 전부를 이행할 의무를 부담하되, 그중 1인의 이행으로 다른 채무자도 채무를 면하는 다수당사자의 채권관계를 말한다(제413조). 채권자는 연대채무자들 중 누구에 대해서도 채무 전부의 이행을 청구할 수 있으므로, 연대채무자 전원의 자력이 채권의 담보로 되고, 따라서 인적 담보로 기능한다.

그런데 연대채무자 수만큼의 별개·독립의 채무가 성립함에도 채무자 1인에게 생긴 사유가 다른 채무자에게 효력을 미치는 것을 인정하는 이유는 채무자 상호간에 공동관계의 의식이 존재하기 때문이다(주관적 공동관계설).[1)]

(2) 한편 수인의 채권자가 동일한 내용의 급부에 대하여 각자 독립하여 전부 또는 일부의 급부를 청구할 수 있는 권리를 가지고, 그중 1인 또는 수인이 급부 전부를 수령하면 모든 채권자의 채권이 소멸하는 다수당사자의 채권관계를 「연대채권」이라 하는데, 그 효력은 당사자의 의사와 연대채무에 관한 규정의 유추에 의하여 결정되어야 한다.

2. 연대채무의 성립 [4159]

(1) 연대채무에 관한 제413조 이하는 연대채무의 성립에 관한 규정을 포함하지 않는데, 연대채무는 당사자들의 계약 또는 법률의 규정에 의하여 성립한다.

(2) 연대채무는 우선 당사자들의 계약에 의하여 성립한다. 연대채무를 성립시키는 계약은 하나일 수 있고, 수개의 독립한 계약일 수도 있다. 명시적일 수 있고, 묵시적일 수도 있는데, 당사자가 총채무자의 자력을 종합적으로 고려하였다고 인정되는 경우에, 특별한 사정이 없는 한 제408조에도 불구하고 연대채무를 성립시키는 묵시적 특약이 존재한다고 추정하고, 이를 연대의 추정(連帶의 推定)이라고 한다.

그런데 1개의 계약에 의하여 수인이 연대채무를 부담하는 경우에, 연대채무자 1인에 대하여 법률행위의 무효(의사무능력 등에 의한) 또는 취소(제한능력 등으로 인한)의 원인이 존재하더라도 다른 연대채무자의 채무의 효력에는 영향을 미치지 않는다(제415조). 또한 각 채무자의 채무는 조건, 이행기 등을 달리할 수 있으며, 채무자 1인을 위하여 보증채무를 성립시킬 수 있다(제447조).

(3) 연대채무는 민법 기타 법률의 규정(예: 제35조 제2항, 제65조, 제616조, 제654조, 제760조, 제832조, 상법 제323조 등)에 의해서도 성립한다. 특히 상법 제57조 제1항은 "수인이 그 1인 또는 전원에게 상행위로 되는 행위로 인하여 채무를 부담하는" 경우에 그 채무를 연대채무로 본다.[2)] 그런데 법률의 규정에 의하여 성립하는 연대채무의 대부분은 부진정연대채무에 해당하는바, 이에

1) 구상요건으로서 통지에 관한 제426조를 부진정연대채무자 상호간에 유추할 수 없다고 한 대판 1998.6.26. 98다5777도 연대채무에서 "채무자들 상호간에 공동목적을 위한 주관적인 연관관계가 있"다고 함으로써 이러한 입장을 전제하는 듯하다.

2) 그 취지는 상사거래에서 인적 담보를 강화하여 채무이행을 확실히 하고 거래의 안전을 도모함으로써 상거래의 원활을 기하려는 것이라는 대판 1987.6.23. 86다카633 참조. 조합채무에 관한 대판 1992.11.27. 92다30405; 대판 1998.3.13. 97다6919도 참조.

관해서는 뒤에서 따로 살펴본다.

[4160] Ⅱ. 연대채무자와 채권자의 관계

1. 외부관계: 채권자와 채무자 사이의 관계

(1) 채권자는 이행청구의 상대방을 임의로 선택할 수 있으므로, 어느 한 연대채무자에 대하여 또는 동시나 순차로 모든 연대채무자에 대하여 채무의 전부 또는 일부의 이행을 청구할 수 있다(제414조). 물론 연대채무자 중 1인으로부터 일부의 변제를 받으면 그것을 제외한 부분에 대해서만 이행을 청구할 수 있고, 채권액을 넘어서까지 변제받을 수 있는 것은 아니다.

[참 고] 동일한 내용의 전부급부의무를 부담하는 연대채무자들이 공동피고로 되는 경우에 이행을 명하는 판결의 주문은 "피고들은 연대하여 원고에게 […]를 이행하라"라는 형식에 의한다. 한편 그들이 부진정연대의 관계에 있다면 "피고들은 원고에게 각자 […]를 이행하라"(채무 전액을 내용으로 한다)라는 형식에 의하는데, 복수의 피고들이 분할채권관계에 있는 경우의 "피고들은 원고에게 각 […]를 이행하라"(분할된 채무액을 내용으로 한다)라는 형식과 다르다.[3)]

(2) 연대채무자 전원 또는 일부가 파산선고를 받은 경우에, 채권자는 파산선고시의 채권 전액으로 각 파산재단에 가입할 수 있는데, 그 후 어느 파산재단으로부터 일부배당을 받거나 임의변제를 받더라도 배당참가액을 감액할 필요는 없다.[4)] 반면 어느 파산재단으로부터 현실로 배당을 받은 후에 다른 연대채무자가 파산하여 그 파산재단에 가입하는 경우에는 이미 배당받은 금액을 공제한 잔액에 대해서만 배당에 가입할 수 있음은 당연하다(채무자회생법 제428조). 회생절차가 개시된 경우에도 같다(같은 법 제126조 제1항, 제581조 제2항).

[4161] 2. 영향관계 총설

연대채무에서 채무자의 수만큼 채무가 존재하고 각 채무는 별개 · 독립의 것이므로, 변제 등 채권자를 만족시키는 사유를 제외하면 어느 채무자에게 발생한 사유가 다른 채무자에게 효력을 미치지 않아야 한다(제423조): 효력의 상대성(相對效)의 원칙. 다른 한편 연대채무자들 사이의 주관적 공동관계를 고려하면 예외적으로 「절대효」를 인정할 필요가 있다.

그런데 민법이 수개의 채무의 성립을 인정하면서도 다른 채무자에게 효력을 미치는 사유(절대적 효력 있는 사유)의 범위를 면제나 혼동까지 넓게 인정함에 따라 「원칙」이 의미를 거의 상실하였고, 부진정연대가 판례상 인정되기에 이르렀다.

[4162] 3. 절대적 효력 있는 사유

가. 개 관

(1) 연대채무자 1인의 변제는 모든 연대채무자의 채무를 소멸시킨다(제413조). 채권자의 만족에 따른 당연한 귀결이다. 명문규정은 없지만 대물변제 · 공탁도 변제와 동일시해야 한다.

---

3) 대판 1984.6.26. 84다카88은 공동불법행위에 기한 손해배상을 명하면서 「각자」가 아니라 「각」 지급을 명한 것은 위법이라고 하였다.

4) 대판 2003.2.26. 2001다62114. 파산채무자와 함께 부진정연대채무를 부담하는 채무자가 파산채무자에 대한 파산선고 후 책임범위 내의 채무를 전부 이행하였으나 그에 의하여 채권자가 채권 전액에 대하여 만족을 얻지 못한 경우에, 채권자가 파산선고시에 가진 채권 전액에 관하여 파산채권자로서 권리를 행사할 수 있다고 한 대판 2021.4.15. 2019다280573도 참조.

그 밖에도 절대적 효력 있는 사유가 상당히 넓게 인정되는데, 아래에서 이들을 정리한다.

(2) 절대적 효력 있는 사유 중 이행청구 및 채권자지체를 제외한 나머지 사유들은 결제를 간편하게 하기 위한 것인데, 그 결과 채권의 효력이 약화된다.

(3) 효력이 미치는 범위와 관련하여, 이행청구, 채권자지체, 경개 및 상계는 채무 전부에 대하여 절대적 효력이 있는 반면(일체형), 면제, 혼동 및 소멸시효의 완성은 그 사유가 발생한 채무자의 부담부분에 관해서만 절대적 효력을 가진다(부담부분형).

나. 채무 전부에 대하여 절대적 효력을 가지는 사유들 [4163]

(1) 먼저 이행의 청구를 본다.

① 연대채무자 1인에 대한 이행청구는 다른 연대채무자에게도 그 효력이 있다(제416조). 즉 1인에 대한 이행청구는 모든 연대채무자를 이행지체에 빠지게 한다(제387조 제2항).

② 최고에 의한 시효중단의 효력(제168조 제1호, 174조)도 모든 채무자에게 미치지만, 그 효력이 지속되기 위해서는 채무자 중 누군가에 대하여 제174조 소정의 요건이 갖추어져야 한다.[5] 그리고 연대채무자들의 이행기가 다른 경우에는 그렇지 않을 수 있음은 물론이다.

(2) 변제, 대물변제 및 공탁이 절대적 효력을 가짐은 앞에서 보았는데, 상계도 같은 맥락에 [4164] 서 이해할 것이다.

① 채권자에 대하여 반대채권을 가지는 어느 연대채무자가 상계를 하면, 다른 연대채무자의 채무도 소멸한다(제418조 제1항).

② 반대채권(상계할 채권)을 가진 연대채무자가 상계를 하지 않는 경우에, 다른 연대채무자도 이 채권으로써 그 채권을 가지는 연대채무자의 부담부분의 한도에서 상계할 수 있다(제418조 제2항). 이것을 인정하지 않으면, 반대채권을 가지는 연대채무자가 상계의 기회를 잃고, 그 결과 변제한 연대채무자에게 자기의 부담부분을 상환하고 이와 별도로 다시 채권자로부터 반대채권의 변제를 받아야 하는 번거로운 절차를 거쳐야 하기 때문이다.[6]

(3) 연대채무자 1인과 채권자 사이에 경개가 이루어지면, 다른 연대채무자의 채무도 소멸한다(제417조).

(4) 채권자가 연대채무자 1인에 대하여 채권자지체에 빠지면, 그는 다른 연대채무자에 대해서도 채권자지체에 빠진다(제422조).

다. 부담부분에 한하여 절대적 효력을 가지는 사유들 [4165]

(1) 먼저 면제에 관하여 본다.

① 채권자가 연대채무자 1인에 대하여 채무를 면제해 주면, 그 연대채무자의 부담부분의 범위에서 다른 연대채무자도 채무를 면한다(제419조).[7] 구상의 순환을 피하여 구상에 관한 법률관계를 간략히 하려는 데 그 취지가 있는데, 면제를 받은 연대채무자가 연대채무관계에서 완전히 빠

---

5) 이 쟁점을 다룬 대판 2001.8.21. 2001다22840에 관하여 [4168] 참조.

6) 대판 1994.5.27. 93다21521: "민법 제418조 제2항을 적용하기 위하여는 채권자에 대하여 채권을 가지고 있는 연대채무자가 이를 가지고 자신의 채권자에 대한 채무와 상계할 수 있음이 전제가 되어야 하고, 또 위 조항에 의하여 다른 연대채무자가 상계권을 행사하는 경우에도 그 상계의 수동채권은 여전히 원래의 상계권자인 연대채무자의 채무이며(다만 위 채무가 소멸하면 그 효과로서 상계권을 행사하는 다른 연대채무자의 채무도 같이 소멸하는 것일 뿐이다) 실제로 상계권을 행사하는 다른 연대채무자의 채권자에 대한 채무가 직접 상계의 수동채권이 되는 것은 아니"다.

7) 보증인에 불과한 연대보증인에 대해서는 제419조가 적용되지 않아서 면제의 효력이 주채무자에게는 미치지 않는다고 한 대판 1992.9.25. 91다37553도 참조.

져나간다고 할 것이다.

[참 고] 면제받은 채무자의 부담부분의 범위에서 다른 연대채무자도 채무를 면하는「연대채무의 면제」와 달리, 채권자가 연대채무자에 대하여「연대하여 채무 전부를 이행할」의무를 면제시킬 수 있는데 이를 연대의 면제(連帶의 免除)라 한다. 즉 어느 연대채무자의 채무액을 그의 부담부분의 한도로 줄여주는 채권자의 일방적 의사표시[8]를 하는 것이 연대의 면제이다. 그런데 모든 채무자에 대하여 연대의 면제를 하면(절대적 연대의 면제) 연대채무는 복수의 분할채무로 바뀌는 반면, 연대채무자 1인에 대하여 연대의 면제를 하면(상대적 연대의 면제) 그 채무자만이 연대채무관계에서 빠져나가 부담부분의 한도에서 채무를 지고, 나머지 연대채무자(들)의 무자력위험은 채권자가 부담한다(제427조 제2항 참조).

② 다른 채무자가 부담부분이 균등하지 않음(균등추정에 관한 제424조 참조)을 주장할 수 있는 것은 채권자가 이를 알았거나 알 수 있었던 경우에 한한다. 한편 채권자가 채무자 사이의 부담부분이 균등한 것으로 알고 그중 1인에 대하여 면제를 하였으나 내부적으로 다른 채무자의 부담부분은 없고 면제받은 채무자가 전부를 부담하는 경우에, 채권자는 착오를 이유로 면제의 의사표시를 취소할 수 있다.

[4166] ③ 채권자가 연대채무자 중 1인(A)으로부터 일부변제를 받기로 하고 나머지 부분(㉮)을 면제한 경우에, A가 잔존하는 채무(㉯)를 변제함에 따른 구상범위가 면제의 효력이 미치는 범위와 관련하여 문제된다. 이에 관하여 ㉯와 A의 부담부분(㉰)을 비교하여 후자가 전자를 초과하는 경우에 그 차액(즉 ㉰-㉯)에 대해서만 절대적 효력이 있다는 견해와 일부면제는 ㉮ 중 채무금액에 대한 면제액의 비율만큼 절대적 효력이 있다는 견해가 대립하는데, 앞의 견해가 채권자에게 유리하다.[9]

판례는 앞의 입장을 따른다.[10]

[4167] (2) 혼동에 관하여 본다.

① 연대채무자 1인(A)과 채권자 사이에 혼동이 있으면, A의 부담부분의 범위에서 다른 연대채무자도 채무를 면한다(제420조). 결제를 간단하게 하기 위해서이다.

② A의 부담부분을 넘는 부분에 대해서는 A가 채권자로 된다. 따라서 A는 다른 연대채무자에 대하여 A의 부담부분을 제외한 나머지 채무 전액의 이행을 청구할 수 있다. 즉 A가 나머지 채무에 대한 채권자로 되며, 그에 대하여 다른 채무자들이 연대채무를 부담한다.

(3) 연대채무자 1인의 채무에 대하여 소멸시효가 완성되면,[11] 그의 부담부분만큼 다른 연대

8) 채권자가 연대채무자에 대하여 전부급부청구권을 포기하고 부담부분에 한하여 청구하겠다는 취지의 의사표시.

9) A, B, C, D 4인이 균등한 부담비율로 X에 대하여 100만 원의 연대채무를 부담하는데 A가 40만 원만 변제하면서 나머지 60만 원을 면제받은 경우를 통하여 학설의 내용을 살펴보자. 앞의 견해에 의하면, 60만 원(㉮)이 면제되어 A가 지급한 40만 원(㉯)은 그의 부담부분 25만 원(㉰)보다 많으므로 절대적 효력 있는 부분이 없고(B, C, D는 여전히 100만 원의 연대채무를 부담한다), 잔액 40만 원을 변제한 A는 B, C, D에 대하여 10만 원씩 구상할 수 있으며, A의 변제에 의하여 B, C, D가 부담하는 100만 원이 60만 원으로 감소되고, B, C, D가 그 60만 원을 변제하면 이들도 A에게 구상할 수 있다(만일 A가 10만 원만 변제하면서 나머지 90만 원을 면제받았다면, A의 부담부분 25만 원이 면제되고 남은 잔액 10만 원을 초과하므로 그 차액인 15만 원만큼 절대적 효력이 있다). 반면 뒤의 견해에 의하면 B, C, D의 채무는 A의 부담부분인 25만 원의 60/100인 15만 원만큼 감소되고 A의 부담부분도 그만큼 줄어, 40만 원을 변제한 A는 자기의 부담부분 10만 원을 공제한 나머지 30만 원에 관하여 B, C, D에 대하여 10만 원씩 구상할 수 있다.

10) 대판 2019.8.14. 2019다216435: "연대채무자 중 1인이 채무 일부를 면제받는 경우에 그 연대채무자가 지급해야 할 잔존채무액이 부담부분을 초과하는 경우에는 그 연대채무자의 부담부분이 감소한 것은 아니므로 다른 연대채무자의 채무에도 영향을 주지 않아 다른 연대채무자는 채무 전액을 부담하여야 한다. 반대로 일부면제에 의한 피면제자의 잔존채무액이 부담부분보다 적은 경우에는 차액(부담부분—잔존채무액)만큼 피면제자의 부담부분이 감소하였으므로, 차액의 범위에서 면제의 절대적 효력이 발생하여 다른 연대채무자의 채무도 차액만큼 감소한다."

11) 각 연대채무가 이행기를 달리할 수 있을 뿐만 아니라 이행청구 외의 시효중단사유는 상대적 효력을 가질 뿐이다.

채무자의 채무도 소멸한다(제421조).

4. 상대적 효력 있는 사유 [4168]

앞에서 본 것들 외의 사유는 상대적 효력을 가질 뿐이다(제423조). 따라서 채권자의 이행청구 외의 사유로 인한 소멸시효의 중단,[12] 채무자의 과실(過失), 채권양도에서 대항요건, 연대채무자 1인에 대한 판결 등은 다른 연대채무자에게 영향을 미치지 않는다.

[참 고] 대판 2001.8.21. 2001다22840은 ⓐ "채권자의 신청에 의한 경매개시결정에 따라 연대채무자 1인의 소유 부동산이 압류된 경우, 이로써 위 채무자에 대한 채권의 소멸시효는 중단되지만, 압류에 의한 시효중단의 효력은 다른 연대채무자에게 미치지 아니하므로, 경매개시결정에 의한 시효중단의 효력을 다른 연대채무자에 대하여 주장할 수 없"고, ⓑ "채권자가 연대채무자 1인의 소유 부동산에 대하여 경매신청을 한 경우, 이는 최고로서의 효력을 가지고 있고, 연대채무자에 대한 이행청구는 다른 연대채무자에게도 효력이 있으므로, 채권자가 6월 내에 다른 연대채무자를 상대로 재판상 청구를 하였다면 그 다른 연대채무자에 대한 채권의 소멸시효가 중단되지만, 이로 인하여 중단된 시효는 위 경매절차가 종료된 때가 아니라 재판이 확정된 때로부터 새로 진행된다"고 하였다.

그런데 우선 ⓑ와 관련하여 「재판상 청구의 상대방에 대해서만」 시효중단의 효력이 지속되는 것으로 오해할 것은 아니다. 그리고 경매신청의 중단효가 절대적 효력을 가짐(ⓑ)에도 그 후속조치로 이루어진 압류의 중단효가 상대적 효력을 가질 뿐이라는 점(ⓐ)은 납득하기 어렵고, ⓑ의 연장선상에서 이해해야 할 것이다.

Ⅲ. 연대채무자 사이의 구상관계: 정산관계 [4169]

1. 서 설

가. 구 상

어느 연대채무자(A)가 변제 기타 출재로 연대채무자 모두의 면책, 즉 「공동면책」을 가져온 경우에, A의 변제는 자기채무의 변제이자 동시에 다른 연대채무자에 대한 관계에서 체당(替當. 상법 제55조 제2항 참조)의 실질을 가지므로, A는 다른 연대채무자들에 대하여 그들의 부담부분에 따라 구상권(求償權)을 행사할 수 있다(제425조 제1항).[13][14]

나. 부담부분 [4170]

(1) 연대채무자 각자는 대외적으로 채권자에 대하여 채무 전부를 이행할 의무를 부담하지만, 대내적으로는 연대채무자 상호간에 출재를 서로 분담하기로 되어 있다. 여기서 분담의 비율, 즉 부담부분(負擔部分)이 문제되는바, 구상이 인정되는지, 인정된다면 어느 범위에서 인정되는지를 정하는 기준으로서 부담부분은 채무자들 사이의 내부관계에서 각자가 「실질적으로」 부담하는 채무의 부분을 말하고, 채권자와의 관계에서 「형식적으로」 부담하는 채무의 부분을 의미하지는 않는다.[15] 그런데 피용자와 제3자의 공동불법행위에 기한, 사용자의 제3자에 대한 구상의무와 같이 구상의무자가 자기의 구상의무를 다른 사람(피용자)에게 전가할 수 있더라도, 또한 보증인을 위하

12) 압류에 의한 중단에 관한 대판 2001.8.21. 2001다22840 및 제176조 참조.
13) 구상을 용이하게 하기 위하여 변제자대위가 인정됨에 관하여 [2225] 참조.
14) 구상의 이론적 근거에 관하여, 연대채무자들 사이의 주관적 공동관계를 드는가 하면 연대채무의 상호보증적 성질을 들기도 한다.
15) 연대채무에서 채무자 각자는 부담부분에 대해서만 실질적 채무부담자이고, 나머지 부분에 대해서는 형식적 채무부담자이며, 보증인은 실질적 채무부담자가 아니라 형식적 채무부담자에 불과하다.

여 다시 채권자에 대하여 보증채무를 부담하는 부보증인이 채권자에게 변제한 경우에 그의 피보증인, 즉 원래의 보증인이 주채무자에게 구상할 수 있더라도, 구상권리자와의 관계에서 이를 주장할 수 없다.

(2) 가령 수인이 돈을 빌린 경우에 각각 수취한 금액의 비율로 분담하는 것이 상례이지만, 특약으로 비율을 달리 정할 수도 있다.[16] 이를 정할 표준이 없으면 부담부분이 균등한 것으로 추정된다(제424조).[17]

그런데 영향관계([4150] 참조)와 관련하여, 연대채무자들의 부담부분이 균등하지 않은 경우에, 채권자가 이를 알았거나 알 수 있었다면 그에 의한다. 그리고 채무자들이 합의하여 사후에 부담부분을 변경할 수 있는데, 부담부분의 변경은 책임재산의 변경을 초래할 수 있으므로 채무인수를 유추하여 채권자의 승낙(제454조 제1항 참조)이 있어야 한다.

[4171] 2. 구상의 요건

가. 출재에 의한 공동면책

(1) 어느 연대채무자가 변제 기타 출재로 자기의 채무뿐만 아니라 다른 연대채무자들의 채무를 공통으로 소멸시켰을 것, 즉 「공동면책」이 필요하다(제425조 제1항). 반면 면제나 시효완성과 같이 출재에 의하지 않고 공동면책을 얻은 경우에는 구상권이 발생하지 않는다.

(2) 출재자는 면책된 날 이후의 법정이자 및 피할 수 없는 비용 기타 손해에 대해서도 구상권을 행사할 수 있다(제425조 제2항).

그런데 구상의 범위는 출재액과 공동면책액 중 작은 쪽이다. 즉 출재액이 소멸한 채권액보다 크더라도 면책액을 넘어 구상할 수 없다.[18] 과도한 출재에 따른 불이익을 다른 연대채무자에게 전가해서는 안 되기 때문이다. 반면 출재액이 공동면책액보다 작으면 출재액의 한도에서 구상권을 행사할 수 있다.[19] 즉 그가 차액에 대한 이득을 혼자 누릴 이유는 없다.

[4172] (3) 구상권을 행사하기 위하여 공동보증이나 부진정연대에서 출재를 한 이의 「부담부분」을 넘어야 하지만, 연대채무에서는 공동면책이 있기만 하면 되고 그 범위가 출재를 한 연대채무자의 부담부분 이상일 필요가 없다.[20] 공평을 위한 것이다. 따라서 공동면책이 있기만 하면 출재한 액에 관하여 부담부분의 비율에 따라 구상할 수 있다.[21]

---

16) 연대채무자 사이에 부담부분에 관한 특약이 있거나 특약이 없더라도 채무의 부담과 관련하여 각 채무자의 수익비율이 다르다면 특약 또는 비율에 따라 부담부분이 결정된다고 한 대판 2020.7.9. 2020다208195(이러한 법리는 불가분채무에도 마찬가지로 적용된다고 하였다) 참조.

17) 대판 2014.8.26. 2013다49404 · 49411도 참조.

18) 시가 600만 원 상당의 물건으로 500만 원의 채무를 대물변제한 경우에, 500만 원의 면책액에 대해서만 구상권을 행사할 수 있다.

19) 시가 400만 원 상당의 물건으로 500만 원의 채무를 대물변제한 경우에, 400만 원에 대해서만 구상권을 행사할 수 있다.

20) 대판 2013.11.14. 2013다46023: "연대보증인들 사이의 내부관계에서는 연대보증인 각자가 자신의 분담금액을 한도로 일부보증을 한 것과 같이 볼 수 있어서 그 분담금액 범위 내의 출재에 관한 구상관계는 주채무자만을 상대로 해결할 것을 예정하고 있는 반면, 연대채무자들 사이에서는 연대채무자 각자가 행한 모든 출재에 관하여 다른 연대채무자의 공동부담을 기대하는 것이 보통이다. 그리하여 민법은 연대보증인 중의 한 사람이 공동면책을 이유로 다른 연대보증인에게 구상권을 행사하려면 '자기의 부담부분을 넘은' 변제를 하였을 것을 그 요건으로 규정하였으나(제448조 제2항), 연대채무자 중의 한 사람이 공동면책을 이유로 다른 연대채무자에게 구상권을 행사하는 데 있어서는 그러한 제한 없이 '부담부분'에 대하여 구상권을 행사할 수 있는 것으로 규정하고 있다(제425조 제1항). 따라서 연대채무자 사이의 구상권 행사에 있어서 '부담부분'이란 연대채무자가 그 내부관계에서 출재를 분담하기로 한 비율을 말한다고 봄이 타당하다. 그 결과 변제 기타 자기의 출재로 일부 공동면책되게 한 연대채무자는 역시 변제 기타 자기의 출재로 일부 공동면책되게 한 다른 연대채무자를 상대로 하여서도 자신의 공동면책액 중 다른 연대채무자의 분담비율에 해당하는 금액이 다른 연대채무자의 공동면책액 중 자신의 분담비율에 해당하는 금액을 초과한다면 그 범위에서 여전히 구상권을 행사할 수 있다고 보아야 한다."

21) A · B · C가 D에 대하여 300만 원의 연대채무를 부담하고 그들의 부담부분이 균등한 경우에, A가 D에게 60만 원을 변제하였다면 A는 B와 C에게 20만 원씩 구상할 수 있다.

나. 구상과 통지 [4173]

(1) 어느 연대채무자가 변제 등 공동면책을 발생시키는 행위를 할 때, 사전 및 사후에 그 사실을 다른 연대채무자에게 통지해야 한다(제426조). 즉 공동면책을 발생시키는 행위를 한 연대채무자가 사전 또는 사후의 통지를 하지 않으면 구상권이 제한된다. 연대채무자들의 복수의 변제 중 어느 것을 구상의 기초로 삼을 것인지를 판단할 때 통지를 게을리한 구상권자보다 면책사실을 알지 못하는 피구상자를 보호하려는 취지에 기한 것으로, 이중변제에 따른 부당이득반환청구의 불편이나 위험의 부담과 관련된다.

(2) 「사전의 통지」를 게을리한 경우에, 채권자에게 대항할 수 있는 사유[22]를 가지는 다른 연대채무자는 그의 부담부분에 한하여 그 사유로 사전의 통지를 하지 않은 채 면책행위를 한 연대채무자에게 대항할 수 있고, 대항사유가 상계라면 상계로 소멸할 채권이 면책행위를 한 연대채무자에게 이전된다(제426조 제1항).[23] [4174]

사전통지가 있었다면, 통지를 받은 다른 연대채무자가 어떤 연유에서 그에 대한 회신을 하지 않았는지는 문제되지 않는다. 채권자의 청구사실을 이미 알고 있는 다른 연대채무자에게는 통지할 필요가 없는데, 그가 대항사유를 주장할 수 있었기 때문이다.

(3) 「사후의 통지」를 게을리한 경우에, 선의로 변제 기타 유상의 면책행위를 한 다른 연대채무자(즉 제2의 면책행위자)는 자기의 면책행위의 유효를 제1의 면책행위자에 대하여 주장할 수 있다(제426조 제2항). 이 규정의 의미와 관련하여 다수설은 A · B · C가 D에 대하여 연대채무를 부담하는데 A가 D에게 변제를 하고도 이를 다른 연대채무자에게 통지를 하지 않고 있는 사이에 B가 A의 변제사실을 모르고(즉 선의로) 이중으로 변제했다면, B는 A에 대하여 자기의 변제를 유효한 변제라고 주장할 수 있다고 한다.[24]

(4) 양자가 결합된 경우, 즉 연대채무자 A가 변제를 하고도 이 사실을 다른 연대채무자(B)에게 통지하지 않았고, B는 사전에 A에게 통지를 하지 않고 변제를 한 경우에는 어떻게 되는가? 다수설은 이러한 경우에 관한 규정이 없으므로 일반원칙에 따라 먼저 이루어진 변제가 유효하다고 한다.[25] 이에 관한 재판례가 없지만, 수탁보증인의 구상권 상실에 관한 대판 1997.10.10. 95다46265에 비추어 입장을 달리하지는 않을 것이라고 짐작된다. [4175]

[참 고] A · B · C가 연대하여 채권자에 대하여 90만 원의 채무를 부담하고 그들 사이의 부담부분이 균등한 경우에, A가 채무 전액을 변제한 후 사후통지를 해태하고, B는 사전통지 후 선의로 변제하였다면, 구상관계가 어떻게 되는가? 다수설인 「상대적 효력설」은 제2면책행위는 과실 있는 제1면책행위자와 선의의 제2면책행위자 사이에서만 유효하여 A와 B 사이에서만 제426조가 적용되고, C와의 사이에서는 제1의 변제만이 유효하다고 한다.

---

22) 학설은 대체로 변제 등으로 연대채무가 이미 소멸했다는 사유는, 그 후의 변제로 「공동면책」을 발생시킬 수 없음을 이유로, 제외한다.

23) A · B · C가 D에 대하여 연대채무를 부담하는데, A가 B와 C에게 통지하지 않고 변제를 하였으나 B가 제한능력자로서 취소할 수 있었다면, A는 B의 부담부분에 대하여 구상할 수 없다. 만일 B가 D에 대하여 상계할 수 있는 반대채권을 가지고 있었다면, 그는 이 사실을 주장하며 A의 구상에 응하기를 거절할 수 있는데, B의 반대채권은 그의 부담부분의 범위에서 A에게 이전하는데, 이는 반대채권 실행의 불이익이나 위험을 누가 부담하는지와 관련된다.

24) B는 A의 구상청구를 거부하고, 오히려 A에 대하여 구상할 수 있고, 이때 B의 채권자에 대한 부당이득반환청구권은 A에게 당연히 이전될 것이다.

25) 이에 대하여 A가 사후통지를 해태한 상태에서 변제사실을 알지 못한 B가 사전통지 없이 변제한 경우에 제426조 제2항이 적용되어야 한다는 반대견해도 있다.

[4176] ### 3. 구상의 범위

(1) 출재로 공동면책을 가져온 연대채무자는 다른 연대채무자의 부담부분에 대하여 구상할 수 있다(제425조). 즉 연대채무에서 부분구상(部分求償)이 기본값인데, 구상의 순환을 방지하기 위해서이다.

(2) 구상의무자 중에 무자력자가 있는 경우에 부분구상은 먼저 변제한 이가 손해를 입는 결과로 된다. 이러한 경우에 「제2차적 상환의무」를 통하여 무자력의 위험을 구상권리자와 다른 구상의무자에게 배분하는 것이 제427조이다. 즉 구상의 상대방인 연대채무자 중 무자력자가 있으면, 그가 상환할 수 없는 부분은 구상권자와 구상의무를 지는 다른 연대채무자들이 각자의 부담부분의 비율로 분담하는데(제1항 본문), 무자력이던 연대채무자가 나중에 자력을 회복하면 그의 부담부분을 분담했던 다른 연대채무자들이 구상할 수 있음은 당연하다. 다만 구상권자에게 과실(過失)이 있었다면,[26] 구상권자는 다른 연대채무자에게 분담을 청구할 수 없다(같은 항 단서). 한편 채권자가 어느 한 연대채무자에 대하여 연대의 면제를 하였는데 나머지 연대채무자 중 무자력자가 생긴 경우에, 연대의 면제를 받은 채무자가 분담했을 부분을 채권자가 부담한다(제2항). 즉 상대적 연대의 면제에 의하여 연대채무자 상호간의 내부관계는 영향을 받지 않는다. 채권자의 일방적인 의사표시에 의하여 연대채무자의 내부관계를 변동시킬 수 없기 때문이다.

[4177] ## Ⅳ. 부진정연대

1. 서 설

(1) 동일한 경제적 목적을 가지는 급부에 관하여 수인의 채무자가 각자 독립하여 전부의 급부를 할 채무를 부담하고,[27] 「중첩되는 부분에 관하여」 그중 1인의 이행으로 모든 채무자의 채무가 소멸하는 다수당사자의 채권관계로서 연대채무에 속하지 않는 것을 부진정연대채무(不眞正連帶債務)라 한다. 부진정연대채무에서 채무자 1인에게 발생한 사유 중 변제 또는 이에 준하는 사유 외의 사유는 다른 채무자에게 영향을 주지 않는다.[28] 따라서 부진정연대채무에서 채권의 효력은 연대채무에서보다 강하다.

(2) 다수설 · 판례에 의하면, 부진정연대채무는 「법적 목적공동체의 의미에서의 다수채무의 내적인 관련」이 없다는 점에서 연대채무와 구별된다.[29]

[4178] (3) 부진정연대채무는 주로 동일한 사실관계에 기한 손해를 수인이 각자의 입장에서 전보할 의무를 부담하는 경우에 생긴다.[30]

26) 예컨대 지체 없이 구상하지 않았기 때문에 연대채무자 중에 무자력자가 생긴 경우.

27) 채무의 발생원인이나 액수가 동일해야 하는 것은 아니다.

28) 대판 2018.4.10. 2016다252898.

29) 참고로 대판 2009.3.26. 2006다47677: "부진정연대채무의 관계에 있는 채무자들을 공동피고로 하여 이행의 소가 제기된 경우 그 공동피고에 대한 각 청구가 서로 법률상 양립할 수 없는 것이 아니므로 그 소송을 민사소송법 제70조 제1항 소정의 예비적 · 선택적 공동소송이라고 할 수 없다." 상소로 인한 확정차단효에 관한 대판 2012.9.27. 2011다76747도 참조.

30) 판례에 나타난 부진정연대채무의 예로 ㉠ 공동불법행위(제760조)에서 가해자들의 손해배상의무 상호간(대판 1999.2.26. 98다52469), ㉡ 사용자책임에서 피용자의 손해배상의무(제750조)와 사용자의 손해배상의무(제756조) 상호간(대판 2000.3.14. 99다67376), ㉢ 이행보조자의 과책에 기한 채무자의 채무불이행책임과 이행보조자의 불법행위책임 상호간(대판 1994.11.11. 94다22446), ㉣ 불법쟁의행위에 기한 노동조합 간부 개인의 손해배상책임과 노동조합 자체의 손해배상책임 상호간(대판 2006.9.22. 2005다30610), ㉤ 설계용역계약상의 채무불이행으로 인한 손해배상채무와 공사도급계약상의 채무불이행으로 인한 손해배상채무 상호간(대판 2015.2.26. 2012다89320), ㉥ 채무자가 부담하는 채무불이행으로 인한 손해배상채무와 제3자가 부담하는 불법행위로 인한 손해배상채무의 원인이 동일한 사실관계에 기한 경우에 손해배상채무들 상호간(대판 2006.9.8. 2004다55230), ㉦ 금융기관이 회사 임직원의 대규모 분식회계

2. 부진정연대채무자와 채권자의 관계 [4179]

가. 외부관계

채무자 중 1인이 파산선고를 받은 경우에 파산선고 후 일부변제 등이 있었더라도 파산선고 시의 채권 전액으로 배당가입을 할 수 있는(채무자회생법 제428조. 회생절차에 관한 제126조도 참조) 등 연대채무와 다르지 않다([4160] 참조).

나. 영향관계 [4180]

(1) 연대채무에서 변제 기타 채권자를 만족시켜 주는 사유 외에 이행청구, 경개, 면제, 혼동, 시효도 절대적 효력을 가지지만, 부진정연대채무에서는 출재로 채권자를 만족시키는 것, 즉 변제 및 이에 준하는 것을 제외하면 모두 상대적 효력을 가질 뿐이다.[31][32]

(2) 「상계」의 절대적 효력을 인정하지 않으면 채권자는 과도한 이득을 얻는 결과로 됨에도 [4181] 판례는 종래 이를 인정하지 않았으나,[33] 변경되었다. 즉 대판(전) 2010.9.16. 2008다97218의 다수의견: "부진정연대채무자 중 1인이 자신의 채권자에 대한 반대채권으로 상계를 한 경우에도 채권은 변제, 대물변제, 또는 공탁이 행하여진 경우와 동일하게 현실적으로 만족을 얻어 그 목적을 달성하는 것이므로, 그 상계로 인한 채무소멸의 효력은 소멸한 채무 전액에 관하여 다른 부진정연대채무자에 대하여도 미친다고 보아야 한다. 이는 부진정연대채무자 중 1인이 채권자와 상계계약을 체결한 경우에도 마찬가지이다. 나아가 이러한 법리는 채권자가 상계 내지 상계계약이 이루어질 당시 다른 부진정연대채무자의 존재를 알았는지 여부에 의하여 좌우되지 아니한다."

한편 부진정연대채무에서 고유의 의미의(주관적 공동관계에 기한) 부담부분이 없으므로 제418조 제2항은 유추되지 않아야 한다.[34]

(3) 부진정연대채무자 1인의 일부변제에 관하여 살펴본다. [4182]

① 소액의 채무를 부담하는 이의 일부변제는 당연히 다액의 채무부담자의 채무를 그만큼 감

로 인하여 회사의 재무구조를 잘못 파악하고 회사에 대출을 해 준 경우에 회사의 금융기관에 대한 대출금채무와 회사 임직원의 분식회계행위로 인한 금융기관에 대한 손해배상채무 상호간(대판 2008.1.18. 2005다65579), ⓞ 분식회계를 한 기업과 부실감사를 한 감사인의 투자자에 대한 손해배상채무 상호간(대판 2022.11.30. 2017다841 · 858), ㉆ 상법 제24조에 의한 명의대여자와 명의차용자의 책임 상호간(대판 2011.4.14. 2010다91886), ㉇ 파견근로자에 대한, 파견사업주와 사용사업주의 임금 등 지급의무 상호간(파견법에 따라 직접고용간주의 효과가 발생하더라도 사용사업주가 현실적으로 직접고용을 하지 않아 파견관계가 계속 유지되는 경우에, 파견근로자와 파견사업주의 근로관계가 파견근로자와 사용사업주의 직접근로관계와 병존하고, 양 사업주의 임금 등 지급의무는 부진정연대의 관계에 있다는 대판 2024.3.12. 2019다29013 · 29020 · 29037 · 29044) 등.

그 밖에 법인의 대표기관이 직무에 관하여 불법행위를 한 경우에 법인의 손해배상의무와 이사 개인의 손해배상의무(제35조 참조) 상호간, 책임무능력자의 불법행위에 대한 법정감독의무자의 손해배상의무와 대리감독자의 손해배상의무(제755조 참조) 상호간 등에서도 부진정연대관계가 인정되어야 한다.

31) 가령 부진정연대채무자 1인(A)과 채권자(B) 사이에 경개가 있은 경우에, 상대효를 가질 뿐인 경개에 의하여 다른 부진정연대채무자(C)의 채무가 감축되지 않으므로 B는 C에게 채무 전부의 변제를 구할 수 있다. 그런데 채무 전부를 변제한 C는 A에게 구상할 수 있고(구상이 가능한 경우를 전제로 한다), A는 B와의 경개로 C에게 대항할 수 없다. 따라서 A는 C의 구상에 응해야 하지만, 이때 경개를 통하여 B가 가지게 된 채권은 A에 대하여 부당이득이 되므로, A가 부당이득의 반환을 구할 수 있는데, 그 방법은 채권의 소멸을 청구하는 모습으로 될 것이다. A와 C 사이에 주관적 공동관계가 없고, 각자가 자기와 관련된 별개의 법률요건에 의하여 책임을 질 뿐이기 때문이다.

32) 상대적 효력에 관한 재판례를 본다. ㉠ 대판 2010.12.23. 2010다52225는, 공동불법행위자 중 1인의 손해배상채무가 시효로 소멸한 후 다른 공동불법행위자가 피해자에게 자기의 부담부분을 넘는 손해를 배상한 경우에, 손해를 배상한 공동불법행위자는 손해배상채무가 시효로 소멸한 다른 공동불법행위자에게 구상권을 행사할 수 있다고 하였다(대판 1997.12.23. 97다42830도 동지). ㉡ 대판 2011.4.14. 2010다91886: "부진정연대채무에 서는 채무자 1인에 대한 이행청구 또는 채무자 1인이 행한 채무의 승인 등 소멸시효의 중단사유나 시효이익의 포기가 다른 채무자에게 효력을 미치지 아니한다." 대판 1997.9.12. 95다42027도 참조.

33) 대판 1996.12.10. 95다24364 참조.

34) 앞의 2008다97218 판결에 의하여 변경되지 않은 대판 1994.5.27. 93다21521: "부진정연대채무에 있어서 부진정연대채무자 1인이 한 상계가 다른 부진정연대채무자에 대한 관계에 있어서도 공동면책의 효력 내지 절대적 효력이 있는 것인지는 별론으로 하더라도, 부진정연대채무자 사이에는 고유의 의미에 있어서의 부담부분이 존재하지 아니하므로 위와 같은 고유의 의미의 부담부분의 존재를 전제로 하는 민법 제418조 제2항은 부진정연대채무에는 적용되지 아니하는 것으로 봄이 상당하고, 따라서 부진정연대채무에 있어서는 한 부진정연대채무자가 채권자에 대하여 상계할 채권을 가지고 있음에도 상계를 하지 않고 있다 하더라도 다른 부진정연대채무자가 그 채권을 가지고 상계를 할 수는 없는 것으로 보아야 한다."

축시킨다.[35)]

② 다액의 채무를 부담하는 이(A)가 자기채무의 일부를 변제했다면 다른 부진정연대채무자(B)의 채무는 얼마나 감축되는가? 채권자와 채무자 사이에 합의가 있으면 그에 의하지만, 그렇지 않은 경우에 관하여 A와 B의 채무 중 중첩되지 않는 A의 채무가 먼저 변제된다는 외측설과 B의 책임비율(공동불법행위의 경우에는 과실비율)에 따라 안분된다는 안분설(과실비율설)이 대립한다. 종래 판례의 주류는 안분설을 따랐지만,[36)] 채무 전액의 지급을 확실하게 하려는 부진정연대채무제도의 취지를 중시하여 외측설을 따른 예도 있었다.[37)] 그런데 대판(전) 2018.3.22. 2012다74236이 "금액이 다른 채무가 서로 부진정연대관계에 있을 때 다액채무자가 일부변제를 하는 경우 변제로 인하여 먼저 소멸하는 부분은 당사자의 의사와 채무 전액의 지급을 확실히 확보하려는 부진정연대채무제도의 취지에 비추어 볼 때 다액채무자가 단독으로 채무를 부담하는 부분으로 보아야 한다"고 하여[38)] 외측설을 취하며 종래의 판례를 변경하였다.

[4183] **3. 정산관계**

(1) 부진정연대채무에서 각 채무자는 각자의 입장에서 책임을 질 뿐이고 그들 사이에 주관적 공동관계가 없어 부담부분이라는 관념이 없으며, 그 결과 구상관계가 당연히 발생하지는 않는다. 그러나 공동불법행위처럼 채무자들 사이에 특별한 내부관계가 있는 경우에 그에 기하여 구상관계가 인정되기도 한다(그에 앞서 명문으로 구상권을 인정하는 제756조 제3항 참조). 즉 부진정연대의 관계에 있는 책임주체들 사이의 내부관계에서 형평의 원칙상 일정한 부담부분이 있을 수 있고, 부담부분의 범위 내에서는 각자가 독립하여 부담하는 자기채무이지만, 부진정연대채무자 중 1인이 「자기의 부담부분 이상」을 변제하여 공동의 면책을 얻게 하였다면 다른 부진정연대채무자에게 그 부담부분의 비율에 따라 구상권을 행사할 수 있다.[39)] 이처럼 구상권이 인정되는 경우에 연대채무에 관한 규정(특히 구상범위에 관한 제425조와 제2차 구상에 관한 제427조)이 유추되는데, 통지의무에 관한 제426조는 유추되지 않는다.[40)]

---

35) 대판 2024.3.12. 2019다29013·29020·29037·29044: "부진정연대채무자 중 소액의 채무자가 자신의 채무 중 일부를 변제한 경우, 변제된 금액은 소액채무자가 다액채무자와 공동으로 부담하는 부분에 관하여 민법의 변제충당의 일반원칙에 따라 지연손해금, 원본의 순서로 변제에 충당되고 이로써 공동부담부분의 채무 중 지연손해금과 일부 원금채무가 변제로 소멸하게 된다. 그리고 부진정연대채무자 상호간에 있어서 채권의 목적을 달성시키는 변제와 같은 사유는 채무자 전원에 대하여 절대적 효력을 발생하므로, 이로써 다액채무자의 채무도 지연손해금과 원금이 같은 범위에서 소멸하게 된다." 대판 2012.2.9. 2009다72094도 동지.

36) 대판 1999.2.12. 98다55154; 대판 1995.3.10. 94다5731; 대판 2004.3.26. 2003다34045 등. 안분하지 않으면 사용자에게 과실상계를 인정한다는 것이 무의미하게 된다는 점을 근거로 들었다.

37) 대판 2000.3.14. 99다67376; 대판 2010.2.25. 2009다87621 등.

38) 중개보조원(A)을 고용한 개업공인중개사의 공인중개사법 제30조 제1항에 따른 손해배상액이 과실상계를 한 결과 거래당사자에게 직접 손해를 가한 A 자신의 손해배상액과 달라졌는데 다액채무자인 A가 손해배상액의 일부를 변제한 사안에서, "이러한 법리는 사용자의 손해배상액이 피해자의 과실을 참작하여 과실상계를 한 결과 타인에게 직접 손해를 가한 피용자 자신의 손해배상액과 달라졌는데 다액채무자인 피용자가 손해배상액의 일부를 변제한 경우에 적용되고, 공동불법행위자들의 피해자에 대한 과실비율이 달라 손해배상액이 달라졌는데 다액채무자인 공동불법행위자가 손해배상액의 일부를 변제한 경우에도 적용된다"고 한 사례. 대판 2022.11.30. 2017다841·858도 동지. 나아가 범죄피해자 보호법과 관련하여 "범죄자 본인과 사용자가 부담하는 채무는 금액이 서로 다른 부진정연대관계에 있는데, 손해배상금 일부의 지급을 공동으로 채무를 부담하는 부분에서 공제하는 것은 과실상계의 결과로 구조피해자나 유족이 다액채무자인 범죄자가 무자력일 때 그 위험까지 부담하게 되어 채권자로서 지위가 약화되므로 부진정연대채무의 성질에 반"한다고 한 대판 2023.3.9. 2022다228704도 참조.

39) 대판 2006.1.27. 2005다19378.

40) 대판 1998.6.26. 98다5777은, 통지의무를 규정하는 제426조의 취지가 연대채무에서는 채무자들 상호간에 공동목적을 위한 주관적인 연관관계가 있고 이와 같은 주관적인 연관관계의 발생근거가 된 대내적 관계에 터 잡아 채무자 상호간에 출연분담에 관한 관련관계가 있으므로, 구상관계에서도 상호 밀접한 주관적인 관련관계를 인정하고 변제에 관하여 상호 통지의무를 인정함으로써 과실 없는 변제자를 보다 보호하려는 데 있다고 하면서, 출연분담에 관한 주관적인 밀접한 연관관계가 없고 단지 채권만족이라는 목적만 공통으로 하는 부진정연대채무에서는 그 변제에 관하여 채무자 상호간에 통지의무관계를 인정할 수 없고, 변제로 인한 공동면책이 있는 경우에 채무자 상호간에 어떤 대내적인 특별관계에서 또는 형평의 관점에서 손해를 분담하는 관계가 있는 데 불과하므로, 부진정연대채무에 해당하는 공동불법행위로 인한 손해배상채무에서도 채무자 상호간에 구상요건으로서 통지에 관한 제426조를 유추할 수는

(2) 구상의 범위에 관하여 본다. [4184]

① 부진정연대채무자 상호간의 구상범위를 정하는 기준은 그들 상호간에 존재하는 내부관계, 손해의 발생 내지 확대에 기여한 각자의 과실 정도, 그에 따른 이득의 정도 등이다.

② 복수의 구상의무자들의 구상권자에 대한 채무는 각자의 부담부분에 따른 분할채무이므로,[41] 공동불법행위의 경우에 각자의 과실부분에 상응하여 부분구상을 할 수 있다.[42] 다만 구상권리자인 공동불법행위자에게 과책이 없는 경우(즉 내부적 부담부분이 없는 경우)에 복수의 구상의무자들이 부진정연대의 관계에 서고, 이 경우 예외적으로 다른 공동불법행위자에 대한 전부구상이 허용된다.[43]

③ 제3자가 부진정연대채무관계에 있는 채무자 중 1인을 위하여 채무를 변제한 경우에, 그와 중첩되는 다른 채무자의 채무도 소멸하므로, 제3자는 그 다른 채무자에 대하여 그의 부담부분에 한하여 구상권을 취득할 수 있다.[44]

제 3 절 보증채무

Ⅰ. 총 설 [4185]

1. 보증의 의의

(1) 보증채무(保證債務)란 주된 채무와 동일한 내용의 급부를 내용으로 하며, 주된 채무의 이행이 없으면 그것을 이행함으로써 주된 채무를 담보하는 채무를 말한다(제428조 제1항). 즉 보증이란 채무자 대신 채무를 이행할 것을 미리 약속한다는 의미인데, 이 약속에 기하여 보증인이 부담하는 채무가 보증채무이고, 보증의 대상이 되는 채무를 주채무(主債務)라고 한다.

(2) 보증채무는 채권의 담보를 본래적 기능으로 하는 전형적인 「인적 담보」로서 주된 채무에 대하여 종된 지위에 서는 점, 즉 부종성에 그 특색이 있다. 그런데 보증에서 보증인의 재산상태나 신용도가 중요한 의미를 가지지만 이것을 조사하거나 감시하는 일이 쉽지 않기 때문에, 종래 주로 서로 잘 아는 사람들 사이에서 보증이 이용되었지만, 이른바 기관보증에서는 사정이 전혀 다르다.

(3) 보험계약자인 채무자의 채무불이행으로 인하여 채권자가 입는 손해의 전보를 보험자가 인수하는 것을 내용으로 하는 보증보험계약은, 형식적으로 채무자의 채무불이행을 보험사고로 하는 보험계약이지만, 실질적으로는 보증의 성질을 가진다. 따라서 보증에 관한 규정, 특히 보증인의 구상권에 관한 규정이 보증보험계약에도 적용된다.[1] 그리고 보증의 성질에 따라 보증보험에도 [4186]

없다고 하였다.

41) 대판 2002.9.27. 2002다15917.

42) 대판 2002.9.24. 2000다69712.

43) 대판 2005.10.13. 2003다24147.

44) 대판 2009.8.20. 2007다7959.

1) 대판 1997.10.10. 95다46265; 대판 2012.2.23. 2011다62144. 제434조를 준용한 대판 2002.10.25. 2000다16251과 제440조가 준용된다는 대판 2011.11.10. 2011다62090 및 주택분양보증계약이 성질상 보증보험과 유사하다는 대판 2018.10.25. 2014다232784도 참조.

부종성이 인정된다.

그런데 계약당사자인 채무자의 기망에 의하여 보증보험계약이 취소되더라도, 「이미」 새로운 이해관계를 가지게 된 「선의」의 피보험자(채권자)에게 대항할 수 없다(제110조 제3항. 구체적으로 보험자는 보험금의 지급을 거절하거나 이미 지급한 보험금의 반환을 구할 수 없다).[2)]

[4187] 2. 보증의 종류

(1) 앞에서 본 보통의 보증이 다양한 모습으로 변형되기도 한다. 이 중 연대보증, 공동보증, 근보증은 따로 보기로 하고, 여기서는 나머지 중 중요한 것들을 간략하게 살펴본다.

(2) 보증인이 보증채무를 이행하면 주채무자는 보증인에 대하여 구상채무를 지는데, 이러한 구상채무의 이행을 보증하는 것이 구상보증(求償保證)이다. 구상보증의 내용은 당사자 사이에 다른 약정이 없는 한 보증인의 주채무자에 대한 구상을 내용으로 하는 모든 채권을 담보하는 것이 아니라, 보증인이 보증채무를 이행함으로써 발생하는 장래의 구상채권의 이행을 담보하는 것을 내용으로 한다.[3)] 한편 채권자를 만족시킨 보증인은 변제자대위에 기한 채권자의 권리뿐만 아니라 보증인의 주채무자에 대한 내부관계에 기한 채권(예: 위임계약에 기한 비용상환청구권)도 가지는데, 구상보증은 이들의 이행에도 효력을 미치는 것으로 새겨야 할 것이다.

(3) 주채무 전부가 아니라 그 일부에 대하여 또는 일정금액을 한도로 해서 하는 보증을 일부보증(一部保證)이라고 한다. 주채무의 일부에 대하여 보증한 경우에, 그 한도까지의 변제가 있음을 담보한다는 것일 수도 있고, 채무가 남아있는 한 그 한도까지는 책임을 진다는 것일 수도 있는데, 이 중 어디에 해당하는지는 해석의 문제이지만, 후자로 추정된다.[4)]

(4) 그 밖에 보증채무를 주채무로 하여 이를 보증하는 부보증(副保證), 금전채무 이외의 채무에 대하여 보증인이 주채무와 같은 내용의 급부를 할 것을 약정하는 이행보증(履行保證) 등도 있다.

[4188] 3. 보증의 법적 성질

가. 서 설

보증채무는 주채무와 별개의 독립한 채무이지만(독립성), 주채무와 동일한 내용의 급부를 목

---

2) 대판 2001.2.13. 99다13737: "일반적으로 타인을 위한 보험계약에서 보험계약자의 사기를 이유로 보험자가 보험계약을 취소하는 경우 보험사고가 발생하더라도 피보험자는 보험금청구권을 취득할 수 없는 것과는 달리, 보증보험계약의 경우 보험자가 이미 보증보험증권을 교부하여 피보험자가 그 보증보험증권을 수령한 후 이에 터 잡아 새로운 계약을 체결하거나 이미 체결한 계약에 따른 의무를 이행하는 등으로 보증보험계약의 채권담보적 기능을 신뢰하여 새로운 이해관계를 가지게 되었다면 그와 같은 피보험자의 신뢰를 보호할 필요가 있으므로, 주채무자에 해당하는 보험계약자가 보증보험계약을 체결함에 있어서 보험자를 기망하였다는 이유로 보험자가 보증보험계약 체결의 의사표시를 취소하였다 하더라도, 이미 그 보증보험계약의 피보험자인 채권자가 보증보험계약의 채권담보적 기능을 신뢰하여 새로운 이해관계를 가지게 되었다면, 피보험자가 그와 같은 기망행위가 있었음을 알았거나 알 수 있었던 경우이거나, 혹은 피보험자와 보험자 사이에 피보험자가 보험자를 위하여 보험계약자가 제출하는 보증보험계약 체결 소요서류들이 진정한 것인지 등을 심사할 책임을 지고 보험자는 그와 같은 심사를 거친 서류만을 확인하고 보증보험계약을 체결하도록 미리 약정이 되어 있는데, 피보험자가 그와 같은 서류심사에 있어서 필요한 주의의무를 다하지 아니한 과실이 있었던 탓으로 보험자가 보증책임을 이행한 후 구상권을 확보할 수 없게 되었다는 등의 특별한 사정이 없는 한 그 취소를 가지고 피보험자에게 대항할 수 없다." 대판 1999.7.13. 98다63162; 대판 2003.11.13. 2001다33000도 동지.

그런데 일반적인 보증과 달리 보증보험계약의 당사자는 채무자와 보증인이고, 채무자의 기망에 의하여 보증보험계약이 취소되더라도 채권자는 제3자에 해당하여 제110조 제3항에 따른 보호를 받을 수 있다. 한편 제3자의 과실 유무를 따지지 않는 제110조 제3항의 법문과 달리 피보험자(즉 채권자)가 보험계약자(즉 채무자)의 기망행위가 있었음을 「알 수 있었던 경우」에도 보험자, 즉 보증인이 피보험자에게 대항할 수 있다는 취지로 읽힘에 대해서는 검토를 요한다.

3) 대판 2014.3.27. 2012다6769. 따라서 보증인이 주채무자에 대하여 구상권 외에 손해배상청구권도 가지는 경우에, 구상보증인이 손해배상채무의 이행을 담보하지는 않는다.

4) 후자로 본 예로 대판 2002.3.15. 2001다59071; 대판 2023.5.18. 2019다227190.

적으로 한다(내용적 동일성). 그리고 보증채무는 주채무의 담보를 위한 것으로 주채무에 종된 채무이고(부종성), 주채무의 이행이 없을 때 2차적 의무로서 보증인이 이행책임을 진다(보충성).

이 중 내용적 동일성과 보충성은 보증채무의 내용과 관련하여 보기로 하고, 여기서는 독립성과 부종성을 검토한다.

나. 독 립 성 [4189]

(1) 보증채무는 주채무에 종된 것이지만, 그와 별개의 독립한 채무이다. 즉 보증인은 주채무가 이행되지 않는 경우에 독립한 「채무」를 부담한다.5)

(2) 이처럼 보증채무는 주채무와 별개의 독립한 채무이므로, ① 보증채무 자체의 이행지체로 인한 지연손해금은 보증한도액과는 별도로 부담한다.6) 보증채무의 연체이율에 관하여 특별한 약정이 있으면 그에 따르고, 특별한 약정이 없으면 행위의 성질에 따라 상법 또는 민법 소정의 법정이율에 따라야 하며, 주채무에 관하여 약정된 연체이율이 당연히 적용되는 것은 아니다.7) ② 보증채무와 주채무의 소멸시효기간은 채무의 성질에 따라 각각 별개로 정해진다. 그리고 주채무자에 대한 확정판결에 의하여 제163조의 단기소멸시효에 해당하는 주채무의 소멸시효기간이 10년으로 연장된 상태에서 주채무를 보증한 경우에, 특별한 사정이 없는 한 보증채무에 대해서는 단기소멸시효가 적용될 여지가 없고, 성질에 따라 보증인에 대한 채권이 민사채권인 경우에는 10년, 상사채권인 경우에는 5년의 소멸시효기간이 적용된다.8)

(3) 독립된 채무로서 보증채무에 대한 보증, 즉 「부보증」도 가능하며, 나아가 보증채무만에 대하여 위약금을 약정하거나 또는 손해배상액을 예정할 수도 있다(제429조 제2항). 이것은 보증채무 자체의 이행을 확보하기 위한 것이지 보증채무의 확장은 아니므로, 부종성의 원리에 반하지 않는다.

다. 부 종 성 [4190]

(1) 보증채무는 주된 채무에 대하여 종된 채무의 성질을 가지며, 주채무의 존재를 전제로 하여 성립하고 존속한다. 이를 부종성(附從性)이라 하는데,9) 아래에서 그 내용을 살펴본다.

(2) 주채무가 존재하지 않으면 보증채무도 성립하지 않는다. 주채무를 발생시키는 법률행위가 무효이거나 취소 또는 해제된 경우에도 마찬가지이다.10) 이러한 경우에 보증채무를 이행한 보증인은 채권자에 대한 부당이득반환청구권(제741조),11) 불법행위에 기한, 채권자 또는 주채무자에 대한 손해배상청구권(제750조. 불법행위 성립요건의 충족을 전제로) 그리고 주채무자에 대한 비용상환청구권 및 손해배상청구권12)을 행사할 수 있다.

---

5) 물상보증인은 타인의 채무에 관하여 자기의 물건을 담보로 제공하고 채무의 이행이 없으면 그 담보물이 실행을 당한다는 의미에서 물건책임을 질 뿐, 채무를 부담하지는 않는다.

6) 대판 2006.7.4. 2004다30675.

7) 대판 2003.6.13. 2001다29803.

8) 대판 2014.6.12. 2011다76105.

9) 일반적 보증과 달리 추상성과 무인성을 가지는 이른바 독립적 은행보증에 관하여 대판 2014.8.26. 2013다53700 참조.

10) 이와 관련하여 "취소의 원인 있는 채무를 보증한 자가 보증계약 당시에 그 원인 있음을 안 경우에 주채무의 불이행 또는 취소가 있는 때에는 주채무와 동일한 목적의 독립채무를 부담한 것으로 본다"고 한 제436조가 2015년 민법개정에서 삭제되었다.

11) 주계약이 해제된 경우에 관한 대판 2004.12.24. 2004다20265 참조.

12) 주채무자의 부탁을 받은 경우에 위임법이 적용되므로 제688조 제1항, 제3항에 의하여, 주채무자의 부탁을 받지 않은 경우에는 사무관리가 성립하여 제739조, 제740조에 의하여 인정된다. 비용상환청구권을 행사하는 경우에 보증인은 제684조 제2항에 따라 채권자에 대한 부당이득반환청구권과 손해배상청구권을 주채무자에게 이전해야 한다.

그리고 주채무가 소멸하면 소멸사유를 불문하고 보증채무도 소멸한다. 가령 보증채무에 대한 소멸시효가 중단되더라도 이로써 주채무에 대한 소멸시효가 중단되지 않는데, 주채무가 소멸시효 완성으로 소멸하면 보증채무도 —그 자체의 시효중단에 불구하고— 부종성에 따라 소멸한다.[13] 주채무가 채무자에게 책임 없는 사유로 불능으로 된 경우에도 마찬가지이다.

한편 주채무를 소멸시킨 행위가 무효나 취소 등을 원인으로 효력을 상실하여 주채무가 소멸하지 않은 것으로 되면, 보증채무도 부활한다.

[4191] (3) 장래의 채무(장래의 불특정채무를 포함한다) 또는 정지조건부 채무에 대해서도 보증이 성립할 수 있다(제428조 제2항). 즉 주채무 발생의 원인이 되는 기본계약이 보증계약보다 먼저 성립해야 하는 것은 아니고, 보증계약 체결 당시 보증의 대상이 될 주채무의 발생원인과 내용이 어느 정도 확정되어 있다면 장래의 채무에 대해서도 유효하게 보증계약을 체결할 수 있다.[14] 이 경우 주채무가 성립한 때에 보증채무가 발생한다. 즉 주채무 없이 보증채무가 성립하는 것은 아니고, 보증계약이 미리 체결되었을 뿐이므로 부종성에 반하지 않는다.

[4192] (4) 주채무자에 대한 채권이 이전되면 보증인에 대한 채권도 이전되는데(이를 「수반성」이라고 한다), 물적 담보에서와 달리 별도의 요건을 요하지 않는다. 가령 채권양도의 대항요건이 주채권의 이전에 관하여 구비하면 되고, 별도로 보증채권에 관하여 대항요건을 갖출 필요는 없다.[15]

그런데 주채무자에 대한 채권만 이전하기로 하는 특약이 있다면 보증채무가 소멸하는 반면, 보증채권만 이전하기로 하는 특약은 무효이다.[16]

한편 채무인수 등에 의하여 주채무자가 변경되면 보증채무는 소멸한다(제459조). 책임재산의 변경에 따라 구상의 가능성과 범위가 달라지는데, 이를 보증인에게 수인하도록 할 수 없기 때문이다.

[4193] Ⅱ. 보증채무의 성립

1. 총 설

가. 개 관

주채무와 독립한 별개의 채무로서 보증채무는 보증계약에 의하여 성립한다. 그런데 주채무가 존재하지 않거나 주채무를 발생시키는 계약이 무효이거나 취소 또는 해제되는 경우[17]에는 보증채무가 성립하지 않는다(부종성).

[4194] 나. 보증채무의 상속

(1) 보증채무의 상속성은 보증채무가 일신전속적인지에 좌우되는데(제1005조 단서 참조), 상속

13) 대판 2002.5.14. 2000다62476. 제183조도 참조.
그런데 대판 2018.5.15. 2016다211620은, 보증채무의 부종성을 부정해야 할 특별한 사정이 있는 경우에 예외적으로 보증인은 주채무의 시효소멸을 이유로 보증채무의 소멸을 주장할 수 없으나, 특별한 사정을 인정하여 보증채무의 본질적인 속성에 해당하는 부종성을 부정하려면 보증인이 주채무의 시효소멸에도 불구하고 보증채무를 이행하겠다는 의사를 표시하거나 채권자와 그러한 내용의 약정을 했어야 하고, 단지 보증인이 주채무의 시효소멸에 원인을 제공하였다는 것만으로는 보증채무의 부종성을 부정할 수 없다고 하였다.

14) 대판 2006.6.27. 2005다50041.

15) 대판 2002.9.10. 2002다21509.

16) 즉 주채권과 보증채권의 귀속주체를 달리하는 것은 보증채무의 부종성에 반하고, 주채권을 가지지 않는 이에게 보증채권만 인정할 실익도 없기 때문에 주채권과 분리하여 보증채권만 양도하기로 하는 약정은 그 효력이 없다(앞의 2002다21509 판결).

17) 주채무자의 신용상태에 관한 착오를 이유로 보증계약을 취소할 수 있는지에 관하여 [1098] 참조.

인에게 예기치 못한 과도한 손해를 야기할 수 있다면 보증채무의 일신전속성 및 상속성이 부정되어야 한다. 따라서 보통의 보증에서 보증인의 지위는 상속된다. 한편 계속적 보증에서 보증한도액이 정해져 있다면 특별한 사정이 없는 한 상속인들이 보증인의 지위를 승계하는 반면,[18] 보증기간과 보증한도액의 정함이 없다면 보증인의 지위가 상속인에게 상속되지 않지만 이미 발생한 보증채무는 상속된다.[19]

(2) 신원보증계약은 신원보증인의 사망으로 그 효력을 잃지만(신원보증법 제7조), 신원보증인이 사망하기 전에 신원보증계약으로 인하여 이미 발생한 채무는 상속인에게 상속된다.[20]

2. 계약에 의한 성립 [4195]

가. 계약의 당사자

(1) 채권자와 보증인 사이의 보증계약에 의하여 보증채무가 성립한다. 주채무자는 보증계약의 당사자가 아니지만, 주채무자와 보증인이 제3자를 위한 보증계약을 체결할 수 있고, 주채무자가 보증인의 대리인으로서 보증계약을 체결할 수도 있다.

(2) 보증인의 자격에 대한 일반적인 제한은 없다. 그러나 당사자의 약정, 법률의 규정(제206조 제1항, 제214조 등) 또는 법원의 명령(제26조 제1항, 제918조 제4항 등)에 의하여 채무자가 보증인을 세울 의무를 지는 경우에, 행위능력과 변제자력 있는 이를 보증인으로 세워야 하고(제431조 제1항), 보증인이 변제자력 없게 되면 채권자는 채무자에 대하여 보증인의 교체를 청구할 수 있다(제2항). 다만 채권자가 보증인으로 될 이를 지정하였다면, 보증인이 행위능력자 · 변제자력자일 필요가 없고, 보증인이 변제자력을 잃더라도 채권자가 보증인의 교체를 요구할 수 없다(제3항). 한편 채무자는 다른 상당한 담보를 제공하고 보증인을 세울 의무를 면할 수 있다(제432조).

[참 고] 공제조합의 보증이나 보증보험의 경우에 보증인(공제조합이나 보험자)과 채무자(조합원 또는 보험계약자) 사이의 계약에 기하여 보증서가 발급되는데, 이러한 보증서의 실질은 보증이지만, 법률적으로는 조건부의 채무인수계약으로 파악할 것이다. 즉 이러한 유형의 보증계약은 보증의 성질과 보험의 성질을 모두 가진다.[21]

나. 계약의 성질 [4196]

(1) 보증계약은 주채무를 발생시키는 계약과 별개의 계약이다.

(2) 보증의 대가로 금전을 지급하는 경우도 없지 않지만, 일반적으로는 보증계약은 그에 기하여 보증인만이 의무를 부담하는 편무계약이며 무상계약이다.

판례는 보증의 무상성 때문에 보증의사의 존재 및 보증범위를 엄격하게 심사한다.[22] 그 연장선상에서 보증행위에 대한 제126조의 표현대리의 성립에 관해서도 엄격한 입장을 취함에 관하

18) 대판 1999.6.22. 99다19322.

19) 대판 2001.6.12. 2000다47187. 연대보증인 사망 후에 생긴 주채무에 대해서는 그 상속인이 보증채무를 승계하여 부담하지 않음에 관한 대판 2003.12.26. 2003다30784도 참조.

20) 대판 1972.2.29. 71다2747.

21) 공제조합의 보증에 관하여 대판(전) 2008.6.19. 2005다37154.

22) 가령 대판 1998.12.8. 98다39923: "보증계약의 성립을 인정하려면 당연히 그 전제로서 보증인의 보증의사가 있어야 하고, 이러한 보증의사의 존부는, 당사자가 거래에 관여하게 된 동기와 경위, 그 관여형식 및 내용, 당사자가 그 거래행위에 의하여 달성하려는 목적, 거래의 관행 등을 종합적으로 고찰하여 판단하여야 할 당사자의 의사해석 및 사실인정의 문제이지만, 보증은 이를 부담할 특별한 사정이 있을 경우 이루어지는 것이므로, 보증의사의 존재나 보증범위는 이를 엄격하게 제한하여 인정"해야 한다. 수표발행인이 민사상의 보증채무도 부담한다고 단정할 수 없다고 한 대판 2007.9.7. 2006다17928도 참조.

여 [1313] 참조.

[4197] (3) 보증은 주채무자의 무자력으로 인한 위험을 인수하는 제도이므로, 보증인이 주채무자의 자력을 조사한 후 보증계약을 체결할지를 스스로 결정해야 하고, 채권자가 보증인에게 채무자의 신용상태를 고지해야 할 신의칙상의 의무는 인정되지 않는다.[23)]

그런데 2015년 민법개정으로 채권자는 일정한 범위에서 정보제공 및 통지의무를 진다. 즉 제436조의2에 따라 ① 보증계약을 체결하거나 갱신할 때 채권자는 "보증계약의 체결 여부 또는 그 내용에 영향을 미칠 수 있는 주채무자의 채무관련 신용정보"를 보유하거나 알고 있다면 보증인에게 그 정보를 알려야 한다(제1항. 보증인보호법 제8조도 참조). ② 보증계약을 체결한 후 ⓐ 주채무자가 원본, 이자, 위약금, 손해배상 또는 그 밖에 주채무에 종속한 채무를 3개월 이상 이행하지 않는 경우, ⓑ 주채무자가 이행기에 이행할 수 없음을 미리 안 경우 또는 ⓒ 주채무자의 채무관련 신용정보에 중대한 변화가 생겼음을 알게 된 경우에는 지체 없이 보증인에게 그 사실을 알려야 한다(제436조의2 제2항). ③ 채권자는 보증인의 청구가 있으면 주채무의 내용 및 그 이행 여부를 알려야 한다(제3항). ④ 채권자가 이상의 의무를 위반하여 보증인에게 손해를 입힌 경우에 법원은 그 내용과 정도 등을 고려하여 보증채무를 감경하거나 면제할 수 있다(제4항. 보증인보호법 제5조도 참조).

[4198] **다. 서 면 성**

(1) 거의 대부분의 보증이 서면으로 이루어졌음에도 종래 민법상 보증계약은 당사자들의 합의만으로 성립하는 낙성계약이었는데, 2015년 민법개정에 의하여 요식계약으로 바뀌었다. 즉 보증의사를 명확하게 표시하게 함으로써 보증의사의 존부 및 내용에 관하여 분명한 확인수단을 보장하여 분쟁을 예방하는 한편, 보증인으로 하여금 경솔하게 보증에 이르지 않고 숙고의 결과로 보증을 하도록 하려는 취지에 따라, 제428조의2는 "보증은 그 의사가 보증인의 기명날인 또는 서명이 있는 서면으로 표시되어야 효력이 발생"하고,[24)] "보증채무를 보증인에게 불리하게 변경하는 경우"에도 같다고 하여 서면주의를 채택하였다.[25)] 그런데 보증인의 「서명」은 보증인이 직접 자신의 이름을 쓰는 것을 의미하므로 타인이 보증인의 이름을 대신 쓰는 것은 이에 해당하지 않는 반면, 보증인의 「기명날인」은 타인이 이를 대행하는 방법(회사의 명판과 법인 인감도장을 날인하는 등)으로 해도 무방하다.[26)]

한편 보증인이 보증채무를 이행한 경우에는 그 한도에서 방식의 하자를 이유로 보증의 무효를 주장할 수 없다(제428조의2 제3항).

(2) 보증계약의 서면주의는 근보증에서 강화된다. 즉 불확정한 다수의 채무에 대한 근보증에서 보증하는 채무의 최고액을 서면으로 특정해야 하고, 서면에 의하지 않으면 근보증은 그 효력이 없다(제428조의3).[27)]

---

23) 대판 1998.7.24. 97다35276; 대판 2002.7.12. 99다68652 등.

24) 제1항 단서가, 보증의 의사가 전자적 형태로 표시된 경우에는 효력이 없다고 규정하지만, 전자문서법 제4조 제2항에 따라 보증인이 자기의 영업 또는 사업으로 작성한 보증의 의사가 표시된 전자문서에는 적용되지 않는다.

25) 이 규정과 제428조의3 및 제436조의2가 종전의 규정에 따라 생긴 효력에는 영향을 미치지 않으며, 개정법이 시행된 후에 체결되거나 기간이 갱신되는 보증계약부터 적용된다(부칙 제2조 및 제3조).

26) 대판 2019.3.14. 2018다282473(근보증에서 보증채무의 최고액을 서면으로 특정해야 한다는 제428조의3에 관한 판시이다).

27) 앞의 2018다282473 판결: "이는 불확정한 다수의 채무에 대하여 보증하는 경우 보증인이 부담하여야 할 보증채무의 액수가 당초 보증인이 예상하였거나 예상할 수 있었던 것보다 지나치게 확대될 우려가 있으므로, 보증인이 보증을 함에 있어 자신이 지게 되는 법

[참 고] 보증인보호법에 관하여

보증에 관하여 민법에 대한 특례를 규정함으로써 대가 없이 호의(好意)로 이루어지는 보증으로 인한 보증인의 경제적 · 정신적 피해를 방지하고, 금전채무에 대한 합리적인 보증계약관행을 확립함으로써 신용사회 정착에 이바지함을 목적으로 보증인보호법이 2008년부터 시행되고 있다. 이 법의 중요한 내용을 본다.

ⓐ 형식이나 명칭에 관계없이 채무자가 채권자에 대한 금전채무를 이행하지 않는 경우에 보증인이 그 채무를 이행하기로 하는 채권자와 보증인 사이의 계약에 적용되지만, 호의보증으로 보기 어려운 무한책임사원 · 회사를 실질적으로 지배하는 이 등은 보호대상에서 제외된다(제2조 제1호, 제2호).

ⓑ 제3조가 서면주의를 채택하였으나 민법 제428조의2로 흡수되었다. 근보증에서도 보증하는 채무의 최고액을 서면으로 특정해야 하고, 서면요건을 결여하면 보증계약은 무효이다(제6조).

ⓒ 보증계약을 체결하거나 갱신할 때 보증채무의 최고액을 서면으로 특정해야 한다(제4조).

ⓓ 기간의 약정이 없는 보증의 보증기간을 3년으로 제한하고, 보증기간의 갱신에서도 같도록 하는 등 보증인의 변제책임이 무한정 확대되는 것을 방지한다(제7조).[28] 그리고 보증계약 체결 후 채권자가 보증인의 승낙 없이 채무자에 대하여 변제기를 연장해 준 경우에 채권자나 채무자는 보증인에게 그 사실을 알려야 하고, 이때 보증인은 즉시 보증채무를 이행할 수 있도록 한다(같은 조 제4항).

ⓔ 제5조는 채권자의 통지의무를 규정하는데, 그 내용은 대체로 제436조의2와 같다.

ⓕ 금융기관이 보증계약을 체결할 때 보증인으로 하여금 채무자의 정확한 신용상태를 확인하여 경솔하게 보증계약을 체결하지 않도록 하기 위하여 채무자의 채무관련 신용정보를 보증인에게 고지할 것을 의무화하는 규정을 두었다(제8조). 즉 보증계약을 체결하거나 갱신할 때 종합신용정보집중기관으로부터 제공받은 채무자의 채무관련 신용정보를 보증인에게 제시하고 그 서면에 보증인의 기명날인이나 서명을 받아야 하고(당연히 정보제시에 관한 채무자의 동의를 받아야 한다), 금융기관이 이러한 채무관련 신용정보를 제시하지 않으면 보증인은 금융기관에 대하여 정보의 제시를 요구할 수 있고, 금융기관이 신용정보의 제시요구를 받은 날부터 7일 이내에 그 요구에 응하지 않는 경우에 보증인은 그 사실을 안 날부터 1월 이내에 보증계약의 해지를 통고할 수 있는데, 금융기관이 해지통고를 받은 날부터 1월이 경과하면 해지의 효력이 생긴다.

ⓖ 위의 규정들은 편면적 강행규정이다. 즉 이를 위반하는 약정으로서 보증인에게 불리한 것은 효력이 없다(제11조).

Ⅲ. 외부관계 [4199]

1. 보증채무의 내용

가. 개 관[29]

보증채무의 내용은 보증계약에 의하여 결정되지만, 「내용적 동일성」(부종성의 일부이다)에 따라 주채무의 내용과 동일하다. 부대체적 급부를 목적으로 하는 채무에 대해서도 주채무가 불이행으로 인하여 손해배상청구권으로 될 때를 위하여(즉 정지조건부로) 보증채무가 성립할 수 있다. 그리고 주채무의 목적이 동일성을 유지한 채 변경되면(예: 전보배상의 경우) 보증채무의 내용도 그에

적 부담의 한도액을 미리 명확하게 알 수 있도록 함으로써 보증인을 보호하려는 데에 입법취지가 있다. 위와 같은 민법의 규정 및 입법취지에 비추어 볼 때, 불확정한 다수의 채무에 대하여 보증하는 경우 보증채무의 최고액이 서면으로 특정되어 보증계약이 유효하다고 하기 위해서는, 보증인의 보증의사가 표시된 서면에 보증채무의 최고액이 명시적으로 기재되어 있어야 하고, 보증채무의 최고액이 명시적으로 기재되어 있지 않더라도 서면 자체로 보아 보증채무의 최고액이 얼마인지를 객관적으로 알 수 있는 등 보증채무의 최고액이 명시적으로 기재되어 있는 경우와 동일시할 수 있을 정도의 구체적인 기재가 필요하다고 봄이 타당하다."

28) 대판 2020.7.23, 2018다42231: "보증인보호법 제7조 제1항의 취지는 보증채무의 범위를 특정하여 보증인을 보호하는 것이다. 따라서 이 규정에서 정한 '보증기간'은 특별한 사정이 없는 한 보증인이 보증책임을 부담하는 주채무의 발생기간이라고 해석함이 타당하고, 보증채무의 존속기간을 의미한다고 볼 수 없다."

29) 외부관계 중 채권자와 주채무자의 관계는 특별히 문제될 바 없으므로, 여기서는 채권자와 보증인 사이의 관계만 살핀다.

따라 변경된다.

한편 보증인은 「부종성/내용적 동일성」에 기하여 주채무자의 항변사유를 원용할 수 있고, 나아가 「보충성」에 기한 고유의 항변권도 가진다.

[4200] **나. 보증채무의 범위**

(1) 제429조 제1항은, 주채무의 범위가 이자, 위약금, 손해배상(주채무의 불이행에 기한[30]) 등으로 확대되면 보증채무의 범위도 이에 따라 확대된다고 하는데,[31] 이는 임의규정이다.

그런데 물적 담보와 인적 담보가 경합하는 경우에 관하여 ① 대판 2005.4.29. 2005다3137: "계속적인 거래관계로부터 장래 발생하는 불특정채무를 보증하는 근보증을 하고 아울러 그 불특정채무를 담보하기 위하여 동일인이 근저당권설정등기를 하여 물상보증도 하였을 경우, 이 근저당권의 피담보채무와 근보증에 의하여 담보되는 주채무가 별개의 채무인가 아니면 그와는 달리 근저당권에 의하여 담보되는 채권이 위 근보증에 의하여도 담보되는 것인가의 문제는 계약당사자의 의사해석문제"이다.[32] ② 대판 1997.11.14. 97다34808: "물상보증과 연대보증의 피담보채무의 중첩성이 인정될 경우, 특히 근저당권이 담보하는 피담보채무와 연대보증계약상의 주채무가 동일한 것으로 보아야 할 경우에 달리 특별한 사정이 없는 한 근저당권의 소멸과 동시에 연대보증계약도 해지되어 장래에 향하여 그 효력을 상실한다고 봄이 상당하므로 연대보증인은 위 해지 이전에 발생한 보증채무에 대하여는 연대보증계약을 해지하였다고 하더라도 면제 등의 특별한 사정이 없는 한 그 책임을 면할 수는 없다."

(2) 채권자와 보증인은 보증채무의 범위에 관하여 특약을 할 수 있다. 그런데 보증채무가 그 목적이나 형태에서 주채무보다 무거운 경우에,[33] 보증채무는 주채무의 한도로 감축된다(제430조).

[4201] (3) 주채무의 목적이 동일성을 유지한 채 변경되면 보증채무도 그에 따라 변경되지만, 보증계약 성립 후에 주채무자가 한 법률행위로 인하여 확장, 가중되지는 않는다.

① 보증계약이 성립한 후 보증인의 관여 없이 「주채무의 목적이나 형태가 변경된 경우」를 본다. ⓐ 변경으로 인하여 주채무의 실질적 동일성이 상실되면 당초의 주채무는 경개로 인하여 소멸하였다고 보아야 하므로 보증채무도 당연히 소멸한다(「부종성」). 한편 변경에도 불구하고 주채무의 실질적 동일성이 상실되지 않은 경우에 ⓑ 주채무의 부담내용이 축소 · 감경되었다면 보증인은 그와 같이 축소 · 감경된 주채무의 내용에 따라 보증책임을 지지만, ⓒ 주채무의 부담내용이 확장 · 가중되었다면 보증인은 그와 같이 확장 · 가중된 주채무의 내용에 따른 보증책임은 지지 않고, 변경되기 전의 주채무의 내용에 따른 보증책임만 진다.[34]

---

30) 이와 달리 보증채무 자체의 이행지체로 인한 지연손해금은 보증의 한도액과는 별도로 부담해야 한다(대판 2016.1.28. 2013다74110).

31) 참고로 부동산매매계약과 함께 부동산의 매수인이 매매목적물에 관한 근저당권의 피담보채무, 가압류채무, 임대차보증금반환채무를 인수하는 한편, 그 채무액을 매매대금에서 공제하기로 하는 이행인수계약이 이루어진 경우에, 그 매매대금채무나 매수인이 인수한 채무를 보증한 이는 매도인이 인수채무를 대신 변제하여 매수인이 매도인에게 부담하게 되는 손해배상채무 또는 구상채무에 대해서도 보증채무를 부담하고, 나아가 매수인의 인수채무 불이행으로 인한 손해가 계속적으로 발생하거나 매도인이 매수인의 인수채무를 계속적으로 대신 변제하여 나가는 경우도 있을 수 있고, 이러한 경우의 보증은 계속적 보증의 성질도 가진다(대판 2002.5.10. 2000다18578).

32) 채무자의 채권자에 대한 불특정채무를 담보하기 위하여 제3자가 자신의 부동산에 근저당권을 설정하고 다음날 위 피담보채무를 한도로 근보증계약을 체결한 경우에, 근저당권의 피담보채무와 근보증에 의하여 담보되는 주채무는 별개의 채무가 아니라 동일한 채무로서 채무의 액수는 근저당권의 채권최고액 겸 근보증의 보증한도액에 한정된다고 한 사례.

33) 예컨대 주채무가 조건부인데 보증채무는 무조건인 경우 또는 주채무의 변제기보다 보증채무의 변제기가 먼저 도래하는 경우.

34) 대판 2000.1.21. 97다1013. 주채무자의 채무불이행시의 손해배상의 범위에 관하여 주채무자와 채권자 사이의 합의로 보증인의 관여 없이 손해배상예정액이 결정되었더라도 보증인으로서는 위 합의로 결정된 손해배상예정액이 채무불이행으로 인하여 주채무자가 부담할 손해배상책임의 범위를 초과하지 아니한 한도 내에서만 보증책임이 있다고 한 대판 1996.2.9. 94다38250도 참조.

② 「거래기간이 연장된 경우」에 ⓐ 확정채무에 대한 보증이라면 거래기간의 연장이 보증채무의 확장 · 가중을 의미하지 않는다.[35] 다만 보증인의 동의를 얻어 피보증채무의 이행기가 연장된 경우에 한하여 피보증채무를 계속하여 보증하겠다는 취지의 특별한 약정이 있는 경우에는 당연히 그에 의한다.[36] ⓑ 반면 계속적 거래관계에 기한 불확정채무에서 거래기간의 종료는 주채무 및 보증채무의 확정사유이므로, 보증인이 기간 연장에 동의하지 않는 한, 주계약상의 거래기간이 연장되더라도 보증채무는 영향을 받지 않는다.[37] ⓒ 보증보험 등 유상보증의 경우에도 보증인은 연장된 거래기간에 대해서는 보증책임을 지지 않는데,[38] 반대급부로서 보험료 등의 부담과 관련된다.

③ 주채무의 발생원인인 계약이 해제된 경우에 보증인은 해제의 효과로서 원상회복의무 및/또는 손해배상의무(주채무가 아니라)에 대해서도 보증책임을 진다.[39]

다. 보증인의 항변 [4202]

(1) 먼저 보증인은 「부종성/내용적 동일성」에 기하여 주채무자의 항변사유를 원용할 수 있다.

① 보증인은 주채무자의 항변으로 채권자에게 대항할 수 있는데(제433조 제1항), 주채무의 부존재 또는 소멸(예: 변제, 상계, 소멸시효의 완성)을 주장하거나 동시이행의 항변권 등을 행사할 수 있다. 한편 주채무자의 항변포기는 보증인에게 효력이 없다(제2항). 따라서 주채무가 시효로 소멸한 때에는 보증인도 그 시효소멸을 원용할 수 있고,[40] 주채무자가 시효의 이익을 포기하더라도 보증인에게는 그 효력이 없다.[41]

② 보증인은 주채무자의 채권에 의한 상계로 채권자에게 대항할 수 있다(제434조). 즉 보증인은 주채무자의 상계권을 행사할 수 있다. 그런데 채권자가 상계적상에 있는 자동채권을 상계처리하지 않았다고 하여 그것을 이유로 보증채무의 이행을 거절할 수는 없다.[42]

③ 주채무자가 채권자에 대하여 취소권 · 해제권 · 해지권 등을 가지는 동안 보증인은 채권자에 대하여 보증채무의 이행을 거절할 수 있다(제435조). 주채무의 존속이 유동적 · 불확정적인 동안 보증인에게 연기적 항변권을 인정한 것이다. 그러나 보증인이 주채무를 발생시키는 법률행

---

35) 대판 1996.2.23. 95다49141. 따라서 확정채무에 대하여 보증한 연대보증인으로서는 자신의 동의 없이 피보증채무의 이행기를 연장해 주었더라도 여전히 연대보증채무를 부담한다(대판 2002.6.14. 2002다14853). 현실적인 자금의 수수 없이 형식적으로만 신규대출을 하여 기존채무를 변제하는 이른바 대환에 관한 대판 2012.2.23. 2011다76426도 참조.

36) 대판 2012.8.30. 2009다90924.

37) 대판 1999.8.24. 99다26481. 그런데 채권자와 주채무자 사이에서 주계약상의 거래기간이 연장되었으나 보증인과 사이에서 보증기간이 연장되지 않아서 보증계약관계가 먼저 종료되면 그 종료로 보증채무가 확정되므로, 보증인은 그 당시의 주계약상의 채무에 대하여 보증책임을 지고, 그 후의 채무에 대해서는 보증책임을 지지 않는다(대판 2021.1.28. 2019다207141).
참고로 대판 1994.6.28. 93다49208은, 대리점계약과 같은 상품에 대한 계속적 공급판매계약을 체결한 경우에, 계약서상 채권자와 주채무자 사이의 계약기간이 자동갱신되는 것으로 약정되고 연대보증인이 이에 대하여 이의나 유보 없이 동일계약서에 서명날인하여 연대보증계약을 체결하였다면, 특별한 사정이 없는 한 그 보증계약에는 계약이 존속되는 기간 동안 발생한 채무에 대하여 책임을 부담하기로 하는 의사표시가 포함되거나 계약기간의 연장에 관한 동의나 묵시적 승낙이 있었다고 보았다.

38) 대판 2001.2.13. 2000다5961.

39) 계약상의 여러 가지 의무를 부담하는 당사자의 일방을 위하여 그 계약을 보증한 보증인은 상대방에 대하여 특단의 사정이 없는 한 피보증인의 채무불이행으로 인하여 그 계약이 해제되었음으로 인한 피보증인의 원상회복의 의무에 대해서도 책임을 진다(대판 1972.5.9. 71다1474). 대판 2012.5.24. 2011다109586도 참조.

40) 대판 2012.7.12. 2010다51192: "보증채무에 대한 소멸시효가 중단되는 등의 사유로 완성되지 아니하였다고 하더라도 주채무에 대한 소멸시효가 완성된 경우에는 시효완성사실로써 주채무가 당연히 소멸되므로 보증채무의 부종성에 따라 보증채무 역시 당연히 소멸된다. 그리고 주채무에 대한 소멸시효가 완성되어 보증채무가 소멸된 상태에서 보증인이 보증채무를 이행하거나 승인하였다고 하더라도, 주채무자가 아닌 보증인의 행위에 의하여 주채무에 대한 소멸시효이익의 포기효과가 발생된다고 할 수 없으며, 주채무의 시효소멸에도 불구하고 보증채무를 이행하겠다는 의사를 표시한 경우 등과 같이 부종성을 부정하여야 할 다른 특별한 사정이 없는 한 보증인은 여전히 주채무의 시효소멸을 이유로 보증채무의 소멸을 주장할 수 있다고 보아야 한다."

41) 대판 1991.1.29. 89다카1114.

42) 대판 1987.5.12. 86다카1340.

위 내지 의사표시의 취소권 등을 가지지 않음은 당연하다.

[4203] (2) 이제 「보충성」에 기한, 보증인에 고유한 항변을 본다.

① 주채무의 이행기가 도래했으나 주채무자가 이를 이행하지 않으면, 채권자는 보증인에 대하여 보증채무의 이행을 청구할 수 있다(제428조 제1항). 그런데 보증채무는 주채무가 이행되지 않는 경우에 그 보충으로 이행되어야 할 2차적 채무로서의 성격, 즉 보충성(補充性. "주채무자가 이행하지 아니하는": 제428조)을 가진다. 따라서 채권자가 보증인에게 보증채무의 이행을 청구하거나 그의 재산에 대한 집행을 하는 경우에, 보증인은 주채무자에 대하여 청구하라는 항변과 주채무자의 재산에 대하여 집행한 후 보증인의 재산에 대하여 집행하라는 항변을 할 수 있다.

② 채권자로부터 청구를 받은 경우에, 보증인은 주채무자에게 변제자력[43]이 있고 그 집행이 용이하다는 사실을 증명하고 먼저 주채무자에게 이행을 청구하라고 항변할 수 있으며, 채권자가 먼저 주채무자에게 최고하고 보증인에게 청구하더라도 다시 주채무자의 변제자력과 집행의 용이함을 증명하고 먼저 주채무자의 재산에 대하여 집행하라고 항변할 수 있다(제437조 본문). 다수설은 전자를 최고의 항변(催告의 抗辯), 후자를 검색의 항변(檢索의 抗辯)이라고 하여 별개의 항변으로 보지만, 양자를 구별할 실익이 크지 않다.

보증인의 최고 · 검색의 항변에도 불구하고 채권자가 최고나 검색(집행)을 게을리하여 주채무자로부터 전부나 일부의 변제를 받지 못한 경우에, 보증인은 채권자가 해태하지 않았으면 변제받았을 한도에서 그 의무를 면한다(제438조).

③ 보충성이 보증채무의 일반적 성질이긴 하지만, 그 필수적 속성은 아니다. 특히 연대보증은 보충성이 없지만(제437조 단서 참조) 보증으로서의 성질을 가진다.

[4204] 2. 영향관계

가. 기본법리

「부종성/내용적 동일성」 때문에 주채무자에게 생긴 사유는 모두 보증인에게 그 효력을 미친다. 즉 절대적 효력이 있다.

반면 보증인에게 생긴 사유는 —변제 · 대물변제 · 공탁 등 채권자에게 만족을 주는 사유를 제외하고— 주채무자에게 효력을 미치지 않는다.[44]

[4205] 나. 추가적 검토

(1) 주채무자가 사망하고 상속인이 한정승인을 한 경우처럼 「채무」가 아니라 「책임」이 경감되었을 뿐이라면([4022] 참조), 보증인은 원래의 보증채무를 부담한다.

(2) 주채무자에 대한 시효의 중단은 보증인에 대해서도 그 효력을 미친다(제440조). 이는 제169조의 예외로서, 보증채무의 부종성에 따른 당연한 규정이라기보다는 주채무자에 대한 권리행사만으로 보증인에게도 시효중단효가 미치게 하여 주채무와 별도로 보증채무가 시효소멸하는 일

43) 주채무 전부에 대한 변제자력을 요하는 것이 아니라 상당한 정도의 자력으로 족하다.

44) 참고로 대판 2023.5.18, 2019다227190: "보증인에 대한 회생계획 인가로 보증채무가 감면되면 보증인이 주채무자의 채무를 일정한 한도에서 보증하기로 하는 이른바 일부보증과 유사한 법률관계가 성립한다. 일부보증의 경우 주채무자가 일부변제를 하면 보증인은 남은 주채무자의 채무 중 보증한 범위 내의 것에 대하여 보증책임을 부담한다. 따라서 보증인에 대한 회생계획 인가 후 주채무자의 변제 등으로 주채무가 일부소멸하는 경우 보증인은 회생계획에 따른 변제금액 중 주채무자의 변제 등으로 소멸하고 남은 주채무를 한도로 한 금액을 변제할 의무가 있다."

이 없도록 함으로써 채권담보의 목적을 달성하고 채권자를 보호하려는 데 그 취지가 있다는 것이 판례의 입장이다.[45] 즉 제440조는 주채무자에 대한 시효중단사유가 발생하였다면 보증인에 대한 별도의 중단조치가 이루어지지 않아도 보증인에 대하여 시효중단의 효력이 생기도록 한 것이고, 시효중단사유가 압류, 가압류 또는 가처분이라도 이를 보증인에게 통지해야 비로소 시효중단의 효력이 발생하는 것은 아니다.[46]

한편 중단 이후의 시효기간까지 당연히 보증인에게 그 효력을 미치는 것은 아니라는 것이 판례의 입장이다. 즉 단기소멸시효의 대상인 주채무의 소멸시효기간이 채권자와 주채무자 사이의 확정판결에 의하여 10년으로 연장되더라도 보증채무까지 당연히 단기소멸시효의 적용이 배제되어 10년의 소멸시효기간이 적용되는 것은 아니고, 채권자와 연대보증인 사이에서 연대보증채무의 소멸시효기간은 여전히 종전의 소멸시효기간에 따른다.[47]

[참 고] 주채무자에 대한 회생절차에서 회생채권자의 권리에 변동이 생기더라도 이는 보증인의 채무(또는 물상보증인의 책임)에는 영향을 미치지 않지만(채무자회생법 제250조 제2항),[48] 도산절차에 의하지 않은 경우에는 부종성이 배제되지 않는다.[49] 그리고 부종성의 배제는 도산절차 참가에 따른 시효중단의 효력에는 영향을 미치지 않는다.[50] 한편 주채무자와 보증인 전원 또는 일부가 파산선고를 받거나 회생절차가 개시된 경우에, 채권자는 파산선고시 또는 회생절차개시결정시의 채권 전액으로 각 파산재단에 가입하거나 회생채권신고를 할 수 있다(같은 법 제428조, 제429조, 제126조 제1항, 제127조, 제581조 제2항).

Ⅳ. 보증과 구상 [4206]

1. 기본법리

(1) 보증인의 변제는 채권자에 대한 관계에서 「자기」의 보증채무의 이행이지만, 주채무자와의 내부관계에서는 「타인」(주채무자)의 채무를 대신 변제한 것이므로, 구상문제가 발생한다. 그리고 보증인은 변제에 대하여 정당한 이익을 가지므로, 변제로 당연히 채권자를 대위한다(제481조).

(2) 연대채무자 상호간에는 부분구상이 기본값인 것과 달리, 내부관계에서 보증인의 부담부분이 없기 때문에 보증인은 주채무자에 대하여 전부구상을 할 수 있다(예외: 제447조). 그리고 구상범위는 주채무자와 보증인 사이의 내부관계에 따라 위임이나 사무관리의 법리에 의하여 결정된다.

(3) 보증인은 변제 기타 출재로 주채무를 소멸시킨 후에 주채무자에게 구상권을 행사할 수 있다(제441조 제1항). 즉 사후구상이 원칙이다.

(4) 명의 여하를 불문하고 실질적으로 채무를 부담하는 이가 구상의 상대방이다. 채권자에 [4207]
대한 관계에서 주채무자이지만 내부관계에서 실질상의 주채무자가 아니라면 보증책임을 이행한

45) 대판 1986.11.25. 86다카1569.

46) 대판 2005.10.27. 2005다35554 · 35561.

47) 대판 2006.8.24. 2004다26287 · 26294. 주채무의 시효기간이 연장된 상태에서 보증한 경우에는 당연히 그렇지 않다(대판 2014.6.12. 2011다76105).

48) 회사정리절차에 관한 대판 2005.11.10. 2005다48482 및 화의결정인가에 관한 대판 2004.7.22. 2004다19135 참조.

49) 기업개선작업약정에 관한 대판 2004.12.23. 2004다46601 및 「회사정리절차가 종결된 후」 주채무 감축합의가 있은 경우에 관한 대판 2007.3.30. 2006다83130 참조.

50) 대판 2007.5.31. 2007다11231; 대판 1998.11.10. 98다42141.

보증인에 대하여 구상의무를 부담하지 않으며,[51] 역으로 채권자에 대한 관계에서 보증인이지만 내부관계에서는 실질상의 주채무자라면 보증책임을 이행한 형식상의 주채무자에 대하여 구상의무를 진다.[52] 그리고 채권자와 보증인 사이에 보증인이 주채무를 중첩적으로 인수하기로 하는 약정이 있더라도 구상관계가 달라지지 않는다.[53]

[4208] ## 2. 수탁보증인의 구상권

가. 구상의 요건과 범위

(1) 주채무자의 부탁으로[54] 보증인이 된 수탁보증인(受託保證人)이 과실 없이 변제 기타 출재로 주채무를 소멸하게 한 경우에, 주채무자에 대하여 구상권을 행사할 수 있다(제441조 제1항).

(2) 구상의 범위에 대해서는 연대채무자의 구상에 관한 규정이 준용된다(같은 조 제2항, 제425조 제2항). 즉 면책된 날 이후의 법정이자 및 피할 수 없는 비용 기타 손해에 대해서도 구상권을 행사할 수 있다. 수탁보증인의 변제는 실질적으로 수임인의 변제에 해당하므로 수탁보증인의 구상에 위임의 법리가 적용되어야 하는데, 앞의 구상범위는 제688조에 상응한다.

[4209] ### 나. 사전구상

(1) 사후구상이 원칙이지만, 수탁보증인에게는 예외적으로 사전구상(事前求償)이 허용된다.[55] 즉 ① 보증인이 과실 없이 채권자에게 변제하라는 재판을 받은 경우, ② 주채무자가 파산선고를 받았으나 채권자가 파산재단에 가입하지 않은 경우, ③ 채무의 이행기가 불확실하고 그 최장기도 확정할 수 없는데 보증계약 후 5년이 경과한 경우 또는 ④ 주채무의 이행기가 도래한 경우에, 수탁보증인은 미리, 즉 변제 기타 출재 전에 구상할 수 있다(제442조 제1항). 보증계약 후 채권자가 주채무의 이행기를 연기해 주었더라도 본래의 이행기가 도래하면 수탁보증인이 (사전)구상을 할 수 있다(제2항).

보증인과 주채무자 사이의 내부관계, 즉 위임의 법리에 따른 수임인의 비용선급청구권(제687

---

51) ㉠ 제3자 명의로 대출이 이루어진 경우의 구상의무자에 관하여 대판 2002.12.10. 2002다47631은, 금융기관으로부터 대출을 받을 때 자기명의를 사용하도록 한 제3자(D)는, 채권자에 대하여 주채무자로서 책임을 지는지와 관계없이 「내부관계에서는」 실질상의 주채무자가 아닌 한 연대보증책임을 이행한 연대보증인(B)에 대하여 당연히 주채무자로서 구상의무를 부담하지는 않고, B가 D를 실질적 주채무자라고 믿고 보증을 하였거나 보증책임을 이행하였고 그와 같이 믿은 데 D에게 귀책사유가 있어 D에게 책임을 부담시키는 것이 구체적으로 타당하다고 보이는 경우 등에 한하여 D가 B에 대하여 주채무자로서 전액 구상의무를 부담한다고 하면서, 대출에 관한 D의 의사는 특별한 사정이 없는 한 대출에 따른 경제적인 효과는 실질상의 주채무자에게 귀속시킬지라도 법률상의 효과는 자신에게 귀속시킬 의사로서, 최소한 연대보증의 책임은 지겠다는 의사였다고 보았다. ㉡ 형식적 주채무자가 실질적 주채무자를 연대보증한 경우에 관하여 대판 1999.10.22. 98다22451은, 채권자와 소비대차계약을 체결하여 채권자에 대한 관계에서는 주채무자로서 책임을 지는 이라도 내부관계에서 실질상의 주채무자가 아니라면 연대보증책임을 이행한 연대보증인에 대하여 당연히 구상의무를 부담하지 않지만, 실질상의 주채무자, 연대보증인, 형식상의 주채무자 3자간의 실질적인 법률관계에 비추어 형식상의 주채무자가 실질상의 주채무자를 연대보증한 것으로 인정할 수 있다면 형식상의 주채무자는 「공동보증인간의 구상권 행사법리」에 따라 연대보증인에 대하여 구상의무를 부담한다고 했다(이 판결은 나아가 구상권 범위산정의 기준이 되는 부담부분은 그에 관한 특약이 없는 한 균등한 것으로 추정된다고 하였다). ㉢ 대판 2008.4.24. 2007다75648도 형식상의 주채무자가 실질상의 주채무자를 연대보증한 것으로 인정할 수 있는 경우 또는 형식상의 주채무자와 연대보증인 사이의 내부관계에서 실질상의 주채무자의 채무의 상환을 각기 연대보증한다는 취지의 양해가 묵시적으로나마 있었던 경우에 형식상의 주채무자는 연대보증인에 대하여 공동보증인간의 구상권 행사법리에 따른 구상의무를 부담하지만, 「형식상의 주채무자와 연대보증인 사이」에서 채무의 보증책임 또는 이행책임을 연대보증인만이 부담하며 형식상의 주채무자는 이를 부담하지 않기로 하는 특약이나 그러한 취지의 명시적 내지 묵시적 양해가 있는 경우라면 형식상의 주채무자는 연대보증인에 대하여 아무런 구상의무를 부담하지 않는다고 하였다.

52) 대판 2004.9.24. 2004다27440 · 28504는, 채권자에 대한 관계에서 공동연대보증인이지만 내부관계에서는 실질상의 주채무자인 경우에, 다른 연대보증인이 채권자에 대하여 보증채무를 변제한 때에 그 연대보증인은 실질상의 주채무자에 대하여 구상권을 행사할 수 있는 반면, 실질상의 주채무자인 연대보증인은 자기의 부담부분을 넘어서 보증채무를 변제하였더라도 다른 연대보증인에 대하여 제448조 제2항, 제425조에 따른 구상권을 행사할 수는 없다고 하였다.

53) 대판 2003.11.14. 2003다37730은 채권자와 보증인 사이에 보증인이 주채무를 중첩적으로 인수하기로 약정했더라도 특별한 사정이 없는 한 보증인은 주채무자에 대한 관계에서는 종전의 보증인의 지위를 그대로 유지한다고 봄이 상당하므로, 채무인수로 인하여 보증인과 주채무자 사이의 주채무에 관련된 구상관계가 달라지는 것은 아니라고 하였다.

54) 묵시적 부탁/위임에 관하여 대판 2017.7.18. 2017다206922 참조.

55) 물상보증인에게 사전구상권이 인정되지 않음에 관하여 대판 2009.7.23. 2009다19802 · 19819([5414]에 소개된) 참조.

조)은 보증의 성질에 반하지만, 앞서 본 예외적인 경우에 수탁보증인에게 인정되는 특혜로서 사전구상권이 인정된다.[56] 그런데 사전구상금은 주채무자에 대하여 수임인의 지위에 있는 수탁보증인이 위탁사무의 처리를 위하여 선급받은 비용의 성질을 가지므로, 보증인은 이를 선량한 관리자의 주의로써 위탁사무인 주채무자의 면책에 사용할 의무를 진다.[57]

(2) 사전구상으로서 청구할 수 있는 범위는 주채무인 원금과 사전구상에 응할 때까지 이미 발생한 이자 및 기한 후의 지연손해금, 피할 수 없는 비용 기타의 손해액이고, 주채무인 원금에 대한 완제일까지의 지연손해금은 사전구상권의 범위에 포함될 수 없다. 또한 사전구상권은 장래의 변제를 위하여 자금의 제공을 청구하는 것이므로 수탁보증인이 아직 지출하지 않은 금원에 대하여 지연손해금을 청구할 수도 없다.[58] 즉 사전구상의 범위는 구상 당시 보증인이 부담할 것이 확정된 채무의 전액이다.

(3) 사전구상에 응한 주채무자는 자기를 면책하게 하거나 자기에게 담보를 제공할 것을 보증인에게 청구할 수 있고, 또는 배상할 금액을 공탁하거나 담보를 제공하거나 보증인을 면책하게 함으로써 그 배상의무를 면할 수 있다(제443조).[59]

(4) 수탁보증인의 사전구상권은 사후구상권과는 별개의 독립한 권리이다. 즉 양자는 종국적 [4210] 목적과 사회적 효용을 같이하지만, 사후구상권은 보증인이 채무자에 갈음하여 변제 등 자신의 출연으로 채무를 소멸시켰다는 사실에 의하여 발생하는 반면, 사전구상권은 제442조 제1항 소정의 사유나 약정으로 정한 사실에 의하여 발생하는 등 발생원인을 달리하고 법적 성질도 달리하는 별개의 독립된 권리이므로, 사후구상권이 발생한 후에도 사전구상권은 소멸하지 않고 병존하며, 다만 목적달성으로 일방이 소멸하면 타방도 소멸하는 관계에 있을 뿐이다.[60] 따라서 사후구상권의 소멸시효는 사전구상권이 발생하였는지와 관계없이 사후구상권 그 자체가 발생하여 이를 행사할 수 있는 때부터 진행된다.[61]

(5) 주채무자와 보증인 사이의 특약으로 제442조에 법정되지 않은 사유로 인한 사전구상권을 인정하거나 법정이자 대신 지연손해금약정을 하는 것도 계약자유의 원칙상 허용된다.

3. 부탁 없는 보증인의 구상권 [4211]

(1) 부탁을 받은 경우와 다른 점은 주로 구상의 범위이다.

① 보증인으로 된 것이 주채무자의 부탁을 받은 것은 아니지만 주채무자의 의사에 반하지 않는 경우에, 보증인은 "변제 기타 출재를 한 당시 주채무자가 이익을 받는 한도"에서 구상할 수 있는데(제444조 제1항), 면책된 날 이후의 이자나 손해배상은 구상의 범위에 포함되지 않는다. 이는 사무관리자의 비용상환청구권에 관한 제739조 제1항에 대응한다.

56) ①과 ④는 보증인으로서 변제를 강제당할 수밖에 없는 상황을, ②는 보증인이 파산재단에 가입하기 위한 전제라는 점을 그리고 ③은 장기간의 경과라는 사정을 각 고려한 것이다.

57) 대판 2002.11.26. 2001다833.

58) 대판 2004.7.9. 2003다46758. 구상금채무의 근보증에 관한 대판 2005.11.25. 2004다66834·66841도 참조.

59) 이 항변권의 존재 때문에 상계가 제한됨에 관하여 대판 2019.2.14. 2017다274703([4053]에 소개된) 참조. 수탁보증인이 주채무자의 담보제공청구를 거절하거나 구상금액에 상당한 담보를 제공하려는 의사를 표시하지 않는다면 법원은 수탁보증인의 사전구상금청구를 기각하는 판결을 해야 한다는 대판 2023.2.2. 2020다283578도 참조.

60) 앞의 2017다274703 판결.

61) 대판 1992.9.25. 91다37553.

② 한편 주채무자의 의사에 반하여 보증인으로 된 이는 주채무자가 현재(구상시) 이익을 받는 한도, 즉 "현존이익의 한도"에서 구상권을 행사할 수 있을 뿐이다(제444조 제2항). 변제 기타 출재 등에 의한 면책행위가 있은 후 구상시까지 사이에 주채무자가 채권자에 대한 반대채권을 취득하였다면, 그는 상계할 수 있었음을 보증인에게 주장하고 구상에 응하기를 거절할 수 있는데, 이때 반대채권이 보증인에게 이전한다(제3항). 이는 선의수익자의 부당이득반환범위에 관한 제748조 제1항(=제739조 제3항)에 대응한다.

(2) 수탁보증인과 달리 주채무자의 부탁을 받지 않고 보증인으로 된 이는 사전구상을 할 수 없다(제442조 참조). 그 밖에 주채무자의 통지에 관한 제446조도 적용되지 않는다.

[4212]

4. 통지와 구상권의 제한

가. 주채무자의 통지

주채무자가 면책행위를 한 경우에, 이 사실을 「수탁보증인」에게 통지해야 한다. 주채무자가 이 통지를 게을리하였다면 선의로, 즉 주채무자의 면책행위가 있음을 모르고 변제 기타 유상의 면책행위를 한 수탁보증인은 자기의 면책행위의 유효를 주장할 수 있고(제446조), 따라서 보증인은 주채무자에 대하여 구상할 수 있다.[62]

[4213]

나. 보증인의 통지

(1) 채권자에 대하여 면책행위를 한 보증인이 미리 또는 나중에 이 사실을 주채무자에게 통지하지 않으면, 그의 구상권이 상실된다.[63]

① 보증인이 주채무자에게 통지(「사전의 통지」)하지 않고 변제 기타 출재로 주채무를 소멸시킨 경우에, 주채무자가 채권자에게 대항할 수 있는 사유가 있었다면 주채무자는 그 사유를 가지고 보증인에게 대항할 수 있고, 대항사유가 상계라면 주채무자의 상계할 수 있는 채권이 보증인에게 이전된다(제445조 제1항).

② 보증인은 변제 기타 면책행위 후에도 이 사실을 주채무자에게 통지(「사후의 통지」)해야 한다. 이러한 통지가 없었을 경우에 주채무자가 선의로, 즉 보증인의 면책행위가 있음을 모르고 채권자에게 변제 기타 유상의 면책행위를 하였다면, 주채무자는 자기의 면책행위의 유효를 주장할 수 있다(제2항). 이때 보증인은 주채무자에 대하여 구상할 수 없지만, 제1항 후단의 유추에 의하여 제2의 면책행위를 한 주채무자의 채권자에 대한 부당이득반환청구권을 행사할 수 있다고 해야 한다.

(2) 면책행위를 한 주채무자가 이 사실을 「수탁보증인」에게 통지하지 않았고, 그 보증인은 사전통지를 결여한 상태에서 제2의 면책행위를 한 경우의 법률관계가 어떻게 되는지[64]에 관하여, 다수설은 이중변제의 일반원칙에 따라 제1의 면책행위가 유효하다고 하고,[65] 판례의 입장도 같다.[66]

62) 구상에 응한 주채무자가 채권자에 대하여 부당이득의 반환을 구할 수 있음은 당연하다.
63) 구상권이 상실되면 변제자대위도 허용되지 않는다.
64) 주채무자는 제445조 제2항에 기하여, 보증인은 제446조에 기하여 각자의 면책행위의 유효를 주장할 수 있다.
65) 반대설에 관하여 講義, [3431] 참조.
66) 대판 1997.10.10. 95다46265는, 제446조가 제445조 제1항을 전제로 하는 것이어서 같은 항의 사전통지를 하지 않은 수탁보증인까지 보호하는 취지의 규정은 아니므로, 수탁보증에서 주채무자가 면책행위를 하고도 그 사실을 보증인에게 통지하지 않고 있던 중 보증

5. 연대채무 또는 불가분채무의 보증인의 구상 [4214]

(1) 복수의 연대채무자 또는 불가분채무자 중 1인을 위하여 보증을 한 경우에, 보증인은 그 채무자에게 전액을 구상할 수 있을 뿐만 아니라 다른 연대채무자나 불가분채무자에 대해서도 그들의 부담부분에 따라 구상권을 행사할 수 있다(제447조). 즉 주채무자에 대한 전부구상과 다른 연대채무자 등에 대한 부분구상이 인정된다.[67]

(2) 연대채무자 또는 불가분채무자 전원을 위하여 보증을 한 경우에 관한 규정은 없는데,[68] 주채무가 불가분채무라면 구상의무도 불가분채무로, 주채무가 연대채무라면 구상의무도 연대채무로 된다고 할 것이다. 즉 보증인은 연대채무자 또는 불가분채무자 전원에 대하여 전부구상을 할 수 있다.[69]

Ⅴ. 특수한 보증 [4215]

1. 연대보증

가. 의 의

(1) 연대보증(連帶保證)이란 보증인이 채권자에 대하여 주채무자와 연대하여 채무를 부담하는 형태의 보증채무를 말한다(제437조 단서, 제448조 제2항). 주채무자와 「연대하여」 채무를 부담한다는 특색이 있지만, 연대보증인은 어디까지나 「보증인」이다.[70]

[참 고] 연대보증은 보충적 성질을 가지지 않으므로, 채권자는 —주채무자의 자력 유무와 무관하게— 이행기가 도래하면 연대보증인에 대하여 채무 전부의 이행을 청구할 수 있다. 그리고 채권자로서는 —전원을 채무자로 함에 따라 일견 유리한 듯한— 연대채무보다 채권의 관리라는 측면에서 연대보증이 실질적으로 유리할 수 있다.[71] 이처럼 연대보증에서 채권의 담보적 효력이 강화되는 반면, 보증인에게는 과도한 부담으로 된다(보증 자체도 대개 사려가 부족한 처신이기는 하지만).[72]

(2) 연대보증은 ① "연대하여"라는 요건에 의하여 연대채무의 성질이 부가됨에 따라 보통의 보증과 달리 보충성이 없고, 따라서 연대보증인에게 최고 · 검색의 항변권이 인정되지 않으며(제437조 단서), ② 분별의 이익(제439조)이 없다는 점에서 일반의 보증보다 채권자에게 유리하다.

(3) 연대보증은 보증계약에서 보증인이 주채무자와 연대하여 보증한다는 특약을 한 경우에 성립한다. 그리고 주채무가 상행위에 기한 것이거나 보증이 상행위인 경우에 보증은 연대보증이다(상법 제57조 제2항).

(4) 연대보증은 복수의 보증인들 사이에 연대의 특약(채권자에 대하여 분별의 이익을 포기하는

인도 사전통지를 하지 않은 채 이중의 면책행위를 하였다면, 보증인은 주채무자에 대하여 제446조에 의하여 자기의 면책행위의 유효를 주장할 수 없다고 봄이 상당하고, 따라서 이 경우에는 이중변제의 기본원칙으로 돌아가 먼저 이루어진 주채무자의 면책행위가 유효하고 나중에 이루어진 보증인의 면책행위는 무효로 보아야 하므로, 보증인은 제446조에 기하여 주채무자에게 구상권을 행사할 수 없다고 하였다. 이 경우 보증인이 채권자에 대하여 부당이득반환을 구할 수 있음은 당연하다.

67) 대판 2010.5.27. 2009다85861: "어느 부진정연대채무자를 위하여 보증인이 된 자가 채무를 이행한 경우에는 다른 부진정연대채무자에 대하여도 직접 구상권을 취득하게 되고, 그와 같은 구상권을 확보하기 위하여 채권자를 대위하여 채권자의 다른 부진정연대채무자에 대한 채권 및 그 담보에 관한 권리를 구상권의 범위 내에서 행사할 수 있다."

68) 제447조가 이러한 경우에 적용되지 않음에 관하여 대판 1990.11.13. 90다카26065 참조.

69) 구상에 응한 연대채무자들 또는 불가분채무자들 사이의 관계는 이와 별개의 문제이다.

70) 따라서 주채무자에 대한 관계에서 그의 부담부분은 「0」이다.

71) 예컨대 시효중단사유로서 압류에 관하여, 연대채무자 전원을 상대로 해야 하는 반면, 연대보증에서는 편면적 부종성 때문에 주채무자에 대한 압류로 충분하다.

72) 참고로 금융기관과의 거래에서 연대보증이 제한된다.

특약)이 있는 보증연대(保證連帶)와 다르다(제448조 제2항 참조). 즉 보증연대에서 각 보증인은 분별의 이익을 가지지 않지만, 보충성에 기한 최고 · 검색의 항변권은 인정된다.

[4216] **나. 연대보증에서의 구상**

(1) 연대보증인이 출재로 주채무자를 면책시킨 경우에, 주채무자에 대하여 전액 구상할 수 있다.

(2) 복수의 연대보증인 상호간의 관계에서 구상 및 부담부분에는 공동보증의 법리가 적용된다. 즉 연대보증인 중 1인이 「자기의 부담부분[73] 이상」을 변제했다면 다른 보증인에 대하여 구상할 수 있는데,[74] 다른 보증인 중 이미 자기의 부담부분을 변제한 이에 대해서는 구상할 수 없음은 당연하다.[75] 그리고 공동연대보증인 중 1인이 채무 전액을 대위변제한 후 주채무자로부터 구상금의 일부를 변제받은 경우에, 주채무자의 구상금 일부변제는 특별한 사정이 없는 한 대위변제를 한 연대보증인의 부담부분에 상응하는 주채무자의 구상채무를 먼저 감소시키고, 이 부분 구상채무가 전부 소멸되기 전까지는 다른 연대보증인들이 부담하는 구상채무의 범위에는 영향을 미치지 않는다.[76]

[4217] ## 2. 공동보증

가. 의 의

(1) 동일한 주채무에 대하여 수인이 보증인으로 된 경우가 공동보증(共同保證)이다. 수인이

73) 연대채무자가 내부관계에서 출재를 분담하기로 한 비율을 말한다(대판 2013.11.14. 2013다46023). 자기의 부담부분을 초과한 변제를 한 경우의 부담부분의 산정에 관하여 대판 2009.6.25. 2007다70155: 분별의 이익을 가지지 않는 "연대보증인 가운데 한 사람이 자기의 부담부분을 초과하여 변제하였을 때에는 다른 연대보증인에 대하여 구상을 할 수 있는데, 다만 다른 연대보증인 가운데 이미 자기의 부담부분을 변제한 사람에 대하여는 구상을 할 수 없으므로 그를 제외하고 아직 자기의 부담부분을 변제하지 아니한 사람에 대하여만 구상권을 행사할 수 있고, …] 연대보증인 가운데 한 사람이 자기의 부담부분을 초과하여 변제하여 다른 연대보증인에 대하여 구상을 하는 경우의 부담부분은 수인의 연대보증이 성립할 당시 주채무액에 분담비율을 적용하여 산출된 금액으로 일단 정하여지지만, 그 후 주채무자의 변제 등으로 주채무가 소멸하면 부종성에 따라 각 연대보증인의 부담부분이 그 소멸액만큼 분담비율에 따라 감소하고 또한 연대보증인의 변제가 있으면 당해 연대보증인의 부담부분이 그 변제액만큼 감소하게 된다. 그러므로 자기의 부담부분을 초과한 변제를 함으로써 그 초과변제액에 대하여 다른 연대보증인을 상대로 구상권을 행사할 수 있는 연대보증인인지 여부는 당해 변제시를 기준으로 판단하되, 구체적으로는 우선 그때까지 발생 · 증가하였던 주채무의 총액에 분담비율을 적용하여 당해 연대보증인의 부담부분 총액을 산출하고 그 전에 앞서 본 바와 같은 사유 등으로 감소한 그의 부담부분이 있다면 이를 위 부담부분 총액에서 공제하는 방법으로 당해 연대보증인의 부담부분을 확정한 다음 당해 변제액이 위 확정된 부담부분을 초과하는지 여부에 따라 판단하여야 한다. 한편, 이미 자기의 부담부분을 변제함으로써 위와 같은 구상권 행사의 대상에서 제외되는 다른 연대보증인인지 여부도 원칙적으로 구상의 기초가 되는 변제 당시에 위와 같은 방법에 의하여 확정되는 그 연대보증인의 부담부분을 기준으로 판단하여야 한다."

74) 수인의 연대보증인 상호간의 구상에 관한 재판례를 본다. ㉠ 대판 2002.3.15. 2001다59071은, 주채무자를 위하여 수인이 연대보증을 한 경우에, 어느 연대보증인이 채무를 변제했음을 내세워 다른 연대보증인에게 구상권을 행사할 때 변제로 인하여 다른 연대보증인도 공동으로 면책되었음을 요건으로 하는데, 각 연대보증인이 주채무자의 채무를 일정한 한도에서 보증하기로 하는 이른바 「일부보증」을 하였다면 특별한 사정이 없는 한 각 보증인은 보증한 한도 이상의 채무에 대하여 책임이 없지만, 주채무의 일부가 변제되었더라도 보증한 한도 내의 주채무가 남아있다면 남은 채무에 대하여는 보증책임을 면할 수 없다고 보아야 하므로, 이러한 경우에 연대보증인 중 1인이 변제로써 주채무를 감소시켰더라도, 주채무의 남은 금액이 다른 연대보증인의 책임한도를 초과한다면 그 다른 연대보증인으로서는 한도금액 전부에 대한 보증책임이 그대로 남아있어 위의 채무변제로써 면책된 부분이 전혀 없다고 볼 수밖에 없고, 따라서 이러한 경우에 채무를 변제한 위 연대보증인이 채무의 변제를 내세워 보증책임이 그대로 남아있는 다른 연대보증인에게 구상권을 행사할 수는 없다고 하였다. ㉡ 대판 2006.3.10. 2002다1321은, 보증인이 채권자에 대하여 보증채무를 부담하지 않음을 주장할 수 있었음에도 그 주장을 하지 않은 채 보증채무 전부를 이행했다면, 주장을 할 수 있는 범위 내에서는 신의칙상 보증채무의 이행으로 인한 구상금채권에 대한 연대보증인들에 대해서도 그 구상금을 청구할 수 없다고 하였다.

75) 대판 1993.5.27. 93다4656; 앞의 2007다70155 판결.

76) 대판 2010.9.30. 2009다46873: "공동연대보증인 중 1인이 채무 전액을 대위변제한 후 주채무자로부터 구상금의 일부를 변제받은 경우, 대위변제를 한 연대보증인은 자기의 부담부분에 관하여는 다른 연대보증인들로부터는 구상을 받을 수 없고 오로지 주채무자로부터만 구상을 받아야 하므로 주채무자의 변제액을 자기의 부담부분에 상응하는 주채무자의 구상채무에 먼저 충당할 정당한 이익이 있는 점, 대위변제를 한 연대보증인이 다른 연대보증인들에 대하여 각자의 부담부분을 한도로 갖는 구상권은 주채무자의 무자력위험을 감수하고 먼저 대위변제를 한 연대보증인의 구상권 실현을 확보하고 공동연대보증인들 간의 공평을 기하기 위하여 민법 제448조 제2항에 의하여 인정된 권리이므로, 다른 연대보증인들로서는 주채무자의 무자력시 주채무자에 대한 재구상권 행사가 곤란해질 위험이 있다는 사정을 내세워 대위변제를 한 연대보증인에 대한 구상채무의 감면을 주장하거나 이행을 거절할 수 없는 점 등을 고려하면, 주채무자의 구상금 일부변제는 특별한 사정이 없는 한 대위변제를 한 연대보증인의 부담부분에 상응하는 주채무자의 구상채무를 먼저 감소시키고 이 부분 구상채무가 전부 소멸되기 전까지는 다른 연대보증인들이 부담하는 구상채무의 범위에는 아무런 영향을 미치지 않는다고 보아야 한다. 그러나 주채무자의 구상금 일부변제금액이 대위변제를 한 연대보증인의 부담부분을 넘는 경우에는 그 넘는 변제금액은 주채무자의 구상채무를 감소시킴과 동시에 다른 연대보증인들의 구상채무도 각자의 부담비율에 상응하여 감소시킨다."

하나의 계약으로 보증인으로 된 경우뿐만 아니라 별개의 보증계약으로 보증인으로 된 경우에도 공동보증이 성립한다.

(2) 공동보증에서는 보증채무가 보증인의 인원수에 따라 평등하게 분할된다(제439조, 제408조). 즉 공동보증인은 「분별(分別)의 이익」을 누린다. 이는 보증인의 보호를 위한 것이지만, 채권담보제도로서 보증의 기능을 약화시킨다.

다만 ① 주채무가 불가분채무이거나, ② 보증인들이 서로 연대하여 보증채무를 부담하는 보증연대의 경우에 공동보증인들은 분별의 이익을 누리지 못한다. 수인의 연대보증의 경우에도 다르지 않다.[77] 이러한 경우에 공동보증인들은 주채무 전액에 대한 보증채무를 부담한다.

나. 구상관계 [4218]

(1) 공동보증인 중 1인이 출재로 채권을 만족시키면, 전액에 관하여 주채무자에게 구상할 수 있음은 당연하다.

(2) 공동보증인 상호간의 구상은 「자기의 부담부분 이상」의 변제를 한 경우에 한하여 인정되며, 분별의 이익을 가지는지에 따라 그 내용이 다르다.

① 분별의 이익을 가지는 공동보증인들 중 1인이 "자기의 부담부분을 넘은" 변제를 한 경우에, 그는 다른 공동보증인들에게 구상권을 행사할 수 있는데, 구상의 범위는 부탁받지 않은 보증에서와 같다(제448조 제1항, 제444조).

② 분별의 이익을 갖지 못하는 공동보증인들 중 1인이 변제하면 연대채무에 관한 규정(제425조 내지 제427조)에 따라 다른 공동보증인에게 구상할 수 있지만(제448조 제2항), 연대채무와 달리 「자기의 부담부분 이상」을 변제해야 구상권이 인정된다.[78][79]

(3) 다른 공동보증인(들)에 대한 구상권과 주채무자에 대한 구상권은 부진정연대의 관계에 선다.

3. 근보증(계속적 보증) [4219]

가. 기본법리

(1) 보증은 채권자와 주채무자 사이의 계속적 거래계약에 기하여 계속적으로 발생하는 채무 등 불확정한 다수의 채무에 대해서도 할 수 있는데(제428조의3), 당좌대월계약, 어음할인약정 등 계속적 계약관계로부터 발생하는 현재 또는 장래의 불확정한 채무에 대한 보증을 근보증(根保證. 계속적 보증이라고도 한다)이라 한다.[80]

---

77) 대판 1993.5.27. 93다4656은, 수인의 보증인이 분별의 이익을 누리는 것이 원칙이지만, 그 수인이 연대보증인이라면 각자가 별개의 법률행위로 보증인이 되었으므로 보증인 상호간에 연대의 특약(보증연대)이 없었더라도 「채권자에 대해서는」 분별의 이익을 갖지 못하고 각자의 채무 전액을 변제해야 하고, 다만 보증인들 상호간의 내부관계에 있어서는 일정한 부담부분이 있고, 그 부담부분의 비율에 관하여 특약이 없는 한 각자 평등한 비율로 부담한다고 했다.

78) 분별의 이익은 채권자에 대한 관계에서 문제되고, 분별의 이익을 가지지 못하는 공동보증인이라도 내부관계에서는 부담부분의 한도에서 구상의무를 질 뿐이다.

79) 참고로 대판 2005.3.11. 2004다42104는, 복수의 보증인이 주채무자의 채무를 일정한 한도에서 보증하기로 하는 이른바 일부보증을 한 경우에, 보증인 중 1인이 채무의 전액이나 자기의 부담부분 이상을 변제함으로써 다른 보증인의 책임한도가 줄어들어 공동으로 면책이 되었다면 다른 보증인에 대하여 구상을 할 수 있고, 부담부분의 비율에 대하여 그들 사이에 특약이 있으면 당연히 그에 따르되 특약이 없는 경우에는 각자 보증한도액의 비율로 부담하게 된다고 하면서, 채무자의 채권자에 대한 별개의 각 대출금을 각각 보증한 두 개의 보증회사 중 하나인 신용보증기금이 채무자의 잔존채무를 모두 변제함으로써 채무자의 다른 보증회사에 대한 구상금채무를 보증한 연대보증인이 공동으로 면책된 경우에, 신용보증기금은 연대보증인에 대하여 부기등기금액에 의한 배당금의 안분비율에 따른 자기의 부담부분을 초과하는 부분에 대하여 구상할 수 있다고 하였다.

80) 근담보에서 「근」이란 피담보채무가 유동한다는 의미이다.

근보증에서는 보증대상인 주채무의 확정을 장래 보증관계가 종료될 시점으로 유보함에 따라 종료시점에 이르러 비로소 보증인이 부담할 피보증채무가 확정된다. 이처럼 근보증은 보증인의 책임 유무 또는 그 범위가 불확정하다는 특성을 가지고,[81] 그 결과 예상치 못한 과도한 책임을 부담하게 될 수도 있다. 여기서 판례는 ① 해지 등을 통한 책임존속의 제한과 ② 신의칙에 기한 책임범위의 한정을 통하여 보증인의 보호를 꾀한다.

[4220] (2) 근보증도 채권자와 보증인 사이의 근보증계약에 의하여 성립하는데, 보증 일반과 마찬가지로 보증의 의사가 서면으로 표시되어야 하고(제428조의2 제1항), 특히 보증하는 채무의 최고액을 서면으로 특정해야 한다(제428조의3 제1항). 보증기간의 정함이 없는 경우도 적지 않은데, 이 경우 보증기간은 3년으로 본다(보증인보호법 제7조 제1항). 보증의 대상이 되는 채무를 「채무자가 채권자에 대하여 부담하는 현재 및 장래의 일체의 채무」라고 하는 경우도 있는데(이른바 포괄근보증),[82] 보증인보호법 제6조 제1항에 비추어 그 유효성을 인정함에 신중해야 할 것이다.

[4221] **나. 책임의 존속에 대한 제한**

(1) 보증기간의 정함이 있는 경우에, 그 기간에 발생한 주채무만이 보증의 대상으로 된다. 채권자와 주채무자 사이의 계약으로 거래기간이 연장된 경우에 관하여 [4200] 참조.

[4222] (2) 보증인의 해지권(解止權)에 관하여 본다.

① 보증 일반에서 일방적으로 채무를 부담하는 보증인이 그 구속에서부터 벗어날 수 있는 가능성은 사실상 없다. 보증계약에서 보증인의 해제(지)권이 유보되는 경우는 거의 없고, 또한 채무불이행에 의한 해제(지)도 관념상의 것에 불과하다.

② 이러한 「보증채무의 구속성」은 특히 계속적 보증에서 문제되는데, 학설과 판례는 해지권을 인정함으로써 계속적 보증의 책임존속에 대하여 일정한 제한을 가한다.

그런데 학설은 일반적으로 보증계약에 존속기간 및 한도액의 정함이 없는 경우에 신의칙이나 당사자의 의사해석(또는 민법규정의 유추)에 의하여 보증계약 성립 후 상당한 기간이 경과하면 인정되는 임의해지권(任意解止權. 또는 통상해지권)과 사정변경(신뢰관계의 파탄 등)을 이유로 한 특별해지권(特別解止權. 또는 비상해지권)을 모두 인정하지만, 보증 일반에서 인정되지 않는 임의해지를 인정한다면 채권자의 이익을 해치므로 계속적 보증이 초래할 수 있는 가혹한 결과를 고려하여 특별한 사정이 있는 경우에 한하여 해지를 인정해야 한다. 판례도 특별해지권만 인정한다.[83] 그

81) 흔히 이른바 호의보증에서 보증채무는 이타성, 정의성(情誼性), 무상성, 인적 무한책임성, 경솔성, 미필성 및 강제성(주채무자가 채권자로부터 보증인을 세우라는 사실상의 강요를 받는 점) 등의 특수성을 가진다고 하고, 계속적 보증은 이에 더하여 고도의 경솔성 · 미필성, 영속성, 책임의 불확정성 · 광범성, 지위의 불균형성 등의 성질도 가진다고 한다.

82) 이른바 한정근보증에 관하여 대판 2013.11.14. 2011다29987: "근보증계약이 특정 기본거래계약에 기하여 발생하는 채무만을 보증하기로 한 것이 아니라, 기본거래의 종류만을 정하고 그 종류에 속하는 현재 또는 장래의 기본거래계약에 기하여 근보증 결산기 이전에 발생하는 채무를 보증한도액 범위 내에서 보증하기로 하는 이른바 '한정근보증계약'인 경우, 미리 정한 기본거래의 종류에 의하여 장래 체결될 기본거래계약 또는 그에 기하여 발생하는 보증대상인 채무를 특정할 수 있다면 비록 주채무 발생의 원인이 되는 기본거래계약이 한정근보증계약보다 먼저 체결되어 있지 아니하더라도 그 근보증계약의 성립이나 효력에는 아무런 영향이 없다. [···] 한정근보증계약은 거기에 정한 기본거래의 종류에 속하는 기본거래계약이 별도로 체결되는 것을 예정하고 있으므로, 채권자와 주채무자가 한정근보증계약 체결 이후 새로운 기본거래계약을 체결하거나 기존 기본거래계약의 기한을 갱신하고 그 거래 한도금액을 증액하는 약정을 하였다고 하더라도, 그것이 당초 정한 기본거래의 종류에 속하고 그로 인한 채무가 근보증 결산기 이전에 발생한 것으로서 근보증한도액을 넘지 않는다면, 이는 모두 한정근보증의 피보증채무 범위에 속한다고 보아야 하고, 별도의 약정이 있다는 등의 특별한 사정이 없는 한 새로운 기본거래계약 체결 등에 관하여 보증인의 동의를 받거나 보증인에게 통지하여야만 피보증채무의 범위에 속하게 되는 것은 아니"다.

83) 가령 대판 2003.1.24. 2000다37937: "계속적 보증계약에 있어서 보증인의 주채무자에 대한 신뢰가 깨어지는 등 보증인으로서 보증계약을 해지할 만한 상당한 이유가 있는 경우에 보증인으로 하여금 그 보증계약을 그대로 유지 존속케 하는 것은 사회통념상 바람직하지 못하므로 그 계약해지로 인하여 상대방인 채권자에게 신의칙상 묵과할 수 없는 손해를 입게 하는 등 특단의 사정이 있는 경우를 제외하고 보증인은 일방적으로 이를 해지할 수 있다. [··· 나아가 계속적 보증계약을 해지할 만한 상당한 이유가 있는지 여부는 보증을 하게 된 경위, 주채무자와 보증인 간의 관계, 보증계약의 내용, 채무증가의 구체적 경과와 채무의 규모, 주채무자의 신뢰상실

리고 보증계약의 기간이나 한도액이 정해져 있는지를 묻지 않는데,[84] 「확정채무에 대한 보증」에서는 이러한 해지권이 인정되지 않는다.[85]

③ 해지권의 발생만으로 보증계약이 효력을 잃지 않으며 해지의 의사표시가 있어야 한다. 한편 보증계약이 해지되면 보증인이 해지 후에 발생한 채무에 대하여 보증책임을 지지 않음은 당연하다.[86]

[참 고] 보증인의 특별해지권에 관하여

㉠ 보증계약을 체결하면서 장차 주채무자가 상당기간 안에 별도의 물적 담보 또는 추가담보를 제공하기로 하고 우선 보증인의 인적 담보만으로 거래를 시작했으나 거래규모의 확대에도 불구하고 주채무자가 약속한 물적 담보를 제공하지 않은 경우(제388조 제2호 참조), 주채무자가 방만한 경영을 하여 보증 당시 예상한 규모 이상으로 거래가 확대되고 채무가 증가한 경우, 기존채무를 제때 변제하지 못하여 연체가 누적되고 장차 더 이상의 채무가 발생되면 보증인으로서 그 책임을 이행한 후 구상권의 확보를 기대하기 어렵게 된 경우 등이 흔히 볼 수 있는 신뢰관계 파탄의 예이다.

㉡ 일정한 직무나 지위를 전제로 채무를 보증한 이가 그 직무나 지위를 떠난 경우에, 당사자간에 특약이 없는 한 보증계약을 해지할 수 있다. 판례는 회사의 이사라는 지위에서 부득이 회사와 은행 등과 사이의 계속적 거래로 인한 회사의 채무에 대하여 보증인으로 된 이가 그 후 퇴사하여 이사의 지위를 떠나면, 보증계약 성립 당시의 사정에 현저한 변경이 생긴 경우에 해당하므로 보증계약을 해지할 수 있다고 하였다.[87] 그런데 해지의 의사표시가 반드시 서면에 의해야 하는 것은 아니지만, 채권자가 연대보증인의 퇴사사실을 인식하고 있다 하여 연대보증인의 채권자에 대한 해지의 의사표시 없이 보증계약이 당연히 해지되는 것은 아니다.[88]

다. 책임범위의 제한 [4223]

(1) "보증한도액을 정한 근보증에 있어 보증채무는 특별한 사정이 없는 한 보증한도범위 안에서 확정된 주채무 및 그 이자, 위약금, 손해배상 기타 주채무에 종속한 채무를 모두 포함"하고,[89] 계속적 보증책임의 한도액이 있는 경우에, 보증한도 내의 채무가 잔존하는 이상 그 채무가 한도액 범위 내의 거래로 인한 것이든 또는 한도액을 초과한 거래로 인하여 발생한 채무 중 주채무자로부터 일부변제되고 잔존한 것이든 불문하고 보증한도에서 책임을 진다.[90]

(2) 보증책임의 범위를 제한하는 근거로 통지책무의 위반과 신의칙이 중요하다.

[참 고] 보증「책임」의 범위에 관하여

㉮ 채권자와 주채무자 사이의 거래 도중에 보증계약이 체결된 경우에 보증 당시까지 발생한 채무도 보증대상에 포함되는지에 관하여, 대판 1995.9.15. 94다41485는 계속적 거래의 도중에 매수인을 위하여 보증의 범위와 기간의 정함이 없이 보증인으로 된 이는 특별한 사정이 없는 한 계약일 이후에 발생되는 채무뿐 아니라 계약일 현재 이미 발생된 채무도 보증하는 것으로 보는 것이 상당

여부와 그 정도, 보증인의 지위변화, 주채무자의 자력에 관한 채권자나 보증인의 인식 등 제반 사정을 종합적으로 고려하여 판단하여야 할 것"이다.

기간을 정하지 않은 계속적 보증계약이라 하여 상당한 기간이 경과했다는 사정만으로 바로 그 해지권이 발생한다고 할 수 없다고 한 대판 2001.11.27. 99다8353 참조.

84) 대판 1998.6.26. 98다11826.

85) 이사 재직 중 회사의 확정채무에 대하여 보증을 한 후 사임한 경우에 사정변경을 이유로 보증계약을 해제할 수 없다고 한 대판 1996.2.9. 95다27431; 대판 1999.12.28. 99다25938 등.

86) 대판 2002.2.26. 2000다48265.

87) 대판 2000.3.10. 99다61750 등.

88) 대판 1996.10.29. 95다17533.

89) 대판 2000.4.11. 99다12123.

90) 대판 1999.3.23. 98다64639.

하다고 했다.[91]

㈏ 보증책임의 한도를 제한하는 근거는 다양하다.

ⓐ 해석에 의한 한정: 자력이 확실한 보증인(A)이 있음에도 다시 보증인을 세운 경우에, 그 보증은 A의 보증범위에서 제외된 부분만을 대상으로 한 일부보증이라고 해석될 수 있다.[92]

ⓑ 통지책무 위반의 경우: 계속적 보증계약에서 보증인은 변제기에 있는 주채무 전액에 대하여 책임을 진다. 다만 보증인의 부담으로 돌아갈 주채무의 액수가 보증 당시 보증인이 예상하였거나 예상할 수 있었을 범위를 상회하고, 주채무 과다발생의 원인이 채권자가 주채무자의 자산상태가 현저히 악화된 사실을 잘 알거나 중대한 과실로 알지 못한 탓으로 이를 알지 못하는 보증인에게 통보나 의사타진도 없이 고의로 거래규모를 확대함에 연유하는 등 신의칙에 반하는 사정이 있는 경우에 한하여, 보증인의 책임을 합리적인 범위 내로 제한할 수 있다.[93] 여기서 신원보증법 제4조(보증인보호법 제5조도 참조)에 비견되는 통지책무(通知責務)를 도출할 수 있는데, 통지의 대상은 당연히 주채무자의 신용상태, 주채무자와의 거래상황의 변경 등이다.

ⓒ 신의칙에 의한 제한: 채권자에게 채권의 보전에 관한 과실이 있더라도 제485조의 요건을 충족하지 못하는 한 보증인은 그러한 채권자의 과실 등을 이유로 채무를 면하지 못하지만, 일련의 판례는 채권자측의 사정을 이유로 보증인의 책임을 제한한다.[94] 그런데 이러한 제한을 인정함에 신중해야 한다.[95]

[4224] 4. 신원보증

(1) 고용계약에 부수하여 신원보증(身元保證) 내지 신원인수계약이 행하여지는 경우가 있다. 그런데 노무자가 장차 고용계약상의 채무불이행 또는 불법행위로 인하여 사용자에 대하여 부담할 손해배상의무 기타 채무를 보증하는 협의의 신원보증은 보증의 성질을 가진다(장래 발생할 채무의 보증인 점에서 현존하는 채무의 보증과 다르지만). 반면 신원인수(身元引受)는 —노무자가 사용자에 대하여 법률상의 의무를 부담하는지와 무관하게— 노무자의 고용으로부터 발생하는 사용자의 손해 일체를 배상할 것을 약속하는 「손해담보계약」으로, 신원인수인의 채무는 주된 채무의 존재를 전제로 하지 않는다. 이 중 어느 것인지는 개개의 경우에 구체적으로 판단되어야 한다.

(2) 본래 신원보증계약은 사용자가 노무자의 인물 · 재능 등을 숙지할 때까지 보증하는 성질의 것이지만, 실제로 계약에 그러한 제한을 두지 않는 것이 보통이어서 장기에 걸치고 보증인의 책임을 부당하게 증대시킨다. 여기서 신원보증법이 보증인의 책임을 완화시킨다.

신원보증법은 신원보증계약을 "피용자가 업무를 수행하는 과정에서 그의 책임 있는 사유로 사용자에게 손해를 입힌 경우에 그 손해를 배상할 채무를 부담할 것을 약정하는 계약"이라고 정의하고(제2조), 기간을 정하지 않은 신원보증계약의 존속기간을 2년으로 하며, 신원보증계약기간의 최장을 2년으로 한다(제3조). 그리고 피용자의 신상에 변동이 생긴 경우에 그 사실을 보증인에게 통지해야 하고, 사용자가 고의 또는 중과실로 통지의무를 게을리하여 신원보증인이 해지권을

91) 은행이 거래시마다 거래 당시 재직했던 회사의 이사 등의 연대보증을 새로 받아왔다는 등의 특별한 사정이 인정되지 않는 한 그 해지의 의사표시가 있기 전에 이미 대출된 금원에 대해서는 보증책임을 면할 수 없다고 한 대판 1995.4.25. 94다35237도 참조.

92) 대판 1992.7.14. 92다13745 참조.

93) 대판 1998.6.12. 98다8776.

94) 대판 2000.12.8. 2000다51339 등.

95) 대판 2004.1.27. 2003다45410: "채권자와 채무자 사이에 계속적인 거래관계에서 발생하는 불확정한 채무를 보증하는 이른바 계속적 보증의 경우뿐만 아니라 특정채무를 보증하는 일반보증의 경우에 있어서도, 채권자의 권리행사가 신의칙에 비추어 용납할 수 없는 성질의 것인 때에는 보증인의 책임을 제한하는 것이 예외적으로 허용될 수 있다. … 다만 일단 유효하게 성립된 보증계약에 따른 책임을 신의칙과 같은 일반원칙에 의하여 제한하는 것은 자칫 잘못하면 사적자치의 원칙이나 법적 안정성에 대한 중대한 위협이 될 수 있으므로 신중을 기하여 극히 예외적으로 인정하여야 한다."

행사하지 못한 경우에 그로 인하여 발생한 손해에 대해서는 그 한도에서 신원보증인의 책임이 면제되며(제4조), 신원보증계약 체결의 기초되는 사정에 중대한 변경이 있는 경우에 신원보증인의 계약해지권이 발생한다(제5조). 끝으로 피용자의 고의 또는 중과실로 인하여 발생한 손해가 있는 경우에 신원보증인의 배상책임이 발생하고, 신원보증인이 여러 명이라면 특별한 의사표시가 없는 한 각 신원보증인은 균등한 비율로 의무를 부담하며, 공동신원보증인 사이에 분별의 이익이 있다(제6조).

5. 손해담보계약 [4225]

보증채무와 구별되어야 하는 것으로 손해담보계약(損害擔保契約)이 있다. 당사자 일방이 상대방에 대하여 일정한 사항으로부터 발생할 장래의 손해를 전보할 것을 목적으로 하는 손해담보계약(예: 신원인수계약)은 주채무의 존재를 전제로 하지 않으며 담보의무자는 독립하여 책임을 부담한다는 점에서 보증채무와 다르다. 즉 그 책임은 주채무자의 불이행에 대한 것이 아니라 계약내용을 실현하는 이행책임이고, 따라서 부종성이나 보충성이 인정되지 않을 뿐만 아니라 과실상계도 문제되지 않는다.[96]

제 4 절 채권양도와 채무인수

제1관 총 설

(1) 법률행위에 의하여 채권관계의 당사자가 변경되는 경우로 채권양도와 채무인수 그리고 계약인수가 있다. 그런데 채권양도와 채무인수에서 개개의 채권 · 채무의 주체가 바뀌지만(기본적 이자채권이나 보증채무 등 종된 권리나 의무의 이전을 포함하여) 계약당사자의 지위(그에 터 잡은 해제권이나 취소권 등을 포함하여)에는 변경이 없는 반면, 계약인수에서는 계약당사자의 지위 자체가 바뀌어서 계약상의 모든 권리와 의무가 포괄적으로 이전된다. [4226]

(2) 한편 법률행위에 의하지 않은 채권관계 당사자의 변경으로 ① 법률의 규정에 의한 이전인 변제자대위, 손해배상자의 대위, 상속 등과 ② 재판에 의한 이전인 전부명령[1]이 있다.

[참 고] 법률행위에 의하지 않은 채권의 이전에 관하여

㉠ 법률의 규정에 의한 채권의 이전에 지명채권양도의 대항요건에 관한 민법규정이 적용되지 않으므로, 채무자로서는 채권의 이전에 관한 통지 등의 유무와 관계없이 「채권자지위를 상실한」 채권양수인의 청구를 거부할 수 있다.[2]

---

96) 대판 2002.5.24. 2000다72572는, 손해담보계약상 담보의무자의 책임은 손해배상책임이 아니라 이행의 책임이고, 따라서 담보계약상 담보권리자의 담보의무자에 대한 청구권의 성질은 손해배상청구권이 아니라 이행청구권이므로, 제396조의 과실상계규정이 준용될 수 없음은 물론 과실상계의 법리를 유추하여 그 담보책임을 감경할 수도 없지만, 담보권리자의 고의 또는 과실로 손해가 야기되는 등의 구체적인 사정에 비추어 담보권리자의 권리행사가 신의칙 또는 형평의 원칙에 반하는 경우에는 그 권리행사의 전부 또는 일부가 제한될 수는 있다고 하였다.

1) 전부명령(轉付命令)은 채무자의 제3채무자에 대한 금전채권을 목적으로 하는 강제집행방법으로, 집행채권의 지급에 갈음하여 압류된 채권을 압류채권자에게 이전시키는 집행법원의 명령이다(민사집행법 제229조 제3항). 전부명령이 확정되면 전부명령이 제3채무자에게 송달된 때에 피압류채권의 「권면액」만큼 채무자가 채무를 변제한 것으로 보는데(같은 법 제231조), 압류채권자는 독점적인 만족을 얻을 수 있는 반면, 제3채무자의 무자력의 위험을 부담한다.

2) 대판 2003.9.5. 2002다40456. 대판 2007.11.16. 2007다36537도 참조.

㉡ 양도금지의 특약이 있더라도 전부명령에 따라 채권이 이전될 수 있고, 제449조 제2항은 적용되지 않는다. 즉 집행채권자의 선·악의는 문제되지 않으며, 전부채권자로부터 채권을 양수한 이가 악의이거나 중대한 과실이 있었더라도 채무자가 양도금지특약을 근거로 채권양도의 무효를 주장할 수 없다.3)

㉢ 채권이 양도되고 대항요건을 갖추면 채무이행을 구하는 소에서 양수인만이 정당한 당사자로서 당사자적격을 가지는데,4) 압류 및 전부명령이 있는 경우에도 지급에 갈음하여 피압류채권이 압류채권자에게 이전되므로(민사집행법 제229조 제3항) 마찬가지이다. 압류 및 추심명령이 있는 경우에도, 그로 인하여 채권자가 바뀌지는 않지만 추심권한이 압류채권자에게 귀속되므로(제2항), 추심채권자만이 정당한 원고이다.5)

제 2 관 채권양도

[4227] Ⅰ. 총 설

1. 의 의

(1) 채권양도(債權讓渡)란 종래의 채권자(양도인)가 「채권」을 동일성을 유지한 채 이전함을 내용으로 하는, 채권자와 채권자로 될 이(양수인) 사이의 계약을 말하는데, 채권이 동일성을 가진 채 이전한다는 점에서 경개와 구별된다([2255] 참조).

(2) 현존하는 권리, 즉 채권이 직접 이전시키는 채권양도는 「처분행위」에 해당한다.1)

(3) 대개 의무부담행위가 채권양도의 원인을 이루고,2) 많은 경우에 채권양도는 의무부담행위(원인행위)와 동시에 이루어진다. 그러나 채권양도와 원인행위는 개념상 구별되어야 한다. 한편 물권변동에서와 마찬가지로 원인행위(예: 채권의 매매계약)의 실효가 채권양도에 영향을 미치는지가 문제되는데, 지명채권의 양도와 증권적 채권의 양도를 구분해야 한다. 즉 거래의 안전이 중시되는 증권적 채권의 양도는 무인행위인 반면, 지명채권의 양도는 당사자의 의사를 고려하여 유인행위로 볼 것이다. 즉 원인행위가 무효, 취소 등으로 실효되면 지명채권양도도 무효로 된다고 해야 한다.3)

---

3) 대판 2003.12.11. 2001다3771.

4) 소송계속 중 채권이 양도되었다면 양수인의 소송참가 또는 소송인수에 의한 소송승계가 있어야 한다.

5) 대판 2010.11.25. 2010다64877. 대판 2000.4.11. 99다23888도 동지.
나아가 대판 2013.10.31. 2011다98426: "2인 이상의 불가분채무자 또는 연대채무자(이하 '불가분채무자 등'이라 한다)가 있는 금전채권의 경우에, 그 불가분채무자 등 중 1인을 제3채무자로 한 채권압류 및 추심명령이 이루어지면 그 채권압류 및 추심명령을 송달받은 불가분채무자 등에 대한 피압류채권에 관한 이행의 소는 추심채권자만이 제기할 수 있고 추심채무자는 그 피압류채권에 대한 이행소송을 제기할 당사자적격을 상실하지만, 그 채권압류 및 추심명령의 제3채무자가 아닌 나머지 불가분채무자 등에 대하여는 추심채무자가 여전히 채권자로서 추심권한을 가지므로 나머지 불가분채무자 등을 상대로 이행을 청구할 수 있고, 이러한 법리는 위 금전채권 중 일부에 대하여만 채권압류 및 추심명령이 이루어진 경우에도 마찬가지"이다.

1) 물권이 아니라 채권의 이전을 목적으로 한다는 점에서 물권행위와 다르지만 처분행위라는 점에서 물권행위와 같으므로 이를 준물권행위(準物權行爲)라고 한다.

2) 즉 채권양도는 통상 일정한 의무부담행위의 이행으로 이루어진다.

3) 지명채권의 양도에서 독자성 및 유인성을 인정한 대판 2011.3.24. 2010다100711: "지명채권(이하 단지 '채권'이라고만 한다)의 양도라 함은 채권의 귀속주체가 법률행위에 의하여 변경되는 것, 즉 법률행위에 의한 이전을 의미한다. 여기서 '법률행위'란 유언 외에는 통상 채권이 양도인에게서 양수인으로 이전하는 것 자체를 내용으로 하는 그들 사이의 합의(이하 '채권양도계약'이라고 한다)를 가리키고, 이는 이른바 준물권행위 또는 처분행위로서의 성질을 가진다. 그와 달리 채권양도의 의무를 발생시키는 것을 내용으로 하는 계약(이하 '양도의무계약'이라고 한다)은 채권행위 또는 의무부담행위의 일종으로서, 이는 구체적으로는 채권의 매매(민법 제579조 참조)나 증여, 채권을 대물변제로 제공하기로 하는 약정, 담보를 위하여 채권을 양도하기로 하는 합의(즉 채권양도담보계약), 채권의 추심을 위임하는 계약(지명채권이 아닌 증권적 채권에 관하여서이기는 하나, 어음법 제18조, 수표법 제23조는 어음상 또는 수표상 권리가 추심을 위하여 양도되는 방식으로서의 추심위임배서에 대하여 정한다), 신탁(다만 신탁법 제7조 참조) 등 다양한 형태를 가질 수 있다. 비록 채권양도계약과 양도의무계약은 실제의 거래에서는 한꺼번에 일체로 행하여지는 경우가 적지 않으나, 그 법적 파악에 있어서는 역시 구별되어야 하는 별개의 독립한 행위이다. 그리하여 채권양도계약에 대하여는 그 원인이 되는 개별적 채권계약의 효과에 관한 민법상의 임의규정은 다른 특별한 사정이 없는 한 적용되지 아니한다. […] 종전의 채권자가 채권의 추심 기

2. 채권양도의 기능 [4228]

일정한 가치를 가진 재산으로서 채권 자체를 이전시키는 채권양도는 거래계에서 다양한 역할을 수행한다. ① 채무의 변제에 갈음하여 채무자의 다른 채권을 넘겨주는 대물변제로서 채권양도([2250] 참조), ② 이행기 도래 전에 채권을 실현하는 수단으로서 채권양도(예: 어음의 할인),[4] ③ 담보수단으로서 채권양도, 즉 채권의 양도담보([5577] 이하 참조)[5] 및 자금조달수단으로서 채권양도(특히 다수채무자에 대한 소액채권의 유동화에 의하여), ④ 채권의 추심을 위한 양도 등이 주된 역할들이다.

[참 고] 상인이 영업에서 발생한 현재 및 장래의 외상매출채권을 포괄적으로 채권매입업자에게 양도하고 채권매입업자가 채무자로부터 매출채권을 추심하기로 하는 상행위를 「채권매입업」(거래계에서 factoring으로 불렸다)이라 한다. 채권의 회수불능에 따른 위험을 채권매입업자가 부담하는 진정채권매입은 채권의 매매에 해당하고, 그 위험을 상인이 계속 부담하는 부진정채권매입은 매출채권을 담보로 하는 소비대차와 추심사무의 위임이 결합된 것으로 볼 수 있는데, 상법 제168조의12는 부진정채권매입을 규정한다. 그런데 어느 경우든 제450조의 대항요건을 갖추어야 한다.

Ⅱ. 지명채권의 양도계약과 그 효력 [4229]

1. 지명채권의 개념

지명채권(指名債權)이란 증권적 채권이 아닌 보통의 채권을 말한다. 즉 채권자의 교체가 당연히 예정된 증권적 채권과 달리 채권자가 특정인으로 지명되어 있다고 하여 지명채권이라고 한다.

2. 지명채권의 양도성 [4230]

가. 양도성의 원칙

(1) 물권의 양도성은 소유권의 권능의 하나로 인정되고(처분권능), 법률이 정하지 않는 한 제한되지 않는다(제211조 참조). 반면 역사적으로 로마법에서 채권이 인적 결합관계(法鎖)로 관념되었기 때문에 채권양도가 인정되지 않았다([2255] 참조). 그러나 채권이 인적 색채를 탈피하고 재산으로서의 가치가 부각됨에 따라 —특히 금전채권의 경우에— 누가 채권자인지는 그다지 중요하지 않고, 그 결과 채권의 양도성이 일반적으로 승인되기에 이르렀다. 제449조 제1항 본문도 채권의 양도성을 인정한다.[6]

(2) 이론적으로 아래의 예외적인 경우를 제외하면 어떤 채권이라도 양도가 가능하지만, 실제로 양도의 주된 대상은 금전채권이다.

타 행사를 위임하여 채권을 양도하였으나 양도의 '원인'이 되는 그 위임이 해지 등으로 효력이 소멸한 경우에 이로써 채권은 양도인에게 복귀하게 되고, 나아가 양수인은 그 양도의무계약의 해지로 인하여 양도인에 대하여 부담하는 원상회복의무(이는 계약의 효력 불발생에서의 원상회복의무 일반과 마찬가지로 부당이득반환의무의 성질을 가진다)의 한 내용으로 채무자에게 이를 통지할 의무를 부담한다."

대판 1999.11.26. 99다23093은, 채권양도가 다른 채무의 담보조로 이루어진 경우에 피담보채무가 변제로 소멸하더라도 양도채권의 채무자로서는 이를 이유로 채권양수인의 양수금청구를 거절할 수 없다고 하여 다소 다른 입장인데, 양도담보의 법적 성질에 관하여 신탁적 양도설을 따른 결과로 이해할 것이다.

4) 대개 중간이자와 무자력의 리스크를 고려한 부분이 할인(감액)된다.

5) 임대인, 임차인 및 채권자의 3자합의로 임차보증금을 채권자가 반환받기로 한 경우에 관한 대판 1999.8.20. 99다18039 참조.

6) 가압류가 채권의 양도성에 영향을 미치지 않음에 관하여 대판 2002.4.26. 2001다59033 참조.

[4231] **나. 양도의 제한**

(1) 먼저 당사자(채권자와 채무자)가 양도금지특약을 한 경우에 양도성이 제한된다(제449조 제2항 본문).

[참 고] "반대의 의사표시"라는 제449조 제2항 본문의 법문을 들어 당사자 일방의 의사표시만으로 양도성이 제한된다고 새길 여지가 있고, 실제로도 채무자만이 양도금지에 대하여 밀접한 이해관계를 가지는 것이 보통이다.[7] 그러나 같은 조 제1항 본문이 채권의 양도성을 정면으로 인정함에도 채무자가 일방적으로 양도성을 배제할 수는 없다. 따라서 법문의 의사표시를 당사자 쌍방의 약정으로 이해해야 하고, 학설이나 판례가 양도금지"특약"이라고 관용하는 것도 같은 취지이다.

① 양도금지특약에 의하여 채권은 그 양도성을 상실한다는 절대적 효력설(대개 물권적 효력설이라고 한다)이 다수설 · 판례[8]의 입장이다. 특히 대판(전) 2019.12.19. 2016다24284의 다수의견: "당사자가 양도를 반대하는 의사를 표시(이하 '양도금지특약'이라고 한다)한 경우 채권은 양도성을 상실한다. 양도금지특약을 위반하여 채권을 제3자에게 양도한 경우에 채권양수인이 양도금지특약이 있음을 알았거나 중대한 과실로 알지 못하였다면 채권이전의 효과가 생기지 아니한다. 반대로 양수인이 중대한 과실 없이 양도금지특약의 존재를 알지 못하였다면 채권양도는 유효하게 되어 채무자는 양수인에게 양도금지특약을 가지고 채무이행을 거절할 수 없다. 채권양수인의 악의 내지 중과실은 양도금지특약으로 양수인에게 대항하려는 자가 주장 · 증명하여야 한다."

그러나 사적(私的) 합의에 불과한 양도금지특약이 당사자 아닌 양수인에게 영향을 미칠 수 없으므로(계약의 상대효!) 채권양도의 효력이 그에 좌우되지 않고, 다만 양수인이 특약의 존재를 안 경우에 채무자는 양수인에게 대항할 수 있다는 상대적 효력설이 타당할 것이다.[9]

② 앞에서 본 것처럼 양도금지특약은 주로 채무자의 이익을 위한 것으로, 채권의 양도는 원래 무효이지만(절대적 효력설에 의하면), 판례는 채무자가 사후에 승낙하면 추인으로 되므로 승낙시부터 「장래에 향하여」 채권양도의 효력이 발생한다고 한다.[10] 채무자가 사전에 동의한 경우에 채권양도가 유효함은 당연하다. 그런데 채무자의 승낙이 있기 전에 채권이 압류된 경우에 압류채권자에게 채권의 이전을 주장할 수는 없다.

[4232] ③ 양도금지의 특약은 선의의 제3자에게 대항할 수 없다(제449조 제2항 단서).[11]

ⓐ 제449조 제2항은 제3자의 과실의 유무를 문제 삼지 않지만, 대판 1996.6.28. 96다18281은 —제3자의 중대한 과실은 악의와 마찬가지로 취급되어야 함을 근거로— 양수인이 양도

7) 과거에는 경제적 약자인 채무자를 혹독한 추심으로부터 보호한다는 의미에서, 역으로 현재는 강한 지위의 채무자의 이익을 위한다는 점에서. 특히 금융기관이 예금관리의 편리, 상계가능성의 확보 및 분쟁의 예방 등을 위하여 양도금지의 특약을 하는 것이 보통이다.

8) 대판 2009.10.29. 2009다47685 등.

9) 참고로 앞의 2016다24284 판결의 반대의견: "채권자와 채무자의 양도금지특약은 채권자가 채무자에게 채권을 양도하지 않겠다는 약속이다. 채권자가 이 약속을 위반하여 채권을 양도하면 채권자가 그 위반에 따른 채무불이행책임을 지는 것은 당연하다. 그러나 이것을 넘어서서 양도인과 양수인 사이의 채권양도에 따른 법률효과까지 부정할 근거가 없다. 채권양도에 따라 채권은 양도인으로부터 양수인에게 이전하는 것이고, 채권양도의 당사자가 아닌 채무자의 의사에 따라 채권양도의 효력이 좌우되지는 않는다. 따라서 양수인이 채무자에게 채무 이행을 구할 수 있고 채무자는 양도인이 아닌 양수인에게 채무를 이행할 의무를 진다고 보아야 한다."

10) 앞의 2009다47685 판결: "당사자의 양도금지의 의사표시로써 채권은 양도성을 상실하며 양도금지의 특약에 위반해서 채권을 제3자에게 양도한 경우에 악의 또는 중과실의 채권양수인에 대하여는 채권이전의 효과가 생기지 아니하나, 악의 또는 중과실로 채권양수를 받은 후 채무자가 그 양도에 대하여 승낙을 한 때에는 채무자의 사후승낙에 의하여 무효인 채권양도행위가 추인되어 유효하게 되며 이 경우 다른 약정이 없는 한 소급효가 인정되지 않고 양도의 효과는 승낙시부터 발생한다. 이른바 집합채권의 양도가 양도금지특약을 위반하여 무효인 경우 채무자는 일부 개별채권을 특정하여 추인하는 것이 가능하다." 대판 2000.4.7. 99다52817도 동지.
이러한 태도는 무권한자의 처분에 대한 추인에 소급효가 인정된다는 점([1350] 참조)과 관련하여 검토를 요한다.

11) 채권자 G와 채무자 S가 양도금지의 특약을 하였는데, G가 이러한 특약이 있음을 알지 못하는(즉 선의의) 제3자 D에게 채권을 양도하였다면, S는 D에게 양도금지의 특약 있음을 주장(대항)하지 못한다.

금지특약에 대하여 선의이지만 중대한 과실이 있는 경우에 채권을 취득할 수 없다고 하였다.[12] 이는 채권의 양도성의 원칙과 양수인(특약의 제3자)의 보호가치를 교량하여 결정할 규범적 판단의 문제인데, 중대한 과실과 악의를 동일시할 수 있는지[13]에 대하여 의문이 없지 않다.

ⓑ 악의의 양수인으로부터 다시 채권을 양도받은 이가 특약의 존재를 알지 못한 경우 또 **[4233]** 는 선의의 양수인으로부터 다시 채권을 양도받은 이가 특약의 존재를 알고 있었던 경우에, 채무자는 양도금지특약 있음을 주장하지 못한다고 해야 하고, 판례의 입장도 같다.[14]

④ 양도금지특약의 존재 및 제3자의 악의(또는 판례의 입장에 따르면 중과실)에 대한 증명책임은 양도금지를 주장하여 양수인에게 대항하려는 이(주로 채무자)가 진다는 것이 판례의 입장인데,[15] 이러한 태도가 절대적 효력설과 합치되는지도 의문이다.[16]

(2) 채권의 양도성이 제한되는 그 밖의 경우들을 본다. **[4234]**

① 먼저 부작위채권이나 채권자가 바뀌면 급부의 내용이 달라지는 채권(예: 악기를 교습할 채무) 등 채권의 성질이 양도를 허용하지 않는 경우(제449조 제1항 단서)를 들 수 있다. 채권자가 변경되면 권리의 행사에 차이가 생기는 채권(예: 사용차주의 채권, 위임인의 채권), 특정채권자와의 사이에 결제되어야 하는 채권(예: 상호계산에 산입된 채권), 특정채권에 종된 채권[17]도 마찬가지이다.

한편 판례는 매매에 기한 소유권이전등기청구권의 양도가 제한되는[18] 반면, 취득시효 완성으로 인한 소유권이전등기청구권에는 양도제한의 법리가 적용되지 않는다는[19] 입장이다.

> [참 고] 매매에 기한 이전등기청구권의 양도성을 부정하는 태도는 특히 중간생략등기청구권을 부정하는 근거를 이루는데([5124] 참조), 매매대금청구권을 가질 뿐이고 채권양도에도 불구하고 여전히 동시이행의 항변권을 행사할 수 있는 매도인(즉 소유권이전등기청구권의 채무자)의 입장에서 과연 어떤 신뢰관계를 가지는지 의문이 아닐 수 없다.

---

12) 중대한 과실이 인정된 예로 은행거래의 경험이 많은 이가 양도금지특약이 붙은 예금채권을 양수한 경우에 관한 대판 2003.12.12. 2003다44370 참조.

13) 보다 근본적으로 양수인에게 양도금지특약의 존재에 대한 조사의무를 지우는 것이 적절한지.

14) 대판 2015.4.9. 2012다118020: "민법 제449조 제2항 단서는 채권양도금지특약으로써 대항할 수 없는 자를 '선의의 제3자'라고만 규정하고 있어 채권자로부터 직접 양수한 자만을 가리키는 것으로 해석할 이유는 없으므로, 악의의 양수인으로부터 다시 선의로 양수한 전득자도 위 조항에서의 선의의 제3자에 해당한다. 또한 선의의 양수인을 보호하고자 하는 위 조항의 입법취지에 비추어 볼 때, 이러한 선의의 양수인으로부터 다시 채권을 양수한 전득자는 선의·악의를 불문하고 채권을 유효하게 취득한다." 「A가 실질적으로 운영하던 B 회사가 Y로부터 건물 신축공사를 수급하고(도급계약서에 양도금지특약 존재), A가 B의 수급인으로서의 의무를 연대보증 → B는 위 공사로 인한 기성 공사대금 일부를 Y로부터 받지 못하자, 하수급인 C에게 공사대금채권을 양도한 후 Y에게 통지하였고, C는 그중 일부를 실제 공사시공자인 A에게 양도한 후 Y에게 통지 → X는 A의 Y에 대한 위 공사대금채권에 관하여 압류 및 추심명령을 발령받았고, Y에게 송달」의 사안에서, 공사대금채권을 최초로 양수한 C가 양도금지특약을 알았거나 알지 못한 데에 중과실이 있다는 점에 관하여 Y의 주장·증명이 없으므로 채권양도는 유효하고, 이를 다시 양수한 A가 양도금지특약을 알았거나 알지 못한 데에 중과실이 있다는 사정만으로 채권양도가 효력을 잃는다고 할 수 없다고 판단한 사례이다. [1021]도 참조.

15) 대판 2003.1.24. 2000다5336·5343; 앞의 2012다118020 판결.

16) 절대적 효력설을 따른다면, 양도금지특약에 의하여 채권이 양도성을 상실하므로, 채무자로서는 양도금지특약의 존재사실을 증명하면 되고, 양수인이 그에 대한 예외로서 자신의 선의(판례에 의하면: 중과실 없음도 포함하여)를 증명해야 할 것이다.

17) 보증채권에 관한 대판 2002.9.10. 2002다21509 참조.

18) 대판 2005.3.10. 2004다67653·67660: "부동산의 매매로 인한 소유권이전등기청구권은 물권의 이전을 목적으로 하는 매매의 효과로서 매도인이 부담하는 재산권이전의무의 한 내용을 이루는 것이고, 매도인이 물권행위의 성립요건을 갖추도록 의무를 부담하는 경우에 발생하는 채권적 청구권으로 그 이행과정에 신뢰관계가 따르므로, 소유권이전등기청구권을 매수인으로부터 양도받은 양수인은 매도인이 그 양도에 대하여 동의하지 않고 있다면 매도인에 대하여 채권양도를 원인으로 하여 소유권이전등기절차의 이행을 청구할 수 없고, 따라서 매매로 인한 소유권이전등기청구권은 특별한 사정이 없는 이상 그 권리의 성질상 양도가 제한되고 그 양도에 채무자의 승낙이나 동의를 요한다고 할 것이므로 통상의 채권양도와 달리 양도인의 채무자에 대한 통지만으로는 채무자에 대한 대항력이 생기지 않으며 반드시 채무자의 동의나 승낙을 받아야 대항력이 생긴다." 이 판결에서 직접적으로 문제된 것은 대항요건의 구비 여부이지만, 대항요건을 구비하지 못하면 매도인에 대한 등기청구가 좌절된다는 점에서 실질적으로 등기청구권의 양도성에 대한 제한에 해당한다고 볼 수 있다.

19) 대판 2018.7.12. 2015다36167: "취득시효 완성으로 인한 소유권이전등기청구권은 채권자와 채무자 사이에 아무런 계약관계나 신뢰관계가 없고, 그에 따라 채권자가 채무자에게 반대급부로 부담하여야 하는 의무도 없다. 따라서 취득시효 완성으로 인한 소유권이전등기청구권의 양도의 경우에는 매매로 인한 소유권이전등기청구권에 관한 양도제한의 법리가 적용되지 않는다."

② 부양청구권(제979조), 각종의 연금청구권(공무원연금법 제39조, 군인연금법 제18조, 국민연금법 제58조 등), 재해보상청구권(근로기준법 제86조) 등도 법률의 규정에 의하여 양도성이 제한된다.[20]

③ 그 밖에 양도성이 문제되는 경우로 전세금반환채권([5378] 참조), 장래의 채권([4237] 참조) 및 위자료청구권([3092] 참조) 등이 있다.

[4235] 3. 채권양도의 요건

가. 양도계약

(1) 종래의 채권자와 채권자로 될 이 사이에 채권을 이전하기로 하는 내용의 합의만으로 채권양도가 성립한다. 채무자는 양도계약의 당사자가 아니므로, 채무자의 승낙이나 채무자에의 통지는 채권양도의 대항요건일 뿐, 채권이전의 요건이 아니다.

(2) 지명채권의 양도는 방식을 요하지 않는 불요식계약이다. 채권을 성립시킨 법률행위가 요식행위라도 일단 성립한 채권의 양도계약은 불요식행위이다.

[4236] 나. 채권의 존재 및 양도가능성

(1) 양도가능한 채권이 존재해야 하고, 양도인은 채권을 처분할 수 있는 권한을 가져야 한다. 「지명」채권의 선의취득은 인정되지 않는데(증권적 채권에서는 다름에 관하여 우선 제514조 참조), 채무자의 이의를 보류하지 않은 승낙에 의하여 양수인이 같은 내용의 채권을 취득할 수 있음(제451조 제1항)은 별개의 문제이다.

> [참 고] 대판 2016.7.14. 2015다46119는 "지명채권의 양도란 채권의 귀속주체가 법률행위에 의하여 변경되는 것으로서 이른바 준물권행위 내지 처분행위의 성질을 가지므로, 그것이 유효하기 위하여는 양도인이 채권을 처분할 수 있는 권한을 가지고 있어야 한다. 처분권한 없는 자가 지명채권을 양도한 경우 특별한 사정이 없는 한 채권양도로서 효력을 가질 수 없으므로 양수인은 채권을 취득하지 못"하고, "양도인이 지명채권을 제1양수인에게 1차로 양도한 다음 제1양수인이 그에 따라 확정일자 있는 증서에 의한 대항요건을 적법하게 갖추었다면 이로써 채권이 제1양수인에게 이전하고 양도인은 채권에 대한 처분권한을 상실하므로, 그 후 양도인이 동일한 채권을 제2양수인에게 양도하였더라도 제2양수인은 채권을 취득할 수 없다. 이 경우 양도인이 다른 채무를 담보하기 위하여 제1차 양도계약을 하였더라도 대외적으로 채권이 제1양수인에게 이전되어 제1양수인이 채권을 취득하게 되므로 그 후에 이루어진 제2차 양도계약에 따라 제2양수인이 채권을 취득하지 못하게 됨은 마찬가지이다. 또한 제2차 양도계약 후 양도인과 제1양수인이 제1차 양도계약을 합의해지한 다음 제1양수인이 그 사실을 채무자에게 통지함으로써 채권이 다시 양도인에게 귀속하게 되었더라도 특별한 사정이 없는 한 양도인이 처분권한 없이 한 제2차 양도계약이 채권양도로서 유효하게 될 수는 없으므로, 그로 인하여 제2양수인이 당연히 채권을 취득하게 된다고 볼 수는 없다"고 하였다.

---

20) 임금채권양도의 효력에 관한 재판례를 본다. ㉠ 대판(전) 1988.12.13. 87다카2803: "근로자의 임금채권의 양도를 금지하는 법률의 규정이 없으므로 이를 양도할 수 있다. […] 그러나 근로기준법 제36조 제1항에서 임금 직접지급의 원칙을 규정하고 그에 위반하는 자는 처벌을 하도록 하는 규정(같은 법 제109조)을 두어 그 이행을 강제하고 있는 이유는 임금이 확실하게 근로자 본인의 수중에 들어가게 하여 그의 자유로운 처분에 맡기고 나아가 근로자의 생활을 보호하고자 하는 데 있는 것이므로 이와 같은 근로기준법의 규정의 취지에 비추어 보면 근로자가 그 임금채권을 양도한 경우라 할지라도 그 임금의 지급에 관하여는 같은 원칙이 적용되어 사용자는 직접 근로자에게 임금을 지급하지 아니하면 안 되는 것이고 그 결과 비록 양수인이라고 할지라도 스스로 사용자에 대하여 임금의 지급을 청구할 수는 없다고 해석하여야 할 것이며, 그렇게 하지 아니하면 임금 직접지급의 원칙을 정한 근로기준법의 규정은 그 실효를 거둘 수 없게 될 것"이다. ㉡ 대판 2014.1.23. 2013다71180: "민사집행법은 제246조 제1항 제4호에서 퇴직연금 그 밖에 이와 비슷한 성질을 가진 급여채권은 그 1/2에 해당하는 금액만 압류하지 못하는 것으로 규정하고 있으나, 이는 '근로자퇴직급여 보장법'(이하 '퇴직급여법'이라고 한다)상 양도금지규정과의 사이에서 일반법과 특별법의 관계에 있으므로, 퇴직급여법상 퇴직연금채권은 그 전액에 관하여 압류가 금지된다고 보아야 한다."

그런데 타인권리 매매의 유효성이 부정되지 않고(제569조 참조) 제1차 양도계약이 합의해지되면 그때부터 채권이 양도인에게 귀속된다는 점에 비추어 위 판결의 결론에 동의하기 어렵다. 다른 한편 양도인이 제2양수인에 대하여 처분권한이 없었음을, 따라서 제2양수인이 채권을 취득할 수 없음을 주장하는 것은 신의칙에 반한다고 평가되어야 할 것이다.

(2) 착오나 사기 등 합의의 유효성을 부정하는 사유(우선 [1082] 참조)가 있는 경우에 채권양도의 효과가 생기지 않음은 당연하지만, 전득자는 선의의 제3자로서 보호될 수 있다.

다. 채권의 특정(가능)성 [4237]

(1) 법률관계의 확실성을 확보하기 위하여, 채권양도계약을 체결할 때 양도되는 채권은 동일성을 인식할 수 있을 정도로 특정되거나 특정될 수 있어야 한다. 그런데 양도채권이 사회통념상 다른 채권과 구별할 수 있을 정도라면 그 채권은 특정된 것으로 보아야 하고 양도채권의 종류나 금액 등이 구체적으로 적시되어야 하는 것은 아니다.[21]

(2) 이러한 제한 하에서 「장래의 채권」[22]의 양도도 가능하다. 판례는 장래의 채권의 양도를 부정하면서도, ① 특정(가능)성 및 ② 발생의 개연성을 전제로 예외를 인정한다.[23] 이 중 ②의 요건에 대하여 학설을 대체로 부정적인데, 동산채권담보법 제34조 제2항은 특정가능성만 요구한다.

(3) 채권의 포괄적 양도(예: 특정한 영업으로부터 나오는 모든 장래의 채권을 미리 양도하는 경우)도 특정성의 요건에 반하지 않는다면 가능하다.[24]

4. 채권양도의 효과 [4238]

(1) 채권양도계약의 효력으로 채권은 동일성을 유지하면서 새로운 채권자(양수인)에게 이전된다(처분행위).[25] 기본권인 이자채권이나 위약금채권 등 양도되는 채권에 종된 권리들도 당사자들 사이에 다른 약정이 없으면 양수인에게 이전된다(제100조 제2항의 유추).

(2) 채권을 담보하는 권리(예: 질권, 저당권, 보증)들은 그 내용이나 존속에서 채권에 의존하므로, 다른 의사표시가 없으면 채권과 함께 양수인에게 이전된다. 그런데 보증은 별도의 공시방법을 요하지 않으므로 피담보채권에 수반하지만,[26] 물적 담보의 이전에는 공시방법이 갖추어져야

---

21) 대판 1998.5.29. 96다51110.

22) 장래에 발생할 채권이라는 점에서 이미 성립한 조건부 채권과 개념적으로 구별된다.

23) ㉠ 대판 1996.7.30. 95다7932: "장래의 채권도 양도 당시 기본적 채권관계가 어느 정도 확정되어 있어 그 권리의 특정이 가능하고 가까운 장래에 발생할 것임이 상당 정도 기대되는 경우에는 이를 양도할 수 있다." 대판 2002.11.8. 2002다7527은 장래 발생할 채권의 압류 및 전부에 관하여 같은 입장이다. ㉡ 대판 1997.7.25. 95다21624는 "채권양도 당시 양도목적채권의 채권액이 확정되어 있지 아니하였다 하더라도 채무의 이행기까지 이를 확정할 수 있는 기준이 설정되어 있다면 그 채권의 양도는 유효한 것으로 보아야 한다"고 하면서, 장래 매매계약의 해제시 발생할 원상회복채권은 채권양도 당시 특정할 수 있거나 가까운 장래에 발생할 가능성을 상당한 정도로 기대할 수 있었다고 하였다.

24) 양도인의 경제적 기반의 박탈이라는 관점에서 제103조가 적용될 수 있음은 별개의 문제이다.

25) 대판 2022.1.13. 2019다272855: "채권의 귀속주체 변경의 효과는 원칙적으로 채권양도에 따른 처분행위시 발생하는바, 지명채권 양수인이 '양도되는 채권의 채무자'인 경우에는 채권양도에 따른 처분행위시 채권과 채무가 동일한 주체에 귀속한 때에 해당하므로 민법 제507조 본문에 따라 채권이 혼동에 의하여 소멸한다." 이 경우 후에 채권에 관한 압류 또는 가압류결정이 제3채무자에게 송달되더라도 채권압류 또는 가압류결정은 존재하지 않는 채권에 대한 것으로 무효라고 하였다.
관련하여 대판(전) 2022.6.23. 2017도3829의 다수의견: "채권양도인이 채무자에게 채권양도통지를 하는 등으로 채권양도의 대항요건을 갖추어 주지 않은 채 채무자로부터 채권을 추심하여 금전을 수령한 경우, 특별한 사정이 없는 한 금전의 소유권은 채권양수인이 아니라 채권양도인에게 귀속하고 채권양도인이 채권양수인을 위하여 양도채권의 보전에 관한 사무를 처리하는 신임관계가 존재한다고 볼 수 없다. 따라서 채권양도인이 위와 같이 양도한 채권을 추심하여 수령한 금전에 관하여 채권양수인을 위해 보관하는 자의 지위에 있다고 볼 수 없으므로, 채권양도인이 위 금전을 임의로 처분하더라도 횡령죄는 성립하지 않는다." 그런데 채권의 귀속주체 변경의 효과는 대항요건 구비와 무관하다는 점에서 검토를 요한다.

26) 대판 2002.9.10. 2002다21509.

한다. 물건의 점유를 요건으로 하는 유치권과 질권의 경우에 점유도 이전해야 하고, 등기를 요건으로 하는 저당권에서는 양수인을 채권자(저당권자)로 하는 부기등기를 마쳐야 한다.[27] 한편 이러한 권리들의 이전이 강행적인 것은 아니므로, 질권이나 저당권 또는 보증이 이전되지 않는다는 특약이 있으면 이러한 권리들은 이전되지 않고 소멸한다.

(3) 채권양도에 의하여 양수인은 양도인이 가지던 바로 그 채권을 취득하므로, 채무자는 대항요건을 갖추기 전에 양도인에 대하여 주장할 수 있었던 사유(무효, 해제, 변제 등에 따른 채권의 부존재 외에 동시이행의 항변권도 포함하여)를 들어 양수인에게 대항할 수 있다. 채권양도계약 전에 채무자가 양도인에게 변제했다면, 채무자는 채권의 소멸을 양수인에게 주장할 수 있다.[28] 결국 채무자의 법적 지위가 채권양도에 의하여 악화되지 않는다(예외: 제451조 제1항 본문).

[4239] Ⅲ. 지명채권양도의 대항요건

1. 대항요건의 의미

(1) 채권양도는 양도인과 양수인의 합의만으로 성립하고 채무자는 그 당사자가 아니다. 그런데 양수인이 채무자에 대하여 이행을 청구하거나 제3자에 대하여 채권자임을 주장하기 위해서는 대항요건을 갖추어야 한다.[29] 공시할 방법이 없다는 지명채권의 성질 때문에 양도계약에 관여하지 않은 채무자나 제3자가 채권양도의 사실 자체 또는 그 시기를 알지 못하여 예기치 못한 손해를 입을 염려가 있으므로, 이들을 보호하려는 취지에 기한 것이다. 그런데 채권이 변제 등의 사유로 소멸한 후에는 대항요건이 문제될 여지는 없다.[30]

(2) 지명채권의 양도에서 양도인의 통지 또는 채무자의 승낙이 없으면 양수인은 지명채권의 양수를 채무자 기타 제3자에게 대항할 수 없다(제450조 제1항). 그런데 통지는 채권귀속의 변동을 채무자에게 알린다는 의미를 가지는 반면, 승낙은 양수인이 채무자로부터 양수채권의 존재 및 내용을 확인받는다는 의미를 가진다. 그리고 제3자에 대한 대항요건으로 통지나 승낙이 확정일자 있는 증서에 의할 것이 요구되는데(제2항), 이는 채권양도시기의 사후적 조작을 방지한다는 의미를 가진다.

[4240] (3) 「채무자에게 대항한다」는 것은 양수인이 채무자 등(보증인을 포함하여)에 대하여 자신이 채권자임을 주장할 수 있다는 의미로, 양수인이 채권을 행사하기 위한 요건이자 동시에 양수사실을 알지 못한 채 양도인에게 변제한 후 뒤늦게 양수인이 나타난 경우에 이중변제의 위험으로부터 채무자 등을 보호하기 위한[31] 요건이다. 따라서 양수인이 채무자를 상대로 이행의 소를 제기하기

27) 수반성과 제361조의 의미에 관하여 [5407] 참조.

28) 승낙 당시 이미 상계를 할 수 있는 원인이 있었던 경우에, 아직 상계적상에 있지 않더라도 그 후 상계적상이 생기면 채무자는 양수인에 대하여 상계로 대항할 수 있다고 한 대판 1999.8.20. 99다18039 참조. 채무자의 상계권과 관련하여 대판 2002.2.8. 2000다50596도 참조.

29) "채권양수인이 민사소송법 제218조 제1항에 따라 확정판결의 효력이 미치는 변론종결 후의 승계인에 해당하는지[는 …] 채권양도의 합의가 이루어진 때가 아니라 대항요건이 갖추어진 때를 기준으로 판단"해야 한다는 대판 2020.9.3. 2020다210747도 참조.

30) 대판 2017.1.25. 2014다52933: "임대차보증금반환채권이 양도되거나 임대차보증금반환채권에 대하여 채권가압류명령, 채권압류 및 추심명령 등(이하 '채권가압류명령 등'이라 한다)이 이루어지기에 앞서 임대차계약의 종료 등을 원인으로 한 변제, 상계, 정산합의 등에 의하여 임대차보증금반환채권이 이미 소멸하였다면, 채권양도나 채권가압류명령 등은 모두 존재하지 아니하는 채권에 대한 것으로서 효력이 없고, 대항요건의 문제는 발생할 여지가 없다." 변제로 소멸한 채권에 대한 압류 및 추심명령에 관한 대판 2003.10.24. 2003다37426도 동지.

31) 제470조에 의하여 보호될 수 있음을 별개의 문제이다.

위해서는 대항요건을 구비하였음을 주장 · 증명해야 한다.[32] 반면 「채무자 외의 제3자에게 대항한다」는 것은 동일한 채권을 이중으로 양수한 경우 또는 채권양도와 압류명령이 경합하는 경우에 이들 사이에서 우열을 결정하는 표준이라는 뜻이다.

이처럼 양자는 그 의의를 달리할 뿐만 아니라 형식에도 차이가 있으므로 따로 고찰하는 것이 타당하다. 학설도 대체로 양자를 구별하여, 대항요건 중 제3자에 대한 것은 사회질서(특히 거래의 안전)에 관계되므로 당사자 사이의 특약으로도 이를 배제하지 못하지만, 채무자에 대한 것은 채무자의 이익만 보호하므로 채무자가 이 이익을 포기하여 채권자와의 특약으로 이를 배제하더라도 무방하다고 한다.[33]

[참 고] 자산유동화법 제7조는 대항요건에 관한 특례를 규정한다. 즉 양수인도 양도통지를 할 수 있고, 일정한 경우에 채무자에 대한 통지에 갈음하여 공고로써 대항요건을 갖출 수 있다. 그리고 금융위원회에 채권양도의 등록을 하면 제3자에 대한 대항요건을 갖춘 것으로 간주된다. 동산채권담보법 제35조도 채권담보권과 관련하여 담보등기가 제3자에 대한 대항요건을 이루고, 등기사항증명서의 교부에 의한 통지 또는 채무자의 승낙을 채무자에 대한 대항요건으로 하는 등 민법상의 대항요건과 구조를 달리한다.

2. 채무자에 대한 대항요건 1: 채무자에 대한 통지 [4241]

가. 통지의 취지 및 요건

(1) 채권을 양도하였다는 사실을 양도인이 채무자에게 통지해야 한다. 통지(通知)는 양도인이 채무자에 대하여 당해 채권을 양수인에게 양도하였다는 사실을 알리는 관념의 통지이므로,[34] 의사표시에 관한 규정들이 유추된다. 따라서 양도통지는 채무자에게 도달함으로써 그 효력이 생기고(제111조),[35] 통지에 특별한 방식을 갖출 필요는 없다. 그리고 통지에 조건이나 기한을 붙일 수 없다.[36]

(2) 양도통지의 당사자에 관하여 본다. [4242]

① 채권양도의 통지는 양도인이 해야 하는데, 통지주체를 양도인에 한정하는 것은 양도계약의 당사자가 아닌 채무자로서 양도에 의하여 채권을 잃는 양도인의 통지는 믿어도 좋다는 고려에 기한 것이다.[37]

한편 대항요건 구비에 대하여 실제로 이해관계를 가지는 이는 양수인이다. 그런데 양도인이 자발적으로 양도통지를 하지 않으면, 우선 ⓐ 양수인이 제389조 제2항에 따라 이를 강제할 수 있다.[38] 나아가 통지에 의사표시에 관한 규정이 유추되므로 ⓑ 수권이 있으면 양수인이 양도인의 대리인으로서 양도통지를 할 수 있고,[39] 양수인이 양도인의 사자(使者)로서 한 통지도 유효하

32) 대판 1990.11.27. 90다카27662.
33) 대판 2008.1.10. 2006다41204 및 대판 1987.3.24. 86다카908 참조.
34) 채권양도통지만으로 제척기간 준수에 필요한 「권리의 재판외 행사」가 이루어졌다고 볼 수 없다고 한 대판(전) 2012.3.22. 2010다28840([1412]에 소개된) 참조.
35) 대판 1983.8.23. 82다카439.
36) 조건부 채권양도가 허용됨은 별개의 문제이고, 정지조건부 채권양도에서 조건이 성취된 때부터 채무자에게 대항할 수 있다.
37) 반면 양수했다고 칭하는 이는 자칭양수인일 수도 있어서 그의 말을 믿는 것은 위험할 수 있다. 뒤의 2010다96911 판결도 참조.
38) 이 경우 의사의 진술에 해당하는 양도통지는 원 · 피고가 아닌 제3자에 대한 것이므로, 양수인이 판결확정 후 판결문을 채무자에게 송부하거나 제시해야 비로소 채무자에게 대항할 수 있다.
39) 관련하여 현명되지 않은 채권양도통지도 유효하다고 본 대판 2004.2.13. 2003다43490도 참조.

다.[40] 실제로 대리통지 등이 허다하지만, 판례는 신중해야 한다는 입장이다.[41]

② 양도계약이 해제된 경우에, 채무자에 대한 관계에서 양수인이 양도인에게 다시 양도하는 것과 유사한 상황이 생기는데,[42] 선의의 채무자에 대한 관계에서는 「양수인」이 해제사실을 통지하지 않는 한 여전히 양수인이 채권자로 다루어진다.[43] 이때 선의의 채무자는 제452조 제1항에 의하여 보호될 수 있다.

③ 통지의 상대방인 채무자가 복수인 경우에 채무자 전원에 대하여 통지해야 하는지는 그들의 관계에 따라 결정된다. 즉 그들이 연대채무자라면 그들 전원에게 통지해야 하는 반면, 보증채무에서는 주채무자에 대한 통지로 족하다.

[4243] (3) 채권양도가 있기 전에 미리 하는 「사전통지」는 채무자로 하여금 양도의 시기를 확정할 수 없는 불안한 상태에 있게 하므로 허용되지 않는다는 것이 판례의 입장이다.[44] 물론 대항요건으로서 통지는 양도인이 채권을 양수인에게 양도하였다는 사실을 채무자에게 알리는 「관념의 통지」라는 점에서 판례의 입장을 수긍할 수 있지만, 다른 한편 제452조가 사전통지("아직 양도하지 아니하였거나")의 경우에도 선의의 채무자는 양수인에게 대항할 수 있는 사유로 양도인에게 대항할 수 있도록 한 점에 비추어 전적으로 효력을 부정할 것인지는 검토를 요한다. 대판 2010.2.11. 2009다90740도 제3자에 대한 대항요건과 관련하여 "사전통지가 있더라도 채무자에게 법적으로 아무런 불안정한 상황이 발생하지 않는 경우에까지 그 효력을 부인할 것은 아니라"고 했다.

[4244] **나. 통지의 효과**

(1) 먼저 채무자에 대한 대항요건 구비에 따른 일반적 효과를 본다.

① 채권양도가 있으면 채권은 양도인(종래의 채권자)으로부터 양수인(새로운 채권자)에게 이전되지만, 양수인이 그의 채권을 채무자에게 주장하려면 통지나 승낙이 있어야 한다.[45] 그리고 유효한 채권양도와 통지(또는 승낙)가 있으면 채무자는 양수인에게 변제해야 하고, 그에게 변제하면 나중에 확정일자 있는 증서에 의한 통지(또는 승낙)를 갖춘 다른 양수인이 나타나더라도 영향을 받지 않는다.[46] 나아가 양도인과 채무자 사이에 행하여진 면책행위 등은 무효로 된다.[47]

---

40) 대판 1997.6.27. 95다40977 · 40984.

41) 대판 2011.2.24. 2010다96911: "채권양도의 통지를 양수인이 양도인을 대리하여 행할 수 있음은 일찍부터 인정되어 온 바이지만, 대리통지에 관하여 그 대리권이 적법하게 수여되었는지, 그리고 그 대리행위에서 현명의 요구가 준수되었는지 등을 판단함에 있어서는 양도인이 한 채권양도의 통지만이 대항요건으로서의 효력을 가지게 한 뜻이 훼손되지 아니하도록 채무자의 입장에서 양도인의 적법한 수권에 기하여 그러한 대리통지가 행하여졌음을 제반 사정에 비추어 커다란 노력 없이 확인할 수 있는지를 무겁게 고려하여야 한다. 특히 양수인에 의하여 행하여진 채권양도의 통지를 대리권의 '묵시적' 수여의 인정 및 현명원칙의 예외를 정하는 민법 제115조 단서의 적용이라는 이중의 우회로를 통하여 유효한 양도통지로 가공하여 탈바꿈시키는 것은 법의 왜곡으로서 경계하여야 한다. 채권양도의 통지가 양도인 또는 양수인 중 누구에 의하여서든 행하여지기만 하면 대항요건으로서 유효하게 되는 것은 채권양도의 통지를 양도인이 하도록 한 법의 취지를 무의미하게 할 우려가 있다."

42) 해제의 소급효는 양도인과 양수인 사이의 문제에 불과하다.

43) 대판 1993.8.27. 93다17379. 나아가 대판 2012.11.29. 2011다17953: "민법 제452조는 […] 채권양도가 해제 또는 합의해제되어 소급적으로 무효가 되는 경우에도 유추적용할 수 있다고 할 것이므로, 지명채권의 양도통지를 한 후 양도계약이 해제 또는 합의해제된 경우에 채권양도인이 해제 등을 이유로 다시 원래의 채무자에 대하여 양도채권으로 대항하려면 채권양도인이 채권양수인의 동의를 받거나 채권양수인이 채무자에게 위와 같은 해제 등 사실을 통지하여야 한다. 이 경우 위와 같은 대항요건이 갖추어질 때까지 양도계약의 해제 등을 알지 못한 선의인 채무자는 해제 등의 통지가 있은 다음에도 채권양수인에 대한 반대채권에 의한 상계로써 채권양도인에게 대항할 수 있다고 봄이 타당하다."

44) 대판 2000.4.11. 2000다2627.

45) 대항요건은 사실심 변론종결시까지 구비되면 된다.

46) 다만 확정일자 없는 통지나 승낙이 있었으나 당해 채권이 소멸하지 않고 존속하는 동안 확정일자 있는 증서에 의한 대항요건을 갖춘 다른 양수인이 나타나면, 후자가 우선하므로 채무자는 후자에게 변제해야 한다.

47) 예컨대 임대인이 임대차보증금반환채권의 양도통지를 받은 후에는 임대인과 임차인 사이에 임대차계약의 갱신이나 계약기간 연장에 관하여 명시적 또는 묵시적 합의가 있더라도 그 합의의 효력이 보증금반환채권의 양수인에게 미칠 수는 없다(대판 1989.4.25. 88다카4253 · 4260).

② 반면 통지나 승낙이 없으면 양수인이 「채권자」임[48]에도 불구하고 채무자에 대하여 —그가 악의라도— 채권을 주장하지 못하며, 채무자는 양수인에 대하여 변제를 거절할 수 있다. 즉 대항요건은 양수인이 채권을 주장하기 위한 적극적 요건이 아니며, 그 흠결을 채무자 또는 제3자가 주장하여야 비로소 문제된다(항변설). 한편 채무자가 양수인에게 자의로 변제를 하면, 이는 채권양도계약의 효력을 인정하는 것으로 승낙에 해당한다(당연히 유효한 채권양도를 전제로).

[참 고] 채권양도는 있었으나 아직 대항요건을 갖추지 못한 상태에 관하여, 양수인이 채무자에 대하여 양도인으로부터 양도통지를 받은 다음 채무를 이행하라는 청구는 장래이행의 소의 요건을 갖추지 못하여 부적법하다고 한 대판 1992.8.18. 90다9452 · 9469나 양도인이 시효중단효를 가지는 재판상 청구를 할 수 있다는 대판 2009.2.12. 2008두20109([1379]에 소개된) 등은 양도인이 여전히 채권자임을 전제로 한다.[49] 그러나 대항요건의 취지를 살리려면 채권은 대항요건의 구비 여부와 무관하게 양수인에게 이전된다고 보아야 하고, 채무자대항요건이 구비되지 않으면 채무자가 이행을 거절할 수 있을 뿐이다(권리행사저지요건). 대항요건을 갖추지 못한 상태의 청구라도 시효중단사유에 해당한다는 대판 2005.11.10. 2005다41818([1379]에 소개된)도 이런 입장에서 이해될 수 있다.

(2) 이제 대항요건으로서 통지에 특유한 효력을 본다. [4245]

① 통지만 있었던 경우에 채무자는 통지 전에 양도인에 대하여 가지던 모든 사유를 양수인에게 주장할 수 있다(제451조 제2항). 여기의 "양도인에 대하여 생긴 사유"는 제1항의 "양도인에게 대항할 수 있는 사유"와 다르지 않다고 할 것이고, 채무의 불성립 · 무효 · 취소 · 해제, 변제기의 유예, 동시이행의 항변권의 존재, 변제 · 대물변제 · 상계 등에 의한 채무의 소멸 등이 이에 속한다. 따라서 통지 전에 변제로 채권이 소멸하였다면, 양수인은 채권을 취득하지 못한다. 또한 양도된 채권이 매매대금채권인 경우에 채무자는 양수인에 대해서도 동시이행의 항변권을 행사할 수 있으며, 채권의 발생원인인 법률행위에 무효 또는 취소의 원인이 있으면 채무자가 채권의 무효나 취소를 주장할 수도 있다.

[참 고] 가장채권이 양도된 경우에, (가장)채무자는 제451조 제2항에 따라 선의의 양수인에 대해서도 그 채권이 가장채권이어서 무효임을 주장할 수 있다(제1항이 적용되는 경우를 제외하고). 다른 한편 가장채권의 양수인은 제108조 제2항 소정의 제3자에 해당하는데([1234] 참조), (가장)채무자는 선의의 양수인에게 가장채권이어서 무효임을 주장할 수 없다. 여기서 양 규정 사이의 관계가 문제되는데, 제451조 제2항은 채권양도가 있었더라도 통지가 있기 전이라면(즉 채무자가 채권귀속의 변경을 알지 못하는 상태라면) 채권자와 채무자의 관계가 유지된다고 의제하는 일반규정인 반면, 제108조 제2항은 양수인이 선의인 경우에 그러한 의제를 배제하는, 제451조 제2항에 대한 특별규정이라고 할 것이다. 따라서 (가장)채무자는 선의의 양수인에게 무효로 대항하지 못한다고 해야 한다.

한편 해제 또는 취소사유가 있는 경우에, 채무자는 채권이 양도되더라도 「계약당사자」로서 채권양도인에 대하여 해제 또는 취소의 의사표시를 할 수 있다고 해야 하는데(일방의 채권이 압류된 경우에도 마찬가지이다), 해제사유로서 채무불이행이 양도통지 후에 발생하더라도 문제되지 않으며, 통지시까지 취소권이 행사되지 않은 점도 문제되지 않는다. 그리고 양도통지 후 채권의 발생원인인 계약이 취소된 경우에는 양수인이 선의라도 채무자가 그에 대항할 수 있다고 할 것이다. 그렇지 않으면 채무자의 해제권이나 취소권을 박탈하는 결과로 되기 때문이다.

나아가 채무자가 양도인에 대하여 반대채권을 가지고 있었다면, 이를 양수인에 대하여 주장

48) 채권양도의 효력은 계약만으로 발생한다.

49) 다수설도 채무자에 대한 관계에서 여전히 양도인이 채권자이고 양수인은 채권자가 아니라는 입장으로 보인다: 상대적 무효설.

할 수 있다. 그런데 반대채권으로 상계할 수 있지만, 양수인으로서는 예기치 못한 상계항변으로 인하여 채권을 잃게 될 위험이 있으므로 상계의 항변은 제한적으로 허용되어야 한다. 그렇다면 상계에 대한 채무자의 기대가 보호가치 없는 경우, 특히 반대채권의 변제기가 양도채권의 변제기보다 나중에 도래하는 경우에는 채무자의 상계항변이 허용되지 않는다고 해야 하지만, 판례는 반대의 입장이다([4062] 참조). 한편 양도통지가 있은 후에 채무자가 양도인에 대한 채권을 취득하였다면, 양수인에 대하여 상계를 가지고 대항할 수 없음은 당연하다.[50]

[4246] ② 양도인이 채무자에게 채권양도를 통지한 경우에, 실제로 양도가 없었거나 무효라도 선의의 채무자는 양수인에게 대항할 수 있는 사유로써 양도인에게 대항할 수 있다(제452조 제1항). 이것이 「양도통지에 의한 금반언(禁反言)」이다. 앞에서 본 것처럼 통지는 양도계약의 당사자가 아니어서 양도의 무효 등의 사유를 알지 못하는 채무자를 보호하기 위한 것으로, 양도인이 채무자에게 양도통지를 한 이상 양도계약당사자들 사이의 내부관계에 불과한 사유를 들어 양도통지가 사실과 다름을 주장할 수 없도록 한 것이다. 즉 양도인은 양도가 없었거나 무효임을 알지 못하는(즉 선의의) 채무자에게 양도가 없었다거나 무효임을 주장할 수 없다.[51]

이러한 취지에 비추어 여기의 무효는 해제와 취소를 포함하는 넓은 의미의 것으로 이해되어야 한다.[52]

[4247] ③ 양수인의 동의가 없으면 양도인은 채권양도의 통지를 철회(撤回)하지 못한다(제452조 제2항).[53] 다만 양수인의 동의가 있으면 철회가 가능하지만,[54] 이를 채무자에게 대항하려면 채무자에게 다시 그 취지를 통지해야 한다. 한편 양수인이 동의하지 않으면 양도인은 양수인에 대하여 양도된 채권을 부당이득으로 반환할 것을 청구할 수 있고, 이때 양수인은 채권을 양도하면서 그 사실을 채무자에게 통지해야 한다.[55]

[4248] 3. 채무자에 대한 대항요건 2: 채무자의 승낙

가. 승낙의 요건

(1) 채권양도에 대한 승낙(承諾)은 양수인으로 하여금 채권의 존부 및 내용을 확인할 수 있도록 하기 위한 것으로, 채무자가 양도인 또는 양수인에 대해서 한다. 승낙은 채권양도를 채무자가 승인하는 의사를 표명하는 채무자의 행위로, 관념의 통지에 해당한다.

(2) 양도통지와 달리 이의를 유보할 수 있을 뿐만 아니라 조건을 붙여서 승낙할 수도 있다.[56] 나아가 양도될 채권이 특정될 수 있다면 사전승낙도 가능하다.[57]

---

50) 대판 1984.9.11. 83다카2288.

51) 양수인이 제470조에 따라 유효한 변제를 받은 경우에, 양도인에게 부당이득반환의무를 부담함은 별개의 문제이다.

52) 양도계약이 해제된 경우에, 채무자에 대한 관계에서는 —채권이 양도인에게 당연히 복귀되는 것이 아니라— 양수인이 해제사실을 양수인이 통지하지 않는 한 여전히 양수인이 채권자로 다루어진다([4242] 참조). 나아가 채권질권설정계약의 합의해지에 제452조 제1항을 유추한 대판 2014.4.10. 2013다76192: "제3채무자가 질권설정사실을 승낙한 후 질권설정계약이 합의해지된 경우 질권설정자가 해지를 이유로 제3채무자에게 원래의 채권으로 대항하려면 질권자가 제3채무자에게 해지사실을 통지하여야 하고, 만일 질권자가 제3채무자에게 질권설정계약의 해지사실을 통지하였다면, 설사 아직 해지가 되지 아니하였다고 하더라도 선의인 제3채무자는 질권설정자에게 대항할 수 있는 사유로 질권자에게 대항할 수 있다고 봄이 타당하다. 그리고 위와 같은 해지통지가 있었다면 해지사실은 추정되고, 그렇다면 해지통지를 믿은 제3채무자의 선의 또한 추정된다고 볼 것이어서 제3채무자가 악의라는 점은 선의를 다투는 질권자가 증명할 책임이 있다. 그리고 위와 같은 해지사실의 통지는 질권자가 질권설정계약이 해제되었다는 사실을 제3채무자에게 알리는 이른바 관념의 통지로서, 통지는 제3채무자에게 도달됨으로써 효력이 발생하고, 통지에 특별한 방식이 필요하지는 않다."

53) 채권양도계약이 해제되었고 양도인이 채무자에게 양도철회통지를 하였더라도 채무자는 이것을 양수인에게 대항할 수는 없다(대판 1978.6.13. 78다468).

54) 대판 1993.7.13. 92다4178.

55) 양도통지가 철회된 경우에 채권의 준점유자에 대한 변제로서 유효할 수 있음에 관하여 대판 1997.3.11. 96다44747 참조.

나. 승낙의 효과 [4249]

(1) 채무자에 대한 대항요건 구비에 따른 일반적 효과는 통지에서와 다르지 않다.

(2) 대항요건으로서 승낙에 특유한 효력을 본다.

① 채무자가 이의를 보류하지 않고(즉 항변의 주장을 유보하지 않고) 채권양도를 승낙한 경우에, 양도인에 대하여 주장할 수 있는 사유가 있더라도 채무자는 그 사유로 양수인에게 대항할 수 없다(제451조 제1항 본문). 즉 채무자는 양도인에 대하여 가지던 항변이나 이의의 권리를 양수인에게 행사할 수 없다.

ⓐ 양도인에게 대항할 수 있으나 양수인에게 대항하지 못하는 사유는 협의의 항변권에 한하지 않고 넓게 채권의 성립, 존속, 행사를 저지하거나 배척하는 사유를 포함하지만,[58] 채권이 이미 제3자에게 양도되었다는 사유는 —제450조 제2항의 취지에 비추어— 이에 포함되지 않는다.[59]

ⓑ 채무자의 이의가능성이 배제된 완전한 채권을 취득하기 위한 주관적 요건을 본다. [4250]

다수설과 판례는, 이의를 보류하지 않은 승낙이 이루어진 경우에 양수인은 양수한 채권에 아무런 항변권도 부착되지 않았다고 신뢰하는 것이 보통임을 근거로, 제451조 제1항을 채무자의 승낙에 「공신력」을 부여하는 규정으로 이해한다.[60] 다만 다수설은 양수인의 (중)과실이 문제되지 않는다고 하는 반면, 판례는 양수인이 선의이고 중과실이 없어야 한다는 입장이다.[61]

그런데 채권양도에서 양수인은 채권의 존재 및 내용에 관한 정보를 채무자로부터 얻을 수밖에 없고, 이러한 점에서 채무자를 「정보센터」라 할 수 있다. 물론 채무자가 양도채권에 관한 정보를 알릴 의무를 지지는 않는다. 그러나 채권의 존부 또는 내용을 알 수 없는 양수인은 채무자로부터 정보를 얻을 수밖에 없는 반면, 채무자가 승낙을 할 때 자기이익을 위하여 대항사유의 존재를 알리는 것이 보통이고 합리적인데, 그럼에도 불구하고 채무자가 대항사유의 존재에 대하여 이의를 보류하지 않은 채 승낙하였다면 자기구속(自己拘束)이 발생한다고 해야 한다. 즉 제451조 제1항에 기한 항변의 절단은 채무자의 자기구속에서 그 근거를 찾아야 한다. 당연히 양수인은 선의·무과실이어야 보호될 수 있다.

다만 채무자가 채무를 소멸시키기 위하여 양도인에게 급여한 것이 있으면 이를 회수할 수 있고, 양도인에 대하여 부담한 채무(예: 경개를 한 경우)가 있으면 그 채무의 불성립을 주장할 수 있다(제451조 제1항 단서).

ⓒ 이처럼 승낙은 양수인을 보호하기 위한 것으로, 채무자가 이의를 보류하지 않은 승낙을 통하여 완전한 채권이 존재한다는 외관을 형성한 이상 그를 신뢰한 양수인을 보호하기 위하여

---

56) 대판 1989.7.11. 88다카20866.

57) 채권양도에 대하여 사전에 해제조건이 붙은 승낙을 한 경우에 관한 대판 2011.6.30. 2011다8614 참조.

58) 이미 양도인에게 변제하였음, 반대채권을 가지고 있음, 동시이행의 항변권이 있음 등.

59) 대판 1994.4.29. 93다35551.

60) 대판 2002.3.29. 2000다13887: 제451조 제1항이 "이의를 보류하지 않은 승낙에 대하여 항변사유를 제한한 취지는 이의를 보류하지 않은 승낙이 이루어진 경우 양수인은 양수한 채권에 아무런 항변권도 부착되지 아니한 것으로 신뢰하는 것이 보통이므로 채무자의 '승낙'이라는 사실에 공신력을 주어 양수인의 신뢰를 보호하고 채권양도나 질권설정과 같은 거래의 안전을 꾀하기 위한 규정이라 할 것이므로, 채권의 양도나 질권의 설정에 대하여 이의를 보류하지 아니하고 승낙을 하였더라도 양수인 또는 질권자가 악의 또는 중과실의 경우에 해당하는 한 채무자의 승낙 당시까지 양도인 또는 질권설정자에 대하여 생긴 사유로써도 양수인 또는 질권자에게 대항할 수 있다."

61) 앞의 2000다13887 판결.

채무자에게 자기구속을 지운다. 그런데 채무자가 형성한 외관과 무관한 경우에까지 자기구속이 확장되어서는 안 된다. 즉 앞에서 본 자기구속의 취지에 비추어 채무자로서 —시간적으로든 내용적으로든— 승낙 당시 주장할 수 없었던 사유, 예컨대 임차보증금반환채무에서 당연공제사유[62] 나 보험금청구에서 면책사유는 제외되어야 하고, 이의를 보류하지 않은 승낙의 존재를 인정함에 신중해야 한다.[63]

[참 고] 보험금청구와 제451조 제1항에 관하여

대판 2002.3.29. 2000다13887은 ⓐ 보험금청구권의 양도에서 예외를 인정한다: "보험금청구권은 보험자의 면책사유 없는 보험사고에 의하여 피보험자에게 손해가 발생한 경우에 비로소 권리로서 구체화되는 정지조건부 권리이고, 그 조건부 권리도 보험사고가 면책사유에 해당하는 경우에는 그에 의하여 조건 불성취로 확정되어 소멸하는 것이라 할 것이므로, 위와 같은 보험금청구권의 양도 또는 질권설정에 대한 채무자의 승낙은 별도로 면책사유가 있으면 보험금을 지급하지 않겠다는 취지를 명시하지 않아도 당연히 그것을 전제로 하고 있다고 보아야 하고, 그 양수인 또는 질권자도 그러한 사실을 알고 있었다고 보아야 할 것이며, 더구나 보험사고 발생 전의 보험금청구권 양도 또는 질권설정을 승낙함에 있어서 보험자가 위 항변사유가 상당한 정도로 발생할 가능성이 있음을 인식하였다는 등의 사정이 없는 한 존재하지도 아니하는 면책사유 항변을 보류하고 이의하여야 한다고 할 수는 없으므로, 보험자가 비록 위 보험금청구권 양도 승낙시나 질권설정 승낙시에 면책사유에 대한 이의를 보류하지 않았다 하더라도 보험계약상의 면책사유를 양수인 또는 질권자에게 주장할 수 있다." ⓑ 다만 면책사유 중 보험료 미납으로 인한 것은 예외에 해당하지 않는다: "다른 면책사유의 경우에는 보험자가 채권양도 또는 질권설정 승낙시에 면책사유 발생가능성을 인식할 수 있었다고 단언할 수 없는 것이지만, 보험료 미납이라는 사유는 승낙시에 이미 발생할 수 있는 가능성이 있다는 점을 보험자가 누구보다도 잘 알고 있었다고 보아야 할 것이어서, 보험료 미납이라는 면책사유는 당연히 승낙시에 보험자가 이의를 보류할 수 있는 것이라 할 것이고, 그러함에도 보험자가 이의를 보류하지 아니한 경우에까지 면책사유의 일종이라는 이유만으로 양수인 또는 질권자에게 대항할 수 있다고 하는 것은 양수인 또는 질권자의 신뢰보호라는 원칙을 무시하는 결과가 된다 할 것이므로, 보험료 미납을 이유로 한 해지항변은 보험자가 이의를 보류하지 아니하고 양도 또는 질권설정을 승낙한 경우에는 양수인 또는 질권자에 대하여 대항할 수 없다."

ⓐ와 ⓑ의 차이는 항변사유가 채권 자체에 내재하는지가 반영된 결과로 볼 수도 있다. 그리고 승낙 이후의 보험료 미납을 이유로 한 해지항변으로 대항할 수 있음은 당연하다.

[4251] ② 반면 이의를 보류하고 행한 승낙, 즉 양도인에게 주장할 수 있는 항변을 유보하고 한 승낙의 경우에, 채무자는 그 항변사유를 주장할 수 있다. 상계의 제한에 관하여 [4062] 참조.

---

62) 대판 2002.12.10. 2002다52657: "부동산임대차에 있어서 임차인이 임대인에게 지급하는 임대차보증금은 임대차관계가 종료되어 목적물을 반환하는 때까지 그 임대차관계에서 발생하는 임차인의 모든 채무를 담보하는 것으로서, 임대인의 임대차보증금반환의무는 임대차관계가 종료되는 경우에 그 임대차보증금 중에서 목적물을 반환받을 때까지 생긴 연체차임 등 임차인의 모든 채무를 공제한 나머지 금액에 관하여서만 비로소 이행기에 도달하는 것이므로, 그 임대차보증금반환채권을 양도함에 있어서 임대인이 아무런 이의를 보류하지 아니한 채 채권양도를 승낙하였어도 임차목적물을 개축하는 등 하여 임차인이 부담할 원상복구비용 상당의 손해배상액은 반환할 임대차보증금에서 당연히 공제할 수 있다"("임대인과 임차인 사이에서 장래 임대목적물 반환시 위 원상복구비용의 보증금 명목으로 지급하기로 약정한 금액은, 임대차관계에서 당연히 발생하는 임차인의 채무가 아니라 임대인과 임차인 사이의 약정에 기하여 비로소 발생하는 채무에 불과하므로, 반환할 임대차보증금에서 당연히 공제할 수 있는 것은 아니라 할 것이어서, 임대차보증금반환채권을 양도하기 전에 임차인과 사이에 이와 같은 약정을 한 임대인이 이와 같은 약정에 기한 원상복구비용의 보증금청구채권이 존재한다는 이의를 보류하지 아니한 채 채권양도를 승낙하였다면 민법 제451조 제1항이 적용되어 그 원상복구비용의 보증금청구채권으로 채권양수인에게 대항할 수 없다"는 판시도 덧붙였다). 대판 1988.1.19. 87다카1315도 참조.

63) 대판 2019.6.27. 2017다222962: "채무자가 [제451조 제1항에 따른 이의를 보류하지 않은 승낙을 할 때에 명시적으로 항변사유를 포기한다거나 양도되는 채권에 대하여 이의가 없다는 뜻을 표시할 것까지 요구하지는 않는다. 그러나 이의를 보류하지 않은 승낙으로 말미암아 채무자가 양도인에 대하여 갖는 대항사유가 단절되는 점을 감안하면, 채무자가 이 조항에 따라 이의를 보류하지 않은 승낙을 했는지는 문제되는 행위의 내용, 채무자가 행위에 이른 동기와 경위, 채무자가 행위로 달성하려고 하는 목적과 진정한 의도, 행위를 전후로 채무자가 보인 태도 등을 종합적으로 고려하여 양수인으로 하여금 양도된 채권에 대하여 대항사유가 없을 것을 신뢰하게 할 정도에 이르렀는지를 감안하여 판단해야 한다."

4. 제3자에 대한 대항요건: 확정일자 [4252]

가. 기본법리

(1) 채무자 외의 제3자에 대하여 채권양도를 대항하기 위해서는 확정일자 있는 증서로 통지 또는 승낙을 해야 하는데, 확정일자부 대항요건은 채권에 대한 양립할 수 없는 지위의 경합을 해결하는[64] 기준이다.

제3자에 대한 대항요건으로 확정일자 있는 증서를 요구하는 것은, 채권의 이중양도[65]에서 채권양도의 일자를 명확히 함으로써 채무자와 양도인 및 제2양수인이 짜고 대항요건의 구비일자를 소급함으로써 제1양수인의 권리를 해치는 것을 방지하기 위한 것이다.[66] 즉 확정일자를 요구한다고 해서 이중의 양도 자체를 막을 수 없지만, 적어도 먼저 확정일자부 대항요건을 갖춘 양수인이 보호되지 않는 결과를 피할 수는 있다. 따라서 통지 또는 승낙이라는 행위 자체를 확정일자 있는 증서로 해야 하고, 통지 또는 승낙이 있었다는 사실을 별도로 확정일자 있는 증서로 증명하라는 것은 아니다.[67] 통지나 승낙을 확정일자 없는 증서로 하였더라도 나중에 증서에 확정일자를 얻으면, 그때부터 대항력을 취득한다.[68]

(2) 여기서 확정일자(確定日字)란 증서에 대하여 그 작성한 일자에 관한 완전한 증거가 될 수 있는 것으로 법률상 인정되는 일자, 즉 당사자가 나중에 변경하는 것이 불가능한 것으로 확정된 일자를 가리킨다.[69] [4253]

어떤 일자가 확정일자로 되는지를 부칙 제3조가 규정한다: 공정증서의 일자, 법원 서기 또는 공증인사무소에서 사서증서에 일자 있는 인장을 날인한 경우의 일자 및 공무소에서 사서증서에 일정한 사항을 기재하고 일자를 기재한 경우의 일자(예: 내용증명우편의 일자) 등.[70]

(3) 채무자 외의 제3자의 범위에 관하여, 다수설은 양도된 채권에 관하여 양수인의 지위와 양립할 수 없는 법률상의 지위를 취득한 이 또는 그 채권에 관하여 법률상의 이익을 가지는 이만 포함한다고 하고(제한설), 판례도 같은 입장이다.[71]

이러한 제3자의 예로 양도된 채권을 이중으로 양수한 이, 그 채권 위의 질권자, 그 채권을 (가)압류한 채권자,[72] 그 채권을 파산재단으로 하는 파산채권자 등. 반면 채권양도에 의하여 간접적으로 영향을 받는 채무자의 채권자, 선순위의 근저당권부 채권을 양수한 채권자보다 후순위의 근저당권자[73] 등에 대해서는 확정일자 있는 증서에 의하지 않더라도 대항할 수 있다.

(4) 채무자 외의 제3자에게 대항한다고 함은 ① 동일채권에 관하여 양립할 수 없는 법률상 [4254]

---

64) 채권의 이중양도에서 확정일자 있는 대항요건을 먼저 갖춘 양수인이 채권양도의 선후를 불문하고 「유일한」 채권자로 된다.

65) 채권에 대한 압류 및 전부명령과의 경합이 문제되는 경우에도 상황은 마찬가지이다.

66) 대판 2011.7.14. 2009다49469.

67) 사본에의 확정일자도 가능함에 관하여 대판 2006.9.14. 2005다45537.

68) 대판 2010.5.13. 2010다8310.

69) 대판 2000.4.11. 2000다2627.

70) 참고로 대판 1999.3.26. 97다30622는, 확정일자에 의하지 않은 채권양도가 있은 후 채권양수인이 채무자를 상대로 제기한 양수금청구소송에서 승소의 확정판결을 받은 경우에, 그 판결도 확정일자 있는 증서에 해당한다고 했다. 승낙일자란에 연월의 기재만 있고 구체적인 날짜는 공란으로 되어 있는 승낙서를 확정일자 있는 증서로 본 대판 2011.7.14. 2009다49469도 참조.

71) 대판 1989.1.17. 87다카1814 참조.

72) 다만 지명채권 양수인이 「양도되는 채권의 채무자」여서 양도된 채권이 혼동에 의하여 소멸한 경우에, 후에 채권에 관한 압류 또는 가압류결정이 제3채무자에게 송달되더라도 채권압류 또는 가압류결정은 존재하지 않는 채권에 대한 것으로 무효이고, 압류 또는 가압류채권자는 제450조 제2항에서 정한 제3자에 해당하지 않는다고 한 대판 2022.1.13. 2019다272855 참조.

73) 대판 2005.6.23. 2004다29279.

의 지위를 취득한 이에 우선하여 그가 취득한 지위를 무효로 하며, ② 우선하는 효과는 채무자에게도 미쳐 채무자는 우선한 양수인만을 진실의 채권자로 인정해야 한다는 의미이다.

그런데 확정일자 있는 증서를 갖춘 이가 우선하는 것은, 양도된 채권이 아직 존재함을 전제로 한다. 즉 제450조 제2항에서 정한 지명채권 양도의 제3자에 대한 대항요건은 양도된 채권이 존속하는 동안에 그 채권에 관하여 양수인의 지위와 양립할 수 없는 법률상의 지위를 취득한 제3자가 있는 경우에 적용된다.[74] 이 점에서 제450조 제2항은 제1항을 전제하는 것으로 보아야 한다.

[4255] **나. 채권이 이중으로 양도된 경우의 우열**

(1) 복수의 양수인들 모두가 확정일자 있는 증서에 의한 대항요건을 갖추지 못한 경우에, 양수인 중 누구도 그 상태에서 우선적 지위를 주장할 수 없다. 이 경우 채권양도 자체의 선후에 의한 해결도 생각할 수 있지만, 또 다른 이해관계인인 채무자의 입장을 고려하여 채무자에 대한 대항요건, 즉 채무자에 대한 「권리행사요건」을 먼저 갖춘 이가 채권을 취득한 것으로 보아야 할 것이다. 판례는 확정일자 있는 증서에 의하지 않았더라도 채무자가 일단 채권양도의 통지를 받고 양수인에게 변제할 것을 승낙하였다면, 그 후 채권이 이중양도되어 채무자가 다시 위 채권의 양도통지(확정일자 있는 증서에 의하지 않은)를 받고 이중양수인에게 변제를 하였더라도, 채무자는 1차 양수인에게 채무를 변제할 의무가 있다고 하였다.[75]

한편 변제 등에 의하여 채권이 소멸하면 이중양도의 우열문제가 생기지 않음은 앞에서 보았다. 반면 변제나 면제가 있기 전에 어느 한 양수인이 채권양도증서에 확정일자를 받으면, 그 일자 이후에는 그 양수인이 제3자에 대한 대항력을 취득하여 우선한다.[76]

(2) 이중의 채권양도가 있었는데 한 양수인은 확정일자 있는 증서에 의한 대항요건을 갖추었으나 다른 양수인은 그 요건을 갖추지 못한 경우에, 확정일자 있는 증서에 의한 대항요건을 갖춘 양수인이 우선함은 당연하다.[77] 그런데 제1양수인이 확정일자 있는 증서에 의한 대항요건을 갖추지 못한 상태에서 확정일자 있는 증서에 의한 대항요건을 갖춘 제2양수인이 나타난 경우에, 제2양수인이 채권자로 확정되는, 「순위의 역전현상」이 일어난다. 한편 확정일자 있는 증서에 의한 대항요건을 갖추지 못한 양수인에 대한 변제가 제470조에 의하여 보호될 수 있는데, 이 경우 제3자에 대한 대항요건을 갖춘 양수인은 변제받은 이에게 부당이득의 반환을 청구할 수 있다.

[4256] (3) 양수인들이 모두 제3자에 대한 대항요건을 갖춘 경우를 본다.[78]

① 채권이 이중으로 양도되고 각 양도에 대하여 확정일자 있는 증서에 의한 통지나 승낙이 경합하는 경우의 우열에 관하여, 종래 확정일자의 선후를 기준으로 한다는 입장과 통지나 승낙의 도달시의 선후를 기준으로 한다는 입장이 대립하였는데, 대판(전) 1994.4.26. 93다24223은 ❶

74) 앞서 본 대판 2022.1.13. 2019다272855 외에 임대차계약의 종료 등을 원인으로 한 변제, 상계, 정산합의 등에 의하여 임대차보증금반환채권이 이미 소멸한 경우에 관한 대판 2017.1.25. 2014다52933과 변제로 소멸한 채권에 대한 압류 및 추심명령에 관한 대판 2003.10.24. 2003다37426 및 압류 전에 채권이 처분된 경우에 관한 대판 2010.10.28. 2010다57213·57220도 참조.

75) 대판 1971.12.28. 71다2048.

76) 대판 1988.4.12. 87다카2429.

77) 대판 1972.1.31. 71다2697.

78) 확정일자 있는 통지가 채권에 대한 압류 또는 가압류명령(특히 채무자가 파산 직전의 상태에 있는 경우에 우량채권을 확보하려는 채권자의 노력의 일환으로)과 경합하는 경우에도 상황은 유사하다. 즉 확정일자 있는 증서에 의한 통지가 채무자에게 도달하면 제3자효가 발생하고, 그 후에 도달한 압류 또는 가압류명령은 무효로 되지만, 양자가 동시에 도달하면 그들 사이의 우열이 문제된다. 뒤의 93다24223 판결도 양도통지와 가압류결정의 도달의 선후가 불명한 사안에 관한 것이다.

"채권이 이중으로 양도된 경우의 양수인 상호간의 우열은 통지 또는 승낙에 붙여진 확정일자의 선후에 의하여 결정할 것이 아니라, 채권양도에 대한 채무자의 인식, 즉 확정일자 있는 양도통지가 채무자에게 도달한 일시 또는 확정일자 있는 승낙의 일시의 선후에 의하여 결정하여야 할 것이고, 이러한 법리는 채권양수인과 동일채권에 대하여 가압류명령을 집행한 자 사이의 우열을 결정하는 경우에 있어서도 마찬가지이므로, 확정일자 있는 채권양도통지와 가압류결정 정본의 제3채무자(채권양도의 경우에는 채무자)에 대한 도달의 선후에 의하여 그 우열을 결정하여야 한다"고 하여 채권양도통지의 도달의 선후에 의한다는 입장을 취하였다.79)

생각건대 확정일자를 기준으로 한다면 확정일자 있는 통지의 발신 또는 도달이 지연되는 사이에 후순위의 확정일자 있는 통지가 도달한 경우에 채무자의 이익이 해쳐질 가능성이 있을 뿐만 아니라80) 확정일자 있는 통지의 효력이 도달시에 발생하므로(제111조 제1항 참조), 통지의 도달시의 선후를 기준으로 이중양도의 우열을 결정할 것이다.81)

② 한편 통지의 도달시(또는 승낙시)가 동일하여(반대견해에 의하면 확정일자가 동일하여) 어느 쪽도 우월적 지위를 차지하지 못하는 경우의 양수인들 사이의 관계에 관하여, 종래 지급거절가능설, 분할채권설, 연대채권설 및 부진정연대채권설이 대립하였는데, 앞의 93다24223 판결은 ❸ "채권양도통지, 가압류 또는 압류명령 등이 제3채무자에 동시에 송달되어 그들 상호간에 우열이 없는 경우에도 그 채권양수인, 가압류 또는 압류채권자는 모두 제3채무자에 대하여 완전한 대항력을 갖추었다고 할 것이므로, 그 전액에 대하여 채권양수금, 압류전부금 또는 추심금의 이행청구를 하고 적법하게 이를 변제받을 수 있고, 제3채무자로서는 이들 중 누구에게라도 그 채무 전액을 변제하면 다른 채권자에 대한 관계에서도 유효하게 면책되는 것이며, 만약 양수채권액과 가압류 또는 압류된 채권액의 합계액이 제3채무자에 대한 채권액을 초과할 때에는 그들 상호간에는 법률상의 지위가 대등하므로 공평의 원칙상 각 채권액에 안분하여 이를 내부적으로 다시 정산할 의무가 있"고, ❹ "채권양도의 통지와 가압류 또는 압류명령이 제3채무자에게 동시에 송달되었다고 인정되어 채무자가 채권양수인 및 추심명령이나 전부명령을 얻은 가압류 또는 압류채권자 중 한 사람이 제기한 급부소송에서 전액 패소한 이후에도 다른 채권자가 그 송달의 선후에 관하여 다시 문제를 제기하는 경우 기판력의 이론상 제3채무자는 이중지급의 위험이 있을 수 있으므로, 동시에 송달된 경우에도 제3채무자는 송달의 선후가 불명한 경우에 준하여 채권자를 알 수 없다는 이유로 변제공탁을 함으로써 법률관계의 불안으로부터 벗어날 수 있다"고 하였다.82) [4257]

생각건대 동시도달의 경우에 이중양수인들은 서로 우선권을 주장하지 못하지만 채무자에 대해서는 완전한 대항요건을 갖추었기 때문에 각자의 양수채권에 관하여 전액의 변제를 청구할 수 있고, 양수인의 1인으로부터 최고를 받은 채무자는 동순위의 다른 양수인이 존재한다는 이유로

79) 나아가 ❷ "채권양도통지와 채권가압류결정 정본이 같은 날 도달되었는데 그 선후관계에 대하여 달리 입증이 없으면 동시에 도달된 것으로 추정한다"고 했다.

80) 선행하는 확정일자가 있었음에도 그 사실을 알지 못한 채 행하여진 변제의 효력이 제470조에 의존할 수밖에 없어서 채무자가 그에 따른 불이익을 감수해야 한다.

81) 확정일자 있는 승낙의 경우에는 승낙이 있은 시점을 기준으로 결정해야 한다.

82) 대판 2004.9.3. 2003다22561은, (가)압류의 처분금지효가 상대적 효력을 가짐에 따라 "동일한 채권에 관하여 가압류명령의 송달과 확정일자 있는 양도통지가 동시에 제3채무자에게 도달함으로써 채무자가 가압류의 대상인 채권을 양도하고 채권양수인이 채권양도의 대항요건을 갖추었다면 다른 채권자는 더 이상 그 가압류에 따른 집행절차에 참가할 수는 없다"는 점을 전제로 "확정일자 있는 채권양도통지와 채권가압류명령이 제3채무자에게 동시에 도달된 경우에도 제3채무자는 송달의 선후가 불명한 경우에 준하여 채권자를 알 수 없다는 이유로 변제공탁을 할 수 있다"고 하면서, 그 후 다른 채권압류 또는 가압류가 이루어졌더라도 채권양수인과 선행 가압류채권자 사이에서만 채권액에 안분하여 배당해야 한다고 했다.

변제책임을 면할 수 없으며, 양수인의 1인에 대하여 전부변제를 하면 채무자는 채무로부터 해방된다고 할 것이다. 그리고 어느 한 양수인이 전부변제를 받았다면 내부적으로 정산할 의무를 지고,83) 채권 전액을 변제받지 못한 양수인은 양도인에 대하여 담보책임 또는 채무불이행책임을 추궁할 수 있다고 할 것이다.

[참 고] 주권발행 전 주식의 양도는 주식양도에 관한 의사의 합치만으로 그 효력이 발생하지만 이를 회사 이외의 제3자에게 대항하기 위해서는 지명채권양도에서의 제3자에 대한 대항요건을 갖추어야 한다.84) 한편 상법 제337조 제1항은 명의개서를 하지 않은 양수인은 회사에 대하여 "대항하지 못한다"라고 규정하는데, 회사가 명의개서를 하지 않은 양수인은 주주로 인정할 수 있는지에 관하여 학설과 판례가 나뉘었으나, 대판(전) 2017.3.23. 2015다248342는 주주명부에 주주로 기재된 이가 회사에 대한 관계에서 주주권을 행사하도록 함으로써 이른바 쌍면적 구속설을 취하였다. 즉 제3자 대항요건을 갖추었더라도 명의개서가 있기 전에는 주식양수인이 회사에 대하여 주주권을 행사할 수 없다.

[4258] Ⅳ. 증권적 채권의 양도

1. 서 설

(1) 증권적 채권(證券的 債權)이란, 채권이 증권에 화체(化體)되어 그 성립 · 존속 · 양도 · 행사 등이 증권에 의하여 행해지는 채권을 말한다. 채권의 양도성을 증대시키고 채권거래의 안전을 꾀하기 위한 것이므로, 양도성의 박탈은 생각할 수 없다.85)

(2) 증권적 채권은 채권자를 결정하는 방법에 따라 기명채권, 지시채권, 무기명채권 및 지명소지인출급채권의 4종으로 나누어진다. 법은 이 중에서 지시채권, 무기명채권 및 지명소지인출급채권의 양도에 관하여 규정하는데, 명문규정이 없는 기명채권의 양도도 당사자간의 양도계약과 양도인으로부터 양수인에게의 증권의 인도에 의해서 행하여진다고 새길 것이다.

(3) 증권적 채권의 양도가 요식계약인지에 관하여 학설의 대립이 있다. 그런데 증권적 채권의 양도에 당사자 사이의 양도계약 외에 증서의 배서 · 교부(제508조) 또는 증서의 교부(제523조)가 있어야 하는데, 이는 양도의 방식이 아니라 채권양도의 사실적 요소에 불과하다. 따라서 증권적 채권의 양도를 요식행위로 볼 것은 아니다.

[4259] 2. 지시채권의 양도

(1) 지시채권(指示債權)이란 특정인 또는 그가 지시(배서양도)하는 이에게 채무를 변제해야 하는 증권적 채권을 말한다. 어음(어음법 제11조, 제77조), 수표(수표법 제14조), 화물상환증(상법 제130조), 창고증권(같은 법 제157조), 선하증권(같은 법 제861조, 제130조) 등은 법률상 당연한 지시채권

---

83) 정산액은 이전받은 채권액을 기준으로 정해야 한다.

84) 대판 2012.11.29. 2012다38780. 나아가 주권발행 전 주식의 이중양도에 관하여 대판 2006.9.14. 2005다45537: "주주명부에 기재된 명의상의 주주는 회사에 대한 관계에 자신의 실질적 권리를 증명하지 않아도 주주의 권리를 행사할 수 있는 자격수여적 효력을 인정받을 뿐이지 주주명부의 기재에 의하여 창설적 효력을 인정받는 것은 아니므로, 실질상 주식을 취득하지 못한 사람이 명의개서를 받았다고 하여 주주의 권리를 행사할 수 있는 것이 아니다. 따라서 주권발행 전 주식의 이중양도가 문제되는 경우, 그 이중양수인 중 일부에 대하여 이미 명의개서가 경료되었는지 여부를 불문하고 누가 우선순위자로서 권리취득자인지를 가려야 하고, 이때 이중양수인 상호간의 우열은 지명채권 이중양도의 경우에 준하여 확정일자 있는 양도통지가 회사에 도달한 일시 또는 확정일자 있는 승낙의 일시의 선후에 의하여 결정하는 것이 원칙"이다.

85) 대판 2001.3.27. 99다17890 참조.

이다. 반면 순수한 민법상의 지시채권의 예는 없다.

(2) 지시채권의 양도는 증서에 「배서」[86]하여 양수인에게 교부하는 방식으로 행하여진다(제508조). 즉 양도인과 양수인 사이의 지시채권 양도의 합의와 증서의 배서 · 교부가 양도의 성립요건 내지 효력발생요건이다. 그런데 채무자가 지시채권을 취득하더라도(제509조의 환배서 참조) 혼동으로 소멸하지 않는다.

배서의 종류로 피배서인(양수인)의 이름을 기재하는 정식배서, 피배서인을 지정하지 않고 하는 약식배서(제510조, 제511조) 및 증서의 소지인에게 지급할 뜻을 기재한 소지인출급배서(제512조)가 있으며, 배서에 이전적 효력(제508조)과 자격수여적 효력(제513조)이 인정된다.[87]

(3) 거래안전의 보호를 위하여 「인적 항변」[88]이 절단되고(제515조), 선의취득이 인정된다(제514조).[89]

한편 채무자는 배서의 연속 여부를 조사할 의무를 진다. 그리고 배서인의 서명 또는 날인의 진위나 소지인의 진위를 조사할 권리는 있으나, 그에 대한 의무는 없다(제518조).

(4) 변제기 도래 후 소지인이 증서를 채무자에게 제시하고 이행을 청구한 때부터 채무자는 지체책임을 지며(제517조), 채무자는 증서와 교환하여(즉 상환으로) 변제를 할 의무를 진다(제519조. 영수의 기입청구에 관한 제521조도 참조).

한편 공시최고절차에 의하여 멸실한 증서나 점유를 이탈한 증서를 무효로 만들 수 있다(제521조. 제522조도 참조).

3. 무기명채권의 양도 [4260]

(1) 무기명채권(無記名債權)이란 증서면에 권리자의 이름이 표시되지 않고, 따라서 증서의 소지인에게 변제해야 하는 증권적 채권을 말한다. 무기명채권의 예로 무기명사채 · 무기명주식 · 무기명수표 등 상법 또는 어음법상의 유가증권이나 상품권, 기차표 또는 극장의 입장권 등.

(2) 무기명채권의 양도는 양도인이 증서를 양수인에게 교부함으로써 이루어진다(제523조). 그 밖에 제524조에 의하여 지시채권에 관한 제514조 내지 제522조가 무기명채권에 준용된다.[90]

4. 지명소지인출급채권의 양도 [4261]

지명소지인출급채권(指名所持人出給債權)이란 증서에 기재된 특정인 또는 증서의 소지인에게 변제해야 하는 증권적 채권을 말한다.

증서의 소지인에게 변제하면 되는 점에서 무기명채권과 같으므로, 제525조는 지명소지인출급채권에 대하여 무기명채권과 같은 효력을 인정한다. 즉 법적으로 무기명채권과 동일하게 취급된다.

---

86) 증서에 양도인과 양수인의 이름을 기명하고, 그들 사이에 양도가 행하여졌음을 기재하는 것.

87) 어음이나 수표의 배서에서와 달리 담보적 효력(배서인으로 하여금 피배서인 기타 자기의 후자 전원에 대하여 인수 및 지급을 담보시키는 효력. 어음법 제15조 제1항, 제77조 제1항, 수표법 제18조 제1항 참조)은 인정되지 않는다.

88) 피청구자가 특정한 청구자와의 개인적 · 실질적 관계에 기하여 그에 대해서만 행사할 수 있는 항변. 반면 증권적 채권의 항변(특히 어음항변) 중 증권적 채권(특히 어음)에 기하여 청구를 받은 이가 —청구자가 누구이든 불문하고— 언제나 행사할 수 있는 항변을 물적 항변이라 한다.

89) 즉 소지인이 증서를 취득할 때 양도인이 무권리자임을 몰랐고 또한 몰랐던 데 대하여 중대한 과실이 없었다면(선의 · 무중과실), 그는 적법한 소지인이 되며, 누구도 그에 대하여 증서의 반환을 청구하지 못한다.

90) 양도성예금증서의 선의취득에 관하여 대판 2000.5.16. 99다71573 참조.

[4262] **5. 면책증서**

면책증서(免責證書. 또는 자격증권)란 철도의 수하물상환증, 휴대품예치증이나 음식점의 신발표 등 채무자가 소지인에게 변제하기만 하면 채무자에게 악의 또는 중대한 과실이 없는 한 그 소지인이 무권리자라도 채무자가 면책되는 증서를 말한다.

제526조는 면책증서에 대하여 지시채권에 관한 제516조, 제517조 및 제520조를 준용한다.

제 3 관 채무인수

[4263] **I. 총 설**

(1) 민법이 규정하는 좁은 의미의 채무인수, 즉 면책적 채무인수(免責的 債務引受)란 채무가 동일성을 유지하면서 종래의 채무자로부터 제3자인 인수인에게 이전하는 것을 내용으로 하는 계약을 말한다. 이에 의하여 인수인이 종래의 채무자에 갈음하여 새로 채무자로서 채무관계에 들어서서 종래의 채무자와 동일한 채무를 부담하고, 종래의 채무자는 채무를 면한다. 이러한 채무인수, 즉 법률행위에 의한 채무자교체는 채권양도, 즉 법률행위에 의한 채권자교체의 반대개념이다. 채무의 이전이 법률의 규정(상속에 관한 제1005조 참조)에 의하여 일어나기도 하지만, 이는 채무인수가 아니다.

(2) 채무인수는 낙성 · 불요식의 계약인데, 일반적으로 인수인의 의무부담행위와 채권자의 처분행위, 즉 방향전환에 대한 채권자의 동의가 결합된 것으로 이해된다.

(3) 채무인수의 모습을 보면, 예컨대 영업을 일체로 양도하는 경우에 자산과 부채를 분리하여 따로 처리하지 않고 한꺼번에 처리하는 것이 보통인데, 양수인은 부채(채무)를 인수하는 대신 그 액을 공제한 대금으로 영업을 양수할 수 있다. 한편 채권자와 신채무자 사이에 채무인수가 이루어지는 경우에, 대개 구채무자와 일정한 관계에 있는 이(가령 부모나 친지)가 신채무자로 되어 채권자로서는 채무의 이행을 확보할 수 있다는 장점을 가지는데, 채무자 교체로 인한 경개와는 동일성 유무에 따라 구별된다.[1]

[4264] **Ⅱ. 요 건**

1. 개 관

(1) 면책적 채무인수에서 신채무자와 채권자를 보호해야 한다. 우선 새로 채무자로 되는 인수인의 의사에 기해야 하므로, 그가 채무인수계약의 당사자여야 한다. 또한 채무자의 교체에 따라 채권의 실질적 효력을 결정하는 책임재산의 변동이 초래되기 때문에, 채권자도 채무인수에 대하여 중대한 이해관계를 가지고, 따라서 채무인수에 채권자의 관여가 필요하다. 반면 채무로부터 해방되는 구채무자의 보호는 문제되지 않는다.

(2) 채무인수의 당연한 요건으로 채무의 이전성(移轉性)이 있어야 한다. 즉 인수대상인 채무가 채무자 외의 제3자에 의하여 이행될 수 있어야 한다.[2] 그런데 채무의 이전성은 일반적으로

---

1) 즉 채무인수는 동일성을 유지한 채 채무가 이전된다는 점에서 채무자변경으로 인한 경개(제501조)와 다르다.

인정되지만, 채무의 성질(제453조 제1항 단서) 또는 당사자의 합의[3]에 의하여 제한될 수 있다. 나아가 같은 조 제2항에 따라 이해관계 없는 제3자는 채무자의 의사에 반하여 채무인수를 할 수 없는데, 채무자의 의사에 반하는지는 인수 당시를 기준으로 판단할 것이고, 그에 대한 증명책임은 의사에 반한다고 주장하는 이에게 있다.

2. 구체적 모습 [4265]

(1) 명문규정이 없지만 채무인수가 채권자 · 구채무자 · 신채무자(인수인)의 3자계약으로 행하여질 수 있음은 당연하다. 이 계약에는 채권행위와 준물권행위가 합체되어 있다.

(2) 신채무자는 채권자와의 계약으로 구채무자의 채무를 인수할 수 있는데(제453조 제1항. 다만 제2항의 제한 참조), 이에 대한 구채무자의 동의 또는 수익의 의사표시를 요하지 않을 뿐만 아니라 구채무자에게의 통지도 필요없다. 이 계약에도 채권행위와 준물권행위가 합체되어 있다.

(3) 구채무자와 신채무자 사이의 계약에 의하여 채무인수가 행하여지는 경우를 본다. [4266]

① 채권자가 인수계약의 당사자인 앞의 두 경우와 달리, 이 경우에는 채권자의 승낙이 있어야 채무인수의 효력이 발생한다(제454조 제1항).[4] 즉 채권자의 승낙이 채무인수의 효력발생요건이다. 따라서 구채무자와 신채무자의 계약은 채권행위의 성질을 가질 뿐이고, 채권자의 승낙이 있어야 비로소 준물권행위로 된다. 그리고 채권자의 승낙 또는 거절의 상대방은 채무자 또는 인수인(신채무자)이다(제2항). 다만 채권자의 승낙이 없더라도 이행인수로서의 효력을 가질 수는 있다.[5]

② 채권자의 승낙은 인수인에 대한 지급청구[6] 등 묵시적으로도 가능하지만, 구채무자를 면책시키는 것은 채권을 처분하는 행위이므로 쉽게 단정할 것은 아니다.[7]

③ 채무자와 인수인은 상당한 기간을 정하여 채권자에게 승낙 여부의 확답을 최고할 수 있는데(제455조 제1항), 채권자가 그 기간 내에 확답을 발하지 않으면 승낙을 거절한 것으로 본다(제2항). 또한 채무자와 인수인은 채권자의 승낙이 있을 때까지 합의에 의하여 채무인수를 철회하거나 변경할 수 있지만(제456조), 채권자의 승낙이 있은 후에는 철회나 변경에 그의 승낙을 요한다.[8]

④ 채무인수에 대한 채권자의 승낙의 효력은 다른 의사표시가 없는 한 채무인수시에 소급하여 발생하지만, 제3자의 권리를 해치지 못함은 당연하다(제457조).

Ⅲ. 효 과 [4267]

1. 기본적 효과

(1) 인수인이 채무자로 되고, 구채무자는 채권관계로부터 벗어난다.

---

2) 이 점은 병존적 채무인수에서도 마찬가지이다.
3) 인수금지특약이 유효함은 계약자유의 원칙상 당연하다.
4) 대판 1998.11.24. 98다33765는, 채권자의 승낙에 의하여 채무인수의 효력이 생기는 경우에, 채권자가 승낙을 거절하면 그 후에는 채권자가 다시 승낙하더라도 채무인수로서의 효력이 생기지 않는다고 하였다.
5) 대판 2012.5.24. 2009다88303 참조.
6) 대판 1989.11.14. 88다카29962 참조.
7) 대판 2015.5.29. 2012다84370.
8) 대판 1962.5.17. 62다161.

(2) 인수인은 구채무자와 동일한 채무를 부담한다. 인수채무가 상사시효의 적용을 받던 채무라면, 면책적 채무인수에 따라 채무자의 지위가 인수인으로 교체되더라도 그리고 채무인수가 상행위나 보조적 상행위에 해당하지 않더라도, 소멸시효기간은 여전히 상사시효의 적용을 받는데,[9] 채무인수는 곧 채무의 「승인」이므로 인수채무의 소멸시효는 채무인수일부터 새로이 진행된다.

[4268] 2. 항변 및 부수적 권리

가. 항 변

(1) 인수계약의 당사자로서 신채무자는 인수계약 자체의 효력을 다툴 수 있다. 즉 취소사유가 있으면 인수계약을 취소할 수 있고, 무효원인이 있으면 인수계약의 무효를 주장할 수 있다. 인수계약이 취소되거나 무효인 경우에, 채무자의 변경이 일어나지 않는다.

(2) 채무자의 변경에 의하여 채권자의 채권에 아무런 변화도 일어나지 않는다(동일성). 그러므로 신채무자는 구채무자가 가지던 모든 항변사유(예: 지급기의 유예)로써 채권자에 대항할 수 있다(제458조).

(3) 또한 새로운 「채무자」로서 인수인은 자기와 채권자 사이의 법률관계로부터 나오는 사유를 채권자에게 주장할 수 있다.[10]

(4) 반면 신채무자는 자기와 구채무자 사이의 법률관계로부터 나오는 항변사유로써 채권자에게 대항하지 못함은 당연하다. 또한 신채무자는 구채무자에 대한 채권으로 채권자의 채권과 상계할 수 없다.

[4269] 나. 부수적 권리

면책적 채무인수에 의하여 종래의 채무가 동일성을 가진 채 이전되는데, 종래의 채무를 담보하는 저당권 등이 「당연히」 소멸하는 것은 아니다. 경우를 나누어 살펴본다.

① 구채무자가 설정한 담보권(질권 · 저당권)은 채권자와 신채무자 사이의 계약에 의한 채무인수의 경우에 소멸하지만, 구채무자가 관여된 그 밖의 경우에는 소멸하지 않는다.

② 반면 제3자가 담보를 제공하였거나 보증을 섰던 경우에, 물상보증인이나 보증인의 지위가 채무인수에 의하여 악화될 위험이 있다. 장래의 구상채무자의 책임재산에 변동이 생겨 예상치 못한 불이익을 초래하게 되는 경우(특히 신채무자의 변제자력이 구채무자의 그것보다 열악한 경우)가 있을 수 있기 때문이다. 그래서 법은 물상보증인이나 보증인의 이익을 고려하여 물상보증인이 제공한 담보(질권 · 저당권)나 보증은 채무인수에 의하여 소멸한다고 규정한다(제459조 본문). 다만 보증인이나 물상보증인이 채무인수에 동의한 경우에, 그들은 신채무자를 위해서도 담보를 제공하거나 보증을 하려는 용의가 있다고 할 수 있기 때문에 소멸하지 않는다(같은 조 단서).

[참 고] 채무인수에 대한 동의는 인수인을 위하여 새로운 담보를 설정하도록 하는 의사표시가 아니라 기존의 담보를 인수인을 위하여 유지함에 대한 의사표시를 의미하므로, 물상보증인이 채무인수에 동의함으로써 소멸하지 않는 담보는 당연히 기존의 담보와 동일한 내용을 갖는다.[11] 따라서 근저당권에 관하여 채무인수를 원인으로 채무자를 교체하는 변경등기가 마쳐진 경우에, 특별한 사

---

9) 대판 1999.7.9. 99다12376.

10) A로부터 매매대금채무를 인수한 B가 그 지급을 구하는 채권자 C에 대하여 자기의 C에 대한 반대채권으로 상계할 수 있다.

11) 대판 1996.10.11. 96다27476.

정이 없는 한 그 근저당권은 당초 구채무자가 부담하다가 신채무자가 인수하게 된 채무만 담보하고, 신채무자가 다른 원인으로 부담하게 된 새로운 채무까지 담보하는 것으로 볼 수는 없다.[12]

Ⅳ. 병존적 채무인수와 이행인수 [4270]

1. 병존적 채무인수

(1) 넓은 의미의 채무인수로 채무자가 교체되는 면책적 채무인수 외에 채무자가 추가되는 병존적 채무인수(竝存的 債務引受. 중첩적 채무인수 또는 채무가입이라고도 한다)도 있는데, 구채무자가 채무로부터 해방됨이 없이 제3자(인수인)가 채무관계에 가입하여 종전의 채무자와 함께 동일내용의 채무를 부담하는 경우[13]를 말한다.[14]

(2) 면책적 채무인수와 달리 병존적 채무인수는 인수인의 일반재산이 책임재산으로 추가됨에 따라 채무를 담보하는 작용을 한다. 그리고 병존적 채무인수는 처분행위가 아니며 의무부담행위에 해당한다.

채무인수가 면책적인지 아니면 병존적인지에 따라 법률효과가 달라지는데,[15] 그 구별은 채무인수계약에 나타난 당사자의사의 해석문제이다.[16] 다만 어느 쪽인지 분명하지 않으면 채권자에게 유리한 병존적 채무인수로 추정할 것이다.[17] 면책적 채무인수의 효력이 생기기 위하여 채권자의 승낙이 있어야 할 뿐만 아니라 채무자의 교체에 따라 책임재산, 즉 채권의 실질적 가치에 변동을 초래하는 면책적 채무인수는 채권자의 이익에 반할 수 있기 때문이다.

(3) 병존적 채무인수가 행하여지는 모습으로 ① 채권자 · 채무자 · 인수인의 3자계약에 의하 [4271]
는 경우, ② 채권자와 인수인 사이의 계약에 의하는 경우, ③ 채무자와 인수인 사이의 계약에 의하는 경우가 있다. 그런데 ②의 경우에 면책적 채무인수와 달리 채무자의 의사에 반하더라도 문제되지 않으며,[18] ③의 경우에 제3자를 위한 계약에 해당하므로 채권자의 수익의 의사표시를 요하는데,[19] 채무자에 대한 채권을 상실시키는 효과가 있는 면책적 채무인수에서 채권자의 승낙을 계약의 효력발생요건으로 보아야 하는 것과는 달리, 이 경우 채권자의 수익의 의사표시는 그 계약의 성립요건이나 효력발생요건이 아니라 채권자가 인수인에 대하여 채권을 취득하기 위한 요건이다.[20]

(4) 병존적 채무인수에서 종래의 채무자는 채무를 면하지 못하고, 인수인이 채무자의 채무와

---

12) 대판 2000.12.26. 2000다56204.

13) 기존채무에 관하여 제3자가 어음이나 수표를 발행하는 경우에 관한 대판 1998.3.13. 97다52493 및 상법 제724조 소정의 직접청구권에 관한 대판 2010.10.28. 2010다53754 참조.

14) 대판 2009.2.26. 2008다76006: "어떤 금전지급채무에 관하여 제3자가 채무자를 위하여 채권자와 사이에 그 금전지급채무와 동일한 채무를 부담하기로 약정한 경우에 각 채무는 별개의 독립된 것으로서 병존한다고 하더라도 밀접한 관련공동성이 있으므로 그중 하나의 채무가 변제로 소멸되는 경우에는 특별한 사정이 없는 한 다른 채무도 그 목적을 달성하여 소멸한다고 보아야 한다."

15) 가령 승계집행문 부여에 관한 민사집행법 제31조 제1항의 승계인에 면책적 채무인수인은 포함되지만, 중첩적 채무인수인은 포함되지 않는다고 한 대결 2010.1.14. 2009그196 참조.

16) 대판 1998.11.24. 98다33765. 대판 2024.6.13. 2024다215542는 "어떠한 인수의 법적 성격이 문제되는 경우 이를 병존적 채무인수 또는 이행인수가 아니라 면책적 채무인수로 보는 데에는 엄격함과 신중함이 요구된다"고 하면서, 임대보증금반환채권의 회수가능성 등이 의문시되는 상황이라면 임차인의 어떠한 행위를 임대차보증금반환채무의 면책적 인수에 대한 묵시적 승낙의 의사표시에 해당한다고 쉽게 단정해서는 안 된다고 하였다.

17) 대판 2002.9.24. 2002다36228.

18) 대판 1988.11.22. 87다카1836.

19) 대판 1995.5.9. 94다47469 및 제539조 제2항 참조.

20) 대판 2013.9.13. 2011다56033 참조.

동일한 내용의 채무를 부담한다. 그런데 채무자의 채무와 인수인의 채무의 관계에 관하여 부진정연대채무로 보는 견해와 연대채무관계에 있다는 견해가 대립하는바, 채무자와 인수인 사이에 주관적 공동관계가 존재하는지에 따라 달라질 것이다.[21]

[4272] **2. 이행인수**

(1) 채무자(A)와 제3자(C) 사이의 계약에 의하여 성립하는 이행인수(履行引受)의 경우에 인수인 C는 A의 채권자(B)에 대한 채무를 이행할 의무를 —B에 대해서가 아니라— A에 대하여 부담한다. 따라서 A는 C에 대하여 B에게 이행할 것을 청구할 수 있고, A의 C에 대한 권리를 B가 대위행사할 수 있지만,[22] B는 C에게 그 이행을 청구할 수 없다. 한편 C의 이행이 있으면 A의 B에 대한 채무가 소멸하는데, 이는 「제3자의 변제」에 해당하고, C의 출재가 미리 A에 의하여 보상되지 않은 한 C는 A에 대하여 구상권을 가지며, 변제자대위에 의하여 B의 A에 대한 채권과 담보권이 변제할 정당한 이익 있는 C에게 이전된다.[23]

(2) 제3자를 위한 계약(특히 채무자와 인수인의 계약으로 체결되는 병존적 채무인수)과 이행인수의 구별은 "계약당사자에게 제3자 또는 채권자가 계약당사자 일방 또는 인수인에 대하여 직접 채권을 취득케 할 의사가 있는지 여부"에 달려있고, 구체적으로 계약체결의 동기, 경위 및 목적, 계약에서 당사자의 지위, 당사자 사이 및 당사자와 제3자 사이의 이해관계, 거래관행 등을 종합적으로 고려하여 그 의사를 해석해야 한다.[24]

[4273] (3) 부동산의 매수인이 매매목적물에 관한 저당권의 피담보채무 등을 인수하면서 그 채무액을 매매대금에서 공제하기로 하는 합의를 판례는 일단 이행인수로 본다.[25] 통상 이러한 합의에 채권자가 참여하지 않는데, 채무인수로 되기 위해서는 채권자의 승낙(면책적인 경우) 또는 수익의 의사표시(병존적인 경우)가 있어야 하기 때문이다. 매수인의 입장에서도 제364조의 저당권소멸청구권을 가지는 이행인수가 더 유리하다.

[4274] (4) 매매목적물에 설정된 저당권의 피담보채무를 매수인이 인수한 경우를 통하여 이행인수의 구체적 법률관계를 살펴본다.

① 특별한 사정이 없는 한 매수인은 매매대금에서 그 채무액을 공제한 나머지를 지급함으로써 잔금지급의무를 다했다고 보아야 한다.

인수채무의 불이행과 계약해제의 관계에 관하여 [2511] 참조.

[4275] ② 매수인은 제3취득자로서 —채무인수에서와 달리— 피담보채무를 변제하고 저당권의 소멸을 청구할 수 있다(제364조). 매수인이 인수한 부분을 이행하지 않음으로써 근저당권이 실행되

21) 대판 2009.8.20. 2009다32409: "중첩적 채무인수에서 인수인이 채무자의 부탁 없이 채권자와의 계약으로 채무를 인수하는 것은 매우 드문 일이므로 채무자와 인수인은 원칙적으로 주관적 공동관계가 있는 연대채무관계에 있고, 인수인이 채무자의 부탁을 받지 아니하여 주관적 공동관계가 없는 경우에는 부진정연대관계에 있는 것으로 보아야 한다."

22) 대판 2009.6.11. 2008다75072.

23) 대결 2012.7.16. 2009마461 참조.

24) 대판 1997.10.24. 97다28698: 부동산매매에서 매도인과 매수인이, 중도금 및 잔금은 매수인이 매도인의 채권자에게 직접 지급하기로 약정한 경우에, 그 약정은 매도인의 채권자로 하여금 매수인에 대하여 중도금 및 잔금에 대한 직접청구권을 행사할 권리를 취득케 하는 제3자를 위한 계약에 해당하고 동시에 매수인이 매도인의 제3자에 대한 채무를 인수하는 병존적 채무인수에도 해당한다고 본 사례.

25) 대판 1993.2.12. 92다23193 등. 다만 인수의 대상인 채무의 책임을 구성하는 권리관계도 함께 양도하거나 채무인수인이 채무부담에 상응하는 대가를 얻을 때에는 특별한 사정이 없는 한 이행인수가 아닌 병존적 채무인수로 보아야 한다는 대판 2008.3.13. 2007다54627 참조.

어 매수인이 취득한 소유권을 잃은 경우에, 매도인은 제576조 소정의 담보책임을 부담하지 않을 뿐만 아니라,[26] 위험부담과 관련하여 매도인의 소유권이전등기의무가 이행불능으로 된 것에 대해 매도인에게 과실이 있다고 볼 수 없다.[27] 한편 이행인수에서 구상 및 변제자대위[28]가 문제되지 않음은 당연하다.

③ "이행인수계약의 불이행으로 인한 손해배상의 범위는 원칙적으로 채무자가 채무의 내용에 따른 이행을 하지 않음으로써 생긴 통상의 손해를 한도로 한다. 매수인이 인수하기로 한 근저당권의 피담보채무를 변제하지 않아 원리금이 늘어났다면 그 원리금이 매수인의 이행인수계약 불이행으로 인한 통상의 손해액이 된다."[29]

제 4 관 계약당사자의 교체

1. 계약인수 [4276]

(1) 계약인수(契約引受)란 계약당사자로서의 지위의 승계, 즉 당사자 일방이 계약관계로부터 탈퇴하고 대신 제3자가 그 지위를 포괄적으로 승계함을 내용으로 하는 계약을 말한다. 계약인수는 탈퇴하는 계약당사자가 가지던 계약관계상 모든 권리·의무(채권과 채무 외에 해제권이나 취소권 등 계약당사자의 지위에 기한 것도 포함하여)를 계약인수인이 인수하는 점에서 신채무자가 어느 계약당사자의 특정한 채무를 인수할 뿐 그를 대신하여 계약관계의 당사자로 되지 않는 채무인수와 구별된다. 계약인수는 계약자유의 원칙에 기하여 인정되며, 그 예로 임차권의 양도(제629조 제1항)를 들 수 있다.[1]

[참 고] 계약당사자의 지위의 상속

㉠ 위임계약에서 당사자의 지위(제690조), 정기증여에서 증여자 또는 수증자의 지위(제560조) 등 개인적 신뢰를 기초로 하는 계속적 계약관계에서 당사자의 지위는 상속되지 않으며, 고용계약에서 사용자의 지위는 승계되지만 근로자의 지위는 승계되지 않는다. 그런데 이들 계속적 계약관계가 당사자 일방의 사망에 의하여 장래에 향하여 소멸한다는 점과 이들 관계로부터 발생한 개개의 채권·채무가 상속인에게 승계되는 것은 별개의 문제이다.

㉡ 그 밖의 경우에 계약상의 지위가 상속된다(주택임차권의 승계에 관한 주택임대차법 제9조도 참조). 예컨대 임대차에서 임대인의 지위나 임차인의 지위(즉 임차권)는 당연히 상속된다.[2] 그런데 계약상의 지위가 상속되는 경우에, 피상속인이 행한 또는 피상속인에 대한 사기나 강박, 피상속인의 악의 또는 과실 등도 상속인에게 승계되고, 그 결과로 발생하는 취소권, 추인권, 해제권 등의 형성권도 상속인에게 승계된다.

(2) 계약인수는 보통 양도인과 양수인 및 잔류당사자의 (동시적인) 합의에 의한 3면계약에 의하지만, 위 3인 중 2인의 합의와 나머지 1인의 동의 내지 승낙에 의할 수도 있는데,[3] 동의나 승 [4277]

---

26) 대판 2002.9.4. 2002다11151.
27) 대판 2008.8.21. 2007다8464·8471.
28) 대결 2012.7.16. 2009마461 참조.
29) 대판 2021.11.25. 2020다294516.
1) 다수설은 임차권의 양도를 처분행위, 즉 채권의 양도로 봄에 관하여 [2640] 참조.
2) 대판 1966.9.20. 66다1203.
3) 대판 1987.9.8. 85다카733·734; 대판 1992.3.13. 91다32534.

낙이 묵시적으로 행하여질 수 있다. 탈퇴에 따라 계약상의 지위를 잃는 양도인도 이해관계인이므로 채무인수에서와 달리 그의 의사관여도 필요하다.[4)]

[참 고] 대판 2020.12.10. 2020다245958은 "계약인수는 […] 계약당사자 3인의 관여에 의해 비로소 효력을 발생하는 반면, 개별채권의 양도는 채권양도인과 양수인 2인만의 관여로 성립하고 효력을 발생하는 등 양자가 법적인 성질과 요건을 달리하므로, 채무자 보호를 위해 개별채권 양도에서 요구되는 대항요건은 계약인수에서는 별도로 요구되지 않는다. 그리고 이러한 법리는 상법상 영업양도에 수반된 계약인수에 대해서도 마찬가지로 적용된다"고 하였다.

반면 대판 2017.1.25. 2014다52933은 "임대차보증금반환채권을 양도하는 경우에 확정일자 있는 증서로 이를 채무자에게 통지하거나 채무자가 확정일자 있는 증서로 이를 승낙하지 아니한 이상 양도로써 채무자 이외의 제3자에게 대항할 수 없으며(민법 제450조 참조), 이러한 법리는 임대차계약상의 지위를 양도하는 등 임대차계약상의 권리의무를 포괄적으로 양도하는 경우에 권리의무의 내용을 이루고 있는 임대차보증금반환채권의 양도부분에 관하여도 마찬가지로 적용된다. 따라서 위 경우에 기존임차인과 새로운 임차인 및 임대인 사이에 임대차계약상의 지위 양도 등 권리의무의 포괄적 양도에 관한 계약이 확정일자 있는 증서에 의하여 체결되거나, 임대차보증금반환채권의 양도에 대한 통지·승낙이 확정일자 있는 증서에 의하여 이루어지는 등의 절차를 거치지 아니하는 한, 기존의 임대차계약에 따른 임대차보증금반환채권에 대하여 채권가압류명령, 채권압류 및 추심명령 등을 받은 채권자 등 임대차보증금반환채권에 관하여 양수인의 지위와 양립할 수 없는 법률상의 지위를 취득한 제3자에 대하여는 임대차계약상의 지위 양도 등 권리의무의 포괄적 양도에 포함된 임대차보증금반환채권의 양도로써 대항할 수 없다"고 하였는데, 2020다245958 판결의 태도에 비추어 검토를 요한다.

그런데 계약인수 여부가 다투어지는 경우에, 그것이 계약주체의 변동을 초래하는 등 당사자 사이의 법률상 지위에 중대한 영향을 미치는 법률행위인 점을 고려하여, 계약의 성질, 당사자의 거래동기와 경위, 거래형식 및 내용, 당사자가 그 거래행위에 의하여 달성하려는 목적, 거래관행 등에 비추어 신중하게 판단해야 한다.[5)] 한편 당사자들 중 1인이 착오나 사기를 이유로 자기의 의사표시를 취소하려면, 다른 두 당사자 모두에 대하여 취소의 의사표시를 해야 한다.

[4278] (3) 계약인수가 적법하게 이루어지면, 원래의 계약당사자는 계약관계에서 탈퇴하고 인수인이 계약당사자의 지위[6)]를 가지며,[7)] 계약인수 후에는 특별한 사정이 없는 한 잔류당사자와 원래의

4) 임대인지위의 양도에서는 이와 다소 다르다. 즉 대결 1998.9.2. 98마100은, 임대차계약에서 임대인의 지위의 양도는 임대인의 의무의 이전을 수반하지만, 임대인의 의무는 임대인이 누구인지에 의하여 이행방법이 특별히 달라지지 않고 목적물소유자의 지위에서 거의 완전히 이행할 수 있으며 임차인의 입장에서 보아도 신소유자에게 그 의무의 승계를 인정하는 것이 오히려 임차인에게 훨씬 유리할 수도 있으므로 임대인과 신소유자와의 계약만으로써 그 지위의 양도를 할 수 있으나, 이 경우에 임차인이 원하지 않으면 임대차의 승계를 임차인에게 강요할 수는 없어서 스스로 임대차를 종료시킬 수 있어야 한다는 공평의 원칙 및 신의성실의 원칙에 따라 임차인이 곧 이의를 제기함으로써 승계되는 임대차관계의 구속을 면할 수 있고, 임대인과의 임대차관계도 해지할 수 있다고 하였다.

5) 대판 2012.6.28. 2010다54535·54542. 특히 대판 2012.5.24. 2009다88303은 "계약당사자로서 지위 승계를 목적으로 하는 계약인수는 계약으로부터 발생하는 채권·채무 이전 외에 계약관계로부터 생기는 해제권 등 포괄적 권리의무의 양도를 포함하는 것으로서, 계약인수가 적법하게 이루어지면 양도인은 계약관계에서 탈퇴하게 되고, 계약인수 후에는 양도인의 면책을 유보하였다는 등 특별한 사정이 없는 한 잔류당사자와 양도인 사이에는 계약관계가 존재하지 않게 되며 그에 따른 채권채무관계도 소멸하지만, 이러한 계약인수는 양도인과 양수인 및 잔류당사자의 합의에 의한 삼면계약으로 이루어지는 것이 통상적이며 관계당사자 3인 중 2인의 합의가 선행된 경우에는 나머지 당사자가 이를 동의 내지 승낙하여야 그 효력이 생긴다"고 하면서도 "계약에서 채무자가 변경될 경우에 채권자의 승낙을 얻도록 함으로써 채권자가 불이익을 입지 않도록 하려는 민법 제454조의 규정과 계약인수의 해석론에 비추어 보면, 통상 변제자력이 더 풍부한 지방자치단체가 계약관계에서 발생된 채무에 관하여 채권자의 승낙을 받지 않고 일방적으로 조례 제정을 통하여 지방공사에 면책적으로 인수시킬 수 있다고 보는 것은 부당하고, 지방자치단체에 대하여 민법 제454조의 적용을 배제할 만한 합리적인 이유를 찾을 수 없다"고 하였다(시영아파트를 건축·분양한 지방자치단체(A)가 조례를 제정하여 지방공사(B)를 설립한 후 분양계약에 관한 사무 내지 분양계약당사자의 지위를 포괄하여 인수시켰는데 수분양자들이 A를 상대로 아파트에 관한 하자담보책임을 구한 사안에서, A가 조례규정에 기초하여 B에 분양계약에 관한 사무 내지 분양계약당사자의 지위를 포괄하여 인수시키고 하자담보책임을 비롯한 분양자의 권리의무를 승계시켰더라도 채권자인 수분양자들의 승낙 없이는 하자담보책임을 면할 수 없다고 한 사례).

6) 계약에 기한 채권이나 채무뿐만 아니라 계약관계에 기한 취소권이나 해제권 등도 포함하는 포괄적인 지위.

계약당사자 사이에 계약관계가 존재하지 않고 그에 따른 채권채무관계도 소멸한다.

한편 이미 발생한 「계약상」 채무[8]의 승계에 관하여 대판(전) 2011.6.23. 2007다63089 · 63096은 "계약당사자 중 일방이 상대방 및 제3자와 3면계약을 체결하거나 상대방의 승낙을 얻어 계약상 당사자로서의 지위를 포괄적으로 제3자에게 이전하는 경우 이를 양수한 제3자는 양도인의 계약상 지위를 승계함으로써 종래 계약에서 이미 발생한 채권 · 채무도 모두 이전받게 된다"고 하였는데, 이 판지가 기본값이겠지만 결국은 개개의 사안에서 의사해석이 문제되고, 특히 계속적 채권관계와 관련하여 의문이 없지 않다.[9]

2. 계약가입 [4279]

계약인수가 병존적으로 행하여질 수도 있다. 즉 종래의 당사자가 계약관계에서 벗어나지 않고 가입자와 더불어 당사자의 지위를 가지는 경우를 계약가입(契約加入)이라고 하는데, 계약자유의 원칙에 비추어 그 유효성을 부정할 이유가 없다.[10] 그런데 병존적 채무인수와 달리 계약가입은 3자계약으로 행하여지거나 적어도 상대방의 승낙이 있어야 한다.

---

7) 대판 2015.5.14. 2012다41359: "계약당사자로서의 지위 승계를 목적으로 하는 계약인수의 경우에는 양도인이 계약관계에서 탈퇴하는 까닭에 양도인과 상대방당사자 사이의 계약관계가 소멸하지만, 양도인이 계약관계에 기하여 가지던 권리의무가 동일성을 유지한 채 양수인에게 그대로 승계된다. 따라서 양도인의 제3채무자에 대한 채권이 압류된 후 채권의 발생원인인 계약의 당사자지위를 이전하는 계약인수가 이루어진 경우 양수인은 압류에 의하여 권리가 제한된 상태의 채권을 이전받게 되므로, 제3채무자는 계약인수에 의하여 그와 양도인 사이의 계약관계가 소멸하였음을 내세워 압류채권자에 대항할 수 없다."

8) 비계약상 채무에 관하여 대판 2015.7.23. 2012다15336 · 15343 · 15350 · 15367 · 15374 · 15381 · 15398 · 5404: "계약상 지위의 양도에 의하여 계약당사자로서의 지위가 제3자에게 이전되는 경우 계약상 지위를 전제로 한 권리관계만이 이전될 뿐 불법행위에 기한 손해배상청구권은 별도의 채권양도절차 없이 제3자에게 당연히 이전되는 것이 아니"다(허위 · 과장광고를 그대로 믿고 허위 · 과장광고로 높아진 가격에 수분양자지위를 양수하는 등으로 양수인이 수분양자지위를 양도받으면서 허위 · 과장광고로 인한 손해를 입었다는 등의 특별한 사정이 있는 경우에만 양수인이 손해배상청구권을 행사할 수 있다고 한 사례).

9) 가령 임대차계약상 임대인지위의 승계(특히 주택임대차법 제3조 제2항, 상가임대차법 제3조 제4항 등에 따른 법정계약인수의 경우)와 관련하여 연체차임 등은 ―승계에 관한 별도의 약정이 없는 한― 연체 당시의 당사자들(용익을 주고 그 대가를 받는 주체로서) 사이에서 해결되어야 한다(임대인지위를 승계한 양수인이 승계 이전의 차임연체를 이유로 임대차계약을 해지할 수 없다고 한 대판 2008.10.9. 2008다3022도 참조).

10) 대판 1996.9.24. 96다25548.

CHAPTER 5

물 권 법

제 1 장 물권법 서론

제 1 절 총 설

Ⅰ. 서 론 [5001]

1. 물권의 의의

(1) 물권(物權)은 특정의 물건을 직접 지배하여 이익을 누릴 수 있는 권리이다. 지배권으로서 물권의 내용에 관해서는 [1029] 이하에서 살펴보았으므로, 여기서는 정리만 한다.

① 물권은 다른 이의 매개 없이 물건을 직접 지배하여 이익을 누릴 수 있는 권리이다(지배권).

② 1개의 물건에 관하여 양립할 수 없는 수개의 물권이 성립할 수 없으며(배타성), 물권자는 누구에 대해서도 자기의 권리를 주장할 수 있고 누구의 침해로부터도 물권이 보호된다(절대권).

(2) 1개의 물건에 관하여 양립할 수 없는 수개의 물권이 충돌하는 경우에 그 우열은 우선적 효력과 같은 외부적 질서에 따라 객관적으로 결정되어야 한다.[1] 절대권으로서 물권의 배타성은 이러한 요청에 기한 것이고, 나아가 물권의 현상(존재 및 내용)을 외부에서 인식할 수 있도록 하기 위하여 물권의 내용이 법정되고, 「공시」가 요청된다.

2. 물권법의 의의 [5002]

가. 개 념

우리 사회에서 시민 각자에게 권리주체로서 독립 · 대등한 지위가 주어지고(헌법 제10조 전문 참조), 재화에 대한 사적 지배와 그것의 자유로운 교환이 법적으로 보장된다. 이러한 사회에서 사법의 역할은 시장경제질서(헌법 제119조)에 부합하는 재화 및 용역의 지배 · 이용 · 교환관계를 실현하고 보호함에 있다. 그리고 사유재산제에 터 잡아 각종 재화에 대한 배타적인 지배 · 이용관계를 규율하는 사법의 부분을 물권법(物權法)이라 하는데, 실질적 의미의 물권법은 사유재산제(헌법 제23조 제1항) 하에서 물건 등에 대한 지배관계를 다룬다.

나. 물권법의 특질 [5003]

(1) 특정인 사이의 상대적 관계를 규율하는 채권법의 규정이 기본적으로 임의규정인 반면, 특정의 물건에 대한 지배관계를 규율하는 물권법은 물권의 제3자효 때문에 대부분 강행규정으로 구성된다. 물론 물권법에서도 소유권의 양도나 제한물권의 설정 등은 소유자의 의사에 맡겨지므로 법률행위로 인한 물권변동이 여전히 중요하지만, 물권의 배타성에 따른 공시의 요청 때문에 물권의 종류와 내용이 정형화되어 있다.

---

1) 채권이 경합하는 경우에 그 실현(이행) 여부가 채무자에 좌우되는 것과 극명하게 대비된다.

(2) 흔히 재화의 이동에 관한 법률관계를 규율하는 채권법이 보편성을 가지는 반면, 재화에 대한 지배관계를 규율하는 물권법에서는 고유법의 색채가 강하다고 한다. 그러나 물권법규정 대부분이 유럽대륙의 그것을 계승한 점에 비추어, 물권법의 고유성이라는 특질이 —전세권 등 일부의 예외를 제외한다면— 우리 민법에도 타당한지에 대하여 의문이 없지 않다.

[5004] Ⅱ. 물권법정주의

1. 서 설

물권의 배타성은 다른 이의 침해에 대한 배제가능성을 의미하고, 물권적 청구권의 형태로 나타난다. 달리 말하면, 물권은 권리자를 제외한 다른 모든 이에게 불가침의무(不可侵義務)를 지운다. 이 때문에 어떤 물건에 관하여 누가 어떤 내용의 물권을 가지는지를 확인할 수 없다면, 그 물건에 대하여 이해관계를 맺으려는 이가 예기치 않은 손해를 입을 수 있다. 그래서 이해관계인이 그러한 사정을 확인할 수 있도록 하는 공시(公示)가 필요하고, 공시가 본연의 기능을 다하려면 물권의 종류와 내용을 법으로 정할 필요가 있는바, 이를 물권법정주의(物權法定主義)라 한다.

그런데 물권법정주의를 엄격하게 적용하면 사회변화에 따른 새로운 수요(예컨대 유동집합물에 담보를 설정할 필요)에 탄력적으로 대처할 수 없는데, 사회변화를 반영하는 관습법이 이를 보충하지만, 관습법마저 없다면 특별법을 제정하여 이에 대처해야 한다.

[5005] 2. 민법 제185조

(1) 물권법정주의를 규정하는 제185조에 따라 법률이나 관습법에 의하여 인정되는 종류의 물권만 성립할 수 있고, 그것도 법률이나 관습법이 정하는 내용대로의 효력만 인정된다. 바꾸어 말하면 법률이나 관습법이 인정하지 않는 종류의 물권을 창설할 수 없고, 법률이나 관습법이 정하는 물권에 대해서도 그에 정해진 것과 다른 내용을 부여할 수 없다.[2] 요컨대 물권관계의 당사자들은 법률이나 관습법이 정하는 종류의 물권을, 그것도 정해진 내용대로 「선택」할 수 있을 뿐인데, 이를 유형강제(類型强制)라 한다.[3]

(2) 제185조의 "법률"은 국회에서 제정된 형식적 의미의 법률을 의미한다. 민법은 8종류의 물권을 규정하는데, 그 밖에 상법(제58조, 제777조 등), 가등기담보법, 동산채권담보법도 물권에 관하여 규정한다.

[5006] (3) 제185조는 관습법(慣習法)에 의한 물권의 창설을 허용한다.

① 관습법에 의한 물권의 인정은 서구법의 계수에 따른 법률과 우리 고유의 전통 사이의 괴리를 메우는 수단일 뿐만 아니라, 사회변화에 따라 새로 발생하는 물권적 권리를 법체계에 수용하는 통로로 기능할 수도 있다. 관습법상의 물권이 인정되는 경우에도 공시방법을 갖추어야 하는데, 관습법상의 공시방법으로 충분하다.

② 관습법의 지위에 관하여 보충적 효력설과 대등적=변경적 효력설이 대립하는바, 물권법

---

2) 대판 2014.3.13. 2009다105215: "소유자에게 소유권의 핵심적 내용에 속하는 처분권능이 없다고 하면(민법 제211조 참조), 이는 결국 민법이 알지 못하는 새로운 유형의 소유권 내지 물권을 창출하는 것으로서, 객체에 대한 전면적 지배권인 소유권을 핵심으로 하여 구축되어 있고 또한 물권의 존재 및 내용에 관하여 일정한 공시수단을 요구하는 물권법의 체계를 현저히 교란하게 된다."

3) 물권법에서 사적자치가 제한된다고 함은 바로 유형강제 때문에 내용형성의 자유가 제한됨을 비유적으로 표현한 것이다.

의 법원으로서 법률과 관습법의 관계는 제1조에 규정된 보충적 효력의 범위 안에서 정립되어야 한다. 즉 제185조를 제1조의 특칙으로 이해해서는 안 된다. 따라서 민법 기타 법률에 규정이 없는 물권의 종류 및 내용만이 관습법에 의하여 성립할 수 있다.

③ 판례에 의하여 관습상의 물권으로 인정된 예로 관습상의 법정지상권, 분묘기지권, 관습상의 공시방법으로서 명인방법 등.[4)]

3. 위반의 효과 [5007]

제185조는 강행규정이므로, 이를 위반하는 법률행위는 무효이다. 따라서 당사자들이 합의에 의하여 법률이나 관습법이 정하지 않는 종류 또는 내용의 물권을 창설하더라도 물권으로서의 효력을 가지지 않는다. 즉 그 권리를 제3자에게 주장할 수 없다.[5)]

[참 고] 독점적 · 배타적 사용 · 수익권 포기의 법리

㉠ 어느 사유지가 자연발생적으로 또는 도로예정지로 편입되어 사실상 일반 공중의 교통에 공용되는 도로로 사용되는 경우에, 토지소유자가 사후적으로 그 사용이득의 반환을 구함에 대하여 판례는 대체로 「독점적 · 배타적 사용 · 수익권의 포기」의 법리를 들어 청구를 배척하는데,[6)] 토지소유자의 수인의무의 근거를 금반언이나 신뢰보호 등 신의성실의 원칙에서 찾는다.[7)]

㉡ 이 법리의 유효범위를 밝힌 대판(전) 2019.1.24. 2016다264556의 다수의견을 정리하면 다음과 같다: ⓐ 토지소유자의 독점적이고 배타적인 사용 · 수익권 행사의 제한 여부를 판단하기 위해서는 토지소유자의 소유권 보장과 공공의 이익을 비교형량해야 한다. ⓑ 소유자(E)가 그 소유의 토지(甲)에 대한 독점적 · 배타적인 사용 · 수익권을 포기한 것으로 볼 수 있다면, 타인(D)이 甲을 점유 · 사용하더라도 특별한 사정이 없는 한 E는 D를 상대로 부당이득반환을 청구할 수 없고, 甲의 인도 등을 구할 수도 없다. ⓒ 소유권의 핵심적 권능에 속하는 사용 · 수익권능의 대세적 · 영구적 포기는 물권법정주의에 반하여 허용할 수 없으므로, 일반 공중의 무상이용이라는 토지이용현황과 양립 또는 병존하기 어려운 E의 독점적이고 배타적인 사용 · 수익이 제한될 뿐이고, E는 일반 공중의 통행 등 이용을 방해하지 않는 범위 내에서는 甲을 처분하거나 사용 · 수익할 권능을 상실하지 않는다. ⓓ E의 독점적 · 배타적인 사용 · 수익권 행사가 제한되더라도 특별한 사정이 있다면 특정승계인(상속인 등 포괄승계인은 제외하고)의 독점적 · 배타적인 사용 · 수익권 행사가 허용될 수 있지만, E의 독점적 · 배타적인 사용 · 수익권의 행사가 제한되는 甲의 소유권을 경매, 매매, 대물변제 등에 의하여 특정승계한 이(U)는 특별한 사정이 없는 한 사용 · 수익의 제한이라는 부담이 있다는 사정을 용인하거나 적어도 그러한 사정이 있음을 알고서 甲의 소유권을 취득하였다고 볼 것이므로, U는 甲에 대하여 독점적 · 배타적인 사용 · 수익권을 행사할 수 없다. ⓔ E의 독점적 · 배타적인 사용 · 수익권의 행사가 제한되더라도, 그 후 토지이용상태에 중대한 변화가 생기는 등으로 독점적 · 배타적인 사용 · 수익권의 행사를 제한하는 기초가 된 객관적인 사정이 현저히 변경되고, E가 일반 공중의 사용을 위하여 甲을 제공할 당시 이러한 변화를 예견할 수 없었으며, 사용 · 수익권 행사가 계속하여 제

4) 양도담보 등 권리이전(예약)형 담보도, 기존의 「형식」이 유지된다는 점에서 관습상의 물권이 아니라고 할 수 있는 반면, 그 형식에 담긴 새로운 「내용」을 강조한다면 관습상의 물권으로 볼 수도 있다.

5) 이런 합의의 채권적 효력까지 부정하는 입장도 있으나, 「물권」으로서의 효력이 발생하지 않는다고 하면 충분하고 합의의 효력이 당사자들 사이에서조차 발생하지 않는다고까지 할 필요는 없다. 인역권에 관한 [5383] 참조.
한편 저당권자가 용익권도 가진다고 합의한 경우에 용익권 없는 본래의 저당권이 설정된 것으로 보거나 사용대차가 함께 성립한 것으로 볼 여지도 있고, 무상의 전세권을 설정하기로 합의하였다면 무효행위의 전환법리(제138조)에 따라 지상권이 설정된 것으로 볼 수 있다.

6) 대판 2017.6.19. 2017다211528 · 211535; 대판 2006.5.12. 2005다31736; 대판 1993.5.14. 93다2315 등.
참고로 대판 2021.10.14. 2021다242154: "어떤 토지가 개설경위를 불문하고 일반 공중의 통행에 공용되는 도로, 즉 공로가 되면 그 부지의 소유권 행사는 제약을 받게 되며, 이는 소유자가 수인하여야만 하는 재산권의 사회적 제약에 해당한다."

7) 대판 2013.8.22. 2012다54133 참조.

한된다고 보는 것이 당사자의 이해에 중대한 불균형을 초래하는 경우에, E는 그러한 사정변경이 발생한 때부터 다시 사용·수익권능을 포함한 완전한 소유권에 기한 권리를 주장할 수 있다.

[5008] Ⅲ. 물권의 일반적 효력

1. 서 설

(1) 물권자는 특정의 물건을 직접(다른 이의 매개 없이) 지배할 수 있으므로, 권리의 객체인 물건에 대한 (직접지배)관계는 법적으로 특별히 문제될 것이 없다. 따라서 물권의 일반적 효력으로서 다루어져야 하는 것은 제3자에 대한 관계이다.

(2) 제3자에 대한 관계에서 물권자는 누구에게도 자기의 권리를 주장할 수 있고 누구의 침해로부터도 물권이 보호되는데, 이로부터 물권의 우선적 효력과 물권적 청구권이 나온다.[8)]

[5009] 2. 우선적 효력

(1) 우선적 효력(優先的 效力)이란, 하나의 물건 위에 여러 개의 권리가 경합하는 경우에, 어느 권리가 다른 권리에 우선하는 효력을 말한다.

(2) 어떤 물건에 관하여 물권과 채권이 대립하는 경우에, 물권이 나중에 성립했더라도 채권에 우선한다.[9)]

① 물권이 채권에 우선하는 이유는, 물권은 객체인 물건에 대한 직접적 효력을 가지는 반면, 채권은 채무자를 통한 간접적 효력을 가질 뿐이기 때문이다.[10)]

② 물권의 채권에 대한 우선적 효력은 파산이나 강제집행의 경우에 현저하다. 즉 물건의 점유자가 파산하거나 강제집행을 받는 경우에, 소유자는 환취권을 행사하거나 제3자이의의 소(민사집행법 제48조. [4144] 참조)를 제기할 수 있고, 담보권자는 별제권 또는 회생담보권을 행사할 수 있다.

보 론 채무자회생법과 물권의 우선적 효력

㉠ 파산선고 당시에 채무자가 가진 모든 재산과 파산선고 전에 생긴 원인으로 장래에 행사할 청구권은 파산재단에 속한다(채무자회생법 제382조). 그런데 파산관재인이 현실로 지배하는 파산채무자의 재산 중에 채무자에게 속하지 않는 재산이 혼입되어 있는 경우에, 해당 재산에 대하여 권리를 주장하는 제3자가 파산재단으로부터 이를 되찾는 것이 허용되는데(제407조. 제70조도 참조), 이를 환취권(還取權)이라 한다. 소유권, 지식재산권, 용익물권 등이 환취권의 기초로 된다.

㉡ 저당권 등 담보권을 가진 이는 채무자회생법 제424조의 예외로서 파산절차 밖에서 특별재산에 대한 권리를 행사하여 우선적으로 변제받을 수 있는데(같은 법 제411조), 이를 별제권(別除權)이라 한다. 별제권은 파산절차의 영향을 받지 않는다는 점에서 환취권과 같지만, 특별재산이 파산재단에 속함을 전제로 그 금전적 가치를 우선적으로 파악할 수 있다는 점에서 특정한 재산 자체를 파산재단으로부터 되찾는 권리인 환취권과 다르다. 회생담보권(回生擔保權. 제141조)도 회생절차 내에서이지만 우선적으로 변제받을 수 있다는 점에서 본질적으로 다르지 않다. 별제권이나 회생담보권의 기초

---

8) 물권의 일반적 효력으로 추급효(追及效)를 들기도 하는데, 추급효는 제3취득자에 대하여 물건을 되찾아올 수 있는 효력으로 우선적 효력과 물권적 청구권의 발현형태라 할 것이다.

9) B 소유의 토지에 관하여 C가 임차권(대항력 없는)을 가지더라도, 나중에 A가 그 토지를 양수하면 C는 A에 대하여 임차권을 주장하지 못한다: 「매매는 임대차를 깨뜨린다」.

10) 그 효력, 즉 실현 여부가 채무자에 좌우되는 채권 상호간에는 우선적 효력이 인정되지 않는다.

가 되는 권리로 담보물권이 대표적이지만, 가등기담보권, 동산채권담보권, 양도담보권, 유보된 소유권 등도 이에 속한다.

③ 이에 대하여 예외가 인정된다.[11] ⓐ 우선 법정책적으로 근로자의 임금 등의 채권(근로기준법 제38조 제2항, 퇴직급여법 제12조), 보증금 중 일정액에 관한 소액임차인의 채권(주택임대차법 제8조, 상가임대차법 제14조), 조세채권(국세기본법 제35조 제1항 제3호, 지방세기본법 제71조 제1항 제3호) 등에 대하여 —성립의 선후와 무관한— 법률상 특수한 순위가 인정된다. ⓑ 나아가 부동산물권변동을 목적으로 하는 청구권이 가등기된 경우(부동산등기법 제88조), 부동산임차권이 등기된 경우(제621조), 주택임차권이나 상가임차권이 대항요건을 갖춘 경우(주택임대차법 제3조, 제3조의2, 상가임대차법 제3조) 등에서는 채권이 먼저 성립하였다면 그보다 나중에 성립한 물권에 우선하는 효력을 가진다.

(3) 1개의 물건에 관하여 양립할 수 없는 수개의 물권이 경합하는 경우에 그들 사이에 우열을 정해야 하는데, 배타적 효력에 따라 먼저 성립한 물권이 우선한다.[12] 다만 [5010]

① 전세권과 저당권처럼 종류가 다른 수개의 물권이 1개의 물건 위에 동시에 성립할 수 있으며, 1개의 물건 위에 수개의 저당권이 성립할 수 있는데, 이러한 경우에도 그들 상호간에는 먼저 성립한 권리가 우선한다.[13]

② 물권 상호간의 우선적 효력은 물권의 배타성에 기한 것이므로, 배타성 없는 점유권은 우선적 효력을 가지지 않는다. 그리고 소유권과 제한물권 사이에서 성질상 제한물권이 우선한다. 나아가 상법상의 각종 우선특권(상법 제468조, 제777조)에 대해서도 예외가 인정된다.

3. 물권적 청구권 [5011]

가. 의의 및 종류

(1) 절대권으로서 물권은 권리자를 제외한 나머지 모든 이에게 불가침의무를 지운다. 따라서 누군가 타인의 물권을 침해하면 그 자체로 위법성 및 과실이 추정되어 불법행위가 성립할 수 있다([3030] 참조). 그런데 손해배상은 과거의 침해를 전보하는 것으로, 현재(부터)의 침해를 제거하지는 못한다.

(2) 물권의 실현이 방해받는 경우에, 물권자가 물권을 실현하기 위해서는 그 방해가 제거되어야 한다. 이를 위해 물권의 효력으로 물권자에게 주어지는 보호수단이 물권적 청구권(物權的 請求權)인데, 방해의 원인을 지배하는 이에 대하여 방해의 제거 또는 예방에 필요한 행위 등 물권내용의 실현을 가능하게 하는 행위(작위 또는 부작위)를 청구할 수 있다. 바꾸어 말하면, 물권의 침해라는 객관적 상태를 제거(또는 예방)함으로써 「규범적으로 정당한」 지배상태를 회복(또는 유지)하기 위한 법적 수단이 물권적 청구권이다.[14]

(3) 방해의 모습에 따라 물권적 청구권은 다음과 같이 나뉜다.[15] [5012]

11) 이들 예외에서 —등기된 경우를 제외하고— 우선변제를 받으려면 먼저 매각허가결정 선고시까지 권리를 신고하고(민사집행법 제90조 제4호 참조) 나아가 배당요구의 종기까지 배당요구를 해야 한다(같은 법 제148조 제2호).

12) 이 점에서 채권자평등의 원칙이 작동하는 채권법과 현저히 다르다.

13) 전세권보다 나중에 설정된 저당권이 실행되더라도 전세권은 소멸하지 않고 매수인의 소유로 된 부동산 위에 존속하지만, 저당권보다 나중에 설정된 전세권은 저당권이 실행되면 소멸한다(민사집행법 제268조, 제91조 제3항). 목적물의 교환가치를 파악하는 저당권 상호간에도 선순위저당권자가 우선변제를 받은 후 남은 것이 있어야 후순위저당권자가 변제받을 수 있다.

14) 제3자이의의 소나 환취권은 물권적 청구권이 절차법적으로 구현된 것이다.

① 반환청구권은, 타인이 권원 없이 물권의 목적물을 점유하는 경우에, 점유를 회복하기 위하여 그 물건을 돌려달라고 청구하는 권리이다(제213조, 제204조).

② 방해제거청구권은, 점유침탈 외의 형태로 물권의 실현이 방해받는 경우에, 그 방해의 제거를 청구하는 권리이다(제214조, 제205조).[16]

③ 방해예방청구권은, 현재 물권의 실현이 방해받지는 않지만 장래 방해가 생길 염려가 있는 경우에, 그 예방을 청구하는 권리이다(제214조, 제206조).[17]

(4) 물권적 청구권은 그 기초되는 물권이 무엇인지에 따라 점유권(占有權)에 기한 것(현상태의 안정을 목표로 하는)과 본권(本權)에 기한 것(있어야 할 질서로의 안정을 목표로 하는)으로 나뉘는데, 양 청구권은 경합할 수 있다.

한편 민법은 본권에 기한 물권적 청구권을 소유권과 관련하여 제213조, 제214조에 규정한 후 이를 다른 물권에 준용한다(제290조, 제301조, 제319조, 제370조 참조).[18]

[5013] **나. 물권적 청구권의 일반적 요건**

(1) 청구권자는 방해받거나 방해받을 염려가 있는 물권을 현재(재판상 청구에서는 사실심 변론종결시에) 가져야 하고, 소유권을 상실한 전 소유자는 물권적 청구권을 행사할 수 없다.[19]

(2) 물권 실현에 대한 방해원인을 현재 자기의 사회적 지배범위 안에 둔 이가 청구의 상대방이다.[20]

(3) 객관적으로 물권내용의 실현을 방해하거나 방해할 염려가 있어야 한다. 여기서 「방해」는 현재에도 지속되는 침해를 의미한다는 점에서 과거에 일어나서 이미 종결된 법익침해를 뜻하는 「손해」와 다르다([5307] 참조).

(4) 상대방의 귀책사유를 요하지 않으며, 점유할 권리(제213조 단서) 등 침해를 정당화하는 사유가 있는 경우에 물권적 청구가 허용되지 않음은 당연하다.

[5014] **다. 물권적 청구권의 일반적 내용**

(1) 물권적 청구권은 물권에 의존한다는 점에서 물권적 성질을, 특정인에 대한 청구권이라는 점에서 채권적 성질을 가진다.

① 여기서 「물권적」이란 권리행사의 상대방에 관한 것으로, 「물권 실현의 방해원인을 지배하는 이라면 누구이든 가리지 않고」 그에 대하여 방해의 제거(또는 예방)를 구할 수 있음을 의미한다.[21] 그리고 양도성을 가지지만 물권에 부종하며, 채권적 청구권에 우선한다(채무자회생법 제70조, 제407조, 제411조 참조).[22]

---

15) 방해의 모습에 따라 반환청구권과 방해제거청구권이 동시에 발생할 수도 있는 반면, 저당권에서는 그 성질상 반환청구권이 인정되지 않는다.

16) 예: 피담보채무가 소멸하였음에도 남아 있는 선순위저당권등기의 말소청구.

17) 예: 저당권의 실행을 방해할 우려가 있는 용익권의 배제청구. [5434] 참조.

18) 배타성이 없는 유치권에 물권적 청구권이 인정될 여지가 없고, 저당권에는 그 성질상 제213조가 준용되지 않으며, 질권에 준용규정이 없다는 점은 질권과 관련하여 살피기로 한다.

19) 대판(전) 1969.5.27. 68다725; 대판 1980.9.9. 80다7. 다만 [5018]도 참조.

20) 불법점유자라도 그 물건을 다른 이에게 인도하여 현실적으로 점유를 하지 않는다면 그를 상대로 한 인도청구는 부당하다(대판 1999.7.9. 98다9045).

21) 이 점에서 계약에 기한 권리는 계약상대방에 대해서만 행사할 수 있고, 상대방 아닌 이의 방해가 있더라도 그에 대하여 방해의 배제를 구할 수 없다는 점(상대효. [4025] 참조)과 대비된다.

22) 기판력의 인적 범위에 관한 변론종결 뒤의 승계인과 관련해서도 채권적 청구권과 다른 취급을 받음에 관하여 [5299] 참조.

② 한편 권리의 내용에서 물권의 실현에 대한 방해원인을 현재 자기의 사회적 지배범위 안에 둔 특정인에 대한 청구권이므로, 채권법의 규정들이 그에 적용된다.[23)]

(2) 본권에 기한 물권적 청구권이 물권으로부터 독립하여 소멸시효에 걸리는지에 관하여 견해가 나뉘는데, 종된 권리로서 물권적 청구권은 그 기초인 물권과 별개로 소멸시효의 대상으로 될 수는 없다고 해야 한다. 즉 본권인 물권이 존재함에도 물권적 청구권만 시효소멸함으로써 물권의 실현이 부정되어서는 안 된다. 판례는 소유권에 기한 물권적 청구권이 소멸시효의 대상이 아니라는 입장인데,[24)] 제한물권에 관한 판결은 보이지 않는다. [5015]

그런데 본권(인 제한물권) 자체가 시효소멸하면 제183조에 따라 종된 권리인 물권적 청구권도 소멸하고, 점유권에 기한 물권적 청구권에 관해서는 제척기간이 법정되어 있다(제204조 제3항 등).

(3) 방해원인을 제거하기 위한 비용을 청구권자와 상대방 중 누가 부담하는가? [5016]

① A 소유의 물건이 B 소유의 토지에 놓여 있는 경우에, A는 반환청구권을 행사할 수 있고 B도 방해제거청구권을 행사할 수 있는 것처럼 보인다. 이러한 경우에 A와 B 중 누구의 청구가 인정되는가? 둘 다 인정된다면 어느 것이 우선한다고 할 것인가? 이는 그 물건을 A에게로 되돌리기 위한 비용을 누가 부담할 것인지와 연결된다.[25)]

② 이에 관한 학설은 기본적으로 상대방에게 목적물의 반환이나 방해의 제거/예방 등 침해상태를 제거하기 위한 적극적인 행위를 청구할 수 있다는 행위청구권설(먼저 청구하는 쪽이 상대방에게 비용부담을 지우는 결과로 된다)과 객관적 위법상태를 배제하기 위하여 상대방의 인용을 구할 수 있을 뿐이라는 인용청구권설(청구하는 쪽이 비용을 부담해야 하므로, 침해상태가 방치/지속될 수 있다)을 생각할 수 있다.

그런데 침해상태가 제3자의 행위[26)] 또는 불가항력[27)]에 의하여 생긴 경우를 해결하기 위하여 현재의 점유자가 자기의 의사로 점유를 취득하지 않았거나 그에게 귀책사유가 없다는 등의 사정이 있으면 물권자가 비용을 부담해야 한다거나 비용을 분담해야 한다는 입장이 유력한데, 그 근거로 과실상계법리의 유추, 소유자위험부담의 원칙 등이 동원된다.

③ 이러한 학설대립은 반환청구권의 요건인 「점유」의 개념을 혼동한 데서 비롯된 것으로 보인다. 즉 반환청구권은 「점유」자에 대해서만 행사할 수 있고(제213조 참조), 역으로 점유설정의사([5044] 참조)를 가진 「점유」자는 방해제거청구권을 행사할 수 없다.[28)] 따라서 물권적 청구권은 행위청구권이며, 방해원인의 제거 또는 예방에 필요한 비용은 언제나 청구의 상대방이 부담한다고 해서 문제될 바 없다.

23) 참고로 대판(전) 2012.5.17. 2010다28604(판례, 〈4-3-2〉)의 다수의견은 이행불능 및 전보배상에 관한 규정이 물권적 청구권에 적용되지 않는다고 하였다.

24) 합의해제에 따른 매도인의 원상회복청구권은 소유권에 기한 물권적 청구권으로 소멸시효의 대상이 되지 않는다고 한 대판 1982.7.27. 80다2968 및 피담보채무 소멸을 이유로 하는 양도담보권자에 대한 소유권이전등기청구권이 소멸시효의 대상이 아니라고 한 대판 1993.12.21. 91다41170 등.

25) 비용부담과 물권적 청구권의 성질을 분리하여 이해하는 견해도 유력하다.

26) 가령 C가 A 소유의 기계를 훔쳐 B 소유의 창고에 숨겨둔 경우. 물론 C에 대한 불법행위책임을 물을 수 있지만, C가 무자력이라면 그에 따른 위험을 누가 부담할 것인지가 다시 문제된다.

27) 예컨대 태풍에 의해 A 소유의 물건이 B 소유의 토지로 날아간 경우.

28) 반환청구권과 방해배제청구권이 경합하는 경우란 실제로는 없음에 관하여 講義, [2012] 참조.

[5017] 라. 물권적 청구권의 적용범위

(1) 물권의 객체가 금전인 경우에 물권적 청구권이 인정되지 않으며, 타인의 점유에 들어간 금전에 대해서는 부당이득반환청구권이 문제될 뿐이다(금전의 특수성에 관한 [5029] 참조). 다만 금전이 일정한 화폐가치를 구현하는 것이 아니라 금전의 물성 자체를 중시하는 경우(예: 체계적으로 수집된 기념주화)에는 그렇지 않다.

(2) 물권 외에도 배타성을 가지는 권리에 기하여 침해행위의 금지를 구할 수 있다. 즉 인격권[29]이나 지식재산권 또는 대항력 있는 임차권[30] 등에 기하여 침해행위의 금지를 청구할 수 있다.

[5018] (3) 다른 청구권과의 관계를 본다.

① 남의 물건을 계약관계에 기하여 용익하다가 계약관계가 종료되었음에도 불구하고[31] 반환하지 않는 경우에, 물권적 청구권과 계약상의 청구권이 경합한다.[32]

한편 현재의 소유자만이 방해제거청구(제214조)로서 근저당권설정등기의 말소청구를 할 수 있지만, 대판(전) 1994.1.25. 93다16338은, 근저당권설정 후 부동산소유권이 이전된 경우에 소유권을 상실한 전 소유자도 근저당권설정계약의 당사자로서 「계약상의 권리」에 기하여 피담보채무의 소멸을 이유로 근저당권설정등기의 말소를 구할 수 있다고 하였는데,[33] 이때의 등기말소청구권은 당연히 채권적인(계약상대방에 대해서만 행사할 수 있는) 것이다.

② 물권적 청구권은 물권의 실현을 위한 근원적이고 포괄적인 구제수단이지만, 그에 의하여 법률관계가 모두 정리되지는 않는다. 즉 이미 일어난 방해의 결과를 사후적으로 정리하기 위하여 불법행위로 인한 손해배상청구권이나 부당이득반환청구권 등 다른 구제수단이 작동하는 경우가 적지 않고, 특히 반환청구권 행사에 따른 후속의 법률관계를 제201조 이하가 규정한다.

ⓐ 우선 물권적 청구권은 불법행위에 기한 손해배상청구권(제750조)과 병존할 수 있는데,[34] 물권적 청구에서 상대방의 귀책사유를 요하지 않고 후자에서는 금전배상이 기본값으로 설정되는 등 양자는 구별된다.

ⓑ 나아가 급부청산이라는 측면에서 부당이득반환청구권이 적용된다.[35]

---

29) 명예를 위법하게 침해당한 이가 인격권으로서 명예권에 기초하여 가해자에게 현재 이루어지고 있는 침해행위의 배제 또는 장래 침해행위의 금지를 구할 수 있다고 한 대판 2013.3.28. 2010다60950.

30) 임차권등기가 되어 있는 선박에 관하여 임차권등기가 원인 없이 말소된 경우에 방해배제청구를 할 수 있다고 한 대판 2002.2.26. 99다67079.

31) 계약관계 종료 전에는 제213조 단서가 적용된다.

32) A 소유의 부동산(甲)을 B가 C에게 임대한 경우에, A의 소유물반환청구권과 B의 임대차계약에 기한 반환청구권은 별개의 것인데, 甲의 반환과 관련하여 A와 B는 부진정연대채권자이다. 따라서 C로서는 A와 B 중 누구에게라도 甲을 반환하면 남은 이에 대한 반환의무를 면한다.

33) "근저당권이 설정된 후에 그 부동산의 소유권이 제3자에게 이전된 경우에는 현재의 소유자가 자신의 소유권에 기하여 피담보채무의 소멸을 원인으로 그 근저당권설정등기의 말소를 청구할 수 있음은 물론이지만, 근저당권설정자인 종전의 소유자도 근저당권설정계약의 당사자로서 근저당권 소멸에 따른 원상회복으로 근저당권자에게 근저당권설정등기의 말소를 구할 수 있는 계약상 권리가 있으므로 이러한 계약상 권리에 터 잡아 근저당권자에게 피담보채무의 소멸을 이유로 하여 그 근저당권설정등기의 말소를 청구할 수 있다고 봄이 상당하고, 목적물의 소유권을 상실하였다는 이유만으로 그러한 권리를 행사할 수 없다고 볼 것은 아니"다.

34) 대판 2014.11.13. 2009다3494·3500 및 대판 2014.11.27. 2014다52612 참조.

35) 특히 대판(전) 1979.11.13. 79다483이 제746조에 기하여 물권적 청구권의 행사를 제한하는데, 그 결과 수익자는 반사적으로 소유권을 취득함에 관하여 [3268] 참조.

제2절 물 건

I. 총 설 [5019]

1. 권리의 객체

(1) 권리는 일정한 이익을 누릴 수 있도록 법에 의하여 주어진 힘인바, 그러한 힘(이익 향유)의 대상을 「권리의 객체」라 한다.

(2) 권리의 객체는 권리의 종류에 따라 다르다. 예컨대 물권의 객체는 특정의 물건이고,[1] 채권의 객체는 채무자의 일정한 행위, 즉 급부(給付)이다.[2]

2. 물건의 의의 [5020]

가. 민법 제98조

일상에서 물건(物件)이란 일정한 형체를 갖춘 모든 물질적 대상을 뜻하지만, 제98조는 "유체물 및 전기 기타 관리할 수 있는 자연력"이라고 하여 물권의 객체, 즉 배타적 지배의 대상으로 되기 위한 속성을 규정한다.

(1) 공간의 일부를 차지하는 유체물(예: 고체 · 액체 · 기체)이 물건임에는 별다른 의문이 없고, 생물인지 무생물인지를 가리지 않는다.

(2) 민법은 형체가 없는 무체물(전기, 열, 빛, 음향 등) 중 "관리할 수 있는 자연력"[3]도 물건으로 한다. 여기서 "관리"란 배타적 지배를 할 수 있어서 거래객체로 될 수 있는 상태를 말하는데, 제98조는 무체물에 관하여 이 요건을 요구하지만 유체물의 경우에도 다를 바 없다.[4] 그런데 과학기술이 발달함에 따라 관리가능성은 점차 넓어지는바, 자연상태의 공기와 달리 용기에 담긴 산소는 민법상의 물건에 해당한다.

나. 물건성이 문제되는 경우들 [5021]

(1) 우리 법질서의 토대를 이루는 인격절대주의 하에서 인간은 인격적 법익의 담지자(擔持者)로서 권리의 주체일 뿐 특히 지배의 객체일 수 없고(노예제도의 부정), 따라서 인체는 물건으로 다루어져서는 안 된다(헌법 제10조). 다만 인체의 일부라도 모발이나 혈액 등이 인체로부터 분리되면 물건으로 다루어지고 사회질서에 반하지 않는 한 그 처분이 허용되는데, 인간의 존엄성 때문에 배타적 지배가 사회적으로 허용되지 않은 측면도 있다.[5]

(2) 유체(遺體)나 유골의 귀속 및 법적 처리에 관하여 논란이 있다. 그런데 「인격의 잔존물」로서 유체는 제사용 재산(제1008조의3)에 준하여 제사주재자에게 승계되는데, 거래의 객체로 될 수는 없고 제사나 공양 등의 대상일 뿐이다. 한편 망인(亡人)이 생전처분이나 유언으로 자신의 유

---

1) 예외적으로 재산권을 객체로 하는 물권(권리질권, 재산권의 준공동소유, 지상권이나 전세권을 목적으로 하는 저당권 등)도 있다. 그 밖에 광업권과 조광권(광업법 제3조, 제10조, 제47조), 어업권(수산업법 제2조 제7호, 제7조) 등도 물건을 전속적으로 용익할 수 있는 권리로 물권에 준하여 다루어진다.

2) 가령 물건의 인도를 목적으로 하는 채권의 객체는 물건 자체가 아니라 그 물건을 인도하는 채무자의 「행위」이다.

3) 전기는 그 대표적인 예이다.

4) 공기나 바다와 같은 것은 배타적 지배가 불가능하므로 민법상의 물건에 속한다고 할 수 없다. 바다의 일부에 관하여 공유수면법 제8조에 따라 점용 · 사용할 수 있음은 별개의 문제이다.

5) 예를 들어 인체로부터 분리된 콩팥을 기증할 수 있지만, 제103조 외에도 특히 장기이식법 제7조에 따라 매매 등은 금지된다.

체나 유골을 처분한 경우[6]에, 제사주재자는 그 처분이 공서양속에 반하지 않는 한 망인의 의사를 존중해야 하지만, 이는 도의적 의무에 지나지 않는다.[7]

(3) 동물은 동물보호법 등 특별법에 따라 특별한 보호를 받지만, 민법상으로는 물건이다(제252조 제3항 참조).[8]

(4) 발명이나 저작 등 인간의 정신활동의 산물도 특별법에 의하여 물건에 준하는 취급을 받는다. 한편 정신적/지적 활동의 산물로서 정보 등도 물건의 개념에 포섭해야 한다는 주장도 있으나, 현행법상 이들은 지식재산권의 객체로 될 수 있는 외에 부정경쟁방지법 등에 의하여 보호될 수 있지만, 민법상 물건성을 획득할 단계까지 합의가 이루어지지는 않은 것으로 보다.[9] 그 상태대로 배타적·독점적 지배의 대상이 될 수 없기 때문이다.

[5022] ## 3. 물건과 재산

(1) 사전적으로 재화와 자산을 통틀어 이르는 말인 재산(財産)은 다양한 맥락에서 다양한 의미로 사용된다. 재산이 개개의 재산권/재산적 이익을 지칭하기도 하는데,[10] 별도의 설명을 요하지 않는다. 반면 권리 또는 이익의 집합체를 재산이라 하기도 하는데, 이를 살펴본다.

(2) 우선 어떤 권리주체가 가지는 적극재산의 집합체를 재산이라고 하기도 한다.[11] 강제집행의 대상이 되는 채무자의 전 재산을 책임재산(責任財産)이라고 하는 것은 바로 이런 의미에서이다. 이때의 재산은 특정한 권리주체에게 귀속되는 권리 기타 금전적 가치를 가지는 재산적 이익의 전체, 즉 적극재산을 총체적·포괄적으로 파악하는 개념인데, 신용이나 고객관계 또는 영업 그 자체와 같이 권리를 얻거나 이익을 얻을 가능성도 포함되는 반면, 인격권이나 부양청구권 등 일신전속적인 것은 재산적 가치를 가지더라도 이에 포함되지 않는다.[12]

[5023] (3) 한편 법은 일정한 목적을 위한 재산[13]에 대하여 특별한 법적 지위를 인정하는데, 이를 특별재산(特別財産)이라 한다. 그 예로 재산분리에 따라 상속인의 고유재산과 분리된 상속재산을 들 수 있다.[14] 나아가 조합재산도 각 조합원의 합유에 속하면서도 조합채무의 변제에 먼저 충당된다는 점에서 조합원의 고유재산과 구별되는 특별재산이고(제715조 참조), 신탁재산도 수탁자의 고유재산과 분별하여 관리되는 특별재산이다(신탁법 제22조, 제25조, 제37조 등 참조).

---

6) 자신의 사체를 의과대학의 해부실습용으로 제공한다거나 장기를 기증한다는 등.

7) 대판(전) 2008.11.20. 2007다27670(판례, 〈8-1-4〉).
참고로 이 판결은 제사주재자의 결정에 관한 입장도 밝혔으나, 대판(전) 2023.5.11. 2018다248626에 의하여 변경되었다: "공동상속인들 사이에 협의가 이루어지지 않는 경우에는 제사주재자의 지위를 인정할 수 없는 특별한 사정이 있지 않는 한 피상속인의 직계비속 중 남녀, 적서를 불문하고 최근친의 연장자가 제사주재자로 우선한다고 보는 것이 가장 조리에 부합한다."

8) 반려동물의 권리주체성을 부정한 대판 2013.4.25. 2012다118594도 참조.

9) 컴퓨터에 저장된 정보가 절도죄의 객체로서 재물에 해당하지 않는다고 한 대판 2002.7.12. 2002도745도 참조.

10) 제6조, 제340조, 제482조 제2항 제4호, 제5호, 제554조, 제916조, 제918조, 제1008조 등. 재산권이라는 용어를 사용하는 경우로 제406조, 제563조, 제596조 등.

11) 경우에 따라서는 적극재산뿐만 아니라 소극재산도 포함하여 특정한 권리주체의 재산관계 전체를 지칭하기도 한다. 예: 제22조 이하의 부재자의 재산, 제1005조의 피상속인의 재산.

12) 저작재산권과 달리 저작인격권의 일신전속성을 규정하는 저작권법 제14조 참조.

13) 개개의 재산일 수도 있고 집합체로서 재산일 수도 있다.

14) 피상속인이 사망하면 상속인의 상속분에 해당하는 상속재산은 상속인의 재산으로 되지만, 상속채권자나 상속인의 채권자의 청구에 따라 법원의 재산분리명령이 있으면(등기를 대항요건으로 한다), 상속재산은 상속인의 고유재산과 혼합되지 않고 분리되어 상속채권자는 상속재산으로부터 우선변제를 받을 수 있다(제1045조 이하).
상속인이 상속을 한정승인하는 경우에도 상속채무에 대하여 상속재산만이 책임재산으로 된다는 점(제1028조 이하)에서 상속재산을 특별재산이라고 할 여지가 있다.

Ⅱ. 물건의 종류 [5024]

1. 동산과 부동산

가. 개 관

(1) "토지와 그 정착물"을 부동산(不動産)이라 하고, 그 밖의 물건을 동산이라고 한다(제99조).

(2) 동산과 부동산을 구별하는 이유로 양자의 공시방법(제186조, 제188조 참조)이 다르다는 점이 주된 것이고,15) 그 밖에 공신력 인정 여부, 소유권 취득사유, 시효취득의 요건, 제한물권의 허용범위, 환매기간, 강제집행의 방법(민사집행법 제78조 이하, 제188조 이하) 등도 다르다.

(3) 민법은 토지뿐만 아니라 그 정착물도 부동산으로 본다. 그리고 토지의 정착물이란 토지에 고정되어 쉽게 이동할 수 없는 물건으로 그 상태대로 사용하는 것이 거래상의 속성으로 인정되는 것을 말한다(예: 건물, 수목).16)

그런데 정착물이 토지와 독립한 별개의 거래객체인지 그리고 별개의 거래객체라면 동산인지 부동산인지 하는 것이 언제나 명확하지는 않다. 아래에서 이러한 사정을 고려하여 대상을 나누어 살펴본다.

나. 토 지 [5025]

(1) 토지(土地)란 일정한 범위의 지표면을 말하는데, 부동산에 속함에 의문이 없다.

(2) 토지의 소유권은 정당한 이익이 있는 범위 내에서 그 지면의 상하에 미친다(제212조). 따라서 ① 암석이나 토사 등 토지의 구성부분에도 미치며, 지하수의 일종인 온천수도 토지의 구성부분이다.17) 그러나 ② 지하에 매장되어 있는 미채굴의 광물은 광업권 또는 조광권의 객체이므로(광업법 제2조, 제4조), 이에는 토지소유권이 미치지 않는다. ③ 바다에 대한 사소유권은 부정되며(다만 어업권에 관한 수산업법 제7조 이하 참조), 하천 역시 국·공유재산으로 확보되어야 하는데(하천법 제10조 제6항 참조) 관리청의 허가를 얻어 하천구역을 점용할 수 있다.

(3) 토지는 연속되어 있으나 인위적으로 지표에 선을 그어 구분하는데, 각 구역은 지적공부(토지대장 또는 임야대장)에 등록되고 「지번」이 부여됨으로써 독립성을 취득한다(공간정보관리법 제64조, 제66조). 토지의 개수는 지적공부상의 등록단위인 필(筆)을 기준으로 하며, 분할 또는 합병도 가능하다(같은 법 제79조, 제80조). 분할절차를 거치지 않았다면, 비록 분필의 등기가 경료되었더라도 분할의 효과가 발생하지 않으며,18) 그 등기는 「1부동산 1등기기록주의」(부동산등기법 제15조)에 반하여 무효이다.19)

다. 건 물 [5026]

(1) 토지의 정착물 중 건물(建物)은 토지로부터 독립한 별개의 부동산이다. 지상물을 토지의 일부로 보는 서구의 입법례와 달리 제365조와 제366조는 건물이 토지와는 별개의 소유권의 객체

---

15) 다만 선박이나 자동차와 같이 동산이지만 등기나 등록에 의하여 공시되는 것이 늘고 있다.
16) 가건물이나 가식 중인 수목은 토지의 정착물이 아니다.
17) 대판 1972.8.29. 72다1243.
18) 대판 1995.6.16. 94다4615.
19) 대판 1990.12.7. 90다카25208.

임을 전제로 한다(토지등기부 외에 건물등기부를 별도로 두는 부동산등기법 제14조, 제15조도 참조).

(2) 건축 중이거나 철거 중인 건물이 언제부터 또는 언제까지 독립성을 가지는가?[20] 신축의 경우에 건물로서의 독립성을 갖추는 시점에 소유권이 원시취득되고, 철거의 경우에는 독립성을 잃는 시점에 소유권이 소멸한다. 건물의 독립성은 거래관념에 따라 판단되고 등기에 의하여 비로소 독립성을 취득하거나 상실하는 것은 아닌데, 판례에 의하면 최소한의 기둥과 지붕 그리고 주벽(主壁)이 갖추어지면 독립성을 취득한다.[21]

(3) 건물의 개수는 건물의 물리적 구조뿐만 아니라 거래관념을 고려하여 결정해야 한다.[22]

[5027] **라. 그 밖의 정착물**

(1) 먼저 입목이나 수목의 집단 또는 미분리과실에 관하여 본다.

① 수목(樹木)은 토지로부터 분리되면 독립한 동산으로 되지만, 분리되지 않은 상태에서는 토지의 일부일 뿐이고 독립한 물건이 아니다. 따라서 토지소유권은 그 지상에 생육하거나 식재된 입목에까지 미친다.

② 그러나 ⓐ 정당한 용익권에 기하여 타인의 토지에 식재된 수목에 토지소유권의 효력이 미치지 않는다(제256조 단서).[23] ⓑ 입목에 관한 법률에 따라 입목등기를 한 경우에, 수목은 토지와 별개의 독립한 부동산으로 다루어지는데(같은 법 제3조),[24] 소유권과 저당권의 객체가 될 수 있을 뿐이다(양도담보권의 객체로 될 수는 있다). ⓒ 나아가 입목등기를 하지 않은 수목이라도 명인방법([5169] 참조)을 갖추면 토지와 독립된 거래의 객체로 되고,[25] 미분리의 과실도 명인방법을 갖추면 독립한 물건으로 다루어진다.[26]

[5028] (2) 토지에 경작 · 재배되는 농작물은 토지의 일부이지만, 임차권 등 정당한 용익권에 기하여 타인의 토지에 경작 · 재배한 농작물은 토지와 별개의 독립한 물건(동산)으로 다루어진다(제256조 단서).

[참 고] 벼와 같이 수확기간이 비교적 짧은 농작물의 소유권 귀속에 관하여 판례는 특별한 취급을 한다. 즉 명인방법을 갖춘 경우에 독립한 소유권의 객체로 되지만,[27] 아무 권원 없이 심지어 위법하게(즉 타인의 토지를 이용할 권원이 없음을 알면서) 타인의 토지에 「농작물」을 경작 · 재배했더라도, 그 농작물이 성숙하여 독립한 물건의 존재를 갖추면 농작물의 소유권은 언제나 경작자에게 속하고, 이때 명인방법을 갖추었는지 여부는 문제되지 않는다고 한다.[28] 농작물의 경우에 파종부터 수확까지의 기간이 짧고, 경작자의 부단한 관리가 필요하며, 그 점유의 귀속이 비교적 명백하다는 점이

20) 건물이 성립하면 그에 투입된 동산은 건물의 구성부분으로 되고, 건물이 해체되면 그를 구성하던 동산들이 독립한 권리의 객체로 된다. 신축건물의 소유권 귀속에 관하여 [2728]과 [2729] 참조.

21) 대판 2001.1.16. 2000다51872. 지하 1층부터 지하 3층까지 기둥, 주벽 및 천장 슬라브공사가 완료된 상태였을 뿐만 아니라 지하 1층의 일부점포가 일반에 분양되기까지 하였다면, 미완성상태이지만 독립된 건물의 요건을 갖추었다고 본 대판 2003.5.30. 2002다21592 · 21608도 참조.

22) 대판 1997.7.8. 96다36517.

23) 대판 1990.1.23. 89다카21095는, 토지(甲)의 사용대차권에 기하여 甲에 식재된 수목은 이를 식재한 이에게 그 소유권이 있고 甲에 부합되지 않으므로, 비록 수목이 식재된 후에 경매에 의하여 甲을 경락받았더라도 경락인이 그 수목까지 취득하는 것은 아니라고 하였다.

24) 경매대상인 토지 위에 생육하는 수목이 등기된 경우에 그 수목의 가액은 최저경매가격을 산정할 때 토지평가에 포함되지 않는다(대결 1998.10.28. 98마1817).

25) 대결 1998.10.28. 98마1817.

26) 명인방법을 갖춘 미분리의 과실이나 수목이 동산인지 아니면 부동산인지에 관하여 견해가 대립하지만, 이를 부동산으로 보는 것은 적절하지 않다. 민사집행법 제189조 제2항 참조.

27) 수확하지 않은 쪽파에 관한 대판 1996.2.23. 95도2754 참조.

28) 대판 1979.8.28. 79다784.

그 근거이다.

그런데 수목에 대해서는 위의 판례이론이 적용되지 않는다. 즉 권원 없는 이가 수목을 식재한 경우에, 그 수목은 토지에 부합한다.[29)]

마. 동　　산 [5029]

(1) 부동산 외의 물건은 모두 동산(動産)이다(제99조 제2항). 관리할 수 있는 자연력도 동산이다. 다만 동산임에도 등기나 등록에 의하여 공시되는 것은 부동산에 준하여 취급된다.[30)]

(2) 금전(金錢) 역시 동산이지만, 일반적으로[31)] 금전의 물성(物性) 자체는 중요하지 않고, 본래의 용법에 따른 사용이 양도에 한정되는 소비재이며, 소유와 점유가 분리되지 않고, 수량으로 표시된 일정한 화폐가치(즉 화폐의 구매력)가 중시되는 점에 그 특색이 있다. 그 결과 금전에 대해서는 특수성이 인정된다. 즉 금전채무자는 채권자에게 일정한 「가치」를 이전할 의무를 질 뿐이어서 채무불이행에 관한 특칙이 인정되고(제397조), 타인의 점유에 들어간 금전에 대해서는 물권적 청구권이 인정되지 않고 부당이득이 문제될 뿐이며, 선의취득에 관해서도 특수성이 인정된다(제250조 단서).

2. 주물과 종물 [5030]

가. 의의 및 요건

(1) 물건(甲)의 소유자가 甲의 상용(常用)에 이바지(供)하기 위하여 자기 소유의 다른 물건(乙)을 甲에 부속되게 한 경우에, 甲을 주물(主物)이라 하고 甲에 부속된 乙을 종물(從物)이라고 한다(제100조 제1항).[32)]

(2) 종물이기 위하여

① 주물의 상용에 이바지하는 관계, 즉 사회관념상 계속하여 주물 자체의 경제적 효용을 높이는 관계에 있어야 한다. 주물의 소유자나 이용자의 상용에 이바지하더라도 주물 자체의 효용과 직접적으로 관계되지 않는 물건은 종물이 아니다.[33)] 상용에 이바지하는지 여부는 객관적으로 결정된다.

② 종물은 독립한 물건이어야 하고, 주물의 구성부분이어서는 안 된다.[34)] 독립한 물건이면 동산이든 부동산이든 관계없다.

③ 주물과 종물이 모두 동일한 소유자에게 속해야 한다.[35)] 이 점에서 타인 소유의 물건들 사이의 결합인 부합(제256조와 제257조 참조)과 구별된다.

나. 종물의 효과 [5031]

(1) 종물은 주물의 처분에 따른다(제100조 제2항).[36)]

① 주물인 부동산에 대하여 처분의 등기가 있으면 종물에 대해서도 처분의 효력이 미친다.

---

29) 대판 1989.7.11. 88다카9067; 대판 1998.4.24. 97도3425.

30) 특히 강제집행에서 유체「동산」집행의 대상이 아니다.

31) 체계적으로 수집된 주화에 대하여 아래의 성질을 인정할 수 없음은 당연하다.

32) 주유소 건물과 주유기(대판 1995.6.29. 94다6345), 횟집과 수족관(대판 1993.2.12. 92도3234) 등이 주물과 종물의 예이다.

33) 대결 2000.11.2. 2000마3530.

34) 정화조는 건물의 구성부분으로 종물이 아니라고 한 대판 1993.12.10. 93다42399 참조.

35) 대판 2008.5.8. 2007다36933 · 36940.

36) 종물은 주물과 법률적 운명을 같이하여, 주물에 담보권이 설정되거나 주물이 임대된 경우에 종물에도 그 영향을 미친다.

주물에 저당권이 설정된 경우에, 저당권의 효력이 저당권설정 후의 종물에도 미치지만(제358조), 종물이 주물인 저당부동산으로부터 분리되어 반출되는 등의 경우에 저당권의 효력이 그 종물에 미치지 못한다([5451] 참조). 한편 주물이 동산인 경우에 종물이 인도되지 않으면 제100조 제2항이 적용되지 않는다.

② 여기의 처분은 법률행위에 의한 권리변동뿐만 아니라 주물의 압류 등 공법상의 처분도 포함하지만,[37] 점유 기타 사실관계에 기한 권리의 득실변경에 대해서는 제100조 제2항이 적용되지 않는다(예: 주물만에 대한 취득시효의 완성이나 유치권의 성립).

③ 제100조 제2항은 임의규정이므로, 주물과 종물의 법률적 운명을 달리하는 약정(예: 노트북매매에서 "충전기 별매"라는 특약)은 유효하다.[38]

(2) 주물과 종물에 관한 제100조는 물건 상호간의 관계에 관한 것이지만, 권리 상호간에도 유추된다.[39] 그런데 어떤 권리를 다른 권리에 대하여 종된 권리라고 할 수 있으려면 주된 권리의 경제적 효용에 이바지하는 관계에 있어야 한다.[40]

[5032] ### 3. 원물과 과실

가. 의 의

(1) 어떤 물건으로부터 생기는 경제적 수익을 과실(果實)이라 하고, 과실을 생기게 하는 물건을 원물(元物)이라고 한다. 민법은 물건의 과실만 인정하고, 권리의 과실(예: 특허권의 사용료)을 인정하지 않는다.

(2) 민법은 과실을 천연과실과 법정과실로 나누는데, 이 구별은 과실수취권의 변동이 생긴 경우에 관한 기술적인 것이다(즉 과실의 귀속과 관련된다). 이 점을 고려하여 과실수취권자를 먼저 살펴본다.

[5033] #### 나. 과실수취권자

(1) 과실수취권자는 일반적으로 소유자(제211조: "사용, 수익[…]할 권리")이지만, 선의의 점유자(제201조), 지상권자(제279조), 전세권자(제303조), 유치권자(제323조), 질권자(제343조, 제323조), 목적물을 인도하지 않은 매도인(제587조), 사용차주(제609조), 임차인(제618조), 친권자(제923조), 수유자(제1079조) 등도 수취권을 가진다. 그 밖에 양도담보에서 별도의 약정이 없는 한 담보제공자가 무상의 사용수익권을 가진다([5653] 참조).

[참 고] 제102조 제1항의 "수취할 권리"를 과실을 「자기 것으로 만들어 가질 수 있는」 취득권(예: 제201조 제1항)으로 한정한다면, 유치권자와 질권자를 과실수취권자라고 하기 어렵다. 그러나 원물로부터 과실을 분리하여 소지하며 일정한 법적 조치를 취할 수 있는 힘도 수취할 권리에 포함된다고 할 것이고, 따라서 이들도 과실수취권자로 보아야 한다. 예를 들어 수태한 반려견을 치료하여 치료비채권을 가진 수의사가 개를 유치하는 경우에, 그 개가 낳은 강아지의 매각대금으로부터도 우선변제를 받을 수 있는데, 이러한 수의사의 법적 지위를 "수취할 권리"에 포함시켜야 하고, 제323

37) 대판 2006.10.26. 2006다29020.
38) 대판 2012.1.26. 2009다76546.
39) 예컨대 경매에서 주된 권리인 건물소유권과 그에 종된 권리인 토지임차권은 법률적 운명을 같이한다(대판 1993.4.13. 92다24950). 저당권 실행을 위한 경매에서 건물을 경락받은 이가 건물을 양도한 경우에 건물과 함께 종된 권리인 지상권도 양도하기로 한 것으로 본 대판 1996.4.26. 95다52864도 참조.
40) 대판 2014.6.12. 2012다92159·92166.

조의 표제도 "과실수취권"으로 되어 있다.41)

(2) 어떤 원물에 관하여 수인의 과실수취권자가 경합하는 경우에, 그 성질상 선의의 점유자가 우선하고(제201조 제1항 참조), 소유자와 용익권자가 경합하면 용익권자가 우선하며, 여러 명의 용익권자 사이에서는 용익물권자가 채권적 용익권자42)에 우선한다.

이 순위는 과실수취권이 침해당한 경우에 부당이득반환청구권 또는 손해배상청구권을 누가 가지는지와 관련하여 중요한 의미를 가진다. 가령 지상권을 설정한 토지소유자는 불법점유자에 대하여 —제207조의 제한 하에— 물권적 청구권을 행사할 수 있지만, 불법점유로 인한 부당이득반환청구권을 행사할 수는 없다.43) 나아가 제306조 단서에 따라 임대가 금지됨에도 불구하고 전세권자가 임대한 경우에, 임차인은 소유자에 대한 관계에서 권원 없는 점유자이지만, 사용수익의 대가는 소유자가 아닌 전세권자에게 배타적으로 귀속되므로, 소유자는 그 임차인에 대하여 과실이나 사용수익의 대가의 반환을 구할 수 없다. 임대인의 동의 없는 임차권의 양도 또는 전대의 경우에도 같다.44)

다. 과실수취권의 귀속 [5034]

(1) 천연과실은 물건의 용법에 의하여 수취하는 산출물을 말한다(제101조 제1항). 여기서 "물건의 용법에 의"한다는 것은 원물의 경제적 용도에 따른다는 의미이고, 산출물은 천연적 · 유기적으로 생산되는 것(예: 과실의 열매, 가축의 새끼)뿐만 아니라 인공적 · 무기적으로 수취되는 것(예: 토사나 석재)도 포함한다.

과실수취권의 변동이 생긴 경우에 과실수취권의 존속기간에 비례하여 과실을 분속(分屬)시키는 것이 합리적이지만, 천연과실의 경우에 이 방법이 적당하지 않아서 원물로부터 분리되는 때의 수취권자에게 귀속되도록 한다(제102조 제1항). 다만 이 규정은 임의규정이다. 그리고 분리는 자연적이든 인위적이든 가리지 않는다.

(2) 법정과실이란 물건의 사용대가로 받는 금전 기타 물건을 말하는데(제101조 제2항), 임료, 지료, 이자 등이 그 예이다. 법정과실과 구별되는 것으로 물건을 사용하거나 권리를 보유함으로써 얻는 이익인 사용이익(使用利益)이 있는데, (법정)과실에 준하여 처리하면 될 것이다.

법정과실은 과실수취권의 존속기간에 비례하여 분속된다. 즉 수취할 권리의 존속기간 일수의 비율로 취득한다(제102조 제2항). 이 규정 역시 임의규정이고, 원물에 대한 부담(조세나 보험료)에 관해서도 유추적용되어야 한다.

4. 그 밖의 강학상의 분류 [5035]

(1) 대체물(代替物. 예: 금전, 곡물)과 부대체물(예: 골동품, 유명화가의 작품)의 구분은 거래에서 대체성이 있는지, 바꾸어 말하면 물건의 개성이 중시되는지 하는 객관적 기준에 따른 것으로, 소

---

41) 수취(收取)는 사전적으로 "거두어들여서 가짐"을 의미하는데, 유치권자가 과실을 「취득」하지는 못함에 비추어 유치권자의 수취에서 거두어들임에 방점이 찍힌 것으로 이해할 것이다.

42) 매매목적물을 인도받은 미등기매수인처럼 소유자로부터 용익할 권리를 부여받은 이도 이에 속한다.

43) 대판 1974.11.12. 74다1150은 불법행위로 인한 손해배상청구권을 행사할 수 없다고 하였는데, 부당이득의 경우에도 마찬가지이다.

44) 임차인이 임대인의 동의를 받지 않고 제3자(D)에게 임차권을 양도하거나 전대하는 등의 방법으로 임차물을 사용 · 수익하게 한 경우에, 임대차계약이 존속하는 동안 임대인은 D에게 불법점유를 이유로 한 차임 상당 손해배상청구나 부당이득반환청구를 할 수 없지만(대판 2008.2.28. 2006다10323), 임대차계약이 종료된 후에는 임대인이 임차물의 소유자로서 D를 상대로 위와 같은 손해배상청구나 부당이득반환청구를 할 수 있다(대판 2023.3.30. 2022다296165).

비대차(제598조)나 소비임치(제702조) 등과 관련하여 의미를 가진다.

(2) 특정물(特定物)과 불특정물의 구분은 1차적으로 당사자들의 주관적 의사에 따른다. 통상 대체물은 불특정물이지만 당사자의 의사에 따라 특정물로 될 수 있다. 이 분류는 채권의 목적(제374조와 제375조), 매도인의 담보책임(제580조와 제581조) 등과 관련하여 의미를 가진다.

(3) 그 밖에 ① 가분물(可分物. 예: 금전, 곡물)과 불가분물(예: 건물)의 구분은 물건의 성질이나 가치를 현저히 손상시키지 않고 분할할 수 있는지를 기준으로 하는데,[45] 공유물의 분할(제269조) 및 다수당사자의 채권관계(제408조 이하)와 관련하여 실익을 가진다. ② 소비물(消費物. 예: 금전, 식료품)과 비소비물(예: 건물, 토지)의 구분은 반복하여 사용 · 수익할 수 있는지에 관한 것으로, 대차형 계약(제598조 이하)의 목적물과 관련하여 의미를 가진다. ③ 융통물(融通物)과 불융통물의 구분은 사법상 거래가 가능한지에 따른 것인데, 불융통물로 공용재산, 공공용재산 등 행정재산(국유재산법 제27조 참조), 금제물 등이 있다.

[5036] Ⅲ. 일물일권주의

1. 의 의

(1) 배타적 지배의 대상이기 위하여 물권의 객체는 「특정의 독립한」 물건이어야 하고, 물건의 일부나 여러 물건 집합은 하나의 물권의 객체로 되지 못한다. 이러한 물건과 물권의 대응관계(1개의 물권의 객체는 1개의 독립한 물건이어야 한다)를 일물일권주의(一物一權主義)라 한다. 이 원칙 때문에 적법한 토지분할절차를 거치지 않은 채 1필지의 토지 중 일부만에 관하여 소유권보존등기를 경료하거나 1개의 부동산에 관하여 경료된 소유권보존등기 중 일부에 관한 등기만 말소하는 것은 허용되지 않는다.[46]

(2) 인격이 없는 물건에 대한 직접적 지배권인 물권이 경합하는 경우에, 다툼을 해결(및 예방)하기 위하여 1개의 물건에 1개의 물권만이 성립하도록 해야 한다. 나아가 물권의 배타성은 외부의 제3자를 위한 공시(公示)를 요구하는데, 물건의 일부나 수개의 물건 위에 1개의 물권을 인정하면 그 공시가 곤란하다. 결국 배타성을 가지는 물권의 공시를 위하여 (법에 명문규정이 없음에도) 일물일권주의가 인정된다.

[5037] 2. 구체적 내용

가. 개 관

(1) 독립한 물건인지 여부는 물리적 형태와 거래관념에 의하여 결정된다.

(2) 물건의 일부 또는 집합물을 객체로 하는 물권을 인정해야 할 사회적 필요성이 있는 경우에 일물일권주의의 예외가 인정되는데, 그러기 위해서는 특별법이 제정되거나 그러한 물권에 대한 거래관행이 있고, 그에 덧붙여 특정성과 공시방법을 갖추어야 함은 당연하다.

---

45) 가분물과 불가분물은 일단 물건의 객관적 성질에 의하여 결정되지만, 당사자의 의사표시에 의하여 가분물을 불가분물로 할 수도 있다(제409조 참조).

46) 대판 2000.10.27. 2000다39582. 다만 1필의 토지의 특정된 일부에 대하여 소유권보존등기의 말소를 명하는 판결을 받은 등기권리자는 그 판결에 기하여 그 특정된 일부에 대한 분필등기절차를 마친 후 소유권보존등기를 말소할 수 있으므로, 1필의 토지의 특정된 일부에 대해서도 소유권보존등기의 말소를 구할 수 있다(대판 2011.11.10. 2010다75648). 1필의 토지의 특정된 일부에 대하여 소유권이전등기절차의 이행을 명하는 판결은 집행불능의 판결이 아니라고 한 대판 1994.9.27. 94다24032도 참조.

나. 물건의 일부와 일물일권주의

(1) 물건의 일부는, 본체에의 결합이 견고하여 본체로부터 분리하면 물건 자체가 훼멸되거나 그 본질이 바뀌게 하는 본질적 구성부분(예: 스마트폰의 액정화면)과 그렇지 않은 비본질적 구성부분으로 나뉘는데, 본질적 구성부분은 독립하여 권리의 객체로 될 수 없고, 본체와 법률적 운명을 같이한다.[47]

(2) 이에 대한 예외를 본다. ① 토지에 대한 예외로 용익물권은 토지의 일부 위에 성립할 수 있으나 공시방법을 갖추어야 한다(부동산등기법 제69조, 제70조, 제72조). 지상공간의 일부나 지하의 일부만을 대상으로 하는 구분지상권(제289조의2)도 인정된다. 나아가 땅속의 일정한 광물은 아직 채굴되지 않았더라도 토지로부터 독립된 물건으로 광업권의 객체로 된다(광업법 제2조, 제5조). ② 건물에 대한 예외로 1동의 건물의 일부가 구조상 · 이용상의 독립성을 갖추었다면 구분소유권(제215조, 집합건물법)의 객체로 될 수 있다. 건물의 일부 위에 용익물권이 성립할 수 있음은 토지와 같다.

다. 수개의 물건과 일물일권주의 [5038]

(1) 형체상 단일한 일체를 이루고 각 구성부분이 개성을 가지지 않는 물건(예: 책 1권)을 단일물(單一物)이라 하는데, 하나의 물건이다. 그리고 수개의 물건이 각각 개성을 잃지 않고 결합하여 단일한 형태를 이루는 물건(예: 보석반지)을 합성물(合成物)이라 하는데, 수개의 물건이 본질적 구성부분으로 되므로, 합성물 역시 법률상 1개의 물건이다. 그런데 소유자를 달리하는 수개의 물건이 결합하여 합성물로 되면 첨부의 법리(제256조 이하)에 따라 소유권이 결정된다.

(2) 한편 다수의 물건이 집합하여 경제적으로 단일한 가치를 가지며 거래상 일체로 다루어지는 것(예: 공장의 설비 일체, 양어장에 있는 고기 전체)을 집합물(集合物)이라 한다. 일물일권주의의 요청 때문에 집합물 위에 1개의 물권이 성립할 수 없지만, 집합물을 법률상 1개의 물건으로 인정하는 특별법(예: 공장저당법)에 의하여 예외가 인정되고, 나아가 특별법이 없더라도 거래상의 필요에 따라 예외가 인정된다. 특정성요건을 충족하면 (내용이 고정되지 않은) 유동집합물에 대한 양도담보도 유효하다([5575] 참조). 그런데 집합물 위에 물권이 성립하려면, 그 구성물에 변동이 있더라도 특정성을 잃지 않아야 하고, 따라서 특정이 중요한 문제로 된다.

라. 위반의 효과

일물일권주의에 반하는 물권적 합의는 무효이다. 그러나 1필의 토지의 일부에 대한 매매계약과 같이 일물일권주위를 위반한 「채권행위」는 특별한 사정(예: 토지의 분할이 허용되지 않는 사정)이 없는 한 유효할 것이고, 다만 그에 따른 물권변동이 있기 위해서는 분할등기가 선행되어야 한다.

---

47) 본체의 소유자가 파산하면, 본질적 구성부분을 공급한 이는 환취권을 가지지 않고, 비용상환청구권 등의 채권에 기하여 배당에 가입할 수 있을 뿐이다.

제3절 점 유 법

제1관 점유법 총설

[5039] 1. 서 설

(1) 소유권으로 대표되는 본권(本權)이 물건을 지배할 수 있는 권리인 반면, 물건에 대한 지배라는 객관적 사실을 점유(占有)라 한다. 게르만법의 Gewere처럼 소유와 점유를 일체로 파악할 수도 있지만, 민법은 양자를 구별한다.

(2) 물적 지배관계의 첫 단계는 사실적 지배 자체의 보호로서, 점유제도는 이 단계에서 작동한다.[1] 다만 법이 지향하는, 있어야 할 상태로서 본권에 기한 질서와는 별도로 본권의 존부 또는 지배의 원인과 무관하게 사실상의 지배를「있는 그대로」보호한다.

(3) 점유는 사실적 지배로서 그 자체는 객관적「사실」에 불과하다. 민법은 점유권(占有權)이라는 표현을 사용하지만, 이는 사실적 지배로서 점유를 그 상태대로 보호하기 위하여 인정되는「잠정적인」법적 지위를 표현한 것에 불과하다.[2] 즉 점유권은 점유를 취득하면 발생하고 점유를 상실하면 소멸하는데, 배타적 지배가 아니라는 점에서 일반적인 물권과 다르다. 따라서 점유권은 점유할 수 있는 권리, 즉 본권과 구별되어야 한다.

[5040] 2. 점유법 개관 및 점유제도의 기능

점유에 관한 민법규정은 크게 보아 사실적 지배를 그 상태대로 보호하는 규정(현상의 유지/보호규정), 물권의 취득요건으로서 점유에 관한 규정(권리의 취득규정) 및 점유자의 지위를 강화하는 규정(점유자의 보호규정)으로 나눌 수 있다.

첫째, 점유제도는 점유보호청구권(제204조 내지 제206조)과 자력구제권(제209조)을 통하여 침탈 등의 방해로부터 사실적 지배 자체를 보호한다. 보호의 대상은 사실적 지배 자체로서, 본권(점유할 수 있는 권리)과 무관하고(제208조 참조) 점유가 어떤 모습의 것인지 등도 따지지 않는다.[3]

둘째, 있는 상태로서 점유는 있어야 할 상태로서 권리와 무관하지만, 일정한 관련성을 가진다. ① 점유를 통하여 본권이 추정된다(제200조).「사실적」이라는 제한이 붙더라도 사회적으로 승인되는 지배는 통상 본권에 기하여 이루어진다는 경험칙에 기한 것이다. ② 점유가 권리취득의 요건으로 되기도 한다. 점유가 동산물권의 공시방법인 점 외에 시효취득, 선의취득 등은 일정한 모습의 점유를 기초로 한다.

셋째, 점유가 권원에 의하여 뒷받침되지 않는 경우에도 점유자가 부분적으로 보호된다. 즉 진정한 권리자로부터 추탈당한 경우에,「선의」점유자에게 과실취득권이 인정되고 책임이 경감되며, 모든 점유자에게 비용상환청구권이 인정된다(제201조 내지 제203조). 여기서도 점유의 모습이

---

1) 나의 사실적 지배가 권리에 기한 것이 아니라도 진정한 법률관계에 부합하는 상태로의 회복을 주장하는 이가 그 권리를 주장·증명하여 법적 절차를 거쳐야 하고, 그렇지 않으면 현상으로서 나의 점유를 존중해야 한다.

2) 대판 1989.4.11, 88다카8217은, 점유권의 상속과 관련하여 미성년자는 법정대리인을 통하여「점유권」을 승계할 수 있다고 함으로써, 점유(그 성립에 행위능력을 요하지 않는다)와 점유권을 구별하는 입장으로 보인다.

3) 심지어 타인의 물건을 훔친 이(A)도 그 물건 소유자(B)의 점유침탈에 대하여 점유보호청구권을 행사할 수 있고(B가 A에 대하여 소유권에 기하여 물권적 청구를 할 수 있음은 별개의 문제이다. 제208조 참조), 점유의 모습에 관한 제197조는 이 단계에서 작동하지 않는다.

문제된다.

3. 이 절의 내용 및 서술순서 [5041]

(1) 물적 지배관계의 출발점이라는 점 그리고 본권과 무관하지만 권리취득의 요건이기도 하다는 점을 고려하여 법전의 순서와 달리 점유법을 여기서 미리 다룬다.

(2) 점유법 내부에서도 앞에서 본 기능의 순서에 따라 설명한다. 다만 점유자의 보호문제는 소유물반환청구권의 효과로서 다루기로 한다.

제2관 점 유

I. 사실적 지배로서 점유 [5042]

가. 서 설

점유가 성립하기 위하여 외형적 요소(體素라 한다)로서 소지(사전적 의미: 몸에 지님) 외에 의사적 요소(心素라고 한다)로서 「점유의사」가 있어야 한다는 주관적 입법도 있으나,[1] 민법은 객관설을 따른다(제192조 제1항 참조).

나. 사실적 지배 [5043]

(1) 점유의 요건으로서 「사실적 지배」란 사회관념상 물건이 어떤 이의 지배 아래에 있다고 인정되는 객관적 상태를 말한다.

(2) 사실적 지배가 있다고 하기 위하여 물건을 물리적·현실적으로 소지해야 하는 것은 아니고, 사회통념에 따라 합목적적으로 판단해야 한다. 사실적 지배를 인정하기 위한 요소로 ① 물건과 사람 사이의 공간적 관계(물리적 지배력이 미칠 수 있는 가능성), ② 물건과 사람 사이의 시간적 관계(지배의 계속성), ③ 타인의 지배를 배제할 수 있는 가능성[2] 등을 들 수 있다.[3] 외부의 인식가능성은 ①이나 ②로부터 추출될 수 있고, 사실적 지배라는 점유의 본성과 무관한, 본권을 가지는지 여부도 ③에 포함되는 등 점유의 인정에 규범적·비사실적 요소가 포함될 수도 있다.

[참 고] 점유의 판단에 규범적 요소가 포함된 경우를 본다. ㉠ 건물은 대지를 떠나서 존재할 수 없으므로, 건물의 소유자가 현실적으로 건물이나 대지를 점유하지 않더라도 건물의 소유를 위하여 대지를 점유한다고 보아야 한다.[4] ㉡ 임야나 대지 등이 매매 등을 원인으로 양도되고 이에 따라 「소유권이전등기」가 마쳐진 경우에, 등기사실을 인정하면서 특별한 사정의 설시 없이 점유사실을 인정할 수 없다고 판단해서는 아니 되지만,[5] 「소유권보존등기」의 경우에는 그렇게 볼 수 없다.[6]

---

1) 가령 의용민법 제180조: "점유권은 자기를 위하여 하는 의사를 가지고 물건을 소지함에 의하여 취득한다."

2) 산에 쌓아둔 재목에 대한 점유자의 결정에서 본권의 유무가 유력한 표준일 수 있다.

3) 대판 2012.9.27. 2011다76747.

4) 대판 2017.1.25. 2012다72469; 대판 2003.11.13. 2002다57935. 미등기건물을 양수하여 건물에 관한 사실상의 처분권을 보유하게 됨으로써 건물부지도 점유한다고 볼 수 있는 등의 특별한 사정이 없는 한 건물의 소유명의자 아닌 이는 실제 건물을 점유하더라도 그 부지를 점유하는 이로 볼 수 없다고 한 대판 2009.9.10. 2009다28462 및 건물소유자가 미등기건물의 원시취득자이고 건물에 관하여 사실상의 처분권을 보유하게 된 양수인이 따로 존재하는 경우에, 미등기건물의 원시취득자와 사실상의 처분권자가 토지소유자에 대하여 부당이득반환의무를 지고, 이들은 부진정연대관계에 있다고 한 대판 2022.9.29. 2018다243133·243140도 참조.

5) 대판 2001.1.16. 98다20110.

6) 대판 2013.7.11. 2012다201410. 소유권보존등기는 이전등기와 달리 해당 토지의 양도를 전제로 하는 것이 아니어서, 보존등기를 마쳤다고 하여 일반적으로 등기명의자가 그 무렵 다른 사람으로부터 점유를 이전받는다고 볼 수는 없음을 근거로 한다.

[5044] 다. 점유설정의사

(1) 점유가 성립하기 위하여 「점유의사」가 요구되지 않지만, 적어도 사실적 지배관계를 가지려는 의사는 필요하다. 이러한 의사조차 없다면 지배라는 것을 생각할 수 없기 때문이다. 이러한 의사를 점유설정의사(占有設定意思)라 하는데, 일정한 법률효과와 결부된 법적 의미의 의사가 아니라 「자연적」 의사이다.

(2) 점유설정의사는 명시적일 필요가 없고 보통 추단되는데, 개개의 물건에 관해서가 아니라 포괄적으로 표시될 수도 있다(예: 우편함의 설치). 법률적 의사가 아니므로 점유자에게 행위능력이 있어야 하는 것도 아니다.

[5045] Ⅱ. 점유의 성립 여부

1. 서 설

점유는 사실적 지배에 의하여 성립하지만, 사실상태 「그대로」가 반영되지 않는 예외도 인정된다. 즉 점유가 관념화되어 사실적 지배가 없음에도 점유의 성립이 인정되는가 하면(예: 상속인에 의한 점유의 포괄승계와 간접점유), 반대로 사실상 지배를 함에도 점유가 인정되지 않는 경우도 있다(예: 점유보조자). 이는 결국 보호가치의 문제이다. 아래에서 간접점유와 점유보조자를 검토하고, 점유의 상속은 점유의 취득과 관련하여 살펴본다.

[5046] 2. 간접점유

가. 의 의

(1) 간접점유(間接占有)란 점유자와 물건 사이에 타인이 개재하여 그 타인의 점유를 매개로 하여 점유하는 것을 말하는데(제194조), 점유가 관념화된 형태이다.[7)]

(2) 앞의 예에서 B의 점유를 매개로 하여 A가 아파트에 대한 물적 지배를 완전히 상실하지는 않았다고 보아[8)] 그 상태대로 A를 보호한다. 즉 A는 점유매개관계의 유지에 대한 이익(임대인으로서의 의무의 이행 등과 관련하여)을 가지므로 그 한도에서 점유보호청구권을 가진다(제207조 참조).

[5047] 나. 성립요건

(1) 먼저 점유매개자(앞의 예에서 B)의 직접점유가 있어야 한다. B가 위 아파트를 전대한 경우처럼 점유매개자의 점유가 계층적으로 중첩될 수도 있다.

(2) 점유매개자와 간접점유자 사이에 점유매개관계(占有媒介關係)가 존재해야 한다.

① 앞서 본 임대차와 같이 A가 B를 매개로 하여 간접적으로나마 아파트에 대하여 지배를 미치고 있다고 인정될 수 있는 관계를 점유매개관계라 한다. 이러한 관계는 제194조에 열거된 지상권, 전세권, 질권, 사용대차, 임대차, 임치 외에 도급, 양도담보 등도 포함하고, 법률행위뿐만 아니라 법률의 규정, 국가행위[9)] 등에 의하여 성립될 수도 있다.

② 점유매개관계는 다음의 속성을 갖추어야 한다.

---

7) A 소유의 아파트를 B가 임차하여 점유하는 경우에, 아파트를 사실상 지배하는 것은 B(직접점유자)이지만, A(간접점유자)에게도 점유를 인정하는 것이 간접점유제도이다.

8) B는 아파트를 직접 지배하는 동시에 임대차계약에 기하여(반환의무를 부담함으로써) A를 위해서도 점유한다.

9) 공원부지의 점유에 관한 대판 2018.3.29, 2013다2559 · 2566 참조.

ⓐ 점유매개자의 점유할 권리가 간접점유자의 권리에 터 잡은 것이고, 내용에서도 후자보다 제한된 것이어야 한다. 즉 간접점유자의 권리가 점유매개자의 권리보다 포괄적이어야 한다. 그렇다고 하여 양자 사이에 시간적인 선후관계가 있어야 하는 것은 아니다.

ⓑ 간접점유자가 점유매개자에 대하여 반환청구권을 가져야 한다. 따라서 점유매개자의 점유는 타주점유여야 한다.[10] 반환청구권은 조건부, 기한부 또는 항변권부라도 무방하다. 부당이득에 기한 반환청구권을 포함하기 때문에, 간접점유자와 점유매개자 사이에 유효한 법률관계가 있어야 하는 것도 아니다.

다. 효 과 [5048]

(1) 간접점유자도 점유권을 가진다(제194조).

① 점유매개자가 점유를 침탈당하거나 방해받는 경우에 간접점유자도 점유보호청구권을 가지는데(제207조 제1항), 종전상태로의 복귀를 내용으로 한다. 즉 그 물건을 점유매개자에게 반환할 것을 청구할 수 있고, 점유매개자가 반환을 받을 수 없거나 이를 원하지 않으면 자기에게 반환할 것을 청구할 수 있다(제2항).

② 점유매개자의 점유가 침해된 경우에, 간접점유자에게 자력구제권을 인정할 것인지에 관하여 견해의 대립이 있으나, 명문규정이 없을 뿐만 아니라 이를 인정할 실제적 필요도 없으므로 부정할 것이다.

③ 어떤 물건에 관하여 직접점유자와 간접점유자가 있는 경우에, ⓐ 그 물건의 점유 · 용익으로 인한 직접점유자와 간접점유자의 부당이득반환의무는 동일한 경제적 목적을 가진 채무로서 「서로 중첩되는 부분」에 관해서는 일방의 채무가 변제 등으로 소멸하면 타방의 채무도 소멸하는 이른바 부진정연대채무의 관계에 있다.[11] 한편 ⓑ 그 물건을 점유 · 용익하는 제3자에 대한 부당이득반환청구권의 귀속은 점유매개자가 —간접점유자에 대한 관계에서— 과실취득권을 가지는지에 따라 달라진다.[12]

(2) 점유의 모습은 점유매개자를 기준으로 정하지만, 자주점유인지 여부는 간접점유자를 기준으로 판단한다.

(3) 간접점유자와 점유매개자의 관계에서 전자는 후자에 대하여 점유매개관계나 본권에 기한 청구권을 행사할 수 있을 뿐이고, 점유보호청구권이나 자력구제권을 행사할 수 없다. 반면 후자는 전자에 대하여 점유매개관계에 기한 청구권, 점유보호청구권 및 자력구제권을 행사할 수 있다.

3. 점유보조자 [5049]

가. 서 설

(1) 점유보조자(占有補助者)는 물건에 대하여 직접적으로 실력을 행사하면서도 점유를 인정받지 못하는 이를 말한다(제195조). 점유보조관계는 간접점유와 더불어 타인을 통한 점유형태이지만, 간접점유에서 직접점유자의 점유와 간접점유자의 점유가 중첩적으로 인정되는 반면, 점유보

10) 직접점유자가 간접점유자의 반환청구권을 승인하면서 점유해야 한다는 대판 2012.2.23. 2011다61424 · 61431 참조.

11) 대판 2012.9.27. 2011다76747. 점유매개자가 임차인이나 전세권자 등 용익권자인 경우에 제201조에 따라 부당이득반환청구권이 부정될 수 있음은 별개의 문제이다.

12) 간접점유자인 소유자의 부당이득반환청구권은, 점유매개자가 임차인이거나 전세권자인 경우에 부정되는 반면, 점유매개자가 수치인이라면 긍정된다.

조자의 점유가 인정되지 않고 점유를 지시한 타인의 점유만 인정된다는 점에서 양자는 다르다.

(2) 점유보조자는 점유를 지시한 이(흔히 「점유주」라 하는데, 이하 'X'라고 지칭한다)의 기관(「연장된 팔」)으로 X의 지배력을 행사할 뿐이어서, 그의 사실적 지배를 —X에게 주어지는 보호에 더하여— 별도로 보호할 필요는 없다.

[5050] 나. 요 건

(1) 어떤 이가 물건에 대하여 직접적으로 실력을 행사해야 하는데, X를 위한 의사의 유무나 X가 물건에 대한 권리를 가지는지 여부를 불문한다.

(2) 점유보조관계(占有補助關係), 즉 점유보조자와 X 사이에 사회적 종속관계(지시에 의한 명령·복종관계)가 있어야 하는데, 제195조에 예시된 가사상, 영업상의 관계 외에 계약, 친족법 또는 공법에 기해서도 이러한 관계가 성립할 수 있다.

이 관계가 반드시 유효해야 하는 것은 아니고, 계속적일 것을 요하지도 않는다. 외부에서 용이하게 인식할 수 있는 것이어야 하는 것도 아니다.

[5051] 다. 점유보조자의 지위

(1) 점유보조자는 점유자가 아니고, X만이 점유자이다(제195조). 즉 점유보조자의 점유보호청구권은 인정되지 않는다.[13)]

(2) 점유보조자의 점유가 인정되지 않는 것은 —X에 대한 관계에서— 사회관념상 보호가치가 없기 때문이다. 따라서 X의 보호와 충돌이 생기지 않는 범위에서 점유보조자에게 점유의 효력을 인정하더라도 문제될 바 없다. 특히 X를 위하여 점유보조자의 자력구제권(제209조)은 인정되어야 하고, 점유보조자의 사실상의 지배를 점유로 믿은 이가 선의취득을 할 수 있다.

(3) 점유보조관계가 존재하는 경우에, X의 점유의 취득 및 상실은 점유보조자를 기준으로 결정된다. 한편 점유취득시의 선·악의를 누구를 기준으로 판단할 것인지와 관련하여, 제197조에 의하여 X의 선의가 추정되더라도 점유보조자가 악의라면 그 악의는 X의 불이익으로 돌아간다고 할 것이다(제116조의 유추).

(4) 점유보조관계는 사회적 종속관계의 종료로 소멸한다.

[5052] Ⅲ. 점유의 득실

1. 서 언

점유의 득실에 관하여 제196조는 「점유권」의 관점에서 접근하지만, 직접점유는 어떤 연유로든 사실적 지배가 있으면 성립하고, 간접점유도 사실적 지배와 점유매개관계가 결합하면 성립하므로, 점유권 자체의 승계란 별다른 의미가 없다.

[5053] 2. 직접점유의 취득과 상실

가. 취 득

(1) 먼저 원시취득을 본다. 물건이 어떤 이의 사실적 지배범위 내로 들어가거나(예: 무주물 선

13) 대판 1976.9.28. 76다1588.

점, 유실물 습득) 점유보조자가 점유물을 횡령한 때에 점유(뒤의 경우에는 점유보조자의 점유)가 성립하고, 점유권도 발생한다(제192조 제1항). 이러한 취득은 사실행위이다.

(2) 승계취득 중 —뒤에서 보는 상속을 제외하고— 특정승계에 관하여 본다.

① 물건에 대한 사실적 지배가 현실로 양도인으로부터 양수인에게 이전되면(예: 아파트 열쇠의 교부) 점유(권)의 승계가 일어난다. 현실인도에 의한 승계의 법적 성질에 관하여 입장이 나뉘는 바, 「권리」로서 점유권의 이전이라는 점에 주목하면 법률행위이고 따라서 행위능력이 필요하며[14] 흠 있는 의사표시에 관한 규정이 적용된다고 할 것이지만, 점유의 승계가 주로 권리취득의 요건과 관련된다는 점에서 큰 의미는 없다.

② 점유권은 간이인도에 의하여 승계될 수 있다(제196조 제2항, 제188조 제2항). 즉 양수인이 이미 물건을 점유하고 있다면, 의사의 합치만으로 양도인의 (간접)점유 및 점유권이 이전된다. 간이인도에 의한 「점유권」의 승계는 법률행위이므로, 행위능력이 필요하고 흠 있는 의사표시에 관한 규정이 적용되며 부관 · 대리도 가능하다. 이 경우에도 사실적 지배 자체는 이미 하고 있다는 점에서 권리취득의 관점에서만 의미를 가질 뿐이다.[15]

나. 상 실

직접점유는 점유물에 대한 사실적 지배를 상실함으로써 소멸한다(제192조 제2항). 사실적 지배를 상실했는지는 사회관념에 따라 결정된다.

직접점유를 상실하는 것은 점유의 양도나 포기 등 점유자의 의사에 기한 경우뿐만 아니라 점유물의 멸실이나 점유이탈처럼 점유자의 의사에 기하지 않은 경우도 포함한다. 그런데 점유침탈의 경우에 점유자가 제204조에 기하여 점유를 회수하면 점유권은 처음부터 상실되지 않은 것으로 다루어진다(제192조 제2항 단서).

3. 간접점유의 취득과 상실 [5054]

(1) 간접점유의 취득을 본다.

간접점유를 원시취득하는 방법으로 ① 직접점유하던 이가 점유매개관계를 설정함으로써 스스로 간접점유를 취득하는 방법(예: A가 그 소유의 부동산을 B에게 임대하는 경우), ② 직접점유하던 이가 점유매개관계를 설정함으로써 다른 이로 하여금 간접점유를 취득케 하는 방법(예: B가 그 소유의 물건을 A에게 양도하고 임차인으로 계속 점유하는 경우) 및 ③ B가 스스로 직접점유를 취득하고 동시에 A에게 간접점유를 취득시키는 방법이 있다.[16]

간접점유는 반환청구권의 양도에 의하여 승계취득될 수 있다(제196조 제2항, 제190조).

(2) 간접점유는 직접점유를 하는 점유매개자가 점유를 상실하거나 점유매개관계가 단절되는 경우(예: 점유매개자가 점유물을 횡령하는 경우)에 소멸한다. 다만 점유매개관계의 단절이 아니라 점유매개관계의 종료(예: 전세권의 존속기간의 만료)는 그 자체로 간접점유의 소멸사유에 해당하지 않는다.[17]

---

14) 점유자의 상속인이 미성년자인 경우에 그 법정대리인을 통하여 점유권을 승계받아 점유를 계속할 수 있다고 한 대판 1989.4.11. 88다카8217 참조.

15) 간이인도에 의하여 타주점유가 자주점유로 바뀐다.

16) ②와 관련하여 점유개정을 통하여 간접점유를 「취득」한다는 점에서, 점유권의 「양도」에 관하여 제196조 제2항이 제189조를 준용하는 것에는 의문이 없지 않다.

[5055] **4. 점유의 상속**

가. 의의 및 요건

(1) 상속에 의하여 피상속인의 점유(권)는 상속인에게 이전한다(제193조). 점유의 상속은 상속인의 점유와 피상속인의 점유 사이에 간극이 생기지 않도록 하기 위한, 법률의 규정에 의한 점유(권)의 포괄승계로, 의사표시와 점유의 이전 어느 것도 요하지 않는다. 회사의 합병 등 포괄승계에서도 마찬가지라 할 것이다.

(2) 상속에 의하여 피상속인의 점유(권)를 승계하는 이는 진정상속인에 한한다. 그리고 상속인의 사실적 지배를 요하지 않으며, 상속개시사실이나 자신이 상속인임을 알 필요도 없다. 한편 표현상속인이 점유를 취득한 후 진정상속인이 상속을 회복한 경우에, 상속개시시에 소급하여 진정상속인에게로의 점유(권)의 승계가 이루어진다.

[5056] **나. 효 과**

(1) 상속에 의한 승계의 효과는 사망 당시 피상속인이 가졌던 모든 점유에 미치며, 점유침탈에 대하여 상속인이 점유보호청구권을 행사할 수 있다.

(2) 점유의 상속에 제199조를 적용할 것인가? 특히 피상속인의 점유는 타주점유이지만 상속인이 소유의 의사로 현실적 지배를 개시한 경우에, 그때부터라도 상속인의 자주점유를 인정할 수 있는지에 관하여 판례는 "새로운 권원에 의하여 자기 고유의 점유를 개시하지 않는 한" 이를 부정하는 반면,[18] 다수설은 이를 긍정한다.

생각건대 제193조에 의하여 점유 자체가 이전되는 것이 아니라 「점유자라는 법적 지위」의 이전이 의제될 뿐이다. 즉 상속인은 피상속인의 점유의 성질 및 그 하자를 그대로 승계한다(간접점유도 포함하여). 따라서 포괄승계로서 상속이 자주점유로의 전환을 위한 「새로운」 권원으로 될 수 없다.[19] 요컨대 상속인의 점유가 예외적으로 새로운 권원에 의한 점유의 요건을 갖추었다면 제199조의 적용을 긍정할 것이지만, 당연승계인 점유(권) 상속의 경우에는 그 적용을 부정할 것이다.

(3) 진정상속인이 여러 명이라면, 그들이 피상속인의 점유(권)를 준공유한다(제1006조, 제278조 참조).

[5057] **Ⅳ. 준 점 유**

가. 의 의

(1) 물건이 아니라 재산권을 사실상 행사하는 것을 준점유라고 한다. 점유가 물건의 지배를 수반하지 않는 지배관계로 확대되는 모습이다.

(2) 준점유에 점유에 관한 규정이 준용되는데(제210조), 특히 채권의 준점유자에 대한 변제의

17) 점유매개관계를 이루는 임대차계약 등이 해지 등의 사유로 종료되더라도 직접점유자가 목적물을 반환하기 전까지 간접점유자의 직접점유자에 대한 반환청구권이 소멸하지 않고, 따라서 임대차계약 등이 종료된 후에도 직접점유자가 목적물을 점유한 채 이를 반환하지 않으면 간접점유자의 반환청구권이 소멸하지 않으므로 간접점유의 점유매개관계가 단절된다고 할 수 없다고 한 대판 2019.8.14. 2019다205329; 대판 2023.8.18. 2021다249810 참조.

18) 대판 2004.9.24. 2004다27273; 대판 1992.9.22. 92다22602 · 22619. 대판 1997.12.12. 97다40100(판례, 〈8-2-3〉)도 참조.

19) 자주점유인지 여부는 권원의 성질에 의하여 객관적으로 판단되는데, 포괄승계로서 상속을 자주점유로의 전환을 위한 새로운 권원으로 보아서는 안 된다.

효과를 제470조가 규정한다.

나. 요 건

(1) 준점유의 객체는 재산권이다. 그런데 점유를 수반하는 재산권(예: 소유권, 지상권)에 대해서는 준점유가 성립할 수 없고, 채권이나 저당권 또는 지식재산권과 같이 점유를 수반하지 않는 권리에 한정된다.

(2) 재산권을 사실상 행사해야 한다. 즉 어떤 재산권이 사실상 어떤 이에게 귀속하는 것과 같은 외관을 나타내야 하는데, 객관적 사정에 따라 판단된다.[20] 그리고 채권의 경우에 1회의 변제에 의하여 소멸하는 것도 마찬가지이다(예: 채권증서 또는 예금증서와 인장의 소지).

제 3 관 점유 자체의 보호

1. 서 론 [5058]

점유를 보호하기 위하여 점유보호청구권이 인정되는데, 점유침탈 등의 방해가 있기 전의 사실상태 그대로의 복귀를 목표로 한다.

이처럼 점유를 보호하는 근거로, 사회적 관점에서 사회의 평화와 질서를 유지하기 위함과 점유자 개인의 입장에서 생활관계의 연속에 대한 이익을 보호하기 위함을 들 수 있다.

2. 점유보호청구권 [5059]

가. 서 설

(1) 점유보호청구권(占有保護請求權)은 ―본권과 무관하게― 점유 그 자체를 보호하기 위하여 인정되는 일종의 물권적 청구권인데, 자력구제가 원칙적으로 금지됨에 따라 점유침해에 대한 1차적 구제수단이다.

(2) 점유보호청구권은 실체법상의 청구권인데, 현상태의 안정(즉 침해가 있기 전에 「있던」 상태로의 복귀)을 목표로 한다는 점(특히 간접점유자의 점유보호청구권에 관한 제207조 제2항 참조)에서 규범적으로 정당한 상태(「있어야 할」 상태)를 지향하는, 본권에 기한 물권적 청구권과 다르다.

한편 제204조 내지 제206조는 점유보호청구권 외에 손해배상청구권도 규정한다. 후자는 순수한 채권으로 그 요건 및 효과에서 전자와 다르지만, 편의상 전자와 함께 규정할 뿐이다.

나. 당 사 자 [5060]

(1) 청구권자는 점유자인바, 간접점유자도 점유보호청구권을 행사할 수 있지만, 점유권이 인정되지 않는 점유보조자는 점유보호청구권의 주체가 될 수 없다. 본권을 가지는지를 따지지 않고, 공동점유에서 점유자 각자는 점유보호청구권(제204조 내지 제206조. 및 자력구제권)을 가진다.

(2) 상대방에 관하여 본다.

① 물권적 청구로서 점유보호청구의 상대방은 현재(사실심의 변론종결시) 점유를 방해하고 있어야 하는데, 침탈자의 포괄승계인은 당연히 상대방으로 되며, 침탈자의 특별승계인도 악의라면 상대방이 될 수 있다(제204조 제2항). 다만 침탈자로부터 선의승계인을 거쳐 악의승계인에게 물건

20) 취소권이나 해제권과 같은 형성권을 준점유하기 위해서는 법률상 지위의 승계인이라고 사실상 인정되면 된다.

이 이전된 경우에, 선의승계인에게 점유가 이전됨으로써 점유침탈의 교란상태는 종료되므로([1021]도 참조), 그 악의승계인에 대하여 점유회수청구권을 행사할 수 없다고 해야 한다.

② 손해배상청구의 상대방은 스스로 손해를 발생케 한 이로, 그의 특별승계인이 상대방으로 될 수 없음은 당연하다.

[5061] **다. 점유회수청구권**

(1) 점유자가 점유를 침탈당한 경우에, 반환청구권으로서 점유회수청구권(占有回收請求權)이 인정된다(제204조).

(2) 요건을 본다.[1)]

① 점유의 침탈(侵奪)이 있어야 한다. 즉 점유자의 의사에 기하지 않은 채 점유를 상실했어야 한다. 집행권원 없이 이루어진 위법한 강제집행에 의하여 점유를 빼앗긴 경우도 점유의 침탈에 해당한다.[2)] 반면 사기에 의하여 점유를 이전한 경우에는 점유회수청구권을 행사할 수 없고,[3)] 직접점유자가 임의로 점유를 다른 이에게 넘겼다면, 점유이전이 간접점유자의 의사에 반하더라도 간접점유자는 점유의 회수를 구할 수 없다.[4)]

② 점유침탈자의 고의 또는 과실은 요건이 아니다. 따라서 정당하게 인도청구할 수 있는 이의 점유침탈에 대해서도 점유회수청구권을 행사할 수 있다. 다만 점유침탈을 이유로 손해배상을 청구하기 위해서는 점유침탈자에게 고의 또는 과실이 있어야 한다.

③ 점유의 상호침탈(相互侵奪)의 경우에 점유회수청구권을 행사할 수 있는가?[5)] 이러한 경우에 B의 점유회수청구권을 인정하더라도 A가 다시 본권에 기한 반환청구권을 행사하면(예비적 반소도 가능하다) 인정의 실익이 없어질 뿐만 아니라 신의칙에 반하고 소송경제에도 반하므로 부정할 것이다(다수설). 판례의 입장도 같다.[6)]

④ 점유회수청구권은 점유를 침탈당한 날부터 1년 내에 행사해야 한다(제204조 제3항). 이 기간은 제척기간인데, 판례는 그 의미를, 재판 외에서 권리행사하는 것으로 족한 기간이 아니라 반드시 그 기간 내에 소를 제기해야 하는 출소기간(出訴期間)으로 새긴다.[7)] 법이 제척기간을 규정하는 것(및 판례가 이를 출소기간으로 새기는 것)은 「잠정적」 상태의 보호라는 점유제도의 취지에 따라 법률관계를 조기에 확정할 필요에 기한 것이다.[8)]

[5062] (3) 내용을 본다.

---

1) 점유회수의 청구에서 점유를 침탈당하였다고 주장하는 당시에 점유하고 있었는지 여부만 살피면 된다는 대판 2021.2.4. 2019다202795 · 202801.

2) 대판 1987.6.9. 86다카1683.

3) 대판 1992.2.28. 91다17443.

4) 대판 1993.3.9. 92다5300.

5) 가령 자전거를 도난당한 A가 몇 달 후 그 자전거를 훔쳐 타고 다니는 B로부터 자력으로 자전거를 탈환한 경우에, B는 A에 대하여 점유회수청구권을 행사할 수 있는가?

6) 대판 2023.8.18. 2022다269675: "상대방으로부터 점유를 위법하게 침탈당한 점유자가 상대방으로부터 점유를 탈환하였을 경우(이른바 '점유의 상호침탈'), 상대방의 점유회수청구가 받아들여지더라도 점유자가 상대방의 점유침탈을 문제삼아 점유회수청구권을 행사함으로써 다시 자신의 점유를 회복할 수 있다면 상대방의 점유회수청구를 인정하는 것이 무용할 수 있다. 따라서 이러한 경우 점유자의 점유탈환행위가 민법 제209조 제2항의 자력구제에 해당하지 않는다고 하더라도 특별한 사정이 없는 한 상대방은 자신의 점유가 침탈당하였음을 이유로 점유자를 상대로 민법 제204조 제1항에 따른 점유의 회수를 청구할 수 없다고 보는 것이 타당하다."

7) 대판 2002.4.26. 2001다8097 · 8103: 제204조 제3항과 제205조 제2항의 "제척기간은 재판 외에서 권리행사하는 것으로 족한 기간이 아니라 반드시 그 기간 내에 소를 제기하여야 하는 이른바 출소기간으로 해석함이 상당하다."

8) 그런데 제204조 제3항은 점유침탈로 인한 손해배상에도 적용되지만 본권 침해로 발생한 손해배상청구권의 행사에는 적용되지 않으므로, 점유를 침탈당한 이가 본권인 유치권 소멸에 따른 손해배상청구권을 행사하는 때에는 위 조항이 적용되지 않고, 점유를 침탈당한 날부터 1년 내에 행사할 것을 요하지 않는다(대판 2021.8.19. 2021다213866).

① 물권적 청구로서 점유회수청구의 내용은 물건 자체의 반환이다. 반환이 불가능한 경우(예컨대 점유물이 매각되어 금전화된 경우)에는 손해배상만이 문제된다. 간접점유자에게도 점유회수청구권이 인정되지만,[9] 제207조 제2항의 제한을 받는다.

② 점유회수청구권을 행사하여 점유를 회수하면 점유권은 상실되지 않은 것으로 다루어진다(제192조 제2항 단서).

③ 손해배상에서 손해는 물건의 점유를 계속함으로써 얻을 수 있는 이익(사용이익)을 기준으로 산정한다.

라. 점유보유청구권과 점유보전청구권 [5063]

(1) 점유자의 점유가 침탈 외의 방법으로 방해받는 경우에 방해제거청구권으로서 점유보유청구권(占有保有請求權)이 인정된다(제205조).

① 요건으로 점유의 「방해」가 있어야 한다. 여기서 방해란 점유침탈 외의 방법에 의한, 기존의 점유상태에 대한 부분적 침해를 의미한다. 정당한 방해로서 피침해자가 수인의무를 지는 경우는 당연히 제외된다. 방해자의 고의 또는 과실을 요하지 않지만, 손해배상을 청구하는 경우에 그렇지 않음은 점유회수청구에서와 같다.

② 점유보유청구권의 내용은 방해의 제거 및 손해의 배상이다. 여기서 손해란 점유가 방해받고 있음으로 인한 손해를 말하고, 방해의 제거비용은 이에 속하지 않는다.

③ 점유보유청구권은 방해행위가 종료한 날[10]부터 1년 내에 행사해야 하는데(제205조 제2항), 제척기간(이자 출소기간)이다. 한편 공사로 인한 점유의 방해에 관하여 제205조 제3항이 제척기간을 규정한다.

(2) 점유자의 점유가 방해받을 염려가 있는 경우에 방해예방청구권으로서 점유보전청구권(占有保全請求權)이 인정된다(제206조). [5064]

① 요건으로 점유의 방해를 받을 염려가 있어야 하는데, 구체적 사정 하에서 사회통념에 따라 객관적으로 판단한다.[11]

② 점유보전청구권의 내용은 방해의 예방 또는 손해배상의 담보를 청구하는 것이다. 여기서 방해의 예방은 방해원인을 제거하여 방해를 방지하는 조치로, 작위 또는 부작위를 가리지 않는다. 한편 방해의 염려가 있는 한 손해배상의 담보를 청구함에 상대방의 고의 또는 과실을 요하지 않는다.

③ 공사로 인하여 방해의 염려가 있는 경우에 대하여 제206조 제2항이 제척기간을 규정한다.

마. 점유의 소와 본권의 소 [5065]

(1) 점유의 소(占有의 訴)란 점유보호청구권을 행사하는 소를 말하고, 본권의 소(本權의 訴)란 소유권, 전세권 등 점유를 정당화하는 권원을 기초로 한 소를 말한다.[12]

(2) 점유의 소와 본권의 소는 방해의 제거/예방이라는 목적을 공유하지만, 취지(지향)를 달리

---

9) 대판 2012.2.23. 2011다61424·61431.

10) 대판 2016.7.29. 2016다214483·214490.

11) 대판 1987.6.9. 86다카2942.

12) 소유자이자 점유자인 A의 점유가 침탈당한 경우에, A는 제213조에 기한 반환청구권과 제204조에 기한 반환청구권을 가지는데, 전자를 기초로 한 소가 본권의 소이고, 후자를 기초로 한 소가 점유의 소이다.

하기 때문에[13] 서로 영향을 미치지 않는다(제208조 제1항).[14]

① 본권과 무관한 「잠정적」 보호를 목표로 한다는 점에서 점유의 소는 본권의 소와 청구원인[15]을 달리하므로 서로 영향을 미치지 않는다.

② 점유를 침탈당한 본권자는 본권의 소와 점유의 소를 동시에 제기하거나 선택적으로 병합할 수 있고, 어느 한 청구에 대하여 패소한 후에 다른 청구를 하여도 된다.

(3) 점유의 소는 본권에 관한 이유로 재판하지 못한다(제208조 제2항).

① 점유의 소에서 본권에 기한 항변을 할 수 없다. 잃어버린 자전거를 발견하고 함부로 집으로 끌고 간 경우처럼 본권자, 즉 원래의 소유자에 대해서도 점유보호청구권이 인정된다.[16]

② 한편 본권자는 별소로 본권에 기한 물권적 청구권을 행사할 수 있을 뿐만 아니라, 점유권을 기초로 하는 본소에 대하여 본권에 기초한 예비적 반소[17]를 제기할 수도 있다.[18]

[5066] 3. 자력구제권

가. 의의 및 효과

(1) 자력구제(自力救濟)란 사인(私人)이 자기의 권리를 보전하거나 실현하기 위해서 국가의 힘을 빌리지 않고 사적 실력을 행사하여 강제하는 것을 말한다.

(2) 자력구제는 원칙적으로 금지되고,[19] 국가구제(재판 및 집행제도를 통한)가 불가능하거나 극히 곤란한 경우에 예외적으로, 그것도 질서교란행위가 계속되는 동안 종전의 상태를 유지하려는 전화(轉化)의 단계에서만 인정된다. 반면 질서교란행위가 끝나 새로운 지배상태가 확립되면, 자력구제권은 인정되지 않고 점유보호청구권만 인정된다.

(3) 자력구제권을 행사할 수 있는지가 문제되는 경우를 본다. 학설은 일반적으로 초법규적 위법성조각사유로 ① 본권자의 자력구제권을 인정한다. 한편 ② 간접점유자에게 자력구제권을 인정할 실익이 있다고 하기 어렵다. 반면 ③ 점유보조자의 점유권이 부정되는 것은 점유를 지시한 이에 대한 관계에서 보호의 필요가 없기 때문인데, 그 밖의 다른 이에 대한 관계에서 자력구제권을 인정하더라도 문제되지 않는다.

(4) 권리의 침해가 있는 경우에 자력구제가 허용되지 않지만, 제209조의 요건을 충족하면

---

13) 점유제도는 사실적 지배를 그대로 보호하는 반면, 본권은 점유를 정당화하는 적법한 권원(소유권, 임차권 등)으로서 있어야 할 상태를 지향한다는 점에서.

14) 소유자의 본권의 소와 점유자의 점유의 소가 각각 승소로 확정되었다면, 최종적으로 본권의 소에서 승리한 소유자가 보호받음은 당연하다.

15) 소장에 청구의 취지와 원인을 적어야 하는데(민사소송법 제249조 제1항), 청구취지(請求趣旨)는 결론부분으로 판결서의 주문에 대응한다. 그리고 청구원인(請求原因)은 청구취지를 보충하여 소송물을 특정함에 필요한 사실관계를 말하는데(민사소송규칙 제62조 참조. 넓은 의미에서는 소송물인 권리관계의 발생원인에 해당하는 사실관계도 포함한다), 원고가 자신의 청구를 이유 있게 하기 위하여 주장·증명해야 한다.

16) 점유의 상호침탈의 경우에 점유보호청구권을 행사할 수 없음에 관하여 [5061] 참조.

17) 반소(反訴)란 소송계속 중에 피고가 그 소송절차에 병합하여 원고를 상대로 제기하는 소를 말하는데(민사소송법 제269조), 본소청구의 기각을 구하는 것 이상의 적극적 내용이 포함되어야 하고, 본소청구가 인용될 때를 대비하여 조건부로 심판을 구하는 예비적 반소도 가능하다.

18) 대판 2021.3.25. 2019다208441: "점유권을 기초로 한 본소에 대하여 본권자가 본소청구의 인용에 대비하여 본권에 기초한 장래이행의 소로서 예비적 반소를 제기하고 양 청구가 모두 이유 있는 경우, 법원은 점유권에 기초한 본소와 본권에 기초한 예비적 반소를 모두 인용해야 하고 점유권에 기초한 본소를 본권에 관한 이유로 배척할 수 없다. 이러한 법리는 점유를 침탈당한 자가 점유권에 기한 점유회수의 소를 제기하고, 본권자가 그 점유회수의 소가 인용될 것에 대비하여 본권에 기초한 장래이행의 소로서 별소를 제기한 경우에도 마찬가지로 적용된다."

19) 권리의 존재 자체가 언제나 명확한 것은 아니고(가령 추돌이 앞차의 급정거 때문일 수 있다), 폭력에의 의존에 따라 사회질서의 유지가 곤란하게 되기 때문이다.

위법성이 조각된다.[20] 그리고 자력구제권을 행사하여 점유를 탈환하면, 제192조 제2항을 유추하여 점유권이 상실되지 않은 것으로 다룰 것이다.

나. 유　　형[21] [5067]

(1) 점유에 대한 부정한 침탈 또는 방해행위에 대하여 자력으로 방위하는 권리를 자력방위권이라 한다(제209조 제1항). 이 권리는 점유의 침탈 또는 방해행위가 계속되는 동안에만 행사할 수 있다.

(2) 점유가 침탈되었을 때 이를 탈환할 수 있는 권리를 자력탈환권이라 하는데(제2항), 부동산의 경우에 침탈 후 "직시(直時)",[22] 동산의 경우에는 "현장에서 또는 추적하여" 행사할 수 있다. 요컨대 사회관념상 자력에 의한 점유회복이 필요하고도 상당하다고 여겨지는 시간의 범위 내에서 인정되고, 그 범위를 넘어서면 오히려 새롭게 형성된 외적 평화를 교란시키므로, 점유자가 침탈사실을 아는지와 무관하게 침탈을 당한 후 상당한 시간이 흘렀다면 자력탈환권을 행사할 수 없다.[23]

제 4 관　점유와 본권

Ⅰ. 총　　설 [5068]

점유는 본권과 무관하지만, 그와 일정한 관련을 가진다. 점유의 보호가 사회적으로 승인되는 것은 사실적 지배라도 「대개」 일정한 본권을 기초로 하기 때문이다.

여기서는 동산물권 양도의 공시방법인 점(제188조 제1항 참조)을 제외하고 점유와 본권의 관계를 살펴본다. 그런데 권리취득의 요건과 관련해서는 전제적 요건에 관한 검토에 그친다.

Ⅱ. 본권의 추정: 권리추정적 효력 [5069]

1. 의　　의

점유자가 점유물에 대하여 행사하는 권리는 적법하게 보유한 것으로 추정된다(제200조). 이 추정은 사실적 지배가 대개 법적 권원을 수반한다는 고려, 즉 진실한 권리관계와 부합할 개연성에 기한 것이다.

제200조의 적용요건은 "점유"뿐이고, 점유의 종류 또는 하자의 유무를 불문한다.

2. 내　　용 [5070]

가. 추정의 성질 및 범위

(1) 제200조의 추정은 반대사실의 증명에 의하여 깨어질 때까지 정당한 것으로 다루어지는

20) 다수설은 자력구제의 요건이 갖추어지지 않았음에도 불구하고 구비되었다고 오신하여 자력구제를 한 경우에, 과실이 없더라도 손해배상책임을 인정한다.

21) 법정된 아래의 유형들 외에 점유이탈물이 타인의 부동산에 들어갔으나 아직 누구도 이를 점유하지 않은 경우에, 제216조의 유추에 의하여 수색 및 수거의 허용을 구하는 자력수거권(독일민법 제867조 참조)도 인정될 수 있다는 주장이 유력하다.

22) 대판 2017.9.7. 2017도9999: "'객관적으로 가능한 한 신속히' 또는 '사회관념상 가해자를 배제하여 점유를 회복하는 데 필요하다고 인정되는 범위 안에서 되도록 속히'라는 뜻".

23) 대판 1993.3.26. 91다14116.

소극적 · 잠정적 성질의 것(이를 「잠정적 진실」이라 한다)으로, 그에 따라 증명책임의 전환이 이루어진다([5153] 참조). 특히 제197조 제1항과 결합하여 점유자는 소유자로 추정되므로, 점유가 타주점유라는 점에 대한 증명책임을 상대방이 부담한다.

(2) 추정의 범위를 본다.

① 추정이 점유자에게 유리한지를 따지지 않으며, 제3자도 제200조를 원용할 수 있다.

② 과거의 점유자는 점유기간 중에 적법하게 권리를 보유한 것으로 추정된다(독일민법 제1006조 제2항 참조).

③ 추정되는 것은 "점유물에 대하여 행사하는 권리"로, 물권뿐만 아니라 점유할 수 있는 권원(예: 임차권)을 포함한다. 나아가 임차인이 임차목적물을 점유하는 경우에, 간접점유자인 임대인의 권리도 추정된다.

[5071] **나. 추정의 한계**

(1) 부동산물권에 관해서는 등기가 추정력을 가지므로 그에 의할 것이고, 제200조를 적용할 것은 아니다.[1] 다만 미등기부동산에 대해서는 제200조를 적용할 것이다.

(2) 점유의 승계취득에서 전주(前主)에 대하여 제200조를 원용할 수 없고, 증명책임 일반의 법리에 따라야 한다.[2]

[5072] Ⅲ. 본권 취득의 요건

1. 서 설

전면적인 권리취득으로서 선의취득이나 시효취득 그리고 부분적인 권리취득(점유자의 보호)으로서 선의점유자의 과실취득권(그에 부수하는 책임도 포함하여)은 모두 일정한 모습의 점유를 요건으로 한다. 점유의 모습(제197조), 점유의 계속 및 분리 · 병합(제198조, 제199조) 등은 주로 이와 관련하여 의미를 가진다.

권리취득의 개개의 쟁점은 관련되는 곳에서 다루기로 하고, 여기서는 그 전제로서 점유의 모습과 승계를 살펴본다.

[5073] 2. 점유의 모습

가. 서 설

권리취득의 요건으로서 점유의 모습은 일정한 주관적 요소와 관련된다. 그런데 점유의사의 배제로 점유가 객관화됨([5044] 참조)에 따라, 「객관화된」(점유권원 등의 객관적 사실을 통하여 추단되는) 주관적 요소를 기준으로 점유의 모습을 판단해야 한다. 즉 점유의 주관적 요소는 —점유자의 실제의사와 무관하게— 권원의 성질에 따라 객관적으로 판단되어야 한다.[3]

1) 대판 1982.4.13, 81다780. 따라서 타인의 소유로 등기된 토지를 점유 · 경작한 이는 스스로 점유권원을 주장하고 증명해야 한다.
2) 예를 들어 임대인인 소유자와 임차인인 점유자 사이에 임차권의 존부에 관하여 다툼이 생긴 경우에, 제200조에 의하여 적법한 임차권의 존재가 추정되지 않으며, 임차인이 임차권의 취득사실을 주장하고 증명해야 한다.
3) 타인의 물건을 훔친 사람의 점유도 그 자체로 보호되지만(상호침탈이 그 반증이다), 취득시효의 요건인 자주점유로 되지 못한다.

나. 자주점유와 타주점유 [5074]

(1) "소유의 의사"로 하는 점유가 자주점유(自主占有)이고, 그렇지 않은 점유가 타주점유이다.

자주점유와 타주점유의 구별은 취득시효(제245조), 무주물 선점(제252조) 및 점유자의 책임(제202조) 등과 관련하여 실익을 가진다.

(2) 소유의 의사란 물건에 대하여 소유자가 할 수 있는 것과 같은 배타적 지배를 사실상 행사하려는 의사를 말하며, 사실상 소유할 의사로 족하다.[4)]

소유의 의사 유무는 점유취득시를 기준으로 권원(權原)의 성질에 의하여 객관적으로 판단되는데, 점유자는 소유의 의사로 점유하는 것으로 추정된다(제197조 제1항). 자주점유의 판단 및 추정은 주로 취득시효와 관련되어 문제되므로 자세한 것은 그곳에서 검토한다.

(3) 자주점유와 타주점유 사이의 전환(轉換)에 관하여 본다. [5075]

① 타주점유가 자주점유로 전환되기 위해서는 새로운 권원에 기하여 소유의 의사로 점유를 시작해야 한다(예: 수치인이 임치물을 매수한 경우).

한편 판례는 소유자에 대하여 소유의사를 표시하는 경우에도 자주점유로 전환된다는 입장이지만,[5)] 소유의 의사 유무가 권원의 성질에 따라 객관적으로 판단된다는 기본입장과 모순되지 않는지 하는 관점에서 음미를 요한다. 그 밖에 상속은 자주점유로의 전환을 위한 새로운 권원에 해당하지 않음에 관하여 [5056] 참조.

② 타주점유로의 전환에 관한 판례의 입장을 본다.[6)] ⓐ 토지(甲)의 소유자(E)가 점유자(B)를 [5076]
상대로 —물권적 청구로서— 甲에 관한 B 명의 소유권이전등기의 말소를 구하는 소송을 제기하여 그 소송이 B의 패소로 확정되었다면, B는 「소장 부본의 송달시」([5079] 참조)부터 「악의」의 점유자로 의제(간주)된다(제197조 제2항). 이때 B가 말소등기청구소송의 직접당사자가 되어 소송을 수행했고 결국 그 소송을 통해 甲의 정당한 소유자를 알게 되었으며 나아가 패소판결의 확정으로 B로서는 甲에 관한 자기명의의 소유권이전등기에 관하여 E에 대하여 말소등기의무를 부담하게 되었음이 확정되었으므로, 단순한 악의점유의 상태와 달리 객관적으로 그와 같은 의무를 부담하는 점유자로 변한 것이어서 B의 점유는 「패소판결 확정 후부터」는 「타주」점유로 전환되었다고 보아야 한다.[7)] ⓑ 반면 점유자(B)가 소유자(E)를 상대로 제기한 소에서 패소한 경우에는 다르다.[8)]

다. 하자 있는 점유와 하자 없는 점유 [5077]

(1) 하자(瑕疵) 있는 점유란 악의, 과실(過失), 강포(强暴), 은비(隱秘. 숨기어 비밀로 한다는 뜻이다), 불계속(不繼續) 등의 요건 중 일부라도 갖춘 점유를 말하고, 하자 없는 점유란 선의, 무과실, 평온,[9)] 공연, 계속 등의 요건을 모두 갖춘 점유를 말한다.

4) 대판 1994.10.21. 93다12176. 대판(전) 2000.3.16. 97다37661([5197]에 소개된)의 다수의견도 참조.

5) 대판 1993.7.16. 92다37871; 대판 1998.3.27. 97다53823.
의용민법 제185조의 태도가 그러한데, 소유자가 없다면(예: 유실물을 습득한 경우) 소유의 의사를 객관적으로 인식할 수 있도록 하면 된다고 해야 한다.

6) 부동산을 매도하여 인도의무를 지는 매도인의 점유는 특별한 사정이 없는 한 타주점유로 변경된다는 대판 2004.9.24. 2004다27273도 참조.

7) 대판 1996.10.11. 96다19857. 대판 2000.12.8. 2000다14934·14941도 동지.

8) B가 E를 상대로 제기한 소는 소유권이전등기의 말소를 구하는 것이므로 그 패소판결의 확정으로 B의 E에 대한 말소등기청구권이 부정될 뿐이기 때문이다(대판 1999.9.17. 98다63018).

9) 점유를 취득 또는 보유하는 데 법률상 용인될 수 없는 강포행위를 쓰지 않았다는 의미이다.

(2) 점유자는 선의, 평온 및 공연하게 점유한 것으로 추정되는데(제197조 제1항), 점유가 불법이라고 주장하는 이로부터 이의를 받은 사실이 있거나 점유물의 소유권을 둘러싸고 당사자 사이에 법률상의 분쟁이 있었더라도, 그러한 사실만으로 곧바로 점유의 평온·공연성이 상실된다고 할 수 없다.[10] 반면 과실 없는 점유는 추정되지 않으므로, 이에 대해서는 주장자가 증명책임을 진다.[11]

그리고 제198조에 따라 전후 양시에 점유한 사실이 있으면 그 점유는 계속한 것으로 추정되고, 점유가 승계되는 경우에 제199조 제2항에 따라 전 점유자의 하자도 승계된다.

[5078] **라. 선의점유와 악의점유**

(1) 원래 선의란 어떤 사정을 모르는 상태를 말하고, 악의란 그 사정을 알고 있음을 말한다. 취득시효(제245조) 및 선의취득(제249조)의 요건은 이 구별에 기한 것이다.

반면 제201조와 제202조에서는 점유(하며 용익)할 수 있는 권리, 즉 본권이 없음에도 불구하고 있다고 「오신」할 뿐만 아니라 그러한 오신에 정당한 사유가 있는 경우만을 선의점유(善意占有)라 한다([5316] 참조). 이러한 선의의 축소(그에 따라 악의점유의 범위가 넓어진다)는 선의점유자의 보호를 가치 있는 경우에 한정하기 위한 것이다.

[5079] (2) 점유자는 선의로 점유한 것으로 추정된다(제197조 제1항). 그런데 권원 없는 점유였음이 밝혀졌다고 하여 곧 그동안의 점유에 대한 선의의 추정이 깨어졌다고 볼 것은 아니다.[12]

(3) 선의의 점유자라도 본권에 관한 소에서 패소한 경우에, 그 소가 제기된 때부터 악의의 점유자로 의제된다(제2항).

① 본권에 관한 소는 권리귀속의 소를 포함하여 소유권에 기한 일체의 소를 의미하는데, 소유권에 기하여 점유물의 인도를 구하는 소송은 물론 점유로 인한 부당이득의 반환을 구하는 소송도 포함한다.[13]

② "본권에 관한 소에 패소한 때"라 함은 종국판결에 의하여 패소로 확정한 경우를 말한다.[14]

③ "그 소가 제기된 때"란 소송계속이 생긴 때, 즉 소장 부본이 피고에게 송달된 때로 이해해야 한다. 악의의제(그에 따른 타주점유 전환도 포함하여)는 패소로 인하여 점유자의 보호가치가 소급적으로 부정됨을 반영한 결과인데, 그렇다고 하더라도 소가 제기되었음을 알지 못한 시점까지 소급하는 것은 적절하지 않기 때문이다. 판례의 입장도 같다.[15]

[5080] ## 3. 점유의 승계

가. 서 설

사실적 지배로서 점유 자체의 승계는 ―타인을 통한 사실적 지배의 경우, 즉 간접점유의 취

10) 대판 1994.12.9. 94다25025.
11) 대판 1983.10.11. 83다카531.
12) 대판 2000.3.10. 99다63350.
13) 대판 2002.11.22. 2001다6213 참조.
14) 대판 1974.6.25. 74다128.
15) 대판 2016.12.29. 2016다242273: "점유자는 선의로 점유한 것으로 추정되고(민법 제197조 제1항), 권원 없는 점유였음이 밝혀졌다고 하여 바로 그 동안의 점유에 대한 선의의 추정이 깨어졌다고 볼 것은 아니지만, 선의의 점유자라도 본권에 관한 소에서 패소한 때에는 그 소가 제기된 때부터 악의의 점유자로 보며(민법 제197조 제2항), '소가 제기된 때'란 소송이 계속된 때, 즉 소장 부본이 피고에게 송달된 때를 말한다."

득을 제외하면— 문제되지 않는다. 앞에서도 여러 번 말한 것처럼 이 점에서 점유「권」의 승계라는 제196조의 의미에 관하여 의문이 없지 않다.

아래에서 권리취득의 요건으로서 점유의 승계에 관하여 본다.

나. 점유의 승계와 그 효과[16] [5081]

(1) 점유의 승계취득은 전 점유자의 점유의 승계이자 동시에 승계인의 입장에서는 새로운 점유의 취득이다. 따라서 승계인의 선택에 따라 자기의 점유만 주장하거나 자기 및 전 점유자(현 점유자에 앞선 모든 점유자)의 점유를 모두 주장할 수도 있다(제199조 제1항). 즉「점유의 분리 · 병합」이 인정되는데, 전 점유자가 여러 명인 경우에 그중 일부의 점유(권)만 주장할 수 있지만, 어느 한 점유자의 점유기간 중 일부만을 병합할 수는 없다.[17]

(2) 점유의 병합을 주장하는 경우에 전 점유자의 하자까지도 승계된다(제2항). 예를 들어 과실 있는 점유자로부터의 양수인은 인도 후의 과실 없는 점유만 주장할 수도 있고, 그 전부터의 과실 있는 점유까지 주장할 수도 있다.

16) 점유를 승계했다고 하여 점유로 인한 법률효과까지 승계하는 것은 아님에 관하여 [5213] 참조.
17) 대판 1980.3.11. 79다2110.

제 2 장 물권의 변동

제 1 절 총 설

[5082] I. 개 관

1. 물권변동의 의의

(1) 물권변동은 물권의 발생, 변경 및 소멸을 총칭하는바, 권리주체의 입장에서 제186조가 규정하는 물권의 득실변경(得失變更)을 의미한다. 그런데 아래의 설명에서 특별한 언급이 없는 한 소유권을 염두에 두고 읽어도 좋다.

(2) 물권변동의 자세한 내용에 관하여 [1048]의 「권리」를 「물권」으로 치환해 보라. 여기서는 원시취득과 승계취득의 구별만 다시 한 번 강조한다. 승계취득은 매매 등에 의하여 전 권리자로부터 권리를 이어받는 것을 의미한다. 그런데 전 권리자가 가진 것 이상을 이어받을 수는 없고(「누구도 자기가 가지는 것 이상을 남에게 양도할 수 없다!」), 따라서 물권에 붙은 부담(지상권이나 저당권 등)도 그대로 승계된다. 반면 원시취득은 승계취득에 대비되는 개념으로 무주물 선점이나 매장물 발견처럼 권리를 누군가로부터 이어받지 않고 새롭게 취득하는 것을 말하고, 따라서 부담이 붙지 않은 권리를 취득한다.[1)]

[5083] 2. 물권변동의 모습

가. 법률행위에 의한 물권변동과 법률행위에 의하지 않은 물권변동

(1) 법률행위에 의한 물권변동은 당사자의 의사에 기한 물권변동으로 공시를 요하는데, 부동산물권변동에 제186조가, 동산물권변동에는 제188조 내지 제190조가 각 적용된다.

(2) 법률행위에 의하지 않은 물권변동을 흔히 「법률의 규정에 의한 물권변동」이라고 하는데, 대체로 공시를 요하지 않는다. 제187조가 열거하는 "상속, 공용징수, 판결, 경매" 외에 "법률의 규정에 의한" 물권변동의 원인으로 취득시효(제245조 이하),[2)] 첨부(제256조 이하) 등이 있으며, 그 밖에 소멸시효(제162조 이하), 혼동(제191조 이하) 등도 법률의 규정에 의한 물권변동의 원인이다. 이 중 부동산물권의 취득에 제187조가 적용되고, 법률의 규정에 의한 동산물권의 취득은 소유권의 장에 규정되어 있다.

나. 동산물권의 변동과 부동산물권의 변동

변동되는 물권의 종류에 따른 구별로, 물권변동에 관한 공시방법이 다르다. 민법은 부동산물권변동을 제186조와 제187조에서, 동산물권의 양도를 제188조 내지 제190조에서 각 규정한다.

1) 예외에 관하여 우선 대판 2015.2.26. 2014다21649([5221]에 소개된) 참조.
2) 다만 점유취득시효의 경우에 제245조 제1항에 따라 등기가 있어야 한다.

Ⅱ. 물권변동과 공시 [5084]

1. 서 설

(1) 절대권인 물권은 배타성을 가진다. 그런데 물권의 존재와 내용 및 그 변동을 외부에서 인지할 수 없다면 제3자에게 예기치 못한 손해를 입힐 염려가 있고, 결국 거래의 안전을 해친다.

[참 고] A가 그 소유의 물건(甲)에 관하여 B와 매매계약을 체결한 후 다시 C와 매매계약을 체결한 경우를 보자. 내용을 같이하는 복수의 채권이 동시에 성립할 수 있으므로([4025] 참조), 다른 무효사유가 없는 한 두 매매계약 모두가 유효하다. 그러나 A가 B와 C 모두에게 재산권이전의무(제568조)를 이행할 수는 없다. 즉 B와 C 중 누군가가 甲의 소유권을 취득한다면 다른 이는 소유권을 취득할 수 없다.

그러면 B와 C 중 누가 甲의 소유권을 취득하는가? 이에 관하여 먼저 계약을 체결한 이가 우선하도록 하는 방법, 먼저 대금을 완납한 이가 우선하도록 하는 방법 등 다양한 해결방법을 생각할 수 있다. 그런데 계약의 체결이나 대금의 완불 등 당사자들 사이의 개인적 관계를 기준으로 배타적 효력을 가지는 소유권의 귀속을 정한다면, 이해관계인으로서는 그러한 사정들을 일일이 조사해야 하는데, 당연히 비용과 위험이 따른다.

(2) 여기서 물권의 존재 또는 변동을 외부에서 확인할 수 있는 방법을 먼저 갖춘 이가 우선하도록 함으로써, 잠재적인 이해관계인(특히 어떤 물건에 대하여 물권을 취득하고자 하는 제3자)을 보호하는 것이 필요하다. 이처럼 물권이라는 배타적 효력을 가지는 그러나 불가시적인 권리의 귀속을 제3자에 대한 관계에서 명확하게 정하는 기준으로 기능하는 제도가 바로 공시(公示)이다.

공시는 주로 법률행위에 의한 물권변동에 관한 것이지만, 제187조 단서에서처럼 법률행위에 의하지 않은 물권변동과도 관련되므로 여기서 미리 살펴본다.

2. 공시의 원칙 [5085]

가. 개 념

공시의 원칙(公示의 原則)이란, 물권의 존재와 내용 및 변동은 외부에서 인식할 수 있는 표상, 즉 공시방법을 갖추어야 한다는 원칙으로, 거래의 안전 및 법률관계의 명료화를 위하여 요청된다. 요컨대 공시방법을 갖추지 않으면 물권변동의 효력이 부인된다.

나. 민법의 형식주의 [5086]

민법은 —의사주의를 취한 의용민법과 달리— 공시방법을 갖추지 않으면 제3자에 대한 관계에서는 물론 당사자 사이에서도 물권변동은 발생하지 않는 것으로 하는 형식주의를 취한다. 즉 공시방법을 갖추어야 비로소 권리변동의 효력이 발생한다(제186조, 제188조 이하).[3]

[참 고] 의사주의와 형식주의

㉠ 공시의 원칙을 관철하는 방법으로, 공시방법을 갖추지 않은 물권변동의 효력을 부분적으로(즉 제3자에 대한 관계에서만) 부정하는 의사주의와 전면적으로(즉 당사자 사이에서도) 부정하는 형식주의가 있다.

㉡ 의사주의(意思主義. 대항요건주의라고도 한다)는 법률행위(주로 계약)의 효력으로 물권이 이전하지

3) 의용민법의 의사주의에서 현행법의 형식주의로 변경됨에 따른 경과조치로 원시부칙 제10조 제1항이 "6년 내에 등기"하도록 했다. 그런데 이 기간은 법률행위의 당사자 사이에만 적용되는 것이 아니라 제3자에 대한 관계에서도 적용된다(대판 2009.4.9. 2006다30921).

만, 그것을 제3자에게 「대항」/주장하기 위하여 등기 등의 공시방법이 필요하다는 입법주의이다.[4] 즉 물권변동의 효력이 당사자 사이에서와 제3자에 대한 관계에서 달라지고, 공시방법은 제3자에 대한 관계에서 필요하다.

반면 형식주의(形式主義. 성립요건주의라고도 한다)는 물권변동에 관한 당사자의 합의 외에 물권변동을 외부에서 인지할 수 있도록 하는 일정한 형식(등기나 인도)까지 갖추어져야 비로소 물권이 이전한다는 입법주의이다.[5] 즉 공시방법을 갖추기 전에는 제3자에 대한 관계에서뿐만 아니라 당사자간에도 물권변동이 일어나지 않는다고 한다.

㉢ 물권변동이 언제 일어나는지에 따라 당사자 사이에서 과실취득권이나 위험부담 등이 달라지고, 제3자에 대한 관계에서는 물권적 청구나 공작물책임 등의 주체가 달라진다. 그런데 의사주의에 의하면 물권의 귀속에 관하여 당사자 사이의 관계와 제3자에 대한 관계가 나뉘어 법률관계가 복잡하게 된다. 물권, 특히 소유권은 소유자가 가지는 여러 권능을 포괄하는 대세적인 지위인데, 누구에 대한 관계인지에 따라 물권의 귀속이 달라지는 것은 적절하지 않고, 제3자의 범위에 관해서도 논란이 있을 수 있다. 뿐만 아니라 이중매매에서 제2매수인이 먼저 등기를 마친 경우에 그가 소유권을 취득하는데, 제1매매에 따라 무권리자로 된 매도인으로부터 소유권을 취득할 수 있는 근거가 무엇인지를 이론적으로 설명하기 어렵다.[6] 따라서 이론적으로는 형식주의가 우월하다고 할 수 있다.

㉣ 다만 의사주의와 형식주의의 차이를 과장할 것은 아니다. 의사주의가 물권변동의 효력을 부분적으로 부정한다고 하지만, 물권에 특유한 배타성과 관련하여 종국적으로 공시방법을 먼저 갖춘 이가 우선하므로, 제3자에 대한 관계에서 의사주의와 형식주의 사이에 유의미한 차이는 없다. 그리고 형식주의에 의하더라도 당사자들 사이의 관계는 계약의 해석에 따라 의사주의와 「실질적으로」 다르지 않다.[7]

㉤ 참고로 신탁법 제4조 제1항은 신탁등기를 대항요건으로 하는데, 그에 앞서 수탁자 앞으로의 이전등기가 선행되어야 하고,[8] 신탁등기는 그에 더하여 수탁자의 고유재산과 구별되는 신탁재산의 독립성(신탁재산에 속함을 제3자에게 대항할 수 있음)을 확보하기 위한 요건일 뿐이다.

[5087] **다. 현행법상의 공시방법**

(1) 현행법상의 공시방법으로 부동산에 관한 등기, 동산에 관한 점유 또는 인도, 입목에 관한 법률에 따른 등기, 수목의 집단이나 미분리과실에 관한 명인방법, 특별법의 적용을 받는 동산(자동차, 항공기, 선박 등)에 관한 등기 또는 등록 등이 있다.

(2) 공시제도는 물권의 존재를 외부에서 인지할 수 있게 함으로써 물권의 배타성에 따른 위험으로부터 물권거래의 안전을 담보하기 위한 제도로, 궁극적으로 물권자가 아니라 잠재적인 이해관계인(특히 물권을 취득하고자 하는 제3자)을 위한 것이다. 따라서 공시의 내용도 권리의 종류에 따라 그에게 영향을 미칠 수 있는 것에 한정된다. 개개의 부동산물권과 관련하여 등기사항이 법

---

4) 의사주의를 취하는 대표적 입법례인 프랑스민법(제711조, 제1583조. 일본민법 제176조도 참조)에 의하면, 채권의 효력으로 소유권이 이전되고 채권은 당사자의 합의만으로 완성되므로, 결국 물권변동에 관한 당사자들의 합의에 기하여 소유권이 이전된다. 다만 점유취득 또는 등기를 제3자에 대한 대항요건으로 하는바(프랑스민법 제1198조 참조), 대항요건으로서 등기를 갖추기 전에는 부동산물권 귀속의 대·내외관계가 분리된다(소유권의 상대적 귀속).

5) 형식주의를 취하는 대표적 입법례인 독일민법(부동산물권변동에 관한 제873조; 동산물권변동에 관한 제929조, 제1032조)은 채권계약과 물권적 합의(특히 부동산물권변동에 관한 Auflassung)를 구별하고, 나아가 물권적 합의 외에 공시방법으로서 인도 또는 등기를 갖추어야 비로소 물권변동이 일어난다고 한다.

6) 이러한 사정 때문에 의사주의를 취하는 일본의 판례는 (대항할 수 없는) 제3자를 「등기의 흠결을 주장할 정당한 이익」을 가지는 이(매도인으로부터 매매 등 적법한 권원에 기하여 물권을 취득함으로써 미등기매수인과 다툴 지위에 있는 이. 압류채권자나 대항력 있는 임차인처럼 물권의 귀속에 관하여 이해관계를 가지는 이도 포함한다)로 한정하고 특히 불법점유자, 무효등기의 명의인, 멸실·훼손을 한 불법행위자를 제3자에서 제외하며, 나아가 제1매수인을 해치려는 의도를 가진 제3자에 대해서는 등기 없이도 대항할 수 있다는 이른바 「배신적 악의자론」이 등장했다. 그 결과 이중매매에서 우리나라와 일본이 다른 제도와 논리를 거치지만 동일한 결론에 이른다고 할 수 있다. 참고로 프랑스민법 제1198조는 제2양수인의 선의를 요구한다.

7) 특히 미등기매수인의 지위에 관한 [5109] 참조. 다만 의사주의에 의하면 반대특약이 없는 한 계약성립과 동시에 매수인이 소유자의 지위를 취득하는 반면, 형식주의에 의하면 특약이나 인도가 있어야 비로소 과실취득권을 가진다(제587조 참조).

8) 이 단계에서는 형식주의가 작동한다. 대판 2019.10.31. 2016두50846 참조.

정된 것도 이 때문이다.

(3) 한편 공시는 「배타적」 권리/이익의 귀속과 그 행사/향유의 전제로서, 물권에 한정되지 않고, 지식재산권 등의 등록(특허법 제87조 제1항 등)도 공시방법이다. 반면 상대효를 가질 뿐인 채권은 공시를 요하지 않지만, 예외적으로 제3자효를 가지는 경우에 공시가 필요하다.

라. 공시의 효과

공시의 효과로 권리변동의 효력, 공신력 및 추정력을 들 수 있다. 이 중 권리변동의 효력은 형식주의 하에서 공시의 기본적 효과이며, 공신력은 동산에 관해서만 인정된다. 한편 추정력은 동산물권과 관련하여 제200조가 규정하는데, 부동산물권에 관하여 학설과 판례가 등기의 추정력에 의하여 이를 인정한다.

주의할 것은, 물권거래에서 공시방법의 확인만으로 부족하고, 특히 부동산거래에서 현장을 확인해야 하는 경우도 적지 않다는 점이다.[9)]

3. 공신의 원칙 [5088]

가. 의 의

(1) 공신(公信)의 원칙이란, 일정한 공시방법을 신뢰하고 거래한 경우에, 공시방법이 진정한 권리관계와 일치하지 않더라도(예: 원인무효의 등기 또는 동산의 대여나 임치) 공시된 대로의 권리관계가 존재하는 것처럼 다루어야 한다는 원칙을 말한다.[10)] 즉 공시의 원칙은 물권 있는 곳에 공시방법이 갖추어져야 한다는 원칙인 반면, 공신의 원칙은 공시방법 있는 곳에 물권이 존재한다는 신뢰를 보호하는 원칙이다.

(2) 공신의 원칙은 공시의 원칙의 논리적 귀결이 아니라 물권거래의 안전과 신속을 도모하기 위한 별개의 제도이다. 공신의 원칙에 의한 거래안전의 보호는 그로 인하여 권리를 잃는 진정한 권리자의 피해로 귀결되는데, 진정한 권리자의 보호와 거래안전의 보호 중 어느 것을 우선시키느냐 하는 것은 법정책적 결단을 요하는 문제이다.[11)]

(3) 표현대리(제125조, 제126조, 제129조), 채권의 준점유자에 대한 변제(제470조), 영수증소지자에 대한 변제(제471조) 및 지시채권의 소지인에 대한 변제(제518조) 등도 공신의 원칙과 궤를 같이한다.

나. 현행법상 공신의 원칙 [5089]

공신의 원칙이 인정되면 거래의 안전은 보호되지만 진정한 권리자가 보호되지 못할 수 있다. 이러한 사정을 고려하여 민법은 물권변동에서 발생하는 진정한 권리자의 보호와 선의의 제3자 보호 사이의 충돌을, 그 대상이 부동산물권인지 동산물권인지에 따라 달리 취급한다. 즉 ① 부동산물권의 변동에서 진정한 권리자의 보호를 중시하고, 거래의 안전은 개별규정들[12)]에 의하여

---

9) 예컨대 나대지에 대한 저당권설정 당시 이미 건물신축공사가 개시되었다면 제366조의 법정지상권이 성립할 수 있는데([5464] 참조), 이러한 사정은 부동산등기로 공시되지 않는다. 대항력 있는 주택임차권의 존재를 주민등록을 통하여 확인해야 함도 같은 맥락의 것이다.

10) A로부터 B에게로 소유권이전등기가 마쳐졌지만 B가 진정한 권리자가 아닌 경우에, 공신의 원칙이 인정되면 B를 소유자로 믿은 C가 보호되는데, C가 악의라면 보호되지 않아야 함은 당연하다.

11) 신뢰보호 일반에 관하여 [1018] 이하 참조.

12) 제107조 제2항, 제108조 제2항, 제109조 제2항, 제110조 제3항, 제548조 제1항 단서, 가등기담보법 제11조 단서 등.

예외적으로 보호된다. 한편 ② 동산물권의 변동에 관해서는 선의취득(제249조)을 인정함으로써 진정한 권리자의 희생을 부득이한 것으로 받아들이면서도, 제250조와 제251조를 통하여 그의 이익을 배려한다.

[5090] Ⅲ. 물권행위

1. 의 의

(1) 우리 법제 하에서 —적어도 개념적으로는— 채권행위인 매매계약의 체결만으로 물권변동이 일어나지 않고, 물권의 변동을 목적으로 하는 별도의 법률행위가 있어야 비로소 물권변동이 일어난다. 이 별도의 법률행위를 물권행위(物權行爲)라 한다. 물권행위는 법률행위로서 대개 계약(「물권적 합의」)이지만 단독행위(예: 물권의 포기)일 수도 있다.

통상 채권행위가 물권행위의 causa(원인)로 되고 많은 경우에 전자가 앞서지만, 채권행위를 전제로 하지 않는 물권행위(예: 물권의 포기)도 있고, 동산의 현실매매처럼 채권행위와 물권행위가 합체되어 행하여지는 경우도 적지 않다.

[5091] (2) 법률행위로서 물권행위에 관하여 본다.

① 물권행위도 법률행위로서 성립 및 유효요건을 갖추어야 하는데, 물권법정주의 때문에 법률행위의 목적에 관한 요건은 거의 문제되지 않는다.

② 물권행위에도 대리에 관한 규정이 적용된다. 특히 등기가 사법상의 법률행위는 아니지만, 부동산등기법이 대리에 의한 등기신청을 인정한다(제24조 제1호). 그런데 등기신청에 제124조가 적용되지 않고, 실제로 쌍방대리가 통상적이다.

③ 물권행위에 조건이나 기한을 붙일 수 있다. 그런데 동산물권변동에서 조건이나 기한이 전면적으로 허용된다.[13] 한편 부동산물권변동에서 조건이나 기한이 등기되어야 하는데, 부동산등기법상 해제조건 또는 종기를 등기할 수 있고(같은 법 제54조), 등기되면 조건성취시 또는 기한도래시 당연히 물권이 복귀한다.[14] 반면 정지조건 또는 시기는 등기할 수 없으므로 정지조건 또는 시기를 붙일 수는 없다.[15]

[5092] 2. 물권행위와 공시방법

(1) 물권적 의사표시(의 합치)만으로 물권변동의 효력이 발생하지 않으며, 그와 함께 공시방법이 갖추어져야 비로소 물권변동이 일어난다(제186조, 제188조 제1항 참조). 즉 물권변동이 일어나기 위해서는 의사적 요소로서 물권적 의사표시(의 합치)와 사실적 요소로서 그에 부합하는 공시방법이 갖추어져야 한다. 따라서 의사적 요소와 사실적 요소가 이중요건(二重要件)을 이루고, 물권적 의사표시와 공시방법을 합한 것을 (처분행위로서) 물권행위라고 볼 것이다. 판례의 입장도 다르지 않는 것으로 보인다.[16]

13) 정지조건이 붙은 소유권유보부 매매의 유효성을 인정한 대판 1996.6.28. 96다14807 참조.

14) 대판 1992.5.22. 92다5584: "해제조건부 증여로 인한 부동산소유권이전등기를 마쳤다 하더라도 그 해제조건이 성취되면 그 소유권은 증여자에게 복귀한다고 할 것이고, 이 경우 당사자간에 별단의 의사표시가 없는 한 그 조건성취의 효과는 소급하지 아니하나, 조건성취 전에 수증자가 한 처분행위는 조건성취의 효과를 제한하는 한도 내에서는 무효라고 할 것이고, 다만 그 조건이 등기되어 있지 않는 한 그 처분행위로 인하여 권리를 취득한 제3자에게 위 무효를 대항할 수 없다."

15) 다만 가등기를 통하여 조건이나 기한을 붙인 것과 같은 결과를 얻을 수 있다(부동산등기법 제88조 후문 참조).

(2) 물권행위는 불요식행위이다. 법률행위가 요식행위인지 여부는 「의사표시」가 일정한 방식에 의해야 하는지에 따라 결정되는데, 사실적 요소로서 공시방법을 물권행위의 형식으로 보아서는 안 된다. 요컨대 민법은 물권적 의사표시에 관하여 일정한 방식을 요구하지 않는다.[17]

3. 처분행위로서 물권행위 [5093]

가. 개 설

(1) 물권행위는 현존하는 물권의 변동(물권의 이전, 물적 부담의 설정, 물권의 소멸, 물권내용의 변경 등)을 직접 일으키는 처분행위(處分行爲)로서, 이행의 문제를 남기지 않는다는 점에서 채권을 발생시킬 뿐인 채권행위, 즉 의무부담행위(義務負擔行爲)와 구별된다. 그런데 처분행위가 유효하기 위해서는 처분행위자에게 처분권한과 처분능력이 있어야 한다. 처분권한과 처분능력은 소유자가 가지지만(제211조 참조), 소유자의 처분권한이나 처분능력이 제한될 수 있다(예: 제한능력자인 경우). 반면 소유자가 제3자에게 처분권을 부여할 수 있는데, 제3자에게 처분권한을 부여하는 것을 처분수권(處分授權. 권한부여라고도 한다)이라고 한다([1345] 이하 참조).

(2) 처분권한 없는 이에 의하여 제186조 소정의 등기가 마쳐지고 그 등기가 유효한 「채권행위」에 부합하더라도 양수인이 부동산물권을 취득하지 못하지만, 제3자 보호규정(제107조 제2항, 제108조 제2항, 제109조 제2항, 제110조 제3항, 제548조 제1항 단서 등)에 의하여 보호될 수는 있고, 나아가 동산의 경우에는 선의취득에 의한 보호가 가능하다(제249조 참조). 그리고 처분권자는 무권한자의 처분행위를 추인할 수 있다([1348] 이하 참조).

나. 물권행위의 독자성과 무인성[18] [5094]

(1) 채권의 발생을 목적으로 하는 채권행위 외에 물권의 변동을 목적으로 하는 법률행위, 즉 물권행위라는 개념을 인정할 것인지(❶), 나아가 물권행위라는 별도의 개념이 인정된다면 그것이 원칙적으로 채권행위와 별개의 행위로 행하여지는지(❷)가 물권행위 독자성(獨自性)의 문제이다.

먼저 ❶을 본다. 당사자들의 의사합치로 채권행위가 성립하고 그 이행으로 대금을 지급하고 공시방법을 갖춤으로써 물권변동이 일어나는 (부동산)거래의 일반적 경과에 비추어, 물권행위는 —소유권유보처럼 공시방법의 구비에도 불구하고 물권변동을 배제하는 특약이 있거나 그 밖에 특별한 사정이 없는 한— 별도로 의식되지 않는다. 그러나 채권행위를 전제로 하지 않는 물권행위(예: 물권의 포기)가 있을 뿐만 아니라 타인물건의 매매처럼 채권행위와 물권행위가 분명하게 별개로 행하여지는 경우도 있음을 고려한다면, 물권행위의 개념 자체를 부정할 것은 아니다. 나아가 유효한 채권행위와 그에 상응하는 등기가 있음에도 불구하고 물권변동의 효력을 부정해야 하는 경우[19]를 설명하기 위해서도 물권적 합의가 물권변동의 요건이라고 해야 한다.[20]

한편 ❷는 물권행위의 시기와 관련되는데, 매매계약을 체결하면서 당사자들이 채권행위인

---

16) 선의취득의 요건과 관련하여 물권적 합의와 인도가 모두 갖추어져야 물권행위가 완성된다는 대판 1991.3.22. 91다70 참조.

17) 참고로 부동산등기특별조치법 제3조가 소유권이전등기에 관한 검인계약서를 요구하지만, 이는 등기신청시 제출할 서면의 하나일 뿐이므로 이를 근거로 물권행위를 요식행위로 볼 것은 아니다.

18) 물권행위의 독자성과 무인성의 인정 여부가 한때 물권법에서 가장 치열한 이론적 논쟁의 대상이었지만, 이제는 무대의 뒷면으로 사라졌다고 할 수 있다.

19) 매매대금 완불 전에 위조서류에 의하여 경료된 등기의 유효성을 부정한 대판 1985.4.9. 84다카130 · 131 참조.

20) 대판 1991.3.22. 91다70(선의취득에 관한), 대판 1996.6.28. 96다14807(소유권유보에 관한), 대판 2001.10.9. 2000다51216(등기청구권의 양도에 관한) 등도 물권행위 또는 물권적 합의라는 개념을 인정한다.

「매매계약」 외에 물권변동을 목적으로 하는 「행위」를 따로 하기로 합의하지 않은 경우에 물권행위가 채권행위와는 별개로 행하여진다고 볼 것인지에 관한 문제이다. 생각건대 거래계에서 당사자들은 대개 매매계약과 별도로 물권행위를 다시 한다는 인식을 가지지 않으므로, 물권행위의 시기가 명확하지 않다면, 채권행위와 함께 행해진다고 보아야 한다. 판례도 이러한 의미의 독자성을 부정한다.[21)]

[5095] (2) 채권행위의 이행으로 물권행위가 행하여진 경우에, 원인행위인 채권행위가 무효이거나 취소 또는 해제되면 그 이행으로 행하여진, 그 자체로는 흠 없는 물권행위의 효력이 어떻게 되느냐 하는 것이 물권행위 무인성(無因性)의 문제이다. 즉 물권행위의 효력이 채권행위의 유효 여부에 의존하는지의 문제이다. 그런데 물권행위라는 개념 자체를 부정한다면 물권행위의 무인성을 따질 여지가 없고, 물권행위가 채권행위시에 행하여진다는 입장에 의하면 채권행위의 흠은 물권행위에 영향을 미친다(「유인」). 반면 물권행위가 채권행위와 다른 시기에 행하여지는 것으로 이해한다고 해서 논리필연적으로 무인성을 인정해야 하는 것은 아니다.

유인론과 무인론은 채권행위가 실효된 경우에 이미 이행된 물건의 반환을 구하는 근거가 부당이득반환청구권(제741조 이하)인가 아니면 물권적 청구권(제213조)인가 하는 이론구성과 이미 이행된 물건이 전매된 경우의 보호범위에서 차이를 보인다.[22)]

그런데 채권행위의 실효를 주장하는 당사자의 의사 및 거래안전 보호의 실제(무인성을 인정하면 보호가치 없는 제3자도 보호된다)에 비추어 물권행위의 무인성을 부정하는 것이 타당할 것이다. 그리고 물권행위의 무인성을 부정하는 것이 확고한 판례의 입장이다.[23)]

[5096] Ⅳ. 법률행위에 의하지 않은 물권변동

1. 개 관

물권변동은 법률행위에 의한 것과 법률의 규정에 의한 것으로 나뉘는데, 후자는 법률행위에 의하지 않은 것 전부를 지칭한다. 그리고 전자와 달리 후자는 공시를 요하지 않는데, 성질상 공시(특히 등기)가 불가능하거나 물권변동의 「여부 및 시기」가 당사자의 의사 아닌 외부의 객관적 사정에 달려있어서 공시가 없더라도 제3자의 이해에 영향을 미치지 않기 때문이다.

그런데 법률행위에 의하지 않은 동산물권변동은 모두 소유권과 관련하여 규정되므로 여기서는 법률행위에 의하지 않은 부동산물권변동에 관한 제187조를 살펴본다.

[5097] 2. 민법 제187조

가. 기본법리

(1) 제187조는 당사자의 의사에 의하여 효력이 생기는 것이 아닌 경우에 등기 없이도 완전한 물권변동이 일어남을 규정한다(예외: 제245조 제1항).

(2) 제187조 단서는, 같은 조 본문에 기하여 등기 없이 부동산물권을 취득했더라도 이를 법

---

21) 대판 1977.5.24. 75다1394([2533]에 소개된) 참조.

22) 자세한 것은 講義, [2088] 참조.

23) 보다 정확하게는 앞의 75다1394 판결과 같이 독자성(❷의 의미에서의) 및 무인성이 모두 인정되지 않는다는 입장이다.

률행위에 의하여 처분하려면 미리 물권취득의 등기를 한 후 그 법률행위를 원인으로 하는 등기(제186조에 따른)를 경료해야 한다는 당연한 법리를 선언한다.24)

나. 개별적 검토 [5098]

(1) **상 속**

① 상속이 개시되면, 상속재산은 포괄적으로 상속인에게 승계되는데(제1005조), 상속재산에 속하는 부동산물권은 상속등기가 없더라도 바로 상속인에게 이전된다.25)

이 점은 개개의 권리의 이전이 아니라 법률행위에 의하여 다수의 권리 및 의무가 포괄적으로 이전하는 포괄승계(包括承繼)의 경우에도 다를 바 없다. 가령 회사합병의 효력이 발생하면 존속회사 또는 신설회사가 등기 없이 소멸회사의 부동산물권을 취득한다(상법 제235조, 제530조 제2항 등). 판례는 포괄유증(제1078조)도 마찬가지라는 입장인데,26) 유증은 —특정유증뿐만 아니라 포괄유증도— 법률행위인데 등기의 요부(要否)와 관련하여 특정유증과 포괄유증을 달리 취급하는 것이 정당한가 등의 관점에서 검토할 점이 적지 않다.

② 상속으로 인하여 부동산물권이 변동되는 시기는 피상속인의 사망시이다(제997조 참조). 부동산의 소유자가 부동산을 증여했으나 소유권이전등기를 경료하기 전에 사망했다면, 그 부동산은 상속재산에 속하는데,27) 소유권이전의무를 상속한 상속인은 상속인에 의한 등기(부동산등기법 제27조)로 그 의무를 이행할 수 있다.

한편 공동상속인 중 1인(A)이 상속부동산(甲)을 처분한 후 이전등기 전에 상속인 전원이 甲을 다른 공동상속인(B)의 단독소유로 협의분할한 경우에, 상속재산 분할의 소급효(제1015조 참조) 때문에 甲의 소유권은 B에게 귀속되고, A로부터의 양수인은 甲의 소유권을 취득하지 못한다.28)

(2) **공용징수** [5099]

① 공용징수(公用徵收. 보통 수용이라고 한다)란 공익사업을 위하여 소유권 기타 재산권을 법률의 힘에 의하여 강제적으로 취득하는 것을 말하며, 그 법적 성질은 「원시취득」이지만29) 「이전등기」의 형식에 의한다.

② 수용에서 물권변동은 ⓐ 사업시행자와 토지소유자의 협의에 의하는 경우에 협의에 기하여 등기가 마쳐진 때에 일어나고, ⓑ 협의가 성립하지 않아 토지수용위원회의 재결에 의하는 재결수용(裁決收用)의 경우에는 등기가 없더라도 재결에서 정한 수용개시일에 일어난다(토지보상법 제45조 제1항). 수용에 의한 소유권이전등기는 사업시행자가 단독으로 신청하는데, 관공서가 사업시행자인 경우에는 등기를 촉탁해야 한다(부동산등기법 제99조).

---

24) 부동산물권을 등기 없이 취득한 이가 자기명의의 등기를 마치지 않은 채 처분한 경우에, 그 처분의 상대방은 부동산물권을 취득하지 못할 뿐이지 그 처분행위의 채권적 효력까지 부인할 수는 없다(대판 1994.10.21. 93다12176).

25) 공동상속의 경우에 상속재산 분할 전에는 각 상속인은 개개의 상속재산에 관한 「잠정적 · 추상적」 지분의 공시로서 (법정)상속등기(부동산등기법 제23조 제3항)를 단독으로 신청할 수 있고(등기예규 제535호), 상속등기의 대위신청도 가능하다(대판 2013.8.22. 2013다30882). 다만 「공동상속인 중 일부가 자신의 상속지분만에 대한 상속등기를 신청한 경우」에 등기관이 부동산등기법 제29조 제2호, 부동산등기규칙 제52조 제7호에 따라 신청을 각하한다.

26) 대판 2003.5.27. 2000다73445: "포괄적 유증을 받은 자는 민법 제187조에 의하여 법률상 당연히 유증받은 부동산의 소유권을 취득하게 되나, 특정유증을 받은 자는 유증의무자에게 유증을 이행할 것을 청구할 수 있는 채권을 취득할 뿐이므로, 특정유증을 받은 자는 유증받은 부동산의 소유권자가 아니어서 직접 진정한 등기명의의 회복을 원인으로 한 소유권이전등기를 구할 수 없다."

27) 대판 1994.12.9. 93누23985.

28) 대판 1996.4.26. 95다54426 · 54433.

29) 수용되는 토지에 대하여 가압류가 집행되어 있는 경우에, 토지의 수용으로 가압류의 효력이 소멸한다는 대판 2000.7.4. 98다62961 참조.

[5100] (3) 판 결

① 제187조의 판결은 판결 자체에 의하여 부동산물권 취득의 효력이 생기는 실체법상의 형성판결(예: 제269조 제1항, 제406조, 제1013조 제2항)을 말하고,[30] 채무자의 의사표시에 갈음하는[31] 판결(제389조 제2항 참조)은 이에 포함되지 않는다.[32]

② 판결에 의한 물권변동의 시기는 판결이 확정된 때이며(민사소송법 제498조), 그에 따른 등기는 승소한 당사자가 단독으로 신청할 수 있다(부동산등기법 제23조 제4항).

(4) 경 매

① 제187조 소정의 경매(競賣. 구두로 하는 경쟁체결방식에 의한 매매)는 국가기관이 하는 「공」경매를 말하는데, 민사집행법상의 경매(같은 법 제80조 이하) 외에 국세징수법상의 공매(같은 법 제24조 이하)도 포함한다.

② 경매에서 물권변동은 매각대금을 완납한 때에 일어나며(민사집행법 제135조, 제268조, 국세징수법 제91조 제1항), 보통 민사집행법 제144조 제1항에 의한 촉탁등기가 이루어진다.

[5101] (5) 그 밖의 경우들

① 점유권이나 유치권 등 권리의 성질상 등기를 할 수 없는 경우, ② 물건의 생멸(生滅) 또는 증감(예: 신축건물의 소유권 취득[33]), ③ 소유자가 존재하지 않거나 불명한 경우(예: 매장부동산의 발견), ④ 부동산의 부합(제256조), ⑤ 혼동(제191조), ⑥ 부종성에 따른 담보물권의 소멸(제369조), ⑦ 존속기간이 있는 제한물권에서 존속기간의 만료, ⑧ 법정책적 이유에 기한 물권변동으로 각종의 법정지상권(제305조, 제366조, 입목에 관한 법률 제6조. 관습상의 법정지상권에 관한 [5346]도 참조), 법정저당권(제649조) 등의 취득, 대위로 인한 저당권 등의 이전(제368조, 제399조, 제482조, 제484조) 등의 경우에 등기를 요하지 않는다.

제 2 절 부동산물권의 변동

제1관 총 설

[5102] 1. 서 설

법률행위에 의한 부동산물권의 변동에 대하여 제186조가 적용된다. 따라서 법률행위와 등기가 있어야 물권변동이 일어난다: 형식주의(形式主義).

아래에서 제186조에 관하여 간략하게 정리하고, 등기에 관해서는 따로 살펴보기로 한다.

30) 상속재산 분할심판의 효력에 관한 대판 2020.8.13, 2019다249312: "상속재산인 부동산의 분할귀속을 내용으로 하는 상속재산 분할심판이 확정되면 민법 제187조에 의하여 상속재산 분할심판에 따른 등기 없이도 해당 부동산에 관한 물권변동의 효력이 발생한다."

31) 예를 들어 당사자 사이에 이루어진 법률행위를 원인으로 하여 부동산소유권이전등기절차의 이행을 명하는 것과 같은 내용의.

32) 대판 1970.6.30, 70다568. 공유물분할에 관한 「조정」이 성립한 경우에 제187조(재판상 분할에 적용되는)가 적용되지 않는다고 한 대판(전) 2013.11.21, 2011두1917([5258]에 소개된)도 참조.

33) 도급에 의하여 완성된 건물의 소유권 귀속에 관하여 [2728]과 [2729] 참조.

2. 민법 제186조

[5103]

(1) 제186조는 법률행위에 의한 물권변동을 규율한다. 통상 채권행위와 물권행위가 합체되어 행하여지므로([5094] 참조) 논의의 실익이 크지 않지만, 채권행위를 전제하지 않는 물권행위까지를 고려한다면 제186조의 "법률행위"를 물권행위로 파악할 것이다(다수설).

(2) 물권행위는 허가(토지거래허가에 관하여 부동산거래신고법 제11조 참조) · 신고 · 증명 등 개별적 유효요건을 갖추어야 한다.[1)]

(3) 제186조의 적용범위를 본다. [5104]

① 먼저 법률행위에 의한 물권의 취득으로 물권의 양수나 제한물권의 취득에 제186조가 적용됨은 당연하다. 나아가 ⓐ 재단법인 설립에서 출연부동산의 귀속에 관하여 판례는 대내적 관계와 대외적 관계를 나누는데([1456] 참조), 재단법인제도가 가지는 「출연자로부터의 분리 · 독립」이라는 의미를 생각한다면 출연재산이 대외적으로 출연자로부터 독립성을 취득하는 시기가 중요하고, 따라서 제186조의 문제로 보아야 한다. 반면 ⓑ 원인행위가 무효이거나 취소 또는 해제되어 소급적으로 실효된 경우에 물권행위의 유인성을 전제하는 한 원인행위의 이행으로 이전된 물권은 —말소등기 없이도— 법률상 당연히 복귀하므로 제186조의 적용대상이 아니다.[2)] 한편 ⓒ 전세권이 법정갱신되는 경우(제312조 제4항)에도 「의제된 법률행위」로서 제186조가 적용되지 않는다.

② 법률행위에 의한 물권의 소멸로 먼저 ⓐ 물권의 포기는 물권적 단독행위로 등기를 요한다고 할 것이고, 판례의 입장도 같은 것으로 보인다.[3)] ⓑ 지상권이나 전세권의 소멸청구(제287조, 제311조 제1항)에 관하여 다양한 견해가 주장되는데, 제288조의 문언 및 불응시의 효과를 고려하여, 지상권자의 소멸청구권은 형성권이지만, 소멸청구의 의사표시는 물권적 단독행위이므로 제186조가 적용된다고 할 것이다. 전세권의 소멸통고(제313조, 제314조 제2항)도 마찬가지이지만, 통고 후 6월이 경과해야 등기말소청구권이 발생한다는 점에 차이가 있다.

③ 조건부 또는 기한부 법률행위는 당연히 제186조에 의하여 규율된다.

④ 그 밖에 시효취득은 법률의 규정에 의한 물권의 취득이지만, 제245조 제1항이 제187조의 적용을 배제하는데, 점유취득시효가 완성되더라도 「채권적」인 등기청구권이 발생할 뿐이다. 그리고 소멸시효가 완성되고 그것이 원용되면 법률의 규정에 의하여 당연히 물권이 소멸한다고 할 것이다.[4)]

---

1) 판례는 농지법 소정의 농지취득자격증명이 법률행위의 유효요건은 아니고, 그것이 없다면 이전등기가 불가능할 뿐이라고 한다(대판 2006.1.27. 2005다59871; 대판 2008.2.1. 2006다27451).

2) 반면 물권행위의 무인설을 따르면, 이전된 물권이 당연히 복귀하는 것이 아니라 부당이득의 반환을 위한 별도의 물권행위와 등기를 갖추어야 하며, 따라서 제186조가 적용된다.

3) 공유지분의 포기에 관한 대판 2016.10.27. 2015다52978([5254]에 소개된). 합유지분의 포기에 등기를 요한다고 한 대판 1997.9.9. 96다16896도 참조.

4) 소멸시효의 효과에 관한 입장의 차이는 이론구성에 관한 것이다.

제2관 공시방법으로서 등기

[5105] Ⅰ. 총　설

1. 권리변동의 요건으로서 등기의 존재

가. 등기의 존재

(1) 법률행위에 의한 물권변동이 일어나기 위해서는 등기가 있어야 하는데(제186조), 등기신청만으로 족한 것이 아니라 등기부에의 기재 자체가 있어야 한다.1)

한편 유효한 원인행위 없이 등기만 있는 경우에 그 등기는 무효이지만,2) 그에 합치되는 법률행위가 있으면 「그때부터」 유효한 등기로 된다. 유효로 되기 전에 진정한 권리자가 물권적 청구로서 등기말소를 구할 수 있음은 당연하다.

[5106] (2) 등기 자체의 하자가 없어야 하는데, 이를 살펴본다.

① 부동산등기법 제29조 제1호와 제2호를 위반한, 관할위반의 등기 또는 등기할 수 없음이 명백한 사항에 관한 등기는 무효여서 등기관이 이를 직권으로 말소해야 한다(제58조).

② 같은 법 제29조의 나머지 각 호를 위반한 경우에, 등기된 이상 직권말소는 불가능하고 말소청구만 가능하다. 그런데 등기신청절차에 하자가 있었음에도 등기가 실행된 경우에, 등기는 무효이지만, 실체관계에 부합하여 유효로 될 수 있다.

③ 표제부의 하자는 무효이지만, 동일성이 인정되면 경정등기가 허용된다.

[5107] 나. 등기의 불법말소

(1) 유효하게 마쳐진 등기가 「불법말소」되면 어떻게 되는가?3) 판례는, 등기가 물권변동의 효력발생요건일 뿐 효력존속요건은 아니므로, 등기의 불법말소는 물권의 효력에 영향을 미치지 않는다고 한다.4)

(2) 구체적으로 보면 ① 말소회복등기를 마치기 전이라도 적법한 권리자로 추정되지만, 이미 제3자 앞으로 이전등기가 마쳐졌다면 그 등기가 실체관계에 부합하지 않는다는 점에 대한 증명책임을 부담한다.5) ② 실체적 이유에 기해서든 절차적 하자에 기해서든 말소등기가 무효인 경우에 말소회복등기가 허용되는데,6) 말소회복등기를 하면 종전의 순위를 보유한다. ③ 회복등기의 상대방은 말소 당시의 소유명의인이고,7) 말소 후에 등기명의를 취득한 이는 이해관계 있는 제3자로서 승낙의무를 부담한다.8) ④ 저당권등기가 불법말소되었지만 경매와 관련하여 회복등기가

1) 동일한 부동산에 관하여 후순위등기신청인 앞으로 소유권이전등기가 경료되어 있으면, 선순위등기신청인은 등기신청서류의 접수번호의 순서만을 내세워 이의를 할 수 없다고 한 대결 1971.3.24. 71마105 참조.

2) 대판 1999.2.26. 98다50999.

3) 참고로 등기기록의 전부 또는 일부가 손상된 경우에, 등기부 부본자료에 의하여 등기기록이 복구되면(부동산등기법 제16조, 부동산등기규칙 제17조 참조) 복구된 등기기록은 이전의 등기기록과 동일하며, 따라서 손상에 의하여 영향을 받지 않는다.

4) 대판 2001.1.16. 98다 등.

5) 대판 1982.9.14. 81다카923.

6) 대판 2001.2.23. 2000다63974. 말소등기의 등기원인인 법률행위가 취소된 경우에도, 말소된 등기가 말소회복등기의 대상에 해당한다고 한 대판 2013.3.14. 2012다112350도 참조.

7) 말소회복등기에서 회복등기의무자에게만 피고적격이 있으므로, 가등기가 이루어진 부동산에 관하여 제3취득자 앞으로 소유권이전등기가 마쳐진 후 가등기가 말소된 경우에, 그 가등기의 회복등기청구는 회복등기의무자인 등기 말소 당시의 소유명의자를 상대로 해야 한다(대판 2009.10.15. 2006다43903).

8) 대판 1997.9.30. 95다39526. 가령 근저당권설정등기의 불법말소를 이유로 그 회복등기를 구하는 소송에서 원고가 승소판결을 받더라도 후순위근저당권자가 있으면 바로 회복등기를 할 수 있는 것은 아니고, 부동산등기법 제59조에 따라 이해관계 있는 제3자인 후순위근저당권자의 승낙서를 첨부해야 하므로, 원고로서는 후순위근저당권자를 상대로 승낙을 구하는 소송을 별도로 제기하여 승소판

불가능한 경우도 있음에 관하여 [5418] 참조.

2. 등기를 갖추지 않은 부동산매수인의 지위 [5108]

가. 서 설

매수인 명의의 등기가 마쳐지기 전에는 매도인이 여전히 법률상 소유자이다(제186조 참조). 그런데 A 소유의 부동산에 관하여 A와 B 사이에 유효한 매매계약이 있었고 B가 대금을 완납했으며 A로부터 소유권이전등기에 필요한 서류를 교부받고 점유까지 넘겨받았지만 아직 등기를 갖추지 못한 경우에, B를 어느 범위에서 보호할 것인가?[9]

아래에서 B의 지위를 매도인 A에 대한 관계와 제3자에 대한 관계로 나누어 살펴본다.

나. 매도인에 대한 관계 [5109]

(1) 등기를 갖추지 않은 이상 B는 소유권을 주장할 수 없고([5086] 참조), 제568조에 기하여 A에게 재산권이전을 구할 수 있을 뿐이다. 그런데 A가 등기에 필요한 서류를 교부했으나 B가 등기를 갖추지 않은 상태에서 A의 채권자에 의한 강제집행 등에 의하여 B가 소유권을 취득하지 못한 경우에, A의 소유권이전등기의무는 이행불능으로 되지만, 이때 채권자인 B가 위험을 부담한다(제538조 제1항 전문).

(2) B가 매매계약의 이행으로 목적부동산을 인도받은 경우에, 제568조의 재산권이전의무가 목적물인도의무를 포함하므로, A에 대한 관계에서 B(및 그로부터의 전득자 또는 임차인)는 제213조 단서 소정의 "점유할 권리"를 가지는 이로서 A의 물권적 청구권(소유물반환청구권)에 대항할 수 있고, 나아가 매매계약이 제741조 소정의 "법률상 원인"을 이루므로 A의 부당이득반환청구도 인정되지 않는다.[10] 그런데 이러한 법리는 A에 대한 「채권적 지위」에 기한 것이므로, B(또는 그로부터의 전득자나 임차인)는 A로부터의 양수인 등(공시방법을 갖춘)에 대하여 —그가 A의 지위를 포괄적으로 승계하지 않은 한— 대항할 수 없다.

(3) B는 등기청구권과 과실취득권(제587조)을 가진다.

다. 제3자에 대한 관계 [5110]

(1) 등기를 갖추지 않은 이상 제3자에게 소유권을 주장할 수 없음은 당연하다.[11] 따라서 제3자에 대하여 소유권에 기한 물권적 청구권을 행사할 수 없고, 제3자이의의 소(민사집행법 제48조)나 환취권(채무자회생법 제70조, 제407조 이하)도 인정되지 않는다.

(2) 등기를 갖추지 못했더라도 점유를 이전받았다면 점유보호청구권을 행사할 수 있다.

(3) 판례는 ① 미등기건물의 매수인에게 점유 중인 건물에 대한 「법률상 또는 사실상 처분을 할 수 있는 지위」를 인정하기도 하는데, 이러한 지위는 주로 제214조에 기한 미등기건물의 철거청구의 피고적격과 관련하여 실익을 가진다([5308] 참조). 또한 ② 「사실상 소유 또는 실질적 소유」라는 개념을 사용하기도 하지만, 과세 등 공법상의 법률관계와 관련될 뿐이다.[12]

결을 받아야 한다(대판 2001.8.24. 2000다12785 · 12792).

9) 이러한 경우에 B를 보호하기 위하여 「물권적 기대권」 또는 「매각되어 인도된 물건의 항변」을 인정하는 입장이 종래 주장되었지만, 부동산의 미등기매수인은 현행법의 테두리 안에서 필요한 보호를 받을 수 있으므로, 이러한 이론들이 필요한지 의문이다.

10) 대판 2001.12.11. 2001다45355. 토지의 매수인이 매매계약의 이행으로 토지를 인도받았다면 매매계약의 효력으로서 이를 점유 · 사용할 권리가 생김을 근거로 한다.

11) 대판 2006.10.27. 2006다49000.

[5111] ## Ⅱ. 등기의 절차적 유효요건

1. 서 설

등기가 유효하기 위해서는 부동산등기법이 정한 절차에 따라 등기가 적법하게 행해져야 하는바, 이를 등기의 절차적(또는 형식적) 유효요건이라고 한다.

아래에서는 먼저 중복등기의 문제를 보고, 절차적 유효요건을 갖추지 못했음에도 실체관계에 부합하여 유효한 등기로 되는 경우를 살펴본다.

[5112] ### 2. 중복등기

가. 서 설

甲 부동산에 관하여 복수의 등기기록이 존재하고 현재 각 등기기록에 A와 B가 甲의 소유자로 등기되어 있는 경우에, 누가 甲의 소유자인가?

이처럼 1개의 부동산에 관하여 「보존등기」가 중복되어 복수의 등기기록이 존재하는 경우를 중복등기(重複登記)라 하는데, 1부동산 1등기기록주의(부동산등기법 제15조)에 따라 처리되어야 한다.[13]

[5113] #### 나. 중복등기의 효력

(1) 중복등기의 효력은 중복된 보존등기의 유·무효에 따라 판단하고, 그 후에 경료된 소유권이전등기가 실체관계와 부합하는지 여부는 따지지 않는다.[14]

(2) 동일인 명의로 보존등기가 중복된 경우에, 언제나(즉 어느 등기가 실체관계에 부합하는지를 따지지 않고) 후등기기록이 무효이다.[15] 선등기기록이 있는 이상, 부동산등기법 제15조에 따라 후행 보존등기가 허용되지 않기 때문이다.

[5114] (3) 중복된 보존등기의 등기명의인이 동일인이 아닌 경우에, 대판(전) 1990.11.27. 87다카2961, 87다453은 ―실체관계에 따라 등기의 효력을 결정하던 종래의 입장[16]을 변경하여― 선등기기록이 원인무효로 되지 않는 한 후행 보존등기는 무효라고 하였다.[17]

이러한 태도는 절차법적 절충설을 따른 것으로, 선등기기록에 우선적 지위가 부여된다. 즉 중복된 소유권보존등기 중 후등기기록이 무효이지만, 선등기기록이 원인무효라면 후등기기록이 유효한데, 선등기기록이 원인무효임을 주장하기 위해서는 소유자 아닌 이에 의하여 보존등기가 경료되었음을 증명해야 하고, 필요하다면 그 등기가 실체관계에 부합하지 않음도 증명해야 한다.[18]

---

12) 지방세법 제105조 제2항 소정의 "사실상의 취득"에 관한 대판 2001.2.9. 2000두2204 및 대판(전) 2018.3.22. 2014두43110 참조.

13) 아래에서는 먼저 개설된 등기기록을 「선등기기록」, 나중에 개설된 등기기록을 「후등기기록」(또는 후행 보존등기)이라고 한다.
중복등기의 효력에 관하여, 실체관계를 따지지 않고 후등기기록은 무조건 무효라고 하여 절차법적으로 접근하는 입장과 실체관계에 부합하는지에 따라 실체법적으로 등기의 효력을 결정하는 입장이 있다.

14) 참고로 같은 부동산에 관하여 이중으로 「이전등기」가 마쳐진 경우에, 선순위등기가 원인무효이거나 직권말소될 경우에 해당하지 않는 한, 후순위등기는 실체적 권리관계에 부합하는지에 관계없이 무효라고 보아야 한다(대판 1998.9.22. 98다23393).

15) 대판 1983.12.13. 83다카743 등 확립된 판례의 태도.

16) 대판(전) 1978.12.26. 77다2427 참조.

17) "동일부동산에 관하여 등기명의인을 달리하여 중복된 소유권보존등기가 경료된 경우에는 먼저 이루어진 소유권보존등기가 원인무효가 되지 아니하는 한 뒤에 된 소유권보존등기는 비록 그 부동산의 매수인에 의하여 이루어진 경우에도 일부동산 일용지주의를 채택하고 있는 부동산등기법 아래에서는 무효라고 해석함이 상당하다."

18) 이러한 법리가 후행 보존등기 또는 그에 기한 소유권이전등기의 명의인이 당해 부동산의 소유권을 원시취득한 경우에도 그대로 적

[참 고] 등기부가 멸실된 후의 회복등기가 중복된 경우에, ⓐ 각 회복등기의 바탕이 된 소유권보존등기가 중복등기라면, 보존등기의 선후에 따라 회복등기의 효력을 판단한다. ⓑ 각 회복등기의 바탕이 된 소유권보존등기가 동일등기라면, 나중에 경료된 소유권이전등기의 회복등기가 유효하다. ⓒ 위 법리에 따른 해결이 불가능하다면, 적법하게 경료된 것으로 추정되는 각 회복등기 상호간에는 각 회복등기일자의 선후를 기준으로 우열을 가려야 한다.[19]

다. 중복등기의 정리 [5115]

부동산등기법 제21조와 부동산등기규칙 제33조 이하가 중복등기의 정리에 관하여 규정하는데, 등기관이 중복등기를 발견한 경우에 직권으로 중복등기기록 중 어느 하나를 폐쇄하도록 하되 실체관계에 부합할 개연성이 큰 등기의 유형을 정하여 존치 여부를 정하도록 했다는 점, 이러한 중복등기의 정리는 「잠정적」인 것에 불과하여 실체의 권리관계에 영향을 미치지 않으며 진정한 권리자는 소송 등에 의하여 등기명의를 회복할 수 있다는 점 등이 특징적이다.

3. 실체관계에 부합하는 등기 [5116]

가. 기본법리

(1) 등기의 절차적 유효요건이 갖추어지지 않았더라도, 등기청구권과 부합하는 등기가 경료되고 종전의 권리자(등기의무자)가 현재의 등기명의인(등기권리자)의 등기청구권 행사를 저지할 만한 실체법상의 항변사유가 없어서[20] 진실한 권리관계와 합치되는 경우에, 그 등기를 유효하다고 해서 문제될 바 없다.[21] 이처럼 등기의 요건이 구비되지 않았음에도 유효한 등기를 「실체관계(實體關係)에 부합하는 등기」라 한다. 등기가 사후적으로 실체관계에 부합하게 되는 경우에도 실체관계가 존재하는 때부터 장래에 향하여 등기가 유효하게 된다.[22]

그런데 실체관계에 부합하는 등기의 법리는 무효인 등기를 말소하더라도 결국 「바로 그 자리」로 되돌아온다는 점을 전제로 한다. 따라서 등기가 실체관계에 부합하는 것으로 되기 전에 이해관계 있는 이가 등장하면 유효로 될 수 없다. 이 경우 바로 그 자리로 돌아올 수 없고, 등기명의인이 이해관계인보다 후순위임에도 등기상으로는 선순위로 되기 때문이다.

(2) 이에 관한 선도적 판결인 대판 1978.8.22. 76다343은 "부동산의 소유권을 이전할 것을 [5117] 목적으로 하는 계약이 있고 동 계약당사자 간에 등기청구권을 실현하는 데 있어서 법률상 하등의 지장이 없고 따라서 등기의무자가 그 의무의 이행을 거절할 정당한 하등의 사유가 없는 경우에 [...] 양 당사자 간의 관계를 상대적으로 다투는 데 있어서는 등기 전이라고 하더라도 소유권은 실질적으로 양수인에게 옮겨져 있는 것으로 해도 무방하다 할 것이며 등기가 위와 같은 양 당사

용되며, 무효인 후행 보존등기에 기하여 소유권이전등기를 마친 이가 점유취득시효를 완성하였더라도 후행 보존등기가 유효로 될 수 없다고 한 대판 2011.7.14. 2010다107064 참조.

19) 대판(전) 2001.2.15. 99다66915.

20) 등기의무자가 제3자에 대한 채권적 항변사유를 가지더라도 이를 등기권리자에 대하여 주장할 수 없다면 항변사유가 없는 것으로 다루어진다.

21) A 소유의 부동산에 관하여 A와 B 사이에 매매계약이 체결되었는데, B가 단독으로(예컨대 위조된 서류를 이용하여) 자기 앞으로 소유권이전등기를 마친 경우에, 그 등기는 공동신청에 관한 부동산등기법 제23조를 위반하여 무효이다. 그러나 매매대금 전액이 지급되었다면, 그 등기가 말소되더라도 B는 적법한 절차를 거쳐 같은 내용의 등기를 마칠 수 있다. 그렇다면 실용적인 관점에서 B 명의의 등기가 현재의 권리관계를 제대로 공시한다고 볼 수 있고, 그 등기를 말소하더라도 적법한 절차에 따라 다시 같은 내용의 등기가 마쳐질 수 있으므로 굳이 이를 말소할 실익도 없다.

22) 대판 1985.4.9. 84다카130·131은, 약정매매대금 전액이 지급된 사정 또는 매매대금 완불 전이라도 소유권이전등기를 하기로 하는 약정이 없다면, 서류위조 등의 방법으로 한 매수인 명의의 소유권이전등기는 매도인의 의사에 반하는 것임이 분명하여, 실체적 권리관계에 부합한다고 할 이유나 근거가 없다고 하였는데, 이러한 경우라도 약정매매대금 전액이 지급되면 그때부터 실체관계에 부합하게 된다.

자의 실질적인 관계에 상응하는 것이라면 동 등기가 등기의무자의 신청에 의하지 아니한 하자가 있다고 해서 이를 반드시 무효로 하지 않으면 안 될 이유가 있다고도 할 것이 아니므로 등기가 실체관계에 부합하여 유효하다고 할 때 위와 같은 경우까지를 이에 포함시켜 무방하다"고 했다.

[5118] **나. 실체관계에 부합하여 유효한 등기의 예**

① 소유자의 대리인으로부터 토지를 적법하게 매수한 이상 "소유권이전등기가 위조된 서류에 의하여 경료되었다 하더라도" 그 등기는 유효하다.23)

② 3자간 등기명의신탁에서 명의수탁자가 유예기간 경과 후 자의로 명의신탁자에게 소유권이전등기를 경료해 준 경우에 그 등기도 실체관계에 부합한다.24)

③ 다른 공유자의 동의 없이 공유물의 특정부분을 처분하여 소유권이전등기를 마친 경우에, 처분공유자의 공유지분 범위 내에서는 실체관계에 부합하는 유효한 등기이다.25)

④ 중간생략등기도 실체관계에 부합하여 유효할 수 있는데, 최초양도인의 중간자에 대한 관계에서뿐만 아니라 중간자의 최종양수인에 대한 관계에서도 항변사유가 없어야 한다([5122] 참조). 그리고 미등기부동산의 양도에서 권리자 명의의 소유권보존등기가 경료되고 그에 터 잡아 양수인 앞으로 소유권이전등기가 경료되어야 하지만, 양수인 명의로 소유권보존등기가 마쳐졌더라도 유효할 수 있다.26)

⑤ 실제의 등기원인과 다른 원인에 기한 등기([5129] 참조)나 무효등기의 유용([5127] 참조) 등도 실체관계에 부합하여 유효한 등기로 다루어진다.

⑥ 사해행위 취소 및 원상회복으로 소유권이전등기의 말소를 명한 판결의 소송당사자가 아닌 다른 채권자가 위 판결에 기하여 채무자를 대위하여 마친 말소등기는 등기절차상의 흠에도 불구하고 실체관계에 부합하는 등기로서 유효하다.27)

[5119] Ⅲ. 등기의 실체적 유효요건

1. 서 설

(1) 등기는 당사자가 법률행위에 의하여 달성하고자 하는 물권변동에 부합하는 것이어야 하고, 그렇지 못한 등기는 효력이 없다. 이것을 등기의 실체적 유효요건이라 한다.

(2) 먼저 법률행위와 등기의 「양적」 불합치를 본다. 등기의 양이 법률행위의 양보다 크면 법률행위의 한도에서 물권변동의 효력이 발생한다. 반면 등기의 양이 법률행위의 양보다 작으면 일부무효의 법리(제137조)에 따라 판단해야 한다는 것이 학설의 일반적 입장이지만, 잔부에 대한 등기신청이 가능하고,28) 등기가 경료되면 —존재상의 불합치에 준하여— 등기가 경료된 때부터 잔부에 관해서도 유효하게 된다고 할 것이다.

23) 대판 1982.12.14. 80다459 참조. 원심은 소유권이전등기가 위조된 서류에 의하여 원인 없이 이루어진 것이라는 원고의 주장을 인정할 수 없다고 하였는데, 대법원도 원심의 판단을 지지하면서 방론으로 이러한 설시를 덧붙였다.
24) 대판 2004.6.25. 2004다6764.
25) 대판 1994.12.2. 93다1596.
26) 대판 1995.12.26. 94다44675.
27) 대판 2015.11.17. 2013다84995. 사해행위 취소의 효력은 모든 채권자의 이익을 위하여 미친다는 제407조를 주된 근거로 든다.
28) 그 등기의 형식은 이미 경료된 일부등기와 동일성이 있는지에 따라 다를 것이다.

(3) 한편 법률행위와 등기가 「질적」으로 불합치하는 경우(예: 지상권설정의 합의가 있었는데 전세권설정등기가 경료된 경우)에 등기는 원인무효여서 권리변동은 일어나지 않는다.[29] 다만 경정등기를 마친 경우, 실행된 등기에 부합하는 법률행위를 다시 하는 등 그 등기가 실체관계에 부합하는 등기로 된 경우 또는 무효인 등기를 말소한 후 법률행위와 부합하는 새로운 등기를 경료한 경우에, 당사자가 원한 물권변동이 일어나는데, 물권변동의 시기는 실체관계에 부합하는 때 또는 새로운 등기를 한 때이다.

(4) 등기가 물권변동의 모습과 과정까지 제대로 반영해야 하지만, 현재의 권리상태를 알 수 있다면 공시의 목적을 달성할 수 있다. 이러한 관점에서 법률행위와 일치하지 않은 등기가 유효한 것으로 다루어지기도 하는데, 이들을 살펴본다.

2. 중간생략등기 [5120]

가. 서 설

(1) A 소유의 부동산에 관하여 A와 B 사이에 그리고 B와 C 사이에 매매계약이 순차 체결된 경우에, 「A → B → C」 순으로 소유권이전등기가 경료되어야 한다. 그런데 B 명의 등기를 생략한 채 「A → C」로 소유권이전등기가 마쳐졌다면 그 등기는 유효한가? 그리고 C가 A를 상대로 직접 등기청구를 할 수는 있는가?

중간생략등기(中間省略登記)란, 이처럼 부동산물권이 최초의 양도인(A)으로부터 중간취득자(B)에게, 다시 B로부터 최후의 양수인(C)에게 전전 이전되어야 할 경우에, B 명의의 등기(중간등기)를 생략한 채 A로부터 C에게 직접 행하여진 등기를 말한다.[30]

(2) 중간생략등기는 비용과 노력을 절약할 수 있지만, B가 외부로 드러나지 않아서 부동산 투기수단으로 악용될 수 있다. 그래서 부동산등기특별조치법은 부동산의 소유권이전을 내용으로 하는 계약을 체결한 이가 그 부동산에 관하여 다시 제3자와 소유권이전을 내용으로 하는 계약이나 제3자에게 계약당사자의 지위를 이전하는 계약을 체결하고자 하는 경우에, 먼저 체결된 계약에 따라 소유권이전등기를 신청하도록 하고 그 위반에 대한 처벌규정을 둔다(같은 법 제2조 제2항, 제3항, 제8조 참조).[31]

그런데 중간생략등기를 검토할 때 이해관계인의 이익(특히 대금청구권의 실현에 관한)뿐만 아니라 공시제도 본연의 기능도 고려해야 한다.

나. 이미 경료된 C 명의 중간생략등기의 효력 [5121]

(1) 학설은 대체로 이미 경료된 중간생략등기의 유효성을 인정한다.[32]

(2) 판례는 이미 경료된 중간생략등기가 실체관계에 부합한다면 유효하다는 입장이다. [5122]

---

29) A 토지에 대하여 매매계약이 체결되었는데 B 토지에 관하여 등기가 경료된 경우에 그 등기가 무효라고 한 대판 1993.10.26. 93다2629·2636도 참조.

30) 미등기부동산에 관하여 양수인 명의로 보존등기를 하는 경우(대판 1995.12.26. 94다44675)나 상속재산을 양도하고 피상속인으로부터 양수인에게 바로 이전등기하는 경우 등도 이러한 유형에 속한다.

31) 다만 대판 1993.1.26. 92다39112는, 미등기전매를 금지하는 조항은 단속규정이어서 중간등기 생략의 합의에 관한 사법상의 효력까지 무효로 하는 것은 아니라고 하였다.

32) B의 동의 또는 3자간의 합의가 있으면 유효하다는 입장, A·B 사이의 물권행위로 B는 목적물에 관한 물권적 기대권을 취득하고 C가 B로부터 취득한 물권적 기대권에 기하여 경료한 중간생략등기는 B의 동의가 없더라도 당연히 유효하다는 입장, A·B 사이의 매매행위 속에 물권행위가 있고 이 물권행위는 비권리자인 B가 A의 부동산을 처분하는 데 대한 동의로서의 의미를 가져서(독일민법 제185조 제1항 참조) 유효하다는 입장 등.

❶ 등기는 권리의 현상을 공시함을 목적으로 하는데, 중간생략등기에서 권리변동의 과정이 공시되지 않더라도 현재의 권리상태는 공시되므로 이를 무효로 할 것은 아니며, 중간생략등기가 유효하기 위하여 A · B · C 사이의 합의가 있어야 하는데,[33] 묵시적 및 순차적 합의도 인정된다고 한다.[34]

❷ C가 중간생략등기의 합의를 이유로 A에게 직접 중간생략등기를 청구하기 위해서는 당사자 전원의 의사합치가 필요하지만, 당사자 사이에 적법한 원인행위가 성립되어 일단 중간생략등기가 마쳐진 이상 중간등기 생략에 관한 합의가 없었다는 이유만으로 중간생략등기가 무효라고 할 수는 없다고 한다.[35]

그런데 ❷의 입장에서 ❶을 돌아보면, 당사자 전원의 합의가 이미 경료된 중간생략등기의 유효 여부를 판단하는 유일한 기준은 아니다. 달리 말하면 A · B · C 사이의 「3자합의」는 B의 A에 대한 그리고 C의 B에 대한 이행이 없더라도, C 명의의 등기가 유효하게 마쳐질 수 있음[36]을 의미할 뿐이다. 즉 3자합의가 없더라도 각각의 매매계약이 유효하고 이미 이행되었다면 A로부터 직접 C 앞으로 마쳐진 등기는 실체관계에 부합하는 등기로 이를 무효라고 할 수는 없다.[37]

(3) 부동산등기특별조치법이 중간생략등기를 방지하고자 하지만, 현실적으로 근절하기는 어렵다. 여기에 중간생략등기가 적어도 현재의 권리상태는 공시한다는 점 및 거래안전의 요청을 고려하여, A · B · C 3자의 합의가 있는 등 실체관계와 부합한다면 중간생략등기의 유효성을 인정할 것이다.

[참 고] A 소유의 甲 부동산에 관하여 C 명의의 중간생략등기가 경료되었지만 A와 B 사이 또는 B와 C 사이의 법률관계가 소급적으로 실효된 경우에 법률관계는 어떻게 되는가?

㉠ A와 B 사이의 법률관계가 소급적으로 실효된 경우에, C는 甲의 소유권을 취득하지 못하고, 오히려 A는 C에 대하여 제214조에 기한 방해제거청구로서 이전등기의 말소를 구할 수 있다. 다만 제3자 보호규정(제107조 제2항, 제108조 제2항, 제109조 제2항, 제110조 제3항, 제548조 제1항 단서)에 의하여 C가 보호될 수는 있다.[38]

㉡ B와 C 사이의 법률관계가 소급적으로 실효되면, C가 甲의 소유권을 취득할 수 없다(유인설). 그러나 등기상으로는 甲의 소유권이 A에게 복귀되어야 하므로, B가 A를 대위하여 C 명의 등기의 말소를 구한 후 다시 A를 상대로 이전등기를 구해야 하지만, C가 甲에 관하여 B 앞으로 소유권이전등기를 마치면 그 등기는 실체관계에 부합하여 유효하다.

[5123] 다. C의 A에 대한 등기청구의 가부

(1) 앞의 예에서 C가 A를 상대로 직접 등기를 청구할 수 있는가? 학설은 대체로 C의 A에 대한 등기청구를 긍정하는데, 그 근거에 관해서는 견해가 갈린다.[39]

---

33) 참고로 대판 1996.2.27. 95다38875: "복수의 당사자 사이에 중간생략등기의 합의를 한 경우 그 합의는 전체로서 일체성을 가지는 것이므로, 그중 한 당사자의 의사표시가 무효인 것으로 판명된 경우 나머지 당사자 사이의 합의가 유효한지의 여부는 민법 제137조에 정한 바에 따라 당사자가 그 무효부분이 없더라도 법률행위를 하였을 것이라고 인정되는지의 여부에 의하여 판정되어야 할 것이고, 그 당사자의 의사는 실재하는 의사가 아니라 법률행위의 일부분이 무효임을 법률행위 당시에 알았다면 당사자 쌍방이 이에 대비하여 의욕하였을 가정적 의사를 말한다."

34) 백지매도증서의 작성 및 교부에 관한 대판 1982.7.13. 81다254 참조.

35) 대판 2005.9.29. 2003다40651.

36) 그 전제로서 B 또는 A와 B가 동시이행의 항변권을 포기함을 포함하여.

37) 다만 토지거래허가구역 내의 토지에 대한 중간생략등기는 적법한 토지거래허가 없이 경료된 등기로서 무효라고 해야 한다. 대판 1997.11.11. 97다33218 및 [1205] 참조.

38) 해제된 경우에 C가 제548조 제1항 단서에 의하여 보호받는다고 한 대판 1997.12.26. 96다44860 참조.

39) B의 동의 또는 3자간의 합의가 있으면 등기를 청구할 수 있다는 견해, A · B · C 3자가 합의한 경우에 채무이행방법에 관한 그 합의

(2) 이에 관한 판례의 입장을 본다. 먼저 ❸ C가 A에게 직접 소유권이전등기청구권을 행사하기 위해서는 당사자 전원의 의사합치, 즉 중간등기 생략에 대한 A와 B의 동의뿐만 아니라 A와 C 사이에도 중간등기 생략의 합의가 있었음을 요구한다.[40] 나아가 ❹ 중간등기 생략의 합의가 있더라도, 이러한 합의는 중간등기를 생략해도 당사자 사이에 이의가 없고 또 그 등기의 효력에 영향을 미치지 않겠다는 의미가 있을 뿐이지, 그러한 합의가 있었다 하여 B의 소유권이전등기청구권이 소멸된다거나 A의 B에 대한 소유권이전등기의무가 소멸되는 것은 아니라고 한다.[41] [5124]

요컨대 판례는 3자 합의에 의하여 C의 A에 대한 「별도의」 등기청구권이 발생하지만,[42] 그렇다고 하여 B의 등기청구권이 소멸하지 않는다는 입장으로 이해된다. 따라서 A의 입장에서 B의 등기청구권과 C의 등기청구권은 부진정연대의 관계에 있다고 해야 한다.

[참　고] 필자가 동조하는 채권양도법리[43]는 판례에 의하여 거부되었다. 즉 대판 1995.8.22. 95다15575: "비록 최종양수인이 중간자로부터 소유권이전등기청구권을 양도받았다고 하더라도 최초양도인이 그 양도에 대하여 동의하지 않고 있다면 최종양수인은 최초양도인에 대하여 채권양도를 원인으로 하여 소유권이전등기절차이행을 청구할 수 없다."[44]

그 근거에 관하여 대판 2005.3.10. 2004다67653 · 67660([4234]에 소개된) 등은, 매매로 인한 소유권이전등기청구권은 그 이행과정에 신뢰관계가 따르므로 채무자의 동의나 승낙을 받아야 대항력이 생긴다고 하는데, B에 대한 사유(특히 동시이행의 항변권)를 C에게 대항할 수 있는 A로서 C가 누구인지에 대하여 어떤 이해관계를 가지는지 의문이고, 나아가 대판(전) 1998.11.19. 98다24105([5141]에 소개된)가 가등기에 의하여 순위가 보전된 등기청구권이 양도된 경우에 가등기상의 권리의 이전등기를 가등기의 부기등기의 형식으로 경료할 수 있다고 하였는데, 가등기의 부기등기에 의하여 이전되는 것은 결국 이전등기청구권이 아닌지 하는 점에서도 판례의 입장에 선뜻 동의하기 어렵다.

라. 채무이행과의 관계 [5125]

(1) 甲에 관하여 C 앞으로 소유권이전등기가 마쳐지면, A의 B에 대한 그리고 B의 C에 대한 채무가 모두 이행된 것으로 된다.

(2) 중간등기 생략에 관한 합의가 있은 「후」 A와 B가 대금증액에 합의한 경우에 관하여 대판 2005.4.29. 2003다66431은 당사자 전원의 "합의가 있다고 하여 최초의 매도인이 자신이 당사자가 된 매매계약상의 매수인인 중간자에 대하여 갖고 있는 매매대금청구권의 행사가 제한되는 것은 아니"라고 하여, C의 등기청구가 허용되지 않는다는 입장으로 보인다.

그러나 이에 동의할 수 없는데, A, B, C의 3자합의에 의하여 —B의 등기청구권과 「별도로」— C가 등기청구권을 취득한 후 당사자 중 일부인 A와 B가 계약내용을 변경하기로 합의한 경

의 효력에 기하여 C가 A를 상대로 직접 등기청구를 할 수 있다는 견해, 제3자를 위한 계약의 법리에 따라 C가 수익의 의사표시를 함으로써 등기청구권을 취득한다는 견해, 채권양도의 법리에 따라 A에게의 통지(또는 A의 승낙)라는 대항요건이 갖추어지면 등기청구권을 취득한다는 견해 등.

이미 경료된 중간생략등기의 유효성을 인정하는 견해 중 물권적 기대권을 근거로 드는 입장 및 독일민법 제185조를 원용하는 입장은 C의 등기청구권에 관해서는 더 이상 유지되지 않는다.

40) 대판 1995.5.24. 93다47738.

41) 대판 1991.12.13. 91다18316.

42) 중간등기 생략에 관하여 A · B · C 3자가 합의한 경우에, 채무이행방법에 관한 그 합의의 효력에 기하여 C만이 A를 상대로 등기청구를 할 수 있음은 당연하다. 반면 당사자 전원의 의사합치가 없다면, C는 A를 상대로 직접 소유권이전등기를 청구할 수 없고 B를 대위하여 A에 대하여 B에게 소유권이전등기를 할 것을 청구할 수 있을 뿐이다.

43) 자세한 것은 講義, [2112] 참조.

44) 대판 2021.6.3. 2018다280316는, 이러한 법리는 명의신탁자가 부동산에 관한 유효한 명의신탁약정을 해지한 후 이를 원인으로 한 소유권이전등기청구권을 양도한 경우에도 적용된다고 한 반면, 취득시효 완성으로 인한 소유권이전등기에는 이러한 양도제한의 법리가 적용되지 않는다(대판 2018.7.12. 2015다36167 참조).

우에, C(변경합의의 당사자가 아닌)의 동의가 없는 한 그 합의가 3자합의에 기한 C의 등기청구권(❸)에 영향을 미칠 수는 없고, B의 등기청구권(❹)에 관해서만 효력을 가진다고 해야 하기 때문이다.

[5126] ## 3. 무효등기의 유용

가. 개 념

(1) 처음부터 무효이거나 사후적으로 무효로 된 등기는 말소되어야 한다. 그런데 무효인 등기에 부합하는 실체관계가 생긴 경우에, 그 (무효)등기를 새로운 실체관계를 공시하는 등기로 이용하는 것을 무효등기의 유용(無效登記의 流用)이라 한다. 불필요한 절차 및 무용의 비용을 피할 수 있는 방법인데, 실체관계에 부합하는 등기로서 유효할 수 있다.

(2) 무효등기를 유용하기 위해서는 당연히 등기 외의 다른 물권변동의 요건이 충족되어야 하고, 유용에 대한 합의가 있어야 한다. 유용에 관한 합의 내지 추인은 묵시적으로도 이루어질 수 있다.[45]

그리고 제3자가 무효인 등기를 유용하려면 유용의 합의 외에 그 등기의 이전에 관한 부기등기가 경료되어야 한다.[46]

(3) 무효등기 유용의 효과로 물권변동의 효력이 발생하는데, 그 효과는 유용의 합의가 있는 때에 생기고(당연히 등기가 실체관계에 부합함을 전제로), 등기시점으로 소급하지 않는다.

[5127] (4) 실체관계에 부합하는 등기의 법리는 무효인 등기를 말소하더라도 다시 그 자리로 되돌아온다는 점을 고려한 것인데, 「바로 그 자리」로 되돌아올 수 없는 경우에까지 무효등기의 유용을 인정할 수는 없다. 요컨대 새로운 권리관계를 공시하기 위하여 무효로 된 등기를 이용하기로 하는 합의의 효력을 인정하더라도, 그 합의 전에 이미 발생한 제3자의 권리를 해칠 수는 없다. 따라서 유용합의(및 경우에 따라 부기등기) 전에 등기부상 이해관계를 가진 새로운 제3자가 없어야 한다.[47] 무효인 등기가 유효로 되는 것은 나중에 실체관계가 구비된 때부터임에도 등기부상으로는 처음부터 유효한 것으로 공시되어서 무효인 상태에서 이미 이해관계를 가진 이와의 사이에 순위가 뒤바뀌기 때문이다.

[참 고] 이해관계 있는 제3자의 동의가 있으면 유용이 허용되지만, 이때 제3자의 동의는 자신의 권리가 후순위로 됨에 대한 「채권적」인 것으로 이해할 것이다. 예를 들어 후순위의 전세권이 존재하는 상태에서 무효인 선순위저당권을 유용하기로 합의하고 전세권자가 그에 동의했다면, 매각대금의 배당에서 전세권자는 저당권자보다 후순위로 되겠지만, 그러한 순위를 전세권저당권자에게는 대항할 수 없다고 해야 한다([5417]도 참조).

[5128] ### 나. 실무상 문제되는 유용의 유형들

① 등기원인의 하자로 인하여 등기가 원시적으로 무효인 경우(예: 가장매매를 원인으로 한 등

45) 대판 2007.1.11. 2006다50055: 묵시적 합의 내지 추인을 인정하려면 무효등기사실을 알면서 장기간 이의를 제기하지 않고 방치한 것만으로 부족하고 그 등기가 무효임을 알면서도 유효함을 전제로 기대되는 행위를 하거나 용태를 보이는 등 무효등기를 유용할 의사에서 비롯되어 장기간 방치된 것이라고 볼 수 있는 특별한 사정이 있어야 한다고 했다.

46) 저당권등기의 유용에 관한 대판 1998.3.24. 97다56242([5417]에 소개된) 참조.

47) 대판 2002.12.6. 2001다2846. 무효인 가등기의 유용합의에 따라 가등기 이전의 부기등기가 마쳐진 사안에 관한 대판 2009.5.28. 2009다4787도 참조.

참고로 대판 1989.10.27. 87다카425는, 등기원인이 실효된 가등기에 관하여 유용의 합의가 이루어져서 소유권이전의 본등기가 경료된 경우에, 그 등기유용 전에 소유권이전등기(가등기에 기한 본등기에 따라 직권으로 말소된)를 한 이해관계인은 말소된 본등기의 회복등기가 되기 전이라도 소유자로 추정된다고 하였다.

기)로, 이 경우 등기에 부합하는 실체관계가 있으면 그때부터 등기가 유효하다.

② 유효한 등기였다가 무효로 된 후 다시 실체관계와 부합하게 된 경우로, 유용합의(와 부기등기)가 있으면 그때부터 등기가 유효하다.48)

③ 멸실된 건물의 보존등기를 신축한 건물의 보존등기로 유용하는 것은, 신축된 건물이 멸실된 건물과 동일한 건물이라고 할 수 없기 때문에, 허용되지 않는다.49)

4. 진정명의 회복을 위한 소유권이전등기 [5129]

(1) 실제와 다른 등기원인에 의한 등기에 관하여 판례는 "부동산등기는 현실의 권리관계에 부합하는 한 그 권리 취득의 경위나 방법 등이 사실과 다르다고 하더라도 그 등기의 효력에는 아무런 영향이 없"다고 하여 그 유효성을 인정해 왔다.50)

(2) 실제와 다른 등기원인에 의한 등기의 또 다른 유형으로 진정명의 회복(眞正名義 回復)을 [5130] 위한 소유권이전등기를 본다.

① 진정명의 회복을 위한 소유권이전등기는 등기절차상 말소등기가 행하여지기 어려운 경우에 그에 대한 대안으로 기능한다.51) 즉 "이미 자기 앞으로 소유권을 표상하는 등기가 되어 있었거나 법률에 의하여 소유권을 취득한 자가 진정한 등기명의를 회복하기 위한 방법으로는 현재의 등기명의인을 상대로 그 등기의 말소를 구하는 외에 "진정한 등기명의의 회복"을 원인으로 한 소유권이전등기절차의 이행을 직접 구하는 것도 허용되어야 한다."52)

② 진정명의 회복을 위한 소유권이전등기청구권은 진정한 소유자의 등기명의의 회복을 위한 [5131] 방해제거청구권(제214조)에 해당한다는 점에서 말소등기청구권과 그 목적, 법적 근거 및 성질을 같이하여 양자는 실질적으로 동일한 것으로 보아야 하므로,53) 진정명의 회복을 위한 소유권이전등기를 구하는 소의 당사자적격은 물권적 청구로서 말소등기청구에서와 다르지 않다. ⓐ 원고적격자는「이미 자기 앞으로 소유권을 표상하는 등기가 되어 있었거나 법률에 의하여 소유권을 취득한」소유자에 한한다. 자기 앞으로 소유권을 표상하는 등기가 되어 있지 않았고 법률에 의하여 소유권을 취득하지도 않은 이는 소유자를 대위하여 현재의 등기명의인을 상대로 그 등기의 말소를 청구할 수 있을 뿐, 진정명의 회복을 위한 소유권이전등기청구를 할 수 없다.54) ⓑ 진정한 등기명의의 회복을 위한 소유권이전등기청구는 현재의 등기명의인을 상대로 해야 하고 현재의 등기명의인이 아닌 이에게는 피고적격이 없다.55)

이처럼 진정명의 회복을 위한 소유권이전등기는 말소등기의 대용이므로, 말소등기청구소송

48) 저당권등기의 유용에 관하여 [5417] 참조.

49) 대판 1976.10.26. 75다2211; 대결 2012.10.29. 2012마1235.

50) 가령 증여에 의하여 부동산을 취득하였음에도 등기원인을 매매로 기재하였더라도 등기의 효력에는 아무런 하자가 없다고 한 대판 1980.7.22. 80다791.

51) C의 부동산을 매수하여 등기를 마친 A로부터 B가 저당권등기를 경료받은 경우에, C가 사기를 이유로 의사표시를 취소하면 A 명의의 소유권이전등기는 말소되어야 하고, 말소등기가 경료되면 A의 등기에 기한 B의 저당권등기도 말소되어야 한다. 그런데 B가 악의라면 C는 B의 승낙을 얻어 A의 등기를 말소할 수 있지만, B가 A의 기망사실에 대하여 선의라면 이러한 결과는 B가 제110조 제3항에 의하여 보호된다는 점과 상충된다. 따라서 C는 B의 저당권의 부담 있는 부동산소유권을 회복할 수 있을 뿐이고, B의 저당권등기를 그대로 둔 채 A로부터 C에게로 소유권이전등기를 경료함으로써 그것을 관철할 수 있는데, 이것이 바로 진정명의 회복을 위한 등기이다.

52) 대판(전) 1990.11.27. 89다카12398.

53) 대판 2003.3.28. 2000다24856.

54) 대판 2003.5.13. 2002다64148. 명의신탁자의 원고적격을 부정한 대판 2001.8.21. 2000다36484도 참조.

55) 대판 2017.12.5. 2015다240645.

의 기판력은 진정명의 회복을 위한 소유권이전등기청구소송에 미친다. 대판(전) 2001.9.20. 99다37894(판례, 〈8-3-4〉)의 다수의견은, 말소등기청구권과 진정명의 회복을 위한 소유권이전등기청구권은 모두 소유권에 기한 방해제거청구권으로 그 법적 근거와 성질이 동일하므로, 이전등기와 말소등기라는 형식에도 불구하고 그 소송물은 실질상으로 동일하고, 따라서 소유권이전등기말소청구소송에서 패소 확정판결을 받았다면 그 기판력은 그 후 제기된 진정명의 회복을 원인으로 한 소유권이전등기청구소송에 미친다고 하였다.[56] 이러한 사정 때문에 부동산등기부에 등기원인을 "진정명의 회복"이라고 기재함으로써 말소등기의 대용임을 공시한다.

제3관 부동산등기

[5132] ### Ⅰ. 등기와 등기부

1. 등기의 의의

등기(登記)란 공무원인 등기관이 부동산등기법(이하 이 관에서는 "법"이라 하고 부동산등기규칙을 "규칙"이라고만 하며, 2011년 전부 개정되기 전의 법을 "구법"이라 한다) 소정의 절차에 따라 부동산에 관한 권리관계를 공적 장부인 등기부에 기록하는 행위 또는 그러한 기록 자체를 말한다.[1][2]

[5133] #### 2. 등기의 종류

가. 개　　관

(1) 등기는 등기기록 중 "표제부"에 하는 「사실의 등기」와 "갑구" 또는 "을구"에 하는 「권리의 등기」로 나누어지는데, 등기의 실체법상 효력은 권리의 등기에서만 인정된다.

(2) 미등기의 부동산에 관하여 최초로 이루어져 그 후 행하여지는 각종 등기의 기초가 되는 등기를 보존등기(保存登記)라 하고(법 제65조, 규칙 제121조 참조), 보존등기를 기초로 하여 제186조에 따라 행하여지는 등기를 권리변동의 등기(權利變動의 登記)라고 한다.

[5134] (3) 등기는 그 내용에 따라 ① 소유권보존등기, 이전등기 등 새로운 등기원인에 기해서 행하여지는 기입등기(記入登記), ② 등기가 행하여졌으나 그 절차에 흠(착오 또는 오류)이 있어 「원시적」으로 등기와 실체관계가 불일치하는 경우에 이를 시정하기 위한 경정등기(更正登記. 법 제32조), ③ 등기가 행하여진 후 등기된 사항에 변경(소유자의 주소변경 등)이 생겨 「후발적」으로 등기와 실체관계가 불일치하는 경우에 이를 시정하기 위한 변경등기(變更登記. 법 제35조, 제41조 등), ④ 등기에 대응하는 실체관계의 원시적 또는 후발적 소멸에 따라 기존의 등기 전부를 말소하는 말소등기(抹消登記), ⑤ 부동산이 멸실된 경우에 행하여지는 멸실등기(滅失登記. 법 제39조, 제43조, 제44조) 및 ⑥ 기존의 등기가 부당하게 말소된 경우에 이를 부활·재현시키는 회복등기(回復登記. 법 제59조) 등으로 나누어진다.[3] 이 중 말소등기에 관해서는 뒤에서 따로 살펴본다.

---

56) 앞의 89다카12398 판결이 말소등기청구소송 패소 후에 진정명의 회복을 위한 소유권이전등기를 허용한 것을 변경했다.

1) 이러한 실체법상의 등기개념과 달리 절차법상의 등기는 부동산에 관한 권리관계뿐만 아니라 부동산의 표시에 관한 기록도 포함한다.

2) 등기사무를 담당하는 국가기관을 등기소라 하는데, 등기할 권리의 목적인 부동산의 소재지를 관할하는 지방법원, 그 지원 또는 등기소가 관할권을 가진다(법 제7조 제1항). 그리고 관할등기소에 근무하는 법원서기관, 등기사무관, 등기주사 또는 등기주사보 중에서 지방법원장이 지정하는 이, 즉 등기관(登記官)이 등기사무를 처리한다(법 제11조).

(4) 등기는 그 형식에 따라 표시번호란 또는 순위번호란에 독립한 번호가 부여되는 주등기(主登記)와 기존의 등기순위를 그대로 보유할 필요가 있는 경우(예컨대 변경 또는 경정등기)에 주등기의 번호를 그대로 사용하며 주등기의 번호 아래 부기호수를 기재하여 행하는 부기등기(附記登記. 법 제5조, 제52조)로 나누어진다. [5135]

등기순위의 유지를 위한 부기등기는 기존의 주등기에 종속되어 주등기와 일체를 이루는 것이어서 주등기가 말소되면 직권으로 말소되어야 할 성질의 것이므로, 주등기 및 부기등기가 원인무효의 것이라면 주등기의 말소만 구하면 되고, 부기등기의 말소청구는 권리보호의 이익이 없는 부적법한 청구이다.[4)]

(5) 제186조가 규정하는 효력, 즉 물권변동을 일으키는지 여부에 따라 등기는 직접 물권변동을 일으키는 종국등기(終局登記. 본등기라고도 한다)와 물권변동에 대비하기 위한 가등기(假登記)로 나누어진다. 가등기에 관해서는 후술한다.

나. 말소등기에 관한 몇 가지 검토 [5136]

(1) 등기에 대응하는 실체관계가 없는 경우에 등기라는 외관의 제거(말소)를 구하는 것은 소유권에 기한 방해배제청구권 행사[5)]의 일환이다(제214조 참조).[6)]

(2) 등기를 말소하려면 말소의 등기를 한 후 해당 등기를 말소하는 표시를 해야 한다(규칙 제116조). 말소에 대하여 등기상 이해관계 있는 제3자가 있으면 법 제57조에 따라 그의 승낙을 얻어야 하는데, 여기서 「등기상 이해관계 있는 제3자」는 말소등기를 함으로써 손해를 입을 우려가 있는 등기상의 권리자로서 그러한 우려가 등기부 기재에 의하여 형식적으로 인정되어야 한다(예컨대 말소될 소유권이전등기에 기하여 저당권을 설정받은 이). 그리고 제3자가 승낙의무를 부담하는지 여부는 그 제3자가 말소등기권리자에 대한 관계에서 승낙을 해야 할 「실체법상」의 의무가 있는지 여부에 따라 결정된다.[7)]

(3) 확립된 판례의 태도에 따르면 [5137]

① 「이전등기」 청구소송에서 —등기원인을 달리하면 이는 공격방법의 차이가 아니라 등기청구권 발생원인의 차이여서— 각 등기원인마다 소송물이 별개인데,[8)] 여기서 「등기원인」은 등기를 하는 것 자체에 관한 합의가 아니라 등기하는 것을 정당하게 하는 실체법상의 원인, 즉 권원을

3) 경정등기 또는 변경등기는 「동일성 혹은 유사성이 있다고 인정되는 경우」에 한하여 허용된다. 다만 대판(전) 2015.5.21. 2012다952는, 등기명의인의 동일성이 인정되지 않음에도 위법한 경정등기가 마쳐졌으나 그것이 경정 후의 명의인의 권리관계를 표상하는 결과에 이르렀고 등기가 실체관계에도 부합하는 경우에, 경정등기는 —장래에 향하여— 유효하다고 했고, 대판(전) 1975.4.22. 74다2188도 부동산에 관한 등기의 지번표시에 착오 또는 오류가 있는 등기의 경정등기는 그 부동산에 대하여 따로 보존등기가 존재하지 않거나 등기의 형식상으로 보아 예측할 수 없는 손해를 미칠 우려가 있는 이해관계인이 없는 경우에는 유효하다고 보았다.

4) 대판 2000.10.10. 2000다19526. 다만 부기등기에 한하여 무효사유가 있다는 이유로 부기등기만의 효력을 다투는 경우에 예외를 인정한 대판 2005.6.10. 2002다15412 · 15429도 참조.

5) X가 그 소유의 부동산에 관하여 Y 명의로 마쳐진 소유권이전등기의 말소를 구하려면 말소를 청구할 수 있는 권원이 있음을 주장·증명해야 하고([5298] 참조), X에게 그러한 권원이 인정되지 않는다면 설사 Y의 등기가 말소되어야 할 무효의 등기라도 X의 청구를 인용할 수 없는데, 이러한 법리는 Y의 등기가 X의 등기로부터 전전하여 경료된 것으로서 선행하는 X의 등기의 유효함을 전제해야만 그 효력을 주장할 수 있는 경우라 하여 달리 볼 것은 아니다(대판 2005.9.28. 2004다50044). Y로부터 부동산에 대한 권리가 순차 이전되어 최종적으로 소유권이전등기를 마친 D가 시효취득을 원인으로 부동산에 대한 소유권을 취득함에 따라 부동산소유자인 X가 소유권을 상실하면, Y 명의의 소유권이전등기가 원인무효라 하더라도 X에게 Y의 등기의 말소를 청구할 수 있는 권원이 없으므로, X는 Y에 대하여 소유권에 기한 등기말소청구를 할 수 없다고 한 대판 2019.7.10. 2015다249352도 참조.

6) 한편 전 소유자는 물권적 청구로서 말소등기를 구할 수 없지만, 계약에 기한 채권적 저당권말소등기청구권을 행사할 수 있는데([5018] 참조), 이 경우에는 아래에서의 논의와 상황이 다르다.

7) 대판 2007.4.27. 2005다43753. 말소등기 회복등기에 관한 대판 2019.5.16. 2015다253573도 참조.

8) 대물변제예약에 기한 소유권이전등기청구권과 매매계약에 기한 소유권이전등기청구권의 소송물이 다르다고 한 대판 1997.4.25. 96다32133 참조.

뜻하는데, 등기를 함으로써 생길 권리변동의 원인행위나 그의 무효, 취소, 해제 등을 가리킨다.[9]

② 반면 소유권에 기한 물권적 방해제거청구로서 「말소등기」 청구소송에서 소송물은 당해 등기의 말소등기청구권이고, 그 등기청구권의 발생원인은 당해 등기원인의 무효이며, 등기원인의 무효를 이루는 개개의 사유는 공격방법에 불과하여 별개의 청구원인을 구성하지 않는다.[10] 따라서 등기원인의 무효를 뒷받침하는 개개의 사유가 「전소의 변론종결 전에 이미 발생한 것이라면」, 전소와 후소는 그 소송물이 동일하여 후소에서의 주장사유들은 전소의 확정판결의 기판력에 저촉되어 허용될 수 없다.[11]

보 론

소송물(訴訟物)이란 소송의 객체 내지 심판의 대상을 말하는데, 특히 기판력의 범위를 정하는 기준이다. 즉 기판력은 판결주문에 포함된 소송물인 법률관계의 존부에 관한 판단의 결론에 대해서만 발생하므로(민사소송법 제216조 제1항), 기판력의 객관적 범위는 소송물의 범위와 일치한다. 한편 판결이유에서의 판단에는 기판력이 미치지 않지만, 상계의 항변은 그에 대한 유일한 예외를 이루어, 자동채권의 존부에 대하여 실질적인 판단이 이루어진 경우에 한하여 상계하고자 대항한 액수에 관하여 기판력이 생긴다(제2항).

이전등기와 말소등기의 소송물에 대한 본문의 설명은 등기의 실행과 관련하여 이해하면 쉬울 것이다. 즉 이전등기의 경우에 등기원인이 기입되어야 하는 반면, 말소등기에서는 등기기록 자체가 말소되면 된다. 이러한 차이를 실제의 등기부를 통하여 확인하고, 청구취지와도 연결하여 보라.

(4) 「A → B → C」로 매매를 원인으로 하는 소유권이전등기가 순차 경료되었는데 A와 B 사이의 매매가 소급적으로 실효되어 A가 방해제거청구(제214조)로 B, C 명의 등기의 말소를 구하는 경우에,[12] C 명의 등기가 말소되면 등기부상 B가 소유자로 되므로 C 명의 등기의 말소를 구할 수 있는 이는 B이고, 다시 B 명의 등기가 말소되어야 비로소 A는 소유권을 회복할 수 있다. 즉 C 명의 등기와 B 명의 등기가 모두 말소되어야 한다. 그런데 C 명의 등기를 말소하기 위하여 A는 등기권리자인 B의 말소등기청구권을 대위행사할 수 있고([4090] 참조), 등기의무자 C의 말소등기신청은 A의 C에 대한 말소등기청구소송의 승소판결로 갈음할 수 있다.[13] 이 경우 A는 C를 상대로 진정명의 회복을 위한 소유권이전등기를 청구할 수도 있다.

[5138] **다. 가 등 기**

(1) 가등기란 종국등기를 할 만한(즉 물권변동을 일으킬 만한) 실체법적 또는 절차법적 요건을 구비하지 못한 경우에, 장차 행하여질 본등기의 순위를 보전해 주는 효력을 가지는 등기를 말한다.[14] 즉 (이미 확보한 등기순위를 유지하기 위한 부기등기와 반대로) 앞으로 행하여질 등기의 순위를 미리 확보하는 제도로서, 부동산물권이나 임차권 등의 변동을 목적으로 하는 청구권을 보전하기

9) 대판 1999.2.26. 98다50999.

10) 대판 1999.9.17. 97다54024.

11) 전소인 소유권이전등기말소등기청구소송의 확정판결의 기판력이 후소인 진정명의 회복을 원인으로 한 소유권이전등기청구소송에 미친다고 한 대판 2009.1.15. 2007다51703도 참조.

12) 관련하여 "순차로 경료된 등기들의 말소를 청구하는 소송은 권리관계의 합일적인 확정을 필요로 하는 필요적 공동소송이 아니라 통상공동소송이며, [···] 이 경우 후순위등기에 대한 말소청구가 패소 확정됨으로써 그 전순위등기의 말소등기 실행이 결과적으로 불가능하게 되더라도, 그 전순위등기의 말소를 구할 소의 이익이 없다고는 할 수 없다"고 한 대판 2008.6.12. 2007다36445 참조.

13) 취득시효 완성 후 원인무효의 등기가 경료된 사안에 관한 대판 1990.11.27. 90다6651 참조.

14) 청구권의 순위를 보전하기 위한 것이 아니라 물권적 청구권을 보전하기 위한 가등기는 허용되지 않음에 관하여 대판 1982.11.23. 81다카1110([2543]에 소개된) 참조.

위하여 또는 이들 청구권이 시기부 내지 정지조건부이거나 기타 장래에 확정될 것인 경우에 할 수 있다(법 제88조). 이러한 가등기는 장래의 권리를 보전해 줄 수 있다는(중간처분등기가 마쳐지더라도) 장점 때문에 실제로 많이 이용된다.15)

(2) 가등기의 절차를 본다. [5139]

① 먼저 가등기권리자는 가등기의무자와 공동으로 또는 가등기를 명하는 법원의 가처분명령이 있으면 단독으로 가등기를 신청할 수 있다(법 제89조).

② 가등기에 기한 본등기절차는 가등기에 의하여 순위가 보전된다는 것 외에 통상의 본등기와 다르지 않다. 소유권이전등기청구권을 보전하기 위한 가등기에서 가등기의무자인 소유자가 본등기절차에 협력하지 않으면 가등기권리자는 본등기절차에 협력할 것을 소구할 수 있고, 승소의 확정판결에 기하여 단독으로 등기를 신청할 수 있는데(법 제23조 제4항 참조), 승소의 확정판결에 갈음하기 위하여 제소전 화해가 이용되기도 한다.

③ 가등기에 기하여 본등기가 경료되면 본등기의 「순위」가 가등기의 순위를 따르므로, 가등기 후 본등기 전에 이루어진 중간처분의 등기는 ⓐ 가등기에 의하여 순위가 보전된 권리와 양립할 수 없는 범위 내에서 무효로 되거나, ⓑ (저당권설정등기라면) 후순위로 된다(규칙 제148조 제3항 참조). 등기관은 가등기 후에 마쳐진 등기로서 가등기에 의하여 보전되는 권리를 침해하는 등기를 직권으로 말소하고, 지체 없이 그 사실을 말소된 권리의 등기명의자에게 통지해야 한다(법 제92조. 규칙 제147조와 제148조도 참조). 이는 부동산등기법 개정 전의 판례의 태도를 채용한 것이다.16)

이러한 사정 때문에 가등기에 기한 본등기청구와 단순한 소유권이전등기청구는, 비록 그 등기원인이 동일하더라도, 서로 다른 청구로 보아야 한다.17)

④ 한편 가등기명의인은 단독으로 가등기의 말소를 신청할 수 있고, 가등기의무자 또는 등기상 이해관계 있는 이는 등기명의인의 승낙이나 이에 대항할 수 있는 재판이 있음을 증명하는 정보를 첨부하여 단독으로 가등기의 말소를 신청할 수 있다(법 제93조, 규칙 제150조).

(3) 가등기의 효력을 본다. [5140]

① 가등기에 기하여 본등기가 경료되면 본등기 순위는 가등기의 순위에 따른다(법 제91조). 즉 본등기 후에는 가등기가 본등기의 순위를 보전하는 효력을 가진다.

이러한 효력은 본등기의 「순위」에 관한 것일 뿐이고, 물권변동은 본등기가 마쳐진 때에 일어나고 그 시기가 가등기를 마친 때로 소급하지 않는다.18)

② 가등기는 순위보전적 효력을 가질 뿐이고, 본등기가 경료되기 전에 가등기인 상태만으로는 아무런 실체법상의 효력(특히 처분금지효)이 인정되지 않을 뿐만 아니라 가등기된 청구권의 기

---

15) 이러한 본래적 의미의 보전가등기(保全假登記) 외에 담보목적으로 전용된 담보가등기도 있는데, 이에 관해서는 [5579] 이하 참조.

16) 소유권이전청구권 보전의 가등기 후에 국세·지방세의 체납으로 인한 압류등기가 마쳐지고 위 가등기에 기한 본등기가 이루어지는 경우에 직권말소의 한계에 관한 대결(전) 2010.3.18. 2006마571도 참조.

17) 대판 1994.4.26. 92다34100. 가등기권리자가 별도의 소유권이전등기를 경료받은 경우에 관한 대판 2007.2.22. 2004다59546도 참조.

18) 대판 1982.6.22. 81다1298·1299. 대지소유권에 기한 방해배제청구로서 그 지상 건물의 철거를 구하여 승소 확정판결을 얻은 경우에, 지상건물에 관하여 위 확정판결의 변론종결 전에 경료된 소유권이전청구권 가등기에 기하여 위 확정판결의 변론종결 후에 소유권이전등기를 경료한 이가 있다면, 그는 변론종결 후의 승계인(민사소송법 제218조 제1항 참조)이어서 위 확정판결의 기판력이 미친다고 한 대판 1992.10.27. 92다10883이나 점유취득시효 완성 전에 경료된 가등기에 기하여 시효완성 후에 본등기가 마쳐진 경우에, 시효권리자는 본등기의 명의인에게 시효완성을 주장하지 못한다고 한 대판 1992.9.25. 92다21258 등은 이러한 맥락에서 이해될 수 있다.

초인 법률관계가 존재한다는 추정력도 인정되지 않는다.[19] 본등기를 명하는 판결이 확정되었더라도 본등기를 경료하기까지는 마찬가지이므로, 중복된 소유권보존등기가 무효라도 가등기권리자는 그 말소를 청구할 수 없다.[20] 그리고 가등기가 경료된 부동산에 관하여 매매계약이 체결된 경우에, 매도인은 매수인에 대하여 가등기를 말소할 의무를 부담하고, 매수인 앞으로 소유권이전등기가 경료된 후에 가등기의 원인인 실체법상의 권리가 소멸했다면 매수인은 제214조에 기하여 가등기의 말소를 구할 수 있다.

③ 부동산의 강제경매에서 경매목적 부동산이 낙찰된 경우에, 소유권이전등기청구권의 순위보전을 위한 가등기는 그보다 선순위의 담보권이나 가압류가 없는 이상 (담보목적의 가등기와 달리) 말소되지 않고 낙찰인에게 인수된다.[21] 한편 가등기의 원인인 실체법상의 권리가 없다면 가등기는 효력을 가지지 않는다. 반면 적법한 가등기가 불법말소되면, 가등기권리자는 위법하게 말소된 가등기의 회복등기를 청구할 수 있는데,[22] 회복등기가 마쳐지기 전이라도 말소된 등기의 등기명의인은 적법한 권리자로 추정되므로 원인 없이 말소된 등기의 효력을 다투는 쪽에서 그 무효사유를 주장 · 증명해야 한다.[23]

[5141] (4) 가등기상 권리의 이전에 관하여 살핀다.

① B가 A로부터 부동산을 매수하면서 소유권이전등기청구권 보전을 위하여 가등기를 마친 상태에서 그 등기청구권을 C에게 양도한 경우처럼 가등기에 의하여 보전된 청구권이 양도된 경우에, 양도의 등기(「가등기의 부기등기」)가 가능한가? 또는 B가 부동산소유권을 취득하면 저당권을 설정해 주기로 하고 D와 금전소비대차계약을 체결한 경우에 D의 저당권설정등기청구권을 보전하기 위한 가등기(「가등기의 가등기」)가 가능한가?

② 판례는 부기등기를 통하여 가등기상 권리를 이전할 수 있다는 입장이다. 즉 대판(전) 1998.11.19. 98다24105: “가등기는 원래 순위를 확보하는 데에 그 목적이 있으나, 순위보전의 대상이 되는 물권변동의 청구권은 그 성질상 양도될 수 있는 재산권일 뿐만 아니라 가등기로 인하여 그 권리가 공시되어 결과적으로 공시방법까지 마련된 셈이므로, 이를 양도한 경우에는 양도인과 양수인의 공동신청으로 그 가등기상의 권리의 이전등기를 가등기에 대한 부기등기의 형식으로 경료할 수 있다고 보아야 한다.”[24]

[5142] 3. 등기사항

(1) 등기사항으로 절차법상의 것과 실체법상의 것의 두 가지가 있다. 실체법상의 등기사항은 그것을 등기하지 않으면 실체법상의 효력이 생기지 않는 것으로, 제186조의 문제이다.

이와 달리 절차법상의 등기사항은 부동산등기법상 등기하는 것이 허용 또는 요구되는 사항으로, 이를 등기능력(登記能力)이라고도 한다.[25]

---

19) 대판 1979.5.22. 79다239; 대판 2018.11.29. 2018다200730.

20) 대판 2001.3.23. 2000다51285.

21) 대결 2003.10.6. 2003마1438.

22) 이를 근거로 본등기 전의 가등기가 「청구권 보전의 효력」을 가진다는 견해도 있다.

23) 대판 1997.9.30. 95다39526.

24) 이 판결은 「가등기의 부기등기」를 긍정하였을 뿐이고, 「가등기의 가등기」는 여전히 허용되지 않는다고 해야 한다. 앞의 예에서 B는 가등기권리자일 뿐이고 가등기의무자일 수는 없기 때문이다. 그러나 가등기의 가등기를 부정한 대결 1972.6.2. 72마399가 앞의 98다24105 판결에 의하여 변경되었는데, 선뜻 수긍하기 어렵다.

(2) 절차법상의 등기사항에 관하여 본다.

① 등기되어야 할 물건은 부동산 중 사권의 목적인 토지와 건물이다.

② 등기되어야 할 권리는 ⓐ "소유권, 지상권, 지역권, 전세권, 저당권, 권리질권, 채권담보권, 임차권"의 ⓑ "보존, 이전, 설정, 변경, 처분의 제한 또는 소멸"이고(법 제3조),[26] 점유권, 유치권, 특수지역권(제302조)은 그 성질상 제외된다.

4. 부동산의 공시와 관련된 공적 장부 [5143]

가. 등 기 부

(1) 등기부란 전산정보처리조직에 의하여 입력·처리된 등기정보자료를 대법원규칙이 정하는 바에 따라 편성한 공적 장부를 말한다(법 제2조 제1호).

(2) 부동산에 관한 등기부로 토지등기부와 건물등기부의 두 가지가 있다(법 제14조 제1항).

(3) 등기부는 1필의 토지 또는 1개의 건물에 대하여 1개의 등기기록(법 제2조 제3호 참조)을 둠으로써 권리의 객체인 1개의 부동산을 단위로 편성되는데, 이를 물적 편성주의(物的 編成主義)라고 한다. 즉「1부동산 1등기기록의 원칙」을 따른다(법 제15조 제1항). 다만 건물의 구분소유의 경우에 법 제15조 제1항 단서, 제40조 제2항에 따라 1동의 건물 전부에 대하여 1개의 등기기록을 사용하되, 1동의 건물을 구분한 각 건물마다 표제부 및 각구를 둔다(집합건물의 대지권의 등기에 관하여 법 제40조 제3항, 제60조 등 참조).

(4) 등기부를 구성하는 등기기록에는 "부동산의 표시에 관한 사항을 기록하는 표제부와 소유권에 관한 사항을 기록하는 갑구 및 소유권 외의 권리에 관한 사항을 기록하는 을구"를 둔다(법 제15조 제2항. 표제부 및 각구에 기록될 사항에 관하여 법 제34조, 제40조 및 규칙 제13조 참조).

나. 대　　장 [5144]

(1) 부동산에 관한 공적 장부로 등기부 외에 대장이 있다. 대장(臺帳)은 부동산에 관한 사실상의 상황을 기록하는 공적 장부를 말하는데, 공간정보관리법 제2조 제19호 소정의 "지적공부"인 토지대장, 임야대장, 공유지연명부 등과 건축법 제38조에 기한 건축물대장이 있다.

(2) 대장의 기록에 대해서는 추정력이 인정되지 않는다. 즉 토지대장에 소유자 이름이 기록되어 있더라도, 그 기록에는 권리추정력이 인정되지 않는다.[27]

(3) 등기부와의 관계를 본다.

① 부동산의 물적 상황 내지 동일성은 대장의 등록을 기초로 한다(법 제65조 제1호 참조). 등기부에 기록된 부동산의 표시가 대장의 그것과 일치하지 않는 경우에, 부동산의 소유명의인은 대장의 기록을 고친 다음 부동산표시의 변경등기(법 제35조, 제41조)를 하여야 당해 부동산에 대한 다른 등기를 신청할 수 있다(법 제29조 제11호 참조).[28]

② 권리의 변동은 역으로 등기부의 기록을 기초로 하여 대장상 기록의 변경등록을 해야 한

25) 실체법상의 등기사항은 모두 절차법상의 그것이지만, 절차법상의 등기사항은 실체법상의 그것보다 넓은 범위에 걸친다. 가령 신축건물의 소유권 취득이 실체법상의 등기사항은 아니지만, 절차법상의 등기사항이다(법 제65조 참조).

26) 개개의 권리에 관한 등기사항은 잠재적 이해관계인을 보호하기 위한 것으로 그 권리의 대세적 효력과 관련되는데, 개개의 권리에 관하여 기본적인 등기사항을 확인해 볼 것을 권한다.

27) 토지대장에 관한 대판 2013.7.11. 2013다202878.

28) 예컨대 1필의 토지를 분할하려면 먼저 공간정보관리법 제79조에 따라 지적공부에 등록한 후 등기를 해야 한다.

다. 다만 보존등기의 경우에는 대장의 등록을 기초로 한다(법 제65조 제1호).

[참 고] 지적공부와 관련하여 근대적 토지소유권의 시원점(始原點)으로 살펴보아야 할 것으로 사정과 재결이 있다. 먼저 사정(査定)이란 일제시대 토지조사령 또는 임야조사령에 따라 토지소유자를 확정하는 행정처분을 말하는데, 토지소유권의 「원시취득」에 해당한다. 한편 재결(裁決)은 사정에 대한 이의가 있어 불복한 경우에 고등토지조사위원회가 내린 행정처분을 말하는데, 그 효력은 사정시로 소급한다.

그런데 토지조사부에 토지소유자로 등재된 경우에 재결에 의하여 사정내용이 변경되었다는 등 반증이 없는 한 그 등재된 이가 토지소유자로 사정받아 그 사정이 확정된 것으로 추정되고,[29] 임야조사부의 기재에 대해서도 같다.

[5145] Ⅱ. 등기절차

1. 등기의 과정

(1) 등기의 과정을 개관한다.

① 부동산등기는 원칙적으로 당사자의 신청에 기해서 행하여진다(법 제22조).[30] 등기신청권의 대위행사(법 제28조)와 대리인에 의한 신청(법 제24조 제1항 제1호)도 가능하며, 방문신청 외에 전산정보처리조직을 이용하여 신청정보 및 첨부정보를 보내는 방법, 즉 전자신청도 가능하다(법 제24조 제1항 제2호).

② 등기관은 등기절차상의 적법성 여부에 관한 형식적 심사권을 가질 뿐이고, 실체법상의 권리관계와의 일치 여부를 심사할 실질적 심사권한은 없다.

③ 법 제29조 소정의 사유가 있으면 신청을 각하할 수 있지만, 그러한 사유가 없으면, 등기관은 접수번호의 순서에 따라 등기를 실행하는데, 등기관의 결정 등에 대하여 이의를 신청할 수 있다(법 제100조 이하).

[5146] (2) 공동신청주의(共同申請主義)를 본다.

① 등기의 진정을 확보하기 위하여 법은 「공동신청주의」를 취한다. 즉 등기는 등기권리자(登記權利者)[31]와 등기의무자(登記義務者)[32]가 공동으로 신청해야 한다(법 제23조 제1항). 등기신청서가 등기권리자와 등기의무자의 공동명의로 작성·제출되어야 하며, 공동신청의 요건을 갖추지 못한 등기신청은 각하된다.

② 다만 등기권리자와 등기의무자의 공동신청에 의하지 않더라도 등기의 진정을 담보할 수 있거나(예: 판결에 기한 등기[33]) 성질상 등기의무자가 없는(예: 미등기부동산의 보존등기나 상속에 의한 등기) 등의 경우에 등기권리자나 등기명의인에 의한 단독신청이 인정된다(제2항 이하).

---

29) 대판(전) 1986.6.10. 84다카1773.

30) 관공서의 촉탁에 의한 등기의 예로 법 제96조 이하; 등기관의 직권에 의한 등기의 예로 법 제36조, 제58조 등.

31) 「신청된 등기가 행하여짐으로써 실체적 권리관계에서 권리를 취득하거나 의무를 면하는 사람임이 등기부상 형식적으로 표시되는 이」로 부동산의 매수인, 저당권말소등기에서 저당권설정자 등.

32) 「등기형식상 등기될 사항에 의하여 직접적으로 권리를 잃거나 부담을 받는 이」로 부동산의 매도인, 저당권말소등기에서 저당권자 등.

33) 그 주문에 반드시 등기절차를 이행하라는 등기의무자의 등기신청의사를 진술하는 내용 등이 포함되어 있어야 한다고 한 대판 2023.4.27. 2021다276225·276232 참조.

2. 등기신청에 필요한 서면 [5147]

(1) 등기를 신청할 때 신청정보 및 첨부정보를 제공해야 하는데(법 제24조 제2항), 그 내용은 규칙 제43조, 제46조 참조. 방문신청의 경우에 등기신청서에 신청정보의 내용을 적고 신청인 또는 그 대리인이 기명날인하거나 서명해야 하고, 첨부정보를 담은 서면을 첨부해야 한다(규칙 제56조). 그리고 등기의무자 등의 인감증명을 제출하고, 신청서나 첨부서면에 인감을 날인해야 하는데(규칙 제60조), 인감증명 등은 발행일로부터 3개월 이내의 것이어야 한다(규칙 제62조).

(2) 등기권리자와 등기의무자가 공동으로 권리에 관한 등기를 신청하는 경우에 신청인은 신청정보와 함께 등기의무자의 등기필정보(登記畢情報)[34]를 등기소에 제공해야 하는데, 승소한 등기의무자가 단독으로 권리에 관한 등기를 신청하는 경우에도 같다(법 제50조).

등기필정보가 없으면 등기의무자 또는 그 법정대리인("등기의무자 등")이 등기소에 출석하여 등기관으로부터 등기의무자 등임을 확인받아야 하는데, 등기신청인의 대리인(변호사나 법무사만을 말한다)이 등기의무자 등으로부터 위임받았음을 확인한 경우 또는 신청서[35] 중 등기의무자 등의 작성부분에 관하여 공증을 받은 경우에는 그렇지 않다(법 제51조).

Ⅲ. 등기청구권 [5148]

1. 의 의

(1) 공동신청주의 하에서 등기권리자와 등기의무자 중 일방이 등기신청에 협력하지 않는 경우에, 타방이 등기에 협력해 줄 것을 청구할 수 있는 실체법상의 권리를 등기청구권(登記請求權)이라고 한다.[36]

(2) 등기청구권은 보통 등기권리자가 등기의무자를 상대로 등기에 협력해 줄 것을 청구하는 형태로 나타나지만, 세금 등 공과의 부담을 피하기 위하여 필요하다면 등기의무자가 등기권리자를 상대로 등기청구권을 행사할 수 있는데,[37] 이를 등기인수청구권이라고도 한다.

(3) 판례는 등기청구권을 채권자대위권의 객체로 인정하면서, 대위에 채무자의 무자력요건을 요하지 않는다고 한다([4088] 참조).

2. 등기청구권의 발생원인 및 성질 [5149]

가. 서 설

등기청구권이 채권적 청구권인가 아니면 물권적 청구권인가 하는 문제는 특히 소멸시효와 관련하여 실천적 의미를 가진다.[38] 아래에서는 등기청구권의 법적 성질을 그 발생원인에 따라 살

---

34) "등기부에 새로운 권리자가 기록되는 경우에 그 권리자를 확인하기 위하여 […] 등기관이 작성한 정보": 법 제2조 제4호. 규칙 제106조 제1항 참조.
참고로 구법 하에서 등기관이 등기를 완료하면, 등기원인을 증명하는 서면이나 신청서 부본에 신청서의 접수연월일, 접수번호, 순위번호와 등기필의 뜻을 기재하고 등기소인을 찍어 이를 등기권리자에게 교부했고(같은 법 제67조 제1항), 이것을 등기필증(登記畢證. 통칭 등기권리증)이라고 하였는데, 등기필정보로 대체되었다.

35) 위임에 의한 대리인이 신청하는 경우에는 그 권한을 증명하는 서면을 말한다.

36) 이와 달리 등기를 신청할 수 있는 절차법상의 권리는 등기신청권이다.

37) 대판 2001.2.9. 2000다60708은, 등기의무자가 자기명의로 있어서는 안 될 등기가 자기명의로 있음으로 인하여 사회생활상 또는 법상 불이익을 입을 우려가 있는 경우에 소의 방법으로 등기권리자를 상대로 등기를 인수받아 갈 것을 구하고 그 판결을 받아 등기를 강제로 실현할 수 있다고 하였다.

38) 기판력의 인적 범위와 관련하여 [5299]도 참조.

펴본다.

[5150] **나. 법률행위에 의한 물권변동의 경우**

(1) 부동산매매에 기하여 매수인이 매도인에 대하여 가지는 등기청구권의 발생근거 및 성질에 관하여 학설은 물권행위의 독자성과 관련하여 견해가 나뉘는데, 판례는 채권적 청구권이라는 입장이다([1358] 참조).

(2) 매매에서 매도인의 재산권이전의무(제568조 제1항)에 대응하는 매수인의 재산권이전청구권의 요체가 등기청구권이므로, 등기청구권은 채권행위로부터 발생하는 채권적 청구권이고, 따라서 부동산매수인의 등기청구권은 10년의 소멸시효에 걸린다고 할 것이다.

[참 고] 매도인의 재산권이전의무는 결과채무이므로, 매도인이 매수인에게 등기에 필요한 서류 일체를 교부했더라도 아직 매수인 명의의 등기가 경료되지 않았다면, 매수인은 여전히 등기청구권을 가진다.[39] 한편 매매대금 전부를 지급한 매수인이 위조된 서류에 기하여 이미 소유권이전등기를 마쳤다면 그 등기는 실체관계와 부합하는 등기로 될 수 있고, 이 경우 이미 소유권을 취득한 매수인이 등기청구권을 행사할 수 없음은 당연하다.

[5151] **다. 그 밖의 경우들**

(1) 실체관계와 등기가 불일치하는 경우를 본다.

① A 소유의 부동산에 관하여 B가 위조서류를 사용하여 자기 앞으로 원인무효의 소유권이전등기를 마친 경우처럼 실체관계와 등기가 불일치하는 경우에 물권자가 가지는 (말소)등기청구권은 진정한 권리자의 물권적 청구권의 성질을 가진다([5136] 참조). 원인행위가 소급적으로 실효하거나 저당권등기에서 피담보채무가 변제나 시효 등으로 소멸한 경우[40]에도 마찬가지이다.

② 이 경우의 등기청구권은 진정한 권리자의 물권적 청구권으로 본권과 운명을 같이한다. 따라서 본권과 별도로 소멸시효에 걸리지 않는다 할 것이다([5015] 참조).

(2) 시효에 의한 물권의 득실을 보자.

① 먼저 점유취득시효의 경우에 등기청구권은 제245조 제1항에 의하여 발생하는 채권적 청구권이라고 해야 하고, 판례도 같은 입장이다([5199] 참조). 따라서 10년의 소멸시효에 걸리지만, 점유를 계속하는 동안은 시효가 진행하지 않는다.

② 한편 소멸시효 완성의 경우에, 절대적 소멸설에 의하면 완성 자체로, 상대적 소멸설에 의하면 시효의 원용에 의하여 권리가 소멸하므로, 그 후로는 실체관계와 등기가 불일치하는 경우의 문제로 된다.[41]

(3) 나머지를 본다.

① 제621조 제1항은 부동산임차인의 법적 지위를 강화하는 특칙이므로, 이 규정에 의하여 임차인의 등기청구권이 발생하고 그 성질은 채권적 청구권으로 보아야 한다.

② 부동산환매권(제592조, 법 제53조)은 당사자 사이의 약정에 의하여 발생하므로, 채권적 성질을 가진다.

---

39) 등기를 경료하기 위하여 필요한 추가비용 및 위험부담의 문제는 별개의 것이다.

40) 이 경우 전 소유자의 채권적 (말소)청구권이 인정됨에 관하여 [5018] 참조.

41) 가등기에 기한 소유권이전등기청구권이 시효의 완성으로 소멸되었다면, 가등기 후 부동산을 취득한 제3자는 소유권에 기한 방해배제청구로서 가등기권자에 대하여 본등기청구권의 시효소멸을 주장하여 가등기의 말소를 구할 수 있다(대판 1991.3.12, 90다카27570).

Ⅳ. 등기의 추정력 [5152]

1. 등기의 효력

(1) 등기의 효력을 개관한다.

① 등기는 물권행위를 완성하여 물권변동을 일으키는 효력을 가진다(제186조). 이를 권리변동적 효력(權利變動的 效力) 또는 창설적 효력이라고 한다.

② 동일한 부동산에 관하여 수개의 권리가 경합하는 경우에, 등기의 선후에 따라 그들의 순위가 결정된다. 즉 등기기록 중 같은 구의 등기들의 선후는 순위번호에 의하고, 다른 구의 등기들의 선후는 접수번호에 의하며, 부기등기의 순위는 주등기의 순위에 의한다(법 제4조, 제5조). 이를 순위확정적 효력(順位確定的 效力)이라고 한다. 이 효력의 내용으로 이미 등기가 행하여졌다면 이와 양립할 수 없는 등기를 할 수 없다.

③ 제한물권(지상권, 전세권, 저당권 등), 환매권, 부동산임차권 등에 관하여 존속기간, 지료, 이자 등을 등기할 수 있는데, 이들을 등기하면 제3자에 대하여 효력이 있다. 이를 대항적 효력(對抗的 效力)이라고 한다.

④ 그 밖에 추정력을 가지는데, 이는 따로 살펴보기로 한다. 한편 민법은 등기의 공신력(公信力)을 인정하지 않는다. 즉 동산에 관하여 선의취득을 규정함에 반하여(제249조), 부동산에 관해서는 이에 상응하는 규정을 두지 않았다.

(2) 등기관이 등기를 마치면, 등기의 효력은 접수한 때부터 발생한다(법 제6조 제2항).

2. 등기의 추정력 서설 [5153]

(1) 등기가 형식적으로 존재한다는 사실로부터 등기된 대로의 권리관계가 존재하리라는 추정을 일으키는 효력을 등기의 추정력(推定力)이라고 한다. 즉 형식상 적법한 등기가 등기부에 등재되었다면, 반대해석을 할 사유가 없는 한 진실한 권리상태를 공시하는 것으로 추정되고, 그 결과 등기사실의 진실성을 다투는 이가 그에 대한 (주장 및) 증명책임을 진다.

(2) 등기의 추정력의 본질은 법률상의 권리추정이다.[42] 즉 등기에 의하여 추정되는 바는 등기에 부합하는 「권리」가 실체법상으로도 존재한다는 것이고, 따라서 등기의 추정력은 권리추정으로 보아야 한다.

보 론

증명책임 완화의 한 모습인 추정(推定)은 甲 사실(전제사실)로부터 증명의 주제인 乙 사실(또는 권리)을 추인하는 것을 말한다.

추정으로, 경험칙/개연성을 통하여 乙을 추인하는 사실상 추정(事實上 推定)과 법규화된 경험칙, 즉 추정규정을 적용하여 乙을 추인하는 법률상 추정(法律上 推定)이 있다. 그런데 사실상 추정에서 반증(反證)에 의하여, 즉 법관으로 하여금 요증사실의 존재에 대한 의문을 품게 함으로써 추정이 번복되지만, 법률상 추정에서는 반대사실의 증명, 즉 본증(本證)이 있어야, 다시 말하면 반대사실의 존재에 대한 법관의 확신이 있어야 추정력이 깨어진다.

한편 법률상의 추정은 다시 추정되는 바(乙)가 권리인지 아니면 사실인지에 따라 법률상의 권리

42) 대판 1979.6.26. 79다741 등.

추정(예: 제200조, 제830조)과 법률상의 사실추정(예: 제30조, 제198조)으로 나뉜다.

참고로 법문상 "추정"이라고 표현되지만, 앞의 추정으로 볼 수 없는 것을 「유사적 추정」이라 하는데, 전제사실 없이 일정한 사실을 추정하는 잠정적 진실,[43] 법률행위의 해석규정인 의사추정[44] 등이 이에 속한다.

(3) 추정의 효과는 기본적으로 증명책임과 관련된다. 즉 등기된 권리가 존재하는 것으로 다루어지므로, 이와 양립할 수 없는 사실을 주장하는 이가 그 사실에 대한 반대증거, 즉 본증을 제출해야 한다.[45] 그 밖에 추정의 부수적 효과로 등기내용에 관한 악의추정과 그 내용을 신뢰한 이의 무과실추정[46]을 들 수 있다.

[5154] ### 3. 추정의 범위

가. 물적 범위

(1) 등기명의인은 그 부동산에 관한 물권을 가지는 것으로 추정된다.[47]

(2) 나아가 등기가 원인 및 절차의 측면에서 적법하게 경료되었고 전제조건도 적법하게 충족되었음에 추정력이 미친다. 전 등기명의인인 미성년자가 부동산을 친권자에게 증여한 행위는 이해상반행위이지만(제921조 참조), 일단 친권자에게 이전등기가 경료되었다면, 특별한 사정이 없는 한 그 이전등기에 필요한 절차를 적법하게 거친 것으로 추정된다.[48] 그리고 소유권이전등기에 의하여 「대리권의 존재」도 추정된다.[49]

그런데 소유권이전등기의 말소등기가 경료된 경우에, 그 말소등기가 적법하게 이루어졌고 따라서 이전등기 명의인의 소유권은 소멸한 것으로 추정되지만, 원인 없이 말소되었다면 그 회복등기가 경료되기 전이라도 말소된 소유권이전등기의 최종명의인은 적법한 권리자로 추정된다.[50]

(3) 등기의 추정력은 전세금이나 임차보증금의 존재 등 「기재사항」(법 제72조 제1항 제1호, 제74조 제5호 참조)의 적법에도 미친다.[51]

[5155] #### 나. 인적 범위

(1) 등기명의인뿐만 아니라 제3자도 추정의 효과를 원용할 수 있다. 가령 제758조에서 등기의 추정력이 등기명의인의 불이익으로 기능할 수 있다.

(2) 소유권이전등기의 추정력이 권리변동의 당사자간에도 미치는가?[52] 반대설도 유력하지만,

43) 예: 제197조 제1항. 추정이 깨어질 때까지 그 사실이 진실한 것으로 본다.

44) 예: 제153조, 제398조 제4항. 그 추정을 깨뜨리려는 이가 반대의사표시의 존재에 대한 증명책임을 진다.

45) 가령 지분이전등기가 경료된 경우에 그 등기는 적법하게 된 것으로서 진실한 권리상태를 공시하는 것이라고 추정되므로, 그 등기가 위법하게 된 것이라고 주장하는 상대방에게 그 추정력을 번복할 만한 반대사실을 증명할 책임이 있다고 한 대판 1992.10.27. 92다30047.

46) 대판 1994.6.28. 94다7829 참조.

47) 가령 토지의 소유권이전등기명의인은 그 토지의 소유자로 추정된다고 한 대판 1983.11.22. 83다카894.

48) 대판 2002.2.5. 2000다72029. 토지에 관하여 점유취득시효 완성에 따라 소유권이전등기가 마쳐진 경우에, 제3자가 등기명의자의 취득시효기간 중 일부기간 동안 해당 토지 일부에 관하여 직접적·현실적인 점유를 한 사실이 있다는 사정만으로 등기의 추정력이 깨어진다거나 위 소유권이전등기가 원인무효의 등기가 된다고 볼 수는 없다고 한 대판 2023.7.13. 2023다223591·223607도 참조.

49) 대판 1993.10.12. 93다18914는, 등기가 원인무효임을 이유로 말소를 구하는 전 등기명의인(X)이 반대사실, 즉 처분행위를 한 제3자(D)에게 X를 대리할 권한이 없었다거나 D가 X의 등기서류를 위조했다는 등의 무효사실에 대한 증명책임을 진다고 하였다. 대판 2009.9.24. 2009다37831도 동지.

50) 대판 1982.12.28. 81다카870.

51) 환매기간을 제한하는 환매특약이 등기부에 기록되어 있는 경우에, 반증이 없는 한 환매특약이 진정하게 성립된 것으로 추정된다는 대판 1991.10.11. 91다13700 참조.

52) 전 등기명의인(X)이 현 등기명의인(Y)을 상대로 소유권이전등기의 말소를 구하는 경우에, 이를 긍정한다면 X가 등기원인의 부존재

판례는 이를 긍정한다.[53] 다만 등기명의자 또는 제3자가 그에 앞선 등기명의인의 등기 관련서류를 위조하여 소유권이전등기를 경료했다는 점이 증명되면, 특별한 사정이 없는 한 무효원인의 사실이 증명되었다고 보아야 하고, 등기가 실체적 권리관계에 부합한다는 사실의 증명책임은 이를 주장하는 등기명의인에게 있다.[54]

3. 추정의 복멸 [5156]

가. 소유권이전등기의 경우

소유권이전등기의 추정력은 ① 전 소유명의자가 허무인(虛無人)인 경우, ② 등기명의인이 매수인이 아님이 증명된 경우, ③ 전 소유자 아닌 이의 행위로 등기되었음이 명백한 경우[55] 또는 ④ 등기의 기재 자체에 의하여 부실등기임이 명백한 경우에 복멸(覆滅. 결딴나 없어진다는 뜻이다)된다. ⑤ 전 소유자 사망 후에 그 명의의 등기가 경료된 경우에도 마찬가지이다.[56] 이러한 경우에 등기의 유효를 주장하는 이가 현재의 실체관계와 부합함을 증명해야 한다.

그런데 등기명의인이 등기원인을 다소 다르게 주장하더라도 등기의 추정력은 복멸되지 않는다. 즉 등기명의인이 등기부상 기록된 등기원인에 의하지 않고 다른 원인으로 적법하게 취득했다고 하면서 등기원인행위의 태양이나 과정을 다소 다르게 주장한다고 해서 이러한 주장만으로 그 등기의 추정력이 깨어진다고 할 수 없다.[57] 이러한 경우에도 이를 다투는 측에서 등기명의자의 소유권이전등기가 전 등기명의인의 의사에 반하여 이루어진 것으로서 무효라는 점을 주장·증명해야 한다.[58] 다만 소유권이전등기의 원인으로 주장된 계약서가 진정하지 않은 것으로 증명된 이상 그 등기의 적법추정은 복멸되고, 계속 다른 적법한 등기원인이 있을 것으로 추정할 수는 없다.[59]

나. 소유권보존등기의 경우 [5157]

소유권보존등기의 추정력은 등기명의인이 원시취득자가 아님이 증명되면 깨어진다. ⓐ 신축된 건물의 소유권은 이를 건축한 사람이 원시취득하므로, 건물소유권보존등기의 명의자가 이를 신축한 것이 아니라면 등기의 추정력은 깨어지고, 등기명의자가 스스로 적법하게 소유권을 취득한 사실을 증명해야 하고,[60] ⓑ 토지조사부에 소유자로 등재되어 있는 이는 재결에 의하여 사정내용이 변경되었다는 등의 반증이 없는 이상 토지의 소유자로 사정받고 그 사정이 확정된 것으로 추정되므로 소유권보존등기의 추정력은 보존등기명의인 아닌 이가 그 토지를 사정받은 것으로 밝

등을 주장·증명해야 하는 반면, 이를 부정한다면 Y가 등기원인의 존재를 주장·증명해야 한다.

53) 대판 2013.1.10. 2010다75044·75051: "부동산에 관하여 소유권이전등기가 마쳐져 있는 경우, 등기명의자는 제3자에 대하여서뿐만 아니라 그 전의 소유자에 대하여도 적법한 등기원인에 의하여 소유권을 취득한 것으로 추정되므로, 이를 다투는 측에서 무효사유를 주장·입증하여야 한다."

54) 대판 2014.3.13. 2009다105215.

55) 대리인이었음을 주장하는 경우에 대리권의 존재가 추정될 수 있음은 별개의 문제이다.

56) 대판 2018.11.29. 2018다200730. 다만 등기원인이 이미 존재함에도 아직 등기신청을 하지 않고 있는 동안 등기의무자에 대하여 상속이 개시된 경우에, "피상속인이 살아 있다면 그가 신청하였을 등기를 상속인이 신청한 경우 또는 등기신청을 등기공무원이 접수한 후 등기를 완료하기 전에 본인이나 그 대리인이 사망한 경우와 같은 특별한 사정"이 있으면 그렇지 않다는 대판 2008.4.10. 2007다82028도 참조.

57) 대판 1994.9.13. 94다10160.

58) 대판 2000.3.10. 99다65462.

59) 대판 1998.9.22. 98다29568.

60) 대판 1996.7.30. 95다30734.

혀지면 깨어진다.[61]

요컨대 보존등기명의자에 대해서는 소유권이 보존되어 있다는 사실만 추정될 뿐이고, 그가 소유자라는 점까지 추정되지는 않고, 이 점에서 권리변동의 당사자간에도 추정력이 미치는 이전 등기와 다르다.[62]

[5158] **다. 특별조치법에 의한 등기의 경우**

각종의 특별조치법에 의한 등기의 추정력은 일반적인 등기의 그것보다 훨씬 강하다. 즉 특별조치법에 의한 소유권보존등기가 경료된 토지나 임야를 사정받은 사람이 따로 있는 것으로 밝혀지더라도 그 등기는 같은 법 소정의 적법한 절차에 따라 마쳐진 것으로서 실체적 권리관계에 부합하는 등기로 추정되고, 추정을 깨뜨리기 위하여 등기절차상 소요되는 보증서 또는 확인서가 허위라든가 위조되었다든가[63] 그 밖의 사유(예컨대 법 시행일 이후의 등기원인일자 때문에 적법하게 등기된 것이 아니라는[64] 점)가 증명되어야 한다.[65]

제 3 절 동산물권의 취득

제1관 총 설

[5159] 부동산물권변동과 마찬가지로 동산물권변동도 법률행위에 의한 것과 법률행위에 의하지 않은 것으로 나눌 수 있다. 그런데 물권법 총칙은 동산물권변동 중 양도(讓渡), 즉 법률행위에 의한 변동만 규정하고, 법률의 규정에 의한 동산물권의 취득은 소유권의 장에서 규정하는데, 여기서도 법률행위에 의한 동산물권의 취득만 다룬다.

한편 법률행위에 의한 경우에 부동산물권변동과 기본적인 구조는 다르지 않다. 다만 동산물권변동에서는 제249조에 의하여 공신력이 인정됨에 따라, 부동산물권변동에서와 달리 공시방법이 엄격하게 논의되지 않고, 물권행위에 관한 복잡한 논의도 별다른 의미를 가지지 않는다. 이러한 사정을 고려하여 아래에서도 권리자로부터의 물권 취득을 간략하게 살펴본 후 무권리자로부터의 취득을 검토한다.

제 2 관 권리자로부터의 동산물권 취득

[5160] **Ⅰ. 개 관**

(1) 동산물권변동에서도 형식주의에 따라(제188조 이하), 법률행위와 함께 공시방법으로서 인도(引渡)가 있어야 동산물권의 변동이 일어난다. 이에 관하여 주의할 점은 다음의 것들이다.

61) 대판(전) 1986.6.10. 84다카1773; 대판 1997.5.23. 95다46654·46661. 대판 2005.5.26. 2002다43417도 참조.

62) 이를 공동신청을 요하는 이전등기와 단독신청이 가능한 보존등기의 차이라는 관점에서 이해할 여지도 있다.

63) 여기서 보증서나 확인서의 허위는 권리변동의 원인에 관한 실체적 기재내용이 진실에 부합하지 않음을 뜻하고(대판 2006.2.23. 2004다29835), 등기의 추정력을 번복하기 위해서는 등기의 기초가 된 보증서나 확인서의 실체적 기재내용이 진실이 아님을 의심할 만큼 증명되어야 하며, 그와 같은 증명이 없는 한 그 등기의 추정력은 번복되지 않는다(대판 2004.3.26. 2003다60549).

64) 대판 2004.4.9. 2003다27733.

65) 대판(전) 1987.10.13. 86다카2928 등.

① 제188조 이하는 동산에 관한 「소유권」의 양도에만 적용된다. 동산물권으로 소유권 외에 점유권, 유치권 및 질권도 있지만, 이들에서 점유는 권리의 발생 및 존속의 요건이므로 보다 강화된 요건이 요구된다.

② 부동산의 종물인 동산(제100조 제2항, 제358조 참조), 재단을 구성하는 동산 또는 자동차나 선박(상법 제743조, 선박법 제8조, 선박등기법 제3조 참조)처럼 등기나 등록에 의하여 공시되는 동산의 경우에 제188조 이하의 규정이 적용되지 않는다.[1] 한편 선하증권, 화물상환증 또는 창고증권에 의하여 표상되는 동산의 경우에, 동산 자체의 인도에 갈음하여 그러한 증권의 인도에 의하더라도 상관없다(상법 제133조, 제157조, 제861조 참조).

(2) 동산물권변동의 요건으로서 법률행위를 본다. [5161]

① 동산물권의 변동에서도 법률행위를 물권행위로 파악해야 한다. 그런데 현실매매가 상당한 비중을 차지하는 동산물권변동에서 통상 채권행위와 물권행위가 동시에 이루어지지만, 소유권유보부 매매, 종류채권을 발생시키는 경우, 타인물건의 매매 등 채권행위와 물권행위가 분명하게 별개로 행하여지는 경우도 적지 않다.

② 조건이나 기한을 붙일 수 있을 뿐만 아니라 실제로도 빈번하다. 매매대금 전부의 지급을 정지조건으로 하여 동산의 소유권을 이전하기로 하는 소유권유보가 가능하다.[2]

③ 선의취득(제249조)이 인정되므로, 물권행위의 무인성에 관한 논의가 실제로 거의 의미를 가지지 못한다.[3]

Ⅱ. 공시방법으로서 인도 [5162]

1. 서 설

(1) 동산물권의 양도는 목적동산을 인도하여야 그 효력이 발생한다(제188조 제1항). 즉 부동산물권변동의 등기에 상응하는 공시방법이 인도(引渡)이다.

(2) 인도란 사전적으로 사물이나 권리 따위를 넘겨줌을 의미하는데, 동산물권변동의 공시방법으로서 인도는 점유의 이전, 즉 사실적 지배를 이전함을 말한다. 현실의 인도(제188조 제1항)뿐만 아니라 간이인도(제2항), 점유개정(제189조) 및 반환청구권의 양도에 의한 인도(제190조)도 이에 포함되는데, 특히 뒤의 세 경우에 사실적 지배의 외관에는 아무런 변경이 없는 관념적인 것임에도 공시방법으로 인정된다. 그런데 동산물권변동에서 공신력이 인정됨에 따라 공시방법이 등기와 같이 엄격할 필요가 없다.

2. 현실의 인도 [5163]

(1) 제188조 제1항의 "인도"는 공시방법으로서 점유의 이전 일반을 의미하면서 동시에 인도의 기본형으로서 현실의 인도(現實의 引渡)를 의미한다는 점에서 중의적(重義的)이다.

(2) 인도의 유형으로서 현실의 인도는 사회관념상 물건이 동일성을 유지한 채 양도인의 지배

1) 자동차의 선의취득을 부정한 대판 2016.12.15. 2016다205373 참조.
2) 이때 이미 동산을 인도받아 점유하는 매수인의 지위를 물권적 기대권이라 하더라도 문제될 것이 없을 것이다.
3) 즉 원인행위인 채권행위가 실효되더라도 보호가치 있는 양수인은 보호된다.

권으로부터 양수인의 지배권으로 이전됨을 말하는데, 현실의 인도가 있다고 하려면 양도인의 물건에 대한 사실상의 지배가 동일성을 유지한 채 양수인에게 이전되어 양수인이 목적물에 대한 지배를 확고하게 취득하고, 양도인은 물건에 대한 점유를 완전히 종결해야 한다.[4)]

(3) 다수설은 현실인도를 점유권의 양도로 보아 점유권이전에 관한 합의와 사실적 지배의 이전을 요한다고 하지만, 동산물권의 공시방법으로서 「점유」의 이전(즉 인도)과 권리로서 「점유권」의 이전이 이론상으로는 별개의 문제이고, 따라서 공시방법으로서 현실의 인도의 법적 성질은 사실행위로 이해되어야 한다.

[5164] 3. 간이인도

(1) 양수인이 이미 물건을 점유하는 경우에, 양도인과 양수인 사이에 소유권이전에 관한 합의가 있으면 소유권이 양수인에게 이전된다(제188조 제2항).[5)] 이처럼 양수인의 점유가 「타주점유」에서 「자주점유」로 바뀌는 것을 간이인도(簡易引渡)라 하는데, 양도인과 양수인 사이의 합의로 「물건의 반환 + 현실인도」라는 불필요한 과정을 생략할 수 있다.

(2) 간이인도의 법적 성질은 계약이다. 즉 소유권이전의 합의가 점유승계의 합의를 포함하며, 따라서 행위능력, 의사의 흠결 등에 관한 규정이 적용된다. 또한 조건을 붙일 수 있으며, 대리도 가능하다.

[5165] 4. 점유개정

가. 의 의

(1) 점유개정(占有改定)이란, 동산을 양도하면서 양도인이 양수인과 점유매개관계를 설정하여 양수인에게 간접점유를 취득시키고 스스로는 점유매개자로서 점유를 계속하는 것을 말한다(제189조).[6)] 점유개정은 점유가 양도인으로부터 양수인에게로 다시 양수인으로부터 양도인에게로 순차 이전되는 무용의 절차를 생략하고, 동산의 양도담보를 가능케 한다는 점에서 의미를 가진다.

(2) 점유개정의 법적 성질은 계약인데, 소유권이전에 관한 합의와 간접점유 설정의 합의가 한꺼번에 행하여진다.

(3) 점유개정은 물건에 대한 사실적 지배가 이전됨이 없이 인도가 관념적으로 이루어진다는 점에서 간이인도와 공통된다. 그러나 간이인도에서 양수인이 계속하여 물건을 점유하면서 양수인의 점유가 타주점유에서 자주점유로 바뀌는 반면, 점유개정에서는 양도인이 점유를 계속하면서 양도인의 점유가 자주점유에서 타주점유로 바뀐다는 점에 차이가 있다.

그런데 공시방법은 외부의 제3자로 하여금 권리의 존재를 인식할 수 있게 하는 수단이고, 제200조와 제197조 제1항이 합쳐져서 동산의 점유는 소유권의 존재를 추정케 한다. 이러한 관점에서 보면, 간이인도에서 타주점유가 자주점유로 바뀜에 따라 외관에 기한 추정과 일치하지 않던 권리관계가 일치하게 되는 반면, 점유개정에서는 역으로 됨에 따라 법의 추정과 반대되는 상황으

---

4) 대판 2003.2.11. 2000다66454. 나아가 운송계약에서 보통 운송인이 송하인에게 운송증권(화물상환증이나 선하증권)을 교부하는데, 송하인이 이러한 운송증권을 제3자에게 교부한 경우에, 그 교부가 물건의 인도에 갈음하기 때문에 제190조가 아니라 제188조 제1항이 적용된다.

5) 예: A의 물건을 맡아서 보관하던 B가 A로부터 그 물건을 매수하는 경우.

6) 예: 매도인이 물건을 양도한 후 임차인 또는 수치인으로서 그 물건을 계속 점유하는 경우.

로 된다. 따라서 점유개정의 유효범위가 제한된다(특히 선의취득과 관련하여).

나. 요 건 [5166]

(1) 점유개정에 의하여 양도인의 점유가 자주점유에서 타주점유로 변경된다. 따라서 먼저 양도인이 물건을 자주점유하고 있어야 한다.

(2) 양도인과 양수인 사이에 소유권이전에 관한 합의가 있어야 한다. 이 합의는 법률행위(계약)이므로, 행위능력, 의사의 흠결 등에 관한 규정이 적용된다. 그리고 조건이나 기한을 붙일 수 있고, 대리도 가능하다.

(3) 소유권이전의 합의 외에 양도인과 양수인 사이에 간접점유를 발생시키는 계약이 있어야 한다. 즉 양도인과 양수인 사이에 점유매개관계([5047] 참조)가 성립해야 한다. 통상 간접점유를 발생시키는 계약은 소유권이전의 합의와 합체되어 행하여진다.

다. 효 과 [5167]

동산물권변동의 공시방법이라는 당연한 효과 외에

① 양도인은 점유를 계속하므로(점유의 모습이 자주점유에서 타주점유로 바뀔 뿐이다) 점유권의 효력을 주장할 수 있지만, 양수인과의 점유매개관계 성립에 관한 합의 때문에 양수인에 대하여 반환의무를 부담한다. 반면 양수인은 양도인의 점유를 매개하여 간접점유를 취득한다.

② 점유개정은 선의취득의 요건인 점유취득으로 되지 못함에 관하여 [5177] 참조.

5. 목적물반환청구권의 양도 [5168]

(1) 양도인이 제3자의 점유를 매개하여 목적물을 간접점유하는 경우(예: 창고업자에게 동산을 임차한 경우)에, 양도인이 그 제3자에 대한 반환청구권을 양수인에게 양도함으로써 동산의 소유권이 양수인에게 이전된다(제190조). 이러한 경우에 양수인에게 양도되는 것은 채권적 반환청구권이고,[7] 따라서 채권양도에 관한 규정(제450조, 제451조)이 반환청구권의 양도에 적용된다.[8]

(2) 반환청구권의 양도에 의한 인도 역시 의사표시(소유권이전의 합의와 반환청구권 양도의 합의[9])에 의한 인도로서, 사실적 지배의 변경이 없다는 점에서 앞에서 본 간이인도 및 점유개정과 같지만, 제3자가 직접점유를 한다는 점에서 다르다. 이때 직접점유자의 점유가 타주점유임에는 변동이 없고, 양도인의 자주점유가 양수인에게 관념적으로만 넘어간다.

Ⅲ. 관습상의 공시방법: 명인방법 [5169]

가. 서 설

(1) 명인방법(明認方法)이란 건물 외의 지상물(특히 수목의 집단이나 미분리의 과실)을 토지와 분리하지 않은 채 독립한 거래객체로 함에 이용되는 관습법상의 공시방법(예: 철조망이나 표찰의 설치)으로,[10] 지상물의 소유자가 누구인지를 외부의 제3자에게 명백하게 인식시키기에 충분한 방법

7) 물권적 청구권은 물권에 부종하는 것이어서 물권이 이전되기 전에 물권과 분리하여 양도될 수 없다.

8) 목적물반환청구권이 이중으로 양도된 경우에, 제3자 대항요건의 구비로 그들 사이의 우열을 가려야 한다는 견해도 있으나, 직접점유자에 대한 통지(또는 그의 승낙)를 갖추어 동산소유권이 양도되었다면 공시방법으로서 반환청구권의 양도는 소임을 마치고, 제3자와의 우열은 더 이상 문제되지 않는다고 해야 한다.

9) 보통 합체되어 행하여진다.

을 말한다.

(2) 명인방법은 수목의 집단 또는 미분리의 과실을 지반이나 원물의 소유권으로부터 독립된 거래의 객체로 삼으려는 거래계의 요구를 충족하는 제도이다.[11]

나. 명인방법의 내용

(1) 명인방법에 의하여 공시되는 물권변동은 소유권(및 양도담보권)의 이전 또는 유보에 국한된다.

(2) 명인방법은 소유권의 귀속을 대외적으로 표시해야 한다. 즉 독립된 물건인 지상물의 현재 소유자가 누구라는 것을 명시해야 한다.[12]

나아가 명인방법은 특정성[13]과 계속성을 갖추어야 한다. 특히 계속성과 관련하여 명인방법이 자연적 또는 인위적 원인에 의하여 훼손된 경우에, 그것만으로 지상물의 소유권 자체가 상실되지는 않지만, 공시의 기능은 소멸하고,[14] 따라서 명인방법을 다시 갖추지 않으면 지상물의 지반인 토지를 취득한 이에 대하여 —지상물의 소유권 귀속에 관한 별도의 합의가 없는 한— 독립한 소유권을 주장할 수 없다.

(3) 수목의 소유자가 수목을 이중으로 매도한 경우에, 먼저 명인방법을 갖춘 이가 그 소유권을 취득한다.[15]

제3관 무권리자로부터의 동산물권 취득: 선의취득

[5170] Ⅰ. 총 설

1. 의 의

가. 개 념

부동산물권변동과 달리 동산물권변동에서는 공신력이 인정된다. 즉 어떤 동산을 점유하는 이를 권리자로 믿고 평온·공연하게 선의·무과실로 그로부터 동산을 취득한 경우에, 양도인이 정당한 권리자가 아니라도 양수인은 그 동산에 관한 권리를 취득한다(제249조). 이처럼 양도인의 점유라는 공시방법을 신뢰한 양수인을 보호하는 것이 선의취득(善意取得[1])이다.[2]

선의취득에 의하여 거래안전의 보호, 즉 「동적 안전」은 확보되지만, 진정한 권리자의 보호, 즉 「정적 안전」이 침해된다.[3] 따라서 선의취득에 관한 제249조를 해석할 때 이 두 법익을 비

10) 입목에 관한 법률에 의한 공시에 관하여 [5027] 참조.

11) 대판 2021.8.19. 2020다266375는, 명인방법은 입목에 대하여 물권변동의 성립요건 또는 효력발생요건에 해당하므로 식재된 입목에 대하여 명인방법을 실시해야 토지와 독립하여 소유권을 취득하고, 이는 토지와 분리하여 입목을 처분하는 경우뿐만 아니라, 입목의 소유권을 유보한 채 입목이 식재된 토지의 소유권을 이전하는 경우에도 마찬가지라고 하였다.

12) 대판 1990.2.13. 89다카23022.

13) 대판 1975.11.25. 73다1323 참조.

14) 등기의 말소와 현저히 다른데, 명인방법의 태생적 한계(실시되고 있는 동안만 독립성을 공시한다는)로 볼 것이다.

15) 대판 1967.12.18. 66다2382·2383. 대판 1967.2.28. 67다2442도 동지.

1) 일정한 모습의 점유를 기초로 하는 원시취득 중 취득시효에서 점유의 계속이 필요한 반면 여기서는 유효한 양도행위만 있으면 되므로 「즉시취득」이라고도 한다.

2) A가 그 소유의 책을 친구 B에게 빌려주었는데, B가 C에게 그 책을 팔아버린 경우를 보자. B와 C 사이의 매매계약 자체는 유효하지만(제569조), 「누구도 자기가 가진 것 이상을 남에게 양도할 수 없」으므로 C가 그 책의 소유권을 취득할 수 없다(A가 추인함은 별개의 문제이다). 여기서 B의 점유라는 권리외관(제200조 참조)에 대한 C의 신뢰를 보호하는 제도가 선의취득이다.

3) 앞의 예에서 거래의 안전, 즉 C의 보호는 진정한 권리자인 A의 희생(법적으로 B에 대한 책임추궁이 가능하지만, B의 무자력 등으로

교 · 형량해야 한다([1018] 참조).

나. 인정근거

동산물권변동에 관해서만 공신력을 인정하는 이유는, 부동산에 비하여 동산이 빈번하게 거래의 대상이 됨에도 불구하고 점유개정과 같이 객관적 징표를 수반하지 않는 관념화된 인도도 공시방법으로 인정되는 등 그 공시가 매우 불완전하기 때문에, 동산물권에 관한 거래의 안전을 확보할 필요가 있다는 점에서 찾을 수 있다.[4)]

[참 고] 역사적으로 게르만법에서는 「Hand wahre Hand」(손이 손을 지킨다)의 원칙에 따라, 타인을 신뢰하여 점유를 이전한 경우에, 그 상대방에 대해서만 반환청구를 할 수 있었다.[5)] 이 원칙이 선의취득과 결론을 같이하지만, 제249조가 이 원칙을 계수한 것은 아니고, 다만 제250조가 도품이나 유실물에 관하여 반환청구를 허용함에서 그 흔적을 찾을 수 있다.

2. 인정범위 [5171]

(1) 선의취득의 대상이 되는 것은 동산이다. 이와 관련하여 몇 가지 살펴본다.

① 금전(金錢)이 선의취득의 대상인가? 경우를 나누어 판단해야 한다. 일반적으로 금전은 동산의 일종이지만, 물성 자체는 중요하지 않고 수량으로 표시된 일정한 화폐가치가 중시된다. 즉 특정성이 없다. 따라서 ⓐ 금전이 가치의 표상(즉 지급수단)으로서 유통되는 경우에, 부당이득이 문제될 뿐이고 선의취득과 무관하다. ⓑ 반면 체계적으로 수집된 화폐처럼 액면의 가치를 표상하는 것이 아님이 외견상 명백하다면, 제250조 본문이 적용된다. ⓒ 한편 금전이 진정한 권리자에게 개성을 가지는 단순한 물건이지만 상대방에게는 통상 가치의 표상에 불과할 경우도 있는바, 이러한 경우에는 제250조 단서가 적용되어야 할 것이다.

② 선박(선박등기법 제3조), 자동차(자동차관리법 제5조, 제6조), 건설기계(건설기계관리법 제3조) 등 등기나 등록에 의하여 공시되는 동산은 선의취득의 대상이 아니다. 다만 공장저당권의 목적인 설비의 일부가 분리되어 처분된 경우에 선의취득의 대상으로 되고, 동산채권담보법에 따라 등기된 동산도 선의취득의 대상일 수 있다(같은 법 제32조 참조).

③ 화물상환증이나 선하증권과 같은 증권에 의하여 표상되는 동산도 선의취득의 대상이다(예: 창고업자가 증권 없이 물건을 처분한 경우). 그런데 증권 자체도 선의취득의 대상인데(제514조 참조), 양 선의취득이 경합하는 경우에 물건 자체의 선의취득이 우선한다.

④ 부동산의 종물이나 부속물이 주물로부터 분리되면 선의취득의 대상으로 된다.

(2) 선의취득할 수 있는 동산물권은 소유권이나 양도담보권 또는 질권이다. 동산물권으로 그 밖에 유치권과 점유권도 있지만, 유치권은 법정담보물권이라는 점에서, 점유권은 사실적 지배에 의하여 당연히 발생하는 권리라는 점에서, 각 선의취득의 대상이 되지 못한다.

인하여 실효성이 없을 수 있다는 위험이 따른다) 하에 이루어진다(이른바 trade-off의 관계).

4) 대판 1998.6.12. 98다6800: "동산을 점유하는 자의 권리외관을 중시하여 이를 신뢰한 자의 소유권 취득을 인정하고 진정한 소유자의 추급을 방지함으로써 거래의 안전을 확보하기 위하여 법이 마련한 제도".

5) 예를 들어 A가 임치(도품이나 점유이탈물처럼 본인의 의사에 반하여 점유가 상실된 것은 이에 해당하지 않는다)한 물건을 수치인 B가 불법으로 전매한 경우에, A는 B에 대해서만 그 물건의 반환을 청구할 수 있다.

[5172] ## Ⅱ. 선의취득의 요건

1. 개 관

공신력은 「유효」한 거래를 전제로 권리의 흠결「만」을 치유한다. 선의취득도 「점유」라는 외관에서 추정되는 바(제200조 및 제197조 제1항 참조)에 대한 보호가치 있는 신뢰로 양도인의 「처분권한」이라는 요건에 갈음하는 제도이다.

아래에서 선의취득의 요건을 양도인에 관한 것, 양수인에 관한 것 그리고 양도행위에 관한 것으로 나누어 살펴본다.

[5173] ### 2. 양도인에 관한 요건

(1) 제도 적용의 출발점으로 양도인은 무권한자여야 한다. 그러한 예로 임차인이나 수치인처럼 원래 무권리자인 경우 외에 부재자의 재산관리인이 본인 소유 아닌 물건을 처분하고 상대방이 본인 소유라고 오신한 경우,[6] 공유자 1인이 공유물을 처분하는 경우(처분하는 공유자의 지분범위를 초과하는 범위에서), 양도인의 권리취득이 무효이거나 취소 또는 해제에 의하여 소급적으로 부정되는 경우 등. 나아가 소유자이지만 처분권한이 제한되어 있거나 부담부 소유권을 가지는 경우에도 제249조가 유추될 수 있다.

(2) 「처분권한 없음」이라는 하자의 치유를 위한 전제는 일정한 외관의 존재로서, 무권한자의 점유가 제200조, 제197조 제1항에 따라 소유자로서의 점유로 추정된다는 점이다. 따라서 양도인은 동산의 점유자여야 하는데, 점유취득의 원인은 따지지 않는다. 그 점유가 직접점유인가 간접점유인가, 자주점유인가 타주점유인가 하는 점도 문제되지 않는다. 그리고 점유보조자에게 점유권이 인정되지 않지만(제195조 참조), 그도 외관상으로는 동산을 사실상 지배하기 때문에, 그를 권리자로 오신한 경우에 이 요건은 충족된 것으로 보아야 한다.[7]

[5174] ### 3. 양수인에 관한 요건

(1) 진정한 권리자를 해치면서까지 양수인이 권리를 취득하게 하는 것은 양수인의 신뢰를 보호하기 위해서이므로, 양수인의 신뢰가 보호가치 있는 것이어야 한다. 그래서 제249조는 양수인의 점유취득에 관하여 평온, 공연, 선의 및 무과실을 요구한다. 이 중 평온 · 공연은 제197조 제1항에 의하여 추정될 뿐만 아니라 실제로 그다지 문제되지 않는다.

(2) 따라서 관건은 점유취득이 (양도인의 권원에 대한) 선의 · 무과실로 이루어져야 한다는 점이다. 즉 양도인이 무권한자임을 알지 못했고 알지 못한 데 과실이 없어야 한다. 선의 · 무과실 판단의 기준시점은 물권행위가 완성되는 때, 즉 물권적 합의와 인도 중에서 나중에 갖추어진 요건이 완성되는 때이다.[8]

그런데 선의는 제197조 제1항에 의하여 추정된다. 반면 무과실에 대해서는 추정규정이 없어서 증명책임을 누가 부담하는지가 문제되는데, 다수설은 제200조에 의하여 점유자가 적법한 권

---

6) 이와 달리 무권대리인이 본인 소유의 물건을 처분한 경우에 선의취득이 부정되지만, 표현대리에 의하여 상대방이 보호받을 수 있다.
7) 점유보조자가 횡령한 물건이 도품 · 유실물에 해당하지 않는다고 한 대판 1991.3.22. 91다70 참조.
8) 대판 1991.3.22. 91다70.

리자로 추정되기 때문에 양수인은 무과실로 추정된다고 하지만, 판례는 동산질권의 선의취득에서 취득자의 선의 · 무과실을 동산질권자가 증명해야 한다는 입장이다.[9)]

3. 양도행위에 관한 요건 [5175]

가. 서 설

선의취득이 인정되기 위하여 전주(前主)의 무권한만 치유되면 양수인이 목적물의 소유권을 취득할 수 있어야 한다. 따라서 유효한 법률행위뿐만 아니라 형식주의에 따라 공시방법도 갖추어야 한다. 아래에서 이들을 나누어 살펴본다.

나. 유효한 거래행위

(1) 거래의 안전을 보호한다는 제도의 취지에 비추어 양수인이 거래행위(예: 매매, 대물변제 등)에 의하여 권리를 승계취득해야 한다. 경매에 관하여 논란의 여지가 있지만 판례는 긍정한다.[10)] 한편 증여와 같은 무상행위도 이 요건을 충족하는지에 관하여 긍정하는 것이 학설의 일반적 입장인데, 입법론으로 진정한 권리자와 양수인 사이의 이해관계의 조절이라는 측면에서 검토할 가치가 있는 쟁점이다.

반면 상속에 의한 포괄승계나 사실행위에 의한 원시취득(예: 타인의 임야를 자기 소유로 오인하고 벌목하는 경우)에 대해서는 제249조가 적용되지 않음은 당연하다.[11)]

(2) 양도인이 무권한자인 점을 제외하면 아무런 흠이 없는 거래행위여야 한다. 따라서 거래행위가 무효이거나 취소로 되면, 선의취득이 성립하지 않는다.

다. 양수인의 점유취득 [5176]

(1) 이 요건은 제188조 이하의 공시방법에 상응하는 것이다. 그런데 현실의 인도나 간이인도[12)] 등에 관해서는 의문이 없다. 그리고 반환청구권의 양도에 의해서도 가능하다는 것이 다수설 · 판례의 입장이고[13)] 정당하다고 판단되지만, 양도인에게 반환청구권 자체가 없는 경우라면 선의취득의 성립을 부정해야 한다.[14)]

(2) 점유개정에 관하여 본다. [5177]

① 문제되는 경우로, A가 B로부터 임차하여 점유하는 물건을 C가 A 소유로 믿고 A로부터 점유개정에 의하여 매수하는 전형적인 경우 외에 A가 B에게 동산을 매도하고 점유개정에 의하여 계속 점유하면서 이를 다시 점유개정에 의하여 C에게 이중으로 매도(또는 양도담보로 제공)한 경우가 있으며, 양자가 결합된 경우[15)]도 있다.

② 앞의 전형적인 경우에 관하여 다수설과 판례[16)]는 외관, 즉 원권리자와 처분자 사이의 간

---

9) 대판 1981.12.22. 80다2910.

10) 대판 1998.3.27. 97다32680은, 집행채무자 소유가 아닌 동산이 경매되어 집행채권자가 경락받은 경우에 선의취득을 긍정했다. 대판 2008.5.8. 2007다36933 · 36940도 동지.

11) 다만 소유권유보부 매매의 목적물이 부합된 경우에 제249조를 유추하여 매도인의 보상청구권(제261조에 기한)을 부정한 대판 2009.9.24. 2009다15602([3227]에 소개된) 참조.

12) 대판 1981.8.20. 80다2530.

13) 지명채권 양도의 대항요건을 갖추었을 때 선의취득에 필요한 점유의 취득요건을 충족한다고 한 대판 1999.1.26. 97다48906.

14) 이에 관하여 講義, [2157] 참조.

15) 예: A가 D로부터 차용한 물건을 B에게 양도한 후 이를 다시 C에게 양도담보로 제공한 경우.

16) 대판 1978.1.17. 77다1872.

접점유관계에 아무런 변동이 없고 물건이 원권리자의 사회적 지배범위에서 벗어나지 못했기 때문에 정적 안전이 보호되어야 한다는 점을 근거로 점유개정에 의한 선의취득을 부정한다.[17)]

③ 생각건대 선의취득에서 거래안전의 보호와 진정한 권리자의 보호는 trade-off의 관계에 서는데, 점유개정의 경우에 외관상 종래의 점유상태에 변동이 없어서 목적물이 아직 원권리자의 사회적 지배범위를 벗어났다고 보기 어렵고, 관념적인 인도방법 중에서도 가장 불명확한 점유개정에 의한 선의취득을 인정하는 것은 원권리자에게 지나치게 가혹하여 타당하지 않다. 따라서 점유개정에 의한 선의취득이 인정되어서는 안 된다. 다만 사후적으로 다른 인도방법(현실인도나 반환청구권의 양도)을 갖추면 목적물을 선의취득할 수 있는데, 이 경우 다른 인도방법을 갖출 때에 선의취득의 요건, 특히 선의·무과실의 요건이 구비되어야 한다.[18)]

④ 한편 판례는 동산소유자가 점유개정의 방법으로 동산에 이중으로 양도담보를 설정한 경우에, 먼저 현실의 인도를 받은 양수인이 소유권을 취득한다는 입장이다.[19)] 그런데 이중으로 양도담보를 설정한 경우에, 양도담보의 법적 성질에 관하여 신탁적 소유권이전설을 취하는 판례의 태도를 따라, 점유개정에 의한 소유권 취득은 확정적이므로 먼저 점유개정에 의하여 양도담보를 설정받은 이가 소유권을 취득한다([5574] 참조). 따라서 판례의 입장은 나중에 「점유개정」에 의하여 양도담보권을 설정받은 이는 선의취득을 할 수 없지만,[20)] 현실인도를 받으면 그때 점유취득의 요건을 충족하여 소유권을 선의취득할 수 있다는 의미로 이해되어야 한다. 진정양도가 이중으로 행하여진 경우에도 마찬가지로 볼 것이다. 이와 달리 점유개정에 의한 선의취득을 인정한다면, 같은 요건을 갖춘 양수인들 사이에 지위의 역전현상이 일어난다.[21)]

[5178] Ⅲ. 선의취득의 효과

1. 양수인의 권리 취득

(1) 선의취득에 의하여 양수인은 동산물권을 취득한다(제249조, 제343조). 즉 양수인이 소유권을 선의취득하면 진정한 소유자의 소유권은 소멸하고, 양수인이 질권을 선의취득하면 진정한 소유자는 자기의 소유물에 대하여 질권설정자, 즉 물상보증인과 같은 지위에 선다.

(2) 선의취득은 —양도인이 무권한자였으므로— 법률의 규정에 의한 원시취득이고, 따라서 소유권이 선의취득되면 양수인은 그 물건 위에 존재하던 제한물권(유치권과 질권)의 부담이 없는

---

17) 이와 달리 점유개정에 의한 선의취득을 긍정하는 반대설과 점유개정에 의하여 선의취득은 성립하지만 그 후 현실의 인도를 받을 때에 비로소 확정적으로 소유권을 취득한다는 절충설도 있다.

18) 고서적상 A가 그 소유의 고서를 B에게 매도한 후 보관하는 경우에 B가 그 고서의 소유권을 취득한다. 제189조의 공시방법이 갖추어졌기 때문이다.
그런데 A가 그 고서를 다시 C에게 매도한 경우를 상정하여 보자. 이 경우 A가 그 고서를 점유하지만 소유자가 아니어서 처분권한을 가지지 않으므로, C는 A로부터 그 고서의 소유권을 양수할 수 없고, 선의취득이 인정될 수 있을 뿐이다. 이러한 경우에 C의 선의·무과실이 인정될 수 있는지를 본다. 만일 A가 그 고서에 이미 매도되었다는 메모지를 붙여 가게에 보관하던 중 C가 A의 가게로 와서 그 고서를 매수했다면 메모지의 존재 때문에 악의이거나 적어도 과실이 있다고 할 것이다. 반면 C가 전화로 주문을 하여 A가 그 고서를 C에게 송부한 경우에, 배달된 후 C가 그 메모지를 발견했더라도 선의·무과실의 요건은 충족된다고 할 것이다. 선의·무과실의 기준시점은 물권행위가 완성되는 때, 즉 물권적 합의와 인도 중에서 나중에 갖추어진 요건이 완성되는 때인데, C에게의 송부가 있은 때에는 선의·무과실이기 때문이다.

19) 대판 1975.1.28. 74다1564; 대판 1989.10.24. 88다카26802(판례, 〈8-4-1〉) 등.

20) 대판 2004.10.28. 2003다30463; 대판 2005.2.18. 2004다37430.

21) 앞의 예에서 C도 그 고서를 A에게 보관시켰다면 어떻게 되는가? 점유개정에 의해서도 선의취득이 인정된다면 C가 그 고서를 선의취득하고, 그 결과 B는 소유권을 잃는다. 그렇다면 B와 C 모두 「계약+점유개정에 의한 인도」라는 같은 요건을 갖추었음에도 나중에 요건을 갖춘 C가 우선한다는, 상식적으로 납득할 수 없는 결과에 이른다. 따라서 B가 소유자이지만, C가 점유개정 아닌 방식의 인도요건을 갖추어야 그리고 그 당시에 선의·무과실이어야 그 고서의 소유권을 (선의)취득할 수 있다고 해야 한다.

완전한 소유권을 취득한다. 다만 질권이 설정된 동산을 반환청구권 양도의 방식으로 양수한 경우에, 양수인의 인도청구에 대하여 점유자=질권자는 질권의 존재로 대항할 수 있으므로, 양수인은 「완전한」 소유권이 아니라 질권부 소유권을 취득한다고 새겨야 한다.

(3) 선의취득의 효과는 종국적이다. 즉 양수인이 진정한 권리자에게 동산을 반환하고 양도인에 대하여 담보책임(타인권리의 매매에 따른 제570조)을 추궁하는 것은 허용되지 않는다.[22)]

(4) 선의취득이 성립하면 선의취득자와 양도인 사이의 관계는 양도인이 진정한 권리자였던 경우와 동일하다.

한편 양도인은 양수인과의 거래행위에 의하여 취득한 이익을 부당이득으로 진정한 권리자에게 반환해야 하는데(제741조), 경매에 기한 선의취득에서는 배당채권자가 진정한 권리자에 대한 관계에서 부당이득반환의무를 진다.[23)] 그리고 귀책사유가 있다면 양도인은 채무불이행 또는 불법행위에 기한 손해배상의무도 진다.

반면 선의취득자는 진정한 권리자에 대하여 부당이득반환의무를 지지 않는데, 선의취득자의 권리취득은 법률의 규정에 의한 것으로, 제249조가 제741조 소정의 "법률상 원인"을 이루기 때문이다.

2. 점유이탈물에 관한 특칙 [5179]

가. 서 설

(1) 제249조에서 무권한자인 양도인이 점유를 취득한 원인을 따지지 않지만, 제250조와 제251조는 도품이나 유실물에 대하여 예외를 인정한다. 이러한 점유이탈물(占有離脫物)의 경우에, 양도인의 점유가 진정한 권리자의 의사에 기하지 않은 것이어서 점유라는 권리외관을 형성하는데 관여한 바 없는 진정한 권리자를 더 보호할 필요가 있기 때문이다.[24)]

(2) 특칙의 적용범위를 본다.

① 도품(盜品)은 점유자의 의사에 반하여 점유를 빼앗긴 물건을 말하고, 유실물(遺失物)은 점유자의 의사에 기하지 않고 그의 점유를 이탈한 물건으로서 도품 아닌 것을 말한다. 그런데 유실물의 습득자가 제253조와 유실물법에 의한 절차를 거쳤다면 그에 따라 소유권을 취득할 수 있으므로, 그러한 절차를 밟지 않은 경우에 제250조가 적용된다. 도품이나 유실물이 제3자에게 양도된 경우에도 그 성질은 유지된다.

② 사기의 경우에 진정한 권리자의 의사에 기하여 점유가 이전되었으므로 제250조가 적용되지 않는다. 나아가 위탁물 횡령 또는 점유보조자나 소지기관의 횡령 역시 제250조의 문제가 아니다.[25)]

나. 내 용 [5180]

(1) 학설은 대체로 ① 선의취득의 요건이 갖추어지면 소유권은 양수인에게 귀속되고,[26)] ②

22) 대판 1998.6.12. 98다6800.
23) 대판 1998.3.27. 97다32680.
24) 제249조에서와 달리 여기서는 진정한 권리자의 보호가 우선하는데, 양수인으로서 양도인에 대한 책임추궁이 가능하지만 그 실현가능성은 별개의 문제이다.
25) 대판 1991.3.22. 91다70.
26) 판례의 입장도 같다. 앞의 91다70 판결 참조.

제250조의 반환청구권은 점유의 회복과 함께 선의취득자의 권리를 소멸시키고 점유이탈 당시의 법률관계를 부활시키는 법정의 특별한 권리로서, 형성권이 아니라 채권적 청구권이라고 한다.

그러나 점유이탈물에 관하여 진정한 권리자의 보호가 우선해야 함을 고려하여, ① 도품이나 유실물에 대해서는 선의취득 자체가 부정되고, ② 다만 제250조에 의하여 점유의 회복을 구하는 원소유자의 「물권적」 반환청구권의 행사가 2년으로 제한될 뿐이라고 새길 것이다.

(2) 반환청구권자는 피해자 또는 유실자인 원소유자이다. 그리고 청구의 상대방은 제249조의 요건을 구비한 현재의 점유자로, 특정승계인을 포함한다.

(3) 반환청구기간은 도난 또는 유실한 날부터 2년이다. 반환청구권이 채권적 청구권이라는 다수설은 이 기간을 시효기간으로 새기지만, 반환청구권을 물권적 반환청구권으로 새기는 한 그 행사를 제한하는 기간은 제척기간으로 새겨야 한다. 그 기산점은 피해자가 점유를 상실한 때이다.

(4) 한편 양수인이 도품이나 유실물을 경매에 의하여 또는 동종의 물건을 판매하는 상인으로부터 선의로[27] 매수한 경우에, 양수인이 지급한 대가를 변상해야 그 물건의 반환을 청구할 수 있다(제251조). 그런데 원소유자가 물건의 반환을 구하는 경우에, 양수인이 대가변상 없었음을 주장할 수 있을 뿐만 아니라(항변권), 대가변상 없이 물건을 반환한 후에라도 대가의 변상을 청구할 수도 있다.[28]

제 4 절 물권의 소멸

[5181] 1. 서 설

물권의 소멸원인으로 모든 물권에 공통된 것과 개개의 물권에 특유한 것이 있는데, 여기서는 모든 물권에 공통되는 소멸사유를 살펴본다. 그런데 상대적 소멸은 물권의 승계취득의 반면이므로, 아래에서는 모든 물권에 공통되는 절대적 소멸사유를 검토한다.

[5182] 2. 소멸사유

(1) 목적물이 멸실하면, 그것을 목적으로 하는 물권도 소멸한다.[1] 다만 물권이 목적물의 물질적 또는 가치적 변형물에 미치기도 한다(제342조 참조).

(2) 지상권과 지역권은 소멸시효의 완성에 의하여 소멸한다.

(3) 포기에 의해서도 물권이 소멸한다. 그런데 포기는 물권자가 자유롭게 할 수 있지만, 물권이 제3자의 권리의 목적이라면 그 제3자의 동의가 필요하다(제371조 제2항 참조).

(4) 존속기간이 있는 제한물권은 그 기간의 만료로 인하여 당연히 소멸한다.

[5183] (5) 물권소멸사유로서 혼동(混同)에 관하여 본다.

① 혼동이란 서로 대립하는 두 개의 법률상의 지위 또는 자격이 동일인에게 귀속되는 것을

27) 앞의 91다70 판결은 무과실도 요구한다.

28) 대판 1972.5.23. 72다115.

1) 포락(浦落. 논이나 밭 따위가 냇물에 스쳐 떨어져 나감)으로 토지소유권이 상실된다는 대판 2000.12.8. 99다11687 및 포락된 토지가 다시 성토(盛土)되더라도 종전의 소유자가 소유권을 취득할 수 는 없다는 대판 1992.9.25. 92다24677 참조.

말한다. 이러한 경우에 양 지위를 모두 존속시키는 것은 무의미하므로, 어느 한 지위를 다른 지위에 흡수시켜 소멸케 하는 것이다(제507조도 참조).

혼동에 의한 물권 소멸의 효과는 절대적이지만, 저당권자가 저당목적물을 매수하여 혼동에 의하여 저당권이 소멸하더라도 그 매매계약이 원인무효라면 혼동에 의하여 소멸한 저당권은 당연히 부활한다.[2]

② 전세권자가 소유자를 상속하는 경우처럼 어떤 물건에 대한 소유권과 제한물권이 동일인에게 귀속되면, 제한물권은 혼동에 의하여 소멸한다(제191조 제1항 본문). 그러나 혼동으로 소멸하는 제한물권이 제3자의 권리의 목적이라면, 그 물권은 혼동으로 소멸하지 않는다(같은 항 단서).[3] 그런데 본인의 이익을 위하여 필요한 경우에도 제한물권이 소멸하지 않는다고 해야 하고,[4] 판례의 입장도 같다.[5]

③ 제한물권과 그 제한물권을 목적으로 하는 다른 권리의 혼동에서도 같다(제191조 제2항).[6]

---

2) 대판 1971.8.31. 71다1386.

3) 예: 혼동으로 소멸하는 전세권이 저당권의 목적인 경우.

4) 예를 들어 후순위저당권자가 있다면, 선순위저당권자가 부동산의 소유권을 취득하더라도 선순위저당권은 혼동으로 소멸하지 않는다고 해야 한다.

5) 대판 1998.7.10. 98다18643. 임차권이 대항요건을 갖춘 후에 저당권이 설정된 경우에, 임차권은 혼동으로 소멸하지 않는다는 대판 2001.5.15. 2000다12693도 참조.

6) 예를 들어 전세권을 목적으로 하는 저당권이 설정된 경우에, 저당권자의 지위와 전세권자의 지위가 동일인에게 귀속되면 저당권은 소멸한다.

제3장 소 유 권

제1절 총 설

[5184] ### 1. 소유권의 의의

(1) 인간의 본능에 속하는 지배욕구를 실현하는 법적 가능성으로서 소유권은 시장경제질서에 터 잡은 우리 헌법 하에서 법적 · 경제적 질서의 한 축을 이룬다. 즉 시민 각자가 자기의 인생관과 능력에 따라 자기인격을 자유롭게 전개하기 위한 물적 기초로서 소유권은 국가를 포함한 타인의 간섭을 받지 않는다는 의미를 가진다. 이러한 「소유권 존중의 원칙」(헌법 제23조 제1항 참조)도 사적자치의 한 내용이다([1014] 참조).

(2) 민법은 소유권의 정의에 관한 규정을 두지 않는데, 제211조는 재산권을 보장하는 헌법 제23조를 구체화하여 소유권의 내용을 규정한다: "소유자는 법률의 범위 내에서 그 소유물을 사용, 수익, 처분할 권리가 있다." 제211조는 단순히 소유권의 내용을 밝힘에 그치는 것이 아니라, 소유권이 침해되는 경우에 소유자는 물권적 청구권 및 손해배상청구권의 행사에 의하여 보호된다는 의미도 담고 있다.

[5185] ### 2. 소유권의 법적 성질

(1) 권리로서 소유권의 객체는 물건이다.

(2) 권리의 성격에서 소유권은 물건의 지배를 정당화하는 권리로서, 사실적 지배를 요건으로 하지 않는다(이를 흔히 「관념성」이라고 표현한다).

(3) 권리의 내용에서 소유권은 물건을 전면적으로 지배할 수 있는 권리로서 물권의 전형을 이룬다. 즉 소유권은 물건의 사용가치와 교환가치의 전부에 대하여 전면적 · 포괄적으로 작용한다(제211조).

이러한 속성으로부터 다음의 성질들이 도출된다: ① 용익권능과 처분권능의 단순한 합(合)이 아니라, 그러한 권능들이 융화되어 그 근거를 이루는 권리라는 의미에서 혼일성(混一性),[1] ② 소유권의 일부권능을 제한하는 제한물권이 소멸하면 본래의 전면적 지배로 복귀한다는 탄력성(彈力性) 및 ③ 존속기간의 정함이 없다는 의미에서 항구성(恒久性).[2]

[참 고] 제한물권에 관하여

㉠ 제한물권은 소유권이 가지는 전면적 지배권능(사용 · 수익 · 처분: 제211조)의 일부를 타인에게 할양하는 제도인데, 타인의 소유권 위에 그 소유권을 제한하는 형태의 물권이라는 점에서 타물권(他物權)이라고도 한다. 제한물권으로 용익물권과 담보물권의 두 종류가 있다.

㉡ 용익물권은, 부동산의 용익이 필요한데 매수할 의사나 자력은 없지만 이용의 대가를 지급할

1) 소유권과 제한물권이 동일인에게 귀속된 경우에, 제한물권이 혼동에 의하여 소멸하는 것은 이 성질에 기한 것이다.
2) 따라서 소멸시효의 대상이 되지 않는다.

용의는 있는 경우에, (특정인에 대한 청구권으로서) 채권적 용익권이 가지는 상대권이라는 단점을 극복하고 부동산을 배타적으로 사용 · 수익하는(「용익가치」) 권리를 말한다. 민법상의 용익물권으로 지상권, 지역권, 전세권을 세 가지가 있는데, 부동산임차권도 물권화경향([2650] 참조)에 따라 용익물권에 근접한다.

㉢ 반면 담보물권은 목적부동산의 —사용 · 수익이 아니라— 경매를 통하여(「교환가치」) 채권자에게 「필요한 만큼의 보호」를 주는(이 점에서 사용 · 수익을 배제하는 점유질은 담보제도로서 불완전하다) 제도이다. 민법상의 담보물권으로 유치권, 질권, 저당권의 세 종류가 있는데, 거래계의 필요에 따라 특별법이나 판례에 기한 담보물권이 속속 등장하고 있다.

제2절 소유권의 취득

제1관 총 설

1. 서 설 [5186]

소유권의 취득사유로 법률행위와 법률의 규정을 들 수 있는데, 법률행위에 의한 승계취득은 앞에서 살펴보았다. 그리고 법률의 규정에 의한 취득 중 부동산물권에 관한 일부 역시 앞에서 다루었다. 아래에서는 그 밖의 것들을 살펴본다.

2. 선점, 습득, 발견 [5187]

(1) 누구의 소유인지 알 수 없거나 알 수 없게 된 물건(구체적으로 무주물, 유실물, 매장물)의 소유권 귀속을 민법 및 유실물법이 정한다.

(2) 무주(無主. 즉 임자가 없는)의 동산[1]을 소유의 의사로 점유한 이는 그 소유권을 취득한다(제252조 제1항). 선점(先占)은 소유의 의사로 점유함을 요한다.

(3) 유실물은 유실물법에 따라 공고한 후 6개월 내에 소유자가 권리를 주장하지 않으면,[2] 습득자가 그 소유권을 취득한다(제253조). 여기서 유실물(遺失物)은 점유자의 의사에 기하지 않고 점유를 이탈한 물건으로 도품 아닌 것을 말하고, 습득(拾得)이란 유실물에 대한 점유를 취득하는 것을 말하는데, 선점과 달리 소유의 의사를 요하지 않는다. 그리고 습득자의 소유권 「취득」은 분실자의 소유권 「회복불능」에 따른 2차적 현상에 불과하다.

(4) 매장물은 유실물법에 따라 공고한 후 1년 내에 그 소유자가 권리를 주장하지 않으면, 발견자가 그 소유권을 취득한다(제254조).[3] 여기서 매장물(埋藏物)은 토지 기타 물건(포장물)에 묻혀 있어서 외부에서 쉽게 발견할 수 없는 상태에 있고 현재 누구의 소유에 속하는지가 분명하지 않은 물건을 말하며, 발견(發見)이란 매장물의 존재를 구체적 · 객관적으로 인식함을 말하는데, 점유의 취득을 요하지 않는다.

---

1) 무주의 부동산은 국유에 속하므로(제252조 제2항), 선점의 대상이 아니다.

2) 소유자가 물건을 반환받은 경우에, 유실물법 제4조에 따른 보상금을 습득자에게 지급해야 한다.

3) 타인의 토지 기타 물건으로부터 발견한 매장물은 토지 기타 물건의 소유자와 발견자가 절반하여 취득한다(같은 조 단서). 그 밖에 발견자가 취득하는 보상금은 유실물 습득에서와 같다.

제2관 취득시효

[5188] # Ⅰ. 서 설

1. 취득시효의 의의

(1) 취득시효(取得時效)란, 어떤 물건에 대하여 권리를 가지는 듯한 외관이 일정기간 계속되는 경우에, 그것이 진실한 권리관계와 부합하는지를 따지지 않고 외관상의 권리자에게 권리취득의 효과를 생기게 하는 제도를 말한다. 즉 점유의 계속(시간의 경과)을 요건으로 한 물권의 법정취득사유이다.

(2) 소멸시효와 마찬가지로 취득시효도 장기간 지속된 사실적 지배라는 현상을 존중하기 위한 불가피한 사권의 제한 내지 희생으로 법적 안정성을 위한 수단일 뿐 법질서 자체의 목적은 아니다. 시효제도의 존재이유에 관해서는 [1354] 참조.

한편 취득시효에서 상당기간 지속된 점유라는 사실을 점유자의 권리로 인정하는 증거로 삼는 소송상의 제도로 취득시효를 파악하는 법정증거설(法定證據說)도 주장되지만, 판례는 실체법상의 제도로 본다.[1)]

(3) 제245조는 부동산소유권의 취득시효에 관하여 규정하는데, 제1항의 것을 점유취득시효(또는 일반취득시효, 장기취득시효)라 하고, 제2항의 것을 등기부취득시효라고 한다. 그리고 제246조는 동산소유권의 취득시효를 규정하고, 제248조는 동산 및 부동산소유권의 취득시효에 관한 규정을 그 밖의 재산권의 취득시효에 준용한다.

[5189] ### 2. 시효취득의 대상

가. 시효취득의 대상인 권리

(1) 민법은 취득시효를 소유권에 관하여 규정하고(제245조 내지 제247조), 이를 그 밖의 재산권에 준용한다(제248조). 다만 지역권에 관해서는 별도로 제294조가 계속되고 표현된 것에 한하여 취득시효의 대상이 됨을 규정한다.

(2) 점유권, 유치권, 저당권 등은 시효취득의 대상이 아니다. 점유권은 점유취득에 의하여 당연히 성립하고, 유치권은 법률의 규정에 의하여 성립하며, 저당권은 그 성질상 점유를 수반하지 않기 때문이다. 채권에 부종하는 질권도 시효취득의 대상이 아니라고 해야 한다.

[5190] #### 나. 시효취득의 대상인 물건

(1) 먼저 국유재산 중 「행정재산」[2)]은 취득시효의 대상에서 제외된다(국유재산법 제7조 제2항.[3)] 공유재산법 제6조 제2항도 참조).

한편 「일반재산」에 대하여 취득시효가 완성된 후 그 재산이 행정재산으로 되면 시효완성을

---

1) 대판 1986.2.25. 85다카1891: "취득시효제도는 법률관계의 안정을 기하기 위하여 일정한 사실상태가 상당기간 계속된 경우에 그 사실상태가 진실한 권리관계와 일치하느냐의 여부를 따지지 아니하고 그 사실상태를 존중하여 이를 진실한 권리관계로 인정하려는 제도"이다. 대판 2022.7.28. 2017다204629도 참조.

2) 국유재산은 그 용도에 따라 행정재산과 일반재산으로 나뉘고, 행정재산으로 공용재산, 공공용재산, 기업용재산, 보존용재산이 있다. 국유재산법 제6조 참조.

3) 당초 국유재산법 제5조 제2항이 "국유재산은 민법 제245조의 규정에 불구하고 시효취득의 대상이 되지 아니한다"고 했으나, 헌재결 1991.5.13. 89헌가97이 위 규정을 위헌이라고 판시함에 따라 1994년 개정에서 "다만, 잡종재산의 경우는 그러하지 아니하다"는 단서가 신설되었다가 현행에 이르렀다.

이유로 소유권이전등기를 청구할 수 없다.[4] 반면 행정재산이 공용폐지에 의하여 일반재산으로 되면 그때부터 시효취득이 가능하다.[5] 결국 국유재산을 시효취득하기 위해서는 취득시효기간 동안 계속하여 (시효취득의 대상이 되는) 일반재산이어야 하고, 이 점에 대한 증명책임은 시효취득을 주장하는 측에 있다.[6]

(2) 성명불상자의 소유물에 대해서도 시효취득이 가능하다.[7]

(3) 자기 소유의 부동산이 시효취득의 대상인지에 관하여 본다.

① 판례는 자기 소유 부동산을 점유하는 것은 취득시효의 기초로서의 점유라고 할 수 없다고 하여 부정적이다.[8] 예를 들어 상호명의신탁에서 배타적 사용·수익의 대상인 특정부분의 점유는 자기 소유의 토지를 점유하는 것이어서 취득시효의 기초가 되는 점유가 아니다.[9]

한편 자기 소유의 부동산을 점유하던 중 다른 사람 명의로 소유권이전등기가 되는 등 소유권의 변동이 있는 경우에, 소유권 변동일(소유권이전등기일)에 비로소 취득시효의 요건인 점유가 개시된다.[10]

② 다만 소유권에 기초하여 부동산을 점유하는 사람이라도 등기를 하고 있지 않아 자신의 소유권을 증명하기 어렵거나 소유권을 제3자에게 대항할 수 없는 등으로 점유의 사실상태를 권리관계로 높여 보호하고 증명곤란을 구제할 필요가 있는 예외적인 경우에는, 자기 소유 부동산에 대한 점유도 취득시효를 인정하기 위해 기초가 되는 점유로 볼 수 있다.[11]

[참 고] 이례적으로 대판 2001.7.13. 2001다17572는, 시효제도의 존재이유 및 제245조가 「타인의 물건」임을 요구하지 않은 점 등에 비추어 자기 소유의 부동산도 취득시효의 대상일 수 있다고 하였는데, 이 판결은 A가 C로부터 매수한 토지에 관하여 B와 명의신탁약정을 맺고 C와 매수인명의를 수탁자 B로 하는 경개계약을 체결하여 B 앞으로 소유권이전등기가 경료되었으나 A가 토지를 인도받아 점유·사용하여 온 사안에 관한 것으로, 대외적으로 소유권을 주장할 수 없는 A의 입장에서 자기소유물에 대한 시효취득의 예로 볼 수 있는지 검토를 요한다.

(4) 부동산의 일부에 대한 시효취득도 가능하지만,[12] 이를 위해서는 그 부분이 다른 부분과 구분되어 시효취득자의 점유에 속한다는 것을 인식하기에 족한 객관적인 징표가 계속해서 존재해야 하고,[13] 소유권 취득에 앞서 점유부분에 대한 분필(분할)등기를 마쳐야 한다.[14]

---

4) 대판 1997.11.14. 96다10782.

5) 공용폐지되기 전까지는 "시효취득의 대상이 되지 않는" 행정재산이라고 한 대판 2010.11.25. 2010다58957 참조.

6) 공유재산에 관한 대판 2009.12.10. 2006다19177 참조.

7) 대판 1992.2.25. 91다9312.

8) 대판 2016.10.27. 2016다224596: "부동산에 관하여 적법·유효한 등기를 마치고 소유권을 취득한 사람이 자기 소유의 부동산을 점유하는 경우에는 특별한 사정이 없는 한 사실상태를 권리관계로 높여 보호할 필요가 없고, 부동산의 소유명의자는 부동산에 대한 소유권을 적법하게 보유하는 것으로 추정되어 소유권에 대한 증명의 곤란을 구제할 필요 역시 없으므로, 그러한 점유는 취득시효의 기초가 되는 점유라고 할 수 없다. 다만 그 상태에서 다른 사람 명의로 소유권이전등기가 되는 등으로 소유권의 변동이 있는 때에 비로소 취득시효의 요건인 점유가 개시된다고 볼 수 있을 뿐이다." 가압류 후 소유권을 취득한 A가 그 후 강제경매개시결정이 내려지자 시효취득을 이유로 가압류(및 그에 터 잡은 압류)등기의 말소를 구한 사안에서 A의 청구를 배척한 사례이다. 대판 2016.11.25. 2013다206313(사해행위 취소의 상대효를 근거로 수익자의 등기부취득시효를 부정한 사례)도 참조.

9) 토지의 특정한 일부를 매도한 경우에 관한 대판 2001.4.13. 99다62036·62043과 매수한 경우에 관한 대판 2009.10.15. 2007다83632. 그 밖에 자기 소유의 종전토지에 대한 환지예정지의 점유도 자기 소유의 토지를 점유하는 것이어서 취득시효의 기초로서의 점유가 아니라는 대판 2002.9.4. 2002다22083·22090도 참조.

10) 앞의 2016다224596 판결.

11) 대판 2022.7.28. 2017다204629.

12) 대판 1989.4.25. 88다카9494.

13) 대판 1997.3.11. 96다37428.

14) 대판 2023.6.15. 2022다303766 참조.

한편 점유취득시효에서 공유지분 자체의 시효취득이 가능하지 않지만, 공동점유에 기한 시효취득에서 결과적으로 공유지분을 취득할 수는 있다.[15]

[5191] ## Ⅱ. 점유취득시효의 요건

1. 개　　관

점유취득시효의 완성으로 부동산소유권을 취득하려면, ❶ 자주점유이자 평온·공연한 점유를 기초사실로 하여, ❷ 20년의 시효기간이 경과한 후 ❸ 등기를 마쳐야 한다. 그런데 ❶의 점유요건 중 실제로 문제되는 것은 자주점유인지 여부이다.[16] 한편 시효완성에 따라 점유자가 취득하는 것은 「채권적」 등기청구권이라는 점에서 출발하면, ❷와 ❸의 요건은 점유개시 후 소유권 등이나 점유에 변동이 있는 경우에 누가 누구를 상대로 시효완성에 기한 등기를 청구할 수 있느냐 하는 점에서 밀접하게 관련된다(시효완성자와 목적물에 대하여 이해관계 있는 제3자 사이의 이해를 어떻게 조정할 것인지가 관건이다).

아래에서는 우선 ❶과 관련하여 자주점유를 살펴보고,[17] ❷와 ❸을 묶어서 시효를 완성한 점유자의 지위라는 관점에서 검토한 후, 이를 기초로 점유개시를 전후하여 소유권 등이나 점유의 변동이 있는 경우를 설명하기로 한다.

[5192] ### 2. 자주점유

가. 개　　념

"소유의 의사"를 가지고 하는 점유가 자주점유(自主占有)이다. 여기서 소유의 의사란 물건에 대하여 소유자가 할 수 있는 것과 같은 배타적 지배를 사실상 행사하려는 의사를 말하며, 사실상 소유할 의사로 족하다.[18]

[5193] #### 나. 판단기준 및 자주점유의 추정

(1) 소유의 의사 유무는 점유개시시를 기준으로 권원(權原)의 성질에 의하여 객관적으로 결정되어야 하는데, 확고한 판례의 입장도 같다.

① 소유의 의사 유무는 점유개시시를 기준으로 판단하고, 나중에 매도인에게 처분권이 없는 등 매매가 무효임이 밝혀지더라도 점유의 성질이 변하지 않는다.[19]

② 점유자의 점유가 자주점유인지 아니면 타주점유인지는, 점유자의 내심의 의사와 무관하게 점유취득의 원인이 된 권원의 성질이나 점유와 관계있는 모든 사정에 의하여 외형적·객관적으로 결정된다.[20] 여기서 권원은 점유취득의 원인된 객관적 사실관계를 의미하는데, 임차인, 수

15) 건물부지의 취득시효 완성을 원인으로 한 소유권이전등기청구권은 당해 건물의 공유지분비율과 같은 비율로 건물공유자에게의 귀속된다고 한 대판 2003.11.13. 2002다57935 참조.

16) 취득시효의 요건인 점유는 직접점유뿐만 아니라 간접점유도 포함한다는 대판 1998.2.24. 96다8888 및 점유가 불법이라고 주장하는 이로부터 이의를 받았거나 점유물의 소유권을 둘러싸고 당사자 사이에 법률상 분쟁이 있었더라도 그러한 사실만으로 곧 그 점유의 평온·공연성(제197조 제1항에 의하여 추정되는)이 상실된다고 할 수 없다고 한 대판 1992.4.24. 92다6983 참조.

17) 이 요건이 충족되지 않으면 나머지 요건을 검토할 필요가 없다.

18) 대판 1994.10.21. 93다12176: "취득시효에 있어서 자주점유라 함은 소유자와 동일한 지배를 사실상 행사하려는 의사를 가지고 하는 점유를 의미하는 것이지, 법률상 그러한 지배를 할 수 있는 권한, 즉 소유권을 가지고 있거나 소유권이 있다고 믿고서 하는 점유를 의미하는 것은 아니"다.

19) 대판 1996.5.28. 95다40328.

20) 대판 2002.2.26. 99다72743.

치인 등의 점유는 권원의 성질상 타주점유이다.[21)]

(2) 이상의 기준에 의하여 자주점유 여부가 결정되지 않는 경우에, 점유자는 「소유의 의사」로 점유하는 것으로 추정된다(제197조 제1항).[22)] 이 추정은 전제사실 없이 일정한 사실을 추정하는 것으로, 그렇게 추정된 사실을 「잠정적 진실」이라고 하는데, 이를 다투는 상대방이 그 반대사실에 대한 증명책임을 진다. 따라서 점유자의 점유가 타주점유임을 주장하는 이가 그에 대한 증명책임을 진다.[23)] [5194]

자주점유의 추정에 관한 선도적 판결인 대판(전) 1983.7.12. 82다708 · 709, 82다카1792 · 1793은 "취득시효에 있어서 자주점유의 요건인 소유의 의사는 객관적으로 점유취득의 원인이 된 점유권원의 성질에 의하여 그 존부를 결정하여야 하는 것이나 다만 점유권원의 성질이 분명하지 아니한 때에는 민법 제197조 제1항에 의하여 점유자는 소유의 의사로 점유한 것으로 추정되므로 점유자가 스스로 그 점유권원의 성질에 의하여 자주점유임을 입증할 책임이 없고 점유자의 점유가 소유의 의사 없는 타주점유임을 주장하는 상대방에게 타주점유에 대한 입증책임이 있다고 할 것이고 따라서 점유자가 스스로 매매 또는 증여와 같은 자주점유의 권원을 주장하였으나 이것이 인정되지 않는 경우에도 원래 위와 같은 자주점유의 권원에 관한 입증책임이 점유자에게 있지 아니한 이상 그 점유권원이 인정되지 않는다는 사유만으로 자주점유의 추정이 번복된다거나 또는 점유권원의 성질상 타주점유라고 볼 수는 없다"고 하며 추정의 범위를 매우 넓게 인정하였다.[24)]

(3) 그러나 일정한 경우에 자주점유의 추정이 깨어진다.[25)] [5195]

① 우선 "점유자가 성질상 소유의 의사가 없는 것으로 보이는 권원에 바탕을 두고 점유를 취득한 사실이 증명되었거나, 점유자가 타인의 소유권을 배제하여 자기의 소유물처럼 배타적 지배를 행사하는 의사를 가지고 점유하는 것으로 볼 수 없는 객관적 사정, 즉 외형적 · 객관적으로 보아 점유자가 타인의 소유권을 배척하고 점유할 의사를 갖고 있지 아니하였던 것이라고 볼 만한 사정이 증명된 경우에 그 추정은 깨어"[26)]짐은 당연하다.[27)]

---

21) 그 밖에 매수인에게 소유권이전등기를 경료하여 주거나 대금을 완불받았음에도 불구하고 매도인이 매매목적물을 계속 점유하는 경우에 특별한 사정이 없는 한 매도인의 점유는 타주점유라는 대판 1995.5.23. 94다51871; 부동산의 할부금 매매에서 대금완납시까지 타주점유로 본 대판 1995.12.22. 95다30062; 명의수탁자나 상속에 의하여 그의 점유를 승계한 이의 점유는 특별한 사정이 없는 한 자주점유로 될 수 없다는 대판 1996.6.11. 96다7403; 공유자 중 1인이 공유토지 전부를 점유하는 경우에 다른 공유자의 지분범위 내에서 권원의 성질상 타주점유라는 대판 1995.1.12. 94다19884(공동상속인 중 1인의 점유에 관한 대판 2008.9.25. 2008다31485도 동지)도 참조.

22) 이 추정은 타주점유자로부터 점유를 승계한 이가 자기의 점유만 주장하는 경우에도 유지된다(대판 2002.2.26. 99다72743).

23) 대판 1994.10.21. 93다12176.

24) 이러한 입장을 전제로 대판 1997.12.12. 97다30288은, 토지점유자가 토지소유자를 상대로 매매를 원인으로 한 소유권이전등기청구소송을 제기했다가 패소 확정된 경우에도 타주점유로 전환되지 않는다고 하였다. 나아가 대판 2012.4.13. 2012다2651: "자주점유의 추정은 점유자의 점유권원에 관한 주장이 인정되지 아니한다는 것만으로는 깨지지 아니하므로, 부동산의 점유자가 구 「부동산 소유권 이전등기 등에 관한 특별조치법」(법률 제3094호)에 의하여 소유권이전등기를 하였으나 그 등기가 위 법률에 규정된 요건을 갖추지 못하여 무효라고 하더라도 그것만으로 […] 자주점유의 추정이 번복되는 경우에 해당한다고 할 수는 없다."

25) 계약명의신탁에서 명의신탁자는 타인의 소유권을 배척하고 점유할 의사를 가지지 않았다고 할 것이므로 소유의 의사로 점유한다는 추정은 깨어진다고 한 대판 2022.5.12. 2019다249428 및 타주점유로의 전환에 관한 [5076]도 참조.

26) 대판 2003.8.22. 2001다23225 · 23232.

27) 소유명의 취득절차를 취하지 않은 점에 관하여 판례가 나뉜다. ㉠ 자주점유의 추정을 부정한 것으로 대판 2000.3.24. 99다56765: "토지점유자가 점유기간 동안 여러 차례 부동산 소유권이전등기 등에 관한 특별조치법이 시행됨에 따라 등기의 기회가 있었음에도 불구하고 소유권이전등기를 하지 않았고 오히려 소유자가 같은 법에 의하여 소유권보존등기를 마친 후에도 별다른 이의를 하지 않은 경우, 외형적 · 객관적으로 보아 점유자가 타인의 소유권을 배척하고 점유할 의사를 가지고 있지 않은 것으로 볼 여지가 있다." 반면 ㉡ 추정을 유지한 것으로 대판 2008.4.10. 2008다7314: "국가가 어떤 부동산을 점유하여 그 취득시효기간이 만료한 후 그에 관한 소유명의를 취득함에 있어 무주물의 귀속에 관한 법령의 절차에 의하였다거나 그 인근의 다른 부동산에 관하여는 오래 전에 소유권보존등기절차를 취하면서도 당해 부동산의 소유명의 취득절차는 수십년 간 취하지 않고 있었다는 사유가 있다 하여 그것만으로 자주점유의 추정이 번복되지는 않는다."

[5196] ② 특히 주목할 것은 악의의 무단점유(惡意의 無斷占有)에 관한 대판(전) 1997.8.21. 95다28625이다. 이 판결의 다수의견은 앞에서 본 82다708 · 709, 82다카1792 · 1793 판결의 법리를 전제로 하면서도 "점유자가 점유개시 당시에 ⓐ 소유권 취득의 원인이 될 수 있는 법률행위 기타 법률요건이 없이 ⓑ 그와 같은 법률요건이 없다는 사실을 잘 알면서 타인 소유의 부동산을 무단점유한 것임이 입증된 경우에도 특별한 사정이 없는 한 점유자는 타인의 소유권을 배척하고 점유할 의사를 갖고 있지 않다고 보아야 할 것이므로 이로써 소유의 의사가 있는 점유라는 추정은 깨어졌다"(원문자는 필자)고 하여, 점유자가 타인 소유의 토지를 악의로 무단점유한 경우에 특별한 사정이 없는 한 소유의 의사로 점유한 것이라는 추정은 깨어졌다고 판시했다. 악의의 무단점유를 「타주」점유로 보는 것이 이론적으로 정당한지에 대하여 논란의 여지가 있지만, 악의의 무단점유의 경우에 시효취득이 부정되어야 한다는 결론 자체에 대해서는 다툼이 없고, 이 판결을 계기로 자주점유가 인정되는 범위가 현저하게 줄었다.[28] 그리고 —제197조 제1항에 따른 자주점유의 추정 때문에— 시효취득을 다투는 이가 악의의 무단점유임에 대한 증명책임을 부담하고, 특별한 사정에 대해서는 점유자가 증명책임을 진다.

이러한 태도는 매매에 기한 점유라도 점유부분이 매매대상면적을 「상당히」 초과하는(즉 통상 있을 수 있는 착오의 정도를 넘어서는) 경우에 유지되는데, 매도인이 초과부분에 대한 소유권을 취득하여 이전해 주기로 약정하는 등의 특별한 사정이 없는 한 그 초과부분은 단순한 「점용권」의 매매로 보아야 하므로,[29] 초과부분의 점유는 타주점유에 해당한다는 입장이다.[30]

[5197] ③ 나아가 처분권한 없는 이로부터 그 사실을 알면서 부동산을 취득하거나 어떠한 법률행위가 무효임을 알면서 그 법률행위에 의하여 부동산을 취득하여 점유를 시작한 경우에, 점유를 시작할 때 이미 자신이 진정한 소유자의 소유권을 배제하고 자기의 소유물처럼 배타적 지배를 할 수 없다는 것을 알면서 점유했으므로, 점유 시작 당시에 소유의 의사가 있다고 할 수 없다.[31] 다만 토지매수인이 매매계약에 기하여 목적토지의 점유를 취득한 경우에, 그 계약이 타인의 토지매매에 해당하여 곧바로 소유권을 취득할 수 없다는 사실만으로 자주점유의 추정이 번복되지 않고, 등기를 수반하지 않은 점유임이 밝혀졌다는 사정만으로 타주점유로 볼 것도 아니다.[32)]

28) 이 판결의 태도는 국가나 지방자치단체가 특히 사유토지를 도로부지에 편입시킨 경우에도 유지된다(대판 2001.3.27. 2000다64472). 다만 대판 2007.12.27. 2007다42112는, 지적공부 등이 6 · 25 전란으로 소실되었거나 기타의 사유로 존재하지 않는 경우에, 토지의 취득절차에 관한 서류를 제출하지 못한다는 사정만으로 그 토지에 관한 국가나 지방자치단체의 자주점유의 추정이 번복된다고 할 수는 없다고 하여 예외를 인정하였는데, 점유 · 사용을 개시할 당시의 지적공부 등이 멸실된 적 없이 보존되어 있는 경우에 그러한 예외가 인정될 수 없음은 당연하다(대판 2011.11.24. 2009다99143 참조). 나아가 대판 2021.2.4. 2019다297663: "국가나 지방자치단체가 점유하는 토지에 대하여 취득시효의 완성을 주장하는 경우 그 토지의 취득절차에 관한 서류를 제출하지 못하고 있다 하더라도 […] 국가 등이 점유개시 당시 공공용 재산의 취득절차를 거쳐서 소유권을 적법하게 취득하였을 가능성을 배제할 수 없는 경우에는, 국가나 지방자치단체가 소유권 취득의 법률요건이 없이 그러한 사정을 잘 알면서 무단점유한 것이 증명되었다고 보기 어려우므로 자주점유의 추정은 깨어지지 않는다."

29) 대판 1999.6.25. 99다5866 · 5873.

30) 착오로 신축건물이 인접토지의 일부를 침범한 경우에 관한 대판 2001.5.29. 2001다5913도 참조.

31) 대판 2000.9.29. 99다50705.

32) 대판(전) 2000.3.16. 97다37661의 다수의견: "토지의 매수인이 매매계약에 의하여 목적토지의 점유를 취득한 경우 설사 그것이 타인의 토지의 매매에 해당하여 그에 의하여 곧바로 소유권을 취득할 수 없다고 하더라도 그것만으로 매수인이 점유권원의 성질상 소유의 의사가 없는 것으로 보이는 권원에 바탕을 두고 점유를 취득한 사실이 증명되었다고 단정할 수 없을 뿐만 아니라, 매도인에게 처분권한이 없다는 것을 잘 알면서 이를 매수하였다는 등의 특별한 사정이 입증되지 않는 한, 그 사실만으로 바로 그 매수인의 점유가 소유의 의사가 있는 점유라는 추정이 깨어지는 것이라고 할 수 없고, 민법 제197조 제1항이 규정하고 있는 점유자에게 추정되는 소유의 의사는 사실상 소유할 의사가 있는 것으로 충분한 것이지 반드시 등기를 수반하여야 하는 것은 아니므로 등기를 수반하지 아니한 점유임이 밝혀졌다고 하여 이 사실만 가지고 바로 점유권원의 사실상 소유의 의사가 결여된 타주점유라고 할 수 없다."

3. 시효기간의 경과와 등기 [5198]

가. 개 관

점유취득시효의 완성으로 소유권을 취득하기 위해서는 20년의 시효기간이 경과해야 할 뿐만 아니라 등기를 마쳐야 한다. 그런데 특히 시효의 기산점과 관련하여 의논이 분분한데, 이는 시효완성의 효과를 어떻게 파악하는지와 관련된다.

아래에서는 시효를 완성한 점유자의 지위를 먼저 살펴보고, 이를 기초로 시효의 기산점에 관한 논의 및 등기요건에 관하여 검토한다.

나. 시효를 완성한 점유자의 지위 [5199]

(1) 점유취득시효에서 시효의 완성만으로 권리취득의 효과가 생기는 것은 아니고, 점유자는 등기함으로써 비로소 권리를 취득하는데(제245조 제1항), 미등기부동산이라도 마찬가지이다.[33] 즉 시효가 완성되면 「시효권리자」,[34] 즉 점유취득시효를 완성했으나 등기를 마치지 않은 점유자는 「소유명의자」, 즉 시효완성 당시의 소유자에 대하여 「채권적」 등기청구권을 가질 뿐이다.[35] 시효의 완성이라는 객관적 사실만으로 제3자효를 인정하면 거래의 안전이 해쳐질 뿐만 아니라 "등기함으로써"라는 요건을 부가한 입법자의 의사에도 반하기 때문이다.[36]

요컨대 시효의 완성만으로 시효권리자가 소유권을 취득하는 것은 아니고,[37] 시효완성에 의하여 소유명의자의 처분권이 제한되지도 않는다.[38] 그런데 등기 전에 소유권을 주장하지 못한다는 점이 점유권에 기한 주장에 영향을 주지 않음은 당연하다.[39]

(2) 시효를 완성한 점유자가 등기 전에는 아직 소유자가 아니지만,[40] 시효가 완성됨에 따라 시효권리자에게 등기를 해 줄 의무를 지는[41] 소유명의자는 시효권리자에 대하여 불법점유임을 이유로 건물의 철거 및 대지의 인도를 청구할 수 없고,[42] 점유로 인한 부당이득의 반환청구도 할 수 없다.[43]

다. 시효의 기산점(起算點) [5200]

(1) 시효기산점에 관하여, 점유자가 점유기간의 기산점을 임의로 선택할 수 있고, 따라서 현재로부터 거슬러 올라가 20년 이상 점유한 사실을 증명하면 그것으로 점유취득시효의 완성을 인정할 수 있다는 역산설(逆算說)과 점유자가 임의로 기산점을 선택할 수 없고, 실제로 점유를 개시

---

33) 대판 2006.9.28. 2006다22074 · 22081.

34) 판례는 보통 시효취득자라는 표현을 사용한다.

35) 대판 1993.9.14. 93다10989: "부동산의 점유로 인한 시효취득자는 취득시효 완성 당시의 진정한 소유자에 대하여 소유권이전등기청구권을 가질 뿐"이다. 이와 달리 물권적 청구권이라는 견해도 있다.

36) 시효의 완성을 전후하여 목적물에 대하여 이해관계 있는 제3자가 나타나는 경우에, 제245조는 등기를 기준으로 시효를 완성한 점유자와 제3자 사이의 우열을 정하도록 한다.

37) 제3자 명의의 원인무효의 등기가 경료되어 있더라도, 소유명의자를 대위하지 않고는 시효권리자가 직접 그 등기의 말소를 구하지 못한다.

38) 소유명의자는 여전히 소유자이고, 그로부터 부동산을 양수한 이도 제186조 소정의 등기를 갖추면 시효완성 여부와 관계없이 유효하게 소유권을 취득한다.

39) 대판 2005.3.25. 2004다23899 · 23905 참조.

40) 따라서 시효권리자가 등기 없이 시효기간이 경과했다는 사유만으로 소유권의 확인을 구할 수는 없다(대판 1996.6.9. 94다13480; 대판 1995.5.9. 94다39123).

41) 그 반면으로 시효권리자는 제213조 단서 소정의 "점유할 권리"를 가진다.

42) 대판 1988.5.10. 87다카1979.

43) 대판 1993.5.25. 92다51280.

한 시점을 확정하여 그때부터 20년의 기간을 기산해야 한다는 고정시설(固定時說)이 대립한다. 이는 점유개시 후 소유권에 변동이 생긴 경우에 양수인을 상대로 등기를 청구할 수 있는지와 관련된다.

[5201] (2) 판례는, 취득시효의 기산점은 법률효과의 판단에 관하여 직접 필요한 주요사실이 아니라 간접사실에 속하고, 따라서 법원으로서는 「당사자의 주장에 구애됨이 없이」 소송자료에 의하여 인정되는 바에 따라 진정한 점유의 개시시기를 인정하고, 그 시기가 당사자의 주장과 일치하지 않더라도 변론주의에 위배되지 않는다고 하여 고정시설을 취한다.44)

이러한 태도는 소멸시효에서와 현저히 다르다([1368] 참조). 대개 권리자와 상대방 사이의 관계만이 문제되는 소멸시효와 달리 점유취득시효에서는 대세효를 가지는 물권의 변동이 결과지워지는데, 기산점의 임의선택을 허용한다면 시효권리자가 「채권적」 등기청구권을 가진다는 점과 모순될 뿐만 아니라 이해관계의 왜곡을 피하기 어렵다. 따라서 고정시설을 기준으로 삼는 판례의 태도가 정당하다고 할 것이다.

(3) 다만 판례는 이해관계 왜곡의 가능성이 없는 경우에 예외적으로 역산설을 수용한다. 즉 점유기간을 통틀어45) 등기명의인이 동일하고46) 이해관계인도 나타나지 않았다면, 취득시효의 완성을 주장할 수 있는 시점에 시효기간이 경과한 사실만 확정되면 충분하므로 임의의 시점을 기산점으로 삼을 수 있고,47) 시효취득을 주장하는 날부터 역산하여 20년 이상의 점유사실이 인정되고 그것이 자주점유가 아닌 것으로 밝혀지지 않는 한 취득시효를 인정할 수 있다고 한다.

[참 고] 취득시효의 기산점에 관한 판례의 입장을 흔히 5원칙48)으로 설명하기도 하는데, 시효의 완성으로 시효권리자는 그 당시의 등기명의인에 대하여 「채권적」 등기청구권을 취득한다는 점으로 충분히 설명될 수 있다. 즉 시효완성 전의 소유권 변동은 시효완성에 의하여 비로소 발생하는 등기청구권에 아무런 영향을 미치지 않는 반면, 시효완성 후에 소유권이 변동되면 새로운 소유자 등 이해관계인에게 「채권적」 등기청구권을 주장할 수 없다.49) 그리고 기산점의 임의선택에 의하여 이러한 상황을 왜곡하는 것을 피하기 위하여 점유자가 임의로 기산점을 선택할 수 없고 현실적으로 점유를 개시한 시점을 확정해야 하지만, 이해관계의 왜곡가능성이 없다면 예외적으로 현재로부터 거슬러 올라가 20년 이상 점유한 사실을 증명하면 된다고 하면 충분하다.50)

[5202] **라. 등 기**

(1) 취득시효에 기한 소유권 취득은 법률행위에 의한 것이 아니지만, 제187조에 대한 예외로 제245조 제1항에 따라 등기를 하여야 소유권을 취득한다. 즉 점유취득시효의 완성으로 점유자의 「채권적」 등기청구권이 발생할 뿐인데, 등기를 통하여 권리의 귀속을 명확하게 함으로써 이해관계인들을 보호하기 위해서이다.

---

44) 대판 1994.4.15. 93다60120; 대판 1995.5.23. 94다39987.

45) 전 점유자의 점유를 승계했더라도 문제되지 않는다.

46) 상속 등 포괄승계의 경우에 소유자의 변동이 없다고 보아야 한다. 상속의 경우에 상속인은 피상속인의 지위를 포괄승계하고, 그 결과 시효권리자에 대한 등기의무도 당연히 승계하기 때문이다.

47) 대판 1990.1.25. 88다카22763; 대판 1998.5.12. 97다8496·8502.

48) 이에 관하여 講義, [2177] 참조.

49) 대판 1989.4.11. 88다카5843·5850: "취득시효기간 완성 후 아직 그것을 원인으로 소유권이전등기를 경료하지 아니한 자는 종전소유자로부터 그 부동산에 대한 등기부상 소유명의를 넘겨받은 제3자에 대하여 시효취득을 주장할 수 없으나 취득시효기간 만료 전에 등기명의를 넘겨받은 시효완성 당시의 등기명의자에 대하여는 그 소유권 취득을 주장할 수 있다."

50) 시효완성 전에 정리절차가 종료된 이상 이해관계 왜곡의 가능성이 없으므로 역산이 허용된다고 한 대판 2015.9.10. 2014다68884도 참조.

(2) 등기청구의 상대방은 시효완성 당시의 소유자이다. 시효완성 당시의 소유권보존등기 또는 이전등기가 무효인 경우에, 시효권리자는 진정한 소유자를 대위하여 무효등기의 말소를 구하고 다시 소유자를 상대로 취득시효 완성을 이유로 등기청구를 해야 한다.[51]

(3) 점유취득시효의 완성에 의한 권리의 취득은 원시취득이므로 보존등기의 형식에 의해야 하지만, 실무상 이전등기의 형식에 의한다.[52] 보존등기를 할 수 있는 경우가 법정되어 있을 뿐만 아니라(부동산등기법 제65조 참조), 보존등기에 의하면 종전의 권리변동관계가 단절되기 때문이다. 따라서 시효를 완성한 점유자와 소유자의 공동신청에 의해야 하는데, 소유자의 등기신청은 판결로 갈음할 수 있다(제389조 제2항, 부동산등기법 제23조 제4항 참조).

(4) 취득시효 완성에 기한 등기청구권은 채권적 청구권으로 소멸시효의 대상임에 관하여 [1358] 참조.

4. 시효의 완성과 소유권 등의 변동 [5203]

가. 서 설

앞에서 본 것처럼 취득시효가 완성되면 점유자는 시효완성 당시의 소유명의자에 대한 채권적 등기청구권을 취득한다. 그런데 시효의 완성을 전후하여 소유권 등의 변동이 있으면 어떻게 되는지를 살펴본다.[53]

나. 시효완성「전」의 소유권 등의 변동 [5204]

(1) 시효 진행 중에 소유권 등의 변동이 있더라도 시효의 완성에 영향을 미치지 않는다. 즉 등기명의의 변경으로 종래의 점유상태가 파괴되었다고 볼 수 없어서, 이를 취득시효의 중단사유라고 할 수 없다.[54]

(2) 시효완성 전에 소유권이전등기청구권을 보전하기 위하여 가등기가 경료된 경우에, ① 시효완성 후 시효권리자 앞으로 등기가 마쳐지면 가등기에 의하여 보전된 매매예약상의 매수인의 지위는 소멸한다.[55] 한편 ② 그 가등기에 기하여 시효완성「후」에 본등기가 경료되면 토지소유자의 시효권리자에 대한 등기의무는 이행불능으로 된다.[56] 반면 그 가등기에 기하여 시효완성「전」에 본등기가 경료되었다면 시효의 완성에 영향을 미치지 않는다.

시효완성 전에 저당권이 설정된 경우에도 다르지 않다. 즉「시효완성 후 그 등기 전」에 제3자가 원소유자로부터 소유권 외의 권리를 취득한 경우에, 나중에 등기를 한 시효권리자는 그 제3자에게 대항할 수 없다.[57] 그러나 이러한 법리가「시효완성 전에 이미」부담의 등기가 경료된 경우에 그대로 적용될 수 없다. 저당권이 설정되어 있다고 하여 점유자의「점유」자체가 그러한 부

---

51) 대판 2005.5.26. 2002다43417; 대판 2009.12.24. 2008다71858. 한편 원인무효의 등기가 기판력 있는 확정판결에 의하여 경료된 경우에 기판력 때문에 그 등기부상의 소유명의자를 상대로 등기를 청구할 수 있음에 관하여 대판 1999.7.9. 98다29575 참조.

52) 등기원인을 "취득시효 완성"으로 기재한다.

53) 점유기간을 통틀어 소유권 등에 변동이 없다면, 현재부터 역산하여 20년이 경과한 시점을 취득시효의 기산점으로 삼아 자신이 시효취득했음을 주장하여「직접」소유권이전등기를 청구할 수 있음은 앞에서 보았다.

54) 대판 1997.4.25. 97다6186; 대판 1993.5.25. 92다52764 · 52771.

55) 대판 2004.9.24. 2004다31463.

56) 대판 1992.9.25. 92다21258. 가등기에 기하여 본등기가 경료되면, 등기순위에서 그 본등기는 경료되어야 할 시효권리자 명의의 등기보다 선순위로 되지만, 물권변동의 시기는 시효완성 후이다. 즉 그 본등기는 시효완성 후의 등기이고, 따라서 시효권리자는 본등기의 명의인에게 시효완성을 주장하지 못한다 할 것이다. 이와 달리 등기순위를 기준으로 한다면, 자기권리의 보전을 위하여 가등기를 경료해 둔 경우에 그렇지 않은 경우보다 가등기권자의 지위가 더 불리하게 되어 평가모순이 발생할 수 있다.

57) 대판 2006.5.12. 2005다75910.

담을 인용한 채 개시되었다고 보기 어려울 뿐만 아니라 시효완성 전에 소유권이전등기가 경료된 경우와의 균형을 고려할 필요가 있기 때문이다. 따라서 시효권리자 앞으로 등기가 마쳐지면 시효완성 전에 경료된 저당권등기는 말소되어야 한다.

[5205] **다. 시효완성 「후」의 소유권 등의 변경**

(1) 시효완성 후 목적부동산의 소유자가 변경된 경우를 본다.

① 이러한 경우에 시효권리자는 채권적 등기청구권으로 양수인(제3자)에게 대항하지 못하여 소유권을 취득하지 못하며,[58] 시효의 기산점을 실제보다 뒤로 정하여 제3자에게 대항할 수 없다. 이때 제3자가 악의라도 문제되지 않으며,[59] 이전등기의 원인이 시효완성 전의 것이라도 상관없다.[60]

② 소유권 변경의 예로, 증여,[61] 소유명의자의 공동상속인 사이의 상속분의 양도,[62] 공유물분할[63] 등에 기하여 이전등기가 마쳐진 경우 및 특별조치법에 의하여 소유권보존등기가 경료된 경우[64] 등.[65]

[5206] (2) 시효완성 후 제3자가 「소유권 외의 권리」를 취득한 경우에, 그 부담이 인수되고 소유권 취득을 제3자에게 대항할 수 없어서 완전한 권리의 취득은 불가능하다. 예를 들어 시효완성 후 제3자를 위하여 가등기가 경료된 경우에, 시효권리자는 가등기의 부담 있는 소유권을 취득하고, 가등기에 기한 본등기가 경료되면 시효권리자 명의의 등기는 이른바 중간처분등기로 직권말소될 것이지만, 본등기가 경료되기 전이라면 소유명의자의 시효권리자에 대한 이전등기의무가 이행불능이라고 할 수 없다.[66]

[참 고] 시효목적토지(甲)의 원소유자(E)가 취득시효 완성 후 甲의 양도, 제한물권설정, 현상변경 등 소유자로서 권리를 행사하더라도 시효를 완성한 점유자(B)에 대한 관계에서 불법행위가 성립하지 않음은 물론 위 처분행위를 통하여 甲의 소유권이나 제한물권 등을 취득한 제3자에 대하여 취득시효 완성 및 그 권리 취득의 소급효를 들어 대항할 수도 없어서, B로서는 E의 적법한 권리행사

58) 상속인 중 1인이 소유자인 피상속인으로부터 증여를 받아 소유권이전등기를 마친 경우에, 그 증여가 실질적인 상속재산의 협의분할과 동일시할 수 있는 등의 특별한 사정이 없는 한 등기명의인은 점유자에 대한 관계에서 종전소유자와 같은 지위에 있는 이로 볼 수는 없고 취득시효 완성 후의 새로운 이해관계인으로 보아야 한다는 대판 1998.4.10. 97다56495 참조.
한편 시효완성 후 목적부동산의 일부공유자의 지분이 이전된 경우에, 그 지분의 양수인에 대하여 시효완성을 주장하지 못하고 그와의 공유관계가 성립한다(대판 1995.9.5. 95다24586; 대판 2001.11.27. 2000다33638·33645).

59) 대판 1994.4.12. 93다50666·50673.

60) 대판 1998.7.10. 97다45402.

61) 대판 2012.3.15. 2011다59445.

62) 대판 1993.9.28. 93다22883.

63) 대판 2009.12.10. 2006다55784·55791.

64) 대판 1997.12.26. 97다42663. 다만 대판 1998.4.14. 97다44089: "토지에 대한 점유로 인한 취득시효 완성 당시 미등기로 남아있던 토지에 관하여 소유권을 가지고 있던 자가 취득시효 완성 후에 그 명의로 소유권보존등기를 마쳤다 하더라도 소유자에 변경이 있다고 볼 수 없[고, …] 점유시효 취득대상인 미등기토지에 대하여 소유자의 상속인 명의로 구 소유권이전등기등에관한특별조치법(1977. 12. 31. 법률 제3094호로 제정되어 1978. 12. 6. 법률 제3159호로 개정된 것)에 따른 소유권보존등기가 마쳐졌다 하여도 이는 시효취득에 영향을 미치는 소유자 변경에 해당하지 아니한다."

65) 그 밖의 재판례를 본다. ㉠ 시효완성 후 소유명의자의 위탁에 의하여 소유권이전등기를 마친 신탁법상의 수탁자에 대해서는 시효권리자가 시효취득을 주장할 수 없다(대판 2003.8.19. 2001다47467). 시효완성 후 명의신탁이 해지되어 명의신탁자 명의로 소유권이전등기가 경료되거나(대판 1995.12.8. 95다38493; 대판 2001.10.26. 2000다8861) 새로운 명의신탁이 이루어져 소유명의가 이전된 경우(대판 2000.8.22. 2000다21987)에도 마찬가지이다. 다만 제3자가 소유명의자로부터 신탁 또는 명의신탁받은 경우에, 소유명의자가 언제든지 이를 해지하고 소유권이전등기를 청구할 수 있고 시효권리자로서는 소유명의자를 대위하여 이러한 권리를 행사할 수 있으므로, 그러한 제3자가 소유자로서 권리를 행사하는 경우에 시효권리자가 시효완성을 이유로 이를 저지할 수 있다(대판 1995.9.5. 95다24586). ㉡ 대판 2006.10.12. 2006다44753은, 구분소유적 공유관계에 있는 토지 중 공유자 1인의 특정 구분소유부분에 관한 점유취득시효가 완성된 경우에, 다른 공유자의 특정 구분소유부분이 제3자에게 양도되고 그에 따라 토지 전체의 공유지분에 관한 지분이전등기가 경료되었다면, 대외적 관계에서는 점유취득시효가 완성된 특정 구분소유부분 중 다른 공유자 명의의 지분에 관하여 소유명의자가 변동된 경우에 해당하므로, 점유자는 취득시효의 기산점을 임의로 선택하여 주장할 수 없다고 하였다.

66) 대판 1993.9.14. 93다12268.

로 인한 현상의 변경이나 제한물권의 설정 등이 이루어진 甲의 사실상 혹은 법률상 현상 그대로의 상태에서 등기에 의하여 그 소유권을 취득한다. 따라서 B가 E에 의하여 시효완성 후 甲에 설정된 근저당권의 피담보채무를 변제하는 것은 B가 용인해야 할 甲의 부담을 제거하여 완전한 소유권을 확보하기 위한 것으로서 그 자신의 이익을 위한 행위이니, 위 변제액 상당에 대하여 E에게 대위변제를 이유로 구상권을 행사하거나 부당이득을 이유로 그 반환청구권을 행사할 수는 없다.[67]

(3) 이상의 원칙에 대한 예외를 본다. [5207]

① 소유권 변동 후 다시 시효기간이 경과한 경우에 예외가 인정된다. 즉 시효완성 후에 제3자 명의의 등기가 마쳐지고 다시 시효취득에 필요한 기간을 경과한 경우에 관하여[68] 대판(전) 1994.3.22. 93다46360은, 취득시효 완성 후 목적부동산의 소유자가 바뀌더라도 당초의 점유자가 계속 점유하고 소유자가 변동된 시점을 새로운 기산점으로 삼아도 다시 취득시효의 점유기간이 완성되는 경우에, 시효취득을 주장하는 점유자로서는 소유권 변동시를 새로운 취득시효의 기산점으로 삼아 2차의 취득시효의 완성을 주장할 수 있다고 하였다. 소유권 변동시에 당초의 「채권적」 권리는 소멸하고, 새로운 시효가 개시된다고 볼 수 있음을 근거로 한다.

나아가 대판(전) 2009.7.16. 2007다15172 · 15189의 다수의견은 "취득시효기간이 경과하기 전에 등기부상의 소유명의자가 변경된다고 하더라도 그 사유만으로는 점유자의 종래의 사실상태의 계속을 파괴한 것이라고 볼 수 없어 취득시효를 중단할 사유가 되지 못하므로, 새로운 소유명의자는 취득시효 완성 당시 권리의무변동의 당사자로서 취득시효 완성으로 인한 불이익을 받게 된다 할 것이어서 시효완성자는 그 소유명의자에게 시효취득을 주장할 수 있는바, 이러한 법리는 새로이 2차의 취득시효가 개시되어 그 취득시효기간이 경과하기 전에 등기부상의 소유명의자가 다시 변경된 경우에도 마찬가지로 적용된다고 봄이 상당하다"고 함에 따라[69] 2차의 취득시효에 관해서도 시효완성 전의 소유권 변동이 시효의 완성에 영향을 미치지 않는다는 법리가 적용된다.

② 제3자 명의의 등기가 경료됨으로써 시효권리자의 소유권 취득이 전면적 또는 부분적으로 좌절되는 것은 제3자 명의의 등기가 유효함(실체관계와 부합하여 유효한 경우를 포함하여)을 전제로 한다. 이와 달리 제3자 명의의 등기가 원인무효라면,[70] 시효권리자는 소유명의자를 대위하여 제3자 명의로 경료된 소유권이전등기의 말소를 구하고 아울러 소유명의자에 대하여 시효완성을 원인으로 한 등기를 청구할 수 있다.[71][72] [5208]

67) 대판 2006.5.12. 2005다75910.

68) 대판 1982.11.9. 82다565 등 종래의 판례는 시효완성 후의 등기명의자 변경으로 보았다.

69) 이 판결에 의하여, 부동산의 취득시효가 완성된 후 토지소유자가 변동된 시점을 새로운 취득시효의 기산점으로 삼아 2차의 취득시효의 완성을 주장하려면 그 새로운 취득시효기간 중에는 등기명의자가 동일하고 소유자의 변동이 없어야 한다고 한 앞의 93다46360 판결 등이 변경되었다.

70) 시효완성 후 부동산소유자(E)가 이 사실을 알면서 부동산을 제3자(D)에게 처분하였고, D도 E의 불법행위에 적극 가담하였다면 그 처분행위는 무효라고 한 대판 1993.2.9. 92다47892 참조.

71) 대판 1993.9.14. 93다12268.

72) 참고로 대판 2012.11.15. 2010다73475: "취득시효의 완성 후 그 등기를 하기 전에 제3자의 처분금지가처분이 이루어진 부동산에 관하여 점유자가 취득시효 완성을 원인으로 소유권이전등기를 하였는데, 그 후 가처분권리자가 처분금지가처분의 본안소송에서 승소판결을 받고 그 확정판결에 따라 소유권이전등기를 하였다면, 점유자가 취득시효 완성 후 등기를 함으로써 소유권을 취득하였다는 이유로 그 등기 전에 처분금지가처분을 한 가처분권리자에게 대항할 수 없[는데, …] 취득시효 완성 당시의 소유명의자의 소유권등기가 무효이고 취득시효 완성 후 그 등기 전에 이루어진 처분금지가처분의 가처분권리자가 취득시효 완성 당시 그 부동산의 진정한 소유자이며 그 가처분의 피보전권리가 소유권에 기한 말소등기청구권 또는 진정명의 회복을 위한 이전등기청구권이라면, 그 가처분에 기하여 부동산의 소유명의를 회복한 가처분권리자는 원래 취득시효 완성을 원인으로 한 소유권이전등기청구의 상대방이 되어야 하는 사람이므로, 그 가처분권리자로서는 취득시효 완성을 원인으로 하여 이루어진 소유권이전등기가 자신의 처분금지가처분에 저촉되는 것이라고 주장하여 시효취득자의 소유권 취득의 효력을 부정할 수 없으며, 취득시효 완성을 원인으로 하여 그 완성 당시의

[5209] ③ 어떤 연유로든 시효완성 당시의 소유명의자(E)에게 소유권이 복귀되었다면, 시효권리자(B)는 E에게 시효의 완성을 주장할 수 있다는 것이 판례의 입장이다.[73] 시효완성 후 등기 전에 제3자(D) 명의의 소유권이전등기가 경료되어 B가 D에게 시효완성으로 대항할 수 없게 되더라도 B가 E에 대한 소유권이전등기청구권을 상실하는 것이 아니라 단지 소유권이전등기의무가 이행불능으로 된 것에 불과하므로, 그 후 E의 소유권이 회복되면 그에 대하여 시효완성의 효과를 주장할 수 있음을 근거로 한다(이에 관하여 [2325] 참조).

다만 시효완성 후에 원 소유자가 일시 상실했던 소유권을 회복한 것이 아니라 그 상속인(F)이 소유권이전등기를 마쳤을 뿐인 경우에, F의 등기가 실질적으로 상속재산의 협의분할과 동일시할 수 있는 등의 특별한 사정이 없는 한 F는 B에 대한 관계에서 종전소유자와 같은 지위에 있다고 볼 수 없고, 시효완성 후의 새로운 이해관계인으로 보아야 하므로 그에 대하여 취득시효 완성으로 대항할 수 없다.[74]

④ 시효완성 후 시효권리자(B)가 등기를 하지 않고 있는 사이에 당해 부동산을 취득하여 등기를 마치거나 법률의 규정에 의하여 당해 부동산을 취득함으로써 B가 그에 대하여 시효완성을 주장할 수 없는 제3자는, 시효완성 후에 새로운 이해관계를 가지게 된 이로서 부동산에 관한 거래의 안전과 등기제도의 기능을 해치지 않기 위하여 보호할 가치가 있는 이에 국한되어야 한다.[75] 따라서 시효완성 당시 미등기로 남아있던 토지에 관하여 소유권을 가지던 이가 시효완성 후 그 명의로 소유권보존등기를 마친 경우에, 시효완성 후의 새로운 이해관계인이 아니기 때문에 그 이에 대하여 시효완성을 주장할 수 있다.[76] 미등기토지에 관하여 소유자의 상속인 명의로 소유권보존등기가 경료된 경우에도 같다.[77]

[5210] **라. 시효권리자의 보호**

(1) 시효완성 후 시효권리자(B)가 시효완성을 주장하거나 그로 인한 소유권이전등기청구를 하기 전이라면, 시효완성사실을 알 수 없는 소유명의자(E)가 소유권을 제3자(D)에게 양도했더라도 불법행위가 성립하지 않는다. 반면 E가 자기 소유의 부동산에 대하여 시효가 완성된 사실을 알고 이를 D에게 처분하여 소유권이전등기를 넘겨줌으로써 시효완성을 원인으로 한 소유권이전등기의무를 이행불능에 빠뜨려 B에게 손해를 입혔다면, 불법행위를 구성하여 손해배상책임이 발생할 수 있는데,[78] 판례[79]가 들고 있는 "등기명의자에 대하여 점유로 인한 부동산소유권 취득기간이 만료되었음을 이유로 그 권리를 주장하였거나 그 취득기간 만료를 원인으로 한 등기청구권을 행사하였어야" 한다는 제한은 「소유자」(E)의 처분의 위법성을 인정하기 위한 것이다. 그

등기명의인으로부터 시효취득자 앞으로 이루어진 소유권이전등기는 실체관계에 부합하는 유효한 등기라고 보아야 한다."

73) 대판 1991.6.25. 90다14225. 대판 1999.2.12. 98다40688도 동지.

74) 대판 1999.2.12. 98다40688. 수탁자(T)가 신탁부동산을 제3자(D)에게 처분하여 D 명의로 등기가 마쳐진 후 D가 별개의 신탁계약에 의하여 T 명의로 소유권이전등기와 신탁등기를 마친 경우에 시효권리자는 T에 대하여 취득시효 완성을 주장할 수 없다고 한 대판 2016.2.18. 2014다61814도 참조.

75) 지방자치단체의 구역변경이나 폐치·분합으로 인하여 새로운 지방자치단체가 종전 지방자치단체의 사무와 재산을 승계함으로 인하여 당해 부동산을 취득한 경우에 새로운 지방자치단체는 보호가치 있는 제3자가 아니라고 한 대판 2002.3.15. 2000다23341 참조.

76) 대판 1995.2.10. 94다28468; 대판 2007.6.14. 2006다84423.

77) 대판 1998.4.14. 97다44089. 보다 일반적으로 대판 2002.3.15. 2001다77352·77369; 대판 2012.3.15. 2011다59445 등은, 제3자가 시효완성 당시의 소유자의 상속인이라면 그 상속분의 한도에서 위 제3자에 대하여 직접 취득시효 완성을 원인으로 한 소유권이전등기를 구할 수 있다고 하였다.

78) 이 경우 이전등기 당시의 부동산의 시가 상당액이 통상손해로 될 것이다.

79) 대판 1995.7.11. 94다4509; 대판 2006.5.12. 2005다75910.

리고 D가 E의 이러한 불법행위에 적극 가담했다면, 양도행위는 사회질서에 반하는 행위로서 무효이다.[80] 한편 D 명의로 가등기만 되어 있어 B 명의로의 소유권이전등기 자체가 불가능하지는 않더라도, 특별한 사정이 없는 한 B는 자신이 이전받을 부동산에 대하여 가등기를 부담하게 됨으로 인하여 손해를 입은 것이며, 소유권이전등기가 가능하다고 해서 손해가 없다고 단정할 수는 없다.[81]

(2) 시효가 완성된 토지가 수용됨으로써 시효완성을 원인으로 한 소유권이전등기의무가 이행 [5211] 불능으로 된 경우에 B가 「대상청구권」을 행사할 수 있는지에 관하여, 판례는 불법행위책임에서와 같은 제한을 받는다는 입장인데,[82] E가 시효완성사실에 대하여 선의·무과실이라면, 그로 인하여 대상을 취득했더라도 이를 B에게 반환할 필요가 없다는 결과로 된다. 그런데 (1)에서 본 것처럼 「권리의 주장이나 행사」는 E의 권리행사가 정당한지 여부를 판단하기 위한 기준이라는 점에서 판례의 태도가 정당한지에 대하여 의문이 없지 않다.

(3) 한편 시효완성 후 그 등기 전에 D에게 소유권이전등기를 경료함으로써 E의 소유권이전등기의무가 이행불능으로 된 경우에 E의 채무불이행책임이 성립하는지에 관하여, 판례는 "부동산점유자에게 시효취득으로 인한 소유권이전등기청구권이 있다고 하더라도 이로 인하여 부동산소유자와 시효취득자 사이에 계약상의 채권·채무관계가 성립하는 것은 아니므로, 그 부동산을 처분한 소유자에게 채무불이행책임을 물을 수 없다"고 하여 부정적이다.[83]

5. 시효의 완성과 점유상태의 변동 [5212]

가. 시효완성 「전」의 점유상태의 변동

(1) 시효 진행 중에 점유를 「상실」하면 시효가 중단된다. 다만 점유가 침탈되었더라도 나중에 이를 회수하면, 제192조 제2항에 따라 점유의 중단은 고려되지 않는다.

(2) 이와 달리 점유의 「승계」는 시효중단사유가 아니다. 그리고 시효완성 전에 점유승계가 있었다면 시효를 완성한 승계인이 직접 등기청구를 할 수 있다.

그런데 점유가 승계된 경우에, 점유자는 제199조에 따라 자기점유만 주장하거나 전 점유자의 점유를 합산하여 주장할 수 있는데, 합산의 경우에 전 점유자의 하자도 승계한다. 그리고 전후 양시에 점유한 사실이 있으면, 그 점유는 계속한 것으로 추정되는데(제198조), 동일인이 전후 양 시점에 점유한 것이 증명된 경우뿐만 아니라 전후 양 시점의 점유자가 다른 경우에도 점유의 승계가 증명되는 한 점유계속은 추정된다.[84]

(3) 전 점유자의 점유를 함께 주장하는 경우에 어느 점유자의 점유까지를 주장할 것인지에 대하여 선택권을 가지지만, 전 점유자의 점유를 아울러 주장하면서 그 점유의 개시시기를 어느 점유자의 점유기간 중 임의의 시점으로 정할 수는 없다.[85]

80) 대판 1995.6.30. 94다52416; 대판 1998.4.10. 97다56495; 대판 2002.3.15. 2001다77352·77369.

81) 대판 1989.4.11. 88다카8217.

82) 대판 1996.12.10. 94다43825: "점유로 인한 부동산소유권 취득기간 만료를 원인으로 한 등기청구권이 이행불능으로 되었다고 하여 대상청구권을 행사하기 위하여는, 그 이행불능 전에 등기명의자에 대하여 점유로 인한 부동산소유권 취득기간이 만료되었음을 이유로 그 권리를 주장하였거나 그 취득기간 만료를 원인으로 한 등기청구권을 행사하였어야 하고, 그 이행불능 전에 그와 같은 권리의 주장이나 행사에 이르지 않았다면 대상청구권을 행사할 수 없다고 봄이 공평의 관념에 부합한다." 대판 1999.9.3. 99다20926도 참조.

83) 대판 1995.7.11. 94다4509. 이러한 태도에 대한 의문으로 講義, [2183] 참조.

84) 대판 1996.9.20. 96다24279·24286.

[5213] **나. 시효완성 「후」의 점유상태의 변동**

시효완성 후 점유상태의 변동에 관하여 대판(전) 1995.3.28. 93다47745의 다수의견은 ① 점유자가 취득시효기간의 만료로 소유권이전등기청구권을 취득한 이상, 그 후 「점유를 상실」했더라도 이를 「시효이익의 포기」로 볼 수 있는 경우가 아닌 한 이미 취득한 등기청구권이 소멸하지 않는다고 하였다.[86] 나아가 ② 시효완성 후 「점유가 승계」된 경우에 "전 점유자의 점유를 승계한 자는 그 점유 자체와 하자만을 승계하는 것이지 그 점유로 인한 법률효과까지 승계하는 것은 아니므로 부동산을 취득시효기간 만료 당시의 점유자로부터 양수하여 점유를 승계한 현 점유자는 자신의 전 점유자에 대한 소유권이전등기청구권을 보전하기 위하여 전 점유자의 소유자에 대한 소유권이전등기청구권을 대위행사할 수 있을 뿐, 전 점유자의 취득시효 완성의 효과를 주장하여 직접 자기에게 소유권이전등기를 청구할 권원은 없다"고 하였다. 이러한 입장은 객관적 사실로서 점유 자체의 승계와 점유에 따른 법률효과(「채권적」 등기청구권의 발생)의 승계는 별개의 것이라는 점에서 이해될 수 있다. 한편 점유의 승계와 함께 취득시효로 인한 등기청구권까지 양도된 경우에 점유승계인이 직접(물론 대항요건을 갖추어) 자기에게 소유권이전등기를 구할 수 있음은 당연하다.[87]

[5214] **Ⅲ. 등기부취득시효의 요건**

1. 개 관

부동산의 소유자로 등기한 이가 10년간 소유의 의사로 평온, 공연하게 선의이며 과실 없이 그 부동산을 점유한 때에는 소유권을 취득한다(제245조 제2항). 즉 등기부취득시효에서는 점유취득시효의 요건에 「선의 · 무과실」의 점유와 소유자로서의 「등기」라는 요건이 추가되는 대신 시효기간이 10년으로 단축된다.

아래에서 등기부취득시효에 특유하게 요구되는 요건에 관해서만 살펴본다.

[5215] **2. 선의 · 무과실의 점유**

(1) 선의 · 무과실[88]은 등기에 관한 것이 아니라 점유에 관한 것이다.[89] 선의 · 무과실이 시효기간 동안 계속되어야 하는 것은 아니고,[90] 점유개시시에 선의 · 무과실이면 된다.

(2) 선의는 제197조 제1항에 의하여 추정되지만, 무과실을 추정하는 규정은 없다. 따라서 시효취득을 주장하는 점유자가 무과실에 대한 증명책임을 지지만,[91] 등기의 추정력에 따라 무과실이 추정된다. 즉 등기부상의 명의인을 소유자로 믿고 부동산을 매수하여 점유하는 이는 특별한 사정이 없는 한 과실 없는 점유자에 해당한다.[92]

85) 대판 1998.4.10. 97다56822.
86) 점유를 상실한 경우에 등기청구권은 10년의 소멸시효에 걸린다고 한 대판 1996.3.8. 95다34866 · 34873도 참조.
87) 대판 2018.7.12. 2015다36167 참조.
88) 대판 2005.6.23. 2005다12704는 여기서 "무과실이라 함은 점유자가 자기의 소유라고 믿은 데에 과실이 없음을 말한다"고 하여, 선의를 「점유자가 자기의 소유라고 믿는다」는 의미로 이해한다.
89) 대판 1998.1.20. 96다48527.
90) 대판 1993.11.23. 93다21132.
91) 대판 2017.12.13. 2016다248424.
92) 대판 1994.6.28. 94다7829.

과실 있는 점유의 예로, 등기명의인 아닌 제3자를 소유자로 믿은 경우,[93] 매도인 명의로 등기가 경료되어 있더라도 그 등기가 정당하지 않은 것으로 의심할 만한 상당한 이유가 있는 경우,[94] 부동산을 매수하는 이가 매도인에게 그 부동산을 처분할 권한이 있는지를 조사하지 않은 경우,[95] 본인의 대리인으로서 처분권한을 위임받았다고 칭하는 이로부터 부동산을 매수하면서 직접 본인에 대하여 대리권의 유무를 확인하지 않은 경우[96] 등.[97]

3. 등기와 그 계속 [5216]

가. 등 기

(1) 등기부취득시효의 요건으로서 "소유자로 등기한 자"가 적법 · 유효한 등기를 마쳤을 필요는 없고, 무효인 등기를 마친 경우가 그 대상이다.[98]

그런데 중복등기기록 중 폐쇄되어야 하는 등기기록상의 보존등기나 그에 터 잡은 이전등기를 근거로 한 등기부취득시효는 부정된다. 그 자체로 무효인 「등기기록」(무효인 「등기」가 아니라)이 등기부취득시효의 완성으로 유효한 것으로 될 수는 없기 때문이다.[99] 다만 피고가 원고의 말소청구에 대하여 시효완성을 이유로 후행 보존등기의 유효를 주장하는 것이 아니라 반소로 유효한 선행 보존등기의 소유명의인을 상대로 「점유취득시효 완성」을 주장하며 소유권이전등기를 청구하였다면 결론이 달라질 수 있을 것이다.[100]

관할위반의 등기, 적법한 분할절차를 거치지 않고 경료된 분할등기[101]와 같이 점유부분을 표상하지 못하는 등기 등 외관상 부적법한 등기의 경우에도 등기부취득시효가 부정된다.

(2) 판례는 상속등기를 경료하지 않은 상속인도 제245조 제2항 소정의 "부동산의 소유자로 등기한 자"에 해당하여 등기부취득시효를 할 수 있다고 한다.[102]

(3) 여기서 등기는 점유상태에 부합하는 등기를 말하는데, 점유와 등기가 일치하지 않는 경우에 일치하는 한도에서 등기부취득시효가 인정될 수 있다.[103]

---

93) 대판 1986.2.25. 85다카771.

94) 대판 1985.7.9. 84다카1866 참조.

95) 대판 1991.2.12. 90다13178.

96) 대판 1990.6.12. 90다카544.

97) 과실이 부정된 예로 대판 2019.12.13. 2019다267464: "매도인이 등기부상의 소유명의자와 동일인인 경우에는 그 등기부나 다른 사정에 의하여 매도인의 소유권을 의심할 수 있는 여지가 엿보인다면 몰라도 그렇지 않은 경우에는 등기부의 기재가 유효한 것으로 믿고 매수한 사람에게 과실이 있다고 말할 수는 없는 것이다."

98) 대판 1994.2.8. 93다23367. 명의수탁자의 점유는 권원의 성질상 자주점유라 할 수 없어 그가 명의신탁부동산의 소유권을 시효취득할 수 없고, 명의수탁자 명의의 등기를 명의신탁자의 등기로 볼 수 없어 명의신탁자의 등기부취득시효도 인정될 수 없다고 한 대판 2002.4.26. 2001다8097 · 8103도 참조.

99) 대판(전) 1996.10.17. 96다12511은, 甲 토지에 관하여 1956년 X의 피상속인 명의로 멸실회복에 기한 소유권이전등기가, 그리고 1983년 나라(Y) 명의의 소유권보존등기가 중복하여 경료되었는데, X의 소유권확인청구에 대하여 Y가 등기부취득시효를 주장한 사안에서, Y의 시효취득주장을 배척하였다. 같은 취지로 대판 2011.7.14. 2010다107064: "선행 보존등기가 원인무효가 아니어서 후행 보존등기가 무효인 경우 후행 보존등기에 기하여 소유권이전등기를 마친 사람이 그 부동산을 20년간 소유의 의사로 평온 · 공연하게 점유하여 점유취득시효가 완성되었더라도, 후행 보존등기나 그에 기하여 이루어진 소유권이전등기가 실체관계에 부합한다는 이유로 유효로 될 수 없고, 선행 보존등기에 기한 소유권을 주장하여 후행 보존등기에 터 잡아 이루어진 등기의 말소를 구하는 것이 실체적 권리 없는 말소청구에 해당한다고 볼 수 없다."

100) 이미 소유권보존등기가 마쳐진 토지(甲)에 중복하여 소유권보존등기를 한 국가가 甲을 철도부지 등으로 관리 · 점유하여 점유취득시효가 완성되었음에도, 甲이 철도복선화사업의 부지로 편입되자 보상협의를 요청하는 등 취득시효를 원용하지 않을 것 같은 태도를 보여 선등기의 이전등기 명의자에게 그와 같이 신뢰하게 하고도, 그 등기명의자가 보상협의를 받아들이지 않고 후등기의 말소청구를 하자 반소로 점유취득시효 완성을 원인으로 하여 소유권이전등기청구를 한 사안에서, 그 반소청구가 신의칙에 반하여 권리남용으로 허용되지 않는다고 볼 여지가 있다고 한 대판 2009.6.25. 2009다16186 · 16193 참조.

101) 대판 1995.6.16. 94다4615.

102) 대판 1989.12.26. 89다카6140.

103) 대판 2015.2.12. 2013다215515: "공유자 중 1인이 1필지 토지 중 특정부분만을 점유하여 왔다면 민법 제245조 제2항이 정한 '부동산의 소유자로 등기한 자'와 '그 부동산을 점유한 때'라는 등기부취득시효의 요건 중 특정부분을 제외한 나머지 부분에 관하여는 부동

[5217] 나. 점유와 등기의 계속

(1) 등기기간과 점유기간은 각각 10년이어야 한다.

(2) 제199조에 의하여 점유의 승계가 인정되는데, 등기의 승계를 인정하는 규정은 없다. 그런데 대판(전) 1985.1.29. 83다카1730은 소유자로 등기된 기간과 점유기간이 때를 같이하여 10년이어야 한다고 했으나, 대판(전) 1989.12.26. 87다카2176은 곧바로 태도를 변경하여 현재 「등기의 승계」가 긍정된다. 즉 등기부취득시효에 관한 제245조 제2항에 의하여 소유권을 취득하는 이는 10년간 그의 명의로만 등기되어 있어야 하는 것은 아니고 앞 사람의 등기까지 아울러 그 기간 동안 부동산의 소유자로 등기되어 있으면 된다.

[5218] Ⅳ. 취득시효의 장애와 시효이익의 포기

1. 취득시효의 장애

가. 개 관

(1) 소멸시효의 중단에 관한 규정은 취득시효에 준용된다(제247조 제2항).

(2) 시효취득에 대한 항변으로서 중단사유의 주장(및 증명)책임은 시효완성을 다투는 이가 지는데, 취득시효가 중단되었다고 명시적으로 주장하지 않더라도 중단사유에 속하는 사실만 주장하면 주장책임을 다한 것으로 보아야 한다.[104] 그리고 공유자의 한 사람이 공유물의 보존행위로서 제소한 경우라도 그 제소로 인한 시효중단의 효력은 재판상의 청구를 한 공유자에게만 발생하고, 다른 공유자에게는 미치지 않는다(제169조 참조).[105]

(3) 취득시효가 중단되면, 제178조 제2항에 따라 시효가 새로 진행하지만, 소유명의자 승소의 확정판결이 있는 경우에 같은 항은 준용되지 않음은 당연하다. 재판의 확정으로 타주점유로 전환되었기 때문이다.[106]

(4) 민법은 소멸시효의 「정지」에 관한 규정을 취득시효에 준용한다는 규정을 두지 않았지만, 다수설은 그 유추를 긍정한다.

[5219] 나. 개개의 중단사유

취득시효를 중단시키기 위해서는 종래의 「점유상태의 계속」을 파괴하는 것으로 인정될 수 있는 사유가 있어야 하는데, 제168조의 시효중단사유 중 청구, 가처분, 승인이 취득시효의 중단사유로 인정될 수 있는 반면, 압류나 가압류는 금전채권 또는 금전으로 환산할 수 있는 채권에 관한 것이어서 취득시효에 준용될 수 없다.[107] 이를 개별적으로 살펴본다.

① 청구란 소유자로서 권리를 행사함을 의미한다. 시효취득의 대상인 목적물의 인도 내지

산의 점유라는 요건을 갖추지 못하였고, 그 특정부분 점유자가 1필지 토지에 관하여 가지고 있는 공유지분등기가 그 특정부분 자체를 표상하는 등기라고 볼 수는 없으므로, 결국 그 특정부분에 대한 공유지분의 범위 내에서만 등기부취득시효가 완성되었다고 보아야 할 것이고, 그 1필지 토지가 원래 2인 이상이 내부적으로는 위치와 면적을 특정하여 구분소유하기로 하고 그들의 공유로 등기한 구분소유적 공유관계에 있었던 토지라고 하여 달리 볼 수 없다."

104) 대판 1997.4.25. 96다46484.

105) 대판 1979.6.26. 79다639.

106) 대판 1996.10.11. 96다19857; 대판 2000.12.8. 2000다14934·14941 등 참조.

107) 대판 2019.4.3. 2018다296878. 압류 또는 가압류는 금전채권의 강제집행을 위한 수단 내지 보전수단에 불과하여 취득시효의 완성 전에 부동산에 압류 또는 가압류 조치가 이루어졌더라도 이로써 종래의 점유상태의 계속이 파괴되었다고는 할 수 없음을 근거로 든다.

소유권존부 확인을 구하는 소송이나 소유권에 관한 등기청구소송은 말할 것도 없고, 소유권침해의 경우에 그 소유권을 기초로 하는 방해배제 및 손해배상 혹은 부당이득의 반환을 구하는 소송도 포함한다.[108] 소멸시효에서와 마찬가지로 응소도 중단사유인데, 응소행위로 인한 중단주장은 시효가 완성된 후라도 사실심 변론종결 전이라면 언제든지 할 수 있다.[109] 그 밖에 재판 외의 청구도 이에 속하는데, 제174조가 준용된다.

② 가처분은 소유자가 소유권에 기하여 점유이전금지 또는 처분금지의 가처분을 구하는 경우를 말한다.

③ 승인은 점유자가 소유자의 소유권을 인정함을 말하는데, 점유자가 소유자와의 분쟁해결을 위한 방법의 하나로 매수제의를 한 것을 승인에 해당한다고 단정할 수는 없고,[110] 조건부 승인 역시 시효중단효를 발생시키지 않는다.[111]

2. 시효이익의 포기 [5220]

소멸시효이익의 포기에 관한 규정을 취득시효에 준용하는 명문규정이 없지만, 판례는 제184조 제1항을 유추하여 취득시효가 완성된 후에 시효이익을 포기할 수 있다고 한다.[112]

그런데 "취득시효 완성으로 인한 권리변동의 당사자는 시효취득자와 취득시효 완성 당시의 진정한 소유자이므로, 시효이익의 포기는 특별한 사정이 없는 한 시효취득자가 취득시효 완성 당시의 진정한 소유자에 대하여 하여야 그 효력이 발생한다."[113]

Ⅴ. 취득시효의 효과 [5221]

1. 권리의 취득

(1) 취득시효의 요건이 갖추어지면 점유자는 권리를 취득한다. 따라서 등기부취득시효가 완성된 후 등기가 불법말소되거나 적법한 원인 없이 다른 사람 앞으로 소유권이전등기가 경료되더라도 점유자는 등기부취득시효의 완성에 의하여 취득한 소유권을 상실하지 않는다.[114]

(2) 취득시효로 인한 소유권의 취득은 원시취득이다.[115] 즉 원소유자의 권리 위에 존재하던 제한은 소멸하고, 특별한 사정이 없는 한 시효완성자는 원소유자의 소유권에 가해진 각종의 제한이 해소된 완전한 내용의 소유권을 취득한다. 소유권취득의 반사효로 그 부동산에 관하여 취득시효기간 진행 중 체결되어 소유권이전등기청구권 가등기에 의하여 보전된 매매예약상의 매수인의 지위는 소멸할 것이지만, 시효가 완성되었더라도 점유자 앞으로 등기를 마치지 아니한 이상 전 소유권에 붙어있는 위와 같은 부담은 소멸되지 않는다.[116]

---

108) 대판 1997.4.25. 96다46484; 대판 1995.10.13. 95다33047.
109) 대판 1995.2.28. 94다18577; 대판 2003.6.13. 2003다17927 · 17934.
110) 대판 1981.7.14. 81다64 · 65.
111) 대판 1993.11.9. 93다25790 · 25806 참조.
112) 대판 1995.2.24. 94다18195. 국유재산을 점유하여 취득시효가 완성된 후 국가와 국유재산 대부계약을 체결하고 대부료를 납부한 경우에 관한 대판 1998.3.10. 97다53304도 참조.
113) 대판 2009.12.10. 2006다19177. 대판 2011.7.14. 2011다23200도 참조.
114) 대판 2001.1.16. 98다20110.
115) 대판 2004.9.24. 2004다31463.
116) 앞의 2004다31463 판결.

다만 2014다21649 판결의 사례처럼 부담이 소멸하지 않는 예외도 인정된다(승역지의 시효취득에 관한 [5390]도 참조).

판 례 대판 2015.2.26. 2014다21649

㉠ 甲 토지의 진정한 권리자가 아닌 B가 채권담보를 위하여 채권자 A 명의의 등기를 경료하고 甲을 점유하여 취득시효가 완성된 사안에서, 원심은 양도담보권자 A는 담보목적의 범위 내에서 甲에 관한 소유권을 신탁적으로 취득할 뿐이고, 양도담보권설정자 B는 실질적 소유자로서 소유의 의사로 甲을 점유·사용해 왔다고 할 것이므로, B의 상속인으로서 점유를 승계한 X 또한 甲을 자주점유하여 왔다고 전제한 다음, X는 B로부터 점유를 상속받은 1990.8.22.부터 20년이 경과한 2010.8.22. 甲을 시효취득했다고 판단하여 A의 상속인인 Y를 상대로 점유취득시효를 원인으로 한 X의 소유권이전등기청구를 모두 인용했으나, 대법원은 원심판결을 파기하였다.

㉡ 대법원의 판시는 다음과 같다: "부동산점유취득시효는 원시취득에 해당하므로 특별한 사정이 없는 한 원소유자의 소유권에 가하여진 각종 제한에 의하여 영향을 받지 아니하는 완전한 내용의 소유권을 취득하는 것이지만, 진정한 권리자가 아니었던 채무자 또는 물상보증인이 채무담보의 목적으로 채권자에게 부동산에 관하여 저당권설정등기를 경료해 준 후 그 부동산을 시효취득하는 경우에는, 채무자 또는 물상보증인은 피담보채권의 변제의무 내지 책임이 있는 사람으로서 이미 저당권의 존재를 용인하고 점유하여 온 것이므로, 저당목적물의 시효취득으로 저당권자의 권리는 소멸하지 않는다. 이러한 법리는 부동산양도담보의 경우에도 마찬가지이므로, 양도담보권설정자가 양도담보부동산을 20년간 소유의 의사로 평온, 공연하게 점유하였다고 하더라도, 양도담보권자를 상대로 피담보채권의 시효소멸을 주장하면서 담보목적으로 경료된 소유권이전등기의 말소를 구하는 것은 별론으로 하고, 점유취득시효를 원인으로 하여 담보목적으로 경료된 소유권이전등기의 말소를 구할 수 없고, 이와 같은 효과가 있는 양도담보권설정자 명의로의 소유권이전등기를 구할 수도 없다."

㉢ 취득시효 완성으로 인한 소유권의 취득은 원시취득인데, 여기서 「원시취득」이란 승계취득을 제외한 나머지를 총칭하는 것으로 전주(前主)의 권리에 붙은 부담을 승계하지 않는다는 의미를 가질 뿐이고, 시효를 완성한 점유자가 언제나 아무런 제한이 없는 완전한 소유권을 취득하는 것은 아니다. 이 판결은 그 예외를 명시적으로 밝혔다는 점에서 의미를 가진다. 특히 전주가 아니라 점유자 자신의 행위로 인한 부담은 유지되어야 한다. 등기부취득시효에서 시효 완성 전에 점유자(이자 등기명의인)가 저당권설정등기를 경료해 준 경우에 시효 완성 후에도 그 저당권이 유지되어야 하듯이, 점유취득시효에 관한 위 사안에서 —양도담보의 법적 성질에 관하여 소유권적 구성을 취하는 한— 취득시효 완성에도 불구하고 양도담보권자 명의의 등기가 유지되어야 할 것이다. 이 판결도 이 점을 고려하여 담보목적의 소유권이전등기의 말소를 별론으로 한다고 덧붙인 것으로 보인다.

(3) 취득시효가 완성된 경우에, 점유자는 원소유자에 대하여 부당이득반환의무를 부담하지 않는데,[117] 취득시효를 인정하는 법률의 규정이 법률상의 원인을 이루기 때문이다.

[5222] 2. 소 급 효

(1) 취득시효의 효과는 점유를 개시한 때에 소급한다(제247조 제1항). 그 취지는 점유기간 중 무권리상태로 점유함에 따라 소유자에 대하여 부담하는 책임[118]이 소급하여 소멸함에 있다. 따라서 점유자가 취득시효기간 중에 취득한 과실(사용이익을 포함한다)은 정당한 권원에 기한 것으로 되어 원소유자에게 반환할 필요가 없다.

117) 대판 1993.5.25. 92다51280.
118) 무단점유에 따라 원소유자에 대하여 부담하는 손해배상의무나 부당이득반환의무 등.

(2) 시효기간 중 점유자가 한 임대나 기타의 처분은 소급효 때문에 유효한 것으로 되지만, 그렇다고 하여 그 기간(점유취득시효에서 등기가 경료되기까지의 기간도 포함하여) 중 원소유자가 한 처분이 무효로 되는 것은 아니다. 가령 원소유자는 점유자가 소유권을 취득하기까지는 소유자로서 시효의 목적인 토지에 관한 권리를 행사할 수 있고, 따라서 그 권리행사로 인하여 점유자의 토지에 대한 점유상태가 변경되었다면 그 뒤 소유권이전등기를 경료한 점유자는 변경된 점유상태를 용인해야 한다.[119)]

나아가 부동산의 점유취득시효에서 「시효기간 만료 후 그 등기 전」에 제3자가 원소유자에 대하여 소유권 외의 권리를 취득한 경우에, 원소유자에 대하여 채권적 권리를 가질 뿐인 시효권리자는 그러한 처분이나 변경이 행하여진 상태에서의 권리를 취득한다.[120)] 다만 그 부담이 원인무효의 것이라면, 소유권이전등기를 경료한 후 직접(즉 소유명의자를 대위하지 않고도) 말소를 청구할 수 있다.

(3) 시효기간 중 제3자가 목적물을 침해하여 불법행위책임을 지는 경우에, 시효취득의 효과가 발생할 때(점유취득시효에서는 등기경료시)까지 그 책임이 이행되지 않았다면 점유자가 손해배상청구권을 가지지만, 원소유자가 이미 손해배상을 받았다면 이를 점유자에게 반환할 필요가 없다.

Ⅵ. 기 타 [5223]

가. 동산소유권의 시효취득

10년간 소유의 의사로 평온·공연하게 동산을 점유한 이는 그 소유권을 취득한다(제246조 제1항). 그리고 점유를 개시한 때 선의·무과실이었다면, 5년간 점유함으로써 동산의 소유권을 취득한다(같은 조 제2항).

그런데 동산에 관하여 선의취득(제249조)이 인정되므로, 제246조는 선의취득이 인정되지 않는 경우에 한하여 의미를 가진다.

나. 그 밖의 재산권의 시효취득

(1) 시효취득의 대상이 되는 권리는 재산권이어야 하고, 또한 점유(또는 준점유)를 수반하는 권리여야 한다. 따라서 점유를 수반하지 않는 저당권은 시효취득의 대상으로 되지 못한다.

(2) 재산권의 시효취득에 준용되는 조문은 그 재산권이 등기에 의하여 공시되는 것이라면 제245조이고, 점유에 의하여 공시되는 것이라면 제246조이다.

(3) 기타의 재산권의 시효취득에서는 그 성질상 "소유의 의사"가 요구되지 않는다.

---

119) 대판 1999.7.9. 97다53632. 불법행위가 성립할 수 있음에 관하여 [5210] 및 점유권에 기하여 방해의 제거나 예방을 청구할 수 있음에 관하여 대판 2005.3.25. 2004다23899·23905 각 참조.

120) 시효완성 후라도 시효완성에 대하여 선의·무과실인 원소유자가 한 처분이나 변경행위는 적법한 권리행사로 평가되고 원소유자의 불법행위책임이 성립하지 않음에 관하여 [5210] 참조.

제3관 첨 부

[5224] # Ⅰ. 총 설

1. 개 관

(1) 부합, 혼화, 가공을 총칭하여 첨부(添附)라 한다. 이들은 어떤 물건이 다른 물건 또는 노동력과 결합하여 새로운 물건으로 되는 경우에, 원상회복을 방지함으로써 사회적 효용을 제고하고 새로운 물건의 소유권의 귀속을 정하는 제도라는 점에서 취지를 같이한다.

(2) 첨부에 관한 규정은 법적 성질에서 2가지로 구분된다. 우선 ① 어떤 물건에 결합된 타인의 물건이나 노력의 복구청구가 허용되지 않는다는 첨부의 중심적 효과 및 구 물건 위에 존재하던 제3자의 권리에 관한 규정은 강행규정이다. 반면 ② 신 물건의 소유권 귀속에 관한 규정(제256조 내지 제259조)과 당사자 사이의 이해관계를 조절하기 위한 규정(제261조)은 임의규정이다.[1)]

[5225] ### 2. 첨부에 따른 이해관계의 조절

가. 민법 제261조

첨부로 인하여 소유권을 상실한 이는 부당이득에 관한 규정에 의하여 보상을 청구할 수 있다(제261조).[2)] 이때 성립하는 부당이득은 침해이득인데, 일반적으로 법률의 규정이 법률상 원인(제741조)을 구성하는데([3218] 참조), 제261조는 이를 배제한다는 의미를 가진다.

그런데 부당이득의 효과에 관한 규정(제747조, 제748조)만 준용되는지 아니면 부당이득의 요건에 관한 규정(제741조 이하)도 준용되는지에 관하여, 판례는 뒤의 입장이다.[3)] 요건에 관한 규정도 계약법의 우위에 따른 보상청구권의 배제[4)] 또는 보상관계의 당사자 결정[5)] 등과 관련하여 준용될 필요가 있음을 고려한 것으로 보인다.

[5226] #### 나. 제3자의 보호

첨부의 결과 소유권이 소멸한 물건(구 물건) 위에 존재하던 다른 권리는 소멸한다(제260조 제1항). 이 경우 제3자의 권리는 어떻게 되는가?[6)]

---

1) 가공이 계약에 기하여 이루어진 경우에, 가공물의 소유권 귀속은 당연히 계약의 법리에 따른다.

2) 건물의 요건을 아직 갖추지 못한 단계에서 중단된 건물신축공사를 제3자가 이어받아 진행함으로써 건물의 소유권을 원시취득한 경우에, 건축을 중단한 이가 원시취득자에 대하여 그 보상을 청구할 수 있다고 한 대판 2010.2.25. 2009다83933 참조.

3) 대판 2009.9.24. 2009다15602: 제261조에 기한 "보상청구가 인정되기 위해서는 민법 제261조 자체의 요건만이 아니라, 부당이득법리에 따른 판단에 의하여 부당이득의 요건이 모두 충족되었음이 인정되어야 한다." 전용물소권의 법리에 기하여 부당이득반환청구를 배척한 대판 2023.4.27. 2022다304189도 동지. 나아가 대판 2018.3.15. 2017다282391: "이러한 법리는 매도인에게 소유권이 유보된 자재가 본인에게 효력이 없는 계약에 기초하여 매도인으로부터 무권대리인에게 이전되고, 무권대리인과 본인 사이에 이루어진 도급계약의 이행으로 본인 소유 건물의 건축에 사용되어 부합된 경우에도 마찬가지로 적용된다."

4) 전용물소권에 관한 대판 2002.8.23. 99다66564 · 66571([3224]에 소개된) 참조.

5) 제3자 소유의 건축자재가 사용된 경우에 관한 앞의 2009다15602 판결([3227]에 소개된) 참조.

6) 건물이 합동(合棟)된 경우에 합동 전의 건물에 설정된 소유권 외의 권리가 어떻게 되는지에 관하여 대판 2010.1.14. 2009다66150: "경매대상건물이 인접한 다른 건물과 합동됨으로 인하여 건물로서의 독립성을 상실하게 되었다면 경매대상건물만을 독립하여 양도하거나 경매의 대상으로 삼을 수는 없고, 이러한 경우 경매대상건물에 대한 채권자의 저당권은 위 합동으로 인하여 생겨난 새로운 건물 중에서 위 경매대상건물이 차지하는 비율에 상응하는 공유지분 위에 존속하게 된다." 따라서 근저당권자인 채권자로서는 경매대상건물 대신 위 공유지분에 관하여 경매신청을 할 수밖에 없다(대결 1993.11.10. 93마929). 이러한 법리는 1동의 건물 중 구조상 구분된 여러 개의 부분이 독립한 건물로서 사용될 수 있어 각 부분이 각각 소유권의 목적이 된 경우로서 그 구분건물들 사이의 격벽이 제거되는 등의 방법으로 각 구분건물이 건물로서의 독립성을 상실하여 일체화되고 이러한 일체화 후의 구획을 전유부분으로 하는 1개의 건물이 되는 경우에도 적용된다(대결 2010.3.22. 2009마1385).

참고로 인접한 구분건물들 사이의 격벽이 제거되는 등의 방법으로 각 구분건물이 건물로서의 독립성을 상실하여 일체화되고 이러한 일체화 후의 구획을 전유부분으로 하는 1개의 건물이 되었다면 기존의 구분건물에 대한 등기는 합동으로 인하여 생겨난 새로운 건물 중에서 위 구분건물이 차지하는 비율에 상응하는 공유지분등기로서의 효력만 인정된다(대판 2020.2.27. 2018다232898).

① 구 물건의 소유자가 신 물건의 단독소유권을 취득하는 경우에, 제3자의 권리는 법률상 당연히 신 물건 위에 존속한다(제2항 전단).

② 구 물건의 소유자가 신 물건의 공유자로 되는 경우에, 제3자의 권리는 공유지분 위에 존속한다(같은 항 후단).

③ 그 밖의 경우에 제3자의 권리가 담보물권이라면 물상대위의 법리(제342조 참조)에 따라 보상금 위에 존속하고, 용익물권이라면 부당이득의 법리에 따라 구제된다.

3. 혼화와 가공 [5227]

(1) 혼화(混和)란 고형물(예: 곡물, 금전)의 혼합 또는 유동물(예: 술, 기름)의 융화처럼 물건이 동종의 다른 물건과 섞여서 원물을 식별할 수 없게 되는 것을 말하는데, 혼화로 생긴 새로운 물건을 혼화물(混和物)이라 한다.

혼화는 동산간 부합의 일종이므로, 그에 관한 규정을 준용한다(제258조).

(2) 가공(加工)은 물건과 노동력의 결합, 즉 타인의 원재료를 써서 또는 타인의 물건에 변경을 가하여 새로운 물건을 제작하는 것을 말하는데, 그 새로운 물건을 가공물(加工物)이라 한다.

가공물의 소유권 귀속과 관련하여 민법은 재료주의를 기본으로 삼고 가공주의를 가미한다. 즉 가공물의 소유권은 원재료의 소유자에게 귀속하되, 가공으로 인한 가액증가가 원재료의 가액보다 현저히 다액이라면 가공자의 소유로 되는데, 가공자가 제공한 재료의 가액은 가공으로 인하여 증가된 가액에 가산한다(제259조).

Ⅱ. 부 합 [5228]

1. 개 관

가. 개 념

부합(附合)이란, 「소유자를 달리하는」 수개의 물건이 결합하여 사회관념상 1개의 물건으로 보이고 그 분리가 불가능하거나 극히 곤란하게 되는 것을 말하고, 부합에 의한 새로운 물건을 합성물(合成物. 단일물일 수도 있다)이라 한다.

나. 동산간의 부합

(1) ① 원래 다른 소유자에게 속하던 수개의 동산이 ② "훼손하지 아니하면 분리할 수 없거나 그 분리에 과다한 비용을 요"할 정도로 결합되어야 한다(제257조 전문).

(2) 부합한 동산 사이에 주종(主從)을 구별할 수 있으면 주된 동산의 소유자가 합성물의 소유권을 취득하지만(제257조 전문), 주종을 구별할 수 없으면 각 동산의 소유자가 부합 당시의 가액의 비율로 합성물을 공유한다(같은 조 후문).

2. 부동산에의 부합 [5229]

가. 요 건

(1) 부합되는 물건, 즉 부합의 주물이 부동산이어야 한다. 그런데 부합하는 물건이 동산에

한정되는지에 관하여 학설이 나뉘지만, 판례는 부동산도 가능하다는 입장이다.[7)]

(2) 어느 정도로 부착 · 결합되어야 하는지에 관하여 견해의 대립이 있으나, 동산의 부합과 마찬가지로 사회경제상 분리나 복구가 불가능하거나 불리하다고 판단되는 정도(즉 단일물이나 적어도 합성물이라고 보이는 정도)에 이르러야 한다.

(3) 부합의 원인은 인위적이든 자연적이든 불문한다.

[5230] **나. 효 과**

(1) 부동산의 소유자가 부합한 물건의 소유권을 취득한다(제256조 본문. 제358조도 참조). 동산이 부합한 경우에 동산의 가격이 부동산의 가격을 초과하더라도 마찬가지이다.[8)] 이 경우 부합한 동산의 소유권을 취득한 부동산의 소유자가 동산소유자에 대하여 보상의무를 짐은 당연하다(제261조).

(2) 이에 대하여 일정한 예외가 인정된다. 권원에 의한 부속은 따로 보기로 하고 우선 나머지를 살펴본다.

① 판례에 의하면 무단으로 타인의 토지에 농작물을 경작한 경우에도 그 생산물은 이를 경작 · 재배한 이의 소유에 속하는데([5028] 참조), 이 경우 토지소유자는 부당이득으로 토지의 사용이익의 반환을 구할 수 있다.

② 토지 위에 건물이 신축된 경우에, 건물은 토지와 별개의 독립한 부동산이므로 토지에 부합하지 않는다.

한편 건물이 증 · 개축(增 · 改築)된 경우에 그 부분이 기존건물에 부합하는지는, 증 · 개축부분이 기존건물에 부착된 물리적 구조뿐만 아니라 그 용도와 기능의 면에서 기존건물과 독립한 경제적 효용을 가지고 거래상 별개의 소유권 객체로 될 수 있는지 여부 및 증축하여 이를 소유하는 이의 의사 등을 종합하여 판단해야 한다.[9)]

[5231] **다. 권원에 의한 부속**

(1) 타인의 권원에 기한 부속의 경우에, 그 타인이 소유권을 보유한다(제256조 단서). 이러한 예외적용의 요건을 본다.

① 우선 부합과 부속(附屬)이 구별되어야 한다. 즉 제256조 본문의 "부합"은 제257조와 마찬가지로 「강한 부합」, 즉 훼손하지 않고는 분리할 수 없을 정도의 결합[10)]과 「약한 부합」, 즉 분리에 과다한 비용을 요하는 정도의 결합[11)]을 모두 포함하는 반면, 단서의 "부속"은 약한 부합만 의미한다고 할 것이다.

② 권원(權原)이란 지상권이나 임차권처럼 타인의 부동산에 지상물을 부속시킬 권능을 포함하는 부동산이용권을 말하는데, 부동산소유자에게 대항할 수 없는 권원은 제외된다.[12)]

---

7) 건물 옥상에 무허가로 증축되어 최상층의 복층으로 사용되는 부분이 부합물이라고 본 대판 1991.4.12. 90다11967.

8) 기존건물이 증축된 경우에 관한 대판 1981.12.8. 80다2821 참조.

9) 대판 2002.10.25. 2000다63110과 대판 2007.7.27. 2007다36933 · 36940 참조.

10) 이때 결합한 물건은 독립성을 잃고 결합된 물건의 구성부분으로 되어 단일물이 성립한다.

11) 이때 결합에 의하여 합성물이 성립한다.

12) 권원에 관한 재판례를 본다. ㉠ 대판 1990.1.23. 89다카21095는, 사용대차권에 기하여 토지 위에 식재된 수목은 이를 식재한 이에게 그 소유권이 있고 토지에 부합되지 않으므로, 비록 수목이 식재된 후에 경매에 의하여 토지를 경락받았더라도 경락인은 경매에 의하여 수목까지 경락취득하는 것은 아니라고 하였는데, 사용차주는 부속물수거권을 가진다(제615조 후문). 한편 대판 1989.7.11. 88다카9067은, 토지소유자의 승낙 없이 임차인의 승낙만 받아 임차부동산 위에 나무를 심었다면, 특별한 사정이 없는 한 「토지소유자」에

(2) 이렇게 본다면 부합법리의 예외를 정하는 제256조 단서는, ① 타인의 권원에 의하여 결합되고 ② 결합한 물건이 분리되더라도 독립된 경제적 가치를 가진다는 두 요건이 모두 충족되는 경우에, 그 물건의 소유권이 결합된 물건의 소유권에 흡수되지 않는다는 의미를 가진다. 예를 들어 임차권에 기하여 타인의 부동산에 지상물을 부속시킨 경우에, 그 물건은 부동산에 부합하지 않고, 임차인은 부속물매수청구권을 가진다(제646조). 이와 달리 ❶ 타인의 권원에 기하지 않은 결합이라면 그것이 약한 부합(부속)이라도 결합한 물건의 소유자는 부동산소유자에 대하여 제261조에 기한 부당이득의 반환을 구할 수 있을 뿐이고, ❷ 강한 부합이라면 그것이 임차권에 기한 결합이라도 결합한 물건의 소유권을 취득한 부동산소유자에 대하여 비용상환청구(제626조)를 할 수 있을 뿐이다. 판례도 같은 입장이다.[13]

제 3 절 소유권의 내용과 범위

제 1 관 총 설

1. 서 설 [5232]

(1) "소유자는 법률의 범위 내에서 그 소유물을 사용, 수익, 처분할 권리가 있다"(제211조). 즉 타인의 간섭을 받지 않고 스스로 사용하는 것, 타인으로부터 사용의 대가를 얻는 것, 매각하여 그 대가를 얻는 것 등을 내용으로 하는, 물건에 대한 완전한 지배권이 소유권이다.

(2) 소유권은 물건을 사용 · 수익 · 처분할 수 있는 권리이다. 이 중 「사용 · 수익」은 물건의 사용가치를 파악하는 것(물건의 이용이나 과실의 취득 등)을, 「처분」은 물건을 손상 · 멸실케 하거나 그 성질을 변경하는 사실적 행위 또는 직접 재산권의 변동을 일으키는 법률행위를 각 의미한다.[1]

(3) 이 절에서는 공유, 건물의 구분소유, 명의신탁 등을 통하여 소유권의 내용과 범위를 살피는데, 일반론으로서 토지소유권의 범위 및 소유권의 제한에 관하여 미리 소개한다. 상린관계도 소유권의 범위를 제한하거나 확장하지만, 비슷한 기능을 담당하는 지역권과 함께 살펴보기로 한다.

대하여 그 나무의 소유권을 주장할 수 없다고 하였다. ㉡ 대판 2018.3.15. 2015다69907은 "지상권을 설정한 토지소유자로부터 토지를 이용할 수 있는 권리를 취득하였다고 하더라도 지상권이 존속하는 한 이와 같은 권리는 원칙적으로 민법 제256조 단서가 정한 '권원'에 해당하지 아니한다"고 하면서도, 담보지상권이 설정된 경우, 즉 토지에 저당권과 함께 지료 없는 지상권을 설정하면서 채무자 등의 사용 · 수익권을 배제하지 않은 경우에는 예외를 인정하였다.

13) 대판 2007.7.27. 2006다39270 · 39278은, 부합물에 관한 소유권 귀속의 예외를 규정한 제256조 단서는 타인이 권원에 기하여 부속시킨 물건이라도 부속된 물건이 분리하여 경제적 가치가 있는 경우에 한하여 부속시킨 타인의 권리에 영향이 없다는 취지이지, 분리해도 경제적 가치가 없는 경우에는 원래의 부동산소유자의 소유에 귀속되고, 경제적 가치의 판단은 부속시킨 물건에 대한 일반 사회통념상의 경제적 효용의 독립성 유무를 그 기준으로 해야 한다고 하면서, 가스공급업자가 아파트에 설치한 가스공급시설은 그 대지와 일체를 이루는 구성부분으로 부합됨으로써 그 대지지분권을 양수한 아파트 구분소유자들의 소유로 되었다고 보았다. 주유소 지하에 매설된 유류저장탱크는 토지에 부합되었다고 본 대판 1995.6.29. 94다6345도 참조. 대판 2008.5.8. 2007다36933 · 36940도 명시적으로 부합과 부속을 구별하지 않지만, "부동산에 부합된 물건이 사실상 분리복구가 불가능하여 거래상 독립한 권리의 객체성을 상실하고 그 부동산과 일체를 이루는 부동산의 구성부분이 된 경우에는 타인이 권원에 의하여 이를 부합시켰더라도 그 물건의 소유권은 부동산의 소유자에게 귀속된다"고 하였다.

1) 실현을 보전하기 위한 조치로 처분금지가처분(處分禁止假處分)이 있다. 그런데 처분금지가처분은 상대적 효력을 가진다. 즉 처분금지가처분에도 불구하고 가처분채무자의 처분에 의하여 상대방은 소유권 등을 유효하게 취득할 수 있고, 다만 가처분채권자에게 대항할 수 없을 뿐이다(대판 1988.9.13. 86다카191 등).

[5233] ## 2. 토지소유권의 범위

가. 상하의 범위

(1) 토지소유권은 정당한 이익이 있는 범위 내에서 토지의 상하에 미친다(제212조). 즉 토지소유권은 지표면뿐만 아니라 그 지상의 공간 및 지하의 토석에까지 확장된다. 다만 토지소유권이 지상 및 지하로 무한정 확장되는 것이 아니라 "정당한 이익"이 있는 범위까지만 확장되는데, 정당한 이익이 있는지는 구체적인 경우에 사회관념에 따라 판단되어야 한다.[2)]

(2) 지하수, 미채굴의 광물 등이 토지소유권에 포함되는지에 관하여 [5025] 참조.

나. 토지소유권의 경계

(1) 물권의 객체인 토지 1필지의 공간적 범위를 특정하는 것은 지적도나 임야도의 경계이지 부동산등기기록의 표제부나 임야대장 · 토지대장에 등재된 면적이 아니다. 즉 토지소유권의 경계는 지적도와 같은 지적공부에 의하여 결정된다.

(2) 지적도상의 경계와 실제의 경계가 불일치하는 경우의 처리에 관한 재판례를 본다. ① 소유권의 범위는 기본적으로 현실의 경계가 아니라 지적공부상의 경계 및 지적에 의한다.[3)] 그러나 ② 매매당사자가 지적공부에 의하여 소유권의 범위가 확정된 토지가 아니라 사실상의 경계대로의 토지를 매매할 의사를 가지고 매매한 사실이 인정되거나,[4)] 지적도를 작성할 때 그 기점(基點)을 잘못 선택하는 등 기술상의 착오로 인하여 지적도상의 경계선이 진실한 경계선과 다르게 작성되었고 당사자들의 의사도 진실한 경계선에 의하는 것이었다고 인정되면,[5)] 예외적으로 현실의 경계에 의한다. ③ 그 후 토지에 인접한 토지의 소유자 등 이해관계인들이 토지의 실제의 경계선을 지적공부상의 경계선에 일치시키기로 합의했다면, 적어도 그때부터는 지적공부상의 경계에 의한다.[6)]

(3) 토지의 경계를 확정하기 위한 소송은 「형식적 형성의 소」[7)]이다. 즉 토지경계확정의 소에서 법원은 당사자가 주장하는 경계선에 기속되지 않고 스스로 진실하다고 인정하는 바에 따라 경계를 확정해야 한다.[8)]

[5234] ## 3. 소유권의 제한 및 그 한계

(1) 산업혁명 이후 자본주의의 고도화에 따라 소유권의 존중 · 보장이 개인의 부자유 · 불평등이라는 역효과를 초래하기도 하였다. 여기에 덧붙여 특히 유한한 자원인 토지소유권을 중심으로 소유권 행사에 관한 일정한 제한은 불가피하다. 그래서 "재산권의 행사는 공공복리에 적합하도록 하여야 한다"(헌법 제23조 제2항).[9)]

(2) 헌법 제23조 제1항 후문은 소유권의 "내용과 한계는 법률로 정한다"고 규정하고, 이를

---

2) 고압송전선 통과에 따른 이용제한에 관한 대판 2009.1.15. 2007다58544 참조.
3) 대판 1993.11.9. 93다22845. 대판 2005.12.23. 2004다1691도 참조.
4) 대판 1993.5.11. 92다48918 · 48925.
5) 대판 1993.11.9. 93다22845.
6) 대판 2006.9.22. 2006다24971.
7) 형식적 형성의 소란 형식은 소송사건이지만 그 실질은 비송사건인 소를 말한다. 법원이 당사자 주장의 범위나 내용에 구속되지 않고, 처분권주의와 불이익변경금지의 원칙이 적용되지 않으며, 청구기각(주장 전부의 배척)이 배제된다.
8) 대판 1993.11.23. 93다41792 · 41808; 대판 2021.8.19. 2018다207830.
9) 공공필요에 의하여 재산권을 수용, 사용 또는 제한할 수 있다는 제3항도 참조.

받아 제211조도 "법률의 범위 내"라는 제한을 가한다. 따라서 입법에 의하여 소유권이 제한될 수 있다.

① 민사법 내부에서 상린관계에 관한 규정들이 소유권에 관한 제한(이자 동시에 확장)으로 기능한다. 권리남용에 관한 제2조 제2항에 의해서도 소유권이 제한될 수 있다.[10] 그 밖에 집합건물법이나 주택임대차법 등도 소유권을 제한한다.

② 외부적 제한으로 특히 토지소유권을 제한하는 공법적 규제가 많은데, 그 예로 농지법 제7조처럼 소유 자체를 제한하는 경우, 부동산거래신고법 제11조 등 거래를 제한하는 경우, 소방법과 같이 소유권의 자유로운 행사를 제한하는 경우 등이 있으며, 특히 토지보상법은 수용이라는 형식으로 소유권 자체를 박탈한다.

(3) 소유권은 존중되어야 하고, 그 제한은 어디까지나 예외적이고 한정적이어야 한다. 즉 사유재산제도 자체를 부정하거나 소유권의 본질적 내용을 침해하는 것은 허용되지 않는다(헌법 제37조 제2항). 그리고 소유권의 자유를 제한하기 위하여 그를 정당화할 수 있는 근거가 있어야 하고, 「비례의 원칙」에 반하는 과도한 제한이 허용되어서는 안 된다.[11]

제2관 공 유

Ⅰ. 공동소유 총설 [5235]

1. 공동소유의 의의

(1) 공동소유(共同所有)란 1개의 물건을 수인이 공동으로 소유함을 말한다. 1개의 물건의 소유자가 수인이라는 사정은 자연스레 물건의 용익과 관리를 둘러싼 이해의 충돌 등 분쟁의 소지를 내포하는데, 이를 해결하는 기준을 제시하는 것이 「공동소유법」의 역할이다.

(2) 의용민법은 공동소유의 유형으로 공유(共有)만 인정했으나, 학설 · 판례는 그 밖에 합유(合有)와 총유(總有)도 인정했다. 이를 이어받아 민법은 공유, 합유, 총유의 3가지 유형을 규정한다.

합유와 총유는 단체와 관련하여 살펴보았으므로, 아래에서는 공유에 대해서만 검토한다.

2. 공동소유자들의 결합형태에 따른 공동소유의 유형 개관 [5236]

공동소유의 유형은 다수인의 인적 결합관계가 물권법에 반영된 것이다. 즉 물건을 공동으로 소유하는 수인 사이의 인적 결합형태[1]에 따라 물건의 귀속관계가 달라진다.

(1) 수인 사이에 물건을 공동으로 소유한다는 점 외에 결합관계가 존재하지 않는 공동소유형태가 공유이다. 개인주의적 공동소유형태인 공유에서 물건에 대한 지배권능이 수인의 공유자에게 「지분」의 형태로 분속(分屬)되지만, 각 공유자의 지배권능은 상호독립적이다. 따라서 각자는 자기 지분을 자유롭게 처분할 수 있고, 공유물의 분할을 청구할 수 있다.

(2) 공동목적을 가진 수인이 조합체로서 물건을 소유하는 형태가 합유이다(제271조). 합유

---

10) 다만 권리남용론의 「남용」을 경계해야 할 것이다.
11) 택지소유상한제의 위헌성에 관한 헌재결 1999.4.29. 94헌바37 참조.
1) 다수인의 결합형태는 크게 사단과 조합으로 나뉘고, 사단은 다시 사단법인과 권리능력 없는 사단으로 나뉜다.

에서도 조합의 구성원은 조합재산에 대한 「지분」을 가지지만, 그들이 공동목적으로 결합되어 있기 때문에 지분의 양도가 제한되고,2) 조합관계가 종료할 때까지 합유물의 분할청구를 할 수 없다.

(3) 조합과 달리 권리능력 없는 사단에서는 단체의 단일성이 전면으로 나서고, 개개 구성원의 개인성은 뒤로 물러난다. 이러한 특성이 물건의 귀속관계에 반영된 것이 총유이다(제275조). 다만 사단법인과 달리 단체 자신이 권리능력을 가지지 않기 때문에, 물건에 대한 지배권능이 단체와 그 구성원인 개인에 분속된다. 즉 구성원의 집합체로서 단체가 물건의 관리 · 처분에 관한 권능을 가지고, 단체의 구성원은 이를 사용 · 수익할 수 있는 권능만 가진다.

(4) 사단법인의 소유형태는 단독소유이다. 즉 사단법인에서는 구성원으로부터 독립된 존재인 법인이 권리능력을 가지며, 따라서 사단법인 자신이 물건의 소유자로 된다.

[5237] ### 3. 준공동소유

소유권 외의 재산권을 여러 명이 공동으로 가지는 경우에 이를 준공동소유(準共同所有)라 하는데, 공동소유에 관한 규정이 준용된다(제278조).3)

[5238] ## Ⅱ. 공유 총설

1. 공유의 의의

(1) 공유(共有)란 특정의 물건이 지분에 의하여 수인의 소유로 된 것(제262조 제1항), 즉 공동목적 등의 인적 결합관계가 없는 수인이 물건을 공동으로 소유하는 것을 말한다.

(2) 공유의 성질에 관하여 학설은 일반적으로 1개의 소유권이 분량적으로 분할되어 수인에게 귀속되는 상태라고 한다.

[5239] ### 2. 공유의 성립

가. 법률행위에 의한 성립

(1) 수인이 1개의 물건을 매수하는 경우처럼 법률행위에 의하여 성립할 수 있다. 공유를 성립시키는 의사표시는 묵시적이라도 무방하지만, 부동산에 관해서는 등기요건 때문에 묵시적 의사표시에 의한 공유의 성립을 인정하기가 쉽지 않다.

(2) 법률행위에 의하여 부동산에 관한 공유를 성립시키기 위해서는 공유의 등기와 지분의 등기(부동산등기법 제67조 제1항)를 해야 한다(제186조).

나. 법률의 규정에 의한 성립

(1) 타인의 물건 속의 매장물의 발견(제254조)이나 주종을 구별할 수 없는 동산의 부합 또는 혼화(제257조, 제258조)에 의하여 공유가 성립한다.4)

구분소유의 공용부분(제215조 제1항)과 경계에 설치된 경계표, 담, 구거(溝渠. 작은 도랑) 등(제

2) 지분의 양도는 조합구성원의 변경을 초래한다.
3) 이주자택지의 분양청약권의 공동상속에 관한 대판 2003.12.26. 2003다11738 참조.
4) 특허법 제33조 제2항에 관한 대판 2014.11.13. 2011다77313 · 77320도 참조.

239조)도 공유에 속하는데, 이러한 경우에는 분할청구권이 인정되지 않는다.

그 밖에 귀속불명의 부부재산도 부부의 공유로 추정된다(제830조 제2항).

(2) 공동상속재산의 법적 성질에 관하여, 지분의 처분이 제한되고(제1011조) 상속재산의 분할 역시 상당히 제한되는(제1012조 이하) 등 합유의 특성을 가지지만, 다수설과 판례[5]는 제1006조의 법문대로 공유로 새긴다. 공동포괄수증재산도 마찬가지이다(제1078조).

3. 공유지분 [5240]

(1) 공유자가 공유물에 대하여 가지는 권리로서 소유권의 분량적 일부(각자의 몫)를 지분(持分)이라고 한다. 지분은 그 성질이나 효력에서 소유권과 동일하고, 단지 양적으로 소유권의 일부일 뿐이다. 따라서 어느 공유자가 다른 공유자의 지분을 전부 매수하면, 그는 단독소유자가 된다(공유자의 우선매수권에 관한 민사집행법 제140조도 참조).

(2) 지분의 비율을 본다.

① 지분의 비율은 당사자들의 약정 또는 법률의 규정(제254조 단서, 제257조, 제258조, 집합건물법 제12조 제1항 등)에 의하여 결정되는데, 출재(出財)의 범위 등에 따른 묵시적인 약정도 가능하다. 그리고 지분의 비율이 불명하면 균등한 것으로 추정되는데(제262조 제2항), 부동산에 대해서는 지분등기 때문에 이 추정이 작동하지 않는다(부동산등기법 제48조 제4항 참조). 그런데 공유물분할소송에서 등기부상의 지분과 실제의 지분이 다른 경우에 지분을 양수하여 등기까지 마친 제3자에 대하여 등기부상의 지분을 기준으로 할 수밖에 없지만, 원래의 공유자들 사이에서는 실제의 지분이 그 기준으로 된다.[6]

② 공유자의 1인이 지분을 포기하거나 상속인 없이 사망한 경우에, 그 지분은 다른 공유자에게 각자의 지분의 비율로 귀속된다(제267조). 이를 지분의 탄력성(彈力性)이라고 한다. 공유자의 지위는 공유물 전체에 미치고, 단지 다른 공유자에 의한 제약을 받을 뿐이므로, 어느 한 공유자의 지분의 포기 등에 의하여 그 제약이 줄어듦에 따라 나머지 공유자들의 권능이 확대됨은 당연하다는 법리에 기한 것이다.

Ⅲ. 공유자 사이의 법률관계 [5241]

1. 개 관

(1) 먼저 공유물의 용익에 관하여 본다.

① 용익은 소유권의 본질적 내용이므로(제211조 참조), 공유자 각자는 공유물 전부를 사용·수익할 수 있다. 그런데 분량적 일부여서 "지분의 비율로"라는 제약이 따르기 때문에, 누가 어떻게 용익할 것인지(제3자에의 임대를 포함하여) 등 공유물의 관리에 관하여 공유자들 사이에 이해조정이 필요한데, 민법은 다수결(「지분의 과반수」)에 의하도록 한다. 그리고 실질적으로 용익하지 못한 공유자의 용익권은 지분비율에 따른 이득상환의 문제로 귀결된다.

② 공유물에 대한 부담은 용익의 반대측면으로, 공유자 각자가 지분비율에 따른 불이익을

5) 대판 1996.2.9. 94다61649 등.
6) 대판 2001.3.9. 98다51169.

분담하지만, 대외적으로는 분할에 따른 공유자 1인의 무자력위험 또는 불편을 상대방에게 지울 수 없기 때문에 불가분채무를 진다.

(2) 이어서 공유물의 현상을 둘러싼 법률관계를 본다.

① 지분은 각자의 것이므로 자유롭게 처분할 수 있지만, 공유물 자체의 처분이나 변경은 각 공유자에게 직접적인 영향을 미치는데, 누구도 (법률에 의하지 않은 한) 자기의사에 반하여 자기 것을 빼앗기지 않는다. 그리고 공유관계에 편입됨을 내용으로 하는 지분의 양수와 달리 상대방은 공유물 전부의 취득을 원한다. 그래서 공유물의 처분이나 변경에 공유자 전원의 동의가 요구된다.

② 공유자가 자기 몫을 지키기 위해서 하는 보존행위는 보통 다른 공유자에게 해를 끼치지 않고 오히려 다른 공유자의 이익으로 추정된다. 따라서 다른 공유자의 이익에 반하지 않는 한 공유자 각자가 보존행위를 할 수 있다.

(3) 이처럼 공유물에 대한 권리와 공유지분이 「1 대 1」로 대응하지는 않는다. 이를 구체적으로 살펴본다.

[5242] ## 2. 공유물의 사용 · 수익과 관리 및 공유물에 대한 부담

가. 공유물의 사용 · 수익

(1) 각 공유자는 공유물 전부를 지분의 비율로 사용 · 수익할 수 있다(제263조 후단). 사용 · 수익의 객체는 공유물 「전부」이지 공유물의 일부(지분비율에 상응하는)가 아니며, "지분의 비율"로 사용할 수 있다고 하여 그 비율만큼 배타적으로 사용할 수 있는 것은 아니다.

(2) 공유물로부터 천연과실이 발생하는 경우에, 그 과실은 새로운 공유물로서 그 위에 다시 공유관계가 성립한다. 법정과실의 경우에도 마찬가지이다.

[5243] ### 나. 공유물의 관리

(1) 공유물의 관리에 관한 사항은 지분의 과반수로 결정하는데(제265조 본문), 결정의 효력은 전체 공유자에게 미친다.[7] 여기서 관리(管理)란 공유물을 이용 · 개량하는 행위(대표적으로 임대[8])를 말하며, 공유물의 처분이나 변경에 이르지 않는 것이어야 한다.[9]

(2) 관리에 관한 결정은 「인원수」가 아니라 「지분」의 과반수(즉 50%를 「넘는」 지분)에 의한다. 따라서 지분이 같은 2인의 공유자 중 1인은 다른 공유자와의 협의 없이 공유물을 독점사용할 수 없다.[10] 반면 과반수지분을 가진 이는 공유자 사이에 공유물의 관리방법에 관하여 협의가 없더라도 공유물의 관리에 관한 사항을 단독으로 결정할 수 있으므로, 과반수지분을 가진 이가 공유토지의 특정부분을 배타적으로 사용 · 수익할 것을 정하는 것도 공유물의 관리방법으로서 적법하고,[11] 소수지분권자는 그 배제를 구할 수 없는데,[12] 공유물 전부에 대해서도 마찬가

---

7) 결의에 관한 [1057] 참조.

8) 상가임대차법이 적용되는 상가건물의 공유자인 임대인이 같은 법 제10조 제4항에 의하여 임차인에게 갱신거절의 통지를 하는 행위는 실질적으로 임대차계약의 해지와 같이 공유물의 임대차를 종료시키는 것이므로 공유물의 관리행위에 해당하여 공유자의 지분의 과반수로써 결정해야 한다(대판 2010.9.9. 2010다37905).

9) 다수지분권자라 하여 나대지에 새로이 건물을 건축한다든지 하는 것은 「관리」의 범위를 넘어서므로 지분 과반수로 결정할 수 없다(대판 2001.11.27. 2000다33638 · 33645).

10) 대판 2003.11.13. 2002다57935.

11) 대판 1991.9.24. 88다카33855. 과반수지분권자로부터 용익권을 부여받은 제3자도 소수지분 공유자에게 대항할 수 있다고 한 대판

지이다.[13)]

(3) 앞에서 본 것처럼 공유자 각자는 공유물 전부를 지분의 비율로 사용 · 수익할 수 있는데, 용익을 배제당한 공유자는 이득의 상환을 구할 수 있다. "공유건물에 관하여 과반수지분권을 가진 자가 공유건물의 특정된 한 부분을 배타적으로 사용 · 수익할 것을 정하는 것은 공유물의 관리방법으로서 적법하지만, 이 경우 비록 그 특정부분이 자기의 지분비율에 상당하는 면적의 범위 내라 할지라도 다른 공유자들 중 지분은 있으나 사용 · 수익은 전혀 하고 있지 아니함으로써 손해를 입고 있는 자에 대하여는 과반수지분권자를 포함한 모든 사용 · 수익을 하고 있는 공유자가 그 자의 지분에 상응하는 부당이득을 하고 있다고 보아야 한다. 왜냐하면, 모든 공유자는 공유물 전부를 지분의 비율로 사용 · 수익할 수 있기 때문"이다.[14)] [5244]

(4) 관리방법에 관한 제265조 본문은 임의규정으로, 공유자들이 그와 다른 방법을 정하면 그에 의한다. 공유자간의 공유물 사용수익 · 관리에 관한 특약은 유효하고, 특정승계인에게도 승계되는데,[15)] 특약 후 공유자에 변경이 있고 특약을 변경할 만한 사정이 있다면 공유자 지분의 과반수의 결정으로 기존특약을 변경할 수 있다.[16)]

다. 공유물에 대한 부담 [5245]

(1) 각 공유자는 지분의 비율로 공유물의 관리비용 기타 의무를 부담하지만(제266조 제1항), 이와 달리 정할 수 있다. 여기서 관리비용은 공유물의 유지 · 개량을 위하여 지출한 비용을 말하고, 기타의 의무는 공유물에 부과되는 세금 등을 말한다.

한편 제3자에 대한 관계에서는 위 규정이 적용되지 않는다.[17)] 즉 대외적으로 공유물에 대한 부담은 불가분채무이고,[18)] 따라서 공유자 각자가 부담 전부를 이행할 의무를 지는데,[19)] 부담 전부를 이행한 공유자 1인이 다른 공유자에 대하여 대내적 기준에 따른 구상권을 가짐은 당연하다.

(2) 공유자가 1년 이상 관리비용 기타 부담의 의무를 이행하지 않는 경우에, 다른 공유자는 상당한 가액을 지급하고 그 이의 지분을 매수할 수 있다(제266조 제2항). 이러한 지분매수청구권은 형성권이지만, 이를 행사하기 위하여 매수대상이 되는 지분 전부에 대한 매매대금을 제공하거나 지급해야 한다.[20)]

2002.5.14. 2002다9738도 참조.

12) 공유토지에 관하여 점유취득시효가 완성된 후 취득시효 완성 당시의 공유자들 일부로부터 과반수에 미치지 못하는 소수지분을 양수한 제3자는 나머지 과반수지분에 관하여 취득시효에 의한 소유권이전등기를 경료받아 과반수지분권자로 될 지위에 있는 시효취득자(점유자)에 대하여 지상건물의 철거와 토지의 인도 등 점유배제를 청구할 수 없다(앞의 2000다33638 · 33645 판결).

13) 대판 2002.10.11. 2000다17803 참조.

14) 대판 2014.2.27. 2011다42430.

15) 다만 특약이 지분권자로서의 사용 · 수익권을 사실상 포기하는 등 공유지분권의 본질적 부분을 침해하는 경우에는 특정승계인이 그러한 사실을 알고도 공유지분권을 취득하였다는 등의 특별한 사정이 없다면 특정승계인에게 당연히 승계된다고 볼 수는 없다고 한 대판 2013.3.14. 2011다58701 참조.

16) 대판 2005.5.12. 2005다1827.

17) 제266조 제1항은 공유자들 사이의 내부적인 부담관계에 관한 규정일 뿐이라는 대판 2009.11.12. 2009다54034 · 54041 참조.

18) 건물의 공유자가 공동으로 공유건물을 임대한 경우에 임차보증금반환채무는 성질상 불가분채무에 해당한다는 대판 2017.5.30. 2017다205073 참조. 제3자가 공유물에 지출한 비용의 상환을 구하는 경우에도 마찬가지로 볼 것이다.

19) 대판 1985.4.9. 83다카1775. 상가건물의 일부에서 숙박업을 하는 공유자들이 상법 제57조 제1항에 따라 연대책임을 진다는 앞의 2009다54034 · 54041 판결도 참조.

20) 대판 1992.10.9. 92다25656.

[5246] ## 3. 공유물의 처분 · 변경과 보존

가. 공유물의 처분 · 변경

(1) 공유자는 다른 공유자의 동의 없이 공유물을 처분하거나 변경하지 못한다(제264조). 처분의 전형은 공유물의 양도이지만, 저당권이나 전세권 등 제한물권의 설정도 공유물의 처분에 해당한다.21) 한편 변경은 공유물에 대하여 사실상의 물리적 변화를 가하는 것을 말한다.

(2) 공유물을 처분하기 위해서는 공유자 전원의 동의가 있어야 하는바, 공유자 1인에 의한 처분행위는 무효이다. 다만 ① 다른 공유자의 사전동의(또는 사후추인)가 있다면 그 범위 내에서 유효하다. 이 경우 공유물의 처분에 관하여 다른 공유자들의 사전동의가 있었다는 사실은 변론주의가 적용되는 「요건사실」이다.22) 나아가 ② 판례는 공유자 1인의 처분이라도 그 공유자의 지분범위 내에서는 유효하므로, 지분범위를 넘는 부분만이 무효로 된다는 입장이다.23)

[5247] ### 나. 공유물의 보존

(1) 공유물의 보존행위는 공유자 각자가 할 수 있는데(제265조 단서), 다른 공유자의 동의를 요하지 않고, 보존행위의 효력은 다른 공유자들에게 미친다. 여기서 보존이란 공유물의 멸실 · 훼손을 방지하고 그 현상을 유지하기 위해서 하는 사실상 · 법률상의 행위를 말한다. 판례는 공유물의 반환청구나 등기말소청구도 보존행위에 해당한다는 입장이다.24) 그런데 외견상 공유자 1인이 공유물에 관한 소유권이전등기 등의 원인무효를 주장하면서 그 말소를 청구하더라도, 청구권원이 다른 공유자의 지분권을 대외적으로 주장하는 것이라면 이는 보존행위에 해당하지 않는다.25)

본질에 있어서 관리행위에 속하는26) 보존행위를 공유자 각자가 단독으로 할 수 있도록 하는 것은, 긴급을 요하는 경우가 많고 다른 공유자에게도 이익이 되는 것이 보통이기 때문이다. 따라서 다른 공유자의 이익에 반하는 경우(다투지 않을 의사를 명백히 표시한 경우 및 행사의 결과가 다른 공유자의 이해와 충돌되는 경우를 포함하여)에까지 보존행위가 허용되지는 않는다.27)

(2) 나대지인 공유지 위에 제3자가 건물을 신축한 경우에, 공유자 각자는 보존행위로 건물의 철거 및 대지 전부의 인도를 청구할 수 있다. 한편 소수지분권자가 다른 공유자와 협의 없이 공유지에 건물을 신축한 경우에, 건물의 철거를 청구할 수 있지만 대지의 인도청구는 허용되지 않는다는 것이 판례의 입장인데,28) 그로 인한 부당이득반환(손해배상의 경우에도 같다)은 대지점유부분의 통상의 차임에 해당하는 액 중 자신의 지분에 해당하는 부분에 한정된다.29)

21) 지상권설정을 처분행위로 본 대판 1993.4.13. 92다55756 참조.

22) 대판 2008.4.24. 2008다5073.

23) 대판(전) 1965.4.22. 65다268.

24) 가령 공유부동산에 제3자 명의의 등기가 경료된 경우에 각 공유자는 보존행위로서 그 「등기 전부」의 말소를 구할 수 있다(대판 1993.5.11. 92다52870). 나아가 등기의 말소에 갈음하여 공유물에 경료된 원인무효의 등기에 관하여 각 공유자에게 「해당 지분」별로 진정명의 회복을 원인으로 한 소유권이전등기를 이행할 것을 단독으로 청구할 수도 있다(대판 2005.9.29. 2003다40651).

25) 공유자 중 A가 다른 공유자 B의 지분을 증여받았음을 이유로 지분이전등기를 마쳤는데, B 또는 그 상속인이 지분이전에 관하여 다투지 않은 사안에 관한 대판 2010.1.14. 2009다67429.

26) 구분소유자가 공용부분에 대해서 지분권에 기하여 권리를 행사하는 것이 보존행위에 해당하지 않는다면 집합건물법 제16조 제1항 본문에 따라 관리단집회의 결의를 거쳐야 하는 관리행위로 보아야 한다는 대판 2024.3.12. 2023다240879 참조.

27) 대판 1995.4.7. 93다54736. 같은 취지에서, 상속에 의하여 다수인의 공유로 된 부동산에 관하여 그 공유자 중의 1인이 부정한 방법으로 공유물 전부에 관한 소유권이전등기를 그 단독명의로 경료함으로써 다른 공유자가 공유물에 대하여 갖는 권리를 방해한 경우에, 방해를 받는 공유자 중 1인은 공유물의 보존행위로서 위 단독명의로 등기를 경료한 공유자에 대하여 「그 공유자의 공유지분을 제외한 나머지 공유지분 전부에 관하여」 소유권이전등기말소등기절차의 이행을 구할 수 있다(대판 1988.2.23. 87다카961).

28) 뒤에서 보는 대판(전) 2020.5.21. 2018다287522.

29) 대판 2002.10.11. 2000다17803.

Ⅳ. 공유물 또는 지분에 대한 침해와 구제 [5248]

1. 지분의 대외적 주장

가. 지분의 확인청구 등

(1) 다른 공유자 또는 제3자에 의하여 자기지분을 부인당한 공유자는 지분을 부인하는 이를 상대로 지분확인의 소를 제기할 수 있다.[30] 이 소송은 필수적 공동소송이 아니다. 즉 지분을 부인당한 공유자가 단독으로 소를 제기할 수 있다.

(2) 수인이 공동으로 부동산을 매수하였는데 매도인이 이전등기에 협력하지 않는 경우에, 각 공유자는 단독으로 자기지분에 관하여 이전등기를 청구할 수 있다. 나아가 공유부동산이 공유자 1인의 단독명의로 등기되어 있다면 다른 공유자는 단독으로 자기지분에 관하여 공유등기를 청구할 수 있고, 다른 공유자의 초과지분등기에 의하여 자기지분이 침해되었다면 단독으로 초과지분등기의 말소와 자기의 지분에 대한 이전등기를 청구할 수 있다.[31]

나. 지분침해에 대한 방해제거청구 등 [5249]

(1) 제3자 또는 다른 공유자가 공유물의 사용을 방해하는 경우에, 각 공유자는 지분에 기하여 단독으로 방해제거를 청구할 수 있다.

① 일부공유자가 공유물의 전부 또는 일부를 배타적으로 점유(하여 용익)하는 경우를 본다.

ⓐ 지분의 과반수에 기한 관리방법에 따라 공유자의 1인이 공유물의 전부 또는 일부를 배타적으로 점유하여 용익하는 경우에, 다른 공유자는 그 용익을 수인해야 한다([5243] 및 이득의 상환에 관한 [5244] 참조).

ⓑ 소수지분권자가 다른 공유자와의 협의 없이 공유물의 전부 또는 일부를 독점적으로 점유·사용하는 경우에, 다른 공유자는 배타적 독점사용의 배제를 구할 수 있다.[32] 나아가 다른 공유자가 공유물의 인도를 구할 수 있는지에 관하여 판례는 종래의 다른 공유자가 공유물의 보존행위로서 공유물의 인도를 청구할 수 있다는 입장이었다. 그러나 뒤의 2018다287522 판결은, 다른 「소수지분권자」는 공유물의 보존행위로서 공유물을 자신에게 「인도」하라고 청구할 수는 없고, 자신의 공유지분권에 기하여 공유물에 대한 방해상태를 제거하거나 공동점유·사용을 방해하는 행위의 금지 등을 청구할 수 있을 뿐이라고 하며 판례를 변경하였는데,[33] 여러모로 검토를 요한다.

판 례 대판(전) 2020.5.21. 2018다287522

㉮ 사실관계와 쟁점은 다음과 같다.

ⓐ 공유토지(甲)의 1/2 지분을 소유하는 X가 甲 지상에 소나무를 심어 甲을 독점적으로 점유하는 다른 공유자 Y를 상대로 소나무 등 지상물의 수거 및 甲의 인도를 청구하였다. 원심은 X가 공유물의 보존행위로서 甲에 대한 방해배제와 인도를 청구할 수 있다고 보아 X의 청구를 모두 받아들였다.

ⓑ 이 사건의 주된 쟁점은, 소수지분권자인 Y가 다른 공유자와의 협의 없이 甲(의 전부 또는 일부)

30) 대판 1994.11.11. 94다35008. 나아가 공유자가 다른 공유자의 지분권을 대외적으로 주장하는 것을 공유물의 보존행위에 속하지 않는다고 하였다.

31) 대판 1991.9.10. 91다2984.

32) 대결 1992.6.13. 92마290. 공유물의 일부를 배타적으로 점유하는 경우에 관한 판례인데, 공유물 전부를 배타적으로 용익하는 경우에도 다르지 않다.

33) 이러한 법리는 집합건물의 공용부분에도 적용된다는 대판 2020.10.15. 2019다245822도 참조.

을 독점적으로 점유하는 경우에, 다른 소수지분권자인 X가 공유물의 보존행위로서 방해배제와 인도를 청구할 수 있는지 여부이다.[34)]

㈏ 다수의견의 요지는 다음과 같다:

(가) 공유물의 소수지분권자인 피고가 다른 공유자와 협의하지 않고 공유물의 전부 또는 일부를 독점적으로 점유하는 경우 다른 소수지분권자인 원고가 피고를 상대로 공유물의 인도를 청구할 수는 없다고 보아야 한다.[35)]

(나) 공유자들은 공유물의 소유자로서 공유물 전부를 사용·수익할 수 있는 권리가 있고(민법 제263조), 이는 공유자들 사이에 공유물 관리에 관한 결정이 없는 경우에도 마찬가지이다. 공유물을 일부라도 독점적으로 사용할 수 없는 등 사용·수익의 방법에 일정한 제한이 있다고 하여, 공유자들의 사용·수익권이 추상적·관념적인 것에 불과하다거나 공유물 관리에 관한 결정이 없는 상태에서는 구체적으로 실현할 수 없는 권리라고 할 수 없다.

공유자들 사이에 공유물 관리에 관한 결정이 없는 경우 공유자가 다른 공유자를 배제하고 공유물을 독점적으로 점유·사용하는 것은 위법하여 허용되지 않지만, 다른 공유자의 사용·수익권을 침해하지 않는 방법으로, 즉 비독점적인 형태로 공유물 전부를 다른 공유자와 함께 점유·사용하는 것은 자신의 지분권에 기초한 것으로 적법하다.

일부공유자가 공유물의 전부나 일부를 독점적으로 점유한다면 이는 다른 공유자의 지분권에 기초한 사용·수익권을 침해하는 것이다. 공유자는 자신의 지분권 행사를 방해하는 행위에 대해서 민법 제214조에 따른 방해배제청구권을 행사할 수 있고, 공유물에 대한 지분권은 공유자 개개인에게 귀속되는 것이므로 공유자 각자가 행사할 수 있다.

원고는 공유물의 종류(토지, 건물, 동산 등), 용도, 상태(피고의 독점적 점유를 전후로 한 공유물의 현황)나 당사자의 관계 등을 고려해서 원고의 공동점유를 방해하거나 방해할 염려 있는 피고의 행위와 방해물을 구체적으로 특정하여 방해의 금지, 제거, 예방(작위·부작위의무의 이행)을 청구하는 형태로 청구취지를 구성할 수 있다. 법원은 이것이 피고의 방해상태를 제거하기 위하여 필요하고 원고가 달성하려는 상태가 공유자들의 공동점유상태에 부합한다면 이를 인용할 수 있다.

(다) 이와 같이 공유물의 소수지분권자가 다른 공유자와 협의 없이 공유물의 전부 또는 일부를 독점적으로 점유·사용하고 있는 경우 다른 소수지분권자는 공유물의 보존행위로서 그 인도를 청구할 수는 없고, 다만 자신의 지분권에 기초하여 공유물에 대한 방해상태를 제거하거나 공동점유를 방해하는 행위의 금지 등을 청구할 수 있다고 보아야 한다.

㈐ 이 판결에서 소수지분권자(Y)가 공유물을 독점적으로 점유·사용하는 경우에 다른 소수지분권자(X)가 어떤 조치를 취할 수 있는지가 다루어졌는데,[36)] 그 핵심은 과반수지분으로 용익방법을 정할 수 없는 경우에 공유자 각자의 공유물 용익권이 어떻게 실현될 수 있는가 하는 점이다. 생각건대 다수의견의 논리를 밀고 나아가면 소수지분권자로부터의 임차인에 대해서도 인도청구를 할 수

---

34) X가 「과반수」지분권자라면 Y에 대한 甲의 인도청구가 인용됨은 당연하다. 대판 2022.11.17. 2022다253243 참조.

35) 다수의견이 제시하는 이유는 다음과 같다. "① 공유자 중 1인인 피고가 공유물을 독점적으로 점유하고 있어 다른 공유자인 원고가 피고를 상대로 공유물의 인도를 청구하는 경우, 그러한 행위는 공유물을 점유하는 피고의 이해와 충돌한다. […] 이러한 행위는 민법 제265조 단서에서 정한 보존행위라고 보기 어렵다. ② 피고가 다른 공유자를 배제하고 단독소유자인 것처럼 공유물을 독점하는 것은 위법하지만, […] 피고가 공유물을 독점적으로 점유하는 위법한 상태를 시정한다는 명목으로 원고의 인도청구를 허용한다면, 피고의 점유를 전면적으로 배제함으로써 피고가 적법하게 보유하는 '지분비율에 따른 사용·수익권'까지 근거 없이 박탈하는 부당한 결과를 가져온다. ③ 원고의 피고에 대한 물건인도청구가 인정되려면 먼저 원고에게 인도를 청구할 수 있는 권원이 인정되어야 [하는데, …] 원고 역시 피고와 마찬가지로 소수지분권자에 지나지 않으므로 원고가 공유자인 피고를 전면적으로 배제하고 자신만이 단독으로 공유물을 점유하도록 인도해 달라고 청구할 권원은 없다. ④ 공유물에 대한 인도판결과 그에 따른 집행의 결과는 […] '일부 소수지분권자가 다른 공유자를 배제하고 공유물을 독점적으로 점유'하는 인도 전의 위법한 상태와 다르지 않다. ⑤ 원고는 공유물을 독점적으로 점유하면서 원고의 공유지분권을 침해하고 있는 피고를 상대로 지분권에 기한 방해배제청구권을 행사함으로써 피고가 자의적으로 공유물을 독점하고 있는 위법상태를 충분히 시정할 수 있다. 따라서 […] 피고의 점유를 원고의 점유로 대체하는 방법을 사용하지 않더라도, 원고는 피고의 위법한 독점적 점유와 방해상태를 제거하고 공유물이 본래의 취지에 맞게 공유자 전원의 공동사용·수익에 제공되도록 할 수 있다."

36) 다수의견은 방해배제청구가 허용되지만 인도청구는 허용되지 않는다는 입장이고, 이에 대하여 소수지분권자인 공유자도 공유물의 보존행위로서 점유공유자에 대하여 방해배제(비록 현실에서 기능하기 어렵지만)와 인도를 청구할 수 있다는 반대의견과 양자가 모두 허용되어서는 안 된다는 반대의견도 있다.

없다고 해야 하는데, 받아들이기 어려운 결과이다. X의 인도청구를 허용하면 X의 독점적 점유를 통한 새로운 위법상태가 야기되는 것처럼 보이지만, 스스로 위법상태를 만든 Y와 이를 해소하는 과정에서 결과적으로 독점적 점유상태에 이르게 될 X의 보호가치를 같이 평가해서는 안 된다. X의 인도청구를 허용하면 Y의 「지분비율에 따른 사용 · 수익권」까지 박탈하는 결과로 될 수 있다지만, 역으로 Y가 독점적 점유를 계속하면서 X의 용익청구를 받아들이기 바라는 것은 순진한 기대에 불과하다. 이런 점들을 고려하면 중도반단적인 상태에 그치는 다수의견의 결론에 선뜻 동의하기 어렵다. 오히려 X의 인도청구를 —보존행위로서가 아니라[37]— 지분에 기한 물권적 청구권의 행사로 보아 긍정해야 할 것이다.

㉱ 참고로 이 판결에 의하여 변경된[38] 대판(전) 1994.3.22. 93다9392 · 9408(판례, 〈8-5-13〉)의 다수의견은 "지분을 소유하고 있는 공유자나 그 지분에 관한 소유권이전등기청구권을 가지고 있는 자라고 할지라도 다른 공유자와의 협의 없이는 공유물을 배타적으로 점유하여 사용 수익할 수 없는 것이므로, 다른 공유권자는 자신이 소유하고 있는 지분이 과반수에 미달되더라도 공유물을 점유하고 있는 자에 대하여 공유물의 보존행위로서 공유물의 인도나 명도를 청구할 수 있다"고 하였는데, 그 근거로 보존행위를 들었다.[39]

---

② 제3자가 공유물을 불법점유하는 경우[40]에 각 공유자는 단독으로 공유물 전부의 인도를 청구할 수 있다. 실무는 보존행위를 근거로 공유물 전부의 인도를 청구할 수 있다고 하는 반면, 학설은 대체로 지분에 기한 물권적 청구권을 근거로 하며, 불가분채권에 관한 규정(제409조)을 유추하여 자기에게 반환할 것을 청구할 수 있다고 한다. [5250]

[참 고] 제3자가 공유자 중 일부와의 임대차계약에 기하여 점유하는 경우에, 먼저 ⓐ 임차인의 법적 지위를 확인할 필요가 있다. 즉 관리행위로서 임대차계약을 체결함에 지분 과반수가 필요하므로(제265조), 임대인인 공유자(들)가 지분 과반수를 가졌다면 임차권의 효력은 나머지 공유자들에게도 미치고, 따라서 임차인에 대한 반환청구는 허용되지 않는다. 반면 임대인인 공유자(들)의 지분이 과반수에 미치지 못한다면, 임차권의 효력은 나머지 공유자들에게 미치지 않고, 따라서 반환청구는 가능하다.[41] 한편 ⓑ 적법한 임대차에서 차임 연체 등 즉시해지사유가 있는 경우에 해지권의 행사도 관리행위이므로 지분 과반수에 기하여 해지할 수 있고,[42] 따라서 소수지분권자가 단독으로 해지하고 반환청구를 할 수는 없다.

(2) 일부공유자가 공유물을 배타적으로 사용 · 수익하거나 제3자가 공유물을 점유하며 사용 · 수익하는 경우에, 용익하지 못한 공유자는 용익하거나 용익권을 부여한 이를 상대로 자기지분에 대응하는 비율의 범위 안에서 부당이득의 반환이나 손해배상을 구할 수 있다. [5251]

이 점은 지분 과반수에 의하여 적법하게 관리방법으로 정해진 경우에도 마찬가지이다. 즉 과반수지분을 가진 공유자는 관리방법에 관한 사전협의 없이 배타적으로 사용 · 수익할 수 있더

---

37) 다른 공유자의 이익에 반한다면 보존행위를 허용해서는 안 된다는 점에서. 뒤의 93다9392 · 9408 판결이 인도청구를 인용하면서 그 근거로 보존행위를 든 점에 대해서도 비판이 많았다.

38) 차임 상당의 부당이득에 관한 부분이 변경의 대상이 아님은 당연하다.

39) 즉 과반수지분권자가 아닌 일부공유자가 공유물을 배타적으로 점유하면 이는 권원 없는 점유이기 때문에, 그러한 점유를 배제하는 것은 공유물의 보존행위에 해당하여, 각 공유자는 제265조 단서에 기하여 단독으로 방해제거를 청구할 수 있을 뿐만 아니라 공유물 전부를 자기에게 인도할 것을 청구할 수 있다고 하였다.

40) 과반수지분권자가 적법한 관리행위로 임대한 경우가 이에 속하지 않음은 당연하다.

41) 앞의 2018다287522 판결의 취지에 따라 반환청구가 부정되어야 한다는 입론도 가능하겠지만, 납득하기 어려운 결론이다.
한편 반환청구를 긍정한다면, 임대차가 채권계약으로서 계약의 당사자들 사이에 유효하고, 임차인이 임대차계약의 상대방인 공유자에 대하여 채무불이행책임이나 담보책임을 물을 수 있음은 당연하고, 나아가 제201조 이하가 적용될 수도 있다.

42) 대판 2010.9.9. 2010다37905 참조.

라도, 그로 말미암아 지분은 있으되 사용·수익을 하지 못하는 소수지분권자에게 지분에 상응하는 임료 상당의 불이익을 입히고 있으므로 이를 전보할 의무가 있다. 한편 과반수지분의 공유자로부터 특정부분의 사용·수익을 허락받은 제3자의 점유는 적법한 공유물관리권에 터 잡은 적법한 점유이므로, 그 제3자는 소수지분권자에 대해서도 그 점유로 인하여 법률상 원인 없이 이득을 얻고 있다고는 볼 수 없는데,[43] 소수지분권자는 과반수지분권자에 대하여 이득의 상환이나 손해배상을 구할 수 있다.

이상의 경우에 부당이득이나 손해배상의 기준은 차임 상당액이다.[44][45]

(3) 제3자가 공유물을 멸실시킨 경우에, 각 공유자는 자기의 지분범위 안에서 단독으로 손해배상을 청구할 수 있다.

[5252] (4) 권원 없는 점유자가 공유물에 지출한 비용의 상환을 구하는 경우에, 각 공유자가 지분비율에 따라 분할채무로서 비용상환의무를 지는지 아니면 공유자 전원의 불가분채무가 성립하는지가 문제된다. 그런데 점유자가 상환을 구할 수 있는 비용은 제266조의 관리비용 기타 의무에 상응하는바, 같은 조의 의무에 관하여 각 공유자는 대외적으로 전부채무를 부담한다 할 것이다([5245] 참조). 따라서 비용상환의무도 이를 유추하여 해결할 것이다.

[5253] 2. 공유관계의 대외적 주장

(1) 제3자에 의한 침해에 대하여 각 공유자는 단독으로 지분권을 주장할 수 있는데, 그 밖에 공유관계 자체도 주장할 수 있는가? 이 문제는 일부공유자가 공유관계를 주장하여 얻은 판결의 기판력이 다른 공유자에게 미치는지와 관련되는데, 학설은 대체로 공유자 전원이 공동으로 공유관계를 주장해야 한다고 하는 반면(필수적 공동소송설), 판례는 공유관계의 확인청구나 등기(말소)청구에 대하여 보존행위에 해당함을 이유로 공유자 각자가 공유관계를 주장할 수 있다고 하고,[46] 공유관계에 기한 방해제거청구에 대하여 지분권의 주장으로 선해(善解)하여 공유자 각자의 청구를 인정한다.

(2) 건물의 공유자 중 1인에 대한 건물철거청구의 경우에, 판례는 이는 필수적 공동소송이 아니고 지분권의 한도에서 처분권을 가짐을 이유로 일부공유자에 대한 이러한 청구도 인용한다.[47] 다만 그 집행을 위해서는 지분의 합이 「1」이 되어야 한다.

[5254] Ⅴ. 지분의 처분과 공유물분할

1. 지분의 처분

가. 처분의 자유

(1) 공유관계를 유지하면서 그로부터 이탈하는 방법이 지분의 처분이다.

---

43) 대판 2002.5.14. 2002다9738.

44) 대판 2021.4.29. 2018다261889: "그 반환 또는 배상의 범위는 부동산임대차로 인한 차임 상당액이고 부동산의 임대차보증금 자체에 대한 다른 지분소유자의 지분비율 상당액을 구할 수는 없다."

45) 제3자에게 시가보다 싸게 임대하였다면, 다른 공유자가 차임 중 자기지분에 해당하는 부분을 부당이득으로 반환할 수 있는 외에 통상의 차임과의 차액에 해당하는 부분 중 자기지분에 해당하는 부분을 손해배상으로 과반수지분권자에게 청구할 수 있고, 과반수지분권자와 제3자 사이에 사용대차가 성립한 경우에도 통상의 차임을 기초로 한 손해배상을 과반수지분권자에게 청구할 수 있다(당연히 불법행위의 성립요건이 충족됨을 전제로).

46) 등기말소에 관한 대판 1993.5.11. 92다52870 참조.

47) 타인 소유의 토지 위에 설치된 공작물을 철거할 의무가 있는 수인을 상대로 그 공작물의 철거를 청구하는 소송은 필요적 공동소송이 아니라고 한 대판 1993.2.23. 92다49218 참조.

(2) 각 공유자는 자기지분을 자유롭게 처분할 수 있다(제263조 전단). 소유권 처분의 자유가 그 분량적 일부로서 지분에 구현된 것으로, 지분을 처분함에 다른 공유자의 동의를 요하지 않으며,[48] 지분처분금지의 특약이 있더라도 이는 채권적 효력을 가질 뿐이다.[49]

(3) 공유자는 자기지분 위에 담보물권을 설정할 수 있다. 한편 지분 위에 지상권 등 용익물권을 설정할 수 있는지에 관하여 논란이 있는데, 지분 자체에 기해서도 배타적 용익이 허용되지 않으므로 부정할 것이다.[50]

나. 처분의 방법 및 효과

(1) 지분은 소유권과 같은 방법으로 처분되는바, 공시방법을 갖추어야 한다.[51]

지분이 양도되면 양도인과 다른 공유자(들) 사이의 공유관계가 양수인에게 그대로 이전된다. 다만 공유자 상호간에 이미 성립한 개개의 채권·채무는 양수인에게 승계되지 않는다.

(2) "복수의 권리자가 소유권이전청구권을 보존하기 위하여 가등기를 마쳐 둔 경우 특별한 사정이 없는 한 그 권리자 중 한 사람은 자신의 지분에 관하여 단독으로 그 가등기에 기한 본등기를 청구할 수 있다."[52]

2. 공유물분할 서설 [5255]

가. 개 념

(1) 공유관계로부터의 이탈을 의미하는 지분의 처분과 달리, 공유물분할(共有物分割)이란 공유자 상호간의 지분의 교환 또는 매매를 통하여 공유의 객체를 단독소유권의 대상으로 함으로써 공유관계 자체를 해소하는 것을 말한다.[53]

(2) 공유자의 분할청구권은 형성권에 속한다.[54] 즉 공유자 1인이 이를 행사하면 어떤 방법으로든 공유물을 분할해야 하는 법률관계가 발생하는데, 공유자 전원이 분할절차에 참여해야 하고, 공유자의 일부가 제외된 공유물분할은 무효이다.

나. 분할의 자유

(1) 분할은 처분권능 행사의 한 단면으로, 분할의 자유는 소유권의 분량적 일부인 지분의 본질적 내용에 속한다. 따라서 각 공유자는 언제든지 공유물의 분할을 청구하여 공유관계를 해소할 수 있다(제268조 제1항 본문. 제3항도 참조). 합유와 대비되는 공유의 특색이다.

(2) 다만 공유자들의 약정으로 5년을 넘지 않는 기간 내에서 분할을 금지할 수 있다(같은 조

48) 대판 1972.5.23. 71다2760.

49) 이 특약을 등기할 길이 없다.

50) 용익물권을 설정할 수 있다는 입장을 취한다면, 그 효과가 공유물 전체를 미쳐서 실질적으로 공유물 전부를 처분하는 결과로 되므로 공유자 전원의 동의가 있어야 한다.

51) 대판 2016.10.27. 2015다52978: "공유지분의 포기는 법률행위로서 상대방 있는 단독행위에 해당하므로, 부동산공유자의 공유지분 포기의 의사표시가 다른 공유자에게 도달하더라도 이로써 곧바로 공유지분 포기에 따른 물권변동의 효력이 발생하는 것은 아니고, 다른 공유자는 자신에게 귀속될 공유지분에 관하여 소유권이전등기청구권을 취득하며, 이후 민법 제186조에 의하여 등기를 하여야 공유지분 포기에 따른 물권변동의 효력이 발생한다. 그리고 부동산공유자의 공유지분 포기에 따른 등기는 해당 지분에 관하여 다른 공유자 앞으로 소유권이전등기를 하는 형태가 되어야 한다."

52) 대판 2002.7.9. 2001다43922·43939. 나아가 "이는 명의신탁 해지에 따라 발생한 소유권이전청구권을 보존하기 위하여 복수의 권리자 명의로 가등기를 마쳐 둔 경우에도 마찬가지이며, 이때 그 가등기원인을 매매예약으로 하였다는 이유만으로 가등기권리자 전원이 동시에 본등기절차의 이행을 청구하여야 한다고 볼 수 없다"(명의신탁 해지권은 형성권으로 준공유에 속하지만, 일단 명의신탁이 해지된 후에는 각자가 지분에 상응하는 소유권이전의 본등기를 청구할 수 있다고 한 사례).

53) 일부공유자들 사이에서 공유관계가 존속할 수 있음에 관하여 대판 1993.12.7. 93다27819 참조.

54) 대판 1991.11.21. 91다27228: "공유물을 분배하는 법률관계를 실현하는 일방적인 권리".

제1항 단서, 제2항). 부동산의 공유에서 분할금지의 특약은 등기되어야 하며(부동산등기법 제67조), 등기하지 않으면 지분양수인에게 대항할 수 없다. 참고로 공동상속재산의 분할(제1012조)은 상속재산(특정되지 않은 「덩어리재산」으로서)의 포괄적 분배절차라는 점에서 특정된 개개의 물건에 대한 공유관계의 해소로서의 공유물분할과 구별된다.

[5256] ### 3. 분할의 방법

가. 협의에 의한 분할

공유자들의 협의에 의하여 분할하는 경우에 그 방법에 제한이 없는데, 분할의 방법으로 ① 공유물 자체를 양적으로 분할하는 현물분할, ② 공유물을 매각하여 그 대금을 분할하는 대금분할(代金分割) 및 ③ 공유자의 1인이 단독소유권을 취득하고 다른 공유자는 지분의 가격을 지급받는 가액보상(그 실질은 지분의 매매이다) 등이 있다.

[5257] #### 나. 재판상 분할

(1) 협의에 의한 분할이 성립하지 않는 경우(처음부터 협의가 불가능한 경우를 포함하여)에 재판상 분할이 행하여지고(제269조 제1항), 분할에 관한 협의가 성립한 경우에 공유물분할의 소를 제기하거나 유지하는 것은 허용되지 않는다.[55]

(2) 공유물분할의 소는 형식적 형성의 소로서([5235] 참조), 법원은 공유물분할을 청구하는 이가 구하는 방법에 구애받지 않고 자유로운 재량으로 공유관계나 그 객체인 물건의 제반 상황을 고려하여 공유자의 지분비율[56]에 따른 합리적으로 분할하면 된다.[57]

공유물분할의 소는 공유자 전원이 원·피고로 참여해야 하는 고유필수적 공동소송으로,[58] 공유자 전원에 대하여 판결이 합일적으로 확정되어야 하므로,[59] 공동소송인 중 일부에 대해서라도 소송요건이 흠결되면 소송 전부가 부적법하고,[60] 공동소송인 중 일부만이 상소를 제기하더라도 공동소송인 전원에 대한 관계에서 판결의 확정이 차단되어 전체로서 상소심에 이심되고, 상소심으로서는 공동소송인 전원에 대하여 심리·판단해야 한다.[61]

(3) 재판상 분할에서 현물분할이 기본형이지만, 현물로 분할할 수 없거나 분할로 인하여 그 가격이 현저히 감소할 염려가 있으면 공유물을 경매하여 그 대금을 분할해야 한다(제269조 제2항). 여기서 「현물로 분할할 수 없다」는 것은 공유물의 성질, 위치나 면적, 이용상황, 분할 후의 사용가치 등에 비추어 현물분할을 하는 것이 곤란하거나 부적당한 경우를 포함하며, 「현물로 분할을 하게 되면 현저히 그 가액이 감손될 염려가 있는 경우」는 공유자 중 누구라도 현물분할에 의하여 단독으로 소유하게 될 부분의 가액이 분할 전의 소유지분 가액보다 현저하게 감손될 염려

---

55) 대판 1995.1.12. 94다30348·30355.

56) 지분에 따른 가액비율을 의미한다(대판 1993.12.7. 93다27819).

57) 대판 2004.10.14. 2004다30583.

58) 대판 2022.6.30. 2020다210686·210693: "공유물분할청구소송은 분할을 청구하는 공유자가 원고가 되어 다른 공유자 전부를 공동피고로 삼아야 하는 고유필수적 공동소송이다. 따라서 소송계속 중 변론종결일 전에 공유자의 지분이 이전된 경우에는 변론종결시까지 민사소송법 제81조에서 정한 승계참가나 민사소송법 제82조에서 정한 소송인수 등의 방식으로 일부지분권을 이전받은 자가 소송당사자가 되어야 한다. 그렇지 못할 경우에는 소송 전부가 부적법하게 된다." 대판 2014.1.29. 2013다78556도 동지.

59) 일부가 누락된 경우에 민사소송법 제68조에 따라 추가할 수 있다.

60) 대판 2012.6.14. 2010다105310; 앞의 2020다210686·210693 판결.

61) 대판 2003.12.12. 2003다44615·44622. 일부공유자에 대하여 상소기간이 만료되었더라도 그 공유자에 대한 판결부분이 분리·확정되는 것은 아니라고 한 대판 2017.9.21. 2017다233931도 참조.

가 있는 경우를 포함한다.[62][63]

4. 분할의 효과 [5258]

가. 소유관계의 변동

(1) 공유물분할에 의하여 공유관계는 종료하고, 각 공유자는 분할된 부분에 대하여 소유권을 취득한다(당연히 대금분할의 경우는 제외하고). 그 효력발생시기는 협의상 분할의 경우에 등기시인 반면, 재판상 분할의 경우에는 판결확정시이며, 제187조에 따라 등기를 요하지 않지만,[64] 공유토지의 현물분할에 관한 조정이 성립한 경우에는 제186조가 적용된다.[65]

(2) 분할의 효과는 소급하지 않는다.[66]

나. 후속의 법률관계 [5259]

(1) 대금분할의 경우를 제외하면 공유물의 분할은 실질적으로 지분의 교환 또는 매매이다. 따라서 각 공유자는 다른 공유자가 분할로 인하여 취득한 물건에 관하여 그 지분의 비율로 매도인과 동일한 담보책임을 진다(제270조).

담보책임의 일반적 효과로 손해배상, 대금감액청구 및 해제가 있는데, 이 중 해제는 그 성질상 재판상 분할의 경우에 인정되지 않는다.

---

62) 대판 2001.3.9. 98다51169.

63) 공유물분할의 방법에 관한 재판례를 본다. ㉠ 토지를 분할하는 경우에 각 공유자가 취득하는 토지의 면적이 공유지분의 비율과 반드시 같아야 하는 것은 아니고, 토지의 형상이나 위치, 그 이용상황이나 경제적 가치가 균등하지 않다면 이와 같은 제반 사정을 고려하여 경제적 가치가 지분비율에 상응되도록 분할하는 것도 허용된다. 나아가 일정한 요건이 갖추어진다면 공유자 상호간에 금전으로 경제적 가치의 과부족을 조정하게 하여 분할을 하는 것도 현물분할의 한 방법으로 허용되고, 여러 사람이 공유하는 물건을 현물분할하면서 분할을 원하지 않는 나머지 공유자는 공유로 남는 방법도 허용된다(대판 1993.12.7. 93다27819). 분할청구자가 상대방들을 공유로 남기는 방식의 현물분할을 청구하더라도, 상대방들이 그들 사이만의 공유관계의 유지를 원하지 않는데도 상대방들을 여전히 공유로 남기는 방식으로 현물분할을 해서는 안 된다는 대판 2015.3.26. 2014다233428도 참조. ㉡ 공유관계의 발생원인과 공유지분의 비율 및 분할된 경우의 경제적 가치, 분할방법에 관한 공유자의 희망 등의 사정을 종합적으로 고려하여, 당해 공유물을 특정한 이에게 취득시키는 것이 상당하고 다른 공유자에게는 그 지분의 가격을 취득시키는 것이 공유자간의 실질적인 공평을 해치지 않는다고 인정되는 특별한 사정이 있는 때에는, 공유물을 공유자 중 1인의 단독소유 또는 수인의 공유로 하되 현물을 소유하게 되는 공유자로 하여금 다른 공유자에 대하여 그 지분의 적정하고도 합리적인 가격을 배상시키는 방법에 의한 분할도 현물분할의 하나로 허용된다(대판 2004.10.14. 2004다30583). 이때 그 가격배상의 기준이 되는 「지분가격」이란 공유물분할시점의 객관적인 교환가치에 해당하는 시장가격 또는 매수가격을 의미한다(대판 2023.6.29. 2023다217916). ㉢ 대판 1993.1.19. 92다30603은, A의 공유지분에 근저당권이 설정되어 있는 경우에, 이 근저당권은 분할 후 B의 단독소유가 될 토지에도 지분비율대로 존속하게 될 것이어서 A는 B에게 이로 인한 가액감손을 보상해야 할 것이므로 상호보상관계가 매우 복잡해진다는 점에서 가액보상의 방법에 의한 공유물분할도 부적당하여 대금분할함이 상당하다고 보았다. ㉣ 대판 2023.6.29. 2020다260025: "재판에 의하여 공유물을 분할하는 경우에 법원은 현물로 분할하는 것이 원칙이므로, 불가피하게 경매분할을 할 수밖에 없는 요건에 관한 객관적·구체적인 심리 없이 단순히 공유자들 사이에 분할의 방법에 관하여 의사가 합치하고 있지 않다는 등의 주관적·추상적인 사정을 들어 함부로 경매분할을 명하는 것은 허용될 수 없다. 특히 공동상속을 원인으로 하는 공유관계처럼 공유자들 사이에 긴밀한 유대관계가 있어서 이들 사이에 공유물 사용에 관한 명시적 또는 묵시적 합의가 있었고, 공유자 전부 또는 일부가 분할의 목적이 된 공유토지나 그 지상 건물에서 거주·생활하는 등 공유물 점유·사용의 형태를 보더라도 이러한 합의를 충분히 추단할 수 있는 사안에서, 그러한 공유자 일부의 지분을 경매 등으로 취득한 사람이 공유물 점유·사용에 관한 기존의 명시적·묵시적 합의를 무시하고 경매분할의 방법으로 분할할 것을 주장한다면 법원으로서는 기존공유자들의 합의에 의한 점유·사용관계를 해치지 않고 공유물을 분할할 수 있는 방법을 우선적으로 강구하여야 한다. 따라서 이러한 경우 법원이 경매분할을 선택하기 위해서는 현물로 분할할 수 없거나 현물로 분할하게 되면 그 가액이 현저히 감손될 염려가 있다는 사정이 분명하게 드러나야 하고, 현물분할을 위한 금전적 조정에 어려움이 있다고 하여 경매분할을 명하는 것에는 매우 신중하여야 한다."

64) 참고로 대판 2021.3.11. 2020다253836: "대금분할을 명한 공유물분할 확정판결의 당사자인 공유자가 공유물분할을 위한 경매를 신청하여 진행된 경매절차에서 공유물 전부에 관하여 매수인에 대한 매각허가결정이 확정되고 매각대금이 완납된 경우, 매수인은 공유물 전부에 대한 소유권을 취득하게 되고, 이에 따라 각 공유지분을 가지고 있던 공유자들은 지분소유권을 상실하게 된다. 그리고 대금분할을 명한 공유물분할판결의 변론이 종결된 뒤(변론 없이 한 판결의 경우에는 판결을 선고한 뒤) 해당 공유자의 공유지분에 관하여 소유권이전청구권의 순위보전을 위한 가등기가 마쳐진 경우, 대금분할을 명한 공유물분할 확정판결의 효력은 민사소송법 제218조 제1항이 정한 변론종결 후의 승계인에 해당하는 가등기권자에게 미치므로, 특별한 사정이 없는 한 위 가등기상의 권리는 매수인이 매각대금을 완납함으로써 소멸한다."

65) 대판(전) 2013.11.21. 2011두1917의 다수의견: "공유물분할의 소송절차 또는 조정절차에서 공유자 사이에 공유토지에 관한 현물분할의 협의가 성립하여 그 합의사항을 조서에 기재함으로써 조정이 성립하였다고 하더라도, 그와 같은 사정만으로 재판에 의한 공유물분할의 경우와 마찬가지로 그 즉시 공유관계가 소멸하고 각 공유자에게 그 협의에 따른 새로운 법률관계가 창설되는 것은 아니고, 공유자들이 협의한 바에 따라 토지의 분필절차를 마친 후 각 단독소유로 하기로 한 부분에 관하여 다른 공유자의 공유지분을 이전받아 등기를 마침으로써 비로소 그 부분에 대한 대세적 권리로서의 소유권을 취득하게 된다고 보아야 한다."

66) 참고로 상속재산 분할의 효과는 상속개시시에 소급한다(제1015조).

(2) 공유물의 분할이 지분 위에 존재하던 담보물권에 대하여 어떤 영향을 미치는지에 관하여 명문규정이 없는데, 공유물분할로 인하여 담보권자의 지위에 변경이 생겨서는 안 된다는 점을 고려하여 다음과 같이 처리해야 할 것이다.[67] ① 현물분할의 경우에 공유지분 위의 담보물권은 분할된 각 부동산 위에 종전의 지분비율대로 존속하고, 분할된 각 부동산은 그 저당권의 공동담보로 된다.[68] ② 대금분할이나 가액보상의 경우에 공유지분 위에 존재하던 담보물권은 공유물이 누구의 소유로 되든지 관계없이 그 지분의 비율에 따라 공유물 위에 존속한다.[69] 그런데 제3자 또는 다른 공유자가 공유물의 소유권을 취득하는 경우에, 공유물분할을 위한 경매도 목적부동산 위의 부담을 소멸시키는 것을 법정매각조건으로 하여 실시되므로,[70] 담보권자는 경매절차 내에서 매각대금으로부터 자기채권의 만족을 얻을 수 있다.[71]

제3관 건물의 구분소유

[5260] Ⅰ. 총 설

1. 의 의

(1) 구분소유(區分所有)란 1동의 건물을 구분하여 구분된 부분들을 각각 별개로 소유함을 말하며, 건물의 구분된 부분은 독립한 소유권의 객체로 된다.

(2) 제215조는 —일물일권주의의 예외로 수인이 1동의 건물을 구분하여 소유할 수 있음을 전제로— 제1항에서 건물과 그 부속물 중 공용하는 부분을 구분소유자의 공유로 추정하고, 제2항에서 공용부분의 보존에 관한 비용 기타 부담을 각자의 소유부분의 가액에 비례하여 분담하도록 규정한다.

그런데 토지이용의 고도화 · 입체화라는 사회적 요청 때문에 주거와 관련하여 대규모의 공동주택, 특히 아파트가 일반화되는 등 제215조만으로 건물을 둘러싼 복잡한 법률관계를 합리적으로 규율할 수 없어서 1984년 집합건물법(이하 이 관에서는 "법"이라고만 한다)이 제정되었다.[1]

집합건물법의 제정으로 제215조는 그 존재의의를 상당부분 잃어서 이제는 상징적 의미를 가질 뿐이다. 아래에서 집합건물법의 내용을 살펴본다.

[5261] 2. 구분소유의 성립과 소멸

가. 객관적 요건으로서 독립성

"1동의 건물 중 구조상 구분된 여러 개의 부분이 독립한 건물로서 사용될 수 있을 때"에 구분소유가 성립한다(법 제1조). 즉 구분소유가 성립하기 위하여 1동의 건물 중 구분된 각 부분이

---

67) 참고로 공유지분을 목적으로 하는 저당권이 실행되면, 당연히 그 저당권이 소멸하고 경락인이 지분을 양수하여 공유관계에 편입되는데, 다른 공유자에게 우선매수권이 주어진다(민사집행법 제140조).

68) 대판 2012.3.29. 2011다74932. 상호명의신탁에 관한 대판 2014.6.26. 2012다25944([5296]에 소개된)도 참조.

69) 대판 1993.1.19. 92다30603.

70) 대판 2009.10.29. 2006다37908.

71) 담보권자가 물상대위의 규정(제342조, 제370조)의 유추에 따라 지분을 가지던 이가 취득하는 대금 또는 가격에 대하여 권리를 행사할 수 있다고 할 여지도 있지만(종래 본서의 입장이었다), 제342조가 매각대금에 대하여 물상대위를 인정하지 않는다는 점에서 무리가 있다.

1) 2003년 제1조의2가 신설됨에 따라 상가건물에도 적용되는데, 이 개정은 상가건물에 관하여 구조상의 독립성을 완화하기 위한 것이다(대판 2019.11.15. 2019두46763 참조).

「구조상의 독립성」과 「이용상의 독립성」을 갖추어야 한다.[2] 공시의 요청에 따른 구조상의 독립성은 구분소유의 목적인 전유부분이 다른 전유부분과 구조적으로 구획되어 있음을 요하고,[3] 주로 사회 · 경제적 요청에 따른 이용상의 독립성은 각각의 전유부분이 독립적으로 이용될 수 있음을 요한다.[4] 그리고 임차인이 권원에 기하여 증 · 개축한 부분도 위의 요건을 갖추면 제256조 단서에 의하여 구분소유의 객체로 될 수 있다.[5]

한편 구분소유는 물리적 구분의 제거에 의하여 소멸하고 종전 구분건물 등기명의자의 공유로 되지만,[6] 구조상의 독립성이 상실되지 않은 나머지 구분건물들의 구분소유권은 그대로 유지된다.[7] 또한 건물의 전부 또는 일부의 멸실에 의하여 소멸되는데, 일부멸실의 경우에 멸실된 부분의 복구권이 인정된다(법 제50조).

나. 주관적 요건으로서 구분행위 또는 구분폐지행위 [5262]

(1) 1동의 건물 중 구분된 각 부분이 구조상, 이용상 독립성을 가지는 경우에, 그 각 부분을 1개의 구분건물로 하는 것도 가능하고 1동 전체를 1개의 건물로 하는 것도 가능한데, 구분소유가 성립하기 위해서는 객관적 요건으로서 구조상 및 이용상의 독립성에 더하여 주관적 요건으로서 구분행위(區分行爲)가 있어야 한다. 소유자가 기존건물에 증축을 한 경우에도, 증축부분이 구조상, 이용상의 독립성을 갖추었다는 사유만으로 당연히 구분소유권이 성립하지는 않고, 소유자의 구분행위가 있어야 비로소 구분소유권이 성립한다.[8]

(2) 구분행위에 관하여 법에 명문규정이 없는데,[9] 판례는 종래 건물 전체가 완성되어 당해 건물에 관한 건축물대장에 구분건물로 등록된 시점에 구분소유가 성립한다는 입장이었다.[10] 그러나 대판(전) 2013.1.17. 2010다71578의 다수의견은 "구분행위는 건물의 물리적 형질에 변경을 가함이 없이 법률관념상 건물의 특정부분을 구분하여 별개의 소유권의 객체로 하려는 일종의 법률행위로서, 그 시기나 방식에 특별한 제한이 있는 것은 아니고 처분권자의 구분의사가 객관적으로 외부에 표시되면 인정된다. 따라서 구분건물이 물리적으로 완성되기 전에도 건축허가신청이나 분양계약 등을 통하여 장래 신축되는 건물을 구분건물로 하겠다는 구분의사가 객관적으로 표시되면 구분행위의 존재를 인정할 수 있고, 이후 1동의 건물 및 그 구분행위에 상응하는 구분건물이 객관적 · 물리적으로 완성되면 아직 그 건물이 집합건축물대장에 등록되거나 구분건물로서 등기부에 등기되지 않았더라도 그 시점에서 구분소유가 성립한다"고 함으로써, 구분행위는 구분의사가 대외적 · 객관적으로 표시되면 충분하고, 건축허가신청, 분양계약 등도 구분행위에 해당하며,

2) 대판 1995.6.9. 94다40239.

3) 구분소유권의 객체로서 적합한 물리적 요건을 갖추지 못한 건물의 일부를 낙찰받은 낙찰자의 소유권 취득을 부정한 대결 2008.9.11. 2008마696 참조.

4) 이용상 독립성이란 구분소유권의 대상이 되는 해당 건물부분이 그 자체만으로 독립하여 하나의 건물로서 기능과 효용을 갖춘 것을 말한다며, 그 판단기준에 관하여 해당 부분의 효용가치, 외부로 직접 통행할 수 있는지 등을 고려해야 한다는 대판 2017.12.22. 2017다225398 참조.

5) 대판 1999.7.27. 99다14518.

6) 인접한 구분건물 사이에 설치된 경계벽이 제거된 경우에 관한 대판 2020.2.27. 2018다232898은 "구분소유권의 객체로서 적합한 요건을 갖추지 못한 건물의 일부는 그에 관한 구분소유권이 성립할 수 없으므로, 건축물관리대장상 독립한 별개의 구분건물로 등재되고 등기부상에도 구분소유권의 목적으로 등기되어 있더라도, 그 등기는 그 자체로 무효"라고 하였다.

7) 대판 2013.3.28. 2012다4985.

8) 구분의사 결여의 예로, 증축부분이 구조상, 이용상의 독립성을 갖추었지만 소유자가 기존건물에 마쳐진 등기를 이와 같이 증축한 건물의 현황과 맞추어 1동의 건물로서 증축으로 인한 건물표시변경등기를 경료한 사안에 관한 대판 1999.7.27. 98다35020 참조.

9) 이에 관한 학설로 구분의사의 표명만으로 족하다는 견해, 건축물대장에의 등록을 요한다는 견해, 구분등기를 해야 한다는 견해 등.

10) 대판 1999.9.17. 99다1345; 대판 2006.11.9. 2004다67691 등.

분양계약 등의 구분행위가 구분건물로서의 물리적 완성보다 선행하는 것도 가능하다는 입장을 밝혔다.[11] 그리고 대판 2019.10.17. 2017다286485는 "이와 같이 구분소유가 성립하는 이상 구분행위에 상응하여 객관적·물리적으로 완성된 구분건물이 구분소유권의 객체가 되고, 구분건물에 관하여 집합건축물대장에 등록하거나 등기부에 등재하는 것은 구분소유권의 내용을 공시하는 사후적 절차일 뿐"이라고 하였다.[12]

[5263] (3) 부동산소유권의 내용을 변경시키는 법률행위로서 구분행위 또는 구분폐지행위에는 제186조의 대원칙이 적용되어야 한다.[13] 그리고 구분소유의 성립이나 폐지는 특히 대지권의 종속적 일체성(법 제20조)과 관련되는데, 앞의 2010다71578 판결처럼 공시방법이 갖추어지지 않더라도 구분소유가 성립하거나 폐지된다면 강제집행 등에서 제3자가 예기치 않은 불이익을 입을 수 있다. 나아가 다가구용「단독」주택과 집합건물인 다세대주택이 객관적·물리적 측면에서 다르지 않음에도 불구하고 주택임대차법상의 대항요건을 취득하기 위한 전입신고와 관련해서는 현저히 다르다([2669] 참조). 따라서 구분소유의 성립이나 폐지는 잠재적 이해관계인을 위하여 공시되어야 하고, 법률행위인 구분행위나 구분폐지행위가 공시방법을 갖추지 않아도 된다는 판례의 입장에 선뜻 동의하기 어렵다.[14] 다만 구분소유관계가 가급적 빨리 확정되어야 한다는 이해관계인의 입장을 고려하여 —원래의 공시방법인 등기는 아니라도[15]— 등록과 같이 적어도 구분소유관계를 외부에서 확인(객관화)할 수 있는 경우에 구분행위나 구분폐지행위를 인정해야 한다. 대판 2016.6.28. 2016다1854·1861이 앞의 2010다71578 판결의 입장을 반복하면서도, "그러나 처분권자의 구분의사는 객관적으로 외부에 표시되어야 할 뿐만 아니라, 건축법 등은 구분소유의 대상이 되는 것을 전제로 하는 공동주택과 그 대상이 되지 않는 것을 전제로 하는 다가구주택을 비롯한 단독주택을 엄격히 구분하여 규율하고 있고(건축법 제2조 제2항, 건축법 시행령 제3조의5 [별표 1], 주택법 제2조 제2호 등 참조), 이에 따라 등록·등기되어 공시된 내용과 다른 법률관계를 인정할 경우 거래의 안전을 해칠 우려가 크다는 점 등에 비추어 볼 때, 단독주택 등을 주용도로 하여 일반건물로 등록·등기된 기존의 건물에 관하여 건축물대장의 전환등록절차나 구분건물로의 변경등기가 마쳐지지 아니한 상태에서 구분행위의 존재를 인정하는 데에는 매우 신중하여야 한다"고 한 것은 이러한 입장에서 기한 것으로 보인다.[16]

[참 고] 구분행위가 건물의 특정부분을 구분하여 별개의 소유권의 객체로 하려는 법률행위이고 구분폐지행위는 역의 성질을 가진다는 점 및 구분행위 또는 구분폐지행위가 부동산의 분할 또는 합

11) 대판 2019.11.15. 2019두46763은, 일반건물로 등기된 기존의 건물이 구분건물로 변경등기되기 전이라도 위와 같은 요건들을 갖추면 구분소유권이 성립한다고 했다.

12) 한편 구분폐지에 관하여 대판 2016.1.14. 2013다219142는 "구분건물이 물리적으로 완성되기 전에 분양계약 등을 통하여 장래 신축되는 건물을 구분건물로 하겠다는 구분의사를 표시함으로써 구분행위를 한 다음 1동의 건물 및 구분행위에 상응하는 구분건물이 객관적·물리적으로 완성되면 그 시점에서 구분소유가 성립하지만, 이후 소유권자가 분양계약을 전부 해지하고 1동 건물의 전체를 1개의 건물로 소유권보존등기를 마쳤다면 이는 구분폐지행위를 한 것으로서 구분소유권은 소멸한다. 그리고 이러한 법리는 구분폐지가 있기 전에 개개의 구분건물에 대하여 유치권이 성립한 경우라 하여 달리 볼 것은 아니"라고 하였다.

13) 앞의 2010다71578 판결의 반대의견: "부동산소유권의 내용을 변경시키는 법적 행위로서 구분행위가 부동산물권변동에서 요구되는 공시방법인 등기에 준할 정도로 명료한 공시기능을 갖추는 것이 반드시 필요하다."

14) 특히 앞의 2017다286485 판결이 등기부에의 기재를 "구분소유권의 내용을 공시하는 사후적 절차"라고 한 것은 형식주의에 부합하지 않는 판시로 보인다. 한편 구분행위와 같은 법리가 적용되어야 하는 구분폐지에 관하여 앞의 2013다219142 판결이 소유권보존등기를 구분폐지행위라고 한 점도 고려할 필요가 있다.

15) 관련하여 집합건축물대장상의 호수에 따라 전입신고를 한 경우에 등기부상의 호수와 일치하지 않더라도 주택임대차법에 따른 대항력을 취득한다는 대판 2002.5.10. 2002다1796 참조.

16) 다세대주택인 1동의 건물을 신축하면서 건축허가를 받지 않고 위법하게 지하층을 건축한 경우에 공용부분으로 추정한 대판 2018.2.13. 2016다245289도 참조.

병의 실질을 가진다는 점을 고려하여 경우를 나누어 판단해야 한다.

먼저 집합건물의 완공 전이라도 건축허가신청[17]을 통하여 구분의사가 외부로 명확하게 표시되면 등기 없이도 구분소유가 성립한다고 할 수 있다. 건물의 완공에 의하여 비로소 건물의 개수가 결정되지만, 여러 개의 부동산으로 하겠다는 건물 원시취득자의 의사가 존중되어야 하기 때문이다. 뿐만 아니라 선분양 후시공의 경우에 집합건물을 분양받는 이를 위하여 대지권의 종속적 일체성을 조기에 확보할 필요가 있다. 따라서 건축허가신청을 통하여 건물 원시취득자의 구분의사가 외부적으로 명확해진 이상 구분소유의 성립을 인정해도 무방할 것이다. 다만 앞의 2013다219142 판결처럼 구분소유등기가 있기 전에 수분양자 등 이해관계인이 없어지고 1동의 건물로 보존등기를 마쳤다면 구분소유가 성립하지 않는다고 해야 한다.

반면 등기에 의하여 1동의 건물로 공시되는 기존의 단독주택을 집합건물로 하기 위해서는 구분의사의 외부적 표명만으로 부족하고 ―토지의 분필에 준하여― 등기를 통하여 공시되어야 하지만(제186조), 건축물대장의 전환등록절차를 마친 경우에는 구분소유의 성립을 인정할 수 있을 것이다.[18] 건축물대장에의 등록이 원래의 의미의 공시방법은 아니지만, 부동산의 물적 상황은 대장을 기초로 하여 판단해야 할 뿐만 아니라 실제로 잠재적 이해관계인은 등기기록과 건축물대장 모두를 기초로 권리분석을 한다는 점, 구분소유에 관한 법률관계를 조기에 확정할 필요 등을 고려하여 전환등록이 있으면 구분소유가 성립한다고 해서 크게 문제될 것은 없다. 구분폐지의 경우에도 마찬가지로 보아야 한다.

요컨대 건물이 완공된 후라면 등기나 등록과 같이 객관화될 수 있고 외부에서 확인할 수 있는 기준이 있는 경우에만 구분행위나 구분폐지행위를 인정해야 하고,[19] 그러한 방향으로의 판례변경이 있기 전에는 구분행위 또는 구분폐지행위를 인정함에 신중해야 한다. 그리고 앞의 2010다71578 판결의 유효범위는 건물 완공 전의 경우로 한정되어야 한다.

다. 구분소유와 등기 [5264]

등기할 건물이 구분건물인 경우에 1동의 건물에 속하는 전부에 대하여 1개의 등기기록을 사용하고(부동산등기법 제15조 제1항 단서), 다시 그에 속하는 개개의 전유부분에 대하여 따로 등기기록을 두는데(부동산등기규칙 제14조 제1항), 1동 건물의 등기기록의 표제부에는 소재와 지번, 건물 명칭 및 번호를 기록하고 전유부분의 등기기록의 표제부에는 건물번호를 기록해야 한다(부동산등기법 제40조 제2항).

Ⅱ. 구분소유의 법률관계 [5265]

1. 서 설

구분소유는 전유부분에 관한 단독소유와 공용부분 및 대지사용권에 관한 공유가 결합된 형태인데, 이때의 공유는 건물의 구분소유라는 공동의 목적을 위한 것으로, 민법상의 공유와 다르고[20] 합유에 가깝다고 할 수 있다.

---

17) 앞의 2010다71578 판결은 분양계약도 들지만, 분양계약은 상대효를 가질 뿐이라는 점에서 구분소유관계를 객관화한다고 보기 어렵다.

18) 일반건물로 등기되었던 기존의 건물에 관하여 건축물대장의 전환등록절차를 거쳐 구분건물로 변경등기를 마쳐진 경우에, 전환등록 시점에는 구분행위가 있었다고 본 대판 2016.6.28. 2013다70569 참조.

19) 다른 한편 대판 2022.3.31. 2017다9121 · 9138이 "구분건물이 물리적으로 완성되기 전에도 건축허가신청이나 분양계약 등을 통하여 장래 신축되는 건물을 구분건물로 하겠다는 구분의사가 객관적으로 표시되면 구분행위의 존재를 인정할 수 있다. 그러나 그 구조와 형태 등이 1동의 건물로서 완성되고 구분행위에 상응하는 구분건물이 객관적 · 물리적으로 완성되어야 그 시점에 구분소유가 성립한다. 구분소유가 성립하기 전에 대지에 관하여만 근저당권이 설정되었다가 구분소유가 성립하여 대지사용권이 성립되었더라도 이미 설정된 그 근저당권 실행으로 대지가 매각됨으로써 전유부분으로부터 분리처분된 경우에는 그 전유부분을 위한 대지사용권이 소멸하게 된다"고 하며 구분행위의 존재와 구분소유의 성립을 준별한 점도 음미할 필요가 있다.

20) 대판 2013.12.12. 2011다78200 · 78217.

[5266] ## 2. 전유부분

(1) 구조상 및 이용상의 독립성을 갖추어 구분소유권의 목적이 되는 건물부분을 전유부분(專有部分)이라고 한다(법 제2조 제3호). 이 부분은 구분소유자의 배타적 지배의 대상으로, 일반소유권과 본질적으로 다르지는 않다.

(2) 전유부분은 구분소유자의 배타적 지배의 대상이지만, 각 전유부분은 하나의 건물의 일부이므로 건물의 원활한 사용·수익을 위하여 각각의 구분소유권을 적절히 규제할 필요가 있다.

그에 따라 ① 건물의 보존에 해로운 행위 등 공동의 이익에 반하는 행위가 금지되고(법 제5조 제1항), ② 주거용으로 분양된 경우에 용도를 변경하거나 증·개축해서는 안 된다(제2항). 이들은 전유부분의 점유자에게도 적용된다(제4항).

그리고 관리인 등은, 구분소유자가 공동의 이익에 반하는 행위를 하거나 할 염려가 있으면 그러한 행위의 정지, 결과의 제거 또는 예방에 필요한 조치를 취할 것을 청구할 수 있고(법 제43조 제1항), 공동이익에 반하는 구분소유자의 행위로 인하여 공동생활상의 현저한 장해가 발생하면 전유부분의 사용금지를 청구할 수 있다(법 제44조 제1항). 구분소유자가 건물보존에 해로운 행위 등을 한 경우에 전유부분 및 대지사용권의 경매를 법원에 청구할 수 있고(법 제45조 제1항),[21] 점유자가 그러한 행위를 하였다면, 전유부분을 목적으로 하는 계약의 해제나 전유부분의 인도를 청구할 수 있다(법 제46조 제1항).

나아가 ③ 재건축결의(법 제47조)가 있는 경우에 그 결의에 찬성하지 않은 구분소유자는 매도청구에 응해야 하는(법 제7조, 제48조 제4항) 반면, ④ 타 부분의 사용을 청구할 수 있으며(법 제5조 제3항), ⑤ 건물멸실에 대한 복구권을 가진다(법 제50조).

[5267] ## 3. 공용부분

가. 공용부분의 의의

(1) 공용부분(共用部分)이란 다수의 구분소유자가 공동으로 이용하는 부분으로 건물 중 전유부분을 제외한 부분을 말하는데, 그 성질 및 구조상 당연히 공용부분으로 되는 것과 규약에 의하여 공용부분으로 되는 것의 두 가지로 나뉜다.[22] 전자는 성질상 당연히(등기를 요하지 않는다) 공용부분으로 되는 반면, 후자의 경우에 당사자들 사이의 규약이 있어야 할 뿐만 아니라 그 취지를 등기해야 한다(법 제3조 제4항. 등기절차에 관하여 부동산등기규칙 제104조 제3항 참조).

(2) 집합건물의 어느 부분이 전유부분인지 아니면 공용부분인지는 구분소유가 성립한 시점을 기준으로 판단하고, 그 후의 건물개조나 이용상황의 변화 등은 영향을 미칠 수 없다. 그리고 건물의 어느 부분이 구분소유자 전원 또는 일부의 공용에 제공되는지 여부는 소유자들 사이에 별도의 합의가 없는 한 그 건물의 구조에 따른 객관적 용도에 의하여 결정된다.[23][24]

---

21) 경매를 청구할 수 있는 당사자적격자에 관하여 대판 2009.12.24. 2009다41779 참조.

22) 전자의 예로 전유부분 외의 건물부분(지붕, 외벽 등), 전유부분에 속하지 않는 건물의 부속물(공용계단, 엘리베이터 등) 등이 있고, 후자의 예로 관리사무실이나 노인정 등이 있다(법 제2조 제4호).

23) 대판 1995.2.28. 94다9269. 아파트의 지하실에 관한 대판 1995.3.3. 94다4691과 상가건물의 지하주차장에 관한 대판 1995.12.26. 94다44675 및 아파트의 지상주차장부분에 관한 대판 2007.7.12. 2006다56565 참조.

24) 이러한 법리는 여러 동의 집합건물로 이루어진 단지 내 특정동의 건물부분으로서 구분소유의 대상이 아닌 부분이 해당 단지 구분소유자 전원의 공유에 속하는지, 해당 동 구분소유자 등 일부구분소유자만이 공유하는 것인지를 판단할 때에도 마찬가지로 적용된다(대판 2022.1.13. 2020다278156; 대판 2021.1.14. 2019다294947).

나. 공용부분에 관한 법률관계 [5268]

(1) 공용부분은 구분소유자 전원의 공유에 속하지만(법 제10조 제1항 본문), 구분소유자 일부만의 공유에 제공되는 것이 명백한 공용부분(일부공용부분)은 그들만의 공유에 속한다(제215조 제1항, 법 제10조 제1항 단서).

아래에서 민법상 공유의 법리와의 유비(類比)를 통하여 공용부분에 관한 법률관계를 살핀다.

(2) 공유자의 지분 및 공용부분의 용익에 관하여 본다.

① 공용부분에 대한 지분은 공유자 각자가 가지는 전유부분의 면적의 비율에 의한다(법 제12조 제1항. 제2항도 참조).

그런데 전유부분과 분리하여 공용부분에 대한 지분을 처분할 수 없다. 즉 구분소유자의 공용부분에 대한 지분은 그가 가지는 전유부분의 처분에 종속되고, 공용부분에 대한 물권의 득실변경은 등기를 요하지 않는다(법 제13조). 이러한 「전유부분과 공용부분에 대한 지분의 처분상의 일체성」 및 공용부분의 변경에 관한 법 제15조의 취지 등에 따라 집합건물의 공용부분은 취득시효에 의한 소유권 취득의 대상으로 될 수 없다.[25]

② 민법상의 공유에서와 마찬가지로 각 공유자는 공용부분을 그 용도에 따라 사용할 수 있고(법 제11조), 공용부분의 부담 및 수익은 지분의 비율로 나누어진다(법 제17조).

③ 구분소유자 중 일부나 제3자가 정당한 권원 없이 공용부분을 「배타적으로」 점유 · 사용하는 경우에, 판례는 종래 부당이득의 성립을 부정하였으나,[26] 대판(전) 2020.5.21. 2017다220744가 이를 변경하였다.[27]

(3) 공용부분의 변경, 관리 및 보존에 관하여 본다. [5269]

① 민법상의 공유에서 공유물의 처분 · 변경은 공유자 전원의 동의가 있어야 하는데(제264조), 구분소유에서 ⓐ 공용부분은 독자적인 처분의 대상이 아니고, ⓑ 그 변경에 관하여 관리단집회의 결의로 갈음한다. 즉 공용부분의 변경(공용부분을 전유부분으로 하는 등)에 관한 사항은 관리단집회의 결의(구분소유자의 3분의 2 이상 및 의결권의 3분의 2 이상. 법 제41조도 참조)로써 결정하는데, 공용부분의 개량을 위한 것으로서 지나치게 많은 비용이 들지 않는 등의 경우에는 통상의 집회결의로써 결정할 수 있고, 공용부분의 변경이 다른 구분소유자의 권리에 특별한 영향을 미친다면 당연히 그 구분소유자의 승낙을 받아야 한다(법 제15조. 제15조의2도 참조).

② 민법상의 공유에서 공유물의 관리에 관한 사항은 지분의 과반수로 결정하는데(제265조 본문), 공용부분의 관리에서는 구분소유자의 집회결의로 갈음한다. 즉 공용부분의 관리에 관한 사항은 통상의 집회결의(구분소유자의 과반수 및 의결권의 과반수: 법 제38조 제1항)로써 결정하고, 구분소유자의 승낙을 받아 전유부분을 점유하는 이는 이 집회에 참석하여 그 구분소유자의 의결권을

25) 대판 2013.12.12. 2011다78200 · 78217.

26) 대판 2014.7.24. 2014다202608 등. 집합건물의 복도, 계단 등의 공용부분은 구조상 이를 점포로 사용하는 등 별개의 용도로 사용하거나 그와 같은 목적으로 임대할 수 있는 대상이 아니므로 구분소유자 중 일부나 제3자가 정당한 권원 없이 이를 점유 · 사용하였더라도 이로 인하여 다른 구분소유자에게 차임 상당의 이익을 상실하는 손해가 발생하였다고 볼 수 없음을 근거로 하였다.

27) 다수의견은 다음과 같다: "㈎ 구분소유자 중 일부가 정당한 권원 없이 집합건물의 복도, 계단 등과 같은 공용부분을 배타적으로 점유 · 사용함으로써 이익을 얻고, 그로 인하여 다른 구분소유자들이 해당 공용부분을 사용할 수 없게 되었다면, 공용부분을 무단점유한 구분소유자는 특별한 사정이 없는 한 해당 공용부분을 점유 · 사용함으로써 얻은 이익을 부당이득으로 반환할 의무가 있다. 해당 공용부분이 구조상 이를 별개용도로 사용하거나 다른 목적으로 임대할 수 있는 대상이 아니더라도, 무단점유로 인하여 다른 구분소유자들이 해당 공용부분을 사용 · 수익할 권리가 침해되었고 이는 그 자체로 민법 제741조에서 정한 손해로 볼 수 있다. ㈏ 이러한 법리는 구분소유자가 아닌 제3자가 집합건물의 공용부분을 정당한 권원 없이 배타적으로 점유 · 사용하는 경우에도 마찬가지로 적용된다."

행사할 수 있는데, 규약으로 달리 정할 수 있다(법 제16조). 그리고 일부공용부분의 관리에 관한 사항 중 구분소유자 전원에게 이해관계가 있는 사항과 규약으로 정한 사항은 구분소유자 전원의 집회결의로써 결정하고, 그 밖의 사항은 그것을 공용하는 구분소유자들만의 집회결의로써 결정한다(법 제14조).

③ 보존행위는 각 구분소유자가 할 수 있어서(법 제16조 제1항 단서), 공용부분의 불법점유자를 상대로 물권적 청구나 부당이득반환청구 등을 단독으로 할 수 있다.[28] 다른 구분소유자의 이익에 반하는 경우가 보존행위에 속할 수 없음은 민법상의 공유에서와 같다.[29]

(4) 나머지를 본다.

① 공용부분의 분할청구는 허용되지 않는다(제268조 제3항).

② 공유자가 공용부분에 관하여 다른 공유자에 대하여 가지는 채권은 그 특별승계인에 대해서도 행사할 수 있다(법 제18조).

③ 집합건물의 설치 또는 보존의 흠으로 인하여 타인에게 손해를 가한 경우에 그 흠은 공용부분에 존재하는 것으로 추정한다(법 제6조).[30]

[5270]
4. 대지사용권

가. 대지사용권의 의의

(1) 건물을 소유하기 위하여 대지의 이용이 불가피한 점은 구분소유에서도 다르지 않은데, 구분소유자가 전유부분을 소유하기 위하여 건물의 대지에 대하여 가지는 일체의 권리가 대지사용권(垈地使用權)이다(법 제2조 제6호). 소유권뿐만 아니라 지상권이나 임차권 등의 용익권도 대지사용권으로 될 수 있다. 대지사용권에 대해서는 지분의 탄력성에 관한 제267조가 적용되지 않는다(법 제22조).[31]

(2) 대지사용권은 규약이나 공정증서로써 달리 정하지 않은 한 건물과 분리하여 처분할 수 없다(법 제20조 제1항, 제2항). 이처럼 건물과 일체성을 가지는 대지사용권을 부동산등기법은 대지권(垈地權)이라 하는데, 1동 건물의 등기기록의 표제부에 대지권의 목적인 토지의 표시에 관한 사항을 기록하고 전유부분의 등기기록의 표제부에 대지권의 표시에 관한 사항을 기록하도록 한다(제40조 제3항). 대지권을 등기한 후에 한 건물의 권리에 관한 등기는, 건물만에 관한 것이라는 뜻의 부기가 되어 있지 않는 한, 대지권에 대해서도 동일한 등기로서 효력을 가진다(제61조 제1항).

[5271] (3) 대지(사용)권이 특히 의미를 가지는 것은 —뒤에서 보는— 전유부분과의 일체성 때문인데, 대지권등기가 마쳐지면 일체성이 등기절차상 관철된다.[32]

28) 대판 2003.6.24. 2003다17774. 나아가 대판 2022.9.29. 2021다292425: "정당한 권원 없는 사람이 집합건물의 공용부분이나 대지를 점유·사용함으로써 이익을 얻고, 구분소유자들이 해당부분을 사용할 수 없게 되어 부당이득반환을 구하는 법률관계는 구분소유자의 공유지분권에 기초한 것이어서 그에 대한 소송은 1차적으로 구분소유자가 각각 또는 전원의 이름으로 할 수 있다."

29) 대판 2019.9.26. 2015다208252: "집합건물법 제16조 제1항의 취지는 집합건물의 공용부분과 대지의 현상을 유지하기 위한 보존행위를 관리행위와 구별하여 공유자인 구분소유자가 단독으로 행사할 수 있도록 정한 것이다. 민법 제265조 단서의 취지, 집합건물법의 입법취지와 관련규정을 종합하여 보면, 구분소유자가 공용부분과 대지에 대해 그 지분권에 기하여 권리를 행사할 때 이것이 다른 구분소유자들의 이익에 어긋날 수 있다면 이는 각 구분소유자가 집합건물법 제16조 제1항 단서에 의하여 개별적으로 할 수 있는 보존행위라고 볼 수 없고 집합건물법 제16조 제1항 본문에 따라 관리단집회의 결의를 거쳐야 하는 관리행위라고 보아야 한다."

30) 제758조 소정의 공작물책임과 관련하여 공용부분의 점유자나 구분소유자 전원에게 손해배상책임을 지움으로써 피해자를 구제하려는 취지에 기한 규정이다.

31) 구분소유자가 둘 이상의 전유부분을 소유하는 경우에, 각 전유부분의 처분에 따른 대지사용권은 규약으로 달리 정하지 않은 한 전유부분의 면적비율에 따른다(법 제21조 제1항).

32) 대지권이 등기된 구분건물의 등기기록에는 건물만에 관한 소유권이전등기 또는 저당권설정등기 그 밖에 이와 관련이 있는 등기를

그런데 집합건물의 전유부분과 함께 대지지분을 취득하기 위한 실질적 요건을 모두 갖추었지만 대지지분에 대한 등기를 아직 마치지 못한 경우에,[33] 구분소유자가 가지는 대지에 관한 권리(점유 · 사용권)가 「대지사용권」인지가 문제되는바, 구분소유자가 전유부분을 양도한 후에 그와 별도로 대지지분을 처분할 수 있는지 여부 및 저당권의 실행에 따른 법률관계와 관련된다. 이에 관하여 종래의 판례[34]는 대지사용권이 아니라고 하였으나, 대판(전) 2000.11.16. 98다45652 · 45669가 대지사용권이라고 함[35]에 따라 이러한 대지사용권도 전유부분과 분리처분하지 못한다.[36]

(4) 구분소유자에게 대지사용권이 없는 경우에, 전유부분의 철거를 구할 권리를 가진 이는 그 구분소유자에 대하여 구분소유권을 시가로 매도할 것을 청구할 수 있다(법 제7조).[37] 그리고 대지 위에 구분소유권의 목적인 건물이 속하는 1동의 건물이 있으면, 대지의 공유자는 건물의 사용에 필요한 범위 내의 대지에 대하여 분할을 청구하지 못한다(법 제8조).[38]

(5) 집합건물의 대지에 관하여 구분소유자 외의 다른 공유자가 있는 경우에, 다른 공유자가 자신의 공유지분권에 의한 사용 · 수익권을 포기하였다거나 포기에 관한 특약 등을 승계하였다고 볼 수 있는 사정 등이 없는 한, 구분소유자들이 무상으로 대지를 전부 사용 · 수익할 수 있는 권원을 가진다고 단정할 수 없고 다른 공유자는 대지 공유지분권에 기초하여 부당이득의 반환을 청구할 수 있다.[39] 그런데 구분소유자 아닌 대지공유자는 적정 대지지분을 가진 구분소유자를 상대

할 수 없으며(부동산등기법 제61조 제3항), 토지의 소유권이 대지권인 경우에 대지권이라는 뜻의 등기가 되어 있는 토지의 등기기록에는 소유권이전등기, 저당권설정등기 그 밖에 이와 관련이 있는 등기를 할 수 없다(제4항).

33) 이러한 경우의 등기절차를 부동산등기법 제60조가 규정한다.

34) 대판 1996.12.20. 96다14661 등.

35) "아파트와 같은 대규모 집합건물의 경우, 대지의 분 · 합필 및 환지절차의 지연, 각 세대당 지분비율 결정의 지연 등으로 인하여 전유부분에 대한 소유권이전등기만 수분양자를 거쳐 양수인 앞으로 경료되고, 대지지분에 대한 소유권이전등기는 상당기간 지체되는 경우가 종종 생기고 있는데, 이러한 경우 집합건물의 건축자로부터 전유부분과 대지지분을 함께 분양의 형식으로 매수하여 그 대금을 모두 지급함으로써 소유권 취득의 실질적 요건은 갖추었지만 전유부분에 대한 소유권이전등기만 경료받고 대지지분에 대하여는 위와 같은 사정으로 아직 소유권이전등기를 경료받지 못한 자는 매매계약의 효력으로써 전유부분의 소유를 위하여 건물의 대지를 점유 · 사용할 권리가 있는바, 매수인의 지위에서 가지는 이러한 점유 · 사용권은 단순한 점유권과는 차원을 달리하는 본권으로서 집합건물의 소유 및 관리에 관한 법률 제2조 제6호 소정의 구분소유자가 전유부분을 소유하기 위하여 건물의 대지에 대하여 가지는 권리인 대지사용권에 해당한다고 할 것이고, 수분양자로부터 전유부분과 대지지분을 다시 매수하거나 증여 등의 방법으로 양수받거나 전전양수받은 자 역시 당초 수분양자가 가졌던 이러한 대지사용권을 취득한다."

36) 대지사용권의 「시효취득」에 관하여 대판 2017.1.25. 2012다72469는 "1동의 건물의 구분소유자들은 전유부분을 구분소유하면서 공용부분을 공유하므로 특별한 사정이 없는 한 건물의 대지 전체를 공동으로 점유한다. 이는 집합건물의 대지에 관한 점유취득시효에서 말하는 '점유'에도 적용되므로, 20년간 소유의 의사로 평온, 공연하게 집합건물을 구분소유한 사람은 등기함으로써 대지의 소유권을 취득할 수 있다. 이와 같이 점유취득시효가 완성된 경우에 집합건물의 구분소유자들이 취득하는 대지의 소유권은 전유부분을 소유하기 위한 대지사용권에 해당"하고, 이 경우 "구분소유자들은 대지사용권으로 전유부분의 면적비율에 따른 대지지분을 보유한다고 보아야" 하므로, "집합건물의 대지 일부에 관한 점유취득시효의 완성 당시 구분소유자들 중 일부만 대지권등기나 지분이전등기를 마치고 다른 일부 구분소유자들은 이러한 등기를 마치지 않았다면, 특별한 사정이 없는 한 구분소유자들은 각 전유부분의 면적비율에 따라 대지권으로 등기되어야 할 지분에서 부족한 지분에 관하여 등기명의인을 상대로 점유취득시효 완성을 원인으로 한 지분이전등기를 청구할 수 있다"고 하였다.

37) 대판 2021.7.8. 2017다204247: "1동의 집합건물의 구분소유자들은 그 전유부분을 구분소유하면서 건물의 대지 전체를 공동으로 점유 · 사용하는 것이므로, 대지소유자는 대지사용권 없이 전유부분을 소유하면서 대지를 무단점유하는 구분소유자에 대하여 그 전유부분의 철거를 구할 수 있다. […] 구분소유자 전체를 상대로 각 전유부분과 공용부분의 철거판결을 받거나 동의를 얻는 등으로 집합건물 전체를 철거하는 것은 가능하고 이와 같은 철거청구가 구분소유자 전원을 공동피고로 해야 하는 필수적 공동소송이라고 할 수 없으므로, 일부 전유부분만을 철거하는 것이 사실상 불가능하다는 사정은 집행개시의 장애요건에 불과할 뿐 철거청구를 기각할 사유에 해당하지 않는다."

38) 1동의 건물로서 개개의 구성부분이 독립한 구분소유권의 대상이 되는 집합건물의 존립기초를 확보하려는 데 그 취지가 있다는 대판 2007.12.27. 2005다66374 · 66381 참조.

다만 대판 2023.9.14. 2022다271753: "집합건물의 대지를 집합건물의 구분소유자인 공유자와 구분소유자가 아닌 공유자가 공유하고 있고, 당해 대지를 집합건물의 구분소유자인 공유자에게 취득시키고 구분소유자가 아닌 다른 공유자에게는 그 지분의 가격을 취득시키는 것이 공유자간의 실질적인 공평을 해치지 않는다고 인정되는 특별한 사정이 있어 그와 같이 공유물을 분할하는 것이 허용되는 경우에는, 그러한 공유물에 대한 분할청구는 집합건물법 제8조의 입법취지에 비추어 허용된다고 보는 것이 타당하다."

39) 대판 2013.3.14. 2011다58701.

나아가 대판 2018.6.28. 2016다219419 · 219426: "대지에 관하여 구분소유자 외의 다른 공유자가 있는 경우에 […] 대지사용권이 없는 전유부분의 소유자는 법률상 원인 없이 전유부분의 대지를 점유하고 있으므로 대지 중 자기의 전유부분이 집합건물 전체 전유면적에서 차지하는 비율만큼의 차임에 해당하는 부당이득을 얻고 있고, 대지지분 소유자는 그에 해당하는 손해를 입고 있다고 볼 수

로 대지의 사용·수익에 따른 부당이득반환을 청구할 수 없다.40)

[5272] **나. 구분소유권과 대지사용권의 일체성**

토지와 그 지상의 건물을 별개·독립의 부동산으로 하는 민법의 일반원칙과 달리, 법은 전유부분과 대지사용권의 밀접불가분의 관계를 고려하여 처분(양도 또는 담보제공)에서의 일체성을 정한다. 이러한 구분소유권과 대지사용권의 일체성은 집합건물의 전유부분과 대지사용권이 분리되는 것을 최대한 억제하여 대지사용권 없는 구분소유권의 발생을 방지함으로써 집합건물에 관한 법률관계의 안정과 합리적 규율을 도모함에 그 취지가 있다.41) 구체적으로 구분소유자의 대지사용권은 전유부분의 처분에 따르고(법 제20조 제1항), 규약으로 또는 건물부분의 전부 또는 부속건물을 소유하는 이42)가 공정증서로써(법 제20조 제4항, 제3조 제3항) 달리 정하지 않았다면 구분소유자는 전유부분과 분리하여 대지사용권을 처분할 수 없는데(제2항), 강제경매절차에서도 다르지 않다.43)44)

있다. 따라서 특별한 사정이 없는 한 대지사용권이 없는 전유부분의 소유자는 위 지분의 소유자에게 부당이득을 반환할 의무가 있다. 대지사용권이 없는 전유부분의 공유자는 위와 같이 대지지분 소유자에게 부당이득을 반환할 의무가 있는데, 이 의무는 특별한 사정이 없는 한 불가분채무이므로, 일부지분만을 공유하고 있더라도 전유부분 전체 면적에 관한 부당이득을 반환할 의무가 있다." 건물의 구분소유자 아닌 이가 경매절차 등에서 대지의 공유지분만 취득한 사안에 관한 대판 2012.5.24. 2010다108210도 참조.

40) 대판(전) 2022.8.25. 2017다257067: "공유자는 공유물 전부를 지분의 비율로 사용·수익할 수 있으므로 공유토지의 일부를 배타적으로 점유하면서 사용·수익하는 공유자는 그가 보유한 공유지분의 비율에 관계없이 다른 공유자에 대하여 부당이득반환의무를 부담한다. 그런데 일반건물에서 대지를 사용·수익할 권원이 건물의 소유권과 별개로 존재하는 것과는 달리, 집합건물의 경우에는 대지사용권인 대지지분이 구분소유권의 목적인 전유부분에 종속되어 일체화되는 관계에 있으므로, 집합건물 대지의 공유관계에서는 이와 같은 민법상 공유물에 관한 일반법리가 그대로 적용될 수 없고, 이는 대지공유자들 중 구분소유자 아닌 사람이 있더라도 마찬가지이다. 집합건물에서 전유부분 면적비율에 상응하는 적정대지지분을 가진 구분소유자는 그 대지 전부를 용도에 따라 사용·수익할 수 있는 적법한 권원을 가지므로, 구분소유자 아닌 대지공유자는 그 대지공유지분권에 기초하여 적정대지지분을 가진 구분소유자를 상대로는 대지의 사용·수익에 따른 부당이득반환을 청구할 수 없다."

나아가 대판 2023.9.14. 2016다12823: "집합건물의 구분소유자들이 건물의 대지 중 일부지분만 가지고 있고 구분소유자 아닌 대지공유자가 나머지 지분을 가지고 있는 경우에, 구분소유자 아닌 대지공유자는 대지 공유지분권에 기초하여 구분소유자 중 자신의 전유부분 면적비율에 상응하는 대지 공유지분(이하 '적정대지지분'이라 한다)을 가진 구분소유자를 상대로는 대지의 사용·수익에 따른 부당이득반환을 청구할 수 없다. 그러나 적정대지지분보다 부족한 대지공유지분(이하 '과소대지지분'이라 한다)을 가진 구분소유자는, 과소대지지분이 적정대지지분에 매우 근소하게 부족하여 그에 대한 부당이득반환청구가 신의성실의 원칙에 반한다고 볼 수 있는 경우, 구분건물의 분양 당시 분양자로부터 과소대지지분만을 이전받으면서 건물대지를 무상으로 사용할 수 있는 권한을 부여받았고 이러한 약정이 분양자의 대지지분을 특정승계한 사람에게 승계된 것으로 볼 수 있는 경우, 또는 과소대지지분에 기하여 전유부분을 계속 소유·사용하는 현재의 사실상태가 장기간 묵인되어 온 경우 등과 같은 특별한 사정이 없는 한, 구분소유자 아닌 대지공유자에 대하여 적정대지지분에서 부족한 지분의 비율에 해당하는 차임 상당의 부당이득반환의무를 부담한다고 봄이 타당하다."

41) 대판 2006.3.10. 2004다742.

42) 분양대금을 완납하였음에도 분양자측의 사정으로 소유권이전등기를 마치지 못한 수분양자도 구분소유자에 준하는 것으로 보아야 한다는 대판 2020.6.4. 2016다245142 참조.

43) 대판 2015.1.15. 2012다74175·74182·74199.

44) 대지사용권의 일체성에 관한 재판례를 본다. ㉠ 분양자가 지적정리 등의 지연으로 대지권에 대한 지분이전등기는 지적정리 후 해주기로 하는 약정 하에 우선 전유부분에 관해서만 소유권보존등기를 한 후 수분양자에게 소유권이전등기를 마쳤는데, 그 후 대지에 대한 소유권이전등기가 되지 않은 상태에서 전유부분에 관한 경매절차가 진행되어 제3자가 전유부분을 경락받은 경우에, 「경락인」은 본권으로서 법 제2조 제6호 소정의 대지사용권을 취득하는데(대판 2004.7.8. 2002다40210), 집행법원이 구분건물에 대한 입찰명령을 할 때 대지지분에 관한 감정평가액을 반영하지 않은 상태에서 경매절차를 진행했더라도 구분건물의 대지지분등기가 경료된 후 집행법원의 촉탁에 의하여 경락인이 대지지분에 관하여 소유권이전등기를 경료받은 것을 두고 법률상 원인 없이 이득을 얻은 것이라고 할 수 없다(대판 2001.9.4. 2001다22604). 한편 대판 2021.1.14. 2017다291319: 소멸주의(민사집행법 제91조 제2항)에 따라 "전유부분과 함께 대지사용권인 토지공유지분이 일체로서 매각되고 대금이 완납되면, 설사 대지권 성립 전부터 토지만에 관하여 설정되어 있던 별도등기로서의 근저당권이라 할지라도 경매과정에서 이를 존속시켜 매수인이 인수하게 한다는 취지의 특별매각조건이 따로 정해지지 않았던 이상 위 근저당권은 토지공유지분에 대한 범위에서는 매각부동산 위의 저당권에 해당하여 매각으로 인하여 소멸한다." ㉡ 구분건물의 전유부분에 설정된 저당권의 효력은 대지사용권의 분리처분이 가능하도록 규약으로 정하는 등의 특별한 사정이 없는 한 전유부분의 소유자가 「사후에라도」 대지사용권을 취득함으로써 전유부분과 대지권이 동일소유자의 소유에 속하면 종된 권리인 대지사용권에도 미치고, 구분건물의 전유부분에 관하여 저당권설정등기가 경료된 후에 대지권등기가 경료되면서 그 저당권설정등기는 전유부분만에 관한 것이라는 취지의 부기등기가 직권으로 경료되었더라도 이를 대지사용권의 분리처분이 가능하도록 규약으로 정하거나 공정증서로써 정한 경우에 해당한다고 볼 수 없다(대판 2001.2.9. 2000다62179). 전유부분에 관한 소유권보존등기와 함께 대지권등기도 경료된 후 전세권과 근저당권이 순차로 설정된 경우에, 전유부분에 대하여 설정된 전세권은 대지권에도 그 효력을 미치므로(전세권설정등기가 건물부분만에 관한 것이라는 취지의 부기등기가 경료되었다고 하여 달리 볼 것은 아니다), 매각대금 중 대지권에 대한 부분에 대해서도 전세권자가 근저당권자보다 우선하여 변제받을 권리가 있다고 한 대판 2009.1.30. 2008다67217도 참조. ㉢ 채권적 토지사용권도 대지사용권으로 될 수 있지만, 사후에 효력을 상실하여 소멸한 토지사용권은 더 이상 전유부분을 위한 대지사용권일 수 없는데, 구분소유자의 의사에 기하지 않고 대지사용권 발생의 원인이 된 계약에 따라 대지사용권이 소멸한 경우에 이를 법 제20조에서 금지하는 대지사용권의 분리처분에 해당한다고 볼 수 없고, 집합건물의 부지가 되는 토지의 소유자로서 구분소유자 아닌 이가 위 토지를 처분했다고 하여 위 조항에 위배된다고 볼 수도 없다(대판 2011.9.8. 2010다15158). ㉣ "구분소유권이 이미 성립한 집합건물이 증축되어 새로운 전유부분이 생긴 경우에는, 건축자의 대지소유권은 기존 전유부분을 소유하기 위한 대지사용권으로 이미 성립하여 기존 전유부분과 일체불가분성을 가지게 되었으므로 규약 또는 공정증서로써 달리 정하는

한편 법 제20조 제3항은 대지사용권의 "분리처분금지는 그 취지를 등기하지 아니하면 선의로 물권을 취득한 제3자에게 대항하지 못한다"고 규정하는데, "선의"의 제3자는 집합건물의 대지로 되어 있는 사정을 모른 채 대지사용권의 목적이 되는 토지를 취득한 제3자를 의미한다.[45)]

Ⅲ. 집합건물의 법률관계 [5273]

1. 집합건물의 관리

가. 관리단과 규약

(1) 건물에 대하여 구분소유관계가 성립되면, 구분소유자 전원을 구성원으로 하여 건물·대지·부속시설의 관리를 목적으로 하는 관리단이 구성된다(법 제23조 제1항).[46)] 집합건물의 사용이나 관리를 둘러싼 분쟁의 해결주체로서 관리단은 조직행위를 거쳐야 비로소 성립하는 것이 아니라 구분소유관계가 성립하는 건물이 있으면 당연히 구분소유자 전원을 구성원으로 하여[47)] 성립하는데, 구분소유자의 의결권은 규약에 특별한 규정이 없으면 전유부분의 면적비율에 의한 지분비율에 따른다(법 제37조 1항). 구분소유자가 10인 이상인 경우에 관리인을 선임해야 하는데(법 제24조 제1항), 관리인이 관리단을 대표한다(법 제25조 제1항).

(2) 건물과 대지 또는 부속시설의 관리 또는 사용에 관한 구분소유자 상호간의 사항 중 법이 정하지 않은 사항(예: 건물의 영업제한[48)])을 규약으로 정할 수 있다(법 제28조 제1항). 관리단집회에서 구분소유자의 4분의 3 이상 및 의결권의 4분의 3 이상의 찬성을 얻어 설정되는(법 제29조 참조) 집합건물의 규약은, 그 내용이 강행법규를 위반하거나 구분소유자의 소유권을 필요하고 합리적인 범위를 벗어나 과도하게 침해 내지 제한함으로써 선량한 풍속 기타 사회질서에 반한다고 볼 정도로 사회관념상 현저히 타당성을 잃었다고 여겨지는 등의 특별한 사정이 없는 한 유효하다.[49)] 이 규약은 구분소유자의 승계인(포괄승계인뿐 아니라 특별승계인도 포함하여)에 대해서도 그 효력을

등의 특별한 사정이 없는 한 새로운 전유부분을 위한 대지사용권이 될 수 없다"(대판 2017.5.31. 2014다236809). ㉥ 구분소유자 아닌 이가 집합건물의 건축 전부터 전유부분의 소유와 무관하게 집합건물의 대지로 된 토지에 대하여 가지던 권리는 분리처분금지의 제한을 받는 대지사용권이 아니며(대판 2010.5.27. 2010다6017. 대판 2013.10.24. 2011다12149·12156도 참조), 구분소유가 성립하기 전에는 집합건물의 대지에 관하여 분리처분금지 규정이 적용되지 않음은 당연하다(대판 2018.6.28. 2016다219419·219426).

45) 대판 2009.6.23. 2009다26145; 대판(전) 2013.1.17. 2010다71578. 토지 위에 집합건물이 존재하는 사실은 알았으나 해당 토지나 그 지분에 관하여 규약이나 공정증서로 전유부분과 대지사용권을 분리하여 처분할 수 있도록 정한 것으로 믿은 제3자도 포함되지만, 단지 집합건물 대지에 관하여 대지권등기가 되지 않았다거나 일부지분에 관해서만 대지권등기가 되었다는 사정만으로는 그 대지나 대지권등기가 되지 않은 나머지 대지지분을 취득한 이를 선의의 제3자로 볼 수는 없다고 한 대판 2018.12.28. 2018다219727도 참조.

46) 관리단이 관리를 개시할 때까지의 상황에 관하여 법 제9조의3 참조.

47) 참고로 주택법 제43조의 입주자대표회의는 동별 대표자들로 구성되는데, 구분소유자가 아닌 임차인이라도 구성원이 될 수 있다.

48) 집합건물에서의 영업제한에 관한 재판례를 본다. ㉠ 상가 분양회사가 수분양자에게 특정영업을 정하여 분양한 이유는 수분양자에게 그 업종을 독점적으로 운영하도록 보장함으로써 이를 통하여 분양을 활성화하기 위한 것이고, 수분양자들 역시 지정품목이 보장된다는 전제 아래 분양회사와 계약을 체결한 것이므로, 지정업종에 관한 경업금지의무는 수분양자들뿐만 아니라 분양회사에도 적용된다(대결 2006.7.4. 2006마164·165). 그런데 소유권을 분양받은 수분양자들의 독점적 지위는 수분양자들 스스로의 합의가 아닌 임차인 등의 제3자 사이의 합의에 기하여 변경될 수는 없고, 구분소유자들 사이에 각 구분소유의 대상인 점포에서 영위할 영업의 종류를 정하는 경우에도 다르지 않다(대판 2005.11.10. 2003다45496). ㉡ 건축회사가 상가를 건축하여 점포별로 업종을 정하여 분양한 후에 점포에 관한 수분양자의 지위를 양수한 이 또는 그 점포를 임차한 이는 특별한 사정이 없는 한 상가의 점포 입점자들에 대한 관계에서 상호 묵시적으로 분양계약에서 약정한 업종제한 등의 의무를 수인하기로 동의했다고 봄이 상당하므로, 상호간의 업종제한에 관한 약정을 준수할 의무가 있고, 따라서 점포 수분양자의 지위를 양수한 이 등이 분양계약 등에 정해진 업종제한약정을 위반할 경우에, 이로 인하여 영업상의 이익을 침해당할 처지에 있는 이는 침해배제를 위하여 동종업종의 영업금지를 청구할 권리가 있으며, 업종제한약정 위반을 이유로 한 동종영업금지청구권은 분양계약이나 관리단규약 등에 특별히 달리 정한 것이 있거나 기타 특별한 사정이 없는 한 통상적으로 동일상권을 이루는 같은 건물 내에 소재하는 모든 상가점포들에 대하여 주장할 수 있다(앞의 2006마164·165 결정).

49) 대판 2004.5.13. 2004다2243은, 구분소유자가 집합건물의 규약에서 정한 업종준수의무를 위반할 경우에 단전·단수 등 제재조치를 할 수 있다고 규정한 집합건물규약의 내용이 무효라고 판단한 원심판결을 파기했다.

참고로 결의취소의 소를 규정한 법 제42조의2 및 그 취지에 관하여 대판 2021.1.14. 2018다273981 참조.

미친다(법 제42조 제1항).

[5274] **나. 체납관리비**

공유자가 공용부분에 관하여 다른 공유자에 대하여 가지는 채권은 그 특별승계인에 대해서도 행사할 수 있고(법 제18조), 특별승계인에게 전 구분소유자의 체납관리비를 승계하도록 한 관리규약은 「공용부분」의 관리비에 한하여 유효하다.[50]

[5275] ### 2. 집합건물 분양자의 담보책임

(1) 집합건물을 건축하여 분양한 이(분양자) 및 분양자와의 계약에 따라 건물을 신축한 이(시공자)는 매수인(수분양자)인 구분소유자에 대하여 담보책임을 진다(법 제9조 제1항).[51]

분양자와 시공자의 담보책임은 특약에 의해서도 수분양자에게 불리하게 변경될 수 없는 편면적 강행규정이다(같은 조 제4항).

(2) 하자담보책임을 물을 수 있는 이는, 집합건물 양도 당시 양도인이 이를 행사하기 위하여 유보했다는 등의 특별한 사정이 없는 한, 현재의 집합건물의 소유자인데,[52] 하자보수에 갈음하는 손해배상청구권은 구분소유자 등 권리자에게 전유부분의 지분비율에 따라 분할귀속되고, 따라서 구분소유자 등 권리자는 각자에게 분할귀속된 하자담보추급권을 개별적으로 행사하여 분양자를 상대로 손해배상청구의 소를 제기할 수 있다.[53]

한편 책임의 주체는 집합건물의 분양자 및 시공자이다.[54]

[5276] (3) 분양자와 시공자의 담보책임에 관해서는 수급인의 담보책임에 관한 제667조 및 제668조가 준용된다(법 제9조 제1항 후문). 준용의 취지는, 집합건물을 건축하여 분양하는 이로 하여금 견고한 건물을 짓도록 유도하고 부실하게 건축된 집합건물의 소유자를 두텁게 보호하기 위하여 집합건물의 분양자의 담보책임에 관하여 민법상 수급인의 담보책임에 관한 규정을 준용하도록 함으

---

50) 대판(전) 2001.9.20. 2001다8677: "아파트의 관리규약에서 체납관리비채권 전체에 대하여 입주자의 지위를 승계한 자에 대하여도 행사할 수 있도록 규정하고 있다 하더라도, '관리규약이 구분소유자 이외의 자의 권리를 해하지 못한다'고 규정하고 있는 집합건물의 소유 및 관리에 관한 법률(이하 '집합건물법'이라 한다) 제28조 제3항에 비추어 볼 때, 관리규약으로 전 입주자의 체납관리비를 양수인에게 승계시키도록 하는 것은 입주자 이외의 자들과 사이의 권리·의무에 관련된 사항으로서 입주자들의 자치규범인 관리규약 제정의 한계를 벗어나는 것이고, 개인의 기본권을 침해하는 사항은 법률로 특별히 정하지 않는 한 사적자치의 원칙에 반한다는 점 등을 고려하면, 특별승계인이 그 관리규약을 명시적, 묵시적으로 승인하지 않는 이상 그 효력이 없다고 할 것이며, 집합건물법 제42조 제1항 및 공동주택관리령 제9조 제4항의 각 규정은 공동주택의 입주자들이 공동주택의 관리·사용 등의 사항에 관하여 관리규약으로 정한 내용은 그것이 승계 이전에 제정된 것이라고 하더라도 승계인에 대하여 효력이 있다는 뜻으로서, 관리비와 관련하여서는 승계인도 입주자로서 관리규약에 따른 관리비를 납부하여야 한다는 의미일 뿐, 그 규정으로 인하여 승계인이 전 입주자의 체납관리비까지 승계하게 되는 것으로 해석할 수는 없다. 다만, 집합건물의 공용부분은 전체 공유자의 이익에 공여하는 것이어서 공동으로 유지·관리해야 하고 그에 대한 적정한 유지·관리를 도모하기 위하여는 소요되는 경비에 대한 공유자간의 채권은 이를 특히 보장할 필요가 있어 공유자의 특별승계인에게 그 승계의사의 유무에 관계없이 청구할 수 있도록 집합건물법 제18조에서 특별규정을 두고 있는바, 위 관리규약 중 공용부분관리비에 관한 부분은 위 규정에 터 잡은 것으로서 유효하다고 할 것이므로, 아파트의 특별승계인은 전 입주자의 체납관리비 중 공용부분에 관하여는 이를 승계하여야 한다고 봄이 타당하다."
한편 구분소유권이 순차로 양도된 경우에 각 특별승계인들은 이전 구분소유권자들의 채무를 "중첩적으로 인수한다고 봄이 상당"하므로, 현재 구분소유권을 보유하는 최종특별승계인뿐만 아니라 그 이전의 구분소유자들도 구분소유권의 보유 여부와 상관없이 공용부분에 관한 종전 구분소유자들의 체납관리비채무를 부담한다(대판 2008.12.11. 2006다50420. 신탁부동산에 관한 대판 2018.9.28. 2017다273984도 참조). 그리고 관리비 납부를 연체하면 부과되는 연체료는 위약벌의 일종이고, 전 구분소유자의 특별승계인이 체납된 공용부분관리비를 승계한다고 해서 전 구분소유자가 관리비 납부를 연체함으로 인해 이미 발생하게 된 법률효과까지 그대로 승계하는 것은 아니어서, 공용부분관리비에 대한 연체료는 특별승계인에게 승계되는 공용부분관리비에 포함되지 않는다. 한편 집합건물의 관리단 등 관리주체의 위법한 단전·단수 및 엘리베이터 운행정지조치 등 불법적인 사용방해행위로 인하여 건물의 구분소유자가 그 건물을 사용·수익하지 못했다면, 그 구분소유자로서는 관리단에 대해 그 기간 동안 발생한 관리비채무를 부담하지 않는다고 보아야 한다(대판 2006.6.29. 2004다3598·3604).

51) 대지부분의 권리상의 하자에까지 미치지 않음에 관하여 대판 2002.11.8. 99다58136 참조.

52) 대판 2004.1.27. 2001다24891.

53) 대판 2012.9.13. 2009다23160.

54) 시공자의 담보책임 중 제667조 제2항에 따른 손해배상책임은 분양자에게 회생절차개시 신청, 파산 신청, 해산, 무자력 또는 그 밖에 이에 준하는 사유가 있는 경우에만 인정되며, 시공자가 이미 분양자에게 손해배상을 한 경우에는 그 범위에서 구분소유자에 대한 책임을 면한다(법 제9조 제3항).

로써 분양자의 담보책임의 내용을 명확히 하는 한편 이를 강행규정화한 것으로서, 분양자가 부담하는 책임의 「내용」이 민법상 수급인의 담보책임이라는 것이지 그 책임이 분양계약에 기한 것이라거나 아니면 분양계약의 법률적 성격이 도급이라는 취지는 아니며, 법 제9조 제1항이 적용되는 집합건물의 분양계약에서는 제668조 단서가 준용되지 않고, 따라서 수분양자는 집합건물의 완공 후에도 분양목적물의 하자로 인하여 계약의 목적을 달성할 수 없는 때에는 분양계약을 해제할 수 있다.[55)]

(4) 책임의 존속기간을 법 제9조의2가 규정한다.[56)]

3. 집합건물의 재건축 [5277]

(1) 건물 건축 후 상당한 기간이 지나 건물이 훼손 또는 일부멸실되거나 그 밖의 사정으로 건물가격에 비하여 지나치게 많은 수리비·복구비나 관리비용이 드는 경우 또는 부근 토지의 이용상황의 변화나 그 밖의 사정으로 건물을 재건축하면 재건축에 드는 비용에 비하여 현저하게 효용이 증가하게 되는 경우에, 관리단집회는 건물을 철거하여 그 대지를 구분소유권의 목적이 될 새 건물의 대지로 이용할 것을 결의할 수 있다. 재건축의 내용이 단지 내 다른 건물의 구분소유자에게 특별한 영향을 미칠 때에는 그 구분소유자의 승낙을 받아야 한다(법 제47조 제1항). 재건축 결의는 구분소유자의 5분의 4 이상 및 의결권의 5분의 4 이상의 찬성에 의하는데(제2항), 서면이나 전자적 방법으로 또는 서면과 전자적 방법으로 할 수 있다(법 제41조). 그리고 한 단지 내의 여러 동의 건물 전부를 일괄하여 재건축하고자 하는 경우에도 각 동마다 요건의 충족 여부를 따져야 한다.[57)]

(2) 재건축을 결의할 때에는 새 건물의 설계개요, 건물의 철거 및 새 건물의 건축에 드는 비용을 개략적으로 산정한 금액, 비용의 분담에 관한 사항, 새 건물의 구분소유권 귀속에 관한 사항을 정해야 하는데, 비용의 분담과 구분소유권의 귀속에 관한 사항은 각 구분소유자 사이에 형평이 유지되도록 정해야 한다(법 제47조 제3항, 제4항). 특히 재건축비용의 분담에 관한 사항은 구분소유자들로 하여금 상당한 비용을 부담하면서 재건축에 참가할 것인지 아니면 시가에 의하여 구분소유권 등을 매도하고 재건축에 참가하지 않을 것인지를 선택하는 기준이어서 재건축결의의 내용 중 가장 중요하고 본질적인 부분인데, 재건축의 실행단계에서 다시 비용분담에 관한 합의를 하지 않아도 될 정도로 그 분담액 또는 산출기준을 정해야 하고 이를 정하지 않은 재건축결의는 특별한 사정이 없는 한 무효이다.[58)]

(3) 재건축의 결의가 있으면 집회를 소집한 이는 지체 없이 그 결의에 찬성하지 않은 구분소 [5278]
유자(그의 승계인을 포함한다. 이하 같다)에 대하여 그 결의내용에 따른 재건축에 참가할 것인지 여

---

55) 대판 2003.11.14. 2002다2485.

56) 건축법 제2조 제1항 제7호에 따른 건물의 주요구조부 및 지반공사의 하자의 경우에 10년, 그 밖의 하자의 경우에는 하자의 중대성, 내구연한, 교체가능성 등을 고려하여 5년의 범위에서 대통령령으로 정하는 기간으로 하며, 각 기간의 기산점은 전유부분의 경우에 구분소유자에게 인도한 날, 공용부분의 경우에는 주택법 제29조에 따른 사용검사일 또는 건축법 제22조에 따른 사용승인일이다. 다만 하자로 인하여 건물이 멸실되거나 훼손된 경우에는 그 멸실되거나 훼손된 날부터 1년 이내에 권리를 행사해야 한다.
참고로 2012년 개정 전의 하자담보책임에 관하여 판례는 재판상 또는 재판 외의 권리행사기간인 제척기간에 걸리고(대판 2009.5.28. 2008다86232; 대판(전) 2012.3.22. 2010다28840. 이와 달리 소멸시효에 걸린다는 판결로 대판 2008.12.11. 2008다12439 참조), 그 기간은 제671조 단서에 따라 인도된 때부터 10년이라고 하였다.

57) 대판 2002.9.24. 2000다22812.

58) 대판 2005.4.29. 2004다7002.

부를 회답할 것을 서면으로 촉구해야 하고, 이 촉구를 받은 구분소유자는 촉구를 받은 날부터 2개월 이내에 회답해야 하는데, 그 기간 내에 회답하지 않은 경우에 그 구분소유자는 재건축에 참가하지 않겠다는 뜻을 회답한 것으로 본다(법 제48조 제1항 내지 제3항).

한편 2개월의 기간이 지나면 재건축결의에 찬성한 각 구분소유자, 재건축결의내용에 따른 재건축에 참가할 뜻을 회답한 각 구분소유자 또는 이들 전원의 합의에 따라 구분소유권과 대지사용권을 매수하도록 지정된 이("매수지정자")는 그 기간 만료일부터 2월 이내에 재건축에 참가하지 않겠다는 뜻을 회답한 구분소유자에게 구분소유권과 대지사용권을 시가로 매도할 것을 청구할 수 있다.59) 그리고 재건축결의일부터 2년 이내에 건물철거공사가 착수되지 아니한 경우에 구분소유권이나 대지사용권을 매도한 이는 2년의 기간이 만료된 날부터 6월 이내에 매수인이 지급한 대금에 상당하는 금액을 그 구분소유권이나 대지사용권을 가지는 이에게 제공하고 이들의 권리를 매도할 것을 청구할 수 있지만, 건물철거공사가 착수되지 아니한 타당한 이유가 있을 경우에는 그렇지 않다(법 제48조 제4항 내지 제6항). 그런데 매도청구권은 형성권으로 행사기간 내에 이를 행사하지 않으면 그 효력을 상실한다.60)

(4) 재건축결의에 찬성한 각 구분소유자, 재건축결의내용에 따른 재건축에 참가할 뜻을 회답한 각 구분소유자 및 구분소유권 또는 대지사용권을 매수한 각 매수지정자(이들의 승계인을 포함한다)는 재건축결의내용에 따른 재건축에 합의한 것으로 의제되는데(법 제49조), 그 내용을 변경함에도 재건축결의와 마찬가지로 조합원 4/5 이상의 결의가 필요하다.61)

(5) 집합건물의 재건축에 도시정비법도 적용되는데, 집합건물법에 기하여 재건축사업을 추진하기 위하여 구분소유자들로 구성되는 재건축조합은 법인 아닌 사단인 반면, 도시정비법 제38조 제1항은 조합에 법인격을 부여하는 등 상당한 차이가 있다.

제 4 관 명의신탁

[5279] Ⅰ. 일 반 론

1. 서 설

(1) 명의신탁(名義信託)이란 대내적으로 명의신탁자가 소유권을 보유하여 이를 관리 · 수익하면서 공부상의 소유명의만 명의수탁자 앞으로 해 두는 것을 말한다.

(2) 명의신탁은 일제시대 토지 및 임야조사에서 종중 소유의 부동산을 종중 명의로 사정받을 수 없어서 종중원 명의로 사정받은 데서 비롯된 것으로, 판례는 명의신탁이 민법상의 신탁에 해당한다는 입장이다.1)

---

59) 재건축결의가 있은 후에 이 구분소유자로부터 대지사용권만 취득한 이의 대지사용권에 대해서도 같다. 한편 매도청구가 있는 경우에 재건축에 참가하지 않겠다는 뜻을 회답한 구분소유자가 건물을 인도하면 생활에 현저한 어려움을 겪을 우려가 있고 재건축의 수행에 큰 영향이 없을 때에는 법원은 그 구분소유자의 청구에 의하여 대금 지급일 또는 제공일부터 1년을 초과하지 않는 범위에서 건물인도에 대하여 적당한 기간을 허락할 수 있다(법 제48조 제5항).

60) 대판 2002.9.24. 2000다22812, 대판 2008.7.10. 2008다12453은, 재건축사업의 원활한 진행을 위하여 재건축불참자의 의사에 반하여 그 재산권을 박탈할 수 있도록 하는 법 제48조 제4항의 매도청구의 실질이 헌법 제23조 제3항의 공용수용과 같다고 볼 수 있고, 따라서 재단법인의 기본재산에 대하여 매도청구가 있는 경우에 그 기본재산에 대한 매매계약의 성립뿐만 아니라 기본재산의 변경을 내용으로 하는 재단법인의 정관변경까지도 강제된다고 하였다.

61) 대판(전) 2005.4.21. 2003다4969.

1) 신탁자인 종중과 수탁자인 종회원 사이에 신탁행위의 법리가 적용된다고 한 대판 1963.9.19. 63다388 참조.

(3) 부동산에 관한 명의신탁의 유형으로, 등기명의만 명의수탁자에게 이전되고 명의수탁자가 부동산 취득에 관여하지 않는 「등기명의신탁」과 부동산을 매수하려는 이(명의신탁자)가 다른 이(명의수탁자)에게 위탁하여 명의수탁자가 계약당사자로서 매도인으로부터 부동산을 매수하여 명의수탁자 앞으로 등기를 경료하는 「계약명의신탁」의 둘이 있고, 등기명의신탁은 다시 명의신탁자가 자기 소유의 부동산을 명의수탁자 앞으로 이전등기하는 「양자간의 명의신탁」과 명의신탁자가 부동산을 매수하면서 자기명의의 등기를 경료하지 않은 채 바로 명의수탁자 앞으로 이전등기를 하는 「3자간의 명의신탁」로 나뉜다.[2)]

2. 명의신탁에 관한 판례법리 [5280]

가. 서 설

부동산실명법은 부동산명의신탁의 효력을 부정하지만, 종래의 판례법리를 기초로 하였다. 그리고 예외적으로 유효한 명의신탁의 해지 등 규정의 공백이 적지 않고, 동법이 예외를 상당히 넓게 인정한다. 나아가 부동산 외에 공부에 의하여 권리관계가 표시되는 선박이나 자동차 등의 명의신탁도 판례상 인정되는바, 이들에 대해서는 기존의 판례이론이 그대로 적용된다. 이러한 사정을 고려하여 아래에서 판례상의 명의신탁법리에 관하여 간략하게 살펴본다.

나. 성 립 [5281]

(1) 명의신탁의 객체는 공부에 의하여 소유관계가 표시되는 재화, 즉 등기 · 등록에 의하여 공시되는 재화에 한하는데, 그러한 재화로 부동산 외에 선박, 자동차, 중기 등을 들 수 있다.[3)] 반면 동산은 그 소유관계가 공부상 공시되지 않기 때문에, 그에 대한 명의신탁이 성립할 여지가 없다.[4)]

한편 소유권이나 그 지분이 명의신탁의 대상이 됨에는 의문이 없고, 용익물권[5)]이나 담보물권[6)]도 마찬가지이다.

(2) 명의신탁이 성립하려면 명의신탁자와 명의수탁자 사이에 명의신탁관계 설정에 관한 합의(명의신탁약정)가 있어야 하는데,[7)] 묵시적으로도 행하여질 수 있다.[8)]

한편 명의신탁의 목적은 불문한다. 물론 종래 명의신탁이 각종의 공법적 규제를 피하기 위한 수단으로 악용되기도 하였다. 그러나 강행규정이나 사회질서에 위반되는 경우에 명의신탁약정이 무효로 됨은 당연하지만,[9)] 투기나 탈세 등의 목적으로 행하여졌더라도 그것만으로 명의신탁이 사회질서에 반하여 무효로 되는 것은 아니다.[10)]

---

2) 명의신탁자를 X, 명의수탁자를 Y, 매도인을 Z라 하면, X가 그 소유의 부동산에 관하여 Y 앞으로 소유권이전등기를 한 경우가 양자간 등기명의신탁이고, X가 Z로부터 부동산을 매수하면서 Y 앞으로 소유권이전등기를 마친 경우가 3자간 등기명의신탁이며, X 대신 Y가 Z로부터 부동산을 매수하고 Y 명의로 소유권이전등기를 마친 경우가 계약명의신탁이다.

3) 선박에 관한 대판 1988.11.8. 87다카2188, 자동차에 관한 대판 1996.6.25. 96다12009, 중기나 건설기계에 관한 대판 2007.1.11. 2006도4498. 주식에 관한 대판 2013.2.14. 2011다109708, 예금주명의에 관한 대판 2001.1.5. 2000다49091 등도 참조.

4) 대판 1994.10.11. 94다16175.

5) 대판 1998.9.4. 98다20981.

6) 대판 1995.9.26. 94다33583 참조.

7) 대판 1981.12.8. 80다카367.

8) 대판 2001.3.9. 2001다1478. 타인 명의의 매각허가에 관한 대판 2005.4.29. 2005다664도 참조.

9) 타인 명의를 빌려 농지분배를 받게 하는 내용의 명의신탁이 무효라는 대판 1995.12.26. 95다40366 참조.

10) 대판 1991.9.23. 91다16334.

(3) 명의신탁이 성립하려면 명의신탁약정 외에 명의수탁자 명의의 등기나 등록이 있어야 하지만, 반드시 새로운 이전등기가 경료되어야 하는 것도 아니다.[11]

그런데 명의신탁의 성립에 명의신탁자 명의의 등기를 거쳐야 하는지에 관하여 판례는 소극적이다. 즉 3자간 등기명의신탁에서 매도인으로부터 명의수탁자 앞으로 마쳐진 등기의 유효성을 인정하고,[12] 나아가 명의신탁자가 원시취득한 미등기부동산에 관하여 명의수탁자 명의로 소유권보존등기를 하는 경우에도 명의신탁관계가 성립한다고 한다.[13]

(4) 수인에 대한 부동산의 명의신탁에서 명의수탁자 상호간의 소유형태는 단순한 공유관계이다.[14]

[5282] **다. 대내적 관계**

(1) 명의수탁자 명의로 소유권이전등기가 경료되었더라도, 명의신탁자와 명의수탁자 사이에서는 명의신탁자가 명의신탁재산의 소유권을 그대로 보유하면서 그것을 관리 · 수익한다. 즉 명의신탁자가 대내적 소유권을 가진다. 따라서 명의신탁자는 명의수탁자의 소유물반환청구에 대항할 수 있고, 「명의수탁자」에 대하여 등기 없이도 소유권을 주장할 수 있으며,[15] 자신의 소유권을 다투는 「명의수탁자」를 상대로 소유권확인을 구할 수도 있다.[16] 반면 명의수탁자는 자기 앞으로 등기가 되어 있다고 하여 「명의신탁자」에 대하여 소유권을 주장할 수 없다.[17]

나아가 명의신탁자는 대내적 소유권을 가지므로, "명의신탁한 부동산을 명의신탁자가 매도하는 경우에 명의신탁자는 그 부동산을 사실상 처분할 수 있을 뿐만 아니라 법률상으로도 처분할 수 있는 권원에 의하여 매도한 것이므로 이를 민법 제569조 소정의 타인의 권리의 매매라고 할 수 없"는데,[18] 이때 명의수탁자는 그 처분에 따른 등기를 해 주어야 한다. 그리고 명의신탁자로부터 명의신탁된 주택을 임차한 경우에 주택임대차법이 적용된다고 하는데,[19] 그 효력범위에 관하여 [2664] 참조.

(2) 명의수탁자가 명의신탁재산의 소유명의를 보존하고 관련사무를 처리한다는 점에서 명의신탁은 위임과 유사한 성질을 가지므로, 별도의 정함이 없는 한 위임에 관한 규정이 준용된다. 즉 명의수탁자는 선량한 관리자의 주의로 명의신탁재산에 관한 소유명의를 보존하고 명의신탁약정이 해지되면 명의신탁부동산을 반환할 의무를 진다(제681조 참조).[20]

(3) 명의신탁이 유효하게 성립된 후 계약당사자 중 일방이 사망하더라도 명의신탁관계가 당연히 소멸하지는 않고, 그 상속인과의 사이에서 존속한다.[21] 토지 지분의 명의신탁에서 토지가

---

11) 대판 2010.2.11. 2008다16899.

12) 대판 1991.5.28. 91다7200; 대판 2010.2.11. 2008다16899 등.

13) 대판 1993.12.14. 93다19139,

14) 대판 1982.11.23. 81다39. 이러한 경우에 명의수탁자들이 명의신탁부동산에 대하여 공유물분할을 하는 것은 명의신탁의 목적에 반하고 명의신탁자가 명의신탁을 한 취지에도 어긋나지만, 공유물분할을 하여 단독소유로 한 경우에, 그것은 대외적인 소유형태를 변경하는 것에 불과하므로 그 등기가 무효의 등기라고 할 수는 없다(대판 1987.2.24. 86다215, 86다카1071).

15) 대판 1982.11.23. 81다372.

16) 대판 1977.10.11. 77다1316.

17) 대판 1993.11.9. 92다31669.

18) 대판 1996.8.20. 96다18656 참조.

19) 대판 1999.4.23. 98다49753.

20) 위임법리에 따라 명의수탁자에게 상환되어야 할 비용에 명의신탁 증여의제규정에 따라 부담한 증여세도 포함된다는 대판 2018.7.12. 2018다228097도 참조.

21) 대판 1981.6.23. 80다2809; 대판 1996.5.31. 94다35985.

분할되어 명의수탁자가 특정토지를 단독으로 소유한 경우에도 명의신탁관계는 그 특정토지 전부에 그대로 존속한다.[22)]

라. 대외적 관계 [5283]

(1) 명의신탁이 성립하면 대외적 관계에서 명의수탁자가 소유자이다.

① 명의신탁자는 명의신탁재산에 대한 불법점유자나 원인무효등기의 명의인에 대하여 직접 물권적 청구로서 인도나 등기말소를 구할 수 없고, 명의수탁자를 대위하여 그 권리를 행사할 수 있을 뿐이다.[23)]

② 명의수탁자의 일반채권자는 명의신탁재산에 대하여 강제집행할 수 있는데, 이때 명의신탁자는 명의수탁자의 일반채권자가 악의라도 그에 대하여 소유권을 주장할 수 없다.[24)] 반면 명의신탁자의 일반채권자는 명의신탁재산에 대하여 강제집행할 수 없고,[25)] 명의신탁자를 대위하여 해지권을 행사함으로써 명의신탁재산을 명의신탁자 명의로 환원시킬 수 있을 뿐이다.[26)]

③ 그런데 제3자에 대한 모든 관계에서 명의수탁자가(오직 그만이) 소유자로 취급되는 것은 아니다.[27)]

(2) 명의수탁자로부터 명의신탁부동산을 양수한 제3자는 선·악의를 불문하고 그 소유권을 유효하게 취득한다. 다만 제3자가 명의수탁자에게 매도나 담보제공 등을 적극적으로 권유함으로써 명의수탁자의 배신행위에 적극 가담한 경우에, 명의신탁부동산에 관한 명의수탁자와 제3자 사이의 계약은 반사회적 법률행위(제103조)로 무효이므로, 제3자가 명의수탁자에 대하여 위 매매계약이 유효함을 전제로 그 불이행을 이유로 하는 손해배상을 청구할 수는 없다.[28)]

마. 명의신탁의 종료 [5284]

(1) 명의신탁약정에 명의신탁관계의 종료에 관한 정함이 없으면 명의신탁의 목적에 반하지 않는 범위에서 위임에 관한 규정을 준용하여 그 종료 여부를 판단해야 한다.

그런데 명의신탁의 주된 종료원인은 명의신탁약정의 해지이다.

(2) 명의신탁자는 언제든지 명의신탁계약을 해지하고 명의수탁자에 대하여 명의신탁재산의 반환을 청구할 수 있다.[29)] 명의신탁자의 일반채권자도 명의신탁자를 대위하여 명의신탁을 해지할 수 있고, 명의수탁자도 특별한 약정이 없는 한 명의신탁을 해지할 수 있다.

명의신탁의 해지는 상대방에 대한 일방적 의사표시로 행하여진다.[30)] 해지의 의사표시가 상

---

22) 대판(전) 1999.6.17. 98다58443: 형식적으로 다른 공유자들의 지분의 등기명의를 승계취득한 것과 같은 형태를 취하지만 실질적으로는 명의신탁받은 여러 필지의 토지에 분산되어 있던 지분을 분할로 인하여 취득하는 특정토지에 집중시켜 그에 대한 소유형태를 변경한 것에 불과함을 근거로 한다.

23) 대판(전) 1979.9.25. 77다1079. 나아가 제3자가 법률상 원인 없이 명의신탁토지를 점유함에 따른 임료 상당의 부당이득에 대하여 명의신탁자는 소유권에 기하여 반환청구를 할 수 없을 뿐만 아니라 명의수탁자를 대위하더라도 행사할 수 없다는 대판 1991.10.22. 91다17207도 참조.

24) 대판 1974.6.25. 74다423.

25) 대판 1971.4.23. 71다225.

26) 대판 1960.4.21. 4292민상667.

27) 예컨대 대판 1977.8.23. 77다246은 "명의신탁의 대외관계에 있어 수탁자를 소유자로 취급하는 것은 선의의 제3자를 보호하고자 하는 것이므로 모든 제3자에 대한 관계에서 수탁자만을 소유자로 확정하는 것은 아니"라고 하면서, 명의신탁자가 소유자로서 명의신탁된 건물에 관한 공작물책임을 진다고 하였다.

28) 대판 1992.6.9. 91다29842.

29) 대판(전) 1980.12.9. 79다634.

30) 대판 1976.6.22. 75다124. 묵시적 해지에 관하여 대판 1975.12.23. 75다1466 참조.

대방에게 도달하면 바로 그 효력이 발생하는데, 이 효력은 해지의 법리상 소급하지 않고 장래에 향해서만 발생한다.[31] 그리고 명의수탁자가 수인이라도 계약의 해제 · 해지의 불가분성에 관한 제547조 제1항이 적용되지 않는다.[32]

(3) 명의신탁이 해지되면 명의수탁자(Y)가 명의신탁자(X)에게 소유권을 돌려주어야 하는데, 해지의 효과에 관하여 판례는 대내관계와 대외관계에 다른 법리를 적용한다.

① X와 Y 사이의 대내관계에서 X는 자기 앞으로 등기하지 않고도 명의신탁재산의 반환을 구할 수 있고, 등기관계를 실체관계와 부합하도록 하기 위하여 Y에 대하여 (대내적) 소유권에 기하여 Y 명의의 등기말소를 청구할 수 있다.[33] 그런데 (대내적) 소유권에 기한 반환청구와 명의신탁 해지를 이유로 한 반환청구는 청구원인을 달리하는 별개의 소송물이다.[34]

② 반면 제3자에 대한 대외관계에서는 해지에도 불구하고 등기 전에는 Y가 여전히 소유자이므로, 등기를 마치지 않은 X는 제3자에 대하여 소유권을 주장할 수 없다.[35] 따라서 Y가 명의신탁부동산을 제3자(D)에게 처분하면 D가 악의라도 완전한 소유권을 취득하고, X는 명의신탁계약의 해지를 이유로 D에게 대항하지 못한다.[36] 결국 Y로부터 명의신탁재산을 매수한 D와 명의신탁을 해지한 X 사이의 우열은 등기의 선후에 의한다.

[5285] Ⅱ. 부동산실명법의 규율

1. 부동산실명법 개관

가. 서 설

(1) 명의신탁이 주로 조세를 포탈하거나 토지에 관한 각종 공법적 규제(예컨대 농지법 제8조에 의한 농지취득자격증명)를 피하기 위하여 이용되는 등 폐해가 발생하자 1995년 부동산실명법(이하 "법"이라고만 한다)이 제정되었다.

(2) 종래 부동산등기특별조치법 제7조는 일정한 탈법목적의 명의신탁만 금지하였으나, 법 제3조 제1항은 명의신탁을 전면적으로 금지한다. 그리고 실권리자 명의의 등기의무를 위반하면 법 제5조 내지 제7조에 의한 과징금, 이행강제금 및 벌칙이 부과된다.

나. 적용범위

(1) 법의 적용대상인 명의신탁약정은 부동산에 관한 소유권 기타 물권("부동산에 관한 물권")을 보유한 이 또는 사실상 취득하거나 취득하려고 하는 이("실권리자")가 타인과의 사이에서 대내적으로는 실권리자가 부동산에 관한 물권을 보유하거나 보유하기로 하고 그에 관한 등기(가등기를 포함한다)는 그 타인의 명의로 하기로 하는 약정(위임 · 위탁매매의 형식에 의하거나 추인에 의한 경우를 포함한다)이라고 정의되는데(법 제2조 제1호 본문), 포섭범위가 매우 넓다. 즉 법은 소유권등기뿐만 아니라 담보목적의 가등기[37]나 저당권등기[38]에도 적용된다.

31) 대판 1982.8.24. 82다카416.
32) 대판 1992.6.9. 92다9579.
33) 대판 1998.4.23. 97다44416.
34) 대판(전) 1980.12.9. 79다634.
35) 대판 1982.11.23. 81다카372.
36) 대판 1982.12.28. 82다카984.

(2) 법은 적지 않은 적용예외를 인정한다: ① 양도담보나 가등기담보(제2조 제1호 가목. 제3조 제2항도 참조), ② 상호명의신탁(제2조 제1호 나목), ③ 신탁등기(같은 호 다목), ④ 종중, 배우자 및 종교단체의 명의신탁(제8조).

이 중 ④의 경우에 조세포탈, 강제집행의 면탈 또는 법령상 제한의 회피의 목적이 없어야 한다.[39] "종중"은 원래의 의미의 종중을 의미하고 종중과 유사한 비법인사단은 제외되며,[40] "배우자"는 법률상의 배우자에 한정된다.[41]

이들 예외의 경우에 명의신탁은 유효하고, 앞에서 본 판례법리가 적용되어야 한다.[42]

2. 명의신탁의 효력 [5286]

가. 기본법리

(1) 적용예외에 해당하지 않는 한, 명의신탁자와 명의수탁자 사이의 명의신탁「약정」은 무효이다(법 제4조 제1항).

① 명의신탁약정이 무효이므로, 위임법리도 적용되지 않는다.

② 명의신탁약정에 기한 급부는 부당이득에 해당한다. 그런데 투기, 탈세 또는 강제집행 면탈 등을 목적으로 하는 명의신탁이라도 특별한 사정이 없는 한 그러한 사정만으로 불법원인급여에 해당한다고 보기 어렵고,[43] 반사적으로나마 명의수탁자에게 명의신탁부동산의 소유권을 귀속시키는 결과가 사회 일반의 정의관념에 부합한다고 볼 수도 없다. 대판(전) 2019.6.20. 2013다218156의 다수의견도 "부동산실명법 규정의 문언, 내용, 체계와 입법목적 등을 종합하면, 부동산실명법을 위반하여 무효인 명의신탁약정에 따라 명의수탁자 명의로 등기를 하였다는 이유만으로 그것이 당연히 불법원인급여에 해당한다고 단정할 수는 없다. 이 사건과 같이 농지법에 따른 제한을 회피하고자 명의신탁을 한 경우에도 마찬가지"라고 하여 종래의 입장을 유지하였다.

(2) 나아가 명의신탁「등기」도 무효이다. 즉 명의신탁약정에 따라 마쳐진 등기에 기한 부동산의 물권변동은 무효이다(법 제4조 제2항 본문).[44]

(3) 한편 법이 시행되기 전에는 명의신탁약정 및 명의신탁등기가 유효했으나, 법 제11조, 제12조에 따라 명의신탁자가 법 시행일부터 1년 내에 실명등기나 매각처분 등을 하지 않았다면 그 후에는 명의신탁약정은 무효로 되고, 명의신탁약정에 따라 마쳐진 등기에 기한 부동산의 물권변동도 무효로 된다.[45]

이상의 기본법리를 특히 무효의 사정(射程)과 관련하여 명의신탁의 유형에 따라 구체적으로

---

37) 대판 2002.12.24. 2002다50484 참조.

38) 대판(전) 2001.3.15. 99다48948 참조.

39) 부부간의 명의신탁 당시에 막연한 장래에 채권자가 집행할 가능성을 염두에 두었다는 것만으로 강제집행 면탈의 목적을 섣불리 인정해서는 안 된다고 한 대판 2017.12.5. 2015다240645 참조.

40) 대판 2007.10.25. 2006다14165.

41) 대판 1999.5.14. 99두35. 부부 일방이 사망하더라도 유효하게 존속한다는 대판 2013.1.24. 2011다99498도 참조.

42) 대판 2017.12.5. 2015다240645: "부부간에는 조세포탈 등의 목적이 없는 한 명의신탁약정과 그에 따른 등기의 효력(제4조), 과징금(제5조), 이행강제금(제6조), 벌칙(제7조), 기존명의신탁의 실명등기의무 위반의 효력(제12조)에 관한 부동산실명법 규정이 적용되지 않는다."

43) 뒤의 2013다218156 판결 외에 대판 2003.11.27. 2003다41722도 참조.

44) 명의신탁자가 명의신탁약정과는 별개의 적법한 원인에 기하여 명의수탁자에 대하여 소유권이전등기청구권을 가지게 되었더라도, 이를 보전하기 위하여 마친 제3자 명의의 가등기는 「명의신탁자와 제3자 사이」의 명의신탁약정에 기하여 마쳐진 것으로서 약정의 무효로 말미암아 효력이 없다고 한 대판 2015.2.26. 2014다63315도 참조.

45) 법 제11조 제4항 소정의 쟁송에 관하여 대판 2000.12.22. 2000다46399 및 대판 2011.5.26. 2010다21214 참조.

살펴보는데, 아래에서 명의신탁부동산을 甲, 명의신탁자를 X, 명의수탁자를 Y, 甲의 매도인은 Z라 한다.

[5287] **나. 양자간 등기명의신탁의 효력**

(1) 명의신탁약정과 명의신탁등기가 모두 무효이므로 X가 여전히 甲의 소유권을 가진다. 따라서 X는 Y를 상대로 소유권에 기한 방해제거청구권(제214조)을 행사하여 Y 명의 등기의 말소(또는 진정명의 회복을 원인으로 하는 소유권이전등기)를 구할 수 있다. 이때 스스로 명의신탁등기를 한 X가 나중에 자신의 행위가 강행규정인 부동산실명법에 위반되어 무효임을 내세워 물권적 청구권을 행사하더라도 신의칙에 위반되지 않는다([1036] 참조).

한편 Y가 甲을 처분하여 양수인이 법 제4조 제3항에 따라 유효하게 소유권을 취득한 경우에, X는 Y를 상대로 불법행위에 기한[46] 손해배상 또는 부당이득의 반환을 구할 수 있다.

(2) 법 제11조 소정의 유예기간이 경과하더라도 여전히 甲의 소유자인 X는 Y를 상대로 Y 명의 등기의 말소(또는 진정명의 회복을 위한 소유권이전등기)를 구할 수 있는 반면,[47] Y는 X뿐만 아니라 제3자에 대한 관계에서도 소유권을 주장할 수 없고, 소유권에 기한 물권적 청구권을 행사할 수도 없다.[48] 다만 이 경우에도 법 제4조 제3항이 적용된다.

[5288] **다. 3자간 등기명의신탁의 효력**

(1) Y 명의의 등기는 무효이므로(법 제4조 제2항), 甲의 소유권은 Z에게 남는다.[49] 그런데 법 제4조 제1항에 따라 무효로 되는 것은 명의신탁약정(및 그를 포함하는 위임 등의 계약)뿐이고, Z와 X 사이의 매매계약은 무효로 되지 않는다.[50]

따라서 Y 명의의 등기를 마쳤더라도 그 등기는 원인행위를 결하는 것으로 무효여서 Y는 소유권을 취득하지 못하고, Z는 X에 대하여 여전히 소유권이전등기의무를 부담한다. 그리고 X는 Z를 대위하여 Y를 상대로 무효인 Y 명의 등기의 말소를 구하고 아울러 Z를 상대로 소유권이전등기청구를 할 수 있다.[51] 그런데 Y로부터 X에게로 이전등기가 경료되면 그 등기는 실체관계에 부합하는 등기로서 유효하다.

[5289] (2) Y가 임의로 甲을 처분하여 양수인이 법 제4조 제3항에 따라 유효하게 소유권을 취득한 경우에, X에 대한 재산권이전의무가 Z에게 책임 없는 사유로 인하여 불능으로 되었으므로, 위험부담의 문제가 발생한다. 그런데 스스로 Y 명의로 등기가 경료되게 한 X에게 책임 있는 사유로 이행불능으로 되었기에 제537조가 아니라 제538조 제1항 전문이 적용되어야 한다. 따라서 X는

---

46) 법에 위반되어 무효인 양자간 명의신탁에서 Y가 甲을 임의로 처분하더라도 형사상 횡령죄로 처벌되지 않는다(대판(전) 2021.2.18. 2016도18761). 그러나 위 행위는 X의 소유권을 침해하는 행위로서 형사상 횡령죄의 성립 여부와 관계없이 민법상 불법행위에 해당하여 Y는 X에게 손해배상책임을 부담한다(대판 2021.6.3. 2016다34007).

47) 대판 2002.9.6. 2002다35157. 명의수탁자인 학교법인의 기본재산으로 편입된 경우에 관할관청의 허가를 요하지 않는다는 대판 2013.8.22. 2013다31403도 참조.

48) 대판 1998.12.11. 98다43250.

49) X와 Y가 명의신탁약정을 하면서, ㉠ 매수대금의 실질적 부담자인 X의 요구에 따라 甲의 소유명의를 Y에게 이전하기로 하는 등의 약정을 하였더라도, 이는 무효인 명의신탁약정을 전제로 명의신탁부동산 자체 또는 처분대금의 반환을 구하는 범주에 속하는 것이어서 역시 무효이고, ㉡ 명의신탁약정에 기한 X의 Y에 대한 소유권이전등기청구권을 확보하기 위하여 甲에 X 명의의 가등기를 마치고 향후 X가 요구하면 본등기를 마쳐 주기로 약정했더라도, 이 약정 또한 무효인 명의신탁약정을 전제로 한 것이어서 무효이며 따라서 위 약정에 의하여 마쳐진 가등기는 원인무효이다(대판 2015.2.26. 2014다63315).

50) 유예기간 경과 후 X가 Z에 대한 매매계약에 기한 소유권이전등기청구권을 보전하기 위하여 Z를 대위하여 Y 명의의 등기의 말소를 구할 수 있다고 한 대판 2002.3.15. 2001다61654 참조.

51) 대판 1999.9.17. 99다21738; 대판 2002.11.22. 2002다11496.

乙에 대하여 이미 지급된 매매대금의 반환을 구할 수 없고, Y의 처분으로 인한 손해는 특별한 사정이 없는 한 X의 몫이다.[52]

이 경우 X가 입은 손해는 Y와의 관계에서 전보되어야 한다. 판례도 같은 입장으로 대판(전) 2021.9.9. 2018다284233의 다수의견은, 3자간 등기명의신탁에서 명의수탁자의 처분행위 등을 원인으로 제3자 명의로 소유권이전등기가 마쳐진 경우에, 특별한 사정이 없는 한 제3자는 유효하게 소유권을 취득하고, 그 결과 매도인의 명의신탁자에 대한 소유권이전등기의무는 이행불능이 되어 명의신탁자로서는 부동산의 소유권을 이전받을 수 없게 되는 한편, 명의수탁자는 부동산의 처분대금이나 보상금 등을 취득하는데, 명의수탁자가 그러한 처분대금이나 보상금 등의 이익을 명의신탁자에게 부당이득으로 반환할 의무를 부담한다고 본 판례는 타당하므로 그대로 유지되어야 한다는 했다.[53]

(3) 유예기간 경과에 따른 법률관계를 본다. [5290]

① 법이 시행되기 전에는, 乙가 Y 앞으로 등기를 마쳤다면 乙의 X에 대한 재산권이전의무는 변제로 소멸하였다. 그런데 유예기간의 경과로 법이 적용됨에 따라 X와 Y 사이의 명의신탁약정은 무효이고 Y 명의 등기 역시 무효여서 甲의 소유권은 유예기간 경과시 乙에게 복귀하지만, 乙와 X 사이의 계약은 여전히 유효하므로 X는 乙를 상대로 재산권이전청구권을 행사할 수 있다. Y 앞으로 등기를 마침으로써 재산권이전청구권은 이미 소멸했지만, 법 제12조에 따라 부활한다고 해야 한다.[54] 따라서 X는 乙에 대하여 그 계약에 기한 소유권이전등기를 청구할 수 있고, 소유권이전등기청구권을 보전하기 위하여 乙를 대위하여 Y에게 무효인 등기의 말소를 구할 수 있다.[55] 그런데 Y가 자의로 X에게 소유권이전등기를 경료하면, 그 등기는 실체관계에 부합하는 등기여서 X가 甲의 소유권을 취득하는데,[56] 이 등기에 의하여 乙의 X에 대한 재산권이전의무도 이행된 것으로 다루어진다([2216] 참조).

② "이른바 3자간 등기명의신탁의 경우 부동산 실권리자명의 등기에 관한 법률에서 정한 유예기간 경과에 의하여 그 명의신탁약정과 그에 의한 등기가 무효로 되더라도 명의신탁자는 매도인에 대하여 매매계약에 기한 소유권이전등기청구권을 보유하고 있어 그 유예기간의 경과로 그 등기명의를 보유하지 못하는 손해를 입었다고 볼 수 없다. 또한 명의신탁부동산의 소유권이 매도인에게 복귀한 마당에 명의신탁자가 무효인 등기의 명의인인 명의수탁자를 상대로 그 이전등기를 구할 수도 없다. 결국 3자간 등기명의신탁에 있어서 명의신탁자는 명의수탁자를 상대로 부당이득

52) 법 시행 전에 등기를 마친 경우에 관한 대판 2002.3.15. 2001다61654 참조.

53) 나아가 명의수탁자가 부동산에 관하여 제3자에게 근저당권을 설정하여 준 경우에도 부동산의 소유권이 제3자에게 이전된 경우와 마찬가지라고 하였다: "명의수탁자가 제3자에게 부동산에 관하여 근저당권을 설정하여 준 경우에 제3자는 부동산실명법 제4조 제3항에 따라 유효하게 근저당권을 취득한다. 이 경우 매도인의 부동산에 관한 소유권이전등기의무가 이행불능된 것은 아니므로, 명의신탁자는 여전히 매도인을 대위하여 명의수탁자의 부동산에 관한 진정명의 회복을 원인으로 한 소유권이전등기 등을 통하여 매도인으로부터 소유권을 이전받을 수 있지만, 그 소유권은 명의수탁자가 설정한 근저당권이 유효하게 남아 있는 상태의 것이다. 명의수탁자는 제3자에게 근저당권을 설정하여 줌으로써 피담보채무액 상당의 이익을 얻었고, 명의신탁자는 매도인을 매개로 하더라도 피담보채무액 만큼의 교환가치가 제한된 소유권만을 취득할 수밖에 없는 손해를 입은 한편, 매도인은 명의신탁자로부터 매매대금을 수령하여 매매계약의 목적을 달성하였으면서도 근저당권이 설정된 상태의 소유권을 이전하는 것에 대하여 손해배상책임을 부담하지 않으므로 실질적인 손실을 입지 않는다. 따라서 3자간 등기명의신탁에서 명의수탁자가 부동산에 관하여 제3자에게 근저당권을 설정한 경우 명의수탁자는 근저당권의 피담보채무액 상당의 이익을 얻었고 그로 인하여 명의신탁자에게 그에 상응하는 손해를 입혔으므로, 명의수탁자는 명의신탁자에게 이를 부당이득으로 반환할 의무를 부담한다."

54) X가 甲을 인도받아 점유하는 경우에 乙에 대한 소유권이전등기청구권은 소멸시효가 진행되지 않는다(대판 2013.12.12. 2013다26647). [1358] 참조.

55) 대판 2011.9.8. 2009다49193 · 49209.

56) 대판 2004.6.25. 2004다6764.

반환을 원인으로 한 소유권이전등기를 구할 수 없다."57) 다만 유예기간 경과 후 Y가 甲을 임의로 처분하거나 수용 등을 원인으로 제3취득자 명의로 이전등기가 마쳐진 경우에 Z의 X에 대한 소유권이전등기의무는 이행불능으로 되고, Y는 X에게 甲의 처분대금이나 보상금을 부당이득으로 반환해야 한다.58)

③ 참고로 대결 1997.5.1. 97마384는, 유예기간 내에 실명등기를 하지 않은 경우에, 유예기간 경과 후 명의신탁 해지를 원인으로 한 X의 소유권이전등기신청은 부적법하여 각하되어야 한다고 했는데, 양자간 등기명의신탁에서라면 유예기간 경과 후라도 여전히 소유자인 X는 Y 명의 등기의 말소를 구할 수 있다.59)

[참 고] 외형상 양자간 등기명의신탁으로 보이지만 실질적으로는 이익상황이 달라 3자간 등기명의신탁의 법리에 의해야 하는 경우도 있다. 가령 X가 Y 소유의 부동산을 매수하면서 Y 명의의 등기를 유지하기로 한 경우에, 부동산취득의 원인계약은 유효하므로, X가 Y와의 원인계약에 기하여 소유권이전등기를 구할 수 있다고 할 것이다.60)

그런데 판례는 이 경우 「부당이득으로」 부동산의 반환을 구할 수 있다는 입장으로 보인다. 즉 대판 2010.2.11. 2008다16899는 "부동산소유자가 그 소유하는 부동산의 전부 또는 일부지분에 관하여 제3자(명의신탁자)를 위하여 '대외적으로만' 보유하는 관계에 관한 약정(명의신탁약정)을 하는 경우"에 양자간 등기명의신탁이 성립하고, 유예기간의 경과로 "위 명의신탁약정이 무효로 됨에 따라 명의수탁자가 당해 부동산에 관한 완전한 소유권을 취득하게 된 경우, 위 유예기간이 경과하기 전까지는 명의수탁자는 명의신탁약정에 따라 당해 부동산에 관한 소유명의를 취득한 것으로서 명의신탁자는 언제라도 명의신탁약정을 해지하고 당해 부동산에 관한 소유권을 취득할 수 있었다고 할 것이므로, 명의수탁자는 위 법 시행에 따라 당해 부동산에 관한 완전한 소유권을 취득함으로써 당해 부동산 자체를 부당이득하였다고 보아야 하고, 위 법 제3조 및 제4조가 명의신탁자에게 소유권이 귀속되는 것을 막는 취지의 규정은 아니므로 명의수탁자는 명의신탁자에게 자신이 취득한 당해 부동산을 부당이득으로 반환할 의무가 있다"61)고 하였다.62)

[5291]

3. 제3자에 대한 관계

(1) 명의신탁약정과 명의신탁등기 및 뒤에서 보는 계약명의신탁의 무효는 제3자에게 대항하지 못하는데(법 제4조 제3항),63) 제3자의 선·악의를 불문한다.

이 경우 명의신탁관계는 당사자의 의사표시 등을 기다릴 필요 없이 당연히 종료되었다고 보

57) 대판 2008.11.27. 2008다55290·55306.

58) 앞의 2009다49193·49209 판결.

59) 대판 2002.9.6. 2002다35157.

60) 법 시행 전의 명의신탁에서도 유예기간이 경과하면 —양자간 등기명의신탁과 달리— 명의신탁약정이 무효로 되어 Y 소유로 확정되지만, X는 여전히 유효한 원인계약에 기하여 소유권이전등기를 구할 수 있다고 할 것이다.

61) 부당이득반환의 약정이 있는 경우에 관한 대판 2014.5.29. 2012다42505도 참조.

62) 나아가 "피상속인 사망 후 공동상속인 중 1인이 다른 공동상속인에게 자신의 상속지분을 중간생략등기 방식으로 명의신탁하였다가 그 명의신탁이 '부동산 실권리자명의 등기에 관한 법률'이 정한 유예기간의 도과로 무효가 되었음을 이유로 명의수탁자를 상대로 상속지분의 반환을 구하는 경우, 그러한 청구는 명의신탁이 유예기간의 도과로 무효로 되었음을 원인으로 하여 소유권의 귀속을 주장하는 것일 뿐 상속으로 인한 재산권의 귀속을 주장하는 것이라고 볼 수 없고, 나아가 명의수탁자로 주장된 피고를 두고 진정상속인의 상속권을 침해하고 있는 참칭상속인이라고 할 수도 없으므로, 위와 같은 청구가 상속회복청구에 해당한다고 할 수 없다."

63) 대판 2013.2.28. 2010다89814: "양자간 등기명의신탁에서 명의수탁자가 신탁부동산을 처분하여 제3취득자가 유효하게 소유권을 취득하고 이로써 명의신탁자가 신탁부동산에 대한 소유권을 상실하였다면, 명의신탁자의 소유권에 기한 물권적 청구권, 즉 말소등기청구권이나 진정명의 회복을 원인으로 한 이전등기청구권도 더 이상 그 존재 자체가 인정되지 않는다. 그 후 명의수탁자가 우연히 신탁부동산의 소유권을 다시 취득하였다고 하더라도 명의신탁자가 신탁부동산의 소유권을 상실한 사실에는 변함이 없으므로, 여전히 물권적 청구권은 그 존재 자체가 인정되지 않는다." 나아가 대판 2014.3.27. 2013다91146: "제3자가 명의수탁자 등을 상대로 한 승소 확정판결에 의하여 소유권이전등기를 마친 경우, 다른 소유권이전등기청구권자가 명의수탁자나 기타 종전의 소유자를 대위하여 제3자 명의의 소유권이전등기가 원인무효임을 내세워 그 등기 및 그에 기초한 또 다른 등기의 말소를 구하는 것은 확정판결의 기판력에 저촉된다."

아야 한다.[64)]

(2) 제3자에 해당하는지의 판단은 —선 · 악의가 문제되지 않는다는 점을 제외한다면— 상대적 무효/취소에서의 제3자([1228] 참조)와 달라질 이유가 없다. 따라서 무효인 Y 명의의 등기를 기초로 새로운 이해관계를 맺은 이들 중에서 제3자에게 대항할 수 있는 법적 지위를 취득한[65)] 이로 한정되어야 한다.

판례도 ① "여기서의 '제3자'라 함은, 수탁자가 물권자임을 기초로 그와의 사이에 새로운 이해관계를 맺는 자를 말하고, 여기에는 소유권이나 저당권 등 물권을 취득한 자뿐만 아니라 압류 또는 가압류채권자도 포함되며, 제3자의 선의 · 악의를 묻지 않는다"고 하는데,[66)] Y로부터 甲에 관한 물권을 이전받거나 대항력 있는 임차권[67)]을 설정받은 이, 甲에 대한 가등기권리자, (가)압류채권자 등이 그 예이다. ② 이와 달리 X와 甲에 관한 물권을 취득하기 위한 계약을 맺고 단지 등기만 Y로부터 경료받은 것 같은 외관을 갖춘 이는 여기의 제3자에 해당되지 않으므로, 법 제4조 제3항을 들어 무효인 명의신탁등기에 터 잡아 경료된 자신의 등기의 유효를 주장할 수는 없다고 하였다.[68)] 한편 ③ 위의 제3자에 해당하지 않는 이로부터의 「전득자」가 법 제4조 제3항에 의하여 보호되는지에 관하여, 대판 2005.11.10. 2005다34667 · 34674는, Y로부터 소유권이전등기를 이어받은 이의 등기가 무효인 이상 부동산등기에 관하여 공신력이 인정되지 않는 우리 법제 아래서는 그 무효인 등기에 기초하여 새로운 법률원인으로 이해관계를 맺은 이가 다시 등기를 이어받았다면 그 명의의 등기 역시 특별한 사정이 없는 한 무효임을 면할 수 없으므로, 이렇게 Y와 직접 이해관계를 맺은 것이 아니라 법 제4조 제3항에 정한 제3자가 아닌 이와 사이에서 무효인 등기를 기초로 다시 이해관계를 맺은 데 불과한 이는 위 조항이 규정하는 제3자에 해당하지 않는다고 하였다. 그러나 상대적 무효/취소에서와 달리 새로운 이해관계를 가진 전득자를 보호에서 배제할 이유는 없다고 할 것이다(우선 [1233] 참조).[69)]

(3) 부동산실명법을 위반한 명의신탁에서 Y가 甲을 임의로 처분한 경우에, 형사상 횡령죄가 성립하지 않지만,[70)] 그 처분행위는 X의 소유권(양자간 명의신탁의 경우) 또는 소유권이전등기청구권(3자간 명의신탁의 경우)을 침해하는 행위로서 민법상 불법행위에 해당하여 Y는 X에게 손해배상책임을 부담한다.[71)]

---

64) 대판 2021.7.8. 2021다209225 · 209232.

65) 등기 · 가등기 또는 대항요건의 구비를 통하여. 다만 학설은 일반적으로 대항요건 구비 여부를 따지지 않는다.

66) 대판 2009.3.12. 2008다36022.

67) Z가 악의여서 무효인 계약명의신탁에서 Y로부터 甲(주택)을 임차하여 주택임대차법 소정의 대항요건을 갖춘 이도 법 제4조 제3항의 제3자에 해당하고, Y 명의의 소유권이전등기가 말소되고 Z로부터 甲을 매수한 X는 주택임대차법 제3조 제4항에 따라 임대인지위를 승계한다고 한 대판 2022.3.17. 2021다210720 참조.

68) 대판 2004.8.30. 2002다48771. 실체관계에 부합하는 등기로서 유효하다는 주장을 할 수는 있음에 관하여 대판 2008.12.11. 2008다45187; 대판 2022.9.29. 2022다228933도 참조.

69) 참고로 대판 2021.11.11. 2019다272725는, 법 제4조 제3항이 「연속된 명의신탁관계」에서 최후의 명의수탁자가 물권자임을 기초로 그와 사이에 직접 새로운 이해관계를 맺은 사람에게도 적용된다고 하였다.

70) 양자간 명의신탁에 관한 대판(전) 2021.2.18. 2016도18761 및 3자간 명의신탁에 관한 대판(전) 2016.5.19. 선고 2014도6992.

71) 양자간 명의신탁에 관한 대판 2021.6.3. 2016다34007 및 3자간 명의신탁에 관한 대판 2022.6.9. 2020다208997.

[5292] ## Ⅲ. 특수한 경우들

1. 계약명의신탁

가. 서 설

부동산을 매수하려는 X가 Y에게 위탁하여 Y가 계약당사자로서 Z로부터 甲을 매수하여 Y 앞으로 등기를 경료하는 유형의 명의신탁을 계약명의신탁(契約名義信託)이라 한다.

3자간 등기명의신탁인지 아니면 계약명의신탁인지의 구별은 계약당사자가 누구인지의 해석 문제, 즉 부동산소유권의 취득을 위한 원인계약에 명의수탁자가 관여하는지 여부를 확정하는 문제로 귀결된다.[72]

[5293] #### 나. 계약명의신탁의 효력

(1) 계약명의신탁에서도 X와 Y의 명의신탁약정은 법 제4조 제1항에 따라 무효이다.

(2) 명의신탁약정에 기하여 경료된 Y 명의 등기의 효력은 Y와 Z 사이의 계약의 유효 여부에 좌우되는데, 판례는 법 제4조 제2항 단서로부터 Y의 계약상대방인 Z가 계약명의신탁약정이 있었음을 알았는지 여부에 따라 그 효력이 달라진다는 결론을 도출하는 반면,[73] 이에 반대하는 견해도 유력하다.

그런데 법 제4조는 甲에 대한 Y의 권리취득을 전면적으로 부정하는 강행규정이어서 그 취지는 제3자에 대해서도 관철되어야 하지만, 계약명의신탁약정의 존재를 Z가 알지 못한 경우에 예외적으로 그를 보호한다는 것이 같은 조 제2항 단서의 취지라고 이해할 것이다.[74] 그리고 명의신탁약정의 존재에 대하여 Z가 알았는지 여부는 계약체결시를 기준으로 판단한다.[75]

[5294] (3) 요컨대 계약상대방인 Z가 계약명의신탁약정의 존재를 알았다면 甲에 관한 물권변동이 무효이지만, 몰랐다면 유효하다. 구체적인 법률관계를 본다.

① 먼저 Z가 선의인 경우에, Y는 甲에 관한 완전한 소유권을 취득한다.[76] 이 경우 X는 Z에 대하여 아무런 청구도 하지 못하고, Y를 상대로 부당이득으로서 매매대금의 반환을 청구할 수 있을 뿐이다.[77]

---

72) 대판 2022.4.28. 2019다300422: "명의신탁약정이 3자간 등기명의신탁인지 아니면 계약명의신탁인지의 구별은 계약당사자가 누구인가를 확정하는 문제로 귀결되는데, 계약명의자가 명의수탁자로 되어 있다 하더라도 계약당사자를 명의신탁자로 볼 수 있다면 이는 3자간 등기명의신탁이 된다. 따라서 계약명의자인 명의수탁자가 아니라 명의신탁자에게 계약에 따른 법률효과를 직접 귀속시킬 의도로 계약을 체결한 사정이 인정된다면 명의신탁자가 계약당사자이고, 이 경우의 명의신탁관계는 3자간 등기명의신탁으로 보아야 한다." 대판 2010.10.28. 2010다52799도 동지. 그 밖에 대결 2013.10.7. 2013스133도 참조.

73) 예를 들어 대판 2015.12.23. 2012다202932는, 아파트의 수분양자가 타인과 대내적으로는 자신이 수분양권을 계속 보유하되 수분양자 명의만 타인의 명의로 하는 내용의 명의신탁약정을 맺으면서 분양계약의 수분양자로서의 지위를 포괄적으로 이전하는 내용의 계약인수약정을 체결하고 이에 대하여 명의신탁약정의 존재를 모르는 분양자가 동의 내지 승낙을 한 경우에, 이는 계약명의신탁관계에서 Y가 당초 명의신탁약정의 존재를 모르는 분양자와 분양계약을 체결한 경우와 다를 바 없으므로, 분양계약인수약정은 유효하다고 했다.

다만 대판 2012.11.15. 2012다69197: "경매절차에서의 소유자가 […] 명의신탁약정사실을 알고 있었거나 소유자와 명의신탁자가 동일인이라고 하더라도 그러한 사정만으로 그 명의인의 소유권 취득이 부동산실명법 제4조 제2항에 따라 무효로 된다고 할 것은 아니다. 비록 경매가 사법상 매매의 성질을 보유하고 있기는 하나 다른 한편으로는 법원이 소유자의 의사와 관계없이 그 소유물을 처분하는 공법상 처분으로서의 성질을 아울러 가지고 있고, 소유자는 경매절차에서 매수인의 결정과정에 아무런 관여를 할 수 없는 점, 경매절차의 안정성 등을 고려할 때 경매부동산의 소유자를 위 제4조 제2항 단서의 '상대방당사자'라고 볼 수는 없기 때문"이다.

74) 어떤 사정에 대한 당사자의 知·不知가 법률행위의 효력에 영향을 미치는 예로 제107조 제1항과 제110조 제2항 등이 있다.

75) 대판 2018.4.10. 2017다257715.

76) X에 대한 관계에서도 마찬가지이다.

77) 참고로 대판 2009.9.10. 2006다73102: "경매절차에서 매수대금을 부담한 명의신탁자와 매수인명의를 빌려준 명의수탁자 및 제3자 사이의 새로운 명의신탁약정에 의하여 명의수탁자가 다시 명의신탁자가 지정하는 제3자 앞으로 소유권이전등기를 마쳐 주었다면, 제3자 명의의 소유권이전등기는 위 법률 제4조 제2항에 의하여 무효이므로, 제3자는 소유권이전등기에도 불구하고 그 부동산의 소유권을 취득하거나 그 매수대금 상당의 이익을 얻었다고 할 수 없다. 또한, 제3자 명의로 소유권이전등기를 마치게 된 것이 제3자가 명의수탁자를 상대로 제기한 소유권이전등기청구소송의 확정판결에 의한 것이더라도, 소유권이전등기절차의 이행을 명한 확정판결의

② 반면 乙가 악의인 경우에, Y 명의의 등기는 그 효력을 상실하여 甲의 소유권은 乙에게 복귀한다.[78] 乙는 Y에게 원인계약의 무효를 이유로 등기의 말소를 구할 수 있고, Y는 乙에게 급부한 것의 반환을 구할 수 있다. 이때 X는 乙 또는 Y에 대하여 이전등기를 청구할 수 없지만, 乙가 Y 대신 X에게 甲을 양도할 의사를 표시한 경우에는 그렇지 않다.[79]

한편 자기명의로 등기를 마친 Y가 甲을 제3자에게 처분하면 乙의 소유권을 침해하는 행위로서 불법행위가 성립하지만, 乙가 이미 Y로부터 매매대금을 수령했다면, Y의 처분행위가 유효하게 확정되더라도 乙로서는 매매대금 반환채무의 이행을 거절할 수 있어서 특별한 사정이 없는 한 그 처분행위로 인하여 어떠한 손해도 입지 않는다.[80]

(4) Y가 甲의 소유권을 취득하면 X는 Y에 대하여 부당이득의 반환을 구할 수 있는데, 이때 Y가 반환해야 하는 이득은 甲 자체가 아니라 X로부터 제공받은 매수대금이다. 대판 2005.1.28. 2002다66922: 명의신탁약정이 있음을 알지 못하는 乙가 Y와 甲에 관한 매매계약을 체결하고 Y 명의로 소유권이전등기를 마친 경우에 "명의신탁자와 명의수탁자 사이의 명의신탁약정의 무효에도 불구하고 그 명의수탁자는 당해 부동산의 완전한 소유권을 취득하게 되고, 다만 명의수탁자는 명의신탁자에 대하여 부당이득반환의무를 부담하게 될 뿐이라 할 것인데, 그 계약명의신탁약정이 부동산 실권리자명의 등기에 관한 법률 시행 후인 경우에는 명의신탁자는 애초부터 당해 부동산의 소유권을 취득할 수 없었으므로 위 명의신탁약정의 무효로 인하여 명의신탁자가 입은 손해는 당해 부동산 자체가 아니라 명의수탁자에게 제공한 매수자금이라 할 것이고, 따라서 명의수탁자는 당해 부동산 자체가 아니라 명의신탁자로부터 제공받은 매수자금을 부당이득하였다."[81] [5295]

[참 고] 계약명의신탁에서 X와 Y의 관계

㉠ 앞에서 본 판례의 태도는, 계약명의신탁약정(및 부동산 매입의 위임약정)이 무효여서 애초부터 甲의 소유권을 취득할 수 없었던 X는 Y가 취득한 소유권의 반환을 구할 수는 없다는 점을 근거로 한다.

㉡ 반면 「법 시행 전」에는 Y가 甲의 소유권을 취득하지만, Y는 유효한 명의신탁약정에 포함된 위임법리에 따라 취득물 인도의무를 진다. 따라서 대판 2002.12.26. 2000다21123은 X가 Y를 상대로 甲의 소유권을 부당이득으로 반환청구할 수 있고, 이 점은 유예기간이 경과한 때에도 마찬가지라고 하였는데, 법 제3조와 제4조가 X에게 소유권이 귀속되는 것을 막는 취지의 규정은 아니기 때문이다. 대판 2009.7.9. 2009다23313은 이러한 경우에 "명의신탁자가 당해 부동산의 회복을 위해 명의수탁자에 대해 가지는 소유권이전등기청구권은 그 성질상 법률의 규정에 의한 부당이득반환청구권으로서 민법 제162조 제1항에 따라 10년의 기간이 경과함으로써 시효로 소멸"하는데, X가 甲의 점유 및 사용 등 권리를 행사하고 있더라도 마찬가지라고 하였다. 그리고 X와 Y가, 장차 甲의 처분대가를 X에게 지급하기로 하는 정산약정을 한 경우에, 약정 후에 부동산실명법이 시행되었

기판력은 소송물인 이전등기청구권의 존부에만 미치고 소송물로 되어 있지 아니한 소유권의 귀속 자체에까지 미치지는 않으므로, 명의수탁자가 여전히 그 부동산의 소유자임은 마찬가지"이다.

78) 원인계약 자체가 무효이므로 3자간의 등기명의신탁과 달리 乙는 계약상의 의무를 지지 않는다.

79) 대판 2003.9.5. 2001다32120: "그 무효사실이 밝혀진 후에 계약상대방인 매도인이 계약명의자인 명의수탁자 대신 명의신탁자가 그 계약의 매수인으로 되는 것에 대하여 동의 내지 승낙을 함으로써 부동산을 명의신탁자에게 양도할 의사를 표시하였다면, 명의신탁약정이 무효로 됨으로써 매수인의 지위를 상실한 명의수탁자의 의사에 관계없이 매도인과 명의신탁자 사이에는 종전의 매매계약과 같은 내용의 양도약정이 따로 체결된 것으로 봄이 상당하고, 따라서 이 경우 명의신탁자는 당초의 매수인이 아니라고 하더라도 매도인에 대하여 별도의 양도약정을 원인으로 하는 소유권이전등기청구를 할 수 있다."

80) 대판 2013.9.12. 2010다95185.

81) 甲의 매매대금 상당액 외에 X가 Y에게 지급한 취득세, 등록세 등의 취득비용도 반환범위에 포함된다는 대판 2010.10.14. 2007다90432도 참조.

다거나 甲의 처분이 법 시행 후에 이루어졌다고 하더라도 그러한 사정만으로 위 정산약정까지 당연히 무효로 된다고 볼 수 없다.[82]

이러한 태도는 X가 유효하게 甲의 소유권을 취득하였음을 전제로 하는데, 법 시행 전의 명의신탁이라도 X가 소유권을 취득할 수 없었다면 본문의 기준에 따라야 하고,[83] Y 명의의 등기가 마쳐지지 않은 상태에서 유예기간이 경과한 경우에도 부당이득의 대상은 매수자금이지 甲의 소유권은 아니다.[84]

㉢ 한편 법 시행 후의 계약명의신탁에서 Y가 자의로 甲에 관하여 X 앞으로 소유권이전등기를 마쳐준 경우에 대물변제로서 유효하다.[85] 이처럼 대물변제가 가능하다면, 甲의 가치가 하락한 경우에도 Y가 甲의 소유권을 이전해 주는 것으로 족한가 하는 의문이 있을 수 있는데, 실질적인 처분행위자인[86] X가 가치하락에 따른 불이익을 부담해야 하므로, 그 수령을 거절하는 것은 신의칙상 허용되지 않는다 할 것이다.[87]

㉣ X와 계약명의신탁약정을 맺고 甲을 매수하여 자신 앞으로 소유권이전등기를 경료한 Y가 甲을 지방자치단체에 매도하여 수령하게 된 보상금 중 일부를 제3자(D)에게 지급한 경우에, Y에 대하여 약정금반환청구권과 같은 채권적 권리만 갖는 X에 대한 관계에서 D가 법률상 원인 없이 타인의 재산으로 인하여 이익을 취득하고 이로 인하여 X에게 손해를 가했다고 볼 수 없다.[88]

(5) 계약명의신탁에서 Z가 계약명의신탁약정의 존재에 관하여 선의였다면, 유예기간 내에 실명등기를 하지 않았더라도 甲에 관한 물권변동은 유효하고, 명의신탁약정의 무효[89]에도 불구하고 Y는 Z뿐만 아니라 X에 대한 관계에서도 유효하게 당해 부동산의 소유권을 취득한다.

[5296] 2. 상호명의신탁: 구분소유적 공유

(1) 1개의 부동산 중 일부를 특정하여 매수하면서 그 부동산 전체에 관하여 공유지분이전등기를 한 경우처럼 등기상 부동산 전체에 대한 공유등기가 경료되어 있으나 내부적으로는 각 공유자들이 그 부동산을 구분하여 특정부분을 배타적으로 사용 · 수익하는 관계를 구분소유적 공유(區分所有的 共有)라 한다. 그런데 공유자들 사이에서 특정부분을 각 공유자에게 배타적으로 귀속시켜 구분소유하려는 의사의 합치가 있어야 하고,[90] 1동 건물 중 각 일부분의 위치 및 면적이 특정되지 않거나 구조상 · 이용상 독립성이 인정되지 않는 경우에는 공유자들 사이에 이를 구분소유하기로 하는 취지의 약정이 있더라도 일반적인 공유가 성립할 뿐, 공유지분등기의 상호명의신탁 내지 건물에 대한 구분소유적 공유가 성립한다고 할 수 없다.[91]

82) 대판 2021.7.21. 2019다266751.
83) X 명의로 소유권이전등기를 함에 법률상 장애사유가 있었던 경우에 관한 대판 2008.5.15. 2007다74690 참조.
84) 대판 2011.5.26. 2010다21214.
85) 대판 2014.8.20. 2014다30483은, 계약명의신탁의 당사자들이 명의신탁약정의 유효, 즉 X가 이른바 내부적 소유권을 가지는 것을 전제로 하여 장차 X 앞으로 甲에 관한 소유권등기를 이전하거나 甲의 처분대가를 X에게 지급하는 것 등을 내용으로 하는 약정을 하였다면 이는 명의신탁약정을 무효라고 정하는 법 제4조 제1항에 따라 무효이지만, "명의수탁자가 […] 완전한 소유권 취득을 전제로 하여 사후적으로 명의신탁자와의 사이에 위에서 본 매수자금반환의무의 이행에 갈음하여 명의신탁된 부동산 자체를 양도하기로 합의하고 그에 기하여 명의신탁자 앞으로 소유권이전등기를 마쳐준 경우에는 그 소유권이전등기는 새로운 소유권 이전의 원인인 대물급부의 약정에 기한 것이므로 약정이 무효인 명의신탁약정을 명의신탁자를 위하여 사후에 보완하는 방책에 불과한 등의 다른 특별한 사정이 없는 한 유효하고, 대물급부의 목적물이 원래의 명의신탁부동산이라는 것만으로 유효성을 부인할 것은 아니"라고 하였다.
86) Y는 명의를 대여한 「허수아비」에 불과하고, 일종의 간접대리인인 허수아비는 X의 계산으로 행위하였음을 상기하라.
87) 부당이득으로 매매대금을 반환하는 경우에는 이득의 감소를 주장할 수도 있을 것이다.
88) 대판 2008.9.11. 2007다24817.
89) 계약명의신탁약정이 유예기간 경과로 무효가 된 경우에, 명의신탁약정과 함께 이루어진 부동산매입의 위임약정 역시 무효이고, 이 경우 X와 Y 사이에 X의 요구에 따라 부동산의 소유명의를 이전하기로 한 약정도 무효라고 한 대판 2015.9.10. 2013다55300 참조.
90) 대판 2005.4.29. 2004다71409; 대판 2009.3.26. 2008다44313.
91) 대판 2014.2.27. 2011다42430. 대결 2001.6.15. 2000마2633도 참조.

구분소유적 공유의 법적 성질에 관하여, 판례는 각 공유자들이 각자의 배타적 사용 · 수익의 대상인 특정부분을 제외한 나머지 부분에 관한 등기를 상호명의신탁하는 것으로 본다.[92]

(2) 각 공유자는 내부관계에서 특정부분에 한하여 소유권을 취득하여 이를 배타적으로 사용 · 수익할 수 있고,[93] 다른 구분소유자의 방해행위에 대하여 소유권에 터 잡아 그 배제를 구할 수 있다.

(3) 대외적으로 1필지 전체에 관하여 공유관계가 성립하고 공유자로서 권리를 주장할 수 있으므로, 제3자의 방해행위가 있으면 자기의 구분소유부분뿐만 아니라 전체 토지에 대하여 공유물의 보존행위로서 그 배제를 구할 수 있다.[94]

[참 고] 구분소유적 공유자가 자신의 권리를 처분하는 모습으로 ⓐ 구분소유의 목적인 특정부분을 처분하면서 등기부상의 공유지분을 그 특정부분에 대한 표상으로서 이전하는 경우와 ⓑ 등기부의 기재대로 1필지 전체에 대한 진정한 공유지분으로서 처분하는 경우[95]가 있다. 이 중 ⓑ의 경우에 제3자가 그 부동산 전체에 대한 공유지분을 취득하고 구분소유적 공유관계는 소멸하는 반면, ⓐ의 경우에 양수인에게 구분소유적 공유관계가 승계된다.[96]

경매에서도 마찬가지인데, ⓐ에 해당하기 위하여 집행법원이 공유지분이 아닌 특정구분소유 목적물에 대한 평가를 하게 하고 그에 따라 최저경매가격을 정한 후 경매를 실시해야 하며, 그러한 사정이 없다면 경매목적물은 1필지 전체에 대한 공유지분(ⓑ)이라고 보아야 한다.[97]

(4) 구분소유적 공유의 해소는 공유물분할이 아니라 상호명의신탁의 해지에 의한다.[98]

---

92) 대판(전) 1980.12.9. 79다634.

93) 따라서 토지의 구분소유적 공유에서 독자적으로 그 지상에 건물을 신축하여 소유할 수 있고, 다른 구분소유자에 대한 관계에서 부당이득이 성립하지도 않는다.

94) 대판 1994.2.8. 93다42986.

95) 상대방이 구분소유적 공유관계의 존재를 알지 못했다면 당연히 이 경우에 해당한다.

96) 대판 1991.5.10. 90다20033.

97) 2008.2.15. 2006다68810 · 68827.

98) 구분소유적 공유관계의 해소에 관한 재판례를 본다. ㉠ 공유물분할청구는 공유자의 일방이 그 공유지분권에 터 잡아서 하는 것이므로, 공유지분권을 주장하지 않고 목적물의 특정부분을 소유한다고 주장하는 이는 그 부분에 대하여 신탁적으로 지분등기를 가지는 이를 상대로 하여 그 특정부분에 대한 명의신탁 해지를 원인으로 한 지분이전등기절차의 이행을 구하면 되고, 이에 갈음하여 공유물분할청구를 할 수는 없다(대판 1996.2.23. 95다8430. 건물의 구분소유적 공유에 관한 대판 2010.5.27. 2006다84171도 동지). ㉡ 대판 2014.6.26. 2012다25944는, 1필지의 토지 중 특정부분에 대한 구분소유적 공유관계를 표상하는 공유지분을 목적으로 하는 근저당권이 설정된 후 구분소유하는 특정부분별로 독립한 필지로 분할되고 나아가 구분소유자 상호간에 지분이전등기를 하는 등으로 구분소유적 공유관계가 해소되더라도 그 근저당권은 종전의 구분소유적 공유지분의 비율대로 분할된 토지들 전부의 위에 그대로 존속하고, 근저당권설정자의 단독소유로 분할된 토지에 당연히 집중되는 것은 아니라고 하였다. 그런데 구분소유적 공유관계가 해소되는 경우에, 공유지분권자 상호간의 지분이전등기의무는 그 이행상 견련관계에 있다고 봄이 공평의 관념 및 신의칙에 부합하고, 또한 각 공유지분권자는 특별한 사정이 없는 한 제한이나 부담이 없는 완전한 지분소유권이전등기의무를 지므로 그 구분소유적 공유관계를 표상하는 공유지분에 근저당권설정등기 또는 압류, 가압류등기가 경료되어 있다면 그 공유지분권자는 그러한 각 등기도 말소하여 완전한 지분소유권이전등기를 해 주어야 한다(대판 2008.6.26. 2004다32992 참조). ㉢ 대판 2009.12.24. 2008다71858: "이른바 구분소유적 공유관계에서 구분공유자 중 1인이 소유하는 부분이 후에 독립한 필지로 분할되고 그 구분공유자가 그 필지에 관하여 단독명의로 소유권이전등기를 경료받았다면, 그 소유권이전등기는 실체관계에 부합하는 것으로서 유효하고, 그 구분공유자는 당해 토지에 대한 단독소유권을 적법하게 취득하게 되어, 결국 당해 구분공유자에 관한 한 이제 구분소유적 공유관계는 해소된다. 따라서 그 구분공유자이었던 사람이 위와 같이 분할되지 아니한 나머지 토지에 관하여 여전히 등기부상 공유지분을 가진다고 하여도, 그 공유지분등기는 명의인이 아무런 권리를 가지지 아니하는 목적물에 관한 것으로서 효력이 없게 되고, 명의인은 대외적으로도 위의 나머지 토지에 대하여 공유지분권을 가진다고 할 수 없으며, 종전의 다른 구분공유자는 자신의 소유권 또는 공유지분권에 기하여 위와 같이 효력 없는 공유지분등기의 말소 기타 정정을 청구할 수 있다."

제 4 절 소유권의 침해에 대한 구제

제 1 관 총 설

[5297] ### 1. 서 설

물건의 소유자는 누군가를 매개하지 않고 직접 그 물건을 지배한다. 그런데 소유물을 자유롭게 사용, 수익, 처분할 수 없다면, 소유권이 무의미하다. 물론 어떤 이의 소유물을 제3자가 침해하는 경우에 불법행위에 기한 손해배상 및/또는 부당이득의 반환을 구할 수 있지만, 그러한 사후적 구제만으로 소유자의 보호에 미흡하다. 이 때문에 누군가에 의하여 소유권의 실현이 방해받거나 방해받을 염려가 있으면, 물권의 직접지배성을 관철하기 위하여 그 방해의 배제를 청구할 수 있는 강력한 구제수단이 소유자에게 주어진다. 이것이 물권적 청구권(物權的 請求權)이다.[1)]

물권적 청구권의 일반적 내용은 앞에서 살펴보았는데([5011] 이하 참조), 아래에서는 소유권에 기한 물권적 청구권을 검토한다.

[5298] ### 2. 물권적 청구의 당사자

가. 청구권자

(1) 물권적 청구권을 가지는 이는 소유자이다.[2)] 법적 의미에서 소유자이면 족하고, 법률의 규정에 의한 소유권 취득에서 그에 상응하는 공시방법까지 갖추어야 하는 것은 아니며(예: 건물을 신축한 이), 처분수권을 하거나[3)] 제한물권을 설정하였더라도[4)] 물권적 청구권을 행사할 수 있다. 나아가 그가 물건의 점유를 취득했어야 하는 것도 아니다.

(2) 물권적 청구권을 가지는지가 문제되는 경우들을 본다.

① 등기를 갖추지 않은 부동산매수인은 소유자가 아니므로(제186조 참조) 물권적 청구권을 행사할 수 없지만, 매도인의 물권적 청구권을 대위행사할 수 있다.[5)]

② 유효한 명의신탁의 경우에 명의수탁자만이 (대외적) 소유자로서 물권적 청구권을 가지며, 신탁자는 수탁자를 대위하여 수탁자의 권리를 행사할 수 있을 뿐 직접 제3자에게 신탁재산에 대한 침해의 배제를 구할 수 없다.[6)]

③ 공유자도 물권적 청구권을 가지는데, 부동산공유자 중 1인은 공유물에 대한 보존행위로서 그 공유물에 관한 원인무효등기 전부의 말소를 구할 수 있고, 각 공유자에게 각자의 지분별로 진정명의 회복을 원인으로 한 소유권이전등기를 이행할 것을 단독으로 청구할 수 있다.[7)] 합유자

---

1) 소유권으로 대표되는 물권의 침해에 대한 구제수단으로 ① 과거의 침해, 즉 손해에 대한 배상청구, ② 현재 지속되는 침해, 즉 방해에 대한 금지청구 및 ③ 보충적인 침해이득반환청구 등이 있는데, 물권적 청구는 금지청구의 전형을 이룬다.
참고로 대판 2014.4.10. 2010다84932는, A 소유의 점포를 B 회사가 점유하는 상황에서 A가 점포 인도를 구하는 것과 별도로 B를 상대로 점포에 대한 유치권 부존재확인을 구하는 것은 확인의 이익이 없어 부적법하다고 했다.

2) 대판 1999.2.26. 98다17831.

3) 대판 2014.3.13. 2009다105215.

4) 지상권에 관한 대판 1974.11.12. 74다1150 참조. 한편 대판 1988.4.25. 87다카2696은 "부동산의 양도담보권설정자는 그 부동산의 등기명의가 양도담보권자 앞으로 되어 있다 할지라도 그 부동산의 불법점유자인 제3자에 대하여는 그 실질적 소유자임을 주장하여 불법점유의 상태의 배제권을 행사할 수 있"다고 하였는데, 양도담보의 법적 성질과 관련하여 검토를 요한다.

5) 대판 2007.6.15. 2007다11347. 미등기 무허가건물의 양수인은 소유권에 기한 방해제거청구를 할 수 없다고 한 대판 2016.7.29. 2016다214483 · 214490도 참조.

6) 대판(전) 1979.9.25. 77다1079.

도 제272조 단서에 따라 각자 보존행위로 반환청구를 할 수 있다.[8] 반면 총유에서 비법인사단의 구성원 각자는 보존행위로 반환청구를 할 수 없다([1516] 참조).

(3) 소유자인지 여부는 사실심의 변론종결시를 기준으로 판단한다. 따라서 소유권을 상실한 전 소유자는 소유권에 기한 물권적 청구권을 행사할 수 없지만,[9] 저당권설정계약의 당사자로서 「채권적」인 말소청구권을 가질 수는 있다.[10]

나. 상 대 방 [5299]

소유권의 실현을 방해하는 사정을 현재(사실심 변론종결시) 자기의 사회적 지배범위 내에 두는 이가 청구의 상대방이다(구체적 내용에 관하여 [5302] 및 [5308] 참조).

보 론

물권적 청구권의 행사는 기판력의 주관적 범위와 관련해서도 중요한 의미를 가진다. 즉 확정판결의 효력(기판력)은 제3자에게 미치지 않지만, 민사소송법 제218조 제1항에 따라 변론을 종결한 뒤의 승계인에게는 미친다. 그런데 X가 Y를 상대로 등기관계소송이나 인도소송을 제기하여 승소 확정판결을 받았는데 Y가 변론종결 후 Z에게 권리를 이전한 경우에, Z가 전소의 기판력이 미치는 변론종결 뒤의 승계인인지를 판단할 때 판례는 전소의 소송물인 청구권이 물권적인 것인지 아니면 채권적인 것인지에 따라 달리 취급한다.

㉠ 전소의 소송물이 물권적 청구권이면 Z에게 기판력이 미친다. 소유권에 기한 방해배제로서 원인무효인 소유권이전등기의 말소를 명하는 판결이 확정되었는데 변론종결 뒤 Y로부터 소유권이전등기 또는 저당권설정등기를 경료받은 이,[11] 토지소유권에 기한 건물철거청구소송에서 X가 승소 확정판결을 받았는데 변론종결 뒤 Y로부터 건물을 매수한 이[12] 등이 이에 해당한다. 다만 소유권이전등기의 말소등기청구를 인용한 확정판결의 기판력은 소유권의 존부에는 미치지 않으므로 그 판결 후 등기명의인을 상대로 처분금지가처분등기를 한 이는 변론종결 뒤의 승계인에 해당하지 않으며,[13] 나아가 인도판결의 기판력이 물건에 대한 불법점유를 원인으로 하는 손해배상청구소송에 미치지 않는다고 한다.[14]

한편 소유권에 기한 방해배제를 구하는 소송의 「계속 중」에 부동산의 소유권이 이전되거나 점유가 이전된 경우에는 소송수계가 문제되는데, 소유권이전등기말소청구소송을 제기당한 이가 소송계속 중 당해 부동산의 소유권을 타인에게 이전한 경우에, 부동산물권변동의 효력이 생기는 때인 소유권이전등기가 이루어진 시점을 기준으로 그 승계가 변론종결 후의 것인지를 판단해야 한다.[15]

㉡ 전소의 소송물이 채권적 청구권이면 Z에게 기판력이 미치지 않는다. 취득시효 완성을 이유로 한 소유권이전등기청구소송의 변론종결 후 소유권이전등기를 경료받은 이[16]나 매매로 인한 소유권이전등기소송의 변론종결 후 목적부동산을 이중으로 매수하여 소유권이전등기를 마친 이,[17] 임차권에 기한 건물인도청구소송의 변론종결 후 건물의 소유권을 양수한 이[18] 등이 이에 해당한다.

---

7) 대판 2005.9.29. 2003다40651. 소수지분권자가 공유물을 독점적으로 점유·용익하는 경우에 다른 소수지분권자가 보존행위로 공유물의 인도를 청구하지 못함에 관하여 [5245] 참조.

8) 대판 1997.9.9. 96다16896.

9) 대판 1980.9.9. 80다7.

10) 대판(전) 1994.1.25. 93다16338([5018]에 소개됨).

11) 대판 1980.5.13. 79다1702.

12) 대판 1992.10.27. 92다10883.

13) 대판 1998.11.27. 97다22904.

14) 대판 2019.10.17. 2014다46778: "물건 점유자를 상대로 한 물건의 인도판결이 확정되면 점유자는 인도판결 상대방에 대하여 소송에서 더 이상 물건에 대한 인도청구권의 존부를 다툴 수 없고 인도소송의 사실심 변론종결시까지 주장할 수 있었던 정당한 점유권원을 내세워 물건의 인도를 거절할 수 없다. 그러나 의무이행을 명하는 판결의 효력이 실체적 법률관계에 영향을 미치는 것은 아니므로, 점유자가 그 인도판결의 효력으로 판결 상대방에게 물건을 인도해야 할 실체적 의무가 생긴다거나 정당한 점유권원이 소멸하여 그때부터 그 물건에 대한 점유가 위법하게 되는 것은 아니다. 나아가 물건을 점유하는 자를 상대로 하여 물건의 인도를 명하는 판결이 확정되더라도 그 판결의 효력은 이들 물건에 대한 인도청구권의 존부에만 미치고, 인도판결의 기판력이 이들 물건에 대한 불

[5300] ### 3. 다른 청구권과의 관계

(1) 계약상 청구권 및 부당이득반환청구권과의 관계는 관련되는 곳([5018] 및 [5313] 이하)으로 미루고, 여기서는 상속회복청구권(제999조 제1항)에 관해서만 간략하게 살펴본다.

(2) 피상속인의 사망으로 인하여 권리 · 의무의 포괄적 승계가 이루어지고(제1005조) 상속재산이 부동산인 경우에 상속에 의한 취득은 등기를 요하지 않으므로(제187조), 상속재산의 승계는 —상속인이 피상속인의 사망사실을 알았는지 여부 및 상속재산의 현실적 점유 여부(제193조 참조)를 불문하고— 법률상 당연히 이루어진다. 그런데 상속재산의 승계가 관념적이기 때문에 참칭상속인(僭稱相續人)[19]에 의하여 진정상속인의 상속권이 침해되는 경우가 적지 않다. 이러한 경우에 진정상속인이 참칭상속인에 대하여 자기의 상속권을 주장하여 그 침해를 배제하고 상속권의 내용을 실현하기 위하여 인정되는 권리가 상속회복청구권(相續回復請求權)이다. 즉 진정상속인은 개개의 상속재산을 일일이 열거하지 않고 침해자에 대하여 일괄하여 회복청구를 할 수 있다. 판례는, 상속회복청구권을 특별히 규정하고 이에 대하여 단기의 제척기간을 규정한 입법자의 의도는 조속한 기간 내에 상속재산과 관련된 법률관계의 불안을 해소시키고 거래의 안전을 도모하려는 데 있다고 한다.[20]

참칭상속인에 의하여 상속권을 침해받은 진정상속인의 보호와 상속재산에 관한 권리관계의 조속한 안정이라는 상반되는 목표를 가진 상속회복청구권의 법적 성질에 관하여 견해가 대립하는데, 개개의 상속재산에 대한 물권적 청구권이라는 구제수단과의 관계를 어떻게 볼 것인지 그리고 상속회복청구권에 관한 제척기간이 그에 미치는지와 관련된다. 판례는 상속회복청구권을 단일 · 독립된 청구권이 아니라 상속재산을 구성하는 개개의 재산에 대한 개별적 청구권의 집합으로 보는 집합권리설(集合權利說)을 취한다. 즉 상속회복청구권과 개개의 물권적 청구권을 별개로 보지 않고 동일하게 보아, 양자는 법조경합관계에 있고, 따라서 개개의 물권적 청구권을 행사하더라도 권리의 귀속원인으로 상속을 주장하는 이상 이는 상속회복청구권의 행사라고 본다.[21] 이 견해에 의하면 상속을 이유로 상속재산의 반환을 구하는 소는 —그 명칭이 어떻든 또한 상대가 누구이든(즉 참칭상속인이든 제3자이든)— 상속회복청구권의 행사로서 이행의 소이며, 제999조 제2항의 기간이 경과하면 개개의 재산에 대한 물권적 청구권도 행사할 수 없다. 나아가 판결의 효력은 청구된 목적물에만 미친다는 점[22]에서 판례의 입장은 진정상속인의 보호에 미흡한 측면이 없지 않다.

법점유를 원인으로 한 손해배상청구소송에 미치지 않는다."

15) 대판 2005.11.10. 2005다34667 · 34674.

16) 대판 1997.5.28. 96다41649.

17) 대판 2003.5.13. 2002다64148.

18) 대판 1991.1.15. 90다9964.

19) 정당한 상속권이 없음에도 상속인이라고 신뢰케 하는 외관을 갖추어 진정한 상속인의 상속권을 침해하는 이.

20) 대판 1994.10.21. 94다18249.

21) 대판(전) 1981.1.27. 79다854; 대판(전) 1991.12.24. 90다5740: 판례, 〈8-1-3〉.

22) 상속재산의 일부에 대한 상속회복청구의 제소기간을 준수했다고 하여 그로써 다른 상속재산에 대한 소송에 그 기간준수의 효력이 생기지 아니한다고 한 대판 1981.6.9. 80므84 · 85 · 86 · 87 참조.

제2관 소유자의 물권적 청구권

Ⅰ. 반환청구권 [5301]

1. 서 설

물권내용의 실현에 대한 방해가 「점유침탈」의 모습으로 일어나는 경우에 반환청구권이 인정된다. 그리고 반환청구권의 행사에 의하여 점유를 회복한 경우에 후속의 법률관계에 대하여 제201조 내지 제203조가 적용된다([5311] 이하 참조).

2. 요 건 [5302]

가. 개 관

소유물반환청구권을 행사하는 이가 ① 목적물이 자기 소유라는 사실과 ② 상대방이 현재 목적물을 점유하고 있다는 사실을 주장하고 증명하면 되고, 이에 대하여 상대방이 제213조 단서 소정의 "점유할 권리"를 항변으로 제출해야 한다.

그런데 ①의 요건은 앞에서 보았으므로 생략하고, 나머지들을 살펴보자.

나. 상대방의 점유

(1) 소유물반환의무를 부담하는 이는 사실심 변론종결 당시의 점유자이다. 따라서 물건을 다른 사람에게 인도하여 현실적으로 점유를 하지 않는 (과거의) 점유자를 상대로 한 인도청구는 허용되지 않는다. 그리고 점유의 모습이나 점유취득의 원인 또는 귀책사유의 유무는 불문한다.

(2) 소유물반환의무를 부담하는지가 문제되는 경우들을 본다.

① 점유보조자는 점유자가 아니므로 소유물반환의무를 부담하지 않는다(제195조 참조).

② 판례는 불법점유를 이유로 한 물권적 반환청구의 상대방을 현실적으로 물건을 점유하는 이에 한정하여 간접점유자에 대한 반환청구를 부정하면서도, 임대차계약의 종료에 따른 임대인의 원상회복청구 등 약정에 기한 인도청구에서는 임차인이 임차목적물을 직접 점유하지 않다는 이유로 반환을 거부할 수 없다고 하는데,[1] 「간접점유자」에 대하여 반환청구권의 양도(제207조 제2항 참조)를 청구할 수 있다고 할 것이다. 그런데 직접점유자와 간접점유자 모두가 소유자에 대하여 점유할 권리를 가지지 않는 경우에, 직접점유자가 소유자에게 소유물을 반환하면 간접점유자의 반환의무도 소멸하지만, 간접점유자로부터 간접점유를 반환받았더라도 소유자는 직접점유자에 대하여 여전히 반환청구를 할 수 있다.

③ 판례는 공동점유자도 지분범위 내에서 소유물반환의무를 부담하므로 반드시 그들 전원을 상대로 반환청구(방해제거청구의 경우에도 같다)를 해야 하는 것은 아니라고 하는데,[2] 그것을 집행하기 위해서는 지분의 합이 「1」이 되어야 함은 당연하다.

다. "점유할 권리"의 부존재 [5303]

(1) 점유자가 그 물건을 점유할 권리를 가진다면, 소유자의 반환청구를 거절할 수 있다.

---

1) 대판 1999.7.9. 98다9045; 대판 1983.5.10. 81다187; 대판 1991.4.23. 90다19695 등 참조.

2) 타인 소유의 토지 위에 설치된 공작물을 철거할 의무가 있는 수인을 상대로 공작물의 철거를 청구하는 소송은 필요적 공동소송이 아니라고 한 대판 1993.2.23. 92다49218 참조.

(2) 점유할 권리에 점유를 권리내용으로 하는 제한물권(지상권, 지역권, 전세권, 질권 등)이나 채권(예: 임차권)외에 물건의 일시적 사용을 허용하는 계약관계(예: 도급, 위임)에 기한 권리도 포함된다. 나아가 제568조의 재산권이전청구권도 매도인의 물권적 청구권에 대해서는 "점유할 권리"에 해당하고,[3] 동시이행의 항변권(제536조)이나 유치권(제320조)도 이에 해당하는데,[4] 유치권자로부터 유치하기 위한 방법으로 유치물의 점유 내지 보관을 위탁받은 이도 특별한 사정이 없는 한 점유할 권리가 있음을 들어 소유자의 소유물반환청구를 거부할 수 있다.[5] 나아가 명의신탁자로부터의 임차인[6] 또는 법정지상권의 미등기 양수인[7] 등도 반환청구를 거부할 수 있다.

반면 물권적 청구권을 행사하는 소유자에게 대항할 수 없는 채권적 권리가 이에 포함되지 않음은 당연하다.[8]

(3) 이 요건은 반환청구를 방해하는 소극요건에 해당하며, 따라서 반환청구의 상대방이 증명책임을 진다.

[5304] 3. 효 과

(1) 이상의 요건이 갖추어지면 소유자는 점유자에 대하여 그 물건의 "반환", 즉 점유의 이전을 청구할 수 있다. 반환의 대상은 소유권의 객체인 특정한 물건이며, 점유자는 단순히 소유자의 수거(收去)를 인용하는 데 그치는 것이 아니라, 적극적으로 물건의 점유를 소유자에게 이전해야 한다([5016] 참조).

(2) 반환에 따른 부수적인 이해관계의 조절은 1차적으로 계약관계를 지배하는 법규정 내지 법리에 의하고, 그러한 관계가 존재하지 않는 경우에 제201조 이하에 의한다.

[5305] Ⅱ. 방해제거청구권과 방해예방청구권

1. 서 설

점유의 침탈 외의 방법에 의한 소유권의 방해가 현존하는 경우에 소유자는 그 제거를 청구할 수 있다. 동산소유권에 대한 방해는 거의 대부분 앞의 반환청구권에 의하여 제거될 수 있고 또한 제거되기 때문에, 이 유형은 주로 부동산의 소유권에 관한 방해(예: 원인무효인 등기의 존재)에서 문제된다.

[5306] 2. 방해제거청구의 요건

가. 소유권에 대한 방해

(1) 여기서 방해(妨害)란 소유권 내용의 실현이 이루어지지 않는 상태를 의미한다. 타인의 토지 위에 건물을 소유하거나[9] 분묘를 소유하는[10] 등 물건의 사용·수익에 대한 실제적인 방해뿐

---

3) 대판 2001.12.11. 2001다45355.

4) 부당이득의 성립 여부는 별개의 문제이다.

5) 대판 2014.12.24. 2011다62618.

6) 대판 1995.10.12. 95다22283. 다만 명의수탁자에 대한 관계에서만.

7) 대판(전) 1985.4.9. 84다카1131·1132.

8) 예컨대 이중매매에서 등기를 갖추지 않은, 전 소유자로부터의 매수인은 제568조에 기한 재산권이전청구권으로 현재의 소유자에게 대항할 수 없다. 나아가 무권리자와의 매매계약을 제570조에 따라 해제한 경우에도, 매수인의 매매대금반환채권에 기한 동시이행의 항변권은 무권리자인 매도인에 대한 것이어서, 이를 소유자에게 주장할 수 없다.

만 아니라 진실한 물권관계와 일치하지 않는 등기와 같은 추상적인 방해[11]도 포함된다.

(2) 방해와 관련하여 문제되는 점들을 본다.

① 소유권에 대한 방해가 상대방의 고의 또는 과실에 기해야 하는 것은 아니다. 방해가 자연력 또는 제3자의 행위에 의한 경우에도 다수설은 소유물방해제거청구권을 인정한다.

② 방해는 위법한 것이어야 한다. 적법한 권원과 같이 방해를 정당화하는 사유가 있는 경우에 소유물방해제거청구권은 인정되지 않으며, 소유자가 방해를 수인할 의무를 부담하는 경우에도 마찬가지이다.

③ 소극적 침해[12] 또는 정신적 침해[13]에 대하여 방해제거청구권을 행사할 수 있지만, 이러한 유형에서 문제되는 것은 위법성, 즉 그러한 침해가 수인의 한도를 넘는지 여부이다. 따라서 구체적으로 주변의 여건이나 침해의 정도 등을 고려하여 수인한도를 넘어 위법성이 있다고 인정되어야[14] 방해의 제거를 청구할 수 있을 것이다.

④ 방해는 현재(사실심의 변론종결시) 계속되고 있어야 한다. 즉 "소유권에 기한 방해배제청 [5307]
구권에 있어서 '방해'라 함은 현재에도 지속되고 있는 침해를 의미하고, 법익침해가 과거에 일어나서 이미 종결된 경우에 해당하는 '손해'의 개념과는 다르다 할 것이어서, 소유권에 기한 방해배제청구권은 방해결과의 제거를 내용으로 하는 것이 되어서는 아니 되며(이는 손해배상의 영역에 해당한다 할 것이다) 현재 계속되고 있는 방해의 원인을 제거하는 것을 내용으로 한다."[15]

나. 청구의 당사자 [5308]

청구권자나 청구의 상대방은 앞에서 보았는데, 청구의 상대방과 관련하여 몇 가지 추가할 것들이 있다.

① 등기말소청구에서 상대방으로 되는 이는 현재의 등기명의인이다.[16]

② 건물의 소유를 통하여 대지를 점유하는 경우에 건물철거청구의 상대방은 대지인도청구의 상대방과 분리될 수 없는데, 건물의 철거는 건물을 멸실시키는 처분행위이므로, 그 청구의 상대방은 그 건물을 철거할 수 있는 권능, 즉 처분권을 가지는 이(기본적으로 소유자)여야 한다.[17] 다만 건물을 신축한 이가 점유를 이전했으나 양수인이 아직 등기를 갖추지 않은 경우에, 양수인이 소유자 기타 건물에 관한 처분권자가 아님에도 불구하고, 판례는 양수인이 「법률상 또는 사실상 처분할 수 있는 지위」에 있다고 하여 그에 대한 건물철거 및 토지의 인도청구를 인정한다.[18]

9) 대지의 인도는 소유물반환의 문제이고, 방해제거의 내용은 건물의 철거이다.

10) 대판 1967.12.26. 67다2073.

11) 대판 1993.10.8. 93다28867.

12) 예: 자기 땅에 건물을 신축함으로써 이웃 토지의 채광이나 전망을 방해하는 경우.

13) 예: 영안실을 설치함으로써 이웃 토지의 소유자에 정신적 피해를 주는 경우.

14) 수인한도의 판단기준에 관하여 대판 2016.11.10. 2013다71098([3031]에 소개된) 참조.

15) 대판 2003.3.28. 2003다5917: 쓰레기 매립으로 조성한 토지에 소유자가 매립에 동의하지 않은 쓰레기가 매립되어 있더라도 이는 과거의 위법한 매립공사로 인하여 생긴 결과로서 소유권자가 입은 손해에 해당할 뿐, 그 쓰레기가 현재 소유권에 대하여 별도의 침해를 지속하고 있다고 볼 수 없다는 이유로 소유권에 기한 방해배제청구권을 행사할 수 없다고 한 사례. 나아가 대판 2014.11.13. 2009다3494 · 3500: "민법 제214조의 소유권에 기한 방해배제청구는 현재 계속되고 있는 방해의 원인을 제거하는 것을 내용으로 하여야 하므로, 방해자에 대하여 그 방해행위를 장래를 향하여 무력화할 것을 요구하는 방식으로 행사되어야 [하고, …] 현재 계속되고 있는 방해의 원인을 제거하는 방해배제청구와 이미 발생한 방해결과의 제거 또는 청산을 내용으로 하는 부당이득 또는 손해배상 등의 금전청구는 그 요건을 달리하는 별개의 청구이므로, 상고이유도 별도로 주장되어야 한다."

16) 참고로 대판 2019.5.30. 2015다47105: "등기부상 진실한 소유자의 소유권에 방해가 되는 불실등기가 존재하는 경우에 그 등기명의인이 허무인 또는 실체가 없는 단체인 때에는 소유자는 그와 같은 허무인 또는 실체가 없는 단체 명의로 실제 등기행위를 한 자에 대하여 소유권에 기한 방해배제로서 등기행위자를 표상하는 허무인 또는 실체가 없는 단체 명의 등기의 말소를 구할 수 있다."

17) 대판 1993.1.26. 92다48963.

③ 「타인의 토지 위에 무단으로 건물을 신축한 경우」에, 토지소유자는 건물신축자에 대하여 방해제거청구(제214조)로서 건물의 철거 및 반환청구(제213조)로서 대지의 인도를 구할 수 있다.

그런데 건물을 무단으로 신축한 이가 건물을 다른 이에게 임대한 경우에, 임차인에 대하여 퇴거를 구해야 하는데,[19] 「건물」 임차권이 대항력을 가지더라도 이를 「토지」 소유자에게 대항할 수 없다.[20]

[5309] **3. 방해제거청구의 효과**

(1) 이상의 요건이 갖추어지면 소유자는 소유권을 방해하는 이에 대하여 방해의 제거(현재 지속되는 방해원인의 제거)를 청구할 수 있다. 다만 건물철거청구 등의 경우에 제2조 제2항에 의하여 방해제거청구가 부정되는 경우도 있다.

(2) 방해의 원인이 무효등기의 존재인 경우에, 소유자는 그 등기의 말소를 청구할 수 있고, 그에 갈음하여 진정명의 회복을 위한 소유권이전등기를 청구할 수도 있다.

[5310] **4. 방해예방청구권**

(1) 소유자는 소유권을 방해할 염려 있는 행위를 하는 이에 대하여 그 예방이나 손해배상의 담보를 청구할 수 있다(제214조 후단).

(2) 요건을 본다.

① 청구의 주체는 소유자이다([5298] 참조).

② 법문은 청구의 상대방을 "소유권을 방해할 염려 있는 행위를 하는 자"라고 한다. 그러나 물권적 청구권이 상대방의 행위에 대하여 책임을 묻는 것이 아니므로, 「방해를 일으킬 염려가 있는 사정을 자기의 사회적 지배범위 내에 가지는 이」라고 새길 것이다.

③ 방해의 염려가 있어야 한다. 이는 방해가 현존하지 않지만 장래 발생할 개연성이 있음을 의미하는데, 객관적으로 근거 있는 상당한 개연성을 가져야 하고, 관념적인 가능성만으로 부족하다.[21] 방해의 염려가 있는지는 개별사안의 구체적 사정들을 고려하여 객관적으로 판단한다.

---

18) 대판 2003.1.24. 2002다61521.

19) 대판 1967.11.28. 67다2155. 건물의 소유를 통하여 타인의 토지를 점유하는 이에게 건물로부터의 퇴거를 구할 수 없음에 관하여 대판 1999.7.9. 98다57457 · 57464 및 이러한 법리는 건물이 공유관계에 있는 경우에 건물의 공유자에 대해서도 적용된다고 한 대판 2022.6.30. 2021다276256 참조.

20) 대판 2010.8.19. 2010다43801: "건물이 그 존립을 위한 토지사용권을 갖추지 못하여 토지의 소유자가 건물의 소유자에 대하여 당해 건물의 철거 및 그 대지의 인도를 청구할 수 있는 경우에라도 건물소유자가 아닌 사람이 건물을 점유하고 있다면 토지소유자는 그 건물점유를 제거하지 아니하는 한 위의 건물철거 등을 실행할 수 없다. 따라서 그때 토지소유권은 위와 같은 점유에 의하여 그 원만한 실현을 방해당하고 있다고 할 것이므로, 토지소유자는 자신의 소유권에 기한 방해배제로서 건물점유자에 대하여 건물로부터의 퇴출을 청구할 수 있다. 그리고 이는 건물점유자가 건물소유자로부터의 임차인으로서 그 건물임차권이 이른바 대항력을 가진다고 해서 달라지지 아니한다. 건물임차권의 대항력은 기본적으로 건물에 관한 것이고 토지를 목적으로 하는 것이 아니므로 이로써 토지소유권을 제약할 수 없고, 토지에 있는 건물에 대하여 대항력 있는 임차권이 존재한다고 하여도 이를 토지소유자에 대하여 대항할 수 있는 토지사용권이라고 할 수는 없다. 바꾸어 말하면, 건물에 관한 임차권이 대항력을 갖춘 후에 그 대지의 소유권을 취득한 사람은 민법 제622조 제1항이나 주택임대차보호법 제3조 제1항 등에서 그 임차권의 대항을 받는 것으로 정하여진 '제3자'에 해당한다고 할 수 없다."

21) 대판 1995.7.14. 94다50533.

제 3 관 소유물 반환에 따른 후속의 법률관계

Ⅰ. 총 설 [5311]

1. 서 설

(1) 본권(점유할 권리)에 기하여 타인의 물건을 점유하던 이가 그 물건을 반환하는 경우에, 본권을 발생시킨 법률관계에 따라 청산되어야 한다. 반면 그들 사이에 그러한 법률관계가 존재하지 않거나 무효여서(취소나 해제에 따른 소급적 실효를 포함하여) 소유자가 본권 없이 물건을 점유하던 점유자를 상대로 반환청구권(제213조)을 행사하여 물건을 반환받은 경우에, 소유자와 점유자 사이의 청산(이해관계의 조절)은 불법행위 또는 부당이득의 법리에 의해야 한다.

그런데 소유자 아닌 이와의 매매에 기하여 동산의 점유를 개시한 경우에, 매수인이 선의·무과실이라면 선의취득(제249조)이 성립하여 원소유자의 반환청구가 좌절되고, 이때 원소유자와의 이해관계의 조절은 더 이상 문제되지 않는다. 반면 소유자 아닌 이로부터 부동산을 매수하거나 동산을 임차하는 등 선의취득이 성립할 수 없는 경우에, 점유자는 소유자의 반환청구에 응해야 한다. 그런데 점유자가 선의·무과실이 아닌 경우에 소유자는 스스로 점유하고 있었다면 있었을 상태로 회복되어야 하므로, 수취한 과실의 반환만으로 부족하고 나아가 멸실이나 훼손에 대하여 점유자가 손해 전부를 배상해야 함은 당연하다. 그러나 점유자가 선의·무과실이라면 —선의취득이 성립하는 경우와의 균형을 고려하여— 반환할 때까지만이라도 적법하게 권원을 보유한 것으로 볼 필요가 있다. 이러한 이유로 선의취득에 갈음하여 「선의」점유자를 부분적/한시적으로 보호하기 위한 특칙이 제201조 이하의 규정들이다.

그리고 제201조 내지 제203조는 한 묶음으로 보아야 한다. 즉 보호가치 있는 점유자에게 제201조에 기하여 과실취득권을 주는 대신, 제203조 제1항 단서처럼 통상의 필요비를 부담하게 하고, 아울러 그 물건의 멸실이나 훼손에 대해서는 매수와 임차의 차이를 고려하여 개별적으로 책임의 범위를 결정해야 한다.

(2) 요컨대 제201조 내지 제203조는 소유자가 본권(점유할 권리) 없이 물건을 점유하는 이를 상대로 소유물반환을 구하는 과정에서 그들 사이의 이해관계를 조정하는 기능을 담당한다. [5312]

대판 2003.7.25. 2001다64752도 "민법 제203조 제2항에 의한 점유자의 회복자에 대한 유익비상환청구권은 점유자가 계약관계 등 적법하게 점유할 권리를 가지지 않아 소유자의 소유물반환청구에 응하여야 할 의무가 있는 경우에 성립되는 것으로서, 이 경우 점유자는 그 비용을 지출할 당시의 소유자가 누구이었는지 관계없이 점유회복 당시의 소유자 즉 회복자에 대하여 비용상환청구권을 행사할 수 있는 것이나, 점유자가 유익비를 지출할 당시 계약관계 등 적법한 점유의 권원을 가진 경우에 그 지출비용의 상환에 관하여는 그 계약관계를 규율하는 법조항이나 법리 등이 적용되는 것이어서, 점유자는 그 계약관계 등의 상대방에 대하여 해당 법조항이나 법리에 따른 비용상환청구권을 행사할 수 있을 뿐 계약관계 등의 상대방이 아닌 점유회복 당시의 소유자에 대하여 민법 제203조 제2항에 따른 지출비용의 상환을 구할 수는 없다"고 하였는데,[1] 제201조나

1) 대판 2014.3.27. 2011다101209은 같은 판시를 하면서도 "사용대차에 있어서 차주의 유익비상환청구에는 민법 제203조의 규정이 적용된다"고 하였는데, 제611조 제2항과 제594조 제2항을 거쳐 제203조로 돌아온 것일 뿐이다. 참고로 사용차주에게 부속물수거권이 인정되지만(대판 1990.1.23. 89다카21095) 부속물매수청구권이 인정되지 않는다.

제202조에서도 마찬가지로 보아야 한다.

[5313] ## 2. 부당이득반환청구권과의 관계

(1) 매매계약의 이행으로 동산을 인도한 후 계약이 취소된 경우에, 물권행위의 유인성에 따라 여전히 소유자인 매도인은 소유물반환청구권을 행사할 수 있는데, 그에 더하여 점유에 대한 부당이득의 반환을 청구할 수 있는가? 다수설과 판례[2]는 양자의 경합을 인정하는 입장으로 보인다([3195] 참조).

[5314] (2) 타인 소유물의 용익으로 인한 부당이득의 반환관계를 규율하는 규정으로 제201조와 제741조 이하가 있는데, 양자의 관계를 어떻게 파악할 것인가?

학설은 일반적으로 물건의 반환에 따른 부수적 이해조정은 제201조에 의해야 한다는 입장이다. 즉 사용·수익으로 인한 이득의 반환과 관련하여 제201조가 제748조보다 점유자에게 유리한데, 매매계약이 소급적으로 실효된 경우에 제201조(물권적 청구권을 전제로 하지만)를 적용하지 않으면, 일단 소유권을 취득하여 점유하던 이가 전혀 소유권을 취득하지 않고 무단으로(소유자에 대한 관계에서) 타인의 물건을 점유하던 이보다 더 불리하게 되는 불균형이 생기므로, 이러한 불균형을 시정하기 위하여, 물권적 청구권은 부당이득반환청구권의 성질을 가지며, 부당이득이 「현물의 반환」이라는 형식으로 행하여지는 경우에는 —소유권의 이전 여부와 무관하게— 제201조에 의하여 그 반환범위가 정해진다고 한다. 요컨대 단순히 점유만 취득한 경우, 즉 물권적 청구권을 가지는 경우에도 그들 사이의 관계는 부당이득반환관계이며, 제201조는 그러한 특수한 부당이득의 내용을 규정한 것이라고 새긴다.

그러나 이러한 다수설에 동의하기 어렵다. ① 다수설의 출발점을 이루는 불균형이 존재한다고 보기 어렵다. 즉 제201조 제1항의 "선의"는 제748조 제1항의 "선의"와 외연을 달리하는데, 제201조가 적용되기 위하여 선의수익자가 누군가로부터 과실취득권(을 포함하는 본권)을 부여받아야 하고, 이때 회복자(즉 소유자)는 그 「누군가」에 대한 부당이득반환청구 내지 손해배상청구를 통하여 용익가치를 상환받을 수 있다. 뿐만 아니라 제202조와 제203조를 통하여 이해관계가 조절된다. 결국 제201조 제1항이 적용되는 경우에 점유자와 회복자의 관계만 본다면 불균형이 있다 할 여지도 없지 않지만, 전체로서의 법률관계를 본다면 그렇지 않다. ② 계약관계의 소멸로 인한 원상회복의 문제는 그 성질상 계약당사자 사이의 특수한 이해관계를 고려한 계약법리에 따라 처리되어야 하고,[3] 소유자와 비소유자 사이의 일반적인 이해관계를 고려하는(따라서 침해이득에 대한 특칙인), 소유권법리에 기한 제201조에 의할 것은 아니다.[4] 그리고 계약의 무효·취소 때문에 그 계약에 기해서 행하여진 급부의 원상회복이 이루어지는 경우에 급부물로부터 생긴 이익도 그대로 반환하는 것이 공평하다. ③ 다수설은 물권적 청구권제도를 부당이득제도가 흡수하는 결과를 초래하는데, 물권적 청구권제도가 가지는 물권의 원만한 실현이라는 목적과 계약청산의 국면에서 부당이득제도가 가지는 급부의 원상회복이라는 목적의 차이를 고려해야 한다. 결국 급부의 청산이라는 측면에서 부당이득반환청구권이, 소유권의 관철(즉 점유의 반환)이라는 측면에서는 물권적

2) 대판 1993.5.14. 92다45025; 대판 2003.11.14. 2001다61869 등.
3) 계약해제의 경우에 원상회복을 정한 제548조가 바로 이러한 의미에 기한 것으로 이해할 수 있다.
4) 앞서 본 대판 2003.7.25. 2001다64752 참조.

청구권이 경합적으로 적용된다 할 것이다.

Ⅱ. 과실의 귀속 [5315]

1. 민법 제201조

(1) 자기에게 과실취득권이 없음에도 있다고 오신한 원물점유자는 과실(果實)을 수취하여 소비하는 것이 보통인데, 나중에 수취(및 소비)한 과실을 부당이득으로 반환해야 한다면 결과적으로 선의·무과실의 점유자에게 가혹하므로, 그를 보호할 필요가 있다. 그래서 선의「수익」자의 반환범위에 관한 제748조 제1항에 대한 특칙으로 제201조 제1항이 선의「점유」자의 과실취득권을 인정한다.

(2) 제201조 제1항의 의미에 관하여 다수설과 판례[5]는 선의점유자를 보호하기 위하여 적극적으로 과실취득권을 부여하는 규정으로 파악하는데, 부분적/한시적 선의취득을 인정하는 취지 그리고 통상필요비의 상환청구를 부정하는 점에 비추어 이렇게 새긴다고 하여 선의의 점유자에게 지나친 특혜를 부여하는 것은 아니다.

2. 선의점유자의 과실취득 [5316]

가. 요 건

(1) 선의란 일반적으로 어떤 사실에 대한 부지(不知)를 의미하지만, 제201조에서는 부분적/한시적 선의취득을 인정한다는 취지에 기한 「목적론적 축소」에 의하여 선의점유자의 범위를 ―제249조의 요건에 상응하여― 제한해야 한다. 우선 ① 과실취득권을 포함하는 본권이 있다고 오신(誤信)해야 한다.[6] 그런데 권원 없는 점유였음이 밝혀졌다고 하여 곧 그때까지의 점유에 대한 선의의 추정이 깨어졌다고 볼 것은 아니다.[7] 나아가 ② 선의에 대한 과실(過失) 유무를 불문하는 것이 다수설의 입장이지만, 무과실이어야 한다. 판례가 오신할 만한 정당한 근거가 있어야 한다는 것[8]도 이러한 입장에서 이해해야 한다.

(2) 점유자가 이 요건을 충족하는지는 과실(果實)에 대하여 독립한 소유권이 성립하는 시기를 기준으로 판단된다(제102조 제1항, 제2항 참조).

나. 효 과 [5317]

(1) 선의점유자가 취득할 수 있는 과실은 천연과실과 법정과실을 모두 포함하며, 물건의 사용이익(예: 차임 상당액)도 과실과 마찬가지로 다루어져야 한다.[9] 과실취득권이 인정되는 범위에서 점유자의 회복자에 대한 부당이득이 성립하지 않음은 물론이다.[10] 그런데 타인의 토지에 대한 임대차계약이 성립한 경우에, 진정한 권리자에 대하여 선의의 임차인은 부당이득반환의무를 지지

5) 가령 대판 1996.1.26. 95다44290.

6) 예를 들어 A 소유의 농지를 B 소유로 잘못 알고 B로부터 농지를 임차하여 점유한 이는 선의점유자이다. 반면 유치권처럼 과실취득권 없는 본권에 대한 오신은 선의에 해당하지 않는다.

7) 대판 2000.3.10. 99다63350.

8) 대판 1995.8.25. 94다27069.

9) 가령 건물을 사용함으로써 얻는 이득은 건물의 과실에 준하는 것이므로, 선의의 점유자는 비록 법률상 원인 없이 타인의 건물을 점유·사용하고 이로 말미암아 그에게 손해를 입혔더라도 점유·사용으로 인한 이득을 반환할 의무를 지지 않는다(대판 1996.1.26. 95다44290).

10) 대판 1978.5.23. 77다2169.

않지만, 임대인이 부당이득반환의무(또는 손해배상책임)를 짐은 별개의 문제이다.

[참 고] 선의점유자에게 사용이익이 귀속된다는 점으로부터 그가 목적물을 「사용 · 수익할 수 있는 권리」를 가진다는 법적 평가를 도출할 수 있다(당연히 점유자의 선의가 유지되는 동안에만). 따라서 선의점유자의 점유물을 제3자가 침탈하여 사용 · 수익한 경우에, 선의점유자는 점유침탈자를 상대로 부당이득반환 내지 손해배상으로서 목적물의 사용수익의 대가를 청구할 수 있다. 반면 악의점유자는 과실이나 사용이익을 취득할 권리가 없어서, 그의 점유는 법적으로 보호되는 법익이라고 할 수 없고, 그 결과 그의 점유물을 제3자가 침탈하여 사용 · 수익하더라도 점유침탈자에 대하여 부당이득반환이나 손해배상을 청구하지 못한다.[11)]

(2) 학설과 판례[12)]는 제201조 제1항이 선의점유자의 과실취득권을 인정한다고 하여 그의 불법행위책임이 배제되는 것은 아니고, 선의점유자에게 과실(過失)이 있다면 과실취득권과 별개로 진정한 소유자에 대한 손해배상책임이 발생할 수 있다고 하는데, 오신할 만한 정당한 근거를 요구하는 이상 선의점유자의 과실을 인정하기는 어렵다.

(3) 판례는 계약해제의 경우에 부당이득반환에 관한 특칙인 제548조를 근거로 제201조 제1항의 적용을 부정한다.[13)] 반면 매매계약이 무효이거나 취소된 경우에 선의의 매수인에 대하여 제201조 제1항의 적용을 긍정하는데,[14)] 부분적/한시적 선의취득의 전제가 구비되었는지와 관련하여 검토를 요한다.

[5318] 3. 악의점유자의 과실반환

가. 서 설

(1) 타인의 소유물을 권원 없이 점유하다가 반환하는 경우에, 선의점유자에게 과실취득권이 인정되지만, 보호가치 없는 점유자에게 과실취득권이 인정되어서는 안 된다. 사용이익의 경우에도 같다. 여기서 악의점유는, 본권이 있다고 오신했으나 오신에 정당한 근거가 없는 경우를 포함하여 선의점유자에 해당하지 않는 경우 전부를 아우른다.

(2) 악의점유자의 과실의 수취(및 소비)가 정당화될 수 없고, 소유자인 회복자는 「스스로 점유하고 있었다면(점유를 침탈당하지 않았더라면) 있었을 상태」를 회복할 수 있어야 한다. 그렇다면 부당이득으로서 과실(또는 대가)의 반환의무는 기한 없는 채무이지만, 과실을 수취한 때(또는 수취할 수 있었던 때)부터 지체에 빠지고, 그때부터 지연이자를 가산해야 한다.[15)]

(3) 제197조 제2항 또는 제201조 제3항에 의하여 악의가 확장되기도 하는데,[16)] 이에 관하여 [5079] 참조.[17)]

[5319] 나. 효 과

(1) 악의점유자는 수취한 과실을 반환해야 한다(제201조 제2항 전단). 과거의 점유자라도 같다.

11) 점유자의 선 · 악의를 가리지 않고 점유보호청구권이 인정됨은 당연하다.
12) 대판 1966.7.19. 66다994.
13) 대판 1998.12.23. 98다43175.
14) 대판 1993.5.14. 92다45025.
15) 대판 2003.11.14. 2001다61869는 제748조 제2항을 통하여 같은 결론에 이른다.
16) 선의수유자의 과실취득권이 인정되지만, 유류분반환청구의 소가 확정되면 그때부터 악의로 의제되어 과실 및 사용이익의 반환책임이 인정된다고 한 대판 2013.3.14. 2010다42624 · 42631도 참조.
17) 악의의제에 따른 구체적 법률관계에 관하여 대판 2019.1.31. 2017다216028 · 216035 참조.

① 판례는 악의점유자의 반환범위가 제748조 제2항에 따라 정해진다는 입장이다. 즉 대판 2003.11.14. 2001다61869는 "악의수익자가 반환하여야 할 범위는 민법 제748조 제2항에 따라 정하여지는 결과 그는 받은 이익에 이자를 붙여 반환하여야 하며, 위 이자의 이행지체로 인한 지연손해금도 지급하여야 한다"고 하고,18) 제201조 제2항과 제748조 제2항의 관계에 관하여 "악의점유자는 과실을 반환하여야 한다고만 규정한 민법 제201조 제2항이, 민법 제748조 제2항에 의한 악의수익자의 이자지급의무까지 배제하는 취지는 아니기 때문에, 악의수익자의 부당이득금 반환범위에 있어서 민법 제201조 제2항이 민법 제748조 제2항의 특칙이라거나 우선적으로 적용되는 관계를 이루는 것은 아니"라고 하였다([3256]도 참조).

그런데 악의「점유」자를 악의「수익」자와 동일시하여 일률적으로 제748조 제2항을 적용해서는 안 된다. 즉 악의점유자라도 선의수익자에 해당할 수 있는데,19) 이 경우 제1항에 따라 현존이익의 범위 내에서 반환의무를 지는 반면, 악의수익자라면 제2항에 따라 반환해야 한다.

② 점유자의 사용이익20)과 관련하여 이른바 초과이득(超過利得)이 문제될 수 있는바, 과실, 특히 사용수익의 반환이 인정되더라도 초과이득에 대해서는 반환을 부정해야 한다. 부당이득은 손실의 범위 내에서만 인정되고(「스스로 점유하고 있었다면 있었을 상태」의 회복), 따라서 사용에 따른 통상의 가치에 한정할 것이기 때문이다.21) 결국 과실의 반환은 손실의 범위, 즉 통상의 가치에 한정되고, 초과이득은 수익자의 몫이라 할 것이다([3249] 참조).

(2) 악의점유자가 과실(果實)을 소비했거나 과실(過失)로 인하여 훼손하거나 수취하지 못했다면, 그 과실의 대가를 보상해야 한다(제201조 제2항 후단). 이는 진정한 권리자로 하여금 적당한 시기에 수취할 수 없게 하였기 때문에 생긴 손해를 배상케 하려는 취지의 규정이다. 따라서 여기서 과실(過失)은 통상의 경제적 용법에 따르면 과실의 수취가 가능하거나 사용·수익할 수 있었음에도 불구하고 수취하지 않았거나 사용·수익하지 않은 경우를 일반적으로 지칭하는 것으로, 넓은 의미의 "책임 있는 사유"(제538조 제1항 참조)에 해당하지만, 불가항력적 사유가 있었다면 대가상환의 의무를 면한다 할 것이다. [5320]

(3) 악의점유자의 과실반환의무에 관한 제201조 제2항은 불법행위에 관한 제750조와 경합적으로 적용된다.

Ⅲ. 멸실·훼손에 대한 책임 [5321]

1. 민법 제202조

(1) 점유물이 점유자에게 책임 있는 사유로 멸실 또는 훼손된 경우에, 회복자와의 사이에 계약관계(예: 제654조, 제615조) 등이 없다면 일반원칙으로 돌아가 불법행위로 인한 손해배상이 문제된다. 그런데 제202조는 제201조 제1항의 연장선상에서 소유권이 있다고 오신한 이의 책임을 경감한다. 즉 제202조는 「선의의 자주점유자」의 손해배상범위에 관한 제750조의 특칙이다. 다수설

18) 한국전력공사가 권원 없이 타인 소유 토지의 상공에 송전선을 설치함으로써 토지를 사용·수익한 사안에서 구분지상권에 상응하는 임료 상당의 부당이득금에 대하여 점유일 이후의 법정이자 및 그 이자에 대한 지연손해금을 인정한 사례.

19) 본권이 있다고 오신했지만 오신할 만한 정당한 근거가 없는 경우에 선의점유자가 아니지만, 그렇다고 하여 악의수익자도 아니다.

20) 사용이익은 원물로 반환할 수 없으므로 그 가액이 반환되어야 한다.

21) 운용이득에 관한 대판 1995.5.12. 94다25551([3249]에 소개된) 참조.

과 판례[22]는 제202조와 제750조가 경합한다고 하지만, 멸실이나 훼손에 대하여 제202조의 책임과 제750조의 책임을 함께 물을 수는 없다고 해야 한다.

(2) 제202조의 멸실은 물리적 멸실뿐만 아니라 법률적 멸실(반환불능)을 포함한다. 그런데 점유물의 분실 또는 알 수 없는 이에게의 양도로 인하여 회복자의 소유물반환청구권을 실제로 관철할 수 없는 경우가 이에 포함되지만, 부동산을 제3자에게 양도했으나 소유자가 소유물반환청구권을 쉽게 실현할 수 있다면, 멸실에 포함되지 않는다. 그리고 훼손이란 물건의 가치를 떨어뜨리는 일체의 행위를 말한다.

[5322] 2. 책임의 내용

(1) 선의의 자주점유인 경우에 점유물이 멸실 또는 훼손된 데 대한 배상책임은 현존이익의 한도로 제한된다(제202조 전문 후단). 「현존이익」은 원래 부당이득에서 반환범위를 한정하기 위한 개념이지만(제748조 제1항 참조), 회복자를 위한 최소한의 기준으로 차용된 것이다.

여기서 "책임 있는 사유"란 —부분적/한시적 선의취득을 인정하는 취지에 따라— 자기재산에 대한 주의(제695조 참조)를 게을리한 것을 의미한다. 그리고 제197조에 따라 상대방이 타주점유에 대한 증명책임을 부담한다. 한편 배상액은 점유자가 물건을 점유하는 동안 취득한 모든 이익 중 현존하는 것(예: 무효인 매매에 기하여 점유한 경우에 사용이익과 매매대금의 이자의 차액)을 의미한다.

(2) 그 밖의 경우를 본다.

① 선의의 타주점유인 경우에, 오신한 본권이 존재하더라도 누군가에게는 점유물을 반환해야 하기 때문에, 제374조에 기한 선관주의의무를 부담한다. 따라서 점유자가 선의라도 점유물의 멸실 · 훼손에 대한 배상책임은 손해 전부에 미친다(제202조 후문).

② 악의점유자는 자주점유인가 타주점유인가를 묻지 않고 멸실 · 훼손에 따른 손해 전부를 배상할 책임을 진다(제202조 전문 전단).

[5323] Ⅳ. 비용의 상환

1. 민법 제203조

(1) 점유자와 회복자 사이의 비용상환의 문제는 그들 사이에 법률관계가 존재한다면[23] 그에 따라 정해진다.[24] 그 밖의 경우에 사무관리(제734조 이하)나 부당이득(제741조 이하)의 규정이 적용되어야 하는데, 이들 규정에 의하면 관리자의 의사 또는 점유자의 선 · 악의 등에 따라 상환의무의 존부나 범위가 달라지기 때문에, 제203조가 점유자의 선 · 악의 또는 소유의 의사 유무를 구별하지 않는 특별한 상환청구권을 규정한다.

여기서의 비용은 점유물 자체에 기여하기 위한 모든 재산소비를 말하는데, 점유자 자신의 노력도 포함한다. 그런데 필요비 또는 유익비의 범위를 넘어서는 이른바 사치비는 상환청구의 대

22) 대판 1966.7.19. 66다994.
23) 전세권에 관한 제310조, 유치권에 관한 제325조, 임대차에 관한 제626조 등.
24) 앞서 본 대판 2003.7.25. 2001다64752 참조.

상이 되지 않는다.

(2) 비용상환의 당사자를 본다. [5324]

① 유효한 도급계약에 기하여 수급인이 도급인으로부터 제3자 소유 물건(甲)의 점유를 이전받아 이를 수리한 결과 甲의 가치가 증가한 경우에, 도급인이 甲을 간접점유하면서 궁극적으로 자기계산으로 비용지출과정을 관리한 것이므로, 도급인만이 소유자에 대한 관계에서 제203조에 의한 비용상환청구권을 행사할 수 있는 비용지출자이고, 수급인은 그러한 비용지출자에 해당하지 않는다.[25]

② 점유가 승계된 경우의 비용상환청구권자에 관하여 견해가 나뉘는데, 점유승계의 대가에 비용지출의 결과가 반영되었을 것이므로,[26] 반환청구 당시의 점유자라 할 것이다.[27]

③ 비용지출 후 소유권이 양도된 경우에도 현재의 소유자가 비용상환의무를 지는데,[28] 그로 인한 양수인의 손해는 원인행위에 기한 채무불이행책임 또는 담보책임에 의하여 전보될 수 있다.

(3) 점유물의 반환청구를 받은 때에 비용상환청구권을 행사할 수 있다. 즉 필요비나 유익비의 상환청구권은 점유자가 회복자에게서 점유물반환을 청구받은 때에 비로소 이를 행사할 수 있는 상태가 되고 이행기가 도래한다.[29]

(4) 필요비나 유익비의 상환청구권은 물건에 관하여 생긴 채권이기 때문에, 점유자의 유치권(제320조)이 발생할 수 있다. 그런데 그 점유가 "불법행위로 인한 경우"에 유치권이 성립하지 않으므로(같은 조 제2항), 점유할 권리가 없음을 알면서 또는 과실로 알지 못한 채 물건을 점유하기에 이른 이는 유치권을 주장하지 못한다.[30] 그러나 점유개시 및 비용지출 후에 악의 또는 유과실로 된 경우는 그렇지 않다.

2. 필요비의 상환 [5325]

(1) 필요비(必要費)란 물건의 보관비용, 보험료, 기계의 점유자가 그 기계장치를 계속 사용함에 따라 마모되거나 손상된 부품을 교체하거나 수리하는 데 소요된 비용[31] 등 물건의 보존을 위하여 지출한, 즉 물건 자체에 기여하기 위한 비용을 말하는데, 비용을 지출할 당시의 인식가능한 객관적 사정에 따라 판단되며, 지출의 결과와 무관하다.

(2) 점유자는 지출한 필요비 전액을 청구할 수 있지만, 과실(果實)을 취득했다면[32] 통상필요

---

25) 대판 2002.8.23. 99다66564 · 66571.

26) 그 대가에 비용지출의 결과가 반영되지 않았다면, 점유승계의 당사자들 사이에서 부당이득이 문제될 수 있다.

27) 관련하여 "점유자가 점유물반환 이외의 원인으로 물건의 점유자지위를 잃어 소유자가 그를 상대로 물권적 청구권을 행사할 수 없게 되었다면, 그들은 더 이상 민법 제203조가 규율하는 점유자와 회복자의 관계에 있지 않으므로, 점유자는 위 조항을 근거로 비용상환청구권을 행사할 수 없고, 다만 비용지출이 사무관리에 해당할 경우 그 상환을 청구하거나(민법 제739조), 자기가 지출한 비용으로 물건 소유자가 얻은 이득의 존재와 범위를 증명하여 반환청구권(민법 제741조)을 행사할 수 있을 뿐"이라고 한 대판 2022.6.30. 2020다209815 참조.

28) 대판 2003.7.25. 2001다64752.

29) 대판 2011.12.13. 2009다5162: 제203조 제1항, 제2항에 기한 비용"상환청구권은 점유자가 회복자에게서 점유물반환을 청구받은 때에 비로소 이를 행사할 수 있는 상태가 되고 이행기가 도래한다." 참고로 대판 1969.7.22. 69다726은 유익비상환청구권도 점유자가 점유물을 반환할 때에 비로소 청구할 수 있다고 하였고, 대판 1994.9.9. 94다4592 등은 비용상환청구권 일반에 관하여 점유물의 반환청구를 받거나 점유물을 반환할 때라고 하였다.

30) 대판 2011.12.13. 2009다5162: "점유물에 대한 필요비와 유익비상환청구권을 기초로 하는 유치권주장을 배척하려면 적어도 점유가 불법행위로 인하여 개시되었거나 점유자가 필요비와 유익비를 지출할 당시 점유권원이 없음을 알았거나 중대한 과실로 알지 못하였다고 인정할 만한 사유에 대한 상대방당사자의 주장 · 증명이 있어야 한다."

31) 대판 1996.7.12. 95다41161 · 41178.

32) 제203조 제1항 단서에서 말하는 "과실을 취득한 경우"란 점유자가 선의의 점유자로서 제201조 제1항에 따라 과실수취권을 보유하고 있는 경우를 뜻한다고 보아야 하고, 과실수취권이 없는 악의의 점유자에 대해서는 위 단서 규정이 적용되지 않는다고 한 대판

비(예: 보존 또는 수선비용)를 청구할 수 없고 임시 또는 특별필요비(예: 태풍으로 인한 대수선에 따른 비용)만 청구할 수 있다(제203조 제1항 단서). 점유물을 이용한 경우에도 마찬가지이다.[33] 통상필요비는 부분적/한시적 선의취득에 따른 당연한 부담이기 때문이다.

[5326] 3. 유익비의 상환

(1) 유익비(有益費)란 개답비용(開畓費用) 등 물건을 개량하기 위하여 지출한, 따라서 물건의 가치를 증대케 하는 비용을 말하며, 물건을 변경시키는 비용은 제외할 것이다. 그리고 가치의 증가가 현존하는지는 객관적으로 판단한다.

[참 고] 임대차에서 제256조 단서에 따라 이른바 약한 부합의 경우에 임차인이 부속물의 소유권을 가지므로 부속물매수청구권을 행사할 수 있는 반면, 소유물반환청구의 상대방인 점유자는 제256조 단서 소정의 "권원"을 가지지 않으므로 약한 부합(즉 부속)의 경우에도 부속물의 소유권은 회복자에게 속한다([5231] 참조). 따라서 제203조 제2항에서 비용상환의 범위는 부속의 경우를 포함하므로, 제626조에서보다 넓다.

(2) 필요비와 달리 점유자가 지출한 유익비는 이른바 강요된 이득(强要된 利得)에 해당하므로 회복자를 보호할 필요가 있다.[34] 그래서 ① 가액의 증가가 현존하는 경우에 한하여 유익비상환을 청구할 수 있고, ② 회복자의 선택에 좇아 지출금액 또는 증가액의 상환을 청구할 수 있는데, 실제의 지출금액 및 현존하는 증가액에 관한 증명책임은 모두 유익비의 상환을 구하는 점유자에게 있다.[35] 나아가 ③ 유익비상환청구권에 기해서도 점유자는 유치권을 행사할 수 있지만, 제203조 제3항에 의하여 법원으로부터 상당한 상환기간을 허여받은 경우에 유치권이 봉쇄된다.

2021.4.29. 2018다261889 참조.

33) 대판 1964.7.14. 63다1119.

34) 그가 비용지출에 대하여 알고 있었더라도(악의!) 제748조 제2항이 적용되어서는 안 된다.

35) 대판 2018.6.15. 2018다206707: "유익비의 상환범위는 '점유자가 유익비로 지출한 금액'과 '현존하는 증가액' 중에서 회복자가 선택하는 것으로 정해진다. 위와 같은 실제 지출금액 및 현존 증가액에 관한 증명책임은 모두 유익비의 상환을 구하는 점유자에게 있다. 따라서 점유자의 증명을 통해 실제 지출금액 및 현존 증가액이 모두 산정되지 아니한 상태에서 회복자가 '점유자가 주장하는 지출금액과 감정 결과에 나타난 현존 증가액 중 적은 금액인 현존 증가액을 선택한다'는 취지의 의사표시를 하였다고 하더라도, 특별한 사정이 없는 한 이를 곧바로 '실제 증명된 지출금액이 현존 증가액보다 적은 금액인 경우에도 현존 증가액을 선택한다'는 뜻까지 담긴 것으로 해석하여서는 아니 된다. 일반적으로 회복자의 의사는 실제 지출금액과 현존 증가액 중 적은 금액을 선택하겠다는 것으로 보아야 하기 때문"이다. 대판 2002.11.22. 2001다40381도 제203조 제2항 및 제626조 제2항에 따라 유익비의 상환범위는 점유자 또는 임차인이 유익비로 지출한 비용과 현존하는 증가액 중 회복자 또는 임대인이 선택하는 바에 따라 정해지므로 유익비상환의무자인 회복자 또는 임대인의 선택권을 위하여 그 유익비는 실제로 지출한 비용과 현존하는 증가액을 모두 산정해야 할 것이라고 하였다.

제 4 장 용익물권

제 1 절 지 상 권

I. 총 설 [5327]

1. 지상권의 의의

가. 개 념

(1) 지상권(地上權)이란 타인의 토지에 건물 기타 공작물 또는 수목을 소유하기 위하여 그 토지를 사용하는 권리를 말한다(제279조). 지상권은 부동산을 배타적으로 사용·수익하는 것을 내용으로 하는 용익물권이라는 점에서 지역권 및 전세권과 같지만, 공작물이나 수목을 "소유" 하기 위하여 타인의 토지를 사용한다는 점에서 소유를 목적으로 하지 않는 지역권이나 전세권과 다르다.

(2) 지상권을 통하여 달성하려는 목적, 즉 타인의 토지의 이용은 임차권에 의해서도 달성될 수 있다.

먼저 지상권과 임차권의 차이를 본다. ① 물권인 지상권은 대항력을 가지는 반면, 채권인 임차권은 대항력을 가지지 않는다(예외에 관하여 [2651] 참조). ② 존속의 측면에서 지상권에 관하여 최장기간의 제한은 없고, 사용목적에 따라 최단기간이 법정되어 있다(제280조, 제281조). 한편 존속기간의 정함이 없는 경우에, 지상권에서 토지의 사용목적에 따른 최단기간이 존속기간으로 되는 반면, 임차권에서는 언제든지 해지통고를 할 수 있다(제635조 참조). 그리고 임차권의 경우에 법정갱신이 인정되나(제639조), 지상권에서는 그렇지 않다. ③ 지상권은 당연히 양도성을 가지지만(제282조, 제371조), 임차인은 임대인의 동의 없이 양도 또는 전대할 수 없다(제629조). ④ 지상권에서 지료는 그 요소가 아니지만 지료약정을 할 수 있는 반면, 차임은 임대차의 요소이다(제279조; 제618조).

그런데 임차권과 지상권 중 어느 것을 선택할 것인지는 토지소유자와 토지이용자 사이의 약정에 의하여 결정되지만, 지상권에 따른 토지소유권에 대한 제한 때문에 그 이용도가 낮고, 타인의 토지를 이용하는 관계는 주로 임대차에 의한다.

나. 법적 성질 [5328]

(1) 지상권은 물권으로서 당연히 양도성과 상속성을 가진다(제282조).[1)]

(2) 지상권은 타물권(他物權), 즉 타인의 토지에 대한 권리이다. 따라서 지상권과 토지소유권이 동일인에게 귀속되면, 지상권은 혼동으로 소멸한다(제191조 제1항 본문). 그리고 지상권의 객체는 1필의 토지의 일부라도 무방하지만, 등기해야 한다(부동산등기법 제69조 제6호).

1) 「소유자의 의사에 반해서도」 지상권을 자유롭게 타인에게 양도할 수 있다고 한 대판 1991.11.8. 90다15716 참조.

(3) 지상권은 용익물권, 즉 타인의 토지를 독점적으로 "사용"하는 권리이다.[2] 토지를 점유할 수 있는 권리(제213조 단서 참조)를 포함하며, 상린관계에 관한 규정이 준용된다(제290조).

(4) 지상권은 건물 기타 공작물이나 수목의 소유를 목적으로 타인의 토지를 사용하는 권리이다. 다만 부종성이 인정되지는 않으므로,[3] 건물 등이 실제로 존재해야 하는 것은 아니다.[4]

공작물은 인공적으로 설치된 모든 설비로서 건물이 전형적인 예인데, 지상공작물뿐만 아니라 지하공작물도 포함한다. 그리고 수목은 식림(植林)의 대상이 되는 식물을 말한다.[5]

(5) 지상권자가 토지사용의 대가로 지료(地料)를 지급하는 것이 보통이지만, 지료의 지급은 지상권의 성립요건이 아니다. 따라서 지상권설정계약에서 지료에 관한 약정이 없다면, 무상의 지상권을 설정하기로 한 것으로 인정된다.[6] 다만 법정지상권의 경우에는 지료지급의무가 당연히 발생한다.

[5329] 2. 지상권의 성립

(1) 토지소유자와 지상권자의 지상권설정에 관한 물권적 합의(보통 지상권설정에 따른 채권 · 채무를 발생시키는 채권계약에 포함되어 있다)와 등기(등기사항에 관하여 부동산등기법 제69조 참조)에 의하여 지상권이 성립하는 것이 전형적인 모습이다.

그 밖에 토지소유자가 유언으로 지상권을 취득시키거나 지상권자로부터 지상권을 양수하는 경우에도 수유자 또는 양수인은 지상권을 취득하지만, 등기를 하여야 지상권 취득의 효력이 생긴다(제186조).

(2) 지상권도 상속 등 포괄승계, 경매, 공용징수, 취득시효 기타 법률의 규정에 의하여 취득될 수 있으며, 이러한 경우에는 등기 없이 그 효력이 생긴다(제187조).

[5330] 3. 법정지상권

가. 의 의

(1) 법정지상권(法定地上權)이란, 동일인에게 속하던 토지와 그 지상의 건물(또는 등기된 수목. 이하 건물을 중심으로 살핀다)이 나중에 소유자를 달리하게 된 경우에, 건물소유자를 위하여 법에 의하여 인정되는 지상권을 말한다. 법률의 규정에 의한 물권의 취득이므로, 등기를 요하지 않는다(제187조).

(2) 우리 법제는 토지와 건물을 별개의 물건으로 다루는데, 건물은 그 성질상 대지(垈地)인 토지의 이용을 수반하지 않고는 존재할 수 없다. 즉 건물소유권과 대지이용권은 불가분의 관계에 선다. 그런데 건물과 대지가 동일인에게 속하는 동안 대지이용관계가 잠재적이지만, 건물과 대지가 다른 사람의 소유로 되면 건물의 소유를 위한 대지이용권이 있어야 한다. 보통 당사자들의 약정에 의하여 지상권 또는 임차권이 설정되지만, 당사자들이 그럴 기회를 가지지 못하는 등의 사

---

2) 「지상물은 토지에 따른다」는 원칙을 따르는 유럽의 법제에서 지상권은 본질적으로 지상물을 소유하기 위한 권리로 기능한다.

3) 입목에 대한 벌채권의 확보를 위하여 지상권을 설정한 경우에, 벌채권이 소멸하더라도 지상권마저 소멸하지는 않는다고 한 대판 1991.11.8. 90다15716 참조.

4) 대판 1996.3.22. 95다49318.

5) 쌀이나 보리와 같이 경작의 대상이 되는 식물의 소유를 위한 지상권의 설정은, 농지임대차를 허용하는 농지법 제23조 이하의 정신에 따라 농지의 임대차로의 전환을 인정해야 할 것이다.

6) 대판 1999.9.3. 99다24874.

유로 건물소유자가 대지이용권을 가지지 못한다면 그 건물을 철거해야 하는데, 이러한 결과를 막기 위한 제도가 법정지상권이다.

(3) 민법상의 법정지상권으로, 토지와 건물이 동일인에게 속하는 상태에서 건물에만 전세권을 설정하였는데 나중에 토지소유자가 변경된 경우(제305조)와 토지와 건물이 동일인에게 속하는 상태에서 어느 한쪽에 또는 양쪽에 저당권이 설정되었는데 나중에 저당권이 실행됨으로써 토지와 건물의 소유자가 다르게 된 경우(제366조)의 두 가지가 있다. 나아가 입목에 관한 법률 제6조와 가등기담보법 제10조도 법정지상권에 관하여 규정한다. 그 밖에 판례에 의하여 일정한 경우에 관습상의 법정지상권이 인정된다.

이들의 구체적 내용에 관하여 관련되는 곳에서 검토하기로 하고, 여기서는 법정지상권의 인정근거와 일반적 내용 및 토지 또는 건물의 양도에 관하여 살펴본다.

나. 법정지상권의 인정근거 [5331]

(1) 법정지상권의 인정근거에 관하여 학설은 대체로 토지이용관계를 수반하지 않고는 존립할 수 없는 건물이 가능한 한 유지되도록 함으로써 건물의 철거로 인한 사회경제적인 손실을 방지하자는 것과 특히 제366조의 법정지상권이 저당권설정계약의 당사자들, 즉 저당권설정자와 저당권자의 의사 및 이익에 어긋나지 않는다는 것의 두 가지를 들지만, 공익에 기한 것이라고 일원적으로 설명하기도 한다.

판례는 공익적 측면을 강조하기도 하지만,[7] 제366조와 관련하여 담보가치에 대한 저당권자의 예상(담보가치의 증가에 대한 기대 및/또는 감소에 대한 각오)도 함께 고려한다.[8]

(2) 생각건대 건물의 존립을 위한 사회경제적 고려는 목표일 뿐이고 이를 정당화할 수 있는 근거가 필요한데, 그 근거는 이해관계를 고려한 당사자의 의사추정에서 찾아야 한다. 즉 약정용익권이 존재하지 않아서 공익이 작동하는 경우라도 「누군가」의 정당한 이익이나 합리적인 기대를 해쳐서는 안 되고, 이해관계인의 정당한 이익이나 기대를 해치지 않는 범위에서 공익이 고려되어야 한다([5463] 참조).

다. 법정지상권의 일반적 내용 [5332]

(1) 토지사용권은 지상건물의 유지 및 사용에 일반적으로 필요한 범위에서 인정된다. 필요한 범위는 건물의 구조와 크기 및 사용목적 그리고 주위환경 등을 고려하여 객관적으로 결정된다. 그런데 건물이 증·개축된 경우에 ―그로 인하여 이미 조정된 이해관계가 왜곡되어서는 안 될 뿐만 아니라 뒤에서 보는 내용적 동일성 때문에― 「구 건물」을 기준으로 그 유지 또는 사용을 위하여 일반적으로 필요한 범위 내의 대지에 한하여 인정된다.[9]

(2) 법정지상권자는 지료를 지급해야 하는데(제366조 단서 참조), 지료는 당사자간의 합의 또는 법원의 결정에 의하여 결정된다(제366조 단서).[10] 법원에 의하여 결정된 지료는 소급하여 그

7) 가령 대판 1999.11.23. 99다52602는, 제366조 소정의 법정지상권을 인정하는 법의 취지가 저당물의 경매로 인하여 토지와 그 지상 건물이 다른 사람의 소유에 속하게 된 경우에 건물이 철거되는 것과 같은 사회경제적 손실을 방지하려는 공익상 이유에 있다고 한다.

8) 특히 공동저당에 관한 대판(전) 2003.12.18. 98다43601([5465]에 소개된). 관습상의 법정지상권에 관한 대판 2013.4.11. 2009다62059([5348]에 소개된)도 참조.

9) 대판 1997.1.21. 96다40080.

10) 관습상의 법정지상권에 이 규정이 유추된다는 대판 1996.2.13. 95누11023도 참조.

효력을 발생한다.11)

(3) 법정지상권의 존속기간은 제280조 제1항에 의한다.12)

(4) 법정지상권은 토지소유자의 소멸청구(제287조 참조), 지상권자의 포기 또는 당사자 사이의 계약에 의하여 소멸한다.

[5333] **라. 토지 또는 건물의 양도와 법정지상권의 효력**

(1) 법정지상권의 취득에 등기를 요하지 않으며, 법정지상권의 목적인 토지가 양도된 경우에 법정지상권자는 등기 없이도 양수인에게 대항할 수 있다.13)

(2) 법정지상권이 붙은 건물이 양도된 경우를 본다.

① 법정지상권을 취득한 건물소유자가 건물을 양도한 경우에, 특별한 사정이 없는 한 건물과 함께 법정지상권도 양도하기로 했다고 새겨야 한다(제100조 제2항 참조).14)

② 법정지상권을 양도(처분)하기 위해서는 법정지상권을 등기해야 하므로(제187조 단서), 법정지상권을 취득한 건물소유자가 건물을 양도한다고 해서 건물양수인이 등기(법정지상권의) 없이 당연히 법정지상권을 취득하는 것은 아니다. 다만 경매에 의하여 건물소유권을 이전받은 경우에 제358조의 유추에 의하여 건물에 종된 권리로서 법정지상권의 이전에 대해서도 제187조가 적용되므로 등기를 요하지 않는다([5450] 참조).15)

그런데 건물양수인이 법정지상권의 등기 없이 토지소유자의 건물철거청구에 대항할 수 있는지에 관하여 대판(전) 1985.4.9. 84다카1131 · 1132(판례, 〈8-6-1〉)의 다수의견은 "법정지상권을 가진 건물소유자로부터 건물을 양수하면서 법정지상권까지 양도받기로 한 자는 채권자대위의 법리에 따라 전 건물소유자 및 대지소유자에 대하여 차례로 지상권의 설정등기 및 이전등기절차이행을 구할 수 있다 할 것이므로 이러한 법정지상권을 취득할 지위에 있는 자에 대하여 대지소유자가 소유권에 기하여 건물철거를 구함은 지상권의 부담을 용인하고 그 설정등기절차를 이행할 의무 있는 자가 그 권리자를 상대로 한 청구라 할 것이어서 신의성실의 원칙상 허용될 수 없다"고 하였다.16) 다만 법정지상권이 붙은 건물의 양수인이 대지소유자의 건물철거나 대지인도청구를 거부할 수 있음과는 별개로, 그 대지를 점유 · 사용함으로 인하여 얻은 이득은 부당이득으로서 대지소유자에게 반환해야 한다.17)

(3) 법정지상권의 부종성을 인정할 것인가?

① 법정지상권은 건물의 존립을 보호하기 위한 제도라는 점과 제622조 제1항과의 균형 등을 이유로 제292조 제1항을 유추하여 법정지상권의 부종성을 인정하는 것이 바람직하다는 견해가 있다.

② 그런데 법정지상권은 특정건물의 존속을 위한 것이지만, 멸실 등으로 건물의 동일성이 없어진다고 하여 법정지상권도 소멸한다고 할 것은 아니다.18) 그 이유는 다음과 같다.

---

11) 지료체납에 관하여 대판 2001.3.13. 99다17142 참조.

12) 대판 1992.6.9. 92다4857.

13) 대판(전) 1965.9.23. 65다1222.

14) 대판 1995.4.11. 94다39925. 건물의 경매에 관한 대판 2013.9.12. 2013다43345도 참조.

15) 대판 1996.4.26. 95다52864(판례, 〈5-2-8〉). 대판 2014.12.24. 2012다73158도 동지.

16) 제366조의 법정지상권에 관한 판례이다. 관습상의 법정지상권에 관한 대판 1996.3.26. 95다45545 · 45552 · 45569도 동지.

17) 대판 1997.12.26. 96다34665.

우선 법정지상권은 관련되는 이들의 이해조정의 결과로 인정되는 용익권인데, 이해조정의 전제인 당사자의 의사추정은 특정의 건물 자체에 대한 것이 아니라 건물이나 부지인 토지의 가치를 산정하기 위한 전제로서 토지「용익권」의 기대 또는 각오에 관한 것이다.[19] 그렇다면 법정지상권의 성질을 검토할 때 건물의「존재」 자체와의 부종성은 문제되지 않고, 오히려 법정지상권이 성립하면 용익권에 대한 기대와 각오를 기반으로 하여 ⓐ「가치로서의 독립성」을 가진다고 해야 한다.[20]

한편 이러한 기대나 각오는「특정건물」을 위한 용익권을 전제로 하므로, 가치로서의 독립성은 내용에서 건물의「용익권」에 상응해야 하는데, 이를 ⓑ「내용적 동일성」(가치적 부종성)이라고 할 수 있다. 즉 일단 성립한 법정지상권은 가치로서의 독립성을 가지므로 그 건물의 멸실은 —그것이 용익권의 포기를 의미하지 않는 한— 현존하는 법정지상권에 영향을 미치지 않지만, 그 건물이 수명을 다하여 멸실되면 가치적 부종성에 따라 법정지상권도 당연히 소멸한다.[21] 반면 수명을 다하기 전에 건물이 재축된 경우에 멸실되기 전「그 건물」이 가지던 용익권이 내용적 동일성을 가진 채 신 건물을 위하여 존속하다고 해야 하는데, 이러한 내용적 동일성은 존속기간이나 지료뿐만 아니라 제283조에 따른 매수청구에서「상당한 가격」(지상건물의 수명을 고려한)을 판단함에도 유지되어야 한다.

Ⅱ. 지상권의 효력 [5334]

1. 물권적 토지사용권

(1) 지상권자는 설정행위에서 정해진 목적(부동산등기법 제69조 참조)을 위하여 필요한 범위 안에서 토지를 사용할 권리를 가지는데, 지상권자의 토지사용권은 지상권의 본체적 효력이다. 지상권을 설정한 토지소유자는 지상권이 존속하는 한 토지를 사용·수익할 수 없으므로 특별한 사정이 없는 한 불법점유자에게 손해배상을 청구할 수 없다.[22]

그런데 토지소유자, 즉 지상권설정자는 지상권자의 토지사용을 방해해서는 안 된다는 소극적인 용인(容忍)의무를 질 뿐, 토지를 사용에 적합한 상태에 두어야 할 적극적 의무를 지지는 않는다.

(2) 토지를 사용하는 권리로서 지상권은 그 내용을 실현하기 위하여 토지를 점유할 권리(제213조 단서 참조)를 포함한다. 또한 지상권은 제256조 단서 소정의 권원에 해당하기 때문에, 지상

---

18) 입목에 대한 벌채권 확보를 위한 지상권의 부종성을 부정한 대판 1991.11.8. 90다15716도 참조.

19) 가령 법정지상권이 성립하여 토지의 (담보)가치가 이미 하락된 후에 지상건물이 개축된 경우에 법정지상권이 소멸한다면, 토지소유자로서 예기치 않은 이득을 누리게 된다.

20) 같은 취지로 대판 2001.12.27. 2000다1976: 제366조 소정의 "법정지상권이 건물의 소유에 부속되는 종속적인 권리가 되는 것이 아니며 하나의 독립된 법률상의 물권으로서의 성격을 지니고 있는 것이기 때문에 건물의 소유자가 건물과 법정지상권 중 어느 하나만을 처분하는 것도 가능하다." 일반지상권에 관한 대판 2006.6.15. 2006다6126·6133도 동지.

21) 참고로 대판 1985.5.14. 85다카13은 "법정지상권 취득 당시의 건물이 멸실되어 다시 신축하거나 건물의 독립성을 인정할 수 없을 정도로 훼멸된 것을 새로운 독립된 건물로 개축하여 양 건물이 동일성이 상실한 경우에는 건물소유를 위한 법정지상권은 소멸"함을 전제로, 법정지상권 취득 당시의 건물의 일부를 증·개축하여 그 면적에 다소의 증감이 있었거나 지붕이나 구조에 일부변동이 있는 사실만으로 건물의 동일성을 상실한다고 볼 수 없어서 그 건물의 소유를 위한 법정지상권은 여전히 존속한다고 했는데, 가치적 부종성의 관점에서 이해해야 한다.

22) 대판 1974.11.12. 74다1150은 과실취득권 침해에 따른 손해배상청구권의 귀속과 관련하여 "본건 대지에 대하여는 건물 소유를 목적으로 지상권이 설정되어 그것이 존속하는 한 원고는 그 대지소유자라 하여도 그 소유권 행사에 제한을 받아 그 대지를 사용 수익할 수 없는 법리라 할 것이어서 특별한 사정이 없는 한 원고는 임료 상당의 손해금을 청구할 수 없을 것"이라고 하였는데, 부당이득과 관련해서도 다를 바 없다.

권자가 토지에 "부속"시킨 건물 기타 공작물이나 수목 등은 토지에 부합되지 않고(제256조 단서 참조), 매수청구의 대상이 된다.

나아가 물권인 지상권의 내용의 실현이 방해되는 경우에 물권적 청구권이 발생하며, 이러한 물권적 청구권은 지상권설정자에 대해서도 행사할 수 있다.[23] 그 밖에 토지를 점유함에 따라 점유권도 당연히 발생한다.

[5335] ## 2. 지료지급의무

가. 개 관

(1) 지료는 지상권의 요소가 아니지만, 당사자들이 지료를 지급할 것을 약정하면 지료지급의무가 생기고, 등기하면 제3자에게 대항할 수 있다(부동산등기법 제69조 참조).

(2) 지료의 정함이 있는 경우에 지료액은 당사자의 협의에 의하여 정해지는데, 지료지급의 방법으로 정기급(定期給)과 일시급(一時給)의 두 가지가 있다. 이 중 일시급은 지상권 매매의 실질을 가지며, 정기급의 경우에 등기가 필요하다.

(3) 지료지급의무가 당연히 발생하는 법정지상권의 경우에 당사자의 청구에 의하여 법원이 지료를 정하는데(제305조 제1항 단서, 제366조 단서), 형식적 형성소송인 지료결정판결에 의한다. 그런데 지료를 확정하는 재판이 있기 전이라도 법원에서 상당한 지료를 결정할 것을 전제로 하여 바로 그 급부를 구하는 청구를 할 수 있다.[24]

[5336] ### 나. 지상권 또는 토지소유권의 이전과 지료

(1) 지상권이 이전된 경우를 본다.

① 정기급에 관한 지료약정이 등기된 경우에, 지상권이 이전되면 「장래의」 지료지급의무는 이에 수반하여 이전된다. 결국 지료채권관계는 현재의 지상권자와의 사이에 존속한다.

그런데 과거의 지료연체사실은 지상권의 이전에 수반하지 않는다. 먼저 ⓐ 지상권설정자는 과거의 연체된 지료의 지급을 지상권의 양수인에게 청구하지 못한다. 과거의 용익의 대가로서 지료지급의무는 당시의 용익권자인 구 지상권자가 인적으로 부담하는 것이기 때문이다. 한편 ⓑ 지상권 이전의 전후에 걸쳐 체납된 지료액이 2년분에 달하면 지상권설정자는 지상권의 소멸을 청구할 수 있다고 할 것이다.[25]

② 반면 지료등기가 없다면 지상권설정자는 신 지상권자에 대하여 지료채권 자체를 대항할 수 없으며, 구 지상권자의 지료체납의 사실 및 그 효과에 관해서도 마찬가지이다.[26]

[5337] (2) 토지소유권이 이전된 경우에 지료등기가 없더라도 지료채권은 토지소유권에 수반하며, 따라서 신 소유자는 지료를 청구할 수 있다. 다만 연체된 지료에 대한 권리는 용익 당시의 소유자인 양도인에게 속하고, 토지소유권의 이전에 수반되지 않는다. 한편 지상권자와 구 소유자 사

---

23) 지상권설정자에 대하여 토지를 사용·수익할 수 있는 채권적 권리의 존재가 물권적 청구를 방해하지 않음에 관하여 대판 2008.2.15. 2005다47205 참조.

24) 대판 2003.12.26. 2002다61934.

25) 이렇게 보지 않으면 지료체납을 한 후 지상권을 이전하면 소멸청구를 면한다는 부당한 결과(특히 지료체납사실을 양수인이 알고 있는 경우에)에 이르게 되기 때문이다.

26) 대판 1996.4.26. 95다52864: "지료액 또는 그 지급시기 등 지료에 관한 약정은 이를 등기하여야만 제3자에게 대항할 수 있으므로, 지료의 등기를 하지 않은 이상 토지소유자는 구 지상권자의 지료연체사실을 들어 지상권을 이전받은 자에게 대항하지 못한다." 대판 2013.9.12. 2013다43345도 동지.

이의 특약(예: 지료부증액의 특약)은 등기된 경우에만 신 소유자에게 대항할 수 있음은 당연하다.

다. 지료증감청구권 [5338]

(1) 지상권에서 지료는 당사자의 협의에 의하여 결정되지만, 지상권의 존속기간이 장기인 점을 고려하여 제286조는 지료증감청구권(地料增減請求權)을 규정하는데, 이 규정은 사정변경의 원칙을 입법화한 것이다.27)

(2) "지료가 토지에 관한 조세 기타 부담의 증감이나 지가의 변동으로 인하여 상당하지 아니하게 된 때"에 인정되는 지료증감청구권은 형성권으로, 지상권설정자가 증액청구를 하면 그것만으로 증액된 지료를 지급해야 할 지상권자의 의무가 발생한다. 물론 상대방이 다투는 경우에 법원이 지료를 결정하지만, 그렇게 결정된 지료는 증감청구시에 소급하여 효력을 발생한다. 이 경우 새로운 지료액이 결정될 때까지 종래의 지료액 또는 감액청구한 대로의 지료액만 지급하더라도 지료의 체납으로 되지 않는다.

(3) 지료증감청구권에 관한 제286조도 편면적 강행규정이다(제289조).

라. 지상권소멸청구권 [5339]

(1) 지상권자가 2년 이상 지료를 체납한 경우에, 지상권설정자는 지상권의 소멸을 청구할 수 있다(제287조). 이 규정은 편면적 강행규정이다(제289조).

(2) 지상권소멸청구권이 발생하기 위한 요건은 다음과 같다.

① "2년 이상의 지료를 지급하지 아니"하였어야 하는데, 체납된 지료액이 통산하여 2년분 이상이어야 한다.

그런데 지상권자가 특정소유자에 대하여 2년분 이상의 지료를 지불하지 않으면 그 소유자는 지상권의 소멸을 청구할 수 있으나, 지상권자의 지료지급연체가 토지소유권의 양도 전후에 걸쳐 이루어진 경우에 토지양수인에 대한 연체기간이 2년이 되지 않는다면 양수인은 지상권소멸청구를 할 수 없다.28)

그리고 "지상권설정자가 지상권의 소멸을 청구하지 않고 있는 동안 지상권자로부터 연체된 지료의 일부를 지급받고 이를 이의 없이 수령하여 연체된 지료가 2년 미만으로 된 경우에는 지상권설정자는 종전에 지상권자가 2년분의 지료를 연체하였다는 사유를 들어 지상권자에게 지상권의 소멸을 청구할 수 없"다.29)

한편 "법정지상권이 성립되고 지료액수가 판결에 의하여 정해진 경우 지상권자가 판결확정 후 지료의 청구를 받고도 책임 있는 사유로 상당한 기간 동안 지료의 지급을 지체한 때에는 지체된 지료가 판결 확정의 전후에 걸쳐 2년분 이상일 경우에도 토지소유자는 민법 제287조에 의하여 지상권의 소멸을 청구할 수 있다."30)

② 지료를 지급하지 않은 것이 지상권자에게 책임 있는 사유로 인한 것이어야 한다.31)

---

27) 지료등기가 없으면 지료증액청구권도 발생하지 않는다는 대판 1999.9.3. 99다24874 참조.

28) 대판 2001.3.13. 99다17142.

29) 대판 2014.8.28. 2012다102384: 이러한 법리는 토지소유자와 법정지상권자 사이에서도 마찬가지라고 하였다.

30) 대판 1993.3.12. 92다44749.

31) 법정지상권에서 당사자 사이에 지료에 관한 협의가 있었다거나 법원에 의하여 지료가 결정되었다는 점에 대한 증명이 없다면 소멸청구가 인정되지 않는다고 한 앞의 99다17142 판결 참조. 분묘기지권에 관한 대판 2015.7.23. 2015다206850도 참조.

③ 지상권이 저당권의 목적인 경우 또는 지상권이 설정된 토지 위에 있는 건물이나 수목이 저당권의 목적인 경우에, 지료체납을 이유로 하는 지상권소멸청구는 저당권자에게 통지한 후 상당한 기간이 경과함으로써 그 효력이 생긴다(제288조). 소멸청구에 의하여 지상권이 당연히 소멸함을 전제로 저당권자에게 적절한 대응조치(특히 지료의 대위지급)를 취할 시간적 여유를 주려는 데 그 취지가 있다.

(3) 소멸청구권의 법적 성질에 관하여 의논이 분분하다. 그런데 지료를 체납한 경우에 지상권자의 보호가치가 없다는 점, 소멸청구에 의하여 지상권이 당연히 소멸함을 전제로 하는 제288조의 취지 및 지상권자가 소멸청구에 불응하는 경우의 효과 등을 고려하여, 소멸청구권은 형성권에 속하고, 물권적 단독행위이므로 등기를 요한다 할 것이다(제186조 참조).

(4) 소멸청구권의 행사에 의한 지상권 소멸의 효과는 장래에 향하여 발생한다.

[5340]
3. 지상권의 처분

(1) 지상권자의 토지사용은 통상 자본의 투하[32]를 수반하므로, 지상권의 효력으로서 투하자본을 회수하는 방법이 검토되어야 한다. 그런데 지상권 존속 중에 투하자본을 회수하기 위하여 지상물과 지상권을 함께 처분하는 방법과 지상권을 처분하는 방법이 있는데, 앞의 것에 관해서는 공시방법을 갖추어야 한다는 점 외에 특별히 설명할 것이 없다.

(2) 지상권의 처분에 관하여 본다.

① 지상권자가 지상권의 양도 또는 지상권 존속기간 내의 토지임대를 할 수 있음을 규정하는 제282조는 편면적 강행규정이다(제289조). 따라서 양도 또는 임대를 금지하는 특약은 무효이다.

② 지상권자는 지상권 위에 저당권을 설정할 수 있다(제371조 제1항). 그런데 지상권의 담보제공금지의 특약의 효력에 관하여 다수설은 무효라고 새긴다.

③ 지상권자가 지상물의 소유자인 경우에 지상물을 양도하면 지상권도 수반하여 이전되는지에 관하여 견해가 나뉘는데, 지상물양도의 합의가 통상 용익권으로서 지상권의 양도를 포함하지만(제100조 제2항 참조), 형식주의를 따르는 현행법상 지상권이전의 등기 없이 지상권양도의 효력이 생긴다고 할 수는 없다.[33]

[5341]
4. 지상권의 존속기간

가. 기본법리

(1) 지상권설정계약의 당사자들은 지상권의 존속기간을 임의로 정할 수 있다. 다만 법은 지상권의 최단기간을 정하여 그보다 존속기간을 단축할 수 없도록 하는데, 공작물이나 수목의 소유를 목적으로 하는 지상권의 특성을 고려하여 지상물의 종류 및 재료에 따라 그 존속기간을 합리적으로 장기화할 필요에 따른 것이다.

존속기간 및 갱신에 관한 규정은 지상권자에게 불리하게 변경될 수 없는 편면적 강행규정이다(제289조).

---

32) 예컨대 건물 등을 소유하기 위한 비용이나 식재비용의 지출.

33) 법정지상권에 관한 [5333]도 참조.

(2) 설정행위로 존속기간을 정한 경우를 본다.

① 지상권자를 보호하기 위하여 법은 지상물의 종류 및 재료에 따라 지상권의 최단기간을 규정한다(제280조 제1항).[34] 설정행위로 이보다 짧은 기간을 약정한 경우에, 존속기간은 위의 최단기간이 만료할 때까지로 연장된다(제2항).

② 민법은 지상권의 최장기간에 관하여 규정하지 않고, 지상권의 존속기간을 영구무한으로 할 수 있는지에 관하여 학설이 나뉘는데, 존속기간을 영구무한으로 해야 할 현실적 필요(지하철, 지하상가 등의 경우) 및 지상권은 가급적 장기간 존속하기를 바라는 민법의 태도 등을 고려한다면 이를 부정할 것은 아니고, 판례도 구분지상권에 관하여 같은 입장이다.[35]

(3) 설정행위로 존속기간을 정하지 않은 경우에, 지상물의 종류 및 재료에 따라 제280조에 규정된 최단기간을 그 지상권의 존속기간으로 하는데(제281조 제1항), 지상권설정 당시 공작물의 종류 및 재료를 정하지 않은 경우에 그 존속기간은 15년이다(제2항).[36]

나. 설정계약의 갱신 [5342]

(1) 지상권의 존속기간이 만료된 경우에, 당사자가 계약으로 앞의 설정계약을 갱신(更新)할 수 있음은 계약자유의 원칙상 당연하다. 갱신계약을 체결하면서 존속기간이나 지료 등을 새로 정할 수 있지만, 존속기간에 대해서는 제280조 제1항 소정의 최단기간보다 단축하지 못한다(제284조).

(2) 지상권자의 갱신청구권(更新請求權)을 본다.

① 지상권의 존속기간이 만료할 당시 토지 위에 지상물이 현존한다면, 지상권을 존속시켜 공작물을 계속 소유할 수 있도록 함이 소망스럽다. 그래서 민법은 이러한 경우에 지상권자가 일방적으로 계약의 갱신을 청구할 수 있도록 한다(제283조 제1항).

② 그 요건은 다음과 같다.

ⓐ 당사자 사이에 유효한 지상권이 존재하고 있어야 한다.

ⓑ 지상권이 존속기간의 만료로 소멸했어야 하고, 그 밖의 사유로 인한 소멸의 경우에는 성질상 갱신이 논의될 여지가 없다.

ⓒ 지상권의 존속기간이 만료할 당시 공작물이 현존해야 하는데, 이 요건은 갱신청구권을 행사할 때까지 유지되어야 한다.

③ 갱신청구권의 행사 및 효과를 본다.

ⓐ 갱신청구권은 지상권이 소멸한 때 발생하는데, 지상권이 소멸한 후 지체 없이 행사되어야 하고, 지체 없이 행사하지 않으면 갱신청구권뿐만 아니라 매수청구권도 소멸한다.[37] 그리고 지상권의 존속기간이 만료된 시점과 갱신청구권을 행사한 시점 사이의 기간 동안 지상권자는 토지를 계속 사용할 권리를 가진다.

ⓑ 지상권자의 갱신청구권은 순수한 청구권으로, 그 행사는 청약의 실질을 가지며, 당사

34) 석조, 석회조, 연와조 또는 이와 유사한 견고한 건물의 경우에 30년, 그 밖의 건물의 경우에 15년, 건물 외의 공작물의 경우에 5년, 수목의 경우에 30년.

35) 대판 2001.5.29. 99다66410. 참고로 도시철도법 제12조 제4항은 구분지상권의 존속기간을 도시철도시설의 존속시까지로 정한다.

36) 대판 1988.4.12. 87다카2404도 참조.

37) 대판 2023.4.27. 2022다306642: "지상권갱신청구권의 행사는 지상권의 존속기간 만료 후 지체 없이 하여야 한다. 따라서 지상권의 존속기간 만료 후 지체 없이 행사하지 아니하여 지상권갱신청구권이 소멸한 경우에는, 지상권자의 적법한 갱신청구권의 행사와 지상권설정자의 갱신거절을 요건으로 하는 지상물매수청구권은 발생하지 않는다."

자는 존속기간이 만료된 지상권자와 행사 당시의 토지소유자이다. 지상권설정자는 지상권자의 갱신청구에 응하여 갱신계약을 체결할 수 있지만, 갱신을 거절하면 지상권자는 지상물의 매수를 청구할 수 있다(제283조 제2항). 즉 매수청구권이 지상권설정자의 갱신을 간접적으로 강제한다.

ⓒ 갱신의 효과는 당사자들이 갱신계약을 체결해야 비로소 발생한다. 갱신계약에서 지상권의 존속기간을 제280조 제1항 소정의 최단존속기간보다 단축하지 못하며(제284조), 갱신된 계약의 나머지 내용은 종전의 계약과 동일한 것으로 추정할 것이다.

[5343] Ⅲ. 지상권의 소멸

1. 소멸사유

(1) 물권으로서 지상권은 물권 일반의 소멸사유에 의하여 소멸한다. 그런데 지상권의 포기(抛棄)와 관련하여 지상권자는 자유롭게 지상권을 포기할 수 있지만, 포기로 인하여 다른 이에게 손해를 주어서는 안 된다(제371조 제2항[38] 참조).

(2) 지료체납으로 인한 지상권설정자의 소멸청구에 관하여 [5339] 참조.

(3) 지상권의 소멸사유를 약정하는 것은 자유이지만, 존속기간 또는 지상권소멸청구의 요건 등에 관하여 민법의 규정보다 지상권자에게 불리한 약정은 그 효력이 없다(제289조).

[5344] 2. 소멸의 효과

가. 원상회복

(1) 지상권이 소멸하면, 지상권자는 건물 기타 공작물이나 수목을 수거하여 토지를 원상으로 회복해야 한다(제285조 제1항).

(2) 제285조 제1항은 지상물의 수거 및 토지의 원상회복을 지상권자의 의무로 규정하지만, 수거는 토지에 투하한 자본을 회수하는 전형적인 방법이라는 점에서 지상권자의 권리이기도 하다. 수거는 지상권이 소멸한 후 지체 없이 행해야 하고, 수거를 위하여 필요한 기간 동안 토지의 사용을 계속할 수 있다.

(3) 비용상환에 관하여 본다.

① 임대인과 달리 지상권설정자는 지상물의 "사용·수익에 필요한 상태를 유지하게 할 의무"(제623조 참조)를 부담하지 않는다. 따라서 지상권자가 토지에 비용을 지출한 경우에 필요비의 상환을 청구하지 못한다.

② 배수시설을 한 경우처럼 수거가 불가능하면 원상회복의무가 없고, 시공으로 인하여 토지의 객관적 가치가 증가되었다면 오히려 유익비의 상환을 청구할 수 있다. 지상권자의 유익비상환청구에 관하여 명문규정이 없지만, 점유자와 회복자 사이의 관계에 관한 제203조보다 법률관계가 더 유사한 제626조 또는 제310조가 「유추」되어야 할 것이다.[39]

[5345] 나. 지상물의 처리

(1) 지상권이 소멸하면, 지상권자가 지상권 존속 중에 토지에 투하한 공작물이나 수목 등을

---

38) 이 규정 때문에 무상의 지상권이라고 하여 언제나 자유롭게 포기할 수 있는 것은 아니다.

39) 임차인의 비용상환청구가 제203조에 의할 수 없다고 한 대판 2003.7.25, 2001다64752 참조.

수거할 수 있고 수거해야 한다. 그런데 수거에 따라 지상물의 가치가 감소할 수 있는데, 지상권자에게 불리할 뿐만 아니라 사회경제적으로도 바람직하지 않다. 그래서 민법은 지상권자 또는 지상권설정자에게 지상물매수청구권(地上物買受請求權)을 인정한다.

(2) 먼저 지상권이 소멸하면 지상권설정자는 「소멸사유를 불문하고」 지상물의 매수를 청구할 수 있고(제285조 제2항), 지상권자는 정당한 이유 없이 이를 거절하지 못한다. 이 규정에 의하여 계약체결이 강제된다. 그리고 지상권설정자가 매수청구권을 행사하려면 상당한 가액을 제공해야 하는데, 여기서 상당한 가액이란 매수청구권 행사 당시의 시가 상당액을 의미한다.

(3) 지상권자의 지상물매수청구권을 본다.

① 지상권이 「존속기간의 만료」로 소멸하였는데 지상물이 현존하는 경우에, 지상권자는 갱신청구권을 가진다(제283조 제1항). 그런데 토지소유자가 지상권자의 갱신청구를 거절하면, 지상권자는 토지소유자[40]에 대하여 상당한 가격으로 지상물의 매수를 청구할 수 있다(제2항). 이러한 지상권자의 매수청구권은 형성권이다.

② 지상권자의 매수청구권은 —갱신청구의 2차적 효과로서 지상권자에게 주어지는 특혜라는 점에서— 지상권이 존속기간의 만료에 의하여 소멸하는 경우에 한하여 인정된다.[41]

③ 상당한 가격은 매수청구권을 행사하여 매매계약이 성립되는 때의 시가를 의미한다.[42]

Ⅳ. 특수한 지상권 [5346]

1. 관습상의 법정지상권

가. 의 의

(1) 관습상의 법정지상권(慣習上의 法定地上權)이란, 토지와 그 지상 건물이 동일인의 소유에 속하다가 매매 기타 원인으로 그 소유자를 달리하게 된 경우에, 건물을 철거한다는 특약이 없으면 건물소유자로 하여금 토지를 계속 사용하게 하려는 것이 당사자의 의사라고 보아 건물소유자에게 인정되는 지상권을 말한다.

(2) 관습상의 법정지상권은 사회경제적 고려, 즉 잠재적 상태에 머물던 대지이용권의 문제가 활성화됨에 따른 사회적 불이익을 피하기 위하여 판례에 의하여 인정(보다 솔직하게는 「창설」)되었다. 이에 대하여 학설은 대체로 토지소유자의 희생을 강요한다는 점에서 부정적이다. 아래에서는 판례의 태도를 기초로 관습상의 법정지상권을 살펴본다.

[참 고] 관습상의 법정지상권에 대한 법정책적 검토

㉠ 우선 그러한 관습이 과연 존재하는지 의문이다.

㉡ 동일인 소유에 속하던 토지와 건물이 소유자를 달라하게 된 경우에, 그들 사이에 토지용익에 관한 협의가 존재한다면 굳이 법이 관여할 필요가 없다. 지상건물을 철거한다는 특약이 없으면 건물소유자로 하여금 토지를 계속 사용하게 하려는 것이 당사자의 의사라고 보아 건물소유자에게 관습상의 법정지상권을 인정하는 판례의 입장도, 당사자 사이에 특약이 있으면 그에 따라야 함을 전제한다. 그렇다면 건물철거의 방지라는 공익적 요청은 당사자들에 의한 이해조정이 없는 경우에 「보

40) 대판 1994.7.29. 93다59717 참조.
41) 지료체납의 경우에 매수청구권을 부정한 대판 1993.6.29. 93다10781 참조.
42) 대판 1967.12.18. 67다2355.

충적으로」 작동해야 한다. 그런데 토지와 건물의 소유권이 법률행위에 의하여 분리되는 경우에 당사자들 사이에 토지용익에 관한 합의가 가능하여 법의 후견적 관여가 불필요하고 부적절하다. 따라서 관습상의 법정지상권의 적용범위를 강제경매나 국세징수법에 의한 공매 등 토지와 건물의 소유권이 강제적으로 분리되어 토지용익에 관한 합의의 가능성이 없는 경우로 한정해야 할 것이다.

㉢ 한편 법정용익권의 내용으로 「지상권」을 의제(내지 추정)하는 것은, 당사자들의 협의가 있었다면 특별한 사정이 없는 한 임차권이 성립할 것이라는 점에 비추어 수긍하기 어렵다. 즉 타인의 토지를 용익하는 전형적/통상적인 모습이 임대차임을 고려하면, 스스로 토지용익권을 강구하려고 한 이와 그렇지 않은 이(즉 법정용익권을 부여받는 이) 사이에 모순적 불균형이 발생한다. 따라서 법정용익권을 인정하더라도 임차권이어야 할 것이다.

㉣ 그럼에도 판례는 관습상 법정지상권이 유지되어야 한다는 입장이다.[43]

[5347] **나. 성립요건**

(1) 토지와 그 지상 건물이 동일인의 소유에 속했어야 한다.[44] 이 요건과 관련하여 문제되는 것은 다음의 점들이다.

① 원시적으로 동일인의 소유에 속해야 하는 것은 아니고,[45] 소유권이 변동되는 시점에 동일인 소유에 속하면 된다.

② 동일인에의 소유권 귀속이 원인무효로 이루어졌다가 그 후 원인무효를 이유로 등기가 말소되어 건물과 토지의 소유자가 달라졌다면, 관습상의 법정지상권이 성립하지 않는다.[46] 이 경우 종전의 대지이용관계가 유지되기 때문이다.

③ 건물의 요건을 갖추고 있다면 미등기나 무허가의 건물을 위해서도 관습상의 법정지상권이 성립한다.[47] 그런데 미등기건물이 대지와 함께 양도되었으나 대지에 관해서만 소유권이전등기가 마쳐진 경우에, 건물소유자를 위하여 관습상의 법정지상권이 성립하지 않고,[48] 그 후 대지가 경매되어 소유자가 달라지더라도 관습상의 법정지상권은 성립하지 않는다.[49] 원 소유자로부터 대지와 건물이 한 사람에게 매도되었으나 대지에 관한 소유권이전등기만 경료되고 건물의 소유명의가 매도인 앞으로 남아 있는 경우에도 같다.[50]

④ 토지공유자 중 1인이 지분 과반수의 동의에 기하여 공유지에 건물을 신축한 후 경매를 통하여 공유지가 분할됨에 따라 토지와 건물의 소유자가 달라진 경우[51] 또는 토지공유자 중 1인이 공유토지 위에 건물을 소유하다가 그의 대지지분만 양도한 경우[52]에 관습상의 법정지상권의 성립이 부정된다. 이러한 경우에 법정지상권의 성립을 긍정한다면, 다른 공유자의 지분에 대해서까지 지상권설정이라는 처분을 허용하는 결과로 되기 때문이다.[53]

43) 대판(전) 2022.7.21. 2017다236749의 다수의견: "동일인 소유이던 토지와 그 지상 건물이 매매 등으로 인하여 각각 소유자를 달리하게 되었을 때 그 건물 철거특약이 없는 한 건물소유자가 법정지상권을 취득한다는 관습법은 현재에도 그 법적 규범으로서의 효력을 여전히 유지하고 있다고 보아야 한다."

44) 소유자가 다른 경우에 그들 사이에 존재하던 대지이용관계는 토지나 지상건물의 소유권 변동 후에도 유지될 수 있다.

45) 대판 1995.7.28. 95다9075 · 9082.

46) 대판 1999.3.26. 98다64189.

47) 대판 1991.8.13. 91다16631.

48) 대판(전) 2002.6.20. 2002다9660. 토지소유권과 지상건물의 「처분권」이 함께 이전하므로, 관습상의 법정지상권을 인정할 필요가 없다.

49) 뒤의 98다4798 판결. 미등기나 무허가의 건물의 양수인이 건물의 소유권을 취득한 것은 아니어서 「동일인 소유」라는 요건이 충족되지 않기 때문이다.

50) 대판 1998.4.24. 98다4798.

51) 대판 1993.4.13. 92다55756.

52) 대판 1988.9.27. 87다카140; 대판 1987.6.23. 86다카2188.

[참 고] 대판 1974.2.12. 73다353; 대판 1967.11.14. 67다1105 등은 공유자 중 1인 또는 수인 소유의 건물이 있는 공유대지를 분할하여 대지의 소유권이 공유에서 단독소유로 바뀐 경우에, 건물 소유자는 관습상의 법정지상권을 취득한다고 했는데, 여기서는 공유물의 협의분할이 이루어졌다는 점(따라서 다른 공유자의 의사에 기한 것이라는 점)에서 앞의 재판례들과 사실관계를 달리한다.

⑤ 강제집행에서 「동일인 소유」요건에 관하여 「압류의 효력이 발생하는 때」를 기준으로 판 [5348]
단한다는 것이 대판(전) 2012.10.18. 2010다52140[54] 등 판례의 입장이다.

나아가 ⓐ 「강제경매개시결정 전에 가압류가 있은 경우」에, 그 가압류가 강제경매개시결정으로 인하여 본압류로 이행되어 가압류집행이 본집행에 포섭됨으로써 당초부터 본집행이 있었던 것과 같은 효력이 있고, 따라서 경매의 목적이 된 부동산에 대하여 가압류가 있고 그것이 본압류로 이행되어 경매절차가 진행되었다면, 「애초 가압류가 효력을 발생하는 때」를 기준으로 토지와 그 지상 건물이 동일인에 속하였는지를 판단해야 한다.[55] 그리고 ⓑ 강제경매의 목적이 된 토지 또는 그 지상 건물에 관하여 「강제경매를 위한 압류나 그 압류에 선행한 가압류가 있기 전에 저당권이 설정되었다가 강제경매로 인하여 그 저당권이 소멸한 경우」에, 「그 저당권 설정 당시」를 기준으로 토지와 그 지상건물이 동일인에게 속하였는지에 따라 관습상 법정지상권의 성립 여부를 판단해야 한다.[56]

생각건대 동일인 소유요건은 대지이용권이 문제될 여지가 없음을 의미한다. 그리고 압류에 의하여 대지이용관계를 둘러싼 현상이 고정된 이상 압류의 효력이 발생한 때를 기준으로 법정지상권의 성립 여부를 판단해야 한다. 즉 압류(또는 그에 선행하는 가압류나 저당권설정) 당시 동일인 소유요건이 충족되지 않았다면 매각 당시에 그 요건이 충족되더라도 법정지상권을 인정해서는 안 된다. 이해관계인으로서는 압류의 효력이 발생한 때를 기준으로 법정지상권의 성립 및 범위에 관한 권리분석을 할 것이기 때문이다. 그리고 판례의 태도를 대개 (가)압류의 처분금지효로 설명하는데, 여기서 (가)압류의 처분금지효란 강제집행을 위하여 법률관계를 고정한다는 의미를 가진다고 할 것이다.

⑥ 타인의 토지 위에 토지소유자의 승낙을 얻어 신축한 건물을 매수·취득한 경우에도 관습상의 법정지상권이 인정되지 않는다.[57] 매매대금을 전부 지급하기 전에 매도인의 사용승낙을 기초로 건물을 신축한 후 매매계약이 해제된 경우에도 마찬가지인데,[58] 건물양수인에 대한 토지매

53) 구분소유적 공유관계에 있는 이가 자신의 특정소유가 아닌 부분에 건물을 신축한 경우에 관습상 법정지상권이 성립하지 않는다고 한 대판 1994.1.28. 93다49871도 참조.

54) "관습상 법정지상권이 성립하려면 토지와 그 지상 건물이 애초부터 원시적으로 동일인의 소유에 속하였을 필요는 없고, 그 소유권이 유효하게 변동될 당시에 동일인이 토지와 그 지상건물을 소유하였던 것으로 족"한데, "강제경매의 목적이 된 토지 또는 그 지상 건물의 소유권이 강제경매로 인하여 그 절차상의 매수인에게 이전된 경우에 건물의 소유를 위한 관습상 법정지상권이 성립하는가 하는 문제에 있어서는 그 매수인이 소유권을 취득하는 매각대금의 완납시가 아니라 그 압류의 효력이 발생하는 때를 기준으로 하여 토지와 그 지상건물이 동일인에 속하였는지 여부가 판단되어야 한다. 강제경매개시결정의 기입등기가 이루어져 압류의 효력이 발생한 후에 경매목적물의 소유권을 취득한 이른바 제3취득자는 그의 권리를 경매절차상의 매수인에게 대항하지 못하고, 나아가 그 명의로 경료된 소유권이전등기는 매수인이 인수하지 아니하는 부동산의 부담에 관한 기입에 해당하므로(민사집행법 제144조 제1항 제2호 참조) 그 매각대금이 완납되면 직권으로 그 말소가 촉탁되어야 하는 것이어서, 결국 매각대금 완납 당시 소유자가 누구인지는 이 문제맥락에서 별다른 의미를 가질 수 없다는 점 등을 고려하여 보면 더욱 그러하"다.

55) 앞의 2010다52140 판결.

56) 대판 2013.4.11. 2009다62059. 그 저당권 설정 이후의 특정시점을 기준으로 토지와 그 지상 건물이 동일인의 소유에 속하였는지에 따라 관습상 법정지상권의 성립 여부를 판단하면, 저당권자로서는 저당권 설정 당시를 기준으로 그 토지나 지상건물의 담보가치를 평가하였음에도 저당권 설정 이후에 토지나 그 지상건물의 소유자가 변경되었다는 외부의 우연한 사정으로 인하여 자신이 당초에 파악하고 있던 것보다 부당하게 높아지거나 떨어진 가치를 가진 담보를 취득하는, 예상하지 못한 이익을 얻거나 손해를 입게 됨을 근거로 든다.

57) 대판 1966.5.17. 66다504.

58) 대판 1988.6.28. 87다카2895. 토지를 매수하여 사실상 처분권한을 가지는 이가 그 지상에 건물을 신축한 후 건물이 강제경매되었더

도인의 건물철거청구가 신의칙에 반하여 허용되지 않을 수는 있다.[59][60]

[5349] (2) 동일인 소유에 속하던 토지와 건물이 법률상 규정된 것이 아닌 원인으로 소유자를 달리하게 되어야 한다. 그러한 원인으로 매매[61]나 대물변제,[62] 증여,[63] 공유물 분할,[64] 강제경매,[65] 국세징수법에 의한 공매[66] 등이 판례상 인정된다.[67] 이들 사유 중 매매 등 당사자의 의사에 기하여 토지와 건물의 소유권이 분리된 경우에 관습상의 법정지상권을 인정하는 것이 바람직하지 않음에 관하여 [5346] 참조.

[5350] (3) 토지와 건물의 소유권이 다른 사람에게 귀속될 때 당사자 사이에 건물을 철거한다는 특약이 없어야 한다. 즉 건물철거특약은 관습상 법정지상권의 발생근거인 당사자의 추정의사(토지의 계속 사용에 관한)가 없음을 뜻한다.[68]

이러한 취지에 따라 대지에 관한 임대차계약을 체결하였다면 관습상의 법정지상권을 포기한 것으로 보아야 하고,[69] 건물이 장차 철거될 것임을 예상한 경우에도 관습상의 법정지상권이 인정되지 않는다.[70]

건물철거에 대한 합의 등 특별한 사정에 대한 증명책임은 그러한 사정을 주장하는 이가 진다.[71]

(4) 관습상의 법정지상권 자체에 관한 등기를 요하지 않지만, 법정지상권을 양도하기 위해서는 등기를 해야 한다(제187조).

라도 관습상 법정지상권이 성립하지 않는다고 한 대판 1994.4.12. 93다56053도 참조.

59) 대판 1993.7.27. 93다20986 · 20993([2550]에 소개된) 참조.

60) 「동일인 소유」요건에 관한 그 밖의 재판례를 본다. ㉠ 명의수탁자가 명의신탁토지 위에 건물을 신축한 경우에, 「명의신탁 해지시」 그 건물의 소유를 위한 관습상의 법정지상권이 인정되지 않는다(대판 1986.5.27. 86다카62). 반면 상호명의신탁, 즉 구분소유적 공유에서 공유자 A가 배타적인 점유부분에 건물을 신축하여 소유하던 중 강제경매에 의하여 다른 공유자 B가 대지지분을 취득하였다면, 건물소유자(A)는 관습상의 법정지상권을 취득한다(대판 1990.6.26. 89다카24094). 「대내적 관계」에서의 소유권 귀속을 기초로 동일인 요건을 판단한 결과이다. ㉡ 토지와 그 지상 건물이 함께 양도되었다가 채권자취소권의 행사에 따라 그중 건물에 관해서만 양도가 취소되고 수익자와 전득자 명의의 소유권이전등기가 말소된 경우에, 채권자취소권의 행사로 인한 사해행위의 취소와 일탈재산의 원상회복은 채권자와 수익자 또는 전득자에 대한 관계에서만 효력이 발생할 뿐이고 채무자가 직접 권리를 취득하는 것이 아니므로(취소의 상대효. [4141] 참조), 「동일인의 소유에 속하던 토지와 지상건물이 매매 등으로 인하여 소유자가 다르게 된 경우」에 해당하지 않는다(대판 2014.12.24. 2012다73158). ㉢ 나대지에 담보가등기가 경료된 후 대지소유자가 그 지상에 건물을 신축하였는데, 그 후 가등기에 기한 본등기가 경료되어 대지와 건물의 소유자가 달라진 경우에, 관습상의 법정지상권이 부정되는데(대판 1994.11.22. 94다5458), 저당토지에 건물이 신축된 경우와 다르지 않다(제366조 참조). ㉣ 대판 2010.11.25. 2010두16431: "나대지상에 환매특약의 등기가 마쳐진 상태에서 대지소유자가 그 지상에 건물을 신축하였다면, 대지소유자는 그 신축 당시부터 환매권 행사에 따라 환매권자에게 환매특약등기 당시의 권리관계 그대로의 토지소유권을 이전하여 줄 잠재적 의무를 부담한다고 볼 수 있으므로, 통상의 대지소유자로서는 그 건물이 장차 철거되어야 하는 운명에 처하게 될 것임을 예상하면서도 그 건물을 건축하였다고 볼 수 있고, 환매권자가 환매기간 내에 적법하게 환매권을 행사하면 환매특약의 등기 후에 마쳐진 제3자의 근저당권 등 이미 유효하게 성립한 제한물권조차 소멸하므로, 특별한 사정이 없는 한 환매권의 행사에 따라 토지와 건물의 소유자가 달라진 경우 그 건물을 위한 관습상의 법정지상권은 애초부터 생기지 않는다."

61) 대판 1997.1.21. 96다40080.

62) 대판 1992.4.10. 91다45356 · 45363.

63) 대판 1963.5.9. 63아11.

64) 대판 1967.11.14. 67다1105.

65) 대판(전) 2012.10.18. 2010다52140.

66) 대판 1967.11.28. 67다1831.

67) 환지의 경우에 관습상의 법정지상권이 인정되지 않는다고 한 대판 2001.5.8. 2001다4101도 참조.

68) 대판 1999.12.10. 98다58467: "건물철거의 합의에 […] 관습상의 법정지상권의 발생을 배제하는 효력을 인정할 수 있기 위하여서는, 단지 형식적으로 건물을 철거한다는 내용만이 아니라 건물을 철거함으로써 토지의 계속 사용을 그만두고자 하는 당사자의 의사가 그 합의에 의하여 인정될 수 있어야 한다"(토지 및 건물의 소유자가 토지만 타인에게 증여한 후 구 건물을 철거하되 그 지상에 자신의 이름으로 건물을 다시 신축하기로 합의한 경우에, 그 건물철거의 합의는 건물소유자가 토지의 계속 사용을 그만두고자 하는 내용의 합의로 볼 수 없어 관습상의 법정지상권의 발생을 배제하는 효력이 인정되지 않는다고 한 사례).

69) 대판 1991.5.14. 91다1912.

70) 대판 1994.12.12. 94다41072 · 41089.

71) 대판 1988.9.27. 87다카279.

다. 내 용 [5351]

(1) 이상의 요건이 충족되면 건물소유자는 건물의 소유를 위하여 그 대지에 대한 법정지상권을 취득한다. 그 내용에 관하여 [5332] 참조.

(2) 관습상 법정지상권이 붙은 건물을 양수한 이는 등기 없이도 건물양도인의 지상권갱신청구권을 대위행사할 수 있다.[72]

2. 그 밖의 특수한 지상권 [5352]

가. 구분지상권

(1) 구분지상권(區分地上權)이란 건물 기타 공작물을 소유하기 위하여 타인 소유 토지의 지하 또는 지상의 공간을 상하의 범위를 정하여 사용하는 지상권을 말한다(제289조의2 제1항).

일반지상권과 비교하여 구분지상권은 타인의 토지를 사용하는 물권이라는 점에서 같지만, 토지의 「어떤 층」, 즉 구분층에 한하여 그 효력이 미치고, 건물 기타 공작물의 소유를 위해서만 설정될 수 있다는 점에서 다르다.

(2) 구분지상권을 설정하기 위하여 지상권자와 토지소유자 사이에 구분지상권설정에 관한 합의와 등기가 있어야 함은 당연하고, 그 밖에 다음의 요건도 갖추어져야 한다.

① 구분지상권의 객체는 토지의 「어떤 층」이므로, 이를 특정하기 위하여 토지의 상하의 범위를 등기해야 한다(부동산등기규칙 제126조 제2항 참조).

② 구분지상권의 객체인 토지(그 일부라도 무방하다) 위에 존재하는 배타성 있는 용익권을 해쳐서는 안 된다. 따라서 용익물권 또는 대항력 있는 임차권이 있거나 구분지상권(보다 정확하게는 구분지상권의 객체)이 중복되는 경우에, 그 권리자 및 그 권리를 목적으로 하는 권리를 가진 이 전원의 승낙이 있어야 한다(제289조의2 제2항). 이러한 승낙이 없으면 구분지상권설정등기가 있더라도 그 등기는 무효이다.

(3) 지상권에 관한 규정은 제279조를 제외하고 전부 구분지상권에 준용된다(제290조 제2항). 그 밖에 구분지상권에 특유한 효력을 본다.

① 구분지상권자는 토지의 「어떤 층」만 사용할 권리를 가지고, 나머지 부분에 대해서는 토지소유자가 사용권을 가진다. 그러나 토지소유자의 사용권을 제한하는 특약이 가능하며(제289조의2 제1항 후단), 이 제한을 등기하면 구분지상권자 또는 그 양수인이 토지소유자 또는 제3자에게 대항할 수 있다(부동산등기법 제69조 제5호). 토지소유자가 이 특약을 위반하면 구분지상권자는 당연히 그 배제를 청구할 수 있다.

② 구분지상권의 지료는 당사자간의 합의 또는 법원에 의하여 결정된다.[73]

③ 도시철도법 제12조 제4항 등 특별법은 구분지상권의 존속기간을 해당 구조물의 존속시까지로 정한다.

나. 분묘기지권 [5353]

(1) 분묘기지권(墳墓基地權)은 타인의 토지 위에 분묘를 소유하기 위하여 분묘 기지부분의 토

72) 대판 1995.4.11, 94다39925.

73) 참고로 지하철도 건설을 위한 구분지상권의 경우에 도시철도법 제9조는 대통령령에 의하여 지하의 깊이 등에 따라 차등적으로 정하도록 규정한다. 전기사업법 제90조의2도 참조.

지를 사용할 수 있는, 관습에 의하여 인정되는 지상권 유사의[74] 물권을 말한다.[75]

(2) 분묘기지권의 취득에 관하여 본다.

① ❶ 토지소유자의 승낙을 받아 분묘를 설치한 경우,[76] ❷ 분묘기지권을 시효취득한 경우[77] 또는 ❸ 자기 소유의 토지에 분묘를 설치하였다가 철거특약 없이 토지소유권을 이전한 경우[78]에 분묘기지권을 취득한다.

② 분묘의 내부에 시신이 안장되어 있어야 하므로 가묘(假墓)의 경우에 분묘기지권이 성립하지 않는다.

③ 봉분이 분묘의 존재를 공시하므로[79] 공시방법으로서 등기를 요하지 않는데, 시효취득의 경우에도 마찬가지이다.[80]

(3) 이상의 요건이 갖추어지면 이미 설치된 분묘를 수호하고 봉제사하는 데 필요한 범위 내에서 분묘기지권이 인정된다. 그러나 기존의 분묘 외에 새로운 분묘를 설치할 권능이 포함되지는 않는다.[81]

당사자 사이에 다른 약정이 없는 한 이 권리는 권리자[82]가 분묘를 수호하고 분묘가 유지되는 동안 존속하며,[83] 제1008조의3에 따라 승계될 수 있으나 양도될 수는 없다. 그런데 분묘를 다른 곳으로 이장하면 분묘기지권은 당연히 소멸한다.[84]

한편 지료에 관하여 다툼이 있는데, 판례는, ❷의 경우에, 토지소유자가 지료를 청구하면 그 청구한 날부터 지료를 지급할 의무가 있다는 입장이고,[85] ❸의 경우에 분묘기지권이 성립한 때부터 토지소유자에게 분묘의 기지에 대한 토지사용의 대가로서 지료를 지급할 의무가 있다고 하였다.[86]

[5354] **다. 담보지상권**

(1) 종래 나대지에 담보권을 설정하면서 담보가치를 유지[87]하기 위하여 지상권을 설정하는 관행이 있었고, 이를 담보지상권(擔保地上權)이라 하는데, 지상권이 담보목적으로 전용된 예이다.

(2) 담보지상권의 내용을 본다.

① 담보지상권자는 제3자에 대하여 목적토지 위에 건물을 축조하는 것을 중지하도록 요구할

74) 대판 2011.11.10. 2011다63017 · 63024 참조.

75) 참고로 2007년 전면개정된 장사법에 따라 토지소유자, 묘지설치자, 연고자, 자연장지 조성자 등의 승낙 없이 분묘를 설치한 경우에 토지사용권 등 분묘의 보존을 위한 권리의 주장이 제한되고, 특히 동법 시행일(2001. 1. 13.) 이후 설치한 분묘에 대해서는 분묘기지권의 시효취득이 인정되지 않는다(동법 제27조 및 부칙 제2조 참조).

76) 대판 2000.9.26. 99다14006.

77) 대판 1996.6.14. 96다14036. 대판(전) 2017.1.19. 2013다17292은 장사법 시행 전에 설치된 분묘에 관하여 같은 입장이다.

78) 대판 1967.10.12. 67다1920.

79) 평장(平葬)에 관한 대판 1991.10.25. 91다18040 참조.

80) 대판 1996.6.14. 96다14036.

81) 대판 2001.8.21. 2001다28367.

82) 분묘기지권을 취득하는 분묘의 소유자는 제1008조의3의 유추에 의하여 제사주재자라고 할 것이다.

83) 일시적인 멸실에 관하여 대판 2007.6.28. 2005다44114 참조. 분묘의 설치기간을 30년으로 하는 장사법 제19조도 참조.

84) 대판 2007.6.28. 2007다16885.

85) 대판(전) 2021.4.29. 2017다228007의 다수의견: "2000.1.12. 법률 제6158호로 전부 개정된 구 장사 등에 관한 법률(이하 '장사법'이라 한다)의 시행일인 2001.1.13. 이전에 타인의 토지에 분묘를 설치한 다음 20년간 평온·공연하게 분묘의 기지(基地)를 점유함으로써 분묘기지권을 시효로 취득하였더라도, 분묘기지권자는 토지소유자가 분묘기지에 관한 지료를 청구하면 그 청구한 날부터의 지료를 지급할 의무가 있다고 보아야 한다."

86) 대판 2021.9.16. 2017다271834 · 271841.

87) 담보권이 실행될 때까지 제3자가 용익권을 취득하거나 목적토지의 담보가치를 하락시키는 침해행위를 하는 것을 배제함으로써.

수 있다.[88]

② 담보지상권은 용익을 목적으로 하지 않으므로 목적토지의 무단점유자에 대하여 「지상권」 자체의 침해를 이유로 한 임료 상당의 손해배상을 구할 수 없다.[89]

③ 본래의 지상권에는 부종성이 인정되지 않지만, 담보목적으로 전용된 담보지상권에서는 부종성이 인정된다. 즉 등기된 지상권의 목적이나 존속기간과 관계없이 저당권의 소멸에 따라 당연히 소멸한다.[90] 저당권이 실행된 경우에도 같다.[91]

제 2 절 전 세 권

Ⅰ. 총 설 [5355]

1. 전세권의 의의

가. 개 념

(1) 전세권(傳貰權)은 전세금을 지급하고 타인의 부동산을 점유하여 그 용도에 좇아 사용 · 수익하는 용익물권으로, 소멸시 목적부동산의 매각대금으로부터 전세금의 우선변제를 받을 수 있는 권능이 인정된다(제303조 제1항).

(2) 전세권은 「채권적 전세」라는, 주로 건물의 임대차와 이자부 소비대차가 결합하여(차임채무와 이자채무가 상계된다) 행하여지던 부동산의 유상용익에 관한 관습을 물권으로 입법화한 것이다(다수설의 이해에 따르면). 그리고 1983년 주택임대차법 개정에서 소액보증금에 관하여 우선변제권이 인정되자, 1984년 민법개정에서 전세권자의 우선변제권을 명문화하였으며, 건물전세권에 관하여 최단존속기간을 법정하고 법정갱신을 인정하는 외에 전세금의 증감청구권에 관한 규정을 신설하였다.

나. 법적 성질 [5356]

(1) 물권으로서 전세권은 —설정행위에 의하여 금지되고 그 취지가 등기되지 않은 한(제306조 단서, 부동산등기법 제72조 제1항 참조)— 당연히 상속성과 양도성을 가지고(임차권에 관한 제629조 참조), 제3자에 대항할 수 있으며, 전세권이 침해되면 물권적 청구권이 인정된다(제319조, 제213조, 제214조).

(2) 전세권은 타인의 부동산을 점유하여 그 용도에 좇아 사용 · 수익하는 권리, 즉 용익물권이다. 이러한 용익권능은 전세권의 본체적인 내용이다. 그리고 용도에 좇아 부동산을 사용 · 수익하는 권리로서 "점유할 권리"(제213조 단서 참조)를 포함하며, 상린관계의 규정이 준용된다(제319

88) 대결 2004.3.29. 2003마1753: 토지 위에 건물을 신축 중인 토지소유자가 토지에 관한 근저당권 및 지상권 설정등기를 경료한 후 제3자에게 위 건물에 대한 건축주명의를 변경해 준 사안에서, 지상권자가 제3자에 대하여 건물의 축조를 중지할 것을 요구할 수 있다고 한 사례. 가등기담보에 부수하는 지상권에 관한 대판 1991.3.12. 90다카27570도 참조.

89) 대판 2008.1.17. 2006다586 참조.

90) 대판 2011.4.14. 2011다6342: "근저당권 등 담보권 설정의 당사자들이 그 목적이 된 토지 위에 차후 용익권이 설정되거나 건물 또는 공작물이 축조 · 설치되는 등으로써 그 목적물의 담보가치가 저감하는 것을 막는 것을 주요한 목적으로 하여 채권자 앞으로 아울러 지상권을 설정하였다면, 그 피담보채권이 변제 등으로 만족을 얻어 소멸한 경우는 물론이고 시효소멸한 경우에도 그 지상권은 피담보채권에 부종하여 소멸한다." 담보가등기와 함께 경료된 지상권에 관한 앞의 90다카27570 판결도 참조.

91) 대판 2014.7.24. 2012다97871 · 97888.

조, 제216조 내지 제244조). 또한 전세권은 제256조 단서의 권원에 해당하기 때문에, 전세권자가 토지에 부속시킨 건물 기타 공작물이나 수목 등은 토지에 부합되지 않고 매수청구의 대상으로 된다(제316조 제2항).

[5357] (3) 1984년 민법개정에 따라 전세권자는 전세권이 소멸된 후 「전세금반환채권」의 만족을 위하여 목적물 전부에 대한 우선변제권을 가진다(제303조 제1항 후단. 경매청구에 관한 제318조도 참조). 이를 근거로 학설과 판례는 전세권이 담보물권의 성질도 가진다고 한다.[1)]

그런데 전세권이 소멸해야 비로소 전세금반환채권이 발생하는데, 그 채권의 만족을 위하여 이미 소멸한 전세권에 우선변제권이 인정되고 담보물권으로서 존속한다는 구성은 자연스럽지 못하다. 따라서 우선변제권(제303조 제1항 후단)을 가지는 "전세권자"는 전세권이 소멸함으로써 전세금반환채권을 가지게 된 「종전의」 전세권자를 의미한다고 할 것이다.[2)] 요컨대 전세권은 본래 용익물권이지만, 그 소멸 후에는 전세금반환채권을 피담보채권으로 하는 담보물권으로 기능한다고 할 것이다(부동산등기법 제73조도 참조). 판례의 입장도 큰 틀에서 다르지 않은 것으로 보인다.[3)]

[5358] 2. 임대차와의 비교

(1) 먼저 채권적 전세와 전세권은 전세금/보증금이 목적물의 사용대가인 점과 그에 관한 증감청구권이 인정되는 점 및 부속물의 수거권과 매수청구권이 인정된다는 점에서 같지만, 전세권은 물권인 반면 채권적 전세권은 채권으로 그 본질이 상이하므로 채권적 전세에 대하여 임대차에 관한 규정이 적용된다. 그리고 채권적 전세에서 대항력이 인정되지 않고, 설정자의 동의 없이는 양도할 수 없다(제629조). 그 밖에 전세금/보증금의 반환확보책 및 존속기간(제312조, 제651조 참조)에 관해서도 차이가 있다.

> [참 고] 임차인의 등기청구권(제621조 제1항)이 채권적 전세에 적용될 수 있다. 다만 종래 부동산등기법이 전세금을 등기할 수 있는 전세권등기와 차임은 등기할 수 있지만 보증금을 등기할 수 없는 임차권등기를 준별함에 따라 임차권등기의 실익이 크지 않았으나, 현재는 임차보증금을 등기할 수 있으므로(부동산등기법 제74조 제5호) 상황이 달라졌다.

---

1) 채권담보의 목적으로 설정된 전세권에 관하여 대판 2021.12.30. 2018다40235 · 40242은 "전세권설정계약의 당사자가 전세권의 핵심인 사용 · 수익권능을 배제하고 채권담보만을 위해 전세권을 설정하였다면, 법률이 정하지 않은 새로운 내용의 전세권을 창설하는 것으로서 물권법정주의에 반하여 허용되지 않고 이러한 전세권설정등기는 무효라고" 본 반면, 대판 2005.5.26. 2003다12311은 「임대차계약에 바탕을 두고」 이에 기한 임차보증금반환채권을 담보할 목적으로 임대인, 임차인 및 제3자 사이의 합의에 따라 제3자 명의로 경료된 전세권설정등기는 유효하다고 했다(뒤의 대판 1995.2.10. 94다18508도 참조).
한편 대판 2021.12.30. 2018다268538은, 임대차보증금반환채권을 담보할 목적으로 임차인 명의로 전세권설정등기를 마친 경우에, 임대차보증금에서 연체차임 등을 공제하고 남은 돈을 전세금으로 하는 것이 임대인과 임차인의 합치된 의사라고 볼 수 있는데, 전세권설정계약은 외관상으로 그 내용에 차임지급약정이 존재하지 않고 이에 따라 전세금이 연체차임으로 공제되지 않는 등 임대인과 임차인의 진의와 일치하지 않는 부분이 존재하므로 임대차계약과 양립할 수 없는 범위에서 전세권설정계약은 통정허위표시에 해당하여 무효이고, 다만 그러한 전세권설정계약에 의하여 형성된 법률관계에 기초하여 새로이 법률상 이해관계를 가지게 된 제3자에 대하여는 그 제3자가 그와 같은 사정을 알고 있었던 경우에만 그 무효를 주장할 수 있다고 하였다. 그런데 임대차보증금반환채권의 담보라는 경제적 효과가 아니라 전세권설정이라는 법률적 효과가 존중되어야 하므로([1069] 참조) 이를 통정허위표시로 볼 것은 아니고, 다만 전세금의 성질에 따라 담보되는 채권 외에 연체차임의 공제와 같은 임대차관계를 주장할 수 없다고 하면 족할 것이다.

2) 아래에서 이러한 전세권자를 낫표를 사용하여 표기한다.

3) 대판 2005.3.25. 2003다35659는 "전세권설정등기를 마친 민법상의 전세권은 그 성질상 용익물권적 성격과 담보물권적 성격을 겸비한 것으로서, 전세권의 존속기간이 만료되면 전세권의 용익물권적 권능은 전세권설정등기의 말소 없이도 당연히 소멸하고 단지 전세금반환채권을 담보하는 담보물권적 권능의 범위 내에서 전세금의 반환시까지 그 전세권설정등기의 효력이 존속하고 있다 할 것인데, 이와 같이 존속기간의 경과로서 본래의 용익물권적 권능이 소멸하고 담보물권적 권능만 남은 전세권에 대해서도 그 피담보채권인 전세금반환채권과 함께 제3자에게 이를 양도할 수 있다 할 것이지만 이 경우에는 민법 제450조 제2항 소정의 확정일자 있는 증서에 의한 채권양도절차를 거치지 않는 한 위 전세금반환채권의 압류 · 전부채권자 등 제3자에게 위 전세보증금반환채권의 양도사실로써 대항할 수 없다"고 하면서, 전세기간 만료 후 전세권양도계약 및 「전세권이전의 부기등기」(부동산등기법 제52조 제2호)가 이루어진 것만으로 전세금반환채권의 양도에 관하여 확정일자 있는 통지나 승낙이 있었다고 볼 수 없어, 이로써 제3자인 전세금반환채권의 압류 · 전부채권자에게 대항할 수 없다고 하였다.

(2) 한편 주택임대차법 등의 적용을 받는 임대차와 전세권은 권리의 본질을 달리하고 그 결과 처분의 자유에 차이가 있다. 그러나 대항력을 가지는 점(주택임대차법 제3조 제4항; 상가임대차법 제3조 제2항) 및 전세금/보증금의 반환을 확보하기 위하여 우선변제권이 인정된다는 점(주택임대차법 제3조의2 제2항, 상가임대차법 제5조 제2항. 다만 배당요구가 있어야 하는지에 관하여 [5459] 참조)에서 공통된다.

Ⅱ. 전세권의 성립 [5359]

1. 법률행위에 의한 성립[4]

가. 전세권설정계약과 등기

(1) 전세권은 전세권설정자(소유권 등 처분권을 가져야 한다)와 전세권자 사이의 전세권설정에 관한 물권적 합의(보통 전세권설정에 관한 채권·채무를 발생시키는 채권계약에 포함되어 있다)와 등기(부동산등기법 제72조)에 의하여 설정된다.[5] 합의의 내용은 전세권자가 전세금을 지급하고 일정한 권능을 포함하는 법적 권리로서 전세권을 취득하기로 하는 것이다.

(2) 전세권의 객체는 타인의 부동산이지만, 농경지는 전세권의 목적으로 하지 못한다(제303조 제2항. 농지임대차에 관한 농지법 제23조 이하도 참조). 그리고 전세권의 객체인 부동산이 1필의 토지 또는 1동의 건물이어야 하는 것은 아니며, 부동산의 일부라도 무방하지만 등기신청에 도면을 첨부해야 한다(부동산등기법 제72조 제1항 제6호).

나. 목적부동산의 인도와 전세금의 지급(?) [5360]

(1) 목적부동산의 인도는 전세권의 성립요건이 아니다.[6] 따라서 전세권자가 전세목적물을 인도받지 않더라도 전세권의 성립에는 영향이 없다.

(2) 한편 다수설과 판례[7]는 전세금이 전세권의 요소이며, 전세금의 지급이 있어야 전세권이 유효하게 성립한다고 한다.[8]

그런데 "부동산을 점유하여"라는 문언에도 불구하고 목적물의 인도는 성립요건이 아니라고 하는 점과의 균형을 고려한다면, "전세금을 지급하고"라는 문언은 전세권설정에 관한 채권계약 안에 전세금을 지급할 것이 포함되어야 함(등기신청시 신청서에 전세금을 기재해야 함에 관하여 부동산등기법 제72조 제1항 제1호 참조)을 선언하는 의미를 가진다.[9] 즉 전세금의 지급 여부는 전세권의 성립에 직접 영향을 미칠 수 없고, 다만 원인계약상 채무의 불이행으로서 전세권의 소멸을 결과

4) 전세권은 보통 법률행위, 즉 설정합의에 의하여 취득되지만, 전세권의 양도 또는 상속에 의하여 승계취득될 수도 있다. 여기서는 법률행위에 의한 전세권의 취득을 본다.

5) 제621조 제1항의 취지, 전세권제도의 내실화의 요청 등을 고려한다면, 전세권등기를 하지 않는다는 특약이 없는 한 전세권설정계약 당사자의 전세권설정등기청구권을 인정할 것이다. 대판 1962.3.24. 4294민상1297 참조.
참고로 대결 2018.1.25. 2017마1093: "전세권이 용익물권적인 성격과 담보물권적인 성격을 모두 갖추고 있는 점에 비추어 전세권 존속기간이 시작되기 전에 마친 전세권설정등기도 특별한 사정이 없는 한 유효한 것으로 추정된다. 한편 […] 전세권은 등기부상 기록된 전세권설정등기의 존속기간과 상관없이 등기된 순서에 따라 순위가 정해진다."

6) 대판 1995.2.10. 94다18508: "당사자가 주로 채권담보의 목적으로 전세권을 설정하였고, 그 설정과 동시에 목적물을 인도하지 아니한 경우라 하더라도, 장차 전세권자가 목적물을 사용·수익하는 것을 완전히 배제하는 것이 아니라면, 그 전세권의 효력을 부인할 수는 없다."

7) 대판 2002.8.23. 2001다69122 등.

8) 가령 대판 1995.2.10. 94다18508: "전세금의 지급은 전세권 성립의 요소가 되는 것이지만 그렇다고 하여 전세금의 지급이 반드시 현실적으로 수수되어야만 하는 것은 아니고 기존의 채권으로 전세금의 지급에 갈음할 수도 있다."

9) 전세금 지급이 성립요건이라면, 전세금을 나중에 지급하기로 한 경우에 이미 마쳐진 전세권설정등기는 무효라고 해야 하는데, 이는 수긍하기 어려운 결론이다.

지울 수 있다고 해야 한다.

[5361] ## 2. 전 세 금

가. 개 관

(1) 전세금(傳貰金)이란, 전세권을 설정하면서 전세권자가 전세권설정자에게 교부하고, 전세권이 소멸하면 「전세권자」가 전세권설정자로부터 반환받는 금전을 말한다(제303조 제1항, 제317조).

(2) 당사자들이 전세금의 액을 자유롭게 정할 수 있지만, 등기한 범위에서만 제3자에게 대항할 수 있다(부동산등기법 제72조 제1항 제1호). 즉 전세금이 등기액을 초과하더라도 등기액의 범위 내에서만 전세금에 대한 권리를 주장할 수 있다. 반면 등기액이 전세금을 초과하면 전세금의 범위 내에서만 권리를 주장할 수 있다.

(3) 전세권자의 전세금지급의무는 일반적으로 전세권설정자의 전세권설정등기 및 목적부동산 인도의 의무와 동시이행관계에 선다(제536조 및 제317조 참조).

(4) 전세금은 일차적으로 부동산의 용익에 대한 대가로, 그 이자가 차임에 상당한다. 그런데 전세권설정자의 입장에서 부동산을 담보로 하여 금전을 융통받는 것이므로, 전세금은 신용수수(信用授受)의 성질도 가진다.

[5362] (5) 전세금은 보증금(保證金)의 성질을 가진다(보증금에 관하여 [2631] 이하 참조).

전세금으로 담보되는 채무에 관하여 법은 목적물의 멸실로 인한 전세권자의 손해배상채무를 규정하지만(제315조 제2항), 다른 채무(제308조, 제309조 등 참조)도 담보한다고 해야 한다.[10)]

[참 고] 대판 2008.3.13. 2006다29372 · 29389는, 전세금은 그 성격에 비추어 제315조에 정한 전세권설정자의 전세권자에 대한 손해배상채권 외 다른 채권까지 담보한다고 볼 수 없다고 하였으나, 전세권이 저당권의 목적이고 저당권자가 물상대위권을 행사한 특수한 사안에 관한 것이어서[11)] 이를 일반화하는 것은 적절하지 않다.

[5363] ### 나. 전세금증감청구권

(1) 전세금이 목적부동산에 대한 조세, 공과금 기타 부담의 증감이나 경제사정의 변동으로 인하여 상당하지 않게 된 경우에, 당사자는 장래에 향하여 그 증감을 청구할 수 있다(제312조의2 본문).

(2) 전세금증감청구권(傳貰金增減請求權)의 법적 성질에 관하여 견해가 나뉘지만, 지료증감청구권(제286조)과 마찬가지로 형성권이라 할 것인데, 전세금변경의 부기등기(부동산등기법 제52조 제5호)를 마쳐야 제3자에게 대항할 수 있다. 상대방이 증감청구에 불응하는 경우에 결국 법원이 증액 또는 감액의 정도를 결정해야 하고, 법원이 결정한 전세금의 액은 증감청구를 한 때에 소급하여 그 효력이 생긴다.

(3) 제312조의2 단서에 따라 전세금을 증액함에는 대통령령이 정하는 기준에 따른 제한(약정 전세금의 20분의 1 이내, 전세권설정계약일이나 증액일부터 1년 경과 후)이 적용된다.

---

10) 다만 전세권에서 차임이나 지료의 지급은 문제되지 않으므로, 그 지체로 인한 손해배상채무에 대해서는 그렇지 않음은 당연하다.

11) 전세권설정자가 전세권자에 대한 "그 밖의" 채권을 자동채권으로 하는 상계로 전세권저당권자에게 대항할 수 없다고 하였다.

Ⅲ. 전세권의 효력 [5364]

1. 전세권자의 용익권능

가. 개 관

(1) 전세권자는 목적부동산을 "점유하여 그 용도에 좇아 사용·수익"할 수 있다.[12] 이러한 전세권의 핵심적 권능에 기하여 목적물을 "점유할 권리"(제213조 단서) 및 물권적 청구권(제319조, 제213조, 제214조)이 인정된다. 나아가 전세권은 제256조 단서의 "권원"을 이룬다(제316조 제2항 참조).

(2) 전세권자의 용익권은 "용도에 좇"은 것이어야 하는바, 용도에 좇은 것인지 여부는 설정합의 또는 목적물의 성질에 따라 판단된다(제311조 제1항 참조).

전세권자가 용도에 반하여 목적부동산을 용익한 경우에, ① 전세권설정자는 전세권의 소멸을 청구할 수 있다(제311조 제1항). 전세권소멸청구권은 형성권이지만, 소멸청구에 의하여 등기말소청구권이 발생할 뿐이고, 제186조에 따라 등기해야 전세권이 소멸한다. ② 나아가 전세권설정자는 전세권자에게 원상회복 또는 손해배상을 청구할 수 있다(제311조 제2항).

(3) 지상권 또는 등기된 임차권과의 사이에서 용익의 우선은 등기순위로 정한다.

(4) 전세권은 부동산을 이용하는 권리이므로, 이웃 토지와의 이용을 조절하기 위하여 상린관계의 규정이 준용된다(제319조, 제216조 내지 제244조).

나. 건물전세권과 토지이용관계 [5365]

(1) 먼저 건물전세권과 대지이용권의 불가분성을 본다.

① 타인의 토지에 건물을 소유하는 이가 건물에 전세권을 설정한 경우에, 전세권의 효력은 건물의 소유를 목적으로 하는 지상권 또는 임차권에 미친다(제304조 제1항). 여기서 "미친다"란 전세권자가 토지소유자에 대하여 건물소유자(전세권설정자)의 토지용익권을 원용할 수 있다는 의미인데, 전세권설정자가 건물의 존립을 위한 토지용익권을 가지지 못하여 토지소유자의 건물철거 등 청구에 대항할 수 없다면, 제304조를 들어 전세권자가 토지소유자의 권리행사에 대항할 수 없음은 당연하다.[13]

② 이러한 대지이용권과의 불가분성 때문에 전세권자의 동의 없이 전세권설정자가 지상권 등을 소멸시키는 처분행위를 한 경우에, 그 행위는 전세권자를 해치는 범위에서 무효이다(제304조 제2항). 그런데 제한되는 것은 포기, 기간단축약정 등 건물전세권자의 지위에 불이익을 미치는 전세권설정자의 임의적인 행위이고,[14] 지료체납에 기한 지상권소멸청구권의 행사로 지상권이 소멸되는 효과까지 제한하는 것은 아니다. 즉 건물에 대하여 전세권을 설정하여 준 지상권자가 지료를 체납하였음을 이유로 토지소유자가 한 지상권소멸청구가 그에 대한 전세권자의 동의 없이 행하여졌더라도 제304조 제2항에 의하여 그 효과가 제한된다고 할 수 없다.[15]

---

12) 여기서 수익은 천연과실이나 법정과실의 취득을 의미한다.

13) 대판 2010.8.19. 2010다43801.

14) 전세권자의 동의 없이 법정지상권을 취득할 지위를 소멸시킨 경우에 대지소유자의 퇴거 및 인도청구를 배척한 원심을 긍정한 대판 2007.8.24. 2006다14684 참조.

15) 앞의 2010다43801 판결.

[참 고] 전세권자의 동의 하에 전세권설정자가 지상권 또는 임차권을 소멸시킨 경우에, 전세권자의 기한의 이익의 포기로 새겨 전세권이 당연히 소멸한다는 견해도 있지만, 토지이용권 없는 건물에 전세권이 설정된 경우와 마찬가지로 건물의 용익 자체는 여전히 적법하다 할 것이다.

③ 판례는 이상의 법리가 대항력 있는 임차권에도 유추된다는 입장이다.[16)]

[5366] (2) 법정지상권에 관하여 살펴본다.

① 동일소유자에 속하는 건물과 대지 중 건물에만 전세권을 설정한 후 전세권설정자가 토지소유권을 타에 처분하여 토지와 건물의 소유자가 달라진 경우에, 전세권설정자를 위한 법정지상권의 성립이 의제된다(제305조 제1항). 잠재적으로 존재하던 전세권자의 대지사용관계를 현실화할 필요에 기한 것으로, 건물의 보호가 그 목적이다.

② 제305조 제1항의 법정지상권을 취득하는 이는 전세권자가 아니라 건물소유자(전세권설정자)이다. 이 권리는 법률의 규정에 의한 것이므로 등기를 요하지 않으며(제187조), 지료는 당사자의 합의 또는 법원의 결정에 의한다. 그리고 이 권리의 존속기간에 관하여 제281조가 적용되어야 한다.[17)]

③ 자기 소유의 건물에 전세권을 설정한 대지소유자는 타인에게 그 대지를 임대하거나 그 대지를 목적으로 하는 지상권 또는 전세권을 설정하지 못한다(제305조 제2항).

[5367] 2. 전세권자의 관리의무

(1) 임대인과 달리(제623조 참조) 전세권설정자는 목적부동산을 사용·수익에 적합한 상태에 둘 적극적인 의무를 부담하지 않는다. 오히려 「목적물의 현상을 유지하고 그 통상의 관리에 필요한 수선」을 할 의무를 전세권자가 부담하므로(제309조), 그는 목적부동산의 통상적 유지 및 관리를 위하여 필요비를 지출하였더라도 그 상환을 청구하지 못한다(제310조 제1항 참조).

(2) 전세권자가 제309조의 의무를 유책적으로 게을리한 경우에, 전세권설정자는 그로 인한 손해의 배상 및 전세권의 소멸을 청구할 수 있다(제311조의 확장해석).

[5368] 3. 전세권의 처분

가. 개 관

투하자본을 회수하기 위하여 전세권자는 전세권을 처분할 수 있다. 즉 전세권을 타인에게 양도하거나 담보로 제공할 수 있고, 존속기간의 범위 내에서 그 목적물을 타인에게 전전세 또는 임대할 수 있다(제306조 본문). 다만 설정행위로 전세권의 처분을 제한(금지)할 수 있지만(같은 조 단서), 이러한 제한은 물권으로서 전세권의 본질에 반하므로 그 특약을 등기해야 하고, 등기하지 않으면 제3자에게 대항하지 못한다(부동산등기법 제72조 제1항 제5호).

[5369] 나. 전 전 세

(1) 전전세(轉傳貰)란, 전세권자의 전세권을 그대로 둔 채 그것을 기초로 하여 전세목적물에 전세권을 다시 설정하는 것을 말한다(제306조).

(2) 성립요건을 본다.

---

16) 앞의 2010다43801 판결.

17) 제305조가 없다면 건물소유자가 관습상의 법정지상권을 취득할 것이라는 점과의 균형을 위하여.

① 전전세권의 설정에 전전세권설정자(원전세권자)와 전전세권자의 전전세권설정에 관한 합의 및 등기를 요하지만(제186조, 부동산등기법 제72조), 원전세권설정자의 동의를 요하지는 않는다. 전세목적물의 일부에 대해서도 전전세권을 설정할 수 있다(같은 조 제1항 제6호).

② 전전세권의 존속기간은 원전세권의 존속기간 내여야 하는데(제306조), 원전세권의 존속기간을 넘는 기간이 약정되었더라도, 원전세권의 존속기간의 범위 내에서만 효력을 가진다.

한편 다수설은 전전세금도 원전세금의 범위 내로 한정되어야 한다고 하지만, 전전세금이 원전세금을 넘더라도 원전세금의 범위 내에서만 우선변제권이 인정된다고 하면 충분하다.

(3) 효과를 본다.

① 전전세권을 설정하더라도 원전세권은 존속하지만, 원전세권자는 전전세권에 의하여 제한되는 한도에서 스스로 목적물을 사용·수익할 수 없고, 전전세권이 존속하는 동안 전전세권을 해치는 결과로 되는 전세권의 처분(예: 전세권의 포기)을 할 수 없다(제304조 제2항 참조).

② 전전세권자는 권리의 범위 내에서 목적물을 용익하는 등 전세권자로서의 모든 권능을 가지는 반면, 전전세권설정의 원인계약상의 의무를 원전세권설정자에 대하여 부담하지는 않는다(제630조 제1항 참조).

③ 전세권이 소멸하면 전전세권도 소멸하는데, 「전전세권자」는 「원전세권자」에 대하여 목적부동산의 인도 및 말소등기에 필요한 서류의 교부와 상환으로 전전세금의 반환을 청구할 수 있다(제317조). 경매청구권(제318조)과 우선변제권(제303조 제1항)은 「전전세권자」에게도 인정되는데, 「전전세권자」는 「원전세권자」가 경매청구권을 행사할 수 있는 경우(즉 원전세권이 소멸한 경우)에만 경매청구를 할 수 있고, 「원전세권자」가 가지는 우선변제권의 범위 내에서만 우선변제를 받을 수 있다. 전세권자가 전전세를 했다고 하여 그에 관여하지 않은 부동산소유자나 다른 권리자의 법적 지위에 영향을 미칠 수 없기 때문이다.

④ 원전세권자는 원전세권설정자의 동의가 없더라도 전전세를 할 수 있지만, 전전세를 하지 않았으면 면할 수 있었을 불가항력으로 인한 손해에 대해서도 배상책임을 부담한다(제308조). 다만 전전세에 의하여 장소적 이동 없이 점유자의 변경이 있을 뿐이므로 그러한 손해는 실제로 상정하기 어렵다(제336조 참조).

다. 전세권의 양도 [5370]

(1) 전세권자는 전세권을 제3자에게 양도할 수 있다. 전세권 양도의 합의와 전세권자 변경의 부기등기(부동산등기법 제52조 제5호)가 있어야 하지만, 전세권설정자의 동의나 그에 대한 양도통지(제450조 참조)를 요하지 않는다.

(2) 전세권양수인은 전세권설정자에 대하여 양도인과 동일한 권리의무를 가진다(제307조). 즉 양수인이 전세권자로서의 법적 지위를 총체적으로 인수한다.

그런데 이미 확정적으로 발생한 양도인의 손해배상의무(제308조, 제309조, 제311조 제2항, 제315조 등 참조)도 이전되는가? 생각건대 양수인이 전세권자로서의 법적 지위를 인수하더라도 양도인이 개인적으로 부담하는 의무(특히 전세목적물의 멸실이나 훼손에 대한 책임)까지 당연히 그에 포함된다고 볼 수 없다. 물론 전세권이 양도되었다 하여 전세권설정자는 그로 인하여 불리한 지위에 놓이지 않으므로, 전세권 소멸 후 보증금으로서의 전세금을 위와 같은 배상액 전부에 충당할 수 있지만, 그로써 부족하다고 해서 그 배상의무의 이행을 양수인에게 청구할 수는 없다.

한편 양수인은 전세권이 소멸된 후에 전세금의 반환을 청구할 권리를 취득하는데, 그 액은 양도인에게 실제로 지급한 대가와 무관하다. 전세권설정자가 실제로 수령하였던 액과 등기된 전세금액이 불일치하는 경우에, 실제의 수령액이 등기액보다 고액이라면 실수령액, 저액이라면 등기액에 의할 것이다.

[5371] 라. 기 타

(1) 전세권자는 전세권을 저당권(제371조 참조) 또는 양도담보의 객체로 할 수 있다.

그런데 저당권의 목적인 전세권이 기간 만료로 소멸한 경우에, 전세권저당권자는 전세권의 목적물인 부동산의 소유자에게 더 이상 저당권을 주장할 수 없고, 전세권설정자는 전세금반환채권에 대한 제3자의 압류 등이 없는 한 「전세권자」에 대해서만 전세금반환의무를 부담한다.[18] 다만 전세권저당권자는 "저당권의 목적물인 전세권에 갈음하여 존속하는 것으로 볼 수 있는 전세금반환채권에 대하여 압류 및 추심명령 또는 전부명령을 받거나 제3자가 전세금반환채권에 대하여 실시한 강제집행절차에서 배당요구를 하는 등의 방법으로 물상대위권을 행사하여 전세금의 지급을 구"할 수 있다.[19]

(2) 전세권자는 전세권설정자의 동의가 없더라도 그 전세부동산을 임대할 수 있다. 이 경우에도 그 존속기간은 전세권의 존속기간의 범위 내여야 하고,[20] 전세부동산을 임대한 전세권자는 제308조의 배상책임을 부담한다.

[5372] 4. 전세권의 존속기간

가. 기본법리

(1) 설정합의에 존속기간의 정함이 있는 경우를 본다.

① 당사자는 설정행위에 의하여 전세권의 존속기간을 임의로 정할 수 있다. 존속기간의 묵시적 약정도 가능하지만, 등기해야 대항할 수 있다(부동산등기법 제72조 제1항 제3호).

② 설정합의에서 존속기간을 정하더라도 최장기간은 10년을 넘지 못하며, 약정기간이 10년을 넘더라도 10년으로 단축된다(제312조 제1항). 그리고 존속기간이 만료되면 설정합의를 갱신할 수 있지만, 그 존속기간은 갱신한 날부터 10년을 넘지 못한다(제3항).

③ 제312조 제2항에 따라 건물전세권의 최단기간은 1년이다.

(2) 설정합의에서 존속기간을 정하지 않은 경우를 본다.

① 건물전세권에 관하여 존속기간의 정함이 없는 경우에, 제312조 제2항을 확대해석하여 그 존속기간을 1년으로 의제할 것이다.

② 그 밖의 경우에 관하여 각 당사자가 언제든지 상대방에게 전세권의 소멸을 통고(通告)할

18) 대판 1999.9.17. 98다31301. 저당권의 목적은 물권인 전세권 자체이지 전세금반환채권이 아니고, 전세권을 목적으로 하는 저당권의 설정은 전세목적물 소유자의 의사와 상관없이 전세권자의 동의만 있으면 가능하다는 점 등을 근거로 한다.

19) 대판 2014.10.27. 2013다91672. 나아가 전세권저당권자가 전세금반환채권에 대하여 물상대위권을 행사하는 경우에 전세권설정자가 전세권자에 대한 반대채권으로 상계함으로써 전세권저당권자에게 대항할 수 있는지에 관하여, 대법원은 우선변제권을 근거로 전세권설정자가 전세권저당권자에게 상계로써 대항할 수 없다고 하면서도 "전세권저당권이 설정된 때에 이미 전세권설정자가 전세권자에 대하여 반대채권을 가지고 있고 반대채권의 변제기가 장래 발생할 전세금반환채권의 변제기와 동시에 또는 그보다 먼저 도래하는 경우와 같이 전세권설정자에게 합리적 기대이익을 인정할 수 있는 경우"에 예외를 인정하였다.

20) 그 기간의 제한을 넘더라도 이를 부동산소유자에게 대항할 수 없다.

수 있고 상대방이 이 통고를 받은 날부터 6월이 경과하면 전세권은 소멸한다(제313조). 그런데 소멸통고는 물권적 단독행위로서 그에 따른 전세권의 소멸에 등기를 요하지만, 소멸통고 후 6월이 경과해야 전세권설정등기말소청구권이 발생한다 할 것이다. 소멸통고 후 6월의 경과로 전세권이 당연히 소멸한다면 거래의 안전을 해칠 염려가 있기 때문이다.

나. 건물전세권의 법정갱신 [5373]

(1) 제312조 제4항에 의하여 「건물」 전세권의 법정갱신이 인정된다. 법문은 새로운 전세권의 설정으로 보지만, 그 실질은 전세권의 존속기간의 연장에 해당하며, 전세권자의 지위를 강화하는 역할을 담당한다.

(2) 건물의 전세권설정자가 전세권의 존속기간 만료 전 6월부터 1월까지 사이에 전세권자에 대하여 갱신거절의 통지 또는 조건을 변경하지 않으면 갱신하지 않겠다는 통지를 하지 않은 경우에 법정갱신이 인정된다.

(3) 법정갱신은 「의제된 법률행위」로서, 등기를 요하지 않는다.[21]

(4) 전세권이 법정갱신된 경우에 그 존속기간을 정하지 않은 것으로 본다(제312조 제4항).

Ⅳ. 전세권의 소멸 [5374]

1. 소멸사유

가. 서 설

(1) 전세권은 물권 일반의 소멸사유에 의하여 소멸한다.

그런데 전세권의 포기와 관련하여 주의할 점이 있다. ① 용익권으로서 전세권의 포기가 전세금반환채권의 포기를 의미하지는 않는다. ② 전세권의 존속기간은 전세금에 대한 금융의 허여(許與)기간이라는 의미도 가진다는 점에서, 전세권자의 일방적 포기에 의하여 전세권설정자의 기한의 이익을 빼앗을 수 없다고 할 것이지만, 존속기간의 약정이 없는 경우에 제313조에 따른 소멸통고가 있은 후 6월이 경과하면 전세금반환청구권이 발생한다. ③ 전세권이 제3자의 권리의 목적인 경우에 전세권자의 포기가 제한됨은 당연하다(제371조 제2항).

(2) 전세권에 특유한 소멸사유로 소멸청구(제311조 제1항)와 소멸통고(제313조, 제314조 제2항)가 있다. 이들 중 소멸청구와 제313조의 소멸통고에 관하여 이미 살펴보았으므로, 아래에서는 제314조 제2항의 소멸사유를 목적부동산의 멸실이라는 관점에서 검토한다.

나. 목적부동산이 멸실된 경우 [5375]

(1) 전세권의 목적인 부동산이 「전부」 멸실된 경우에, 전세권자에게 귀책사유가 있는지 여부와 관계없이 전세권은 소멸한다. 용익의 목적을 달성할 수 없기 때문이다. 다만 전세권자에게 귀책사유가 있었다면, 그는 전세권설정자(멸실 당시의 부동산소유자)에 대하여 손해배상책임을 부담하는데(제315조 제1항), 전세권설정자는 전세금으로 손해의 배상에 충당하고, 잉여가 있으면 반환해야 하며, 부족이 있으면 다시 청구할 수 있다(제2항).

(2) 「일부」 멸실의 경우를 본다.

21) 대판 1989.7.11. 88다카21029; 대판 2010.3.25. 2009다35743.

① 불가항력으로 인한 일부멸실의 경우에 멸실부분에 관하여 전세권이 소멸한다(제314조 제1항). 이는 멸실부분에 상응하는 전세금의 반환의무가 발생한다는 의미이다.

한편 불가항력으로 인하여 전세목적물의 일부가 멸실되어 잔존부분만으로 전세권의 목적을 달성할 수 없는 경우에, 전세권자는 전세권 전부의 소멸을 통고할 수 있다(제2항). 그리고 전세권자에게 손해배상책임이 없으므로, 전세금 전액의 반환을 청구할 수 있다.

② 전세권자에게 책임 있는 사유에 기한 일부멸실의 경우에는 멸실된 부분에 관하여 용익할 수 없으므로 그 한도에서 용익권으로서 전세권이 소멸하지만, 전세권자로서는 전세금의 감액을 청구할 수 없고, 오히려 전세권설정자가 멸실된 부분에 대한 손해배상을 청구할 수 있다(제315조 제1항). 그리고 전세권설정자는 이 경우 전세권 전부의 소멸을 청구할 수 있다(제311조 제1항). 학설은 일반적으로 —제314조 제2항을 유추하여— 잔존부분만으로 전세권의 목적을 달성할 수 없다면 전세권자도 전세권 전부에 관하여 소멸통고를 할 수 있다고 하지만, 전세권의 존속기간이 전세금에 대한 금융의 허여기간이라는 점에서 그러한 해석에 대하여 의문이 없지 않다.[22)]

[5376] 2. 전세권관계의 청산

가. 서 설

(1) 용익물권으로서 전세권이 소멸하면, 「전세권자」는 목적부동산을 전세권설정자에게 반환하고 전세권설정등기를 말소해야 하는 반면, 전세권설정자는 전세금을 「전세권자」에게 반환해야 한다.

목적부동산의 반환 및 전세권등기의 말소등기에 필요한 서류의 교부의무와 전세금반환의무는 동시이행의 관계에 선다(제317조). 따라서 「전세권자」가 목적부동산을 인도하였더라도 전세권설정등기의 말소등기에 필요한 서류를 교부하거나 제공하지 않은 이상 전세권설정자는 전세금의 반환을 거부할 수 있어서 그가 전세금에 대한 이자 상당액의 이득을 법률상 원인 없이 얻는다고 볼 수 없다.[23)]

[5377] (2) 위 반환의무의 당사자가 누구인지가 문제되는 경우를 본다.

① 「전세권이 양도된 경우」에, 양도인의 법적 지위를 총체적으로 인수하는(제307조 참조) 양수인이 각 반환의무의 당사자로 된다. 다만 용익권능이 소멸한 후 담보물권으로만 기능하는 전세권이 양도된 경우에는, 전세권(및 전세금반환채권)의 양수인이 전세금반환채권을 가지는 반면, 전세목적물반환의무는 여전히 전세권의 양도인이 부담하고, 전세권의 양도인은 「양수인을 위하여」 전세권설정자에게 동시이행의 항변권을 행사할 의무를 진다고 할 것이다.

② 「전세권의 부담 있는 부동산이 제3자에게 양도된 경우」에, 전세권이 소멸하면 전세권설정자와 제3취득자 중 누가 전세금반환의무를 부담하는가?

전세목적부동산을 양도할 때 보통 특약에 의하여 양수인이 전세금반환채무를 인수하고 이를 대금에서 공제하므로, 제3취득자가 당사자로서 전세금반환의무를 부담하고 목적물반환채권 및 말소등기청구권을 가지는데,[24)] 이 점은 특약이 없는 경우에도 마찬가지라 할 것이고,[25)] 판례의

---

22) 講義, [2351] 참조.
23) 대판 2002.2.5. 2001다62091.
24) 대판 2006.5.11. 2006다6072.

입장도 같다.[26]

반면 용익물권으로서 전세권이 소멸한 후에 부동산소유자가 변경된 경우에, 이미 용익권능이 소멸하여 상황이 다르기 때문에 전 소유자, 즉 전세부동산의 매도인이 전세금반환의무를 부담하지만, 전세권자로서는 전세권을 실행하여 전세금의 우선변제를 받을 수 있다.[27]

나. 「전세권자」의 전세금반환채권 [5378]

(1) 전세권(보다 정확하게는 용익권능)이 소멸하면, 「전세권자」가 전세금반환채권(傳貰金返還債權)을 가지고, 그 채권의 확보를 위하여 경매청구권과 우선변제권이 인정된다.

(2) 그에 앞서 전세금반환채권의 이전에 관하여 살펴본다.

① 용익권능이 소멸한 후에는 전세금반환채권이 양도될 수 있는데, 수반성에 따라 전세권과 함께 양도되어야 하고,[28] 「전세권자」의 경매청구권과 우선변제권도 수반한다.

② 용익권능이 소멸하기 전에 전세권과 분리하여 전세금반환채권만 양도할 수 있는지에 관하여 반대견해도 있으나, 조건부 권리의 양도가 일반적으로 허용되는 점(제149조 참조), 전세금반환채권이 양도되더라도 그 점이 전세권 자체에는 아무 영향을 주지 않을 뿐만 아니라 부동산소유자의 법적 지위에 아무런 불이익이 없는 점 등을 고려한다면, 용익권능의 소멸 전이라도 전세권과 분리하여 「장래의 채권」인 정지조건부의 반환채권만 양도할 수 있고, 용익권능의 소멸로 전세금반환채권이 성립될 때에 전세금반환채권의 양수인은 종국적으로 채권을 취득한다 할 것이다(부동산등기법 제73조도 참조).

판례는, 전세금은 전세권과 분리될 수 없는 요소일 뿐 아니라 그 설정행위에서 금지하지 않은 한 전세권자는 전세권 자체를 처분하여 전세금으로 지출한 자본을 회수할 수 있도록 되어 있음을 들어, 전세권이 존속하는 동안 전세금반환채권만 분리하여 「확정적으로」 양도하는 것은 허용되지 않는다고 하면서도, "전세권 존속 중에는 장래에 그 전세권이 소멸하는 경우에 전세금반환채권이 발생하는 것을 조건으로 그 장래의 조건부 채권을 양도할 수 있"다고 하여 예외를 인정한다.[29][30] 그런데 전세권이 소멸하기 전에 전세금반환채권만 양수하였더라도, 그 후 전세권자가

---

25) 목적부동산을 계속 용익하는 전세권자는 전세부동산 용익의 대가로 전세금을 활용할 권리를 전세권설정자에게 부여하는바, 부동산소유권이 이전된 경우에 용익권능을 포기한 것은 당초의 전세권설정자가 아니라 새로운 소유자이므로, 그가 전세금을 활용할 권리를 보유하고(따라서 부동산매도인인 전세권설정자는 매수인에게 전세금을 이전할 「법정채무」를 부담하고, 당사자간의 합의로 이러한 법정채무를 면하게 했더라도 그 합의로 전세권자의 전세금반환청구에 대항하지는 못한다 할 것이다), 용익물권으로서 전세권이 소멸하면 전세금을 반환할 의무도 새로운 소유자가 부담한다고 해야 하기 때문이다(주택임대차법 제3조 제2항 및 민사집행법 제91조 제4항 본문도 참조).

26) 대판 2000.6.9. 99다15122는, 전세목적물의 소유권이 이전된 경우에 민법이 전세권관계로부터 생기는 상환청구, 소멸청구, 갱신청구, 전세금증감청구, 원상회복, 매수청구 등의 법률관계의 당사자로 규정하는 전세권설정자 또는 소유자는 모두 목적물의 소유권을 취득한 신 소유자로 새길 수밖에 없으므로, 전세권은 전세권자와 목적물의 소유권을 취득한 신 소유자 사이에서 계속 동일한 내용으로 존속한다고 보아야 하고, 따라서 목적물의 신 소유자는 구 소유자와 전세권자 사이에 성립한 전세권의 내용에 따른 권리의무의 직접적인 당사자가 되어 전세권이 소멸하면 「전세권자」에 대하여 전세권설정자의 지위에서 전세금반환의무를 부담하고, 구 소유자는 전세권설정자의 지위를 상실하여 전세금반환의무를 면하며, 전세권이 전세금채권을 담보하는 담보물권적 성질을 가지더라도 전세권은 전세금이 존재하지 않으면 독립하여 존재할 수 없는 용익물권으로서 전세금은 전세권과 분리될 수 없는 요소이므로 전세권관계로 생기는 위와 같은 법률관계가 신 소유자에게 이전되었다고 보는 이상, 전세금채권관계만이 따로 분리되어 구 소유자와 사이에 남아 있다고 할 수는 없고, 당연히 신 소유자에게 이전되었다고 보았다.

27) 이때 전세부동산의 양수인이 전 소유자에 대하여 담보책임을 물을 수 있음에 관하여 제576조 참조.

28) 대판 2005.3.25. 2003다35659(판례, 〈8-6-5〉) 참조.

29) 대판 2002.8.23. 2001다69122.

30) 그 밖에 대판 1997.11.25. 97다29790: "전세권이 존속기간의 만료로 소멸한 경우이거나 전세계약의 합의해지 또는 당사자간의 특약에 의하여 전세금반환채권의 처분에도 불구하고, 전세권의 처분이 따르지 않는 경우 등의 특별한 사정이 있는 때에는 채권양수인은 담보물권이 없는 무담보의 채권을 양수한 것이 된다." 전세권설정계약이 합의해지되면 전세권설정등기는 전세금반환채권을 담보하는 효력을 가지지만, 그 후 당사자간의 약정에 의하여 전세권의 처분이 따르지 않는 전세금반환채권만의 분리양도가 이루어졌다면 양수인은 유효하게 전세금반환채권을 양수하였고, 그로 인하여 전세금반환채권을 담보하는 물권으로서 전세권마저 소멸된 이상 그 전세권에 관하여 가압류부기등기가 경료되었더라도 효력이 없다(대판 1999.2.5. 97다33997).

「전세권」을 제3자에게 양도하면, 그 제3자만이 전세금반환채권을 가진다.[31)]

[5379] (3) 「전세권자」의 경매청구권(競賣請求權)을 본다.

① 부동산소유자가 전세금의 반환을 지체한 경우에, 「전세권자」는 전세목적물의 경매를 청구할 수 있다(제318조). 여기서 「전세금의 반환을 지체한 때」란 「전세권자」가 목적부동산의 반환 및 전세권등기의 말소에 필요한 서류를 제공하여(제317조 참조) 부동산소유자를 이행지체에 빠뜨린 경우를 의미하며, "민사집행법에서 정하는 바에 의한 목적물의 경매"는 담보권 실행을 위한 경매(민사집행법 제264조 이하)를 말한다.

② 전세권이 부동산의 일부에 설정된 경우에, 「전세권자」의 경매청구의 대상이 그 목적부분에 한정되는지 아니면 부동산 전부인지에 관하여 견해의 대립이 있는바, 판례는 전세권의 목적이 아닌 나머지 부분에 대하여 경매신청을 할 수 없다고 한다.[32)]

그러나 경매청구권은 우선변제권의 전제이고, 우선변제권은 전세권의 목적인 건물 전부에 미친다는 점("그 부동산 전부에 대하여": 제302조 제1항)에 비추어, 이러한 경우에도 「전세권자」는 목적부동산 전부의 경매를 청구할 수 있다고 할 것이다(불가분성에 관한 제321조도 참조).

③ 「전세권자」가 전세금을 우선적으로 변제받기 위한 일반적인 방법은 경매이지만, 당사자의 특약으로 경매 아닌 다른 방법으로 전세목적물을 처분하여 그로부터 전세금을 반환받을 수 있다(임의현금화의 특약).

[5380] (4) 「전세권자」의 우선변제권(優先辨濟權)을 본다.

① 「전세권자」는 목적물 "전부에 대하여 후순위권리자 기타 채권자보다 전세금의 우선변제를 받을 권리"를 가진다(제303조 제1항 후단).[33)] 「전세권자」는 전세목적물에 대하여 실시된 어떠한 경매절차에서도 우선변제권을 행사할 수 있으며, 나아가 경매절차에서 우선변제권을 행사하지 못했더라도, 행사하였다면 배당받았을 액을 부당이득을 원인으로 하여 다른 후순위의 배당채권자로부터 별도의 민사소송에 의하여 반환받을 수 있다.[34)]

② 하나의 부동산에 복수의 일부전세권이 설정된 경우에, 그 설정에 선후가 있더라도 그들은 평등하고, 매각대금이 그들의 전세금 전액을 만족시킬 수 없다면 각자의 전세금의 비율에 따라 분배되어야 한다.

③ 「전세권자」의 우선변제권은 전세목적물의 매각대금에 대한 것이고, 그로부터 전세금 전부의 반환을 받지 못하면 그 잔액은 일반채권으로 잔존한다.

[5381] **다. 「전세권자」의 등기말소 및 목적물반환의무**

(1) 「전세권자」는 전세권등기를 말소해야 한다.

(2) 나아가 「전세권자」는 전세목적물을 반환해야 한다.

① 전세권이 소멸하면 「전세권자」는 전세목적물을 원상으로 회복하여 반환해야 한다(제316

---

31) 전세금반환채권의 양도를 전세권자인 소유자가 승낙하였더라도 마찬가지이다.

32) 대결 1992.3.10. 91마256 · 257. 특히 대결 2001.7.2. 2001마212는 전세권의 목적이 아닌 나머지 건물부분에 대하여 경매신청권이 없으므로, 건물의 일부에 대하여 전세권이 설정된 경우에 전세권자는 전세권의 목적이 된 부분을 초과하여 건물 전부의 경매를 청구할 수 없고, 전세권의 목적이 된 부분이 구조상 또는 이용상 독립성이 없어 독립한 소유권의 객체로 될 수 없기 때문에 그 부분만의 경매신청이 불가능하다고 하여 달리 볼 것은 아니라고 하였다.

33) 경매에서 전세권의 지위에 관하여 [5440] 참조.

34) 대판 1964.7.14. 63다839.

조 제1항 참조). 원상회복의 내용으로 「전세권자」는 목적물에 부속시킨 물건을 수거해야 하는데, 「전세권자」의 의무이자 동시에 권리이다.

그런데 부동산소유자의 부속물매수청구권이 인정된다(제316조 제1항 단서). 즉 전세권설정자가 부속물의 매수를 청구하는 경우에, 「전세권자」는 정당한 이유 없이 이를 거절하지 못한다(제285조 제2항 참조). 그리고 「전세권자」의 매수청구권도 인정된다(제316조 제2항). 즉 부속물건이 전세권설정자의 동의를 얻어 부속되었거나 전세권설정자로부터 매수한 것이라면, 「전세권자」는 부동산소유자에 대하여 그 부속물건의 매수를 청구할 수 있는데, 이 권리는 형성권이다(제646조 참조). 판례는 제643조도 유추된다는 입장이다.[35)]

② 전세권자가 목적물의 현상유지와 수선의 의무를 부담하므로(제309조), (통상)필요비의 상환청구는 인정되지 않는다. 반면 유익비를 지출한 경우에 「전세권자」는 제310조에 의하여 유익비의 상환을 청구할 수 있다. 즉 전세권 소멸시 그 가액의 증가가 현존하는 경우에 한하여 부동산소유자의 선택에 좇아 그 지출한 금액이나 증가된 가액의 상환을 청구할 수 있고(제310조 제1항), 이 경우 법원은 부동산소유자의 청구에 의하여 상당한 상환기간을 허여할 수 있다(제2항).

제 3 절 지역권과 상린관계

Ⅰ. 총 설 [5382]

1. 지역권의 의의 및 특질

가. 개 념

(1) 지역권(地役權)이란 설정행위에서 정한 목적을 위하여 타인의 토지를 자기토지의 편익에 이용하는 용익물권을 말한다(제291조). 지역권이 성립하기 위하여 편익을 받는 요역지(要役地, 또는 편익필요지: 부동산등기법 제38조 제2항)와 편익을 제공하는 승역지(承役地, 또는 편익제공지: 같은 법 제37조 제1항)가 있어야 하는바, 지역권의 설정으로 요역지의 이용가치가 증가되는 반면, 승역지의 이용이 제한된다.

(2) 민법은 인접하는 토지 사이의 이용을 조절하기 위하여 상린관계를 규정한다(제216조 이하). 그런데 상린관계는 독립한 권리가 아니라 법률에 기한 최소한의 조절로, 당사자의 합의를 전제로 하지 않으며 등기를 요하지 않는다는 점에서 지역권과 다르다.

나. 법적 성질 [5383]

(1) 지역권은 물권으로서 양도성과 상속성을 가진다.

(2) 지역권은 두 토지, 즉 요역지와 승역지 사이에서 편익을 주고받는 관계이다.

① 타인의 토지를 자기"토지"의 편익에 이용하는 권리로서, 요역지의 소유자가 아니라 요역지 자체에 속한다. 즉 「사람과 물건」의 관계인 보통의 물권과 달리 지역권은 「물건과 물건」 사이에서 편익을 주고받는 관계를 대상으로 한다. 따라서 요역지의 소유자뿐만 아니라 지상권자나 임

35) 대판 2007.9.21. 2005다41740.

차인도 자기의 용익권에 기하여 지역권을 행사할 수 있다.

[참 고] A 토지의 골재를 B 회사의 공사현장에서 사용하기로 하는 경우처럼 일정한 이의 편익을 위하여 타인의 물건을 이용하는 권리를 인역권(人役權)이라 하는데, 편익을 받는 것이 특정한 토지가 아니라 특정한 사람인 점에서 지역권과 다르다.

민법이 이러한 유형의 권리를 수용하지 않았으나, 제302조의 특수지역권이 이 권리의 성질을 가지고, 나아가 인역권설정의 합의가 당사자 사이에서 채권적 효력을 가질 수 있으며,[1] B가 A 토지의 골재를 사용할 수 없게 되면 채무불이행책임을 물을 수 있다.

② 지역권은 요역지소유권에 종된 권리로서, 요역지로부터 분리하여 양도하거나 다른 권리의 목적(예: 담보제공)으로 하지 못한다(제292조 제2항). 그리고 요역지소유권이 이전되거나 다른 권리의 목적으로 되면 지역권도 이와 법률적 운명을 같이하지만(제1항 본문), 이러한 수반성은 설정행위로써 배제될 수 있고(같은 항 단서), 특약을 등기하면 제3자에게 대항할 수 있다(부동산등기법 제70조 제4호).

③ 편익에 이용한다는 것은 요역지의 가치를 증대케 하는 것을 말하는데, 편익의 종류는 따지지 않는다. 한편 승역지가 요역지의 편익에 제공되는 한도에서 승역지소유자는 지역권자의 행위를 용인하고 승역지의 일정한 이용을 하지 않을 의무를 부담한다.[2]

④ 요역지와 승역지가 인접할 필요는 없다. 그리고 요역지는 1필의 토지여야 하지만, 승역지는 1필의 토지의 일부일 수 있다(제293조 제2항 단서, 부동산등기법 제70조 제5호 참조).

(3) 지역권은 무상일 수도 있고 유상일 수도 있지만, 유상이라도 등기할 수 없어서 제3자에게 대항할 수 없다.

(4) 불가분성(不可分性)이 인정된다.

① 지역권은 요역지 전부의 편익을 위하여 승역지 전부를 이용하는 권리이다. 따라서 토지공유자의 1인은 그의 지분에 관하여 그 토지를 위한 또는 그 토지가 부담하는 지역권을 소멸하게 하지 못한다(제293조 제1항). 그리고 요역지나 승역지가 분할되거나 일부양도된 경우에, 지역권은 요역지의 각 부분을 위하여 또는 승역지의 각 부분에 존속하지만, 지역권이 그 성질상 토지의 일부분에만 관한 것이라면 그 일부분만 위하여 또는 그 일부분에만 존속한다(제2항).

② 공유자 중 1인이 지역권을 취득하면 다른 공유자도 그 지역권을 취득하는 반면, 취득시효의 중단은 지역권을 행사하는 공유자 전원에 대하여 해야 한다(제295조).

③ 수인의 공유에 속하는 요역지를 위하여 존재하는 지역권이 소멸시효에 걸리려는 경우에, 공유자의 1인이 시효를 중단하거나 공유자의 1인에 대한 시효정지의 사유가 생기면 그 중단이나 정지는 공유자 전원을 위하여 효력이 있다(제296조).

[5384] **다. 종 류**

(1) 승역지소유자의 의무내용에 따라 통행지역권이나 인수지역권과 같은 작위의 지역권과 관망지역권 등의 부작위의 지역권으로 나뉜다.

(2) 지역권 내용의 실현이 중단 없이 계속되는 것인지에 따라 계속지역권과 불계속지역권으

1) A 토지의 소유자가 바뀐 경우에 새로운 소유자에게 대항하지 못함은 당연하다.

2) 특약에 의하여 승역지소유자가 적극적 의무를 부담할 수 있음에 관하여 제298조 참조.

로 나뉘는데, 지역권의 취득시효와 관련하여 구별의 실익이 있다(제294조 참조).

(3) 지역권 내용의 실현이 외부에서 인식할 수 있는지에 따라 통행지역권 등의 표현지역권과 부작위의 지역권이나 지하인수지역권과 같은 불표현지역권으로 나뉘는데, 이 구별 역시 지역권의 취득시효와 관련하여 실익을 가진다.

2. 지역권의 성립 [5385]

가. 지역권의 취득사유

(1) 지역권은 지역권설정에 관한 물권적 합의와 등기(부동산등기법 제70조 참조)에 의하여 취득되는 것이 보통이지만, 취득시효, 상속, 양도 등에 의해서도 취득될 수 있다. 다만 양도는 요역지의 소유권의 이전에 수반해서만 가능하다(제292조 제1항).

(2) 지상권자나 전세권자도 용익권의 범위 안에서 자기가 이용하는 토지 위에 지역권을 설정할 수 있다.

나. 지역권의 시효취득

(1) 지역권은 "계속되고 표현된 것에 한하여" 시효취득의 대상이 될 수 있다(제294조). 즉 요역지의 소유자가 승역지를 일상적으로 사용하고 있다는 객관적 상태[3]가 제245조 소정의 기간 동안 계속되어야 한다.[4]

(2) 공유자의 1인이 지역권의 시효취득의 요건을 갖추면, 공유자 전원을 위하여 지역권이 취득된다(제295조 제1항).

Ⅱ. 지역권의 효력 [5386]

1. 물권적 토지이용권

(1) 지역권자는 지역권의 내용에 따라 승역지를 자기토지의 편익에 이용할 수 있다. 그 내용은 설정행위 또는 취득시효의 기초인 점유의 모습에 따라 결정되는데,[5] 승역지로부터 수익하는 것은 이에 포함되지 않는다. 그리고 앞서 본 것처럼 토지이용권은 토지소유권에 부종한다.

(2) 지역권의 내용은 지역권의 목적을 달성하기 위하여 필요하고 또 승역지사용자에게 손해가 가장 적은 범위에 국한되어야 한다.[6]

(3) 지역권은 배타성 있는 물권이므로, 먼저 설정된 지역권이 나중에 설정된 지역권에 우선한다. 이 점을 제297조 제2항이 용수지역권과 관련하여 규정한다.

(4) 물권으로서 지역권의 실현이 방해받는 경우에 그 배제를 청구할 수 있는 물권적 청구권

---

3) 통행지역권에 관한 대판 1995.6.13. 95다1088 · 1095 참조.

4) 토지의 불법점유자는 토지소유권의 상린관계로서 위요지통행권의 주장이나 통행지역권의 시효취득 주장을 할 수 없다고 한 대판 1976.10.29. 76다1694도 참조.

5) 관련하여 대판 2015.3.20. 2012다17479: "도로 설치에 의한 사용을 근거로 영구적인 통행지역권이 인정되는 통행지역권의 취득시효에 관한 여러 사정들과 아울러 주위토지통행권과의 유사성 등을 종합하여 보면, 종전의 승역지 사용이 무상으로 이루어졌다는 등의 다른 특별한 사정이 없다면 통행지역권을 취득시효한 경우에도 주위토지통행권의 경우와 마찬가지로 요역지소유자는 승역지에 대한 도로 설치 및 사용에 의하여 승역지소유자가 입은 손해를 보상하여야 한다."

6) ㉠ 용수지역권에서 승역지의 수량이 요역지 및 승역지의 수요에 부족한 경우에, 그 수요 정도에 의하여 먼저 가용(家用)에 공급한 후 다른 용도에 공급해야 한다. 다만 설정행위로 달리 정할 수 있는데(제297조), 등기해야 한다(부동산등기법 제70조 제4호). ㉡ 승역지소유자는 지역권의 행사를 방해하지 않는 범위 내에서 지역권자가 지역권의 행사를 위하여 승역지에 설치한 공작물을 사용할 수 있다. 다만 수익 정도의 비율로 공작물의 설치 · 보전의 비용을 분담해야 한다(제300조).

이 발생한다(제301조, 제214조).

[5387] ### 2. 승역지이용자의 의무

(1) 지역권의 내용에 따라 승역지소유자(승역지용익권자를 포함한다)는 지역권자의 행위를 인용하고 일정한 이용을 하지 않을 부작위의무를 부담한다.

(2) 계약에 의하여 승역지소유자가 자기 비용으로 지역권의 행사를 위하여 공작물을 설치 또는 수선할 의무를 부담할 수 있다. 승역지소유자의 특별승계인도 그 의무를 부담하지만(제298조), 특별승계인에게 대항하기 위하여 등기해야 한다(부동산등기법 제70조 제4호).

한편 승역지소유자는 지역권에 필요한 부분의 토지소유권을 지역권자에게 위기(委棄. 토지소유권을 지역권자에게 이전시키는 일방적 의사표시)하여 이 의무를 면할 수 있다(제299조).

[5388] ### 3. 지역권의 존속기간

민법은 지역권의 존속기간에 관하여 규정하지 않는다. 당사자가 지역권의 존속기간을 정할 수 있지만, 이를 등기할 길이 없다. 학설은 대체로 지역권의 존속기간을 영구무한으로 정할 수 있다고 한다.

[5389] ## Ⅲ. 지역권의 소멸

1. 일반적 소멸사유

물권으로서 지역권은 요역지 또는 승역지의 멸실, 지역권자의 포기, 혼동, 존속기간의 만료, 약정소멸사유의 발생, 승역지의 수용 등으로 인하여 소멸한다.

[5390] ### 2. 지역권에 특유한 소멸사유

(1) 승역지를 제3자가 시효취득하면, 승역지 위의 지역권은 소멸한다. 다만 승역지점유자가 지역권의 존재를 인용하면서 점유를 계속한 경우, 즉 취득시효가 진행되는 동안 지역권자가 그의 권리를 행사하는 경우에는 지역권이 소멸하지 않는다.

(2) 지역권은 20년간 행사하지 않으면 소멸시효가 완성한다(제162조 제2항). 시효기간의 기산점은 불계속지역권에서 권리를 최후로 행사한 때, 계속지역권에서는 그 행사를 방해하는 사실이 생긴 때이다. 한편 요역지가 공유에 속하는 경우에, 소멸시효는 모든 공유자에 대하여 시효가 완성되어야 그 효력이 생긴다(제296조). 그리고 지역권자가 지역권의 내용의 일부만 행사하는 경우에, 불행사부분에 한하여 지역권이 소멸시효에 걸린다.

[5391] ## Ⅳ. 특수지역권

1. 의　　의

(1) 특수지역권이란, 어느 지역의 주민이 집합체로서 가지는, 각자가 타인의 토지에서 초목, 야생물 및 토사의 채취, 방목 기타 수익을 할 수 있는 권리를 말한다(제302조). 특수지역권은 한

개인에게 속하는 것이 아니라 어느 지역의 주민 전체(권리능력 없는 사단으로서)에게 귀속된다. 즉 토지수익권 준총유(準總有)의 성질을 가진다.

(2) 특수지역권은 타인의 토지 위에 존재하는 토지수익권으로 제한물권에 속한다. 그런데 목적토지소유자의 소유권 행사가 저지되는 것이 아니라 단지 편익을 제공할 의무를 부담할 뿐이므로 지역권과 비슷하지만, 지역권에서 편익을 받는 것이 「토지」인 반면, 특수지역권에서는 집합체로서 "어느 지역의 주민"이 편익을 받는다. 따라서 이 권리는 인역권([5383] 참조)의 일종으로 이해되어야 한다.

2. 효 력 [5392]

(1) 특수지역권에 대하여 관습, 총유에 관한 규정(제278조) 및 지역권에 관한 규정(제302조)이 적용된다.

(2) 지역주민 각자는 목적토지를 다른 주민과 공동으로 수익할 수 있는데, 수익의 구체적 내용은 관습으로 정해진다. 그리고 지역주민의 일부가 그 권능의 행사범위를 넘어 수익하거나 그러한 수익으로 인하여 다른 주민의 권리행사를 방해한 경우에, 주민 전체 또는 주민 각자가 방해행위의 중지 및 손해배상을 청구할 수 있다.[7]

(3) 주민 각자의 수익권은 주민인 지위의 득실에 따라 당연히 취득 또는 상실되며, 양도성과 상속성이 인정되지 않는다.

Ⅴ. 상린관계 [5393]

1. 서 설

(1) 토지는 연속되어 있으나 인위적으로 지표에 선을 그어 구획하는데, 인접하는 토지의 소유자 사이에 이해의 충돌이 발생할 수 있다. 여기서 인접하는 토지의 소유자 상호간의 이용관계를 조절하기 위하여 제216조 내지 제244조가 그들 상호간의 법률관계를 규정하는데, 이를 상린관계(相隣關係)라고 한다. 즉 이웃하는 토지들은 서로 접하고 있다는 점에서 일정한 제약을 주고받고, 그 결과 상린관계는 토지소유권의 확장 또는 축소의 형태로 나타난다.

(2) 상린관계에 관한 규정들은 소유권에 관한 것이지만, 토지의 「이용」을 조절하는 것이므로 소유권을 기초로 하지 않는 부동산이용관계, 즉 지상권 및 전세권에 준용된다(제290조, 제319조).

(3) 상린관계에 관한 규정이 임의규정인지 아니면 강행규정인지에 관하여 다툼이 있는데, 판례는 제242조와 제244조를 임의규정으로 보는 반면,[8] 대판 2012.12.27. 2010다103086은 "인접하는 토지 상호간의 이용의 조절을 위한 상린관계에 관한 민법 등의 규정은 인접지소유자에게 소유권에 대한 제한을 수인할 의무를 부담하게 하는 것이므로 적용요건을 함부로 완화하거나 유추하여 적용할 수는 없고, 상린관계규정에 의한 수인의무의 범위를 넘는 토지이용관계의 조정은 사적자치의 원칙에 맡겨야 한다"고 했다.

(4) 상린관계에 관한 민법규정들은 ① 인지(隣地)의 사용에 관한 제216조 내지 제220조, ②

---

7) 지역주민 아닌 이의 수익으로 주민의 권리행사가 침해된 경우에도 같다.

8) 제242조에 관한 대판 1962.11.1. 62다567; 제244조에 관한 대판 1982.10.28. 80다1634.

물(水)에 관한 제221조 내지 제236조, ③ 경계에 관한 제237조 내지 제240조, ④ 경계선 부근의 공작물에 관한 제241조 내지 제244조로 나눌 수 있다.

아래에서는 로마법에서 비롯되어 오랜 역사를 가지는 상린관계 중 지금도 여전히 중요한 의미를 가지는 생활방해의 금지와 주위토지통행권에 대해서만 살펴보는데, 나머지에 관해서는 조문을 읽어보기를 권한다.

[5394] 2. 생활방해의 금지

가. 의의 및 요건

(1) 토지의 이용으로 인한 매연, 열기체, 액체, 음향, 진동 기타 이와 유사한 것으로 이웃 토지의 사용을 방해하거나 이웃 거주자의 생활에 고통을 주는 것을 생활방해(生活妨害: Immission)라고 한다.

(2) 생활방해의 요건을 본다.

① 생활방해의 원인으로 제217조가 열거하는 것들 외에 가스, 악취, 먼지 등도 포함된다. 방해를 일으키는 방법은 공기 또는 대지를 통하여[9] 자연적으로 전파(傳播)·방산(放散)되는 것이어야 한다. 그런데 침해는 소극적인 것을 포함하지 않으며, 영안실의 존재와 같이 단순히 정신적·관념적으로 영향을 주는 것은 생활방해가 아니다.

② 앞서 본 원인으로 인하여 이웃 토지의 사용을 방해하거나 이웃 거주자의 생활에 고통을 주어야 한다.

③ 방해를 일으키는 토지와 방해를 받는 토지가 경계를 접하고 있어야 하는 것은 아니다. 공기를 통하여 매연 등이 확산되는 경우에도 제217조가 적용된다.

④ 인간의 공동생활에서 모든 생활방해(침해)를 금지할 수는 없고, 어느 정도의 피해는 불가피한 것으로 감수해야 한다. 문제는 그 정도를 어떻게 정할 것인가 하는 점인데, 생활방해가 토지의 통상의 용도에 적당한 것이라면, 이웃 토지의 거주자는 이를 인용(忍容)할 의무를 진다(제217조 제2항). 즉 생활방해가 수인한도(受忍限度. 또는 "참을 한도") 내의 것이라면 위법성이 없는데, "침해가 사회통념상 일반적으로 수인할 정도를 넘어서는지 여부는 피해의 성질 및 정도, 피해이익의 공공성, 가해행위의 태양, 가해행위의 공공성, 가해자의 방지조치 또는 손해회피의 가능성, 인·허가관계 등 공법상 기준에의 적합 여부, 지역성, 토지이용의 선후관계 등 모든 사정을 종합적으로 고려하여 판단하여야 한다."[10]

그리고 수인한도는 「가해지」[11]의 "통상의 용도"와 밀접하게 관련되는데, 통상의 용도에 적당한 것인지는 객관적으로 판단되며(주거지에 위치하는지 아니면 상업용지에 위치하는지 등에 따라), 피해자측의 주관적 사정은 고려되지 않는다.

생활방해가 수인한도 내의 것이라는 점에 대한 증명책임은 가해자가 진다.

---

9) 지표를 흐르거나 지중에 스며드는 것은 이에 해당하지 않는다는 견해가 일반적이다.

10) 대판 1999.7.27. 98다47528. 고속국도의 소음에 관한 대판 2015.9.24. 2011다91784 및 건축된 건물 등에서 발생한 태양반사광으로 인한 생활방해에 관한 대판 2021.6.3. 2016다33202·33219도 참조.

11) 법문상 "이웃 토지"로 되어 있는데, 이를 피해지라고 이해하는 입장도 있다.

나. 생활방해의 효과 [5395]

(1) 수인한도를 넘는 생활방해가 있는 경우에, 가해지소유자는 이웃 토지 소유자의 생활방해를 방지하기 위한 적당한 조치를 취할 의무를 지는데, 이 의무의 강제이행은 대체집행(제389조 제2항 후단) 또는 간접강제(민사집행법 제261조 제1항)[12]의 방법에 의한다. 그리고 이웃 토지 소유자는 방해제거청구권을 행사할 수 있고, 나아가 방해예방을 청구할 수도 있는데, 이 점에서 제217조는 환경오염피해에 대한 사전적 구제수단으로 기능할 수 있다.[13][14]

그런데 생활방해를 원인으로 그 예방 또는 배제를 구하는 방지청구는 금전배상을 구하는 손해배상청구와 내용 및 요건을 달리하므로 같은 사정이라도 청구의 내용에 따라 고려요소의 중요도에 차이가 생길 수 있고, 방지청구는 그것이 허용된다면 소송당사자뿐만 아니라 제3자의 이해관계에도 중대한 영향을 미칠 수 있어, 방지청구의 당부를 판단하는 법원으로서는 청구가 허용될 경우에 방지청구를 구하는 당사자가 받게 될 이익과 상대방 및 제3자가 받게 될 불이익 등을 비교 · 교량해야 한다.[15]

(2) 수인한도를 넘는 생활방해로 인한 손해에 대하여 배상청구를 할 수 있다. 손해배상을 청구하기 위하여 가해자의 고의 · 과실을 요하는지에 관하여 견해의 대립이 있는데, 고의 · 과실을 요하지 않는다고 함으로써 결과책임을 지우는 것은 지나치다고 생각된다.[16]

3. 주위토지통행권 [5396]

가. 의의 및 요건

(1) 어느 토지와 공로(公路. 일반인이 통행하는 도로) 사이에 그 토지의 용도에 필요한 통로가 없어서 주위의 토지를 통행하거나 통로를 개설하지 않고는 공로에 출입할 수 없는 경우 또는 공로에 통하려면 과다한 비용을 요하는 경우에, 주위의 토지를 통하여 공로로 출입할 수 있는 권리를 주위토지통행권(周圍土地通行權)이라고 한다(제219조 제1항 본문).[17]

(2) "공로에 출입할 수 없는 경우"는 피포위지와 공로 사이에 통로가 전혀 없는 경우뿐만 아니라 기존의 통로가 있더라도 그것이 「토지의 용도에 필요한 통로」로 기능하지 못하는 경우를 포함한다.[18] 그리고 "출입"이란 토지의 용도에 필요한 출입을 의미한다.[19]

(3) 주위토지통행권은 피포위지의 현재의 용법에 따른 이용의 범위에서 인정되는데, 장래의 이용을 위하여 인정될 수 있지만,[20] 장래의 이용상황까지 미리 대비하여 통행로를 정할 것은 아

12) 대판 2007.6.15. 2004다37904 · 37911 참조.

13) 환경보호에 관한 일반적인 사법규정이라고 할 수는 없다는 반대견해도 유력하다.

14) 대판 1997.7.22. 96다56153은, X 사찰이 6m의 이격거리를 둔 채 높이 87.5m의 19층 고층빌딩을 건축 중인 Y에 대하여 사찰의 환경이익 침해를 이유로 공사금지가처분신청을 한 사안에서, 사법상의 권리로서의 환경권을 인정하는 명문의 규정이 없음을 근거로 환경권에 기한 방해배제청구권을 부정하면서도(대결 1995.5.23. 94마2218 참조), 소유권에 기하여 방해의 제거나 예방을 위하여 필요한 청구를 할 수 있다고 하였다. 옥상에 자동기상관측장비가 설치된 대학교 첨단과학관의 인접대지에 건축 중인 24층 예정의 아파트에 대하여 소유권에 기한 방해의 제거나 예방을 청구할 수 있다고 한 대판 1995.9.15. 95다23378도 참조.

15) 대판 2015.9.24. 2011다91784. 방지청구와 손해배상청구에서 참을 한도를 판단하는 기준이 다를 수 있다고 한 대판 2016.11.10. 2013다71098([3031]에 소개된)도 참조.

16) 환경정책기본법 제31조, 환경오염피해구제법 제6조에 따라 무과실책임을 질 수 있음은 별개의 문제이다.

17) 주위의 토지 전부를 위요지(圍繞地)라고도 한다. 아래에서 통로로 제공되는 주위의 토지를 '(피)통행지'라 하고, 포위된 토지를 '피포위지'라고 한다.

18) 대판 2003.8.19. 2002다53469.

19) 주거지의 경우에 사람의 출입뿐만 아니라 주택에서의 일상생활에 필요한 물건의 운반에 필요한 출입을 포함한다.

20) 대판 1988.2.9. 87다카1156.

니다.21)

한편 "주거는 사람의 사적인 생활공간이자 평온한 휴식처로서 인간생활에서 가장 중요한 장소라고 아니할 수 없어 우리 헌법도 주거의 자유를 보장하고 있는바, 주위토지통행권을 행사함에 있어서도 이러한 주거의 자유와 평온 및 안전을 침해하여서는 아니 된다."22) 그리고 피포위지의 용도에 필요한 통로가 있다면, 이 통로를 이용하는 것보다 편리하다는 이유만으로 다른 장소로 통행할 권리는 인정되지 않는다.23)

[5397] 나. 내 용

(1) 주위토지통행권은 공로와의 사이에 그 용도에 필요한 통로가 없는 피포위지의 이용이라는 공익목적을 위하여 통행지소유자의 손해를 무릅쓰고 특별히 인정되므로, 통행권자가 그 소유 피포위지를 이용하는 데 필요한 범위에서 허용되어야 한다. 어느 정도를 필요한 범위로 볼 것인지는 개개의 경우에 사회통념에 따라 쌍방 토지의 지형적 · 위치적 형상 및 이용관계, 부근의 지리상황, 상린지이용자의 이해득실 기타 제반 사정을 기초로 판단해야 한다.24)

(2) 주위토지통행권이 인정되더라도 통행으로 인하여 통행지에 대한 손해가 가장 적은 장소와 방법을 선택해야 하고(제219조 제1항 단서), 통행권자는 통행지소유자의 손해를 보상해야 하는데(제2항), 보상의 방법으로 일시금도 정기금도 모두 허용된다. 보상해야 할 손해액은 주위토지통행권이 인정되는 당시의 현실적 이용상태에 따른 통행지의 임료 상당액을 기준으로 해야 하고, 주위토지통행권이 인정되어 통행하고 있다는 사정만으로 통행지를 도로로 평가하여 산정한 임료 상당액이 통행지소유자의 손해액이 된다고 볼 수 없다.25) 그런데 통행권자가 손해를 보상하지 않더라도 통행권이 소멸하는 것은 아니다.

[5398] (3) 통행지소유자는 통행권자의 통행을 수인할 소극적 의무를 부담할 뿐 통로개설 등 적극적인 작위의무를 부담하지는 않는다. 따라서 통로개설이나 유지비용은 통행권자가 부담한다.26) 다만 통행권이 제대로 기능하기 위하여 필요한 경우에, 통행권자는 적법하게 설치된 담장의 철거를 청구할 수 있다.27) 그런데 주위토지통행권이 통행지에 대한 통행지소유자의 점유를 배제할 권능까지 포함하는 것은 아니다.28)

(4) 주위토지통행권은 법정의 요건을 충족하면 당연히 성립하고 요건이 없어지면 당연히 소멸한다. 가령 피포위지에 접하는 공로가 개설됨으로써 통행권을 인정할 필요가 없어지면 통행권은 소멸한다.29) 한편 주위토지의 현황이나 사용방법이 달라지는 등의 사정변경이 있다면, 통행로의 변경을 청구할 수 있다.30)

---

21) 대판 1996.11.29. 96다33433.
22) 대판 2009.6.11. 2008다75300 · 75317 · 75324.
23) 대판 1995.6.13. 95다1088 · 1095.
24) 대판 2002.5.31. 2002다9202.
25) 대판 2014.12.24. 2013다11669.
26) 대판 2006.10.26. 2005다30993.
27) 대판 1990.11.13. 90다5238, 90다카27761; 대판 2006.6.2. 2005다70144.
28) 대판 2003.8.19. 2002다53469.
29) 대판 1998.3.10. 97다47118.
30) 대판 2004.5.13. 2004다10268은, 통행지역권과 달리 주위토지통행권에서 통행로가 항상 특정한 장소로 고정되어 있지는 않고, 주위토지의 현황이나 사용방법이 달라짐에 따라 주위토지통행권자가 주위토지소유자를 위하여 보다 손해가 적은 다른 장소로 옮겨 통행할 수밖에 없는 경우도 있으므로, 일단 확정판결이나 화해조서 등에 의하여 특정의 구체적 구역이 위 요건에 맞는 통행로로 인정되

다. 분할이나 일부양도로 인한 무상통행권 [5399]

(1) 원래 통로 없는 토지가 아니었지만 분할 또는 일부양도로 통로 없는 토지로 된 경우에, 피포위지의 소유자는 분할 또는 양도된 다른 토지를 통행할 수 있을 뿐이고, 제3자 소유의 토지를 통행할 권리를 가지지 않는다. 즉 피포위지소유자는 다른 분할자 또는 양수인의 토지를 통행할 수 있을 뿐이고, 이 경우 보상의무가 인정되지 않는다(제220조). 이러한 무상통행권이 인정되는 이유는, 일부양도나 분할 때문에 그와 무관한 주위토지소유자에게 불이익을 강요할 수 없을 뿐만 아니라 —명시적 약정이 없더라도— 분할 또는 양도당사자가 분할 또는 일부양도로 인하여 자기의 토지가 통행될 것임을 예견할 수 있었기 때문이다.[31)]

그런데 토지의 일부양도는 1필의 토지의 일부가 양도된 경우뿐만 아니라 일단(一團. 한 덩어리)으로 되어 있던 동일인 소유의 여러 필의 토지 중 일부가 양도된 경우도 포함한다.[32)] 즉 일단의 토지를 형성하던 동일인 소유의 여러 필의 토지 중 일부가 양도된 경우에, 일부양도 전의 양도인 소유의 종전토지에 대하여 무상의 주위토지통행권이 인정되는 이상 제3자 소유의 토지에 대하여 주위토지통행권을 주장할 수 없다.[33)]

(2) 판례는, 무상통행권에 관한 제220조가 토지의 직접분할자 또는 일부양도의 당사자 사이에만 적용되고 피포위지 또는 피통행지의 특정승계인에게는 적용되지 않는데, 이러한 법리는 분할자 또는 일부양도의 당사자가 무상주위통행권에 기하여 이미 통로를 개설해 놓은 다음 특정승계가 이루어진 경우에도 마찬가지라고 하였다.[34)] 그리고 피포위지 또는 피통행지의 특정승계의 경우에 일반원칙으로 돌아가 그 통행권의 범위를 따로 정해야 한다고 했다.[35)]

그런데 이러한 태도는 양도라는 우연한 사정이 무상통행권자 또는 통행지소유자의 지위에 대한 현저한 변경을 정당화하는지와 관련하여 검토를 요한다.

없더라도 그 이후 그 전제가 되는 피포위지나 주위토지 등의 현황이나 구체적 이용상황에 변동이 생긴 경우에 제219조의 입법취지나 신의성실의 원칙 등에 비추어 구체적 상황에 맞게 통행로를 변경할 수 있고, 그 과정에서 피포위지와 주위토지의 각 소유자 사이에 원만한 합의가 이루어지지 않는 경우에 일방이 상대방에 대하여 기존의 확정판결이나 화해조서 등이 인정한 통행장소와 다른 곳을 통행로로 삼아 주위토지통행권의 확인이나 통행방해의 배제·예방 또는 통행금지 등을 소로써 구하더라도 그 청구가 위 확정판결이나 화해조서 등의 기판력에 저촉된다고 볼 수 없다고 하였다.

참고로 대판 2017.1.12. 2016다39422: "주위토지통행권의 확인을 구하기 위해서는 통행의 장소와 방법을 특정하여 청구취지로써 이를 명시하여야 하고, 민법 제219조에 정한 요건을 주장·증명하여야 한다. 그러므로 주위토지통행권이 있음을 주장하여 확인을 구하는 특정의 통로부분이 민법 제219조에 정한 요건을 충족하지 못할 경우에는 다른 토지부분에 주위토지통행권이 인정된다고 할지라도 원칙적으로 청구를 기각할 수밖에 없다. 다만 이와 달리 통행권의 확인을 구하는 특정의 통로부분 중 일부분이 민법 제219조에 정한 요건을 충족하거나 특정의 통로부분에 대하여 일정한 시기나 횟수를 제한하여 주위토지통행권을 인정하는 것이 가능한 경우라면, 그와 같이 한정된 범위에서만 통행권의 확인을 구할 의사는 없음이 명백한 경우가 아닌 한 청구를 전부기각할 것이 아니라, 그렇게 제한된 범위에서 청구를 인용함이 타당하다."

31) 택지를 조성한 후 분할하여 분양하는 사업을 하는 경우에, 명시적 약정이 없더라도 분양사업자가 수분양자에게 주택 건축 및 통행이 가능하도록 인접부지에 도로를 개설하여 제공하고 수분양자에 대하여 도로를 이용할 수 있는 권한을 부여하는 것을 전제로 분양계약이 이루어졌다고 추정된다는 대판 2014.3.27. 2011다107184 참조.

32) 대판 1995.2.10. 94다45869·45876.

33) 대판 2005.3.10. 2004다65589·65596.

34) 대판 2002.5.31. 2002다9202.

35) 대판 1996.11.29. 96다33433.

제 5 장 담보물권

제 1 절 담보법 서론

[5400] Ⅰ. 총 설

(1) 채무내용을 좇은 채무자의 이행으로 채권자가 만족을 얻어 채권이 소멸하는 것이 채권관계의 통상적이고 정상적인 진전이다. 그런데 채무자가 채무를 이행하지 않으면, 채권자는 채무자의 일반재산에 대하여 강제집행을 하여 채권의 만족을 얻는다. 이 점에서 채무자의 재산은 채권의 최종적 보루이다. 법이 채권자대위권(제404조)과 채권자취소권(제406조)의 제도를 두어 채무자의 재산을 보전할 수 있게 하는 것도 이 때문이다.

(2) 채권의 상대효/비배타성에 따라 —권리와 객체가 「1 : 1」로 대응하는 물권과 달리— 다수채권자의 존재 및 그에 따른 채무초과상태가 발생할 수 있다.[1] 그런데 복수의 채권이 경합함에도 채무자의 재산으로 채권 전부를 변제할 수 없는 경우에, 채권의 목적, 발생원인, 성립시기나 이행기의 선후 등을 따지지 않고 그 재산의 가액은 채권액에 비례하여 각 채권자에게 나누어진다: 「채권자 평등의 원칙」. 채무자가 자발적으로 이행하는 경우[2]를 제외하고 강제이행이나 파산의 경우에 이 원칙이 작동하는데(당연히 그 절차에 참여하지 않은 채권자는 제외하고), 채권자는 공평하지만(다른 채권자보다 뒤지지 않는다는 점에서) 불안한(채권의 완전한 만족을 얻을 수 없다는 점에서) 지위에 놓인다. 여기서 채무자의 일반재산에 대한, 채권자 평등의 원칙에 기한 제약을 넘어 채무자 무자력의 위험을 피하기 위한 제도로서 담보(擔保)가 요구된다.

[5401] Ⅱ. 담보제도 개관

1. 인적 담보와 물적 담보

(1) 채무불이행이 있으면 채권자는 채무자의 재산 전부에 대한 강제집행을 통하여 채권을 실현한다. 여기서 채무자의 전 재산을, 강제집행의 대상이라는 의미에서 책임재산(責任財産)이라 하고, 그에 대한 강제집행의 가능성이 모든 채권자에게 열려있다는 의미에서 일반재산(一般財産)이라고 한다. 그러나 어떤 재산(제3자 소유라도 무방하다)에 담보물권이 설정되면 그 재산은 담보권자의 우선변제의 대상이고, 일반채권자들은 담보권자와 동등한 지위에서 집행할 수 없다. 이러한 의미에서 그 재산은 특별재산(特別財産)인데([5023] 참조), 「물적 담보」를 구성한다.

한편 채무자의 재산 외에 다른 이의 재산에 대한 강제집행의 가능성을 통하여 채권의 효력을 강화할 수도 있는데, 이것이 「인적 담보」로서 보증(保證)이다.[3] 물론 추가되는 책임재산(보증

---

1) 채권성립시 채무자의 자력을 고려하겠지만, 그에 대한 정보가 충분하지 않을 수 있고, 책임재산이 사후적으로 감소할 수도 있다.
2) 이 경우에도 사해행위에 해당하여 취소될 위험은 있다.

인의 일반재산)에 관해서도 채권자 평등의 원칙이 적용되지만, 특히 기관보증의 경우에 무한한 변제자력으로 인하여 사실상의 우선변제가 실현된다.

결국 인적 담보와 물적 담보에서 채권자 평등의 원칙을 극복하는 모습이 다르다. 즉 특별재산으로부터 우선변제를 받을 수 있도록 하는 것이 물적 담보인 반면, 채무자 아닌 이의 일반재산을 책임재산으로 추가하는 것이 인적 담보이다.[4)]

(2) 강제집행의 대상인 책임재산의 총량을 늘임으로써 지급불능의 위험을 분산시키는 인적 담보제도는 여전히 채권의 실현가능성이 채무자 및 제3자의 일반재산에 의존하므로 불확실할 뿐만 아니라 채권자 평등의 원칙이 유지되므로, 그 작용에서 제한적일 수밖에 없다.[5)]

반면 물적 담보제도는 담보권자에게 우선변제권을 주므로 채권자의 지위가 안전하지만, 그 절차가 복잡하고 물적 담보의 목적물을 가지지 못한(또한 자기를 위하여 물적 담보를 제공할 이를 구할 수 없는) 이에 의해서는 이용될 수 없다는 단점을 가진다.

2. 물적 담보제도 개관 [5402]

가. 채권변제를 확보하기 위한 수단의 유형

(1) 채무자로부터 주관적 가치가 많은 물건을 빼앗음으로써 심리적 압박을 가하여 채무의 변제를 촉구하는 방법이 있다. 「유치적 효력」으로 나타나는 이 방법은 유치권(제320조)과 질권(제329조)에서 채택되었는데, 채무자의 심리에 의존한다는 인적 요소를 지니고 있어 물적 담보의 특질을 완전하게 발휘할 수 없을 뿐만 아니라 담보를 위하여 물건의 사용가치를 사장(死藏)시키기 때문에 생산용구의 담보화에 무력하다.

(2) 채무불이행의 경우에 그 목적물의 교환가치로부터 우선변제를 받는 방법이 있다. 「우선변제적 효력」으로 나타나는 이 방법은 질권과 저당권(제356조)에서 채택되었다.

[참 고] 채무자로부터 수익재를 빼앗아 채권자 스스로 수익하여 이를 채권의 변제에 충당하는 방법(이른바 수익질)도 있다. 그러나 이 방법은 용익물권의 성질을 탈피하지 못한다는 점에서 물적 담보의 특질을 제대로 발휘할 수 없을 뿐만 아니라 오늘날의 경제상황 아래에서 채권자 스스로 목적물을 수익한다는 것이 쉽지 않아서 그 의의가 크지 않으며, 민법상의 담보물권에서는 이러한 방법이 인정되지 않는다.

나. 법적 구성에 따른 분류 [5403]

(1) 먼저 담보를 위하여 목적인 권리를 이전하는 방법이 있는데, 양도담보가 대표적인 예이다. 여기서는 담보라는 목적을 넘어 소유권 기타 권리를 이전함에 따른 담보권자의 지위남용을 제한하기 위하여 대내적으로나 대외적으로나 담보권자의 권리를 담보의 목적에 한정하려는 것이 논의의 중심을 이룬다.

(2) 한편 권리는 채무자에게 남겨 두고 그 권리 위에 담보를 위한 제한물권을 설정하는 방법이 있는데, 민법상의 담보물권(유치권, 질권, 저당권)이 이에 속한다. 이 방법에는 앞의 방법과 같은 염려가 없는데, 물적 담보의 목적을 충분히 달성할 수 있기 위하여 담보권자의 보호(신속하고

3) 연대채무나 불가분채무도 같은 작용을 한다.

4) 그 밖에 이른바 기능적 담보에 관하여 [5552] 참조.

5) 거래계에서는 기업이 채무자인 경우에 물적 담보가 있음에도 임원 등의 보증을 요구하는 경우가 적지 않은데, 심리적 압박을 가하기 위한 것으로 보인다.

저렴한 담보권의 실행에 관한)와 그에 따른 이해관계의 조절이 논의의 중심을 이룬다.

[5404] **다. 물적 담보제도의 이상과 실제**

물적 담보를 제공받는 채권자는 평가의 관점에서 담보를 통한 신용보강효과의 정확한 산출, 관리의 관점에서 담보가치 유지의 용이성 및 실행(회수)의 관점에서 담보목적의 신속하고 효율적인 처분가능성을 확보하려고 하는 반면, 담보제공자에게는 담보가치의 집적과 잔여담보가치의 활용 및 담보실행의 단계에서 잔여담보가치의 회수가 주된 관심사이다. 그리고 사회적 제도의 관점에서 권리분석의 전제로서 우선순위에 관한 명확한 기준의 제시 및 그 공시가 요청된다.

그런데 현행의 법정된 담보제도가 이들 요청 전부를 만족시키지 못하기 때문에 거래계에서는 용이한 실행 등을 위한 새로운 담보유형이 생성되었다.

[5405] **3. 담보물권의 성질**

가. 담보물권의 본질

(1) 담보물권은 물권으로서 물건의 교환가치를 직접 지배하며, 배타성과 우선적 효력을 가진다.

(2) 담보물권은 타인 소유의 물건을 목적으로 하는 타물권(他物權)으로, 민법은 소유자저당권을 인정하지 않는다(다만 혼동의 예외에 관한 제191조 제1항 단서 참조).

(3) 담보물권은 가치권(價值權)으로서 목적물의 교환가치로부터 담보목적을 달성한다. 다만 담보물권 중 유치권(직접 물건의 교환가치를 파악하지 않으므로)과 동산질권(유치적 효력에 의존하기 때문에)은 가치권성이 약하지만, 저당권과 권리질권은 가치권으로서의 성질을 제대로 갖추고 있다.

[5406] **나. 담보물권의 통유성**

(1) 담보물권이 공통적으로 가지는 성질을 통유성(通有性)이라고 하는데, 부종성, 수반성, 불가분성 및 물상대위성이 그것이다. 이들을 살펴보자.

(2) 채권을 담보하기 위하여 존재한다는 담보물권의 존재목적 자체에 기한, 담보권과 피담보채권의 관련성을 부종성(附從性)이라 한다. 즉 피담보채권의 존재를 전제로 해야만 담보물권이 존재할 수 있다. 따라서 채권이 성립하지 않으면 담보물권이 성립하지 않고, 채권이 소멸하면 담보물권도 소멸한다(제369조).[6]

부종성은 유치권과 같은 법정담보물권에서 엄격하게 요구되지만, 질권이나 저당권 등 약정담보물권에서는 근담보가 허용되는[7] 등 상당히 완화되어 있다.

[5407] (3) 수반성(隨伴性)은 —특히 저당권과 관련하여— ① 법률의 규정에 의한 저당권의 이전, ② 피담보채권의 분리양도 불가, ③ 저당권의 분리양도 불가의 세 가지를 그 내용으로 하는데, 제361조는 이 중 ③만 규정한다.[8] 그 결과 우리 민법상 담보물권의 수반성은 특별한 사정이 없는

---

6) 피담보채권이 소멸하면 저당권은 부종성에 의하여 당연히 소멸하므로, 말소등기가 경료되기 전에 저당권부 채권을 가압류하고 압류 및 전부명령을 받아 저당권이전의 부기등기를 경료한 이라도, 가압류 전에 저당권의 피담보채권이 소멸된 이상, 근저당권을 취득할 수 없고, 실체관계에 부합하지 않는 근저당권설정등기를 말소할 의무를 부담한다(대판 2002.9.24. 2002다27910).

7) 부종성이 초래할 수 있는 불편을 피하기 위하여 일정한 범위에 속하는 불특정의 채권을 일정액까지 일괄하여 담보하는 방법으로 등장한 것이 「근담보」(근저당에 관한 제357조 참조. 근담보에서 「근」은 피담보채권이 미정이라는 의미로 사용된다)이다.

8) ②에 관하여 대판 2020.4.29. 2016다235411: "저당권으로 담보된 채권에 질권을 설정한 경우 원칙적으로는 저당권이 피담보채권과 함께 질권의 목적이 된다고 보는 것이 합리적이지만, 질권자와 질권설정자가 피담보채권만을 질권의 목적으로 하고 저당권은 질권의 목적으로 하지 않는 것도 가능하고 이는 저당권의 부종성에 반하지 않는다. 이는 저당권과 분리해서 피담보채권만을 양도한 경

한 피담보채권의 처분에는 담보물권의 처분도 당연히 포함된다고 보는 것이 합리적이라는 의미를 가질 뿐이고, 담보물권이 법률상 당연히 이전되지는 않는다.[9] 저당권부 채권이 양도된 경우에 채권의 양수인이 저당권을 취득하기 위해서는 저당권 이전에 관한 물권적 합의와 저당권 이전의 부기등기(부동산등기법 제52조 제2호)가 있어야 한다.[10]

(4) 담보물권은 목적물의 교환가치를 직접의 목적으로 하는 권리이므로, 그 교환가치가 구체화된 경우에 그 교환가치를 대표하는 것에 미치는데, 이를 물상대위성(物上代位性)이라 한다(제342조, 제370조). 그런데 물상대위는 담보권의 가치권성에 기한 것으로, 가치권성이 희박한 유치권에서는 물상대위가 인정되지 않는다.

(5) 담보물권은 피담보채권 전부에 대한 변제가 있을 때까지 목적물 전부에 대하여 그 효력을 미친다. 이를 불가분성(不可分性)이라 하는데(제321조, 제343조, 제370조),[11] 담보물권의 효력강화의 요청에 따른 것이다. 채무담보를 위하여 근저당권설정등기가 마쳐진 경우에, 채무의 변제의무는 등기의 말소의무보다 선행되어야 하고, 채무의 변제와 등기말소절차의 이행을 교환적으로 구할 수 없는 점[12]을 이 성질과 관련하여 이해할 수도 있다.

제 2 절 저당권과 질권

제 1 관 저당권 총설

1. 저당권의 의의 [5408]

(1) 저당권(抵當權)이란, 채권자가 채권담보를 위하여 채무자 또는 제3자가 제공한 부동산 기타 목적물의 점유를 이전받지 않은 채 그 목적물을 관념상으로 지배하다가, 채무의 변제가 없으면 목적물로부터 우선변제를 받을 수 있는 담보물권을 말한다(제356조). 즉 채무자가 채무초과상태에 빠진 경우에, 채무자의 재산(「일반재산」)으로부터의 만족(채권자 평등의 원칙에 따른)을 넘어 특별재산(特別財産)인 저당목적물의 매각대금으로부터 다른 채권자(「일반채권자」)에 우선하여 자기 채권(「피담보채권」)을 변제받을 수 있도록 하는 제도이다.

(2) 소유권과 점유를 채권자에게 이전하지 않음으로써 설정자가 종전대로 목적물을 사용·

우 양도인이 채권을 상실하여 양도인 앞으로 된 저당권이 소멸하게 되는 것과 구별된다. 이와 마찬가지로 담보가 없는 채권에 질권을 설정한 다음 그 채권을 담보하기 위하여 저당권이 설정된 경우 원칙적으로는 저당권도 질권의 목적이 되지만, 질권자와 질권설정자가 피담보채권만을 질권의 목적으로 하였고 그 후 질권설정자가 질권자에게 제공하려는 의사 없이 저당권을 설정받는 등 특별한 사정이 있는 경우에는 저당권은 질권의 목적이 되지 않는다. 이때 저당권은 저당권자인 질권설정자를 위해 존재하며, 질권자의 채권이 변제되거나 질권설정계약이 해지되는 등의 사유로 질권이 소멸한 경우 저당권자는 자신의 채권을 변제받기 위해서 저당권을 실행할 수 있다."

9) 대판 2004.4.28. 2003다61542: "담보권의 수반성이란 피담보채권의 처분이 있으면 언제나 담보권도 함께 처분된다는 것이 아니라 채권담보라고 하는 담보권제도의 존재목적에 비추어 볼 때 특별한 사정이 없는 한 피담보채권의 처분에는 담보권의 처분도 당연히 포함된다고 보는 것이 합리적이라는 것일 뿐이므로, 피담보채권의 처분이 있음에도 불구하고, 담보권의 처분이 따르지 않는 특별한 사정이 있는 경우에는 채권양수인은 담보권이 없는 무담보의 채권을 양수한 것이 되고 채권의 처분에 따르지 않은 담보권은 소멸한다."

10) 다만 피담보채권이 상속, 변제자의 법정대위 등 법률의 규정 또는 전부명령에 의하여 이전되는 경우에는 등기 없이도 저당권이전의 효력이 발생한다.
한편 유치권이나 질권이 붙은 채권이 이전된 경우에도 담보목적물의 인도가 있어야 한다. 반면 당사자의 의사에만 의존하는 보증의 경우에 주채무자에 대한 채권이 양도되면 수반성 때문에 보증채무도 양수인에게 이전된다.

11) 가령 피담보채권의 일부가 무효라도 나머지 채권에 관하여 저당권은 유효하다. 대판 1970.9.17. 70다1250 참조.

12) 대판 1991.4.12. 90다9872.

수익하면서 담보에 제공할 수 있는 반면, 채권자는 저당물의 소유권이나 점유를 이전받지 않고 저당목적물의 교환가치만 파악하다가, 피담보채무의 변제가 없으면 목적물을 경매하여 그 대금으로부터 우선변제를 받을 수 있다는 점에 전형적 「가치권」으로서 저당권의 특색이 있다.

그런데 점유 및 용익을 설정자에게 남긴다는 속성에 따라 가치권과 용익권의 충돌이 저당권에서 중요한 쟁점으로 된다.

[5409] **2. 법적 성질**

(1) 물권으로서 저당권은 우선변제적 효력에 의하여 목적물의 교환가치를 직접 배타적으로 지배한다.

(2) 저당권은 타인 소유의 부동산을 목적으로 하는 타물권이다.

(3) 질권과 더불어 저당권은 당사자 사이의 합의에 의하여 성립하는 약정담보물권이다. 그러나 저당권은 목적물의 소유권 및 점유를 채권자에게 이전하지 않고 등기·등록 등에 의하여 공시되며, 유치적 효력이 인정되지 않는다는 점에서 질권과 다르다.

그리고 앞에서 본 담보물권의 통유성, 즉 부종성(제369조), 수반성(제361조), 불가분성(제370조, 제321조), 물상대위성(제370조, 제342조)이 인정된다.

제2관 저당권의 성립

[5410] **Ⅰ. 저당권설정계약**

1. 서 설

(1) 저당권은 저당권설정에 관한 당사자 사이의 합의인 저당권설정계약에 의하여 설정된다. 그런데 저당권의 부종성 때문에 저당권설정계약은 피담보채권의 발생을 위한 계약(예: 금전소비대차계약)에 종된 계약이다.

(2) 물권적 합의로서(보통 저당권설정에 따른 채권·채무를 발생시키는 채권계약에 포함된다) 저당권설정계약은 불요식이며, 해제조건이나 종기를 붙일 수 있다([5091] 참조).

[5411] **2. 계약의 당사자**

가. 저당권자

부종성 때문에 저당권자는 피담보채권의 채권자여야 한다.

다만 일정한 경우에 채권자 아닌 제3자를 저당권자로 하는 등기도 유효하다. 판례도 제3자를 근저당권자로 하는 근저당권을 설정하는 경우에, 그에 대하여 채권자와 채무자 및 제3자 사이에 합의가 있고, 채권양도, 제3자를 위한 계약, 불가분적 채권관계의 형성[1] 등의 방법으로 채권이 그 제3자에게 실질적으로 귀속되었다고 볼 수 있는 특별한 사정이 있다면, 제3자 명의의 근저당권설정등기도 유효하고, 이러한 법리가 명의신탁약정을 금지하는 부동산실명법에 위반되지

1) 예컨대 "제3자도 채무자로부터 유효하게 채권을 변제받을 수 있고 채무자도 채권자나 저당권명의자인 제3자 중 누구에게든 채무를 유효하게 변제할 수 있는 관계 즉 묵시적으로 채권자와 제3자가 불가분적 채권자의 관계에 있다고 볼 수 있는 경우": 대판 2009.11.26, 2008다64478·64485·64492.

않는다고 한다.[2)]

나. 저당권설정자 [5412]

(1) 저당권설정자는 보통 채무자이지만, 제3자(물상보증인)라도 무방하다(제356조). 이 중 물상보증인에 관해서는 뒤에서 따로 보기로 한다.

(2) 저당권설정은 처분행위에 해당하므로, 저당권설정자는 목적물에 관한 처분권을 가져야 한다. 따라서 목적물의 소유자라도 법률상 처분권을 제한당하고 있다면(예: 파산선고나 처분금지의 가처분이 있은 경우)는 저당권을 설정할 수 없다.

(3) 피담보채권의 채무자 아닌 이를 채무자로 등기할 수 없지만, 판례는 등기부상 제3자가 저당채무자로 기재되어 있더라도 채권자(G)와 채무자(S) 사이에 S의 G에 대한 채무를 피담보채무로 하는 합의가 있는 한 G의 저당권은 S의 채무를 유효하게 담보한다는 입장이다.[3)]

(4) 판례는 채권자 아닌 이를 저당권자로 하고 피담보채권의 채무자 아닌 이를 채무자로 등기한 경우도 유효할 수 있다고 한다. 대판(전) 2001.3.15. 99다48948(판례, 〈5-2-2〉)의 다수의견: "근저당권은 채권담보를 위한 것이므로 원칙적으로 채권자와 근저당권자는 동일인이 되어야 하지만, 제3자를 근저당권명의인으로 하는 근저당권을 설정하는 경우 그 점에 대하여 채권자와 채무자 및 제3자 사이에 합의가 있고, 채권양도, 제3자를 위한 계약, 불가분적 채권관계의 형성 등 방법으로 채권이 그 제3자에게 실질적으로 귀속되었다고 볼 수 있는 특별한 사정이 있는 경우에는 제3자 명의의 근저당권설정등기도 유효하다고 보아야 할 것이고, 한편 부동산을 매수한 자가 소유권이전등기를 마치지 아니한 상태에서 매도인인 소유자의 승낙 아래 매수부동산을 타에 담보로 제공하면서 당사자 사이의 합의로 편의상 매수인 대신 등기부상 소유자인 매도인을 채무자로 하여 마친 근저당권설정등기는 실제 채무자인 매수인의 근저당권자에 대한 채무를 담보하는 것으로서 유효하다고 볼 것인바, 위 양자의 형태가 결합된 근저당권이라 하여도 그 자체만으로는 부종성의 관점에서 근저당권이 무효라고 보아야 할 어떤 질적인 차이를 가져오는 것은 아니"다.

다. 물상보증인 [5413]

(1) 피담보채권의 채무자 아닌 제3자도 저당권설정자로 될 수 있다(제356조). 타인의 채무를 담보하기 위하여 자기 소유의 부동산에 저당권[4)]을 설정하는 이를 물상보증인(物上保證人)이라고 한다.

(2) 물상보증인은 담보로 제공한 물건의 한도에서 「물적 유한책임」([4023] 참조)을 질 뿐이고, 채권자에 대하여 「채무」를 부담하지 않는다. 따라서 채권자는 물상보증인에 대하여 이행의 소를 제기하거나 그의 일반재산에 대하여 집행하지 못한다. 이 점에서 물상보증인은 보증인과 다

2) 대판 2000.12.12. 2000다49879.

3) 뒤의 99다48948 판결: "매매잔대금채무를 지고 있는 부동산매수인이 매도인과 사이에 소유권이전등기를 경료하지 아니한 상태에서 그 부동산을 담보로 하여 대출받는 돈으로 매매잔대금을 지급하기로 약정하는 한편, 매매잔대금의 지급을 위하여 당좌수표를 발행·교부하고 이를 담보하기 위하여 그 부동산에 제1순위근저당권을 설정하되, 그 구체적 방안으로서 채권자인 매도인과 채무자인 매수인 및 매도인이 지정하는 제3자 사이의 합의 아래 근저당권자를 제3자로, 채무자를 매도인으로 하기로 하고, 이를 위하여 매도인이 제3자로부터 매매잔대금 상당액을 차용하는 내용의 차용금증서를 작성·교부하였다면, 매도인이 매매잔대금채권의 이전 없이 단순히 명의만을 제3자에게 신탁한 것으로 볼 것은 아니고, 채무자인 매수인의 승낙 아래 매매잔대금채권이 제3자에게 이전되었다고 보는 것이 일련의 과정에 나타난 당사자들의 진정한 의사에 부합하는 해석일 것이므로, 제3자 명의의 근저당권설정등기는 그 피담보채무가 엄연히 존재하고 있어 그 원인이 없거나 부종성에 반하는 무효의 등기라고 볼 수 없다." 그 밖에 채무자가 실수로 잘못 기재된 경우에 채무자 변경의 부기등기를 하면 된다는 대판 1997.11.14. 97다32055; 명의신탁자가 자기채무를 담보하기 위하여 명의신탁부동산에 근저당권설정등기를 하면서 채무자를 명의수탁자로 등재한 경우에 그 근저당권이 담보하는 채무는 명의신탁자의 채무라고 한 대결 1999.7.22. 99마2870도 참조.

4) 질권에 관해서도 아래의 법리가 적용된다.

르다.

한편 타인의 채무를 위하여 자기재산을 담보로 제공한 물상보증인은 이해관계 있는 제3자로서 채무자의 의사에 반하더라도 피담보채무를 변제할 수 있는데(제3자 변제: 제469조 제2항 참조), 근저당에서 물상보증인은 피담보채권의 최고액만 변제하면 근저당권설정등기의 말소청구를 할 수 있고 채권최고액을 초과하는 부분까지 변제할 의무가 있는 것이 아니다.[5)]

(3) 물상보증인은 시효원용권을 가진다. 그런데 물상보증인이 제기한 저당권설정등기말소등기청구소송에 응소하는 것으로는 소멸시효가 중단되지 않는다.[6)]

[5414] (4) 물상보증과 구상에 관하여 본다.

① 피담보채무를 대위변제하거나 저당권이 실행되어 저당물의 소유권을 잃으면 물상보증인은 채무자에 대한 구상권을 가지는데, 물상보증인의 구상권에 대하여 보증채무에 관한 규정이 준용된다(제370조, 제341조).

[참 고] 물상보증인이 피담보채무를 면책적으로 인수하였더라도 채무자에 대하여 구상할 수 없다는 것이 대판 2019.2.14. 2017다274703의 입장인데,[7)] 선뜻 동의하기 어렵다. 우선 「면책적」 채무인수로 채무자가 채무로부터 해방됨에는 의문이 없고, 인수인은 출연의 범위 내에서 비용의 상환을 청구할 수 있는데(제688조, 제739조) 이를 구상권의 근거에서 제외할 이유는 없다. 한편 위 판결이 드는 채무자와 인수인 사이의 관계는 내부관계에 불과하여 채무의 상대적 「소멸」에는 영향을 미치지 않는다.

그런데 저당권의 실행으로 저당물의 소유권을 잃은 경우에, 물상보증인이 채무자에게 구상할 수 있는 범위는 특별한 사정이 없는 한 담보권의 실행으로 부동산의 소유권을 잃게 된 때, 즉 매수인이 매각대금을 다 낸 때의 부동산 시가를 기준으로 해야 하고, 매각대금을 기준으로 할 것이 아니다.[8)]

② 채무자의 부탁을 받아 물상보증인이 되었다면, 수탁보증인과 동일한 구상권을 가지는데, 제441조, 제425조 제2항에 따라 면책된 채무액과 면책된 날 이후의 법정이자, 피할 수 없는 비용 기타 손해배상(예: 경매에서 감정가격을 하회하여 매각되었다면 그 차액)을 포함하여 구상할 수 있다. 다만 학설의 일반적 입장과 달리 판례는 「사전」구상권이 인정되지 않는다는 입장이다.[9)]

---

5) 대판 1974.12.10. 74다998. [5473]도 참조.

6) 대판 2004.1.16. 2003다30890. 그 밖에 회생절차가 물상보증인의 지위에 영향을 미치지 않음에 관하여 대판 2017.11.23. 2015다47327 참조.

7) "구상권 취득의 요건인 '채무의 변제'라 함은 채무의 내용인 급부가 실현되고 이로써 채권이 그 목적을 달성하여 소멸하는 것을 의미하므로, 기존채무가 동일성을 유지하면서 인수 당시의 상태로 종래의 채무자로부터 인수인에게 이전할 뿐 기존채무를 소멸시키는 효력이 없는 면책적 채무인수는 설령 이로 인하여 기존채무자가 채무를 면한다고 하더라도 이를 가리켜 채무가 변제된 경우에 해당한다고 할 수 없다. 따라서 채무인수의 대가로 기존채무자가 물상보증인에게 어떤 급부를 하기로 약정하였다는 등의 사정이 없는 한 물상보증인이 기존채무자의 채무를 면책적으로 인수하였다는 것만으로 물상보증인이 기존채무자에 대하여 구상권 등의 권리를 가진다고 할 수 없다."

8) 대판 2018.4.10. 2017다283028: "경매절차에서 유찰 등의 사유로 소유권 상실 당시의 시가에 비하여 낮은 가격으로 매각되는 경우가 있는데, 이 경우 소유권 상실로 인한 부동산 시가와 매각대금의 차액에 해당하는 손해는 채무자가 채무를 변제하지 못한 데 따른 담보권의 실행으로 물상보증인에게 발생한 손해이므로, 이를 채무자에게 구상할 수 있어야 하기 때문"이다.

9) 대판 2009.7.23. 2009다19802 · 19819: "민법 제370조에 의하여 민법 제341조가 저당권에 준용되는데, 민법 제341조는 타인의 채무를 담보하기 위한 저당권설정자가 그 채무를 변제하거나 저당권의 실행으로 인하여 저당물의 소유권을 잃은 때에 채무자에 대하여 구상권을 취득한다고 규정하여 물상보증인의 구상권 발생요건을 보증인의 경우와 달리 규정하고 있는 점, 물상보증은 채무자 아닌 사람이 채무자를 위하여 담보물권을 설정하는 행위이고 채무자를 대신해서 채무를 이행하는 사무의 처리를 위탁받는 것이 아니므로 물상보증인은 담보물로서 물적 유한책임만을 부담할 뿐 채권자에 대하여 채무를 부담하는 것이 아닌 점, 물상보증인이 채무자에게 구상할 구상권의 범위는 특별한 사정이 없는 한 채무를 변제하거나 담보권의 실행으로 담보물의 소유권을 상실하게 된 시점에 확정된다는 점 등을 종합하면, 원칙적으로 수탁보증인의 사전구상권에 관한 민법 제442조는 물상보증인에게 적용되지 아니하고 물상보증인은 사전구상권을 행사할 수 없다."

반면 채무자의 부탁 없이 물상보증인이 된 경우에는 제444조에 따른 구상이 인정된다.[10)]

③ 물상보증은 채무자 아닌 이가 채무자를 위하여 담보물권을 설정하는 행위이고 채무자를 대신해서 채무를 이행하는 사무의 처리를 위탁받는 것이 아니므로, 물상보증인이 변제 등에 의하여 채무자를 면책시키는 것은 위임사무의 처리가 아니라 법적 의미에서는 의무 없이 채무자를 위하여 사무를 관리한 것에 유사하고, 따라서 물상보증인의 채무자에 대한 구상권은 「그들 사이의 물상보증 위탁계약의 법적 성질과 관계없이」 민법에 의하여 인정된 별개의 독립한 권리이고, 그 소멸시효에 대해서는 민법상 일반채권에 관한 규정이 적용된다.[11)]

④ 제486조, 제481조에 따라 변제자대위도 당연히 인정된다.

3. 저당권의 피담보채권 [5415]

(1) 저당권의 피담보채권은 대개 금전채권이지만, 그에 한하지 않고 금전의 지급을 목적으로 하지 않는 채권도 저당권을 실행할 때에 금전채권(예: 손해배상채권)으로 되어 있으면 족하다(제373조, 제394조 참조). 다만 피담보채권액이 등기사항이므로(부동산등기법 제75조. 제77조도 참조), 채권의 가액이 등기된 가액을 넘더라도 등기된 가액의 한도에서만 우선변제권을 주장할 수 있다.[12)]

(2) 수개의 채권 또는 채권의 일부도 저당권의 피담보채권으로 될 수 있다. 채무자를 달리하는 수개의 채권을 위하여 물상보증인이 1개의 저당권을 설정할 수 있고, 채권의 일부만을 저당권의 피담보채권으로 할 수도 있다. 채권자가 다른 수개의 채권도 저당권의 피담보채권으로 될 수 있는데, 복수의 채권자가 저당권을 준공유한다. 이때 채권액(근저당권의 경우에는 확정된 채권액)의 비율에 따라 우선변제를 받지만, 미리 공유지분을 약정하여 등기하면 제3자에 대해서도 그 효력이 있고, 경매법원은 공유지분의 비율에 따라 안분하여 배당해야 한다.[13)]

(3) 조건부 채권 또는 기한부 채권 등 장래 발생할 채권을 위하여 저당권을 설정할 수 있다.[14)] 담보물권은 채권담보를 위하여 존재하는 점에서 채권과 공동목적성을 가지므로, 저당권을 실행할 때에 채권이 존재하면 부종성은 문제되지 않는다. 장래의 채권을 위한 저당권이 조건부 또는 기한부로 성립하는 것이 아니라, 등기한 때에 유효한 담보권으로 성립한다.

(4) 피담보채권 자체 또는 그 액은 합의에 의하여 변경될 수 있는데, 등기부상 이해관계 있는 이가 있으면 그의 승낙을 받아야 한다. 그리고 변경을 위해서는 부기등기를 해야 한다(부동산등기법 제52조 참조).

Ⅱ. 저당권설정등기 [5416]

1. 서 설

(1) 저당권은 설정등기(등기사항에 관하여 부동산등기법 제75조 제1항 참조)가 있어야 성립한다

10) 대판 1990.11.13. 90다26065 참조.
11) 대판 2001.4.24. 2001다6237.
12) 대판 1980.9.18. 80다75.
13) 대판 2008.3.13. 2006다31887 참조.
14) 거래계에서 보통 저당권이 설정된 후에야 돈을 빌려준다.

(제186조). 즉 설정등기는 저당권의 성립요건이다. 따라서 등기할 수 없는 것은 저당권의 객체로 될 수 없는데, 민법상 저당권의 객체는 부동산[15] 및 부동산물권(즉 지상권과 전세권. 제371조 참조)이다.

(2) 저당권설정등기비용은 다른 특약이 없으면 채무자가 부담하는 것이 「종래」의 거래관행이었다.[16]

[5417] ## 2. 등기와 관련된 실무상의 쟁점들

가. 무효인 저당권등기의 유용

(1) 저당권설정등기가 경료된 후 피담보채권이 소멸하면, 부종성에 따라 저당권도 당연히 소멸하고(제369조), 무효인 저당권설정등기는 말소되어야 한다. 그런데 무효로 된 저당권등기가 말소되지 않은 채 남아 있는 경우에, 당사자들의 합의에 의하여 무효로 된 등기를 다른 저당권을 위한 등기로 이용할 수 있는가?[17] 이 문제는 후순위저당권자나 제3취득자 등 제3자의 이해와 관련된다.

(2) 판례는 ❶ 무효로 된 저당권설정등기로써 새로운 채권을 담보하기로 하는 유용의 합의가 있기 전이라면 부동산소유자가 무효인 저당권설정등기의 말소를 청구할 수 있고, ❷ 유용의 합의(새로운 채권자로부터 금원을 차용하면서 저당권등기를 유용하기로 합의한 경우에는 부기등기까지)가 있었다면 (새로운) 채권자는 부동산소유자의 저당권설정등기말소청구에 대항할 수 있지만, ❸ 등기는 제3자의 불측의 손해를 방지하기 위한 공시수단이므로, 유용의 합의(와 부기등기)가 있기 전에 이미 등기부상 이해관계 있는 제3자가 있다면 유용의 합의를 근거로 등기의 유효를 주장할 수 없다고 한다.[18]

(3) 이러한 판례의 태도는 실체관계에 부합하는 법리에 따른 것으로 정당하다고 판단되지만, ❸과 관련하여 추가로 검토할 점이 있다. 즉 저당권의 실행과 관련해서는 「등기부상」의 이해관계인의 유무뿐만 아니라 「대항력」 있는 임차권이 성립하였는지도 고려해야 할 것이다. 가령 저당

15) 구분소유권의 객체인 경우를 제외하면, 부동산의 일부는 저당권의 객체로 되지 못한다. 한편 부동산의 공유지분에 저당권을 설정할 수 있음은 물론이다.

16) 대판 1962.2.15. 4294민상291. 양도담보의 경우에 양도담보권자가 부담한다는 대판 1982.4.13. 81다531도 참조.

17) 무효등기의 유용 일반에 관하여 [5126] 이하 참조.

18) 대판 1998.3.24. 97다56242는 "부동산의 소유자 겸 채무자가 채권자인 저당권자에게 당해 저당권설정등기에 의하여 담보되는 채무를 모두 변제함으로써 저당권이 소멸된 경우 그 저당권설정등기 또한 효력을 상실하여 말소되어야 할 것이나, 그 부동산의 소유자가 새로운 제3의 채권자로부터 금원을 차용함에 있어 그 제3자와 사이에 새로운 차용금채무를 담보하기 위하여 잔존하는 종전채권자 명의의 저당권설정등기를 이용하여 이에 터 잡아 새로운 제3의 채권자에게 저당권이전의 부기등기를 경료하기로 하는 내용의 ❷ 저당권등기 유용의 합의를 하고 실제로 그 부기등기를 경료하였다면, 그 저당권이전등기를 경료받은 새로운 제3의 채권자로서는 언제든지 부동산의 소유자에 대하여 그 등기유용의 합의를 주장하여 저당권설정등기의 말소청구에 대항할 수 있다고 할 것이고, 다만 그 ❸ 저당권이전의 부기등기 이전에 등기부상 이해관계를 가지게 된 자에 대하여는 위 등기유용의 합의사실을 들어 위 저당권설정등기 및 그 저당권이전의 부기등기의 유효를 주장할 수는 없다"(원문자는 필자)고 하고, 나아가 "채무자인 부동산소유자와 새로운 제3의 채권자와 사이에 저당권등기의 유용의 합의를 하였으나 아직 종전의 채권자 겸 근저당권자의 협력을 받지 못하여 저당권이전의 부기등기를 경료하지 못한 경우에는 부동산소유자와 종전의 채권자 사이에서는 저당권설정등기는 여전히 등기원인이 소멸한 무효의 등기라고 할 것이므로 부동산소유자는 종전의 채권자에 대하여 그 저당권설정등기의 말소를 구할 수 있다고 할 것이지만, 부동산소유자와 종전의 채권자 그리고 새로운 제3의 채권자 등 3자가 합의하여 저당권설정등기를 유용하기로 합의한 경우라면 종전의 채권자는 부동산소유자의 저당권설정등기 말소청구에 대하여 그 3자 사이의 등기유용의 합의사실을 들어 대항할 수 있고 또한 부동산소유자로부터 그 부동산을 양도받기로 하였으나 아직 소유권이전등기를 경료받지 아니하여 그 소유자를 대위하여 저당권설정등기의 말소를 구할 수밖에 없는 자에 대하여도 마찬가지로 대항할 수 있다"고 하였다.

그 밖에 대판 2007.1.11. 2006다50055는, 채권자(G)가 채무자(S)와 근저당권설정계약을 체결하고 근저당권설정등기가 채권자 아닌 제3자(D) 명의로 경료되었더라도 그 후 G가 부기등기의 방법으로 위 근저당권을 이전받았다면 특별한 사정이 없는 한 그때부터 위 근저당권설정등기는 실체관계에 부합하는 유효한 등기로 볼 수 있음을 전제로, D 명의의 근저당권설정등기가 경료된 부동산에 소유권이전청구권 가등기가 경료되고 그 후 다시 G 명의의 위 근저당권이전의 부기등기가 경료된 경우에, G는 「위 부기등기가 경료된 시점에 비로소」 근저당권을 취득하는데, 부기등기의 순위가 주등기의 순위에 의하도록 되어 있는 부동산등기법 제5조에 따라 등기부상으로는 G가 D 명의의 근저당권설정등기가 경료된 시점에 근저당권을 취득한 것이 되어 위 가등기보다 그 순위가 앞서게 되므로, 결국 위 근저당권설정등기는 실체관계에 부합하는 유효한 등기라고 볼 수 없다고 하였다.

권의 무효와 유용합의 사이에 주택임대차법 소정의 대항요건을 갖춘 임차인이 있는 경우에, 유용 자체는 유효하더라도(대항요건의 구비는 등기 밖에서 이루어지므로), 저당권 실행시 우선변제의 순위를 고려하면, 저당권등기가 무효라는 사실을 알고 있었고 또한 배당요구를 한 임차인에 대하여 저당권자가 우선권을 주장할 수 없고, 나아가 유용된 저당권이 최선순위저당권이라면 저당권의 실행에서 임차권이 소멸하지 않는다고 해야 할 것이다([5422] 참조).

나. 등기의 불법말소 [5418]

(1) 유효하게 경료된 저당권설정등기가 불법말소된 경우에, 저당권자가 말소된 저당권등기의 회복등기를 청구할 수 있는지는, 특히 불법말소 후 제3자가 말소상태를 신뢰하여 이해관계를 가진 경우와 관련하여 문제된다.

(2) 저당권등기가 불법말소된 경우의 법률관계를 단계별로 살펴본다.

① 등기는 물권의 효력발생요건일 뿐 존속요건은 아니어서 저당권등기가 원인 없이 말소되었더라도 그 사실만으로 저당권은 소멸하지 않고 말소등기의 회복등기를 할 수 있는데,[19] 불법말소 후 제3자가 그 말소를 신뢰하여 이해관계를 가졌더라도, 등기에 공신력이 인정되지 않기 때문에 말소회복등기를 할 수 있다. 그리고 회복등기가 마쳐지기 전이라도 말소된 등기의 등기명의인은 적법한 담보권자로 추정된다.[20]

② 저당부동산이 이미 경락되었다면, 저당권은 순위에 관계없이 당연히 소멸하므로(민사집행법 제268조, 제91조 제2항), 저당권등기가 회복될 수 없다.[21] 이 경우 저당권자는 배당기일에 출석하여 이의를 하고 배당이의의 소를 제기하여 구제를 받을 수 있다.[22]

③ 배당표가 확정되더라도, 확정된 배당표에 의하여 배당을 실시하는 것은 실체법상의 권리를 확정하는 것이 아니기 때문에, 경매절차에서 실제로 배당받은 이에 대하여 부당이득반환청구로서 그 배당금의 한도 내에서 근저당권설정등기가 말소되지 않았더라면 배당받았을 금액의 지급을 구할 수 있다.[23]

(3) 채무자나 그의 이행보조자에 의하여 저당권등기가 불법말소되었다면 채무자는 기한의 이익을 상실하므로(제388조 제1호), 회복등기에 의하여 회복된 저당권을 즉시 실행할 수 있어서 별도의 손해를 인정할 실익이 크지 않다. 제3자나 물상보증인에 의하여 저당권등기가 불법말소된 경우에도, 그 제3자 또는 물상보증인에 대하여 손해배상을 청구할 수 있지만, 저당권등기가 회복될 수 있다면 저당권등기의 회복등기에 소요되는 비용 외에 다른 손해가 발생한다고 보기 어렵다.[24]

---

19) 대판 1968.8.30. 68다1187.

20) 대판 2002.10.22. 2000다59678.

21) 원인 없이 말소된 근저당권설정등기의 회복등기절차 이행과 회복등기에 대한 승낙의 의사표시를 구하는 소송 도중에 근저당목적물인 부동산에 관하여 경매절차가 진행되어 매각허가결정이 확정되고 매수인이 매각대금을 완납한 경우에, 회복등기절차 이행이나 회복등기에 대한 승낙의 의사표시를 구할 법률상 이익이 없다고 한 대판 2014.12.11. 2013다28025도 참조.

22) 앞의 2000다59678 판결.

23) 앞의 2000다59678 판결.

24) 대판 2010.2.11. 2009다68408([3015]에 소개된)도, 근저당권설정등기가 불법행위로 인하여 원인 없이 말소되더라도 말소된 근저당권설정등기의 등기명의인이 곧바로 근저당권 상실의 손해를 입게 된다고 할 수는 없다고 하였다.

[5419] Ⅲ. 법정저당권과 저당권설정청구권

1. 토지임대인의 법정저당권

(1) 토지의 임대인이 변제기를 경과한 후 최후 2년의 차임채권에 기하여 그 지상에 있는 임차인 소유의 건물을 압류한 경우에, 저당권과 동일한 효력이 있다(제649조). 즉 법정저당권이 성립한다.

(2) 법정저당권의 성립시기는 압류결정의 기입등기가 경료된 때와 압류결정이 임차인에게 송달된 때 중 앞선 시기이다(민사집행법 제83조 제4항 참조).

(3) 법정저당권의 효력은 약정저당권의 그것과 다르지 않다.

[5420] 2. 부동산공사수급인의 저당권설정청구권

(1) 부동산공사의 수급인은 보수에 관한 채권을 담보하기 위하여 그 부동산을 목적으로 한 저당권의 설정을 도급인에게 청구할 수 있는데(제666조), 이 규정에 따른 저당권은 약정저당권이다. 즉 설정청구권의 행사로 당연히 저당권이 성립하는 것이 아니라, 도급인과의 공동신청 또는 도급인의 의사에 갈음하는 판결에 기하여 등기한 때에 비로소 저당권이 성립한다(제186조).

(2) 도급에 의한 신축건물의 소유권 귀속에 관하여 판례처럼 수급인귀속설([2728] 참조)을 취하면 ―우리 법상 자기저당이 인정되지 않으므로― 적용될 여지가 없고, 다른 한편 유치권을 행사하는 것이 수급인에게 훨씬 유리하다는 점에서, 제666조의 실효성이 의심스럽다.

제3관 저당권 실행 전의 법률관계

[5421] Ⅰ. 처분권능과 용익권능의 분리

가. 저당권설정자의 용익권능

저당권자는 목적물의 교환가치만 파악하므로(저당권의 가치권성), 저당권이 설정된 후에도 설정자가 목적물을 계속 점유하여 사용·수익한다. 경매가 개시된 후에도 마찬가지이지만(다만 제359조의 제한 참조), 법원은 직권으로 또는 이해관계인의 신청에 따라 부동산에 대한 침해행위를 방지하기 위하여 필요한 조치를 취할 수 있다(민사집행법 제83조 제2항, 제3항).

한편 저당권이 실행되면 저당목적물의 소유권이 매수인에게 이전되어 종래의 용익관계가 소멸한다.

[5422] 나. 제3자에의 용익권의 설정

저당권설정자는 제3자에게 용익권을 설정할 수 있다.

그런데 제3자의 대항력 있는 용익권(예: 지상권, 전세권, 대항력 있는 임차권)이 저당권의 실행에으로 어떤 영향을 받는지는 「최선순위」저당권과의 성립의 선후에 좌우된다. 즉 최선순위저당권이 설정되기 전에 제3자가 용익권을 취득하였다면, 저당권이 실행되더라도 용익권자는 매수인에게 대항할 수 있는 반면, 그 후에 용익권을 취득한 용익권자는 저당권이 실행되면 매수인에게 대항할 수 없다(민사집행법 제268조, 제91조 제4항).

Ⅱ. 제3취득자의 지위 [5423]

1. 서 설

(1) 저당부동산을 양수한 제3취득자는 저당권이 실행되기 전에 그 부동산을 용익하는 데 아무런 제한을 받지 않지만, 저당권이 실행되면 소유권을 잃는다.1) 물론 저당권을 소멸시켜 저당권의 부담이 없는 부동산을 양수하면 이러한 위험이 봉쇄되지만, 저당권설정자에게 충분한 자력이 없다면 그렇게 하기 어렵다. 매매대금으로 피담보채무를 변제하도록 할 수도 있지만, 설정자가 그렇게 하지 않을 위험이 따른다. 그리고 설정자가 물상보증인인 경우에는 상황이 전혀 다르다. 다른 한편 제3취득자로서 저당권의 부담을 안고 그에 상응하여 대금을 감액하는 것이 유리할 수도 있다. 이러한 점들을 고려하여 저당권의 실행으로 소유권을 상실할 위험으로부터 제3취득자를 보호하기 위하여 민법은 특칙을 둔다.

(2) 제3취득자의 일반적인 지위를 본다.

① 저당권의 추급력 때문에 제3취득자는 기본적으로 물상보증인과 같은 지위에 놓인다.2)

② 거래의 실제에서 저당부동산의 매수인이 저당권의 부담을 인수하고 이를 매매대금에서 공제하는 경우가 드물지 않는데, 판례는 특별한 사정이 없는 한 이를 —매도인을 면책시키는 채무인수(제364조에 따른 저당권소멸청구권을 상실하는3))가 아니라— 「이행인수」로 새긴다.4)

이행인수에서 매수인이 인수한 부분의 이행을 게을리함으로써 근저당권이 실행되어 매수인이 취득한 소유권을 잃은 경우에, 매도인은 채무불이행책임이나 담보책임(제576조)을 지지 않고,5) 위험부담과 관련해서도 소유권이전등기의무의 이행불능에 대하여 매도인에게 과실이 있다고 볼 수 없어서6) 매수인이 위험을 부담한다. 한편 이행인수에서 구상 및 변제자대위가 문제되지 않음은 당연하다.7) 이행인수와 계약해제에 관하여 [2511] 참조.

한편 피담보채무의 부담을 인수하지 않았다면 저당부동산의 제3취득자가 양도인에 대하여 채무불이행책임이나 제576조 소정의 담보책임을 물을 수 있다.

③ 제3취득자는 피담보채권의 시효소멸을 직접 원용할 수 있고,8) 근저당권설정자가 가지는 근저당권설정계약의 해제 또는 해지에 관한 권한을 원용할 수 있다.9)

---

1) 저당부동산에 지상권이나 전세권을 설정받는 경우에도 마찬가지인데, 아래에서 저당부동산의 매수인 외에 이들까지 포함하여 "제3취득자"라 한다.

2) 당해 부동산에 의한 「담보적 책임」을 부담한다는 대판 2007.4.26. 2005다38300 참조.

3) 채무인수로 되기 위하여 채권자의 동의가 있어야 함에 관한 [4264]도 참조.

4) 가령 대판 2002.5.24. 2002다7176: "저당부동산에 관한 매매계약을 체결하는 당사자 사이에 매매대금에서 피담보채무 또는 채권최고액을 공제한 잔액만을 현실로 수수하였다는 사정만을 가지고 언제나 매수인이 매도인의 저당채권자에 대한 피담보채무를 인수한 것으로 보아 제3취득자는 채권자에 대한 관계에서 제3취득자가 아니라 채무자와 동일한 지위에 놓이게 됨으로써 저당부동산의 제3취득자가 원래 행사할 수 있었던 저당권소멸청구권을 상실한다고 볼 수는 없고, 오히려 이러한 매매대금 지급방법상의 약정은 다른 특별한 사정이 없는 한 매매당사자 사이에서는 매수인이 피담보채무 또는 채권최고액에 해당하는 매매대금부분을 매도인에게 지급하는 것이 아니라 채권자에게 직접 지급하기로 하여 그 매매목적부동산에 관한 저당권의 말소를 보다 확실하게 보장하겠다고 하는 취지로 그런 약정을 하게 된 것이라고 볼 것이다." 대판 2007.9.21. 2006다69479·69486도 동지. 이행인수에 관하여 [4272] 이하 참조.

5) 대판 2002.9.4. 2002다11151.

6) 대판 2008.8.21. 2007다8464·8471 등.

7) 대결 2012.7.16. 2009마461 참조.

8) 매매예약에 기한 가등기가 경료된 부동산의 제3취득자에 관한 대판 1991.3.12. 90다카27570 참조.

9) 대판 2006.4.28. 2005다74108은, 근저당권에 의하여 담보되는 피담보채무는 근저당권설정계약에서 근저당권의 존속기간을 정하거나 근저당권으로 담보되는 기본적 거래계약에서 결산기를 정한 경우에 존속기간이나 결산기가 도래한 때에 확정되지만, 이 경우에도 근저당권에 의하여 담보되는 채권이 전부 소멸하고 채무자가 채권자로부터 새로 금원을 차용하는 등 거래를 계속할 의사가 없다면 존속기간 또는 결산기가 경과하기 전이라도 근저당권설정자는 계약을 해제하고 근저당권설정등기의 말소를 구할 수 있고, 존속기간

④ 저당부동산의 제3취득자도 경매에서의 매수인이 될 수 있다(제363조 제2항).[10]

[5424] ## 2. 제3취득자의 변제

가. 의 의

제3취득자는 저당권의 부담을 인수하기로 하는 특약이 없는 한 양도인에 대하여 저당권말소의무의 이행을 구할 수 있지만, 그 의무가 이행되지 않은 상태에서 담보권 실행경매에 의하여 자기권리를 상실하는 손해를 입을 수 있다.[11] 따라서 매도인에게 충분한 자력이 있다면, 이해관계 있는 제3자로서 피담보채무를 변제하고 매도인에게 구상하는 것이 현명한 방법일 수 있다.

그런데 제364조는 제3취득자의 변제에 관하여 특별히 규정하는바, 물적 부담을 인수한 제3취득자에게 그가 각오한 범위에서 선제적 · 주도적으로 대위변제(저당권자에 대한 관계에서 저당권이 실행된 것과 마찬가지의 상태를 만드는)를 하고 소멸청구를 통하여 저당권의 부담을 면할 기회를 주기 위한 것이다.[12]

[5425] ### 나. 대위변제의 요건

(1) 제364조에 기하여 저당권의 피담보채무를 변제하고 저당권의 소멸을 청구할 수 있는 「제3취득자」는 저당부동산에 대하여 소유권, 지상권 또는 전세권을 취득한 이에 한정된다.[13]

반면 저당부동산에 대하여 후순위저당권을 취득한 이는 제3취득자에 해당하지 않는다. 즉 후순위근저당권자가 선순위근저당권의 피담보채무가 확정된 후 그 확정된 피담보채무를 변제한 것이 제469조에 의한 이해관계 있는 제3자의 변제로서 유효할 수 있지만, 제364조에 따라 선순위근저당권의 소멸을 청구할 수 있는 사유로 삼을 수 없다.[14]

(2) 이해관계 있는 제3자는 채무자의 의사에 반해서도 피담보채무를 변제할 수 있지만(제469조 제2항 참조), 채무 전부(원본의 이행기일을 1년 도과한 후의 지연이자도 포함하여)를 변제하여야(제370조, 제321조 참조) 저당권 소멸의 효과가 발생한다.[15]

그런데 제364조는 이에 대한 특례를 규정한다. 즉 제3취득자는 저당권자에게 "그 부동산으로 담보된 채권"만 변제하고 저당권의 소멸을 청구할 수 있다. 이때 채권의 범위는 제360조에 따라 결정되고, 그 결과 지연이자의 범위는 제360조 단서에 의하여 "원본의 이행기일을 경과한 후 1년분"으로 제한된다.[16] 결국 제3취득자가 변제해야 할 채무의 범위가 제469조에 기하여 제3자로서 변제하는 경우보다 좁다는 데 제364조의 의미가 있다.

한편 근저당의 경우에 채권최고액이 제3취득자가 변제할 피담보채권의 상한을 이루는데, 대위변제를 위하여 근저당권이 확정되어야 한다. 즉 그 피담보채무가 확정될 때까지의 채무의 소멸

이나 결산기의 정함이 없는 때에는 근저당권설정자가 근저당권자를 상대로 언제든지 해지의 의사표시를 함으로써 피담보채무를 확정시킬 수 있으며, 이러한 계약의 해제 또는 해지에 관한 권한은 근저당부동산의 소유권을 취득한 제3자도 원용할 수 있다고 하였다.

10) 채무자는 매수인이 될 수 없다는 민사집행규칙 제59조, 제202조도 참조.

11) 저당부동산에 대한 경매가 실행되면 매각대금 중 채권자를 만족시키고 남은 부분은 소유자인 제3취득자에게 교부됨은 물론이다.

12) 따라서 피담보채권액이 저당목적부동산의 시장가격을 초과하는 경우에는 실효성이 없다.

13) 저당권의 피담보채무를 인수한 경우가 이에 해당할 수 없지만, 이행인수의 경우에는 제3취득자에 해당한다.

14) 대판 2006.1.26. 2005다17341.

15) 근저당권의 물상보증인의 책임범위에 관하여 대판 1974.12.10. 74다998 참조.

16) 저당권자가 저당권을 실행하는 경우보다 더 유리하게 됨을 피하기 위해서이다.

또는 이전은 근저당권에 영향을 미치지 않으므로, 근저당부동산에 대하여 소유권을 취득한 제3자는 피담보채무가 확정된 「후」에 그 확정된 피담보채무를 채권최고액의 범위 내에서 변제하고 근저당권의 소멸을 청구할 수 있다.[17] 그런데 제3취득자는, 채무자 또는 제3자의 변제 등으로 피담보채권이 일부소멸하였더라도 잔존 피담보채권이 채권최고액을 초과하는 한, 담보부동산에 의한 자신의 책임이 그 변제 등으로 인하여 감축되었다고 주장할 수 없다.[18]

(3) 채권의 변제기 전에는 제3취득자가 피담보채무를 변제하여 저당권의 소멸을 청구할 수 없다고 해야 한다.[19] 한편 경매신청이 있은 후라도 매각대금 납부 전이라면 대위변제가 허용된다고 할 것이다.[20]

다. 대위변제의 효과 [5426]

(1) 채권자의 입장에서 제3취득자의 변제는 「일부」변제에 지나지 않음에도 불구하고 제3취득자가 저당권의 소멸을 청구할 수 있다는 것이 제364조의 취지이다.[21] 따라서 피담보채무의 변제로[22] 저당권소멸청구권이 발생하고, 그 행사에 따라 저당권등기말소등기가 경료되어야 비로소 저당권은 소멸한다. 다만 학설은 일반적으로 제3취득자의 변제에 의하여 피담보채권이 소멸하고, 저당권은 부종성에 의하여 당연히 소멸한다는 입장이다.

(2) 피담보채무를 변제한 제3취득자는 채무자에 대하여 구상권을 가지며,[23] 채권자인 저당권자를 대위할 수 있다(제481조).

그런데 저당권의 대위에서 제3취득자가 소유자라면 혼동에 의하여 저당권이 소멸하므로[24] 제3취득자는 채권자의 채권, 다른 담보권 및 제576조 등 채무자와의 내부관계에 기하여 구상할 수 있는데, 제3취득자의 변제가 일부변제에 해당한다면 변제자대위의 일반원칙에 따라 채권자의 채권이나 다른 담보권을 행사할 때 채권자의 권리가 우선한다. 반면 순위가 다른 복수의 저당권이 존재하는데 제1순위저당권자의 피담보채권만 전부변제한 경우에, 제3취득자는 제1순위저당권을 취득하고, 후순위저당권은 그대로 존속한다(혼동의 예외). 그리고 제3취득자가 지상권자 또는 전세권자인 경우에도 저당권은 소멸하지 않고 대위에 의하여 지상권자 또는 전세권자가 저당권을 가진다.

한편 물상보증의 목적인 부동산의 제3취득자의 지위가 물상보증인과 달라질 이유가 없으므로, 물상보증의 목적인 저당부동산의 제3취득자가 채무를 변제하거나 저당권의 실행으로 저당물의 소유권을 잃은 때에는 물상보증인의 구상권에 관한 제370조, 제341조를 유추하여 보증채무에 관한 규정에 따라 채무자에 대한 구상권을 가진다.[25]

---

17) 대판 2002.5.24. 2002다7176. 이 판결은 피담보채무의 확정에 관한 근저당권설정자의 권한을 근저당부동산의 제3취득자가 원용할 수 있음도 판시하였다.
18) 대판 2007.4.26. 2005다38300.
19) 대판 1979.8.21. 79다783 참조.
20) 대항력 있는 임차권의 운명에 관한 대결 1998.8.24. 98마1031 참조.
21) 제3취득자가 피담보채무 전부를 변제한다면 부종성에 따라 저당권은 당연히 소멸한다.
22) 채권자가 급부를 수령하지 않으면 피담보채무를 공탁할 수 있다.
23) 제3자변제로서뿐만 아니라 제576조 제2항에 기해서도 구상권이 발생할 수 있다. 다만 채무 또는 이행을 인수하고 대금을 감액한 경우에는 그렇지 않고, 저당권설정자가 물상보증인인 경우에도 채무자가 담보책임을 지지 않음은 당연하다.
24) 제214조에 기한 물권적 청구로서 저당권의 말소를 구하는 것은 별개의 문제이다.
25) 대판 1997.7.25. 97다8403; 대판 2014.12.24. 2012다49285.

[5427] 3. 제3취득자의 비용상환청구권

(1) 저당부동산의 보존이나 개량을 위하여 필요비 또는 유익비를 지출한 제3취득자는 점유자의 비용상환청구권의 규정(제203조 제1항, 제2항)에 따라 저당물의 매각대금에서 그 비용의 우선상환을 받을 수 있다(제367조). 그런데 지출한 비용의 우선상환을 받으려면 배당요구를 해야 하고, 비용상환청구권을 피담보채권으로 하여 유치권을 행사할 수 없다.[26)]

(2) 지상권자의 비용상환에 관한 명문규정이 없을 뿐만 아니라 지상권이나 전세권에서는 필요비상환청구권이 인정되지 않는다. 이러한 상황에서 제367조가 제3취득자의 비용상환청구권, 특히 필요비상환청구권을 인정한 것은, 저당권설정자 아닌 제3취득자가 저당물에 관한 필요비 또는 유익비를 지출하여 저당물의 가치가 유지 또는 증가된 경우에, 매각대금 중 그로 인한 부분은 일종의 공익비용(총 채권자의 이익으로 된다는 점에서)으로 보아 제3취득자가 경매대가에서 우선상환을 받을 수 있도록 하기 위해서이다.[27)]

[5428] Ⅲ. 저당권의 처분

1. 서 설

저당권자는 저당채무의 변제 또는 저당권의 실행에 의하여 만족을 얻지만, 피담보채권의 변제기 전에 투하자본을 회수하기 위하여 저당권을 처분할 수 있다. 그런데 저당권자가 저당권을 처분하는 방법으로 저당권을 양도하거나 저당권부 채권을 입질하는 방법이 있다.

[5429] 2. 저당권부 채권의 양도

가. 서 설

"저당권은 그 담보한 채권과 분리하여 타인에게 양도하거나 다른 채권의 담보로 하지 못한다"(제361조). 그런데 주된 권리인 피담보채권이 양도되면, 특단의 사정이 없는 한 종된 권리인 저당권도 함께 양도한 것으로 추정해야 한다(제100조 제2항의 유추).

[5430] 나. 내 용

(1) 저당권은 피담보채권과 일체로만 처분될 수 있다. 저당권만의 양도뿐만 아니라 저당권을 포기하지 않은 채 피담보채권만 양도하는 것도 허용되지 않는다.[28)] 따라서 저당권부 채권을 양도하려면 저당권의 이전과 채권양도가 모두 있어야 한다.

(2) 먼저 피담보채권의 양도에 채권양도에 관한 규정이 적용된다. 즉 저당권부 채권의 양도의 효력을 채무자 기타 제3자에게 대항하기 위하여 양도인의 통지 또는 채무자의 승낙이 있어야 한다.

그런데 채권양도의 대항요건을 갖추지 못한 그러나 저당권이전의 부기등기를 갖춘 양수인의

---

26) 대판 2023.7.13. 2022다265093: "제3취득자가 민법 제367조에 의하여 우선상환을 받으려면 저당부동산의 경매절차에서 배당요구의 종기까지 배당요구를 하여야 한다(민사집행법 제268조, 제88조). […] 제367조에 의한 우선상환은 제3취득자가 경매절차에서 배당받는 방법으로 민법 제203조 제1항, 제2항에서 규정한 비용에 관하여 경매절차의 매각대금에서 우선변제받을 수 있다는 것이지 이를 근거로 제3취득자가 직접 저당권설정자, 저당권자 또는 경매절차 매수인 등에 대하여 비용상환을 청구할 수 있는 권리가 인정될 수 없다. 따라서 제3취득자는 민법 제367조에 의한 비용상환청구권을 피담보채권으로 주장하면서 유치권을 행사할 수 없다."

27) 대판 2004.10.15. 2004다36604.

28) 이들 경우에 저당권은 소멸한다.

경매신청에 관하여, 판례는 경매신청을 위하여 채권양도의 대항요건을 갖출 필요는 없고, 채무자가 이 점을 경매개시결정에 대한 이의나 즉시항고절차에서 다툴 수 있지만, 경매절차가 실효되지 않은 이상 양수인이 양수채권의 변제를 받을 수 있다는 입장이다.[29)]

(3) 한편 저당권의 이전과 관련하여 물권변동의 일반원칙에 따라 저당권을 이전할 것을 목적으로 하는 물권적 합의와 부기등기가 있어야([5407] 참조) 저당권이 이전하는데, 이때 물권적 합의는 저당권을 양도·양수하는 당사자 사이에 있으면 족하고 채무자나 물상보증인 사이에까지 있어야 하는 것은 아니다.[30)]

그런데 저당권부 채권의 양도에서 채권양도의 시기와 저당권이전등기의 시기가 일치되기 어려운데, "채권양도와 근저당권이전등기 사이에 어느 정도 시차가 불가피한 이상 피담보채권이 먼저 양도되어 일시적으로 피담보채권과 근저당권의 귀속이 달라진다고 하여 근저당권이 무효로 된다고 볼 수는 없"다.[31)]

(4) 저당권부 채권의 양도에서 피담보채권의 부존재 또는 변제에 의하여 저당권이 부존재하거나 소멸한 경우에, 부동산등기에 관해서는 공신력이 인정되지 않지만, 채권양도에 대하여 채무자가 이의를 보류하지 않은 채 승낙하면 항변이 절단되어 양수인이 채권을 취득한다(제451조 제1항). 이러한 경우에 무효인 저당권이 당연히 부활하여 양수인에게 이전되는지가 문제되는바, 채무자가 자기구속 때문에 피담보채권의 소멸을 주장할 수 없다는 점([4250] 참조)이 다른 이해관계인(특히 후순위저당권자)에게 영향을 미쳐서는 안 되므로,[32)] 채무자의 이의 없는 승낙에 의하여 저당권이 부활하지 않으며, 양수인은 저당권 없는 채권을 취득한다 할 것이다.

(5) 피담보채권의 일부가 양도 또는 이전되는 경우에(등기사항에 관하여 부동산등기법 제79조 참 [5431]
조), 양 채권자는 그 채권액의 비율로 저당권을 준공유한다.[33)]

3. 저당권부 채권의 입질 [5432]

(1) 저당권을 피담보채권과 분리하여 타인에게 담보로 제공하지 못하며, 피담보채권과 일체로서만 입질할 수 있다(제361조). 즉 저당권부 채권의 입질은 권리질권의 설정으로, 채권과 저당권이 공동으로 입질된다. 따라서 채권 및 저당권의 입질에 권리질권에 관한 규정이 적용되고, 저당권등기에 질권의 부기등기(등기사항에 관하여 부동산등기법 제76조 제1항 참조)를 마쳐야 질권의 효력이 저당권에 미친다(제348조). 판례는 담보가 없는 채권에 질권을 설정한 다음 그 채권을 담보하기 위해서 저당권을 설정한 경우에도 질권의 부기등기를 마쳐야 질권의 효력이 저당권에 미친다는 입장이다.[34)]

29) 대판 2012.4.12. 2011다109357: "피담보채권을 근저당권과 함께 양수한 자는 근저당권 이전의 부기등기를 마치고 근저당권 실행의 요건을 갖추고 있는 한 채권양도의 대항요건을 갖추고 있지 아니하더라도 경매신청을 할 수 있으며, 채무자는 경매절차의 이해관계인으로서 채권양도의 대항요건을 갖추지 못하였다는 사유를 들어 경매개시결정에 대한 이의나 즉시항고절차에서 다툴 수 있고, 이 경우는 신청채권자가 대항요건을 갖추었다는 사실을 증명하여야 할 것이나, 이러한 절차를 통하여 채권 및 근저당권의 양수인의 신청에 의하여 개시된 경매절차가 실효되지 아니한 이상 그 경매절차는 적법한 것이고, 또한 그 경매신청인은 양수채권의 변제를 받을 수도 있다. […] 이러한 이치는 근저당권부 채권의 양도통지 후 채권양도계약이 해제된 경우에 양수인의 채무자에 대한 해제사실의 통지 없이 양도인이 경매신청을 하는 경우에도 마찬가지"이다. 대판 2005.6.23. 2004다29279도 동지.

30) 대판 2005.6.10. 2002다15412·15429.

31) 대판 2003.10.10. 2001다77888.

32) 흔히 저당권의 부활을 인정한다면 무효인 저당권이전등기에 공신력을 인정하는 결과로 되어 부당하다는 점을 근거로 든다.

33) 근저당권에 관하여 [5476] 참조.

34) 대판 2020.4.29. 2016다235411: "저당권에 의하여 담보된 채권에 질권을 설정하였을 때 저당권의 부종성으로 인하여 등기 없이 성립하는 권리질권이 당연히 저당권에도 효력이 미친다고 한다면, 공시의 원칙에 어긋나고 그 저당권에 의하여 담보된 채권을 양수하거

(2) 저당권부 채권이 입질되면 질권자는 입질된 채권의 추심권을 가지며(제353조), 입질채권이 변제되지 않으면 저당권을 실행할 수 있다. 한편 질권설정자는 저당권의 피담보채권액이 질권의 그것보다 크더라도 그 차액에 관하여 스스로 입질채권을 추심할 수 없다. 불가분성에 의하여 질권은 입질채권 전액을 구속하기 때문이다.

[5433] Ⅳ. 저당권 침해에 대한 구제

1. 서 설

(1) 저당권의 침해란, 저당권자가 저당목적물의 교환가치로부터 우선변제를 받는 것을 위태롭게 하는 일체의 행위를 말한다. 이러한 침해는 저당목적물을 멸실 또는 훼손하거나 이를 부당하게 방치하는 행위, 부합물이나 종물의 부당한 분리 등 다양한 모습으로 나타난다.[35] 그리고 멸실은 물리적 멸실뿐만 아니라 법률적 멸실 및 저당물의 반환이 현실적으로 곤란한 경우를 포함한다.

(2) 실행 전의 저당권은 저당부동산의 교환가치를 관념적으로 지배할 뿐이므로, 저당권자는 저당부동산의 소유자가 행하는 저당부동산의 사용 또는 수익에 관하여 간섭할 수 없고, 목적물이 설정자에 의하여 통상의 용법에 따라 이용되는 한 설정자가 종물 등을 분리하더라도 저당권의 침해로 되지 않는다.

그러나 담보가치의 보전에 대한 저당권자의 이익이 저당부동산의 용익에 관한 저당권설정자의 이익보다 큰 경우에 저당권의 침해로 될 수 있다. 즉 "저당부동산에 대한 점유가 저당부동산의 본래의 용법에 따른 사용·수익의 범위를 초과하여 그 교환가치를 감소시키거나, 점유자에게 저당권의 실현을 방해하기 위하여 점유를 개시하였다는 점이 인정되는 등, 그 점유로 인하여 정상적인 점유가 있는 경우의 경락가격과 비교하여 그 가격이 하락하거나 경매절차가 진행되지 않는 등 저당권의 실현이 곤란하게 될 사정"이 있는 경우에 저당권의 침해가 인정될 수 있는데,[36] 그러한 사정에 대한 증명책임은 저당권의 침해를 주장하는 이가 진다.

[5434] 2. 물권적 청구권

가. 침해의 제거·예방의 청구

(1) 저당권자는 방해의 제거 또는 예방을 청구할 수 있다(제370조, 제214조).[37] 그런데 점유를 수반하지 않는 저당권은 그 성질상 반환청구권이 인정되지 않는다.[38]

나 압류한 사람, 저당부동산을 취득한 제3자 등에게 예측할 수 없는 질권의 부담을 줄 수 있어 거래의 안전을 해할 수 있다. 이에 따라 민법 제348조는 저당권설정등기에 질권의 부기등기를 한 때에만 질권의 효력이 저당권에 미치도록 한 것이다. 이는 민법 제186조에서 정하는 물권변동에 해당한다. 이러한 민법 제348조의 입법취지에 비추어 보면, '담보가 없는 채권에 질권을 설정한 다음 그 채권을 담보하기 위해서 저당권을 설정한 경우'에도 '저당권으로 담보한 채권에 질권을 설정한 경우'와 달리 볼 이유가 없다. 또한 담보가 없는 채권에 질권을 설정한 다음 그 채권을 담보하기 위해 저당권을 설정한 경우에, 당사자간 약정 등 특별한 사정이 있는 때에는 저당권이 질권의 목적이 되지 않을 수 있으므로, 질권의 효력이 저당권에 미치기 위해서는 질권의 부기등기를 하도록 함으로써 이를 공시할 필요가 있다. 따라서 담보가 없는 채권에 질권을 설정한 다음 그 채권을 담보하기 위해 저당권이 설정되었더라도, 민법 제348조가 유추적용되어 저당권설정등기에 질권의 부기등기를 하지 않으면 질권의 효력이 저당권에 미친다고 볼 수 없다."

35) 저당권의 불법말소에 관하여 [5418] 참조.

36) 대판 2005.4.29. 2005다3243. 담보로 제공된 부동산의 소유자로부터 점유권원을 설정받은 제3자의 점유가 저당권의 실현을 방해하기 위한 것이고, 그 점유에 의해서 저당권자의 교환가치의 실현 또는 우선변제청구권의 행사와 같은 저당권의 실현을 방해하는 특별한 사정이 있는 경우에는 저당권의 침해로 인정될 수 있다고 한 대판 2007.10.25. 2007다47896도 참조.

37) 가령 저당삼림의 수목을 부당하게 벌채하는 경우에, 벌채행위의 중지 및 벌채한 재목의 반출금지를 청구할 수 있다.

38) 대판 1996.3.22. 95다55184는, 공장저당권의 목적동산이 저당권자의 동의를 얻지 않고 반출된 경우에, 저당권자는 점유권이 없기 때

(2) 저당권설정자에 대한 방해제거청구에서는 저당권의 가치권적 성질과 저당권설정자의 이용권능 사이의 이해충돌을 고려해야 한다. 이에 관하여 대판 2006.1.27. 2003다58454(판례, 〈5-2-6〉): "저당권 설정 이후 환가에 이르기까지 저당물의 교환가치에 대한 지배권능을 보유하고 있으므로 저당목적물의 소유자 또는 제3자가 저당목적물을 물리적으로 멸실 · 훼손하는 경우는 물론 그 밖의 행위로 저당부동산의 교환가치가 하락할 우려가 있는 등 저당권자의 우선변제청구권의 행사가 방해되는 결과가 발생한다면 저당권자는 저당권에 기한 방해배제청구권을 행사하여 방해행위의 제거를 청구할 수 있다. […] 대지의 소유자가 나대지상태에서 저당권을 설정한 다음 대지상에 건물을 신축하기 시작하였으나 피담보채무를 변제하지 못함으로써 저당권이 실행에 이르렀거나 실행이 예상되는 상황인데도 소유자 또는 제3자가 신축공사를 계속한다면 신축건물을 위한 법정지상권이 성립하지 않는다고 할지라도 경매절차에 의한 매수인으로서는 신축건물의 소유자로 하여금 이를 철거하게 하고 대지를 인도받기까지 별도의 비용과 시간을 들여야 하므로, 저당목적대지상에 건물신축공사가 진행되고 있다면, 이는 경매절차에서 매수희망자를 감소시키거나 매각가격을 저감시켜 결국 저당권자가 지배하는 교환가치의 실현을 방해하거나 방해할 염려가 있는 사정에 해당한다." 요컨대 이행지체 등으로 인하여 저당권의 실행이 임박한 상황에 이르면 저당권설정자의 용익권능이 제약을 받는다.[39]

(3) 불가분성에 따라 목적물의 잔존가치만으로 피담보채권을 만족시킬 수 있더라도 방해제거를 청구할 수 있다.

나. 그 밖의 물권적 청구 [5435]

(1) 피담보채무가 변제되었음에도 불구하고 선순위의 저당권등기가 말소되지 않은 경우처럼 법률상 무효이지만 저당권의 실행 또는 양도가 사실상 장애를 받는 경우에, 저당권자는 방해제거청구로 그 등기의 말소를 구할 수 있다(제370조, 제214조).

(2) 저당목적물에 대한 강제집행에서 우선변제를 받을 수 있는 저당권자는 제3자이의의 소를 제기할 수 없지만, 저당권에 우선하는 권리를 갖지 않은 채권자가 저당부동산의 종물에 대하여 강제집행을 하는 경우에, 저당권자는 민사집행법 제48조에 기하여 제3자이의의 소를 제기할 수 있다.

3. 손해배상청구권 [5436]

(1) 저당권자는 저당권 자체의 침해를 이유로 침해자에 대하여 불법행위에 기한 손해배상을 청구할 수 있다(제750조). 제3자가 저당건물을 멸실시킨 경우가 그 예인데, 저당목적물의 소유자, 즉 저당권설정자도 침해자일 수 있다.[40]

(2) 물권적 청구와 달리, 저당권에 대한 침해가 있었더라도 나머지 가치만으로 채권의 완전한 만족을 얻을 수 있으면 손해배상청구권이 발생하지 않는다. 즉 손해배상청구권이 인정되는 것은 저당권의 침해로 저당권자가 완전한 만족을 얻을 수 없게 되는 경우에 한한다.

문에 설정자로부터 일탈한 저당목적물을 저당권자 자신에게 반환할 것을 청구할 수는 없지만, 저당목적물이 제3자에게 선의취득되지 않은 한 원래의 설치장소에 원상회복할 것을 청구함이 저당권의 성질에 반하지 않음은 물론 저당권자가 가지는 방해배제권의 당연한 행사에 해당한다고 했다.

39) 담보지상권에 관한 [5354]도 참조.

40) 대판 2008.1.17. 2006다586 참조.

(3) 손해배상청구를 할 수 있는 시기에 관하여, 판례는 담보물을 권한 없이 멸실 · 훼손하거나 담보가치를 감소시키는 행위에 의하여 "채권자가 입게 되는 손해는 담보목적물의 가액의 범위 내에서 채권최고액을 한도로 하는 피담보채권액으로 확정될 뿐 그 피담보채무의 변제기가 도래하여 그 담보권을 실행할 때 비로소 발생하는 것은 아니"라고 한다.[41] 그런데 저당권의 침해가 있은 후 피담보채무가 변제되면 당연히 저당권자의 손해가 그만큼 감축된다.

(4) 손해배상의 범위는 저당권의 침해가 없었으면 그 실행으로 만족을 얻었을 금액을 기준으로 정한다. 예컨대 타인의 불법행위로 인하여 근저당권이 소멸한 경우에,[42] 근저당권자로서는 근저당권이 소멸하지 않았더라면 그 실행으로 피담보채무의 변제를 받았을 것인데 근저당권의 소멸로 말미암아 이러한 변제를 받을 수 있는 권능을 상실하므로, 그 근저당권의 소멸로 인하여 근저당권자가 입는 손해는 근저당목적물인 부동산의 가액범위 내에서 채권최고액을 한도로 하는 피담보채권액인데,[43] 근저당목적부동산의 시가에서 소멸된 근저당권에 우선하는 선순위담보권 등의 피담보채권액을 공제한 잔액, 즉 잔존담보가치 상당액이 채권최고액 또는 피담보채권액보다 적은 경우에 그 잔존담보가치 상당액을 손해로 보아야 한다.[44]

이러한 경우에 저당권자가 우선배당받은 후순위권리자에 대하여 부당이득반환청구권을 행사할 수 있으나, 이 점이 저당권자의 손해배상청구권 자체에 영향을 미치지는 않는데,[45] 부당이득을 반환받은 경우에 그 가액만큼 손해배상이 감축됨은 당연하다.

(5) 제3자의 불법행위로 저당건물이 멸실된 경우에, 저당권의 침해로 인하여 저당권자가 물상대위권을 가지면서 동시에 저당권자 및 저당권설정자는 그 제3자에 대하여 불법행위로 인한 손해배상청구권을 가진다.[46] 이때 양 권리는 그 제3자에 대하여 부진정연대의 관계에 서지만, 물상대위권은 저당권설정자의 제3자에 대한 손해배상청구권에 담보권의 효력을 미치게 하므로 저당권자가 우선변제를 받는다.

[5437] 4. 저당물보충청구권과 기한이익의 상실

(1) 저당권자에게 저당물보충청구권(抵當物補充請求權)이 인정된다. 즉 「저당권설정자」(채무자가 아니라)의 책임 있는 사유로 인하여 저당물의 가액이 현저히 감소된 경우에, 저당권자는 저당권설정자에 대하여 원상의 회복 또는 상당한 담보의 제공을 청구할 수 있다(제362조). 저당권의 불가분성에 따라 나머지만으로 피담보채무를 완제할 수 있더라도 저당물보충을 청구할 수 있다.

저당권자가 담보물보충청구권을 행사하면, 그에 따른 만족이 없어야 비로소 손해배상청구권이나 즉시변제청구권을 행사할 수 있다.

41) 대판 1998.11.10. 98다34126.

42) 저당권등기가 불법말소되더라도 저당권이 소멸하지 않음에 관하여 [5418] 참조.

43) 대판 1997.11.25. 97다35771.

44) 대판 2010.7.29. 2008다18284 · 18291. 나아가 대판 2009.5.28. 2006다42818: "근저당권의 공동담보물 중 일부를 권한 없이 멸실 · 훼손하거나 담보가치를 감소시키는 행위로 인하여 근저당권자가 나머지 저당목적물만으로 채권의 완전한 만족을 얻을 수 없게 되었다면 근저당권자는 불법행위에 기한 손해배상청구권을 취득한다. 이때 이와 같은 불법행위 후 근저당권이 확정된 경우 근저당권자가 입게 되는 손해는 채권최고액 범위 내에서 나머지 저당목적물의 가액에 의하여 만족을 얻지 못하는 채권액과 멸실 · 훼손되거나 또는 담보가치가 감소된 저당목적물부분(이하 '소멸된 저당목적물부분'이라 한다)의 가액 중 적은 금액이다. 여기서 나머지 저당목적물의 가액에 의하여 만족을 얻지 못하는 채권액은 위 근저당권의 실행 또는 제3자의 신청으로 개시된 경매절차에서 근저당권자가 배당받을 금액이 확정되었거나 확정될 수 있는 때에는 그 금액을 기준으로 하여 산정하며, 그렇지 아니한 경우에는 손해배상청구소송의 사실심 변론종결시를 기준으로 산정하여야 하고, 소멸된 저당목적물부분의 가액 역시 같은 시점을 기준으로 산정하여야 한다."

45) 앞의 97다35771 판결.

46) 저당권자의 손해배상청구권과 저당권설정자의 그것의 범위가 다를 수 있다.

(2) 나아가 즉시변제청구(卽時辨濟請求)도 가능하다. 즉 저당권의 침해가 채무자에게 책임 있는 사유에 기한 경우에 채무자는 기한의 이익을 상실하므로(제388조 제1호), 채권자는 즉시변제를 청구할 수 있으며, 따라서 채권자는 곧바로 저당권을 실행할 수 있다.

그런데 즉시변제청구권을 행사하면서 동시에 손해배상청구권을 행사할 수 있으나, 담보물보충청구권을 행사할 수는 없다.

제 4 관 저당권의 실행

Ⅰ. 총 설 [5438]

1. 우선변제권

(1) 채무자가 이행기에 변제하지 않으면, 저당권자는 저당목적물을 현금화하여 그 대금으로부터 다른 채권자에 우선하여 피담보채권의 변제를 받을 수 있다(제356조). 이것이 저당권의 본체적 효력인 우선변제권(優先辨濟權)이다.

(2) 우선변제권의 실현과 관련하여, 저당권자 스스로 저당권을 실행하여 우선변제를 받는 것이 일반적 방법이지만, 저당부동산에 대하여 일반채권자, 전세권자 또는 후순위저당권자의 집행을 막지 못하는 대신(다만 잉여주의에 관한 민사집행법 제102조, 제268조의 제한 참조) 우선순위에 따라 매각대금으로부터 변제받는다(민사집행법 제268조, 제145조).

(3) 채무자의 일반재산에 관한 저당권자의 지위를 본다.

① 일반채권자의 지위도 가지는 저당권자가 저당권을 실행하기에 앞서 채무자의 일반재산에 대하여 집행할 수 있는가? 이는 제340조 제1항 소정의 「저당물에 의하여 변제를 받지 못한 부분의 채권」을 어떻게 새길 것인지와 관련되는데, 제2항의 문언에 비추어 이 규정은 저당권자와 일반채권자 사이에만 적용되고, 따라서 저당권자의 강제집행에 대하여 채무자는 이의를 제기할 수 없으며 일반채권자만이 이의를 제기할 수 있다고 할 것이다.

② 저당물보다 먼저 채무자의 다른 물건의 매각대금을 배당할 경우에, 저당권자는 채권 전액을 가지고 배당에 참가할 수 있으며, 다른 채권자는 저당권자에게 그 배당금의 공탁을 청구할 수 있다(제370조, 제340조 제2항). 저당권자는 저당권의 실행에 의하여 변제받지 못하는 부분을 공탁금에서 수령할 수 있다.

③ 우선변제권에 의하여 피담보채권이 완전히 변제되지 않은 경우에, 저당권자는 일반채권자로서 채무자의 일반재산에 대하여 집행하거나 배당에 참가할 수 있다.

2. 저당권의 순위 [5439]

가. 일반채권자에 대한 관계

(1) 저당권자는 일반채권자에 우선한다.[1] 저당부동산의 소유자가 파산하거나 회생절차가 개시되면 저당권자는 별제권을 가지거나 회생담보권자로 되어(채무자회생법 제411조, 제141조), 우선적 지위가 유지된다.

---

1) 한정승인에 관한 대판(전) 2010.3.18. 2007다77781(판례, 〈2-1-1〉)도 참조.

(2) 이에는 일정한 예외가 인정된다. 즉 저당권설정등기일보다 먼저 주택임대차법(제3조의2) 또는 상가임대차법(제5조) 소정의 대항요건과 임대차계약서에 확정일자를 갖춘 임차인은 보증금의 반환에 관하여 저당권자에 우선한다. 또한 소액보증금의 일정액에 관하여 다른 담보권자의 경매신청등기 전에 대항요건을 갖춘 임차인은 언제나 저당권자에 우선한다(주택임대차법 제8조, 상가임대차법 제14조). 그리고 가압류나 부동산처분금지가처분 또는 가등기에 의하여 보전된 등기청구권의 효력(저당권자에게 대항할 수 있는지)은 그 등기와 (최선순위의) 저당권의 설정등기의 선후에 따라 결정된다.[2)]

[5440] **나. 용익권에 대한 관계**

(1) 전세권과의 우선순위는 설정등기의 선후에 따라 결정된다. 즉 최선순위의 저당권보다 먼저 설정된 전세권은 저당권의 실행에 의한 매각으로 인하여 영향을 받지 않고 매수인이 전세권의 부담을 인수하지만(민사집행법 제91조 제4항), 전세권자가 배당요구를 하면 전세권은 매각으로 소멸한다(같은 항 단서).[3)] 한편 전세권이 최선순위의 저당권보다 후순위라면, 소멸주의에 따라 저당권이나 전세권 어느 쪽이 실행되더라도 전세권과 저당권 전부가 소멸한다.

(2) 지상권도 마찬가지이지만, 민사집행법 제91조 제4항 단서는 적용되지 않는다.

(3) 대항력을 갖춘 임차권(제621조, 제622조, 주택임대차법 제3조의2, 상가임대차법 제5조 참조)의 운명도 최선순위저당권과의 선후에 따라 결정된다.

[5441] **다. 다른 우선권과의 관계**

(1) 우선변제권 없는 유치권과 저당권은 이론상으로 경합하거나 우열의 문제가 생길 여지가 없다. 다만 강제집행에 의한 매수인은 유치권자에게 변제하지 않으면 경매목적물을 수취할 수 없기 때문에(민사집행법 제91조 제5항), 유치권자에게 「사실상」 우선적 효력이 인정된다.

(2) 1개의 부동산 위에 수개의 저당권이 경합하는 경우에, 각 저당권의 순위는 설정등기의 선후에 의하고(제370조, 제333조), 선순위저당권자가 변제받고 남은 잔액에 대해서만 후순위저당권자가 우선변제권을 행사할 수 있다. 다만 선순위저당권이 변제 기타 사유로 인하여 소멸하면 후순위저당권의 순위가 승진한다.

(3) 그 밖의 것들을 본다.

① 저당부동산의 소유자가 체납하고 있는 국세 또는 지방세는 그 법정기일[4)] 전에 설정된 저당권에 우선하여 징수하지 못한다. 반면 당해세, 즉 「해당 재산에 대하여 부과되는」 국세 등은 언제나 저당권에 우선한다(국세기본법 제35조, 지방세기본법 제71조).[5)]

다만 저당부동산이 제3자에게 양도되었는데 저당권설정자에게 저당권에 우선하여 징수당할 조세의 체납이 없었다면, 양수인인 제3자에 대하여 부과한 국세 또는 지방세를 법정기일이 앞선

2) 부동산에 대하여 가압류등기와 근저당권설정등기가 순차로 마쳐진 경우에, 근저당권등기는 가압류에 의한 처분금지의 효력 때문에 집행보전의 목적을 달성하는 데 필요한 범위 안에서 「가압류채권자에 대한 관계에서만 상대적으로 무효」이고, 이때 가압류채권자와 근저당권자 및 근저당권설정등기 후 강제경매신청을 한 압류채권자 사이의 배당관계에서, 근저당권자는 선순위의 가압류채권자에 대하여 우선변제권을 주장할 수 없으므로 1차로 채권액에 따른 안분비례에 의하여 평등배당을 받은 다음, 후순위의 경매신청압류채권자에 대해서는 우선변제권이 인정되므로 경매신청압류채권자가 받을 배당액으로부터 자기채권액을 만족시킬 때까지 이를 흡수하여 배당받을 수 있다(대결 1994.11.29. 94마417). 부동산처분금지가처분과의 관계에 관한 대판 2022.3.31. 2017다9121 · 9138 및 가등기보다 선순위로 기입된 가압류등기에 관한 대판 2022.5.12. 2019다265376도 참조.

3) 그 적용한계에 관하여 대판 2010.6.24. 2009다40790 참조.

4) 신고납부방식에 의한 국세 등에서 신고일, 납세고지서 등으로 징수하는 국세 등에서는 그 고지서 등의 발송일.

5) 당해세의 범위에 관하여 대판(전) 1999.3.18. 96다23184 참조.

다거나 당해세라고 하여 우선징수할 수 없다.[6] 저당부동산의 양도라는 우연한 사정으로 인하여 저당권자의 지위가 열악하게 되어서는 안 되기 때문이다. 이러한 판례의 태도가 국세기본법 제35조 제1항 제3호의2에 반영되었다.[7]

② 근로관계가 소멸한 경우에, 최종 3월분의 임금, 최종 3년분의 퇴직금 및 재해보상금에 대한 채권은 사용자의 총재산에 대하여 저당권(또는 질권)에 의하여 담보된 채권(및 조세·공과금 등 다른 채권)에 우선한다(근로기준법 제38조 제2항, 임금채권보장법 제11조 제1항). 그런데 3월 또는 3년은 배당요구의 종기부터 소급하여 산정하며,[8] 지연손해금채권에 대해서는 최우선변제권이 인정되지 않는다.[9]

그런데 임금채권이, 사용자가 특정승계하기 전에 이미 설정된 저당권에 의하여 담보된 채권에는 우선하지 않는다.[10]

[참 고] 대판 2011.12.8. 2011다68777은 임금채권이, 사용자가 사용자지위를 취득하기 전에 설정한 저당권에 의하여 담보된 채권에도 우선하여 변제되어야 한다고 하면서, 사용자지위의 취득시기가 담보권 설정 후라는 점에서 담보권이 설정된 재산이 이전된 사안에 관한 앞의 2002다65905 판결을 원용할 수 없다고 하였는데, 저당권설정 당시에 설정자는 사용자가 아니라는 공통점에 비추어 검토를 요한다.

3. 저당권의 사적 실행 [5442]

가. 서 설

(1) 저당권의 실행이란, 채무의 이행이 없어서 저당권자가 스스로의 발의에 의하여 주도적으로 저당물을 현금화하여 그 대가로부터 피담보채권의 변제를 받는 것을 말한다.

저당권의 실행은 민사집행법에 의해야 하지만, 유저당계약(流抵當契約)에 기하여 사적으로 실행되기도 한다.

(2) 유저당계약, 즉 피담보채무의 불이행이 있으면 변제에 갈음하여 저당부동산을 채권자에게 귀속시키거나 경매 아닌 방법으로 현금화하기로 하는, 저당권설정시 또는 저당채무의 변제기가 도래하기 전의 특약이 유효한지가 문제될 수 있지만, 제339조와 같은 명문규정이 없고, 경매에 의한 저당권의 실행이 번거로울 뿐만 아니라 매각대금이 저당목적물의 시가에 미달하는 경우에 유저당계약을 인정하는 것이 오히려 저당권자와 저당권설정자 모두에게 유리할 수도 있다는 점 등을 고려한다면, 유저당계약의 유효성을 전면적으로 부정할 것은 아니다.[11]

나. 사적 실행의 모습 [5443]

(1) 먼저 「소유권이전형」 유저당을 본다.

---

6) 대판 1995.4.7. 94다11835. 계약인수가 있은 경우에 관한 대판 2005.3.10. 2004다51153도 참조.

7) 저당권 또는 대항요건과 확정일자를 구비한 임차권 등이 설정된 부동산이 양도, 상속 또는 증여된 후 해당 부동산이 경매 또는 공매 절차 등을 통하여 매각되어 그 매각대금에서 국세를 징수하는 경우에, 양수인에 부과된 조세채권은 양도인과의 관계에서 설정된 저당권부 채권이나 임차보증금채권에 우선하지 않는데, 다만 해당 재산의 직전 보유자가 저당권이나 임차권을 설정할 당시 체납하고 있었던 국세의 일정액(국세기본법 시행령 제18조 제3항에 따른 일정액)의 범위 내에서 양수인에 부과된 국세를 우선하여 징수한다(국세기본법 제35조 제1항 제3호의2). 그런데 이러한 유리한 지위가 종합부동산세에 관해서는 인정되지 않는다(같은 조 제3항).

8) 대판 2015.8.19. 2015다204762.

9) 대결 2000.1.28. 99마5143.

10) 대판 2004.5.27. 2002다65905.

11) 참고로 민법 제정과정에서 유저당을 금지하는 규정을 신설하려 하였으나 채택되지 않았다.

① 피담보채무의 불이행이 있으면 저당권자가 저당부동산의 소유권을 취득하는 형태의 유저당으로, 이러한 유저당약정은 대물변제의 예약으로 볼 것이다. 그런데 피담보채권이 소비대차계약에 기한 것이라면 제607조, 제608조가 적용되고,[12] 이러한 약정이 소유권이전등기청구권 보전을 위한 가등기와 결부되면(대개 제소전 화해도 함께) 가등기담보법이 적용된다. 이 법의 적용을 받지 않는 경우들을 살펴본다.

② 판례는 대물변제의 예약을 저당권의 사적 실행방법으로 전용함에 대하여 "대물반환의 예약을 하고 그 목적물인 부동산에 대한 소유권이전등기에 필요한 일체의 서류를 채권자에게 교부한 경우에 대물반환 예약의 효력은 인정될 수 없다 하여도 양도담보의 효력은 인정되어야 할 것이며 그 채무담보를 위하여 근저당권설정등기가 되어 있다 하여도 아무런 영향을 줄 바 못된다"[13]고 하여 「약한 의미의 양도담보」로서의 효력을 인정한다.

③ 한편 피담보채무의 변제기 후에 이루어진, 저당목적물에 관한 소유권이전의 약정은 대물변제로서, 특별히 문제 삼을 필요가 없다.

(2) 임의현금화(任意現金化)의 약정, 즉 저당목적물을 담보권 실행경매에 의하지 않고 제3자에게 매각하여 청산하기로 하는 약정이 유효함에는 별다른 의문이 없다. 이러한 특약이 있으면, 저당권자는 미리 자기 앞으로 소유권이전등기를 하고 목적물을 인도받아 이를 제3자에게 매각하여 그 처분대금에서 피담보채권액을 제외한 나머지를 저당권설정자에게 반환하여 청산한다. 한편 저당권설정자는 제3자 명의로 소유권이전등기를 할 때까지 피담보채무를 변제하고 저당목적물을 되찾아 올 수 있다.

[5444] 4. 일괄경매

가. 의 의

(1) 제365조는, 토지를 목적으로 하는 저당권을 설정한 후 설정자가 그 토지에 건물을 축조한 경우에, 저당권자는 토지와 함께 건물에 대해서도 경매를 청구할 수 있다고 하여, 저당권자의 일괄경매권(一括競賣權)을 규정한다.

(2) 저당권이 설정된 후에도 저당권설정자의 용익은 제한되지 않으므로 토지에 저당권을 설정한 이가 그 토지에 건물을 신축할 수 있지만,[14] 건물의 존재로 인하여 경매에서 토지의 매수인을 구할 수 없을 수도 있다. 이러한 사정을 고려하여 저당권의 효력이 미치지 않는 건물에도 경매권을 인정함으로써 토지저당권의 실행을 용이하게 하기 위하여 일괄경매권이 인정된다. 결국 건물의 철거를 피하면서 경매를 쉽게 하고 담보가치를 유지하여 저당권자를 보호하려는 데 그 목적이 있다.[15]

(3) 일괄경매는 저당권자의 권리이자[16] 집행법원의 재량이다(일괄매각절차에 관한 민사집행법 제98조 제1항 참조). 토지만 경매하여 그 대금으로부터 충분히 피담보채권의 변제를 받을 수 있더라도, 제365조에 의한 일괄경매에 과잉경매의 제한(민사집행법 제124조)은 적용되지 않는다.[17]

12) 제607조의 요건을 충족하지 않는 경우에 대물변제 예약의 효력이 일반적으로 부정되지는 않는다.
13) 대판 1968.6.28. 68다762 · 763.
14) 가치권능이 용익권능을 제약할 수 있음에 관하여 [5434] 참조.
15) 대판 2012.3.15. 2011다54587.
16) 대결 1987.3.26. 86마341, 86마카22 참조.

나. 일괄경매의 요건 [5445]

(1) 저당권설정 당시 그 지상에 건물이 없어야 한다. 저당권설정 당시 이미 건물이 존재한다면 법정지상권이 문제된다.

(2) 저당권설정자가 축조하여 소유하는 건물이어야 한다. 따라서 저당권이 설정된 후에 저당권설정자 아닌 제3자가 건물을 축조하여 소유하는 경우 또는 저당권설정자가 축조하였으나 경매 당시 제3자가 소유하는 경우[18]에 일괄경매권이 인정되지 않는다. 반면 앞에서 본 제도의 취지에 따라 적법한 용익권을 설정받은 이가 축조한 건물을 저당권설정자가 양수한 경우에는 일괄경매권이 인정된다.[19]

다. 일괄경매의 효과

(1) 제365조의 취지에 따라 토지와 그 지상 건물은 동일인에게 매각되어야 한다.

(2) 일괄경매에서도 저당권의 우선변제적 효력은 건물에 미치지 않고, 저당권자가 우선변제를 받는 범위는 토지의 매각대금에 한정된다(제365조 단서).[20]

Ⅱ. 저당권의 효력이 미치는 범위 [5446]

1. 피담보채권의 범위

가. 민법 제360조

(1) 피담보채권의 범위는 설정계약에 의하지만, 그를 보충하고 다른 한편 그 계약으로 인하여 후순위권리자 또는 제3자가 예기치 못한 손해를 입지 않도록 할 필요가 있다. 그래서 제360조는 피담보채권의 범위를 제한한다. 그런데 근저당의 경우에는 채권최고액이 피담보채권의 상한을 이룬다.

(2) 제360조의 법적 성질에 관하여, 저당목적물에 대하여 이해관계 있는 제3자의 이익을 보호하기 위한 강행규정이라는 견해와 임의규정이라는 견해가 대립하고, 판례는 채무자에 대한 관계에서는 적용되지 않는다고 한다.[21]

생각건대 제360조는 제3취득자(제364조 참조), 물상보증인, 후순위저당권자 등 저당목적물에 대하여 이해관계 있는 제3자와의 관계를 규율하기 위한 규정으로, 저당채무자[22]에 대한 관계에는 적용되지 않는데,[23] 그렇다면 제360조는 강행규정으로 보아야 한다.

(3) 피담보채권에 관한 사항은 등기사항으로(부동산등기법 제75조 제1항), 등기된 범위에서 우

17) 대결 1967.12.22. 67마1162. 일괄경매의 추가신청이 가능하다는 대결 2001.6.13. 2001마1632도 참조.

18) 대결 1994.1.24. 93마1736.

19) 대판 2003.4.11. 2003다3850.

20) 공동저당이 설정된 경우에 관하여 대판 2012.3.15. 2011다54587: "동일인의 소유에 속하는 토지 및 지상건물에 관하여 공동저당권이 설정된 후 건물이 철거되고 새로 건물이 신축된 경우에는, 신축건물의 소유자가 토지의 소유자와 동일하고 토지의 저당권자에게 신축건물에 관하여 토지의 저당권과 동일한 순위의 공동저당권을 설정해 주었다는 등 특별한 사정이 없는 한 저당물의 경매로 인하여 토지와 신축건물이 다른 소유자에 속하게 되더라도 신축건물을 위한 법정지상권이 성립하지 않으므로, 위와 같은 경우 토지와 신축건물에 대하여 민법 제365조에 의하여 일괄매각이 이루어졌다면 일괄매각대금 중 토지에 안분할 매각대금은 법정지상권 등 이용제한이 없는 상태의 토지로 평가하여 산정하여야 한다."

21) 대판 1992.5.12. 90다8855.

22) 앞의 90다8855 판결은 채무자와 함께 "저당권설정자"를 드는데, 이것이 물상보증인을 의미한다면 검토를 요한다.

23) 저당채무자가 변제하는 경우에 불가분성 때문에 채무 전액을 변제하여야 저당권의 말소를 청구할 수 있고, 제360조에 따른 피담보채무의 제한을 주장하지 못한다.

선변제권이 인정된다.[24]

[5447] 나. 구체적 내용

(1) 원본(元本)은 당연히 피담보채무에 속하는데, 담보되는 원본의 액, 변제기, 지급장소 등은 등기사항이다(부동산등기법 제75조).

(2) 이자의 약정이 있으면 이율, 발생기, 지급시기, 지급장소를 등기해야 한다(같은 법 제75조). 지연손해금과 달리 이자는 저당권에 의하여 무제한으로 담보된다.

(3) 피담보채무의 불이행으로 인한 손해배상은 피담보채무와 동일성을 가지므로([2371] 참조), 손해배상에 관해서도 우선변제를 청구할 수 있다. 그런데 채무불이행으로 인한 손해배상, 즉 「지연배상」에 대하여 원본의 이행기일을 경과한 후 1년분에 한하여 저당권을 행사할 수 있다(제360조 단서).[25] 저당권자가 저당권의 실행을 지체하는 경우에 후순위권리자 등 이해관계 있는 제3자를 보호하기 위한 것이다.

(4) 위약금의 약정이 있으면, 그것이 손해배상액의 예정이든 위약벌이든 관계없이 등기하여야 저당권에 의하여 담보된다.

(5) 부동산감정비용 등의 저당권의 실행비용은 등기가 없더라도 당연히 저당권의 피담보채권의 범위에 속한다.

[5448] 2. 목적물의 범위

가. 서 설

(1) 저당권은 채무자가 채무를 변제하지 않는 경우에 저당부동산을 처분하여 그 대금으로부터 우선변제를 받는 권리이므로, 저당권의 효력이 미치는 목적물의 범위는 소유권의 범위와 일치하는데, 그에 대한 특칙으로 제358조와 제359조가 있다.

(2) 건물은 토지와 별개의 부동산이므로, 토지를 목적으로 하는 저당권의 효력이 토지 위의 건물에 미치지 않음은 당연하다.[26] 저당권의 실행을 용이하게 하기 위하여 제365조가 저당토지 위의 건물도 경매할 수 있다고 규정하지만, 이때에도 우선변제는 토지매각대금에 대해서만 인정됨은 앞에서 보았다.

[5449] 나. 부합물과 종물

(1) 먼저 부합물(附合物)을 본다.

① 저당권의 효력은 저당부동산에 부합된 물건에 미치는데(제358조 본문), 부합의 의미는 제256조에서와 같다.[27] 건물의 증축부분이 기존건물에 부합하여 기존건물과 분리해서는 별개의 독

24) 참고로 「근저당권의 일부말소에 관한 약정」과 등기에 관하여 대판 2001.3.23. 2000다49015는, 신축 상가건물에 대한 공사대금채권의 담보를 위하여 상가건물에 근저당권을 설정하면서 근저당권설정자와 근저당권자 사이에 분양계약자가 분양대금을 완납하면 분양계약자가 분양받은 지분에 관한 근저당권을 말소하여 주기로 하는 약정이 있었더라도, 근저당권자는 근저당권설정자 또는 분양계약자에 대하여 그 약정에 따라 분양계약자의 분양지분에 관한 근저당권을 말소하여 줄 「채권적 의무」가 발생할 뿐이지 물권인 근저당권 자의 근저당권 자체가 등기에 의하여 공시된 바와 달리 위 약정에 의하여 제한되는 것은 아니고, 그 근저당권의 인수인이 당연히 위 약정에 따른 근저당권자의 채무를 인수하는 것도 아니라고 하였다.

25) 질권의 피담보채무에 관한 제334조에는 이러한 제한이 없다.

26) 따라서 토지에 대한 경매절차에서 그 지상 건물을 토지의 부합물 내지 종물로 보아 경매법원이 저당토지와 함께 경매를 진행하고 경락허가를 했다고 하여, 그 건물의 소유권에 변동이 초래될 수는 없다(대판 1997.9.26. 97다10314).

27) 예컨대 건물의 엘리베이터, 냉·난방시설 또는 부속건물, 주유소부지 지하에 설치된 유류저장탱크(대결 2000.10.28. 2000마5527)에 저당권의 효력이 미친다.

립물로서의 효용을 갖지 못하는 이상 증축부분에도 기존건물에 대한 근저당권의 효력이 미치므로, 기존건물에 대한 경매절차에서 경매목적물로 평가되지 않았더라도 경락인은 부합된 증축부분의 소유권을 취득한다.28)

그런데 목적물의 범위는 「현재」(저당권 실행 당시) 소유권의 효력이 미치는 범위와 일치하므로, 부합의 시기는 문제되지 않는다. 즉 저당권설정 당시 이미 부합된 것이든 그 후에 부합된 것이든 상관없이 부합물에 대하여 저당권의 효력이 미친다.

② 제358조 단서는 이에 대한 예외를 규정한다. ⓐ 설정행위에서 다른 약정을 한 경우에, 그 특약이 등기되어 있으면(부동산등기법 제75조) 저당권의 효력이 부합물에 미치지 않는다. ⓑ 법률에 특별한 규정(특히 제256조 단서)이 있는 경우에도 저당권의 효력이 부합물에 미치지 않는다.

(2) 종물(從物)에 관하여 본다. [5450]

① 저당권의 효력은 저당부동산의 종물에도 미치는데(제358조 본문), 종물의 의미는 제100조에서와 같다(예: 건물에 설치된 보일러 또는 주유소의 주유기). 따라서 저당권의 실행으로 개시된 경매절차에서 부동산을 경락받은 이는 종물의 소유권을 취득하고, 저당권이 설정된 후 종물에 대하여 강제집행을 한 이는 경락인에게 강제집행의 효력을 주장할 수 없다.29) 한편 저당부동산의 상용에 이바지하는 물건이 타인의 소유에 속하는 경우에 부동산의 경락인이 그 물건의 소유권을 취득하지 못하지만 선의취득의 가능성은 남아 있다.30)

그런데 부합물과 마찬가지로 종물로 된 시기는 문제되지 않는다. 즉 저당권이 설정된 후의 종물에도 저당권의 효력이 미친다.31) 설정행위에 다른 약정이 있으면 저당권의 효력이 종물에 미치지 않을 수 있지만(제358조 단서), 이러한 약정은 등기하여야 제3자에게 대항할 수 있다(부동산등기법 제75조).

② 종된 권리도 종물에 준하여 다루어진다.32)

(3) 부합물 또는 종물이 저당부동산으로부터 분리 · 반출된 경우(예: 저당건물에 부착된 냉 · 난방시설의 분리 · 반출, 저당권의 목적인 산림의 벌채)에도 저당권의 효력이 미치는가? [5451]

① 저당목적물의 용익권능은 저당권설정자에 속하므로, 부합물 등이 저당권설정자의 「정당한 사용에 의하여」 분리되었다면, 분리된 물건은 저당권의 효력에서 벗어난다.

② 문제되는 것은 부합물 등이 정당한 이용권의 행사에 기하지 않고 분리된 경우이다. 이에 관하여 다양한 견해가 주장되는데, 저당부동산과 결합하여 공시작용이 미치는 한도에서 저당권의 효력이 미친다는 공시원칙설이 다수설의 입장이다.

생각건대 분리된 부합물 등은 통상 제3자의 수중에 있을 것이므로, 결국 저당권의 추급력이 어느 범위에서 인정되는지의 문제로 귀결된다. 그런데 저당권자와 부합물 또는 종물의 점유자 사

28) 대판 2002.10.25. 2000다63110. 건물의 합동에 관하여 [5226] 참조.

29) 대판 1993.8.13. 92다43142.

30) 대판 2008.5.9. 2007다36933 · 36940 참조.

31) 대결 1971.12.10. 71마757.

32) 대판 1996.4.26. 95다52864는, 건물에 대한 저당권의 효력은 건물에 종된 권리인 건물의 소유를 목적으로 하는 지상권에도 미치므로, 저당권이 실행되어 경락인이 건물의 소유권을 취득하였다면, 「경락 후 건물을 철거한다는 등의 매각조건에서 경매되었다는 등 특별한 사정이 없는 한」 경락인은 건물소유를 위한 지상권도 제187조에 따라 등기 없이 당연히 취득하고, 이때 경락인이 건물을 제3자에게 양도하였다면 특별한 사정이 없는 한 제100조 제2항의 유추에 의하여 건물과 함께 종된 권리인 지상권도 양도하기로 한 것으로 보았다. 토지임차권에 관한 대판 1993.4.13. 92다24950도 동지.

이의 상충되는 이해를 조절하기 위하여 제3자의 선의취득이 인정되지 않는 범위에서만 추급이 가능하다고 할 것이다.[33]

[5452] **다. 과 실**

(1) 저당권은 목적물의 교환가치를 파악할 뿐이어서 저당부동산의 용익은 저당권설정자의 몫이고, 따라서 저당목적물의 과실(果實)에는 저당권의 효력이 미치지 않는다. 다만 제359조 본문은 저당부동산에 대한 압류(담보권 실행경매의 개시결정에 따른)가 행하여진 후에는 그 부동산으로부터 수취한 또는 수취할 수 있는 과실에 대하여 저당권의 효력이 미친다고 규정한다. 즉 압류를 기점으로 가치권능이 활성화됨에 따라 저당권설정자의 용익권능은 뒤로 물러나는데, 여기서 압류는 교환가치의 실현을 위하여 저당물의 현상을 고정한다는 의미를 가진다.[34] 그런데 저당권자가 그 부동산에 대한 소유권, 지상권 또는 전세권을 취득한 제3자에 대하여 압류한 사실을 통지한 후가 아니면, 이로써 대항하지 못한다(같은 조 단서).

(2) 법정과실(예: 저당권설정자가 저당부동산을 임대한 경우의 차임), 특히 사용이익에 대해서도 제359조가 적용된다. 관련하여 대판 2016.7.27. 2015다230020은 "민법 제359조 전문[의] '과실'에는 천연과실뿐만 아니라 법정과실도 포함되므로, 저당부동산에 대한 압류가 있으면 압류 이후의 저당권설정자의 저당부동산에 관한 차임채권 등에도 저당권의 효력이 미친다"고 하고, 저당권자가 차임채권 등에 대하여 민사집행법 제273조에 따른 채권집행의 방법으로 저당부동산에 대한 경매절차와는 별개로 저당권을 실행하지 않은 경우에 저당부동산에 대한 「압류의 전후와 관계없이」 임차인이 연체한 차임 등의 상당액이 임차인이 배당받을 보증금에서 당연히 공제되고, 저당권자가 위와 같은 방법으로 별개로 저당권을 실행한 경우에도 채권집행절차에서 임차인이 실제로 차임 등을 지급하거나 공탁하지 아니하였다면 잔존하는 차임채권 등의 상당액은 임차인이 배당받을 보증금에서 당연히 공제된다고 하였다.

[5453] **3. 물상대위**

가. 서 설

담보목적물이 멸실이나 훼손(일부멸실)된 경우에 담보설정자는 소유자로서 손해배상청구권, 보험금청구권 등을 취득할 수 있다. 그런데 이 청구권(들)은 실질적으로 특별재산인 담보목적물에 갈음하는 것이므로, 그러한 대상물에 담보권의 효력이 미칠 수 있어야 한다. 그래서 민법은 저당권(질권에서도 같다)의 목적물이 멸실, 훼손 또는 공용징수되어 저당권이 소멸하거나 저당물의 가치가 감소됨에 따라 그 목적물에 갈음하는 금전 기타 물건, 즉 교환가치의 대표물이 목적물소유자에게 귀속하는 경우에, 그 가치대표물에 대하여 저당권을 행사할 수 있도록 한다(제342조, 제370조). 이처럼 담보목적물의 멸실로 담보권을 잃은 담보권자에게 가치대표물에 대한 권리를 귀속시키는 제도가 물상대위(物上代位)인데, 이를 통하여 (저당권이 파악하는) 교환가치의 대표물에 저당권의 우선변제적 효력이 재현된다.

33) 방해배제청구에 관한 대판 1996.3.22. 95다55184 참조.

34) 흔히 저당권설정자의 이용권을 무제한적으로 인정하면, 그가 고의로 경매절차를 지연시켜 과실을 취득하는 폐단이 발생한다는 점을 근거로 들지만, 압류의 의미에 주목할 필요가 있다.

나. 물상대위가 인정되는 대표물 [5454]

(1) 물상대위가 인정되는 대표물은 목적물의 멸실, 훼손 또는 공용징수로 인하여 저당권설정자가 받을 금전 기타 물건으로, 제3자의 불법행위에 의한 손해배상청구권, 수용보상금청구권 등이 이에 해당된다.

[참 고] 담보물의 멸실이나 훼손이라는 사실 외에 보험계약이라는 별개의 요건이 개재된 보험금청구권에 대해서도 물상대위가 인정되는가? 보험금청구권은 물건의 멸실이나 훼손에 의하여 당연히 발생하는 것이 아니라, 보험계약을 체결하고 보험료를 지불한 데 대한 반대급부로(즉 보험계약의 효과로) 발생하므로, 이에 대한 저당권자의 물상대위를 부정할 여지도 있다. 그러나 보험금청구권 역시 실질적으로 목적물의 가치대표물이므로[35] 이를 긍정해야 한다. 판례의 입장도 같고,[36] 거래계에서도 건물저당권의 경우에 보험에 의하여 건물의 멸실에 대비한다.

(2) 목적물의 교환가치가 구체화한 경우라도 저당권자가 저당물에 추급할 수 있다면(예: 차임이나 매매대금) 물상대위가 인정되지 않는다(다만 동산채권담보법 제14조 참조).

(3) 멸실이나 훼손(물리적인 것에 한하지 않고, 법률적인 것도 포함하여)의 원인을 묻지 않지만,[37] 저당권자의 과실에 기하지 않은 것이어야 한다.

그런데 "멸실, 훼손 또는 공용징수"는 저당권의 상실 또는 저당물의 가치감소의 사유를 예시한 것으로 보아야 한다. 판례도 저당권의 목적인 전세권이 기간의 만료로 소멸한 경우[38] 또는 물상보증인 소유의 부동산에 설정된 공동저당권이 실행되어 공동저당권자의 피담보채권이 만족을 얻은 경우[39]에 물상대위를 인정한다.

다. 물상대위권의 행사 [5455]

(1) 물상대위권을 행사하기 위하여 저당권자가 대위물의 지급 또는 인도 전에 이를 압류해야 한다(제342조 단서, 제370조).

물상대위에 압류를 요하는 근거에 관하여 —일본에서는— 제3채무자 보호설,[40] 특정성 유지설,[41] 물상대위권 보전설[42] 등이 주장된다. 한편 판례는 특정성 유지설을 따르는 것으로 보인다. 즉 특별재산으로서 담보의 가치변형물이 담보제공자의 일반재산에 혼입되면 특정성을 상실하는데 그 상태에서 물상대위를 허용하면 저당권설정자의 일반재산에 대한 우선권을 인정하는 결과로 되어 다른 채권자를 해치기 때문에 압류가 요구된다는 입장이다.[43] 이러한 취지에 따라 반드시 저당권자 자신이 저당목적물의 변형물인 금전 기타 물건을 압류해야 하는 것은 아니고, 다른

35) 보험금청구권이 보험료와 대가관계에 서지는 않는다.

36) 대판 2004.12.24. 2004다52798.

37) 가령 담보목적물이 첨부로 인하여 보상금청구권으로 변한 경우(제261조 참조)에도 물상대위가 인정된다.

38) 대판 2014.10.27. 2013다91672([5371]에 소개된).

39) 대판 1994.5.10. 93다25417([5490]에 소개된).

40) 압류는 물상대위권자의 존재를 알지 못하는 제3채무자의 이중변제의 위험을 방지하기 위한 요건이고, 따라서 제3자에게 물상대위권 행사를 공시하기 위하여 담보권자 자신의 압류가 필요하며, 채권의 양도나 전부에도 불구하고 지급 전이라면 압류를 하고 물상대위권을 행사할 수 있다고 한다.

41) 특별재산으로서 담보의 가치변형물이 담보제공자의 일반재산에 혼입되면 특정성을 상실하는데 그 상태에서 물상대위를 허용하면 저당권설정자의 일반재산에 대한 우선권을 인정하는 결과로 되어 다른 채권자를 해치기 때문에 압류가 요구되고, 따라서 담보권자 자신에 의한 압류가 아니라도 무방하며 배당요구로 갈음할 수 있다고 한다.

42) 물상대위는 법률이 담보권자를 보호하기 위하여 압류를 요건으로 특별히 인정하는 특권이고, 따라서 우선권 있는 물상대위권을 보전하기 위하여 저당권자 자신의 압류가 필요하다고 한다.

43) 대판 1994.11.22. 94다25728 등. 종종 판시에 「제3자의 보호」가 추가되기도 하지만 특별한 의미를 가지지는 않는다고 판단된다.

채권자(일반채권자 또는 후순위저당권자)가 이미 압류한 경우에 저당권자는 민사집행법 제247조에 기하여 배당요구를 함으로써 우선변제를 받을 수 있다고 한다.[44)]

(2) 물상대위권의 행사는 민사집행법 제273조에 따라 담보권의 존재를 증명하는 서류를 집행법원에 제출하여 채권의 압류 및 추심/전부명령을 신청하거나 같은 법 제247조에 의하여 배당요구를 하는 방법에 의하는데, 늦어도 배당요구의 종기(같은 법 제247조 제1항 참조)까지 해야 한다. 그런데 저당권자의 물상대위권 행사로서 압류 및 추심/전부명령은 그 명령이 제3채무자에게 송달됨으로써 효력이 생기므로, 배당요구의 종기가 지난 「후」에 물상대위에 기한 채권압류 및 추심/전부명령이 제3채무자에게 송달되었다면, 물상대위권자는 배당절차에서 우선변제를 받을 수 없다.[45)] 물상대위권 행사의 방법과 시한을 이렇게 제한하는 취지는, 물상대위의 목적인 채권의 특정성을 유지하여 그 효력을 보전하고 평등배당을 기대한 다른 일반채권자의 신뢰를 보호하는 등 제3자에게 불측의 손해를 입히지 아니함과 동시에 집행절차의 안정과 신속을 꾀하고자 함에 있다.[46)]

보 론

압류나 배당요구가 있기 전에 대위물이 지급되거나 배당되었다면 어떻게 되는가?

㉠ 저당권설정자(물상보증인이나 제3취득자)가 가치변형물을 취득하였다면, 저당권자에 대하여 수령한 금액 중 저당권의 채권최고액을 한도로 하는 피담보채권액의 범위 내에서 부당이득이 성립한다.[47)]

㉡ 반면 채권양수인이나 압류채권자 등 다른 채권자가 지급받거나 배당받은 경우에, 그의 권리취득은 종국적이고 저당권자는 그에게 부당이득의 반환을 구할 수 없다.[48)]

(3) 본래의 저당권 객체의 변형에 따른 효과로서 물상대위권은 저당권과 동일성을 가지고, 저당권의 공시는 대위물에 대한 공시로서 작용하므로 물상대위권 역시 추급력을 가지며, 대위물 청구권이 특정성을 보유하는 한 가치대표물의 소재에 추급하여 권리를 실행할 수 있다. 따라서 물상대위권자의 압류 전에 양도나 전부명령에 의하여 보상금채권이 타인에게 이전되었더라도 보상금이 직접 지급되거나 보상금지급청구권에 관한 강제집행절차에서 배당요구의 종기에 이르기 전이라면 여전히 그 청구권에 대한 추급이 가능하다.[49)]

---

44) 대판 1996.7.12. 96다21058; 대판 2002.10.11. 2002다33137 등.

45) 대판 2003.3.28. 2002다13539.

46) 대판 2000.5.12. 2000다4272. 참고로 물상대위의 범위에 관하여 대판 2022.8.11. 2017다256668: "저당권자가 물상대위권을 행사하여 채권압류 및 추심명령 또는 전부명령(이하 '채권압류명령 등'이라 한다)을 신청하면서 그 청구채권 중 이자·지연손해금 등 부대채권(이하 '부대채권'이라 한다)의 범위를 신청일 무렵까지의 확정금액으로 기재한 경우, 그 신청취지와 원인 및 집행실무 등에 비추어 저당권자가 부대채권에 관하여는 신청일까지의 액수만 배당받겠다는 의사를 명확하게 표시하였다고 볼 수 있는 등의 특별한 사정이 없는 한, 그 배당절차에서는 채권계산서를 제출하였는지 여부에 관계없이 배당기일까지의 부대채권을 포함하여 원래 우선변제권을 행사할 수 있는 범위에서 우선배당을 받을 수 있다고 봄이 타당하다."

47) 대판 2009.5.14. 2008다17656: "저당권자가 위 금전 또는 물건의 인도청구권을 압류하기 전에 저당물의 소유자가 그 인도청구권에 기하여 금전 등을 수령한 경우 저당권자는 더 이상 물상대위권을 행사할 수 없게 된다. 이 경우 저당권자는 저당권의 채권최고액 범위 내에서 저당목적물의 교환가치를 지배하고 있다가 저당권을 상실하는 손해를 입게 되는 반면에, 저당목적물의 소유자는 저당권의 채권최고액 범위 내에서 저당권자에게 저당목적물의 교환가치를 양보하여야 할 지위에 있다가 마치 그러한 저당권의 부담이 없었던 것과 같은 상태에서의 대가를 취득하게 되는 것이므로, 그 수령한 금액 가운데 저당권의 채권최고액을 한도로 하는 피담보채권액의 범위 내에서는 이득을 얻게 된다. 저당목적물소유자가 얻은 위와 같은 이익은 저당권자의 손실로 인한 것으로서 인과관계가 있을 뿐 아니라, 공평의 관념에 위배되는 재산적 가치의 이동이 있는 경우 수익자로부터 그 이득을 되돌려 받아 손실자와 재산상태의 조정을 꾀하는 부당이득제도의 목적에 비추어 보면 위와 같은 이익을 소유권자에게 종국적으로 귀속시키는 것은 저당권자에 대한 관계에서 공평의 관념에 위배되어 법률상 원인이 없다고 봄이 상당하므로, 저당목적물 소유자는 저당권자에게 이를 부당이득으로 반환할 의무가 있다."

48) 물상대위권의 행사에 나아가지 않은 채 단지 수용대상토지에 대하여 담보물권의 등기가 된 것만으로 그 보상금으로부터 우선변제를 받을 수 없고, 저당권자가 물상대위권의 행사에 나아가지 않아서 우선변제권을 상실한 이상 「다른 채권자」가 그 보상금 또는 이에 관한 변제공탁금으로부터 이득을 얻었더라도 저당권자는 이를 부당이득으로서 반환청구할 수 없다(대판 2002.10.11. 2002다33137.

49) 대판 2000.6.23. 98다31899. 대판 1998.9.22. 98다12812도 참조.

Ⅲ. 저당권의 실행 [5456]

1. 서 설

(1) 저당권 등 담보권을 실행하기 위한 경매는, 종래 경매법에 의하여 규율되었고 이를 임의경매(任意競賣)라 하여 민사소송법에 의한 강제경매(强制競賣)와 구별하였지만, 현재 민사집행법 제3편(제264조 이하. 이하 민사집행법을 "법"이라고만 한다)에 의하여 규율된다.

(2) 담보권 실행경매는 경매절차의 개시와 관련하여 「집행권원(+집행문)」에 갈음하여 「담보권(+이행지체)」이 요구된다는 점에서 통상의 경매([4144] 참조)와 다르다(법 제80조 제3호, 제264조 제1항 참조). 그러나 절차개시의 요건이 충족되지 않으면 경매 자체가 무효로 된다는 점 및 절차 진행 중에 실체법상의 권리(집행채권이나 담보권)가 소멸하더라도 경매종료 「후」에는 그 하자를 다투지 못하는 점에서는 다르지 않다(법 제267조 참조).

2. 담보권 실행경매의 절차 [5457]

(1) 담보권 실행경매는 「경매신청 → 경매개시결정 및 압류 → 매각허가결정 → 배당」의 순으로 진행된다.

(2) 경매절차는 저당권자의 경매신청(제363조 제1항, 법 제268조, 제78조 제1항, 제79조 제1항)에 의하여 시작되는데, 목적부동산의 소재지를 관할하는 지방법원의 전속관할에 속한다(법 제268조, 제79조).

경매를 신청하기 위해서는 피담보채권의 이행기가 도래해야 한다(이행지체의 성립). 그리고 피담보채권 및 저당권의 존재를 증명해야 하는데, 저당권의 존재는 경매신청시 이를 증명하는 서류 및 저당권을 승계한 경우에 승계를 증명하는 서류를 첨부하여 소명해야 한다(법 제264조).

(3) 집행법원은 경매신청의 적부(適否)를 심사하여 적법하면 경매개시결정(競賣開始決定)을 하고 동시에 부동산의 압류를 명하며 경매신청의 기입등기를 등기관에게 촉탁해야 한다(법 제268조, 제83조, 제94조). 채무자에게 개시결정이 송달된 때 또는 개시결정의 등기가 된 때에 압류의 효력, 특히 처분금지효(실질적으로는 집행을 위한 현상의 고정)가 발생한다(제359조도 참조). [5458]

한편 법 제90조 소정의 이해관계인은 경매개시결정에 대하여 이의신청을 할 수 있는데, 이의사유는 담보권의 부존재 또는 소멸에 한정된다(법 제86조, 제265조).

(4) 집행법원은 감정인에게 부동산을 평가하게 하고, 그 평가액을 참작하여 최저매각가격을 정한 후(법 제268조, 제97조. 잉여주의에 관한 제102조도 참조), 매각기일 및 매각결정기일을 정하여 공고하고 이해관계인에게 통지해야 한다(법 제268조, 제104조).

(5) 매각기일에서 최고가매수신청인이 정해지면, 법원은 매각결정기일을 열어 이해관계인의 진술을 들은 후 매각허가결정(賣却許可決定)을 한다(법 제268조, 제120조, 제128조). 매각허가결정이 확정되면 법원은 대금지급기한을 정하여 이를 매수인(종래 「경락인」이라고 하였다)과 차순위매수신고인에게 통지해야 하며, 매수인은 위 기한까지 매각대금을 지급해야 한다(법 제268조, 제142조).

(6) 매수인이 매각대금을 지급하면, 법원은 배당기일을 정하여 이해관계인과 배당을 요구한 채권자를 소환 · 심문하여 배당표를 확정하고 그에 따라 (配當)을 실시한다(법 제268조, 제146조,

제149조, 제159조). 배당의 순서는 민법, 상법 그 밖의 법률에 의한 우선순위에 따른다(법 제145조 제2항).

(7) 매수인이 대금지급기한까지 그의 의무를 완전히 이행하지 않고 또한 차순위매수신고인이 없는 경우에, 법원은 직권으로 재매각을 명해야 한다(법 제268조, 제138조).

[5459] 3. 저당권 실행의 효과

가. 기본적 효과

(1) 매수인은 매각대금을 완납한 때에 저당목적물의 소유권을 취득한다(법 제268조, 제135조). 제187조에 따라 등기를 요하지 않는데, 법원이 등기를 촉탁한다(법 제268조, 제144조).

(2) 매각대금의 배당에 관하여 본다.

① 배당요구의 종기까지 경매신청을 한 압류채권자, 배당요구의 종기까지 배당요구를 한 채권자, 첫 경매개시결정등기 전에 등기된 가압류채권자, 저당권 · 전세권 그 밖의 우선변제청구권으로서 첫 경매개시결정등기 전에 등기되었고 매각으로 소멸하는 것을 가진 채권자가 매각대금을 배당받을 수 있다(법 제148조).

② 민법 · 상법 기타 법률에 의하여 우선변제청구권이 있는 채권자, 집행력 있는 정본을 가진 채권자 및 경매신청의 등기 후에 가압류를 한 채권자는 배당요구를 할 수 있는데(법 제88조 제1항), 이들 「배당요구채권자」는 배당요구의 종기[50]까지 배당요구를 한 경우에 한하여 배당을 받을 수 있다.[51] 적법한 배당요구를 하지 않은 경우에 실체법상 우선변제청구권 있는 채권자라도 매각대금으로부터 배당을 받을 수 없어서,[52] 배당받은 후순위권리자에 대하여 부당이득의 반환을 청구하지 못한다. 그리고 배당요구종기까지 배당요구한 채권자가 채권의 일부금액에 대해서만 배당요구하였다면 배당요구종기 이후에는 배당요구하지 않은 채권을 추가하거나 확장할 수 없다.[53] 배당과 부당이득에 관하여 [3239] 참조.

(3) 반면 저당권자 등은 경매개시결정등기 전에 배당요구를 하지 않았더라도 배당에서 제외되지 않고(법 제148조 제4호 참조), 그를 배제한 상태에서 배당이 이루어졌다면 그는 배당받은 이에 대하여 부당이득반환청구권을 가진다.[54]

[5460] 나. 목적물 위의 다른 권리에 대한 효과

(1) 경매에 의하여 부동산이 매각되면 그 위에 존재하던 용익권이나 담보권의 부담이 어떻게 되는지에 관하여, 부담을 소멸시켜 매수인에게 아무런 부담 없는 부동산을 취득시키는 소멸주의(消滅主義. 소제주의라고도 한다)와 부담을 그대로 매수인에게 인수시키는 인수주의(引受主義)의 두 입장이 있는데, 민사집행법은 소멸주의를 기본으로 하고 이에 인수주의를 가미한다.

(2) 개개의 권리별로 경매가 미치는 효과를 본다.

① 저당권은 그 설정시기나 압류등기(경매개시결정등기)와의 선후를 따지지 않고 전부 매각에

50) 법 제84조 제1항에 따라 첫 매각기일 이전이어야 한다.
51) 이중경매개시결정에서의 배당요구에 관한 대판 2014.1.16. 2013다62315도 참조.
52) 대판 2005.8.25. 2005다14595.
53) 대판 2012.5.10. 2011다44160. 대판 1997.2.28. 96다495([3239]에 소개된)도 참조.
54) 저당권이 불법말소된 상태에서 저당목적부동산이 경락된 경우에 관하여 [5418] 참조.

의하여 소멸한다(법 제268조, 제91조 제2항).

② 지상권이나 전세권 등의 용익권(대항력 있는 임차권도 같다)은 저당권 · (가)압류채권보다 후순위라면 매각에 의하여 소멸하지만(법 제268조, 제91조 제3항), 그보다 선순위라면 매수인이 그 부담을 인수한다(제4항). 이때 저당권과의 순위는 —저당권 전부가 소멸하기 때문에— 「최선순위」의 저당권을 기준으로 비교한다. 한편 전세권이 선순위라도 전세권자가 배당요구를 하면 매각으로 소멸된다(법 제268조, 제91조 제4항).

③ 유치권은 저당권설정등기나 (가)압류등기 후에 성립하였더라도 매각에 의하여 소멸하지 않는다(같은 조 제5항). 즉 무조건 불소멸의 인수주의가 적용된다([5546] 참조).

④ 담보가등기는 순위에 관계없이 모두 말소되지만(가등기담보법 제15조), 보전가등기는 최선순위의 저당권에 앞선 것이라면 말소되지 않는다.

다. 경매의 하자 [5461]

(1) 경매절차상의 하자를 항고 또는 이의(異議)에 의하여 다툴 수 있으나, 매각허가결정이 확정된 후에는 더 이상 다툴 수 없다.[55]

(2) 저당권이 유효하게 성립하였으나 그 후 변제 등으로 피담보채권이 소멸하고 그 결과 저당권이 소멸한 경우에, 경매절차 진행 중에 그러한 하자가 발생하거나 발견되면 절차를 정지하거나 취소해야 하지만(법 제266조), 매수인이 매각대금을 완납한 후에는 채무자가 매수인의 소유권 취득을 다투지 못한다(법 제267조).

보 론

법 제267조는 유효하게 성립한 저당권이 경매개시결정 「후」 소멸한 경우에 적용되고, 처음부터 피담보채권이 없기 때문에 저당권이 불성립한 경우 또는 위조문서에 기하여 원인무효의 저당권등기가 경료된 경우에는 적용되지 않는다.[56] 이러한 경우에 저당권등기는 무효이고, 무효인 저당권에 기하여 개시된 경매절차는 효력이 없어서 경매절차에서의 매수인은 저당부동산의 소유권을 취득하지 못하며,[57] 배당채권자에 대하여 부당이득의 반환을 청구할 수 있을 뿐이다.[58] 즉 압류에 의하여 현상이 고정되기 전에 저당권이 이미 소멸하였다면 경매가 무효인 반면, 그 후의 소멸은 이를 이유로 절차를 정지시킬 수 있지만, 그렇게 하지 않았다면 경매가 유효하다.[59]

참고로 집행권원에 기한 강제경매에서 일단 유효한 집행력 있는 정본에 기하여 매각절차가 완결되었다면 나중에 그 집행권원에 표상된 실체상의 청구권이 처음부터 무효라든가 매각절차 완결시까지 변제 등의 사유로 소멸되었더라도 매각절차가 유효한 한 매수인은 목적물의 소유권을 취득한다.[60] 이 경우 집행당사자 사이에서 부당이득이나 손해배상의 문제만 남는다.

---

55) 질권의 실행에 관한 대결 2010.7.23. 2008마247 참조.

56) 뒤의 2018다205209 판결. 공동근저당권의 목적부동산 중 일부부동산에 대한 경매절차에서 우선변제권 범위의 채권최고액에 해당하는 전액을 배당받았음에도 이를 간과하고 경매개시결정이 되고 그 경매절차가 진행되어 매각허가결정이 확정된 경우에 관한 대판 2012.1.12. 2011다68012도 참조.

57) 따라서 제578조에 기한 담보책임을 물을 수 없다.

58) 대판 2023.7.27. 2023다228107: 이처럼 "경매가 무효인 경우 매수인은 경매채권자 등 배당금을 수령한 자를 상대로 그가 배당받은 금액에 대하여 부당이득반환을 청구할 수 있다." 대판 1993.5.25. 92다15574도 동지.

59) 법 제267조의 적용범위에 관하여 대판(전) 2022.8.25. 2018다205209의 다수의견: "종래 대법원은 민사집행법 제267조가 신설되기 전에도 실체상 존재하는 담보권에 기하여 경매개시결정이 이루어졌으나 그 후 경매과정에서 담보권이 소멸한 경우에는 예외적으로 공신력을 인정하여, 경매개시결정에 대한 이의 등으로 경매절차가 취소되지 않고 매각이 이루어졌다면 경매는 유효하고 매수인이 소유권을 취득한다고 해석해 왔다. 대법원은 민사집행법 제267조가 신설된 후에도 같은 입장을 유지하였다. 즉, 민사집행법 제267조는 경매개시결정이 있은 뒤에 담보권이 소멸하였음에도 경매가 계속 진행되어 매각된 경우에만 적용된다고 보는 것이 대법원의 일관된 입장이다. 위와 같은 현재의 판례는 타당하므로 그대로 유지되어야 한다."

60) 경매개시의 근거가 된 확정판결이 재심소송으로 취소된 경우에 관한 대판 1996.12.20. 96다42628 참조. 참고로 집행이 완결되기 전이라면 채무자가 이러한 사유를 들어 청구이의의 소를 제기하여 집행력 자체를 배제할 수 있다(민사집행법 제44조 참조).

[5462] ## Ⅳ. 저당권 실행에 따른 이해관계의 조절

1. 서 설

저당권의 실행에 따른 후속의 법률관계로 물상보증인의 채무자에 대한 구상([5414] 참조), 제3취득자에 대한 매도인의 담보책임(제576조 참조) 등이 문제되는데, 여기서는 가치권과 용익권의 긴장관계가 활성화함에 따른 법정지상권의 문제를 살펴본다.

[5463] ### 2. 법정지상권

가. 의 의

(1) 제366조의 법정지상권은, 동일인에게 속하던 토지와 그 지상의 건물 중 어느 한쪽 또는 양쪽에 설정된 저당권의 실행으로 토지와 지상건물의 소유자가 달라진 경우에, 지상건물의 소유자가 건물을 소유할 수 있도록 하기 위하여 법률상 당연히 인정되는 지상권을 말한다.

(2) 제366조는 가치권과 이용권의 조절이라는 공익상의 요청에 기한 강행규정이다.[61] 그런데 제366조를 적용할 때 —법정지상권의 존재이유([5331] 참조)에 따라— 담보가치에 대한 저당권자의 예상(담보가치의 증가에 대한 기대 또는 감소에 대한 각오) 및 그에 기한 담보가치의 산정을 존중해야 한다.[62] 즉 제366조가 적용되기 위해서는 저당권설정 당시 토지 위에 건물이 존재해야 하고 건물과 토지가 동일소유자에게 속해야 하는데, 이들 요건의 배후에는, 저당권설정 당시 건물이 존재하지 않으면 토지저당권자는 나대지로서의 교환가치를 평가할 것인데 그 후 건물이 신축되었다고 해서 법정지상권을 인정함으로써 저당권자의 담보가치를 침해할 수 없고, 토지와 건물의 소유자가 다른 경우에 그들 사이에 건물을 위한 토지용익권이 설정되어 있을 것이므로 그 건물을 위하여 다시 법정지상권을 인정할 필요가 없거나 이를 설정할 수 있었음에도 그런 조치를 취하지 않은 건물소유자나 매수인에게 법정지상권의 보호를 줄 필요가 없다는 등의 고려가 놓여 있다. 그리고 건물철거의 방지라는 공익의 고려도, 법정지상권의 존재로 인하여 이익을 받을 「건물소유자」의 정당한 기대 및 그로 인하여 불이익을 입을 「토지소유자」의 자발적 각오가 추정되는 경우로 한정되어야 한다.

[5464] #### 나. 요 건

(1) 먼저 「최선순위」의 저당권이 설정될 당시 건물이 존재해야 한다. 나대지에 대한 저당권자는 그 상태의 교환가치를 전제하였는데, 그 후의 건물신축에 의하여 법정지상권이 인정된다면, 그로 인하여 토지의 담보가치가 크게 감소하여 저당권자에게 불이익으로 되기 때문이다. 그리고 최선순위의 저당권을 기준으로 하는 것은 소멸주의 때문이다([5460] 참조). 이와 관련하여 몇 가지 살펴본다.

① 나대지, 즉 건물이 없는 토지에 저당권을 설정한 후 저당권설정자가 건물을 신축한 경우에, 법정지상권(관습상의 법정지상권도)이 성립하지 않는다.[63]

---

61) 대판 1988.10.25. 87다카1564.

62) 관습상의 법정지상권에 관한 대판 2013.4.11. 2009다62059([5348]에 소개된)도 참조.

63) 대결 1995.11.21. 95마1262. 저당권설정자가 법정지상권의 성립을 인정한다는 저당권자의 동의를 얻어 건물을 신축한 경우에도 마찬가지이다(대판 2003.9.5. 2003다26051).

② 토지에 저당권을 설정할 당시 토지소유자에 의하여 그 지상에 건축 중이던 건물을 위하여 법정지상권이 성립하는가? 판례는 그 건물이 저당권설정 당시 사회관념상 독립된 건물로 볼 수 있는 정도에 이르지 않았더라도, 건물의 규모, 종류가 외형상 예상할 수 있는 정도까지 건축이 진전되었고 그 후 경매절차에서 「매수인이 매각대금을 다 낸 때까지」 독립된 부동산으로서 건물의 요건을 갖추면 법정지상권의 성립을 인정한다.64) 저당권자는 건물의 신축으로 인한 담보가치의 감소를 각오했을 것이고 저당권설정자도 법정지상권의 취득(저당권의 실행에도 불구하고 신축건물의 존속)을 기대했을 것이므로, 법정지상권을 인정한다고 해서 이해관계의 왜곡이 발생하지 않는다. 반면 일시사용을 위해 건축되는 가설건축물은 특별한 사정이 없는 한 독립된 부동산으로서 건물의 요건을 갖추지 못하여 법정지상권이 성립하지 않는다.65)

③ 저당권설정 당시 건물이 존재하기만 하면 되고, 그 건물이 무허가건물로서 보존등기가 경료되어 있지 않더라도 법정지상권은 성립한다.66)

④ 토지에 저당권이 설정된 후 그 지상의 건물이 증·개축된 경우에, 저당권설정자인 토지 [5465]
소유자의 용익권이 보장되어야 하는 한편 그로 인하여 저당권자의 이해관계(담보가치의 평가에 기한)에 영향을 주어서도 안 된다. 이러한 상반된 요청을 고려하여 대판 1991.4.26. 90다19985는 저당권설정 당시 건물이 존재한 이상 그 후 건물을 개축·증축하는 경우는 물론이고 「건물이 멸실되거나 철거된 후 재축·신축하는 경우」에도 법정지상권이 성립하고, 이 경우 법정지상권의 내용인 존속기간, 범위 등은 「구 건물」을 기준으로 하여 그 이용에 일반적으로 필요한 범위 내로 제한된다고 하였다.

다만 토지와 지상건물에 공동저당권이 설정된 후 그 건물이 재축된 경우에는 그렇지 않다. 즉 대판(전) 2003.12.18. 98다43601은 "신축건물의 소유자가 토지의 소유자와 동일하고 토지의 저당권자에게 신축건물에 관하여 토지의 저당권과 동일한 순위의 공동저당권을 설정해 주는 등 특별한 사정이 없는 한" 신축건물을 위한 법정지상권이 성립하지 않는다고 하여67) 입장을 변경하였다. 공동저당에서 종전의 판례가, 토지저당권은 건물을 위한 법정지상권을 공제한 가치를 목적으로 하므로 구 건물을 기준으로 법정지상권이 성립한다는 입장, 즉 개별가치를 고려한 반면, 이 판결은 토지와 건물의 전체가치를 고려하였다.

앞의 98다43601 판결의 법리는 집합건물의 전부 또는 일부 전유부분과 대지지분에 관하여 공동저당권이 설정된 후 그 지상 집합건물이 철거되고 새로운 집합건물이 신축된 경우에도 적용

---

64) 대판 2004.6.11. 2004다13533; 대판 1992.6.12. 92다7221.

65) 대판 2021.10.28. 2020다224821.

66) 앞의 2004다13533 판결. 건물이 존속함에도 등기부에 멸실의 기재가 이루어지고 이를 이유로 등기부가 폐쇄된 후 토지에 대한 경매로 토지와 건물의 소유자가 달라진 경우에 관한 대판 2013.3.14. 2012다108634도 참조.

67) 다수의견: "동일인의 소유에 속하는 토지 및 그 지상 건물에 관하여 공동저당권이 설정된 후 그 지상건물이 철거되고 새로 건물이 신축된 경우에는 그 신축건물의 소유자가 토지의 소유자와 동일하고 토지의 저당권자에게 신축건물에 관하여 토지의 저당권과 동일한 순위의 공동저당권을 설정해 주는 등 특별한 사정이 없는 한 저당물의 경매로 인하여 토지와 그 신축건물이 다른 소유자에 속하게 되더라도 그 신축건물을 위한 법정지상권은 성립하지 않는다고 해석하여야 하는바, 그 이유는 동일인의 소유에 속하는 토지 및 그 지상 건물에 관하여 공동저당권이 설정된 경우에는, 처음부터 지상건물로 인하여 토지의 이용이 제한받는 것을 용인하고 토지에 대하여만 저당권을 설정하여 법정지상권의 가치만큼 감소된 토지의 교환가치를 담보로 취득한 경우와는 달리, 공동저당권자는 토지 및 건물 각각의 교환가치 전부를 담보로 취득한 것으로서, 저당권의 목적이 된 건물이 그대로 존속하는 이상은 건물을 위한 법정지상권이 성립해도 그로 인하여 토지의 교환가치에서 제외된 법정지상권의 가액 상당 가치는 법정지상권이 성립하는 건물의 교환가치에서 되찾을 수 있어 궁극적으로 토지에 관하여 아무런 제한이 없는 나대지로서의 교환가치 전체를 실현시킬 수 있다고 기대하지만, 건물이 철거된 후 신축된 건물에 토지와 동순위의 공동저당권이 설정되지 아니하였는데도 그 신축건물을 위한 법정지상권이 성립한다고 해석하게 되면, 공동저당권자가 법정지상권이 성립하는 신축건물의 교환가치를 취득할 수 없게 되는 결과 법정지상권의 가액 상당 가치를 되찾을 길이 막혀 위와 같이 당초 나대지로서의 토지의 교환가치 전체를 기대하여 담보를 취득한 공동저당권자에게 불측의 손해를 입게 하기 때문이다."

된다.68) 한편 대판 2010.1.14. 2009다66150은 같은 법리를 전제로 하면서도, 동일인 소유 토지와 그 지상 건물에 공동근저당권이 설정된 후 그 건물이 다른 건물과 「합동」되어 신 건물이 생겼고 그 후 경매로 토지와 신 건물이 다른 소유자에게 속하게 되면 신 건물을 위한 법정지상권이 성립하고, 이때 그 법정지상권의 내용인 존속기간과 범위 등은 종전 건물을 기준으로 하여 그 이용에 일반적으로 필요한 범위 내로 제한된다고 하였다.

[5466] (2) 저당권을 설정할 당시 토지와 건물이 동일한 소유자에게 속해야 한다. 건물소유자와 대지소유자가 다른 경우에 대지용익권이 존재할 것이어서 건물을 위하여 다시 법정지상권을 인정할 필요가 없거나 이를 설정할 수 있었음에도 불구하고 이를 설정하지 않은 건물소유자나 매수인에게 법정지상권의 보호를 줄 필요가 없기 때문이다.69) 이 요건과 관련하여 몇 가지 살펴본다.

① 대지나 지상건물의 소유명의를 타인에게 신탁한 경우에, 신탁자는 제3자에 대하여 그 대지 또는 지상건물이 자기 소유임을 주장할 수 없으므로, 동일소유자라는 요건이 충족되지 않는다.70)

② 토지와 지상건물이 저당권설정 당시 동일인에게 속하였다면, 그 후 저당권의 실행으로 토지가 낙찰되기 전에 어느 한쪽 또는 양쪽이 제3자에게 양도되어 각각 다른 소유자에게 속하게 되더라도, 법정지상권의 성립이 인정될 수 있다.71) 물론 건물과 토지의 소유권이 분리되는 때 건물소유자와 토지소유자의 합의에 의하여 토지이용권이 성립할 수 있고, 그렇지 않더라도 건물철거의 특약이 없었다면 건물소유를 위한 관습상의 법정지상권이 성립하겠지만, 그러한 용익권은 선순위저당권의 실행에 의한 매각으로 인하여 소멸하기 때문에, 이러한 경우에도 제366조가 적용되어야 한다.

③ 「토지」공유자 중 1인이 다른 공유자의 동의를 얻어 그 지상에 건물을 소유하면서 자기의 토지지분에 저당권을 설정한 후 경매로 인하여 그 공유지분과 건물의 소유자가 달라진 경우에, 그 건물을 위하여 법정지상권이 인정될 수 없다.72) 공유토지 위에 지상권을 설정하기 위하여 다른 공유자의 동의를 얻어야 하기 때문이다.

다만 구분소유적 공유관계에서는 그렇지 않다. 즉 "공유로 등기된 토지의 소유관계가 구분소유적 공유관계에 있는 경우에는 공유자 중 1인이 소유하고 있는 건물과 그 대지는 다른 공유자와의 내부관계에 있어서는 그 공유자의 단독소유로 되었다 할 것이므로 건물을 소유하고 있는 공유자가 그 건물 또는 토지지분에 대하여 저당권을 설정하였다가 그 후 저당권의 실행으로 소유자가 달라지게 되면 건물소유자는 그 건물의 소유를 위한 법정지상권을 취득하게 되며, 이는 구분소유적 공유관계에 있는 토지의 공유자들이 그 토지 위에 각자 독자적으로 별개의 건물을 소유하면서 그 토지 전체에 대하여 저당권을 설정하였다가 그 저당권의 실행으로 토지와 건물의 소유자가 달라지게 된 경우에도 마찬가지"이다.73)

---

68) 대판 2014.9.4. 2011다73038 · 73045.

69) 특히 건물을 위한 대지용익권이 저당권자에게 대항할 수 있는 것이라면, 토지와 건물이 동일인에게 귀속되더라도 혼동(제191조)의 예외로서 소멸하지 않는다(대판 1998.7.10. 98다18643).

70) 대지의 명의신탁에 관한 대판 1993.6.25. 92다20330; 건물의 명의신탁에 관한 대판 2004.2.13. 2003다29043 참조.

71) 대판 1999.11.23. 99다52602. 저당권자는 저당권설정 당시 법정지상권의 부담을 각오하였을 것이고 또 저당권설정자의 입장에서 저당권설정 당시의 담보가치가 저당권이 실행된 후에도 최소한 그대로 유지되면 되므로, 위와 같은 경우에 법정지상권을 인정하더라도 저당권자 또는 저당권설정자에게 불측의 이득/손해가 생기지 않는 반면, 법정지상권을 인정하지 않는다면 건물을 양수한 제3자는 건물을 철거해야 하는 손해를 입게 되는 점 등을 근거로 한다.

72) 대판 2014.9.4. 2011다73038 · 73045.

73) 대판 2004.6.11. 2004다13533.

한편 「건물」을 공유하는 경우에는 법정지상권이 인정된다. 즉 "건물공유자의 1인이 그 건물의 부지인 토지를 단독으로 소유하면서 그 토지에 관하여만 저당권을 설정하였다가 위 저당권에 의한 경매로 인하여 토지의 소유자가 달라진 경우에도, 위 토지소유자는 자기뿐만 아니라 다른 건물공유자들을 위하여도 위 토지의 이용을 인정하고 있었다고 할 것인 점, 저당권자로서도 저당권설정 당시 법정지상권의 부담을 예상할 수 있었으므로 불측의 손해를 입는 것이 아닌 점, 건물의 철거로 인한 사회경제적 손실을 방지할 공익상의 필요성도 인정되는 점 등에 비추어 위 건물공유자들은 민법 제366조에 의하여 토지 전부에 관하여 건물의 존속을 위한 법정지상권을 취득한다."[74]

④ 미등기건물을 그 대지와 함께 매수한 사람이 대지에 관해서만 소유권이전등기를 넘겨받고 건물에 관해서는 등기를 이전받지 못하다가 대지에 저당권을 설정하고 그 저당권의 실행으로 대지가 경매되어 다른 사람의 소유로 된 경우에, 저당권설정 당시 이미 대지와 건물이 각각 다른 사람의 소유에 속하고 있었으므로 법정지상권이 성립될 여지가 없다.[75] 한편 미등기건물과 대지를 함께 양수하였으나 대지에 관해서도 소유권이전등기를 경료하지 않았다면, 미등기건물과 대지의 소유권이 여전히 양도인에게 남아 있으므로, 토지의 저당권이 실행되어 대지와 건물의 소유자가 달라진 때 법정지상권이 성립한다.[76]

(3) 토지나 건물의 양쪽 또는 어느 한쪽에 저당권이 설정되었다가 경매로 인하여 소유자가 [5467]
달라져야 한다.[77]

(4) 제366조에 의한 법정지상권은 법률의 규정에 의한 물권변동이므로, 그 취득에 등기를 요하지 않는다(제187조).

다. 효 과 [5468]

(1) 경매로 인하여 토지와 그 지상 건물이 다른 소유자에게 속하게 된 때, 즉 매수인이 매각대금을 완납한 때(민사집행법 제268조, 제135조)에 법정지상권이 성립한다.

(2) 지상권의 내용에 관하여 [5332] 참조.

(3) 법정지상권이 인정되는 경우에 일괄경매청구는 허용되지 않는다.[78]

V. 저당권의 소멸 [5469]

(1) 저당권은 물권 일반에 공통된 소멸원인 및 담보물권에 공통된 소멸원인(예: 피담보채권의 소멸)에 의하여 소멸함은 물론 경매(민사집행법 제91조 제2항), 제3취득자의 대위변제(제364조) 등에 의해서도 소멸한다. 그런데 피담보채무의 변제는 저당권설정등기의 말소와 동시이행의 관계에 있지 않고,[79] 선이행되어야 한다.

(2) 저당권은 피담보채권과 독립하여 소멸시효에 걸리지 않지만, 피담보채권이 시효의 완성

---

74) 대판 2011.1.13. 2010다67159.
75) 대판(전) 2002.6.20. 2002다9660.
76) 대판 1991.5.28. 91다6658.
77) 여기의 경매에 일반채권자의 집행권원에 기한 경매(통상의 강제경매)도 포함되어야 한다는 주장도 유력하다.
78) 대판 1987.4.28. 86다카2856.
79) 대판 1991.4.12. 90다9872.

으로 소멸하면 저당권도 소멸한다(제369조). 한편 제3자가 취득시효로 인하여 저당목적물에 대한 소유권을 취득하면 저당권은 소멸한다([5204] 참조).

제5관 특수한 저당권

[5470] Ⅰ. 근 저 당

1. 의 의

(1) 근저당(根抵當)이란 당좌대월계약, 계속적 상품공급계약 등 계속적 거래관계로부터 발생하는 다수의 불특정채권을 일정한 한도, 즉 채권최고액까지 담보하는 저당권으로, 그 담보할 채무의 최고액만 정하고 채무의 확정을 장래에 보류하여 설정한다(제357조).

(2) 근저당권은 계속적 거래에서 장래에 발생할 다수의 채무들을 일괄하여 담보할 수 있는 제도로서, 장래의 증감 · 변동하는 불특정의 채권도 담보할 수 있다는 점에서 현재 또는 장래의 「특정」의 채권을 담보하는 통상의 저당권과 다르다. 나아가 근저당권은 소멸에서의 부종성이 완화된다는 점에서 피담보채권의 소멸에 의하여 소멸되는 통상의 저당권과 다르다(제369조 참조).

(3) 기본계약을 특정하지 않은 채 채권자의 채무자에 대한 「현재 및 장래에 발생할 일체의 채권」을 일정한 한도까지 담보하는 것을 내용으로 하는 근저당을 포괄근저당이라 한다. 특히 은행거래에서 당사자 사이에 반복 · 계속되는 다양한 거래마다 별도의 근저당권을 설정하는 번거로움을 피하기 위하여 거래실무에서 발달한 제도로서, 판례는 그 유효성을 인정한다.[1]

[5471] 2. 근저당의 성립

가. 근저당권설정계약

(1) 근저당권설정계약의 당사자는 근저당권자와 근저당권설정자이다([5411] 이하 참조).

(2) 근저당권설정계약에서 담보할 채권의 최고액과 함께 피담보채권의 범위를 결정하는 기준을 정해야 하는데, 채권발생원인인 거래 자체 또는 그 종류의 특정("OO거래 및 그에 의한 어음이나 수표채권" 등의 형태로)으로 충분하다. 그리고 피담보채권액이 장래 확정되므로, 피담보채권으로 될 채권의 발생기초가 되는 계속적 법률관계, 즉 기본계약관계는 명확하게 정해져야 하고, 이 점에서 포괄근저당의 유효성을 되돌아 볼 필요가 있다.

(3) 근저당권설정계약은 근저당권의 피담보채권을 성립시키는 법률행위에 종된 계약인데, 근저당권의 피담보채권을 성립시키는 법률행위가 있었는지 여부에 대한 증명책임은 그 존재를 주장하는 측에 있다.[2]

나. 등 기

(1) 근저당권의 등기는 그 저당권이 근저당권임을 표시해야 한다. 근저당권설정등기의 등기원인은 "근저당권설정계약"이다(등기사항에 관하여 부동산등기법 제75조 제2항 참조).

(2) 우선변제의 한도로서 채권의 최고액을 등기해야 한다(같은 항 제1호). 채권최고액에는 채

1) 대판 1994.9.30. 94다20242 참조. 대판 2020.10.15. 2019다222041도 참조.
2) 대판 2009.12.24. 2009다72070.

권의 원본뿐만 아니라 이자와 손해배상금도 포함되므로(제357조 제2항), 이자의 등기를 별도로 할 수 없다.

(3) 근저당권의 존속기간을 등기할 수 있는데, 이를 등기하지 않았더라도 근저당권등기가 무효로 되지는 않는다(부동산등기법 제75조 제2항 단서 참조).

3. 우선변제의 범위 [5472]

(1) 근저당권은 설정계약에서 정해지고 등기된 최고액을 한도로, 결산기에 실제로 존재하는 채권액 전부를 피담보채권으로 한다.

그런데 근저당권의 효력이 미치는 피담보채권의 범위는 우선 근저당권설정계약(및 그 원인행위)에 의하여 결정되고, 그 계약에 정함이 없으면 제360조가 적용되지만 지연손해금이 1년분으로 한정되지는 않는다.[3)]

(2) 채권최고액(債權最高額)에 관하여 본다. [5473]

① 채권최고액은 ―성립단계에서의 피담보채권의 특정에 갈음하는― 근저당권자가 목적물로부터 우선변제를 받을 수 있는 상한(통상 원본액에 3할 정도 가산한 액)으로, 확정된 피담보채권액이 채권최고액을 넘더라도 최고액까지만 「우선」변제를 받을 수 있다.

② 우선변제의 한도는 다른 이해관계인(물상보증인이나 후순위권리자)에 대한 관계에서의 제약에 불과하고, 근저당권자와 근저당권을 설정한 채무자 사이에서도 최고액의 범위 내의 채권에 한하여 변제받을 수 있음을 의미하지는 않는다. 따라서 근저당권자의 채권액이 근저당권의 채권최고액을 초과하는 경우에, 민사집행법 제148조에 따라 배당받을 채권자나 제3취득자가 없는 한 매각대금 중 최고액을 초과하는 금액이 있더라도 이는 근저당권설정자에게 반환할 것은 아니고 근저당권자의 채권최고액을 초과하는 채무의 변제에 충당해야 한다.[4)]

---

3) 피담보채권의 범위에 관한 재판례를 본다. ㉠ 동일한 채무를 담보하기 위한 「근저당과 근보증이 중첩」된 경우에 ⓐ 대판 2005.4.29. 2005다3137: "계속적인 거래관계로부터 장래 발생하는 불특정채무를 보증하는 근보증을 하고 아울러 그 불특정채무를 담보하기 위하여 동일인이 근저당권설정등기를 하여 물상보증도 하였을 경우, 이 근저당권의 피담보채무와 근보증에 의하여 담보되는 주채무가 별개의 채무인가 아니면 그와는 달리 근저당권에 의하여 담보되는 채권이 위 근보증에 의하여도 담보되는 것인가의 문제는 계약당사자의 의사해석문제"이다. ⓑ 대판 2004.7.9. 2003다27160은, 불특정채무를 담보하기 위하여 동일인이 근보증과 물상보증을 한 경우에, 근보증약정과 근저당권설정계약이 별개의 계약이지만, "근보증의 주채무와 근저당권의 피담보채무가 동일한 채무인 이상 근보증과 근저당권은 특별한 사정이 없는 한 동일한 채무를 담보하기 위한 중첩적인 담보로서 근저당권의 실행으로 변제를 받은 금액은 근보증의 보증한도액에서 공제되어야 할 것"이라고 했는데, 당사자 특히 채권자의 의사가 실제로 그러한지와 관련하여 검토를 요한다. 대법원은 동일한 피담보채무에 대한 근보증과 근저당의 관계를 중첩적 담보로 새기는 반면, 당사자들의 의사를 고려하여 ―「누적공동근저당」의 개념에 따라― 근보증과 근저당의 담보적 효력의 누적이 인정되어야 한다는 견해도 유력하다. 대판 1993.7.13. 93다17980도 동일한 사람이 동일채권의 담보를 위하여 연대보증계약과 근저당설정계약을 체결하였더라도 위 두 계약은 별개의 계약이므로, 연대보증책임의 범위가 근저당권의 채권최고액의 범위 내로 제한되기 위하여 이를 인정할 만한 특별한 사정의 존재가 증명되어야 한다고 했다. [4200]도 참조.

㉡ 「근저당권의 준공유」에 관하여 대판 2008.3.13. 2006다31887: "여러 채권자가 같은 기회에 어느 부동산에 관하여 하나의 근저당권을 설정받아 이를 준공유하는 경우에, 그 근저당권은 준공유자들의 피담보채권액을 모두 합쳐서 채권최고액까지 담보하게 되고, 피담보채권이 확정되기 전에는 근저당권에 대한 준공유비율을 정할 수 없으나 피담보채권액이 확정되면 각자 그 확정된 채권액의 비율에 따라 근저당권을 준공유하는 것이 되므로, 준공유자는 각기 그 채권액의 비율에 따라 변제받는 것이 원칙이다. 그러나 준공유자 전원의 합의로 피담보채권의 확정 전에 위와 다른 비율을 정하거나 준공유자 중 일부가 먼저 변제받기로 약정하는 것을 금할 이유가 없으므로 그와 같은 약정이 있으면 그 약정에 따라야 하며, 이와 같은 별도의 약정을 등기하게 되면 제3자에 대하여도 효력이 있다. 그런데 근저당권의 준공유자들이 각자의 공유지분을 미리 특정하여 근저당권설정등기를 마쳤다면 그들은 처음부터 그 지분의 비율로 근저당권을 준공유하는 것이 되고, 이러한 경우에 다른 특별한 사정이 없는 한 준공유자들 사이에는 각기 그 지분비율에 따라 변제받기로 하는 약정이 있었다고 봄이 상당하므로, 그 근저당권의 실행으로 인한 경매절차에서 배당을 하는 경매법원으로서는 배당시점에서의 준공유자 각자의 채권액의 비율에 따라 안분하여 배당할 것이 아니라 각자의 지분비율에 따라 안분하여 배당해야 하며, 어느 준공유자의 실제 채권액이 위 지분비율에 따른 배당액보다 적어 잔여액이 발생하게 되면 이를 다른 준공유자들에게 그 지분비율에 따라 다시 안분하는 방법으로 배당해야 한다."

㉢ 그 밖에 ⓐ 동일한 당사자가 동일목적물에 관하여 동일거래관계로 인하여 발생되는 채무를 담보하기 위하여 순위가 다른 여러 개의 근저당권을 설정한 경우에, 각 근저당권은 그 설정계약에서 정한 거래관계로 인하여 발생된 여러 개의 채무 전액을 각 한도범위 내에서 담보하므로, 그 담보물의 경매대금이 채무 전액을 만족시키지 못할 때에는 변제충당의 방법으로 그 대금수령으로 인하여 소멸할 채무를 정할 것이지, 위 경매대금을 당연히 선순위근저당권 설정시에 발생한 채무에 우선적으로 변제충당할 것은 아니다(대판 2002.12.10. 2002다51579). ⓑ 대판 1987.4.28. 86다카2458은, 매수인의 매도인에 대한 매매대금채무의 담보를 위하여 설정된 근저당권은 그 매매계약이 매수인의 기망을 이유로 취소된 경우에 매수인이 지는 손해배상채무도 담보한다고 했다.

③ 반면 물상보증인이나 근저당부동산의 제3취득자는 채권최고액만 변제하고 근저당권의 소멸을 청구할 수 있다([5425] 참조).5)

④ 공동근저당에서 저당부동산의 소유자나 차순위저당권자 등의 이해관계를 고려하여, 각 목적부동산의 매각대금으로부터 채권최고액만큼 반복하여 배당받을 수는 없고 제368조가 적용된다. 즉 공동근저당권자가 일부 목적부동산의 매각대금에서 피담보채무의 일부를 「우선」변제받았다면 그 한도에서 채권최고액이 감축되고, 그에 따라 공동담보의 나머지 목적부동산에 대한 경매 등의 환가절차에서 최초의 채권최고액이 아니라 우선변제받은 금액을 공제한 나머지 채권최고액의 한도에서 우선변제권을 행사할 수 있다.6)

[5474] 4. 근저당권 확정까지의 사정변경

(1) 근저당은 계속적 거래에서 발생하는 채무를 담보하는 제도인데, 확정까지의 사이에 사정변경이 생길 수도 있다. 아래에서 이 문제를 살펴본다.7)

(2) 먼저 근저당권의 「틀」 자체를 바꾸는 것은 가능하다. 즉 근저당권설정계약으로 정한 최고액 또는 존속기간이 별도의 계약에 의하여 변경될 수 있고, 나아가 기본계약을 변경하거나 다른 기본계약을 추가함으로써 피담보채권의 범위가 변경될 수 있다. 최고액 증액의 효력이 발생하기 위해서는 변경등기를 갖추어야 하는데, 변경등기가 경료되기 전의 —주로 등기부상의— 이해관계인에 대하여 그 증액을 주장하지 못한다.8)

---

4) 대판 2009.2.26. 2008다4001. 대판 2010.5.13. 2010다3681도, 공동근저당권자가 채무자 겸 근저당권설정자로부터 공동근저당목적물 등의 매매대금으로 피담보채권의 일부를 임의변제받은 경우에, 그 변제된 금원은 우선변제권 있는 피담보채권에 우선 충당해야 하는 것이 아니고 「변제충당의 일반법리에 따라」 공동근저당권자의 채무자에 대한 채권 전부의 변제에 충당해야 하며 공동근저당권자는 그 변제충당 후 나머지 채권에 대하여 채권최고액을 한도로 우선변제권을 가진다고 하였다.

5) 대판 1974.12.10. 74다998.

6) 대판(전) 2017.12.21. 2013다16992: "민법 제368조는 공동근저당권의 경우에도 적용[되는데, …] 공동근저당권이 설정된 목적부동산에 대하여 동시배당이 이루어지는 경우에 공동근저당권자는 채권최고액 범위 내에서 피담보채권을 민법 제368조 제1항에 따라 부동산별로 나누어 각 환가대금에 비례한 액수로 배당받으며, 공동근저당권의 각 목적부동산에 대하여 채권최고액만큼 반복하여, 이른바 누적적으로 배당받지 아니한다. 그렇다면 공동근저당권이 설정된 목적부동산에 대하여 이시배당이 이루어지는 경우에도 동시배당의 경우와 마찬가지로 공동근저당권자가 공동근저당권 목적부동산의 각 환가대금으로부터 채권최고액만큼 반복하여 배당받을 수는 없다고 해석하는 것이 민법 제368조 제1항 및 제2항의 취지에 부합한다. 그러므로 공동근저당권자가 스스로 근저당권을 실행하거나 타인에 의하여 개시된 경매 등의 환가절차를 통하여 공동담보의 목적부동산 중 일부에 대한 환가대금 등으로부터 다른 권리자에 우선하여 피담보채권의 일부에 대하여 배당받은 경우에, 그와 같이 우선변제받은 금액에 관하여는 공동담보의 나머지 목적부동산에 대한 경매 등의 환가절차에서 다시 공동근저당권자로서 우선변제권을 행사할 수 없다고 보아야 하며, 공동담보의 나머지 목적부동산에 대하여 공동근저당권자로서 행사할 수 있는 우선변제권의 범위는 피담보채권의 확정 여부와 상관없이 최초의 채권최고액에서 위와 같이 우선변제받은 금액을 공제한 나머지 채권최고액으로 제한된다고 해석함이 타당하다. 그리고 이러한 법리는 채권최고액을 넘는 피담보채권이 원금이 아니라 이자·지연손해금인 경우에도 마찬가지로 적용된다."

나아가 대판 2018.7.11. 2017다292756: "이러한 법리는 채무자 소유 부동산과 물상보증인 소유 부동산에 공동근저당권이 설정된 후 공동담보의 목적부동산 중 채무자 소유 부동산을 임의환가하여 청산하는 경우, 즉 공동담보의 목적부동산 중 채무자 소유 부동산을 제3자에게 매각하여 그 대가로 피담보채권의 일부를 변제하는 경우에도 적용되어, 공동근저당권자는 그와 같이 변제받은 금액에 관하여는 더 이상 물상보증인 소유 부동산에 대한 경매 등의 환가절차에서 우선변제권을 행사할 수 없다. 만일 위와 달리 공동근저당권자가 임의환가방식을 통해 채무자 소유 부동산의 대가로부터 피담보채권의 일부를 변제받았음에도, 이후 공동근저당권의 다른 목적부동산인 물상보증인 소유 부동산에 대한 경매 등의 환가절차에서 우선변제권을 행사할 수 있다고 보게 되면, 채무자 소유 부동산의 담보력을 기대하고 자기의 부동산을 담보로 제공한 물상보증인의 기대이익을 박탈하게 되는 것일 뿐만 아니라, 공동근저당권자가 담보목적물로부터 변제받는 방법으로 임의환가방식을 선택하였다는 이유만으로 물상보증인의 책임범위가 달라지게 되어 형평에 어긋나기 때문이다."

7) 참고로 등기예규 제1656호에 의하면, ㉠ 근저당권의 피담보채권이 확정되기 「전」 근저당권의 기초가 되는 「기본계약상의 채권자지위」가 제3자에게 전부 또는 일부 양도된 경우에, 그 양도인 및 양수인은 "계약양도"(채권자의 지위가 전부 제3자에게 양도된 경우), "계약의 일부양도"(채권자의 지위가 일부 제3자에게 양도된 경우) 또는 "계약가입"(양수인이 기본계약에 가입하여 추가로 채권자가 된 경우)을 등기원인으로 하여 근저당권이전등기를 신청할 수 있고, 근저당권의 피담보채권이 확정된 「후」 그 「피담보채권」이 양도 또는 대위변제된 경우에 근저당권자 및 그 채권양수인 또는 대위변제자는 채권양도에 의한 저당권이전등기에 준하여 근저당권이전등기를 신청할 수 있는데, 이때 등기원인은 "확정채권 양도" 또는 "확정채권 대위변제" 등으로 기재한다.

㉡ 「기본계약상의 채무자지위」의 전부 또는 일부를 제3자가 계약에 의하여 인수한 경우에는, 근저당권설정자(소유자) 및 근저당권자는 "계약인수"(제3자가 기본계약을 전부 인수하는 경우), "계약의 일부인수"(제3자가 수개의 기본계약 중 그 일부를 인수하는 경우), "중첩적 계약인수"(제3자가 기본계약상의 채무자지위를 중첩적으로 인수하는 경우)를 등기원인으로 하여 채무자변경을 내용으로 하는 근저당권변경등기를 신청할 수 있고, 근저당권의 피담보채권이 확정된 「후」 제3자가 그 「피담보채권무」를 면책적 또는 중첩적으로 인수한 경우에는 채무인수로 인한 저당권변경등기에 준하여 채무자변경의 근저당권변경등기를 신청할 수 있는데, 이때 등기원인은 "확정채무의 면책적 인수" 또는 "확정채무의 중첩적 인수" 등으로 기재한다.

(3) 근저당권의 틀 자체를 바꾸지는 않는 경우를 본다. [5475]

① 상속이나 합병 등 포괄승계사유가 발생하면, 근저당권은 법률상 당연히 기본계약상의 지위와 함께 상속인 또는 합병 후의 존속법인 또는 신설법인에게 이전된다.[9)]

② 나아가 기본계약상 지위의 특정승계도 인정되는데, 특정승계는 통상 기본계약의 당사자와 승계인의 3면계약에 의하고, 근저당권의 이전을 등기하여야 그 효력이 발생한다. 그리고 근저당권이 확정되기 전에 채무자가 변경되면 변경 후의 채무자에 대한 채권만이 당해 근저당권에 의하여 담보되고, 변경 전의 채무자에 대한 채권은 그 근저당권에 의하여 담보되는 채무의 범위에서 제외된다.[10)] 그런데 물상보증인이 근저당권의 채무자의 계약상 지위를 인수한 것이 아니라 그 채무만 면책적으로 인수하고 이를 원인으로 하여 근저당권 변경의 부기등기가 경료된 경우에, 특별한 사정이 없는 한 그 변경등기는 당초 채무자가 근저당권자에 대하여 부담하던 것으로서 물상보증인이 인수한 채무만을 그 대상으로 하는 것이지, 그 후 채무를 인수한 물상보증인이 다른 원인으로 근저당권자에 대하여 부담하게 된 새로운 채무까지 담보하는 것으로 볼 수는 없다.[11)]

③ 앞에서 본 것은 근저당권관계의 전부 또는 일부가 이전되는 경우이다. 이와 달리 개개의 피담보채권이 변경되는 경우에, 근저당권의 확정으로 피담보채권이 특정된 후라면 근저당권은 채권최고액을 한도로 확정채권액을 담보하므로, 통상의 저당권과 마찬가지로 그 확정된 채권의 전부 또는 일부의 양도가 있거나 대위변제되었다면, 확정된 근저당권은 피담보채권에 수반한다(제361조 참조).[12)] [5476]

반면 피담보채권이 확정되지 않은 상태에서(결산기 이전의, 거래관계가 계속되고 있는 어느 시점에) 근저당설정자와 근저당권자의 합의로 채무의 범위 또는 채무자를 추가하거나 교체하는 등으로 피담보채무를 변경할 수 있고,[13)] 이 경우 위와 같이 변경된 채무가 근저당권에 의하여 담보된다. 개개의 피담보채권이 양도 또는 대위변제로 타인에게 이전된 경우에 이에 수반하여 근저당권도 이전되는지에 관하여 견해가 나뉘지만, 근저당권은 개개의 채권을 담보하는 것이 아니라 결산기에 잔존하는 채권을 일괄하여 채권최고액의 범위 내에서 담보하는 제도이고, 확정 전의 채권의 이전이 제357조 제1항 후문의 "이전"에 포함되므로, 근저당권의 수반을 부정할 것이다. 판례의 입장도 같다.[14)]

---

8) 근저당권의 존속기간에 대한 등기가 경료되면, 그 기간 후 발생한 채권으로 후순위권리자에게 대항할 수 없고, 당사자의 합의로 기간을 연장하더라도 후순위권리자에게 대항하지 못한다(대판 1961.12.24. 4293민상893).

9) 물상보증의 경우에는 물상보증인의 동의를 요한다(대판 2010.1.28. 2008다12057).

10) 대판 1999.5.14. 97다15777. 채권자의 의사에 반하는 채무자의 변경이 허용되지 않으므로 채권자에게 불이익이 생길 염려는 없다.

11) 대판 2002.11.26. 2001다73022. 대판 2010.1.28. 2008다12057도 참조.

12) 한편 대판 2002.7.26. 2001다53929: 근저당권 확정 전에 대위변제한 경우에 "그 근저당권에 의하여 담보되는 피담보채권이 확정되게 되면, 그 피담보채권액이 그 근저당권의 채권최고액을 초과하지 않는 한 그 근저당권 내지 그 실행으로 인한 경락대금에 대한 권리 중 그 피담보채권액을 담보하고 남는 부분은 저당권의 일부이전의 부기등기의 경료 여부와 관계없이 대위변제자에게 법률상 당연히 이전된다." 근저당권의 확정 전에 그때까지 존재하던 피담보채무 전부를 변제하였더라도 그 후 다시 피담보채무가 발생할 수 있으므로 확정 전의 변제는 일부변제로 평가되고, 일부변제의 경우에 채권자가 대위변제자에 우선하기 때문이다([2233] 참조). 다만 대판 2009.2.26. 2007다15448은 "채권자가 보증기관으로부터 신용보증약관에 따라 보증책임을 부담하는 것을 전제로 일부보증을 받아 피보증인에게 대출을 실행한 후에, 채권자가 보증기관에 대하여 보증채무의 이행을 청구하거나 피보증인이 채무담보조로 설정한 근저당권 등 담보권을 실행하여 경매절차에서의 배당금을 보증기관이 보증한 채무를 포함한 피보증인의 채무에 변제충당할 경우에는, 채권자의 일부변제자에 대한 우선변제권에 앞서 신용보증약관에서 정한 보증채무의 이행범위나 변제충당규정의 적용을 받는다고 보"았다.

13) 피담보채무의 범위 또는 채무자를 변경할 때 이해관계인의 승낙을 받을 필요가 없고, 등기사항의 변경이 있다면 변경등기를 해야 하지만, 등기사항에 속하지 않는 사항은 당사자의 합의만으로 변경의 효력이 발생한다(대판 2021.12.16. 2021다255648).

14) 대판 1996.6.14. 95다53812는, 근저당권의 피담보채권이 확정되기 전 그 채권의 일부를 양도하거나 대위변제한 경우에, 근저당권이 양수인이나 대위변제자에게 이전할 여지가 없다고 하였다. 대판 2000.12.26. 2000다54451도 동지.

[5477] ## 5. 근저당권의 확정과 그 효과

가. 서 설

(1) 채무자 등이 근저당권을 소멸시키기 위해서는 피담보채무가 확정된 후 그 채무를 변제해야 한다. 한편 근저당권자는 피담보채권이 확정되고 확정된 피담보채권의 변제기가 도래하면, 근저당권을 실행하여 최고액의 범위 내에서 우선변제를 받을 수 있다.

(2) 설정단계에서 피담보채권의 특정 대신 우선변제를 받을 수 있는 상한으로서 최고액만 정해지지만, 실행시에는 우선변제를 받을 피담보채권이 특정되어야 한다. 즉 근저당권의 피담보채권은 기본계약이 존속하는 동안 증감·변동되다가 결산기의 도래 등 일정한 사유가 발생하면 확정된다. 여기서 근저당권의 확정(根抵當權의 確定. 또는 피담보채권의 확정), 특히 확정의 시기가 문제된다.

[5478] ### 나. 확정사유와 확정시기

(1) 우선 계속적 거래관계의 종료가 확정사유이다. 즉 근저당권 존속기간의 만료, 기본계약에 따른 거래의 결산기 도래,[15] 당사자의 합의 또는 기본계약의 해지[16] 등의 사유로 계속적 거래관계가 종료하면, 그때의 잔존채무로 피담보채무가 확정된다.[17]

[5479] (2) 「근저당권자」의 경매신청도 확정사유이다. 즉 근저당권자가 피담보채무의 이행지체를 이유로 경매신청을 하면 「경매신청시」에 피담보채무가 확정된다.[18] 이러한 확정효는 근저당권자의 해지에 기한 것으로, 나중에 경매신청이 취하되더라도 번복되지 않는다. 즉 경매신청이 취하되면 압류의 효력이 소멸하지만(민사집행법 제93조 제1항), 실체법적으로는 경매신청을 묵시적인 해지의 의사표시로 볼 것인바, 경매신청에 따라 압류등기가 경료됨으로써 근저당권설정자에게 요지가능한 상태에 이르렀다면 해지의 효력이 발생하고, 그 후 근저당권자가 일방적으로 해지의 효력을 부정할 수 없다.[19] 반면 실제로 경매신청을 한 것이 아니라 경매신청을 하려는 태도를 보이는 것

15) 근저당권의 존속기간은 결산기의 의미를 갖는다. 그런데 결산기의 지정은 근저당권 피담보채무의 확정시기와 방법을 정한 것으로서, 피담보채무의 이행기에 관한 약정과 구별된다(대판 2017.10.31. 2015다65042).

16) 존속기간이나 결산기가 정해진 경우에, 근저당권에 의하여 담보되는 채권이 전부 소멸하고 채무자가 채권자로부터 새로 금원을 차용하는 등 거래를 계속할 의사가 없다면 그 존속기간 또는 결산기가 경과하기 전이라도 근저당권설정자는 계약을 해지하고 근저당권설정등기의 말소를 구할 수 있다. 한편 존속기간이나 결산기의 정함이 없는 경우에, 근저당권의 피담보채무의 확정방법에 관한 약정이 있으면 그에 따르되, 그러한 약정이 없다면 근저당권설정자가 근저당권자를 상대로 언제든지 해지의 의사표시를 함으로써 피담보채무를 확정시킬 수 있다. 그런데 피담보채무를 확정시키는 근저당권설정자의 근저당권설정계약의 해제 또는 해지에 관한 권한은 근저당부동산의 소유권을 취득한 제3취득자도 원용할 수 있는데, 제3취득자가 명시적인 해지의 의사표시를 하지는 않았지만 근저당권자에게 저당목적부동산을 취득하였음을 내세우면서 앞으로 대위변제를 통하여 채권최고액 범위 내에서 피담보채무를 소멸시키고 근저당권의 소멸을 요구할 것이라는 전제에서 채무자의 피담보채무에 대하여 채무를 일부변제하기 시작하는 등 제3취득자가 기존 근저당권설정계약의 존속을 통한 피담보채무의 증감변동을 더 이상 용인하지 않겠다는 의사를 파악할 수 있는 어떤 외부적·객관적 행위를 하고, 채권자도 그러한 사정 때문에 그 계약이 종료됨으로써 피담보채무가 확정된다고 하는 점을 객관적으로 인식할 수 있었다면, 제3취득자는 근저당권설정계약을 해지하는 묵시적인 의사표시를 한 것으로 볼 수 있으므로, 근저당권의 피담보채무는 그 설정계약에서 정한 바에 따라 확정된다(대판 2002.5.24. 2002다7176).

17) 대판 1996.10.29. 95다2494.
나아가 대판 2010.1.28. 2008다12057: "물상보증인이 설정한 근저당권의 채무자가 합병으로 소멸하는 경우 합병 후의 존속회사 또는 신설회사는 합병의 효과로서 채무자의 기본계약상 지위를 승계하지만 물상보증인이 존속회사 또는 신설회사를 위하여 근저당권설정계약을 존속시키는 데 동의한 경우에 한하여 합병 후에도 기본계약에 기한 근저당거래를 계속할 수 있고, 합병 후 상당한 기간이 지나도록 그러한 동의가 없는 때에는 합병 당시를 기준으로 근저당권의 피담보채무가 확정된다. 따라서 위와 같이 근저당권의 피담보채무가 확정되면, 근저당권은 그 확정된 피담보채무로서 존속회사 또는 신설회사에 승계된 채무만을 담보하게 되므로, 합병 후 기본계약에 의하여 발생한 존속회사 또는 신설회사의 채무는 근저당권에 의하여 더 이상 담보되지 아니한다. 그리고 이러한 법리는 채무자의 합병 전에 물상보증인으로부터 저당목적물의 소유권을 취득한 제3자가 있는 경우에도 마찬가지로 적용된다."

18) 대판 2002.11.26. 2001다73022; 대판 1989.11.28. 89다카15601 등. 참고로 주채무자와 물상보증인이 공동으로 근저당권을 설정한 후 주채무자가 제공한 근저당권이 실행된 경우에 관하여 대판 1996.3.8. 95다36596은, 물상보증인에 대한 근저당권의 피담보채권의 발생원인인 어음거래약정이 그 결산기가 정해져 있지 않고 물상보증인의 토지에 대하여 아직 경매신청이 되지 않았더라도, 먼저 주채무자의 토지에 대하여 피담보채무의 불이행을 이유로 근저당권이 실행된 이상 채권자와 물상보증인 사이의 근저당권설정계약의 원인관계인 어음거래약정에 기한 거래는 그로써 종료되고, 그 경매신청시에 그 피담보채권이 확정된다고 하였다.

19) 대판 2002.11.26. 2001다73022; 대판 1989.11.28. 89다카15601. 형성권의 재판상 행사에 관한 [1060]도 참조.

만으로 근저당채무가 확정되었다고 볼 수는 없다.[20]

한편 신청채권자가 경매신청서에 피담보채권 중 일부만 청구금액으로 기재하여 경매를 신청한 경우에, 특별한 사정이 없는 한 신청채권자가 당해 경매절차에서 배당을 받을 금액이 그 기재된 채권액을 한도로 확정되고, 그 후 신청채권자가 채권계산서를 제출하는 방법에 의하여 청구금액을 확장할 수 없다.[21]

(3) 「근저당권자 아닌 이」의 경매신청에 의해서도 근저당권이 확정된다. 그 경매신청에 의하여 근저당권의 소멸이 강제되므로(민사집행법 제268조, 제91조 제2항 참조), 경매절차가 개시된 때부터 경락으로 인하여 당해 근저당권이 소멸한 때까지 사이의 어느 시점에 당해 근저당권의 피담보채권도 확정된다고 하지 않을 수 없는데, 판례는 「매수인이 매각대금을 완납한 때」에 확정된다고 한다.[22] 이러한 입장을 전제하는 한, 경매가 취하된 경우에 피담보채권이 확정되지 않고, 이 점에서 근저당권자의 경매신청과 다르다. [5480]

그런데 공동근저당권자가 목적부동산의 일부에 대하여 제3자가 신청한 경매절차에 참가하여 우선배당을 받은 경우에, 나머지 목적부동산에 관한 근저당권의 피담보채권은 다른 확정사유가 없는 한 확정되지 않는다.[23]

(4) 채무자 또는 물상보증인에 대하여 파산이나 회생절차가 개시된 경우에 그 절차 개시의 시점에 피담보채권이 확정된다.[24]

다. 확정의 효과 [5481]

근저당권이 확정되면 그때를 기준으로 부동하던 피담보채권이 확정되는데, 확정 후에 새로운 거래관계에서 발생하는 원본채권은 그 근저당권에 의하여 담보되지 않지만,[25] 확정 전에 발생

---

20) 대판 1993.3.12. 92다48567.

21) 대판 1997.2.28. 96다495. 나아가 대판 2023.6.29. 2022다300248: "담보권 실행을 위한 임의경매절차에서 근저당권자가 경매신청서에 청구채권으로 원금 외에 이자, 지연손해금 등의 부대채권을 개괄적으로나마 표시하였다가 나중에 채권계산서에 의하여 그 부대채권의 구체적인 금액을 특정하는 것은 경매신청서에 개괄적으로 기재하였던 청구금액의 산출근거와 범위를 밝히는 것이므로 허용되나, 피담보채권이 확정된 이후에 비로소 발생하는 원금채권은 더 이상 근저당권에 의하여 담보될 수 없으므로, 근저당권자가 경매를 신청하면서 경매신청서의 청구금액 등에 장래 발생될 것으로 예상되는 원금채권을 기재하였거나 그 구체적인 금액을 밝혔다는 사정만으로 경매신청 당시에 발생하지 않은 장래의 원금채권까지 피담보채권액에 추가될 수 없을 뿐만 아니라 경매절차상 청구금액이 그와 같이 확장될 수 있는 것도 아니다."

22) 대판 1999.9.21. 99다26085는, 부동산경매절차에서 경매신청기입등기 이전에 등기되어 있는 근저당권은 경락으로 소멸하는 대신 그 근저당권자는 민사집행법 제88조가 정하는 배당요구를 하지 않았더라도 당연히 그 순위에 따라 배당을 받을 수 있고, 이 때문에 선순위근저당권이 설정되어 있는 부동산에 대하여 근저당권을 취득하려는 사람들은 선순위근저당권의 채권최고액만큼의 담보가치는 이미 선순위근저당권자에 의하여 파악되어 있는 것으로 인정하고 거래를 하는 것이 보통이므로, 담보권 실행을 위한 경매절차가 개시되었음을 선순위근저당권자가 안 때 이후의 어떤 시점에 선순위근저당권의 피담보채무액이 증가하더라도 그와 같이 증가한 피담보채무액이 선순위근저당권의 채권최고액 한도 안에 있다면 경매를 신청한 후순위근저당권자가 예측하지 못한 손해를 입게 된다고 볼 수 없는 반면, 선순위근저당권자는 자신이 경매신청을 하지 않았으면서도 경락으로 인하여 근저당권을 상실하는 처지에 있으므로 거래의 안전을 해치지 않는 한도에서 선순위근저당권자가 파악한 담보가치를 최대한 활용할 수 있도록 함이 타당하다는 관점에서, 후순위근저당권자가 경매를 신청한 경우에 선순위근저당권의 피담보채권은 그 근저당권이 소멸하는 시기, 즉 경락인이 경락대금을 완납한 때 확정된다고 보았다.
참고로 근질의 확정시기에 관하여 대판 2009.10.15. 2009다43621은 「근질권자가 제3자의 압류로 경매가 개시된 사실을 알게 된 때」라고 하여 근저당에서와 다른 입장인데, 근질에서는 채권최고액을 공시할 방법이 없어서 다른 채권자 등의 채권회수를 침해할 가능성이 있음을 고려한 결과로 보인다.

23) 대판 2017.9.21. 2015다50637: "공동근저당권자가 목적부동산 중 일부부동산에 대하여 제3자가 신청한 경매절차에 소극적으로 참가하여 우선배당을 받은 경우, 해당 부동산에 관한 근저당권의 피담보채권은 그 근저당권이 소멸하는 시기, 즉 매수인이 매각대금을 지급한 때에 확정되지만, 나머지 목적부동산에 관한 근저당권의 피담보채권은 기본거래가 종료하거나 채무자나 물상보증인에 대하여 파산이 선고되는 등의 다른 확정사유가 발생하지 아니하는 한 확정되지 아니한다. 공동근저당권자가 제3자가 신청한 경매절차에 소극적으로 참가하여 우선배당을 받았다는 사정만으로는 당연히 채권자와 채무자 사이의 기본거래가 종료된다고 볼 수 없고, 기본거래가 계속되는 동안에는 공동근저당권자가 나머지 목적부동산에 관한 근저당권의 담보가치를 최대한 활용할 수 있도록 피담보채권의 증감·교체를 허용할 필요가 있으며, 위와 같이 우선배당을 받은 금액은 나머지 목적부동산에 대한 경매절차에서 다시 공동근저당권자로서 우선변제권을 행사할 수 없어 이후에 피담보채권액이 증가하더라도 나머지 목적부동산에 관한 공동근저당권자의 우선변제권 범위는 우선배당액을 공제한 채권최고액으로 제한되므로 후순위근저당권자나 기타 채권자들이 예측하지 못한 손해를 입게 된다고 볼 수 없기 때문"이다.
이러한 경우에 우선변제의 범위가 감축됨에 관하여 [5473] 참조.

24) 대판 2001.6.1. 99다66649; 대판 2021.1.28. 2018다286994. 자산유동화법 제7조의2 및 대판 2010.1.28. 2008다12057도 참조.

한 원본채권에 관하여 확정 후 발생하는 이자나 지연손해금채권은 채권최고액의 범위 내에서 근저당권에 의하여 여전히 담보된다.[26] 이러한 효과에 착안하여 다수설과 판례[27]는 근저당권이 확정되면 부종성을 가지는 통상의 저당권으로 전환된다고 한다.

[5482] ## 6. 근저당권의 소멸

(1) 근저당권도 저당권의 일종이므로, 그 소멸사유는 보통의 저당권에서와 같다. 예컨대 근저당권이 확정된 때에 피담보채권이 존재하지 않는 경우, 채권이 있더라도 변제로 소멸한 경우 또는 근저당권의 실행이 종료된 경우에 근저당권은 소멸한다.

(2) 나아가 근저당목적물의 제3취득자는 근저당권의 확정 후 그 확정된 채권을 변제하고 근저당권의 말소를 청구할 수 있는데(제364조), 제357조가 정한 "그 담보할 채무의 최고액"이 제3취득자가 변제할 피담보채권의 상한을 이룬다.

[5483] # Ⅱ. 공동저당

1. 의 의

(1) 공동저당(共同抵當)이란 동일한 채권을 담보하기 위하여 수개의 부동산 위에 저당권을 설정하는 것을 말한다.[28] 이와 달리 동일한 채권을 담보하기 위하여 수개의 부동산에 저당권을 설정하지만 공동저당에 해당하지 않는 경우를 「누적적 저당」이라고 한다.[29]

(2) 채무자로서 복수의 저당물이 갖는 담보가치를 집적하여 고액의 피담보채무의 담보로 할 수 있다는 점이, 채권자로서는 담보물의 멸실이나 담보가치의 하락이라는 위험을 분산시킬 수 있다는 점이 장점으로 작용하여 공동저당이 많이 활용된다.[30]

(3) 단독저당에서 관련자들 사이의 관계는 단선적이어서 그들의 우선순위에 따라 이해관계가 조정되면 충분하다. 공동저당에서도 개개의 저당물에 대한 이해관계인들의 내부적 관계는 다르지 않지만, 복수의 부동산에 대한 이해관계인들 상호간의 관계가 어떻게 정리되어야 하는지의 문제가 더해진다. 즉 공동저당권자로서는 우선변제 자체가 주된 관심사이지만, 배당을 어떻게 하는지

25) 대판 1993.3.12. 92다48567.

26) 대판 2007.4.26. 2005다38300.

27) 대판 1997.12.9. 97다25521.

28) 예: A의 B에 대한 대여금채권을 담보하기 위하여 B 소유의 토지와 C 소유의 토지에 저당권을 설정하는 경우.

29) 대판 2020.4.9. 2014다51756·51763: "당사자 사이에 하나의 기본계약에서 발생하는 동일한 채권을 담보하기 위하여 여러 개의 부동산에 근저당권을 설정하면서 각각의 근저당권 채권최고액을 합한 금액을 우선변제받기 위하여 공동근저당권의 형식이 아닌 개별근저당권의 형식을 취한 경우, 이러한 근저당권은 민법 제368조가 적용되는 공동근저당권이 아니라 피담보채권을 누적적(累積的)으로 담보하는 근저당권에 해당한다. 이와 같은 누적적 근저당권은 공동근저당권과 달리 담보의 범위가 중첩되지 않으므로, 누적적 근저당권을 설정받은 채권자는 여러 개의 근저당권을 동시에 실행할 수도 있고, 여러 개의 근저당권 중 어느 것이라도 먼저 실행하여 그 채권최고액의 범위에서 피담보채권의 전부나 일부를 우선변제받은 다음 피담보채권이 소멸할 때까지 나머지 근저당권을 실행하여 그 근저당권의 채권최고액 범위에서 반복하여 우선변제를 받을 수 있다. …] 채권자가 하나의 기본계약에서 발생하는 동일한 채권을 담보하기 위하여 채무자 소유의 부동산과 물상보증인 소유의 부동산에 누적적 근저당권을 설정받았는데 물상보증인 소유의 부동산이 먼저 경매되어 매각대금에서 채권자가 변제를 받은 경우, 물상보증인은 채무자에 대하여 구상권을 취득함과 동시에 민법 제481조, 제482조에 따라 종래 채권자가 가지고 있던 채권 및 담보에 관한 권리를 행사할 수 있다. 이때 물상보증인은 변제자대위에 의하여 종래 채권자가 보유하던 채무자 소유 부동산에 관한 근저당권을 대위취득하여 행사할 수 있다고 보아야 한다."

30) 토지와 건물이 별개의 부동산인 점 및 담보물의 보충도 발생이유의 하나이다.
참고로 대판 2012.3.29. 2011다74932: "저당권이 설정된 1필의 토지가 전체 집합건물에 대한 대지권의 목적인 토지가 되었을 경우에는 종전의 저당목적물에 대한 담보적 효력은 그대로 유지된다고 보아야 하므로 저당권은 개개의 전유부분에 대한 각 대지권 위에 분화되어 존속하고, 각 대지권은 저당권의 공동담보가 된다고 봄이 타당하다. 따라서 집합건물이 성립하기 전 집합건물의 대지에 관하여 저당권이 설정되었다가 집합건물이 성립한 후 어느 하나의 전유부분 건물에 대하여 경매가 이루어져 경매대가를 먼저 배당하는 경우에는 저당권자는 매각대금 중 대지권에 해당하는 경매대가에 대하여 우선변제받을 권리가 있고 그 경우 공동저당 중 이른바 이시배당에 관하여 규정하고 있는 민법 제368조 제2항의 법리에 따라 저당권의 피담보채권액 전부를 변제받을 수 있다."

에 따라 각 부동산의 후순위권리자 사이의 이해관계가 왜곡될 수 있어서, 그 조절이 중심문제로 된다.

2. 공동저당의 성립 [5484]

(1) 동일한 채권의 담보로 수개의 부동산 위에 저당권이 설정되면, 공동저당이 성립한다. 이와 관련하여 몇 가지 살펴본다.

① 공동저당의 피담보채권은 동일하면 되고 하나여야 하는 것은 아니며, 복수의 채권을 담보하기 위한 공동저당도 가능하다.

② 각 부동산 위의 저당권의 순위가 같아야 하는 것은 아니고, 부동산의 소유자가 다르더라도 문제되지 않는다.

(2) 공동저당의 목적인 수개의 부동산에 관하여 공동저당이라는 취지의 등기가 경료되어야 한다(부동산등기법 제78조 참조).

[참 고] 공동저당관계의 등기가 있어야 공동저당이 성립하는 것은 아니라는 견해는 판례도 같은 입장이라며 "공동저당관계의 등기를 공동저당권의 성립요건이나 대항요건이라고 할 수 없다"고 설시한 대판 2010.12.23. 2008다57746[31]을 든다.

그런데 건물에 설정된 근저당권과 그 건물 일부분에 관한 전세권에 설정된 전세권근저당권 사이의 관계라는 특수한 사안(하나의 부동산을 목적으로 하는 공동근저당권)을 다룬 이 판결에서 과연 위와 같은 일반론이 필요하였는지 하는 의문이 발생함은 별론으로 하고, 공동저당이라는 취지가 공시되지 않았음에도 제368조를 적용함으로써 공동저당임을 알지 못한 후순위저당권자 등 이해관계인에게 예기치 않은 결과(유리하든 불리하든)를 지우는 것이 적절한지 의문이 아닐 수 없다. 특히 누적적 근저당[32]과의 구별을 위해서라도 공동저당이라는 취지가 공시되어야 한다.

3. 공동저당의 효력 [5485]

가. 공동저당권의 실행과 이해관계의 조정

(1) 공동저당에서 채권자의 실행선택권이 인정된다. 즉 공동저당권자는 복수의 저당권 전부를 동시에 실행하거나 일부만 실행할 수 있는데, 일부만 실행하는 경우에도 그 매각대금으로부터 피담보채권의 전액을 변제받을 수 있다. 다만 공동저당권자의 실행선택권 행사가 사회관념상 용인될 수 없을 만큼 부당하다고 평가될 수 있다면, 후순위저당권자의 대위에 관한 정당한 기대를 침해한 한도에서 권리남용으로 될 수 있다.[33]

(2) 공동저당권자로서는 어느 부동산의 경매대가로부터 배당받든 우선변제권이 충족되기만 하면 되지만, 각 부동산의 소유자나 후순위저당권자 기타의 채권자는 어느 부동산의 경매대가가 공동저당권자에게 배당되는지에 대하여 중대한 이해관계를 가진다. 즉 공동저당권자의 실행선택

31) "부동산등기법 제149조는 같은 법 제145조의 규정에 의한 공동담보등기의 신청이 있는 경우 각 부동산에 관한 권리에 대하여 등기를 하는 때에는 그 부동산의 등기용지 중 해당 구 사항란에 다른 부동산에 관한 권리의 표시를 하고 그 권리가 함께 담보의 목적이라는 뜻을 기재하도록 규정하고 있지만, 이는 공동저당권의 목적물이 수개의 부동산에 관한 권리인 경우에 한하여 적용되는 등기절차에 관한 규정일 뿐만 아니라, 수개의 저당권이 피담보채권의 동일성에 의하여 서로 결속되어 있다는 취지를 공시함으로써 권리관계를 명확히 하기 위한 것에 불과하므로, 이와 같은 공동저당관계의 등기를 공동저당권의 성립요건이나 대항요건이라고 할 수 없다. 따라서 근저당권설정자와 근저당권자 사이에서 동일한 기본계약에 기하여 발생한 채권을 중첩적으로 담보하기 위하여 수개의 근저당권을 설정하기로 합의하고 이에 따라 수개의 근저당권설정등기를 마친 때에는 부동산등기법 제149조에 따라 공동근저당관계의 등기를 마쳤는지 여부와 관계없이 그 수개의 근저당권 사이에는 각 채권최고액이 동일한 범위 내에서 공동근저당관계가 성립한다."

32) 앞서 본 대판 2020.4.9. 2014다51756 · 51763 참조.

33) 임금채권 우선변제권의 포기에 관한 대판 2006.12.7. 2005다77558 및 일부대위에서 포기에 관한 대판 2009.12.10. 2009다41250 참조.

권만 존중한다면, 저당권자의 선택(恣意?)에 따라 저당물의 소유자나 후순위담보권자에게 불공평한 경우가 발생할 수 있다.

그래서 민법은 ① 공동저당부동산의 전체 환가대금을 동시에 배당하는 「동시배당」의 경우에 각 부동산의 책임을 안분시킴으로써 공동저당권자의 실행선택권과 우선변제권을 해치지 않는 범위 내에서 각 부동산의 소유자와 차순위저당권자 기타의 채권자의 이해관계를 조절하고, ② 공동저당부동산 중 일부의 경매대가를 먼저 배당하는 「이시배당」의 경우에도 대위를 통하여 최종적인 배당의 결과가 동시배당의 경우와 다르지 않게 함으로써 공동저당권자의 실행선택권 행사로 인하여 불이익을 입은 차순위저당권자를 보호한다.

[5486] **나. 공동저당부동산 전부가 채무자의 소유인 경우**

(1) 공동저당부동산 전부가 채무자의 소유인 경우에, 각 부동산의 후순위저당권자[34]들 사이의 이해관계 조절을 제368조가 규정한다.

(2) 먼저 동시배당(同時配當)의 경우에 부담의 안분(按分)을 통하여 이해관계를 조절한다. 즉 공동저당부동산 전부의 경매대가를 동시에 「배당」하는 경우(동시에 「경매신청」을 하는 경우가 아니라)에, 각 부동산의 경매대가에 비례하여 피담보채권의 부담이 나누어지는데(제368조 제1항), 각 부동산에 관하여 그 비례안분액을 초과하는 부분은 후순위저당권자의 변제에 충당되고, 후순위저당권자가 없거나 충당되고 남은 것이 있으면 소유자에게 배당된다. 그런데 선순위 또는 동순위의 권리자가 있으면 각 부동산별로 매각대금에서 그의 피담보채권액을 공제하여 경매대가를 정하고 이를 기준으로 각 공동저당의 책임분담을 결정해야 한다.[35]

[5487] (3) 한편 이시배당(異時配當)[36]의 경우에 배당의 시기에 따른 이해관계의 왜곡을 피하기 위하여 후순위저당권자의 대위(代位)가 인정된다. 즉 공동저당부동산 중 일부만의 경매대가를 먼저 배당하는 경우에, 공동저당권자는 그 대가에서 채권 전부의 변제를 받을 수 있고, 경매된 부동산의 후순위저당권자는 공동저당부동산을 동시에 배당하였더라면 공동저당권자가 다른 부동산으로부터 변제받을 수 있었던 금액의 한도 내에서 공동저당권자에 대위하여 그 저당권을 행사할 수 있다(제368조 제2항).

① 여기서 대위는 선순위인 공동저당권자의 미실행저당권이 이미 경매된 부동산의 후순위저당권자에게 법률상 당연히 이전하는 것을 의미한다. 즉 피담보채권의 이전과 무관하게[37] 저당권이 이전되므로, 저당권의 부종성에 대한 예외라 할 수 있다.

---

34) 법문에는 "차순위저당권자"로 되어 있으나, 후순위저당권자 전원을 의미한다. 이하 같다.

35) 대판 2003.9.5. 2001다66291. 선순위의 저당권도 공동저당권이라면 가액의 비례에 따라 안분된 액을 공제해야 한다(대판 1971.6.22. 71다513).
나아가 공동저당권과 동순위로 배당받는 채권이 있는 경우에 관하여 대판 2024.6.13. 2020다258893: 제368조 제1항에서 "'각 부동산의 경매대가'란 일반적으로 매각대금에서 당해 부동산이 부담할 경매비용과 선순위채권을 공제한 잔액을 말하지만, 공동저당권설정등기 전에 가압류등기가 마쳐진 경우처럼 공동저당권과 동순위로 배당받는 채권이 있는 경우에는 매각대금에서 당해 부동산이 부담할 경매비용과 선순위채권뿐만 아니라 동순위채권에 안분되어야 할 금액까지 공제한 잔액을 말한다고 봄이 타당하다. 당해 부동산에서 동순위채권에 안분되는 금액은 공동저당권의 우선변제권이 미치지 아니하여 담보가치에서 제외되고 이는 선순위채권의 경우와 다를 바 없기 때문이다. 따라서 공동저당권과 동순위로 배당받는 채권이 있는 경우 동시배당을 하는 때 민법 제368조 제1항에 따른 채권의 분담은, 먼저 공동저당권과 동순위로 배당받을 채권자가 존재하는 부동산의 매각대금에서 경매비용과 선순위채권을 공제한 잔여금액을 공동저당권의 피담보채권액과 동순위채권액에 비례하여 안분한 다음, 공동저당권의 피담보채권에 안분된 금액을 경매대가로 삼아 다른 부동산들과 사이에서 각 경매대가에 안분하여 채권의 분담을 정하는 방법으로 이루어진다. 이는 공동근저당의 경우에도 마찬가지이다."

36) 공동저당부동산 중 일부에 대하여 경매가 진행된 경우뿐만 아니라 전부에 관하여 동시에 또는 각각 경매가 진행되었더라도 결국 일부만에 관하여 배당이 실시되는 경우를 포함한다.

37) 전부변제의 경우에 선순위인 공동저당권자의 피담보채권은 소멸하므로 이전이 일어나지 않는다.

② 대위의 요건은 ⓐ 공동저당부동산 중 일부의 경매대가가 먼저 배당되었을 것과 ⓑ 공동저당권자가 일부의 경매대가로부터 그 부동산의 책임분담액을 초과하는 배당을 받았고, 그로 인하여 후순위저당권자가 동시배당에 비하여 불이익을 받았을 것의 두 가지이다.

공동저당권자가 일부변제를 받은 경우를 포함하는데, 이 경우 저당권자는 피담보채권 전액을 변제받기까지 나머지 부동산에 대한 저당권을 실행할 수 있으므로, 그를 대위한 후순위저당권자는 공동저당권자의 채권이 완제되기 전에 대위저당권을 행사할 수 없다.

한편 대위로 인한 저당권의 이전은 법률의 규정에 의한 것으로서 등기[38]를 요하지 않지만(제187조), 대위등기를 하지 않는 동안 대위될 저당권등기가 말소된 경우에는 그 후에 소유권이나 저당권을 취득한 이해관계인에 대하여 대위를 주장하지 못한다.[39]

③ 대위의 범위는 동시배당이 이루어졌더라면 선순위저당권자가 다른 부동산의 경매대가에서 배당받을 수 있었을 금액, 즉 각 부동산의 책임분담액을 한도로 하지만, 후순위저당권자의 배당상 불이익액을 초과할 수 없다. 그런데 책임분담액에 관하여, 다른 부동산이 경매될 때를 기다리지 않고 대위발생시 다른 부동산의 가격까지 평가하여 대위의 범위를 확정할 수 있다는 이전범위설과 각 부동산이 실제로 경매되어 경매가격이 정해진 후가 아니면 안 된다는 행사범위설이 대립하는바, 판례는 행사범위설을 따른다.[40]

한편 선순위공동저당권자가 피담보채권을 변제받기 전에 공동저당목적부동산 중 일부에 관한 저당권을 포기한 경우에, 후순위저당권자가 있는 부동산에 관한 경매절차에서, 저당권을 포기하지 아니하였더라면 후순위저당권자가 대위할 수 있었던 한도에서는 후순위저당권자에 우선하여 배당을 받을 수 없다고 보아야 한다.[41]

다. 공동저당 부동산 중 일부가 채무자의 소유가 아닌 경우 [5488]

(1) 물상보증인(그로부터의 제3취득자도 같다) 소유 부동산의 매각대금이 공동저당권자에게 배당되는 것은 제3자변제에 해당하고, 이는 변제자대위(辨濟者代位)로 연결된다(제481조, 제482조 참조). 그런데 공동저당부동산의 소유자가 채무자와 물상보증인이고 채무자 소유 저당부동산의 매각대금이 먼저 배당된 경우에, 그 부동산의 후순위저당권자는 제368조 제2항에 따라 공동저당권자를 대위할 수 있지만, 다른 한편 물상보증인 소유 저당부동산의 매각대금의 배당으로 물상보증인은 제482조 제1항에 따라 변제자대위를 할 수 있어서 두 대위 사이에 충돌이 발생한다. 이들

38) 대위등기의 등기사항에 관하여 부동산등기법 제80조 제1항 참조.

39) 공동저당목적부동산 일부가 물상보증인 소유인 경우에 대위가 허용되지 않는다는 대판 2015.3.20. 2012다99341([5490]에 소개된) 참조.

40) 대판 1994.5.10. 93다25417.

41) 대판 2009.12.10. 2009다41250: "채무자 소유의 수개 부동산에 관하여 공동저당권이 설정된 경우 민법 제368조 제2항 후문에 의한 후순위저당권자의 대위권은 선순위공동저당권자가 공동저당의 목적물인 부동산 중 일부의 경매대가로부터 배당받은 금액이 그 부동산의 책임분담액을 초과하는 경우에 비로소 인정되는 것이지만, 후순위저당권자로서는 선순위공동저당권자가 피담보채권을 변제받지 않은 상태에서도 추후 공동저당목적부동산 중 일부에 관한 경매절차에서 선순위공동저당권자가 그 부동산의 책임분담액을 초과하는 경매대가를 배당받는 경우 다른 공동저당목적부동산에 관하여 선순위공동저당권자를 대위하여 저당권을 행사할 수 있다는 대위의 기대를 가진다고 보아야 하고, 후순위저당권자의 이와 같은 대위에 관한 정당한 기대는 보호되어야 하므로, 선순위공동저당권자가 피담보채권을 변제받기 전에 공동저당목적부동산 중 일부에 관한 저당권을 포기한 경우에는, 후순위저당권자가 있는 부동산에 관한 경매절차에서, 저당권을 포기하지 아니하였더라면 후순위저당권자가 대위할 수 있었던 한도에서는 후순위저당권자에 우선하여 배당을 받을 수 없다고 보아야 하고, 이러한 법리는 공동근저당권의 경우에도 마찬가지로 적용된다고 보아야 한다."
대판 2011.10.13. 2010다99132도 동지이고, "채무자 소유 부동산과 물상보증인 소유 부동산에 공동근저당권을 설정한 채권자가 공동담보 중 채무자 소유 부동산에 대한 담보 일부를 포기하거나 순위를 불리하게 변경하여 담보를 상실하게 하거나 감소하게 한 경우, 물상보증인은 그로 인하여 상환받을 수 없는 한도에서 책임을 면한다. 그리고 이 경우 공동근저당권자는 나머지 공동담보목적물인 물상보증인 소유 부동산에 관한 경매절차에서, 물상보증인이 위와 같이 담보 상실 내지 감소로 인한 면책을 주장할 수 있는 한도에서는, 물상보증인 소유 부동산의 후순위근저당권자에 우선하여 배당받을 수 없다"고 한 대판 2018.7.11. 2017다292756도 참조.

사이의 우열을 어떻게 정할 것인가? 이는 공동저당물의 전부나 일부가 채무자의 소유가 아닌 경우에도 제368조 제2항 후문이 적용될 수 있는지의 문제이다.

[5489] (2) 후순위저당권자의 대위와 변제자대위의 우열에 관하여 살펴본다.

① 변제자대위 우선설(辨濟者代位 優先說)은, 제368조 제2항의 대위는 공동저당부동산 전부가 채무자의 소유에 속하는 경우에만 인정된다는 입장으로, 물상보증인은 변제자대위에 의하여 최종적 책임을 채무자에게 귀속시킬 수 있음(변제자대위)을 기대하고 담보로 제공한 반면, 후순위저당권은 본래 제368조 제2항에 의한 보호를 기대하지 않고 설정된 것이라는 점을 근거로 든다.

② 후순위저당권자대위 우선설(後順位抵當權者代位 優先說)은, 제368조 제2항의 대위가 우선하고 변제자대위는 그 잔액에 대해서만 인정된다는 견해로, 물상보증인은 적어도 각 담보물 가액에 따른 책임을 각오하였으므로, 제368조 제2항을 무시하면서까지 이들을 후순위저당권자보다 더 보호할 필요가 없음을 이유로 한다.

[참 고] 甲 부동산(경매대가 600만 원)의 소유자는 채무자(X)이고, 乙 부동산(경매대가 400만 원)은 물상보증인(Y) 소유이며, 甲 위에 A가 1번저당권(피담보채권 500만 원), B가 2번저당권(피담보채권 250만 원)을 가지고, 乙 위에 A가 1번저당권(피담보채권 500만 원), C가 2번저당권(피담보채권 300만 원)을 가지는 경우(각 부동산 위의 A의 저당권은 공동저당권이다)를 통하여 학설의 구체적 내용을 살펴본다.

㉮ 甲의 경매대가가 먼저 배당되고 乙의 경매대가가 나중에 배당되는 경우

ⓐ 변제자대위 우선설에 의하면, 甲의 경매대가로부터 A가 500만 원을 배당받고, B가 100만 원을 배당받는다. B는 동시배당의 경우보다 150만 원의 불이익을 입지만, 乙에 대하여 A의 1번저당권을 대위하지 못한다. 그 결과 乙 위의 A의 1번저당권은 소멸하고 C가 1번저당권자로 되므로, Y의 경매대가 중 300만 원은 C에게 배당되고, 나머지 100만 원은 Y에게 배당된다.

ⓑ 후순위저당권자대위 우선설에 의하더라도, 甲의 경매대가로부터 A가 500만 원, B가 100만 원을 배당받는 점은 ⓐ와 같다. 그런데 동시배당의 경우보다 150만 원의 불이익을 입은 B는 그 한도에서 乙에 대하여 A의 1번저당권을 대위한다. 따라서 乙의 경매대가 중 150만 원은 B에게, 나머지 250만 원은 C에게 각 배당된다.

㉯ 乙의 경매대가가 먼저 배당되고 甲의 경매대가가 나중에 배당되는 경우

ⓐ 변제자대위 우선설에 의하면, 乙의 경매대가는 전액 A에게 배당된다. 한편 甲의 경매대가는 피담보채권의 잔여분 100만 원을 가지는 A에게 우선배당되고, 이어서 변제자대위에 의하여 Y에게 그 경매대가인 400만 원이 배당되는데, 乙의 2번저당권자 C는 Y에게 배당되는 400만 원 중 300만 원에 대하여 물상대위할 수 있다. 그리고 甲의 경매대가 중 나머지 100만 원은 甲에 대한 2번저당권자인 B에게 배당된다.

ⓑ 후순위저당권자대위 우선설에 의하더라도, 乙의 경매대가는 전액 A에게 배당되고, 甲의 경매대가 중 100만 원이 A에게 우선배당되는 점은 ⓐ와 같다. 그리고 甲의 경매대가 중 나머지 500만 원은 乙에 대한 2번저당권자 C의 배당불이익액 200만 원(후순위저당권자대위), 乙 소유자의 변제액 200만 원(변제액 400만 원에서 C의 배당액 200만 원을 공제한 액: 변제자대위) 및 甲에 대한 저당권자 B의 채권(100만 원)의 순으로 충당된다.

[5490] ③ 판례는 기본적으로 변제자대위 우선설을 따른다.[42)]

42) 변제자대위와 후순위저당권자대위의 우열에 관한 재판례를 본다. ㉠ 물상보증인 소유 부동산에 대한 저당권이 먼저 실행된 경우에 관하여 대판 1994.5.10. 93다25417은 "공동저당의 목적인 채무자 소유의 부동산과 물상보증인 소유의 부동산에 각각 채권자를 달리하는 후순위저당권이 설정되어 있는 경우, 물상보증인 소유의 부동산에 대하여 먼저 경매가 이루어져 그 경매대금의 교부에 의하여 1번저당권자가 변제를 받은 때에는 물상보증인은 채무자에 대하여 구상권을 취득함과 동시에, 민법 제481조, 제482조의 규정에 의한

④ 판례가 취하는 변제자대위 우선설은, 채무자와 물상보증인 사이의 내부관계에서 채무자 소유의 부동산이 실질적인 「책임」을 지고, 물상보증인 소유의 부동산은 형식적으로 「책임」을 부담할 뿐이라는 점에서 근거 지워질 수 있다. 즉 형식적으로만 책임을 부담하는 물상보증인 소유의 부동산에 설정된 저당권이 실행되어 채권자를 만족시킨 경우에 그로 인한 물상보증인의 구상에 대하여 채무자 소유의 부동산이 책임을 져야 하는 반면, 실질적으로 책임을 부담하는 채무자 소유의 부동산에 설정된 저당권이 실행되어 채권자를 만족시켰다고 하여 그 부동산의 후순위저당권자가 물상보증인 소유의 부동산에 대하여 대위권을 행사할 수는 없다고 해야 한다.

⑤ 실질적인 채무자와 물상보증인의 지위가 바뀐 경우에도 판례는 외형상 채무자의 변제자 [5491]
대위가 우선한다고 하는데, 추가로 검토할 점도 있다.

[참 고] 대판 2015.11.27. 2013다41097 · 41103[43]: "변제자대위에 관한 민법 제481조, 제482조에 의하면 물상보증인은 자기의 권리에 의하여 구상할 수 있는 범위에서 채권 및 담보에 관한 권리를 행사할 수 있으므로, 물상보증인이 채무를 변제하거나 저당권의 실행으로 저당물의 소유권을 잃었더라도 다른 사정에 의하여 채무자에 대하여 구상권이 없는 경우에는 채권자를 대위하여 채권자의 채권 및 담보에 관한 권리를 행사할 수 없다. 따라서 실질적인 채무자와 실질적인 물상보증인이 공동으로 담보를 제공하여 대출을 받으면서 실질적인 물상보증인이 저당권설정등기에 자신을 채무자로 등기하도록 한 경우, 실질적 물상보증인인 채무자는 채권자에 대하여 채무자로서의 책임을 지는지와 관계없이 내부관계에서는 실질적 채무자인 물상보증인이 변제를 하였더라도 그에 대하여 구상의무가 없으므로, 실질적 채무자인 물상보증인이 채권자를 대위하여 실질적 물상보증인인 채무자

변제자대위에 의하여 채무자 소유의 부동산에 대한 1번저당권을 취득하고, 이러한 경우 물상보증인 소유의 부동산에 대한 후순위저당권자는 물상보증인에게 이전한 1번저당권으로부터 우선하여 변제를 받을 수 있으며, 물상보증인이 수인인 경우에도 마찬가지라 할 것이므로(이 경우 물상보증인들 사이의 변제자대위의 관계는 민법 제482조 제2항 제4호, 제3호에 의하여 규율될 것이다), 자기 소유의 부동산이 먼저 경매되어 1번저당권자에게 대위변제를 한 물상보증인은 1번저당권을 대위취득하고, 그 물상보증인 소유의 부동산의 후순위저당권자는 1번저당권에 대하여 물상대위를 할 수 있다"고 하면서 "물상보증인이 대위취득한 선순위저당권설정등기에 대하여는 말소등기가 경료될 것이 아니라 물상보증인 앞으로 대위에 의한 저당권이전의 부기등기가 경료되어야 할 성질의 것이며, 따라서 아직 경매되지 아니한 공동저당물의 소유자로서는 1번저당권자에 대한 피담보채무가 소멸하였다는 사정만으로는 말소등기를 청구할 수 없다"고 하였다. 대판 2001.6.1. 2001다21854 및 대판 2018.7.11. 2017다292756도 동지. 이러한 경우에 "채무자는 물상보증인에 대한 반대채권이 있더라도 특별한 사정이 없는 한 물상보증인의 구상금채권과 상계함으로써 물상보증인 소유의 부동산에 대한 후순위저당권자에게 대항할 수 없다. 채무자는 선순위공동저당권자가 물상보증인 소유의 부동산에 대해 먼저 경매를 신청한 경우에 비로소 상계할 것을 기대할 수 있는데, 이처럼 우연한 사정에 의하여 좌우되는 상계에 대한 기대가 물상보증인 소유의 부동산에 대한 후순위저당권자가 가지는 법적 지위에 우선할 수 없다"(대판 2017.4.26. 2014다221777 · 221784).

㉡ 채무자 소유의 부동산에 대한 저당권이 먼저 실행된 경우에도 다르지 않다. 대판 1996.3.8. 95다36596은, 채권자가 물상보증인 소유 甲 토지와 공동담보로 채무자 소유 乙토지에 각 1번근저당권을 취득한 후 이와 별도로 乙에 2번근저당권을 취득한 사안에서, 먼저 乙에 대하여 피담보채무의 불이행을 이유로 근저당권이 실행되어 경매대금에서 1번근저당권의 피담보채권액을 넘는 금액이 배당된 경우에, 변제자대위의 법리에 비추어 볼 때 제368조 제2항은 적용되지 않으므로 후순위(2번)저당권자인 채권자는 甲에 대하여 자신의 1번근저당권을 대위행사할 수 없고, 따라서 물상보증인의 근저당권설정등기는 그 피담보채무의 소멸로 인하여 말소되어야 한다고 했다. 이러한 법리는 채무자 소유의 부동산에 후순위저당권이 설정된 후에 물상보증인 소유의 부동산이 추가로 공동저당의 목적으로 된 경우에도 마찬가지로 적용된다(대판 2014.1.23. 2013다207996).

㉢ 참고로 공동근저당의 목적인 채무자 S 소유 甲 부동산과 물상보증인 B 소유 乙 부동산 중 乙이 먼저 경락되어 공동근저당권자인 G가 변제를 받았는데, 乙에 대한 후순위저당권자 C가 B 명의로 대위의 부기등기를 하지 않고 있는 동안 G가 임의로 甲에 설정되어 있던 공동근저당권을 말소하였고, 그 후 甲에 D 명의의 근저당권이 설정되었다가 경매로 甲이 제3자에게 매각되어 대금이 완납된 경우에, C는 매각대금 완납으로 더 이상 B의 권리를 대위하여 공동근저당권설정등기의 회복등기절차 이행을 구하거나 경매절차에서 실제로 배당받은 이에 대하여 부당이득반환청구로서 배당금 한도 내에서 공동근저당권설정등기가 말소되지 않았더라면 배상받았을 금액의 지급을 구할 여지가 없으므로, 매각대금이 완납된 날 G의 공동근저당권 불법말소로 인한 C의 손해가 확정적으로 발생하였고, 乙의 매각대금으로 G가 배당을 받은 날과 공동근저당권이 말소된 날 사이에 C가 대위의 부기등기를 마치지 않은 사정만으로 G의 불법행위와 C의 손해 사이에 존재하는 인과관계가 단절된다고 할 수 없다(대판 2011.8.18. 2011다30666 · 30673. 나아가 B와 C는 제482조 제2항 제1호에 기하여 D에게 대항할 수 없다고 하였다). 공동저당목적부동산 전부가 물상보증인 소유인 경우와 관련하여 "먼저 경매된 부동산의 후순위저당권자가 다른 부동산에 공동저당의 대위등기를 하지 아니하고 있는 사이에 선순위저당권자 등에 의해 그 부동산에 관한 저당권등기가 말소되고, 그와 같이 저당권등기가 말소되어 등기부상 저당권의 존재를 확인할 수 없는 상태에서 그 부동산에 관하여 소유권이나 저당권 등 새로 이해관계를 취득한 사람에 대해서는, 후순위저당권자가 민법 제368조 제2항에 의한 대위를 주장할 수 없다"고 한 대판 2015.3.20. 2012다99341도 참조.

43) X와 A가 공유하는 부동산(甲)에 관하여 근저당권자를 B, 채무자를 X로 하여 근저당권이 설정되었는데, X와 A의 내부관계에서 실질적인 채무자는 대출명의인인 X가 아니라 A인 사안에서, 원심은 甲 중 A의 지분에 대한 위 근저당권의 실행으로 A가 그 지분을 잃었더라도 대출명의인 X가 실질적인 채무자 A에 대하여 구상의무를 부담하지 않고, 나아가 X에 대하여 구상권이 없는 A로서는 甲 중 X 지분에 대한 선순위공동저당권자인 B의 근저당권에 대하여 제481조, 제482조에 의한 변제자대위를 할 수 없고, 따라서 甲 중 A의 지분에 대한 후순위저당권자인 Y는 甲 중 X의 지분에 대한 B의 근저당권에 대하여 어떠한 권리를 취득하거나 물상대위를 할 수 없다고 판단하였고, 대법원은 Y의 상고를 기각한 사례.

에 대한 담보권을 취득한다고 할 수 없다. 그리고 이러한 법리는 실질적 물상보증인인 채무자와 실질적 채무자인 물상보증인 소유의 각 부동산에 공동저당이 설정된 후에 실질적 채무자인 물상보증인 소유의 부동산에 후순위저당권이 설정되었다고 하더라도 다르지 아니하다. 이와 같이 물상보증인이 채무자에게 구상권이 없어 변제자대위에 의하여 채무자 소유의 부동산에 대한 선순위 공동저당권자의 저당권을 대위취득할 수 없는 경우에는 물상보증인 소유의 부동산에 대한 후순위저당권자는 물상대위할 대상이 없으므로 채무자 소유의 부동산에 대한 선순위공동저당권자의 저당권에 대하여 물상대위를 할 수 없다."

이에 대한 촌평을 하자면, ⓐ 구상을 용이하게 하기 위하여 일정한 요건 하에 변제받은 채권자의 채권 및 그 담보에 관한 권리가 대위변제자에게 이전된다. 그런데 구상이 인정되는가, 인정된다면 어느 범위에서 인정되는가 하는 문제를 결정하기 위한 전제로서 「부담부분」은 복수의 채무자 사이의 내부관계에서 각자가 「실질적으로」 부담하는 채무의 부분을 말하고, 채권자와의 관계에서 「형식적으로」 부담하는 채무의 부분을 의미하지는 않는다. 이 점에서 구상이 인정되지 않는다고 한 위 판시는 실질적 채무자인 물상보증인에 대한 내부관계에서 정당하다. 그러나 ⓑ 내부관계와 무관한 이, 특히 후순위저당권자에 대해서도 그러한지에 대하여 선불리 긍정할 것은 아니다. 즉 외형상의 물상보증인 소유의 부동산에 후순위저당권을 설정받은 이는 등기된 바에 따라 「변제자대위+물상대위」를 기대하였는데, 내부관계를 들어 그 기대를 깨뜨리는 것이 정당하다고 할 것인지 의문이다. 위 판결의 입장을 밀고 나간다면, 채무자와 물상보증인이 서로의 지위를 바꾸거나 반대지위를 주장함으로써 후순위권리자의 변제자대위를 봉쇄할 수 있기 때문이다. 즉 물상보증인 소유 부동산의 후순위권리자에 대해서는 실질적인 관계를 들어, 반대로 채무자 소유 부동산의 후순위권리자에 대해서는 외형상의 관계를 들어 변제자대위를 부정할 수 있다. 위 판결에서도 Y는 물상대위를 할 수 있음을 전제로 외형상으로는 물상보증인인 A 소유의 지분에 후순위저당권을 설정받았을 것인데, X와 A 사이의 내부관계를 들어 이를 뒤집는 것은 신의칙상 허용되지 않는다고 해야 한다. 즉 Y가 선의인 이상 적어도 그러한 외관의 작출한 X 자신이 대위를 부정하는 것은 금반언의 원칙에 반하는 것으로 평가할 수 있다.

[5492] (3) 지금까지 본 대위의 경합은 이시배당을 전제로 한 것이다. 그런데 배당의 시기에 따라 결과가 달라져서는 안 된다. 즉 공동저당부동산이 채무자 소유와 물상보증인 소유로 이루어진 경우에도 동시배당과 이시배당에서 동일한 결과에 이르러야 한다.

따라서 동시배당의 경우에 채무자 소유의 저당부동산의 매각대금이 먼저 배당되어야 하고, 물상보증인은 변제자대위에 의하여, 물상보증인 소유 부동산의 후순위저당권자는 물상대위에 의하여 채무자 소유 부동산의 경매대가의 배분에서 채무자 소유 부동산 위의 후순위저당권자에 우선한다. 물상보증인 소유 저당부동산의 매각대금의 배당은 제3자변제에 해당하고 채무자에 대한 구상을 통하여 종국적으로는 채무자측의 매각대금이 책임을 져야하기 때문이다. 이렇게 함으로써 배당에 따른 법률관계를 1회적으로 끝낼 수 있다. 판례도 같은 입장이다.[44]

[5493] **라. 그 밖의 경우**

(1) 공동저당의 목적인 부동산 전부가 서로 다른 물상보증인의 소유인 경우에, 그들 상호간

44) 대판 2010.4.15. 2008다41475: "공동저당권이 설정되어 있는 수개의 부동산 중 일부는 채무자 소유이고 일부는 물상보증인의 소유인 경우 위 각 부동산의 경매대가를 동시에 배당하는 때에는, 물상보증인이 민법 제481조, 제482조의 규정에 의한 변제자대위에 의하여 채무자 소유 부동산에 대하여 담보권을 행사할 수 있는 지위에 있는 점 등을 고려할 때, [···] 민법 제368조 제1항은 적용되지 아니한다고 봄이 상당하다. 따라서 이러한 경우 경매법원으로서는 채무자 소유 부동산의 경매대가에서 공동저당권자에게 우선적으로 배당을 하고, 부족분이 있는 경우에 한하여 물상보증인 소유 부동산의 경매대가에서 추가로 배당을 하여야 한다." 물상보증인이 채무자를 위한 연대보증인의 지위를 겸하는 경우에도 마찬가지라는 대판 2016.3.10. 2014다231965도 참조. 나아가 이러한 취지가 사해행위 취소에서 책임재산액을 정함에도 유지됨에 관하여 대판(전) 2013.7.18. 2012다5643([4103]에 소개된) 참조.

의 대위는 제482조의 변제자대위의 법리에 따르므로 제368조가 적용되지 않고, 후순위저당권자의 지위는 물상보증인의 지위에 따른다.

(2) 공동저당부동산의 양도 등 사후적인 사정변경에 의하여 이해관계가 왜곡되어서는 안 된다.[45] 즉 "민법 제368조 제2항에 의하여 공동저당부동산의 후순위저당권자에게 인정되는 대위를 할 수 있는 지위 내지 그와 같은 대위에 관한 정당한 기대를 보호할 필요성은 그 후 공동저당부동산이 제3자에게 양도되었다는 이유로 달라지지 않는다. 즉 공동저당부동산의 일부를 취득하는 제3자로서는 공동저당부동산에 관하여 후순위저당권자 등 이해관계인들이 갖고 있는 기존의 지위를 전제로 하여 공동저당권의 부담을 인수한 것으로 보아야 하기 때문에 공동저당부동산의 후순위저당권자의 대위에 관한 법적 지위 및 기대는 공동저당부동산의 일부가 제3자에게 양도되었다는 사정에 의해 영향을 받지 않는다."[46]

따라서 공동저당부동산의 제3취득자의 지위는 경우를 나누어 검토해야 한다. ① 채무자로부터 공동저당부동산을 양수한 제3취득자는 물상보증인 및 그 소유 부동산의 후순위저당권자가 가지는 전부대위에 대한 기대/이익을 박탈할 수 없다. 따라서 이 경우에는 후순위저당권자대위가 우선한다. 반면 ② 물상보증인으로부터 공동저당부동산을 양수한 경우에, 채무자 소유 부동산의 후순위저당권자로서는 처음부터 대위에 대한 기대/이익을 가지지 않으므로, 제3취득자의 변제자대위가 우선한다.

마. 공동저당법리의 적용범위 [5494]

(1) 공동저당에 관한 제368조는 공동근저당권의 경우에도 적용되고, 또한 공동근저당권자 스스로 경매를 실행하는 경우는 물론 타인이 실행한 경매에서 우선배당을 받는 경우에도 적용된다.[47]

(2) 판례는 공동저당의 법리를 임금채권 우선특권,[48] 주택임대차법 소정의 소액보증금반환청구권[49] 및 조세우선특권[50] 등에 대하여 유추한다.

반면 동일한 채권의 담보를 위하여 부동산과 선박에 저당권이 설정된 경우에 제368조 제2항은 적용 내지 유추되지 않는다는 것이 판례의 입장이다.[51]

---

45) 변제자대위 우선설을 전제로, 후순위저당권이 설정될 때까지는 공동저당부동산이 모두 채무자의 소유였으나 그중 하나에 후순위저당권이 설정된 후 다른 부동산의 소유권이 제3자에게 이전된 경우에, 소유권이 양도되었다는 우연한 사정 때문에 대위관계가 달라져서는 안 되므로 후순위저당권자 대위를 우선시켜야 한다는 입장을 선순위등기 우선설(先順位登記 優先說)라고 하는데, 뒤의 2010다99132 판결이 이 입장에 따른 것으로 볼 여지가 있다. 변제자대위에 관한 [2238]도 참조.

46) 대판 2011.10.13. 2010다99132. 관련하여 대판 2021.12.16. 2021다247258: "같은 물상보증인이 소유하는 복수의 부동산에 공동저당이 설정되고 그중 한 부동산에 후순위저당권이 설정된 다음에 그 부동산이 채무자에게 양도됨으로써 채무자 소유의 부동산과 물상보증인 소유의 부동산에 대해 공동저당이 설정된 상태에 있게 된 경우에는 물상보증인의 변제자대위는 후순위저당권자의 지위에 영향을 주지 않는 범위에서 성립한다고 보아야 하고, 이는 물상보증인으로부터 부동산을 양수한 제3취득자가 변제자대위를 하는 경우에도 마찬가지이다. 이 경우 물상보증인이 자신이 변제한 채권 전부에 대해 변제자대위를 할 수 있다고 본다면, 후순위저당권자는 저당부동산이 채무자에게 이전되었다는 우연한 사정으로 대위를 할 수 있는 지위를 박탈당하는 반면, 물상보증인 또는 그로부터 부동산을 양수한 제3취득자는 뜻하지 않은 이득을 얻게 되어 부당하다. 같은 물상보증인이 소유하는 복수의 부동산에 공동저당이 설정된 경우 그 부동산 중 일부에 대한 후순위저당권자는 선순위 공동저당권자가 공동저당이 설정된 부동산의 가액에 비례하여 배당받는 것을 전제로 부동산의 담보가치가 남아있다고 기대하여 저당권을 설정받는 것이 일반적이고, 이러한 기대를 보호하는 것이 민법 제368조의 취지에 부합한다."

47) 대판 2006.10.27. 2005다14502. 대판 2014.4.10. 2013다36040도 동지.

48) 대판 2002.12.10. 2002다48399.

49) 대판 2003.9.5. 2001다66291.

50) 대판 2001.11.27. 99다22311.

51) 대판 2002.7.12. 2001다53264.

[5495] Ⅲ. 특별법에 의한 저당권

1. 서 설

(1) 거래계의 필요에 따라 저당권의 적용범위가 확장되고 일괄담보화도 요청된다. 그래서 등기된 선박(선박등기법 제3조), 입목등기가 경료된 입목(입목에 관한 법률 제3조), 광업권(광업법 제11조) · 어업권(수산업법 제16조) · 댐사용권(댐건설관리법 제30조), 공장재단 · 광업재단(공장저당법 제10조, 제52조), 자동차 · 항공기 · 건설기계 · 소형선박(특정동산저당법 제3조) 등에 저당권을 설정할 수 있도록 하는 특별법이 제정되었다.

(2) 저당권에 관한 민법의 규정은 특별법상의 저당권에 준용된다(제372조).

2. 입목저당

(1) 입목에 관한 법률에 따라 등기된 입목을 목적으로 하는 저당권을 입목저당(立木抵當)이라고 한다.

(2) 입목저당권은 저당권자와 저당권설정자가 입목저당권설정의 합의를 하고, 등기를 마쳐야 성립한다.

(3) 입목저당권이 설정되면 입목소유자는 당사자 사이에 약정된 방법에 의하여 그 입목을 조성 · 육림해야 하고(같은 법 제5조 제1항), 입목을 목적으로 하는 저당권의 효력은 입목을 베어낸 경우에 그 토지로부터 분리된 수목에도 미친다(같은 법 제4조). 나아가 경매에 따른 법정지상권이 인정된다(같은 법 제6조).

[5496] 3. 재단저당

(1) 재단저당(財團抵當)이란, 기업활동을 위하여 결합된 토지, 건물, 기계, 기구 등의 물적 설비와 그 기업에 관한 면허, 지식재산권 등을 묶어 하나의 재단을 구성하여 그 위에 저당권을 설정하는 제도를 말한다. 이들의 유기적 결합을 유지함으로써 담보가치를 높이는 동시에 설정 및 실행절차를 간편하게 한다는 장점을 가지는 재단저당에 관한 특별법으로 공장저당법이 있다.

(2) 공장저당법은 ① 공장에 속하는 일정한 기업용 재산으로 구성되는 재단에 저당권을 설정하는 공장재단저당(같은 법 제10조 이하)과 함께 ② 공장에 속하는 토지 · 건물의 부가물 · 종물뿐만 아니라 이에 설치된 기계 · 기구 기타 공장의 공용물에까지 토지 · 건물의 저당권의 효력이 미치는 협의의 공장저당(같은 법 제3조, 제4조)이라는 특수한 저당에 대해서도 규정한다.

(3) 나아가 공장저당법은 광업권자가 광업권 및 그 소유에 속하는 토지와 공작물, 지상권 기타 토지사용권, 임대인의 동의가 있는 경우에 물건의 임차권, 기계, 기구, 차량, 선박 기타 부속물의 전부 또는 일부로 광업재단을 구성하여 그 위에 저당권을 설정할 수 있도록 한다(같은 법 제52조 이하).

[5497] 4. 동산저당

동산은 질권의 목적이 될 뿐인데, 동산에 질권을 설정하면 그 사용가치가 사장(死藏)되므로 사회경제적으로 비효율적일 뿐만 아니라 이를 담보로 생산자금을 융자하는 것이 불가능하다. 그래서 등기나 등록이라는 공시방법이 갖추어져 있는 동산에 관하여 저당권의 설정을 인정하는데, 이를 동산저당(動産抵當)이라고 한다.

현행법상 저당권의 목적으로 되는 동산으로 자동차 · 항공기 · 건설기계 · 소형선박(특정동산저당법 제3조), 선박(상법 제787조, 선박등기법 제3조) 등이 있다.

제 6 관 질 권

Ⅰ. 총 설 [5498]

1. 질권의 의의

(1) 질권(質權)이란, 채권자가 변제를 받을 때까지 채권의 담보로 채무자 또는 제3자(물상보증인)로부터 인도받은 물건 또는 재산권을 유치함으로써 채무의 변제를 간접적으로 강제하다가, 변제가 없으면 그 매각대금으로부터 우선변제를 받을 수 있는 담보물권을 말한다(제329조, 제345조).

(2) 다른 담보물권과의 비교하면,

① 질권은 유치적 효력(인도거절권능)을 가진다는 점에서 유치권과 같다. 그러나 당사자 사이의 계약으로 성립하는 약정담보물권이라는 점에서 법정담보물권인 유치권과 다르다.

② 질권은 약정담보물권이라는 점과 우선변제권을 가진다는 점에서 저당권과 같다. 그러나 질권에서 유치적 효력과 우선변제적 효력이 모두 인정되는 반면, 저당권에서는 우선변제적 효력만 인정된다는 점에서 다르다.

(3) 질권의 사회적 작용을 본다.

① 점유질(占有質)원칙에 따라 질권설정자가 담보목적물을 사용 · 수익할 수 없고 질권자로서도 보관의 부담을 지기 때문에, 동산질권의 활동영역이 그다지 넓지 않다([5404] 참조).

② 반면 이러한 제약을 받지 않는 권리질권 및 증권에 의하여 표상되는 동산의 입질과 화환(貨換)에 의하여 질권의 활동영역이 증대되기도 한다. 이러한 경우에 증서 또는 증권의 점유는 우선변제를 확보하기 위한 처분금지의 수단일 뿐이고 유치적 효력은 거의 기능하지 않기 때문에, 질권은 저당권과 흡사하게 기능한다.

2. 법적 성질 [5499]

(1) 물권으로서 질권은 우선변제적 효력 및 유치적 효력에 의하여 목적물의 교환가치를 직접적 · 배타적으로 지배한다.

(2) 질권은 타물권(他物權)이다. 자기의 물건이나 권리 위에 질권이 성립하는 것은 혼동의 예외로 인정되는 경우에 한한다.

(3) 질권은 담보물권으로서, 부종성, 수반성, 불가분성, 물상대위성을 가진다.

(4) 점유질원칙에 따라 민법은 질권성립의 요건으로 점유의 이전을 요구하며(제330조), 점유개정에 의한 질권성립을 부정한다(제332조).

[5500] ### 3. 질권의 종류

(1) 질권은 민법에 기한 민사질과 상법에 기한 상사질로 나뉜다. 상사질권에는 유질계약의 금지에 관한 제339조가 적용되지 않는다(상법 제59조).

(2) 의용민법은 수익질(收益質. 담보물의 수익으로부터 우선변제를 받을 수 있는)인 부동산질권도 인정하였으나, 현행법은 수익질을 인정하지 않고,[1] 동산을 목적으로 하는 동산질권과 채권 기타 재산권을 목적으로 하는 권리질권의 2종류만 인정한다.

[5501] ## Ⅱ. 동산질권의 성립과 실행 전의 효력

1. 질권의 성립

가. 질권설정계약

(1) 동산질권은 질권설정에 관한 물권적 합의(보통 질권설정에 따른 채권 · 채무를 발생시키는 채권계약에 포함된다)로서 질권설정계약(質權設定契約)에 의하여 설정된다.

(2) 질권설정계약의 당사자를 본다.

① 질권자는 피담보채권의 채권자에 한한다.

② 질권설정자는 보통 피담보채권의 채무자이지만, 제3자도 질권설정자로 될 수 있다(제329조). 타인의 채무를 담보하기 위하여 자기 소유의 물건 위에 질권을 설정하는 이를 물상보증인이라고 하는데, 이에 관하여 [5413] 참조.

③ 질권의 설정은 처분행위이므로, 설정자에게 처분권한(대표적으로 소유권)이 있거나 처분수권이 있어야 한다. 다만 질권설정자에게 처분권한이 없더라도 질권자가 선의 · 무과실이면 질권을 선의취득할 수 있는데(제343조, 제249조),[2] 목적물의 소유자는 물상보증인과 같은 입장에 서므로, 제341조가 적용된다.

[5502] (3) 질권설정계약은 피담보채권(被擔保債權)에 관한 사항을 포함해야 한다.

① 질권에 의하여 담보될 수 있는 채권의 종류에는 제한이 없다. 금전으로 가액을 평가할 수 없는 채권도 질권의 피담보채권으로 될 수 있다(제373조 참조).

② 조건부 채권 또는 기한부 채권과 같은 「장래의 채권」도 질권의 피담보채권으로 될 수 있다. 이 경우 질권은 조건부 또는 기한부로 성립하는 것이 아니라, 현재에도 유효한 담보권으로서 성립한다.

③ 근질(根質), 즉 일정한 계속적인 거래관계에서 장래 발생하는 다수의 불특정채권을 담보하기 위해 설정되는 질권도 유효하다.

[5503] #### 나. 목적동산의 인도(引渡)

(1) 점유질원칙에 따라 목적물이 인도되어야 질권이 성립한다.

(2) 먼저 동산질권의 객체에 관하여 본다.

---

1) 다만 전세권이나 지식재산권 위의 질권(질권설정자의 승낙이 있으면)이 수익질의 실질을 가진다.
참고로 집행방법으로서 부동산강제관리(목적부동산을 압류하고 국가가 채무자의 관리 · 수익권능을 박탈하여 관리인으로 하여금 그 부동산을 관리하게 하고 그 수익을 추심 · 현금화하여 변제에 충당하는 강제집행절차. 민사집행법 제163조 이하)는 ―원본인 담보목적부동산 자체가 아니라― 그로부터 생기는 천연과실이나 법정과실 등의 수익을 집행대상으로 하는데, 거의 활용되지 않는다.

2) 대판 1981.12.22. 80다2910도 참조.

① 양도할 수 없는 동산을 동산질권의 목적으로 할 수 없다(제331조). 양도성이 있어야 교환가치를 실현할 수 있고, 이를 전제로 우선변제권을 실현할 수 있기 때문이다.

② 양도성 없는 물건을 질권의 목적으로 한 경우의 효과는 양도금지의 취지에 따라 다르다. 즉 법령에 의하여 거래가 금지되는 금제물처럼 물건의 양도성 자체를 빼앗는 경우에 무효인 반면, 특정인에 대하여 처분능력을 잃게 하는 경우[3]에는 유효라 할 것이다.

③ 대체물을 불특정물로서 질권의 목적으로 할 수 있는가? 이른바 불규칙질(不規則質)이 가능한가 하는 문제인바, 이는 양도담보로 구성해야 할 것이다.

(3) 목적동산의 인도에 관한 민법규정들을 살펴본다. [5504]

① "질권의 설정은 질권자에게 목적물을 인도함으로써 그 효력이 생긴다"라고 규정하는 제330조를 근거로 질권계약이 요물계약(要物契約)이라는 견해도 있다. 그러나 당사자 사이에 질권설정에 관한 합의가 있은 이상 인도가 없다고 하여 질권설정계약의 성립 자체를 부정할 것은 아니다.[4] 이렇게 새긴다면 질권설정계약은 요물계약이 아니고, 제330조 소정의 인도는 질권설정계약과 별도로 요구되는 질권성립의 제2의 요건이라 할 것이다.

② 질권설정을 위한 인도는 현실의 인도(제188조 제1항)에 한하지 않고 간이인도(제188조 제2항) 또는 반환청구권의 양도에 의한 인도(제190조)라도 무방하지만, 제332조에 따라 점유개정(제189조)에 의한 질권설정이 금지된다. 그런데 제332조의 취지는 공시의 원칙의 관철과 유치적 효력의 확보에 있고, 그 취지에 따라 질권설정자를 점유보조자나 점유기관으로 하는 점유도 허용되지 않는다.

③ 목적물의 인도가 없는 질권설정계약의 효력은 어떠한가? 생각건대 질권설정의 합의로서 유효하지만, 목적물의 인도 없이는 질권이 성립하지 않는다고 할 것이다.

④ 질권설정 후 질권자가 자의로[5] 질물을 질권설정자에게 반환한 경우의 질권의 효력에 관하여, 대항력을 상실한다는 주장도 있으나, 제332조에 의한 유치적 효력 확보의 요청과 대항력 상실을 규정한 의용민법 제352조를 삭제한 취지 등을 고려한다면, 질권 자체가 소멸한다고 새길 것이다(다수설). 다만 수리를 위하여 질권설정자에게 일시적으로 점유를 이전한 경우처럼 질물의 반환에도 불구하고 유치적 효력의 확보에 지장이 없는 예외적인 경우에는 질권이 소멸되지 않는다고 할 것이다.

다. 법정질권 [5505]

(1) 법정질권(法定質權)은 법률의 규정에 의하여 당연히 성립하는 질권을 말하는데, 토지임대인의 법정질권(제648조)과 건물 기타 공작물의 임대인의 법정질권(제650조)이 그 예이다.

(2) 법정질권이 성립하기 위해서는 ① 차임, 위약금, 손해배상 등 "임대차에 관한" 채권을 피담보채권으로 하여 ② "임차인 소유"에 속하는, 임대목적물에 부속하거나 그 사용의 편익에 공용(供用)한 동산과 그 과실을 ③ 채권자인 임대인이 "압류"해야 한다.

(3) 법정질권은 계약에 의하여 성립하는 질권과 동일한 효력을 가진다. 따라서 법정질권에는

3) 예: 단순히 채무자의 보호를 위한 압류금지(민사집행법 제195조)나 양도금지특약(제449조 제2항).

4) 자기 소유의 동산 위에 질권을 설정하기로 약속한 이가 나중에 그 동산의 인도를 거부하는 경우에, 질권설정의 합의 자체를 부정할 것은 아니다.

5) 질권자가 자기의사에 반하여 질물의 점유를 상실한 경우에 질권이 소멸하지 않고, 질권자는 그 반환을 청구할 수 있다.

동산질권에 관한 규정이 준용되어야 한다.

[5506] ## 2. 유치적 효력

(1) 동산질권은 피담보채권의 변제가 있을 때까지 목적물을 유치하여 채무자에게 심리적 압박을 가함으로써 간접적으로 채무의 변제를 강제하는 작용을 한다.[6] 즉 동산질권자는 피담보채권 전부를 변제받을 때까지 질물을 유치할 수 있다(제335조 본문). 그러나 질권자가 수익의 권능을 가지지는 않는다.

(2) 질권자의 유치적 효력은 질권자보다 우선권 있는 채권자에게 대항할 수 없다(제335조 단서). 즉 선순위질권자나 우선권자의 청구로 경매에 부쳐진 경우에, 질권자는 질물의 인도를 거절하지 못한다. 따라서 유치적 효력이란 소유자의 물권적 청구에 대항할 수 있다는 정도의 의미를 가질 뿐이다.

(3) 질권자의 점유에 관하여 본다.

① 질권자는 목적물을 유치할 권리를 가지므로, 질권은 점유를 정당케 하는 권원, 즉 "점유할 권리"(제213조 단서)에 해당한다.

② 질권자가 목적물을 유치할 수 있으므로 유치권에 관한 규정들이 준용된다(제343조). 따라서 유치권자의 과실수취권,[7] 목적물의 사용권[8] 및 비용상환청구권에 관한 규정 등이 준용된다.

③ 질권이 소멸하면 질권자는 질물을 질권설정자에게 반환해야 하므로, 점유하는 동안 선관주의로 질물을 보존해야 한다(제374조). 한편 피담보채권이 존속하는 중 질권설정자가 질물의 반환을 청구하면, 상환이행판결이 아니라 원고 패소판결을 해야 한다. 즉 피담보채무의 변제가 선이행되어야 하고, 채무의 변제가 있은 후에 비로소 질물반환청구권이 발생한다.

[5507] ## 3. 질권의 처분

가. 개 관

질권자는 투하자본의 회수책으로 질권을 처분할 수 있는데, 피담보채권과 함께 처분되어야 하고 질물이 채권양수인에게 인도되어야 한다. 그리고 질권부 채권을 입질할 수도 있다.

나아가 질권자는 질물에 다시 질권을 설정할 수 있는데, 이에 관하여 살펴본다.

[5508] ### 나. 동산질권자의 전질권

(1) 전질(轉質)이란, 질권자가 자기 또는 제3자의 채무를 담보하기 위하여 질물 위에 다시 제2의 질권을 설정하는 것을 말한다. 전질은 질권자로 하여금 질물에 고정된 자금을 피담보채권의 변제기 전에 유동케 하는 투하자본의 회수수단이다.

(2) 제336조에 따라 질권자가 자기책임으로 질물을 전질할 수 있다. 한편 제343조에 의하여 준용되는 제324조에 따라 질권자는 질물소유자의 승낙을 얻어 질물을 담보로 제공할 수 있다. 여기서 제324조 제2항에 부가하여 제336조가 중첩적으로 적용된다고 볼 수도 있으나, 학설은 일반적으로 양 규정을 별개의 전질권 근거규정으로 새긴다. 즉 제324조 제2항에 따라 질권설정자

---

6) 「質」은 여기서 볼모라는 뜻으로 쓰이고(人質과 같은 맥락의), 이를 위하여 목적물 점유의 이전 및 계속이 그 요건이다.

7) 질권자는 과실의 소유권이 아니라 과실에 대한 질권을 취득한다.

8) 다만 질권설정자에게 임대하면 제332조에 따라 질권이 소멸한다.

의 승낙을 얻은 전질을 「승낙전질」이라 하고, 제336조에 기하여 질권설정자의 승낙 없이 행하여진 전질을 「책임전질」이라고 하여, 두 종류의 전질을 인정한다.

(3) 먼저 책임전질(責任轉質)을 본다. [5509]

① 책임전질이란, 질권자가 질권설정자의 승낙 없이 자기책임으로 하는 전질을 말한다(제336조).

② 책임전질의 법적 성질에 관한 학설로, 원질권자가 자기채무를 담보하기 위하여 질물 위에 다시 질권을 설정하는 것이라는 질물재입질설(質物再入質說)과 질권과 함께 피담보채권도 입질된다는 채권 · 질권공동입질설(債權 · 質權共同入質說)이 있다.[9]

생각건대 원질권자가 질물에 대하여 가지는 권리는 질권이고, 질권은 피담보채권에 부종한다. 따라서 원질권자가 스스로(즉 질권설정자의 승낙 없이) 처분할 수 있는 것은 자기가 가지는 질권과 피담보채권만이다. 한편 질물재입질설은 "그 권리의 범위 내에서"라는 제한(제336조)에도 불구하고 전질은 그 범위 및 존재에서 원질의 내용을 초과하더라도 무방하다는 결과로 되어 곤란하다. 여기에 제337조가 채권의 입질을 전제로 대항요건을 갖추도록 한 점을 더하여 보면 다수설인 채권 · 질권공동입질설이 정당하다. 요컨대 책임전질은 채권질에 속하고, 제336조는 질권자의 책임을 가중하는 특별규정이라고 이해해야 한다.

② 채권 · 질권공동입질설의 입장에서 책임전질의 요건을 본다. [5510]

ⓐ 전질권도 질권의 일종이므로, 원질권자와 전질권자 사이의 전질권설정계약 및 질물의 인도가 있어야 한다.

ⓑ 전질도 처분행위이므로 원질권자의 "권리의 범위 내에서" 이루어져야 한다(제336조 전문). 그런데 위 제한은 전질권의 존속기간 및 피담보채권의 범위에 관한 것이다. 그리고 초과전질도 원질권의 존속기간 및 피담보채권의 범위 내에서는 유효하다고 할 것이다(제137조 참조).

ⓒ 전질은 피담보채권의 입질을 포함하므로, 권리질권설정의 요건(제349조, 제450조)을 갖추어야 한다. 즉 책임전질은 원질권설정자의 승낙을 요하지 않지만, 원질권자가 채무자에게 전질의 사실을 통지하거나 채무자가 이를 승낙하지 않으면, 전질로써 채무자, 보증인, 질권설정자 및 그 승계인에게 대항하지 못한다(제337조).[10] 그런데 대항요건을 갖추기 전에 원질권이 소멸하면, 전질권은 효력을 가지지 못한다.

③ 책임전질의 효과를 본다. [5511]

ⓐ 전질권자는 자기채권을 변제받을 때까지 질물을 유치할 수 있으며,[11] 원질권과 전질권의 피담보채권이 모두 변제기에 있으면 직접 원질권을 실행할 수 있다. 질물의 매각대금은 우선 전질권자의 채권에 충당되고, 나머지가 있으면 원질권자의 채권에 충당된다.

ⓑ 전질에 의하여 원질권자(전질권설정자)의 책임이 가중된다. 즉 전질권설정자는 전질을 하지 않았더라면 면할 수 있었을 불가항력으로 인한 손해에 대해서도 책임을 진다(제336조 후문).[12]

---

9) 그 밖에 해제조건부 질권양도설과 질권입질설도 생각할 수 있으나, 국내에는 주장자가 없다.

10) 질권의 목적인 채권에 대하여 질권설정자의 일반채권자의 신청으로 압류 · 전부명령이 내려진 경우에도 그 명령이 송달된 날보다 먼저 질권자가 확정일자 있는 문서에 의해 제349조 제1항에서 정한 대항요건을 갖추었다면, 전부채권자는 질권이 설정된 채권을 이전받을 뿐이고 제3채무자는 전부채권자에게 변제했음을 들어 질권자에게 대항할 수 없다. 대판 2022.3.31. 2018다21326 참조.

11) 원질권설정자에게 대항하기 위해서는 대항요건을 갖추어야 한다.

ⓒ 원질권을 소멸케 하는 원질권자의 처분행위(예: 원질권의 포기)가 제한된다(제352조 참조). 그리고 전질이 대항요건을 갖춘 경우에, 채무자 역시 원질권을 소멸케 하는 변제행위를 할 수 없다(제337조 제2항).[13] 이러한 제한은, 전질권자가 전질권의 목적의 교환가치에 대하여 가지는 배타적 지배권능을 보호하기 위한 것이다.[14]

ⓓ 전질권은 원질권에 기하여 성립하므로 원질권의 소멸로 전질권도 소멸된다.

[5512] (4) 승낙전질(承諾轉質)을 살펴본다.

① 승낙전질이란, 질권자가 질물소유자의 승낙을 받아 질물 위에 다시 질권을 성립시키는 것을 말한다(제343조, 제324조 제2항).

승낙전질의 법적 성질은, 질물소유자가 승낙을 통하여 처분권한(질권설정에 관한)을 원질권자에게 부여하였기 때문에, 질물의 재입질이다.

② 승낙전질이 성립하기 위해서는 질권자와 전질권자 사이의 전질권설정계약과 질물의 인도 외에 다음의 요건이 갖추어져야 한다.

ⓐ 원질권설정자(처분권한을 가진)[15]의 승낙이 있어야 한다. 승낙 없이 전질하면 원질권설정자는 원질권의 소멸을 청구할 수 있다(제343조, 제324조 제3항).

ⓑ 승낙전질은 원질권과 무관하므로, (책임전질과 달리) 전질권의 존속기간 및 피담보채권의 범위에 관한 제한을 받지 않는다.[16] 나아가 제337조의 통지도 필요 없다.

③ 책임전질과 달리 승낙전질에서 ⓐ 원질권의 피담보채권이 변제기에 있지 않더라도 전질권의 피담보채권이 변제기에 있으면 전질권을 실행할 수 있다. 나아가 ⓑ 책임이 가중되지 않으며, ⓒ 원질권의 소멸은 전질권에 영향을 미치지 않는다.[17] 다만 원질권설정자의 변제에 전질권자가 동의한 경우에, 제337조 제2항을 유추하여 원질권설정자는 변제를 가지고 전질권자에게 대항할 수 있다 할 것이다.

[5513] 4. 질권의 침해와 구제

가. 기본법리

(1) 동산질권은 동산의 점유를 내용으로 하므로, 그 침해에 대하여 질권자는 점유보호청구권(제204조 내지 제206조)을 행사할 수 있고, 점유가 침탈되었더라도 점유를 회수하면 질권이 소멸하지 않는다(제192조 제1항 단서 참조). 간접점유의 경우라도 점유자인 질권자는 제207조 제2항의 제한 아래 점유보호청구권을 가진다. 그리고 침해로 인하여 손해가 발생하였다면 손해배상청구권(제750조)이 발생한다.

(2) 질물의 멸실 또는 훼손의 경우를 본다.

---

12) 예컨대 전질권자의 창고가 지진으로 무너져 질물이 멸실되었으나 원질권자의 창고에는 아무 문제가 없는 경우에, 원질권자는 그 멸실에 대하여 책임을 진다.

13) 채무자가 원질권자에게 변제하더라도 전질권자에 대하여 질물의 반환을 청구할 수 없다.

14) 대판 2018.12.27. 2016다265689. 따라서 채무자가 전질권자의 동의 없이 채무를 변제하거나 원질권자와 상계합의를 함으로써 전질권의 목적인 채무를 소멸하게 한 경우에 이로써 전질권자에게 대항할 수 없고, 전질권자는 여전히 채무자에 대하여 직접 채무의 변제를 청구할 수 있다. 요컨대 원질권자가 전질권의 목적인 채권의 변제를 받았더라도 전질권자에게 손해가 발생하지 않는다(이 경우 배임죄가 성립하지 않는다고 한 대판 2016.4.29. 2015도5665 참조).

15) 제324조의 법문은 "채무자"이지만, 이처럼 새겨야 한다.

16) 승낙을 통하여 부여된 처분권한의 범위를 넘을 수 없음은 별개의 문제이다.

17) 따라서 원질권자의 처분행위(원질권에 관한)나 채무자의 변제 등이 제한을 받지 않는다.

① 채무자인 질권설정자가 질물을 멸실하거나 훼손한 경우에, 기한의 이익이 상실되므로(제388조 제1호) 질권자는 피담보채권의 즉시이행을 청구할 수 있고, 손해배상을 청구할 수 있다(제750조). 손해배상의 범위는 피담보채권액을 한도로 하며, 손해배상청구권은 침해행위시에 발생한다.

② 제3자가 질물을 훼손한 경우에, 그 이에 대한 손해배상청구권이 발생한다.

나. 물권적 청구권의 인정 여부

(1) 민법은 물권적 청구권을 소유권에 관하여 규정한 후(제213조, 제214조) 이를 각종의 물권에 준용하는 방식을 취하면서도(제290조, 제301조, 제319조, 제370조 참조), 질권에 관해서는 준용규정을 두지 않았다. 여기서 질권자에게 —점유보호청구권 외에— 질권 자체에 기한 물권적 청구권을 인정할 것인지에 관하여 견해가 대립한다. 다수설은 질권도 물권이라는 점, 의용민법 제353조[18]를 삭제한 점 및 가령 제3자의 사기에 의하여 질물을 인도하였다면 본권에 기한 물권적 청구권을 인정할 실익이 있다는 점[19] 등을 이유로 질권에 기한 물권적 청구권을 인정하지만, 반대견해도 유력하다.

(2) 생각건대 소유권에 기한 물권적 청구권의 규정을 준용조항에서 의도적으로 배제한 입법자의 태도와 긍정설의 근거가 박약한 점[20]에 비추어 —적어도 해석론으로는— 부정적으로 새길 것이다.[21]

Ⅲ. 동산질권의 실행 [5514]

1. 서 설

(1) 채무자의 채무불이행이 있으면, 질권자는 질물을 경매하여 그 매각대금으로부터 다른 채권자에 우선하여 자기채권을 변제받을 수 있다(제329조).

(2) 질권설정자가 파산한 경우에 질권자는 별제권을 가지고, 회생절차가 개시되면 피담보채권은 회생담보권으로 된다(채무자회생법 제411조, 제141조).

2. 질권의 효력이 미치는 범위 [5515]

(1) 피담보채권의 범위를 본다.

① 후순위질권자나 제3취득자가 거의 없는 (동산)질권에서 피담보채권의 범위는 저당권에서보다 넓을 뿐만 아니라,[22] 그에 관한 제334조는 임의규정에 지나지 않는다.

② 동산질권은 피담보채권의 원본, 이자, 위약금(위약벌이든 손해배상액의 예정이든 상관없이), 질권 실행의 비용, 질물 보존의 비용(예: 수선비) 및 채무불이행 또는 질물의 하자로 인한 손해의 배상을 담보한다(제334조 본문).[23] 그러나 이러한 피담보채권의 범위는 당사자의 특약에 의하여

18) "동산질권자가 질물의 점유를 침탈당한 때에는 점유회수의 소에 의해서만 그 질물을 회수할 수 있다."
19) 점유자의 의사에 기하여 점유를 상실한 경우에 점유회수청구권을 행사할 수 없다. [5061] 참조.
20) 물권인 유치권에 관하여 물권적 청구권을 인정하지 않으며, 제3자의 사기로 질물을 인도한 예외적인 경우도 물권적 청구권 인정의 근거로 보기 어렵다.
21) 다만 질권에 기한 물권적 청구권을 인정하면 질권의 효력이 강화된다는 점에서 입법론적으로 검토할 여지가 있다.
22) 질권에는 제360조 단서와 같은 제한이 없다.
23) 관련하여 대판 2023.1.12. 2020다296840: "부동산등기법 제76조 제1항은 등기관이 민법 제348조에 따라 저당권부 채권에 대한 질권

변경될 수 있다(같은 조 단서).

③ 질권은 피담보채권 전부에 관하여 목적물 전부 위에 그 효력을 미친다(제343조, 제321조). 임의규정인 제334조를 배제하는 특약은 유효하지만, 채무자와 질권설정자가 다르면 후순위질권자 등의 승낙뿐만 아니라 설정자의 승낙도 있어야 한다. 한편 제334조 소정의 피담보채권의 범위를 확대하는 특약은 제3자에게 대항할 수 없다고 할 것이다.

(2) 목적물의 범위를 본다.

① 질권의 효력이 미치는 범위는 소유권의 범위와 다르지 않은데, 점유질원칙에 따라 인도되어야 한다. 설정계약에서 달리 정하지 않는 한 종물(從物)에도 질권의 효력이 미치지만(제100조 제2항), 그것이 질권자에게 인도되었어야 한다. 질물의 과실(果實)에 대해서도 질권의 효력이 미치는데(제343조, 제323조), 천연과실뿐만 아니라 소유자의 동의를 얻어 사용 또는 임대하는 경우 등에서의 법정과실을 포함한다.

② 물상대위(物上代位)가 인정되는데(제342조), 이에 관하여 [5453] 이하 참조.

[5516]

3. 질권의 순위

우선변제에 관하여 질권자는 자기보다 우선권 있는 채권자에 대해서는 후순위이다. 질권자에 우선하는 채권자로 선순위질권자(제333조 참조), 동산채권담보법에 따라 「미리」 담보등기를 한 동산담보권자(동법 제7조), 우선특권을 갖는 선박채권자(상법 제788조, 제777조), 조세채권자(국세기본법 제35조, 지방세기본법 제71조) 등.

이 중 선순위질권은 질권에서의 점유가 간접점유도 포함하기 때문에 가능하며,[24] 순위승진의 원칙이 적용된다

[5517]

4. 우선변제권의 행사

가. 질권 실행의 절차

(1) 질권자가 질권을 실행하기 위하여 채무자의 「이행지체」가 성립해야 한다.[25]

(2) 질권자는 채권의 변제를 받기 위하여 질물을 경매(競賣)하여 그 매각대금으로부터 우선변제를 받을 수 있다(제338조 제1항).

① 경매의 절차는 민사집행법에 의하고(같은 법 제272조, 제271조 참조), 그 매각대금으로부터 순위에 따라 우선변제를 받는다. 경매 결과 잔액이 있으면 질권설정자에게 반환하고, 부족하면 질권자가 동시에 채권자이므로 일반채권자의 지위에서 채무자의 일반재산에 대하여 강제집행할 수 있다(제340조 제1항).

② 채무자의 일반재산에 대한 집행과 질권자의 지위에 관하여 [5438] 참조.

(3) 정당한 이유가 있는 경우에, 질권자는 감정인의 평가에 의하여 질물로 직접 변제에 충당

의 등기를 할 때에는 부동산등기법 제48조에서 규정한 사항 외에 '채권액 또는 채권최고액, 채무자의 성명 또는 명칭과 주소 또는 사무소 소재지, 변제기와 이자의 약정이 있는 경우에는 그 내용'을 기록하여야 한다고 정하고 있어 채권의 지연손해금을 등기사항으로 정하고 있지 않다. 이러한 사정에 비추어 보면, 채권의 지연손해금을 별도로 등기부에 기재하지 않았더라도 근저당권부 질권의 피담보채권의 범위가 등기부에 기재된 약정이자에 한정된다고 볼 수 없다."

24) 예컨대 A가 B에 대한 채무를 담보하기 위하여 동산에 질권을 설정하고 인도한 후, 다시 C에 대한 채무를 담보하기 위하여 위 동산에 반환청구권 양도의 방식으로 다시 질권을 설정하는 경우를 생각할 수 있다. 다만 이러한 경우는 실제로 드물 것이다.

25) 피담보채권이 금전을 목적으로 하는 것이 아닌 경우에, 그것이 채무불이행으로 인하여 금전채권으로 된 후에야 질권을 실행할 수 있다(독일민법 제1228조 제2항 참조).

할 것을 법원에 청구할 수 있는데, 이를 간이변제충당(簡易辨濟充當)이라고 한다([5545] 참조). 질권설정자의 동의를 요하지 않지만, 질권자는 이 사실을 채무자 및 질권설정자에게 미리 통지해야 한다(제338조 제2항).26)

(4) 질권자가 스스로 경매를 신청하기 전에 다른 채권자의 경매청구 기타 현금화절차가 있는 경우에도 질권자는 그 대가로부터 순위에 따라 우선변제를 받는다(민사집행법 제272조, 제217조, 채무자회생법 제411조 참조).

나. 유질계약의 금지 [5518]

(1) 질권의 실행은 경매를 통하여 이루어져야 하는데(제343조, 제322조 참조), 질권자로 하여금 변제에 갈음하여 질물의 소유권을 취득하도록 하거나 법률이 정한 방법에 의하지 않고 질물을 처분할 수 있도록 하는 내용의 약정을 유질계약(流質契約)이라고 한다.

(2) 질권은 담보목적물의 교환가치로부터 피담보채무의 우선변제를 받음을 내용으로 하는 권리이지 채권에 갈음하여 담보목적물의 소유권을 취득할 것을 내용으로 하지 않으며, 유질을 허용한다면 폭리의 소지가 있기 때문에, 제339조는 「변제기 전」의 유질계약을 금지하는데, 제607조에서와 달리 피담보채권의 액과 질물의 가격의 차이는 문제되지 않는다.

(3) 채무자(질권설정자)를 보호하기 위하여 유질계약을 금지한다는 취지에 반하지 않는, 질권설정자의 이익을 위한 유질이 있을 수 있고,27) 일률적으로 유질을 금지하면 금융거래를 경색케 할 우려가 있으며, 양도담보의 유효성이 일반적으로 인정될 뿐만 아니라 유저당도 허용되는 점 등에 비추어, 제339조의 적용범위를 제한할 필요가 있다.

① 변제기 전에 체결된 유질계약만 금지되고, 변제기 후의 유질합의는 대물변제 또는 처분권한의 수여에 해당하여 유효하다.

② 상사질에서는 당사자의 자율성 때문에 유질계약이 허용된다(상법 제59조).28)

[참 고] 대판 2017.7.18. 2017다207499는 "질권설정계약에 포함된 유질약정이 상법 제59조에 따라 유효하기 위해서는 질권설정계약의 피담보채권이 상행위로 인하여 생긴 채권이면 충분하고, 질권설정자가 상인이어야 하는 것은 아니다. 또한 상법 제3조는 "당사자 중 그 1인의 행위가 상행위인 때에는 전원에 대하여 본법을 적용한다"라고 정하고 있으므로, 일방적 상행위로 생긴 채권을 담보하기 위한 질권에 대해서도 유질약정을 허용한 상법 제59조가 적용된다"고 하였는데, 검토를 요한다.29)

(4) 제339조를 위반하여 체결된 유질계약은 무효이다. 다만 제3자가 질권자로부터 질물을 매수하여 선의취득의 요건을 갖춘 경우에는 반환청구를 할 수 없다.

한편 유질의 합의가 무효인 경우에 질권설정계약 자체의 효력은 어떻게 되는지에 관하여 견해의 대립이 있으나, 종된 계약인 유질합의가 무효라고 하여 주된 계약인 질권설정계약 자체가 무효라고 하기는 어렵고, 존재의의를 같이하는 제607조, 제608조와의 균형상([2710] 참조) 통상의

26) 비송사건절차법에 따라 법원은 그 허부결정을 하기 전에 필요적으로 채무자 또는 질권설정자에 대한 심문절차를 거쳐야 한다는 대결 1998.10.14. 98그58도 참조.

27) 경매비용을 공제한 매각대금이 시가를 하회할 수 있다.

28) 유질에 관한 명시적 또는 묵시적 약정이 있어야 한다는 대판 2008.3.14. 2007다11996 및 유질약정이 포함된 질권설정계약이 체결된 경우에 질권의 실행방법이나 절차는 원칙적으로 질권설정계약에서 정한 바에 따라야 한다는 대판 2021.11.25. 2018다304007 참조.

29) 1인주주가 자금조달을 위하여 주식에 질권을 설정한 사안의 특수성을 고려하여 결론 자체는 수긍할 수 있지만, 상인 아닌 질권설정자의 궁박한 사정 하에 체결된 유질계약에까지 판지를 일반화하는 것은 적절하지 않다고 해야 한다.

질권설정계약으로 유효하다 할 것이다.

[5519] Ⅳ. 동산질권의 소멸 등

1. 동산질권의 소멸

(1) 동산질권의 소멸사유로 물권 일반에 공통된 소멸원인, 담보물권에 공통된 소멸원인(예: 피담보채권의 소멸, 질권의 실행, 질권자에 우선하는 다른 채권자의 간이변제충당) 외에 질권에 특유한 것인 질권자의 질물반환과 질권설정자의 소멸청구(제343조, 제324조) 등이 있다.

그런데 제343조가 제326조를 준용하지 않지만, 질권자가 질물을 유치하더라도 피담보채권의 소멸시효 진행이 방해받지 않는다.

(2) 동산질권이 소멸하면, 질권자는 질권설정계약의 내용에 따라 질물을 설정자에게 반환할 의무를 진다.

[5520] 2. 증권에 의하여 표상되는 동산의 입질과 화환

가. 증권에 의하여 표상되는 동산의 입질

(1) 질권은 원래 목적물의 점유이전에 의하여 공시된다. 그런데 목적물의 점유를 이전하는 것이 불편할 뿐만 아니라 부적절한 경우도 있기 때문에, 질권의 목적물이 상품인 경우에 이를 증권에 화체(化體)시켜 그 증권의 점유로 상품 자체의 점유에 갈음하기도 한다. 이러한 성질의 화물상환증, 창고증권, 선하증권 등은 「처분증권성」을 가지는데(상법 제132조, 제157조, 제861조 참조), 이러한 증권에 의한 입질은 권리질이 아니라 동산질이다.

(2) 이러한 증권에 의한 상품의 입질에서 증권을 질권자에게 배서·교부함으로써 그 효력이 생긴다(상법 제133조, 제157조, 제861조).

(3) 질권자는 증권의 처분에 의하여 또는 상품의 인도 및 처분에 의하여 우선변제를 받는다. 그런데 증권의 처분에 대해서는 유질계약금지에 관한 제339조가 적용된다.

나. 화 환

(1) 화환(貨換)이란, 격지자간의 송부매매에서 매도인이 대금채권을 가지고 금융을 얻거나 대금의 추심을 위임하기 위하여, 매수인 또는 그가 지정하는 은행을 지급인으로 하여 환어음을 발행하고, 이 환어음에 담보로서 매매목적물을 표상하는 운송증권(화물상환증 또는 선하증권)을 첨부한 것을 말한다.

(2) 매도인이 위의 운송증권을 담보로 은행으로부터 대금의 융통(어음의 할인)을 받으면, 그 증권에 의하여 표상되는 목적물 위에 은행을 위한 질권이 성립한다. 이 질권은 권리질이 아니라 동산질이다.

V. 권리질권 [5521]

1. 개 관

가. 기본법리

(1) 권리질권(權利質權)이란 동산 외의 재산권을 목적으로 하는 질권을 말한다(제345조 본문). 유체물뿐만 아니라 현금화에 의하여 우선변제를 받을 수 있는 것이면 모두 질권의 목적일 수 있고, 이러한 이유에서 법은 재산권에 관한 질권의 성립을 인정한다.

(2) 권리질권은 가치권(교환가치의 담보적 지배)으로 순화된 질권으로서, 유체물에 관한 법기술을 차용하는 제도라고 할 수 있다. 즉 권리질권은 담보물권으로서, 권리의 양도가 아니라 권리 자체를 목적으로 하는 질권이다(「권리목적설」).

(3) 모든 양도성 있는 재산권은 권리질권의 목적일 수 있지만, 부동산의 사용 · 수익을 목적으로 하는 권리(예: 지상권, 전세권)를 질권의 목적으로 할 수는 없다(제345조 단서). 나아가 부동산의 사용 · 수익을 목적으로 하는 권리에 준하는 광업권, 어업권, 공장재단 등도 제외된다(광업법 제11조, 수산업법 제16조 제3항, 공장저당법 제10조 등 참조). 결국 권리질권의 목적으로 실제로 중요한 것은 채권, 주식 및 지식재산권 등이다.

(4) "권리질권의 설정은 법률에 다른 규정이 없으면 그 권리의 양도에 의한 방법에 의하여야 한다"(제346조).[30] 권리질이 권리양도는 아니지만, 나중에 질권의 목적인 권리를 현금화하면 권리의 조건부 이전과 유사하게 되므로, 질권설정의 방법도 권리양도의 방법에 의하도록 한 것이다.

나. 권리질권의 특성 [5522]

(1) 권리질권에서 공시는 점유이전 아닌 방법(예컨대 특허권 등의 지식재산권에서는 등록)에 의한다.

그런데 채권이 질권의 목적인 경우에 채권증서의 교부가 있어야 하지만(제347조), 증서의 인도가 가지는 의미는 채권의 종류에 따라 다르다. 즉 지명채권에서 채권증서는 증거방법에 불과하여 그 교부는 특별한 의미를 가지지 않는 반면, 지시채권이나 무기명채권의 경우에는 증서의 인도가 권리의 행사를 제한하는 의미를 가진다.

(2) 권리질권의 대상인 재산권은 사용가치가 아니라 교환가치를 목적으로 하므로(제345조 단서 참조), 유치적 효력은 설정자로 하여금 그 권리를 행사하지 못하도록 하는 의미를 가질 뿐이다. 이러한 권리를 표상하는 증서를 교부받음에 의하여(제347조) 권리의 행사(즉 처분)가 금지될 뿐이기 때문이다.[31]

2. 채권질권 [5523]

가. 서 설

권리질권 중 채권을 목적으로 하는 질권을 채권질권(債權質權)이라 한다. 채권은 양도성을 가

30) 주권 발행 전의 주식입질의 방법에 관한 대결 2000.8.16. 99그1도 참조.

31) 가령 지식재산권이 질권의 목적이라면, 이론적으로 권리의 행사를 질권자에게 맡기는 방법(이른바 수익질)과 이를 설정자에게 유보해 두는 방법의 두 가지를 생각할 수 있는데, 질권설정자의 승낙이 있으면 수익질이 허용된다. 나아가 채권이나 주식 위에 질권을 설정한 경우에도 질권이 유치적 작용을 발휘할 여지는 거의 없다. 결국 증서의 점유는 우선변제를 확보하기 위한 처분금지의 수단일 뿐이고, 유치적 효력은 거의 기능하지 않는다.

지며 추심 · 현금화에 의하여 피담보채권을 만족시키기에 적합하므로, 채권질권의 목적이 될 수 있다.

[5524] **나. 채권질권의 설정**

(1) 채권질권의 피담보채권에 관하여 [5502] 참조.

(2) 채권질권의 목적으로 될 수 있는 것은 양도성 있는 채권이다(제355조, 제331조). 그런데 채권은 양도성을 가지므로(제449조 제1항 본문) 일반적으로 권리질권의 목적일 수 있고, 질권자 자신에 대한 채권,[32] 장래의 채권, 조건부 채권 또는 선택채권에서도 마찬가지이다.

그러나 연금청구권 등 법률상 담보제공이 금지된 채권(공무원연금법 제32조, 군인연금법 제7조 등 참조), 부양청구권처럼 법률상 처분이 금지된 채권(제979조 참조), 부작위채권과 같이 성질상 양도성이 없는 채권, 양도금지특약이 있는 채권(제449조 제2항) 등은 채권질권의 목적으로 되지 못한다.

(3) 채권질권의 설정방법을 본다.

① 채권질권이 성립하기 위하여 질권설정의 합의와 공시방법이 갖추어져야 한다. 그런데 채권질권의 성립은 채권양도의 방법에 의하는데(제346조), 당사자의 의사가 명확하지 않다면 채권양도를 채권질권의 설정이 아니라 채권의 양도담보 또는 채무변제를 위한 양도로 새겨야 할 것이다.

② 채권을 질권의 목적으로 하는 경우에, 채권증서가 있으면 증서를 질권자에게 교부하여야 질권설정의 효력이 생긴다(제347조). 여기서 채권증서란 채권의 존재를 증명하기 위하여 채권자에게 제공되고 장차 변제 등으로 채권이 소멸하면 제475조에 따라 채무자가 채권자에게 그 반환을 청구할 수 있는 문서(예: 예금통장, 보험증권, 차용증서 등)를 말하는데,[33] 이러한 증서가 없다면 채권질권은 결국 합의만으로 설정되지만, 제3채무자나 그 밖의 제3자에게 대항하기 위해서는 제450조 소정의 대항요건을 갖추어야 한다(제349조).

③ 제347조는 제330조에 대응하는 규정으로, 질권의 목적인 권리가 채권증서를 수반하는 경우에, 이것을 교부하게 함으로써 공시의 원칙을 관철하려는 취지에 기한 것이다. 그런데 무기명채권이나 지시채권에 관해서는 특칙(제350조, 제351조)이 있으므로, 이러한 취지가 관철되는 것은 지명채권에서이다.

한편 증서의 교부가 점유개정의 방법에 의하여 이루어질 수 있고(제332조 참조), 증서의 반환이 질권의 소멸을 결과짓지는 않는다 할 것이다.

[5525] **다. 채권질권의 효력**

(1) 채권질권의 효력은 입질된 원본채권과 그 이자채권 및 원본채권에 수반한 인적 · 물적 담보 모두에 미친다. 피담보채권의 액이 입질채권액보다 적은 경우에도 같다. 그리고 제100조 제2항에 따라 채권질권의 효력이 미치는 이자채권에 관하여 질권자는 원본채권과 동일한 조건으로 이를 직접 추심하여 우선변제에 충당할 수 있다(제353조 제1항, 제2항, 제343조, 제323조 참조).

(2) 유치적 효력을 본다.

---

32) 특히 정기예금채권이나 보험금청구권에 대하여 은행이나 보험회사가 질권을 취득하는 경우. 이러한 경우에 질권의 실행은 보통 상계에 의한다.

33) 대판 2013.8.22, 2013다32574: 임대차계약서가 채권증서에 해당하지 않는다고 한 사례.

① 질권자는 채권증서를 점유하고, 변제가 있을 때까지 이를 유치할 수 있다(제355조, 제335조).

② 질권설정자는 질권자의 동의가 없는 한 질권의 목적인 채권을 소멸하게 하거나 질권자의 이익을 해치는 변경을 할 수 없다(제352조).[34] 즉 질권설정자가 채권을 추심하거나 면제하여 채권을 소멸케 하지 못할 뿐만 아니라 변제기의 연장 또는 이율의 감소 등을 통하여 질권자의 이익을 해치지 못한다. 반면 질권의 목적인 채권의 양도행위는 제352조 소정의 질권자의 이익을 해치는 변경에 해당되지 않으므로 질권자의 동의를 요하지 않는다.[35]

한편 질권설정자 아닌 제3자는 제349조의 대항요건을 갖추기 전에 한하여 처분 · 변경 등을 할 수 있다.

(3) 우선변제적 효력을 본다. [5526]

① 채권질권을 실행하여 우선변제를 받는 방법으로 이자채권의 추심에 의하여 우선변제를 받는 방법 외에 목적인 채권 자체를 실행하는 방법이 있다.

② 입질채권의 실행방법으로 채권의 직접청구(直接請求)와 민사집행법에 의한 집행(제354조)이 있다. 그리고 유질계약의 금지에 관한 제339조가 준용되지만(제355조), 직접청구는 실질적으로 유질에 해당한다.

③ 채권의 직접청구(제353조)를 본다.

ⓐ 질권자는 질권의 목적인 채권을 직접 청구할 수 있다(제353조 제1항). 여기서 「직접청구」란 제3채무자에 대한 집행권원이나 질권설정자의 추심위임 등을 요하지 않고, 질권설정자의 대리인으로서가 아니라 질권자 자신의 이름으로 추심할 수 있다는 의미이지만, 판례는 다른 입장이다.[36]

ⓑ 입질채권의 목적이 금전인 경우에, 질권자는 자기채권의 한도에서 직접 청구하고 이를 변제에 충당할 수 있다(제2항).[37] 입질채권의 변제기가 질권자의 채권의 변제기보다 먼저 도래하면, 질권자는 제3채무자에 대하여 변제금액의 공탁을 청구할 수 있다(제3항).

ⓒ 입질채권의 목적이 금전 외의 물건인 경우(예: 동산인도청구권)에, 질권자는 변제받은 물건에 대하여 질권을 행사할 수 있다(제4항). 따라서 질권자는 동산질권의 실행방법에 따라 우선변제를 받아야 한다.

④ 채권의 목적이 금전 또는 물건의 인도가 아닌 경우(예: 「하는 급부」를 목적으로 하는 채권)에는 제353조가 적용되지 않는다고 할 것이지만, 다수설은 이를 긍정한다.

(4) 채권질권에서도 전질이 인정된다.

34) 질권설정자와 제3채무자가 질권의 목적된 권리를 소멸케 하는 행위를 하였더라도 질권자에 대한 관계에서 무효일 뿐이어서 질권자 아닌 제3자가 무효의 주장을 할 수는 없다고 한 대판 1997.11.11. 97다35375 및 제3채무자가 질권자의 동의 없이 질권설정자와 상계합의를 함으로써 질권의 목적인 채무를 소멸하게 한 경우에도 질권자는 제3채무자에 대하여 직접 채무의 변제를 청구할 수 있다고 한 대판 2018.12.27. 2016다265689 참조.

35) 대판 2005.12.22. 2003다55059.

36) 즉 대리인과 같은 지위에서 입질채권을 추심하여 자기채권의 변제에 충당하고 그 한도에서 질권설정자에 의한 변제가 있었던 것으로 본다(대판 2015.5.29. 2012다92258). 나아가 그 범위 내에서 "제3채무자의 질권자에 대한 금전지급으로써 제3채무자의 질권설정자에 대한 급부가 이루어질 뿐만 아니라 질권설정자의 질권자에 대한 급부도 이루어진다"고 보아야 하고, 이러한 법리는 근저당권부 채권의 질권자가 부동산 임의경매절차에서 집행법원으로부터 배당금을 직접 수령하는 경우에도 적용된다(대판 2024.4.12. 2023다315155).

37) 채권질권의 효력은 질권의 목적인 채권의 지연손해금 등 부대채권에도 미치므로, 채권질권자는 피담보채권의 범위에 속하는 자기의 채권액에 대한 부분에 한하여 질권의 목적인 채권과 그에 대한 지연손해금채권을 직접 추심하여 자기채권의 변제에 충당할 수 있다(대판 2005.2.25. 2003다40668).

제 3 절 유 치 권

[5527] **Ⅰ. 총 설**

1. 유치권의 의의

가. 개 념

(1) 유치권(留置權)이란, 타인의 물건(유가증권도 포함하여. 이하 같다)을 점유하는 이가 그 물건에 관하여 생긴 채권을 가지는 경우에, 채권을 변제받을 때까지 그 목적물을 유치할 수 있는 권리를 말한다(제320조 제1항).

(2) 담보물권으로서 유치권은 목적물을 유치함으로써 심리적인 압박을 통하여 채무자의 변제를 간접적으로 강제함을 주된 목적으로 한다는 점에서, 목적물의 교환가치를 직접 목표로 하는 전형적인 담보물권과 상이하다. 유치권은 법률상 당연히 성립하는 법정담보물권이라는 점에서도 다른 담보물권과 다르다.

나. 인정근거 및 한계

(1) 타인의 물건을 점유하는 이가 그 물건에 관하여 생긴 채권을 가진다면, 그 채권의 변제를 받을 때까지 그 물건의 반환을 거절할 수 있도록 하는 것이 공평의 원칙에 부합하기 때문에 유치권이 인정된다.[1)]

(2) 유치권은 「물권적」 인도거절권(引渡拒絕權)으로, 경매에서의 매수인을 포함하여 그 누구에게도 대항할 수 있는 강력한 힘인데, 특히 「부동산」유치권이 초래하는 폐해가 적지 않다. 즉 민사집행법의 인수주의(제91조 제5항)에 따라 성립의 선후와 무관하게 저당권자 등 이해관계인에게 우선하는 등 사실상 최선순위의 담보권으로 기능함[2)]에도 불구하고 외부적으로 제대로 공시되지 않을 뿐만 아니라[3)] 「허위의」 채권을 주장하는 경우도 적지 않으므로, 경매질서를 왜곡할 가능성이 크다.[4)] 이러한 사정 때문에 판례는 목적물과 피담보채권 사이의 견련관계를 엄격하게 새기는 등의 방법으로 유치권의 남용을 피하고자 한다.

[5528] **2. 법적 성질**

가. 물 권

(1) 유치권자는 채권의 변제를 받을 때까지 누구에 대해서든(채무자뿐만 아니라 물건의 소유자, 경매에서의 매수인 등도 포함하여) 목적물을 유치하여 인도를 거절할 수 있다.

(2) 그러나 물건의 점유에 기하여 인정되는 권리이므로, 점유의 상실에 의하여 소멸하고(제328조), 추급효(追及效)를 가지지 않을 뿐만 아니라 부동산(또는 유가증권)의 경우에도 등기(또는 배

1) 시계의 수리를 맡긴 경우에 수리대금과 시계의 반환 사이에 동시이행관계가 존재하지만(제665조 제1항), 수리를 맡긴 이가 시계의 소유자 아닌 경우에, 시계수리상은 소유자의 반환청구에 대하여 동시이행관계를 주장할 수 없다. 여기서 「공평」의 견지에서 수리대금채권의 확실한 실현을 위하여 그 채권의 변제를 받을 때까지 시계의 소유자에 대해서도 인도를 거절할 수 있는 제도로서 유치권이 인정된다.

2) 대판 2011.12.22. 2011다84298([5539]에 소개된) 참조.

3) 부동산유치권이라도 제187조에 따라 등기를 요하지 않고, 유치권 자체는 점유에 의하여 공시되지만, 인수주의가 적용됨에도 불구하고 피담보채권은 공시되지 않는다.

4) 경매절차에서 유치권을 주장하는 이가 있으면 매수신청을 꺼릴 수밖에 없어서 경매가 유찰되는 경우가 허다하고, 그에 따라 담보물의 가치가 저감되어 특히 담보물의 소유자에게 손해를 끼친다.

서)를 요하지 않는다.

나. 담보물권

(1) 유치권은 일정한 요건이 갖추어지면 법률상 당연히 성립하는 법정담보물권이다.[5]

(2) 유치권은 채권의 변제를 받을 때까지 목적물을 유치하는 유치적 권능을 가질 뿐 우선변제적 권능을 가지지 않는다. 다만 유치물로부터 생기는 과실에 대해서는 우선변제권(제323조)을 행사할 수 있다.

(3) 이러한 특성에 따라 담보물권의 통유성이 수정된다.

① 유치권은 목적물과 채권 사이의 견련관계를 요건으로 하는 법정담보물권으로, 특히 부종성이 강하다.

② 유치권의 수반성도 인정되는데, 피담보채권과 함께 목적물의 「점유」가 이전되어야 하고, 부동산이나 유가증권의 경우에도 등기나 배서를 요하지 않는다.

③ 유치물은 그 각 부분으로써 피담보채권의 전부를 담보하는데, 이와 같은 불가분성(제321조)은 목적물이 분할가능하거나 수개의 물건인 경우에도 적용된다.[6] 다만 타담보 제공에 의한 유치권의 소멸청구(제327조)에 의하여 불가분성이 완화된다.

④ 유치권자는 유치물의 교환가치를 직접 지배하지 않는다. 따라서 경매청구권을 가지지만 그 매각대금으로부터 우선변제를 받을 권능을 가지지는 않고(다만 별제권과 회생담보권을 인정하는 채무자회생법 제411조, 제141조 참조), 물상대위성도 인정되지 않는다.

3. 동시이행의 항변권과의 관계 [5529]

(1) 유치권과 유사한 제도로 제536조의 동시이행의 항변권이 있다.

(2) 양자는 공평의 원칙에 기한 이행거절권이라는 점, 상대방채무가 변제기에 있어야 한다는 점, 소송상 단순이행청구에 대해서도 상환이행판결(동시이행판결)[7]이 허용된다는 점 등에서 공통된다.

(3) 반면 유치권은 법정담보물권인 반면, 동시이행의 항변권은 쌍무계약에 기하여 상대방의 선이행요구를 거절할 수 있는 권능에 불과하다는 점에서 본질적으로 다른데,[8] 구체적인 차이를 본다.

① 유치권자는 누구에 대해서도(채무자 아닌 물건의 소유자도 포함하여) 점유물의 인도를 거절할 수 있지만, 동시이행의 항변권은 동시이행관계에 있는 당사자들 사이에서만 행사될 수 있다.

② 유치권자가 거절할 수 있는 것은 점유물의 인도뿐이고 그 피담보채권은 "그 물건에 관하여 생긴 채권"에 한정되는 반면, 동시이행의 항변권에 기하여 거절할 수 있는 채무는 물건의 인도에 그치지 않고 채권도 쌍무계약상의 채권이면 충분하다.

---

5) 대판 2023.4.27. 2022다273018: "유치권은 점유하는 물건으로써 유치권자의 피담보채권에 대한 우선적 만족을 확보하여 주는 법정담보물권".

6) 대판 2007.9.7. 2005다16942는, 다세대주택의 창호 등의 공사를 완성한 하수급인이 공사대금채권 잔액을 변제받기 위하여 다세대주택 중 한 세대를 점유하여 유치권을 행사하는 경우에, 그 유치권은 그 한 세대에 관한 공사대금만이 아니라 다세대주택 전체에 관한 공사대금채권의 잔액 전부를 피담보채권으로 하여 성립한다고 보았다.

7) "피고는 원고로부터 […]를 수령함과 동시에 […]를 이행하라"라는 형식을 취한다.

8) 근거로서 공평의 원칙의 의미도 다르다. 즉 유치권에서 하나의 물건에 관하여 그 반환채무와 그 물건으로부터 발생한 채무가 서로 대립함에 그 근거가 있는 반면(따라서 채권의 발생원인은 묻지 않는다), 동시이행의 항변권에서는 채권·채무가 원칙적으로 하나의 쌍무계약으로부터 발생하여 서로 대가관계를 이루면서 대립함에 그 근거가 있다.

③ 유치권자는 경매 등을 통하여 적극적으로 유치권을 실행할 수 있는 반면, 동시이행의 항변권은 상대방의 청구를 일시적으로 거부할 수 있는 소극적인 것이다.

(4) 유치권과 동시이행의 항변권은 별개의 독자적인 제도로서 병존할 수 있다(청구권경합).[9] 다만 유치권을 행사하면 상대방은 선이행의무를 지므로 동시이행의 항변권의 존재는 무의미하다.

[5530] Ⅱ. 유치권의 성립요건

1. 개　　관

(1) 유치권의 성립요건은 ① 타인 소유의 물건(또는 유가증권. 이하 "물건"이라고만 한다)에 대한 적법한 점유, ② 변제기에 있는 채권의 존재, ③ 채권과 물건 사이의 견련관계, ④ 유치권의 성립을 배제하는 특약의 부존재이다. 아래에서 이들을 검토하는데, ④를 먼저 살펴본다. 그리고 압류가 유치권의 성립에 어떤 영향을 미치는지를 따로 정리하기로 한다.

(2) "유치권은 법정담보물권이기는 하나 채권자의 이익보호를 위한 채권담보의 수단에 불과하므로 이를 포기하는 특약은 유효하고, 유치권을 사전에 포기한 경우 다른 법정요건이 모두 충족되더라도 유치권이 발생하지 않는 것과 마찬가지로 유치권을 사후에 포기한 경우 곧바로 유치권은 소멸한다고 보아야 하며, 채권자가 유치권의 소멸 후에 그 목적물을 계속하여 점유한다고 하여 여기에 적법한 유치의 의사나 효력이 있다고 인정할 수 없고 다른 법률상 권원이 없는 한 무단점유에 지나지 않는다."[10] 포기의 특약은 묵시적으로도 가능하고(예컨대 원상회복의 특약이 있는 경우[11]), 유치권 배제특약에도 조건을 붙일 수 있다.[12] 그리고 "특약에 따른 효력은 특약의 상대방뿐 아니라 그 밖의 사람도 주장할 수 있"다.[13]

[5531] 2. 목적물에 관한 요건

가. 타인 소유의 물건 또는 유가증권

(1) 현행법은 유가증권을 유치권의 목적으로 추가하였다.

(2) 부동산도 유치권의 목적물이 될 수 있는데, 법정담보물권으로서 유치권이 점유에 의하여 공시되고 등기를 요하지 않으며, 피담보채권의 양도와 목적물의 점유의 이전이 있으면 유치권이 당연히 이전되기 때문에, 제187조 단서도 적용되지 않는다. 그리고 물건의 일부에 대한 유치권도 성립할 수 있다.[14]

(3) 「타물권」으로서 유치권의 객체인 물건 또는 유가증권은 타인의 소유여야 한다(제320조: "타인의"). 유치권자 자신의 소유가 아닌 이상[15] 채무자의 소유이건 제3자의 소유이건 관계없이

---

9) 예컨대 시계수리를 마친 시계수리상은 도급계약에 따른 보수를 지급받기 전에는 동시이행의 항변권을 행사하여 시계의 인도를 거절할 수 있다(제665조). 그런데 수리를 맡긴 이가 시계의 소유자가 아닌 경우에, 그 소유자가 소유물반환청구권(제213조)을 행사하면 동시이행의 항변권으로 대항할 수 없지만 점유할 권리(같은 조 단서)로서 유치권을 행사하여 시계의 반환을 거절할 수 있다.

10) 대결 2011.5.13. 2010마1544.

11) 대판 1975.4.22. 73다2010은, 건물임차인이 임대차관계 종료시 건물을 원상으로 복구하여 임대인에게 인도하기로 약정한 것은 건물에 지출한 각종 유익비 또는 필요비의 상환청구권을 미리 포기하기로 한 취지의 특약이라고 볼 수 있어 임차인은 유치권을 주장을 할 수 없다고 하였는데, 사안에서 (사전)포기의 직접적 대상은 비용상환청구권이지만, 그 포기에 (이를 피담보채권으로 하는 종된 권리로서) 유치권의 포기도 포함되어 있다고 볼 것이다.

12) 대판 2018.1.24. 2016다234043.

13) 앞의 2016다234043 판결.

14) 대판 1968.3.5. 67다2786.

유치권이 성립하며, 유치권자가 채무자의 소유에 속하지 않음을 알았더라도 문제되지 않는다.[16] 이와 달리 상사유치권은 "채무자 소유의" 물건만을 객체로 한다(상법 제58조).

나. 적법한 점유 [5532]

(1) 유치권이 성립하기 위하여 점유가 필요하고, 유치권자가 점유를 잃으면 유치권은 소멸한다(제328조). 즉 유치권자의 점유는 유치권의 성립요건이자 존속요건이다. 다만 점유가 침탈되었더라도 점유보호청구권에 기하여 침탈된 점유를 회복하면, 점유가 소멸하지 않은 것으로 간주되므로(제192조 제2항 단서), 유치권이 소멸하지 않는다.[17]

(2) 유치권자의 점유에 간접점유도 포함된다.[18] 다만 유치적 효력을 통하여 채무자의 변제를 간접적으로 강제한다는 제도의 취지에 따라 「채무자의 직접점유를 매개로 한」 간접점유는 제외되어야 한다.[19]

(3) "점유가 불법행위로 인한 경우"에 유치권이 성립하지 않는다(제320조 제2항). 절도범이 훔친 물건을 수선하는 등 비용을 지출한 경우에 유치권이 성립하지 않으며, 채무자에게 대항할 수 있는 점유권원 없이 또한 이를 알거나 과실로 알지 못한 채 점유를 시작한 경우[20]나 불법행위가 제3자에 대해서 행하여진 경우[21]에도 유치권은 성립하지 않는다. 점유가 불법행위로 인하여 개시되었다는 점에 대한 증명책임은 반환청구자에게 있다.[22]

그런데 ① 불법행위로 점유를 취득하였다면, 나중에 적법한 권원을 취득하더라도 유치권은 부정되어야 한다. ② 당초 적법하게 점유를 취득하였으나 해제나 취소에 의하여 점유권원이 소급적으로 소멸한 후 비용을 지출한 경우에, 비용을 지출한 점유자가 선의이고 과실이 없다면 유치권의 성립을 부정할 이유가 없다.[23] 한편 ③ 점유자의 점유권원이 소멸하였지만 유치권(또는 동시이행의 항변권)을 행사함으로써 물건을 점유하던 중에 비용을 지출한 경우에, 그 점유가 적법하므로 유치권이 인정된다(제325조 참조).

3. 피담보채권에 관한 요건 [5533]

(1) 점유자가 채권을 가져야 한다. 채권의 발생원인은 문제되지 않으며,[24] 유치권 행사 도중에 취득한 채권이라도 무방하다.

(2) 피담보채권의 변제기 도래는 일반적으로 담보권을 실행하기 위한 요건이지만, 유치권의 경우에 변제기의 도래는 그 성립요건이다(제320조 제1항). 따라서 채권의 변제기가 도래하지 않은 동안에는 유치권이 성립하지 않고,[25] 피담보채권이 동시이행관계에 있는 경우에 이행제공을 하지

---

15) 수급인이 자신의 재료와 노력으로 완성시킨 건물은 수급인 소유이므로 그 건물에 대하여 「타물권」으로서 유치권을 가질 수 없다고 한 대판 1993.3.26. 91다14116 참조.
16) 적법한 점유라는 요건이 충족되는지는 별개의 문제이다.
17) 대판 2012.2.9. 2011다72189.
18) 대결 2002.11.27. 2002마3516.
19) 대판 2008.4.11. 2007다27236.
20) 뒤의 66다600 · 601 판결.
21) 대판 1989.2.14. 87다카3073.
22) 대판 1966.6.7. 66다600 · 601.
23) 다만 앞의 66다600 · 601 판결은 중과실이 있는 경우에 유치권의 성립이 부정된다는 입장이다.
24) 대판 1976.9.28. 76다582는, 채무불이행에 의한 손해배상청구권은 원채권의 연장이므로, 「물건과 원채권 사이에 견련관계가 있다면」 그 손해배상채권과 그 물건 사이에도 견련관계가 있다 할 것이어서 손해배상채권에 관하여 유치권항변을 내세울 수 있다고 하였다.
25) 그렇지 않다면 변제기 전의 이행을 강제하는 결과로 된다. 변제기에 이르지 않은 채권에 기하여 유치권을 행사할 수 없다고 한 대

않으면 유치권을 행사할 수 없다.[26] 반면 기한을 정하지 않은 채권의 경우에 채권자는 언제든지 이행청구를 할 수 있으므로, 채권 성립과 동시에 유치권이 성립할 수 있다.

(3) 법원은 유익비상환청구에 대하여 상당한 상환기간을 허여할 수 있는데(제203조 제3항, 제310조 제2항, 제626조 제2항 후단), 이러한 경우에 그 유익비에 관하여 유치권을 행사할 수 없다.

[5534] **4. 목적물과 피담보채권 사이의 견련관계**

가. 서 설

(1) 유치권이 성립하기 위해서는 점유자의 채권이 "그 물건이나 유가증권에 관하여 생긴" 것이어야 한다(제320조 제1항). 이를 견련관계(牽連關係)라고 한다.

(2) 목적물과 일정한 관계에 있는 채권을 담보하기 위해서만 유치권이 인정된다는 점에서 견련관계는 유치권의 성립 여부를 결정하는 요체이다. 아울러 유치권의 폐해를 극복하기 위한 노력도 견련관계의 판단에 반영된다.

(3) 한편 채권과 목적물의 점유 사이에 견련관계가 요구되지 않으므로,[27] 채권이 반드시 목적물의 점유 중에 생겨야 하는 것은 아니다.

[5535] **나. 학설의 검토**

(1) 유치권이 성립하기 위한 요건으로서 "관하여 생긴"(즉 견련관계)이 무엇을 의미하는지에 관하여 견해의 대립이 있다.

다수설은 ❶ 목적물에 지출한 비용(필요비 또는 유익비)의 상환청구권(제203조 등)이나 목적물의 하자로부터 생긴 손해의 배상청구권(제750조) 등 채권이 목적물 자체로부터 발생한 경우와 ❷ 물건의 매매계약이 취소되거나(부당이득에 의한 매매대금의 상환과 목적물의 반환 사이) 서로 물건을 바꾸어 간 경우처럼 채권이 목적물의 인도의무와 동일한 법률관계 또는 사실관계로부터 생긴 경우에 견련관계를 인정한다. 반면 채권이 목적물로부터 발생한 경우 또는 공평의 원칙상 이에 준하는 경우에만 견련관계를 인정할 수 있다는 견해 또는 어설픈 해결책을 제시하기보다 개별사안에 부딪쳐 그 사태의 논리를 면밀히 추적해 보는 것이 필요한 작업이라는 견해도 주장된다.

[참 고] 다수설이 제시하는 기준 중 ❷는 요건으로서 제대로 기능하지 못한다. 즉 부동산의 이중매매에서 등기를 경료한 제2매수인(Z)이 인도를 받은 제1매수인(E)에 대하여 부동산인도청구를 함에 대하여 E가 채무불이행을 이유로 하는, 매도인에 대한 손해배상청구권에 기하여 유치권항변을 하는 경우에, 그 채권은 동일한 법률관계에 기한 것임에도 「당연히」 유치권의 성립이 부정되어야 한다. 이에 대하여 다수설은 「유치권을 취득하게 되는 자와 상대방과의 사이에」 물건의 점유자 E가 가치증대 또는 손해로 인하여, 물건의 반환을 청구하는 Z에 대하여 이득상환 또는 손해배상을 받을 때까지 인도를 거절할 수 있다고 설명하는데, 이는 ❷가 기준으로 불충분함을 보여준다.

(2) 생각건대 채권이 목적물 자체로부터 생긴 경우에 견련관계를 인정해야 함은 당연하고,

판 2007.9.21. 2005다41740 참조.

26) 대판 2014.1.16. 2013다30653: "건물신축 도급계약에서 수급인이 공사를 완성하였더라도, 신축된 건물에 하자가 있고 그 하자 및 손해에 상응하는 금액이 공사잔대금액 이상이어서, 도급인이 수급인에 대한 하자보수청구권 내지 하자보수에 갈음한 손해배상채권 등에 기하여 수급인의 공사잔대금채권 전부에 대하여 동시이행의 항변을 한 때에는, 공사잔대금채권의 변제기가 도래하지 아니한 경우와 마찬가지로 수급인은 도급인에 대하여 하자보수의무나 하자보수에 갈음한 손해배상의무 등에 관한 이행의 제공을 하지 아니한 이상 공사잔대금채권에 기한 유치권을 행사할 수 없다고 보아야 한다."

27) 대판 1965.3.30. 64다1977.

그 밖의 경우에는 유치권을 담보물권으로 구성한 법의 취지와 함께 거래계에서 유치권이 초래할 수 있는 폐해도 고려하여, 피담보채권이 목적물에 대한 공익비용적 성질을 가지는지[28] 여부에 따라 견련관계를 판단해야 할 것이다.

다. 판례의 태도 [5536]

(1) 대판 2007.9.7. 2005다16942가, 「그 물건에 관하여 생긴 채권」은 유치권제도 본래의 취지인 공평의 원칙에 특별히 반하지 않는 한 ① 채권이 목적물 자체로부터 발생한 경우는 물론이고 ② 채권이 목적물의 반환청구권과 동일한 법률관계나 사실관계로부터 발생한 경우도 포함한다고 하는 등 기본적으로 다수설과 같은 입장으로 보이지만, 실제로 ❷의 예를 찾기 어렵다.

(2) 견련관계가 긍정된 경우로 ① 물건 자체에 관한 채권(예: 공사비채권이나 비용상환청구권)과 ② 물건으로 인한 손해배상청구권(예: 이웃에 공이 날아 들어가 유리창을 깬 경우)을 들 수 있다. ①의 경우에 비용지출의 결과가 물건에 녹아들어 그 가치의 일부(증가 또는 유지의 형태로)를 이루어 총채권자의 이익으로 되는 plus의 공익비용의 성질을 가지고, ②의 경우에는 반대로 물건 자체가 손해를 발생시켜서 손실자에게 비용지출을 강요하는 것으로 minus의 공익비용의 성질을 가지므로, 그 채권의 담보를 위하여 유치권이 인정되어야 한다.

그런데 건물의 신축공사를 한 수급인이 공사대금채권에 기하여 건물을 유치할 수는 있지만,[29] 「토지」에 대해서는 유치권을 행사할 수 없다.[30]

(3) 견련관계가 부정된 경우로 ① 임차보증금반환채권[31]이나 권리금반환채권,[32] ② 계약명의신탁에서 명의수탁자에 대한 부동산매수자금 상당의 부당이득반환채권,[33] ③ 매도인의 매매대금채권[34] 등이 있다. ①에서는 유치권이 성립한다면 채권의 제3자효를 인정하는 결과로 귀결될 수 있음을 고려해야 하고, ②나 ③의 경우에 법률행위로 인한 부동산물권변동의 요건으로 등기를 요구하는 민법의 기본입장이 존중되어야 하기 때문이다.

그 밖에 이중매매 또는 타인물건의 매매로 인한 손해배상청구권에서 견련관계를 인정한다면 이중매매에서 인도가 등기에 우선하는 결과로 되어, 제186조의 취지가 부인된다.

---

28) 대판 2013.2.28. 2010다57350([5547]에 소개된) 참조.

29) 대판 1995.9.15. 95다16202 · 16219.

30) 대결 2008.5.30. 2007마98: "건물의 신축공사를 도급받은 수급인이 사회통념상 독립한 건물이라고 볼 수 없는 정착물을 토지에 설치한 상태에서 공사가 중단된 경우에 위 정착물은 토지의 부합물에 불과하여 이러한 정착물에 대하여 유치권을 행사할 수 없는 것이고, 또한 공사중단시까지 발생한 공사금채권은 토지에 관하여 생긴 것이 아니므로 위 공사금채권에 기하여 토지에 대하여 유치권을 행사할 수도 없"다. 이 판결은 수급인이 사회통념상 독립한 건물이라고 볼 수 없는 정착물을 토지에 설치한 상태에서 공사가 중단된 경우에 관한 것이지만, 공사가 완성된 경우에도 다르지 않다.

31) 대판 1976.5.11. 75다1305.

32) 대판 1994.10.14. 93다62119.

33) 계약명의신탁에서 명의신탁자의 부당이득반환청구권은 부동산 자체로부터 발생한 채권이 아닐 뿐만 아니라 소유권 등에 기한 부동산의 반환청구권과 동일한 법률관계나 사실관계로부터 발생한 채권이라고 보기도 어려우므로 견련관계를 인정할 수 없다고 한 대판 2009.3.26. 2008다34828.

34) 대결 2012.1.12. 2011마2380: "부동산매도인이 매매대금을 다 지급받지 아니한 상태에서 매수인에게 소유권이전등기를 마쳐주어 목적물의 소유권을 매수인에게 이전한 경우에는, 매도인의 목적물인도의무에 관하여 동시이행의 항변권 외에 물권적 권리인 유치권까지 인정할 것은 아니다. 왜냐하면 법률행위로 인한 부동산물권변동의 요건으로 등기를 요구함으로써 물권관계의 명확화 및 거래의 안전·원활을 꾀하는 우리 민법의 기본정신에 비추어 볼 때, 만일 이를 인정한다면 매도인은 등기에 의하여 매수인에게 소유권을 이전하였음에도 매수인 또는 그의 처분에 기하여 소유권을 취득한 제3자에 대하여 소유권에 속하는 대세적인 점유의 권능을 여전히 보유하게 되는 결과가 되어 부당하기 때문이다. 또한 매도인으로서는 자신이 원래 가지는 동시이행의 항변권을 행사하지 아니하고 자신의 소유권이전의무를 선이행함으로써 매수인에게 소유권을 넘겨 준 것이므로 그에 필연적으로 부수하는 위험은 스스로 감수하여야 한다. 따라서 매도인이 부동산을 점유하고 있고 소유권을 이전받은 매수인에게서 매매대금 일부를 지급받지 못하고 있다고 하여 매매대금채권을 피담보채권으로 매수인이나 그에게서 부동산소유권을 취득한 제3자를 상대로 유치권을 주장할 수 없다." 수급인에 대한 건축자재대금채권에 관한 대판 2012.1.26. 2011다96208도 참조.

[5537] ## 5. 압류와 유치권의 성립 여부

(1) 목적물에 대한 압류의 효력이 발생한(부동산의 경우에 경매개시결정의 기입등기를 통하여) 후에 점유를 취득하거나 피담보채권이 성립한 경우에도 유치권이 성립하는가? 결론부터 말하자면, 압류에 따라 현상이 고정되고(이른바 처분금지효) 압류 후의 사정변경으로 압류채권자에게 대항하지 못하므로, 압류 「전」에 목적물 점유의 요건과 피담보채권 성립의 요건이 모두 구비되지 않았다면 유치권이 성립하지 않는다고 해야 한다.

반면 경매로 인한 압류의 효력이 발생하기 전에 유치권이 성립하였다면, 유치권의 성립시기가 저당권설정 후라거나 유치권 성립 전에 설정된 근저당권에 기하여 경매절차가 개시되었더라도 점유자는 유치권으로 경매절차의 매수인에게 대항할 수 있다.[35]

(2) 이에 관한 판례들을 본다.

① 「압류의 효력이 발생한 후 점유를 이전받은 경우」에 유치권의 성립을 부정한 대판 2005.8.19. 2005다22688(판례, 〈5-2-15〉).[36]

② 점유개시는 경매개시결정 기입등기 전이지만 「채권의 취득」이 그 후인 경우에 유치권의 성립을 부정한 대판 2011.10.13. 2011다55214.[37]

③ 「점유 및 채권의 취득」이 경매개시결정 기입등기 후인 경우에 유치권의 성립을 부정한 대판 2006.8.25. 2006다22050.[38]

[참 고] 위 판결들이 처분금지효를 유치권의 제한사유로 들지만, "부동산에 가압류등기가 경료되어 있을 뿐 현실적인 매각절차가 이루어지지 않고 있는 상황 하에서는 채무자의 점유이전으로 인하여 제3자가 유치권을 취득하게 된다고 하더라도 이를 처분행위로 볼 수는 없다"고 하면서 —역시 처분금지효를 가지는— 가압류만 있어서 본압류로 전이되기 전의 상태에서는 유치권의 성립이 제한되지 않는다는 입장의 대판 2011.11.24. 2009다19246[39]에 비추어 적절하다고 하기 어렵다. 점유의 이전이나 피담보채무의 부담이 처분에 해당하는지도 의문이다.[40] 따라서 압류가 현금화를 위하여 현상을 고정한다는 점에서 그 근거를 찾아야 할 것이다.[41] 즉 동산의 압류는 점유의 박탈을 의미하

---

35) 대판 2009.1.15. 2008다70763.

36) "채무자 소유의 건물 등 부동산에 강제경매개시결정의 기입등기가 경료되어 압류의 효력이 발생한 이후에 채무자가 위 부동산에 관한 공사대금채권자에게 그 점유를 이전함으로써 그로 하여금 유치권을 취득하게 한 경우, 그와 같은 점유의 이전은 목적물의 교환가치를 감소시킬 우려가 있는 처분행위에 해당하여 민사집행법 제92조 제1항, 제83조 제4항에 따른 압류의 처분금지효에 저촉되므로 점유자로서는 위 유치권을 내세워 그 부동산에 관한 경매절차의 매수인에게 대항할 수 없다."

37) "채무자 소유의 건물에 관하여 증·개축 등 공사를 도급받은 수급인이 경매개시결정의 기입등기가 마쳐지기 전에 채무자에게서 건물의 점유를 이전받았다 하더라도 경매개시결정의 기입등기가 마쳐져 압류의 효력이 발생한 후에 공사를 완공하여 공사대금채권을 취득함으로써 그때 비로소 유치권이 성립한 경우에는, 수급인은 유치권을 내세워 경매절차의 매수인에게 대항할 수 없다."

38) "채무자 소유의 부동산에 경매개시결정의 기입등기가 경료되어 압류의 효력이 발생한 이후에 채권자가 채무자로부터 위 부동산의 점유를 이전받고 이에 관한 공사 등을 시행함으로써 채무자에 대한 공사대금채권 및 이를 피담보채권으로 한 유치권을 취득한 경우, 이러한 점유의 이전은 목적물의 교환가치를 감소시킬 우려가 있는 처분행위에 해당하여 민사집행법 제92조 제1항, 제83조 제4항에 따른 압류의 처분금지효에 저촉되므로, 위와 같은 경위로 부동산을 점유한 채권자로서는 위 유치권을 내세워 그 부동산에 관한 경매절차의 매수인에게 대항할 수 없고, 이 경우 위 부동산에 경매개시결정의 기입등기가 경료되어 있음을 채권자가 알았는지 여부 또는 이를 알지 못한 것에 관하여 과실이 있는지 여부 등은 채권자가 그 유치권을 매수인에게 대항할 수 없다는 결론에 아무런 영향을 미치지 못한다."

39) 가압류채권자에게 대항할 수 없는 "처분행위란 당해 부동산을 양도하거나 이에 대해 용익물권, 담보물권 등을 설정하는 행위를 말하고 특별한 사정이 없는 한 점유의 이전과 같은 사실행위는 이에 해당하지 않는다. 다만 부동산에 경매개시결정의 기입등기가 경료되어 압류의 효력이 발생한 후에 채무자가 제3자에게 당해 부동산의 점유를 이전함으로써 그로 하여금 유치권을 취득하게 하는 경우 그와 같은 점유의 이전은 처분행위에 해당한다는 것이 당원의 판례이나, 이는 어디까지나 경매개시결정의 기입등기가 경료되어 압류의 효력이 발생한 후에 채무자가 당해 부동산의 점유를 이전함으로써 제3자가 취득한 유치권으로 압류채권자에게 대항할 수 있다고 한다면 경매절차에서의 매수인이 매수가격 결정의 기초로 삼은 현황조사보고서나 매각물건명세서 등에서 드러나지 않는 유치권의 부담을 그대로 인수하게 되어 경매절차의 공정성과 신뢰를 현저히 훼손하게 될 뿐만 아니라, 유치권신고 등을 통해 매수신청인이 위와 같은 유치권의 존재를 알게 되는 경우에는 매수가격의 즉각적인 하락이 초래되어 책임재산을 신속하고 적정하게 환가하여 채권자의 만족을 얻게 하려는 민사집행제도의 운영에 심각한 지장을 줄 수 있으므로, 위와 같은 상황 하에서는 채무자의 제3자에 대한 점유이전을 압류의 처분금지효에 저촉되는 처분행위로 봄이 타당하다는 취지이다."

40) 점유의 이전과 같은 사실행위는 처분에 해당하지 않는다고 한 앞의 2009다19246 판결 참조.

고, 부동산의 경우에도 집행기관의 점유가 있는 것으로 고정되어 그 후에는 채권자의 점유요건이 충족되지 않는다고 보아야 한다. 이렇게 본다면 가압류만 있어서 본압류로 전이되기 전의 상태에서는 유치권의 성립이 제한되지 않지만, 본압류로 전이되면 가압류시점을 기준으로 유치권의 성립요건을 판단해야 할 것이다.

한편 대판(전) 2014.3.20. 2009다60336에서 앞서 본 법리[42]가 체납처분압류에도 적용되는지가 쟁점이었는데, 다수의견은 "부동산에 관한 민사집행절차에서는 경매개시결정과 함께 압류를 명하므로 압류가 행하여짐과 동시에 매각절차인 경매절차가 개시되는 반면, 국세징수법에 의한 체납처분절차에서는 그와 달리 체납처분에 의한 압류(이하 '체납처분압류'라고 한다)와 동시에 매각절차인 공매절차가 개시되는 것이 아닐 뿐만 아니라, 체납처분압류가 반드시 공매절차로 이어지는 것도 아니다. 또한 체납처분절차와 민사집행절차는 서로 별개의 절차로서 공매절차와 경매절차가 별도로 진행되는 것이므로, 부동산에 관하여 체납처분압류가 되어 있다고 하여 경매절차에서 이를 그 부동산에 관하여 경매개시결정에 따른 압류가 행하여진 경우와 마찬가지로 볼 수는 없다. 따라서 체납처분압류가 되어 있는 부동산이라고 하더라도 그러한 사정만으로 경매절차가 개시되어 경매개시결정등기가 되기 전에 부동산에 관하여 민사유치권을 취득한 유치권자가 경매절차의 매수인에게 유치권을 행사할 수 없다고 볼 것은 아니"라고 하였다.

관련하여 「변제기의 유예」로 경매개시결정 당시 공사대금채권이 변제기에 있지 않았음에도, 제반 사정에 비추어 유치권의 행사를 허용하더라도 경매절차의 이해관계인에게 예상하지 못한 손해를 주지 않고 집행절차의 법적 안정성을 해치지 않기 때문에 유치권의 행사를 제한할 필요가 없다고 한 대판 2022.12.29. 2021다253710도 참조.

Ⅲ. 유치권의 효력 [5538]

1. 물권적 인도거절권

(1) 인도거절을 통한 심리적 압박으로 변제를 촉구하는 유치적 효력이 유치권의 요체이다. 즉 유치권자는 그의 채권을 변제받을 때까지 목적물을 유치할 수 있다. 여기서 유치(留置)란 점유를 계속하면서 인도를 거절함을 의미한다.

(2) 유치권은 채무자뿐만 아니라 모든 사람에 대하여 행사될 수 있는데,[43] 목적물의 양수인은 물론 경매에서의 매수인에 대해서도 채권의 변제가 있을 때까지 인도를 거절할 수 있다(민사집행법 제91조 제5항, 제268조).

나아가 일반채권자에 의한 강제집행에서 유치권자는 집행관에 대해서도 목적물의 인도를 거절할 수 있고,[44] 그럼에도 불구하고 집행관이 경매를 하면 제3자이의의 소(같은 법 제48조)를 제기할 수 있으므로, 유치권의 목적인 동산 또는 유가증권에 대한 강제집행은 유치권자가 집행관에게 목적물을 임의로 인도한 경우에만 가능하고, 유치물을 집행관에게 인도하였더라도 유치권자는 그 유치물에 대하여 간접점유(집행관의 직접점유를 매개로 하는)를 취득한다.

(3) 소유자의 반환청구에 대하여 점유자가 유치권을 행사한 경우에, 유치권이 담보물권인 점(담보물권에서 피담보채무의 이행이 선행되어야 한다)에 비추어 이론적으로 원고 패소의 판결을 해야 하지만, 소송경제상 일부승소판결인 상환이행판결(相換履行判決)에 의하더라도 무방하고, 실제로

41) 앞의 2009다19246 판결도 결국 처분행위로 「의제」된다는 취지로 읽힌다.
42) 이 판결에서 직접 문제된 것은 위 2005다22688 판결의 법리였으나, 본문의 ②나 ③의 법리도 마찬가지로 보아야 한다.
43) 질권에도 유치적 효력이 인정되지만, 제335조 단서의 제한이 따른다.
44) 대결 2012.9.13. 2011그213.

그러한 판결이 선고된다.[45)]

[5539] (4) 유치권은 「시간에서 앞선 사람은 권리에서도 앞선다」는 일반법리의 예외로 인정되므로,[46)] 그 남용은 허용되지 않는다. 즉 "유치권제도는 특히 부동산담보거래에 일정한 부담을 주는 것을 감수하면서 마련된 것[인데, …] 거래당사자가 유치권을 자신의 이익을 위하여 고의적으로 작출함으로써 […] 유치권의 최우선순위담보권으로서의 지위를 부당하게 이용하고 전체 담보권질서에 관한 법의 구상을 왜곡할 위험이 내재한다. 이러한 위험에 대처하여, 개별사안의 구체적인 사정을 종합적으로 고려할 때 신의성실의 원칙에 반한다고 평가되는 유치권제도 남용의 유치권 행사는 이를 허용하여서는" 안 된다.[47)]

[5540] 2. 유치물의 점유에 따른 법률관계

가. 과실수취권

(1) 유치권자는 유치물의 과실을 수취하여 다른 채권보다 먼저 자기채권의 변제에 충당할 수 있다(제323조 제1항). 유치권자의 과실수취권은 유치권자의 선관주의의무(제324조 제1항)에 대한 대가의 성질을 가지는데, 보통 과실의 가액이 높지 않아서 과실수취권을 인정하더라도 채무자의 이익을 크게 해치지 않기 때문에 인정된다.

(2) 여기서 과실은 천연과실뿐만 아니라 법정과실도 포함하며, 사용수익도 마찬가지로 새길 것이다.[48)]

(3) 과실은 먼저 이자에 충당하고, 다음에 원본에 충당한다(제323조 제2항). 그런데 과실을 변제에 충당하기 위하여 금전 외의 것은 "경매"해야 한다(제1항 단서). 다만 유치물 자체에 대한 간이변제충당이 인정되는 마당에 반드시 경매에 의해야 하는 것은 아니고, 당사자의 합의에 의한 평가 또는 상당한 대가로의 매각도 가능하다 할 것이다.

[5541] 나. 유치물 사용권

유치권은 채권담보를 위하여 목적물을 점유하는 권리이므로, 유치권자는 유치물을 사용할 수 없지만, 다음 두 경우에 예외가 인정된다(제324조 제2항).

① 유치권자는 유치물의 보존에 필요한 범위 안에서 채무자(소유자와 다르다면 소유자)의 승낙이 없더라도 목적물을 사용할 수 있다(제324조 제2항 단서). 보존에 필요한 사용인지는 개개의 경우에 구체적으로 판단해야 한다.[49)]

---

45) 대판 1969.11.25. 69다1592. 대판 1980.2.26. 80다56도 참조.

46) 목적물에 관하여 채권이 발생하였으나 채권자가 목적물에 관한 점유를 취득하기 전에 그에 관하여 저당권 등 담보물권이 설정되고 그 후에 채권자가 목적물에 관한 점유를 취득한 경우에, 채권자는 다른 사정이 없는 한 그와 같이 취득한 민사유치권을 저당권자 등에게 주장할 수 있다(대판 2014.12.11. 2014다53462).

47) 대판 2011.12.22. 2011다84298(판례, 〈5-2-16〉). 나아가 "채무자가 채무초과의 상태에 이미 빠졌거나 그러한 상태가 임박함으로써 채권자가 원래라면 자기채권의 충분한 만족을 얻을 가능성이 현저히 낮아진 상태에서 이미 채무자 소유의 목적물에 저당권 기타 담보물권이 설정되어 있어서 유치권의 성립에 의하여 저당권자 등이 그 채권 만족상의 불이익을 입을 것을 잘 알면서 자기채권의 우선적 만족을 위하여 위와 같이 취약한 재정적 지위에 있는 채무자와의 사이에 의도적으로 유치권의 성립요건을 충족하는 내용의 거래를 일으키고 그에 기하여 목적물을 점유하게 됨으로써 유치권이 성립하였다면, 유치권자가 그 유치권을 저당권자 등에 대하여 주장하는 것은 다른 특별한 사정이 없는 한 신의칙에 반하는 권리행사 또는 권리남용으로서 허용되지 아니한다. 그리고 저당권자 등은 경매절차 기타 채권실행절차에서 위와 같은 유치권을 배제하기 위하여 그 부존재의 확인 등을 소로써 청구할 수 있다"고 하였다.

48) 유치물 사용권이 제한됨은 별개의 문제이다.

49) 예를 들어 경마용 말을 유치하는 경우에 일정한 시기마다 말을 타야 한다.
한편 판례는 공사대금채권에 기하여 유치권을 행사하는 이가 유치물인 주택에 거주하며 사용하는 것을 유치물의 보존에 필요한 사용으로 보는데(대판 2009.9.24. 2009다40684; 대판 2013.4.11. 2011다107009), 동의하기 어렵다. 그런데 가령 부동산임대차에서 유치권자인 임차인은 「유치」방법으로 종전의 점유 및 용익을 계속하는 경우에 이러한 사용이 제324조 제2항 단서 소정의 보존행위에 그런데 유치는 인도거절을 의미할 뿐이고, 사용수익권능을 부여하지는 않기 때문에, 유치권이 이익보유의 권원으로 될 수 없다. 따라서 보존에 필요한 사용이라고 하더라도 사용상태의 계속에 따른 이득에 대해서는 차임 상당의 부당이득이 성립한다.

② 채무자(소유자와 다르다면 소유자)의 승낙이 있으면 유치권자는 유치물을 사용 · 수익할 수 있다(제324조 제2항의 반대해석). 그리고 사용으로 인한 차임 등의 수익은 우선적으로 채권의 변제에 충당된다.

다. 비용상환청구권 [5542]

(1) 유치권자가 유치물에 대하여 비용을 지출한 경우에, 제325조에 따라 그 상환을 청구할 수 있는데, 상환청구의 상대방은 유치물의 소유자이다.[50]

(2) 비용상환청구권에 기하여 유치권자는 다시 유치물 위에 유치권을 취득할 수 있다.[51]

라. 유치권자의 의무 [5543]

(1) 유치권자는 선량한 관리자의 주의로써 유치물을 점유해야 한다(제324조 제1항). 그리고 채무자(소유자와 다르다면 소유자)의 승낙 없이 유치물의 사용, 대여 또는 담보제공을 하지 못한다(제2항 본문).

(2) 이상의 의무를 위반한 경우에 소유자는 유치권의 소멸을 청구할 수 있다(제3항).[52] 소멸청구권은 형성권이고 소멸청구는 물권적 단독행위이지만, 유치권등기가 불가능하므로 목적물이 부동산인 경우에도 등기 없이 효력이 발생하여 반환청구를 할 수 있다.

3. 경매와 유치권 [5544]

가. 유치권자의 경매권과 우선변제권

(1) 유치권자는 자기채권의 변제를 받기 위하여 목적물을 현금화할 수 있다. 현금화는 경매에 의해야 하지만, 특별한 경우에 감정인의 평가에 의한 현금화도 가능하다(제322조, 민사집행법 제214조).

(2) 먼저 경매(競賣)를 본다.

① 경매는 담보권 실행경매의 예에 따라 실시하는데(민사집행법 제274조), 「우선」변제를 위한 것이 아니라, 유치물 보관의 부담을 면하기 위한 수단의 의미를 가진다. 그런데 유치권에 기한 경매도 강제경매나 담보권 실행경매와 마찬가지로 목적부동산 위의 부담을 소멸시키는 것을 법정매각조건으로 하여 실시되고, 우선변제권자뿐만 아니라 일반채권자의 배당요구도 허용되며, 유치

해당하지 않지만, 그렇다고 하여 가옥 또는 토지의 임차인이 비용상환청구권을 피담보채권으로 하는 유치권을 행사하기 위하여 목적물의 종전의 점유상태를 변경하여 목적물의 보관만을 위한 특별한 수단을 별도로 강구해야 한다면, 유치권자에게 가혹할 뿐만 아니라 공평에도 부합하지 않는다. 따라서 이러한 경우에는 소멸청구권이 발생하지 않는다고 해야 한다. 다만 용익의 계속에 따른 이득이 부당이득으로 반환되어야 함은 당연히 별개의 문제이다.

50) 이때 원래의 피담보채무와 비용상환의무의 상대방이 분리될 수 있지만, 비용상환청구권에 기하여 유치권을 행사할 수 있으므로, 그로 인하여 채권자의 지위가 불리하게 되지는 않는다.

51) 대판 1972.1.31. 71다2414.

52) 하나의 채권을 피담보채권으로 하여 여러 필지의 토지에 대하여 유치권을 취득한 유치권자가 그중 일부필지에 대하여 선량한 관리자의 주의의무를 위반하였다면 특별한 사정이 없는 한 위반행위가 있었던 필지에 대해서만 유치권소멸청구가 가능하다고 해석하는 것이 타당하다고 한 대판 2022.6.16. 2018다301350 참조.

한편 대판 2023.8.31. 2019다295278: "민법 제324조에서 정한 유치권소멸청구는 유치권자의 선량한 관리자의 주의의무 위반에 대한 제재로서 채무자 또는 유치물의 소유자를 보호하기 위한 규정이므로, 특별한 사정이 없는 한 민법 제324조 제2항을 위반한 임대행위가 있은 뒤에 유치물의 소유권을 취득한 제3자도 유치권소멸청구를 할 수 있다."

권자는 일반채권자와 동일한 순위로 배당을 받을 수 있다.[53)54)]

② 유치권에 기한 경매에서 유치권자가 우선변제를 받을 수 없지만, 매각대금을 교부받으면 충당 또는 상계의 법리에 의하여 사실상 우선변제를 받는다.

[5545] (3) 간이변제충당(簡易辨濟充當)을 본다.

① 경매에는 복잡한 절차와 적지 않은 비용이 소요되므로, 언제나 경매에 의할 것을 요구하는 것은 소액의 채권을 담보하기 위한 유치권 등에서 부적절할 수 있다. 그래서 법은 유치물로써 직접 변제에 충당하는 방법, 즉 간이변제충당을 인정한다(제322조 제2항).

② 간이변제충당의 요건은 다음과 같다: ⓐ 목적물의 가액이 많지 않아 경매에 붙이는 것이 불합리하거나 경매에 붙이면 정당한 가액으로 매각되기 어려운 사정이 있는 등 정당한 이유가 있을 것,[55)] ⓑ 법원에 청구할 것(비송사건절차법 제56조 참조), ⓒ 감정인의 평가, ⓓ 채무자(소유자와 다르다면 소유자)에게의 사전통지(제322조 제2항 후문[56)]).

③ 이상의 요건이 충족되면 유치권자는 유치물의 소유권을 취득하는데, 평가액과 채권액의 차액이 있으면, 이를 채무자(소유자와 다르다면 소유자)에게 반환해야 한다.

(4) 제322조에 의하여 유치물로 직접 변제에 충당하는 경우와 유치물로부터 생기는 과실을 수취하여 이를 우선적으로 변제에 충당하는 경우(제323조)에, 그 범위에서 유치권자가 우선변제권을 가진다.

문제는 일반적으로 경매에서 매각대금으로부터 우선변제를 받을 수 있는가 하는 점인데, 민법이 질권과 저당권에 관하여 우선변제권을 규정하면서도(제329조, 제356조) 유치권에 관하여 이를 규정하지 않은 것은 유치권에 대하여 우선변제권을 부정하는 취지로 보아야 한다.[57)] 다만 뒤에서 보는 것처럼 부동산에 관해서는 민사집행법 제268조, 제91조 제5항에 따라 실제로 우선변제를 받는 결과로 된다.

(5) 채무자에 대한 파산 또는 회생절차에서 유치권자는 별제권 또는 회생담보권을 가진다(채무자회생법 제411조, 제141조).

[5546] **나. 경매에서 유치권자의 지위**

(1) 민사집행법 제91조 제5항은 유치권에 관하여 인수주의를 취한다. 즉 경매에 의하여 부동산이 매각되더라도 유치권은 소멸하지 않고, "매수인은 유치권자에게 그 유치권으로 담보하는 채권을 변제할 책임이 있다."

여기서 "변제할 책임"은 부동산상의 부담을 승계한다는 취지로서 인적 채무까지 인수한다는 의미는 아니므로, 유치권자는 경락인에 대하여 피담보채무의 변제가 있을 때까지 유치목적물인 부동산의 인도를 거절할 수 있을 뿐이고 피담보채무의 변제를 청구할 수는 없다.[58)] 그럼에도 불

53) 대결 2011.6.15. 2010마1059. 다만 집행법원은 부동산 위의 이해관계를 살펴 위와 같은 법정매각조건과 달리 매각조건 변경결정을 통하여 목적부동산 위의 부담을 소멸시키지 않고 매수인으로 하여금 인수하도록 정할 수 있다.

54) 제322조 제2항은 평가에 의한 현금화를 할 때 미리 채무자에게 통지해야 한다고 규정하는데, 제327조의 취지에 비추어 경매의 경우에도 채무자에게 목적물을 되찾을 기회를 주기 위하여 마찬가지로 새길 것이다.

55) 유치물의 처분에 관하여 이해관계를 달리하는 다수의 권리자가 존재하거나 유치물의 공정한 가격을 쉽게 알 수 없는 등의 경우에 정당한 이유가 있다고 할 수 없다고 한 대결 2000.10.30. 2000마4002도 참조.

56) 제327조의 소멸청구에 의하여 유치물의 소유권을 보전할 기회를 부여하기 위하여 요구되는 요건이다.

57) 앞의 2010마1059 결정 참조.

58) 대판 1996.8.23. 95다8713.

구하고 매수인은 유치권의 피담보채무를 변제하지 않고서는 목적물을 인도받을 수 없다. 따라서 유치권에 우선변제권이 인정되지 않지만, 유치권자는 「사실상」 우선변제를 받는다.

(2) 한편 유치권을 주장하는 이의 존재로 인하여 매수인이 예기치 않은 불이익을 입을 가능성이 작지 않으므로 이를 제한하기 위한 노력으로, 판례는 경매개시결정 기입등기 후에 채권자가 점유를 취득하거나 피담보채권이 성립하였다면 경매절차의 매수인에게 대항할 수 없다고 한다([5537] 참조).

보 론 경매와 유치권에 관한 재판례

㉠ 경매절차에서 근저당권자로서는 유치권 부존재의 확인을 구할 법률상 이익이 있다.59)

그런데 경매절차에서 유치권이 주장되지 않은 경우에, 담보목적물이 매각되어 그 소유권이 이전됨으로써 근저당권이 소멸하였더라도 채권자는 유치권의 존재를 알지 못한 매수인으로부터 제575조, 제578조 제1항, 제2항에 의한 담보책임을 추급당할 우려가 있으므로, 채권자인 근저당권자로서는 위 불안을 제거하기 위하여 유치권 부존재 확인을 구할 법률상 이익이 있지만, 채무자가 아닌 소유자는 위 각 규정에 의한 담보책임을 부담하지 않으므로, 유치권의 부존재 확인을 구할 법률상 이익이 없다.60)

㉡ 대결 2007.5.15. 2007마128은, 부동산경매절차에서 매수신고인이 당해 부동산에 관하여 유치권이 존재하지 않는 것으로 알고 매수신청을 하여 이미 최고가 매수신고인으로 정해졌음에도 그 후 매각결정기일까지 사이에 유치권의 신고가 있을 뿐만 아니라 그 유치권이 성립될 여지가 없음이 명백하지 아니한 경우에, 집행법원으로서는 장차 매수신고인이 인수할 매각부동산에 관한 권리의 부담이 현저히 증가하여 민사집행법 제121조 제6호가 규정하는 이의사유가 발생된 것으로 보아 이해관계인의 이의 또는 직권으로 매각을 허가하지 않는 결정을 하는 것이 상당하다고 보았다.61)

㉢ 참고로 대판 2011.8.18. 2011다35593: "부동산에 관한 강제경매 또는 담보권 실행을 위한 경매절차에서의 매수인은 유치권자에게 그 유치권으로 담보하는 채권을 변제할 책임이 있고(민사집행법 제91조 제5항, 제268조), 유치권에 의한 경매절차는 목적물에 대하여 강제경매 또는 담보권 실행을 위한 경매절차가 개시된 경우에는 정지되도록 되어 있으므로(민사집행법 제274조 제2항), 유치권에 의한 경매절차가 정지된 상태에서 그 목적물에 대한 강제경매 또는 담보권 실행을 위한 경매절차가 진행되어 매각이 이루어졌다면, 유치권에 의한 경매절차가 소멸주의를 원칙으로 하여 진행된 경우와는 달리 그 유치권은 소멸하지 않는다고 봄이 상당하다."

4. [보론] 상사유치권 [5547]

(1) 상법 제58조는 상인간의 유치권에 관하여 규정하는데(상법 제91조, 제111조, 제120조, 제147조의 특별상사유치권도 참조), "상인간의 상행위로 인한 채권"을 위하여 "그 채무자에 대한 상행위로 인하여 자기가 점유하고 있는 채무자 소유의 물건 또는 유가증권"을 유치할 수 있다. 즉 민사유치권과 달리 채권과 물건 사이의 견련관계를 요건으로 하지 않는데, 채권의 성립과 물건의 점유취득이 당사자 쌍방에게 상행위인 행위로부터 생긴 것이면 된다. 반면 민사유치권과 달리 그

59) 대판 2011.12.22. 2011다84298. 나아가 대판 2016.3.10. 2013다99409: 경매절차에서 유치권이 주장됨에 따라 "저가낙찰로 인해 경매를 신청한 근저당권자의 배당액이 줄어들거나 경매목적물 가액과 비교하여 거액의 유치권 신고로 매각 자체가 불가능하게 될 위험은 경매절차에서 근저당권자의 법률상 지위를 불안정하게 하는 것이므로 위 불안을 제거하는 근저당권자의 이익을 단순한 사실상·경제상의 이익이라고 볼 수는 없다. 따라서 근저당권자는 유치권신고를 한 사람을 상대로 유치권 전부의 부존재뿐만 아니라 경매절차에서 유치권을 내세워 대항할 수 있는 범위를 초과하는 유치권의 부존재 확인을 구할 법률상 이익이 있고, 심리 결과 유치권신고를 한 사람이 유치권의 피담보채권으로 주장하는 금액의 일부만이 경매절차에서 유치권으로 대항할 수 있는 것으로 인정되는 경우에는 법원은 특별한 사정이 없는 한 그 유치권부분에 대하여 일부패소의 판결을 하여야 한다."

60) 대판 2020.1.16. 2019다247385.

61) 대결 2005.8.8. 2005마643도 참조.

물건이 채무자의 소유에 속하는 것이어야 한다.

(2) 상사유치권은 유치목적물에 이미 설정된 저당권에 우선하지 못한다.[62] 즉 민사유치권의 남용을 방지하기 위하여 판례는 목적물과 피담보채권의 견련관계를 엄격하게 새겨 피담보채권이 공익비용적 성질을 가지는 경우로 유치권의 성립을 한정한다([5536] 참조). 반면 상사유치권에서는 목적물과 피담보채권 사이의 견련관계가 요구되지 않으므로, 대판 2013.2.28. 2010다57350은 "채무자 소유의 물건"이라는 요건을 통하여 상사유치권의 대항범위를 제한하는 법리를 제시하였다.[63] 즉 상사유치권에서 성립 당시 채무자가 처분할 수 있는 가치만을 담보의 대상으로 하므로 사후적인 담보가치의 박탈은 허용되지 않는다는 입장이다.

[5548] Ⅳ. 유치권의 소멸

1. 일반적 소멸사유

(1) 유치권은 멸실, 혼동, 포기 등 물권에 공통된 소멸사유에 의하여 소멸하지만, 그 성질상 시효로 인하여 소멸하지는 않는다. 그 밖에 유치권은 담보물권에 공통된 소멸사유인 피담보채권의 소멸에 의하여 소멸한다(부종성).

(2) 주의할 것은, 채권자가 유치권을 행사하더라도 피담보채권의 소멸시효가 진행하는 것을 방해하지 않는다는 점이다(제326조).

[5549] 2. 유치권에 특유한 소멸사유

(1) 제324조 제3항의 소멸청구에 관하여 [5543] 참조.

(2) 제327조의 소멸청구를 본다.

① 채무자는 상당한 담보를 제공하여 유치권의 소멸을 청구할 수 있는데, 유치권이 공평의 원칙에 기한 것이기 때문이다. 제327조가 "채무자"라고만 규정하지만 소유자도 소멸청구를 할 수 있다.[64] 그리고 다른 담보의 종류는 불문한다.

② 제공하는 담보의 상당성은, 그 담보의 가치가 채권의 담보로서 상당한지, 유치물에 의하였던 담보력을 저하시키지 않는지 등을 종합하여 판단해야 하는데, 유치물의 가격이 피담보채권액에 비하여 과다한 경우에 채권액 상당의 가치가 있는 담보를 제공하면 된다. 한편 당해 유치물에 관하여 이해관계를 가지는 채무자나 유치물의 소유자는 상당한 담보가 제공되어 있는 이상 유치권소멸청구의 의사표시를 할 수 있다.[65]

---

62) 뒤의 2010다57350 판결과 [5539]에서 본 대판 2014.12.11. 2014다53462를 비교하여 보라.

63) "상사유치권의 대상이 되는 목적물을 '채무자 소유의 물건'에 한정하는 취지는, 상사유치권의 경우에는 목적물과 피담보채권 사이의 견련관계가 완화됨으로써 피담보채권이 목적물에 대한 공익비용적 성질을 가지지 않아도 되므로 피담보채권이 유치권자와 채무자 사이에 발생하는 모든 상사채권으로 무한정 확장될 수 있고, 그로 인하여 이미 제3자가 목적물에 관하여 확보한 권리를 침해할 우려가 있어 상사유치권의 성립범위 또는 상사유치권으로 대항할 수 있는 범위를 제한한 것으로 볼 수 있다. 즉 상사유치권이 채무자 소유의 물건에 대해서만 성립한다는 것은, 상사유치권은 성립 당시 채무자가 목적물에 대하여 보유하고 있는 담보가치만을 대상으로 하는 제한물권이라는 의미를 담고 있다 할 것이고, 따라서 유치권 성립 당시에 이미 목적물에 대하여 제3자가 권리자인 제한물권이 설정되어 있다면, 상사유치권은 그와 같이 제한된 채무자의 소유권에 기초하여 성립할 뿐이고, 기존의 제한물권이 확보하고 있는 담보가치를 사후적으로 침탈하지는 못한다고 보아야 한다. 그러므로 채무자 소유의 부동산에 관하여 이미 선행(先行)저당권이 설정되어 있는 상태에서 채권자의 상사유치권이 성립한 경우, 상사유치권자는 채무자 및 그 이후 채무자로부터 부동산을 양수하거나 제한물권을 설정받는 자에 대해서는 대항할 수 있지만, 선행저당권자 또는 선행저당권에 기한 임의경매절차에서 부동산을 취득한 매수인에 대한 관계에서는 상사유치권으로 대항할 수 없다."

64) 대판 2021.7.29. 2019다216077.

65) 대판 2001.12.11. 2001다59866.

③ 다수설은 소멸청구에 의하여 유치권은 소멸한다고 새긴다(형성권설).

(3) 유치를 본체로 하는 권리인 유치권은 점유의 상실로 인하여 소멸한다(제328조. 제192조 제2항 단서도 참조). 그런데 간접점유도 점유에 포함되므로, 점유매개관계의 설정에 의해서는 소멸하지 않는다.

제 4 절 비전형담보제도

제1관 총 설

1. 비전형담보의 의의 [5550]

가. 개념 및 발생이유

(1) 넓은 의미에서 비전형담보(非典型擔保. 변칙담보라고도 한다)는 민법이 예정하지 않은 담보 방법으로, 상계나 대리수령 등의 기능적 담보 및 동산담보권 등 특별법에 의한 담보를 포함한다. 그러나 좁은 의미로는 소유권의 이전을 담보목적으로 전용하는 것, 즉 권리이전(예약)형 담보를 지칭한다.

(2) 권리이전(예약)형 담보가 널리 활용되는 것은, 동산담보에서 동산저당의 실질을 도모하여 점유질원칙에 따른 불편(특히 목적물 보관의 부담과 용익가능성의 박탈)을 피할 수 있다는 점, 민법상의 담보물권이 인정될 수 없는, 형성 중의 물건 등에 대한 담보의 인정과 같은 거래계의 수요에 탄력적으로 대처할 수 있다는 점, 민법상 담보물권의 문제점[1]을 피할 수 있다는 점(특히 소유권이전형과 유담보형이 결합된 경우에) 등의 장점 때문이다.

나. 비전형담보의 유형 [5551]

(1) 먼저 좁은 의미의 비전형담보, 즉 권리이전(예약)형 담보를 본다.

① 담보제공자가 필요한 자금을 획득하는 방법에 따라 매매의 형식을 빌리는 유형과 소비대차의 형식을 이용하는 유형으로 나뉜다. ⓐ 매매의 형식을 빌리는 매도담보의 경우에 채무자가 소유권을 되찾기 위한 방법으로 환매(제590조)나 재매매의 예약이 이용된다. ⓑ 소비대차의 형식을 이용하는 비전형담보로 담보목적으로 소유권을 이전하거나 이전을 예약하는 양도담보 및 그것을 기반으로 하는 가등기담보나 동산채권담보가 있다.

그런데 법형식의 차이에도 불구하고 담보를 위한 수단이라는 점에서 공통되고 거래계에서도 엄격하게 구분되어 이용되지 않으므로, 매도담보에 대해서는 따로 설명하지 않기로 한다.

② 한편 담보목적물의 가액과 채무원리금의 차액에 대한 정산을 요하는지에 따라 유담보형(流擔保型)과 청산형(清算型. 정산형이라고도 한다)으로 나눌 수 있다. 그런데 판례는 유담보의 약정이 있더라도 청산의무를 남기는 약한 의미의 양도담보로 본다.[2]

(2) 기능적 담보를 본다. [5552]

1) 담보권 실행경매에서 경직성 때문에 상당한 시간 및 비용이 소요되고, 매각대금이 시장가격보다 낮을 수 있다는 등.

2) 물론 특별한 약정이 있으면 정산절차를 생략할 수 있는 것처럼 설시하지만(가령 대판 1996.11.15. 96다31116), 유담보형을 인정한 예는 실제로 찾기 어렵다.

① 넓은 의미의 담보에 속하는 것으로 대리수령,[3] 상계예약(이른바 담보적 상계),[4] 납입지정(納入指定),[5] 채권의 명의신탁,[6] 자금보충약정[7] 등이 있다.

② 소유권유보부 매매도 실질적으로 담보제도로서 기능한다([5611] 참조).

③ 나아가 채무자가 자신의 부동산을 수탁자에게 이전하면서 채권자를 우선수익자로 지정하거나[8] 채무자 자신을 수익자로 하면서 수탁자가 발급한 수익권증서를 채권자에게 교부하고, 채무불이행시 수탁자가 신탁재산을 처분하여 채권의 변제에 충당하는 담보신탁도 실질적으로는 담보제도로 기능한다.[9] 그런데 신탁의 형식을 차용함에 따라 담보권 실행에서 경매제도의 경직성을 피하면서 환가액을 극대화할 수 있고, 나아가 파산절연의 장점(특히 회생절차에서 담보권으로 처리되지 않는다는 점)도 가진다.

[5553] ## 2. 권리이전(예약)형 담보의 규제

가. 권리이전(예약)형 담보의 문제점

비전형담보 중에서 권리이전(예약)형 담보는 널리 이용되는 만큼이나 문제점도 적지 않다. 「담보」라는 목적보다 훨씬 큰 「권리이전」이라는 형식을 취하는 권리이전(예약)형 담보에서 폭리 등 부작용의 가능성이 크기 때문이다.[10]

[5554] ### 나. 권리이전(예약)형 담보에 대한 대응

(1) 사회경제적 필요에 따라 자연스럽게 생성된 권리이전(예약)형 담보를 전적으로 부정할 수는 없지만, 관건(關鍵)은 사적 실행에서 「공정성」을 어떻게 확보할 것인지이다. 즉 채무가 변제되지 않는 경우에 목적물의 소유권을 취득함으로써 우선변제권을 확보할 수 있음에 그치지 않고 폭리를 취하는 수단으로 악용된다는 폐단도 수반하므로, 이를 시정하기 위한 논리가 학설과 판례를 통하여 강구되었고, 1984년 가등기담보법이 시행됨으로써 입법적 규제가 이루어졌다. 부동산의 권리이전(예약)형 담보를 중심으로 간략하게 살펴본다.

(2) 목적물의 가치와 채권액 사이에 현저한 불균형이 있는 경우에 대응하기 위하여 민법은 제607조와 제608조를 신설하였다. 그러나 대물반환의 예약(변제에 갈음하기 위한)이 대개 제소전 화해(등기청구권의 실현을 위하여) 및 가등기(등기의 순위를 보전하기 위하여)와 결부되는데, 제소전 화해조서는 확정판결과 동일한 효력을 가지며(민사소송법 제220조) 그 조서의 기판력이 무제한적으로 인정된다는 판례의 입장([2796] 참조)에 따라, 제소전 화해의 하자는 재심사유(같은 법 제451조 참조)가 존재하는 경우에 한하여 준재심의 소(같은 법 제461조)에 의하여 구제될 수 있을 뿐이므로,[11] 제608조를 들어 대물반환의 예약에 기하여 경료된 소유권이전등기의 효력을 다툴 수 없어

3) 채무자가 담보목적으로 제3채무자에 대한 채권의 추심을 채권자에게 위임함으로써 채권자가 그 추심금으로부터 채무원리금을 우선 변제받도록 하는. [1135]도 참조.

4) 채권자인 은행이 채무자에게 대출을 하면서 채무자의 예금채권을 담보로 하고 대출금반환채무를 이행하지 않으면 이를 자동채권으로 하여 수동채권인 예금채권과 대등액에서 상계함으로써 우선변제받기로 하는. [4060] 참조.

5) 담보목적으로 채무자의 제3채무자에 대한 채권의 납입을 채권자의 지정된 계좌에 하도록 하는.

6) 가령 임차인이 임차보증금반환채권을 담보로 제공하기 위하여 임차인 명의를 담보권자로 하는.

7) 특히 프로젝트금융에서 신용보강수단으로 이용되는. 대판 2019.1.10. 2015다57904 참조.

8) 대판 2001.7.13. 2001다9267 참조.

9) 담보로 기능하는 우선수익권에 관하여 대판 2017.9.21. 2015다52589 및 대판 2018.4.12. 2016다223357 참조.

10) 담보권자의 임의처분이나 담보목적물과 피담보채권 사이의 불균형 등에 의하여 담보설정자의 이익이 해쳐질 수 있다.

11) 대판 1991.4.12. 90다9872 참조.

서 입법취지의 실현이 좌절된다.

이처럼 제607조와 제608조에 의한 규제는 제한적일 수밖에 없다. 그에 따라 판례도 폭리의 방지라는 제607조와 제608조의 취지를 관철하기 위하여, 제607조를 위반하는 대물변제의 약정은 무효이고 이에 기한 소유권이전등기도 무효라고 한 초기의 입장[12]과 달리, 제607조와 제608조에 따라 대물변제의 약정이 무효라도 그에 기한 소유권이전등기는 「채무자의 채무원리금을 담보하는 범위 안」에서 그대로 효력이 있고, 명시적인 반대특약이 없는 한 이 경우의 담보는 당사자 사이에 청산절차를 예정하는 「약한 의미의 양도담보」라는 입장을 취한다.[13]

(3) 다른 한편 제607조와 제608조가 적용되지 않는 권리이전(예약)형 담보에 대해서도 판례는 폭리의 방지를 위하여 청산의무를 인정한다.[14]

(4) 판례에 의한 법창조의 예로 볼 수 있는 청산청구권의 실현을 위하여 1984년 가등기담보법이 제정되었다.

3. 이 절의 내용 및 서술순서 [5555]

이 절에서는 권리이전(예약)형 담보를 다룬다. 그런데 이러한 유형의 원형은 양도담보이고, 이 중 가등기담보와 동산채권담보가 특별법의 제정으로 독자적인 의미를 가지게 되었다. 다만 가등기담보법은 제607조와 제608조를 기초로 담보제공자의 청산금청구권을 보장하기 위한 것인 반면, 동산채권담보법은 기본적으로 채권자를 위하여 담보제도의 문제점을 제거하기 위한 것이라는 점에서 지향을 달리한다.

아래에서는 원형으로서 양도담보를 살핀 후, 가등기담보 등을 검토한다.

제 2 관 양도담보

Ⅰ. 총 설 [5556]

1. 양도담보의 의의

(1) 양도담보(讓渡擔保)란, 채무자 또는 제3자(물상보증인)가 채권담보를 위하여 목적물의 소유권을 채권자에게 이전하고, 채무자가 채무를 변제하지 않으면 채권자가 그 소유권을 확정적으로 취득하거나 목적물의 교환가치로부터 우선변제를 받지만, 채무자가 채무를 이행하면 목적물을 원소유자에게 반환하는 방법에 의한 권리이전(예약)형의 담보를 말한다.

(2) 양도담보는 ① 동산저당의 실질을 가지고(설정자가 담보목적물을 계속 용익할 수 있다), ② 담보권의 사적 실행을 가능하게 하며(특히 부동산을 목적으로 하는 양도담보에서), ③ 구성물이 변동하는 집합물이나 형성 중인 재산권(예: 영업권) 등 다양한 물건이나 권리를 담보의 목적으로 할

12) 대판 1962.10.11. 62다290 등.

13) 가령 대물변제예약이 제607조, 제608조에 따라 무효라도 양도담보의 목적범위에서는 유효하다고 한 대판 1982.7.13. 81다254.

14) 대판 2005.7.15. 2003다46963. 대판 1996.11.15. 96다31116은, 가등기담보법이 적용되지 않는, 공사잔대금의 지급을 담보하기 위하여 체결된 양도담보계약에 관하여 "양도담보에 기한 소유권이전등기는 당사자들이 달리 특별한 약정을 하지 아니하는 한 채권담보의 목적으로 경료된 것으로서 당사자 사이에 정산절차를 예정하고 있는 이른바 '약한 의미의 양도담보'가 된 것으로" 보았고, 대판 1998.4.10. 97다4005는 "부동산에 관하여 정산절차를 예정한 약한 의미의 양도담보약정이 이루어졌다면 채권자는 채무의 변제기 후 반드시 담보권 실행을 위한 정산절차를 거쳐야만 하는 것이고, 채무자로서는 채권자가 담보권을 실행하여 정산절차를 마치기 전에는 채무를 변제하고 부동산에 대한 채권자 명의의 소유권이전등기의 말소를 구할 수 있다고 할 것인바, 이는 양도담보약정 당시 당해 부동산의 시가가 채권원리금에 미달한다 하더라도 마찬가지"라고 하였다.

수 있다는 장점을 가진다. 반면 채권의 「담보」를 위하여 소유권을 「양도」함에 따른 목적과 수단 사이의 부조화로 인하여 양도담보에는 위험이 따른다.

따라서 거래의 안전을 해치지 않으면서 채권자의 폭리행위로부터 채무자를 어떻게 보호할 것인지가 논의의 중심을 이룬다.

[5557] ## 2. 법적 구성

가. 서 설

양도담보는 「채권의 담보」를 목적으로 「소유권의 이전」의 형식을 취하기 때문에, 목적과 형식이 조응하지 않는다. 아울러 담보제공자의 보호와 거래안전의 보호라는 서로 다른 이념이 충돌한다. 여기서 「담보를 위한 소유권이전」의 내용이 무엇인지 그리고 어떻게 그 내용을 담보목적을 위하여 필요한 한도로 제한하느냐 하는 것이 양도담보의 법적 구성에 관한 학설의 대립에 투영된다.

[5558] ### 나. 학설과 판례

(1) 가등기담보법 제정 이전에 다수설과 판례[1]는 양도담보를 채권담보의 목적을 가지는 신탁적인 소유권양도로 파악하는 신탁적 소유권이전설(信託的 所有權移轉說)을 취하였다. 즉 담보권자가 목적물의 (대외적) 소유권을 취득하는데, 그 소유권을 담보의 목적범위 내에서만 행사해야 할 채권계약상의 구속을 받지만, 목적물이 제3자에게 처분되면 양수인은 —피담보채권의 존부나 내용 등에 대한 선 · 악의와 관계없이— 완전한 소유권을 취득하는 반면, 양도담보권자와 담보제공자 사이의 내부적 관계에서는 소유권이 담보제공자에게 있는 것으로 보았다.

(2) 그러나 가등기담보법 제정 이후에 상황이 다소 바뀌었다.

① 부동산의 양도담보에 관하여 학설은 대체로 —가등기담보법이 부동산의 양도담보에도 적용됨을 전제로— 양도담보를 담보권의 일종으로 파악한다.

그러나 판례는 여전히 신탁적 소유권이전설을 따른다.[2]

② 한편 동산의 양도담보의 법적 구성에 대하여 가등기담보법이 직접 영향을 미칠 수 없지만, 논리적으로 부동산의 양도담보에 관한 법적 구성이 동산의 양도담보와 다를 이유가 없음을 들어, 동산의 양도담보도 일종의 담보권으로 볼 여지도 있다.

그러나 부동산의 양도담보와 마찬가지로 판례는 신탁적 소유권이전설을 따른다.[3]

[5559] ### 다. 평 가

(1) 현재의 법상황 하에서 청산의무를 남기는 「약한 의미」의 양도담보만 가능한데, 목적물의 소유권이 채권자에게 이전하고 채무자는 목적물에 대하여 물적 권리를 가지지 않음[4]에 따라 채

1) 대판 1969.10.23. 69다1338 등.

2) 대판 2013.12.12. 2012다200974(판례, 〈5-2-18〉) 참조.
한편 대판 2001.1.5. 2000다47682가 "담보권"이라는 표현을 사용하지만, 이것을 근거로 판례가 담보권설을 따르는 것으로 보기는 어렵다.

3) 대판 1986.8.19. 86다카315; 대판 1994.8.26. 93다44739; 대판 1999.9.7. 98다47283 등.
특히 대판 2005.2.18. 2004다37430은, 금전채무를 담보하기 위하여 채무자가 그 소유의 동산을 채권자에게 양도하되 점유개정의 방법으로 인도하고 채무자가 이를 계속 점유하기로 약정한 경우에, 특별한 사정이 없는 한 "대외적인 관계에서의 채무자는 동산의 소유권을 이미 채권자에게 양도한 무권리자가 되는 것"이어서, 다시 다른 채권자와 사이에 양도담보설정계약을 체결하고 점유개정의 방법으로 인도하더라도 선의취득이 인정되지 않는 한 나중에 설정계약을 체결한 채권자로서는 양도담보권을 취득할 수 없는데, 현실의 인도가 아닌 점유개정의 방법으로는 선의취득이 인정되지 않으므로 결국 뒤의 채권자는 적법하게 양도담보권을 취득할 수 없다고 하였다.

4) 변제에 따른 반환의 가능성은 채권자에 대한 채권적 효력을 가질 뿐이다.

권자가 약정에 반하여 변제기 전에 목적물을 처분한 경우에 채무자는 속수무책의 상태에 빠지고, 이러한 결과는 양도담보계약이 담보권의 설정이라는 실질을 가진다는 것과 모순된다. 결국 학설의 대립은 이러한 사정을 고려하여 「채권의 담보」라는 실질과 「소유권의 이전」이라는 형식 중 어느 것을 중시할 것인지에 대한 평가가 반영된 것이다. 즉 실질/기능을 중시하면 담보권적 구성을 취하고, 형식/논리를 강조하면 소유권적 구성으로 귀결된다.

(2) 양도담보의 법적 구성에 관하여 어느 입장을 취하더라도 이를 일관하기는 어렵다.

우선 양 입장은 공히 난점을 가진다. 먼저 소유권적 구성(신탁적 소유권이전설)을 취하면, 대외관계에서 소유권이 양도담보권자에게 이전됨에 따라 담보제공자로서 담보권자의 부당한 처분을 막을 방법이 없고,[5] 그 결과 채권자의 폭리에 대처하기 어렵다. 반면 담보권적 구성을 취하면, 담보라는 실질이 전혀 공시되지 않을 뿐만 아니라 실질과 다른 소유권이전이라는 형식이 허위표시로 되는 것은 아닌지(은닉행위로서 유효할 수는 있더라도) 그리고 사적 실행의 근거를 어디에서 찾을 수 있는지 등과 관련한 의문이 남는다.

한편 실정법과 관련하여, 부동산실명법 제3조 제2항이 채무의 변제를 담보하기 위하여 채권자가 부동산에 관한 물권을 이전받는 때 채무자, 채권금액 및 채무변제를 위한 담보라는 뜻이 기재된 서면을 제출하도록 하고, 파산절차에서 양도담보권은 담보권으로 다루어지며(채무자회생법 제141조, 제411조, 제579조 참조), 양도담보권의 특수한 유형이라 할 가등기담보권은 담보물권으로 이해해야 하는데, 그렇다고 하여 담보권적 구성만으로 양도담보의 법률관계가 말끔하게 해결되지 않는 경우도 적지 않다.

생각건대 양도담보의 법적 구성에 대한 평가에서 이론적인 우수성보다는 양도담보에서 발생하는 문제들의 해결능력을 기준으로 삼아야 하는데, 양 구성 모두 만족스럽지 못하므로 절충적인 태도를 취할 수밖에 없다. 즉 제3자로서는 공시된 대로 권리이전을 전제할 수밖에 없으므로 일단 양도담보권자를 소유자로 보아야 한다. 다만 채권의 담보라는 실질은, 담보제공자와 담보권자 사이의 내부관계에 불과하더라도, 외부의 제3자에게 부당한 영향을 미치지 않는 한도에서 양도담보의 법률관계를 조정함에 반영되어야 한다. 아래 2012다19659 판결이 보여주는 바와 같이 판례도 신탁적 소유권이전을 전제로 하면서도 담보권적 구성을 가미하는 것으로 보인다.

[참 고] 대판 2016.4.28. 2012다19659는 양도담보로 제공된 선박에 카고펌프가 부합됨에 따라 제261조에 기한 보상청구가 문제된 사안에서 "양도담보권의 목적인 주된 동산에 다른 동산이 부합되어 부합된 동산에 관한 권리자가 권리를 상실하는 손해를 입은 경우 주된 동산이 담보물로서 가치가 증가된 데 따른 실질적 이익은 주된 동산에 관한 양도담보권설정자에게 귀속되는 것이므로, 이 경우 부합으로 인하여 권리를 상실하는 자는 양도담보권설정자를 상대로 민법 제261조에 따라 보상을 청구할 수 있을 뿐 양도담보권자를 상대로 보상을 청구할 수는 없다"고 하였는데, 신탁적 소유권이전설을 일관한다면 대외적 소유자인 양도담보권자에게 보상을 청구할 수 있어야 할 것이다. 즉 이 판결은 양도담보의 실질을 고려한 예로 볼 수 있다.[6]

아래에서는 소유권이전이라는 대외적 현상을 기점으로 삼아 양도담보의 법률관계를 살펴본다.

---

5) 참고로 여기서의 신탁이 신탁법상의 신탁을 의미하지는 않지만, 부동산실명법 제2조 제1호 가목에 따라 담보권자의 처분의 유효성이 인정된다.

6) 물권적 청구에 관한 대판 1988.4.25. 87다카2696도 참조.

[5560] Ⅱ. 양도담보의 성립

1. 양도담보설정계약

(1) 양도담보는 채권자와 채무자 또는 제3자(물상보증인) 사이의 설정계약에 의하여 성립한다. 그 계약은 물권적 합의로 보통 채무의 담보를 위하여 소유권을 이전할 채무를 성립시키는 채권계약에 포함되며, 피담보채권의 발생을 위한 계약(특히 금전소비대차계약)에 종된 계약인데, 대개 목적물의 용익, 채무불이행시의 실행, 채무이행시의 환수 등에 관한 사항을 포함한다.

(2) 양도담보의 피담보채권은 금전채권에 한정되지 않고, 장래의 채권도 상관없으며, 장래 증감변동하는 불확정한 것(근담보)이라도 좋다.[7]

(3) 양도담보의 목적물은 보통 동산이나 부동산이지만, 양도할 수 있는 재산권이면 무엇이든 상관없고, 유동집합물도 양도담보의 목적으로 될 수 있다.

(4) 양도담보의 설정은 목적물에 대한 처분행위이므로, 담보제공자에게 소유권 등 처분권한이 없다면 채권자가 양도담보권을 취득하지 못한다.[8] 다만 동산이나 증권적 채권의 경우에 양도담보권의 선의취득이 가능하다(제249조, 제514조, 제524조).

[5561] 2. 공시방법

권리이전의 형식이라면 모두 가능한데, 이를 구체적으로 본다.

① 목적물이 동산이라면 인도(引渡)가 있어야 하는데, 인도의 방법에 특별한 제한이 없다. 특히 제332조의 제한을 받지 않으므로 점유개정의 방법에 의하더라도 상관없다.[9]

② 부동산의 양도담보에서 보통 매매를 원인으로 소유권이전등기를 마친다. 부동산실명법 제3조 제2항에 따라 채무자, 채권금액 및 채무변제를 위한 담보라는 뜻을 기재한 서면을 제출해야 하지만, 피담보채권에 관한 사항이 등기를 통하여 공시되지 않는다. 반면 권리이전형식을 갖추지 않고 채무불이행시 권리를 이전한다는 약정은 대물변제의 예약에 불과하다.[10]

③ 양도담보의 목적이 채권 기타 재산권이라면 그 권리의 이전에 필요한 요건 및 대항요건을 갖추어야 한다.

[5562] Ⅲ. 양도담보권의 효력

1. 효력이 미치는 범위

(1) 피담보채권의 범위에 대해서는 제360조가 유추되어야 한다(가등기담보법 제3조 제2항 참조). 판례도 같은 입장이다.[11]

[참 고] 대판 2005.2.18. 2004다37430은, 양돈업자 A가 농장에서 사육하고 있거나 장래 사육하게 될 모든 돼지를 목적으로 하여 Y와 피담보채권액 1억 원의 양도담보계약을 체결한 후, X와 위

7) 이때 피담보채권액은 그 최고액을 의미하는 것으로 보아야 한다.
8) 대판 2022.1.27. 2019다295568.
9) 대판 2000.6.23. 99다65066.
10) 대판 1996.11.15. 96다31116. 대판 2007.10.12. 2005다42750은, 양도담보계약에 따른 소유권이전등기청구권을 보전하기 위하여 처분금지가처분등기만 경료한 상태에서는 목적부동산에 대한 우선변제권을 확보하지 못한다고 하였다.
11) 대판 1992.5.12. 90다8855.

돼지를 목적으로 하여 피담보채권액 2억 원의 양도담보계약을 체결하고, 다시 Y와 피담보채권액 2억 원의 양도담보계약을 체결한 경우(인도는 모두 점유개정의 방법으로 이루어졌다)에, 그 후 유체동산 경매절차를 통하여 위 돼지들이 B에게 1억 5,000만 원에 일괄매각되었다면 매각대금은 모두 Y에게 배당되어야 한다고 하면서, Y와의 두 번째 양도담보계약은 그들 사이의 첫 번째 양도담보계약의 피담보채권액을 증액한 것으로 보았다.

그런데 Y에게 돼지들의 소유권이 신탁적으로 이전된 이상 A는 무권리자이고, 점유개정의 방법으로는 선의취득이 인정되지 않으므로([5177] 참조) X는 양도담보권을 취득하지 못했으며, 그 결과 A와 Y가 새로운 피담보채무를 추가함에 X와의 양도담보계약은 장애로 되지 않는다.

(2) 목적물의 범위는 설정계약에 의하지만,[12] 부합물 또는 종물에 대해서는 제358조가 유추되는데, 종물이나 종된 권리의 경우에 인도되거나 채권자에게 그 권리가 귀속되어야 양도담보권의 효력이 미칠 수 있다. 한편 특약이 없는 한 담보제공자가 청산절차 개시시까지 목적물의 사용·수익권을 가지므로 과실(果實)은 그 범위에서 제외된다.

(3) 판례는 화재보험금청구권에 대하여 물상대위성을 인정한다.[13] 그런데 판례가 취하는 신탁적 소유권이전설에 의하면 양도담보목적물의 멸실 또는 훼손으로 인한 가치대표물은 당연히 소유자인 양도담보권자에게 속하므로 물상대위를 일반적으로 인정할 필요가 없다. 다만 앞서 본 재판례들에서 문제된 보험금청구권은 「계약상」의 권리로서 양도담보권으로 추급할 수 없다는 특수한 사정이 있기 때문에, 귀속의 시정을 위하여 양도담보권자에게 물상대위가 인정된 것으로 이해할 것이다.

2. 대내적 효력 [5563]

가. 목적물의 점유 및 이용관계

(1) 반대의 특약이 없는 한 양도담보에서 목적물의 점유 내지 이용의 권리는 담보제공자에게 속한다. 즉 담보계약에서 달리 정하지 않은 한 청산절차를 개시하기까지 담보제공자는 적법하게 담보목적물을 점유하고 이용할 수 있고,[14] 목적물을 임대할 권한도 그가 가진다.[15] 반면 양도담보권자는 사용·수익할 수 있는 정당한 권한을 가진 담보제공자나 그로부터 사용·수익할 수 있는 권한을 승계한 이에 대하여 사용·수익하지 못하였음을 들어 임료 상당의 손해배상이나 부당이득반환을 구할 수 없다.[16] 한편 양도담보의 목적인 동산이 어떤 토지 위에 설치되어 있어 토지의 점유·사용이 문제된 경우에, 판례는 특별한 사정이 없는 한 담보제공자가 토지를 점유·사용하는 것으로 보았다.[17]

---

12) 대개 "담보목적물에 의하여 제조·가공되는 반제품·완제품·부산물이나 양도물건에 부합된 물건도 당연히 계약에 의하여 양도되고 인도를 마친 것으로 한다"라는 조항을 포함한다.

13) 대판 2009.11.26. 2006다37106: "담보물의 교환가치를 취득하는 것을 목적으로 하는 양도담보권의 성격에 비추어 보면, 양도담보로 제공된 목적물이 멸실, 훼손됨에 따라 양도담보설정자와 제3자 사이에 교환가치에 대한 배상 또는 보상 등의 법률관계가 발생되는 경우에도 그로 인하여 양도담보설정자가 받을 금전 기타 물건에 대하여 담보적 효력이 미친다. 따라서 양도담보권자는 양도담보목적물이 소실되어 양도담보설정자가 보험회사에 대하여 화재보험계약에 따른 보험금청구권을 취득한 경우에도 담보물가치의 변형물인 위 화재보험금청구권에 대하여 양도담보권에 기한 물상대위권을 행사할 수 있다." 나아가 대판 2014.9.25. 2012다58609: "동산양도담보권자가 물상대위권 행사로 양도담보설정자의 화재보험금청구권에 대하여 압류 및 추심명령을 얻어 추심권을 행사하는 경우 특별한 사정이 없는 한 제3채무자인 보험회사는 양도담보 설정 후 취득한 양도담보설정자에 대한 별개의 채권을 가지고 상계로써 양도담보권자에게 대항할 수 없다. 그리고 이는 보험금청구권과 본질이 동일한 공제금청구권에 대하여 물상대위권을 행사하는 경우에도 마찬가지"이다.

14) 대판 1988.11.22. 87다카2555.

15) 대판 2001.12.11. 2001다40213.

16) 대판 2008.2.28. 2007다37394·37400. 담보권자가 용익한 경우에 부당이득이 성립한다는 대판 1986.2.11. 85다카119도 참조.

17) 대판 2018.5.30. 2018다201429.

(2) 이처럼 담보제공자는 적법하게 담보목적물을 점유할 채권적 권리(제213조 단서 참조)를 가지므로, 양도담보권자가 담보제공자 또는 그로부터 용익권을 설정받는 등 적법하게 점유를 이전받은 제3자에 대하여 소유물반환청구권을 행사할 수 없다. 다만 채무자가 이행지체에 빠진 후에는 담보권 실행을 위한 현금화절차의 일환으로 담보목적물을 점유하는 담보제공자 또는 그로부터 적법하게 점유를 이전받은 제3자에 대하여 인도청구를 할 수 있다.[18]

그런데 담보제공자나 제3자가 "명도를 거부하는 경우에는 담보권 실행이 방해된 것을 이유로 하는 손해배상청구를 할 수 있으나 그러한 경우에도 양도담보권자에게는 목적부동산에 대한 사용수익권이 없으므로 차임 상당의 손해배상을 구할 수는 없다."[19]

나. 양도담보권자와 담보제공자의 의무

(1) 양도담보권자는 자기가 취득한 권리를 담보목적을 초과하여 행사(특히 처분)하지 않을 의무를 진다. 담보권자가 이러한 의무를 위반하여 목적물을 처분한 경우에, 그는 채무불이행을 이유로 하는 손해배상의무를 진다.[20]

(2) 담보제공자는 목적물의 멸실·훼손 등으로 양도담보권자의 권리를 해치지 않을 의무를 지는데, 이를 위반하면 저당권설정자에 준하여 손해배상의무, 기한이익의 상실 또는 담보물보충청구권 등의 효과가 발생한다.

[5564] 3. 대외적 효력

가. 소유권의 귀속

양도담보권자는 담보제공자를 제외한 제3자에 대한 관계에서 자신이 그 목적물의 소유자임을 주장하여 권리를 행사할 수 있다.[21] 따라서 담보목적물을 점유하는 제3자에게 목적물의 인도를 구할 수 있다.[22]

[5565] 나. 처분의 효력

(1) 양도담보권자의 처분을 본다.

① 「부동산」의 양도담보권자가 목적부동산을 처분한 경우에, 양수인은 선·악의를 불문하고 소유권을 확정적으로 취득한다.[23]

② 「동산」의 양도담보에서도 양수인은 선·악의를 불문하고 소유권을 취득하지만, 담보목적물이 대개 담보제공자의 수중에 있기 때문에 실제로 그럴 가능성이 크지 않다.

③ 담보목적물을 처분한 양도담보권자는 담보제공자에 대하여 청산의무를 부담한다.

(2) 담보제공자의 처분에 관하여 본다.

① 담보제공자는 (대외적) 소유자가 아니어서 처분권한이 없기 때문에, 그가 목적물을 제3자에게 처분할 수 없고, 양도담보권자가 추급력을 가진다. 특히 부동산의 양도담보에서 소유명의인

---

18) 대판 2002.1.11. 2001다48347; 대판 2001.1.5. 2000다47682; 대판 1991.11.8. 91다21770 등.

19) 대판 1979.10.30. 79다1545.

20) 이때 손해배상청구권은 피담보채권과 상계될 수 있다.

21) 대판 1999.9.7. 98다47283. 대판 1994.8.26. 93다44739도 참조.

22) 대판 1986.8.19. 86다카315.

23) 대판 1992.12.8. 92다35066.

이 아닌 담보제공자가 담보목적부동산을 처분함은 실제로 어렵지만, 특약에 기하여 처분권한을 부여받았다면 담보제공자의 처분이 유효함은 당연하다.[24)]

② 동산의 양도담보에서도 담보제공자는 처분권을 가지지 않고 (대외적) 소유자로서 양도담보권자가 추급력을 가지지만,[25)] 양수인이 소유권을 선의취득할 수 있다.

다. 일반채권자와의 관계 [5566]

(1) 먼저 강제집행의 경우를 본다.

① 양도담보권자의 일반채권자가 강제집행을 하여 담보목적물을 압류하는 경우에, 담보제공자는 제3자이의의 소(민사집행법 제48조)를 제기할 수 없다.

한편 양도담보권자의 일반채권자의 신청에 의한 동산집행절차가 종료되어 매수인이 담보목적물의 소유권을 취득한 경우에, 담보제공자는 양도담보권자에 대하여 손해배상을 청구할 수 있다.

② 담보제공자의 일반채권자가 담보목적물을 압류하는 경우에,[26)] 담보권자는 제3자이의의 소를 제기할 수 있다.[27)]

한편 담보제공자의 일반채권자의 신청에 의한 동산집행절차가 종료되면 매수인이 담보목적물을 선의취득할 수 있고, 양도담보권자는 배당절차에서 경매대가의 반환을 구할 수 있으며, 배당절차도 종료되었다면 배당받은 채권자에 대하여 부당이득으로 배당받은 금액 전부의 반환을 청구할 수 있다. 판례의 입장도 같다.[28)]

(2) 파산 등의 경우에 총괄집행의 특성에 따라 양도담보권은 담보권으로 다루어진다.

① 양도담보권자가 파산하더라도 소유자 아닌 담보제공자로서는 환취권(채무자회생법 제407조)을 가지지 않지만, 피담보채무가 소멸하였다면 양도담보의 목적인 재산권을 환취할 수 있다.[29)] 양도담보권자에 대한 회생절차가 개시된 경우에도 마찬가지로 새길 것이다.

② 담보제공자가 파산하거나 회생절차가 개시된 경우에, 채무자회생법은 양도담보권을 담보권으로 취급하므로 양도담보권자에게 별제권 또는 회생담보권(같은 법 제141조, 제411조)이 인정될 뿐이다.[30)]

라. 제3자에 의한 침해 [5567]

(1) 제3자가 담보목적물을 침탈한 경우에, 양도담보권자는 소유권에 기한 물권적 청구권을 행사할 수 있다. 반면 담보제공자는 점유권에 기하여 방해의 제거를 청구할 수 있을 뿐이라고 할 것이지만, 대판 1988.4.25. 87다카2696은, 부동산의 등기명의가 양도담보권자 앞으로 되어 있더

24) 채무담보를 위하여 채무자가 건물의 건축허가명의를 채권자 앞으로 함으로써 완성될 건물을 양도담보로 제공하기로 하는 담보권설정합의시 채무자가 신축건물을 처분하여 그 대금으로 채무변제에 충당하기로 약정하였고 그 약정에 기하여 신축건물의 처분행위가 이루어졌다면, 신축건물에 관한 채권자의 담보권은 이미 실행되어 소멸된 것으로 보거나 담보권주장을 포기한 것으로 볼 여지가 있어 채권자는 채무자 또는 제3자를 상대로 인도청구를 할 수 없으나, 그 약정이 신축건물의 처분 이전에 실효되거나 해제되었다면 채권자가 인도청구를 할 수 있음은 당연하다(대판 2002.1.11. 2001다48347). 대판 1999.12.24. 98다14818·14825도 참조.

25) 양도담보가 성립한 후 선박법 개정에 따라 등기대상으로 된 부선에 관하여 마쳐진 담보제공자 명의의 보존등기 및 제3자 앞으로의 이전등기가 원인무효의 등기라고 한 대판 2015.3.12. 2014다21410 참조.

26) 목적물이 부동산인 경우에는 민사집행법 제81조 때문에 실제로 압류의 가능성은 거의 없다.

27) 대판 1994.8.26. 93다44739.

28) 대판 1997.6.27. 96다51332 참조.

29) 구 파산법 제80조 및 그에 관한 대판 2004.4.28. 2003다61542도 참조.

30) 어음의 양도담보에 관한 대판 2010.1.14. 2006다17201 참조.

라도 양도담보권설정자는 불법점유자인 제3자에 대하여 「실질적 소유자」임을 주장하여 불법점유의 상태의 배제권을 행사할 수 있다고 하였다.

(2) 제3자가 담보목적물을 멸실·훼손한 경우에, 양도담보권자는 소유자로서 손해배상청구권을 가지지만, 담보제공자에 대해서는 기대권 내지 채권의 침해가 문제될 뿐이다.

[5568] **4. 양도담보권의 이전**

양도담보권자는 양도담보권을 양도할 수 있다. 판례는 제361조의 취지에 따라 피담보채권과 함께 양도해야 한다고 하는데,[31] 담보권적 성질이 고려되는 장면이다.

[5569] Ⅳ. 양도담보권의 실행

1. 서 설

양도담보의 법적 구성에 관하여 신탁적 소유권이전설을 취하더라도, 「담보목적」으로 소유권이 이전되거나 이전이 예정되어 있을 뿐이다.[32] 그런데 이미 양도담보권자가 소유자로 되어 있더라도, 명시의 반대특약이 없는 한 청산의무를 남기는 약한 의미의 양도담보로 추정하므로, 청산을 마쳐야 완전한 소유권을 취득한다.[33]

[5570] 2. 실행의 과정

(1) 양도담보권의 실행에 가등기담보에서와 같은 절차(특히 통지와 청산기간의 경과)가 필요하지 않지만, 채권담보라는 실질에 따른 「신탁적」이라는 꼬리표를 떼기 위하여 일정한 조치가 필요하다. 그리고 그 조치는 당연히 청산의무와 관련된다.

(2) 먼저 양도담보권자는 담보제공자나 그로부터 적법하게 점유를 이전받은 제3자[34]에 대하여 목적물의 인도를 청구하거나 —부동산에 관하여 가등기만 경료하였다면— 본등기청구를 함으로써[35] 양도담보권의 실행이 시작된다. 그런데 피담보채무의 이행지체가 있어야 이들 청구를 할 수 있고, 동시이행의 항변권 등 이행거절사유가 있으면 그러한 청구를 할 수 없지만, 이러한 경우에 대비하여 양도담보설정계약에 기한이익의 상실에 관한 특약을 두기도 한다.

(3) 양도담보권자는 담보목적물을 스스로 처분하거나(「처분실행」)[36] 자신에게 귀속시킴으로써(「귀속실행」) 그 가액으로부터 우선변제를 받을 수 있다.

---

31) 대판 2004.4.28. 2003다61542 참조.

32) 양도담보의 종국적 목적은 피담보채무 변제의 확보에 있다.

33) 대판 2005.7.15. 2003다46963은 "가등기담보 등에 관한 법률이 시행되기 전에 채권자가 채권담보의 목적으로 부동산에 가등기를 경료하였다가 그 후 변제기까지 변제를 받지 못하게 되어 위 가등기에 기한 소유권이전의 본등기를 경료한 경우에는 당사자들 사이에 채무자가 변제기에 피담보채무를 변제하지 아니하면 채권채무관계는 소멸하고 부동산의 소유권이 확정적으로 채권자에게 귀속된다는 명시의 특약이 없는 한, 그 본등기도 채권담보의 목적으로 경료된 것으로서 정산절차를 예정하고 있는 이른바 '약한 의미의 양도담보'가 된 것으로 보아야" 하고, "가등기담보 등에 관한 법률이 시행되기 전에 성립한 약한 의미의 양도담보에서는 채무의 변제기가 도과된 이후라 할지라도 채권자가 그 담보권을 실행하여 정산을 하기 전에는 채무자는 언제든지 채무를 변제하고 그 채무담보목적의 가등기 및 가등기에 기한 본등기의 말소를 구할 수 있"으며, "약한 의미의 양도담보가 이루어진 경우 부동산이 귀속정산의 방법으로 담보권이 실행되어 그 소유권이 채권자에게 확정적으로 이전되었다고 인정하려면 채권자가 가등기에 기하여 본등기를 경료하였다는 사실만으로는 부족하고 담보부동산을 적정한 가격으로 평가한 후 그 대금으로써 피담보채권의 원리금에 충당하고 나머지 금원을 반환하거나 평가금액이 피담보채권액에 미달하는 경우에는 채무자에게 그와 같은 내용의 통지를 하는 등 정산절차를 마친 사실이 인정되어야 한다"고 했다.

34) 담보권설정 후 대항요건을 갖춘 주택임차인도 포함됨에 관하여 대판 2001.1.5. 2000다47682 참조.

35) 보통 제소전 화해와 결합하여 양도담보권자 스스로 본등기를 마칠 수 있다.

36) 대판 1999.12.24. 98다14818·14825 참조.

(4) 양도담보권자는 양도담보목적물의 가액으로부터 우선변제를 받고 남은 것이 있으면 담보제공자에게 반환해야 한다. 판례는 반환할 청산금을 부당이득으로 본다.37)

그런데 양도담보권자는 처분이나 귀속의 전제로서 담보목적물을 환가하거나 평가할 때 적정한 가격에 의해야 하고, 적정가격보다 저렴한 가격으로 환가하였더라도 그 가격으로 담보제공자에게 대항하지 못한다. 즉 청산은 적정가격을 기준으로 이루어져야 한다.

(5) 한편 채무의 변제기가 도과한 후라도 채권자가 담보권을 실행하여 정산을 하기 전이라면 채무자는 언제든지 채무를 변제하고 담보목적의 가등기 또는 본등기의 말소를 구할 수 있다.38)

Ⅴ. 양도담보의 소멸 [5571]

(1) 양도담보권은 물권 일반에 공통된 소멸원인 및 담보권에 공통된 소멸원인(예: 피담보채권의 소멸)에 의하여 소멸함은 물론 경매, 제3취득자의 변제(제364조 참조) 등에 의해서도 소멸한다.

(2) 소멸의 효과를 본다.

① 피담보채무가 변제되어 양도담보권이 소멸하면, 담보의 실질을 가지는 양도담보의 소임이 끝나므로, 담보제공자는 소유권이전등기의 말소를 구하는 등 담보목적물을 회수할 수 있고, 이 점은 피담보채무의 변제기가 도과한 후라도 마찬가지이다(가등기담보법 제11조 참조).

② 피담보채무의 변제가 있은 후에 양도담보권자가 담보목적부동산을 처분한 경우에, 양수인은 그 부동산의 소유권을 취득하지 못한다.39)

Ⅵ. 양도담보에 관한 특수문제 [5572]

1. 동산의 이중양도담보

(1) A가 그 소유의 동산을 B에게 양도담보로 제공한 후 다시 X와 Y에게 차례로 양도담보로 제공하였다면 어떻게 되는가?

(2) 대판 2004.10.28. 2003다30463은 「양돈업자 A가 B, X, Y와 순차로 농장의 돼지에 대하여 각 점유개정의 방법으로 양도담보계약 체결 → A가 Y에게 돼지 전부를 인도하고 Y가 이를 처분 → X가 양도담보권 침해를 이유로 Y에게 손해배상청구」의 사안에서, "금전채무를 담보하기 위하여 채무자가 그 소유의 동산을 채권자에게 양도하되 점유개정에 의하여 채무자가 이를 계속 점유하기로 한 경우 특별한 사정이 없는 한 동산의 소유권은 신탁적으로 이전됨에 불과하여 채권자와 채무자 사이의 대내적 관계에서 채무자는 의연히 소유권을 보유하나 대외적인 관계에 있어서 채무자는 동산의 소유권을 이미 채권자에게 양도한 무권리자가 되는 것이어서 다시 다른 채권자와의 사이에 양도담보설정계약을 체결하고 점유개정의 방법으로 인도를 하더라도 선의취득이 인정되지 않는 한 나중에 설정계약을 체결한 채권자는 양도담보권을 취득할 수 없는데, 현실의 인도가 아닌 점유개정으로는 선의취득이 인정되지 아니하므로, 결국 뒤의 채권자는 양도담보권을 취득할 수 없다"고 하면서 X의 청구를 배척하였다.40)

---

37) 대판 1984.2.14. 83다카1645 등.

38) 대판 2005.7.15. 2003다46963; 대판 2006.8.24. 2005다61140.

39) 대판 1990.11.9. 90다4457 참조. 동산의 경우에 선의취득이 가능함은 물론이다.

[5573] (3) 판례의 결론은 정당하다고 생각되는데, 이에 관한 법리를 살핀다.

① 양도담보가 설정되면 대외적으로 소유권이 양도담보권자(B)에게 넘어간다. 점유개정의 방법으로 양도담보를 설정한 후 B나 양도담보설정자(A)가 그 동산에 대한 점유를 상실하더라도 양도담보의 효력에는 아무런 영향이 없다.41)

② A와 다른 양도담보권자(X 및 Y) 사이의 양도담보설정계약 자체가 무효인 것은 아니지만(제569조 참조), X나 Y가 담보목적물의 소유권을 취득할 수 없다. B와의 양도담보설정에 따라 A가 무권리자로 되었기 때문이다. 그리고 점유개정의 방법으로 이중양도담보를 설정하였다면, X나 Y의 선의취득이 인정되지 않으므로([5177] 참조) B는 X나 Y에 대하여 자기의 담보권을 주장할 수 있다. 그 결과 X나 Y가 양도담보의 목적물을 처분함으로써 B로 하여금 양도담보권을 실행할 수 없도록 하는 행위는 B의 양도담보권을 침해하는 위법한 행위이다.42) 그러나 위의 사안에서 X 역시 돼지의 소유자가 아니므로 Y의 처분으로 인하여 X에게 손해가 발생하지 않고, 그래서 X의 청구를 인용한 원심이 파기되었다.

③ 한편 X나 Y는 돼지의 현실인도를 받음으로써 동산의 소유권(양도담보권)을 선의취득할 수 있다.

[5574] 2. 유동집합동산의 양도담보

(1) 공장 운영자금을 조달하기 위하여 돈을 빌리고자 하는데 경제적 가치가 큰 기계설비나 부동산이 없다면 창고에 있는 재고상품을 담보로 제공할 수 있다.

그런데 재고상품을 개개의 동산으로서가 아니라 하나의 집합체로 보면, 그에 담보를 설정함으로써 창고에서 반출되어 매각된 것에는 담보권의 효력이 미치지 않는 반면 새로 제조되어 창고에 반입된 것에 담보권의 효력이 미치게 하는 것도 가능하다.

(2) 유동집합동산 양도담보의 목적에 관하여 개별동산의 집적으로 보는 분석론과 내용이 변동하는 하나의 집합물(그 구성요소인 개별동산과는 별개의 독립된 권리객체로서)로 보는 집합물론이 있는데, 뒤의 구성이 판례와 다수설의 입장이다.43)

그런데 특정할 수 있다면, 바꾸어 말하면 양도담보권의 효력이 미치는 목적물의 범위를 획정(하여 공시)할 수 있다면, 집합물의 범주에 포함되는 것에 담보권의 효력이 미친다고 하더라도 이해관계인들의 기대/이익을 해치지 않는다. 따라서 「피담보채권」이 고정되지 않은 근담보와 마찬가지로 「목적물」이 고정되지 않은 유동집합물이라도 「특정성」을 확보할 수 있다면 그를 목적으로 하는 담보의 유효성을 부정할 것은 아니다. 결국 「특정성」이 관건이다.44)

[5575] (3) 유동집합동산의 양도담보에서 담보목적물의 특정기준에 관하여 대판 2003.3.14. 2002다72385: "일단의 증감변동하는 동산을 하나의 물건으로 보아 이를 채권담보의 목적으로 삼는

40) 동지의 판결로 대판 2004.12.24. 2004다45943; 대판 2005.2.18. 2004다37430 등.

41) 대판 2000.6.23. 99다65066.

42) 앞의 99다65066 판결.

43) 분석론을 따른다면 새로 반입되는 것에 대해서는 정지조건(포괄적인 사전의 점유개정약정)이, 반출되는 것에 대해서는 해제조건(선의취득이 인정되면 이마저도 필요 없지만)이 붙은 것으로 보아야 한다.

44) 여러 개의 동산을 일괄하여 양도담보의 목적으로 하는 양도담보설정계약을 체결하면서 향후 일정장소에 편입되는 동산에 대해서도 양도담보의 효력을 받는 것으로 약정한 경우에, 이를 특정된 개개의 동산들을 목적물로 한 양도담보로 볼 것인지 아니면 일단의 증감변동하는 동산을 하나의 물건으로 보아 이를 목적물로 한 이른바 유동집합동산 양도담보로 볼 것인지는 양도담보설정계약의 해석의 문제이다(대판 2016.4.28. 2015다221286).

이른바 유동집합물에 대한 양도담보설정계약의 경우에, 양도담보의 효력이 미치는 범위를 명시하여 제3자에게 불측의 손해를 입지 않도록 하고 권리관계를 미리 명확히 하여 집행절차가 부당히 지연되지 않도록 하기 위하여 그 목적물을 특정할 필요가 있으므로, 담보목적물은 담보설정자의 다른 물건과 구별될 수 있도록 그 종류, 소재하는 장소 또는 수량의 지정 등의 방법에 의하여 외부적 · 객관적으로 특정되어 있어야 하고, 목적물의 특정 여부 및 목적물의 범위는 목적물의 종류, 장소, 수량 등에 관한 계약의 전체적 내용, 계약당사자의 의사, 목적물 자체가 가지는 유기적 결합의 정도, 목적물의 성질, 담보물 관리와 이용방법 등 여러 가지 사정을 종합하여 구체적으로 판단하여야 한다."45)

(4) 유동집합동산의 양도담보에서 구성물의 변동은 「특정성」(집합물로서의 동일성)에 영향을 미치지 않는 한 문제되지 않는다. 즉 "집합물에 대하여 양도담보권설정계약이 이루어진 이상 그 집합물을 구성하는 개개의 물건이 변동되고, 양도담보권자가 그때마다 양도담보권설정자와 별도의 양도담보권설정계약을 맺거나 점유개정의 표시를 하지 아니하였더라도 집합물은 한 개의 물건으로서의 동일성을 잃지 아니하여 양도담보권의 효력은 항상 현재의 집합물에 미친다."46) [5576]

[참 고] 양도담보의 목적인 돼지가 출산한 새끼돼지에 양도담보의 효력이 미치는지에 관하여, ❶ 대판 1996.9.10. 96다25463은 "돼지를 양도담보의 목적물로 하여 소유권을 양도하되 점유개정의 방법으로 양도담보설정자가 계속하여 점유 · 관리하면서 무상으로 사용 · 수익하기로 약정한 경우, 양도담보목적물로서 원물인 돼지가 출산한 새끼돼지는 천연과실에 해당하고 그 천연과실의 수취권은 원물인 돼지의 사용 · 수익권을 가지는 양도담보설정자에게 귀속되므로, 다른 특별한 약정이 없는 한 천연과실인 새끼돼지에 대하여는 양도담보의 효력이 미치지 않는다"고 하여 부정한 반면, ❷ 대판 2004.11.12. 2004다22858은 ⓐ "돈사에서 대량으로 사육되는 돼지를 집합물에 대한 양도담보의 목적물로 삼은 경우, 그 돼지는 번식, 사망, 판매, 구입 등의 요인에 의하여 증감변동하기 마련이므로 양도담보권자가 그때마다 별도의 양도담보권설정계약을 맺거나 점유개정의 표시를 하지 않더라도 하나의 집합물로서 동일성을 잃지 아니한 채 양도담보권의 효력은 항상 현재의 집합물 위에 미치"고, ⓑ "양도담보설정자로부터 위 목적물을 양수한 자가 이를 선의취득하지 못하였다면 위 양도담보권의 부담을 그대로 인수하게 되고, 돈사에서 대량으로 사육되는 돼지를 집합물에 대한 양도담보의 목적물로 삼은 경우, 위 양도담보권의 효력은 양도담보설정자로부터 이를 양수한 양수인이 당초 양수한 돈사 내에 있던 돼지들 및 통상적인 양돈방식에 따라 그 돼지들을 사육 · 관리하면서 돼지를 출하하여 얻은 수익으로 새로 구입하거나 그 돼지와 교환한 돼지 또는 그 돼지로부터 출산시켜 얻은 새끼돼지에 한하여 미치는 것이지 양수인이 별도의 자금을 투입하여 반입한 돼지에까지는 미치지 않"는데, ⓒ "유동집합물에 대한 양도담보계약의 목적물을 선의취득하지 못한 양수인이 그 양도담보의 효력이 미치는 목적물에다 자기 소유인 동종의 물건을 섞어 관리함으로써 당초의 양도담보의 효력이 미치는 목적물의 범위를 불명확하게 한 경우에는 양수인으로 하여금 그 양도담보의 효력이 미치지 아니하는 물건의 존재와 범위를 입증하도록 하는 것이 공평의 원칙에 부합한

45) 구체적으로 대판 1990.12.26. 88다카20224는, 양도담보계약서 중 양도물건목록에 소재지, 보관창고명과 목적물이 양만장 내 뱀장어, 수량 약 백만 마리라고 기재되어 있을 뿐이고 특별히 위 양만장 내의 뱀장어 중 1,000,000마리로 그 수량을 지정하여 담보의 범위를 제한한 사실이 인정되지 않는다면, 위 양도담보계약서에 기재된 수량은 단순히 계약 당시 위 양만장 내에 보관하고 있던 뱀장어 등의 수를 개략적으로 표시한 것에 불과하고 당사자는 위 양만장 내의 뱀장어 등 어류 전부를 그 목적으로 하였다고 봄이 당사자의 의사에 합치된다고 보면서, 집합물에 대한 양도담보권설정계약이 이루어지면 그 집합물을 구성하는 개개의 물건이 변동되거나 변형되더라도 「한 개의 물건으로서 동일성」(보다 정확하게는: 담보목적물의 특정성)을 잃지 않으므로 양도담보권의 효력은 항상 현재의 집합물 위에 미치고, 양도담보권자가 담보권설정계약 당시 존재하는 집합물을 점유개정의 방법으로 그 점유를 취득하면 그 후 양도담보설정자가 그 집합물을 이루는 개개의 물건을 반입할 때마다 별도의 양도담보권설정계약을 맺거나 점유개정의 표시를 해야 하는 것은 아니라고 하였다.

46) 대판 1999.9.7. 98다47283.

다"고 하여 긍정하는 입장이다.

그런데 무상의 사용 · 수익약정이 있었던[47] ❶에서와 달리 ❷는 돼지를 계속 점유 · 관리하면서 양도담보권자의 승낙을 얻어 처분하여 그 대금으로 사료대금을 변제하며, 항상 3,000두를 유지하기로 하는 내용의 「유동집합물」에 대한 양도담보계약이 체결된 경우에 관한 것이라는 점이 새끼돼지의 귀속에 영향을 미친 것이다. 한편 ❷가 집합물론을 따르는 한 양수인이 별도의 자금을 투입하여 반입한 돼지도 집합물에 포함되지 않는가 하는 의문이 있을 수 있는데, 그렇게 한다면 양수인에게 불리한 반면 양도담보권자에게는 유리할 뿐만 아니라 유동집합물을 담보목적으로 한다는 양도담보계약의 당사자 사이의 합의가 양수인에게 효력을 미칠 수 없다는 점에서 —양수인에게 증명책임을 지움을 전제로(위 ⓒ)— 집합물에 포함되지 않는다고 한 태도가 수긍될 수 있다.

[5577] ## 3. 채권양도담보

가. 기본법리

(1) 재산권으로서 채권도 담보의 목적으로 될 수 있고, 그 방법으로 채권질권과 채권양도담보가 있는데, 두 방법 사이에 효력상의 차이가 없을 뿐만 아니라 채권양도의 대항요건을 갖추어야 한다는 점에서도 다르지 않다. 이 중 채권질권은 앞에서 보았으므로 아래에서는 채권양도담보를 살펴본다.

(2) 기존의 채무와 관련하여 채권이 양도된 경우에 대물변제가 성립하는지 아니면 채권양도담보가 성립하는지는 의사해석의 문제이지만, 계약내용이 명백하지 않은 경우에 판례는 담보를 위한 양도로 추정된다고 한다.[48]

(3) 채권의 양도담보에서 피담보채무의 소멸은 양도인과 양수인 사이의 문제일 뿐이므로, 피담보채무가 변제로 소멸하였더라도 양도채권의 채무자로서는 이를 이유로 채권양수인의 양수금 청구를 거절할 수 없다.[49]

(4) 양도담보의 목적으로서 채권은 예금채권이나 보험금청구권과 같이 개개의 채권일 수도 있지만, 거래계에서는 신용판매회사의 외상대금채권 등 다수의 소액채권이 집합체로 양도담보의 목적으로 되기도 한다.

[5578] ### 나. 집합채권의 양도담보

(1) 서비스업이나 중개업처럼 고가의 기계나 재고상품 등이 없고 재산으로 다수의 소액채권만 있는 경우에, 이 채권들을 담보로 하는 방법으로 우선 개개의 채권에 담보를 설정할 수 있다. 이때 대항요건으로서 확정일자 있는 증서에 의한 통지[50]의 구비가 가능하지만, 번거로울 뿐만 아니라 신용도에 미치는 영향(특히 재무상태가 악화된 것으로 소문날 우려) 때문에 담보제공자로서 기꺼이 요건을 구비하지 않으려는 경우도 적지 않다.

(2) 유동/증감변동하는 채권들을 담보로 할 필요가 있고 실제로 담보로 하기도 하는데, 이때 대항요건의 구비는 더욱 어려워진다. 그런데 특정의 거래상대방과 사이에 지속적으로 발생하는 채권들이어서 담보의 목적으로 되는 채권의 범위가 특정될 수 있다면 장래에 발생하는 채권의 대

47) 이러한 약정이 없더라도 반대특약이 없는 한 결과가 다르지 않음에 관하여 [5563] 참조.
48) 집합채권에 관한 대판 2003.9.5. 2002다40456 참조.
49) 대판 1999.11.26. 99다23093.
50) 승낙은 실제로 거의 의미가 없다.

항요건으로 포괄적인 양도의 통지를 고려할 여지도 없지 않다. 그러나 장래의 채권이 포함된 경우에 양도성 자체가 제한될 수 있고([4237] 참조) 대항요건의 구비도 사실상 어렵다. 나아가 채무자가 한 사람이 아닌 경우에 일괄하여 통지하는 것은 불가능하고, 개별적으로 통지하는 것도 매우 곤란하다.[51]

(3) 집합채권 양도담보의 유형으로 다음의 두 가지가 있는데, 어느 유형이든 담보목적인 채권이 특정될 수 있어야 한다.

① 먼저 본계약형은 양도담보계약으로 일정한 범위의 집합채권을 양도하는 것으로, 담보권자는 그때부터 그 범위에 속하는 모든 채권을 담보목적으로 취득한다.

② 반면 예약형은 담보계약 체결 당시 장차 양도할 집합채권의 범위만 정하고 나중에 채무불이행 또는 그에 준하는 사유[52]가 발생하면 담보권자의 예약완결의 의사표시에 의하여 양도될 채권이 구체적으로 정해지는 것으로,[53] 대개 담보계약시에 채권양도통지를 할 권한을 담보권자에게 부여한다.

(4) 한편 목적채권의 행사와 관련하여, 처음부터 양도담보권자에게 추심권한을 부여하는 유형과 양도담보권 실행의 일환으로 채권양도의 통지를 하고 추심하는 유형의 두 가지가 있는데, 뒤의 유형이 기본형이라고 할 것이다.

제 3 관 가등기담보

Ⅰ. 총 설 [5579]

1. 의 의

가등기담보(假登記擔保)란, 채권담보의 목적으로 채권자와 채무자 또는 제3자(물상보증인) 사이에 채무자 또는 제3자 소유의 부동산을 목적으로 하는 대물변제의 예약이나 매매의 예약을 하고, 이와 함께 채권자가 예약상 권리를 행사함으로써 발생할 장래의 소유권이전등기청구권 등을 보전하기 위하여[1] 가등기(또는 가등록)를 경료하기로 하는 내용의 가등기담보계약을 체결한 후, 이에 기하여 채권자 앞으로 가등기(또는 가등록)를 경료하는 담보형태를 말하는데, 담보권의 사적 실행을 가능하게 한다.

2. 가등기담보 등에 관한 법률 [5580]

가. 입법목적

차주의 보호를 위하여 민법이 신설한 제607조와 제608조의 유효범위가 제한적이다. 즉 제608조의 문언에도 불구하고 대물반환 예약의 효력을 부정할 수 없는 경우가 대부분이며, 판례처럼 채권자의 청산의무를 인정하더라도 채무자 또는 물상보증인이 채권자에 대하여 가지는 청산금청구권이 현실적으로 실현되기 어렵고, 채무자 등이 목적물을 되찾아 올 수 있는 가능성이 제약

51) 이러한 점을 피하기 위하여 동산채권담보법이 제정되었다.
52) 보통 약관의 형태로 설정계약에 포함된다.
53) 다른 채권과 식별할 수 있을 정도로 특정되면 된다.
1) 실제로는 가등기담보설정 후 성립할 후순위담보권을 무력화하기 위하여.

된다([5554] 참조). 이러한 점들을 시정하기 위하여 1984년 가등기담보법(이 관에서 "법"이라고만 한다)이 제정되었다.

법은 채무자의 청산금청구권을 실효적으로 보장하기 위하여 제소전 화해(예약상 의무를 강제하기 위하여 거의 언제나 결합되는)의 효력([2796] 참조)을 제한한다는 의미를 가진다.

나. 적용범위

(1) 법은 등기 또는 등록에 의하여 공시되는 물건 또는 재산권을 목적으로 하는 비전형담보에 적용되는데, 가등기담보뿐만 아니라 양도담보에도 적용된다.[2] 반면 담보계약을 체결하였지만, 목적부동산에 관하여 가등기나 소유권이전등기를 마치지 않은 경우에는 적용되지 않는다.[3]

(2) 법은 제607조, 제608조를 구체화한 특별법으로 제정되었기 때문에(법 제1조, 제2조 제1호 참조), 제607조, 제608조에 포섭되는 경우에 한하여 적용된다.[4] 즉 피담보채무가 소비대차나 준소비대차에 기한 것이고[5] 목적부동산의 예약 당시의 가액이 차용액 및 이자의 합산액을 넘어야[6] 법이 적용된다.

[5581] 다. 가등기담보법의 특징

(1) 가등기담보권자[7]에게 경매청구권(법 제12조 제1항 제1문 후단)과 우선변제권(법 제13조 전문)을 부여하는 등 저당권자와 유사한 지위를 인정하는 한편, 이른바 귀속실행도 규정한다(법 제12조 제1항 제1문 전단, 제3조 이하).

(2) 귀속실행의 경우에 채무자의 청산금청구권을 보호하기 위하여, 변제기가 경과했다고 하여 채권자가 곧바로 담보를 실행할 수 없고 변제기 후 일정한 기간(「청산기간」)이 경과하여야 비로소 담보를 실행할 수 있게 하며(법 제3조 이하), 청산금의 지급과 소유권이전등기 및 목적물인도의무 사이에 동시이행관계를 인정한다(법 제4조 제3항).

(3) 채권담보의 목적으로 소유권이전등기가 경료된 경우에도, 청산기간이 경과하고 청산금을 지급하지 않는 한 그에게 대내·외적으로 소유권 취득의 효과가 발생하지 않도록 한다(법 제4조 제2항 전단).

(4) 후순위권리자와의 관계도 규정한다. 즉 귀속실행의 경우에 후순위권리자는 가등기담보권자가 채무자에게 지급해야 할 청산금에 대하여 권리를 행사할 수 있다(법 제5조 제1항, 제6조, 제7조).

---

2) 대판 2007.12.13. 2007다49595는, 채권담보조로 소유권이전등기가 경료된 양도담보가 원칙적으로 무효이지만, 법 제3조, 제4조 소정의 청산절차를 마치면 무효인 등기가 실체적 법률관계에 부합하는 유효한 등기로 된다고 하였다.

3) 등기 없는 귀속실행약정에 관한 대판 2013.9.27. 2011다106778 참조.

4) 대판 1998.6.26. 97다1495 등.

5) 매매대금채권(대판 2002.12.24. 2002다50484; 대판 2001.3.23. 2000다29356·29363; 대판 2007.12.13. 2005다52214), 공사대금채권(대판 1992.4.10. 91다45356·45363), 매매계약의 해제에 따른 대금반환채권(대판 1996.11.29. 96다31895) 등 소비대차 외의 채권을 담보하기 위하여 가등기가 경료된 경우에 법이 적용되지 않는다. 다만 금전소비대차나 준소비대차에 기한 차용금반환채무와 그 밖의 원인으로 발생한 채무를 동시에 담보할 목적으로 경료된 가등기나 소유권이전등기라도 그 후 그 밖의 채무가 변제 기타의 사유로 소멸하고 금전소비대차나 준소비대차에 기한 차용금반환채무의 전부 또는 일부만 남게 된 경우에는 적용된다(대판 2004.4.27. 2003다29968).

6) 가등기담보부동산의 예약 당시의 시가가 그 피담보채무액에 미치지 못하는 경우에는 법이 적용되지 않는다(대판 1993.10.26. 93다27611). 여기서 재산의 가액은 「통상적인 시장에서 충분한 기간 거래된 후 그 대상재산의 내용에 정통한 거래당사자간에 성립한다고 인정되는 적정가격」을 의미하고, 그와 같은 적정가격을 확인하기 어려울 때에는 객관적이고 합리적인 방법으로 평가한 가액이다(대판 2007.6.15. 2006다5611). 그리고 재산권 이전의 예약 당시 선순위근저당권이 설정되어 있는 경우에 재산의 가액에서 피담보채무액을 공제한 나머지 가액이 차용액 및 이에 붙인 이자의 합산액을 초과해야만 적용된다(대판 2006.8.24. 2005다61140).

7) 법은 「담보가등기권리자」 또는 「채권자」라고 한다.

3. 가등기담보의 법적 성질 [5582]

(1) 담보가등기권리의 법적 성질에 관한 명시적인 규정이 없는데, 다수설은 법이 담보물권에 특유한 권리인 경매청구권, 우선변제권 등을 규정함으로써 가등기담보권자에게 저당권자와 유사한 지위를 부여한 점을 근거로 일종의 담보물권으로 이해한다.

생각건대 가등기담보가 양도담보의 한 유형이지만, 법이 담보권의 실행방법을 법정하는 점(제4조 제4항 참조), 제4조 제2항이 채권자에게 소유권이전등기가 경료되었더라도 청산절차를 마쳐야 비로소 소유권을 취득함을 명시하는 점, 제11조는 가등기담보권자가 소유자가 아님을 전제하는 점 및 제13조와 제17조의 규정 등을 고려한다면, 담보가등기권리는 담보물권이라 할 것이다.

(2) 가등기담보권은 담보물권으로서의 통유성, 즉 부종성,[8] 수반성, 불가분성, 물상대위성을 갖는다.

Ⅱ. 가등기담보의 성립과 효력 [5583]

1. 가등기담보의 성립

가. 가등기담보계약

(1) 가등기담보계약의 당사자는 보통 피담보채권의 채권자와 채무자이다. 그런데 담보제공자는 채무자에 한하지 않고 제3자(물상보증인)라도 무방하며, 저당권에서와 마찬가지로 제3자를 가등기담보권자로 할 수도 있다.[9]

(2) 가등기담보계약은 피담보채권에 관한 사항 및 재산권이전의 약정을 포함해야 한다.

① 피담보채권은 소비대차계약 또는 준소비대차계약에 의한 채권이어야 한다(법 제1조, 제2조 제1호 참조).[10] 한편 소비대차계약 등에 기한 채권이라면, 금전채권뿐만 아니라 기타 대체물의 급부를 목적으로 하는 것도 피담보채권으로서의 적격을 가진다.

② 가등기담보계약에는 그 목적이 채권담보에 있다는 점 및 피담보채무의 불이행시 채무의 변제에 갈음하여 일정한 재산권을 채권자에게 이전하기로 하는 대물변제의 예약을 하거나 피담보채무액 상당을 매매대금으로 하여 채무자 또는 제3자가 소유하는 부동산 등을 채권자가 매수하기로 하는 매매의 예약을 한다는 점이 포함되어야 한다.[11] 나아가 대물변제의 예약 또는 매매의 예약 당시에 그 재산권의 가액이 차용액 및 이자의 합산액을 초과해야 법이 적용된다(법 제1조 참조).

(3) 가등기담보의 대상은 주로 부동산을 목적으로 하는 권리인 소유권이지만, 그 밖에 가등기 또는 가등록이 가능한 재산권(예: 등기된 입목이나 선박, 자동차 등의 소유권, 특허권 등의 지식재산권)도 목적으로 될 수 있다(법 제1조, 제18조).

나. 가등기(또는 가등록) [5584]

(1) 가등기 또는 가등록을 갖추어야 한다. 가등기담보법은 이러한 가등기를 담보가등기(擔保

8) 다만 피담보채무가 소멸했다고 하여 (가)등기가 당연히 무효로 되는 것은 아니고, 채무자에게 등기말소청구권(법 제11조)이 발생할 뿐이다. 양도담보에 관한 대판 2013.12.12. 2012다200974도 참조.

9) 대판 2002.12.24. 2002다50484.

10) 이와 달리 소비대차에 기한 채권뿐만 아니라 다른 채권(예; 매매대금채권)도 포함된다는 입장이 일반적이지만, 법의 입법취지 및 문언(제1조와 제2조 제1호 등)에 비추어 무리라 할 것이다.

11) 이때 피담보채권이 가등기원인증서인 매매예약서상의 매매대금을 한도로 제한되지 않는다. 대판 1996.12.23. 96다39387 · 39394 참조.

假登記)라고 하여(법 제2조 제3호) 보전가등기([5138] 참조)와 구별한다.[12]

(2) 이와 관련하여 다음의 점들을 주의해야 한다.

① 피담보채권이 소비대차 또는 준소비대차에 기한 것이라면, 미등기부동산에 관하여 채권자 명의로 소유권보존등기를 경료한 경우에도 법이 적용되어야 한다.

② 가등기는 가등기담보권을 공시하는 역할을 한다. 그런데 제3자로서는 등기부의 기재만으로 당해 가등기가 담보가등기인지 여부를 확인할 수 없을 뿐만 아니라 피담보채권액, 이자, 변제기 등이 공시되지 않으므로, 공시방법으로서 불완전하다(다만 부동산실명법 제3조 제2항 참조).

③ 보전가등기는 본등기가 경료되기 전에 실체법적 효력을 가지지 않지만, 담보가등기에는 법이 정한 바에 따라 담보물권으로서의 지위가 주어진다(법 제13조, 제17조 참조).

[5585] **2. 가등기담보의 효력**

(1) 대내적 효력을 본다.

① 가등기담보설정자는 가등기담보권의 실행이 있기까지 소유자로서 담보목적물을 사용·수익할 수 있고, 제3자에게 용익권을 설정하여 사용·수익하게 할 수 있는 반면, 조세나 공과금을 부담한다. 그런데 청산절차가 종료된 후 채권자는 채무자에 대하여 소유권이전등기청구권 및 목적물인도청구권을 가지므로, 담보목적물에 대한 과실취득권 등을 포함한 사용·수익권은 청산절차의 종료와 함께 가등기담보권자에게 귀속된다.[13]

② 가등기담보설정자가 담보목적물의 가치를 감소시킨 경우에, 가등기담보권자는 방해의 제거 또는 예방을 청구할 수 있고, 그 침해로 인하여 피담보채권의 완전한 만족을 얻을 수 없게 되는 손해가 발생하면 그 손해의 배상을 청구할 수 있다. 나아가 가등기담보설정자에게 책임 있는 사유로 인하여 담보목적물의 가액이 현저히 감소된 경우에, 그는 기한의 이익을 상실한다(제388조 제1호). 그 밖에 저당물의 보충에 관한 제362조의 유추도 가능할 것이다.

(2) 대외적 효력을 보자.

① 제3자가 담보목적물의 가치를 감소시킨 경우에, 가등기담보권자는 방해의 제거 또는 예방을 청구할 수 있고, 그 침해로 인하여 피담보채권의 완전한 만족을 얻을 수 없는 손해가 발생하면 그 손해의 배상을 청구할 수도 있다.

② 목적부동산에 대하여 다른 채권자의 경매신청에 따른 경매개시결정이 있으면, 가등기담보권자는 그 경매절차에서 우선변제권을 가진다(법 제13조).

③ 가등기담보권은 국세기본법, 국세징수법, 지방세법, 채무자회생법의 적용에서 저당권으로 간주된다(법 제17조 제3항). 가등기담보설정자가 파산한 경우에 가등기담보권자는 별제권을 가지며, 회생절차가 개시된 경우에 가등기담보권은 회생담보권으로 취급된다(법 제17조 제1항, 제3항,

12) 참고로 대결 1998.10.7. 98마1333(판례, 〈5-2-19〉): "국세압류등기 이전에 소유권이전등기청구권 보전의 가등기가 경료되고 그 후 본등기가 이루어진 경우, 그 가등기가 매매예약에 기한 순위보전의 가등기라면 그 이후에 경료된 압류등기는 효력을 상실하여 말소되어야 할 것이지만, 그 가등기가 채무담보를 위한 가등기 즉 담보가등기라면 그 후 본등기가 경료되더라도 가등기는 담보적 효력을 갖는 데 그치므로 압류등기는 여전히 유효하므로 말소될 수 없다."

13) 대판 2001.2.27. 2000다20465. 그리고 대판 2019.6.13. 2018다300661: "담보가등기에 기하여 마쳐진 본등기가 무효인 경우, 담보목적부동산에 대한 소유권은 담보가등기설정자인 채무자 등에게 있고 소유권의 권능 중 하나인 사용수익권도 당연히 담보가등기설정자가 보유한다. 따라서 채무자가 자신이 소유하는 담보목적부동산에 관하여 채권자와 임대차계약을 체결하고 채권자에게 차임을 지급하거나 채무자가 자신과 임대차계약을 체결하고 있는 임차인으로 하여금 채권자에게 차임을 지급하도록 하여 채권자가 차임을 수령하였다면, 채권자와 채무자 사이에 위 차임을 피담보채무의 변제와는 무관한 별개의 것으로 취급하기로 약정하였거나 달리 차임이 피담보채무의 변제에 충당되었다고 보기 어려운 특별한 사정이 없는 한 위 차임은 피담보채무의 변제에 충당된 것으로 보아야 한다."

채무자회생법 제411조, 제141조).

④ 가등기담보권자로부터 담보목적물을 선의로 양수한 이는 그 소유권을 취득한다(법 제11조 단서 후단 참조).

(3) 가등기담보권의 이전을 본다.

① 가등기담보권자는 담보권의 실행에 앞서 투하자본을 회수하는 방법으로 그 권리를 제3자에게 양도할 수 있다. 그런데 피담보채권과 함께 양도할 수 있을 뿐이고 피담보채권과 분리하여 양도할 수 없다(제361조 참조).

② 담보물권의 일종인 가등기담보권을 이전하기 위하여 양도인과 양수인 사이의 합의와 (부기)등기가 있어야 한다. 그런데 피담보채권도 함께 이전되어야 하므로, 채권양도에 관한 규정(제449조 이하)도 따라야 한다.

Ⅲ. 가등기담보권의 실행 [5586]

1. 총 설

가. 서 설

가등기담보권을 실행하는 방법으로 권리취득에 의한 사적 실행, 즉 가등기담보권자가 담보목적물의 소유권을 취득하여 피담보채권의 만족을 얻는 귀속청산(歸屬淸算)형의 담보권 실행과 경매에 의한 공적 실행(법 제12조 제1항 전문)의 두 가지가 있고, 다른 약정이 없는 한 담보가등기권자는 두 실행방법 중 하나를 선택할 수 있다. 그런데 어느 경우든 선순위권리자의 권리는 해쳐지지 않는다.[14] 반면 채권자가 스스로 담보목적물을 매각하여 그 대금을 변제에 충당하는 처분청산(處分淸算)형의 담보권 실행은 허용되지 않는다.[15]

한편 담보가등기가 경료된 부동산에 대하여 경매 등 개시의 결정이 있는 경우에, 그 경매의 신청이 청산금을 지급하기 전(청산금이 없는 경우에는 청산기간의 경과 전)에 행하여졌다면 가등기담보권자가 본등기를 청구할 수 없고(법 제14조), 그 가등기가 부동산의 매각에 의하여 소멸하되 다른 채권자보다 자기채권을 우선변제받을 권리가 있을 뿐이다.[16] 즉 사적 실행이 배제된다.

나. 가등기담보권의 효력이 미치는 범위

(1) 가등기담보권의 효력이 미치는 피담보채권의 범위에 대하여 저당권에 관한 제360조가 적용된다. 법 제3조 제2항 전문에 비추어 이와 같이 새겨야 하는데, 원본, 이자, 위약금, 채무불이행으로 인한 손해배상 및 담보권의 실행비용 등이 피담보채권에 포함된다.[17]

---

14) 사적 실행에서 선순위저당권은 존속하고 가등기담보권을 실행한 가등기담보권자는 제3취득자와 같은 지위에 선다.

15) 대판 2002.12.10. 2002다42001.

16) 대결 2010.11.9. 2010마1322.

17) 이에 관한 재판례를 본다. ㉠ 대판 2011.7.14. 2011다28090: "채권자와 채무자가 가등기담보권설정계약을 체결하면서 가등기 이후에 발생할 채권도 후순위권리자에 대하여 우선변제권을 가지는 가등기담보권의 피담보채권에 포함시키기로 약정할 수 있고, 가등기담보권을 설정한 후에 채권자와 채무자의 약정으로 새로 발생한 채권을 기존 가등기담보권의 피담보채권에 추가할 수도 있으나, 가등기담보권 설정 후에 후순위권리자나 제3취득자 등 이해관계 있는 제3자가 생긴 상태에서 새로운 약정으로 기존 가등기담보권에 피담보채권을 추가하거나 피담보채권의 내용을 변경, 확장하는 경우에는 이해관계 있는 제3자의 이익을 침해하게 되므로, 이러한 경우에는 피담보채권으로 추가, 확장한 부분은 이해관계 있는 제3자에 대한 관계에서는 우선변제권 있는 피담보채권에 포함되지 않는다고 보아야 한다." 이러한 태도는 양도담보에 관한 대판 2005.2.18. 2004다37430([5562] 참조)과는 확연히 다르다. ㉡ 가등기담보권자가 가등기담보권을 실행하기 전에 그의 계약상의 권리를 보전하기 위하여 가등기담보채무자의 제3자에 대한 「선순위」의 가등기담보채무를 대위변제하여 구상권이 발생하였다면, 특별한 사정이 없는 한 이 구상권도 가등기담보계약에 의하여 담보된다(대판 2002.6.11. 99다41657).

(2) 가등기담보권의 효력이 미치는 목적물의 범위는 보통 설정계약에서 정해진다. 그리고 저당권과 마찬가지로 불가분성과 물상대위성이 인정되며(제370조, 제321조, 제342조 참조), 설정계약이나 법률에 달리 정함이 없는 한 부합물이나 종물에 대해서도 가등기담보권의 효력이 미친다(제358조, 제359조 참조).

[5587] **2. 사적 실행**

가. 개 관

법은 「귀속실행」(권리취득에 의한 사적 실행)을 인정하면서, 담보설정자의 이익, 즉 변제를 통한 소유권 회복의 가능성 및 청산금의 확실한 지급을 고려하여 귀속실행의 절차를 정한다: 채무자가 채무불이행에 빠진 후 ① 가등기담보권자가 가등기담보권을 귀속청산의 방법으로 실행하겠다는 통지를 하고, ② 2월의 청산기간이 경과한 후 담보목적물의 정당한 평가액에서 피담보채권액을 공제한 나머지 금액을 청산금으로 지급해야 하며, ③ 청산금의 지급과 상환으로 소유권이전등기청구권(및 목적물인도청구권)을 취득하여 본등기를 경료함으로써 소유권을 취득하는 과정을 거친다. 그와 함께 물상보증인, 제3취득자, 후순위권리자 등 이해관계인을 보호하기 위한 조치도 규정한다.

그런데 청산, 특히 청산기간과 청산금의 지급에 의한 소유권 취득에 관한 규정은 강행규정으로 그에 반하는 특약으로 채무자 등에게 불리한 것은 그 효력이 없다(법 제4조 제4항). 다만 사후적으로 청산절차를 거치면 실체관계에 부합하는 등기로 될 수 있다.[18]

[5588] **나. 실행의 통지**

(1) 가등기담보권자는 귀속청산의 방법으로 가등기담보권을 실행하겠다는 통지를 해야 하는데, 이때 "청산금의 평가액"과 이를 산출하기 위한 근거로서 ❶ "통지 당시의 목적부동산의 평가액" 및 ❷ "민법 제360조에 규정된 채권액", 즉 피담보채권액을 명시해야 한다(법 제3조).

❶에 관하여, 목적부동산의 가액을 평가하는 방법에 제한이 없으므로 채권자의 「주관적 평가액」을 통지하면 되고, 그것이 객관적 가액에 미치지 못하더라도 실행통지로서의 효력이나 청산기간의 진행에 영향을 미치지 않는다.[19] 다만 일단 통지하면 「채권자」는 자기가 통지한 청산금의 액수에 관하여 다툴 수 없으므로(법 제9조), 통지금액이 실제의 가액보다 크더라도 채무자 등에게 통지된 액에 따라 청산금을 지급해야 한다. 반면 채무자 등은 「정당하게 평가된」 청산금을 지급받을 때까지 목적부동산의 소유권이전등기 및 인도채무의 이행을 거절하면서 피담보채무 전액을 채권자에게 지급하고 채권담보의 목적으로 마쳐진 가등기의 말소를 구할 수 있고, 채권자에게 정당하게 평가된 청산금의 지급을 구할 수도 있다.[20]

---

18) 대판 2019.6.13, 2018다300661: 법 제3조와 제4조가 "강행법규에 해당하여 이를 위반하여 담보가등기에 기한 본등기가 이루어진 경우 본등기는 무효라고 할 것이고, 설령 그와 같은 본등기가 가등기권리자와 채무자 사이에 이루어진 특약에 의하여 이루어졌다고 할지라도 만일 특약이 채무자에게 불리한 것으로서 무효라고 한다면 본등기는 여전히 무효일 뿐, 이른바 약한 의미의 양도담보로서 담보의 목적 내에서는 유효하다고 할 것이 아니다. 다만 가등기권리자가 가등기담보법 제3조, 제4조에 정한 절차에 따라 청산금의 평가액을 채무자 등에게 통지한 후 채무자에게 정당한 청산금을 지급하거나 지급할 청산금이 없는 경우에는 채무자가 통지를 받은 날부터 2월의 청산기간이 지나면 위와 같이 무효인 본등기는 실체적 법률관계에 부합하는 유효한 등기로 될 수 있을 뿐"이다.

19) 대판 1996.7.30, 96다6974·6981. 나아가 대판 2007.12.13, 2007다49595는, 청산합의가 청산기간을 단축하는 특약으로 법 제4조 제2항에 위배될 뿐 아니라 청산합의에서 정한 담보부동산의 평가액도 적정하지 않은 경우에 같은 조 제4항에 의하여 무효라도 담보권 실행의 통지로서의 효력은 있으므로, 담보목적물에 관한 청산금은 위 합의 당시의 담보목적물 가액을 기초로 산정해야 한다고 했다.

20) 대판 2008.4.11, 2005다36618.

한편 ❷에는 목적부동산에 관한 선순위담보 등에 의하여 담보되는 채권액도 포함되는데(법 제4조 제1항 후문), 선순위담보가 근저당권이라면 확정된 후에는 확정채권액, 확정되기 전에는 최고액이 포함된다.[21] 평가한 결과 청산금이 없다고 인정되는 경우에도 그 뜻을 통지해야 한다(법 제3조 제1항 후문).[22] 그리고 2개 이상의 부동산을 담보목적물로 한 경우에, 그 부동산들을 일괄실행하려면 실행통지 당시 각 부동산의 소유권이전에 의하여 소멸시키려고 하는 채권과 그 비용을 명시해야 한다(같은 조 제2항 후문).

(2) 실행통지의 상대방은 채무자와 목적부동산의 물상보증인 및 가등기담보 후에 소유권을 취득한 제3자이다(법 제3조 제1항, 제2조 제2호. 이하 이들을 "채무자등"이라 한다). 그리고 통지의 상대방이 여러 명인 경우에, 그들 모두에게 실행의 통지를 해야 하고, 일부에 대하여 통지가 누락되면 통지로서의 효력이 발생하지 않는다.[23]

(3) 피담보채권의 변제기 후이기만 하면 통지의 시기는 상관없다(법 제3조 제1항).

(4) 통지의 방법에도 제한이 없어서 구두로든 서면으로든 가능하다.

다. 청 산 [5589]

(1) 실행통지가 채무자등에게 도달한 날부터 2월이 경과하기까지 채무자의 변제가 없으면, 가등기담보권자는 청산에 들어간다. 이 기간을 「청산기간」이라 하는데, 통지의 상대방이 여러 명이라면 그들 모두에게 통지가 도달한 날부터 기산한다.

청산기간 및 그에 선행하는 통지는, 채무자등에게 피담보채무를 변제하여 가등기담보권을 소멸시킴으로써 담보부동산의 소유권 상실을 방지할 수 있는 기회를 부여하고, 아울러 이해관계자들 사이의 이해관계를 조정하기 위한 것이다.

(2) 청산금의 지급에 관하여 본다.

① 가등기담보권자는 청산기간이 경과한 후에 청산금을 채무자등에게 지급해야 한다(법 제4조 제1항).

② 청산금은 실행통지 당시의 목적부동산의 가액에서 그 시점의 피담보채권액을 공제한 차액이다. 실행통지에서 목적부동산의 가액은 채권자의 주관적 평가에 의하더라도 무방하지만, 가등기담보권자가 지급해야 하는 청산금의 액수는 객관적 평가에 의하여 산정되어야 하는데, 주관적 평가액이 객관적 평가액보다 크다면 주관적 평가액에 의한다(법 제9조 참조). 한편 채무자는 채권자가 통지한 청산금액에 동의함으로써 청산금을 확정시킬 수 있고, 이때 동의는 명시적으로뿐만 아니라 묵시적으로도 가능하다.[24]

③ 청산금의 청구권자는 채무자등, 즉 채무자, 목적부동산의 물상보증인, 목적부동산의 제3취득자 등이다(법 제4조 제1항, 제2조 제2호).

④ 청산금지급채무는 2월의 청산기간이 경과한 후에 발생한다. 다만 채권자의 청산금지급채무와 채무자등의 목적부동산의 소유권이전등기 및 인도채무가 동시이행의 관계에 있으므로(법 제4조 제3항), 채무자등으로부터 위 의무의 이행을 받을 때까지 청산금의 지급을 거절할 수 있다.

---

21) 담보가등기보다 먼저 등기된 가압류의 채권액에 관한 대판 2007.7.13. 2006다46421도 참조.

22) 통지내용에 관하여 대판 2001.8.24. 2000다15661 참조.

23) 대판 2002.4.23. 2001다81856.

24) 청산금이 없다는 취지의 가등기담보권의 실행통지에 대하여 이의를 하지 않은 경우에 관한 대판 2008.4.11. 2005다36618 참조.

⑤ 청산금의 지급방법은 변제 일반에서와 같다. 그런데 청산금채권이 압류 또는 가압류된 경우에, 채권자가 청산기간이 경과한 후 이에 해당하는 청산금을 공탁하여 그 범위 내에서 채무를 면할 수 있고, 이를 공탁한 경우에 채무자등과 압류 또는 가압류채권자에게 지체 없이 공탁의 통지를 해야 한다(법 제8조 제1항, 제4항).

[5590] **라. 본등기에 의한 소유권의 취득**

(1) 2월의 청산기간이 경과하면 가등기담보권자는 채무자등을 상대로 하여 목적부동산에 관하여 그 가등기에 기한 소유권이전의 본등기청구권을 행사할 수 있고(법 제4조 제2항 후단), 이에 대하여 채무자등은 청산금지급청구권에 기하여 동시이행의 항변권을 행사할 수 있다(제3항). 그리고 본등기청구권을 행사하여 자기 앞으로 소유권이전등기가 경료되면 채권자는 담보목적물의 소유권을 취득한다(제186조). 그런데 공동명의로 담보가등기를 마친 여러 명의 채권자가 각자의 지분별로 별개의 독립적인 매매예약완결권을 가지는 경우에, 채권자 중 1인은 단독으로 자신의 지분에 관하여 청산절차를 이행한 후 소유권이전의 본등기절차 이행청구를 할 수 있다.[25)]

한편 채권담보의 목적으로 소유권이전등기가 이미 경료된 경우에도 그것만으로 소유권을 취득하지는 못한다(법 제4조 제2항 전단). 즉 청산기간이 경과한 후 청산금을 채무자등에게 지급하여야 비로소 목적부동산의 소유권이 이전된다.[26)]

(2) 가등기담보권자가 가등기담보설정자 또는 적법하게 담보목적물을 점유하는 이를 상대로 그 인도를 청구할 수 있는 시기도 소유권취득시와 일치한다.

(3) 청산절차를 거치지 않은 채 제소전 화해조서에 기하여 소유권이전의 본등기를 경료한 경우에는 어떻게 되는가? 법에 위반된 위 본등기는 소유권이전의 효력을 가지지 않는다.[27)] 이때 채권담보의 목적으로 소유권이전등기가 이미 경료된 경우에 준하여 약한 의미의 양도담보로서의 효력을 인정할 여지도 있지만, 판례는 그 효력이 부정되고 다만 그 후 정산절차를 거치면 실체관계에 부합하여 유효한 등기로 될 수 있다는 입장으로 보인다.[28)]

(4) 소유권 취득에 따라 법정지상권이 인정된다. 즉 동일소유자에게 속하던 토지와 그 지상건물 중 어느 하나에 대하여 가등기담보권의 사적 실행에 의하여 본등기가 행하여짐으로써 토지와 건물의 소유자가 다르게 된 경우에, 건물의 소유자로 된 이에게 그 건물의 소유를 목적으로 그 토지 위에 지상권이 설정된 것으로 본다. 그 존속기간 및 지료는 당사자의 청구에 의하여 법원이 정한다(법 제10조).

[5591] **마. 채무자등의 말소청구권**

(1) 채무자등은 청산금채권을 변제받을 때까지 그 채무액(반환시까지의 이자와 손해금을 포함한다)을 채권자에게 「미리」 지급하고 채권담보의 목적으로 경료된 소유권이전등기(또는 가등기)의 말

---

25) 대판(전) 2012.2.16. 2010다82530.

26) 대판 2022.4.14. 2021다263519.

27) 법 제11조에 의한 말소청구가 가능함은 당연하다.

28) 대판 2002.12.10. 2002다42001. 대판 1994.1.25. 92다20132도 참조.
참고로 대판 2017.8.18. 2016다30296은 이러한 법리를 전제로 "가등기담보법의 규정을 위반하여 무효인 본등기가 마쳐진 후 가등기에 기한 본등기를 이행한다는 내용의 화해권고결정이 확정되었다고 하더라도, 그러한 화해권고결정의 내용이 가등기담보법 제3조, 제4조가 정한 청산절차를 갈음하는 것으로 채무자등에게 불리하지 않다고 볼 만한 특별한 사정이 없는 한, 위와 같이 확정된 화해권고결정이 있다는 사정만으로는 무효인 본등기가 실체관계에 부합하는 유효한 등기라고 주장할 수 없다. 나아가 그러한 화해권고결정에 기하여 다시 본등기를 마친다고 하더라도 본등기는 가등기담보법의 위 각 규정을 위반하여 이루어진 것이어서 여전히 무효"라고 하였다.

소를 청구할 수 있다(법 제11조 본문).[29] 이 규정에 따라 채무자등은 변제기가 경과한 후에도 청산금을 변제받기 전이라면 피담보채무를 변제한 후 등기의 말소를 청구할 수 있고, 청산금이 없다면 채권자가 본등기를 할 때까지 채무를 변제한 후 가등기의 말소를 청구할 수 있다. 나아가 청산금이 지급되지 않은 채 가등기담보권자 앞으로 본등기가 경료된 경우에도 법 제11조를 유추하여 말소청구를 인정해야 한다.

(2) 채무자등의 말소청구권은 다음의 사유로 소멸한다.

① 채권자가 정당한 청산금을 지급한 경우(법 제11조 본문의 반대해석).

② 채무의 변제기로부터 10년이 경과한 경우(같은 조 단서 전단): 10년의 기간은 제척기간이다. 이 기간이 경과하여 목적부동산의 소유권을 확정적으로 취득한 채권자는 법 제4조에 따라 산정한 청산금을 채무자등에게 지급할 의무가 있고, 채무자등은 채권자에게 그 지급을 청구할 수 있다.[30] 한편 채무자등이 이 기간이 경과하기 전에 피담보채무를 변제하지 않은 채 또는 변제를 조건으로 담보목적으로 마친 소유권이전등기의 말소를 청구하더라도 이를 제척기간 준수에 필요한 권리의 행사에 해당한다고 볼 수 없으므로, 채무자등의 위 말소청구권은 제척기간의 경과로 확정적으로 소멸한다.[31]

③ 선의의 제3자가 소유권을 취득한 경우(같은 조 단서 후단): 이는 부동산거래의 안전을 도모하기 위하여 채권자 명의의 본등기에 선의의 제3자에 대한 공신력을 부여하는 특례로 이해되어야 한다. 제3자가 악의라고 주장하는 이가 그에 대한 증명책임을 진다.[32] 한편 위법한 처분행위를 한 채권자는 채무자가 입은 손해를 배상해야 하는데(부당이득반환의무도 인정된다), 이때 채무자가 입은 손해는 특별한 사정이 없는 한 채무자가 소유권이전등기의 말소를 청구할 수 없게 된 때의 담보목적부동산의 가액에서 그때까지의 채무액을 공제한 금액이라고 보아야 한다.[33]

바. 후순위권리자가 있는 경우 [5592]

법은 목적부동산에 가등기담보권자의 후순위권리자 등 이해관계인이 있는 경우에, 그들의 이익을 보호하기 위한 규정을 둔다. 여기서 후순위권리자란 담보가등기 후에 등기된 저당권자, 전세권자 및 가등기담보권자를 말한다(법 제2조 제5호).

① 실행통지가 채무자등에게 도달하면, 가등기담보권자는 지체 없이 후순위권리자에 대하여 실행통지의 사실과 그 내용 및 도달일을 통지해야 한다(법 제6조 제1항). 대항력 있는 임차인을 포함하여 담보가등기 후 등기한 제3자(지상권자, 보전가등기를 경료한 이 등)에 대해서도 통지사실과 채권액을 통지해야 한다(제2항). 이들에게 대위변제에 의하여 자기권리를 보전하거나 법에 의하여 인정되는 청산금에 대한 권리행사(법 제5조) 또는 경매청구권의 행사(법 제12조 제2항) 등 적절한

29) 명의신탁부동산에 가등기담보를 설정한 명의신탁자는 이중의 지위에서 말소청구를 할 수 있다는 대판 1988.9.13. 86다카1332도 참조.

30) 대판 2018.6.15. 2018다215947. 나아가 뒤의 2016다248325 판결: "가등기담보법 제11조 본문에 따라 채권자를 상대로 그 본등기의 말소를 청구할 수 없게 된 […] 경우 그 반사적 효과로서 무효인 채권자 명의의 본등기는 그 등기를 마친 시점으로 소급하여 확정적으로 유효하게 되고, 이에 따라 담보목적부동산에 관한 채권자의 가등기담보권은 소멸하며, 청산절차를 거치지 않아 무효였던 채권자의 위 본등기에 터 잡아 이루어진 등기 역시 소급하여 유효하게 된다고 보아야 한다. 다만 이 경우에도 채무자 등과 채권자 사이의 청산금지급을 둘러싼 채권·채무관계까지 모두 소멸하는 것은 아니고, 채무자 등은 채권자에게 청산금의 지급을 청구할 수 있다."

31) 대판 2014.8.20. 2012다47074.

32) 대판 2021.10.28. 2016다248325: "여기서 '선의의 제3자'라 함은 채권자가 적법한 청산절차를 거치지 않고 담보목적부동산에 관하여 본등기를 마쳤다는 사실을 모르고 그 본등기에 터 잡아 소유권이전등기를 마친 자를 뜻한다. 제3자가 악의라는 사실에 관한 주장·증명책임은 무효를 주장하는 사람에게 있다.

33) 대판 2010.8.26. 2010다27458.

조치를 취할 수 있는 기회를 주기 위함이다.

② 가등기담보권자로부터 실행통지의 사실 및 그 내용을 통지받아 사적 실행에 착수된 사실을 알게 된 후순위권리자는 청산금의 지급이 있을 때까지 그 순위에 따라 채무자등이 지급받을 청산금에 대하여 가등기담보권자의 청산금평가액의 범위 안에서 그 권리를 행사할 수 있다(법 제5조). 이러한 권리행사가 있는 경우에 채권자는 청산금을 공탁할 수 있다(법 제8조, 민법 제487조 후문). 그리고 담보가등기 후에 대항력을 취득한 임차권자는 청산금의 범위 내에서 목적물의 인도와 동시이행으로 임차보증금에 상당하는 청산금의 지급을 청구할 수 있다(법 제5조 제5항).

③ 청산기간 경과 전에 채무자가 청산금에 관한 권리의 양도 기타 처분을 하였다면 후순위권리자에게 대항하지 못한다(법 제7조 제1항). 청산기간이 경과하기 전이나 후순위권리자에 대한 통지가 있기 전에 채권자가 청산금을 지급한 경우에도 같다(제2항). 후순위권리자의 위 권리행사의 실효성을 확보하기 위함이다.

그런데 이러한 변제제한의 효력은 후순위권리자에게만 적용되는 상대적인 것이다. 따라서 후순위권리자는 청산금채권이 아직 소멸하지 않은 것으로 보고 채권자에게 직접 권리를 행사할 수 있고 후순위권리자가 채권자에게 청산금을 지급하여 줄 것을 청구하면 채권자로서는 청산금의 이중지급의 책임을 면할 수 없다는 취지일 뿐이지, 후순위권리자가 존재한다는 사유만으로 채무자에게 담보권의 실행을 거부할 권원을 부여하는 것은 아니다.[34]

④ 채권자의 청산금평가액 자체에 이의가 있는 후순위권리자는 청산기간 내에 —변제기가 도래하기 전이라도— 독자적으로 경매신청을 하여 사적 실행을 저지할 수 있다(법 제12조 제2항).

[5593]

3. 경매와 가등기담보권

가. 공적 실행

가등기담보권자는 목적부동산의 경매를 법원에 청구하여 목적부동산의 매각대금의 배당절차에서 피담보채권의 만족을 얻을 수도 있다(법 제12조 제1항 전문). 경매에 관하여 담보가등기권리는 저당권으로 보므로(같은 항 후문), 가등기담보권자는 담보권 실행경매절차(민사집행법 제264조 이하)에 의하여 담보가등기권리를 실행할 수 있다.[35]

나. 경매에서 가등기담보권자의 지위

(1) 가등기담보의 목적물에 대하여 제3자에 의한 경매가 진행되는 경우에, 가등기담보권자는 배당에 참가하여 우선변제를 받을 수 있다.[36] 그런데 담보가등기권리는 그 순위에 관하여 저당권으로 보고, 그 담보가등기가 경료된 때를 기준으로 우선순위를 정한다(법 제13조).

(2) 가등기담보권자도 경매절차상의 이해관계인에 해당하지만(민사집행법 제90조 제3호, 제4호,

34) 대판 2002.12.10. 2002다42001. 채권자가 채무자에 대하여 가등기담보에 의하여 담보되지 않는 별개의 금전채권을 가지는 경우에 채무자의 청산금채권을 상계할 수 있다는 대판 1996.7.12. 96다17776도 참조.

35) 대판 2022.11.30. 2017다232167 · 232174: "담보가등기권리자가 담보목적부동산의 경매를 청구하는 방법을 선택하여 그 경매절차가 진행 중인 때에는 특별한 사정이 없는 한 가등기담보법 제3조에 따른 담보권을 실행할 수 없으므로 그 가등기에 따른 본등기를 청구할 수 없다고 봄이 타당하다."

36) 가등기담보권과 가압류가 경합하는 경우의 배당방법에 관하여 대판 1992.3.27. 91다44407: "가등기담보권에 대하여 선순위 및 후순위 가압류채권이 있는 경우 부동산의 경매에 의한 매득금 중 경매비용을 제외한 나머지 금원을 배당함에 있어 가등기담보권자는 선순위 가압류채권에 대하여는 우선변제권을 주장할 수 없어 그 피담보채권과 선순위 및 후순위 가압류채권에 대하여 1차로 채권액에 따른 안분비례에 의하여 평등배당을 하되, 담보가등기권자는 위 후순위 가압류채권에 대하여는 우선변제권이 인정되어 그 채권으로부터 받을 배당액으로부터 자기의 채권액을 만족시킬 때까지 이를 흡수하여 변제받을 수 있으며 선순위와 후순위 가압류채권이 동일인의 권리라 하여 그 귀결이 달라지는 것이 아니"다.

제268조 참조), 법은 그와 별도로 가등기담보권자에 대하여 채권신고에 관한 규정을 둔다. 즉 소유권의 이전에 관한 가등기가 마쳐진 부동산에 대하여 경매 등의 개시결정이 있는 경우에 경매법원은 가등기권리자에 대하여 그 가등기가 담보가등기라면 그 내용 및 채권(이자 기타 부수채권을 포함한다)의 존부, 원인 및 액수를, 담보가등기가 아니라면 그 내용을 신고할 것을 상당한 기간을 정하여 최고해야 한다(법 제16조 제1항). 등기부상의 기재만으로 가등기가 담보가등기인지 보전가등기인지 구별하기 어려운 점을 고려한 규정이다. 그런데 법 제16조 제2항은 압류등기 전에 경료된 담보가등기권리가 매각에 의하여 소멸하는 때에는 가등기담보권자가 법원이 정한 기간 내에 피담보채권의 신고를 한 경우에 한하여 매각대금의 배당 또는 변제금의 교부를 받을 수 있다(법 제16조 제2항).[37]

(3) 담보가등기가 경료된 부동산에 대하여 경매 등이 행하여진 경우에, 담보가등기권리는 그 부동산의 매각에 의하여 소멸한다(법 제15조). 민사집행법 제91조 제2항의 소멸주의([5460] 참조)에 상응하는 것이다. 그런데 경락인이 경락허가결정을 받아 그 경락대금을 모두 지급함으로써 소유권을 취득하였다면 담보가등기권리는 소멸되고 그 후에 경료된 위 가등기에 기한 본등기는 원인을 결여한 무효의 등기이며, 위 가등기에 기한 본등기가 종전소유자와의 대물변제합의에 기하여 이루어진 것이라도 이는 소유권을 경락인이 취득한 후에 무효인 가등기를 유용하는 것에 해당하므로 역시 무효이다.[38]

Ⅳ. 가등기담보권의 소멸 [5594]

(1) 담보가등기권리가 물권 일반의 소멸원인 및 담보물권에 공통된 소멸원인(예: 피담보채권의 시효소멸[39])에 의하여 소멸함은 물론 경매, 제3취득자의 변제(제364조 참조) 등에 의해서도 소멸한다.

(2) 담보가등기권리에 특유한 소멸사유를 본다.

① 담보가등기권리는 그 담보권의 실행이 종료되거나 다른 경매절차에서 우선변제권을 행사함으로써 소멸한다.

② 법 제11조에 의한 말소청구에 의하여 또는 같은 조 단서의 사유가 발생하면 담보가등기권리는 소멸한다.

---

37) 대판 2008.9.11. 2007다25278은 위 규정에 해당하는 담보가등기권리자가 「집행법원이 정한 기간 안에 채권신고를 하지 않으면」 매각대금의 배당을 받을 권리를 상실한다고 했다.

38) 대판 1994.4.12. 93다52853.

39) 대판 2007.3.15. 2006다12701은, 담보가등기를 경료한 토지를 인도받아 점유한다고 해서 담보가등기의 피담보채권의 소멸시효가 중단되는 것은 아니고, 담보가등기에 기한 소유권이전등기청구권의 소멸시효가 완성되기 전에 그 대상토지를 인도받아 점유함으로써 소유권이전등기청구권의 소멸시효가 중단된다 하더라도 위 담보가등기의 피담보채권이 시효로 소멸한 이상 위 담보가등기 및 그에 기한 소유권이전등기는 결국 말소되어야 할 운명의 것이라고 하였다.

제4관 동산담보와 채권담보

[5595] I. 총 설

1. 동산 · 채권담보제도의 일반적 문제점

동산이나 채권을 목적으로 하는 담보제도로 민법에 규정된 질권(제329조, 제345조)과 법정되지 않은 양도담보가 있다. 그런데 대체로 이들은 거래계의 수요를 충족하지 못한다고 평가된다.

① 동산담보와 관련하여 질권은 점유질원칙(제330조, 제332조) 때문에 질권설정자가 질물을 활용할 수 없고, 질권자의 입장에서도 질물의 점유로 인하여 불필요한 부담을 진다. 그래서 거래계에서는 양도담보가 활용되는데, 이 역시 공시가 불충분할 뿐만 아니라 담보가치가 제대로 활용되지 못한다는 등의 단점을 가진다.

② 채권담보와 관련하여 대개 다수의 유동하는 집합채권이 그 목적으로 되는데, 채권질권과 채권양도담보 어느 쪽이든 채권양도에 따른 대항요건을 구비함에 어려움이 따른다(제347조 참조). 즉 장래채권은 특정되지 않아서 양도통지를 할 수 없고, 대항요건의 구비에 비용과 노력이 필요할 뿐만 아니라 이중양도 등에서 우선순위가 ―도달의 선후, 즉 (제3)채무자의 주관적 인식을 기준으로 하는 대판(전) 1994.4.26. 93다24223([4256]과 [4257]에 소개된)의 입장에 따라― 유동적일 수밖에 없다.[1)]

[5596]

2. 동산채권담보법

(1) 앞서 본 담보제도의 문제점에 더하여 국제적 금융거래에 따른 수요에 대처하기 위하여 2010년 동산채권담보법(이 관에서 "법"이라고만 한다)이 제정되어 2012년부터 시행되고 있다. 법은 ―담보제공자의 보호를 위한 가등기담보법과 반대로― 주로 담보권자의 입장에서 담보제도의 이상을 추구하면서 동시에 그 외연을 확대하기 위한 법적 대응이라 할 수 있다.

(2) 법의 특징을 본다.

① 동산담보권은 담보약정에 따라 동산(여러 개의 동산 또는 장래에 취득할 동산을 포함한다)을 목적으로 등기한 담보권을 말하고, 채권담보권은 담보약정에 따라 금전의 지급을 목적으로 하는 지명채권(여러 개의 채권 또는 장래에 발생할 채권을 포함한다)을 목적으로 등기한 담보권을 말하는데, 여기서 담보약정이란 양도담보 등 명목을 묻지 않고 법에 따라 동산 · 채권을 담보로 제공하기로 하는 약정을 지칭한다(법 제2조 제1호 내지 제3호). 이러한 「기능적 접근방법」[2)]에 따라 소유권유보부 매매나 금융리스도 적용대상이 될 수 있다.

② 새로운 공시방법인 담보등기란 동산 · 채권을 담보로 제공하기 위하여 이루어진 등기를 말하고, 담보등기부는 전산정보처리조직에 의하여 입력 · 처리된 등기사항에 관한 전산정보자료를 담보권설정자별로(「인적 편성주의」[3)]) 저장한 보조기억장치를 말하는데, 동산담보등기부와 채권담보등기부로 구분한다(법 제2조 제7호, 제8호).

---

1) 그 밖에 대량의 집합채권을 담보로 제공하는 경우에 그로 인한 담보제공자의 신용저하가 문제될 수 있고, 이를 피하기 위하여 통지의 시기를 가급적 늦추는 방법, 가령 통지유보형, 정지조건형 등이 고안되었으나, 파산절차와 관련하여 어려운 문제를 낳는다.

2) 형식이 어떠하든 거래계에서 담보제도라는 기능을 담당하는 것은 같은 원리에 의하여 규율하는 방식.

3) 담보대상의 특정이 불가능하거나 어려운 동산 · 채권에 관해서는 물적 편성주의가 맞지 않는다.

③ 새로운 등기담보권과 기존의 질권이나 양도담보가 병존하며 어느 쪽에도 우선적 지위를 부여하지 않는다. 따라서 당사자들의 선택에 따라 기존의 질권이나 양도담보를 채택할 수도 있고, 새로운 등기담보권을 설정할 수도 있다.

④ 법은 인적 적용범위를 법인(상사법인, 민법법인, 특별법에 따른 법인, 외국법인을 말한다) 또는 부가가치세법에 따라 사업자등록을 한 사람으로 한정한다(법 제2조 제5호 단서). 다만 사업자등록이 말소되더라도 이미 설정된 등기담보권의 효력에는 영향을 미치지 않는다(법 제4조).

⑤ 법은 지식재산권자가 동일한 채권을 담보하기 위하여 2개 이상의 지식재산권을 담보로 제공하는 경우에 특허원부 등 그 지식재산권을 등록하는 공적 장부에 담보권을 등록할 수 있는 특례를 마련하였다(법 제58조 이하). 이에 따라 지식재산권에 대한 공동담보와 근담보가 가능하게 되었다.

Ⅱ. 동산담보권 [5597]

1. 동산담보권의 성립

(1) 동산담보권의 대상은 당연히 동산인데, 그 범위에 관하여 법 제3조 제3항, 제33조, 민법 제331조 참조. 집합동산에 대하여 담보권을 설정하는 것도 가능하고, 설정자가 장래 취득할 동산에 대해서도 특정이 가능하면 담보권을 설정할 수 있는데(법 제3조 제2항), 이 경우 담보권은 설정자가 동산의 소유권을 취득하여 특정가능한 상태에 두는 때에 성립한다.

(2) 담보약정과 담보등기를 본다.

① 동산담보권이 성립하기 위하여 채권자와 목적동산의 소유자인 채무자 또는 제3자(물상보증인) 사이의 담보약정이 있어야 한다(법 제2조 제1호, 제2호). 그 약정은 물권적 합의로 보통 담보권설정에 따른 채권·채무를 발생시키는 채권계약에 포함되며, 피담보채권의 발생을 위한 계약(주로 금전소비대차계약)에 종된 계약이다.

② 동산담보권은 등기함으로써 성립한다(법 제2조 제2호, 제7조 제1항). 즉 담보등기는 담보권의 성립요건이다. 담보등기에 대하여 특별한 규정이 없는 경우에 그 성질에 반하지 않는 범위에서 부동산등기법을 준용한다(법 제57조).

③ 동산담보권의 설정은 처분행위이다. 따라서 설정자는 목적동산에 대한 처분권을 가져야 한다. 채권자가 처분권 없는 이로부터 선의·무과실로 담보권을 설정받았거나 양수한 경우에, 제343조, 제249조를 준용하지 않은 점에 비추어(법 제32조 참조) 담보등기만으로는 동산담보권의 선의취득이 인정되지 않지만, 점유를 이전받은 경우(점유개정은 제외하고)에 질권이나 양도담보의 선의취득이 인정될 수 있음은 별개의 문제이다.

2. 동산담보권의 효력 [5598]

가. 개 관

(1) 동산담보권은 담보목적물의 교환가치로부터 다른 채권자보다 자기채권의 우선변제를 받는 것을 내용으로 하는 담보물권이다(법 제8조). 따라서 동산담보권은 부종성(법 제33조), 수반성(법 제13조), 불가분성(법 제9조), 물상대위성(법 제14조)을 가진다.

(2) 동산담보권자의 지위에 관하여 본다.

① 담보목적인 동산의 물적 상황에 대하여 이해관계를 가지는 담보권자는 담보목적물에 대한 현황조사를 인용할 것을 청구할 수 있고, 설정자는 정당한 사유 없이 이를 거부할 수 없는데, 이때 담보목적물의 현황을 조사하기 위하여 약정에 따라 전자적으로 식별할 수 있는 표지(예: RFID)를 부착하는 등 필요한 조치를 할 수 있다(법 제17조 제1항).

② 담보권자는 담보목적물을 점유한 이에 대하여 설정자에게 반환할 것을 청구할 수 있고, 담보권자에게 담보목적물을 점유할 권원이 있거나 설정자가 담보목적물을 반환받을 수 없는 사정이 있는 경우에 담보권자 자신에게 담보목적물을 반환할 것을 청구할 수 있는데, 점유자에게 물건을 점유할 권리가 있는 경우에 반환을 거부할 수 있음은 당연하다(법 제19조).

③ 동산담보권자는 담보권을 방해하는 이에게 방해의 제거를 청구할 수 있고, 담보권을 방해할 우려가 있는 경우에 방해의 예방이나 손해배상의 담보를 청구할 수 있다(법 제20조). 그러나 그 행위가 적법한 경우[4]에 방해제거청구를 할 수 없음은 당연하고, 동산담보권의 목적물을 선의취득하는 경우(법 제32조)에도 반환청구를 할 수 없다. 그리고 설정자에게 책임이 있는 사유로 담보목적물의 가액이 현저히 감소된 경우에 담보권자는 설정자에게 원상회복 또는 적당한 담보의 제공을 청구할 수 있다(법 제17조 제2항).

④ 설정자의 채권자가 담보목적동산을 압류하여 강제집행을 하는 경우에, 담보권자는 배당요구의 소(민사집행법 제217조)를 통하여 우선변제를 받을 수 있을 뿐이고, 제3자이의의 소(같은 법 제48조)를 제기할 수는 없다. 나아가 동산담보권자(채권담보권자도 같다)는 회생절차에서 회생담보권자로, 파산절차에서는 별제권자로 취급된다(채무자회생법 제141조 제1항, 제411조).

⑤ 담보목적물의 점유 및 용익관계는 담보약정에서 정해지지만, 반대특약이 없는 한 설정자가 점유하여 용익하는 것으로 볼 것이다.[5] 한편 당사자들의 약정으로 동산담보권자가 점유하는 경우에, 선량한 관리자의 주의로 담보목적물을 관리해야 하고, 피담보채권을 전부 변제받을 때까지 담보목적물을 유치할 수 있다.

[5599] **나. 동산담보권의 효력이 미치는 범위**

(1) 피담보채권에 관하여 본다.

① 피담보채권은 원본뿐만 아니라 그 이자, 위약금, 담보권 실행의 비용, 담보목적물의 보존비용 및 채무불이행 등으로 인한 손해배상채권도 포함되지만, 당사자의 약정이 있으면 그에 따르고, 제360조 단서와 같은 지연배상의 제한은 인정되지 않는다(법 제12조).

② 조건부 채권이나 장래의 채권도 피담보채권으로 될 수 있지만, 피담보채권액이 등기사항이므로(법 제47조 제2항 제7호) 가액을 환산하여 신청서에 기재해야 하고 그 한도에서 우선변제를 받을 수 있다.

③ 근담보도 허용된다. 즉 동산담보권은 그 담보할 채무의 최고액만 정하고 채무의 확정을 장래에 보류하여 설정할 수 있는데, 그 채무가 확정될 때까지 채무의 소멸 또는 이전은 이미 설정된 담보권에 영향을 미치지 않으며, 채무의 이자는 최고액 중에 포함된 것으로 본다(법 제5조).

---

4) 예: 담보약정에서 담보목적인 원자재의 가공 및 반출을 허용하는 경우.

5) 선순위권리자에게 대항하지 못함에 관하여 법 제25조 제1항, 제3항 참조.

(2) 목적물의 범위를 본다.

① 동산담보권의 효력은 담보목적물에 부합된 물건과 종물에 미치지만, 법률에 다른 규정이 있거나 설정행위에 다른 약정(등기를 요한다)이 있는 경우에는 그렇지 않다(법 제10조). 그리고 담보목적물에 대한 압류 또는 법 제25조 제2항의 인도청구가 있은 후에 담보권설정자가 담보목적물로부터 수취한 또는 수취할 수 있는 과실에 미친다(법 제11조).

② 물상대위도 인정된다. 즉 동산담보권은 담보목적물의 매각, 임대, 멸실, 훼손 또는 공용징수 등으로 인하여 설정자가 받을 금전이나 그 밖의 물건에 대해서도 행사할 수 있는데, 그 지급 또는 인도 전에 압류해야 한다(법 제14조).

[참 고] 매각이나 임대 등 법률행위에 의하여 발생한 대위물에 대해서도 물상대위를 인정하는 점이 저당권이나 질권과 다른데, 담보목적물이 동산이어서 추급이 어렵거나(매매의 경우) 동산담보권의 효력을 강화할 수 있다는[6] 등의 사정을 고려한 것이다.

다. 우선변제적 효력 [5600]

(1) 동일한 동산에 설정된 수개의 동산담보권의 순위는 등기의 순서에 따른다. 그리고 동일한 동산에 관하여 담보등기부의 등기와 담보목적물의 인도(민법에 규정된 간이인도, 점유개정, 목적물반환청구권의 양도를 포함한다)가 행하여진 경우에 그에 따른 권리 사이의 순위는 법률에 다른 규정이 없으면 그 선후에 따른다(법 제7조 제2항, 제3항).

(2) 동산담보권의 실행에 관해서는 따로 보기로 한다.

라. 공동담보 [5601]

(1) 동일한 채권의 담보를 위하여 수개의 담보목적물에 동산담보권을 설정할 수 있다(법 제29조 제1항). 그런데 특정창고에 있는 원자재 또는 재고 전부를 목적으로 하는 경우처럼 경제적으로 단일체를 구성한다면 공동담보의 규정을 적용할 필요가 없을 것이다.

(2) 공동동산담보권이 설정된 경우의 법률관계에 관하여 법 제29조는 공동저당의 법리를 따른다. 즉 동시배당의 경우에 분담을 안분하고, 이시배당의 경우에는 후순위권리자의 대위를 인정한다.[7] 이러한 법리는 사적 실행에도 준용되는데, 각 담보목적물의 매각대금을 정할 수 없다면 담보권자의 통지에 명시된 각 담보목적물의 평가액 또는 예상매각대금에 비례하여 그 채권의 분담을 정한다(같은 조 제3항).

마. 물상보증인 또는 제3취득자의 지위 [5602]

(1) 피담보채무를 이행할 정당한 이익을 가지는 물상보증인이 채무를 변제하거나 담보권의 실행으로 담보목적물의 소유권을 잃은 경우에, 보증채무의 규정에 따라 채무자에 대한 구상권을 가지고(법 제16조), 그 한도에서 채권자를 대위한다(제481조, 제482조 제1항).

(2) 담보목적물의 제3취득자가 그 담보목적물의 보존·개량을 위하여 필요비 또는 유익비를 지출한 경우에 제203조에 따라 담보권자가 담보목적물을 실행하고 취득한 대가에서 우선하여 상환받을 수 있다(법 제18조). 그 밖에 물상보증인으로부터의 제3취득자는 물상보증인에 준하여 채무자에 대하여 구상할 수 있고, 채무자로부터의 제3취득자는 ―이행인수가 없었다면― 담보책임

6) 임대차관계를 존속시키면서 설정자의 차임채권에 물상대위권을 행사할 수도 있다.

7) 후순위권리자대위와 변제자대위 사이의 우열도 공동저당에서와 다르지 않다고 할 것이다.

을 물을 수 있다.

[5603] ### 3. 동산담보권의 실행

가. 개 관

(1) 동산담보권의 실행은 경매에 의하고, 그 절차는 유체동산에 대한 강제집행절차에 따른다(법 제22조 참조).[8] 나아가 사적 실행도 허용되는데, 담보목적을 직접 변제에 충당하는 「귀속실행」 외에 담보권자 스스로 담보목적물을 매각하여 그 대금을 변제에 충당하는 「처분실행」도 허용된다(법 제21조).

(2) 담보목적물을 점유하는 동산담보권자는 과실을 수취하여 다른 채권자보다 먼저 자기채권의 변제에 충당할 수 있는데, 과실이 금전이 아니면 과실을 경매하거나 과실로써 직접 변제에 충당하거나 과실을 매각하여 그 대금으로 변제에 충당할 수 있다(법 제25조 제4항).

(3) 유담보약정이 허용된다. 즉 담보권자와 설정자가 위의 실행절차와 다른 내용의 약정을 할 수 있는데, 다만 사적 실행에서 통지의무나 청산기간을 배제하는 유담보약정은 허용되지 않으며, 이해관계인의 권리를 침해하지 못한다(법 제31조).

(4) 동산담보권자는 담보목적물로부터 변제를 받지 못한 채권이 있는 경우에만 채무자의 다른 재산으로부터 변제를 받을 수 있고, 담보목적물보다 먼저 다른 재산을 대상으로 하여 배당이 실시되는 경우에는 그렇지 않지만, 다른 채권자는 담보권자에게 그 배당금액의 공탁을 청구할 수 있다(법 제15조).

(5) 이해관계인은 동산담보권자의 위법한 실행에 대하여 민사집행법에 따른 이의를 신청하거나 법원에 동산담보권 실행의 중지 등 필요한 조치를 명하는 가처분을 신청할 수 있다(법 제30조 참조).

[5604] #### 나. 사적 실행

(1) 사적 실행을 하려면 정당한 이유가 있어야 하고, 선순위권리자[9]가 있으면 그의 동의를 받아야 한다(법 제21조 제2항). 그리고 담보목적물에 대하여 경매가 개시된 경우에, ① 귀속실행에서 청산금을 지급하기 전 또는 청산금이 없으면 실행통지 후 1월이 지나기 전이라면, ② 처분실행에서는 담보권자가 제3자와 매매계약을 체결하기 전이라면, 동산담보권자는 사적 실행을 중지해야 한다(법 제23조 제5항). 이 시기까지 채무자등은 피담보채무액을 담보권자에게 지급하고 담보등기의 말소를 청구할 수 있고, 담보권자는 동산담보권의 실행을 즉시 중지해야 하는데, 담보권의 실행을 중지함으로써 담보권자에게 손해가 발생하는 경우에 채무자등은 그 손해를 배상해야 한다(법 제28조).

(2) 사적 실행을 하기 위해서는 피담보채권의 변제기 후에 동산담보권 실행의 방법을 채무자등(채무자 외에 물상보증인, 제3취득자를 포함한다)과 담보권자가 알고 있는 이해관계인[10]에게 통지

---

8) 대판 2022.3.31. 2017다263901은 "동산담보권이 설정된 유체동산에 대하여 다른 채권자의 신청에 의한 강제집행절차가 진행되는 경우 민사집행법 제148조 제4호를 유추적용하여 집행관의 압류 전에 등기된 동산담보권을 가진 채권자는 배당요구를 하지 않아도 당연히 배당에 참가할 수 있다고 보아야 한다"고 했는데, 배당요구와 관련하여 검토를 요한다.

9) 담보등기부에 등기되어 있거나 담보권자가 알고 있는 경우로 한정된다.

10) 담보목적물에 대한 권리자로서 담보등기부에 기록되어 있거나 그 권리를 증명한 이, 압류 및 가압류 채권자, 집행력 있는 정본에 의하여 배당을 요구한 채권자.

하고, 그 통지가 채무자등과 담보권자가 알고 있는 이해관계인에게 도달한 날부터 1월이 지나야 하는데, 담보목적물이 멸실 또는 훼손될 염려가 있거나 가치가 급속하게 감소될 우려가 있는 경우에는 그렇지 않다(법 제23조 제1항). 위 통지에는 피담보채권의 금액, 담보목적물의 평가액 또는 예상매각대금, 담보목적물로써 직접 변제에 충당하거나 담보목적물을 매각하려는 이유를 명시해야 한다(제2항).

동산담보권자는 담보목적물의 평가액 또는 매각대금("매각대금등")에서 피담보채권액을 뺀 금액("청산금")을 채무자등에게 지급해야 하는데, 담보목적물에 선순위의 동산담보권 등이 있으면 그 채권액을 계산할 때 선순위의 동산담보권 등에 의하여 담보된 채권액을 포함한다(법 제23조 제3항). 그리고 귀속실행의 경우에 청산금을 채무자등에게 지급한 때에 담보목적물의 소유권을 취득한다(제4항). 한편 처분실행의 경우에 담보권자는 담보물을 매각해야 하는데(담보약정에 따른 설정자의 처분수권에 기하여), 담보권을 실행하기 위하여 채무자등에게 담보목적물의 인도를 청구할 수 있다(법 제25조 제2항).

(3) 사적 실행에 의하여 동산담보권자나 매수인이 담보목적물의 소유권을 취득하면 그 담보권자의 권리 및 그에 대항할 수 없는 권리는 소멸한다(법 제24조). 반면 담보권자의 권리보다 선순위의 권리는 소멸하지 않고 담보권자나 매수인의 부담으로 남는다.[11] 다만 처분실행의 경우에 매수인이 법 제32조에 의하여 부담 없는 완전한 소유권을 취득할 수 있다.[12]

한편 후순위권리자는 채무자등이 받을 청산금에 대하여 그 순위에 따라 청산금이 지급될 때까지 그 권리를 행사할 수 있고, 담보권자는 후순위권리자가 요구하는 경우에 청산금을 지급해야 한다(법 제26조 제1항, 제3항 내지 제5항 참조). 그리고 후순위권리자는 일정기간까지 담보목적물의 경매를 청구할 수 있다(제2항).

(4) 담보목적물의 매각대금등이 압류 또는 가압류되거나 담보목적물의 매각대금등에 관하여 권리를 주장하는 이가 있는 경우에, 동산담보권자는 매각대금등의 전부 또는 일부를 공탁할 수 있는데, 담보권자는 공탁사실을 즉시 자신이 알고 있는 이해관계인과 담보목적물의 매각대금등을 압류 또는 가압류하거나 그에 관하여 권리를 주장하는 이에게 통지해야 한다(법 제27조 제1항). 그리고 담보목적물의 매각대금등에 대한 압류 또는 가압류가 있은 후에 담보목적물의 매각대금등을 공탁한 경우에는 채무자등의 공탁금출급청구권이 압류되거나 가압류된 것으로 본다(제2항). 담보권자는 공탁금의 회수를 청구할 수 없다(제3항).

4. 동산담보권의 소멸 [5605]

(1) 담보물권 일반의 소멸사유(예: 피담보채무의 소멸, 목적물의 멸실)에 의하여 동산담보권이 소멸한다.

(2) 동산담보권이 설정된 담보목적물에 대하여 소유권(동산담보권의 부담이 없는)이나 질권(선순위의 동산담보권이 없는)의 선의취득이 있으면 동산담보권도 소멸한다(법 제32조). 이와 관련하여 문제되는 것은 담보등기부를 확인하지 않은 양수인의 과실을 인정할 것인지 여부인데, 부정적으

---

11) 그 부담은 청산금을 산정함에 반영된다.

12) 이때 선순위권리자는 처분실행을 한 담보권자를 상대로 부당이득의 반환을 구할 수 있다.

로 새길 것이다.

(3) 동산담보권의 존속기간은 5년을 초과할 수 없다.[13] 다만 5년을 초과하지 않는 기간으로 이를 갱신할 수 있는데, 설정자와 담보권자가 그 만료 전에 연장등기를 신청해야 한다(법 제49조). 그런데 등기의 순위나 효력은 최초의 등기를 한 때를 기준으로 한다.

[5606] ## Ⅲ. 채권담보권

1. 채권담보권의 성립

가. 객 체

(1) 채권담보권의 대상은 금전의 지급을 목적으로 하는 지명채권이다(법 제2조 제3호, 제34조). 외화채권이나 저당권으로 담보되는 채권(법 제37조, 민법 제348조 참조)도 담보권의 목적으로 될 수 있지만, 매출채권이 주된 대상으로 될 것이다.

(2) 수개의 채권(채무자가 특정되었는지를 묻지 않고 장래에 발생할 채권을 포함한다)이라도 채권의 종류, 발생원인, 발생연월일을 정하거나 그 밖에 이와 유사한 방법으로 특정할 수 있다면 이를 목적으로 하여 담보등기를 할 수 있다(법 제34조 제2항). 특히 장래의 채권에 관한 판례의 제한([4237] 참조)은 적용되지 않는다.

(3) 양도할 수 없는 채권에 대해서는 채권담보권을 설정할 수 없는데(법 제37조, 제33조, 민법 제331조), 양도금지특약에 붙은 채권도 이에 해당할 것이지만, 담보권자가 선의이고 중대한 과실이 없다면 그렇지 않다([4232] 참조).

나. 담보약정과 담보등기

(1) 동산담보권과 마찬가지로 담보약정과 담보등기가 필요한데, 채권담보권의 등기는 —동산담보권에서와 달리— 성립요건이 아니라 대항요건이다(법 제35조 제1항). 즉 담보약정과 물권적 합의(보통 담보약정에 포함된다)가 있으면 채권자는 —담보등기를 경료하지 않더라도— 채권담보권을 취득한다.

(2) 지명채권과 관련하여 선의취득이 인정되지 않으므로, 설정자가 타인의 채권에 관하여 담보권을 설정하더라도 그 효력이 발생할 수 없다.

[5607] ### 2. 채권담보권의 효력

가. 채권담보권의 성질 및 효력이 미치는 범위

(1) 채권담보권은 담보물권의 통유성(부종성, 수반성, 불가분성, 물상대위성)을 가진다.

(2) 채권담보권의 효력이 미치는 범위에 관하여 동산담보권에 관한 규정들이 준용되지만(법 제37조), 채무불이행이 있기 전의 이자는 설정자의 정상적인 영업활동의 결과이므로 담보약정에 반대의 정함이 없는 한 담보권의 효력이 미치지 않는다고 할 것이다.

나. 대항요건

(1) 법은 채권담보의 대항요건을 민법과 반대로 규정하였다. 즉 등기를 제3자에 대한 대항요

---

13) 상사채권의 소멸시효기간을 고려한 것이다.

건으로 하고, 제3채무자에 대해서는 등기사항증명서의 교부를 통한 통지를 해야 대항할 수 있도록 한다.

(2) 약정에 따른 채권담보권의 득실변경은 담보등기부에 등기한 때에 지명채권의 채무자("제3채무자") 외의 제3자에게 대항할 수 있는데(법 제35조 제1항), 여기서의 제3자는 채권양도에서와 같다([4253] 참조).

한편 담보권자 또는 설정자(채권담보권 양도의 경우에는 그 양도인 또는 양수인)는 제3채무자에게 등기사항증명서를 건네주는 방법으로 그 사실을 통지하거나 제3채무자가 이를 승낙하지 않으면 제3채무자에게 대항하지 못한다(법 제35조 제2항). 담보등기의 사실을 알지 못하는 제3채무자의 이중변제의 위험을 방지하기 위한 조치인데, 통지권자의 범위가 민법에서와 다르다. 그리고 통지와 승낙에 대해서는 제451조와 제452조가 준용된다(법 제35조 제4항).

[5608] (3) 동일한 채권에 관하여 양립할 수 없는 이해관계인들이 모두 제3자에 대한 대항요건을 갖춘 경우에 그들 사이의 우열을 정하는 기준은 기존의 법리와 다르지 않다. 즉 동일한 채권에 관하여 담보등기와 제349조 또는 제450조 제2항에 따른 통지 또는 승낙이 있는 경우에, 담보권자 또는 담보의 목적인 채권의 양수인은 법률에 다른 규정이 없으면 등기와 통지의 도달 또는 승낙의 선후에 따라 제3채무자 외의 제3자에게 그 권리를 주장할 수 있다(법 제35조 제3항).[14] 그리고 등기일자와 통지 등의 도달일자가 동일하다면 안분비례하여 배당되어야 할 것이다.[15] 한편 등기된 담보권자들 사이에서는 등기의 선후에 따른다(법 제37조, 제7조 제2항).

다. 채권담보권의 실행 [5609]

(1) 채권담보권의 실행방법으로 직접청구에 의한 실행과 민사집행법에 따른 실행이 있다(법 제37조도 참조).

(2) 담보권자는 피담보채권의 한도에서 채권담보권의 목적이 된 채권을 직접 청구할 수 있다(법 제36조 제1항). 그런데 채권담보권의 목적이 된 채권이 피담보채권보다 먼저 변제기에 이른 경우에 담보권자는 제3채무자에게 그 변제금액의 공탁을 청구할 수 있고, 제3채무자가 변제금액을 공탁한 후에는 채권담보권은 그 공탁금에 존재한다(제2항).

(3) 담보권자는 민사집행법에서 정한 집행방법으로 채권담보권을 실행할 수 있다(법 제36조 제3항, 민사집행법 제273조).

라. 기 타 [5610]

(1) 채권담보권에 관하여 그 성질에 반하지 않는 범위에서 동산담보권에 관한 규정과 제348

14) 대판 2016.7.14. 2015다71856 · 71863(판례, 〈5-2-19〉): 법에 의한 "채권담보권자가 담보등기를 마친 후에서야 동일한 채권에 관한 채권양도가 이루어지고 확정일자 있는 증서에 의한 채권양도의 통지가 제3채무자에게 도달하였으나, 동산채권담보법 제35조 제2항에 따른 담보권설정의 통지는 제3채무자에게 도달하지 않은 상태에서는, 제3채무자에 대한 관계에서 채권양수인만이 대항요건을 갖추었으므로 제3채무자로서는 채권양수인에게 유효하게 채무를 변제할 수 있고 이로써 채권담보권자에 대하여도 면책된다. 다만 채권양수인은 채권담보권자에 대한 관계에서는 후순위로서, 채권담보권자의 우선변제적 지위를 침해하여 이익을 받은 것이 되므로, 채권담보권자는 채권양수인에게 부당이득으로서 변제받은 것의 반환을 청구할 수 있다. 그러나 그 후 동산채권담보법 제35조 제2항에 따른 담보권설정의 통지가 제3채무자에게 도달한 경우에는, 그 통지가 채권양도의 통지보다 늦게 제3채무자에게 도달하였더라도, 채권양수인에게 우선하는 채권담보권자가 제3채무자에 대한 대항요건까지 갖추었으므로 제3채무자로서는 채권담보권자에게 채무를 변제하여야 하고, 채권양수인에게 변제하였다면 특별한 사정이 없는 한 이로써 채권담보권자에게 대항할 수 없[고, … 법에 의한] 채권담보권자가 채권양수인보다 우선하고 담보권설정의 통지가 제3채무자에게 도달하였는데도, 그 통지보다 채권양도의 통지가 먼저 도달하였다는 등의 이유로 제3채무자가 채권양수인에게 채무를 변제한 경우에 채권담보권자가 무권한자인 채권양수인의 변제수령을 추인하였다면, 추인에 의하여 제3채무자의 채권양수인에 대한 변제는 유효하게 되는 한편 채권담보권자는 채권양수인에게 부당이득으로서 변제받은 것의 반환을 청구할 수 있다."

15) 대판(전) 1994.4.26. 93다24223([4256]과 [4257]에 소개된) 참조.

조 및 제352조가 준용된다(법 제37조). 그런데 반환청구권에 관한 법 제19조는 준용될 수 없지만, 방해배제청구권에 관한 법 제20조는 준용될 수 있다.

(2) 설정자의 채권자가 담보목적채권을 압류하여 전부명령을 받은 경우에, 그 전에 제3채무자에 대한 대항요건을 구비한 담보권자가 전부채권자에 우선한다. 이때 제3채무자로서는 공탁을 통하여 이중변제의 위험을 피할 수 있고, 그에 앞서 담보권자로서는 방해배제청구로서 전부채권자에게 변제하지 말 것을 청구할 수 있으며, 이미 변제되었다면 전부채권자에 대하여 부당이득반환청구를 할 수 있다. 반면 제3채무자에 대한 대항요건을 구비하지 못했다면 제3채무자는 담보권자에 대한 관계에서도 면책되는데, 담보권자는 후순위인 전부채권자에 대하여 부당이득반환청구를 할 수 있다. 압류채권자가 추심명령을 받은 경우에도 대체로 같지만, 채권담보권자가 배당요구채권자이므로[16] 배당요구의 종기를 도과한 경우에 제3채무자에 대한 대항요건을 갖추지 않은 담보권자는 배당을 받은 후순위권리자들에 대하여 부당이득반환청구를 할 수 없다고 할 것이다.

제5관 소유권유보

[5611] 1. 의 의

가. 개념 및 기능

(1) 동산의 신용거래나 할부매매 등에서 매도인이 목적물을 매수인에게 인도하면서, 대금이 전부 지급될 때까지 목적물의 소유권은 매도인에게 유보되고, 대금이 전부 지급되면 소유권이 자동적으로 매수인에게 이전된다고 합의한 경우를 소유권유보(所有權留保)라고 한다.

(2) 소유권유보는 기능적 담보에 속한다. 할부매매는 실질적으로 매도인이 매수인에게 매매대금을 빌려준 것과 다르지 않은데, 대금이 완불될 때까지 소유권이전을 미루는 것은 대금채권의 확보책으로, 유보된 소유권을 제3자에 대해서도 주장할 수 있고, 이는 매도인의 추급효로 귀결된다. 양도담보에서 담보목적으로 소유권을 이전하는 반면, 여기서는 소유권을 유보함으로써 담보목적이 구현된다.

[5612] ### 나. 법적 성질

(1) 소유권유보부 매매의 법적 성질에 관하여, 매매목적물의 소유권은 매도인에게 유보되지만 매매대금의 완급이라는 정지조건의 성취와 함께 소유권은 매수인에게 자동적으로 이전된다는 정지조건부 소유권이전설과 매도인의 권리는 대금채권의 담보를 위하여 존재하기 때문에 소유권 자체일 필요가 없고 일종의 담보물권에 지나지 않는다는 담보물권설이 대립하는데, 판례는 앞의 입장을 따른다.[1]

(2) 생각건대 담보물권설은 물권법정주의에 반할 뿐만 아니라 적절한 공시방법이 없으며, 매수인의 지위도 명확하지 않다. 따라서 매수인의 대금완납이라는 정지조건이 성취될 때까지 매도

---

16) 참고로 대판 2022.3.31. 2017다263901은 동산담보권의 실행과 관련하여 이와 다른 입장이다.

1) 가령 대판 1999.9.7. 99다30534는 동산의 소유권유보부 매매에서 "목적물의 소유권을 이전한다는 당사자 사이의 물권적 합의는 매매계약을 체결하고 목적물을 인도한 때 이미 성립하지만 대금이 모두 지급되는 것을 정지조건으로 하므로, 목적물이 매수인에게 인도되었다고 하더라도 특별한 사정이 없는 한 매도인은 대금이 모두 지급될 때까지 매수인뿐만 아니라 제3자에 대하여도 유보된 목적물의 소유권을 주장할 수 있"다고 하였다. 대판 2010.2.11. 2009다93671도 참조.

인이 여전히 소유자이고 매수인은 조건부 권리를 취득한다고 할 것이다. 다만 실질적으로 담보로 기능함을 법률관계의 판단에서 고려해야 한다.

2. 소유권유보의 성립 [5613]

(1) 소유권유보부의 대상은 동산이다. 소유권유보를 정지조건부 소유권이전이라고 이해하는 한, 정지조건을 등기할 수 없어서([5091] 참조) 부동산은 소유권유보의 목적일 수 없다.

(2) 매매에 종된 특약으로 소유권유보의 합의가 있어야 한다. 특별한 방식을 요하지 않지만, 할부거래에서 소유권유보는 서면으로 이루어져야 한다(할부거래법 제3조, 제8조 등 참조).

소유권을 유보하는 특약은 대개 매매계약 체결시에 이루어지지만, 목적물이 인도되기 전이라면 그 시기가 문제되지 않는다.

3. 소유권유보의 효력 [5614]

가. 대내적 효력

(1) 소유권유보의 내부관계는 계약에 의하여 정해지는데, 반대의 특약이 없는 한 매수인이 목적물을 점유하여[2] 이용하고 그 과실을 취득한다.

목적물에 관한 비용이나 부담도 매수인이 부담한다.

(2) 매수인은 약정된 시기에 대금(할부금 또는 외상대금)을 지급해야 한다. 그런데 대금의 지급은 당사자 사이의 관계에 결정적 영향을 미치므로, 보통 그 지급을 게을리한 경우에 부과될 제재에 관하여 특약을 하는데(특히 해제권의 유보나 기한이익 상실의 특약), 그 특약이 강행법규(제105조 참조)나 사회질서(제103조) 또는 신의성실의 원칙(제2조)에 반하여 무효로 될 수 있는 외에 약관으로 정해지는 경우에 약관법의 제한을 받는다.

(3) 매수인이 매매목적물을 인도받아 사용 · 수익하던 중 그것이 당사자 쌍방에게 책임 없는 사유로 인하여 멸실 또는 훼손된 경우에, 그 위험을 누가 부담하는가? 소유권유보부 매매에서 매도인에게 소유권을 유보하는 것은 대금채권을 확보하기 위한 담보적 조치에 지나지 않을 뿐만 아니라 인도에 의하여 위험이 이전되므로, 매도인에게 위험을 부담시키는 것은 적절하지 않다. 따라서 매수인의 대금채무는 소멸하지 않는다고 보아야 한다.

나. 대외적 효력 [5615]

(1) 매수인이 대금을 완급하기까지 소유권이 매도인에게 유보되어 있으므로, 매수인은 처분권한을 가지지 않는다.

그러나 ① 양수인은 조건부 권리를 취득하고(제149조), 대금의 완납에 의하여 소유권을 취득할 수 있다. 나아가 ② 선의취득(제249조)의 요건을 갖추면 양수인은 완전한 소유권을 취득하는데,[3] 이 경우 매도인은 매수인에 대하여 미지급의 대금 및 지연이자의 지급을 구할 수 있고, 매

2) 대판 2009.4.9. 2009다1894는, 매수인(K)이 소유권유보부 매매의 목적물을 A의 직접점유를 통하여 간접점유하던 중 A의 채권자가 그 채권의 실행으로 목적물을 압류한 사안에서, K는 그 강제집행을 용인해야 할 별도의 사유가 있지 아니한 한 「소유권유보매수인 또는 정당한 권원 있는 간접점유자의 지위」에서 민사집행법 제48조 제1항에 정한 「목적물의 인도를 막을 수 있는 권리」를 가진다고 하였다.

3) 선의취득의 요건과 관련하여 대판 2010.2.11. 2009다93671은 "동산의 매매에서 [⋯] 이른바 소유권유보약정이 있는 경우에, [⋯] 대금이 모두 지급되지 아니한 상태에서 매수인이 목적물을 다른 사람에게 양도하더라도, 양수인이 선의취득의 요건을 갖추거나 소유자인 소유권유보매도인이 후에 처분을 추인하는 등의 특별한 사정이 없는 한 그 양도는 목적물의 소유자가 아닌 사람이 행한 것으로서 효력이 없어서, 그 양도로써 목적물의 소유권이 매수인에게 이전되지 아니한다"고 하면서, 위 목적물의 양수 당시 양도인이 매매

매계약을 해제하고 지급받은 대금의 반환과 상환으로 목적물의 가액의 반환을 구할 수 있으며, 손해배상도 청구할 수 있다.

[참 고] 소유권유보 하에 매도된 물건을 매수인이 매도인의 승낙[4]을 얻어 처분(전매 또는 가공)한 경우에, 유보된 소유권의 상실에 대한 대가로 전매대금 또는 가공에 의하여 취득한 물건의 소유권 내지 그 대상에 대한 권리를 점유개정, 담보목적의 채권양도 등의 방법으로 매도인에게 미리 양도함으로써 그에 대해서도 매도인의 권리가 미치도록 합의할 수 있는데, 이를 「연장된 소유권유보」라고 한다.

(2) 매도인이 목적물을 처분하면 어떻게 되는가? 대금완납이라는 조건의 성취 전에 소유자로서 한 매도인의 양도행위는 유효하므로, 제3자가 소유권을 취득할 수 있다. 그런데 매수인이 점유하는 목적물을 처분하기 위해서는 반환청구권 양도의 방법(제190조)의 방법에 의해야 하는바, 그에는 채권양도에 관한 규정, 특히 제451조가 (유추)적용되어 대금을 완납한 매수인은 ―이의를 보류하지 않은 승낙을 하지 않은 한― 매도인뿐만 아니라 양수인에 대해서도 조건성취에 따른 소유권 취득을 주장할 수 있다.

(3) 매수인의 채권자가 매매목적물을 압류하면 매도인은 제3자이의의 소(민사집행법 제48조)를 제기할 수 있고,[5] 매수인이 파산한 경우에 파산관재인은 이행과 해제 중 선택할 수 있는데(채무자회생법 제335조), 해제한 경우에 매도인은 매매목적물에 대하여 환취권(같은 법 제407조 이하)을 가진다 해야 하지만, 실무는 매도인의 지위를 담보권으로 취급한다.

반면 매도인의 채권자가 매매목적물을 압류한 경우에,[6] 매수인은 제3자이의의 소를 제기할 수 없다. 그리고 매도인이 파산한 경우에 매수인은 매매대금을 모두 지급하고 목적물을 환취할 수 있을 것이다.

[5616] **다. 소유권유보의 실행과 소멸**

(1) 소유권유보의 실행은 매매계약을 해제하고,[7] 유보된 소유권에 기하여 목적물의 반환을 청구하는 형식으로 행하여진다.[8] 그런데 이미 지급된 매매대금에서 위약금을 공제한 잔액을 매수인에게 반환해야 한다.[9]

(2) 매수인이 매매대금을 완납함으로써 소유권유보는 소멸한다. 그 밖에 선의취득에 의해서도 소유권유보가 소멸한다.

계약의 할부금 중 일부를 원래의 매도인에게 지급하지 못하고 있음을 알았으면서 소유권이 유보되어 있는지에 관하여 조사하는 등 양수인에게 통상적으로 요구되는 양도인의 양도권원에 관한 주의의무를 다하지 아니한 과실이 있음을 이유로 선의취득이 인정되지 않는다고 하였다. 대판 1999.1.26. 97다48906도 참조.

4) 통상 사전에 포괄적으로 승낙이 이루어지는데, 이는 처분수권에 해당한다.

5) 대판 1996.6.28. 96다14807.

6) 민사집행법 제191조에 의하여 점유자인 매수인의 승낙을 요하므로, 실제로 그 가능성은 매우 희박하다.

7) 통상 약관에 의하여 기한이익의 상실과 해제권의 보류를 정하지만, 해제권을 유보하지 않았더라도 기한이익의 상실에 의하여 즉시 대금을 완납하지 않으면 매수인이 이행지체에 빠지고, 그 결과 매도인이 법정해제권을 취득한다.

8) 매수인이 점유할 채권적 권리를 가지기 때문에, 해제가 없으면 반환청구가 허용되지 않는다.

9) 할부거래법 제11조 제2항에 따른 원상회복의무와 제12조에 따른 손해배상액의 제한도 참조.

판례색인

사항색인

ㅈ

[저자약력]
서울대학교 법과대학 졸업
법학박사(서울대학교 대학원)
제27회 사법시험 합격
아주대, 한양대, 성균관대 법대 교수 역임
(현재) 고려대학교 법학전문대학원 명예교수, 인하대학교 법학전문대학원 초빙교수

[주요저서]
民法注解 제 9 권(1995), 제12권(1997)〈각 분담집필〉
제 3 판 註釋 民法總則 (2)(2001), (3)(2001), 債權總則 (2)(2000)〈각 분담집필〉
제 4 판 民法演習(2012) 〈공저〉
Contract Law in South Korea(2019, Wolters Kluwer) 〈공저〉
제 2 판 민법판례(2024)
제21판 民法講義(2023) 등 다수

民法原論 -제4판-

2017년 10월 20일 제 1 판 발행
2019년 8월 30일 제 2 판 발행
2022년 9월 20일 제 3 판 발행
2024년 11월 10일 제 4 판 발행

著 者 池 元 林
發行人 林 勸 圭
發行處 弘 文 社

05855 서울시 송파구 송파대로 167 테라타워 B동 802호
登錄 1993. 6. 24 第 1-1543 號
TEL : (02) 712-5311(代) FAX : (02) 716-5311
http://www.hongmoonsa.co.kr

값 65,000원

ISBN 978-89-7770-766-5 93360